先秦吴国史稿

上

吴恩培 著

鸣谢苏州市职业大学为本书撰写与出版所提供的帮助！

苏州新闻出版集团
古吴轩出版社

图书在版编目(CIP)数据

先秦吴国史稿 / 吴恩培著. -- 苏州：古吴轩出版社, 2023.11
ISBN 978-7-5546-2202-5

Ⅰ.①先… Ⅱ.①吴… Ⅲ.①中国历史—研究—吴国(?-前473) Ⅳ.①K225.07

中国国家版本馆CIP数据核字(2023)第195690号

责任编辑：洪　芳　俞　都　徐小良
见习编辑：万海娟　杜若琳
封面设计：李　子
装帧设计：唐伟明　韩桂丽
责任校对：胡敏韬　蒋丽华
责任照排：吴　静

书　　名	先秦吴国史稿
著　　者	吴恩培
出版发行	苏州新闻出版集团 古吴轩出版社 　　地址：苏州市八达街118号苏州新闻大厦30F 　　电话：0512-65233679　　邮编：215123
出 版 人	王乐飞
印　　刷	苏州市古得堡数码印刷有限公司
开　　本	889mm×1194mm　1/16
印　　张	69.5
字　　数	1706千字
版　　次	2023年11月第1版
印　　次	2023年11月第1次印刷
书　　号	ISBN 978-7-5546-2202-5
定　　价	980.00元(全二册)

如有印装质量问题，请与印刷厂联系：0512-65896959

序

吴恩培教授的专著《先秦吴国史稿》付梓,嘱我为序,深感荣幸和高兴。高兴的是苏州史及江南史的研究,又有了与《苏州通史》相关联的新成果。

《苏州通史》出版前后,各卷作者在撰写《苏州通史》的同时,撰写与出版的相关专著,已不止一部。其中,《苏州通史·人物卷》(上中下,即第10—12卷)的主编李峰教授,与人合著《苏州历代人物大辞典》,于2016年由上海辞书出版社出版;《苏州通史·中华人民共和国卷(1978—2000)》(即第9卷)的作者姚福年主任,编著了《苏州改革开放实录》两卷本,于2019年由中共党史出版社出版;《苏州通史·图录卷》(上下,即第15—16卷)的徐刚毅主任,编著了《图说苏州·古代史》,于2019年由古吴轩出版社出版。吴恩培教授的这本《先秦吴国史稿》,也成为与《苏州通史》相关的又一部专著。

我和吴教授及其《先秦吴国史稿》的交集,是从十多年前撰写《苏州史纲》开始的。

2007年3月,由苏州市委宣传部、市社科联牵头启动的苏州市哲学社会科学重大研究项目——《苏州史纲》立项,这是苏州第一部通史纲要性质的著作,也是其后《苏州通史》的先声。

编撰《苏州史纲》时,我担纲主编,吴恩培教授和李峰教授、朱小田教授为副主编,吴恩培同时还承担《苏州史纲》一书中"先秦吴国"章节的撰写。《苏州史纲》的编撰历时近三年,于2010年1月出版。后于2012年12月获苏州市第十一次哲学社会科学优秀成果奖一等奖。

《苏州史纲》出版的次年2011年,由苏州市委宣传部、市社科联委托的苏州市社会科学研究重大项目——16卷的《苏州通史》编撰工作,正式启动。吴恩培教授承担了《苏州通史·先秦卷》的撰写任务。

《苏州通史》的撰写过程满是艰辛。2015年5月,吴恩培教授在市附一院打电话给我,说医生开单子让他去做CT检查。他说,这些日子,眼睛看东西,老是一条线看成两条线,模模糊糊,社区医院诊断为"复视",并让他去大医院检查。到市附一院问诊并作检查后,医生又开单子让他去做CT,以排除是否生了什么东西压迫视神经。这时,我非常着急,为吴老师的身体担心,为《苏州通史》项目的进展担心。所幸第二天CT片子出来,排除了其他因素,而是用眼过度。

《苏州通史》撰写的各章节体系,逐渐统一于"X+2"架构模式,这就是《苏州通史·绪言》中表述的:"各卷采用纵横结合的结构,根据本卷所跨时段的政治经济发展状况,划分若干客观发展阶段为若干章,主要写政治、军事、经济状况;另设社会一章,主要写整个时段苏州人口家族、宗教信仰、民风节俗等；另设文化一章，主要写科学技术、教育、文化艺术等。"[1]各卷作者都在主题提炼、材料选择、语言叙述等方面下了大功夫。

吴恩培教授的最初稿本，是梳理《春秋经》《左传》并以之叙述吴国后七位吴王（寿梦、诸樊、馀祭、馀眛、僚、阖闾、夫差）史事的稿本，类似于"帝王本纪"。这一稿本，为其后向"X+2"架构模式作精雕细琢式的修改奠定了坚实基础。在其后的日子里，吴恩培教授一方面按照《苏州通史》撰写体例的"X+2"架构模式，在最初稿本的基础上进行了卓有成效的修改；另一方面又接受我们的建议，将其中关于最初七位吴王的史事叙述内容（即吴王史），留至日后另撰专著出版。

此后，古吴轩出版社获知吴恩培教授的这一"吴王史"的叙述稿本，对稿本以《春秋经》《左传》等文献记载的历代吴王史事叙述，极为青睐。中国社会科学院近代史研究所研究员姜涛先生在评述《苏州通史》时，对《苏州通史·先秦卷》有如下评述："本卷著作以一人之力而治苏州先秦史，在考据上颇下功夫。著者坚持以《春秋》《左传》经传体系构建勾吴历史。这种学术上的坚持，难能可贵。"[2]《苏州通史》出版后，吴恩培教授即将《苏州通史·先秦卷》对苏州的叙述扩展至对春秋吴国的叙述，成为第一部以《春秋经》《左传》等中国最早的文献对春秋吴国历史作全面、系统研究的著作，填补了空白。古吴轩出版社遂将吴恩培教授的《先秦吴国史稿》进行申报，并获批为国家出版基金资助项目。

《先秦吴国史稿》能够被列入国家出版基金资助项目，我以为首先是因为先秦吴国史研究是江南史、苏州史及其历史文化的基础性研究。春秋时期的"吴国"，为地处东南一隅的"蛮夷"，向为中原列国所鄙视。后世对先秦列国的研究，主要为对中原列国及荆楚诸国的研究，系统研究先秦吴国史的成果相对较少。因此，《先秦吴国史稿》的项目选题具有开拓性的学术价值。由此也可以看到吴恩培教授从《苏州史纲》到《苏州通史·先秦卷》，再到《先秦吴国史稿》，十多年中相继艰难攀登的几个台阶，留下了他阐释苏州及吴国历史文化的学术轨迹。

其次，20世纪80年代以来，随着改革开放后苏州、苏南乃至长三角地区的经济、文化发展，苏州、苏南乃至长三角地区对支撑这一地区经济发展的早期历史文化，相应产生了学术研究的需求，学术界对江南史、苏州史的研究升温，吴国史乃至吴地文化也渐成为学界研究的热点之一。

再次，吴恩培教授在这一领域有着丰厚的知识基础和学术积累。吴恩培教授中学时代在苏州求学。其后插队下乡、高考至江苏师院（今苏州大学）读书及至毕业后在苏州从教等，长期在苏州生活、工作，使得他既熟悉苏州的语言、风俗，又取得了较多的学术成果。至申报国家出版基金资助项目时，其著作有：《文化的争夺》（百花文艺出版社，2001年）、《勾吴文化的现代阐释》（东南大学出版社，2002年）、《泰伯与吴文化》（古吴轩出版社，2007年）、《伍子胥史料新编》（广陵书社，2007年）以及主编著作《吴文化概论》（东南大学出版社，2006年）、江苏省中小学地方课程教材《吴文化》（古吴轩出版社，2006年。该教材出版至今，仍为江苏省中小学地方文化教材）、《苏州湾，太湖名片——苏州太湖新城地名志》（古吴轩出版社，2016年）、《苏州城墙》（古

---

[1]《苏州通史·绪言》，见王国平等：《苏州通史·导论卷》，苏州大学出版社2019年，第468页。
[2] 姜涛：《江南最忆是苏州——评16卷本〈苏州通史〉》，见苏州历史文化研究会编：《苏州历史与江南文化》，苏州大学出版社2020年，第70页。

吴轩出版社，2012年）以及点校的苏州泰伯庙专志《至德志》（上海古籍出版社，2013年）等。这些著作中，部分曾分别获省、市社科奖和市"五个一工程"奖等。其中的《苏州城墙》一书在2013年获国家新闻出版广电总局第四届"三个一百"原创图书出版奖。而参与《苏州史纲》《苏州通史·先秦卷》的实践，更为他撰著《先秦吴国史稿》打下了坚实的学术基础。

《苏州通史·先秦卷》与《先秦吴国史稿》，有联系更有区别。主要区别在于前者为苏州城市史范围的断代史，而后者为以春秋吴国为叙述对象的国别史。而二者联系的交集点，即为春秋吴王阖闾、夫差时的吴国都城地望等。

早在《苏州史纲》撰写期间，《苏州史纲》撰写团队就曾面对"阖闾城遗址为春秋时期吴王阖闾的都城"[1]的学术争议，并在吴恩培教授撰写《苏州通史·先秦卷》的"吴大城的建城"等章节中明确表达春秋"吴大城"地望即为今苏州古城的学术观点。在这期间，我和吴恩培教授、陈璇教授还专程去南京与有关方面专家成功进行了沟通。

《苏州通史》出版后相继获苏州市第十五次哲学社会科学优秀成果奖一等奖（2020年10月）、江苏省第十六届哲学社会科学优秀成果奖一等奖（2020年12月）。其后，我们又承担了苏州市社科联重大委托项目——《苏州运河史》的撰写。而《苏州运河史》之《运河沿线文化艺术与历史文化遗存》的相关章节也明确指出："1957年考古在平门的'城墙下层'发掘出了'约当春秋战国时期'的'印纹硬陶'[2]。这一考古结论，与历代文献关于苏州古城建于春秋的记载相契合。按照王国维的'二重证据法'之'其已得证明者不能不加以肯定，可断言也'[3]的论述，故可断苏州为春秋城之言。"[4]

熊月之先生在为《苏州运河史》所作的《序》中说："苏州史、江南史早已是学术界研究高地。"[5]而春秋吴国都城的研究课题，在苏州史、江南史的研究中，既不可或缺，也无从回避。它连接的是苏州古城保护的基础和根本。在今后的岁月中，我们仍然希望继续得到苏州市委宣传部、苏州市社科联的指导和支持，希望继续与苏州各界及专家合作，继续推进与深化苏州与江南文化的研究。《先秦吴国史稿》的出版，必将受到学术界同行的关注和欢迎，也一定能在苏州古城保护和文旅融合等方面体现应有的作用与贡献。

王国平

（苏州大学教授、博导，《苏州史纲》主编，《苏州通史》总主编）

---

[1] 张敏：《阖闾城遗址的考古调查及其保护设想》，《江汉考古》2008年第4期。
[2] 南京博物院：《苏州市和吴县新石器时代遗址调查》（罗宗真执笔），《考古》1961年第3期。
[3] 王国维：《古史新证》，清华大学出版社1994年，第2页。
[4] 王国平主编：《苏州运河史》，古吴轩出版社2021年，第616页。
[5] 熊月之：《苏州运河史·序》，见《苏州运河史》，古吴轩出版社2021年，第2页。

前　言
——兼及《先秦吴国史稿》一书导读

一

《先秦吴国史稿》（以下简称《史稿》）得以出版，高兴之余，亦难免混杂着感慨。近些年的大疫，使得我们每一个人都生活得不容易。而在这不容易中，笔者在生活多年的古城苏州，能留下一部叙述先秦吴国历史的著作，当自感满足矣！

古城苏州，笔者于此度过了远逝而去的青春岁月。而1968年插队吴江、1977年参加高考等足以改变自己人生的事件尚未及细数，却蓦然感到，岁月流逝并带走的昔时一切，已成为可忆而不可即的姑苏往事。只是曾经呕心沥血且构成本书学术积累及学术基础的著作，白色纸面上的黑色铅字，穿越岁月风雨，依旧黑白分明。这些著作的部分情况是：（个人著作）《文化的争夺》（百花文艺出版社，2001）、《勾吴文化的现代阐释》（东南大学出版社，2002）、《泰伯与吴文化》（古吴轩出版社，2007）、《千古湖山留正气》（苏州沧浪亭五百名贤人物述评，古吴轩出版社，2007）、《苏州通史·先秦卷》（苏州大学出版社，2019）；（主编著作）《吴文化概论》（东南大学出版社，2006）、《吴文化》（江苏省中小学地方课程教材，古吴轩出版社，2006）、《吴地民间炊火》（三晋出版社，2011）、《苏州城墙》（古吴轩出版社，2012）、《苏州湾·太湖名片——苏州太湖新城地名志》（古吴轩出版社，2016）；（点校著作）《至德志》（苏州泰伯庙专志，上海古籍出版社，2013）；（编著著作）《伍子胥史料新编》（广陵书社，2007）；（参编著作）《吴文化读本》（苏州大学出版社，2003）、《苏州史纲》（古吴轩出版社，2010）、《苏州运河史》（古吴轩出版社，2020）。上述著作中，《苏州城墙》撰著过程中即引发关注而导致政协委员提案、市领导批示等，从而助推了苏州三段城墙（相门、平门及阊门北码头）修复工程的立项和进行。而《苏州城墙》一书，亦于2013年入选国家第四届"三个一百"原创图书出版工程。其他著作获国家级及省、市级奖励情况，略。而笔者所获荣誉，分别为："苏州市劳动模范"（苏州市人民政府，2006年）；"江苏省高等学校教学名师"（江苏省教育厅，2007年）。

中国知识分子著书立说，并以"立言"为其精神追求。曾经走遍半个中国搜集并拍摄图片而撰成的《史稿》，出版之际，叙述初心及撰著缘由，以助读者对《史稿》各章作概貌式了解，或许更为实在。

二

《史稿》第一章《远古江南》从旧石器时代开始,并以南京汤山"南京人化石地点"遗址图片置于全书之首。其象征意义,不言而喻——今日乃是从远古走来,并依然向着未来走去。接下来,《史稿》重点叙述太湖地区历史文化的源头——太湖三山岛旧石器遗址。这一遗址及其被学者们命名的"三山文化",既是人类早期活动在太湖的历史投影及文化记忆,也是太湖流域人类活动的最早来时之路。

其后的新石器时代,太湖地区的考古学文化序列,分别为马家浜、崧泽、良渚等相承袭的文化。而"太湖地区"或"太湖流域"等概念所涵盖的地理范围,既为承载新石器时代诸文化的地域平台,也是承载先秦吴国的地域平台。史前时代的叙述,因无文献记载,故多围绕相关遗址及出土器等进行文字叙述和图片展示。而图片的展示,既为文字叙述提供实物佐证,也为适应"读图"时代的读者"有图有真相"的阅读习惯。

长江下游和太湖流域的中华文明探源,其最初的文明因子,或正隐藏在该地区出土的器物,诸如陶炊器、"八角星纹"纺轮、龙形玉器、冠状饰,以及玉琮及其琮面的兽面纹之中。

三

《史稿》第二章《泰伯南奔 立国勾吴》、第三章《周初"封建亲戚"中的吴五世周章受封及吴国从西周到东周》的叙述,都涉及商、周宗法制下"吴"的祖先追溯及周、吴的同祖同源。

在先秦及春秋列国中,吴国是与周王朝祖先重叠,从而有着共同直系祖先的诸侯国。而因周十三世古公亶父欲将部族权力(连同宗法制下的周族姬姓大宗宗主)传三子季历,从而导致从周族族群中析分出"吴"来。文献对之的记载为"太伯、仲雍二人乃奔荆蛮"及"季历果立"[1],从而表明泰伯(太伯)南奔后,周族族群的姬姓大宗宗主已为三子季历。由此,周族族群析分出"周""吴"两个同祖世系。

季历孙辈的周武王翦商兴周并获取王权,王权加持下的周武王姬发,继其父姬昌(周文王)后,袭为宗法制下周族姬姓大宗宗主。而周、吴各自开枝散叶至周武王封吴五世周章时,历经数代人后的同宗交集,周、吴已为君臣关系,亦同时为宗法制下的姬姓大宗与姬姓小宗的关系。

周代的政治、经济中心均在当时生产力较为先进的黄河流域,而"吴"则是处于相对落后且处长江流域的"蛮夷"地区。因此,对于"吴"及其文化来说,与周王室相同的血缘联系及与长江流域"蛮夷"地区的地缘联系,使得"吴"从诞生之初即处在黄河文明与长江文明两种文明、中原文化与长江文化两种文化的冲突与交融的交叉点上。

---

[1]《史记·吴太伯世家》,见司马迁:《史记》,中华书局1959年,第1445页。

历商至周后期的东周春秋时，流逝的岁月并未淡化反而更强化了"吴"对其祖先曾为周十四世长子地位的在意。黄池盟会，当着同为姬姓且均为季历一脉的鲁、晋或王室成员或执政者面，"吴人曰：'于周室，我为长'"[1]。这一诉求背后，隐含着"吴人"既极为在意又极为失落的复杂情绪。

《史稿》一书，叙述吴、周渊源，即以"吴人"所说"我为长"的周十四世长子地位及其直系后裔身份、资质而追溯周、吴历代先祖的次第序列及相关遗址现存情况。"吴"的这一资质，并非为春秋其他姬姓或非姬姓诸侯国所能有。

对"吴"的祖先追溯涉及的层面：一为华夏先祖层面；一为周、吴先祖层面。追溯依据，首先是文献记载；其次是参照由各级文物保护单位（指全国重点文物保护单位的"国保"、省级文物保护单位的"省保"、地级市市级文物保护单位的"市保"及县级文物保护单位的"县保"）等组成的"文保"（文物保护）单位的遗存实体及其构成的系列名单。

这一名单背后，有着一大批文博学者为之进行的含报审、批复等在内的各类程序的学术论证。而相关"文保碑"上分别所署的"国务院""××省人民政府"或"××市人民政府"等国家级、省级或市级行政单位名称，使得这一"文保"序列名单在具有权威性的同时，更具社会公信力和影响力。而公信力和影响力兼具的"文保"序列名单，在后疫情时代的文旅融合中，或将产生相应的社会影响和经济影响。毕竟，旅游的核心是历史文化。

而在具体叙述中，《史稿》一书对周、吴先祖的追溯，以吴始祖泰伯为叙述基准点。而与周、吴族源有关的人物及相关遗址，分别为：

1.周始祖后稷弃

后稷弃为《史记·周本纪》等记载的泰伯最早的祖先周始祖（周一世）。后稷弃的祭祀、纪念地遗址，分别为："教稼台"（陕西武功，"省保"），"稷益庙"（山西新绛，"国保"），"北池稷王庙"（山西新绛，"国保"），"稷山稷王庙"（山西稷山，"国保"），"稷王庙"（山西万荣，"国保"），"后稷庙"（山西闻喜，"国保"）及"水平王庙"（苏州吴中区且位于太湖中央的"平台山"，最早祭祀佐禹平水的"后稷庶子"）。

2.后稷弃父、母

后稷弃之父、母：《史记·周本纪》等记载其父为黄帝曾孙帝喾，其母为炎帝后人姜嫄（又作姜原）。他们的祭祀、纪念地遗址，分别为："颛顼帝喾陵"（河南内黄，"省保"），陕西岐山"周公庙"及庙内的姜嫄殿、后稷殿（陕西岐山，"国保"），姜嫄遗址（陕西杨凌，"省保"），"姜嫄圣母之墓"（陕西武功，"省保"），姜嫄墓（陕西彬州，"县保"）。

3.后稷弃同父异母的兄弟尧及与后稷弃同时代的舜、禹、伯益

此即《史记·五帝本纪》等记载的后稷弃的同父异母的兄弟尧（放勋）及其后的舜、禹以及秦先祖伯益等祭祀、纪念地遗址，分别为："清徐尧庙"（山西清徐，"国保"），"尧王庙"（山西长子，"国保"），"尧陵"（山西临汾，"国保"）；"舜帝陵庙"及庙内的"有虞舜帝陵"（山西运城，"国保"），"舜帝庙遗址"及该庙遗址内的"帝舜有虞氏之陵"（湖南宁远，"国保"），舜王

---

[1]《左传·哀公十三年》，见《春秋左传正义》，北京大学出版社1999年，第1670页。

庙（浙江绍兴，"国保"）；"禹王城遗址"（山西夏县，"国保"），"夏禹神祠"（山西平顺，"国保"），"北社大禹庙"（山西平顺，"国保"），"西青北大禹庙"（山西平顺，"国保"），"韩城大禹庙"（陕西韩城，"国保"），"禹会村遗址"（安徽蚌埠，"国保"），"大禹陵"（浙江绍兴，"国保"）；后稷、伯益合祀处的"稷益庙"（山西新绛，"国保"）。

4.后稷弃之子及直系后裔

此即《史记·周本纪》等记载的后稷弃之子不窋（周二世）、曾孙公刘（周四世）及周十三世且为泰伯之父的古公亶父等先祖、父辈等的祭祀、纪念地遗址，分别为："周祖不窋墓"（甘肃庆阳，"市保"），"公刘墓"（陕西彬州，"省保"），"周原遗址"（陕西扶风、岐山，"国保"），"周太王陵"（陕西岐山，"省保"）。

5.周十四世的泰伯、仲雍、季历

此即《史记·吴太伯世家》等记载的周十三世古公亶父的长子泰伯、次子仲雍（虞仲）、三子季历（王季）的祭祀、纪念地遗址，分别为："泰伯庙和墓"（江苏无锡，"国保"），"泰伯庙"（江苏苏州，"市保"），"仲雍墓"（江苏常熟，"省保"），"周王季陵"（陕西西安鄠邑区，"省保"）。

6.泰伯侄辈、侄孙辈的文王、武王

此即为《史记·周本纪》等记载的泰伯侄辈、侄孙辈的周十五世姬昌（文王）、周十六世姬发（武王）的传说中的祭祀、纪念地遗址，为含文王、武王墓在内的"周陵"（陕西咸阳，"省保"）。

7.泰伯侄辈虢仲、虢叔及泰伯后裔周章及周章弟虞仲

此即为《左传》《史记》等记载且与西周初"封建亲戚"[1]有关的季历子、文王弟的虢仲、虢叔，武王时受封的泰伯后裔、吴五世周章及受封于虞的周章弟虞仲的封邑或祭祀、纪念地遗址，分别为："李家窑遗址"（河南三门峡，"国保"。该遗址即西周晚期虢国都城"上阳城遗址"），"下阳城遗址"（山西平陆，"国保"），"虢国墓地"（河南三门峡，"国保"），吴五世"周章墓"（江苏常熟，"市保"），周章弟虞仲封国的"虞国古城遗址"（山西平陆，"国保"）。

8.周初分封封邑遗址等

与周初分封有关的封邑遗址，分别为：文王四子周公旦封邑"曲阜鲁国故城"（山东曲阜，"国保"），文王五子蔡叔度封邑"蔡国故城"（河南上蔡，"国保"），文王六子曹叔振铎封邑"仿山墓群"（山东菏泽，"省保"），文王七子成叔武（郕叔武）封邑"郕城故城"（山东宁阳，"省保"），文王九子康叔封封邑"卫国故城"（河南淇县，"国保"）与"卫国故城遗址"（河南濮阳，"国保"），文王十子冉季载（聃季载）封邑"沈国故城"（河南平舆，"国保"）与"沈子国古城址"（安徽临泉，"省保"）。

另，文王四子周公旦祭祀处的"周公庙"为"国保"单位者三，分别为："周公庙"（陕西岐山），"周公庙"（山东曲阜），"周公庙"（河南洛阳）。

此处分封，尚有姬姓的封邑遗址，如下："燕下都遗址"（河北易县，"国保"），"侯马晋国遗址"（山西侯马，"国保"），"郑韩故城"（河南新郑，"国保"），"滕国故城"（山东滕州，"省

---

[1]《左传·僖公二十四年》，见《春秋左传正义》，北京大学出版社1999年，第418页。

保"),"蒋国故城遗址"(河南淮滨,"省保"),"滑国故城"(河南偃师,"国保")。非姬姓的封邑遗址为:"临淄齐国故城"(山东淄博,"国保"),"楚纪南故城"(湖北江陵,"国保"),"陈楚故城"(河南淮阳,"省保"),"杞国故城"(山东潍坊,"国保"),"宋国故城"(河南商丘,"国保")及"薛国故城"(山东滕州,"国保")等。

上述,大致涵盖与周、吴族源及周初分封有关的现存遗址所构成的拼图,也构成撰写《史稿》一书时,我的"寻周之旅"的主干。

四

《史稿》第四至第八章,内容分别为:吴王寿梦时"联晋抗楚"战略的制定及吴国崛起,吴王诸樊、吴王馀祭时"联晋抗楚"战略的守成,吴王馀昧、吴王僚时"联晋抗楚"战略的调整,吴王阖闾"兴霸成王"的战略转型及吴都"吴"城的造筑,吴王夫差"北上争霸"及其失国。

从上可以看出,《左传》记载的春秋吴国的七位君王中,均与春秋时期吴国的"国家战略"及该王执政时的作为有关。

春秋时期吴国的"国家战略",乃是吴国值周边环境波云诡谲、列国诸强环伺下的生存原则和策略。对之,《史稿》一书,继承《苏州通史·先秦卷》关于"吴国崛起乃是在外部因素推动下,吴国自身国家利益需要而引发国家战略剧变的结果"[1]的判断和认识,厘分并叙述春秋吴国分别经历了"附楚自保""联晋抗楚"及其调整、"兴霸成王"及"北上争霸"等几个不同阶段,从而显现春秋吴国纵横捭阖的发展历程,并由此构成《史稿》一书的内在叙述线索。

吴国后期——吴王阖闾、夫差时期的吴国都城问题,前些年曾引发争议。该问题为今苏州国家历史文化名城保护区在保护过程中难以回避的问题:否定了苏州古城春秋吴都的历史地位,事实上也抽离了苏州古城的历史文化之魂。对此,《史稿》一书,同样继承《苏州通史·先秦卷》的学术观点——"'吴'为名称的春秋吴国都城(吴都苏州)与'姑苏'及后世的'吴县'间的同一关系,向为史家采信并构成史学界的主流意见"[2],即吴王阖闾、夫差时期的吴国都城为今苏州古城的学术意见。

与春秋吴国重大史事相关联且与《史稿》一书的叙述紧密联系的遗址及其图片,散见于上述第四至第八章。

以吴、楚争夺背后的经济原因来说,春秋时吴王寿梦甫一即位,即与楚开打并争夺于淮上。其间或有着政治、军事等因素,但文献未载的经济因素——今安徽铜陵、南陵一带的丰富的铜矿资源,或是吴、楚争夺的真正原因。笔者在安徽芜湖博物馆观看展出的"冰铜锭"(西周—春秋,南陵县大工山遗址出土)实物时,即意识到该铜矿在吴、楚争夺中的作用,于是出了该馆即由铜陵转道去南陵拍摄"大工山—凤凰山铜矿遗址"(安徽南陵,"国保")的图片。而从铜陵打车去南陵的那天,正下着雪。其后的日子里,笔者每看到《史稿》第五章南陵县大工山铜矿遗址图片

---

[1]《代前言》,见吴恩培著:《苏州通史·先秦卷》,苏州大学出版社2019年,第8页。
[2] 吴恩培:《苏州通史·先秦卷》,苏州大学出版社2019年,第350页。

上飘过的雪痕时，总会想起风雪中在南陵山间问道寻找该处遗址及遗址文保碑时的情景。而该幅图片的无声叙述，或有甚于诸多文字的叙述。

《史稿》中的遗址图片，与文献记载的吴国史事，关联度或紧密、或松散。这些图片及遗址，一方面构成"左图右史"式的历史叙述，另一方面也构成对历史事件的佐证。

五

《史稿》第九章的内容为，吴国灭国后春秋末的吴地"入越"及战国时吴地"入楚""入秦"。其中，对后世吴地产生深远影响者，为吴地"入秦"后，秦于"故吴旧都"置"吴"县。

公元前223年（楚王负刍五年，秦王嬴政二十四年），随着秦灭楚及楚国政治实体的消失，楚地地域整体被秦国并吞。而曾经先后入越、入楚的"故吴地"，又随同楚地地域并入秦国。此时的秦国，尚未统一列国，即并未转化成为六合一统后的秦王朝。是时，尽管秦已并吞了韩、赵、魏以及楚国，但赵公子嘉自立为代王的赵国尚未被灭，且燕国、齐国两国国体建制尚存。故秦灭楚，并于故吴、故越地置"会稽郡"（秦会稽郡）及于"故吴旧都"置郡治"吴"县的行政行为，使得春秋末期已灭国的"吴国"国号之"吴"及其都城"吴"城之"吴"，于战国末重现江湖而得以启用。这也使得"吴"县（即"吴县"）与后出的"苏州"，在历史上或等同或并立（"并立"中含辖治关系）。

随着秦并吞六国并华丽转身为统一的中央集权的秦王朝，也随着秦王朝对"会稽郡"于"故吴旧都"置"吴"县的行政继承，至此，战国末的秦国于"故吴旧都"置"吴"县的行政行为，已上升为中国第一个中央集权的封建王朝——秦王朝的国家认定了。这里的"国家认定"，即指秦王朝对"吴"县既为历史上的故吴旧都，亦为秦代时置会稽郡治的行政认定。

六

《史稿》第十章的内容为吴国社会状况与文化，相继为吴国的"农耕文明""交通""生活习俗与民风"及"科技"之类。而"科技"中的体现那个时代高科技水平的"吴国制造"，一为船舶制造，二为兵器制造。

（一）吴国船舶制造——中国春秋时期船舶制造业的最高科技水平

春秋时期，吴国的船舶制造业以战船制造最为著名。

吴夫差十一年（前485）春天第一次吴伐齐之战时，吴军从陆上进攻转变成了海上进攻而动用"舟师，将自海入齐"[1]。这一记载，为中国历史上的第一次海战。由于海上航行与内河、内湖航

---

[1]《左传·哀公十年》，见《春秋左传正义》，北京大学出版社1999年，第1653页。

行的巨大差异,"自海入齐"的吴国"舟师",必然涉及与航海有关的海上舰船制造技术、航海定位(其时指南针尚未出现)、海上军需给养的征集与保存、海洋气候的识别与处理等多项与海上航行及海上作战技术有关的科技要素。因此,"自海入齐"的吴国"舟师",即是中国历史上首次出现且投入实战的古代海军。其"舟师"的船舶制造技术,在当时,无疑是船舶制造业的最高科技水平。

(二)吴国兵器制造——中国春秋时期兵器制造业的最高科技水平

吴国兵器尤其是吴国青铜剑,向为今日各地博物馆极为看重的收藏之器,盖因其体现了春秋时期兵器制造业的最高科技水平。

国内现存的吴、越青铜兵器,《史稿》一书厘定、遴选"王者之器"四。其标准如下:

器铭证实其器主为吴、越"王"者。制作年代为春秋时期。相关器有明确出土时间、明确出土地点,且该器现藏于国内博物馆并面向社会而展出者。器身饰有吴、越青铜兵器特有的精美暗纹纹饰,或火焰形,或菱形暗纹纹饰等。

而符合上述标准的吴、越青铜兵器"王者之器",分别为如下四器:

1.吴王阖闾用器且戟身布满火焰形暗纹的"吴王子光戟",2013年出土于湖北随州文峰塔墓地M21,现湖北随州市博物馆藏。

2.吴王阖闾用器且剑身布满火焰形暗纹的"吴王光剑",1964年出土于山西原平峙峪村赵家垴坡地,现山西博物院藏且在中国国家博物馆展出。

3.吴王夫差用器且矛身满饰菱形暗纹的"吴王夫差矛",1983年出土于湖北江陵马山镇联山村10组砖瓦厂的"马山5号墓",现为湖北省博物馆藏。

4.越王勾践用器且剑身满饰菱形暗纹的"越王勾践剑",1965年出土于湖北江陵望山1号墓,现为湖北省博物馆藏。

上述四器,三件为吴王器,这对春秋吴国及当代苏州所具有的意义分别为:其一是印证春秋吴国青铜剑的盛名。其二是在这些吴国"王者之器"背后,有着一大批既有创新精神、又有制造能力,同时更注重产品质量的工匠。而干将、莫邪,仅是他们中的代表。苏州对干将、莫邪这两位工匠的纪念,是以干将命名的东西主干道"干将路"与以其妻莫邪命名的"莫邪路",相交于春秋时铸剑工匠云集的铸造工坊之地——今苏州相门(匠门)外而体现出的。

七

《史稿》第十一章的内容,为春秋吴都地望及其争议,实为《史稿》第七章《吴王阖闾"兴霸成王"的战略转型及吴都"吴"城的造筑》一章中关于吴王阖闾、夫差时期吴国都城问题的进一步叙述和梳理。

而《史稿》第十二章为《春秋吴国国号及吴都"吴"城之"吴"的溯源》,如《苏州通史·先秦卷》之《江湖夜雨十年灯（代前言）》所指出："本卷（指《苏州通史·先秦卷》）原撰有《春秋吴国国号及苏州城市符号的'吴'字及其溯源》章节……后因内容调整，该章节内容整体移入《苏州通史·导论卷》。"[1]

笔者撰《史稿》时，复将该章归并于《史稿》一书，且标题微调为"春秋吴国国号及吴都'吴'城之'吴'的溯源"。

八

一人治吴国史，并大范围采集图片，诚非易事。

《史稿》的文字叙述部分，有笔者前述的著作打底，有笔者生活并耕耘多年的熟悉土地，自以为有几分底气。日后，方知谬矣。其间，一是逢大疫而宅于家中，采集图片及查找文献大受影响；二是文字定稿时的修改，内心多有纠结而无措。是时，方知该书撰写的艰辛与艰难。

撰写《史稿》时，笔者已退休数年，曾经拥有但并不宽裕的文科课题经费，在做《苏州通史·先秦卷》时，已是告罄。《史稿》在已无经费支持情况下，不得不面临或是放弃图片采集，或是车旅费等自费即自己扛的选择。笔者选择后者，以内心的充盈，消解如影随行的独行孤独，并以之权当"一个人的旅行"了。

人在旅途，晓行夜宿，借助于现代交通，朝发乎北燕，夕至于南楚，辛劳中其实也至为充实。更何况撰写《史稿》时"书不读秦汉以下"，也一直伴随着寻访中的"意常在山水之间"。而寻迹《左传》等记录的春秋故地和古战场时，时空交错中耳畔偶尔幻化出的擂鼓鸣金杀伐之声，却又被乡间道上的汽车喇叭声拽回现实。莞尔一笑间又何尝不是别样的自由、别样的快乐。

当2020年春节后的大疫袭来时，寻访之旅，戛然而止。而疫情稍缓，因惦念着山东邹城、新泰、沂水的几柄与先秦吴国有关联的出土青铜剑，于是快进快出地在上述几地绕了一圈，经鲁南从苏北新沂乘高铁归。原本还想去的几处地方，因疫情缘故，均不便外出，而只能或托朋友拍摄，或在网络上与相关博物馆、考古单位联系部分图片的授权使用事宜了。

尽管如此，笔者依然感到欣慰。遍及半个中国的一处处山水，终脚踏实地一步步走来。在"行走江湖"间，终也完成《史稿》一书的一行行文字及图解历史的一幅幅图片。人生做一件能留下一个古国、一座古城记忆的事，不管付出什么，或都值得。而以"左图右史"式图文叙述打底的《史稿》一书，出版之时，即为社会产品。对之评价或只能付与读者，付与社会，更付与时间了。而夹叙夹议的《史稿》，叙必有漏，议必有谬。漏者、谬者等不当之处，伏望海内方家刊谬补缺。

吴恩培
壬寅大雪草，癸卯芒种改，癸卯寒露再改

---

[1]《江湖夜雨十年灯（代前言）》，见吴恩培：《苏州通史·先秦卷》，苏州大学出版社2019年，第2页。

目 录

序 ··· 001
前　言 ·· 005

第一章　远古江南

第一节　旧石器时代 ·· 001
　一、南京汤山：江南原始人类遗址的发现 ·· 001
　二、江南其他地区的部分考古学报告 ··· 002
　三、苏州"三山文化"：太湖地区历史文化的源头 ·· 003

第二节　新石器时代 ·· 006
　一、马家浜文化 ·· 006
　二、崧泽文化 ·· 021
　三、良渚文化 ·· 035

第二章　泰伯南奔　立国勾吴

第一节　泰伯、仲雍的先祖 ··· 087
　一、泰伯的周族部族及其先祖周族部族始祖的后稷弃 ······································ 087
　二、后稷弃"遂好耕农"的文献溯源及其与尧、舜、禹的交集 ·························· 096
　三、"后稷"释义 ·· 107
　四、"社稷"与"四海""天下国家" ··· 110
　五、后世对"社""稷"之神的祭祀 ··· 111
　六、后稷与吴地 ·· 116
　七、《山海经》记载的后稷葬地——都广之野，后稷葬焉 ································ 119

第二节　存有代位缺失的周世系及其早期传承——从周二世不窋到周四世公刘 ······ 120
　一、周世系传承的记载 ··· 120
　二、周族部族的早期活动及后稷弃后《史记·周本纪》叙述的周人三迁 ············ 123

第三节　翻越岐山，开拓周原：周部族的第三次迁徙与周十三世古公亶父 ……………… 128
　　一、泰伯、仲雍之父古公亶父 ……………………………………………………………… 128
　　二、古公亶父的去世及其去世前安排的周族部族的权力传承 ………………………… 133

第四节　泰伯、仲雍南奔 ……………………………………………………………………… 139
　　一、泰伯之"让"及《史记》的从"荆蛮"到"江蛮" …………………………………… 139
　　二、泰伯南奔后以周十四世季历为首领的西周部族的发展及季历被杀 ……………… 140
　　三、《左传》关于大伯（太伯）的记载及其与晋献公时晋国政治的纠缠 ……………… 145
　　四、《左传》关于太伯记载的历史价值 ………………………………………………… 154
　　五、泰伯（太伯）立国勾吴 ……………………………………………………………… 155
　　六、仲雍继位 ……………………………………………………………………………… 183

第三章　周初"封建亲戚"中的吴五世周章受封及吴国从西周到东周

第一节　西周初分封——"封建亲戚" ……………………………………………………… 189
　　一、西周初分封与《史记》记载的"吴太伯世家第一" ………………………………… 189
　　二、小邦不入"世家"与"吴太伯世家第一" …………………………………………… 190

第二节　西周初分封的不同层级 …………………………………………………………… 195
　　一、分封的第一层级——文王嫡子、武王母弟及其三份不同名单 …………………… 195
　　二、分封的第二层级——文王庶子、武王庶兄弟 ……………………………………… 213
　　三、与吴五世周章受封有关的分封第三层级——姬姓之国 …………………………… 215
　　四、分封的第四层级——"先圣王"后代、功臣谋士与朝廷近臣的分封 …………… 228
　　五、分封的第五层级——周成王时"封熊绎于楚蛮"，即对长江流域楚国的分封 …… 232
　　六、分封的第六层级——对殷商遗民的分封及因武王去世而引发"三监之乱" …… 232
　　七、康王时的分封与宜侯夨簋 …………………………………………………………… 236

第三节　从西周到东周：周室式微及大国争霸中的吴国 ………………………………… 240
　　一、概述 …………………………………………………………………………………… 240
　　二、从西周到东周的吴王世系 …………………………………………………………… 241

三、从西周到东周的吴国重大事件 ································· 242

第四节 从西周至东周时的吴国文化遗存 ································· 250
一、西周康王时且体现康王分封的吴国最早青铜器——宜侯夨簋 ······ 250
二、江阴佘城遗址——"太湖地区最早的城址" ································· 250
三、始建于西周早期的"古干国" ································· 250
四、有考古学者所说的"目前所发现的最早的吴国城址"——镇江丹阳葛城遗址 ··· 250
五、"建于春秋中早期"的常州武进"淹城遗址" ································· 252
六、十九世吴王寿梦前，表明吴国已僭越称王的吴国青铜器——者减钟 ······ 255

第四章 吴王寿梦时"联晋抗楚"战略的制定及吴国崛起

第一节 十九世吴王寿梦执政与晋国"联吴制楚"战略的出台 ············ 263
一、寿梦其人及其始执政时间 ································· 263
二、寿梦执政之初受楚制约的吴国对外战争——吴伐郯 ··············· 263
三、晋国推行"联吴制楚"战略 ································· 267

第二节 吴国"联晋抗楚"国家战略的制定及其在与楚国的对抗中崛起 ··· 272
一、吴入州来，吴、楚反目与吴对晋"联吴制楚"的因应及其"联晋抗楚"国家战略
的制定 ································· 272
二、吴国"联晋抗楚"国家战略的影响——吴国的全面崛起 ············· 273

第三节 晋国集团对吴国"只能西攻，不得北进"的战略防范 ············ 274
一、晋逼鲁伐郯——"以其事吴故" ································· 274
二、不满晋国等的四国伐郯——晋国主持蒲地盟会与"吴人不至" ······ 277
三、从宋国的对比样本，看是时吴国与晋国集团关系的独特性 ········· 278

第四节 晋、楚集团的第一次"弭兵"及"弭兵"后的吴国 ············ 280
一、晋、楚第一次"弭兵" ································· 280
二、秦、晋麻隧之战及与之有关且其后对吴国王权传承产生重大影响的曹国故事 ··· 282
三、钟离盟会——晋、楚"弭兵"下的吴国外交与中原国家"始通吴" ··· 287

四、晋、楚"弭兵"后，楚国对"联吴制楚"的反制及其对吴国的战争 ········· 292
　　五、吴国的崛起强大与鲁国的疑虑不安 ········· 294

第五节　寿梦"通吴于上国"过程中承受的文化歧视 ········· 295
　　一、先秦时期吴国的"蛮夷"文化定位 ········· 295
　　二、寿梦时期的中原列国盟会及吴国"夷蛮"文化在盟会中所受的歧视 ········· 301

第六节　寿梦去世及其王权传承与存于后世的吴国政坛隐患 ········· 308
　　一、寿梦去世的文献记载 ········· 308
　　二、继承人的选择与留于后世吴国政坛的传承隐患 ········· 313

第七节　寿梦时期的文化遗存 ········· 318
　　一、寿梦墓及其墓址的不同说法 ········· 318
　　二、寿梦用器"邗王是野戈"及其争议 ········· 319
　　三、后世方志记载的与寿梦有关的宫苑、建筑 ········· 322

第五章　吴王诸樊、吴王馀祭时"联晋抗楚"战略的守成

第一节　二十世吴王诸樊及其执政 ········· 324
　　一、诸樊其人 ········· 324
　　二、"诸樊南徙吴"——后世苏州古城的历史雏形 ········· 325

第二节　诸樊承继寿梦"联晋抗楚"战略及其对楚战争——庸浦之战 ········· 328
　　一、吴王诸樊值楚国丧期间发动"伐楚丧"战争 ········· 328
　　二、吴国军事失败引发的外交、内政危机 ········· 330

第三节　楚国的军事报复——吴楚皋舟之战 ········· 332
　　一、吴楚皋舟之战的原因、经过及结果 ········· 332
　　二、皋舟之战后楚国的军事防御，子囊的"必城郢"遗言与楚国的军事防御文化 ········· 333

第四节　"晋将嫁女于吴"及其引发的晋齐战争、吴楚战争与诸樊战死 ········· 334
　　一、吴国对楚战争的胜利，提升了其在晋国集团内的地位 ········· 334
　　二、"晋将嫁女于吴"引发的晋齐太行之战 ········· 334

三、"晋将嫁女于吴"引发的吴楚战争 ································ 343
　　　四、诸樊伐楚战死 ·· 348
第五节　二十一世吴王馀祭及其执政 ·· 349
　　　一、馀祭其人及其执政之初遭遇的战争危机 ······················ 349
　　　二、馀祭执政时期的第二次列国弭兵 ································ 350
　　　三、第二次列国弭兵盟会 ·· 352
　　　四、齐国前国相庆封逃亡吴国 ·· 358
　　　五、楚君弱，令尹强：楚国王权隐含的危机 ······················ 359
第六节　吴、越的早期争战与吴王馀祭之死 ······························ 360
　　　一、早期吴、越国家关系 ·· 360
　　　二、馀祭之死 ·· 361
第七节　诸樊、馀祭时期的文化遗存 ·· 363
　　　一、墓葬 ··· 363
　　　二、后世遗存的部分诸樊、馀祭时期用器 ························· 363

第六章　吴王馀眛、吴王僚时"联晋抗楚"战略的调整

第一节　二十二世吴王馀眛及其执政 ·· 390
　　　一、馀眛其人 ·· 390
　　　二、馀眛执政时期及吴国被列国孤立危机下的季札出访 ······ 390
　　　三、季札出访的经过、特点和意义 ··································· 394
第二节　馀眛执政时期的吴楚争战 ·· 403
　　　一、吴、楚两国各自的战争准备 ······································ 403
　　　二、楚灵王执政时期的吴、楚争战 ··································· 408
　　　三、馀眛时期的吴、楚战争 ··· 410
　　　四、楚国内乱与楚灵王之死 ··· 422

第三节	晋国"寻盟"与吴国婉拒——吴国国家战略的调整	432
一、晋国"寻盟"及吴国婉拒的平丘盟会	432
二、吴国婉拒平丘盟会，标志着吴国"联晋抗楚"国家战略进入调整期	435
三、吴国国家战略调整的原因分析	436
四、馀昧生前对楚的最后一战——"吴入州来"与馀昧去世	437

第四节　二十三世吴王僚及其执政前期的对外关系及对楚战争 …… 443
　　一、吴王僚其人 …… 443
　　二、吴王僚时期的对外关系及对楚战争 …… 446

第五节　吴王僚时期，宋华登与楚伍员（伍子胥）同年奔吴借兵及吴王僚借兵于
　　　　宋华登 …… 454
　　一、华登借兵与吴国出兵介入宋国"华氏之乱" …… 455
　　二、楚国伍子胥亡命奔吴及其借兵未遂 …… 463

第六节　吴王僚后期的吴、楚国家关系及吴国内政危机爆发 …… 474
　　一、"吴大子诸樊"取楚平王夫人蔡女归吴及"楚囊瓦为令尹，城郢" …… 474
　　二、吴"灭巢及钟离"之战及其另名——吴、楚争桑之战：中国古代因丝绸生产
　　　　而引发的经济战争 …… 477
　　三、对人才的轻慢与争夺——伍子胥入吴后，吴王僚与公子光对其的不同态度 … 479

第七节　馀昧、吴王僚时期的文化遗存 …… 488
　　一、馀昧时期的历史文化遗存 …… 488
　　二、吴王僚时期的历史文化遗存 …… 501

第一章　远古江南

旧石器时代以及新石器时代的江南地区，泛指今长江下游的太湖流域及宁、镇地区等。20世纪90年代，江南地区发现了原始人类的踪迹和遗址。

第一节　旧石器时代

旧石器时代的时间，从距今约260万年延续到距今1万多年以前。这一时期，人类为适应生存和生活的需要，渐渐学会了制造并使用石制工具。旧石器时代，江南地区已有人类活动。鉴于当时的社会发展状况，此类活动不可能存有文献记载。后人只能依据其时人类活动留下的遗存等生活痕迹而作出推导和判断。

一、南京汤山：江南原始人类遗址的发现

1993年3月，南京城东约30千米处的汤山镇雷公山在开山取石时发现一个大的溶洞，在这溶洞内一个25平方米的椭圆形的小支洞中，发现了两个头盖骨化石和一颗牙齿化石。南京博物院与北京大学考古系合作进行了科学发掘，研究与鉴定结果表明：其头骨较具原始性，骨壁厚，眉骨峪粗壮，并左右相连，额骨低平而后倾，枕骨中部转折，头骨最宽处与北京直立人相似。根据古人类演化序列看以上特征，当属直立人范畴。地质年代为中更新世中期，铀系法测定年代距今约35万年，与北京直立人年代相当。[1]其后，通过新的TIMS鉴定方法得出的研究结果又表明：新的TIMS测年数据首次直接证实南京直立人化石的年代早于50万年。[2]

被命名为"南京人"且已处于人类演化的直立人阶段的江南地区远古人类，向后人揭示30万—50万年前的旧石器时代，江南地区已有原始人类生活。

---

[1]邹厚本：《江苏考古的回顾与思考》，《考古》2000年第4期。
[2]周春林、汪永进、程海、刘泽纯：《论南京直立人化石的年代》，《人类学学报》1999年第18卷第4期。

列为全国重点文物保护单位的南京汤山"南京人化石地点"文物保护碑（左）及南京汤山（右）（吴恩培摄）

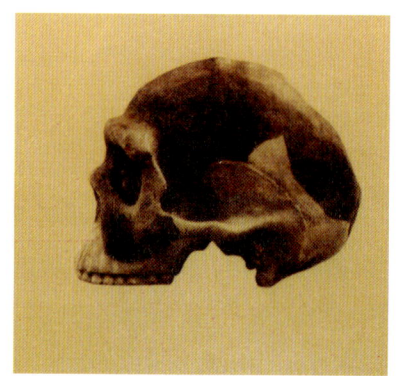

南京汤山葫芦洞内"南京人化石"出土处（左）（吴恩培摄）及南京博物馆展出的南京直立人一号头骨复原图的展板。展板中的该复原图正视图（中）、侧视图（右）展板（吴恩培摄展板图片[1]）

二、江南其他地区的部分考古学报告

江南地区历年来所发现的古人类化石很少，除上述南京直立人古人类遗存外，其他发现的还有镇江莲花洞遗址等。

1981年，南京博物院、中国科学院古脊椎动物与古人类研究所等单位对位于镇江市南郊檀山的莲花洞进行了两次发掘。如该遗址省级文物保护碑背后的文字介绍所说："该洞为一岩厦，系石灰岩的裂隙溶蚀而成，主洞长12米，宽3—6米不等，另东中西三个方向各有较小的支洞伸向山中。1981年、2001年，考古部门先后两次对该洞进行了考古挖掘。出土一枚智人的右下第三臼齿，另有最后鬣狗、西藏黑熊等十多种哺乳动物化石，并发现古人类加工的石制品，时代属晚更新世中后期，距今约10万多年。"

上述"岩厦"，是由岩石经长期地质作用而形成的"屋檐"，其特点是在古老的岩石比较陡直的断面上，软质岩石易于风化或侵蚀，坚硬的岩石就突出来，成为可以遮日避风的地方。

---

[1] 此处"展板"，指相关博物馆展出的含文字、图片等内容的展示板块。展板中展出的图片（如上引南京博物馆展出的南京直立人一号头骨复原图片的"正视图""侧视图"等），图片摄影者另有其人而非本书撰者。故本处标示撰者所摄"展板图片"，仅为本书撰者据相关博物馆展出的或文字、或图片等内容的"展板"而拍摄的"图片"。为免误解，特作说明。下同，不另注。

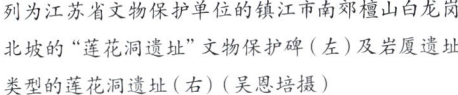

列为江苏省文物保护单位的镇江市南郊檀山白龙岗北坡的"莲花洞遗址"文物保护碑（左）及岩厦遗址类型的莲花洞遗址（右）（吴恩培摄）

1980年，在丹徒县高资镇发现两段人类股骨化石，时代为更新世晚期，甚至中期。[1]

1977年，中国科学院古脊椎动物与古人类研究所、南京地质陈列馆、南京博物院等单位对位于溧水县城东南的回峰山神仙洞进行了清理发掘，获1件人类颧骨和16种哺乳动物化石。[2]另有一块罕见的陶片，同层木炭粒经碳-14测定，得知绝对年代距今11200年±1000年。[3]

三、苏州"三山文化"：太湖地区历史文化的源头

太湖流域迄今为止发现的旧石器遗址为苏州三山岛。

三山岛位于苏州市西南约50千米处的太湖中，隶属苏州吴中区东山镇，面积约2平方千米，因岛上有大山（当地人称为北山）、行山和小姑山三座山而得名。岛上的最高峰为大山主峰北山，海拔83.3米。清乾隆《吴县志》卷五《山》对三山岛记载说："东洞庭西南曰三山，有三峰相连。昔有吴妃姊妹三人各居一峰，殊有灵异，山人立祠祀之在三山。"[4]

今三山岛处于太湖之中。然而，古代太湖地区的地理环境和气候与今天有极大的差别。据地质学研究表明，太湖底部为高低不平的洼地地形，由于第四纪冲积物的覆盖，晚更新世早期形成了广阔的平原地貌。晚更新世中期，发生了一次海侵，海水进入太湖地区，形成了一个宽浅的海湾。晚更新世后期，第四纪最后一个亚冰期——大理冰期达到了全盛阶段，海平面大幅度下降，比现在要低100—200米。[5]在距今1万年前的大理冰期的末期，气温已经回升，海平面仍低于现今40米左右。[6]而距今8500—7500年，当时海平面仍低于现今10米左右。[7]现在太湖湖底高程为-0.25米。因此，1万多年前，太湖尚未形成今日的规模。当时的三山岛并不是岛，而是与今天的洞庭西山、洞庭东山连为一片，人类和各种动物共同在这里生存。

---

[1] 刘兴：《建馆三十年来的考古工作》，《东南文化》1998年第5期。
[2] 房迎三、沈冠军：《江苏旧石器时代考古20年回顾》，《东南文化》2010年第6期。
[3] 刘兴：《建馆三十年来的考古工作》，《东南文化》1998年第5期。
[4] 《吴县志》卷五《山》，见乾隆《吴县志》，苏州图书馆藏本。
[5] 张家诚、林之光：《中国气候》，上海科学技术出版社1985年，第510页。
[6] 褚绍唐：《中国海岸的历史变迁初探》，《历史地理》第2辑。
[7] 赵希涛：《中国海岸演变研究》，福建科学技术出版社1984年，第183页。

苏州吴中区三山岛大山北端清风岭下的溶洞（左）及苏州吴中区国家地质公园三山岛景区"旧石器时代文化遗址"碑旁的旧石器时代先民生活、生产场景的塑像（右）（吴恩培摄）

1982年7月，三山岛村民在大山、小姑山采石时，发现了含有哺乳动物化石的裂隙堆积。1985年5月，南京博物院、苏州博物馆和当时吴县文管会的专家，联合对大山的裂隙堆积进行了发掘，并于岛西北端清风岭下一溶洞前的湖滩沙砾石层中，发现一处面积约500平方米的旧石器地点。同年12月，南京博物院、上海大学文学院、苏州博物馆和吴县文管会联合组成考古发掘队，对三山岛旧石器地点进行了发掘。[1]

1985年考古发掘情况为：石器地点位于前述岛西北端清风岭下一溶洞前，文化遗物分布在面积约500平方米的湖滩沙砾石层中，以接近溶洞口部位较为集中。旧石器地点发掘面积36平方米，出土石制品5263件。

三山岛旧石器地点的石制品原料主要为燧石、石髓、玛瑙等。石制品种类有石核、石片、石器等。石器类型有刮削器、尖状器、锥、钻、砍砸器和雕刻器等，其中刮削器数量、种类最多，此外使用石片数量之多，为三山岛旧石器组合的一大特色。发现的石制品中部分阶段有明显被水冲刷的痕迹，而那些埋藏在文化层下部的石制品往往保留着打击和加工痕迹。

三山岛发现的旧石器（旧石器时代，吴中区文管会藏）（录自《苏州文物菁华》）[2]

---

[1]①陈淳、张祖方、王闻阁、顾文明、姚勤德等：《三山文化——江苏吴县三山岛旧石器时代晚期遗址发掘报告》，见《南京博物院集刊》总第9期（1987年）。②车广锦、王奇志：《三山文化——太湖地区历史和文化的源头》，见吴县政协文史资料委员会编：《吴地文化一万年》，中华书局1994年，第17页。

[2]《苏州文物菁华》编辑委员会：《苏州文物菁华》，古吴轩出版社2004年，第2页。

三山岛出土的砍砸器数量少、个体小、重量轻，不像是用来砍断树木或挖掘块根的工具，而更像是敲砸用的工具。刮削器和小型尖状器是用来切割、剥剔兽肉兽皮的。凹刃刮削器的形状很适合于加工木质或骨质的鱼钩鱼叉。从石器组合的状况来分析，三山岛先民的经济生活应以渔猎为主。由于缺少石镞、石矛、石球等杀伤力较大的狩猎工具，因此在三山岛先民的渔猎经济中渔业比狩猎更重要。这和太湖地区的自然环境正相适应。[1]

在三山岛上的大山和小姑山的岩石裂隙中发现了丰富的动物化石，有学者指出："经鉴定有猕猴、兔、黑鼠、豪猪、貉、棕熊、黑熊、鼬、狗獾、猪獾、最后鬣狗、猞猁、虎、野猪、似水鹿、斑鹿、鹿、牛等18种之多。这么多种类的动物决不是今天这个只有2平方公里的小岛所能容纳的，说明当时太湖还没有形成。三山动物群中既有狗獾、水鹿等南方种类，也有棕熊、猞猁等北方种类，这说明当时的气候比现在略为寒冷；三山动物群中有生活在山地森林的猕猴、熊、虎、野猪，也有生活在草地和近水灌木丛中的豪猪、鹿等，这说明当时周围呈疏林草原地貌。"[2]

据此，有学者提出了"三山文化"的概念，并以之为苏州历史上最早的旧石器文化。关于三山文化的年代，因三山岛石制品中未见磨光石器和陶片，说明其时代要早于新石器。可以认为三山岛旧石器文化距今约1万年左右。[3]

另有学者予以总结说："太湖地区史前文化中最早的，是江苏吴县三山岛（位于太湖中）的旧石器时代晚期遗址。1985年由南京博物院、上海大学等四单位发掘，出土5000多件由燧石、玛瑙及其他变质岩制作的细石器，以刮削器居多，主要用锤击法加工，也有砸击法制作的。现命名为三山文化。年代为晚更新世后期的后一阶段到全新世初，距今约一万年[4]。"[5]

三山岛旧石器的文化内涵与我国目前已知的其他旧石器晚期文化相比，既有一定的共性，又有明显的个性。它可被看作是长江下游或太湖地区旧石器时代晚期文化的代表。

三山文化的主体——三山岛先民来自何方？已无从考证。但联系经考古发掘的距今30万—50万年前江南地区远古人类——南京直立人，溧水回峰山神仙洞发现的人类颧骨、丹徒县高资镇发现的人类股骨化石、镇江莲花洞出土的古人类牙齿，以及太湖南岸浙江湖州境内的上马坎旧石器遗址等，尽管无确切材料证明三山岛先民与上述远古人类有直接联系，但间接的联系还是隐然可现的。

长江以南的三山岛，发现了旧石器时代的文化遗址，为长江下游特别是太湖地区寻找旧石器时代人类及其文化提供了线索。对后世的先秦吴国及今日苏州来说，其意义更在于：它将苏州文化的上限，推至1万多年前的旧石器时代。

旧石器时代的三山文化，是江南地区太湖流域最早的原始文化，也是目前已知的太湖地区文化的源头。

---

[1] 陈淳：《太湖地区远古文化探源》，《上海大学学报（社科版）》1987年第3期。
[2] 戈春源、叶文宪：《吴国史》，人民出版社2001年，第15—16页。
[3] 车广锦、王奇志：《三山文化——太湖地区历史和文化的源头》，见吴县政协文史资料委员会编：《吴地文化一万年》，中华书局1994年，第24页。
[4] 原文加注："南京博物院等，《江苏吴县三山遗址发掘报告》，《南京博物院集刊》9辑（1987）简讯刊《文汇报》1986.12.4。"
[5] 汪遵国：《太湖流域史前文化若干问题》，《历史教学问题》1988年第4期。

第二节 新石器时代

一、马家浜文化

（一）概说

随着社会的发展，更随着农业和畜牧业的出现，人类使用的磨制石器愈加精细。这一时期的长江下游的太湖流域，进化到以使用磨制石器为标志的新石器时代。

新石器时代的分期，《中国考古学·新石器时代卷》指出："把大约公元前10000年至公元前2000年左右的新石器时代文化，按年代早晚和发展演变脉络，大致分为新石器时代早期、中期、晚期和末期四个时期。"[1]

为体现新石器时代不同时期文化的差异，学界分别以马家浜文化、崧泽文化和良渚文化作为新石器时代太湖流域不同历史阶段文化类型的代表。据以上分期，太湖流域新石器文化的马家浜文化、崧泽文化属新石器时代晚期文化，而良渚文化则属新石器时代末期文化。这三种文化分别从距今7000多年至距今4000多年，跨越的年代近3000年之久。学界以古文化遗址发现地（即马家浜、崧泽和良渚）命名，这是目前已确定的太湖流域新石器时代三种相承袭的远古文化。

对此，学者们作如下论述：

任式楠《长江黄河中下游新石器文化的交流》："长江下游的新石器文化，根据太湖地区的发现，已明确是三种文化先后承袭发展。马家浜文化为公元前5090±150（BK80004）—前3990±135年（BK76023），崧泽文化为公元前3910±245（ZK438-0）—前3230±140年（ZK437-0），良渚文化为公元前3305±130（ZK97）—前2130±100年（ZK2019）。"[2]

李学勤《良渚文化的多字陶文——吴文化历史背景的一项探索》一文则将之概括为："太湖地区的考古学文化序列，经过多年工作，已确定有下列三项相承袭的文化（括弧内为碳14年代）：

马家浜文化（前5090±150—前3990±135）

崧泽文化（前3910±245—前3230±140）

良渚文化（前3305±130—前2130±100）"[3]

由上可知，太湖地区的考古学文化序列可大致表述为：马家浜文化（距今约7000年至6000年）→崧泽文化（距今约6000年至5300年）→良渚文化（距今约5300年至4000年）。

（二）马家浜文化的命名与分布

马家浜文化，又称为马家浜文化时期、马家浜时期等。它是以发现地——浙江嘉兴南湖乡天带桥村的马家浜遗址命名。

1959年初春，嘉兴南湖乡天带桥村马家浜一带在大规模群众性积肥运动中沤肥挖坑时发现

---

[1] 中国社会科学院考古研究所：《中国考古学·新石器时代卷》，中国社会科学出版社2010年，扉页《内容简介》。
[2] 任式楠：《长江黄河中下游新石器文化的交流》，见《庆祝苏秉琦考古五十五年论文集》，文物出版社1989年，第73页。
[3] 李学勤：《良渚文化的多字陶文——吴文化历史背景的一项探索》，见吴县政协文史资料委员会：《吴地文化一万年》，中华书局1994年，第3页。
另，此处原文加注："任式楠：《长江黄河中下游新石器文化的交流》，《庆祝苏秉琦考古五十五年论文集》，文物出版社，1989。"

大量兽骨和古代遗物。当时，考古部门对马家浜遗址200多平方米范围进行抢救性发掘，发现了马家浜遗址。

马家浜文化分布在长江以南的太湖流域，南达钱塘江北岸，西到常州、宜兴一带。迄今为止已发现的马家浜文化遗址有近50处，其重要遗址除该文化命名地的浙江嘉兴南湖马家浜外，尚有浙江桐乡罗家角、湖州邱城、杭州吴家埠；上海青浦福泉山及崧泽遗址下层；江苏苏州工业园区（原吴县）唯亭镇草鞋山、吴江梅堰袁家埭、吴江桃源广福村、张家港东山村（下层）、昆山正仪绰墩村、江苏常州圩墩、金坛三星村、江苏无锡宜兴骆驼墩及西溪等处。

（三）马家浜时期的社会生活

1. 渔猎

马家浜时期，在太湖流域的水网地区，先民的渔猎活动，是他们维系生存的重要活动。在马家浜文化地层中出土的大量动物遗骸说明，马家浜先民其时在森林里猎取梅花鹿、野猪、獐等动物，从河湖沼泽中捕捞鱼、蚌、龟、鳖、蛤蜊、螺蛳等作为食物。据常州《圩墩新石器时代遗址发掘简报》披露，该遗址"在草木灰中包含有蚌壳、螺蛳壳、鱼骨。螺蛳壳的尾部绝大多数被截去，这种螺蛳壳在遗址南部的地层中也有发现，而且数量很多，堆积成层，说明螺蛳和蚌，是人们为食用而捕捞来的"[1]。此段记载，令人惊讶处是这些远古先民留下的螺蛳壳竟然绝

列为全国重点文物保护单位的浙江嘉兴"马家浜遗址"文物保护碑（吴恩培摄）

大多数都已截去尾部。截去尾部是为便于吮吸而食，但远古先民其时使用何种工具截去螺蛳壳尾部，这无疑构成了令人困惑不解的远古之谜。而距常州圩墩不远的金坛三星村遗址，在其第4层的灰土层中，也"夹杂大量的螺蛳壳堆积"[2]。

2. 采集与原始农业

马家浜时期，采集成为古代先民重要的生活活动。考古出土的杏、梅、桃的果实及水生植物菱的果实等，说明采集是当时获得生活资料的补充手段。而旧石器时期的采集活动，至此发展成为原始农业，它主要体现在水稻等作物的种植上。草鞋山、崧泽等遗址的马家浜文化层发现的炭化稻谷，经确定为人工栽培稻，表明长江下游地区是中国人工栽培稻的重要耕作地区之一。而在农业的水田开发等方面，草鞋山遗址出现了有灌溉系统的古稻田。昆山绰墩遗址也发现了马家浜时期的水稻田及相关的蓄水坑、水沟、水口等农田灌溉系统。[3]

---

[1] 吴苏：《圩墩新石器时代遗址发掘简报》，《考古》1978年第4期。
[2] 江苏省三星村联合考古队：《江苏金坛三星村新石器时代遗址》，《文物》2004年第2期。
[3] 丁金龙：《苏州史前文化概述》，见苏州博物馆：《苏州文博论丛》2010年（总第1辑），文物出版社2010年，第6页。

3. 原始畜牧业

马家浜时期,原始畜牧业已开始出现。出土的动物遗骸中,大多数猪的骨骼标本的年龄集中在0.5—1岁之间,幼仔和老年个体特别少,据此可以认为系人类饲养所为。[1]由此可见,6000多年前的马家浜时期,尽管渔猎在经济生活中占有相当比重,但原始畜牧业已出现。

4. 居住

现有考古已发现马家浜时期的一些不完整的房址,其居住形式多为平地起筑的地面建筑。[2]如苏州工业园区草鞋山遗址中发现的房址,即为在草鞋山马家浜文化层发现的一处由一圈10个柱洞围成的圆形居住遗迹,同一层中还发现保存下来的木柱和柱下垫板。[3]由此可见,马家浜时期太湖流域的远古先民,已开始在地面建筑的房屋中定居,从而完成从穴居野外到平地起筑居室这一生活居住方式的重大转变。

5. 手工制作

据现今考古资料可知,马家浜时期的手工制作主要为陶器与玉器。陶器多为与先民日常生活有关的炊器、容器等。而玉器则多为玉玦、玉璜等生活装饰品。

(1) 陶器

马家浜时期,处于手制阶段的陶器已经出现并在先民的生活中使用。这一时期的陶器,为露天低温(800—870摄氏度)烧制。具体制作方法大致分为手捏捏塑和泥条盘筑。手捏捏塑,即将泥土以手捏塑成所需要的形状,然后置放在火中烧制成形。这种手捏捏塑,仅适合制作小型器具。人们为制作形制较大的容器如罐、釜等,开始出现较复杂的泥条盘筑制法,即先将泥土搓制成泥条,然后将泥条一圈圈螺旋上升叠好盘筑成形,再用手将外表抹平。泥条盘筑制法虽然可以制作一些较大的陶器,但这种纯手工制作出来的陶器存在着圆度不够、厚度不均等缺憾。这与太湖流域各地的不同土壤有关,马家浜时期的陶器以夹砂红褐陶、泥质红陶和红衣陶等为多见。

随着农业、畜牧业的出现,新石器时期中国境内的不同文化区都出现了与先民生存关系最密切的陶炊器,以解决人们生存最基本的吃饭问题。

釜或与釜使用功能相当的罐、钵等,为远古先民最早出现并使用的重要煮食炊器。马家浜时期的太湖流域先后出现釜、鼎、甗等不同种类的陶炊器。其中,与太湖流域先民生活最密切、使用最早、范围最广的炊器为釜。

① 马家浜时期的典型陶炊器——腰沿(檐)釜

釜,圜底或平底。该器初为陶制,后世分别出现铜制、铁制。《诗经·召南·采蘋》:"于以盛之,维筐及筥。于以湘之,维锜及釜。"朱熹《诗经集传》释"釜"为:"锜,釜属。有足曰锜,无足曰釜。"[4]釜在后世铁制时,名称渐演变为"锅"。故"釜""锅"为炊器或炊具的不同时期名称。

马家浜先民食物来源之一为水稻。由于食用稻米,马家浜先民做饭用的圜底或平底的釜,或

---

[1] 谷建祥、邹厚本、李民昌、汤陵华、丁金龙、姚勤德:《对草鞋山遗址马家浜文化时期稻作农业的初步认识》,《东南文化》1998年第3期。
[2] 丁金龙:《苏州地区新石器时代居住址及相关问题之探讨》,见《苏州博物馆建馆四十周年纪念文集(1960—2000年)》,《东南文化》2000增刊1。
[3] 谷建祥:《草鞋山遗址与中国早期稻作文化》,见吴县政协文史资料委员会:《吴地文化一万年》,中华书局1994年,第27页。
[4] 《诗·召南·采蘋》及朱熹《诗经集传》,见宋元人注:《四书五经》(中),天津市古籍书店1988年,第7页。

宽沿，或敞口等，但腰间多一圈翘起的沿，故又称为腰沿釜（又作腰檐釜）。

《中国考古学·新石器时代卷》指出，马家浜文化是"以红色陶、腰沿釜和大量的骨器为主要特征"[1]的新石器文化。

关于该腰沿的作用，有学者指出，该腰沿釜"搁在灶的口沿上时，腰沿不仅起了搁置、承重的作用，而且起了遮蔽灶膛口沿的作用。釜中因食物沸煮而溢出羹汤，会先流在腰沿上，而腰沿宽于灶之口沿，所以这些羹汤不会流入灶膛而熄灭灶火。同时，这种腰沿的遮蔽作用，还可以防止因为火焰、柴灰上升而污染了釜中的食物"[2]。由此可知，形状奇异的腰沿，既可防止釜中液体沸腾溢出熄灭灶中火，又可防止灶中的灰扬起落入釜中，实用之中，足可见先民的智慧。故有学者称这种腰沿釜为"马家浜文化系统的典型器物"[3]。

马家浜文化腰沿釜为太湖流域原生的陶釜类炊器。国内其他文化区，未出现与腰沿釜相类似的陶炊器。南京博物院编著的《北阴阳营——新石器时代及商周时期遗址发掘报告》一书提及今宁镇地区的北阴阳营文化遗址说："北阴阳营第一期文化的资料很少，在H70灰坑中出土了腰檐釜和夹砂红陶鸡冠耳罐，在宁镇地区目前还仅发现此一处。腰檐釜形制与淮安青莲岗遗址所出的相同[4]，而与马家浜文化的釜有明显的区别。"[5]

②马家浜时期的炊器——陶鼎

陶釜炊煮食物时，为保持稳定和燃烧空间，往往或以石块，或以陶支座（陶支脚、陶支架）等支承。在这一基础上，陶釜发展、演变为三足的鼎形炊器。

国内含太湖流域马家浜文化在内的诸多文化区的鼎，其发展、演变轨迹，大致都是如此。其间的思维逻辑其实并不复杂——与其每次烧煮时都要找寻三块石头来做陶釜的支脚，那在捏制或制作陶釜时，事先在陶釜腹下制成三足，经烧制后，长有三足的陶釜则成为固态的陶鼎。

南京博物院展出的陶釜（新石器时代，苏州草鞋山遗址出土）（左）、无锡鸿山遗址博物馆展出的圜底腰沿釜（彭祖墩出土）（中）以及上海青浦福泉山遗址出土的马家浜文化宽檐直筒腹陶釜（右）（录自《上海考古精萃》）[6]

---

[1] 中国社会科学院考古研究所：《中国考古学·新石器时代卷》，中国社会科学出版社2010年，第460页。
[2] 俞为洁：《饭稻衣麻：良渚人的衣食文化》，浙江摄影出版社2007年，第91页。
[3] 任式楠：《长江黄河中下游新石器文化的交流》，见《庆祝苏秉琦考古五十五年论文集》，文物出版社1989年，第75页。
[4] 原文此处加注："华东文物工作队：《淮安青莲岗新石器时代遗址调查报告》，《考古学报》1955年9期。"
[5] 南京博物院：《北阴阳营——新石器时代及商周时期遗址发掘报告》，文物出版社1993年，第96页。
[6] 上海文物管理委员会：《上海考古精萃》，上海人民美术出版社2006年，第34页。

同样，原先作为釜使用时的辅助器具而生产制作的陶支座（陶支脚、陶支架），在陶支座与釜连为一体的过程中，顺理成章地产生出了鼎的三足。

因此，新石器时代陶制的鼎，即为陶制的有足釜。而无论是长江流域出现的早期陶鼎，抑或是黄河流域出现的早期陶鼎，其三足形制，大体一样。

③马家浜时期的炊器——陶甑

新石器时期的釜及鼎等，加工食品时可用来烧煮肉食。但将去壳的稻谷（即米）加工成食物时，却只能加工成流质食物，即今天所说的稀饭、粥。为改善生活质量，马家浜时期出现了陶制的甑，苏州草鞋山遗址马家浜文化层即有该陶甑出土。

甑，底部有若干小孔，孔眼的作用如同当今的笼箅。陶甑与陶罐、陶盖配套使用，形成三连套，缺一不可。在加工食物时，将陶甑配装在盛有水的陶鼎（或鬲、罐等）上，盖上陶盖，然后在陶罐底部烧火加热，当水沸腾时，蒸汽便通过小孔进入陶甑，使陶甑中的食物变熟。

蒸，在北方方言中，与"馏"连称为"蒸馏"，亦单称为"馏"。均指把食物蒸熟或蒸热。东汉许慎《说文解字》释"甑"曰："甑，甗也。"而释"甗"曰："甗，甑也。"[1]《说文解字》对甑、甗二器的互训，也道及二器间的密切关系。

苏州博物馆展出的红陶甑（左）及其内部构造（右）（马家浜文化，苏州草鞋山遗址出土）（吴恩培摄）

④甑的使用

年代大致与马家浜文化处于同一时期的北方仰韶文化半坡类型且"年代最终可以判定在公元前4900年至前3800年之间"的"半坡文化"[2]，亦出土有陶甑。今陕西西安半坡博物馆展出陶甑使用组合器的"器盖""陶甑""夹砂陶罐"三件套，该三件套置放的背景展板——"陶甑的作用及其意义"，对之阐释说："甑是古代的一种炊具，底部有许多小孔，放在罐类陶器上蒸食物。陶甑就是用陶器做成的甑。在半坡遗址出土的文物中，就发现8件残陶甑。陶甑是半坡人用来加工食物的炊具，它的底部有方形或圆形的若干规则小孔，孔眼的作用如同当今的笼箅。陶甑与陶盖、陶

---

[1] 许慎：《说文解字》，中华书局1963年，第269页。
[2] 中国社会科学院考古研究所：《中国考古学·新石器时代卷》，中国社会科学出版社2010年，第226页。

第一章 远古江南

列为全国重点文物保护单位的陕西西安"半坡遗址"文物保护碑(左)及西安半坡博物馆展出陶甑使用组合器的"器盖""陶甑""夹砂陶罐"三件套(右)(吴恩培摄)

浙江余姚河姆渡遗址博物馆展出的"陶灶、陶釜、陶甑"组合(河姆渡遗址)(吴恩培摄)

罐配套使用,形成三连套,缺一不可。在加工食物时,将陶甑配装在盛有水的陶罐上,盖上陶盖,然后在陶底部烧火加热,当水沸腾时,蒸汽便通过小孔进入陶甑,使陶甑中的食物变熟。甑的发明是远古先民聪明智慧的杰作,虽然远古先民当时不知蒸汽的原理,但他们无意识地却使用了蒸汽的原理蒸饭,它使生食变成了熟食,使流食变成了干饭,不仅改善了饮食结构,而且还增强了体质,这是饮食结构上的一次革命性的质的飞跃。"

浙江余姚河姆渡遗址博物馆展出的"陶灶、陶釜、陶甑"炊器组合,乃是据该遗址相关出土器且另加一甑示意而已。这一组合示意,与现代炊器电饭锅(电饭煲)的炊事原理相同。这也说明,从马家浜文化(亦含国内同一时期的其他区域文化)以来的近7000年中,人们吃饭使用的炊器及其蒸煮原理,古今类同且并无实质性的改变。

(2)玉器

太湖流域的苏州玉器制作,以其做工精细被称为"苏作"。苏作渊源当追溯至距今六七千年前的马家浜时期。据考古文献记载,马家浜时期的吴江广福村遗址,曾出土玉玦。而草鞋山遗址的相关报告中亦提及少数墓随葬骨笄、玉玦、小玉环等装饰品。[1]现属苏州吴江区平望镇梅堰社区龙南村的袁家埭遗址,1960年2至4月由南京博物院、苏州市文管会等联合组成的江苏省文物工作队在这里主持发掘时,出土马家浜时期的数件玉器。此外,张家港东山村遗址的马家浜文

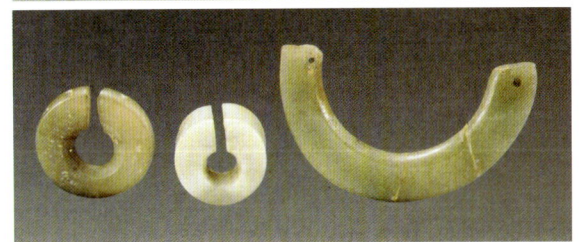

南京博物院展出的玉石玦(马家浜文化,公元前4500年,苏州工业园区草鞋山遗址出土)(上)(吴恩培摄)及玉玦、玉璜(马家浜文化,吴江平望镇梅堰袁家埭遗址出土)(下)(录自《苏州博物馆藏出土文物》[2])

---

[1]谷建祥:《草鞋山遗址与中国早期稻作文化》,刊于吴县政协文史资料委员会编《吴地文化一万年》,中华书局1994年,第28页。
[2]苏州博物馆:《苏州博物馆藏出土文物》,文物出版社2009年,第79页。

化层也出土数件玉管、玉玦、玉璜等。尽管这些玉器数量不多且器物制作也相对简单。但在距今六七千年前,且在制作工具极为原始的条件下,远古先民制作的这些玉器,已达到了很精致的水平。而从苏州草鞋山遗址、吴江袁家埭遗址及张家港东山村遗址出土的玉器形制高度相似也可以看出,距今六七千年前的苏州境内,不同地区间的文化交流显而易见。

除上述外,太湖流域的其他地区,如无锡江阴及常州武进等地,都出土了精美的玉器。

(3)石器

太湖流域的马家浜时期,已开始使用磨制石器。此类石器,相较旧石器时期的粗糙石器,已更为精细。这一时期,在太湖流域耕种稻作时,业已开始使用石锛、石斧等。

(4)象牙器

昆山绰墩遗址的马家浜文化墓葬中,出土多具完整的人骸。其中M73墓中的人骸头部,置放一象牙梳。该象牙器,或为死者生前使用之物,死后作陪葬器置于头部。这一距今7000年至6000年的象牙梳,为目前所知最早的象牙制品。这也说明,距今7000年至6000年前的马家浜时期,太湖流域乃至长江下游地区,亚洲象曾广泛分布,且象牙其时就已开始被太湖流域的远古先民用作生活用品的材料。上述象牙梳,不但成为马家浜时期江南太湖流域手工业生产发展状况的记录,也成为那一时期太湖流域生态状况的记录。

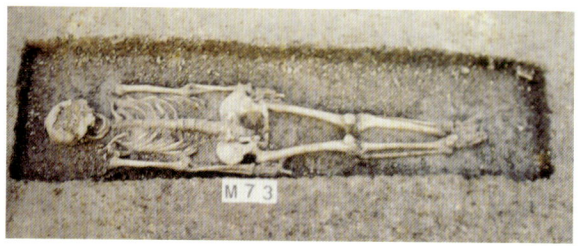

昆山绰墩遗址M73墓全景(上)以及该墓置于头部的象牙梳(下左)及象牙梳细部(下右)(录自《昆山绰墩遗址》)[1]

(四)太湖周边重要的马家浜文化遗址

1.苏州工业园区草鞋山遗址

草鞋山遗址位于苏州工业园区唯亭镇陵南村阳澄湖南岸,距苏州古城城东15千米。遗址原先有两处土墩:一处土墩外形像草鞋(草履),故被称为草鞋山或草履山。另一处土墩为与草鞋山隔路相望且现存的夷陵山。

现列为全国重点文物保护单位的苏州草鞋山遗址,是太湖流域重要的马家浜文化遗址。

1956年,江苏省文物管理委员会在文物普查中发现该遗址。随后,又进行了多次调查。"1972冬和1973年春南京博物院及吴县文管会对遗址进行了两次大规模的科学发掘,共发掘面积1600平方米。"[2]其后,针对该遗址又进行过多次发掘。

1972、1973年两次发掘时,考古人员发现这里的"文化堆积厚处达11米,可分10层,是目前我国古遗址文化层堆积最厚的一处,在世界也属罕见。从地层叠压关系可以看出草鞋山遗

---

[1]苏州市考古研究所:《昆山绰墩遗址》,文物出版社2011年,彩版五三"马家浜文化墓葬M73"。
[2]谷建祥:《草鞋山遗址与中国早期稻作文化》,见吴县政协文史资料委员会:《吴地文化一万年》,中华书局1994年,第26页。

列为全国重点文物保护单位的苏州工业园区"草鞋山遗址"文物保护碑(左)及现今犹存的夷陵山(右)(吴恩培摄)

草鞋山遗址地貌(录自《江苏吴县草鞋山遗址》[1])

址各层分属不同的文化时期,其先后次序是:马家浜文化(第10、9、8层)、崧泽文化(第7、6、5层)、良渚文化(第4、3、2层),直到进入春秋时代的吴越文化。这个序列从新石器时代较早阶段开始到太湖地区早期国家的繁荣阶段,几乎跨越了太湖地区、长江下游先秦历史的全部编年"[2]。这些不同时期的文化,记录着草鞋山先民从距今约7000年至距今约3000年漫长岁月的生活痕迹,更显示该遗址为除三山岛外的目前已知苏州人最早生活过的地方。远古先民在这里连续生活的时间跨越马家浜文化、崧泽文化和良渚文化时期,长达4000多年,超过苏州城诞生至今的时间。

草鞋山遗址古文化堆积的10个文化地层中,下层的第10、9、8层属马家浜文化。其"最下层(第10层)土块中夹有炭化稻谷粒,经江苏省农业科学院鉴定除籼稻外还有粳稻,是我国发现的最早的人工栽培稻之一"。同时,在"草鞋山遗址的最下层,出土了3小块炭化纺织物残片,经上海市纺织科学研究院、上海丝绸工业公司鉴定,原料可能是野生葛,都是纬线起花的罗纹编织物,花纹为山形和菱形的斜纹"[3]。

---

[1] 南京博物院:《江苏吴县草鞋山遗址》,见文物编辑委员会:《文物资料丛刊》第3辑,文物出版社1980年,第15页。
[2] 谷建祥:《草鞋山遗址与中国早期稻作文化》,见吴县政协文史资料委员会:《吴地文化一万年》,中华书局1994年,第26页。
[3] 谷建祥:《草鞋山遗址与中国早期稻作文化》,见吴县政协文史资料委员会:《吴地文化一万年》,中华书局1994年,第27页。

1992—1995年，南京博物院等单位与日本宫崎大学合作，对苏州草鞋山遗址进行古稻田的发掘研究，"发现马家浜文化时期分三种时间先后形成的水田。早期利用不规则自然洼地，稍加改造，在两侧种植；中期为小面积带状分布畦田，田间有水口相通，专设水沟与蓄水坑；晚期由畦田、水口和浅水槽组成基本单元，所在单元均围绕一个大塘分布，大塘可起蓄排兼容作用，反映本区域的农业已由自然种植向人工的有一定模式的耕种方式演进。经科学鉴定，种植的水稻属粳稻。这是我国首例发现的古稻田，也是目前世界上发现的最古老的水田遗迹"[1]。

南京博物院展出的关于"草鞋山东片水田遗迹图片"的展板（吴恩培摄展板图片）

2. 苏州昆山绰墩遗址

绰墩遗址位于苏州昆山巴城镇正仪绰墩村。该遗址"自1998—2004年，通过六次，连续七年发掘，共计发掘面积3393平方米，清理发现各类遗迹430多处。其中，比较重要的是揭示出距今5000—6000年左右的新石器时代居住址14处，以及相关的河道、灰坑、墓葬与水田遗迹等[2]，较全面地反映了新石器时代马家浜文化至良渚文化时期的聚落形态与布局，特别是发现了6000年左右，马家浜时期的64块水稻田以及相关的蓄水坑、水沟、水口等农田灌溉系统，为长江下游稻作农业与栽培稻起源提供了重要依据"[3]。

列为全国重点文物保护单位的昆山"绰墩遗址"文物保护碑（吴恩培摄）

昆山绰墩遗址与草鞋山遗址相距仅7.5千米。该遗址与草鞋山遗址发现的较早有灌溉系统的古稻田一样，共同为长江下游稻作农业与栽培稻起源提供了重要依据。

3. 上海青浦福泉山遗址

福泉山遗址位于上海市西郊青浦县重固镇。该遗址发现于1962年，1974年进行试掘。后于1982、1983及1986年作三次发掘。该遗址文化层情况为："土墩的第1至3层，属于经过搬动的扰乱土，在第2、3层中出土大量时代较早的马家浜文化遗物，叠压在第4层时代较晚的早期良渚文化层

---

[1] 邹厚本：《江苏考古的回顾与思考》，《考古》2000年第4期。原文此处加注："谷建祥等：《对草鞋山遗址马家浜文化时期稻作农业的初步认识》，《东南文化》1998年第3期。"
[2] 原文此处加注："苏州博物馆、昆山市文物管理所等：《江苏昆山绰墩遗址第一至第五次发掘简报》，《东南文化》2003年增刊。"
[3] 丁金龙：《苏州史前文化概述》，见苏州博物馆：《苏州文博论丛》2010年（总第1辑），文物出版社2010年，第6页。

的上面，这显然是从别处搬来的堆土。再从扰乱土中遗物的年代来看，土墩北半部最晚的遗物为良渚文化早、中期，而南部一小部分大部属于春秋战国时代。这就表明福泉山的形成过程大致是：早在崧泽文化早期，已有人们在今福泉山西北部的一小块高地上居住，以后这里又成为崧泽文化晚期和良渚文化早期的墓地，到了良渚文化中晚期，人们搬运遗址西部马家浜文化的堆积，在此由西向东堆筑土墩，形成福泉山的基本地层，然后到了春秋战国时代，福泉山的南部又增加了部分堆土，便构成今天福泉山的地形。"[1]

4.苏州高新区（虎丘区）越城遗址

越城遗址位于苏州市高新区（虎丘区）横塘街道渔家村，地处横山之下，石湖之滨。1960年5月至7月，江苏省文物工作队苏州分队，为配合吴县蠡墅砖瓦厂取土，对遗址进行正式发掘。发掘表明，该遗址"包含三个时代的文化遗存。上层是以几何印纹陶为特点的春秋时代文化，中层是以灰陶、黑衣陶为主的良渚文化，下层是以夹砂红陶、泥质红陶为特点的马家浜文化"[2]。该遗址下层出土的马家浜文化陶器遗存，以夹砂红陶和泥质红陶为主，多为残器，有宽檐釜、牛鼻耳罐、平底盉、带把壶形器和豆等。

5.苏州吴江区广福遗址

广福遗址又称广福村遗址，位于吴江区西南桃源镇广福村。该遗址1985年由吴江市文管会在文物普查中首次发现。1996年12月，苏州博物馆和吴江市文管会对该遗址进行抢救性发掘，发掘面积160平方米，清理出一批马家浜文化墓葬、房址以及马桥文化水井、灰坑等。据该处考古报告《江苏吴江广

列为全国重点文物保护单位的上海青浦"福泉山遗址"文物保护碑（吴恩培摄）

列为江苏省文物保护单位的苏州高新区（虎丘区）横塘街道渔家村的"越城遗址"文物保护碑（吴恩培摄）

列为吴江区文物保护单位的苏州吴江区桃源镇广福村的"广福遗址"文物保护碑（吴恩培摄）

---

[1]黄宣佩、张明华：《上海青浦福泉山遗址》，《东南文化》1987年第1期。
[2]南京博物院：《江苏越城遗址的发掘》（执笔者：汪遵国、李文明），《考古》1982年第5期。

村遗址发掘简报》称:"根据地层叠压关系和器物形制的变化,可将广福村遗址的马家浜文化分为两期。""该遗址马家浜文化第一期的标本(BK94092)经-14测定,其年代为距今5410±80年,年轮校正为距今6055±125年。""马家浜文化第二期的出土器物较一期略有变化,而带有崧泽文化的特点,……第二期的年代属于从马家浜文化向崧泽文化的过渡阶段。"[1]

6.无锡江阴祁头山遗址

祁头山遗址位于江苏省江阴市城东新区夏家村东北。遗址地处太湖之北,北距长江南岸5千米。2000年8月,因修建"新长"铁路,基建动工时,发现该遗址。有学者指出:"祁头山遗址虽属马家浜遗存,自身特点却很突出。例如所出腰檐陶釜之多,大大超过其他马家浜遗址(不含淮河流域青莲岗文化的颈檐陶釜)。这种釜,以往在江苏境内所见的,底部皆不能复原;浙江桐乡罗家角等地出的已知为圜底;而祁头山出的,则为大小不一的平底。其具体情况是,凡器形矮而胖的为小平底;器形似高筒状而腰檐上又加四个外撇叶状装饰的,则为大平底,如把罗家角、(吴县)

列为江苏省文物保护单位的江阴"祁头山遗址"文物保护碑(吴恩培摄)

草鞋山、东山村和祁头山的腰檐釜放在一起作比较,可见到体型从矮胖到瘦高,底部由圜底经小平底至大平底的演化过程,其中带外撇四叶的高筒形大平底釜最晚,大概已到马家浜末期。"[2]

7.无锡新吴区彭祖墩遗址

彭祖墩遗址位于江苏省无锡市新吴区鸿山镇,现为江苏省文物保护单位。1990年,无锡市博物馆在考古调查中发现该遗址。2000年11月至2002年6月,由南京博物院主持,无锡市博物馆、锡山区文物管理委员会参加,对该遗址进行了三次发掘。

列为江苏省文物保护单位的位于无锡新吴区鸿山镇的"彭祖墩遗址"文物保护碑(左)及无锡鸿山遗址博物馆展出的平底腰沿釜(彭祖墩出土)(右)(吴恩培摄)

---

[1] 苏州博物馆、吴江市文物陈列室:《江苏吴江广福村遗址发掘简报》(执笔:丁金龙、杨舜融、张照根),《文物》2001年第3期。
[2] 俞伟超:《江阴祁头山遗存的多文化因素》,《中国文物报》2001年5月2日第7版。

考古报告《江苏无锡锡山彭祖墩遗址发掘报告》称该遗址为"马家浜时期的彭祖墩遗址",并指出:"彭祖墩遗址的早中期是属于平底釜系统的,而晚期圆底釜的影响有点明显。马家浜文化分布于太湖周边地区,太湖东部以草鞋山等为代表的是圜底釜为重要特征。太湖西部以骆驼墩、西溪为代表的是平底釜为重要特征。彭祖墩遗址早晚期釜的变化中有平底釜减少而圜底釜增加的现象,这显示该遗址是处于马家浜文化诸类型的一个分界处,在早期这里与太湖西部的关系还比较密切,而晚期太湖东部的因素明显增加。"[1]

8.常州戚墅堰圩墩遗址

圩墩遗址位于江苏省常州市东南的戚墅堰区。1960年,南京博物院在苏南地区考古调查时发现。1972年、1974年、1978年、1985年,南京博物院、常州市博物馆等单位先后四次对遗址进行发掘。1992年1至2月,为配合戚墅堰区城建局的基建工程,南京博物院、常州市博物馆、武进县博物馆的考古工作者对遗址进行了第五次发掘。圩墩遗址的文化遗存主要为马家浜文化和崧泽文化两部分,其中马家浜文化遗存地层堆积较厚,延续时间较长,年代跨度约为距今6200—5900年之间。其时,虽然农业开始发展起来,但采集和渔猎仍然是重要的补给手段。在常州圩墩遗址的马家浜文化层中,不但出土了木橹,还出土了木桨。橹、桨等为舟楫、船只的配套工具。

列为江苏省文物保护单位的常州"圩墩遗址"文物保护碑(吴恩培摄)

常州博物馆展出的木橹(马家浜文化,公元前4500—前3900年,常州圩墩遗址出土)(吴恩培摄)

常州博物馆展出的木桨(马家浜文化,公元前4500—前3900年,常州圩墩遗址出土)(吴恩培摄)

---

[1]南京博物院、无锡市博物馆、锡山区文物管理委员会:《江苏无锡锡山彭祖墩遗址发掘报告》(执笔者:朱国平、邹忆军、郝明华、汪俊明、解立新、蔡剑鸣、唐根顺),《考古学报》2006年第4期。

9. 常州金坛三星村遗址

三星村遗址位于江苏省常州市金坛区西岗镇东南,地处太湖平原与宁镇丘陵交界区域。遗址时代跨马家浜文化至崧泽文化时期,相当于马家浜文化中晚期至崧泽文化早期,距今约6500—5500年。

1985年,省文物普查时首次发现并确认该遗址为新石器时代一处较重要的遗址。1993—1998年,南京博物院联合金坛市文物管理委员会对金坛三星村遗址连续六年进行抢救性发掘。该遗址"文化内涵虽较复杂,但自身特点也很明显"[1]。

列为全国重点文物保护单位的金坛"三星村遗址"文物保护碑(吴恩培摄)

10. 无锡宜兴骆驼墩遗址

骆驼墩遗址位于宜兴市新街街道塘南村,分南北两区,相隔约500米。该遗址的文化遗存以平底釜为主要特征,代表了太湖西部地区马家浜文化时期的一个新的文化类型,与太湖东部地区的圜底釜存在着明显差异。

列为全国重点文物保护单位的宜兴"骆驼墩遗址"文物保护碑(左)及宜兴博物馆展出的平底腰沿釜(马家浜文化,骆驼墩遗址出土)(右)(吴恩培摄)

11. 无锡宜兴西溪遗址

西溪遗址位于宜兴市徐舍镇邮堂行政村的西村自然村。该遗址于1983年文物普查时发现,并被确认为一处新石器时代的遗址。2002年4月,南京博物院、宜兴市文管会组成考古队对该遗址进行了试掘。2003年5至7月和2003年9月至2004年1月,考古队对遗址进行了两次发掘,发现了马家浜文化时期遗存。而该遗址的试掘简报指出:"西溪遗址文化遗存可分为早、晚两个时期,早期时代相当于马家浜文化早期,晚期相当于马家浜文化向崧泽文化的过渡阶段,其资料证明太湖西部地区史前文化有着自身独特的内涵。"[2]

---

[1] 邹厚本:《江苏考古的回顾与思考》,《考古》2000年第4期。
[2] 南京博物院、宜兴市文物管理委员会:《宜兴西溪遗址试掘简报》(执笔:徐建清),《东南文化》2002年第11期。

列为全国重点文物保护单位的宜兴"西溪遗址"文物保护碑（吴恩培摄）

列为浙江省文物保护单位的湖州"邱城遗址"文物保护碑。碑上的文字已模糊不清（吴恩培摄）

12.浙江湖州邱城遗址

邱城遗址位于湖州吴兴区北部小邱城山东、南两侧，紧临太湖的两个相连的小山上。依山有两个交错的方形夯土城墙，名叫邱城。经考古工作者多次调查和发掘，弄清了该遗址总面积约3万平方米，分上、中、下3个文化层。下层，距今约6000多年，属马家浜文化。中层，距今约5000多年，属崧泽文化。上层，即城墙部分，1957年发现夯土中伴有印纹陶、原始青瓷、红陶、黑陶和石器、铜镞、玉玦、玉璜等，最晚的是印纹陶和原始陶。该遗址于1961年列为浙江省级重点文物保护单位。

13.浙江嘉兴桐乡罗家角遗址

罗家角遗址位于浙江嘉兴桐乡市石门镇颜井桥村罗家角村，1956年发现。1979年，浙江省文物部门对遗址进行了局部发掘，发掘面积1338平方米，文化层堆积厚20—350厘米，叠压着4个文化层，包涵物十分丰富。经碳-14测定，第4文化层距今7040±155年，属马家浜文化早期类型。

列为全国重点文物保护单位的浙江桐乡石门镇颜井桥村罗家角村的"罗家角遗址"文物保护碑（吴恩培摄）

（五）马家浜时期"八角星纹"图饰的出现及北方尖底瓶的流入

1.马家浜文化最早出现的"八角星纹"——武进潘家塘遗址出土的陶纺轮

常州武进潘家塘遗址马家浜文化出土陶器上，出现八角星纹饰。据1977年该遗址考古报告——《江苏武进潘家塘新石器时代遗址调查与试掘》，该处遗址的"马家浜文化类型陶器"中，出土有纺轮，这些"纺轮有馒头形、圆饼形和鼓形。有一件扁平鼓形纺轮，上下两面均有刻纹，上面刻八角纹，底面刻双线山座形纹，线条规正，未见明显使用痕迹"[1]。

---

[1] 武进县文化馆、常州市博物馆：《江苏武进潘家塘新石器时代遗址调查与试掘》（执笔者：陈晶），《考古》1979年第5期。

《江苏武进潘家塘新石器时代遗址调查与试掘》提及的"八角纹",又称为"八角星纹""八角星符"等。关于该图形的"八角",其方向并非正指八方,而是每两角平行指向一方,故而八角实际所指的只是东、南、西、北四个方向。

苏秉琦《关于重建中国史前史的思考》一文,把我国

常州博物馆藏常州武进潘家塘遗址出土的马家浜文化陶纺轮的上面刻八角纹(八角星纹)图饰(左、右二图为同一器的不同视角拍摄)(图片为正面,常州博物馆提供)

数以千计的新石器遗址分为六大板块,即"逐渐形成相对稳定的六大文化区系:(1)以燕山南北、长城地带为重心的北方,(2)以山东为中心的东方,(3)以关中(陕西)、晋南、豫西为中心的中原,(4)以环太湖为中心的东南部,(5)以环洞庭湖与四川盆地为中心的西南部,(6)以鄱阳湖——珠江三角洲一线为中轴的南方"[1]。

仅就苏氏六大板块中的"以山东为中心的东方"和"以环太湖为中心的东南部"这中国东部的两大文化板块所涵盖的地域范围来说,常州武进潘家塘遗址马家浜文化类型出土器上的八角纹即八角星纹,为目前所知在这两大文化板块涵盖地域范围内的年代最早的八角星纹图饰。

2.北方尖底瓶的流入及其水土不服

张家港东山村遗址因其整体面貌为崧泽文化,故本书置于"崧泽文化"中论述。但该遗址马家浜文化的出土器有多件。其中,东山村遗址马家浜文化墓葬中出土的1件外形像炮弹的尖底器,令学界尤为注意。该尖底器口沿下饰弦纹带,其下堆贴一周器耳,再往下饰斜向绳纹。考古报告《江苏张家港市东山村新石器时代遗址》关于该器出土情况为:"M97位于T0511东北角。方向345度。墓口长2.1米、宽0.7米、深0.2米,墓口距地表深0.2米。人骨已朽腐不存。随葬品置

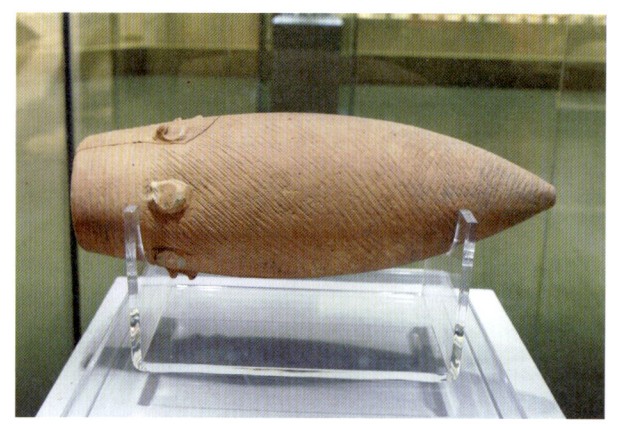

张家港博物馆展出的东山村遗址出土的尖底器(马家浜文化,公元前5000—前4000年)(吴恩培摄)

于墓底中部,有陶尖底器、罐各1件。"该考古报告"结语"部分则指出:"M97内出土的绳纹尖底器,在长江下游地区未见源头,明显具有北方尖底瓶的风格,这为探讨黄河中游与长江下游的文化传播与交流提供了实物资料。"[2]

---

[1]苏秉琦:《关于重建中国史前史的思考》,《考古》1991年第12期。
[2]南京博物院、张家港市文广局、张家港博物馆:《江苏张家港市东山村新石器时代遗址》(执笔者:周润垦、钱峻、肖向红、张永泉),《考古》2010年第8期。

中国国家博物馆展出的小口尖底陶瓶（仰韶文化，约公元前5000年—前3000年，1958年陕西宝鸡北首岭出土）（左）、陕西西安半坡遗址博物馆展出的尖底瓶（中）及河南洛阳博物馆展出的小口尖底瓶（仰韶文化，距今约7000—5000年，1959年洛阳孙旗屯遗址出土，洛阳博物馆藏）（右）（吴恩培摄）

该器形的同类物在环太湖流域的其他遗址中并未发现，也找不到源头，但其具有黄河流域仰韶时代尖底瓶的风格，推测可能是由北方传入。故有学者对此作判断："可见长江下游与中原地区在距今6000年前后已经有非常密切的文化交流。"[1]

而黄河流域多处均出土有此类尖底瓶陶器。它们的年代与太湖流域的马家浜时期，或有前后，但大致处于同一时期。

这一尖底器如何从黄河流域流至长江畔的张家港，今已无考。但这一在黄河流域颇为流行的尖底瓶器形，为何其后在长江下游的太湖流域并未得以传播？对此，或只能从太湖流域与北方黄河流域的自然环境来探讨。黄河流域缺水，故此类尖底瓶多为深井取水用，制作成尖底小口等，就是为方便地下深井取水用。相比之下，太湖流域为江南水乡地区，取水便捷，无须如黄河流域从地下深井取水。故此器流入后，因水土不服，故并未得以流传。尽管如此，该器的出土，还是以实物形式表明，马家浜文化时期，太湖流域与中国北方地区已存在着文化交流。

二、崧泽文化

（一）崧泽文化的命名与分布

崧泽文化，以发现地上海市青浦区崧泽村崧泽遗址而命名。该文化上承马家浜文化，下接良渚文化，是长江下游太湖流域新石器文化的重要阶段。关于其年代，《中国考古学·新石器时代卷》指出："崧泽文化的绝对年代约为公元前4000年至前3000年。"[2]而《上海考古精萃》则厘定为"其考古年代为距今

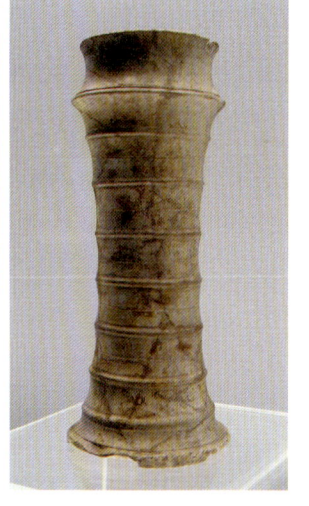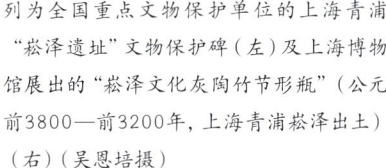

列为全国重点文物保护单位的上海青浦"崧泽遗址"文物保护碑（左）及上海博物馆展出的"崧泽文化灰陶竹节形瓶"（公元前3800—前3200年，上海青浦崧泽出土）（右）（吴恩培摄）

---

[1] 林留根：《从东山村遗址看长江下游社会复杂化进程》，《东南文化》2010年第6期。
[2] 中国社会科学院考古研究所：《中国考古学·新石器时代卷》，中国社会科学出版社2010年，第476页。

5900—5200年"[1]。

崧泽文化遗址主要分布于长江以南的太湖流域，其地域包括今上海市，江苏省的苏州、无锡、常州诸市，以及浙江省的嘉兴市等。

环太湖周边的崧泽文化遗址，首推张家港东山村遗址。该遗址为崧泽文化的高等级大墓所在地。除东山村遗址外，苏州吴中区光福虎山遗址、吴中区澄湖遗址、昆山少卿山遗址、张家港徐家湾遗址、常熟钱底巷遗址、吴江区同里遗址及苏州工业园区独墅湖遗址等，亦在不同地层发掘有崧泽文化遗存。此外，位于昆山市张浦镇赵陵村的赵陵山遗址、位于吴中区甪直镇的张陵山遗址均发现有崧泽文化遗存。而浙江南河浜遗址等，亦为重要的崧泽文化遗址。

（二）崧泽时期的社会生活

1.居住

马家浜时期太湖流域的远古先民，已开始在地面建筑的房屋中定居，从而完成了从穴居野外到平地起筑居室这一生活居住方式的重大转变。而太湖流域的崧泽时期，承继了马家浜时期在地面建筑的房屋中定居的生活方式，聚居在茅舍村落中。常熟钱底巷崧泽文化遗存表明，当时的先民住在直径6—7米的圆形房屋中，房屋墙壁厚0.10—0.15米，圆形居住面表面平整，中间隆起，略高于边缘。其结构系用黄土掺和大量砂粒铺垫而成，并经拍打和焙烧，十分坚实。[2]还有些居址中心凹陷处有红烧土堆残迹，面积分别为1或1.5平方米。凹陷的底部均发现有夹砂红褐陶鼎、泥质红陶罐、壶等残片，当为火塘。[3]

2.手工制作

崧泽时期的手工制作，继承马家浜文化的手工制作技艺，亦主要生产陶器、玉器以及石器等。

（1）陶器

崧泽文化的陶器，生产技术、品种及内容较马家浜时期已更为丰富。

①轮制陶器技术出现

崧泽时期的制陶，轮制陶器技术已经出现。这一时期的陶器制作，虽然仍以手制为主，但在有些遗址的崧泽文化遗存中，已能见慢轮修整的痕迹。[4]所谓慢轮，即为采用木制的轮轴机械转动制陶方法，使陶坯成型。具体制作过程是：将泥料放在木制的

上海博物馆展出的崧泽文化黑陶刻纹盖罐（公元前3800—前3200年，上海青浦崧泽出土）（左）及浙江嘉兴博物馆展出的人首陶瓶（崧泽文化）（右）（吴恩培摄）

---

[1] 上海文物管理委员会：《上海考古精萃》，上海人民美术出版社2006年，第40页。
[2] 南京大学历史系考古专业、常熟博物馆：《江苏常熟钱底巷遗址发掘报告》（执笔者：宋建、戴宁汝、吴慧虞），《考古学报》1996年第4期。
[3] 苏州博物馆、张家港市文物管理委员会：《江苏张家港徐家湾新石器时代遗址》（执笔者：王德庆），《考古学报》1995年第3期。
[4] 上海市文物管理委员会：《青浦福泉山遗址崧泽文化遗存》，《考古学报》1990年第3期。

水平圆盘——陶轮上，利用陶轮的旋转，用双手将泥料拉成陶器坯体。这种方法制作的陶器规整匀薄。轮制陶器经历了从慢轮到快轮的过程，即装有直立转轴的圆盘工作台，其转速随社会发展而由慢到快。崧泽时期，远古先民开始运用的轮制陶器技术，是制陶技术的一大进步。这一技术的使用，使得陶器器形更加规整、精美。

②彩绘陶器出现

崧泽时期的制陶已多处出现彩绘。上海青浦崧泽遗址79号墓出土红黄彩绘碗形陶豆，其器腹上有红褐色和淡黄色彩绘的弧线带纹以及一周下垂的凸棱。而青浦崧泽遗址60号墓出土红彩宽带纹陶罐，其口沿至腹中部饰三周宽带形红褐色彩绘。苏州张家港塘桥镇徐家湾遗址，亦出土了崧泽文化时期的彩绘陶球。尽管该器线条简单，

上海青浦崧泽遗址出土的红彩宽带纹陶罐（崧泽文化，1974年青浦崧泽遗址60号墓出土。高22.5厘米，口径11.7厘米）（左）（录自《上海考古精萃》[1]）及张家港博物馆展出的彩绘陶球（崧泽文化，公元前4000—前3000年，塘桥镇徐家湾遗址出土）（右）（吴恩培摄）

色彩并不丰富，但其线条构成的图案却反映了崧泽时期江南陶器艺术的成就。该遗址的考古报告则由此推测说："徐家湾的涡纹勾连彩绘陶球，其纹饰与徐海地区常见的背壶彩绘风格极相似。由此可见，长江下游东南滨海一带可能早已是南北文化交往的一条重要通道。"[2]

③炊器腰沿釜的消失

马家浜时期的陶炊器鼎、甑等，依然存在于崧泽时期太湖流域先民的生活中。其器形，并无大的改变。而马家浜时期太湖流域广泛出现的炊器腰沿釜，在崧泽文化的遗存中已不见其踪迹。

现存太湖流域崧泽时期的陶釜，有浙江嘉兴博物馆展出的崧泽文化红陶大釜及苏州昆山绰墩遗址崧泽文化墓

苏州张家港博物馆展出的带盖陶鼎（崧泽文化，公元前4000—前3000年）（左）及常州博物馆展出的带把鼎（崧泽文化，公元前3900—前3300年，2002年常州新岗遗址出土）（右）（吴恩培摄）

---

[1] 上海文物管理委员会：《上海考古精萃》，上海人民美术出版社2006年，第72页。
[2] 苏州博物馆、张家港市文物管理委员会：《江苏张家港徐家湾新石器时代遗址》（执笔者：王德庆），《考古学报》1995年第3期。

葬M5出土的陶釜。此类太湖流域崧泽时期的陶釜器形与马家浜时期的腰沿釜器形相比，已发生很大变化。而太湖流域马家浜时期的腰沿釜，值崧泽时期消失，或有着今人不知的内在因素。

④太湖流域崧泽时期南方甗的出现

随着马家浜时期腰沿釜的

浙江嘉兴博物馆展出的红陶大釜（崧泽文化，嘉兴大桥南河浜出土，炊器）（左）（吴恩培摄）及苏州昆山绰墩遗址崧泽文化墓葬M5出土的陶釜（M5:2）（右）（录自《昆山绰墩遗址》[1]）

消失，崧泽时期与人们生活与生存密切相关的陶炊器，是另一种与鼎器形有关，但实用功能已发生本质变化的陶炊器——甗。

须指出的是，大致同一时期，北方黄河流域等，都出现了器形与太湖流域崧泽时期的南方甗截然不同的北方甗。北方甗与太湖流域的南方甗，二者使用功能并无差异，均为蒸熟食物的炊器。但器形及内部结构，二者存在着较大差异。

⑤南方甗的分类及其实例

太湖流域崧泽时期出现且迁延至良渚时期而结构上有别于北方同类器的甗，为远古江南文化的一个重要炊器，以"南方甗"称之。

从现存出土遗存来看，南方甗存在着有箅与无箅两种类型。而其中有箅型甗，又分为"带注水孔"及"无注水孔"两个子项。

现将南方甗的有箅型与无箅型甗两大类型，分述如下：

其一，南方甗之有箅型甗。

南方甗中的有箅型甗，并不存在箅这一附件，而只是从该类型甗的内壁制有一圈突起的箍状物，推测其为置放竹、木等材料制成的箅子。并由此推测炊事时，生食置于箅上，与箍状物下部的水形成隔水蒸状况而蒸熟食物。

《上海考古精萃》分析此类甗时指出："考古工作中至今没有发现过甗内的箅，可能箅是用竹木莎草等编成的。"[2]这意味着，南方甗中的有箅型甗中的箅，仅由存在于甗内壁的一圈突起箍状物而推测为"可能箅是用竹木莎草等编成"。因"竹木莎草"不易保存，故"至今没有发现过甗内的箅"的相关实物。而正是其内壁一圈突起的箍状物，构成了太湖流域崧泽时期出现的南方有箅型甗的最显著特点。

以下为南方甗之有箅型"带注水孔"甗及其实例。

所谓"带注水孔"，是指该甗突起的箍状物的下部有一注水孔，可以在蒸煮食物时不用揭盖便

---

[1] 苏州市考古研究所：《昆山绰墩遗址》，文物出版社2011年，彩版六一"崧泽文化墓葬M5土器物"、彩版六五"崧泽文化墓葬M6出土器物"及彩版八九"崧泽文化墓葬M31出土器物"。
[2] 上海文物管理委员会：《上海考古精萃》，上海人民美术出版社2006年，第65页。

向内加水。其现存实例如下：

实例：上海青浦崧泽遗址出土的崧泽文化有箅型"带注水孔"夹砂红陶甗。

上海青浦博物馆展出该器时，定名为夹砂红陶甗。而《上海考古精萃》录用该器时，将该器定名为"扁凿足陶甗"，并对该器作介绍说："扁凿足陶甗，崧泽文化，1985年青浦金山坟遗址出土，高24.8厘米、口径24.2厘米。夹砂灰褐陶。弧腹微收，外饰弦纹，腹侧设袋形流，内壁有一周可承箅，底附扁凿足。足根表面捺有凹点。甗是隔水蒸煮食物的专用炊器。由于在陶甗的腰部斜向有孔，可以注水，保证箅下不断水，带注水流的甗，在崧泽文化中首次发现。陶甗的出现，改变了食物只能在釜、鼎中直接烧煮的情况。"[2]

上海青浦博物馆展出的夹砂红陶甗（崧泽文化，炊器，青浦崧泽遗址出土）（左）（吴恩培摄）及该器内壁的一圈突起的箍状物构造（右）（录自《上海考古精萃》）[1]

上述崧泽文化夹砂红陶甗，为年代较早的崧泽文化有箅型"带注水孔"甗。该类崧泽文化陶甗，对其后良渚时期太湖流域的有箅型"带注水孔"甗有直接影响。

实例：苏州吴江龙南遗址出土的良渚文化有箅型"带注水孔"红陶甗。

苏州博物馆展出该器时，展器说明标牌的文字介绍说："红陶甗，良渚文化吴江龙南村落遗址。夹砂红陶，为炊器，可以隔水蒸食物。其外形如釜形鼎，内有凸出一周隔，用来搁置箅。在隔下部有一个注水孔，可以在蒸煮食物时不用揭盖向内加水。"

苏州博物馆展出的红陶甗（良渚文化，吴江龙南村落遗址）（左）及其内壁的一圈突起的箍状物构造及注水孔（右）（吴恩培摄）

其二，南方甗之无箅型甗及其实例。

崧泽时期太湖流域出现的无箅型甗，为"盖+甑+鼎"的炊器组合；而今陕西西安半坡博物馆展出陶甑使用组合器的"器盖""陶甑""夹砂陶罐"三件套，则为"盖+甑+罐"。

显见，南方甗之无箅型甗与北方甗中的无箅型甗，二者的主要区别在于甗下部的构造：南方

---

[1]上海文物管理委员会：《上海考古精萃》，上海人民美术出版社2006年，第64页。
[2]上海文物管理委员会：《上海考古精萃》，上海人民美术出版社2006年，第64页。

甗多为鼎，而北方甗多为鬲。

南方甗之无箅型甗的现存实物器遗存情况的例证为：

实例：苏州张家港东山村遗址出土的崧泽文化无箅型甗。

苏州张家港博物馆展出、张家港东山村遗址出土的崧泽文化无箅型甗实际为"盖+甑+鼎"的炊器组合。

实例：苏州草鞋山遗址出土的由甑、鼎配套的崧泽文化无箅型甗。

南京博物院《江苏吴县草鞋山遗址》一文，记载苏州草鞋山遗址发掘时，"在第六层发现了属于崧泽文化类型的墓葬"并出土了"甗（由甑、鼎配套）"[1]。

苏州张家港博物馆展出的陶甗（崧泽文化，公元前4000—前3000年，东山村遗址出土）（吴恩培摄）

实例：常州圩墩遗址和常州新岗遗址出土的崧泽文化无箅型甗。

常州博物馆展出且为常州圩墩遗址出土的崧泽文化无箅型甗，考古报告——常州博物馆《1985年江苏常州圩墩遗址的发掘》介绍该器为："甗1件（M122∶4）。夹砂灰陶。由上、下两部分组成。上部为带盖甑，下部为釜形鼎。甑为敞口，折沿，深腹，甑底有6处孔眼，甗盖钮为瓜蒂状。口径20、底径12.5厘米。鼎为侈口，弧腹，圜底，宽扁三足。口径20.5、整器通高41.2厘米。"[2]由此可知，该崧泽文化无箅型甗，乃是"盖+甑+鼎"的炊器组合。而组合的甑，甑底有6处孔眼。

另，常州新岗遗址出土的崧泽文化陶甗，其形制如同圩墩遗址出土的无箅型甗。

实例：浙江嘉兴南河浜遗址出土的崧泽文化无箅型甗。

浙江嘉兴博物馆展出。

以上叙述功能相同但器形相异的太湖流域崧泽时期的南方甗与

常州博物馆展出的陶甗（崧泽文化，公元前3900—前3300年，1985年常州圩墩遗址出土）（吴恩培摄）

浙江嘉兴博物馆展出的陶甗（崧泽文化，嘉兴大桥南河浜遗址出土）（吴恩培摄）

---

[1] 南京博物院：《江苏吴县草鞋山遗址》，见文物编辑委员会：《文物资料丛刊》第3辑，文物出版社1980年，第6页。
[2] 常州博物馆：《1985年江苏常州圩墩遗址的发掘》（执笔者：陈丽华、黄建康、唐星良），《考古学报》2001年第1期。

大致同一时期的北方甗,意在说明,远古时期中国南北同类生活用器存在着异同。

(2)崧泽时期的玉器生产及崧泽时期玉琮与崧泽时期龙形玉器的出现

太湖流域崧泽时期的玉器,具有以下特点:

其一,在制作材料上开始以透闪石软玉为主体。

其二,在制作技术上,这一时期的璜是最重要的器种,片形璜逐渐占据了显要的地位,不规则的片状坠饰占有相当的数量。这说明玉料获取的技术取得了重要进展,加工大面积玉件的切割技术也取得了重要突破。

昆山绰墩遗址出土的崧泽文化玉璜(录自《昆山绰墩遗址》[1])

其三,在玉器器形和品种上逐渐丰富。它表现在:

一方面,这一时期玉琮尚未出现。崧泽时期出现少量的条形、扁环形环镯,而环璧、玉钺等大型礼仪性玉件开始少量出现。此外,墓地出土玉器的数量、种类和质量已经成为墓葬和聚落等级的标识。[2]有学者研究崧泽文化的玉器出土情况指出:上海市青浦崧泽遗址"其中出土24件玉器璜环琀镯等";上海青浦福泉山遗址"崧泽文化玉器璜管琀坠璧玉铲形器等";苏州草鞋山遗址"出土玉器,计有钺、璜、珮、玦、琀以及小环、小型坠饰等";常州圩墩遗址"主要品种有环、瑗、镯、琀、璧形饰和坠饰等";浙江嘉兴南河浜遗址"出土玉器64件,品种有璜、镯、钺、圆环形玉饰、圆片形玉饰、梯形玉饰、舌形玉饰、三角形玉饰"等。南京营盘山遗址,分别出土有玉璧、玉双联璧、玉环、玉条形璜、玉璜、玉三角形饰、玉半璧形璜等。江苏丹徒磨盘墩遗址"其第5层和第4文化层相当于崧泽文化中晚期和良渚文化早期。出土物中除少量磨制石器和陶器,主要有大量

张家港博物馆展出的东山村遗址出土的玉镯、玉管(崧泽文化,公元前4000—前3000年)及玉璜、玉饰件(崧泽文化,公元前4000—前3000年)(吴恩培摄)

---

[1] 苏州市考古研究所:《昆山绰墩遗址》,文物出版社2011年,彩版七一"崧泽文化墓葬M10出土"及彩版七五"崧泽文化墓葬M14出土"。

[2] 方向明:《崧泽文化玉器及其相关问题的研究》,《东南文化》2010年第6期。

第一章 远古江南

的打制石制品和一些玉制品，第5层出土有玉璜1件、玦1件、系璧3件。第4层出土有玦1件、系璧1件、锥形器1件、柱形器1件"。[1]由此可见，崧泽文化时期的玉器品种中，琮尚未出现，即崧泽时期无琮。

列为江苏省文物保护单位的常州横林"青城墩遗址"文物保护碑（左）及常州博物馆展出的龙首纹玉饰（崧泽文化，青城墩遗址出土）（右）（吴恩培摄）

另一方面，这一时期出现太湖流域最早的龙形玉器，并通过常州横林青城墩遗址出土崧泽时期龙首纹玉饰而体现出来。

常州博物馆展出的"龙腾之地"展板，揭示常州横林青城墩遗址出土崧泽时期龙首纹玉饰的意义说："在以中原文明为主导的历史时期，中原之外一概被视为蛮荒之地，直至20世纪70年代，史学界依旧普遍认为长江下游的远古文化出现较晚，发展水平落后于黄河流域。而近几十年的考古发现则证明，长江下游地区也存在着自成一脉的文化发展体系，其文明程度有时甚至超过了黄河流域。从距今7000多年前的马家浜文化开始，经崧泽文化的发展，到距今5300年前高度辉煌的良渚文化，长江下游地区有着一套完整的考古文化发展序列。……青城墩遗址出土的崧泽文化玉龙，表明5000多年前中国史前文明的曙光正在常州大地上冉冉升起。"

而从太湖流域及其周边地区出土的龙形器的纵向比较来看，青城墩遗址出土的崧泽文化玉龙，年代早于其后常熟罗墩遗址出土的良渚文化抽象风格的玉双龙牌饰（又称双龙圆形牌饰）及安徽含山凌家滩遗址出土的具象风格的玉龙，从这一意义上讲，它无疑成为上述太湖流域及其周边地区出土最早的龙形器。

（3）石器

崧泽时期的石器，相较马家浜时期，体现出数量多、种类多的特点。其种类有斧、锛、凿等形式。张家港东山村遗址M91大墓中，出土了器形一大一小的两件石锛。其中大的尺寸为长8.3厘米、宽3.6厘米、厚1.1厘米，平面呈长方形，器身有打制疤痕，顶部未打磨，较粗糙。而小的尺寸为长3.2厘米、宽1.8厘米、厚0.7厘米，平面呈长方形，磨制较细，通体光滑。[2]

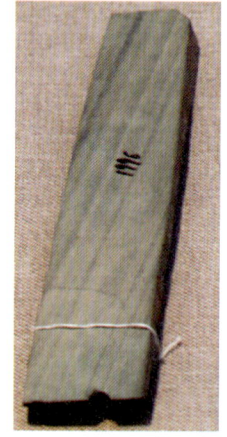

张家港博物馆展出的东山村遗址出土的石锛（崧泽文化，原金港镇东山村遗址出土，公元前4000—前3000年）（左）、石斧（崧泽文化，原金港镇东山村遗址出土，公元前4000—前3000年）（右）（吴恩培摄）

[1] 孙维昌：《崧泽文化玉器综论》，《长江文化论丛》2005年10月。
[2] 南京博物院、张家港博物馆：《江苏张家港东山村遗址M91发掘报告》，《东南文化》2010年第6期。

而M90大墓中，随葬器物达56件，其中有大型石钺5件，大型石锛1件。[1]所有这些，既反映了社会生产的发展，也反映了崧泽时期石制技术的进步。

（4）象牙器

前述昆山绰墩遗址的马家浜文化墓葬中，已发现象牙制品——日常生活使用的象牙梳。而到了崧泽时期，又出现了以象牙为原料而制作出的象牙镯。

镯，即手镯，后世亦称钏、手环、臂环等，为一种戴在手腕等部位的环形装饰品。1984年，上海青浦福泉山11号墓出土一组4件的象牙镯。出土时，4件套叠在人骨的一条手臂上。4件象牙镯都是用亚洲象的獠牙镂挖而成的。而从现今出土的马家浜和崧泽文化墓葬中，象牙制品并未大量出现来看，一是反映象牙器的制作，无论是原料的获取或是其

上海青浦福泉山遗址出土的崧泽时期象牙器（录自《上海考古精萃》[2]）

制造过程，或许都存在着后世未知的种种限制。正是这种限制，使得其流传并存于后世的数量极少。二是象牙器的使用者，在数量极少的情况下，只能为当时诸如部族首领及其家属、主持祭祀以通天地的早期宗教人士等社会上层人士使用。因此，无论是昆山绰墩遗址马家浜文化的M73墓墓主，抑或是上海青浦福泉山11号墓的墓主，无疑都属此类社会上层人士。而从昆山绰墩遗址的马家浜文化墓葬到上海青浦福泉山遗址的崧泽文化墓葬都相继出现象牙器，由此亦可推算出距今6000—5000余年前的马家浜—崧泽时期，江南太湖流域乃至中国长江流域，亚洲象曾广泛分布，且象牙其时就已开始被人类用作手工艺品的材料了。而上述的昆山绰墩遗址象牙梳和青浦福泉山的象牙镯，都既成为马家浜—崧泽时期江南太湖流域手工业生产发展状况的记录，也成为那一时期太湖流域生态状况的记录。

环太湖周边的新石器文化遗址中，往往并非单一文化，而是具有两种甚至三种文化共生一处的遗址。出土崧泽时期象牙镯的青浦福泉山，即分别含有马家浜、崧泽、良渚乃至东周文化的堆积。上海福泉山T8东壁展示了此处不同时期的地层剖面，而该地层剖面旁竖立的说明牌的文字为："福泉山文化层年代对照表：马家浜文化（距今约7000—6000年）；崧泽文化（距今约6000—5300年）；良渚文化（距今约5300—4200年）；马桥文化（距今约3900—3200年）；吴越文化（春秋时期：公元前770年—前476年）。"

（三）社会出现分层

自崧泽文化被发现以来，崧泽时期的墓葬多是中小型墓葬，规模较大的墓葬难得一见。而张家港东山村大墓的发现，填补了长江下游地区崧泽文化时期没有高等级大墓的空白，为良渚文化

---

[1] 丁金龙：《苏州史前文化概述》，见苏州博物馆：《苏州文博论丛》2010年（总第1辑），文物出版社2010年，第6页。
[2] 上海文物管理委员会：《上海考古精萃》，上海人民美术出版社2006年，第57页。

高度发达的文明找到了源头，为重新认识环太湖流域崧泽文化整体面貌和社会生产力发展水平提供了新资料。[1]同时，也改变了学术界以往对崧泽文化时期，尤其是崧泽文化早中期社会文明化进程的认识。

东山村遗址高等级大墓大体分为两期。一期相当于崧泽文化的早期，二期相当于崧泽文化的中期，具体年代为距今5800—5500年。这些崧泽文化早中期的高等级大墓与一般小墓实行分区埋葬。这种分区埋葬现象，在同时期的长江下游或者在全国范围内都是首次发现，其中，M90大墓随葬品数量最多，陶器、石器和玉器等竟达到67件之多。该墓打破马家浜文化层堆积，是迄今发现的崧泽文化墓葬中墓坑规模最大的7座墓之一。

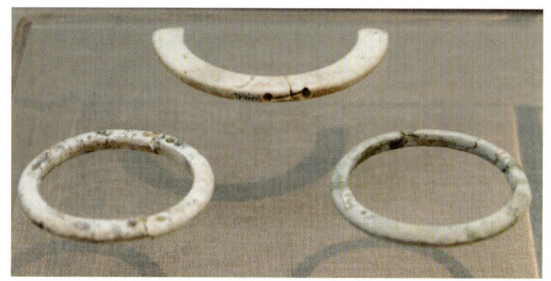

张家港博物馆展出的东山村遗址90号大墓出土的玉环、玉玦、玉璜（崧泽文化，公元前4000—前3000年）（吴恩培摄）

东山村遗址崧泽文化早中期大墓与小墓的分区埋葬以及大房址的出现，证明至少在距今5800年前后，社会已有明显的贫富分化，出现了明显的社会分层。这为研究长江下游社会文明化进程提供了新的考古资料，对中华文明起源的研究也具有重要意义。[2]

（四）太湖周边重要的崧泽文化遗址

太湖周边重要的崧泽文化遗址，首推苏州张家港东山村遗址。该遗址为崧泽文化的高等级大墓所在地。除张家港东山村遗址外，上海青浦区赵巷镇崧泽村的崧泽遗址、上海青浦区重固镇西的福泉山遗址、苏州工业园区草鞋山遗址、苏州工业园区独墅湖遗址及苏州吴中区澄湖遗址、苏州越城遗址、昆山绰墩遗址、昆山少卿山遗址、常熟钱底巷遗址、张家港徐家湾遗址、苏州吴中区光福虎山遗址、苏州吴江区同里遗址等在不同地层均发掘有崧泽文化的遗存。而良渚文化的昆山张浦镇赵陵山遗址、吴中区甪直镇张陵山遗址等，亦在不同地层发现了崧泽文化遗存。

1.张家港东山村遗址

张家港东山村遗址，位于张家港市原金港镇东山村内。该遗址虽含有马家浜文化地层，但主要遗存为崧泽文化。遗址面积大，墓葬有等级差别，小墓、大墓分属不同的区域。该遗址2009年入

列为全国重点文物保护单位的张家港"东山村遗址"文物保护碑（左）及张家港东山村遗址发掘时的情景（右）（吴恩培摄）

---

[1] 林留根：《从东山村遗址看长江下游社会复杂化进程》，《东南文化》2010年第6期。
[2] 南京博物院、张家港市文广局、张家港博物馆：《江苏张家港市东山村新石器时代遗址》（执笔者：周润垦、钱峻、肖向红、张永泉），《考古》2010年第8期。

选中国社科院公布的"中国六大考古新发现"。2013年5月,东山村遗址被国务院核定公布为第七批全国重点文物保护单位。

2.上海青浦崧泽遗址

上海青浦崧泽遗址为崧泽文化命名地,位于"沪青平"(上海—青浦—平望)公路旁的上海青浦区赵巷镇崧泽村。2013年5月,崧泽遗址被国务院核定公布为第七批全国重点文物保护单位。

该遗址从1960年—2004年曾进行五次科学的发掘,挖出古墓100座,还有大量的石器、玉器、骨器、陶器和兽骨、稻种等遗物。这些文物前承6000多年前的马家浜文化,后接4000多年前的良渚文化。1982在中国考古年会上,认定此处遗址介于以嘉兴为中心的马家浜文化和以余姚为中心的良渚文化之间,命名为崧泽文化。

3.浙江嘉兴南河浜遗址

南河浜遗址,位于浙江嘉兴城东约11千米,地属浙江嘉兴南湖区大桥镇云西村和南子村。据《浙江嘉兴南河浜遗址发掘简报》称:"这里是崧泽文化与良渚文化遗址分布的密集地区。1996年4月下旬至11月中旬,为配合沪杭高速公路的建设,浙江省文物考古研究所组织人员对该遗址进行了抢救性发掘。"而"在该遗址第一次发现了崧泽文化的祭台,以及与祭台有关的墓葬"。该遗址墓葬存在着"明显的等级差别。等级较高的墓葬随葬多件陶器以及玉石器,其中陶器包含乌龟、鹰头壶、塔形壶等非生活类器物,……墓主人应是部族首领或巫师"。该发掘简报的"结语"部分指出,该"南河浜遗址是继上海青浦的崧泽遗址之后,关于崧泽文化的又一次重要考古发现"[1]。该遗址祭台的出现,或预示着太湖流域已出现最初的原始信仰。

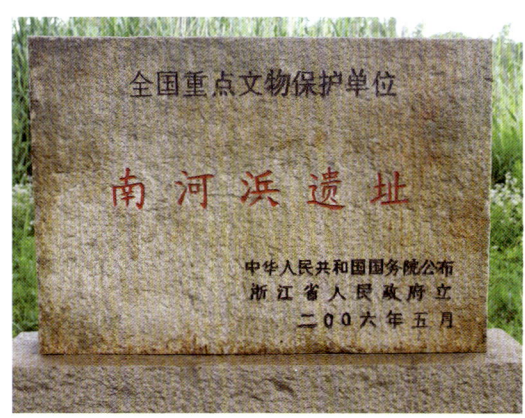

列为全国重点文物保护单位的浙江嘉兴"南河浜遗址"文物保护碑(吴恩培摄)

4.昆山少卿山遗址

少卿山位于昆山市千灯镇东,尚书浦东侧,系一座土山。该遗址曾两次进行考古发掘。

第一次为1984年,因开筑公路发现该处的"一座良渚文化墓葬(M1)中出土琮、瑗、斧、镯等玉器一组19件"[2]。该遗址第二次考古的相关报告为2000年发表的《江苏昆山市少卿山遗址的发掘》。该报告认为:"少卿山遗址是一处面积较大的内含崧泽文化和良渚文化等遗存的新石器时代遗址。"[3]另,该遗址出土"甗,44件,多为口沿。多为夹细砂陶,质地较硬,器表磨光。以棕褐色为主,亦有橙色、灰色等,有的器表施红衣"。而堪为对比的是该遗址出土"鼎30件"[4]。这

---

[1]浙江省文物考古研究所:《浙江嘉兴南河浜遗址发掘简报》(执笔:刘斌、蒋卫东),《文物》2005年第6期。
[2]苏州博物馆、昆山县文管会:《江苏省昆山县少卿山遗址》(执笔:陈兆弘),《文物》1988年第1期。
[3]苏州博物馆、昆山市文化局、千灯镇人民政府:《江苏昆山市少卿山遗址的发掘》(执笔者:丁金龙、张照根、程振旅),《考古》2000年第4期。
[4]苏州博物馆、昆山市文化局、千灯镇人民政府:《江苏昆山市少卿山遗址的发掘》(执笔者:丁金龙、张照根、程振旅),《考古》2000年第4期。

意味着，崧泽时期少卿山一带的先民，他们使用甗的数量，已超过了鼎。

5.常熟钱底巷遗址

常熟钱底巷遗址位于今常熟市虞山镇毛桥村。该遗址于1980年经常熟市文管会调查发现。1983年，南京博物院曾进行过试掘。1988年8—10月，南京大学历史系考古专业与常熟文管会组成考古队，对该遗址进行了发掘。遗址主要文化内涵是崧泽文化和商周时代的马桥文化。《江苏常熟钱底巷遗址发掘报告》指出："钱底巷遗址的崧泽文化遗存，依据上、中、下三层叠压的文化层堆积，结合陶器形制的排比分析，被分为三期。地层的直接叠压和典型陶器器形序列发展的连续性，均表明钱底巷遗址在崧泽文化阶段为长期持续使用的定居地。"[1]

列为苏州市文物保护单位的常熟"钱底巷古文化遗址"文物保护碑（吴恩培摄）

6.张家港徐家湾遗址

张家港徐家湾遗址位于张家港市鹿苑镇南、202县道旁。上层属良渚文化，中层、下层均属崧泽文化。考古报告指出，该遗址"下层M7出土木炭，经国家海洋局第二海洋研究所碳-14实验室测定，距今5547±142年，即早于崧泽中层三期，晚于崧泽中层二期"[2]。徐家湾遗址的发现，证明了临江滨海的张家港市，至迟在5500年前已经成陆，其时，人们已在这里繁衍生息。

张家港"徐家湾遗址"石碑（吴恩培摄）

（五）崧泽时期，太湖流域出土器中的八角星纹图饰及其向北的传播

1.青浦崧泽遗址出土器的八角星纹图饰

前文论述马家浜文化时，曾提及

上海青浦崧泽遗址出土的八角星符瓦棱腹陶壶（左）及其底部的八角星符（右）（录自《上海考古精萃》[3]）

---

[1]南京大学历史系考古专业、常熟博物馆：《江苏常熟钱底巷遗址发掘报告》（执笔者：宋建、戴宁汝、吴慧虞），《考古学报》1996年第4期。
[2]苏州博物馆、张家港市文物管理委员会：《江苏张家港徐家湾新石器时代遗址》（执笔者：王德庆），《考古学报》1995年第3期。
[3]上海文物管理委员会：《上海考古精萃》，上海人民美术出版社2006年，第75页。

太湖流域的武进潘家塘遗址出土的陶纺轮上,最早出现八角星纹图饰。

这一八角星纹,在太湖流域崧泽时期的出土器上,再次出现。1961年,上海青浦崧泽遗址出土一件名为"八角星符瓦棱腹陶壶"的陶器。《上海考古精粹》录用其图形时,作如下描述和评述:"八角星符瓦棱腹陶壶,崧泽文化,1961年青浦崧泽遗址33号墓出土。高19.2厘米、口径7.6厘米。这件陶壶侈口,卷沿,高颈,球腹,平底削成矮圈足状。器身自肩至底部饰瓦楞纹,底下压划一个八角形符号。八角形符在我国新石器时代的陶器、玉器上多有发现,笔画大同小异,一般认为这是太阳纹。太阳是对人类影响力最大的自然天体,日出日落的神秘,酷热刺眼的光芒,嘉禾生长的主宰……让先民产生了崇日的思想。刻画在制作规整的黑陶壶上,说明这件陶壶具有祭器的用途。"[1]

2. 崧泽文化已向北越过长江与海安青墩遗址出土八角星纹图饰

作为崧泽文化与其他区域新石器文化的交流,《中国考古学·新石器时代卷》指出:"在大汶口文化的早期阶段,南北方的文化交流较多……而在大汶口文化来自南方的要少一些,受影响的范围一般仅限于淮河下游地区。"[2]而有学者在对江苏海安青墩遗址的考古报告《江苏海安青墩遗址》中就"相当部分墓葬的年代判定和文化性质归属存在问题"而予以讨论时指出:"青墩第一期遗存属于龙虬庄文化,大体相当于龙虬庄遗址第一期和第二期前段;青墩第二期遗存可分早晚两大期4段,通过对比,该期遗存属于崧泽文化范畴,相当于崧泽遗址第二、三期,也与龙虬庄遗址第二期相当。青墩遗址崧泽文化的确认,说明这个时期崧泽文化已向北越过长江。"[3]按此,在崧泽遗址第二、三期,亦即龙虬庄遗址第二期时,崧泽文化已向北越过长江。

《中国考古学·新石器时代卷》将长江以北海安青墩遗址出土且同样有八角星纹的图饰,也置放于"崧泽文化石、角、骨、陶器"的"图5—22"[4]内一并叙述。

青墩遗址位于南通海安市青墩村,1973年当地开挖青墩新河时发现。考古报告《江苏海安青墩遗址》指出:"遗址的绝对年代,经考古研究所分别对中文化层的木炭和下文化层的木桩进行碳-14测定,下文化层为距今5035±80年(树轮校正值5645±110年);中文化层为距今5015±85

列为全国重点文物保护单位的南通海安"青墩遗址"文物保护碑(左)及青墩遗址全景(右)(吴恩培摄)

---

[1] 上海文物管理委员会:《上海考古精粹》,上海人民美术出版社2006年,第75页。
[2] 中国社会科学院考古研究所:《中国考古学·新石器时代卷》,中国社会科学出版社2010年,第311页。
[3] 燕生东:《海安青墩遗存再分析——江淮东部地区考古学文化研究之一》,《东南文化》2004年第4期。
[4] 中国社会科学院考古研究所:《中国考古学·新石器时代卷》,中国社会科学出版社2010年,第475页。

年（树轮校正值6525±110年[1]）。但这两层文化面貌有明显的差异，不可能早晚只相差20年，其中至少有一个数据有较大误差。参照崧泽中层等测定的数据，我们认为青墩下层测定的年代可能偏晚。"[2]由此可见，青墩遗址年代，大致和太湖流域的崧泽、良渚文化处于同一时期。

青墩遗址的考古报告——《江苏海安青墩遗址》说，该遗址"墓葬和随葬品"中，出土"纺轮十四件。均为泥质灰陶，分二式"。

Ⅰ式：九件。扁平圆形，平边，中穿孔（图二八，1）。

Ⅱ式：五件。扁平，圆形，斜边，中有圆孔。M47：1，一面围绕圆孔压印六个圆圈纹。M17：5、3，一面刻划出八角星形纹（图二八，2、3）"[3]。

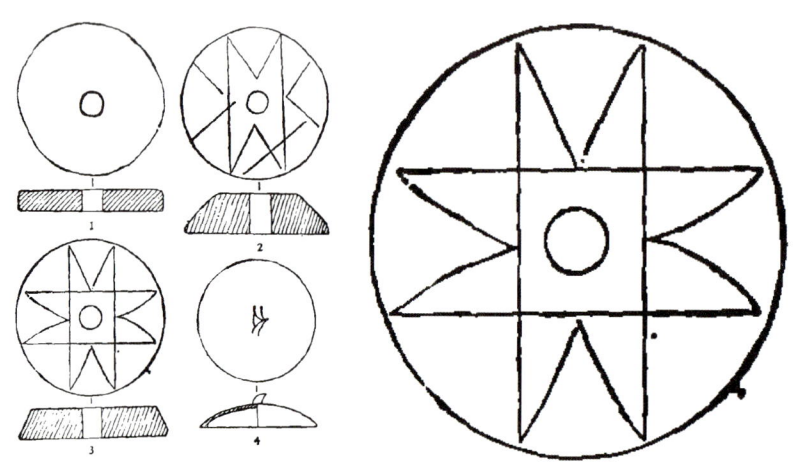

青墩遗址出土的泥质陶器〔1.Ⅰ式纺轮（M44：20），2、3.Ⅱ式纺轮（M17：5、3），4.器盖（M27：6）（4.1/4，余1/2）〕线描图（左）及其泥质陶器上的八角星纹细部（右）（录自《江苏海安青墩遗址》[4]）

其中出现"刻划出八角星形纹"的纺轮，更多可能为崧泽文化向北越过长江时所致。

青墩遗址的年代，大致和太湖流域的崧泽、良渚文化处于同一时期。有学者指出："当时江淮东部作为江南和淮北的文化走廊和活动的历史舞台。"[5]这也显示，在新石器时代，江淮东部文化区存在着的一条"文化走廊"。因此，太湖流域的马家浜文化、崧泽文化出现在这条"文化走廊"上，也就毫不奇怪了。其时间如学者所说，"相当于崧泽遗址第二、三期，也与龙虬庄遗址第二期相当"[6]。

显然，八角星纹由马家浜文化传承至崧泽文化后，很可能在崧泽时期向北越过长江。海安青墩遗址出土器纺轮上出现的八角星纹，虽不能排除由马家浜文化同类器，如常州武进潘家

---

[1] 原文如此。从下文"不可能早晚只相差20年"看，该树轮校正值"6525±110年"疑似为"5625±110年"之笔误。另，张之恒《秦岭至淮河一线史前文化的特征》一文，即将青墩遗址中期树轮校正值作"距今5625±110年"，该文将青墩遗址等分为"早、中、晚三期"的相关数据为："早期……青墩遗址下层的年代经碳14测年距今5970±77年和5645±77年。""中期……青墩遗址文化层中的木炭样品经碳14测年，距今为5015±85年（ZK—0582），树轮校正值距今5625±110年。""晚期……皆与太湖流域的良渚文化的同类器相似，文化时代亦相当。陶器中的黑陶高圈足杯则与黄河下游的大汶口文化晚期的高圈足杯近似，两者的年代亦相当。"见张之恒：《秦岭至淮河一线史前文化的特征》，《中国历史文物》2008年第5期。
[2] 南京博物院：《江苏海安青墩遗址》（执笔者：纪仲庆），《考古学报》1983年第2期。
[3] 南京博物院：《江苏海安青墩遗址》（执笔者：纪仲庆），《考古学报》1983年第2期。
[4] 南京博物院：《江苏海安青墩遗址》（执笔者：纪仲庆），《考古学报》1983年第2期。
[5] 邹厚本：《江苏考古的回顾与思考》，《考古》2000年第4期。
[6] 燕生东：《海安青墩遗存再分析——江淮东部地区考古学文化研究之一》，《东南文化》2004年第4期。

塘遗址出土的"刻八角纹"的"纺轮"[1]直接北传的情况,但更可能是崧泽文化向北越过长江所致。

三、良渚文化

良渚文化,以发现地浙江余杭良渚镇而命名。在中国新石器文化的序列中,太湖流域的良渚文化属新石器时代末期文化,上承崧泽文化,下接有学者所说的马桥文化,是长江下游太湖流域新石器文化的重要阶段。良渚文化的地理范围大致以太湖流域为中心,东起东海,西到宁镇山脉东侧,南至杭州湾,北达江苏海安,其北缘至江苏新沂的花厅遗址。而太湖流域新石器时代末期的良渚文化,"在同时期诸考古学文化中,独树一帜,发展程度居于前列地位"[2]。

(一)良渚文化的发现及其命名

1936年,当时的杭州西湖博物馆(今浙江省博物馆)考古学者施昕更,在其家乡杭县(今杭州余杭区)良渚镇附近发现了一些黑陶,经过几次调查和发掘,得到不少陶器和石器。其后,施昕更撰成《良渚——杭县第二区黑陶文化遗址初步报告》一书,于1938年出版。这是良渚文化遗址最早的考古报告,也是关于良渚文化最早的研究著作。

施昕更《良渚——杭县第二区黑陶文化遗址初步报告》副标题中所说的"黑陶文化",指良渚遗址主要出土的黑陶器。在这以前的1928年春,国民政府时期的中央研究院历史语言研究所的吴金鼎先生在山东省章丘龙山镇做考古调查时,发现此地有远古遗存。1930年和1931年,中央研究院对此遗址进行发掘。因发掘时发现有板筑城垣,故将该遗址定名为城子崖遗址;又因地处龙山镇,且发掘遗存完全不同于以彩陶、红陶为特征的仰韶文化,故定名为龙山文化。其时,吴金鼎发表了《城子崖——山东龙山镇之黑陶文化遗存》的发掘报告。

正是在这一文化背景下,施昕更依据当时极为有限的对比材料——山东城子崖遗址发掘的龙山文化黑陶器来与良渚遗址出土的黑陶器进行对比。同时,他依据吴金鼎的《城子崖——山东龙山镇之黑陶文化遗存》写出了《良渚——杭县第二区黑陶文化遗址初步报告》。从两部考古报告的名称上可以看出,前者对后者的影响极为明显。施昕更在其报告中认为,浙江黑陶是在古代沿海平原区域文化沟通发展及民族迁徙繁衍的情况下传播而产生的,与山东龙山文化黑陶形制上大致相同,属同一文化系统的产物,在时代上或许晚于山东龙山文化。

这一学术观点对当时及其后有很大影响。后来,考古学界认为以良渚为代表的文化遗存是龙山文化向南传播后的一个变种,并把它看成为龙山文化的一个地域类型,从而称作龙山文化杭州湾区、浙江龙山文化等,这就是学者们所说的"从发现伊始便被纳入龙山文化,直到五十年代末才由夏鼐先生命名为良渚文化[3],迄今一直视为定论"[4]。

关于良渚文化的年代,中国社会科学院考古研究所编著的《中国考古学·新石器时代卷》在

---

[1]武进县文化馆、常州市博物馆:《江苏武进潘家塘新石器时代遗址调查与试掘》(执笔者:陈晶),《考古》1979年第5期。
[2]中国社会科学院考古研究所:《中国考古学·新石器时代卷》,中国社会科学出版社2010年,第674页。
[3]原文此处加注:"夏鼐:《长江流域考古问题——1959年12月26日在长江文物考古队队长会议的发言》,《考古》1960年2期。"
[4]安志敏:《良渚文化及其文明诸因素的剖析》,《考古》1997年第9期。

分析良渚文化多个碳-14数据后说："这些数据多在公元前3300年至前2000年之间，这应是良渚文化存在的大致年代。"[1]由此可知，良渚文化的年代距今约5300—4000年。

（二）良渚早期的社会生活及其特色

1.良渚早期的社会生活

太湖流域的良渚文化上承马家浜文化和崧泽文化，使得这一时期的经济和社会发展都达到了一个新的高度。

良渚时期，太湖东北部的苏州地区已出现石镰、石斧等石制农具。农作物的品种，沿袭马家浜、崧泽时期，以水稻生产为主。如龙南遗址，出土石器有穿孔石斧、有柄石斧、石镰、石凿等。[2]而从一些遗存的灰土中淘洗出大量炭化稻谷，说明当时该地已有以从事稻作来获得生活必需食物的迹象。[3]

良渚时期，太湖流域的手工业生产已相当发达。其种类主要有竹器、木器、丝麻纺织、陶器、石器、玉器等。竹编织物有竹篓、竹篮子、谷箩、刀、簸箕、倒梢、竹席、篷盖、门扉和竹绳等。木器有木桨、木盆、柄干、木杵、木榔头和木槽等。丝织物有绢片、丝带和丝线，纤维原料都属家蚕丝。麻织物发现有麻布残片和细麻绳。

良渚时期的陶器已大多使用轮制，器形有豆、杯、簋、碗、罐、瓿、盆、钵、贯耳壶、尊、器盖、缸和瓮等。而石器则有三角形石犁、斜把破土器、双翼形耘田器、石镰、石刀等农业生产工具。陶制炊器继承了崧泽时期的器身内有一圈突起箍状物的鼎形陶甗，龙南遗址等良渚文化出土器中，都有此类陶甗出土。

良渚时期的玉器制作，在继承马家浜、崧泽时期玉器生产传统的同时，更达到一个新的高峰。在至今留存的实物器中，不仅有昆山赵陵山遗址出土的人鸟兽透雕玉饰、吴中区张陵山遗址出土的人形饰件等极其精美的玉器产品，更出现了其后对太湖流域有着重要影响的玉器创新品种——冠状饰、玉双龙牌饰、玉琮、玉璧，以及玉琮上最早出现的兽面纹等。

象牙制品的生产和制作中，昆山赵陵山遗址77号大墓出土象牙镯环2件。出土时该器已断裂破碎，灰褐色，象牙质，有明显的牙纹，器表打磨光洁。修复径8.99—9.2厘米、体宽1.38厘米、最

昆山赵陵山遗址M77号大墓出土的象牙镯环（录自《赵陵山——1990—1995年度发掘报告》[4]）

---

[1]中国社会科学院考古研究所：《中国考古学·新石器时代卷》，中国社会科学出版社2010年，第679页。
[2]苏州博物馆、吴江县文物管理委员会：《江苏吴江龙南新石器时代村落遗址第一、二次发掘简报》（执笔：钱公麟、丁金龙、姜节余、吴国良），《文物》1990年第7期。
[3]汤陵华、邹江石、王才林、李和标：《江苏梅埝龙南遗址古稻作的调查》，《农业考古》1992年第1期。
[4]南京博物院：《赵陵山——1990—1995年度发掘报告》，文物出版社2012年，彩版一四七M77"出土骨、牙器之'象牙镯环'"。

大孔径6.3厘米、高1.85—1.88厘米。[1]显然，这些象牙制器继承了前述的昆山绰墩遗址马家浜文化墓葬中，已出现的目前所知太湖流域最早的象牙制品——象牙梳及崧泽文化时期，上海青浦福泉山遗址出现的象牙镯。

而从距今约7000年至6000年的马家浜时期，到距今约6000年至5300年的崧泽时期，再到距今约5300年至4200年的良渚时期，太湖流域均有象牙制品出土，从而反映了马家浜时期、崧泽时期和良渚时期的中国长江流域，亚洲象曾广泛分布，象牙已开始被人类用于制作手工艺品。因此，昆山绰墩、青浦福泉山及昆山赵陵山等遗址相继出现马家浜、崧泽及良渚时期的象牙制品，既显示了新石器时代长江下游太湖流域的生态状况，也共同记录了太湖流域新石器时代不同阶段的手工业生产技艺水平。

2.良渚早期的社会生活特色

太湖流域良渚早期的社会生活，在继承马家浜、崧泽文化的基础上，形成如下新的特色。

（1）原始聚居村落形成

良渚早期，在濒临太湖的吴江龙南村落遗址已出现原始聚居村落。该村落遗址位于河道两岸，房屋多为半地穴式和浅地穴式，房前有石台阶式门道，河边还有木构埠头（即后世俗称的河滩头），村落的空地上散布着室外灶等设施，原始村落中甚至可能出现了公共活动场所。所有这些，既成为后世江南乡村枕河而居格局的最早雏形，更体现着包含农业、畜牧业在内的当时经济和社会发展的进步。

（2）部族间战争出现

良渚早期，太湖流域不但出现了不同部落、族群间的战争，更出现了战后的部族战死者墓地及战俘被杀的殉葬墓地。前者为常熟罗墩遗址墓地，该遗址系为部族战死者而立。而后者为昆山赵陵山遗址的杀殉附葬者——战争中战败方的被俘人员，包括战败部族的社会成员。这些因战败而被俘掠之人的被处死方式极其残酷，多为敲击、挤压头部而致头颅破裂甚至破碎而死。所有这些，均说明太湖流域良渚早期已出现部族间的战争。这种战争，或为两种情况：其一为太湖流域内的不同部落、族群间的战争；其二为太湖流域的部落、族群北迁时与长江以北大汶口文化的部落、族群之间所发生的战争与冲突，以及北方大汶口文化部落的南下远征、掳掠，从而与太湖流域的部落、族群间所发生的战争。

（3）社会严重分层

崧泽时期出现了明显的分层社会。而到了良渚时期，已发展为严重的分层社会。社会间不但出现特权阶层，且不同阶层间更呈现出严峻的对立关系。它表现为：一方面，高等级贵族大墓位于专门造筑的高台墓地，墓地随葬品中有大量精美玉器；另一方面，用人殉葬或祭祀以及杀殉附葬的现象出现。所有这些表明，良渚时期的社会财富和权力日益集中和垄断，社会严重分化。

（4）一夫多妻现象出现

良渚时期，社会婚姻关系已出现一夫多妻的现象。在苏州草鞋山遗址良渚文化地层中发现的

---

[1]南京博物院：《赵陵山——1990—1995年度发掘报告》，文物出版社2012年，第152页。

M198墓葬，墓深1.45至1.75米，有墓圹，南北长4.5米，东西宽2米，深0.3米，合葬一男二女，有众多的玉璧、玉琮、石器和精美的陶器等随葬品。这两个女子应是墓主人的妻妾，说明一夫多妻制已经存在。[1]

（5）良渚陶器刻符的出现与文字

现今出土的良渚陶器上，已发现多个人为刻符。这些刻符，是否属于文字的范畴，目前学界尚存不同看法。李学勤在分析包括苏州澄湖遗址出土的黑陶罐等在内的几件良渚陶器上的刻符后予以认可说："良渚陶器的这些例子最符合严格的文字标准。它们有多个符号，可以用分析文字的方法去解读，恐怕不易否认它们就是文字。由此也可推论，和它们时代大致相当的其他文化的若干符号，很可能同样是文字。……近年学术界对良渚文化的评价日益增高，很多论作认为这种文化已经临近文明门槛，甚至可以说已经属于文明时代了。肯定良渚文化存在文字，而且是汉字的始源，是有助于这一看法的。"[2]

苏州吴中博物馆收藏并展出的澄湖遗址出土的良渚文化刻画文字陶壶（澄湖J129:1）（吴恩培摄）

而不认可其为文字的意见为："单个符号缺乏记事功能，还不可能称其为文字。……良渚文化的陶器和玉器上刻有一些符号，也包括象形的画面，不论单个或成组的图像，都不可能作为记事的文字。"[3]文字的出现，是人类社会从野蛮进入文明的重要标志之一。良渚陶器的刻符，与后世已有成文篇幅的甲骨文相比，多为单个符号出现且数量较少，从而为其释读带来困难。但良渚陶器的刻符，与北方同一时期先后出现的山东大汶口、陕西半坡等陶器刻符，共同成为后世甲骨文乃至汉字的最早滥觞，则是可以肯定的。

（6）原始信仰的继承与发展

南河浜遗址崧泽文化祭台的出现，或预示着太湖流域已出现原始信仰。而到了良渚文化时期，太湖流域已出现的原始信仰得以进一步强化，并由以下良渚文化遗存体现出来。

①无锡鸿山邱承墩遗址并列的双祭台及或用于祭祀天地的良渚文化鼎

崧泽文化祭台与无锡鸿山邱承墩遗址"并列的双祭台在太湖地区为首次发现"[4]。而作为对于崧泽文化的继承，邱承墩遗址并列的双祭台及该遗址出土且或用于祭祀天地的良渚文化鼎（M11:44），无疑也体现了太湖流域原始信仰的进一步发展。

---

[1] 李文明：《关于良渚文化的两个问题》，《考古》1986年第11期。
[2] 李学勤：《良渚文化的多字陶文——吴文化历史背景的一项探索》，见吴县县政协文史资料委员会：《吴地文化一万年》，中华书局1994年，第10页。
[3] 安志敏：《良渚文化及其文明诸因素的剖析》，《考古》1997年第9期。
[4] 江苏省考古研究所、无锡市锡山区文物管理委员会：《江苏无锡鸿山邱承墩新石器时代遗址发掘简报》（执笔：张敏），《文物》2009年第11期。

②苏州昆山赵陵山遗址M77号大墓出土的神人鸟兽透雕玉饰

昆山赵陵山遗址M77号大墓，墓主腰部右侧放置的大石钺孔内，有一神人鸟兽透雕玉饰。玉饰顶端为一鸟形物，底部为一戴冠屈身人像，人的左手托住一个小兽，冠上饰物和小兽连接人和鸟。"这种由人、兽、鸟构成的图案，不少专家认为，是人、兽、鸟合一，即天神、地祇、祖先三位一体，是先民天人合一观念的体现。"[1]它的出现所具有的意义是：人、鸟、兽的寓意分别为祖先、天、地，其实质是对祖先、天、地的崇拜。[3]也有学者对之总结说，良渚文化神祇图像的四大要素——人、兽、太阳、鸟。其中，神人、神兽复合徽像（包括其简化型），应是当权者的祖神与图腾神，在良渚玉器上到处可见，且皆雕于器体显著位置，故可以肯定，这是良渚文化人们所崇拜的主要神祇。[4]而作为良渚文化代表遗物的玉琮及其神人兽面纹，具有一定的神秘性，可能与原始的巫术信仰有关。[5]

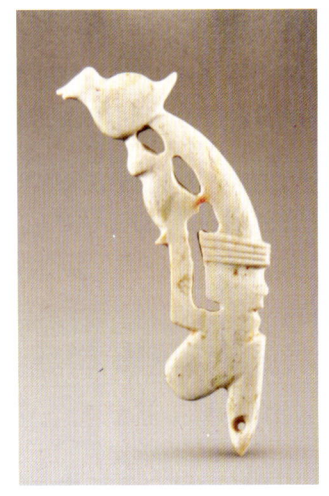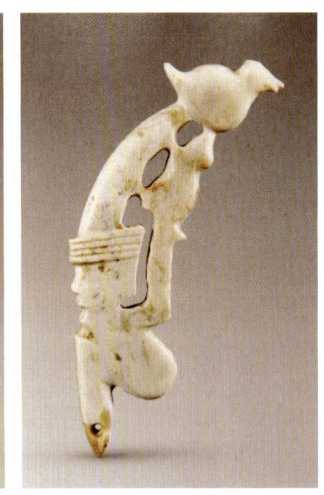

昆山赵陵山遗址M77号大墓出土的神人鸟兽透雕玉饰（左、右二图为该器两面）（录自《赵陵山——1990—1995年度发掘报告》[2]）

③苏州吴中区张陵山遗址出土的人形饰件

与昆山赵陵山遗址相距不远的吴中区张陵山遗址，也出土了类似的人形饰件。该饰件只是神人的上半身胸像，头部平冠之上竖起的高大羽冠，与赵陵山神人鸟兽透雕玉饰相同，从而象征了神人的至高无上地位。而与赵陵山神人鸟兽透雕玉饰相比，不同的是，该饰件上既未见顶部的鸟，也未见向上攀爬的兽。

④苏州昆山赵陵山遗址M77号大墓出土的琮及其内圆外方形制所表达出的"天圆地方"观念

苏州昆山赵陵山遗址M77号大墓出土的琮与安徽潜山薛家岗遗址出土的琮，共同贡献了琮的内圆外方的立方柱形制这一基本形态，奠定了后世琮的内圆外方的立方柱形制。而此类形制所蕴含的"天圆地方"观念，既是赵陵山和薛家岗先民们

南京博物院展出的人形饰件（新石器，苏州张陵山遗址）（吴恩培摄）

---

[1] 丁金龙：《苏州史前文化概述》，见苏州博物馆：《苏州文博论丛》2010年（总第1辑），文物出版社2010年，第7页。
[2] 南京博物院：《赵陵山——1990—1995年度发掘报告》，文物出版社2012年，彩版一二七"玉插件"。
[3] 王书敏：《史前太湖流域的原始宗教》，《中原文物》2006年第3期。
[4] 杜金鹏：《良渚神祇与祭坛》，《考古》1997年第2期。
[5] 安志敏：《良渚文化及其文明诸因素的剖析》，《考古》1997年第9期。

认识世界的思维方式，也对后世具有辩证法色彩的阴阳学说等产生了影响。

⑤出现以抽象艺术图形表达复杂抽象思维的器物

这一时期的太湖流域，在精神领域的创造上，更出现了以抽象艺术图形表达复杂抽象思维的倾向。它同样由昆山赵陵山遗址56号墓出土的陶器盖上的"源极图"等出土器体现出来。

出土于赵陵山56号墓的一件陶器盖上的刻纹，南京博物院编著的《赵陵山——1990—1995年度发掘报告》将之与太极图类比而称之为"源极图"，并指出二者有如下共通之处：

其一，既无起点，也无终点，即以任何一点为起点，都可以进入一个无限循环系统之内。

其二，虽系图像却无法确指是何种物象，可谓无形之形，无象之象，即老子所谓"大象"。

其三，图中方圆、曲直或谓之阴阳，互相缠绕，互相依存，互根互生，对立统一。

其四，图中心一个四角形（结蒂纹），图的上半部左溯有一个圆圈，图的左下方有一圆环和一角环外凸，右上方有一角凸出上伸，这些部位颇类似太极图阴阳鱼中的"鱼眼"，面积虽小，却具点睛之要。

其五，从图案法则上讲，中心部位使用了中心对称和中轴对称两种手法。

赵陵山56号墓的一件陶器盖上的刻纹（左）及其线描图（右）（录自《赵陵山——1990—1995年度发掘报告》[1]）

但整体观之，该图既非中心对称，又非中轴对称。从上下、左右以及对角视之，处处均衡。有《河图》《洛书》之妙，故为抽象思维发展史上的高级阶段——复合思维式的"人造的图像"[2]。也有学者将之提高到哲学的层面而论述说，该图案是时间无始终、空间无边际的朦胧时空观念在良渚文化先民中的一种哲学体现。[3]

这一产生于距今5000年的良渚文化图形，其所蕴含的抽象艺术及复杂的思维形式，无论是在远古艺术发展史，还是在远古思想发展史上，都留下了浓墨重彩的一笔。

⑥太湖流域良渚早期社会生活的小结

良渚早期，太湖流域随着物质经济的发展，在精神领域相继出现"并列的双祭台"，赵陵山遗址的神人鸟兽透雕玉饰、玉琮、陶器盖上的"源极图"以及张陵山遗址出现的人形饰件等。所有这些良渚文化遗存，或都反映了良渚早期的太湖流域先民们在精神领域的追求——为建立与天地、神灵的联系，从而创造出的这些或是并列的双祭台，或是神人鸟兽，或是神人的形象。所有这些，体现出良渚时期太湖地区的先民在精神领域的原始信仰方面的继承与发展。

---

[1]南京博物院：《赵陵山——1990—1995年度发掘报告》，文物出版社2012年，彩版一一"陶器盖"及线描图，第59页。
[2]南京博物院：《赵陵山——1990—1995年度发掘报告》，文物出版社2012年，第348—349页。
[3]李之龙：《良渚文化社会形态探析》，《考古》2002年第9期。

（三）太湖流域重要的良渚文化遗址

太湖流域的良渚文化遗址众多，如前所述，苏州工业园区草鞋山遗址、昆山绰墩遗址、苏州越城遗址、上海福泉山遗址、无锡邱承墩遗址等都为具有两种甚至三种文化共生性质的遗址。在这众多的良渚文化遗址中，最具人文价值和最为重要的良渚文化遗址为今江苏苏州常熟罗墩遗址、吴江龙南村落遗址、昆山赵陵山遗址、吴中区（原吴县）张陵山遗址，无锡邱承墩遗址，常州武进寺墩遗址以及今上海松江广富林遗址，今浙江杭州余杭区、湖州德清县境内遗址和湖州吴兴钱山漾遗址等。兹分述如下：

1. 常熟罗墩遗址——5000年前江南太湖流域部族战争的战死者墓地及其被低估的历史、人文价值

列为常熟市文物保护单位（现为苏州市文物保护单位）的常熟练塘镇罗墩村的"罗墩遗址"文物保护碑（左）及该遗址（右）（吴恩培摄）

（1）概说

罗墩遗址位于常熟市练塘镇罗墩村。1992年2月，罗墩村村民在罗墩取土时零星发现良渚文化的玉镯、玉珠和石钺。1993年4月及1994年10月，苏州博物馆与常熟博物馆联合组成考古队，对罗墩顶部残存的200平方米土台墓地进行了两次抢救性发掘。考古成果——《江苏常熟罗墩遗址发掘简报》（简称《罗墩发掘简报》），刊于《文物》1999年第7期，另编入《新中国常熟考古资料集成》[1]。

（2）年代

今江苏常熟博物馆展出罗墩遗址标本年代测定报告单，测定单位为"北京大学历史系考古专业碳-14实验室"，测定"半衰期取5730年"，结果为"距今5250年±300年"。

而《罗墩发掘简报》认为："罗墩墓地的时代应处于良渚文化早期向典型良渚文化过渡时期。罗墩遗址经测定的碳14数据1个：BK—93073（CHLM9木炭），距今5885±309年（经树轮校正），这个数据年代偏早，根据一些学者对早期良渚文化分期成果分析，罗墩墓地年代大致在距今5000年前后。"[2]

---

[1] 常熟博物馆编著、周公太主编：《新中国常熟考古资料集成》，广陵书社2010年。
[2] 苏州博物馆、常熟博物馆：《江苏常熟罗墩遗址发掘简报》（执笔：张照根、周公太、常利平），《文物》1999年第7期。另，原文此处加注："张照根《试论龙南文化》，《一剑集——北京大学考古专业八六届毕业十周年纪念文集》，中国妇女出版社，1996年。"

(3)遗址性质——部族战争后的群体性战死者墓地及其历史、人文价值

《罗墩发掘简报》将该遗址厘定为"罗墩墓地为一处良渚文化早期贵族墓地",并描述了该墓地的"一个显著特点,墓主人骨或残缺,或分离,保存有骨骼的4个墓葬都存在这样的情形"以及"随葬石钺的墓比例很高,为罗墩墓地的特点之一"。除上述两个特点外,《罗墩发掘简报》还描述该墓地"14座墓均有随葬品,且大部分都有玉器随葬,特别是有人骨的4个墓,随葬品更丰富",从而"足以排除这些墓杀殉的性质"。同时,《罗墩发掘简报》还描述了"处于整个墓地的中心位置并为罗墩墓地中最大的墓",即该部族首领身份的M7墓主人的情况说明:"M7墓主人骨架上缺少头骨,而同坑西南角的头骨顶端出有冠状饰,显示出其地位的高贵,与整个墓的规模和丰富的随葬品相吻合。M7墓主虽然身首相离,但手中仍握有一把带柄的石钺,而石钺主要用作兵器,或代表军事指挥权。"[1]

综合上述情况后,《罗墩发掘简报》指出,"联系当时部族战争频繁的情况,推测石钺作为兵器的可能性很大。再与人骨残缺分离的现象联系起来分析",认为这些"死者很可能死于部族间的战斗,死后被本部族人运回埋葬。没有任何人骨或人骨痕迹的10个墓的性质也应与之相同"。[2]

由此可见,罗墩墓地为良渚早期先民为安葬在部族战争中战死者而形成的一处不可移动的物质遗存。该遗址从而成为5000多年前太湖流域部落战争的战死者墓地。

罗墩遗址为5000多年前江南部族战争或部族联盟战争的群体性战死者墓地,具有极大的历史、人文价值。现分述如下:

①历史价值

罗墩遗址墓地群体性战死者的战殁时间和《史记·五帝本纪》所记载的中国北方部族联盟领袖黄帝"与炎帝战於阪泉之野""与蚩尤战於涿鹿之野"[3]几乎同时。这意味着,5000多年前当中国北方的不同部族或部族联盟正在发生战争时,中国江南地区的长江流域,也在发生着不同形式的部族战争。所不同的是,北方的部族联盟战争经口口相传,后被载入史书而予流传;而江南地区的部族战争,湮灭5000多年后,以群体性战死者墓地这一出土实物形式面世,并还原了5000多年前江南良渚早期的社会生活和良渚早期的部族战争后的历史场景。

②人文价值

5000多年前,长江流域的江南地区发生此类战争或并不少见,但历经5000多年且以群体性战死者墓地形式保存下来,实属不易。即使以全国各地的新石器文化遗址来检视,同一时期(指距今5000年的江南良渚文化早期)、同一性质(群体性战死者墓地)且经现代考古证实的古代墓葬,罗墩遗址墓地也几乎无同类案例可予以比较。更何况罗墩遗址还出土了玉冠状饰和玉双龙牌饰等对后世产生直接影响的玉器。

---

[1] 苏州博物馆、常熟博物馆:《江苏常熟罗墩遗址发掘简报》(执笔:张照根、周公太、常利平),《文物》1999年第7期。
[2] 苏州博物馆、常熟博物馆:《江苏常熟罗墩遗址发掘简报》(执笔:张照根、周公太、常利平),《文物》1999年第7期。
[3]《史记·五帝本纪》,见司马迁:《史记》,中华书局1959年,第3页。

③先秦吴俗"尚武"精神可追溯的源头

罗墩遗址的历史价值与人文价值还表现为此类墓葬（也包括同一时期的昆山赵陵山墓葬等）构成了先秦吴俗"尚武"精神的源头。

罗墩遗址揭示的太湖流域部落战争战死者下葬千余年后，《史记·吴太伯世家》记载"太伯、仲雍二人乃奔荆蛮"，即泰伯、仲雍来到了长江下游的太湖流域，并建立了西周王权政治的翻版——勾吴国，时为商朝末年。这一时期，太湖流域被称为"荆蛮"，其文化亦被中原文化视为"蛮夷"文化。

"蛮夷"文化的表现形式之一即为尚武。《汉书·地理志》记载说："吴粤（越）之君皆好勇，故其民至今好用剑，轻死易发。"[1]宋范成大《吴郡志·风俗》中引："《郡国志》云：'吴俗好用剑轻死……'按诸说吴俗，盖古如此。"[2]而先秦吴地"好用剑，轻死易发"等"尚武"精神可寻迹触摸的源头与实物遗存，其久远者或就是常熟罗墩遗址的远古部族战争的战死者墓地等新石器时代遗址了。这些遗址，虽无文献记载，但5000余年前滴着殷红鲜血的印记，或正以出土实证的方式书写着江南太湖流域的早期"尚武"精神。

在今日中国经济、文化发达的太湖流域，能留存有5000多年前部族战争战死者墓地，已属不易。这一人文资源所显现的江南远古部族战争与先秦时期江南崇尚武力、好剑轻死的民风，一脉相承。而这又与江南文化精神发生转型而变为"崇文重教"以及与后世宋、元、明、清时江南文化的儒雅、精致等形成巨大的文化反差。因此，作为吴地文化精神的早期"尚武"印记，它对太湖流域乃至整个江南地区的意义和价值，也就非同小可了。

中国考古发掘迄今为止的成千上万座古代墓葬中，如罗墩遗址有着明确的社会属性——远古部族战争战死者墓地，有着明确的考古学年代（新石器时代，距今5000年前）、明确的死因（墓主人骨或残缺，或分离）以及独特的文化面貌（随葬物品极为丰富，且14个墓有9个墓出土作为兵器的石钺），国内难以找到相同案例。因此，这一新石器时代遗址所蕴含的江南文明发展进程中的独特价值，以及该遗址所具有的人文资源的历史久远性、保存不易的珍稀性及其绝无仅有的独特性，均国内无双而且极具特色。

（4）数量多、品位高的出土器

罗墩遗址出土器多达250件，其中玉器116件，石器29件，陶器105件。但玉器中并无琮的出土。前文论及，崧泽时期无琮。故无琮出土的罗墩遗址，与有琮出土的良渚早期的赵陵山、张陵山遗址等相比，其年代更早，也更靠近崧泽时期。

罗墩遗址出土的玉器中，冠状饰与玉双龙牌饰，均为太湖流域最早或较早且品位极高的同类玉器。

①冠状饰——太湖流域良渚时期标示部族首领身份、地位的专用葬器

A.名称及使用

冠状饰，又称"冠形器""玉佩""垂幛形玉佩饰""玉梳背"等。而"玉梳背"的得名，源自

---

[1]《汉书·地理志》，见班固：《汉书》，中华书局1962年，第1667页。
[2]范成大：《吴郡志》，江苏古籍出版社1986年，第8页。

1999年在海盐周家浜遗址考古中发现连带着象牙梳子的玉冠状饰。该象牙梳子的玉冠状饰,使得学界弄清楚了此类冠状饰(冠形饰、冠形器等)的结构形式为:上部为玉质冠状饰,下部为一把梳子。二者通过冠状饰下部的槽形空间及梳背嵌入后再打入固定用的横向销钉,联为一体而组合成一件"玉冠状饰+梳子"的组合器物。

海盐周家浜遗址"冠状饰+梳子"组合器的梳子是以象牙为材质制成的,故不易腐烂而使得冠状饰和象牙梳子共同保存了下来。而其他处的此类"冠状饰+梳子"组合器中,或多为竹、木制作的梳子,难以保存。几千年后,此类部族首领的墓被发掘而重见天日,竹、木梳子已腐烂,而玉片般的"玉冠状饰"留存下来。由此,冠状饰又有了个显示其使用方法的名称——"玉梳背"。

浙江嘉兴海盐县博物馆展出的玉背象牙梳(良渚文化,海盐县百步街道周家浜遗址出土)(吴恩培摄)

B.罗墩遗址冠状饰的出土情况及冠状饰显示首领身份、地位的社会功能

罗墩遗址具有部族首领身份的M7墓主,身首相离的头骨顶端佩饰有冠状饰。《罗墩发掘简报》记载该冠状饰出土情况为:"冠状饰1件(M7:2)。长方形,体形扁薄,下端边缘两面钻三孔,并磨出两个左右对称的凹缺口,上端中部有一较长的缺口,缺口两侧下部半圆形范围内磨薄,出土时位于M7头骨边。长5.7、宽2.1、厚0.4厘米。"对该出土器的颜色、形状等,记为:"鸡骨白色,出于M7头骨一侧。外观作扁平长方形,在上端中间平开一缺口,开口处及整个上半部呈扇形状磨薄,整体似一凹字。下端平列对钻三小孔,在左右边缘二孔内侧处又各磨出一个箭状小豁口。"[1]

冠状饰在罗墩墓地仅此一件,且作为部族身份显贵者的主要随葬品之一。针对冠状饰与墓主的关系,考古报告《罗墩发掘简报》认为:"倾向于其在早期阶段似仅为显贵或部族首领冠帽上的饰物,只是体现地位和等级。"[2]这一于20世纪所作关于该器使用的判断,极为准确。

常熟罗墩遗址M7墓出土的玉冠状饰(录自《江苏常熟罗墩遗址发掘简报》[3])

C.对后世产生制定标准式的影响

这里所说的制定标准,一是指冠状饰的使用标准,二是指冠状饰的器形标准,三是指冠状饰的制作标准。

---

[1] 苏州博物馆、常熟博物馆:《江苏常熟罗墩遗址发掘简报》(执笔:张照根、周公太、常利平),《文物》1999年第7期。
[2] 苏州博物馆、常熟博物馆:《江苏常熟罗墩遗址发掘简报》(执笔:张照根、周公太、常利平),《文物》1999年第7期。
[3] 苏州博物馆、常熟博物馆:《江苏常熟罗墩遗址发掘简报》(执笔:张照根、周公太、常利平),《文物》1999年第7期。

使用标准——因罗墩遗址冠状饰为太湖流域最早的冠状饰,故其使用标准,对后世产生了礼仪性质的影响。这就是每墓只出一件,仅用于类乎后世"王"者身份的部族首领。这一使用标准,其后一直为太湖流域不同地区良渚文化部族首领的墓葬所遵循。有学者指出:"从良渚文化冠状饰的随葬情况看,也反映了拥有这种梳子的人所具有的崇高地位。在反山、瑶山墓地中,每座墓都有一件冠状饰,而在张陵山、草鞋山、寺墩、福泉山、汇观山以及中等级的许多墓地中,冠状饰都是出在地位较高的墓葬之中。这反映了这种梳子在标明身份中的重要性和不可或缺的地位。"[1]

器形标准——罗墩遗址出土冠状饰后,稍晚于罗墩遗址年代但同为良渚早期墓葬的昆山赵陵山,亦出土有冠状饰,分别为赵陵山部族首领的M77号大墓及M18墓(M18墓墓主或亦为赵陵山部族首领,其执掌部族权力的时间,当在M77号大墓墓主之前或之后)。而同样稍晚于罗墩遗址且同为良渚早期墓葬的吴中区张陵山遗址,亦出土有冠状饰。《中国考古学·新石器时代卷》所列"良渚文化玉器(之一)"对罗墩遗址最早的良渚玉冠状饰未予提及,而提及的是已有玉琮出土从而年代在罗墩遗址之后的"冠状饰(张陵山M4)"[2],即原吴县(今苏州吴中区)张陵山M4出土的冠状饰。

昆山赵陵山遗址77号大墓出土的玉梳背(M77:33)(左)及M18墓出土的玉冠状梳背(M18:2)(右)(录自《赵陵山——1990—1995年度发掘报告》[3])

浙江余杭良渚博物院展出的玉冠状器(浙江余杭瑶山遗址7号墓出土,良渚博物院藏)(左)及宜兴博物馆展出的良渚文化玉梳背(新石器时代)(右)(吴恩培摄)

---

[1]刘斌:《神巫的世界》,浙江摄影出版社2007年,第115页。
[2]中国社会科学院考古研究所:《中国考古学·新石器时代卷》,中国社会科学出版社2010年,第686页。
[3]南京博物院:《赵陵山——1990—1995年度发掘报告》,文物出版社2012年,彩版一一六"玉梳背(M77:33)"及彩版一八一"玉冠状梳背(M18:2)"。

制作标准——含器形等在内的生产、制作方面,有学者统计,"目前太湖流域各地出土的良渚文化玉梳背(即冠状饰)的总数量已经超60件"[1],这些数量众多的冠状饰,都承继了罗墩遗址冠状饰的扁平长方形的基本外形。这从前列及以下图片中,也可看出:相比最初罗墩遗址所出土的冠状饰基本外形,并无大的改变。

除太湖流域外,与太湖流域毗邻的苏南宁镇地区,也出土了同一器形的玉冠状饰。

1978年12月及1979年2—3月,南京博物院对常州武进寺墩遗址进行试掘时,曾出土一枚冠状饰"残半器"。据该次试掘而生成的考古报告《江苏武进寺墩遗址的试掘》说,出土"佩饰1件(T3:1)。残半(此处,该玉冠状饰另称为'佩饰'),略似扁平长方形。完整器见于吴县张陵山M4和江宁县昝庙遗址良渚文化层中,昝庙所出佩饰正面饰兽面纹[2]"[3]。

武进寺墩遗址的"残半器"线描图及昝庙遗址良渚文化层的"完整器"线描图,见下图。

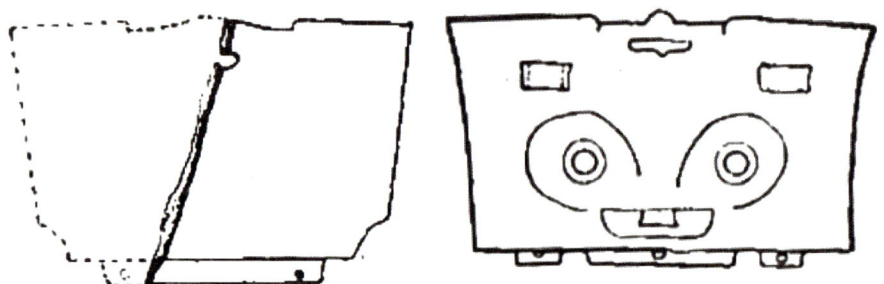

《江苏武进寺墩遗址的试掘》所录的"残半""略似扁平长方形"的佩饰线描图(左)及"江宁县昝庙遗址良渚文化层中,昝庙所出佩饰正面饰兽面纹"的冠状饰线描图(右)(录自《江苏武进寺墩遗址的试掘》[4])

而南京江宁昝庙遗址出土、且在上引《江苏武进寺墩遗址的试掘》一文中被称为"昝庙所出佩饰正面饰兽面纹"的"佩饰",现藏南京市博物总馆,器名定为"兽面纹冠状玉饰器"。该器与以上所列冠状饰不同的是:该器正、反面均饰有兽面纹。

南京江宁昝庙古文化遗址及其出土的兽面纹冠状玉饰器的正、反两面所饰兽面纹饰图片如下:

列为南京市文物保护单位的南京江宁"昝庙古文化遗址"文物保护碑(吴恩培摄)

---

[1] 蒋卫东:《神圣与精致》,浙江摄影出版社2007年,第200页。
[2] 原文此处加注:"玉佩饰承南京市文物保管委员会同意先行引用,特此致谢。"
[3] 南京博物院:《江苏武进寺墩遗址的试掘》,《考古》1981年第3期。
[4] 南京博物院:《江苏武进寺墩遗址的试掘》,《考古》1981年第3期。

南京江宁昝庙古文化遗址出土的兽面纹冠状玉饰器正面（左）及反面（右）（南京博物总馆藏并供图）

上列多种不同名称且为不同地区出土的玉冠状饰，仅为现存出土器之部分，意在以一斑而窥全豹而已。

②玉双龙牌饰——太湖流域的又一早期龙形玉器

太湖流域早期的龙形玉器，前文叙述崧泽时期的玉器生产与崧泽时期龙形玉器的出现时，已对常州横林青城墩遗址出土的太湖流域最早的龙形玉器——龙首纹玉饰进行了介绍。

因此，罗墩遗址出土的良渚早期玉双龙牌饰，可说是太湖流域的又一早期龙形玉器。而二者年代的先后及器形的差异，说明二者之间可能存在着文化传承关系。

A.出土情况及其价值

玉双龙牌饰，又称"双龙圆形牌饰"，出土于罗墩遗址M8墓。出土情况为："玉双龙牌饰1件（M8∶14）。圆形，中部两面对钻一孔，一侧浅浮雕出两相对的龙首，龙首由嘴、眼、角组成，另一侧为共用的龙身，构思巧妙，精致动人，出土时位于M8墓主大腿骨之间，可能是挂于腰间的牌饰，直径3.4、宽1.1、厚1厘米。……关于此类龙首形牌饰，良渚早期遗址中尚未见到。"[1]刊登《罗墩发掘简报》的《文物》编辑部在《卷首语》中也特别指出："常熟市罗墩遗址是一处良渚文化的高台墓地。已发掘的14座墓葬出土各种遗物250余件，其中双龙圆形牌饰造型独特，是首次发现。"[2]其时，前文所述的常州青墩遗址崧泽文化的龙首纹玉饰，尚未出土。

该玉双龙牌饰是太湖流域历经崧泽文化而至良渚文化早期时再次出现的与"龙"题材有关的玉器。其雕琢精美，抽象传神，有着极高的历史价值和艺术价值。

B.玉双龙牌饰与太湖流域及周边地区同类器的比较

将良渚早期的常熟玉双龙牌饰与良渚中、晚期的浙江余杭瑶山出土的玉圆牌进行比较，二者体量大致相同。余杭瑶山玉圆牌一侧浮雕三个同向的龙首图案。同为以"龙"为题材的罗墩遗址玉双龙牌饰，风格相对抽象。而浙江瑶山玉圆牌，风格亦同样相对抽象。从二者风格相同且同为"龙"的题材并存在着一定相似度来看，它映现了二者的文化传承关系。同时，也体现了常熟罗墩遗址出土的良渚早期玉双龙牌饰，对太湖流域良渚中、晚期的同类题材产生的影响。

再将之与上海青浦福泉山遗址良渚文化层出土的一件良渚玉器——《上海考古精萃》称为

---

[1] 苏州博物馆、常熟博物馆：《江苏常熟罗墩遗址发掘简报》（执笔：张照根、周公太、常利平），《文物》1999年第7期。
[2]《文物》编辑部：《卷首语》，《文物》1999年第7期。

"猪首小玉坠"[1]而其他学者则将该器命名为"龙首纹玉环"[2]等——来作比较,则可看出:二者风格相同,亦存在着一定的外形相似度,从而体现罗墩玉双龙牌饰对此类良渚中、晚期的同类器的影响。所有这些,如《罗墩发掘简报》所说:"从发展序列而言,反山、瑶山牌饰上的龙形图案应是从罗墩纹饰中进一步演化而来,二者之间有着明显的递承关系。"[3]

常熟罗墩玉双龙牌饰与周边安徽薛家岗文化的凌家滩玉龙比较,可看出二者风格的迥异:一为相对抽象,一为相对具象。《安徽含山县凌家滩遗址第三次发掘简报》记载凌家滩玉龙的出土情况说:"龙M16∶2,透闪石,灰白色。首尾相连,略呈椭圆形。吻部突出,阴线刻出嘴、鼻,阴刻圆点为眼,头部阴刻几条线呈皱纹和龙须,头雕两角,龙身脊背阴刻规整的弧线,表现龙为圆体,连着弧线阴刻19条斜线,表示为鳞片。靠近尾处对钻一圆孔,可能系拴挂之用。表面抛光。长径4.4、短径3.9、厚0.2厘米。玉龙雕刻活灵活现,神秘威严。"[4]显见,含山凌家滩玉龙,首尾衔接,角、须、嘴、鳞俱全,风格相对具象。而常熟罗墩玉双龙牌饰,则风格相对抽象。

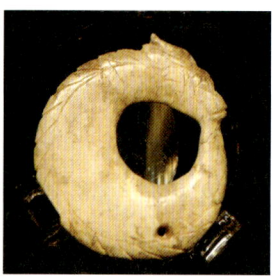

常熟罗墩遗址M8墓出土的玉双龙牌饰(左一)(录自《江苏常熟罗墩遗址发掘简报》[5])、玉圆牌(余杭瑶山出土,M11∶59,直径4.7厘米、孔径1.1—1.3厘米、厚0.5—0.9厘米)(左二)(录自《浙江博物馆典藏大系·史前双璧》[6])、上海青浦福泉山遗址出土的猪首小玉坠(左三)(录自《上海考古精萃》[7])及安徽含山博物馆展出的玉龙(新石器时代,凌家滩遗址98M16∶2)(右)(吴恩培摄)

C.罗墩玉双龙牌饰与后世文献记载的"蚩尤环""珑"

类乎常熟罗墩遗址玉双龙牌饰的玉器,古代时已有出土。这从古代文献连绵不断的记载可以证实。中国现存最早著录玉器的著作为元代昆山朱德润所著的《古玉图》。该著作著录的"蚩尤环",即为类乎常熟罗墩遗址玉双龙牌饰的玉器。显见,此类玉器元代时已从良渚古墓中被发掘而现身于世,并为朱德润《古玉图》所著录。

朱德润《古玉图》记载此类玉器的外形说:"色如赤璃,而内质莹白,循环作五蚩尤形,首尾衔带,雕镂古朴。真三代前物也。"同时,该著作也不乏对其"蚩尤环"的名称来源作阐释说:"盖

---

[1]上海文物管理委员会:《上海考古精萃》,上海人民美术出版社2006年,第144页。
[2]刘斌:《神巫的世界》,浙江摄影出版社2007年,第135页。
[3]苏州博物馆、常熟博物馆:《江苏常熟罗墩遗址发掘简报》(执笔:张照根、周公太、常利平),《文物》1999年第7期。
[4]安徽省文物考古研究所、含山县文物管理所:《安徽含山县凌家滩遗址第三次发掘简报》(执笔:张敬国),《考古》1999年第11期。
[5]苏州博物馆、常熟博物馆:《江苏常熟罗墩遗址发掘简报》(执笔:张照根、周公太、常利平),《文物》1999年第7期。
[6]浙江省博物馆:《浙江博物馆典藏大系·史前双璧》,浙江古籍出版社2009年,第141页。
[7]上海文物管理委员会:《上海考古精萃》,上海人民美术出版社2006年,第144页。

古者黄帝氏平蚩尤，因大雾作指南车，饰以文玉，今其文作蚩尤形，盖当时舆服所用之物也。"[1]

清末重臣端方著有《陶斋古玉图》等。在《陶斋古玉图》中，端方将其所见之清代时或清代前出土的良渚玉器中类乎常熟罗墩玉双龙牌饰者称为"珑"。珑：从玉，从龙，龙亦声。许慎《说文解字》："珑，祷旱玉，龙文，从玉，从龙。"[2]故珑为古代天旱求雨时所用之玉。百多年前，端方以"珑"指该器，或正是取该字字义而为其命名。

从元代朱德润《古玉图》著录"蚩尤环"、清代端方《陶斋古玉图》著录"珑"等情况来看，至少从元代至清代时，太湖流域的良渚古墓就已被发掘而出土了类似于罗墩遗址玉双龙牌饰的玉器。而良渚中、晚期的其他一些玉器品种，如浙江余杭瑶山遗址出土的玉璜，其底部边缘等距离纵向排列着四个方向一致的龙首图案，使得该玉璜显得与众不同；同时，又使得其龙首图案与前述良渚文化中的"蚩尤环""珑"乃至龙首纹小玉环等，显现出与"龙"题材的渊源关系。而这种关系，在太湖流域的玉器中，最早又当溯源到崧泽时期常州横林青城墩遗址出土的龙首纹玉饰及良渚早期常熟罗墩玉双龙牌饰的"龙"形那里。

2.昆山赵陵山遗址——良渚早期的杀殉及该地出土的良渚早期玉琮

（1）概说

赵陵山遗址，位于昆山张浦镇南2.5千米处的赵陵村北。1984年被发现，经国家文物局批准，1990年、1991年和1995年由南京博物馆、苏州博物馆和昆山市文管会联合进行了三次考古发掘，先后发掘面积2000平方米，占整个遗址的四分之一，文化堆积层厚9米，上层为春秋时代遗存，中层为良渚文化，下层为崧泽文化。遗址共清理大、中、小墓葬94座，出土各种文物600余件，其中玉器206件，石器136件，陶器270件。特别是神人鸟兽透雕玉饰，在国内现存良渚玉器中堪为制作精美的稀世瑰宝。2013年5月，该遗址被国务院核定公布为第七批全国重点文物保护单位。

（2）遗址年代

南京博物院在展出"良渚文化早期墓葬——赵陵山77号墓"时，将其时代定为公元前3000年，即距今5000年左右。

（3）部族首领的M77大墓

赵陵山77号墓，为苏州良渚早期的又一座重要墓葬。该墓不仅其葬具有彩绘痕迹，而且出土了丰富的随葬器物。据南京博物院展出"赵陵山77号墓"时的展板介绍，该墓"共随葬玉、石、陶、象牙器近60件"。前文叙述的两件象牙镯环及神人鸟兽透雕玉饰等精美出土器，均出自该墓。除此以外，赵陵山77号墓另出土有玉琮（相关

列为全国重点文物保护单位的昆山张浦"赵陵山遗址"文物保护碑（吴恩培摄）

---

[1]朱德润：《古玉图》，见《陶说（及其他三种）》，《丛书集成初编》，中华书局1991年，第7页。
[2]许慎：《说文解字》，中华书局1963年，第11页。

玉琮情况,另见下文)。

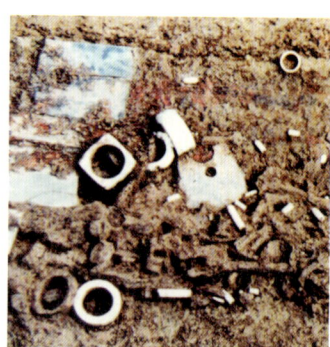

赵陵山77号墓发掘现场(左)及其细部(右)(录自《赵陵山——1990—1995年度发掘报告》[1])

(4)杀殉附葬

与随葬器极为丰富且显为部族首领墓葬的赵陵山77号墓形成鲜明对比的是该遗址的杀殉附葬墓。有学者指出,该遗址"高土台的外围西北部发现一批附葬墓葬,其中一些墓主尸骨被砍掉下肢、双脚,或身首异处。如此大规模的附葬现象在良渚文化中尚属首次发现"[2]。

而从该遗址的相关人骨鉴定报告可知,被杀殉附葬者多数为头骨压扁而致破裂甚至破碎,也有四肢被砍等种种状况。其年龄层次有老年、中年、青壮年直到青少年、少年乃至幼儿。而该遗址M81成人墓中死者为青壮年女子,置于其两腿之间的幼儿,或为其2岁左右的子女,母子(女)的尸骨状况都是"头骨压扁破裂"和"头骨破裂",这都说明行刑或都是以石器等敲击头颅的残酷方式致其母子(女)死亡。[3]

南京博物院展板所说M77墓"墓主为青壮年男性,当为氏族首领"。这一判断如成立,则不排除这是一次部族战争后,赵陵山部族首领且正值青壮年的男性M77墓主,在战争中阵亡。故赵陵山部族在埋葬他们首领的同时,也对劫掠来的对方部族社会成员进行群体性报复、杀戮并以之殉葬。由此可以看出,这一时期,太湖流域已进入严重社会分层的状态。社会分化与重组的激烈、残酷程度,都在赵陵山遗址的M77墓豪华精美的随葬器与杀殉附葬的墓葬对比中体现出来。而将赵陵山遗址的杀殉墓葬与早于其的常熟罗墩战死者墓葬联系起来,则可看出:

其一,良渚早期时,太湖流域的部族或部族联盟战争,已非偶然现象而呈现出较频繁的杀伐状态。

其二,常熟罗墩墓地,系为本部族战死者而立,故墓地中除有精美的玉器随葬外,还有战死者生前所用的兵器石钺等随葬。而赵陵山遗址,其葬者一为本部族战死的首领,另一则为杀殉、陪葬性质的对方战俘及俘获部族非战斗人员的老人、妇女、儿童等。

其三,罗墩遗址为己方战死者举行隆重的葬礼。这与赵陵山在为己方首领下葬时,将俘获的

---

[1]南京博物院:《赵陵山——1990—1995年度发掘报告》,文物出版社2012年,彩版一一二"M77"。
[2]丁金龙:《苏州史前文化概述》,见苏州博物馆:《苏州文博论丛》2010年(总第1辑),文物出版社2010年,第7页。
[3]南京博物院:《赵陵山——1990—1995年度发掘报告》,文物出版社2012年,第326—329页。

敌方部族的妇孺老幼,以极其残忍的方式杀戮而殉葬,有着很大不同。这无疑说明:远古太湖流域部族战争的残酷程度,并不亚于后世历朝历代的战争。同时,这或也为先秦吴地"轻死易发"的"尚武"精神,寻迹到的另一处源头和实证。

(5)赵陵山遗址出土的太湖流域良渚早期玉琮

①关于玉琮

琮,柱形,中有圆孔。琮与下文所说的璧,在中国古代礼器中有着极高地位。《周礼·春官·大宗伯》记载:"以玉作六器,以礼天地四方,以苍璧礼天,以黄琮礼地。"[1]东汉郑玄注曰:"礼神者必象其类:璧圜,象天;琮八方,象地。"[2]《周礼·秋官·小行人》记载:"璧以帛,琮以锦。"[3]郑玄注:"五等诸侯享天子用璧,享后用琮。"[4]而郑玄注《周礼·春官·典瑞》篇,则指出璧、琮在祭祀中的作用为:"疏璧琮者,通于天地。"[5]

从上述文献记载可以看出以下几点:一是商周时期的礼仪用玉以琮、璧最为高贵、显赫。二是商周时的祭祀制度中,璧、琮的功用,乃是"通于天地"。三是琮、璧的形制"璧圜,象天;琮八方,象地",已揭示出商周时的祭祀制度所蕴含的"天圆地方"的思想内涵。而这一形制,又与其祭祀中"通于天地"的功用紧密相连。

②昆山赵陵山遗址77号大墓出土的良渚早期素面无纹玉琮

赵陵山琮出土于江苏昆山赵陵山遗址77号大墓,为素面无纹玉琮。其年代,即是赵陵山遗址77号大墓的年代。南京博物院展板介绍该赵陵山77号墓时,将之年代定为公元前3000年,即距今约5000年。

昆山赵陵山遗址77号大墓出土的素面无纹玉琮(左、右二图为同一器的不同视角)(录自《赵陵山——1990—1995年度发掘报告》[6])

参与赵陵山遗址考古的学者,在《重说赵陵山遗址》一文中两处提及并记录下了该玉琮出土时的位置。一为M77号大墓墓主的"右手手面上置方体玉琮",另一为该玉琮"出土时位于墓主右手上,琮下端叠压墓主右手指骨。外方内圆,外形质朴,呈矮立方柱形,四面平直、倭角,光素无纹,细节未作精细化处理;中部管钻对穿孔,通体打磨光洁;最大对角径10.8厘米,最高4.2厘米;玉质呈灰绿色,不透

---

[1]《周礼·春官·大宗伯》,见《周礼注疏》,北京大学出版社1999年,第477—478页。
[2]郑玄注,见《周礼注疏》,北京大学出版社1999年,第478页。
[3]《周礼·秋官·小行人》,见《周礼注疏》,北京大学出版社1999年,第1013页。
[4]郑玄注,见《周礼注疏》,北京大学出版社1999年,第1013页。
[5]郑玄注,见《周礼注疏》,北京大学出版社1999年,第540页。
[6]南京博物院:《赵陵山——1990—1995年度发掘报告》,文物出版社2012年,彩版一二六"玉琮(M77:59)"。

光。该琮被学者们认为是良渚方体玉琮的最早形态,弥足珍贵"[1]。

其出土位置处于墓主右手处,即其腰腹处。这一位置,与文献记载的琮在敛尸中的位置,极为吻合。《周礼·春官·典瑞》记载"驵圭璋璧琮琥璜之渠眉,疏璧琮以敛尸"[2]。郑玄注指出上述各类不同的玉器敛尸时的具体位置说:"圭在左,璋在首,琥在右,璜在足,璧在背,琮在腹,盖取象方明,神之也。"[3]其中的"琮在腹",正是后世学者对琮在敛尸即作死者随葬器时位置的总结。

如前所述,昆山赵陵山遗址M77号大墓墓主为青壮年男性的氏族首领,其墓随葬器丰富,且伴有大规模杀殉附葬现象。而在太湖流域的葬礼时玉琮置放的位置,无前例可循。故其时或为由巫师与部族上层人士主导。故上述的"右手手面上置方体玉琮",即将该琮置于死者腰腹处,就不可能是随意置放,而可能系巫师及部族上层人士讨论的结果。这一结果,因无前例,其后就成为其他部族首领葬礼的可援及效法之例。继而相沿成习,成为商周时玉器敛尸时的传统,并为后世的文献记载为"琮在腹"了。

赵陵山琮的制作及赵陵山77号墓于良渚早期的下葬年代,远早于《周礼》成书及郑玄作注的时代,因此,只能说后者的《周礼》及郑玄注是对早先玉器敛尸时置放规则的记载和总结,而不可能是赵陵山77号墓依《周礼》而将该琮置于死者右手而放于腰腹处。

③赵陵山玉琮与安徽潜山薛家岗玉琮的比较

薛家岗玉琮出土于安徽潜山薛家岗遗址M47墓。安徽省博物院展出该琮时,用考古学以"BP"即"距今年代"的方式,将其标注为"BP5500—4800",即距今5500至4800年。该年代属于薛家岗文化第三期,安徽省文物工作队《潜山薛家岗新石器时代遗址》一文,据文物保护科学技术研究所碳十四实验室《碳十四年代测定报告(四)》[4]提供的数据,作"薛家岗三期文化距今为5170±125年(树轮校正值)"[5]。其后,国内学者们多沿用此数据作"距今约5100年"。

列为全国重点文物保护单位的安徽潜山市王河镇薛家岗村的"薛家岗遗址"文物保护碑(左)以及安徽博物院展出的薛家岗遗址M47墓出土的玉琮(新石器时代,BP5500—4800,潜山薛家岗遗址出土,安徽省考古研究所藏)(中)及该展出时与展器旁的"玉串饰"的体积对比图(右)(吴恩培摄)

---

[1] 左骏:《重说赵陵山遗址》,《中国文化遗产》2013年第1期。
[2] 《周礼·春官·典瑞》,见《周礼注疏》,北京大学出版社1999年,第540页。
[3] 郑玄注,见《周礼注疏》,北京大学出版社1999年,第540页。
[4] 文物保护科学技术研究所碳十四实验室:《碳十四年代测定报告(四)》,《文物》1982年第4期。
[5] 安徽省文物工作队:《潜山薛家岗新石器时代遗址》(执笔:杨德标),《考古学报》1982年第3期。

2016年3月，首都博物馆举办"纪念殷墟妇好墓考古发掘四十周年特展"，展出多件河南安阳妇好墓出土、中国社会科学院考古研究所藏的玉琮形器和玉琮等。展出时，展器说明标牌即标示说"最早的玉琮见于5100年前的安徽史前文化"。

据安徽省考古研究所编著的《潜山薛家岗》一书描述，薛家岗遗址出土"玉琮2件，形制相同，均乳白色，近似长方体，外方内圆，一端略大，另一端略小"。二琮的尺寸，一为"器最高2.2、边长1.7厘米"，另一则为"器最高2.1、边长1.8厘米"。[1]显见，该二器尺寸及体量均较小，而主持该考古的专家在《薛家岗考古散记》中将之称为"一对高2.1厘米、直径1.6厘米的小玉琮"[2]。

对该"小玉琮"，周南泉《玉琮源流考——古玉研究之一》一文将之称为"细小型玉琮"，文中认为："这一类玉琮，相对来说比大型正规玉琮小数倍乃至十几倍。从历史上看，迄今所知这种细小型玉琮比其它种类出现早，其中最早者有相当于崧泽文化的薛家岗文化墓葬中出土的二件。此后，类似形器仅见于良渚文化。现将主要出土物举例于下：薛家岗文化出土的两件，出自安徽潜山县薛家岗遗址的M47，内圆外方，体外四角各有一横断切割的牙形小口，将器分为上下两节。"[3]周南泉将薛家岗琮称为玉琮"最早者"，引发学者们的不同意见。

关于早期的玉琮，分别出现三器：

一为周南泉《玉琮源流考——古玉研究之一》所说的"最早者"薛家岗琮。

一为左骏《重说赵陵山遗址》一文所说"良渚方体玉琮的最早形态"的赵陵山琮。

一为王巍《良渚文化玉琮刍议》一文所说，且出土于今苏州吴中区张陵山遗址的兽面纹镯形琮，为"我国新石器时代遗存中迄今所见年代最早的玉琮"[4]。

从后世琮的内圆外方立方柱形制来看，赵陵山琮为"良渚方体玉琮的最早形态"。

薛家岗琮是否为赵陵山琮的源头？关于这一问题，存有较大争议。前引周南泉《玉琮源流考——古玉研究之一》一文所说"古代的玉琮很可能是从比其更早的外方内圆牙身型玉管状佩演变而来的"[5]，从而持这一观点。而周玮《良渚文化玉琮名和形的探讨》一文则持反对意见："把薛家岗琮形器视为良渚文化早期玉琮的源头，显然是不合适的。"[6]在存有争议且二琮存在着种种异同情况下，此说或难以成立而当进一步研究。

薛家岗琮与赵陵山琮，各自产生，且各自发展——薛家岗琮在薛家岗文化中式微且凋零；赵陵山琮开启了太湖流域良渚文化内圆外方式立方体玉琮形制而蓬勃发展，并产生种种流变。而几乎在赵陵山琮出现的同时，其内圆外方式立方体形制在向镯形流变的过程中，张陵山兽面纹镯形琮出现并以其镯面作为平台，产生了兽面纹图饰。

综上，薛家岗琮、赵陵山琮及张陵山琮，各有特色，年代相当，当为我国最早出现的一批玉琮。而对其后太湖流域良渚中、晚期玉琮产生重大影响者，为赵陵山琮的形制和张陵山琮的兽面

---

[1] 安徽省考古研究所：《潜山薛家岗》，文物出版社2004年，第140—141页。
[2] 安徽省考古研究所：《潜山薛家岗》，文物出版社2004年，第612页。
[3] 周南泉：《玉琮源流考——古玉研究之一》，《故宫博物院院刊》1990年第1期。
[4] 王巍：《良渚文化玉琮刍议》，《考古》1986年第11期。
[5] 原文此处加注："周南泉：《玉琮源流考——古玉研究之一》，《故宫博物院院刊》1990年第1期。"
[6] 周玮：《良渚文化玉琮名和形的探讨》，《东南文化》2001年第11期。

纹。而薛家岗琮的后世影响，现无材料予以证明。

3.吴江龙南村落遗址——太湖流域首次发现的原始村落遗址

龙南村落遗址，位于吴江区平望镇龙南村，系新石器时代良渚文化早期的村落遗址。经国家文物局批准，苏州博物馆和吴江县文物管理委员会先后进行两次（分别为：1987年12月至1988年2月及1988年11月至1989年1月）联合发掘，发掘面积800平方米。考古报告《江苏吴江龙南新石器时代村落遗址第一、二次发掘简报》在1990年发表。

（1）遗址年代——良渚文化的早期阶段

有学者指出："龙南遗址的年代总体上处在良渚文化的早期阶段。"[1]该考古报告将该遗址的新石器文化分为三期。第一期碳-14"测定年代为距今4785±80（树轮校正5360±92）年。因此将这一期定为崧泽文化与良渚文化的过渡期"，发掘时发现1座房址。第二期的碳-14数据2个，一为碳-14"测定年代为距今4685±90（树轮校正5240±92）年"，另一为碳-14"测定年代为距今4595±80（树轮校正5135±92）年"。因此将第二期定为良渚文化早期。而"龙南新石器时代村落是良渚文化早期的村落，大约距今5200年左右"，发掘时发现2座墓葬、11座房址，均为竖穴式。第三期的碳-14数据2个，一为碳-14"测定年代为距今4280±125（树轮校正4750±105）年"，另一为碳-14"测定年代为距今4290±100（树轮校正4765±108）年。考虑到这一期文化跨度大，以统称为良渚文化为宜"。[2]

（2）遗址内容——太湖流域首次发现的原始村落遗址

在考古中发现一条东北、西南走向的古河道，河道内有鱼网坠、石鱼标、石镞及大量的碗、蚬、螺蛳壳。古河道两岸分布3个集合的房址13座，为半地穴式和浅地穴式，房前有石台阶式门道，房内有垫有苇草、蒲草、草木灰的睡坑。两次发掘共发现良渚文化期墓葬15座，并有石、玉、陶器等陪葬遗物。出土一具猪坑，尚有粳稻、籼稻、红蓼、酸枣、河菱、芝麻、甜瓜、葫芦等植物种子。是太湖流域首次发现的原始村落遗址。[3]

吴江平望镇梅堰社区列为江苏省文物保护单位的"龙南村落遗址"文物保护碑（吴恩培摄）

（3）人文价值

首次发现的5000多年前良渚早期江南地区最早村落——中间一条小河流过，房屋依河而筑，房前有石台阶式门道，河边还有木构埠头（俗称河滩头）等格局、情景[4]，俨然是后世江南乡村枕河而居格局的最早雏形。

---

[1] 高蒙河：《从江苏龙南遗址论良渚文化的聚落形态》，《考古》2000年第1期。
[2] 苏州博物馆、吴江县文物管理委员会：《江苏吴江龙南新石器时代村落遗址第一、二次发掘简报》（执笔：钱公麟、丁金龙、姜节余、吴国良），《文物》1990年第7期。
[3] 见"龙南村落遗址"文物保护碑后的介绍文字。
[4] 苏州博物馆、吴江县文物管理委员会：《江苏吴江龙南新石器时代村落遗址第一、二次发掘简报》（执笔：钱公麟、丁金龙、姜节余、吴国良），《文物》1990年第7期。

4.苏州吴中区良渚早期的张陵山遗址及其出土的兽面纹镯形琮、玉璧等

（1）张陵山遗址发掘出土的兽面纹镯形琮

前文论及太湖流域良渚早期社会生活"原始信仰的继承与发展"时，曾言及苏州吴中区张陵山遗址出土的人形饰件。该遗址另一著名出土器为兽面纹镯形琮。南京博物院《江苏吴县张陵山遗址发掘简报》记载张陵山遗址的发掘经过及兽面纹镯形琮的出土情况说："张陵山遗址位于江苏省吴县用直镇南偏西约二公里处，属淞南公社张陵大队。淞南砖瓦厂在遗址的南面。1956年江苏省文管会调查时发现。1957年南京博物院进行复查。遗址分为东、西两座土墩（当地叫东山、西山），面积均约为6000平方米，两墩相距约100米。此次发掘地点系在西墩。……近年由于砖瓦厂不断取土，此墩近二分之一面积已被挖掉，……我院于1977年5月18日—31日在这里进行发掘。"[2]

江苏苏州吴中区张陵山遗址出土的玉琮（录自《江苏吴县张陵山遗址发掘简报》[1]）

而记载该遗址出土遗物时，《江苏吴县张陵山遗址发掘简报》涉及兽面纹镯形琮的出土情况为："玉琮一件。短圆筒形，似镯，但孔径甚大，不宜佩戴。外壁用减地法突出四块对称的长方形凸面，凸面上阴线刻划兽面形图案，粗眉圆眼，阔口獠牙，十分生动，可能为后世饕餮纹的滥觞。"[3]

正是这一"粗眉圆眼，阔口獠牙"的"阴线刻划兽面形图案"，在良渚玉器及良渚玉琮的发展史上，都留下极其浓重的一笔。该"阴线刻划兽面形图案"为中国古代玉器及其后的商、周青铜器留下了兽面纹（又称饕餮纹）纹饰，从而使得这一兽面纹镯形琮明确无误地成为中国古代玉器、青铜器等兽面纹纹饰的源头和祖器。

南京博物院展出"兽面纹镯形琮"时镯面上的阴线刻兽面纹细部（左）及据该兽面纹而绘的线描图（右）。该图案曾为南京博物院展出器说明标牌上的标志性图案（吴恩培摄）

---

[1]南京博物院：《江苏吴县张陵山遗址发掘简报》，见文物编辑委员会：《文物资料丛刊》第6辑，文物出版社1982年，图版壹"江苏吴县张陵山出土器物"第13器。
[2]南京博物院：《江苏吴县张陵山遗址发掘简报》，见文物编辑委员会：《文物资料丛刊》第6辑，文物出版社1982年，第25页。
[3]南京博物院：《江苏吴县张陵山遗址发掘简报》，见文物编辑委员会：《文物资料丛刊》第6辑，文物出版社1982年，第29页。

(2) 张陵山遗址的年代及其兽面纹镯形琮的研究

关于张陵山遗址的年代，南京博物院《江苏吴县张陵山遗址发掘简报》记载说，该遗址的一块木炭，"经考古研究所实验室碳-14测定年代为公元前3210±230年（年轮较正为公元前3835±240年）。这个数据可能偏早，我们根据遗物的比较，初步认为其年代约与中原地区仰韶文化晚期相当"[1]。

关于张陵山遗址出土的兽面纹镯形琮，王巍《良渚文化玉琮刍议》一文将该琮定为AI式琮，并指出说："张陵山M4与AI式琮同出的陶器有鱼鳍形足鼎、带把杯等，均为良渚文化早期的典型器。碳14测定该期遗存的年代为距今5160±230，树轮校正为5785±240，一般认为此数据可能偏早，其年代约在公元前3000（年）左右。""良渚文化的玉琮以张陵山M4出土的AI式琮的年代最早，同时，它也是我国新石器时代遗存中迄今所见年代最早的玉琮。因此，探讨玉琮的起源应以此式玉琮为重点。"[2]

汪遵国《琮璧在中国古代文化中的地位》一文也指出："1977年在吴县张陵山遗址四号墓也出土了琮璧，同出有鱼鳍足鼎、黑皮陶贯耳壶，属良渚文化早期，同层出土的木炭经碳14测定为5160±230年，树轮较正5785±240年。由于木炭数量较少，这个标本的误差可能较大，但大致年代可定在距今五千年前后。因此，张陵山出土的琮璧是年代最早的玉琮。"[3]

综上可见，张陵山兽面纹镯形琮的年代，学者们分别表述为"其年代约在公元前3000年"和其年代即"可定在距今五千年前后"。这一年代，与昆山赵陵山遗址的年代大致相同，均为良渚文化早期。

对该琮的地位，王巍《良渚文化玉琮刍议》一文认为是"我国新石器时代遗存中迄今所见年代最早的玉琮"。汪遵国《琮璧在中国古代文化中的地位》一文也认为："张陵山出土的琮璧是年代最早的玉琮。"

鉴于该遗址年代与昆山赵陵山遗址的年代相同，也鉴于后世"内圆外方"式立方体为玉琮的主流形制，故前文在论及"薛家岗琮与赵陵山琮的关系"时，作薛家岗琮与赵陵山琮"各自产生，且各自发展"的判断和叙述。而张陵山琮与赵陵山琮几乎同时出现，且在内圆外方式立方体形制向镯形流变的过程中，张陵山兽面纹镯形琮以其镯面作为平台，产生了兽面纹图饰。同时，在太湖流域的良渚玉琮中，该张陵山琮与赵陵山琮同属于良渚早期且距今5000年时出现的最早玉琮。故前文将张陵山

列为苏州市文物保护单位的苏州吴中区"张陵山遗址"文物保护碑（吴恩培摄）

---

[1] 南京博物院：《江苏吴县张陵山遗址发掘简报》，见文物编辑委员会：《文物资料丛刊》第6辑，文物出版社1982年，第34页。
[2] 王巍：《良渚文化玉琮刍议》，《考古》1986年第11期。
[3] 汪遵国：《琮璧在中国古代文化中的地位》，《江苏社联通讯》1980年第1期。

琮与安徽薛家岗琮、昆山赵陵山琮作为我国最早出现的一批玉琮。从这一意义上讲，称张陵山琮为"年代最早的玉琮"，亦无不可。

（3）良渚玉琮的灵魂——张陵山琮兽面纹对后世良渚玉琮的影响

2006年为良渚遗址发现70周年，为此举行的学术研讨会上，有学者在题为《良渚玉器纹饰的比较研究》论文中总结性地指出："目前大家都公认以张陵山西山M4的镯式琮上的刻纹为良渚纹饰的最早形式。"[1]

"公认"为"良渚纹饰""最早形式"的张陵山兽面纹镯形琮的兽面纹，对后世影响巨大。有学者深刻地指出："兽面纹可说是构成良渚玉琮的核心因素，是良渚玉琮的灵魂。"[2]因此，这一兽面纹饰的出现直接影响了后世良渚中、晚期玉琮器形及其图饰的定型和发展。

太湖流域良渚中、晚期玉琮兽面纹饰情况，现就太湖流域的著名遗址——余杭反山遗址、瑶山遗址及苏州草鞋山良渚文化层、常州寺墩遗址出土器情况，作一说明。

兽面纹在良渚早期的张陵山遗址出现后，即影响其后良渚玉器的生产，并成为良渚玉器的灵魂。而良渚玉器灵魂的极致绽放，当属良渚晚期的、今浙江余杭、有学者称之为"良渚遗址群正是这个强大古国的都邑"[3]的"良渚古国"时期。浙江余杭反山、瑶山出土的这一时期中的玉器上的兽面纹图饰，可谓趋于极致而登峰造极。

余杭反山墓地位于杭州余杭区长命乡雉山村，于1971年发现。据主持该墓发掘的考古学者说："反山总面积在2700平方米以上，这期发掘仅在西部660余平方米的范围内就发现了11座良渚文化大墓，出土随葬品1200余件（组），其中玉器占90%以上。反山墓地系人工堆筑而成的高土墩，营建规模相当可观，墓穴布局排列有序，随葬品丰厚精美，种种迹象表明这里是良渚文化部族显贵者们的专用墓地。"[4]

反山墓地12号墓出土有"玉琮王"之称的玉琮，"高8.9厘米、上射径17.1—17.6厘米、下射径16.5—17.5厘米、孔外径5厘米、孔内径3.8厘米……整器重约6500克。……琮体四面直槽内上下各琢刻一'神徽'，为神人兽面的图像"[5]。

浙江余杭反山出土的有"琮王"之称的玉琮（余杭反山出土，M12:98）（左）及该"琮王"上的完整神人兽面纹（右）（录自《浙江博物馆典藏大系·史前双璧》[6]）

而该反山墓地12号墓同时亦出土有"玉钺王"之称的玉钺，"长17.9厘米、

---

[1]秦岭：《良渚玉器纹饰的比较研究》，见浙江省文物考古研究所：《浙江省文物考古研究所学刊（第八辑）·纪念良渚遗址发现七十周年学术研讨会文集》，科学出版社2006年，第24页。
[2]刘斌：《良渚文化玉琮初探》，《文物》1990年第2期。
[3]赵晔：《湮灭的古国故都》，浙江摄影出版社2007年，第52页。
[4]王明达：《反山良渚文化墓地初论》，《文物》1989年第12期。
[5]浙江省博物馆：《浙江博物馆典藏大系·史前双璧》，浙江古籍出版社2009年，第111页。
[6]浙江省博物馆：《浙江博物馆典藏大系·史前双璧》，浙江古籍出版社2009年，第122页。

刃部宽16.8厘米、顶宽14.4厘米、最厚0.9厘米、孔径约0.55厘米……两刃角的正反面分别浅浮雕完整的神人兽面纹和鸟纹。已发现的良渚玉钺中仅此一例。这一特殊现象,反映出此钺的不同寻常,因而有'钺王'之称"[1]。

浙江余杭反山出土的有"钺王"之称的玉钺(余杭反山出土,M12:100)(左)及该玉钺左上角的"浅浮雕完整的神人兽面纹"(右)(录自《浙江博物馆典藏大系·史前双璧》[2])

除余杭反山墓地外,位于浙江余杭下溪湾村的瑶山遗址,"1987年、1996—1998年由浙江省文物考古研究所等单位进行多次发掘。……出土器物2660件,其中玉器2582件"[3]。其中,瑶山遗址M10出土的玉牌饰(M10:20,高6.1厘米,宽8.2厘米,厚0.6—1.28厘米)、玉三叉形器(M10:6,高5.2厘米,宽7.4厘米,厚1.3厘米)以及玉琮(M10:19,高5.2厘米,射径8.2—8.45厘米,孔径6.4厘米),均饰有精美的兽面纹饰。

浙江余杭瑶山出土的玉牌饰(余杭瑶山出土,M10:20)(左)、玉三叉形器(余杭瑶山出土,M10:6)(中)及玉琮(余杭瑶山出土,M10:19)(录自《浙江博物馆典藏大系·史前双璧》[4])

苏州草鞋山遗址良渚文化层出土的刻画兽面纹玉琮,考古报告《江苏吴县草鞋山遗址》的描述为:"T303M1中出土的玉琮,高5.1、宽3.2、孔径1.2厘米,筒身分两大节,以四边为中线,精刻八组兽面纹。"[5]南京博物院今展出该器时,命名为"神人兽面纹琮"。

---

[1]浙江省博物馆:《浙江博物馆典藏大系·史前双璧》,浙江古籍出版社2009年,第122页。
[2]浙江省博物馆:《浙江博物馆典藏大系·史前双璧》,浙江古籍出版社2009年,第111—112页。
[3]中国社会科学院考古研究所:《中国考古学·新石器时代卷》,中国社会科学出版社2010年,第676页。
[4]浙江省博物馆:《浙江博物馆典藏大系·史前双璧》,浙江古籍出版社2009年,第138、132、131页。
[5]南京博物院:《江苏吴县草鞋山遗址》,见文物编辑委员会:《文物资料丛刊》第3辑,文物出版社1980年,第12页。

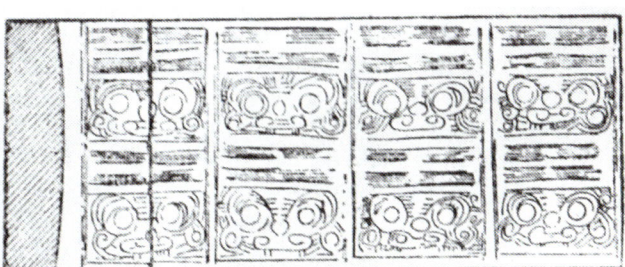

南京博物院展出的神人兽面纹琮（新石器，苏州草鞋山遗址出土）（左）（吴恩培摄）及其展开时的八组精刻兽面纹图（右）（录自《江苏吴县草鞋山遗址》[1]）

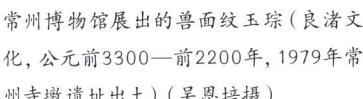

常州博物馆展出的兽面纹玉琮（良渚文化，公元前3300—前2200年，1979年常州寺墩遗址出土）（吴恩培摄）　　常州武进博物馆展出的兽面纹玉琮（良渚文化，横林青墩遗址）（左）及无锡宜兴博物馆展出的良渚文化玉琮（新石器时代）（右）（吴恩培摄）

常州寺墩遗址出土有众多兽面纹玉琮，距寺墩遗址10余千米的常州武进区横林镇青墩遗址（即前文所说的"青城墩遗址"）亦出土有精美异常的兽面纹玉琮。而今无锡宜兴博物馆展出的良渚文化玉琮，亦有精美的兽面纹。

（4）张陵山琮兽面纹对夏、商、周三代青铜器兽面纹的影响

张陵山兽面纹镯形琮的影响远不止于新石器时代的良渚文化玉器。该琮的兽面纹也成为后世夏、商、周青铜器上常见兽面纹（饕餮纹）的最早源头。现分述如下：

①夏代

兽面纹在夏代出土器上出现的文献记载：《1981年河南偃师二里头墓葬发掘简报》报道该次遗址发掘成果，其中一件为："兽面铜牌饰　1件。81YLVM4∶5，呈长圆形，长14.2、宽9.8厘米。中间呈弧状束腰，近似鞋底形，两侧各有二穿孔钮。凸面由许多不同形状的绿松石片粘嵌排列成兽面纹。凹面附着有麻布纹。凸面绿松石片图案组合异常精巧，保存极好。这件器物放置在墓主人的胸部略偏左。"[2]而《1984年秋河南偃师二里头遗址发现的几座墓葬》报道的该次遗址发掘成果，其中一件同样为："兽面铜牌饰　1件（M11∶7）。形制与1981年在圪垱头村西北发掘的M4出土的一件相似（参见《考古》1984年1期：《1981年河南偃师二里头墓葬发掘简报》），只是略大，在墓中放置的位置也相同，即置于墓主人胸前。铜牌饰的正面用许多碎小的长方形绿松石片很整齐地镶嵌成兽面纹，背面四个穿孔钮上下两两对称，可系绳。形象生动，制作精巧。长

---

[1] 南京博物院：《江苏吴县草鞋山遗址》，见文物编辑委员会：《文物资料丛刊》第3辑，文物出版社1980年，第12页。
[2] 中国社会科学院考古研究所二里头工作队：《1981年河南偃师二里头墓葬发掘简报》，《考古》1984年第1期。

16.5、宽8—11厘米。"[1]

上述考古发掘的二器，考古报告都称为"兽面铜牌饰"。今河南偃师商城博物馆展出兽面铜牌两件，展出时标示为夏代。另，《中国青铜器全集·夏商1》介绍"一九八一年河南偃师二里头出土"的"绿松石镶嵌兽面纹牌饰"时指出："此类牌饰已发现三件，均为上品，其纹饰是已知青铜器上最早的兽面纹。"[2]

河南偃师商城博物馆展出的兽面铜牌（时代：夏代；出土地点：偃师二里头；出土时期：1992年；编号：027-7-8）（吴恩培摄）

②商、周

商、周青铜器兽面纹又称饕餮纹。"饕餮"一词，最早见诸《左传·文公十八年》记载，说黄帝时一位担任"缙云"官职的人家生了个不成器的儿子，有"贪于饮食"、贪图财货等恶习，故"天下之民以比三凶，谓之饕餮"。[3]杜预注为"贪财为饕，贪食为餮"[4]。战国时的《吕氏春秋·先识》篇："周鼎著饕餮，有首无身，食人未咽，害及其身，以言报更也。为不善亦然。"[5]陈奇猷《吕氏春秋校释》引王引之《经义述闻》卷十七"谓之饕餮"条指出："所谓饕餮者，乃古人想象中最贪残之人，《吕氏》此文言其食人未咽，正是象征此义……此鼎之所以著饕餮有首无身者，盖象征残害人者，其报偿立见，正如饕餮食人，尚未及咽，而其身已残亡。然则此鼎乃寓诰诫之意。"[6]后世，饕餮成为特指贪食者的一个词（近年，由该词而来的"老饕"等词，词性渐趋中性，成为好美食者的称呼）。

由此，大致可以看出从良渚早期苏州张陵山琮所发端的兽面纹，到良渚中、晚期玉器上神人、神兽形象，再到商、周时期钟鼎彝器上的兽面纹（即饕餮纹）及其融入政治、社会生活所寓"诰诫"的文化含义。这也就不难理解，前引王巍及汪遵国的"探讨玉琮的起源应以此式玉琮为重点"等所表述出的对该琮的极端重视了。

兽面纹在商、周时出土器上的出现情况，举隅如下：

---

[1] 中国社会科学院考古研究所二里头工作队：《1984年秋河南偃师二里头遗址发现的几座墓葬》，《考古》1986年第4期。
[2] 中国青铜器全集编辑委员会：《中国青铜器全集·夏商1》，文物出版社1996年，《图版说明》第7页。
[3] 《左传·文公十八年》，见《春秋左传正义》，北京大学出版社1999年，第582页。
[4] 杜预：《春秋经传集解》，上海古籍出版社1978年，第527页。
[5] 《吕氏春秋·先识》，见陈奇猷：《吕氏春秋校释》，学林出版社1984年，第947页。
[6] 王引之：《经义述闻》卷十七，见陈奇猷：《吕氏春秋校释》，学林出版社1984年，第955页。

河南博物院展出的兽面乳钉纹铜方鼎（烹饪食器，商代前期，公元前1600—前1300年，1996年郑州市南顺城街窖藏出土）（左）及其鼎器上的兽面纹（右）（吴恩培摄）

南京博物院展出的青铜兽面纹铙（商，南京市江宁区出土）（左）及其兽面纹细部（右）（吴恩培摄）

南京博物院展出的青铜甗（西周，仪征市破山口墓出土）（左）及其器身兽面纹（中）（吴恩培摄）以及上海博物馆藏兽面纹卣（西周早期，公元前11世纪）上的兽面纹（右）（录自《上海博物馆·中国古代青铜馆》[1]）

（5）张陵山遗址出土的被认为是"全国年代最早的玉制礼器"的玉璧

①璧的概说

璧，玉器名。扁平、圆形，中心有孔，边阔大于孔径。古代贵族用作朝聘、祭祀、丧葬时的礼器，也作佩带的装饰。《诗经·卫风·淇奥》中有"有匪君子，如金如锡，如圭如璧"[2]句，称颂高雅君子，如青铜器般精坚，如玉礼器般庄严。在中国文化中，"璧"有着特殊的社会含义。因璧的珍贵，《左传·桓公十年》记载周代时就已出现谚语："周谚有之：'匹夫无罪，怀璧其

---

[1]《上海博物馆·中国古代青铜馆》，上海博物馆内部出版。
[2]《诗经·卫风·淇奥》，见《毛诗正义》，北京大学出版社1999年，第219页。

罪。'"[1]《史记·廉颇蔺相如列传》记载的蔺相如持和氏璧入秦,不辱使命,终将璧完好地归还赵国,这就是成语"完璧归赵"的出典。而成语"珠连璧合"(亦作"璧合珠联"),则谓日月如合璧,五星如连珠。古人认为这是一种显示祥瑞的天象。

②对玉璧的认识过程与张陵山遗址出土的玉璧

"璧"出于何时?有学者论述说:"璧的出现与发展和琮并不同步。崧泽文化就有玉璧,但形体很小,直径只有几厘米,就像是纺轮。良渚文化早期也有这种小玉璧,并和珠、管、璜等穿在一起组成胸饰,这种作饰品的小璧称为系璧。"[2]显然,若以后世《尔雅·释器》所说的"肉倍好"及邢昺所诠释的"边大倍于孔者名璧"[3],即该器的边要数倍于孔,这才能称为璧的标准来看,上述作为胸饰的系璧,还称不上为"璧",不过是具备了后世璧的外形要素而已。汪遵国《琮璧在中国古代文化中的地位》一文梳理琮璧于20世纪30年代的出土情况说:"早在1930年,浙江良渚就出土玉琮、玉璧,由于不是科学发掘,没有弄清共存的器物组合,因而在断定时代上缺乏根据。"[4]

良渚文化玉璧的首次现代考古意义上的发现,"是南京博物院1973年江苏吴县草鞋山遗址的发掘。在198号墓葬中,璧、琮、钺等玉礼器都是良渚文化贵族的随葬品"[5]。对于1973年考古,汪遵国《琮璧在中国古代文化中的地位》一文作了具体描述:"在吴县草鞋山遗址发现的一九八号墓中,出土了玉璧二件,玉琮四件,还出土带盖丁字足盆形鼎、带盖黑皮陶贯耳壶、黑皮陶球腹圈足罐、黑皮陶弦纹圈足盆等良渚文化器物,从而第一次证明琮、璧是良渚文化的遗物。……其绝对年代都在四千年前,早于商代约五百多年。"[6](另见下文"草鞋山遗址M198")

苏州吴中区(原吴县)张陵山1号墓出土的玉璧(M1∶1)
(录自《江苏吴县张陵山东山遗址》[7])

关于年代最早的玉璧,汪遵国《琮璧在中国古代文化中的地位》一文指出:"1977年在吴县张陵山遗址四号墓也出土了琮璧,同出有鱼鳍足鼎、黑皮陶贯耳壶,属良渚文化早期,同层出土的木炭经碳14测定为5160±230年,树轮较正5785±240年。由于木炭数量较少,这个标本的误差可能较大,但大致年代可定在距今五千年前后。因此,张陵山出土的琮璧是全国年代最早的玉制礼器。"[8]

---

[1]《左传·桓公十年》,见《春秋左传正义》,北京大学出版社1999年,第192页。
[2] 戈春源、叶文宪:《吴国史》,人民出版社2001年,第42页。
[3] 邢昺疏,见《尔雅注疏》,北京大学出版社1999年,第151页。
[4] 汪遵国:《琮璧在中国古代文化中的地位》,《江苏社联通讯》1980年第1期。
[5] 王明达:《良渚文化玉璧功能考述》,《中国钱币》1998年第2期。
[6] 汪遵国:《琮璧在中国古代文化中的地位》,《江苏社联通讯》1980年第1期。
[7] 南京博物院、甪直保圣寺文物保管所:《江苏吴县张陵山东山遗址》(执笔:汪遵国、王新),《文物》1986年第10期,彩色插页二。
[8] 汪遵国:《琮璧在中国古代文化中的地位》,《江苏社联通讯》1980年第1期。

5. 无锡邱承墩遗址

（1）概说

邱承墩遗址位于江苏省无锡市鸿山镇东北约1千米处。2005年2—5月，由江苏省考古研究所、无锡市锡山区文物管理委员会联合对其进行了发掘。该遗址新石器时代的文化层堆积分为三期。第一期的年代相当于马家浜文化晚期，第二期的年代处于崧泽文化晚期向良渚文化的过渡阶段，"第三期遗存皆属良渚文化，但年代略有差异，可分前、后两段，简报介绍的主要为后段，年代相当于良渚文化中期偏晚阶段或良渚文化晚期偏早阶段，为公元前2400年前后"[1]。

考古报告推测该遗址说："该遗址原为略高出四周的平地，马家浜文化时期开始有原始先民在此生息繁衍，留下居住遗迹和墓葬，形成最初的遗址；崧泽文化晚期至良渚文化初期，在遗址上堆筑祭祀建筑，形成JS1和JS2；良渚文化早期，在遗址上堆筑高土台，并将墓葬营造在高土台之上，形成高台和晚于高台的墓地；至战国早期，又在高土台的基础上，将土台加长、加宽和加高，修整成平台后开挖大型墓坑，埋葬后进行封土，最终形成覆斗状的土墩遗址。"[2]因此，该遗址为含多种不同时代的文化，亦即太湖流域的新石器遗址具有两种甚至三种文化共生性质的遗址。但该遗址出土器以良渚文化遗存和战国时期的文化遗存较为突出。今列为全国重点文物保护单位的鸿山墓群即是倚特大型墓葬——邱承墩战国贵族墓原址而建的。

（2）无锡邱承墩良渚文化遗址及其出土器——良渚文化鼎

前文叙述浙江嘉兴崧泽文化的南河浜遗址时，曾提及"在该遗址第一次发现了崧泽文化的祭台，以及与祭台有关的墓葬"[3]。《江苏无锡鸿山邱承墩新石器时代遗址发掘简报》将邱承墩遗址与南河浜遗址的祭台作比较说，邱承墩"遗址第二期祭祀遗迹的年代较南河浜略晚，约相当于崧泽文化末期至良渚文化初期，其规模与南河浜祭祀遗迹相似，但保存较完整，而且并列的双祭台在太湖地区为首次发现"[4]。而与该并列的双祭台相契合的，另为无锡鸿山邱承墩遗址出土且或用于祭祀天地的良渚文化鼎。该鼎与青浦福泉山蟠螭纹镂孔足带盖陶鼎外形极为相似。《上海考古精萃》介绍福泉山蟠螭纹镂孔足带盖陶鼎时指出其功能："是与玉琮、玉

无锡鸿山遗址博物馆展出的邱承墩遗址出土的良渚文化鼎（左）（吴恩培摄）及上海青浦福泉山遗址出土的蟠螭纹镂孔足带盖陶鼎（良渚文化，1984年上海青浦福泉山高台墓地65号墓出土）（右）（录自《上海考古精萃》[5]）

---

[1] 江苏省考古研究所、无锡市锡山区文物管理委员会：《江苏无锡鸿山邱承墩新石器时代遗址发掘简报》（执笔：张敏），《文物》2009年第11期。
[2] 江苏省考古研究所、无锡市锡山区文物管理委员会：《江苏无锡鸿山邱承墩新石器时代遗址发掘简报》（执笔：张敏），《文物》2009年第11期。
[3] 浙江省文物考古研究所：《浙江嘉兴南河浜遗址发掘简报》（执笔：刘斌、蒋卫东），《文物》2005年第6期。
[4] 江苏省考古研究所、无锡市锡山区文物管理委员会：《江苏无锡鸿山邱承墩新石器时代遗址发掘简报》（执笔：张敏），《文物》2009年第11期。
[5] 上海文物管理委员会：《上海考古精萃》，上海人民美术出版社2006年，第154页。

璧等礼器一样，专门使用于祭祀天地、祖宗，开创了鼎作祭器的先河。"[1]而将福泉山蟠螭纹镂孔足带盖陶鼎图片与邱承墩良渚文化镂孔足带盖陶鼎进行比较，可见二者有较高相似度。这一是说明，二者间或存在着渊源关系；二是揭示邱承墩良渚文化镂孔足带盖陶鼎所具祭祀功能与该遗址发现的并列双祭台相吻合。

6.常州武进寺墩遗址及其玉琮的出土

寺墩遗址位于常州市天宁区郑陆镇三皇庙村。1973年10月，发现该遗址。南京博物院于1978年12月与1979年2月至3月进行了试掘。据试掘报告——南京博物院《江苏武进寺墩遗址的试掘》

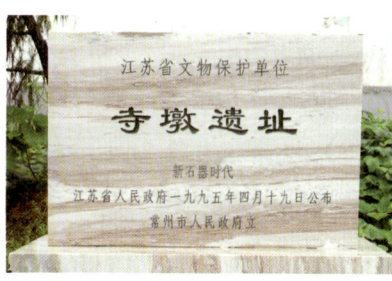

列为江苏省文物保护单位的常州市天宁区"寺墩遗址"文物保护碑（左）及南京博物院展出的玉琮（良渚文化，公元前2500年，江苏省武进区寺墩出土）（右）（吴恩培摄）

指出："寺墩遗址的下文化层属崧泽类型，上文化层属良渚文化。"[2]1982年10月至11月，南京博物院再次对该遗址发掘，考古报告——南京博物院《1982年江苏常州武进寺墩遗址的发掘》指出其具体年代为："寺墩遗址的下层文化及其墓葬的年代，大致在距今4700至4200年，概而言之，约在距今4500年前后。"[3]其时代已属新石器时代的末期。

寺墩遗址为太湖流域北缘重要的良渚后期文化遗址，出土多件玉琮。该遗址于1995年4月列为江苏省文物保护单位，2019年10月列为第八批全国重点文物保护单位。

7.湖州吴兴钱山漾遗址

钱山漾遗址位于湖州市吴兴区八里店镇潞村村。该遗址自20世纪50年代起，经多次发掘。而经碳-14年代测定，钱山漾文化遗存的年代在距今4400—4200年间。该遗址因发现世界上最早

列为全国重点文物保护单位的湖州吴兴"钱山漾遗址"文物保护碑（左）及湖州博物馆展出的钱山漾文化陶鼎（鱼鳍形足鼎，吴兴区钱山漾遗址出土）（右）（吴恩培摄）

---

[1] 上海文物管理委员会：《上海考古精粹》，上海人民美术出版社2006年，第154页。
[2] 南京博物院：《江苏武进寺墩遗址的试掘》（执笔者：周甲胜），《考古》1981年第3期。
[3] 南京博物院：《1982年江苏常州武进寺墩遗址的发掘》（执笔者：汪遵国、李文明、钱锋），《考古》1984年第2期。

的绸片而被正式命名为"世界丝绸之源"。

今湖州博物馆展示的太湖流域新石器时代及其后夏、商时的文化发展序列及其年代的展板中，在"良渚文化"后接入湖州本地的"钱山漾文化"。其序列及年代图示为：

马家浜文化（7000—5800年前）→崧泽文化（5800—5300年前）→良渚文化（5300—4200年前）→钱山漾文化（4400—4200年前）→马桥文化（3900—3200年前）

浙江余杭良渚博物院则另展示有"钱山漾文化"和"广富林文化"展板。其中，关于"钱山漾文化"的展板文字为："钱山漾文化因浙江省湖州市钱山漾遗址而得名，距今4300—4100年左右。这一时期农业生产衰退，渔猎经济增加，遗址数量锐减，人口规模缩小。大规模都邑迄无发现，高等级墓葬难觅其踪，文化的面貌发生了剧变，环太湖地区进入了史前文明的衰退期。"而"钱山漾文化"的鱼鳍形足鼎，极富特色。

8.上海松江广富林遗址

广富林遗址位于上海松江区广富林街道。1958年，当地村民在开河时发现该遗址。之后，进行过4次考古发掘。上海文物管理委员会编的《上海考古精萃》一书将该遗址发现的文化称为"广富林文化"，文中说："广富林文化，以2000年首先在上海市松江区广富林遗址得到确认而命名，考古年代距今约4000年。"[1] 1977年12月，该遗址被公布为上海市文物保护地点。2013年5月，被国务院核定公布为第七批全国重点文物保护单位。

《上海考古精萃》录广富林文化的三角形侧足陶鼎时，指出："此鼎造型与良渚文化鼎器不同，而与长江以北新石器晚期文化王油坊类型的出土鼎器一致。这类器在上海发现，说明在良渚文化末期，可能有一支北来的先民在此生活繁衍，为上海地区增添了新的族属。"[2]

列为全国重点文物保护单位的上海松江"广富林遗址"文物保护碑（左）（吴恩培摄）及广富林文化的三角形侧足陶鼎（右）（广富林文化，1999年松江广富林遗址43号灰坑出土，高23厘米，口径15.8厘米）（录自《上海考古精萃》[3]）

9.浙江余杭、德清的良渚遗址及列为世界遗产的良渚古城

良渚晚期时，上述良渚早期出现的玉琮及其兽面纹，作为首领身份标志的冠状饰，以及玉璧

---

[1] 上海文物管理委员会：《上海考古精萃》，上海人民美术出版社2006年，第92页。
[2] 上海文物管理委员会：《上海考古精萃》，上海人民美术出版社2006年，第203页。
[3] 上海文物管理委员会：《上海考古精萃》，上海人民美术出版社2006年，第203页。

等,已在良渚晚期的常州寺墩及杭州余杭等广泛出现。而余杭良渚遗址群的反山墓地和瑶山遗址出土的良渚文化玉器中的兽面纹等,前文论及张陵山镯形琮兽面纹对后世良渚玉琮的影响时,已作叙述,此处不赘。

1996年11月,浙江省余杭市、德清县的新石器时代良渚遗址被列入国务院公布的第四批全国重点文物保护单位名录。而随着考古发现良渚古城,2019年7月6日,中国良渚古城遗址获准列入世界遗产名录。这既标志着太湖流域的良渚古城遗址是人类早期城市文明的范例,更标志着中华五千年文明史得到国际社会认可。所有这些,正如良渚博物院门厅的一块大型展板的文字标示所说:"良渚是实证中华五千多年文明史的圣地。"

列为世界遗产的良渚古城及该古城遗址公园外景(吴恩培摄)

列为全国重点文物保护单位的浙江余杭"良渚遗址群——反山墓地"文物保护碑(左)及"良渚遗址群——莫角山遗址"文物保护碑(右)(吴恩培摄)

10.共生性质遗址的良渚文化

太湖流域的新石器遗址中,较多为具有两种甚至三种文化共生性质的遗址。其中如昆山绰墩遗址、苏州草鞋山遗址、上海福泉山遗址、苏州越城遗址、无锡邱承墩遗址等,这些遗址中的良渚文化墓葬及出土器物,有些极富特色。

前文叙述这些遗址的马家浜文化时,未介绍其良渚文化器物的出土状况,现另作介绍如下:

(1)标尺:草鞋山遗址M198

苏州草鞋山遗址的考古报告——南京博物院《江苏吴县草鞋山遗址》一文说:"在T203第

二层中发现的M198是一座典型良渚文化类型的墓葬。"[1]在该墓葬出土有玉琮、石斧、玉斧、玉璧、带盖陶鼎、黑皮陶罐、黑衣夹砂红陶簋以及带盖黑皮陶贯耳壶等。在这以前,良渚时期的玉琮、玉斧、玉璧等玉器,多被认为是周、汉时期的古玉。而草鞋山M198的这些玉器与良渚时期的陶器鼎、罐、簋、壶等同处于一墓穴,这就使得这些良渚玉器的年代随之得以确认。

所谓"标尺",即为在对良渚玉器认识的过程中,草鞋山遗址及其M198为研究江浙地区考古学诸文化之间的相对年代提供了标尺。有学者以通俗语言道及这一标尺的重大作用:"良渚玉器的出土很早,从宋代金石学开始,已经对这类玉器进行了一些年代上的考订。但在考订过程中,人们往往有一个常识性的误解:认为没有金属工具就加工不了玉器。所以在近代考古学建立之前,金石学家们一般都将良渚玉器归为周、汉时期的古玉。良渚玉器研究的真正突破是在1973年江苏吴县草鞋山遗址发掘之后。草鞋山198号墓葬是典型的良渚文化墓葬,但研究发现其中原本被归为周、汉的古玉竟伴随典型的良渚文化黑陶一起出土。由此认定它们是同一时代的遗物,从而将这批玉器的年代、属性定下来了。"[2]汪遵国《琮璧在中国古代文化中的地位》一文,亦提及该墓说:"在吴县草鞋山遗址发现的一九八号墓中,出土了玉璧二件,玉琮四件,还出土带盖丁字足盆形鼎、带盖黑皮陶贯耳壶、黑皮陶球腹圈足罐、黑皮陶弦纹圈足盆等良渚文化器物,从而第一次证明琮、璧是良渚文化的遗物。……其绝对年代都在四千年前,早于商代约五百多年。"[3]

（2）昆山绰墩遗址出土的良渚文化鸟纹宽把黑皮陶壶

鸟纹宽把黑皮陶壶,2002年昆山绰墩遗址出土。该器为泥质黑皮陶,壶背上置一扁薄的宽把（或称阔把）,胎薄如纸,乌黑漆亮,故名为鸟纹宽把黑皮陶壶或鸟纹阔把黑皮陶壶。该器鸭嘴形流口高高上翘,器身通体布满精细鸟纹,图案神秘而繁复,纹饰细如发丝。壶背上扁薄的宽把上饰42条细密规整、立体感极强的直条纹。壶口内壁刻有一组鸟纹,呈飞翔状而极富动感。流口

鸟纹宽把黑皮陶壶（新石器时代,良渚文化,2002年昆山绰墩遗址出土,昆山市文管会藏）（左）及其壶口细部（中）、壶腹细部图饰（右）（录自《苏州文物菁华》[4]）

---

[1] 南京博物院:《江苏吴县草鞋山遗址》,见文物编辑委员会:《文物资料丛刊》第3辑,文物出版社1980年,第10页。
[2] 林芳:《一览众山小　神秘良渚玉》,《中国防伪报道》2012年第10期。
[3] 汪遵国:《琮璧在中国古代文化中的地位》,《江苏社联通讯》1980年第1期。
[4] 《苏州文物菁华》编委会:《苏州文物菁华》,古吴轩出版社2004年,第11页。

及底部外壁则是直长的横线条和细短的竖线条组合的图案。该器为目前可以见到的良渚文化黑皮陶器中纹饰最为精美、造型也最为复杂的一件。

(3) 上海福泉山遗址用人殉葬或祭祀的现象及其出土的良渚文化精美祭器

福泉山遗址良渚文化层"发现了用人殉葬或祭祀的现象。M139墓主的随葬品中有12件钺,脚端埋葬屈身侧卧一女子,当为殉人;M145墓坑外另有一小坑,坑内埋葬侧身二人,一为女子,一为少年,皆双臂反缚作挣扎状,为人牲祭祀"[1]。

福泉山遗址一方面出现上述用人殉葬或祭祀的现象,另一方面还出土了与祭祀有关的陶制礼器鼎。福泉山高台墓地65号墓出土的良渚文化蟠螭纹镂孔足带盖陶鼎,《上海考古精萃》称该鼎为"专门使用于祭祀天地、祖宗,开创了鼎作祭器的先河"[2]。该鼎前文与无锡邱承墩良渚文化遗址出土的良渚文化鼎作比较时,已作介绍。

(四)太湖流域良渚文化的消失与北渐,以及良渚文化与周边文化的交融

1. 太湖流域良渚文化的消失与北渐

新石器时代,用于记事的文字尚未出现,故良渚文化的起源及其发展过程,不可能出现文献的记载。而在考古学传入中国之前,良渚文化以地下出土的古器、古玉等实物器形式面世,且多次出现在清代以前的古代文献著录中。这些文献著录之时,尚无"良渚文化"概念,故多作为古器、古玉以及"真三代前物也"[3]等记录。今人对于良渚文化的起源及其发展过程,主要依赖于考古所获地下出土器所带有的古代信息而构建起认识体系。

同样,对良渚文化的衰落、消失乃至消亡,也是从考古学者的质疑开始,从而渐渐揭开它神秘的面纱。学者们所说良渚文化的"突然消失""突然消亡"及其去向,就成为远古江南史不可回避的内容和学术界关注的焦点。

(1) 太湖流域良渚文化的消失

关于良渚文化的消失,叶文宪《良渚文化北迁与蚩尤传说》一文指出:"在夏朝建立之前良渚文化却神秘地从这一地区消失了。在这一地区迄今为止从未发现过相当于夏代和商初的考古遗存,这500年间该地区出现了一个考古学所谓的'缺环'。"[4]

对这一"缺环",张明华《良渚文化突然消亡的原因是洪水泛滥》称之为"空白",并指出,良渚文化"在其最最辉煌的阶段,突然从太湖流域消失,至今找不到一个可资证明是其后裔的承续文化。文化面貌相去甚远的马桥文化的出现,已是良渚人失去踪影的近千年以后。考古学上的断层,使古代太湖地区的人文历史呈现了一段空白"[5]。

(2) 太湖流域良渚文化消失的原因

对良渚文化的消失原因,目前大致有如下几种说法:

---

[1] 上海文物管理委员会:《上海考古精萃》,上海人民美术出版社2006年,第17页。
[2] 上海文物管理委员会:《上海考古精萃》,上海人民美术出版社2006年,第154页。
[3] 朱德润:《古玉图》,见《陶说(及其他三种)》,《丛书集成初编本》,中华书局1991年,第8页。
[4] 叶文宪:《良渚文化北迁与蚩尤传说》,《铁道师院学报(社会科学版)》1989年第1—2期。
[5] 张明华:《良渚文化突然消亡的原因是洪水泛滥》,《江汉考古》1998年第1期。

① "大洪水"说

周鸿、郑祥民《试析环境演变对史前人类文明发展的影响——以长江三角洲南部平原良渚古文化衰变为例》一文从气象环境突变角度，分析气象变化与良渚文化消亡的关系说："良渚早中期的温干气候和适宜环境使良渚文化空前繁荣，但在距今4000年左右突然消亡。……在距今4100年左右存在明显的降温事件，降温使农作物歉收，食物匮乏，在部落间引起连绵战争，使良渚文化走向衰弱。而距今3600年左右的海平面升高，在长江三角洲南部平原发生沟谷海侵，地下水位升高，太湖湖泊体系迅速扩张，引起大洪水，导致良渚文化消亡。"[1]

② "高水位或海侵"说

徐国昌《气候变化对良渚文化发展和消失的影响》一文对引发良渚文化突然衰退、消失的原因进行评述后认为："良渚文化时期是全新世中期，气候相对比较温凉干燥，海平面相对比较低的时期，为良渚文化的发展提供了良好的环境。全新世中期第四个（最后一个）千年尺度暖湿气候期，造成江河湖泊高水位或海侵，使该地区成为水泽环境，导致良渚文化消失。"[2]

③ "海水倒灌"说

肖飞《破解晚期良渚文化人从江南神秘失踪之谜》一文认为是"晚期良渚文化人整体迁出'江南地区'"，其"直接原因，应为发生严重的海水倒灌造成淡水资源缺乏所致"[3]。

④ 返归故土的"寻根"说

栾丰实《良渚文化的北渐》一文，提出了"良渚文化发达起来之后，其向北方的发展，应是一种返回祖先故土的寻根现象"[4]。关于此"寻根"说，该文论述"良渚人的北渐并非在良渚末期，而从良渚早期就已开始，并且很快达到高潮。到良渚末期，已基本不见北徙的迹象。因此，我们认为另有原因"。而这一原因就是："太湖文化区和海岱文化区是具有亲缘关系的两大集团。海岱地区最近几年发现的后李文化，陶器中三分之二以上为釜。釜的基本形态为大口、圜底，器体有大、小之分，器腹有深、浅之别。无独有偶，马家浜文化中也有大量的陶釜，并且也有深腹、浅腹之区分。简单比较可知，两者之釜有惊人的相似之处……从总体上看，两者之间应有传承关系。基于上述，我们不妨做出如下推测。后李文化后期，由于受到来自豫中地区裴李岗文化向东迁徙的压力，一部分与其融合为新的北辛文化。一部分南迁至长江下游和太湖一带，与当地原有文化融合成新的马家浜文化。这一文化上的渊源关系在当地世代传颂，一直留在人们的记忆之中。当良渚文化发达起来之后，其向北方的发展，应是一种返回祖先故土的寻根现象。"[5]

⑤ "北上扩张"及"北上远征"说

张明华《良渚文化突然消亡的原因是洪水泛滥》一文论及良渚文化消失或迁移的原因时，认为除自然因素外，"良渚文化的迁移不同于其他文化的迁移，它可能带有扩张的性

---

[1] 周鸿、郑祥民：《试析环境演变对史前人类文明发展的影响——以长江三角洲南部平原良渚古文化衰变为例》，《华东师范大学学报（自然科学版）》2000年第4期。
[2] 徐国昌：《气候变化对良渚文化发展和消失的影响》，《干旱气象》2008年第1期。
[3] 肖飞：《破解晚期良渚文化人从江南神秘失踪之谜》，《常州工学院学报（社科版）》2006年第1期。
[4] 栾丰实：《良渚文化的北渐》，《中原文物》1996年第3期。
[5] 栾丰实：《良渚文化的北渐》，《中原文物》1996年第3期。

质"[1]。而江苏花厅遗址出现的良渚因素，导致学者们出现"北上远征"的意见。

严文明《碰撞与征服——花厅墓地埋葬情况的思考》一文，就"为什么花厅遗址中有那么多的良渚文化因素"进行分析时，指出除"仿制""融合""贸易和馈赠""掠夺性战争"等几种情况外，更指出"花厅的情况不过是两个文化发生碰撞的又一证明"。且"这次是良渚文化一支武装力量北上远征，打败原住花厅村的大汶口文化居民并实行占领。作战中自己一方阵亡的战士不可能运回老家，只有就地安葬。他们不用大汶口文化居民原有的墓地（南区），而在其北约600米的北区另设墓地。为了缅怀这些在异乡战死的英雄，特地给他们随葬了最能反映本族特色的玉器和陶器等物品，同时也随葬一些原属大汶口文化的战利品，甚至把敌方未能逃走的妇女儿童同猪狗一起殉葬"。按此，则是太湖流域"北上远征"的"武装力量"，在今苏北新沂花厅一带进行生存空间的争夺。对"良渚文化一支武装力量北上远征"的原因，该文归结于良渚文化后期"社会内部的贫富分化和社会地位分化随之发生和发展起来"，"这些人之所以能富起来，一靠剥削本部族的人民……二靠掠夺同族系的其他部落"。而"当一些人富起来并掌握一定权势后，不会满足于对本族人民的掠夺；对财富的贪欲使他们觊觎经济文化比较发达的其他族系的人民。由于过去长期的交往，大汶口文化和良渚文化的居民之间是比较熟悉的，于是他们把触须首先伸向了过去的朋友，从而引发文化之间激烈的碰撞"[2]。

高广仁分析花厅墓地的"文化两合现象"时，一方面论述花厅墓地的"文化两合现象"说："公元前3000年前后，良渚文化的影响已到达淮河南、北两岸，也许是通过江淮东部地区的某个（或某些）已经进入良渚文化势力范围的土著国族，直接构成了对大汶口文化南部族群的严重威胁，甚至成为海岱南部某些部落的征服者，其直接后果是促成了'文化两合现象'的出现。"另一方面，他也认为良渚文化的北上带有"征服"意蕴："良渚文化的崛起（甚至可能率先进入了文明时代），增强了扩展的能力，并出现了北上扩张的势头。……当良渚文化势力北上时，大汶口文化社会已经发展到野蛮时代晚期，贫富悬殊，社会分层明显，部落之间优胜劣败[3]。在这样的历史背景下，面对着来自南方的严重威胁，鲁南苏北一带大汶口文化部落的上层必须作出抉择，或冒灭顶之灾的危险，率众坚决抵抗到底；或者率众逃亡、迁徙；也不排除另一种可能，就是向强大的征服者归顺图存，与之携手合作。……与战败的土著首领携手合作，也符合征服者的利益。"[4]

上述"北上远征""北上扩张"说，以考古及其出土器，实证新石器时代，长江以南太湖流域的良渚文化首次有组织、成规模地越过长江，在黄淮大汶口文化地区复制了太湖流域的良渚文化，从而进行了北进式的文化传播和文化浸润。

（3）良渚文化北缘的新沂花厅遗址

①考古文献的记载

新沂花厅遗址，又称花厅墓地。该遗址为一处大汶口文化和良渚文化交错和交融的新石器文

---

[1] 原文此处加注："陆建方：《良渚文化去向及与蚩尤关系考》，1990年油印稿。"
[2] 严文明：《碰撞与征服——花厅墓地埋葬情况的思考》，《文物天地》1990年第6期。
[3] 原文此处加注："关于大汶口文化的社会分期及各期的社会状况，可参考作者论集所收《大汶口文化社会发展两段论》一文。"
[4] 高广仁：《花厅墓地"文化两合现象"的分析》，《东南文化》2000年第9期。

化遗址。从周膺《美丽洲——良渚文化与良渚学引论》一书的《良渚文化分布图》中也可以看出，花厅遗址为良渚文化最北缘的一处遗址。

《中国考古学·新石器时代卷》言及花厅墓地时说，该遗址"清理墓葬20座，其中发现8座大型墓葬共有殉人18人，这种殉人的现象不仅在大汶口文化中所仅见，而同时期的其他文化中也非常罕见"[1]。常熟经考古发掘出良渚文化早期战死者墓地的罗墩墓地，昆山也经考古发掘出良渚文化早期杀俘殉葬的张陵山墓地。而上述花厅墓地的"殉人的现象"墓葬，或许正是太湖流域良渚早期常熟罗墩战死者墓地和昆山杀俘殉葬张陵山墓地文化的克隆和翻版。

列为全国重点文物保护单位的新沂马陵山西麓的"花厅遗址"文物保护碑（吴恩培摄）

不仅如此，《中国考古学·新石器时代卷》还言及花厅墓地说："墓内的随葬品丰富，大型墓葬随葬有典型良渚文化或具有良渚文化风格的器物。"[2]显然，这已经清楚地说明花厅墓地与良渚先民的北渐有着非常明确的关系。因此，对"北上远征""北上扩张"说的原因、规模等细节，限于新石器时代文字尚未出现，故无相应的文字记载。但良渚先民高度组织化乃至军事化条件下的北渐，或难以否定。这是因为，太湖流域良渚早期墓葬的克隆和翻版，就在花厅墓地；而在这些克隆和翻版式的"大型墓葬"里出土的"典型良渚文化或具有良渚文化风格的器物"，也在花厅墓地；且学者们所说的"文化两合现象"，更发生在花厅墓地。

新沂博物馆展出的锥形器（花厅遗址出土，大汶口文化中期，公元前3500—前3000年）（上）及其细部（下）（吴恩培摄）

② 考古实物的印证

今新沂博物馆展出的锥形器，展器说明标牌标示为"花厅遗址出土，大汶口文化中期，公元前3500—前3000年"。将此器与上海青浦福泉

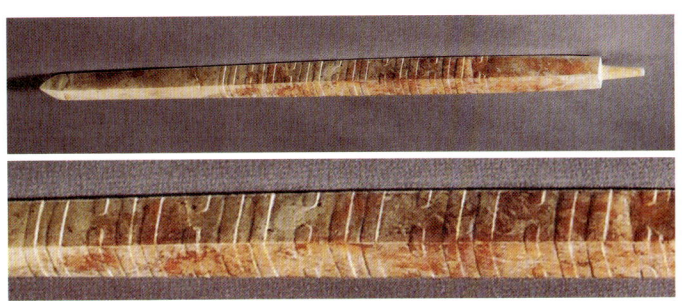

神像纹玉锥形器（良渚文化，1982年青浦福泉山高台墓地9号墓出土）（上）及其细部（下）（录自《上海考古精萃》）[3]

---

[1] 中国社会科学院考古研究所：《中国考古学·新石器时代卷》，中国社会科学出版社2010年，第281页。
[2] 中国社会科学院考古研究所：《中国考古学·新石器时代卷》，中国社会科学出版社2010年，第281页。
[3] 上海文物管理委员会：《上海考古精萃》，上海人民美术出版社2006年，第127页。

山高台墓地9号墓出土的良渚文化神像纹玉锥形器进行比较,不仅外形相似,甚至连器身的纹饰,也非常相似。由此可看出花厅遗址出土器与太湖流域良渚文化出土器的同一文化下的同一风格。

南京博物院展出的神人兽面纹琮(新石器,常州寺墩遗址)(左)及杭州余杭博物馆展出的神人纹玉琮(浙江余杭反山遗址23号墓出土)(右)(吴恩培摄)

除上述锥形器外,花厅遗址出土的神人兽面纹琮、玉璧、玉冠状佩(冠状饰)等,都显示了花厅遗址与太湖流域的良渚文化极其密切的关系。

右图两组对照的玉琮:上组二器,分别为太湖流域的常州寺墩出土的及杭州余杭反山遗址23号墓出土的玉琮。而下组二器,均为新沂花

南京博物院展出的神人兽面纹琮(新石器,新沂市花厅遗址)(左)及新沂博物馆展出的玉琮(新石器时代,花厅遗址出土)(右)(吴恩培摄)

厅遗址出土的玉琮。下组中的神人兽面纹琮,其精美程度不亚于太湖流域的相同出土器。该器可能为太湖流域生产,后被携至新沂市花厅遗址一带。

(4)良渚文化北渐的规模、范围及良渚文化北迁的其他路线及区域

良渚先民出于趋利避害的自然本能,在海侵、洪水等自然灾害面前,有意识地选择离开已逐渐为大水所淹没的太湖流域而北上。因此,这一经考古证实的良渚先民的北上,则既是一种群体性行为,同时,也带有高度组织化乃至军事化的特点。

在自然灾害面前,受灾而被迫迁徙的良渚族群,必须高度组织化,否则无法应对在那一特定时期的灾难及迁徙。而这些高度组织化乃至军事化条件下的"北上远征",其规模到底有多大?简单地说,它到底涉及太湖流域的多大范围?

《湮灭的古国故都》一书认为,太湖南部的今杭州余杭一带,良渚晚期已形成"良渚古国的中心遗址"[1]。但是,这一"良渚古国"带有行政意义的控制范围到底有多大?是否到达太湖东部的今苏州吴中区、相城区及常熟、昆山等以及今上海的青浦、松江等地?是否到达太湖流域北缘、西缘的今常州武进、金坛,无锡江阴、宜兴等地?时至今日,并不得而知。

因此,太湖流域良渚先民逃避洪水的趋利避害行为,当是一定地域范围内的若干族群、部族面对共同灾害时采取的联合行为,即族群、部族的联盟行为。而他们究竟出于太湖流域东缘、北缘乃至西缘的哪一地区,时至今日,或已难以考证。

---

[1] 赵晔:《湮灭的古国故都》,浙江摄影出版社2007年,第109页。

同时,良渚先民除北渐外,另有学者提出"良渚文化经过安徽东部北迁,并在南巢一带地方有过一段时间的停留。安徽含山县凌家滩遗址,在墓葬的随葬器物上,以陶器为主转变为以玉器为主[1],恰反映了良渚文化北迁的影响"[2]。而认为良渚文化的北渐"是一种返回祖先故土的寻根现象"的栾丰实先生,在《良渚文化的北渐》一文中也提出"通观良渚文化的北渐、文化传播和影响,自南而北可以区分为四个区域,即江淮北部、苏北、鲁南和鲁北地区"[3]这一观点。

所有这些,都显示对良渚文化北渐的课题需作进一步研究,或期待新的出土材料出现。

2.太湖流域良渚时期出土器中的八角星纹图饰及该图饰值此以前的西传与北传

(1)良渚时期,太湖流域出土器中的八角星纹图饰

关于八角星纹,太湖流域的马家浜时期,常州武进潘家塘遗址出土器出现八角星纹图饰。崧泽文化时期,上海青浦崧泽文化出土器,出现八角星纹图饰。良渚文化时期,八角星纹图饰再次出现。苏州吴中博物馆展出的澄湖遗址出土贯耳壶上,八角星纹图饰甚为清晰。该贯耳壶,即为本章论及良渚陶器上的刻符时曾提及的苏州吴中博物馆展出的澄湖遗址出土的"良渚文化刻划文字陶壶(澄湖J129:1)"。

苏州吴中博物馆展出的澄湖遗址出土的贯耳壶,即"良渚文化刻划文字陶壶(澄湖J129:1)"上的八角星纹图饰(吴恩培摄)

(2)崧泽文化时期,太湖流域八角星纹图饰的向西传播

①凌家滩玉器玉鹰腹部刻有的八角星纹图饰

凌家滩遗址出土的腹部刻有圆圈纹和八角星纹的玉鹰,精美异常。该遗址考古报告——《安徽含山县凌家滩遗址第三次发掘简报》描述该玉器说:"鹰M29:6,透闪石,灰白色。……腹部阴线规整的圆圈,直径1.7厘米,内刻八角星纹,八角星纹内又刻一圆,直径0.7厘米,圆内有一孔。尾部两面雕琢呈扇形齿纹。表面抛光。长8.4、高3.5、厚0.3厘米。鹰上的八角星纹与1987年M4出土玉片上刻画的原始八卦图应有密切的联系,可能象征某种宗教观念。鹰外表健美,性情凶猛,象征勇敢和力量,这件玉鹰

安徽博物院展出的玉鹰(新石器时代,含山凌家滩遗址出土,安徽省文物考古研究所藏)(吴恩培摄)

---

[1] 原文此处加注:"吴汝祚:《后岗二期文化煤山类型与二里头文化的关系以及桀奔南巢》,《中原文物》1994年第2期。"
[2] 程鹏、朱诚:《试论良渚文化中断的成因及其去向》,《东南文化》1999年第4期。
[3] 栾丰实:《良渚文化的北渐》,《中原文物》1996年第3期。

可能是凌家滩氏族徽帜的代表。"[1]有学者解读该器说:"这件玉鹰是一种'三位一体'的设计:整体造型是鹰;鹰的双翅是猪首;鹰腹部是八角星纹。三种不同的元素合于一体,却无不合谐之感,反而有一种别开生面的效果。特别是鹰翅和猪首的关系,是一种'兼体'。猪首既是它本身,同时又是鹰的一个组成部分,即鹰的双翅。"[2]

安徽博物院展出该玉鹰时,展器标牌标示的年代为"BP5500"即距今5500年,相当于太湖流域的崧泽文化时期。

②凌家滩玉龟及刻有八角星纹的长方形玉片

除玉鹰外,凌家滩遗址另出土"玉龟及玉片",即一件玉龟和一件长方形刻纹玉片。出土时,玉片夹在玉龟腹、背甲之间,玉片长11厘米,宽8.2厘米,上面刻有八角星纹。考古报告《安徽含山凌家滩新石器时代墓地发掘简报》对此的记录为:"长方形玉片1件(M4:30)。牙黄色,两面精磨。平面为长方形,两短边略内弧。三边琢磨出凹边,边宽约0.4,凹约0.2厘米。两短边上各对钻五个圆孔,一长边上对钻九个圆孔,另一长边在两端对钻四个图孔。玉片中部偏右下琢一小圆圈,在小圆内琢方心八角星纹,小圆外琢磨大椭圆形圈。两圆圈间以直线平分八等份,每份琢磨圭形纹饰1个。在大椭圆形外沿圆边对着长方形玉片的四角各琢磨一圭形纹饰。长11、宽8.2、厚0.2—0.4厘米。"

"玉龟1件。分背甲(M4:35)、腹甲(M4:29)两部分。均呈灰白色,通体精磨。标本M4:35,为龟背甲,圆弧形,背上有脊,背甲两边各对钻二圆孔,两圆孔之间琢刻凹槽,后部对钻四个圆孔。标本M4:29为腹甲、略呈弧形,较平。腹甲两边与背甲钻孔相应处对钻二圆孔,腹甲后部对钻一圆孔,这些上下对应圆孔应为拴绳固定之用。长9.4、高4.6、宽7.5、厚0.3—0.6厘米。出土时长方形玉片(M4:30)夹在玉龟腹、背甲之间。"[3]

对这几件玉器及其置放位置,考古报告《安徽含山凌家滩新石器时代墓地发掘简报》认为:"M4共出土随葬器物131件,以玉、石器为主,放置比较散乱。玉器多集中在墓底中部,原来可能放置在死者胸部。"[4]

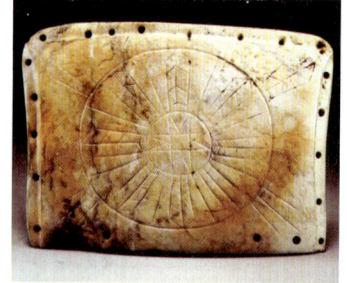

凌家滩遗址M4墓出土的玉龟(左)及其龟腹、背甲(右)(录自《凌家滩玉器》[5])

凌家滩玉龟夹在玉龟腹、背甲之间且具八角星纹的长方形玉片(录自《凌家滩玉器》[6])

---

[1]安徽省文物考古研究所、含山县文物管理所:《安徽含山县凌家滩遗址第三次发掘简报》(执笔:张敬国),《考古》1999年第11期。
[2]徐峰:《三位一体:凌家滩玉鹰的文化阐释》,《四川文物》2013年第6期。
[3]安徽省文物考古研究所:《安徽含山凌家滩新石器时代墓地发掘简报》(执笔:张敬国),《文物》1989年第4期。
[4]安徽省文物考古研究所:《安徽含山凌家滩新石器时代墓地发掘简报》(执笔:张敬国),《文物》1989年第4期。
[5]安徽省考古研究所:《凌家滩玉器》,文物出版社2000年,第15页。
[6]安徽省考古研究所:《凌家滩玉器》,文物出版社2000年,第14页。

凌家滩玉龟及刻有八角星纹的长方形玉片年代,或与上述玉鹰大致相同,相当于太湖流域的崧泽文化时期。

凌家滩玉龟及夹在玉龟腹、背甲之间且放置在死者胸部的具八角星纹的长方形玉片,说明该组合玉器(指长方形玉片、玉龟等)已成为具有某种宗教意义的用品。相比马家浜时期潘家塘遗址纺轮上的八角星纹——只是生活用品纺轮上的图饰来说,八角星纹图饰在传播过程中,其思想价值也在不断地叠加和层累。而就放置在死者胸部的具八角星纹的长方形玉片来说,它反映了安徽凌家滩远古先民已有且不为今人所知的宗教思想和意识。

(3)八角星纹图饰的向北传播

①海安青墩遗址的出土器上出现八角星纹图饰

崧泽文化时期,上海青浦崧泽文化出土器出现八角星纹图饰。与其同时,崧泽文化北越长江,在海安青墩遗址的出土器上,亦出现八角星纹图饰。

②江苏邳州大墩子遗址出土器上出现八角星纹图饰

作为一种现象,八角星纹图饰继续往北浸润。位于今苏鲁边境的江苏邳州市四户镇竹园村大墩子遗址的出土器上,也出现了八角星纹图饰。

大墩子遗址于1962年12月被发现,1963年11月12日至12月21日进行发掘。同样鉴于当时对苏北地区青莲岗文化的认识,大墩子遗址当时即被认为是包含有"青莲岗、刘林、花厅村"等"三类遗存的典型遗址来进行发掘的"[1]。《中国考古学·新石器时代卷》指出该"遗址下层属北辛文化,上层属大汶口文化,提供了北辛与大汶口文化的相对年代关系"[2]。有学者具体指出其年代:"据碳十四年代测定……大墩子遗址为距今5800—5300年。"[3]相对刘林遗址,大墩子遗址时代稍后。大墩子遗址考古报告——《江苏邳县四户镇大墩子遗址探掘报告》记载该遗址出土"一件绘八角星花纹图案的陶盆,其彩绘风格又为庙底沟仰韶文化所未见的"[4]。

列为全国重点文物保护单位的徐州邳州市四户镇的"大墩子遗址"文物保护碑(左)及南京博物院展出的彩陶盆(新石器时代,邳州大墩子遗址出土)(右)(吴恩培摄)

---

[1]南京博物院:《江苏邳县四户镇大墩子遗址探掘报告》,《考古学报》1964年第2期。
[2]中国社会科学院考古研究所:《中国考古学·新石器时代卷》,中国社会科学出版社2010年,第281页。
[3]王育成:《含山玉龟及玉片八角形来源考》,《文物》1992年第4期。
[4]南京博物院:《江苏邳县四户镇大墩子遗址探掘报告》,《考古学报》1964年第2期。

大墩子遗址的年代距今5800—5300年,相当于太湖流域的崧泽文化时期。南京博物院展出该器时名为"彩陶盆"。

③新沂小徐庄遗址出土、新沂博物馆展出的八角星纹彩陶钵

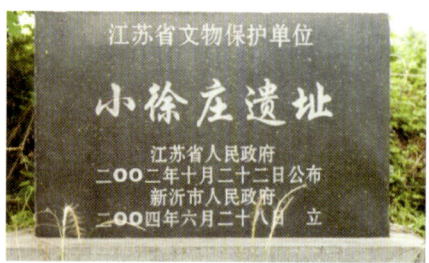

列为江苏省文物保护单位的新沂"小徐庄遗址"文物保护碑(左)及新沂博物馆展出的彩陶钵(小徐庄遗址出土,大汶口文化早期,公元前4200—前3500年)(右)(吴恩培摄)

新沂小徐庄遗址位于新沂市马陵山西南麓,与花厅遗址南北相连。2002年10月,被列入江苏省文物保护单位名录。该遗址先后经两次发掘,发现一批大汶口文化墓葬、房址等。出土的石器主要有斧、钺等。据新沂博物馆展出的关于"小徐庄遗址"展板介绍:"其中石钺制作精细,'风'字形石钺带有崧泽文化的特点。墓葬中随葬石钺和大量石镞,表明它们不仅是生产、狩猎工具,可能还是用于战斗的武器。"新沂博物馆现展出该遗址出土的八角星纹彩陶钵。

新沂博物馆展出该彩陶钵时,展器说明标牌标示的年代为"大汶口文化早期,公元前4200—前3500年"。这一年代,相当于太湖流域的良渚文化时期。

④山东泰安大汶口遗址出土器上的八角星纹图饰

山东博物馆展出八角星纹图饰彩陶豆时,在展器说明标牌上标示:"八角星纹是山东新石器时代典型的图案纹饰。"

大汶口遗址位于山东省泰安城南30千米处的大汶河畔。《中国考古学·新石器时代卷》将大汶口文化的年代"分为早、中、晚三期。其绝对年代,早期为公元前4200年至前3600年;中期为公元前3600年至前3100年;晚期为公元前3100年至2600年。整个大汶口文

列为全国重点文物保护单位的山东泰安大汶河畔的"大汶口遗址"文物保护碑(左)及山东博物馆展出的八角星纹图饰彩陶豆(大汶口文化,距今6300—4600年,1974年,大汶口遗址出土。盛食器,器身用白、红、黑彩绘,其间用条形纹相间隔,足饰圈状纹)(右)(吴恩培摄)

化年代为公元前4200年至前2600年,发展延续1600年之久"[1]。山东博物馆展出的展板则指出:"大汶口文化因首先发掘泰安大汶口遗址而得名。……大汶口文化距今6300年—4600年左右。"

山东博物馆展出八角星纹图饰彩陶豆时,展器说明标牌标示的"距今6300—4600年",理论上相当于太湖流域马家浜文化、崧泽文化和良渚文化早期。而结合海安青墩遗址出土器八角星纹图饰的年代相当于太湖流域的崧泽时期、大墩子遗址彩陶盆的年代亦相当于太湖流域的崧泽时期,而新沂小徐庄遗址出土的八角星纹彩陶钵的年代相当于太湖流域的良渚时期等来看,大汶口遗址出土的八角星纹图饰彩陶豆年代,极可能相当于太湖流域的良渚时期,而不会早于崧泽时期。

至于"八角星纹是山东新石器时代典型的图案纹饰",或是说明源自太湖流域马家浜时期的八角星纹图饰,北传而为大汶口文化所吸纳后,在大汶口文化的陶器中得到了广泛的传播。

⑤山东邹城野店遗址出土器上的八角星纹图饰

《中国考古学·新石器时代卷》对山东邹城野店遗址"出有八角星纹图案(M35:2)"的大汶口文化陶盆,作出"都是崧泽文化因素"的解读。故山东大汶口文化八角星纹图饰的来源,极可能是太湖流域同类图饰值崧泽文化时期跨越长江,并经"文化走廊"的江淮地区北传至时为大汶口文化早期、中期的邳州大墩子遗址,进而在大汶口文化中开枝散叶。

列为全国重点文物保护单位的山东济宁邹城市峄山镇野店村南的"野店遗址"文物保护碑(上左)(吴恩培摄)以及野店遗址出土的"绘八角星花纹图案的陶盆"——"Ⅱ型2式陶盆M35:2"(上右)及该陶盆"八角星纹图案"细部(下)(录自《邹县野店》[2])

3.爬梳与总结:从太湖流域输出的八角星纹图饰

前述,苏秉琦《关于重建中国史前史的思考》一文,把我国数以千计的新石器遗址分为六大板块。就该六大板块中的"以山东为中心的东方"和"以环太湖为中心的东南部"这中国东部的两大文化板块所涵盖的地域范围来说,常州武进潘家塘遗址马家浜文化类型出土器上的"八角纹"即八角星纹,为目前所知在这一地区年代最早的出土器上的八角星纹图饰。

马家浜文化对"以山东为中心的东方"和"以环太湖为中心的东南部"新石器文化的影响,该八角星纹图饰是一个极为重要的观察点。

《中国考古学·新石器时代卷》曾从宏观角度指出:"各种迹象表明,马家浜文化的第三、四期与江淮之间和鲁南苏北的考古学文化有着非同一般的关系。"[3]而就微观角度——以马家浜八角星纹图饰为视角,无论是在太湖流域马家浜文化后的崧泽、良渚文化传承中,抑或是在上述的"江淮之间和鲁南苏北的考古学文化"中,都能从八角星纹图饰的流传中,看到马家浜文化的

---

[1]中国社会科学院考古研究所:《中国考古学·新石器时代卷》,中国社会科学出版社2010年,第292页。
[2]山东博物馆、山东省文物考古研究所:《邹县野店》,文物出版社1985年,彩版一(Ⅰ′)"大汶口文化陶盆和玉饰"。
[3]中国社会科学院考古研究所:《中国考古学·新石器时代卷》,中国社会科学出版社2010年,第471—472页。

影响及其映现出的新石器时代中国不同地区的文化融合。

4. 从太湖流域输出至"半个中国"的良渚文化玉琮

《中国考古学·新石器时代卷》指出：良渚文化"在同时期诸考古学文化中，独树一帜，发展程度居于前列地位"[1]。这一居于"前列地位"的文化，尤其是良渚时期的玉文化，必然地对同时期及其后的其他区域文化产生影响。其中，良渚玉琮的广泛流传，学者们注意到这一情况并指出："目前在中国各地发现的良渚文化玉琮，其范围可达半个中国。"[2]

太湖流域良渚玉琮在向周边传播的过程中，伴随着良渚玉琮制作技术的流传与传播。而在这一制作技术的传播中，也出现一些与本土情况结合的改良实例。如山东临沂一带即出现"石扁琮"之类的琮的改良品种，形制与良渚玉琮内圆外方立方体的形状相差很大。

为爬梳良渚玉琮流传"半个中国"的情况，现据笔者所摄部分实物图片资料，作一大致介绍。

(1) 国内博物馆现存的部分各类玉琮

① 清乾隆皇帝御题配有珐琅胆的良渚玉琮

苏州吴中博物馆举办"下江南——故宫博物院藏乾隆时期文物展"时，展出一只良渚玉琮，并配有珐琅胆。珐琅胆上，有"乾隆癸丑仲春御题"字样。展器说明标牌标示该器为"新石器时代良渚文化，故宫博物院藏"。

苏州吴中博物馆"下江南——故宫博物院藏乾隆时期文物展"展出的乾隆皇帝御题青玉琮（附珐琅胆）（新石器时代良渚文化，故宫博物院藏）（吴恩培摄）

② 江苏淮安博物馆展出的矮方柱形玉琮

江苏淮安博物馆展出的矮方柱形玉琮，金湖夹荡沟出土，展器说明标牌标示为"良渚文化"。显然，这是太湖流域的良渚玉琮在向四周传播过程中，在江淮东部文化区留下的痕迹。学界称这一区域为太湖流域的新石器文化向北流传的"文化走廊"。

③ 四川本地风格的玉琮和齐家文化玉琮

体现良渚文化玉琮对其他区域文化影响的，为四川成都及广汉三星堆遗址出土的四川本地风格的玉琮，以及甘肃、陕西一带大量出土且多为素面的甘肃齐家文化玉琮。齐家文化玉琮，出土器面广量大。今甘肃秦安博物馆、平凉博物馆，

江苏淮安博物馆展出的矮方柱形玉琮（良渚文化，金湖夹荡沟出土）（吴恩培摄）

---

[1] 中国社会科学院考古研究所：《中国考古学·新石器时代卷》，中国社会科学出版社2010年，第674页。
[2] 朱乃诚：《金沙良渚玉琮的年代和来源》，《中华文化论坛》2005年第4期。

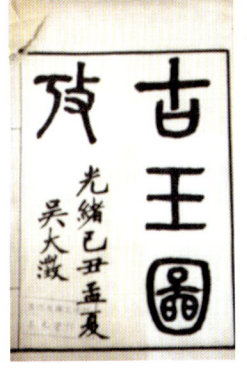 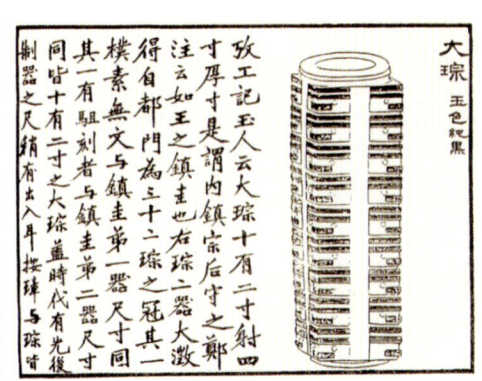

吴大澂《古玉图考》封面书影（左）以及该书关于"大琮 玉色纯黑"及"大澂得之都门，为三十二器之冠"等记载内容的内页（右）（录自《古玉图考》）[1]

（2）太湖流域的苏州、无锡、常州及上海金山展出或出土的部分九节（含九节）以上玉琮

清末苏州学者吴大澂在其著作《古玉图考》中曾介绍过良渚时期"大琮 玉色纯黑"，即为多节超长玉琮。此类玉琮制作难度较大。故良渚多节超长玉琮遗存至今者，为数不多。

陕西西安博物院、凤翔博物馆等，均有此类出土器展出。对此，本书不一一列举，谨作此说明。

吴大澂《古玉图考》所录多节玉琮表明，此类多节玉琮在太湖流域至清代或清代以前或已多有出土。而从吴大澂《古玉图考》中所说"右琮二器，大澂得之都门，为三十二器之冠"等文字来看，晚清时，江南一带从良渚古墓中掘得的多节良渚玉琮，或已经文物贩子之手而流落至北京。

时至今日，太湖流域的苏州、无锡、常州及上海展出或出土的九节（含九节）以上部分玉琮的情况，如下：

①苏州博物馆展出的黑色十二节玉琮

苏州博物馆展出该黑色十二节玉琮时，展器说明标牌的介绍文字为："玉琮，良渚文化，新石器时代。玉琮的基本形制为内圆外方，以示'天圆地方'。此件具有神秘宗教色彩的兽面纹饰玉琮是太湖流域良渚文化典型的器物。"上述未标示其出土地点。而苏州大学近代文哲研究所编《太湖文脉》，录该器，但标示为"良渚文化玉琮，苏州博物馆供稿"[2]，亦未及该器出土地点。《苏州文物菁华》编委会编《苏州文物菁华》，录该器但在文字说明中指出该器情况为："玉琮，新石器时代，良渚文化，高31.6厘米、上宽7.8厘米、内径5.6厘米、下宽6.8厘米、内径5.1厘米。经调查，此器原出土于吴县草鞋山遗址，后被征集。玉琮呈褐色，两端圆，中段为方柱体，分十二节。孔内留有明显的对凿痕迹。每节转角处刻有凹形牙状纹饰。在下端起第二、三、四、五节处一侧凹形纹饰内还刻有一小圆圈，以示眼睛。整个器物线条刻划清晰，比例恰当，呈大气之态。……此件具有神秘宗教色彩的兽面纹饰玉琮，是太湖流域良渚文化典型的器物。"[3]赵晔《湮灭的古国故都》一书，引用该器图片时的文字说明，指说该器为"草鞋山M198出土的玉琮"[4]。

鉴于上述种种情况，本书从苏州博物馆展出时的展器说明标牌，不注其出土地点。

②常州博物馆展出且为寺墩遗址出土的十二节玉琮

太湖北岸良渚后期文化遗址——常州寺墩遗址出土多件长度较长的多节玉琮。现常州博物

---

[1] 吴大澂：《古玉图考》，"光绪乙丑"即1889年版本，苏州大学图书馆藏本。
[2] 苏州大学近代文哲研究所：《太湖文脉》，古吴轩出版社2004年，第24页。
[3]《苏州文物菁华》编辑委员会：《苏州文物菁华》，古吴轩出版社2004年，第8页。
[4] 赵晔：《湮灭的古国故都》，浙江摄影出版社2007年，第161页。

馆展出的十二节玉琮,"高31.8厘米……外表分为十二节"[1]。

③④常州武进博物馆展出且为寺墩遗址出土的十一节玉琮和九节玉琮各一件

常州武进博物馆展出时的展器说明标牌分别标示器名为"十一节兽面纹大玉琮"和"九节兽面纹玉琮",时代及出土地点均标示为"良渚文化,郑陆寺墩遗址"。

⑤上海金山亭林遗址出土的九节玉琮

上海金山区亭林遗址,1966年发现,1972年进行试掘,1973—1975年配合基建工程予以清理挖掘,并于该遗址出土良渚文化玉器多达57件,其中玉琮情况为:"琮,1件(M6:17)。蟹青色,上面有须网状白斑。长方体,上大下小,……以四折角为中线,琢刻四组九节人面纹,圆眼及鼻纹浅显。"[2]《上海考古精萃》录该九节玉琮时,名"神面纹玉琮",并指出其相关数据为:"高24厘米、宽6.6—7.1厘米、孔径5.2厘米。玉色青灰。长方柱形,上大下小,全器以横槽分为九节,每节四角各雕琢一个简化的神面纹,是良渚晚期的玉琮典型。"[3]

另,太湖北岸无锡鸿山邱承墩遗址出土十一节玉琮。该遗址发掘简报对该玉琮描述如下:玉琮"标本M5:3,青玉,玉色呈深绿色,间有深绿色和黄褐色花斑,局部受沁,沁色呈条状青白色,微透明。方柱形,器形规整,上下射端略有缺损,一端大,一端小,中有圆孔,上下射抹角呈圆形。器身以粗凹弦纹分为11节,每节上部饰两组阴刻细弦纹,中部饰简化兽面纹,即转折处阴刻对称的圆圈形眼,下部转角处减地成弧端长条形嘴。通体抛光,一面留有未打磨尽的弧线切割痕,孔内打磨抛光,有台痕。射上径7.8、射下径6.9、孔上径5.5、孔下径5.2、高29.3厘米"[4]。

苏州博物馆展出的十二节玉琮(良渚文化,新石器时代)(左一)、常州博物馆展出的十二节人面纹大玉琮(良渚文化,公元前3300—前2200年,1973年武进郑陆寺墩遗址出土)(左二)及常州武进博物馆展出的十一节兽面纹大玉琮(良渚文化,郑陆寺墩遗址)(左三)、九节兽面纹玉琮(良渚文化,郑陆寺墩遗址)(左四)(吴恩培摄)以及上海金山亭林遗址出土的九节神面纹玉琮(良渚文化,1988金山亭林遗址16号墓出土)(右)(录自《上海考古精萃》[5])

(3)中国南北文化融为一体的特殊玉琮——中国国家博物馆展出的"节数最多""最长"玉琮上的大汶口文化符号及其映现出的两种典型文化的交集

烙着太湖流域良渚文化印迹的玉琮,后相继融入几近"半个中国"的区域,并融合为当地区域文化的一个组成部分,也成为中国早期商、周王朝留存后世的文化遗存器具。

---

[1] 常州博物馆五十周年典藏丛书:《玉器·画像砖》卷,文物出版社2008年,第17页。
[2] 上海博物馆考古研究部:《上海金山亭林遗址1988、1990年良渚文化墓葬的发掘》(执笔者:张明华、李峰),《考古》2002年第10期。
[3] 上海文物管理委员会:《上海考古精萃》,上海人民美术出版社2006年,第114页。
[4] 江苏省考古研究所、无锡市锡山区文物管理委员会:《江苏无锡鸿山邱承墩新石器时代遗址发掘简报》(执笔:张敏),《文物》2009年第11期。
[5] 上海文物管理委员会:《上海考古精萃》,上海人民美术出版社2006年,第114页。

太湖流域良渚文化先民因外部条件改变趋利避害而北渐时，必然与江淮地区的大汶口文化先民发生生存空间的争夺，以及因生活方式的差异而引发文化冲突和文化交融。在这一过程中，深刻体现出良渚文化与其他区域文化的冲突与交融者，当为中国国家博物馆收藏的一件"节数最多"及"最长"的良渚文化玉琮。

①中国国家博物馆收藏的良渚文化超长多节玉琮

中国国家博物馆收藏有一件碧绿色、十九节的最长良渚文化玉琮。

该器于2010年至宁波博物馆展出时，《宁波通讯》刊出涂师平《原始宗教中沟通天地的神秘法器——新石器时代良渚文化玉琮鉴赏》一文，对该器作详细介绍说："中国国家博物馆今年4月来宁波博物馆展出的82件'国宝'中，有一件新石器时代良渚文化（约公元前3300—前2000年）的玉琮，高49.7厘米，上宽6.4厘米，下宽5.6厘米，据传是山东出土。玉琮为软玉玉质，碧绿色，方形长柱体，中心对穿大圆孔，内圆外方，上大下小，横分节，竖直槽，全器共分十九节，以四角边沿中心线共雕刻有76个神人兽面。玉琮上端射部正中阴刻象征上天的日月纹，线刻技术高超，节槽分割匀称，是已知方柱体玉琮中最大的一件，堪称'玉琮之王'。"[1]

中国国家博物馆展出的十九节超长玉琮（良渚文化，约公元前3300—前2200年，1958年征集。这是目前所知节数最多的玉琮，其近口部浅刻◡符号）（吴恩培摄）

另，《历史教学》1986年第10期封底图片刊录该玉琮，并同时刊发"封底图片说明"的《碧玉琮》一文对该器介绍说："这里介绍的良渚文化玉琮，是中国历史博物馆的藏品，长49.2厘米，上宽6.4厘米，下宽5.65厘米，中有长孔，孔径上大下小。碧玉雕成，内圆外方，粗管状，自上而下共雕纹饰十九节。《说文·玉部》载：'琮，端玉，大八寸，似车釭。'汉儒注释，或以为钝角八方，或以为直角正四方。宋龙大渊《古玉图谱》称此种中央圆孔，外周四方的玉器谓之'辂釭头'。近代俗称'杠头'。"[2]

上述《宁波通讯》及《历史教学》的介绍，涉及该琮的长度尺寸，稍异。

②"其近口部浅刻◡符号"及"阴刻象征上天的日月纹"的位置

中国国家博物馆展出时的标牌说明该玉琮"其近口部浅刻◡符号"。这一符号位置，涂师平《原始宗教中沟通天地的神秘法器——新石器时代良渚文化玉琮鉴赏》一文表述为"玉琮上端射部正中"。而李学勤《论金沙长琮的符号》一文，也涉及其他玉琮上相关符号的位置说："2001年2月在成都金沙村出土的大量珍贵文物中，有一件长形玉琮，高22.26厘米，饰有十节饕餮纹。已于最近出版的《金沙淘珍》一书里著录。"[3]其后，他"承邀前往当地"并"与成都多位友人一起观察玉琮原件，当时看符号位于琮上端射口外壁上，符号的下部延伸到两饕餮面中间。良渚文化长琮如有符号，一般多出现在这样的位置。例如中国历史博物馆、首都博物馆、上海

---

[1] 涂师平：《原始宗教中沟通天地的神秘法器——新石器时代良渚文化玉琮鉴赏》，《宁波通讯》2010年第4期。
[2] 吕树芝：《碧玉琮》，《历史教学》1986年第10期。
[3] 原文此处加注："成都市文物考古研究所、北京大学考古文博学院《金沙淘珍》82—85页，文物出版社，2002年4月。"

博物馆所藏各一件，还有安徽肥东征集的一件，符号均在射口；巴黎基美博物馆的一件，主要符号在其射口至两饕餮面中间，台北故宫博物院的一件，符号则在两饕餮面中间[1]"[2]。

③日月纹或太阳纹——大汶口文化符号

涂师平《原始宗教中沟通天地的神秘法器——新石器时代良渚文化玉琮鉴赏》一文，将中国国家博物馆十九节玉琮上的符号表述为"阴刻象征上天的日月纹"。而杜金鹏《关于大汶口文化与良渚文化的几个问题》一文，在将之称为"太阳纹"的同时还指出其"大汶口文化"的属性说："中国历史博物馆藏有一件C型玉琮，上刻太阳纹，与大汶口文化陶文（见图一○,5）相同，故一般认为它属大汶口文化。"[3]

因此，上述日月纹或太阳纹等，为中国国家博物馆十九节玉琮上所刻符号的不同名称。《中国考古学·新石器时代卷》录有"刻划图像文字的陶尊"（尉迟寺M289：1），陶尊图像文字的上半部分即为杜金鹏文中的"图一○,5"的该图形。

安徽博物院展出的蒙城尉迟寺遗址出土的刻纹大口尊上，亦有该日月纹或太阳纹图形。

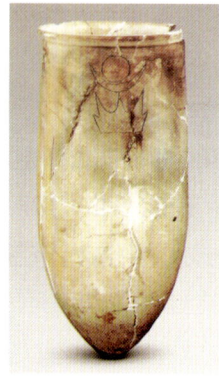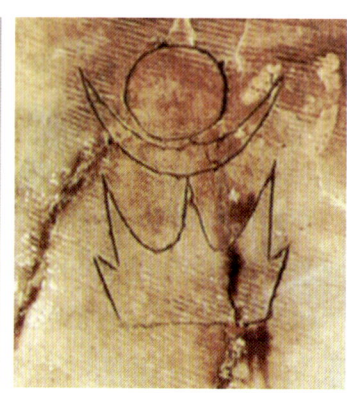

"刻划图像文字的陶尊"（尉迟寺M289：1）（左）及其细部（右）（录自《中国考古学·新石器时代卷》[4]）

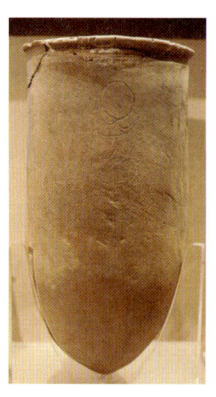

安徽博物院展出的刻纹大口尊（新石器时代，蒙城尉迟寺遗址出土，蒙城县文物局藏）（左）及该器刻纹细部（右）（吴恩培摄）

山东莒州博物馆馆名之上的大汶口符号（吴恩培摄）

从以上出土器刻纹来看，现存遗存中除大汶口符号的日月纹或太阳纹图形外，尚存另一种该符号下添加"山"形的图形。显然，两种符号均为大汶口文化的典型符号，表达意义相同。

上述两种大汶口符号，在山东大汶口文化区域为常见的文化符号。今山东莒州博物馆馆名之上即标有该大汶口符号。

---

[1]原文此处加注："邓淑苹：《中国新石器时代玉器上的神秘符号》，台湾《故宫学术季刊》第10卷第3期，1993年4月。"
[2]李学勤：《论金沙长琮的符号》，《四川文物》2002年第5期。
[3]杜金鹏：《关于大汶口文化与良渚文化的几个问题》，《考古》1992年第10期。
[4]中国社会科学院考古研究所：《中国考古学·新石器时代卷》，中国社会科学出版社2010年，彩版11-2"刻划图像文字的陶尊"。

④大汶口文化独有的图腾、族徽与良渚文化的"玉琮之王"——两种典型文化集于一身及其背后的文化交集

大汶口文化独有的图腾、族徽——大汶口文化的日月纹或太阳纹符号,与良渚文化的"玉琮之王"——中国国家博物馆十九节玉琮存在令后人不可思议的交集。

关于中国国家博物馆十九节玉琮的来源,中国国家博物馆展出该琮时,展器标牌标示为"1958年征集"。而涂师平《原始宗教中沟通天地的神秘法器——新石器时代良渚文化玉琮鉴赏》一文则持"据传是山东出土"[1]的说法。

然而,不管是"征集"还是"山东出土",其背后必然有着极不寻常的故事。

严文明《碰撞与征服——花厅墓地埋葬情况的思考》一文推测说:"中国历史博物馆收藏了一件最长的良渚文化玉琮,上面刻了一个大汶口文化的图画文字。这分明是大汶口文化的某个部落南下远征,掳掠了良渚文化最神圣的宗教法器并刻上自己部落的记号以庆祝胜利。否则象(像)这样的神物是不大可能通过和平交换的方式流入异族人手中的,良渚文化人也不会把异族特有的图画文字刻在自己最神圣的法器上。可见这件玉琮即体现着激烈的文化碰撞,反映着大汶口文化的某个部落对良渚文化部落的征战与掳掠。"[2]显见,该文对上述两种典型文化集于一身的解读为:在"征战与掳掠"中"体现着激烈的文化碰撞"。

杜金鹏《关于大汶口文化与良渚文化的几个问题》一文,则从以下两方面予以阐释:一方面,"考古发掘中至今未见大汶口文化玉琮,即便是出土于新沂花厅大汶口文化墓中的玉琮,因有若干良渚文化典型陶器相伴,亦应为良渚文化之物"。该意见指说大汶口文化并无玉琮,从而排除"山东出土"的该玉琮系山东本地所产的任何可能性。另一方面,该文取浙江学者牟永抗"很可能是占有者、使用者后加的手迹"之说而认为,该"玉琮原本属于良渚文化,传入大汶口文化后才刻上太阳纹[3]"[4]。

这一意见或是客观描述了新石器时代中国南北两种典型文化的交集过程,但并未能说明该"玉琮之王"是如何出现在山东大汶口文化区乃至在"山东出土"的。

玉琮,尤其是此类超长多节玉琮,为太湖流域良渚玉琮的精品。然而,"国博十九节玉琮"如何"传入大汶口文化后才刻上太阳纹"?时至今日,其流走、迁徙过程,或已湮灭于历史之中。但对该超长多节玉琮来说,无论是前述"山东出土",或者是"征集",总有其最初原产地。而玉琮越长、节数越多,其生产制作的难度也越大。在新石器时代生产力极其低下的技术条件下,制作超长多节玉琮,极易发生对钻不准的问题。苏州草鞋山和常州寺墩遗址出土的多节玉琮,都发生过对钻不准的情况。而对近半米长的中国国家博物馆十九节玉琮来说,制作时也会遇到此类问题。

中国国家博物馆十九节玉琮最初原产地,与前述太湖流域的苏州、无锡、常州及上海金山展

---

[1] 涂师平:《原始宗教中沟通天地的神秘法器——新石器时代良渚文化玉琮鉴赏》,《宁波通讯》2010年第4期。
[2] 严文明:《碰撞与征服——花厅墓地埋葬情况的思考》,《文物天地》1990年第6期。
[3] 原文此处加注:"牟永抗《良渚文化与大汶口文化》根据对该琮刻纹的分析指出,那刻纹'很可能是占有者、使用者后加的手迹',中国考古学会第七次年会论文。"
[4] 杜金鹏:《关于大汶口文化与良渚文化的几个问题》,《考古》1992年第10期。

出或出土的九节（含九节）以上玉琮原产地，或存在着已不为后人所知的联系。但可以肯定的是，制作中国国家博物馆十九节玉琮等此类超长多节的大型玉琮（含本文未列入的其他超长多节玉琮），需要技术，需要经验，更需要专门的制作人才。故其原产地的可能性最大者，当为太湖流域的苏州、无锡、常州及上海等处展出或出土诸如十二节至九节等长玉琮的良渚文化遗址。当然，也不能排除太湖流域的其他处，毕竟宋元时期，良渚玉器已始见出土。个中或有诸如反山、瑶山墓地等有丰富遗存的遗址，其精美玉器早已被挖取殆尽。时至今日，探讨中国国家博物馆十九节玉琮的原产地及其流传过程，或已非常困难而只能停留在推测层面上了。

然而，中国国家博物馆十九节玉琮因精美异常且制作难度极大，故人见人爱之心，并不分古今。而当时的江淮或黄淮流域的大汶口文化部族，由于种种机缘而获此玉琮后，因其精美而在该玉琮上端射部正中位置镌刻上本部族的大汶口徽记或符号，一如后世的精美书画，获之者在上面钤上他自己的印章符号一样。至于大汶口部族获取该玉琮的方式、过程，今已无从考证。或许，该器在新石器时代的良渚文化晚期就已随着良渚文化的北渐而被携带并流落至山东一带，故前文有该器"据传是山东出土"等说法的出现；当然，也不排除其中或有着后人已无法知晓的新石器时代的部族战争以及掳掠等极端行为的发生。

作为中国新石器时代南北典型文化的交集——良渚文化和大汶口文化这两种典型文化集于一身的中国国家博物馆十九节玉琮，推测与解读或将一直伴随着这一太湖流域良渚文化留存于后世的最精美的文化遗存。

附录：夏商时期环太湖地区的考古文化——马桥文化

上海马桥遗址位于闵行区马桥镇东俞塘村。有学者将这类文化遗存命名为"马桥文化"。"马桥文化，广泛分布于太湖流域，以上海闵行区马桥遗址的发现为典型而命名。"[1]

马桥文化的年代，为"距今3900年—3200年，大体相当于夏代和商代"[2]。这和学者所说马桥文

上海市闵行区马桥镇列为上海市古文化遗址保护地点的"马桥古文化遗址"文物保护碑（左）及列为全国重点文物保护单位的"上海马桥遗址"文物保护碑（右）（吴恩培摄）

---

[1] 马学强：《上海通史》第2卷（古代），上海人民出版社1999年，第15页。
[2] 上海市文物管理委员会：《马桥——1993—1997发掘报告》，上海书画出版社2002年，第371页。

化为距今约4000年至3000年[1]相吻合。这一时期,中国北方正处于三代中的夏、商时期。

马桥文化时期,已有铜器出现。考古报告《上海市闵行区马桥遗址1993—1995年发掘报告》对之记录及评述为:"铜器很少见,一件铜斤比较完整。斤 标本ⅡT1032③A:2,长方体,弧刃,长方形銎。高6.1厘米。""马桥文化铜器的种类和数量都比较少。经发掘出土的有斤、凿等小型工具。以前曾在浙江的长兴和吴兴搜集到一些青铜兵器。长兴铜钺有内,宽肩,弧刃两端上翘,形制与马桥文化的石钺十分相似,铜铺上饰叶纹和方格纹,是马桥文化的常见纹饰[2]。吴兴铜戈和铜戚饰方格纹、云雷纹,也是马桥文化的特色[3],马桥出土的石戚形制也与其近似。可以有把握地说,这几种兵器归属于马桥文化。"[4]

在太湖流域的新石器时期诸文化中,马桥文化是目前已经发现的青铜时代文化。

马桥文化青铜器的出现,有着重大的意义。它的起源既关系着太湖流域青铜时代的发端,也关系着在青铜时代早期太湖流域的社会发展状况等重大问题。

有学者指出说:"无锡发现的马桥文化遗址有许巷村、上山巷和江阴花山、佘城等遗址。江阴佘城发现了太湖地区最早的城址,平面略呈圆角长方形,面积约30万平方米,其中以南城墙保存较完整。城址西北角发掘清理出大型建筑基址,百余个柱洞排列有序。城东北部出土有青铜锛、镞等遗物。佘城西北的花山遗址作为城址郊外的村落遗址,属于同一时期的遗存。"[5]

上述江阴佘城遗址,位于江苏省江阴市云亭镇花山村高家墩。该遗址被列入全国重点文物保护单位名录,文物保护碑标示的时代为"夏至周"。而该遗址考古报告——《江阴佘城遗址试掘简报》指出:"该遗址是一处大型青铜时代遗址,当时曾对位于遗址东侧的佘城进行过调查。2000年春俞伟超先生在考察花山遗址时指出佘城遗址和花山遗址有着必然的联系,极有可能是一处大型青铜时代城址。"而"佘城遗址与花山遗址是一个有机的整体。一个城,一个郊,在时代和文化面貌上有着强烈的一致性,作为太湖地区目前发现的最大的夏商古城址,有着十分重要的学术价值"[6]。江阴博物馆展出该古城出土的冶炼铜的工具挹铜陶勺及青铜残件等。

列为全国重点文物保护单位且时代标示为"夏至周"的江苏江阴云亭镇花山村的"佘城遗址"文物保护碑(吴恩培摄)

---

[1] 焦天龙:《论马桥文化的起源》(刊《南方文物》2010年第1期)说:"马桥文化最早出现于公元前1900年左右,消失于公元前1200年左右,前后共有约700余年的历史。"曹峻:《马桥文化再认识》(刊《考古》2010年第11期)也指出说:马桥文化的"绝对年代约为距今3900—3200年"。
[2] 原文此处加注:"夏星南:《浙江长兴出土五件商周铜器》,《文物》1979年11期。"
[3] 原文此处加注:"牟永抗:《浙江新石器时代文化的初步认识》,《中国考古学会第三次年会论文集》(1981),文物出版社,1984年。"
[4] 上海市文物管理委员会:《上海市闵行区马桥遗址1993—1995年发掘报告》(执笔者:宋建、何继英、周丽娟、李峰、江松),《考古学报》1997年第2期。
[5] 冯普仁:《无锡考古五十年》,《江南论坛》2004年第10期。
[6] 江苏佘城遗址联合考古队:《江阴佘城遗址试掘简报》,《东南文化》2001年第9期。

江阴博物馆展出的挹铜陶勺（2002年佘城出土）（左）及青铜残件（2002年佘城出土）（右）（吴恩培摄）

南京博物院展出的"佘城土著"展板中，称佘城"大型城址的出现是文明产生的重要标识，江苏地区的早期国家初见端倪"。

到了马桥文化时期时，苏州之前的马家浜、崧泽以及良渚文化时期曾出现过的精良玉器及良渚时的象牙器等，至此时均已无影无踪。这一时期的陶器、石器，也乏善可陈，没有可称得上精美制品的实物出土。产生此类倒退或文化变异情况的原因或许很复杂，但不外乎与气候变化所导致的原住民迁徙等因素有关。

《中国考古学·夏商卷》之《绪论》篇对之指出："长江下游，在原良渚文化分布的太湖地区，马桥文化的年代大致与二里头文化至早商时期相当；在宁镇地区，与二里头文化相当的是点将台下层文化，其后是与之有承续关系的湖熟文化。"[1]

长江下游太湖流域出现的马桥文化及宁镇地区的湖熟文化，有学者分别将之与后世的越文化及吴文化对接，而分别称马桥文化为"越文化的前身"[2]"马桥文化正是先秦时居于太湖地区、百越民族一支的於越先民的考古学遗存"[3]以及"湖熟文化正是吴文化的主要前身"[4]。

马桥文化或后马桥文化时期所发生的对日后苏州及太湖流域的历史、文化均产生重大影响的一个事件，就是随着泰伯南奔而来的中原文化的融入。对此，李学勤先生指出："良渚文化的下限已接近由文献推算的夏代，继之而起的文化，有学者称为马桥文化，已有铜器出现。泰伯、仲雍遇到的荆蛮，很可能与这种文化有关。"[5]商末泰伯、仲雍南奔至太湖流域，终引起江南社会生活的改变。泰伯、仲雍所遭遇的太湖流域的本土文化，即是前述马桥文化或后马桥文化。其文化主体——江南土著，即为其时的太湖流域原住民。

随着中原文化的融入，太湖流域的历史、文化翻开新的一页。

---

[1] 中国社会科学院考古研究所：《中国考古学·夏商卷》，中国社会科学出版社2003年，第7页。
[2] 黄宣佩：《远古时代上海历史探索》，《东南文化》1990年第1期。
[3] 曹峻：《试谈马桥文化的汎质红褐印纹陶》，《南方文物》2010年第1期。
[4] 林华东：《对湖熟文化正名、分期及其他》，《东南文化》1990年第5期。
[5] 李学勤：《良渚文化的多字陶文——吴文化历史背景的一项探索》，见吴县政协文史资料委员会：《吴地文化一万年》，中华书局1994年，第3页。

第二章　泰伯南奔　立国勾吴

第一节　泰伯、仲雍的先祖

文字记载的吴地及先秦吴国历史,当追溯至《史记·吴太伯世家》等所记载的商朝末年周族部族十四世传人的泰伯(又作太伯)、仲雍(又作吴仲、虞仲)兄弟南奔至太湖流域并建立勾吴古国的史实,迄今有三千一百余年。

泰伯南奔,立国勾吴,是文献记载的中原文化与江南土著文化之间早期的文化融合,对其后的江南和太湖流域产生极其深远的影响。文化融合中的本土文化,为长江下游太湖流域诸如马桥文化、湖熟文化等;而文化融合中的外来文化,即为孕育、浸润泰伯、仲雍成长的夏、商时期的中原周族文化。

一、泰伯的周族部族及其先祖周族部族始祖的后稷弃

(一)周族部族始祖——周一世后稷弃母系炎帝后裔、父系黄帝后裔

1.后稷弃的母系炎帝、父系黄帝的血统

周族部族的始祖为后稷弃。《史记·周本纪》记载姜原(姜嫄)及其子后稷弃的事迹时,首先记载姜原与后稷弃的母子关系说:"周后稷,名弃。其母有邰氏女,曰姜原。"[1]对上述记载,裴骃《史记集解》析"姜原"这一姓氏字号而引《韩诗章句》曰:'姜,姓。原,字。'或曰姜原,谥号也"[2]。张守节《史记正义》则从其故里、族属予以诠释说:"《说文》云:'邰,炎帝之后,姜姓,封邰,周弃外家。'"[3]《毛诗正义》注《诗经·生民》篇时引孔颖达疏"姜嫄"曰:"以炎帝姓姜,故知姜嫄是炎帝之后。姓姜而以嫄配之,故知有女名嫄。妇人不以名行,此嫄或当是字,但五帝时质,未必有名字之别,故以名言之。"[4]

由此可见,姜原(姜嫄)的这一婚姻,实为远古时期黄帝家族与其时已势衰的炎帝家族间的联姻。故其子后稷弃,为黄帝后裔,而炎帝家族,则为后稷弃"外家"(即民间俗称的外公、外婆家)。

---

[1]《史记·周本纪》,见司马迁:《史记》,中华书局1959年,第111页。
[2] 裴骃:《史记集解》,见司马迁:《史记》,中华书局1959年,第111页。
[3] 张守节:《史记正义》,见司马迁:《史记》,中华书局1959年,第111页。
[4] 孔颖达疏,见《毛诗正义》,北京大学出版社1999年,第1057页。

列为全国重点文物保护单位的湖南炎陵县"炎帝陵"文物保护碑(左)及陵前题有"炎帝神农氏之墓"的炎帝陵(右)(吴恩培摄)

列为第一批全国重点文物保护单位的陕西黄陵县"黄帝陵"文物保护碑(左)及黄帝陵碑(右)(吴恩培摄)

今湖南炎陵县的炎帝陵及陕西黄陵县的黄帝陵,均为全国重点文物保护单位。

2.文献记载的后稷弃之父——黄帝曾孙帝喾

炎帝后人姜原,嫁给帝喾,并成为帝喾诸多夫人中的元妃,即第一夫人。关于"帝喾",《史记·五帝本纪》记载说:"帝喾高辛者,黄帝之曾孙也。"[1]意为,帝喾又叫作高辛,为黄帝的曾孙。故文献记载的后稷弃的父系血统为黄帝一脉。

姜原嫁给了黄帝的曾孙、中国古代五帝之一的帝喾,并成为其四个妻子中的元妃,其子当为帝喾所生。但《史记·周本纪》和《吴越春秋》等给姜原之子后稷安排的父亲却都不是帝喾。

《史记·周本纪》对之语焉未详,但稍做暗示说:"姜原出野,见巨人迹,心忻然说,欲践之,践之而身动如孕者。"[2]而《吴越春秋·卷一》却直言是"上帝"——老天爷,并说姜原"年少未孕,出游于野,见大人迹而观之,中心欢然,喜其形像,因履而践之。身动,意若为人所感。后妊娠,恐被淫泆之祸,遂祭祀以求,谓无子,履上帝之迹,天犹令有之"[3]。淫泆,亦作淫佚,恣纵

---

[1]《史记·五帝本纪》,见司马迁:《史记》,中华书局1959年,第13页。
[2]《史记·周本纪》,见司马迁:《史记》,中华书局1959年,第111页。
[3]赵晔:《吴越春秋》,江苏古籍出版社1986年,第1页。

逸乐之意。《尚书·多士》篇"向于时夏，弗克庸帝，大淫泆有辞"[1]句，有学者译之为：（夏桀不节制游乐，上帝就降下教令）"劝导夏桀，他不能听取上帝的教导，大肆游乐，而又怠慢不敬。"[2]《国语·越语下》亦有："淫佚之事，上帝之禁也。"[3]因此，上述《史记·周本纪》《吴越春秋》的记载均表明，姜原（姜嫄）年轻没怀孕时（此时是否已与帝喾成婚，记载未详），一次到野外出游，见到一个巨人脚印，她上前踩了一下，立刻感到身体被撼动了，回来后就怀上了孩子。

列为河南省重点文物保护单位的河南内黄县颛顼帝喾陵正门（上）及帝喾陵全景（下）（吴恩培摄）

《史记·周本纪》《吴越春秋》里记载的这一履迹感孕，与《史记·殷本纪》记载"帝喾次妃"[4]即帝喾第二夫人的简狄吞食玄鸟卵而因孕生下殷契，均被赋予了天意使然的超自然力量，从而为简狄之子殷契后人的灭夏立商而取得王权及姜原之子后稷后人的翦商兴周而取得

列为河南省重点文物保护单位的河南内黄县"颛顼帝喾陵"文物保护碑（左）及"帝喾陵"墓碑（右）（吴恩培摄）

王权，都同样作了君权神授式的安排和铺垫。

今河南省安阳市内黄县梁庄镇，有后世所传颛顼以及帝喾的陵墓——颛顼帝喾陵，俗称"二帝陵"，现为河南省重点文物保护单位。

---

[1]《尚书·多士》，见《尚书正义》，北京大学出版社1999年，第423页。
[2] 周秉钧《尚书》注译，见《十三经今注今译》，岳麓书社1994年，第206页。
[3]《国语·越语下》，见左丘明撰、韦昭注：《国语》，上海古籍出版社2015年，第423页。
[4]《史记·殷本纪》，见司马迁：《史记》，中华书局1959年，第91页。

(二)后稷弃的童年及其母姜嫄

1.姜嫄的弃婴与后稷的"因名曰弃"

姜嫄其时因"践之而身动如孕"怀上了孩子,而心中并不愿意。在当时的条件下,她无法终止妊娠故只能让这个孩子呱呱坠地。孩子出生了,可姜嫄并不想要这个孩子,于是她采取了最简单的办法——弃,即弃婴。

《史记·周本纪》记载姜嫄的屡屡弃婴行为:姜嫄"居期而生子,以为不祥,弃之隘巷,马牛过者皆辟不践;徙置之林中,适会山林多人,迁之;而弃渠中冰上,飞鸟以其翼覆荐之"[1]。

面对着似乎有超自然的力量保护而怎么也丢弃不掉的婴儿,姜嫄心中或也产生了恐惧,于是如《史记·周本纪》所说的"以为神,遂收养长之,初欲弃之,因名曰弃"[2]。

这个被生母弃而不去的婴孩,于是有了一个记录其苦难经历的名字——"弃"。由此来看《史记·周本纪》记载的姜嫄与其子弃的关系,可知如下两点:

其一,弃为神的后代。这从"姜嫄出野,见巨人迹,心忻然说,欲践之,践之而身动如孕者",即从姜嫄的人神感孕而得以体现。

其二,姜嫄对这个神的后代,"初欲弃之"但弃之不去,"因名曰弃",即为之取名"弃",并"以为神,遂收养长之"。即姜嫄在接受其子时,亦体认而"以为神"了。

姜嫄"初欲弃之"但弃之不去及后"以为神,遂收养长之",这一对后稷弃的生育并"收养长之"行为,奠定了姜嫄在西周兴起过程中无人能及的作用的基础。《史记·外戚世家》中,司马迁将周之兴的"内德茂"与"外戚之助"并列叙述时,即将后稷之母姜嫄与姬昌(周文王)之母大任(太任)并列评价说:"周之兴也以姜嫄及大任。"[3]

2.姜嫄事迹的文献溯源

与《史记·周本纪》记载情节类似,但又充满诗意叙述的是《诗经》中的《大雅·生民》(简称《生民》)、《诗经·鲁颂·閟宫》(简称《閟宫》)等诗篇。

《生民》篇的主旨,如《毛诗正义》所说:"《生民》,尊祖也。后稷生于姜嫄,文、武之功起于后稷,故推以配天焉。"[4]故该诗篇为"尊祖"即尊周族始祖后稷之作。而因"后稷生于姜嫄",且后稷后裔的"文、武之功起于后稷",适如孔颖达疏所说:"其文王受命,武王除乱,以定天下之功,其兆本起由于后稷。"[5]正因有着这一逻辑关系,在《生民》篇中,即以诗意的语言,叙述了周族始祖后稷的出生及出生后的境遇。

该诗共八章,第一章即写姜嫄的受孕:"厥初生民,时维姜嫄。生民如何?克禋克祀,以弗无子。履帝武敏歆,攸介攸止,载震载夙。载生载育,时维后稷。"[6]

诗句的意思,引今人袁愈荌《诗经全译》译释如下:"开初周族的起源,是由有邰氏姜嫄,怎

---

[1]《史记·周本纪》,见司马迁:《史记》,中华书局1959年,第111页。
[2]《史记·周本纪》,见司马迁:《史记》,中华书局1959年,第111页。
[3]《史记·外戚世家》,见司马迁:《史记》,中华书局1959年,第1967页。
[4]《毛诗正义》,北京大学出版社1999年,第1055页。
[5]孔颖达疏,见《毛诗正义》,北京大学出版社1999年,第1055页。
[6]《毛诗正义》,北京大学出版社1999年,第1055—1056页。

样生下那周人?能够祭祀敬神诚。因此不无那子嗣,欣然践帝足拇指。本是别居而独处,怀胎震动可严肃。生后抚养又提携,是周祖先叫后稷。"[1]

该章所写并为《史记·周本纪》采信的姜嫄受孕,其中令后世众说纷纭的为"履帝武敏歆"句。各家注释,颇不一致。因其释读,涉及周祖最初的来源。前引《史记·周本纪》的文字:"姜原出野,见巨人迹,心忻然说,欲践之,践之而身动如孕者。"[2]即可理解为司马迁对《生民》的释读与采信。而前述《吴越春秋》更由此生发,说姜嫄是:"履上帝之迹,天犹令有之。"[3]

除上述以外,《毛诗正义》列毛亨传、郑玄笺及孔颖达疏,分别如下:

其一,毛亨传。毛亨,战国末年至西汉初年人。毛亨传对《生民》篇及其中的"履帝武敏歆"句,诠释如下:"履,践也。帝,高辛氏之帝也。武,迹。敏,疾也。从于帝而见于天,将事齐敏也。歆,飨。"[4]显然,毛亨指姜嫄践踩了她夫君帝喾(高辛氏)的印迹,迅疾之中,如同鬼神在祭祀时享受祭品的香气一样。而这一场合,乃是"去无子,求有子,古者必立郊禖焉。玄鸟至之日,以大牢祠于郊禖,天子亲往,后妃率九嫔御"[5]。这里记载的是"玄鸟至之"的春天,进行"郊禖"祭祀仪式,时为"天子"的帝喾(高辛氏)亲往,而"郊禖"仪式后,后妃率众嫔妃相继与帝喾(高辛氏)"接于寝"。这里,姜嫄的受孕,乃是其与夫君交合的结果,实与常人无异而并无异常之处。

其二,郑玄笺。郑玄,东汉经学家。郑玄笺对《生民》篇及其中的"履帝武敏歆"句,诠释如下:"姜嫄之生后稷,如何乎?乃禋祀上帝于郊禖,以祓除其无子之疾,而得其福也。"[6]"帝,上帝也。敏,拇也。介,左右也。夙之言肃也。祀郊禖之时,时则有大神之迹,姜嫄履之,足不能满。履其拇指之处,心体歆歆然。其左右所止住,如有人道感己者也。于是遂有身,而肃戒不复御。后则生子而养长之,名曰弃。"[7]

梳理郑玄笺,可知其表达如下意见:一是"帝",为上帝。二是进行"郊禖"祭祀仪式时,出现了上帝留下的"大神之迹",而姜嫄履之,即用脚去踩了一下。三是姜嫄履此上帝留下的"大神之迹"时,"足不能满。履其拇指之处,心体歆歆然"。四是姜嫄踩"拇指之处"时,流露出了喜爱、羡慕等享受的表情。她身边的人制止住她,而她却感到像和人交合了一样,于是就怀上了孩子。五是姜嫄怀孕得子但并不是后来与帝喾(高辛氏)"接于寝"的结果。其后,怀孕的姜嫄将孩子生下来并养育至长大,给孩子取名为"弃"。该笺文字叙述情境与《吴越春秋》卷一颇相似。

其三,孔颖达疏。孔颖达,唐代经学家。孔颖达疏《生民》篇"履帝武敏歆"句时指出:"禋祀郊禖之时,其夫高辛氏帝率与俱行,姜嫄随帝之后,践履帝迹,行事敬而敏疾,故为神歆飨。神既飨其祭,则爱而祐之,于是为天神所美大,为福禄所依止,即得怀任,则震动而有身。祭则蒙祐获

---

[1] 袁愈荌译诗:《诗经全译》,贵州人民出版社1991年,第377—378页。
[2]《史记·周本纪》,见司马迁:《史记》,中华书局1959年,第111页。
[3] 赵晔:《吴越春秋》,江苏古籍出版社1986年,第1页。
[4] 毛亨传,见《毛诗正义》,北京大学出版社1999年,第1056页。
[5] 毛亨传,见《毛诗正义》,北京大学出版社1999年,第1055页。
[6] 郑玄笺,见《毛诗正义》,北京大学出版社1999年,第1055页。
[7] 郑玄笺,见《毛诗正义》,北京大学出版社1999年,第1056页。

福之凤早，终人道则生之。"[1] 显然，孔颖达疏又回到毛亨传的诠释而认为：在进行"郊禖"祭祀仪式时，姜嫄的夫君帝喾（高辛氏）率领着众人，姜嫄随在夫君帝喾之后，并踩着夫君帝喾的足迹。由于她行事恭敬而敏疾，故为神所欣赏，神既享用了她奉上的祭品，则对她爱而庇祐，于是她得以怀孕。而她的怀孕，终是与夫君帝喾交合的结果。

简括以上毛亨说、孔颖达说，均指姜嫄的怀孕，乃是"人道则生之"，即姜嫄与其夫君帝喾交合的结果。而郑玄说则持"人神说"——认为姜嫄怀孕是与人神交合的结果。

《史记》为司马迁所撰且成书于西汉，能够成为其参考者，只能为之前的毛亨说，而出于其后的郑玄说、孔颖达说，理论上均不可能为之参考。然而，《史记》选择的恰恰是出于司马迁后郑玄所持的"人神说"。其学术背景为：秦代焚书后，汉代传授《诗经》的主要为四家——鲁人申培的《鲁诗》、齐人辕固的《齐诗》、燕人韩婴的《韩诗》及由鲁流寓至河间的毛亨、毛苌的《毛诗》。前三家在西汉时盛行，东汉时因大儒郑玄为《毛诗》作《笺》而使得《毛诗》逐渐盛行。郑玄作《笺》后，前三家《诗》（指《鲁诗》《齐诗》《韩诗》）式微乃至亡佚，仅《毛诗》独行于世。而三家《诗》与《毛诗》并非水火。"所不同者主要有三点：其一是卷数不同，……其二是文字上的出入。……其三是对诗篇的解释有部分不同。"[2] 因此，在三家《诗》盛行时，关于《诗经》中姜嫄之孕为"人神说"，或已然出现。此说是否成为当时的主流意见，虽不得而知，但为司马迁所用则为不争的事实。

《生民》第三章的相关诗句为："诞寘之隘巷，牛羊腓字之。诞寘之平林，会伐平林。诞寘之寒冰，鸟覆翼之。"[3]

与之形成对比的是前引《史记·周本纪》中的记载："弃之隘巷，马牛过者皆辟不践；徙置之林中，适会山林多人，迁之；而弃渠中冰上，飞鸟以其翼覆荐之。"

两相比较，后者与前文的相似度极高，甚至可以说《史记·周本纪》堪为《生民》相关诗句的翻译文本。

《诗经》"大致产生在公元前十一世纪到公元前六世纪，即西周初年到春秋中叶的五百年间。其中《周颂》全部，《大雅》大部分，《小雅》小部分，《国风》小部分产生在西周初年，其余各篇均产生在西周末到春秋中叶"[4]。因此，《诗经·大雅·生民》的产生年代远早于《史记》成书年代。故有学者认为：上述《史记·周本纪》关于后稷弃出生前后的记载，其来源极可能脱胎于《诗经·大雅·生民》。马银琴《〈诗经〉史诗与周民族的历史建构》一文指出："《史记》对于后稷的记录，除了帝尧举弃为农师来源于《尚书》等其他史料之外，关于弃出生成长的故事，基本没有超出《生民》所架构的记忆范围。这似乎可以说，《生民》很可能是司马迁所能依据的记录后稷诞生、成长事迹的唯一的史料来源。""在乐教占主导地位的西周时代，由乐官主导建构起来的后稷诞生、公刘重农、文王受命的历史记忆，反过来影响了后世史家的历史叙事。"[5]

---

[1] 孔颖达疏，见《毛诗正义》，北京大学出版社1999年，第1056页。
[2] 程俊英、蒋见元：《诗经·前言》，见《十三经今注今译》，岳麓书社1994年，第237页。
[3] 《诗经·大雅·生民》，见《毛诗正义》，北京大学出版社1999年，第1065—1066页。
[4] 刘松来：《诗经直解·前言》，见《十三经直解》第一卷，江西人民出版社1993年，第495页。
[5] 马银琴：《〈诗经〉史诗与周民族的历史建构》，《学术论坛》2017年第1期。

不仅如此，该文还指出："《诗经·大雅》中有五首诗，被20世纪以来的学者称为周民族史诗性质的作品。依据所记历史人物的先后顺序，这五首诗分别是《生民》《公刘》《绵》《皇矣》和《大明》。陆侃如、冯沅君在《中国诗史》中，把它们分别称为后稷传、公刘传、古公亶父传、文王传、武王传，认为把这几篇合起来，可成一部虽不很长而亦极堪注意的'周的史诗'。"[1]这或意味着，中国最早的有文献记载的周民族历史，乃蕴藏在中国最古老的文学作品《诗经》中。

《诗经》中与"姜嫄""生后稷"题材有关的另一首作品为《诗经·鲁颂·閟宫》。所谓"鲁颂"，即为鲁国的庙堂颂歌。而作为"鲁颂"的鲁国乐教作品，其作者当为鲁国乐官。鲁国出于古公亶父三子季历一脉，它和同出于古公亶父长子泰伯、次子仲雍一脉的吴国王室当为同宗共祖。从这一意义上讲，《诗经·鲁颂·閟宫》或也可理解为鲁国以及姬姓的吴国等对其先祖"姜嫄""生后稷"的颂歌。

关于《閟宫》，《毛诗正义》说其为："颂僖公能复周公之宇也。"[2]袁愈荌《诗经全译》则既道其作者，又说其内容为："鲁大夫公子奚斯颂美僖公恢复疆土，修建宫室。"[3]鲁僖公生年不详，在位年代为公元前659年至公元前627年。其时，吴国还未出现在《春秋经》《左传》的记载中。故《閟宫》当产生于春秋中叶。

春秋中叶的《閟宫》，关于姜嫄及后稷的相关诗句曰："閟宫有侐，实实枚枚。赫赫姜嫄，其德不回。上帝是依，无灾无害。弥月不迟，是生后稷，降之百福：黍稷重穋，稙稚菽麦。奄有下国，俾民稼穑。有稷有黍，有稻有秬。奄有下土，缵禹之绪。"[4]

诗句大意为，深闭的姜嫄宫庙清静、肃穆，又那样坚固、密紧。赫赫有名的始祖之母姜嫄，道德不邪，行为高尚。上帝依靠她的子孙，她未得病也没染过灾疫。怀胎期满没有推迟日子，就这样生下了先祖后稷。上帝降给他许多福分：粟、黍等谷物先后成熟，大豆、麦子也先后种植。他拥有了自己的邦国，教会民众种植庄稼。其中有粟有黍，还有水稻和黑黍。后稷拥有了天下的土地，也继承了大禹治水平土的事业。

对《閟宫》诗，孔颖达疏曰："此是姜嫄庙也。既言其庙，遂说其身。赫赫然显著者，其姜姓之女名嫄也。此姜嫄，其德贞正不回邪，故上帝之天，用是之故，依其所生子孙，使其在母之时，令其母无灾殃，无患害，终人道之月而生之，不迟也。是所生者，乃是后稷。"[5]显然，《诗经·大雅·生民》中姜嫄生下后稷弃后的弃婴行为，在《閟宫》中已了无痕迹。

3.现存与姜原有关的文化遗存

（1）陕西岐山周公庙内的"姜嫄殿"及"姜嫄塑像"

陕西岐山周公庙，位于岐山县城西北周族祖地，列为全国重点文物保护单位（另有曲阜周公庙和洛阳周公庙）。庙内有姜嫄殿，殿内有姜嫄塑像。

---

[1] 马银琴：《〈诗经〉史诗与周民族的历史建构》，《学术论坛》，2017年第1期。另，此处引文加注："陆侃如、冯沅君：《中国诗史》，百花文艺出版社1999年，第41页。"
[2]《毛诗正义》，北京大学出版社1999年，第1407页。
[3] 袁愈荌：《诗经全译》，贵州人民出版社1991年，第480页。
[4]《诗经·鲁颂·閟宫》，见《毛诗正义》，北京大学出版社1999年，第1407—1408页。
[5] 孔颖达疏，见《毛诗正义》，北京大学出版社1999年，第1408页。

列为全国重点文物保护单位的陕西岐山周公庙正门（左）及周公庙里的"姜嫄殿"（右）（吴恩培摄）

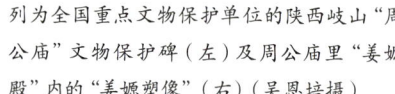

列为全国重点文物保护单位的陕西岐山"周公庙"文物保护碑（左）及周公庙里"姜嫄殿"内的"姜嫄塑像"（右）（吴恩培摄）

（2）陕西杨凌姜嫄故里的"姜嫄遗址"

"姜嫄遗址"位于陕西杨陵（又作杨凌）揉谷镇姜嫄村，此处亦传为姜嫄故里。现该处立有两块省级文物保护碑。现谨以"碑一""碑二"序号，分别介绍如下：

碑一文字及图片：

陕西省重点文物保护单位
姜嫄遗址
时代：新石器时代
公布单位：陕西省人民政府
公布时间：一九五七年五月卅一日
保护范围：东距大石村，南近渭河。
东西七百米，南北一百米。
宝鸡市人民政府
一九八三年十月立

列为陕西省重点文物保护单位的"姜嫄遗址"文物保护碑（吴恩培摄）

碑二文字及图片：

> 陕西省第二批重点文物保护单位
>
> 姜嫄遗址
>
> 陕西省人民政府
>
> 一九五七年五月三十一日公布
>
> 杨陵区人民政府立

列为陕西省第二批重点文物保护单位的"姜嫄遗址"文物保护碑（吴恩培摄）

（3）陕西武功的"姜嫄圣母之墓"及"母仪鳌城"牌坊

"姜嫄圣母"之墓位于陕西武功古城南侧小华山上。该墓冢面朝东方，墓前有清代砖雕三门牌楼一座，朝东中门嵌石制匾额，正面书写着：

光绪壬辰春三月

姜嫄圣母墓

督学使者吴大澂题

武功知县□□□重建

朝东左右边门上嵌石制匾额分别题写"炎黄巨尊""厥初生民"字样，原有对联已失。牌楼背面朝西中门上书"母仪鳌城"四字。朝西左右边门上无匾额。朝西牌楼对联尚存。上联为"大雅一歌山川秀"，下联为"益稷三章漆水明"。

陕西武功古城南侧小华山上的"姜嫄圣母墓"牌坊朝东向（左）及该牌坊朝西向（右）（吴恩培摄）

陕西武功古城南侧小华山上的"姜嫄圣母之墓"的墓碑（左一）、"姜嫄圣母墓"牌坊朝西向尚存的对联（左二）及牌坊朝西向上的"母仪邰城"四字（右）（吴恩培摄）

（4）陕西彬县（现为彬州市）"姜嫄墓"

彬县"姜嫄墓"，位于彬县炭店乡水北村拜家洼，传说是古代姜嫄的葬地。墓为不规则圆台形，封土高7米，直径约20米。该墓列为彬县第一批县级重点文物保护单位。该县级重点文物保护碑兼及墓碑性质的碑，反向置放。标示"姜嫄墓"的一面及以下方框内的文字，朝向墓丘封土；而朝向外的文字为："1.姜嫄墓保护范围：墓周680平方米，南北宽20米，东西长34米。2.在保护范围内，严禁随意取土、建坟、建房，严禁破坏标志碑。3.违者按文物法有关规定惩处。"

该县级重点文物保护碑兼及墓碑性质的碑文如右：

> 第一批县级重点文物保护单位
> 姜嫄墓
> 时代先周　类别古墓　编号09
> 彬县人民政府
> 公元一九九二年五月

陕西彬县"姜嫄墓"全景（吴恩培摄）

列为彬县第一批县级重点文物保护单位且位于陕西彬县炭店乡的"姜嫄墓"文物保护碑（吴恩培摄）

二、后稷弃"遂好耕农"的文献溯源及其与尧、舜、禹的交集

（一）关注种植，"以就口食"的后稷弃

前述有"后稷传"之称的《诗经·大雅·生民》篇中，记写后稷童年的诗句"诞实匍匐，克岐克

巇,以就口食"[1],郑玄笺云:"就口食之时,已有种殖之志,言天性也。"[2]意为,后稷弃小时候就好动,懂事,聪明地"以就口食",即关注种植以解决吃的问题了。而后稷的"蓻之荏菽,荏菽旆旆。禾役穟穟,麻麦幪幪,瓜瓞唪唪。诞后稷之穑,有相之道"[3],即指后稷弃种植的大豆、禾苗、麻麦等农作物,长势茁壮。而他学会了种植庄稼,更懂得了观地择土。

《诗经·大雅·生民》中对后稷弃幼时的诗意描写,成为司马迁《史记·周本纪》记载"弃为儿时……其游戏,好种树麻、菽,麻、菽美。及为成人,遂好耕农,相地之宜,宜谷者稼穑焉,民皆法则之"[4]的文献来源。

显然,后稷弃童年时的游戏,就是喜好栽麻种豆,且种下去的麻、豆都长得茂盛。长大成人后,他喜欢耕田种谷,并能根据土地的栽培特性,选择适宜的谷物加以种植培养,民众都仿效他。

(二)后稷弃与帝尧的交集及帝尧的文化遗存

《史记·周本纪》载:"后稷之兴,在陶唐、虞、夏之际,皆有令德。"[5]意指,后稷弃族群(即周部族)的兴起,在陶唐(唐尧)、虞(虞舜)、夏的时候,历代都有好的名声。故文献记载后稷弃与尧、舜、禹,均有交集。据《史记·五帝本纪》,帝喾与其四个夫人及所生之子情况,如右表:

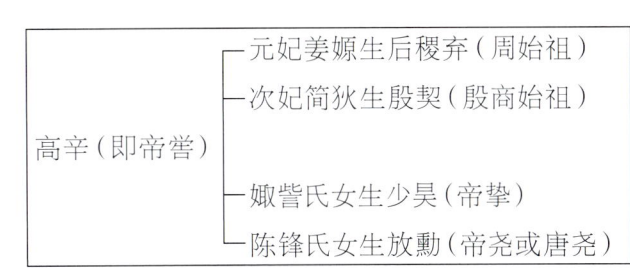

关于帝喾四子的排行,孔颖达疏《诗经·大雅·生民》时引"王肃引马融曰:'帝喾有四妃,上妃姜嫄生后稷,次妃简狄生契,次妃陈锋生帝尧,次妃娵訾生帝挚。挚最长,次尧,次契。下妃三人,皆已生子,上妃姜嫄未有子,故禋祀求子。上帝大安其祭祀而与之子。任身之月,帝喾崩。挚即位而崩,帝尧即位。帝喾崩后十月而后稷生,盖遗腹子也。'……肃以融言为然"[6]。

按此,则帝喾四子中,挚最长,次尧,次契,而为帝喾遗腹子的后稷弃则排行最末。故后稷弃与帝尧为同父异母兄弟,且帝尧长于后稷弃。

《尚书·吕刑》记载说,帝尧"乃命三后,恤功于民。伯夷降典,折民惟刑;禹平水土,主名山川;稷降播种,农殖嘉谷。三后成功,惟殷于民"[7]。江灏、钱宗武《今古文尚书全译》译作:尧皇帝"命令三后慎重地治理民事。伯夷颁布法典,依照刑律审理案件;大禹平治水土,负责名山大川的治理;后稷教民播种,努力种植庄稼。三后成功了,老百姓都变忠厚了"[8]。

《史记·五帝本纪》记载帝尧任用天下人才时,也提及后稷说:"禹、皋陶、契、后稷、伯夷、

---

[1]《诗经·大雅·生民》,见《毛诗正义》,北京大学出版社1999年,第1066页。
[2]郑玄笺,见《毛诗正义》,北京大学出版社1999年,第1068页。
[3]《诗经·大雅·生民》,见《毛诗正义》,北京大学出版社1999年,第1066—1067页。
[4]《史记·周本纪》,见司马迁:《史记》,中华书局1959年,第112页。
[5]《史记·周本纪》,见司马迁:《史记》,中华书局1959年,第112页。
[6]孔颖达疏,见《毛诗正义》,北京大学出版社1999年,第1064页。
[7]《尚书·吕刑》,见《尚书正义》,北京大学出版社1999年,第540页。
[8]江灏、钱宗武:《今古文尚书全译》,贵州人民出版社1990年,第438页。

夔、龙、倕、益、彭祖自尧时而皆举用，未有分职。"[1]按此，帝尧举用含后稷弃在内的人才时，尚未对后稷弃的职责作明确分工。

而在《史记·周本纪》的记载中，因后稷弃擅长种植而"遂好耕农，相地之宜，宜谷者稼穑焉，民皆法则之"，故帝尧"举弃为农师"[2]，即任命他为主管农业的官员，并取得"天下得其利"[3]的社会效果。而据《史记·刘敬叔孙通列传》的记载："周之先自后稷，尧封之邰。"[4]按此，帝尧主持对弃的分封（另一说为帝舜，见下）。

与帝尧有关的物质文化遗存，至今有列为全国重点文物保护单位的山西太原清徐县明代建构的清徐尧庙、山西长子县金兴定二年（1218）重修的韩坊尧王庙以及位于临汾市城东尧都区大阳镇北郊村西、涝河北岸的明代格局、清代建筑风格的尧陵等。尧陵现存"古帝尧陵"碑，为明万历十二年（1584）立。

吴地后世出现以"尧"为名的尧峰山，当为后人附会帝尧与太湖流域联系的形式。尧峰山为苏州七子山向西南方向的延伸支脉。民国《吴县志》卷第十九《舆地考·山》记载了尧峰山地名的

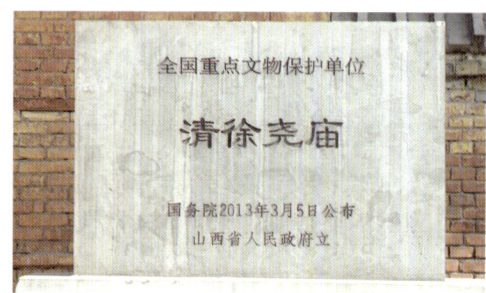

列为全国重点文物保护单位的山西太原清徐县"清徐尧庙"文物保护碑（左）及清徐尧庙正殿尧王殿（右）（吴恩培摄）

列为全国重点文物保护单位的山西长治长子县大堡头镇韩坊村"尧王庙"文物保护碑（左）及韩坊尧王庙主殿（右）（吴恩培摄）

---

[1]《史记·五帝本纪》，见司马迁：《史记》，中华书局1959年，第38页。
[2]《史记·周本纪》，见司马迁：《史记》，中华书局1959年，第112页。
[3]《史记·周本纪》，见司马迁：《史记》，中华书局1959年，第112页。
[4]《史记·刘敬叔孙通列传》，见司马迁：《史记》，中华书局1959年，第2715页。

列为全国重点文物保护单位的山西临汾"尧陵"文物保护碑（左）及"尧陵"正门（中）及"古帝尧陵"碑（右）（吴恩培摄）

来历及其与帝尧时的联系说："旧传尧峰因帝尧省方巡览震泽而名。"[1]早在宋代时，文献已记载苏州出现以"尧"为山名的尧峰山及以"尧峰"为名的寺院名称。范成大《吴郡志》卷第三十三《郭外寺》记载尧峰院说："尧峰院，在吴县横山，即唐免水院也。"[2]明代时，该尧峰院已更名作"尧峰寺"。明《姑苏志》卷第九《山下》作类似记载说："尧峰山，唐免水院在焉，今称尧峰寺。"[3]而前引民国《吴县志》则同时记载了尧峰山地名与帝尧时的联系："尧峰山，在皋峰山东三里，横山西起之最高峰也。罗处约记云：尧时洪水泛滥，吴人避居于此，故院名免水。案：免水院，唐末慧禅师建宗改名寿圣寺。"[4]

（三）后稷弃与帝舜的交集及帝舜的文化遗存

后稷与帝舜的交集，文献记载有三：

一为《尚书·舜典》。《尚书·舜典》记载帝尧去世及国丧期满后，帝舜征求"四岳"——四方诸侯推荐辅佐政事的阁揆。其时，"四岳"推荐禹，而禹则谦让于"稷、契暨皋陶"，即禹将这一阁揆职务谦让给帝尧的同父异母兄弟稷（弃）和契（殷契）。《尚书·舜典》记载如下："舜曰：'咨！四岳有能奋庸熙帝之载，使宅百揆，亮采惠畴？'佥曰：'伯禹作司空。'帝曰：'俞，咨！禹，汝平水土，惟时懋哉！'禹拜稽首，让于稷、契暨皋陶。帝曰：'俞，汝往哉！'帝曰：'弃，黎民阻饥，汝后稷，播时百谷。'"[5]江灏、钱宗武《今古文尚书全译》译作："舜帝说：'啊！四方诸侯的君长！有谁能奋发努力、发扬光大尧帝的事业，身居百揆之官辅佐政事呢？'都说：'伯禹可以作司空。'舜帝说：'好啊！禹，你曾经平定水土，现在你要奋勉啊！'禹跪拜叩头，让给稷、契和皋陶。舜帝说：'好啦，还是你去吧！'舜帝说：'弃，人们忍饥挨饿，你主持农业，教人们播种各种谷物吧！'"[6]此处，《尚书·舜典》先提及"稷"，复提及"弃"及其主管"播时百谷"的官职"后稷"名称。

二为《史记·五帝本纪》。前述，《史记·五帝本纪》记载帝尧任用天下人才时，"禹、皋陶、契、

---

[1]《吴县志》卷第十九《舆地考·山》，见民国《吴县志》，苏州图书馆藏本。
[2]范成大：《吴郡志》，江苏古籍出版社1986年，第491页。
[3]《姑苏志》卷第九《山下》，见正德《姑苏志》，苏州图书馆藏本。
[4]《吴县志》卷第十九《舆地考·山》，见民国《吴县志》，苏州图书馆藏本。
[5]《尚书·舜典》，见《尚书正义》，北京大学出版社1999年，第73—74页。
[6]江灏、钱宗武：《今古文尚书全译》，贵州人民出版社1990年，第30页。

后稷、伯夷、夔、龙、倕、益、彭祖自尧时而皆举用,未有分职"[1]。而天下归舜时,《史记·五帝本纪》记载说:"舜谓四岳曰:'有能奋庸美尧之事者,使居官相事?'皆曰:'伯禹为司空,可美帝功。'舜曰:'嗟,然!禹,汝平水土,维是勉哉。'禹拜稽首,让于稷、契与皋陶。舜曰:'然,往矣。'舜曰:'弃,黎民始饥,汝后稷播时百谷。'舜曰:'契,百姓不亲,五品不驯,汝为司徒,而敬敷五教,在宽。'"[2]上述《史记·五帝本纪》文字,脱胎于前引《尚书·舜典》,且与《尚书·舜典》表述的文字、意思大致相同。《史记·五帝本纪》论述帝舜时期的二十二个人才各有分工时再次强调说:"弃主稷,百谷时茂;契主司徒,百姓亲和。"[3]这一含帝舜对弃主管农业的"稷官"官职的任命,与前引《史记·周本纪》记载的帝尧时"举弃为农师"[4]的职务任命,或为承帝尧的行政安排而继续任命之意。

三为《史记·周本纪》。《史记·周本纪》记载帝舜对后稷弃的分封,从而使其成为其后的周人始祖。前述,帝尧时"举弃为农师",即任命后稷弃为主管农业的官员,弃担任"农师"或"后稷"这一官职后的作为,使得天下人都得到了他的好处。故到帝尧接位人的帝舜时,帝舜对后稷弃给予嘉勉并予以分封。《史记·周本纪》对此记载为:"帝舜曰:'弃,黎民始饥,尔后稷播时百谷。'封弃于邰,号曰后稷,别姓姬氏。"[5]此处,记载的是帝舜主持了对后稷弃的分封。而如前文引《史记·刘敬叔孙通列传》的记载:"周之先自后稷,尧封之邰。"[6]即帝尧主持了对弃的分封。显然,《史记》两处记载存有细微差别。

无论是"尧封之邰"或是舜"封弃于邰",都涉及"邰"的地望。因这一问题与周人的族源紧密相连,故历代注家颇为关注。《史记》三家注,均指其在今陕西省关中地区。如裴骃《史记集解》引:"徐广曰:'今斄乡在扶风。'"[7]司马贞《史记索隐》:"即诗《生民》曰'有邰家室'是也。邰即斄,古今字异耳。"[8]张守节《史记正义》引《括地志》云:"故斄城一名武功城,在雍州武功县西南二十二里,古邰国,后稷所封也。有后稷及姜嫄祠。毛苌云:'邰,姜嫄国也,后稷所生。尧见天因邰而生后稷,故因封于邰也。'"[9]另,张守节《史记正义》注《史记·刘敬叔孙通列传》"尧封之邰"句,也指出:"邰音胎。雍州武功县西南二十三里故斄城是也。《说文》云:'邰,炎帝之后,姜姓所封国,弃外家也。'毛苌云:'邰,姜嫄国,尧见天因邰而生后稷,故因封于邰也。'"[10]

综上可知,后稷弃封地"邰",为今陕西武功一带。这里既是其封地,也是其母姜嫄的故里。前文述陕西武功的"姜嫄圣母之墓"及"母仪斄城"牌坊,或即是后人据上述记载、注疏而立的。

---

[1]《史记·五帝本纪》,见司马迁:《史记》,中华书局1959年,第38页。
[2]《史记·五帝本纪》,见司马迁:《史记》,中华书局1959年,第38—39页。
[3]《史记·五帝本纪》,见司马迁:《史记》,中华书局1959年,第43页。
[4]《史记·周本纪》,见司马迁:《史记》,中华书局1959年,第112页。
[5]《史记·周本纪》,见司马迁:《史记》,中华书局1959年,第112页。
[6]《史记·刘敬叔孙通列传》,见司马迁:《史记》,中华书局1959年,第2715页。
[7]裴骃:《史记集解》,见司马迁:《史记》,中华书局1959年,第112页。
[8]司马贞:《史记索隐》,见司马迁:《史记》,中华书局1959年,第112页。
[9]张守节:《史记正义》,见司马迁:《史记》,中华书局1959年,第112页。
[10]张守节:《史记正义》,见司马迁:《史记》,中华书局1959年,第2715页。

与帝舜有关的物质文化遗存,主要有列为全国重点文物保护单位的山西运城盐湖区舜帝陵庙、湖南永州宁远县九疑山乡舜帝庙遗址以及九嶷山舜帝陵等。今浙江绍兴柯桥区王坛镇小舜江北岸舜王山的舜王庙,传说为舜的出生地。《史记·五帝本纪》"虞舜者"[1]句,唐张守节《史记正义》作注时引:"越州余姚县,顾野王云舜后支庶所封之地。舜姚姓,故云余姚。县西七十里有汉上虞故县。《会稽旧记》云:舜,上虞人,去虞三十里有姚丘,即舜所生也。"[2]

列为全国重点文物保护单位的山西运城盐湖区"舜帝陵庙"文物保护碑(左)及有虞帝舜陵(中)、"有虞帝舜陵"碑(右)(吴恩培摄)

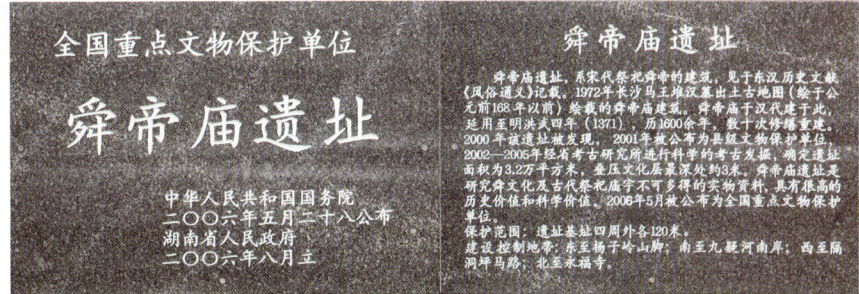

列为全国重点文物保护单位的湖南永州宁远县"舜帝庙遗址"文物保护碑(左)及碑上关于该遗址"系宋代祭祀舜帝的建筑"等的介绍文字(右)(吴恩培摄)

湖南宁远县舜帝陵前的"帝舜有虞氏之陵"碑(左)及湖南宁远县舜帝陵前的建筑(右)(吴恩培摄)

---

[1]《史记·五帝本纪》,见司马迁:《史记》,中华书局1959年,第31页。
[2]张守节:《史记正义》,见司马迁:《史记》,中华书局1959年,第31页。

列为全国重点文物保护单位的浙江绍兴柯桥区王坛镇"舜王庙"文物保护碑(左)及舜王庙(右)(吴恩培摄)

(四)后稷弃与伯益、帝禹

后稷与禹的关系,主要体现为如下两点:

一是尧逝世以后,如前文引《尚书·舜典》所说,舜帝征求他的助手和接位人,众人提议为禹,而"禹拜稽首,让于稷、契暨皋陶"[1]。对之,《史记·五帝本纪》记载为:"禹拜稽首,让于稷、契与皋陶。"[2]而《史记·夏本纪》则记载为:"禹拜稽首,让于契、后稷、皋陶。"[3]《史记》两处记载,意思相同,唯相关人物排序有异。

二是禹在治水中,后稷与益(伯益)为其助手。《尚书·大禹谟》中有将伯益与后稷连称的"益稷"[4];《尚书·益稷》篇中更有"稷播"[5]的记载,即前引《尚书·吕刑》中的"稷降播种,农殖嘉谷"[6]。《史记·夏本纪》记载:"禹乃遂与益、后稷奉帝命,命诸侯百姓兴人徒以傅土,行山表木,定高山大川。"[7]

列为全国重点文物保护单位的山西新绛阳王镇"稷益庙"文物保护碑(左)及该庙正殿(右)(吴恩培摄)

---

[1]《尚书·舜典》,见《尚书正义》,北京大学出版社1999年,第73—74页。
[2]《史记·五帝本纪》,见司马迁:《史记》,中华书局1959年,第38页。
[3]《史记·夏本纪》,见司马迁:《史记》,中华书局1959年,第50页。
[4]《尚书·大禹谟》,见《尚书正义》,北京大学出版社1999年,第85页。
[5]《尚书·益稷》,见《尚书正义》,北京大学出版社1999年,第113页。
[6]《尚书·吕刑》,见《尚书正义》,北京大学出版社1999年,第540页。
[7]《史记·夏本纪》,见司马迁:《史记》,中华书局1959年,第51页。

后世将大禹、伯益与后稷固化并合祀处，为列为全国重点文物保护单位的山西新绛稷益庙。稷益庙位于山西新绛阳王镇阳王村，为国内现存唯一合祀后稷和伯益的庙堂。关于该庙，山西运城博物馆的相关展板介绍说："新绛县'稷益庙'，现存正殿与戏台皆为明代建筑，正殿面宽五间，进深六椽，单檐悬山顶，殿内东、西、南三壁满布壁画，总计130余平

山西新绛稷益庙西壁壁画全景。壁画上部端坐中央、头戴高冠、身着蓝袍、腰系金带者为帝禹，左侧身着红袍者为伯益，右侧与伯益相对且手执谷穗者为后稷（吴恩培摄）

方米，以大禹、后稷和伯益的故事为题材，歌颂后稷教民稼穑和伯益辅佐大禹治水为民造福的业绩。壁画完成于明正德二年（1507年）。"

关于"伯益"，《史记·秦本纪》记载说："秦之先，帝颛顼之苗裔孙曰女脩。女脩织，玄鸟陨卵，女脩吞之，生子大业。大业取少典之子，曰女华。女华生大费，与禹平水土。已成，帝锡玄圭。禹受曰：'非予能成，亦大费为辅。'帝舜曰：……乃妻之姚姓之玉女。大费拜受，佐舜调驯鸟兽，鸟兽多驯服，是为柏翳。舜赐姓嬴氏。"[1]

司马贞《史记索隐》注上述《史记·秦本纪》"女华生大费"句说："此则秦、赵之祖，嬴姓之先，一名伯翳，《尚书》谓之'伯益'，《系本》《汉书》谓之'伯益'是也。"[2]

上述"伯翳"，即前文与后稷一同协助大禹治水的"伯益"。大禹去世前"以天下授益"，即将王权授予伯益。而大禹去世及"三年之丧毕"后，"益让帝禹之子启，而辟居箕山之阳"[3]。即伯益又把王权让给禹的儿子启，自己到箕山之南去躲避。启即天子之位，于是成了夏、商、周三代时的第一位天子和王。伯益（伯翳）"失之东隅，收之桑榆"，历史演进由此进入一个闭环——夏朝立国前失去国家权力的伯益，历经夏、商、周三代的一千八百多年后，其后人中却出了一个历史上第一个统一中国的人——秦始皇嬴政。

据上，制下表，以直观伯益在黄帝世系传承中的位置：

---

[1]《史记·秦本纪》，见司马迁：《史记》，中华书局1959年，第173页。
[2] 司马贞：《史记索隐》，见司马迁：《史记》，中华书局1959年，第173页。
[3]《史记·夏本纪》，见司马迁：《史记》，中华书局1959年，第83页。

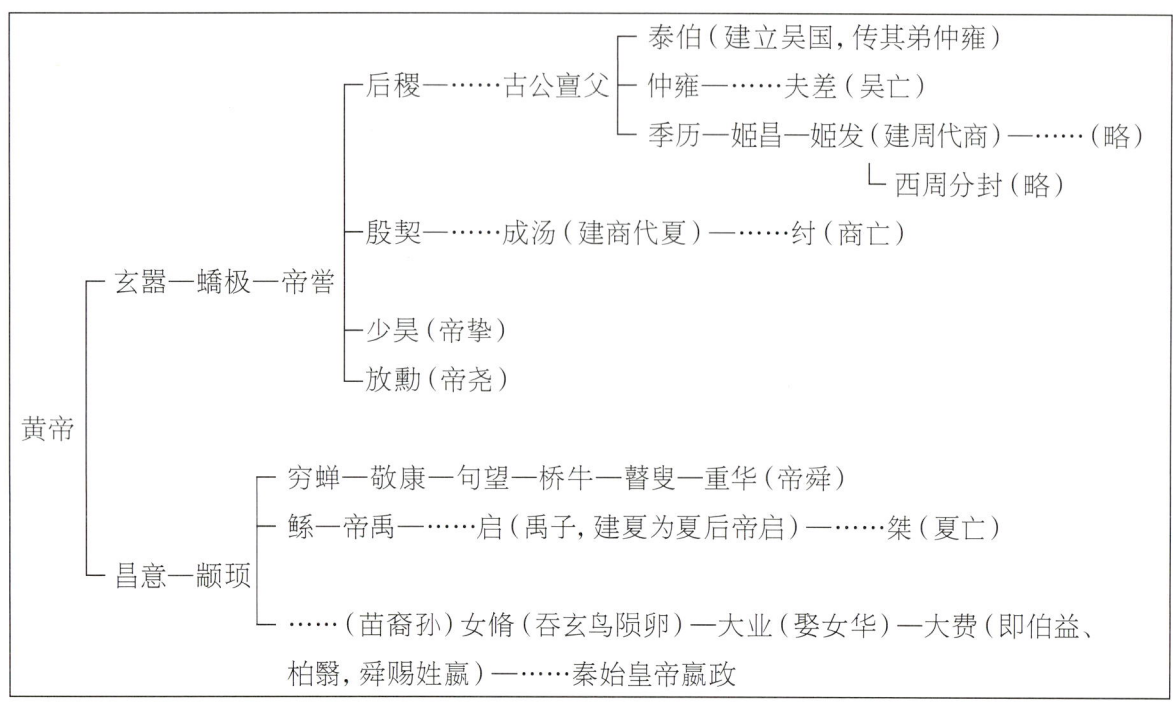

除上述将禹、后稷和伯益勾连在一起的山西新绛稷益庙外,今存与禹(帝禹)有关的物质文化遗存,列为全国重点文物保护单位者全国范围内有多处,如下:

1.位于山西运城夏县禹王乡的"禹王城遗址",因传说夏禹曾在此居住过,故俗称"禹王城"。

列为全国重点文物保护单位的山西运城夏县"禹王城遗址"文物保护碑(左、右)(吴恩培摄)

山西运城夏县禹王城遗址(左)及遗址上的禹王大帝庙(右)(吴恩培摄)

2. 位于山西长治平顺县阳高乡侯壁村东北禹王垴，创建于元至元二年（1265）的夏禹神祠。

列为全国重点文物保护单位的山西长治平顺县侯壁村"夏禹神祠"文物保护碑（左）及太行山深处的该祠全景（右）（吴恩培摄）

3. 位于山西长治平顺县北社乡北社村西北，现存大殿为元代建筑，戏台、献殿等皆为清代建筑的北社大禹庙。

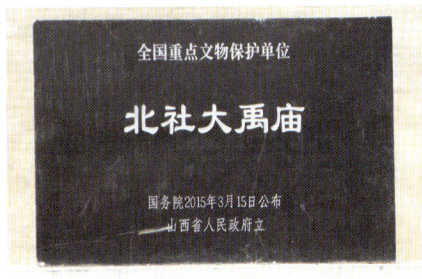

列为全国重点文物保护单位的山西长治平顺县北社乡北社村"北社大禹庙"文物保护碑（左）及该庙外景（右）（吴恩培摄）

4. 位于山西长治平顺县北社乡西青北村，现存皆为明清建筑的西青北大禹庙。

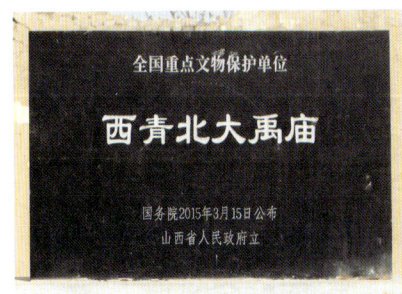

列为全国重点文物保护单位的山西长治平顺县北社乡西青北村"西青北大禹庙"文物保护碑（左）及该庙外景（右）（吴恩培摄）

5.位于陕西韩城市东北周原村,创建于元大德五年(1301)的韩城大禹庙。

列为全国重点文物保护单位的陕西韩城"韩城大禹庙"文物保护碑(左)及该庙建筑(右)(吴恩培摄)

6.安徽蚌埠禹会村遗址(禹墟)。

《左传·哀公七年》记载,鲁国正卿季康子举行关于"伐邾"的研讨时,意见不一。众大夫"对曰:'禹合诸侯于涂山,执玉帛者万国。今其存者,无数十焉。唯大不字小,小不事大也'"[1]。意为,大禹在涂山会合诸侯,拿着玉帛的有上万个国家。现在还存在的,没有数十个了,就是因为大国不养育小国、小国不事大国的缘故。而鲁国这一高层研讨,意见无法统一,不欢而散。

《史记·外戚世家》记载"夏之兴也以涂山"[2]。司马贞《史记索隐》引"韦昭云:'涂山,国名,禹所娶,在今九江。'应劭云:'九江当涂有禹墟。大戴云'禹娶涂山氏之女,谓之侨,侨产启'"[3]。清梁玉绳《史记志疑》论及"帝禹东巡狩,至于会稽而崩"时说:"《越绝书》《吴越春秋》言涂山在会稽。唐苏鹗《演义》云涂山有四:一会稽,二渝州,三濠州,四当涂。然以濠州

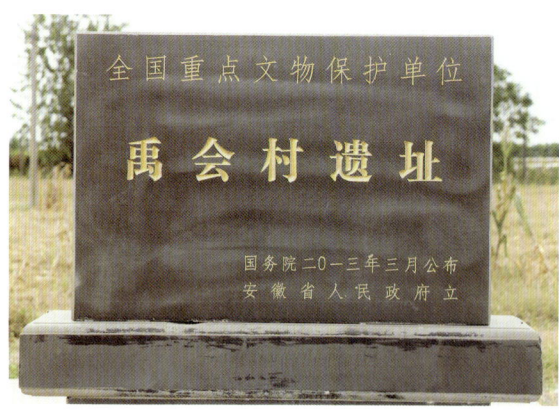

列为全国重点文物保护单位的安徽蚌埠"禹会村遗址"文物保护碑(左)及禹会村的"禹墟"碑(右)(吴恩培摄)

---

[1]《左传·哀公七年》,见《春秋左传正义》,北京大学出版社1999年,第1641—1642页。
[2]《史记·外戚世家》,见司马迁:《史记》,中华书局1959年,第1967页。
[3]司马贞:《史记索隐》,见司马迁:《史记》,中华书局1959年,第1967页。

为是,在今安徽凤阳府。杜注《左传》谓涂山在寿春东北,寿春即濠州,有鲧、禹两庙,又有禹会村。"[1]

今列为全国重点文物保护单位的禹会村遗址,又称为禹墟,位于安徽蚌埠市禹会区马城镇禹会村,或为《史记志疑》所说之"禹会村"。禹会村遗址地处涂山南麓、淮河东岸,现代考古发掘表明,此处是以盟会与祭祀为主要内容,且为目前淮河流域所发现的最大的一处龙山文化遗址。

7. 浙江绍兴大禹陵。

《史记·夏本纪》记载帝禹死于会稽(今浙江绍兴)及葬于会稽说:"十年,帝禹东巡狩,至于会稽而崩。"[2]"禹会诸侯江南,计功而崩,因葬焉,命曰会稽。"[3]

大禹陵,即大禹葬地,墓在会稽山下,位于浙江绍兴越城区东南稽山门外会稽山麓。

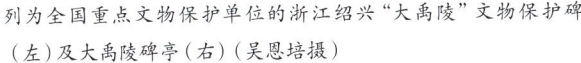

列为全国重点文物保护单位的浙江绍兴"大禹陵"文物保护碑(左)及大禹陵碑亭(右)(吴恩培摄)

三、"后稷"释义

(一)后

后,许慎《说文解字·卷九上》释为:"后,继体君也。象人之形。施令以告四方,故厂之,从一、口。发号者,君后也。"[4]《尔雅·释诂》释为:"后,君也。"[5]

综上可见,后乃是发号施令之一君之长。

(二)稷

稷,指的是中国古代北方的农作物品种——粟、黍类谷物。许慎《说文解字·卷七上》释"稷"为:"稷,齌也。五谷之长。"[6]"五谷",有不同释义。其一,《周礼·天官·疾医》:"以五味、五谷、五药养其病。"郑玄注:"五谷,麻、黍、稷、麦、豆也。"[7]其二,《孟子·滕文公上》:

---

[1] 梁玉绳:《史记志疑》,中华书局1981年,第37页。
[2] 《史记·夏本纪》,见司马迁:《史记》,中华书局1959年,第83页。
[3] 《史记·夏本纪》,见司马迁:《史记》,中华书局1959年,第89页。
[4] 许慎:《说文解字》(影印本),中华书局1963年,第186页。
[5] 《尔雅·释诂》,见《尔雅注疏》,北京大学出版社1999年,第8页。
[6] 许慎:《说文解字》(影印本),中华书局1963年,第144页。
[7] 《周礼·天官·疾医》"以五味、五谷、五药养其病"句及郑玄注,均见《周礼注疏》,北京大学出版社1999年,第112页。

"树艺五谷,五谷熟而民人育。"赵歧注:"五谷谓稻、黍、稷、麦、菽也。"[1]上述两说稍异,但"黍、稷"均在其中。

以上所引文献,均指出了古代时中国北方粟、黍的种植。距今约八千年前新石器时代的河北邯郸武安市磁山村的"磁山遗址"及内蒙古赤峰敖汉旗的"兴隆洼遗址"的现代考古出土的粟、黍,都证实了其为中国古代的主要粮食作物。

稷与粟、黍有关。《诗经》的许多诗篇,均有黍稷(即粟)连称的记载。如《诗经·唐风·鸨羽》的"不能蓺黍稷"[2]、《诗经·豳风·七月》的"黍稷重穋"[3]、《诗经·小雅·甫田》的"黍稷薿薿""以介我稷黍""黍稷稻梁"[4]以及记载姜嫄与其子弃(后稷)

湖南株洲炎陵县炎帝陵"五谷柱"所列的"五谷",自左至右分别为:稻、梁、菽、麦、黍(吴恩培摄)

出生等事迹的《诗经·鲁颂·闷宫》中的"黍稷重穋……有稷有黍"[5]等。

所有这些表明,稷即粟以及黍,是中国北方早期先民赖以生存的食物和主要的种植作物。正因如此,中国古代的早期诗歌中才会出现吟诵"稷"(粟)和"黍"的诗篇。

而中国古代南方的五谷,从湖南株洲炎陵县炎帝陵前所立五谷柱可以看出,它们分别为:稻、梁、菽、麦、黍。

(三)后稷

1.官职名"后稷",等同于"农师""稷官"

"后"与"稷"连称的复合词"后稷",本义即指主管"稷"的生产的发号施令之君,即主管粟、黍作物生产的农官。这一官职名,在《史记·周本纪》中记作"农师",见"帝尧闻之,举弃为农师,天下得其利"[6]句。而在《史记·匈奴列传》又记作"稷官",见"夏道衰,而公刘失其稷官,变于西戎"[7]句(此处,司马迁把后稷弃之子的"不窋以失其官"[8]张冠李戴地误记作后稷弃的曾孙公刘了。故张守节《史记正义》指出这一错误说:"《周本纪》云'不窋失其官'。此云公刘,

---

[1]《孟子·滕文公上》"树艺五谷,五谷熟而民人育"句及赵歧注,均见《孟子注疏》,北京大学出版社1999年,第146页。
[2]《诗经·唐风·鸨羽》,见《毛诗正义》,北京大学出版社1999年,第395—396页。
[3]《诗经·豳风·七月》,见《毛诗正义》,北京大学出版社1999年,第504页。
[4]《诗经·小雅·甫田》,见《毛诗正义》,北京大学出版社1999年,第832、838、845页。
[5]《诗经·鲁颂·闷宫》,见《毛诗正义》,北京大学出版社1999年,第1407—1408页。
[6]《史记·周本纪》,见司马迁:《史记》,中华书局1959年,第112页。
[7]《史记·匈奴列传》,见司马迁:《史记》,中华书局1959年,第2881页。
[8]《史记·周本纪》,见司马迁:《史记》,中华书局1959年,第112页。

未详也。"[1]关于不窋、公刘,另见下文)。

"稷官",即主管"稷"即粟、黍作物生产的农官,与"农师"义同。而其他文献中所见"稷官"的记载还有:

《尚书·舜典》:"帝曰:'弃,黎民阻饥,汝后稷,播时百谷。'"[2]周秉钧注:"后:主,主持。稷:农官,主管播种百谷的事。"[3]并另译如下:"舜帝说:'弃,人们忍饥挨饿,你主持农业,教人们播种各种谷物吧!'"[4]

2.以"后稷"官职名代"弃"及《史记·周本纪》中接连出现三个"后稷"的分析

《史记·周本纪》脱胎于《尚书·舜典》,记载帝舜对弃作一番叮咛及对其分封时,接连出现三个"后稷"的该句为:"帝舜曰:'弃,黎民始饥,尔后稷播时百谷。'封弃于邰,号曰后稷,别姓姬氏。后稷之兴,在陶唐、虞、夏之际,皆有令德。"[5]

上述三个"后稷",含义有细微差异。

第一个"后稷",指官职名,出自舜的话语,即"弃,黎民始饥,尔后稷播时百谷"句。"弃"为舜呼其名,而"后稷"为官职,即你担任主管农业的"后稷"之职,类乎前及"农师""稷官"。而从前文舜呼其名"弃"来看,其后的"后稷"指官职,而不是指"弃"本人。

第二个"号曰后稷"之"后稷",指的是类乎"农师""稷官"的官职名称。因"弃主稷,百谷时茂"[6],即弃担任稷官职务而主管农业,百谷按季节茂盛成长。故这一"号曰"的"后稷",一是与"弃"的官职及所承担的职责"主稷"有关,二是以此官职名称代其人——弃。此类以官职而代其人者,后世不胜枚举。故"号曰后稷"之"后稷",也是以官职代其人——弃。

第三个"后稷之兴"之"后稷",除了与以上以官职名代其人即代"弃"的情况相同外,同时,更带有以担任"后稷"官职的弃为始祖的周族部族、族群的含义。

其后,文献中以官职名"后稷"代姜原之子"弃"成为惯例,"弃"也被神化成了"田正"式的"稷"神——五谷之神。《左传·昭公二十九年》以晋太史蔡墨之口指周始祖"弃"为"稷"神的祭祀和神化,可追溯到商代时说:"稷,田正也。有烈山氏之子曰柱,为稷,自夏以上祀之。周弃亦为稷,自商以来祀之。"[7]意即"稷"为管理土地产出的"五谷之神"。炎帝(即烈山氏,又作厉山氏)有个儿子叫柱,做了五谷之神。夏朝以前,就开始祭祀他(指柱)。而周始祖弃也做了五谷神,商朝以来也开始祭祀他。

另,《山海经》记载的后稷被神化的故事说:"有西周之国,姬姓,食谷。有人方耕,名曰叔均。帝俊生后稷,稷降以百谷。"[8]所谓"稷降以百谷",是说含粟、黍等在内的百谷农作物,乃是后稷从天上带下来的。后稷被神化——能通天地并降以百谷的背后,其实是对中国北方新石器时代就

---

[1]张守节《史记正义》,见司马迁:《史记》,中华书局1959年,第2881页。
[2]《尚书·舜典》,见《尚书正义》,北京大学出版社1999年,第74页。
[3]周秉钧注,见《十三经今注今译》,岳麓书社1994年,第143页。
[4]周秉钧注,见《十三经今注今译》,岳麓书社1994年,第143页。
[5]《史记·周本纪》,见司马迁:《史记》,中华书局1959年,第112页。
[6]《史记·五帝本纪》,见司马迁:《史记》,中华书局1959年,第43页。
[7]《左传·昭公二十九年》,见《春秋左传正义》,北京大学出版社1999年,第1511—1512页。
[8]《山海经·大荒西经》,见《山海经》(影印本),上海古籍出版社1991年,第1042—75页。

已开始种植粟、黍等农作物的社会现象,借后稷"降以百谷"来予以曲折地反映而已。

四、"社稷"与"四海""天下国家"

"稷"与粟、黍等谷物种植有关,于是也就同时与华夏农耕民族最基本的生存要素——粮食产生了紧密联系。当"稷"和农耕民族的另一个生存要素——土地联系在一起时,二者则组合成了一个极具中国特色的词——社稷。

(一)"社稷"与"四海""天下国家"

"社"与"稷"组合成的"社稷"一词,在中国最早的文献《尚书》中已经出现。《尚书·商书·太甲上》篇中有"上下神祇。社稷宗庙"[1],将"社稷"与"宗庙"并立。而"社稷"之义与《尚书·大禹谟》记载"益"(即伯益)所说"奄有四海,为天下君"[2]及《商书·伊训》记写的"始天家邦,终于四海"[3]等句中的"四海""天下"等概念同义;也与《孟子·离娄上》中"人有恒言,皆曰'天下国家'"[4]中的"天下国家"同义。而与同为《孟子·离娄上》中的"天子不仁,不保四海;诸侯不仁,不保社稷;卿大夫不仁,不保宗庙;士庶人不仁,不保四体"[5]同一意思,即意为:天子不行"仁政",便保不住他的天下;诸侯不行"仁政",便保不住他的国家;卿、大夫不行"仁政",便保不住他的宗庙;读书人和普通百姓不行"仁义",就不能保住自身。

该句中"四海"与"社稷"并立,均与前述"天下国家"的含义相同。

(二)关于"社稷"之"社"

"社",为会意字,从示从土,故该字首先与土地有关,其次则与祭祀土地神有关。东汉许慎《说文解字》释为:"地主也,从示土,《春秋传》曰:共工之子句龙为社神。"[6]

《说文解字》所引"共工之子句龙为社神"句,见诸《左传·昭公二十九年》记载。是年(指鲁昭公二十九年,前513)秋季,在晋国都城的绛地郊外出现了龙,从而引发晋国大夫魏献子与晋国太史蔡墨关于龙及祭祀的充满学术讨论意味的一段对话。

二人的对话,从饲养龙、驯服龙转到与饲养龙、驯服龙有关的管理方面的"五行之官,是谓五官"[7]这一话题上来。对之,太史蔡墨说起"社稷五祀,是尊是奉"[8],即对木、火、金、水、土等五行之长这些尊贵的神进行祭祀。其中的五行之长分别为:"木正曰句芒,火正曰祝融,金正曰蓐收,水正曰玄冥,土正曰后土。"[9]

当魏献子问起"社稷五祀,谁氏之五官也"[10]时,太史蔡墨说:"少皞氏有四叔,曰重、曰

---

[1]《商书·太甲上》,见《尚书正义》,北京大学出版社1999年,第208页。
[2]《尚书·大禹谟》,见《尚书正义》,北京大学出版社1999年,第87页。
[3]《商书·伊训》,见《尚书正义》,北京大学出版社1999年,第204页。
[4]《孟子·离娄上》,见《孟子注疏》,北京大学出版社1999年,第192页。
[5]《孟子·离娄上》,见《孟子注疏》,北京大学出版社1999年,第191页。
[6]许慎:《说文解字》(影印本),中华书局1963年,第9页。
[7]《左传·昭公二十九年》,见《春秋左传正义》,北京大学出版社1999年,第1506页。
[8]《左传·昭公二十九年》,见《春秋左传正义》,北京大学出版社1999年,第1506页。
[9]《左传·昭公二十九年》,见《春秋左传正义》,北京大学出版社1999年,第1506—1507页。
[10]《左传·昭公二十九年》,见《春秋左传正义》,北京大学出版社1999年,第1510页。

该、曰修、曰熙，实能金、木及水。使重为句芒，该为蓐收，修及熙为玄冥，世不失职，遂济穷桑，此其三祀也。颛顼氏有子曰犁，为祝融；共工氏有子曰句龙，为后土，此其二祀也。"[1]

太史蔡墨叙述了"五行之长"的"五官"渊源后，接着又对魏献子所问的"社稷"作答。这就是前文曾引述的《左传·昭公二十九年》以晋太史蔡墨之口指说对周始祖"弃"为"稷"神的祭祀和神化，可追溯到商代等的相关内容。

因此，从《左传·昭公二十九年》记载的蔡墨之言可以看出，"社稷"既与土地神、五谷神有关，也与对其（指土地神、五谷神）的祭祀有关。且祭祀稷神的对象并非一成不变，夏代以前为"有烈山氏之子"柱，而商代以后则为周始祖——后稷弃。

《尚书》中《周书·召诰》篇记载周成王时，"欲宅洛邑"[2]而"社于新邑，牛一，羊一，豕一"[3]。周秉钧注曰："社，祭土神。"[4]另译全句为："在新邑举行祭地的典礼，用了一头牛、一头羊和一头猪。"[5]

五、后世对"社""稷"之神的祭祀

中国古代农耕文明条件下，"社稷"即土地及附着于土地之上的生产者（民众）所生产的谷物粮食，构成了整个国家的根本。整个国家机器即建立在土地、生产者及土地所产谷物之上。土地为异国所夺，则土地及其所产谷物及附着于土地之上的生产者，亦为异国所夺，则该国名存实亡。而管理国家的统治者因实行错误政策即不行"仁政"，亦会导致附着于土地之上的生产者大量逃亡。在这种情况下，尽管因劳力逃亡而荒芜的土地尚存，但"稷"即土地上的谷物粮食已无所收。同时，民众逃亡亦使得国家兵源枯竭，这就必然导致上引《孟子·离娄上》中所说的天子"不保四海"、诸侯"不保社稷"等社稷动荡、国家动乱等异常情况的发生。因此，对"社""稷"之神的祭祀，其背后有着多重涵义。予以梳理，大致如下：

其一，反映了农耕文明条件下的"重农固本"思想，并体现为重视农耕及制定出相应的政策、举措，其间涉及农耕文明中对土地、种植品种等的管理及稷官、农师等专业行政官职的设置等。

其二，在对天、地敬畏的宗教意识下，也不乏对风调雨顺等的祈求。

其三，因商代时的"稷神""五谷神"为后稷弃，而他亦同时为周族部族的始祖。两相叠加而出现的一个情况为：现存对后稷的祭祀及纪念地而列为全国重点文物保护单位者及省重点文物保护单位者，多集中于今陕西、山西等后稷弃当初活动过的地方。现分述如下：

（一）"社"神祭祀——山西万荣后土庙

位于山西省万荣县城西南四十公里黄河东畔且列为全国重点文物保护单位的万荣后土庙，又作后土祠，为国内现存列为全国重点文物保护单位的祭祀"社"神即土地神"后土"的祠庙。

---

[1]《左传·昭公二十九年》，见《春秋左传正义》，北京大学出版社1999年，第1510—1511页。
[2]《尚书·召诰》，见《尚书正义》，北京大学出版社1999年，第389页。
[3]《尚书·召诰》，见《尚书正义》，北京大学出版社1999年，第392页。
[4]周秉钧注，见《十三经今注今译》，岳麓书社1994年，第200页。
[5]周秉钧注，见《十三经今注今译》，岳麓书社1994年，第200页。

列为全国重点文物保护单位的山西万荣"万荣后土庙"文物保护碑(左)及该庙入口处上圆下方而寓意天圆地方的小亭(右)(吴恩培摄)

山西万荣后土祠正门(左)及正门上悬挂的"后土祠"匾(右)(吴恩培摄)

(二)"稷"神祭祀

现存祭祀"稷"神的遗存,亦同时为祭祀周祖后稷弃祠庙的遗存。如前所述,此类遗存且列为全国重点文物保护单位及省级重点文物保护单位者,多集中于今陕西、山西等后稷弃当初活动过的地方,从而与文献记载的后稷活动轨迹大致重合。

今陕西、山西的后稷弃的祭祀地,分别如下:

1.陕西

前述,后稷弃于尧、舜时受封,封地在"邰",即今陕西关中地区的武功一带。这里,既为后稷弃的封地,也是其母姜嫄的故里。

(1)陕西武功称为"教稼圣地"的教稼台

陕西武功有"教稼圣地"之称的教稼台,相传是农业始祖后稷教民稼穑的地方。所谓"教稼台",顾名思义就是教民进行农耕的传习讲台。该教稼台现为省级文物保护单位,在文物保护碑的背面,题为"教稼台"的说明文字为:"教稼台位于武功镇东门外,为农业始祖后稷教民稼穑之遗迹,是中华农耕文化的发祥地。教稼台始建年代不详,曾多次维修,现为明清风格。早在四千多年前,后稷在此首创农耕,使人类走向文明,远在各国之先。它饮誉古今,蜚声中外,被列为关中四大名台之首,并载入全国名胜大辞典。二○○八年九月被陕西省人民政府公布为第五批重点文物保护单位。"

陕西武功镇东门外的教稼圣地（左）、列为陕西省第五批重点文物保护单位的"教稼台"文物保护碑正面（中）及镌刻有说明文字的背面（右）（吴恩培摄）

列为陕西省重点文物保护单位的教稼台（左）及教稼台旁的后稷塑像（右）（吴恩培摄）

（2）陕西杨凌（又作杨陵）的后稷塑像

杨凌，清代时属武功辖治，现为陕西杨凌农业高新技术产业示范区，是我国第一个国家级农业高新技术产业示范区。该示范区内，有教稼园及后稷雕塑。而地处该示范区内的西北农林科技大学校园内，亦立有后稷塑像。

2.山西

前述万荣后土祠庙与万荣太赵村稷王庙的各自首字"后"与"稷"所组合成的"后稷"，就成为中国农业始祖"弃"即"后稷弃"或"周后稷弃"的另一称呼。今晋南地

陕西杨凌教稼园内的后稷雕塑（左）及位于杨凌的西北农林科技大学校园内的后稷塑像（右）（吴恩培摄）

区的新绛、稷山、万荣、闻喜等相距不远的地域内，竟保存有五座均列为全国重点文物保护单位的后稷祠庙。其意义在于：一是显现着这一地区对后稷教民稼穑的感恩、崇拜和纪念。二是它们与前述万荣后土庙共同组成了社神、稷神祭祀的同时，也以实物形式诠释着中国古代"社稷"这一与国家、天下同义的既抽象又具象的概念。

上述五座后稷祠庙，介绍如下：

（1）山西新绛阳王镇的稷益庙

列为全国重点文物保护单位的山西新绛阳王镇后稷与伯益合祀处的稷益庙，前文已论及，此处存目。

（2）山西新绛北池村北池稷王庙

位于山西新绛县阳王镇的北池稷王庙，为全国重点文物保护单位。该庙位于北池村西北相对高出地坪的自然台地上，庙址坐北朝南，布局完整且独具特色。

列为全国重点文物保护单位的山西新绛县北池村"北池稷王庙"文物保护碑（左）及该庙主殿（右）（吴恩培摄）

（3）山西稷山县稷王庙

稷山县稷王庙位于稷山县城中心的后稷街上，主体建筑有献殿、正殿，钟鼓二楼，左右分峙。庙以木刻、石刻见称，且为琉璃、木刻和石雕三者艺术汇为一体之"三绝"古建筑群。

列为全国重点文物保护单位的山西稷山县"稷山稷王庙"文物保护碑（左）及其主体建筑（右）（吴恩培摄）

（4）山西万荣县太赵村稷王庙

万荣稷王庙位于山西省万荣县太赵村，创建年代不详，清同治四年（1865）重修。现仅存正殿和戏台。其中，大殿为中国目前唯一的北宋庑殿顶木构建筑。戏台前沿砖基中心原嵌有元代至元八年（1271）名为"舞厅石"的小碑一方。

列为全国重点文物保护单位的山西万荣县"稷王庙"文物保护碑(左)及列为山西重点文物保护单位的"稷王庙"文物保护碑(右)(吴恩培摄)

万荣县稷王庙时在维修中的正殿(吴恩培摄)

(5)山西闻喜县吴吕村后稷庙

吴吕村后稷庙坐落于山西闻喜县阳隅乡吴吕村。该庙创建于元代至元二十九年(1292),明嘉靖、清乾隆年间两次修缮。庙坐北朝南,一进院落,中轴线上由北往南,依次筑有戏台、献殿(已不存)、正殿(稷王殿)三座建筑,两侧原有耳殿、配殿、角门。

列为全国重点文物保护单位的山西闻喜吴吕村"后稷庙"文物保护碑(左)及该庙主殿(右)(吴恩培摄)

六、后稷与吴地

（一）吴地祭祀佐禹平水的"后稷庶子"及水平王庙

吴地历史上并无纪念后稷的祠庙，但后世出现祭祀佐禹平水的"后稷庶子"的水平王庙，且宋知军州事胡宿尝将水平王庙奏列祀典。明《姑苏志》卷第二十七《坛庙上》对此记载说："太湖水神庙，在洞庭销夏湾水心，俗号水平王庙。宋知军州事胡宿尝奏列祀典，神像与几案皆石，为之乡人祀之。甚至其地，本水中一洲，尝与水平，虽巨浸不没，故名众安山。湖中多有此庙。"而"水平王，旧传后稷庶子，佐禹平水至会稽，诲人浚导，因祀之。又水平王庙一在吴县西北八十里，一在吴县西北二百里"[1]。

上述明《姑苏志》记载的"旧传后稷庶子"，其事迹除上引《姑苏志》记载的"佐禹平水至会稽，诲人浚导"外，未见其他文献。而此类的奏列祀典，多为附会。但在这些附会中，意图表达出吴地与吴国先祖后稷的某种联系。

民国《吴县志》卷第三十三《舆地考·坛庙祠宇一》记载："水平王庙在太湖中北峿山，清乾隆二十二年里人重建。旧传水平王为后稷庶子，佐禹治水有功，人因祀之，并祀神禹，故亦名禹庙。"[2]由此可知，清代以前，太湖中有水平王庙且祀神禹。而清代时，在"礼"的思想指导下，以禹王庙替代水平王庙，进而立禹庙而以水平王配食，

位于太湖中央的平台山航拍图（苏州大运河史研究课题组供图，何继红摄）

即配祀："禹之德配天地，水平王之功在江湖，夏《书》曰：三江既入，震泽底定。太湖宜有禹庙，立禹庙而以水平配食，礼也。以水平之庙袭称禹庙，不可也。"[3]因此，中国古代治水（含治理太湖水患）的帝王级人物大禹，与"佐禹平水"的"后稷庶子"，显然不是一个量级。即使是"后稷庶子"之父的后稷，与大禹也非平起平坐。前文述及后稷与伯益合祀处的山西新绛稷益庙，该庙

位于太湖中央的平台山（吴恩培摄）

---

[1]《姑苏志》卷第二十七《坛庙上》，见正德《姑苏志》，苏州图书馆藏本。
[2]《吴县志》卷第三十三《舆地考·坛庙祠宇一》，见民国《吴县志》，苏州图书馆藏本。
[3]《吴县志》卷第三十三《舆地考·坛庙祠宇一》，见民国《吴县志》，苏州图书馆藏本。

苏州太湖平台山禹王庙正门及门楣上的"治水禹王"字样（吴恩培摄）

据大禹治水故事绘制的壁画，大禹端坐中央，周始祖后稷与秦始祖伯益分坐两侧，个中的位分已定。今位于太湖中央的平台山，又名"北崌山""杜圻山"。山上的禹王庙，即清代时"立禹庙而以水平（即水平王后稷庶子）配食"者。

民国《吴县志》卷第七十九《杂记二》记载太湖中央的北崌平台山说："惟北崌最称灵异，山形坦而方，俗呼平台山。……庙之左右，自生平冈，外又起二小阜。庙后低落三四尺为平田，田外复起平冈迴抱如墉垣，结构天成。庙之右有铁色砂粒如菜子，亩许不堪种植。相传神禹铸铁釜覆蘖龙于此。铁气上腾砂色乃尔。据《岳渎经》，禹获无支，祈用大索锁颈，徙淮阴龟山之足，俾淮水安流或者亦事之所有也。其上无巨石，四址皆鹅卵石，石有光润可爱者，人不敢取。取则行舟有风涛之患，渔人恒相戒云。北崌居太湖中央，人迹不到，惟六桅渔船岁时祭献，以祈神贶。"[1]

民国《吴县志》的这一记载，一是说平台山禹王庙"之右有铁色砂粒如菜子"，而相传"神禹铸铁釜覆蘖龙于此"。二是说平台山四周皆为鹅卵石，石有光润可爱者，人不敢取。违者则行舟有风涛之患。此说或出于生态保护，避免平

从平台山采集的且与是处文献记载"铁色砂粒"有关的彩色石头（吴恩培采集、收藏并拍摄）

台山四周鹅卵石被他人取走，客观上保护了平台山的自然环境。时至今日，平台山四周依然布满光润可爱的白色鹅卵石。

（二）后稷与其后裔泰伯、仲雍、季历的塑像

今陕西岐山县周公庙是一座纪念和祭祀先周历史人物的专祠，该庙位于祭祀后稷母亲的

---

[1]《吴县志》卷第七十九《杂记二》，见民国《吴县志》，苏州图书馆藏本。

"姜嫄殿"后,有一个自成一体的后稷殿和献殿。殿门有联曰:"教稼穑诚宜称后,明农功即可名官。"联语诠释"后稷"这一官职名称之教民稼穑、明事农功的内涵及职责。殿内,正中供奉着手拿麦穗的西周农业始祖——后稷弃的塑像。后稷弃的左右,和传统祭祀左昭右穆不同的是,该庙跳过后稷弃以后的十一代后裔,而配祀了后稷的第十二代孙——周十四世后裔的泰伯、仲雍和季历。在塑像位置的具体排列上,后稷塑像之左,配祀泰伯、仲雍;而在后稷塑像之右,配祀泰伯、仲雍之弟季历。

陕西岐山周公庙里的后稷殿(吴恩培摄)

陕西岐山周公庙后稷殿内供奉的后稷及其后裔群像(自左至右依次为季历、后稷、泰伯、仲雍)(吴恩培摄)

左右的排列体现了中国古代左为上的观念,从而显示了泰伯、仲雍的兄长地位。而由于季历后来承继大统——继承了周族部族的权力,且季历的儿子周文王(姬昌)、孙子周武王(姬发)相继翦商而建立西周王朝,故此处的季历塑像被塑造成一副传统的明君形象。相比之下,他的两个奔至江南"蛮夷"地区的哥哥——泰伯和仲雍,则难免为《史记·周本纪》《史记·吴太伯世家》中所说的"断发文身"且带有"荆蛮"[1]习气的外在形象,从而间接地表现了对吴国"蛮夷"的歧视。

---

[1]《史记·周本纪》《史记·吴太伯世家》,见司马迁:《史记》,中华书局1959年,第115、1445页。

七、《山海经》记载的后稷葬地——都广之野，后稷葬焉

《史记·周本纪》记载"后稷卒"[1]后，未有关于下葬地的记载。而裴骃《史记集解》则引"《山海经·大荒经》曰：'黑水青水之间有广都之野，后稷葬焉。'皇甫谧曰：'冢去中国三万里也。'"[2]

《山海经》中有不止一处与"后稷"之"葬"处有关的记载。如：

《山海经·海内西经》："后稷之葬，山水环之。在氐国西。流黄酆氏之国，中方三百里；有涂四方，中有山。在后稷葬西。"[3]

《山海经·海内经》："西南黑水之间，有都广之野，后稷葬焉。"[4]此条，与前引裴骃《史记集解》所引《山海经·大荒经》不同，为《山海经·海内经》。

关于《山海经》，最早见于司马迁的《史记·大宛列传》："故言九州山川，《尚书》近之矣。至《禹本纪》《山海经》所有怪物，余不敢言之也。"[5]由此可见，司马迁撰《史记》时，读过《山海经》，但"不敢言之"，即不认可且不采信、不引用。

时至今日，随着对《山海经》研究的深入，《山海经》所记载的内容，已为多地所接受，且被当作当地的历史文化资源。

上述，《山海经·海内经》中记载的"都广之野"与裴骃《史记集解》中所引的"广都之野"，被论证为相通。林向《广都之野与古蜀农耕文明》一文指出："据最新考订的先秦时期的地理百科全书、成书于先秦时期的《山海经·海内经》的记载：'西南黑水（按：据《史记集解》补）之间，有广都之野（按：今本作"都广"）'，其实汉晋人见到的本子均作'广都之野'。"[6]又如：冯广宏《〈山海经〉中的成都坝子》一文，在论述"进入农业开发时期的'都广之野'"时，引"蒙文通先生《略记〈山海经〉的写作时代及其产生地域》考证了《山海经·海内经》中的'都广之野'：都广即是广都，今四川双流县，在四川西部'"后指出，"这就像四川人把'热闹'说成'闹热'一样，颠来倒去并无所谓"[7]。

四川双流，属今日成都。《成都晚报》2016年12月30日刊登的《华阳当初是古蜀国"三都"之一 曾是"四川首县" 管辖区域直到署袜街》一文，一方面指出，在历史上存在的成都"华阳"与广都、成都、双流都有关系。广都，亦称"都广"，为古蜀国都，它与成都、新都并称"三都"。另一方面也指出，与华夏有关的"传说时代的三座名人墓——后稷墓"以及另两座名人墓，"如今均已毁"[8]。

---

[1]《史记·周本纪》，见司马迁：《史记》，中华书局1959年，第112页。
[2] 裴骃：《史记集解》，见司马迁：《史记》，中华书局1959年，第113页。
[3]《山海经·海内西经》，见《山海经》（影印本），上海古籍出版社1991年，第1042-63/64页。
[4]《山海经·海内经》，见《山海经》（影印本），上海古籍出版社1991年，第1042-82页。
[5]《史记·大宛列传》，见司马迁：《史记》，中华书局1959年，第3179页。
[6] 林向：《广都之野与古蜀农耕文明》，《中华文化论坛》2009年11月。
[7] 冯广宏：《〈山海经〉中的成都坝子》，《文史杂志》2003年第4期。
[8]《华阳当初是古蜀国"三都"之一 曾是"四川首县" 管辖区域直到署袜街》，《成都晚报》2016年12月30日。

第二节 存有代位缺失的周世系及其早期传承
——从周二世不窋到周四世公刘

一、周世系传承的记载

（一）《史记》关于周世系的记载与《国语》的周世系"十有五世而兴"

《史记·周本纪》载："后稷卒，子不窋立。……不窋卒，子鞠立。鞠卒，子公刘立。……公刘卒，子庆节立……庆节卒，子皇仆立。皇仆卒，子差弗立。差弗卒，子毁隃立。毁隃卒，子公非立。公非卒，子高圉立。高圉卒，子亚圉立。亚圉卒，子公叔祖类立。公叔祖类卒，子古公亶父立。"[1]

按上述记载，以后稷为周族部族的一世始祖，则后稷至古公亶父，共十三王，世次则如下（括号内数字为其世次序号）：后稷（1）、不窋（2）、鞠（3）、公刘（4）、庆节（5）、皇仆（6）、差弗（7）、毁隃（8）、公非（9）、高圉（10）、亚圉（11）、公叔祖类（12）、古公亶父（13）。若再往下连续，则按古公亶父之位的季历序号为14，接季历之位的姬昌（周文王）序号为15，这就是《国语·周语下》的记载："自后稷之始基靖民，十五王而文（王）始平之。"[2]韦昭注曰："十五王，谓后稷、不窋、鞠、公刘、庆节、皇仆、差弗、毁隃、公非、高圉、亚圉、公叔祖类、太王（即古公亶父）、王季（季历）、文王。"[3]

又，《国语·周语下》另记载："后稷勤周，十有五世而兴。"[4]韦昭对之注曰："自后稷至文王，十五世也。"[5]

（二）周世系的代位缺失及后世质疑

前文述，后稷弃与帝尧（唐尧）、帝舜（虞舜）、帝禹均有交集，且禹、契、后稷为同一代人，同时开始繁育后代并开始部族或王权的传承。

1."夏"的传承

《夏商周年表》记载的"夏"，其"王"的传承情况为：禹、启、太康、仲康、相、少康、予、槐、芒、泄、不降、扃、廑、孔甲、皋、发、癸（桀）[6]。年代为公元前2070—公元前1600年，共四百七十年，传十七王（其中含禹，亦含兄终弟及情况）。

2."商"的传承

"商"的传承，分为三块。分别为：

其一，为商"代夏朝天下"前，且与"夏"平行、共享的年代。"商"族传承情况为：契（殷契）为始祖，《史记·殷本纪》记为："契卒，子昭明立。昭明卒，子相土立。相土卒，子昌若立。昌若卒，子曹圉立。曹圉卒，子冥立。冥卒，子振立。振卒，子微立。微卒，子报丁立。报丁卒，子

---

[1]《史记·周本纪》，见司马迁：《史记》，中华书局1959年，第112—113页。
[2]《国语·周语下》，见左丘明撰、韦昭注：《国语》，上海古籍出版社2015年，第67页。
[3] 韦昭注，见左丘明撰、韦昭注：《国语》，上海古籍出版社2015年，第72页。
[4]《国语·周语下》，见左丘明撰、韦昭注：《国语》，上海古籍出版社2015年，第93页。
[5] 韦昭注，见左丘明撰、韦昭注：《国语》，上海古籍出版社2015年，第95页。
[6] 夏商周断代工程专家组：《夏商周断代工程——1996—2000年阶段性成果报告》（简本），世界图书出版公司2000年，第86页。

报乙立。报乙卒，子报丙立。报丙卒，子主壬立。主壬卒，子主癸立。主癸卒，子天乙立，是为成汤。"[1]以上《史记·殷本纪》记载，年代为公元前2070—公元前1600年，共四百七十年，传十四世（其中含汤）。

其二，《夏商周年表》之"商前期"。其间，商"王"的传承情况为：汤、太丁、外丙、中壬、太甲、沃丁、太庚、小甲、雍己、太戊、中丁、外壬、河亶甲、祖乙、祖辛、沃甲、祖丁、南庚、阳甲、盘庚（迁殷前）[2]。以上"商前期"年代为公元前1600—公元前1300年，共三百年，传十九王（其中不含汤，含盘庚，亦含兄终弟及情况）。

其三，《夏商周年表》之"商后期"。其间，商"王"的传承情况为：盘庚（迁殷后）、小辛、小乙、武丁、祖庚、祖甲、廪辛、康丁、武乙、文丁、帝乙、帝辛（纣）[3]。以上"商后期"年代为公元前1300—公元前1046年，共二百五十四年，传十二王（其中不含盘庚，含兄终弟及情况）。

综上所述，即"商"自契（殷契）起始，至帝辛（纣）止，年代自公元前2070年起至公元前1046年止，共传四十五位部族首领及王。而同一时段内的"周"部族自后稷至文王十五世，若再加上灭商的文王之子周武王，则为十六世。

契与后稷为名义上的同父异母兄弟，而自同一时段，即公元前2070年至公元前1046年间的共一千零二十四年中，"商"传四十五位部族首领及王，《史记·殷本纪》记载的商代三十帝中，因兄终弟及而执政者达十四帝。剔除因兄终弟及的同一代人接位情况，亦有三十一世，而同一时期的"周"仅为十六世（含周武王姬发）。二者比较，"周"竟为"商"世系传承总数的约一半，个中代位相差悬殊。

契与后稷这一对同父异母的兄弟，千余年后，契传至商纣王时有三十一代，而后稷传至周武王时，仅十六代。

这一明显的代位传承不平衡的情况，导致后世质疑声不断。

司马贞《史记索隐》引"谯周按《国语》云'世后稷，以服事虞、夏'，言世稷官，是失其代数也。若以不窋亲弃之子，至文王千余岁唯十四代，实亦不合事情"[4]。

孔颖达疏《诗经·大雅·公刘》篇时也作计算说："《外传》（指《国语·周语下》）称后稷勤周十五世而兴，《周本纪》（指《史记·周本纪》）亦以稷至文王为十五世，计虞及夏、殷、周有千二百岁，每世在位皆八十许年，乃可充其数耳。命之短长，古今一也，而使十五世君在位皆八十许载，子必将老始生，不近人情之甚。以理而推，实难据信。"[5]将孔颖达疏的语言作通俗化解读，其意思为，周世系一千两百年中传十五代，则每一代几乎都是在八十多岁时才生下下一代，这也太不近人情了。

孔颖达疏计算时，将从禹到周武王翦商的时间作"千二百岁"——一千两百年。虽是如此，但帝喾之子弃，传十六世；而帝喾另一子契，传四十余世，却是文献明明白白地记载着的。

---

[1]《史记·殷本纪》，见司马迁：《史记》，中华书局1959年，第92页。
[2] 夏商周断代工程专家组：《夏商周断代工程——1996—2000年阶段性成果报告》（简本），世界图书出版公司2000年，第87页。
[3] 夏商周断代工程专家组：《夏商周断代工程——1996—2000年阶段性成果报告》（简本），世界图书出版公司2000年，第88页。
[4] 司马贞：《史记索隐》，见司马迁：《史记》，中华书局1959年，第113页。
[5] 孔颖达疏，见《毛诗正义》，北京大学出版社1999年，第1110页。

同父异母的兄弟俩,"千二百岁"的同样时间,一传四十余代,另一传十六代。二者相差何其悬殊?故孔颖达疏中对之充满质疑的"命之短长,古今一也",并非没有道理。其所道出的不对称、不平衡,十分清楚。而个中隐含的命题或结论是:《史记·周本纪》记载的从周始祖弃(后稷)至周文王(姬昌)的"十五世"之说有误,其间当有代位缺失。

(三)周世系缺失的时段及位置

后稷弃开始的周世系传承,存在着未被文献记载而缺失的代位。缺失的时段和位置,当在周一世后稷弃至周四世公刘之间。

《史记·刘敬叔孙通列传》记载:"周之先自后稷,尧封之邰,积德累善十有余世。公刘避桀居豳。"[1]意指,周朝的先祖从后稷(弃)开始,尧封他于邰,积累德政而做善事有十余代人。公刘为避开夏桀的暴政而到豳地居住。

前引《夏商周年表》显示,桀又作癸,为夏代十七王(含禹)中的最后一位君王。从禹至桀时,四百七十余年间,夏已传十七王,即传承了十七世。而与禹同时代的后稷弃,传承至"避桀居豳"的公刘时,方为四世。其中,平均近一百二十年才传承一代人。这无论是在古代,抑或是在现当代,都是匪夷所思之事。

而从上引《史记·刘敬叔孙通列传》记载的"周之先自后稷,尧封之邰,积德累善十有余世。公刘避桀居豳"可知,从后稷弃到公刘,其间"积德累善十有余世"。但这"十有余世",在《史记·周本纪》里仅记载为后稷弃、不窋、鞠、公刘等共四世。仅此,即丢失了大半的六世之多。

依《史记·刘敬叔孙通列传》"周之先自后稷,尧封之邰,积德累善十有余世。公刘避桀居豳"的推算,另参同一时期夏世系传承的十七世,《史记·刘敬叔孙通列传》所说的从后稷至"公刘避桀居豳"的"十有余世",即使以其中间值的"十五世"计算,亦当与夏世系在同一时期所传的十七世相差不大而大致平衡。

然而,这毕竟属理论上的推算。其中丢失的周世系名单,时至今日,或已无法予以复原。

(四)周世系缺失的原因探讨

周世系在传承中出现的缺失,清梁玉绳《史记志疑》将之归结于文字的错讹,并作推测说:"窃以为'十五'当是'廿五',素简屡易,篆隶递更,遂致讹舛。二十为廿音入,《说文》本字也,始皇石刻'廿有六年,足以证已'"。[2]梁玉绳所说,为自后稷至周文王的"十五"世或为"二十五"世之误。然而,即使以梁玉绳所说的"二十五"世计,也无法与同一时段内殷商传承代位的四十五世相比。

另有学者将后稷开始的周世系与夏、商世系进行比较并分析其不平衡后指出:"问题出在'后稷'一词上。在古文籍中,它有时泛指农官职位,有时又具体指周的始祖弃,这很易导致世次的混淆。《国语·周语》载祭公穆父语:'昔我先王世后稷,以服事虞夏。及夏之衰也,弃稷不务,我先王不窋用失其官,而自窜于戎狄之间。''世后稷'是说世代担任后稷之官职。不窋之父也是后稷,

---

[1]《史记·刘敬叔孙通列传》,见司马迁:《史记》,中华书局1959年,第2715页。
[2]梁玉绳:《史记志疑》,中华书局1981年,第75页。

但并非后稷弃。"[1]

这一意见,极为值得注意。本书前文分析,"后稷"一词在不同的语境中,或指周始祖弃,即后稷弃;或指掌管农事的官职名称——稷官、农师。按此,周世系缺失的错讹,当是"周后稷弃"这一表示人名且为周始祖的"后稷"与表示"农师""稷官"等官职名的"后稷"的混淆和混用所致。

尽管后世学者推知《国语》《史记》等记载中的周世系存在着代位缺失,却无法断言周世系的代位缺失到底缺失了多少代;同时,亦无法断言周世系代位缺失的准确位置及缺失的世系代位、姓名等情况。有鉴于此,周世系的完整代位情况,如前所述,今已无法描摹和复原。故下文周世系的叙述,依然且只能以《国语》《史记》等代位记载情况进行叙述。

二、周族部族的早期活动及后稷弃后《史记·周本纪》叙述的周人三迁

周族部族最初的活动范围为后稷弃最初的封地——"邰",即今陕西关中地区的武功一带。如前文述,这里既是后稷弃的最初封地,也是其母姜嫄的故里。后稷弃后,周族族群以"邰"为起点,开始了《史记·周本纪》记载的三次迁徙。这三次迁徙的前两次如下:

(一)周部族的第一次迁徙——周二世不窋奔戎狄之间

由于自然条件及生产方式等的差异,中国历史上农耕民族的农耕文明与游牧民族的草原文明有着很大差异。擅长农耕的周族部族被神化为中国古代农神后稷的后代,因其封地与北方游牧地区杂处,故在后稷去世、部族传至其子即二世不窋时,部族内政治发生重大变化。

1. 不窋奔戎狄之间

《史记·周本纪》记载:"不窋末年,夏后氏政衰,去稷不务,不窋以失其官而奔戎狄之间。"[2]即不窋末期时,因夏后氏政治衰败,废弃农官而不再劝民务农,不窋失去"稷官"官职,故也放弃其父后稷的农耕而逃奔于"戎狄之间",去从事畜牧、放牧等游牧民族的活计及依游牧民族的生活方式而生活了。

对《史记》的上述记载,裴骃《史记集解》引"韦昭曰:'夏太康失国,废稷之官,不复务农。'"[3]意指"不窋末年"时遇上夏朝廷的内政危机——"夏后氏政衰"。这一危机,也就是《史记·夏本纪》记载的"夏后帝启崩,子帝太康立。帝太康失国"[4]。即禹的儿子启去世后,他的儿子(即禹的孙子)太康继位。太康整天游玩打猎,不顾民事,结果被羿放逐,丢了国家。

而对"去稷不务,不窋以失其官而奔戎狄之间"句,司马贞《史记索隐》引"《国语》云'弃稷不务'。此云'去稷'者,是太史公恐'弃'是后稷之名,故变文云'去'也。言夏政衰,不窋去稷官,不复务农者也"[5]。显然,"去稷不务"之"稷"为"稷官"式的官职名,司马迁唯恐后人将之与人名"周后稷弃"混淆,故特意在"稷"前加了个动词"去"字。"去稷"者,即去除此"稷官"之职也。

---

[1] 祝中熹:《公刘与先周史》,《青海社会科学》1992年第2期。
[2] 裴骃:《史记集解》,见司马迁:《史记》,中华书局1959年,第113页。
[3] 裴骃:《史记集解》,见司马迁:《史记》,中华书局1959年,第113页。
[4] 《史记·夏本纪》,见司马迁:《史记》,中华书局1959年,第85页。
[5] 司马贞:《史记索隐》,见司马迁:《史记》,中华书局1959年,第113页。

上述《史记》的不窋"奔戎狄之间",《国语·周语上》记作"窜于戎、狄之间"说:"昔我先王世后稷,以服事虞、夏。及夏之衰也,弃稷不务,我先王不窋用失其官,而自窜于戎、狄之间。"[1]对以上"昔我先王世后稷,以服事虞、夏"句,韦昭注为:"后,君也。稷,官也。父子相继曰世,谓弃与不窋也。""谓弃为舜后稷,不窋继之于夏启也。"[2]而对"及夏之衰也,弃稷不务"句,韦昭注为:"衰,谓启子太康废稷之官,不复务农也。弃,废也。"[3]故《国语》上句意为,从前我们先王世代担任稷官(农官)职务而尽心为虞舜、夏启做事。到夏朝衰落太康失国时,废除了稷官(农官)之职。我们的先王不窋因此而失去稷官的官职,故跑到与戎狄接邻的地方居住下来。

不窋的"奔戎狄之间",系周后稷弃受封于"邰"后的周族部族的第一次迁徙。

2."戎狄"地望

不窋"奔戎狄之间"的"戎狄"地望,徐元诰《国语集解》引"戴震曰:……以地考之,豳在邰北百余里,邰今西安府武功县,豳今邠州,不窋所窜,又在豳北二百余里。今庆阳府安化县有不窋城"[4]。张守节《史记正义》引"《括地志》云:'不窋故城在庆州弘化县南三里。即不窋在戎狄所居之城也'"[5]。

由此可见,不窋所窜之"戎狄"或"不窋在戎狄所居之城",其地望为后世的庆州,即今甘肃庆阳地区。因此,周族部族的第一次迁徙,其路线图为:从古"邰"地即今陕西武功一带,迁至"戎狄"的今甘肃庆阳一带。

周族部族生活地域的改变,也引发其生活方式的改变。《史记·匈奴列传》将失去稷官官职的后稷弃之子不窋误记为后稷弃曾孙公刘而记载说:"夏道衰,而公刘失其稷官,变于西戎。"[6]

这"变于西戎"当是指不窋"奔戎狄之间"或"窜于戎、狄之间"后生活方式的改变,即由原先的农耕生活方式,一变为"西戎"的游牧生活方式了。

3.不窋陵墓

不窋陵墓位于甘肃庆阳市庆城县东山山顶。传说不窋去世后葬于此山。现存周祖不窋墓、周祖大殿、肇周圣祖牌坊等建筑。现墓前立有"周不窋之陵"碑,碑上文字曾遭人为损毁。现碑文为:

嘉靖十九年孟□吉日

周不窋之陵

陕西等处承□□□

陕西等处□刑□祭司

列为甘肃庆阳市市级文物保护单位的"周祖不窋墓"文物保护碑(吴恩培摄)

---

[1]《国语·周语上》,见左丘明撰、韦昭注:《国语》,上海古籍出版社2015年,第1页。
[2]韦昭注,见左丘明撰、韦昭注:《国语》,上海古籍出版社2015年,第3页。
[3]韦昭注,见左丘明撰、韦昭注:《国语》,上海古籍出版社2015年,第3页。
[4]徐元诰:《国语集解》,中华书局2002年,第4—5页。
[5]张守节:《史记正义》,见司马迁:《史记》,中华书局1959年,第113页。
[6]《史记·匈奴列传》,见司马迁:《史记》,中华书局1959年,第2881页。

庆阳市庆城县周祖陵（左）、周祖陵前竖立的明嘉靖十九年（1540）所立的"周不窋之陵"碑（中）及庆阳周祖广场（又作南广场）竖立的不窋像（右）（吴恩培摄）

（二）周四世公刘迁豳——周部族的第二次迁徙

周族部族"窜于戎、狄之间"的状况延续至后稷的三世孙鞠。鞠去世，周部族首领的权力传承至后稷弃的曾孙、不窋之孙的周四世公刘。

公刘主持了周部族的第二次迁徙——从"戎狄"（今甘肃庆阳）南迁至豳地。

1.豳地地望

豳地地望，韩湘亭《历代郡县地名考》说："豳，国名，周公刘所置，今陕西邠县。"[1] 因"邠"字属生僻字，且"邠""彬"相通，1964年文字改革时，经国务院批准改称"彬县"。因此，公刘时置且记录在《诗经》中的"豳"，其后经历了同音的"邠""彬"的行政地名变迁过程。

陕西彬县公刘塑像前的"公刘故里"（左）及塑像身后的"古豳公刘"（右）等文字（吴恩培摄）

2.公刘迁豳的文献记载

《史记·周本纪》记载："公刘虽在戎狄之间，复修后稷之业，务耕种，行地宜，自漆、沮度渭，取材用。"[2] 意为，公刘虽身在戎狄之中，却重新恢复了后稷的农耕之业，致力于农作，并按照土地的栽培特性加以耕种，从漆、沮二水渡渭水，伐取材木。

公刘迁豳，《史记·周本纪》并未明确记载，而是通过"公刘卒，子庆节立，国于豳"[3] 的记载体现出来。同时，《史记》其他篇章，则对之予以明确记载。

---

[1] 韩湘亭编辑：《历代郡县地名考》，北京图书馆出版社2002年，第1085页。
[2]《史记·周本纪》，见司马迁：《史记》，中华书局1959年，第112页。
[3]《史记·周本纪》，见司马迁：《史记》，中华书局1959年，第112页。

如《史记·刘敬叔孙通列传》记载:"周之先自后稷,尧封之邰,积德累善十有余世。公刘避桀居豳。"[1]关于"公刘避桀居豳"句,暗指与禹同时代且有交集的后稷弃其第四代的曾孙,竟避禹的第十七世后裔——桀。由此,亦印证前文所述的后稷弃至公刘间的周世系,明显存在着代位缺失。

又,《史记·匈奴列传》载:"夏道衰,而公刘失其稷官,变于西戎,邑于豳。"[2]意指夏朝政治衰微时,公刘失去稷官之职,周部族变为"西戎"的游牧生活方式,在豳地建邑住了下来。显然,《史记·匈奴列传》此处的"公刘失其稷官"句,明显有误。前已叙述,失"稷官"之职者为公刘的祖父不窋。

3.公刘迁豳后的作为——继承先祖后稷弃的农耕之业

《史记·周本纪》记载的公刘行迹,即显示了公刘迁豳后继承先祖后稷弃农耕之业的历史作为。

公刘祖父不窋"奔戎狄之间",至公刘时已历三代,故公刘当为在戎狄出生并长大。而从"不窋以失其官而奔戎狄之间"[3]及"不窋用失其官,而自窜于戎、狄之间"[4]等记载来看,不窋自其后期失却"稷官"官职时起,后历其子鞠,再到其孙公刘时,周族部族的首领均已失却了"稷官"(亦即"后稷""农师")的官方职务。

因此,作为无官方职务的平民、周族部族的首领,同时也作为古代农神后稷弃曾孙的公刘,依然继承了其曾祖后稷弃的农耕技艺,重新恢复后稷弃的农耕之业。《史记·周本纪》记写公刘"虽在戎狄之间,复修后稷之业,务耕种,行地宜"[5]的记载,指出公刘虽处戎狄,却重新恢复了后稷弃的农耕之业,致力于农业耕种,并按照土地的栽培特性加以利用。同时,这一"务耕种,行地宜"与前文所说后稷弃成人后,"遂好耕农,相地之宜"[6]的意义及做法相同,甚至在《史记》中描述的语言都大致相同。

公刘这一重归农耕的作为,奠定了后世周族部落作为农耕族群的基础。这就是学者们所说的"文献上记载的周人祖先活动的传说,可以有三个阶段,后稷时代周人已发展农业,不窋以后周人奔于戎狄,以及公刘以后又以农业为主要的生产方式"[7]。

归纳以上内容,可见以下三点:

其一,至公刘时,其祖父不窋"奔戎狄之间"已历三代,而作为不窋之孙的公刘,系在戎狄出生并长大。

其二,公刘的迁豳路线为自戎狄(今甘肃庆阳)南迁至豳地(今陕西彬县等)。

其三,公刘的重归农耕,既承继了其曾祖后稷弃的农耕遗产,又为周十三世古公亶父时,周族

---

[1]《史记·刘敬叔孙通列传》,见司马迁:《史记》,中华书局1959年,第2715页。
[2]《史记·匈奴列传》,见司马迁:《史记》,中华书局1959年,第2881页。
[3]裴骃:《史记集解》,见司马迁:《史记》,中华书局1959年,第112页。
[4]《国语·周语上》,见左丘明撰、韦昭注:《国语》,上海古籍出版社2015年,第1页。
[5]《史记·周本纪》,见司马迁:《史记》,中华书局1959年,第112页。
[6]《史记·周本纪》,见司马迁:《史记》,中华书局1959年,第112页。
[7]许倬云:《西周史》(增补本),三联书店2001年,第34页。

部族翻越岐山,开发周原的农耕作为打下了基础。因此,《史记·周本纪》对公刘作出了"周道之兴自此始"[1]的历史评价。这使得公刘既成为周族部族发展历程中继后稷弃后的又一个重要节点式的人物——上承后稷弃、下启古公亶父,又与后稷弃、古公亶父并列而成为周族部族发展史上最重要的三位里程碑式的重要人物之一。

4.公刘迁豳的社会效果

《史记·周本纪》记载公刘迁豳取得积极的社会效果说:"行者有资,居者有畜积,民赖其庆。百姓怀之,多徙而保归焉。周道之兴自此始,故诗人歌乐思其德。"[2]"周道之兴自此始,故诗人歌乐思其德。"[3]

司马贞《史记索隐》对"诗人歌乐思其德"句释为:"即《诗·大雅》篇'笃公刘'是也。"[4]

《诗经·大雅·生民之什》中的《公刘》诗,毛亨传曰:"公刘者,后稷之曾孙也。夏之始衰,见迫逐,迁于豳,而有居民之道。成王始幼少,周公居摄政,反归之。成王将莅政,召公与周公相成王为左右。召公惧成王尚幼稚,不留意于治民之事,故作诗美公刘,以深戒之也。"[5]按此,则此诗记载周武王逝世而周成王年幼时,召公惧周成王年幼而不留意治民之事,故作诗歌颂周开国历史上的公刘,并以公刘迁豳、开疆创业的事迹教育周成王。

5.公刘墓

公刘墓位于彬县龙高镇土陵村。墓四周四山屏合,群峰揖拱。

现墓前立有清乾隆间"周邠公公刘墓"碑,书碑者为"赐进士及第兵部侍郎陕西巡抚兼都察院右副都御史加五级毕沅(敬书)",立碑年代为"大清乾隆岁次丙申(1776)孟秋"。

该墓现被列入陕西省重点文物保护单位名录,而该墓文物保护碑文字如右:

> 陕西省重点文物保护单位
> 公刘墓
> 陕西省人民政府
> 一九九二年四月二十日公布
> 彬县人民政府立

陕西彬县公刘墓大殿(吴恩培摄)

---

[1]《史记·周本纪》,见司马迁:《史记》,中华书局1959年,第112页。
[2]《史记·周本纪》,见司马迁:《史记》,中华书局1959年,第112页。
[3]《史记·周本纪》,见司马迁:《史记》,中华书局1959年,第112页。
[4]司马贞:《史记索隐》,见司马迁:《史记》,中华书局1959年,第113页。
[5]毛亨传,见《毛诗正义》,北京大学出版社1999年,第1109页。

清乾隆丙申年(1776)所立的周邠公公刘墓碑处(左)及该"周邠公公刘墓"碑(右)(吴恩培摄)

列为陕西省重点文物保护单位的陕西彬县"公刘墓"文物保护碑(左)及其细部(右)(吴恩培摄)

陕西彬县公刘墓全景远眺(吴恩培摄)

第三节　翻越岐山，开拓周原：周部族的第三次迁徙与周十三世古公亶父

一、泰伯、仲雍之父古公亶父

(一)翻越岐山与古公亶父的"复修后稷、公刘之业"

公刘后，周族部族的首领权力传至第十三世古公亶父时，《史记·周本纪》记载他："复修后稷、公刘之业，积德行义，国人皆戴之。"[1]从"复修后稷、公刘之业"的记载来看，不能排除的

---

[1]《史记·周本纪》，见司马迁：《史记》，中华书局1959年，第113页。

情况是，自四世公刘后的周五世至周十二世之间，周族部族的生存、生产乃至生活习俗，受各种情势制约，依然无奈地纠结并游移于农耕文明与戎狄草原文明之间。

周十三世古公亶父担任周族部族首领时，"复修后稷、公刘之业，积德行义，国人皆戴之。薰育戎狄攻之，欲得财物，予之。已复攻，欲得地与民。民皆怒，欲战"[1]。"古公曰：'有民立君，将以利之。今戎狄所为攻战，以吾地与民。民之在我，与其在彼，何异。民欲以我故战，杀人父子而君之，予不忍为。'乃与私属遂去豳，度漆、沮，逾梁山，止于岐下。"[2]"豳人举国扶老携弱，尽复归古公于岐下。及他旁国闻古公仁，亦多归之。于是古公乃贬戎狄之俗，而营筑城郭室屋，而邑别居之。作五官有司。民皆歌乐之，颂其德。"[3]从此，古公亶父彻底改风易俗地贬斥戎狄习俗，建造城郭和房屋，分成邑落居住。同时，设立司徒、司马、司空、司士、司寇等五种官职管理民众。民众用诗歌赞美他，歌颂他的恩德。战国古籍《孟子·梁惠王下》亦记载狄人入侵，古公亶父事之以皮币、珠玉、犬马，均不得免，于是"去邠，逾梁山，邑于岐山之下居焉"，而邠人因其仁而"从之者如归市"[4]。

1.岐山与周原

周原，位于今陕西宝鸡市的岐山县与扶风县，为岐山以南、西安以西、渭河以北而沿河一溜拉开的扶风县和岐山县之间的一段黄土塬。而作为山体的岐山，其地理方位在今陕西岐山县城东北三十多千米的祝家庄镇岐阳村北。

《文选·京都上·西京赋》中释"岐梁汧雍"句说："说文曰：岐山在长安西美阳县界，山有两岐，因以名焉。"[5]说的就是岐山双峰对峙，中有缺口，故曰"岐山"。岐山中的缺口形似箭括，即似乎是以箭射开，因名"箭括岭"（当地读为"箭豁岭"，意为箭射开的豁口）。

"岐山"之名，起自远古，沿用至今。商朝后期，古公亶父带领着整个部族翻越岐山，来到岐山下的周原时，为他们的部族寻找到了一个正式的名称——周原之"周"。唐张守节《史记正义》评述："因太王（指古公亶父。周王朝建立后，封古公亶父为太王）所居周原，因号曰周。"[6]同时，这一名为"周"的部族也为日后崛起于渭上继而发展、壮大，寻找到了一块富饶的根据地——周原。

这一由农神后稷的后裔组成且有着正式名称的周族部族，来到周原后终于揭开了中国历史上克殷翦商、建立西周王朝的帷幕。

---

[1]《史记·周本纪》，见司马迁：《史记》，中华书局1959年，第113页。
[2]《史记·周本纪》，见司马迁：《史记》，中华书局1959年，第113—114页。
[3]《史记·周本纪》，见司马迁：《史记》，中华书局1959年，第114页。
[4]《孟子·梁惠王下》，见《孟子注疏》，北京大学出版社1999年，第62页。
[5]萧统编、李善注：《文选》（影印本），中华书局1977年，第37页。
[6]张守节：《史记正义》，见司马迁：《史记》，中华书局1959年，第111页。

列为全国重点文物保护单位的今陕西扶风、岐山的"周原遗址"文物保护碑（左）及岐山县周原广场（右）（吴恩培摄）

2."绵绵瓜瓞"与古公亶父及其部族筚路蓝缕，开发周原

"绵绵瓜瓞"[1]为《诗经·大雅·绵》中的首句，指大瓜、小瓜，都绵绵不绝地生长，以之形象比喻周族部族子孙的繁衍兴盛之貌。

古公亶父率领周族部族，沿着漆水、沮水向西，来到了岐山脚下的周原，

陕西岐山县岐阳村"周三王庙"门额上的"绵绵瓜瓞"匾（吴恩培摄）

《诗经·大雅·绵》对之以诗化的语言记载说："古公亶父，来朝走马。率西水浒，至于岐下。"[2]

关于《诗经·大雅·绵》的诗意，毛亨传说："喻后稷乃帝喾之胄，封于邰。其后公刘失职，迁于豳。居沮漆之地，历世亦绵绵然。"[3]因此，该诗为周人自述其部族自古公亶父率部族翻越岐山来到周原后，创业兴国，其后由文王继昌、武王翦商的周族开国历史。

当古公亶父带领他的族人翻过岐山，来到周原经营着周族部族"绵绵瓜瓞"的"瓜田"时，其情其境如《诗经·大雅·绵》中所说："古公亶父，陶复陶穴，未有家室。"[4]

《诗经·大雅·绵》接下来记写古公亶父和他的族人筚路蓝缕，开发周原的历程说："周原膴

岐山及岐山下位于岐阳村北重修前的周太王陵（吴恩培摄于2005年）

---

[1]《诗经·大雅·绵》，见《毛诗正义》，北京大学出版社1999年，第979页。
[2]《诗经·大雅·绵》，见《毛诗正义》，北京大学出版社1999年，第984页。
[3]毛亨传，见《毛诗正义》，北京大学出版社1999年，第979页。
[4]《诗经·大雅·绵》，见《毛诗正义》，北京大学出版社1999年，第980页。

膴，堇荼如饴。"[1]汉代郑玄笺此句说："广平曰原。周之原地，在岐山之南，膴膴然肥美。其所生菜，虽有性苦者，皆甘如饴也。"[2]故上述诗句说周原这个地方气候温和、土地肥沃，连略有苦味的堇菜和苣荬，长在这里都成了甘甜的植物。

商朝后期，古公亶父率周族部族来到这里。其后，经过古公亶父及其三子季历（泰伯、仲雍的弟弟）、孙子姬昌（即周文王）等三代人的苦心经营，终使周原成为周族部族发祥和崛起的政治、经济和文化中心，更为其后周武王翦灭殷商朝打下了雄厚的物质基础。

西周祖庙——岐山县岐阳村内的周三王庙修复前的情景（左、右，吴恩培摄于2005年）

岐山岐阳村的"周三王庙"牌坊（左）及修复中的周三王庙（右）（吴恩培摄于2018年）

（二）古公亶父担任首领时的年代及其时周族部族的地位

1.古公亶父担任首领时的年代

古公亶父带领部族越过岐山，来到周原时，值商王武乙即位。据王国维《古本竹书纪年辑校》所记，商王武乙时，古公亶父及周族部族的相关情况为：

"武乙。

名瞿。

元年壬寅，王即位居殷。（《御览》八十三引《纪年》：'武乙即位，居殷。'）

邠迁于岐周。（《孟子·梁惠王下》：'太王去邠，逾梁山，邑于岐山之下居焉。'）

三年，自殷迁于河北。（《史记·殷本纪》：'武乙立。殷复去亳，徙河北。'案：《正义》引《纪年》：'自盘庚迁殷，至纣之灭，更不迁都。'此妄取《史记》乱之。）

命古公亶父，赐以岐邑。

---

[1]《诗经·大雅·绵》，见《毛诗正义》，北京大学出版社1999年，第984页。
[2]郑玄笺，见《毛诗正义》，北京大学出版社1999年，第984页。

十五年,自河北迁于沬。(《史记·周本纪》:《正义》引《帝王世纪》:'帝乙复济河北,徙朝歌。')

二十一年,周公亶父薨。"[1]

另,今本《竹书纪年》,记载文字与上相同,为:

"武乙。

名瞿。

元年壬寅。王即位。居殷。邠迁于岐周。

三年。自殷迁于河北。命古公亶父。赐以岐邑。

十五年。自河北迁于沬。

二十一年。周公亶父薨。"[2]

而夏商周断代工程《夏商周年表》所列武乙至帝辛的具体年代如下[3]:

朝代	王	年代(公元前)	年数
商后期	武乙	1147—1113	35
	文丁	1112—1102	11
	帝乙	1101—1076	26
	帝辛(纣)	1075—1046	30

由上推算可知:公元前1147年(武乙元年),商王武乙即位,居殷。而"太王去邠,逾梁山,邑于岐山之下居焉"[4]。即公元前1147年,古公亶父带领整个部族,离开邠地,翻越梁山,迁徙到了岐山下的周原。

2.古公亶父来到周原时,周族部族在商朝廷治下的地位——防范与利用

周族部族翻越岐山,来到周原的这一时期,商朝廷既面临西方、北方游牧民族的掠夺、滋扰;同时,又面临东部东夷的挤压、威胁。有学者研究指出:商代"甲骨文中有不少关于'人方'的卜辞。人方即夷方,也就是东夷。她是商在东南方的劲敌。甲骨文中记'征人方'的卜辞很多,如'王征人方''王来征人方'等。反映商王朝和东夷发生多次战争,而且规模也不小。……东夷在商代的力量并不小,山东境内的薄姑、奄,就是著名的两个东夷族的国家。在整个商代时期,今山东、江苏、安徽一带,一直是东夷的势力范围,直到商末周初,其力量仍不小"[5]。

面对来自东夷的挤压,商朝廷对地处周原的周族部族,在加以防范的同时也不乏加以利用——利用其地理位置,将其变成商朝廷北部靖边的屏障和缓冲。正是出于这一动机,商朝廷不断对周族部族施行笼络与怀柔政策。以上《古本竹书纪年辑校》记载的"命古公亶父,赐以岐邑",即指武乙三年(前1145)商朝廷将岐邑赐予周族部族首领古公亶父,即是明证。

---

[1] 王国维:《古本竹书纪年辑校》,见方诗铭、王修龄:《古本竹书纪年辑证》,上海古籍出版社1981年,第227页。
[2] 沈约注,洪颐煊校:《竹书纪年》,中华书局1985年,第32—33页。
[3]《夏商周年表》,见夏商周断代工程专家组:《夏商周断代工程1996—2000年阶段成果报告》(简本),世界图书出版公司2000年,第88页。
[4]《孟子·梁惠王下》,见《孟子注疏》,北京大学出版社1999年,第62页。
[5] 孙淼著:《夏商史稿》,文物出版社1987年,第654—655页。

二、古公亶父的去世及其去世前安排的周族部族的权力传承

(一)古公亶父的去世

几十年过去,《史记·周本纪》笔下描述的周族部族,当初尚未成家的周部族首领,已从一个精壮汉子成为儿孙绕膝,但又被部族继承权纠结着的白头老翁。

前引《古本竹书纪年辑校》及今本《竹书纪年》,均记载商王武乙"二十一年,周公亶父薨",即公元前1127年,古公亶父去世。因此,文献记载的周族部族的权力传承及泰伯、仲雍的南奔,只能发生在古公亶父尚在世时,即公元前1127年之前。

列为陕西省文物保护单位的岐山岐阳村的"周太王陵"文物保护碑(左)及重修后的周太王陵(右)(吴恩培摄于2018年)

(二)商、周时的传承制度

关于商、周时期的传承制度,范文澜指出:"夏帝和商先公都是父子相继(兄弟相继是例外)……不能断定商朝继统法以弟继为主,而以子为辅,相反,商朝继统法是以长子继为主,以弟继为辅。""商王嫡子有王位继承权。"商代后期"自武乙至纣几四世,废除了兄终弟继制,确定了传子制"。受此影响,"周制嫡长子代代相传,比殷代更加严密"[1]。

近年,有学者指出:"在商周史的研究中,继承制度是不可忽视的重要问题。当年,王国维《殷周制度论》[2]风靡一时,于是,殷人'以弟及为主,而以子继辅之,无弟然后传子',周人实行'立子立嫡之制',殷周制度有很大差别,成了很有影响的看法。王国维以来,随着甲骨文与殷商史研究的逐步深入,王氏殷、周制度迥异论已为许多学者所扬弃,人们发现殷商时期已有嫡庶之制,王位继承制度已经是嫡长子继承制,兄终弟及的现象仅是它的变通和补充,或者是由特殊历史条件所造成。"[3]

总结上述论述,可以看出商、周时传承制度存在着两种不同的方式:

其一为"传子制",即"父子相继""父死子继""父死子及"等方式,王位由父传于子。由于"殷商时期已有嫡庶"之分,故"殷商时期……王位继承制度已经是嫡长子继承制""立子立嫡之制"。

其二为"兄终弟继制",即"兄弟相继""兄终弟及"等方式,王位由兄传至弟。

上述两种传承方式,即为中国古代传承制度中的所谓"继"和"及"。在"继"与"及"的选择中,因文献无古公亶父之弟的相关记载,故殷商特殊历史条件下的"弟及"——兄终弟及当可排

---

[1] 范文澜:《中国通史》(第一册),人民出版社1978年,第56—57页。
[2] 王国维:《殷周制度论》,刊于《周公摄政称王与周初史事论集》,北京图书馆出版社1998年,第1—15页。
[3] 杨朝明:《鲁文化史》,齐鲁书社2001年,第103页。

除。这样，古公亶父年老时面临部族权力传承时，父死子继的"传子制"就成为唯一选择。

（三）古公亶父的子嗣及继位人选

古公亶父子嗣情况，《史记·周本纪》记载为："长子曰太伯，次曰虞仲。太姜生少子季历，季历娶太任，皆贤妇人，生昌，有圣瑞。"[1]另参照《史记·吴太伯世家》中记写的"季历贤，而有圣子昌，太王欲立季历以及昌"[2]及泰伯南奔立国后"太伯卒，无子，弟仲雍立，是为吴仲雍。仲雍卒，子季简立"[3]的记载，可以看出古公亶父后的继位人选顺序为：长子太伯、次子仲雍、三子季历。

长子泰伯无子，即无后。若其继承权力，则泰伯后无子可传的情况，将导致传承一变为"弟及"，即传承于仲雍或季历。其时，个中暗含着争位的隐患。

而次子仲雍，从"仲雍卒，子季简立"[4]可知，仲雍有子季简。然，季简是仲雍奔吴后所生，抑或是奔吴前在周族部族时所生，文献未载，故不得而知。若为前者（指季简为奔吴后所生），则对古公亶父当时的传承选择不构成影响；而若为后者（指季简于仲雍奔吴前、在周族部族时已经出生），则对古公亶父当时的选择可能构成影响。

《吴越春秋》以问答形式记述泰伯立国"勾吴"时说："或问：'何像而为勾吴？'泰伯曰：'吾以伯长居国，绝嗣者也，其当有封者，吴仲也。'"[5]按此，可见在周族部族时，仲雍或已生有儿子。尽管此子与季简是否为同一人，难以确定。但即使是此种情况（指在周族部族时，仲雍已生有儿子），古公亶父在权力传承的同时也要考虑其"孙"辈的因素时，已生有儿子的次子仲雍，也未在考虑之列。

三子季历的情况，从"季历贤，而有圣子昌"及"生昌，有圣瑞"等的记载来看，这些含有褒义色彩的评价——"贤"，已置季历于道德高地之上。而对其子姬昌的"圣子""有圣瑞"等的评价，也已为姬昌抹上了君权神授的色彩。

姬昌的"圣瑞"，见诸唐代张守节《史记正义》引《尚书·帝命验》所记载的："季秋之月甲子，赤爵衔丹书入于酆，止于昌户。"[6]意思是说，某年的季秋之月，甲子日，一只"赤爵"（爵：雀）即红色的鸟儿，衔着一份丹书，停了在姬昌住着的地方。古代君权神授思想指导下的"圣瑞"，在"二十五史"中并不鲜见。但这只对商末周族部族传承产生重大影响的"圣瑞"及其小红鸟，后世却一直穿行在中国的思想界。唐孔颖达《礼记正义》疏《礼记·中庸》篇中"国家将兴，必有祯祥"句时，就引用这只小红鸟的故事说："言人有至诚，天地不能隐，如文王有至诚，招赤雀之瑞也。"[7]北宋李昉编撰《太平御览》时也说："周文王为西伯，季秋之月甲子，赤雀衔丹书入丰鄗，止于昌户。乃拜，稽首受取。曰：'姬昌，苍帝子；亡殷者，纣也。'"[8]商末时大约尚未成年的

---

[1]《史记·周本纪》，见司马迁：《史记》，中华书局1959年，第115页。
[2]《史记·吴太伯世家》，见司马迁：《史记》，中华书局1959年，第1445页。
[3]《史记·吴太伯世家》，见司马迁：《史记》，中华书局1959年，第1446页。
[4]《史记·吴太伯世家》，见司马迁：《史记》，中华书局1959年，第1446页。
[5]赵晔：《吴越春秋》，江苏古籍出版社1986年，第3页。
[6]张守节：《史记正义》，见司马迁：《史记》，中华书局1959年，第115页。
[7]孔颖达疏，见《礼记正义》，北京大学出版社1999年，第1449页。
[8]《太平御览》卷二十四引《尚书中候》，见《太平御览》，河北教育出版社1994年，第208页。

姬昌，在后世不但成了"苍帝子"，更成了承受上天之命的贤君。

古代史书中出现"白帝""赤帝""黄龙""赤雀"之类记载的原因：一是古人囿于知识局限，对某种自然现象无法理解或理解错误；二是利用某种自然现象作受命于天的解释，从而对权力传承的合法性作君权神授式的暗示和宣传。显然，姬昌的"圣瑞"及这只小红鸟，在周族部族的传承中，就起此类作用了。

（四）周族部族传承的影响因素分析

1.古公亶父夫人太姜

在古公亶父时期的部族权力传承中，有可能对传承产生影响的为古公亶父身边的家人，首先是古公亶父的夫人太姜。

裴骃《史记集解》引："《列女传》曰：'太姜，有邰氏之女。'"[1]而前文叙述周族始祖后稷时，曾说"其母有邰氏女，曰姜原"[2]。显然，太姜的"有邰氏"与后稷之母的姜原，当同为姜姓"有邰氏"族群的后人。

关于部族的权力传承，如前所述"殷商时期已有嫡庶之制，王位继承制度已经是嫡长子继承制"。因此，影响古公亶父对传承判断的另一个因素，就是其三子各自的母亲的地位——正室或非正室。而构成对比样本的，是比古公亶父的部族传承时间稍晚些的商王朝的最后一次传承。

《史记·殷本纪》记载说："帝乙长子曰微子启，启母贱，不得嗣。少子辛，辛母正后，辛为嗣。帝乙崩，子辛立，是为帝辛，天下谓之纣。"[3]即帝乙不立长子微子启而立少子辛，其原因就是长子、少子各自母亲的身份、地位差异——"启母贱"及"辛母正后"。《史记索隐》释上句时指出："此以启与纣异母，而郑玄称为同母。依《吕氏春秋》，言母当生启时犹未正立，及生纣时始正为妃，故启大而庶，纣小而嫡。"[4]

从郑玄及《吕氏春秋》的说法可知，帝乙的长子微子启和少子辛，均为帝乙的同一个夫人所生，只是出生时这位夫人的身份、地位不同。微子启出生时，该夫人犹未正立，即尚为偏房地位。而生养少子辛时，她已成为正室。正因为此，同一个母亲所生的微子启虽然年长为长子，但仍然为庶出；而少子辛虽然岁数小，却为嫡子。同父同母的微子启和少子辛，竟因出生时母亲的身份、地位差异，而成为庶出、嫡出的不同身份了。

《史记·周本纪》中"太姜生少子季历"句，张守节《史记正义》引："《国语》注云：'齐、许、申、吕四国，皆姜姓也，四岳之后，太姜之家。太姜，太王之妃，王季之母。'"[5]张守节的此处文字，只说太姜为王季即季历之母，而未言及太姜与泰伯、仲雍是否为母子的关系。

对此，孔颖达认为司马迁表述有误，故而在疏《左传·僖公五年》"大伯、虞仲，大王之昭也。大伯不从，是以不嗣"[6]句时说："大伯、虞仲辟季历适荆蛮，若有适庶，不须相辟，知其皆同母

---

[1]裴骃：《史记集解》，见司马迁：《史记》，中华书局1959年，第115页。
[2]《史记·周本纪》，见司马迁：《史记》，中华书局1959年，第111页。
[3]《史记·殷本纪》，见司马迁：《史记》，中华书局1959年，第105页。
[4]司马贞：《史记索隐》，见司马迁：《史记》，中华书局1959年，第105页。
[5]张守节：《史记正义》，见司马迁：《史记》，中华书局1959年，第115页。
[6]《左传·僖公五年》，见《春秋左传正义》，北京大学出版社1999年，第343页。

也。《周本纪》云：'古公有长子曰大伯，次曰虞仲。大姜生季历。'如《史记》之文，似王季与大伯别母，马迁之言疏缪耳。"[1]显见，此处孔颖达疏的意思为，《史记》上述"古公有长子曰大伯，次曰虞仲。大姜生季历"的表述，将季历与泰伯写得像是并非同一个母亲太姜所生似的，误导读者，极为荒谬。

梁玉绳《史记志疑》对孔颖达疏进行反批评说："《左传僖五年》疏曰：'如《史记》之文，似王季与太伯别母，马迁之言疏缪。'而《评林》引明张之象谓妇姑相继皆贤妇，故曰：'太姜生少子季历。'张评所以著太姜系季历之故，解颇明白，史公本不以季历与太伯为异母也，孔疏自误耳。"[2]显见，梁玉绳以为，司马迁并没有将季历与泰伯表述得像是并非同一母太姜所生，是孔颖达自己理解错了。

泷川资言《史记会注考证》引梁玉绳《史记志疑》注，亦以为："史公本不以季历与太伯为异母也。"[3]

按上，孔颖达、梁玉绳、泷川资言等均以为太姜为泰伯、仲雍和季历的共同生母。

因此，太姜为泰伯、仲雍和季历的共同生母。在这种情况下，文献并无太姜生泰伯时"犹未正立"及生季历时"始正为妃"等的记载。故商王朝最后一次传承的情况在这一传承中并无可资比况或借鉴的可能。在这种情况下，太姜作为一个母亲，不管长子、次子或三子中谁取得继承权，对她来说均无利害冲突。虽然，她对哪个儿子的好恶情感，在承继中可能起一定作用，并影响到古公亶父，但并无材料证实这一情况。故古公亶父夫人太姜在传承中的作用，可忽略不计。

2.季历所娶的挚国任氏之太任

《史记·周本纪》接下来记载说："季历娶太任，皆贤妇人。"[4]即指古公亶父所娶有邰氏之太姜及季历所娶的挚国任氏之太任，都是贤惠的妻子。

关于"太任"，裴骃《史记集解》引"《列女传》曰：'……太任，挚任氏之中女。'"[5]唐张守节《史记正义》引"《国语注》云：'挚、畴二国，任姓。奚仲、仲虺之后，太任之家。太任，王季之妃，文王母也'"[6]。而太姜、太任二人"皆贤妇人"句，张守节《史记正义》引《列女传》云：'太姜，太王娶以为妃，生太伯、仲雍、王季。太姜有色而贞顺，率导诸子，至于成童，靡有过失。太王谋事必于太姜，迁徙必与。太任，王季娶以为妃。太任之性，端壹诚庄，维德之行。及其有身，目不视恶色，耳不听淫声，口不出傲言，能以胎教子，而生文王。'此皆有贤行也"[7]。杨宽撰著《西周史》一书论及"季历对鬼方的征服"时提及："由于和中原任姓的挚国通婚，从而争取商朝所属的任姓侯为盟国。《诗经·大雅·大明》：'挚仲氏任，自彼殷商，来嫁于周，曰嫔于京；乃及王季，维德之行。大任有身，生此文王。'挚仲是任姓挚国之君的次女，挚原是殷商所属诸侯，所以说

---

[1]孔颖达疏，见《春秋左传正义》，北京大学出版社1999年，第343页。
[2]梁玉绳：《史记志疑》，中华书局1981年，第76页。
[3]司马迁著、泷川资言会注考证：《史记会注考证》，北岳文艺出版社1999年，第8页。
[4]《史记·周本纪》，见司马迁：《史记》，中华书局1959年，第115页。
[5]裴骃：《史记集解》，见司马迁：《史记》，中华书局1959年，第115页。
[6]张守节：《史记正义》，见司马迁：《史记》，中华书局1959年，第115页。
[7]张守节：《史记正义》，见司马迁：《史记》，中华书局1959年，第115页。

'自彼殷商'。京就是周的京师。'曰嫔于京'就是说挚仲嫁到了周京。文王就是挚仲所生。挚仲就是大任。后来就是因为大任的关系,任姓的挚国和畴国都成为周的诸侯。……周这样和挚国通婚,便利了周向中原地区的开拓。"[1]

司马迁《史记·外戚世家》中,将周之兴起的"内德茂"与"外戚之助"[2]并列叙述时,即将后稷之母姜原与姬昌(周文王)之母大任(太任)并列并予以评价说:"周之兴也以姜原及大任。"[3]另,司马贞《史记索隐》对此评论说:"大任,文王之母,故诗云'挚仲氏任',毛(诗)[传]云'挚国任姓之中女也'。"[4]

今河南驻马店市博物馆展出多块与该市辖县平舆有关的"挚国""挚周联姻诞文王"及"挚亭"展板。其内容简述如下:

"挚国"展板说:"挚国,任姓,黄帝之孙少昊后裔奚仲建立的方国,历夏、商两个王朝,位于今平舆县。……都邑位于今平舆县古槐镇西塔寺。"

"挚周联姻诞文王"展板说:"商代末年,挚国首领把女儿太任嫁给周国的季历为妻。太任品德高尚,聪慧善良。怀孕之后,目不视恶色,耳不闻淫声,口不出傲言,不做非礼之事,不做非分之想。诞育周朝开国之君周文王。"

"挚亭"展板说:"挚亭是后人为了纪念周文王之母——太任,在她的出生地建的'文王之母亭',又称'挚亭'(今平舆县城西塔寺街西部)。"

3.外戚任氏挚国影响下的从"因更名曰季历"到"立季历以传昌"

影响古公亶父传承决策的一个不可忽视的因素,就是三子季历夫人太任及其娘家部族外戚力量挚国的影响。挚国的强势地位,使得周族部族当日为季历迎娶这位挚国国君女儿时,就具有了部族间政治联姻的色彩。而这种政治联姻,又往往因女方部族的强势而影响权力传承的变化。对周族部族而言,这种变化就是废长立幼——废古公长子泰伯而"立季历以及昌"。

周族部族传承,按正常程序当为传长子泰伯,而其后发生逆转传三子季历,变化的背后或有着季历夫人太任娘家部族外戚力量的影响。

正是这一影响,使得古公亶父不得不为周族部族的生存和发展作出废长立幼的苦心安排。否则,若是立长子泰伯,则周族部族与挚国间借政治联姻而结成的联盟或准联盟有可能瓦解。两个部族的政治联姻关系,亦可能由亲家变仇家,从而置周族部族于更险恶的境地。

在部族的生存、发展与部族的继统传承之间,古公亶父未因循守旧,而是如他所说:"我世当有兴者,其在昌乎?"[5]这里,不排除古公亶父喜爱这位孙辈的个人情感因素,但更反映了他对周族部族现实生存环境的冷静思考。为了达到周族部族兴旺发达的发展目的,"传国以及昌"就成为古公亶父传承安排的唯一选择。故在权力传承的程序上,古公亶父打破当时(指商代)王位

---

[1] 杨宽:《西周史》,上海人民出版社1999年,第64页。
[2]《史记·外戚世家》,见司马迁:《史记》,中华书局1959年,第1967页。
[3]《史记·外戚世家》,见司马迁:《史记》,中华书局1959年,第1967页。
[4] 司马贞:《史记索隐》,见司马迁:《史记》,中华书局1959年,第1968页。
[5]《史记·周本纪》,见司马迁:《史记》,中华书局1959年,第115页。

继承制度——嫡长子继承的制度常规，而"立季历以传昌"[1]，就不是难以理解的事了。

为避免事发突然而引起部族内部的思想混乱，古公亶父"因更名曰季历"[2]。即借给三子更名为"季历"事，发出了要将部族权力传给三子的讯息。这种带有打招呼性质的讯息传递，乃是古公亶父在传承上的苦心安排。长子泰伯、次子仲雍获知父亲发出的讯息，立即洞晓了父亲的用意。这就是《吴越春秋》所记载的："太伯、仲雍望风知指，曰：'历者，適也。'知古公欲以国及昌。"[3]

对泰伯、仲雍来说，他们生活在周族部族内。其时，周族部族处于北方游牧民族戎狄与商王朝的挤压之中，而周族部族在中原的政治盟友——任姓挚国，此时如果与周族部族关系恶化，周族部族将会处于更为困难和险恶的境地。所有这些，泰伯、仲雍也不可能不知晓。因此，他们对父亲古公亶父借给三子更名为"季历"事而发出的废长立幼，以让三子上位的讯息，不能不产生想法，毕竟其时的王位继承制度，已经是嫡长子继承制。

在这种情况下，"长子太伯、虞仲知古公欲立季历以传昌，乃二人亡如荆蛮，文身断发，以让季历"[4]。

正是有着这一层血缘关系，故在岐山岐阳村的周部族祖庙性质的周三王庙里，在古公亶父的左右分别置放着长子泰伯、次子仲雍的牌位。

古公亶父曾孙姬发担任部族首领并推翻商王朝后，建立西周并成为周武王。周武王"追尊古公为太王"[5]，而《逸周书·世俘解》亦记载说："王烈祖自太王、太伯、王季、虞公、文王、邑考以列升，维告殷罪。"[6]故李学勤《勾吴史集·序言》说："参看作于西周的《逸周书·世俘篇》，武王克殷，祭于周庙，太伯、虞公（仲雍）都在列祖之内，其地位之高是很清楚的。"[7]

岐山县岐阳村未修复前周三王庙的"周三王"手绘图像版，即以图像形式标示的"周三王"——古公亶父、季历及姬昌（左）及该手绘图像版所绘古公亶父图像两旁置放的"吴王讳泰伯之神位""吴王讳仲雍之神位"（右）（吴恩培摄于2005年）

---

[1]《史记·周本纪》，见司马迁：《史记》，中华书局1959年，第115页。
[2] 赵晔：《吴越春秋》，江苏古籍出版社1986年，第3页。
[3] 赵晔：《吴越春秋》，江苏古籍出版社1986年，第3页。
[4]《史记·周本纪》，见司马迁：《史记》，中华书局1959年，第115页。
[5]《史记·周本纪》，见司马迁：《史记》，中华书局1959年，第119页。
[6]《逸周书·世俘解》，见黄怀信等：《逸周书汇校集注》（修订本），上海古籍出版社2007年，第424页。
[7] 李学勤：《勾吴史集·序》，见《勾吴史集》，江苏古籍出版社1998年，第2页。

岐山县岐阳村修复后的周三王庙的"周三王"雕塑版，以雕塑形式标示"周三王"——古公亶父、季历、姬昌（左）及该古公亶父塑像两旁置放的其长子泰伯、次子仲雍的牌位——"吴姓创姓始祖至德三让王吴公泰伯之神位""吴氏传代祖恭孝王吴公仲雍之神位"（右）（吴恩培摄于2018年）

第四节　泰伯、仲雍南奔

从小在岐山下的周原长大的泰伯、仲雍，对周族部族处于北方游牧民族戎狄与商王朝的挤压之中的险恶处境和部族严峻的生存危机，当为知晓。

面对父亲古公亶父打破当时嫡长子继承的制度而"欲立季历以传昌"，在这一传承逆转中将失去继承权从而受损最大的泰伯，事实上只有"让"（"从"）或"不从"两种选择。于是，文献对泰伯、仲雍当时所能取的态度和做法，就有了两种不同的记载。

一、泰伯之"让"及《史记》的从"荆蛮"到"江蛮"

在周族部族生存危机的阴影之下，泰伯及仲雍对父亲古公亶父的非常规传承安排予以理解。而在乃父古公亶父借给三子更名为"季历"事，发出了要将部族权力传给三子的讯息后，泰伯、仲雍即作出因应——采取"让"的做法——南奔。

对于泰伯、仲雍的南奔，《史记·周本纪》记载说："长子太伯、虞仲知古公欲立季历以传昌，乃二人亡如荆蛮，文身断发，以让季历。"[1]

《史记·吴太伯世家》也作相同记载说："太王欲立季历以及昌，于是太伯、仲雍二人乃奔荆蛮，文身断发，示不可用，以避季历。"[2]

泰伯、仲雍在理解父亲古公亶父为部族的生存和发展而作出的苦心安排后，以南奔逃亡的方式"以让季历"或"以避季历"。其具体时间，当在古公亶父尚在世时。

公元前1127年，古公亶父去世。因此，上述《史记》等记载泰伯、仲雍南奔的时间，当在商王武乙二十一年（前1127）古公亶父去世前的若干年内，距今三千一百五十余年。

泰伯、仲雍在理解父亲古公亶父所作安排的同时，也理解父亲其实也是将周族部族生存攸关的重担与前途未卜的艰险压在了三弟季历身上。是时，在商朝廷政治阴影下的部族权力交接，就

---

[1]《史记·周本纪》，见司马迁：《史记》，中华书局1959年，第115页。
[2]《史记·吴太伯世家》，见司马迁：《史记》，中华书局1959年，第1445页。

远不止是权力支配与富贵享乐的交接了。

而关于泰伯、仲雍所奔的"荆蛮",荆者,楚也。春秋末期,吴亡而归越。战国时,越亡而又归楚。故进入大一统的秦帝国(秦王朝)前,今长江下游的太湖流域故吴地为楚所辖。西汉司马迁撰《史记》时,为表述这一块土地入秦继而入西汉前为楚所辖的行政属性,称之为"荆蛮"。然而,商末泰伯南奔时,尚无楚国。正是意识到这一内在逻辑的错误,司马迁其后在《史记·太史公自序》里,涉及吴国此段史事时,将泰伯、仲雍的"乃奔荆蛮"改为"太伯避历,江蛮是适"[1],即将"荆蛮"改作了"江蛮",从而将其所奔之地的荆楚行政色彩去除,而代之以地理特征的色彩——地处长江下游的蛮夷之地。或许是后人未注意到司马迁着意强调的这一历史细节,也可能是因《史记·周本纪》《史记·吴太伯世家》远先于处于全书末篇的《史记·太史公自序》,先入为主下后世论及泰伯南奔之地,仍多依《史记·周本纪》《史记·吴太伯世家》等的记载而作地理界定上其实存在着错讹的"荆蛮"。

二、泰伯南奔后以周十四世季历为首领的西周部族的发展及季历被杀

泰伯、仲雍南奔,乃是出于遵从父意"让"的结果,故不可能预料到南奔后,他们的弟弟季历即位后的作为及其结局。但这并不妨碍后人从季历的其后结局进行探讨,并由此认识到季历承担部族重任后所处的险恶政治环境。

(一) 季历果立

《史记·周本纪》载:"古公卒,季历立,是为公季……公季卒,子昌立,是为西伯。"[2]《史记·吴太伯世家》亦记载太伯、仲雍南奔"以避季历"后,"季历果立,是为王季"[3]的情况。

古公亶父去世后,旋即,季历即位为周族部族首领。《史记·周本纪》将季历(公季)的去世"公季卒"与其父的去世"古公卒"并列,并作为周族部族传承中的正常传承程序处理。

然而,《史记·周本纪》的平和描述,其实是有意识地回避了季历的非正常死亡。

《史记·龟策列传》记载季历被杀的情况,商王"杀周太子历,囚文王昌"[4]。关于此处的"周太子历",唐司马贞《史记索隐》指出:"按:'杀周太子历'文在'囚文王昌'之上,则近是季历。季历不被纣诛,则其言近妄,无容周更别有太子名历也。"[5]

方诗铭、王修龄《古本竹书纪年辑证》则指出:"'太子'二字为季字之讹,'季'上部'禾'与'太'字形近,校勘学上二字合为一字,或一字析为二字,其例极多。原文当为'杀周季历'。"[6]

季历被杀,显然与其担任周族部族首领后的作为及周族部族的迅速崛起有关。古公亶父时,商朝廷为将周族部族变成商朝廷西部、北部阻挡游牧民族的屏障和缓冲,故采取赐地等怀柔政策。

---

[1]《史记·太史公自序》,见司马迁:《史记》,中华书局1959年,第3306页。
[2]《史记·周本纪》,见司马迁:《史记》,中华书局1959年,第116页。
[3]《史记·吴太伯世家》,见司马迁:《史记》,中华书局1959年,第1445页。
[4]《史记·龟策列传》,见司马迁:《史记》,中华书局1959年,第3234页。
[5]司马贞:《史记索隐》,见司马迁:《史记》,中华书局1959年,第3234页。
[6]方诗铭、王修龄:《古本竹书纪年辑证》,上海古籍出版社1981年,第37页。

王国维《今本竹书纪年疏证》记载了季历担任周族部族首领后的作为。现谨以该著作记载的季历侍奉的两代商王为界，分为商王武乙（前1147年—前1113年执政）和商王文丁（前1112年—前1102年执政）两个时期进行论述。

（二）商王武乙时期

1. 伐程与伐义渠

商王武乙时期，季历在担任周族部族首领后，率领周族部族对外接连进行了两场战争，如下：

其一为武乙二十四年（前1124）"周师伐程，战于毕，克之"[1]。这是季历即位三年后所进行的战争，"周师"所"伐"的"程"地，有学者指出为"今陕西咸阳市"[2]。

其二为武乙三十年（前1118）"周师伐义渠，乃获其君以归"[3]。此为季历即位九年后所进行的另一场战争，"周师"所"伐"的"义渠"，有学者指出为"今宁夏固原"。[4]

两场战争，一为灭"程"部族，一为活捉了"义渠"部族首领。

2. 即位十三年后的季历来朝

商王武乙三十四年（前1114），"周公季历来朝，王赐地三十里，玉十瑴，马十匹"[5]。即季历在担任首领十三年后，在充分显示周族部族实力，尤其是军事实力的基础上，这才开始朝拜商王武乙。其间，是否构成对商王的不敬和轻慢？这首先涉及是时其父古公亶父的丧礼需多少时间的问题。

周代的相关文献记载，安葬礼仪有"七月""五月"诸说，如"天子七月而葬……诸侯五月"[6]。即天子逝世，七个月后举行葬礼；诸侯去世，五个月后举行葬礼。另亦有"三年"之说，如《左传·昭公十一年》有"君有大丧，国不废蒐。有三年之丧，而无一日之戚"[7]的记载，且《左传·昭公十五年》中借叔向之口说："王一岁而有三年之丧二焉。"[8]意指，天子一年中遭逢两度服丧三年的丧事。此外，还有"五年"说的禘祭——大祭。如《公羊传·文公二年》"五年而再殷祭"[9]，何休注："殷，盛也。谓三年祫五年禘。"[10]

上述葬礼时间，有五月、七月、三年、五年等不同之说，但无长达十余年的记载。

另，参春秋时鲁国国君朝见盟主晋侯的实例：公元前588年（鲁成公三年），"公如晋"[11]，即鲁国国君鲁成公即位三年后到晋国去朝见晋侯晋景公。公元前570年（鲁襄公三年），"公如

---

[1] 王国维：《今本竹书纪年疏证》，见方诗铭、王修龄：《古本竹书纪年辑证》，上海古籍出版社1981年，第228页。
[2] 孟世凯：《夏商史话》，中国青年出版社1986年，第218页。
[3] 王国维：《今本竹书纪年疏证》，见方诗铭、王修龄：《古本竹书纪年辑证》，上海古籍出版社1981年，第228页。
[4] 孟世凯：《夏商史话》，中国青年出版社1986年，第218页。
[5] 王国维：《今本竹书纪年疏证》，见方诗铭、王修龄：《古本竹书纪年辑证》，上海古籍出版社1981年，第228页。
[6] 《左传·隐公元年》，见《春秋左传正义》，北京大学出版社1999年，第57页。
[7] 《左传·昭公十一年》，见《春秋左传正义》，北京大学出版社1999年，第1288—1289页。
[8] 《左传·昭公十五年》，见《春秋左传正义》，北京大学出版社1999年，第1345页。
[9] 《公羊传·文公二年》，见《春秋公羊传注疏》，北京大学出版社1999年，第280页。
[10] 何休注，见《春秋公羊传注疏》，北京大学出版社1999年，第280页。
[11] 《春秋经·成公三年》，见《春秋左传正义》，北京大学出版社1999年，第711页。

晋"[1],《左传·襄公三年》记为"公如晋,始朝也"[2],即鲁国国君鲁襄公即位三年后首次到晋国去朝见晋侯晋悼公。这里,晋侯只是盟主,而非天子国君。作为盟国的鲁国,国君去世三年后,新任国君鲁成公、鲁襄公均相继在国丧三年期满即去朝见盟主晋侯。

由上述对比可见,季历即位十三年后才朝见商王,虽无文献记载个中原因,但不外乎因忌惮而回避,而此举极易被商朝廷视为不敬和轻慢。是时,被东部的东夷牵制住的商朝廷,正如《后汉书》所记载:"武乙衰敝,东夷浸盛,遂分迁淮、岱,渐居中土。"[3]按此,商朝廷被东夷挤压至中原地区。因此,是时商朝廷对在西部崛起的周族部族,为避免两线作战,只能笼络而不便相逼。是故,对季历即位十三年后才朝见商王,商朝廷不但不追究季历的不敬和轻慢,相反继续给予赏赐以作怀柔。

受朝廷赏赐的周族部族,在季历统领下,继续为本部族的生存,同时也为商朝廷的西部靖边而与游牧民族血战,且战果辉煌。

商王武乙"三十五年(前1113),周王季伐西落鬼戎"[4]。此战,王国维《古本竹书纪年辑校》未引征战结果,但另引《后汉书·西羌传》注引《纪年》:"武乙三十五年,周王季伐西落鬼戎,俘其二十翟王。"[5]即一下子俘获了鬼戎的二十位头领。

其后,商王"武乙猎于河渭之间,暴雷,武乙震死"[6]。即武乙打猎时被雷击而死。有学者将周族部族伐鬼戎的大捷与商王武乙遭雷击而死作联系说:"武乙得知季历又征服了一个大部落,便率领人马向西部去打猎",以致"被雷电击死"[7]。显然,季历大捷与"武乙震死"这一自然现象之间并不存在因果关系。将之作因果联系并为其后的文丁杀季历寻求理由和解释,只是对历史偶发事件作过度解读。

(三)商王"文丁杀季历"与季历墓——周王季陵

随着商王武乙的去世,周部族首领季历又开始面对另一个政治对手——继位的商王文丁。文丁处事风格与其父迥异,尤其是面对周族部族的崛起,怀有浓重的猜忌之心。

这一时期,季历及其周族部族的作为及遭遇,依时间先后排列如下:

文丁"二年(前1111),周公季历伐燕京之戎,败绩"[8]。

文丁"四年(前1109),周公季历伐余无之戎,克之,命为牧师"[9]。牧师,古代掌管畜牧的官。《周礼·夏官·牧师》记载说:"牧师掌牧地,皆有厉禁而颁之。孟春焚牧,中春通淫。掌其政令。"[10]商朝廷授这个管马的官职给季历,既示以恩宠,又驱之有加地敦促季历及周族部族继续

---

[1]《春秋经·襄公三年》,见《春秋左传正义》,北京大学出版社1999年,第821页。
[2]《左传·襄公三年》,见《春秋左传正义》,北京大学出版社1999年,第823页。
[3]《后汉书·东夷列传》,见范晔:《后汉书》,中华书局1965年,第2808页。
[4]王国维:《今本竹书纪年疏证》,见方诗铭、王修龄:《古本竹书纪年辑证》,上海古籍出版社1981年,第228页。
[5]王国维:《今本竹书纪年疏证》,见方诗铭、王修龄:《古本竹书纪年辑证》,上海古籍出版社1981年,第228页。
[6]《史记·殷本纪》,见司马迁:《史记》,中华书局1959年,第104页。
[7]孟世凯:《夏商史话》,中国青年出版社1986年,第220页。
[8]王国维:《今本竹书纪年疏证》,见方诗铭、王修龄:《古本竹书纪年辑证》,上海古籍出版社1981年,第228页。
[9]王国维:《今本竹书纪年疏证》,见方诗铭、王修龄:《古本竹书纪年辑证》,上海古籍出版社1981年,第228页。
[10]《周礼·夏官·牧师》,见《周礼注疏》,北京大学出版社1999年,第866页。

与游牧民族血战。

文丁"七年(前1106年),周公季历伐始呼之戎,克之"[1]。

文丁"十一年(前1102年),周公季历伐翳徒之戎,获其三大夫,来献捷"。"王杀季历。""王嘉季历之功,赐之圭瓒、秬鬯、九命为伯,既而执诸塞库,季历困而死,因谓文丁杀季历。"[2]

由上可知,在季历伐翳徒之戎并再次获得大捷,同时,值抓获该游牧部族三位头领并前来向朝廷献俘报捷之时,"文丁杀季历"。

随着周族部族在对北方游牧民族的战争中屡屡获胜,周族部族在对外扩张中获得大量财富和人口,商王文丁一方面笼络地大加封赏——"命为牧师"及"嘉季历之功,赐之圭瓒、秬鬯、九命为伯"等,一方面却是怀着不安的心情看着周族部族势力的不断扩张。同时,此年是商王文丁执政十一年的最后一年。文丁在健康上可能遇到了问题。因此,处在沉疴中而自感不久于人世的这位商王,为了挽救日益衰败的商朝廷,同时,也为替他的接位者剪除后患,他采取断然措施剪除政治对手季历,就是非常合乎情理的事了。

由此也可看出,当初在周族部族的传承中,如果古公亶父传位于泰伯;同时,如果泰伯带领周族部族也像季历这般作为的话,那商王武丁猜忌并杀之者,可能就是泰伯了。

季历墓即周王季陵,位于今陕西西安市鄠邑区(原户县)玉蝉镇陂头村西侧。

现墓前立有清乾隆间"周王季陵"碑,书碑者为"赐进士及第兵部侍郎兼副都御史陕西巡抚毕沅敬书";立碑年代为"大清乾隆岁次丙申孟秋"。

位于今陕西西安市鄠邑区(原户县)玉蝉镇陂头村西侧的"周王季陵"碑(左)、列为陕西省第二批重点文物保护单位且由陕西省西安市人民政府立的"周王季陵"文物保护碑(中)及列为第二批陕西省重点文物保护单位且由原户县人民政府所立的"王季陵"文物保护碑(右)(吴恩培摄)

---

[1] 王国维:《今本竹书纪年疏证》,见方诗铭、王修龄:《古本竹书纪年辑证》,上海古籍出版社1981年,第229页。
[2] 王国维:《今本竹书纪年疏证》,见方诗铭、王修龄:《古本竹书纪年辑证》,上海古籍出版社1981年,第229页。

周王季陵前另立有文物保护碑二：

其一：

陕西省第二批重点文物保护单位
周王季陵
陕西省人民委员会
一九五七年八月三十一日公布
陕西省西安市人民政府立

其二：

第二批陕西省重点文物保护单位
王季陵
时代：周
户县人民政府
1981.10.1

附录：季历之子周文王姬昌及季历之孙周武王姬发的墓葬地——周文王陵与周武王陵

季历之子周文王姬昌及季历之孙周武王姬发的墓葬地——周文王陵与周武王陵，位于陕西省咸阳市渭城区周陵镇。该陵1957年被陕西省公布为第一批省级重点文物保护单位（学界对该处为周陵，存在不同意见）。现谨将周文王陵与周武王陵列于季历墓后。

陕西省第一批重点文物保护单位
周陵
时代：周
咸阳市人民政府
1984.12

周陵前立有文物保护碑，碑上文字如右：

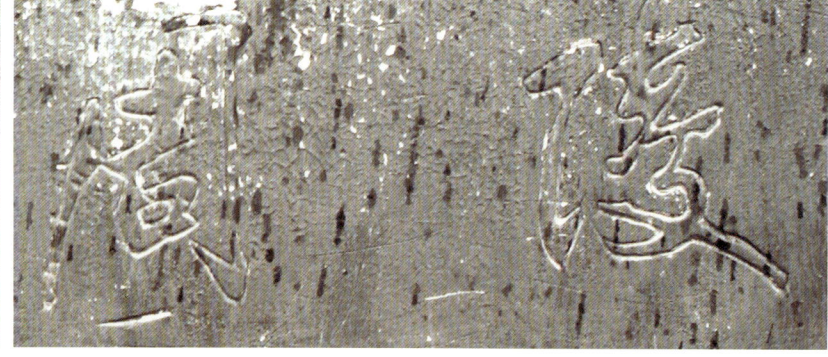

陕西咸阳市渭城区周陵镇列为陕西省第一批重点文物保护单位的"周陵"文物保护碑（左）及其细部"周陵"字样（右）（吴恩培摄）

陕西咸阳渭城区周陵镇的周文王陵（左）及周武王陵（右）（吴恩培摄）

三、《左传》关于大伯（太伯）的记载及其与晋献公时晋国政治的纠缠

成书早于《史记》的《左传》，其中最早两处记载周族部族的大伯（太伯，泰伯。下同不另注），一为记载大伯的"不如逃之，无使罪至"；另一为"大伯不从，是以不嗣"，从而映射了泰伯是时在周族部族中的境况。

该两段记载，为《左传》中关于周族部族时太伯境遇的罕见记载，故有着较高的历史价值。同时，该记载将太伯与晋献公之子——太子申生的处境进行类比，从而将商末周族部族古公亶父的权力传承与晋献公时代的晋国君位传承作联系和类比。

（一）《左传·闵公元年》记载的"为吴大伯，不亦可乎"及"吴大伯"与太子申生

《左传·闵公元年》中记载晋国情况说："晋侯作二军，公将上军，大子申生将下军。赵夙御戎，毕万为右，以灭耿、灭霍、灭魏。还，为大子城曲沃。赐赵夙耿，赐毕万魏，以为大夫。士蒍曰：'大子不得立矣，分之都城而位以卿，先为之极，又焉得立。不如逃之，无使罪至。为吴大伯，不亦可乎？犹有令名，与其及也。且谚曰：心苟无瑕，何恤乎无家。天若祚大子，其无晋乎？'"[1]杜预注："大伯，周太王之適子，知其父欲立季历，故让位而适吴。"[2]故《左传》上条意为，晋献公建立两个军，自己率领上军，让太子申生率领下军。赵夙为晋献公驾驭战车，毕万作为车右。出兵灭掉耿国、霍国、魏国。回来后，晋献公为太子在曲沃建造城墙，把耿地赐给赵夙，把魏地赐给毕万，派他们做大夫。士蒍对此评论说："太子申生做不成大王的继承人了。把都城分给他又让他担任相当于卿的官职去统领一军，他本来就是国家的太子，现在却让他去担任官员中的最高位置，这又哪里能够立他为国君？不如现在赶快逃走，不要让罪名到来加于身。做一个让位给弟弟的吴泰伯，不也是可以的吗？这样的话，他还能保持好的名声，这就像谚语所说的，只要心里没有瑕疵，何须担忧没有家？上天如果保佑太子得以善终，就别让他再留在晋国了吧！"

上述，从士蒍评述、规劝太子申生"不如逃之，无使罪至"以及"为吴大伯，不亦可乎？"的叙述中，一是可证实商后期时泰伯让位于季历之事，春秋早期时依然在列国士大夫中流传。而这一流传版本中"吴大伯"南奔时的处境，显现出无奈一面。二是可窥得周族部族的古公亶父嫡长子"吴大伯"与晋献公之子的"太子申生"地位、处境相似。其时，晋献公因宠爱骊姬，正上演着一个杀灭亲生太子申生的悲剧。

将《左传》记载中的"吴大伯"与《左传》《史记》等文献记载的晋献公之子"太子申生"进行类比，可探讨泰伯南奔原因等的另一种无奈及避祸式的非主流说法。而作此类比和探讨，则须对与太子申生相关的晋国的建立、发展及"曲沃代翼"乃至晋献公时的骊姬之乱等作一叙述。

1.士蒍涉及"大伯"评述背后的晋国政治演变——从成王的"桐封"到晋献公上三代的"曲沃代翼"

晋国建立及发展到以小宗代大宗的"曲沃代翼"事件，大致过程与节点，如下：

---

[1]《左传·闵公元年》，见《春秋左传正义》，北京大学出版社1999年，第304—305页。
[2]杜预注，见杜预：《春秋经传集解》，上海古籍出版社1978年，第217页。

(1)成王桐封其弟叔虞

晋国的建立,与周成王时"桐封"其弟叔虞有关。周成王继位,唐发生内乱,周公旦灭唐。其时:"成王与叔虞戏,削桐叶为珪以与叔虞,曰:'以此封若。'"[1]意为,周成王和他的弟弟叔虞做游戏,成王把一片桐树叶削成珪状送给叔虞,说:"用这个分封你。"而这句戏言则成了周初成王时分封的王权依据。因周成王把唐地封给他的弟弟叔虞,故叔虞又称"唐叔虞"。

(2)叔虞之子燮父继位,改国号为"晋"

唐叔虞后,其子燮父继位,并改国号为"晋",故晋侯燮父既是晋世系中的第二位国君,也是改唐为晋的第一代晋侯。

(3)燮父后的传承及九世穆侯的两个儿子——太子仇与少子成师

晋世系的前九世传承如下:

叔虞(唐叔虞,一世)→子燮父(晋侯,二世)→子宁族(武侯,三世)→子服人(成侯,四世)→子福(厉侯,五世)→子宜臼(靖侯,六世)→子司徒(釐侯,七世)→子籍(献侯,八世)→子费王(穆侯,九世)

以上传承,均为父死子继,平稳过渡。发生变化的为九世穆侯时期。晋穆侯即位第四年(前808)娶齐女姜氏作夫人。穆侯七年(前805),生太子仇。穆侯十年(前802)生下小儿子,取名成师。对此,晋大夫师服指出:"今君命大子曰仇,弟曰成师,始兆乱矣,兄其替乎?"[2]意即,如今君主给太子命名为仇,弟弟命名为成师,这是预兆混乱的开始,恐怕弟弟要代替兄长了。

其后,随着桓叔(成师)封于曲沃,在晋国的政坛及宗族中,既出现拥有王权、以"翼"为代号的大宗,也同时出现了以"曲沃"为代号的小宗。

晋国开始了史家称为"曲沃代翼"这一小宗代大宗的争夺晋国王权的过程。

(4)历经三代,长达六十七年的"曲沃代翼"

"曲沃代翼"的过程,是"大宗"宗主的晋国国君一个个被杀及"小宗"宗主一代接替一代的过程。其时间节点及重要事件,据《史记·十二诸侯年表》如下:

其一,(前739)晋昭侯被杀。

其二,(前732)曲沃庄伯代桓叔。

其三,(前724)曲沃庄伯杀晋孝侯。

其四,(前718)晋鄂侯卒,晋立鄂侯子光为晋哀侯。

其五,(前716)曲沃武公代庄伯。

其六,(前709)晋立哀侯之子小子为国君。

其七,(前706)曲沃伯杀晋小子侯。周王朝立晋哀侯之弟缗。

其八,(前679)曲沃武公灭晋。即曲沃武公讨伐晋侯缗,灭了晋,把晋国的宝器全部用来贿赂周釐王(又作周僖王),釐王任命曲沃武公为晋国君,并列为诸侯。

其九,(前678)晋武公并吞晋。

---

[1]《史记·晋世家》,见司马迁:《史记》,中华书局1959年,第1635页。
[2]《左传·桓公二年》,见《春秋左传正义》,北京大学出版社1999年,第153页。

其十，（前678）东周朝廷认可"曲沃代翼"。《左传·庄公十六年》："王使虢公命曲沃伯以一军为晋侯。"[1]意为，公元前678年（周僖王四年，晋缗侯二十七年，鲁庄公十六年），周僖王（周釐王）派虢公命令曲沃伯建立一军，做晋国国君。[注：《左传·庄公十六年》记载的此年（前678）东周朝廷认可"曲沃代翼"事，与前述《史记·十二诸侯年表》表中的"周命武公为晋君，并其地"的时间"公元前679"，二者不一，相差一年。]

又，《史记·晋世家》："武公代晋二岁，卒。与曲沃通年，即位凡三十九年而卒。子献公诡诸立。"[2]意即，此年（武公三十九年，鲁庄公十七年，前677）晋武公去世，子诡诸（晋献公）立。

其十一，（前676）晋献公诡诸元年，"曲沃代翼"画上句号。

其十二，（前671—前669）"曲沃代翼"后，晋献公忧虑及士蒍献策、操盘铲除桓、庄之族。

其十三，晋献公杀"群公子"后的"晋无公族"。

值"曲沃代翼"时，晋国自始封君叔虞（唐叔虞）及改唐为晋的第一代晋侯燮父所开始的晋"大宗"与晋国公族，已被九世穆侯的少子（次子）成师（桓叔）为始的"小宗"一代代地剪灭，至曲沃武公讨伐晋侯缗而灭晋，并以贿赂方式取得周王朝的认可后，晋国由叔虞、燮父等晋国早期君王开创的"大宗"已断，并由"曲沃"代之。而"曲沃"取得"大宗"地位后，晋献公又进行了家族自我了断式的"自宫"——不仅杀桓、庄"群公子"，而且在接下来的"骊姬之乱"中杀自己儿子"太子申生"（武公妾齐姜生），并追杀自己的其他儿子重耳（大戎狐姬生，后为晋文公）、夷吾（小戎子生，后为晋惠公）。晋献公意欲立储的奚齐（骊姬生）及卓子（骊姬之妹生），在"骊姬之乱"中均短暂为晋君后被杀。而不被晋献公看好的其子重耳，在逃亡并成为晋文公而走向春秋霸主的过程中，只能起用异姓辅佐。这一自"曲沃代翼"始，并经晋献公、晋文公两代父子强化的"晋无公族"——晋国国君没有自己的家族旁系现象，导致春秋时期晋国非公族的卿大夫专权及卿族争斗，最终为"三家分晋"埋下了隐患。

而晋献公时的士蒍，以自己的智慧，解晋献公之忧，终成为晋国名臣。其孙士会，后累迁至晋国正卿，封于范邑，立范氏，为范氏始祖。而士会嫡子士燮（又作范文子，士蒍曾孙）、士燮之子士匄（又作范宣子，士蒍玄孙），后世均与吴国有着种种联系。

2.晋献公时与太子申生命运紧密相连的"骊姬之乱"

《左传·庄公二十八年》，记前述晋献公个人生活事项后，记载说："晋伐骊戎，骊戎男女以骊姬。归，生奚齐。其娣生卓子。"[3]

"骊姬嬖，欲立其子。"[4]意欲"使大子主曲沃，而重耳、夷吾主蒲与屈"[5]，即让晋献公将自己的几位成年儿子迁出都城。对此，如杜预注所说："献公未决，故复使二五俱说此美。"[6]《左传·庄公二十八年》记载："晋侯说之。夏，使大子居曲沃，重耳居蒲城，夷吾居屈。群公子皆

---

[1]《左传·庄公十六年》，见《春秋左传正义》，北京大学出版社1999年，第256页。
[2]《史记·晋世家》，见司马迁：《史记》，中华书局1959年，第1640页。
[3]《左传·庄公二十八年》，见《春秋左传正义》，北京大学出版社1999年，第289页。
[4]《左传·庄公二十八年》，见《春秋左传正义》，北京大学出版社1999年，第289页。
[5]《左传·庄公二十八年》，见《春秋左传正义》，北京大学出版社1999年，第289页。
[6]杜预注，见杜预：《春秋经传集解》，上海古籍出版社1978年，第199页。

鄙,唯二姬之子在绛。二五卒与骊姬谮群公子而立奚齐。"[1]梁五和东关嬖五最终和骊姬诬陷了公子们而意图立骊姬所生之子奚齐为太子。

上述,《左传》未明确记载晋伐骊戎及晋献公获得骊姬姐妹的时间,也未明确记载骊姬生奚齐及其妹生卓子的时间。但《左传》记载导致太子申生的命运发生重大变化的主动者和策划人为"欲立其子"的骊姬。而晋献公则是被动地一步步走入骊姬挖下的坑里。

出于对神的敬畏,晋献公以占卜方式决定是否立骊姬为正室夫人。记载鲁僖公四年(晋献公二十一年,前656)史事的《左传·僖公四年》,补叙晋献公占卜决定是否立骊姬为正室夫人的经过。"初,晋献公欲以骊姬为夫人,卜之,不吉;筮之,吉。公曰:'从筮。'卜人曰:'筮短龟长,不如从长。'"[2]孔颖达疏曰:"圣人演筮以为《易》,所知岂短于卜?卜人欲令公舍筮从卜,故云筮短龟长,非是龟能实长。"[3]意思是说,两种方法本无长短,所谓"筮短龟长",乃是卜人欲令晋献公舍筮从卜,即接受不要立骊姬为夫人的这一占卜结果。它反映了当时晋人对晋献公立骊姬为夫人的反对态度。然而,晋献公"弗听,立之。生奚齐,其娣生卓子"[4]。

当晋献公欲立骊姬为夫人时,太子申生的命运已被决定了。前文《左传·闵公元年》记载晋国的内政情况时,引士蒍所说:"大子不得立矣,分之都城而位以卿,先为之极,又焉得立?不如逃之,无使罪至。为吴大伯,不亦可乎?犹有令名,与其及也。"[5]意即,太子申生做不成大王的继承人了。而做一个让位给弟弟的吴泰伯,不也是可以的吗?这样的话,他还能保持好的名声。

从士蒍规劝晋太子申生"不如逃之,无使罪至"以及"为吴大伯,不亦可乎?"的叙述中,似可窥得周族部落里的古公亶父嫡长子"吴大伯"与晋献公子"太子申生"的相似处境。

其后,在骊姬的陷害下,太子申生"缢于新城"[6],即自杀而死。而晋献公的另两个儿子也俱逃亡——重耳逃亡到蒲城,夷吾逃亡到屈地。

3.吴泰伯与太子申生的处境比较

吴泰伯与太子申生是两个不同时代的人。对他们的处境进行比较,当从相同及相异处进行。

(1)相同之处

二人均为部族首领或王权的储君人选,但其后均未得以继位。

(2)相异之处

二人的相异处除不同时代、不同国别、不同族群外,值得注意的为以下两点。

其一,二人的不同命运。未接位的吴泰伯离开部族南奔而至太湖流域,从而成为江南地区的最早开发者之一;而晋献公之子太子申生则被迫自杀。

其二,在未能继位的过程中,二人展现出的个性特质和人文精神分别为:

吴泰伯表现出的是"让"。《史记·周本纪》记载他和其弟仲雍"知古公欲立季历以传昌,乃二

---

[1]《左传·庄公二十八年》,见《春秋左传正义》,北京大学出版社1999年,第289页。
[2]《左传·僖公四年》,见《春秋左传正义》,北京大学出版社1999年,第334—335页。
[3]孔颖达疏,见《春秋左传正义》,北京大学出版社1999年,第335页。
[4]《左传·僖公四年》,见《春秋左传正义》,北京大学出版社1999年,第335页。
[5]《左传·闵公元年》,见《春秋左传正义》,北京大学出版社1999年,第304—305页。
[6]《左传·僖公四年》,见《春秋左传正义》,北京大学出版社1999年,第336页。

人亡如荆蛮,文身断发,以让季历"[1]。

而在骊姬的构陷与迫害下的晋太子申生,处境相对更为险恶。在极为困厄的命运及其消失过程中,太子申生表现出了"仁、勇"等个人特质。

(3)太子申生的表白:"焉能及吴太伯乎?"

从辈分上讲,吴泰伯为周武王姬发祖父季历的哥哥,故周武王称呼"吴太伯"为"伯祖"。而周成公及其"桐封"的弟弟、晋国第一代国君叔虞(唐叔虞),均为周武王姬发之子。因此,"吴太伯"亦当为与晋世系历代国君有着血缘关系的远祖。

《国语·晋语一》记载了与《左传·闵公元年》大致相同的情节,士蒍告诉众大夫说:太子不会被立为国君了。国君改变了他的地位而不为他考虑困难,减轻他担负的责任而不担忧他有危险,国君既已存异心,太子又怎能继承呢?他此行伐霍若能成功,将会因为得民心而被害;若不成功,也会因此而获罪。无论成功与否,他都无法躲避罪责。与其辛辛苦苦出力而得不到国君的满意,"不如逃之。君得其欲,太子远死,且有令名,为吴太伯,不亦可乎"[2]?

"太子闻之,曰:'子舆之为我谋,忠矣。然吾闻之:为人子者,患不从,不患无名;为人臣者,患不勤,不患无禄。今我不才而得勤与从,又何求焉?焉能及吴太伯乎?'"[3]

(二)《左传·僖公五年》记载的"大伯、虞仲,大王之昭也。大伯不从,是以不嗣"

《左传·僖公五年》记载的"大伯、虞仲,大王之昭也。大伯不从,是以不嗣"[4],为鲁僖公五年(晋献公二十二年,前655)晋国第二次向虞国借路进攻虢国时,虞国大夫宫之奇所说。

列为全国重点文物保护单位的今山西省运城市平陆县西老城乡太阳渡村的西周虢国"下阳城遗址"文物保护碑(左)及该遗址现状(右)(吴恩培摄)

1.晋第二次借道于虞以伐虢及晋灭虢、虞

《左传·僖公五年》记载鲁僖公五年(晋献公二十二年,前655)"晋侯复假道于虞以伐虢"[5],即晋献公再次向虞国借路进攻虢国。

---

[1]《史记·周本纪》,见司马迁:《史记》,中华书局1959年,第115页。
[2]《国语·晋语一》,见左丘明撰、韦昭注:《国语》,上海古籍出版社2015年,第179页。
[3]《国语·晋语一》,见左丘明撰、韦昭注:《国语》,上海古籍出版社2015年,第179页。
[4]《左传·僖公五年》,见《春秋左传正义》,北京大学出版社1999年,第343页。
[5]《左传·僖公五年》,见《春秋左传正义》,北京大学出版社1999年,第342页。

《左传·僖公五年》接下来记载宫之奇的劝阻谏言说："虢，虞之表也。虢亡，虞必从之。晋不可启，寇不可玩，一之谓甚，其可再乎？谚所'谓辅车相依，唇亡齿寒'者，其虞、虢之谓也。"[1]

"公曰：'晋，吾宗也，岂害我哉？'"[2]

"对曰：'大伯、虞仲，大王之昭也。大伯不从，是以不嗣。虢仲、虢叔，王季之穆也，为文王卿士，勋在王室，藏于盟府。将虢是灭，何爱于虞？且虞能亲于桓，庄乎，其爱之也？桓、庄之族何罪，而以为戮，不唯逼乎？亲以宠逼，犹尚害之，况以国乎？'"[3]杜预注："大伯、虞仲皆大王之子，不从父命，俱让适吴。仲雍支子别封西吴，虞公其后也。穆生昭，昭生穆，以世次计。故大伯、虞仲于周为昭。""王季者，大伯、虞仲之母弟也。虢仲、虢叔，王季之子，文王之母弟也。仲、叔皆虢君字。"[4]杨伯峻《春秋左传注》释之为："昭、穆为古代庙次及墓次，始祖居中，左昭右穆。周代以后稷为始祖，后稷以后之第一代（后稷之子不窋）为昭，第二代（后稷之孙鞠）为穆。以后第三、五、七，驯至奇数之代皆为昭，第四、六、八，驯至偶数之代皆为穆。大王（古公亶父）为后稷之第十二代孙，为穆，其子则第十三代孙为昭，因之大伯、虞仲（即仲雍）、季历皆为昭，故云'大王之昭也'。"而"虢仲、虢叔，为王季（即季历）之子，季历为后稷之第十三代孙，为昭，则虢仲、虢叔为穆，故云'王季之穆'"[5]。又，《史记·晋世家》对这一史实记为："宫之奇曰：'太伯、虞仲，太王之子也，太伯亡去，是以不嗣。虢仲、虢叔，王季之子也，为文王卿士，其记勋在王室，藏于盟府。'"[6]故杨伯峻《春秋左传注》承此注曰："以'亡去'解'不从'，则'不从'为不跟随在侧之义。"[7]

故《左传》上条所记宫之奇的回答，意思为："泰伯、虞仲，是太王的儿子。泰伯'不从'（按杨伯峻《春秋左传注》为不跟随在侧）所以没有继位。虢仲、虢叔，是王季即季历的儿子，做过文王卿士，功勋在于王室，受勋的记录还藏在王室档案馆的盟府中。晋国准备灭掉虢国，对虞国又有什么可顾惜的？再说，虞国与晋献公的宗亲关系，能比晋国桓叔、庄伯后人与晋献公的宗亲关系更加亲近吗？如果晋献公因他们是宗亲关系而加以爱惜，那桓叔、庄伯家族又有什么罪过而惨遭杀戮？不就是因为同宗族群的庞大而使晋献公感到受逼迫、受威胁了吗？桓叔、庄伯家族因为是宗亲且受宠信，遂能施加压力于晋献公，而晋献公仅因此就会杀害他们，更何况对关系要疏远得多的其他国家呢？"

接下来，虞公又说起自己对神明的祭祀丰盛、清洁，故神明必定会保佑自己。宫之奇再予劝谏，但虞公"弗听，许晋使"[8]，即不听从宫之奇劝谏而答应了晋国使者借道的请求。

其后，宫之奇带领了他的族人出走，而晋国灭掉虢国后，"师还，馆于虞，遂袭虞，灭之"[9]。

---

[1]《左传·僖公五年》，见《春秋左传正义》，北京大学出版社1999年，第342页。
[2]《左传·僖公五年》，见《春秋左传正义》，北京大学出版社1999年，第343页。
[3]《左传·僖公五年》，见《春秋左传正义》，北京大学出版社1999年，第343—344页。
[4]杜预注，见杜预：《春秋经传集解》，上海古籍出版社1978年，第256页。
[5]杨伯峻：《春秋左传注》（修订本），中华书局1990年，第308页。
[6]《史记·晋世家》，见司马迁：《史记》，中华书局1959年，第1647页。
[7]杨伯峻：《春秋左传注》（修订本），中华书局1990年，第308页。
[8]《左传·僖公五年》，见《春秋左传正义》，北京大学出版社1999年，第344页。
[9]《左传·僖公五年》，见《春秋左传正义》，北京大学出版社1999年，第346页。

2.关于"不从"的诠释

上述《左传·僖公五年》的"大伯不从,是以不嗣"句,除上引杨伯峻"不从为不跟随在侧之义"外,另有多种理解,如下。

(1)杜预注的"不从父命,俱让适吴"

前引杜预注"大伯、虞仲皆大王之子,不从父命,俱让适吴"[1],按此,则古公亶父的"父命"为传位于长子。显见,杜预认为古公亶父并未废长立幼,而是让泰伯留在周族部族里继承权力,但泰伯、虞仲皆"不从",所以都"让"而奔吴去了。

联系前文所说,是时周族部族夹在商朝廷与北方游牧民族之间,从而不得已充当商朝廷北部靖边的屏障。因此,"父命"传位于长子的同时,也将周族部族的生存、发展责任传递至泰伯,而"大伯不从",则极易得出部族处于艰困之际,泰伯不愿承担责任而缺少担当的结论。其次,这一传位于长子的"父命",既与前述《左传·闵公元年》记载的士蒍所说"大子不得立矣……不如逃之,无使罪至。为吴大伯,不亦可乎?"[2]等抵牾,也与《史记·周本纪》《史记·吴太伯世家》的相关记载抵牾。其三,更难以说通的是,"大伯不从"导致他与周族部族权力无缘而"不嗣",但泰伯南奔江南却又立国勾吴。岐山周原的"不从""不嗣"与南奔太湖流域的立国勾吴之间,缺少合理的逻辑。由此得出的结论则成为:泰伯不愿在周族部族承担责任,而是跑到"蛮夷"之地去建国。

(2)泰伯不满废长立幼的"父命"

"不从"的另一种解释为泰伯对其父废长立幼的"父命"不满。《左传·闵公元年》士蒍所说"大子不得立矣""不如逃之,无使罪至"[3]等话语及士蒍将"大伯"比况为晋献公太子申被逼自杀而死的命运,显然,这里的"大伯不从",反映了泰伯在被剥夺继承权后所产生的叛逆意识。这种不满和叛逆意识,就远不是心甘情愿的"让"和"禅让"了。

(3)朱熹的泛政治化诠释

南宋朱熹《论语章句集注》注释《论语·泰伯》时,将"不从"作泛政治化的诠释。朱熹说:"太王之时,商道寖衰,而周日强大。季历又生子昌,有圣德,太王因有翦商之志,而泰伯不从。太王遂欲传位季历以及昌。泰伯知之,即与仲雍逃之荆蛮。于是太王乃立季历,传国至昌。"[4] 按此,则因"太王因有翦商之志"而"泰伯不从",泰伯不但成为殷商朝廷的拥护者,同时也成为他父亲"翦商"政治路线的反对者。故"太王遂欲传位季历以及昌",即太王准备剥夺泰伯的王位继承权,而"泰伯知之,即与仲雍逃之荆蛮"。在这里,朱熹把"泰伯不从"诠释为与他父亲政治路线的分歧。不仅如此,朱熹更把泰伯南奔说成是逃避周族部族的社会责任:"以泰伯之德,当商周之际,固足以朝诸侯有天下矣,乃弃不取,而又泯其迹焉,则其德之至极为何如哉?盖其心即夷齐扣马之心。而事之难处有甚焉。宜夫子之叹息而赞美之也。泰伯不从,事见《春秋

---

[1] 杜预注,见杜预:《春秋经传集解》,上海古籍出版社1978年,第256页。
[2] 《左传·闵公元年》,见《春秋左传正义》,北京大学出版社1999年,第304—305页。
[3] 《左传·闵公元年》,见《春秋左传正义》,北京大学出版社1999年,第304—305页。
[4] 朱熹:《论语章句集注》(影印本),见《四书五经》上册,天津市古籍书店1988年,第32页。

传》。"[1]显然,这里把泰伯说成是后世伯夷、叔齐式的政治上的保守派和持不同政见者,更说成是"商道寖衰"时商朝廷的保皇者。释文至此,朱熹已无法绕开他将遇到的悖论——泰伯既是如此,则又谈何"至德"?果不然,朱熹发问:"则其德之至极为何如哉?"[2]本是诠释孔子的儒家经典,没想到倒弄出个反经典的结果。其实,从一开始,朱熹就犯了一个逻辑上的错误——他为《左传·僖公五年》中的"大伯不从",设置了一个无文献支撑的虚假且泛政治化的前提——"太王因有翦商之志,而泰伯不从"。

(4)日本学者竹添光鸿《左氏会笺》的笺释

日本学者竹添光鸿《左氏会笺》笺释为:"大伯不从,是以不嗣者,言其去国而僻处,于周无勋也,与二虢对言。《史记》述此文曰:'大伯虞仲,大王之子也。大伯亡去,是以不嗣。以不从为亡去。是不从者,谓不从大王在岐耳。杜意盖亦如此,后儒误解,遂傅会鲁颂之文,谓大王有翦商之志,大伯不从,谬甚。"[3]

此处,竹添光鸿《左氏会笺》对朱熹"太王因有翦商之志,而泰伯不从"的泛政治化诠释,持批评态度而指为"傅会"(附会)和"谬甚"。

3."昭"与"穆":古公亶父传承世系中地位特殊的封国——吴、虞、虢

上述宫之奇所说的"大伯、虞仲,大王之昭也。大伯不从,是以不嗣。虢仲、虢叔,王季之穆也"[4]。个中的"昭"和"穆",指古代宗庙里的辈次排列,左昭右穆,昭穆相承。而虢、虞国的"唇齿"关系及其与泰伯、虞仲(仲雍)的关系,都属于古公亶父传承世系中的"昭""穆"排列。

据《史记》中的《周本纪》《吴太伯世家》《鲁周公世家》《燕召公世家》《管蔡世家》等的记载,后稷之后及古公亶父时的传承世系情况,如下页表。

该表不包括所封与周族部族非同为姬姓姓氏,且为前代王室后裔而有"三恪"之称的陈国(妫姓,虞舜后裔)、杞国(姒姓,夏禹后裔)和宋国(子姓,商汤后裔)等。

同时,该表还不包括周武王时所封与周族姬姓无血缘关系的异姓诸侯,如吕尚(又作姜尚等)为始封君的齐国等。

而从该表可以看出,上述与周族部族有血缘关系且封建层级较为特殊的为吴国、虞国和虢国。

---

[1]朱熹:《论语章句集注》(影印本),见《四书五经》上册,天津市古籍书店1988年,第32页。
[2]朱熹:《论语章句集注》(影印本),见《四书五经》上册,天津市古籍书店1988年,第32页。
[3]竹添光鸿:《左氏会笺》,巴蜀书社2008年,第417页。
[4]《左传·僖公五年》,见《春秋左传正义》,北京大学出版社1999年,第342—344页。

后稷之后及古公亶父时的传承世系表

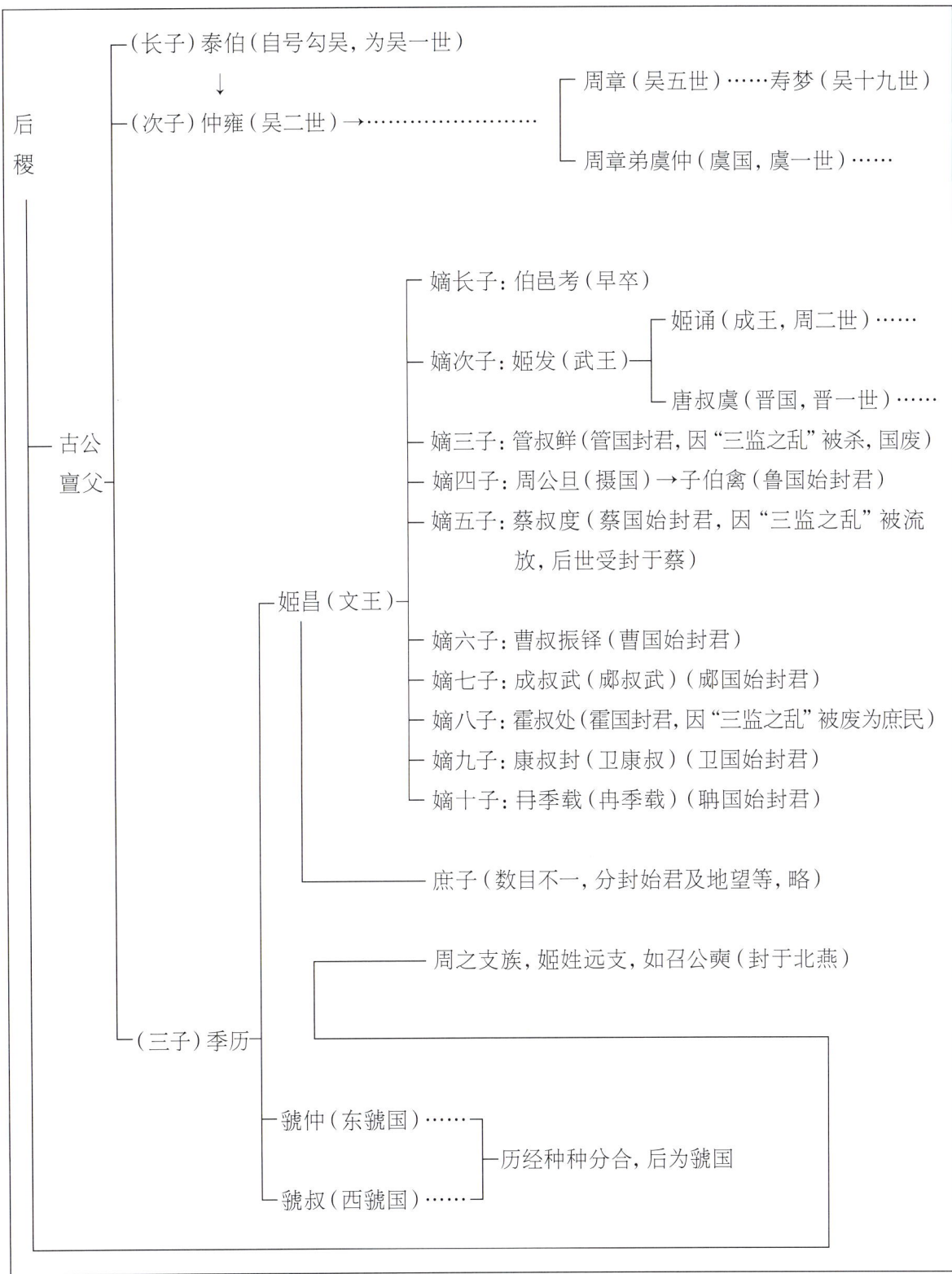

（三）《左传·哀公七年》记载的"大伯端委以治周礼，仲雍嗣之，断发文身，臝以为饰"

《左传·哀公七年》记载的"大伯端委以治周礼，仲雍嗣之"等，在后文论述"吴王夫差北上争霸"时，另作详述。本节仅简略介绍。

《左传·哀公七年》记载孔子学生子贡的话说："大伯端委以治周礼，仲雍嗣之，断发文身，臝以为饰，岂礼也哉？有由然也。"[1]子贡说此话的背景，是公元前488年（吴夫差八年）夏天，吴国出现在了中原地区且以文化挑战方式，要"百牢"级别的接待规格。其后，吴国又以太宰伯嚭的名义，要求鲁国正卿季康子也来鄫城会见。鲁国人担心其国君与正卿同时出访而被吴国人一锅端了。于是，季康子派孔子门生子贡来辞谢而依然不露面。对此，吴国太宰伯嚭大为不满地对子贡说："两国国君都千辛万苦地跋涉那么远的路程来到鄫城，而贵国正卿季康子，却足不出鲁国都城，这是什么礼仪啊？"对此，子贡回答说："我们鲁国哪里敢把这当作礼仪，这都是由于害怕大国的缘故啊！大国不用礼仪来命令诸侯，如果不按礼仪的要求，其后果小国就不能够预测到了。敝国的国君已奉命前来恭候贵国大王的命令，他的老臣（指季康子）又哪里敢放弃留守国都的责任？"

接着，子贡以吴国开国时的历史典故说："大伯端委以治周礼，仲雍嗣之，断发文身，裸以为饰，岂礼也哉？有由然也。"[2]子贡所谓不得已而为之的解释话语中，其实是在委婉地透露，季康子留守国都，以防任何不测事件，从而表明鲁国已做好了应对吴国强加于鲁国战争的军事准备。而这一软中有硬的应对，终使吴国人其时未对鲁国使用武力。

四、《左传》关于太伯记载的历史价值

《左传》上述三处（指《左传·闵公元年》的士蒍说、《左传·僖公五年》的宫之奇说及《左传·哀公七年》的子贡说）关于"大伯"及"仲雍"的记载，表明中国最早的史学著作《左传》对商末周族族群内发生的古公亶父废长立幼事件真实性的肯定。尽管只是片言只语式记载，但从这些片言只语来考察叙述者的身份，则分别为：春秋早期的晋国大夫士蒍和虞国大夫宫之奇，以及春秋晚期的孔子学生子贡。

叙述的语境，均是叙述者在评述本国出现异常情况时。其中，晋士蒍为晋国太子地位动摇而呈现出内乱征兆；虞宫之奇为晋国借道伐虢而虞国既面临唇亡齿寒的危险，更面临着灭国危险；而鲁子贡则面临吴国逼迫鲁国君鲁哀公的同时，还强要鲁国正卿季康子也来鄫城，从而鲁国面临着国君、正卿均可能为吴国一锅端之时。

叙述的时间：士蒍的论述为春秋早期的公元前661年（鲁闵公元年，晋献公十六年），宫之奇的论述为公元前655年（鲁僖公五年，晋献公二十二年）。上述二人（士蒍、宫之奇）所作论述或评述的时间，均距商后期泰伯、仲雍离开部族南奔之时有四五百年。而子贡的论述为春秋晚期的公元前488年（鲁哀公七年，吴夫差八年），商代时已出现用于记事的文字。泰伯、仲雍离开部族南

---

[1]《左传·哀公七年》，见《春秋左传正义》，北京大学出版社1999年，第1641页。
[2]《左传·哀公七年》，见《春秋左传正义》，北京大学出版社1999年，第1641页。

奔，当是周族部族在剪灭殷商前涉及周文王（姬昌）之父王季（季历）执掌周族部族权力的重大事件。这在当时，或可能留下相关文字记载，从而成为周族部族或周王室的宫廷档案，即前文所说的"记勋在王室，藏于盟府"[1]。

四五百年乃至更长时间后，这些文字已成为上层知识分子熟知的历史典故。而晋国和虞国，均系与西周王朝及后来的东周王朝有着血缘关系的姬姓诸侯国，且与周族部族所在的周原地理相近。鲁国子贡亦为孔子学生。故春秋时上层知识分子接触到这些宫廷档案式的文字记载，并非不可能。这同时也表明，西周王朝立国前的"大伯"故事，在春秋时上层知识分子中并非鲜为人知。而在当时此类王室宫廷档案没能流传下来的情况下，《左传》记载下的这些历史细节，对今人理解泰伯当时的真实境况，就显得弥足珍贵了。更何况，相比后世史家的撰著，《左传》的记载离事件发生年代时间最近，受各种人为因素影响最小，因而也最具历史价值。

在泰伯奔吴这一历史事件的记载上，《左传》文字过于简略。对事件发生的时间、地望，涉及的人物、事件等要素，语焉不详，故难以勾画出历史事件的整个面貌。尽管如此，这些记载还是留下了这一历史事件的草蛇灰线，使得后人有迹可循。上述晋国大夫士芳和虞国大夫宫之奇的两段评述，若联系《左传·哀公七年》借子贡之口对吴国大宰伯嚭所说的"大伯端委以治周礼，仲雍嗣之，断发文身，裸以为饰"[2]，虽为片言只语，且内容为泰伯、仲雍奔吴后采取不同方式治理吴国，但所有这些，构成了《左传》对泰伯奔吴事件的叙述体系。因此，可以认为，先秦时期最重要的史学著作《左传》，实已是记载了泰伯奔吴这一历史事件。其历史意义及其文献价值，或就在这里。

五、泰伯立国勾吴

（一）泰伯奔吴及立国的时间范围

前文论及，商王武乙时期的公元前1147年，泰伯、仲雍的父亲古公亶父率领整个部族迁徙到周原。公元前1145年，商王武乙将周原的岐邑赐予古公亶父。公元前1127年，古公亶父去世。由此可推算出泰伯、仲雍奔吴的时间，当在古公亶父去世前的数年乃至十数年内。具体地说，即大致在公元前1145年至公元前1127年的十八年内。而勾吴立国的时间，也大致在这一年代范围内。

（二）文献记载的江南生活习俗——"断发文身，裸以为饰"

距今三千一百多年的商王武乙时期，泰伯南奔至长江下游的太湖流域后，建立了一个小国——勾吴国。《左传》与《史记》从不同角度且互相印证地对这一历史事件作了记载。

1.《左传》

前文所述的《左传》关于"大伯"及"仲雍"的三处记载中，最直接记载泰伯、仲雍奔吴后的状况，为《左传·哀公七年》记载："大伯端委以治周礼，仲雍嗣之，断发文身，裸以为饰。"[3]

---

[1]《史记·晋世家》，见司马迁：《史记》，中华书局1959年，第1647页。
[2]《左传·哀公七年》，见《春秋左传正义》，北京大学出版社1999年，第1641页。
[3]《左传·哀公七年》，见《春秋左传正义》，北京大学出版社1999年，第1641页。

这一记载，出于孔子弟子子贡之口。李学勤先生在《勾吴史集·序》中指出："子贡向吴大臣讲吴先世情形，也不可能虚构。"[1]故其可信性，毋庸置疑。对之，后世学者多以加注形式予以阐释。晋杜预注曰："大伯、仲雍让其弟季历，俱适荆蛮，遂有民众。大伯卒，无子，仲雍嗣立，不能行礼致化，故效吴俗。言其权时制宜，以辟灾害，非以为礼也。"[2]唐孔颖达疏曰："二人同时适吴，而大伯端委、仲雍断发者，大伯初往，未为彼君，故服其本服，自治周礼。及仲雍，民归稍多，既为彼君，宜从彼俗。""大伯之时，未有周礼，言'治周礼'者，谓治其本国岐周之礼，非周公所制礼也。"[3]

由上可以看出，泰伯、仲雍南奔并立国勾吴后，在遭遇江南土著文化时，二人分别采取了不同的应对之策。

泰伯的治国之策，即是上引孔颖达疏所说："大伯初往，未为彼君，故服其本服，自治周礼。"即泰伯刚来到江南时，尚未建立勾吴国，故"服其本服，自治周礼"。汉代王符《潜夫论》将之诠释为："太伯君吴，端垂衣裳，以治周礼。"[4]显然，是时泰伯穿着中原服饰，以上引孔颖达疏中所说的"本国岐周之礼"，即以中原文化作为治理"荆蛮"地区的思想指导和行为准则，所有这些，就是《左传·哀公七年》记载的"大伯端委以治周礼"[5]。在文化的交融与冲突中，作为中原文化的周族部族文化（即"岐周之礼"及"端垂衣裳"的服饰等），极易为江南本土文化视为外来异质文化而被抵制，故效果并不佳。

泰伯后"仲雍嗣之"。仲雍或是考虑到"端委以治周礼"的效果"不能行礼致化"，于是"权时制宜"地进行政策调整和变通。其具体做法就是"效吴俗"——"断发文身，裸以为饰"。仲雍"效吴俗"，显示了他对当地江南土著文化的尊重，从而化解了土著居民的敌意。其代价却是对中原文化及"岐周之礼"的调整和部分舍弃。是故，如学者指出的："吴国建立者太伯开始想用周族的制度统治吴地人民，但行不通，他的继位人仲雍便采取灵活措施，尊重当地风俗，断发文身，裸以为饰，打扮得与当地人一样，取得土人认同，获得成功。"[6]

2.《史记》

上引《左传·哀公七年》记载，仲雍"断发文身，裸以为饰"[7]。《史记·吴太伯世家》记载"太伯、仲雍二人乃奔荆蛮，文身断发"[8]，《史记·越王句践世家》也记载越人"断发文身，披草莱而邑焉"[9]。

吴、越同处江南地区。《越绝书》卷第七说"吴、越二邦，同气共俗"[10]，《吕氏春秋·知

---

[1]李学勤：《勾吴史集·序》，见吴文化促进会：《勾吴史集》，江苏古籍出版社1998年，第2页。
[2]杜预注，见杜预：《春秋经传集解》，上海古籍出版社1978年，第1748页。
[3]孔颖达疏，见《春秋左传正义》，北京大学出版社1999年，第1641页。
[4]《潜夫论·志氏姓第三十五》，见王符著、汪继培笺、彭铎校正：《潜夫论笺校正》，中华书局1985年，第452页。
[5]《左传·哀公七年》，见《春秋左传正义》，北京大学出版社1999年，第1641页。
[6]熊月之、马学强、胡敏：《吴地文化的人文传统与现代价值》，见周向群主编：《吴文化与现代化论坛》，江苏古籍出版社2002年，第314页。
[7]《左传·哀公七年》，见《春秋左传正义》，北京大学出版社1999年，第1641页。
[8]《史记·吴太伯世家》，见司马迁：《史记》，中华书局1959年，第1445页。
[9]《史记·越王句践世家》，见司马迁：《史记》，中华书局1959年，第1739页。
[10]袁康、吴平：《越绝书》，上海古籍出版社1985年，第49页。

化》篇则说吴、越地区是"接土邻境壤,交通属,习俗同,语言通"[1]。因此,相同生活习俗下的吴、越地区,上引《左传·哀公七年》记载中所说的仲雍"断发文身,裸以为饰"[2],则构成共同的特点。

江南吴、越地区多为水乡泽国,居民多从事渔猎等劳作。孔颖达疏引《汉书·地理志》云:"越人'文身断发,以辟蛟龙之害'。应劭曰:'常在水中,故断其发,文其身,以象龙子,故不见伤害。'"[3]故因江南水多及从事水中劳作等,为避免水草缠绕,"断发"显然是必要的。而这种带有地域特点的文化和生活方式,无疑是当时社会环境的产物。同时,异于中原习俗的文身断发,既是习俗的差异,也包含着古代江南先民对美的认识和追求。《淮南子·泰族训》写江南越人文身情景说:"剡肌肤,镵皮革,被创流血,至难也,然越为之以求荣也。"[4]即甘受肉体痛楚,为的是"求荣",即某种精神的快乐和荣誉。而"裸以为饰",则表明其时太湖流域生产力低下,落后的生产方式无法满足人们穿衣的需要;同时,南方温暖湿润的气候条件,使得裸体并不妨碍人们最原始的生存需要。

(三)考古实物的印证

江南吴、越地区"文身断发"的生活习俗,为多件考古出土器所证实。这些出土器为:

1.江苏丹徒北山顶春秋墓出土的鸠杖

杨正宏、肖梦龙主编的《镇江出土吴国青铜器》收录该器时,叙述如下:"鸠杖,春秋。杖全长229.4厘米;杖首长21.2、镦长19.2,径3.4厘米。1984年江苏丹徒北山顶春秋墓出土,南京博物院藏。木质杖身已朽,仅存青铜杖首和杖镦。杖首顶端立一只鸠鸟,身饰羽纹,有半圆形和三角形凸棱,间饰卷云纹、细云雷纹、锯齿纹边。杖镦纹饰同杖首,镦末端铸作为一跪坐的人形。"[5]而上述主编者之一的肖梦龙先生,在其《吴、越"断发文身"习俗探索》一文中也指出:"丹徒大港背山顶春秋时期吴王余眛墓中出土一件鸠杖,青铜杖首上立一鸠,枝镦的末端有一裸身跪坐的人像,其胸、背、臀部和腿部皆刻划花纹……类似的铜杖镦也出现于谏壁青龙山春秋大墓中。背山顶墓中一件青铜悬鼓的环座上还铸有四个跪坐的人像,额前短发,身上也满刻花纹。"[6]

2.浙江湖州吴兴出土的青铜鸠杖镦

2017年,苏州博物馆举办"大邦之梦——吴越楚青铜器特展"时,曾展出1970年浙江湖州吴兴埭溪出土的青铜鸠杖镦。展出时的展器说明标牌说:该器为"鸠杖部件","底端跪坐一人像,双目平视,双手置于前膝,断发纹身。这是古越人断发纹身习俗的珍贵物证"。

---

[1]《吕氏春秋·知化》,见陈奇猷校释:《吕氏春秋校释》,学林出版社1984年,第1552页。
[2]《左传·哀公七年》,见《春秋左传正义》,北京大学出版社1999年,第1641页。
[3] 孔颖达疏,见《春秋左传正义》,北京大学出版社1999年,第1641页。
[4]《淮南子·泰族训》,见刘文典:《淮南鸿烈集解》,中华书局1989年,第681页。
[5] 杨正宏、肖梦龙主编:《镇江出土吴国青铜器》,文物出版社2008年,第152页。
[6] 肖梦龙:《吴、越"断发文身"习俗探索》,《东南文化》1988年Z1期。

江苏丹徒大港北山顶出土的立鸟杖首及人形杖镦（左一）及其跪坐人形细部（左二）（录自《镇江出土吴国青铜器》）[1]、苏州博物馆2017年举办"大邦之梦——吴越楚青铜器特展"时展出的青铜鸠杖镦（战国，通高18.7厘米，1970年浙江湖州吴兴埭溪出土，浙江省博物馆藏）（左三）及其跪坐人"断发纹身"细部（右）（吴恩培摄）

（四）勾吴国的特点及其建立的文化意义

1.特点

商末泰伯南奔而建立的勾吴国，为长江下游太湖流域最早出现的诸侯国家。它所具有的最显著特点为：从诞生之日起，勾吴国既与黄河流域的中原文化有着血缘联系，又与长江流域的"蛮夷"文化有着地缘联系。其与中原文化的血缘联系表现为"吴为周后"——其宗室成员与黄河流域的中原周族部族宗室间有着血缘的联系。

而在地缘上，勾吴国位于长江下游的太湖流域。这一地缘因素，对吴文化其时被中原文化定位为歧视性的"蛮夷"文化，起了至关重要的作用。文献记载，春秋后期，吴王阖闾上台后"举伍子胥为行人，以客礼事之而与谋国政"，言及吴国的现实状态，首先说起的就是"吾国僻远，顾在东南之地"[2]。而吴、楚争夺时，楚国子西说起吴国与周王朝的渊源时也说："吴，周之胄裔也，而弃在海滨，不与姬通。"[3]即指吴国王室与周王室的血缘关系与"弃在海滨"地缘关系的交错。这一特点，在吴王夫差"北进争霸"时，终以政治、文化的争夺形式充分表现出来。

2.勾吴国建立的文化意义

（1）长江下游太湖流域的早期国家形态

长江下游的太湖流域，历经新石器时代的马家浜、崧泽、良渚等文化时期。迄今为止，没有文献证实上述时期在这一地区出现"国家"。

作为中国古代文明与国家形成且与中原地区国家相异的特例，商后期出现的勾吴国（吴国），与浙东地区这一时期出现的於越国（越国）一样，是长江下游有文献记载及考古实物印证的最早出现的早期国家形态。

---

[1] 杨正宏、肖梦龙主编：《镇江出土吴国青铜器》，文物出版社2008年，第152页。
[2] 赵晔：《吴越春秋》，江苏古籍出版社1986年，第24页。
[3] 《左传·昭公三十年》，见《春秋左传正义》，北京大学出版社1999年，第1517页。

（2）为吴文化的产生提供了一个有着行政意义的承载平台

作为中国南方的早期国家形态，勾吴国的建立成为新的文化承载平台。在这一平台之上，商、周时期的华夏主流文化——黄河流域的中原文化与长江流域的江南本土文化进行了最初的整合与交融，从而产生了一个新的文化形态——吴文化。

今苏州干将路"句（勾）吴神冶"牌坊（上）及"勾吴神冶"细部（下）（吴恩培摄）

常熟虞山"灵萃勾吴"牌坊（吴恩培摄）

（五）后世对泰伯的评价及其影响

1.陷入悖论两难境地的孔子及其评价

后世，对泰伯作出"至德"即道德最高境界评价的是孔子。《论语·泰伯》篇说："子曰：'泰伯，其可谓至德也已矣，三以天下让，民无得而称焉。'"[1]即孔子说："泰伯，他可以称得上是道德最高尚的人了，几次把王位禅让给季历，老百姓简直不知道怎样称赞他才好。"

孔子对泰伯作出了近乎极致道德评价的原因，则不能不从孔子的思想说起。春秋末期，基于对现实"礼崩乐坏"的不满，孔子一生都在为恢复周王朝的"礼乐"秩序而呼号奔走。混乱的社会现实需要的是秩序，这几乎是春秋时诸子百家的共识。不同的是，诸子对重建秩序各自开出了不同的药方，或刑名，或兼爱……儒家的孔子，开出了"仁"的药方。正是基于这个以"仁"为核心的儒家思想，孔子在他头脑中强化和美化出了一个完美的精神世界，而这个精神世界的底本，就是夏、商、周三个可供选择的王朝中的一个，孔子选择了周王朝。尽管他在谈论如何治理国家时也讲

---

[1]《论语·泰伯》，见《论语注疏》，北京大学出版社1999年，第100页。

过"行夏之时,乘殷之辂,服周之冕"[1]的话,似乎是一视同仁地用夏代的历法,乘殷代的车子和戴周代的礼帽。然而,在他心灵的深处,却是认为周王朝才是最完美的——"周之德,其可谓至德也已矣"[2]。正因为如此,周王朝成了他提供给混乱的现实世界的最好范本。他幻想的完美世界是"天下有道,则礼乐征伐自天子出"[3],可实际的情况却到了"礼乐征伐自诸侯出"甚至"自大夫出"的"天下无道"[4]的地步。"春秋之中,弑君三十六,亡国五十二,诸侯奔走不得保其社稷者不可胜数。"[5]不仅如此,在精神领域,那些不把周王朝的权威放在眼里的诸侯,竟敢在自己家里动用只有天子才可动用的八佾舞乐!对此,孔子深恶痛绝而呼曰:"是可忍,孰不可忍!"[6]然而,愤怒之后,对现实的无奈却又从心头缓缓袭起。于是,他只能在精神的领域继续鼓吹"克己复礼"[7]和"兴灭国,继绝世,举逸民"[8]了。这要"复"、要"兴"、要"继"的,正是整天萦绕于他头脑中的周礼和西周王朝。

"周监于二代,郁郁乎文哉,吾从周!"[9]——周代的制度是借鉴夏、商两个朝代的制度而建立起来的,它是多么丰富美好啊!我拥护周代的制度。被理想主义笼罩着的孔子,有时更是自觉地充任起周王朝在精神领域里的继承人角色。孔子自卫国去陈经过匡地时,因其貌类阳虎,而阳虎曾经得罪于匡人,于是匡人将他团团围住,欲行报复之事。在这"子畏于匡"(孔子受到匡人威胁)之际,他颇为文化自觉地充任起周文王的文化继承人说:"文王既没,文不在兹乎?"[10]意即周文王去世以后,体现文王之道的精神文化,不都集中体现在我身上了吗?上天如果想毁灭这种文化,那我就不可能掌握这种文化了;上天如果不想毁灭这种文化,那匡人又能把我怎么样呢?年老时因一段日子没有梦到周公,孔子竟伤心地说:"甚矣吾衰也,久矣吾不复梦见周公。"[11]意即,我老了,好久没有梦见周公了!

就是这么一个在精神世界里完全皈依了周王朝的理想主义者,当有一天从沉重的书简里看到周王朝在建立前的一段历史,看到导致姬昌有"圣端"之名,也同时导致泰伯、仲雍南奔的神秘小红鸟时,他难免有些意乱。"子不语怪、力、乱、神。"[12]孔子一生都怀疑鬼、神、怪、异,并对之始终采取远之而"不语"的态度。然而此时,面对着小红鸟儿拈连着周王朝立国前的废长立幼,他不能"不语"了。孔子整理过《春秋》,当是知道后世写入《左传·僖公五年》的宫之奇关于泰伯"不从"、所以"不嗣"的话语。他也知道《左传·闵公元年》中晋国大夫士蔿的"大子不得立矣""不如逃之,无使罪至"的说法。这些录入史书的议论,表明泰伯当时"不得立矣"的处境,而

---

[1]《论语·卫灵公》,见《论语注疏》,北京大学出版社1999年,第210页。
[2]《论语·泰伯》,见《论语注疏》,北京大学出版社1999年,第107页。
[3]《论语·季氏》,见《论语注疏》,北京大学出版社1999年,第224页。
[4]《论语·季氏》,见《论语注疏》,北京大学出版社1999年,第224页。
[5]《史记·太史公自序》,见司马迁:《史记》,中华书局1959年,第3297页。
[6]《论语·八佾》,见《论语注疏》,北京大学出版社1999年,第28页。
[7]《论语·颜渊》,见《论语注疏》,北京大学出版社1999年,第157页。
[8]《论语·尧曰》,见《论语注疏》,北京大学出版社1999年,第266页。
[9]《论语·八佾》,见《论语注疏》,北京大学出版社1999年,第36页。
[10]《论语·子罕》,见《论语注疏》,北京大学出版社1999年,第112页。
[11]《论语·述而》,见《论语注疏》,北京大学出版社1999年,第85页。
[12]《论语·述而》,见《论语注疏》,北京大学出版社1999年,第92页。

其周族首领嫡传长子的身份,若按周代礼制的长幼次序,却是本该接其父古公亶父之位而成为周族部族的首领。

作为鲁国学者,孔子当知晓周宣王时鲁国因废长立幼而起的内乱,这就是《国语·周语上·仲山父谏宣王立戏》的记载:"鲁武公以括与戏见王,王立戏,樊仲山父谏曰:'不可立也!不顺必犯,犯王命必诛,故出令不可不顺也。令之不行,政之不立,行而不顺,民将弃上。夫下事上,少事长,所以为顺也。今天子立诸侯而建其少,是教逆也。若鲁从之而诸侯效之,王命将有所壅,若不从而诛之,是自诛王命也。是事也,诛亦失,不诛亦失,天子其图之。'"[1]樊仲山父的劝阻闪耀着"礼"的光芒。其后的事实却是,周宣王还是立戏为太子。鲁武公回国后不久去世,鲁人杀掉了周宣王立的懿公戏,拥立括的儿子伯御为国君。而咽不下这口气的周宣王率领军队伐鲁,立鲁孝公,"诸侯从是而不睦"[2]。从那时起,各国诸侯就不再亲近周王室。而到周宣王儿子时,西周灭亡。

周宣王时的废长立幼往事,因不遵循礼制,后果严重。然而,在周立国前的周人部族,也同样因废长立幼而致泰伯、仲雍南奔荆蛮了。

孔子一生都在维护"礼"的权威。孔子的"礼",其实强调的就是一个王朝的秩序。他说:"兴于《诗》,立于礼,成于乐。"[3]他更说:"能以礼让为国乎,何有?不能以礼让为国,如礼何?"[4]意思是说,能用礼让原则来治理国家,那还有什么困难呢?不能用礼让原则来治理国家,又怎么能实行礼呢?孔子对"礼"的自觉维护,有时竟到了连细枝末节也不肯将就一下的地步。古制规定天子在每年秋冬之际把第二年的历书颁发给诸侯,诸侯把历书放在祖庙里,并按照历书规定每月初一来到祖庙,杀一只活羊祭庙,以示每月听政的开始,这就是所谓的"告朔"。春秋时期,周王朝的权威已名存实亡,鲁国举行"告朔"时,鲁君也早已不出席,谁也不再把周王朝放在眼里了。以至那年又要举行"告朔"时,子贡感于此,于是说:"去掉那只祭祖庙的活羊,别再用它了吧。"然而,孔子又哪里能容忍对周礼的丝毫懈怠和亵渎,但在门生面前,他老人家还是以一种幽默的口吻说:"尔爱其羊,我爱其礼。"[5]

西周立国前古公亶父以三子取代长子的做法,显然并不符合孔子心目中完美无缺的周礼,不符合孔子心目中的周王朝的秩序,更不符合他心中"以礼让为国"[6]的尺度,然而,这却又是周王室为解决传承关系所采取的非常步骤,且历史证明效果绝佳。

就这样,孔子发觉他踏进了一个悖论的两难境地:如果为古公亶父讳,那默认的就是其废长立幼的做法,但这否定的可是周礼;而如果张扬周礼、否定古公亶父做法的话,那同时被否定的却又是他心目中的西周王室。对孔子来说,不管是否定周礼,抑或是否定西周王室,都会彻底毁掉他心目中强化和美化出的精神世界。

---

[1]《国语·周语上》,见左丘明撰、韦昭注:《国语》,上海古籍出版社2015年,第14—15页。
[2]《国语·周语上》,见左丘明撰、韦昭注:《国语》,上海古籍出版社2015年,第15页。
[3]《论语·泰伯》,见《论语注疏》,北京大学出版社1999年,第104页。
[4]《论语·里仁》,见《论语注疏》,北京大学出版社1999年,第51页。
[5]《论语·八佾》,见《论语注疏》,北京大学出版社1999年,第39页。
[6]《论语·里仁》,见《论语注疏》,北京大学出版社1999年,第51页。

伟大的哲人陷入久久的沉思,终在哲学的思辨中运用"中庸"式的智慧,一下子发展了他的"以礼让为国"的思想并紧紧抓住了"让"这个字眼,进而提出泰伯"三以天下让"并赋予其"至德"——道德最高境界的褒奖。就这样,这位哲人既维护了周王室的名声,维护了西周王朝的形象;同时,他又以泰伯为道德楷模,高扬起"礼"的旗帜,对春秋时期弑父弑君、僭礼无德的乱臣贼子和礼崩乐坏的社会现实作激烈的批判。

泰伯、仲雍的"让",被儒家思想接受,从而被纳入了儒家的主流意识形态。其意义在于,在社会大裂变的春秋时期,孔子推出"至德"的泰伯,从而树立起了一个"礼让"的楷模和样板——在"礼崩乐坏"的混乱年代,乱臣贼子们都在争夺王位和权力,可周文王的伯父泰伯,当初可是多次把王位禅让给季历,这是一种多么高尚的道德情怀。

2.泰伯奔吴对海外的影响

泰伯、仲雍南奔及建立勾吴国,对海外也产生了文化影响。

《汉书·地理志下》记载:"乐浪海中有倭人,分为百余国,以岁时来献见云。"[1]颜师古注:"《魏略》云:倭在带方东南大海中,依山岛为国,度海千里,复有国,皆倭种。"[2]

《三国志·魏志·倭人传》记载:"倭人在带方东南大海之中,依山岛为国邑。……男子无大小皆黥面文身。"[3]

《晋书·列传第六十七·倭人》的记载与《三国志·魏志·倭人传》大致相同,但又拈连上与泰伯的关系说:"倭人在带方东南大海中,依山岛为国……男子无大小,悉黥面文身。自谓太伯之后,又言上古使诣中国,皆自称大夫。"[4]

由此可以看出,上述文献记载的日本早期"黥面文身"的"倭人",无疑是泰伯、仲雍"文身断发"[5]的海外翻版。而"自谓太伯之后",或是倭人攀附,或是与春秋末期吴亡于越及战国时越亡于楚等社会变动时期故吴、故越上层人士的海外逃亡有关。

董楚平《吴越文化新探》一书指出吴越地区造船业对这种海外交流所起作用说:"中国江南土著东渡日本,由来已久。到春秋战国时期,吴越的造船业在整个太平洋地区居领先地位。可能使这种东渡进入新阶段。"[6]日本学者鸟越宪三郎的著作《倭族之源——云南》一书所附《倭族对比表》[7],相关内容如下:

倭族对比表

中国与倭族		日本
吴被越讨伐而灭亡	(前)473—(前)450左右	倭人渡海到来

---

[1]《汉书·地理志下》,见班固:《汉书》,中华书局1962年,第1658页。
[2]颜师古注,见班固:《汉书》,中华书局1962年,第1659页。
[3]《三国志·魏志·倭人传》,见陈寿:《三国志》,中华书局1959年,第854—855页。
[4]《晋书·列传第六十七·倭人》,见房玄龄等:《晋书》,中华书局1974年,第2535页。
[5]《史记·吴太伯世家》,见司马迁:《史记》,中华书局1959年,第1445页。
[6]董楚平:《吴越文化新探》,浙江人民出版社1988年,第290页。
[7]鸟越宪三郎著、段晓明译:《倭族之源——云南》,云南人民出版社1986年,第195页。

故,《吴越文化新探》一书指出:"该书(指《倭族之源——云南》)最后的《倭族对比表》把'倭人渡海'到日本的时间,排在公元前450年左右,即越灭吴以后。"[1]这里的"倭人渡海"即前述春秋末期吴亡于越及战国时越亡于楚等社会变动时期故吴、故越上层人士的海外逃亡。

也有学者考证日本和服与"吴"的关系说:"据《三国志·吴书》载:孙权曾颁布诏令鼓励农桑。据传,孙权曾派人到日本传授吴地衣织和缝纫技术,日本的'和服'便以孙吴传入的丝织物所制成,故又称'吴服'。"[2]也有学者将这一时间推得更早,说:"秦时,吴地的养蚕和丝织技术已开始传入日本。内田星美《日本纺织技术史》载,秦时吴地有兄弟两人,东渡黄海,前往日本避难,并将吴地的养蚕、丝织技术传入当地。"而"具有吴地式样的美丽纺织品和服装(即'吴服')。另据日本学者所著的《纺织技术之历史》一节说,日本民族的传统服饰'和服',即'吴服'的谐音"[3]。如今日本东京银座经营和服面料并名为"吴服の老铺·越後屋"的店铺招牌,也似乎在隐隐昭示着日本和服与中国东南吴越民族服饰的联系。

(六)关于泰伯、仲雍南奔的争议

长期以来,文献记载的泰伯、仲雍奔吴事,学界多有争议。争议主要集中在泰伯奔吴这一历史事件的真实性及泰伯、仲雍所奔之地望及其南奔路线等焦点上。兹将部分论述分述如下:

1.泰伯奔吴历史事件的真实性之争

(1)关于泰伯奔吴的否定说

关于泰伯奔吴历史事件的否定说意见,列举、评述如下:

①卫聚贤《吴越民族》

1930年,吴越史地学者卫聚贤在刊于《吴越文化论丛》中的《吴越民族》一文中说"就理想上推测太伯不能远奔吴地",因此,"太伯仲雍由周奔吴,就没有这一回事"[4]。其后,卫聚贤又在《太伯之封在西吴》一文中继续自己的观点说"太伯仲雍二人当不能东向沿陇海路穿过殷人的势力范围而至江苏","不能绕道汉中东行穿过羌人的势力范围而至江苏","亦不能绕四川顺江而下,至于江苏"[5]。

②白寿彝主编《中国通史》第三卷与杨宽《西周史》

白寿彝主编的《中国通史》第三卷,在解读、诠释新中国成立后镇江丹徒出土的《宜侯夨簋》铭文时,也对泰伯奔之江南的事实提出疑问说:"从《宜侯夨簋》看,吴与虞仲的关系恰与《史记》相反,因此太伯、仲雍逃奔于吴的传说是否可信,颇需研究。"[6]杨宽《西周史》也表达同样的观点:"吴国,应该是虞的分支,宜侯夨簋所说康王时虞侯夨分封到宜的事,该即吴国的始祖。"[7]另,杨宽《西周史》还表述对泰伯奔吴的否定意见说:"春秋初期,已有人认为太伯为吴之始祖。

---

[1]董楚平:《吴越文化新探》,浙江人民出版社1988年,第290—291页。
[2]孙柔刚:《吴地的社会生活》,见朱永新主编:《吴文化读本》,苏州大学出版社2003年,第43页。
[3]徐吉军:《吴地文化与日本》,见吴县县政协文史资料委员会:《吴地文化一万年》,中华书局1994年,第367—368页。
[4]卫聚贤:《吴越民族》,见吴越史地研究会编:《吴越文化论丛》,江苏研究会1937年,第315页。
[5]卫聚贤:《太伯之封在西吴》,见吴越史地研究会:《吴越文化论丛》,江苏研究会1937年,第27—28页。
[6]白寿彝:《中国通史》第三卷,上海人民出版社1994年,第340页。
[7]杨宽:《西周史》,上海人民出版社1999年,第63页。

实际上,当太王时,周的势力决不可能到达吴国。"[1]

③张学锋《吴国历史的再思考》

张学锋《吴国历史的再思考——以近年来苏南春秋古城遗址的发掘为线索》(简称《吴国历史的再思考》)一文,对泰伯奔吴及泰伯与吴国的关系,持否定意见说:"从吴王的王名及句吴的国号来看,句吴在商周春秋时期是一个有别于中原文化系统的土著方国,太伯、仲雍奔吴的故事与句吴的历史、文化无关。"[2]而"最终将太伯、仲雍奔吴的故事冠于句吴历史之上的,就目前所知似乎还是司马迁"。司马迁"来吴地实地考察,听取民间传说,撰成了《吴太伯世家》和《越王句践世家》"。"目前所知最早、最系统的便是《吴太伯世家》。"[3]而"司马迁在《吴太伯世家》中用大量的篇幅记载了季札游历中原各国的经历,并对季札不愿为王的行为大加赞赏。可见,季札不愿为吴王之事,与太伯、仲雍让位的故事联系到了一起,很可能是这场造史运动的契机"[4]。

上述涉及吴国历史为"造史运动"产物的宏观论述,一并归于下文关于"夫差"章节中的相同内容中叙述。而涉及司马迁"听取民间传说,撰成了《吴太伯世家》的叙述",分以下诸点,辨析如下:

其一,司马迁"听取民间传说",撰成的是《五帝本纪》而非《吴太伯世家》。

司马迁"实地考察,听取民间传说"撰写《史记》的篇目为《五帝本纪》。这从司马迁在《史记·五帝本纪》后以"太史公曰"的评述方式,对所记载的"五帝"传说所做议论可知。该议论说,很多学者都在称述五帝,五帝的年代已经很久远了。《尚书》只记载着尧以来的史实;而各家叙述黄帝,文字粗疏而不典范,士大夫们也很难说清楚。孔子传下来的《宰予问五帝德》及《帝系姓》,读书人有的也不传习。"余尝西至空桐,北过涿鹿,东渐于海,南浮江淮矣,至长老皆各往往称黄帝、尧、舜之处,风教固殊焉,总之不离古文者近是。"[5]意为,我曾经往西到过空桐(即传说黄帝问道于广城子处的甘肃平凉崆峒山),往北路过涿鹿,往东到过大海,往南渡过长江、淮河,所到过的地方,那里的老人们都往往谈到他们各自所听说的黄帝、尧、舜的事迹,风俗教化都不相同。总的说来,那些与古文经籍记载相符的说法,接近正确。而我研读了《春秋》《国语》,它们对《五帝德》《帝系姓》的阐发都很明了,只是人们不曾深入考求,其实它们的记述都不是虚妄之说。《尚书》残缺已经有好长时间了,但散逸的记载却常常可以从其他书中找到。如果不是好学深思,真正在心里领会它们的意思,想要向那些学识浅薄、见闻不广的人说明白,肯定是困难的。在这一情况下,"余并论次,择其言尤雅者,故著为本纪书首"[6]。意即,我把这些材料加以评议编次,选择了那些言辞尤为雅正的著录下来,写成这篇本纪(指《史记·五帝本纪》),列于全书(指

---

[1]杨宽:《西周史》,上海人民出版社1999年,第62页。
[2]张学锋:《吴国历史的再思考——以近年来苏南春秋古城遗址的发掘为线索》,见苏州博物馆:《苏州文博论丛》2011年(总第2辑),文物出版社2011年,第15页。
[3]张学锋:《吴国历史的再思考——以近年来苏南春秋古城遗址的发掘为线索》,见苏州博物馆:《苏州文博论丛》2011年(总第2辑),文物出版社2011年,第13页。
[4]张学锋:《吴国历史的再思考——以近年来苏南春秋古城遗址的发掘为线索》,见苏州博物馆:《苏州文博论丛》2011年(总第2辑),文物出版社2011年,第12页。
[5]《史记·五帝本纪》,见司马迁:《史记》,中华书局1959年,第46页。
[6]《史记·五帝本纪》,见司马迁:《史记》,中华书局1959年,第46页。

《史记》)的开头。

其二,司马迁曾南下吴地等处考察,其间并无"听取民间传说,撰成了《吴太伯世家》"的记载。

《史记》记载司马迁本人南下考察的篇目及文字为:

《史记·河渠书》:"太史公曰:余南登庐山,观禹疏九江,遂至于会稽太湟,上姑苏,望五湖……曰:甚哉,水之为利害也!余从负薪塞宣房,悲瓠子之诗而作《河渠书》。"[1]显见,司马迁此番南行考察,主要是考察水患事,并写下了《河渠书》。

《史记·春申君列传》:"太史公曰:吾适楚,观春申君故城,宫室盛矣哉!"[2]司马迁南下"上姑苏,望五湖"时,也同时对黄歇治吴时的所留"故城"和"宫室"进行了考察,并作出了"盛矣哉"即非常宏伟的评价。接着,是对黄歇的历史作为和政治得失作评价。

《史记·太史公自序》:该《自序》为司马迁对《史记》一书所做出的序略性质的自注和提要。其中涉及南下考察的内容是,司马迁自述"二十而南游江、淮,上会稽,探禹穴,窥九疑,浮于沅、湘;北涉汶、泗,讲业齐、鲁之都,观孔子之遗风,乡射邹、峄;厄困鄱、薛、彭城,过梁、楚以归。于是迁仕为郎中,奉使西征巴、蜀以南,南略邛、笮、昆明,还报命"[3]。上述的自述中,涉及司马迁多地考察的活动为:"讲业"——研讨学问于齐、鲁,"观"——考察孔子之遗风,"乡射"——行乡射之礼等。

综上,《史记》之《河渠书》《春申君列传》及《太史公自序》,凡三处均未记载或涉及司马迁"来吴地实地考察,听取民间传说,撰成了《吴太伯世家》"等的内容,故上述"来吴地实地考察,听取民间传说,撰成了《吴太伯世家》"等判断,无文献依据而不能成立。

④肯定与否定——游移于二者之间的《江苏地方文化史·苏州卷》

王卫平主编《江苏地方文化史·苏州卷》,将上述否定泰伯奔吴之说奉为"学界主流观点",并以注释形式说:"学术界关于太伯、仲雍南奔建立吴国一事多有争议,其不同意《史记》等书记载的最新研究成果,当数张学锋《吴国历史的再思考——以近年来苏南春秋古城遗址的发掘为线索》一文(收入苏州博物馆编《苏州文博论丛》2011年总第2辑,第9—16页)。文章结论认为,'从吴王的王名及句吴的国号来看,句吴在商周春秋时期是一个有别于中原文化系统的土著方国,太伯、仲雍奔吴的故事与句吴的历史、文化无关'。因此事牵涉较广,论证繁复,本文不拟展开讨论,暂从学界主流观点。"[4]

以苏州文化为论述对象的《江苏地方文化史·苏州卷》,对泰伯、仲雍南奔及立国勾吴的现存学界争议,选择何说,只要能自圆其说,均无不妥。而以否定"太伯、仲雍奔吴"的学术观点为《江苏地方文化史·苏州卷》的基本观点,亦无不可,但全书叙述当统一。否则,论述中,一方面以"太伯、仲雍南奔建立勾吴"为标题,叙述:"太伯兄弟不仅带来了周族先进的农业生产技术和管理经验……更将周族的文化传播到了吴地。"[5]另一方面又将"太伯、仲雍奔吴的故事与句

---

[1]《史记·河渠书》,见司马迁:《史记》,中华书局1959年,第1415页。
[2]《史记·春申君列传》,见司马迁:《史记》,中华书局1959年,第2399页。
[3]《史记·太史公自序》,见司马迁:《史记》,中华书局1959年,第3293页。
[4]王卫平主编:《江苏地方文化史·苏州卷》,江苏人民出版社2019年,第33页。
[5]王卫平主编:《江苏地方文化史·苏州卷》,江苏人民出版社2019年,第32页。

吴的历史、文化无关"的"最新研究成果"奉为"学界主流观点",并表示"暂从"。所有这些,使得《江苏地方文化史·苏州卷》对"泰伯南奔"论题的叙述与表达,游移于肯定和否定之间,相悖而又模糊。

(3) 关于"太伯奔吴"的肯定说

①1986年学界"关于是否发生过'太伯奔吴'的史事"的讨论意见

和以上否定泰伯奔吴的意见不同的是,学界更多存在着《史记·吴太伯世家》记叙泰伯、仲雍奔吴应是信史的肯定意见。1986年,为纪念苏州建城2500年,苏州市举办了多种学术讨论会。其后,这些学术讨论会中讨论的问题,载入了《苏州年鉴·1987》。其中,"关于是否发生过'太伯奔吴'的史事"的论题,讨论意见如下:"一种意见认为,《吴越春秋》《史记》等书记载的太伯奔无锡梅里的历史是可信的,至今梅里尚有遗迹,族谱记载也相合,因此我们不能轻易否定二千年前的史家的记录。另一种意见认为,太伯奔吴的历史是发生过的,但所奔的不是无锡、苏州一带,而是陕西宝鸡一带,陕西有吴、荆、弓鱼(句吴)之类的地名和族名。太伯所奔之地当是在今宝鸡一带的历史上的弓鱼国,可能因靠近荆楚,又不是和周同祖,故被周人称之荆蛮,后被改封到长江下游。太伯礼让的故事为后人所编。第三种意见认为,太伯所奔之地不是江苏,但在周穆王打淮夷时,太伯后裔一支到达苏南,和江南土著相融合。"[1]

②《长江文化史》"太伯、仲雍奔荆蛮,应是信史"的肯定意见

李学勤、徐吉军主编的《长江文化史》对"太伯奔吴"的争议概括说:"对于太伯、仲雍奔荆蛮,学术界颇多歧见。或否定其事,认为太伯的封国吴在今甘肃境内,江南的吴到春秋晚期才冒认是太伯之后。或认为太伯所奔之地是在今晋、陕之交的'虞',奔吴是后人的附会,用来游说吴王,借以牵制楚人。或认为吴是虞的支族,与楚相近,建国于汉水附近的荆蛮之地,后来随周人南征至汉东。或认为这个传说应该是西周前期周朝势力达到江南的史影,不容否定。"分析以上诸说后,该书总结说:"太伯、仲雍奔荆蛮,应是信史。"[2]

③李学勤《勾吴史集·序》的"《史记·吴太伯世家》的真实可据"与"对太伯、仲雍事迹的质疑,实是对先民的能力过分低估"

李学勤先生在《勾吴史集·序》中又进一步表述道:"吴国是周朝最重要的诸侯国之一,在古代历史上曾起有显著作用,但近代学者对其事迹争论甚多。""关于吴国历史的疑谜,最关键的莫过于太伯、仲雍建立吴国一事。种种涉及吴国族属、年祚、都邑位置、社会构成的问题,均与此联系。实际各种文献中,对于吴国的创建过程本有相当详细的记述,足以证明《史记·吴太伯世家》的真实可据。""怀疑吴国早期史事的原因,归根结底是不相信当时江南有较发达的文明。近年的考古发现和研究证明,长江流域和黄河流域一样,是中国文明孕育发祥之地,而江浙一带的古文化早就同中原文化有交流影响的关系。对太伯、仲雍事迹的质疑,实是对先民的能力过分低估了。"[3]

---

[1] 苏州市档案局:《苏州年鉴·1987》,上海社会科学院出版社1988年,第126页。
[2] 李学勤、徐吉军:《长江文化史》,江西教育出版社1995年,第148—149页。
[3] 李学勤:《勾吴史集·序》,见《勾吴史集》,江苏古籍出版社1998年,第1—3页。

(4)归纳评述

以上,引述的1986年中国学界"关于是否发生过'太伯奔吴'的史事"的讨论意见的三种之中,能形成共识者,为均未否定"太伯奔吴"史事。接下来,引述的《长江文化史》及《勾吴史集·序》等,共同构成了学界关于"太伯奔吴"史事为信史的主流意见。学界对《史记·吴太伯世家》记载的"太伯奔吴"史事的肯定,至今并未有改变。关于吴国史研究,三十余年以来,发生过诸多事件(如对吴都地望的争议等),但对《史记·吴太伯世家》记载的"太伯奔吴",既未有新的文献材料发现并予以否定,亦未有新的考古材料发现并予以否定,而仅凭一些学者个人的诸如"太伯、仲雍奔吴的故事与句吴的历史、文化无关"等未必符合文献记载的认知和判断,奉之为"学界主流观点",其实是经不起文献记载和历史的检验的。毕竟,《左传·闵公元年》记载的晋大夫士蒍说:"大子不得立矣,……不如逃之,无使罪至。为吴大伯,不亦可乎?"[1]《左传·僖公五年》记载的虞大夫宫之奇说:"大伯、虞仲,大王之昭也。大伯不从,是以不嗣。"[2]《左传·哀公七年》记载的孔子学生子贡说:"大伯端委以治周礼,仲雍嗣之,断发文身,裸以为饰,岂礼也哉?有由然也。"[3]这些与"太伯"及其奔吴有关联的记载,已流传两千余年。它既不会也不能任由一个"太伯、仲雍奔吴的故事与句吴的历史、文化无关"[4]式的所谓"学界主流观点"而轻易抹去。

2.泰伯、仲雍所奔地望的争议

泰伯、仲雍所奔地望有东吴、西吴、北吴以及始江、汉流域后东徙于吴等多种说法。

(1)东吴之太湖流域苏、锡、常地区说

东吴苏、锡、常地区说,即指今太湖流域的苏、锡、常地区。《史记·周本纪》:"长子太伯、虞仲知古公欲立季历以传昌,乃二人亡如荆蛮,文身断发,以让季历。"[5],对"亡如荆蛮"句,唐代张守节《史记正义》注释说:"太伯奔吴,所居城在苏州北五十里常州无锡界梅里村,其城及冢见存。"[6]

《史记·吴太伯世家》"太伯、仲雍二人乃奔荆蛮"[7]句,张守节《史记正义》对此注释说:"吴,国号也。太伯居梅里,在常州无锡县东南六十里。至十九世孙寿梦居之,号句吴。寿梦卒,诸樊南徙吴,至二十一代孙光,使子胥筑阖闾城都之,今苏州也。"[8]

张守节的两处注释,均指出泰伯、仲雍所奔之地望为长江下游太湖流域的东吴苏、锡、常地区。

(2)东吴之宁、镇地区说

有学者认为,泰伯、仲雍所奔之东吴地区,其地望为今江苏宁、镇地区。

---

[1]《左传·闵公元年》,见《春秋左传正义》,北京大学出版社1999年,第304—305页。
[2]《左传·僖公五年》,见《春秋左传正义》,北京大学出版社1999年,第343页。
[3]《左传·哀公七年》,见《春秋左传正义》,北京大学出版社1999年,第1641页。
[4]张学锋:《吴国历史的再思考——以近年来苏南春秋古城遗址的发掘为线索》,见苏州博物馆:《苏州文博论丛》2011年(总第2辑),文物出版社2011年,第15页。
[5]《史记·周本纪》,见司马迁:《史记》,中华书局1959年,第115页。
[6]张守节:《史记正义》,见司马迁:《史记》,中华书局1959年,第115页。
[7]《史记·吴太伯世家》,见司马迁:《史记》,中华书局1959年,第1445页。
[8]张守节:《史记正义》,见司马迁:《史记》,中华书局1959年,第1445页。

董寿平撰《吴越文化新探》一书，依据近几十年江南地区的考古实物，认为这些考古新发现纠正了"一般文献记载的另一个错误，即周人初到江南的地点，不是无锡、苏州一带，而是宁镇至皖南一带"[1]。陆九皋《从矢簋铭文谈太伯仲雍奔吴》一文，也是在考察宁镇地区出土的"众多的西周青铜器"及西周墓后，对比"从武进县太湖以南至无锡、苏州等地，到目前为止，尚未发现有西周青铜器墓葬出土"，从而得出"可以肯定，太伯、仲雍'乃奔荆蛮'是到的宁镇地区，决不是当时越族人聚居的梅里或吴县"[2]的结论（"矢簋"即宜侯矢簋，相关叙述见下文）。

与东吴之宁、镇地区说有关联的为近年发掘且列为全国重点文物保护单位的葛城遗址。该遗址位于江苏丹阳市珥陵镇东南约6公里处。考古报告《江苏丹阳葛城遗址考古勘探与发掘简报》称："推测此城址可能是吴国政治中心从镇江丹徒迁往太湖平原地区过程中的一个重要地点，甚或可能为吴国早中期都城之一。"而"值得注意的是，丹阳的司徒、访仙两处曾先后出土过两批数量较大的西周中晚期的青铜器窖藏，两地距葛城仅15公里[3]。如果再考虑到葛城遗址北距大港、谏壁的青铜器大型墓葬集中区仅30公里，东南距武进淹城遗址也仅30公里，那么，新发现的葛城城址就不只是一座普通的吴国城址，而应是吴国政治中心从宁镇地区迁往太湖平原地区十分重要的一个节点，不排除其为吴国早中期都城的可能"[4]（相关叙述，另见下文）。

（3）封吴——古公亶父"封其兄子太伯于东吴"说

此说出自《穆天子传》，但只是笼统地说古公亶父封其兄子吴泰伯于东吴，而未实指东吴何处，且古公亶父与吴泰伯为叔侄关系。而这一叔侄关系，未见于其他文献。

《穆天子传》记载及晋代郭璞注（括号内）如下："壬申，天子西征。甲戌，至于赤乌……天子使祭父受之，曰：赤乌氏，先出自周宗〔郭注：与周同始祖〕，大王亶父〔郭注：即古公亶父字也〕之始作西土〔郭璞注：言作兴于岐山之下。今邑在扶风美阳是也〕，封其兄子吴太伯于东吴〔郭注：太伯让国入吴，因即封之于吴〕。"[5]

关于《穆天子传》，西晋太康二年（281），汲郡人不准盗发魏襄王墓，墓中出土了大量竹书。经荀勖等人整理成《汲冢书》七十五篇。《穆天子传》是《汲冢书》中唯一流传至今的一种。

（4）西吴之陕西宝鸡及建弸国说

西吴指今陕西宝鸡境内的吴山。早在20世纪30年代，卫聚贤在《太伯之封在西吴》一文中说："太伯的封地在周原以西"[6]，"陕西陇县有吴山"，"正在岐山的西北，距岐山约五百里。以方向之西与距离之近言，太伯的封国在陕西陇县的吴山"[7]。当代学者尹盛平《关于太伯、仲雍奔"荆蛮"问题》一文，也认为吴国始封地在陕西宝鸡一带。该文先是引文证实"句吴是族号而不是

---

[1] 董寿平：《吴越文化新探》，浙江人民出版社1988年，第143页。
[2] 陆九皋：《从矢簋铭文谈太伯仲雍奔吴》，见江苏省吴文化研究会：《吴文化研究论文集》，中山大学出版社1988年，第92页。
[3] 原文此处加注："镇江博物馆：《江苏丹阳出土的西周青铜器》，《文物》1980年第8期。访仙窖藏出土的青铜器现存丹阳市博物馆，见杨正宏、肖梦龙主编《镇江出土吴国青铜器》，文物出版社2008年。"
[4] 南京博物院、镇江博物馆、丹阳市文化局：《江苏丹阳葛城遗址考古勘探与发掘简报》（执笔：陈刚、肖梦龙、李则斌），《东南文化》2010年第5期。
[5] 《山海经（外二十六种）·穆天子传》，上海古籍出版社1991年，第1042—252页。
[6] 卫聚贤：《太伯之封在西吴》，见吴越史地研究会：《吴越文化论丛》，江苏研究会1937年，第20页。
[7] 卫聚贤：《太伯之封在西吴》，见吴越史地研究会：《吴越文化论丛》，江苏研究会1937年，第22—23页。

地名",接着分析"近年来的考古发现证实,商末至西周中期,宝鸡市渭水两岸和凤县故道河谷一带,曾存在一个异姓方国——弓鱼国"[1]。

中国社会科学院考古研究所编著的《中国考古学·两周卷》介绍说:"弓鱼国墓地由茹家庄、竹园沟和纸坊头三个墓地组成。茹家庄、竹园沟位于宝鸡市区渭水南岸、清姜河东岸两河交汇处……纸坊头则在宝鸡市区西部的渭水北岸第一级台地,隔渭水和茹家庄、竹园沟遥遥相对。"纸坊头墓地"出有弓鱼伯簋2件,可知墓主为'弓鱼伯'。由墓中所出青铜礼器推断,该墓的年代在西周成王前期"[2]。

尹盛平《关于太伯、仲雍奔"荆蛮"问题》一文即

陕西宝鸡吴山森林公园（吴恩培摄）

陕西宝鸡吴山森林公园内的"西镇吴山"牌坊。牌坊朝东书"伯仲初始"（左下）及其细部（左上），牌坊朝西书"荆吴祖地"（右下）及其细部（右上）（吴恩培摄）

以"宝鸡市纸坊头弓鱼伯铜器、竹园沟弓鱼季铜器,以及茹家庄弓鱼伯较早的铜器,铭文中弓鱼字皆作弓鱼,茹家庄弓鱼伯较晚的铜器,铭中弓鱼字写作弓鱼或弓鱼,不从自。……这说明弓鱼字写法上早期从自从弓从鱼"[3]。作者最后得出的结论性推导意见是:"金文中吴国诸王自称为工歔、攻敔、攻吴王。工、攻与弓音同字通,歔、敔、吴与鱼音同字通,因此工敔、攻敔、攻吴都是弓鱼的假借。句音勾,勾与弓、工、攻乃一声之转,所以弓鱼即文献中的'句吴'。"[4] "太伯、仲雍奔'荆蛮'是投奔了当时在宝鸡市区一带的弓鱼族。"[5] "吴国的始封地当在宝鸡市附近。"[6] "'太伯居梅里'之说不可依据。"[7]

---

[1] 尹盛平:《关于太伯、仲雍奔"荆蛮"问题》,见《吴文化研究论文集》,中山大学出版社1988年,第96页。
[2] 中国社会科学院考古研究所编著:《中国考古学·两周卷》,中国社会科学出版社2003年,第119页。
[3] 尹盛平:《关于太伯、仲雍奔"荆蛮"问题》,见《吴文化研究论文集》,中山大学出版社1988年,第96页。
[4] 尹盛平:《关于太伯、仲雍奔"荆蛮"问题》,见《吴文化研究论文集》,中山大学出版社1988年,第96页。
[5] 尹盛平:《关于太伯、仲雍奔"荆蛮"问题》,见《吴文化研究论文集》,中山大学出版社1988年,第96页。
[6] 尹盛平:《关于太伯、仲雍奔"荆蛮"问题》,见《吴文化研究论文集》,中山大学出版社1988年,第96页。
[7] 尹盛平:《关于太伯、仲雍奔"荆蛮"问题》,见《吴文化研究论文集》,中山大学出版社1988年,第100页。

1986年纪念苏州建城两千五百年时，苏州市举办了多种学术讨论会。讨论会就"关于是否发生过'太伯奔吴'的史事"的论题，曾展开讨论，其中的一种意见就是："太伯奔吴的历史是发生过的，但所奔的不是无锡、苏州一带，而是陕西宝鸡一带。陕西有吴、荆、弓鱼（句吴）之类的地名或族名。太伯所奔之地当是在今宝鸡一带的历史上的弓鱼国，可能因靠近荆楚，又不是和周同祖，故被周人称之为荆蛮，后被改封到长江下游。"[1]

宝鸡西关纸坊头村出土的强伯簋（左）及簋内底铸有的铭文"强伯作宝尊簋"拓片（右）（录自《中国青铜器全集》[2]）

（5）"北吴"之山西平陆说

"北吴"之说，本见诸《史记·吴太伯世家》"封周章弟虞仲于周之北故夏虚，是为虞仲，列为诸侯"[3]的记载。卫聚贤在上述《太伯之封在西吴》一文中提到"北吴"，指的是"河东大阳（今山西平陆县）"[4]，但卫氏并不同意泰伯奔之北吴之说，称其为一种"附会"，更称"周武王当年无封周章之弟于北吴"[5]的说法。

童书业在《春秋左传研究》一书中提出"大伯（太伯）、虞仲皆虞国之初祖，大伯、仲雍所奔为山西之虞，而非'荆蛮'或江苏之吴"[6]。

杨宽《西周史》一书也认为："西周有两个封国都是仲雍的后裔，即在北方的虞（国都在今山西平陆北）和南方的吴（国都在今江苏无锡东）。'虞'字从'吴'，古'虞''吴'读音相同，实为一字的分化。……太伯、仲雍是虞的始祖，所以仲雍又称虞仲。《左传·僖公五年》记载晋献公第二次假道虞国进伐虢国，虞国大夫宫之奇向虞君进谏，讲到虞的开国历史，就说：'大伯、虞仲，大王之昭也，大伯不从（《史记·晋世家》"不从"作"亡去"），是以不嗣。'足以证明虞的始祖是太伯、仲雍。至于吴国，应该是虞的分支。……从当时商、周关系以及周对戎狄部族的战斗形势来看，太

---

[1] 苏州市档案局：《苏州年鉴·1987》，上海社会科学院出版社1988年，第126页。
[2] 《中国青铜器全集》编辑委员会：《中国青铜器全集》第六卷《西周（二）》，文物出版社1995年，第155、70页。
[3] 《史记·吴太伯世家》，见司马迁：《史记》，中华书局1959年，第1446页。
[4] 卫聚贤：《太伯之封在西吴》，见吴越史地研究会：《吴越文化论丛》，江苏研究社1937年出版，第34页。
[5] 卫聚贤：《太伯之封在西吴》，见吴越史地研究会：《吴越文化论丛》，江苏研究社1937年出版，第34页。
[6] 童书业：《春秋左传研究》，中华书局2006年，第32页。

王传位给幼子季历,而让长子太伯、次子仲雍统率部分周族迁到今山西以北,创建虞国,是一项很重要的战略措施。"[1]

上述童书业、杨宽的学术观点,都是建立在否认《史记·吴太伯世家》相关记载的基础之上的。

(6)先江、汉流域后东徙于吴说及与该说或存有关联的西汉"吴氏长沙国"

徐中舒的先江、汉流域后东徙于吴说,见诸《殷周之际史迹之检讨》一文。徐氏表述为:"《史记》谓太伯仲雍逃之荆蛮者,或二人所至即江、汉流域,其后或因楚之兴盛,再由江、汉而东徙于吴。"[2]该说虽为假设,并无文献支持,但在学界影响很大。顾颉刚《苏州史志笔记》即将该说与乾隆年间江西临江府出土的吴国早期青铜器"者减钟"作联系("者减钟"情况,另见下文),并再做出推测假说:"疑吴始立国于江、汉,其后迁于鄱阳湖滨,最后乃迁至无锡、苏州。"[3]而许倬云《西周史》(增补本)及社科院王宇信、王震中、杨升南、罗琨、宋镇豪所著的《中国古代文明与国家形成研究》一书,亦均引述徐中舒此说。若再联系在清代江西临江府地域内的今江西樟树市1973年发现的"吴城商代遗址"、江西余干县1989年发现的"新干大洋洲商墓"等商代青铜文化遗存,则吴国早期青铜器"者减钟"与这些商代青铜遗存间的联系隐然浮现,尽管目前还不能明确其间的联系究竟是什么。而春秋吴国灭国二百余年后的秦汉之际,在鄱阳湖滨出现的吴芮,"秦时番阳令也,甚得江湖间民心,号曰番君"[4],后"徙为长沙王,都临湘"[5]。西汉刘邦所封的异姓长沙王吴芮——江西历史上第一个有明确记载的历史人物——则又隐现并印证了吴灭国后,姬姓的吴国王室成员逃散于鄱阳湖滨并以"吴"姓承"姬"姓的民间吴氏谱牒的种种记载。

长沙博物馆展出的"吴氏长沙国"展板称:"吴芮始封的长沙国,史称吴氏长沙国。自公元前202年受封,历经5代传承,至公元前157年因无嫡嗣除国,存续46年。"今长沙有列为湖南省级文物保护单位的西汉长沙王室墓。遗址前题为"汉王墓"的说明标示牌指出:"1978年考古证实,象

列为湖南省级文物保护单位的长沙望月公园(又名"王陵公园")内"西汉长沙王室墓"文物保护碑(左)及该长沙王室墓遗址及遗址前竖立的题为"汉王墓"的说明标示牌(右)(吴恩培摄)

[1]杨宽:《西周史》,上海人民出版社1999年,第62—63页。
[2]徐中舒:《殷周之际史迹之检讨》,《历史语言研究所集刊》第七本第二分,1936年。
[3]顾颉刚:《苏州史志笔记》,江苏古籍出版社1987年,第15页。
[4]班固:《汉书》,中华书局1962年,第1894页。
[5]班固:《汉书》,中华书局1962年,第1894页。

鼻山一号汉墓是湖南至今为止挖掘的众多汉墓中规模最大、等级最高的汉墓。据考古专家分析研究，为西汉文景时期长沙第五代王吴著之墓。"另，今湖南省博物馆、长沙博物馆均展出有"西汉'长沙王印'"和"长沙王玺"。

长沙博物馆内展出的"吴氏长沙国"展板（左）及"长沙王玺"金印（西汉，公元前202—公元9年，2008年长沙市西汉长沙国王陵区出土，长沙市文物考古研究所藏）（右）（吴恩培摄）

湖南省博物馆展出的"西汉'长沙王印'"（长沙市文物考古研究所藏）（吴恩培摄）

笔者点校的《至德志·吴氏世谱跋》引邵宝说："予观吴氏家谱，其先世本姓姬。"[1]而该志所载《吴氏世系图》中，吴芮已为自泰伯、仲雍为吴氏"始祖一世"而排序的"二十八世"[2]。建于汉代的苏州泰伯庙，其主奉祀的奉祀侯吴如胜、吴允承亦为吴芮后人。这就是《至德志·优恤后裔志》中所记载的："汉桓帝永兴二年（154），诏建泰伯庙，命吴郡守糜豹访其子孙主之。四十一世孙如胜以世系进。帝览而赞曰：'贤哉吴泰伯，庆泽弥留长。'遂命太尉黄琼等议如胜次子允承为奉祀侯，永主其庙祀。"[3]显然，这是吴灭国后，逃散鄱阳湖滨的吴氏后人再次辗转回到苏州而主祀泰伯庙所呈现出的历史循环。因此，在后世泰伯、仲雍所奔地望的争议中，徐中舒说及顾颉刚所做的补充——"吴始立国于江、汉，其后迁于鄱阳湖滨，最后乃迁至无锡、苏州"的推测，成为影响较大的一种说法，其因或源于此。

现将徐中舒后诸学者对此说的补充、阐释罗列于下：

顾颉刚《苏州史志笔记》："徐中舒于《殷周之际史迹之检讨》中论太王翦商与太伯、仲雍之君吴曰：'盖周之王业自太王迁岐始。岐在渭水河谷，土地丰沃，宜于稼穑，南接褒、斜，可通江、汉、巴、蜀，周人骤得此而国势始盛，因此肇立翦灭殷商之基础。'又云：'太王之世周为小国，与殷商之力复乎不侔。当其初盛之时，决不能与殷商正面冲突，彼必先择抵抗力最小而又与殷商无甚关系之地经略之，以培养其国力。此兼弱攻昧之道，其例正多……余疑太伯、仲雍之在吴即周人经营南土之始，亦即太王翦商之开端。《史记》谓太伯仲雍逃之荆蛮者，或二人所至即江、汉流域，其后或因楚之兴盛，再由江、汉而东徙于吴。'此论为前人所未发，而极确切。周之经营南方，只看武王伐纣有庸、蜀、虞、彭、濮诸国人可知。太王之时，继统法未定，原不必长子继承，太伯、

---

[1]吴恩培点校：《至德志》，上海古籍出版社2013年，第78页。
[2]吴恩培点校：《至德志》，上海古籍出版社2013年，第78—79页。
[3]吴恩培点校：《至德志》，上海古籍出版社2013年，第15页。

仲雍之开国于南方，正如术赤之后为钦察汗国也。又者减钟十一枚以乾隆二十六年出土于江西临江府，者减为工𢾺王皮难之子。'工𢾺'即'句吴'。疑吴始立国于江、汉，其后迁于鄱阳湖滨，最后乃迁至无锡、苏州也。"[1]另，顾颉刚《苏州史志笔记》"一九五三年五月"以"吴都江西"为题，论及江西临江府出土者减钟十一枚后，以按语的形式说："春秋初年吴尚都江西，则其迁江苏殆在春秋中叶，太伯、仲雍墓不足信也。寿梦立而吴始益大，盖迁苏仅一二传耳。其所以能然，则以有奄国基础在也。临江府治今为清江县，在赣江西岸。又江西新建县北一百八十里有吴城镇，当赣江入湖之口，疑当时吴都即在是，其傍鄱阳犹之迁苏后傍太湖也。"[2]

距顾颉刚"一九五三年五月"所说江西吴城镇"疑当时吴都即在是"的二十年后，江西"吴城商代遗址"于1973年发现。现该遗址为全国重点文物保护单位（相关情况，另见下文）。而由上可知，顾颉刚引徐中舒"谓太伯仲雍逃之荆蛮者，或二人所至即江、汉流域……再由江、汉而东徙于吴"的假说意见，并在此基础上结合考古实物——乾隆二十六年（1761）出土于江西临江府的吴国青铜器者减钟，从而对徐中舒说进行微调，再做出推测假说——"疑吴始立国于江、汉，其后迁于鄱阳湖滨，最后乃迁至无锡、苏州"。

许倬云《西周史》（增补本）："泰伯仲雍为什么跋涉江湖，远去东南建立吴国。徐中舒以为不外以下两个原因：一为帅远征之师以经营南土，一为因与季历争位逃亡，受殷商卵翼立国东南。但他认为后者不可能，不仅泰伯季历的友谊，史所明载；更重要的，如果商人收容周族逃亡的王子，当置国于周的近旁以害周，远置东南，殊无谓也。因此，徐氏主张，太王之世，周为小国，实力远逊殷商，正面冲突，势所不能，必先择抵抗力最小而又与殷商无甚关系的边缘着手经营。而且周人经营江汉流域，至迟已在武王之世。或者泰伯仲雍原来的目标是江汉流域，因楚之兴而由江汉东徙于吴。"[3]"检讨徐氏的假设，楚的兴起当仍须俟诸后世。……则成王之世，楚还不成气候，岂能在太王、王季时即有足以威胁周人远征军的声势？然而商人在湖北自有据点，盘龙城的遗址，俨然是镇守一方的气象。泰伯仲雍由渭河流域出来，经过汉水上游的河谷，进入湖北，其势不难，在湖北立足就未必容易。商人势力可远到江西吴城。这支远征军也只有远趋长江下游，方可立足，后来周人克商之后，句吴这一着闲棋，没有发挥功用，但徐氏之说如果诚然，太王翦商的策略，实由泰伯仲雍南征为始。"[4]显然，许倬云《西周史》（增补本）把徐中舒关于"周人在克商之前即在江汉流域建立若干据点"[5]的推测，流变为"句吴一着闲棋，没有发挥功用"，即没有发挥出当初设计时所设想的战略作用。尽管如此，该著作不仅把泰伯、仲雍的南奔引申为"南征"，更认为"太王翦商的策略"就是以"泰伯仲雍南征为始"。

王宇信、王震中、杨升南、罗琨、宋镇豪著《中国古代文明与国家形成研究》："徐中舒先生

---

[1]顾颉刚：《苏州史志笔记》，江苏古籍出版社1987年，第14—15页。
[2]顾颉刚：《苏州史志笔记》，江苏古籍出版社1987年，第13页。
[3]许倬云：《西周史》（增补本），三联书店2001年，第93页。原文于此加注，指出系引自徐中舒《殷周之际史迹之检讨》一文，该文载1936年《历史语言研究所集刊》第七本第二分，第143页。
[4]许倬云：《西周史》（增补本），三联书店2001年，第93页。原文于此加注，指出系引自徐中舒《殷周之际史迹之检讨》一文，该文载1936年《历史语言研究所集刊》第七本第二分，第90页。
[5]许倬云：《西周史》（增补本），三联书店2001年，第93页。原文于此加注，指出系引自徐中舒《殷周之际史迹之检讨》一文，该文载1936年《历史语言研究所集刊》第七本第二分，第93页。

曾解释说，太王之世，周为小国，实力远逊殷商，正面冲突，势所不能，必先择抵抗力最小而又与殷商无甚关系的边缘着手经营，所谓太伯、仲雍'亡如荆蛮'，实是率远征之师经营南土，跋涉江湖，原目标是江汉流域，后因楚之兴而东徙于吴。许倬云先生又作了补订，认为太王时楚尚不成气候，太伯、仲雍由渭河流域出来，经汉水上游河谷，进入湖北，其势不难，但在湖北立足就未必容易，商人在此俨然是镇守一方气象，势力可远到江西吴城，故这支远征军只有长趋长江下游，方可立足，后来周人克商，句吴这一着闲棋，没有发挥功用，然则太王翦商的策略，实由太伯、仲雍南征为始。看来太伯、仲雍南下又另行立国，初意有迁回东进扩张领土图谋。"[1]

（七）后世泰伯纪念地——泰伯墓及其历史争议

1.唐宋文献记载的吴县（苏州）、无锡等地的两处泰伯墓

泰伯去世后，关于其墓地，先秦文献无记载。东汉《吴越春秋》有"太伯祖卒，葬于梅里平墟"[2]的记载，元徐天祜音注为："即太伯故城之地。刘昭云'无锡县东皇山有太伯冢，去墓十里有旧宅，其井犹存。'《皇览》云：'太伯墓在吴县北梅里聚。'二说不同。"[3]

徐天祜音注所说的"二说"，为唐宋文献中出现的泰伯墓的两处记载。其一为唐代陆广微《吴地记》："太伯筑城于梅里平墟，周三里二百步，外郭三百余里。今曰梅李乡，亦曰梅里村，泰伯庙在焉。城东五里曰皇山，一名鸿山，有泰伯墓。"[4]另一为"太伯冢在吴县北，去城十里"[5]。

唐代后，北宋朱长文《吴郡图经续记》记载："太伯墓，《皇览》云：'在吴县北梅里聚，去城十里。'刘昭案：'无锡县东皇山有太伯冢，去墓十里有旧宅，其井犹存。'二说固不同。今吴县、无锡界，俱有梅里之名，未知孰是，要当访之耳。"[6]

南宋范成大的《吴郡志》卷三十九记载："太伯墓。《吴越春秋》云：太伯卒，葬于梅里平墟。梅里，今属常熟县。又《史记正义》引《括地志》：太伯冢在吴县北五十里，无锡县界西梅里村鸿山上，去太伯城所居城十里。《吴地记》又云：'太伯冢在吴县北，去城十里。'未详孰是。"[7]

明初时，明洪武十二年（1379）卢熊《苏州府志》卷第四十四记载："吴太伯墓，《吴越春秋》云：'太伯卒，葬梅里平墟。'梅里，今属常熟县。《史记正义》引《括地志》：'太伯冢在吴县北五十里，无锡县界西梅里村鸿山上，去太伯所居城十里。'《吴地记》又云：'太伯冢在吴县北，去城十里。'未详孰是。"[8]

由上可以看出，唐代文献所记载的泰伯墓存有二说：一为无锡，一为吴县。宋代时，学者们对上述二说，已是"未知孰是，要当访之"及"未详孰是"了。而这一不能确定的"未知孰是"或"未详孰是"，一直延续到明代中期。

正是这一不确定的"未知孰是"或"未详孰是"及其屡屡重复，为明代弘治间的争议埋下了

---

[1] 王宇信、王震中、杨升南、罗琨、宋镇豪：《中国古代文明与国家形成研究》，云南人民出版社1997年，第511—512页。
[2] 赵晔：《吴越春秋》，江苏古籍出版社1989年，第4页。
[3] 徐天祜音注，见赵晔：《吴越春秋》，江苏古籍出版社1989年，第4页。
[4] 陆广微：《吴地记》，江苏古籍出版社1986年，第165页。
[5] 陆广微：《吴地记》，江苏古籍出版社1986年，第183页。
[6] 朱长文：《吴郡图经续记》，江苏古籍出版社1986年，第65页。
[7] 范成大：《吴郡志》，江苏古籍出版社1986年，第546页。
[8] 卢熊：《苏州府志》卷第四十四，见苏州市地方志办公室：《洪武苏州府志》第七册，广陵书社2015年，第556页。

种子。

2.始于明弘治间的泰伯墓之争

两地（指无锡、吴县）平衡打破以致从文献记载的争议到泰伯墓实体的争议，当在明弘治十三年（1500）前后。且这一事件的启端，与苏州学者王鏊有关。王鏊原籍吴县东山，明成化十年（1474）乡试解元，成化十一年会试会元，殿试探花（一甲第三名）。孝宗即位（1488），迁侍讲学士，充任讲官。后转少詹事，擢吏部右侍郎等职。

王鏊与出任无锡知县的姜文魁交集并作建言时，正充任京官。明王鏊《无锡县太伯庙碑》记载："无锡之板村，有丘隆焉，相传曰太伯之墓也，按汉刘昭云：'无锡县东皇山，有太伯冢。'《皇览》云：太伯之葬，'在梅里之平墟'。则非山，明也。今板村正居吴县之北，去梅村不二里而近。败屋颓垣，刍牧不禁，予尝过而伤之。弘治十三年（1500），南昌姜侯文魁来知无锡，予曰：'邑有圣人之墓而芜焉，令之耻也。'姜曰：'诺。'甫下车，则复议之，且捐俸倡民。于是，富者输财，壮者效力，期年庙成。殿、寝、门、堂，圭洁靓深；石表对峙，过者瞻悚。姜侯请予文于碑，以示后世。"[1]

从上述记载中，可知以下几点：

其一，王鏊《无锡县太伯庙碑》记载"无锡之板村，有丘隆焉，相传曰太伯之墓也"，即无锡板村有一隆起的小丘，相传这里就是唐陆广微《吴地记》、北宋朱长文《吴郡图经续记》、南宋范成大《吴郡志》乃至明初卢熊《苏州府志》等文献记载的存有二说之一的无锡泰伯墓处。

其二，至明弘治十三年（1500）南昌姜文魁来无锡任知县时，这一相传且有文献记载的无锡泰伯之墓处的"丘隆"已是荒芜不堪。《无锡名景》一书说"泰伯庙的现存建筑为明清时建。……主建筑泰伯殿，系明弘治十一年（1498）无锡知县姜文魁重建"[2]等，与上述王鏊《无锡县太伯庙碑》"弘治十三年，南昌姜侯文魁来知无锡"的记载时间稍异。

其三，原籍吴县且是时为京官的王鏊，值姜文魁任职无锡知县之初，即以"邑有圣人之墓而芜焉，令之耻也"之语而使其修泰伯之墓。面对王鏊的建言和敦促，姜文魁积极回应而应"诺"，即当面接受了王鏊这一修庙、修墓的建议。

其四，与王鏊晤面后，姜文魁即开始率先"捐俸"以"倡民"，于是，在有钱出钱、无钱出力式的"富者输财，壮者效力"下，修庙、修墓，期年而成。

其五，王鏊使无锡知县姜文魁修泰伯之墓，但其任总纂的《姑苏志》卷第三十四《冢墓》中，却依然有着"太伯冢在吴县上，去城十里"[3]的记载。这一现象说明：在王鏊的认知中，历史留存的泰伯墓两处文献记载，当属两地纪念性质的泰伯遗存，都可接受，且并不存在非此即彼式的排他意识。同时，出生于吴县东山的王鏊，并非心胸狭隘地偏及籍里，而是鼓励并敦促姜文魁修无锡的泰伯之墓。

---

[1]吴建华点校：《王鏊集》，上海古籍出版社2013年，第299页。另，吴恩培点校《至德志》卷之四（上海古籍出版社2013年，第34—35页）亦载该碑，碑名作《重修泰伯墓庙碑记》，文字与《王鏊集》稍异。
[2]沙无垢：《无锡名景》，江苏人民出版社2003年，第256—257页。
[3]《姑苏志》卷第三十四《冢墓》，见正德《姑苏志》，苏州图书馆藏本。

其六，明弘治十四年（1501），杨文立碑并撰文《泰伯墓碑阴记》，将唐宋以来文献记载的泰伯墓"未知孰是"或"未详孰是"的模糊状态打破。该文（即杨文《泰伯墓碑阴记》）将泰伯庙落实为姜文魁所修复之墓，从而将前述王鏊《无锡县太伯庙碑》中"相传曰太伯之墓"的"丘隆"明确记载为："伯（泰伯）殁葬鸿山之西岭，去梅村地五里，今乡人所指吴王墩者即伯墓也。"[1]

其七，杨文《泰伯墓碑阴记》的排他性论述，百年后引发苏州文人、学者的反弹。

明万历四十二年（1614），苏州文人、学者马之骏、范允临、赵宧光等在吴县境内的灵岩山亦为泰伯立墓、立碑。《至德志》卷六记载："《吴县志》：灵岩山，在吴县西南三十里，其下有泰伯墓。新野马之骏《灵岩赎山碑》文云：'山在坤维，不宜琢泄，伤川陆之灵。矧去灵岩数武，有芃然马鬣者，则泰伯氏所藏蜕也。畴易文身而衿裾，譬则河之星宿地脉伤震及躬矣。若辈无念其父若祖则已，念之若穷若祖之祖，以及入吴之初一人，又奚忍焉？'按，此碑万历四十二年撰，范允临书丹，赵宧光篆额，必有所据。"[2]

上文所说马之骏《灵岩赎山碑》，亦为《灵岩山赎山记》，载于《至德志》卷八。该碑或该文，本是针对明代时灵岩山无序采石而吁请保护并严加管控的文章。上述"矧去灵岩数武，有芃然马鬣者，则泰伯氏所藏蜕也"句，意为，灵岩山下草木茂盛如马鬣之处，即为泰伯葬身之处。显然，这里针对无锡学者所说泰伯"殁葬鸿山之西岭"而针锋相对地提出另一说——泰伯墓的吴县灵岩说。书碑者范允临，乃是范仲淹第十七世孙、明太仆徐泰时的女婿。而马之骏、赵宧光均为当时的苏州文人。

苏州文人在灵岩山为泰伯墓立碑九年后的明天启三年（1623），无锡的东林党党魁高攀龙再次写下了《泰伯墓碑阴记》立于无锡鸿山，此即为今无锡鸿山泰伯墓前两块《泰伯墓碑记》中的另一块。该《泰伯墓碑阴记》说："吾邑之鸿山，古所称皇山。皇山有泰伯墓。《南徐记》及《圣贤墓记》同其为泰伯墓，审矣。""万历之季，绅衿始谋立碑而表之。""既立石欲予记其事于碑阴。"[3]唐宋乃至明初文献中"未知孰是"或"未详孰是"的关于泰伯墓的文字争讼，至此已转化为苏、锡两地泰伯墓实体形式的争讼。

其八，其后的苏州地方文献，屡屡记载苏州灵岩山泰伯墓的情况。如：清乾隆《吴县志》对泰伯墓记载说："泰伯墓在灵岩山西北麓敕山坞，前代屡有敕赠，故名，又呼赤山。其地有三让原、至德乡。《吴越春秋》云：泰伯葬梅里平墟，《史记正义》引《括地志》云：在吴县五十里梅里村鸿山上，去泰伯所居城十里。汉刘昭云：无锡东皇山有泰伯冢。王文恪鏊《碑》云：在无锡县板村去梅里不二里而近。然则泰伯墓究无定属？想古人事迹传流在在，引据类若此。"[4]清道光十四年（1834）顾震涛编撰的《吴门表隐》一书，记载明代苏州泰伯墓的立碑情况："泰伯墓在灵岩山西敕山坞，明万历四十二年（1614），马之骏立碑，范允临书，赵宧光篆。"[5]

---

[1] 杨文：《泰伯墓碑阴记》，见吴恩培点校：《至德志》，上海古籍出版社2013年，第36页。
[2] 吴恩培点校：《至德志》，上海古籍出版社2013年，第47页。
[3] 高攀龙：《泰伯墓碑阴记》，见吴恩培点校：《至德志》，上海古籍出版社2013年，第36页。
[4] 《吴县志》卷第八十五《冢墓》，见乾隆《吴县志》，苏州图书馆藏本。
[5] 顾震涛：《吴门表隐》，江苏古籍出版社1986年，第23页。

3.清同治后,苏州知识分子以学术理性及泰伯礼让精神在文献记载中呈现出的"让"

清同治年间(1862—1874),道光二十年(1840)的苏州榜眼冯桂芬任总纂的同治《苏州府志》在记写"周"代的冢墓时,未记写"泰伯墓"条,但有一段说明性质的文字:"前《志》并载泰伯墓。按:《吴越春秋》:'泰伯卒,葬梅里平墟。'又,《史记正义》引《括地志》:'太伯冢在吴县北五十里,无锡县界西梅里村鸿山上,去泰伯所居城十里。'案:今梅里属金匮县,吴县村镇有梅梁里,无梅里。前志云:今无锡吴县界俱有梅里之名,或因梅梁里而误也。《括地志》明言无锡县界,则此当删。至《康熙志》谓泰伯墓在敕山坞,援至德乡、三让原为证其说,创于明万历中马之骏为之立碑,黄习远《灵岩山志》为之附会,不足据。"[1]此段文字表明,清同治年间苏州再纂《苏州府志》时,对泰伯墓的"吴县说"及其后作对应的"泰伯墓在敕山坞"等,以"不足据"为由,作出退让而不再予以记载。

然而,《至德志》光绪丙子(1876)年冬月重刊本却并不同意同治《苏州府志》中的上述"附会,不足据"说,故依然记录了"三让原,在吴县敕山坞。至德乡昌舟里,在吴县西管都二。端季乡,一在常熟县管都五,一在昭文县东北管都二"[2]。

民国时编纂的《吴县志》卷第四十记载说:"前《志》并载泰伯墓。案:《吴越春秋》,泰伯卒葬梅里平墟。又《史记正义》引《括地志》云:泰伯冢在吴县北五十里无锡县界西梅里村鸿山上,去泰伯所居城十里。案:今梅里属无锡县。吴县村镇有梅梁里无梅里,前《志》云今无锡、吴县界俱有梅里之名,或因梅梁里而误也。《括地志》明言无锡县界,则此当删。至《康熙志》谓泰伯墓在敕山邬,援至德乡、三让原为证其说,创于明万历中,马之骏为之立碑,黄习远《灵岩山志》因之附会,不足据。"[3]

由上可以看出,清同治《苏州府志》和民国《吴县志》,摒弃唐宋文献中关于吴县泰伯墓的记载。形成这一状况的原因或为:唐宋文献关于泰伯墓的记载为两处,揭示其纪念地性质。而因此与他处争夺泰伯墓,既与泰伯"三以天下让"的"至德"精神相悖,也与儒家"以礼让为国"[4]的思想相悖。正是在泰伯"至德"精神的感召下,这一时期的苏州知识分子以学术的理性及泰伯的礼让精神,对两地曾经发生的泰伯墓争夺,主动退让而息讼。

同治《苏州府志》和民国《吴县志》的这一处理,对后世也产生了影响。中华人民共和国成立后,大部分时间苏州实行地、市分治,无锡泰伯庙、墓所在的无锡县及吴县,均隶属苏南苏州行政区专员公署(后相继改称"苏南人民行政公署苏州专员公署""苏州专员公署""苏州专区""苏州地区""苏州地区行政公署"等)辖治。改革开放后的1983年3月,实行市管县新体制,苏州地区与苏州市合并,原苏州地区所属江阴、无锡二县划归无锡市辖,吴县属苏州市辖。至此,无锡泰伯庙、墓,划属无锡市辖范畴。此类因行政区划变迁而极易引发的地域文化资源争执,最终亦未形成较大的泰伯墓文化资源的争夺和争论。

---
[1] 同治《苏州府志》卷第四十九,见《中国地方志集成·江苏府县志辑⑦·同治苏州府志》,江苏古籍出版社1991年,第419页。
[2] 吴恩培点校:《至德志》,上海古籍出版社2013年,第47页。
[3]《吴县志》卷第四十《舆地考·冢墓一》,见民国《吴县志》,苏州图书馆藏本。
[4]《论语·里仁》,见《论语注疏》,北京大学出版社1999年,第51页。

4. 现存泰伯墓

现存泰伯墓，为位于无锡市新吴区鸿山街道鸿山南麓，且被列入2006年5月国务院核定并公布的第六批全国重点文物保护单位名录的"泰伯庙和墓"。公布时的相关资讯如下表：

序号	编号	名称	时代	地址
507	Ⅲ-210	泰伯庙和墓	明至清	江苏省无锡市

列为全国重点文物保护单位的无锡梅村"泰伯庙和墓"文物保护碑（左）及无锡市新吴区鸿山街道鸿山南麓的泰伯墓（右）（吴恩培摄）

鉴于无锡泰伯墓列为"国保"单位及苏州灵岩山敕（赤）山坞明代所立泰伯墓毁而不存，故无锡泰伯墓现已成为海内外吴氏宗亲祭祀泰伯的祖地墓园和弘扬"至德"精神的精神家园。

（八）泰伯庙

江南地区，现存纪念、祭祀性质的泰伯庙有二：一为无锡梅村泰伯庙，另一为苏州阊门内泰伯庙。现分别介绍如下：

1. 无锡泰伯庙

无锡泰伯庙位于无锡新吴区梅村街道，为目前江南地区规模最大的泰伯庙。

该庙（含墓）的修复，为前文所述明弘治十三年（1500）南昌姜侯文魁知无锡时。今无锡泰

位于无锡新吴区梅村街道的"泰伯庙"（左）及该庙主殿内的泰伯塑像（右）（吴恩培摄）

无锡泰伯庙主殿内的"至德无名"匾(左)及"三让高踪"匾(右)(吴恩培摄)

伯庙主殿泰伯座像上方的二匾,当是借用清帝康熙、乾隆二帝分别于康熙四十四年(1705)、乾隆十六年(1751)南巡驻跸苏州行宫钦赐匾额与苏州泰伯庙而题写的"至德无名"和"三让高踪"匾额文字(另见下文)。借用时舍去二帝钦赐匾额题写时的年份、题款,而分别采用印玺代之。同时,乾隆"三让高踪"匾的"让""踪"二字,字迹有改动。

2.苏州泰伯庙

(1)苏州泰伯庙的地位

苏州泰伯庙为江南祭祀泰伯最早的祠庙,向被称为"三吴首祠"。它的这一独特地位,乃是由下列特点奠定的:

①年代久远,传承有序

《至德志》载,苏州泰伯庙始建于"初汉(东汉)永兴二年(154),太守麋豹建于阊门外雁宕村南"[1]。迄今已近一千九百年。其后,泰伯庙历代修葺,连绵不断。其情况为:"(南朝)宋元嘉中(424—453),刘损为郡,命葺之。唐垂拱四年(688)河南道巡抚使狄仁傑奏焚吴楚淫祠一千七百余所,独留夏禹、吴泰伯、季札、伍员(伍子胥)四祠。朱梁乾化四年(914),吴越钱氏(钱镠)徙庙今所。宋元祐七年(1092),诏庙号为至德。乾道元年(1165),知府沈度重修。淳祐十二年(1252),提刑潘凯重修,悉屏去附祀之神,惟绘仲雍、季札二像侑享。明宣德五年(1430),知府况钟修。成化中(1465—1487),巡按御史张淮;嘉靖中(1522—1566),巡按御史陈瑞、巡按御史饶天民,万历中(1573—1620),巡按御史甘士价、知府石崐玉、巡盐御史胡继升先后修葺。崇祯二年(1629),知府史应选修,南尚宝卿吴尔成助成之。本朝(清朝)康熙二十三年(1684),巡抚都御史汤斌重修。五十九年(1720),巡抚都御史吴存礼廓而新之,并记立石。"[2]

由上可见,苏州泰伯庙在近一千九百年中,传承有序,记录完整。

②历代崇褒,地位显赫

泰伯庙地位显赫,体现在以下两方面:一方面,体现在历朝历代对泰伯的褒崇和加封。"周武王(前1046—前1043)追封为吴伯。晋明帝太宁元年(323),尊崇为三让王。宋哲宗元符三年(1100),诏封号为至德侯。徽宗崇宁元年(1102),进封王。明太祖洪武二年(1369),敕封吴泰伯之神。"[3]另一方面,体现在历代朝廷对泰伯庙含诏建、诏祀、敕祀及遣臣工致祭等在内的优裕隆恩。现谨就《至德志》记载,排列如下:"汉桓帝永兴二年(154),诏建泰伯庙于吴郡阊门外

---

[1]吴恩培点校:《至德志》,上海古籍出版社2013年,第19页。
[2]吴恩培点校:《至德志》,上海古籍出版社2013年,第19页。
[3]吴恩培点校:《至德志》,上海古籍出版社2013年,第9页。

雁宕村南。""晋明帝太宁元年（323），诏祀泰伯，用王者礼乐，具王者冕服。""宋武帝永初元年（420）三月，敕祀泰伯以太牢。""唐太宗贞观十三年（639），诏重广门殿。遣礼部尚书兼御史韩太忠祀泰伯以太牢……十五年（641），赐太伯六十世孙、驸马吴世伟吴、长、无锡等县苗田千顷，永充庙祀。玄宗开元二十年（732），赐嘉、湖二州湖泊三百八十六顷，永充庙祀。""宋太宗太平兴国二年（977），敕命平江军州朝散大夫太子左中允梁周翰祀泰伯以太牢，兼赐金帛、祝文。仁宗景祐四年（1037），遣龙图阁直学士孔道辅祭吴泰伯，兼赐金帛、祝文。哲宗元祐七年（1092），诏吴泰伯庙以'至德'为额，遣官致祭。""元成宗元贞元年，命祭三让王于姑苏至德庙，兼赐金帛。英宗至治二年九月遣银光禄大夫、御史中丞察罕帖木儿祭三让王吴泰伯。""明太祖洪武二年（1369），御制祭文，遣官致祭。""国朝康熙四十四年（1705），圣祖仁皇帝（即康熙帝爱新觉罗·玄烨）南巡，驻跸苏州行宫，御书'至德无名'匾额，钦赐庙中，敬谨供奉。乾隆十六年（1751）二月二十一日，皇上（即乾隆帝爱新觉罗·弘历）南巡，遣散秩大臣乌米泰致祭并赐谕祭文一道。二月二十五日，驻跸苏州行宫，御书'三让高踪'匾额，钦赐庙中，敬谨供奉。乾隆二十二年（1757）二月二十日，皇上第二次南巡，遣工部侍郎钱维城致祭，并赐谕祭文一道。乾隆二十七年（1762）二月二十二日，皇上第三次南巡，遣吏部侍郎程岩致祭。乾隆三十年（1765）二月二十七日，皇上第四次南巡，遣内阁学士兼礼部侍郎张若澄致祭。乾隆四十五年（1780）三月二十五日，皇上第五次南巡，遣都察院左副都御史王昶致祭。乾隆四十九年（1784）三月初八日，皇上第六次南巡，遣礼部右侍郎兼管太常寺乐部事德明致祭。"[1]

由上可以看出，在中国封建社会的历朝历代，苏州泰伯庙都备受礼遇。其中清代时，不仅两位有作为的皇帝（康熙、乾隆）御书钦赐匾额，且乾隆帝六下江南，每一次都派官员致祭。

康熙"至德无名"（上）、乾隆"三让高踪"（下）手书原件的雕版印刷（录自苏州图书馆藏光绪刊本《至德志》）

[1] 吴恩培点校：《至德志》，上海古籍出版社2013年，第10—11页。

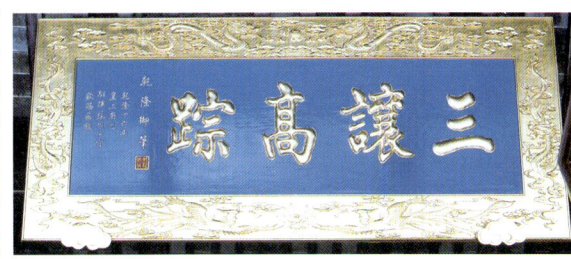

苏州泰伯庙主殿内的康熙御书"至德无名"匾(左)及乾隆御书"三让高踪"匾(右)(吴恩培摄)

(2)苏州泰伯庙的特点

①历代地方官员重视,视其为儒家精神支柱

历代抚吴官员对苏州泰伯庙极为重视,并视之为儒家精神支柱。除了历代抚吴官员对泰伯庙屡加修葺及致祭外,文献还记载了这些官员任职苏州,到任后的第一件事即为拜谒泰伯庙。

范成大《吴郡志》记载了南朝刘宋时的刘损担任吴郡太守一职。他一到苏州,进了阊门"便入太伯庙",见"室宇颓毁,垣墙不修"时,心情凄然地对属下说:"清尘尚可仿佛,衡宇一何摧颓?"[1]意即,这里的清尘氛围和过去一样那还没什么,可殿宇怎么颓毁成这个样子啊!于是,他立即下令修葺。而彭启丰在《至德志·序》中也记载了清初名臣汤斌到苏州任江苏巡抚时,"抚吴,甫下车,即涓吉谒庙"[2]。即他到了苏州,下了车,就选择吉祥的日子去拜谒泰伯庙。

②地处闹市,有利于泰伯"至德"精神在世俗社会中的传播

苏州泰伯庙的位置,始建时位于阊门外、五代时钱镠"徙于城内半里皋桥西"[3]。故苏州泰伯庙从城外徙至城内闹市,迄今已一千一百余年。而再从位置来看,其今址——苏州市阊门内下塘街250号,历史上即为苏州的"中市"(西中市)——劈面直对阊门的城中市场。

苏州泰伯庙地处闹市,历经千年,有利于泰伯"至德"精神在世俗社会中的传播。

③屡毁屡建

苏州泰伯庙传承近一千九百年,但在历史上屡毁屡建。主要原因是其地理位置——地处"中市"的市内繁华之地。苏州历史上的任何一次动乱和战火,它都极易被波及。尤其近代以来,苏州泰伯庙和苏州古城一样,经历了多次大的社会动乱。清咸丰时期,太平天国军队攻占苏州。太平天国将领李秀成于咸丰十年(1860)至同治二年(1863)建苏福省并统治苏州。这一期间,太平军与清军在江南一带展开激战。兵燹中,苏州泰伯庙难以幸免。据文献记载:"兵燹过后,被毁无存,仅有小屋一椽,供设神位。"[4]"军兴,庙毁于火。克复后,生(指奉祀生)等仅就原址精葺低屋一间,供奉神位三座。""至德庙向在贵治北利二图,兵燹被毁。"[5]此次战乱几将泰伯庙尽然毁去。光绪元年(1875),苏州的官府开始清理地基,对泰伯庙进行重修,并于光绪二年

---

[1] 范成大:《吴郡志》,江苏古籍出版社1986年,第127—128页。
[2] 吴恩培点校:《至德志》,上海古籍出版社2013年,第7页。
[3] 吴恩培点校:《至德志》,上海古籍出版社2013年,第21页。
[4] 吴恩培点校:《至德志》,上海古籍出版社2013年,第90页。
[5] 吴恩培点校:《至德志》,上海古籍出版社2013年,第93页。

（1876）竣工。修成后吴县制定的《吴县禁约告示》指出："照得泰伯庙兵燹被毁，现奉大宪札饬兴建，工竣顿复旧观。"[1]

光绪初年的修复，仅维持至1911年辛亥革命时。在辛亥革命及其后的民国时期，泰伯庙既无力重修，且亦无人进行有效管理。20世纪50年代，由于思想观念等方面的原因，泰伯庙等文物古迹被视为封建主义的糟粕。是时，连传承了近两千五百年的苏州城墙都未能保下而大部分被拆去，地处皋桥的泰伯庙就更不可能得以妥善保护了。正是上述诸原因的交互作用，迁延至21世纪初时，泰伯庙已成了一处名为"庙桥"的农贸市场。这里的"庙"指的是泰伯庙，"桥"则是指庙门外的至德桥。庙桥农贸市场内，昔日肃穆的大殿，成了嘈杂的叫卖市场。叫卖声中，昔日的香火已是不再。

千里之邦，必有祠所。泰伯庙的种种现状，引起苏州各界的关注。2005年，苏州的报端发出了《尽快重建"泰伯祖庭"》[2]的呼声。在广大市民百姓和专家学者都呼吁尽快修复苏州泰伯庙的吁请声中，2011年以来，苏州市委、市政府加大对历史文化的保护传承力度。为大力弘扬泰伯文化，苏州市委、市政府将修复泰伯庙作为苏州桃花坞历史文化片区改造工程的一个重要部分。

2011年下半年，开始了苏州泰伯庙历史上最近一次的修复。为大力弘扬泰伯文化，苏州市委、市政府对泰伯庙开始了保护和修复工程。该工程历时三年，于2014年年初土建竣工并进入内装修程序。后于同年5月18日举行落成仪式，正式对市民开放。此次修复的泰伯庙总占地面积7492平方米，真实还原了清代泰伯庙的原貌。

泰伯庙正殿内，塑有三座塑像，面南的泰伯位于正中，其东为仲雍，西为季札。塑像排列，依据光绪丙子（1876）刊本《至德志》所载"春秋享祀"中"正殿"的相关内容："泰伯像南向坐，冕九旒，衮九章，执圭垂绅，绣裳赤舄，古吴国君泰伯神位。""仲雍像东上南向坐，冕九旒，衮九章，执圭垂绅，绣裳赤舄，古吴国君仲雍神位。""季札像西上南向坐，冕九旒，衮九章，执圭垂绅，绣裳赤舄，古吴延陵季子神位。"[3]显然，现塑像排列完全符合《至德志》上述记载的"春秋

列为苏州市文物保护单位的"泰伯庙"（2014年修复）（左）及泰伯庙"至德坊"（右）（吴恩培摄）

---

[1] 吴恩培点校：《至德志》，上海古籍出版社2013年，第92页。
[2]《尽快重建"泰伯祖庭"》，《姑苏晚报》2005年11月21日。
[3] 吴恩培点校：《至德志》，上海古籍出版社2013年，第12—13页。

泰伯庙主殿"至德殿"(左)及至德殿内供奉的吴国先贤塑像,自左至右分别为季札、泰伯及仲雍(右)(吴恩培摄)

享祀"所定的规制。为还原历史,更具平民色彩的西周服饰成为塑像主基调。

六、仲雍继位

(一)仲雍其人及其与"勾吴"国号的联系

仲雍,见诸《史记·吴太伯世家》记载的"仲雍"之名及其继太伯勾吴国君之位说:"吴太伯,太伯弟仲雍,皆周太王之子,而王季历之兄也。季历贤,而有圣子昌,太王欲立季历以及昌,于是太伯、仲雍二人乃奔荆蛮,文身断发,示不可用,以避季历。……太伯之奔荆蛮,自号句吴。荆蛮义之,从而归之千余家,立为吴太伯。太伯卒,无子,弟仲雍立,是为吴仲雍。"[1]而《左传·哀公七年》"大伯端委以治周礼,仲雍嗣之"[2]句,也证实"大伯"之弟名"仲雍"及其接任"大伯"勾吴君位事。

仲雍,又作虞仲,见诸《史记·周本纪》:"古公有长子曰太伯,次曰虞仲。……太伯、虞仲知古公欲立季历以传昌,乃二人亡如荆蛮,文身断发,以让季历。"[3]

仲雍,字孰哉,见诸司马贞《史记索隐》:"伯、仲、季是兄弟次第之字。若表德之字,意义与名相符,则《系本》曰'吴孰哉居蕃离',宋忠曰'孰哉,仲雍字。蕃离,今吴之余暨也'。解者云雍是孰食,故曰雍字孰哉也。"[4]

仲雍,又作吴仲,见诸《吴越春秋》:"古公三子,长曰太伯,次曰仲雍,雍一名吴仲。"[5]又,《吴越春秋》记载太伯立国,"自号为勾吴"时,"吴人或问何像而为勾吴,太伯曰:'吾以伯长居国,绝嗣者也,其当有封者,吴仲也。故自号勾吴,非其方乎?'"[6]意即,我是一个排行老大而应该住在国内继承君位却又没有儿子能继承君位的人,那应该受封的是吴仲(即仲雍、虞仲)。但他也没能受封,所以我把自己所立之国称为"勾吴",这不是合乎道义的事吗?按此,太伯所立国名

---

[1]《史记·吴太伯世家》,见司马迁:《史记》,中华书局1959年,第1445—1446页。
[2]《左传·哀公七年》,见《春秋左传正义》,北京大学出版社1999年,第1641页。
[3]《史记·周本纪》,见司马迁:《史记》,中华书局1959年,第115页。
[4] 司马贞:《史记索隐》,见司马迁:《史记》,中华书局1959年,第1446页。
[5] 赵晔:《吴越春秋》,江苏古籍出版社1986年,第3页。
[6] 赵晔:《吴越春秋》,江苏古籍出版社1986年,第3页。

"勾吴"实为取仲雍名号。故清代学者俞樾《春在堂全书》卷第十八《曲园杂纂·读吴越春秋》即指出:"太伯因仲雍名吴仲,而号其国为吴。"[1]

太伯立国勾吴,其后"太伯卒,无子,弟仲雍立,是为吴仲雍"[2]。泰伯无子,去世后传位于弟仲雍,再由仲雍而传。故从血缘关系来看,勾吴国王室实是传自仲雍一脉。但因泰伯的勾吴国始祖地位,同时他又是仲雍的长兄,因此,后世吴国依然在血缘上奉泰伯为吴国始祖。吴王夫差黄池盟会"吴、晋争先"时,"吴人曰:'于周室,我为长'"[3],即是明证。

(二)文献记载先秦时期的三个"虞仲"

不同文献记载了先秦时期的三个"虞仲",分别如下:

1.泰伯之弟虞仲

泰伯之弟虞仲,即《史记·周本纪》记载的"古公有长子曰太伯,次曰虞仲"[4]的泰伯之弟,去世后葬于常熟虞山。

2.吴五世周章之弟、虞国始封君虞仲

吴五世周章之弟虞仲,即《史记·吴太伯世家》记载的"周武王克殷,求太伯、仲雍之后,得周章。周章已君吴",故而"封周章弟虞仲于周之北故夏虚"[5]。此"周章弟虞仲",即为周初分封时的虞国始封君(关于该虞国情况,另见下文)。

3.《论语·微子》篇中记载的"逸民"虞仲

《论语·微子》记载:"逸民:伯夷、叔齐、虞仲、夷逸、朱张、柳下惠、少连。……谓:'虞仲、夷逸,隐居放言,身中清,废中权。'"[6]何晏注:"逸民者,节行超逸也。包曰:'此七人皆逸民之贤者。'"[7]"包曰:'放,置也。不复言世务。'"[8]"马曰:'清,纯洁也。遭世乱,自废弃以免患,合于权也。'"[9]邢昺疏:"此章论逸民贤者之行也。……'谓虞仲、夷逸,隐居放言,身中清,废中权'者,放,置也。清,纯洁也。权,反常合道也。孔子又论此二人隐遁退居,放置言语,不复言其世务,其身不仕浊世,应于纯洁;遭世乱,自废弃以免患,应于权也。"[10]故以上《论语·微子》句意为,节行超逸之贤者有伯夷、叔齐、虞仲、夷逸、朱张、柳下惠、少连七人。……说虞仲、夷逸过着隐居的生活,说话很随便,能洁身自爱,离开官位合乎权宜。显然,"逸民"虞仲即《论语·微子》篇记载的七个"皆逸民之贤者"之一的"虞仲"。该"虞仲"行状,为"隐居放言,身中清,废中权",即过着隐居的生活,说话很随便,能洁身自爱,离开官位亦合乎权宜。

---

[1]俞樾:光绪刻本《春在堂全书》卷十八《曲园杂纂·读吴越春秋》,苏州图书馆藏本。
[2]《史记·吴太伯世家》,见司马迁:《史记》,中华书局1959年,第1446页。
[3]《左传·哀公十三年》,见《春秋左传正义》,北京大学出版社1999年,第1670页。
[4]《史记·周本纪》,见司马迁:《史记》,中华书局1959年,第115页。
[5]《史记·吴太伯世家》,见司马迁:《史记》,中华书局1959年,第1446页。
[6]《论语·微子》,见《论语注疏》,北京大学出版社1999年,第252—253页。
[7]《论语·微子》,见《论语注疏》,北京大学出版社1999年,第252页。
[8]《论语·微子》,见《论语注疏》,北京大学出版社1999年,第252—253页。
[9]《论语·微子》,见《论语注疏》,北京大学出版社1999年,第253页。
[10]邢昺疏,见《论语注疏》,北京大学出版社1999年,第253页。

(三)三个"虞仲"相互间的关系

不同文献记载的三个"虞仲",他们相互间的关系为:

1.泰伯之弟虞仲与吴五世周章之弟虞仲

《史记·吴太伯世家》记载泰伯后至吴五世周章的世系说:"太伯卒,无子,弟仲雍立,是为吴仲雍。仲雍卒,子季简立。季简卒,子叔达立。叔达卒,子周章立。是时周武王克殷,求太伯、仲雍之后,得周章。周章已君吴,因而封之。乃封周章弟虞仲于周之北故夏虚,是为虞仲。"[1]由上可以看出,泰伯弟仲雍,即"吴仲雍",值太伯卒后,立为二世吴王。而周章为仲雍曾孙,周章弟仲雍亦为仲雍曾孙,二人为祖孙关系且祖孙同名耳。

2.泰伯之弟的虞仲与"逸民"虞仲

泰伯之弟的虞仲为吴二世,从上引《史记·吴太伯世家》记载的"太伯卒,无子,弟仲雍立,是为吴仲雍"及《左传·哀公七年》记载的"大伯端委以治周礼,仲雍嗣之"等来看,泰伯之弟虞仲(仲雍),继任泰伯的勾吴君位,而与"隐居放言""废中权"的生活并无关系。且二人为不同时代的人,不可能产生交集,故也不可能产生任何关系。

3.周章之弟的虞仲与"逸民"虞仲

《史记·吴太伯世家》记载吴五世周章受封的同时,还因"周章已君吴,乃封周章弟虞仲于周之北故夏虚,是为虞仲,列为诸侯"[2]。这一"是为虞仲,列为诸侯"的周章弟即为虞国始封君,其封地即为黄河北岸今山西平陆一带的虞国。虞国从西周初延续至春秋晋献公时。如前文所述,鲁僖公五年(晋献公二十二年,前655)"晋侯复假道于虞以伐虢"[3],即晋献公再次向虞国借路进攻虢国。而晋军灭掉虢国后,"师还,馆于虞,遂袭虞,灭之"[4]。即晋军回国时,住在虞国,乘机袭击虞国,并灭亡之。因此,周章之弟虞仲赴"周之北故夏虚"任虞国始封君时,其作为与"隐居放言""废中权"的生活并无关系。故二人不可能产生交集,也不可能产生任何关系。

(四)泰伯之弟虞仲与《论语·微子》篇中的"逸民"虞仲并非同一人

经以上分析,可以看出,继任勾吴君位的泰伯之弟虞仲,并无文献记载其有过的"隐居放言""废中权"的生活经历。故泰伯之弟虞仲与《论语·微子》篇中的"逸民"虞仲,二人并非同一人。

再从前引《论语·微子》篇中记载的"逸民:伯夷、叔齐、虞仲、夷逸、朱张、柳下惠、少连"的人名排列来看,《论语》或也支持这一说法。这是因为:

泰伯、仲雍、季历为同一代人的三兄弟。季历之子为姬昌(周文王,又称"西伯"),姬昌之子为周武王姬发。《史记·伯夷列传》记载,当"伯夷、叔齐闻西伯昌善养老"[5]即伯夷、叔齐听说西伯姬昌能够很好地赡养老人而去投奔他时,西伯姬昌已经去世,他的儿子武王姬发追尊西伯昌

---

[1]《史记·吴太伯世家》,见司马迁:《史记》,中华书局1959年,第1446页。
[2]《史记·吴太伯世家》,见司马迁:《史记》,中华书局1959年,第1446页。
[3]《左传·僖公五年》,见《春秋左传正义》,北京大学出版社1999年,第342页。
[4]《左传·僖公五年》,见《春秋左传正义》,北京大学出版社1999年,第346页。
[5]《史记·伯夷列传》,见司马迁:《史记》,中华书局1959年,第2123页。

为文王,并把他的木制灵牌载在兵车上,向东方进兵讨伐殷纣时,"伯夷、叔齐叩马而谏"[1]。由此,可推算出,年龄或小于姬昌的伯夷、叔齐,与姬昌的关系,充其量也只是同辈人。故姬昌的伯父仲雍,为长伯夷、叔齐一辈的长辈。而《论语·微子》记载"逸民"时的排列为"伯夷、叔齐、虞仲",即将晚一辈的伯夷、叔齐,排列在长一辈的虞仲之前,这里唯一能说得通的解释,即是前述的结论——泰伯之弟虞仲与《论语·微子》篇中的"逸民"虞仲并非同一人。

至于《论语·微子》篇中排列于商末周初伯夷、叔齐之后的"虞仲",其生活时代、国别等,文献未载。唯一留下的就是上述《论语·微子》篇中的片言只语——"逸民"及"隐居放言,身中清,废中权"等记载。

上述泰伯之弟虞仲与《论语·微子》篇中的"逸民"虞仲并非同一人的结论,在此以前,早已有学者提过。2009年11月在常熟召开首届江苏省吴越文化学术研讨会时,会议所出《江南文化新探——江苏省吴越文化学术研讨文选》中刊有的刘桂秋《仲雍事迹考述》一文即指出:"仲雍虽然与其兄太伯为让位于季历及昌而奔荆蛮之地,但他们却在荆蛮之地建立了勾吴国,世代传遭不绝,称仲雍为'逸民'恐怕也是于义未妥的。因此,《论语·微子》中的虞仲应该是别有其人,而非是指太伯之弟仲雍。"[2]

须指出的是,泰伯之弟虞仲与"逸民"虞仲并非同一人的学术观点,只是虞仲研究中的一种学术意见,甚至是不占主流地位的学术意见。历史流传至今的常熟虞山标示泰伯之弟虞仲(仲雍)与"逸民"虞仲为同一人,由此构建的物质文化至今留存。

以常熟虞山至今留存的仲雍墓的三座牌坊的前两座来说,第一座牌坊的朝东一面为"敕建先贤仲雍墓门",而朝西一面则为与《论语·微子》篇中的"逸民"虞仲有关的"清权坊"。

而第二座牌坊,朝东面为"南国友恭"四字,两旁石柱镌刻楹联"道中清权垂百世,行侔夷惠表千秋",与"逸民"虞仲有关;而其背面则为"让国同心",言仲雍与其兄泰伯让国而同心。

而当代,亦有学者认为:"在《论语·微子》篇中,孔子说:'柳下惠、少连,降志辱身矣,言中伦,行中虑,其斯而已矣',又说:'虞仲、夷逸,隐居放言,身中清,废中权'。可见仲雍、柳下惠、夷逸等人皆为隐遁不污、洁身自好的贤者。"[3]

因此,即使泰伯之弟虞仲与"逸民"虞仲并非同一人的意见成为主流学术意见,它面对交融既久的泰伯之弟虞仲与"逸民"虞仲混为一人的文化现象,亦甚难切割。以前述的两座牌坊来说,均是一面记泰伯之弟虞仲,另一面则记《论语·微子》篇中的"逸民"虞仲。

(五)《史记》《汉书》及颜师古注将泰伯之弟虞仲与"逸民"虞仲混为一人

早期史学著作将泰伯之弟虞仲与"逸民"虞仲混为一人者,如下:

其一,汉司马迁《史记·孔子世家》:"谓'虞仲、夷逸隐居放言,行中清,废中权'。"[4]

其二,汉班固《汉书·地理志下》记载及唐代颜师古注。《汉书·地理志下》记载孔子对泰伯及

---

[1]《史记·伯夷列传》,见司马迁:《史记》,中华书局1959年,第2123页。
[2] 刘桂秋:《仲雍事迹考述》,见惠建林、黄胜平主编:《江南文化新探——江苏省吴越文化学术研讨文选》(2009年11月,内部刊物),第7页。
[3] 何振球、严明:《常熟文化概论》,苏州大学出版社1995年,第27页。
[4]《史记·孔子世家》,见司马迁:《史记》,中华书局1959年,第1943页。

仲雍的评价说:"孔子美而称曰:'大伯,可谓至德也已矣! 三以天下让,民无得而称焉。'谓'虞仲夷逸,隐居放言,身中清,废中权。'"[1]唐颜师古注:"师古曰:'皆《论语》载孔子之言也。'虞仲,即仲雍也。夷逸,言窜于蛮夷而遁逸也。隐居而不言,故其身清洁,所废中于权道。"[2]

鉴于《史记》《汉书》及颜师古注的影响,后世,泰伯之弟虞仲与《论语·微子》中的"逸民"虞仲为一人,已成为一种主流意见。

(六)互相交融而难以切割的文化:仲雍墓前的三重牌坊——泰伯弟虞仲与"逸民"虞仲的混淆及共存

常熟虞山仲雍墓,始建年代已不可考。《常熟文化概论》引"唐《艺文类聚》载,梁简文帝撰的虞山《招真治碑记》中已有'远望仲雍而高坟萧瑟,旁临齐女则哀垄苍茫'之句"[3]。梁简文帝在位极短,即太宝年间(550—551),距今近一千五百年。故由此推测,仲雍墓的年代当不低于一千五百年。唐司马贞《史记索隐》引"《吴地记》曰:'仲雍冢在吴郡常孰县西海虞山上,与言偃冢并列。'"[4]由上亦可见,至唐代时已出现虞山之名。

现存仲雍墓等建筑,"建于明成化年间(1465—1487),由其106世裔孙浙江参政周木奉旨修缮,并建墓道,直达绣屏巷(又名清权坊巷),在巷口建石坊一座"[5]。其后,"明弘治七年(1494),江南巡抚都御史刘延赞重建石坊于北门大街,名'清权坊'。清乾隆十年(1745),常熟知县张耀璧建虞仲墓坊(今墓道第三座石坊,位于墓前),立墓碑'先贤虞仲周公墓'。坊为三间花岗石冲天式,中间正面匾额镌刻'先贤虞仲墓'五字。坊柱镌楹联,上联为'一时逊国难为弟',下联为'千载名山还属虞',由苏松常太粮储道兼巡视漕河参议程光炬题并书。乾隆三十一年(1766)裔孙周縈等于山麓建'南国友恭'坊,两旁石柱镌刻楹联,上联为'道中清权垂百世',下联为'行侔夷惠表千秋',由江苏学政曹秀先书"[6]。

常熟虞山下仲雍墓的第一座牌坊——"敕建先贤仲雍墓门"牌坊(左)及列为江苏省文物保护单位的常熟虞山"仲雍墓"文物保护碑(右)(吴恩培摄)

---

[1]《汉书·地理志下》,见班固:《汉书》,中华书局1962年,第1667页。
[2]颜师古注,见班固:《汉书》,中华书局1962年,第1667页。
[3]何振球、严明:《常熟文化概论》,苏州大学出版社1995年,第25页。
[4]司马贞:《史记索隐》,见司马迁:《史记》,中华书局1959年,第1447页。
[5]何振球、严明:《常熟文化概论》,苏州大学出版社1995年,第25页。
[6]何振球、严明:《常熟文化概论》,苏州大学出版社1995年,第25—26页。

仲雍墓的第一座牌坊——朝东的"敕建先贤仲雍墓门"细部（左）及其背额朝西的"清权坊"三字（右）（吴恩培摄）

常熟虞山下仲雍墓的第二座牌坊——朝东的"南国友恭"四字及其两旁石柱镌刻的楹联"道中清权垂百世，行侔夷惠表千秋"（左）、其背额朝西的"让国同心"四字（右）（吴恩培摄）

仲雍墓旁竖立的"先贤虞仲周公墓"碑（左）及仲雍墓（右）（吴恩培摄）

由上可见，泰伯弟虞仲与《论语·微子》中的"逸民"虞仲，混淆为一人而既久，已是深度契合而难以切割了。

第三章　周初"封建亲戚"中的吴五世周章受封及吴国从西周到东周

第一节　西周初分封——"封建亲戚"

一、西周初分封与《史记》记载的"吴太伯世家第一"

（一）西周初影响深远的重大事件——分封

西周初的重大历史事件，首为分封——"封建亲戚"[1]。这是一个对后世中国产生深远影响的历史事件。

分封过程中，随着周武王建立西周后不久去世而留下的权力真空，引发了西周初的另一重大历史事件——"三监之乱"。"三监之乱"显现了西周初文王诸子对王室权力的觊觎及权力分配中的冲突。

"分封"与"三监之乱"，这两个历史事件互相缠绕。当时地处长江流域的吴国，因地理因素，使得吴国与西周初的"三监之乱"无涉，而随着吴五世周章的受封，自商末泰伯、仲雍南奔后所立之"勾吴"国，首次与周部族季历一脉及其后人建立的西周王朝产生交集。

这一交集，对后世吴国的历史地位产生极其深远影响。而体现这一影响者有二：

一为吴国被纳入西周初"封建亲戚"的范围。这就是《史记·吴太伯世家》记载的"周武王克殷，求太伯、仲雍之后，得周章。周章已君吴，因而封之"[2]。

二为影响后世史书的记载。这就是西汉司马迁撰写《史记》时，对"世家"诸篇篇目的排序为"第一"者，为"吴太伯世家"。

（二）《史记》体例与"世家第一"的"吴太伯世家"

《史记》分本纪、表、书、世家、列传五部分。其中，"本纪""世家""列传"三部分，占全书大部分篇幅。

与西周分封有关的"世家"，排序靠前者，为"世家第一"至"世家第十二"的前十二名，列表如下：

---

[1]《左传·僖公二十四年》，见《春秋左传正义》，北京大学出版社1999年，第418页。
[2]《史记·吴太伯世家》，见司马迁：《史记》，中华书局1959年，第1446页。

《史记》"世家第一"至"世家第十二"情况表

卷数	篇名及排序	世系
史记卷三十一	吴太伯世家第一	文王伯父、武王伯祖吴太伯所立"勾吴"国及其起始的吴世系。
史记卷三十二	齐太公世家第二	文王谋臣吕（姜）尚及其起始的齐世系。
史记卷三十三	鲁周公世家第三	文王四子周公旦及其起始的鲁世系。
史记卷三十四	燕召公世家第四	姬姓重臣召公奭及其起始的燕世系。
史记卷三十五	管蔡世家第五	文王三子管叔鲜、五子蔡叔度的合编及由之起始的管、蔡世系。
史记卷三十六	陈杞世家第六	先圣王舜、禹后人的分封及其传承的陈、杞世系。
史记卷三十七	卫康叔世家第七	文王九子卫康叔的分封及其起始的卫世系。
史记卷三十八	宋微子世家第八	商纣王庶兄微子的分封及其起始的宋世系。
史记卷三十九	晋世家第九	周成王桐封其弟叔虞于唐及其起始的晋世系。
史记卷四十	楚世家第十	周成王封颛顼后裔熊绎于楚蛮及其起始的楚世系。
史记卷四十一	越王勾践世家第十一	夏后帝少康庶子封于会稽，以奉守禹之祀及其起始的越世系。
史记卷四十二	郑世家第十二	西周后期，文王后裔周宣王封其庶弟郑桓公友于郑及其起始的郑世系。

体现吴国在西周分封时的独特地位，即为排序为"世家第一"的"吴太伯世家"。而从上表中也可看出：西周初"封建亲戚"的姬姓分封中，多为季历孙辈、文王子辈及武王同辈兄弟和子辈。

二、小邦不入"世家"与"吴太伯世家第一"

作为与《史记》记载"吴太伯世家第一"而进行对标者，为西周分封时众多未入"世家"的小邦。这些纳入"封建亲戚"的小邦，多数没有记入《史记》之"世家"，史迹散见于《史记》诸篇。

（一）《史记》序列的文王嫡子、武王母弟入"世家"情况

《史记·管蔡世家》记载周文王子嗣，均为"文王正妃"的太姒所生，故均为文王嫡子。该序列为："长子曰伯邑考，次曰武王发，次曰管叔鲜，次曰周公旦，次曰蔡叔度，次曰曹叔振铎，次曰成叔武，次曰霍叔处，次曰康叔封，次曰冉季载。"[1]

因文王长子伯邑考早死，次子姬发为武王而无须分封外，其余八子入"世家"情况为：四子周公旦为"鲁周公世家第三"；三子管叔鲜、五子蔡叔度合编为"管蔡世家第五"；九子康叔封为"卫康叔世家第七"；其余诸子如六子曹叔振铎、七子成叔武、十子冉季载等，虽有封国，但均未入"世家"。

故上述文王嫡子、武王母弟入"世家"与不入"世家"者，各占其半（其中三子、五子为合编而入）。

因此，不入"世家"中的"小邦"，并非仅指封国疆域的大小，更多包含着该"小邦"在周族族群中的身份、地位。以西周及东周初年的虢国来说，周武王灭商，周文王的两个弟弟虢仲、虢叔分别受封。孔颖达疏《左传·昭公九年》时说："《传》称'虢仲、虢叔，王季之穆'，是文王母弟也。"[2]而这两位周文王的弟弟、周武王的叔叔，尽管有封国，却未入《史记》中的"世家"。

---

[1]《史记·管蔡世家》，见司马迁：《史记》，中华书局1959年，第1563页。
[2] 孔颖达疏，见《春秋左传正义》，北京大学出版社1999年，第1269页。

(二)《左传》序列的西周封国记载

《左传》记载的西周封国情况,不止一处。分别如下:

1.《左传·僖公二十四年》的记载

《左传·僖公二十四年》以富辰之口记曰:"昔周公吊二叔之不咸,故封建亲戚,以蕃屏周。"[1]即周公旦感慨当日夏、商二代之末,疏其亲戚的做法和后果,所以把土地分封给亲戚作为周王朝的屏障。

孔颖达疏曰:"二代之末(指夏、商二代之末),疏其亲戚,以至灭亡。周公创其如此,故制礼设法,亲其所亲,广封兄弟,以自蕃卫也。蕃屏者,分地以建诸侯,使与京师作蕃篱屏扦也。""昔周公伤彼夏、殷二国叔世,疏其亲戚,令使宗族之不同心以相匡辅,至于灭亡。故封立亲戚为诸侯之君,以为蕃篱,屏蔽周室。言封此以下文、武、周公之子孙为二十六国也。此二十六国武王克商之后下及成康之世乃可封建毕矣非是一时封建,非尽周公所为。富辰尽以其事属周公者,以武王克殷,周公为辅,又摄政制礼,成一代大法,虽非悉周公所为,皆是周公之法,故归之于周公耳。昭二十八年《传》曰:'昔武王克商,光有天下,兄弟之国十有五人,姬姓之国四十人。'彼言由其克商,乃得封建兄弟,归功于武王耳。亦非武王之时已建五十五国,其后不复封人也。昭二十六年《传》曰:'昔武王克殷,成王靖四方,康王息民,并建母弟,以蕃屏周。'昭九年《传》曰:'文、武、成、康之建母弟,以蕃屏周。'则康王之世,尚有封国,非独周公时也。且见于《经》《传》者,管叔、蔡叔、霍叔,周公摄政之初以流言见黜,则三叔之国已是武王封矣。《尚书·康诰》之篇,周公营洛之时,始封康叔于卫。《洛诰》之篇,周公致政之月,始封伯禽于鲁。《书》《传》称成王削桐叶为珪,以封唐叔。如此之类,不得为武王封也。凡、蒋、邢、茅、胙、祭,周公之胤也,岂周公自封哉?固当成王即政之后,或至康王之时,始封之耳。"[2]

上述孔颖达疏中分别提及"昭二十八年《传》""昭二十六年《传》"与"昭九年《传》",现以记载年份为序,将上述《左传》记载与注、疏,一一与上述顺序同步罗列,另结合其他文献,大致厘清西周分封国的时间、数量等。罗列的《左传》记载与注、疏中有内容重叠者,不删并另行评述。

2.《左传·昭公九年》的记载

《左传·昭公九年》记载周天子代表詹桓伯与晋侯交涉时说:"文、武、成、康之建母弟,以蕃屏周,亦其废队是为。"[3]杜预注:"为后世废队,兄弟之国,当救济之。"[4]孔颖达疏:"《传》称'虢仲、虢叔,王季之穆',是文王母弟也。管、蔡、郕、霍、鲁、卫、毛、聃,《史记》以为武王之母弟也。唐叔,成王之母弟也。其康王之母弟,则《书》《传》无文。文王,周之始王,故言文王。文王未得封诸侯也。弟以同母为亲,故言母弟耳,所封非同母者亦多矣。建为国君,所以为藩篱,屏蔽周室,使与天子蔽鄣患难,亦其虑后世子孙,或有废队。王命望诸侯共救济之,是为此

---

[1]《左传·僖公二十四年》,见《春秋左传正义》,北京大学出版社1999年,第418页。另,《左传·定公四年》,又作"以藩屏周"(见《春秋左传正义》,北京大学出版社1999年,第1545页),义同。
[2] 孔颖达疏,见《春秋左传正义》,北京大学出版社1999年,第419页。
[3]《左传·昭公九年》,见《春秋左传正义》,北京大学出版社1999年,第1268页。
[4] 杜预注,见杜预:《春秋经传集解》,上海古籍出版社1978年,第1321页。

也。"[1]故《左传》上条意为,文王、武王、成王、康王等历任天子都分封同母兄弟担任诸侯,以护卫成周王室。

结合《史记》"世家"的情况来看,上述"文王嫡子、武王母弟",当均为"同母为亲"的"母弟"。而"所封非同母者亦多矣",即所封的非"文王正妃"太姒所生的庶子也有很多。

3.《左传·昭公二十六年》的记载

《左传·昭公二十六年》以王子朝之口,告于诸侯说:"昔成[2]王克殷,成王靖四方,康王息民,并建母弟,以蕃屏周。"[3]杜预注:"不敢专,故建母弟。"[4]而孔颖达疏则注重于"昔成王克殷"的错误说:"诸家本皆然。……诸本悉作'武王克殷',疑误也。今定本亦作武王克殷。"[5]故《左传》上条意为,昔日武王战胜殷商,成王安定四方,康王使民众休养生息,他们都同样分封同母兄弟,以作为周王朝的屏障。

4.《左传·昭公二十八年》的记载

《左传·昭公二十八年》借成鱄之口说:"昔武王克商,光有天下,其兄弟之国者十有五人,姬姓之国者四十人,皆举亲也。"[6]孔颖达疏:"由武王克商得封建诸国,归功于武王耳。此十五国或有在后封者,非武王之时尽得封也。《尚书·康诰》之篇,周公营洛之年,始封康叔于卫。《洛诰》之篇,周公致政之年,始封伯禽于鲁。明知武王之时,兄弟未尽封也。僖二十四年《传》称'周公吊二叔之不咸,故封建亲戚以藩屏周'。亦以周公为制礼之主,故归功于周公耳,非尽周公封也。九年《传》曰'文、武、成、康之封建母弟',则康王之世尚有封国,宣王方始封郑,非独武王、周公封诸国也。僖二十四年《传》数'文之昭也'有十六国。此言武王兄弟之国十五人者,人异故说异耳,非武王封十五,周公始加一也。以鲁、卫验之,知周公所加非唯一耳。"[7]《左传》上条意为,昔日武王战胜殷商,广有天下。他的兄弟领有封国的就有十五个人,姬姓领有封国的就有四十人,都是举拔自己的亲属。

5.其他文献记载——《荀子·儒效》

战国时的《荀子·儒效》提供了一个封国数量更多的数据说,周公"兼制天下,立七十一国,姬姓独居五十三人"[8]。

6.综述

分析上述《左传》诸篇记载及杜预注、孔颖达疏所做的评述,归纳可知如下:

(1)西周分封政策的形成及其目的

亲睹殷商灭亡及历经翦灭殷商的战争,周初统治者吸取殷商灭亡的教训之一,即是"疏其亲戚"——殷商统治者对自家"亲戚"的疏远和不予重用。正因如此,周初统治者由此认识到"封建

---

[1] 孔颖达疏,见《春秋左传正义》,北京大学出版社1999年,第1269页。
[2] 原文此处加注:"'成',石经、宋本、淳熙本、岳本、纂图本、闽、监、毛本作'武',定本亦作'武'。"
[3] 《左传·昭公二十六年》,见《春秋左传正义》,北京大学出版社1999年,第1472页。
[4] 杜预注,见杜预:《春秋经传集解》,上海古籍出版社1978年,第1543页。
[5] 孔颖达疏,见《春秋左传正义》,北京大学出版社1999年,第1473页。
[6] 《左传·昭公二十八年》,见《春秋左传正义》,北京大学出版社1999年,第1495页。
[7] 孔颖达疏,见《春秋左传正义》,北京大学出版社1999年,第1495页。
[8] 《荀子·儒效》,见章诗同注:《荀子简注》,上海人民出版社1974年,第60页。

亲戚、蕃屏周室"的重要性。故立国之初,即开始执行"封建亲戚,以蕃屏周"的政策。

而从西周至东周的春秋、战国来回看周初分封的社会效果,随着代际转移,亲情关系疏淡,民间俚语称之为"一代亲,二代表,三代就拉倒"的状况,使得其后春秋时的杀伐兼并,多在西周姬姓子孙内进行。战国末"天下一并于秦"[1]后,秦始皇废除分封制而创立中央集权,但随着秦二世而亡。刘邦登基后吸取秦的教训,以与群臣定"白马之盟"的方式又回到分封的老路上来。这就是《史记·吕太后本纪》记载的:"高帝刑白马盟曰:'非刘氏而王,天下共击之。'"[2]而周初武王、周公旦等推行分封政策时,并不可能预见到他们身后姬姓子孙互相杀伐的情况。

(2) 西周分封的君王及时间

西周分封的君王及时间,如下:

①周武王时的分封,主要体现在对吴、虞及对文王嫡三子管叔、嫡五子蔡叔、嫡八子霍叔等的分封。

对吴的分封,如《史记·吴太伯世家》记载,为"周武王克殷"后的"因而封之"。而同时所封者,为吴五世"周章弟虞仲于周之北故夏虚,列为诸侯"[3]。周章弟虞仲"列为诸侯",故"因而封之"的周章,亦当在诸侯之列。

对管叔、蔡叔、霍叔等的分封——前引孔颖达疏《左传·僖公二十四年》记载时说:"见于《经》《传》者,管叔、蔡叔、霍叔,周公摄政之初以流言见黜,则三叔之国已是武王封矣。"[4]

②周公旦摄政而以周成王名义的分封,主要体现在对文王嫡九子卫康叔的分封。这就是孔颖达疏《左传·僖公二十四年》记载时说:"周公营洛之时,始封康叔于卫。"[5]

③周成王时的分封,主要体现在对周公旦后人伯禽及成王对其弟的分封。这也就是孔颖达疏《左传·僖公二十四年》记载时说:"周公致政之月,始封伯禽于鲁。《书》《传》称成王削桐叶为珪,以封唐叔。"[6]

成王对其弟唐叔虞的分封,又称桐封。这就是《史记·晋世家》记载的:"成王与叔虞戏,削桐叶为珪以与叔虞,曰:'以此封若。'"[7]

④不能确定为周成王或为周康王时的分封。

孔颖达疏《左传·僖公二十四年》记载时说:"凡、蒋、邢、茅、胙、祭,周公之胤也,岂周公自封哉?固当成王即政之后,或至康王之时,始封之耳。"[8]意为,这些周公旦后代的分封,岂能是周公自封的?应当系成王即政之后,或至康王之时,始封之耳。

⑤周康王时的分封,一则是由孔颖达疏《左传·昭公二十八年》记载时所说"九年《传》曰

---

[1]《史记·田敬仲完世家》,见司马迁:《史记》,中华书局1959年,第1902页。
[2]《史记·吕太后本纪》,见司马迁:《史记》,中华书局1959年,第400页。
[3]《史记·吴太伯世家》,见司马迁:《史记》,中华书局1959年,第1446页。
[4] 孔颖达疏,见《春秋左传正义》,北京大学出版社1999年,第419页。
[5] 孔颖达疏,见《春秋左传正义》,北京大学出版社1999年,第419页。
[6] 孔颖达疏,见《春秋左传正义》,北京大学出版社1999年,第419页。
[7]《史记·晋世家》,见司马迁:《史记》,中华书局1959年,第1635页。
[8] 孔颖达疏,见《春秋左传正义》,北京大学出版社1999年,第419页。

'文、武、成、康之封建母弟',则康王之世尚有封国"[1]所证实。另一则是由江苏镇江出土的实物器——吴国最早的青铜器宜侯夨簋及其铭文显示(相关情况,另见下文)。

⑥西周中期时尚存的零星分封。如孔颖达疏《左传·昭公二十八年》记载时所说"宣王方始封郑"[2]。而《史记·郑世家》则记为:"宣王立二十二年,友初封于郑。"[3]即周宣王二十二年(前806)时,宣王封其庶弟郑桓公友于郑,郑桓公友即为郑始封君。

上述分封,主要为武王、成王(含周公旦摄政而以周成王名义的分封)时,康王及其后虽尚有零星式分封,但已不再是西周初大规模式的分封。

(3)西周封国的数量

西周分封诸国的数量,有多个不同数据。

《史记·管蔡世家》等记载文王诸嫡子,老大早卒,老二为周武王;除此二人外,文王嫡子、武王母弟从而有分封资格者实为八人(其间因政治原因而作废除封地或后人重新再封等调整,不计)。

《左传·昭公二十八年》说:"其兄弟之国者十有五人,姬姓之国者四十人,皆举亲也。"[4]孔颖达疏说:"文、武、周公之子孙为二十六国也。"[5]

此处为"兄弟之国者十有五人",而《左传·僖公二十四年》记载,也提供了与"十有五人"相近的数字说:"管、蔡、郕、霍、鲁、卫、毛、聃、郜、雍、曹、滕、毕、原、酆、郇,文之昭也。"[6]对这"文之昭也",杜预注:"十六国皆文王子也。"[7]

关于这"十五"或"十六"的差异,孔颖达疏《左传·昭公二十八年》记载时说:"由武王克商得封建诸国,归功于武王耳。此十五国或有在后封者,非武王之时尽得封也。……僖二十四年《传》数'文之昭也'有十六国。此言武王兄弟之国十五人者,人异故说异耳,非武王封十五,周公始加一也。以鲁、卫验之,知周公所加非唯一耳。"[8]显然,这里解释为"人异故说异耳"——不同的人,说法不一样。

上述无论是"十有五人"或是"文之昭也"的"十六国皆文王子",均可理解为上述除去八人为文王嫡子外,其余七人或八人的"文之昭"者,均为文王庶子。

战国时《荀子·儒效》的数据说,周公"兼制天下,立七十一国,姬姓独居五十三人"。[9]

面对多个不同的文献记载数据,或可认为:西周初含吴国在内的分封国数量,并不能确定。而上述的"姬姓之国者四十人",或"姬姓独居五十三人",或含武王乃至周公旦等的庶子分封;也或是周族姬姓中较远支系的成员分封。其共同点,为均系周族部族的"姬"姓后人。

---

[1]孔颖达疏,见《春秋左传正义》,北京大学出版社1999年,第1495页。
[2]孔颖达疏,见《春秋左传正义》,北京大学出版社1999年,第1495页。
[3]《史记·郑世家》,见司马迁:《史记》,中华书局1959年,第1757页。
[4]《左传·昭公二十八年》,见《春秋左传正义》,北京大学出版社1999年,第1495页。
[5]孔颖达疏,见《春秋左传正义》,北京大学出版社1999年,第419页。
[6]《左传·僖公二十四年》,见《春秋左传正义》,北京大学出版社1999年,第418页。
[7]杜预注,见杜预:《春秋经传集解》,上海古籍出版社1978年,第347页。
[8]孔颖达疏,见《春秋左传正义》,北京大学出版社1999年,第1495页。
[9]《荀子·儒效》,见章诗同注:《荀子简注》,上海人民出版社1974年,第60页。

（三）"吴太伯世家"排序"第一"的原因探讨

西周封国的小邦数量众多，而入《史记》之"世家"者，非但寥寥无几，且比例甚小。余皆未列入"世家"。

入《史记》并为《世家第一》的吴太伯所建之吴国，地处长江下游太湖流域，远离当时的政治中心，且国力微弱。从周初"封建亲戚，以蕃屏周"[1]，即分封亲戚，以作为周王朝的屏障这一分封的战略目的来看，地处长江下游太湖流域的吴国，并不能实现为周王朝挡枪以作屏障的目的。但"吴太伯世家"却排序"第一"，何也？

探讨这一原因，须看到以下几种情况：

其一，周武王分封时，辈分长于其父周文王者，唯有时已至江南的周文王大伯泰伯及二伯仲雍一脉。

其二，从周传承的世系辈分来看，周武王与吴四世叔达同辈，均为周十六世。而周武王后的周成王姬诵，与吴五世周章同辈，为周十七世。从西周武王时开始并延及其子周成王、其孙周康王时的分封，分封对象主要为周族姬姓的"亲戚"。具体来说，主要为周武王的众多兄弟，亦即周文王的众多嫡系子嗣。这些子嗣，在姬姓周族的辈分上，均无法超越周文王大伯泰伯、二伯仲雍所传支裔。

其三，古公亶父时立季历，实质是"三子上位"式的废长立幼。王国维《殷周制度论》说："欲观周之所以定天下，必自其制度始矣。周人制度之大异于商者，一曰立子立嫡之制，由是而生宗法及丧服之制，并由是而有封建子弟之制。"[2]周人因"三子上位"而夺得天下后，或也不愿再发生废长立幼而开始"立子立嫡"之制。在这种情况下，长江下游太湖流域的"吴太伯世家"及勾吴国的存在，却在无声宣扬着商末周族部族曾经"三子上位"式的废长立幼。

在不能消除亦不能无视吴国存在的情况下，将其纳入分封渠道，当为最佳的选择。更何况，古公亶父时立三子，并不合周公旦日后所制的"周礼"。而至周武王翦除殷商时，时已久远，且吴已至五世周章。因此，对周武王及其四弟周公旦来说，不排除他们是对先人曾经的"废长立幼"，作切割式的历史纠偏，并对被命运改变而受损的泰伯及仲雍后人，进行补偿式的分封。

这些因素，既成为周初吴五世周章受封的内在原因，也成为后世司马迁撰《史记》时将"吴太伯世家"列为世家"第一"的主要因素。

第二节　西周初分封的不同层级

一、分封的第一层级——文王嫡子、武王母弟及其三份不同名单

西周初分封，乃是西周王朝为巩固新政权而进行的庞大、复杂的系统工程。其分封的层级分类：一是涉及不同时期（武王、成王、康王）时的分封；二是涉及分封对象，诸如文王嫡、庶等的差

---

[1]《左传·僖公二十四年》，见《春秋左传正义》，北京大学出版社1999年，第418—419页。
[2] 王国维：《殷周制度论》，见郭伟川：《周公摄政称王与周初史事论集》，北京图书馆出版社1998年，第2页。

异及姬姓周之支族的远近以及诸如"先圣王"后代、殷商遗民、功臣谋士以及朝廷近臣官员等不同对象的分封。现以《左传·僖公二十四年》所说的"封建亲戚"[1]中的"亲戚"为主要依据，分析与之有关的各种层级和类别，以认识、了解吴国周章的受封在这一分封体系所处位置及其对后世司马迁撰《史记》时，列"吴太伯世家"为"第一"所产生的影响。

西周初分封的第一层级和第二层级由文王之子、武王之弟组成。二者区别在于嫡、庶之分。即第一层级由文王嫡子、武王母弟组成；而第二层级则由文王庶子、武王庶兄弟组成。

分封的第一层级，由文献记载及当代由列入各级文物保护单位名录生成的名单等，计有三份，分别为：

其一，《左传》序列名单，即由《左传》记载及后世注、疏、笺等构成的序列名单；

其二，《史记》序列名单，即由《史记》诸篇记载构成的序列名单；

其三，当代"文保单位"序列名单，即当代列入各级文物保护单位名录、且与西周分封遗存有关联的序列名单。

三份名单，均清一色由文王嫡子、武王母弟及文王庶子、武王庶弟等构成。现分述如下：

（一）《左传》序列名单

该名单由《左传》记载、杜预注、孔颖达疏、竹添光鸿笺等构建而成。其文王嫡子、武王母弟等的八人序列名单，如下：

《左传·僖公二十四年》记载："管、蔡、郕、霍、鲁、卫、毛、聃、郜、雍、曹、滕、毕、原、酆、郇，文之昭也。"[2]杜预注："十六国皆文王子也。"[3]竹添光鸿《左氏会笺》则"笺曰：管、蔡、郕、霍、鲁、卫、毛、聃，当是武王之母弟八人也，下八国是庶子。"[4]

《左传·定公四年》："武王之母弟八人，周公为太宰，康叔为司寇，聃季为司空，五叔无官，岂尚年哉？"[5]杜预注："五叔，管叔鲜、蔡叔度、成叔武、霍叔处、毛叔聃也。"[6]孔颖达疏："上言十人，而此云'八'者，伯邑考已死，不数武王，故八人。""《史记》云'聃季载'，杜云'毛叔聃'，又不数叔振铎者，杜以振铎非周公同母，故不数之。或杜别有所见，不以《管蔡世家》为说。"[7]

《左传·定公四年》："曹，文之昭也。"[8]杜预注："文王子，与周公异母。"[9]按此，则曹叔振铎与周公旦异母而非文王嫡子，亦非武王母弟，从而否定《史记·管蔡世家》记载的"曹叔振铎"为周文王嫡六子、武王母弟身份，构成有别于《史记》序列的《左传》序列名单。

《左传·定公四年》："聃季授土，陶叔授民，命以《康诰》，而封于殷虚"[10]句，杜预注：

---

[1]《左传·僖公二十四年》，见《春秋左传正义》，北京大学出版社1999年，第418页。
[2]《左传·僖公二十四年》，见《春秋左传正义》，北京大学出版社1999年，第418页。
[3]杜预注，见杜预：《春秋经传集解》，上海古籍出版社1978年，第347页。
[4]竹添光鸿：《左氏会笺》，巴蜀书社2008年，第548页。
[5]《左传·定公四年》，见《春秋左传正义》，北京大学出版社1999年，第1551页。
[6]杜预注，见杜预：《春秋经传集解》，上海古籍出版社1978年，第1626页。
[7]孔颖达疏，见《春秋左传正义》，北京大学出版社1999年，第1551页。
[8]《左传·定公四年》，见《春秋左传正义》，北京大学出版社1999年，第1551页。
[9]杜预注，见杜预：《春秋经传集解》，上海古籍出版社1978年，第1626页。
[10]《左传·定公四年》，见《春秋左传正义》，北京大学出版社1999年，第1549页。另上引"聃季授土"句，杜预《春秋经传集解》作"䏌季授土"（见杜预：《春秋经传集解》，上海古籍出版社1978年，第1620页）。

"聃季,周公弟,司空。""陶叔,司徒。"[1]

关于武王母弟的"五叔",《左传·定公四年》"五叔无官,岂尚年哉"[2]句,上引杜预注中剔除曹叔振铎而作:"五叔,管叔鲜、蔡叔度、成叔武、霍叔处、毛叔聃也。"[3]

综上可见,《左传》序列名单的文王嫡子、武王母弟的八人名单为:管(管叔鲜)、蔡(蔡叔度)、郕(郕叔武,又作成叔武)、霍(霍叔处)、鲁(周公旦)、卫(卫康叔,又作康叔封)、毛(毛叔聃,又作毛叔郑)、聃(聃季载,又作冄季载)。

(二)《史记》序列名单

《史记》序列名单由《史记》记载的文王嫡子、武王母弟构成,见诸《史记·管蔡世家》记载:"武王已克殷纣,平天下,封功臣昆弟。于是封叔鲜于管,封叔度于蔡:二人相纣子武庚禄父,治殷遗民。封叔旦于鲁而相周,为周公。封叔振铎于曹,封叔武于成,封叔处于霍。康叔封、冄季载皆少,未得封。……封康叔为卫君,是为卫康叔。封季载于冄。冄季、康叔皆有驯行,于是周公举康叔为周司寇,冄季为周司空,以佐成王治。"[4]

张守节《史记正义》注释说:"冄,国名也。季载,人名也。伯邑考最长,所以加'伯'。诸中子咸言'叔',以载最少,故言季载。"[5]由上可知,文王子嗣的名,以伯、叔、季排序。长子以"伯"称之,曰伯邑考;次子为发,即周武王姬发。以下三子至九子,均以"叔"称之,为叔鲜、叔旦、叔度、叔振铎、叔武、叔处、叔封。最小的儿子以"季"称之而为冄季载。

《史记》序列中文王三子至八子(其中不含四子)之名,后又以其封地冠之,分别称为管叔鲜(管叔)、蔡叔度(蔡叔)、曹叔振铎、成叔武、霍叔处、康叔封。其中例外的是文王四子叔旦,按上述"封叔旦于鲁"的取名规律,当称为"鲁叔旦",然因"封叔旦于鲁而相周,为周公"[6]。即叔旦并未去封地鲁就任,而是留在宗周(王畿,都城)"相周"而辅佐周武王,故敬称为周公、周公旦。

参考其他文献记载,《史记》序列构成的文王嫡子、武王母弟分封情况,见如下二表:

表一:

文献记载的文王嫡长子、嫡次子表

排行	名	文献记载	备注
文王长子、武王兄	伯邑考	孔颖达疏《毛诗正义·文王之什·大明》:"《大戴礼》称文王十三生伯邑考,十五生武王。"[7] 《史记·管蔡世家》:"文王崩而发立,是为武王。伯邑考既已前卒矣。"[8]	早卒
文王次子、武王本人	武王本人	同上。	

---

[1] 杜预注,见杜预:《春秋经传集解》,上海古籍出版社1978年,第1625页。
[2]《左传·定公四年》,见《春秋左传正义》,北京大学出版社1999年,第1551页。
[3] 杜预注,见杜预:《春秋经传集解》,上海古籍出版社1978年,第1626页。
[4]《史记·管蔡世家》,见司马迁:《史记》,中华书局1959年,第1564页。
[5] 张守节《史记正义》,见司马迁:《史记》,中华书局1959年,第1564页。
[6]《史记·管蔡世家》,见司马迁:《史记》,中华书局1959年,第1564页。
[7] 孔颖达疏,见《毛诗正义》,北京大学出版社1999年,第969页。
[8]《史记·管蔡世家》,见司马迁:《史记》,中华书局1959年,第1563页。

表二（本表中《史记·管蔡世家》引文出处，与前引同，不另注）：

《史记》记载的文王嫡子、武王母弟表

排行	名	《史记》记载
文王三子、武王大弟	管叔鲜（管叔）	《史记·管蔡世家》："封叔鲜于管。"
文王四子、武王二弟	周公旦（叔旦）	《史记·管蔡世家》："封叔旦于鲁而相周，为周公。"
文王五子、武王三弟	蔡叔度（蔡叔）	《史记·管蔡世家》："封叔度于蔡。"
文王六子、武王四弟	曹叔振铎	《史记·管蔡世家》："封叔振铎于曹。"
文王七子、武王五弟	成叔武（郕叔武）	《史记·管蔡世家》："封叔武于成。"
文王八子、武王六弟	霍叔处	《史记·管蔡世家》："封叔处于霍。"
文王九子、武王七弟	康叔封（卫康叔）	《史记·管蔡世家》：周公"封康叔为卫君，是为卫康叔。……举康叔为周司寇"。
文王十子、武王八弟	冄季载（聃季载、聃季）	《史记·管蔡世家》：周公"封季载于冄。……冄季为周司空"。

（三）两份名单的比较与差异

将两份名单进行比较，差异如下：

1.周公旦之"鲁"在文王嫡子中的排序或排行

《左传·僖公二十四年》记载的文王嫡子自三子"管"起的排序为："管、蔡、郕、霍、鲁、卫、毛、聃。"[1]周公旦之"鲁"，排序为七，故为文王七子。

而《史记·管蔡世家》中，周公旦排序为四，为文王四子。

2."曹"的嫡庶

《左传》序列名单，杜预注指"曹"即曹叔振铎与周公旦异母而非文王嫡子。竹添光鸿认为"管、蔡、郕、霍、鲁、卫、毛、聃，当是武王之母弟八人"[2]，即将"曹"（曹叔振铎）排除在嫡子外，而列入庶子名单。

而《史记》序列名单有文王嫡六子"曹叔振铎"。

3."毛"（毛叔聃，又作毛叔郑）的有无

《左传》序列名单剔除曹叔振铎，而补充"毛"，即毛叔聃（毛叔郑）。《左传》中的"毛"，见诸前引《左传·僖公二十四年》记载。杜预注《左传·定公四年》"五叔无官"时，作"毛叔聃"[3]；杨宽《西周史》作"毛叔郑"，并指出"毛叔聃（'聃'，当作'郑'）"[4]。

《史记》记载武王母弟八人名单中，无"毛"（即毛叔聃、毛叔郑）。但"毛叔郑"却在《史记·周本纪》记载武王克商并进入商纣宫室这一历史性场景时出现。

《史记·周本纪》记载这一历史性场景时，武王和他的弟弟中的曹叔振铎、周公旦、卫康叔以及召公奭、尚父（姜尚、吕尚、太公望）同框出现，与其同时出现的还有"毛叔郑"。对之，《史记·周本纪》记载为："武王弟叔振铎奉陈常车，周公旦把大钺……毛叔郑奉明水，卫康叔封布兹，召公奭赞

---

[1]《左传·僖公二十四年》，见《春秋左传正义》，北京大学出版社1999年，第418页。
[2] 竹添光鸿：《左氏会笺》，巴蜀书社2008年，第548页。
[3] 杜预注，见杜预：《春秋经传集解》，上海古籍出版社1978年，第1626页。
[4] 杨宽：《西周史》，上海人民出版社1999年，第124页。

采,师尚父牵牲。"[1]意为,武王的弟弟振铎恭奉并陈列着行礼的车辇,周公旦手持大钺,……毛叔郑捧着以鉴盆向月所取的水,卫康叔封铺好蓐席,召公奭持币助祭,师尚父牵着牺牲。从毛叔郑与武王弟曹叔振铎、周公旦、卫康叔以及召公奭、尚父一同出现在武王进入商纣宫室从而预示着周克商的胜利的历史性场景来看,作为周武王兄弟辈分的毛叔郑,或处于周克商的核心领导层。而如前所述,在《史记·管蔡世家》中毛叔郑并未列为文王嫡子、武王母弟序列。故按《史记》序列,他即使是文王之子,或也只能是庶子。原因即是嫡子名单中无"毛"(即毛叔聃、毛叔郑)。

又,杨伯峻《春秋左传注》关于"毛"的解读,如下:"毛,《尚书·顾命》《穆天子传·五》并古器如班簋、毛伯敦、毛公鼎皆称毛公,《周本纪》《逸周书》《克殷解》均有文王子毛叔郑,当即毛之始封者。顾栋高《大事表·五》以为其封地在今河南省宜阳县境。据毛公鼎,西周初叶毛公廥为周王卿士,毛公鼎、毛伯敦盖并出扶风,似可推知毛公采邑西周时在扶风,东迁后在洛阳附近。本年《传》(指《左传·僖公二十四年》)有毛伯,当即其后。毛非诸侯,乃其采邑。此及下者二十六分地,或在王畿外为诸侯,或在王畿内为采邑。虽在畿内,亦当封建,作蕃屏。"[2]

又,竹添光鸿《左氏会笺》对"毛"的解读为:"毛在今河南府宜阳县境。《史记》武王克商,入列社南,毛叔郑奉明水。郑樵《氏族略》以为毛伯明。本年《传》(指《左传·僖公二十四年》)毛伯即其后。《尚书·顾命》称毛公,《孔传》以为三公之公,是也。"[3]

顾栋高《春秋大事表》卷五《春秋列国爵姓及存灭表》以表格示"毛"[4],如下:

国	爵	姓	始封	都	存灭
毛	伯	姬	文王子叔郑	未详。或曰在今河南府宜阳县境。	昭二十六年毛伯奔楚。

今日无以毛叔郑为始祖的"毛国"遗址、采邑等遗存而列入各级文物保护单位之名录者,而今河南洛阳周公庙后殿陈列"周公分封诸侯"内容时,即以《左传·昭公二十六年》记载及注、疏、笺内容为据而立有毛国始祖毛叔郑之塑像。

上述,文王嫡子中的"曹"(曹叔振铎)与"毛"(毛叔聃,又作毛叔郑),构成两份名单的差异。《左传》序列名单无"曹"而有"毛",《史记》序列名单则反之有"曹"而无"毛"。

4.关于武王母弟"五叔"的不同对应

《左传·定公四年》:"武王之母弟八人,周公为太宰,康叔为司寇,聃季为司空,五叔无官,岂尚年哉?"[5]杜预注:"五叔,管叔鲜、蔡叔度、成叔武、霍叔处、毛叔聃也。"[6]

《史记·管蔡世家》叙述周公旦"杀管叔,而放蔡叔"接着"复封胡于蔡"及"余五叔皆就国"[7]时,司马贞《史记索隐》注"五叔"为:"管叔、蔡叔、成叔、曹叔、霍叔。"[8]

---

[1]《史记·周本纪》,见司马迁:《史记》,中华书局1959年,第125—126页。
[2]杨伯峻:《春秋左传注》(修订本),中华书局1990年,第421页。
[3]竹添光鸿:《左氏会笺》,巴蜀书社2008年,第548页。
[4]《春秋列国爵姓及存灭表》,见顾栋高:《春秋大事表》,中华书局1993年,第586页。
[5]《左传·定公四年》,见《春秋左传正义》,北京大学出版社1999年,第1551页。
[6]杜预注,见杜预:《春秋经传集解》,上海古籍出版社1978年,第1626页。
[7]《史记·管蔡世家》,见司马迁:《史记》,中华书局1959年,第1565页。
[8]司马贞:《史记索隐》,见司马迁:《史记》,中华书局1959年,第1565页。

5.杨宽《西周史》对《左传》序列名单的批判：杜预之说并无依据，不可信从

杨宽《西周史》对《左传》序列名单持批判态度并认为：对《史记》记载的"武王的同母弟八人，有怀疑曹叔振铎不应在内的，有认为毛叔郑应在内的，都证据不足，不可信从"。同时，杨宽《西周史》另加注释说："《左传·定公四年》记祝佗说：'武王之母弟八人，周公为大宰，康叔为司寇，聃季为司空，五叔无官，岂尚年哉？曹，文之昭也；晋，武之穆也。曹为伯甸，非尚年也。'杜注：'五叔，管叔鲜、蔡叔度、成叔武、霍叔处、毛叔聃（聃，当作郑）。'杜注又于'曹，文之昭也'说：'文王子，与周公异母。'据此，杜预以为曹叔振铎不是武王同母弟而为异母弟，毛叔郑为同母弟。《左传·僖公二十四年》记富辰说：'管、蔡、郕、霍、鲁、卫、毛、聃、郜、雍、曹、滕、毕、原、酆、郇，文之昭也。'这以'毛'列入文王子的前八名，'曹'被列入后八名，可能就是杜预的依据。日本竹添光鸿《左氏会笺》就有前八名为武王母弟，后八名为文王庶子之说。日本林泰辅《周公与其时代》一书即采用杜预之说（钱穆译其第一编《周公事迹》，题为《周公》，作为《国学小丛书》之一，由商务印书馆出版）。《左传·定公四年》记述康叔受封时，'聃季授土，陶叔授民'。杜注：'陶叔，司徒。'雷学淇《竹书记年义证》于'曹伯夷薨'下云：'叔之封近定陶，故《左传》又谓之陶叔。'如果雷说确实，陶叔即是曹叔，则曹叔确实不在'五叔无官'之内。杜注于'聃季授土'下注云'聃季，周公弟，司空'，而在'陶叔授民'下只注'陶叔，司徒'，亦未指明其为周公异母弟，可知杜预亦不以为陶叔即曹叔。事实上杜预之说并无依据，不可信从。《史记·管蔡世家》也说：'余五叔皆就国，无为天子吏者。'索隐曰：'五叔，管叔、蔡叔、成叔、曹叔、霍叔。'与杜预之说又不同。"[1]

显然，杨宽《西周史》对《左传》序列名单并不认可并持批判态度。而持《左传》序列名单之学术观点并以之阐释西周文王嗣子者，如上引杨宽《西周史》注释所说，另有20世纪日本林泰辅的《周公与其时代》一书，钱穆译其第一编《周公事迹》，题为《周公》，曾作为《国学小丛书》之一，由商务印书馆出版。

（四）"文保单位"序列名单

所谓"文保单位"序列名单，乃是当代由列入各级（国家级、省级、地市级、县级）文物保护单位名录，且与西周分封遗存有关的序列所构成。该序列名单，从实际情况看，当为脱胎于《史记》序列名单且为该名单的落地版本。

当代分别由中央政府（国务院）及各级地方政府名义发布的国保（全国重点文物保护单位）、省保（省级文物保护单位）、地级乃至县级文物保护单位名录，始于1961年起公布的多批名录，并构成含先秦历史遗址在内的完整的文物保护体系。在这一保护体系中的先秦历史遗址，包含着文物、文博等研究学者据文献、考古等所做的研究成果，并以国家相关文物保护法律、法规的保护程序为依据，经申报、核准、公布等法定程序，最终上升为各级政府文物保护的官方意志。

涉及西周分封及文王嫡子、武王母弟封地等文物保护的历史信息，以实地呈现出的文保单位并形成序列。这一序列，如前所述为《史记》序列名单的落地版本形式。而该实地的形式与序列，体现历史研究是一切社会科学的基础以及文旅结合的现代发展趋势。

---

[1] 杨宽：《西周史》，上海人民出版社1999年，第124页。

其情况分述如下：

1. 文王三子管叔鲜

《史记·管蔡世家》载，"武王已克殷纣，平天下"后，"于是封叔鲜于管"[1]。武王死后，因"三监之乱"，管叔鲜被杀，其封地或废，或另封后人。关于"管"地地望，杜预注："管国在荥阳京县东北。"[2]杨伯峻《春秋左传注》："管在今河南省郑州市，春秋前已绝封，属桧，桧灭属郑。"[3]竹添光鸿《左氏会笺》："管叔则《史记》云'管叔诛死，无后'，其言当不诬也。今河南省开封府郑州治即故管城，绝封之后，其地属桧，桧灭属郑。"[4]今无与管叔鲜有关的故管城遗址列入所在地省级以上文物保护单位而存世。

2. 文王四子周公旦

《史记·周本纪》："封弟周公旦于曲阜，曰鲁。"[5]《史记·鲁周公世家》："封周公旦于少昊之虚曲阜，是为鲁公。周公不就封，留佐武王。……而使其子伯禽代就封于鲁。"[6]

今与周公旦有关且均列入全国重点文物保护单位名录的周公庙有三：

其一为陕西岐山周公庙。该庙前文叙述后稷之母姜原时，已作介绍（参前文）。庙内，现有周公殿及周公旦立像。

其二为河南洛阳周公庙。该庙始建于隋末唐初，历代均有修葺。现存大殿定鼎堂、二殿礼乐堂、后殿先祖堂等明清建筑。

岐山周公庙里的周公殿（上）以及"周公殿"匾（下）（吴恩培摄）

列为全国重点文物保护单位的河南"洛阳周公庙"文物保护碑（左）及洛阳周公庙外景（右）（吴恩培摄）

---

[1]《史记·管蔡世家》，见司马迁：《史记》，中华书局1959年，第1564页。
[2] 杜预注，见杜预：《春秋经传集解》，上海古籍出版社1978年，第347页。
[3] 杨伯峻：《春秋左传注》（修订本），中华书局1990年，第421页。
[4] 竹添光鸿：《左氏会笺》，巴蜀书社2008年，第548页。
[5]《史记·周本纪》，见司马迁：《史记》，中华书局1959年，第127页。
[6]《史记·鲁周公世家》，见司马迁：《史记》，中华书局1959年，第1515—1518页。

其三为山东曲阜周公庙。该庙与列为全国重点文物保护单位的曲阜鲁国故城,合二为一,为全国唯一两处列为全国重点文物保护单位而处同一位置者。

今山东曲阜鲁国故城内介绍周公庙的展板文字为:"周公庙是祭祀周公的庙宇,周公姓姬名旦,是周文王第四子。周灭商后,周公被封于鲁,因留佐成王,以子伯禽就封。周公死后,成王因其功特命鲁国立庙祭祀。鲁亡后,庙毁。宋大中祥符元年(公元1008年)始于原庙旧址重建。"

列为全国重点文物保护单位的山东曲阜鲁国故城正门(吴恩培摄)

列为全国重点文物保护单位的山东曲阜"周公庙"文物保护碑(下)及该周公庙内情景(上)(吴恩培摄)

3.文王五子蔡叔度

文王五子蔡叔度因卷入周初的"三监之乱",在周公旦平叛后被囚禁。其后,蔡叔度之子蔡仲再被封于上蔡。今列入全国重点文物保护单位名录的河南上蔡县蔡国故城遗址,其文物保护碑背面镌刻的"蔡国故城简介"说:"蔡国故城是西周诸侯封国古都,公元前11世纪,周武王灭商封其五弟叔度于蔡,建立蔡国,始建蔡国都城。春秋时期,历经战火多次修复,最宽处85米,系夯土筑成,为全国唯一的保护较为完整的西周故城遗址。"

4.文王六子曹叔振铎

今无与《史记》记载的文王嫡六子曹叔振铎受封有关的曹国故城遗址等列入相关文保单位,但有古曹国王陵——仿山墓群存世。

列为全国重点文物保护单位的河南上蔡"蔡国故城"文物保护碑(吴恩培摄)

仿山墓群为山东省重点文物保护单位。该文物保护碑后的文字介绍说:"仿山墓群,位于定陶县城西北6公里,是西周至春秋战国时古曹国贵族墓地。"

今仿山墓群竖有2006年所立之墓碑,上镌刻"大周曹国受姓始祖曹公振铎及二十五代国君之陵"字样。立碑者为曹氏修谱的机构和曹氏后人等。

又,仿山墓群建有大王殿等建筑,殿上悬有"西周故国"匾。介绍该大王殿的匾牌文字为:"大殿供奉中华曹姓始祖曹叔振铎。出于姬姓,为文王六子、武王弟,成王叔。因助武王伐纣有功,于公元前1046年被封为曹国国王。大宋祥符年间,因连年祈雨有验,被宋真宗封为'鲁西丰泽侯,金龙四大王',故后人称曹叔振铎为大王。"

分别列为山东省级重点文物保护单位和山东省重点文物保护单位的菏泽市定陶区"仿山墓群"文物保护碑(左、右)(吴恩培摄)

仿山墓群内的大王殿(左)及殿上悬挂的"西周故国"匾(右)(吴恩培摄)

5.文王七子成叔武(郕叔武)

与《史记》记载的文王嫡七子成叔武(郕叔武)受封有关,且列为山东省第五批文物保护单位的郕城故城和列为山东泰安市市级文物保护单位的成城故城址,位于今山东省泰安市宁阳县。

山东省第五批文物保护单位的"郕城故城"文物保护碑背面的"郕城故城简介"说:"郕城故城,东周至汉代故城址。"

东周春秋时,文献最早记载"郕"的为鲁隐公五年(前718)。这就是《春秋经·隐公五年》记载的"秋,卫师入郕"[1]。杜预注:"郕音成,国名。"[2]《左传·隐公五年》解经说:"卫之乱也,郕人侵卫,故卫师入郕"[3]。杜预注:"郕,国也,东平刚父县西南有郕乡。"[4]杨伯峻《春秋左传注》:"'郕',《公羊》作'盛',或本亦作'郕'。郕,国名。传世器伯多父簋铭云'成姬多母',成姬即郕姬。鲍鼎《春秋国名考释》亦云:'彝文成不从邑。郕者,后起之字也。'周原甲骨有'戚叔用'三字,戚叔即成叔,则字又作'戚'。据《管蔡世家》(指《史记·管蔡世家》),初受封者成叔武为文王之子,武王与周公之弟。孔疏云:后世无所见,既无世家,不知其君号谥。一九七五年于陕西岐山县董家村发现成伯孙父鬲,或疑郕本封于西周畿内,东迁后改封于山东。《方舆纪要》及顾栋高《大事表》并谓古郕国当在今山东省汶上县西北二十里,然恐离卫太远。《元和郡县志》十二、《太平寰宇记》十四、《路史·国名记》五、王应麟《诗地理考》六并云东汉郕阳县为古郕伯庙,则郕故城当在今山东濮阳县废县治东南。或云在鄄城和郓城之间。"[5]

《左传·昭公七年》:"晋人来治杞田,季孙将以成与之。"[6]杜预注:"成,孟氏邑,本杞田。"[7]由此可见,春秋后期时,"成"已成为鲁三桓之一的"孟氏邑"。

列为山东省第五批文物保护单位的山东泰安市宁阳县"郕城故城"文物保护碑(左)及文物保护碑背面的"郕城故城简介"(右)(吴恩培摄)

6.文王八子霍叔处

霍叔处因卷入"三监之乱",而被贬为庶民,但霍国仍被保留下来,且由霍叔处之子继位。后,

---

[1]《春秋经·隐公五年》,见《春秋左传正义》,北京大学出版社1999年,第89页。
[2]杜预注,见杜预:《春秋经传集解》,上海古籍出版社1978年,第29页。
[3]《左传·隐公五年》,见《春秋左传正义》,北京大学出版社1999年,第98页。
[4]杜预注,见杜预:《春秋经传集解》,上海古籍出版社1978年,第33页。
[5]杨伯峻:《春秋左传注》(修订本),中华书局1990年,第39—40页。
[6]《左传·昭公七年》,见《春秋左传正义》,北京大学出版社1999年,第1242页。
[7]杜预注,见杜预:《春秋经传集解》,上海古籍出版社1978年,第1293页。

周成王念霍叔处虽参与叛乱但尚属有德长辈，于是复其旧封，为霍侯、霍伯。公元前661年（鲁闵公元年），霍为晋所灭。时至今日，无与霍叔处有关的故霍城遗址列入相关文保单位而存世。今山西霍州一带，以"霍"为名，或为霍叔处旧时封地。

7.文王九子康叔封（卫康叔）

商末时，河南淇县为殷商都城——朝歌。周武王灭商后，封商纣王之子禄父（武庚）于朝歌。周公旦平"三监之乱"时，杀武庚。与其同时，一是另封商纣王庶兄微子于宋（今商丘）；另一则是在朝歌新设立卫国，封其弟康叔于卫。这就是《史记·周本纪》载，周成王初，"周公奉成王命，伐诛武庚、管叔，放蔡叔。以微子开代殷后，国于宋。颇收殷余民，以封武王少弟封为卫康叔"[1]。

山西霍州霍州署前的"古霍名郡"牌坊（上）及其"古霍名郡"文字细部（下）（吴恩培摄）

顾栋高《春秋大事表》卷五《春秋列国爵姓及存灭表》关于"卫"[2]以表格示之：

国	爵	姓	始封	都	存灭
卫	侯	姬	文王子康叔封	国于朝歌，今河南卫辉府淇县东北有朝歌城。戴公庐曹，今卫辉府滑县。文公迁楚丘，今滑县东六十里废卫南县是。成公迁帝丘，今直隶大名府开州。	桓公十三年入《春秋》。出公十二年获麟。后二百七十二年，卫君角二十一年为秦二世所灭。

由上表亦可看出，在卫的传承中，由于迁都的原因，故留下"卫国故城"遗存者有二：一为"国于朝歌"的殷商都城朝歌——今河南淇县的"卫国故城"；另一为"迁楚丘"所留存的今河南濮阳"卫国故城遗址"。

今河南淇县林业局旁的卫国古城墙畔有一无署名单位的标牌，上书文字的双行标题为："全国重点文物保护单位卫国故城。"另，该处附近立有淇县重点文物保护单位的"卫国故城"碑数块，制作简陋，油漆书写的"卫国故城"等文字，经雨淋日晒，字迹已模糊。

河南淇县卫国古城墙畔无署名单位所立的标牌，标牌的两行标题为"全国重点文物保护单位卫国故城"（吴恩培摄）

---

[1]《史记·周本纪》，见司马迁：《史记》，中华书局1959年，第132页。
[2]《春秋列国爵姓及存灭表》，见顾栋高：《春秋大事表》，中华书局1993年，第564页。

河南濮阳卫国故城遗址被列入全国重点文物保护单位名录。据该处全国重点文物"卫国故城遗址"文物保护碑后的文字介绍为:"濮阳卫国故城遗址(旧称高城遗址)位于濮阳县县城东南25华里五星乡高城村、七王庙村、于屯村、老王庄村、桑园村一带,是春秋末至战国时期的卫国都城。卫国是西周初年分封的姬姓大国之一,初都朝歌,公元前629年迁都帝丘(即今地),在此立国388年。"

列为全国重点文物保护单位的河南濮阳"卫国故城遗址"文物保护碑(左)及该碑背面关于该遗址的介绍文字(右)(吴恩培摄)

8.文王十子冄季载(聃季载)及与之有关而尚需作进一步研究的学术问题

与文王十子冄季载(聃季载)有关的后世遗存,极为复杂,现分述如下:

(1)河南平舆县射桥镇古城村被列为全国重点文物保护单位,且被称为聃季载(冄季载)作"始封君"的沈国故城

关于"沈国"的历史遗存,目前存在多种说法:

其一,"文王十子、武王母弟聃季载"说——河南平舆县射桥镇古城村列为全国重点文物保护单位的"沈国故城"文物保护碑背面镌刻的沈国故城"简介"说:"沈国故城位于平舆县射桥镇古城村一带。始封之君是周文王的第十子,周武王的胞弟聃季载。"

其二,"少昊金天氏裔"说——平舆县文物保护单位的"沈国故城址"文物保护碑背面文字说:"沈国故城址,春秋时代。沈国,少昊金天氏裔。周封子爵。西周封国。公元前506年,敬王十四年灭国。"此处,将该平舆县的"沈国故城址"与"沈国,少昊金天氏裔"作联系。

《左传·昭公元年》载:"昔金天氏有裔子曰昧,为玄冥师,生允格、台骀。台骀能业其官,宣汾、洮,障大泽,以处大原。帝用嘉之,封诸汾川。沈、姒、蓐、黄,实守其祀。今晋主汾而灭之矣。由是观之,则台骀,汾神也。"杜预注:"金天氏,帝少皞。裔,远也。"[1]对"帝用嘉之,封诸汾川"句,杜预注为:"帝,颛顼。"而"实守其祀"的"沈、姒、蓐、黄",杜预注为:"四国,台骀之后。"[2]故《左传》上条意为,从前金天氏有后代叫作昧,做水官,生了允格、台骀。台骀能世代为官,疏通汾水、洮水,堵住大泽,带领人们就住在广阔的高平的地区。颛顼因此嘉奖他,把他封在

---

[1]《左传·昭公元年》,见《春秋左传正义》,北京大学出版社1999年,第1160页。
[2]杜预注,见杜预:《春秋经传集解》,上海古籍出版社1978年,第1198—1199页。

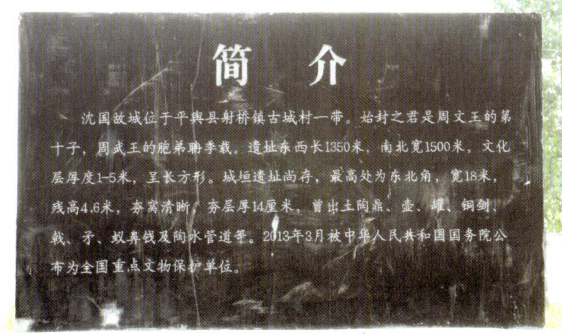

列为全国重点文物保护单位的河南平舆县射桥镇古城村的"沈国故城"文物保护碑（左）及该保护碑背面的"简介"（右）（吴恩培摄）

汾川，沈、姒、蓐、黄四国世代守着他的祭祀。现在晋国主宰了汾水一带而灭掉了这四个国家。从这里看来，台骀就是汾水之神了。

有学者指出："在周代，同时存在两个沈国，一在淮河流域，一在汾水流域。"[1] 显然，平舆县文物保护单位之文物保护碑背面的"少昊金天氏裔"之"沈"，指的是与传说中帝颛顼嘉奖、封祀有关的"沈"，即汾水流域的"沈"，而并非今河南平舆县射桥的"沈"。

其三，"先为嬴姓沈国，后为姬姓沈国"说——驻马店博物馆展出的"沈国"展板，涉及沈国的渊源说："沈国，嬴姓，古封国。在今平舆县。沈国为少昊后代所建，禹舜之际立国。商朝灭亡之后，亲殷的嬴姓沈国亦被灭。西周初年，成王封季载于'冉'。古字'冉''沈'同音，即沈国。从此，姬姓沈国代替了嬴姓沈国。"

列为平舆县文物保护单位的平舆县射桥镇古城村"沈国故城址"文物保护碑（左）及该文物保护碑背面的文字说明（中），以及河南驻马店博物馆展出的关于"沈国"的展板（右）（吴恩培摄）

（2）安徽临泉县城关镇社区古城自然村列为安徽省重点文物保护单位且春秋时在此建国的沈子国古城址

今安徽省临泉县城关镇社区古城自然村有沈子国古城址。该城址现为安徽省重点文物保护单位。而在该安徽省重点文物保护单位的文物保护碑背面，以"公告"形式告示该遗址保护范围

---

[1] 金荣权：《沈国历史与地理论考》，《信阳师范学院学报》（哲学社会科学版）2011年第2期。

等事项时说:"沈子国古城址位于城关镇社区古城自然村,春秋时沈在此建国。"

"沈子国"之"沈",值春秋时于此处建国。按此,则"沈子国"与西周初分封无关,也与西周初的文王嫡十子、武王母弟的聃季载(冄季载)受封无关。

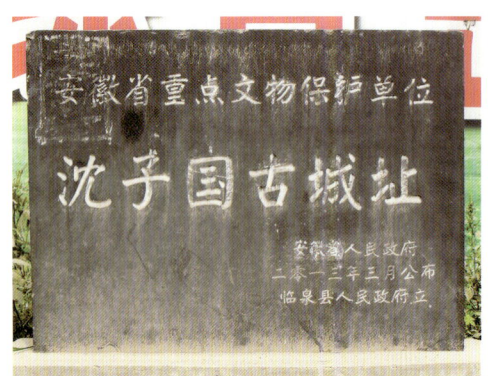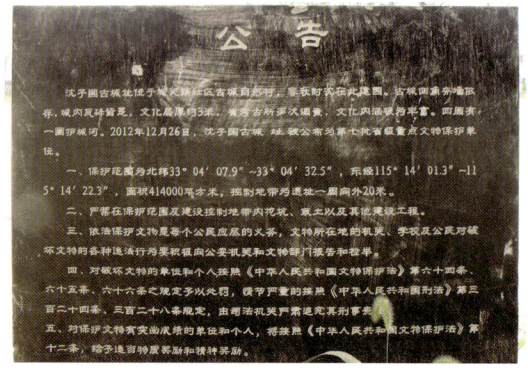

列为安徽省重点文物保护单位的安徽临泉县城关镇社区古城自然村"沈子国古城址"文物保护碑(左)及该文物保护碑背面的"公告"(右)(吴恩培摄)

(3)上述二地(河南平舆与安徽临泉)的各自文化诉求

河南平舆与安徽临泉,地域相连。二地各自对春秋时的"沈国",分别以"沈国故城"及"沈子国古城址"而提出诉求。平舆方的"沈国故城",表述有三:一作"始封君是周文王的第十子,周武王母弟聃季载";二作"少昊金天氏裔";三作"先为嬴姓沈国,后为姬姓沈国"。

而临泉方的沈子国古城址则作"春秋时""在此建国"。按此,则与西周初分封无关。

(4)聃季载(冄季载)与"沈国故城"联系的文献探讨

河南平舆全国重点文物保护单位的沈国故城与"始封君是周文王的第十子,周武王母弟聃季载"作联系时,并未提及文献记载依据。对之,分以下几点评述:

①文献记载的"聃"(聃季载、冄季载)

《史记·管蔡世家》"次曰冄季载"[1]句,司马贞《史记索隐》注曰:"冄,国也。载,名也。季,字也。冄,或作'那'。按:《国语》曰冄由郑姬。贾逵曰'文王子聃季之国'也。庄十八年'楚武王克权,迁于那处'。杜预云'那处,楚地。南郡编县有那口城'。聃与那皆音奴甘反。"[2]

《左传》记载"聃"即聃季载以及与"聃"有关联处,共三。如下:

其一,为《左传·僖公二十四年》记富辰所谏之言:"昔周公吊二叔之不咸,故封建亲戚以蕃屏周。管、蔡、郕、霍、鲁、卫、毛、聃、郜、雍、曹、滕、毕、原、酆、郇,文之昭也。"[3]个中"聃",前及西周初分封的"《史记》序列名单"和"《左传》序列(含注、疏、笺)名单"中,均作周文王嫡十子。

其二,为《左传·文公十四年》记载:"周公将与王孙苏讼于晋,王叛王孙苏,而使尹氏与聃

---

[1]《史记·管蔡世家》,见司马迁:《史记》,中华书局1959年,第1563页。
[2]司马贞:《史记索隐》,见司马迁:《史记》,中华书局1959年,第1564页。
[3]《左传·僖公二十四年》,见《春秋左传正义》,北京大学出版社1999年,第418页。

启讼周公于晋。"[1]杨伯峻《春秋左传注》："聃启,周大夫。《万氏氏族略》云：'聃启,疑聃季之后。'"[2]

其三,为《左传·定公四年》记载"聃季授土,陶叔授民"[3],杜预《春秋经传集解》作"聃季授土,陶叔授民"[4]。另,杜预注："聃季,周公弟,司空。"[5]

以上《左传》记载"聃"（聃）与今河南平舆县射桥的沈国故城,似无联系。

②文献记载的"聃"之都城——聃处、鄀处及其地望

关于"聃"都城的文献记载,有以下：

一为顾栋高《春秋大事表》卷五《春秋列国爵姓及存灭表》关于"聃"[6]以表格示之：

国	爵	姓	始封	都	存灭
聃		姬	文王子季载	国于那处,今湖广安陆府荆门州东南有那口城。	不知何年灭于楚。庄十八年《传》（指《左传·庄十八年》）迁权于那处,则聃之灭又在权前矣。

二为《左传·庄公十八年》："初,楚武王克权,使斗缗尹之。以叛,围而杀之。迁权于那处,使阎敖尹之。"[7]杜预注："那处,楚地,南郡编县东南有那口城。那处,那又作聃。"[8]故《左传》上条意为：当初,楚武王攻克权国,派斗缗做这里的长官,斗缗据有权地而叛变楚国。楚国包围权地而杀掉了斗缗,又把权地的百姓迁到那处（那,又作聃、鄀）,改派阎敖治理这个地方。

上述杜预注作"聃"并注为："那处,楚地,南郡编县东南有那口城。那,又作聃。"[9]而《春秋左传正义》附录杜预注,前句相同,后句为："那处,那又作鄀。"[10]

"聃""鄀"以及司马贞《史记索隐》注中提及的"鄀"或均为同一字,与"处"组合构成的地名与"聃季载"有关联。顾栋高《春秋大事表》提及"聃"都城的地望为"那处",或又可作聃处、鄀处。

关于"聃"都"那处"的地望,各家《左传》注本注释如下：

杨伯峻《春秋左传注》："那处,楚地,今湖北省荆门县东南有那口城,当即其地。"[11]

王守谦、金秀珍、王凤春译注《左传译注》："那处：楚国地名（在今湖北荆门县东南）。"[12]

顾宝田、陈福林注译《左氏春秋译注》："那处,今湖北荆门县东南有那口城,当为其地。"[13]

---

[1]《左传·文公十四年》,见《春秋左传正义》,北京大学出版社1999年,第552页。
[2]杨伯峻：《春秋左传注》（修订本）,中华书局1990年,第604页。
[3]《左传·定公四年》,见《春秋左传正义》,北京大学出版社1999年,第1549页。
[4]《左传·定公四年》,见杜预：《春秋经传集解》,上海古籍出版社1978年,第1620页。
[5]杜预注,见杜预：《春秋经传集解》,上海古籍出版社1978年,第1625页。
[6]《春秋列国爵姓及存灭表》,见顾栋高：《春秋大事表》,中华书局1993年,第586—587页。
[7]《左传·庄公十八年》,见《春秋左传正义》,北京大学出版社1999年,第260页。
[8]杜预注,见杜预：《春秋经传集解》,上海古籍出版社1978年,第171页。
[9]杜预注,见杜预：《春秋经传集解》,上海古籍出版社1978年,第345页。
[10]杜预注,见《春秋左传正义》,北京大学出版社1999年,第260页。
[11]杨伯峻：《春秋左传注》（修订本）,中华书局1990年,第209页。
[12]王守谦、金秀珍、王凤春译注：《左传译注》,贵州人民出版社1990年,第143页。
[13]顾宝田、陈福林注译：《左氏春秋译注》,吉林文史出版社1995年,第106页。

郭丹编著《十三经直解·春秋左传直解》："那处，楚地，在今湖北荆门县。"[1]

《十三经今注今译》："那处，楚地。"[2]

赵生群《春秋左传新注》："那处，楚地，在今湖北荆门市东南。"[3]

综合上述各家《左传》注本所说，可知"聃"都"那处"，地望当为今湖北荆门一带。

对聃季载封地远在荆楚，古代学者已有不同看法。杨伯峻《春秋左传注》记载说："顾栋高《大事表·五》则以为季载国于那处，即庄公十八年《传》(指《左传·庄公十八年》)'迁权于那处'之那处，今湖北省荆门县东南之那口。然汪远孙《国语发正·二》、梁玉绳《汉书人表考·三》、姚范《援鹑堂笔记·十二》均谓文昭十六(周文王十六子)，季载最少，不应远封荆楚。江永《考实》据《国语·周语中》谓聃之亡由于郑姬，郑有聃伯，以为当在开封境，或是也。沈家本《史记琐言》、朱绪曾《开有益者读书续志》俱谓聃之亡在鲁、桓庄之时。"[4]《国语·周语中》"聃由郑姬"[5]句，韦昭注："聃，姬姓，文王之子聃季之国。郑姬，郑女，为聃夫人。同姓相娶，犹鲁昭公娶于吴，亦其孅姓，所以亡也。"[6]

与上述"季载最少，不应远封荆楚"相悖的是，近年的考古发现，却支持聃封国为荆楚的说法。

王琢、袁俊杰《叶家山曾国墓地日名铜器研究》(简称《叶家山》)一文在解读湖北随州叶家山西周曾国墓地出土器时，提出新的说法。据该文"摘要"说：湖北叶家山西周曾国墓地的"出土铜器铭文所记史实，曾国为姬姓诸侯国，其始封者当为南公。如果将南公与聃季载联系起来，则有许多新的发现，颇能解释为什么在曾国墓地出土日名铜器这一罕见现象。根据叶家山日名铜器使用规律和文献记载，不仅可发现曾国的始封君南公即为周文王第十子聃季载，聃季载当为父癸，周武王姬发当为父乙；还能发现叶家山曾国墓地中两位已知私名曾侯，一位未知私名曾侯和一位疑似曾侯之间，应该是兄弟关系，早期曾国的高等级贵族有多父之称的习俗，在王位继承上实行的应是兄终弟及制，而且曾聃一国，聃、曾、随都是同一诸侯国的异称"[7]（相关叙述，另见下文）。

该《叶家山》一文另引何浩《楚灭国研究》中的判断说："何浩先生则认为：聃国之地望当在湖北荆门，聃国灭亡于楚国之手，灭亡时间为公元前799年至公元前774年的26年之间。"[8]对该文所说"叶家山曾侯族属应当是姬姓曾国，初代曾侯当是南公聃季载，曾国之封地实由聃季载之子继承，聃季载本人则留在西周王室任职官"以及"曾聃一国"[9]之说等，也为关于文王嫡十子聃季载(冉季载)封国地望，提供了一种新的说法。

---

[1] 郭丹编著：《十三经直解·春秋左传直解》，江西人民出版社1993年，第87页。
[2] 夏剑钦主编：《十三经今注今译》，岳麓书社1994年，第1071页。
[3] 赵生群：《春秋左传新注》，陕西人民出版社2008年，第111页。
[4] 杨伯峻：《春秋左传注》(修订本)，中华书局1990年，第421页。
[5] 《国语·周语中》，见左丘明撰、韦昭注：《国语》，上海古籍出版社2015年，第30—31页。
[6] 韦昭注，见左丘明撰、韦昭注：《国语》，上海古籍出版社2015年，第34页。
[7] 王琢、袁俊杰：《叶家山曾国墓地日名铜器研究》，《长江大学学报》(社科版)2015年第2期。
[8] 王琢、袁俊杰：《叶家山曾国墓地日名铜器研究》，《长江大学学报》(社科版)2015年第2期。另，原文此处加注："何浩.楚灭国研究[M].武汉：武汉出版社，1989.（P36—41）。"
[9] 王琢、袁俊杰：《叶家山曾国墓地日名铜器研究》，《长江大学学报》(社科版)2015年第2期。

③文献记载的"沈国"

文献首次出现"沈"的记载,为《春秋经·文公三年》及《左传·文公三年》。相关记载及注疏如下:

《春秋经·文公三年》:"三年,春,王正月,叔孙得臣会晋人、宋人、陈人、卫人、郑人伐沈。沈溃。"[1]杜预注:"沈,国名也。汝南平舆县北有沈亭。"[2]

其后,"沈"陆续出现在《春秋经》《左传》记载中,其中有:

《左传·成公八年》:"晋侵沈,获沈子揖初。"[3]杜预注:"沈国,今汝南平与县。"[4]这里,杜预将"沈"国与河南平与(舆)县作勾连,但并未将之与聃季载作勾连。

沈国被灭国,与其长期追随楚国有关。公元前506年(鲁定公四年,吴阖闾九年),吴伐楚入郢之战前夕,晋国主持"谋伐楚"[5]的召陵盟会召开。由于"沈人不会于召陵,晋人使蔡伐之。夏,蔡灭沈"[6]。即因沈国不派人参加召陵盟会,晋国让蔡国攻打沈国。夏季,蔡国灭亡了沈国。此战乃是晋国指使蔡国充当打手教训沈国。但蔡国的这次讨伐,手段却十分极端。据《春秋经·定公四年》记载,蔡昭侯灭了沈国后,"以沈子嘉归,杀之"[7]。即蔡国军队抓住沈国国君沈子嘉,蔡昭侯把他给杀了(相关情况,另见下文)。

④"沈国"历史渊源

杨伯峻《春秋左传注》注《春秋经·文公三年》"叔孙得臣会晋人、宋人、陈人、卫人、郑人伐沈"[8]句时,据传世器的考证成果说:"沈,国名。传世器有沈子殷,据铭文,知沈子实为周公之曾孙,其父始封于沈,沈子继其父封,然犹秉承其大宗周公,说详《中山大学文史研究所月刊》三卷三期温廷敬《沈子殷订释》。其地在安徽省阜阳县西此一百二十里之沈丘集,西北距河南省沈丘旧县治三十里,约在今临泉县。今沈丘县则已移治于旧治北之槐店。"[9]

按此,沈国始封君并非周文王十子、周武王及周公旦胞弟的冄季载(聃季载),而是周公之曾孙沈子实之父,即周公旦之孙。按辈分排,周公旦与武王为同母兄弟,周公旦子与成王同辈,则周公旦孙与周康王同辈了。

顾栋高《春秋大事表》卷五《春秋列国爵姓及存灭表》关于"沈"[10]以表格示之:

国	爵	姓	始封	都	存灭
沈	子	姬		今河南汝南府东南有平舆城,其北有沈亭。	文三年(指《春秋经·文公三年》和《左传·文公三年》)见,定四年(指《左传·定公四年》)为蔡所灭。后属楚,为平舆邑。

---

[1]《春秋经·文公三年》,见《春秋左传正义》,北京大学出版社1999年,第498页。
[2]杜预注,见杜预:《春秋经传集解》,上海古籍出版社1978年,第432页。
[3]《左传·成公八年》,见《春秋左传正义》,北京大学出版社1999年,第733页。
[4]杜预注,见杜预:《春秋经传集解》,上海古籍出版社1978年,第694页。
[5]《左传·定公四年》,见《春秋左传正义》,北京大学出版社1999年,第1542页。
[6]《左传·定公四年》,见《春秋左传正义》,北京大学出版社1999年,第1552页。
[7]《春秋经·定公四年》,见《春秋左传正义》,北京大学出版社1999年,第1540页。
[8]《春秋经·文公三年》,见《春秋左传正义》,北京大学出版社1999年,第498页。
[9]杨伯峻:《春秋左传注》(修订本),中华书局1990年,第527页。
[10]《春秋列国爵姓及存灭表》,见顾栋高:《春秋大事表》,中华书局1993年,第590页。

⑤ "沈"的地望及争议

"沈"的地望，指的是历史上沈国都城、故城的位置；沈国的地理范围，指春秋时与"蔡"（今河南上蔡）毗邻的今河南平舆、安徽临泉等沈国辖治的地理范围。

关于"沈"的地望，学者们的论述中，形成多种不同说法。

有学者认为："关于沈国的地望，历来有两种说法：其一，汝南平舆说。《水经注·汝水》记载：'……径召陵县西，东南流注，至上蔡西冈北，为黄陵陂。陂水东流，至上蔡冈东为蔡塘。又东径平舆故城南。县，旧沈国也，有沈亭。'《史记·索引》、江永《春秋地理考实》、顾祖禹《读史方舆纪要》等皆主此说。其二，为安徽省阜阳县西北120里之沈丘集。杨伯峻先生主此说。"[1] 亦有学者认为："沈国地望有二说，一谓汝南平舆。《史记·陈杞世家》记：'吴王僚使公子光伐陈，取胡、沈而去。'《索引》云：'沈国在汝南平舆。'《水经注·汝水》《路史·国名纪戊篇》《通典》《读史方舆纪要》等皆主此说。另一谓在今河南省沈丘县东南沈丘集。杨伯峻先生认为：沈国'其地在安徽省阜阳县西北一百二十里之沈丘集，西北距河南省沈丘旧县治三十里，今沈丘县则已移于旧治北之槐店。'"[2]

更有学者将之分为三说："春秋沈国的位置，今有三说：一说在安徽临泉县境，一说在河南沈丘县境，一说在河南平舆县境。笔者查阅有关资料，认为沈国故城在今平舆县境。"[3] "关于沈国故城的位置，主要有三种观点，一说在河南平舆县境，二说在安徽临泉县境，三说在河南沈丘县境。因临泉在古代为沈丘县所在地，因此二、三两说相互关联。所以关于沈国的地理实际上有河南平舆说和安徽临泉说。"[4]

豫皖两省的沈国故城遗址和沈子国古城址毗邻相峙状况，既反映了两省对相关历史文化资源的重视，但也反映了两省对相关历史文化资源的争夺。而由此突显出下列学术问题：

其一，列为全国重点文物保护单位的河南平舆沈国故城遗址与相邻列为安徽省重点文物保护单位的安徽临泉沈子国古城址，先秦时二者是否为同一国？且二者是否有共同的祖源？

其二，上述祖源，是溯及文王十子冉季载（聃季载）那里，还是溯及周公旦后裔那里？

其三，文王十子冉季载（聃季载）的封国地望为何处？

上述问题，或尚需作进一步研究。

（五）分封第一层级三份名单的综述

以上分封第一层级的三份不同名单中，其一的《左传》序列名单、其二的《史记》序列名单，均由文献记载构成。而其三的"文保单位"序列名单，存在至今，方六十余年。第一批全国重点文物保护单位于1961年公布，第二批全国重点文物保护单位于1982年公布。接下来的情况为：第三批于1988年、第四批于1996年、第五批于2001年、第六批于2006年、第七批于2013年、第八批于2019年公布。这也说明，"文保单位"序列名单，尚处于体系构建的逐步完善和不断增添的

---

[1] 刘光：《楚国"沈尹"考》，《殷都学刊》2016年第2期。另，原文此处加注："杨说参见《春秋左传注》，中华书局，2009年，第527页。"
[2] 刘玉堂：《沈氏族属初探》，《江汉论坛》1987年第4期。
[3] 张耀征：《春秋沈国故城位置考辨》，《中原文物》1992年第2期。
[4] 金荣权：《沈国历史与地理论考》，《信阳师范学院学报》（哲学社会科学版）2011年第2期。

过程中。

上述国保（全国重点文物保护单位）名单的公布，连同各级（省、市、县）等文物保护单位的名单，构建起一个较完整的体系。而从文旅融合的角度看，这一完整体系，也构成了先秦历史的厚重历史文化资源。随着近几十年国家基础建设及交通事业的发展，为这一历史文化资源的文旅开发和活化利用，奠定了坚实的基础。

二、分封的第二层级——文王庶子、武王庶兄弟

西周初分封的第二层级，分封对象主要为文王庶子、武王庶兄弟。前引文献记载，亦已指出此类分封对象。如《左传·僖公二十四年》记载："管、蔡、郕、霍、鲁、卫、毛、聃、郜、雍、曹、滕、毕、原、酆、郇，文之昭也。"[1]杜预注："十六国皆文王子也。"[2]日本学者竹添光鸿《左氏会笺》则"笺曰：管、蔡、郕、霍、鲁、卫、毛、聃，当是武王之母弟八人也，下八国是庶子"[3]。故上述竹添光鸿所说为文王"庶子"的"下八国"——"郜、雍、曹、滕、毕、原、酆、郇"等，即为西周初分封的第二层级——文王庶子、武王庶兄弟层级。现分述如下：

（一）曹

上述八国中的"曹"，前文指出其存有争议时，依《史记》作文王嫡子、武王母弟列入西周初分封的第一层级作介绍。而"曹"的后世遗存，分别列为山东省级重点文物保护单位和山东省重点文物保护单位的山东菏泽仿山墓群。

（二）滕

上述八国中后世另产生影响的为"滕"国。

春秋早期的鲁隐公十一年（前712）的"滕""薛"朝见鲁君时，曾发生"卜正"与"车正"后人争执礼先后的故事。在这一故事中"滕"的身份是以"周之卜正"——朝廷近臣的后人。

《春秋经·隐公十一年》载："十有一年，春，滕侯、薛侯来朝。"[4]《左传·隐公十一年》亦载："滕侯曰：'我，周之卜正也。薛，庶姓也，我不可以后之。'"[5]杜预注："卜正，卜官之长。""庶姓，非周之同姓。"[6]故《左传》上条意即，滕侯说："我的祖先是成周的卜官之长，而薛国是并非姬姓的外姓，我不能落后于他。"后经鲁国调停，以"周之宗盟，异姓为后"[7]的原则，最终使得薛侯同意让滕侯先行朝礼。

关于"滕"的分封，班固《汉书》之《卷二十八上·地理志上》"沛郡"条记为："故滕国，周懿王子错叔绣所封，三十一世为齐所灭。"[8]颜师古注："《左氏传》云'郜、雍、曹、滕，文之昭

---

[1]《左传·僖公二十四年》，见《春秋左传正义》，北京大学出版社1999年，第418页。
[2]杜预注，见杜预：《春秋经传集解》，上海古籍出版社1978年，第347页。
[3]竹添光鸿：《左氏会笺》，巴蜀书社2008年，第548页。
[4]《春秋经·隐公十一年》，见《春秋左传正义》，北京大学出版社1999年，第122页。
[5]《左传·隐公十一年》，见《春秋左传正义》，北京大学出版社1999年，第122页。
[6]杜预注，见杜预：《春秋经传集解》，上海古籍出版社1978年，第55页。
[7]《左传·隐公十一年》，见《春秋左传正义》，北京大学出版社1999年，第123页。
[8]《汉书·地理志上》，见班固：《汉书》，中华书局1962年，第1572页。

也。'《系本》亦云'错叔绣,文王子',而此《志》云懿王子,未详其义耳。"[1]按班固《汉书》,滕国为"周懿王子错叔绣所封"。而按颜师古注,则滕国"错叔绣,文王子"。然不管何时所封,滕为姬姓,当无疑义。

"滕"的后世遗存,为被列为山东全省重点文物保护单位的山东滕州滕国故城。

列为山东全省重点文物保护单位的山东滕州滕国故城文物保护碑(左)及该滕国故城(右)(吴恩培摄)

(三)郜、雍、毕、原、酆、郇

郜、雍、毕、原、酆、郇诸国,见诸顾栋高《春秋大事表》卷五《春秋列国爵姓及存灭表》,关于上述诸国以表格示之的"郜[2]、雍[3]、毕[4]、原[5]、酆[6]、郇[7]"情况,如下:

国	爵	姓	始封	都	存灭
郜	子	姬	文王子	今山东曹州府城武县东南二十里有郜城。	桓二年见。
雍		姬	文王子	今河南怀庆府修武县西有雍城。	
毕		姬	文王子	今陕西西安府咸阳县北五里有毕原。	春秋前不知为谁所灭。毕万其后也。
原	伯	姬	文王子	今河南怀庆府济源县西北十五里有原乡。	庄十八年见。僖二十五年王以其地赐晋,晋迁原伯贯于冀。此后原伯见于《传》者甚多。或曰迁邑于河南。至隐十一年《传》苏忿生之田亦有原邑,当是两地。《正义》合为一,误。
酆	侯	姬	文王子	今陕西西安府鄠县东五里有酆城。	酆本商崇侯虎地。文王灭崇作丰邑。武王封其地为酆侯。《竹书》成王十九年黜酆侯,自是绝封。后其地复为崇国。
郇	侯	姬	文王子	今山西蒲州府临晋县东北十五里有古郇城。	不知何年灭于晋。

---

[1] 颜师古注,见班固:《汉书》,中华书局1962年,第1573页。
[2]《春秋列国爵姓及存灭表》,见顾栋高:《春秋大事表》,中华书局1993年,第574页。
[3]《春秋列国爵姓及存灭表》,见顾栋高:《春秋大事表》,中华书局1993年,第587页。
[4]《春秋列国爵姓及存灭表》,见顾栋高:《春秋大事表》,中华书局1993年,第587页。
[5]《春秋列国爵姓及存灭表》,见顾栋高:《春秋大事表》,中华书局1993年,第579—580页。
[6]《春秋列国爵姓及存灭表》,见顾栋高:《春秋大事表》,中华书局1993年,第587页。
[7]《春秋列国爵姓及存灭表》,见顾栋高:《春秋大事表》,中华书局1993年,第587页。

三、与吴五世周章受封有关的分封第三层级——姬姓之国

《左传·昭公二十八年》记载:"昔武王克商,光有天下,其兄弟之国者十有五人,姬姓之国者四十人,皆举亲也。"[1] 上述"姬姓之国者四十人",为除却前及第一、二层级后的姬姓分封对象后,而属分封第三层级的姬姓之国。《荀子·儒效》记载的"姬姓独居五十三人"[2],或与之有所重叠。

上述《左传·昭公二十八年》记载中的"皆举亲也",说明他们也属周初"封建亲戚"[3]的分封对象。

在分封的第三层级,按姬姓周之支族的远支、近支等不同,又分为种种不同类别。

(一)周武王近支先祖:伯祖、祖父后裔的分封——吴国、虞国、虢国

对周武王及周武王去世后摄政的其弟周公旦来说,周初分封时的近支先祖,为伯祖泰伯、仲雍及其祖父季历。

泰伯、仲雍及季历等,均为周十四世,并为周十五世周文王的伯父辈。同时,亦为周十六世周武王的伯祖父辈。值周武王、周公旦执掌王权时,泰伯、仲雍既是他们祖父季历的兄长,也是其时他们的辈分最高的祖先。

周武王、周公旦了解他们的曾祖父古公亶父时立他们祖父季历,实质上是摒弃、剥夺他们的伯祖泰伯嫡长子继承权的一种废长立幼行为。因此,西周初周武王对泰伯、仲雍后人的分封,不排除是对先人曾经的"废长立幼",作切割式的历史纠偏,并对被命运改变而受损的泰伯及仲雍后人,进行补偿式的分封。也正是这一补偿式的分封,成了其后既使周章受封,同时封周章弟于虞的封建特例。

而"虢仲、虢叔为文王母弟"[4],即虢仲、虢叔为周文王的同母弟,同时亦为周武王、周公旦的叔父。有鉴于此,故将泰伯、仲雍后人的分封与季历之子以及文王母弟的虢仲、虢叔的分封,一并作为"周武王近支先祖后裔的分封"叙述如下。

1.吴国

《史记·吴太伯世家》记载:"周武王克殷,求太伯、仲雍之后,得周章。周章已君吴,因而封之。乃封周章弟虞仲于周之北故夏虚,列为诸侯。"[5] 意为,周武王克殷灭商后,寻找泰伯、仲雍的后人,找到了吴五世的周章。其时,周章为吴国国君,故因而封之。

勾吴国即吴国,建于商末,西周初年时已存在多年,故西周初周武王对周章的"因而封之",乃属补偿性的分封。其实际意义在于将勾吴国纳入西周"封建亲戚"的分封范围,同时将勾吴国纳入西周国家行政管辖的范围。

今常熟虞山有被列为常熟市文物保护单位的周章墓。据文物保护碑后的文字介绍,"是墓于唐陆广微《吴地记》中有载,清乾隆二十九年(1764)裔孙立碑,重修陵墓"。另,该墓前,近年立有正反镌刻"吴王周章墓坊"及"吴国第一君"字样的石牌坊。此处的"吴国第一君",即指周武

---

[1]《左传·昭公二十八年》,见《春秋左传正义》,北京大学出版社1999年,第1495页。
[2]《荀子·儒效》,见章诗同注:《荀子简注》,上海人民出版社1974年,第60页。
[3]《左传·僖公二十四年》,见《春秋左传正义》,北京大学出版社1999年,第418页。
[4] 杨伯峻:《春秋左传注》(修订本),中华书局1990年,第1308页。
[5]《史记·吴太伯世家》,见司马迁:《史记》,中华书局1959年,第1446页。

列为常熟市文物保护单位的常熟虞山"周章墓"文物保护碑(左)及常熟虞山周章墓(右)(吴恩培摄)

常熟虞山周章墓前的吴王周章墓坊(左)及该墓坊背面镌刻的"吴国第一君"字样(右)(吴恩培摄)

时历经"因而封之"的分封程序，吴国为中央王权承认而具合法性。故周章为"吴国第一君"了。

后世，显示吴国在西周姬姓"亲戚"中属近支先祖中辈分较高、地位特殊的分封层级，则是从司马迁《史记》列为世家之首的"吴太伯世家第一"中体现出来。

2.虞国

周武王在对吴国的分封中，因"周章已君吴"，为体现西周"封建亲戚"政策，同时亦为体现周武王对其太伯、仲雍这两位直系伯祖的崇敬，故把这一分封对象调整为周章之弟——虞仲，并封他于周部族北面的故夏墟——夏代时且现已成为废墟的故城为封邑，此即为虞国。因此，西周分封世系中出现"列为诸侯"[1]的虞国，乃是作为"太伯、仲雍之后"层级的受封(周章弟"虞

山西省平陆县张店村虞国古城遗址全景(吴恩培摄)

---

[1]《史记·吴太伯世家》，见司马迁：《史记》，中华书局1959年，第1446页。

列为全国重点文物保护单位的山西省平陆县张店村"虞国古城遗址"文物保护碑(左)及该处列为山西省重点文物保护单位的文物保护碑(右)(吴恩培摄)

仲"与其祖仲雍的号"虞仲"相同)。

3.虢国

虢国系属周十四世季历之子、十五世文王母弟的封建层级。虢国在西周及春秋早期的"以蕃屏周"中,曾一度起过特殊的作用。

《春秋经》首篇《春秋经·隐公元年》记载"郑伯克段于鄢"[1]事。而《左传·隐公元年》疏解、还原这一故事时说,郑武公在申国娶妻,名曰武姜。武姜生大儿子时难产,故不喜欢大儿子而喜欢小儿子共叔段。她一直想立共叔段为太子,但遭郑武公拒绝。其后,大儿子继位为郑庄公,她即"为之请制。公曰:'制,岩邑也,虢叔死焉,佗邑唯命。'"[2]意即,武姜要她的大儿子郑庄公将制地封给小儿子共叔段。郑庄公说:"制地是形势险峻的地方,虢叔曾经死在那里。其他地方都可以听命。"

由此可见,《左传》开篇《左传·隐公元年》提及虢叔时,是作为分封并占据险要之地的封邑之主出现的。而关于"虢叔"与"制"地,杜预注指出:"虢叔,东虢君也。恃制岩险而不修德,郑灭之。恐段复然,故开以佗邑。"[3]意思为,郑庄公不想让其弟共叔段步虢叔恃制岩险而不修仁德的后尘,故让他可到除"制"地以外的其他任何地方为封邑。

孔颖达疏曰:"僖五年传(指《左传·僖公五年》——引注)曰'虢仲、虢叔,王季之穆也'。《晋语》称文王'敬友二虢',则虢国本有二也。晋所灭者,其国在西,故谓此为东虢也。《郑语》:史伯为桓公诈谋云:'虢叔恃势,郐仲恃险,皆有骄侈怠慢之心。君以成周之众,奉辞伐罪,无不克矣。'桓公从之。是其恃险而不修德为郑灭之之事也。贾逵云'虢叔封西,虢仲封东',而此云'虢叔,东虢君'者,言所灭之君字叔也。传云虢仲谮其大夫,谓叔之子孙字曰仲也。……此虢国有二而《经》《传》不言东西者,于时东虢已灭,故西虢不称西;其并存之日,亦应以东西别之。"[4]

又,《左传·僖公五年》:"虢仲、虢叔,王季之穆也。"[5]杜预注:"虢仲、虢叔,王季之子,文王之母弟也。仲、叔皆虢君字。"[6]孔颖达疏:"此言'虢仲、虢叔,王季之穆',《国语》称'文

---

[1]《春秋经·隐公元年》,见《春秋左传正义》,北京大学出版社1999年,第43页。
[2]《左传·隐公元年》,见《春秋左传正义》,北京大学出版社1999年,第50—51页。
[3]杜预注,见杜预:《春秋经传集解》,上海古籍出版社1978年,第7页。
[4]孔颖达疏,见《春秋左传正义》,北京大学出版社1999年,第51页。
[5]《左传·僖公五年》,见《春秋左传正义》,北京大学出版社1999年,第343页。
[6]杜预注,见杜预:《春秋经传集解》,上海古籍出版社1978年,第256页。

王敬友二虢',故亦以为文王母弟。母弟之言,事无所出。仲、叔皆文王之时虢君字也。据传文,郑灭一虢,晋灭一虢,不知谁是仲后,谁是叔后。贾逵云:'虢仲封东虢,制是也。虢叔封西虢,公是也。'马融云:'虢叔同母弟,虢仲异母弟。虢仲封下阳,虢叔封上阳。'案:传上阳、下阳同是虢国之邑,不得分封二人也。若二虢共处,郑复安得虢国而灭之?虽贾之言亦无明证,各以意断,不可审知。"[1]

从上引杜预注、孔颖达疏及其引文可知:西周初封季历之子及周文王的两位弟弟——虢仲、虢叔均受封。时,虢仲封东,为东虢国;虢叔封西,为西虢国。虢叔的西虢国先为郑国所灭,而虢仲的东虢国后为晋献公假道伐虢时所灭。

尽管如此,季历子、文王弟的虢仲、虢叔受封建立的虢国,春秋早期担负着充当周王室"打手"的特殊使命。在《左传》记载中,亦多次出现虢国协同王师攻打列国的场景。如:《左传·隐公元年》:"郑人以王师、虢师伐卫南鄙。"[2]杜预注:"虢,西虢国也。"[3]《左传·隐公十一年》:"冬十月,郑伯以虢师伐宋。壬戌,大败宋师。"[4]

上引孔颖达疏引文提及的"虢仲封下阳,虢叔封上阳"的"下阳""上阳"城,现为虢国遗存而列入全国重点文物保护单位名录的下阳城遗址和上阳城遗址(李家窑遗址)。而同为列入全国重点文物保护单位名录的西周晚期虢国墓地与上阳城遗址,均位于河南省的三门峡市。其地理位置,与前述吴五世周章弟虞仲为始封君的虞国,互相交错且隔着黄河相望,共同构建且足堪为当时地处今西安户县一带宗周镐京的屏障。故周武王对其伯祖及祖父后裔层级的分封,既体现了"封建亲戚,以藩屏周"[5]及孔颖达疏所说的"广封兄弟,以自藩卫也。藩屏者,分地以建诸侯,使与京师作藩篱屏扞"[6]的作用,也体现了周武王的这一战略意图。

顾栋高《春秋大事表》卷五《春秋列国爵姓及存灭表》将"虢"分为"东虢""西虢",并以表格示之。其关于"东虢""西虢"[7]的情况如下:

国	爵	姓	始封	都	存灭
东虢		姬	文王弟虢仲	今河南开封府汜水县是。	春秋前为郑所灭,为制邑。隐元年见《传》。

国	爵	姓	始封	都	存灭
西虢	公	姬	文王弟虢叔	旧都在今陕西凤翔府宝鸡县东五十里。后随平王东迁,更封于上阳,今河南陕州东南上阳城。其支庶留于故都者为小虢。	隐元年见。僖五年灭于晋。其小虢于庄七年为秦所灭。

---

[1]孔颖达疏,见《春秋左传正义》,北京大学出版社1999年,第343页。
[2]《左传·隐公元年》,见《春秋左传正义》,北京大学出版社1999年,第63页。
[3]杜预注,见杜预:《春秋经传集解》,上海古籍出版社1978年,第12页。
[4]《左传·隐公十一年》,见《春秋左传正义》,北京大学出版社1999年,第129页。
[5]《左传·僖公二十四年》,见《春秋左传正义》,北京大学出版社1999年,第418页。
[6]孔颖达疏,见《春秋左传正义》,北京大学出版社1999年,第419页。
[7]《春秋列国爵姓及存灭表》,见顾栋高:《春秋大事表》,中华书局1993年,第571—572页。

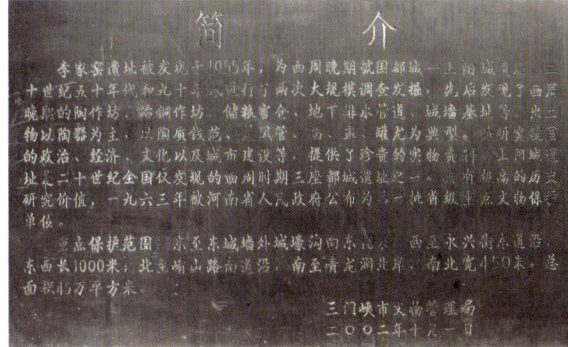

位于黄河以南今河南省三门峡市内且列为河南省重点文物保护单位的"李家窑遗址"文物保护碑（上左）及该文物保护碑背面，镌刻着落款"三门峡市文物管理局2002年10月1日"的"简介"（上右），以及该"简介"的如下文字："李家窑遗址被发现于1955年，为西周晚期虢国都城——上阳城遗址。"（下）（吴恩培摄）

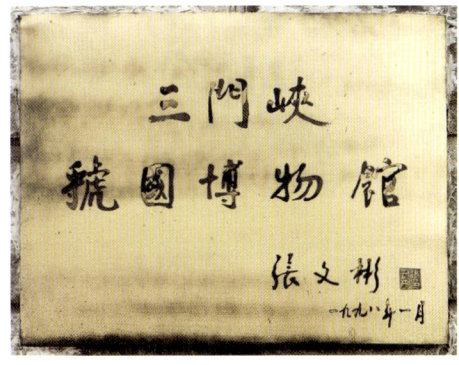

列为全国重点文物保护单位的河南省三门峡市西周"虢国墓地"文物保护碑（左）及在该虢国墓地遗址上建立的专题博物馆——三门峡虢国博物馆（右）（吴恩培摄）

被列为全国重点文物保护单位的西周虢国下阳城遗址，参见前文。而以下为虢国都城上阳城遗址（又作李家窑遗址）及虢国墓地。

（二）周之支族且为周初重臣的召公奭及其分封于燕

召公奭为周族姬姓中非周文王嫡系，且为周初重臣、周族支系成员中有影响力的"亲戚"。关于召公及其封国——北燕，现分以下三点叙述：

1.关于"召公"与"召公奭"

《史记·燕召公世家》记载："召公奭与周同姓，姓姬氏。周武王之灭纣，封召公于北燕。"[1] 裴骃《史记集解》引"谯周曰：'周之支族，食邑于召，谓之召公。'"[2] 司马贞《史记索隐》："召者，畿内菜地。奭始食于召，故曰召公。或说者以为文王受命，取岐周故墟周、召地分爵二公，故诗有周召二南，言皆在岐山之阳，故言南也。后武王封之北燕，在今幽州蓟县故城是也。亦以元子就封。而次子留周室代为召公。"[3]

---

[1]《史记·燕召公世家》，见司马迁：《史记》，中华书局1959年，第1549页。
[2] 裴骃：《史记集解》，见司马迁：《史记》，中华书局1959年，第1549页。
[3] 司马贞：《史记索隐》，见司马迁：《史记》，中华书局1959年，第1549页。

显见,"召公"如同其先祖"后稷"一样,或是带有爵位性质的职位名称。西周分封已"食邑于召,谓之召公",而分封时"奭"袭为"召公"并被称为"召公奭"。而召公奭所在的族群,在姬姓周族中为"周之支族",即旁支。

2.召公奭所在"周之支族"在周族中的渊源及位置的推测

关于召公奭所在"周之支族"在周族中的渊源与位置,因文献记载的模糊,不为人所知,但可据有限文献资料作如下分析。

作为周族大宗的周十三世古公亶父有三子:泰伯、仲雍和季历。而随着太伯、仲雍南奔,周十四世季历为周族大宗。季历亦有三子:周文王姬昌、虢仲、虢叔。故十五世周文王为周族大宗。而从召公奭与周文王之子、十六世的周公旦有交集来看,他当与十六世的周公旦为同时代人。但他们之间的辈分,却未为可知。

另,从上引司马贞《史记索隐》:"取岐周故墟周、召地分爵二公,故诗有周召二南,言皆在岐山之阳,故言南也。"可知召公和周公为"分爵二公"之并立地位。而显示这一并立地位的另为《诗经·国风》中有《周南》及与之并立的《召南》,且《召南·甘棠》诗,有"《甘棠》,美召伯也。召伯之教,明于南国"[1]。毛亨传曰:"召伯,姬姓,名奭,食采于召,作上公,为二伯,后封于燕。此美其为伯之功,故言'伯'云。"[2]《召南·行露》诗,亦有如下记载:"《行露》,召伯听讼也。衰乱之俗微,贞信之教兴,强暴之男不能侵陵贞女也。"[3]

由此可见,作为"周之支族"且"食采于召,作上公,为二伯"之一的召公,其在周族内部的地位并不低。

故此,值"文王与纣之时"而在周族部族中能称为"伯"者,除了已南奔的周文王大伯泰伯、二伯仲雍外,实无他人。因此,召公很可能为宗法制中的"小宗"宗主身份,依据为:前引"取岐周故墟周、召地分爵二公"句,指周部族翻越岐山,开拓周原时,周族族人的大宗宗主即为部族首领的周十三世古公亶父。而在"岐周故墟"存在着"周、召地分爵二公",即存在着与周大宗古公亶父并立的"召",且二人"分爵二公"。故此"召",为古公亶父同辈兄弟的周族小宗宗主,就不是向壁虚造的。其子(与季历同辈)后为"召公",其孙(与姬昌即同周文王辈)亦为"召公"。故与姬昌同辈的"召公",存在着即为召公奭的可能性(不排除其间有辈分相差的可能)。正因如此,后世有学者错误地将之作文王之子、周公旦之兄。王充在《论衡·气寿》云:"邵公,周公之兄也。"[4]袁忠华、方家常译注《论衡全译》对"召公"亦循此而释之为"邵公,即召公、召康王。周文王的儿子姬奭。因采邑在召(今陕西岐山西南),故称召公或召伯。曾佐武王灭商,被封于北燕。成王时任太保,与其弟周公旦分陕而治,陕以西由他治理"[5]。

武王去世、周公旦"专王室"而摄政后,引发其兄管叔鲜(管叔)、其弟蔡叔度(蔡叔)等的疑

---

[1]《诗经·召南·甘棠》,见《毛诗正义》,北京大学出版社1999年,第77页。
[2]毛亨传,见《毛诗正义》,北京大学出版社1999年,第77页。
[3]《诗经·召南·行露》,见《毛诗正义》,北京大学出版社1999年,第79页。
[4]《论衡·气寿》,见袁忠华、方家常译注:《论衡全译》,贵州人民出版社1993年,第57页。
[5]袁忠华、方家常译注:《论衡全译》,贵州人民出版社1993年,第58页。

虑，同时也引发召公奭的疑虑。面对召公奭的疑虑，周公旦写了《君奭》一文进行表白。然而召公仍然对周公旦不满。周公旦于是与他沟通、解释。经此，"召公乃说"[1]。从这一历史细节来看，"周之支族"且袭为"召公"职位的召公奭，在周部族内，实为对周公旦有着制衡能力且拥有较大影响力和话语权的实力派人物。而这一渊源，如前推测，或与其祖为古公亶父之同辈兄弟的周族小宗宗主有关。

"周武王之灭纣，封召公于北燕。"[2]北燕，即今北京燕山一带，时为鬼方戎狄聚居地区。这与姜尚（吕尚，太公望）的封地齐地，亦属东夷部族聚居地区一样。故周武王时封召公于北燕，既含有征伐戎狄而将周之疆域开拓至北燕鬼方一带的战略意图；同时，亦不排斥含有将其远放而远离政治中心王畿的意图。

召公于周武王时封于北燕后，或与周公旦一样，并未去封地，而是留在王畿辅佐成王。这从下列文献的相关记载中可见：

《诗经·大雅·召旻》："昔先王受命，有如召公，日辟国百里。"[3]

《逸周书·作雒》："三叔及殷东徐奄及熊盈以略（畔）。周公、召公内弥父兄，外抚诸侯。"[4]

《尚书·召诰》："成王在丰，欲宅洛邑。使召公先相宅，作《召诰》。"[5]

《尚书·洛诰》："召公既相宅，周公往营成周。使来告卜，作《洛诰》。"[6]

《尚书·顾命》："成王将崩，命召公、毕公，率诸侯相康王。"[7]

《史记·燕召公世家》："成王时，召王为三公。"[8]

《史记·周本纪》记载，平定"三监之乱"时，"召公为保，周公为师，东伐淮夷，残奄，迁其君薄姑"[9]。意即召公奭做担保，周公旦为统帅，东伐淮夷，灭除奄，把他们的国君迁到薄姑。

《史记·周本纪》记载："周公行政七年，成王长，周公反政成王，北面就群臣之位。成王在丰，使召公复营洛邑，如

陕西岐山周公庙里的召公殿（上）以及"召公殿"匾（下）（吴恩培摄）

---

[1]《史记·燕召公世家》，见司马迁：《史记》，中华书局1959年，第1549页。
[2]《史记·燕召公世家》，见司马迁：《史记》，中华书局1959年，第1549页。
[3]《诗经·大雅·召旻》，见《毛诗正义》，北京大学出版社1999年，第1270页。
[4]《逸周书·作雒》，见黄怀信等：《逸周书汇校集注》（修订本），上海古籍出版社2007年，第514—516页。
[5]《尚书·召诰》，见《尚书正义》，北京大学出版社1999年，第389页。
[6]《尚书·洛诰》，见《尚书正义》，北京大学出版社1999年，第403页。
[7]《尚书·顾命》，见《尚书正义》，北京大学出版社1999年，第494页。
[8]《史记·燕召公世家》，见司马迁：《史记》，中华书局1959年，第1549页。
[9]《史记·周本纪》，见司马迁：《史记》，中华书局1959年，第133页。

武王之意。"[1]意即，周公摄政七年，成王长大了，周公旦于是还政成王，重新北面称臣。而成王在丰邑，派召公奭再次营建洛邑，以完成武王的遗愿。

显然，周成王时，召公奭和周公旦一样，在周朝廷中依然有着巨大影响力。不仅如此，值成王至康王的王权交接之时，召公的影响力依然存在。据《史记·周本纪》记载，在"成王将崩，惧太子钊之不任"时，"乃命召公、毕公率诸侯以相太子而立之。……是为康王"[2]。此处的"召公"，或为召公奭，或为召公奭去世后世袭"召公"职位的后人。

《史记·燕召公世家》载："召公巡行乡邑，有棠树，决狱政事其下，自侯伯至庶人各得其所，无失职者。召公卒，而民人思召公之政，怀棠树不敢伐，哥咏之，作甘棠之诗。"[3]今陕西岐山周公庙召公殿旁的"甘棠重荫"碑，则志其事也。至于周厉王时，出现谏厉王"防民之口，甚于防水"[4]的召公，则当是袭"召公"职的召公后人了。

3.关于召公奭封国的"北燕"及其在春秋时期的传承与作为

召公奭封国的姬姓"北燕"，在春秋时期，并未像同为姬姓的鲁、蔡、曹、卫及非姬姓的齐、宋等活跃于列国争霸的舞台上。然而，燕国却是历经西周初分封而最终进入战国七雄行列的唯一姬姓国。

关于北燕都城，童书业《春秋左传研究》说："春秋时北燕国都当在今河北省西部近易水处，……今河北易水县南有'燕城'，近人谓之'燕下都'，当即其地。"[5]位于今河北易县境内的燕下都，1961年被列为第一批全国重点文物保护单位。

列为全国重点文物保护单位的河北易县"燕下都遗址"文物保护碑（吴恩培摄）

（三）春秋时尚存的姬姓滑国与"汉阳诸姬"尚存的随国（曾国）

西周姬姓封国数量，文献记载不一，或作"姬姓之国者四十人"[6]，或"姬姓独居五十三人"[7]等，均系"姬"姓封国。这些封国，大多已湮灭于历史之中，至今为人所熟知者，一为文献记载且列为全国重点文物保护单位的滑国故城为都城的姬姓滑国；另一则为春秋后期吴伐楚入郢之战时文献记载的随国（该随国与因出土曾侯乙编钟等精美青铜器而为国人所知的曾国，为一国两名）。二者均见诸文献，现分述如下：

---

[1]《史记·周本纪》，见司马迁：《史记》，中华书局1959年，第132页。
[2]《史记·周本纪》，见司马迁：《史记》，中华书局1959年，第134页。
[3]《史记·燕召公世家》，见司马迁：《史记》，中华书局1959年，第1550页。
[4]《史记·周本纪》，见司马迁：《史记》，中华书局1959年，第142页。
[5]童书业：《春秋左传研究》，上海人民出版社1980年，第244页。
[6]《左传·昭公二十八年》，见《春秋左传正义》，北京大学出版社1999年，第1495页。
[7]《荀子·儒效》，见章诗同注：《荀子简注》，上海人民出版社1974年，第60页。

1.姬姓滑国:春秋中期为秦所灭及秦、晋"殽山之战"后旋入晋

滑国,最早出现在《春秋经·庄公三年》:"冬,公次于滑。"[1]杜预注:"滑,郑地,在陈留襄邑县西北。"[2]杨伯峻《春秋左传注》:"'滑',《公羊》《穀梁》皆作'郎'。滑,郑国地名,当在今河南省睢县西北。同时,另有滑国,则当今之河南省偃师县之缑氏镇。东西相距甚远,鲁庄公无由到此,毛奇龄《春秋传》混而一之,误。"[3]

滑国国君及其爵位"伯",出现在《春秋经·庄公十六年》:"冬,十有二月,会齐侯、宋公、陈侯、卫侯、郑伯、许男、滑伯、滕子,同盟于幽。"[4]杜预注:"滑国都费,河南缑氏县。"[5]杨伯峻《春秋左传注》:"滑,姬姓,国于费,故一名费滑,见成十三年、襄十八年《传》(即《左传·成公十三年》《左传·襄公十八年》),故城当在今河南省偃师县之缑氏镇。僖三十三年(即《左传·僖公三十三年》)灭于秦,旋入晋,复又属周。"[6]

《春秋经·僖公二十年》载:"郑人入滑。"[7]《左传·僖公二十年》解之曰:"滑人叛郑而服于卫。夏,郑公子士、泄堵寇帅师入滑。"[8]意即,滑国人背叛郑国而顺服于卫国。夏季,郑国的公子士、泄堵寇率领军队攻入滑国。

上引杨伯峻《春秋左传注》所说的鲁僖公三十三年(前627)滑灭于秦而旋入晋,即是说在滑国被灭的同年,发生的秦、晋殽山之战。此战背景是,上年(指鲁僖公三十二年,前628)"夏,四月,己丑,郑伯捷卒"。"冬,十有二月,己卯,晋侯重耳卒。"[9]即鲁僖公三十二年(前628)四月,郑国国君去世;十二月,晋国国君晋文公去世。在郑、晋相继进入国丧期之际,戍守郑国的秦国大夫杞子从郑国派人给秦送来情报说:郑国人让我掌管他们北门的钥匙,"若潜师以来,国可得也"[10]。即如果秦军偷偷前来,郑国就可以得到了。在这种情况下,踌躇满志而急欲东扩的秦穆公(又作秦缪公),不顾蹇叔的劝谏,"召孟明、西乞、白乙,使出师于东门之外"[11]。即召来秦将孟明视、西乞术、白乙丙,让他们从东门外出兵。

鲁僖公三十三年(前627)春,秦军队经过成周王城的北门,战车上除御者以外,车左、车右都脱去头盔下车致敬,随即三百辆战车的将士跳上车去。

"及滑,郑商人弦高将市于周,遇之。以乘韦先,牛十二犒师,曰:'寡君闻吾子将步师出于敝邑,敢犒从者,不腆敝邑,为从者之淹,居则具一日之积,行则备一夕之卫。'且使遽告于郑。"[12]意即,秦军到达滑国,郑国的商人弦高原准备到成周去做生意,与秦军不期而遇。弦高于是先送

---

[1]《春秋经·庄公三年》,见《春秋左传正义》,北京大学出版社1999年,第221页。
[2]杜预注,见杜预:《春秋经传集解》,上海古籍出版社1978年,第133页。
[3]杨伯峻:《春秋左传注》(修订本),中华书局1990年,第160页。
[4]《春秋经·庄公十六年》,见《春秋左传正义》,北京大学出版社1999年,第254页。
[5]杜预注,见杜预:《春秋经传集解》,上海古籍出版社1978年,第165页。
[6]杨伯峻:《春秋左传注》(修订本),中华书局1990年,第201页。
[7]《春秋经·僖公二十年》,见《春秋左传正义》,北京大学出版社1999年,第396页。
[8]《左传·僖公二十年》,见《春秋左传正义》,北京大学出版社1999年,第397页。
[9]《春秋经·僖公三十二年》,见《春秋左传正义》,北京大学出版社1999年,第469页。
[10]《左传·僖公三十二年》,见《春秋左传正义》,北京大学出版社1999年,第470页。
[11]《左传·僖公三十二年》,见《春秋左传正义》,北京大学出版社1999年,第470页。
[12]《左传·僖公三十三年》,见《春秋左传正义》,北京大学出版社1999年,第473—474页。

秦军四张熟牛皮作引礼，再送十二头牛犒劳军队，并说："我们国君听说您准备行军经过敝邑，谨来犒赏您的随从。敝邑贫乏，为了您的随从在这里停留、住下就预备一天的供应，离开就准备一夜的保卫。"与其同时，弦高又派人紧急地向郑国报告。

新执政的郑穆公得到弦高的报告，立即对戍守郑国的秦国大夫杞子等采取行动，迫使他们分别逃离郑国。在这种情况下，"孟明曰：'郑有备矣，不可冀也。攻之不克，围之不继，吾其还也。'灭滑而还"[1]。意即，秦将孟明视说："郑国已有准备，不能存有希望了。攻打郑国不能取胜，包围它又没有后援，我们还是回去吧。"于是，秦军灭亡了滑国就开始返归。

然而，晋国容忍不了秦国乘郑、晋国丧而采取的伐郑灭滑之举，于是，"夏，四月，辛巳，败秦师于殽，获百里孟明视、西乞术、白乙丙以归"[2]。即在殽山全歼秦国军队，并俘虏了三个秦军将领孟明视、西乞术、白乙丙而带回晋国去。

《春秋经·僖公三十三年》载："春，王二月，秦人入滑。"[3]而随着秦军战败，滑被秦灭而旋即入晋。

滑国故城今为全国重点文物保护单位，位于河南偃师市府店镇滑城河村附近台地上。

列为全国重点文物保护单位的河南偃师府店镇的"滑国故城"文物保护碑（左）及今滑国故城（中）以及清道光十七年（1837）所立"古滑城"砖匾（右）（吴恩培摄）

2.春秋晚期"汉阳诸姬"中尚存的随国（曾国）

《左传·僖公二十八年》记载："栾贞子曰：'汉阳诸姬，楚实尽之。'"[4]杜预注："姬姓之国在汉北者，楚尽灭之。"[5]即地处汉水以北承担监控南方蛮夷之国楚国以拱卫周室王畿的诸多姬姓诸侯国，至春秋时，已被楚国逐步吞并得所剩无几。而这里的"汉阳诸姬"，即汉水之北最初分封时的诸姬姓国，当不止一个而为一批。《左传·定公四年》记载了这些"汉阳诸姬"至春秋晚期时硕果所存之一者为随国。

春秋后期吴伐楚入郢之战时，因楚昭王逃出郢都而匿于随，吴国为在楚国实施换君计划，故

---

[1]《左传·僖公三十三年》，见《春秋左传正义》，北京大学出版社1999年，第475页。
[2]《左传·僖公三十三年》，见《春秋左传正义》，北京大学出版社1999年，第475页。
[3]《春秋经·僖公三十三年》，见杜预：《春秋经传集解》，上海古籍出版社1978年，第405页。另，该句《春秋左传正义》误作"秦人入渭"（见《春秋左传正义》，北京大学出版社1999年，第471页）。
[4]《左传·僖公二十八年》，见《春秋左传正义》，北京大学出版社1999年，第447页。
[5]杜预注，见杜预：《春秋经传集解》，上海古籍出版社1978年，第382页。

紧紧追赶楚昭王并尾随其进入随国。其时，吴王阖闾也随同吴军进入随国，并在与随国国君晤面时说："周之子孙在汉川者，楚实尽之。"[1]即周朝的子孙封在汉水一带的，楚国全都灭了他们。是时，吴王阖闾以周王室姬姓的同宗之情游说并拉拢随国，希望随国能予合作而交出楚昭王。同时，吴王阖闾亦开出给予随国以"汉阳之田，君实有之"[2]的诱惑条件（上述吴伐楚时意在楚国换君及吴王阖闾入随等相关情况，另参下文）。故从文献记载来看，随国当为周初分封时的"汉阳诸姬"之一。

关于曾国与姬姓随国的一国两名，2017年苏州博物馆举办"大邦之梦——吴越楚青铜器特展"时，曾展出的破解"曾随之迹"的青铜器曾侯與钟。并在展器的展板中介绍该器说："此件铜钟，为出土8件曾侯與编钟中形体最大的一件。惜已残破严重，仅存局部钟体残片，可基本复原。钟体为扁圆呈合瓦形，在钟体的钲部、两侧鼓部铸有阴刻铭文。M1:2全钟铭文与M1:1基本一致，只是行款有所差别，个别字的写法也有不同。"其时，随同曾侯與钟一同展出的《破解曾随之谜·曾侯與钟》展板文字介绍："从考古资料与文献记载的对照研究，2009年曾侯與编钟的出土，记载了吴楚之战中'吴恃有众庶，行乱，西征南伐，乃加于楚，荆邦既变，而天命将误'，是曾侯'亲博武功'才使得'楚命是静，复定楚王'。曾国保护了楚王，楚王便与曾侯與共立斋盟，恢复了曾国故有的疆域'余申固楚成，改复曾疆'。故曾侯與故铸此钟以记载这段丰功伟业'择选吉金，自作宗彝，和钟'。这段铭文与《左传》《史记》、清华简《系年》等历史文献中记载'吴楚相争，吴师入郢，楚昭王避难随国，受到随国的庇护'之事相印证。此外，铭文中铸刻国名'吴、楚、曾'同文献记载国名'吴、楚、随'可合二为一。据此认定：'曾国即是随国，为一国两名。'从而，破解了学术界一直以来的'曾随之谜'。"

近年，更出现了聃、曾、随一国三名的说法。前述河南平舆沈国故城时，曾言及湖北随州叶家山西周曾国墓地出土器解读时，有学者将曾国与聃季载联系起来，并认为"曾聃一国，聃、曾、随都是同一诸侯国的异称"[3]。

苏州博物馆举办"大邦之梦——吴越楚青铜器特展"展出的曾侯與钟（春秋晚期，残高87.2厘米，舞修46厘米，舞广34.2厘米，铣间51.2厘米，铣长73.2厘米，正鼓厚1.6厘米。随州市文峰塔墓地M1:2出土，随州博物馆藏）（吴恩培摄）

（四）周文王孙辈、周武王及周公旦子辈的分封

周文王孙辈、周武王及周公旦子辈的分封，留存于今的遗存一为列为全国重点文物保护

---

[1]《左传·定公四年》，见《春秋左传正义》，北京大学出版社1999年，第1556页。
[2]《左传·定公四年》，见《春秋左传正义》，北京大学出版社1999年，第1557页。
[3]王琎、袁俊杰：《叶家山曾国墓地日名铜器研究》，《长江大学学报》（社科版）2015年第2期。

单位的山西侯马晋国遗址,另一为列为河南省文物保护单位的河南淮滨县期思镇蒋国故城遗址。

1.成王"桐封"其弟叔虞于唐,叔虞之子燮即位后改为晋

成王"桐封"其弟唐叔虞,见诸《史记·晋世家》:"晋唐叔虞者,周武王子而成王弟。……武王崩,成王立,唐有乱,周公诛灭唐。成王与叔虞戏,削桐叶为珪以与叔虞,曰:'以此封若。'史佚因请择日立叔虞。成王曰:'吾与之戏耳。'史佚曰:'天子无戏言。言则史书之,礼成之,乐歌之。'于是遂封叔虞于唐。"[1]《史记·郑世家》:"周武王克纣后,成王封叔虞于唐。"[2]

今山西太原晋祠圣母殿悬挂有多处与晋国历史——周初成王"桐封"有关的牌匾,其文化渊源概出于此。

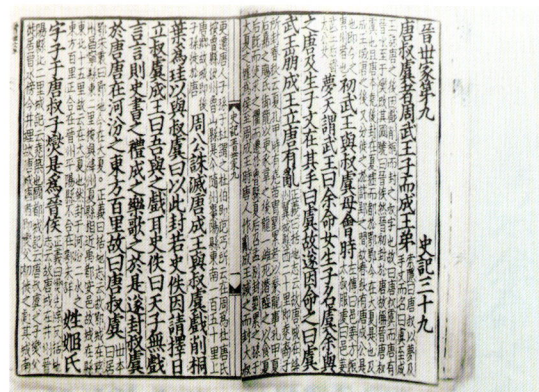 

山西博物院展出附有《史记》书影的"桐叶封弟"展板(左)及太原晋祠圣母殿悬挂的匾额"三晋遗封""惠普桐封"(右)(吴恩培摄)

列为全国重点文物保护单位的山西"侯马晋国遗址"文物保护碑(吴恩培摄)

1961年,被国务院公布为第一批全国重点文物保护单位的侯马晋国遗址,位于今山西侯马汾、浍两河交汇处,面积约33平方公里。春秋中叶,晋景公迁都新田(今侯马)。自此至战国早期三家分晋为止,这里就成为晋国政治、经济、商业、文化的中心。

而列为全国重点文物保护单位的山西临汾市曲沃县曲村镇的曲村—天马遗址,位于山西省曲沃、翼城两县交界处,面积约10平方公里。该遗址是目前全国发现最大、保存较好的周代遗址。截至目前,在该遗址内主要发现了公墓区(晋侯墓地)、邦墓区等。1992至2000年,在这一遗址发掘出多组晋侯墓地。

---

[1]《史记·晋世家》,见司马迁:《史记》,中华书局1959年,第1635页。
[2]《史记·郑世家》,见司马迁:《史记》,中华书局1959年,第1758页。

山西曲沃曲村—天马遗址之晋国博物馆前的"三晋"牌坊（左）及题为"晋魂"的雕塑（右）（吴恩培摄）

2."周公之胤"的分封与列入河南省文物保护单位的河南淮滨期思镇蒋国故城遗址

《左传·僖公二十四年》记载周公旦之子的分封情况："凡蒋、邢、茅、胙、祭，周公之胤也。"[1]杜预注："胤，嗣也。"[2]

上述周公旦之子的分封诸国，今存且被列为河南省文物保护单位的为淮滨县期思镇的蒋国故城遗址。在该遗址四周，分别嵌有关于"蒋国故城简介"和蒋国始封君——周公旦三子"蒋伯龄生平"介绍的石碑。

"蒋国故城遗址"石碑的介绍文字为："期思，夏、商时期属蓼国，称蒋地，四千年前的新石器时代就有部落活动。公元前1040年，西周周公三子伯龄受封在此建立蒋国。公元前617年，楚以后遂为右司马灭蒋，置期思邑。"

"周公之胤"进入"封建"层级，与武王去世后，周公辅佐成王、平定三监叛乱、营建东都洛邑并主持分封诸侯等有关。《礼记·明堂位》载："武王崩，成王幼弱，周公践天子之位，以治天下。"[3]作为"践天子之位"的分封规则制定者，其自身一脉即"周公之胤"获得分封，并不与"封建亲戚，以藩屏周"相悖。

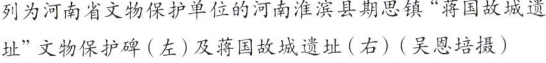

列为河南省文物保护单位的河南淮滨县期思镇"蒋国故城遗址"文物保护碑（左）及蒋国故城遗址（右）（吴恩培摄）

---

[1]《左传·僖公二十四年》，见《春秋左传正义》，北京大学出版社1999年，第419页。
[2]杜预注，见杜预：《春秋经传集解》，上海古籍出版社1978年，第347页。
[3]《礼记·明堂位》，见《礼记正义》，北京大学出版社1999年，第934页。

四、分封的第四层级——"先圣王"后代、功臣谋士与朝廷近臣的分封

以上层级，均为姬姓"亲戚"的分封。但西周初的实际分封中，还有诸多非姬姓分封。分述如下：

（一）"先圣王"后代的分封与"三恪"

"先圣王"后代，即为炎帝、黄帝、尧、舜、禹等"先圣王"的后代。《史记·周本纪》说："武王追思先圣王，乃褒封神农之后于焦，黄帝之后于祝，帝尧之后于蓟，帝舜之后于陈，大禹之后于杞。"[1]这一类别的分封，有着极其深刻的背景。周武王翦灭殷商时，"诸侯不期而会盟津者八百诸侯"[2]。这些号称为"八百"的众多古老部族，积极参与灭商后，面对着灭商建周的胜利成果必然地要求分享而食一杯羹。而周人在这众多古老部族中，以具有代表性的"先圣王"后代予以分封，就既满足了这些古老部族的政治需求，也达到以安抚方式调整新兴西周政权与众多古老部族间权力分享的目的。尽管这种"权力分享"，有着强烈的政治笼络含义。

上述的炎帝之后封于焦、黄帝之后封于祝、尧之后封于蓟、舜之后封于陈及禹之后封于杞，即显示了对"先圣王"后代层级的分封。

与"先圣王"后代层级分封有关的为"三恪"。恪，又作愙，敬也。《左传·襄公二十五年》记载："昔虞阏父为周陶正，以服事我先王。我先王赖其利器用也，与其神明之后也，庸以元女大姬配胡公，而封诸陈，以备三恪。"[3]杜预注："周得天下，封夏、殷二王后，又封舜后，谓之恪。并二王后为三国。其礼转降，示敬而已，故曰三恪。"[4]《左传》上条意为，从前虞阏父做周朝的陶正，服侍我们先王。我们先王嘉奖他能制作器物，于人有利，并且是虞舜的后代，就把大女儿太姬匹配给胡公，封他在陈地，以表示对舜、禹及前朝商的后代的诚敬。[5]而杜预注谓之"三恪"者，即为舜之后人封于陈、禹之后人封于杞及殷商后人封于宋。

周初对殷商遗民的分封及因武王去世而引发"三监之乱"，另见下文叙述。本章即叙述"三恪"中的陈与杞。

1.陈国

关于"陈"，《史记·陈杞世家》说："陈胡公满者，虞帝舜之后也。昔舜为庶人时，尧妻之二女，居于妫汭，其后因为氏姓，姓妫氏。舜已崩，传禹天下，而舜子商均为封国。夏后之时，或失或续。至于周武王克殷纣，乃复求舜后，得妫满，封之于陈，以奉帝舜祀，是为胡公。"[6]意为，陈胡公满，是虞帝舜的后代。当初舜还是一个平民时，尧把自己的两个女儿嫁给了他，住在妫汭，他的后代就借此地名当姓氏，姓了妫氏。舜死后，把天下传给禹，舜的儿子商均是一个诸侯。夏代时，舜后人的侯位时断时续。周武王战胜殷纣以后，又寻找舜的后人，找到妫满，把他封在陈国，来供

---

[1]《史记·周本纪》，见司马迁：《史记》，中华书局1959年，第127页。
[2]《史记·周本纪》，见司马迁：《史记》，中华书局1959年，第120页。
[3]《左传·襄公二十五年》，见《春秋左传正义》，北京大学出版社1999年，第1022页。
[4]杜预注，见杜预：《春秋经传集解》，上海古籍出版社1978年，第1036页。
[5]王守谦、金秀珍、王凤春译注：《左传全译》，在注释"三恪"时"指封黄帝、尧、舜之后叫三恪"，并将杜预注后句依之译为"让黄帝、尧、舜的后代都得到封地"（见王守谦、金秀珍、王凤春译注：《左传全译》，贵州人民出版社1992年，第958—959页）。
[6]《史记·陈杞世家》，见司马迁：《史记》，中华书局1959年，第1575页。

奉帝舜的岁时祭祀,这就是胡公。

2.杞国

关于"杞",《史记·陈杞世家》说:"杞东楼公者,夏后禹之后苗裔也。殷时或封或绝。周武王克殷纣,求禹之后,得东楼公,封之于杞,以奉夏后氏祀。"[1]意为,杞国东楼公,是夏代大禹的后代子孙。商朝时其封国时断时续。周武王战胜殷纣之后,寻找禹的后代。找到东楼公,封他在杞,以供奉夏后氏的祭祀。而据学者研究,"从商代到战国,杞国在山东境内应有8次大迁徙"[2],今被列为全国重点文物保护单位的杞国故城遗址,位于山东省潍坊市坊子区黄旗堡街道。

列为河南省文物保护单位的河南淮阳县"陈楚故城"文物保护碑(左)及列为全国重点文物保护单位的山东省潍坊市坊子区黄旗堡街道的"杞国故城遗址"文物保护碑(右)(吴恩培摄)

(二)功臣谋士的分封

非姬姓"亲戚"的分封,包含着在翦商战争、建立西周政权过程中功臣谋士的拔擢与褒奖。

这一类别的代表人物为姜太公姜尚(又作吕尚、太公望)。《史记·周本纪》记载,周武王封非姬姓的"功臣谋士,而师尚父为首封。封尚父于营丘,曰齐"[3]。《史记·齐太公世家》则表述为:"武王已平商而王天下,封师尚父于齐营丘。"[4]即封在灭商兴周中厥功至伟的姜尚于今山东临淄。

姜尚为商、周时的杰出军事家。周武王将姜尚封于当时东夷占主导地位的地区,不排除含有征伐东夷以将周疆域开拓至东海的战略意图;同时,与封召公于北燕一样,其间不排除将姜尚远放而远离王畿的政治意图。

"三监之乱"时,周公旦更以周成王的名义,将对东夷地区的征讨杀伐之权付与太公。这就是《史记·齐太公世家》记载的"命太公曰:'东至海,西至河,南至穆陵,北至无棣,五侯九伯,

---

[1]《史记·陈杞世家》,见司马迁:《史记》,中华书局1959年,第1583页。
[2]赵兴彬:《论杞国在山东的八次迁徙》,《泰山学院学报》2011年第1期。
[3]《史记·周本纪》,见司马迁:《史记》,中华书局1959年,第127页。
[4]《史记·齐太公世家》,见司马迁:《史记》,中华书局1959年,第1480页。

实得征之。'齐由此得征伐,为大国。都营丘"[1]。显然,在远离王畿的有限地理范围内获西周朝廷征讨杀伐之权,既体现朝廷的宠幸和信任,也是开疆拓土的需要。由此,齐国发展成为东方大国。

(三)朝廷近臣官员的分封

1.夏"车正"后人与"武王复以其胄为薛侯"

前文论及"西周初分封的第二层级——文王庶子、武王庶兄弟"的分封时,曾提及"滕""薛"二国国君朝见鲁君时,曾发生"卜正"与"车正"后人争先的故事。前文叙述的"滕",一是作为"文王庶子"受封,另一又是作为"卜正"——王室主持占卜事务的卜官之长身份受封。

全国重点文物保护单位陕西岐山周公庙里的太公殿(左)及其殿内的姜(吕)尚像(右上),以及"太公殿"匾(右下)(吴恩培摄)

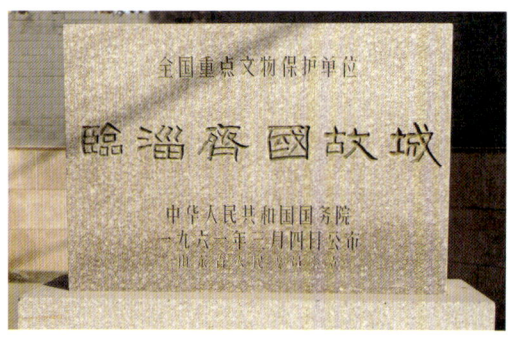

列为全国重点文物保护单位的山东"临淄齐国故城"文物保护碑(左)及临淄齐国故城外景(右)(吴恩培摄)

而与其争先的对方——"薛"国国君,据孔颖达疏云:"《谱》云:'薛,任姓,黄帝之苗裔奚仲封为薛侯,今鲁国薛县是也。奚仲迁于邳,仲虺居薛,以为汤左相,武王复以其胄为薛侯。……《地理志》云:'鲁国薛县,夏车正奚仲所国,后迁于邳,汤相仲虺居之。'"[2] 由此可知,薛侯祖

---

[1]《史记·齐太公世家》,见司马迁:《史记》,中华书局1959年,第1480—1481页。
[2] 孔颖达疏,见《春秋左传正义》,北京大学出版社1999年,第122页。

先为黄帝后裔奚仲封,夏代时为"车正"——主管王家车辇的正职官员,其族人商代时曾任"左相"。显然,西周初的"薛"的分封,是以其夏代先祖为"车正"、商代族人任"左相"等官职身份而"武王复以其胄为薛侯"的。

由"车正""卜正"及双方"争长"的故事可以看出:西周分封时,对夏代时曾为"车正"、商代时曾任"左相"的非姬姓的任姓族人也予以分封于"薛";同时,对同为姬姓且任西周"卜正"——卜官之长的正职官员也予以分封于"滕"。

显见,"薛"的先祖为朝廷近臣官员"车正"等致后人受封。而"滕"的先祖,则为文王庶子受封,亦为朝廷近臣官员"卜正"而受封。

与"滕"有关的山东全省重点文物保护单位的滕国故城情况,前已述。而与"薛"有关的薛国故城,为全国重点文物保护单位。

列为全国重点文物保护单位的山东滕州"薛国故城"文物保护碑(左),以及山东滕州以"古薛车正"为题材的车轮雕塑(中)及该雕塑上方的"古薛车正"字样(右)(吴恩培摄)

2."温"邑与"苏忿生之田"

除上述滕、薛外,《左传·成公十一年》记载的涉及东周王室的一桩土地争讼中,也提及周武王时对朝廷官员的分封。

晋国卿族郤至与东周王室争夺鄇田,奉周王命前往晋国解决这一争端的刘康公、单襄公,面对郤至所说"温邑,过去就是我的封邑,所以不敢丢失"时,他们以历史上的分封事实,据之驳斥说:"昔周克商,使诸侯抚封,苏忿生以温为司寇,与檀伯达封于河。苏氏即狄,又不能于狄而奔卫。襄王劳文公而赐之温,狐氏、阳氏先处之,而后及子。若治其故,则王官之邑也,子安得之?"[1]杜预注:"苏忿生,周武王司寇苏公也。与檀伯达俱封于河内。"[2]孔颖达疏:"《尚书·立政》云:'周公若曰:大史、司寇苏公。'此传与彼俱言苏公为司寇,明是一人。此言克商即为司寇,是为武王司寇。"[3]故《左传》上条刘康公、单襄公所说的话意为,昔日周克商时,让诸侯据有封地。苏忿生

---

[1]《左传·成公十一年》,见《春秋左传正义》,北京大学出版社1999年,第747—748页。
[2]杜预注,见杜预:《春秋经传集解》,上海古籍出版社1978年,第714页。
[3]孔颖达疏,见《春秋左传正义》,北京大学出版社1999年,第747—748页。

得到温邑并当担任了朝廷主管司法事务的的司寇一职,并和檀伯达封在黄河边上。后来苏氏投靠狄人,又不能和狄人相处而逃到卫国,封地温邑因此被王室收回。再其后,周襄王为了嘉奖晋文公,将温邑赐给了他,这块土地才相继成为晋国狐氏、阳氏的采邑,然后才轮到您郤氏。如果要追查过去的原因,那么它是周天子属官的封邑,您怎么能得到它?在这种情况下,晋侯晋厉公下令要郤至不要再争夺了。而与这一分封记载互为印证的为《左传·隐公十一年》记载的"郑人苏忿生之田"[1]。对此,杜预注曰:"苏忿生,周武王司寇苏公也。""凡十二邑,皆苏忿生之田。"[2]

而上述《左传·成公十一年》所说的"昔周克商,使诸侯抚封,苏忿生以温为司寇"[3]与孔颖达疏中所说的"此言克商即为司寇,是为武王司寇"[4],都说明了周初武王时的"使诸侯抚封",即昔日周克商时,让诸侯据有封地。

五、分封的第五层级——周成王时"封熊绎于楚蛮",即对长江流域楚国的分封

前文论及"万世一系皆源于黄帝"的南方世系版本中的楚国世系时,曾言及长江流域的楚国祖源,为"楚之先祖出自帝颛顼高阳。高阳者,黄帝之孙,昌意之子也"[5]。楚之先祖传至鬻熊时,与周文王同一时代。其时,"鬻熊子事文王"[6]即鬻熊如同儿子般地侍奉周文王。楚世系传承至鬻熊曾孙熊绎,适为周成王时。据《史记·楚世家》记载:"熊绎当周成王之时,举文、武勤劳之后嗣,而封熊绎于楚蛮,封以子男之田,姓芈氏,居丹阳。楚子熊绎与鲁公伯禽、卫康叔子牟、晋侯燮、齐太公子吕伋俱事成王。"[7]张守节《史记正义》引"颖容(云)《传例》云:'楚居丹阳,今枝江县故城是也。'《括地志》云:'归州巴东县东南四里归故城,楚子熊绎之始国也。又熊绎墓在归州秭归县。《舆地志》云秭归县东有丹阳城,周回八里,熊绎始封也。'"[8]又,"姓琇氏"句,《白话史记》释为"姓芈"[9]。故上引《史记·楚世家》文字的意思为,熊绎处在周成王时代,成王要举用文王、武王功臣的后代,于是把熊绎封到楚蛮,封给他子男爵位的田地,姓芈,居住在丹阳(今湖北枝江县故城)。楚国始封君的熊绎和周公旦之子鲁公伯禽、卫康叔封之子牟、晋唐叔虞之子晋侯燮、齐太公吕尚之子吕伋等共同侍奉周成王。

显然,对楚熊绎的分封,和对晋唐叔虞的"桐封"一样,均为周成王时的分封。

六、分封的第六层级——对殷商遗民的分封及因武王去世而引发"三监之乱"

(一)对殷商遗民的分封与周公平"三监之乱"

西周初分封的一个特殊层级为殷商遗民。殷商遗民中既包括已故商纣王之子禄父(即武

---

[1]《左传·隐公十一年》,见《春秋左传正义》,北京大学出版社1999年,第127页。
[2] 杜预注,见杜预:《春秋经传集解》,上海古籍出版社1978年,第60—61页。
[3]《左传·成公十一年》,见《春秋左传正义》,北京大学出版社1999年,第747—748页。
[4] 孔颖达疏,见《春秋左传正义》,北京大学出版社1999年,第747—748页。
[5]《史记·楚世家》,见司马迁:《史记》,中华书局1959年,第1689页。
[6]《史记·楚世家》,见司马迁:《史记》,中华书局1959年,第1691页。
[7]《史记·楚世家》,见司马迁:《史记》,中华书局1959年,第1691—1692页。
[8] 张守节:《史记正义》,见司马迁:《史记》,中华书局1959年,第1692页。
[9] 胡自逢等译:《白话史记》,中国友谊出版公司1994年,第326页。

庚)、庶兄微子等殷商王室人士,也包括伯夷、叔齐此类值武王"东伐纣"时"叩马而谏"及"武王已平殷乱"后在新王朝治下的政治不合作者,如"不食周粟,隐于首阳山"乃至"饿死于首阳山"[1]的殷商政权遗留下的以伯夷、叔齐等为代表人物的各种政治力量。

此"伯夷、叔齐",即论及"仲雍"时,言及《论语·微子》篇中记载的"逸民:伯夷、叔齐"[2]。

西周初,各种政治力量共同构成对新兴西周政权的威胁。为调整新兴西周政权与殷商旧政权遗留政治势力的关系,安抚并化解这一实际威胁,武王时即已"封商纣子禄父殷之余民"[3],意即武王时已对商纣王之子禄父予以分封。当时因天下初定,局势未稳,故武王对殷商遗民的代表人物禄父进行分封、安抚时,为防不测,"乃使其弟管叔鲜、蔡叔度相禄父治殷"[4]。《史记·管蔡世家》则更清晰地表述为"二人相纣子武庚禄父,治殷遗民"[5]。

《史记·周本纪》《史记·管蔡世家》中使用的"相",即辅佐、协助之意。故以上《史记·周本纪》《史记·管蔡世家》的文字意思均为周武王派他的弟弟管叔鲜、蔡叔度(也包括文王八子霍叔处)辅佐、协助商纣王之子禄父(武庚)治理殷商遗民。从此"相"后世又被称为"三监"来看,其间监视、监控的意蕴极为明显。这一分封与监控相结合的模式,其政治目的为克服周初建国时的不稳定态势。但随着周武王灭商不久后去世,这一模式演变成西周新政权的一场政治危机。

《史记·周本纪》记载,灭商后不久"武王病。……后而崩"[6]。对武王从灭商到去世的时间,裴骃《史记集解》引"徐广曰:'……武王克殷二年,天下未宁而崩。'"又引"皇甫谧曰:'武王定位元年岁在乙酉,六年庚寅崩。'"[7]因此,无论是二年,抑或是六年,随着周武王的去世,其留下的权力真空立即由周武王之子"太子诵代立,是为成王"[8]。其时成王年少,在幼主无法行使王权的情况下,由周公旦掌控王权并摄政。这就是《史记·管蔡世家》表述的"武王既崩,成王少,周公旦专王室"[9]。

陕西宝鸡青铜器博物馆内展出的周公辅佐成王塑像(吴恩培摄)

---

[1]《史记·伯夷列传》,见司马迁:《史记》,中华书局1959年,第2123页。
[2]《论语·微子》,见《论语注疏》,北京大学出版社1999年,第252—253页。
[3]《史记·周本纪》,见司马迁:《史记》,中华书局1959年,第126页。
[4]《史记·周本纪》,见司马迁:《史记》,中华书局1959年,第126页。
[5]《史记·管蔡世家》,见司马迁:《史记》,中华书局1959年,第1564页。
[6]《史记·周本纪》,见司马迁:《史记》,中华书局1959年,第131页。
[7]裴骃:《史记集解》,见司马迁:《史记》,中华书局1959年,第132页。
[8]《史记·周本纪》,见司马迁:《史记》,中华书局1959年,第131页。
[9]《史记·管蔡世家》,见司马迁:《史记》,中华书局1959年,第1565页。

据《史记·鲁周公世家》的记载，周公旦在武王即位时，就已是"常辅翼武王，用事居多。武王九年，东伐至盟津，周公辅行。十一年，伐纣，至牧野，周公佐武王，作《牧誓》"[1]。因此，在武王率周部族并联合其他部族翦灭殷商的过程中，周公旦始终处于中枢地位并承担对其兄周武王"辅翼""辅行"之类的工作，从而起着重要的作用。

随着周武王去世，周公旦从原先的辅佐角色转化为"专王室"的摄政者。这一转变立即引发周武王的其他兄弟，尤其是周公旦之兄管叔鲜（管叔）及大弟蔡叔度（蔡叔）等的疑虑。同时也引发召公奭等其他姬姓大臣的疑虑。

《史记·燕召公世家》记载"与周同姓，姓姬氏"的召公奭，对此即充满疑虑。在周成王的时候，召公位居三公：自陕地以西，由召公主管；自陕地以东，由周公主管。而"成王既幼，周公摄政，当国践阼，召公疑之，作君奭"[2]。即当武王去世，成王尚幼时，周公旦代成王主持朝政，执掌国家大权。召公怀疑周公的作为，周公就写了《君奭》一文进行表白。然而，召公仍然对周公旦不满。周公旦于是与之沟通、解释。经此，"召公乃说"[3]。即召公奭听了周公旦的解释后，这才高兴起来。

而与周公旦同为嫡子且年岁相差不大而排行或长于周公旦的管叔鲜，或次于周公旦的蔡叔度等的情绪却激烈起来。其间或不排除他们与周公旦排行相近、地位相同，但权力相异的不平衡情绪。

下列文献记载了他们将不满情绪转化为叛周行动的过程：

《史记·周本纪》："成王少，周初定天下，周公恐诸侯畔周，公乃摄行政当国。管叔、蔡叔群弟疑周公，与武庚作乱，畔周。"[4]畔，通"叛"。

《史记·鲁周公世家》："武王既崩，成王少，在强葆之中。周公恐天下闻武王崩而畔，周公乃践阼代成王摄行政当国。管叔及其群弟流言于国曰：'周公将不利于成王。'……管、蔡、武庚等果率淮夷而反。"[5]

《史记·管蔡世家》："武王既崩，成王少，周公旦专王室。管叔、蔡叔疑周公之为不利于成王，乃挟武庚以作乱。"[6]

上述《史记·周本纪》《史记·鲁周公世家》，均记载反叛的主导者及领导者为管叔鲜、蔡叔度和商纣王之子武庚。而《史记·管蔡世家》的记载中，反叛的主导者、领导者为管叔鲜、蔡叔度，而商纣王之子武庚则为处于被"挟"制的从属地位。

反叛中，管叔、蔡叔打起了"尊王"——尊西周成王的旗帜。而现存文献并无他们行为背后是出于他们个人对王权觊觎的记载。面对着管叔、蔡叔与武庚以及淮夷作乱的叛周行为，周公旦以王命出手平叛。

---

[1]《史记·鲁周公世家》，见司马迁：《史记》，中华书局1959年，第1515页。
[2]《史记·燕召公世家》，见司马迁：《史记》，中华书局1959年，第1549页。
[3]《史记·燕召公世家》，见司马迁：《史记》，中华书局1959年，第1649页。
[4]《史记·周本纪》，见司马迁：《史记》，中华书局1959年，第132页。
[5]《史记·鲁周公世家》，见司马迁：《史记》，中华书局1959年，第1518页。另，此处"践阼"，上引《史记·燕召公世家》作"践祚"（见司马迁：《史记》，中华书局1959年，第1549页）。
[6]《史记·管蔡世家》，见司马迁：《史记》，中华书局1959年，第1565页。

下列文献记载了周公旦平叛并对叛周者进行政治清算的过程与结果：

《史记·周本纪》："周公奉成王命，伐诛武庚、管叔，放蔡叔。"[1]

《史记·管蔡世家》："周公旦承成王命伐诛武庚，杀管叔，而放蔡叔，迁之，与车十乘，徒七十人从。"[2]

《史记·鲁周公世家》："周公乃奉成王命，兴师东伐，作《大诰》。遂诛管叔，杀武庚，放蔡叔。"[3]

（二）"三监"的不同定义

以上，即为与周初分封而相互缠绕的"三监之乱"。关于此乱中的"三监"，《尚书·蔡仲之命》说："惟周公位冢宰，正百工，群叔流言。乃致辟管叔于商；囚蔡叔于郭邻，以车七乘；降霍叔于庶人，三年不齿。"[4]孔颖达疏曰："惟周公于武王崩后，其位为冢宰之卿，正百官之治，摄王政，治天下。于时管、蔡、霍等群叔流言于国，谤毁周公。周公乃以王命致法，杀管叔于商，就殷都杀之。囚蔡叔，迁之于郭邻之地，惟与之从车七乘。降黜霍叔于庶人，若今除名为民，三年之内不得与兄弟年齿相次。"[5]

从"降黜霍叔于庶人"来看，显然，"三监"指的是监视殷商遗民中受封的商纣王之子武庚（即禄父）的周武王的三位兄弟——管叔鲜、蔡叔度和霍叔处。但班固《汉书·地理志下》却把本属被"监"视的武庚与管叔（管叔鲜）、蔡叔（蔡叔度）共同视为"三监"："《诗·风》邶、鄘、卫国是也。邶，以封纣子武庚；鄘，管叔尹之；卫，蔡叔尹之；以监殷民，谓之三监。"[6]

由此可见，在"三监"的认定和定义上，出现两种说法：

其一，班固《汉书·地理志下》，对"三监"定义为武庚、管叔、蔡叔。

其二，孔颖达疏《尚书》，对"三监"定义为管叔、蔡叔、霍叔。

后世学者对此二说各持其端，争论不休，本书从孔颖达疏《尚书》之说。

（三）关于周公旦的平叛

日本学者白川静《西周史略》据出土器"大保簋"铭文认为："讨伐禄父的并非周公，而是召公奭。"[7]这一论断，颠覆秦汉及其以前文献关于周公平"三监之乱"的记载。

关于白川静《西周史略》以为证据的"大保簋"，陈梦家《西周铜器断代》（上册）论述该器时，录其"铭4行37字"，并指该器为"梁山七器之一……梁山七器的出土，或以为在道光间（1821—1850年，《颂续》考释9），或以为在咸丰间（1851—1861年，《缀遗》4.2）。梁山今山东梁山县，在寿张县东南、郓城县东北、东平县西南。此一地区内，在殷周之际颇多小国"。而关于该器铭文所记内容，陈梦家《西周铜器断代》（上册）指出："成王铜器颇记周公东征之事，而旅

---

[1]《史记·周本纪》，见司马迁：《史记》，中华书局1959年，第132页。
[2]《史记·管蔡世家》，见司马迁：《史记》，中华书局1959年，第1565页。
[3]《史记·鲁周公世家》，见司马迁：《史记》，中华书局1959年，第1518页。
[4]《尚书·蔡仲之命》，见《尚书正义》，北京大学出版社1999年，第451页。
[5]孔颖达疏，见《尚书正义》，北京大学出版社1999年，第452页。
[6]《汉书·地理志下》，见班固：《汉书》，中华书局1962年，第1647页。
[7]白川静著、袁林译：《西周史略》，三秦出版社1992年，第27页。

鼎及此器则召公东征的记录。此二公之所同，《诗·召旻》曰'昔先王受命，有如召公，日辟国百里'，亦追述召公辅武王开拓疆域之事。总之，当武王受命之初，周、召兄弟辅佐其兄武王伐殷，左右成王，平定四方之乱，是功劳相当的。"[1]

由此可见，无论是撇开文献记载，还是就出土器的铭文而言，白川静《西周史略》中的论断忽视"成王铜器颇记周公东征之事"，或也都构成白川静上述该论断片面且不能成立的原因。

（四）殷商遗民分封对象的更换——周公"立微子于宋"

随着文王三子管（管叔鲜）、五子蔡（蔡叔度）、八子霍（霍叔处）与商纣王之子武庚搅和在一起发动"三监之乱"，也随着周公旦平叛及"诛武庚、管叔，放蔡叔"，周公旦对"三监之乱"主导者、参与者均予以严厉处置。这就是前述的诛杀管叔鲜及武庚，放逐蔡叔度（后又将其封地复封与蔡叔度后人）、降霍叔处为庶人（后亦复其旧封）等。

尽管发生"三监之乱"，周公旦依然不改周武王时对殷商的分封，并"以微子开代殷后"[2]。其后又以成王名义"立微子于宋，以续殷后焉"[3]。意指以商纣王庶兄——微子封于宋，以延续对殷商的分封。此时，微子的封地不再是殷商旧都朝歌，而改封为宋（今河南商丘）。有学者论及其后的"商、宋互用"时说："商早在周武王伐纣时就已灭国，灭国后的商以一个小国家——宋的形式存在。但因为宋是商的遗族，所以在当时无论是本国人还是异国人，都屡屡有称宋为商者，《左传》僖公

列为全国重点文物保护单位的河南商丘"宋国故城"文物保护碑（吴恩培摄）

二十二年'大司马固谏曰：天之弃商久矣'，这里宋人自己称自己为商的例子；而《左传》哀公九年晋史龟曰'利以伐姜，不利子商'，《左传》哀公二十四年鲁宗人衅夏曰'孝、惠娶于商'，这是别国称宋为商的例子。"[4]

20世纪90年代，中美联合考古队调查发现两周（西周、东周）时期的宋国都城遗址——位于今河南商丘的宋国故城。

七、康王时的分封与宜侯夨簋

（一）西周初分封"亲戚"与周章受封对吴国的历史意义

周初分封，虽有不同层级，但其分封主脉，首为周文王子、周武王兄弟（含嫡庶），其次则为

---

[1] 陈梦家：《西周铜器断代》（上册），中华书局2004年，第45—47页。
[2] 《史记·周本纪》，见司马迁：《史记》，中华书局1959年，第132页。
[3] 《史记·殷本纪》，见司马迁：《史记》，中华书局1959年，第108页。
[4] 张淑一：《先秦姓氏制度考索》，福建人民出版社2008年，第64页。

"姬"姓"亲戚"。故把《史记·吴太伯世家》的"周武王克殷,求太伯、仲雍之后,得周章。周章已君吴,因而封之"[1]的记载,置放在周初"封建"这一大背景下来考察,这才能看出吴五世周章在西周时"因而封之"的价值和意义。

随着泰伯奔吴及立国勾吴,长江流域诞生了一个地区性诸侯国——吴国。诞生之时,这一立国并未获得中央朝廷——殷商朝廷的批准。而当吴国传至五世吴王周章时,已有效管理着吴国的五世吴王周章受到西周朝廷的"封之",从而表明:是时吴国作为与西周王室有着血缘关系的姬姓诸侯国已为西周王权所承认。这一承认,具有行政和宗法的双重意义。行政上,它表明是时吴国已纳入了西周朝廷的行政范畴;宗法上,它表明周人奔至江南的这一支脉的归宗,且为是时周族大宗的周王室所承认。否则,就无从理解后世十九世吴王寿梦去世后,鲁襄公"临于周庙,礼也"[2]即鲁国国君吊唁于周庙的这一《左传·襄公十二年》的文献记载了。

(二)周康王时的分封与吴国最早且最重要的青铜器——宜侯夨簋

1.关于周康王

周康王为武王之孙、成王之子,亦为西周初的第三位周天子。《史记·周本纪》记载"成王将崩,惧太子钊之不任"时,"乃命召公、毕公率诸侯以相太子而立之。成王既崩,二公率诸侯,以太子钊见于先王庙,申告以文王、武王之所以为王业之不易,务在节俭,毋多欲,以笃信临之,作《顾命》。太子钊遂立,是为康王"[3]。意为,成王将死,害怕太子钊不能胜任,便命召公、毕公率诸侯共同辅佐太子使之即位。成王死后,召公、毕公率诸侯,带太子钊谒见先王的宗庙,向他反复告诫文王、武王创立王业的不易,让他一定要注意节俭,不要欲望太多,以笃厚诚实来治理天下,因而作《顾命》。太子钊因此即位,这就是周康王。

《左传·昭公二十六年》记载了"王子朝使告于诸侯"并对西周诸王进行评价时说:"昔武王克殷,成王靖四方,康王息民,并建母弟,以蕃屏周。"[4]意即,王子朝派人报告(或以文书方式报告)诸侯说:从前武王战胜殷朝,成王安定四方,康王让百姓休养生息,同时,他们分封同母兄弟,以此作为周朝屏障。此处概括地历数西周最早三位国君——武王、成王、康王各自的历史功绩,而作为三位国君共同点的"建母弟"即分封,也仅作泛泛而谈,并未言及康王时的实际分封。

2.体现周康王分封的吴国最早青铜器——宜侯夨簋

体现康王时的实际分封,未见诸文献,而是出自一只来自江南地区的青铜器铭文记载。该青铜器即为吴国最早的青铜器——宜侯夨簋。

宜侯夨簋是中华人民共和国建国初期在江苏镇江大港镇烟墩山出土的最重要的西周青铜器之一。该器的断代年代为西周康王时期,即公元前1020年—公元前996年,[5]距今三千余年。该器的价值和意义,已超越吴文化研究范畴从而在更大的层面上体现出来。唐兰在该器出

---

[1]《史记·吴太伯世家》,见司马迁:《史记》,中华书局1959年,第1446页。
[2]《左传·襄公十二年》,见《春秋左传正义》,北京大学出版社1999年,第905页。
[3]《史记·周本纪》,见司马迁:《史记》,中华书局1959年,第134页。
[4]《左传·昭公二十六年》,见《春秋左传正义》,北京大学出版社1999年,第14724页。
[5]《夏商周年表》,见夏商周断代工程专家组:《夏商周断代工程1996—2000年阶段成果报告》(简本),世界图书出版公司北京公司2000年,第88页。

土次年发表的《宜厌矢毁考释》一文中已指出:"这个毁的发现,总是十分重要的。它的制作在公元前一千多年,它是吴国的最早的铜器,而且是在吴地发现的。它记载了周初分配给领主们奴隶和土地,即所谓'受民受疆土'的一些史料,跟盂鼎可以互相比较。过去有些人曾经怀疑吴国不是周的同姓,怀疑周王的势力不能达到吴地等等,由于这个毁的发现,使古书上这一部分的史料复活了。"[1]该器出土资料发表30年后,李学勤《宜侯矢簋与吴国》一文也指出:"宜侯矢簋的珍贵,正在于它是已发现的唯一详记'封建'诸侯的金文。"[2]而关于该器是否为吴器,李学勤《宜侯矢簋与吴国》同时还指出:"1956年,唐兰先生在《考古学报》发表《宜侯矢簋考释》,已指出簋为吴器。最近,由于探讨西周诸侯国青铜器,我又接触到宜侯矢簋,反复考虑,觉得唐说是正确的。"[3]

由此可见,该器为吴国最早的青铜器。对中国早期的西周历史来说,文献记载的中国的分封制始于西周初年周武王对同姓和功臣的分封,这就是前文反复论述的所谓"封建亲戚,以蕃屏周"[4]。然而,至宜侯矢簋出土时,只有这件从地下发

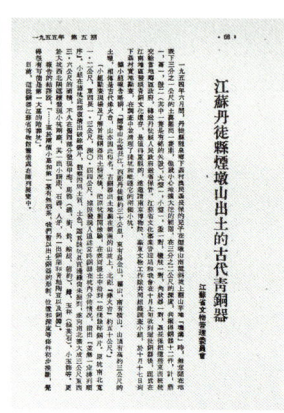

现藏中国国家博物馆的宜侯矢簋[录自《中国青铜器全集》第六卷西周(二)[5]](左)及该器出土资料《江苏丹徒县烟墩山出土的古代青铜器》1955年发表时的首页书影(录自《文物参考资料》[6])(右)

掘的实物明确记载了西周的分封情况,从而如王国维"二重证据法"所说的是以"地下之新材料"的出土实物形式,"补证"和"证明"[7]了文献记载的中国历史大事件——西周分封。说明这件现珍藏于中国国家博物馆的国宝级文物在研究中国早期历史及西周分封制等学术领域中的无可替代的地位。

该器自20世纪50年代出土后,即引发学者们的重大关注。对该器作出考释、论述的论文、著作,数量甚多,其中部分如下:

陈梦家《矢毁考释》[8]《西周铜器断代(一)》《西周铜器断代》[9]、陈邦福《矢毁考

---

[1] 唐兰:《宜厌矢毁考释》,《考古学报》1956年第2期。
[2] 李学勤:《宜侯矢簋与吴国》,《文物》1985年第7期。
[3] 李学勤:《宜侯矢簋与吴国》,《文物》1985年第7期。
[4] 《左传·僖公二十四年》,见《春秋左传正义》,北京大学出版社1999年,第418页。
[5] 中国青铜器全集编辑委员会:《中国青铜器全集》第六卷西周(二),文物出版社1997年,第115页。
[6] 《江苏丹徒县烟墩山出土的古代青铜器》,《文物参考资料》1955年第5期。
[7] 王国维:《古史新证》,清华大学出版社1994年,第2页。
[8] 陈梦家:《矢毁考释》,《文物参考资料》1955年第5期。
[9] 陈梦家:《西周铜器断代(一)》,《考古学报》1955年第1期。陈梦家:《西周铜器断代》,中华书局2004年,第14—17页。

释》[1]、岑仲勉《西周社会制度问题》一书"附录"[2]、郭沫若《矢𣪘铭考释》[3]、谭戒甫《周初矢器铭文综合研究》[4]、唐兰《宜厌矢𣪘考释》[5]、郭沫若主编《中国史稿》第一册[6]、刘启益《周矢国铜器的新发现与有关历史地理问题》[7]、黄盛璋《铜器铭文宜、虞、矢的地望及其与吴国的关系》[8]、李学勤《宜侯矢簋与吴国》[9]等。

学者们对该器铭文释读及铭文解读的争论，相当部分集中在古文字研究领域的青铜铭文释读方面。而与先秦吴国关系密切的为以下两点：

其一，对该器铭文"宜"的释读，分别作"宜""柤""俎"等，其不同地望的解读，则涉及该器是否为吴国青铜器等问题。对该器铭文中的"宜"，郭沫若《矢𣪘铭考释》首先指出该字"是古宜字，其地望或即在今丹徒附近"[10]。唐兰《宜厌矢𣪘考释》一文也指出："𣪘铭所说的宜，可能就在丹徒或其附近地区。"[11]镇江市地方志办公室编著的《镇江要览》一书，承此而将"宜"列入镇江最早的建制。[12]

其二，对该器铭文中的人物"虞公丁父"及其子"虞侯矢"（受封后为宜侯矢），唐兰释读为"虞公父丁"与其子"虞侯矢"即"宜侯矢"，并与《史记·吴太伯世家》对接说："虞公父丁可能是《史记》的叔达，是周章和虞仲的父亲。"[13]而李学勤《宜侯矢簋与吴国》一文，则从辈分推算将簋铭人物辈分关系下挪一辈说："周章是吴国事实上的始封之君，簋铭'虞（吴）公'很可能是他，而矢是辈分相当康王的熊遂。"[14]

以图示之，如下（其中→为周、吴、虞的各自王位传承）：

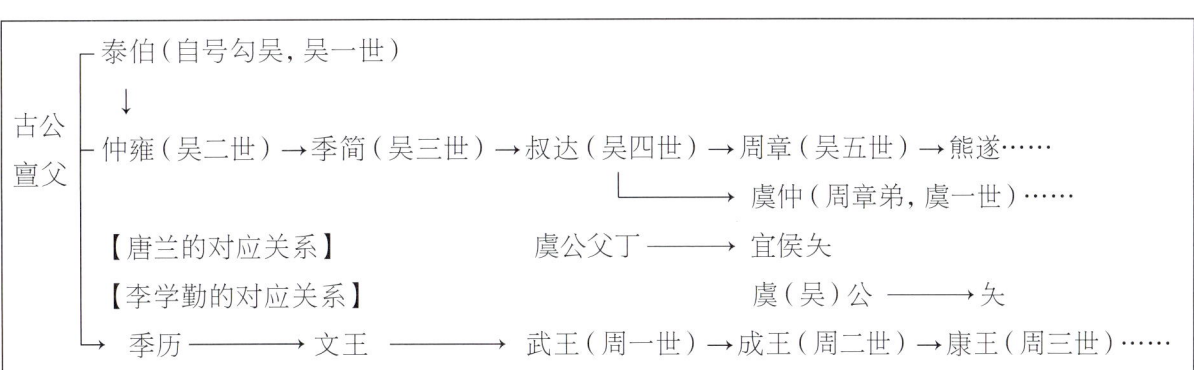

---

[1] 陈邦福：《矢𣪘考释》，《文物参考资料》1955年第5期。
[2] 岑仲勉：《西周社会制度问题》，新知识出版社1956年，第155—162页。
[3] 郭沫若：《矢𣪘铭考释》，《考古学报》1956年第1期。
[4] 谭戒甫：《周初矢器铭文综合研究》，《武汉大学人文科学学报》1956年1期。
[5] 唐兰：《宜厌矢𣪘考释》，《考古学报》1956年第2期。
[6] 郭沫若主编：《中国史稿》第一册，人民出版社1976年，第229页。
[7] 刘启益：《周矢国铜器的新发现与有关历史地理问题》，《考古与文物》1982年第2期。
[8] 黄盛璋：《铜器铭文宜、虞、矢的地望及其与吴国的关系》，《考古学报》1983年第3期。
[9] 李学勤：《宜侯矢簋与吴国》，《文物》1985年第7期。
[10] 郭沫若：《矢𣪘铭考释》，《考古学报》1956年第1期。
[11] 唐兰：《宜厌矢𣪘考释》，《考古学报》1956年第2期。
[12] 镇江市地方志办公室：《镇江要览》，江苏古籍出版社1989年，第9页。
[13] 唐兰：《宜厌矢𣪘考释》，《考古学报》1956年第2期。
[14] 李学勤：《宜侯矢簋与吴国》，《文物》1985年第7期。

关于该吴国最早的青铜器,1997年出版的《中国青铜器全集》第六卷西周(二),对之介绍如下:

宜侯夨簋

西周康王

通高一五.七、口径二二.五厘米

一九五四年江苏丹徒烟墩山出土

中国历史博物馆(今中国国家博物馆)藏

平口方唇,浅腹微鼓,四兽首形耳,高圈足有四扉棱与耳相应。腹壁纹饰,两耳间排列二火纹与回顾式龙纹,周围共有四组。圈足纹饰,两扉棱间排列一对分尾龙纹,周围也有四组。器底铸铭文十二行约一百三十字(其中十六字残泐不清)。铭文内容大致可分三段:第一段,记周康王省视武王、成王伐商图和东国图,并在宜地举行祭祀活动;第二段,王册封夨于宜地为宜侯,赏赐以礼器、土田和奴隶;第三段,宜侯夨颂扬王的美德,制作此器以纪念亡父虞公。唐兰所作考释以为,被徙封于宜的宜侯夨,即吴国事实上的始封之君周章(《宜侯夨簋考释》,《考古学报》一九五六年二期)。此簋铭文是有关周初分封制度和江南开发的重要资料。(马秀银)[1]

宜侯夨簋腹底铭文(录自《西周铜器断代(四)》[2])(左)及该铭文拓本(录自《中国青铜器全集》第六卷西周二[3])(右) 　　列为全国重点文物保护单位的江苏镇江市镇江新区大港街道东的"烟墩山墓地"文物保护碑(吴恩培摄)

第三节　从西周到东周:周室式微及大国争霸中的吴国

一、概述

公元前1046年,周武王灭商,建立西周王朝并定都于镐京(宗周,今陕西西安一带)。周武王后,其子成王继位。成王五年时,营建东都洛邑(成周,今河南洛阳一带)。

西周立国后,历武王、成王、康王三代。其后,西周朝廷出现危机以致逐渐衰微。西周末年,

---

[1] 中国青铜器全集编辑委员会:《中国青铜器全集》第六卷西周(二)图版说明,文物出版社1997年,第37页。
[2] 陈梦家:《西周铜器断代(四)》(所附图版二),《考古学报》1956年第2期。
[3] 中国青铜器全集编辑委员会:《中国青铜器全集》第六卷西周(二),文物出版社1997年,附第67页。

周幽王宠幸褒姒，废正室申后与太子宜臼，改立褒姒为后并立她的儿子伯服为太子。其后，周幽王烽火戏诸侯引起内乱，公元前771年，周幽王被犬戎杀于骊山，褒姒被犬戎掳走，西周覆亡。

周幽王死后，众诸侯拥立废太子宜臼即位，史称周平王。其时，因镐京在战后已残破不堪，同时亦为避犬戎，宜臼在公元前770年迁都雒邑（即洛邑），这就是《史记·周本纪》记载的："平王立，东迁于雒邑，辟戎寇。"[1]

周平王东迁，不仅成为西周走向东周的分水岭，更成为周王朝历史上一个重要转折点。自此以后，周王室愈加衰微，周天子的"共主"地位名存实亡。史家将东迁之前称为西周，东迁后称为东周。东周又分为春秋和战国两个历史时期。

东周的春秋时期，周天子的权力大为削弱，而"天子微弱，诸侯力政，疆者为君"[2]。疆，强。故周天子王权衰落形成的权力真空，致使诸侯大国打着"尊王攘夷"的旗号争当霸主。于是，"周室微，唯齐、楚、秦、晋为强"[3]。而在齐、楚、秦、晋四强时期的吴国，只是一个地处东南、依附于楚的三流小国。

二、从西周到东周的吴王世系

商王武乙时，泰伯、仲雍南奔并立国勾吴。其后历经商王文丁、帝乙及商纣王，至公元前1046年周族部族首领姬发（周武王）翦商建立西周时止，地处东南的勾吴国已传五世。《史记·吴太伯世家》对之记载如下：

太伯（泰伯，一世）→仲雍（二世）→季简（三世）→叔达（四世）→周章（五世）

西周初的姬发（周武王）克殷后，五世吴王周章受封。周章受封后的吴国王位世系情况，据《史记·吴太伯世家》记载，如下：

周章（五世）→熊遂（六世）→柯相（七世）→彊鸠夷（八世）→馀桥疑吾（九世）→柯卢（十世）→周繇（十一世）→屈羽（十二世）→夷吾（十三世）→禽处（十四世）→转（十五世）→颇高（十六世）→句卑（十七世）→去齐（十八世）→寿梦（十九世）

唐陆广微《吴地记》所说"自泰伯至寿梦十九世"[4]，指的就是上述吴国君位传承情况。

"世"同"代"，在民间辈分排序中，不同代人有着严格、清晰的排序。但上文所说的吴国世系，严格意义上讲并不准确，因为太伯（一世）、仲雍（二世）为兄弟关系的同一代人。而寿梦后的诸樊（二十世）、馀祭（二十一世）、馀昧（二十二世）也是这一情况。中国古代君位继承中存在着"父死子继"式的上下两代人相传及"兄终弟及"式的同一代人相传之情况。因此，在"兄终弟及"与"父死子继"杂糅下的吴王世系排序的"世"，并不完全等同于辈分中的"世"和"代"，而实际为依先后排序的"位"，即第几位吴王之意。本卷中之所以依然称"世"，则完全是依据诸如《吴地记》等文献形成的表述惯例及约定俗成而已。

---

[1]《史记·周本纪》，见司马迁：《史记》，中华书局1959年，第149页。
[2] 袁康、吴平：《越绝书》，上海古籍出版社1985年，第25页。
[3]《史记·齐太公世家》，见司马迁：《史记》，中华书局1959年，第1491页。
[4] 陆广微：《吴地记》，江苏古籍出版社1986年，第7页。

吴五世周章(不含周章)后至十九世吴王寿梦(不含寿梦)前,吴国共有十三位吴王。这十三位吴王的事迹,现存史籍记载极少。但正是在这十三位吴王的权力传递中,吴国从西周过渡至东周时期。

三、从西周到东周的吴国重大事件

这一时期(指吴国从西周过渡至东周时期,含东周时的春秋初期)史籍记载的吴国重大事件,如下:

(一)吴灭"干"之战

《管子·杂篇·小问》记载了西周晚期或春秋初期吴国扩充领土期间所发生的吴灭干国的战争:"昔者吴干战,未龀不得入军门,国子摘其齿,遂入,为干国多。"[1]意思说,昔日吴和干国发生战争,干国规定,未脱尽乳齿的少年不得入军门,干国的少年就敲掉了牙齿,进入军门,为干国立下了许多战功。

干,即干国,为西周晚期或春秋初期的方国。上述文献显示,尽管干国的少年为报效国家,采取了非常手段,但"经过一场激战,吴国灭掉江北干国(亦称邗)。根据当时惯例,此后吴亦有时称干","吴的疆域北达江淮之间","其时约在西周晚或春秋之初"。[2]

干国地望,现存多说。如下:

一说为江苏扬州一带。"邗,在今长江北岸之江苏扬州一带。又名'干'或'吴干'。"[3]

二说为苏州昆山。商志䫉《吴国都城的变迁及阖闾建都苏州的缘由》一文引述俞樾《诸子平议》云:干,"盖古国名,后为吴邑"后,指出其地望在今江苏昆山,"干在吴地,史有记载。《越绝书·记吴地传》:'马安溪上干城者,越干王之城也,去县七十里',历代注释均不言其地望。1985年冬,与友人魏嵩山教授同赴昆山县实地调查,初步认为:干城当在今昆山县北约二公里处的马鞍山即今名玉峰山附近"[4]。

三说为南京博物院展出的"古干国"展板所说的二处。其一与上述的"江苏扬州一带"部分重合——"干国都邑在今扬州市城北一带,领地约为江北淮南之地。"另一为"位于江苏省泰州市北部"的"天目山城址","已发现的遗存有城墙和河道等,包括古河道在内,东西长约220米,南北宽约200米,有内外城。内城边长70米,位于外城的东部,以西城墙、南城墙与外城相隔。该城址始建于西周早期,学术界认为可能为古干国城址"。

吴灭干后,作为历史记忆,语言上出现"吴""干"互文现象。顾德融、朱顺龙著《春秋史》在记载西周春秋的封国和与国时,就将春秋时的吴国以括号形式称为"句吴(勾吴)、攻吴、干"[5]。董楚平《吴越文化新探》说:"'吴干''吴邗',是吴灭干(邗)后的合名,这已为史学界所公认。"[6]古代典籍记载了"吴""干"互文通用的情况。如:

---

[1]《管子·杂篇·小问》,见谢浩范、朱迎平译注:《管子全译》,贵州人民出版社1996年,第631页。
[2]肖梦龙:《吴国的三次迁都试探》,见《吴文化研究论文集》,中山大学出版社1988年,第21页。
[3]陈江:《吴地民族》,河海大学出版社1999年,第55页。
[4]商志䫉:《吴国都城的变迁及阖闾建都苏州的缘由》,见《吴文化研究论文集》,中山大学出版社1988年,第11页。
[5]顾德融、朱顺龙:《春秋史》,上海人民出版社2001年,第29页。
[6]董楚平:《吴越文化新探》,浙江人民出版社1988年,第157页。

《庄子·刻意》篇有"夫有干越之剑者,柙而藏之,不敢用也,宝之至也"。清郭庆藩撰、王孝鱼点校《庄子集释》引《疏》曰:"干,溪名也。越,山名也。干溪越山,俱出良剑也。又云:(于)〔干〕,吴也。言吴越二国,并出名剑,因以为名也。"又引《释文》:"司马云:'干,吴也。吴越出善剑也。'"[1]而《淮南子·原道》篇"于、越生葛绤"[2]句,刘文典《淮南鸿烈集解》释为:"于,吴也。绤,细葛也。《道藏》本于作干。王念孙云,作干者是也。《春秋》言於越者即是越,而以於为发声。此言干、越者,谓吴、越也。"[3]

许匡一译注《淮南子全译》,也作相同诠释说:"于、越:王念孙认为应作'干、越',即吴和越。《庄子·刻意》:'夫有干、越之剑者。'《经典释文》引司马氏:'干,吴也。'《荀子·劝学》:'干、越、夷、貉之子。'杨倞注:'干、越犹言吴越。'"[4]

被吴国兼并了的"干"国,作为与"吴"互文通用的一个词保存下来,记录了吴国历史上的领土扩充过程,同时也揭示了"吴""干"之间的文化融汇。而这一文化记忆,在其后吴王夫差黄池盟会后所制作的禺邗王壶中,以"干""邗"互通形式作历史记忆的再现,从而在吴王夫差后期国力急速衰落情况下,借之表达出对吴国上升时期的充满美好记忆式的回忆(关于"禺邗王壶",另见后文)。

西周晚期或春秋早期的"吴干战",文献未记载是时在哪一位吴王手中完成。大致推测,可能为十四世吴王禽处或十五世吴王转执政时期。这一时期,吴国西缘邻接强大的楚国。而因国家综合实力悬殊及地缘政治等因素,其时吴国的国家战略为与楚国结盟,并以当楚国属国而自保。

(二)吴齐战争

1. 吴为楚国属国时的齐楚相争

春秋始霸为齐国的齐桓公。公元前685年(鲁庄公九年),齐国公子小白在齐国的内乱中上台执政,是为齐桓公。齐桓公执政后任用管仲改革,选贤任能,加强武备,发展生产,从而以军事实力为基础,走向春秋首霸的霸主地位。

公元前679年(鲁庄公十五年),齐桓公召集宋桓公、陈宣公、卫惠公等在鄄地会盟,"桓公于是始霸焉"[5]。而公元前651年(鲁僖公九年),据《春秋经·僖公九年》记载,本年"夏,公会宰周公、齐侯、宋子、卫侯、郑伯、许男、曹伯于葵丘……九月戊辰,诸侯盟于葵丘"[6]。显然,葵丘盟会将齐桓公推向其霸业顶峰。

而"齐桓公称霸,楚亦始大"[7]。齐国称霸于黄河流域时,南面长江流域的楚国也开始崛起。"始大"起来的楚国连年出兵攻郑,将势力伸入中原,不可避免地与已成中原霸主的齐桓公发生碰撞,齐、楚由此开始了以郑为焦点的战争。公元前656年(鲁僖公四年),齐桓公亲率齐、鲁、

---

[1] 郭庆藩撰、王孝鱼点校:《庄子集释》,中华书局1961年,第544—545页。
[2]《淮南子·原道》,见刘文典撰,冯逸、乔华点校:《淮南鸿烈集解》,中华书局1989年,第18页。
[3] 刘文典撰,冯逸、乔华点校:《淮南鸿烈集解》,中华书局1989年,第18页。
[4] 许匡一译注:《淮南子全译》,贵州人民出版社1993年,第17页。
[5]《史记·齐太公世家》,见司马迁:《史记》,中华书局1959年,第1487页。
[6]《春秋经·僖公九年》,见《春秋左传正义》,北京大学出版社1999年,第354—355页。
[7]《史记·楚世家》,见司马迁:《史记》,中华书局1959年,第1696页。

宋、陈等八个中原国家的联军伐楚。双方对峙后在召陵议和而罢战。

在齐楚相争、对峙的大环境下,地处长江下游的吴国和越国等都作为楚国的属国聚集在楚国战旗下。而在这一时期的楚国集团中,吴国是一个重要国家。在参与和齐国的对抗中,吴国和楚国一样,也从反对齐国的任何一点动态中,获取精神上的鼓舞和力量。《战国策·齐策六》记载说,齐桓公称霸天下以后,诸侯都去朝拜,而鲁国的曹沫(一说即曹刿),凭借手中的一把宝剑,在坛位上劫持齐桓公,使得鲁国在三次战败中所丧失的领土在一个早晨都返回来了。这一使齐国丢脸的举动,"天下震动惊骇,威信吴、楚,传名后世"[1]。

当天下人为曹沫的举动感到震动和惊惧之时,《战国策·齐策六》的记载独独对吴、楚二国的反应予以强调,个中意味深长。它无疑显示,吴、楚这两个长江流域的国家对这一事件的兴趣及从曹沫的举动中获取的精神力量;同时,它也显示出吴、楚间的结盟关系及吴国在楚国集团中的重要地位。这一事件发生于公元前681年(鲁庄公十三年)。此年距十九世吴王寿梦执政的公元前585年(鲁成公六年)近百年,故推算这一时期的吴王,有可能为十五世吴王转。

2.齐"东救徐州"及"分吴半"——齐桓公称霸时吴国与徐国的交集

(1)徐国文化渊源

"吴""徐"是《春秋经》《左传》等文献记载的春秋时期今江苏境内领土毗邻的诸侯方国。春秋早期的齐桓公称霸时,两国已有交集。其时,吴未有确切纪年,故难以确定两国直接或间接发生交集的具体年代。

徐国的文化渊源,可追溯至夏代前的传说人物彭祖建立的大彭氏国。有学者认为:"彭祖是大彭氏国的创始人","唐尧时,彭祖受封于大彭氏国","大彭国成为夏王朝的一个较强的属国","到商代,大彭氏国又成了商朝的一个方国"。这一方国的结局是:"商王武丁四十三年,'王师灭大彭'。大彭氏国自尧至舜,历夏代至商代中叶灭亡。"[2]其后,"殷周时期,活动在淮河下游的为徐夷、淮夷。徐夷建立了以今泗洪、盱眙为中心的徐国"[3]。

"夷"即东夷,为东方诸夷的泛称。"夷"及上文提及《史记》记载的泰伯、仲雍所奔之地"荆蛮"的"蛮",均为中国古代黄河流域掌握着历史话语权的史官对四方边远之民的称呼——把黄河流域四周(包括长江、淮河流域)的族群及其文化概以所谓的"四夷、八蛮、七闽、九貉、六狄"[4]的蔑称排而斥之。而淮夷为"东夷"之一支,又被称为徐淮夷。作为并不见容于中原文化的部族和族群,东夷与淮夷,早在商代时就与中央朝廷有着尖锐的矛盾,进而发展到与商王朝的战争。《左传·昭公四年》载:"商纣为黎之蒐,东夷叛之。"[5]王玉哲《中华远古史》对之释为"商纣在东方与周进行战争的时候,东夷乘机起来叛商"[6]。西周立国初,淮夷又卷进了反对周王朝

---

[1]《战国策·齐策六》,见王守谦、喻芳葵、王凤春、李烨译注:《战国策全译》,贵州人民出版社1992年,第350页。
[2] 蔡葵主编:《楚汉文化概观》,南京师范大学出版社1997年,第24—25页。
[3] 蔡葵主编:《楚汉文化概观》,南京师范大学出版社1997年,第7—8页。
[4]《周礼·夏官·职方氏》,见《周礼注疏》,北京大学出版社1999年,第869页。
[5]《左传·昭公四年》,见《春秋左传正义》,北京大学出版社1999年,第1201页。
[6] 王玉哲:《中华远古史》,上海人民出版社2000年,第483页。

的政治斗争。《尚书·大诰·序》记载说："武王崩，三监及淮夷叛。"[1] "三监"及淮夷反叛的结果，终导致"周公讨之，三年而毕定"[2]。其后，周穆王时，淮夷又乘穆王西征，"徐夷僭号，乃率九夷以伐宗周，西至河上"[3]。其时，周穆王联合了南方的楚国，两面夹击，才镇压了这次反抗。

西周时的"淮夷"，据《长江文化史》推断说："淮夷故地应在山东。在周人的征伐、压迫之下，东夷的一支或几支南迁至淮河流域，才被称为淮夷。"[4] 其后，"以徐为首的淮夷本来多主居于淮北，失败之后，只能活动于江淮之间，因而又被称为'南淮夷'。'南淮夷'接近先秦产铜中心之一的皖南地区，从而能迅速恢复发展，成为周人南进的障碍。因此江淮地区在西周晚期成为战争热点之所在"[5]。

而《安徽文化史》则认为："淮夷是生活在淮河流域土著夷的统称，与上古时代的东夷同属夷人的一部分。"[6] "南淮夷是由淮水两岸散居杂错的'大小邦'组成部族集团。"[7]

虽历经商、周的征伐，但淮夷依然出现在史籍记载之中。《韩非子·五蠹》篇记载徐夷人数众多，占地广袤的状况是"地方五百里，行仁义，割地而朝者三十有六国"[8]。春秋后期，江淮地区出现众多方国。在这些方国中，既有前述周分封"亲戚"时的姬姓封国，亦有部族性质的地区性邦国——不同历史条件下由淮夷转化而来的政治实体。这些政治实体与当时的中央朝廷——周王朝无行政隶属关系；反之，周朝廷也不会对这些历史上屡屡反叛的淮夷邦国给予承认及封赠。

安徽淮南高铁站旁所立的"古淮夷之源"塑像（吴恩培摄）

此类邦国大致分为两类：一类是被文献记载为"群舒"[9] "众舒"[10]的带有联合体性质的邦国，另一类为带有城邦性质且被当时的史官以江淮地名如徐、六、潜、钟离、州来等记载下的邦国。

显然，"徐"亦属此类邦国。从《春秋经·昭公四年》中始称徐君为"徐子"[11]来看，春秋后期地处江淮地区的"徐"和吴、楚、越这类地处长江流域的"蛮夷"诸侯国一样，拥有"子"爵爵位。

关于"徐"及其地望的论述，另见下文季札挂剑等内容。

---

[1]《尚书·大诰·序》，见《尚书正义》，北京大学出版社1999年，第341页。
[2]《史记·周本纪》，见司马迁：《史记》，中华书局1959年，第132页。
[3] 王先谦编：《后汉书集解·东夷列传》，中华书局1984年，第981页。
[4] 李学勤、徐吉军主编：《长江文化史》，江西教育出版社1995年，第145页。
[5] 李学勤、徐吉军主编：《长江文化史》，江西教育出版社1995年，第146页。
[6]《安徽文化史》编纂工作委员会等：《安徽文化史》，南京大学出版社2002年，第45页。
[7]《安徽文化史》编纂工作委员会等：《安徽文化史》，南京大学出版社2002年，第46页。
[8]《韩非子·五蠹》，见王焕镳选注：《韩非子选》，上海人民出版社1974年，第5页。
[9]《左传·文公十二年》有"群舒叛楚"的记载，见《春秋左传正义》，北京大学出版社1999年，第539页。
[10]《左传·宣公八年》有"楚为众舒叛，故伐舒蓼，灭之"的记载，见《春秋左传正义》，北京大学出版社1999年，第619页。
[11]《春秋经·昭公四年》，见《春秋左传正义》，北京大学出版社1999年，第1190页。

(2)"徐"入《春秋》及其与"群舒""众舒"的关系

"徐"入《春秋》而在文献中的最早记载为《春秋经·庄公二十六年》:"秋,公会宋人、齐人伐徐。"[1]由此可以看出,徐国在《春秋经》《左传》中出现的时间早于吴国。

公元前668年(鲁庄公二十六年),"徐"最初出现在《春秋经》的记载时,齐桓公已成为春秋时期的首霸。因此,"徐"一出现在《春秋经》上时,就面临着齐桓公及鲁国、宋国等中原国家共同强加给它的一场战争。三国联合伐"徐",但"徐"并未被剪灭。

公元前657年(鲁僖公三年),《春秋经·僖公三年》中记载"徐人取舒"[2]。"舒"及舒蓼、舒庸、舒鸠等,均为当时淮河流域带有联合体性质的邦国,即"群舒""众舒"等。《安徽文化史》说:"春秋时,群舒始则成为徐楚争夺的对象,后又成为吴楚蚕食并吞的目标,最后被楚剿灭殆尽。"[3]

上述的"徐人取舒",表明"徐"在中原国家的压力下,采取攻伐淮夷邦国而与之切割的方式并以此充当中原国家代理人的角色而自保。"徐"的这一行为,是时引起欲与齐国争霸的楚国的不满。其间,不排除楚国对淮河流域铜矿资源的觊觎。

(3)春秋早期的"楚人伐徐"及齐、鲁等"救徐"

前述,齐桓公在中原地区称霸,南面的楚国也开始坐大。在南方"始大"起来的楚国将势力伸入中原,不可避免地与已成中原霸主的齐桓公发生正面碰撞,从而波及徐国。

《春秋经·僖公十五年》记载本年(鲁僖公十五年,前645)"楚人伐徐",接着又记了齐桓公与鲁、宋、陈、卫、郑、许、曹等国的诸侯或代表"盟于牡丘",并派鲁国"公孙敖帅师""救徐"[4]。

"楚人伐徐"的原因,为《左传·僖公十五年》所说"徐即诸夏故也"[5],意即徐国亲附中原各国的缘故。而后在《左传·僖公十七年》中记写齐桓公去世后留下的三个未亡人中,有一个出自徐国宗室的女子——"徐嬴"[6]。这意味着齐桓公在世时,齐、徐间已存在联姻关系。而"楚人伐徐",主要是针对齐国而言。在这种情况下,齐国当然不能不"救徐"了。

地处战略要冲的"徐",在齐、楚争霸时成为双方争夺的要地。

(4)齐"东救徐州"及"分吴半"

当"徐"陷入齐、楚争霸的政治漩涡中时,因地缘政治而成为楚国属国的吴国,不能不秉承楚国的号令,利用其北部与中原国家接壤的地理条件而牵制、骚扰齐国。

《管子·大匡》载:"卒岁,吴人伐穀,桓公告诸侯未遍,诸侯之师竭至,以待桓公。桓公以车千乘会诸侯于竟,都师未至,吴人逃,诸侯皆罢。"[7]该段文字记载并揭示了齐桓公执政时吴国曾攻伐齐国的穀地。齐桓公还没有遍告完与之结盟的诸侯国,各诸侯国的军队已闻讯全部到来,等待着齐桓公下令。于是,齐桓公率领着一千多辆战车与各诸侯国国君相会于齐国边境。可是,来

---

[1]《春秋经·庄公二十六年》,见《春秋左传正义》,北京大学出版社1999年,第284页。
[2]《春秋经·僖公三年》,见《春秋左传正义》,北京大学出版社1999年,第326页。
[3]《安徽文化史》编纂工作委员会等:《安徽文化史》,南京大学出版社2002年,第48页。
[4]《春秋经·僖公十五年》,见《春秋左传正义》,北京大学出版社1999年,第371页。
[5]《左传·僖公十五年》,见《春秋左传正义》,北京大学出版社1999年,第372页。
[6]《左传·僖公十七年》,见《春秋左传正义》,北京大学出版社1999年,第389页。
[7]《管子·大匡》,见谢浩范、朱迎平译注:《管子全译》,贵州人民出版社1996年,第285页。

自齐国都城的部队还未赶到时,吴国军队就逃跑了。

"吴人伐谷"之战,与其说是一次攻伐,倒还不如说是一次吴奉楚国之命的对齐骚扰。吴国当时因国力弱小无奈屈从于楚国号令及为保全自身实力而采取的逃跑策略等,都在这段记载中表现出来了。

然而,齐国并不会每次都让吴国滑脚跑掉。《管子·小匡》记载说:齐桓公在"东救徐州"时(是时,晋国尚未崛起,"徐"属齐国集团而"吴"属楚国集团,二者处对立地位)攻打吴国,并对吴国采取了严厉的制裁手段"分吴半"[1],即分割吴国土地的一半。同时还"割越地"[2],即分割越国的土地。

春秋时期的齐国和越国,领土并不相接。上述"割越地",究系是指越国割一块"飞地"与齐,还是在越国的土地上建立一块臣属于齐的"飞地"?因文献记载简略,今人已不得而知。但这一记载表明:齐桓公时,吴、越是同时作为楚国盟国及齐国的敌对国家出现的。至于吴、越间其时是否结盟,虽无文献证实,但从两国同样受到齐国"肢解"领土的惩罚来看,两国间的准结盟关系,当可确定。

吴、越的存在及其影响,引起了齐桓公的极大忧虑,他在与管仲的一次谈话中谈到了这一忧虑。"桓公曰:'四夷不服,恐其逆政游于天下而伤寡人,寡人之行为此有道乎?'管子对曰:'吴越不朝,珠象而以为币乎。……然后,八千里之吴、越可得而朝也。'"[3]齐桓公问话的意思是:"吴、越这些周边的蛮夷诸国不肯臣服,我怕他们落后的文化流行天下而伤害我国,我们有对付它的办法吗?"管子(管仲)回答说:"吴、越不来朝见,请用南方出产的珍珠、象牙作为货币吧!……然后,八千里外的吴、越,就会来朝见了。"

在生产力低下的春秋时期,在齐国政治家管仲的话语中,经济只是政治的延续和手段,但管仲毕竟已高明地提出了以经济作为联系,以国家间的互惠互利作为纽带的外交方略。通过经济联系的方式,以期建立一种经济合作、政治提携、军事和平的局面。同时,从这段对话中,也可看到在齐桓公称霸之时,吴、越等受楚国影响的国家,并不听命去朝拜齐王。在吴、越等国"不朝"的背后,显现着楚国的影响。因此,吴、越对齐国所采取的"不朝",也并非吴、越国家意志的真实体现,而只能是为当时的地缘政治格局所决定。

上述吴、齐间事件发生的时间,大致在齐桓公执政的40多年内。而这一时期的吴国,大致为十五世吴王转至十七世吴王句卑执政之时。

(三)吴、齐战争时的执政吴王及其年代推测

由于缺少详细、连续的文献记载,故上述吴、齐战争于后世留下的只是一些只言片语。战争发生的时间及当时执政的吴王,均模糊不清,而只能作推测。而如上所述,可以确定的是,齐桓公称霸时,楚、吴、越等国在与齐国对抗中有着同盟或准同盟式的关系。

前文推测,齐桓公执政之初,当为十五世吴王转时。《史记·吴太伯世家》记载"转卒,子颇高立。颇高卒,子句卑立"后,有一处标尺性质的时间节点提示:"是时,晋献公灭周北虞公,以开晋

---

[1]《管子·小匡》,见谢浩范、朱迎平译注:《管子全译》,贵州人民出版社1996年,第326页。
[2]《管子·小匡》,见谢浩范、朱迎平译注:《管子全译》,贵州人民出版社1996年,第326页。
[3]《管子·轻重甲》,见谢浩范、朱迎平译注:《管子全译》,贵州人民出版社1996年,第977页。

伐虢也。"[1]

因此，十七世吴王句卑开始执政的年份与"晋献公灭周北虞公，以开晋伐虢"的年份为同一年。参唐司马贞《史记索隐》指出的"春秋经僖公五年'冬，晋人执虞公'。左氏……五年传曰'晋侯复假道伐虢，宫之奇谏，不听。以其族行，曰虞不腊矣。八月甲午，晋侯围上阳。冬十有二月，灭虢。师还，遂袭虞灭之'也"[2]。

故由上述《春秋经·僖公五年》《左传·僖公五年》记载可知，"晋献公灭周北虞公"的时间为公元前655年（鲁僖公五年）。

这意味着，十七世吴王句卑开始执政的年份在公元前655年（鲁僖公五年）。与其孙十九世吴王寿梦执政年份的公元前585年（鲁成公六年），相距70年。按25—30年为一代人计算，故可推算上述"吴人伐穀""分吴半"等历史事件发生的时间，当大致处于十五世吴王转、十六世吴王颇高及十七世吴王句卑之时。

（四）句卑（十七世吴王）至去齐（十八世吴王）时，吴国在晋、楚争霸中的地位和作为

1.城濮之战与晋国的崛起及晋文公称霸

公元前643年（鲁僖公十七年），齐国管仲和齐桓公相继去世，齐国发生变乱，导致霸业衰落。在政治强人去世而呈现出霸业真空的情势下，被称为是"小国争盟"[3]，即小国想争当盟主的宋襄公，企图取齐而代之，但终而未果。宋襄公亦在与楚国的战争中受伤而亡。

宋襄公图霸未果。是时，晋献公之子的晋公子重耳于公元前636年（鲁僖公二十四年）回国执政，是为晋文公。晋文公上台之后，适逢周王室内乱，他采纳狐偃"求诸侯，莫如勤王"[4]的进言，迎接周襄王入城复位。公元前632年（鲁僖公二十八年），晋文公率兵救宋。为报答楚国在其流亡时给予的款待，晋文公下令军队退避三舍。

晋、楚这两个大国，一为中原地区的实力强盛的姬姓诸侯国，一为长江流域新兴的"蛮夷"国家。楚国相继与齐、宋争霸，本是意在中原地区。而对晋国来说，面对着楚国剑指中原，尤其是争夺富饶的黄河中、下游地区，也不能后退。于是，两个大国的对峙终引起了春秋史上至是时为止的空前规模大战——城濮之战。

鲁僖公二十八年（前632），晋文公率晋、宋、齐、秦四国联军与以楚国为中坚的楚、陈、蔡三国联军在卫地城濮大战。晋军重创楚军后，晋文公主持践土之盟，被推为新的霸主。

城濮之战时，执政吴国者有可能为十七世吴王句卑。而从城濮之战中楚国集团参战国名单中并无吴国则可看出，其因或为：一是地理因素制约；二则是这一时期，吴国国力弱小，连参与晋、楚城濮之战的资格尚不具备。

2.吴、越入《春秋》——吴、越首次出现在《左传》记载中

其后，在晋、楚争霸的大环境下，吴国依然是楚国的附属小国。《左传·宣公八年》载，公元

---

[1]《史记·吴太伯世家》，见司马迁：《史记》，中华书局1959年，第1447页。
[2] 司马贞：《史记索隐》，见司马迁：《史记》，中华书局1959年，第1448页。
[3]《左传·僖公二十一年》，见《春秋左传正义》，北京大学出版社1999年，第398页。
[4]《左传·僖公二十五年》，见《春秋左传正义》，北京大学出版社1999年，第426页。

601年，"夏，……楚为众舒叛故，伐舒蓼灭之。楚子疆之，及滑汭，盟吴、越而还"[1]。即鲁宣公八年（前601年）夏天，楚国因为众舒背叛，攻打舒、蓼这两个小国，并把它们给灭了。楚王给他们在到达滑水拐弯的地方划定疆界，接着和吴国、越国结盟就回去了。

"盟吴、越而还"的记载，使得长江下游的吴、越两国同时在《左传》中出现。晋杜预《春秋经传集解》释此句说："《传》（《左传》）言楚强，吴、越服从。"[2]指出吴、越两国最早在《左传》出现时，都是以听命于楚的属国身份出现的。

关于"越"在文献中的记载，孟文镛《越国史稿》说："最早记载越国史事的是桓公元年（公元前711年）：夏四月丁未，公（鲁桓公）及郑伯（郑庄公）盟于越，结祊成也。盟曰：'渝盟无享国。'"[3]上引《左传·桓公元年》记载的"越"，《越国史稿》乃是解读为"越国"并作为"最早记载越国史事"的论据使用。但以上《左传·桓公元年》记载的意思为：夏季的四月初二日，鲁桓公和郑庄公在越地结盟，这是为了祊田的交换表示友好。誓辞说："如果违背盟约，就不能享有国家。"

鲁、郑为了祊田的交换，而"盟于越"——在越地结盟。从常理上说，该"越"不可能为地处东南的越国。而另联系《春秋经·桓公元年》的记载及其注疏，如下：

"元年，春，王正月，公即位。三月，公会郑伯于垂，郑伯以璧假许田。夏，四月，丁未，公及郑伯盟于越。"[4]杜预注："公以篡立而修好於郑，郑因而迎之，成礼于垂，终易二田，然后结盟。垂，犬丘，卫地也。越，近垂，地名。"[5]另，杜预注《春秋经·隐公八年》"宋公、卫侯遇于垂"[6]句时，注"垂"为："垂，卫地。济阴句阳县东北有垂亭。"[7]杨伯峻《春秋左传注》注："垂，卫地，即今山东省曹县北之句阳店。或以为在今鄄城县东南十五里。"[8]而对《春秋经·桓公元年》的"越"，杨伯峻《春秋左传注》注曰："越当在今山东省曹县附近。"[9]

由以上疏解可知，上述之"越"，解读为"越国"为误读。以之而作为"最早记载越国史事"，更是谬矣。因此，越国之"越"，最早出现在《左传》记载中即为《左传·宣公八年》之"盟吴、越而还"。

3. 邲之战与楚庄王称霸

晋、楚城濮之战后，楚国不断扩张，而晋国却中衰。公元前597年（鲁宣公十二年），晋、楚间又爆发了一次大规模战争——"邲之战"。此战，晋败楚胜，楚庄王终以一场胜利的战争奠定了楚国的霸主地位。

从公元前632年（鲁僖公二十八年）的城濮之战到公元前597年（鲁宣公十二年）的邲之战，这一时期关于吴国的文献记载，多为只言片语。这使得难以描绘出事件前因后果的清晰面貌，也难以详细描述出吴国其时在楚国集团中的作为。但可确定的是：这一时期（指十九世吴王寿梦前）的

---

[1]《左传·宣公八年》，见《春秋左传正义》，北京大学出版社1999年，第618—619页。
[2] 杜预注，见杜预：《春秋经传集解》，上海古籍出版社1978年，第565页。
[3] 孟文镛：《越国史稿》，中国社会科学出版社2010年，第6页。
[4]《春秋经·桓公元年》，见《春秋左传正义》，北京大学出版社1999年，第131页。
[5] 杜预注，见杜预：《春秋经传集解》，上海古籍出版社1978年，第66页。
[6]《春秋经·隐公八年》，见《春秋左传正义》，北京大学出版社1999年，第107页。
[7] 杜预注，见杜预：《春秋经传集解》，上海古籍出版社1978年，第44页。
[8] 杨伯峻：《春秋左传注》（修订本），中华书局1990年，第56页。
[9] 杨伯峻：《春秋左传注》（修订本），中华书局1990年，第82页。

吴国，是以听命于楚的属国身份出现。而如前述，其时吴国的国家战略，以附楚而自保。

第四节　从西周至东周时的吴国文化遗存

本文所说的"从西周到东周时"，其具体时段为西周吴五世周章（含周章）后至东周春秋时十九世吴王寿梦执政前。而"吴国文化遗存"，则是指上述时段与先秦吴国有关且以物质形态呈现于今的文化遗存。此类吴国文化遗存，前文有些已作叙述，相关情况，另参见前文。上述情况，为免重复，仅提示存目。

依时间先后，这些遗存如下：

一、西周康王时且体现康王分封的吴国最早青铜器——宜侯夨簋

该宜侯夨簋，前文已述。为免重复，此处存目。

二、江阴佘城遗址——"太湖地区最早的城址"

被列入全国重点文物保护单位名录且文物保护碑标示时代为"夏至周"的江阴佘城遗址，该遗址被称为"太湖地区最早的城址"[1]。前文已述该城址情况，此处存目。

三、始建于西周早期的"古干国"

关于该西周早期的"古干国"，其地望现存多说情况，前文已作叙述，此处存目。

四、有考古学者所说的"目前所发现的最早的吴国城址"——镇江丹阳葛城遗址

（一）葛城遗址简况

现为全国重点文物保护单位的葛城遗址位于江苏省丹阳市珥陵镇东南约6公里处。在该"葛城遗址"文物保护碑背面镌刻的文字为："葛城遗址位于丹阳市珥陵镇南葛城自然村东，为西周至春秋时期的古代城址。遗址发现于2005年，2007—2008年，镇江博物馆和南京博物院联合对遗址进行全面的调查、勘探和部分试掘。葛城遗址东西长约230米，南北约180米，呈不规则长方形。城墙分三期：西周早期、西周晚期至

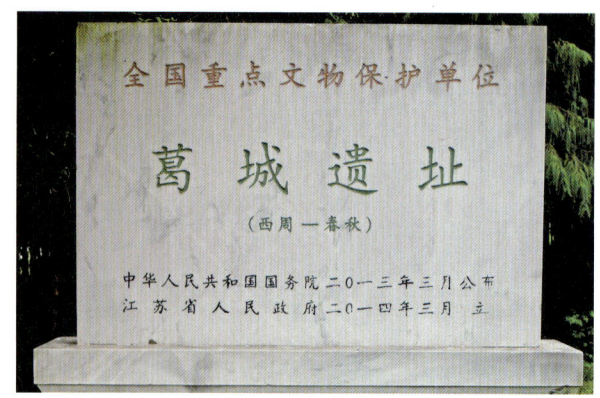

列为全国重点文物保护单位且位于镇江丹阳市珥陵镇南葛城自然村东的"葛城遗址"文物保护碑（吴恩培摄）

---

[1] 冯普仁：《无锡考古五十年》，《江南论坛》2004年第10期。

春秋早期、春秋中晚期。每道城墙都有与之对应的城濠、城濠上发现有木板桥遗迹。城址有东、南、西、北四城门，四门间发现有断续的道路。城址内出土陶器、原始瓷器以及石器、铜器等。葛城遗址是江苏省目前发现时代较早、面积较大、规格较高、保存较为完好、延续时间较长的一处古城址，为研究吴国早期政治活动等提供了重要资料。"

（二）考古报告叙述的葛城古城及其发现的学术意义

丹阳葛城遗址未见诸古代文献，系出于当代考古报告。现存考古报告有二：一为镇江博物馆考古队《江苏丹阳葛城遗址勘探试掘简报》（简称《试掘简报》），另一为南京博物院、镇江博物馆、丹阳市文化局《江苏丹阳葛城遗址考古勘探与发掘简报》（简称《发掘简报》）。

1.《试掘简报》的叙述

关于"葛城古城发现的学术意义"，《试掘简报》概括如下：

其一，"通过对葛城城址中出土的文化遗物内涵特征的分析"，将该城遗址厘定为"应属吴国城址。该城始建于西周中晚期，废弃于春秋末期，曾连续使用数百年"。接着，将之与"现已发现的吴国城址"进行比较，从而推测："丹阳葛城古城是目前所发现的最早的吴国城址。"

其二，《试掘简报》分析西周时吴国城址的情况说："西周时期吴国的城址数量少，规模小，反映了当时吴国国力尚弱，势力范围尚小。"而"镇江丹徒至大港沿江一带是吴国早期的核心地区，是当时吴国的政治经济和文化中心。吴国从西周初期立国，经过二百余年艰辛创业，国力逐渐强盛起来，并开始向周边开拓疆土。春秋早期吴国开始向太湖流域扩张，与越国争霸"。而在这过程中，"丹阳葛城古城与珥陵古城则是吴国向南扩张的重要据点"。

其三，《试掘简报》指出："丹阳葛城遗址的钻探与发掘成果表明，葛城古城是目前所发现的时间最早、使用时间最长、保存比较完整的吴国城址。该城址的发现对于吴文化考古与吴史研究具有重要的学术价值和文物价值。"[1]

2.《发掘简报》的进一步深化

《发掘简报》对前述镇江博物馆的《试掘简报》，呈现出进一步深化的现象。表现如下：

其一，《试掘简报》厘定并定义的"吴国城址"，被《发掘简报》进一步深化为"是一座西周至春秋时期的吴国大型城址"。且"葛城遗址作为一处新发现的吴国古城址，是迄今为止江苏境内发现的商周时期年代最早、延续时间最长、保存最好、内涵最为丰富的城址，其使用时代贯穿吴国历史的整个过程，对江苏商周时期的考古及吴文化的研究，特别对于吴国早期政治中心的探究有极其重要的意义"[2]。

其二，《发掘简报》从更大范围内"综合考虑葛城遗址的地理位置、所发现的遗迹，以及邻近地区出土的青铜器窖藏和墓葬"后，"推测此城址可能是吴国政治中心从镇江丹徒迁往太湖平原地区过程中的一个重要地点，甚或可能为吴国早中期都城之一"[3]。

其三，《发掘简报》进一步叙述："吴国早期的政治中心有不断迁徙的特征。现有的研究成

---

[1] 镇江博物馆考古队：《江苏丹阳葛城遗址勘探试掘简报》（执笔：杨宝成），《江汉考古》2009年第3期。
[2] 南京博物院、镇江博物馆、丹阳市文化局：《江苏丹阳葛城遗址考古勘探与发掘简报》（执笔：陈刚、肖梦龙、李则斌），《东南文化》2010年第5期。
[3] 南京博物院、镇江博物馆、丹阳市文化局：《江苏丹阳葛城遗址考古勘探与发掘简报》（执笔：陈刚、肖梦龙、李则斌），《东南文化》2010年第5期。

果表明，吴文化发端于宁镇地区，吴国的早期政治中心也应在此，丹徒大港、谏壁一带存在多座出土青铜器的大型墓葬已经说明了这一点[1]。同时值得注意的是，丹阳的司徒、访仙两处曾先后出土过两批数量较大的西周中晚期的青铜器窖藏，两地距葛城仅15公里[2]。如果再考虑到葛城遗址北距大港、谏壁的青铜器大型墓葬集中区仅30公里，东南距武进淹城遗址也仅30公里，那么，新发现的葛城城址就不只是一座普通的吴国城址，而应是吴国政治中心从宁镇地区迁往太湖平原地区十分重要的一个节点，不排除其为吴国早中期都城的可能。"[3]

五、"建于春秋中早期"的常州武进"淹城遗址"

（一）概述

淹城遗址位于常州市武进区湖塘镇西隅。据淹城遗址内全国重点文物保护碑旁题为《淹城遗址》的石碑碑文介绍，该遗址"建于春秋中早期，距今已有2700年左右的历史。是我国保存最完整的春秋时期古城遗址。1956年，淹城遗址被江苏省人民政府列为一级文物保护单位。1988年，淹城遗址被国务院公布为第三批全国重点文物保护单位。淹城最早有记载是东汉袁康、吴平的《越绝书·吴地传》：'毗陵县南城，故古淹君地也。'自此史载不绝，代受珍视"。

上述镌刻于石碑上的"春秋中早期"表述，学者们的论述，均作规范的"春秋早中期"（参见下文）。

江苏常州武进区"中国春秋淹城"（吴恩培摄）

常州博物馆展出的《淹城遗址原貌示意图》（左），以及列为全国重点文物保护单位的江苏常州武进区的"淹城遗址"文物保护碑（中）及该文物保护碑旁的题为《淹城遗址》的介绍文字（右）（吴恩培摄）

---

[1] 原文此处加注："丹徒考古队：《江苏丹徒北山顶春秋墓发掘报告》，《东南文化》1988年第3、4期；镇江博物馆：《江苏镇江谏壁王家山东周墓》，《文物》1987年第12期。"

[2] 原文此处加注："镇江博物馆：《江苏丹阳出土的西周青铜器》，《文物》1980年第8期。访仙窖藏出土的青铜器现存丹阳市博物馆，见杨正宏、肖梦龙主编：《镇江出土吴国青铜器》，文物出版社2008年。"

[3] 南京博物院、镇江博物馆、丹阳市文化局：《江苏丹阳葛城遗址考古勘探与发掘简报》（执笔：陈刚、肖梦龙、李则斌），《东南文化》2010年第5期。

现存淹城遗址在先秦吴国历史上的位置与该遗址的历史断代紧密相连。本书将淹城遗址置于"西周吴五世周章后至东周春秋时十九世吴王寿梦执政前"时段内,乃是据石碑碑文的介绍中所说的该遗址"建于春秋中早期,距今已有2700年左右的历史"。而学界主流意见,亦是将该遗址与春秋时的吴国相联系(相关情况,另见下文)。该遗址的文献依据,即为上述碑文所引"东汉袁康、吴平的《越绝书·吴地传》:'毗陵县南城,故古淹君地也。'"等文字。其全文如下:"毗陵县南城,故古淹君地也。东南大冢,淹君子女冢也。去县十八里。吴所葬。"[1]

(二)"奄"与"淹"

西周初分封时,曾因对殷商遗民的分封及因武王去世而引发"三监之乱"。而"三监之乱"中,反叛的主导者及领导者——周武王弟管叔鲜、蔡叔度、霍叔处和商纣王之子武庚等,日后均受到周王朝的严厉处理。《尚书·蔡仲之命》记载对他们的处理说:"乃致辟管叔于商;囚蔡叔于郭邻,以车七乘;降霍叔于庶人,三年不齿。"[2]意即,周公到达商地,杀了管叔;囚禁蔡叔,用七辆车把他送到郭邻;把霍叔降为庶人,三年不许录用。

《尚书·蔡仲之命》又说:"成王东伐淮夷,遂践奄,作《成王政》。"[3]孔安国传曰:"成王即政,淮夷奄国又叛,王亲征之,遂灭奄而徙之,以其数反覆。""为平淮夷徙奄之政令。"[4]而孔颖达疏曰:"周公摄政之初,奄与淮夷从管蔡作乱,周公征而定之。成王即政之初,淮夷与奄又叛,成王亲往征之。成王东伐淮夷,遂践灭奄国。以其数叛,徙奄民。作诰命之辞,言平淮夷徙奄之政令。史叙其事,作《成王政》之篇。""此篇在成王书内,知是'成王即政',淮夷奄国又叛,王亲征之。"[5]

《尚书·蔡仲之命》再说:"成王既践奄,将迁其君于蒲姑,周公告召公,作《将蒲姑》。"[6]对之,孔安国传曰:"已灭奄,而徙其君及人臣之恶者于蒲姑。蒲姑,齐地,近中国,教化之。"[7]孔颖达疏:"成王既践灭奄国,将迁其君于蒲姑之地,周公告召公,使作册书,言将迁奄君于蒲姑之地。史叙其事,作《将蒲姑》之篇。""昭二十年《左传》晏子云,古人居此地者,有蒲姑氏。杜预云:'乐安博昌县北有蒲姑城。'是蒲姑为齐地也。周公迁殷顽民于成周,近京师,教化之,知今迁奄君臣于蒲姑,为'近中国,教化之'。必如此言,则奄去中国远于蒲姑。杜预云:'奄阙,不知所在。'郑云'奄盖在淮夷之地',亦未能详。成王先伐淮夷,遂灭奄,奄似远于淮夷也。"[8]

上述,早期文献《尚书》记载及注疏中的"践奄""灭奄""践灭奄国"并"将迁其君于蒲姑"等,说明西周初"奄"国或"奄"的族群的存在。当代有学者将"淹城"与上述"奄"族进行对接

---

[1] 袁康、吴平:《越绝书》,上海古籍出版社1985年,第15页。
[2] 《尚书·蔡仲之命》,见《尚书正义》,北京大学出版社1999年,第451页。
[3] 《尚书·蔡仲之命》,见《尚书正义》,北京大学出版社1999年,第454页。
[4] 孔安国传,见《尚书正义》,北京大学出版社1999年,第454页。
[5] 孔颖达疏,见《尚书正义》,北京大学出版社1999年,第454页。
[6] 《尚书·蔡仲之命》,见《尚书正义》,北京大学出版社1999年,第454页。
[7] 孔安国传,见《尚书正义》,北京大学出版社1999年,第454页。
[8] 孔颖达疏,见《尚书正义》,北京大学出版社1999年,第455页。

说:"淹城的初居族属是奄族,迁至时间为西周晚期。……周初东方因叛周被周公逐之江南的奄族及其他诸族的初居地应在今镇江辖区内。"[1]另有学者则认为:"奄国灭后,奄君率残部从山东辗转逃到这里,凿河为堑,堆土为城,仍称'奄'。至春秋时称'延陵',为吴王寿梦四子季札的封邑。"[2]

(三)关于淹城遗址的年代

关于淹城遗址的历史断代,学界存有不同意见。现按其时间先后,择要介绍如下:

1.春秋早中期

林志方《淹城早期历史探秘》一文认为:"淹城遗址的筑城时代,现定为春秋早中期,是我国目前保存最完整形制独特的春秋地面城池。"[3]

2.春秋晚期

穆勇、李国华《淹城古城遗址考》一文认为:"淹城遗址是一个春秋晚期的军事城堡,时人因地制宜、就地取材,形成吴地特有的堆叠城墙,并呈现出独有的'三条环河四套城'的型制,城水相依,密不可分,而且,很可能在城修筑以前,水、地环境已具备雏形,所以城池的修筑是在旧有水道基础上改扩建而成。"[4]

与此意见大致相同的还有艾奇的《春秋淹城千古绝唱》一文。该文认为:"建于春秋晚期的淹城距今已有2700多年历史,是我国目前同时期古城遗址中保存最为完整的一座古城。"[5]张彩英《常州先秦时期古城遗址》一文也说:"淹城遗址,修建于春秋时期。该城在今常州市武进区湖塘镇的西南,西北距市区约7公里。城池遗址东西长约850米,南北宽约750米,总面积约65万平方米,是我国目前保存最为完整的春秋时期的地面城池遗址。"[6]

3.战国时期

阮仪三《常州战国淹城遗址踏查纪要》,见诸1981年6月中国建筑学会建筑史学分会编辑的《专题资料汇编》。从该文标题,即可见其战国时期的断代。

(四)淹城遗址在先秦吴国史中的位置

淹城遗址在先秦吴国史中的位置与其历史断代紧密相连。论及淹城遗址的历史断代,首先当指出,在诸如《春秋经》《左传》《国语》以及先秦诸子著作乃至西汉司马迁的《史记》中,均未有记载。而《尚书》中的"奄"与"淹"之间,也存在着不同的解读意见。而从考古的角度来认识,学界对淹城遗址的历史断代,则存在着"春秋早中期""春秋晚期"等不同时代。而在后者"春秋晚期"的历史断代中,则将淹城遗址与寿梦四子季札的延陵封邑,因地理上的同一性而作深度联系。

综上可得出如下结论:今列为全国重点文物保护单位的淹城遗址为先秦吴国延绵至今的历史遗存。

---

[1] 林志方:《淹城早期历史探秘》,《江苏地方志》2010年第6期。
[2] 曹林娣:《春秋吴国对江南城市发展的贡献》,《苏州教育学院学报》2013年第6期。
[3] 林志方:《淹城早期历史探秘》,《江苏地方志》2010年第6期。
[4] 穆勇、李国华:《淹城古城遗址考》,《遗产与保护研究》2018年第12期。
[5] 艾奇:《春秋淹城千古绝唱》,《长三角》2007年Z2期。
[6] 张彩英:《常州先秦时期古城遗址》,《中国文化遗产》2013年第6期。

六、十九世吴王寿梦前，表明吴国已僭越称王的吴国青铜器——者减钟

（一）者减钟及其铭文"工噉王皮難之子者减"

十九世吴王寿梦前，表明是时吴国已僭越称王的重要出土器为者减钟。

关于者减钟，董楚平《吴越徐舒金文集释》指出："此编钟最初著录于《西清续鉴》甲编第十七卷。据《西甲》（即《西清续鉴》甲编）记载：'乾隆二十有六年（1761），临江民耕地，得古钟十一。大吏具奏以进。'临江即今江西省清江县。清廷于西苑建'韵古堂'藏之。后散失于英法联军之役。今犹存实物四件。北京故宫博物院与上海博物馆各收藏一件，台北的'中央博物院'、故宫博物院各藏一件。……上海博物馆所藏的一件……铭文如下：'隹正月初吉丁亥，工噉王皮難之子者减自（瑶）钟，子子孙孙，永保用之。'第三行'自'下当缺'乍'字。"[1] 铭文大意为，某年正月丁亥日这个好日子，工噉王皮難之子者减自作了这口钟，愿子子孙孙永远保存而使用下去。

者减钟（录自《中国青铜器全集》第十一卷东周（五）[2]）

上海博物馆藏"者减钟二"铭文拓本中右下角含"工噉"铭文的图片（左）及铭文拓本局部"工噉王皮難之子者减自紎（瑶）钟"（中），以及台北故宫博物院藏"者减钟一"铭文拓本"工噉王皮難"（右）（录自《商周青铜器铭文选》[3]）

（二）者减钟铭文"工噉王皮難"及其子"者减"的不同人物对应

者减钟铭文中提及的"工噉王皮難"及其子"者减"，究竟为谁？学界争论很大。

董珊《吴越题铭研究》将"皮難"以括号形式读为"皮然"[4]。

---

[1] 董楚平：《吴越徐舒金文集释》，浙江古籍出版社1992年，第26—29页。
[2] 中国青铜器全集编辑委员会：《中国青铜器全集》第十一卷东周（五），文物出版社1997年，附第19页。
[3] 上海博物馆：《商周青铜器铭文选》第二册，文物出版社1987年，第331、333页。
[4] 董珊：《吴越题铭研究》，科学出版社2014年，第40页。

现据董楚平《吴越徐舒金文集释》(中华书局1984年版,以下【表一】简称为《集释》,引文仅列页码)、董珊《吴越题铭研究》(科学出版社2014年版,以下【表二】简称《研究》,引文仅列页码)等学者们所做不同对应论述,分列为如下二表:

【表一】董楚平《集释》所列学者对"工獻王皮鱳"及其子"者减"的不同对应和不同解释

	工獻王皮鱳	者减	文献原始出处及转引出处
王国维	"皮鱳无考,以声类求之,当即《史记·吴太伯世家》之颇高,乃吴子寿梦之曾祖。《史记》载颇高子句卑与晋献公同时,则皮鱳王吴当在春秋之初叶矣。"论述结论:皮鱳为颇高。	推算结论:者减为颇高子句卑。	王国维《观堂集林》第898页,中华书局1984年版。见董楚平《集释》第37页。
容庚	"皮乃颇之古文,以桥作乔,转作专例之,则颇可作皮。难高声通。""友陈梦家曰:难从莫从黄,古音与高本相通。"论述结论:皮鱳为颇高。	推算结论:者减为颇高子句卑。	《善斋彝器图录》一四考释,见董楚平《集释》第37页。
杨树达	推算结论:皮鱳为转之父禽处。	"者减之名,《经》《传》无所见,余以声音求之,盖即《史记·吴世家》之转也。《吴世家》记太伯十四传为禽处,禽处卒,子转立。者减之合音为转,……此钟乃者减为王以前所制,故称工獻王之子也。"论述结论:者减为转。	杨树达《积微居金文说》第143页。见董楚平《集释》第38页。
温廷敬	推算结论:皮鱳为诸樊之父寿梦。	"温廷敬认为者减是诸樊。"论述结论:者减为诸樊。	温廷敬《者减钟释》,《中山大学文史学研究所月刊》1934年第3卷第2期,第63页。见董楚平《集释》第38页。
郭沫若	郭沫若《大系》(《两周金文辞大系图录考释》)说:"柯转即此皮鱳也,柯皮古同歌部,转鱳古同元部。鱳,古然字。柯转之子为颇高,颇高之子为句卑,句卑时晋献公灭周北虞公。(《春秋》僖五年。)此者减与颇高为兄弟,大约当春秋初年,鲁国桓庄之世也。"论述结论:皮鱳为柯转。	论述结论:"柯转之子为颇高","者减与颇高为兄弟"。	郭沫若《大系》(《两周金文辞大系图录考释》)。见董楚平《集释》第38页。
马承源	(马承源)"认为此钟和邾公牼钟最为近似,当作于春秋中期。再从人名声韵推论,皮毕同声相通;鱳(然)轸声纽可旁转,韵母同为谆部,皮鱳是毕轸的音假。'者减无可考,毕轸即句卑,子去齐为吴王,者减与去齐并非一人,应与去齐为兄弟行。钟铭云'于其皇祖皇考',这样钟作于皮鱳既卒之后,它的时代应该与去齐大体相等。……去齐在位年代可能在鲁文或鲁宣之间。者减钟的年代大概应与之相当。"论述结论:皮鱳为毕轸,毕轸即句卑。	推算结论:者减为句卑子去齐。	马承源《关于翏生盨和者减钟的几点意见》,《考古》1979年第1期。见董楚平《集释》,第38页。

续表

	工𠭯王皮𪐶	者减	文献原始出处及转引出处
董楚平	“马承源之说大体坚实，即此钟作于春秋中期，皮𪐶是毕轸的音假。然而，马据‘皇考’二字而推定此钟作于皮𪐶既卒之后，者减是去齐之弟，则未必。……窃疑‘者减’即去齐。……铭云‘工𠭯王皮𪐶之子者减’，此钟当是去齐为太子时所作。” 论述结论：皮𪐶为句卑（又作毕轸），者减即去齐。	论述结论：“者减即去齐。”	董楚平《集释》第39页。

【表二】董珊《研究》所列学者对“工𠭯王皮𪐶”及其子“者减”的不同对应和不同解释

	工𠭯王皮𪐶	者减	文献原始出处及转引出处
唐兰	“唐兰先生认为，‘皮然’有可能与诸樊之‘樊’对音。”		唐兰《石鼓年代考》，《故宫博物院院刊》1958年第1期，第9页。见董珊《研究》第41页。
李家浩	“李家浩先生认为，‘工𠭯王皮𪐶’是吴王阖闾，阖闾另有一名‘韩’‘桓’，与𪐶为对音字，‘皮’为附加语。‘者𢘓（减）’是文献记载的吴王阖闾之太子波，‘波’乃是‘减’的误字。” 论述结论：皮𪐶为阖闾。	“者𢘓（减）”是文献记载的吴王阖闾之太子波。	见董珊《研究》第41页。
董珊	“‘皮然’可能就是寿梦。” 论述结论：皮𪐶为寿梦。	“吴公子掩（盖）馀。” 论述结论：“者减”为吴公子掩馀。	左列，引之董珊《研究》第41页的如下表述：“我曾考虑，‘者减’为吴公子掩馀。……照这样看法，‘者减’若是掩（盖）馀……‘皮然’可能就是寿梦。”
	“综合来看以上说法，似乎唐兰先生认为‘皮然’是诸樊的看法比较好。假设‘皮然’即吴王诸樊，则‘者减’可能是后来的吴王光（阖庐），‘者减’或可对应古文字资料所见阖庐之名‘者彶虘虏’之‘者彶’。” 论述结论：“皮然”是诸樊。	论述结论：“‘者减’可能是后来的吴王光（阖庐）。”	左列，引之董珊《研究》第41页的如下表述：“综合来看以上说法，似乎唐兰先生认为‘皮然’是诸樊的看法比较好。假设‘皮然’即吴王诸樊，则‘者减’可能是后来的吴王光（阖庐），‘者减’或可对应古文字资料所见阖庐之名‘者彶虘虏’之‘者彶’。”见董珊《研究》第41页。

以上二表所列的学者们将吴世系与“工𠭯王皮𪐶”及其子“者减”作的种种对应及推测情况，分以下诸点评析：

其一，“表一”引董楚平《吴越徐舒金文集释》所列王国维、容庚、杨树达、温廷敬、郭沫若、马承源及其本人（指董楚平先生）将“工𠭯王皮𪐶”及其子“者减”的对应对象，除温廷敬将“者减”对应为诸樊外，其余均对应为十九世吴王寿梦前的吴王。按此（指上述董楚平《吴越徐舒金文集释》所引大部分学者的对应情况），大致可认为者减钟铸作时间，为十九世吴王寿梦前的春秋中期。下文引述《中国青铜器全集》第十一卷东周（五）对者减钟铸作时间，亦厘定为“春秋中期”（见下文）。

其二，“表二”引董珊《吴越题铭研究》所列唐兰、李家浩及其本人（指董珊先生）将“工𠭯王皮𪐶”及其子“者减”的对应对象，为十九世吴王寿梦及寿梦后的吴王等。按此（指上述董珊《吴越题铭研究》所引学者的对应情况），则者减钟的铸作时间，最早不超过十九世吴王寿梦时。

其三，上述"表一""表二"对应的差异，勾连起的乃是对者减钟铸作时间的认识差异。对之，本书采信董楚平《吴越徐舒金文集释》所引诸学者的总体意见，认可该者减钟铸作于十九世吴王寿梦前的春秋中期；同时，亦认可该器为目前所知除宜侯夨簋外的最早吴国青铜器，即现今出土的吴国青铜器，除宜侯夨簋外，无一早于者减钟。

其四，从者减钟铭文来看，十九世吴王寿梦前，吴国已出现"工㝵王"即"吴王"的僭越称呼，有学者注意到它对文献的"补正"作用。如马承源《关于翏生盨和者减钟的几点意见》一文说："《史记》云：'去齐卒，子寿梦立。寿梦立而吴始益大称王。'于是从寿梦开始以后的诸王，《史记》中正式冠以王字，如王寿梦、王诸樊、王余祭等等。但是《史记》以为吴自寿梦始称王，这一点是和铭文相抵触的。铭文称'工㝵王'，工㝵即句吴，皮鞣称王，早于寿梦二世。"[1]

其五，从者减钟铸作于春秋中期并于后世出土于江西临江（今江西樟树）来看，者减钟铸作时的十九世吴王寿梦前的"工㝵王"时期，吴国疆域或已达今江西境内。

其六，由者减钟铭文可知，该器铸制时期的吴国国号为"工㝵"。"工㝵"，指擅长于捕鱼的族群和国度。此国号名称亦即文献记载的"句（勾）吴"（关于吴国国号"㝵"及其演变等，另见本书第十二章相关内容）。

制作时间仅次于宜侯夨簋的吴国最重要的青铜器者减钟，1997年出版的《中国青铜器全集》第十一卷东周（五）对之所作介绍如下：

者减钟

春秋中期

高二八.八、铣间一五.二厘米

传一七六一年江西临江出土

上海博物馆藏。

甬钟。

甬饰叶形纹和变形龙纹，甬干有五个蝉纹环绕，纽上饰雷纹。舞、篆均饰变形龙纹，鼓部饰体躯方折的连体龙蛇纹。铭文二十八字，记器主者减为吴王之子。传世者减钟共十一器。[2]

（三）与者减钟同出一地的吴城商代遗址、新干大洋洲商墓及牛头城址

上文所说清乾隆时"者减钟"出土于江西"临江"，即为其时的江西临江府。临江府为明洪武二年（1369）置，辖清江、新淦、新喻三县。清沿袭明制。其后，历经行政变迁，清江县今为宜春市下属樟树市（县级市），新喻县则为江西的新余市（地级市），而新淦县则今为吉安市下属的新干县。明清时曾为府名的"临江"，今则成了樟树市下属临江镇的一个镇名。

清代时曾出土"者减钟"的临江府，现已析分为江西的三个地级市——宜春市、吉安市、新余市。而在宜春市下属的樟树市（即前文所述者减钟出土地的清江县）和吉安市下属的新干县两地

---

[1] 马承源：《关于翏生盨和者减钟的几点意见》，《考古》1979年第1期。
[2] 中国青铜器全集编辑委员会：《中国青铜器全集》第十一卷东周（五），文物出版社1997年，附第19页。

交界处的不大的范围内,20世纪70年代后却以出土了大量青铜器的吴城商代遗址、新干大洋洲商墓等引发学界关注。

据江西吉安市博物馆展出的《新干县大洋洲商代大墓位置图》,樟树至吴城商代遗址的距离为40余公里;大洋洲商代大墓及牛头城址均在新干县大洋洲镇,而吴城商代遗址至新干县大洋洲镇的距离为30余公里;新干县大洋洲镇至樟树的距离为20余公里。

者减钟于乾隆二十六年(1761)在清江(今樟树市)出土时,未留下相关的考古资料。时至今日,甚至已无从寻找其在清江的具体出土之处。但从新干县大洋洲商代大墓位置图来看,其出土地点当在樟树、吴城商代遗址及新干县大洋洲镇围成的三角形的不大范围内。

1.吴城商代遗址

吴城商代遗址位于樟树市西南山前吴城村、肖江上游的丘陵坡地上。据该遗址列为全国重点文物保护单位之文物保护碑后的"吴城商代遗址简介"说:"吴城商代遗址是1973年秋配合兴修吴城水库进行考古调查时发现的。已经发掘九次,揭露面积近6000平方米,清理出房基、道路、陶窑、水井、墓葬、铸铜、宗教祭祀场所、灰坑等遗迹,出土青铜器、石器、陶器、原始青瓷器、玉器、牙雕等4000余件,还有200余个刻划文字和符号,几何形纹样近四十种,距今三千至三千三百年左右。吴城商代遗址是江南首次发现的商代大规模人类居住遗址,也是迄今江西境内一处具有较多中原商文化因素的遗址,是打开研究江南古文化的一把'钥匙'和年代学的'标尺'。它的发现和发掘,修正了'商文化不过长江'的论断,纠正了江南商代'荒服之地'的历史描述。"

关于"吴城镇",前文引顾颉刚《苏州史志笔记》"一九五三年五月"以"吴都江西"为题论及江西临江府出土者减钟后说:"春秋初年吴尚都江西,……临江府治今为清江县,在赣江西岸。又江西新建县北一百八十里有吴城镇,当赣江入湖之口,疑当时吴都即在是。"[1]顾颉刚先生作此推测后的1973年,吴城商代遗址被发现。

对江西吴城商代遗址的发现,学界给予极大的关注。唐兰《关于江西吴城文化遗址与文字的初步探索》一文指出:"在江西发现商代遗址,已发表的这是第一次。清江就是樟树镇,在北纬二十八度,东面相当于浙江省的温州,西面相当于湖南省的长沙,远在长江以南,离开黄河流域的殷商奴隶制王朝较远,但是它们的文化,却有着密切的关系,这是很可注意的一件事。"而"根据文献记载,清江一带远在夏以前即四千多年前,就有很高的文化。《战国策·魏策》记吴起的话:'昔者三苗之居,左彭蠡之波,右有洞庭之水,文山在其南,而衡山在其北。恃此险也,为政不善,而禹放逐之。'《史记·吴起传》略同。清江县在彭蠡之西,应该是三苗氏故居的一部分。据《吕刑》,苗族是制定五刑的,那已经是贫富两极分化,阶级斗争十分尖锐残酷的社会了"[2]。而彭林著《文物精品与文化中国》一书,则将该吴城商代遗址称为"异军突起的江西商时期青铜文化……它是自早商以来与商文化平行发展的一支南方文化"[3]。

---

[1] 顾颉刚:《苏州史志笔记》,江苏古籍出版社1987年,第13页。
[2] 唐兰:《关于江西吴城文化遗址与文字的初步探索》,《文物》1975年第7期。
[3] 彭林:《文物精品与文化中国》,清华大学出版社2002年,第96—97页。

2.新干大洋洲商墓及牛头城址

《江西新干大洋洲商墓发掘简报》在论及新干大洋洲商墓的墓葬概况时指出其地理位置说："劳背沙洲位于（南）昌赣（州）公路樟树至新干段中点的东侧，西濒赣江仅1公里。其东5公里处，是牛头城商周遗址；西约20公里处，为著名的清江（现改为樟树市）吴城遗址。沙洲周围经多年垦殖，现已辟为果园和农田。大墓地处沙洲南端。"[1]该墓经发掘，其引人注目者为："洋洋大观的新干商墓……其中最引人注目的是青铜器有475件之多。"[2]对这数量众多青铜器的文化属性，《江西新干大洋洲商墓发掘简报》"结语"部分指出："一方面，某些青铜器和玉器的造型和纹饰表现出与中原商殷文化相近或相同。……另一方面，从很多器物的造型、纹样和铸造工艺中，又表现出浓厚的地方特色。"同时，"足可证明，这批青铜器应是本地铸造，其文化性质应是土著的青铜文化，也即吴城文化。上面已经指出此墓出土的陶瓷器与吴城文化第二期相同；吴城文化仅见的几件青铜器，如翘首直背刀、锛、矛、直内戈、遍夔足卧虎和凤鸟铜鼎等，与新干商墓出土的风格完全一样。可以说，十余年来，吴城遗址一直未曾勘探到的大型商代墓葬和青铜'重器'，终于在20公里外的赣江东岸被发现。这就大大丰富了吴城青铜文化的内涵，为我们进一步探讨赣江流域吴城文化的分布、性质、面貌等提供了极其珍贵的实物资料"[3]。

列为全国重点文物保护单位的江西萍乡樟树市（原清江县）吴城村的"吴城商代遗址"文物保护碑（吴恩培摄）

牛头城址，在新干县城北面约15公里处的大洋洲乡东北面之刘埁村中埁水库近旁，考古报告《江西省新干县牛头城遗址调查与试掘》不但将该遗址称为"新干县大洋洲牛头城遗址"，更指出该遗址"曾出土西周前期列鼎（五鼎）"等。而经调查和钻探"证实牛头城遗

列为全国重点文物保护单位的江西吉安新干县大洋洲镇刘凌村的"牛头城址"文物保护碑（左）及江西省博物馆展出的商双面神人青铜头像（1989年新干县大洋洲商代遗址出土）（右）（吴恩培摄）

---

[1] 江西省文物考古研究所、江西省新干县博物馆：《江西新干大洋洲商墓发掘简报》（执笔：彭适凡、刘林、詹开逊），《文物》1991年第10期。
[2] 彭林：《文物精品与文化中国》，清华大学出版社2002年，第97页。
[3] 江西省文物考古研究所、江西省新干县博物馆：《江西新干大洋洲商墓发掘简报》（执笔：彭适凡、刘林、詹开逊），《文物》1991年第10期。

江西省博物馆展出的商虎耳刻扁足青铜鼎(1989年新干县大洋洲商代遗址出土)(左)、商兽面纹青铜胄(1989年新干县大洋洲商代遗址出土)(中)及商伏鸟双尾青铜虎(1989年新干县大洋洲商代遗址出土)(右)(吴恩培摄)

址是一处商周时期的文化遗存,中心点在土城范围之内"。在调查中,该遗址"不仅采集和出土有相当于吴城遗址一至三期的文化遗物,而且有一些新石器时代晚期和周代的文化遗物被发现"。因此,"它是一处属于吴城类型商文化范围的重要文化遗存"[1]。

3.吴城商代遗址、新干大洋洲商墓及牛头城址与者减钟出土地点的同一性

清乾隆二十六年(1761),者减钟在临江府清江县(今樟树市)出土时,其实就隐含着下列连环的学术问题:

其一,者减钟于江西临江府清江县(今樟树市)出土,则者减钟的铸造之地与这一出土之地是否同一?

其二,若同一的话,则标示"工𫓧"这一是时吴国国号的者减钟于江西临江府清江县(今樟树市)出土,则其时吴国的政治中心是否在今江西鄱阳湖滨一带?

其三,者减钟若于江西临江府清江县(今樟树市)铸造并出土,则其前承渊源为何?吴城商代遗址、新干大洋洲商墓等出土的商代青铜器,能否构成者减钟的前承?

其四,吴城商代遗址、新干大洋洲商墓及牛头城址与者减钟的出土地点的同一性,是否能构成者减钟与上述吴城商代遗址、新干大洋洲商墓及牛头城址与者减钟的内在联系?

其五,鉴于今江西樟树市吴城商代遗址与江西吉安市新干县大洋洲商墓及牛头城址相距不远,故有学者认为:"二十世纪80年代末期在距吴城遗址不远的赣江东岸发现的新干商代大墓,是吴城青铜文化的有机组成部分,也是目前已发现的规模最大、品级最高的吴城文化墓葬,它极大地丰富了吴城文化的内涵,展现了该地区商代文明的繁荣昌盛及发达程度。研究者一致认为该墓葬的主人当为吴城方国政权的最高统治者或其家族成员。"[2]这里提及的"研究者一致认为"的商代时的"吴城方国政权",是历史的真实存在,还是仅存在于学者的研讨之中?若系历史的真实存在,则其与商后期的太伯、仲雍奔吴,时空有否交集?而若有交集,则又如何证明这一

---

[1]江西省文物工作队、江西省新干县博物馆:《江西省新干县牛头城遗址调查与试掘》(执笔:李家和、杨日新、徐长青),《东南文化》1989年第1期。

[2]许智范:《吴城考古记——吴城商代遗址是"二十世纪中国百项考古大发现"之一》,《东方收藏》2011年第8期。

联系?

其六,本书在分析"泰伯、仲雍所奔地望的争议"时,曾引述顾颉刚《苏州史志笔记》的论述。该论述即以者减钟为据,做出了"疑吴始立国于江、汉,其后迁于鄱阳湖滨,最后乃迁至无锡、苏州也"[1]的推测。若顾氏这一推测能够成立,则"迁于鄱阳湖滨"的勾吴国与江西的"吴城方国政权"存在交集的话,则春秋中晚期的者减钟与这一交集,又是否存在着内在联系?

其七,前文论及的春秋吴国灭国二百余年后的秦汉之际,在鄱阳湖滨出现的吴芮,班固《汉书》记其为:"秦时番阳令也,甚得江湖间民心,号曰番君",后"徙为长沙王,都临湘"[2]。西汉刘邦所封的异姓长沙王吴芮——江西历史上第一个有明确记载的历史人物。

吴国灭国二百余年后,在曾经出土过者减钟的江西鄱阳湖滨,出现江西历史上第一个明确记载的"吴"姓历史人物——吴芮,这一历史现象与二百余年前吴亡国时,吴国王室成员逃散于鄱阳湖滨并以"吴"姓承"姬"姓的民间吴氏谱牒记载是否存在着内在关系?

前文论及"泰伯、仲雍所奔地望的争议"时,曾言及笔者点校的《至德志·吴氏世谱跋》引邵宝说:"予观吴氏家谱,其先世本姓姬。"[3]而该志所载《吴氏世系图》中,吴芮已为自泰伯、仲雍为吴氏"始祖一世"而排序的"二十八世"[4]。而建于汉代的苏州泰伯庙,其主奉祀的奉祀侯吴如胜、吴允承亦为吴芮后人。这就是《至德志·优恤后裔志》中所记载的:"汉桓帝永兴二年(154),诏建泰伯庙,命吴郡守糜豹访其子孙主之。四十一世孙如胜以世系进。帝览而赞曰:'贤哉吴泰伯,庆泽弥留长。'遂命太尉黄琼等议如胜次子允承为奉祀侯,永主其庙祀。"[5]如果吴芮先人与吴灭国时的吴国王室成员逃散于鄱阳湖滨存在联系的话,则吴芮后人吴允承回到苏州主祀泰伯庙,则形成了一个非常有趣的历史闭环。

而在后世泰伯、仲雍所奔地望的争议中,徐中舒提出的泰伯、仲雍南奔的"先江、汉流域后东徙于吴"说——"《史记》谓太伯仲雍逃之荆蛮者,或二人所至即江、汉流域,其后或因楚之兴盛,再由江、汉而东徙于吴。"[6]后,顾颉刚据者减钟的出土再作补充——"疑吴始立国于江、汉,其后迁于鄱阳湖滨,最后乃迁至无锡、苏州也"[7]的推测,之所以成为影响较大的一种说法,其因盖源于此。

上述学术问题的提出,皆因者减钟在江西临江府清江县(今樟树市)出土、且这一地区又出现了吴城商代遗址、新干大洋洲商墓等的缘故。而吴亡后吴王室成员逃散于鄱阳湖滨,并于二百余年后的秦末出现吴芮这一历史人物。个中,二者(指吴亡后的吴王室成员逃散与吴芮在鄱阳湖畔的出现)是否存在着联系?由于文献记载阙失,或只能尚待研究了。

---

[1] 顾颉刚:《苏州史志笔记》,江苏古籍出版社1987年,第14—15页。
[2] 班固:《汉书》,中华书局1962年,第1894页。
[3] 吴恩培点校:《至德志》,上海古籍出版社2013年,第78页。
[4] 吴恩培点校:《至德志》,上海古籍出版社2013年,第78—79页。
[5] 吴恩培点校:《至德志》,上海古籍出版社2013年,第15页。
[6] 徐中舒:《殷周之际史迹之检讨》,《中央研究院历史语言研究所集刊》第七本第二分,1936年,第137—174页。
[7] 顾颉刚:《苏州史志笔记》,江苏古籍出版社1987年,第14—15页。

第四章　吴王寿梦时"联晋抗楚"战略的制定及吴国崛起

第一节　十九世吴王寿梦执政与晋国"联吴制楚"战略的出台

公元前585年（鲁成公六年），十九世吴王寿梦执政。寿梦在位二十五年，于公元前561年（吴寿梦二十五年、鲁襄公十二年）去世。

一、寿梦其人及其始执政时间

（一）寿梦其人

寿梦，又作乘、孰姑。寿梦，见诸《左传·成公七年》"吴子寿梦说之"[1]。乘，见诸《春秋经·襄公十二年》："吴子乘卒。"[2] 孰姑，见诸《世本·王谟辑本》"孰姑徙句吴"条——"宋衷曰：孰姑，寿梦也。代谓祝梦乘诸也。寿孰音相近，姑之言诸也，《毛诗传》读姑为诸，孰姑寿梦是一人，又名乘也"[3]。

（二）寿梦始执政时间

寿梦执政时间，《史记·吴太伯世家》"王寿梦二年"句，唐司马贞《史记索隐》释为："自寿梦已下始有其年，《春秋》唯记卒年。计二年当成七年也。"[4] "成七年"即鲁成公七年——公元前584年。按此可知，寿梦元年为鲁成公六年，即公元前585年。

二、寿梦执政之初受楚制约的吴国对外战争——吴伐郯

（一）吴伐郯

寿梦执政时，列国间晋、楚争霸的格局依然存在。在此以前，吴为楚属国。故寿梦执政之初，吴国的政治、军事、外交，不得不受楚国的制约和影响。

吴寿梦二年（鲁成公七年，前584），吴国北上，进行了一次讨伐郯国的战争。《春秋经·成公七年》记载为"吴伐郯"[5]。《左传·成公七年》记载为："七年，春，吴伐郯，郯成。"[6] 意为，吴

---

[1]《左传·成公七年》，见《春秋左传正义》，北京大学出版社1999年，第728页。
[2]《春秋经·襄公十二年》，见《春秋左传正义》，北京大学出版社1999年，第904页。
[3]《世本·王谟辑本》，见宋衷注、秦嘉谟等辑：《世本八种》，中华书局2008年，第34页。
[4] 司马贞：《史记索隐》，见司马迁：《史记》，中华书局1959年，第1448页。
[5]《春秋经·成公七年》，见《春秋左传正义》，北京大学出版社1999年，第726页。
[6]《左传·成公七年》，见《春秋左传正义》，北京大学出版社1999年，第727页。

国攻打郯国，并迫使郯国请求讲和，奉寿梦为盟主。

（二）郯国及"吴伐郯"的原因

郯为古国，帝少昊之后。关于"郯"的姓氏，现存二说：一为己姓。《左传·昭公十七年》记载："秋，郯子来朝，公与之宴。"[1]杜预注："少皞，金天氏，黄帝之子，己姓之祖也。"[2]按杜注，"郯"为"己姓之祖"。另一为嬴姓。《史记·秦本纪》记载："秦之先，帝颛顼之苗裔孙曰女修。"[3]司马贞《史记索隐》注释时说："《左传》郯国，少昊之后，而嬴姓盖其族也。"[4]该文（指《史记·秦本纪》）文末，司马迁以"太史公曰"指出："秦之先为嬴姓。其后分封，以国为姓，有徐氏、郯氏、莒氏、终黎氏、运奄氏、菟裘氏、将梁氏、黄氏、江氏、修鱼氏、白冥氏、蜚廉氏、秦氏。"[5]可见"以国为姓"的"郯氏"为嬴姓。

在《春秋经》《左传》的记载中，郯国始出现即遭遇与莒国的一场争端。《春秋经·宣公四年》载："四年，春，王正月，公及齐侯平莒及郯。莒人不肯。公伐莒，取向。"[6]《左传·宣公四年》记载同样内容说："四年春，公及齐侯平莒及郯，莒人不肯。公伐莒，取向。"[7]意思均为，鲁宣公四年（前605），鲁宣公和齐惠公因郯、莒不和，欲为他们调停而让莒国和郯国讲和，莒国不接受，鲁宣公便出兵攻打莒国，占领了莒国的向地。显然，在莒、郯争端中，郯国已成为鲁国属国。因此，"吴伐郯"触动的是鲁国利益。是时，"鲁，周公之后也，而睦于晋"[8]，即晋、鲁关系和睦且鲁国为晋国盟国及晋国集团的重要成员。而从当时晋、楚争霸的政治格局来看，吴国北进伐郯，虽说是由吴国实施的北进战争行为，但极可能系晋、楚争霸政治格局下的代理人战争。而这一代理人战争搅动的多边关系，如下：

其一，吴国秉承楚国意志，以对晋国集团重要成员的鲁国属国——郯实施攻伐的战争行为，达到牵制晋国集团的目的。

其二，吴国更替国君后，楚国出于对吴国新君改变政治路线的担忧，令吴国北进，从而进一步将吴国捆绑在楚国的战车上，并以之排除吴国与晋国集团改善关系的任何可能性。

其三，寿梦执政后，需要一次政治亮相来宣示对楚国的忠诚及依附。

上述为晋、楚争霸政治格局下的分析。而"吴伐郯"的另一原因，或与吴国明面宣示对楚国的忠诚恰恰相反，为吴国试图摆脱楚国羁绊和控制的一次政治试水——吴国为改变与中原国家间的交通，并以之加强与中原列国的关系。这就是童书业《春秋左传研究》指出的，吴国"伐郯之役，盖欲启通晋之道，与'上国'之盟会，非欲侵犯中原也"[9]。按此，"吴伐郯"乃是吴国自身需求——"欲启通晋之道"，即为打通与中原国家的通道，以改变对楚国的依附和依赖。按此，则寿

---

[1]《左传·昭公十七年》，见《春秋左传正义》，北京大学出版社1999年，第1360页。
[2]杜预：《春秋经传集解》，上海古籍出版社1978年，第1421页。
[3]《史记·秦本纪》，见司马迁：《史记》，中华书局1959年，第173页。
[4]司马贞：《史记索隐》，见司马迁：《史记》，中华书局1959年，第173页。
[5]《史记·秦本纪》，见司马迁：《史记》，中华书局1959年，第221页。
[6]《春秋经·宣公四年》，见《春秋左传正义》，北京大学出版社1999年，第605页。
[7]《左传·宣公四年》，见《春秋左传正义》，北京大学出版社1999年，第606页。
[8]《左传·襄公二十九年》，见《春秋左传正义》，北京大学出版社1999年，第1095页。
[9]童书业：《春秋左传研究》，上海人民出版社1980年，第79页。

梦执政下的吴国，对联结中原地区的"通晋之道"，极为在意，亦极为重视。吴国内部或已孕育着欲与中原国家加强联系的内在因素，而这恰恰是楚国极为忌惮和不愿看到的。

列为全国重点文物保护单位的山东郯城"郯国故城"文物保护碑（左）及列为山东省级重点文物保护单位的山东郯城"郯国故城"文物保护碑（右）（吴恩培摄）

郯国虽小，但其文化因官制以鸟为名以致"孔子以郯子为师"——向郯国国君学习古代官制，从而使得该国文化极富特色。

寿梦执政时，孔子尚未出生。距寿梦时"吴伐郯"四十一年后的鲁昭公十七年（前525，吴王僚二年），《左传·昭公十七年》记载说："秋，郯子来朝，公与之宴。"[1] 即该年秋季，郯国国君郯子来鲁国朝见，鲁昭公和他一起饮宴。正是在为郯子举行的宴会上，鲁昭公问起少皞氏为何以鸟名作官名。郯子解释说，少皞氏是我的祖先。昔日黄帝以云记事，所以设置各部门长官都用云字命名；炎帝以火记事，所以设置各部门长官都用火字命名；共工以水记事，所以设置各部门长官都用水字命名；太皞以龙记事，所以设置各部门长官都用龙来命名。而我的祖先少皞氏即位时，正巧凤鸟飞至，"故纪于鸟，为鸟师而鸟名"[2]。即遂以鸟记事，并设置各部门长官都用鸟名来命名了。孔子听说了这件事，于是"见于郯子而学之。既而告人曰：'吾闻之：天子失官，学在四夷，犹信。'"[3] 即孔子见了郯子并向他学习古代官制。其后告诉别人说："我听说，'在天子那里失去了古代官制，官制的学问还保存在远方的小国'，这话还是可以相信的。"

无从得知，寿梦"吴伐郯"时执掌郯国权柄的"郯子"与四十一年后与孔子有交集的"郯子"是否为同一人。若非同一人，访鲁的"郯子"当为"吴伐郯"时在位的郯君，即"郯子"的后人。可确定的是，这一显现着郯国文化的荣光，至今仍在山东郯城放射出光芒——今郯城郯子公园内，与郯子立像置放在一起的还有以孔子"见于郯子而学之"为主题内容的石刻雕像。

---

[1]《左传·昭公十七年》，见《春秋左传正义》，北京大学出版社1999年，第1360页。
[2]《左传·昭公十七年》，见《春秋左传正义》，北京大学出版社1999年，第1361页。
[3]《左传·昭公十七年》，见《春秋左传正义》，北京大学出版社1999年，第1366页。

今山东郯城的"郯子公园"(吴恩培摄)

山东郯城"郯子公园"内的"郯子"立像(左)及以孔子"见于郯子而学之"为主题内容的石刻雕塑像(右)(吴恩培摄)

(三)吴伐郯的影响

吴伐郯针对的对象为鲁国——一个文化影响力巨大但军事羸弱的中原国家。对吴国在这次军事行动中所表现出的综合国力,鲁国朝野莫不震惊异常。鲁国正卿(首相)季文子对此大声疾呼。《左传·成公七年》对之记载说:"季文子曰:'中国不振旅,蛮夷入伐,而莫之或恤,无吊者也夫!《诗》曰:不吊昊天,乱靡有定。其此之谓乎!有上不吊,其谁不受乱?吾亡无日矣!'君子曰:'知惧如是,斯不亡矣。'"[1] 杜预注:"振,整也。旅,众也。"[2] "无吊者也夫"句,杜预注:"言中国不能相愍恤,故夷狄内侵。"[3] "不吊昊天,乱靡有定",出自《诗经·小雅·节南山》。

---

[1]《左传·成公七年》,见《春秋左传正义》,北京大学出版社1999年,第727页。
[2] 杜预注,见杜预:《春秋经传集解》,上海古籍出版社1978年,第687页。
[3] 杜预注,见杜预:《春秋经传集解》,上海古籍出版社1978年,第687页。

对季文子引述的该诗，郑玄笺："吊，至也。至犹善也。定，止。""不善乎昊天，天下之乱无肯止之者。"[1]故《左传》上条季文子话语的意思为，中原各国不整顿军队，以致现在蛮夷国家都在向中原国家进攻了，而没有人对此担忧，这是因为没有善君的缘故啊！《诗经》说"上天不善，祸乱就没有安定"，大概说的就是这种情况吧，有了上面的人而不善，还有谁能不受到祸乱？我们不久就要灭亡了！

此处季文子所说的"蛮夷入伐"，乃是吴国出现在《左传》记载上后，中原国家第一次称其为"蛮夷"，且是作为"中国"（中原国家）对立面的"蛮夷"。

季文子话语所表达出的忧患意识，获得《左传》撰者鲁国史官的认可。《左传·成公七年》即以"君子"身份予以评论说："君子曰：'知惧如是，斯不亡矣。'"[2]意为，君子说，像这样能知道担忧，就不会灭亡。

关于"君子"，《左传》中以"君子曰""君子以""君子谓"等句式出现共八十余处。《左传》开篇的《左传·隐公元年》记载中即已出现："君子曰：'颖考叔，纯孝也。'"[3]孔颖达疏此曰："此是丘明作《传》称君子之言，容可引《诗》断章，评论得失。"[4]杨伯峻《春秋左传注》则认为："'君子曰'云云，《国语》《国策》及先秦诸子多有之，或为作者自己之议论，或为作者取他人之言论。"[5]而竹添光鸿《左氏会笺》则"笺曰：《左传》称'君子曰'，多是采取当时所谓君子者之言也，或以为左氏论断之语"[6]。显然，这里的"君子"，为《春秋经》《左传》撰者鲁国史官借之表达出的有强烈倾向性的评述意见。

吴国系由周王室后裔组成的姬姓国之一且受过周封，但由于远离王畿且处于当时被中原国家称为"蛮夷"的长江下游地区。因此，吴国在走向中原且与中原国家发生冲突时，不可避免地遭遇到中原文化的鄙视、抵制和排斥。

季文子，即季孙行父，时任鲁国正卿。出于职责及其心中的文化优势意识，他对吴国"蛮夷"的北进极为愤懑，因此成为最早有文献记载的斥吴国为"蛮夷"的鲁国政治家。

三、晋国推行"联吴制楚"战略

晋、楚城濮之战，楚国战败；而三十多年后的晋、楚邲之战，晋国战败。邲之战后，在楚国势力大增之际，晋国击败北方的赤狄。解决边患后，晋国国力有所增强。接下来，晋国又在晋、齐"鞌之战"中击败齐国，国势重振，从而使得晋景公在中原图谋复霸。是时，楚庄公已去世，楚共王上台。在新一轮晋、楚争霸中，晋、楚两国各自组织起的军事集团，在军事对峙中处于均衡状态。

---

[1] 郑玄笺，见《毛诗正义》，北京大学出版社1999年，第704页。
[2] 《左传·成公七年》，见《春秋左传正义》，北京大学出版社1999年，第727页。
[3] 《左传·隐公元年》，见《春秋左传正义》，北京大学出版社1999年，第56页。
[4] 孔颖达疏，见《春秋左传正义》，北京大学出版社1999年，第56—57页。
[5] 杨伯峻：《春秋左传注》（修订本），中华书局1990年，第15页。
[6] 竹添光鸿：《左氏会笺》，巴蜀书社2008年，第548页。

(一)申公巫臣与晋国"联吴制楚"战略的浮出水面

1.晋"联吴制楚"战略的缘起:楚国申公巫臣与陈国夏姬的故事

在晋、楚争霸处于战略对峙时,一个从楚国逃亡至晋国的楚国大臣申公巫臣,因个人情感和家族的悲惨境遇等因素,终于打破晋、楚间的战略均衡,导致晋国的"联吴制楚"战略浮出水面。晋国"联吴制楚"战略,既引发列国态势的重大变化,也引发吴国对外方针乃至国家战略的重大改变。

(1)申公巫臣其人

申公巫臣为楚人,芈姓,名巫,一名巫臣,字子灵。《左传·成公二年》有"王问诸屈巫……及共王即位,将为阳桥之役,使屈巫聘于齐"[1]句,故屈为其氏。屈巫曾为楚申县尹,而楚称县尹为"公",故又称他为"申公"或"申公巫臣"。

申公巫臣的个人情感及其后的逃亡与春秋时美女夏姬的命运紧密相连。

(2)夏姬其人

夏姬出生于郑国王室,其父郑穆公为郑国国君。这位郑国王室女子后因嫁给陈国的大夫夏御叔为妻,故史称"夏姬"。

夏姬嫁到陈国后,夏御叔去世。成为孀妇后,继而"陈灵公与孔宁、仪行父通于夏姬"[2]。

公元前599年(鲁宣公十年)某日,陈灵公与孔宁、仪行父三人到夏姬家里去喝酒。夏姬的儿子夏征舒受不了席间国君陈灵公等君臣对其父、其母乃至对其本人的侮辱、谑笑,值陈灵公离去时,夏征舒从马厩里用箭射死了他,而孔宁和仪行父,则吓得逃到楚国去了。

楚国属国的陈国发生弑君内乱,故次年的公元前598年(鲁宣公十一年)楚国即予干预。"冬,楚子为陈夏氏乱故,伐陈……遂入陈,杀夏征舒,轘诸栗门,因县陈。"[3] "轘""县陈",杜预分别注为"车裂也"及"灭陈以为楚县"[4]。

楚庄王吞并陈国,楚国大夫申叔时劝谏说,诸侯跟从君王讨伐有罪的人。现在把陈国设为楚国的县,这就是贪图陈国的富有了。用讨伐有罪来号召诸侯,最终却以贪婪告终,这恐怕不可以吧?

楚庄王接受了申叔时的谏言,"乃复封陈"[5],即恢复、封立陈国,并从晋国迎回陈灵公的儿子为国君,是为陈成公。

(3)楚伐陈时,夏姬的三个追逐者:楚庄王、子反和申公巫臣

"楚之讨陈夏氏也,庄王欲纳夏姬"[6],几乎是同时,美艳的夏姬也被楚庄王的随行之臣申公巫臣看中。此时,他见楚庄王要纳夏姬为妃妾,于是出于私心劝谏道:"不可!君召诸侯,以讨罪也。今纳夏姬,贪其色也。贪色为淫,淫为大罚。"[7]

---

[1]《左传·成公二年》,见《春秋左传正义》,北京大学出版社1999年,第705页。
[2]《左传·宣公九年》,见《春秋左传正义》,北京大学出版社1999年,第622页。
[3]《左传·宣公十一年》,见《春秋左传正义》,北京大学出版社1999年,第630页。
[4]杜预注,见杜预:《春秋经传集解》,上海古籍出版社1978年,第579页。
[5]《左传·宣公十一年》,见《春秋左传正义》,北京大学出版社1999年,第630页。
[6]《左传·成公二年》,见《春秋左传正义》,北京大学出版社1999年,第703—704页。
[7]《左传·成公二年》,见《春秋左传正义》,北京大学出版社1999年,第704页。

申公巫臣一番劝谏后,"王乃止"[1]。可楚庄王的弟弟、主管楚国军事的子反(公子侧)却也同时看上了夏姬。面对着"子反欲取之"[2],申公巫臣又开始了对子反的游说,说夏姬乃是个不吉利的女人并历数道:"是不祥人也!是夭子蛮,杀御叔,弑灵侯,戮夏南,出孔、仪,丧陈国,何不祥如是?人生实难,其有不获死乎?天下多美妇人,何必是?"[3]

申公巫臣的一席话加上一个个活生生的事实例证,终使得"子反乃止"[4]。

以上为《左传·成公二年》的记载。但《左传·襄公二十六年》对此却另有说法:"子反与子灵争夏姬,而雍害其事。子灵奔晋。"[5]晋杜预注对之释为:"子反亦雍害巫臣,不使得取夏姬。"[6]按此,整个事件就是另一个叙述版本了。在这一叙述版本中,子反非但看出了子灵(即申公巫臣)也喜欢上这个女人,而且,他也出手阻挠申公巫臣得到夏姬。

楚国两个大臣为争夺一个女人,终导致楚庄王出手,"王以予连尹襄老"[7]。即楚庄王把夏姬赐给了连尹襄老。

(4)申公巫臣及其"归,吾聘女"的设计

在夏姬被赐予连尹襄老一年后的晋、楚"邲之战"中,"襄老死于邲,不获其尸,其子黑要烝焉"[8]。

但申公巫臣对夏姬却是志在必得。"巫臣使道焉,曰:'归,吾聘女。'又使自郑召之,曰:'尸可得也,必来逆之。'"[9]同时,他又设法使郑国出面派人来楚国说:"连尹襄老的尸体可以得到,但一定要夏姬亲自来接回。"时为公元前589年(鲁成公二年)。是时,楚庄王已于两年前的公元前591年去世,其子楚共王即位。

在这一系列操作下,夏姬到了郑国,而迎取连尹襄老尸体之事也没了下文。于是,"巫臣聘诸郑,郑伯许之"[10]。时为郑国国君的郑襄公(郑穆公之子、夏姬兄长)答应了这门亲事。

鲁成公二年(前589),楚国"将为阳桥之役,使屈巫聘于齐,且告师期。巫臣尽室以行"[11]。其时楚国准备出征鲁国的阳桥,以救援遭受晋国联军攻打的齐国,特派申公巫臣(屈巫)去齐国访问,并告之楚国出兵的日期。申公巫臣暗地已做好在郑国与夏姬团圆的准备,故携带了全部家财出走。

"及郑,使介反币,而以夏姬行。"[12]即申公巫臣赴齐完成使命后来到郑国,让他的副手将齐国赠送给楚国的礼物带回楚国,而自己则带着夏姬走了。此时,距楚国伐陈时申公巫臣与夏姬

---

[1]《左传·成公二年》,见《春秋左传正义》,北京大学出版社1999年,第704页。
[2]《左传·成公二年》,见《春秋左传正义》,北京大学出版社1999年,第704页。
[3]《左传·成公二年》,见《春秋左传正义》,北京大学出版社1999年,第704页。
[4]《左传·成公二年》,见《春秋左传正义》,北京大学出版社1999年,第704页。
[5]《左传·襄公二十六年》,见《春秋左传正义》,北京大学出版社1999年,第1045页。
[6]杜预注,见杜预:《春秋经传集解》,上海古籍出版社1978年,第1066页。
[7]《左传·成公二年》,见《春秋左传正义》,北京大学出版社1999年,第704页。
[8]《左传·成公二年》,见《春秋左传正义》,北京大学出版社1999年,第704页。
[9]《左传·成公二年》,见《春秋左传正义》,北京大学出版社1999年,第704页。
[10]《左传·成公二年》,见《春秋左传正义》,北京大学出版社1999年,第705页。
[11]《左传·成公二年》,见《春秋左传正义》,北京大学出版社1999年,第705页。
[12]《左传·成公二年》,见《春秋左传正义》,北京大学出版社1999年,第705页。

的最初交集,已过了九年。

2.申公巫臣的逃亡与"晋人使为邢大夫"

申公巫臣带着夏姬先到了齐国,旋即又到了晋国,"晋人使为邢大夫"[1]。

晋、楚为宿敌,申公巫臣逃晋并当上晋国大夫,这使得楚国的大臣们很难接受。尤其是他为得到夏姬曾做过的种种手脚,使得楚共王的叔叔、楚国司马子反开始行动。他对楚共王说:"请以重币锢之。"[2]杜预注为:"禁锢勿令仕。"[3]意即,请大王多花点钱财到晋国去封杀他,不让他当晋国人的官。

年轻的楚共王否定子反的意见说,这家伙为自己谋划,太过分了。不过,他当初为先王谋划,倒还是比较忠诚的。他如果能有利于晋国,我们即使送去重礼也没用,晋国照样用他。他如果对晋国没什么用处,届时晋国将会丢弃他,哪里用得着我们送厚礼去封杀他呢?

正因如此,申公巫臣入晋后的最初几年,他的楚国族人没受什么牵连。然而,其时,楚庄王的两个弟弟、楚共王的两个叔叔、时为楚国最有实权的两位大臣——令尹子重与司马子反,他们对申公巫臣的忌妒、仇恨却在悄悄地发酵。

楚国两个权臣且为楚共王两个叔叔所代表的两股仇恨力量叠加在一起,使得申公巫臣在楚国的族人遭了殃。"子重、子反杀巫臣之族子阎、子荡及清尹弗忌及襄老之子黑要,而分其室。"[4]

3.申公巫臣"请使于吴"——晋国"联吴制楚"战略浮出水面

面对族人在楚国的遭遇,申公巫臣愤怒至极。他从晋国写信给子重、子反,咬牙切齿地发誓说:"尔以谗慝贪婪事君,而多杀不辜。余必使尔罢于奔命以死。"[5]

正是在这种情况下,申公巫臣"请使于吴"[6],时为鲁成公七年(吴寿梦二年,晋景公十六年,前584)。

申公巫臣"请使于吴",时任晋国国君的晋景公和晋国正卿(首相)栾书立刻意识到申公巫臣的个人复仇行为已与晋国联吴而制楚的整个战略谋划暗相契合了。于是《左传·成公七年》记载"晋侯许之"[7]。在《左传·成公八年》记载中,文字表述变成了"晋侯使申公巫臣如吴"[8],即申公巫臣个人的主动行为,已上升为晋国的"联吴制楚"战略。而申公巫臣则既成为这一建议的提出者,也成为该建议上升为晋国国家战略后的操盘手和实施者。

申公巫臣南下途中"假道于莒"[9]而来到吴国。对此,有学者指出:"是时吴、晋通路在莒,故巫臣如吴'假道于莒'。"[10]此道南接郯国,而前述的"吴伐郯",或即指吴国意图打通此条北

---

[1]《左传·成公二年》,见《春秋左传正义》,北京大学出版社1999年,第705页。
[2]《左传·成公二年》,见《春秋左传正义》,北京大学出版社1999年,第705页。
[3]杜预注,见杜预:《春秋经传集解》,上海古籍出版社1978年,第658页。
[4]《左传·成公七年》,见《春秋左传正义》,北京大学出版社1999年,第728页。
[5]《左传·成公七年》,见《春秋左传正义》,北京大学出版社1999年,第728页。
[6]《左传·成公七年》,见《春秋左传正义》,北京大学出版社1999年,第728页。
[7]《左传·成公七年》,见《春秋左传正义》,北京大学出版社1999年,第728页。
[8]《左传·成公八年》,见《春秋左传正义》,北京大学出版社1999年,第734页。
[9]《左传·成公八年》,见《春秋左传正义》,北京大学出版社1999年,第734页。
[10]童书业:《春秋左传研究》,上海人民出版社1980年,第79页。

上中原的通道。

(二)晋国"联吴制楚"战略的具体实施及其战略利益

1.申公巫臣通使吴国及给吴国带来的先进军事装备、军事战术思想和摆脱楚国的战略思维

申公巫臣通使吴国,给吴国带来了中原地区先进的军事装备和军事战术思想,更带来了鼓动吴国摆脱楚国控制的战略思维。

《左传·成公七年》载:"以两之一卒适吴,舍偏两之一焉。与其射御,教吴乘车,教之战陈,教之叛楚。"[1]意为,巫臣带来了晋国的三十辆战车到吴国做教练,留下十五辆给吴国,送给吴国弓箭射手和战车御者,教吴人驾驶战车,教他们作战列阵,更教他们背叛楚国。

申公巫臣不仅在军事上诱导吴国,同时又"置其子狐庸焉,使为行人于吴"[2]。意即,他让他的儿子狐庸也来到吴国,并让他在吴国担任"行人"这一外交官职务。

距申公巫臣来吴三十六年后的公元前547年(吴馀祭元年,鲁襄公二十六年),蔡国的蔡声子为参与"弭兵"斡旋活动而从晋国来到楚国,与时任楚国令尹的子木(屈建)会面,谈起"虽楚有材,晋实用之"[3]这一春秋时期"楚材晋用"的人才流动现象时,也谈起申公巫臣(即子灵)一事,说:"子反与子灵争夏姬,而雍害其事,子灵奔晋。晋人与之邢,以为谋主。扞御北狄,通吴于晋,教吴叛楚,教之乘车、射御,驱侵,使其子狐庸为吴行人焉。吴于是伐巢,取驾,克棘,入州来。楚罢于奔命,至今为患,则子灵之为也。"[4]

2."联吴制楚"给晋国带来的巨大战略利益

晋国"联吴制楚"战略构架,浮出水面。这一战略付诸实施,对晋国来说,无疑会带来多种战略利益:

其一,拆散了历史和地缘政治形成的吴、楚联盟。

其二,将吴国的军事力量顺势引向楚国及其盟国。因此,此举不仅削弱了楚国集团的力量,同时还给楚国增加了一个耗其实力的新对手。

其三,吴、楚间的力量互相抵耗,既减少了吴国对晋国集团北方诸国的压力,同时也大大削弱楚国对晋国集团中原诸国的压力。

其四,晋、楚间力量的此消彼长,导致晋、楚间的战略平衡被打破并朝着有利于晋国的方向发展。

综上可见,晋国"联吴制楚"战略的推出与施行,一方面改变了吴国的战略地位,促进了吴国发展;另一方面,也改变了春秋后期以晋、楚为核心的两大军事集团的力量对比和列国间的国家关系。从这一意义上讲,它是春秋后期的重大事件——一个改变当时列国间政治、军事力量分布版图的重大事件。

---

[1]《左传·成公七年》,见《春秋左传正义》,北京大学出版社1999年,第728—729页。
[2]《左传·成公七年》,见《春秋左传正义》,北京大学出版社1999年,第729页。
[3]《左传·襄公二十六年》,见《春秋左传正义》,北京大学出版社1999年,第1043页。
[4]《左传·襄公二十六年》,见《春秋左传正义》,北京大学出版社1999年,第1045—1046页。

第二节　吴国"联晋抗楚"国家战略的制定及其在与楚国的对抗中崛起

一、吴入州来，吴、楚反目与吴对晋"联吴制楚"的因应及其"联晋抗楚"国家战略的制定

寿梦二年（鲁成公七年，前584年），吴国刚刚征服了郯国，晋国派申公巫臣来吴国推行"联吴制楚"之策。对此，吴国的反应非常积极，"吴子寿梦说之"[1]。说，通"悦"，喜悦、高兴之意。

随着晋国"联吴制楚"战略的施行，吴国也相应作出外交调整。从本年《春秋经》记载的"吴入州来"[2]来看，吴、楚间的政治、军事联盟开始瓦解。而"州来"，则成为吴、楚间最先争夺之地。其后，该地更是在两国间反复易手。

州来地望，杜预注："州来，楚邑。淮南下蔡县是也。"[3]杨伯峻《春秋左传注》："今安徽凤台县。"[4]

"吴入州来"，揭开了其后吴、楚百年战争的序幕。而导致吴、楚反目乃至百年战争的原因，当为如下：

（一）吴国国家利益的需要

申公巫臣奉晋侯之命来吴，乃是为帮助吴国而来，吴国当然很高兴。对寿梦来说，摆脱楚国的羁绊，和中原国家修好，壮大吴国的综合实力，显然符合吴国发展的战略目标。因此，面对晋国推行的"联吴制楚"战略，寿梦适时作出调整予以因应，并制定了吴国"联晋抗楚"的国家战略。这一国家战略的制定，影响极其深远——不但影响到寿梦后的历代吴王，更对其后吴国的发展和崛起，起了至关重要的作用。

（二）对充当楚国争霸战略棋子的不满

寿梦之前历代吴王执政下的吴国，因地缘政治受楚制约而被绑在楚国争霸的战车上，充当楚国的战略棋子。对之，吴国实已是充满着无奈。寿梦执政后，对此更是不满。这一吴国内部摆脱楚国的动因，在晋国"联吴制楚"政策这一外在诱因作用下，吴国对楚政策发生急遽变化。

（三）吴、晋同祖同源

从深层次的人文角度来探讨，吴、晋同祖同源，有着相同的血脉。吴国先祖为周族部族的泰伯、仲雍一脉。因泰伯无子而传仲雍，故吴国王室，其血缘实出自仲雍一脉。

晋国则出自季历一脉。季历之孙周武王姬发建立西周王朝，分封诸侯，后未久病卒，太子姬诵即位，是为周成王。周成王灭唐国并封其弟叔虞于唐，称"唐叔虞"。这一"桐封"——"桐叶封弟"的故事，前文已述。后，叔虞之子燮父改唐为晋，晋即由此传承。

故此，在周族部族或是在其后的周王室中，吴、晋血脉实同出一源，均可追溯至同一个祖先的

---

[1]《左传·成公七年》，见《春秋左传正义》，北京大学出版社1999年，第728页。
[2]《春秋经·成公七年》，见《春秋左传正义》，北京大学出版社1999年，第727页。
[3]杜预注，见杜预：《春秋经传集解》，上海古籍出版社1978年，第687页。
[4]杨伯峻：《春秋左传注》（修订本），中华书局1990年，第832页。

周十三世古公亶父那里。

吴、晋历史上存在着血缘联系,故当晋人表述出他们"联吴"的意向后,吴王寿梦与之一拍即合。春秋时期,列国王室的血缘因素,在列国关系中起着重要的纽带作用。这从西周分封的姬姓国——鲁国与晋国间的一次重大公关事件中可以看出。

《左传·成公四年》记载,公元前587年(鲁成公四年,时吴国尚未有纪年)夏天,鲁国国君鲁成公到晋国去,晋侯不敬,即对鲁国国君鲁成公怠慢和不尊重。秋天时,受辱的鲁成公从晋国返回鲁国后,一时情绪偏激"欲求成于楚而叛晋"[1],即鲁成公打算与楚国谋求友好而背叛晋国。是时,鲁国首相季文子劝阻并打动鲁国国君的一句话就是:"非我族类,其心必异。楚虽大,非吾族也,其肯字我乎?"[2]意思是说,不是我同一族的人,他的心志必然和我们不一样。楚国虽然强大,但和我们不是同一族的人。难道肯真心爱我们吗?正是季文子说起的鲁、晋间基于血缘关系的联系,终使鲁成公打消了"欲求成于楚而叛晋"的想法。

季文子所说的"族类",指的是由血缘关系联结的商周时的周族部族这一族群。由此亦可以看出,同出于周族部族的吴、晋两国王室,同为姬姓及同出一源的血缘关系,就成为吴、晋互相走近的深层原因。

二、吴国"联晋抗楚"国家战略的影响——吴国的全面崛起

申公巫臣代表晋国利益,来吴后采取了一系列有利于晋、吴的互惠措施。所有这些,促使吴国全面变化与崛起。它表现在:

(一)军事层面

申公巫臣给吴国带来了中原地区先进的军事装备和军事战术思想,以提高吴国对抗楚国的军事实力。这就是前述申公巫臣把从晋国带来的三十辆战车——十五辆做教练车,十五辆送给吴国,并送给吴国弓箭射手和战车御者,教吴人驾驶战车,更教他们如何作战列阵。所有这些,使得在这以前既不会制造战车、更不谙战车战术的吴国,在军事装备、战术素养等方面都有了量级式的提高。

(二)外交层面

在国家层面上,促使吴国从盟楚转向为"叛楚"的,是申公巫臣让自己的儿子狐庸担任吴国主管外交的"行人"职务。这实际上是把吴国的外交纳入晋国集团与楚国争夺的外交体系之中,更方便地对吴国"教之叛楚"[3],从而真正落实晋国"联吴制楚"的战略目的。

(三)晋"联吴制楚"的效果:吴始伐楚与吴、楚同盟关系的瓦解

对吴国来说,申公巫臣代表晋国所做的这些,与吴国的外交方针和国家利益并行不悖。正是经申公巫臣代表晋国在军事、政治、外交诸方面的全面渗透,吴、楚间的联盟开始瓦解,两国反目并进入了战争状态。这就是《左传·成公七年》所概述的:"吴始伐楚,伐巢、伐徐。子重奔命。马

---

[1]《左传·成公四年》,见《春秋左传正义》,北京大学出版社1999年,第717页。
[2]《左传·成公四年》,见《春秋左传正义》,北京大学出版社1999年,第717页。
[3]《左传·成公七年》,见《春秋左传正义》,北京大学出版社1999年,第729页。

陵之会，吴入州来。子重自郑奔命。子重、子反于是乎一岁七奔命。蛮夷属于楚者，吴尽取之。"[1]

上述虽说是以概述方法论述"吴始伐楚"后的一系列吴国军事行动——伐楚、伐巢、伐徐、入州来等，但从本年——公元前584年（吴寿梦二年、鲁成公七年）《春秋经》记载的"吴伐郯"和"吴入州来"[2]这两个吴国进击方向截然不同的战争来看，它标示着吴国与晋国集团接近并开始脱离楚国集团。

（四）吴国"是以始大"——开始崛起

在与楚国的对抗与战争中，吴国"是以始大，通吴于上国"[3]，即吴国开始全面崛起，并得以和中原诸国交通往来。

第三节　晋国集团对吴国"只能西攻，不得北进"的战略防范

晋国对吴国采取军事上援助和利用的同时，也对吴国加以战略防范。在对楚战争中，吴国"是以始大"。而面对着崛起的吴国是否会失控而成为晋国集团新的威胁时，政治经验丰富而老到的晋国政治家们，极具战略眼光地预先加以防范。而这一防范，是通过逼迫鲁国参与四国联军攻打郯国并直接敲打吴国而得以实现的。

一、晋逼鲁伐郯——"以其事吴故"

（一）士燮赴鲁，逼鲁伐郯

"吴伐郯"次年，即吴寿梦三年（鲁成公八年，前583），在晋国加强与吴国政治、军事联系的同时，发生了晋逼鲁伐郯从而间接敲打吴国的事件。

《左传·成公八年》载："晋士燮来聘，言伐郯也，以其事吴故。"[4]意即，晋国的士燮来到鲁国，言及并要求鲁国出兵攻打郯国，原因是郯国顺服了吴国。

士燮，即范文子。其曾祖父士蒍为晋献公时的晋国大夫。而士蒍叙说晋献公太子申生命运时，曾提及太伯说："大子不得立矣，分之都城而位以卿，先为之极，又焉得立？不如逃之，无使罪至。为吴太伯，不亦可乎？犹有令名，与其及也。"（详参前文）士蒍说上述话时，为公元前661年（鲁闵公元年）。距本年其曾孙士燮主持逼鲁伐郯事，已过了七十八年。

晋国士燮要求鲁国出兵攻打郯国，"公赂之，请缓师，文子不可，曰：'君命无贰，失信不立。礼无加货，事无二成。君后诸侯，是寡君不得事君也。燮将复之。'季孙惧，使宣伯帅师会伐郯"[5]。意即，对晋国要求鲁国出兵攻打郯国，鲁国国君向士燮行贿，请求缓从出兵。士燮坚拒说："晋侯只交给我这一项使命，不完成使命即为失信，而失信我将难以自立。除规定的礼物外，

---
[1]《左传·成公七年》，见《春秋左传正义》，北京大学出版社1999年，第729页。
[2]《春秋经·成公七年》，见《春秋左传正义》，北京大学出版社1999年，第727页。
[3]《左传·成公七年》，见《春秋左传正义》，北京大学出版社1999年，第729页。
[4]《左传·成公八年》，见《春秋左传正义》，北京大学出版社1999年，第735页。
[5]《左传·成公八年》，见《春秋左传正义》，北京大学出版社1999年，第735页。

我将不能另行接受馈赠。凡事不可能做到两面都圆满。贵国如果落后于其他国家出兵，那么我国国君将不能再事奉贵国国君。同时，我则将这一情况向我国国君晋侯去汇报。"

晋国士燮这一番威胁加恫吓的话语，立刻产生效果，"季孙惧，使宣伯帅师会伐郯"[1]。季孙，即上文所说的鲁国正卿季文子。士燮所说，使季文子感到害怕了。于是连忙派宣伯（即叔孙侨如）会同晋军、齐军和邾军一起攻打郯国。这就是士燮施压，且为《春秋经·成公八年》记载的结果——"叔孙侨如会晋士燮、齐人、邾人伐郯"[2]。

（二）晋国"一石三鸟"的大国谋略

上述，晋、齐、鲁、邾联合伐郯，表面原因是郯国亲附吴国并成为吴国势力范围。而上年晋国刚刚派遣申公巫臣来到吴国并鼓动吴国脱离楚国集团，次年就发动针对吴国的战争。且吴伐郯时，鲁国曾作出激烈反应，正卿季文子不但称吴国为"蛮夷"，更说中原国家如无作为，鲁国就要灭亡了，等等。但一年后，当晋国要帮鲁国伐郯并从吴国手里夺回鲁国对郯国的控制权后，鲁国态度竟起了截然相反的变化——不但不同意，甚至由鲁国国君鲁成公出面向士燮行贿，请求缓从出兵。

在这看似矛盾而无逻辑关系的背后，其实有着晋国"一石三鸟"的战略目的——同时对鲁、吴、齐进行制衡的战略思考。

1. 三"鸟"之一：鲁国态度急遽变化的背后——晋予鲁"汶阳之田"的"一与一夺"

对鲁国来说，引发态度急遽变化的是汶阳之田的得和失。

汶阳之田是今泰安东南、大汶河北岸的一大片土地。如杜预注所说："汶阳田，汶水北地。汶水出泰山莱芜县西，入济。"[3]春秋时期，这里是齐、鲁两国的分界地。齐在北，鲁在南。文献最早记载该田地属鲁地，此即《左传·僖公元年》所载的"公赐季友汶阳之田及费"[4]。意指公元前659年（鲁僖公元年），刚即位的鲁僖公，把汶阳之田赐封给其叔父、鲁国当时的权臣季友。

列为山东省级重点文物保护单位及莱芜市重点文物保护单位的莱芜市莱城区汶阳村的"汶阳遗址"文物保护碑[5]（吴恩培摄）

---

[1]《左传·成公八年》，见《春秋左传正义》，北京大学出版社1999年，第735页。
[2]《春秋经·成公八年》，见《春秋左传正义》，北京大学出版社1999年，第731页。
[3] 杜预注，见杜预：《春秋经传集解》，上海古籍出版社1978年，第236页。
[4]《左传·僖公元年》，见《春秋左传正义》，北京大学出版社1999年，第322页。
[5] 该遗址入选第八批全国重点文物保护单位名录。

公元前681年（鲁庄公十三年），齐国齐桓公主持首次盟会——北杏盟会时，鲁国抵制，鲁国属国遂国也抵制而拒不出席。其后，齐灭遂国并夺取汶阳之田，从而把齐国的南部边界快速推至汶水北岸。同年，鲁庄公求和，齐桓公遂与鲁国国君庄公在柯地会盟。正是在这次会盟时，鲁国的曹沫（一说即曹刿），凭借手中的一把宝剑，在坛位上劫持齐桓公，使得三次战败所丧失的领土在一个早晨都返回来了。这一与鲁国汶阳之田得失有关的事件，《战国策·齐策六》记载说，齐桓公威服天下之后，召集诸侯会盟，"曹子以一剑之任，劫桓公于坛位之上，颜色不变，而辞气不悖。三战之所丧，一朝而反之，天下震动惊骇，威信吴、楚，传名后世"[1]。意为，曹沫凭着一柄宝剑，在盟会的祭坛之上劫持齐桓公，从容不迫，义正词严，鲁国三次战败而失去的土地，一朝而收回，天下为之震动、惊惧，威名延伸到吴国、楚国，美名流传后世。

上述所记吴、楚二国的反应可谓意味深长——吴、楚这两个长江流域的国家对这一事件的兴趣及从曹沫的举动中获取了意外的精神力量。《史记·刺客列传》也记载说，曹沫任鲁国将军，和齐国作战，多次战败。鲁庄公害怕了，就献出遂邑地区求和。齐桓公答应和鲁庄公在柯地会见，订立盟约。桓公和庄公在盟坛上订立盟约以后，"曹沫执匕首劫齐桓公，桓公左右莫敢动，而问曰：'子将何欲？'曹沫曰：'齐强鲁弱，而大国侵鲁亦甚矣。今鲁城坏即压齐境，君其图之。'桓公乃许尽归鲁之侵地"[2]。意为，曹沫手拿匕首胁迫齐桓公，齐桓公的侍卫人员没有谁敢轻举妄动，齐桓公问："您打算干什么？"曹沫回答说："齐国强大，鲁国弱小，而大国侵略鲁国也太过分了。如今鲁国都城一倒塌就会压到齐国的边境了，您要考虑一下这个问题。"于是齐桓公答应将鲁国被侵占的土地全部归还。

齐桓公答应归还侵占的鲁国汶阳之田，事后虽欲反悔，但经管仲劝谏，乃止。公元前589年（鲁成公二年），齐国攻打鲁国北部，夺取汶阳之田。鲁国遂向中原霸主晋国求救，晋出兵伐齐，在鞌地打败了齐国军队，此为晋、齐"鞌之战"。

"鞌之战"后，"秋七月，晋师及齐国佐盟于爰娄，使齐人归我汶阳之田"[3]。即晋国出兵以后，鲁国从齐国手里又得到了汶阳之田。鲁国得到汶阳之田连头带尾才七年，到公元前583年（鲁成公八年）春天，"晋侯使韩穿来言汶阳之田，归之于齐"[4]。意思是说，鲁国得到汶阳之田七年后，晋国国君派韩穿访问鲁国，说起汶阳之田，要求鲁国将汶阳之田归还给齐国。其时，季文子为韩穿饯行时，私下表达了汶阳之田自古以来就是鲁国固有领土的立场，同时也表达了对晋国"七年之中，一与一夺"[5]，即七年中一会儿将该田归还给鲁国，一会儿又要将它夺走送给齐国做法的愤慨。然而，这并不能改变晋国对汶阳之田归属的安排。

晋国如此翻手为云，覆手为雨，完全是意欲借鲁国汶阳之田的"花"，而献给齐国这尊"佛"。目的是安抚并满足齐国的要求，从而将齐国纳入以晋国为霸主的晋国集团内。晋国逼鲁国将汶阳之田给齐国的当年，齐国就参加了由晋国领导的伐郯之战。这就是前引《春秋经·成公八年》记载

---

[1]《战国策·齐策六》，见王守谦、喻芳葵、王凤春、李烨译注：《战国策全译》，贵州人民出版社1992年，第350页。
[2]《史记·刺客列传》，见司马迁：《史记》，中华书局1959年，第2515页。
[3]《左传·成公二年》，见《春秋左传正义》，北京大学出版社1999年，第700页。
[4]《左传·成公八年》，见《春秋左传正义》，北京大学出版社1999年，第732页。
[5]《左传·成公八年》，见《春秋左传正义》，北京大学出版社1999年，第732页。

的"叔孙侨如会晋士燮、齐人、邾人伐郯"[1]。

因此,在这一情况下鲁国对"伐郯"的抵制,并不是不想取得对郯国的控制,而是不愿失去牵涉更大利益的汶阳之田,并借此表达对晋国以及齐国的不满和愤恨。而晋国出于霸主政治的需要,逼鲁伐郯的态度极其强硬,不容商量,故鲁国也只能在无奈中将愤恨咽下。

2.三"鸟"之二:为吴国划设军事红线——只能西攻,不得北进

晋国"联吴"绝非是为了提携吴国或帮助吴国崛起,而是为"制楚"。吴国在对楚战争中崛起并显现出力量,晋国显然担心这一力量会成为晋国集团新的威胁。因此,四国联军伐郯敲打吴国,并让吴国将在这以前北进伐郯的所获之利全部吐出。晋国正是以这一方式,明确地为吴国划设了一条不得逾越的军事红线——只能西攻楚国,而不得北进威胁、侵扰晋国集团的势力范围。

其后的历史证明:晋国这一战略构想及预防目的,基本达到。从寿梦到阖闾,吴国多位吴王执政时,一直西进而与楚国杀伐,但对北方晋国集团的诸国,却一直未有侵犯。只是到夫差执政时,北方晋国集团分崩离析,且吴国有实力相继伐鲁、伐齐并与晋国争夺霸主地位时,这一状况才有所改变。

3.三"鸟"之三:拉拢齐国并阻断齐国与楚国的接近和结盟

在"鞌之战"中,晋国对齐国采取"打"的一手;其后,复采取"拉"的一手,与结欢心。其目的是阻止齐国与楚国的靠近与结盟。事实上,齐国与楚国的交往,在"鞌之战"时即已存在。晋、齐"鞌之战"时,楚国出兵鲁国阳桥,欲以类乎后世围魏救赵的方式救援并策应齐国。前文提及申公巫臣时,引《左传·成公二年》的记载,楚"共王即位,将为阳桥之役,使屈巫聘于齐"[2],即派申公巫臣出使于齐。

因此,齐、楚之间的勾连,早已存在。在这种情况下,晋国为阻止齐国与楚国的进一步接近,只能损害鲁国利益,逼其将"汶阳之田"归还齐国以讨好齐国。逼鲁还田,不过是晋国对齐战略的一个组成部分。而从事后的发展来看,晋国这一对齐战略,也大致达到了目的。首先,晋国达到了让齐国参加由晋国领导的四国伐郯之战的目的。其次,在次年(寿梦四年,鲁成公九年,前582)同盟于蒲时,晋国又成功达到了晋、齐、鲁等国正式结盟的目的。而从蒲地盟会到晋、齐间下一次撕破脸的战争——发生于公元前555年(吴诸樊六年,鲁襄公十八年)的平阴之战,晋、齐间有了二十七年没有发生战争的和平岁月。

二、不满晋国等的四国伐郯——晋国主持蒲地盟会与"吴人不至"

晋、鲁、齐、邾四国伐郯,在使得吴国很受伤的同时,也使吴国读懂了晋国对吴战略并以战争表达出的语言——吴国不得北进;而晋国的对齐战略,也建立在损害鲁国利益的基础之上,鲁国无疑亦受损。前文曾说到四年前鲁成公在晋受到不敬而返回鲁国后,"欲求成于楚而叛晋"[3],即打算与楚国谋求友好而背叛晋国,时为季文子劝阻。

---

[1]《春秋经·成公八年》,见《春秋左传正义》,北京大学出版社1999年,第731页。
[2]《左传·成公二年》,见《春秋左传正义》,北京大学出版社1999年,第705页。
[3]《左传·成公四年》,见《春秋左传正义》,北京大学出版社1999年,第717页。

此时，晋国安抚住齐国，却未料因"汶阳之田"伤及鲁国根本，而鲁国"为归汶阳之田故，诸侯贰于晋。晋人惧，会于蒲"[1]。意为，因"汶阳之田"鲁国再次产生二心，晋国对此也产生了恐惧。为修补这一受损的晋、鲁关系，晋国不敢大意而举行蒲地盟会——邀请鲁成公和晋国集团中的齐、宋、卫、郑、曹、莒、杞等多国的国君参加，时为公元前582年（吴寿梦四年，鲁成公九年）。

"是行也，将始会吴，吴人不至。"[2]这一次有中原诸多国家的国君参加的盟会，也邀请吴国并准备作为中原列国和吴国国君会见的开始，但是吴国人没有来。

对吴国来说，这次盟会，本可以成为与中原诸国结盟且交往的平台，但却未与会。导致"吴人不至"的原因，当为如下：

其一，对上年（吴寿梦三年，鲁成公八年，前583）晋国纠结齐、鲁、邾诸国所进行的伐郯之战的不满。此战的针对性极强——因郯国"以其事吴故"。故此战虽是攻打已亲附于吴的郯国，可实际敲打的却是吴国。"吴人不至"所表达的态度，或就是这一不满情绪。

其二，从晋、齐"鞌之战"中齐国被敲"打"，其后又被私相授受以"汶阳之田"式的"拉"来看，晋国对其盟国，惯于以打一手再拉一手的方式进行驾驭。当初申公巫臣来吴并带来晋国战车，这对吴国来说是"拉"；而晋纠结齐、鲁、邾伐郯，让吴国把北进伐郯所获的利益吐出来，并以此给吴国画上不得北进的红线，这无疑又是"打"。其时，吴国未谙中原事务及晋国集团内的游戏规则，故不知这一"将始会吴"的场合下会发生何种情况，是在盟会上继续就郯国事务对吴国进行"敲打"，还是让吴国享受盟国会员权利式的"拉"？难以判定之际，"吴人不至"，或许是个最好的选项。

其三，加入晋国集团后，吴国对晋国集团内部矛盾重重的状况，当有所了解。故对此次蒲地盟会，吴国亦当知晓盟会的议题为晋国协调集团中的诸国关系，其间主要是协调晋和齐、鲁之间的关系。而"将始会吴"充其量只是一个附带的议题，本无足轻重。吴国参加或不参加，都没人当回事。因此，当吴国在评估自身现实状况和现实地位时，对晋国集团不能不采取适当保持距离的审慎态度了。

其四，吴国未参与蒲地盟会，是故，吴国与中原国家实质性的交往，当留待两年后的钟离之会了。而鲁国此番"为归汶阳之田"的"贰于晋"[3]，晋国人却记下了。公元前580年（吴寿梦六年，鲁成公十一年），"晋人以公为贰于楚，故止公。公请受盟，而后使归。郤犨来聘，且莅盟"[4]。意思是说，晋国怀疑鲁国国君鲁成公背着它与楚国勾结，便趁鲁成公访晋时将其扣留。鲁成公请求举行盟誓，剖明心迹，晋国这才让他回鲁国。接下来，晋国就派郤犨来鲁国，与鲁国签了两国盟约。

三、从宋国的对比样本，看是时吴国与晋国集团关系的独特性

与蒲地盟会"吴人不至"堪为对比样本者，为寿梦执政前一年晋国集团虫牢盟会中未曾与会

---

[1]《左传·成公九年》，见《春秋左传正义》，北京大学出版社1999年，第737页。
[2]《左传·成公九年》，见《春秋左传正义》，北京大学出版社1999年，第737页。
[3]《左传·成公九年》，见《春秋左传正义》，北京大学出版社1999年，第737页。
[4]《左传·成公十一年》，见《春秋左传正义》，北京大学出版社1999年，第745页。

的宋国国君。

其时,宋国国君宋共公因国内发生动乱未出席本次盟会。盟国不出席盟会,显然是不给盟主面子。史官的档案记录掩饰了这一使盟主丢面子的事,故记载本年(指鲁成公五年,前586年)史事的《春秋经·成公五年》对之记载为:"十有二月,己丑,公会晋侯、齐侯、宋公、卫侯、郑伯、曹伯、邾子、杞伯,同盟于虫牢。"[1]即在虫牢盟会的与会者名单中,未与会的宋公被史官技术性处理为出席者。而《左传·成公五年》则记载了宋公未与会的情况:"冬,'同盟于虫牢',郑服也。诸侯谋复会,宋公使向为人辞以子灵之难。"[2]意即,冬季,鲁成公和晋景公、齐顷公、宋共公、卫定公、郑悼公、曹宣公、邾子、杞桓公在虫牢结盟,这是由于郑国顺服。诸侯商量再次会见,宋共公派他的随员向为人以国内子灵动乱的事件为理由而辞谢了,不参加会见。对此,晋杜预注指出:"宋公不欲会,以新诛子灵为辞。为明年侵宋传。"[3]即因宋公的不与会,为下一年晋国集团攻打宋国埋下伏笔。

《春秋经·成公五年》记载宋公与会是为顾全盟主晋国的面子,而宋国未出席盟会则在次年(鲁成公六年,前585)受到两次入侵的惩罚。

第一次乃是该年"三月,晋伯宗、夏阳说、卫孙良夫、宁相、郑人、伊雒之戎、陆浑、蛮氏侵宋,以其辞会也"[4]。即三月时晋国的伯宗、夏阳说,卫国的孙良夫、宁相,以及郑人、伊洛地区的戎人、陆浑地区的蛮氏等,共同入侵宋国。这是因为宋国未出席虫牢盟会。

第二次是《春秋经·成公六年》记载的该年"秋,仲孙蔑、叔孙侨如帅师侵宋"[5]。即鲁国仲孙蔑(孟献子)、叔孙侨如(叔孙宣伯)率军入侵宋国。而《左传·成公六年》则记载"侵宋"背后的命令出于晋国:"子叔声伯如晋。命伐宋。秋,孟献子、叔孙宣伯侵宋,晋命也。"[6]意思是说,鲁国子叔声伯(即公孙婴齐)访问晋国,晋国命令鲁国出兵攻打宋国。于是,到秋天时,鲁国的孟献子、叔孙宣伯就带兵入侵宋国,这是在执行晋国的命令。

宋国国君未出席盟会,晋国先联合卫、郑及戎人、蛮氏入侵宋国。接着,再命令鲁国伐宋。其原因,即是对上年宋国国君未出席盟会的惩罚。

相比之下,同样是晋景公和晋国正卿栾书执政下的晋国主持召开的蒲地盟会,"吴人不至"即吴王寿梦不与会,其后并未受到惩罚。两者相异的主要原因或是:

其一,晋国不能容忍集团内自身权威受到挑战,故攻打不出席盟会的宋国,乃是杀鸡吓猴,以儆效尤,以维护住自身的权威地位。

其二,晋国惩罚吴国受制于地理因素。除了相对遥远的因素外,江南水乡泽国的地理环境,也将使北方的中原战车寸步难行。

---

[1]《春秋经·成公五年》,见《春秋左传正义》,北京大学出版社1999年,第719页。
[2]《左传·成公五年》,见《春秋左传正义》,北京大学出版社1999年,第721页。
[3]杜预注,见杜预:《春秋经传集解》,上海古籍出版社1978年,第678页。
[4]《左传·成公六年》,见《春秋左传正义》,北京大学出版社1999年,第723页。
[5]《春秋经·成公六年》,见《春秋左传正义》,北京大学出版社1999年,第722页。
[6]《左传·成公六年》,见《春秋左传正义》,北京大学出版社1999年,第725页。

其三，当时吴国尚未正式与晋国集团结盟。晋国无从以集团内部规则予以约束。

其四，也是最重要的一点，当时乃是晋国有求于吴国牵制楚国，贸然以"吴人不至"的理由对吴国动手，胜算概率姑且不论，其结果很可能把吴国再打回到楚国集团中去。若此，则先前的努力和成果，均将化为泡影。晋国的战略利益将受到极大影响。这是晋国所不能承受的。

所有这些，显示出这一时期的吴国与晋国集团关系的独特性。

第四节　晋、楚集团的第一次"弭兵"及"弭兵"后的吴国

一、晋、楚第一次"弭兵"
（一）"华元弭兵"或"西门之盟"的签订

晋、楚两国的争夺，长达半个世纪，双方长期征战，都感到力所不逮。楚国在新崛起的吴国的牵制下，力量大为削弱。而晋国由于国内卿族争斗，频发内乱。此外，秦国和白狄也频频联合攻晋。在这种情况下，晋、楚各自都想喘口气，以便腾出手来分别对付各自的对手——晋国对付秦国及楚国对付吴国。于是，晋、楚两大集团出现了"弭兵"，即息兵止战而谋和的迹象。

晋、楚争霸，既成为学者们所说的"晋楚两国的历史是一部《春秋》的中坚"[1]，也构成了那一特定历史时期列国制定生存及发展原则即国家战略的主要依据。受害最烈的是夹在两大集团间的国家，其中尤其是郑、宋两国受害最甚。《左传·宣公十五年》载，楚国攻打宋国，围其国都长达九月，被围日久，粮尽柴绝，城中境况如宋国大夫华元所说，竟到了"易子而食，析骸以爨"[2]的地步。为自身生存，郑国一方面感慨"天祸郑国，使介居二大国之间"[3]；另一方面却是周旋、游移于二大国间，实行晋来降晋、楚来附楚的国家战略。故郑国政治家的智慧，多用于应付在晋、楚冲突中如何保存自己。而与郑国不同的宋国，因长期奉行亲晋政策，常遭到来自楚国的讨伐和惩罚。故该国政治家的智慧多用于"弭兵"，即助推实现晋、楚两霸间的停战，以使自身消弭战祸。春秋时仅有的两次列国"弭兵"即停战协定，分别由宋国大夫华元和宋国左师向戍居间调停而成，或已说明这一时期宋国的国家战略。作为历史对倡举和平的回报，这两次"弭兵"均深深地烙上了宋国印记而分别被称为"华元弭兵"和"向戍弭兵"；且因两次"弭兵"均在宋国都城的不同城门举行而又分别被称为"西门之盟"和"蒙门之盟"。此处言及的即为晋、楚间的第一次"弭兵"。

公元前582年（吴寿梦四年，鲁成公九年），晋景公听从士燮建议，释放了楚囚（战俘）身份的楚国乐师钟仪。到了年底，楚国方面作出回应——派公子辰出访晋国。接着，晋景公派了籴茷访问楚国，作为对楚公子辰出访晋国的回访。

---
[1] 童书业：《春秋史》，山东大学出版社1987年，第181页。
[2]《左传·宣公十五年》，见《春秋左传正义》，北京大学出版社1999年，第668页。
[3]《左传·襄公九年》，见《春秋左传正义》，北京大学出版社1999年，第874页。

"宋华元善于令尹子重，又善于栾武子。"[1]即宋国大夫华元与楚国令尹（首相）子重相处得很好，与晋国正卿（首相）栾武子（栾书）也相处得很好。当他获知晋、楚两国互派使臣去访问对方后，于是利用与两国执政相处皆友善的人际关系，居间奔走、斡旋和调停，并在这一年冬天，"如楚，遂如晋，合晋、楚之成"[2]。意指华元奔走于晋、楚之间，以调解两国关系，并促成晋、楚和好。

正是宋国大夫华元的居间奔走、斡旋和调停，终实现春秋时期的第一次列国"弭兵"，故此次"弭兵"，如前文述又称为"华元弭兵"或"西门之盟"。后者指双方签署和约之地——宋西门之外。这也就是《左传·成公十二年》记载的公元前579年（吴寿梦七年，鲁成公十二年）"夏，五月，晋士燮会楚公子罢、许偃。癸亥，盟于宋西门之外"[3]。

双方订立的意向性盟约中保证："凡晋、楚无相加戎，好恶同之……若有害楚，则晋伐之；在晋，楚亦如之。"[4]意思是说，凡是晋、楚两国，不要兵戎相见，而要好恶相同……如果有危害楚国的，晋国就攻打它；而对晋国，楚国也要这样做。

晋、楚达成"弭兵"的意向性协议，而双方意向性谈判的参与者，分别是：晋为晋国大夫士燮，楚为楚公子罢和许偃。两国首相级的正卿与令尹均未出面，故会谈级别为大夫级别。其时，吴国及晋国集团的其他成员国均未参加。

晋、楚大夫级别的意向性谈判，还须经过两国国君的认可程序。故，晋国郤至赴楚国访问，并签署盟约。楚国国君设宴招待他，并请楚国主管军事的官员子反作陪。而冬季时，楚国公子罢到晋国访问，并签署盟约。十二月，晋国国君与他在晋国的赤棘签署盟约。因此，经两国国君批准，晋、楚间的"弭兵"停战协定生效。

（二）晋、楚的目的：均为腾出手对付各自的对手——秦和吴

晋、楚间的"弭兵"，除自身原因外，晋、楚双方均各有其战略目的。

晋国的战略目的——腾出手解决秦国问题。在"西门之盟"签订前一年，即公元前580年（吴寿梦六年，鲁成公十一年），晋国和秦国就签订了一个和约。签约时，双方就充满不信任。原先约定两国国君在晋国的令狐会面并签约。晋厉公如期先到，可秦桓公到了后却不肯渡过黄河赴会，怕被对方绑架，故而在秦国的王城盘桓。最后是双方各派官员分别去河东、河西，代表各自国君与对方国君签约。这个两国国君连面都未见的盟会就是《史记·晋世家》所说的"夹河而盟"[5]。签约后，晋国的士燮就质疑说：这种充满着不信任的盟约有什么用处？而秦桓公返回秦都雍城，便背弃与晋国签订的"夹河盟约"。故晋、楚"西门之盟"才刚达成意向性意见，晋国便结交刚击败秦国的盟友——狄。接着，在签署"西门之盟"后，晋国即开始着手对付秦国。公元前578年（吴寿梦八年，鲁成公十三年），秦、晋麻隧之战爆发。

---

[1]《左传·成公十一年》，见《春秋左传正义》，北京大学出版社1999年，第748页。
[2]《左传·成公十一年》，见《春秋左传正义》，北京大学出版社1999年，第748页。
[3]《左传·成公十二年》，见《春秋左传正义》，北京大学出版社1999年，第749页。
[4]《左传·成公十二年》，见《春秋左传正义》，北京大学出版社1999年，第749页。
[5]《史记·晋世家》，见司马迁：《史记》，中华书局1959年，第1679页。

二、秦、晋麻隧之战及与之有关且其后对吴国王权传承产生重大影响的曹国故事

（一）麻隧之战与曹宣公卒于师

公元前578年（吴寿梦八年，鲁成公十三年），秦、晋间爆发两国历史上规模最大的一次战争——麻隧之战。曹国国君曹宣公作为晋国集团成员国诸侯率军参战，并死于军中。这就是《左传·成公十三年》记载的"曹宣公卒于师"[1]。

春秋时期，列国间政治互相影响，并由此构成了不同诸侯国家政治层面的文化交融。而随着曹宣公去世引发的曹国王权的争夺与传承，对后世吴国政治产生重大影响。因此，对曹国的传承渊源，不能不作厘清。

曹国缘起于前文叙述的西周初分封。前文叙述其文献记载渊源，存有二说：一为按《左传》笺注序列名单，西周初的曹始封君曹叔振铎与周公旦异母而非文王嫡子，亦非武王母弟，而为文王庶子。另一为按《史记》序列名单，曹叔振铎为周文王嫡六子、武王母弟（相关情况参前文）。

曹叔振铎不管是嫡是庶，都属周初文王之子的封建层级，故不会影响其在西周初的分封。按《史记·管蔡世家》所说："武王已克殷纣，封叔振铎于曹。"[2] 曹叔振铎为曹国始封君后，历经世系传承，至公元前595年（鲁宣公十四年）时，曹文公姬寿即"曹伯寿卒"[3]，其子曹伯庐即位，为曹宣公。

曹宣公时，曹国为晋国集团的成员国。曹宣公多次参与晋国集团事务及其盟会。据孔颖达疏《春秋经·成公十三年》记载文字时所作的梳理，曹宣公积极参与晋国集团内的事务，乃至参加晋国集团的六次盟会："庐（指曹宣公曹伯庐）以宣十五年即位，十七年盟于断道，成二年于袁娄，又于蜀，五年于虫牢，七年于马陵，九年于蒲，凡六同盟。"[4] 这一晋国集团事务的积极参与者，是时死于秦、晋麻隧之战的军中，必然引发晋国及晋国集团成员国的关注与同情。

而曹宣公的去世，更引发曹国国内的王权争夺。

《左传·成公十三年》记载曹宣公去世后，曹国国内事务的安排及其政局发展："曹人使公子负刍守，使公子欣时逆曹伯之丧。秋，负刍杀其大子而自立也。"[5] 杜预注指出公子负刍、公子欣时的情况为："二子，皆曹宣公庶子。""子臧，公子欣时。"[6]

由以上记载可知如下：

其一，曹宣公有三个儿子：大子（即太子）、公子负刍、公子欣时（即子臧）。后二人为曹宣公庶子。

其二，曹宣公率军参与秦、晋麻隧之战而离开国内时，曹国国政并未由其"大子"即太子代理国政。

其三，曹宣公去世，其"大子"即太子亦未立即宣布即位。

---

[1]《左传·成公十三年》，见《春秋左传正义》，北京大学出版社1999年，第762页。
[2]《史记·管蔡世家》，见司马迁：《史记》，中华书局1959年，第1565—1570页。
[3]《春秋经·宣公十四年》，见《春秋左传正义》，北京大学出版社1999年，第660页。
[4] 孔颖达疏，见《春秋左传正义》，北京大学出版社1999年，第753页。
[5]《左传·成公十三年》，见《春秋左传正义》，北京大学出版社1999年，第763页。
[6] 杜预注，见杜预：《春秋经传集解》，上海古籍出版社1978年，第731页。

其四，以上种种反常的背后，不难推测的一种可能是，这位"大子"或许尚年幼。而庶子年长及"大子"年幼的背后，又或许隐藏着曹宣公废后换嫡的种种宫闱秘事。

其五，曹宣公去世后，曹国国内事务安排的主体，即国家权力运作的主体为指代不明的"曹人"。该"曹人"极可能为其后"杀其大子而自立"的曹宣公庶子负刍。而所谓"使公子负刍守，使公子欣时逆曹伯之丧"，意为让公子负刍主持国政，让子臧去迎回曹宣公的尸体。显然，此系"曹人"即公子负刍的权力运作与夺嫡试水。

当这一权力运作与夺嫡试水都畅通无阻时，作为曹宣公庶子的公子负刍于是以庶夺嫡地杀嫡而自立："秋，负刍杀其大子而自立也。"[1]即秋天时，公子负刍杀死曹宣公的太子而自立为曹君——曹成公。

以庶夺嫡且杀嫡自立，立即引发了晋国集团成员国诸侯的愤怒及予以讨伐的请求。《左传·成公十三年》记载说："晋人以其役之劳，请俟他年。"[2]关于"其役"句解读有二：

一为，指晋人伐秦的麻隧之战。杨伯峻《春秋左传注》："其役，伐秦之役。"[3]王守谦、金秀珍、王凤春译注《左传全译》取此，将上句译作"晋国人由于与秦国麻隧战役的疲劳"[4]。

另一为，"其"为指代曹宣公的"他"。沈玉成《左传译文》将上句译为"晋国人由于他在和秦国作战中的功劳"[5]；李维琦等注译《春秋左传》亦作"晋国人因为他在对秦作战中的功劳"[6]。此处的"他"，指死在秦、晋麻隧之战中的曹宣公。

两种释读，均通。正是由于晋伐秦之役的疲劳，且因曹宣公死于对秦作战，故晋人格外谨慎，于是暂时搁置而等到来年再行讨伐。

接下来，《左传·成公十三年》记载说："冬，葬曹宣公。既葬，子臧将亡，国人皆将从之。"[7]

在这种情况下，"成公乃惧，告罪，且请焉。乃反，而致其邑"[8]。

公元前576年（吴寿梦十年，鲁成公十五年），晋国集团终对以庶杀嫡自立的曹成公（负刍）给予惩罚。《春秋经·成公十五年》记载："癸丑，公会晋侯、卫侯、郑伯、曹伯、宋世子成、齐国佐、邾人同盟于戚。晋侯执曹伯归于京师。"[9]而《左传·成公十五年》则开门见山地说："十五年，春，会于戚，讨曹成公也。"[10]

在晋国集团的戚地盟会上，晋侯逮捕了曹成公，并把他带到了周王朝的京城。对此，杜预注说："曹伯罪不及民。归之京师，礼也。"[11]而孔颖达疏则以为："诸侯不得相治，故归之京师，使

---

[1]《左传·成公十三年》，见《春秋左传正义》，北京大学出版社1999年，第763页。
[2]《左传·成公十三年》，见《春秋左传正义》，北京大学出版社1999年，第763页。
[3] 杨伯峻：《春秋左传注》（修订本），中华书局1990年，第867页。
[4] 王守谦、金秀珍、王凤春译注：《左传全译》，贵州人民出版社1990，第687页。
[5] 沈玉成：《左传译文》，中华书局1981年，第232页。
[6] 李维琦等注译：《春秋左传》，见《十三经今注今译》，岳麓社1994年，第1226页。
[7]《左传·成公十三年》，见《春秋左传正义》，北京大学出版社1999年，第763页。
[8]《左传·成公十三年》，见《春秋左传正义》，北京大学出版社1999年，第763页。
[9]《春秋经·成公十五年》，见《春秋左传正义》，北京大学出版社1999年，第766页。
[10]《左传·成公十五年》，见《春秋左传正义》，北京大学出版社1999年，第767页。
[11] 杜预注，见杜预：《春秋经传集解》，上海古籍出版社1978年，第738页。

天子治之，是礼也。"[1]

曹宣公参与秦、晋麻隧之战而死于军中，曹宣公庶子负刍杀曹宣公太子自立为曹成公。曹成公此时被晋侯逮捕送到了京师。有国无君的曹国总得要延续其祭祀，于是"诸侯将见子臧于王而立之"[2]，即晋国集团的列国诸侯们安排子臧去朝见周天子，意欲经此程序而立他为曹国国君。

面对这一情况，子臧说了一番对其后吴国季札影响极大的话："子臧辞曰：前《志》有之曰：'圣达节，次守节，下失节。'为君非吾节也。虽不能圣，敢失守乎？遂逃，奔宋。"[3]意为，子臧推辞说："前人记写的《志》书上有这样的话：'圣人能通达节操，次一等的能保守节操，下等的失去节操。'出任国君，不是我的节操。我虽然不能成为圣人，但又怎敢失去节操呢！"子臧表达了自己拒绝出任国君的志向后，就逃亡到了宋国。对子臧此举，孔颖达疏阐释道："子臧自以身是庶子，不合有国，故言为君，非吾节也。虽不能为圣，敢失其守节者乎？"[4]大致意思为，子臧以为自己是庶子，不应当有国。

（二）晋、楚鄢陵之战及曹国子臧故事的继续

曹国因子臧"奔宋"而致王权被搁置的同时，晋、楚间又发生了春秋时经典战役之一的鄢陵之战。此战中出现的晋国叛臣、时任楚国大宰的伯州犁，其子却是日后奔吴并于吴王夫差时任吴国太宰（大宰）的伯嚭。故对鄢陵之战的介绍中，重点关注并介绍伯州犁的家世渊源。

前述，第一次"弭兵"盟约签署一年后的公元前578年（吴寿梦八年，鲁成公十三年），秦、晋麻隧之战爆发，晋国打败秦国，从而使秦国数世不振，不再对晋国西部构成威胁。

麻隧之战三年后的公元前575年（吴寿梦十一年，鲁成公十六年），晋、楚间又爆发鄢陵之战。这就是《春秋经·成公十六年》记载的："甲午晦，晋侯及楚子、郑伯战于鄢陵。楚子、郑师败绩。"[5]

此战起因为本年（鲁成公十六年，前575）春天时楚国以汝阴之田收买郑国，故郑叛晋而与楚结盟。同年夏，郑国派兵攻伐宋国。宋军先后在汋陂、汋陵被郑国击败。晋国获知郑国叛晋投楚并兴兵伐宋以后，即兴师伐郑。与之同时，晋另派人前往卫、齐、鲁等国乞师，从而动用晋国集团主要成员国的整体力量，协同与楚、郑对抗。

郑国国君郑成公闻讯，于是向楚国求救。楚共王决定出兵救郑。六月，晋国军队和楚国军队在鄢陵（今河南鄢陵县北）相遇，鄢陵之战正面相撞的态势形成。

"甲午晦，楚晨压晋军而陈。军吏患之。"[6]意即，在阴历月终之日——二十九日，楚军在清早即逼近晋军而摆开阵势。楚军逼近晋军大营，压缩晋军车队展开布阵的空间，这正是晋国军吏们担心出现的情况。在这种情况下，"范匄趋进，曰：'塞井夷灶，陈于军中，而疏行首。晋、楚唯天

---

[1] 孔颖达疏，见《春秋左传正义》，北京大学出版社1999年，第766页。
[2] 《左传·成公十五年》，见《春秋左传正义》，北京大学出版社1999年，第768页。
[3] 《左传·成公十五年》，见《春秋左传正义》，北京大学出版社1999年，第768页。
[4] 孔颖达疏，见《春秋左传正义》，北京大学出版社1999年，第768页。
[5] 《春秋经·成公十六年》，见《春秋左传正义》，北京大学出版社1999年，第772页。
[6] 《左传·成公十六年》，见《春秋左传正义》，北京大学出版社1999年，第778页。

所授，何患焉？"[1]杜预注："匀，士燮子。""疏行首者，当陈前决开营垒为战道。"[2]故《左传》上条意为，士燮的儿子范匀（又作士匀、范宣子）快步向前说："我们把井填平，把灶挖掉，就在军营内布阵而摆开阵势，再将行列间的距离放宽（此即为在自身大营内拓展出被楚人压缩的布阵空间）。晋、楚两国都是上天的赐予，有什么可担心的？"

一直主张以和平方式解决争端的士燮，见儿子如此，于是"执戈逐之，曰：'国之存亡，天也，童子何知焉？'"[3]即士燮拿起戈来驱逐其子说："国家的存亡，乃是天意，你这个小孩子知道些什么？"

鲁成公十六年（前575）鄢陵之战时的"童子"，十六年后的公元前559年（吴诸樊二年，鲁襄公十四年），即为在晋国集团向城会见时"数吴之不德也，以退吴人"[4]的范宣子。

而当士燮"执戈逐"其时尚为"童子"的范宣子时，晋国正卿、中军元帅栾书提出加固营垒以相持的方案，晋将郤至却主张迅速交战，晋侯晋厉公采纳了郤至迅速交战的方案。

《左传·成公十六年》记载："楚子登巢车，以望晋军，子重使大宰伯州犁侍于王后。"[5]即楚共王登上楼车瞭望晋军。子重让大宰伯州犁侍立在楚共王身后。此处，《左传》以楚共王眼中所见晋军行动的独特视角，同时以与晋叛臣的楚大宰伯州犁对话的方式，描写鄢陵之战揭幕时的战况。

关于"伯州犁"，杜预注："州犁，晋伯宗子，前年奔楚。"[6]

史称"晦日之战"的战况极为惨烈。晋将魏锜用箭射伤楚共王的眼睛，而楚共王召来楚将养由基，给他两支箭，令其射死魏锜。争战从晨至暮，双方胜负未定。

楚国司马子反命令军吏视察伤员，作次日再战的军事准备。晋国的苗贲皇也通告全军作好准备，并故意放松对楚国战俘的看守，让他们逃回楚营，报告晋军备战情况。楚共王听到这些情况，想召集子反等一起商量。因在这以前谷阳竖献酒给子反，子反喝醉了不能进见。楚共王说："这是上天要让楚国失败啊！我不能等待了。"于是连夜逃走。

其后，醉酒误事的楚国司马子反在楚令尹子重的逼迫下自杀。这就是《春秋经·成公十六年》记载的"楚杀其大夫公子侧"[7]。

次日——六月三十日，晋军进占楚军营地，食用楚军留下的粮食，在那里休整三天后凯旋回师。鄢陵之战至此以晋军的胜利而结束。

---

[1]《左传·成公十六年》，见《春秋左传正义》，北京大学出版社1999年，第778页。
[2]杜预注，见杜预：《春秋经传集解》，上海古籍出版社1978年，第755页。
[3]《左传·成公十六年》，见《春秋左传正义》，北京大学出版社1999年，第778页。
[4]《左传·襄公十四年》，见《春秋左传正义》，北京大学出版社1999年，第916页。
[5]《左传·成公十六年》，见《春秋左传正义》，北京大学出版社1999年，第779页。
[6]杜预注，见杜预：《春秋经传集解》，上海古籍出版社1978年，第756页。又，伯州犁之父"伯宗"，最早出现于记载公元前594年（鲁宣公十五年）史事的《左传·宣公十五年》："宋人使乐婴齐告急于晋，晋侯欲救之。伯宗曰：'不可！'"（见《春秋左传正义》，北京大学出版社1999年，第666页）对之，杜预注："伯宗，晋大夫。"（见杜预：《春秋经传集解》，上海古籍出版社1978年，第616页。）而伯宗之死及其导致伯州犁奔楚事，见《左传·成公十五年》记载："晋三郤害伯宗，谮而杀之，及栾弗忌。伯州犁奔楚。"（见《春秋左传正义》，北京大学出版社1999年，第770页。）意为，晋国郤家家族中的"三郤"（指在晋国"八卿"中占据了三个卿位的郤犨、郤锜、郤至）陷害伯宗，诬陷以后再杀了他，并且连累于栾弗忌。伯州犁逃亡到楚国。杜预注"伯州犁"为"伯宗子。"（见杜预：《春秋经传集解》，上海古籍出版社1978年，第743页。）
[7]《春秋经·成公十六年》，见《春秋左传正义》，北京大学出版社1999年，第772页。

鄢陵之战是晋楚争霸战争中继城濮之战、邲之战后的第三次，也是两国最后一次主力军队的会战。此战标志着楚国对中原的争夺走向颓势。晋国虽然借此战重整霸业，但对中原诸侯的控制也在减弱。

前述，鄢陵之战前一年的公元前576年（吴寿梦十年，鲁成公十五年），晋国集团逮捕了曹成公，并把他带到了周王朝的京城，让周天子处置。而随着公元前575年（鲁成公十六年）鄢陵之战的进行，曹国事务被搁置一旁。随着鄢陵之战晋国的取胜，同时，因子臧不肯为君，且已逃至宋国，而曹成公因杀嫡自立被囚于京师，在国无国君的情况下，曹国人于是向晋侯请求说："自我先君宣公即世，国人曰：'若之何？忧犹未弭。'而又讨我寡君，以亡曹国社稷之镇公子，是大泯曹也。先君无乃有罪乎？若有罪，则君列诸会矣。君唯不遗德、刑，以伯诸侯。岂独遗诸敝邑？敢私布之。"[1]意为，自从我们先君曹宣公去世，国人都说："忧患没完没了，这可怎么办？"而贵国又讨伐我们国君，因而使镇抚曹国社稷的公子子臧逃往国外，这可是要彻底灭亡曹国啊！先君曹宣公难道有罪吗？如果有罪，君王却为何又让他参加晋国集团的盟会？君王您从来不失德行和赏罚，所以能称霸诸侯。为何独独对曹国赏罚不公？谨在私下向君王申述此点。

到了本年七月时，"曹人复请于晋"[2]，即曹国人再次向晋国请求。晋侯终被曹人缠得毫无办法，于是"晋侯谓子臧：'反，吾归而君。'子臧反，曹伯归。子臧尽致其邑与卿而不出"[3]。意为，晋侯对子臧说："你回曹国去吧！我让你们国君（指杀嫡自立的曹成公）回国。"于是，子臧回到曹国。曹成公也被放回。子臧把他的封邑和卿的职位全部交出去而不再做官。

随着曹成公被放回，曹国权力传承危机也暂告一段落。鉴于这一曹国故事对吴国君位传承产生的深刻影响，故不能不对曹国故事的本质作一探讨。

曹国故事的主旨，乃系子臧成全其兄曹成公而已。在具体操作上，子臧以曹国为筹码，用软磨的方法逼迫晋侯放归其兄长，从而成全了其兄曹成公。

而就晋国集团原本拟安排子臧去朝见周天子，欲经此程序而立他做曹国国君，但被子臧拒绝来看，子臧拒绝的理由为："为君，非吾节也。虽不能圣，敢失守乎？"[4]

子臧不愿担任国君，其原因或为如下：

其一，观念方面的"为君，非吾节也"的价值观。值"春秋之中，弑君三十六，亡国五十二，诸侯奔走不得保其社稷者不可胜数"[5]之际，当成打的王冠落地而一个个乱臣贼子不顾仁义人伦弑君篡位时，子臧舍弃王权的礼让高义，在当时并不多见。

其二，子臧不愿为曹君，或有其心理障碍。适如前述孔颖达疏所说："子臧自以身是庶子，不合有国。"[6]即自感自身为先君庶子，无资格为君；抑或是怕被人说是乘曹成公之危而夺其位？

---

[1]《左传·成公十六年》，见《春秋左传正义》，北京大学出版社1999年，第787页。
[2]《左传·成公十六年》，见《春秋左传正义》，北京大学出版社1999年，第789页。
[3]《左传·成公十六年》，见《春秋左传正义》，北京大学出版社1999年，第789页。
[4]《左传·成公十五年》，见《春秋左传正义》，北京大学出版社1999年，第768页。
[5]《史记·太史公自序》，见司马迁：《史记》，中华书局1959年，第3297页。
[6]孔颖达疏，见《春秋左传正义》，北京大学出版社1999年，第768页。

最终，他以自己与晋国集团诸侯不合作的态度，终迫使晋国集团放回其庶兄曹成公。

其三，子臧庶兄负刍亦为庶子，以庶杀太子并抢夺王位而成为曹成公，这从当时的社会价值观和礼制来看，曹成公既不合"礼"，更缺少王位的合法性；而从道德范畴来看，公子负刍在父王死而留守京城之际血染宫闱，故很难认定其占据道德高地。

其四，在国之无君而将危的"大泯曹"之际，子臧"守节"，客观上是要让抢班夺权的曹成公回曹国继续当国君。在这一过程中，子臧其实是放弃他作为一位王室成员的先王公子此时应该具有的社会担当——承担起挽国家于危亡的社会责任。

其五，依凭《春秋经》《左传》记载，无法梳理出子臧与曹成公个人关系的亲疏，以及从私交、情感等角度揣度其非要曹成公回来的理由和原因。但他用"守节"为口实而以柔克刚，并在与晋国集团的列国诸侯讨价还价的过程中使国家动荡，百姓饱受忧患，却也是一个不争的事实。因此，子臧在曹成公被诸侯抓起来时，不愿担任国君，并说"为君，非吾节也"，似乎顺应了民意而担任国君就是"失节"行为。于是，他宁可让国家处于动荡之中的"大泯曹"，也要保住这个放弃社会责任的"节"。

其六，综合来看，子臧行为的主观因素及社会效果，只不过是满足自身"为君，非吾节也。虽不能圣，敢失守乎？"[1]的道德因素，而客观上却是"以成曹君"[2]——导致其庶兄负刍杀嫡而夺取王位的违反礼制行为合法化的过程。

其七，这一曹国故事对吴国公子季札的影响极大。而《左传》撰者鲁国史官，将这一事件在《左传·襄公十四年》记载中，借季札之口叙述为："诸侯与曹人不义曹君，将立子臧。子臧去之，遂弗为也，以成曹君。君子曰：'能守节。'"[3]这里，《左传》撰者借"君子曰'能守节'"而赞誉子臧能保持节操。其曹国背景，即是：一为"曹人不义曹君"，即曹国人不认可曹君负刍的杀嫡自立；二为子臧"以成曹君"，即成全了曹君负刍以庶杀嫡的不合当时礼制的夺位行为。至于上述体现子臧对季札深刻影响的吴国背景，另见本书第五章的相关叙述。

三、钟离盟会——晋、楚"弭兵"下的吴国外交与中原国家"始通吴"

（一）晋、楚第一次"弭兵"后的吴国

前述，晋、楚"弭兵"的目的——双方均为腾出手对付各自的对手——秦国和吴国。

晋国签署西门之盟后就开始着手对付秦国，并在秦、晋麻隧之战中打败秦国，从而使秦国不再对晋国西部构成威胁。晋国由此奠定了重建霸业的基础，并为三年后的晋、楚鄢陵之战中再次击败楚国准备了条件。

晋国伐秦刺激了楚国。楚国虽签订"弭兵"盟约，但也没把该盟约当回事，更没把它当成对自身的约束。公元前576年（吴寿梦十年，鲁成公十五年），"楚将北师，子囊曰：'新与晋盟而背之，

---

[1]《左传·成公十五年》，见《春秋左传正义》，北京大学出版社1999年，第768页。
[2]《左传·襄公十四年》，见《春秋左传正义》，北京大学出版社1999年，第919页。
[3]《左传·襄公十四年》，见《春秋左传正义》，北京大学出版社1999年，第919页。

无乃不可乎？'子反曰：'敌利则进，何盟之有？'"[1]即"楚国准备向北方出兵攻打郑国和卫国时，子囊说：'新近和晋国结盟而背弃它，恐怕不可以吧？'子反说：'敌情有利于我就前进，有什么盟约不盟约的？'"

或许，正是楚国的"北师"及"何盟之有？"，引发了吴国的深度危机感。楚国对待签了"弭兵"盟约的中原国家，都能如此颐指气使，那对待本是从楚国集团背叛而出且根本未参加"弭兵"盟会的吴国，又有什么不能做的？

再者，晋、楚两强暂时妥协的"弭兵"后，相继在前述的曹国、郑国等国引发国内震荡，宋国国内也渐渐分化成亲晋、亲楚的派别。

因此，对吴国来说，或感到游离于晋国集团外，既不符合晋国集团的利益，也不符合吴国自身利益。于是，经过磋商与谈判，吴国终与晋国集团达成加盟共识。

（二）钟离盟会：吴国正式加入晋国集团的充满仪式感的盟会

公元前576年（吴寿梦十年，鲁成公十五年），《春秋经·成公十五年》记载："冬，十有一月，叔孙侨如会晋士燮、齐高无咎、宋华元、卫孙林父、郑公子鲻、邾人会吴于钟离。"[2]杜预注："吴夷未尝与中国会，今始来通，晋帅诸侯大夫而会之，故殊会，明本非同好。钟离，楚邑，淮南县。"[3]

而《左传·成公十五年》记载："十一月，会吴于钟离，始通吴也。"[4]杜预注曰："始与中国接。"[5]

上述《春秋经》《左传》记载的钟离盟会，为吴国正式加入晋国集团的盟会。此次盟会距上次晋国集团"同盟于蒲，吴人不至"的蒲地盟会，已过了六年。同时，钟离盟会也是晋、楚两大集团"弭兵"后，由晋国主导召开且与吴国密切相关的一次盟会。

晋、楚"弭兵"虽说签订了一纸媾和盟约，楚国并没有把它当回事，同样晋国也并没有放弃扶植吴国以牵制楚国的战略。而吴国则未如六年前的蒲地盟会那样采取抵制态度，这就使得钟离盟会成为晋国集团为吴国正式加盟而举办的充满仪式感的盟会。

吴国加盟晋国集团，这在当时以晋、楚争霸为中坚的列国纷争中，其实并不是一个能改变列国间政治力量对比的重大砝码，且这一盟会在列国间的影响也极其有限。这从该盟会与会者的较低级别——大夫级别上可以看出。然而，对吴国来说，这一盟会却有着重大意义。

首先，该盟会系吴国首次亮相于晋国集团的多国外交舞台。吴国"联晋抗楚"的国家战略，也在这一多国外交舞台上首次展示出来。

其次，交恶多年的吴、楚两国，至此之后，两国关系已不可能再回到昔日状态。

（三）钟离国及其地望

1.钟离国

钟离为淮河中游地区的一个嬴姓小国。关于钟离的嬴姓，见诸《史记·秦本纪》："太史公曰：

---

[1]《左传·成公十五年》，见《春秋左传正义》，北京大学出版社1999年，第768页。
[2]《春秋经·成公十五年》，见《春秋左传正义》，北京大学出版社1999年，第767页。
[3]杜预：《春秋经传集解》，上海古籍出版社1978年，第738页。
[4]《左传·成公十五年》，见《春秋左传正义》，北京大学出版社1999年，第771页。
[5]杜预：《春秋经传集解》，上海古籍出版社1978年，第743页。

秦之先为嬴姓。其后分封，以国为姓，有徐氏、郯氏、莒氏、终黎氏、运奄氏、菟裘氏、将梁氏、黄氏、江氏、修鱼氏、白冥氏、蜚廉氏、秦氏。"[1]对上述"终黎氏"，裴骃《史记集解》："徐广曰：《世本》作'钟离'。"应劭曰："氏姓注云有姓终黎者是。"[2]

春秋时期，钟离国出现于《春秋经》《左传》的最早记载，即为前引《春秋经·成公十五年》的"会吴于钟离"及《左传·成公十五年》的"会吴于钟离，始通吴也"。

因此，地近今安徽蚌埠的春秋钟离国第一次出现在《春秋经》《左传》记载中时，是作为吴国"始与中国接"即吴国与中原国家开始交往的平台出现的。

2.钟离国的考古印证

文献中的钟离又作"终黎"，而考古出土器铭文，则作"童丽"。

1985年第二次全国文物普查期间，位于蚌埠市淮上区小蚌埠镇双墩村的两座相邻人工大土堆被确认为墓葬，分别被称为双墩1、2号墓。2005年6月，因1号墓被盗未遂，报经国家文物局批准，2006年至2008年由安徽省文物考古研究所与蚌埠市博物馆联合对其进行了考古发掘保护。考古报告《安徽蚌埠双墩一号春秋墓发掘简报》发表于《文物》2010年第3期。

该报告指出："该墓葬为一座罕见的圆形土坑竖穴墓，其规模宏大，遗迹现象复杂，殉人众多，随葬器物丰富精美，说明墓葬主人是一位等级较高的人物。我们在随葬的青铜器编钟、簠、戟上均发现有'童丽君柏'的铭文，证明该墓葬主人是春秋时期钟离君'柏'。……钟离是春秋时期淮河中游地区的一个重要方国，今蚌埠东凤阳县临淮关镇东约5里有钟离国故城遗址，城垣至今保存较好。2007年5月在该城址北下庄一座墓葬中出土的5件青铜编钟上发现'童丽'铭文。由此看来，钟离国地处淮河中游，地理位置十分重要，曾先后为吴楚的附庸，一直是吴楚争霸江淮的重点争夺对象，最后在大国兼并战争中消亡。"[3]

梳理以上考古报告的论述，可知以下历史事实：

其一，现列为全国重点文物保护单位的安徽蚌埠双墩春秋墓，其墓主为春秋时钟离国的国君"柏"。

其二，《春秋经》《左传》等文献记载的钟离国，其与今蚌埠东凤阳县临淮关镇东的钟离国遗址的同一性，业经文献与考古的印证，从而完成其学术论证。

列为全国重点文物保护单位的安徽蚌埠"双墩春秋墓"文物保护碑旁标示着"春秋钟离""君王柏"等字样的大石（吴恩培摄）

---

[1]《史记·秦本纪》，见司马迁：《史记》，中华书局1959年，第221页。
[2]裴骃：《史记集解》，见司马迁：《史记》，中华书局1959年，第221页。
[3]安徽省文物考古研究所、蚌埠市博物馆：《安徽蚌埠双墩一号春秋墓发掘简报》（执笔：阚绪杭、周群、钱仁发、王元宏），《文物》2010年第3期。

安徽蚌埠"双墩春秋墓"文物保护碑（左）、碑旁的"春秋钟离君柏墓原址"及"春秋墓介绍"标示文字（右）（吴恩培摄）

（四）《吴越春秋》记载的钟离盟会

《吴越春秋》记载钟离盟会的文字为："寿梦元年，朝周，适楚，观诸侯礼乐。鲁成公会于钟离，深问周公礼乐，成公悉为陈前王之礼乐，因为咏歌三代之风。寿梦曰：'孤在夷蛮，徒以椎髻为俗，岂有斯之服哉？'因叹而去，曰：'于乎哉，礼也！'"[1]意为，吴王寿梦执政后，于寿梦元年（前585）朝见了周天子，又到了楚国，考察了其他诸侯国的礼制音乐。鲁成公与寿梦在钟离进行了会见。会见时，寿梦深入地询问周公旦制作的西周礼制音乐，而鲁成公便详尽地向他陈说了先王的礼制音乐，接着还给他吟诵了夏、商、周三代的土风歌谣。寿梦听了，说："我住在夷蛮地区，只是把扎发髻作为习俗，哪里有这种服饰啊！"于是就叹着气走开了，边走还边说："唉呀呀，这种礼制啊！"

上述《吴越春秋》的记载，与《春秋经》《左传》中钟离盟会的相关记载有如下不合：

其一，年代不同。《春秋经·成公十五年》："冬，十有一月，……会吴于钟离。"[2]《左传·成公十五年》记载："十一月，会吴于钟离，始通吴也。"[3]鲁成公十五年，为吴寿梦十年、公元前576年。而《吴越春秋》记载为吴"寿梦元年"，即鲁成公六年、公元前585年。二者相差九年。

其二，内容不合。《吴越春秋》记载"寿梦元年，朝周，适楚，观诸侯礼乐。鲁成公会于钟离"。按此，则寿梦执政第一年，就接连做了如下四件事：一、朝见周天子；二、访问楚国；三、考察其他诸侯国的礼制音乐；四、与鲁成公在钟离会见。

同年（指鲁成公六年，前585），《春秋经》《左传》无上述任何一个活动的记载，尤其是"朝周"——朝见了周天子的事件。周代时，以与王畿的距离远近，天下分为九服——侯服、甸服、男服、采服、卫服、蛮服（要服）、夷服、镇服、藩服。《周礼·秋官·大行人》记载"九服"觐见天子的政治待遇说："侯服，岁壹见"，即侯服诸侯，一年可以觐见天子一次。以下类推为"甸服，二岁壹见""男服，三岁壹见""采服，四岁壹见""卫服，五岁壹见""要服，六岁壹见""蕃国，世壹

---

[1] 赵晔：《吴越春秋》，江苏古籍出版社1986年，第6页。
[2] 《春秋经·成公十五年》，见《春秋左传正义》，北京大学出版社1999年，第767页。
[3] 《左传·成公十五年》，见《春秋左传正义》，北京大学出版社1999年，第771页。

见"[1]。吴国当时处于长江下游的"蛮夷"地区，当属"蛮服""夷服"的范围，该文献虽未记载"蛮服""夷服"几年得以觐见周天子一次，但按上类推，至少也得七八年或更长时间才能觐见周天子一次。因此，寿梦上台执政的第一年，即使想觐见周天子，也未必是想见就能见的。而即使有例外情况得以觐见，《春秋经》《左传》也通常会对此作记载。再者，"寿梦元年"的寿梦"适楚"事，《春秋经》《左传》均无记载，故上述的"朝周，适楚"及"深问周公礼乐"事，难以采信。

其三，与会人员。本年（吴寿梦十年，鲁成公十五年，前576）"会吴于钟离"的盟会，比起上次蒲地盟会的参加者多为国君，此次与会代表级别相对较低。而吴国与会人员，《吴越春秋》记载为吴王寿梦与会，且与鲁国国君鲁成公互动。但从《春秋经》和《左传》记载的出席者名单来看，为列国大夫级别的官员，故孔颖达疏曰："成十五年，诸侯大夫会吴于钟离。"[2]

其四，《吴越春秋》记载吴王寿梦与"鲁成公会于钟离"的相关细节，即前引述"寿梦曰：'孤在夷蛮，徒以椎髻为俗，岂有斯之服哉？'因叹而去，曰：'于乎哉，礼也！'"该语为世人所熟知，皆因其较准确地描述了地处"蛮夷"的吴国，在走向中原并与中原列国开始交集时的复杂文化心态。而如前所述，《春秋经》《左传》均未记载吴王寿梦与鲁成公"会于钟离"，故这一细节的真实性存疑，难以采信。

尽管如此，"会吴于钟离"[3]或也促进了吴、鲁国家关系的改善。鲁国在地理上位于吴国北部，两国同祖同源，有着相同血脉。尽管因吴攻打郯国，引发鲁国正卿季文子的强烈反弹而斥吴国为"蛮夷"，但鲁国实知晓吴国出于古公亶父的嫡长子一脉。这从寿梦去世后，鲁成公之子鲁襄公去周公庙吊唁可以看出并证实（相关情况，另见下文）。

再者，西周分封时出于周公旦之后的鲁国，乃是春秋诸国中身份、爵位等较高的国家，也是推行宗法礼制最彻底的国家。周朝的礼乐典章制度系周公旦所作，故"鲁有天子礼乐者，以褒周公之德也"[4]。即后世鲁国国君可以动用天子礼乐，以祭祀、褒扬周公旦的德行。《礼记·明堂位》记载说："命鲁公世世祀周公，以天子之礼乐。"[5]同时，周公旦之子伯禽临国后，尊奉"以法则周公，用即命于周……以昭周公之明德"[6]的治国方针。因此，西周的文化及礼制在鲁国保存得最为完备，以至春秋时素有"周礼尽在鲁矣"[7]之说。

因此，"会吴于钟离"使得吴王寿梦及其所派遣与会的吴国官员，都表现出与鲁国交往的浓厚兴趣。《左传·襄公十九年》记载鲁成公之子鲁襄公曾将一只"先吴寿梦之鼎"[8]转赠给晋国大臣荀偃。该鼎或许即是此次钟离之会由吴国以吴王寿梦的名义赠送并代转与鲁成公的（不排除在此以后吴、鲁交往中馈赠的可能）。而该鼎其后由鲁成公继承人鲁襄公转送给晋国大臣并被《左传》记载时，吴王寿梦已去世七年。

---

[1]《周礼·秋官·大行人》，见《周礼注疏》，北京大学出版社1999年，第1003—1005页。
[2] 孔颖达疏，见《春秋左传正义》，北京大学出版社1999年，第879页。
[3]《春秋经·成公十五年》，见《春秋左传正义》，北京大学出版社1999年，第767页。
[4]《史记·鲁周公世家》，见司马迁：《史记》，中华书局1959年，第1523页。
[5]《礼记·明堂位》，见《礼记正义》，北京大学出版社1999年，第936页。
[6]《左传·定公四年》，见《春秋左传正义》，北京大学出版社1999年，第1545页。
[7]《左传·昭公二年》，见《春秋左传正义》，北京大学出版社1999年，第1172页。
[8]《左传·襄公十九年》，见《春秋左传正义》，北京大学出版社1999年，第956页。

四、晋、楚"弭兵"后,楚国对"联吴制楚"的反制及其对吴国的战争

面对晋国的"联吴制楚"及吴国加入晋国集团的"联晋抗楚"战略,楚国采取如下相应对策:一是试图切断晋、吴联系,二是直接派兵攻打吴国并深入吴国腹地。

(一)切断晋、吴间联系的"楚伐彭城"及晋、楚靡角之谷之战

吴国和晋国及晋国集团的中原国家间的联系,其薄弱处在于地缘上相距较远。晋国援助吴国的军事物资如战车及双方物资的来往等,大多依赖从彭城经过的平道。为了切断晋、吴间的联系,楚国人的眼睛盯住了宋国的彭城。

宋国是晋国的盟国。晋、楚"弭兵"后,宋国宗室内部渐渐分化成亲晋、亲楚派别,且亲楚的几个叛臣叛逃至楚。吴寿梦十三年(鲁成公十八年,前573),为切断晋、吴间的联系,楚利用宋国叛臣,开始在彭城下手。《春秋经·成公十八年》记载:"夏,楚子、郑伯伐宋。宋鱼石复入于彭城。"[9]《左传·成公十八年》对之作进一步详细记载说:"楚子辛、郑皇辰侵城郜,取幽丘,同伐彭城,纳宋鱼石、向为人、鳞朱、向带、鱼府焉,以三百乘戍之而还。"[10]

彭城,杨伯峻《春秋左传注》两次分别注为:"彭城,今江苏徐州市。"[11]"彭城即今江苏徐州市。"[12]

楚军以军事力量护送宋国叛臣归宋,引起宋国忧虑。宋国大臣西鉏吾指出:楚国此举是"毒诸侯而惧吴、晋"[13]。杜预注:"隔吴、晋之道,故惧。"[14]故《左传》上句意为,(楚国此举)妨害各国往来,堵塞吴国、晋国间必经之道,使得吴、晋有所恐惧。

楚国夺下彭城,切断彭城平道而威胁吴、晋间的联系,更威胁着晋国"联吴制楚"战略的实施。晋国既不甘心受制于楚而失去战略要地彭城,也不甘心被楚切断与吴的联系,于是在过了一个月后,宋国的亲晋派发兵包围彭城。

七月,亲晋派的宋国主管军事事务的司马老佐、司徒华喜包围彭城,老佐战死。紧接着,"冬十一月,楚子重救彭城,伐宋。宋华元如晋告急"[15]。即冬季十一月时,楚国的子重救援彭城,进攻宋国。宋国的亲晋派华元等向晋国告急。在这种情况下,"晋侯师于台谷以救宋,遇楚师于靡角之谷。楚师还"[16]。即晋国国君晋侯率师救援宋国,与楚军在靡角之谷相遇,两国再次兵戎相见。结果是楚军撤退。

对上述"楚师还",《左传·襄公二十六年》记载蔡声子与时任楚国令尹的子木言及"楚材晋用"现象时作详细解读说:此战"楚师宵溃,晋降彭城而归诸宋,以鱼石归。楚失东夷"[17]。即楚军夜里溃败,晋军允许彭城投降并归还给宋国,楚军带了宋国的亲楚派将领鱼石等回国。楚国失

---

[9]《春秋经·成公十八年》,见《春秋左传正义》,北京大学出版社1999年,第799页。
[10]《左传·成公十八年》,见《春秋左传正义》,北京大学出版社1999年,第807页。
[11] 杨伯峻:《春秋左传注》(修订本),中华书局1990年,第905页。
[12] 杨伯峻:《春秋左传注》(修订本),中华书局1990年,第911页。
[13]《左传·成公十八年》,见《春秋左传正义》,北京大学出版社1999年,第809页。
[14] 杜预:《春秋经传集解》,上海古籍出版社1978年,第791页。
[15]《左传·成公十八年》,见《春秋左传正义》,北京大学出版社1999年,第810页。
[16]《左传·成公十八年》,见《春秋左传正义》,北京大学出版社1999年,第810页。
[17]《左传·襄公二十六年》,见《春秋左传正义》,北京大学出版社1999年,第1045页。

掉了东方的势力范围。

围绕彭城争夺的晋、楚之战,吴国虽未参战,但此战却与吴国息息相关。晋国为维系与吴国的联系,不惜动用武力与楚国进行角逐。此番晋、楚间在淮河流域的政治、军事较量,以"楚失东夷"而告终。

(二)楚国攻打吴国,并深入吴国腹地的衡山与"吴人伐楚,取驾"

晋、楚靡角之谷之战,楚败。公元前575年(吴寿梦十一年,鲁成公十六年),晋、楚又爆发鄢陵之战,楚国再次战败。北进受阻的楚国,于是开始东扩而直接攻打吴国。

吴寿梦十六年(鲁襄公三年,前570),"春,楚子重伐吴,为简之师。克鸠兹,至于衡山"[1]。楚军在子重统率下攻克了吴国的城邑"鸠兹",并一直打到吴国腹地"衡山"。从其后的战况发展来看,吴国在衡山进行了有效的抵抗,使得此战始终锁定在"鸠兹—衡山"一带而楚国并未能深入其时的吴国国都梅里(今无锡梅村)。

鸠兹,晋杜预《春秋经传集解》注曰"吴邑,在丹阳无湖县东"[2],即今安徽芜湖一带。今安徽芜湖花桥镇被称为"鸠兹城源",该镇内有列为安徽省文物保护单位的楚王城遗址。有学者论述该"鸠兹"城说:"鸠兹故城(楚王城)有'吴头楚尾'之称,是吴楚争霸的战略要地。"[3]

今安徽芜湖花桥镇称为"鸠兹城源"的宣传栏(左)及镇内列为安徽省文物保护单位的"楚王城遗址"碑(右)(吴恩培摄)

衡山,位于今南京江宁近郊。蒋赞初《南京地名考略》说:"最早出现于历史上的金陵地名是'衡山',位于江宁县的南部。"楚军"伐吴,克鸠兹至于衡山,可见该处是南京地区最早的古战场"[4]。而在《关于南京地方史(古代部分)研究中的一些问题》一文中,蒋赞初再次提及上述史料说:"最早见于《左传》的吴、楚之间于公元前570年在今南京郊县江宁县小丹阳镇附近发生的

---

[1]《左传·襄公三年》,见《春秋左传正义》,北京大学出版社1999年,第823页。
[2] 杜预:《春秋经传集解》,上海古籍出版社1978年,第806页。
[3] 凤卓、周怀宇、魏军:《芜湖文化旅游资源的开发与利用》,《重庆第二师范学院学报》2017年第4期。
[4] 蒋赞初:《南京地名考略》,见蒋赞初《长江中下游历史考古论文集》,科学出版社2000年,第272页。

一次战争——'衡山（今名横山）之战'。"[1]

由上可知，此战楚军实已攻入吴国腹地——今南京江宁一带。楚军的长驱直入在今江宁横山一带遭到了吴国军队的阻击和拦截。战争演变到后来，竟成了"吴人伐楚，取驾。驾，良邑也"[2]，即吴国军队攻打楚国并夺取了楚国上等的城邑。楚国人因此而责备率领这支军队的统帅子重，以致子重"遇心病而卒"[3]，即因心病而死。

楚国令尹子重，在晋、楚争霸战争的城濮之战、邲之战及鄢陵之战中，均为楚国地位仅次于楚共王的楚国二号人物——令尹。但这样一位身经百战的楚国重量级人物，在率军攻打吴国时，竟因战败而"遇心病而卒"。

寿梦执政下的吴国，在和春秋时期的强国——楚国的战争中，战争实力得以提升，综合国力也得以增强，然而，这却引发晋国集团内一些成员国的疑虑和不安。

五、吴国的崛起强大与鲁国的疑虑不安

吴国在对楚战争中表现出的不断增强的国力，引起了与吴国接壤的鲁国的忧虑。尽管此时鲁国与吴国同属晋国集团，但在鲁国眼中，曾被鲁国首相季文子斥为"蛮夷"的吴国的崛起，已是一种现实的威胁了。

就在楚军伐吴并攻打至吴国腹地衡山的同年，鲁襄公出访晋国。这是鲁成公去世、鲁襄公继任鲁君后首次朝见盟主晋国国君。《左传·襄公三年》记载这次朝见说："孟献子相。公稽首。"[4]杜预注："稽首，首至地。""稽首，事天子之礼。"[5]孔颖达疏："《周礼》九拜，一曰稽首，诸侯事天子之礼也。"[6]另，孔颖达疏《左传·僖公五年》"士蒍稽首"句也说："《周礼》：'大祝辨九拜，一曰稽首，二曰顿首，三曰空首。'郑玄云：'稽首，拜头至地也。顿首，拜头叩地也。空首，拜头至手，所谓拜手也。'郑唯解此三者，拜之形容所以为异也。稽首，头至地，头下缓至地也。顿首，头下至地，暂一叩之而已。《尚书》每称'拜手稽首'者，初为拜头至手，乃复申头以至地，至手是为拜手，至地乃为稽首。然则凡为稽首者，皆先为拜手，乃成稽首，故《尚书》'拜手稽首'连言之。"[7]

鲁襄公朝见盟主晋侯晋悼公，竟行诸侯事天子之礼。鲁襄公叩首至地的跪拜大礼，使得晋国国君都不敢承当了。晋国的知武子在一旁连忙说："天子在，而君辱稽首，寡君惧矣。"[8]意为，有天子在，贵君行此叩首大礼，我们的国君都感到害怕了呢！

其时，担任鲁国一方礼宾官的孟献子却解释说："以敝邑介在东表，密迩仇雠，寡君将君是

---

[1] 蒋赞初：《关于南京地方史（古代部分）研究中的一些问题》，见蒋赞初：《长江中下游历史考古论文集》，科学出版社2000年，第293页。
[2] 《左传·襄公三年》，见《春秋左传正义》，北京大学出版社1999年，第823页。
[3] 《左传·襄公三年》，见《春秋左传正义》，北京大学出版社1999年，第823页。
[4] 《左传·襄公三年》，见《春秋左传正义》，北京大学出版社1999年，第823页。
[5] 杜预：《春秋经传集解》，上海古籍出版社1978年，第806页。
[6] 孔颖达疏，见《春秋左传正义》，北京大学出版社1999年，第823页。
[7] 孔颖达疏，见《春秋左传正义》，北京大学出版社1999年，第340页。
[8] 《左传·襄公三年》，见《春秋左传正义》，北京大学出版社1999年，第823页。

望,敢不稽首?"[1]意思是说,我们鲁国地处东边,紧挨着仇敌。我们国君只能唯君是望,指靠着贵国国君了,因此,又岂敢不行跪拜大礼。

鲁国东临齐国,南接吴国。所谓"密迩仇雠",当主要指宿敌齐国,但也不排除包含着南面崛起的吴国。显然,鲁国人在这里是向盟主暗示,有朝一日若鲁国受到齐国或吴的侵凌,届时希望晋国能为鲁国主持正义。

由于吴国的崛起且独立抵挡楚国的进攻,客观上已起着牵制、阻遏楚国东进的作用。作为与楚国争夺霸权的晋国,此刻并不会理会鲁国国君的疑虑。相反,却要千方百计地紧紧拉住吴国了。

就在鲁君对着晋君行首至地的跪拜大礼并说着"密迩仇雠"时,"晋为郑服故,且欲修吴好,将合诸侯"[2]。即晋国因为郑国顺服的缘故,同时又想发展与吴国的友好关系,准备会合诸侯召开各成员国国君会议。个中,不乏对鲁国的安抚。

由此可见,随着吴国对楚战争的胜利及国力的增强,吴国在列国中的地位得以进一步提升。

第五节　寿梦"通吴于上国"过程中承受的文化歧视

吴国从楚国集团的成员成为晋国集团拉拢、联合的对象,进而加盟成为晋国集团成员国,这使得"是以始大,通吴于上国"[3]的吴国开始了与中原国家的互动交往。

这一时期,以晋国为首的中原国家,对吴国采取军事上的利用与防范,政治、文化上的鄙视与歧视。而这一歧视,则主要由先秦时期与中原王畿的距离远近所决定的"蛮夷"等概念体现出来。

一、先秦时期吴国的"蛮夷"文化定位
(一)"蛮夷"及其概念

寿梦二年(前584),吴国攻打郯国时,鲁国季文子将"吴伐郯"斥为"中国不振旅,蛮夷入伐"[4]。

先秦时期的"蛮夷",是一个带有贬义,含有政治、地理及包含生活方式等文化因素在内的复合型概念。个中也不乏鲁国史官在《春秋经》《左传》中对弱于或鲁国认为弱于它且与鲁国发生利益冲突的这些周边国家作记载时的惯用称呼。

前文曾述,泰伯南奔,司马迁在《史记·周本纪》《史记·吴太伯世家》中记为"荆蛮"[5]。其后,司马迁在《史记·太史公自序》中又记为"太伯避历(季历),江蛮是适"[6]。把"荆蛮"涵义调整为"江蛮"。"江"者,长江也,从而将吴国"蛮夷"与其所处地理位置的长江流域作地理上的联系。

---

[1]《左传·襄公三年》,见《春秋左传正义》,北京大学出版社1999年,第823—824页。
[2]《左传·襄公三年》,见《春秋左传正义》,北京大学出版社1999年,第824页。
[3]《左传·成公七年》,见《春秋左传正义》,北京大学出版社1999年,第729页。
[4]《左传·成公七年》,见《春秋左传正义》,北京大学出版社1999年,第727页。
[5]《史记·周本纪》《史记·吴太伯世家》,见司马迁:《史记》,中华书局1959年,第115、1445页。
[6]《史记·太史公自序》,见司马迁:《史记》,中华书局1959年,第3306页。

夏、商、周三代时期，黄河流域的中原文化与长江流域的"蛮夷"文化，首先就是以地理因素作为划分标准的，从而如前述季文子所说的分为"中国"（黄河流域的中原国家）和长江流域的"蛮夷"国家。

关于"蛮夷"与"中国"的关系，《左传·定公十年》记载孔子的话说："裔不谋夏，夷不乱华。"[1]意为，边远地区的国家不能觊觎中原，夷人不能扰乱华夏。《孟子·滕文公上》也说："吾闻用夏变夷者，未闻变于夷者也。"[2]意为，我只听说用华夏的文化来改变蛮夷地区的文化，而从没听说用蛮夷地区的文化来改变华夏地区的文化。孟子在这里所说的"夏变夷"，其实质就是中原文化与周边地区文化的关系只能是单向的"夏变夷"，而不能是双向的文化交融。

先秦时期黄河流域的中原文化与长江流域的"蛮夷"文化，存在着差异。有学者指出二者差异说："夏、商、周三代时，黄河流域已建立了统一的、中央集权的国家政权机关，形成以皇帝为最高统治者的宝塔式王权统治政治格局。与宝塔式的王权政治格局相适应，在意识形态方面形成完备的礼仪、伦理道德体系。"而相比之下的长江流域，"由于没有建立起统一的、中央集权的国家政权，因而也形不成社会一致认同的礼法和伦理道德体系。社会政治生活和意识形态方面的分散性，还直接影响文字和记载方面的落后"[3]。

现今学者采信的文献资料，多出于黄河流域掌握着历史叙述话语权的古代史官及为之作注疏诠释的史家、学者之手。这些史家、学者以中原文化为中心和标准，对非中原地区的文化，概以所谓的"四夷、八蛮、七闽、九貉、六狄"[4]的蔑称斥之，此即所谓的"东夷""南蛮""西戎""北狄"。

《国语·晋语》记载晋、楚商丘盟会时，楚国人坚持要先歃血，晋国大夫叔向劝晋侯不必与楚国人争先时，就曾轻蔑地说："昔成王盟诸侯于岐阳，楚为荆蛮，置茅蕝，设望表，与鲜卑守燎，故不与盟。"[5]意为，西周成王在岐山的南面大会诸侯时，楚国不过是荆山这个地方的蛮国而已。在盟会上，他们只是管管摆放过滤酒的茅草束，望祭山川时负责做几块木制牌位，祭祀时在庭中点大烛，他们和鲜卑去轮番看守。因此，他们只配去干这些杂活，哪有资格坐到盟会的正席上来。叔向话语间对楚国"荆蛮"的文化蔑视，显而易见。

（二）五服和九服：被地缘赋予的政治文化定位——吴国"蛮夷"

1.三代（夏、商、周）时期的"王畿"与"五服"

夏、商、周三代王朝的主要活动地区，都在黄河流域。这些王朝的政治中心称为"王畿"，类于后世的"国都""都城""京城"。与王畿的距离远近，则与中央朝廷对之的亲疏程度成正比。愈近王畿者，政治上愈受宠幸。反之，则备受冷落和歧视了。所有这些，也与西周分封时"封建亲戚，以蕃屏周"[6]这一分封政策的目的有着直接关系。故这一时期的区域划分，在被赋予不同政治等

---

[1]《左传·定公十年》，见《春秋左传正义》，北京大学出版社1999年，第1587页。
[2]《孟子·滕文公上》，见《孟子注疏》，北京大学出版社1999年，第147页。
[3]叶书宗、马洪林、朱敏彦主编：《长江文明史》，上海教育出版社2001年，第11页。
[4]《周礼·夏官·职方氏》，见《周礼注疏》，北京大学出版社1999年，第869页。
[5]《国语·晋语八》，见左丘明撰、韦昭注：《国语》，上海古籍出版社2015年，第309页。
[6]《左传·僖公二十四年》，见《春秋左传正义》，北京大学出版社1999年，第418页。另，《左传·定公四年》，又作"以藩屏周"（见《春秋左传正义》，北京大学出版社1999年，第1545页），义同。

级内容的同时,也以不同的服饰颜色来予以彰显,这就是文献记载的"五服"。"五服"的渊源久远,《尚书》中传为夏代的文献《益稷》就已有记载说:"以五采彰施于五色,作服。"[1] "服:事也。"[2] 指供王事,即对天子承担的义务。孔安国传指为"以五采明施于五色,作尊卑之服"[3]。故此,"五服"就是以五种不同的色彩,彰显五个不同等级的区划,并据不同等级而相应承担对天子王事的义务。

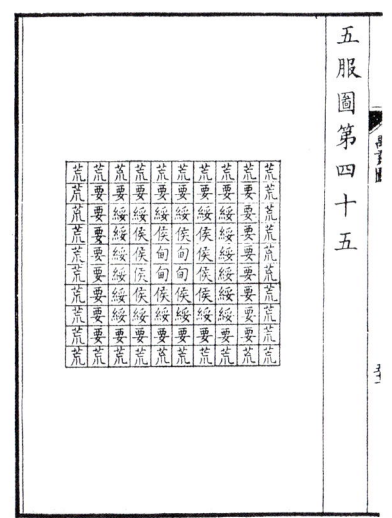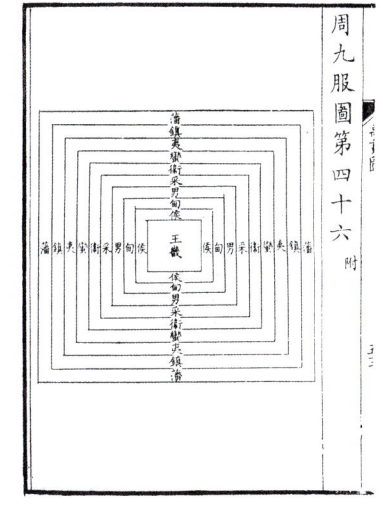

《五服图》(左)和《周九服图》(右)(录自《禹贡锥指》)[4]

《尚书·禹贡》篇中把"五服"具体化,即指在天子领地外围,距王畿(国都)的距离,五百里为一"服",即以五百里为一个等级区划。据唐孔颖达疏,在同一"服"即同一等级区划内,再以"百里""二百里"甚至是"三百里"的距离划分为若干个次级区划的"节"[5]。不同的"服",被赋予了不同政治等级的内容;而该区划内的若干个"节",被具体规定了对王权的进贡、劳役等不同义务。

《尚书·禹贡》篇中的"五服"及每一"服"内再划分为若干"节"的情况是:

其一,甸服。

《尚书·禹贡》篇记为:"五百里甸服。百里赋纳緫,二百里纳铚,三百里纳秸服,四百里粟,五百里米。"[6] 甸服,孔安国传:"规方千里之内谓之甸服,为天子服治田,去王城面五百里。"[7] 此处"千里",当包含王畿(即王城)的五百里范围。孔颖达疏引"《王制》亦云,千里之内曰甸"[8]。故在"甸服"这一等级区划内,承担对王畿内所需农产品,即王畿内人口、马匹等食用的粮食、饲料等的纳贡义务。

其二,侯服。

《尚书·禹贡》篇记为:"五百里侯服。百里采,二百里男邦,三百里诸侯。"[9] 关于"侯

---

[1]《尚书·益稷》,见《尚书正义》,北京大学出版社1999年,第116页。
[2]胡渭:《禹贡锥指》,上海古籍出版社2006年,第665页。
[3]孔安国传,见《尚书正义》,北京大学出版社1999年,第116页。
[4]胡渭:《禹贡锥指》,上海古籍出版社2006年,第116—118页。
[5]孔颖达疏,见《尚书正义》,北京大学出版社1999年,第167页。
[6]《尚书·禹贡》,见《尚书正义》,北京大学出版社1999年,第167—168页。
[7]《尚书·禹贡》,见《尚书正义》,北京大学出版社1999年,第167页。
[8]《尚书·禹贡》,见《尚书正义》,北京大学出版社1999年,第167页。
[9]《尚书·禹贡》,见《尚书正义》,北京大学出版社1999年,第168页。

服",诠释众多。胡渭《禹贡锥指》分别引"苏氏""林氏"的话说:"此五百里始有诸侯,故曰侯服。""建侯服以封亲贤,欲各守其民人社稷,以为天子蕃卫也。"[1]故这一区域,因离王畿较近,政治上颇获信任,承担的义务是为王室提供人力,服各种差役。其中包括承担近卫——"天子蕃卫"义务。

其三,绥服。

《尚书·禹贡》篇记为:"五百里绥服。三百里揆文教,二百里奋武卫。"[2]

绥,孔安国传释为"安"[3],意指使王畿安、使王室安。前述"侯服"区划内承担近卫——"天子蕃卫"保卫职能,则"绥服"区划内的"奋武卫",则是承担外线的防卫职能和义务。同时,"绥服"因其地理位置处于中原地区与"蛮夷"地区的"要(服)荒(服)"的交接之处,在文化上也处于中原文化与蛮夷文化的交会之处,故突显其"奋武卫"——外线防卫的守御职能。

其四,要服。

《尚书·禹贡》篇记为:"五百里要服。三百里夷,二百里蔡。"[4]要服,孔安国传释为:"绥服外五百里,要束以文教。"[5]孔颖达疏:"'要'者约束之义。"[6]故这一"要服"为中原文化、礼法未予覆盖的不开化地区,且必须严加约束的地区。

其五,荒服。

《尚书·禹贡》篇记为:"五百里荒服。三百里蛮,二百里流。"[7]荒服,孔安国传释为:"要服外之五百里。言荒又简略。"[8]孔颖达疏引王肃云:"政教荒忽,因其故俗而治之。"[9]故"荒服"区划系中原犯人流放的"蛮夷"地区,政教荒忽,礼仪简慢,其不开化程度甚于"要服"。

周初,周穆王将伐犬戎,祭公谋父劝谏时说到中原地区与四方的关系,分别将"五服"中的"要服"与"蛮夷"、"荒服"与"戎狄"作勾连说:"夫先王之制,邦内甸服,邦外侯服,侯、卫宾服,蛮、夷要服,戎、狄荒服。"[10]另,周代时,除畿内更制为天下九服。《周礼·夏官·职方氏》亦记载说:"乃辨九服之邦国,方千里曰王畿,其外方五百里曰侯服,又其外方五百里曰甸服,又其外方五百里曰男服,又其外方五百里曰采服,又其外方五百里曰卫服,又其外方五百里曰蛮服,又其外方五百里曰夷服,又其外方五百里曰镇服,又其外方五百里曰藩服。"[11]

这里表述的意思为,周代将"五服"(甸、侯、绥、要、荒)再行细化并调整为"九服"(侯、甸、男、采、卫、要、夷、镇、藩),各"服"名称有所调整,且更趋于细化。但地缘被赋予的政治色彩非但未有改变,相反更趋强化。它表现为王畿外五百里为一服,而愈近王畿者则政治上愈

---

[1]胡渭:《禹贡锥指》,上海古籍出版社2006年,第671页。
[2]《尚书·禹贡》,见《尚书正义》,北京大学出版社1999年,第168—169页。
[3]孔安国传,见《尚书正义》,北京大学出版社1999年,第169页。
[4]《尚书·禹贡》,见《尚书正义》,北京大学出版社1999年,第169页。
[5]孔安国传,见《尚书正义》,北京大学出版社1999年,第169页。
[6]孔颖达疏,见《尚书正义》,北京大学出版社1999年,第169页。
[7]《尚书·禹贡》,见《尚书正义》,北京大学出版社1999年,第169—170页。
[8]孔安国传,见《尚书正义》,北京大学出版社1999年,第169页。
[9]孔颖达疏,见《尚书正义》,北京大学出版社1999年,第169页。
[10]《国语·周语上》,见左丘明撰、韦昭注:《国语》,上海古籍出版社2015年,第1页。
[11]《周礼·夏官·职方氏》,见《周礼注疏》,北京大学出版社1999年,第877页。

受信任。

《周礼·秋官·大行人》记载说:"邦畿方千里,其外方五百里谓之侯服,岁壹见,其贡祀物。又其外方五百里谓之甸服,二岁壹见,其贡嫔物。又其外方五百里谓之男服,三岁壹见,其贡器物。又其外方五百里谓之采服,四岁壹见,其贡服物。又其外方五百里谓之卫服,五岁壹见,其贡材物。又其外方五百里谓之要服,六岁壹见,其贡货物。"[1]郑玄注:"要服,蛮服也。此六服去王城三千五百里,相距方七千里,公侯伯子男封焉。"[2]郑玄所说的"此六服",即为以上的侯服、甸服、男服、采服、卫服、要服等"六服"。而周"九服"中的另"三服",为《周礼·秋官·大行人》记载的:"九州之外谓之蕃国,世壹见,各以其所贵宝为挚。"[3]郑玄注:"九州之外,夷服、镇服、蕃服也。《曲礼》曰:'其在东夷、北狄、西戎、南蛮,虽大曰子。'《春秋传》曰:'杞,伯也,以夷礼,故曰子。'"[4]

前"六服"和后"三服"的政治地位截然不同。《周礼·秋官·小行人》记载说:"令诸侯春入贡。"[5]郑玄注:"贡,六服所贡也。"[6]贾公彦疏:"云'六服所贡',对九州外之三服无此贡也。"[7]

由上可以看出,周"九服"中前"六服"的侯、甸、男、采、卫、要等区划中的诸侯,贡品有别,政治待遇诸如觐见周天子的次数、间隔的时间也有别,分别为一年、二年、三年、四年、五年、六年等。而后"三服"的夷服、镇服、蕃服等,"世壹见"——一生只能觐见周天子一次。九州外的"三服"(夷服、镇服、蕃服),更是连进贡的资格都没有。

因此,无论是"五服",抑或是"九服",都被赋予了地缘政治的内容,且被标示以不同颜色的服饰,从而构成了中央朝廷对之以示亲疏程度的文化和政治的标志。

综上可见,长江下游太湖流域的吴国,属于距王畿三千五百里至四千里的"蛮夷"地区。地缘的因素,使得远距王畿并处"蛮、夷要服"地理指认范围内的吴国,在文化定位上与北方"戎狄"并称为南方"蛮夷"。东汉王充《论衡·恢国》篇说:"唐虞国界,吴为荒服,越在九夷。"[8]指的就是吴、越均为被中原文化视作"蛮、夷要服""戎、狄荒服"的状况。

2.鲁国史官话语权的运用及"以夷礼"与杞的爵位变化

上引郑玄注《周礼》时引述:"《春秋传》曰:'杞,伯也,以夷礼,故曰子。'"范文澜《中国通史》对之诠释并提及杞国说:"杞君朝鲁君,用夷礼,杞被贬称为夷,后来杞国朝鲁用周礼,杞又得称为诸夏。"[9]杞为禹后。列为全国重点文物保护单位的杞国故城遗址,位于今山东省潍坊市坊子区黄旗堡街道。在该杞国故城遗址处,当地另建有杞国王城等建筑。杞为周朝"三恪"之一,

---

[1]《周礼·秋官·大行人》,见《周礼注疏》,北京大学出版社1999年,第1003—1004页。
[2]郑玄注,见《周礼注疏》,北京大学出版社1999年,第1004页。
[3]《周礼·秋官·大行人》,见《周礼注疏》,北京大学出版社1999年,第1005页。
[4]郑玄注,见《周礼注疏》,北京大学出版社1999年,第1005页。
[5]《周礼·秋官·小行人》,见《周礼注疏》,北京大学出版社1999年,第1010页。
[6]郑玄注,见《周礼注疏》,北京大学出版社1999年,第1010页。
[7]贾公彦疏,见《周礼注疏》,北京大学出版社1999年,第1010页。
[8]《论衡·恢国》,见王充:《论衡》,上海人民出版社1974年,第302页。
[9]范文澜:《中国通史》第一册,人民出版社1978年,第134页。

晋杜预对之注曰："周得天下,封夏、殷二王后,又封舜后,谓之恪,并二王后为三国。其礼转降,示敬而已,故曰三恪。"[1]因此,"三恪"之一的夏之后——杞,文化地位并不低。而《春秋经》《左传》记载的杞爵位变化,却历经了从侯爵降为伯爵,再降为子爵,然后再升为伯爵及再降为子爵的反反复复的过程。

对杞爵位变化情况,谨列下表,以部分《春秋经》记载而直观之。同时,也录部分同年的《左传》记载,以认识《春秋经》中其爵位变化的原因。

列为全国重点文物保护单位的杞国故城遗址附近的"杞国王城"建筑(吴恩培摄)

春秋早中期时《春秋经》《左传》记载的杞爵位变化表

序号	年代	文献记载	爵位
1	鲁桓公二年 前710	《春秋经·桓公二年》:"秋七月,杞侯来朝。"[2] 《左传·桓公二年》:"秋七月,杞侯来朝,不敬。杞侯归,乃谋伐之。……九月,入杞,讨不敬也。"[3]	侯爵
2	鲁庄公二十五年 前669	《春秋经·庄公二十五年》:"伯姬归于杞。"[4]	伯爵
3	鲁僖公二十三年 前637	《春秋经·僖公二十三年》:"冬,十有一月,杞子卒。"[5] 《左传·僖公二十三年》:"十一月,杞成公卒。书曰'子'。杞,夷也。"[6]	子爵
4	鲁僖公二十七年 前633	《春秋经·僖公二十七年》:"二十有七年,春,杞子来朝。"[7] 《左传·僖公二十七年》:"春,杞桓公来朝,用夷礼,故曰子。""公卑杞,杞不共也。""秋,入杞,责无礼也。"[8]	子爵
5	鲁僖公二十八年 前632	《春秋经·僖公二十八年》:"秋,杞伯姬来。"[9]	伯爵
6	鲁襄公二十九年 前544	《春秋经·襄公二十九年》:"杞子来盟。"[10] 《左传·襄公二十九年》:"杞文公来盟。书曰'子',贱之也。"[11]	子爵

由上表可见,所谓杞的"用夷礼"即用"蛮夷"礼节,显然是掌握历史话语权的鲁国史官,因

---

[1]杜预注,见杜预:《春秋经传集解》,上海古籍出版社1978年,第1036页。
[2]《春秋经·桓公二年》,见《春秋左传正义》,北京大学出版社1999年,第135页。
[3]《左传·桓公二年》,见《春秋左传正义》,北京大学出版社1999年,第150页。
[4]《春秋经·庄公二十五年》,见《春秋左传正义》,北京大学出版社1999年,第281页。
[5]《春秋经·僖公二十三年》,见《春秋左传正义》,北京大学出版社1999年,第407页。
[6]《左传·僖公二十三年》,见《春秋左传正义》,北京大学出版社1999年,第408页。
[7]《春秋经·僖公二十七年》,见《春秋左传正义》,北京大学出版社1999年,第433页。
[8]《左传·僖公二十七年》,见《春秋左传正义》,北京大学出版社1999年,第435页。
[9]《春秋经·僖公二十八年》,见《春秋左传正义》,北京大学出版社1999年,第441页。
[10]《春秋经·襄公二十九年》,见《春秋左传正义》,北京大学出版社1999年,第1087页。
[11]《左传·襄公二十九年》,见《春秋左传正义》,北京大学出版社1999年,第1095页。

生活方式的差异而任意行使话语权,从而将之污名化地贬斥为"夷"。再者,鲁、杞相距不远,今鲁都曲阜与杞都潍坊的实测距离,亦不过三百余千米而已。因此,与鲁相邻而同处黄河流域的杞国,仅是杞君"用夷礼"而尚未涉及政治、军事等因素,即已被贬损至此。而鲁国南面的吴国,崛起中因触动鲁国利益被斥为"蛮夷"。所有这些预示着吴国在崛起过程中必然绕不开中原文化对其"蛮夷"文化鄙视的坎,也预示着吴国加盟晋国集团后,在与中原列国交往时也必然承受着来自中原文化的种种歧视。

二、寿梦时期的中原列国盟会及吴国"夷蛮"文化在盟会中所受的歧视

寿梦时期,在晋国推行的"联吴制楚"战略中,吴国"是以始大"[1]且在对楚战争中表现出愈战愈强的国家实力,使得晋国在对吴国加以防范的同时,也多次安排吴国参加晋国集团召集的盟会,以期吴国更多地参与晋国集团事务及承担相应义务。

是时,因地理因素决定了吴国的"蛮夷"文化定位,吴国在与中原国家的交往过程中,同时亦承受着文化的歧视。

前述晋国集团召开的蒲地盟会,因"吴人不至"[2],故吴国未与中原列国发生实质性接触。而晋、楚第一次"弭兵"后晋国集团召集的钟离盟会,为中原列国"始通吴"[3],从而成为吴国开始与中原国家交往的盟会。

钟离盟会后,晋国集团相继召集多次盟会。在这些盟会上,由于涉及国号、国君爵位及其称呼等,吴国承受诸多的文化歧视。现梳理于下:

(一)同盟于鸡泽,吴子不至

公元前570年(吴寿梦十六年,鲁襄公三年)六月,晋国集团邀请周王室的代表和晋、鲁、宋、卫、郑、莒、邾等国国君以及齐国太子会见,并"同盟于鸡泽。晋侯使荀会逆吴子于淮上,吴子不至"[4]。即晋国集团在鸡泽举行盟会。晋侯派人到淮水边上去迎接吴王寿梦,但吴王寿梦再次没有与会。

吴国对晋国安排的列国间的重大盟会再次缺席,究其原因,晋代杜预注将之归结为"道远多难"[5],即路途遥远,交通不便的缘故。然而,从当时吴国所处的政治、军事环境来探究,或许并没有那么简单。

"吴子不至"及吴国不参与鸡泽盟会,从本年发生的一些重大事件中,或许能寻找到答案。

本年(鲁襄公三年,吴寿梦十六年)相继发生与吴国有关且重大的事件为:

其一,春天时的楚军伐吴。此即《左传·襄公三年》记载的:"春,楚子重伐吴,为简之师,克鸠兹,至于衡山。"[6]即春天时,楚军伐吴,一直打到吴国腹地"衡山"。吴国独自承受了楚军的打击。此战出楚伐吴而起,尽管其后演变成吴军攻打楚国并夺取楚国的上等城邑,但吴国在此战

---

[1]《左传·成公七年》,见《春秋左传正义》,北京大学出版社1999年,第729页。
[2]《左传·成公九年》,见《春秋左传正义》,北京大学出版社1999年,第737页。
[3]《左传·成公十五年》,见《春秋左传正义》,北京大学出版社1999年,第771页。
[4]《左传·襄公三年》,见《春秋左传正义》,北京大学出版社1999年,第825页。
[5]杜预注,见杜预:《春秋经传集解》,上海古籍出版社1978年,第809页。
[6]《左传·襄公三年》,见《春秋左传正义》,北京大学出版社1999年,第823页。

中并未获得晋国集团的任何帮助。

其二,四月时,鲁国继位新君鲁襄公朝见晋侯,行诸侯事天子之礼,并声称鲁国地处东边,"密迩仇雠"[1]即紧挨着仇敌。"密迩仇雠"当主要指鲁国宿敌齐国,但也不排除包含着南面崛起的吴国。

其三,鸡泽盟会的情况是:"晋为郑服故,且欲修吴好,将合诸侯。"[2]即晋国因为郑国已顺服的缘故,同时,也出于想要进一步促进与吴国的友好关系,故晋国打算召开一次集团间的列国盟会。为此,晋国先期派出士燮之子士匄告知于齐国,希望消弭不和睦并缔结盟约。是时,"齐侯欲勿许,而难为不协,乃盟于耏外"[3]。即齐国国君本不想答应,但又不便表示不和睦,于是在耏水外结盟。士匄的挟齐入盟及齐国欲拒又止的无奈,或多少对吴国产生负面影响,促使吴国作出不与会的选择。

因此,尽管本次鸡泽盟会周王室派了代表,且主导方晋国极为热情,晋侯甚至特地派人在淮水边上迎接,但吴王寿梦权衡得失后,又一次选择了缺席——"吴子不至"[4]。

(二)戚地盟会及盟会前的文化歧视

继公元前582年(吴寿梦四年,鲁成公九年)晋国主持蒲地盟会而吴国并未与会后,吴国又一次缺席鸡泽盟会,吴王寿梦或许感到了外交上的失礼,于是在公元前568年(吴寿梦十八年,鲁襄公五年),"吴子使寿越如晋,辞不会于鸡泽之故,且请听诸侯之好"[5]。杜预注:"三年会鸡泽,吴不至,今来谢之。"及"更请会"[6]。故《左传》上条意为,吴王寿梦派吴国大夫寿越到晋国,解释前年没有参加鸡泽盟会的缘故,表示歉意和谢意,并表达请求听从晋国关于与列国诸侯友好的意见(杜预注的解读另提出"更请会"——再举行盟会的请求)。

晋国出于制衡、遏制楚国的战略需要,对吴王寿梦的多次不出席盟会,既未追究,也未惩罚,相反却"将为之合诸侯"[7],即打算再次为吴国召开列国诸侯参加的会面式的盟会。为作准备,"使鲁、卫先会吴,且告会期"[8]。即晋侯让鲁、卫两国先派人与吴国进行会面,并向吴国人通报盟会的日期。此处"先会吴"的"鲁、卫"即指鲁国的孟献子(仲孙蔑)、卫国的孙文子(孙林父)二人。

二人在吴国的善道,会见了吴国人。这就是《春秋经·襄公五年》记载的"仲孙蔑、卫孙林父会吴于善道"[9]。对之,杜预注指出:"二子皆受晋命而行。"[10]"吴先在善道,二大夫往会之,故曰会吴。"[11]

1. "会吴于善道"时的改名事件——从"吴谓之伊缓"到"《左氏》作善道"

戚地盟会地点为卫国孙文子封邑的戚邑(今河南濮阳)。故孙文子既是盟会承办国的大臣,即具东道主身份;同时又是该盟会地点的封邑领主。显见,孙文子即是以该双重身份领受晋侯之

---

[1]《左传·襄公三年》,见《春秋左传正义》,北京大学出版社1999年,第823页。
[2]《左传·襄公三年》,见《春秋左传正义》,北京大学出版社1999年,第824页。
[3]《左传·襄公三年》,见《春秋左传正义》,北京大学出版社1999年,第824页。
[4]《左传·襄公三年》,见《春秋左传正义》,北京大学出版社1999年,第825页。
[5]《左传·襄公五年》,见《春秋左传正义》,北京大学出版社1999年,第843页。
[6]杜预注,见杜预:《春秋经传集解》,上海古籍出版社1978年,第826页。
[7]《左传·襄公五年》,见《春秋左传正义》,北京大学出版社1999年,第843页。
[8]《左传·襄公五年》,见《春秋左传正义》,北京大学出版社1999年,第843页。
[9]《春秋经·襄公五年》,见《春秋左传正义》,北京大学出版社1999年,第842页。
[10]杜预注,见杜预:《春秋经传集解》,上海古籍出版社1978年,第826页。
[11]杜预注,见杜预:《春秋经传集解》,上海古籍出版社1978年,第824页。

命而到吴国善道的。

关于善道，杨伯峻《春秋左传注》释："善道，今江苏省盱眙县北。"[1]江苏淮安市博物馆展出的《古善道交通示意图》展板，在该图右上角的题为"古善道路线图"的介绍文字为："善道既是春秋战国时期一个城邑的名称，也是道路的名称。古善道城邑位于今盱眙城北。而作为当时江淮之间重要陆上交通干道的善道，大致从今南京江北至盱眙旧铺和穆店达古善道城。诸侯国常在这一带会盟、争战。"

据此，则"善道"一作道路名称，另一作城邑名称。

而由此亦可形成以下推论：春秋时期，从卫国戚邑到吴国善道，存在着中原地区与吴国间的另一条陆上通道。该条通道南延，即与吴国都城（今江苏苏州）至善道的吴国境内道路连通。

《春秋经·襄公五年》记载的"仲孙蔑、卫孙林父会吴于善道"[2]句，《榖梁传·襄公五年》对之解释说："吴谓善伊谓稻缓，号从中国，名从主人。"[3]晋范宁《集解》说："善稻，吴谓之伊缓，《左氏》作善道。"[4]"夷狄所号地形及物类，当从中国言之，以教殊俗，故不言伊缓，而言善稻。"[5]唐杨士勋疏"号从中国"句说："重发此文者，邾之与宋，俱是中国，嫌此鲁、卫会吴善稻。善稻，吴地，嫌从夷号，故重发之。"[6]上述的"中国"，指中原列国。

由此可见，晋国打算为吴国的加盟召开一次盟会，并要鲁、卫两国先与吴国会面。吴国人先到了善道，而鲁国孟献子和卫国孙文子则前往会之。

"皆受晋命而行"[7]的孟献子、孙文子，这两个中原国家的大臣去吴国伊缓这个地方"往会之"时，或许心里已是充满着一股怨气，但系听命而行，故在政治上、军事上无从发泄，于是就从文化上寻找发泄由头了。这就是后人指出的他们对吴地地名"伊缓"的"嫌从夷号"，于是改作了他们认为较文明的地名"善道"。

而《公羊传》《榖梁传》均作"善稻"。

《春秋经·襄公五年》："仲孙蔑、卫孙林父会吴于善稻。"公羊寿传："不殊卫者，晋侯欲会吴于戚，使鲁卫先通好，见使界故不殊，盖起所耻。"[8]一个"耻"字道及二大夫心中的怨气。

鲁、卫二大夫到吴国地名为"伊缓"的地方与吴人会面，嫌这一地名有"蛮夷"色彩，于是改为"善道"[9]，并记入《春秋经》。《公羊传》《榖梁传》引该经文时，又改作"善稻"。[10]

这是一件伤害性不大，但侮辱性极强的文化歧视事件。这一改名事件被掌握着历史话语权的鲁国史官以"会吴于善道"而记入了《春秋经》，从而留下深深的文化印痕。

---

[1] 杨伯峻：《春秋左传注》（修订本），中华书局1990年，第941页。
[2]《春秋经·襄公五年》，见《春秋左传正义》，北京大学出版社1999年，第842页。
[3]《榖梁传·襄公五年》，见《春秋榖梁传注疏》，北京大学出版社1999年，第246页。
[4] 范宁：《集解》，见《春秋榖梁传注疏》，北京大学出版社1999年，第246页。
[5] 范宁：《集解》，见《春秋榖梁传注疏》，北京大学出版社1999年，第247页。
[6] 杨士勋疏，见《春秋榖梁传注疏》，北京大学出版社1999年，第247页。
[7] 杜预注，见杜预：《春秋经传集解》，上海古籍出版社1978年，第826页。
[8] 公羊寿传，见《春秋公羊传注疏》，北京大学出版社1999年，第420页。
[9]《春秋经·襄公五年》，见《春秋左传正义》，北京大学出版社1999年，第842页。
[10]《公羊传·襄公五年》，见《春秋公羊传注疏》，北京大学出版社1999年，第420页。《榖梁传·襄公五年》，见《春秋榖梁传注疏》，北京大学出版社1999年，第246页。

"夷狄所号"的地名必须"重发之"地改为"当从中国言之"的地名。春秋时期,此类事件虽不大,但集中地反映了黄河流域的中原文化与长江流域的蛮夷文化的冲突状况。

1985年盱眙(即古善道)出土"工𫏋季生匜"(展出时又名"工吴季生匜"),或与戚地盟会前的鲁孟献子和卫孙文子"会吴于善道"有关(相关情况,另见下文)。

2.戚地盟会

夏天在筹备过程中发生地名改名事件后,到秋天时,盟会就召开了。《春秋经·襄公五年》提供了与会成员的名单及举办地的情况:"公会晋侯、宋公、陈侯、卫侯、郑伯、曹伯、莒子、邾子、滕子、薛伯、齐世子光、吴人、鄫人于戚。"[1]意思是说,晋、宋、鲁、陈、卫、郑、曹、莒、邾、滕、薛等十一国的国君,齐国的太子光,以及吴人、鄫人,在卫国的戚地举行盟会。

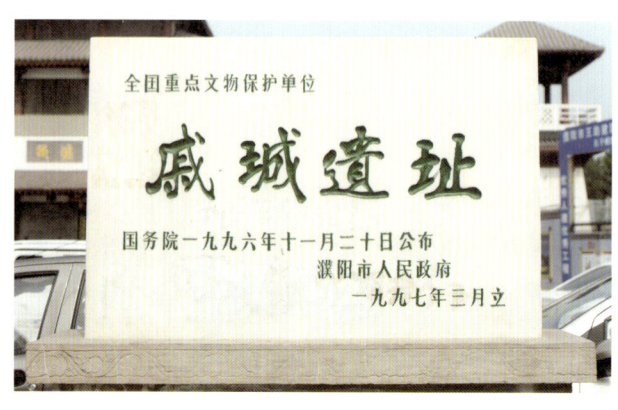

列为全国重点文物保护单位的河南濮阳"戚城遗址"文物保护碑(吴恩培摄)

今河南濮阳戚城遗址内,题为"会盟台"的介绍展板内容为:"会盟台,位于戚城遗址东城门南侧城墙外80米,残存长20米,宽16米,高4米,为春秋时期夯筑高台。为了更好的(地)保护这一珍贵的历史文化遗产,对其进行了保护性修复。修复后的会盟台形如覆斗状,四面台基砌有灰砖,占地面积约900平方米。《春秋左传》记载,自鲁文公元年(前626)鲁国大夫公孙敖在戚城和晋侯会盟始,到鲁昭公十一年(前531)周景王派单成公在戚城和晋国大夫韩宣子会盟的95年中,各诸侯或大夫在戚城会盟7次。"

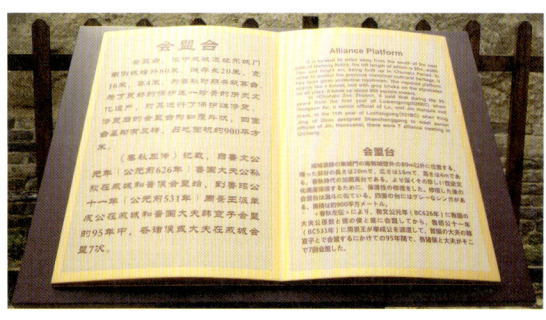 

河南濮阳戚城遗址"会盟台"的介绍展板(左)及春秋时戚地会盟处的"会盟台"(右)(吴恩培摄)

上述以"吴人"称之的吴国与会者,是否系吴王寿梦?唐孔颖达疏《左传·襄公十年》时指出:"戚之会,则吴子在善道,召使赴戚,故与诸国同序于列也。"[2]故按孔颖达疏,这里的"吴人"指的是吴王寿梦。

本次盟会(指戚地盟会)未以吴王寿梦的爵位作为称呼,而是与鲁国属国的鄫国被称为

---

[1]《春秋经·襄公五年》,见《春秋左传正义》,北京大学出版社1999年,第842页。
[2]孔颖达疏,见《春秋左传正义》,北京大学出版社1999年,第881页。

"鄫人"一样，对吴王寿梦亦以"吴人"称之。正因如此，本次盟会议题为二："会吴，且命戍陈也。"[1]即一是正式与吴国国君会见；另一则是本年因"楚人讨陈"[2]，即晋以盟会名义命令各国出兵戍守陈国。

前文曾说，陈国为"三恪"之一，地位不低。面对"戍陈"之"命"，对吴国人来说，这会勾起他们一年多前，楚入侵而吴国独立攘楚时，晋国集团没给吴国任何支援和帮助的记忆。

文献没有记载吴国承担"戍陈"义务的情况。其间，或是吴国拒绝，或是晋国集团内的一国或多国并不想要吴国插手中原地区，以免吴国军事力量出现在中原地区而另生变数。对晋国集团来说，吴国及其作用，只能是阻遏及牵制楚国的一枚战略棋子。

（三）寿梦未与会的邢丘盟会及其生前最后一次与会的柤地盟会

1.邢丘盟会

公元前565年（吴寿梦二十一年，鲁襄公八年），晋国集团举行邢丘盟会。与鄢地盟会一样，邢丘盟会与会者的名单中没有吴国。

盟会议题为："以命朝聘之数，使诸侯之大夫听命。"[3]即颁布各国应向晋国贡纳财赋的数字指标，让列国派出大夫级别的官员前来听取这些指标。须指出的是：邢丘盟会尚未召开前的春天，鲁国国君就先期"如晋，朝，且听朝聘之数"[4]，即鲁襄公前往晋国，一为朝见盟主，二是听取晋国新给鲁国下达的贡赋指标。这或许是晋国在集团内对鲁国先期单独下达贡赋指标。而邢丘盟会，则是要集团内的除鲁国外的其他诸国，共同而集体性地向盟主承担经济义务，即认交保护费。

在戚地盟会中，吴国出席该盟会但并未承担出兵戍守陈国的军事义务。而邢丘盟会吴国未参加，因此，集团内诸国分摊经济义务时，吴国因不与会或就无从谈起承担相应义务了。

2.柤地盟会——寿梦生前参加的最后一次盟会

公元前563年（吴寿梦二十三年，鲁襄公十年），晋国集团又召开了由各国国君与会的柤地盟会。在这最高级别的盟会上，首次安排吴王寿梦与中原列国国君的会面。这就是《春秋经·襄公十年》记载的"公会晋侯、宋公、卫侯、曹伯、莒子、邾子、滕子、薛伯、杞伯、小邾子、齐世子光会吴于柤。夏，五月甲午，遂灭偪阳"[5]。

《春秋经·襄公十年》记载柤地盟会说："会吴于柤。"[6]而《左传·襄公十年》则明确记载为："十年，春，会于柤，会吴子寿梦也。"[7]杜预注："吴子在柤，晋以诸侯往会之，故曰'会吴'。……柤，楚地。"[8]而杨伯峻《春秋左传注》则注柤地地望为："今江苏邳县北而稍西之迦口。"[9]

---

[1]《左传·襄公五年》，见《春秋左传正义》，北京大学出版社1999年，第845页。
[2]《左传·襄公五年》，见《春秋左传正义》，北京大学出版社1999年，第844页。
[3]《左传·襄公八年》，见《春秋左传正义》，北京大学出版社1999年，第856页。
[4]《左传·襄公八年》，见《春秋左传正义》，北京大学出版社1999年，第855页。
[5]《春秋经·襄公十年》，见《春秋左传正义》，北京大学出版社1999年，第879页。
[6]《春秋经·襄公十年》，见《春秋左传正义》，北京大学出版社1999年，第879页。
[7]《左传·襄公十年》，见《春秋左传正义》，北京大学出版社1999年，第881页。
[8]杜预注，见杜预：《春秋经传集解》，上海古籍出版社1978年，第864页。
[9]杨伯峻：《春秋左传注》（修订本），中华书局1990年，第973页。

晋国和集团内十一国国君或世子聚于柤地,其目的绝不仅仅是为了"会吴子寿梦"。恰恰相反,本次盟会更值得注意的是在"会吴子寿梦"的同时所作出的"遂灭偪阳"——攻灭偪阳国的军事决定。

这一决定的实质,乃是既保持与吴国的陆路交通联系,又同时对吴国加以战略牵制和防范。

后世注家对本年《春秋经》记载中的"遂灭偪阳"给予充分注意。晋杜预注:"偪阳,妘姓国……因柤会而灭之。"[1]杨伯峻《春秋左传注》释"遂灭偪阳"句说:"此用'遂'字,可见与上文'会吴于柤'有关。"[2]

偪阳本是一个默默无闻的小国。在当时晋、楚争霸情况下,并无文献说明其亲楚立场。但是,其所处地理位置为吴国进入北方之要冲。

"会吴于柤"后,"晋荀偃、士匄请伐偪阳,而封宋向戌焉"[3]。意为,晋国大夫荀偃(又作中行偃、中行献子)和士匄(范宣子)力主攻伐偪阳国。当晋国集团将战争无端地加于该国时,该国进行了顽强的抵抗,战斗数月之久,联军耗费巨大人力,直到夏五月才攻灭偪阳。晋国国君晋悼公将偪阳之地作为封邑给了宋国向戌。向戌辞谢并坚拒。在这种情况下,晋悼公于是将偪阳赐给了宋平公。

晋国为何作出攻灭偪阳的决定?对此,童书业认为:"会吴于柤,遂灭偪阳,以与宋,盖亦启通吴之路。"[4]谭戒甫也认为:"柤地本是徐淮的屏蔽,由北往南的咽喉。春秋时晋楚争霸,吴楚相仇,因而晋吴联合,遂构成十三国会柤的壮举。他们乘势把偪阳灭掉,并送给宋国,使他掌握住这条南北交通的大路。"[5]

上述诸说均以为灭偪阳是为了保证晋国集团对彭城平道北段这一通吴之路的控制权。而对偪阳国来说,适如《左传·桓公十年》所说的"匹夫无罪,怀璧其罪"[6]。这个"璧",就是其所处扼彭城平道要冲的地理位置。因此,从诸侯会柤并与吴王寿梦会面,到晋国集团攻灭偪阳,将之送与宋国并由宋国控制,其目的是打通并保持中原列国与吴国之间的交通线,从而更好地扶持吴国与楚国对抗,以之牵制楚国,从而使晋国能在晋、楚争霸中取得新的优势。

由此可见,晋国主持"会吴于柤"并攻灭偪阳,其目的有二:一为让吴王寿梦亲眼看到晋国集团为保持与吴国的联系而作出的努力,从而安抚并稳住吴国与楚国争恶的信心;另一则是切实保持住与吴国的陆上交通联系。

而晋借申公巫臣出使吴国与吴国建立联系前,已有两次为确保通吴陆上通道而进行的战争。

其一为前述的晋逼鲁伐郯,并迫使其与齐国、邾国一同攻伐郯国,既为吴国划下不许北向,只能西进的红线,同时将通吴交通的控制权抓在自己手里而保持与吴联系的通道,又兼防范吴国北上。

---

[1]杜预:《春秋经传集解》,上海古籍出版社1978年,第864页。
[2]杨伯峻:《春秋左传注》(修订本),中华书局1990年,第973页。
[3]《左传·襄公十年》,见《春秋左传正义》,北京大学出版社1999年,第882页。
[4]童书业:《春秋左传研究》,上海人民出版社1980年,第79页。
[5]谭戒甫:《周初矢器铭文综合研究》,《武汉大学人文科学学报》1956年第1期。
[6]《左传·桓公十年》,见《春秋左传正义》,北京大学出版社1999年,第192页。

其二为前文所说的楚国为切断晋、吴间联系而"伐彭城"及晋、楚正面相撞的靡角之谷之战。

此番晋国集团攻灭偪阳，已是第三次为建立并捍卫通吴的陆上通道了。从攻灭偪阳并由宋国控制来看，其中不能排除的是，晋国在保持住这条通吴之路控制权的同时，也控制、扼守住了吴国北进的要冲。

从这一意义上讲，晋国对吴国的战略防范，其实以另一种形式表现出来。（该"偪阳故城"情况，另参本书后章关于"春秋时吴地与中原联系的陆上交通"的相关叙述）

列为全国重点文物保护单位的山东枣庄侯孟乡"偪阳故城"文物保护碑（左）及"偪阳故城"至今尚存的城墙（吴恩培摄）

3. 柤地盟会前后，吴王寿梦遭遇的文化歧视

柤地盟会正式开始前，"齐高厚相大子光以先会诸侯于钟离，不敬"[1]。意思是说，齐国高厚做齐太子光的相礼，在吴王寿梦尚未抵达盟会地点，齐太子光和高厚在钟离先和东方小国诸侯会见时，他们都表现出对吴国的不恭敬。晋国的士庄子（士弱）对此批评说："高子相大子以会诸侯，将社稷是卫，而皆不敬，弃社稷也，其将不免乎！"[2]意思是说，高子（高厚）作为齐太子的相礼以会见诸侯，本当捍卫他们的国家利益，但都表现出不恭敬，这是丢弃国家的根本利益，恐怕将会不免于祸吧！

上述"不敬"，除了对吴国地处"蛮夷"的文化歧视外，另一个原因或就是吴国这个"蛮夷"国家似乎从未承担盟国义务。前文曾述，集团成员分摊缴纳盟主贡赋的邢丘盟会，吴国未参加。因此，本属吴国份额的贡赋必将分摊到其他与会国头上。此次晋国又特意举行"会吴子寿梦"的柤地盟会，并要列国为保持与吴国的联系，再次用兵于偪阳。所有这些，势必会引起齐国及一些东方小国的攀比和不满。他们出于自身利益考虑，不会也不可能站在晋国的立场上看待保持住与吴国联系的战略价值。相反，他们的不满情绪，同时也会引到被他们视为偏袒吴国的盟主晋国身上。就晋国而言，吴国在集团内未承担军事、经济义务，完全是从战略上考虑。让距离相对遥远的吴国承担军事、经济义务时，无疑会存在着让晋国无法承受的风险——吴国若不愿承担，既无法惩罚，又势必导致吴国与晋国集团的决裂，甚至与楚国重归于好；其次，若让吴国承担上述军事义务，晋国也担心吴国军事力量进入中原而引发种种变数。

---

[1]《左传·襄公十年》，见《春秋左传正义》，北京大学出版社1999年，第881页。
[2]《左传·襄公十年》，见《春秋左传正义》，北京大学出版社1999年，第881页。

正因为如此,故盟会前当齐国高厚和太子光在东方诸侯面前表现出对吴国及盟主晋国联吴政策的"不敬"时,深知晋国战略意图的晋国士庄子为维护晋国战略利益立即予以指斥。而《春秋经》《左传》撰者鲁国史官,既出于对晋国的服从,又心怀对吴国的不满,故以语焉不详的方式记录下此事。而记录时齐国太子等的"不敬",虽是直书,但不作交代,从而使得这一"不敬"事件模糊不清。

4."无爵""无名"与"会吴"

柤地盟会,吴国及吴王寿梦依然遭遇礼仪方面的文化问题。如同几年前的善道之会与戚地盟会时《春秋经》《左传》所使用的"会吴"一样,柤地盟会在《春秋经·襄公十年》《左传·襄公十年》的相关记载中,也使用"会吴"一词。

上述《春秋经·襄公十年》记载的"会吴",孔颖达疏引刘炫"诸侯盟会,会则必自言其爵,盟则自言其名"后,又议论说:"故盟得以名告神,会得以爵书策。吴是东夷之君,未闲诸夏之礼。于此自称为吴,不知以爵告众,故从所称书吴也。故《释例》云:'吴晚通上国,故其君臣朝会,不同于例,亦犹楚之初始。'是言吴未知称爵也。"[1] 由此可见,在当时盟会场合,"会则必自言其爵,盟则自言其名",即中原列国诸侯国君,会见时都是自称自己的爵位,会盟时也是自称自己的名字。而和这些中原诸侯国君"有爵""有名"所不同的是,"未闲诸夏之礼"即不懂中原礼节的"东夷之君"——东方蛮夷之国的国君寿梦,"不知以爵告众",即不知道以什么爵位来告知众人。因此,"无爵""无名"的吴王寿梦,在诸如《春秋经》记载时,只好模糊地处理成一个"吴"字,从而记为"会吴"了。

与春秋时吴王寿梦遭遇文化歧视相关的一个文化现象是:文化上打压、歧视吴国"蛮夷"的诸侯国,多为中原国家,如鲁、卫、齐等国,而身为盟主的晋国,则似乎无此记录(其后诸樊时期,晋国范宣子对吴"伐楚丧"从中原礼制角度予以批判从而"数吴之不德"[2],当属道德范畴,与文化歧视无关,下文另述)。形成这一文化现象的原因,有二:

其一,晋国上层人士了解吴国王室为吴大伯(太伯、泰伯)后裔,晋、吴有相同血缘。

其二,与晋国地理位置与北方游牧民族的"戎狄"杂处有关。晋国曾争得霸主地位的晋文公重耳,其母即为戎女,从而有着"戎狄"血统。春秋时,"蛮夷"与"戎狄",属于同样被中原文化歧视的对象。

第六节 寿梦去世及其王权传承与存于后世的吴国政坛隐患

一、寿梦去世的文献记载

《春秋经·襄公十二年》载:"秋,九月,吴子乘卒。"[3] 指公元前561年(吴寿梦二十五年,鲁襄公十二年)十九世吴王寿梦去世,在位二十五年。

---

[1]孔颖达疏,见《春秋左传正义》,北京大学出版社1999年,第879页。
[2]《春秋经·襄公十四年》,见《春秋左传正义》,北京大学出版社1999年,第916页。
[3]《春秋经·襄公十二年》,见《春秋左传正义》,北京大学出版社1999年,第904页。

(一)寿梦去世与《春秋经》记载吴国国君的"子"爵爵位

1.吴爵位考释

寿梦之前,《春秋经》《左传》记载中从未有寿梦前历代吴王的去世讯息。而寿梦的去世,使得吴国国君的去世信息,第一次在《春秋经》中有了正式记载,其原因或正是寿梦时期与中原诸国的相通,如杨伯峻《春秋左传注》注释本年《春秋经》相关记载时所说:"吴君书卒,以此为始,盖以其始与列国会同也。"[1]

关于吴爵位记载,上述为《春秋经》首次,而《左传》记载中,值寿梦生前,则早已有之。《左传·成公七年》叙述晋国派申公巫臣来吴国推行"联吴制楚"之策时,吴国的反应非常积极——"吴子寿梦说之"[2]。上述"吴子",即为《左传》首次记载寿梦爵位为"子"爵。

然而,在《春秋经》《左传》的记载中,有时并不以吴爵位的"吴子"称之,而是模糊地以"吴"称之。

前文论及戚地盟会时的《春秋经·襄公五年》记载:"公会晋侯、宋公、陈侯、卫侯、郑伯、曹伯、莒子、邾子、滕子、薛伯、齐世子光、吴人、鄫人于戚。"[3]个中的"吴人"及以"吴人"称之的吴国与会者,是否系吴王寿梦?唐孔颖达疏《左传·襄公十年》时指出:"戚之会,则吴子在善道,召使赴戚,故与诸国同序于列也。"[4]故按孔颖达疏,这里的"吴人"指的正是吴王寿梦。但本年《春秋经》记载,却并未以吴王寿梦爵位连称的"吴子"记载,而是将吴国矮化成鲁国属国鄫国的地位——将寿梦以"吴人"称之而与"鄫人"并列。

除此以外,另一处极为明显者为《春秋经》与《左传》记载的柤地盟会。

《春秋经·襄公十年》:"十年,春,公会晋侯、宋公、卫侯、曹伯、莒子、邾子、滕子、薛伯、杞伯、小邾子、齐世子光会吴于柤。"[5]杜预注:"吴子在柤,晋以诸侯往会之,故曰'会吴'。吴不称子,从所称也。"[6]孔颖达疏引"刘炫云:'从所称者,诸侯盟会,会则必自言其爵,盟则自言其名。'故盟得以名告神,会得以爵书策。吴是东夷之君,未闲诸夏之礼。于此自称为吴,不知以爵告众,故从所称书吴也。故《释例》云:'吴晚通上国,故其君臣朝会,不同于例,亦犹楚之初始。'是言吴未知称爵也"[7]。

在孔颖达疏中,先是叙述列国诸侯盟会时的程序之一的"自言其爵"与"自言其名",即自报爵位与自报姓名的意义:一是告神,二是书策。

孔颖达疏叙述吴国所处的困境:一是未闲诸夏之礼——不懂或不了解黄河流域中原国家的礼制、法度;二是不知以爵告众——不知以什么爵位来介绍自己,告于众人。于是,"故从所称书吴也",即在上述《春秋经》等记载中被模糊地处理成一个"吴"字。

---

[1] 杨伯峻:《春秋左传注》(修订本),中华书局1990年,第995页。
[2] 《左传·成公七年》,见《春秋左传正义》,北京大学出版社1999年,第728页。
[3] 《春秋经·襄公五年》,见《春秋左传正义》,北京大学出版社1999年,第842页。
[4] 孔颖达疏,见《春秋左传正义》,北京大学出版社1999年,第881页。
[5] 《春秋经·襄公十年》,见《春秋左传正义》,北京大学出版社1999年,第879页。
[6] 杜预注,见杜预:《春秋经传集解》,上海古籍出版社1978年,第864页。
[7] 孔颖达疏,见《春秋左传正义》,北京大学出版社1999年,第879页。

孔颖达疏这里的判断不确。这是因为：

其一，上引寿梦执政初期的《左传·成公七年》已有"吴子寿梦说之"[1]的记载。

其二，《国语·吴语》记载吴王夫差在黄池盟会与晋争霸时所说"孤欲守吾先君之班爵，进则不敢，退则不可"[2]。即意在固守吴国的"伯"爵爵位（相关情况，另见下文）。《国语·吴语》记载的夫差话语，孔颖达不可能不知。因此，历史上吴国的"伯"爵爵位，吴王夫差知之，吴王寿梦亦当知之。

其三，孔颖达疏所说的吴"不知以爵告众"，亦是推测之论。对此，若再作推测的话，其时春秋盟会，在必须历经"自言其爵""自言其名"等自报家门程序的情况下，吴王寿梦若以己爵告众（前提为如前所述，历史上吴国的"伯"爵爵位，吴王夫差知之，吴王寿梦亦知之），其后果为引来嘲笑或引来质疑。毕竟，地处长江下游太湖流域的吴国被当时黄河流域的中原列国视为"蛮夷"。在吴国及其爵位不被中原列国接受的情况下，吴人以沉默代替"以爵告众"，或为最佳选择。再者，吴王寿梦即使以己爵告众，但掌握话语权的鲁国史官也不会予以记载。

2.寿梦去世与《春秋经》首次记载的吴国"子"爵爵位

前述《左传》记载吴爵位情况为《左传·成公七年》的"吴子寿梦说之"[3]。是年为鲁成公七年、吴寿梦二年、公元前584年，即寿梦执政之初。而鲁襄公十二年、吴寿梦二十五年、公元前561年寿梦执政二十五年后而去世前，《春秋经》均未出现寿梦为"吴子"子爵的记载。

故《春秋经·襄公十二年》出现的"吴子乘卒"，为吴爵位在《春秋经》中的首次记载。由此推之，鲁国史官在《春秋经》中对吴的记载，是否已形成不记在位或在世吴王爵位的行文惯例？

答案为否定的。《春秋经·襄公二十九年》"阍弑吴子馀祭。……吴子使札来聘"[4]的记载中，被越俘弑杀而去世的二十一世吴王"吴子馀祭"和刚接位而在世的二十二世吴王馀昧，同框处于《春秋经·襄公二十九年》的记载中。而《春秋经·定公四年》记载："冬，十有一月，庚午，蔡侯以吴子及楚人战于柏举，楚师败绩。"[5]个中的"吴子"，亦为在世的二十四世吴王阖闾。

可见，鲁国史官在《春秋经》中涉及"吴"爵位"子"的记载与否，既无定规，亦无规律可循。这说明鲁国史官在《春秋经》和《左传》涉及此类爵位记载时，具有极大的随意性和自由裁量权。而正是在这诸如"会吴"或将"吴人"与"鄫人"的并列中，昔日累积的"吴伐郯"[6]及"密迩仇雠"[7]之类对吴国"蛮夷"的鄙薄、轻贱情感，恣意地释放出来。

3."郯"与"吴"的比较：前者的"请王命以为诸侯"而得以"子爵见《经》"与后者的"子爵见《经》"及其爵位追溯

"滕"国爵位变化，孔颖达疏曰："东周虽则微弱，犹为天下宗主，尚得命郯为诸侯，明能黜滕为子爵。"[8]意为，东周王权虽然式微，但犹为天下宗主，且还有权力任命郯国为诸侯，也有

---

[1]《左传·成公七年》，见《春秋左传正义》，北京大学出版社1999年，第728页。
[2]《国语·吴语》，见左丘明撰、韦昭注：《国语》，上海古籍出版社2015年，第403页。
[3]《左传·成公七年》，见《春秋左传正义》，北京大学出版社1999年，第728页。
[4]《春秋经·襄公二十九年》，见《春秋左传正义》，北京大学出版社1999年，第1086—1087页。
[5]《春秋经·定公四年》，见《春秋左传正义》，北京大学出版社1999年，第1541页。
[6]《左传·成公七年》，见《春秋左传正义》，北京大学出版社1999年，第727页。
[7]《左传·襄公三年》，见《春秋左传正义》，北京大学出版社1999年，第823—824页。
[8]孔颖达疏，见《春秋左传正义》，北京大学出版社1999年，第134—135页。

权力贬黜滕国为子爵。这意味着,春秋时诸侯国的爵位,理论上由王权决定。

关于东周"命邾为诸侯"事,或也说明了这一点。"命邾为诸侯"事,分别见诸如下文献记载:

(1)《春秋经·隐公元年》记载:"三月,公及邾仪父盟于蔑。"[1]《左传·隐公元年》解读曰:"三月,公及邾仪父盟于蔑,邾子克也。未王命,故不书爵。曰'仪父',贵之也。"[2]杜预注:"王未赐命以为诸侯,其后仪父服事齐桓,以奖王室,王命以为邾子,故庄十六年《经》书'邾子克卒。'"[3]上引《左传·隐公元年》记载的意思为,三月时,鲁隐公和邾仪父在蔑地会盟,邾仪父就是邾子克。由于邾子克尚未正式受周王册命,所以本年《春秋经》(即《春秋经·隐公元年》)没有记载他的爵位。称他为"仪父",是尊重他。此时,邾仪父尚未取得子爵爵位。

(2)《春秋经·庄公十六年》记载:"邾子克卒。"[4]杜预注:"克,仪父名。称子者,盖齐桓请王命以为诸侯"[5]。孔颖达疏:"北杏之会,邾人在焉,今而称子,故云盖齐侯请王命以为诸侯,得为子爵见《经》也。"[6]故《春秋经》上条记载的意思是说,四十四年前的邾仪父去世时已拥有"子"爵爵位。这一爵位是北杏盟会时,齐桓公为他请王命而得到周天子册封的,他这才得以去世时以"子"爵爵位录于《春秋经》的记载中。由此可见,经"齐侯请王命"的程序后,邾仪父"得为子爵见《经》"。

(3)比较结论

由上述《春秋经·隐公元年》和《春秋经·庄公十六年》的记载比较可知:鲁隐公元年(前722年)时,"邾仪父"尚"未王命,故不书爵。曰'仪父'",而在四十四年后的鲁庄公十六年(前678年)去世时,已拥有"邾子"爵位。其(指邾仪父)去世时,《春秋经》已记载其为"子"爵。

而若以"邾子"爵位取得历程与吴国相比,吴王寿梦去世亦得以"子爵见《经》",即以"子"爵爵位录于《春秋经》的记载。但吴国爵位的来源,或当追溯到前文所说的"周武王克殷,求太伯、仲雍之后,得周章。周章已君吴,因而封之"[7],即溯至周初对吴的分封上来。

4.西周初"武王追封为吴伯,故曰吴太伯"

西周初,周武王"因而封之",封的是什么?如果是爵位的话,那又是什么爵位?

《史记·吴太伯世家》"吴太伯"句,南朝宋裴骃《史记集解》引韦昭曰:"后武王追封为吴伯,故曰吴太伯。"[8]显然,韦昭认为周武王时,"追封""太伯"为"吴伯",所以又称"吴太伯"。

唐司马贞《史记索隐》引《国语》曰:"黄池之会,晋定公使谓吴王夫差曰'夫命圭有命,固曰吴伯,不曰吴王',是吴本伯爵也。"[9]今本《国语·吴语》,有"夫命圭有命,固曰吴伯,不曰吴王"[10]

---

[1]《春秋经·隐公元年》,见《春秋左传正义》,北京大学出版社1999年,第40页。
[2]《左传·隐公元年》,见《春秋左传正义》,北京大学出版社1999年,第49页。
[3]杜预注,见杜预:《春秋经传集解》,上海古籍出版社1978年,第5页。
[4]《春秋经·庄公十六年》,见《春秋左传正义》,北京大学出版社1999年,第255页。
[5]杜预注,见杜预:《春秋经传集解》,上海古籍出版社1978年,第165页。
[6]孔颖达疏,见《春秋左传正义》,北京大学出版社1999年,第255页。
[7]《史记·吴太伯世家》,见司马迁:《史记》,中华书局1959年,第1446页。
[8]裴骃:《史记集解》,见司马迁:《史记》,中华书局1959年,第1445页。
[9]司马贞:《史记索隐》,见司马迁:《史记》,中华书局1959年,第1445页。
[10]《国语·吴语》,见左丘明撰、韦昭注:《国语》,上海古籍出版社2015年,第403页。

句,而无"是吴本伯爵也"句。《史记索隐》另引范宁解《论语》曰:"太者,善大之称;伯者,长也。周太王之元子故曰太伯。称仲雍、季历,皆以字配名,则伯亦是字,又是爵,但其名史籍先阙耳。"[1]

按以上文献可见:西周初年周武王对吴泰伯、仲雍后人周章"因而封之",封的爵位为伯爵,故"吴本伯爵也",且"伯亦是字,又是爵"。记载这些史事的"史籍",其后湮失而"阙"。

正因如此,对"吴"本是"伯"爵爵位,但被降了一个等级而作"子"爵的吴王夫差来说,当他率领着吴国军团北进争霸时,对此却不能接受了。《国语·吴语》记载的夫差在黄池盟会与晋争霸时的一句名言——"孤欲守吾先君之班爵,进则不敢,退则不可。"[2]即是想固守吴国的"伯"爵爵位了(相关情况,另见下文"夫差"的相关章节)。

由此,值得探讨的是,西周初吴受封时的伯爵爵位,后世是如何丢失的?以致寿梦出席盟会时,竟成为孔颖达疏所说的"吴未知称爵"及"不知以爵告众"了。

(二)鲁君"临于周庙"——"吴为周后"的文献记录实据

《左传·襄公十二年》记载:"秋,吴子寿梦卒。临于周庙,礼也。凡诸侯之丧,异姓临于外,同姓于宗庙,同宗于祖庙,同族于祢庙。是故鲁为诸姬,临于周庙。为邢、凡、蒋、茅、胙、祭临于周公之庙。"[3]

对以上《左传》记载及杜预、孔颖达所作注、疏,现以破折号区隔而列于下(《左传》记载文字的引文脚注,前文已列,以下不再重复):

"临于周庙,礼也。"——杜预注:"周庙,文王庙也。周公出文王,故鲁立其庙。吴始通,故曰'礼'。"[4]孔颖达疏:"杜以下文周庙尊于周公之庙,知是文王庙也。以郑祖厉王,立所出王庙,知为周公出文王,故鲁立其庙也。哀二年,蒯聩祷云:'敢昭告皇祖文王。'卫亦立文王庙也。《郊特牲》曰:'诸侯不敢祖天子,大夫不敢祖诸侯,而公庙之设于私家,非礼也。'而诸侯得立王庙者,彼谓无功德,非王命而辄自立之,则为非礼。鲁、卫有大功德,王命立之,是其正也。郑祖厉王,亦然。此是常礼,特于吴子而传发例者,以吴始通,公能体礼,故于此言'礼也'。"[5]

"凡诸侯之丧,异姓临于外,"——杜预注:"于城外,向其国。"[6]孔颖达疏:"《礼·奔丧之记》云:'哭父之党于庙,母妻之党于寝,师于庙门外,朋友于寝门外,所识于野张帷。'此传言'于外',与彼'于野'同,于城外,向其国,张帷而哭之耳。"[7]

"同姓于宗庙,"——杜预注:"所出王之庙。"[8]孔颖达疏:"此即周庙也。但发大例,意通古今,故不复斥言周耳。其实于周之世,亦周庙也。异姓之国,无所出王之庙者,其哭同姓,必不得同诸异姓,亦当于祖庙。"[9]

---

[1]范宁解,见司马迁:《史记》,中华书局1959年,第1445页。
[2]《国语·吴语》,见左丘明撰、韦昭注:《国语》,上海古籍出版社2015年,第403页。
[3]《左传·襄公十二年》,见《春秋左传正义》,北京大学出版社1999年,第905页。
[4]杜预注,见杜预:《春秋经传集解》,上海古籍出版社1978年,第892页。
[5]孔颖达疏,见《春秋左传正义》,北京大学出版社1999年,第905页。
[6]杜预注,见杜预:《春秋经传集解》,上海古籍出版社1978年,第892页。
[7]孔颖达疏,见《春秋左传正义》,北京大学出版社1999年,第905页。
[8]杜预注,见杜预:《春秋经传集解》,上海古籍出版社1978年,第892页。
[9]孔颖达疏,见《春秋左传正义》,北京大学出版社1999年,第905页。

"同宗于祖庙,"——杜预注:"始封君之庙。"[1]

"同族于祢庙。"——杜预注:"父庙也。同族,谓高祖以下。"[2]

"是故鲁为诸姬,临于周庙。"——杜预注:"诸姬,同姓国。"[3]

"为邢、凡、蒋、茅、胙、祭,临于周公之庙。"——杜预注:"即祖庙也。六国皆周公之支子,别封为国,共祖周公。"[4]

综合上述注、疏,《左传·襄公十二年》记载的文字意思是说,秋天时,吴王寿梦去世。鲁国国君鲁襄公到周文王庙里哭泣吊唁,这是合乎礼制的。凡是遇到列国国君的丧事,如果是异姓,那就在城外朝着该国方向哭吊;如果是同姓,那就在周文王庙(宗庙)里哭吊;如果是同宗,那就在始封君之庙(祖庙)里哭吊;如果是同族,那就在父庙(祢庙)里哭吊。所以鲁国凡遇姬姓列国国君的丧事,都在周文王庙哭吊。像邢、凡、蒋、茅、胙、祭等国,和鲁国是共祖周公的同宗关系,如有国君之丧,都在周公庙哭吊。

《左传》此段记载,记写吴王寿梦去世后,因属"诸姬"——泰伯之后,故鲁国国君鲁襄公依当时的礼制到周文王庙里哭泣吊唁,从而表明鲁国其时对吴为周后——吴国为姬姓泰伯后裔身份的认定。吴王寿梦去世而鲁襄公"临于周庙"的记载,表明吴世系乃是"大伯(太伯)"之后的说法,不仅在晋国等流传,同时,有"周礼尽在鲁矣"[5]之说的鲁国,也流传乃至认定这一说法。

二、继承人的选择与留于后世吴国政坛的传承隐患

寿梦去世,为吴国留下的政治遗产如下:

其一,留下一个"联晋抗楚"的吴国国家战略及在这一战略指导下已然崛起的吴国。

其二,留下一个加盟晋国集团,从而与中原国家开始交往的吴国。这也就是《左传·襄公十二年》记载寿梦去世后,鲁襄公临于周庙而吊唁时,杜预注所说"吴始通"[6]及孔颖达疏所说的"以吴始通"[7]。

其三,为后世吴国内政留下传承隐患的政治负资产。它体现为在吴国王位传承中遗留下的隐患。正是这一隐患导致寿梦孙辈的公子光弑杀同样为其孙辈的吴王僚而自立,从而构成吴国历史上唯一的宫廷政变。而这又与寿梦去世前的传承安排及当时的嫡庶关系、传承制度等,有着密切联系。现分以下几方面论述:

(一)嫡与庶

嫡与庶,是中国古代帝王乃至家族传承特有且无法绕开的文化现象,其因概源于中国古代的一夫多妻制。

---

[1] 杜预注,见杜预:《春秋经传集解》,上海古籍出版社1978年,第892页。
[2] 杜预注,见杜预:《春秋经传集解》,上海古籍出版社1978年,第892页。
[3] 杜预注,见杜预:《春秋经传集解》,上海古籍出版社1978年,第892页。
[4] 杜预注,见杜预:《春秋经传集解》,上海古籍出版社1978年,第892页。
[5]《左传·昭公二年》,见《春秋左传正义》,北京大学出版社1999年,第1172页。
[6] 杜预注,见杜预:《春秋经传集解》,上海古籍出版社1978年,第892页。
[7] 孔颖达疏,见《春秋左传正义》,北京大学出版社1999年,第905页。

春秋时期，诸侯君王的配偶不止一个，故配偶产生出正、偏之分。正妻为"嫡"，亦作"適"，正夫人也。孔颖达疏《诗经·召南·江有汜序》指出："嫡谓妻也，媵谓妾也。谓之媵者，以其从嫡，以送为名，故《士昏礼》注云：'媵，送也。'"[1]杜预注《左传·庄公八年》"衣服礼秩如適"[2]句曰："適，大子。"[3]

嫡子，为正妻所生之子，多指嫡长子。《左传·僖公二十四年》即有"以盾为才，固请于公，以为嫡子"[4]句，杜预注："卿之嫡妻为内子。……嫡，本亦作適。"[5]而偏房即非正妻的媵、妾等所生之子，则为庶子。此处，"庶"与"嫡"相对。

先秦史籍中，与上述嫡子、庶子同时出现，且含义交叉的另一组概念为"世子""公子"。

世子，即嫡子、嫡长子。《公羊传·僖公五年》："世子，贵也。世子犹世世子也。"[6]

公子，古代指诸侯之庶子，以别于世子，亦泛称诸侯之子。郑玄注《仪礼·丧服》"公子为其母，练冠，麻，麻衣縓缘"句说："公子，君之庶子也。"[7]

故由上可知，中国古代凡正妻生的次子及次子以下的儿子以及非正妻的妾所生的儿子，均称"公子"。

先秦史籍及后世著作中，另出现与嫡子含义相近的概念"宗子"。

宗子，古代宗法制度称大宗的嫡长子，后世泛称为"嫡长子"，民间则称为"族长"。郑玄笺《诗经·大雅·板》"怀德维宁，宗子维城"句说："宗子，谓王之適子。"[8]王国维《殷周制度论》一文引"《笺》曰：'王者之嫡子，谓之宗子。'"[9]郑玄注《礼记·大传》"别子为祖，继别为宗"句说："别子之世嫡也，族人尊之，谓之大宗，是宗子也。"[10]

从上述古代学者的注释中，可梳理如下几点：

其一，诸侯嫡妻即正妻所生之子可称为"嫡子"，但嫡子中只有长子即嫡长子才能称为"世子"。而宗法制度中的大宗，其嫡长子才可称为"宗子"。

其二，诸侯嫡妻即正妻所生之子中的非长子（即次子、三子等），可称为"嫡子"，但其中并无嫡长子、世子的含义，故这些正妻所生之子中的非长子，称为"公子"。

其三，诸侯非正妻（如媵、妾等）所生之子为庶子，可称为"庶子""公子"。而庶子中的长子，称为"长庶"。

上述嫡子、世子、庶子、公子等，均可统称为"诸侯之子"或"王室成员"，且他们实际上也是与诸侯有着血缘关系的诸子。

---

[1]孔颖达疏，见《毛诗正义》，北京大学出版社1999年，第97页。
[2]《左传·庄公八年》，见《春秋左传正义》，北京大学出版社1999年，第233页。
[3]杜预：《春秋经传集解》，上海古籍出版社1978年，第144页。
[4]《左传·僖公二十四年》，见《春秋左传正义》，北京大学出版社1999年，第417页。
[5]杜预：《春秋经传集解》，上海古籍出版社1978年，第344页。
[6]《公羊传·僖公五年》，见《春秋左传正义》，北京大学出版社1999年，第217页。
[7]郑玄注，见《仪礼注疏》，北京大学出版社1999年，第633页。
[8]郑玄笺，见《毛诗正义》，北京大学出版社1999年，第1151页。
[9]王国维：《殷周制度论》，见郭伟川著：《周公摄政称王与周初史事论集》，北京图书馆出版社1998年，第6页。
[10]郑玄注，见《礼记正义》，北京大学出版社1999年，第1008页。

(二)商周传承制度

对商周传承制度的研究,影响较大者为民国时期王国维《殷周制度论》一文。其论述要点为:

1. 商制无嫡庶之制,末期已有立嫡之制

《殷周制度论》相关论述如下:"殷以前无嫡庶之制。""商之继统法,以弟及为主,而以子继辅之,无弟然后传子。"而在分析相关史料后,王国维又指出:"似商末已有立嫡之制。"[1]

2. 周制异于商者,为"立子立嫡"且"立嫡长"

《殷周制度论》还指出:"周人制度之大异于商者,一曰'立子立嫡'之制。""周人即立嫡长,则天位素定,其余嫡子庶子,皆视其贵贱贤否,畴以国邑。""由传子之制而嫡庶之制生焉。夫舍弟而传子者,所以息争也。"否则,"争之易生,其弊将不可胜穷"。而"定为立子立嫡之法,以利天下后世;而此制实自周公定之。是周人改制之最大者,可由殷制比较得之。有周一代礼制,大抵由是出也"。"故天子诸侯之传世也,继统法之立子与立嫡也,后世用人之以资格也,皆任天而不参以人,所以求定而息争也。古人非不知官天下之名美于家天下,立贤之利过于立嫡,人才之用优于资格,而终不以此易彼者,盖惧夫名之可藉而争之易生,其弊将不可胜穷,而民将无时或息也。"[2]

范文澜《中国通史》第一册论及"王位继承制"时,指出:"不能断定商朝继统法以弟继为主,而以子继为辅,相反,商朝继统法是以长子继为主,以弟继为辅。""周代传子制度,应是承袭商制而更加严格。""周制嫡长子代代相传,比殷制更加严密。"[3]

童书业《春秋左传研究》也指出,春秋时"诸侯以嫡长子继位,众子封为大夫"[4]。

前文曾说,近年有学者指出:"在商周史的研究中,继承制度是不可忽视的重要问题。当年,王国维《殷周制度论》风靡一时,于是,殷人'以弟及为主,而以子继辅之,无弟然后传子',周人实行'立子立嫡之制',殷周制度有很大差别,成了很有影响的看法。王国维以来,随着甲骨文与殷商史研究的逐步深入,王氏殷、周制度迥异论已为许多学者所扬弃,人们发现殷商时期已有嫡庶之制,王位继承制度已经是嫡长子继承制,兄终弟及的现象仅是它的变通和补充,或者是由特殊历史条件所造成。"[5]

由此研究成果可知,诸侯王位的继承,是所在国多种政治力量角力的结果,但总的来说有"子继"(父死子继)和"弟及"(兄终弟及)两种传承方式。而"弟及"即传弟,一般按年龄长幼依次继承。

(三)春秋时期,文献记载的君位传承

在"父死子继"的传承中,王位传承多仅限于嫡子(嫡长子)、世子。因王位传承涉及王权的根基和"礼"——是时王权政治秩序的安定。嫡庶猜忌、骨肉纷争以致国乱之事,春秋时屡见不

---

[1] 王国维:《殷周制度论》,见郭伟川:《周公摄政称王与周初史事论集》,北京图书馆出版社1998年,第3页。
[2] 王国维:《殷周制度论》,见郭伟川:《周公摄政称王与周初史事论集》,北京图书馆出版社1998年,第2—8页。
[3] 范文澜:《中国通史》第一册,人民出版社1978年,第56—57页。
[4] 童书业:《春秋左传研究》,上海人民出版社1980年,第309页。
[5] 杨朝明:《鲁文化史》,齐鲁书社2001年,第103页。

鲜,而"杀適(嫡)立庶"则向被视为"不道"[1]。

(四)寿梦子嗣及寿梦设计的君位传承程序

寿梦后的王位继承,一方面受当时列国传承制度的影响,另一方面也受其个人情感的影响。分析寿梦后的君位传承,首先得梳理一下其子嗣情况。

寿梦子嗣,其嫡子排序,文献记载清晰。而其庶子的情况,多不能确定。以下列其嫡子情况表:

寿梦嫡子情况表

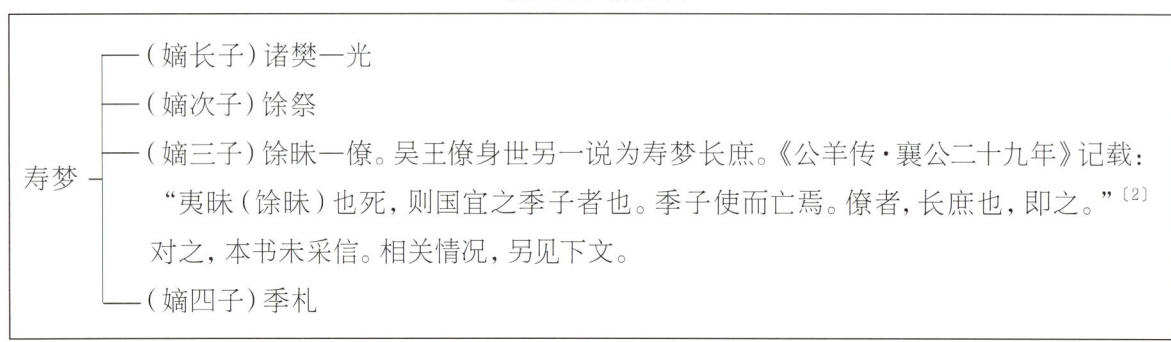

由此可以看出,若按当时传嫡长子的正常传承,寿梦后当由嫡长子诸樊继承君位。但年老的寿梦去世前,对王位继承的安排却是"季札贤,寿梦欲立之。季札让,曰:'礼有旧制,奈何废前王之礼,而行父子之私乎?'"[3]意即,寿梦欲立四子季札而废嫡长子诸樊,但此举遭到四子季札以礼制为由的拒绝。故而寿梦不得已依"父死子继"的方式将王位传于嫡长子诸樊时,要求诸樊后的王位继承改为"兄终弟及",这就是《吴越春秋》记载的"寿梦乃命诸樊曰:'我欲传国及札,尔无忘寡人之言。'"[4]意思是说,我想把王位传给季札,你不要忘了我说的话。

诸樊对寿梦的想法,显然非常了解,于是说:"周之太王知西伯之圣,废长立少,王之道兴。今欲授国于札,臣诚耕于野。"[5]意思是说,周太王(古公亶父)知晓姬昌(周文王)的圣行,于是"废长立少"地传位于三子,周王朝才得以兴盛。现在父亲您想把国家交给四弟季札,我一定会心甘情愿地去乡下种地。

寿梦听诸樊说起周太王事,似乎是自比南奔的泰伯,于是并不客气地说:"昔周行之德加于四海,今汝于区区之国、荆蛮之乡,奚能成天子之业乎?且今子不忘前人之言,必授国以次及于季札。"[6]意为,过去周王施行的恩德加给了普天下的老百姓,可今天你待在这样一个小小的国度里,又是处在蛮夷待的地方,哪里能成就统一天下的大业啊?你们弟兄们一个一个地传,非要传到老四季札手上不可!

上述《吴越春秋》关于吴国传承的记载,以"父命"和"王命"的双重面貌出现,故成为寿梦

---

[1]《左传·文公十八年》,见《春秋左传正义》,北京大学出版社1999年,第575页。
[2]《公羊传·襄公二十九年》且,见《春秋公羊传注疏》,北京大学出版社1999年,第465页。
[3]赵晔:《吴越春秋》,江苏古籍出版社1986年,第7页。
[4]赵晔:《吴越春秋》,江苏古籍出版社1986年,第7页。
[5]赵晔:《吴越春秋》,江苏古籍出版社1986年,第7页。
[6]赵晔:《吴越春秋》,江苏古籍出版社1986年,第7页。

后吴国王权传承的起主导作用的律条式因素,且对寿梦后吴国王室的权力传承产生重要的影响。

近年来,出现弱化"父命""王命"影响的说法。如程义、张军政《苏州博物馆新入藏吴王余眜剑初探》一文,据该吴王余眜剑与绍兴鲁迅路出土的春秋青铜剑(另见下文)铭文而认为:"据两剑铭文可知,王位继承人是由在位的王指定'嗣弟'或'义弟'的方式来确定的。"[1]同样是对该餘眜剑铭文的释读,董珊《新见吴王餘眜剑铭考证》一文亦说:"餘祭命餘眜代为吴王事,见《左传》襄公三十一年狐庸对赵文子语:'是二王之命也,非启季子也。''二王之命'即是说诸樊命餘祭为王、餘祭命餘眜为王这两件事。"[2]

屈狐庸访晋事,见诸《左传·襄公三十一年》记载:"吴子使屈狐庸聘于晋。"[3]即公元前542年(吴餘眜二年,鲁襄公三十一年),吴王餘眜派遣申公巫臣之子屈狐庸出使晋国(后世的《史记·吴太伯世家》在吴王餘祭、餘眜在位年份上,存在与《春秋经》《左传》相悖的记载。详见本书后文的"二王倒错"等的相关论述)。屈狐庸抵晋后,时为晋国正卿且与季札访晋时有过交集的赵文子,竟当面问屈狐庸说:"延州来季子其果立乎?巢陨诸樊,阍戕戴吴,天似启之,何如?"[4]意为,你们国家那位受封于州来和延陵的公子季札最终被立为国君了吗?昔日吴国攻打楚国巢地时吴王诸樊战死,越国战俘又杀了吴王餘祭(即戴吴),老天似乎为季札打开了担任国君的大门呢,是不是啊?面对晋国正卿在这正式外交场合的问话,作为受餘眜命而出访的吴国外交官,屈狐庸颇为得体而又非常专业地回答说:"不立。是二王之命也,非启季子也。若天所启,其在今嗣君乎!"[5]竹添光鸿《左氏会笺》笺注"二王之命"曰:"笺曰:二王之天命当死也。"[6]故《左传》上条屈狐庸的回答,意思是说,季札他不会成为国君!而诸樊和餘祭两位吴王的去世,乃是两位国君的宿命。他们的死,不是为季札打开做国君的大门。如果说,上天打开了大门,那也是为了我们吴国现在的国君(指吴王餘眜)吧!

由此可见,"二王之命"中的"命",为名词,指的是诸樊、餘祭二位吴王或战死于巢、或被越俘戕杀的"天命"或"宿命";而非为动词的"命令",更非指"诸樊命餘祭为王,餘祭命餘眜为吴王这两件事"。同时,上引《左传·襄公三十一年》的记载,一是并未涉及"餘祭命餘眜代为吴王事";二是餘祭死于越俘刀下为突发事件,根本不可能未卜先知地预留"餘祭命餘眜代为吴王事"的空间和时间。

上述《吴越春秋》关于吴国传承的记载,也得到了《左传》《史记》等文献的印证。

1.《左传》的印证

《左传·襄公十四年》记载:"吴子诸樊既除丧,将立季札。"[7]意即吴王诸樊主持操办了寿梦的丧事后,就想立季札为吴王,从而把王位传到季札手中,但被季札拒绝。诸樊执政后,因"伐

---

[1] 程义、张军政:《苏州博物馆新入藏吴王余眜剑初探》,《文物》2015年第9期。
[2] 董珊:《新见吴王餘眜剑铭考证》,见苏州博物馆:《兵与礼——苏州博物馆新入藏吴王餘眜剑研讨会论文集》,文物出版社2015年,第31页。
[3]《左传·襄公三十一年》,见《春秋左传正义》,北京大学出版社1999年,第1131页。
[4]《左传·襄公三十一年》,见《春秋左传正义》,北京大学出版社1999年,第1131页。
[5]《左传·襄公三十一年》,见《春秋左传正义》,北京大学出版社1999年,第1131页。
[6] 竹添光鸿:《左氏会笺》,巴蜀书社2008年,第1584页。
[7]《左传·襄公十四年》,见《春秋左传正义》,北京大学出版社1999年,第919页。

楚丧"所引发的吴国军事、外交的双重失败,波及吴国内政动荡。诸樊为对军事、外交失败承担责任,故以让位于季札的方式以示负责。作为长子的诸樊,为承担责任而让位,为何不让位于其大弟馀祭、二弟馀眛,而独独让位于三弟季札?由此亦印证了《吴越春秋》记载的"寿梦乃命诸樊曰:'我欲传国及札,尔无忘寡人之言。'"[1]

2.《史记》的印证

《史记·吴太伯世家》记载吴王馀眛去世前,想传位于其弟季札。季札避让,逃离开去。"于是吴人曰:'先王有命,兄卒弟代立,必致季子。'"[2]这里的"先王",指的正是吴王寿梦。而"先王"之"有命",则是指寿梦的"王命"与"父命"。由此亦印证上述《吴越春秋》"寿梦乃命诸樊曰:'我欲传国及札……'"等的记载。

鉴于《左传》《史记》均早于《吴越春秋》,故更可能的实际情况是,东汉赵晔撰《吴越春秋》,乃是以先秦《左传》及西汉《史记》为文献依据,并以其所掌握的材料进行记载的。之后的历史表明,寿梦设定的程序,嫡长子诸樊后传于嫡次子馀祭,馀祭后传于嫡三子馀眛,在馀眛去世、传于嫡四子季札时,因季札的再次拒绝而一变为传于馀眛之子,由此引发诸樊嫡长子,同时也是寿梦嫡长孙公子光的不满。而吴国历史上唯一的宫廷政变亦由此而起。这使得寿梦后的吴国君位传承变成了如下实传图谱:

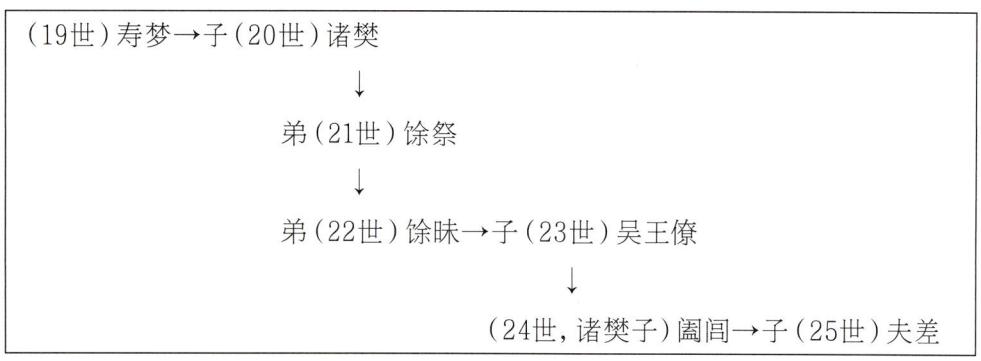

该实传图谱并不符合寿梦生前的意愿及其设定的继位程序,个中变数为嫡四子季札的多次拒绝。而拒绝的结果是导致寿梦孙辈间为争夺王位的残杀(相关情况,另见下文)。

第七节 寿梦时期的文化遗存

一、寿梦墓及其墓址的不同说法

文献未有寿梦墓址的记载,因此,当代人关于寿梦墓址的讨论,更多的是停留在考古层面,且目前未有定论。

---

[1]赵晔:《吴越春秋》,江苏古籍出版社1986年,第7页。
[2]《史记·吴太伯世家》,见司马迁:《史记》,中华书局1959年,第1461页。

关于寿梦墓址,现存如下说法:

(一)镇江丹徒磨子顶大墓说

吴奈夫《春秋吴都研究的若干问题》一文中说:"在丹徒谏壁至大江一带沿江低山丘陵墓葬中,出土了大量西周以来的具铭青铜器,其中包括著名的'宜侯夨簋'等。近年来,又先后发掘了青龙山磨子顶和背山顶大墓,发现了大批吴国的青铜器。有人经过考证,认为……磨子顶大墓墓主可能是吴王寿梦。"[1]

(二)苏州高新区(虎丘区)通安真山墓地说

钱公麟、徐亦鹏撰写的《苏州考古》一书在表达不同意见时,指出吴县通安[今属苏州高新区(虎丘区)]真山墓地位于真山峰顶的一号墓(即D9M1),"是苏南目前发现春秋时期的规格、级别最高的葬墓。根据发掘人员推断,其墓主为吴王寿梦"[2]。不仅如此,《苏州考古》解读《春秋经·襄公十四年》"楚公子贞帅师伐吴"句时,认为寿梦"墓应该在这时被盗",且"这次盗墓是政治性报复,并不是私盗"[3]。这里,一是无任何文献依据。二是若春秋时发生吴王寿梦墓被盗掘的"政治性报复"事件,则《春秋经》《左传》不可能不予记载。三是"楚公子贞帅师伐吴"事,《左传·襄公十四年》记载:"子囊师于棠,以伐吴。"[4]即在棠地驻扎军队,攻打吴国。而"棠,今江苏六合县稍西而北二十里"[5]。故此战战场距苏州甚远且有一江之隔。而春秋时楚军伐吴,从未抵达苏州及其近郊。四是楚公子贞(即子囊)此番攻打吴国,丧师溃败,精疲力竭,"还自伐吴,卒"[6],意即回国后,他就死了。在楚军丧师辱国且主帅其后身亡的情况下,说寿梦"墓应该在这时被盗",不合情理(关于"楚公子贞帅师伐吴"的"盗墓"情况,另见下文分析)。

二、寿梦用器"邗王是野戈"及其争议

邗王是野戈,著录于《商周金文录遗》五六九,现藏故宫博物院。对该器器主,现存如下不同意见:

(一)"器文是否确为寿梦,尚难论定"及"此器可能是寿梦戈,也可能是原邗王戈"的不确定说

董楚平、金永平等撰《吴越文化志》一书说:该吴器"正反面共有铭文8字,郭沫若读作'邗王是野作为元用'。'邗王'即吴王,吴灭邗后,袭用其名。'是野',郭沫若与罗常培皆以声韵考为寿梦"[7]。

董楚平《吴越徐舒金文集释》另指出:"此戈拟为寿梦,是凭声类推论,器文是否确为寿梦,尚难论定。此为原邗国之器的可能性也难以排除。"故"此器可能是寿梦戈,也可能是原邗王戈。吴灭干后,吴干混称"[8]。

---

[1] 吴奈夫:《春秋吴都研究的若干问题》,《苏州大学学报》1992年第4期。
[2] 钱公麟、徐亦鹏:《苏州考古》,苏州大学出版社2000年,第128页。
[3] 钱公麟、徐亦鹏:《苏州考古》,苏州大学出版社2000年,第115页。
[4] 《左传·襄公十四年》,见《春秋左传正义》,北京大学出版社1999年,第929页。
[5] 杨伯峻:《春秋左传注》(修订本),中华书局1990年,第1018页。
[6] 《左传·襄公十四年》,见《春秋左传正义》,北京大学出版社1999年,第931页。
[7] 董楚平、金永平等:《吴越文化志》,上海人民出版社1998年,第72页。
[8] 董楚平:《吴越徐舒金文集释》,浙江古籍出版社1992年,第88页。

又，2017年苏州博物馆举办"大邦之梦——吴越楚青铜器特展"时，展出"邗王是埜戈"（复制品）。展器说明标牌未及器主为谁，谨对该器作描述并指出："援两面有铭文八字：'邗（吴）王是埜（野）作为元用'。"关于个中"邗王"，苏州博物馆《大邦之梦——吴越楚青铜器》释该器铭文时指出："'邗王'另见于赵孟介壶，并据'遇邗王于黄池'断定邗王即吴王夫差，但亦有学者认为邗王是吴王据有邗地时的自称，也可能是吴王寿梦。"[1]

（二）器主为寿梦的肯定说

上海博物馆编著的《商周青铜器铭文选》录该器铭，并作释文。释文认为"邗王是野戈"为寿梦用器。现将该释文（连同注释、参考书目）一并列于下：

"邗王是埜〔一〕

乍为元用。

注〔一〕邗王是埜　吴王孰姑。

邗王　即攻吴王，就是吴王。吴古称干，《墨子·兼爱》：'以利荆楚干越'，《荀子·劝学》：'干越之剑'。凡此干越皆为吴越。《说文·邑部》：'邗，国也，今属临淮。'一曰，邗本属吴。《管子·小问》：'昔者吴干战，未齓不得入军门，国子擿其齿，遂入为干国多。'干吴两国，曾发生战争，干国后来为吴国所灭，成为吴疆土的一部分，因而吴也被称为干。干亦作邗。

是埜　即孰姑，就是寿梦。孰、是为一声之转，埜是野的古文，姑、野同属鱼部，因而孰姑即是野的对音。《史记·吴太伯世家》司马贞《索隐》引宋忠曰：'孰姑，寿梦也'。又云：《毛诗传》读姑为诸，知孰姑、寿梦是一人。'

参考书目

《录遗》五六九。郭沫若《吴王寿梦之戈》，《奴隶制时代》第一四一页。"[2]

又，井中伟《东周吴越铜戈比较研究》一文对该器论述如下："吴王寿梦戈，1件。现藏北京故宫博物院。铭文8字，郭沫若先生释文：'邗王是埜（野）乍为元用。'并考证'邗王'即吴王，'是野'即寿梦[3]，公元前585—公元前561年在位。该戈援面有血槽，短胡，管銎下部有穿孔，銎上端与内部作鸟兽形透雕，形制与中原地区出土春秋晚期至战国早期的同类戈非常相似[4]。"[5]

（三）器主为寿梦的否定说

董珊《吴越题铭研究》否定该器器主为寿梦时指出："寿梦自作铜器的题铭，迄今尚未发现。过去郭沫若曾认为邗王是野戈为寿梦作器，罗常培又为郭沫若论证，认为'乘诸'与'是野'为对音字[6]。我认为，占据邗地的吴王才可以称为'邗王'，文献记载吴王夫差时始城邗，没有证

---

[1] 苏州博物馆：《大邦之梦——吴越楚青铜器》，上海古籍出版社2017年，第43页。
[2] 上海博物馆：《商周青铜器铭文选》第二册，文物出版社1986年，第364页。
[3] 原文此处加注："郭沫若：《吴王寿梦之戈》，《郭沫若全集》考古编第6卷，科学出版社2002年，第58—69页。"
[4] 原文此处加注："赵振华：《河南洛阳新发现随葬钱币的东周墓葬》，《考古》1991年第6期；洛阳市文物工作队：《洛阳中州路东周墓》，《文物》1995年第8期；山西省考古研究所：《太原晋国赵卿墓》，文物出版社1996年，第90—91页；山西省考古研究所：《侯马铸铜遗址》，文物出版社1993年，第95—96页。"
[5] 井中伟：《东周吴越铜戈比较研究》，《东南文化》2008年第3期。
[6] 原文此处加注："郭沫若：《吴王寿梦之戈》，收入《奴隶制时代》，人民出版社，1954年，130页；又罗常培：《关于〈吴王寿梦之戈〉音韵上的一点补充》，《光明日报》1956年6月21日，收入《罗常培文集》（第九卷），山东教育出版社，2008年，129—130页。"

据能表明寿梦时的吴国势力已达邗城,因此寿梦似不可能已称邗王。"[1]

同时,该著作论及夫差器时另叙述为:"童书业指出,壶铭(指'禺邗王壶',见下文)'邗王'是吴王夫差。此时吴已灭邗并据为己有,因此吴王也可以称邗王[2]。李夏廷先生根据类型学指出,邗王戈有晋文化风格,应该是晋国工匠为吴王所造,时代为春秋晚期,并且推测其制作时间为'公元前六世纪末或公元前五世纪上半叶'[3]。因为上述情况的限制,戈铭'是埜(野)'一定是指吴王夫差。'是埜(野)'应为'夫差'之'差'的晋方言对音字。"[4]按此,则该戈为晋国工匠为吴王夫差所造,其器主为吴王夫差。

(四)本书作寿梦用器论述

上述,《吴越题铭研究》以"吴王夫差时始城邗,没有证据表明寿梦时的吴国势力已达邗城,因此寿梦似不可能已称邗王"为据,对该器为寿梦用器加以否定,并指为系晋国工匠为吴王夫差所造。显然,这里涉及前文所述的《管子·杂篇·小问》记载的吴灭"干"之战的时代及吴灭干后,作为历史记忆,语言上出现"吴""干"互文现象及"'吴干''吴邗',是吴灭干(邗)后的合名,这已为史学界所公认"[6]等学术问题;也涉及上引上海博物馆《商周青铜器铭文选》关于"是埜,即孰姑,就是寿梦。孰、是为一声之转,埜是野的古文,姑、野同属鱼部,因而孰姑即是野的对音"[7]等语音释读问题(吴灭"干"之战,参本书前文论述)。

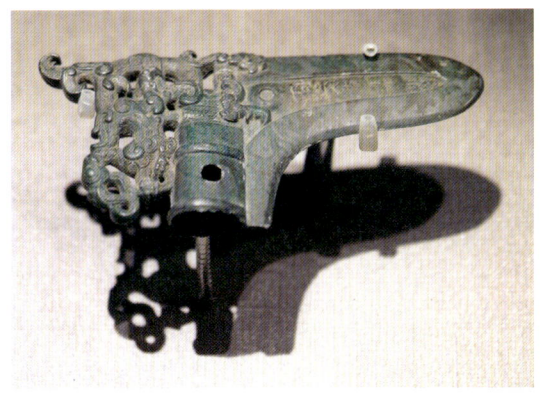

苏州博物馆"大邦之梦——吴越楚青铜器特展"展出的邗王是埜戈(复制品,春秋晚期,长14.9厘米,宽6.9厘米,北京故宫博物院藏)(吴恩培摄)

"邗王是埜戈"铭文拓片(录自《商周青铜器铭文选》)[8]

对这一存有争议的"邗王是野戈",本书认可上海博物馆编著的《商周青铜器铭文选》所作的"为寿梦用器"的判断。

---

[1]董珊:《吴越题铭研究》,科学出版社2014年,第8页。
[2]原文此处加注:"童书业:《释'攻吴'与'禺邗'》,《中国古代地理考证论文集》,中华书局,1962年,113—116页。"
[3]原文此处加注:"李夏廷:《'邗王是野戈'杂议》,《故宫博物院刊》2008年6期,76—80页。"
[4]董珊:《吴越题铭研究》,科学出版社2014年,第36页。
[5]上海博物馆:《商周青铜器铭文选》,文物出版社1986年,第334页。
[6]董楚平:《吴越文化新探》,浙江人民出版社1988年,第157页。
[7]上海博物馆:《商周青铜器铭文选》第二册,文物出版社1986年,第364页。
[8]上海博物馆:《商周青铜器铭文选》,文物出版社1986年,第334页。

三、后世方志记载的与寿梦有关的宫苑、建筑

后世方志、文献记载与寿梦有关的宫苑、建筑，如夏驾湖、都驿、都亭、都亭桥及寿梦城等，未见诸先秦文献记载，而系唐、宋乃至明、清等后世文献记载。不能排除其中有附会、因袭前人等情况发生，故其记载的真实性存疑。录之，备考。

（一）夏驾湖："寿梦盛夏乘驾纳凉之处"

文献记载的苏州最早且与吴王寿梦有关的吴国王家苑囿为夏驾湖。唐陆广微《吴地记》载："夏驾湖，寿梦盛夏乘驾纳凉之处，凿湖池，置苑囿，故今有苑桥之名。"[1]

其后，南宋范成大《吴郡志》记载夏驾湖宋代时已不存的情况为："夏驾湖，在吴县西城下。……今城下但存外濠，即漕河也。河西悉为民田，不复有湖。民犹于河之傍种菱，甚美，谓之夏驾湖菱。"[2]

清代姚承绪《吴趋访古录》则将夏驾湖与长船湾作联系，说："夏驾湖，在西城下，吴王避暑于此，故名。昔时截河筑城，外濠为长船湾，连运河而水浸广。旧产菱芡，今多湮为民居。"[3]长船湾位于苏州金门外南新桥东堍南侧城墙与外城河之间，南接胥门外大街，北至金门口。原名"南湾子"，后因其地有修船作坊，遂改今名。而和姚承绪《吴趋访古录》所载夏驾湖在长船湾一带相异的是，《苏州历代园林录》记载夏驾湖"在今苏州城内吴趋坊一带"[4]。

（二）都驿、都亭与都亭桥

唐代陆广微《吴地记》另记载："都亭桥，寿梦于此置都驿，招四方贤客，基址见存。"[5]北宋朱长文《吴郡图经续记》记载："都亭桥，在吴县西北，故传吴王寿梦尝于此作都亭，以招贤士也。"[6]显见，唐代时已有或是记载或是附会于吴王寿梦所作的"都驿"，至北宋时演变为"都亭"。而上述唐、宋文献均以"都亭桥"桥名来记载这一与吴王寿梦有关的建筑。南宋时，该桥已出现在著名的《平江图》上，其位置位于今皋桥之东。

（三）寿梦城

唐代陆广微《吴地记》记载："周章卒。其后至寿梦，始别筑城，为宫室于平门西北二里。"[7]关于寿梦这一"始别筑城"的性质，曹林娣点校《吴地记》时对之注曰："寿梦所筑之城，张云'基址见存'，未知何据。"[8]

后世苏州方志关于吴王寿梦所建寿梦城记载有多则，或多为附会于寿梦，不足为据。其记载情况如下：

《姑苏志》卷第七："昆山县，在府东七十里。秦、汉娄县地，以娄江名。相传其城吴子寿梦

---

[1] 陆广微：《吴地记》，江苏古籍出版社1986年，第41页。
[2] 范成大：《吴郡志》，江苏古籍出版社1986年，第257页。
[3] 姚承绪：《吴趋访古录》，江苏教育出版社1993年，第22页。
[4] 魏嘉瓒：《苏州历代园林录》，北京燕山出版社1992年，第4页。
[5] 陆广微：《吴地记》，江苏古籍出版社1986年，第98页。
[6] 朱长文：《吴郡图经续记》，江苏古籍出版社1986年，第24页。
[7] 陆广微：《吴地记》，江苏古籍出版社1986年，第7页。
[8] 曹林娣注，见陆广微：《吴地记》，江苏古籍出版社1986年，第11页。

所筑。"[1]

《姑苏志》卷第十六:"昆山县城,相传吴子寿梦所筑。"[2]

《姑苏志》卷第三十三:"娄城,即昆山故城也。《图经》云:'在县东三百步。'旧《志》云:'吴子寿梦所筑。'"[3]

《昆新两县续修合志》卷一:"邑本故娄县地,旧有城在东南三百步。《元和郡县志》:'吴子寿梦所筑。'《吴郡志》谓之'东城'。"[4]

《昆新两县续修合志》卷十二:"东城又名娄城,即昆山故城。《图经》云:在县东南三百步。今桥、巷犹以东城为名。《吴郡志》:'近岁耕者,于荐严寺后多得城砖及铜箭镞。'《元和志》:'娄城,吴寿梦所筑。'"[5]

---

[1]《姑苏志》卷第七《沿革》,见正德《姑苏志》,苏州图书馆藏本。
[2]《姑苏志》卷第十六《城池》,见正德《姑苏志》,苏州图书馆藏本。
[3]《姑苏志》卷第三十三《古迹》,见正德《姑苏志》,苏州图书馆藏本。
[4]《昆新两县续修合志》卷一《城池》,见《昆新两县续修合志》,苏州图书馆藏本。
[5]《昆新两县续修合志》卷十二《古迹》,见《昆新两县续修合志》,苏州图书馆藏本。

第五章　吴王诸樊、吴王馀祭时"联晋抗楚"战略的守成

第一节　二十世吴王诸樊及其执政

一、诸樊其人

诸樊，寿梦嫡长子。公元前561年（吴寿梦二十五年，鲁襄公十二年）寿梦辞世。公元前560年（吴诸樊元年，鲁襄公十三年）诸樊即位为二十世吴王。

诸樊又作遏、谒。诸樊，见诸《左传·襄公十四年》："吴子诸樊既除丧，将立季札。"[1] 遏，见诸《春秋经·襄公二十五年》："吴子遏伐楚，门于巢，卒。"[2] 谒，见诸《公羊传·襄公二十五年》："吴子谒伐楚，门于巢，卒。"[3]

对上述不同名号，司马贞《史记索隐》予以分析说："《春秋经》书'吴子遏'，《左传》称'诸樊'，盖'遏'是其名，'诸樊'是其号。《公羊传》作'谒'。"[4]

吴王寿梦辞世前意欲立四子季札而废嫡长子诸樊，但遭季札拒绝。寿梦不得已将王位传于嫡长子诸樊时，要求诸樊后的王位继承由"父死子继"改为"兄终弟及"，以传至季札。

春秋时期，嫡长子继承制的王位继承制度已是主流。故诸樊作为嫡长子继承王位并执掌王权，其合法性、正当性在当时的传承制度中本无疑义。可由于寿梦生前"欲传国及札"及"必授国以次及于季札"[5] 等王命及父命，诸樊对自己继位的合法性、正当性产生困惑且缺少自信。所有这些，在寿梦死后"诸樊以适长摄行事，当国政"[6] 的文献记载中，尽然表现出来。适，元代徐天祐注为："'适'通作'嫡'，正出也。"[7] 而"摄"，则为代理之意。《左传·隐公元年》："元年，春，王周正月。"[8] 杜预注为"不书即位，摄也。假摄君政"[9]，意指不记载非正室所出的鲁隐公即位，是因为他只是代理执政。

因此，"诸樊以适长摄行事，当国政"时，只认为自己仅是以嫡长子身份"摄"政，即代其弟

---

[1]《左传·襄公十四年》，见《春秋左传正义》，北京大学出版社1999年，第919页。
[2]《春秋经·襄公二十五年》，见《春秋左传正义》，北京大学出版社1999年，第1011页。
[3]《公羊传·襄公二十五年》，见《春秋公羊传注疏》，北京大学出版社1999年，第455页。
[4] 司马贞：《史记索隐》，见司马迁：《史记》，中华书局1959年，第1449页。
[5] 赵晔：《吴越春秋》，江苏古籍出版社1986年，第7页。
[6] 赵晔：《吴越春秋》，江苏古籍出版社1986年，第7页。
[7] 徐天祐音注，见赵晔：《吴越春秋》，江苏古籍出版社1986年，第7页。
[8]《左传·隐公元年》，见《春秋左传正义》，北京大学出版社1999年，第37页。
[9] 杜预：《春秋经传集解》，上海古籍出版社1978年，第5页。

季札理政而已。而这代为所"理"之"政",首先即是其父丧事,既为国事,亦为家事。故"已除丧,让季札"[1],即丧事办完,诸樊就意欲让位于季札。但"季札谢曰:'夫适长当国,非前王之私,乃宗庙社稷之制,岂可变乎?'"[2]意即,季札依然遵循"适长当国"的礼制及传承程序,并认为不能因已故父王寿梦的个人意愿来改变这些传承制度。

二、"诸樊南徙吴"——后世苏州古城的历史雏形

诸樊接位后所做的一件大事就是"南徙吴"——一件对后世苏州古城屹立于太湖东南产生极其重要影响的大事。其"南徙"之"吴",堪为苏州古城的历史雏形。

(一)"诸樊南徙吴"的文献记载

记载诸樊徙吴的文献,最早为战国时的《世本》(又作《系本》)。今本《世本》亦有多处"诸樊徙吴"的记载。南朝宋裴骃《史记集解》注《史记·吴太伯世家》"王诸樊元年"句时即引"《世本》曰:'诸樊徙吴'也"[3]。其后的苏州历代方志,对"诸樊南徙吴",亦不断予以记载。如:

南宋范成大《吴郡志》:"《世本》又云:'诸樊徙吴安,即今苏州。'"[4]("安"为衍文)

明卢熊《洪武苏州府志》"阊阖都"条说:"《正义》云:'诸樊南徙吴。至光使子胥筑阖闾城都之,今苏州也。'《通典》云:'苏州,春秋吴国之都,自阖闾后,并都此。'"[5]

明杨循吉《长洲县志》则指出:"吴自泰伯筑城于梅里,……号为勾吴。至寿梦,十九世皆以为都,盖无锡之境也。其后诸樊南徙六十里,即今吴地。当时未大兴建。"[6]

从以上文献记载中,可梳理出以下史实:

1.吴国从一世泰伯至十九世寿梦,其国都或曰王都均在梅里(今无锡梅村)。

2.诸樊徙吴的具体年代,裴骃《史记集解》说为"王诸樊元年",即公元前560年。

3.诸樊执政后"南徙吴",并非指南徙其国都,而是只选择了一个供以后迁徙都城的地域——"吴"。其位置如《长洲县志》所说,从梅里"南徙六十里,即今吴地",且"当时未大兴建"。

1957年商务印书馆的《世本八种出版说明》(简称《出版说明》)说:"《世本》为先秦重要史籍之一,司马迁的不朽著作《史记》,就曾采撷它的资料,两汉学者如班固、刘向、王充、郑玄、赵岐诸人,亦多所称引。"[7]该《出版说明》另论述了《世本》的年代、源流等。

中华书局2008年出版《世本八种》时《重印说明》说:"《世本》是先秦重要的史籍之一,原书已佚。一九五七年商务印书馆将清人王谟、孙冯翼、陈其荣、秦嘉谟、张澍、雷学淇、茆泮林、王梓材等的八种《世本》加以汇集、校勘,整理出版了《世本八种》。"[8]

---

[1]赵晔:《吴越春秋》,江苏古籍出版社1986年,第7页。
[2]赵晔:《吴越春秋》,江苏古籍出版社1986年,第8页。
[3]裴骃:《史记集解》,见司马迁:《史记》,中华书局1959年,第1450页。
[4]《吴郡志·卷第四十八·考证》,见范成大:《吴郡志》,江苏古籍出版社1986年,第617页。
[5]《洪武苏州府志·卷第四·城池》,见卢熊:《洪武苏州府志》,广陵书社2015年,第79页。
[6]《长洲县志》,广陵书社2006年,第78页。
[7]商务版《世本八种出版说明》,见《世本八种》,中华书局2008年,第1页。
[8]中华书局编辑部:《世本八种·重印说明》,见《世本八种》,中华书局2008年,扉页。

《世本八种》有六种"诸樊徙吴"的记录。《世本·王谟辑本》:"诸樊徙吴"[1]。《世本·张澍稡集补注本》:"诸樊徙吴"[2]。《世本·陈其荣增订本》:"诸樊徙吴"[3]。《世本·秦嘉谟辑补本》:"诸樊徙吴"[4]。《世本·雷学淇校辑本》:"诸樊徙吴"[5]。《世本·茆泮林辑本》:"诸樊徙吴"[6]。

不排除的情况是,这些记录最早是战国时《世本》记录的,后由汉代宋忠(宋衷)注引《史记》并为后世《史记》三家注所保留。再其后,《世本》原书佚失。清人王谟、孙冯翼、陈其荣、秦嘉谟、张澍、雷学淇、茆泮林、王梓材等从各种文献(含从《史记》及其三家注)中辑录出八种《世本》。这些对《世本》的后世整理、辑录本,应当说有其文献价值。

而如前述,上述《世本八种》中,有六种都记录了"诸樊徙吴"。这一事实本身至少可以说明,清代学人群体性地对传为《世本》记载的"诸樊徙吴"的认可。

(二)"诸樊南徙吴"之"吴"地地望

"诸樊南徙吴",指的是吴王诸樊从时为吴国国都的梅里,向南迁徙至吴地所做的最初准备,并非迁徙其都城。关于该南徙之"吴"地地望,廖志豪、张鹄、叶万忠、浦伯良编著的《苏州史话》说:"到泰伯第二十世孙诸樊当吴王的时候,由于政治势力扩张和经济发展的需要,诸樊就把国都从梅里迁到现在的苏州。诸樊在苏州定居后不久,先筑起了一个小城,叫'吴子城'。过去,在苏州体育场北面,苏州专员公署对面尚能见到一些起伏的土丘,据说就是当年吴子城的残迹,如今就连这样的土丘也无迹可寻了。"[7]曹林娣点校《吴地记》时亦注曰:"据今人考:光之父诸樊即将国都从梅里迁至苏州,所筑小城为'吴子城',在今苏州市体育场北面。"[8]

以上的"据今人考",或即指《苏州史话》所说"在苏州体育场北面……据说就是当年吴子城的残迹"[9]。而这一"据说",未指其文献来源,且迄今亦未见是处"吴子城"及周边地区的考古发掘报告,故对这一"吴子城"目前无法予以肯定或否定。

"吴"为春秋吴国国号,亦为春秋吴国都城"吴"城之名。《春秋经》《左传》记载的春秋时吴都"吴"[10]城,即今苏州古城。该"吴"城,袁康、吴平撰著的《越绝书》又称为"吴大城"[11]。唐张守节《史记正义》首次称该"吴"城为"阖闾城"时指出:"吴,国号也。太伯居梅里,在常州无锡县东南六十里。至十九世孙寿梦居之,号句吴。寿梦卒,诸樊南徙吴。至二十一代孙光,使子胥筑阖闾城都之,今苏州也。"[12]

---

[1]《世本·王谟辑本》,见宋衷注、秦嘉谟等辑:《世本八种》,中华书局2008年,第34页。
[2]《世本·张澍稡集补注本》,见宋衷注、秦嘉谟等辑:《世本八种》,中华书局2008年,第37页。
[3]《世本·陈其荣增订本》,见宋衷注、秦嘉谟等辑:《世本八种》,中华书局2008年,第7页。
[4]《世本·秦嘉谟辑补本》,见宋衷注、秦嘉谟等辑:《世本八种》,中华书局2008年,第347页。
[5]《世本·雷学淇校辑本》,见宋衷注、秦嘉谟等辑:《世本八种》,中华书局2008年,第70页。
[6]《世本·茆泮林辑本》,见宋衷注、秦嘉谟等辑:《世本八种》,中华书局2008年,第98页。
[7]廖志豪、张鹄、叶万忠、浦伯良:《苏州史话》,江苏人民出版社1980年,第18页。
[8]陆广微:《吴地记》,江苏古籍出版社1986年,第11页。
[9]廖志豪、张鹄、叶万忠、浦伯良:《苏州史话》,江苏人民出版社1980年,第18页。
[10]《春秋经》《左传》记载"吴"城情况为:《春秋经·定公五年》"於越入吴"、《左传·定公五年》"越入吴"(见《春秋左传正义》,北京大学出版社1999年,第1559页);《春秋经·哀公十三年》"於越入吴"、《左传·哀公十三年》"丁亥,入吴"(见《春秋左传正义》,北京大学出版社1999年,第1669、1670页)。
[11]袁康、吴平:《越绝书》,上海古籍出版社1985年,第10页。
[12]张守节:《史记正义》,见司马迁:《史记》,中华书局1959年,第1445页。

(三)"诸樊南徙吴"的原因探讨

"诸樊南徙吴"的原因,一为内政原因,二为外部地缘政治原因。

内政原因,或与寿梦生前屡屡欲将吴国王位传于季札有关,从而对诸樊即位产生负面影响。故诸樊即位后的"南徙吴"或许与此有直接或者间接关联。

而外部地缘政治原因,则与吴国这一时期的"联晋抗楚"战略有关。寿梦时期,吴国在晋国"联吴制楚"战略影响下,相应制定"联晋抗楚"战略。吴国对楚国的政策发生转向,但越国却依然为楚国盟国。地缘政治下的吴、越两国,已分属晋国集团和楚国集团,这使得吴国处在楚国及其盟国越国的夹击态势之下。且寿梦执政时期,楚国也开始攻打吴国,并攻抵今南京附近的"衡山",距当时吴国国都梅里仅数百里之遥。且自今南京往东过镇江、常州而至无锡梅里,均为平原地区,无险可据。因此,诸樊即位后"南徙吴"的战略意图,不能排除的情况为:一是加强战略纵深,使吴国政治中心避开楚国军事锋芒;二是使吴国政治中心南移,以此威慑并防御吴国南面距其更近的楚国盟国——越国。

(四)"诸樊南徙吴"的意义

"诸樊南徙吴"对当时及后世的吴国,都产生了重大影响。

"诸樊南徙吴"所迁徙者,或只是与吴王诸樊处理公务及生活起居有关的离宫别苑。而这一时期吴王诸樊所筑离宫别苑,与后世阖闾所筑吴国都城"吴"城,在地域上重合。

春秋后期吴国筑都城"吴"城并迁焉,乃是诸樊之子——吴王阖闾的作为。如张守节所说:"至二十一代孙光,使子胥筑阖闾城都之,今苏州也。"诸樊至阖闾的王权,并非直接传承,而是隔了三代吴王(馀祭、馀眛和僚)后依凭阴谋、暴力,公子光方从吴王僚手中夺得王权。公子光为吴王阖闾后,或是念及其父昔日的"南徙吴",与其父的"徙吴"形成默契,并化为"使子胥筑阖闾城都之"的行动。从这一意义上讲,吴王阖闾继承其父"南徙吴"的战略思维,并以"吴"城(吴大城、阖闾城,即今苏州古城)的实体形态将这一思维固定下来。

唐张守节《史记正义》释《史记·吴太伯世家》说:"寿梦卒,诸樊南徙吴。至二十一代孙光,使子胥筑阖闾城都之,今苏州也。"[1]此处的"今苏州也",指春秋时的吴国都城"吴"城。

唐张守节《史记正义》释《史记·春申君列传》"春申君因吴墟,以自为都邑"[2]说:"墟音虚。今苏州也。"[3]此处的"今苏州也",指战国后期,历经越灭吴战争而成"吴墟"——"吴"城废墟的故吴旧都。

上述指唐代时"今苏州也"的春秋吴都"阖闾城"及战国时的"吴墟",其一溯至春秋时阖闾"使子胥筑阖闾城都之"的"吴"城,其二溯至战国黄歇治吴时对已为"吴墟"的故吴旧都的修复。

不同历史时期的"吴"城与"吴墟",由同一个"吴"字联结起来。而二者均指唐代时的"今苏州也"。二者共同溯及之源,却正是吴王诸樊时的"南徙吴"。

因此,"诸樊南徙吴"是对后世吴都乃至苏州的发展有着奠基意义的重大事件,为苏州古城的

---

[1] 张守节:《史记正义》,见司马迁:《史记》,中华书局1959年,第1445页。
[2]《史记·春申君列传》,见司马迁:《史记》,中华书局1959年,第2394页。
[3] 张守节:《史记正义》,见司马迁:《史记》,中华书局1959年,第2394页。

出现作了最初、也是决定性的战略准备,并成为吴王阖闾迁都于斯的历史先声和苏州古城最早的历史雏形。

第二节　诸樊承继寿梦"联晋抗楚"战略及其对楚战争——庸浦之战

一、吴王诸樊值楚国丧期间发动"伐楚丧"战争

公元前560年(吴诸樊元年)"秋,楚共王卒"[1]。

楚共王去世,与吴王寿梦去世仅相隔一年。是时,吴国尚处国丧期内。而吴国的国丧期未满,楚国也进入了国丧期。

正当楚国的大臣们在讨论给去世的楚共王用什么谥号时,身处吴国国丧期内的吴王诸樊,却乘楚国国丧对楚用兵。这就是《左传·襄公十三年》记载的"吴侵楚"及楚国大夫养由基所说的"吴乘我丧"[2]。

(一)战争原因

在本国居丧期间,诸樊主持此番伐楚,或深知此战无论是对吴国的内政还是对中原列国的外交等,都将产生难以估量的后果和不利影响。如果没有特别的原因,诸樊似不应轻开战衅。而之所以如此或与以下原因有关。

1.楚国因选择新君而发生内讧,为吴国对楚争斗提供了难得的战机

《左传·昭公十三年》记载说:"初共王无冢適,有宠子五人,无適立焉。"[3]而《史记·十二诸侯年表》则与此相悖地记载为"共王太子出奔吴"[4]。按此,楚共王有嫡长子即太子,然而这位太子或是在王权争夺中失败,逃亡至吴国。

因此,吴国"伐楚丧"的背后,既有着楚国王权争夺表面化的迹象,又有着吴王诸樊意图抓住稍纵即逝的战机,以取得胜利的目的。同时,不排除吴王诸樊将"出奔吴"的"共王太子"送回楚国继承大统,由此攫取吴国最大利益的考虑。

显然,在利益的诱惑下,吴王诸樊既顾不得"伐楚丧"可能引发的后果,也顾不得吴国其实也处于国丧期的情况而贸然发兵。

2.吴国向晋国集团传递出将承继"联晋抗楚"战略的讯息

对晋国集团诸国来说,随着吴、楚国君的相继更迭,不能不存在如下疑虑:同处长江流域而相邻的吴、楚两国,各自原先的对内、对外政策是否会随着国君的更替而发生变化?是否会以两国国丧为契机,借往来吊唁之机,暗通款曲,从而改变原来的敌对状态?

在这种情况下,诸樊需要一场战争来对外宣示,既借以表明吴国抗楚政策的连贯性不会因王

---

[1]《左传·襄公十三年》,见《春秋左传正义》,北京大学出版社1999年,第911页。
[2]《左传·襄公十三年》,见《春秋左传正义》,北京大学出版社1999年,第911—912页。
[3]《左传·昭公十三年》,见《春秋左传正义》,北京大学出版社1999年,第1317页。
[4]《史记·十二诸侯年表》,见司马迁:《史记》,中华书局1959年,第636页。

权更迭而改变,也以此打消晋国和晋国集团其他列国的疑虑,另外,不排除吴国也企图以"伐楚丧"而获得晋国集团诸多方面支持和援助的目的。

(二)战争经过、结果及特点

1.战争经过

《左传·襄公十三年》记载该战进程说:"吴侵楚,养由基奔命,子庚以师继之。养叔曰:'吴乘我丧,谓我不能师也。必易我而不戒。子为三覆以待我,我请诱之。'子庚从之。战于庸浦,大败吴师,获公子党。"[1]意为,吴国入侵楚国,楚将养由基为此奔走应命,迎战吴军。楚国司马子庚统率大军支援。养由基向子庚献计说:"吴军乘我国国丧而兴兵,他们以为我们在哀伤中不能迅速做出反应,从而会轻视我们而放松戒备。您设三重埋伏等待我,我请求去把敌军引诱来。"子庚听从了养由基的计策。楚军在庸浦设伏并引诱来吴军,从而大败吴军,并俘获了吴国的王室成员——公子党。

公子党的王室身份,有可能为寿梦庶子、诸樊庶弟。

2.战争特点

本次战争的特点是,吴伐楚的突然性及其存在着道德缺陷。春秋时期,军中礼仪有所谓"礼不伐丧"之说。《礼记·杂记下》有"君子不夺人之丧"[2]的记载。这一战争礼仪和军中道德,为当时的人们所接受。以刚去世的楚共王为例,在其执政时的公元前569年(吴寿梦十七年)春天,楚军因陈国背约而驻扎在繁阳。三月时,陈国国君陈成公去世。驻扎繁阳的楚军原本打算攻打陈国,但获悉陈国国丧,于是立即停止了军事行动。这就是《左传·襄公四年》记载的"三月,陈成公卒。楚人将伐陈,闻丧乃止"[3]。对此,杜预注曰:"军礼不伐丧。"[4]

而另一实例是,公元前554年(吴诸樊七年)晋国的士匄(即范宣子)入侵齐国时,"及穀,闻丧而还,礼也"[5]。即晋军到达穀地时,获悉齐国国君去世,于是就返回去了,这是合于礼的。孔颖达疏对此亦指出:"《传》言'礼也',则兵不伐丧,必有常礼,礼有此法,故'闻丧即还'。"[6]

吴王诸樊迫不及待地"伐楚丧",虽有着因"共王太子出奔吴"而捕捉战机的因素,但毕竟违反"礼不伐丧""闻丧而还"等战争礼仪和军中道德。而接下来晋国集团举行向城会见的主持者,即是上述晋伐齐时"闻丧而还"的晋军统帅士匄。

3.吴军"易我而不戒"与楚军精准判断下的战争结果

吴军乘楚丧而突然发动战争,是以楚国不能迅速做出反应为前提的,故战争初期取得了效果,并由此助长了吴军胜而骄的麻痹情绪。而吴军的对手——楚将养由基骤然面临未预料的战争,值"奔命"[7]之际却处变不惊地判断出吴军在胜利面前必骄傲而不加戒备。于是,他让子庚

---

[1]《左传·襄公十三年》,见《春秋左传正义》,北京大学出版社1999年,第911—912页。
[2]《礼记·杂记下》,见《礼记正义》,北京大学出版社1999年,第1200页。
[3]《左传·襄公四年》,见《春秋左传正义》,北京大学出版社1999年,第828页。
[4]杜预注,见杜预:《春秋经传集解》,上海古籍出版社1978年,第813页。
[5]《左传·襄公十九年》,见《春秋左传正义》,北京大学出版社1999年,第960页。
[6]孔颖达疏,见《春秋左传正义》,北京大学出版社1999年,第960页。
[7]《左传·襄公十三年》,见《春秋左传正义》,北京大学出版社1999年,第911页。

设三重埋伏,自己去诱敌。这正是针对吴国骄兵情绪的有效对策。由此,吴军不仅大败,且还让一位王室成员——公子党被楚军俘虏。

二、吴国军事失败引发的外交、内政危机

吴军战败,吴王诸樊立刻面临外交、内政危机。

(一)向城会见:晋国集团对吴国的批判和斥"退"

在外交上,诸樊面临如何向盟主晋国交代的问题。

晋国集团内,虽未见成员国须就重大事件向盟主报告及盟主有权监督成员国行为的明确条文,但却有着盟主对成员国管控和问责的先例。

公元前569年(吴寿梦十七年),鲁国在得到晋国首肯的情况下,将本是莒国保护国的鄫国变成鲁国的附属国。可两年后,莒国、邾国在齐国的暗中支持下,抗鲁灭鄫。其时,鲁国的不作为引发盟主晋国的不满,于是,"晋人以鄫故来讨,曰:'何故亡鄫?'季武子如晋见,且听命"[1]。晋国以鄫国被灭讨伐鲁国,责问他为何不救鄫而导致其灭亡。鲁国派季武子去晋国进见并听候晋国的处置。由此可见,集团内的大事,盟主有权力干预。

其时,吴军伐楚战败,显然须向盟主晋国履行报告义务,寻求指导和帮助。这就是《左传·襄公十四年》记载的次年(吴诸樊二年,前559)春天,"吴告败于晋。会于向,为吴谋楚故也"[2]。意即,吴国向晋国报告说,伐楚之战中被楚国打败了。于是晋国让吴国派代表来到向城,同时,也请晋国集团的中原列国派人到向城来为吴国策划攻打楚国的事宜。此时,晋或尚未获知吴伐楚丧的情况,故晋国集团内诸国"会于向"的议题是"为吴谋楚故也"——为吴国出谋划策如何攻打楚国。

向城会见的与会国名单,即《春秋经·襄公十四年》所记载的:"十有四年,春,王正月,季孙宿、叔老会晋士匄、齐人、宋人、卫人、郑公孙虿、曹人、莒人、邾人、滕人、薛人、杞人、小邾人会吴于向。"[3]

晋国集团的这一"会吴于向"的向城会见,尽管并非国君级别,但其规模却涵盖了晋国集团的晋、齐、鲁、卫、宋、郑、曹等主要成员国。向城会见的主持者为晋国的士匄。其人即前述率晋军伐齐,"及穀,闻丧而还"[4]的晋军统帅。而其父士燮(即范文子),乃是寿梦三年时逼迫鲁国伐郯,从而让寿梦北进伐郯时所获之利全部吐出的晋国重臣。

士匄获知吴人伐楚丧的作为后,在向城会见中"数吴之不德也,以退吴人"[5]。杜预注为:"吴伐楚丧,故以为不德。数而遣之,卒不为伐楚。"[6]

显见,向城会见的议题原本是"为吴谋楚",以行报复。然而,会见的氛围和议题骤然发生变化。在既往战事中曾有过兵不伐丧、闻丧即还等军事实践的士匄,厉声责备吴国不道德,从而拒

---

[1]《左传·襄公六年》,见《春秋左传正义》,北京大学出版社1999年,第848页。
[2]《左传·襄公十四年》,见《春秋左传正义》,北京大学出版社1999年,第916页。
[3]《春秋经·襄公十四年》,见《春秋左传正义》,北京大学出版社1999年,第915页。
[4]《左传·襄公十九年》,见《春秋左传正义》,北京大学出版社1999年,第960页。
[5]《左传·襄公十四年》,见《春秋左传正义》,北京大学出版社1999年,第916页。
[6]杜预注,见杜预:《春秋经传集解》,上海古籍出版社1978年,第903页。

绝对吴国施以援手。晋国士匄以"礼"制的道德原因斥"退"吴人,并"卒不为伐楚"。这意味着,整个晋国集团都不会再为吴国伐楚提供任何道义和物质的帮助。同时,这也意味着吴国自公元前576年(吴寿梦十年)的钟离盟会正式加入晋国集团十七年后,由此被边缘化。

吴王诸樊,终为他"伐楚丧"的道德原因而承担责任和后果。在多个中原诸侯国参与的向城会见中,中原文化所给予吴国的道德审判,是吴王诸樊继军事失败后的外交失败。

(二)诸樊对军事、外交失败以示负责的让位及季札的再次拒绝

伐楚之战后,吴国国丧期已满,而"伐楚丧"所引发的吴国军事、外交的双重失败,其后果却依然在发酵,并波及吴国内政。对此,《左传·襄公十四年》记载说:"吴子诸樊既除丧,将立季札。季札辞曰:'曹宣公之卒也,诸侯与曹人不义曹君,将立子臧。子臧去之,遂弗为也,以成曹君。君子曰:能守节。君,义嗣也。谁敢奸君?有国,非吾节也。札虽不才,愿附于子臧,以无失节。'固立之。弃其室而耕。乃舍之。"[1]意即:其时,吴国国丧期满,吴王诸樊也已经免除了丧服,打算立季札为国君。季札辞谢说:"曹宣公死的时候,诸侯和曹国人不赞成曹成公,打算立子臧为国君。子臧离开了曹国,曹国人就没有按原来的计划去做,以成全曹成公。君子称赞子臧说'能够保持节操'。君王是合法的继承人,谁敢冒犯君位?据有国家,不是我的节操。季札虽然没有才能,但愿意追随子臧,以不失节操。"

季札"愿附于子臧"的推辞,并没有打消诸樊"将立季札"的念头。于是"固立之,弃其室而耕,乃舍之"[2]。即诸樊仍然坚持要立季札为国君。季札于是抛弃了他的家产而去种田,诸樊这才放弃了让位的打算。

从《左传·襄公十四年》的记载来看,向城会见吴国遭遇重大外交挫折后,吴王诸樊以主动让位于季札的方式以示承担责任。同时,诸樊亦以该方式履行当日对父亲寿梦的承诺。而本年《左传》记载诸樊的让位,越过其大弟馀祭、二弟馀昧而直接让至三弟季札。这一让位行为,实印证了前引《吴越春秋》记载的寿梦临终前的传承遗命,即"我欲传国及札,……必授国以次及于季札"的"王命"和"父命"。

对吴国王权传承产生重大影响的曹国故事,前文已作详细论述。将子臧与季札进行比较,则可看出:二人作为的社会效果相同。子臧成全其兄曹成公;而"愿附于子臧"的季札,也在其兄诸樊遭受军事、外交挫折之际,以自己的作为成全了其兄诸樊。然而,若将上述的被成全者的曹成公与吴王诸樊进行比较,二者无论是当时王位传承中的王室身份或获取王权的方式,都有着本质区别。而这一本质区别,又分别关联着子臧与季札各自作为的本质区别,这就是子臧"以成曹君"的背后,实际上是维护了负刍(曹成公)"杀其大子而自立"[3]的并不为当时道德规范所认可的行为。相比之下,"愿附于子臧"的季札,成全其兄诸樊的同时,更认可诸樊对其父寿梦的王位继承。

---

[1]《左传·襄公十四年》,见《春秋左传正义》,北京大学出版社1999年,第919页。
[2]《左传·襄公十四年》,见《春秋左传正义》,北京大学出版社1999年,第919页。
[3]《左传·成公十三年》,见《春秋左传正义》,北京大学出版社1999年,第763页。

第三节 楚国的军事报复——吴楚皋舟之战

一、吴楚皋舟之战的原因、经过及结果

春天时的向城会见，晋国集团因道德原因拒绝帮助吴国攻伐楚国。而楚国却不会放过吴国的"伐楚丧"。

秋天时，楚国开始进行军事报复。《春秋经·襄公十四年》载："秋，楚公子贞帅师伐吴。"[1]而《左传·襄公十四年》则予疏解说："秋，楚子为庸浦之役故，子囊师于棠以伐吴，吴不出而还。"[2]秋天，楚国新执政的楚王因为去年庸浦战役，派令尹子囊（即公子贞）屯兵棠邑以攻打吴国。吴国不出兵应战，楚军就退师了。

（一）战争原因

此战乃是楚国对吴国"伐楚丧"的报复，即"楚子为庸浦之役故"。然而，本年楚伐吴，还当另有原因。

楚共王去世后，由楚康王庶子夺嫡而引发的另一个大事件是"共王太子出奔吴"[3]。楚国太子逃亡到吴国，既对楚康王庶子夺嫡而上台的合法性提出了挑战，也成为楚国内政的最大隐患。因此，楚国君位之争与吴、楚两国渐成水火的敌对关系互相纠缠，使得两国关系更为复杂。而鉴于出逃者的嫡子具有楚"太子"身份，存在着楚逃亡太子从吴国借兵回国夺位的可能性。同时，吴国在向城会见时，并未得到晋国集团的帮助与支持，而对军事、外交失败担责的吴王诸樊，也存在着下台或让位的可能，从而导致吴国爆发内政危机。

其时，楚国或已得知晋国集团向地会见的结果——吴伐楚丧，晋国集团"卒不为伐楚"[4]，故选择在吴国外交孤立、内政危机等同时爆发之时伐吴。

显然，上述多种因素的交互作用，构成了本年（吴诸樊二年，前559）秋天楚国攻打吴国的战争原因。

（二）战争经过及结果

本次战争，《春秋经·襄公十四年》记载："秋，楚公子贞帅师伐吴。"[5]公子贞即时任楚国令尹的子囊。《左传·襄公十四年》记载："子囊师于棠以伐吴。吴不出而还。子囊殿，以吴为不能而弗儆。吴人自皋舟之隘，要而击之，楚人不能相救。吴人败之，获楚公子宜穀。"[6]"棠"邑地望，杨伯峻《春秋左传注》指出："棠，今江苏六合县稍西而北二十五里。"[7]故据《左传·襄公十四年》的记载，楚国的统帅、令尹子囊率军在棠地驻扎以攻打吴国。吴国不出战，楚军就退师

---

[1]《春秋经·襄公十四年》，见《春秋左传正义》，北京大学出版社1999年，第916页。
[2]《左传·襄公十四年》，见《春秋左传正义》，北京大学出版社1999年，第929页。
[3]《史记·十二诸侯年表》，见司马迁：《史记》，中华书局1959年，第636页。
[4]杜预注，见杜预：《春秋经传集解》，上海古籍出版社1978年，第903页。
[5]《春秋经·襄公十四年》，见《春秋左传正义》，北京大学出版社1999年，第916页。
[6]《左传·襄公十四年》，见《春秋左传正义》，北京大学出版社1999年，第929页。
[7]杨伯峻：《春秋左传注》（修订本），中华书局1990年，第1018页。

了。子囊殿后，认为吴国不会构成威胁而不加警戒。吴军在皋舟险要之地拦腰截击楚军，被分为两部的楚军不能相互救应。吴军打败了楚军，俘虏了楚国的公子宜穀。

在吴楚战争中，战争结局轮回般地往复循环。庸浦之战，吴国人先动手，但由于判断失误加上麻痹大意，结果打了败仗，一位吴国公子让楚人俘去；而在楚人报复的皋舟之战中，楚人先动手，但重蹈吴人覆辙，判断失误加上麻痹大意，结果也打了败仗，一位楚国公子让吴人俘去。然而，正是此战，实实在在地教育了楚人——吴国已非当初附属于楚的小国。

此战后续情况为："楚子囊还自伐吴，卒。将死，遗言谓子庚：'必城郢。'"[1]楚军统帅子囊此番攻打吴国，丧师溃败，精疲力竭，竟一病不起，回去后就死了。临死前，这位楚国重臣对大夫子庚说："必城郢！"即一定要把郢都城的城墙修好！显然，子囊已预感到崛起的吴国今后将对楚国形成威胁，故发出冷兵器时代的战略防御警告。其后的历史证实了这位楚国重臣的战争预言。

前引《苏州考古》论述位于通安的真山墓地1号墓（D9M1）"墓主为吴王寿梦"的文献依据，即是该著作所引《春秋经·襄公十四年》的"楚公子贞帅师伐吴"句，以证寿梦"墓应该在这时被盗"，且"这次盗墓是政治性报复，并不是私盗"[2]。显然，如前文所述，该墓墓主为吴王寿梦并无文献支撑，而将所谓寿梦墓"被盗"及"政治性报复"的时间置于楚国对吴国的一次失败的战争之中，非但无文献依据，且不合情理。（关于"楚公子贞帅师伐吴"时的所谓"盗墓"不见于《左传》记载及其分析，另见下文关于伍子胥"掘墓鞭尸"的相关论证。）

而从上述"子囊师于棠"及"棠"邑位于长江以北的今南京六合区的情况来看，楚军此番伐吴，或许连长江都没渡过，又遑论到苏州近郊的通安真山墓地来盗所谓的"寿梦墓"。

在吴国崛起的对楚战争中，前有寿梦时伐吴的楚国令尹子重率军攻打吴国，因战败而"遇心病而卒"[3]。此番又是同样为楚国令尹的子囊"还自伐吴，卒"。从这一视角来看，地处东南一隅的吴国，其战争实力及其国力提升，已是迅疾而又可感的了。

二、皋舟之战后楚国的军事防御，子囊的"必城郢"遗言与楚国的军事防御文化

相比吴国，文献记载的楚国郢都城墙，出现的时间更早。其标志性事件之一，即是楚令尹子囊临死前说"必城郢"。

早在楚庄王元年（前613），郢都城墙的造筑即已开始。《左传·文公十四年》载，公元前613年楚庄王即位后，楚令尹子孔和太师潘崇将去攻打群舒。楚庄王委托他的老师公子燮和公子仪（鬬克）留守郢都。而"二子作乱，城郢，而使贼杀子孔，不克而还"[4]。即公子燮和公子仪这两个楚国官员乘机发动叛乱，并筑造郢都城墙，以防范子孔和潘崇回师。同时，他们又派刺客去刺杀子孔，但刺客无功而返。

---

[1]《左传·襄公十四年》，见《春秋左传正义》，北京大学出版社1999年，第931页。
[2]钱公麟、徐亦鹏：《苏州考古》，苏州大学出版社2000年，第115页。
[3]《左传·襄公三年》，见《春秋左传正义》，北京大学出版社1999年，第823页。
[4]《左传·文公十四年》，见《春秋左传正义》，北京大学出版社1999年，第552页。

由此可见，公元前613年（鲁文公十四年），楚郢都城墙始建。由于是公子燮和公子仪这两个政变者在政变时期为特殊目的筑造城墙，随着叛乱被平复，这一城墙筑造工程未完工。

这一工程"烂尾"了五十四年后的公元前559年（吴诸樊二年，鲁襄公十四年），楚国令尹、楚军统帅子囊攻打吴国失败后，留下"必城郢"的遗言。杜预注"必城郢"句时曰："楚徙都郢，未有城郭。公子燮、公子仪因筑城为乱，事未得讫。子囊欲讫而未暇，故遗言见意。"[1]显然，子囊临死前的嘱托，意指要把那个"烂尾"工程——郢都城墙筑造完工，该城墙日后会有用。

而至子囊的孙子囊瓦（即子常）担任楚国令尹职务的公元前519年（吴王僚八年，鲁昭公二十三年）时，距郢都城墙始建已九十四年，囊瓦又开始修筑郢都城墙。《左传·昭公二十三年》记载说："楚囊瓦为令尹，城郢。"[2]

第四节 "晋将嫁女于吴"及其引发的晋齐战争、吴楚战争与诸樊战死

一、吴国对楚战争的胜利，提升了其在晋国集团内的地位

向城会见中，晋范宣子（士匄）对吴国进行严厉批判——"数吴之不德"后，晋国集团"卒不为伐楚"。因此，在楚国对吴国进行军事报复的吴楚皋舟之战中，被晋国集团边缘化的吴国，独力抗楚并取得了胜利。

吴、楚你来我往的庸浦之战、皋舟之战，双方各一败一胜。从中可看出，在对楚战争中，吴国显示出的战争实力已与楚相当。正是吴国战争实力的展现，使时已升任晋国正卿的范宣子重新发现了吴国的战略价值。

为加强与吴国的联系，范宣子使用了古代增进两国关系的常用手段——政治联姻。这就是《左传·襄公二十三年》记载的"晋将嫁女于吴"[3]，即晋国要把王室女子嫁到吴国去。有学者解读为"晋平公决定将妹妹嫁给吴王诸樊"[4]。晋国此举，除在晋国集团内加重自身分量外，还带有对吴国态度的多重含义：一是对向城会见时，晋国严厉批判吴国及"卒不为伐楚"等行为的转圜；二是带有对吴国军事抗楚胜利的奖掖；三是对吴国进一步对抗楚国予以鼓励。

二、"晋将嫁女于吴"引发的晋齐太行之战

吴王诸樊执政时期，晋国集团内部尤其是晋、齐两个大国间的矛盾正趋于激化。而在晋齐关系演变与晋国集团分裂之际，"晋将嫁女于吴"成了引发新一轮晋齐战争的导火索。

---

[1] 杜预注，见杜预：《春秋经传集解》，上海古籍出版社1978年，第920页。
[2] 《左传·昭公二十三年》，见《春秋左传正义》，北京大学出版社1999年，第1437页。
[3] 《左传·襄公二十三年》，见《春秋左传正义》，北京大学出版社1999年，第987页。
[4] 朱增泉：《战争史笔记》，人民文学出版社2009年，第62页。

(一)晋、齐关系的演变与晋国集团的分裂

1. 晋、楚争霸与晋、齐关系的演变

公元前651年(鲁僖公九年),齐桓公在葵丘盟会中成为春秋首霸。其后,随着齐国管仲及齐桓公的去世,齐国发生内乱而迅速衰落。十九年后的公元前632年(鲁僖公二十八年),晋国在城濮之战中击败楚国,晋文公成为继齐桓公后的另一春秋霸主。又三十五年后的公元前597年(鲁宣公十二年),楚国在邲之战中击败晋国,楚庄王成为继晋文公后的又一春秋霸主。

晋国作为黄河流域中原地区的诸侯国,历经称霸、衰落、复霸的过程,国力总体不减。而楚国作为长江流域"蛮夷"地区的新兴势力,军力强悍。晋、楚两国在争夺中原霸主地位的过程中,相继组织起各为盟主的军事集团。两大集团不断发生冲突,从而形成了春秋时期对列国关系都有着重要影响的晋、楚争霸格局。

晋、楚争霸时,齐国虽然中落,但仍是北方大国。故在晋楚争霸中,晋、楚双方都以拉拢齐国作为战略目标。而失去霸主地位后的齐国,因地缘关系,与晋国在这一地区的重要支点——鲁国利益交错,故齐、鲁间不断发生冲突。其中,如前文所述的两国接壤处的汶阳之田,更成为齐、鲁两国无法愈合的伤疤。

公元前592年(鲁宣公十七年),晋国国君派遣郤克带领晋、鲁、卫、曹诸国使团出访齐国,邀请齐国国君出席由晋国主盟的断道盟会。因该使团在外交场合受辱,郤克愤而回国。回国后,郤克"请伐齐,晋侯弗许。请以其私属,又弗许"[1]。意为:郤克请求进攻齐国,晋景公不答应;郤克再请求带领家族武装人员去进攻齐国,晋景公也不答应。

第二年(鲁宣公十八年,前591),晋、齐间发生战争。晋景公和卫国的太子臧共同发兵进攻齐国,到达阳穀,齐顷公被迫与晋国在缯地会见并订立盟约,齐国派公子彊到晋国为人质。

晋、卫伐齐两年后的公元前589年(鲁成公二年),因齐国攻打鲁国北部,鲁国向晋国求救,晋、齐"鞌之战"爆发。此战,齐国战败,遂将夺取的汶阳之田归还鲁国。次年(鲁成公三年,前588)"齐侯朝于晋"[2],齐国国君主动出访晋国,既显示了两国关系的缓和,也显示了齐国在现实中承认处于下风而迫不得已依附于晋。

又五年后的公元前583年(吴寿梦三年),晋为拉拢齐国,又逼迫鲁国将汶阳之田归之于齐。以此拉拢齐国参加了由晋国主导,并有鲁国、邾国参加,针对吴国控制郯国的伐郯之战。接着,在下一年(吴寿梦四年,前582)晋国集团"同盟于蒲"[3]时,晋国成功达到了与齐、鲁等国正式缔结盟约的目的。而本次盟会,吴国受邀,但因晋国主导针对吴国的伐郯之战,吴王寿梦未出席盟会。

公元前570年(吴寿梦十六年),晋国主导召开鸡泽盟会,吴王寿梦又未与会。而晋国为拉住齐国,在本次盟会前,先期派出范宣子出使齐国,以强化晋齐关系。是时,"齐侯欲勿许,而难为不

---

[1]《左传·宣公十七年》,见《春秋左传正义》,北京大学出版社1999年,第677页。
[2]《左传·成公三年》,见《春秋左传正义》,北京大学出版社1999年,第715页。
[3]《春秋经·成公九年》,见《春秋左传正义》,北京大学出版社1999年,第735页。

协,乃盟于耏外"[1]。即齐国国君本不想参加盟会,但又不便表示不和睦,于是在耏水外结盟。这就是范宣子挟齐入盟之事。该年六月,齐使太子光与诸侯盟于鸡泽。

公元前561年(吴寿梦二十五年)相继发生两个事件:一为吴王寿梦辞世,另一则为对晋齐关系产生微妙影响的周天子(周灵王)向齐国求婚。"灵王求后于齐……齐侯许昏,王使阴里逆之。"[2]即齐灵公答应了婚事,并派遣大臣阴里与之作了口头约定。

周灵王赐命齐灵公,并派周王室特使刘定公向齐灵公颁发策命,说:从前,伯舅(指齐灵公)的太公(指姜尚,即姜子牙)辅助我周朝先王,并作为周王室股肱,是万民的导师。先王为了世世代代酬谢太师的功勋,让他成为东海各国的表率。王室之所以没有败坏,正是以伯舅为依靠。"今余命女环!兹率舅氏之典,纂乃祖考,无忝乃旧。敬之哉,无废朕命!"[3]意为(周灵王说):"现在我命令你(姜)环(指齐灵公),孜孜不倦地遵循舅氏辅弼王室的常规,继承你祖先的功业,不要玷辱你的先人。要恭敬啊!不要废弃本天子给你的王命。"

周灵王的赐命中,将齐灵王与辅佐西周王室的齐国始君姜尚相比,本为周王室王权式微下的应酬之语,其目的如杜预注所说"将昏于齐,故也"[4],即为娶齐国媳妇,向娘家人所说的客套话语。但这却使得齐灵公想入非非,自以为受了周王室的王命,因而原本依附晋盟的迫不得已之心,一下子转变为叛离晋盟以至与晋争霸之心。

叛离晋盟需要借口。自以为得了周王室赐命的齐灵公,不满晋国范宣子十一年前曾强势挟齐入盟,于是以一件鸡零狗碎的小事——"范宣子假羽毛于齐而弗归"[5],即范宣子借了齐国装饰仪仗的羽毛而不归还为借口,公开打出"齐人始贰"[6]的旗帜,借机不再听从晋国的号令。

到了次年(前558),齐国公开与晋决裂——"夏,齐侯围成,贰于晋故也。"[7]杜预注:"不畏霸主,故敢伐鲁。"[8]夏天,齐国国君齐灵公包围鲁国的成地,这是因为齐国对晋国生有二心,通过打击晋之盟国——鲁国而表现出来。到秋天时,与齐国步调一致的邾国,也出兵攻打鲁国南部地区。对此,杜预注邾国此举曰:"亦贰于晋故。"[9]

面对齐国的叛盟及其构建的齐、邾、莒组成的小圈子,晋国原打算召开诸侯会盟,商量讨伐邾国和莒国,后因晋悼公患病去世而中止。

2.标志晋国集团分裂及吴国因被边缘化而未能与会的溴梁盟会

晋悼公之子晋平公上台后,正月(前557)安葬了晋悼公。到了三月,尚处在国丧期间的晋国便匆匆召开由集团内成员国参加的溴梁盟会。这一急迫情绪,在《春秋经·襄公十六年》下列记载中也体现出来:"十有六年,春,王正月,葬晋悼公。""三月,公会晋侯、宋公、卫侯、郑伯、曹伯、

---

[1]《左传·襄公三年》,见《春秋左传正义》,北京大学出版社1999年,第824页。
[2]《左传·襄公十二年》,见《春秋左传正义》,北京大学出版社1999年,第905—906页。
[3]《左传·襄公十四年》,见《春秋左传正义》,北京大学出版社1999年,第930页。
[4]杜预注,见杜预:《春秋经传集解》,上海古籍出版社1978年,第919页。
[5]《左传·襄公十四年》,见《春秋左传正义》,北京大学出版社1999年,第931页。
[6]《左传·襄公十四年》,见《春秋左传正义》,北京大学出版社1999年,第931页。
[7]《左传·襄公十五年》,见《春秋左传正义》,北京大学出版社1999年,第935页。
[8]杜预注,见杜预:《春秋经传集解》,上海古籍出版社1978年,第925页。
[9]杜预注,见杜预:《春秋经传集解》,上海古籍出版社1978年,第925页。

莒子、邾子、薛伯、杞伯、小邾子于溴梁。"[1]

晋国本是担心集团内齐、邾、莒诸国小圈子叛离的二心借晋悼公去世、晋平公新立而公开化，故急迫地欲以盟会形式，协调内部而拉住齐、邾、莒诸国，并借之维护住晋国集团表面上的团结。但此时已生二心的齐国，并不理会出席盟会的其他列国均为国君，而只是轻慢地派了低级别的大夫高厚参加。故上述《春秋经·襄公十六年》记载的众多与会的国君名单中，并未列出齐国国君。对齐国此举，晋国并未提出异议。对晋国来说，对齐战略主要在于拉拢。此时，只要齐国不撕破脸公开抵制，那盟会的第一个阶段性目标——顺利召开，即已经达到。

盟会的第二个阶段性标目标——"命归侵田"[2]。盟会上，晋国以霸主口气命令集团内诸国（指齐、邾等国），凡抢占了邻国土地者（指鲁国在上一年被齐国攻打成邑、被邾国攻伐南部地区时失去的土地）当予以归还。齐、邾虽知所指，但在这诸国参加的盟会上并不便当面硬顶。

晋国以为一切摆平而和谐了。于是，"晋侯与诸侯宴于温，使诸大夫舞，曰：'歌诗必类！'"[3]从宴会气氛及安排上可以看出，晋国对盟会实质性议题即"命归侵田"这一阶段性目标的达到，甚感满意。然而，齐、邾等国以战争方式获取的鲁国土地，在这公开的会上并不便拒绝归还，即使提出亦不会获多数支持。故此，齐国高厚参加晋国举办的庆祝宴会，其内心的不满借宴会上晋国要求的"歌诗必类"而表现出来。《左传·襄公十六年》记载说"齐高厚之诗不类"[4]。由于《左传》记载过于简略，后世难以阅读到春秋时期高厚这首政治抒情诗是如何做到"不类"的。此时高厚以艺术方式表达的政治挑衅，对晋国的刺激极为强烈。这从是时担任晋国正卿的荀偃（即中行献子）的愤怒情绪中可以感受到。《左传·襄公十六年》记载说："荀偃怒，且曰：'诸侯有异志矣！'"[5]意为，荀偃发怒说："列国中出现心怀异志的家伙了。"

盟会表面的团结和欢乐的氛围，旋即转向。在这种情况下，为和齐国高厚的大夫级别对等，晋国要求各国派出大夫级别的官员与齐国的高厚订立盟约，试图以此制约并拉住齐国。然而，高厚却逃盟而归。在这种情况下，晋国当即在盟会上采取非常措施——"晋人执莒子、邾子以归"[6]，即将邾、莒二国国君抓回晋国。《左传·襄公十六年》予以记载说，因鲁国的缘故，"执邾宣公、莒犁比公，且曰'通齐楚之使'"[7]——拘捕了邾宣公、莒犁比公，而且宣布说这两国使者来往于齐国、楚国之间，与他们暗通款曲。同时，晋国让诸国大夫们继续开会并通过了一个"同讨不庭"[8]即共同讨伐不忠于盟主晋国者的决议。这一决议，仅为部分成员国且为大夫级别的"大夫盟"[9]，并不具权威性。就这样，"有异志"的齐国终于给新上台执政的晋平公一个下马威，且晋国集团内以晋、鲁诸国与齐、邾、莒三国构成的小圈子的矛盾终于公开化。晋国集团的分

---

[1]《春秋经·襄公十六年》，见《春秋左传正义》，北京大学出版社1999年，第937页。
[2]《左传·襄公十六年》，见《春秋左传正义》，北京大学出版社1999年，第939页。
[3]《左传·襄公十六年》，见《春秋左传正义》，北京大学出版社1999年，第939页。
[4]《左传·襄公十六年》，见《春秋左传正义》，北京大学出版社1999年，第939页。
[5]《左传·襄公十六年》，见《春秋左传正义》，北京大学出版社1999年，第939页。
[6]《春秋经·襄公十六年》，见《春秋左传正义》，北京大学出版社1999年，第938页。
[7]《左传·襄公十六年》，见《春秋左传正义》，北京大学出版社1999年，第939页。
[8]《左传·襄公十六年》，见《春秋左传正义》，北京大学出版社1999年，第940页。
[9]《左传·襄公十六年》，见《春秋左传正义》，北京大学出版社1999年，第940页。

裂，亦已表面化。

"秋，齐侯围郕。"[1]意即，到秋季时，齐国又开始攻打鲁国，围住鲁国的郕邑。齐国此时早已不把盟主晋国放在眼里。而夹在齐、邾、莒三国间的鲁国，出于自身安全考虑，秋天时派遣穆叔（即叔孙豹）出使晋国，诉说齐国对鲁国的不断侵袭。晋国以尚未举办将前君晋悼公牌位藏诸祖庙的禘祀等为借口，婉拒鲁国。其实，鲁国穆叔何尝不知本年楚军与晋师刚刚在湛阪打过仗，此处的国丧"禘祀"云云，显为借口。于是，穆叔说："由于齐国人早晚在敝邑的土地上发泄愤恨，因此才来郑重请求。敝邑的危急，早晨等不到晚上，伸长了脖子望着西边说：'也许可以来救援了吧！'等到执事得以空闲时，恐怕已来不及了。"

当穆叔见到主持晋国国政的荀偃时，赋了《圻父》这首诗。荀偃说："我荀偃知罪了，岂敢不跟从执事一起为国家忧虑，而让鲁国达到这样的地步！"而穆叔见了范宣子，赋《鸿雁》这首诗的最后一章。范宣子也表态说："我范宣子在这里，又岂敢让鲁国不得安宁？"显然，晋国主政者们不会看着齐国坐大而置鲁国于不顾。

所有这些，预示着晋、齐之间在息兵二十七年后，正酝酿着新的战争。而溴梁盟会，吴国并未参加，且盟会讨论的事件、发生的冲突均与吴国无关联。这也表明：在晋国集团内，吴国这一时期被边缘化的状况并未得以改善。

（二）晋齐平阴之战与战后鲁国转赠晋荀偃的"先吴寿梦之鼎"

1.晋齐平阴之战

公元前557年溴梁盟会时，晋国将邾、莒二国国君抓回晋国。未料到了次年（前556），邾国国君邾宣公死在了晋国，这就是《春秋经》记载的"邾子牼卒"[2]。这更加剧了晋国集团内部的矛盾。于是，就在当年（前556）秋天，齐国同时派了两支军队，钳制夹击鲁国北部。由齐灵公率领的军队围住了鲁国的桃邑，而另一支由齐大夫高厚率领的军队围住了鲁国的防邑。到冬天时，国君客死于晋国的邾国人也迁怒于鲁国，受齐唆使而攻打鲁国南部。

齐、邾联手攻鲁，鲁国苦苦支撑，齐人也没占到什么大便宜。于是，到了下一年（前555）秋天，齐国又开始攻打鲁国北部。这次，晋国作出反应。至此，以齐、邾为一方，晋、鲁、宋、卫、郑、曹、莒、滕、薛、杞、小邾等十一国联军为一方的晋齐平阴之战爆发。十一国中的莒国，因晋国集团两年前抓回其国君并复施以恩威，故转向为十一国联军的成员。

冬十月，晋平公率十一国联军会师于鲁境济水边。而齐灵公则率军在平阴组织防御，并在平阴附近之防门挖壕筑墙以图坚守。其后，十一国联军猛攻防门，齐军伤亡惨重。

平阴之战中，晋国兵不厌诈，采取心理敲打的方法，动摇齐灵公的斗志。晋国派范宣子去密见有私交的齐国官员析文子（即子家），并以私下透露的姿态谎称说："鲁国和莒国，都请求各派一千乘战车从他们本国出发，从两个方向攻入齐国。我们晋国已同意了他们的请求。假若他们的两千乘战车攻入齐国，齐国必定要灭亡。"说了这些，范宣子接着以私交情感说："您先替

---

[1]《左传·襄公十六年》，见《春秋左传正义》，北京大学出版社1999年，第941页。另，《左传·襄公十五年》作"齐侯围成"，本年作"齐侯围郕"。"成"同"郕"。

[2]《春秋经·襄公十七年》，见《春秋左传正义》，北京大学出版社1999年，第942页。

自己的后路做些打算吧!"信以为真的析文子连忙把这些情况向齐灵公报告。齐灵公听了,甚为惊恐。而后当齐灵公登山观望晋军时,晋军让人在山上山下虚张旗帜,使得"齐侯见之,畏其众也,乃脱归"[1]。晋国这些手段,使得齐灵公斗志动摇、信心丧失,最终弃军而逃,溜回国都临淄。

齐军失却主帅,军心涣散而溃散。晋军穷追不舍,兵临齐都临淄城下。当晋军攻打、焚烧城门时,惊慌无措的齐灵公再一次准备逃跑,被太子光强行拦下。其后,楚国为救援齐国,采取后世围魏救赵的方法,出兵攻打郑国,从而牵制了晋国攻陷临淄。

晋齐平阴之战,以晋胜齐败画上句号。

2. 从鲁赠晋国荀偃"先吴寿梦之鼎"到"晋将嫁女于吴"

公元前554年(吴诸樊七年),晋国为巩固平阴之战的胜利,在联军退兵从沂水归来时,又在祝柯(又作督扬)召开盟会。盟会上,晋国为安抚众小诸侯国,订立了"大毋侵小"[2]的共识条文。同时,晋国还对发动平阴之战的齐国帮凶——邾国进行了严厉惩罚,不仅把前年死在晋国的邾国国君邾宣公的继任人邾悼公抓起来,还分解了邾国,把漷水以西的邾国土地划归鲁国。晋国此举,显然是对鲁国的忠诚与追随的奖励。

处理了平阴之战的后续事宜后,晋平公先行归国。鲁国在平阴之战中获取了邾国的土地,于是鲁国国君设宴款待晋军高级将领,赐给他们华丽的车服等。《左传·襄公十九年》记载了鲁襄公赠送给晋国正卿荀偃的赏赐品:"贿荀偃束锦,加璧,乘马,先吴寿梦之鼎。"[3]鲁襄公赠送给荀偃的赏赐品不仅有彩锦、玉璧、骏马等,其中还有一件青铜器——"先吴寿梦之鼎"。

"先吴寿梦之鼎"或有两种理解:一为吴国所铸且寿梦作为礼品赠送他人的铜鼎;一为鼎器上可能铸有"吴""寿梦"之类铭文,从而鼎名为"先吴寿梦"。

该鼎或为二十二年前的公元前576年(吴寿梦十年,鲁成公十五年),晋国集团接纳吴国的钟离盟会上,吴国与会人员以吴王寿梦的名义赠与鲁国的。鲁成公的继承人鲁襄公将先父所受礼品转送给晋国大臣,其时吴国先君寿梦已过世七年,而鲁国此举,实属不可思议。刚刚获得邾国漷水以西大块土地的鲁国,总不至于困窘得非得要动用先君所受国礼赠送他人吧。舍此,鲁国此举只能有一个解释,那就是对在晋国集团中被边缘化了的吴国,非但不予尊重,更以此举表达出对吴国"蛮夷"的轻视。

接受了这只"先吴寿梦之鼎"的晋国正卿荀偃,在从齐国归晋的路上,因生疽痛去世。鉴于荀偃生前的地位(正卿,中军将即元帅),其死后,此鼎当由其亲信、族人带回国内。而荀偃之死这一变故,或也放大了此鼎产生的影响。这可作如下推测:若荀偃正常回晋,此鼎也只是其个人收藏,影响所及,仅亲近之人而已。但作为国之重臣的荀偃,死于伐齐归国途中,他的去世就有了为国殉职的意味。这为其氏族(荀氏、中行氏、知氏)借此扩大本族影响提供了契机。而在丧仪之中,这只与鲁国、吴国俱有着关系的"先吴寿梦之鼎",就可能成为一件彰显死者生前功绩的实

---

[1]《左传·襄公十八年》,见《春秋左传正义》,北京大学出版社1999年,第950页。
[2]《左传·襄公十九年》,见《春秋左传正义》,北京大学出版社1999年,第956页。
[3]《左传·襄公十九年》,见《春秋左传正义》,北京大学出版社1999年,第956页。

物——鲁国国君将吴国先君所送国礼赠送给了晋国正卿。因此，这一打上了吴、鲁、晋等多重文化烙印的"先吴寿梦之鼎"，在荀偃丧礼中的影响可能就这么被放大了。而从接下来的"晋将嫁女于吴"[1]来看，虽无资料表明此鼎与"晋将嫁女于吴"之间有着直接联系，但其先后次序，却也显示了"先吴寿梦之鼎"很可能借荀偃丧礼而激活了晋国君臣对昔日"联吴制楚"的政治记忆，而诸樊执政下的吴国对楚战争中的战绩，无疑也再次扩大了晋国"联吴制楚"的政治影响，从而直接或间接地导致"晋将嫁女于吴"。这样，也为在吴、晋关系中颇显突兀的"晋将嫁女于吴"，寻找到了动因和解释。

"晋将嫁女于吴"的另一个因素是主政晋国的正卿易人。随着荀偃病死，范宣子升任正卿。向城会见时，范宣子因道德原因斥退"伐楚丧"的吴国，使得吴国在晋国集团内被边缘化。这一边缘化至此时，已届十年。十年中，吴国被拒绝参加晋国集团的任何盟会，也被拒绝参加晋国集团的任何军事行动。在齐、邾、莒三国向晋国叫板的时候以及在晋齐平阴之战中，吴国连选边站的机会都没有。因此，值晋国集团分裂，且吴国在对楚战争中表现出雄厚实力时，作为对吴国忠诚度的评估，范宣子不能不看到：吴国自晋推行"联吴制楚"战略以来，在晋国集团中因地缘关系虽未发挥重大作用，但因其与楚国已成为战争不断的牵制力量。同时，其对晋国为霸主的集团一直存有获得支持的期望。

于是，主政晋国的范宣子熟练地玩弄起政治联姻的手段，以期在分崩离析的晋国集团中，加强晋国的权重。而从向城会见吴国被边缘化到"晋将嫁女于吴"，主导者和操盘手均为晋国的范宣子。

3.齐庄公上台及其收留晋国逃臣栾盈

当"晋将嫁女于吴"时，这一联姻事件在齐国也翻起了浪花。而与齐灵公有关的宫闱秘辛，随着齐灵公生病去世，演变成一场宫闱杀戮。

齐灵公在鲁国娶颜懿姬为妻，没生孩子。但随颜懿姬陪嫁的她的侄女鬷声姬却为齐灵公生下了公子光，齐灵公把他立为了太子（即柤地盟会时代表齐国出席的太子光）。齐灵公另有仲子、戎子等侍妾，其中戎子特别受宠。仲子生下了公子牙，齐灵公让戎子把公子牙当亲生儿子养。于是戎子请求立公子牙为太子，齐灵公答应了。但公子牙的生母仲子却竭力阻止。齐灵公刚愎地说："一切由我做主。"于是就把公子光派到东部边境去。齐灵公立公子牙为太子，而齐大夫高厚则不再做公子光的太傅，而是改做太子牙的太傅。

公元前554年（吴诸樊七年，鲁襄公十九年），齐灵公病重。齐国大夫崔杼、庆封等将旧太子公子光迎回，重新立他为太子。于是，公子光杀死戎子，并把她的尸体陈列在朝廷之上。已是病危的齐灵公闻变而死。崔杼迎立太子光即位，是为齐庄公。而曾任太子牙太傅的高厚，此时亦被齐庄公仇视。秋，齐庄公使崔杼杀死高厚并兼并了他的财产和封邑。

齐庄公三年（吴诸樊十年，前551），晋国大夫栾盈逃亡齐国，才执政两年多的齐庄公不顾齐国大臣反对，留下了晋国逃臣栾盈，以备日后谋晋。

---

[1]《左传·襄公二十三年》，见《春秋左传正义》，北京大学出版社1999年，第987页。

（三）"晋将嫁女于吴"引发晋国内乱——晋国卿族争斗背景

栾盈为时任晋国正卿的范宣子的外孙。他的出逃并为齐庄公所收留，既深刻地反映了晋国内部的卿族争斗，更为齐庄公和栾盈利用"晋将嫁女于吴"事件在下一年谋晋留下伏笔。

1.晋国卿族争斗背景

平阴之战，晋国虽取得胜利，外部压力稍减，但国内权卿大族之间的矛盾不但未能缓解，反而陡然上升并尖锐起来。

晋国国内政治的"公族"（王室成员）与国君争夺国家权力的"曲沃代翼"，其过程历经三代，长达六十七年，其间弑杀五个国君，驱逐一个国君。结果是：小宗、旁支"公族"的"曲沃"，终代大宗国君的"翼"。曲沃武公也成为晋国国君——晋武公。"曲沃代翼"对晋国影响深远。到晋武公之子晋献公时，为防止类似情况重演，经士蒍献谋，晋献公尽杀与其有血缘关系的"公族"，即"桓、庄之族""群公子"等。接着，在骊姬之乱中，晋献公因宠爱骊姬，又逼死自己的儿子——太子申生，而其另二子重耳、夷吾也被迫出奔。经晋献公的杀戮，"自是晋无公族"[1]。杜预注为："无公子，故废公族之官。"[2]自此后，晋国"公族"不再成为左右晋国政治的集团。然而，此消彼长，"公族"政治集团的式微及消失，使得管理国家的"私族"——异姓权卿大族在这一政治空间中成长、壮大。

后为晋文公的重耳，在外流亡十九年，其身边心腹，均为异姓。这些异姓心腹追随重耳，在重耳回国后，都得以重用。《国语·晋语四》记载说，晋文公时期，"胥、籍、狐、箕、栾、郤、柏、先、羊舌、董、韩，实掌近官"[3]。韦昭注曰："十一族，晋之旧姓，近官朝廷者。"[4]这些近臣，再加上晋献公时谋臣士蒍等的后代"士"（范）姓等，共十几个家族。

而从体制上讲，晋文公后，晋国政治体制为军政权力合一，国家建立上、中、下三军，每军有一将、一佐，此六人即为"六卿"。"六卿"构成国家权力核心，掌握国家军政大权。其地位排列依次为中军将、中军佐、上军将、上军佐、下军将、下军佐。其中，中军将即为正卿，又称为元帅，执政晋国。上述诸家族为争夺"六卿"位置，长期冲突、不断兼并，还伴随着杀戮的政治洗牌。至公元前550年（吴诸樊十一年）"晋将嫁女于吴"时，晋国政治舞台尚剩下的权卿大族为韩氏、赵氏、魏氏、范氏（士氏）、中行氏（荀氏）、知氏（荀氏）和命运已岌岌可危的栾氏。

在晋国政坛上，栾氏的栾书（即栾武子）在公元前587年到公元前573年担任正卿之职。其才能卓越，极具战略眼光。吴王寿梦时期，晋国推行"联吴制楚"战略，即在栾书为正卿时完成。公元前573年，栾书灭"三郤"（郤锜、郤犨、郤至）。栾书后，其子栾黡亦获得卿职——担任下军将。

栾黡娶范宣子之女栾祁（栾是夫姓，祁是父姓，范氏出于祁姓），生栾盈（即栾怀子）。栾黡为人强悍霸道，几乎得罪了当时所有的卿族，其中包括他的岳丈范宣子。栾黡后，其子栾盈顶替栾黡的栾氏家族的卿职，担任了下军佐。

---

[1]《左传·宣公二年》，见《春秋左传正义》，北京大学出版社1999年，第599页。
[2]杜预：《春秋经传集解》，上海古籍出版社，1978年，第544页。
[3]《国语·晋语四》，见左丘明撰、韦昭注：《国语》，上海古籍出版社2015年，第246页。
[4]韦昭注，见左丘明撰、韦昭注：《国语》，上海古籍出版社2015年，第246页。

栾黡死后的公元前554年（吴诸樊七年），荀偃辞世，范宣子继任中军将及正卿，执掌晋国国政。这就是《左传·襄公十九年》所说的"范宣子为政"[1]。而栾黡死后，其妻（即范宣子之女、栾盈之母）栾祁与大管家州宾私通，州宾几乎侵占了栾家的全部家产。栾祁怕儿子栾盈向自己发难，于是就向她的父亲范宣子告发说"盈将为乱"[2]。不仅如此，这位母亲还举报他儿子栾盈，说栾盈认为是范家害死了他父亲栾黡，从而趁机掌管了晋国国政，故栾黡死而范氏却更加富有。而栾盈更是表示"范宣子害死我父亲而专擅国政，我栾盈唯有一死而已，决不会去跟从他"等等。

对栾祁的告发，范宣子之子范鞅（即士鞅）也出来作证。因"怀子好施，士多归之。宣子畏其多士也，信之"[3]，即范宣子信了女儿的告发。而通过女儿、儿子的举报和作证，范宣子了解到这个外孙思想深处可怕而真实的想法：其一，栾盈认为自己与范氏有杀父之仇——其父为范家所害；其二，栾盈认为自己与范氏有夺财之恨——栾家的财产在栾黡死后为范家所攫取；其三，栾盈还认为范家独揽大权，专擅国政。因此，他栾盈与范氏不共戴天，宁可去死，也不会与范家走到一起。

对这个外孙的才能和聪慧，范宣子甚为了解。但当这个年轻人摆出与范氏势不两立的架势后，范宣子决定对栾盈出手封杀，尽管栾盈是他的外孙。

2.被"锢"而逃亡的栾盈奔齐及范宣子的忧虑

范宣子对栾盈出手，具体手法和过程为：首先，"怀子为下卿，宣子使城著而遂逐之"[4]。即范宣子派他去著地修筑城墙，趁机把他赶出权力中心。其次，"秋，栾盈出奔楚"[5]，即接着逼迫其出境，栾盈出奔而逃亡到了楚国。再次，扫除其余党，将他们或杀或囚。最后，在晋国集团的列国间封杀栾盈。这就是在中原九国国君会于商任的盟会上，范宣子让列国不得接纳栾盈。《左传·襄公二十一年》对之记载为"会于商任，锢栾氏也"[6]。其后，在下一年九国国君会于沙随的盟会上，范宣子再次重申列国不得接纳栾盈。这也就是《左传·襄公二十二年》记载的："冬，会于沙随，复锢栾氏也。"[7]

范宣子利用其执政晋国及晋国在列国中的霸主地位，把本属晋国内部的卿族争斗扩大到了集团内的所有国家。这使得栾盈逃奔容身的空间极其有限。栾盈到了楚国后，只待了一年。楚国对栾盈的利用价值，也没什么兴趣。更何况，这一时期楚国的注意力，主要放在来自东边的吴国上。而当栾盈来到齐国后，对这位前晋国正卿栾书之孙、现晋国正卿范宣子之外孙接纳与否，却引发了争论。其时，齐庄公听不进反对意见，而留下了栾盈。即位两年，这位齐庄公已开始考虑如何挑战晋国的霸权了。而被留在齐国的栾盈，则成为齐庄公手中的一枚棋子，日后齐国谋晋时，齐庄公可相机抛出。

---

[1]《左传·襄公十九年》，见《春秋左传正义》，北京大学出版社1999年，第958页。
[2]《左传·襄公二十一年》，见《春秋左传正义》，北京大学出版社1999年，第971页。
[3]《左传·襄公二十一年》，见《春秋左传正义》，北京大学出版社1999年，第972页。
[4]《左传·襄公二十一年》，见《春秋左传正义》，北京大学出版社1999年，第972页。
[5]《左传·襄公二十一年》，见《春秋左传正义》，北京大学出版社1999年，第972页。
[6]《左传·襄公二十一年》，见《春秋左传正义》，北京大学出版社1999年，第976页。
[7]《左传·襄公二十二年》，见《春秋左传正义》，北京大学出版社1999年，第982页。

对范宣子来说，其心底或还藏着一份恐惧和担心——他不希望他的外孙从齐国再逃亡至吴国。若此，晋、吴关系或将生变。况且，吴国并未参加晋国集团的商任盟会和沙随盟会，故盟会不得接纳栾盈的决议，对吴国并无约束力。且若吴国收留栾盈，晋国鞭长莫及，因无牵制和反制手段而只能无可奈何。故此，长期把吴国边缘化并摒弃在集团之外，对晋国并无好处，更蕴含着危机。这些，或也构成范宣子操弄"晋将嫁女于吴"而以之拉拢吴国的另一原因。

（四）"晋将嫁女于吴"引发的晋齐太行之战

"晋将嫁女于吴"的政治联姻，首先引发晋齐太行之战。齐庄公将栾盈留在齐国，本为谋晋，而"晋将嫁女于吴"则为齐国谋晋提供了机会。

《左传·襄公二十三年》载："晋将嫁女于吴，齐侯使析归父媵之，以藩载栾盈及其士，纳诸曲沃。"[1]意为，当晋国将"嫁女于吴"时，齐国国君齐庄公乘机派官员析归父送宗女去晋国，说是要给晋国公主当陪嫁女。以此为掩护，将栾盈和他的武士藏在有篷窗遮蔽的车内，送到了栾氏封邑——晋国曲沃。而《史记·晋世家》则直接点出齐国的幕后作用："齐庄公微遣栾逞于曲沃。"[2]栾逞即栾盈，其潜至曲沃后，在曲沃地方长官胥午的帮助下，纠集力量，发动叛乱并"以昼入绛"[3]，即攻入当时的晋国国都——绛都。晋国正卿范宣子对此全无准备，只能仓促应对，以至于当他听说栾盈进入国都时，感到了恐惧。《史记·晋世家》甚至记载说，面对这一突发局面，其时晋国国君晋平公"欲自杀"[4]。

就在晋国陷入内乱时，齐庄公趁火打劫，于秋天动手，先伐卫，后"遂伐晋，取朝歌，为二队，入孟门，登大行"[5]。齐庄公于是攻打晋国，夺取朝歌后，兵分两路，一路攻孟门隘，另一路则登上太行山。

齐国伐晋，本是利用栾盈为内应，以奇袭方式进行。范宣子率晋军反击，势单力孤的栾盈败退，"奔曲沃，晋人围之"[6]。是时，孤军深入的齐军，并不能与困守曲沃的栾盈会合。所以，当"晋人克栾盈于曲沃，尽杀栾氏之族党"[7]时，齐军只能退兵。

晋齐太行之战结束。晋国权卿大族中，栾氏被灭。

三、"晋将嫁女于吴"引发的吴楚战争

（一）战争原因：楚人担心晋、吴间的再度接近

晋齐太行之战，使得"晋将嫁女于吴"在《春秋经》《左传》的记载中没了下文。但这一政治联姻，当是如期进行的。这是因为，从当时情况来讲，栾盈为乱及带有闪击性质的齐国伐晋，时间不长，但对晋国的危害甚烈。而栾氏被灭后，晋国恢复国内秩序，且主政者依然为晋国正卿范宣

---

[1]《左传·襄公二十三年》，见《春秋左传正义》，北京大学出版社1999年，第987页。
[2]《史记·晋世家》，见司马迁：《史记》，中华书局1959年，第1683页。
[3]《左传·襄公二十三年》，见《春秋左传正义》，北京大学出版社1999年，第988页。
[4]《史记·晋世家》，见司马迁：《史记》，中华书局1959年，第1683页。
[5]《左传·襄公二十三年》，见《春秋左传正义》，北京大学出版社1999年，第992页。
[6]《左传·襄公二十三年》，见《春秋左传正义》，北京大学出版社1999年，第990页。
[7]《左传·襄公二十三年》，见《春秋左传正义》，北京大学出版社1999年，第998页。

子。范宣子作为"晋将嫁女于吴"的主持者,公布于列国的政治联姻如若就此而止,晋国的声誉及范宣子的信用将大受影响。

对吴国来讲,借助这一联姻,以期改变在晋国集团内被边缘化的状况。即使不能达此目的,这一联姻也会使得晋、吴间增加一条姻亲的沟通渠道。

而对楚国来说,情况就不这么简单了。"晋将嫁女于吴"引发的是楚人对晋、吴间政治上再度接近的担心。

吴国在庸浦之战后的向城会见中,被晋国集团边缘化。而随着吴国的被边缘化,晋国集团在长江流域的影响也大为弱化。而自皋舟之战后,吴、楚双方在对峙中取得某种平衡,因而相安无事。然而,晋、吴联姻,使得这一平衡被打破。同时,"晋将嫁女于吴",也表明晋国集团再次将手伸向长江下游地区。楚国对此立即作出反应。《春秋经·襄公二十四年》记载说,在晋齐太行之战一年后的公元前549年(吴诸樊十二年),"夏。楚子伐吴"[1]。

吴、楚间平衡被打破后而历经三年的战争,由此开启。

(二)吴楚舟师之役

《左传·襄公二十四年》记载吴、楚战争的第一阶段:本年(吴诸樊十二年,前549)"夏,楚子为舟师以伐吴,不为军政,无功而还"[2]。即楚军伐吴,由于内部原因,无功而还。

由楚国主动发动的这一"无功而还"的舟师之役,其实只是一场双方未有接触的军事挑衅。其目的是楚国借之向吴国示衅并宣泄对晋、吴接近的不满与警示。其政治意义远大于军事意义。而吴国对楚国的军事挑衅,采取置之不理的冷处理方式,并未作出反应。

(三)新一轮晋楚战争及吴国被卷入其中

就在楚国向吴国挑衅的同时,齐国也在与楚国相互接近。《左传·襄公二十四年》记载:"齐侯既伐晋而惧,将欲见楚子。"[3]意思是说,齐庄公攻打晋国后,感到了恐惧,于是打算去会见楚王。楚王派遣薳启疆前往齐国访问,约定两国国君会面的时间等细节。其后,齐国举行祭祀战神、军事检阅等活动,请薳启疆观看。而到了秋天时,"齐侯闻将有晋师,使陈无宇从薳启疆如楚,辞,且乞师"[4]。意为:齐庄公听说晋国将要出兵攻打齐国,于是派齐国大臣陈无宇随薳启疆一同去楚国,说明因战事在即而取消两国国君的会面。同时,齐国正式请求楚国出兵。

就在齐、楚之间紧密加强联系的同时,晋国集团召开了十二国国君参加的夷仪盟会,准备攻打齐国。只是由于发生水灾,没能实现。

晋国集团伐齐因故搁置,但楚国集团为响应齐国"乞师"及为救齐而进行的伐郑之战却已开始。冬天,当楚军攻打郑国国都的东门,并把军队驻扎在棘泽时,晋国集团原先准备攻打齐国的军队都转过来救援郑国。

围绕着郑国,晋、楚两个集团很快进入战争状态。而此时,随薳启疆一同去楚国的齐国大臣

---

[1]《春秋经·襄公二十四年》,见《春秋左传正义》,北京大学出版社1999年,第1000页。
[2]《左传·襄公二十四年》,见《春秋左传正义》,北京大学出版社1999年,第1005页。
[3]《左传·襄公二十四年》,见《春秋左传正义》,北京大学出版社1999年,第1005页。
[4]《左传·襄公二十四年》,见《春秋左传正义》,北京大学出版社1999年,第1006页。

陈无宇，又由楚国派蔿启疆带兵护送他返回齐国。其间，两国紧密联手的政治意蕴不言而喻。

齐国联楚以自救，楚国为救齐而伐郑，晋国集团则忙于救郑。在这复杂的局面中，晋、楚新一轮战争开始。

随着晋、楚新一轮战争的白热化，诸樊不能不考虑在隔岸观火与介入之间作出选择。

被晋国集团边缘化的吴国，好不容易迎来了晋"嫁女于吴"式的地位改善。因此，继承并坚定执行寿梦时期制定的"联晋抗楚"国家战略的诸樊，自以为不能置之度外。更何况，其间还含有改善吴国在晋国集团内地位的考虑。从这一意义上讲，晋、楚新一轮战争促使吴国对楚作出反应从而被卷入其中。尽管，吴国并未介入中原地区的晋楚战争，但为策应中原地区的晋国集团而牵制楚国的战略意图，却显而易见。

对楚军"无功而还"的舟师之役及其后吴国的反应，杜预注曰："为下吴召舒鸠起本。"[1]"吴召舒鸠"，即是吴国策动舒鸠叛楚。此为吴国为介入战争而寻找出的楚国痛点，其间也掺杂着吴国在淮河流域的国家利益。于是，吴楚战争开始升级。

（四）吴国策动舒鸠叛楚及吴、楚争战背后的经济因素

1.吴国策动舒鸠叛楚

舒鸠，为"群舒""众舒"中的一个族群，属淮夷部族。而淮夷是生活在淮河流域土著的统称，为同时期东夷即东方诸夷的一部分。春秋后期，江淮地区出现众多方国，这些方国中，有周分封亲戚时的姬姓封国，亦有部族性质的地区性邦国——不同历史条件下由淮夷转化而来的政治实体。而此类邦国大致分为两类：一类是被当时的史官记载为"群舒""众舒"的带有联合体性质的邦国；另一类系带有城邦性质，且被当时的史官以江淮地区的地名如徐、六、潜、钟离、州来等记载的邦国。因此，舒及舒蓼、舒庸、舒鸠等，均与当时淮河流域带有联合体性质的邦国即"群舒""众舒"等有着密不可分的联系。

吴诸樊十二年（前549），"吴人为楚舟师之役故，召舒鸠人，舒鸠人叛楚"[2]。吴王诸樊对楚国的军事挑衅寻求报复时，把眼光盯在了对楚国深怀不满的舒鸠上。

2.吴楚战争背后的经济因素——对两淮地区铜矿资源控制权的争夺

本轮吴楚战争既有牵制楚国，以策应晋国的战略意图，也有着吴、楚争夺两淮地区铜矿资源控制权的经济因素。

吴、楚两国，自寿梦与楚国反目后，争战于淮河流域，这与淮河流域蕴含的铜矿资源有着密切的关系。无论是吴国还是楚国，当时发展经济和军备，以及制作青铜器（包括兵器）等所需要的战略物资红铜，就出在淮河流域淮夷所控制的地区。时至今日，这一地区尚有号称中国古代"铜都"的城市——铜陵。

安徽铜陵及芜湖南陵县一带的铜矿资源，早在西周时已得以开采、冶炼。西周中央朝廷对这一地区的控制、征伐，即有攫取当地经济资源——红铜的因素。李学勤、徐吉军主编的《长江文化

---

[1] 杜预注，见杜预：《春秋经传集解》，上海古籍出版社1978年，第1014页。
[2] 《左传·襄公二十四年》，见《春秋左传正义》，北京大学出版社1999年，第1008页。

史》论述说:"西周晚期记录战争的金文中,命将出征,周王亲征,都以征淮夷第一。"[1]该书接着引郭沫若《两周金文辞大系考释》中"器《翏生盨》记:'王征南淮夷,伐桐遹,翏生从,执讯折首,俘戎器,俘金。'"后说:"这次周王亲征,既打败了淮夷,又获得了红铜。""淮夷置于周朝控制之下,稍有反抗,即遭镇压,'吉金'(铜)则成为周人攫取的主要对象。"[2]

另有学者指出:"由于淮河流域地处长江铜矿带与西周王朝的中间地带,所以通过淮夷掠夺南部地区的铜矿资源,是周王朝对淮夷频繁征战的重要原因。"[3]"周王朝对淮夷之物最垂涎的是'吉金',所以关于周王朝掳掠淮夷'吉金'的铭文屡见。"[4]因此,春秋时期的楚国东扩及吴国西进,双方争夺的标的之一,即是淮河流域所产的"吉金",即铜矿资源。

因此,中原地区晋、楚新一轮战争,也为吴王诸樊夺取淮河流域的控制权提供了机会。同时,它也构成吴国介入战争及策动舒鸠叛楚的一个主要因素。毕竟,春秋大国间的杀伐征战,离不开青铜兵器,更离不开铜矿资源。

列为全国重点文物保护单位的安徽芜湖南陵县"大工山—凤凰山铜矿遗址"文物保护碑(吴恩培摄)

安徽铜陵博物馆展出的蓝铜矿标本(采样地点:冬瓜山铜矿床)(吴恩培摄)

3.楚王平叛与舒鸠周旋

楚王对舒鸠人的叛乱立即做出反应,并采用剿、抚两手同时进行的策略——楚王在荒浦驻兵,并派沈尹寿和师祁犁去责备他们。这两个楚国大夫去后,先把舒鸠人狠狠地斥责了一通。受吴国指使的舒鸠人,显然早有准备,于是开始与楚国大夫周旋。《左襄·二十四年》记载说:"舒鸠子敬逆二子,而告无之,且请受盟。"[5]舒鸠国国君请求与楚国订立盟约。于是,"二子复命,王欲伐之"[6]。楚王并不相信舒鸠人所说的,还是想要攻打舒鸠,以一劳永逸地解决问题。薳子曰:"不可。彼告不叛,且请受盟,而又伐之,伐无罪也。姑归息民,以待其卒。卒而不贰,吾又何求?

---

[1]李学勤、徐吉军主编:《长江文化史》,江西教育出版社2011年,第146—147页。
[2]李学勤、徐吉军主编:《长江文化史》,江西教育出版社2011年,第147—148页。
[3]李修松主编:《淮河流域历史文化研究》,黄山书社2001年,第213页。
[4]李修松主编:《淮河流域历史文化研究》,黄山书社2001年,第76页。
[5]《左传·襄公二十四年》,见《春秋左传正义》,北京大学出版社1999年,第1008页。
[6]《左传·襄公二十四年》,见《春秋左传正义》,北京大学出版社1999年,第1008页。

若犹叛我，无辞有庸。"[1] 蔿子，即其时的楚国令尹蔿子冯。此时蔿子冯对楚王说："不可以攻打舒鸠！他们说不背叛，且请求接受盟约，而我们又去攻打他们，这可是攻打没有罪过的国家。我们姑且回去休息，等待他们的结果。如果他们没有二心，我们还能求取什么？但如果他们还是背叛我们，到时候我们再来找他们算账，到时他们就无话可说，而我们师出有名，则可获得成功了。"楚王听了觉得有道理，于是就撤军回国了。

舒鸠表面服软，无疑是受吴国唆教而采取的周旋策略。

4. 齐国内乱导致晋、齐媾和

公元前548年，齐大夫崔杼等将齐庄公扶上台才过了六年，却又弑杀了这位齐国国君。其原因，首先是个人恩怨——齐庄公与崔杼之妻东郭姜通奸。其次是政见不同，崔杼对齐庄公乘晋国内乱而伐晋之事持反对态度，并认为晋国一定会报复。其后，当齐庄公宴请莒国国君时，崔杼称病不参加。次日，齐庄公以探望为由来到崔杼家，趁机与崔杼之妻鬼混，被崔杼杀死在自己家中。

弑杀齐庄公后，崔杼和庆封迎立齐灵公另一子，同时是也齐庄公同父异母之弟的杵臼为齐王，这就是日后颇有作为的齐景公。崔杼立齐景公，亦自立为相，并以庆封为左相，此即《左传·襄公二十五年》记载的"崔杼立而相之，庆封为左相"[2]。

齐国发生内乱，晋国集团会兵于夷仪，乘齐国内乱而攻打齐国，以报复齐国两年前乘晋国栾盈之乱时攻打朝歌的太行之战。齐国想用齐庄公被弑这件事来向晋国解释，并派隰鉏前往请求媾和。接着左相庆封也来到晋军大营，示弱并赂以宗器、乐器、财物。最终，晋国同意与齐国媾和。

5. 楚灭舒鸠

晋、齐媾和使得上一年晋、楚新一轮战争失去支点，且楚国也面临着吴国及舒鸠的事务，以及人事更迭的问题。当初劝楚王不要动武的楚国令尹蔿子冯去世，此前曾担任莫敖（楚国主管军事的官职）一职的屈建（即子木）担任了楚国令尹，屈荡担任莫敖。

楚国宫廷内主抚派领袖去世，主剿派上台，这一人事变动立即对舒鸠事务产生影响，主剿派立即对舒鸠事务采取强硬手段。"舒鸠人卒叛，楚令尹子木伐之。"[3] 即舒鸠人背叛楚国，令尹屈建率军攻打它。

在这种情况下，怂恿及幕后策划舒鸠叛楚的吴国，不能不从幕后走到前台："及离城，吴人救之。"[4] 杜预注："离城，舒鸠城。"[5] 因此，当楚国军队到达舒鸠城时，吴国派了军队前来救援舒鸠。

在舒鸠城附近出现吴国军队，这一情况立刻打乱了楚军的军事部署。楚国令尹屈建急忙率领右翼部队前进，楚将子强、息桓、子捷、子骈、子孟率领左翼部队后退，吴国军队处在楚国右师（右翼部队）和左师（左翼部队）之间，达七天之久。

其后，楚军向吴军攻击。吴军反击由楚贵族家兵组成且充当诱饵的军队，终误入楚军的圈套

---

[1]《左传·襄公二十四年》，见《春秋左传正义》，北京大学出版社1999年，第1008页。
[2]《左传·襄公二十五年》，见《春秋左传正义》，北京大学出版社1999年，第1016页。
[3]《左传·襄公二十五年》，见《春秋左传正义》，北京大学出版社1999年，第1021页。
[4]《左传·襄公二十五年》，见《春秋左传正义》，北京大学出版社1999年，第1021页。
[5] 杜预注，见杜预：《春秋经传集解》，上海古籍出版社1978年，第1034页。

而导致"吴师大败"[1]。故本年吴军出征，本为救舒鸠而来，因战术处置不当，遭受大败，并导致严重后果——楚军"遂围舒鸠，舒鸠溃。八月，楚灭舒鸠"[2]。意指，到了八月，楚国把舒鸠给灭了。

四、诸樊伐楚战死

（一）晋国正卿易人——从范宣子到赵文子

诸樊执政下的吴国本想以策动舒鸠叛楚来牵制楚国，从而获取对淮河流域的控制权，没想到结果适得其反，且丧师辱国。同时，晋国决策并主持"嫁女于吴"的正卿范宣子因病去世，赵文子（即赵武）升任晋国正卿。晋国权力结构的变化，对吴王诸樊来说，更增加了未来和晋国集团关系的不确定性。

（二）诸樊之死

吴、楚之间的战争已停不下来。吴王诸樊还想以一场胜利来增加未来和晋国新正卿交往的筹码，同时也把吴国失去的地区性利益捞回来。正是在这种浮躁的心态下，年底时诸樊又主动出击，攻打楚国。

《左传·襄公二十五年》记载："十二月，吴子诸樊伐楚，以报舟师之役。"[3]即公元前548年（吴诸樊十三年）十二月，吴王诸樊攻打楚国，对一年前楚国发动的舟师之役进行报复。

吴王诸樊终为浮躁心态下的主动攻伐付出了代价。"门于巢。巢牛臣曰：'吴王勇而轻，若启之，将亲门。我获射之，必殪。是君也死，疆其少安。'从之。"[4]意思是说：当吴国军队攻打楚国巢邑的城门时，巢邑守将牛臣说："吴王勇敢而轻率。如果我们打开城门，他将会亲自冲入城门。我们乘机用箭射他，一定能把他射死。这个好战的吴国国君如果死了，吴、楚两国的边境上就能稍稍安定些。"楚人听从了牛臣的意见。"吴子门焉，牛臣隐于短墙以射之，卒。"[5]即当吴国军队攻打楚国巢邑的城门时，吴王诸樊被箭射死。

诸樊是吴国历史上第一位死在伐楚战场上的吴王。而楚将口中的"勇而轻"，正是对当时吴王诸樊浮躁心态的真实评价。与其父寿梦相比，文献并无其死后鲁国国君"临于周庙"——到周文王庙里哭泣吊唁等的记载。

（三）巢地地望与巢湖水下城址

关于诸樊战死的巢地，文献即有吴王寿梦时期"吴始伐楚，伐巢、伐徐"[6]的记载。其后，此地亦为吴、楚战争的主要战场之一。杨伯峻《春秋左传注》注"巢"曰："《书序》云：'巢伯来朝，芮伯作《旅朝命》。'则巢为殷商旧国。一九七七年四月于陕西周原遗址所发现周初卜辞，其一一零号卜甲云'征巢'，可为实证。《水经·沔水注》谓'巢，群舒国也'，则为偃姓。今安徽省

---

[1]《左传·襄公二十五年》，见《春秋左传正义》，北京大学出版社1999年，第1021页。
[2]《左传·襄公二十五年》，见《春秋左传正义》，北京大学出版社1999年，第1021页。
[3]《左传·襄公二十五年》，见《春秋左传正义》，北京大学出版社1999年，第1027页。
[4]《左传·襄公二十五年》，见《春秋左传正义》，北京大学出版社1999年，第1027页。
[5]《左传·襄公二十五年》，见《春秋左传正义》，北京大学出版社1999年，第1027页。
[6]《左传·成公七年》，见《春秋左传正义》，北京大学出版社1999年，第729页。

巢县东北五里有居巢故城址,当即古巢国。高士奇《地名考略》云:'成七年(指《左传·成公七年》,下同)吴始伐楚伐巢;十七年,舒庸道吴人围巢;襄二十五年,吴子伐楚,门于巢;昭四年,蘧启疆城巢;五年,楚使沈尹射待命于巢;二十四年,吴灭巢。二十五年,楚使熊相禖郭巢,盖巢已亡,而楚欲据其地也。《史记》,吴公子光六年大败楚军于豫章,取楚之居巢而还,自是巢入于吴矣。"[1]

上述文献记载的"巢""居巢故城"等地望,与今安徽巢湖有列为巢湖市文物保护单位的"巢湖水下城址"有关联。该处遗址文物保护碑后的文字介绍是:

"2001年12月,巢湖市文物管理所在烔炀镇唐嘴行政村南侧调查时发现该水下城址。当巢湖水位下降到7米以下时,遗址上的红烧土、灰坑、囗基遗迹、水井、古树根和陶片等大量古代遗迹遗物即露出水面。通过对遗址上采集到的宫殿建材筒瓦、板瓦以及陶器、铜器、铁器、玉器、银器等260多件文物进行考证得知,人类曾在这里生活了三千多年,三国时期成为水下城址。……据康熙《巢县志》记载,'吴赤乌二年,巢城陷为湖',唐代诗人罗隐曾留下'借问邑人沉水事,已经秦汉几千年'的诗句,民间广泛流传着'陷巢州,长庐州'之说。史籍记载和民间传说都告诉我们历史上的居巢国是因自然灾害陷入湖底的。唐嘴水下城址的发现从考古学的角度印证了史料的真实性。这处遗址形成的时间、方式和史籍记载与传说完全一致。待对其进一步科学发掘后,'居巢国'的神秘面纱终将会被揭开。"

列为巢湖市文物保护单位的安徽巢湖烔炀镇唐嘴村的"巢湖水下城址"文物保护碑(吴恩培摄)

由上可知,诸樊战死的巢地或巢城,三国时期已陷入巢湖,成为水下城址。

第五节 二十一世吴王馀祭及其执政

二十世吴王诸樊伐楚战死,按照十九世吴王寿楚临死前制定的吴国王位传承程序——"兄终弟及",吴国王位传至寿梦二子、诸樊之弟馀祭。

一、馀祭其人及其执政之初遭遇的战争危机

馀祭,又作句馀、戴吴。馀祭,见诸《春秋经·襄公二十九年》:"阍弑吴子馀祭。"[2] 句馀,

---

[1] 杨伯峻:《春秋左传注》(修订本),中华书局1990年,第585—586页。
[2] 《春秋经·襄公二十九年》,见《春秋左传正义》,北京大学出版社1999年,第1086页。

见诸《左传·襄公二十八年》"吴句馀予之朱方"[1]句。关于此处"句馀",学界有不同诠释,此处系引孔颖达疏"服虔以句馀为馀祭"[2]。戴吴,见诸《左传·襄公三十一年》"巢陨诸樊,阍戕戴吴"[3]句。杜预注:"戴吴,馀祭。"[4]

接位甫初,吴王馀祭就遭遇了一场来自楚、秦的战争危机。

吴王馀祭元年(前547),据《左传·襄公二十六年》记载:"楚子、秦人侵吴,及雩娄,闻吴有备而还,遂侵郑。"[5]雩娄,据杨伯峻《春秋左传注》为"在今河南商城县东,安徽金寨县北"[6]。此处,即为吴、楚已争夺多年的淮河流域地区。

是时,因吴王诸樊战死,吴国正处国丧期间。本年楚、秦联合侵吴,虽说未遂,但仍显突兀。地处西北的秦国,与地处东南的吴国并无任何交集,秦国亦无攻伐吴国的动机。故此番伐吴未遂,秦显为因与楚结盟而被楚人拉来而已。而从"闻吴有备而还,遂侵郑",则可看出:

其一,诸樊伐楚身死,吴军伐楚失败,为防止楚国乘胜进击,是时,吴国自国丧期起,即已进入高度戒备状态。也正是吴国的高度戒备,使得楚、秦联军闻之而退。

其二,楚、秦略显突兀的"侵吴",或许有文献未予记载的原因。舍此,则当溯自两年前(吴诸樊十二年,前549)晋国集团欲伐齐而齐国向楚国"乞师"。其后,楚国为救齐而开始伐郑,晋国于是着手救郑。晋、楚两大集团围绕着郑国又进入了战争状态。再其后,齐国示弱并表示顺服,晋国同意与齐国媾和,从而息战。息战后,郑国又开始报复性地攻打楚国的盟国陈国,原因即是当初陈国会同楚国攻打郑国。后,郑国的"子西复伐陈,陈及郑平"[7]。郑国的子西再一次攻打陈国,陈国与郑国签订了和约。

由此可见,正因为上一年(吴诸樊十三年,前548)郑国攻打陈国而引发了楚国联手秦国的这次报复。至于原准备攻打吴国,可能是因上一年吴王诸樊为牵制楚国、策应晋国集团的伐楚,尽管诸樊已战死,楚国依然要前来报复。而不排除的另一种可能是:楚、秦联军伐郑时,吴国只是被顺带地侵扰了一下。而因伐吴不成,秦、楚联军"遂侵郑",即攻打郑国去了。

二、馀祭执政时期的第二次列国弭兵

(一)第一次列国弭兵及其后吴国遭遇的多次战争

吴王馀祭执政时期所发生的一个重大事件,即为春秋时的第二次列国弭兵。时为公元前546年(吴馀祭二年)。是时,距公元前579年(吴寿梦七年)春秋时的第一次列国弭兵,已过了三十三年。

晋、楚两大集团争战于中原,地理上与吴国无直接关联。但晋、楚间第一次弭兵后,吴、楚间战争不断。吴王诸樊继承寿梦时制定的"联晋抗楚"战略,在楚共王刚去世时就发动"伐楚丧"战

---

[1]《左传·襄公二十八年》,见《春秋左传正义》,北京大学出版社1999年,第1081—1082页。
[2]孔颖达疏,见《春秋左传正义》,北京大学出版社1999年,第1081—1082页。
[3]《左传·襄公三十一年》,见《春秋左传正义》,北京大学出版社1999年,第1131页。
[4]杜预注,见杜预:《春秋经传集解》,上海古籍出版社1978年,第1162页。
[5]《左传·襄公二十六年》,见《春秋左传正义》,北京大学出版社1999年,第1036页。
[6]杨伯峻:《春秋左传注》(修订本),中华书局1990年,第1114页。
[7]《左传·襄公二十五年》,见《春秋左传正义》,北京大学出版社1999年,第1024页。

争,从而引发吴楚庸浦之战、皋舟之战等。其后,吴国又策动舒鸠叛楚,并由此引发吴、楚正面冲突。所有这些,迫使楚国将关注点转移到吴国身上。

而第一次列国弭兵(吴寿梦七年,前579)后,与吴国有直接、间接联系的战争列于下:

吴寿梦十年(前576),楚为切断晋、吴间联系的"伐彭城"之战及晋楚靡角之谷之战。

吴寿梦十六年(前570),楚伐吴,并攻克吴国"鸠兹",至于吴国腹地的衡山(今南京江宁)之战。

吴寿梦二十三年(前563),晋国集团保持与吴国的联系,因柤地盟会而发动灭偪阳之战。

吴诸樊元年(前560),吴楚庸浦之战。

吴诸樊二年(前559),吴楚皋舟之战。

吴诸樊十一年(前550)至吴诸樊十三年(前548),因"晋将嫁女于吴"引发吴楚战争,历时三年。吴王诸樊战死在伐楚战场——巢地。

上述,吴国未实质性介入的战争为晋楚靡角之谷之战与晋国集团的灭偪阳之战。但这两场战争,均是为保持吴国与中原列国的交通。而其余各场战争,均为吴国独立抵抗强楚。第一次列国弭兵使中原战局稍缓,而楚国东进却使得东南地区的战火愈加炽热起来。

(二)第二次列国弭兵的背景

第一次列国弭兵的背景为晋、楚双方都想喘口气,以便腾出手对付各自的对手——晋国对付秦国,楚国对付吴国。于是,签约一年后的公元前578年(吴寿梦八年),秦晋麻隧之战爆发,晋国击败秦国。而签约四年后的公元前575年(吴寿梦十一年),晋楚鄢陵之战爆发,晋国击败楚国。这些战争,使得第一次列国弭兵签署的盟约成了一纸空文。

晋、楚两大国间的战争,另有晋击败楚的晋楚湛阪之战,以及晋国集团分裂后,相继发生的晋击败齐的晋齐平阴之战和太行之战等。而公元前570年(吴寿梦十六年)的楚对吴战争,楚军攻打到今南京附近的吴国衡山一带。连年战争,使得晋、楚两个大国都疲惫不堪。

同时,在晋、楚两大国内部,卿族争斗加剧,相继导致两位国君被弑的极端事件发生,即晋国晋厉公被弑、齐国齐庄公被弑。晋国的卿族争斗,规模不断扩大,晋国卿族不断洗牌后,栾氏被灭。卿族争斗,迫使晋国将其注意力转移至国内。而楚国内部,亦发生因楚共王去世而选择新君的内讧,并导致"共王太子出奔吴"[1]的事件发生。吴、楚之间围绕淮河流域的战争,也迫使楚国将关注点转移到吴国身上,而对中原地区无力顾及。

其时,分别依附于晋、楚的列国,在战乱中更是被捆绑在两大军事集团的战车上,遭受战祸。与此同时,经济上列国还要承担苛重的义务,遭受盟主盘剥及其权臣索贿等。郑国子产致书抨击,曾迫使晋国范宣子减轻诸侯之币。而范宣子死后,晋国赵文子为政时,面对小国的普遍怨言,亦不得不下令减轻各国贡赋数量,借以缓和与列国的紧张关系。

由上可以看出,连年战争使得各个小国在遭受苦难的同时,使得他们迫切希望结束战争。所有这些,构成了第二次列国弭兵的背景及动因。

---

[1]《史记·十二诸侯年表》,见司马迁:《史记》,中华书局1959年,第636页。

三、第二次列国弭兵盟会

(一)宋国左师向戌促成第二次列国弭兵

和第一次列国弭兵是由宋国大夫华元居间调停一样,第二次列国弭兵也是由宋国人——左师向戌居间调停,故此次弭兵又称为向戌弭兵。

第一次列国弭兵时,晋楚争霸使得列国在夹缝中小心翼翼地寻求着生存之道,从而成为那一时期列国制定生存及发展原则即国家战略的主要依据。

能在列国间调停,其所具备的基本特质是与冲突双方都能沟通且讲得上话。和昔日的华元与晋、楚两国执政者都有着良好关系一样,"宋向戌善于赵文子,又善于令尹子木,欲弭诸侯之兵以为名"[1]。即向戌与晋国正卿赵文子关系友善,而与楚国令尹子木(即屈建)也有着良好的关系。因此,他想利用这一丰厚的人脉资源在诸侯间发起弭兵运动,从而为自己赢得好的名声。

向戌弭兵的目标确定后,他先到了晋国,对晋国正卿、中军元帅赵文子说起这一计划。赵文子于是和众大夫商量。大夫韩宣子(即韩起)说:"兵,民之残也,财用之蠹,小国之大菑也。将或弭之,虽曰不可,必将许之。弗许,楚将许之,以召诸侯,则我失为盟主矣。"[2]韩起的话代表了晋国众大夫的意见,于是晋国同意向戌的弭兵倡议。

接着,向戌"如楚,楚亦许之。如齐,齐人难之。陈文子曰:'晋、楚许之,我焉得已。且人曰弭兵,而我弗许,则固携吾民矣!将焉用之?'齐人许之。告于秦,秦亦许之"[3]。楚国也同意了他的倡议。其后,他又访问齐国。齐国起先感到为难。陈文子(即陈须无,又作田文子)说:"晋国、楚国都答应了,我们怎么能够不答应?而且别人说'消弭兵战',我们不答应,就使我们的百姓离心了,将来又怎么使用他们?"最终,齐国也答应了。最后向戌又来到名列春秋"四强"的秦国,将这一倡议告之,秦国也同意这一倡议。

向戌以其个人魅力和人脉关系,做到了使春秋"四强"的晋、楚、齐、秦都同意坐下来商谈。接下来,"皆告于小国,为会于宋"[4],即晋、楚、齐、秦这四国分别告知各个附属于自己的小国,准备在宋国举行两大集团间的弭兵盟会。

(二)蔡声子参与弭兵斡旋及与楚令尹子木说起的"楚材晋用"

向戌奔走于列国之间时,蔡国的蔡声子也参与了这项斡旋活动。据《左传·襄公二十六年》载:"及宋向戌将平晋、楚,声子通使于晋。还如楚。"[5]意思是说,等到宋国的向戌准备调解晋、楚两国关系时,蔡声子也因参与这项活动而再次出使晋国,回来时直接抵达楚国。显然,蔡声子和向戌一样,都是和晋、楚高层能够说得上话的人。

蔡声子来到楚国,还为另一件让他挂心的事。此事与日后逃奔吴国的伍子胥的先人有关。"楚伍参与蔡大师子朝友,其子伍举与声子相善也。"[6]意思是说,楚国的伍参与蔡国太师蔡子

---

[1]《左传·襄公二十七年》,见《春秋左传正义》,北京大学出版社1999年,第1056页。
[2]《左传·襄公二十七年》,见《春秋左传正义》,北京大学出版社1999年,第1056—1057页。
[3]《左传·襄公二十七年》,见《春秋左传正义》,北京大学出版社1999年,第1057页。
[4]《左传·襄公二十七年》,见《春秋左传正义》,北京大学出版社1999年,第1057页。
[5]《左传·襄公二十六年》,见《春秋左传正义》,北京大学出版社1999年,第1043页。
[6]《左传·襄公二十六年》,见《春秋左传正义》,北京大学出版社1999年,第1042页。

朝有交情,伍参的儿子伍举与蔡子朝的儿子蔡声子作为世交也交情颇深。伍参和伍举,分别为伍子胥曾祖父和祖父。其时,伍举娶了王子牟的女儿为妻,王子牟在担任申地行政长官时因获罪逃亡。楚国人说:"是伍举护送他出逃的。"于是,"伍举奔郑,将遂奔晋"[1],即伍举也被迫逃亡到了郑国,并打算由郑国再逃亡到晋国去。蔡声子出使晋国路过郑国都城郊外时,曾和伍举晤面。两个好友席地而坐一起进食。席间,当谈论起伍举何时才能返回楚国时,蔡声子对伍举说:"子行也!吾必复子。"[2]意为:"您走吧,我一定让您返回楚国。"

在春秋时期的列国政治生态中,中原地区的晋、齐、鲁、卫、郑、宋等,均受累于国内卿族争斗。而长江流域的楚、吴、越等,却没有形成权卿大族专擅或共掌政权的局面。国家的权力,基本上由国君牢牢掌控。

蔡国蔡声子参与弭兵斡旋活动,他从晋国来到楚国后,时任楚国令尹的子木与他会面。子木向他了解晋国的情况,并且问他:"晋国的官员和楚国的官员相比,谁更贤明?"蔡声子不无奉承地回答说:"晋国的正卿,比不上楚国的。但是,它的大夫却很贤明,都是做正卿的人才。这就像杞木、梓木和皮革都是从楚国运去的一样。"接着,蔡声子说起"虽楚有材,晋实用之"[3]这一春秋时期"楚材晋用"的人才流动现象。

在分析形成这一现象的原因时,蔡声子先说到治国中"赏"与"罚"的关系:"善于治理国家的人,赏赐不过分,刑罚不滥用。赏赐过分了,担心赏到恶人。刑罚滥用了,担心罚到好人。假如不幸而对之不能很好把握,那就宁可赏赐过分也不刑罚滥用。与其因滥刑而失去好人,则宁可因过分赏赐而让坏人得利。没有好人,国家就会跟着遭殃。"

接着,蔡声子说起"楚多淫刑":"今楚多淫刑,其大夫逃死于四方,而为之谋主,以害楚国。"[4]这些外逃的大夫成了那些国家的主要谋士,干着危害楚国的勾当。接下来,蔡声子说起逃亡到晋国,从而在战争时期危害楚国的一个个实例:

其一,公子仪叛乱,析公逃往晋国,绕角战役时,晋国已准备逃跑了,可析公为晋国出谋划策,从而击败楚国,使楚国失去了中原诸侯的亲附。

其二,雍子逃亡到了晋国,在援助彭城的战役中,晋、楚两军在靡角之谷遭遇,晋军已准备逃走了,可雍子为晋国出谋划策,结果晋军击败楚军,攻陷了彭城,而楚国失去了东方诸国的亲附。

其三,申公巫臣逃到了晋国,为晋国"联吴制楚"的战略效力,使吴国和晋国通好,教吴国背叛楚国,教吴国人驾战车、射箭、驱车进攻,还派他的儿子狐庸担任吴国的使者。吴国便在这时攻打巢地,夺取驾地,攻克棘地,侵入州来。楚国疲于奔命,到现在吴国还是楚国的祸患。

其四,伯贲的儿子苗贲皇逃亡到晋国,为晋国效力。鄢陵之战中,楚军逼近晋军,摆出阵势,晋军已打算逃走,苗贲皇为晋军出谋划策,楚军大败,楚王受伤。

子木听着蔡声子所列举的一个个"楚材晋用"的实例,不得不承认说:"这些全都是事

---

[1]《左传·襄公二十六年》,见《春秋左传正义》,北京大学出版社1999年,第1043页。
[2]《左传·襄公二十六年》,见《春秋左传正义》,北京大学出版社1999年,第1043页。
[3]《左传·襄公二十六年》,见《春秋左传正义》,北京大学出版社1999年,第1043页。
[4]《左传·襄公二十六年》,见《春秋左传正义》,北京大学出版社1999年,第1045页。

实。"蔡声子说："今又有甚于此。"[1]接着，他说起伍举的境遇。伍举因为害怕也逃亡到了郑国，他伸长脖子望着南面说："但愿能赦免我！"但是楚国并不考虑。现在伍举已经到了晋国，晋国人准备封给他县邑，像对待叔向一样对待他。如果他来出谋划策危害楚国，难道不会造成更大的祸患吗？

子木听了感到害怕，于是归后向楚康王进言，终"益其禄爵而复之"[2]，即增加伍举的俸禄爵位而让他回国复职。显然，蔡声子的话刺痛了子木和楚康王，使他们不能不感到忧虑，转而考虑与晋弭兵。经蔡声子斡旋，伍举得以回国。但蔡声子所说的"楚材晋用""楚多淫刑"的文化及"其大夫逃死于四方而为之谋主，以害楚国"的现象并没有根除。三十多年后，伍举的儿子伍奢、长孙伍尚因内政问题被楚平王诛杀，而他的另一个孙子伍子胥（伍奢次子）亡命奔吴，为阖闾所用而"以害楚国"，甚至主导并参与攻陷楚国国都——郢都的事件。

（三）蒙门盟会的举行及成果

1.盟会举行的时间、地点及与会者

公元前546年（吴馀祭二年），晋、楚两大集团的第二次弭兵盟会召开。因盟会地点位于宋国蒙门之外，故此次盟会亦称为"蒙门之盟"。

《春秋经·襄公二十七年》记载了蒙门盟会的与会者名单："夏，叔孙豹会晋赵武、楚屈建、蔡公孙归生、卫石恶、陈孔奂、郑良霄、许人、曹人于宋。"[3]杜预注曰："案《传》：会者十四国，齐、秦不交相见，邾、滕为私属，皆不与盟。宋为主人，地于宋，则与盟可知。故《经》唯序九国大夫。"[4]而《左传·襄公二十七年》记载的盟会与会者有：楚国令尹子木（即屈建）、晋国正卿赵文子（亦称赵武、赵孟）、宋国国君宋平公以及滕国国君、邾国国君。与会者还有齐、鲁、卫、陈、蔡、郑、曹、许国的大夫。关于秦国，《春秋经》《左传》均未记载其出席会议的代表。其原因，或因地处西陲，交通不便；或是其出席盟会代表的级别低于大夫级，故《春秋经》《左传》未予记载。不管原因为何，鉴于秦国也同意弭兵，故仍将其列为出席国。是故，盟会与会者为十四国代表。而从上述名单中可以看出，吴国并不在与会国之列。

2.缺乏信任感的盟会氛围

盟会召开，双方"以藩为军，晋、楚各处其偏"[5]，即各国军队用篱笆做墙作为分界。晋国和楚国分别驻扎在两头。

晋国方面，晋国官员对正卿赵文子说，感到楚国方面的气氛不对劲，担心会有事情发生。赵文子则回答说："我们出门向左便进入宋国的都城，他们又能把我们怎么样？"

楚国方面也在担心会有事情发生，于是与会者在外衣内都穿上了皮甲，以防不测。楚国太宰伯州犁对令尹子木说："与列国代表会见，又不信任别人，这恐怕不可以吧！列国盼望得到楚国信任，所以前来顺服。如果一上来就不信任人家，这就是把别人顺服你的信任给丢掉了呀！"故此，伯州

---

[1]《左传·襄公二十六年》，见《春秋左传正义》，北京大学出版社1999年，第1047页。
[2]《左传·襄公二十六年》，见《春秋左传正义》，北京大学出版社1999年，第1047页。
[3]《春秋经·襄公二十七年》，见《春秋左传正义》，北京大学出版社1999年，第1051页。
[4]杜预注，见杜预：《春秋经传集解》，上海古籍出版社1978年，第1071页。
[5]《左传·襄公二十七年》，见《春秋左传正义》，北京大学出版社1999年，第1058页。

犁要求楚国人把皮甲脱掉。这位进谏的伯州犁,即公元前575年(吴寿梦十一年)晋楚鄢陵之战,因父被杀而叛晋奔楚的"楚大宰"(太宰)。对伯州犁的劝谏,子木曰:"晋、楚无信久矣!事利而已。苟得志焉,焉用有信?"[1]意即,晋楚两国互不信任已久,我们只要做对自己有利的事就行,哪里用得着守什么信用!

3.盟会的共识与晋、楚国家利益的博弈

盟会议题和共识,实际上在盟会开始前已几经反复。《左传·襄公二十七年》记载了达成共识及盟会协议几经反复才形成的过程:

(1)"楚公子黑肱先至,成言于晋。"[2]楚国公子黑肱先到达,和晋国商定了某些议题和条件。是时,晋国正卿赵文子已抵达晋国集团的成员国宋国,而楚令尹子木则留在楚国集团的成员国陈国。

(2)楚国令尹子木向弭兵倡议者向戌提出动议:"请晋、楚之从,交相见也。"[3]即晋国集团的成员国朝见楚国,而楚国集团的成员国也朝见晋国,从而使原分属晋、楚两大集团的小国奉晋、楚为共同霸主,且今后要同时承担对晋、楚两国的政治、经济义务。

(3)接着,向戌又返回宋国,将子木的意见转告晋国正卿赵文子。赵文子补充意见说:"晋、楚、齐、秦,匹也。晋之不能于齐,犹楚之不能于秦也。楚君若能使秦君辱于敝邑,寡君敢不固请于齐?"[4]赵文子补充意见的实质是,不要把另外两个大国——齐、秦——当作其他小国一样,要他们去朝见晋国或楚国。

(4)"左师复言于子木。子木使驲谒诸王,王曰:'释齐、秦,他国请相见也。'"[5]听到晋国赵文子提出的补充意见,宋国左师向戌立即再次前往陈国,把赵文子的意见向子木转告。子木亦不敢自专,于是通过递送公文的专车,向楚国国君楚康王请示。楚康王发出指示,放过齐、秦两国(意为这两个国家可以不朝见晋、楚两国国君及纳贡),要求其他各国(指分属晋、楚两大集团的小国)承担对楚、晋的朝见、纳贡义务。

(5)"左师至。是夜也,赵孟及子皙盟,以齐言。"[6]听到楚国国君同意晋国补充意见的这一答复后,向戌连夜赶回宋国。当夜,晋国正卿赵文子便和楚国先期到达的公子黑肱就盟约条文的措辞,达成一致意见。

(6)因晋、楚双方就盟约条文达成共识,故"子木至自陈"[7],即楚国令尹子木从陈国来到宋国与会。

由上可知,上述共识乃系晋、楚两个大国基于自己利益而反复磋商的结果。

---

[1]《左传·襄公二十七年》,见《春秋左传正义》,北京大学出版社1999年,第1059页。
[2]《左传·襄公二十七年》,见《春秋左传正义》,北京大学出版社1999年,第1058页。
[3]《左传·襄公二十七年》,见《春秋左传正义》,北京大学出版社1999年,第1058页。
[4]《左传·襄公二十七年》,见《春秋左传正义》,北京大学出版社1999年,第1058页。
[5]《左传·襄公二十七年》,见《春秋左传正义》,北京大学出版社1999年,第1058页。
[6]《左传·襄公二十七年》,见《春秋左传正义》,北京大学出版社1999年,第1058页。
[7]《左传·襄公二十七年》,见《春秋左传正义》,北京大学出版社1999年,第1058页。

4.鲁对叔孙豹的惩罚:"不书其族"

鲁国的属国郯国,因未参加本次盟会,并不受本次盟约条文(指须同时对楚、晋承担朝见、纳贡义务)的约束,即原先怎么给鲁国缴纳贡赋,接下来还是这么个缴纳法。但参加本次盟会的邾国、滕国,情况就不一样了。他们分别为齐、宋之属国。作为属国,邾国、滕国原本是对齐、宋承担相应义务,尤其是经济义务。现盟约条文规定,小国要奉晋、楚为共同霸主,且承担对晋、楚两国的义务,那它们对中间层级的齐、宋的义务又如何处理?如果让他们既要对齐、宋承担经济义务,又要对晋、楚两国承担义务,这些小国显然无法承担这一双重贡赋。

因此,对齐、宋两国来说,一旦属国邾、滕无法承担双重贡赋,则可能出现两种情况:一是石头里面再也榨不出油来,弄得他们破罐子破摔;二是这些小国极可能绕过自己而直接给晋、楚纳贡,并借晋、楚之手来对他们这些中间层级的国家予以制约。因此,为避免出现上述两种情况中的任何一种,并拉住这些属国给自己纳贡,减轻自己对晋、楚的贡赋压力,就成为齐、宋对属国调整其与会身份的目的。

为达此目的,最佳办法就是让他们像未与会的鲁国属国郯国一样,不以独立身份参加盟会,从而也无须承担盟约条文的相应义务。于是,"既而齐人请邾,宋人请滕,皆不与盟"[1]。即邾国国君通过齐国提出,要求把邾国作为齐国属国;而滕国国君则通过宋国提出,要求把滕国作为宋国属国。于是,邾、滕两国都不再以独立身份出席盟会,从而避免了他们既要向宋、齐,又要向晋、楚缴纳贡赋的情况。

邾、滕两国都不以独立身份出席盟会,这让自身属国郯国未出席盟会而讨了巧的鲁国立即感觉到像是吃了亏似的。于是,执政鲁国的鲁国正卿季武子,还想使鲁国再进一步地享受到优惠,故"使谓叔孙以公命,曰:'视邾、滕。'"[2] 杜预注曰:"两事晋、楚则贡赋重,故欲比小国。武子恐叔孙不从其言,故假公命以敦之。"[3] 故《左传》上条意为,鲁国正卿季武子以国君名义对鲁国与会代表的大夫叔孙豹下达命令:"视邾、滕。"即鲁国应该向邾国、滕国看齐而不参加盟会,以避免承担相应义务。

这一命令,鲁国大夫叔孙豹其实很难执行。鲁国本为中原姬姓中身份、地位都很高的诸侯国,又如何能做到像邾国、滕国那样,以齐、宋的属国身份不参加盟会呢?更何况,这让鲁国又依附并做哪个国家的属国呢?再者,上述邾、滕"皆不与盟"即皆不参加盟会,乃是邾、滕所依附的"齐人请邾,宋人请滕"的请求结果。而鲁国若不参加盟会,谁又会为鲁国说项?只能是叔孙豹自己去卖惨而说鲁国是个小国。而卖惨、自行矮化且有伤国体的行为目的,仅是为少承担或不承担盟会规定的贡赋义务。这对叔孙豹来说,既难以操作,又难以接受。"叔孙曰:'邾、滕,人之私也;我,列国也,何故视之?宋、卫,吾匹也。'乃盟。故不书其族,言违命也。"[4] 意即,叔孙豹置季武子假以公命的要求于不顾,出席了盟会。鲁国对叔孙豹的惩罚——《春秋经》记载时,不记载

---

[1]《左传·襄公二十七年》,见《春秋左传正义》,北京大学出版社1999年,第1060页。
[2]《左传·襄公二十七年》,见《春秋左传正义》,北京大学出版社1999年,第1060页。
[3] 杜预注,见杜预:《春秋经传集解》,上海古籍出版社1978年,第1082页。
[4]《左传·襄公二十七年》,见《春秋左传正义》,北京大学出版社1999年,第1060页。

其国属即"不书其族"。

叔孙豹维护了鲁国的尊严与荣誉,却受到了不记载其国属的惩罚。惩罚的目的:一是把叔孙豹说成是以个人名义参与盟会;二是叔孙豹以个人名义参与盟会的言行,系个人行为,并不代表鲁国的立场。

(四)第二次列国弭兵盟会对吴国的影响

第二次列国弭兵盟会,系一次密切关乎吴国其后境况的盟会。吴国虽与之有着极大的利害关系,但吴国并不在与会国的名单之中。

1.吴国未参加弭兵盟会的原因分析

早在吴王诸樊执政时期的向城盟会后,吴国就再也未参加过晋国集团举行的任何一次盟会,且吴国亦从未履行过晋国集团内的军事、经济义务。从这一角度分析,作为晋国集团成员的吴国,一方面已被晋国集团边缘化;另一方面,却也因此而能执行充分自主的军事、外交路线,并成为游离于两大集团外的一支独立力量。随着中原地区的息战弭兵,东南地区的吴楚争战势必会加剧。从这一点上讲,晋国出于减轻自身压力,或许乐于见到这一局面的形成。况且,吴国与楚国的争战,晋国今后也不用承担责任和义务。至于吴王诸樊后期的"晋将嫁女于吴",本是时任晋国正卿的范宣子看到吴国的利用价值,为吴国提供了一个摆脱边缘化状态的机遇,但随着吴王诸樊战死及范宣子去世,人亡政息下,其影响已消失殆尽。

而吴国未能出席该次弭兵盟会的原因,或为如下:

其一,地理因素——路途遥远。

其二,地缘政治和文化因素,使得吴国在晋国集团中被边缘化且与晋国集团已渐行渐远。与此同时,吴国与楚国的争战,愈演愈烈。

其三,随着主政晋国的正卿更替,可能出现的情况为:一是晋国告之于吴国与会,而吴国像昔日一样,不与会;另一则是晋国并未告之于吴国与会。若为后者情况,则显示晋国有意地将已被边缘化的吴国排除在盟会之外。其中,不排除晋国预料到楚国可能提出奉晋、楚为共同霸主之类的条款而吴国未必会同意。若因吴国就此发难而致弭兵盟会流产,则不如不告之于吴国了。

2.对吴国的影响——渐趋恶化的外部环境

第二次列国弭兵盟会是春秋晋楚争霸的一个历史拐点。自此以后,晋、楚间再无大战。同时,此次盟会也是吴楚争战的历史拐点。第二次弭兵盟会后,楚国以盟约形式成功阻断晋国集团与吴国的联系,且在这一盟约中,吴国属于既不朝晋也不朝楚者。因而,楚国自以为自此以后就可以放开手专事对付吴国了。

因此,第二次列国弭兵盟会,既标志着晋楚争霸的基本结束,亦以盟约形式使得楚国北进受阻,只能东扩。

而吴国东面临海,其北面早在寿梦执政之初的公元前583年(吴寿梦三年),因晋国组织的晋、齐、鲁、邾四国"伐郯"[1],而明确地划设了一条不得北进的军事红线,故吴国也只能向西发

---

[1]《春秋经·成公八年》,见《春秋左传正义》,北京大学出版社1999年,第731页。

展。吴国西扩与楚国东扩,形成正面冲突态势。这既预示着第二次列国弭兵盟会后楚国军事进击方向的转向,也预示着吴楚争战加剧的趋势。

四、齐国前国相庆封逃亡吴国

第二次列国弭兵盟会召开的次年,吴馀祭三年(前545),曾为齐国国相的庆封逃亡至吴国。

(一)庆封:齐国的阴谋家与逃亡者

齐国崔杼弑齐庄公而立齐景公,并自立为相,以庆封为左相。其后,庆封利用崔杼的家族矛盾,以阴谋手段逼死崔杼,并"尽俘其家",获取了崔氏的全部家产。接着,"庆封为相国,专权"[1]。

庆封在与崔杼的争斗中得势秉政,然而他"好田而耆酒,与庆舍政,则以其内实迁于卢蒲嫳氏,易内而饮酒"[2]。即庆封喜欢打猎和喝酒,把国家政务交给儿子庆舍去处理,而他自己带上妻妾、财物迁到齐国大臣卢蒲嫳家里,和卢蒲嫳交换妻妾并饮酒作乐。

荒淫日子没过多久,庆封在与陈文子(即陈须无,又作田文子)及其子陈无宇的争斗中失败。失败后,他先逃到鲁国进行政治避难。因齐国责备鲁国收留庆封,他在鲁国待不下去,这才又逃亡到吴国。

(二)关于"句馀"的不同注释

《左传·襄公二十八年》记载,庆封"奔吴。吴句馀予之朱方,聚其族焉而居之,富于其旧"[3]。即庆封逃亡至吴国,吴国的"句馀"把朱方给予了庆封。他聚集了族人住在那里,比以前更富有。

关于"句馀",杜预注为"吴子夷末也"[4],意指寿梦三子馀眜。按此,则为当时为吴国公子的夷末(馀眜)把朱方给予了庆封。

对此,孔颖达疏不同意杜预注而指出:"此时吴君是馀祭也。明年馀祭死,乃夷末代立。昭十五年,吴子夷末卒,是也。服虔以句馀为馀祭,杜以为夷末者,以庆封此年之末,始来奔鲁,齐人来让,方更奔吴。明年五月,阍弑馀祭,计其间未得赐庆封以邑,故以句馀为夷末也。"[5]孔颖达疏引东汉经学家服虔之"句馀为馀祭"说,当代学者均倾向于此说。如杨伯峻《春秋左传注》引"服虔以句馀为馀祭"后说:"服虔较是。"[6]吴镇烽《记新发现的两把吴王剑》一文论及"《史记·吴太伯世家》以及春秋三传等历史文献所载吴王有七"时,即指出:"吴王馀祭,寿梦次子,《左传》称戴吴,又称句余(杜预认为句余是夷末)。"[7]

因此,杜预注"句馀"为"吴子夷末也",为明显误注。其时,"吴子"为吴王馀祭,其弟馀眜也只是个有王储地位的吴国公子。在馀眜未接位之时就称其为"吴子夷末",明显不妥。同时,作为逃

---

[1]《史记·齐太公世家》,见司马迁:《史记》,中华书局1959年,1502页。
[2]《左传·襄公二十八年》,见《春秋左传正义》,北京大学出版社1999年,第1077页。
[3]《左传·襄公二十八年》,见《春秋左传正义》,北京大学出版社1999年,第1081—1082页。
[4]杜预:《春秋经传集解》,上海古籍出版社1978年,第1105页。
[5]孔颖达疏,见《春秋左传正义》,北京大学出版社1999年,第1081—1082页。
[6]杨伯峻:《春秋左传注》(修订本),中华书局1990年,第1149页。
[7]吴镇烽:《记新发现的两把吴王剑》,《江汉考古》2009年3期。

亡者的庆封，为北方大国齐国的前国相。对收留这样一位重量级人物的政治避难，若"句馀"为夷末（馀眛）的话，则显示作出这一重大决定者并非吴王馀祭，而是其弟——时为吴国公子的馀眛。这似乎释放出如下信息：吴王馀祭未去世前，其权力已被弱化，而其弟吴国公子馀眛的权力则被强化到僭越王权的地步了。对之，亦缺乏文献材料证明。

综上可见，"句馀"释为"吴子夷末"即馀眛，不仅不妥，同时也构成对吴国内政情况的错误解读。孔颖达疏引服虔之说——"以句馀为馀祭"，不仅避免了上述的不妥之处，且更接近文献记载的历史真实。

五、楚君弱，令尹强：楚国王权隐含的危机

吴王馀祭时期，除了第二次列国弭兵盟会事件外，楚国王室权力的变化及其发展趋向，对日后吴、楚关系的影响更大。

吴馀祭三年（前545），楚康王去世。紧接着，楚国令尹子木也去世。

几乎同一时间，楚国两位执掌权柄的人物相继去世。到了次年（吴馀祭四年，前544），"楚郏敖即位，王子围为令尹"[1]。杜预注郏敖为"康王子熊麇也"，王子围（即公子围）则为"康王弟也"[2]。由此可见，这一对新的君臣，同时亦为侄儿与叔叔的关系。

楚国政坛出现君弱而相（即令尹）强的情况，表明楚国权力处于新的动荡之中。这种情况甫一出现，立即引起列国关注。郑国外交官（行人）子羽敏感地指出："是谓不宜，必代之昌。松柏之下，其草不殖。"[3]杜预注为："言楚君弱，令尹强，物不两盛。为昭元年围弑郏敖起本。"[4]这预示着公子围意欲夺取王权。

楚郏敖上台，命蒍罢出使鲁国，通报楚国新王执政。鲁国大夫叔孙豹问蒍罢楚令尹王子围的执政情况，蒍罢顾左右而言他，不予正面回答。叔孙豹再三追问，他就是不说。于是叔孙豹很快判断出："楚令尹将有大事，子荡将与焉，助之匿其情矣。"[5]意即，楚国令尹将要有大的动作，而蒍罢（即子荡）将会参与，所以帮助他隐瞒内情。杜预对此注曰："子围素贵，郏敖微弱，诸侯皆知其将为乱，故叔穆问之。"[6]

楚康王当年，王权高度集中，竟发生把令尹杀死在朝廷之上的极端事件。可楚康王后，王位传至其年幼之子郏敖手里时，郏敖的权威已远不及其父，更何况笼罩着这位弱君的是其强势的叔叔王子围。

楚国内政及其隐含的危机，对吴国来说，却正是在楚国君臣注意力都集中在内政的情况下，吴国剪除楚国羽翼——越国的机会，终于等来。

---

[1]《左传·襄公二十九年》，见《春秋左传正义》，北京大学出版社1999年，第1089页。
[2]杜预：《春秋经传集解》，上海古籍出版社1978年，第1114页。
[3]《左传·襄公二十九年》，见《春秋左传正义》，北京大学出版社1999年，第1089页。
[4]杜预注，见杜预：《春秋经传集解》，上海古籍出版社1978年，第1114页。
[5]《左传·襄公三十年》，见《春秋左传正义》，北京大学出版社1999年，第1112页。
[6]杜预注，见杜预：《春秋经传集解》，上海古籍出版社1978年，第1135页。

第六节　吴、越的早期争战与吴王馀祭之死

吴王馀祭时期的吴伐越之战，为吴、越历史上的第一次见诸文献记载的争战。

一、早期吴、越国家关系
（一）越国的早期传说与文献记载

《史记·夏本纪》记载帝禹死于会稽（今浙江绍兴）及葬于会稽："十年，帝禹东巡狩，至于会稽而崩。"[1]"禹会诸侯江南，计功而崩，因葬焉，命曰会稽。"[2]

司马迁将禹去世及葬地与会稽相联系，并由此发展成禹之后人奉祀大禹于此的种种文化。因此，越国先祖也同样追溯到黄帝后裔的帝禹那里，这就是通常所说且相对于"吴为周后"的"越为禹后"。

越国的形成与发展，如《史记·越王句践世家》记载："越王句践，其先禹之苗裔，而夏后帝少康之庶子也。封于会稽，以奉守禹之祀。"[3]张守节《史记正义》注为："《吴越春秋》云：'禹周行天下，还归大越，登茅山以朝四方群臣，封有功，爵有德，崩而葬焉。至少康，恐禹迹宗庙祭祀之绝，乃封其庶子于越，号曰无馀。'贺循《会稽记》云：'少康，其少子号曰於越，越国之称始此。'"[4]而和《史记·吴太伯世家》记载的吴国荆蛮文化"断发文身"相同的是，越国文化亦"文身断发，披草莱而邑焉"[5]。

因此，值中国北方处于夏、商时期，今太湖流域的浙江北部及钱塘江以南宁绍地区的江南土著文化，借助于历史人物大禹及"越为禹后"的传说，渐渐整合为后世的越文化。而今太湖流域的江南土著文化，亦借助于自岐山下南奔至此的泰伯及其建立的国家政治实体——勾吴国，从而与中原周文化产生了最初的交集，并融汇、整合为后世的吴文化。

春秋中后期，吴、越两个诸侯国同入《春秋》，即同时出现在《左传》的记载中，都是听命于楚的属国身份。

（二）第一次吴越战争及其原因推测

越国的文化状况，如学者所指出："越都会稽（浙江绍兴县），断发文身，文化比吴更落后。楚灵王时（前540年—前529年），越还是楚的属国。"[6]故越国在晋国的对楚战略中，因地缘因素而价值不大。然而，越国在楚国"联越制吴"即牵制吴国的战略中，因地缘因素却对楚国价值极大。楚国仿效晋国的"联吴制楚"而"采用同样的方法，让文种和范蠡二人来越国"[7]时，虽说已

---

[1]《史记·夏本纪》，见司马迁：《史记》，中华书局1959年，第83页。
[2]《史记·夏本纪》，见司马迁：《史记》，中华书局1959年，第89页。
[3]《史记·越王句践世家》，见司马迁：《史记》，中华书局1959年，第1739页。
[4]张守节：《史记正义》，见司马迁：《史记》，中华书局1959年，第1739页。
[5]《史记·越王句践世家》，见司马迁：《史记》，中华书局1959年，第1739页。
[6]范文澜：《中国通史》，人民出版社1978年，第122页。
[7]范文澜：《中国通史》，人民出版社1978年，第122页。

是后世吴王阖闾、夫差时的事,但不能排除的是,早在吴王寿梦、诸樊时,楚国就已开始策动越国牵制吴国。而这些情况,或因文献未予记载而令后人不得而知。

由此看第二次列国弭兵后,见诸文献且略显突兀的"吴人伐越,获俘焉"[1],其透露出如下信息:

吴、越自公元前601年楚"盟吴、越而还"[2],同为楚国属国。而至公元前544(吴馀祭四年)"吴人伐越"时,已过了五十七年。其间,因晋推行"联吴制楚"战略,吴国转向,但越国却依然为楚国属国。故地缘政治下的吴、越两国,已分属晋国集团和楚国集团。尽管吴王馀祭时,吴国在晋国集团中已被边缘化。而越国在楚国集团中的作用,或同样因地缘因素而未见越国参与楚国集团实质性动作事件的记载。但显而易见,两国分别受晋国集团和楚国集团的影响。

由于文献记载的简略,对这场"吴人伐越,获俘焉"的两国战争的起因、经过等难以了解其详情。但从吴国寿梦时期崛起,且独自与楚国争战表现出的国力、军力来看,越国出于自身意愿而主动进攻吴国的可能性不大。但从吴、楚多年角逐于两淮流域来看,楚国策动越国牵制吴国,从而驱使越国滋扰吴国的可能性非但不能排除,反而概率极大。此类越国充当楚国代理人而对吴发动的滋扰,在寿梦、诸樊时期或已有过多次,因冲突的规模及其影响等均有限,文献未予记载。

第二次列国弭兵盟会后,吴国亦可能预料到中原弭兵使得楚国东进而将战火转移至东南。而在东南地区,吴、楚、越三国极可能会形成楚、越联手夹击吴国的局面。为预防这一局面形成,更防止越国今后成为牵制吴国的力量,故吴王馀祭先发制人地剪除楚国的羽翼——越国,不但可能,且不失为吴国的一着先手好棋。

因此,第一次吴伐越之战,虽未明确记载于史籍之中,但其背后既有着吴、楚对峙的影子,也有着吴国出于自身安全的考量。

二、馀祭之死

(一)文献记载

吴馀祭四年(前544),《春秋经·襄公二十九年》载:"阍弑吴子馀祭。"[3]《左传·襄公二十九年》记载了馀祭被越俘弑杀的经过:"吴人伐越,获俘焉,以为阍,使守舟。吴子馀祭观舟,阍以刀弑之。"[4]即吴国攻打越国,获得了俘虏,于是就让他们做守门人,派他们看守船只。吴王馀祭查看这些船只时,被看守船只的越国俘虏用刀砍死。

从以上记载中可以看出,吴馀祭四年(前544)吴国发生了以下几件大事:

其一,为前文所说的文献未记载的第一次吴越战争。而从吴国获得越国战俘来看,此战当为吴胜越败。

---

[1]《左传·襄公二十九年》,见《春秋左传正义》,北京大学出版社1999年,第1092页。
[2]《左传·宣公八年》,见《春秋左传正义》,北京大学出版社1999年,第619页。
[3]《春秋经·襄公二十九年》,见《春秋左传正义》,北京大学出版社1999年,第1086页。
[4]《左传·襄公二十九年》,见《春秋左传正义》,北京大学出版社1999年,第1092页。

其二,"阍弑吴子馀祭",即看守船只的越国俘虏杀死了吴王馀祭。这是吴、楚及吴、越发生争端以来,第二位非正常死亡的吴王。

其三,吴王馀祭被弑杀,说明吴王的安全保卫工作出了问题,以致在视察越俘看守的船只时让越国的俘虏给砍死。《穀梁传·襄公二十九年》说:"阍弑吴子馀祭,仇之也。"[1]越人的仇恨,或积累自在这以前的文献未记载的吴、越间曾有过的多次摩擦与龃龉。

文献未记载本次吴越战争的具体时间,但从"吴人伐越"记载来看,当为本年——吴馀祭四年(前544)。

(二)馀祭去世及《史记·吴太伯世家》"倒错"的"二王之年"

《春秋经·襄公二十五年》记载:"十有二月,吴子遏伐楚,门于巢,卒。"[2]故吴王馀祭于诸樊战死当年(前548)即位,其纪年自下年为馀祭元年(前547)。

《春秋经·襄公二十九年》记载:"阍弑吴子馀祭。"[3]即馀祭为越俘所弑之年,为吴馀祭四年(前544)。故吴王馀祭在位四年,当无疑义。

《左传·襄公二十九年》记载了馀祭被越俘弑杀的经过,前已叙述。

而《史记·吴太伯世家》对馀祭、馀昧的在位时间及卒年分别记为:"十七年,王馀祭卒,弟馀昧立。……四年,王馀昧卒。"[4]即指馀祭在位十七年,馀昧在位四年。而与《左传》叙述的馀祭在位四年、馀昧在位十七年,适颠倒矣。

故司马贞《史记索隐》对《史记·吴太伯世家》记载的馀祭、馀昧在位时间,指出是"倒错二王之年"[5]。

对《史记·吴太伯世家》的这一"倒错",后世学者的论述如下:

清乾隆间学者梁玉绳《史记志疑》指出说:"馀祭四年,夷昧十七年,《史》(《史记》)误倒。"[6]

日本近代汉学家泷川资言的《史记会注考证》引:"王观国曰,《春秋》襄二十九年(《春秋经·襄公二十九年》),阍杀吴子馀祭,是馀祭嗣位四年被弑也。《左氏》(《左传》)《公羊》《穀梁》《史记·十二诸侯年表》皆同,唯其《世家》(《史记·吴太伯世家》)称十七年馀祭卒。梁玉绳曰,馀祭四年,夷昧十七年,《史》(《史记》)误倒。"[7]

《史记·吴太伯世家》的这一"倒错二王之年"[8],为先秦吴国史事中,仅此出现的两位相承接的吴王馀祭和吴王馀昧在位时间的"倒错"。这一"倒错"引发并延伸至当代的争议,另见下文关于吴王馀昧章节的叙述。

---

[1]《穀梁传·襄公二十九年》,见《春秋穀梁传注疏》,北京大学出版社1999年,第271页。
[2]《春秋经·襄公二十五年》,见《春秋左传正义》,北京大学出版社1999年,第1011页。
[3]《春秋经·襄公二十九年》,见《春秋左传正义》,北京大学出版社1999年,第1086页。
[4]《史记·吴太伯世家》,见司马迁:《史记》,中华书局1959年,第1460—1461页。
[5]司马贞:《史记索隐》,见司马迁:《史记》,中华书局1959年,第1460页。
[6]梁玉绳:《史记志疑》,中华书局1981年,第838页。
[7]司马迁著、泷川资言会注考证:《史记会注考证》第五册,北岳文艺出版社1999年,第22页。
[8]司马贞:《史记索隐》,见司马迁:《史记》,中华书局1959年,第1460页。

第七节　诸樊、馀祭时期的文化遗存

一、墓葬

二十世吴王诸樊及二十一世吴王馀祭的墓葬，时至今日，文献均未见记载，考古亦未发现。

二、后世遗存的部分诸樊、馀祭时期用器

本章及以下各章所列后世遗存的吴国用器，均为部分。其中，或有重要用器而未列者，一是囿于个人搜集条件有限；二是后世遗存的吴国用器数量较多，且近年来陆续有吴国遗存用器（含出土器和征集器等）出现，尤其是《春秋经》《左传》记载的在位仅四年的馀祭用器近年出现相对较多。

后世遗存的部分诸樊、馀祭时期用器，大致以出土或出现时间为序，且先为其本人、后为与其相关亲属的遗存用器，分述如下：

（一）诸樊（含诸樊之子"通"等）用器

1.安徽淮南出土的吴王诸樊用器——吴太子诸樊剑（工獻太子姑发䣄反剑）

吴太子诸樊剑（工獻太子姑发䣄反剑）为青铜剑，1959年安徽淮南蔡家岗赵家孤堆2号墓（即蔡声侯产墓）出土，现藏安徽博物院。该剑出土发掘报告《安徽淮南市蔡家岗赵家孤堆战国墓》记载该剑出土的情况说："出土的铜剑十三把，其中有铭者计四把，今据释文有蔡侯产剑三把，都是错金文字。有刻铭工獻太子姑发剑一把。……该墓当在公元前457年或稍后之一二年，是战国初期的墓葬。"[1]

吴太子诸樊剑出土于战国初期的蔡声侯产墓，既与蔡国东迁有关，也与吴国自吴王寿梦始，历诸樊等而至吴王阖闾时，吴、楚依然争战于安徽淮河流域一带有关。前文叙述，西周初分封时，周文王五子蔡叔度为蔡一世而封于今河南上蔡，后蔡迁于新蔡。据安徽寿县寿春楚文化博物馆展出的"蔡侯世袭表"，蔡二十一代为蔡昭侯（即昭侯申）。蔡昭侯时的公元前493年（蔡昭侯二十六年，吴夫差三年）"蔡迁于州来"[2]，即今安徽凤台、寿县一带，是为下蔡。而在这以前的吴王阖闾时，吴王阖闾之女叔姬寺吁曾嫁于蔡昭侯，故吴、蔡间存在着政治联姻关系。因此，可能的情况是，该诸樊剑时由执政吴国的诸樊之子吴王阖闾作为其父生前用剑的高等级礼品而送与蔡昭侯。该剑其后传与蔡二十二代蔡成侯朔，再传于蔡二十三代蔡声侯产，并作为随葬用器而埋入蔡家岗赵家孤堆蔡声侯墓，即埋入蔡昭侯孙子蔡声侯墓中。

该剑在安徽博物院展出时，名为"吴太子诸樊剑"。而上海博物馆编《商周青铜器铭文选》则将之命名为"工獻太子姑发䣄反剑"。关于"姑发䣄反"，商承祚1963年时即提出"姑发䣄反即吴诸樊"[3]。故董楚平《吴越徐舒金文集释》称该剑为"工獻太子姑发剑"，并指出"此剑出土，说

---

[1] 安徽省文化局文物工作队：《安徽淮南市蔡家岗赵家孤堆战国墓》（执笔者：马道阔），《考古》1963年第4期。
[2] 《春秋经·哀公二年》，见《春秋左传正义》，北京大学出版社1999年版，第1616页。
[3] 商承祚：《姑发䣄反即吴诸樊别议》，《中山大学学报》1963年第3期。

明'诸樊'是'姑发昬反'四字的缩写。……公元前五六一年寿梦卒,次年诸樊即位,此剑作于即位前"[1]。由此可知,该具"工䥇"铭文的青铜剑,当制作于寿梦时期诸樊为太子时。

安徽博物院展出的吴太子诸樊剑(春秋[770BC—476BC],1959年安徽淮南市蔡家岗2号墓出土)(吴恩培摄)

关于该器铭文,董珊《吴越题铭研究》释读为:"攻(句)䥇(吴)大(太)子姑發昬(聶)反自乍(作)元用。才(在)行之先,云用云隻(獲),莫敢卸(禦)余。余處江之陽,至于南北西行[2]。

"此剑为诸樊为太子时所作,'才(在)行之先',指作为军队前锋。云用云隻(獲),莫敢卸(禦)余'之'云',读为虚词'员'或'爰',句意是用此剑有所斩获,没有人敢抵御我的进攻。'余處江之陽,至于南北西行',吴在长江北,水北为阳,故称'處江之陽','北'旧释'行',细观拓本,应为'北'字。吴处于中原之东,滨海而居。此句反映寿梦世吴在晋的教唆下,已有北上南下西征的野心。"[3]

和上述末句读为"南北西行"相异的是,董楚平《吴越徐舒金文集释》对该句作"南行西行",并释读全文为:"工䥇大子姑發昬反,自乍元用,才(在)行之先,㠯(以)用㠯(以)蒦(獲),莫敢敓(禦)余!余处江之阳,𢀥南行西行。"[4]

而安徽博物院展出时,对该铭文释读为:"工䥇大子姑發昬反,自乍元用。在行之先,云用云隻,莫敢敓。余处江之阳,至于南行西行。"并另指其大意为:"吴太子诸樊剑自作用剑,有了这把剑可以大有收获,没有人敢抵御我。我在长江之北,纵横西南。"

吴王寿梦时期,晋国对吴国进行军事上援助和利用的同时,也对吴国进行战略防范。这一战略防范,通过晋、齐、鲁、邾四国联军攻打郯国并直接敲打吴国而得以实现,并由此为吴国划设了一条只能西攻而不得北进的军事红线。

因此,吴太子诸樊剑铭文末句究系释读为"南北西行"还是"南行西行"?究竟释为"寿梦世吴在晋的教唆下,已有北上南下西征的野心",还是释为"纵横西南"?结合前文分析,本书取董楚平和安徽博物院的铭文释读,作"南行西行"和"纵横西南"解。

又,铭文涉及的吴国国名,从该器拓本、摹本来判读,董楚平作"工䥇"无误,而董珊作"攻䥇"不确。

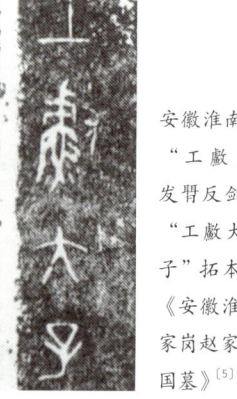

安徽淮南出土的"工䥇太子姑发昬反剑"铭文"工䥇大(太)子"拓本(录自《安徽淮南市蔡家岗赵家孤堆战国墓》[5])

---

[1] 董楚平:《吴越徐舒金文集释》,浙江古籍出版社1992年,第91页。
[2] 原文此处加注:"1959年12月安徽淮南市八公山区蔡家岗赵家孤堆战国墓出土(M2∶18.6)。现藏安徽省博物馆。安徽省文化局文物工作队:《安徽淮南市蔡家岗赵家孤堆战国墓》,《考古》1963年4期,204—205页,图1.1;《集成》11718;《吴越文》042。"
[3] 董珊:《吴越题铭研究》,科学出版社2014年,第9页。
[4] 董楚平:《吴越徐舒金文集释》,浙江古籍出版社1992年,第90页。
[5] 安徽省文化局文物工作队:《安徽淮南市蔡家岗赵家孤堆战国墓》(执笔者:马道阔),《考古》1963年第4期。

2.山东沂水出土且有学者"疑即诸樊"用器的"工虞王剑"

有学者指器主"疑即诸樊"的工虞王剑,为1983年1月在山东沂水出土。沂水县文物管理站《山东沂水县发现工虞王青铜剑》一文指出,该剑"出土于沂水县诸葛公社略畛村西北二百米处一座古墓。……此墓葬应属春秋时期"[1]。

李学勤《试论山东新出青铜器的意义》一文指出该剑"剑铭系凿款,应释为:'工虞王乍(作)元巳用,□×江之台,北南西行。'……'×'训为治、理。'台',读为'涘'。'其×江之涘',意思是平定长江两岸,反映出吴王的雄心"。关于该剑主人,即铭文中的"工虞王",该文认为:"沂水北坪子剑铭有'工虞'属于年代较早的一类。""沂水的吴王剑,目前只能从字体推断为春秋中晚期物,由于没有吴王的名字,无法和吴世系比对",但"比夫差早一个时期,是可以肯定的"[2]。而董楚平则以为:"此工虞王,疑即诸樊。"[3]

该剑铭文,沂水县文物管理站《山东沂水县发现工虞王青铜剑》及李学勤、董楚平均作"工虞王"。而《吴越题铭研究》所附"图2 攻敔王剑"的该剑铭文摹本,作"工敔王"[4]。笔者为此去山东沂水,并在沂水县博物馆领导帮助下,得以一见该剑并拍摄该剑及其铭文图片。该剑铭文,为当地县文物管理站所发刊论文及李学勤、董楚平二先生所说的"工虞王"。

诸樊用器,除其父寿梦在位时为之作"工敔太子姑发晋反剑",且其铭为"工敔"者外,其余诸樊自作用剑,如本剑——山东沂水出土的"工虞王剑",以及下文叙述的河南汤阴县羑河墓地出土的"工虞王剑"及安徽六安市九里沟出土的"工虞王戈",其铭概作"工虞"。此外,诸樊在位时为其大弟馀祭所铸"工虞大叔盘"(六合县程桥东周3号墓出土)、"工虞大叔剑"(中国国家博物馆征集并展出)以及器身具

"工虞王剑"右侧铭文"□江之台北南西行"(左一)、左侧铭文"工虞王乍元巳用□"(左二)及该剑铭文中的"工虞王"细部(左三)(吴恩培摄)

山东沂水出土及沂水县博物馆藏"工虞王剑"(吴恩培摄)

---

[1] 沂水县文物管理站:《山东沂水县发现工虞王青铜剑》(执笔并摄影:马玺伦),《文物》1983年第12期。
[2] 李学勤:《试论山东新出青铜器的意义》,《文物》1983年第12期。
[3] 董楚平:《吴越文化新探》,浙江人民出版社1988年,第94页。
[4] 董珊:《吴越题铭研究》,科学出版社2014年,"图2 工敔王剑"。

"工虞王姑发(發)晋反之弟季子者"[1]等铭文且为诸樊为其弟季札所铸的"工虞季子剑"(山西榆社县出土),其铭文亦概作"工虞"。

3.安徽六安出土的吴王诸樊用器——吴王诸樊戈

冯志余、许玲《六安市出土"吴王诸樊戈"》一文介绍吴王诸樊戈出土情况为:"吴王诸樊戈,于1995年7月11日出自六安市九里沟第一轮窑厂(简称一窑厂)41号墓,同墓出土的还有剑、镞、车軎、马衔等21件青铜器。九里沟乡九里沟村境内共有四座制砖轮窑厂,习惯统称为九里沟窑厂。该窑厂东接淠河总干渠,西临六安—寿县公路,南距六安城区4.5公里,西北离汉九江王英布城——西古城址2.5公里。"而该器"穿侧胡上刻有铭文11字,为'工虞王姑发者坂自乍元用'"[2]。

苏州博物馆"大邦之梦——吴越楚青铜器特展"时,曾展出安徽六安出土的吴王诸樊戈。展出时,该展器说明标牌的文字为:"吴王诸樊戈,春秋晚期,通长24.3厘米,援长17厘米,援宽3.4厘米,脊厚0.7厘米,胡长16厘米。1995年安徽六安九里沟窑厂M41出土,皖西博物馆藏。宽援有脊,略上扬,前段呈尖叶状,中后段上刃平直,下刃微向上曲,援基一小穿,胡基二穿。长方形内中间一穿,后下角微内收,两面均饰双勾变形鸟纹。穿胡侧上铸铭文十一字:'工(攻)虞(吴)王姑发者(诸)坂(樊)自乍(作)元用'。"

该吴王诸樊戈出现在安徽六安的原因,《六安市出土"吴王诸樊戈"》一文首先指出:"楚、吴既然作为敌对国,那么吴王诸樊戈不可能是吴给予楚的馈赠品,只能是吴楚交战中楚军的战利品。"接着,该文叙述了前文提及的吴国军队攻打楚国巢邑的城门时,诸樊进入了城门被楚将牛臣用箭射死的文献记载的情节。该文最后作如下分析:"戈兵是利于马上作战的长兵器,诸樊戈可能是诸樊攻打巢门被射毙后,丢给楚军的战利品。牛臣也可能因战功卓著而被提升,并受奖赏得到了诸樊戈。此后,他带兵驻守六安,或带兵到六安附近作战,战死沙场,被埋在九里沟楚军墓地。一窑厂41号墓规格较高,墓主有可能就是楚将牛臣。"[3]上述分析,显然意在与文献记载对接,为吴王诸樊戈出土于六安寻找一个合理的解释。

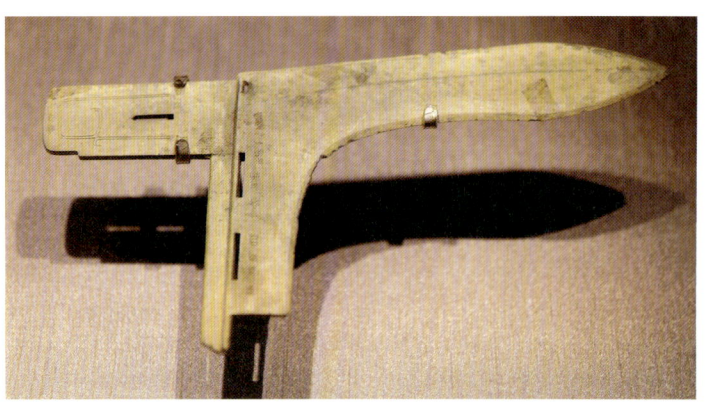

苏州博物馆"大邦之梦——吴越楚青铜器特展"展出的吴王诸樊戈(春秋晚期,1995年安徽六安九里沟窑厂M41出土,皖西博物馆藏)(吴恩培摄)

"吴王诸樊戈"铭文"工虞王姑发"细部(吴恩培摄)

---

[1]曹锦炎:《吴季子剑铭文考释》,《东南文化》1990年第4期。
[2]冯志余、许玲:《六安市出土"吴王诸樊戈"》,《文物研究》第13辑,黄山书社2001年,第320页。
[3]冯志余、许玲:《六安市出土"吴王诸樊戈"》,《文物研究》第13辑,黄山书社2001年,第320页。

4.河南汤阴出土的吴王诸樊剑

为配合国家南水北调中线工程的后续项目建设，2017年至今，安阳市文物考古研究所对汤阴县羑河墓地进行考古发掘，吴王诸樊剑即出土于羑河东周墓地1号墓（M1）。

据安阳文物考古研究所《河南汤阴羑河东周墓地M1发掘简报》（以下称《简报》），该"羑河墓地位于汤阴县韩庄镇庵上村北地，……地处羑河与汤河之间，距离汤阴县2公里"。而该墓出土且引起学界广泛关注的吴王诸樊剑，该《简报》描述为："吴王剑 1件，标本M1：66，剑身呈柳叶状，脊隆起呈三角状，斜从较宽，前锷收窄，锋残断一小截，格为菱形，园茎无箍，茎中间略内收，首呈喇叭状。通长41.8厘米，格宽4.9厘米。剑身一面的中下部，以剑脊为中心，两侧各有竖排一行14字铭文，共28字。铭文释作：工獻王姑發者反自乍元用巳（祀）用豕（剑），獲，莫敢御余（带重文符，为两个'余'字）。（余）處江之陽，台（以）北南西行。"[1]

关于该墓葬年代，《简报》指出："该墓随葬铜剑的铭文与1963年安徽省淮南市蔡家岗赵家孤堆战国墓出土的工吴大子姑發诸樊剑的铭文相仿[2]。学术界普遍认为，该剑系吴王姑發做太子时铸造的自用剑。此次羑河墓地M1出土的青铜剑为吴王剑，从剑上铭文可知，该剑为春秋时期诸樊继位吴王后铸造的自用剑。吴王诸樊在位于公元前560年—前548年，即春秋晚期。因此羑河墓地M1的年代应在诸樊继位吴王之后，即春秋晚期。""该剑自铭'工獻王'，吴王，较早称工獻（或虞），较晚称攻敔，最晚称吴。从已知器铭看，吴王阖闾之后未见'工獻（或虞）'之称，'姑發者反'，为剑主，学术界普遍认为是古越语的发音，即'诸樊'。……吴王诸樊在攻打楚国附庸国巢国时，中箭身亡；'自乍元用巳（祀）用豕（剑）'，即自己制作，用于祭祀和佩戴使用的宝剑。该剑是目前出土的唯一一把诸樊即位吴王时期铸造的自用剑，铭文字数多，文字铸造规整，内容丰富，历史价值极高，也是东周时期晋卫文化与吴越文化在中原地区交流、碰撞的新证。但吴王诸樊剑为何随葬在羑河墓地M1中，墓主人是谁，以及该剑的流传经过等问题，尚待进一步研究。附记：本次考古发掘为河南省南水北调文物保护后续项目。青铜剑铭文由中国社会科学院研究员宋振豪先生释读。"[3]

从该剑铭文拓本、摹本可知，上述该剑自铭"工獻王"，当为"工虞王"。

曹锦炎《河南汤阴新发现吴王诸樊剑考》即取该剑自铭为"工虞王"，并在该文"摘要"中指出："河南汤阴新发现的吴王诸樊剑，是迄今唯一注明的诸樊在位时铸造的自用剑。"[4]并另将该剑铭文释读为（照原文排）：

"工虞王姑發者坂自乍（作）元用巳（祀），用云

隻（獲），莫敢御余＝（余。余）處江之陽，台（以）北南西行。

其中右行文字除'工虞王'外皆作反书，'乍'字倒置；右行'余'字右下侧有重文符号'='，斜置。"[5]

---

[1]安阳文物考古研究所：《河南汤阴羑河东周墓地M1发掘简报》，《考古发现》2019年第4期。
[2]原文此处加注："安徽省文化局文物工作队.安徽淮南市蔡家岗赵家孤堆战国墓[J].考古.1963（4）；中国社会科学院考古研究所编著.殷周金文集成·修订增补本（第八册）[M].北京：中华书局.2007：6433."
[3]安阳文物考古研究所：《河南汤阴羑河东周墓地M1发掘简报》（执笔：申明清、陈杰、孙德铭、张海滨），《考古发现》2019年第4期。
[4]曹锦炎：《河南汤阴新发现吴王诸樊剑考》，《考古与文物研究》2019年第6期。
[5]曹锦炎：《河南汤阴新发现吴王诸樊剑考》，《考古与文物研究》2019年第6期。

关于该剑出土于河南汤阴羑河东周墓地,该文说:"吴王诸樊自作用的青铜剑出土于他国墓葬,不外乎战争掠获或赠送所得这两种主要情况。"除此以外,该文还言及另一种推测性意见:"吴国初期冶炼铸造技术不如晋国制造铜器历史悠久、工艺高超,因此不排除其重器是由晋国工匠代为铸造的可能性。汤阴羑河新出土和淮南蔡家岗出土的诸樊剑,皆是中原剑样式,而不是常见的吴、越王剑的剑身中央不起平脊、圆茎、凸箍、宽从式,或是证明。因而有些重器由于某种原因留在晋地,也有可能。山西、河南等晋国旧地曾多次发现吴国有铭铜器,或许如此。"[1] 此推测作为一说,录此。

综上可知,该剑系二十世吴王诸樊在位时铸造,且器主为吴王诸樊的自用器。该剑现藏河南安阳文物考古研究所。

河南安阳汤阴县羑河东周墓地出土的吴王诸樊剑(M1∶66)正面(左一)、背面(左二)及该剑剑身铭文的局部(左三),以及该剑线描图(左四)及剑铭摹本(右)(河南安阳文物考古研究所提供图片)

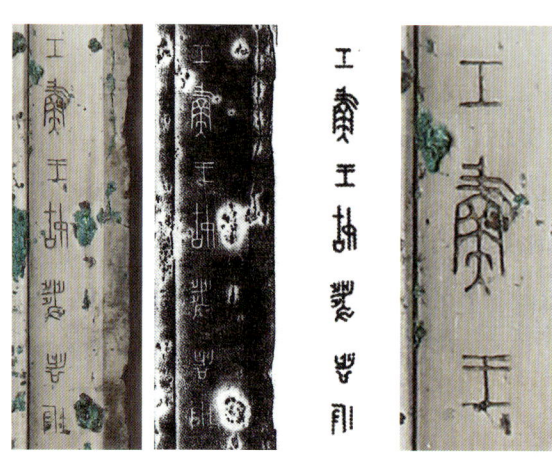

河南安阳汤阴县出土的吴王诸樊剑铭文中的器主名"工虞王姑登者坂"的图片(左一)、拓本(左二)、摹本(左三)及该剑铭文中的"工虞王"(右)(河南安阳文物考古研究所提供图片)

5.湖北襄樊(今襄阳)襄北农场新生砖瓦厂发现的吴王诸樊之子"曹䲠众飞"剑

朱俊英、刘信芳《攻虞王之子姑发邡之子曹䲠剑铭文简介》一文(以下简称"朱俊英、刘信芳文")说:"1982年6月,我们到襄樊市襄北农场新生砖瓦厂调查山湾和蔡坡取土场古墓葬的保护情况,在第六砖瓦厂制坯车间的土料中发现了一件青铜剑。据介绍,这件铜剑是包含在山湾取土场泥土中运来的,与铜剑共存的还有铜盆和陶罐残片。"[2] 由此可知,该剑为取土生产过程中突发式发现且考古人员随即介入的出土器。

对该剑相关情况,朱俊英、刘信芳文作如下描述:"此剑被折成四段,喇叭座形首,首内中心有一绿豆状圆窝,椭圆形茎,双箍,宽格,格边各镶嵌有一横米粒形绿松石,剑身前窄后宽,隆脊,浅从,三角形锋和刃。剑通长48、宽4.5、首径3.2、茎长7.6、径1.5、箍径2.5、格宽1.3、脊厚0.9厘米。在剑身的后半部脊两边刻有铭文2行17字,右行8字,左行9字,释文为:

---

[1] 曹锦炎:《河南汤阴新发现吴王诸樊剑考》,《考古与文物研究》2019年第6期。
[2] 朱俊英、刘信芳:《攻虞王之子姑发邡之子曹䲠剑铭文简介》,《文物》1998年第6期。

攻虘王姑发郒之子曹□众飞员自乍元用。"[1]

关于该器,朱俊英、刘信芳文认为:"本器器主为诸樊之子"。器主之名,该文又作"曹䱇众飞"并指出说:"曹䱇众飞作为器主名,在现存吴宗室人名中找不到直接对应者。"[2]

下文所说的"吴王诸樊之子通剑"实证了文献记载的吴王诸樊二子——"公子光"(阖闾)、夫概之外,另有一子名"通"。而湖北襄樊(今襄阳)襄北农场新生砖瓦厂发现的"攻虘王之子姑发郒之曹䱇剑",则同样以实证方式显示吴王诸樊除上述三子外,尚另有一子——曹䱇众飞。如此,则吴王诸樊有四子矣。该四子排行、事迹,除文献记载的"公子光"(阖闾)、夫概外,其余二子(指"通"及"曹䱇众飞"),文献无载。至于该"攻虘王之子姑发郒之子曹䱇剑"如何出现在湖北襄樊(今襄阳)等问题,或只能从相关历史事件——越灭吴及楚灭越等事件中予以推测。其或为:越灭吴时,该剑为越人所获;而楚灭越时,该剑又为楚人所获,并携带、流落至今湖北襄阳一带。

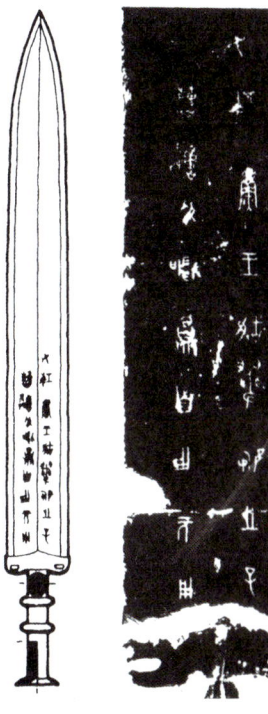
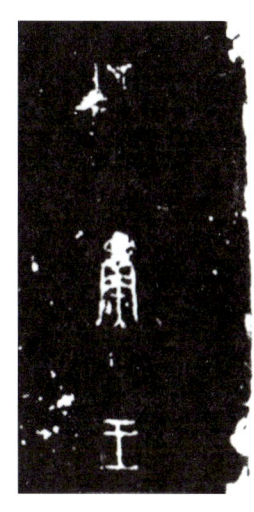

"攻虘王之子曹䱇剑"线描图(左)及该剑铭文拓片(中),以及铭文拓片中的"攻虘王"细部(右)(录自《攻虘王之子姑发郒之子曹䱇剑铭文简介》[3])

6.山东新泰周家庄东周墓地出土的"吴王诸樊之子通剑"及该墓地出土的"具有吴国兵器特征"的"大量吴国兵器"

(1)"吴王诸樊之子通剑"及其铭文

"吴王诸樊之子通剑",是山东省文物考古研究所、新泰市博物馆于2003年4月配合新泰市周家庄房地产开发进行周家庄东周墓地发掘时发现的。

《山东新泰周家庄东周墓发掘简报》(以下简称《发掘简报》)指出:"周家庄墓地位于新泰市青云街道办事处同家庄东南,……墓地南北长约300、东西宽约150米,总面积近5万平方米。发掘区位于墓地中北部,共发现墓葬78座,其中2002年抢救发掘4座,2003年发掘66座,2004年清理8座。"[4]而与春秋吴国有关联的现象是:"在整个周家庄墓地中出土的兵器中,有一类(约30余件)保存较好,富有银灰光泽,硬度大,锋利,具有吴国兵器特征。""墓葬出土大量吴国兵器是一个重要发现。"[5]

---

[1] 朱俊英、刘信芳:《攻虘王之子姑发郒之子曹䱇剑铭文简介》,《文物》1998年第6期。
[2] 朱俊英、刘信芳:《攻虘王之子姑发郒之子曹䱇剑铭文简介》,《文物》1998年第6期。
[3] 朱俊英、刘信芳:《攻虘王之子姑发郒之子曹䱇剑铭文简介》,《文物》1998年第6期。
[4] 山东省文物考古研究所、新泰市博物馆:《山东新泰周家庄东周墓发掘简报》(执笔:刘延常、穆红梅、张勇、曲传刚、徐倩倩),《文物》2013年第4期。
[5] 山东省文物考古研究所、新泰市博物馆:《山东新泰周家庄东周墓发掘简报》(执笔:刘延常、穆红梅、张勇、曲传刚、徐倩倩),《文物》2013年第4期。

据《发掘简报》的列举，上述"具有吴国兵器特征"的"大量吴国兵器"中，"M2中出土1件双色剑（M2∶24），剑饰暗网格纹，格上镶嵌绿松石，剑首为同心圆纹，具有吴国剑的特点"。"M11出土1件'攻吴王诸樊者反之子通自作元用'剑。M61出土1件矛，暗饰网格纹，束腰，长銎至锋部。出土的多戈戟，戈有鼻饰，其形制与吴国同类器相同。"[1]

该周家庄东周墓出土"具有吴国兵器特征"的"大量吴国兵器"现象及该墓地M11出土剑铭具"攻吴王诸樊者反之子通自作元用"的青铜剑，在春秋吴国的研究及对与吴王诸樊有关联的遗存用器的研究中，都构成了无法回避、也不能忽视的客观存在。

关于该"吴王诸樊之子通剑"，张勇、毕玉梅《山东新泰出土吴王诸樊之子通剑》一文描述该剑"通体呈长条形，无剑格，由剑身和剑柄两部分组成。铜剑残长46.5厘米，茎残长6.7厘米，腊4.3厘米。剑身修长，前从收狭，刃部稍内曲，末端聚锋，纵向中心起三角形脊；剑柄呈三角形，扁实茎，茎上一穿，无首，末端稍有残损；剑身表面轻微腐蚀，铭文处稍泛红色，前端有银白色光泽，极锋利。剑身下端腊部脊的两侧，铸有铭文14字，每侧7字，平均布局……字迹清晰可辨。文曰：'攻敔（吴）王姑发者反（诸樊）之子通自乍（作）元用'"[2]。

任相宏、张庆法《吴王诸樊之子通剑及相关问题探讨》（以下简称《探讨》）一文，则指出该铭文中的"'通'，字迹清晰，结构明了，为诸樊之子，语义甚明。但是，检查传世文献和出土文献，尚未发现此人。若此，当为首次发现"[3]。

如前所述，《左传》等文献记载诸樊之子有二：一为公子光，后为吴王阖闾（阖庐）；另一为吴王"阖庐之弟夫概"[4]。故"吴王诸樊之子通剑"的出土，证实了吴王诸樊尚另有一子"通"。从这一意义上讲，该剑以实证方式补充了文献记载的不足。

山东新泰出土的"吴王诸樊之子通剑"右侧铭文细部"攻敔王"（左一）、"姑发者反"（左二）及"自乍元用"图片（右）（吴恩培摄）

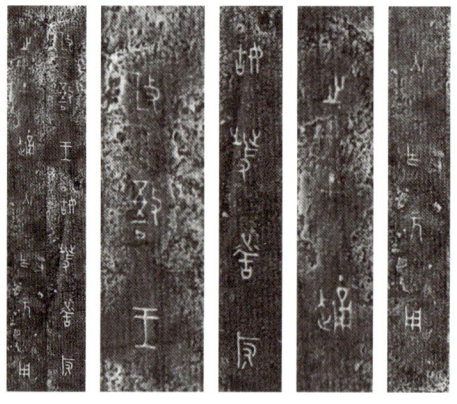

山东新泰出土的"吴王诸樊之子通剑"铭文"攻敔王姑发者反之子趫，自乍元用"拓本（左一）及其"攻敔王"细部（左二）、"姑发者反"细部（左三）、"之子趫"细部（左四），以及"自乍元用"（右）（山东省新泰市博物馆提供铭文拓本图片）

---

[1] 山东省文物考古研究所、新泰市博物馆：《山东新泰周家庄东周墓发掘简报》（执笔：刘延常、穆红梅、张勇、曲传刚、徐倩倩），《文物》2013年第4期。
[2] 张勇、毕玉梅：《山东新泰出土吴王诸樊之子通剑》，《华夏考古》2013年第2期。
[3] 任相宏、张庆法：《吴王诸樊之子通剑及相关问题探讨》，《中国历史文物》2004年第5期。
[4] 《左传·定公四年》，见《春秋左传正义》，北京大学出版社1999年，第1554页。

山东新泰出土及山东新泰博物馆藏之"吴王诸樊之子通剑"（山东省新泰市博物馆提供图片）

（2）与"吴王诸樊之子通剑"有关的学术问题

随着"吴王诸樊之子通剑"表明吴王诸樊似尚另有一子"通"，下列学术问题由此浮现：

① "吴王诸樊之子通剑"中的吴国国号"攻敔"铭文及其铸造年代的推测

诸樊为吴王，从公元前561—前548年，在位共计十三年。而"吴王诸樊之子通剑"的铸剑年代不可能为吴王诸樊时。这是因为：

其一，诸樊时期铸器铭文，无论是诸樊"自乍元用"或留存后世的用器，其铭文均为"工虞王"（如山东沂水出土的"工虞王剑"、河南安阳出土的"工虞王剑"及安徽六安出土的"工虞王戈"等）。而诸樊为其大弟馀祭所铸"工虞大叔盘""工虞大叔剑"及为其三弟季札所铸"工虞季子剑"等，其铭文均作"工虞"，并无称为"攻敔"的实例。

其二，从吴国国号（又作国名）演变的序列来看，现存吴国青铜器遗存的铭文，显示的吴国国号，大体情况是：吴王寿梦、诸樊及至馀祭时，吴国青铜器铭文多为"工歔"和"工虞"，而"攻敔"的出现，乃是吴王僚及吴王阖闾、吴王夫差时。

其三，吴王诸樊战死后，其子阖闾等的境况，据战国时屈原在《天问》中所述，阖闾少年时的生活境遇"勋阖梦生，少散离亡"[1]，即后世有功的阖闾——寿梦的子孙，少年时曾遭受困厄和流离逃亡。屈原"大约生于公元前339年，死于公元前278年"[2]。吴国于公元前473年（吴夫差二十三年）灭国，故百多年后战国时屈原诗句所透露的这些历史，当有其可信性。阖闾少年时遭受困厄和离散，而其弟夫概与"通"的境遇状况，或也大致相同。故由此可推测，吴王诸樊后的吴王馀祭、馀昧乃至吴王僚，均不可能为"通"制作或容许"通"自筹资金制作铸有"攻敔王姑发者反之子通自乍元用"铭文的"自乍元用"剑。

而吴国王室成员自筹资金铸剑，吴国历史上的实例为下文将叙述的器身具"工虞"铭文的"工虞季子剑"、器身具有"攻敔"铭文的"臧孙钟"及器身具"吴王"铭文的"罗儿匜"等。

其四，由上可推测，"吴王诸樊之子通剑"制作年代最具可能者为吴王阖闾执政时。这是基于如下几点：

首先，"通"与吴王阖闾为同父兄弟（同母或为异母，不详）。

其次，《左传》记载的阖闾之弟夫概，后与阖闾争夺王权失败而亡楚。夫概亡楚后，"通"则可能为吴王阖闾尚存的同父之幼弟[襄樊（今襄阳）襄北农场新生砖瓦厂发现的剑铭为"攻虞"的另一诸樊之子"曹鲋众飞员"，或年长于"通"]。故阖闾念其手足亲情，有可能仿其父诸樊对其弟季

---

[1] 屈原：《天问》，见黄寿琪、梅桐生译注：《楚辞全译》，贵州人民出版社1984年，第75页。
[2]《楚辞全译·前言》，见黄寿琪、梅桐生译注：《楚辞全译》，贵州人民出版社1984年，第4页。

札（阖闾叔父）的做法，或以公帑、或容许其自筹资金而铸器的同时，也容许其标示"攻敔王姑发者反之子通自乍元用"的剑铭。而季札铸剑并为器主时的吴王为诸樊，二人（指季札与诸樊）为兄弟关系；诸樊之子"通"铸剑并为器主时的吴王为阖闾，二人（指"通"与阖闾）亦为兄弟关系。

再次，吴王阖闾时，以示吴国国号的"攻敔"铭文已出现。因此，该诸樊之子"通"剑铭文出现吴国国号"攻敔"，也显示该剑制作年代有可能为吴王阖闾时期。

②"吴王诸樊之子通剑"出土于山东新泰周家庄11号墓（M11）的原因推测

"吴王诸樊之子通剑"出土处——山东新泰周家庄11号墓（M11）的情况，《探讨》一文说："新泰周家庄M11的规模却不大，规格也不高。这座墓葬位于墓地的东部，土坑竖穴式，南北向。墓口长3.3米、宽2米、深1.9米。墓口面积6.6平方米。葬具为一椁一棺。人骨架保存较差，但迹象清晰，单人葬，头向北。随葬品多放置在脚箱内，铜剑则置于墓主人的左侧。随葬品中铜兵器较多，共8件，推测墓主人应是一位男性。由此看来，M11墓主人绝非吴王诸樊之子通。也就是说铜剑原本并非墓主人所有，这从铜剑和墓葬年代的不一致也可以得到证明。吴王诸樊之子通剑，出土在远离故土的这样一座墓葬中，想必与墓地的性质有着一定的联系。"[1]

对"吴王诸樊之子通剑"出土于新泰周家庄11号墓（M11）的原因，一方面，《探讨》一文否定该剑与吴王夫差时的伐齐之战有联系："周家庄东周墓地出土的吴越兵器，是无法用吴伐齐的艾陵之战来获得解释的。"另一方面，该文又将之与"伍子胥之子王孙氏奔齐"进行联系而推测说："伍子胥之子王孙氏奔齐不仅带来了少量的吴国本土兵器，还带来了吴越兵器的制作技术，或是带来了吴国的部分兵器工匠，或是吴被越灭之后吴国兵器工匠及部分吴国遗民投奔伍子胥之子王孙氏，来到了齐国鲍氏之采邑。吴王诸樊之子通剑，可能就是在这一背景之下被带到了新泰。"[2]

而从更广阔的视野来探讨该剑出土于山东新泰的原因，首先当看到：山东为春秋吴国青铜剑出土及现存实物最多的省份，其数量达五把之多，分别为：其一，潍坊平度发现的"吴王夫差剑"（1965年山东平度废品收购站征集，现由山东博物馆收藏并展出）；其二，济宁邹城发现的"吴王夫差剑"（1991年发现于山东邹县朱山村，现由邹城博物馆收藏并曾展出）；其三，临沂沂水出土的"吴王剑"（有学者称该剑为"吴王诸樊剑"，1983年出土于沂水县诸葛公社，现由沂水博物馆收藏）；其四，潍坊临朐发现的"吴王夫差剑"（1963年发现于山东临朐，有学者对该剑为春秋剑存疑）；其五，即本剑——泰安新泰出土的"吴王诸樊之子通剑"。

除学界存有争议的"临朐剑"本文不作讨论外，其余四剑发现或出土于山东，当与吴王夫差时吴国"北上争霸"有关。因此，在释读本剑铭文并明确该剑主系"吴王诸樊之子通"后，可知其在吴国王室中的位置，即吴王夫差执政时，"吴王诸樊之子通"为吴王夫差叔叔。由此亦可推测：山东新泰周家庄东周墓中或存在着吴国"北上争霸"时与鲁国（或也含齐国）交战而死亡人员的埋葬墓地——"吴墓"的可能。这是基于如下理由：

其一，虽不能确定，但也不能排除文献未载的"吴王诸樊之子通"参与吴国"北上争霸"而抵

---

[1] 任相宏、张庆法：《吴王诸樊之子通剑及相关问题探讨》，《中国历史文物》2004年第5期。
[2] 任相宏、张庆法：《吴王诸樊之子通剑及相关问题探讨》，《中国历史文物》2004年第5期。

达今山东曲阜、新泰一带的可能性；同时，也不能排除文献未载的"通"去世及该剑葬于新泰周家庄东周墓的可能性。

其二，山东新泰周家庄东周墓"M2中出土1件双色剑（M2:24），剑饰暗网格纹，格上镶嵌绿松石，剑首为同心圆纹，具有吴国剑的特点"[1]。尽管该剑无铭，无法确定其器主，但从该剑规整的剑首同心圆及剑身饰纹等判断，该剑属吴国青铜兵器中典型的以菱形暗纹技术制作出的青铜剑。而所谓"双色剑"，则如学者所指出："青铜复合兵器中最常见的是青铜复合剑，剑的中脊和两刃是用两种成分不同的青铜铸接而成，由于剑脊与剑从成分的差异导致了剑身出现了两种色泽，因此又将这种剑称为双色剑。"[2]由此可知，"双色剑"乃是东周吴越青铜复合剑的另一通俗称呼。此类复合剑，以低锡度铜求其韧性而制成剑脊，以高锡度铜求其硬度而制成剑刃。故剑的中脊和中脊两侧的剑刃是用铜锡配比成分不同的青铜分别铸接而成，从而使剑身出现了两种色泽。

新泰周家庄东周墓M2出土、山东新泰博物馆藏之双色剑（M2:24）（吴恩培摄）

其三，新泰周家庄东周墓"M61出土1件矛，饰暗网格纹，束腰，长銎至锋部"[3]。其暗网格纹，属吴国青铜兵器中"菱形"暗纹技术所制造的典型纹饰。

其四，《探讨》一文所述"吴王诸樊之子通剑"在山东新泰出土，与"伍子胥之子王孙氏奔齐"及其"带来了吴越兵器的制作技术，或是带来了吴国的部分兵器工匠"[4]等吴国铸造技术外传所存在的可能性；但也不能排除的可能性是：上述M2出土的双色剑、M61出土的矛身饰暗网格纹的青铜矛及M1出土的剑身有菱形暗纹纹饰的残剑等，与"吴王诸樊之子通剑"一样，均为在吴国铸制，并伴随着吴王夫差时的"北上争霸"而来到山东，并因种种不确定的原因葬在了周家庄墓地。

上述推测，旨在为含"吴王诸樊之子通剑"在内的、在新泰周家庄东周墓地出土的精美的吴国青铜器寻找一个更接近历史真实的解释。而对先秦吴国史的叙述，并不能无视山东新泰周家庄东周墓葬出土大量吴国青铜兵器的现象。

---

[1] 山东省文物考古研究所、新泰市博物馆：《山东新泰周家庄东周墓发掘简报》（执笔：刘延常、穆红梅、张勇、曲传刚、徐倩倩），《文物》2013年第4期。
[2] 廉海萍、谭德睿：《东周青铜复合剑制作技术研究》，《文物保护与考古科学》第14卷增刊（2002年12月）。
[3] 山东省文物考古研究所、新泰市博物馆：《山东新泰周家庄东周墓发掘简报》（执笔：刘延常、穆红梅、张勇、曲传刚、徐倩倩），《文物》2013年第4期。
[4] 任相宏、张庆法：《吴王诸樊之子通剑及相关问题探讨》，《中国历史文物》2004年第5期。

(二)馀祭用器

1.江苏丹徒北山顶春秋墓出土的尸祭(余祭、馀祭)缶盖及缶

1984年初,南京博物院对江苏丹徒大港至谏壁一带的沿江山脉作墓葬分布普查。同年5月,镇江博物馆、丹徒县文教局、中山大学人类学系考古研究室和南京博物院的考古人员组成丹徒考古队,对大港至谏壁沿江的墓葬进行科学发掘。此次考古发掘成果《江苏丹徒北山顶春秋墓发掘报告》指出尸祭缶盖及缶,以及其器主情况为:"尸祭缶盖及蟠螭纹缶(M:7)一件。……该墓(指江苏丹徒北山顶春秋墓)出土的尸祭缶盖和余眛矛,是在吴国疆域内出土的人名确凿的吴王之器。尸祭即夷祭,《左传》、《史记》作余祭。"接下来,该发掘报告指出:"有理由认为墓主的身份应为吴王。再看两件吴器,缶盖为吴王余祭所作,矛为吴王余眛所作。"[1]

关于尸祭缶盖铭文的解读,以及其与吴王世系的对应及意义,该考古报告说:"尸祭缶上的䚢,应为去齐,剌,即剩,通乘,应为寿梦。余祭器和余眛器皆属首次发现,从而补齐了春秋时期铜器铭文中从去齐至夫差这一段吴王世系。"[2]

尸祭缶盖及缶(左),尸祭缶盖铭文拓片(中),以及尸祭缶盖及缶(M:7)线描图(右)(录自《江苏丹徒北山顶春秋墓发掘报告》)[3]

2.湖北谷城出土的吴王馀祭剑——"攻虘王䚢戉此邹(郐)剑"

据陈千万《湖北谷城县出土"攻虘王䚢戉此邹(郐)剑"》一文介绍:"1988年7月下旬,湖北省谷城博物馆在该县城关镇征集到一件带铭文铜剑。……剑身近格处有两行竖排铭文,共12字,为'攻虘王䚢戉此邹(郐)自乍(作)元用鐱(剑)'。"[4]而关于该剑主人,则涉及对"王䚢戉此邹(郐)"的释读。对此,陈文说:"疑'王䚢戉此邹'即'勾余'之省称。'勾余'乃《左传》襄公二十八年所记之'句馀'。"[5]"'勾馀'之名,或以为是寿梦第二子——吴王余祭;或以为是寿梦第三子——吴王余眛(也作余昧、夷末)。历史上有两种观点。服虔在《春秋左传正义》中以

---

[1] 江苏省丹徒考古队:《江苏丹徒北山顶春秋墓发掘报告》(执笔:张敏、刘丽文),《东南文化》1988年第3、4期。
[2] 江苏省丹徒考古队:《江苏丹徒北山顶春秋墓发掘报告》(执笔:张敏、刘丽文),《东南文化》1988年第3、4期。
[3] 江苏省丹徒考古队:《江苏丹徒北山顶春秋墓发掘报告》(执笔:张敏、刘丽文),《东南文化》1988年第3、4期。
[4] 陈千万:《湖北谷城县出土"攻虘王䚢戉此邹剑"》,《考古》2000年第4期。
[5] 陈千万:《湖北谷城县出土"攻虘王䚢戉此邹剑"》,《考古》2000年第4期。

'勾馀'为'余祭'。《左传》襄公二十八年杜预注曰：'勾馀，吴子夷末也'。今从杜注。"[1]显见，陈千万《湖北谷城县出土"攻虞王叡戉此邻剑"》一文从杜预注，将该剑器主释作馀眛。关于《左传·襄公二十八年》记载的"吴句馀"[2]，前文曾指出后世有不同解读。一为杜预注为"吴子夷末也"[3]，即"句馀"为吴王馀眛。另一为孔颖达疏指出的："此时吴君是馀祭也。明年馀祭死，乃夷末代立。……服虔以句馀为馀祭。"[4]即孔颖达引东汉经学家服虔的"句馀为馀祭"说。而从文献解读来看，孔颖达疏所指吴王为馀祭，故"句馀"当为馀祭，而该剑亦当为馀祭剑。

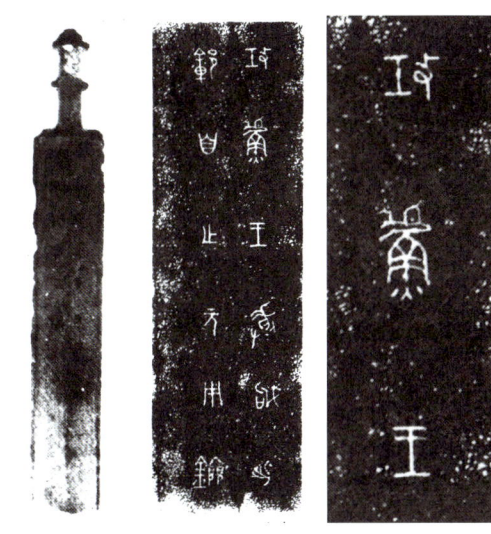

湖北谷城的"出土铜剑"即吴王馀祭剑（左），以及该"剑铭文拓本"（中）及其"攻虞王"细部（右）（录自《湖北谷城县出土"攻虞王叡戉此邻剑"》）[5]

3.江苏六合程桥出土的吴王馀祭用器——"工虞大叔盘"

据董楚平《吴越徐舒金文集释》介绍，该盘"1988年出土于江苏省六合县程桥东周三号墓。……（年代为）春秋末期。南京市博物馆藏"[6]。"工虞大叔盘"铭文"工虞大叔"，董楚平《吴越徐舒金文集释》指为："工虞大叔，吴王之首弟。"[7]显然，即指馀祭。曹锦炎《程桥新出铜器考释及相关问题》一文也说："铭文既称'工虞大叔'，是作器者为吴王之首弟。""工虞大叔，也就是王吴之首弟，与诸樊为王时余祭的身价相符。"[8]而在《吴王寿梦之子剑铭文考释》一文中以加注形式指出说："'工敔大叔'之称见程桥三号墓出土的盘铭，原作'工虞'，器主为馀祭，做于诸樊为王之时。因其是诸樊首弟，故称'大叔'。"[9]

4.浙江绍兴鲁迅路出土且具"攻敔"铭文的"吴王寿梦之子剑（绍兴剑）"

曹锦炎《吴王寿梦之子剑铭文考释》（下简称《考释》）一文说："1997年，浙江省绍兴市在市区鲁迅路改造工程中，出土一柄春秋时期的青铜剑，剑身铸有铭文40字，现藏绍兴越文化博物馆。"[10]

上述绍兴鲁迅路出土的"吴王寿梦之子剑"，下文简称"绍兴剑"。

---

[1]陈千万：《湖北谷城县出土"攻虞王叡戉此邻剑"》，《考古》2000年第4期。
[2]《左传·襄公二十八年》，见《春秋左传正义》，北京大学出版社1999年，第1081页。
[3]杜预注，见杜预：《春秋经传集解》，上海古籍出版社1978年，第1105页。
[4]孔颖达疏：见《春秋左传正义》，北京大学出版社1999年，第1081—1082页。
[5]陈千万：《湖北谷城县出土"攻虞王叡戉此邻剑"》，《考古》2000年第4期。
[6]董楚平：《吴越徐舒金文集释》，浙江人民出版社1988年，第40页。
[7]董楚平：《吴越徐舒金文集释》，浙江人民出版社1988年，第41页。
[8]曹锦炎：《程桥新出铜器考释及相关问题》，《东南文化》1991年第1期。
[9]曹锦炎：《吴王寿梦之子剑铭文考释》，《文物》2005年第2期。
[10]曹锦炎：《吴王寿梦之子剑铭文考释》，《文物》2005年第2期。

（1）《文物保护法》相关条款与"绍兴剑"出土与流转的模糊叙述

从上述《考释》一文的叙述来看，1997年绍兴该路政工程中突发性质出土的吴国青铜剑，属1982年11月19日第五届全国人民代表大会常务委员会第二十五次会议通过的《中华人民共和国文物保护法》"第三十二条"中关于"在进行建设工程或者在农业生产中，任何单位或者个人发现文物"的情况。该法律条文还规定，在上述情况下，"应当保护现场，立即报告当地文物行政部门"，且"发现的文物属于国家所有，任何单位或者个人不得哄抢、私分、藏匿"[1]。

上述《考释》一文对该突发出土事件的叙述，模糊不清。既未见当地文物行政部门的介入，也未见当地文物行政部门对该事件的主导及相关出土讯息的发布等。同时，从《考释》一文所说"绍兴剑"1997年的"出土"，到2005年《考释》一文发表时叙述该剑"现藏绍兴越文化博物馆"，其间八年中，按法律规定而本当属于国家所有的该"绍兴剑"，如何流转至民营"绍兴越文化博物馆"。《考释》一文对其中的流转过程，应当叙述而未作叙述。

所有这些，均构成该剑出土与流转情况的模糊与不清晰，并导致对之难以作出准确判断。

（2）《考释》一文中"绍兴剑"的一器二主情况

《考释》一文，对"吴王寿梦之子剑"（即"绍兴剑"）器主的叙述紊乱，以至出现"一器二主"——指说该剑器主分别指吴王寿梦之子的吴王馀祭和吴王馀眜（又作"昧"）。相关情况录之如下。

①器主为馀祭：

其一："从铭文可知，器主为吴王寿梦之子，即后来继位为吴王的馀祭。"

其二："戲㓘䣍人名，吴王寿梦之子的名字。㓘，从戈从句，为双声字，读作'戈'或'句'均可。䣍，从舍从邑，即舒国之'舒'的本字。戲㓘䣍，即寿梦之子馀祭。"

其三："由此可见，《左传》所记的吴王'句馀'，正是剑铭所记的'戲㓘䣍'，也就是吴王馀祭。"

②器主为馀眜：

其一："该剑器主为馀眜一经确认，铸器年代便大致可以确定。"

董珊《吴越题铭研究》，将该"绍兴剑"归于该著作《第一章 吴王铜器题铭》之"四、馀眜"篇中，作"馀眜"用器叙述，并另指出说："李家浩先生认为器主为馀眜"[2]。"我赞同李家浩先生的看法，将器主定为馀眜。"[3]

董珊《吴越题铭研究》另指出："1997年浙江绍兴市鲁迅路发现的一柄吴王剑，曹锦炎先生是资料发表者"。接下来，该著作以注释形式指出："该文最初发表时有笔误：'该剑器主为馀眜一经确认，铸器年代便大致可以确定。'（71页）收入文集时已改正。"[4]

---

[1] 现生效的《中华人民共和国文物保护法》，为2017年11月4日，第十二届全国人民代表大会常务委员会第三十次会议对该法所作第五次修正版。该修正版"第三十二条"条文，文字新加"【文物现场的保护】"，其余与1982年11月19日通过并生效该条条文的文字相同。见《新编中华人民共和国法律法规全书》，法律出版社2022年，第724页。
[2] 董珊：《吴越题铭研究》，科学出版社2014年，第20页。另，原文此处加注："李家浩：《攻敔王姑义𥎦剑铭文及其所反映的历史》，收入陈昭容主编《古文字与古代史》（第一辑），台北'中研院'历史语言研究所，2007，293—308页。"
[3] 董珊：《吴越题铭研究》，科学出版社2014年，第21页。
[4] 董珊：《吴越题铭研究》，科学出版社2014年，第20页。

董珊《吴越题铭研究》所说曹锦炎《吴王寿梦之子剑铭文考释》一文"最初发表时有笔误"且"收入文集时已改正"的"文集",指曹锦炎著《吴越历史与考古论丛》一书(文物出版社2007年出版,下简称《论丛》)。将"改正"后的《论丛》文字与上文所录《考释》一文最初发表的文字作比较,以了解"绍兴剑"器主的变化情况。除个别字句调整作忽略不计外,可得出如下意见:

收入《论丛》时删除了最初发表时"该剑器主为馀眛一经确认,铸器年代便大致可以确定"的表述,并以"器主为馀祭已经明确,铸器年代大致可以确定"[1]的表述替代,从而在否定该"绍兴剑"器主为吴王馀眛的同时,厘定吴王馀祭为该"绍兴剑"器主。

2014年底,苏州博物馆征集并新入藏吴王馀眛剑并于2015年5月召开"苏州博物馆新入藏吴王馀眛剑研讨会"时,曹锦炎与会并发表《新见攻虞王姑發皮難剑铭文及其相关问题》(下简称《相关问题》)一文。在该文中,曹锦炎对前及《论丛》一书将"绍兴剑"器主厘定为吴王馀祭的意见,又发生变化——再回到了《考释》一文最初发表时紊乱叙述中曾出现、收入《论丛》时被摒弃的"绍兴剑"器主为馀眛的认识和表述上来。

《相关问题》一文,对"绍兴剑"器主的论述,如下:

①该文在既住叙述中指出:"1997年,浙江省绍兴市于市区鲁迅路改造工程中,出土了一柄春秋时期的青铜剑,剑身铸有铭文40字(剑藏绍兴越文化博物馆)。……我曾在《文物》上撰文,考定器主'虘蚥此郚'是后来继位为吴王的馀祭"[2]。

②该文分析李家浩先生《攻敔王姑義𪚏剑铭文及其所反映的历史》一文说:"2006年9月,于台北中研院史语所召开的第一届古文字与古代史学术讨论会上,李家浩先生提交了《攻敔王姑義𪚏剑铭文及其所反映的历史》一文,对拙说提出修正意见。他同意我考证'虘蚥此郚'为吴王馀祭的结论,但不认为是器主。……其指出器主为寿梦第三子馀眛的意见却颇具卓识。"[3]

③该文引出苏州博物馆新入藏的吴王馀眛剑(即"苏博剑")说:"近得机缘,获见一柄私人所藏的吴王青铜剑,铭文多达75字,其内容竟然与绍兴出土的吴王寿梦之子剑(以下简称'绍兴剑')铭文部分重合,器主也是同一人。铭文不仅证实了李家浩先生考定器主为吴王馀眛的说法,而且解决了传世吴国铜器者减钟铭文中所记'攻獻王皮難'究竟是谁的困惑"[4]。

这里,曹锦炎先生认为,"一柄私人所藏的吴王青铜剑,铭文多达75字"的"苏州博物馆新入藏吴王馀眛剑"(即"苏博剑"),与"绍兴出土的吴王寿梦之子剑(即'绍兴剑')铭文部分重合,器主也是同一人"。

"器主也是同一人"的判断,意味着《考释》一文最初发表时的一器二主式的紊乱叙述,至

---

[1] 曹锦炎:《吴越历史与考古论丛》,文物出版社2007年,第22页。
[2] 曹锦炎:《新见攻虞王姑發皮難剑铭文及其相关问题》,见苏州博物馆:《兵与礼——苏州博物馆新入藏吴王馀眛剑研讨会论文集》,文物出版社2015年,第12页。
[3] 曹锦炎:《新见攻虞王姑發皮難剑铭文及其相关问题》,见苏州博物馆:《兵与礼——苏州博物馆新入藏吴王馀眛剑研讨会论文集》,文物出版社2015年,第12—13页。
[4] 曹锦炎:《新见攻虞王姑發皮難剑铭文及其相关问题》,见苏州博物馆:《兵与礼——苏州博物馆新入藏吴王馀眛剑研讨会论文集》,文物出版社2015年,第13页。

《论丛》一书厘定为"器主为馀祭已经明确"后,至此又出现反复——摒弃"绍兴剑"器主为馀祭的说法,改而将"绍兴剑"器主与"苏博剑"器主为同一人,即吴王馀眛(昧)了。

(3)"绍兴剑"铭文中吴国国号"攻敔"的论证

《考释》一文最早发表时及其后收入《吴越历史与考古论丛》一书中,均指说该"绍兴剑"铭文中记写的器主为"攻敌(敔)姑發难寿梦之子"。该文所附"铭文为铸款"的图片,亦清晰显示该剑铭文中吴国国号的"攻敌(敔)"字样。对之,该文作结论性的判断说:"从本铭知道,寿梦时期已开始出现'攻敔'的写法。"[1]

这一判断,涉及吴王寿梦时期出现吴国国号"攻敔"能否成立的问题,也涉及春秋时期,吴国国号演变及其形成的序列问题。对之,本书第十二章的《春秋时期,吴中国号的演变及其序列》的章节中另作叙述。本章节于此谨就以下两个问题,论证如下。

①论证一:目前为止,国内博物馆藏吴国青铜兵器出现"攻敔"铭文者的情况,为下列:

A.2008年无锡博物院征集,现藏无锡博物院的"吴王僚剑"。

B.1964年出土于山西原平县峙峪村,山西省博物馆藏、中国国家博物馆展出的"吴王阖闾剑"。

C.1978年发现于安徽南陵县的"吴王阖闾剑",安徽省南陵博物馆藏。

D.1974年发现于安徽省庐江县的"吴王阖闾剑",现藏安徽博物院。

E.1978年出土于河南固始县且铸器时间为吴王阖闾时、铭文具"勾敔夫人"的宋国青铜器为"宋公栾乍(作)其妹勾敔夫人季子媵簠",现藏河南博物院。

由以上现存吴国青铜兵器中具铭文"攻敔"者可知,铭文"攻敔"最早出现者为序号A的"吴王僚剑"。而其后留存的三柄具"攻敔"铭文的"吴王阖闾剑",分别为序号B—D且分别出土于山西原平峙峪、安徽南陵及安徽省庐江等,其年代晚于吴王僚时期。

另,以上序号E且铭文具"勾敔夫人"的宋国青铜器"宋公栾乍(作)其妹勾敔夫人季子媵簠",其年代与阖闾时期同时。

由上,可得出"论证一"的"结论一":经留存实物器(出土器及征集器)证实,吴国青铜兵器具"攻敔"铭文,至目前为止最早出现者为吴王僚时期的"吴王僚剑"。

②论证二:寿梦时期的寿梦用器及寿梦为其子所铸用器出土及铭文情况,为下列:

A.寿梦时期留存的传世寿梦用器为"邗王是野戈",现藏故宫博物院。该器器主存争议,但器铭文无"攻敔"。

B.寿梦时期,寿梦为其太子诸樊所铸"工獻太子姑发晋反剑"(吴太子诸樊剑),1959年安徽淮南蔡家岗赵家孤堆二号墓出土,现藏于安徽博物院。该剑铭文无"攻敔"。

C.寿梦时期,寿梦为其四子季札所铸"工獻季生匜",1985年出土于江苏盱眙,现藏盱眙博物馆。该器铭文无"攻敔"。

由上,可得出"论证二"的"结论二":出土并留存的实物器(含传世器)证实,寿梦时期的寿梦用器及寿梦为其子所铸用器的出土器铭文,无"攻敔"。

---

[1]①曹锦炎:《吴王寿梦之子剑铭文考释》,《文物》2005年第2期。②曹锦炎:《吴越历史与考古论丛》,文物出版社2007年,第20页。

上述"结论一"与"结论二"叠加,则可得出,为:目前为止,最早出现铭文"攻敔"者,为吴王僚时期的"吴王僚剑"。而寿梦时期的寿梦用器(含传世器)及寿梦为其子所铸用器的出土器铭文中,均无"攻敔"。因此,《考释》一文关于"寿梦时期已开始出现'攻敔'的写法",即寿梦时期已出现吴国国号"攻敔"的判断和结论,不能成立。不能成立的主要原因,即为没有相应的留存实物器(含传世器、征集器及考古出土器等)佐证。

在否定"寿梦时期已开始出现'攻敔'"的情况下,《考释》一文所附的"铭文为铸款"且文字为"攻敌(敔)"的图片,其所摄图片的实物器及其铭文来源就扑朔迷离而存疑了。

(4)"绍兴剑"的铭文叙述与文献记载的对应

《考释》一文所录"绍兴剑"铭文,叙述寿梦之子(或为馀祭,或为馀眛)"初命伐□,围隻(获)。型(荆)伐邻(徐),余新(亲)逆,攻之。败三军,隻(获)围马,支七邦君"[1]。《考释》诠释为:寿梦之子"往徐国的义邑去,当初是受命伐某国,有所俘获。正好遇到楚国来伐徐国,于是亲自迎敌,进攻他们。结果打败了楚之三军,俘获若干车马。这对追随楚国(伐徐)的七个国君来说,也是一次打击"[2]。

2015年5月,苏州博物馆征集并新入藏吴王馀眛剑而召开相关研讨会,《考释》一文撰者与会并另发表《相关问题》一文时,将上述铭文的"初命伐□"及其释义的"受命伐某国"解读调整并明确为:"'绍兴剑'作伐麻,有获。'可见是打败了麻邑的楚军,俘获很多。"[3]

吴、楚之间围绕徐国而发生的争夺,《春秋经》《左传》记载有多次。而与上述铭文叙述事件内容相近者,为《左传·昭公十二年》的如下记载:公元前530年(吴馀眛十四年),楚灵王"狩于州来,次于颖尾,使荡侯、潘子、司马督、嚣尹午、陵尹喜帅师围徐,以惧吴。楚子次于乾谿,以为之援"[4]。即楚灵王到州来去打猎,并驻扎在颖尾。同时,派遣荡侯、潘子、司马督、嚣尹午、陵尹喜等楚国将领带兵包围徐国以威胁吴国。其后,楚灵王驻扎在乾谿,作为对伐徐将领的后援。

次年(公元前530年,吴馀眛十五年),楚国国内政局风云突变,楚灵王走投无路,上吊自杀。上年冬天由楚灵王派往围攻徐国的楚军,慌忙从徐国撤退,在豫章被吴国军队击败。当初由楚灵王派去"围徐"而"惧吴"的五位军事将领,都成了吴军的俘虏。

2015年5月,苏州博物馆召开前述的研讨会时,曹锦炎先生与会并发表的《相关问题》一文指出:"昭公十二年的战争是因楚国伐徐国而引起的。……两剑铭文与《左传》《史记》的记载可以互证。因此,馀眛受馀祭之命代为吴王的年代只能卡在昭公十二年楚伐徐的战争之后。"[5]《相关问题》一文上述的"卡在昭公十二年"与"昭公十二年的战争是因楚国伐徐国而引起的"等判断,将"绍兴剑"铭文记载的事件与《左传·昭公十二年》记载作某种关联性提示。

---

[1]曹锦炎:《吴王寿梦之子剑铭文考释》,《文物》2005年第2期。
[2]曹锦炎:《吴王寿梦之子剑铭文考释》,《文物》2005年第2期。
[3]曹锦炎:《新见攻盧王姑发𬀩难剑铭文及其相关问题》,见苏州博物馆:《兵与礼——苏州博物馆新入藏吴王馀眛剑研讨会论文集》,文物出版社2015年,第16页。
[4]《左传·昭公十二年》,见《春秋左传正义》,北京大学出版社1999年,第1303页。
[5]曹锦炎:《新见攻盧王姑发𬀩难剑铭文及其相关问题》,见苏州博物馆:《兵与礼——苏州博物馆新入藏吴王馀眛剑研讨会论文集》,文物出版社2015年,第19页。

上述铭文与《左传·昭公十二年》的记载均为吴、楚争夺徐国的内容，但二者存在如下不合：

其一，"绍兴剑"铭文中的寿梦之子（或为馀祭，或为馀眛）的"初命伐囗"，《考释》一文先释为"当初是受命伐某国"，后在《相关问题》一文中，又调整为："'绍兴剑'作伐麻，有获。'可见是打败了麻邑的楚军，俘获很多。"[1]

其二，"绍兴剑"铭文接下来叙述寿梦之子率领的吴军，"型（荆）伐鄐（徐），余窴（亲）逆，攻之。败三军，隻（获）围马，攴七邦君"[2]。《考释》一文对之释为：寿梦之子率领的吴军"正好遇到楚国来伐徐国，于是亲自迎敌，进攻他们。结果打败了楚之三军，俘获若干车马。这对追随楚国（伐徐）的七个国君来说，也是一次打击"[3]。

其三，"麻"（今湖北麻城）与"徐"（今江苏泗洪）相距千里。故上述寿梦之子率领的吴军"正好遇到楚国来伐徐国，于是亲自迎敌，进攻他们"。这里吴、楚遭遇的征战地，是在麻邑附近，还是在"徐"之附近？"绍兴剑"铭文，对之交代不清。

其四，吴、楚在"麻"邑的争夺，见于《左传·昭公四年》记载："冬，吴伐楚，入棘、栎、麻，以报朱方之役。"[4]时为公元前538年（吴馀眛六年）。

其五，《左传·昭公四年》记载的"吴伐楚，入棘、栎、麻"之战，使得楚国东部全线吃紧，以致纷纷修筑城墙抵御。在这种情况下，一是楚军不能分兵再去攻伐千里之外的"徐"，二是《左传·昭公四年》亦无楚军分兵伐"徐"的记载。

其六，由上分析可知，《左传·昭公四年》记载的"吴伐楚，入棘、栎、麻"的吴军，既不能与"绍兴剑"铭文所说"型（荆）伐鄐（徐）"的楚军，即"正好遇到楚国来伐徐国"的楚军相遇。其因，一为二者相距千里，空间不合；二为鲁昭公四年"入棘、栎、麻"的"伐麻"吴军与鲁昭公十二年受楚灵王之命而"帅师围徐"[5]的楚军，也不可能相遇。盖因二者相隔八年，时间不合。

其七，《左传·昭公十二年》记载的楚灵王派往围攻徐国的楚军五位军事将领的结局，《左传·昭公十三年》记载中为"吴人败诸豫章，获其五帅"[6]，即被吴人所俘。而这被吴人所俘的"五帅"与"绍兴剑"铭文中"攴七邦君"的"七邦君"，因人物身份及数量不一，而非同一关系。

其八，"绍兴剑"铭文摹画的吴军伐"麻"的同时，"正好遇到"楚军攻伐千里之外的"徐"。这一故事，并非来自《左传·昭公四年》的记载，而是来自"绍兴剑"铭文。其究竟为虚构，抑或为杜撰，并不得而知。而一个无文献印证的"绍兴剑"铭文，又如何印证其真实性？

其九，上述"馀眛受馀祭之命代为吴王"事，未见《春秋经》《左传》记载。而这一发生于馀祭生前且在位期间的王权转移事件，并非小事。《春秋经》《左传》无记载，并不正常。至于该"代

---

[1] 曹锦炎：《新见攻廬王姑發皮難劍銘文及其相關問題》，见苏州博物馆：《兵与礼——苏州博物馆新入藏吴王馀眛剑研讨会论文集》，文物出版社2015年，第16页。
[2] 曹锦炎：《吴王寿梦之子剑铭文考释》，《文物》2005年第2期。
[3] 曹锦炎：《吴王寿梦之子剑铭文考释》，《文物》2005年第2期。
[4] 《左传·昭公四年》，见《春秋左传正义》，北京大学出版社1999年，第1204页。
[5] 《左传·昭公十二年》，见《春秋左传正义》，北京大学出版社1999年，第1303页。
[6] 《左传·昭公十三年》，见《春秋左传正义》，北京大学出版社1999年，第1316页。

为吴王"史事的缘由、过程乃至其后结局等,该文撰者并未予以说清。

(5)本书对"绍兴剑"持不作论断、暂且搁置并留待后人评断的谨慎意见

通过以上对"绍兴剑"要点的梳理,本书对"寿梦时期已开始出现'攻敔'"的"吴王寿梦之子剑"(绍兴剑),持不作论断、暂且搁置并留待后人评断的谨慎意见。而本书下文第十二章论述吴国国名演变序列时,也不再提及这一"吴王寿梦之子剑"(绍兴剑)。

5."中国国家博物馆新入藏文物特展"中展出的2014年征集的吴王馀祭剑——工䲠大叔剑

"中国国家博物馆新入藏文物特展"曾展出该馆征集的吴王馀祭剑。展出时的展器说明文字为:"工吴大叔敱矣工吴剑,春秋晚期,2014年征集。残断,茎上缠满缑,格和首上装饰有错金云纹,近茎处铸有铭文12字'(工)䲠大叔敱矣(工)䲠自乍元用'。由铭文得知剑主为'敱矣工吴',即吴王余祭的别名。'大叔'是对诸侯国君首弟的称呼。余祭为寿梦之子,诸樊之弟,故该剑是余祭未继吴王位时所用之剑。已知余祭使用的青铜兵刃除了剑还有铍。此剑铸造精良,上错金,铸铭文,规格很高。"

"中国国家博物馆新入藏文物特展"展出的工吴大叔敱矣工吴剑(春秋晚期,2014年征集)(吴恩培摄)

上述说明文字中的"(工)䲠大叔",董珊《吴越题铭研究》录该剑时器名作"工吴大叔敱矣工䲠剑"[1]。而从《吴越题铭研究》所录其铭文摹本来看,该铭文摹本"工䲠大叔",与前述江苏六合程桥出土的工䲠大叔盘铭文摹文"工䲠大叔"相同。故此剑,比照前述诸樊为其大弟余祭所铸工䲠大叔盘,称其为工䲠大叔剑,亦无不可,或更可达意。

因此,上述展器说明文字中的"工吴大叔",实为"工䲠大叔"。即"工吴",实为"工䲠"。

6.保利艺术博物馆收藏的工䲠大叔铍——工吴大敱䣈铍(敱䣈工吴铍)

该铍为保利艺术博物馆藏器。2017年苏州博物馆举办"大邦之梦——吴越楚青铜器特展"展出时,说明文字作如下介绍:"工吴大敱䣈铍,春秋晚期,通长32.4厘米,茎长5.4厘米,保利艺术博物馆藏。身中起脊,扁圆茎残留木痕,系装柲之所。遍体饰菱形花纹。铍身近茎处两侧铸铭:'工(攻)䲠(吴)大敱䣈,工䲠(吴)自元用。'"

本书将该铍与上述"工䲠大叔盘""工䲠大叔剑"的名称协调,称该铍为"工䲠大叔铍"。

苏州博物馆《大邦之梦——吴越楚青铜器》一书,对该铍器名另写作"敱䣈工吴铍",且作如下论述:"此铍尖锋,中起脊,脊侧有血槽,铍身近茎处两侧铸铭文十字。扁圆茎残留木柲痕,通体饰菱形暗纹。据国家博物馆藏工吴大叔残剑,可知'大'后漏铸一'叔'字。'敱䣈',即馀眛剑铭文中的'敱䣈',敱䣈工吴即敱䣈此䣈,即文献中的吴王馀祭,此剑铸于诸樊在位时期。"[2]

该剑究竟系出土器,抑或是征集器,上述说明文字及相关著作等均未加以说明。

---

[1] 董珊:《吴越题铭研究》,"图11 工吴大叔敱矣工䲠剑",科学出版社2014年。
[2] 苏州博物馆:《大邦之梦——吴越楚青铜器》,上海古籍出版社2017年,第33页。

第五章 吴王诸樊、吴王馀祭时"联晋抗楚"战略的守成

苏州博物馆举办"大邦之梦——吴越楚青铜器特展"时展出的工吴大叡钩铍(春秋晚期,保利艺术博物馆藏)(吴恩培摄)

"叡钩工吴铍"器身铭文及其拓本(左),以及拓本中两个"工虞"的细部(右)(录自《大邦之梦——吴越楚青铜器》[1])

7. 吴镇烽《记新发现的两把吴王剑》一文提及但非无锡博物院藏的吴王馀祭剑

吴镇烽《记新发现的两把吴王剑》一文,介绍"最近在无锡市见到两把吴王剑"后,接下来说起"2008年12月无锡博物院征集入藏"且为"目前仅见的一把王僚剑"。再接下来,首先叙述序号为"一"的"攻敔王者彶叡勋剑",即吴王僚剑;其次叙述序号为"二"的"攻敔王叡戗此邻剑",其器主"也就是吴王余祭"[2]。

该文叙述吴王馀祭剑说,该剑"形制与香港中文大学文物馆收藏的攻敔王夫差剑相同[3],长扁条形,中有脊,刃部锋利,两纵微下凹,前部残断,收藏者磨成现状。剑首作璧形,茎本为圆筒形,残断后今人补铸成扁圆形。现长32.1、茎长8.4、刃的最宽处4.4厘米。两纵铸铭文12字。铭文是:攻敔王虞戗此邻自乍(作)其元用"[4]。而"春秋时吴越人称'叡戗此邻'、'叡戗此邻'或者'叡钩邻'在文献记载中作'句余'。关于句余是余祭还是余昧,自来意见不一。《左传·襄公二十八年》载:十一月,庆封'奔吴,吴句余予之朱方'。杜预注:'句余,吴子夷末也。朱方,吴邑。'孔颖达疏:'以庆封此年之末始来奔鲁,齐人来让方更奔吴,明年五月而阖弑余祭,计其间未得赐庆封以邑,故以句余为夷末也。'而服虔在《春秋左传正义》中以'句余'为'余祭'。司马贞索隐也说:'按余祭以襄二十九年卒,则二十八年赐庆封邑不得是夷末,但句余或别是一人,杜预误以为夷末尔。惟《史记》、《公羊》作余昧,《左氏》及《谷梁》并为夷末。夷末、句余音字各异,不得为一。'《史记·吴太伯世家》叙及此事说:'王余祭三年,齐相庆封有罪,自齐来奔吴。吴予庆封朱方之县,以为奉邑,以女妻之。'很显然,《史记》是将赐庆封朱方之事列于余祭在位时。曹锦炎在考释吴王寿梦之子叡钩邻剑时从服虔说,陈千万在考释攻虐王叡戗此邻剑从杜预说。我认为服虔说较为符合历史事实,因为《左传》、《史记》均记载齐相庆封奔吴事在余

---

[1] 苏州博物馆:《大邦之梦——吴越楚青铜器》,上海古籍出版社2017年,第33页。
[2] 吴镇烽:《记新发现的两把吴王剑》,《江汉考古》2009年第3期。
[3] 原文此处加注:"《黄盛璋先生八秩华诞纪念文集》第307页,陕西师范大学、宝鸡青铜器博物馆,中国教育文化出版社,2005年版。"
[4] 吴镇烽:《记新发现的两把吴王剑》,《江汉考古》2009年第3期。

祭三年，虽说他在次年五月遭弑，但事属偶然。他在世时接纳庆封，并赐给封邑、妻之以女是情理中事，而夷末（余眛）此年并未在位，无权赏赐封邑，如在即位之后，那已时过境迁，再行封赐就没有什么意义了。因此，句余自当是余祭"[1]。而本剑"应铸造于余祭在位之时，即公元前544—前541年之间"[2]。

《记新发现的两把吴王剑》一文的文末"附记"说："无锡博物院常务副院长陈锐农研究员盛情邀请鉴赏，并慨允拍照发表，在此谨表谢忱。"[3]而该文的"彩版二"以"记新发现的两把吴王剑"为标题，并以"1""2.铭文""3""4.铭文"刊发了新发现的两把吴王剑的图片和图片的铭文细部及铭文摹本。

上述的叙述和结构安排，易使人以为上述两把吴王剑均为无锡博物院征集并收藏。2021年11月，笔者至无锡博物院协商高清图片使用事宜时被告知，无锡博物院"只藏有吴王僚剑，没有吴王余祭剑，所以只能提供吴王僚剑的高清图片"，而"吴镇烽先生的文章里说，在无锡见到两把，但只有第一把剑是我院征集的"，"另外一把不在我们院"。

由此获知，吴镇烽先生《记新发现的两把吴王剑》一文中的吴王僚剑为无锡博物院征集并收藏。而该文叙述的另一把吴王馀祭剑，并非无锡博物院藏品，且不知目前该剑的收藏状况。尽管，这并不影响该剑作为吴王馀祭剑被学者们引述。如董珊《吴越题铭研究》在"馀祭"用器内，叙述该剑剑铭"攻（句）虞王虘戉此郊自乍（作）其元用"后，另作脚注："吴镇烽：《记新发现的两把吴王剑》，《江汉考古》2009年3期，81—84页。"[4]从而将该剑归入"馀祭"用器。本书因不知该吴王馀祭剑收藏状况，且亦无法采集图片，为免错讹，谨对该吴王馀祭剑作以上引录和介绍。

8.浙江杭州市郊老余杭南湖出土且器主被指说为吴王馀祭的"余杭南湖剑"

（1）"余杭南湖剑"的出土与"旋即为当地有识人士庋藏"

①"余杭南湖剑"的公开发表

西泠印社出版社2010年出版的《西泠印社"重振金石学"国际学术研讨会论文集》，在其《铭文碑帖研究》栏目内，刊出了

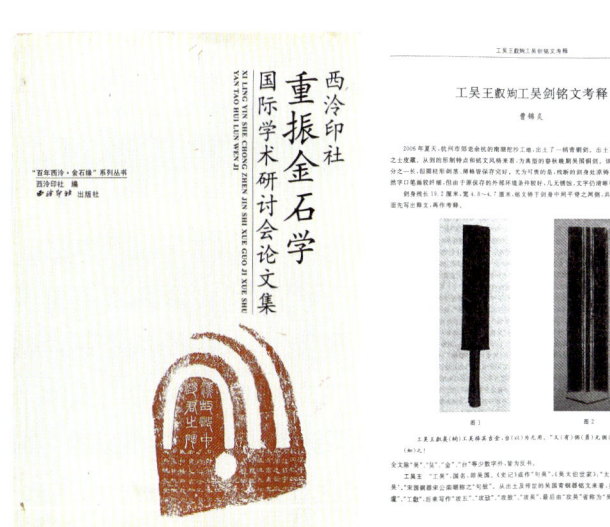

西泠印社出版社2010年出版的《西泠印社"重振金石学"国际学术研讨会论文集》封面书影（左）（吴恩培摄）及曹锦炎《工吴王歔姁工吴剑铭文考释》一文的首页书影（右）（录自《西泠印社"重振金石学"国际学术研讨会论文集》[5]）

---

[1] 吴镇烽：《记新发现的两把吴王剑》，《江汉考古》2009年第3期。
[2] 吴镇烽：《记新发现的两把吴王剑》，《江汉考古》2009年第3期。
[3] 吴镇烽：《记新发现的两把吴王剑》，《江汉考古》2009年第3期。
[4] 董珊：《吴越题铭研究》，科学出版社2014年，第13页。
[5] 《西泠印社"重振金石学"国际学术研讨会论文集》，西泠印社出版社2010年，第121页。

曹锦炎《工吴王齣姁工吴剑铭文考释》(下简称《工吴剑铭文考释》)一文。

②《工吴剑铭文考释》一文叙述的"余杭南湖剑"出土情况

《工吴剑铭文考释》一文说:"2006年夏天,杭州市郊老余杭的南湖挖沙工地,出土了一柄青铜剑。出土不久,旋即为当地有识人士庋藏。"[1]

该"余杭南湖剑"出土情况,显然和曹锦炎《吴王寿梦之子剑铭文考释》一文叙述的"吴王寿梦之子剑"(即"绍兴剑")的出土情况类似,为建设工程中的突发性质的文物出土事件。

同样须指出的是:该突发性质的文物出土事件,同样当受到国家相关法律的约束和规范,且"发现的文物属于国家所有,任何单位或者个人不得哄抢、私分、藏匿"[2]。

因此,《工吴剑铭文考释》一文对该突发出土吴国青铜剑事件的叙述,模糊不清。未见当地文物行政部门的介入,而按法律当属于国家所有的该"工吴王"剑(余杭剑),"出土不久,旋即为当地有识人士庋藏"。其过程,《工吴剑铭文考释》一文未作叙述。而这一"庋藏"性质,显然与《文物保护法》的相关条文的规定相悖。

所有这些,使得该剑出土与出土后的"庋藏"情况,叙述模糊且不清晰。且同样导致对之难以作出准确判断。

(2)"余杭南湖剑"的器主及铭文

《工吴剑铭文考释》一文叙述该"余杭南湖剑"的形制特点和铭文情况为:"从剑的形制特点和铭文风格来看,为典型的春秋晚期吴国铜剑。该剑虽仅存原器的约二分之一长,但圆柱形剑茎、薄格皆保存完好。尤为可贵的是,残断的剑身处原铸有的铭文一字不缺,虽然字口笔画较纤细,但由于原保存的外部环境条件较好,几无锈蚀,文字仍清晰可辨。剑身残长19.2厘米,宽4.8—4.7厘米,铭文铸于剑身中间平脊之两侧,共26字。"为"工吴王齣吴(姁)工吴择其吉金,台(以)为元用,'又(有)佣(勇)无佣(勇),不可告仁。'其智(知)之!""全文除'吴'、'吴'、'金'、'台'等少数字外,皆为反书"。[3]

曹锦炎《工吴剑铭文考释》一文文末的"附记"中说:"本文初稿曾提交2009年5月在陕西岐山召开的'凤鸣岐山——周文化国际学术讨论会',承董珊兄提示,本剑铭文可以证实保利博物馆所藏的一件吴王剑应为同一作器者。"[4]因此,曹锦炎、董珊对"余杭南湖剑"器主厘定为:与"保利博物馆所藏的一件吴王剑应为同一作器者",即吴王馀祭。

保利博物馆所藏的一件"吴王剑",2017年苏州博物馆举办"大邦之梦——吴越楚青铜器特展"时曾参加展出。展出时该器名称为"工吴大齣姁铍"。

苏州博物馆编《大邦之梦——吴越楚青铜器》一书,对保利博物馆所藏该器作如下论述:

---

[1] 曹锦炎:《工吴王齣姁工吴剑铭文考释》,见西泠印社:《西泠印社"重振金石学"国际学术研讨会论文集》,西泠印社出版社2010年,第121页。
[2] 现生效的《中华人民共和国文物保护法》,为2017年11月4日,第十二届全国人民代表大会常务委员会第三十次会议对该法所作第五次修正版。该修正版"第三十二条"条文,文字新加"【文物现场的保护】",其余与1982年11月19日通过并生效该条条文的文字相同。见《新编中华人民共和国法律法规全书》,法律出版社2022年,第724页。
[3] 曹锦炎:《工吴王齣姁工吴剑铭文考释》,见西泠印社:《西泠印社"重振金石学"国际学术研讨会论文集》,西泠印社出版社2010年,第121页。
[4] 曹锦炎:《工吴王齣姁工吴剑铭文考释》,见西泠印社:《西泠印社"重振金石学"国际学术研讨会论文集》,西泠印社出版社2010年,第124页。

一是指出该器器主为"文献中的吴王馀祭,此剑铸于诸樊在位时期"[1]。二是将该器名作"敔旬工吴铍"。三是读其"铭文释文"为:"工(攻)虞(吴)大敔旬,工虞(吴)自元用。"[2]本书前文录《大邦之梦——吴越楚青铜器》之该剑铭文图片作"工虞"。

综上,保利博物馆藏器的要点有二:一是器主为馀祭,二是铸于诸樊在位时期。而该器参加"吴越楚青铜器特展"时,说明文字中的"工吴大叔",实为"工虞大叔"。该"工吴",实为"工虞"。本书前文,亦将该铍称为"工虞大叔铍"。

董珊《吴越题铭研究》释读"余杭南湖剑"铭文为"工(句)吴王敔矣工(句)吴择其吉金,台(以)为元用。又(有)勇无勇,不可告人=(人,人)其智(知)之[3]",接着,指出"以上三件器物的器主应是同一人"[4]。

《吴越题铭研究》所说的"三件器物",分别指:

其一,保利博物馆所藏的吴王剑,即上述2017年苏州博物馆举办"大邦之梦——吴越楚青铜器特展"时曾展出的"工吴大敔旬铍"。

其二,董珊《吴越题铭研究》所录之"北京私人收藏"剑,且该剑为"一件与保利剑铭文相似的残剑"[5]。

其三,指"余杭南湖剑"。

上述三剑,董珊《吴越题铭研究》第一章《吴王铜器题铭》中,继《一、寿梦》《二、诸樊》两小节后,归类并置于《三、馀祭》小节内当作馀祭用器论述。对这一器主归类,《吴越题铭研究》另指出说:"关于保利藏剑,冯时先生指出器主是馀祭,曹锦炎先生也指出南湖吴剑器主是吴王馀祭,我同意他们的结论……保利藏剑以及新出的这一柄'工吴大叔'剑,都应制作于诸樊在位之时。"[6]

由上可知:一是曹锦炎先生和董珊先生都将"余杭南湖剑"器主,厘定为吴王馀祭。二是该"余杭南湖剑""应制作于诸樊在位之时",即铸制于吴王诸樊时期。

而由此可知,上述学者认为:吴王诸樊时期,已出现吴国国号"工吴"。

(3)吴王馀祭现存器中的铭文"工虞"与"余杭南湖剑"铭文中的"工吴"

目前为止的吴王馀祭现存器中显示吴国国号的铭文,均作"工虞"。本书前文已述,现再作简略梳理如下:

其一,湖北谷城出土的吴王馀祭剑——"攻虞王敔钺此鄦(郚)剑"。该剑铭文中的吴国国号为"攻虞"。

其二,1988年出土于江苏省六合县程桥东周三号墓的"工虞大叔"盘。该器铭文中的吴国国

---

[1] 苏州博物馆:《大邦之梦——吴越楚青铜器》,上海古籍出版社2017年,第33页。
[2] 苏州博物馆:《大邦之梦——吴越楚青铜器》,上海古籍出版社2017年,第33页。
[3] 原文此处加注:"曹锦炎:《工吴王敔旬工吴剑铭文考释》,'凤鸣岐山——周文化国际研讨会(陕西岐山)'论文,2009年4月8—11日,后正式发表于西泠印社编《西泠印社"重振金石学"国际学术研讨会论文集》,西泠印社出版社,2010年,121—124页。
[4] 董珊:《吴越题铭研究》,科学出版社2014年,第13页。
[5] 董珊:《吴越题铭研究》,科学出版社2014年,第13页。
[6] 董珊:《吴越题铭研究》,科学出版社2014年,第14页。

号为"工虞"。

其三,"中国国家博物馆新入藏文物特展"展出的吴王馀祭剑——工虞大叔剑。该剑"近茎处铸有铭文12字:'(工)虞大弔敊矣(工)虞自乍元用。'"即其中的吴国国号为"工虞"。

其四,保利艺术博物馆收藏的"工虞大叔鈹"。苏州博物馆编《大邦之梦——吴越楚青铜器》一书,对该鈹的"铭文释文"为:"工(攻)虞(吴)大叡訇,工虞(吴)自元用。"[1]即该鈹名称中显示吴国国号为"工虞"。

其五,吴镇烽《记新发现的两把吴王剑》一文提及但非无锡博物院藏品的吴王馀祭剑及其铭文中的吴国国号"攻(句)虞"。而该剑作为吴王馀祭剑被学者们引述的情况为:董珊《吴越题铭研究》在"馀祭"用器内,叙述该剑剑铭"攻(句)虞王虞弐此郐自乍(作)其元用",并另做指其来源的脚注:"吴镇烽:《记新发现的两把吴王剑》,《江汉考古》2009年3期,81—84页。"[2]从而将具吴国国号"攻(句)虞"铭文的该剑归入"馀祭"用器。该文献记载的吴王馀祭剑铭文中的吴国国号为"攻(句)虞"。

由此来检视"余杭南湖剑"铭文中的吴国国号"工吴"。

《工吴剑铭文考释》一文,附该文图片,图片上的铭文,难以辨识。而董珊《吴越题铭研究》录有"余杭南湖剑"铭文的"工吴"之拓本及摹本。[3]由该拓本、摹本可知,它与前文所列名为"工吴"但实为"工虞"的诸器,有着质的不同。

前文所列名为"工吴"(实为"工虞")的情况,是为使观众通晓明白而采用大众化名称的"工吴"。而"余杭南湖剑"铭文的"工吴",却是明确无误,且实实在在的"工吴"。

(4)"余杭南湖剑"铭文中出现"工吴"为吴国国号而连带出的学术问题

"余杭南湖剑"铭文中出现"工吴"及《吴越题铭研究》论及保利藏剑与"余杭南湖剑"时说:"关于保利藏剑,冯时先生指出器主是馀祭,曹锦炎先生也指出南湖吴剑器主是吴王馀祭,我同意他们的结论……保利藏剑以及新出的这一柄'工吴大叔'剑,都应制作于诸樊在位之时。"[4]

"制作于诸樊在位之时"的"余杭南湖剑"铭文中出现"工吴",则意味着诸樊时期已出现吴国国号"工吴"。

对此,先秦文献不可能提供相关答案,而只能从与诸樊有关的现存出土器铭文作探究和考察。与诸樊有关的现存出土器,现存有两类:一类为出土且存世的诸樊用器(含其父寿梦为之所作"工𢽟太子姑发䛗反剑");另一类为诸樊为王时期,诸樊为其大弟馀祭及允其三弟季札用其国号自费铸器且出土而存世的青铜器。

其一,出土留存于世的诸樊用器。

A.安徽淮南出土的"工𢽟太子姑发䛗反剑"(吴太子诸樊剑)。该剑具"工𢽟"铭文,制作于寿梦时期诸樊为太子时,即制作于诸樊即位前,铸器者为吴王寿梦。剑铭显示的吴国国号为"工𢽟"。

---

[1] 苏州博物馆:《大邦之梦——吴越楚青铜器》,上海古籍出版社2017年,第33页。
[2] 董珊:《吴越题铭研究》,科学出版社2014年,第13页。
[3] 董珊:《吴越题铭研究》,科学出版社2014年,"图12 工吴王叡矣工吴剑"。
[4] 董珊:《吴越题铭研究》,科学出版社2014年,第14页。

B.山东沂水出土的"工虞王剑"。"工虞王剑",有学者"疑即诸樊"[1]用器。该剑具"工虞"铭文,显示其时吴国国号为"工虞"。

C.安徽六安出土的"吴王诸樊戈"。铭文具"工虞",显示其时吴国国号为"工虞"。

D.河南汤阴出土的"吴王诸樊剑"。铭文具"工虞",显示其时吴国国号为"工虞"。

其二,出土留存于世的诸樊为王时期,诸樊为其大弟馀祭及允其三弟季札自费所铸之器。

A.江苏六合程桥出土的工虞大叔盘。吴王诸樊为其首弟即"大叔"所铸造。铭文具"工虞",显示吴王诸樊时期的吴国国号为"工虞"。

B.山西榆社出土的"工虞季子剑"。该器为吴国王室成员而自筹资金作自费性质的铸剑。铸剑铭文铸用其兄、同时也是在位吴王诸樊的名号作"工虞王"。故由此显示其时——吴王诸樊时期的吴国国号为"工虞"。

C.其他。除上述外,另有为吴王诸樊之子的出土青铜剑二柄,分别为:1982年出土于湖北襄樊(今襄阳)且铭文具"工虞"的吴王诸樊之子"曹䲣众飞"剑,以及2003年出土于山东新泰周家庄东周墓地且铭文具"攻敔"的吴王诸樊之子"通"剑。二剑因无法确定其铸作具体年代,故无从作为"诸樊在位之时"的铸器考察,但二剑铭文均无"工吴"。

由上分析,可得出如下结论性意见:

意见一:出土留存于世的诸樊用器中,安徽淮南出土的"工敔太子姑发晋反剑"(吴太子诸樊剑),为诸樊为太子时其父寿梦为之铸作,剑铭显示的吴国国号为"工敔"。这印证寿梦时期的吴国国号为"工敔"。

意见二:诸樊为吴王时期,为自己所作用器,如安徽六安出土的"吴王诸樊戈"、河南汤阴出土的"吴王诸樊剑"以及有学者认为"疑即诸樊"[2]用器的山东沂水出土的"工虞王剑"等,铭文显示并印证诸樊时期的吴国国号均为"工虞"。

意见三:出土留存于世的诸樊为王时期,诸樊为其大弟馀祭及允其三弟季札自费所铸之器,如江苏六合程桥出土的工虞大叔盘、山西榆社出土的工虞季子剑等,显示并印证诸樊时期的吴国国号为"工虞"。

意见四:吴王诸樊时期的铸器,并无以铭文"工吴"为吴国国号的出土器等存世。

吴国诸多国号中,"吴"出现相对较晚。吴王阖闾时期,具"吴"字为吴国国号的铭文出现。其后,吴王夫差时期亦承之而以"吴"字为吴国国号(相关情况,另见下文)。

(5)本书对"余杭南湖剑"持不作论断、暂且搁置并留待后人评断的谨慎意见

制作于吴王诸樊在位之时且器主为馀祭的"余杭南湖剑",一是因该剑突发性质的出土及"出土不久,旋即为当地有识之士庋藏"等,与前述"绍兴剑"相类似而均存在着与国家现行法律相悖且出土情况不清晰等情况。二是该剑铭文出现"工吴"等因素,使得本书对该"余杭南湖剑"同样持不作论断、暂且搁置并留待后人评断的谨慎意见。而本书第十二章论述吴国国名演变

---

[1] 董楚平:《吴越文化新探》,浙江人民出版社1988年,第334页。
[2] 董楚平:《吴越文化新探》,浙江人民出版社1988年,第334页。

序列时,也不再提及这一制作于吴王诸樊在位之时、器主为馀祭且铭文出现"工吴"的"余杭南湖剑"。

9.苏州博物馆展出且曾标示为"余祭"用器的"工吴剑"(又作"攻吴剑""攻吴攻吴剑")

"工吴剑"为苏州博物馆藏器,2015年、2017年及2021年展出时,说明文字分别标示为"攻吴剑""攻吴攻吴剑"和"工吴剑"。

苏州博物馆西馆展出的"工吴剑,春秋"(吴恩培摄)

情况如下:

(1)2015年,该剑展出时作"吴王余祭"用器

苏州博物馆展出"攻吴剑"时,说明文字为:"攻吴剑,春秋战国,长34厘米、宽4厘米。剑作斜台式脊从厚式,剑柄已残,剑身残留有木鞘的痕迹。剑身狭长,近锋处略收入狭,双刃呈弧形,前锋尖锐。中起斜台脊,两从斜弧。该剑在残断后,近剑格端即被修凿为茎,以便装柄作为铍使用。在左右从上铸有铭文,现可辨识六字:工吴工……,工吴自(作)。工吴一做吴国的国名,一做吴王余祭的人名。"

(2)2017年,该剑展出时作"春秋吴国之器"

2017年,苏州博物馆举办"大邦之梦——吴越楚青铜器特展"时,该剑名称为"攻吴攻吴剑",且说明文字为:"攻吴攻吴剑,春秋晚期。长34.5厘米、宽4厘米。苏州博物馆藏。剑身宽刃,出台脊,流线型刃部,前段束腰不明显。剑茎已残,修治成不太对称的内。器身锈色清绿间红,背部附有木屑痕迹,断口脊部似不甚紧密。此刻铭文下部已残,仅留'攻吴王□□□,攻吴自□□□'。根据铭文起首三字,可判断此剑是春秋吴国之器。"

(3)2017年,苏州博物馆《大邦之梦——吴越楚青铜器》作"可能是吴王馀祭"

苏州博物馆《大邦之梦——吴越楚青铜器》对该剑的叙述情况为:"根据铭文起首三字,可判断此剑是春秋吴国之器。左侧'工虞'可能是吴王馀祭的名字,右侧'工虞'为国名。"[1]

(4)2021年,苏州博物馆西馆展出该剑时作"工吴剑"

2021年,苏州博物馆西馆展出该剑时,说明文字文字为:"工吴剑,春秋"。

由上可见,苏州博物馆对该剑是否判定为馀祭剑,一直处于不确定状态。而该馆最新的判断,为2021年苏州博物馆西馆展出该剑时作"工吴剑·春秋"的介绍。而该剑曾经的判断——"工

---

[1]苏州博物馆:《大邦之梦——吴越楚青铜器》,上海古籍出版社2017年,第31页。

第五章 吴王诸樊、吴王馀祭时"联晋抗楚"战略的守成

"攻吴剑"剑身铭文"工𧊒王"等字样(左)(吴恩培摄),以及苏州博物馆《大邦之梦——吴越楚青铜器》一书中该器部分铭文图片及摹本(右)(录自《大邦之梦——吴越楚青铜器》[1])

吴一做吴国的国名,一做吴王余祭的人名"以及"左侧'工𧊒'可能是吴王馀祭的名字"等,已不再提起。然而,在流变若干年后,该剑是否再与吴王馀祭作关联,无法确定。本书将之列为"馀祭用器",即是基于该剑曾有与馀祭产生关联的说法。

---

[1] 苏州博物馆:《大邦之梦——吴越楚青铜器》,上海古籍出版社2017年,第31页。

第六章　吴王馀眜、吴王僚时"联晋抗楚"战略的调整

第一节　二十二世吴王馀眜及其执政

一、馀眜其人

公元前544年（吴馀眜元年），吴王馀眜在其兄馀祭被越俘砍死后，依十九世吴王寿梦遗命所定"兄终弟及"的传承程序即位为二十二世吴王。

馀眜，又作馀昧、夷末、夷眜、夸眜。

馀眜，见《吴越春秋》："馀祭卒。馀眜立。"[1]馀昧，见《史记·吴太伯世家》："王馀祭卒，弟馀昧立。"[2]夷末，见《春秋经·昭公十五年》："吴子夷末卒。"[3]夷眜，见《公羊传·昭公十五年》："吴子夷眜卒。"[4]夸眜，见诸顾震涛《吴门表隐》卷四："吴夸眜墓在六直夸陵山。"[5]民国《吴县志》卷三十五《舆地考·坛庙祠宇三》亦记载："吴夸王庙在唯亭山，麓神即吴王夸眜，里人奉为土谷神。"[6]

二、馀眜执政时期及吴国被列国孤立危机下的季札出访

（一）第二次弭兵盟会后列国关系的重大变化及季札出访"通嗣君"的解读

1.文献记载及杜预的误注

吴王馀眜上台之初，即派遣季札去列国访问，这就是《春秋经·襄公二十九年》记载的"吴子使札来聘"[7]。来聘，指前来聘问、访问。对之，杜预注为："吴子，馀祭。既遣札聘上国而后死。"[8]意即，吴王馀祭派遣季札去列国访问后，为越人所弑。

而《左传·襄公二十九年》记载季札"其出聘也，通嗣君也"[9]。孔颖达疏："贾逵、服虔皆以

---

[1]赵晔：《吴越春秋》，江苏古籍出版社1986年，第9页。
[2]《史记·吴太伯世家》，见司马迁：《史记》，中华书局1959年，第1460页。
[3]《春秋经·昭公十五年》，见《春秋左传正义》，北京大学出版社1999年，第1339页。
[4]《公羊传·昭公十五年》，见《春秋公羊传注疏》，北京大学出版社1999年，第503页。
[5]顾震涛：《吴门表隐》，江苏古籍出版社1986年，第43页。
[6]《吴县志》卷三十五《舆地考·坛庙祠宇三》，见民国《吴县志》，苏州图书馆藏本。
[7]《春秋经·襄公二十九年》，见《春秋左传正义》，北京大学出版社1999年，第1087页。
[8]杜预注，见杜预：《春秋经传集解》，上海古籍出版社1978年，第1112页。
[9]《左传·襄公二十九年》，见《春秋左传正义》，北京大学出版社1999年，第1107页。

为夷末新即位,使来通聘。"[1]故《左传》上条若按杜预注,则释为吴王馀祭派遣季札去列国访问并通报吴国新君吴王馀眛与出访的诸侯国加强通好。

显然,这是一个荒唐且难以说通的解读——在位的吴王馀祭,派遣季札去列国访问并通报吴国换了新君馀眛。派遣后,吴王馀祭被越俘杀死。因此,《春秋经》《左传》的上条文字,或只能以孔颖达疏所引贾逵、服虔的解读理解为:季札的出访,是为了通报吴国新君即位并寻求与受访诸侯国加强通好。

2."通嗣君"及其实例

"通嗣君"为中原列国对本国新君执政后向他国通报,并以求加强通好的惯例。同时,亦为春秋时列国与丧仪相连的交往礼仪。其实例如下:

(1)宋国的"通嗣君"实例

公元前589年(鲁成公二年),宋国第二十四任国君宋文公去世。第二十五任国君宋共公继位。文献记载的情况为:

《左传·成公四年》:"四年,春,宋华元来聘,通嗣君也。"[2]意思为,鲁成公四年(前587)春季,宋国国君(指新君)派遣华元来鲁国聘问。这是为继位的新君通好。这一"通嗣君",为通报宋国新君即位并寻求与鲁国加强通好之意。

(2)鲁国的"通嗣君"实例

公元前573年(鲁成公十八年,吴寿梦十三年),鲁国第二十一任国君鲁成公去世。第二十二任国君鲁襄公继位。

鲁襄公二年(吴寿梦十五年,前571),鲁国派遣叔孙豹访问宋国。访问目的即为《左传·襄公二年》记载的"穆叔聘于宋,通嗣君也"[3]。意思为:穆叔(叔孙豹)访问宋国,通报鲁国新君即位并寻求与宋国加强通好。

3.关于吴国"通嗣君"的解读及实质——借"通嗣君"而破吴国外交困境

由上述宋国、鲁国"通嗣君"的实例可知"通嗣君"的构成要素为:

其一,国君去世;其二,新君即位;其三,受"聘"而出访他国者,为新君所遣。由此来看上述杜预注,其错即错在将派遣季札去列国访问的吴王注为已被越俘弑杀的吴王馀祭。

因此,《左传·襄公二十九年》记载季札出访的主要使命,是向受访国家(指下文所说鲁、齐、郑、卫、晋)通报吴国国君的变更情况并借此与这些诸侯国加强通好。

而从这些诸侯国均为晋国集团的主要成员国来看,馀眛执政下的吴国抱着试图与晋国集团及其主要成员国通好并加强联系的战略目的。而在这以前,吴国已被晋国集团边缘化。

第二次列国弭兵盟会后,列国间关系动荡。前述,该弭兵盟会是春秋晋、楚争霸的历史拐点,也是吴、楚东南争战的历史拐点。而这一拐点的表现,一是自第二次列国弭兵后,晋、楚争霸在中原地区的角逐基本结束;二是春秋早中期晋、楚中原争霸的征战杀伐,渐次转移至东南地区,并由

---

[1]孔颖达疏,见《春秋左传正义》,北京大学出版社1999年,第1087页。
[2]《左传·成公四年》,见《春秋左传正义》,北京大学出版社1999年,第717页。
[3]《左传·襄公二年》,见《春秋左传正义》,北京大学出版社1999年,第820页。

吴、楚相争所替代。对中原列国来说，这些变化意味着楚国威胁的相对减弱，且"楚不几十年，未能恤诸侯也"[1]，即楚国没有数十年时间，不能在列国中争霸。而对吴国来说，楚国因北进中原被弭兵盟约阻遏，迫使其东进，从而成为与吴国在淮河流域新一轮争战的开始。被晋国集团边缘化的吴国将独自面对楚国东进的巨大压力。正是在这一战略评估中感到压力的吴王馀昧，甫一上台即派遣其弟季札去列国访问。

四年前吴王诸樊伐楚战死及馀祭上台时，吴国并未派遣特使向中原列国通报吴国君位的变更。四年后，馀昧一上台就派遣其弟季札去列国通报并出访。"通嗣君"或只是个由头，其实质乃是借"通嗣君"的外交礼仪行为，打破这一时期吴国的外交困境。而这也是季札出访的主要原因。

（二）季札出访列国时的吴国——一个游离于列国游戏新规则之外的孤独者

第二次列国弭兵盟会，晋国集团和楚国集团各成员国，奉晋、楚为共同霸主这一列国游戏新规则，构成了吴国外交困境的主因。个中道理很简单，被晋国集团边缘化后，吴国就成为一个既非晋国集团成员国亦非楚国集团成员国的游离于列国游戏新规则之外的孤独者。

1.既无拜访资格亦无拜访对象的吴国

弭兵盟会后，在落实奉晋、楚为共同霸主的盟约共识时，《左传·襄公二十八年》记载了吴馀祭三年（鲁襄公二十八年，前545）楚国集团成员国拜访晋国及晋国集团成员国拜访楚国的情况。

《左传·襄公二十八年》记载："夏，齐侯、陈侯、蔡侯、北燕伯、杞伯、胡子、沈子、白狄朝于晋，宋之盟故也。"[2]即夏季时，齐景公、陈哀公、蔡景侯、北燕伯、杞文公、胡子、沈子、白狄到晋国拜见，这是履行在宋国那次结盟盟约中的规定。上述诸国，或为楚国集团成员国，或为曾叛晋盟的齐庄公的接位人齐景公。

《左传·襄公二十八年》记载："为宋之盟故，公及宋公、陈侯、郑伯、许男如楚。"[3]即履行在宋国那次结盟盟约中的规定，鲁襄公和宋平公、陈哀公、郑简公、许悼公到了楚国。上述鲁、宋、郑等国，均为晋国集团成员国。

你来我往的相互拜访中，吴国既无拜访的资格，亦无拜访的对象，从而被列国群体性地抛弃和遗忘。

2.丧仪吊唁

（1）弭兵盟会共识落实过程中的楚康王、楚令尹去世后的丧仪

公元前545年（吴馀祭三年，鲁襄公二十八年），楚康王去世。同年，《左传·襄公二十八年》载："楚屈建卒。赵文子丧之如同盟。"[4]即楚国令尹屈建（子木）去世，晋国正卿赵文子（赵武）对待其的丧仪，像对待盟国的一样。

楚康王去世时，鲁、宋两国的国君正在赴楚访问的途中。在获知楚康王去世后，鲁、宋两国各

---

[1]《左传·襄公二十八年》，见《春秋左传正义》，北京大学出版社1999年，第1075页。
[2]《左传·襄公二十八年》，见《春秋左传正义》，北京大学出版社1999年，第1072页。
[3]《左传·襄公二十八年》，见《春秋左传正义》，北京大学出版社1999年，第1084页。
[4]《左传·襄公二十八年》，见《春秋左传正义》，北京大学出版社1999年，第1085页。

自做出了不同的应对。

鲁国国君鲁襄公一行到达汉水边上时，获知楚国君康王去世。面对这一拜访对象的突然去世，鲁襄公打算掉头回国。但鲁国使团的大臣们意见出现了分歧。叔仲昭伯说："我们来是为了楚国，难道只是为一个人（指楚康王）吗？还是继续去吧！"而另一个大臣子服惠伯则说："君子有长远的考虑，小人只能顾眼前。我们自己的饥寒都顾不上，谁还能顾及以后？不如回去吧！"经过一番争论后，决定继续赴楚的意见占了上风，于是"公遂行"[1]，即鲁襄公一行继续前往楚国。

宋国国君宋平公一行，也是在赴楚访问的途中获知楚康王去世。陪同宋国国君赴楚拜访的向戌说："我们这是为他一个人（指楚康王）而来的，而不是为了楚国而来的。他已经死了，我们自己的饥寒都顾不上，谁还能顾得上楚国？姑且回去让民众休养生息，等他们立了新国君后再说吧。"于是，"宋公遂反"[2]，即宋国国君宋平公就返回了。

坚持赴楚的鲁襄公一行，来到楚国后，被要求参加楚康王的葬礼，以至于第二年（吴馀祭四年，鲁襄公二十九年，前544）的正月初一，鲁襄公都不能返回鲁国主持鲁国每年都于此日举行的祭享宗庙仪式。

楚康王的葬礼，一直到夏四月时才举行。是时，一直留在楚国的鲁襄公及陈国、郑国、许国的国君都参加了送葬仪式，这些国君们一直送到了楚国国都的西门外；而这些国家的大夫一级的官员，则一直送到了墓地。

（2）弭兵盟会前后，吴王诸樊、馀祭的丧仪

楚康王的葬礼刚结束，夏五月，吴王馀祭被弑去世。对此，文献未记载晋国及晋国集团成员国的任何反应。

而弭兵盟会前战死的吴王诸樊，既是吴国历史上第一位战死在伐楚战场上的君王，也是《春秋经》记载的晋国集团成员国与楚争战时战死在战场上的国君。相比吴王寿梦，被边缘化后的吴王诸樊，文献无鲁国国君"临于周庙"[3]——到周文王庙里哭泣吊唁——的记载，也没有晋国及晋国集团成员国所给予的任何礼节性的吊唁和慰问的记载。

（3）两相比较而可见的吴国外交处境

将上述两位吴王（诸樊、馀祭）去世后与楚康王、楚令尹去世后列国的不同反应进行比较，则可清晰看出：第二次列国弭兵盟会制定的晋、楚为列国共同霸主的新游戏规则已在运行和实施中。而未参与弭兵盟会的吴国，此时则陷入战略迷茫之中——楚国及其属国越国，依然作为吴国的敌国而存在，但吴国曾经的盟国却没有了。

在被列国抛弃的态势下，吴国如果想不被孤立，其途径无非有二：一是接受游戏新规则而奉楚国为共同霸主之一。对此，吴王馀昧或无法接受。毕竟吴、楚之间有着太多的政治、军事及经济等方面的纠葛。二是寻找破局的"抓手"。

其时，供吴国破局而选择的"抓手"并不多。无非是对内保持自己内心和实力的强大，对外加

---

[1]《左传·襄公二十八年》，见《春秋左传正义》，北京大学出版社1999年，第1084页。
[2]《左传·襄公二十八年》，见《春秋左传正义》，北京大学出版社1999年，第1084—1085页。
[3]《左传·襄公十二年》，见《春秋左传正义》，北京大学出版社1999年，第905页。

强与列国的联系而已。因此,以国君变更为由头,加强与晋国集团成员国的联系,就是它所能选择的为数不多的选项之一。

其后的事实证明:季札出访,本是吴国一次打破孤立局面的外交行为,季札却以个人的魅力,成功地把它变成与列国进行的文化交流行为。

三、季札出访的经过、特点和意义

季札出访的国家——鲁、齐、郑、卫、晋,均系清一色的晋国集团主要成员国。而对周边的楚、越等楚国集团的列国,吴国均未予以通报。与吴国相接的越国,系楚国属国,和吴王馀祭之死有关联。而第二次列国弭兵盟会后被列国奉为共同霸主之一的楚国,吴国不予通报,则已表明:未参加第二次列国弭兵盟会的吴国,不认可楚国的霸主地位。这同时也表明:对第二次列国弭兵盟会通过的游戏新规则和相关盟约,吴国既不接受更持不受其约束的立场。所有这些,均清晰地表明吴国与楚国依然处于敌对状态。而吴国借季札出访表达反楚立场的目的,是为唤起晋国集团成员国的反楚记忆,从而引发他们对吴国的理解、同情和支持。

(一)季札出访的经过

1.访鲁

季札出访,首站即为鲁国。

(1)见叔孙穆子(叔孙豹)

季札到鲁国后,即见到了叔孙穆子。叔孙穆子,即叔孙豹,鲁"三桓"之一的叔孙氏宗主,一位著名的思想家。这位先哲留传后世的是其"三不朽"之说:"立德、立功、立言"。正是有着这一深厚的文化背景,季札访鲁并与这位鲁国思想家见面时,就充满着一种惺惺相惜的情感。《左传·襄公二十九年》记载说:"见叔孙穆子,说之。"[1]意指季札见到叔孙穆子,就很喜欢他。接着,季札和叔孙穆子交流了关于选人用人的事。对季札来说,其出访首站即为鲁国,而其出访目的,是为打破吴国被孤立的局面,因此,与列国有影响力的人物的文化、情感交流,本就是达到出访目的的方式之一。这亦与季札谦和而易与人相处的性格有关。

(2)观周乐

和鲁国官员交流后,季札向东道主提出"请观于周乐"[2]的要求,即请求观摩周朝的乐舞。

中原列国中可以动用前朝(殷商)与本朝(周)天子礼乐的诸侯国只有宋国与鲁国。而鲁国为周公旦长子伯禽的封地,同时,因周朝的礼乐典章制度系周公旦所作,故"鲁有天子礼乐者,以褒周公之德也"[3],即后世鲁国国君可以动用天子礼乐,以之祭祀、褒扬周公旦的德行。又,孔颖达疏引:"《明堂位》云:'成公以周公为有勋劳于天下,是以封周公于曲阜,命鲁公世世祀周公以天子之礼乐。'又曰:'凡四代之服器,鲁兼用之。'是以鲁以周公故,有天子之礼乐也。"[4]

---

[1]《左传·襄公二十九年》,见《春秋左传正义》,北京大学出版社1999年,第1095页。
[2]《左传·襄公二十九年》,见《春秋左传正义》,北京大学出版社1999年,第1095页。
[3]《史记·鲁周公世家》,见司马迁:《史记》,中华书局1959年,第1523页。
[4]孔颖达疏,见《春秋左传正义》,北京大学出版社1999年,第1095页。

故季札来到西周礼制保存最为完备且当时就有"周礼尽在鲁矣"[1]的鲁国时,其"请观于周乐",就既是出于对东道主鲁国文化的尊重,亦是借此表达对吴国先祖文化的崇敬,同时带有与鲁国进行文化交流,以加深两国情感的目的。

鲁国满足了季札的请求,为季札安排了用各国乐曲谱写的弦歌,并先后由乐工为他歌唱了《周南》《召南》《邶风》《鄘风》《卫风》《王风》《郑风》《齐风》《豳风》《秦风》《魏风》《唐风》《陈风》《桧风》及《小雅》《大雅》、周王室用于祭祀的《颂》、周文王时代的乐舞《象箾》《南籥》、殷初的乐舞《韶濩》、夏初的乐舞《大夏》和舜时的乐舞《韶箾》等。而季札在观乐的同时,也一一做出评论和比较。

(3)鲁国对季札到访的接纳及其引领、示范作用

鲁国是季札出访首站。鉴于鲁国在中原列国中的身份、地位,鲁国对季札到访接纳与否,对季札其后访问的其他诸侯国具有引领和示范作用。而从鲁国叔孙穆子与季札会面及满足季札观周乐的请求来看,鲁国及其代表的中原文化对季札的到访表现出欢迎和接纳。而鲁国以观周乐的方式接待季札,亦是给予其高级别的接待规格了。

《左传》记人叙事,文字简约,惜字如金。但对季札访鲁、观周乐的整个过程,记叙详尽,极为铺陈,可说是《左传》同类记载中篇幅最长、记叙最为详细的一段文字。同时,这一段文字也极其珍贵地记录并保存下了西周舞乐演奏的场景。从记叙所呈现的恢宏大气、内容多样,既矜持华贵又雍容典雅的西周贵族风格来看,它在《左传》关于华章舞乐演奏的记载中也属绝无仅有。正因如此,同样文字简约的《史记》,对季札观周乐的章节,除极个别文字相异外,几乎全文转载。

鲁国对季札的接纳,当是基于下列因素:

首先,是对于季札个人品质表现出的对"礼"的追求及对王位的舍弃态度的认可。在为争夺王权而父子相争、兄弟相残屡见不鲜的春秋时期,季札表现出的个人品质,难能可贵。

其次,是季札对中原历史文化表现出的极其深厚的学养。鲁国朝野对曾被鲁国正卿季文子斥为"蛮夷"的吴国,以及季札之父寿梦及其三个相继为吴王的兄长——伐楚战死的诸樊、被越俘弑杀的馀祭及现刚接位的馀昧不可能不知晓。而季札表现出的"尚文"精神与其父兄所追求的杀伐征战,天壤之别中更多体现出中原文化的主流意识。

其三,是季札所具有的谦和而易与人相处的性格散发出的人格魅力所致。

所有这些,使得吴国打破其时的孤立状态有了一个良好的开端,从而为接下来季札赴其他中原列国访问奠定了良好的基础。

2.访齐

(1)见晏平仲(晏子)

季札离开鲁国后,"遂聘于齐,说晏平仲"[2]。即季札于是访问齐国,见到晏平仲后就很喜欢他。

晏平仲,即晏子、晏婴,齐国著名的文化代表人物,且为春秋时期能与管仲比肩的齐国名臣。

---

[1]《左传·昭公二年》,见《春秋左传正义》,北京大学出版社1999年,第1172页。
[2]《左传·襄公二十九年》,见《春秋左传正义》,北京大学出版社1999年,第1107页。

齐国内乱中,崔杼被杀,庆封逃亡到吴国,晏子辅佐齐景公。正是在这一背景下,季札访齐并与晏子晤面,凭其对齐国政坛的了解与判断,季札"谓之曰:'子速纳邑与政!无邑无政,乃免于难。齐国之政,将有所归,未获所归,难未歇也。'故晏子因陈桓子以纳政与邑,是以免于栾、高之难"[1]。即晏子听从季札之言并通过陈桓子交还了封邑和权力,因而避免了其后齐国栾氏、国氏发难而起的内祸。

(2)"孔子观礼"的故事

《礼记·檀弓下》记载季札从齐国返回时葬其子的故事说:"延陵季子适齐,于其反也,其长子死,葬于嬴博之间。孔子曰:'延陵季子,吴之习于礼者也。'往而观其葬焉。"[2]意指季札到齐国访问,在回国的路上,他的长子死了,季札就把他葬在了嬴邑和博邑之间的道旁。孔子说:"季札是吴国最懂得礼的人。"于是就前往观摩他是如何为其子举行葬礼的。孔子去了后看见季札为其子掘的墓坑深度,掘到还没见泉水处。季札其子入殓时所穿的也只是平常穿的衣服。而下葬以后积土成坟,坟的宽度、长度正好和墓坑相当;坟的高度,一般人都可以垂手按住坟顶。积土成坟之后,季札袒露左臂,向左绕着坟头转了三圈,并且一边号哭一边高喊:"骨肉归复于土,命也。若魂气则无不之也,无不之也。"[3]这样做过以后,季札就重新上路了。

孔子观摩了季札为其子下葬的整个过程后评论说:"延陵季子之于礼也,其合矣乎!"[4]意指,孔子称赞季札的做法对于礼来说,是非常符合的啊!

《礼记》是中国古代"三礼"(《周礼》、《仪礼》、《礼记》)之一,为记载典章制度的著作。该书编者是西汉礼学家戴德和他的侄子戴圣。东汉时,郑玄为《小戴礼记》作注解,其后这一郑玄注本盛行不衰。《礼记》中的《檀弓》(含上、下)篇,为记载孔子言行或孔子弟子及时人杂事的篇章。对《礼记》"季札葬子"的记载,郑玄注曰:"鲁昭二十七年,'吴公子札聘于上国'是也。"[5]郑玄注所说"鲁昭二十七年"事,《春秋经·昭公二十七年》《公羊传·昭公二十七年》《穀梁传·昭公二十七年》的记载中,此年(指鲁昭公二十七年,吴王僚十二年,前515)均无季札访齐记载。但《左传·昭公二十七年》另有"使延州来季子聘于上国,遂聘于晋,以观诸侯"[6]的记载。因此,郑玄注所指当为此年。然此年(指郑玄注中所说的"鲁昭二十七年")季札出访之国,并非齐国而是晋国。

又,《史记·孔子世家》载"鲁襄公二十二年而孔子生"[7]。鲁襄公二十二年为公元前551年(吴诸樊十年),故鲁襄公二十九年(吴馀祭四年,前544)季札出访鲁、齐等国时,孔子方七岁。七岁的孩子对季札葬子,显然还不能做出深刻评论。郑玄注《礼记》时,或发现了这一时间上的错讹,故采取了移花接木式的补救——将季札出访鲁国、齐国的时间由鲁襄公二十九年(前544)挪

---

[1]《左传·襄公二十九年》,见《春秋左传正义》,北京大学出版社1999年,第1107页。
[2]《礼记·檀弓下》,见《礼记正义》,北京大学出版社1999年,第312—313页。
[3]《礼记·檀弓下》,见《礼记正义》,北京大学出版社1999年,第312—313页。
[4]《礼记·檀弓下》,见《礼记正义》,北京大学出版社1999年,第312—313页。
[5]郑玄注,见《礼记正义》,北京大学出版社1999年,第312页。
[6]《左传·昭公二十七年》,见《春秋左传正义》,北京大学出版社1999年,第1481—1482页。
[7]《史记·孔子世家》,见司马迁:《史记》,中华书局1959年,第1905页。

后移至鲁昭公二十七年（前515）。这样，鲁昭公二十七年时，已是三十六岁的孔子则完全可以对季札葬子做出评论了。至于"鲁昭二十七年"季札的出访国是晋国而非齐国，则只能隐而不谈。

从史学角度看，《礼记》中的"孔子观礼"事，系汉儒记载的传说。一个汉代前或就已传说的故事，被载入《礼记》并经郑玄注后成为经典。在后世又被落到实处——古代"嬴博之间"、今山东莱芜市垂杨村有"孔子观礼处"碑，碑上五个大字即"孔子观礼处"，正楷阴刻，字迹清晰，笔力雄健。碑系明代隆庆二年（1568）立，碑左下方有"莱芜县知县傅国璧立"字样。从文化的角度来看，这一传说，在近两千年的流传中也已成为一种文化。它既联结着春秋时吴国文化代表人物季札和鲁国文化代表人物孔子，从而反映了春秋时期中国不同地域文化间的交流。其间，作为二者中介角色的为中国经学史上的一代宗师、汉儒郑玄。季札葬子，对后世东汉时自陕西而来苏州的"逸民"高士梁鸿也产生了影响。梁鸿娶孟光为妻后，先隐居于齐、鲁间，其后"又去适吴"[1]。皋伯通就让梁鸿搬到自己家中去住。梁鸿临死前，"告主人曰：'昔延陵君葬子嬴、博之间，不归乡里。慎勿令我子持丧归去。'乃卒"[2]。"及卒，伯通等为求葬地于吴要离冢傍。"[3]即梁鸿去世，皋伯通等把他葬在了吴国历史上与专诸齐名的刺客要离的墓冢旁。

山东莱芜市垂杨村内的"孔子观礼处"碑（吴恩培摄）

列为全国重点文物保护单位的河南新郑"郑韩故城"文物保护碑（吴恩培摄）

3.访郑

季札离开了齐国，继续到郑国访问。来到郑国后，"见子产，如旧相识，与之缟带，子产献纻衣焉"[4]。季札和子产一见如故，他向子产赠送了白绢制成的大带，而子产则回赠了苎麻所织之衣。杜预对此注曰："吴地贵缟，郑地贵纻，故各献己所贵，示损己而不为彼货利。"[5]后世，指朋友交情笃深的成语"缟纻之交"，即典出于此。

子产，春秋末期郑国杰出的政治家。其祖父郑穆公有十三个儿子，一个女儿。两个儿子先后成为郑国国君；其他的十一个儿子中，三家被

---

[1]《后汉书·逸民列传》，见范晔：《后汉书》，中华书局1965年，第2767页。
[2] 陆广微：《吴地记》，江苏古籍出版社1986年，第87页。
[3]《后汉书·逸民列传》，见范晔：《后汉书》，中华书局1965年，第2768页。
[4]《左传·襄公二十九年》，见《春秋左传正义》，北京大学出版社1999年，第1108页。
[5] 杜预注，见杜预：《春秋经传集解》，上海古籍出版社1978年，第1129页。

灭，一家不为卿，其余为卿执政的七家统称为"七穆"。郑穆公女儿即为前文所说与申公巫臣联系在一起的春秋时著名美女夏姬。而在晋楚争霸中，地处晋、楚间的郑国往往随着晋、楚两国实力的此消彼长而选择性站位。故郑穆公一生都无奈地摇摆在晋、楚之间。

自郑襄公始，郑穆公之子的"七穆"，即良氏、游氏、国氏、罕氏、驷氏、印氏和丰氏轮流执政。子产即为其中国氏——子国之子。当季札与子产见面时，季札"谓子产曰：'郑之执政侈，难将至矣！政必及子。子为政，慎之以礼。不然，郑国将败。'"[1]如季札所料，次年"子产为政"[2]，即子产担任郑国执政。

4.访卫

（1）与卫国多位君子会面

离开了郑国，季札又来到卫国。季札选择访问卫国，除了寻求打破吴国被列国孤立的状态，也不排除吴、卫同为西周姬姓后裔的血缘原因。西周分封时，卫国始封君为周文王九子康叔封，与吴国有着同一个祖先。

"适卫，说蘧瑗、史狗、史鳅、公子荆、公叔发、公子朝，曰：'卫多君子，未有患也。'"[3]句中的"说"，用法同前，通"悦"。季札来到卫国访问，见到了卫国的蘧瑗、史狗、史鳅、公子荆、公叔发、公子朝等，表达了很喜欢他们的情感，并说："卫国有很多君子，不会有祸害。"蘧瑗，杜预注："蘧伯玉"[4]。蘧伯玉最早出现在《左传》的记载中是鲁襄公十四年（吴诸樊二年，前559）。是年，孙林父（又作孙文子）和宁殖驱逐卫献公，立卫殇公，蘧瑗采取不介入的态度，"遂行，从近关出"[5]。十二年后，宁喜又密谋弑卫殇公，迎卫献公复位，蘧瑗依然采取不介入的态度，"遂行，从近关出"[6]。因此，当卫国发生驱逐国君或谋弑国君等不符合君臣之礼的事件时，蘧瑗无力制止，而又不愿被动卷入，于是选择独善其身而离开，以保持名节。上引的两处"遂行，从近关出"，反映了蘧瑗对非礼之事一以贯之的态度。这使得蘧瑗成为季札心中的卫国君子。

（2）夜宿孙林父之戚邑

季札在卫时，未见到寿梦时曾为盟会事而先期来吴国的卫国孙林父。孙林父驱逐卫献公，后卫献公复辟，为求自保，孙林父以其封邑——戚地归附于晋，避居于此。故季札"自卫如晋，将宿于戚"[7]。杜预注："戚，孙文子之邑。"[8]季札从卫国去晋国时，准备在孙文子的封邑——戚地住宿。其时，"闻钟声焉，曰：'异哉！吾闻之也：辩而不德，必加于戮。夫子获罪于君以在此，惧犹不足，而又何乐？夫子之在此也，犹燕之巢于幕上。君又在殡，而可以乐乎？'遂去之"[9]。季札准备在孙文子封邑——戚地下榻时，听到了编钟奏乐。于是，季札不住戚地而离开了这里。而"文子

---

[1]《左传·襄公二十九年》，见《春秋左传正义》，北京大学出版社1999年，第1108页。
[2]《左传·襄公三十年》，见《春秋左传正义》，北京大学出版社1999年，第1122页。
[3]《左传·襄公二十九年》，见《春秋左传正义》，北京大学出版社1999年，第1108页。
[4]杜预注，见杜预：《春秋经传集解》，上海古籍出版社1978年，第1129页。
[5]《左传·襄公十四年》，见《春秋左传正义》，北京大学出版社1999年，第923页。
[6]《左传·襄公二十六年》，见《春秋左传正义》，北京大学出版社1999年，第1032页。
[7]《左传·襄公二十九年》，见《春秋左传正义》，北京大学出版社1999年，第1108页。
[8]杜预注，见杜预：《春秋经传集解》，上海古籍出版社1978年，第1129页。
[9]《左传·襄公二十九年》，见《春秋左传正义》，北京大学出版社1999年，第1108页。

闻之,终身不听琴瑟"[1]。

春秋时卫国孙林父封邑——戚邑,今即列为全国重点文物保护单位的河南濮阳"戚城遗址"(吴恩培摄)

5.访晋

从卫国到晋国,季札继续访问。晋国原为晋国集团霸主,第二次列国弭兵盟会后又和楚国并列而成为列国共同霸主。故晋国当为季札出访中最重要的一站。"适晋,说赵文子、韩宣子、魏献子,曰:'晋国其萃于三族乎!'说叔向,将行,谓叔向曰:'吾子勉之!君侈而多良,大夫皆富,政将在家。吾子好直,必思自免于难。'"[2]即季札到了晋国,喜爱赵文子(即赵武)、韩宣子、魏献子和叔向。

赵文子,时为晋国正卿。两年后,吴王馀昧为沟通吴、晋两国交往而派申公巫臣之子屈狐庸到晋国访问,赵文子问起的竟然都是关于季札的事(相关情况,另见下文)。这无疑反映了季札两年前访晋所产生的深远影响,以及季札其时在进行外交时所展现出的令赵文子难以忘怀的魅力。从这一意义上讲,这也显示了季札出访的成功。

6.访徐与季札挂剑

季札从晋国归而回吴国途中,途经徐国时,发生了挂剑不忘徐君之谊的故事。

徐国地望,杨宽《西周史》说:"徐也是东夷中的大国。西周、春秋间在今江苏泗洪县南。"[3]宿迁博物馆展出的题为"徐国故都"展板说:"公元前21世纪,夏王朝建国之时,淮河下游活动着一支强大的部族,被称为'东夷',最先进的一支称'淮夷'。徐国,是淮夷中地域最广、实力最强的大国,其辖境北至鲁南,东至莒县、连云港、滨海,南至宿县、泗县、泗洪,西至兖州、济宁、丰县等地。徐国最初封地在山东费县,后来由于受到北方民族的侵扰,徐都逐步南迁,晚期国都迁至今泗洪境内。徐立国长达1600余年,创造了辉煌灿烂的文化,学术界称之为'徐文化'。"

---

[1]《左传·襄公二十九年》,见《春秋左传正义》,北京大学出版社1999年,第1108页。
[2]《左传·襄公二十九年》,见《春秋左传正义》,北京大学出版社1999年,第1108页。
[3]杨宽:《西周史》,上海人民出版社1999年,第145页。

《史记·吴太伯世家》记载，季札出访列国之初时，佩带宝剑北行经过徐国，便去看望徐国国君。徐君欣赏了季札的那柄宝剑，非常喜欢但嘴里却没有说。从徐君爱不释手的表情中，"季札心知之，为使上国，未献"[1]，但其时"心已许之"[2]。当季札出访返回又经过徐国，他去看望徐君并准备把这柄剑送给他时，"徐君已死"。季札于是来到徐君墓前，解下身上的宝剑，"系之徐君冢树而去"[3]。季札的随从觉得奇怪，于是问："徐君已经去世，这是送给谁呢？""季子曰：'不然。始吾心已许之，岂以死倍吾心哉！'"[4]意即，季札答复说："话不能这么说，当初我心里已经答应送给他了，难道就因为他现在已经去世，就能违背我心中曾经立下的诺言吗？"

这一故事，汉代刘向《新序·延陵季子章》记载时，内容增加了徐君之子"嗣君"的相关情节：季札归时，得之徐君故世，"于是脱剑致之嗣君。从者止之曰：'此吴国之宝，非所以赠也。'延陵季子曰：'吾非赠之也，先日吾来，徐君观吾剑，不言而其色欲之，吾为有上国之使，未献也；虽然，心已许之矣。今死而不进，是欺心也。爱剑伪心，廉者不为也。'遂脱剑致之嗣君。嗣君曰：'先君无命，孤不敢受剑。'于是季子以剑带徐君墓而去。徐人嘉而歌之曰：延陵季子兮不忘故，脱千金之剑兮带丘墓"[5]。

尽管徐君已死，但季札不想违背心底的诺言。这一挂剑不忘徐君之谊的故事，显现出季札的高义和信守承诺的品格，影响深远。后世，以"季札挂剑"为题材的艺术作品屡见不鲜。其中著名者有山东嘉祥东汉石刻画像和季札挂剑图漆盘。

山东嘉祥东汉石刻画像系"西王母、季札挂剑、邢渠哺父、二桃杀三士画像"，该东汉石刻画像1987年出土于山东嘉祥县满硐乡宋山，现山东石刻艺术博物馆收藏。关于该画像，《中国画像石全集·2·山东汉画像石》"图版说明"介绍说："季札挂剑。中间刻一坟堆，坟堆上有一剑一盾，坟堆前置案，案上有樽、耳杯等祭具，二人跪拜施礼。"[6]

季札挂剑石刻画像（录自《中国画像石全集·2·山东汉画像石》[7]）

季札挂剑图漆盘，1984年出土于安徽省马鞍山市朱然墓。朱然为东吴名将，曾与潘璋一道擒

---

[1]《史记·吴太伯世家》，见司马迁：《史记》，中华书局1959年，第1459页。
[2]《史记·吴太伯世家》，见司马迁：《史记》，中华书局1959年，第1459页。
[3]《史记·吴太伯世家》，见司马迁：《史记》，中华书局1959年，第1459页。
[4]《史记·吴太伯世家》，见司马迁：《史记》，中华书局1959年，第1459页。
[5]《新序·延陵季子章》，见刘向：《新序校释》，中华书局2001年，第867—869页。
[6]中国画像石全集编辑委员会：《中国画像石全集·2·山东汉画像石》，河南美术出版社、山东美术出版社2000年，"图版说明"第32页。
[7]中国画像石全集编辑委员会：《中国画像石全集·2·山东汉画像石》，河南美术出版社、山东美术出版社2000年，第88页。

杀关羽，又随陆逊打败刘备。朱然死于赤乌十二年（249），其墓是迄今发掘的三国吴墓中等级最高的。季札挂剑图漆盘为木胎，器表髹漆彩绘，中心绘季札挂剑徐君冢树的故事。该盘现藏于安徽省文物考古研究所。

今江苏泗洪有季札挂剑塑像，而今徐州云龙山有徐州云龙湖景区修建的"季札挂剑处"牌坊及徐君墓等旅游景点。

安徽省马鞍山市朱然墓出土的季札挂剑图漆盘（左）（录自《中国文物精华·1990》）[1]及泗洪季札挂剑塑像（右）（吴恩培摄）

徐州云龙湖景区的"季札挂剑处"牌坊（左）及徐君墓，墓前所录汉代刘向《新序·延陵季子章》里记录的《徐人歌》文字："延陵季子兮不忘故，脱千金之剑兮带丘墓。"（右）（吴恩培摄）

（三）季札出访的特点和意义

1.季札出访的特点

（1）出访目的明确

季札出访，明面是礼仪行为——向中原列国通报吴国君位变更情况。但其实质，乃是外交行为——中原第二次列国弭兵盟会后，楚国将其进击方向转移至针对吴国的东南地区，而吴国在列国中处于孤立的状态，为在接下来的吴楚争战中避免孤立无援，吴国试图加强与晋国集团的主要成员国鲁、齐、郑、卫、晋等国的联系。而季札这一出访国名单的精心选择，本就清晰表达了吴国的反楚立场。

（2）打上季札个人烙印的柔性微笑式外交

为达到上述出访目的，季札在此次出访中采取了柔性微笑式外交。这从访鲁时"见叔孙穆

---

[1]《中国文物精华》编委会：《中国文物精华·1990》，文物出版社1990年，第111页。

子,说之",至"聘于齐,说晏平仲","聘于郑,见子产,如旧相识","适卫,说蘧瑗、史狗、史鳅、公子荆、公叔发、公子朝",乃至"适晋,说赵文子、韩宣子、魏献子……说叔向"等,一个"说"(悦)字,贯穿于季札出访的始终。季札正是在与当时中原地区杰出的思想家、政治家等列国精英的会面中,既建立起个人与列国精英的情感联系,也建立起吴国与中原列国的联系,从而一定程度上使吴国摆脱了孤立、被动的状态。季札柔性微笑式外交的特点,一方面与其个性谦和及易与人相处的性格有关,另一方面也是这次外交出访目的所决定的。

(3)晤面交往加深吴国与中原列国之间的了解

季札与中原列国精英的晤面交往从实际情况来看,其选择是以当时中原列国的主流价值观——对"礼"的态度为标准。这构成了季札与中原列国精英对话的思想基础。访鲁时,季札晤面叔孙穆子(叔孙豹),正是出于对其"三不朽"——"立德、立功、立言"之说的欣赏。而访齐时,季札与晏子晤面,但并未与齐国权臣陈氏父子——陈文子(陈须无,即田文子)与陈桓子(陈无宇,即田桓子)晤面。访郑时,季札与子产相交。《史记·郑世家》记载:"孔子尝过郑,与子产如兄弟云。及闻子产死,孔子为泣曰:'古之遗爱也!'"[1]访卫时,季札晤面的蘧瑗(蘧伯玉)等,均为君子式的人物。而对曾驱逐国君的孙林父,季札非但没有晤面,甚至原准备下榻其封邑——戚邑,因听到孙林父不合"礼"制的演奏,立即离开以示对其违反礼制的谴责。访晋时,季札"说赵文子、韩宣子、魏献子"[2]。赵文子,其时为晋国正卿。而赵文子的赵氏及韩宣子的韩氏、魏献子的魏氏,即是日后晋国卿族中"三家分晋"的赵、韩、魏三族的先人。而与上述赵、韩、魏三家卿族的交往,显然与季札出访的目的有关。季札与叔向晤面并谓叔向曰:"……吾子好直,必思自免于难。"[3]季札这一"吾子好直"的评价,与孔子对叔向的评价相同。《左传·昭公十四年》记载:"仲尼曰:'叔向,古之遗直也。'"[4]杜预注曰:"言叔向之直,有古人遗风。"[5]

季札的这些晤面和交往,既加深了中原列国对吴国的了解,也加深了吴国对中原列国的了解。

2.季札出访的意义

有学者说:"司马迁在《吴太伯世家》中用大量的篇幅记载了季札游历中原各国的经历,并对季札不愿为王的行为大加赞赏。可见,季札不愿为吴王之事,与太伯、仲雍让位的故事联系到了一起,很可能是这场造史运动的契机。"[6]

上述,将季札出访定性为"游历",并不准确。季札出访中原列国,为打破当时吴国被边缘化的孤立状态,对吴国当时及以后,都有着十分重要的意义。概括起来,如下:

(1)显示吴国在教育、文化等方面的崛起

季札出访中原列国时,表现出了对中原列国历史文化的精通及其个人的深厚学养。而从季札访鲁观乐所作评论来看,其间既涉及西周先祖及中原列国的历史文化,又涉及中原列国的风俗、民

---

[1]《史记·郑世家》,见司马迁:《史记》,中华书局1959年,第1775页。
[2]《左传·襄公二十九年》,见《春秋左传正义》,北京大学出版社1999年,第1108页。
[3]《左传·襄公二十九年》,见《春秋左传正义》,北京大学出版社1999年,第1108页。
[4]《左传·昭公十四年》,见《春秋左传正义》,北京大学出版社1999年,第1338页。
[5]杜预注,见杜预:《春秋经传集解》,上海古籍出版社1978年,第1398页。
[6]张学锋:《吴国历史的再思考》,见《苏州文博论丛》,文物出版社2011年,第12页。

情等。从季札边看边作即兴式的评论可以看出，季札有着接受中原文化的深厚学养。同时，也显示出地处东南一隅的吴国，在教育、文化等方面的全面崛起。

（2）季札观乐——中国最早的文学和文艺评论之一

季札出访鲁国时，孔子才七岁。因此，季札观乐时对后来经孔子编辑过的《诗经》中一些作品的评论，当是中国最早的文学和文艺评论之一。

《诗经》中的"十五国风"诸篇均系各地民歌，且鲁国为季札安排观乐时，如杜预注所说，"皆各依其本国歌所常用之曲"[1]，即使用了各国乐曲谱写而成。而季札在评论时，大量地结合各国的历史、政治、社会情况。如季札评《卫风》时说："美哉！渊乎！忧而不困者也。"[2]杜预注对此句的释文是："亡国之音哀以思，其民困。卫康叔、武公德化深远，虽遭宣公淫乱，懿公灭亡，民犹秉义，不至于困。"[3]显然，季札这里的评论将卫国的政治状况与诗歌的演唱融为一体了。

而从比较文化和比较文学这一领域来说，季札的评论，堪称两千五百多年前中国区域文化最早的横向比较研究了。尤其值得注意的是，季札的评论及比较研究，并不囿于纯艺术、纯文学的领域，而更多的是拓展到社会和政治的多重领域之中。

季札的父兄——十九世吴王寿梦和二十世吴王诸樊、二十一世吴王馀祭、二十二世吴王馀昧，以及其后辈——二十三世吴王僚、二十四世吴王阖闾、二十五世吴王夫差等，均以武力来推动吴国的崛起、强盛乃至称霸。相比之下，这些以征战杀伐见长的吴王们，却远没有季札在历史上的影响深远。在有"三吴首祠"之称的苏州泰伯庙正殿供奉的三位吴国先贤，分别为泰伯、仲雍和季札。季札入祀的缘由，显然是因其人文精神的魅力。

（3）吴地"尚武"文化中孕育着"尚文"基因

春秋时期，吴地文化精神的主导面为"尚武"。而吴地文化精神在后世的六朝时期开始了从"尚武"到"尚文"的转型。但吴地文化精神产生初期即春秋时期，亦已孕育着"尚文"基因。季札出访观乐及其所作评论，就是最好的例证。尽管其时，这种"尚文"的文化基因在整个吴地文化精神中还只是处于微弱的萌芽状态。至于上述引文中的所谓"造史"说，另见下文叙述。

第二节　馀昧执政时期的吴楚争战

一、吴、楚两国各自的战争准备

（一）吴国

馀昧执政时期，是吴、楚继续对抗的重要时期。这一时期内，一方面，吴王馀昧继承其父吴王寿梦制定的"联晋抗楚"国家战略，赓续其兄吴王诸樊、吴王馀祭时期的吴楚及吴越争战；另一方面，吴国又处于极度孤立状态。而馀昧在位长达十七年，故这一时期吴王馀昧的作为，对当时

---

[1] 杜预注，见杜预：《春秋经传集解》，上海古籍出版社1978年，第1123页。
[2] 《左传·襄公二十九年》，见《春秋左传正义》，北京大学出版社1999年，第1097页。
[3] 杜预注，见杜预：《春秋经传集解》，上海古籍出版社1978年，第1124页。

及其后的吴国,都产生了重要影响。

1.外交准备

吴国的外交准备,主要体现在前文所述的季札出访中原列国上,此处不再重复。

2.因应楚国政局变化而吴国遣屈狐庸出使晋国的"通路"使命

（1）楚国政局孕育着动乱

楚康王死后,"楚郏敖即位。王子围为令尹"[1]。楚康王的儿子郏敖即位为新楚王,而他的叔叔王子围（公子围）担任令尹即首相的职务。君弱相强的楚国政局,已孕育着楚国争权动乱的种子。

楚共王有五子,皆庶出,排行为：老大公子招、老二公子围（又作王子围）、老三公子比（又作子皙）、老四公子黑肱、老五公子弃疾。

公元前543年（吴馀眛元年）,楚公子围为夺取楚国王权,开始扫除权力道路上的障碍,而掌管楚国军事的大司马芳掩,则首先成为其必欲除之的对象。于是"楚公子围杀大司马芳掩而取其室"[2]。

楚国君臣以沉默的方式接受了公子围对楚国王权所进行的蚕食和试探。于是,从楚国朝野消极反应中获得自信的公子围,接下来就愈加放开手来干了。

（2）吴国的因应

楚国政局发生变化之时,在被中原列国孤立的吴国,已有所预感地进行了因应。在季札出访中原列国并与中原列国建立联系的基础上,公元前542年（吴馀眛二年）,为加强与晋国的联系,"吴子使屈狐庸聘于晋,通路也"[3]。即吴王馀眛派屈狐庸出使晋国,出访目的是为"通吴、晋之路"[4]。

屈狐庸,申公巫臣之子。十九世吴王寿梦执政时,申公巫臣与晋推行"联吴制楚"战略。申公巫臣南下后,不仅在军事上帮助吴国,还让他的儿子屈狐庸来到吴国,并"使其子狐庸为吴行人焉"[5],意指做吴国主持外交事务的官员。至馀眛时,屈狐庸或是仍担任吴国"行人",故而受吴王馀眛之命,出使晋国。

从屈狐庸出访目的为"通路"即沟通陆上交通来看,这一时期,吴国、晋国间的交通,或因种种原因阻塞或部分阻塞,故屈狐庸赴晋协商解决这一问题。而从两国能坐下来协商"通路"来看,两年前吴国为打破孤立状态而遣季札出访的外交努力,至此已显现成效。

屈狐庸抵晋后,时为晋国正卿且与季札访晋时有过交集的赵文子,竟然当面问屈狐庸说："延州来季子其果立乎？巢陨诸樊,阍戕戴吴,天似启之,何如？"[6]杜预注："延、州来,季札

---

[1]《左传·襄公二十九年》,见《春秋左传正义》,北京大学出版社1999年,第1089页。
[2]《左传·襄公三十年》,见《春秋左传正义》,北京大学出版社1999年,第1120页。
[3]《左传·襄公三十一年》,见《春秋左传正义》,北京大学出版社1999年,第1131页。
[4]杜预注,见杜预：《春秋经传集解》,上海古籍出版社1978年,第1162页。
[5]《左传·襄公二十六年》,见《春秋左传正义》,北京大学出版社1999年,第1045页。
[6]《左传·襄公三十一年》,见《春秋左传正义》,北京大学出版社1999年,第1131页。

邑。"[1]另注"戴吴，馀祭。"[2]故赵文子问话的意思为："你们国家那位受封于延陵和州来的公子季札最终立为国君了吗？昔日吴国攻打楚国巢地，吴王诸樊战死，越国战俘又杀了吴王馀祭（即戴吴），老天似乎为季札打开了担任国君的大门呢，是不是啊？"

显然，这位晋国正卿似乎忘记了两年前季札出访就是通报馀昧即位为吴王。因此，这种有干涉他国内政嫌疑且事关外交的低级错误，既是对他国的不尊重，同时也暴露出他对吴国情况的无知。

面对晋国正卿在外交场合的无知问话，作为吴国外交官的屈狐庸绝不会因赵文子的无知、糊涂和低级错误而较真。毕竟，在楚国阴云笼罩下的吴国外交，不能因对方的这一错误而跟着犯错。于是，屈狐庸颇为得体而又非常专业地回答说："不立。是二王之命也，非启季子也。若天所启，其在今嗣君乎！"[3]竹添光鸿《左氏会笺》笺注"二王之命"曰："笺曰：二王之天命当死也。"[4]在外交场合下的屈狐庸，适时地称赞了吴王馀昧的德行后，又回到季札的话题上说："季子，守节者也。虽有国，不立。"[5]意思说，季札是一个能保持节操的人，即使把国家给了他，他也是不肯接受做国君的。

从赵文子与屈狐庸见面时表现出的事先未做相应准备工作来看，本次吴国外交官员的出访，当为在楚国政局发生变化之时由吴国主动提出，并获得了晋国接待。

（3）季札出访的回访——晋叔向访吴

季札出访晋国时，与晋国显赫的卿族——赵氏的赵文子、韩氏的韩宣子、魏氏的魏献子以及叔向（羊舌肸）都有交往。其中对叔向，季札表示了特别的关切。

季札撒下了友谊的种子，很快得到了回报——"晋平公使叔向聘吴"。叔向访吴，见诸汉代刘向《说苑·正谏》篇："晋平公使叔向聘于吴，吴人拭舟以逆之，左五百人，右五百人，有绣衣而豹裘者，有锦衣而狐裘者。"[6]刘向《说苑·正篇》未记载叔向访吴的具体年份，也没有涉及访问的过程和成果等。但为晋平公时期，却可肯定。而晋平公在位时对应的执政吴王，分别为吴王诸樊、馀祭和馀昧。对叔向的到来，吴人举行了盛大的欢迎仪式，表达出在被边缘化的孤立之时及楚国政局发生重大变化之际，吴国非常在意晋国叔向的来访。

（二）郏敖时期的楚国

和被中原列国孤立的吴国不同，楚郏敖时期，执掌国政的令尹公子围，充分利用第二次列国弭兵盟会取得的成果——楚国被晋国集团及楚国集团的各成员国奉为霸主之一的有利地位，或进行政治联姻，或举行政治盟会，从而娴熟地运用列国间的游戏新规则。公子围在对外表现出咄咄逼人之态的同时，对内更高调地显示出问鼎楚国大位的篡位野心。

1.虢地盟会前的郑、楚交锋

公元前541年（吴馀昧三年）春天，楚国令尹公子围出访郑国，伍举（伍子胥祖父）担任他的

---

[1] 杜预注，见杜预：《春秋经传集解》，上海古籍出版社1978年，第1162页。
[2] 杜预注，见杜预：《春秋经传集解》，上海古籍出版社1978年，第1162页。
[3] 《左传·襄公三十一年》，见《春秋左传正义》，北京大学出版社1999年，第1131页。
[4] 竹添光鸿：《左氏会笺》，巴蜀书社2008年，第1584页。
[5] 《左传·襄公三十一年》，见《春秋左传正义》，北京大学出版社1999年，第1131页。
[6] 《说苑·正谏》，见刘向著、钱宗武译：《白话说苑》，岳麓书社1994年，第405页。

副手。公子围访郑时，娶了郑国大臣公孙段的女儿。郑国人让公子围一行住在城外并举行聘礼后，公子围要带领武装的军队进入郑国都城公孙段家庙中迎娶新娘。对此，时已担任郑国首相的子产担心楚国"苞藏祸心以图之"[1]，于是派子羽去辞谢。而楚国令尹公子围，亦命令太宰伯州犁去进行交涉。在双方的交涉中，陪同公子围出访并担任副手的伍举知道郑国有了防备，故请求让士兵们佩带着无弓的箭袋进入郑国国都。郑国这才同意。

公子围最终得以入城从公孙段家庙中迎娶新娘后，"遂会于虢，寻宋之盟也"[2]。即公子围在郑国的虢地与中原列国举行盟会，盟会的主题是巩固在宋国举行的第二次列国弭兵盟会的成果。

2.虢地盟会

《春秋经·昭公元年》记载虢地盟会的与会者名单中并无吴国。显然，盟会主旨是重申第二次列国弭兵盟会成果，而未参加第二次列国弭兵盟会的吴国，对这一虢地盟会，本就不具备与会资格。

虢地盟会为第二次列国弭兵盟会后，由晋国集团成员国和楚国集团成员国共同参加的首次大联合性质的盟会。在盟会议题主导权的争夺中，楚国占了上风。

盟会召开后，"楚令尹围请用牲，读旧书，加于牲上而已。晋人许之"[3]。杜预注："旧书，宋之盟书。楚恐晋先歃，故欲从旧书。加于牲上，不歃血，《经》所以不书盟。"[4]即楚令尹公子围建议宰杀供盟誓使用的家畜，然后把在宋国召开的第二次列国弭兵盟会的盟约再宣读一遍，最后把这盟约放在宰杀的家畜上，埋进土里。

这是一次晋、楚两国执政者都与会的盟会，如果盟会作出新的盟约，则必须经过歃血程序，而歃血时则又面临着歃血的先后（即先者为盟主）等问题。因此，"楚恐晋先歃"，楚对歃血时自己能先歃血缺少信心。在这种情况下，最好的办法就是不涉及歃血程序，而不涉及歃血程序的前提是盟会没有作出新的盟约。因此，盟会甫一开始，楚国就立即把盟会议题的主导权抢在自己手里并提出"读旧书"，即宣读昔日第二次列国弭兵盟会时的盟约。

晋国同意了楚令尹公子围的建议。而"晋人许之"[5]则表现出晋国的无奈与妥协。这既体现了这一时期楚强晋弱的力量对比，也预示着吴国今后将主要依靠自己的力量去面对处于强盛期的楚国东扩。

盟会上，公子围高调而又强势地表现出其问鼎楚国大位的篡位之心，并将之在中原列国政治舞台上展现出来。三月二十五日，盟会结盟。公子围设置了楚国国君的服饰仪仗，并安排了两个卫士拿着戈站在旁边。其公然使用楚王的服饰仪仗，毫不掩饰地表明其虽为楚国二号人物令尹，却无异于楚国的一号人物——国君。其篡位之心，高调且不加掩饰。

公子围此举立即引发他国与会者的关注。鲁国叔孙豹（叔孙穆子）说："楚国的公子围很神气，像个国君了啊！"而郑国的子产亦指出说："仪仗前设置两个执戈者站着，这可是国君的仪仗啊！"

---

[1]《左传·昭公元年》，见《春秋左传正义》，北京大学出版社1999年，第1140页。
[2]《左传·昭公元年》，见《春秋左传正义》，北京大学出版社1999年，第1141页。
[3]《左传·昭公元年》，见《春秋左传正义》，北京大学出版社1999年，第1142页。
[4]杜预注，见杜预：《春秋经传集解》，上海古籍出版社1978年，第1176页。
[5]《左传·昭公元年》，见《春秋左传正义》，北京大学出版社1999年，第1143页。

所有这些,暴露出公子围发起此次盟会的动机之一,乃是为其在国内的篡权做先导式的舆论准备。这也预示,吴国与这一政治强人执政下的楚国的战争将不可避免。

3.公子围欲杀叔孙豹

虢地盟会期间,未出席盟会的鲁国正卿季武子,借莒国内乱而出兵攻打莒国,并夺取了郓地。莒国派人到盟会上向作为共同霸主的楚、晋提出控告。楚国本就不满鲁国紧随晋国,于是充分利用盟会霸主的身份,"告于晋曰:'寻盟未退,而鲁伐莒,渎齐盟,请戮其使。'"[1]即请求将参加会盟的鲁国代表叔孙豹等杀掉,以示惩罚。

楚国欲杀叔孙豹以立威,毕竟要征得晋国的同意。而在晋国坚决主张不能杀叔孙豹后,楚国答应了,于是就赦免了叔孙豹。对晋国来说,如果在盟会上让公子围杀叔孙豹,则晋国和赵文子在中原列国面前将颜面尽失。

4.楚令尹公子围弑杀楚王郏敖,自立为楚灵王

楚令尹公子围终把春天时在虢地盟会中显现出的篡位野心转变成了篡位的实际行动。

前541年(吴馀昧三年),公子围把他的弟弟公子黑肱(也是楚共王的儿子之一、现楚王郏敖的叔叔)和楚国大宰(太宰)伯州犁派去修建楚、郑边界上的城墙。见楚国到边界上大搞战备,郑国人慌了,可郑国子产却一眼看穿了公子围对于楚国内政的用心。他对国人说:"不害。令尹将行大事,而先除二子也。祸不及郑,何患焉?"[2]意为,楚国的令尹公子围将要有大的动作,所以先要除去这两个人。他们两人来这里修筑城墙对郑国没什么危害。

到了冬天,公子围要行的大事终付诸行动。"冬,楚公子围将聘于郑,伍举为介。未出竟,闻王有疾而还,伍举遂聘。"[3]即本年(吴馀昧三年,前541)冬天,公子围原本要到郑国去访问,伍举担任他们的副手。他们一行还没有走出楚国国境,就听说楚王生病了。于是,公子围急匆匆返回,而让伍举带人继续去郑国访问。

折返国都的公子围,已怀着一颗杀心。"十一月,乙酉,公子围至,入问王疾,缢而弑之。"[4]接着又"杀其二子幕及平夏"[5]。即公子围弑杀楚王郏敖后,又把郏敖的两个儿子——幕及平夏杀死。

公子围弑君,他的弟弟纷纷逃往他国。担任楚国右尹的子干(公子比)出奔晋国,而被派往边境担任宫厩尹职务的子皙(即公子黑肱)则越过边境,逃亡至郑国。

上述的子干和子皙,分别为楚共王庶三子和庶四子,亦为公子围的弟弟。其时,未逃走的楚大宰(太宰)伯州犁被公子围杀死在郏地。公子围又将被其弑杀的楚王郏敖葬在了郏地。

春秋时,楚国对未成君而死、无谥号者均称之为"敖",并以其葬地冠之。这就是杜预注所说:"不成君,无号谥者,楚皆谓之敖。"[6]因此,被葬于郏地的楚王,因葬"于郏,谓之郏

---

[1]《左传·昭公元年》,见《春秋左传正义》,北京大学出版社1999年,第1145页。
[2]《左传·昭公元年》,见《春秋左传正义》,北京大学出版社1999年,第1168—1169页。
[3]《左传·昭公元年》,见《春秋左传正义》,北京大学出版社1999年,第1169页。
[4]《左传·昭公元年》,见《春秋左传正义》,北京大学出版社1999年,第1169页。
[5]《左传·昭公元年》,见《春秋左传正义》,北京大学出版社1999年,第1169页。
[6]杜预注,见杜预:《春秋经传集解》,上海古籍出版社1978年,第1372页。

敖"[1]。弑郏敖后,"楚灵王即位,薳罢为令尹,薳启强为大宰"[2]。公子围即位成为楚灵王,而当初被鲁国叔孙豹视为公子围政治盟友的子荡(即薳罢)成为楚国令尹,薳启强则顶替被杀的伯州犁成为楚国大宰。

弑君夺取王权的楚灵王上台,必然给周边国家带来战争,尤其是与楚国有着利益纠葛的吴国。

二、楚灵王执政时期的吴、楚争战

公子围成为楚灵王后,立即开始了与吴国的争战。

(一)楚向晋通报欲再次举办盟会及晋国许之

四年前的中原列国弭兵盟会,确立了晋、楚两国同为诸侯霸主的地位,以各个小国承认晋、楚为共同霸主的方式结束了晋、楚争霸的局面。楚灵王上台以后,楚国在列国弭兵盟会盟约的制约下,已无法北进,故大力东扩就成为楚灵王转移因其弑君而日益深化的国内矛盾的手段。在具体操作上,他利用第二次列国弭兵盟会制定的晋、楚为列国共同霸主的游戏规则,同时撇开已衰落的晋国而欲以单独召开列国盟会的方式压制吴国。

公元前538年(吴馀眛六年,鲁昭公四年),楚灵王上台执政的第三个年头。春天时,许悼公访问楚国。楚灵王把他留住后,接着又邀请了郑简公来,这位楚王饶有兴味地和这两位国君到江南去打猎。与此同时,楚灵王"使椒举如晋求诸侯"[3],意即楚灵王派伍举前往晋国去通报楚国欲举办列国盟会之事,故楚灵王让许、郑二位国君留在楚国等待消息。

伍举到了晋国,对晋平公说:"我们大王派我伍举前来时说,昔日贵君对我们楚国有恩惠,在准许我们参加列国弭兵盟会时说,分属晋国和楚国的各个盟国,可以互相朝见。"因此,"'以岁之不易,寡人愿结驩于二三君。'使举请间。君若苟无四方之虞,则愿假宠以请于诸侯"[4]。意思为:"由于近年来多难,我们楚国国君如今想见见各国诸侯,所以派我来贵国听取意见。贵国国君如果没有什么边境上的麻烦,那么就希望借助您的威望向各国诸侯发出邀请了。"

伍举话语中的谦卑,掩藏着外交辞令式的强势。仅就楚国意欲单独召开列国盟会这一点来看,这本身就挟带着一股咄咄逼人的气势。对楚国本就充满疑虑和不信任的晋平公,此时感到了楚国想得到在两强争霸时没有得到的东西。三年前,楚国就曾动议并召开了虢地盟会。如今,又要召开列国盟会,究竟是想干什么?于是,"晋侯欲勿许"[5],即晋平公想不同意。但晋国司马女叔侯适时阻止晋平公说:"楚国国君楚灵王现正在狂妄自大的兴头上。上天也许是想让他的野心得到满足,从而加重他的罪愆再降给他惩罚,这可说不准呢!上天或许使他有个好的结果,这也是说不准呢!晋、楚两国都是靠天意帮助,不可以去和命争。大王不妨同意楚国及楚灵王的要求,而修明德行来等待他的结局。楚灵王如果归结到德行上去,那我们还要去事奉他,更何况他是一

---

[1]《左传·昭公元年》,见《春秋左传正义》,北京大学出版社1999年,第1169页。
[2]《左传·昭公元年》,见《春秋左传正义》,北京大学出版社1999年,第1170页。
[3]《左传·昭公四年》,见《春秋左传正义》,北京大学出版社1999年,第1190页。
[4]《左传·昭公四年》,见《春秋左传正义》,北京大学出版社1999年,第1190—1191页。
[5]《左传·昭公四年》,见《春秋左传正义》,北京大学出版社1999年,第1191页。

个大国的诸侯。而如果楚王走向荒淫暴虐,那楚国自己就将抛弃他。在这种情况下,又有谁来和我们争夺霸权呢!"

晋国政治家的谋略,显然是意图静观其变,同意楚灵王的这一过分的要求,从而助长其疯狂。而一个疯狂了的楚王,其必东扩而与吴国争斗。从这一意义上来看,晋国政治家采取的策略即是放任楚国,从而把楚国这一祸水导向吴国,以减轻自身压力。故此,晋平公同意了楚国意欲召开列国盟会,并派叔向答复伍举时,以国内事务为由委婉地表示不参加这一盟会。其实,就当时被内政缠身而实力渐衰的晋国来说,这种同意,本身就很无奈。伍举得到晋国同意的意见后,"椒举遂请昏"[1],即伍举随即又为楚灵王向晋国求婚。晋平公答应了这一婚事。对这一求婚,杜预注曰:"盖楚子遣举时,兼使求昏。"[2]意思是说,楚灵王派遣伍举时,就同时让他向晋国求婚。

从迎娶郑国王室成员,到逼晋国同意楚国召开盟会,再到向晋国求婚,楚灵王充分利用第二次中原列国弭兵盟会所确立的共同霸主之一身份,熟练地玩弄起政治联姻的手法来。

(二)申地盟会的召开及楚为盟主而针对吴国的"楚子执徐子"及春秋时期吴国王室女子的外嫁

逼晋同意后,楚灵王即于当年(吴馀昧六年,前538)召开申地盟会。

《春秋经·昭公四年》记载了申地盟会的时间、与会国名单及地点:"夏,楚子、蔡侯、陈侯、郑伯、许男、徐子、滕子、顿子、胡子、沈子、小邾子、宋世子佐、淮夷会于申。"[3]意即,本年夏天,楚灵王与蔡、陈、郑、许、徐、滕、顿、胡、沈、小邾等国的国君及宋国的太子佐,以及淮夷部族首领会盟于申地。"申"地地望为"今河南南阳市北二十里"[4]。

申地盟会,鲁、卫、曹、邾四国均未与会。其中,曹国、邾国均以国内不安定为由推辞,鲁国国君以国内有祭祀活动为由推辞,而卫国国君则推说身体不好。

综上,则可看出,上述名单中有意无意而未参加本次盟会的诸侯国均为晋国集团成员国。

申地盟会与会者名单上没有吴国,是吴国接到邀请但因不承认楚国的霸主地位而不与会,还是吴王馀昧忌惮楚国在盟会上搞什么动作而不与会,或者是楚国根本就没有邀请吴国。由于文献记载阙如,对此不得而知。

然而,从楚灵王在这次盟会上定下的针对吴国的调子来看,楚国意图东扩并借此针对吴国,并让与会诸国选边站的用心,极其明显。

上述与会名单中的"徐子",在本次盟会上遭楚灵王逮捕,这就是《春秋经·昭公四年》记载的"楚子执徐子"[5]。逮捕的原因是"徐子,吴出也,以为贰焉,故执诸申"[6]。意即,徐国国君是吴国宗女所生,故楚灵王认为他对楚国有二心,所以在会盟的申地把他逮捕。

楚灵王"执徐子",有着多重目的:一是为申地盟会定下反吴的调子,从而向中原列国表明楚

---

[1]《左传·昭公四年》,见《春秋左传正义》,北京大学出版社1999年,第1194页。
[2] 杜预注,见杜预:《春秋经传集解》,上海古籍出版社1978年,第1238页。
[3]《春秋经·昭公四年》,见《春秋左传正义》,北京大学出版社1999年,第1190页。
[4] 杨伯峻:《春秋左传注》(修订本),中华书局1990年,第1244页。
[5]《春秋经·昭公四年》,见《春秋左传正义》,北京大学出版社1999年,第1190页。
[6]《左传·昭公四年》,见《春秋左传正义》,北京大学出版社1999年,第1201页。

国反吴的政治立场,以及楚国决意东扩的决心。二是取得杀鸡给猴子看的恐吓效果,从而逼迫与会国在吴、楚间选边站。三是为申地盟会后的伐吴战争作先期的舆论准备和政治、军事动员。而"徐子,吴出也"的记载,涉及春秋时期吴国宗室女子外嫁到别国去的情况。春秋时期吴国宗室女子外嫁,绝非个别情况。《左传·襄公三十一年》就已有吴国女子嫁到莒国的记载:莒国国君犁比公生有两个儿子,一个叫去疾,一个叫展舆。犁比公立展舆为太子,其后又废了他。因犁比公很暴虐,国人为此感到忧虑。正是在这种情况下,到十一月时,展舆依靠国人攻打父亲犁比公,并杀了他,自立为君。去疾逃到了齐国。去疾是齐国女子生的,而"展舆,吴出也"[1],即展舆是吴国女子所生。前文言及虢地盟会期间,鲁国正卿季武子借莒国内乱而出兵攻打莒国,夺取郓地并导致叔孙豹险些为楚人所杀,指的就是莒国的这一内部纷争。而到了次年,"莒去疾自齐入于莒。莒展舆出奔吴"[2]。意为,到了下一年(即吴王馀昧三年,前541),去疾在齐国帮助下进入莒国,而展舆则出逃到他母亲的娘家——吴国去了。为此,杜预注展舆为"吴外孙"[3]。

"徐子,吴出也",记载了吴国女子外嫁到徐国的情况。因史料记载的简略,后人无法知晓上述吴国女子分别嫁到莒国和徐国的时间、缘由、经过等种种细节。但从时间上推算,这两个吴国女子外嫁别国当是在寿梦后期或诸樊初期。这些政治联姻背后,通常隐藏着外嫁女子所在国以期通过联姻改变两国关系的目的。而她们所生后代,也通常会亲近其母娘家——吴国。莒国的展舆在途穷时出逃到他母亲娘家的吴国,即说明了这一点。

因此,基于反吴的基本立场,把母亲是吴国宗女的徐国国君抓起来,骄纵的楚灵王以血缘关系为划分逻辑的思维并没有错。

从昔日晋国集团一再拉拢吴国以谋划联吴攘楚,从而阻遏楚国东扩来看,那时楚国已经对吴国极为忌恨了。此时,楚灵王逼晋国放手让他召开打击吴国的盟会,其目的既是为宣泄昔日对吴国的愤恨,更是为了楚国的东扩。而晋对楚的绥靖谋略,虽然有自身实力减弱的无奈因素,但客观上却是纵容楚国,并将吴国暴露在楚国的打击之下。

三、馀昧时期的吴、楚战争

(一)楚子以诸侯伐吴——围朱方,诛庆封

1.楚挟申地盟会之威以诸侯伐吴

楚国主导的申地盟会,夏天刚开完,秋天时楚灵王就对吴国动手,时为公元前538年(吴馀昧六年)。《春秋经·昭公四年》记载了本年楚灵王以诸侯伐吴之战的时间、参与者及战争的主要结果:"秋,七月,楚子、蔡侯、陈侯、许男、顿子、胡子、沈子、淮夷伐吴,执齐庆封,杀之。"[4]显然,楚灵王挟申地盟会之威,纠集与会者中的七国伐吴。《左传·昭公四年》则详细记载此战说:"秋,七月,楚子以诸侯伐吴。宋大子、郑伯先归。宋华费遂、郑大夫从。使屈申围朱方。八月

---

[1]《左传·襄公三十一年》,见《春秋左传正义》,北京大学出版社1999年,第1131页。
[2]《春秋经·昭公元年》,见《春秋左传正义》,北京大学出版社1999年,第1139页。
[3]杜预注,见杜预:《春秋经传集解》,上海古籍出版社1978年,第1195页。
[4]《春秋经·昭公四年》,见《春秋左传正义》,北京大学出版社1999年,第1190页。

甲申,克之,执齐庆封而尽灭其族。"[1]意即:秋季七月,楚灵王率领参加申地盟会的各国诸侯攻打吴国。是时,宋国太子和郑国国君已先期回国,故由宋国大夫华费遂和郑国的一位大夫随军出征。楚灵王派屈申围攻吴国的朱方。八月甲申日,楚军攻占了朱方,活捉了齐国庆封并把他的族人全都杀了。

本次楚伐吴之战的重头,即是"围朱方"。关于朱方,前文曾述,吴馀祭三年(鲁襄公二十八年,前545),曾为齐国首相的庆封逃亡至吴国。而"吴句馀予之朱方,聚其族焉而居之"[2]。即吴王馀祭将朱方给予庆封,他聚集了族人住在那里。朱方地望,杜预注:"朱方,吴邑。"[3]杨伯峻《春秋左传注》则注为:"今江苏镇江市东丹徒镇南。"[4]

今江苏镇江以"朱方"为路名的朱方路路牌(吴恩培摄)

春秋时,朱方为吴国腹地,距当时的吴国国都梅里,不过数百里之遥。楚国纠集的诸侯国,多为地处淮河流域的楚国集团成员国。联军中,楚、蔡、陈、许、顿、胡、沈、淮夷等八国皆是国君亲征;其余国家则为与晋国集团关系密切的宋、郑二国,他们只是派了大夫从征。联军一路南下,突破吴国防线,一直攻至吴国腹地——距吴都梅里不远的朱方。因齐国逃臣庆封居此,故楚灵王率领联军,以惩罚齐国逃臣庆封的名义攻打,目的是逼迫吴国屈服而签城下之盟。

2.其时吴国已成为中原列国流放者、逃亡者的栖身之地

除齐国逃臣庆封奔吴之外,中原列国流放、逃亡而奔吴者,并非个别。如:

公元前541年(吴馀昧三年,鲁昭公元年),郑国卿族内部发生了一场爱情竞争,最后竞争获胜者被流放至吴国。《左传·昭公元年》记载说,郑国大夫徐吾犯的妹妹长得很漂亮,公孙楚已经和她订了婚,但公孙黑又硬派人送去聘礼。徐吾犯害怕了,去告诉子产。子产说:"这是国家政事混乱,不是您的忧患。她愿意嫁给谁就嫁给谁。"于是,徐吾犯请求这二位追求者,让自己妹妹自由选择。他俩都答应了。经过一番面试,徐女选择了公孙楚。

情场上失败的公孙黑发怒耍赖,很快就把皮甲穿在外衣里去见公孙楚,想要杀死他而占取他的妻子。公孙楚知道他的企图,拿了戈追赶他,追到交叉路口,用戈敲击他。公孙黑受伤,回去告诉大夫说:"我很友好地去见他,不知道他有别的想法,所以受了伤。"

上述公孙楚、公孙黑均为郑穆公的孙辈。前文提及郑穆公有十三个儿子,为卿执政的七家统称为"七穆",分别为罕氏、驷氏、良氏、国氏、游氏、印氏、丰氏。

---

[1]《左传·昭公四年》,见《春秋左传正义》,北京大学出版社1999年,第1202页。
[2]《左传·襄公二十八年》,见《春秋左传正义》,北京大学出版社1999年,第1081—1082页。
[3]杜预注,见杜预:《春秋经传集解》,上海古籍出版社1978年,第1105页。
[4]杨伯峻:《春秋左传注》(修订本),中华书局1990年,第1149、1253页。

第六章 吴王馀昧、吴王僚时"联晋抗楚"战略的调整

爱情争夺战中的公孙楚为"七穆"中的游氏旁系,而公孙黑为"七穆"中的驷氏旁系。时为郑国执政者的国氏后人子产不敢得罪驷氏,于是拿实力较弱的游氏公孙楚开刀。他以公孙楚有过错而列举了他的五大罪状,最终,"郑放游楚于吴"[1],即郑国将游氏的公孙楚流放到吴国。

而前文所说的莒国犁比公与吴国夫人所生的展舆,因国内权力斗争失败,亦是"莒展舆出奔吴"[2]。

以上记载说明,春秋后期,中原列国流放或逃亡至吴国者,并不止齐国庆封。至于其后的宋司马华费遂之子华登,楚太傅伍奢之子伍子胥奔吴,以及楚伯嚭、鲁叔孙辄、公山不狃等奔吴,那已是此后吴王僚或夫差时的事了。

3.庆封效力于吴及楚国诛杀庆封

楚国惩罚庆封,既是为伐吴寻找一个借口;更可能的是,庆封逃吴后,为吴国效力而给楚国带来了危害。

《吴越春秋》卷二记载说,庆封抵吴后,"数为吴伺祭,故晋、楚伐之也"[3]。伺祭,即侦察。该段文字意思是说,因为庆封屡次为吴国侦察敌情,所以晋、楚等国才要讨伐他。然而,如前文所述,晋国并未参加此次的伐朱方之役。且是时,晋国也根本不可能参与楚国的行动来攻打吴国。故《吴越春秋》此处记载,可供参考的或只是庆封屡次为吴国侦察敌情。

而从朱方并非边境且系吴国腹地来看,"伺祭"之事亦难以说通。故此处或指庆封以其曾为齐国相国而结下的人脉资源,并利用其家族力量,从事搜集楚国政治、经济、军事情报方面的活动,以报答吴国的收留。正因如此,楚国对其极为忌恨。故楚国率联军攻占下朱方,捉拿了庆封并杀害了跟随庆封的众多族人后,楚灵王还准备当众处死庆封。

对楚灵王的这一极端做法,伍举劝谏说:"臣听说,自身没有缺点的人才可以诛戮别人。庆封只是违背了君命,才逃亡到这里。当众处死他,他能一声不吭地甘心被戮吗?他会借公开处死的机会,嚷出更加丑恶的事而在诸侯中宣扬,怎么能用这种方式呢?"

然而,对伍举的劝谏,楚灵王不听,而是让庆封"负之斧钺,以徇于诸侯,使言曰:'无或如齐庆封,弑其君,弱其孤,以盟其大夫。'庆封曰:'无或如楚共王之庶子围,弑其君兄之子麇而代之,以盟诸侯。'王使速杀之"[4]。意为:楚灵王让庆封背负上斧钺,在诸侯军队中游行示众,并要他嘴里喊:"大家不要像我齐国庆封一样,杀死国君,削弱国君的孤儿的力量,来和他的大夫会盟。"但庆封并不按他的要求去做,而是大骂楚灵王:"大家不要像楚共王的庶子公子围那样,弑杀他哥哥楚康王的儿子、楚国国君郏敖而取代他,并以此来和诸侯会盟!"楚灵王听了,赶紧让人把庆封杀了。

楚围朱方及诛庆封之战中,文献未记载吴国的军事抵抗。而从其后吴国迅速作出对楚报复的军事行动来看,其时吴国的军事力量并未受损。不排除的另一种情况是,朱方(镇江)向东的

---

[1]《左传·昭公元年》,见《春秋左传正义》,北京大学出版社1999年,第1152页。
[2]《春秋经·昭公元年》,见《春秋左传正义》,北京大学出版社1999年,第1139页。
[3]赵晔:《吴越春秋》,江苏古籍出版社1986年,第8页。
[4]《左传·昭公四年》,见《春秋左传正义》,北京大学出版社1999年,第1202页。

今常州、无锡、苏州一带，均为平原和水网地区，并不利于楚国及北方诸国以车战为主的军事力量展开行动，而贸然进入不利于己的地理环境，极易遭受吴国水军的攻击。再说当时，吴国弃朱方而牺牲庆封及其家族，势必已将军事力量集结于国都梅里附近严阵以待。因此，楚国及其联军若继续东进，吴国必拼死抵抗，则战争结果未为可知。或正是进行了权衡后，楚灵王及楚国联军止步于吴国朱方，其后挥师北上。北上的联军攻取赖国后，把赖国迁移到鄢地。楚灵王又想要把许国迁移到原来的赖国地盘上，为此，他派鬭韦龟和公子弃疾去那里修建城池，然后回国。

公子弃疾，为已故楚共王庶五子、楚康王弟，亦为楚灵王之弟，后为楚平王。

4.春秋后期，规模化军事冲突由中原地区转向东南地区的标志——楚伐吴围朱方之战

第二次弭兵盟会后，随着晋、楚两大集团斗争的减弱，北方中原地区相对呈现出息战迹象。可东南地区，战争却在不断升级。从楚国灭掉赖国，又想把许国迁移到赖国来看，楚国的进击方向，由昔日的北进转向东扩。而吴、楚对抗则由申地盟会中楚国拘捕吴女所生的徐国国君，向更深层次发展。而作为吴、楚对抗的标志性事件——楚率联军伐吴而围朱方，既显示了春秋后期规模化军事冲突的主战场由中原地区转向东南地区，更为吴、楚新一轮的争战拉开了帷幕。

对吴国来说，吴王寿梦时期制定的"联晋抗楚"战略，历经吴王诸樊、吴王馀祭时期的守成与坚持后，随着吴国被晋国集团边缘化，吴国已处于孤立状态。吴王馀眛执政后，尽管派遣季札出访进行了破局之旅，但第二次弭兵盟会制定的奉晋、楚为共同霸主的游戏新规则还是为吴国带来负面影响。楚国利用这一游戏新规则，迫使晋国同意其召开诸侯盟会。而随着晋国的妥协，楚灵王得以主持召开申地盟会。而从申地盟会的参与国来看，多为楚国集团成员国。而晋国集团的郑、宋两国因地缘关系不得不虚与委蛇，其他晋国集团成员国多采取了不予合作的态度。由此可见，第二次弭兵盟会前的晋、楚争霸格局，至此依然显现着影响。而楚国则利用第二次弭兵盟会制定的游戏新规则，在申地盟会中堂而皇之地处于主导地位了。

楚伐吴围朱方，既成为第二次弭兵后规模化军事冲突由中原地区转向东南地区的标志，也成为其后吴国对楚国反制与报复的转捩点。

（二）吴伐楚——吴国的反制、报复与连续三年的吴、楚战争

楚国率联军于秋七月发动的伐吴之战刚结束几个月，到冬天时，吴国就予以反制及报复，从而引发吴、楚间连续三年的战争。

连续三年的吴、楚战争，由棘栎麻之役、鹊岸之役和房钟之役组成。在这三年中，晋、楚等国之间亦相继发生诸多事件。现将这些事件与吴、楚连续三年的战争结合起来，以时间为序，分述如下：

1.连续三年的吴、楚战争之一：吴楚棘栎麻之役

棘栎麻之役为吴、楚三年战争的首战。

公元前538年（吴馀眛六年，鲁昭公四年），"冬，吴伐楚，入棘、栎、麻，以报朱方之役"[1]。

---

[1]《左传·昭公四年》，见《春秋左传正义》，北京大学出版社1999年，第1204页。

意为，本年冬天，吴国攻伐楚国，相继攻入楚国东部的棘邑、栎邑和麻邑，这是吴国为报复楚国攻克吴国朱方的那场战役。

关于"棘、栎、麻"，杜预注："棘、栎、麻，皆楚东鄙邑。"[1]面对吴国对楚国东部边邑的进攻，"楚沈尹射奔命于夏汭，咸尹宜咎城钟离，薳启强城巢，然丹城州来。东国水，不可以城。彭生罢赖之师"[2]。意即：楚国沈地的地方长官射奔命于夏汭去应命，咸地的地方长官宜咎赶紧修筑钟离的城墙，而担任太宰的薳启强则修筑巢地的城墙，从郑国逃亡到楚国的然丹也赶紧修筑州来的城墙。由于楚国东部遭遇水患，上述筑城事务难以进行，于是楚国官员彭生停止了赖地的筑城。

此战距楚伐吴围朱方之役仅数月时间，但从吴军的进攻使得楚国东部全线吃紧，以至于纷纷修筑城墙可看出，吴军的攻势相当凌厉。由此亦反证楚伐吴围朱方之战时，楚国所率联军并未聚歼吴军的有生力量。而并未受损的吴军，几个月即组织起有效的报复性反击战争。

2."楚杀其大夫屈申"及"晋侯送女于邢丘"

公元前537年（吴馀眛七年）发生了三件与吴国有直接或间接关系的大事。

第一件事就是楚杀其大夫屈申。该事件为上年"秋七月，楚子以诸侯伐吴……使屈申围朱方"一事的后续发展。《春秋经·昭公五年》略显突兀地记载："楚杀其大夫屈申。"[3]而《左传·昭公五年》解上述经文时说："楚子以屈申为贰于吴，乃杀之。"[4]意为，楚灵王认为屈申有勾结吴国的二心，便把他杀了。屈申，作为上年秋天楚国率联军围攻吴国朱方的先锋部队指挥官，其率军攻克朱方，且抓到齐庆封而尽灭其族，战功并不小，而《春秋经》《左传》等并无其与吴国勾结的记载。如欲还原这一段历史，因文献记载阙如，或许很难，充其量只能作推测而已。屈申"为贰于吴"的指控及被杀，显然与吴伐楚棘栎麻之役所表现出的强悍军事力量有着直接关系。楚伐吴围朱方之战的几个月后，吴国军队就气势汹汹地攻来，并相继攻陷楚国东部的棘邑、栎邑和麻邑，致使楚国东部一片惊惶。正是这一背景下，当初围朱方的先锋部队指挥官，极易被追责当初围朱方时未能消灭吴国有生力量，进而上升到"有意放走吴军"的指控，从而构成上述文献所述的"为贰于吴"的叛楚之举。

第二件事是本年楚灵王派人赴晋迎亲及"晋侯送女于邢丘"[5]。上年（指吴馀眛六年，鲁昭公四年，前538）伍举为楚灵王向晋国求婚，晋平公允婚。于是本年时，楚灵王"以屈生为莫敖，使与令尹子荡如晋逆女。过郑，郑伯劳子荡于汜，劳屈生于菟氏。晋侯送女于邢丘"[6]。意思是说：楚灵王任命屈生担任"莫敖"这一职务，并派他和令尹子荡（即薳罢）一起去晋国为自己迎娶夫人。这一迎亲使团经过郑国时，郑国国君先在汜地慰劳楚国令尹子荡，又在菟氏慰劳楚国莫敖屈生。而晋国国君晋平公则亲自送女儿一直送到远离国都的邢丘。杜预注曰："《传》言楚强，诸

---

[1] 杜预注，见杜预：《春秋经传集解》，上海古籍出版社1978年，第1249页。
[2] 《左传·昭公四年》，见《春秋左传正义》，北京大学出版社1999年，第1204—1205页。
[3] 《春秋经·昭公五年》，见《春秋左传正义》，北京大学出版社1999年，第1209页。
[4] 《左传·昭公五年》，见《春秋左传正义》，北京大学出版社1999年，第1215页。
[5] 《左传·昭公五年》，见《春秋左传正义》，北京大学出版社1999年，第1215页。
[6] 《左传·昭公五年》，见《春秋左传正义》，北京大学出版社1999年，第1215页。

侯畏敬其使。"[1]杨伯峻《春秋左传注》据此指出："据桓三年《传》（即《左传·桓公三年》的记载）各国嫁女，国君皆不自送。又据《仪礼·士昏礼》，父母送女不下堂。今晋侯送女出国境，想亦是敬楚之故。"[2]上述，将"晋侯送女于邢丘"之举分别诠释为对楚的"畏敬"和"敬楚"。

公元前538年（吴馀昧六年，鲁昭公四年），楚灵王派伍举向晋国通报欲举办诸侯盟会之事时，在楚国的咄咄相逼下，"晋侯欲勿许"[3]。只是听了晋国司马女叔侯的意见，晋平公这才无奈同意。而伍举得到晋平公同意楚国举办诸侯盟会的意见后，"遂请昏"[4]——随即又为楚灵王向晋国求婚。在这种情况下，晋平公也只能无奈地答应。当晋平公要将女儿送到那个为抢王位连亲侄儿的楚王都能亲手勒死的楚灵王手里时，晋平公心里对女儿的怜爱、不舍，混合着对其未来生活不确定性的担忧。所有这些，使得他不顾礼仪，亲自送女儿一直送到远离国都的邢丘。杜预说"畏敬"，"畏"在前而"敬"在后还勉强可说得通的话，杨伯峻将之归结为"敬楚"，则难免失之偏颇。此时家事、国事集于一身的晋平公，"敬楚"又如何能"敬"得起来？再者，晋平公当初已是允婚，在楚强晋弱的国力差异下，占了上风的楚国，是晋国不能无视的现实存在。因此，对楚国今后的动向难以逆料的晋平公，也只能以现实的态度送女儿出嫁，以维持与楚国目前的关系。是时，晋平公在怜爱、不舍及担忧中，更充满着无奈。然而，尽管如此，他也不能不把女儿送到骄纵的楚灵王身边。

3. "晋，吾仇敌也"：政治联姻消弭不了楚灵王欲占晋国上风的极端情绪

晋平公送女儿到与郑相接的边境之邑邢丘，不便再行。是时，郑国正卿子产陪同郑国国君郑简公来到邢丘与晋平公会面。而"晋韩宣子如楚送女，叔向为介"[5]，即时为晋国正卿的韩起（韩宣子）把晋平公的女儿送到楚国，叔向（羊舌肸）担任他的副手。

晋国送亲使团"及楚，楚子朝其大夫，曰：'晋，吾仇敌也。苟得志焉，无恤其他。今其来者，上卿、上大夫也。若吾以韩起为阍，以羊舌肸为司宫，足以辱晋，吾亦得志矣。可乎？'"[6]对"韩起为阍"句，杜预注："刖足使守门。"[7]而对"以羊舌肸为司宫"句，杜预注："加宫刑。"[8]故上述《左传》所记载的意思是，晋国送亲使团到楚国后，楚灵王召集楚国官员开会，说："晋国，是我们楚国的仇敌。如果能满足压住晋国这一愿望，那我们就不用顾及其他国家了。现在，他们来的人，可是他们晋国的正卿和上大夫啊！如果我将晋国的正卿刖足——砍去他的脚，让他来当我们楚宫的看门人，对晋国的大夫叔向施以宫刑后，让他来当我们宫中侍候起居的司宫。这样就足以侮辱晋国，也能够满足压住晋国的愿望了。大家看看，这样行吗？"

楚灵王欲对晋国送亲使团采取极端无理、荒唐的做法，无疑说明：已成为楚国国君的楚灵王，其对晋国的"仇敌"思维，既没有随着第二次中原列国弭兵盟会楚国被奉为共同霸主之一而消

---

[1] 杜预注：见杜预：《春秋经传集解》，上海古籍出版社1978年，第1263页。
[2] 杨伯峻：《春秋左传注》（修订本），中华书局1990年，第1265页。
[3] 《左传·昭公四年》，见《春秋左传正义》，北京大学出版社1999年，第1191页。
[4] 《左传·昭公四年》，见《春秋左传正义》，北京大学出版社1999年，第1194页。
[5] 《左传·昭公五年》，见《春秋左传正义》，北京大学出版社1999年，第1217页。
[6] 《左传·昭公五年》，见《春秋左传正义》，北京大学出版社1999年，第1217—1218页。
[7] 杜预注，见杜预：《春秋经传集解》，上海古籍出版社1978年，第1267页。
[8] 杜预注，见杜预：《春秋经传集解》，上海古籍出版社1978年，第1267页。

减，也没有因两国的政治联姻而消弭。而他意欲为这一极端做法寻求大臣们的支持时，"大夫莫对"[1]。面对楚灵王的荒诞想法，楚国大夫们一个个面面相觑，无言以对。其时担任楚国太宰的薳启强，直面骄纵蛮横的楚灵王，进行了抽丝剥茧般地劝谏，终使楚灵王看到侮辱晋国送亲使臣的严重后果。于是楚灵王说："这是我的过错，大夫们不用再说了。"于是，楚国对晋国正卿韩起等礼遇有加。

4.连续三年的吴、楚战争之二：吴楚鹊岸之役

公元前537年（吴馀眛七年，鲁昭公五年），楚国对吴国又进行了新一轮军事报复。

第二次中原列国弭兵盟会后，在各方面都想压住晋国的楚国，俨然成为超强霸主。然而，在上年的吴楚棘栎麻之役中，楚国竟然被吴国打得东部全线吃紧，显现出超强霸主虚弱的一面。楚灵王咽不下这口气，于是又纠集众多国家组成联军，攻打吴国以施行报复。

《春秋经·昭公五年》记载了本轮楚国军事报复的联军名单："冬，楚子、蔡侯、陈侯、许男、顿子、沈子、徐人、越人伐吴。"[2]这份名单中，除了江淮流域的一些楚国集团的小国外，"徐人"及"越人"也参与进来。

《左传·昭公五年》记载楚国所率联军与吴军进行的鹊岸之役说："冬，十月，楚子以诸侯及东夷伐吴，以报棘、栎、麻之役。薳射以繁扬之师，会于夏汭。越大夫常寿过帅师会楚子于琐。闻吴师出，薳启强帅师从之，遽不设备，吴人败诸鹊岸。"[3]意为：本年冬季十月，楚灵王统帅楚、蔡、陈、许、顿、沈、徐、越等国军队及东夷各部族的军队攻打吴国，以报复去年吴军攻陷棘、栎、麻三邑的那场战役。薳射率领繁扬的军队，在夏汭会师。越国大夫常寿过率领军队在琐地和楚灵王会合。听说吴国军队出动，薳启强领兵跟踪追击，由于仓促间没有设防，吴国军队在鹊岸将楚国所率联军打败。

显然，上述《春秋经·昭公五年》中出现的"越人"，即是越大夫常寿过率领的越军。

5.鹊岸之役中，走进吴、楚心理层面战场的吴国公子蹶由

鹊岸之役后，吴国公子蹶由以特殊身份走进吴、楚心理层面较量的特殊战场。

（1）背景介绍

吴军在鹊岸击败楚国所率联军后，"楚子以驲至于罗汭。吴子使其弟蹶由犒师，楚人执之，将以衅鼓"[4]。驲，杜预注为"传也"[5]。全句意为：楚灵王乘坐递送公文的专车赶到罗水拐入淮河处。吴王馀眛派他的弟弟公子蹶由前来犒劳楚军。楚军将公子蹶由抓了起来，并准备杀了他，取其血涂祭军鼓。

公子蹶由，从上引"吴子使其弟蹶由"可知其为吴王馀眛庶弟。

衅，血祭，意谓杀生取血涂物以祭。古代时，以"衅"字组成的词多与血及祭祀有关。《周

---

[1]《左传·昭公五年》，见《春秋左传正义》，北京大学出版社1999年，第1218页。
[2]《春秋经·昭公五年》，见《春秋左传正义》，北京大学出版社1999年，第1209页。
[3]《左传·昭公五年》，见《春秋左传正义》，北京大学出版社1999年，第1223页。
[4]《左传·昭公五年》，见《春秋左传正义》，北京大学出版社1999年，第1223页。
[5]杜预注，见杜预：《春秋经传集解》，上海古籍出版社1978年，第1272页。

礼·春官·天府》："上春衅宝镇及宝器。"[1]郑玄注："衅，谓杀牲以血血之。"[2]

衅鼓：古代战争时，杀人或杀牲以血涂鼓行祭。杜预注《左传·僖公三十三年》"以衅臣衅鼓"[3]句说："杀人以血涂鼓，谓之衅鼓。"[4]杜预另注《左传·定公四年》"军行，祓社衅鼓"[5]句说："师出，先事祓祷于社，谓之宜社；于是杀牲以血涂鼓鼙为衅鼓。"[6]

（2）正面交锋

在即将杀吴公子蹶由并取其血以涂祭鼓时，楚灵王或为两军对垒之际吴国公子为什么敢前来的好奇心所驱使，于是召来吴公子蹶由，并亲自问他说："女卜来吉乎？"[7]意思是说："你来之前，进行过兆象是吉利的占卜吗？"

吴公子蹶由回答说："吉。寡君闻君将治兵于敝邑，卜之以守龟，曰：'余亟使人犒师，请行以观王怒之疾徐，而为之备，尚克知之。'龟兆告吉，曰，克可知也。君若欢焉，好逆使臣，滋敝邑休殆，而忘其死，亡无日矣。今君奋焉，震电冯怒，虐执使臣，将以衅鼓，则吴知所备矣。敝邑虽羸，若早修完，其可以息师。难易有备，可谓吉矣。且吴社稷是卜，岂为一人？使臣获衅军鼓，而敝邑知备，以御不虞，其为吉孰大焉？国之守龟，其何事不卜？一臧一否，其谁能常之？城濮之兆，其报在邲。今此行也，其庸有报志？"[8]

这是一段湮没于历史之中，充满外交和文化智慧的话语。意思是说："我蹶由进行过占卜且兆象是吉利的啊！我国国君听说贵国国君您将在我国用兵，特意用王室专用的守龟进行了占卜。占卜时致告守龟的问题是：'我们准备赶紧派人去犒劳楚军，请求到达后能观察楚王的怒气大小，以便相机进行准备，请神灵让我们预先知道其结果的凶吉如何。'守龟显示的兆象是'吉'，并预示：'结果是可以知道的。'因此，作为吴国使者的我前来贵国，贵国国君您若是高兴而又友好地欢迎，那就会滋长我们吴国的懈怠、麻痹，从而忘记死亡的危险。若是这样，吴国距离灭亡也就没有多少日子了。而现在贵国国君您勃然盛怒，不但肆意拘捕作为吴国使者的我，并且还准备将我杀死，取血以涂祭鼓。这样，吴国就将知道：该提高戒备了。吴国虽然弱小，但是，若及早整饬军备，大概还是可以阻止贵军的任何进攻的。无论是面临祸难还是面临平安，吴国都做到能有所准备，这可以说就是兆象所预示的'吉'，即大吉利了。况且，吴国是为整个国家的命运进行占卜，又哪里会是为我这个使者的个人命运占卜？而作为使者的我，以血涂祭军鼓的命运归宿，换来的却是使整个国家提高戒备，以防止任何意外，那么兆象所说的吉利，难道还有比这更大的吗？我吴国王室专用的守龟，没有什么事不能占卜。一时的凶险，一时的吉利，谁又能肯定它会应验在哪一件事上？昔日楚军与晋军城濮之战前，我国王室的守龟也曾占卜过，得到的兆象是楚国吉利（此战楚败），然而这一兆象的结果却应验在晋、楚间的另一场大战——邲之战（此战楚胜）上了。如今，我

---

[1]《周礼·春官·天府》，见《周礼注疏》，北京大学出版社1999年，531页。
[2]郑玄注，见《周礼注疏》，北京大学出版社1999年，531页。
[3]《左传·僖公三十三年》，见《春秋左传正义》，北京大学出版社1999年，第476页。
[4]杜预注，见杜预：《春秋经传集解》，上海古籍出版社1978年，第410页。
[5]《左传·定公四年》，见《春秋左传正义》，北京大学出版社1999年，第1554页。
[6]杜预注，见杜预：《春秋经传集解》，上海古籍出版社1978年，第1622页。
[7]《左传·昭公五年》，见《春秋左传正义》，北京大学出版社1999年，第1223页。
[8]《左传·昭公五年》，见《春秋左传正义》，北京大学出版社1999年，第1223—1224页。

出使前守龟占卜是'吉'的兆象,但我却被杀害。故此,守龟占卜的吉利兆象或许今后应验在另一场吴国战胜楚国的战争上呢!"

上述吴公子蹶由与楚灵王的对话,涉及中国古代占卜的人文知识。

(3)中国古代的"龟卜"与"筮卜"

中国古代以"龟卜"即烧灼龟甲卜吉凶,故称为"龟卜"。"龟卜"又称"龟灼",《墨子·亲士》即有"灵龟先灼。神蛇先暴"[1]句。"龟卜"又作"龟卦",谓以灵龟占卜算卦。正因龟甲可卜吉凶,镜子能辨美丑,故中国古代"龟镜""龟鉴"(鉴,镜子)等词,比喻可供人对照学习的榜样或引以为戒的教训等。司马迁《史记》有《龟策列传》,即为专记卜筮活动的类传。《龟策列传》的"龟策",即指龟甲和蓍草,古人用来占卜吉凶。

"筮卜",又称"卜筮",以蓍草(又作筮草)进行占卜,即以蓍草预测未来或卜问疑难之事。《易·蒙》:"初筮告,再,三渎,渎则不告。"[2]王弼注曰:"'筮',筮者决疑之物也。"[3]《诗·卫风·氓》"尔卜尔筮,体无咎言"[4]句中的"卜""筮",即指此。后世有"筮卦""筮问"等词,其意均与"筮卜"同。

以上两种占卜形式,即"龟卜"和"筮卜",司马迁《史记·龟策列传》称"王者决定诸疑,参以卜筮,断以蓍龟"[5],《礼记·曲礼上》称"龟为卜,策为筮"[6]。这说明中国古代预测未来存在两种方法,一为龟卜(卜用龟甲),一为策筮(筮用蓍草)。

若同时以龟卜、策筮对同一预测对象进行占卜,并预测事件的未来走向时,必产生结论或相同、或相异的情况。两种占卜预测的结果相同,必为占卜者所接受;而相异,则有"筮短龟长"之说。其语出《左传·僖公四年》记载晋骊姬之乱时,晋献公想立骊姬为夫人,以两种占卜方法得到两种不同预测结果:"初,晋献公欲以骊姬为夫人,卜之,不吉;筮之,吉。公曰:'从筮。'卜人曰:'筮短龟长,不如从长。'"[7]意为:当初晋献公准备册立骊姬为夫人,先就此进行龟卜,结论是不吉利。再用蓍草进行占卜,结论是吉利。于是晋献公说:"那就接受筮卜的结论吧!"但从事占卜的人则持不同意见,说:"筮卜用蓍草取数,而龟卜用龟甲取象,两者比较,筮短龟长,即龟卜的准确率更高。因此,还是应当接受龟卜的预测结果。"对此,杜预注曰:"物生而后有象,象而后有滋,滋而后有数。龟象筮数,故象长数短。"[8]而孔颖达疏则曰:"圣人演筮以为《易》,所知岂短于卜?卜人欲令公舍筮从卜,故云筮短龟长,非是龟能实长。"[9]意思是说,两种方法本无长短,所谓"筮短龟长",乃是卜人干政,欲令晋献公舍筮从卜,即接受不要立骊姬为夫人的占卜结果。

---

[1]《墨子·亲士》,见周才珠、齐瑞端译注:《墨子全译》,贵州人民出版社1995年,第6页。
[2]《易·蒙》,见《周易正义》,北京大学出版社1999年,第37页。
[3]王弼注,见《周易正义》,北京大学出版社1999年,第37页。
[4]《诗·卫风·氓》,见《毛诗正义》,北京大学出版社1999年,第230页。
[5]《史记·龟策列传》,见司马迁:《史记》,中华书局1959年,第3223页。
[6]《礼记·曲礼上》,见《礼记正义》,北京大学出版社1999年,第93页。
[7]《左传·僖公四年》,见《春秋左传正义》,北京大学出版社1999年,第334—335页。
[8]杜预注,见杜预:《春秋经传集解》,上海古籍出版社1978年,第248页。
[9]孔颖达疏,见《春秋左传正义》,北京大学出版社1999年,第335页。

（4）楚灵王的"龟逆"及与吴公子蹶由对话后的"乃弗杀"

作为春秋时期的一种文化，龟卜等预测方法甚为流行。吴公子蹶由与楚灵王的对话，其直接效果就是使得楚灵王从准备杀他并"将以衅鼓"，一变为"乃弗杀"[1]。

这一变化的原因基于以下几点：

首先，是吴公子蹶由的视死如归。蹶由本不畏死，则无从以死惧之。这在精神层面上已先震慑住楚灵王。吴国在鹊岸之役中大败楚军后，蹶由受吴王派遣前往楚国军队中"犒师"，本是对楚国的羞落，但也不失为吴国为抢占道德高地而主动做出的示好之举，以给楚灵王一个台阶下。而承担"犒师"任务的吴公子蹶由，受命前往，风险极大。故蹶由受命时当已将生死置之度外。

其次，是楚灵王对龟卜兆象等神灵启示的复杂心态。据《左传·昭公十三年》记载："初，灵王卜，曰：'余尚得天下。'不吉，投龟，诟天而呼曰：'是区区者而不余畀，余必自取之。'"[2]意为：当初，楚灵王用龟甲占卜说："我希望得到天下！"占卜的结论是不吉利，气得他扔掉龟甲，责骂上天而高喊道："就这一点点东西也不肯给我，我一定要自己取得。"《史记·龟策列传》将他这一占卜未得吉兆而"诟天"的行为称为"龟逆"，并记载说："楚灵将背周室，卜而龟逆，终被乾溪之败。"[3]意指他这一"背周室"的"龟逆"之举，预示着他后来的乾溪之败（乾溪之败后楚灵王自杀，事见下文）。

故此，在楚灵王内心深处，曾经"龟逆"的心理创伤，使得他对龟卜既存敬畏之心，然又极不愿相信，从而存在着力图证明龟卜并不灵验的心理。因此，他对蹶由心生的困惑，并不是蹶由为什么敢来送死，而是他来之前有没有进行过兆象为"吉"的占卜。对此，他心底一方面存在着蹶由来之前肯定进行过占卜，且占卜的兆象必然是"吉"的猜测；否则，他又怎么敢来？另一方面，他又亟需证实，且一旦证实以后，他将以手中的权力非要将蹶由占卜的兆象"吉"颠个倒，变成"凶"——杀其并"将以衅鼓"。正是这种极其复杂的心理及混杂着的好奇心，终驱使他召来吴公子蹶由，以图亲证其兆象之"伪"——蹶由来之前龟卜为"吉"的结果并不灵验。然而，蹶由的一番话，又使得楚灵王不能杀、不敢杀蹶由了。

最后，乃是蹶由以吴国实力为后盾的外交语言技巧充分表现的结果。蹶由说他进行过占卜且兆象为吉，同时设计了一个龟卜兆象的预示"克可知也"——结果是可以知道的。而如何知道，则是由楚灵王对吴国使者，亦即对蹶由的态度所决定：若态度好，即高兴而又友好地欢迎，其结果是滋长吴国的懈怠、麻痹，导致吴国"亡无日矣"的后果；若态度不好而勃然盛怒以至杀蹶由衅鼓，则必然引起吴国提高戒备。蹶由适时地亮出吴国的实力底牌——吴国及早整饬军备，足以阻止楚军的任何进攻。而过去两国争战的历史，无论是吴王寿梦、诸樊时，还是现在的吴王馀眜时，在对楚战争中吴国并未处下风。再接着，蹶由说吴国守龟是为吴国的国家命运占卜，而不是为他个人占卜。但他的死，引起吴国整个国家提高戒备，这就是龟卜兆象所说的"吉"，且为最大的"吉"。蹶由以晋、楚城濮之战前的占卜兆象"吉"应验在另一场晋、楚邲之战上为例，意在说明：

---

[1]《左传·昭公五年》，见《春秋左传正义》，北京大学出版社1999年，第1224页。
[2]《左传·昭公十三年》，见《春秋左传正义》，北京大学出版社1999年，第1317页。
[3]《史记·龟策列传》，见司马迁：《史记》，中华书局1959年，第3224—3225页。

他出使前守龟占卜是"吉"的兆象,但他却被杀害;故此,这个"吉"会应验在其后吴国战胜楚国的战争上。吴国在最近两年的战争中连续战胜了楚国,如果楚国杀其前来"犒师"的使者,这既会使吴国处于道德高地,亦会极大地激怒并提升吴国将士的士气。这一后果,不能不使楚灵王仔细掂量。而掂量的结果,就是对蹶由不能杀、不敢杀了。

(5)"以蹶由归"及"楚子惧吴"

楚灵王对吴公子蹶由"乃弗杀"结果,反映了两国在战争实力及战争心理层面的对抗。

吴国派出蹶由时,或已做好针对楚国任何举动的应对预案。楚灵王对鹊岸之役的又一场败局并不能接受,而其与吴公子蹶由在战争心理层面的对抗中又被"打脸"。于是,楚灵王企图在战场上能挽回些颜面。楚军又开始调整,并在罗水拐入淮河处渡河。楚国沈县的地方长官赤与楚灵王会合,进驻莱山。而楚将薳射率领繁扬的军队,先进驻南怀,然后楚国主力跟随着进入,到达汝清。楚军如此大规模调动后发现,"吴不可入"[1],意即吴国早已做好了准备而不可进入。于是,楚灵王在坻箕山举行了一次军事检阅,向吴国炫耀武力。其后,因担心吴国反攻,楚灵王派沈尹射在巢地待命,派薳启强在雩娄待命。

对这一次楚军大规模调动军队的行动,"吴早设备,楚无功而还"[2]。这也说明,吴国早有准备而做了针对性的设防。因此,楚军无功而返,只能"以蹶由归"[3],即只带了个不能杀、不敢杀的吴国公子蹶由回去。楚灵王既敢"诟天而呼",也敢逼迫晋国同意其召开盟会、逼迫晋平公同意其求婚而嫁女,更敢对由晋国正卿韩起(韩宣子)领衔的晋国送亲使团欲行侮辱之事(后经薳启强劝,止)。他在面对中原列国时,无论是在外交领域还是在列国盟会上,都要风得风、要雨得雨地想怎么干就怎么干。然而,此时面对吴国政治、军事的针对性措施,竟而至于"楚子惧吴"[4],即楚灵王对吴国感到恐惧起来。

"楚子惧吴"的背后,反映的是楚灵王对其对手——吴王馀眜治理下的吴国的恐惧。在这其中,首先,是军事实力层面的恐惧。在吴王馀眜执政时期,楚国的对吴战争,尽管在申地盟会后楚纠集联军伐吴并"围朱方",但也只是杀了一个齐国的逃臣庆封。几个月后吴国报复,即攻陷楚国棘、栎、麻三邑,楚国东部全线吃紧。而楚国欲行报复,却又在鹊岸之役中战败。楚再想扳回一局,却是"吴不可入","吴早设备,楚无功而还"。非但如此,楚国还担心吴国反攻,从而再来一次连下楚国棘、栎、麻三邑式的报复。

其次,是军事心理层面的恐惧。吴公子蹶由视死如归,前来楚国名为"犒师",实则"打脸"楚灵王。然而,被"打脸"的楚灵王,听了其一番纵横捭阖而充满文化和政治智慧的话语后,对这个把生死置之度外的吴国公子竟也无可奈何。

楚灵王"以蹶由归",即把蹶由带回楚国。十四年后的公元前523年(吴王僚四年),其时楚灵王已死,楚国为楚平王执政。时任楚国令尹的子瑕(阳匄)为蹶由事对楚平王说:"他有什么罪?

---

[1]《左传·昭公五年》,见《春秋左传正义》,北京大学出版社1999年,第1224页。
[2]《左传·昭公五年》,见《春秋左传正义》,北京大学出版社1999年,第1224页。
[3]《左传·昭公五年》,见《春秋左传正义》,北京大学出版社1999年,第1224页。
[4]《左传·昭公五年》,见《春秋左传正义》,北京大学出版社1999年,第1224页。

俗话所说'在家里发怒,而在大街上给人脸色看',说的就是楚国吧!可以抛弃从前的怨愤了。"于是,楚平王就把做了十四年"楚囚"的蹶由放回了吴国。回吴国后的蹶由,无论是在其侄吴王僚执政时,还是在公子光成为吴王阖闾后,文献对其都无任何记载。

(6)蹶由与季札共同体现出春秋时期吴国的王室教育及其成就

作为寿梦庶子的蹶由,当为吴公子季札的庶兄或庶弟,故其在吴国接受王室教育及其教育的内容、形式等,或与季札大致相同。前文提及,吴公子季札出访鲁、齐等国,表现出了对中原历史、文化极其精通的文化修养。而吴公子蹶由的出现,首先表明吴国王室教育能培养出季札,并非个案。至少在吴国王室成员中,吴国本土培养出的人才当有一批。其次,吴国人才的才智表现,因平台不同而相异。季札受吴王馀昧派遣,得以在中原列国的宏大平台上表现其对历史、文化、艺术的通晓,同时也表现出其综合才能和个人潜质;而同样受吴王馀昧的派遣,吴公子蹶由则是在一个极为严峻,且充满肃杀气氛的战场上去做奚落楚灵王的"犒师"之事,其本身即是在刀锋上行走。而在与楚灵王心理层面的交锋中,他头上始终悬着一把刀,但其表现出的对占卜文化的精通及娴熟运用,使他既不辱使命地维护了吴国的尊严,也挽救了自己的生命。再次,在蹶由与季札的比较中,如果说吴公子季札是在国家权力——王权的取舍上表达出其崇高情怀的话,吴公子蹶由则是在命悬一线间的生命取舍上,从容而又视死如归地表现出他的崇高情怀和学养智慧。两位公子,共同体现出春秋时期吴国王室教育的非凡成就。

6.连续三年的吴、楚战争之三:吴楚房钟之役

公元前536年(吴馀昧八年,鲁昭公六年),吴、楚之间又爆发了房钟之役。

本年,"徐仪楚聘于楚。楚子执之,逃归。惧其叛也,使薳泄伐徐。吴人救之"[1]。意即:徐国太子仪楚去楚国访问,楚灵王将其拘控,却又被他逃回了徐国。楚灵王担心徐国会反叛,于是派薳泄攻打徐国。对楚伐徐,吴国立即作出反应——出兵救援徐国。

关于徐国,前文曾言及以下几个事件及其时间节点:

其一,吴王馀祭去世的公元前544年(时吴国纪元尚为吴馀祭四年),馀昧一上台即派遣其弟公子季札出访中原列国。季札出访时与徐君会面,徐君见季札佩剑,而季札"心许"。后,季札归时,徐君已死,于是季札挂剑徐君墓前。此位徐君为吴国姻亲,其夫人当为吴国宗室之女。

其二,公元前538年(吴馀昧六年,鲁昭公四年),由楚国主导的申地盟会上,《春秋经·昭公四年》记载"楚子执徐子",即楚灵王因徐国国君是吴国宗女所生,故认为他对楚国有二心而将其拘捕了。此"徐子"即徐君,当为季札挂剑前所交往的那位徐君之子。

其三,公元前537年(吴馀昧七年,鲁昭公五年),楚国为报复吴国在上年(指吴馀昧六年,鲁昭公四年,前538)攻陷楚国棘、栎、麻三邑,而纠集多国组成联军,攻打吴国。在这支联军的名单中,有"徐人"及"越人",即徐国、越国都听从楚国号令而参与伐吴。时执掌徐国的即为申地盟会被楚灵王拘捕的徐君。

从徐国太子仪楚去楚国访问,楚灵王将其拘控,却又被他逃回徐国等情况分析,申地盟会上

---

[1]《左传·昭公六年》,见《春秋左传正义》,北京大学出版社1999年,第1232—1233页。

楚国拘捕徐仪楚之父即徐国国君，后又放归，或曾要求徐国国君以其子徐仪楚至楚为人质。但这一人质——徐仪楚却又逃回了徐国。

徐仪楚逃去，楚灵王担心徐国会反叛，于是派薳泄攻打徐国。在这种情况下，吴国出兵救徐，则显然是乘机挖楚国墙角而将徐国争取过来。

对吴国为拉拢徐国而出兵，楚国立即做出反应，"令尹子荡帅师伐吴，师于豫章，而次于乾谿。吴人败其师于房钟，获宫厩尹弃疾。子荡归罪于薳泄而杀之"[1]。意为：楚国令尹子荡（薳罢）率领军队进攻吴国，从豫章出兵，驻扎在乾溪。吴军在房钟击败楚军，并俘获了担任宫厩尹之职的弃疾。关于"乾溪""房钟"地望，杨伯峻《春秋左传注》分别注为："乾溪在今安徽亳县东南七十里，与城父村相近。""房钟即今安徽蒙城县西南，西淝水北岸之阚疃集。"[2]今安徽亳州市利辛县有阚疃镇，位于利辛县城东南方向十八千米处。

上述的"弃疾"与楚灵王弟——楚公子弃疾同名，但非同一人。对此，杜预注指出"宫厩尹弃疾"为"鬬韦龟之父"。[3]而楚军溃败，令尹子荡把此次战败之责归于薳泄，并将薳泄处死。

在连续三年的吴、楚战争中，吴国继棘栎麻之役（吴馀眛六年，鲁昭公四年，前538）、鹊岸之役（吴馀眛七年，鲁昭公五年，前537）击败楚军后，又在本年（吴馀眛八年，鲁昭公六年，前536）围绕徐国的房钟之役中再次击败楚军，取得胜利。吴国以一国之力独立地与楚国及其诸多盟国作战，并取得连续三战的胜利。

在连续三年的吴、楚战争中，吴国屡战屡胜，显现出这一时期吴国愈战愈强的综合国力。

四、楚国内乱与楚灵王之死

楚灵王弑君上台，执政后对内骄奢，使得楚国内政孕育着深重的危机。

（一）骄奢淫逸，大兴土木而造章华台

楚灵王对外穷兵黩武，对内不修内政，并滥用民力，骄奢淫逸地建章华台。公元前535年（吴馀眛九年，鲁昭公七年），"楚子成章华之台"[4]，即本年楚灵王筑成章华台。关于该台地点，杜预注："章台，南郡华容县。"[5]

《左传·昭公七年》记载与章华台有关且在楚国担任"芋尹"[6]官职的申无宇说，楚灵王当初做令尹的时候，打着楚国君王用的旌旗去打猎，担任"芋尹"官职的申无宇砍断旌旗的飘带说："一国两君，其谁堪之？"[7]意即："一个国家有两个君王，有谁能接受？"对指斥公子围僭越而有异志的申无宇，公子围并没有追究申无宇的直言之过。

等到楚灵王即位，建造了章华宫，将逃亡的人安置在里面。申无宇的一个下属守门人逃到章

---

[1]《左传·昭公六年》，见《春秋左传正义》，北京大学出版社1999年，第1233页。
[2]杨伯峻：《春秋左传注》（修订本），中华书局1990年，第1280页。
[3]杜预注，见杜预：《春秋经传集解》，上海古籍出版社1978年，第1283页。
[4]《左传·昭公七年》，见《春秋左传正义》，北京大学出版社1999年，第1238页。
[5]杜预注，见杜预：《春秋经传集解》，上海古籍出版社1978年，第1287页。
[6]《左传·昭公七年》，见《春秋左传正义》，北京大学出版社1999年，第1236页。
[7]《左传·昭公七年》，见《春秋左传正义》，北京大学出版社1999年，第1236页。

华宫里。申无宇要进章华宫抓他，管理宫室的官员不让，说："在楚王的宫里抓人，这罪过就大了。"于是，该官员抓着申无宇去进见楚灵王。楚灵王听了申无宇所说的一番周文王与楚文王关于法治的话语后，没追究申无宇的闯宫之罪，而是说："抓了你的下属走吧。有一个盗贼正受到恩宠，还抓不到呢。"于是再次赦免了申无宇。

楚灵王日后途穷自杀，正是申无宇的儿子申亥以二女（亦即申无宇的两个孙女）为殉人而葬之（相关情况，另见下文）。

楚灵王建造了章华台，和伍举一起登上去观看，说："这高台可真美啊！"伍举听了，劝谏说："您建造这座高台，使国家和百姓疲惫不堪，国家的钱财都用光了，而年成又不好，百官心中忧烦不堪。您以举国之力来建造它，花了好几年才建成，希望有诸侯来庆贺，并和他们一起登上这高台，可是诸侯们都拒绝，没有一个前来。"后来楚灵王派太宰薳启疆去请鲁国国君鲁昭公，并用鲁成公二年（前589）于蜀地答应派大臣光临楚国的旧事为借口，终迫使鲁昭公勉强前来。

对鲁昭公为楚灵王的章华台捧场，鲁国国内本就存在着"不去"和"去"的争论。最终"去"的意见占了上风。"三月，公如楚"[1]，即三月时，鲁昭公到楚国去捧场。

鲁国国君鲁昭公为楚灵王的章华台捧场，立刻引起晋国的反应。于是，晋国派人来到鲁国，索要鲁国以前并吞的杞国田地。晋国借杞田说事，是对鲁国与楚国接近的不满与警告。鲁国国内协商是否交还这块田地时，与这块田地有利益关系的卿族不肯交还。其时，鲁国正卿季武子说："鲁国国君去了楚国，这已经得罪了晋国。现在晋国来要田，如果不听从晋国的，那鲁国的罪过就更加重了。这样，晋国军队必然会来，我们鲁国可没法抵御他们，不如把田地给他们算了。等到今后和晋国打交道而有机可乘时，再从杞国取回来。"

章华台的建造，既加剧了楚国国内的矛盾，又引发了晋国集团内的晋、鲁矛盾。故此，在复杂而又不断变化的列国关系中，吴国已不可能获得彼此间矛盾重重的晋、鲁这些晋国集团主要成员国的实质性支持。

（二）欺压、吞并陈、蔡等小国

楚灵王在对吴战争中接连失败，可他对中原地区且处于晋、楚之间的陈、蔡等国，却霸气十足，不断予以吞并。而陈、蔡的命运走向，与接下来的楚国内乱和楚灵王之死，有着直接关系。

1.陈国及楚灵王时期的再次"灭陈"及"县陈"

前文述及，楚庄王时，因夏姬之子弑陈灵公而引发楚国干预陈国内政。其时，楚庄王"县陈"[2]——吞并陈国并设为楚国的县，后经楚国大夫申叔时劝谏，又重新恢复陈国，并从晋国迎回陈灵公之子妫午而立之，是为陈成公。

（1）楚共王时的楚"伐陈"与"诸侯戍陈"

公元前570年（吴寿梦十六年，鲁襄公三年），楚共王执政时，值楚国子重率军伐吴，一直攻打到吴国今南京附近的衡山。楚国子辛担任令尹，侵害、勒索周边小国。陈成公决定背楚从晋，故派遣袁侨参加晋国集团的鸡泽盟会，并请求加盟晋国集团。当年秋天，鲁国叔孙豹及晋国集团的列

---

[1]《左传·昭公七年》，见《春秋左传正义》，北京大学出版社1999年，第1240页。
[2]《左传·宣公十一年》，见《春秋左传正义》，北京大学出版社1999年，第630页。

国大夫和陈国代表袁侨举行结盟仪式。

陈国背楚而与晋国集团结盟的次年（吴寿梦十七年，鲁襄公四年，前569），"三月，陈成公卒。楚人将伐陈，闻丧乃止"[1]。意为，本年三月，陈成公去世，楚国原准备讨伐陈国，听说陈国国君的丧事就停止了。陈成公妫午死后，由其子妫弱接位，是为陈哀公。

公元前568年（吴寿梦十八年），在吴王寿梦参加的晋国集团戚地盟会上，陈哀公作为成员国国君与会。同年，楚国内部的权力架构也在调整，在检讨陈国叛离楚国的原因时，楚共王得知是由于令尹子辛的贪腐和勒索所致，于是将令尹子辛处决。

晋国集团召开的戚地盟会，议题有二：一为"会吴"，即列国诸侯与吴王寿梦会见并与吴国建立盟国关系；另一则为以整个晋国集团的力量来"戍陈"——保卫陈国。

楚令尹子辛被杀后，楚庄王之子公子贞（即子囊）为令尹。本年（指吴寿梦十八年，前568）冬天，晋国集团的诸国军队进驻陈国，协助其防御楚国的进攻。而楚令尹子囊则率师伐陈。十一月十二日，晋、鲁、宋、卫、郑、曹等国的国君以及齐国太子姜光等，在城棣会合，以救援陈国。

如上所述，这一时期背楚而与晋国集团结盟的陈国，处在楚国"伐陈"及晋国集团"戍陈"的局势之中。

（2）楚灵王时的陈国内乱及"楚师灭陈"并再次"县陈"

公元前534年（吴馀昧十年，鲁昭公八年）夏季四月十三日，久病的陈哀公妫弱在担任陈国国君三十五年后上吊自杀。

九月时，楚国的公子弃疾带兵以事奉陈哀公之孙妫吴（太子偃师之子）的名义围攻陈国。冬季十月十八日，楚国灭亡陈国。由《左传·昭公十一年》的"陈人听命，而遂县之"[2]的记载可见，楚国吞并陈国，并再次"县陈"，即把陈国设为楚国的一个县。

（3）东扩而针对吴国的移民

公元前533年（吴馀昧十一年，鲁昭公九年），楚国公子弃疾把许国迁到夷地，其实就是迁到城父；并将州来、淮北的田地增补给许国，由伍举代表楚灵王把土地授予许国国君。与此同时，楚国右尹然丹把原先住在城父的人迁到新设置的陈县，并把濮地、夷地西部的田地增补给陈地新迁入的百姓；再把住在楚国本土方城山外边的人迁到原许国辖境。

这绕来绕去的搬迁，实际上是将A地（许国）居民迁往B地（城父），B地（城父）居民迁往C地（新设置的陈县），然后再把D地（楚国本土方城山外）居民迁往A地（许国），类乎转圈式的大移民。对此，杜预注将之释为："《传》言灵王使民不安。"[3]意思是说，楚灵王扰民而使百姓不得安宁。然而，楚灵王"使民不安"的背后，正是为改善对吴战争屡屡失败的窘境，并寻求对吴战争的地缘优势。这些地区，正是吴、楚反复争夺且不断易手的地区。如上述的州来，此时又为楚所控制。

楚灵王为改善对吴作战的地缘政治环境，在这些地区进行大换血式的移民。然而，楚灵王

---

[1]《左传·襄公四年》，见《春秋左传正义》，北京大学出版社1999年，第828页。
[2]《左传·昭公十一年》，见《春秋左传正义》，北京大学出版社1999年，第1285页。
[3] 杜预注，见杜预：《春秋经传集解》，上海古籍出版社1978年，第1319页。

也同时积累下深重的民怨。因此，这非但未改善楚国对吴战争的地缘劣势，而与楚灵王意愿恰恰相反：它为其后楚国的大规模内乱及楚灵王之死，奠定下了民意基础。

2.蔡国及楚灵王杀蔡侯并"围蔡"

公元前684年（鲁庄公十年），蔡国国君蔡哀侯（即姬献舞）在陈国娶妻。其时，息国国君息侯也在陈国娶妻。这两位夫人是姐妹。息侯夫人息妫出嫁时路过蔡国。蔡哀侯说："她是我妻子的姊妹。"并把她留下来见面。其时，蔡哀侯举止轻佻。息侯听到这件事后，极为愤怒，派人对楚文王说："请您假装进攻我国，我向蔡国求援，您可乘机截击蔡军。"楚文王同意了。到了秋季九月，楚国在莘地击败蔡军，并俘虏了蔡哀侯带回楚国。经此事变，蔡国成为楚之属国而被纳入楚国控制范围。

公元前531年（吴馀眛十三年），楚灵王在本国的申地召见蔡灵侯。蔡灵侯打算前去，蔡国大夫劝阻而蔡灵侯不听，非要去。三月十五日，楚灵王在申地埋伏甲士，设享礼招待蔡灵侯，等他喝醉了酒就囚禁了他。夏季四月初七，楚灵王杀死了蔡灵侯及其随从人员七十余人。随即，公子弃疾领兵包围蔡国。

楚灵王执政的这一时期，楚国对陈、蔡的欺压，实际上为渊驱鱼式地将这些小国赶向了楚国的对立面。而日后成为楚平王的公子弃疾，则是楚灵王这一政策的直接执行者。

（三）晋国的反应及晋国集团其他成员国"谋救蔡"的厥慭会议

楚国再次灭陈并围蔡，立即引起晋国及晋国集团其他成员国的关注。

晋国正卿韩宣子（韩起）与叔向谈话时，叔向指出："楚灵王以事奉陈哀公的孙子妫吴的名义讨伐陈国时说：'我们这是要安定你们的国家。'陈国人听信了楚灵王的话，楚灵王灭了陈国而设置为楚国的一个县。现在，楚灵王又诱骗蔡国人而杀了他们的国君，并包围他们的国家。虽然楚灵王侥幸得胜，但必然要受到惩罚。楚灵王的统治，看来不能长久了。"

七年前的公元前538年（吴馀眛六年，鲁昭公四年），楚国意欲召开申地盟会来针对吴国，其时晋平公准备予以否决时，晋国的谋略家们对楚国予以纵容和助推，以期加速其自取灭亡。楚国吞并陈国后，楚师在蔡时，晋国以荀吴（中行吴）为代表的强硬派发出了不能再向楚国妥协的声音："晋荀吴谓韩宣子曰：'不能救陈，又不能救蔡，物以无亲，晋之不能，亦可知也。已为盟主，而不恤亡国，将焉用之？'"[1]即荀吴对正卿韩宣子（韩起）说："不能救援陈国，又不能救援蔡国，别人就不会来亲附晋国了。而晋国的软弱无能，也由此显露无遗。晋国作为盟主之一却不能救助被灭亡的国家，还要这样的盟主有什么用？"

楚国咄咄逼人的做法也引起了晋国集团其他中原列国的关注。同年（吴馀眛十三年，鲁昭公十一年，前531）秋天时，晋国集团的几个主要成员国的执政者——晋国正卿韩起（韩宣子）、齐国正卿国弱（国景子）、鲁国正卿季孙意如（季平子），宋国大夫华亥、卫国大夫北宫佗、郑国大夫罕虎，以及曹国、杞国的代表"会于厥慭，谋救蔡也"[2]，即会议讨论的议题是协商如何救援蔡国。

这一会议，隐然有晋国集团重新崛起的意味，这从参会国晋、齐、鲁均由执掌国政的首相、

---

[1]《左传·昭公十一年》，见《春秋左传正义》，北京大学出版社1999年，第1286页。
[2]《左传·昭公十一年》，见《春秋左传正义》，北京大学出版社1999年，第1286页。

正卿等与会可以看出。会议"谋救蔡"的议题,针对楚国的意图极为明显,且成为所有参会国的共识。然而,三年来曾连续击败楚国的吴国并未与会。其原因,或因吴国被边缘化而未参加第二次列国弭兵盟会。如邀吴与会,势必对楚国产生强烈刺激。同时,陈、蔡二国原本系楚国集团成员国,现因不再对楚国服顺而遭吞并,当属楚国自己在"清理门户"。故此,以晋国为首的与会者,谨慎中又显现出软弱。恰如荀吴对韩宣子(韩起)所说:"晋之不能,亦可知也已。"[1]即晋国的软弱无能,由此也可以知道了。而作为这种软弱的集中表现,是会议后"晋人使狐父请蔡于楚,弗许"[2]。意为,晋国人派狐父到楚国请求楚国宽宥蔡国,而被楚国人拒绝。接着,本年冬季十一月,楚灵王亲率大军灭亡了蔡国,在冈山将蔡国太子杀死,并用作祭祀的牺牲。楚国大臣申无宇说:"不吉祥。五种牲口都不能互相用来祭祀,更何况是用一国的诸侯呢?国君一定会后悔的。"

年底时,"楚子城陈、蔡、不羹。使弃疾为蔡公"[3]。意即,楚灵王在陈、蔡和不羹等地修筑城墙,并派公子弃疾为蔡公——担任蔡地的行政长官。当楚灵王问楚国大臣申无宇:"弃疾在蔡,何如?"[4]意即:"公子弃疾在蔡地怎么样?"申无宇据"亲不在外"而提出"今弃疾在外",即楚灵王让其弟公子弃疾拥兵在外,极为不妥,当防止形成"尾大不掉"[5]之势。其时,楚灵王倚仗着国都有高大的城墙,并不以为然。

其后的历史证明,楚灵王终为这"尾大不掉"而付出生命的代价。

楚灵王在对内骄奢、对外霸道的执政中,"培养"出了日后取代自己的政治对手,即担任蔡地行政长官的蔡公——公子弃疾。

(四)楚灵王后期的吴、楚战争

1.楚灵王"狩于州来"与"围徐惧吴"

楚灵王"县陈"、围蔡及其对晋国"请蔡于楚"的断然拒绝,使他愈加难以忍受在对吴战争中的接连失败。于是,在吴、楚多年争战不休的江淮地区,吴、楚战事又起。

公元前530年(吴馀昧十四年,鲁昭公十二年),"楚子狩于州来,次于颍尾,使荡侯、潘子、司马督、嚣尹午、陵尹喜帅师围徐,以惧吴。楚子次于乾溪,以为之援"[6]。杜预注"乾溪"为"在谯国城父县南"[7]。故上句意为:楚灵王跑到州来去打猎,并驻扎在颍尾。同时,派遣荡侯、潘子、司马督、嚣尹午、陵尹喜等楚国将领带兵包围徐国以威胁吴国。其后,楚灵王驻扎在乾溪,作为伐徐将领的后援。

是时,"雨雪,王皮冠,秦复陶,翠被,豹舃,执鞭以出"[8],即其时天下着雪,楚灵王头戴裘皮帽子,身穿秦国的羽衣,披着翠羽披肩,脚穿豹皮制作的皮鞋,手拿着一条马鞭。当楚灵王以这

---

[1]《左传·昭公十一年》,见《春秋左传正义》,北京大学出版社1999年,第1286页。
[2]《左传·昭公十一年》,见《春秋左传正义》,北京大学出版社1999年,第1287页。
[3]《左传·昭公十一年》,见《春秋左传正义》,北京大学出版社1999年,第1289页。
[4]《左传·昭公十一年》,见《春秋左传正义》,北京大学出版社1999年,第1289页。
[5]《左传·昭公十一年》,见《春秋左传正义》,北京大学出版社1999年,第1291页。
[6]《左传·昭公十二年》,见《春秋左传正义》,北京大学出版社1999年,第1303页。
[7]杜预注,见杜预:《春秋经传集解》,上海古籍出版社1978年,第1358页。
[8]《左传·昭公十二年》,见《春秋左传正义》,北京大学出版社1999年,第1303—1304页。

一潇洒形象走进历史时,他全然未意识到因其不修内政及对外穷兵黩武,国内政治形势已渐趋动乱的临界点。

2.楚国政变及楚灵王自杀、楚平王上台

就在楚灵王"围徐,以惧吴"[1],即攻打徐国,借以威慑吴国,并亲自屯兵于乾溪,以作攻打"围徐惧吴"军队的后援时,楚国内部的重重矛盾终于爆发——郢都发生了推翻楚灵王的政变。

(1)《春秋经》记载的楚国政变

《春秋经·昭公十三年》极简略地记载了公元前529年(吴馀眜十五年,鲁昭公十三年)楚国发生的政变:"夏,四月,楚公子比自晋归于楚,杀其君虔于乾谿。楚公子弃疾杀公子比。"[2]意为:本年夏天的四月,楚共王庶三子公子比(子干)从晋国回到了楚国,夺取了王权,从而导致他们的国君熊虔(楚灵王)死于乾溪。而楚共王庶五子公子弃疾又夺取了王权,导致了公子比的死亡。

前文所叙述,楚灵王为楚令尹时弑杀楚王郏敖后,他的两个弟弟——其时担任"右尹"职务的楚共王庶三子子干(公子比)和担任"宫厩尹"职务的楚共王庶四子子皙(公子黑肱)避祸外逃。其中,子干出奔晋国,而子皙则逃亡至郑国。

而当楚灵王为了楚国东扩与吴国发生战争,且派遣楚国将领带兵包围徐国以威胁吴国时,外逃于晋、郑的三子子干和四子子皙都已回到了国内。

楚灵王将楚国军事力量投放在"围徐,以惧吴"的战场上,而他亲自驻扎、屯兵于乾溪时,为他心怀异志的弟弟们留下了政变的空间。

(2)楚国政变过程中起关键作用的几个人物

这一时期,楚国政变中起关键作用的几个人物及其历史渊源,分别如下:

其一,朝吴(又作蔡朝吴)。

前文叙述蔡声子参与弭兵斡旋及与楚令尹子木说起"楚材晋用"时,曾说到楚国的伍参与蔡国太师蔡子朝有交情,伍参的儿子伍举与蔡子朝的儿子蔡声子也交情颇深。而蔡声子的儿子即为蔡朝吴。两年前(吴馀眜十三年,鲁昭公十一年,前531),楚灵王杀蔡灵侯并"围蔡"。同年,楚灵王亲率大军灭亡蔡国,并在冈山将蔡国太子杀死,并残忍地将蔡国太子用作祭祀的牺牲。所有这些,使得世代仕楚的蔡国贵族后人——蔡朝吴已把对楚灵王的国仇家恨藏于心底。

其二,观从。

观从的父亲观起,为楚康王时楚国令尹子南的家臣。观起因拥有可配备几十辆车子的马匹,引发楚康王猜忌"遂杀子南于朝,轘观起于四竟"[3]。即楚康王把令尹子南杀死在朝廷上,把他的家臣观起车裂并到四境示众。《左传·昭公十三年》载:"观起之死也,其子从在蔡,事朝吴。"[4]意为,观起被处死的时候,他儿子观从在蔡地,事奉蔡朝吴。

---

[1]《左传·昭公十二年》,见《春秋左传正义》,北京大学出版社1999年,第1303页。
[2]《春秋经·昭公十三年》,见《春秋左传正义》,北京大学出版社1999年,第1309页。
[3]《左传·襄公二十二年》,见《春秋左传正义》,北京大学出版社1999年,第982页。
[4]《左传·昭公十三年》,见《春秋左传正义》,北京大学出版社1999年,第1312页。

两个对楚国都有着仇恨的人——朝吴和观从,走到了一起。

(3)楚国政变的过程

据《左传·昭公十三年》记载,楚国政变大致可分为以下几个不同阶段。

①第一阶段:观从、蔡朝吴联手

楚国灭蔡,且楚灵王又将对吴动兵,正在蔡地事奉蔡朝吴的观从对蔡朝吴说:"今不封蔡,蔡不封矣。我请试之。"[1]即观从对蔡朝吴说:"现在不乘机恢复蔡国,蔡国就要永远被灭掉了。我请求试一下。"在蔡朝吴的默许下,观从开始了政变的具体操作。而观从与蔡朝吴的合作,为楚国政变的第一阶段。在恢复蔡国这一政治目的下,两人开始合作。观从走在政治前台,而蔡朝吴则身居幕后。

②第二阶段:观从用"蔡公"公子弃疾名义召回他的两个哥哥,逼迫他们加入反楚灵王联盟

《左传·昭公十三年》记载,观从"以蔡公之命召子干、子皙,及郊而告之情,强与之盟,入袭蔡"[2]。杜预注:"告以蔡公不知谋。"[3]意指观从冒用蔡地行政长官"蔡公",即公子弃疾的名义,召回他分别逃往晋国、郑国的两个哥哥子干(公子比)和子皙(公子黑肱)。在他俩到达原蔡国都城的郊区时,观从这才告诉他们,蔡公并不知道这一反楚灵王的计划。显然,在观从等反楚灵王联盟的计划中,需要一个有号召力的人物作为旗帜。而其时并不知情的楚灵王之弟且颇受楚灵王重用并担任"蔡公"即蔡地行政长官之职的公子弃疾,其身份、地位,就符合具有号召力的政变要素了。

观从把真相告诉子干、子皙后,强迫他俩和自己结盟。而这一反楚灵王联盟形成后,他们又以突然的方式进入了原蔡国都城。

③第三阶段:逼迫蔡公加入反楚灵王联盟

反楚灵王联盟以突然的方式进入原蔡国都城时,情势急转直下:

其一,"蔡公将食,见之而逃"[4]。杜预注:"不知其故,惊起辟之。"[5]意为:反楚灵王联盟以突然方式进入原蔡国都城时,时为蔡公的公子弃疾正准备要吃饭。见到这种情况,他不知其故,就立刻逃走了。这说明,公子弃疾当时并不知情。见此群情汹汹,故他逃走以躲避。观从在逼迫子干(公子比)和子皙(公子黑肱)加入反楚灵王联盟后,下一个必须争取的对象即为蔡公公子弃疾。其时,公子弃疾颇受楚灵王重用并担任蔡地行政长官之职,和逃亡归来的子干、子皙相比,公子弃疾当时为楚国有职有权的地方官员。他若效力于楚灵王,反楚灵王联盟将立即遭到镇压;反之,反楚灵王联盟将获得关键性胜利。

其二,在公子弃疾逃走的情况下,"观从使子干食,坎,用牲,加书而速行"[6]。即观从让子干享用公子弃疾留下的饭菜,接着履行盟誓的程序——挖坑,杀牲口,把盟书放在牲口上。履行完

---

[1]《左传·昭公十三年》,见《春秋左传正义》,北京大学出版社1999年,第1313页。
[2]《左传·昭公十三年》,见《春秋左传正义》,北京大学出版社1999年,第1313页。
[3]杜预注,见杜预:《春秋经传集解》,上海古籍出版社1978年,第1369页。
[4]《左传·昭公十三年》,见《春秋左传正义》,北京大学出版社1999年,第1313页。
[5]杜预注,见杜预:《春秋经传集解》,上海古籍出版社1978年,第1369页。
[6]《左传·昭公十三年》,见《春秋左传正义》,北京大学出版社1999年,第1313页。

盟誓程序后，观从就让子干他们赶快走。

其三，造成子干他们和蔡公结盟的假象并支开子干他们后，观从即开始下一步行动，对蔡国人宣布说："蔡公召见这两个人（指子干、子皙），准备送他们回到楚国。现在和他们结盟后，已经把他们派出去了。接下来，蔡公还准备带领军队跟上去。"蔡人对观从的话，显然心存怀疑，于是聚集起来，准备抓住观从。观从解释说："图谋叛乱的那两个已经跑了，叛乱之军也已形成。你们抓我，即使杀了我，又有什么用？"于是蔡人便放过了他。

其四，世代仕蔡并在蔡国有着巨大影响力的蔡朝吴适时从幕后走向前台，煽动蔡人奉蔡公为反楚灵王联盟的带头人说："你们几位如果想为楚灵王死去或者逃亡，就不要听从蔡公的，以等待事情的成败。如果要求安定，那就应当赞成蔡公，以成就他的愿望。再说，如果违背蔡公的意志，你们将往哪里去呢？"大家说："赞成他！"蔡朝吴以其家族在蔡国的影响力，终将蔡人的情绪煽动起来，并将他们聚集于反楚灵王联盟的共主——蔡公公子弃疾的旗下。

其五，蔡朝吴、观从形成反楚灵王联盟而将蔡人聚集于蔡公旗下后，他们又召见了公子子干、公子子皙，在邓地会盟，并依靠陈国人、蔡国人的复国情绪，达到了形成反楚灵王联盟的目的。

④第四阶段：反楚灵王联盟的形成及蔡公的加入

蔡朝吴推蔡公为共主之事，有可能是此前或此后与蔡公幕后协商的结果。而这一协商过程，《左传》并无记载。但佐证这一协商可能存在的是《左传·昭公十三年》的记载："楚公子比、公子黑肱、公子弃疾、蔓成然、蔡朝吴帅陈、蔡、不羹、许、叶之师，因四族之徒，以入楚。及郊，陈、蔡欲为名，故请为武军。蔡公知之，曰：'欲速。且役病矣，请藩而已。'乃藩为军。"[1]杜预注："四族：蘧氏，许围，蔡洧，蔓成然。"[2]故《左传》记载意为：楚国公子比、公子黑肱、公子弃疾及蔓成然、蔡朝吴率领陈、蔡、不羹、许、叶等地的军队，依靠四族的族人，进入楚国。到达郊区，陈人及蔡人想要宣扬名声，所以请求筑起壁垒。蔡公知道了，说："我们的行动必须迅速，而且役人已经很疲劳了，编成篱笆就行了。"于是就用篱笆围起军营。

由此可以看出，在隐然形成的反楚灵王联盟中，被蔡朝吴推为共主的蔡公，亦已以共主自居了。以共主自居的蔡公，接着即着人杀楚灵王之子，终露出心狠手辣的手段。这就是《左传·昭公十三年》所载，昔为楚灵王信任的"蔡公使须务牟与史猈先入，因正仆人杀大子禄及公子罢敌"[3]。杜预注："须务牟、史猈，楚大夫，蔡公之党也。正仆，大子之近官。"[4]故《左传》记载意为，蔡公派须务牟和史猈先进入国都，依靠太子亲近的官员杀死了楚灵王的两个儿子——太子禄和公子罢敌。

⑤第五阶段：新权力中心建立

分属不同族群、不同国别的军事人员和平民组成的反楚灵王联盟进入楚国都城后，立即建立楚国的新权力中心。新权力中心由公子比（子干）为楚王，公子黑肱（子皙）担任令尹，而公子弃

---

[1]《左传·昭公十三年》，见《春秋左传正义》，北京大学出版社1999年，第1313—1314页。
[2]杜预注，见杜预：《春秋经传集解》，上海古籍出版社1978年，第1370页。
[3]《左传·昭公十三年》，见《春秋左传正义》，北京大学出版社1999年，第1314页。
[4]杜预注，见杜预：《春秋经传集解》，上海古籍出版社1978年，第1370页。

疾担任司马。前述，公元前541年（吴馀昧三年）公子围弑杀郏敖后，公子比、公子黑肱就分别逃亡至晋国和郑国，至本年（吴馀昧十五年，鲁昭公十三年，前529），他俩在外已十二年。因此，出逃既久的他们，回国后既无亲附的人脉，亦无民众的基础，手中更没有军、政权力。而他们的弟弟公子弃疾，已为掌管蔡地的蔡公，且手中拥有重兵。故新权力中心由公子比（子干）做楚王，公子黑肱（子皙）担任令尹，公子弃疾担任司马，并非因能力、个人影响等作出的权力分配，而只是因三兄弟排行所致。此时的公子弃疾，不但拥有昔为蔡公时所掌管的蔡地的武装力量，且担任着掌管楚国军事的司马职务。

（4）楚灵王之死

楚国新权力中心形成并进入王宫后，派观从到楚灵王驻地乾溪并和那里的军队联系，告诉他们所发生的权力变更情况，同时宣称说："先回去的可以恢复他的禄位、财产，后回去的则会接受割掉鼻子的劓刑。"在新权力中心的心理攻势下，楚灵王的军队到达訾梁就溃散了。而"王闻群公子之死也，自投于车下"[1]，即楚灵王听到郢都发生的政变和他的两个儿子的死讯，惊惶得从车上摔到了车下。

楚灵王众叛亲离，走投无路的最后日子，《左传·昭公十三年》记载为："王沿夏，将欲入鄢。芋尹无宇之子申亥曰：'吾父再奸王命，王弗诛，惠孰大焉？君不可忍，惠不可弃，吾其从王。'乃求王，遇诸棘闱以归。夏，五月，癸亥，王缢于芋尹申亥氏。申亥以其二女殉而葬之。"[2]意即：楚灵王沿汉水而下，打算到鄢地去。芋尹申无宇的儿子申亥说："我父亲多次触犯王命，君王没有诛戮，还有比这更大的恩惠吗？对国君不能忍心，恩惠不能丢弃，我跟随君王。"于是，就去寻找楚灵王，在棘门前遇到楚灵王便带他一起回到家。夏季，五月二十五日，楚灵王在芋尹申亥家上吊而死。申亥把两个女儿作为人殉，安葬了楚灵王。

由以人殉从葬可以看出，春秋时期，诸侯葬礼当须"人殉"。申亥或是一时找不着殉葬之人，故以其女殉之，以报楚灵王当日未处置其父申无宇之恩。不排除的另一种情况是，其时为王殉葬，乃是身份、地位的象征，故申亥以其女为楚灵王殉葬。

今安徽省亳州市谯城区城父镇有"二女孤堆"，即传为申亥二女从葬处。

安徽省亳州市谯城区城父镇列为亳州市级文物保护单位的"二女孤堆"文物保护碑（亳州市2015年2月27日公布，亳州市人民政府立）（吴恩培摄）

（5）楚国新的权力角逐与楚平王上台

其时，郢都城里弥漫着"畏灵王复来，又不闻灵王死"[3]的诡异气氛，即既怕楚灵王返归

---
[1]《左传·昭公十三年》，见《春秋左传正义》，北京大学出版社1999年，第1314页。
[2]《左传·昭公十三年》，见《春秋左传正义》，北京大学出版社1999年，第1315—1316页。
[3]《史记·楚世家》，见司马迁：《史记》，中华书局1959年，第1708页。

郢都，但又听不到他的确切死讯。而那位长期在蔡且在政变中起重要作用的观从，深知公子弃疾谦恭背后乃是紧盯着楚国大位的目的。于是他对新王子干说："如果不杀死弃疾，虽然得到国家，还会受到灾祸。"子干说："我不忍心啊！"观从说："别人会对您忍心的，而我不忍心再看到这一幕"。于是他就走了。

春秋时期类乎观从的此类策士，看问题入木三分。而子干囿于兄弟之情，不忍心下手，可公子弃疾，为夺取楚国大位，却开始分步骤出手。其步骤如下：

①制造恐怖气氛

公子弃疾利用郢都城里弥漫着生怕楚灵王返归的情绪及楚灵王死讯尚未传来的情况，制造恐怖气氛。《左传·昭公十三年》对此记载说："国每夜骇曰：'王入矣！'乙卯，夜，弃疾使周走而呼曰：'王至矣！'国人大惊。"[1]意思为：楚国都城里每到夜晚，都有人惊叫着说："楚灵王进城了！"到了五月十七日夜里，公子弃疾暗中派人到处呼喊："楚灵王回来了！"都城里的人们大为惊恐。

②逼死新王子干（公子比）、新令尹子皙（公子黑肱）

当水被搅浑，郢都城内人们都处于惶惶不安时，公子弃疾紧接着"使蔓成然走告子干、子皙曰：'王至矣！国人杀君，司马将来矣！君若早自图也，可以无辱。众怒如水火焉，不可为谋。'又有呼而走至者曰：'众至矣！'二子皆自杀"[2]。意即：公子弃疾让蔓成然跑去报告新楚王子干、新令尹子皙说："楚灵王进城来了！都城里的人已杀了司马——公子弃疾，他们就要杀过来了。如果早一点拿定主意，就可以不至于受侮辱。众怒已好像水火一样，现在已没有法子可想了。"这时，又有人喊叫着跑过来说："他们都到了！"于是，新楚王子干、新令尹子皙二人皆自杀。

当初，观从劝新楚王子干杀其弟公子弃疾，而不忍心下手的子干，此时终死于其弟公子弃疾之手。

③公子弃疾即位为楚平王

"丙辰，弃疾即位，名曰熊居。"[3]意为，次日（即五月十八日），公子弃疾即位，改名为熊居。《史记·楚世家》记其"即位为王，改名熊居，是为平王"[4]。

楚共王的庶五子，亦为楚灵王、子干、子皙之弟的公子弃疾，以阴谋手段相继除掉他的三个哥哥后，即位为楚平王。

3.吴、楚豫章之战及吴人"获其五帅"

楚国国内政局的风云突变，对在外作战的楚军明显产生负面影响。"楚师还自徐，吴人败诸豫章，获其五帅。"[5]即上年冬天由楚灵王派往围攻徐国的楚军，慌忙从徐国撤退，在豫章被吴国军队击败。当初由楚灵王派去"围徐惧吴"的五位军事将领，都成了吴国军队的俘虏。

本年吴、楚豫章之战吴人"获其五帅"的结果说明，吴王馀眛执政时期，吴与楚争战每战必

---

[1]《左传·昭公十三年》，见《春秋左传正义》，北京大学出版社1999年，第1316页。
[2]《左传·昭公十三年》，见《春秋左传正义》，北京大学出版社1999年，第1316页。
[3]《左传·昭公十三年》，见《春秋左传正义》，北京大学出版社1999年，第1316页。
[4]《史记·楚世家》，见司马迁：《史记》，中华书局1959年，第1708—1709页。
[5]《左传·昭公十三年》，见《春秋左传正义》，北京大学出版社1999年，第1316页。

胜。从前述吴楚连续三年的战争,到本年的"获其五帅",吴国四战四胜,无一败绩。

春秋时期,楚国与晋国为平分秋色的一等强国。而楚灵王时,楚国在气势上甚至压过了晋国。前述楚逼迫晋同意其召开申地盟会,就是明证。而楚灵王执政时期的楚国对吴战争,非但乏善可陈,且无一胜绩。即使是申地盟会后楚国联合多国力量攻伐吴国的"围朱方"之战,也只是诛杀齐国逃臣庆封而已。

从战争结果的对比中可以看出,吴王馀昧时期的吴国经济,支撑住了吴国的对楚战争。而吴国在列国中的政治、军事影响,也远不是当时其他二三流诸侯国所可比肩的了。而如前述,吴国是在被中原列国孤立而无援的困境中以自身骄人的对楚战绩,形成了这一特定时期"楚压制晋"而"吴碾压楚"的独特景况。

第三节　晋国"寻盟"与吴国婉拒——吴国国家战略的调整

一、晋国"寻盟"及吴国婉拒的平丘盟会

(一)晋国"寻盟"及吴国婉拒

楚国政局的剧变及其对吴战争的屡屡失败,改变了其时列国力量的对比。第二次列国弭兵盟会后确立的晋、楚共霸局面,随着列国综合国力的此消彼长,值楚国受累于国内动乱而晋、楚共霸局面处于崩塌时,晋国意欲"寻盟""求盟",[1]即乘此机会而重新整合晋国集团,并借此显示出晋国霸主的权威和力量来。

在具体操作手法上,晋国和当初楚灵王建成章华台并希望利用这一机会和诸侯一起举行落成典礼一样,"晋成虒祁,诸侯朝而归者皆有贰心"[2]。即晋国虒祁宫落成时,请了列国诸侯前去朝见。但他们回去时,都对晋国有了"贰心"。这一"贰心"显然源于对晋国借虒祁宫落成而意欲表达出"王者归来"并重做霸主的反感。

《左传·昭公十三年》记载:"为取郠故,晋将以诸侯来讨。叔向曰:'诸侯不可以不示威。'乃并征会,告于吴。秋,晋侯会吴子于良。水道不可,吴子辞,乃还。"[3]意即,因为鲁国占取郠地的缘故,晋国打算带

山西省侯马市高村乡虒祁村,因春秋时晋建虒祁宫得名(吴恩培摄)

---

[1]《左传·昭公十三年》,见《春秋左传正义》,北京大学出版社1999年,第1322页。
[2]《左传·昭公十三年》,见《春秋左传正义》,北京大学出版社1999年,第1321页。
[3]《左传·昭公十三年》,见《春秋左传正义》,北京大学出版社1999年,第1321页。

领诸侯前来讨伐。叔向说:"不能不向诸侯显示一下晋国的权威和力量了。"于是就召集全体诸侯会见,而且还告知吴国。秋季,晋昭公到良地打算会见吴王,但因水路不通,吴王馀眛辞谢不来,晋昭公就回去了。

上述,值得注意的为以下两点:

其一,吴国在公元前559年(吴诸樊二年,鲁襄公十四年)向城会见时被晋国集团边缘化,故第二次列国弭兵盟会时,吴国连参会资格都没有。而不久前晋国主持召开的厥愁会议,吴国也未被邀参加。可是,在对楚战争中显示了军事实力的吴国,此刻却不能不受到晋国的格外尊重。上述"乃并征会,告于吴",可说是吴国被晋国集团边缘化近三十年后,晋国首次邀请吴国参加晋国集团成员国诸侯的会见。

其二,被边缘化的吴国,在近三十年对楚战争中,并未获得过晋国及晋国集团的实质性支持。此时,晋国准备召集全体诸侯会见,且还告知吴国,显然是希望吴国参加。为此,晋国国君甚至降尊纡贵地跑到良地打算会见并迎接吴王馀眛。而晋国安排的晤面地点——良地,杜预《春秋经传集解》注为"下邳有良城县"[1]。按此,即今江苏邳县附近,其地离吴国政治中心——国都吴城(今苏州古城)并不很远。从这一点来看,晋国已经很迁就吴国了,但吴王馀眛还是委婉地拒绝了。拒绝的原因是"水道不可",即水路不通。这显然是一个婉拒的借口。

(二) 平丘盟会召开

吴国的婉拒,并未阻挡住晋国"寻盟"的脚步。"晋人将寻盟,齐人不可。"[2]意思是说,晋国人要重温过去的盟约,齐国人不同意。但其后在晋国的威逼下,"齐人惧"[3]。于是,"甲戌,同盟于平丘,齐服也"[4]。即初七这一天,列国诸侯召开平丘盟会,这是由于齐国顺服了的缘故。《春秋经·昭公十三年》记载了平丘盟会的与会者名单。"秋,公会刘子、晋侯、宋公、卫侯、郑伯、曹伯、莒子、邾子、滕子、薛伯、杞伯、小邾子于平丘。八月,甲戌,同盟于平丘。"[5]上述参与国,均为晋国集团的成员国——鲁、宋、卫、郑、曹、莒、邾、滕、薛、杞、小邾等。

昔日的晋国集团,内部一直存在着矛盾,诸如齐晋之间、齐鲁之间,以及鲁与邾、莒之间,历年涉及土地、贡赋等的争吵、恩怨,盘根错节。而平丘盟会,又为这些争吵提供了一个平台。争吵的背后,涉及的依然是各国自身利益,只不过此番是以对盟主如何承担经济贡赋义务这一由头出现。

1. 邾、莒与鲁国的陈年纠葛

盟会涉及缴纳贡赋议题时,邾人、莒人向晋国告状说:"鲁朝夕伐我,几亡矣。我之不共,鲁故之以。"[6]意为:"鲁国经常攻打我们,我们国家都快要灭亡了。因此,我们缴纳不了给晋国的贡赋,全是因为鲁国的缘故。"邾、莒向晋国告状的背后,涉及鲁国欺压威逼这些小国为其尽贡赋义务,故邾、莒说他们在给鲁国缴纳贡赋的情况下,已无能力再给晋国盟主缴纳贡赋了。

---

[1] 杜预注,见杜预:《春秋经传集解》,上海古籍出版社1978年,第1383页。
[2]《左传·昭公十三年》,见《春秋左传正义》,北京大学出版社1999年,第1322页。
[3]《左传·昭公十三年》,见《春秋左传正义》,北京大学出版社1999年,第1323页。
[4]《左传·昭公十三年》,见《春秋左传正义》,北京大学出版社1999年,第1327页。
[5]《春秋经·昭公十三年》,见《春秋左传正义》,北京大学出版社1999年,第1310页。
[6]《左传·昭公十三年》,见《春秋左传正义》,北京大学出版社1999年,第1326页。

关于避免小国缴纳双份贡赋的问题，前文述及第二次列国弭兵盟会时，就曾说到鲁国的属国郯国，因未参加盟会，并不受盟会条约的约束（指须同时对楚、晋承担朝见、纳贡义务等），即原先怎么给鲁国缴纳贡赋，接下来还是怎么个缴纳法。正因如此，参加弭兵盟会的邾国、滕国，因分别为齐、宋之属国，原本只是各自对齐、宋承担经济义务。第二次列国弭兵盟会条约规定，小国要奉晋、楚为共同霸主，且须承担对晋、楚两国的义务，那它们对中间层级的齐、宋等国的义务又如何处理？如果让他们既要对齐、宋等国承担经济义务，又要对晋、楚两国承担义务，双重贡赋之下，这些小国无疑无法承担。而为拉住这些属国给自己纳贡，从而减轻自己对晋、楚的经济贡赋义务，齐、宋这些中间层级的国家于是让邾、滕像未与会的鲁国属国郯国一样，不以独立身份参加盟会，从而也无须承担盟会的相应义务（相关情况，参见前文）。

公元前546年（吴馀祭二年，鲁襄公二十七年）召开的第二次列国弭兵盟会，至公元前529年（吴馀眜十五年，鲁昭公十三年）平丘盟会时，已过了十七年。在这十七年的风云变幻后的一种可能情况是，邾、莒已成为被鲁国加码而向鲁国缴纳贡赋的小国。正因如此，邾、莒这才向晋国告状，并说出他们不能向晋国缴纳贡赋，全是因为鲁国加码缘故的话来。

对晋国来说，从这些小国的一粒芝麻中也无法再榨出第二滴油来，于是，为自身经济利益，它只能压鲁国；再于是，"晋侯不见公"[1]，即盟会上晋昭公不接见鲁昭公，以此对鲁国施加压力。晋侯只是派叔向向鲁昭公辞谢，说："诸侯将要在初七日结盟，寡君知道不能事奉君王了，请君王不必劳驾。"鲁国大夫子服惠伯立刻明白了晋国施加的这一压力，于是回答说："君信蛮夷之诉。"[2]即晋国君王听信邾、莒这些蛮夷之国的控诉，断绝兄弟国家的关系，丢弃周公的后代，鲁国表示"我们也只能由得君王了。你们晋国的意见，是鲁国不能再让邾、莒承担贡赋义务，而要保证他们能对盟主晋国承担贡赋义务，这我们已经知道了"。

见鲁国不情不愿的样子，叔向换了个面孔说："我们国君有装载甲士的战车四千辆摆在那里，即使不以道义而动武，也一定是非常可怕的；更何况我们是遵循道义而行事，又有什么力量能够阻挡？牛虽然瘦，但压在小猪身上，还怕压不死它？你们鲁国尚存在着南蒯、子仲（公子憖）的内政忧患，难道可以忘记吗？如果出动晋国的大军，出动列国的军队，凭借着邾国、莒国、杞国、鄫国等国的怨恨而来讨伐鲁国的罪行，再利用你们鲁国南蒯、子仲（公子憖）这两个人的内政忧患，什么目的达不到？"

叔向的一番恫吓，终使鲁国人害怕了，于是无奈地听从了晋国的命令。

2. 郑国为减少承担经济义务的"子产争承"

解决了鲁国的问题，等到要举行结盟仪式的时候，郑国方面又起争端，提出"子产争承"[3]问题。杜预注："承，贡赋之次。"[4]孔颖达疏："承者，奉上之语。后承前，下承上，故以承为次。争贡赋之次，言所出贡赋多少之次，当承何国之下，故言争承也。"[5]因此，郑国"子产争承"争的

---

[1]《左传·昭公十三年》，见《春秋左传正义》，北京大学出版社1999年，第1326页。
[2]《左传·昭公十三年》，见《春秋左传正义》，北京大学出版社1999年，第1326页。
[3]《左传·昭公十三年》，见《春秋左传正义》，北京大学出版社1999年，第1327页。
[4]杜预注，见杜预：《春秋经传集解》，上海古籍出版社1978年，第1387页。
[5]孔颖达疏，见《春秋左传正义》，北京大学出版社1999年，第1327页。

是进献贡赋的轻重次序。简言之,即贡赋交纳的排序,其实质是交纳贡赋的数额多少。

《左传·昭公十三年》记载"子产争承"的文字为:"昔天子班贡,轻重以列,列尊贡重,周之制也。卑而贡重者,甸服也。郑伯,男也,而使从公侯之贡,惧弗给也,敢以为请。"[1]杜预注:"言郑国在甸服外,爵列伯、子、男,不应出公侯之贡。"[2]故《左传》上条文字意为:"从前天子确定贡赋时,其数额、轻重是根据地位排列的。地位尊贵,贡赋就重,这是周朝的制度。地位卑下而贡赋重的,只适合王畿内的甸服。而郑国,只是王畿外的男服,要让我们按照公侯的贡赋标准来缴纳,恐怕是不能按数缴纳的,冒昧地以此为请求。"

郑国试图少缴纳贡赋引发的关于承担经济义务的争论,从中午开始一直争到晚上,晋国才退让而同意了。

平丘盟会可说是春秋时期晋国集团最后一场较大规模的列国盟会,终在承担经济贡赋的义务与政治领域的地缘合作之间取得平衡而告结束。

二、吴国婉拒平丘盟会,标志着吴国"联晋抗楚"国家战略进入调整期

吴王馀昧执政前,吴国"联晋抗楚"国家战略继续得以执行。故馀昧兄长诸樊、馀祭相继死于伐楚战场或与伐越战争后的越俘刀下。

吴王馀祭时的第二次列国弭兵及原分属晋、楚两大集团的小国奉晋、楚为共同霸主,使得并未出席列国弭兵盟会的吴国处于游离于外的孤立境地。馀昧执政后,派遣季札出访晋国集团的中原列国,既反映出吴王馀昧坚定执行寿梦制定的吴国"联晋抗楚"战略的意志,又反映出吴国试图改变孤立处境的努力。

楚国逼晋同意召开申地盟会,且楚国率申地盟会众多小国伐吴围朱方。在参与伐吴的国家中,多为地处淮河流域的楚国集团成员国且国君亲征,但属晋国集团的宋国太子和郑国国君却亦与会。当楚率申地盟会的与会国伐吴时,虽然"宋大子、郑伯先归。宋华费遂、郑大夫从"[3],即宋国太子和郑国国君先行回国,但宋国华费遂、郑国大夫依然留在以楚国为主导的伐吴联军中。尽管,这或带有敷衍楚国的性质,但毕竟是奉楚为霸主前提下的对吴战争。是时,吴国以自身力量,独自抵抗楚国为首的联军。其后,吴国在棘栎麻之役、鹊岸之役、房钟之役及豫章之战中,连胜楚国并俘获楚军围徐的五名军事将领。

在这种情况下,当初出于保护自身利益而同意楚国召开申地盟会的晋国,因楚国的政局巨变及吴国对楚战争的四战四胜,开始活跃并以图"寻盟"而重新恢复晋国集团以实现晋国"王者归来"的愿望。显见,晋国出于自身国家利益的需要,这才开始对吴国示好、拉拢的。

吴国拒绝参与晋国重建集团联盟的邀请,预示着吴国自吴王寿梦时确立的"联晋抗楚"国家战略中的"联晋",调整为对晋国"拒盟"以保持距离;而"抗楚"却依然如初。吴王诸樊时的向城盟会,吴国竭力向晋靠拢并希望得到晋国集团的帮助和支援,但依然被边缘化。相比之下,

---

[1]《左传·昭公十三年》,见《春秋左传正义》,北京大学出版社1999年,第1327—1328页。
[2] 杜预注,见杜预:《春秋经传集解》,上海古籍出版社1978年,第1387页。
[3]《左传·昭公四年》,见《春秋左传正义》,北京大学出版社1999年,第1202页。

此时看到吴国实力提升后,晋国刻意拉拢,无非再次"联吴"并把吴国当作"制楚"的工具。在这一背景下,吴王馀昧,面对多年被边缘化后晋国的邀请及"寻盟",采取了审慎态度而刻意保持距离。

这一调整,也预示着馀昧时代的吴国,对外政策将循此而发生变化。因涉及地缘冲突及江淮地区经济资源的争夺,吴、楚互为仇敌且为世仇,故吴国在"抗楚"上并无软化和松动。更何况在吴王馀昧时期,吴国对楚战争四连胜所表现出的强盛国力及其政治、军事影响,使得吴国既充满自信,影响亦日益扩大。

三、吴国国家战略调整的原因分析

吴王馀昧执政之初,曾委派季札出访中原列国,目的就是为寻求与晋国集团的中原列国的联系。可此时,吴国却拒绝参与晋国重建集团联盟的邀请。馀昧对其父寿梦制定,且其后为其兄诸樊、馀祭所承继的"联晋抗楚"国家战略作相应调整,原因或如下:

(一)列国关系变化所致

第二次列国弭兵盟会后,晋、楚间的对抗关系已发生变化。晋国欲重新恢复晋国集团,其针对对象已然模糊。而楚国集团内随着楚灵王围蔡、灭蔡及"县陈"等,其内部关系也呈现出重新洗牌的种种乱象。对晋国来说,让列国可感的目的,几乎已只剩下经济因素,即让一众成员国承担经济义务,薅取列国羊毛而捞取实利。

故对吴国来说,参与晋国集团的重建,目的何在?日后吴、楚间发生冲突和战争,吴国能指望得上这重建的晋国集团吗?当吴国的关切难以预期时,吴国婉拒而采取审慎态度,或许是最好的选择。

(二)对晋国实用主义政策的反感及对其抗楚能力信心的丧失

第二次列国弭兵盟会后,晋国同意楚国召开由楚国主导的申地盟会,从而放任楚国率联军伐吴并围朱方。吴国在独立抵抗及其后报复式的多场对楚战争中,晋国和中原列国对吴国并无任何支援。吴国依靠自身力量,四战四胜并在最后一战中"获其五帅"[1],即俘获楚国的五位军事将领。吴国屡屡胜楚,晋国出于自身国家利益开始拉拢吴国,其目的无非在恢复晋国集团时借吴而自重,并意图再次"联吴制楚",同时把吴国放在对楚一线,让其充当盾牌。因此,对晋国实用主义政策的反感及对其抗楚能力信心的丧失,也构成了吴国无意参与晋国集团重建,并相应调整其国家战略的原因。

(三)维护吴国国家利益

面对以实用主义而把吴国当枪使的晋国,吴国不能不从本国利益出发,考虑晋国"寻盟"对吴国所带来的正面及负面影响,以及吴国的国家利益又究竟何在。

晋国对楚国软弱,可对本集团成员国却毫不手软。"寻盟"过程中,晋国对齐国进行威胁,逼迫齐国改变态度;鲁国因国君未参加盟会而招致正卿被拘至晋国。而无论是晋国,抑或是楚国,

---

[1]《左传·昭公十三年》,见《春秋左传正义》,北京大学出版社1999年,第1316页。

他们在主持召集的盟会上,任意拘捕他国国君、正卿等事件,屡见不鲜。故此,吴王馀眜不能不考虑,"与盟"即重新接受晋国的盟主地位,吴国的政治利益又何在?

而在军事上,值此以前的诸多事件表明,晋国及晋国集团成员国在对楚事务上,自顾不暇,哪里又有意愿及能力来为吴国分担忧患?

吴国被边缘化既久,虽无人帮衬,但亦无盟主指手画脚。此时,又何必找个盟主骑在自己头上?崛起而对楚屡战屡胜的吴国,或许已习惯于这种独立而不结盟,且无任何掣肘的被边缘化的状态了。

(四)深层次的文化因素

前述,平丘盟会上,面对邾、莒告状,晋国给鲁国施加压力,鲁国大夫子服惠伯不服而回答说"君信蛮夷之诉"[1],即晋国君王听信邾、莒蛮夷之国的控诉。鲁国在与邾、莒等小国的矛盾中,经常习惯地使用"蛮夷"之类的蔑称。对待邾、莒等地处黄河流域的中原国家尚且如此,那对待地处长江下游太湖流域的吴国,则更易视其为"蛮夷"了。这在昔日吴王寿梦参加的晋国集团盟会上,曾多次发生。与一帮歧视吴为"蛮夷"的人坐在一起而受辱,曾身处其境的吴国或早已知之。这一深层次的文化原因,显然也构成了吴国婉拒而不参与晋国"寻盟"的因素之一。

四、馀眜生前对楚的最后一战——"吴入州来"与馀眜去世

(一)"吴入州来"及楚平王的退让

1.楚平王巩固权力、稳定政权的举措

公子弃疾成为楚平王后,采取多种对内、对外的措施以巩固权力、稳定政权。这些举措如下:

(1)安葬前楚王子干(公子比)

楚平王为表明其王位承继的合法性,首先将被他逼死的楚王子干(公子比)安葬于訾,以和缓国内的情绪。这就是《左传·昭公十三年》)记载的"弃疾即位,名曰熊居。葬子干于訾,实訾敖"[2]。这位与葬"于郏,谓之郏敖"[3]的楚国国君一样,因葬于訾,故被称为訾敖。楚国的这一独特文化现象,如前引杜预注所说:"不成君,无号谥者,楚皆谓之敖。"[4]

(2)安抚陈、蔡

为安抚陈、蔡诸国,楚平王一方面"既封陈、蔡"[5],即重新恢复了陈国、蔡国,并相继把流落在外的蔡、陈二国太子(王位继承人)送回蔡、陈国内;另一方面,楚灵王曾把许国、胡国、沈国、道地、房地、申地的人迁到楚国国内,楚平王上台后,把这些当初被迫迁徙的移民全都回迁,让他们回到自己的国家。

楚平王即位后施行的此类安民措施,符合当时人们尤其是陈、蔡国民的愿望,从而深得民心。与此同时,楚平王还在政策上与不得人心的楚灵王作策略性的区隔,从而缓和了国内矛盾。

---

[1]《左传·昭公十三年》,见《春秋左传正义》,北京大学出版社1999年,第1326页。
[2]《左传·昭公十三年》,见《春秋左传正义》,北京大学出版社1999年,第1316页。
[3]《左传·昭公元年》,见《春秋左传正义》,北京大学出版社1999年,第1169页。
[4]杜预注,见杜预:《春秋经传集解》,上海古籍出版社1978年,第1372页。
[5]《左传·昭公十三年》,见《春秋左传正义》,北京大学出版社1999年,第1331页。

2."吴入州来"与楚平王"子姑待之"式的退让以及楚平王杀令尹蔓成然

公元前529年（吴馀昧十五年，鲁昭公十三年），吴国拒绝出席平丘盟会的同年，发动了针对楚国的"吴灭州来"[1]之战。州来为吴、楚间的边境之邑，在两国间曾多次易手。州来归属吴国时，曾为季札封邑。前文说吴国行人屈狐庸访问晋国时，晋国正卿赵文子（赵武）曾失礼地问他："延州来季子其果立乎？"[2]杜预注为："延、州来，季札邑。"[3]而前文另述"楚子狩于州来"[4]，即楚灵王到州来打猎，显然州来其时又已易手为楚邑。而此时，州来又为吴所攻占。

"吴灭州来"的动因，不外以下几点：

其一，当初"楚子狩于州来"，即楚灵王屯兵乾溪前，来到州来打猎，以宣示楚国对州来的实际控制权。接着，楚灵王在州来就部署了"围徐慭吴"的对吴战略。故"吴灭州来"，实是借此宣示吴国恢复对州来的实际控制权。

其二，趁楚平王上台之初安定国内政局之际，吴国乘势扩大豫章之战的战果。而在吴国咄咄逼人的攻势面前，立足未稳而又尚陷于内政泥淖中的楚平王暂时采取了全面退让的策略。"吴灭州来"时，新任楚国令尹子期（蔓成然）请求反击，楚平王未予批准说："国内，我还没有安抚好百姓，没有事奉鬼神，也没有修缮好防御设施，没有安定好国家。在这种情况下，贸然耗费民力去反击吴国，一旦再次失败就后悔都来不及了。而"州来在吴，犹在楚也。子姑待之"[5]。意即："州来在吴国，就像在楚国一样。您姑且等着看吧。"

显然，豫章之战及在这以前的吴、楚棘栎麻之战、鹊岸之战、房钟之战，楚国四战皆败的阴影还笼罩在这位新楚王的心头。作"子姑待之"式的退让，透露出楚平王避开吴国锋芒、韬晦以待的策略，从而为吴、楚间下一轮的争战留下空间。

然而，是时担任楚国令尹的蔓成然，在楚平王取得政权而逼死前楚王訾敖（即子干、公子比）、逼死前令尹子晳（即公子黑肱）的过程中深度参与，从而成为逼死前楚王、前令尹的参与者与实施者，也成为楚平王以卑劣手段取得政权的活口和证人。楚平王即位后让其担任令尹，并非信任，只是忌惮——忌惮他知道得太多，故作此分赃性质的权力分配以封其口。然而，蔓成然只要活着，他的口就无法彻底被封住，楚平王也就始终不能放心。于是，在"子姑待之"后的下一年（指吴馀昧十七年，鲁昭公十五年，前527），楚平王终对其进行彻底封口——置其于死地。这就是《左传·昭公十四年》记载所说："九月，甲午，楚子杀斗成然。"[6]斗成然，即蔓成然，又作子期、子旗。

（二）馀昧去世及《史记·吴太伯世家》"倒错""误倒"的"二王之年"

1.《春秋经》叙述的吴国史事与《史记·吴太伯世家》叙述的相悖

公元前527年（吴馀昧十七年，鲁昭公十五年）正月，据《春秋经·昭公十五年》记载："十有五

---

[1]《左传·昭公十三年》，见《春秋左传正义》，北京大学出版社1999年，第1331页。
[2]《左传·襄公三十一年》，见《春秋左传正义》，北京大学出版社1999年，第1131页。
[3]杜预注，见杜预：《春秋经传集解》，上海古籍出版社1978年，第1162页。
[4]《左传·昭公十二年》，见《春秋左传正义》，北京大学出版社1999年，第1303页。
[5]《左传·昭公十三年》，见《春秋左传正义》，北京大学出版社1999年，第1331页。
[6]《左传·昭公十四年》，见《春秋左传正义》，北京大学出版社1999年，第1337页。

年,春,王正月,吴子夷末卒。"[1]本年的《春秋经》文,无传,即无《左传》的相应叙述。

夷末,即馀眛,又作夷昧、馀昧。馀昧自公元前544年(吴馀祭四年,鲁襄公二十九年)馀祭死后开始执政,至本年去世,执政共十七年。

《春秋经·襄公二十五年》记载:"十有二月,吴子遏伐楚,门于巢,卒。"[2]故吴王馀祭于诸樊战死当年(即鲁襄公二十五年,前548)即位,其纪年自下年为馀祭元年(鲁襄公二十六年,前547)。

《春秋经·襄公二十九年》先后记载的吴国史事为:"阍弑吴子馀祭"及"吴子使札来聘"[3]。前者,意即馀祭为越俘所弑。是年,为吴馀祭四年(鲁襄公二十九年,前544)。故吴王馀祭在位四年,当无疑义。而后者的"吴子使札来聘",结合《左传·襄公二十九年》的记载,指说季札"其出聘也,通嗣君也"[4]。故以上《左传》所载意为,季札出访的使命和目的,是为了通报吴国新君馀眛即位并寻求与出访的诸侯国加强通好。由此亦可见,《春秋经》《左传》的上述记载,叙述了馀祭在位四年后被杀,馀眛旋即即位并派遣季札出访,以向列国通报吴国新君馀眛即位的情况。而《史记·吴太伯世家》记作馀祭执政十七年,故吴王馀祭"四年"时"使季札聘于鲁",其时吴国并无新立国君的情况发生,故这一"聘于鲁"的出访使命和目的就无法与以上《左传》记载的"通嗣君"对接了。

前文叙述吴王馀祭去世时,曾言及《史记·吴太伯世家》对馀祭、馀眛的在位年份及卒年记为:"十七年,王馀祭卒,弟馀眛立。……四年,王馀眛卒。"[5]意即,馀祭在位十七年,馀眛在位四年。而与《春秋经》《左传》叙述的馀祭在位四年、馀眛在位十七年适相悖。

2.《史记》不同篇章的前后矛盾——关于吴国史事叙述的相悖记载

《史记》不同篇章的《史记·十二诸侯年表》与《史记·吴太伯世家》,在叙述吴王馀祭和吴王馀眛在位年份时,存在着相前后矛盾的相悖情况。现分以下几点叙述:

(1)《史记·十二诸侯年表》与《史记·吴太伯世家》出现记载相悖的情况为:《史记·十二诸侯年表》记载公元前544年(吴馀祭四年,鲁襄公二十九年)史事栏内,依《春秋经·襄公二十九年》"阍弑吴子馀祭"[6]的记载而叙述为"守门阍杀馀祭"[7]。即指馀祭四年时,吴王馀祭为越俘所杀。这一记载,与《春秋经》《左传》的叙述相接,而与《史记·吴太伯世家》"十七年,王馀祭卒"[8]的记载相悖。

(2)梁玉绳《史记志疑》评述《史记·十二诸侯年表》中的"吴馀祭四,守门阍杀馀祭"时,以"案"的方式说:"《春秋》馀祭在位四年,夷末(馀眛)在位十七年,《表》与《世家》倒错二君之年。《吴越春秋》误仍之。而此馀祭四年有守门阍杀馀祭之文,何也?盖后人因《史》(《史记》)

---

[1]《春秋经·昭公十五年》,见《春秋左传正义》,北京大学出版社1999年,第1339页。
[2]《春秋经·襄公二十五年》,见《春秋左传正义》,北京大学出版社1999年,第1011页。
[3]《春秋经·襄公二十九年》,见《春秋左传正义》,北京大学出版社1999年,第1086页。
[4]《左传·襄公二十九年》,见《春秋左传正义》,北京大学出版社1999年,第1107页。
[5]《史记·吴太伯世家》,见司马迁:《史记》,中华书局1959年,第1461页。
[6]《春秋经·襄公二十九年》,见《春秋左传正义》,北京大学出版社1999年,第1086页。
[7]《史记·十二诸侯年表》,见司马迁:《史记》,中华书局1959年,第644页。
[8]《史记·吴太伯世家》,见《春秋左传正义》,北京大学出版社1999年,第1460—1461页。

误书,遂依《春秋》将六字移入四年。《史表》(《史记·十二诸侯年表》)元文必书于十七年,不然,既云四年杀矣,何又称十七年乎?"[1]

以上表述的意思为,若《史记·十二诸侯年表》与《史记·吴太伯世家》的表达一致,该"守门阍杀馀祭"六字的原文,必定是记写在该《年表》的"馀祭十七年"表栏内。否则,馀祭即是在其在位四年时被杀;可为什么又称馀祭的纪年为馀祭十七年呢?显然梁玉绳在这里指出《史记》不同篇章的《十二诸侯年表》与《吴太伯世家》关于馀祭卒年记载,相悖而互相矛盾。

因此,梁玉绳《史记志疑》对馀祭、馀昧在位情况,承接唐司马贞"二王之年"的"倒错"[2]而作意义相同的评述:"馀祭四年,夷昧十七年,《史》(《史记·吴太伯世家》)误倒。"[3]

(3)本书使用且现今通行的《史记》版本

本书使用且现今通行的《史记》版本,主要为《史记》中华书局排印本及《史记会注考证》本。如下:

其一:司马迁著《史记》,今中华书局1959年排印本的版本,据该排印本《出版说明》说:"清朝同治年间,金陵书局刊行《史记集解、索隐、正义合刻本》一百三十卷(以下简称'金陵局本')。这个本子经张文虎根据钱泰吉的校本和他自己所见到的各种旧刻古本、时本加以考订,择善而从,是清朝后期较好的本子。现在我们用'金陵局本'作为底本,分段标点。"[4]而该《史记》排印之《史记·十二诸侯年表》公元前544年(吴馀祭四年,鲁襄公二十九年)史事栏内,如前所述,记载为:"守门阍杀馀祭。季札使诸侯。"[5]

其二:司马迁著、泷川资言会注考证《史记会注考证》,北岳文艺出版社1999年影印出版时,在《出版说明》中指出:"北宋以后刊行的《史记》三家注本,把注释部分删去了不少。流传在日本的旧钞本《史记》卷子,许多还保存着北宋以前的《史记》和三家注的真面目。一九三四年泷川资言据日本所藏《史记》旧钞本并搜集三家注以后研究《史记》的有关资料,编成《史记会注考证》一书,成为学界最看重的《史记》本子。"[6]该《史记会注考证》之《史记·十二诸侯年表》"馀祭四年"栏内,所载为与上述中华书局1959年排印本相同的"守门阍杀馀祭。季札使诸侯",并另作或源于梁玉绳《史记志疑》的考证说:"守门阍杀馀祭六字,元文必书于十七年,后人移入四年。"[7]

综上可知:现今通行的不同版本的《史记》之《史记·十二诸侯年表》所录之"馀祭四年"的"守门阍杀馀祭"[8]相同,且无材料证其有误。同时,亦无从得知,是何因素导致司马迁在《史记·吴太伯世家》中出现与《春秋经》《左传》记载背离的情况。更无从得知,是何因素导致司马迁在《史记·吴太伯世家》及《史记·十二诸侯年表》不同篇目间出现记载相悖和叙述不统一的情

---

[1]梁玉绳:《史记志疑》,中华书局1981年,第363页。
[2]司马贞:《史记索隐》,见司马迁:《史记》,中华书局1959年,第1460页。
[3]梁玉绳:《史记志疑》,中华书局1981年,第838页。
[4]《出版说明》,见司马迁:《史记》,中华书局1959年,第5页。
[5]《史记·十二诸侯年表》,见司马迁:《史记》,中华书局1959年,第644页。
[6]《出版说明》,见司马迁著、泷川资言会注考证:《史记会注考证》第一册,北岳文艺出版社1999年,扉页。
[7]司马迁著、泷川资言会注考证:《史记会注考证》第五册,北岳文艺出版社1999年,第126页。
[8]《史记·十二诸侯年表》,见司马迁:《史记》,中华书局1959年,第644页。

况。而《史记·吴太伯世家》与《春秋经》《左传》记载背离的情况,以及《史记》不同篇章间记载相悖的情况,主要体现为前引司马贞引《系家》(即《世家》)的"倒错二王之年"及梁玉绳所说的"《史》(《史记·吴太伯世家》)误倒"。亦即《春秋经》《左传》叙述馀祭在位四年、馀昧在位十七年,而《史记·吴太伯世家》记作馀祭在位十七年、馀昧在位四年。二者出现"倒错"或"误倒"的情况。

3. 本书关于吴王馀祭与吴王馀昧的在位年份及其文献记载情况的意见

(1)春秋后期,吴国七位吴王的在位年份,后世争议最大者为吴王馀祭和吴王馀昧

春秋后期,文献记载的吴国王权传承者,依次为寿梦、诸樊、馀祭、馀昧、僚、阖闾和夫差等七位吴王。而七位吴王中,后世争议最大者,莫过于吴王馀祭和吴王馀昧的在位年份。

(2)《春秋经》《左传》与《史记》不同篇目叙述的馀祭及馀昧不同在位年份,只能采信《春秋经》《左传》以及《史记》中与《春秋经》《左传》对接的《史记·十二诸侯年表》

由于《春秋经》《左传》与《史记·吴太伯世家》《史记·十二诸侯年表》之间存在着或不对接、或对接的紊乱情况,故而在对上述文献记载逐一爬梳、厘清的情况下,对吴王馀祭、吴王馀昧在位年份问题的认识,笔者在《苏州通史·先秦卷》涉及"倒错二王之年"时,在《代前言》中对此作了如下结论性表述:"现今留存且构成先秦苏州史的文献基础,存有两大系统:一为《经》《传》叙述系统;一为《史记》叙述系统。……两个文献记载系统对苏州先秦历史的叙述,大体相同,但在涉及春秋吴国的一些重要史实叙述中,却呈现出截然迥异的状况。如《左传》记载吴王馀祭在位四年,吴王馀昧在位十七年;但《史记》颠了个倒,作馀祭十七年、馀昧四年。对此,唐司马贞《史记索隐》就已指出《史记·吴太伯世家》'倒错二王之年'[1]。故《苏州通史·先秦卷》在二王(馀祭、馀昧)在位年份问题上,只能采信由孔子修订而成的《春秋经》与《左传》。"[2]更何况,《史记·十二诸侯年表》亦是以采信《春秋经》《左传》记载而否定、修改并取代《史记·吴太伯世家》关于馀祭及馀昧在位年份的错误叙述。对本书《先秦吴国史稿》而言,依然坚持《苏州通史·先秦卷》的上述叙述。

4. 当代学者对"二王"(馀祭、馀昧)的文献采信情况及其综述

2014年底,苏州博物馆征集到一件被称为"吴王馀昧剑"的春秋时期青铜剑(关于该剑,另见下文叙述)。

2015年,苏州博物馆在举办"兵与礼——吴王馀昧剑特展"的同时,还举行了"苏州博物馆新入藏吴王馀昧剑研讨会"。

在这一研讨会上,与会专家就吴王馀祭与吴王馀昧(眜)的关系及其文献记载情况,发表了或采信《史记》、或采信《春秋经》《左传》等关于吴王馀祭与吴王馀昧(眜)在位年份的意见。其中主要意见如下:

(1)采信《史记》

在这一研讨会上,周亚先生叙说该剑铭文"记录了三场战争,伐郴(麻)、御荆、伐越御越,

---

[1] 原文此处加注:"司马贞:《史记索隐》,见司马迁:《史记》,中华书局1959年,第1460页。"
[2] 吴恩培:《苏州通史·先秦卷》,苏州大学出版社2019年,第4—5页。

在《春秋》经传、《史记》等文献中也有记载，这就以实物资料的形式印证了文献记载的可靠性。特别需要关注的是，剑铭中明确记载馀眜是受馀祭之命去伐麻地的，伐麻之事见于《左传·昭公四年》，按照《春秋》经传的记载，馀祭在位四年，馀眜在位十七年，馀祭死于襄公二十九年，据此，昭公四年已是馀眜任吴王的第六年。而《史记·吴太伯世家》记载的是馀祭在位十七年，馀眜在位四年，（昭公四年、馀祭）'十年，楚灵王会诸侯而以伐吴之朱方，以诛齐庆封。吴亦攻楚，取三邑而去'。现在根据馀眜剑铭文，可以肯定，《史记》关于馀祭和馀眜的在位年数记载，显然比《春秋》《左传》要可信"[1]。

（2）采信《春秋经》《左传》

吴镇烽《记新发现的两把吴王剑》一文指出："'余祭'在位年数，据《左传》记载为4年，自鲁襄公二十六年至二十九年（前544年），《史记·吴太伯世家》错记为17年，而把余眜在位17年（前544年—前528年）错记为4年，使两位吴王的在位年数相反。"[2]

上文发表六年后，吴镇烽先生在上述研讨会上作《试释苏州博物馆的吴王馀眜剑》的发言时，持同样的学术观点："根据《春秋左传》记载句馀（馀祭）在位四年，自鲁襄公二十六至二十九年（公元前547—前544年），而《史记·吴太伯世家》错记为十七年（鲁襄公二十六年到鲁昭公十一年，即公元前547—531年），把馀眜在位十七年错记为四年，使两位吴王的在位年数颠倒。"[3]

（3）从采信《春秋经》《左传》到采信《史记》

曹锦炎先生《吴王寿梦之子剑铭文考释》一文指出："按馀祭在位仅4年，卒于襄公二十九年[4]，则二十八年赐庆封邑之吴王，不得为夷末（馀眜）。"[5]此处原文及注释，表达了在吴王馀祭、馀眜在位年数问题上，曹锦炎先生采信《春秋经》《左传》的记载。

而在上文发表八年后的"苏州博物馆新入藏吴王馀眜剑研讨会"上，曹锦炎先生所作《新见攻虘王姑發皮難剑铭文及其相关问题》的发言中，就"需要讨论吴王馀眜的在位年代问题"时，观点却发生了变化，说："据《春秋》记载，馀祭在位四年，馀眜在位十七年。但是，据《史记·吴太伯世家》及《十二诸侯年表》所记，皆谓馀祭在位十七年，馀眜在位四年，两者互倒。而《十二诸侯年表》在'吴馀祭'四年栏又书'守门阍杀馀祭'六字[6]。因此，司马贞的《史记索隐》力辩《左传》为是，认为'《系（世）家》倒错二王之年'。此说颇受学者赞同，我也一度从之。但是，从上述讨论剑铭知道，馀眜受馀祭之命'伐麻''御荆''御越'的三次军事行动分别是昭公四年、昭公十二年、昭公五年，特别是昭公十二年的战争是因楚国伐徐国而引起的。昭公十二年当馀祭十七年，据《史记·吴太伯世家》载：'十七年，王馀祭卒，弟馀眜立。王馀眜二年，楚公子弃疾弑其君灵王代立焉。'两剑铭文与《左传》、《史记》的记载可以互证。因此，馀眜受馀祭之命代为吴王的

---

[1] 周亚：《新见吴王馀眜剑浅议》，见苏州博物馆：《兵与礼——苏州博物馆新入藏吴王馀眜剑研讨会论文集》，文物出版社2015年，第25页。
[2] 吴镇烽：《记新发现的两把吴王剑》，《江汉考古》2009年第3期。
[3] 吴镇烽：《试释苏州博物馆的吴王馀眜剑》，见苏州博物馆：《兵与礼——苏州博物馆新入藏吴王馀眜剑研讨会论文集》，文物出版社2015年，第42页。
[4] 原文此处加注："此据《春秋》经传。馀祭在位4年，馀眜在位17年，《史记》误倒，见司马贞《索隐》及梁玉绳《史记志疑》。"
[5] 曹锦炎：《吴王寿梦之子剑铭文考释》，见曹锦炎：《吴越历史与考古论丛》，文物出版社2007年，第22页。
[6] 原文此处加注："梁玉绳于《史记志疑》指出：《史记·十二诸侯年表》'守门阍杀馀祭'六字，盖后人依《春秋》之文移入，《年表》原文必书于十七年。参梁玉绳《史记志疑》第1册，中华书局，1981年，第363页。"

年代只能卡在昭公十二年楚伐徐的战争之后。所以,《史记》记载馀祭在位十七年(公元前547—前531年)、馀眛在位四年(公元前530—前527年),完全准确。"[1]

(4) 综述

对上述诸位专家在该研讨会上表达的学术意见,本书一并录之。而在本书下文关于"苏博剑"——苏州博物馆新入藏吴王馀眛剑的相关章节涉及吴王馀祭、吴王馀眛(眛)的在位年份时,另作叙述。

第四节　二十三世吴王僚及其执政前期的对外关系及对楚战争

公元前527年(吴馀眛十七年,鲁昭公十五年)正月,二十二世吴王馀眛去世,其子僚即位,为二十三世吴王。吴王僚在位十二年时,于公元前515年(吴王僚十二年,鲁昭公二十七年)被专诸刺杀。

一、吴王僚其人

僚,又名"州于",见诸《左传·昭公二十年》:"员如吴,言伐楚之利于州于。"[2]杜预注:"州于,吴子僚。"[3]

(一) 僚身世及其接位为二十三世吴王的不同说法

关于僚的身世,前文论及寿梦子嗣时,已指出其身世存有两说:

一说僚为馀眛之子,出自《史记·吴太伯世家》记载:"王馀眛卒,欲授弟季札。季札让,逃去。于是吴人曰:'先王有命,兄卒弟代立,必致季子。季子今逃位,则王馀眛后立。今卒,其子当代。'乃立王馀眛之子僚为王。"[4]意为:吴王馀眛去世。其生前想传位于其弟季札。季札避让,逃离而去。于是吴人说:"先王有令,兄终弟及,一定要传位于季札。季札现在逃避君位,那吴王馀眛就成了兄弟中最后一个被立为国君的人,现在他死了,当由他的儿子代立为君。"于是立馀眛的儿子僚为吴王。

另一说僚为寿梦长庶,即寿梦庶子中年龄最长者,出自《公羊传·襄公二十九年》记载:"夷眛也死,则国宜之季子者也。季子使而亡焉。僚者,长庶也,即之。"[5]意为:夷眛(馀眛)去世,则吴国君位就该归季札了。可是季札乘出使时流亡在外。僚是寿梦的庶长子,于是就即位了。另,《世本·张树梓集补注本》亦有"寿梦生夷眛及僚,夷眛生光"[6]的记载。

本书取前说,即僚为馀眛之子说。

---

[1] 曹锦炎:《新见攻敔王姑發䧹難劍銘文及其相關問題》,见苏州博物馆:《兵与礼——苏州博物馆新入藏吴王馀眛剑研讨会论文集》,文物出版社2015年,第19页。
[2]《春秋左传正义》,北京大学出版社1999年,第1389页。
[3] 杜预注,见杜预:《春秋经传集解》,上海古籍出版社1978年,第1449页。
[4] 司马迁:《史记》,中华书局1959年,第1461页。
[5]《春秋公羊传注疏》,北京大学出版社1999年,第465页。
[6] 宋衷注、秦嘉谟等辑:《世本八种》,中华书局2008年,第141页。

1.馀眛去世后的吴国王位传承与"季札让,逃去"

《史记·吴太伯世家》记载"季札让,逃去。于是吴人曰"[1]中的"吴人",相当于《左传》中屡屡提及的"国人",即吴国以士为主,包括居住于城中的工、商及近郊之农人。在"吴人"对吴国王位传承的意见中,显然在尊重当初寿梦制定的"兄终弟及"方式的前提下,以"季子今逃位"而选择去世吴王馀眛之"子当代"的方式。寿梦后吴国王位传承"兄终弟及"的方式,至此变为"父死子继"。这一改变,即是上述"季札让,逃去"导致的。

《吴越春秋》记载了是时季札拒绝的原因及"逃去"处:"欲授位季札,季札让,逃去,曰:'吾不受位,明矣。昔前君有命,已附子臧之义,洁身清行,仰高履尚,惟仁是处,富贵之于我,如秋风之过耳。'遂逃归延陵。"[2]意为:季札拒绝接受王位,并且说:"我不肯接受君位,这已经是很明白的事了。过去的吴王诸樊曾有吩咐,要让我接吴王之位,但我已决心奉行曹国公子子臧的为人之道,洁身自好,清廉为人,景仰高风亮节,从事崇高的事业,只遵行那仁义的原则,而荣华富贵对于我来说,就像秋风吹过罢了。"于是他逃往他的封邑延陵。

延陵,地望有二:一为"地名,今江苏武进县治。春秋吴季札居此,称延陵季子"[3]。另一为"镇名,在江苏丹阳县南三十里,晋置县于此,齐末废,隋移治丹徒,唐复移今所,宋又废"[4]。上述二地相距不远,春秋时或为一邑。

(二)吴国王位传承从"兄终弟及"到"父死子继"的转变及其导致的王室危机

1.从"兄终弟及"到"父死子继"

馀眛后,吴国王位传承从"兄终弟及"变为"父死子继"。而随着"父死子继"模式下吴王僚执掌吴国王权,这一王位传承的转变,已为王室危机埋下了隐患。从历史进程来看,它对吴国的影响,即是引发吴国王室内部相残——吴国历史上唯一的宫廷政变。

吴王寿梦临终前,因其个人情感好恶而欲传位于四子季札。未果,寿梦为吴国的王位传承制定了"兄终弟及"的方式,其意在将吴国王位传于季札。

寿梦后,其长子诸樊、次子馀祭乃至三子馀眛,均执行寿梦的这一临终成命。因而吴国政局在这一期间呈现出权力平稳传承状态。作为寿梦嫡长子的诸樊,率先垂范,并未传位其子公子光。诸樊后,其弟馀祭继位。馀祭去世后,亦未传与其后人(文献未记载馀祭后人情况),而由其弟馀眛继位。

当初寿梦设置"兄终弟及"的传承方式而至于季札,实隐含着两个前提,即实现这一传承方式须满足两个条件:

其一,季札的三个兄长,寿命均不得超过季札。否则,三兄长中只要有一个寿命超过季札,则随着季札先于该兄长而逝,这一继承方式即行终止。

其二,在前一个条件得以满足时,还须得到季札的合作。否则,寿梦当初设置的继承方式,

---

[1]司马迁:《史记》,中华书局1959年,第1461页。
[2]赵晔:《吴越春秋》,江苏古籍出版社1986年,第9页。
[3]韩湘亭:《历代郡县地名考》,北京图书馆出版社2002年,第271页。
[4]韩湘亭:《历代郡县地名考》,北京图书馆出版社2002年,第272页。

也只是一个无法实现的伪命题。

馀眜后的传承,正是由于上述条件之二——须得到季札的合作这一点得不到满足,从而导致寿梦没有预见到的情况发生——王位传于馀眜之子,而寿梦希望接位的继承人季札并未继承王位。

2.季札多次拒绝王位与吴王僚执政

季札拒绝继承王位,文献记载在不同时期有以下三次:

(1)寿梦在位时

寿梦去世前,意欲废长立幼而立季札。"季札让,曰:'礼有旧制,奈何废前王之礼,而行父子之私乎?'"[1]寿梦意欲立四子而废嫡长子,但遭到四子季札以礼制为由的拒绝。因此,寿梦去世前季札拒绝继承王位,其表现出的维护王权继位秩序的"礼"的精神,成为后世对其正面评价的主要依据。

(2)诸樊在位时

吴王诸樊值军事失败后,又在晋国集团的向城盟会中遭遇重大外交挫折。吴王诸樊以主动让位于季札的方式表示承担责任;同时,亦以该方式履行对父亲寿梦的承诺。对诸樊的让位之举,季札以效法曹国子臧而拒。然而,季札"愿附于子臧"的推辞,并没有打消诸樊"将立季札"的念头。于是诸樊"固立之,弃其室而耕,乃舍之"[2],即诸樊坚持要立季札为国君,季札于是抛弃了他的家产而去种田,诸樊这才无奈放弃让位的打算。

(3)馀眜去世后

吴王馀眜去世后因"季札让,逃去",从而导致立吴王馀眜之子僚为吴王的情况,前文已述。

(4)评述

上述文献记载的季札三次让位,背景、意义及引发的后果均不相同。

首先是吴王寿梦在位时。寿梦欲废长而立幼。"季札让,曰:'礼有旧制,奈何废前王之礼,而行父子之私乎?'"季札的本次让位,有其维护"礼"制及王位传承制度的意义。其引发的后果,是吴王寿梦后的"三传(指传于诸樊、馀祭、馀眜)"的权力平稳过渡。

其次是吴王诸樊在位时。这一次的让位,季札说"有国,非吾节也。札虽不才,愿附于子臧",以及"弃其室而耕"[3]。其意义在于:一是维护了寿梦"授国以次及于季札"[4],即王位依照兄弟次序传与季札的遗命;二是成全了其兄诸樊,从而使诸樊避免因伐楚丧导致吴国战败及向城会见吴国被晋国集团边缘化被追责而失去王位。

最后是吴王馀眜去世后。这是一次特殊时期的让位,这时的吴国遵寿梦遗命进行"兄终弟及"的传承,已历诸樊、馀祭、馀眜三代吴王。馀眜去世,季札继位既不存在废长立幼,也不存在有违礼制的状况。因此,这与寿梦时意欲废长立幼及季札以礼制为由拒绝,已不可同日而语。另

---

[1]赵晔:《吴越春秋》,江苏古籍出版社1986年,第7页。
[2]《左传·襄公十四年》,见《春秋左传正义》,北京大学出版社1999年,第919页。
[3]《左传·襄公十四年》,见《春秋左传正义》,北京大学出版社1999年,第919页。
[4]赵晔:《吴越春秋》,江苏古籍出版社1986年,第7页。

外,在秉承其父王遗命"授国以次及于季札"进行"兄终弟及"的传承中,作为四子的他,此时已不具备让位的条件——没有让位的对象。通俗地讲,在他的兄弟辈中,他已无人可让。因此,季札此时的"逃去""逃位",既违背其父吴王寿梦遗留的父命,也违背吴王寿梦当日遗留下的王命。同时,也违背其所曾维护的王位继位秩序的"礼"的精神,因而变成置国家责任于不顾的缺少担当的行为。

季札"逃去""逃位"直接导致吴国王位传承方式由"兄终弟及"一改为"父死子继",从而"立王馀眜之子僚为王"。这一传承方式的变化,引发的后果则是其侄公子光(诸樊子)为争夺王权而刺杀同是其侄的吴王僚(馀眜子)。

季札"逃去""逃位"时,并未预见日后发生同宗兄弟互相残杀的后果。然而,当这一宫廷政变的血腥后果展现在季札面前时,《左传》《史记·吴太伯世家》均记载了季札相同的反应:"非我生乱,立者从之,先人之道也。"[1]意即:"不是因我而发生了动乱,立为国君的人我就服从,这是先人遵循的常法。"对此,杜预注曰:"吴自诸樊以下兄弟相传,而不立嫡,是乱由先人起也。季子自知力不能讨光,故云尔。"[2]这里的"是乱由先人起",首先指寿梦令诸樊后吴国的王位传承方式由"父死子继"改为"兄终弟及"。若无此寿梦的安排,则诸樊后的王位,当由诸樊嫡子公子光继承。其次,"是乱"虽"由先人起",但在传承过程中,因馀眜后的季札当接王位而不接地"逃去""逃位",故"是乱"即宫廷流血政变的发生,与季札此时的作为,有着直接的因果关系。若季札秉承父命、王命而未作"逃去""逃位"的选择,吴国又何来宫廷流血政变的发生?故面对血染宫闱的结果(关于"血染宫闱",另见下文),季札"非我生乱"云云,已明显是在推卸自己应承担的社会责任了。

二、吴王僚时期的对外关系及对楚战争

(一)吴王僚执政后的"齐侯伐徐"而夺徐

1."齐侯伐徐"

值吴王馀眜去世及吴王僚上台,齐国开始南下插手淮河流域的事务,并逼迫徐国与其结盟,从而使徐国成为其属国。

吴王僚元年(鲁昭公十六年,前526),《春秋经·昭公十六年》记载:"十有六年,春,齐侯伐徐。"[3]而《左传·昭公十六年》则记载了齐国攻伐徐国的经过:"二月,丙申,齐师至于蒲隧。徐人行成。徐子及郯人、莒人会齐侯,盟于蒲隧,赂以甲父之鼎。"[4]意为:本年二月十四日,齐军到达蒲隧。徐国人求和,徐子和郯人、莒人会见了齐景公,并与齐国在蒲隧结盟,徐人送给齐景公一只名为"甲父"的鼎。

---

[1]《左传·昭公二十七年》,见《春秋左传正义》,北京大学出版社1999年,第1484页;《史记·吴太伯世家》,见司马迁:《史记》,中华书局1959年,第1465页。
[2]杜预:《春秋经传集解》,上海古籍出版社1978年,第1553页。
[3]《春秋左传正义》,北京大学出版社1999年,第1346页。
[4]《春秋左传正义》,北京大学出版社1999年,第1347页。

2.徐国与齐国的历史渊源及"齐侯伐徐"的原因

徐国与齐国历史上就曾有过联姻关系。《左传·僖公十七年》记载,齐桓公去世留下的三个未亡人中,有一个就是出自徐国宗室的女人——"徐嬴"[1]。而早在齐桓公在中原地区称霸时的公元前645年(鲁僖公十五年),因"楚人伐徐",晚年的齐桓公与鲁、宋、陈、卫、郑、许、曹等国的诸侯或代表"盟于牡丘",并派鲁国"公孙敖帅师""救徐"[2]。显然,早在齐桓公称霸时,地处战略要冲的徐国,在齐、楚争霸时就成为双方争夺的要地。

随着齐桓公的去世及齐国国力的衰落,齐国的春秋首霸地位,无奈地让位于其后的晋国和楚国。齐国在晋国集团中,并不甘心处于被支配的地位,于是或挑战晋国的权威,或与楚国勾勾搭搭以掣肘晋国。齐、晋一直延续着若即若离的状况。

公元前530年(吴馀昧十四年),齐景公出席晋昭公举办的一次娱乐宴会,在娱乐中下意识地表露出取晋而代之的想法。晋国的中行穆子(荀吴)作为相礼,以箭投入壶中为娱乐。"晋侯先。穆子曰:'有酒如淮,有肉如坻。寡君中此,为诸侯师。'中之。"[3]意为:晋昭公先投,中行穆子在一旁用带有许愿性质的话语说:"有酒像淮流,有肉像高丘。我国国君若投中壶,则统帅诸侯。"他的话说完,晋昭公一箭投中。而接下来,"齐侯举矢,曰:'有酒如渑,有肉如陵。寡人中此,与君代兴。'亦中之"[4]。意为:齐景公举起箭欲投时,自己用带有许愿性质的话语说:"有酒如渑水,有肉像山陵。寡人我若是投中壶,则取代贵君而兴盛。"话说完,齐景公投箭,也投中了。

显然,齐景公下意识表露的取晋而代之的异志,让晋国人不乐意了。晋国大臣伯瑕(士文伯)对中行穆子说:"您的话语有失当之处,我们晋国本来就是诸侯的霸主了,投中这个壶算什么,何必要以投壶投中来证明呢!齐国国君认为我们国君软弱,这次回国后就不会再来朝见了。"中行穆子听了说:"我军将帅刚猛有力,士卒竞相勤勉,现在还像过去前一样,齐国能干些什么?"

本是一次娱乐活动,却透出剑拔弩张的气氛。见此,齐国大夫公孙傁赶紧走进来为其君缓和氛围说:"天色已晚,国君也累了,可以退席了。"说着,就和齐景公一起出去了。

到了下一年(吴馀昧十四年,鲁昭公十三年,前529),就发生了"晋人将寻盟,齐人不可"[5],即晋国人要重温过去的盟约,齐国人不同意的事件。其时,晋昭公派叔向告诉前来出席盟会的周王室代表刘献公卿士说:"齐国人不肯结盟,怎么办?"刘献公回答了"结盟是用来表示信用的,君王如果有信用,诸侯又没有二心,有什么担心的"等等后,为表达强烈支持晋人寻盟的态度说:"天子之老,请帅王赋,'元戎十乘,以先启行',迟速唯君。"[6]即:"天子的卿士请求带领天子的军队,'大车十辆,在前面开路',早晚只听凭君王决定。"

在征得周王室的同意后,叔向再赴齐国,对齐景公说:"诸侯请求结盟,已经在这里了。现在君王以不结盟为有利,寡君以此作为请求。"齐景公不愿意结盟,于是回答说:"诸侯讨伐三心二意

---

[1]《春秋左传正义》,北京大学出版社1999年,第389页。
[2]《春秋左传正义》,北京大学出版社1999年,第371页。
[3]《春秋左传正义》,北京大学出版社1999年,第1295—1296页。
[4]《左传·昭公十二年》,见《春秋左传正义》,北京大学出版社1999年,第1296页。
[5]《左传·昭公十三年》,见《春秋左传正义》,北京大学出版社1999年,第1322页。
[6]《左传·昭公十三年》,见《春秋左传正义》,北京大学出版社1999年,第1322页。

国家，这才需要重温过去的盟约。如果都能听从命令，哪里需要重温盟约？"叔向听了，说了一通结盟的必要性后，撂狠话威胁说："晋礼主盟，惧有不治。奉承齐牺，而布诸君，求终事也。君曰：'余必废之，何齐之有？'唯君图之，寡君闻命矣。"[1]意为：叔向说："晋国按照先王、先公的礼仪主持结盟，唯恐不能办好，才谨奉用来结盟的牺牲而展示在君王之前，以求取得圆满结果。但君王说：'我一定要破坏掉它，哪里有什么同盟？'请君王考虑一下。我们国君恭敬聆听您的命令。"

叔向话语中透露出的意思，让齐景公感到害怕了，于是齐景公顺水推舟回答说："小国言之，大国制之，敢不听从？"[2]意即："我们小国只是表示了下意见，由大国来决断，我们又岂敢不听从？"

因齐国顺服，平丘盟会得以召开。而一心想取代晋国霸主地位但一直被晋国压着的齐景公，内心纠结，寻求着展示齐国实力的突破方向。

平丘盟会召开后的下一年（指吴馀昧十六年，鲁昭公十四年，前528），如前文所述，楚平王杀令尹曼成然。这传递出的信息表明：楚国仍陷在内部恶斗的泥淖中，其注意力仍然在国内。

而再下一年（指吴馀昧十七年，鲁昭公十五年，前527），吴王馀昧去世。因季札不愿继承王位，吴王僚执政。吴国传递出的信息表明：吴国王室隐含着深刻危机，新上台的吴王僚，其注意力也在国内。

正是上述与徐有关的两大国——楚和吴，其注意力均在于内政，这使得齐景公把眼睛盯住了徐国。

3."齐侯伐徐"引发的鲁国反弹——"诸侯之无伯，害哉"

鲁国一直与齐国恩怨难解，且视齐国为最大威胁。对齐国逼徐国"盟于蒲隧"，时为鲁国正卿的叔孙豹之子、鲁国"三桓"之一的叔孙氏宗主叔孙昭子（叔孙婼）对此忧心忡忡地说："诸侯之无伯，害哉！齐君之无道也，兴师而伐远方，会之，有成而还，莫之亢也，无伯也夫！"[3]意思是说："诸侯间若没有一个霸主，这对小国也是个危险啊！齐国国君无道，兴兵攻打远方的徐国，强迫徐国与他们结盟求和，在与徐国签订了盟约后才撤兵回来，没有人敢阻止他们。这都是没有霸主的缘故啊！"

和齐国相比，鲁国国力相差甚远。因此，在感慨"诸侯之无伯，害哉"时，鲁国其实是希望有大国出手来制衡齐国，而不能让齐国为所欲为。

（二）吴王僚对"齐侯伐徐"的示弱与忍让及其原因分析

徐国与吴国关系密切，历史上两国亦曾有过联姻。为此，在楚灵王主导的申地盟会上，因徐国国君是吴国宗女所生，楚灵王认为他对楚国有二心而把他逮捕起来。吴国与楚国争战于淮河流域，亦曾为徐国出兵。公元前529年（吴馀昧十五年，鲁昭公十三年），楚国攻打徐国，吴国救援，终"败诸豫章，获其五帅"。即吴国化解了楚国对徐国的围攻，并在豫章大败楚军，俘获其围攻徐国的五名军事将领。

因此，"齐侯伐徐"显示了昔日晋、楚在中原及淮河流域的争霸，已转变为群雄在这一地区的

---

[1]《左传·昭公十三年》，见《春秋左传正义》，北京大学出版社1999年，第1323页。
[2]《左传·昭公十三年》，见《春秋左传正义》，北京大学出版社1999年，第1323页。
[3]《左传·昭公十六年》，见《春秋左传正义》，北京大学出版社1999年，第1347—1348页。

角逐。而随着齐国南下,吴、楚、齐三国在这一地区的利益争夺势不可免。

齐国逼迫徐国与其结盟,并使徐国成为其属国,剑锋所指,实为从吴国口中夺食。但吴王僚执政下的吴国却保持了沉默,并未有任何作为,看着齐国用武力迫使这一吴国当初的保护国变成了齐国的保护国。

从吴国对楚国战争的四连胜及其后"吴入州来"时楚平王对吴国的退让中可以看出,这一时期,吴国军力并不弱,甚至已到了使楚国都得忍让、畏惧的地步。因此,从军事实力的角度来看,对实力并不强于楚国的齐国,吴国并非没有胜算。另从地利的角度来看,吴、齐两国与徐国的距离,大致相等,故齐国并不占有地利优势。因此,在徐国问题上,吴国对齐国的沉默和忍让,适与对楚国的毫不相让、针锋相对截然相反。

何也?

吴国未选择示强,或有如下原因:

国内原因——吴王僚刚刚上台,立足未稳,故内政大于外交。亦不排除吴王僚与其父吴王馀昧个性上的差异。相比其父在对外政策上果断、坚毅的个性,吴王僚在对齐问题上,已显示出其颟顸、迟重的性格。

外部原因——齐国为北方大国,实力雄厚。吴王僚或出于不想与齐国结怨的战略考虑,尤其在吴国与楚国一直成敌对状态的情势下。

(三)吴王僚前期的对楚战争

相比对齐国的忍让,吴王僚选择了主动对楚国示强。

1.吴伐楚及吴、楚长岸之战

(1)吴伐楚

公元前525年(吴王僚二年,鲁昭公十七年)冬天,"吴伐楚"[1]。即吴王僚执政的第二年,吴国攻打楚国。

关于本年吴国主动挑起对楚战争的原因,典籍未载。而作为吴王僚执政后的首次对外用兵,不能不慎重,也不能没有原因。

外部原因——对齐国逼迫徐国与其结盟吴国所采取的示弱态度,必使吴王僚面对种种质疑。故吴王僚需要一次对楚战争来示强,借以平息失去徐国的国内舆论。从这一意义上讲,吴王僚用对楚战争隔空打牛式地对齐喊话。

国内原因——吴王僚上台执政,或面临着对其执政合法性的种种质疑。因此,以一次对外战争来分散国内的注意力,并借以表达其继承与楚对抗这一吴国国家战略的意志和决心。同时,吴王僚凭借其父吴王馀昧对楚战争的多次胜利而建立起的吴国自信,试图以一次展示武力的机会显示自己的能力,并以一次胜利的战争巩固其国内的权力,从而显示其执政的合法性。而从"吴伐楚"吴军由吴王诸樊的嫡长子公子光统率来看,鉴于公子光与吴王僚在王位继承上存在着的利害关系,不排除吴军若出师不利,吴王僚乘机剪除公子光的用心。

---

[1]《左传·昭公十七年》,见《春秋左传正义》,北京大学出版社1999年,第1369页。

(2) 楚国的应对：令尹、司马相继占卜所显示的楚国对吴战争的恐惧及信心阙失

面对吴国发动的战争，楚国一时不知所措。其时，担任楚国令尹职务的阳匄，慌忙中求诸神灵的启示。《左传·昭公十七年》记载："阳匄为令尹，卜战，不吉。"[1]阳匄，即前文所述，向楚平王建议释放关押在楚国的吴公子蹶由回国的楚国令尹。此时，这位令尹占卜战争的结果，为不吉利。阳匄本想借助占卜而抵消对吴国的恐惧和建立起胜利的信心，却未料结果适得其反。在这种情况下，主管楚国军事的司马子鱼急了，说："我得上流，何故不吉。且楚故，司马令龟，我请改卜。"[2]意为："我们地处上游，为什么会不吉利？按照楚国的惯例，应当由主管军事的司马事先向上天报告占卜的内容，然后采用龟卜的形式进行。因此，我请求重新占卜。"

前文言及中国古代的占卜有龟卜及筮卜两种。前者以烧灼龟甲以卜吉凶，后者则用蓍草占卜以预测未来或卜问疑难之事。因此，楚令尹阳匄的占卜系采用筮卜形式，并得出个不吉利的结果。在这一情况下，担任司马之职的子鱼没有、也不敢挑战占卜结果。于是，他对占卜的程序提出了异议，即援引楚国旧例或是传统，占卜当由他这个主管军事的司马采用龟卜形式进行。

如果令尹阳匄用筮卜形式占了个吉利的卜，或许子鱼就不会对占卜程序提出异议并要求重新占卜了。正因如此，自感手气不顺的令尹阳匄对子鱼重新占卜的请求未提异议。重来一次，若能占卜得个好结果，也能提振军心，何乐而不为之？于是重新进行龟卜，司马子鱼提出卜辞，即："令曰：'鲂也以其属死之，楚师继之，尚大克之。'吉。"[3]鲂：鱼名，鳊鱼的古称。此处子鱼以鳊鱼自况。司马子鱼占卜时提出的卜辞意思说："我子鱼率领我的部属冲在前面拼死作战，楚国的大军随后跟上，希望能大获全胜。"占卜的结果是吉利。

战争的方式和进程，按着子鱼占卜时提出的卜辞进行。

(3) 吴、楚长岸之战的进程和结果：吴公子光先败后胜

吴、楚两军"战于长岸，子鱼先死，楚师继之，大败吴师，获其乘舟馀皇。使随人与后至者守之，环而堑之，及泉，盈其隧炭，陈以待命"[4]。意为：两国军队在长岸作战，楚国司马子鱼先行战死。楚军接着跟上去，把吴军打得大败，并缴获吴军的"馀皇号"战舰。缴获该战舰后，楚军派其属国——随国士兵和后来到达的人看守，并环绕这条船开挖深沟，一直挖掘到见了泉水，然后再往沟里填满木炭。接着，摆开阵势听候命令。

关于"盈其隧炭"的作用，孔颖达疏曰："守舟者虽环而堑之，堑犹不合，有出入之路，故满路置火以防吴人也。"[5]按此，则"盈其隧炭"，以燃其火，而"满路置火"是为防止吴人夺回"馀皇号"战舰。杨伯峻《春秋左传注》则注为："此楚人防吴人窃取馀皇。盖移舟于岸，四周挖深沟，以至泉水。沟有出入道曰隧，以其及地下水而湿，故以炭填满之，为阵以待吴人。"[6]

楚军缴获了吴军的"馀皇号"战舰，使得吴军统帅公子光处于极为困难的境地。"吴公子光请

---

[1]《左传·昭公十七年》，见《春秋左传正义》，北京大学出版社1999年，第1369页。
[2]《左传·昭公十七年》，见《春秋左传正义》，北京大学出版社1999年，第1369页。
[3]《左传·昭公十七年》，见《春秋左传正义》，北京大学出版社1999年，第1369—1370页。
[4]《左传·昭公十七年》，见《春秋左传正义》，北京大学出版社1999年，第1370页。
[5]孔颖达疏，见《春秋左传正义》，北京大学出版社1999年，第1370页。
[6]杨伯峻：《春秋左传注》，见《春秋左传正义》，北京大学出版社1999年，第1392页。

于其众曰：'丧先王之乘舟，岂唯光之罪，众亦有焉。请借取之，以救死。'众许之。"[1]意为：吴公子光向大家请求说："丢掉先王乘坐的船，难道只是我公子光一人的罪过吗？大家也都是有份的。我请求借大家的力量夺回'馀皇号'战舰来救我们大家免于一死。"众将士答应了。

日后成为吴王阖闾（阖庐）的公子光，其政治智慧，在其首次指挥的长岸之战中得以充分展现。长岸之战，吴军先败且先王乘坐的"馀皇号"战舰被楚人缴获了去。从公子光对众将士所说的夺回战舰"以救死"的话来看，他深知自己险恶的政治处境——吴王僚因王位继承事，原本就忌恨自己寿梦嫡长孙的身份而心存芥蒂；而此战初败，吴王僚很可能以丧师辱国罪名，将自己予以政治上的清除。在这一困境中，公子光聪明地把自己与众将士的生死捆绑在一起，说服他们共同作出"救死"的努力。其睿智且又合情合理的请求，显然打动了众将士。毕竟丢了战舰，蒙羞的将士都脱不了干系。于是，夺回"馀皇号"战舰，就成为他们共同的目的——"救死"。

在和众将士结成命运共同体后，公子光选派三个身高马大且多须的人化装成楚军士兵的模样，先行潜于被楚军缴获的"馀皇号"战舰旁埋伏，并事先与他们约定暗号："到时候我喊'馀皇'，你们就答应。"夜半时分，吴国军队悄悄地摸了上去。公子光三次呼叫"馀皇"，埋伏在战舰旁的吴国士兵也交替应答着。结果，这三人暴露了自己，楚国人循声上去把他们都杀了。但楚军不知道潜伏的人有多少，故"楚师乱，吴人大败之，取馀皇以归"[2]。即楚军大乱，吴军乘机掩杀，大败楚军，并夺回"馀皇号"战舰而归。杜预对此注曰："《传》（指《左传》本条文字）言吴光有谋。"[3]显然，公子光利用楚军及其属国军队建制不一的弱点，谋划得当，一举夺回了"馀皇号"战舰，反败为胜，从而使得他的军事指挥才能在此战中得以充分展现。

长岸之战由败转胜的戏剧化过程，非但极大地提高了公子光在胜利面前的自信心，更提高了他在失败面前变不利为有利，终而取得胜利的自信心。而这又转化成公子光问鼎吴国权力宝座的资本。

2.吴、楚鸡父之战

（1）吴、楚关于州来的再次争夺

距长岸之役六年后的公元前519年（吴王僚八年，鲁昭公二十三年），吴、楚之间又爆发战争。和近些年吴、楚间战争多为吴国主动发起一样，此战亦为吴国主动发起。

《左传·昭公二十三年》记载说："吴人伐州来，楚薳越帅师及诸侯之师奔命救州来。吴人御诸钟离。"[4]意为：吴国军队又进攻州来，楚国司马薳越率领楚军以及顿、胡、沈、蔡、陈、许等诸侯国军队一起奉命奔赴来援救州来。吴军在钟离抵御他们。

被学者称为"吴、楚间之要塞"[5]的州来，成为两国反复易手的边境城邑。吴王寿梦二年（鲁成公七年，前584），晋推行"联吴制楚"之策，吴、楚联盟瓦解，且两国反目并进入了战争状

---

[1]《左传·昭公十七年》，见《春秋左传正义》，北京大学出版社1999年，第1370页。
[2]《左传·昭公十七年》，见《春秋左传正义》，北京大学出版社1999年，第1370页。
[3]杜预注，见杜预：《春秋经传集解》，上海古籍出版社1978年，第1428页。
[4]《左传·昭公二十三年》，见《春秋左传正义》，北京大学出版社1999年，第1434页。
[5]童书业：《春秋左传研究》，上海人民出版社1980年，第79页。

态，吴国进入的第一个楚国城邑就是州来。这就是《春秋经·成公七年》记载的"吴入州来"[1]。而州来反复易手后，《春秋经·昭公十三年》又记载："吴灭州来。"[2]

关于"吴入州来""吴灭州来"的区别，《左传·襄公十三年》区分"取""灭""入"的不同措辞时说："凡书取，言易也；用大师焉，曰灭；弗地曰入。"[3]意为：凡是《春秋经》记载的"取"，就是说事情进行得很容易；要是使用了重兵攻占，就叫作"灭"；如果是进入其国，但并不占有它的土地，就叫作"入"。

从公元前584年（吴寿梦二年，鲁成公七年）寿梦时期的"吴入州来"，到公元前519年（吴王僚八年，鲁昭公二十三年）吴王僚时期的"吴人伐州来"，其间，已过了六十五年。在这六十五年中，双方或"入"或"灭"或"伐"，拉锯般地你来我往。而《左传·昭公二十三年》记载的"吴人伐州来"[4]，表现了吴王僚执政后，对其祖父寿梦制定、其父馀眛调整的吴国国家战略中的"抗楚"，丝毫未有改变或衰减的势头。而再一次"吴人伐州来"，也反映了吴王僚自吴、楚长岸之战后，希望再一次以一场胜利的战争巩固其国内的政权。

（2）吴、楚鸡父之战

正当吴军进攻州来，楚军及顿、胡、沈、蔡、陈、许等诸侯国军队一起奉命赶赴来援救州来，从而再一次形成吴国以一国对七国（指楚、顿、胡、沈、蔡、陈、许）的军事对峙状态时，"子瑕卒，楚师熸"[5]。杜预注："子瑕即令尹也，不起所疾也。吴、楚之间谓火灭为熸。军之重主丧亡，故其军人无复气势。"[6]意为：楚国令尹子瑕（阳匄）死在了军中，楚国军队的士气大受影响。

楚帅丧亡，对吴军极为有利，吴军统帅大营商讨军事对策。吴公子光对战争的敌我双方态势、兵力构成以及战争预期进行分析后说："诸侯从于楚者众，而皆小国也。畏楚而不获已，是以来。吾闻之曰：作事威克其爱，虽小，必济。胡、沈之君幼而狂，陈大夫啮壮而顽，顿与许、蔡疾楚政。楚令尹死，其师熸。帅贱，多宠，政令不壹。七国同役不同心，帅贱而不能整，无大威命，楚可败也。"[7]杜预注："帅贱，薳越非正卿也。军多宠人，政令不壹于越。""七国，楚、顿、胡、沈、蔡、陈、许。"[8]故《左传》上条意为，吴公子光说："诸侯跟从楚国虽很多，但都是小国。他们都是害怕楚国而不得已前来参战。我听说：'做事情要威严压倒慈爱，这样，即使弱小也必然成功。胡国、沈国的国君年轻而浮躁；陈国的大夫夏啮虽然年富力强，但是顽固不化；顿国和许国、蔡国长期受楚欺压而内心憎恨楚国的政策。如今，楚国令尹去世，他们联军失去军中士气；而楚军的统帅薳越，出身低贱但很受宠信，因此政令不一。七国虽然伙同作战，但并不同心；元帅薳越地位低贱而不能整齐号令，且没有权威。因此，楚国是可以打败的。"

接着，公子光又从战术层面进行分析和建议说："我军如果分兵，首先进攻胡国、沈国和陈国

---

[1]《春秋经·成公七年》，见《春秋左传正义》，北京大学出版社1999年，第727页。
[2]《春秋经·昭公十三年》，见《春秋左传正义》，北京大学出版社1999年，第1311页。
[3]《左传·襄公十三年》，见《春秋左传正义》，北京大学出版社1999年，第908页。
[4]《左传·昭公二十三年》，见《春秋左传正义》，北京大学出版社1999年，第1434页。
[5]《左传·昭公二十三年》，见《春秋左传正义》，北京大学出版社1999年，第1434页。
[6]《左传·昭公二十三年》，见《春秋左传正义》，北京大学出版社1999年，第1434页。
[7]《左传·昭公二十三年》，见《春秋左传正义》，北京大学出版社1999年，第1434页。
[8]杜预注，见杜预：《春秋经传集解》，上海古籍出版社1978年，第1502页。

的军队,这些不堪一击的小国军队一定会抢先逃跑。而这三国的军队一溃败,楚国联军的其他国家的军队,军心势必动摇。等到楚国联军的参战军队各顾各地分崩离析后,楚军也一定会溃败而拼命奔逃。因此,要让先头部队放松戒备、减少军威以诱骗敌人,而后续部队则要巩固军阵、整顿师旅,准备攻其不备。"对公子光的建议,"吴子从之"[1],即吴王僚听了。

从上述吴军统帅大营商讨军事对策的情景来看,作为最高统帅的吴王僚,面对如此大战,既无个人主见,也无主导军事对策的话语权。相比之下,公子光恰与其相反。因此,大战前所映现出的吴王僚和公子光的不同才能和不同军事素养,或已预示着吴国未来的政局变化。

接下来的战争进程,则完全按照公子光的预测和部署进行。"戊辰晦,战于鸡父。"[2]即本年七月二十九日,吴军与楚国联军在鸡父决战。吴王僚首先用三千囚徒组成的队伍进犯胡、沈、陈三国的军队。因囚徒不习战,故这些囚徒组成的队伍并不齐整。胡、沈、陈三国的军队见吴军如此松垮,都争着来俘虏这些囚徒。而吴军分为三军紧紧跟在后面:中军跟随吴王僚,公子光率领右军,吴军将领掩馀率领左军。担当前队的吴国囚徒有的逃跑,有的停步不动,胡、沈、陈三国的军队被他们扰乱了阵势。而囚徒后面的吴国军队乘势大举进攻。在吴军的攻势下,胡、沈、陈三国的军队慌忙败退。败退中,胡国、沈国的国君以及陈国的大夫都被吴军俘虏。吴国军队把俘虏了的胡国、沈国的士兵们释放,让他们逃到许国、蔡国和顿国的军队里去到处散布谣言:"我们的国君死了!"就在许国、蔡国、顿国的军队听说胡国、沈国、陈国已遭败绩而处于惊惶之际,吴国的军队擂鼓呐喊着追杀了过来。于是"三国奔,楚师大奔"[3]。即许、蔡、顿这三个国家的军队也开始争相逃跑。楚军还没弄清是怎么回事,就也跟着逃跑起来。

这一"战于鸡父"的吴与楚及其属国的战争,再次成为吴胜楚的典型战例。而鸡父地望,顾德融、朱顺龙著《春秋史》以括注方式注"鸡父"为"今河南固始"[4]。

(3)鲁国史官在《春秋经》中对鸡父之战的选择性记载

对这场吴国一国与以楚国为首的七国联军所进行的鸡父之战,《春秋经·昭公二十三年》记为:"吴败顿、胡、沈、蔡、陈、许之师于鸡父,胡子髡、沈子逞灭,获陈夏齧。"[5]意为:吴国打败了顿国、胡国、沈国、蔡国、陈国、许国的军队。胡国国君髡、沈国国君逞都战死,吴军俘获了陈国大夫夏齧。

上述《春秋经》的文字,并未提及七国联军中的为首之国——楚国,提及的尽为被楚国胁迫而无奈参战的小国。对此,《左传·昭公二十三年》评述为:"《书》曰:……不言战,楚未陈也。"[6]意思是说,《春秋经·昭公二十三年》不记写楚国的参战,这是因为楚军连阵势还没来得及摆开,就已经糊里糊涂地败了。

"楚未陈",竟构成了《春秋经》"不书"即不予记载的原因。其实,这是个摆不上台面的理

---

[1]《左传·昭公二十三年》,见《春秋左传正义》,北京大学出版社1999年,第1434页。
[2]《左传·昭公二十三年》,见《春秋左传正义》,北京大学出版社1999年,第1434—1435页。
[3]《左传·昭公二十三年》,见《春秋左传正义》,北京大学出版社1999年,第1434—1435页。
[4]顾德融、朱顺龙:《春秋史》上海人民出版社,2001年出版,第152页。
[5]《春秋经·昭公二十三年》,见《春秋左传正义》,北京大学出版社1999年,第1429页。
[6]《左传·昭公二十三年》,见《春秋左传正义》,北京大学出版社1999年,第1435页。

由。战争中无论何方因何原因的胜或负，总得客观记载。是处，不记写吴、楚之战，却记写吴国与中原六个小国的战争，个中大有深意。

《左传·昭公二十三年》记载了"七国同役不同心"，也记载了在鸡父之战中实际参战的楚国的战时状况为"三国奔，楚师大奔"[1]，但《春秋经·昭公二十三年》却将上述的七国（楚、顿、胡、沈、蔡、陈、许）抽掉了楚国而只记为"吴败顿、胡、沈、蔡、陈、许之师于鸡父"，即只记六国，而独独不言吴所败的六国之外且起主导作用的楚国。

无从解释掌握着历史话语权的鲁国史官为何作此有悖《春秋经》《左传》记事原则且明显屏蔽楚国的选择性记载。是鲁国与楚国的关系有本质性的变化？查考鸡父之战前数年的《春秋经》《左传》，并无这方面的记载。舍此，则只能从吴、鲁国家关系及鲁国史官对吴国"蛮夷"鄙视的角度来进行解释了。

《公羊传·昭公二十三年》解本年的《春秋经》经文说："戊辰，吴败顿、胡、沈、蔡、陈、许之师于鸡父。胡子髡、沈子楹灭，获陈夏齧。此偏战也，曷为以诈战之辞言之？不与夷狄之主中国也。"[2] "不与夷狄之主中国"，则意味着《公羊传》解读《春秋经》经文时，是将吴国放在与中原列国对立的"蛮夷"地位上的。尽管如此，鸡父之战在显示了吴国对楚战争取得又一场胜利的同时，更显示了吴国实力的进一步增强。这为吴王僚后来介入中原事务奠定了实力基础。

第五节　吴王僚时期，宋华登与楚伍员（伍子胥）同年奔吴借兵及吴王僚借兵于宋华登

公元前522年（吴王僚五年，鲁昭公二十年），《左传·昭公二十年》分别记载了"员如吴"[3]及"华登奔吴"[4]。

"员"，指的是伍员，又作伍子胥，为楚国太傅伍奢之子。而"华登"，为宋国司马华费遂之子。前文述及，公元前538年（吴馀昧六年，鲁昭公四年）申地盟会后，楚灵王以八国（楚、蔡、陈、许、顿、胡、沈及淮夷）联军伐吴，宋国太子和郑国国君先期回国，而"宋华费遂、郑大夫从"[5]。即宋国由大夫华费遂、郑国由一位大夫随从楚灵王伐吴。因此，十六年前时为宋国大夫的华费遂参加楚灵王主持的"伐吴"而来到吴国。十六年后，时已为宋国司马的华费遂之子华登，亦"奔吴"而来到吴国。

伍子胥和华登来到吴国的目的，都是借兵回国复仇。由本年而倒溯的二十余年中，吴王馀昧及吴王僚父子两代吴王的对楚战争，无一败绩。这既成为伍子胥和华登二人奔吴借兵的依据，也反映了其时吴国在中原列国中产生的影响。毕竟，吴国战胜的对手是春秋时强大的楚国。

---

[1]《左传·昭公二十三年》，见《春秋左传正义》，北京大学出版社1999年，第1434—1435页。
[2]《公羊传·昭公二十三年》，见《春秋公羊传注疏》，北京大学出版社1999年，第517页。
[3]《左传·昭公二十年》，见《春秋左传正义》，北京大学出版社1999年，第1389页。
[4]《左传·昭公二十年》，见《春秋左传正义》，北京大学出版社1999年，第1396页。
[5]《左传·昭公四年》，见《春秋左传正义》，北京大学出版社1999年，第1202页。

对二人前来借兵,吴王僚差别性对待。而在差别性选择的背后,乃是吴国不同的政治需求。借兵于宋华登,反映了吴国对介入中原地区的欲望和兴趣;而未借兵于楚伍员(伍子胥),也并不表示吴国"抗楚"战略的任何松动。

就效果而言,吴借兵华登入宋,一去无回,中原试水在吴王僚执政时并未翻起任何水花。虽则如此,它却为其后吴王夫差时吴国国家战略转型为"北上争霸"开了先河。

而未能借到兵并滞留于吴国的伍子胥,其后介入了吴国核心政治并成为吴国后期有重要政治影响力的历史人物。

鉴于华登与伍子胥二人并无交集,更无关联性,故对二人及其联系着的历史事件分别论析。

一、华登借兵与吴国出兵介入宋国"华氏之乱"

(一)宋国的王位传承与二十七世宋元公执政

1. 西周初分封及微子始封君于宋

前述,周初分封时,发生"三监之乱",周公旦平叛。其后,周公旦"以微子开代殷后"[1],即"立微子于宋,以续殷后焉"[2]。其时,微子的封地不再是殷商旧都朝歌,而改为宋(今河南商丘)。

宋国以微子为始封君,并由此开始传承。宋以子姓,而从子姓中析分出的宋国华氏、向氏等卿族,长期争斗,使得宋国长期受累于国内卿族争斗。

2. 从二十五世宋共公到二十六世宋平公,再到二十七世宋元公

鲁宣公女外嫁于宋,为宋二十五世宋共公夫人共姬。共姬的侍妾把宋国司徒生的"赤而毛,弃诸堤下"的女孩捡回宫,并"名之曰弃"[3]。这位叫作"弃"的红毛芮女,后由共姬送给儿子——宋二十六世宋平公做侍妾,并生下佐(公子佐)。

公子佐长得难看;而宋平公嫡子太子痤长得漂亮,但内心狠毒。时任宋国左师的向戌对太子痤又害怕又讨厌。其时,伊戾作为太子身边的人而不受宠信,于是下手陷害太子痤。接着,向戌也出手致太子痤自杀身死。太子痤死后,公子佐被立为太子,即位后为宋二十七世宋元公。今安徽淮北有列为安徽省重点文物保护单位的共姬墓。该共姬即鲁宣公之女,宋共公夫人,宋平公之母,亦即宋元公(公子佐)的祖母。

列为安徽省重点文物保护单位的安徽淮北"共姬墓"文物保护碑(吴恩培摄)

---

[1]《史记·周本纪》,见司马迁:《史记》,中华书局1959年,第132页。
[2]《史记·殷本纪》,见司马迁:《史记》,中华书局1959年,第108页。
[3]《左传·襄公二十六年》,见《春秋左传正义》,北京大学出版社1999年,第1040页。

（二）宋元公执政时宋国卿族分化为公室派与反公室派两股政治力量

宋元公执政后，宋国卿族分化为公室派与反公室派两股政治力量。而从宋国子姓中析分出的华氏、向氏卿族所构成的反公室派势力强大，引发宋元公猜忌，且"宋元公无信多私，而恶华、向"[1]。即宋元公不讲信用，私心很重，并且讨厌华氏、向氏。

1.宋华、向之乱的萌发：对等互扣人质及宋元公杀人质而打破平衡

公元前522年（吴王僚五年，鲁昭公二十年），华定、华亥和向宁策划说："逃亡比等死要强，先下手吧！"宋国反公室派核心成员，既是世代仕宋的宋国卿族，也担任着国家的重要职务。华亥时为宋国"右师"即首相，而向戌五子向宁，则为宋国"左师"即副首相。由他们组成的反公室集团与以宋元公为代表的公室对抗，并决定先行下手。

于是，华亥伪装有疾，以此诱捕公室的公子们。公子们来探望他，都被扣押起来。夏季六月初九，反公室集团杀死公子寅、公子御戎、公子朱、公子固、公孙援、公孙丁，同时把向胜、向行囚禁在谷仓里。在这种情况下，宋元公亲自赶到华亥府中为群公子求情。反公室派的华氏、向氏不同意，并乘机扣留了宋元公。随后，华、向反公室派接受太子栾和他的同母弟弟公子辰、庶兄公子地作为人质而释放宋元公。宋元公也接受华亥的儿子无慼、向宁的儿子向罗、华定的儿子华启等三人为人质，并就此达成双方互押人质的协议。

国君的三个儿子与反公室派三个大臣之子，人数相等，互为人质，人质中还包括太子——未来的国君。这实在是春秋后期体现"礼崩乐坏"的君不君、臣不臣的一幕"狗血剧"。

《左传·昭公二十年》记载这一宋国的反公室之乱为"宋华、向之乱"后，又记载："公子城、公孙忌、乐舍、司马强、向宜、向郑、楚建、郳甲出奔郑。其徒与华氏战于鬼阎，败子城。子城适晋。"[2]杜预注上述奔郑的"八子，宋大夫。皆公党，辟难出"，其中的"楚建"为"楚平王之亡大子"[3]即楚太子建（有关楚太子建情况，见下文）。故上述《左传》所载意为：宋国公室派的"八子"（含逃亡于宋的楚平王之子太子建）逃亡到郑国。他们的党羽和华氏在鬼阎作战，子城战败去了晋国。孔颖达疏指出："子城本意与七子同心奔郑，故上云奔郑。及其败后，遂率意适晋以请师。"[4]

反公室派的三个核心人物，在宋国世代为卿。时为右师的华亥为华元之孙，时为左师的向宁则为向戌的第五个儿子。而同为向戌之子、向宁的四个哥哥，均为其对立面的公室派成员。他们即为前文提及的被囚禁在谷仓里的向胜、向行及奔郑"八子"中的向宜、向郑。

前述，对立双方互扣人质的情况是：华亥家中扣留着宋元公的三个儿子——太子栾、公子辰、公子地；而宋元公扣留着反公室派核心人物的三个儿子——华亥之子无慼、向宁之子向罗和华定之子华启。

华亥家中因扣留着宋元公的三个儿子，华亥和他的妻子一定要盥洗干净，让住在他们家作为人质的王子们吃完饭以后，才肯自己吃饭。而宋元公和夫人每天一定要到华氏那里，看着他们的

---

[1]《左传·昭公二十年》，见《春秋左传正义》，北京大学出版社1999年，第1389页。
[2]《左传·昭公二十年》，见《春秋左传正义》，北京大学出版社1999年，第1395页。
[3]杜预注，见杜预：《春秋经传集解》，上海古籍出版社1978年，第1458页。
[4]孔颖达疏，见《春秋左传正义》，北京大学出版社1999年，第1395页。

儿子们吃完饭以后才回去。这使得华亥在不堪其扰之中甚为担忧,故想让宋元公的儿子们回去。向宁坚决反对说,正因为宋元公不讲信用,所以要留下他的儿子们作为人质。如果放这些人质回去,那他们的死期就不远了。

天天来看自己儿子们的宋元公,忍受力也超越了极限。他宁愿对方杀了自己儿子,也无法忍受这一对王权挑衅的精神绑架。于是,他孤注一掷地寻求动用武力解决。"公请于华费遂,将攻华氏。"[1]杜预注:"费遂,大司马,华氏族。"[2]即宋元公向主管军事的大司马华费遂请求,准备攻打华氏。

关于华费遂,前文提及楚灵王召开针对吴国的申地盟会时,与会者中有时为宋大子即太子佐的现任宋国国君宋元公。申地盟会后的楚伐吴围朱方之战,宋国太子佐和郑国国君先期回国,而宋国华费遂和郑国一位大夫随军出征攻打吴国。十六年过去,华费遂已为宋国司马,公子佐也成了宋元公。尽管华费遂为华氏族人,但在反公室活动中,他保持中立。此时见宋元公要求动用武力攻打华氏,他回答说:"下臣不敢爱惜自己的生命,可是担心殃及太子和公子们。生怕是想要消除忧患却反而增加了忧患。下臣因此害怕,但又怎敢不听命令?"宋元公说:"儿子们死生有命,而我却不能再忍受这种耻辱。"冬季十月,宋元公杀死了作为人质的华氏、向氏三大臣之子而攻打反公室派的华氏、向氏。

随着宋元公借助华氏族人华费遂出手,形势剧变。"戊辰,华、向奔陈,华登奔吴。"[3]杜预注:"登,费遂之子,党华、向者。"[4]故《左传》上条意为:十三日,华氏、向氏逃亡到陈国,华、向死党的华费遂之子华登,则逃亡到吴国。

逃亡前,向宁想要杀死手中的人质太子栾。华亥说:"触犯了国君而出逃,又杀死他的儿子,还有谁肯接纳我们?而且放他们回去有功劳。"于是,华亥派他的庶兄、担任少司寇职务的华䂕将宋元公的三个儿子送回宫中。

2.宋华、向之乱持续发酵:华费遂家族分裂与华、向反公室派重回国内并公开反叛

公元前521年(吴王僚六年),据《春秋经·昭公二十一年》载:"宋华亥、向宁、华定自陈入于宋南里以叛。"[5]杜预注:"自外至,故曰入。披其邑,故曰叛。南里,宋城内里名。"[6]意为:本年(吴王僚六年,前521),华亥、向宁、华定等反公室派核心成员回到国内,并在宋国南里公开反叛。

反公室派核心成员在本年重回国内,与华费遂家族的分裂有关。

华费遂生了华䝟、华多僚、华登三个儿子。长子华䝟为少司马,为其父大司马华费遂的助手和副职;次子华多僚担任宋元公的御士即卫士。华多僚与其兄华䝟不和,在宋元公面前多次诬陷其兄,说华䝟将要把逃亡在外的华亥等人迎接回国。他数次说这些话后,宋元公说:"司马华费遂由于我的缘故,已经使他的一个儿子逃亡了。虽说生死逃亡都是命中注定,但我不能再让他的另一

---

[1]《左传·昭公二十年》,见《春秋左传正义》,北京大学出版社1999年,第1395页。
[2] 杜预注,见杜预:《春秋经传集解》,上海古籍出版社1978年,第1458页。
[3]《左传·昭公二十年》,见《春秋左传正义》,北京大学出版社1999年,第1396页。
[4] 杜预注,见杜预:《春秋经传集解》,上海古籍出版社1978年,第1458页。
[5]《春秋经·昭公二十一年》,见《春秋左传正义》,北京大学出版社1999年,第1410页。
[6] 杜预注,见杜预:《春秋经传集解》,上海古籍出版社1978年,第1469页。

个儿子逃亡。"华多僚听了回答说："君王如果爱惜司马华费遂，就应当放弃君位而出奔逃亡。这样便可以逃避死亡，哪还管它跑多远呢！"宋元公听了害怕起来，让侍者召来华费遂的侍者宜僚，给他酒喝并让他转告华费遂，让他驱逐长子华貙。

华费遂得知此王命，叹气说："这一定是多僚干的。我有一个会造谣的儿子而又不能杀死他。我又不死，国君有了命令，这可怎么办？"无奈之下，他于是去和宋元公商量驱逐华貙之事，并决定当华貙在孟诸打猎时，遣送他出境。

商议停当后，宋元公邀请华貙喝酒，并送给他贵重的礼物，同时还赏赐他的随行待从；而华费遂也像宋元公一样。华貙的部属张匄对如此赏赐感到蹊跷，说："其中必定有缘故。"于是，张匄让华貙用剑架在宜僚脖子上追问他，无奈之下，宜僚说出了事情的经过。当时，张匄就想杀死华多僚，华貙阻止说："父亲年老了，华登的逃亡已经很伤他的心，杀了多僚就更使他伤心了。""不如亡也"[1]，即"不如还是我主动逃亡吧"。

华貙准备于五月十四日见父亲一面，辞行后就走。其时，"遇多僚御司马而朝"[2]，即适遇他的公室派兄弟华多僚正为他的父亲驾车上朝。

这一偶发事件改写了宋国历史。其时，华貙的那位早就想杀死华多僚的部属张匄不能控制自己的愤怒，就和华貙、臼任、郑翩等杀了华多僚，并劫持司马华费遂而叛变，同时，召集逃亡在外的反公室派人员。至此，宋国的形势又生剧变。

五月二十日，华亥、向宁、华定等反公室派核心成员回到国内，进入国都。乐大心、丰愆、华牼等公室派人员在横地抵御他们。华氏反公室派人员住在宋都东城南门的卢门，凭借南里为据点而叛乱。

六月十九日，宋国公室派修缮国都旧城及郊外的桑林之门，作为抵御反公室派叛军的据点。因此，宋国公室派及反公室派各占据点进行对峙的局面形成。而随着两派势力均外出借兵，中原列国介入的局面亦将形成。

3.宋华、向之乱的发展：文献未载的齐国介入及吴国唯一以借兵方式介入中原事务的"华登以吴师救华氏"

公元前521年（吴王僚六年，鲁昭公二十一年）"冬十月，华登以吴师救华氏"[3]。显见，当宋国都城的两派势力形成割据、对峙局面四个多月后，一年前流亡奔吴的宋国反公室派人员华登，借兵成功，从而率领吴军赶来救援华氏。

《左传·昭公二十一年》接下来记载说："齐乌枝鸣戍宋。"[4]杜预注："乌枝鸣，齐大夫。"[5]意为，齐大夫戍守宋国。这位此前文献并无记载的"戍宋"的齐大夫乌枝鸣，他的出现无非为以下两种情况：其一，宋华、向之乱前就戍守于此。其二，宋华、向之乱后，应宋国公室派之邀而介入并支持宋元公。

---

[1]《左传·昭公二十一年》，见《春秋左传正义》，北京大学出版社1999年，第1414页。
[2]《左传·昭公二十一年》，见《春秋左传正义》，北京大学出版社1999年，第1414页。
[3]《左传·昭公二十一年》，见《春秋左传正义》，北京大学出版社1999年，第1416页。
[4]《左传·昭公二十一年》，见《春秋左传正义》，北京大学出版社1999年，第1416页。
[5]杜预注，见杜预：《春秋经传集解》，上海古籍出版社1978年，第1476页。

关于第一种情况,首先是文献对齐军戍守于宋的缘由、经过等,并无记载。其次,若华、向之乱前齐军就已戍守于此,则宋国大司马华费遂之子、少司马华䝁之弟的华登不可能不知;既知,则华登引吴军于此地,不可能让戍守于此的齐军先发制人。故由此推之,第一种情况并不能成立。舍此,则乌枝鸣及齐军戍守于此,当为第二种情况,即华、向之乱后,应宋国公室派之邀而前来支持宋元公。而《左传》对此无记载。

齐国军队"戍宋"后,宋国厨邑大夫濮对乌枝鸣说:"《军志》里有这样的话:'先发制人可以摧毁敌人士气,后发制人则要等到敌人士气衰竭。'我们何不乘他们劳师远征而未安定下来时,先发制人地进攻他们呢!如果他们进入南里据点而与叛军会合并稳定下来,那么华氏集团的势力就非常强大,到时我们后悔也来不及了。"

乌枝鸣听从了濮大夫的建议。"丙寅,齐师、宋师败吴师于鸿口,获其二帅公子苦雒、偃州员。"[1]杜预注:"二帅,吴大夫。"[2]意为:十七日,齐军、宋军在鸿口击败吴军,俘虏了吴军的两名将领——公子苦雒和偃州员。

宋国濮大夫先发制人的建议,被采纳并取得了效果,而吴王僚的首次对中原地区用兵,却遭遇主帅被俘的挫折。然而,虽然吴军主帅被宋、齐联军所俘,但吴军士卒却表现出极强的战斗力,"华登帅其余以败宋师。公欲出"[3]。杜预注:"吴余师。"[4]意为:华登率领吴军余部击败宋军,直打得宋元公想要逃,后让厨邑濮大夫劝住。

4.晋、楚、曹、卫等国相继介入及赭丘之战后华登再赴楚"乞师"

宋国的内战,除前述引发吴、齐介入外,同时也引发了晋、曹、卫等国相继介入。《左传·昭公二十一年》载:"十一月癸未,公子城以晋师至。曹翰胡会晋荀吴、齐苑何忌、卫公子朝救宋。丙戌,与华氏战于赭丘。"[5]即公元前521年(吴王僚六年,鲁昭公二十一年)十一月初四,公子城带着晋军赶到,曹国大夫翰胡会同晋国荀吴(中行穆子)、齐国大夫苑何忌(这是齐大夫乌枝鸣率齐军"戍宋"后齐国又派齐大夫苑何忌率军前来)、卫国公子朝共同救援宋国。初七,上述支持宋元公的联军和华氏等反公室力量在赭丘会战。此战,华氏一党的华豹、张匄等被公子城杀死,宋军及援助宋公室的联军"大败华氏,围诸南里"[6]。

面对战败,反公室派首领华亥有些惊惶。他对华䝁说:"我们要成为晋国被灭的栾氏卿族了。"华䝁说了诸如"您别吓唬我,倒霉碰上才会死"之类的话后,他们决定再寻求外部力量的援助。于是,再"使华登如楚乞师。华䝁以车十五乘徒七十人,犯师而出,食于雎上,哭而送之,乃复入"[7]。即他们派华登再到楚国去请求出兵。华䝁带领战车十五辆、步兵七十人突围而出,在雎水岸边吃饭,哭着送走他的兄弟华登,接着再次冲进被公室派力量包围着的南里。

---

[1]《左传·昭公二十一年》,见《春秋左传正义》,北京大学出版社1999年,第1416页。
[2]杜预注,见杜预:《春秋经传集解》,上海古籍出版社1978年,第1476页。
[3]《左传·昭公二十一年》,见《春秋左传正义》,北京大学出版社1999年,第1416页。
[4]杜预注,见杜预:《春秋经传集解》,上海古籍出版社1978年,第1476页。
[5]《左传·昭公二十一年》,见《春秋左传正义》,北京大学出版社1999年,第1417页。
[6]《左传·昭公二十一年》,见《春秋左传正义》,北京大学出版社1999年,第1419页。
[7]《左传·昭公二十一年》,见《春秋左传正义》,北京大学出版社1999年,第1419页。

5. 楚国介入宋国内乱

对"华登如楚乞师",楚国呈现出两种意见。一为"楚薳越帅师将逆华氏"[1],即楚将薳越率领军队打算迎接华氏。这位薳越,《左传·昭公二十三年》记载时,吴公子光称其为"帅贱、多宠"[2]。即出身低贱但很受楚平王宠信。另一意见为:"大宰犯谏曰:'诸侯唯宋事其君,今又争国,释君而臣是助,无乃不可乎?'"[3]意即楚太宰(大宰)犯进谏说:"列国中唯有宋国的臣下还事奉着国君,现在又为争夺政权而内斗。我们丢弃国君而去帮助反叛的臣下,恐怕不可以吧!"

楚平王则对太宰犯说:"你这话对我讲得太晚了,我已经答应他们了。"显然,薳越率师迎接华氏的意见,或事先征得了楚平王同意,或本就是楚平王授意。

6. 楚国方案的提出及宋元公的拒绝,以及晋、曹、卫、齐国等担心楚国出兵引发晋、楚对抗而向宋元公施压以接受楚国方案

公元前520年(吴王僚七年,鲁昭公二十二年),楚国决定介入宋国内乱后,薳越即派人告知宋国,并提出了楚国方案:"我国国君听说贵君王有几个行为不端的臣子,成为贵君王的心头忧虑。与其让他们留在贵国成为宗庙的羞耻,我国国君请求接收他们后加以诛戮。"

显然,楚国方案的要点是把华氏等交给楚国,由楚国来对他们加以处置。对这一让宋国反叛者堂而皇之地离开宋国而逃避惩处的方案,宋元公显然不能接受。于是,他对这一楚国方案予以回复,说:"本国君不才,不能取得同一宗族父老兄弟的欢心,因此倒让贵国君王忧虑,并为此操心而下达命令。本国君和这几个行为不端的臣子每天都在作战,如果贵国君王说'我一定要帮助这几个行为不端的臣子',本国君也只能是唯命是从。但人们有这样的老话:'不要在动乱人家的门口走过。'贵国君王如果赐予恩惠保护敝国,而不去庇护不良之辈以鼓励作乱之人,那就合乎本国君的愿望了。恳请贵国君王考虑。"

得知宋元公的答复,楚人担心宋公室派以"义"作为理由而拒绝将反公室的华氏等人交给楚国。

宋元公的答复及"楚人患之",无疑加大了支持反公室派的楚国出兵的可能性,这使得晋国集团晋、曹、卫、齐等国派往宋国戍守的将领们立即紧张起来。这些将领们商量说:"如果华氏感到没有前途而作拼死一搏,再如果楚国由于提出的方案见不到实际效果而很快出兵作战,这两种情况对于我们都非常不利。不如接受楚国方案,将反公室的华氏他们都送出国去,既成就了楚将薳越的功绩,华氏也不能再成为宋国的祸害了。救援了宋国而又为他们除掉祸害,还要有什么要求呢?"于是,他们坚决请求宋元公接受楚国方案,送走反公室的华氏。

晋国集团这些将领们担心将被拖入与楚国的正面对抗之中。"故诸侯之戍,固请出之。"[4]在楚国及晋、曹、卫、齐都要求放人的情况下,宋元公扛不住了,终"宋人从之。已巳,宋华亥、向宁、华定、华貙、华登、皇奄伤、省臧、士平出奔楚"[5]。

宋国内乱,终以反公室派核心成员出走楚国而平定下来。文献对华登借兵入宋而被俘的吴军

---

[1]《左传·昭公二十一年》,见《春秋左传正义》,北京大学出版社1999年,第1419页。
[2]《左传·昭公二十三年》,见《春秋左传正义》,北京大学出版社1999年,第1434页。
[3]《左传·昭公二十一年》,见《春秋左传正义》,北京大学出版社1999年,第1419页。
[4]孔颖达疏,见《春秋左传正义》,北京大学出版社1999年,第1422页。
[5]《左传·昭公二十二年》,见《春秋左传正义》,北京大学出版社1999年,第1422页。

二帅即公子苦雒和偃州员,以及"华登帅其余以败宋师"的吴军余部的下落,均无记载。

(三)吴王僚时期吴国介入宋国内乱所映现出的列国关系

吴王僚执政时期发生的宋国华、向之乱,从公元前522年(吴王僚五年,鲁昭公二十年)到公元前520年(吴王僚七年,鲁昭公二十二年),历时三年。其始年,距公元前546年晋、楚两大集团第二次列国弭兵已过了二十四年。这一本为宋国内部的公室与卿族间的矛盾,随着其内战外溢,先后涉及的其他诸侯国家有:

支持反公室派而庇护"华、向奔陈"[1]的楚国属国陈国、"华登以吴师救华氏"[2]的吴国,以及提出收留反公室派核心成员的楚国等。

支持宋国公室派而庇护"公子城、公孙忌"等"皆公党"成员"出奔郑"[3]的郑国,以及直接出兵救宋的齐、晋、曹、卫等国。

该事件涉及了除秦、鲁外的当时的主要国家。同时,其持续时间长达三年,使得这一事件堪为第二次列国弭兵后列国间的一次重大事件。其间,吴国的较早参与,使得这一事件呈现出极为复杂的一面。而借此事件,映现出了这一时期的列国关系,如下。

1.吴国参战的性质、目的及意义

本战系吴国历史上唯一应他国私人所请而参与他国内战的战例,也是春秋时吴国唯一以借兵方式介入中原事务的行为,从而留下了诸多值得探讨的问题。

(1)吴国参战的性质

吴国参战的性质究系国家行为,还是私人行为?文献并无吴国存在私人武装——"私卒"的记载。且从领兵并为宋、齐军队所俘虏的公子苦雒、偃州员的吴大夫身份,尤其是从公子苦雒的王室成员身份来看,这一出兵参战行为,并非私人行为,而是吴国的国家行为。

吴国选择介入宋国内乱,乃系宋华登奔吴请师的结果。而从"华、向奔陈,华登奔吴"[4]的记载来看,华登奔吴或为宋国反公室派核心成员华亥、向宁等商议的结果:华登奔吴并借兵的理由,即为楚灵王申地盟会后,在伐吴参战国中,宋元公当时为宋国太子并代表宋国参与,尽管其时为"宋大子"的他已"先归",但与吴国已结下了宿怨。正是这一历史的宿怨,或为华登游说借兵留下了空间。

(2)吴国参战的目的及意义

1.对吴国来说,吴国踏进中原而参与本次宋国内战的主要目的及意义,即在于吴国踏进中原本身

前文曾述,吴国历史上(即吴寿梦三年,前583)曾发生晋逼鲁伐郯,从而对上年"吴伐郯"进行敲打的事件。是时,晋国集团借之明确为吴国划设了一条不得逾越的红线——只能西向进攻伐楚,而不得北进威胁、侵扰晋国集团的势力范围。在其后的吴王寿梦及诸樊、馀祭、馀昧相继执

---

[1]《左传·昭公二十年》,见《春秋左传正义》,北京大学出版社1999年,第1396页。
[2]《左传·昭公二十一年》,见《春秋左传正义》,北京大学出版社1999年,第1416页。
[3]《左传·昭公二十年》,见《春秋左传正义》,北京大学出版社1999年,第1395页。
[4]《左传·昭公二十年》,见《春秋左传正义》,北京大学出版社1999年,第1396页。

政时期，吴国一直恪守西向攻楚而对北方晋国集团的诸国再也未有侵犯，从而间接地既证实了这一红线的存在，也证实了吴国并未有逾越这一红线的情况发生。然而，吴国西攻楚而未北进，并不表明吴国不想北进。在两次弭兵盟会后列国关系已发生很大变化的吴王僚时期，宋国华登与楚国伍子胥系同年（即吴王僚五年，前522年）相继逃亡吴国并请求借兵回国复仇。文献未记载华登来吴国后游说请兵的经过，却记载了伍子胥逃亡来到吴国后向吴王僚游说进攻楚国对吴国的好处。对此，公子光或因忌惮伍子胥为吴王僚所用而予以反对，从而使伍子胥的借兵计划落空（公子光与伍子胥的相关情况，另见下文）。而华登请兵，其目的与伍子胥一样，也是为了本国政治派别的斗争与复仇。吴王僚在借兵于宋华登及不借兵于楚伍子胥的选择中，不能不考虑的因素为：借兵于伍子胥只是吴、楚争战的往复循环；而借兵于华登，则吴国可借此踏破前述的红线，并对之进行试水，从而表达出吴国对北方中原地区的兴趣和欲望。因此，吴国借兵华登并借此踏进中原本身，就构成了吴国参与本次宋国内战的主要目的，而其意义也正在这里。

2.宋国内战及其他列国介入，显示出晋、楚两大集团对立的局面依然存在

宋国内战引发众多诸侯国介入。尽管其时第二次列国弭兵已过了二十四年，但晋国"寻盟"的平丘盟会后，晋、楚两大集团的隐形对立局面依然存在。其集中表现为：楚国提出解决宋国问题的方案后，宋元公的拒绝加大了楚国出兵的可能性，这使得晋国集团的晋、曹、卫、齐等国派往宋国戍守的将领们紧张起来。显然，他们担心，一旦楚国出兵，晋、楚两大集团极可能在宋国问题上进入对抗乃至明面的摊牌状态。他们无力阻止楚国出兵，但为避免晋、楚两大集团的直接冲撞，故竭力给宋元公施压以接受楚国方案而放人。从郑、晋、曹、卫、齐乃至宋国这些晋国集团成员国最终步调一致来看，晋、楚两大集团的隐形对立局面，在这一时期列国政治、军事中依然存在。

3.吴国参战映现的吴国与列国的关系

吴国介入宋国内乱并派兵参战，映现出了其与列国的复杂关系，逐一分析如下：

（1）吴、齐关系

在参与宋国内战的诸侯国军队中，齐军和吴军首先出现并开战。双方立场对立，吴支持反公室派的华氏，而齐则支持宋公室派宋元公。

前文曾述，吴王僚执政第一年，"齐侯伐徐"[1]并迫使徐国成为其属国。齐国此举，乃是从吴国口中夺食。但吴王僚执政下的吴国却保持了沉默，未有任何作为。而从"齐乌枝鸣戍宋"[2]及"齐苑何忌、卫公子朝救宋"[3]来看，齐国两次派兵"戍宋"和"救宋"。前一次的"齐乌枝鸣戍宋"，当为应宋元公所请而来。不排除齐国在晋国集团中企图先于晋国出手而争得主导权的动因，故在吴军抵达宋国前乌枝鸣即已抵宋，并与宋国厨邑濮大夫进行了对接。齐军"戍宋"并阻击吴军，与前述"齐侯伐徐"而吴国保持沉默有关。正因吴国对"齐侯伐徐"的沉默，一定程度上使得齐国拥有对吴国的心理优势。再者，华登奔吴后并不知晓"齐乌枝鸣戍宋"事，故宋、齐两军联手，值"华登以吴师救华氏"时，成功地以先发制人的方式阻击吴军，并使得"齐师、宋师败吴师

---

[1]《春秋经·昭公十六年》，见《春秋左传正义》，北京大学出版社1999年，第1346页。
[2]《左传·昭公二十一年》，见《春秋左传正义》，北京大学出版社1999年，第1416页。
[3]《左传·昭公二十一年》，见《春秋左传正义》，北京大学出版社1999年，第1417页。

于鸿口，获其二帅公子苦雒、偃州员"[1]。

对齐国来说，在宋国与吴国的交锋，依然是前述与吴国争战于徐淮地区的继续。而此番吴、齐的交手，为吴王僚后的吴王阖闾夺回徐国控制权的"吴灭徐"[2]及吴王夫差时的两次吴、齐战争埋下了种子。

（2）吴、楚关系

在吴、楚间都能走动，且都可借兵者为华登。如前文所说，华登奔吴可能为宋国反公室派核心成员华亥、向宁等商议的结果。因此，吴国从奔吴借兵的华登那里了解宋华、向之乱的相关情况时，也当了解到楚国属国陈国对宋国反公室派的支持立场，由此也不难推测出楚国对宋国反公室派的支持立场。因此，吴国借兵于华登并介入宋国内战，是了解到在支持宋国反公室派的华、向这一点上，吴国和楚国所持立场相同。因此，此前二十余年来，对楚战争无败绩的吴国，当它派兵从太湖流域向今河南商丘的宋都匆匆北上时，正如有学者所评述的，中原列国"由此惊觉这个后来居上者急于插手中原事务的勃勃雄姿。不过这对于宋国及其'平约'盟国来讲，也许倒是件好事——楚国及其卫星国陈、蔡因此没有立即采取武力支援华氏集团的行动，要它同战略宿敌并肩作战是难以设想的。换句话讲，正是吴军的急急北上，遏制了宋国内战迅速导致南北直接冲突的势头"[3]（上述引文的"平约"，指平丘盟约；"南北"则指原先的楚国集团和晋国集团）。

在介入宋国内乱时，楚国实际上并没有派出军队，但这不妨碍吴、楚这对世仇冤家在宋国内战中竟成为同一战壕里的战友。如果说，楚国通过其属国陈国作出庇护华、向等反公室派成员的决定时，并未料到吴国后来会派军事力量介入。而如前所述，吴国对楚国的立场、态度却是心知肚明的。显然，对吴王僚来讲，你做你的，我做我的。只要吴国军队出现在中原土地上，吴国便已踏破吴王寿梦时期晋国集团为吴国所划设的不得北上的红线。这也表达出了吴国对中原地区的兴趣和欲望。

二、楚国伍子胥亡命奔吴及其借兵未遂

《左传·昭公二十年》记载"员如吴"[4]，意为，伍员（即伍子胥）于本年（指吴王僚五年，鲁昭公二十年，前522）逃亡来到吴国。前述，宋华登与楚伍子胥于本年相继逃亡至吴国并请求借兵回国复仇。吴王僚出于对介入中原地区的兴趣和欲望而借兵于宋华登，但未借兵于楚伍子胥。吴王僚的中原试水在吴王僚执政的当时未翻起任何水花。而借兵未遂的伍子胥，其后却滞留于吴国。

伍子胥为何逃亡至吴国？究其根源，不能不对文献记载的伍氏家族在楚历史上的作为、地位等作一番梳理。

（一）《左传》等文献记载的春秋伍氏世系

《左传》等文献记载的春秋时伍氏世系如下表：

---

[1]《左传·昭公二十一年》，见《春秋左传正义》，北京大学出版社1999年，第1416页。
[2]《春秋经·昭公三十年》，见《春秋左传正义》，北京大学出版社1999年，第1514页。
[3] 完颜绍元：《语文版春秋左传》（4），上海书店出版社1998年，第51—52页。
[4]《左传·昭公二十年》，见《春秋左传正义》，北京大学出版社1999年，第1389页。

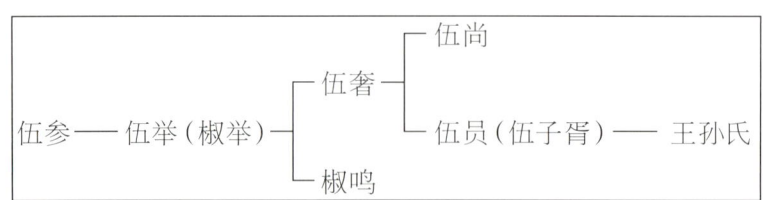

1. 伍子胥曾祖伍参：晋、楚邲之战中辅佐楚庄王把握了战争胜利的走向

伍参在《左传》中的出场，是在晋、楚邲之战前夜。

前文叙述春秋时期的晋、楚争霸中，有两场具有标志性意义的大战——城濮之战和邲之战。至今，这两场春秋时期的著名战役，其实景模拟场面还在相关的两个省级博物馆（院）中重现与展出。山西博物院重现展示的是晋胜楚败的城濮之战，而湖北省博物馆重现展示的则是楚胜晋败的邲之战。

今山西博物院展示的晋胜楚败的城濮之战图（上）及今湖北省博物馆展示的楚胜晋败的邲之战图（下）（吴恩培摄）

晋、楚城濮之战发生于公元前632年（鲁僖公二十八年）。此战晋胜而楚败，晋文公继齐桓公后成为春秋时期的又一霸主，并开始了晋国的霸业。此战后，楚国在中原的势力被极度挤压。

而三十多年后的晋、楚邲之战发生于公元前597年（鲁宣公十二年）。城濮之战后，楚国楚庄王上台执政。公元前597年（鲁宣公十二年），楚庄王征讨郑国，围攻郑都。在楚国的军事压力下，郑国求和，楚国大夫进城与郑襄公结盟，并带郑襄公的弟弟到楚国做人质。夏季时，晋国出兵救援已城破求和的郑国。其时，晋军统帅"荀林父将中军，先縠佐之"[1]。晋军到达黄河时听到郑国已和楚国讲和，荀林父就想退兵，士会也同意，并认为楚国内政稳定，制度健全，国力强大，不可与其争斗。但先縠反对，并表示："由我失霸，不如死！"[2]接着，先縠就独自带领所部渡过黄河。司马韩厥劝荀林父为减少罪责，不如一同进兵，于是荀林父下令晋军全部渡过黄河。

其时，楚军在楚庄王率领下，停留在郔邑。原本计划推进到黄河边就班师回国，可听说晋军

---

[1]《左传·宣公十二年》，见《春秋左传正义》，北京大学出版社1999年，第635页。
[2]《左传·宣公十二年》，见《春秋左传正义》，北京大学出版社1999年，第639页。

已渡过黄河,"王欲还,嬖人伍参欲战"[1]。

关于"嬖人"的释义,《左传·隐公三年》:"公子州吁,嬖人之子也。"[2]杜预注:"嬖,亲幸也。"[3]《礼记·缁衣》记楚大夫叶公诸梁(即叶公子高,楚沈尹戌子,又作沈诸梁)临死前的遗书说:"叶公之《顾命》曰:'毋以小谋败大作,毋以嬖御人疾庄后,毋以嬖御士疾庄士,大夫、卿、士。'"[4]郑玄注:"贱而得幸曰'嬖'。"[5]由上可以看出,无论是叶公的《顾命》,抑或是郑玄所作之注,都将"嬖"与"庄"作对比,并将之与"贱而得幸"相连。因此,"嬖人"指身份卑下而受宠爱的姬妾、宠臣等。故《左传》上条意为,楚庄王本打算避晋军锋芒,提前撤兵。这时,他身边一位受宠侍臣伍参,却力主迎战。当时,楚国令尹孙叔敖本不同意和晋军交战,因此上条陈说:"去年攻打陈国,今年攻打郑国,不能说战事不多。"可面对着楚庄王身边受宠侍臣对军国大事的干预,且其意见又与自己相左,不悦之中,孙叔敖暗含对其"嬖人"身份的鄙视而颇为尖刻地说:"战而不捷,参之肉其足食乎!"[6]意思是说:"如果迎战晋军而不能获胜,你伍参的肉够我们分食解恨吗?"

面对孙叔敖的挖苦,伍参咽下了一个身份卑微之人内心的酸楚,并幽默地说道:"若事之捷,孙叔为无谋矣;不捷,参之肉将在晋军,可得食乎?"[7]意为:"如果打了胜仗,您老就称不上是智谋之士了。如果打了败仗,伍参的肉就会落到晋军手里,您能得到我的肉分食吗?"

伍参自贱式的幽默,倒让孙叔敖一时噎住了,不知如何批驳。于是,他不再和伍参耍嘴皮子,而是下令楚军把战车和旌旗统统转向朝南方向,准备班师回国。伍参见状,便去对楚庄王陈述自己的意见,分析晋军内部的重重矛盾,并断言此战晋军必败。临末,伍参狠狠地刺激楚庄王说:"君而逃臣,若社稷何?"[8]意思是说:"大王您是楚国国君,而晋军统帅荀林父不过是一个臣子。国君躲避着别国的大臣,这楚国的体面、尊严又往哪儿搁?"

楚庄王显然被"君而逃臣"深深刺痛,于是"告令尹,改乘辕而北之"[9]。意即,他命令孙叔敖,改变所乘兵车的方向,继续向北行进。正是这一北进而和晋军的迎面相撞,揭开了晋、楚两国邲之战的帷幕。其后,楚胜晋败的战争结局终使楚庄王成为继晋文公后的另一位春秋霸主,更使得晋、楚南北对峙的态势发生了有利于楚国的重大转折。而伍参,也终于以自己的政治、军事智慧,辅佐楚庄王把握了战争胜利的走向。

2.伍子胥祖父伍举:从逃亡到事奉三任楚王(康王、郏敖、灵王),主持楚国外交事务

前文叙述向戌促成中原列国弭兵时,蔡国的蔡声子也参与了弭兵斡旋活动。其后,当蔡声子与楚国令尹子木说起"楚材晋用"时,提及处于困顿中的伍参之子伍举。在蔡声子的进言下,伍举得以回国。

---

[1]《左传·宣公十二年》,见《春秋左传正义》,北京大学出版社1999年,第642页。
[2]《左传·隐公三年》,见《春秋左传正义》,北京大学出版社1999年,第80页。
[3]杜预注,见杜预:《春秋经传集解》,上海古籍出版社1978年,第23页。
[4]《礼记·缁衣》,见《礼记正义》,北京大学出版社1999年,第1509页。
[5]郑玄注,见《礼记正义》,北京大学出版社1999年,第1510页。
[6]《左传·宣公十二年》,见《春秋左传正义》,北京大学出版社1999年,第642页。
[7]《左传·宣公十二年》,见《春秋左传正义》,北京大学出版社1999年,第642—643页。
[8]《左传·宣公十二年》,见《春秋左传正义》,北京大学出版社1999年,第643页。
[9]《左传·宣公十二年》,见《春秋左传正义》,北京大学出版社1999年,第643页。

回国后的伍举，相继事奉楚康王及其子楚王郏敖。郏敖时，令尹公子围弑郏敖为楚灵王后，伍举亦颇受重用，主持楚国外交事务，并多次承担楚国重大外交活动。这些外交活动有：

逼晋国同意楚国召开诸侯盟会并为楚灵王向晋国求婚。楚灵王召开申地盟会后，以楚国为首的多国联军攻打吴国围朱方、诛庆封。其间，主管楚国外交的伍举，作用显而易见。

楚灵王时期，一方面，伍举作为受重用的大臣，参与制定并主持、执行楚灵王时期楚国对外争夺霸权的外交方针；而另一方面，作为楚庄王宠臣伍参的后代，伍举自小接受礼制教育，故他在侍奉骄奢淫逸的楚灵王时，以其博学知识，从"礼"的角度予以引导和规劝。对伍举的规劝，楚灵王或采纳，或不采纳。如楚围吴国朱方并诛杀庆封时，楚灵王准备当众处死庆封，伍举即予以劝谏，但楚灵王不听，致庆封临死前大骂楚灵王弑君自立。楚灵王自取其辱，于是赶紧让人把庆封杀了。而楚国联军灭亡赖国时，赖国国君被反绑双手，嘴里衔着玉璧，露着背，让人抬着棺材来到了楚国中军帐下。楚灵王问伍举该如何处置时，伍举说："昔日楚成王攻克许国时，许僖公也是这样来请降求死的。楚成王亲自为他解开绳索，接受了他的玉璧，并烧掉了他的棺材。"楚灵王听从了伍举的意见，效仿楚成王并把赖国迁徙至鄢地。

《左传》最后一次记载伍举是公元前533年（吴馀昧十一年，鲁昭公九年），二月某日，楚国公子弃疾把许国迁到夷地即城父，并将州来、淮北的土田增补给许国，"伍举授许男田"[1]，即由伍举代表楚灵王把土地授予给许国国君。自此后，《左传》记载中再未出现伍举。

3.《史记·楚世家》记载的伍举与成语"一鸣惊人"典故年代推算的谬误

《史记·楚世家》记载的伍举，与成语"一鸣惊人"相连。《史记·楚世家》记载，楚庄王"即位三年，不出号令，日夜为乐"。于是"伍举入谏"，经伍举劝谏，楚庄王幡然醒悟，"三年不蜚，蜚将冲天；三年不鸣，一鸣惊人"[2]。蜚，通"飞"。上述即为成语"一鸣惊人"的出典。

前文论及伍参时引《左传·宣公十二年》记载，说伍举之父亲伍参在邲之战的前夜作为"嬖人"始出现于《左传》，其时为楚庄王十七年（鲁宣公十二年，前597）。

《史记·楚世家》记载的楚庄王"即位三年"即"楚庄王三年"为鲁文公十六年，即公元前611年。

这与《左传》记载其父伍参与楚庄王十七年（鲁宣公十二年，前597）进谏楚庄王向北行进的记载相悖。

作个简单的比况："楚庄王三年"时，儿子伍举进宫进谏，而十四年后的"楚庄王十七年"，其父伍参才出现并在邲之战前向楚庄王进谏，两部文献的记载，相悖而不能说通。显然，《史记·楚世家》记载有误。关于这一错误，并非误将伍参记作为伍举。否则，既是楚庄王三年伍参进谏被纳，如何过了十四年后的楚庄王十七年（鲁宣公十二年，前597），伍参又成了楚庄王的"嬖人"？

上述推算表明：《史记·楚世家》记载的楚庄王执政初的孟浪，若有其事，则劝谏者当另有其人，而不可能是伍举，更不可能是伍参。

---

[1]《左传·昭公九年》，见《春秋左传正义》，北京大学出版社1999年，第1267页。
[2]《史记·楚世家》，见司马迁：《史记》，中华书局1959年，第1700页。

4.伍子胥父伍奢：楚平王之子太子建师

(1)伍奢和太子建

《左传·昭公十九年》记载："楚子之在蔡也，郹阳封人之女奔之，生大子建。及即位，使伍奢为之师。"[1]杜预注："伍奢，伍举之子，伍员之父。"[2]鲁昭公十九年，即吴王僚四年，公元前523年。

由上可知：

其一，楚灵王灭蔡，公子弃疾为蔡公时，郹阳地方行政长官的女儿蔡女私奔到他那里，并生下了"大子建"，即太子建。

其二，公子弃疾即位为楚平王后，立蔡女所生之子为"大子"（即太子）。联系《左传·昭公二十三年》称其为"楚夫人"[3]来看，蔡女当时身份或已为楚平王正室夫人。

其三，从《左传·昭公十九年》"郹阳封人之女奔之"来看，楚平王与蔡女的婚姻，系蔡女主动"奔之"。一个"奔"字记写的男女婚姻事，并不符合当时"礼"的规范。

其四，楚平王让已三代仕楚的伍奢担任太子建的老师即太师（《史记》作"太傅"）之职，既反映了楚平王对其子太子建教育的重视，也反映了其时楚平王对伍奢的信任。而伍奢的命运和他教育的对象——太子建的命运就此联系在了一起。

(2)楚平王纳太子建妻秦女及至楚平王去世，秦女仍为"非适"即非正室夫人

《左传·昭公十九年》记载："费无极为少师，无宠焉，欲谮诸王，曰：'建可室矣。'王为之聘于秦，无极与逆，劝王取之。正月，楚夫人嬴氏至自秦。"[4]杜预注："王自取之，故称夫人至，为下拜夫人起。"[5]意为：伍奢的助手即少师（《史记》作"少傅"）为费无极（《史记》作"费无忌"。下文互通，各依引文不另注）。费无极因不受太子建宠信，故想在楚平王面前诬陷他。他对楚平王说："太子建可以成家了。"楚平王为太子建在秦国订婚，费无极前去迎娶新娘。归后，费无极即怂恿楚平王娶了这位秦国女子。

故本年（指吴王僚四年，鲁昭公十九年，前523）正月，本为楚平王儿媳的太子建妃即秦女嬴氏，从秦国来到楚国国都。因"王自取之，故称夫人"，即其身份由太子建妃，一变为楚平王夫人。须指出的是，其时秦女嬴氏尽管也记载为"楚夫人"，但并非正妻。而其时楚平王正妻仍为蔡女。理由如下：

公元前519年（吴王僚八年，鲁昭公二十三年），楚平王失宠的原配夫人、太子建生母蔡女被吴国太子诸樊领兵接至吴国。其时，楚国主管军事的司马薳越承担失职责任而自杀。自杀前，薳越说："亡君夫人，不可以莫之死也。"[6]意为："丢失了国君的夫人，不能不为此而死。"由此说明，楚平王的正室夫人仍为太子建生母蔡女。否则，蔡女若非正室夫人身份，楚国司马薳越未必

---

[1]《左传·昭公十九年》，见《春秋左传正义》，北京大学出版社1999年，第1380页。
[2]杜预注，见杜预：《春秋经传集解》，上海古籍出版社1978年，第1439页。
[3]《左传·昭公二十三年》，见《春秋左传正义》，北京大学出版社1999年，第1436页。
[4]《左传·昭公十九年》，见《春秋左传正义》，北京大学出版社1999年，第1380页。
[5]杜预注，见杜预：《春秋经传集解》，上海古籍出版社1978年，第1440页。
[6]《左传·昭公二十三年》，见《春秋左传正义》，北京大学出版社1999年，第1437页。

而三年后的公元前516年(吴王僚十一年,鲁昭公二十六年)九月,楚平王去世。《左传·昭公二十六年》记载楚国重臣在讨论继位人选时,时为楚国令尹的子常想要立楚平王之长庶子西,并说:"大子壬弱,其母非适也,王子建实聘之。"[1]意即,楚平王与秦女所生的太子壬年纪小,"其母非适"即他的母亲不是楚平王正妻,而实为王子建所聘的太子妃。其时,尽管子常的意见为子西所反对,后仍立太子壬为楚王(即楚昭王),但从子常的话语中亦可知,至楚平王去世,秦女的身份仍然是"非适",即非正室。由此亦可见,即使楚平王嫡长子太子建已死而楚平王立秦女所生之子壬为"大子"即太子,即使太子建生母蔡女三年前被吴人接到吴国后,楚平王也未因此而废其正室夫人名号,更未因此将秦女扶正。

《史记·楚世家》将楚平王娶秦女嬴氏的时间提前记为"楚平王二年"(鲁昭公十五年,前527),并记录相关历史细节说:"平王二年,使费无忌如秦为太子建取妇。妇好,来,未至,无忌先归,说平王曰:'秦女好,可自娶,为太子更求。'平王听之,卒自娶秦女,生熊珍。更为太子娶。是时伍奢为太子太傅,无忌为少傅。无忌无宠于太子,常谗恶太子建。建时年十五矣,其母蔡女也,无宠于王,王稍益疏外建也。"[2]意思是说:"楚平王二年(前527),委派费无忌到秦国为太子建迎娶秦女。这个秦国女子貌美,因此,当迎亲队伍返回,还没到达楚都时,费无忌先行一步赶回,面见楚平王并怂恿说:'秦国女子非常漂亮,大王可自己留下,再为太子另寻一位。'楚平王听了费无忌的话后,心动而娶了秦女,并生下熊珍;又为太子娶了另一位女子。当时,伍奢是太子的太傅,而费无忌是少傅。费无忌不被太子宠爱,常常中伤、诽谤太子建。太子建当时十五岁了,他的母亲是蔡国女子,也不被楚平王宠幸,楚平王渐渐地更加疏远太子建了。

楚平王自身婚姻与情感出了问题,再加上佞臣出于谗诬太子而精心所设的诱惑,终导致楚平王夺取子媳、秽乱宫闱的荒唐事件。

(3)费无极其人

楚国贵族伍举之子伍奢,以其正直人品、渊博知识而担纲太子太师(太傅),承担教育楚国王储的重要职责。然而,在伍奢和太子建之间,出现了名为其助手少师(少傅),但实为既擅谄媚于楚平王,又擅中伤、谗诬太子建的奸佞之臣费无极。

费无极最早在《左传·昭公十五年》出现时,就是一个忌妒并擅于中伤、打击别人的形象。而他中伤、打击的对象,就是前文言及的楚国政变中帮助楚平王上台的朝吴——蔡声子之子蔡朝吴。《左传·昭公十五年》记载:"楚费无极害朝吴之在蔡也,欲去之。"[3]杜预注:"朝吴,蔡大夫,有功于楚平王,故无极恐其有宠,疾害之。"[4]故上述《左传》意为:楚国的费无极嫉妒朝吴在蔡国,想要把他撵走。惯耍两面手法的费无极先对朝吴说:"楚王只信任您,所以把你安置在蔡国。您的年岁大了,却还处在官职级别不高的位置上,这可是耻辱啊!您一定要想办法求得较

---

[1]《左传·昭公二十六年》,见《春秋左传正义》,北京大学出版社1999年,第1471页。
[2]《史记·楚世家》,见司马迁:《史记》,中华书局1959年,第1712页。
[3]《左传·昭公十五年》,见《春秋左传正义》,北京大学出版社1999年,第1341页。
[4]杜预注,见杜预:《春秋经传集解》,上海古籍出版社1978年,第1401页。

高的位置,我也会帮助您请求。"然后,他又对职级处在朝吴之上的蔡国官员们说:"楚王只信任朝吴,所以把他安置在蔡国,你们几位不如他,可地位却在他之上,你们这不是让自己挺为难吗?如果不早作打算,今后一定会遭遇祸难的。"经费无极挑唆后,"夏,蔡人逐朝吴。朝吴出奔郑"[1]。即到了夏天,蔡国人赶走朝吴,朝吴逃亡到了郑国。费无极此举,使得楚平王极为不满。"王怒,曰:'余唯信吴,故寘诸蔡。且微吴,吾不及此。女何故去之?'"[2]意为:楚平王对费无极发怒说:

列为安徽省重点文物保护单位的安徽临泉县杨桥镇传为春秋时期费无极故居的"费子街遗址"文物保护碑(吴恩培摄)

"我唯独相信朝吴,所以把他安置在蔡国。当日如果没有朝吴,我也到不了今天的地步,你为什么要赶走他?""无极对曰:'臣岂不欲吴?然而前知其为人之异也。吴在蔡,蔡必速飞。去吴,所以翦其翼也。'"[3]杜预注:"以鸟喻也。言吴在蔡,必能使蔡速强而背楚。"[4]意为:费无极回答说:"下臣难道不想要朝吴?然而早知道他有别的念头。朝吴在蔡国,蔡国必然会迅速强大而背楚。去掉朝吴,这就是剪除了蔡国想飞走的翅膀。"

费无极将打击朝吴解释为为了楚国国家利益。而在个人情感及费无极所说的楚国国家利益之间,楚平王只能选择后者,故并未处罚费无极。于是,费无极的恶行不但没有收敛,甚至发展到打击太子。

然而,对费无极来说,他因不受太子建宠信,报复性地怂恿楚平王夺取了太子建妇,并以此来打击太子建,同时也把自己置于了危险的境地,并陷入了惴惴不安之中。其因即是"无忌既以秦女自媚于平王,因去太子而事平王。恐一旦平王卒而太子立,杀己"[5]。意即费无忌用秦国美女向楚平王献媚后,就趁机离开了太子去事奉楚平王。但他担心有一天楚平王去世,太子建继位就会杀了自己。在这种情况下,费无忌已无法回头,只能一条道走到黑地把太子建扳倒。

(4)费无极设计把太子建、伍奢逐出楚都后,又诬陷他们谋反

费无极扳倒太子建的第一步,即设计把太子建和他的老师伍奢逐出楚国的权力中心——郢都。为既满足楚平王好大喜功而又不露整太子建痕迹,费无极对楚平王说:"晋国称霸诸侯,是地理上接近中原诸国,而楚国偏僻,所以不能和它争霸。如果扩大城父的城墙,并把太子安置在那里,用来和北方联结交通,而君王您收取南方,这样就可以得到天下了。""王说,从之。故太子建居于城父。"[6]即楚平王听了费无极的话很高兴,于是听从了他的意见,让太子建离开了国都而

---

[1]《左传·昭公十五年》,见《春秋左传正义》,北京大学出版社1999年,第1341页。
[2]《左传·昭公十五年》,见《春秋左传正义》,北京大学出版社1999年,第1341页。
[3]《左传·昭公十五年》,见《春秋左传正义》,北京大学出版社1999年,第1341页。
[4]杜预注,见杜预:《春秋经传集解》,上海古籍出版社1978年,第1401页。
[5]《史记·伍子胥列传》,见司马迁:《史记》,中华书局1959年,第2171页。
[6]《左传·昭公十九年》,见《春秋左传正义》,北京大学出版社1999年,第1381页。

住在了城父。

将太子建和伍奢逐出楚国郢都后,到了次年(吴王僚五年,鲁昭公二十年,前522),费无极又开始实施他扳倒太子建计划的第二步——诬陷太子建谋反。

《左传·昭公二十年》记载,费无极对楚平王说:"太子建和伍奢打算割据方城外的城邑叛乱,自以为就是如同宋国、郑国一样的独立国家,齐国和晋国等境外的力量又相互配合并扶植他们。这将会给楚国带来极大的危害,而他们的反叛之事快成功了。"楚平王相信了

列为安徽省级文物保护单位的安徽省亳州市谯城区城父镇的"城父遗址"文物保护碑(吴恩培摄)

这些话,于是召来伍奢并质问他。伍奢回答说:"君一过多矣,何言于谗?"[1]即伍奢说:"君王您已有过纳太子建妻的过错了,为什么还要听信谗言?"楚平王恼羞成怒,逮捕了伍奢。显然,伍奢指出楚平王"纳建妻"即抢夺自己儿媳的"一过",戳到了楚平王的痛处。

《史记》的叙述与上述《左传》大致相同,唯细节上有所差异。《史记·楚世家》记载费无忌设计把太子建、伍奢逐出楚国国都后,"无忌又日夜谗太子建于王曰:'自无忌入秦女,太子怨,亦不能无望于王,王少自备焉'"[2]。意为:费无忌又日夜在楚平王面前中伤太子建说:"就因为我把秦国女子送到了您的后宫,所以太子建十分怨恨我。同时,他也不可能对您没有怨气,您可要加以防备啊。"这里,费无忌阴险的逻辑就是,太子建因其父纳漂亮的秦女而生怨恨之心,从而将楚平王与太子建的父子关系转变成父子俩为争夺同一个女人的情敌关系。接着,费无忌更进谗言道:"且太子居城父,擅兵,外交诸侯,且欲入矣。"[3]即费无忌继续进谗言说:"况且太子居住在城父,专揽兵权,对外结交诸侯,时时想打进国都来啊。"于是,"平王召其傅伍奢责之。伍奢知无忌谗,乃曰:'王奈何以小臣疏骨肉?'无忌曰:'今不制,后悔也。'于是王遂囚伍奢"[4]。意即楚平王把太子建的老师伍奢叫来,原意是责备一番,以让伍奢加强对太子的管束。然而,对太子建居城父的所谓"擅兵,外交诸侯"等指控,伍奢心知这些乃是费无忌的谗言诬陷,于是对楚平王说:"君王您为什么为了一个宵小之人而疏远自己的亲生骨肉呢?"而费无忌则撺掇楚平王说:"今天不制服伍奢,后悔就晚了。"于是,楚平王下令囚禁伍奢。

上述《史记·楚世家》的"王奈何以小臣疏骨肉",在《史记·伍子胥列传》里更是加重语气地记为:"王独奈何以谗贼小臣疏骨肉之亲乎?"[5]而被骂为"谗贼小臣"的费无忌,其"谗"的对象,乃是楚平王之子太子建。其时,只要楚平王念及父子之情而心软一下,丢掉脑袋的就将是他费无忌。于是,无退路的费无忌只能将太子建和伍奢死死地咬住不放。《史记·伍子胥列传》接下

---

[1]《左传·昭公二十年》,见《春秋左传正义》,北京大学出版社1999年,第1388页。
[2]《史记·楚世家》,见司马迁:《史记》,中华书局1959年,1712—1713页。
[3]《史记·楚世家》,见司马迁:《史记》,中华书局1959年,第1713页。
[4]《史记·楚世家》,见司马迁:《史记》,中华书局1959年,第1713页。
[5]《史记·伍子胥列传》,见司马迁:《史记》,中华书局1959年,第2172页。

来记载说:"无忌曰:'王今不制,其事成矣。王且见禽。'于是平王怒,囚伍奢,而使城父司马奋扬往杀太子。"[1]意即费无忌说:"大王现在不制服伍奢,他们的阴谋就要得逞,大王将要被逮起来了!"于是楚平王发怒,把伍奢囚禁起来,同时命令城父的军事长官司马奋扬去杀太子建。

在处理费无忌揭发其子谋反的过程中,楚平王囿于两个其所经历且乱其心志的因素:

其一,血缘抵挡不住情色的诱惑。这一情色因素,即伍奢所说的"纳建妻"之"一过"。此"过"经费无忌挑唆,使得楚平王与太子建的父子关系转换为情敌关系。而楚平王与"楚夫人"蔡女渐行渐远乃至名存实亡的夫妻关系,使得楚平王在与小其一辈的秦女的意乱情迷中难以自拔。

其二,血缘抵挡不住王权的诱惑。前文述及,楚平王在攫取王权的过程中,先是杀死楚灵王的两个儿子,并逼死兄长楚灵王。接着,他又逼死兄长公子比(子干)和公子黑肱(子晳)。这些被逼死者,均为楚平王的兄长,与楚平王有着相同的血统。上述对其兄长的残害,楚平王或经历,或策划,以致《史记·楚世家》称之为"平王以诈弑两王而自立"[2]。正因有过这些充满阴谋与杀戮的经历,楚平王对费无忌所进的逸言——"王今不制,其事成矣。王且见禽",即太子建他们一旦夺权事成,就会把他楚平王抓起来——深信不疑。

(5)城父司马奋扬纵太子建奔宋

楚平王逮捕了伍奢后,又"使城父司马奋扬杀大子,未至,而使遣之。三月,大子建奔宋"[3]。杜预注:"知大子冤,故遣令去。"[4]意为:楚平王逮捕伍奢后,又对城父的军事长官(即城父司马)奋扬下令让他去杀太子。奋扬知太子受冤,在没有到达太子处前,就先派人通知太子逃走。三月,太子建逃亡到宋国。

太子建的逃亡,使得楚平王震怒,于是召回奋扬。奋扬让城父地方行政长官把自己逮捕起来送到楚国都城。楚平王见了奋扬说:"我面授机宜时,话是从我的嘴里说出来而进到你的耳朵里的,没第三个人在场。那太子逃亡,是谁告诉他的?"奋扬回答说:"是小臣告诉他的。君王当初命令我说:'事奉太子建要像事奉我一样。'小臣不才,不能有二心。奉了大王当初的命令去对待太子,就不忍心执行您后来的命令了。所以要他先逃走了。不久我后悔了,但也来不及了。"

楚平王说:"你还敢回来,为什么?"奋扬回答说:"受命被派遣而没有完成使命;召见我又不回来,这是再次违背命令,逃走也没有地方可去。"楚平王说:"你回城父去,仍然像过去一样履行你的职责。"

(二)诱捕与逃亡:伍尚以死殉父尽孝,伍员亡吴复仇尽孝

1.诱捕及伍尚的以死殉父

太子建逃亡于宋后,相继陷害了伍奢与太子建的费无极,其心中又开始忌惮起伍奢的两个儿子来。为斩草除根,费无极向楚平王献上诱捕之计说:"伍奢的两个儿子伍尚和伍员(伍子胥)都很有才能,如果他们逃亡吴国,一定会为害楚国。何不用赦免他们父亲的办法来召回他们呢?他

---

[1]《史记·伍子胥列传》,见司马迁:《史记》,中华书局1959年,第2172页。
[2]《史记·楚世家》,见司马迁:《史记》,中华书局1959年,第1709页。
[3]《左传·昭公二十年》,见《春秋左传正义》,北京大学出版社1999年,第1388页。
[4]杜预注,见杜预:《春秋经传集解》,上海古籍出版社1978年,第1448页。

们如果为人仁爱，就一定会回来。如果不这样的话，他们将要成为楚国的祸患。"楚平王采纳了这一诱捕之计，派人去召回伍尚和伍员（伍子胥），说："你们回来，我赦免你们的父亲。"

面对楚平王的诱捕之计，时为楚棠邑大夫的伍尚对他的弟弟伍子胥说："你逃往吴国吧，而我准备回去赴死。我的才智不如你，但我能够陪父亲去死，而你能够为父亲复仇。听到我们回去就可赦免父亲的命令，我不能不回去。亲人被杀戮，我们也不能不复仇。我回去以使父亲得到赦免，这是孝；估计后果后再采取行动，这是仁；选择承担不同的责任（指殉父为孝及复仇为孝）而毅然前往，这是智；明知是死而不予回避，这是勇。'父不可弃，名不可废，尔其勉之，相从为愈。'[1]意即父亲不可抛弃，名誉不能败毁，你也努力吧！听从我的意见而各人不必勉强。"

兄弟俩分别选择了"以死殉父而尽孝"及"逃亡复仇以尽孝"的不同道路。而当"伍尚归。奢闻员不来，曰：'楚君、大夫其旰食乎！'楚人皆杀之"[2]。意为：伍尚回到了楚国国都。伍奢听说伍子胥没回来，于是说："楚国的国君、大夫们今后恐怕不能安安稳稳地吃饭了。"对伍奢、伍尚父子，楚平王把他俩都杀死了。

今安徽省亳州市利辛县孙庙乡有列为安徽省级文物保护单位的伍奢冢遗址。

列为安徽省级文物保护单位的安徽省亳州市利辛县孙庙乡庙李村的"伍奢冢遗址"文物保护碑（左）及庙李村纪念伍奢的伍奢广场（右）（吴恩培摄）

2.伍子胥逃亡路线及太子建之子熊胜"在吴"的谜团

（1）伍子胥逃亡路线：由楚入宋、入郑再入吴

楚平王杀伍奢、伍尚前，伍子胥即已开始了逃亡之旅。

自楚至宋。伍子胥至宋，与太子建会合。

自宋至郑。《史记·伍子胥列传》记载为："与太子建俱奔于郑"[3]。前文述及，"宋华、向之乱"[4]后，"公子城、公孙忌、乐舍、司马强、向宜、向郑、楚建、郳甲出奔郑。其徒与华氏战于鬼阎，败子城。子城适晋"[5]。杜预注上述奔郑的"八子，宋大夫。皆公党，辟难出"。而"八子"中的

---

[1]《左传·昭公二十年》，见《春秋左传正义》，北京大学出版社1999年，第1388—1389页。
[2]《左传·昭公二十年》，见《春秋左传正义》，北京大学出版社1999年，第1389页。
[3]《史记·伍子胥列传》，见司马迁：《史记》，中华书局1959年，第2173页。
[4]《左传·昭公二十年》，见《春秋左传正义》，北京大学出版社1999年，第1395页。
[5]《左传·昭公二十年》，见《春秋左传正义》，北京大学出版社1999年，第1395页。

"楚建"，杜预注为"楚平王之亡大子"[1]，即楚太子建。

伍子胥与太子建在郑期间，太子建自郑至晋，复返郑，并为郑人所杀。太子建作为"八子"之一奔郑后又前往晋国，并被晋侯收买成为晋人间谍。太子建返回郑国，被人举报而被郑人杀死。《左传·哀公十六年》补记这一史实说："楚大子建之遇谗也，自城父奔宋。又辟华氏之乱于郑，郑人甚善之。又适晋，与晋人谋袭郑，乃求复焉。郑人复之如初。晋人使谍于子木，请行而期焉。子木暴虐于其私邑，邑人诉之。郑人省之，得晋谍焉。遂杀子木。其子曰胜，在吴。"[2]意为：楚国太子建遭到诬陷的时候，从其居守的城父逃亡到宋国，为躲避宋国的华氏之乱而去了郑国。郑国人待他很好。可他又去了晋国，和晋国人谋划袭击郑国的事宜。为此，他要求再回到郑国去。郑国人待他像以前一样。晋国人派间谍到郑国和太子建（即子木）联系，请他准备行动，并约定里应外合袭击郑国的时间。太子建住在郑国给他的私邑里，行事暴虐，私邑里的人告发了他。郑国人来查问，抓获了晋国派来与他联络的间谍，于是就处死了太子建。而太子建的儿子熊胜在吴国。伍子胥于是从郑国再逃亡至吴国。

（2）太子建之子熊胜"在吴"的疑谜

《左传·哀公十六年》记载太子建时说："其子曰胜，在吴。"太子建之子熊胜如何到了吴国，《左传·哀公十六年》未作交代。而《史记·伍子胥列传》记载太子建被卷入晋、郑谍战而被杀后，补充记载说："建有子名胜。伍胥惧，乃与胜俱奔吴。到昭关，昭关欲执之。伍胥遂与胜独身步走，几不得脱。"[3]意即郑人杀死了太子建。太子建有个儿子叫熊胜。当时，伍子胥害怕被郑人当作太子建的人杀掉，于是就和熊胜一同逃奔吴国。到了昭关，昭关的官兵要捉拿他们，于是，伍子胥和熊胜各自只身徒步逃跑，差一点不能脱身。

楚太子建子、楚平王孙熊胜，根据文献记载，大致可推算出他和伍子胥奔吴时的年龄。

前述，太子建成年后，"王为之聘于秦，无极与逆，劝王取之。正月，楚夫人嬴氏至自秦"[4]。其后，楚平王"自娶"秦女，而"为太子更求"[5]，即让太子建另娶了一个女人。

按此，可梳理出以下史事：

公元前523年（吴王僚四年，鲁昭公十九年，楚平王六年）正月，秦女抵楚。后，楚平王娶秦女，而为太子建另娶别的女子。故太子建另娶的时间不会早于本年（前523）正月，最早也得正月。而其子熊胜最早也得在本年（前523）十月出生。

伍子胥奔吴即"员如吴，言伐楚之利于州于"[6]的时间为公元前522年（吴王僚五年，鲁昭公二十年，楚平王七年）。因《左传》未明确记载伍子胥抵吴的具体月份，即使以本年年底的十二月计算，而熊胜以其可能出生的最早时间为上年十月计，故抵吴时熊胜最大的年龄为一年零两个月。这么一推算，则可知一年零两个月的小孩，值刚开始学步之时，能否如上引《史记·伍子胥列

---

[1] 杜预注，见杜预：《春秋经传集解》，上海古籍出版社1978年，第1458页。
[2]《左传·哀公十六年》，见《春秋左传正义》，北京大学出版社1999年，第1690—1691页。
[3]《史记·伍子胥列传》，见司马迁：《史记》，中华书局1959年，第2173页。
[4]《左传·昭公十九年》，见《春秋左传正义》，北京大学出版社1999年，第1380页。
[5]《史记·楚世家》，见司马迁：《史记》，中华书局1959年，第1712页。
[6]《左传·昭公二十年》，见《春秋左传正义》，北京大学出版社1999年，第1389页。

传》所说,到昭关时"伍胥遂与胜独身步走"即伍子胥和熊胜各自只身徒步逃跑,是大有疑问的。

因此《史记·伍子胥列传》试图诠释熊胜何以"在吴"的记载,因细节的不合理而明显带有臆测虚构的成分,不足征信。

《史记·伍子胥列传》的这一虚构细节,显然为填补并解释《左传》的熊胜何以"在吴"的记载空白。

熊胜何以"在吴"?不能排除的另一种情况是,值太子建被卷入晋、郑谍战而被杀时,出生未久的熊胜由其生母——太子建夫人携之往吴。当日,楚平王"自娶"秦女而"为太子更求"[1]的太子建夫人,《左传》未作记载。而太子建夫人携其子往吴,《左传》等也未作记载。这一太子建夫人携子熊胜往吴的情况,虽属假设,且这一假设,与《史记·伍子胥列传》记载细节不合理的伍子胥"与胜俱奔吴"相悖,但更合理。

《史记·伍子胥列传》记载的"伍胥遂与胜独身步走"而过的"昭关",其地望有多种说法。司马贞《史记索隐》说:"其关在江西,乃吴、楚之境也。"[2]

第六节　吴王僚后期的吴、楚国家关系及吴国内政危机爆发

吴、楚间的争战,自吴王寿梦起,不断地轮回往复般进行。然而在"吴人伐州来"及鸡父之战的同年,吴、楚间还发生了一件并非两军对阵的非典型争战。

一、"吴大子诸樊"取楚平王夫人蔡女归吴及"楚囊瓦为令尹,城郢"

公元前519年(吴王僚八年,鲁昭公二十三年),楚平王失宠的原配夫人、太子建生母蔡女被吴国太子诸樊领兵而接至吴国。

(一)《左传》记载:主事者为吴大子诸樊

《左传·昭公二十三年》记载:"楚大子建之母在郹,召吴人而启之。冬十月甲申,吴大子诸樊入郹,取楚夫人与其宝器以归。"[3]意为:楚国太子建的母亲住在娘家郹城,暗中召来吴国人并为他们打开城门。冬季十月十六日,吴国太子诸樊率兵潜入郹城,带着楚国名义上的正室夫人和她的宝器返回了吴国。

这一事件,乃是太子建生母与吴国事先密谋好的,影响巨大。吴国主持这一军事行动者为"吴大子诸樊"。对此,杜预注:"诸樊,吴王僚之大子。"[4]即诸樊是吴王僚的长子,吴国的太子。

吴王僚的伯父——吴国第二十世吴王名为诸樊,吴王僚为其"大子"——太子取名号为"诸樊"。《左传》的这一记载,引发后世学者的种种质疑。杜预注充满疑惑说:"吴子遏号诸樊,王僚

---

[1]《史记·楚世家》,见司马迁:《史记》,中华书局1959年,第1712页。
[2] 司马贞:《史记索隐》,见司马迁:《史记》,中华书局1959年,第2173页。
[3]《左传·昭公二十三年》,见《春秋左传正义》,北京大学出版社1999年,第1436页。
[4] 杜预注,见杜预:《春秋经传集解》,上海古籍出版社1978年,第1503页。

是遏之弟子,先儒又以为遏弟,何容僚子乃取遏号为名,恐《传》写误耳,未详。"[1]意为:吴王僚是遏(诸樊)的弟弟馀昧之子,而先儒的《公羊传》中吴王僚系寿梦庶子,即便宗此《公羊传》记载,吴王僚也是遏(诸樊)的弟弟,那吴王僚又怎么能够为其子取或是其大伯、或是其兄长的名字呢?恐怕系《左传》的笔误。孔颖达疏亦云:"吴子诸樊,吴王僚之伯父也。僚子又名诸樊,乃与伯祖同名。吴人虽是东夷,理亦不应然也。此久远之书,又字经篆隶,或误耳。"[2]孔颖达的结论,亦为可能系流传过程中出现的书写错讹。

"吴大子诸樊",无论是笔误,还是流传过程中书写的错讹,因与吴二十世吴王诸樊名号相同而突兀地走进历史,竟只是为完成迎接楚夫人蔡女抵吴的使命。其后,在《左传》或其他文献记载中,这位"吴大子诸樊",再也没出现。

(二)《史记》及《吴越春秋》记载:主事者为公子光

《史记》《吴越春秋》的相关记载,或意识到主事者吴王僚子名"诸樊"的不妥,故摒弃"吴大子诸樊",而另记作"公子光"。如《史记·楚世家》:楚平王"十年,楚太子建母在居巢,开吴。吴使公子光伐楚,遂败陈、蔡,取太子建母而去"[3]。即楚国太子建的母亲住在居巢,暗中与吴国有来往。吴国派公子光讨伐楚国,打败陈国、蔡国军队,带着太子建的母亲回到吴国。

《史记·吴太伯世家》:吴王僚"八年,吴使公子光伐楚,败楚师,迎楚故太子建母于居巢以归"[4]。

《吴越春秋》:吴王僚"八年,僚遣公子伐楚,大败楚师,因迎故太子建母于郑"[5]。此处"公子",元代徐天祐音注时曰:"诸樊之死于是三十年矣。此书云僚遣公子,当是公子光,非光之父诸樊也。"[6]

本书按:公元前519年,即吴王僚八年,楚平王十年,鲁昭公二十三年。故《左传·昭公二十三年》记载"吴大子诸樊"事,与《史记·吴太伯世家》《史记·楚世家》及《吴越春秋》所记之事为同一年的同一事件。

《史记》《吴越春秋》记载与《左传》记载相异处为:

其一,迎取地点不同。《左传》为"郧",而《史记》两处均作"居巢",《吴越春秋》则指为"郑"国。

其二,迎取者不同。《左传》说是"吴大子诸樊"——吴王僚的太子诸樊。而《史记·楚世家》及《史记·吴太伯世家》均作公子光——二十世吴王诸樊之子。《吴越春秋》作"公子",徐天祐音注为"公子光"。

(三)清代学者俞樾的阐释

清代学者俞樾在其所撰《曲园杂纂》卷十八《读吴越春秋》引《吴越春秋》卷三内容后,作

---

[1] 杜预注,见杜预:《春秋经传集解》,上海古籍出版社1978年,第1503页。
[2] 孔颖达疏,见《春秋左传正义》,北京大学出版社1999年,第1436—1437页。
[3] 《史记·楚世家》,见司马迁:《史记》,中华书局1959年,第1714页。
[4] 《史记·吴太伯世家》,见司马迁:《史记》,中华书局1959年,第1462页。
[5] 赵晔:《吴越春秋》,江苏古籍出版社1986年,第20页。
[6] 徐天祐音注,见赵晔:《吴越春秋》,江苏古籍出版社1986年,第20页。

如下评述与推测:"樾谨按:昭二十三年《左传》:'楚大子建之母在郹,召吴人而启之。冬十月甲申,吴大子诸樊入郹,取楚夫人与其宝器以归。'杜注曰:'郹,郹阳也。平王娶秦女,废太子建,故母归其家。'又曰:'诸樊,吴王僚之太子。'《正义》曰:'吴子诸樊,吴王僚之伯父也。僚子又名诸樊,乃与伯祖同名。吴人虽是东夷,理亦不应然也。此久远之书,又字经篆隶,或误耳。'然则《左传》'诸樊'二字显有错误,今以此书证之,似'郹'字亦误也。杜解'郹'为郹阳,《正义》以为蔡地。夫太子建母虽蔡女,然既归母家,自应居蔡国都,不应居郹阳也。《史记·世家》云:'吴使公子光伐楚,败楚师,迎楚故太子建母于居巢以归。'则又以为在居巢而不在郹。夫楚太子建母何缘得在居巢亦未详也。此书以为在郑,疑得其实。盖太子建之出奔,实奉其母以行,先奔宋,后奔郑,及建见杀而其母仍在郑。至是,建之子胜与伍员俱奔吴,故吴迎其母于郑以归,使依其孙也。郑字篆书或作鄭,故《左传》误为郹,殆为'诸樊'同为字误也。"[1]

俞樾的评述、推测,要点如下:

其一,《左传·昭公二十三年》记载的"吴大子诸樊"中的"诸樊"二字显有错误。

其二,吴迎蔡女处,俞樾以为在"郑"。原因为:"盖太子建之出奔,实奉其母以行,先奔宋,后奔郑,及建见杀而其母仍在郑。"

其三,《左传》形成"郑"作"郹"的错误原因,为"郑字篆书或作鄭,故《左传》误为郹,殆为'诸樊'同为字误也"。

其四,"吴迎其母于郑以归,使依其孙也"。俞樾此说,道及了蔡女与吴人合谋而归吴的真正原因。如前文推测,值太子建被卷入晋、郑恶斗而被杀时,出生未久的熊胜由其生母——太子建夫人携之往吴。故其时的蔡女,子太子建死于郑,楚平王已另娶且后生之子壬,无异于弃妇的她,无论是居于《左传》所说的"郹",或是《史记》所说的"居巢"及《吴越春秋》所说的"郑",当得知其孙熊胜"在吴"时,孤身一人而念孙在吴之际,或没有什么事不能干出。因此,"召吴人而启之"[2]地与吴人合谋,以"使依其孙",则完全合乎情理矣。

(四)吴迎蔡女归吴的后续:楚司马蘧越的自杀及楚令尹囊瓦的"城郢"

楚平王原配夫人、太子建生母蔡女被接至吴国。楚国主管军事的司马蘧越率兵追赶没追上,准备自杀。蘧越的部属劝他说:"请乘机攻打吴国,以求侥幸取胜的可能。"此时,失职的恐惧已压垮蘧越,亦使他丧失斗志和信心。《左传·昭公二十三年》记载他的话说:"再败君师,死且有罪。亡君夫人,不可以莫之死也。"意为:"要是让国君的军队再一次战败,我就是死了都是有罪过的。丢失了国君的夫人,不能不为此而死啊!"说完后,蘧越"乃缢于蘧澨"[3],即在蘧澨上吊自杀,以示对丢失国君夫人担责。

而是时担任楚国令尹的囊瓦(即子常),却立刻想到了修筑国都——郢都的城墙。这就是《左传·昭公二十三年》记载的"楚囊瓦为令尹,城郢"[4]。意为,楚国的囊瓦担任令尹,在楚国

---

[1]《曲园杂纂》卷十八《读吴越春秋》,见俞樾:《春在堂全集》清光绪五年(1879)刻本,苏州图书馆藏本。
[2]《左传·昭公二十三年》,见《春秋左传正义》,北京大学出版社1999年,第1436页。
[3]《左传·昭公二十三年》,见《春秋左传正义》,北京大学出版社1999年,第1437页。
[4]《左传·昭公二十三年》,见《春秋左传正义》,北京大学出版社1999年,第1437页。

都城郢都增修城墙。杜预注："囊瓦，子囊之孙子常也。""楚用子囊遗言，已筑郢城矣。今畏吴，复增修以自固。"[1]

是时，楚将沈尹戍对此持批评态度说："子常必亡郢。苟不能卫，城无益也。"[2]意为：子常（即囊瓦）一定会失掉郢都。如果不能保卫郢都的安全，增修郢都城墙也是没有作用的。接下来，沈尹戍继续说："古代时，天子把守卫中原地区的防线设置在四方蛮夷的边远地区。天子权力式微而地位降低，守卫的责任由列国诸侯承担，诸侯的守卫防线设置在周边邻国。而诸侯权力式微、地位降低，守卫防线收缩到本国边境。警惕地保卫国家边境，结交邻邦为外援，民众在国内自己的土地上安居乐业，春、夏、秋三时的农事都有收获成果。百姓既无内忧，又无外患，国都又哪里用得着增修城墙？"而"今吴是惧，而城于郢，守已小矣"[3]。即现在因为害怕吴国而在郢都增修城墙，是把防线收缩到很小的地区了。这也正如前引杜预注对囊瓦"城郢"的评述："楚用子囊遗言，已筑郢城矣。今畏吴，复增修以自固。"

而记载同一年同一事的《史记·楚世家》则记为：楚平王"十年，楚太子建母在居巢，开吴。吴使公子光伐楚，遂败陈、蔡，取太子建母而去。楚恐，城郢"[4]。张守节《史记正义》引"杜预云'楚用子囊遗言以筑郢城矣'，今畏吴，复修以自固也"[5]。

囊瓦的祖父子囊，即前文所说吴王诸樊时吴、楚皋舟之战中的楚令尹公子贞。《左传·襄公十四年》记载："楚子囊还自伐吴，卒。将死，遗言谓子庚：'必城郢。'"[6]意即楚军统帅子囊此番攻打吴国，丧师溃败，精疲力竭，竟一病不起，回来后就死了。临死前，这位楚国重臣对大夫子庚说："必城郢！"即一定要把郢都城的城墙修好！

由上可见，祖孙先后为楚令尹的子囊（子贞）和囊瓦（子常），在不同时期的楚国与吴国的争战中，当遭受挫折时，均想到的同一件事即是"城郢"——把郢都的城墙修好。

二、吴"灭巢及钟离"之战及其另名——吴、楚争桑之战：中国古代因丝绸生产而引发的经济战争

（一）《左传》记载的吴"灭巢及钟离"之战

吴国将楚平王原配夫人带到吴国，大失脸面的楚平王开始报复。《左传·昭公二十四年》记载，公元前518年（吴王僚九年，鲁昭公二十四年），"楚子为舟师以略吴疆"[7]。意即，楚平王组织水军去吴国边境作挑衅式的巡弋。杜预注："略，行也。行吴界，将侵之。"[8]

对楚平王这一情绪发泄式的轻举妄动，楚将领沈尹戍说："楚平王此行，必导致楚国丢城失邑的后果。不安抚百姓而让他们疲惫，吴国没有动静而让他们加速出动。吴军蹑楚踪迹而紧紧追

---

[1] 杜预注，见杜预：《春秋经传集解》，上海古籍出版社1978年，第1505页。
[2]《左传·昭公二十三年》，见《春秋左传正义》，北京大学出版社1999年，第1437页。
[3]《左传·昭公二十三年》，见《春秋左传正义》，北京大学出版社1999年，第1437页。
[4]《史记·楚世家》，见司马迁：《史记》，中华书局1959年，第1714页。
[5] 张守节：《史记正义》，见司马迁：《史记》，中华书局1959年，第1714页。
[6]《左传·襄公十四年》，见《春秋左传正义》，北京大学出版社1999年，第931页。
[7]《左传·昭公二十四年》，见《春秋左传正义》，北京大学出版社1999年，第1443页。
[8] 杜预注，见杜预：《春秋经传集解》，上海古籍出版社1978年，第1511页。

逐楚军,然而边境却没有戒备,城邑能不丢掉吗?"

接下来,"越大夫胥犴劳王于豫章之汭。越公子仓归王乘舟。仓及寿梦帅师从王,王及圉阳而还。吴人踵楚,而边人不备,遂灭巢及钟离而还"[1]。意为:越国的大夫胥犴在豫章的江边上慰劳楚平王,越国的公子仓把一只船赠送给楚平王。公子仓和寿梦(此人与十九世吴王同名,杜预注为:"寿梦,越大夫。"[2])领兵跟随楚平王。楚平王到达圉阳而返回。吴军紧紧追逐楚军,但是楚国边境的守军并没有戒备,吴军于是灭掉了楚国的巢和钟离两个城邑后回去。对此,楚将沈尹戌说:"亡郢之始于此在矣。王壹动而亡二姓之帅,几如是而不及郢?"[3]意即:"楚都被攻克的开始,就是在这里了。君王的一个举动就失去了两个将领,照这样来个几次,吴国又怎么会不兵临郢都城下?"

此战本系楚平王对吴国将其失宠夫人带到吴国去的情感宣泄式的报复。对之,吴国并未作出应对。然而,当越国大夫胥犴、越国公子仓及越国将军寿梦相继出现在吴、楚对峙的战场上时,吴人最不愿看到的楚、越联手的情况发生了。于是"吴人踵楚",即出兵紧紧追赶楚平王和越人。由于楚国的边境没有戒备,于是吴军灭掉了楚国的巢邑和钟离邑,这才回去。

此战值得注意的是以下两点:

其一,这一时期,吴、楚军事力量的均衡状态已被打破。它不但表现在前述的本年边境城邑州来的反复易手上,更表现在此战上。吴国取楚平王原配夫人以归。大失颜面的楚平王也只是组织水军到吴国边境巡弋一番,以作发泄。而联手越国挑衅吴国的结果,竟出现"吴人踵楚",进而"灭巢及钟离而还"的情况。

相比之下,楚共王时期"楚子重伐吴,克鸠兹,至于衡山"[4]及楚灵王时期,楚国联军伐吴围朱方(今镇江东)的楚军所曾有的战争气概,如今在对吴战争中已全然失却。从吴王馀眛到其子吴王僚执政时期,在吴、楚对抗中,楚国已无一场可圈可点的胜利。即便如此,当楚平王为发泄而"为舟师以略吴疆"时,时为楚将的沈尹戌,竟发出了让人吃惊的预言:"亡郢之始于此在矣。"而这一预言在日后的应验,则是公子光变为阖庐(阖闾)执政吴国后,吴伐楚并攻陷楚都。

其二,本年吴"灭巢及钟离"之战的军事指挥将领,《左传·昭公二十四年》未言及。但据《史记》记载,为公子光。因此,吴王僚时期,吴国在与楚国的战争中,吴王僚已为自己造就了一个在军事上享有巨大威望的政治对手——公子光,从而加速了吴国政局变化的进程。

其三,前述,上年即公元前519年(吴王僚八年,鲁昭公二十三年)"吴人伐州来"时,楚国司马薳越率领楚军以及顿、胡、沈、蔡、陈、许等诸侯国军队奉命去援救州来。其时,"吴人御诸钟离"[5],即吴军在钟离抵御他们。故是时,钟离在吴。而一年后的公元前518年(吴王僚九年,鲁昭公二十四年),从吴军"遂灭巢及钟离而还"[6]可知,钟离又在楚,故而吴军灭之。所谓

---

[1]《左传·昭公二十四年》,见《春秋左传正义》,北京大学出版社1999年,第1443—1444页。
[2]杜预注,见杜预:《春秋经传集解》,上海古籍出版社1978年,第1512页。
[3]《左传·昭公二十三年》,见《春秋左传正义》,北京大学出版社1999年,第1443-1444页。
[4]《左传·襄公三年》,见《春秋左传正义》,北京大学出版社1999年,第823页。
[5]《左传·昭公二十三年》,见《春秋左传正义》,北京大学出版社1999年,第1434页。
[6]《左传·昭公二十四年》,见《春秋左传正义》,北京大学出版社1999年,第1443页。

"灭",前文引《左传·襄公十三年》区分"取""灭""入"的不同措辞曾说"用大师焉曰灭"[1],即动用大军叫作"灭"。由此可见,巢邑、钟离邑和州来一样,已成为吴、楚间反复易手的争夺之地。

(二)《史记》记载的吴"灭巢及钟离"之战——吴楚争桑之战

《史记》在记载上述吴"灭巢及钟离"之战时,为此战缘起,记写了吴、楚间争战的另一个经济原因——"争桑"。故在《史记》的叙述中,此战又称为争夺经济资源性质的争桑之战。该战分别见诸《史记·吴太伯世家》《史记·楚世家》和《史记·伍子胥列传》等。

《史记·吴太伯世家》记载,吴王僚"九年,公子光伐楚,拔居巢、钟离。初,楚边邑卑梁氏之处女与吴边邑之女争桑,二女家怒相灭,两国边邑长闻之,怒而相攻,灭吴之边邑。吴王怒,故遂伐楚,取两都而去"[2]。意为:吴王僚九年(前518),公子光率军攻打楚国,攻打下居巢和钟离这两个城邑。而引起军事纠纷的原因是:当初,楚国边邑卑梁氏的小姑娘与吴国边邑的妇女为争采桑叶而发生纠纷,后引发楚国小姑娘和吴国妇女各自所在的家族之间的械斗。而两国的边防军队长官听说后,也都介入了这场争执。双方边防军队介入边境冲突后,楚国把吴国的边邑给灭了。吴王僚听说后,大怒,于是派公子光去攻打楚国,夺取了楚国的两个边境城邑——居巢、钟离,这才归去。由此,从"公子光伐楚,拔居巢、钟离"可见,此战与《左传·昭公二十四年》记载的吴"灭巢及钟离"之战,时间相同,战争的过程、结果相同,故两部不同文献记载的实为同一场战争。

《史记·楚世家》的记载文字稍异。《史记·吴太伯世家》记载的吴"取两都而去",在《史记·楚世家》中增加内容而记为吴"遂灭钟离、居巢。楚乃恐而城郢"[3]。而《史记·伍子胥列传》对这场争桑之战叙述得最为简洁,但内容与上两篇大致相同。

(三)吴、楚战争背后除铜矿资源外的另一地缘经济因素——为丝绸生产争桑

吴楚争夺,除前述淮河流域的铜矿资源外,另一经济因素,即为《史记》的《吴太伯世家》《楚世家》及《伍子胥列传》记载的两国对蚕桑资源的争夺。其背后,无疑是两国均与民生穿衣相连的绸丝生产。

关于吴楚争桑之战,《春秋经》及《左传》《公羊传》《穀梁传》等皆未言及。

三、对人才的轻慢与争夺——伍子胥入吴后,吴王僚与公子光对其的不同态度
(一)伍子胥与公子光

公元前522年(吴王僚五年,鲁昭公二十年),伍子胥逃亡来到吴国。来到吴国后,伍子胥即"言伐楚之利于州于。公子光曰:'是宗为戮而欲反其仇,不可从也。'员曰:'彼将有他志。余姑为之求士,而鄙以待之。'乃见鱄设诸焉,而耕于鄙"[4]。意为:伍子胥向吴王僚(州于)游说进

---

[1]《左传·襄公十三年》,见《春秋左传正义》,北京大学出版社1999年,第908页。
[2]《史记·吴太伯世家》,见司马迁:《史记》,中华书局1959年,第1462页。
[3]《史记·楚世家》,见司马迁:《史记》,中华书局1959年,第1714页。
[4]《左传·昭公二十年》,见《春秋左传正义》,北京大学出版社1999年,第1389页。

攻楚国对吴国的好处。公子光说："这是因他的家族成员被楚国杀戮而想要报私仇，不能听从他的。"伍子胥暗自思忖道："他这人有弑僚而取代的志向，我姑且为他寻求勇士，而我在郊外等待着他。"于是，他把鱄设诸（即专诸）推荐给了公子光，自己在郊野种地。

显然，来到吴国的伍子胥，对吴国的内政危机已有所了解，同时，他也敏锐地察觉到公子光"将有他志"。于是，为达到借吴国力量以报复楚平王的目的，他选择了公子光这位吴王寿梦的嫡孙。而由于《左传》记事太简，从上述文字中，难以看出伍子胥是如何接近吴国最高权力圈子的，也未交代伍子胥是如何结识鱄设诸，并向公子光推荐他的。而《史记·伍子胥列传》则记载了这一过程的另一版本，伍子胥"至于吴，吴王僚方用事，公子光为将，伍胥乃因公子光以求见吴王"[1]，即伍子胥通过公子光的推荐而求见吴王。

在吴国其时的政治背景下，伍子胥来吴后，或先接近了其时在吴国带兵为将的公子光。公子光一开始对伍子胥或并没有什么感觉，于是带他去见吴王僚。然而，在吴、楚边境的争桑之战已结束的情况下，伍子胥为胸中的仇恨所左右，依然希望吴国和楚国再度发生战争，并"说吴王僚曰：'楚可破也。愿复遣公子光。'"[2]意思是说，楚国是一定可被攻破的，请求再派公子光去攻打楚国。

伍子胥胸中燃烧着的仇恨和坚韧的复仇精神，引起了公子光的注意，他立刻意识到吴王僚要是听从了伍子胥的意见而再度伐楚的话，那他引荐给吴王僚的这个楚国政治流亡者，非但会死心塌地地追随吴王僚，甚至有可能成为吴王僚的得力助手。而这对自己今后谋事极为不利。于是，他非但未接伍子胥的话茬，相反却对吴王僚说，他伍子胥的父兄在楚国被楚平王杀了，因此，他劝大王攻打楚国，是想为其家族报仇，而攻打楚国则未必可以赢。

正是在这一交集中，"伍胥知公子光有内志，欲杀王而自立，未可说以外事，乃进专诸于公子光，退而与太子建之子胜耕于野"[3]。即伍子胥知晓公子光在国内有野心，想杀死吴王僚而自立为君，故不可以再说这些对外用兵之事。于是，伍子胥向公子光推荐了专诸（《左传》作"鱄设诸"），而自己离开吴国国都，和太子建的儿子熊胜一起到郊外的乡下种田去了。

伍子胥奔吴，本是为复仇以尽孝。故只要有人能为其复仇，他即会投靠而为对方卖命。然而，当公子光揭其"自报其雠"的目的而致吴王僚对他弃之不用时，他不能不将吴王僚的迟重、颟顸和公子光的精明、睿智作比较，从而意识到公子光的未来极可能就是吴国的未来，而自己的复仇计划，或只有依靠公子光方能实现。于是，他将他来吴国后结识的勇士专诸作为一个见面礼送了上去。

对公子光来说，随着伍子胥的投靠及其推荐的专诸的到来，他完成了政变班底的成员配置。接下来，就是等待时机了。

（二）关于专诸

1.生平记载

在公子光政变班底的成员配置中，专诸（鱄设诸）是一个一线杀手，即独自承担刺杀吴王

---

[1]《史记·伍子胥列传》，见司马迁：《史记》，中华书局1959年，第2173页。
[2]《史记·伍子胥列传》，见司马迁：《史记》，中华书局1959年，第2174页。
[3]《史记·伍子胥列传》，见司马迁：《史记》，中华书局1959年，第2174页。

僚之责的刺客。《史记·刺客列传》记载其生平为："专诸者，吴堂邑人也。"[1]伍子胥逃亡吴国时，认识并知道了专诸的本领。当伍子胥知晓公子光打算剪除吴王僚后，他就把专诸推荐给了公子光。

2.刺客——吴地"尚武"民风的产物

专诸的出现，是春秋时期吴地尚武民风的产物。班固《汉书·地理下》指出："吴、粤之君皆好勇，故其民至今好用剑，轻死易发。"[2]意思是说，吴、越（粤）的君主都喜好勇武，所以这里的百姓到现在（指班固撰《汉书》时的东汉时期）都喜欢用剑，看轻死亡且容易冲动。正是在这"好用剑，轻死易发"的尚武民风熏陶及引导下，《战国策·魏策四》里记载的春秋以来的三大刺客分别为："专诸之刺王僚也，彗星袭月；聂政之刺韩傀也，白虹贯日；要离之刺庆忌也，苍鹰击于殿上。此三子者，皆布衣之士也。"[3]意为：专诸刺杀王僚时，彗星遮盖了月亮；聂政刺杀韩傀时，白虹穿过了太阳；要离刺杀庆忌时，苍鹰在宫殿上扑击。这三个人，都是平民中的士人。显见，《战国策》所记载的先秦时三大刺客，其中竟有二人（专诸、要离。要离事迹，另见下文）出自吴地。

3.专诸：从与伍子胥结识到成为公子光"阴养"的"死士"

关于伍子胥结识专诸的故事，《吴越春秋》卷三记载伍子胥从楚国逃亡到吴国时，在路上与专诸结识。其时，专诸正和别人斗殴，当专诸将要逼近对手时，他的愤怒有压倒万人的气势，勇猛得不可抵挡。就在这时，他的妻子一喊，他就住手并立即回去了。在一旁看见这一幕的伍子胥感到奇怪，于是询问他："为什么你这个大男人的愤怒这么强烈，可听见一个女子的声音就半途而退，这难道有什么说法吗？"专诸回答说："你看看我的仪表，像是一个愚蠢的人么？为什么你的话说得这么难听呢！一个屈服于一人之下的人，必定能施展于万人之上。"伍子胥看他相貌奇特，凶猛又敢于冒风险，知道他是个真正的勇士，于是就暗中和他结交，想利用他。待他了解到公子光的谋略而要办大事后，就把他推荐给了公子光。

《史记·刺客列传》记载了吴王僚得其位而引发公子光不满："夷眛死，当传季子札；季子札逃不肯立，吴人乃立夷眛之子僚为王。公子光曰：'使以兄弟次邪，季子当立；必以子乎，则光真适嗣，当立。'故尝阴养谋臣以求立。"[4]意思是说：夷眛（馀眛）死后本当传给季札，季札却逃而不肯立为国君，吴人就拥立夷眛的儿子僚为国君。公子光说："如果按兄弟的次序，季当立；如果一定要传子一辈的话，那我才是子辈中的嫡长孙，应当立我为君。"所以他秘密地供养一些有智谋的人以谋取王位。

"阴养谋臣以求立"的公子光"既得专诸，善客待之"[5]，从而使其成为"阴养"的"死士"[6]——敢死的勇士。

---

[1]《史记·刺客列传》，见司马迁：《史记》，中华书局1959年，第2516页。
[2]《汉书·地理下》，见班固：《汉书》，中华书局1962年，第1667页。
[3]《战国策·魏策四》，见王锡荣、韩峥嵘译注：《战国策译注》，吉林文史出版社1998年，第796页。
[4]《史记·刺客列传》，见司马迁：《史记》，中华书局1959年，第2517页。
[5]《史记·刺客列传》，见司马迁：《史记》，中华书局1959年，第2517页。
[6]死士，见诸《左传·定公十四年》"吴伐越。越子句践御之，陈于檇李。句践患吴之整也，使死士再，禽焉，不动"句（见《春秋左传正义》，北京大学出版社1999年，第1602页）。

4.行刺细节的安排——专诸太湖畔学炙鱼

《吴越春秋》记载公子光与专诸讨论谋刺的方法和细节时,专诸说:"凡是要杀人,必先觅得他所喜好的东西。吴王僚喜欢什么呢?"公子光回答说:"他喜好美味佳肴!"专诸说:"他喜欢的是哪种美味佳肴?""光曰:'好嗜鱼之炙也。'专诸乃去,从太湖学炙鱼。"[1]意即,公子光说:"他喜欢吃烤鱼。"听了这话,专诸便到太湖边去学习烤鱼。学了三个月,便会做吴王喜欢吃的烤鱼了。于是他安心坐等公子光的命令。

今苏州阊门内有专诸巷。又,今苏州吴中区香山南宫塘畔有炙鱼桥,或为后人附会。

(三)楚平王之死与专诸刺王僚

1.楚平王之死与吴王僚再次"伐楚丧"

公元前516年(吴王僚十一年)"九月,楚平王卒"[2],即楚平王于本年九月去世,在位十三年。

到了次年的公元前515年(吴王僚十二年),"吴子欲因楚丧而伐之,使公子掩馀、公子烛庸帅师围潜。使延州来季子聘于上国,遂聘于晋,以观诸侯"[3]。意为:吴王僚想要"伐楚丧"——借楚国有丧事而攻打楚国,故派遣公子掩馀、公子烛庸率兵包围楚国的潜邑。同时,派季札再次到中原列国访问,以观察中原列国诸侯对吴国"伐楚丧"的反应和动向。杜预注"公子掩馀、公子烛庸"曰:"二子,皆王僚母弟。"[4]杜预另注:"掩馀,吴子寿梦子。"[5]

前文述及,吴国历史上吴王诸樊时期的"伐楚丧",在晋国集团"向城会见"中遭到晋国范宣子的严厉批判。本年,吴国故伎重演,再一次"伐楚丧",故不能不担心晋国集团的中原列国,尤其是晋国的反对。为及时掌握相关动向,吴王僚派遣季札出访晋国"以观诸侯"[6]。

吴王僚此番"伐楚丧",实有以下三个过失:

其一,在对外关系方面,此举显系冒险——不仅受到楚国集团成员国的反对,甚至也极可能受到晋国集团成员国的反对。前文已述,乘他国国丧而动兵,这在春秋时期属极不道德、也极不得人心之举。

其二,在对外用兵时,吴王僚未让公子光领兵,而是将自己的两个死党亲信——公子掩馀和公子烛庸率兵。不仅如此,他还把吴国政坛上辈分最高且可以制约公子光的季札也派去晋国出访来观察动向,而将公子光留在了吴都。

其三,其后发生的情况——掩馀和烛庸率领的吴军入侵楚国后,受到楚军的阻遏和夹击,从而陷入"吴师不能退"[7]的境地。吴王僚以自己的错误为公子光创造了发动宫廷政变的极佳时机。

2.关于"伐楚丧"领兵者公子掩馀与公子烛庸及其在吴国王室中的位置

《左传·昭公二十七年》记载吴王僚"欲因楚丧而伐之,使公子掩馀、公子烛庸帅师围

---

[1]赵晔:《吴越春秋》,江苏古籍出版社1986年,第20页。
[2]《左传·昭公二十六年》,见《春秋左传正义》,北京大学出版社1999年,第1471页。
[3]《左传·昭公二十七年》,见《春秋左传正义》,北京大学出版社1999年,第1481页。
[4]杜预注,见杜预:《春秋经传集解》,上海古籍出版社1978年,第1552页。
[5]杜预注,见杜预:《春秋经传集解》,上海古籍出版社1978年,第1502页。
[6]《左传·昭公二十七年》,见《春秋左传正义》,北京大学出版社1999年,第1482页。
[7]《左传·昭公二十七年》,见《春秋左传正义》,北京大学出版社1999年,第1482页。

潜"[1]。其中公子掩馀、公子烛庸,为吴国王室成员。杜预注曰:"二子,皆王僚母弟。"[2]

母弟,有二义。一为同母之弟。《尚书·牧誓》"昏弃厥遗王父母弟不迪"[3]句,孔颖达疏曰:"《春秋》之例,母弟称'弟',凡《春秋》称'弟'皆是母弟也。'母弟'谓同母之弟。"[4]按此,则公子掩馀和公子烛庸,均为吴王僚同母之弟,亦皆为馀眜之子、寿梦之孙辈。然,杜预另注:"掩馀,吴子寿梦子。"[5]按此杜预注,则掩馀为寿梦之子,吴王僚叔辈。

显然,"二子,皆王僚母弟"解读下的掩馀、烛庸为吴王僚同母之弟、寿梦孙辈。但这又与掩馀为"吴子寿梦子"的解读抵牾。毕竟,掩馀不能同时为寿梦的子辈和孙辈,亦即俺馀、烛庸为吴王僚同母之弟及掩馀为吴王僚叔辈不能同时成立。

而唯一能满足"二子,皆王僚母弟"及"掩馀,吴子寿梦子"条件者,为吴王僚是寿梦的长庶,此即《公羊传·襄公二十九年》记载的"僚者,长庶也"[6]。而如前文说,这一说法与《史记·吴太伯世家》记载的"立王馀眜之子僚为王"[7],即吴王僚为馀眜(眛)之子相抵牾。且如前文叙述,本书未采信僚为寿梦长庶的说法。

因此,杜预注或即是从《公羊传·襄公二十九年》的"僚者,长庶也"说,并以之为前提。在这一前提下,吴王僚既为寿梦长庶,而掩馀、烛庸与吴王僚为寿梦的同一个非正室的妾所生,故既可谓"二子,皆王僚母弟",又可谓"掩馀,吴子寿梦子"。

本书在《史记·吴太伯世家》记载的吴王僚为馀眜(眛)之子前提下,认为上述杜预二注(指"二子,皆王僚母弟"及"掩馀,吴子寿梦子")并不能同时成立,亦即如前所说,掩馀、烛庸不能同时为寿梦的子辈和孙辈。

吴王僚其实也不能同时为寿梦长庶与寿梦孙辈——馀眜之子。因此,吴王僚或为《公羊传》的寿梦长庶,或为《史记·吴太伯世家》的馀眜(眛)之子,二者只能为其一。

因此,在认可《史记》将吴王僚作馀眜之子的情况下,通过前文分析可知,对杜预二注的"二子,皆王僚母弟"可予采信,但对"掩馀,吴子寿梦子"并不能采信,否则难以说通。再者,掩馀、烛庸均作"吴子寿梦子"的说法,仅是杜预提出,并无《左传》记载的印证和支持。

鉴于以上分析,本书采信《史记》将吴王僚作"馀眜之子",亦同时采信"二子,皆王僚母弟",但不采信掩馀作"吴子寿梦子"的说法。故可认为,掩馀、烛庸均为吴"王僚母弟",即吴王僚的同母弟,且二人均为吴王"馀眜之子"。至于杜预注所说掩馀为"吴子寿梦子",即寿梦庶子,本书在上述前提下,不予采信,但可作一说存之。

母弟,另一义为母亲的弟弟,即舅。《史记·季布栾布列传》:"季布母弟丁公,为楚将。"[8]

---

[1]《左传·昭公二十七年》,见《春秋左传正义》,北京大学出版社1999年,第1481页。
[2] 杜预注,见杜预:《春秋经传集解》,上海古籍出版社1978年,第1552页。
[3]《尚书·牧誓》,见《尚书正义》,北京大学出版社1999年,第285页。
[4] 孔颖达疏,见《尚书正义》,北京大学出版社1999年,第285页。
[5] 杜预注,见杜预:《春秋经传集解》,上海古籍出版社1978年,第1502页。
[6]《公羊传·襄公二十九年》且,见《春秋公羊传注疏》,北京大学出版社1999年,第465页。
[7]《史记·吴太伯世家》,见司马迁:《史记》,中华书局1959年,第1461页。
[8]《史记·季布栾布列传》,见司马迁:《史记》,中华书局1959年,第2733页。

司马贞《史记索隐》："谓布之舅也。"[1]

按此，则掩馀和烛庸为吴王僚母亲的两名弟弟、吴王僚的两位舅舅。然而，若作此解读，则与二人吴国王室成员的"公子"身份相悖。本文不采信此说，亦不作此深入探讨。

而不管掩馀、烛庸为何身份，他俩为吴王僚的死党亲信，当可确定。因此，正是吴王僚的此番"伐楚丧"，未让公子光领兵伐楚，而是将自己的两位死党亲信派出率兵伐楚，从而为公子光的政变提供了时机。

3.宫廷政变准备

战争期间，前方的战况反馈回国内后，往往对国内政治产生连锁影响。其时的吴国国都内，伐楚的吴军陷入进退两难的境地。随着消息传来，吴王僚或在担心伐楚吴军的命运，而公子光却立刻感到他所等待的时机已经到来。

曾为领兵将领的公子光了解战场上的瞬息万变，一旦入侵楚国的吴军返归吴国，此极佳时机便转瞬即逝。作为一个善于抓住机遇的政治强人，他立刻知道自己该做什么和该怎么做了。

"吴公子光曰：'此时也，弗可失也。'告鱄设诸曰：'上国有言曰，不索，何获？我，王嗣也，吾欲求之。事若克，季子虽至，不吾废也。"[2]即公子光说："这正是大好时机啊！不可错失。"接着他告诉鱄设诸（专诸）说："中原国家有句话说：'不去索取，又怎么能得到？'我是吴国王位的继承人，我想要得到这个王位。事情如果顺利，即使四叔季札回来，他也不会或不能废掉我。"

专诸听公子光一说，立刻知道，要他献身的时刻到了。可自己去献身了，家中又怎么办？于是，他对公子光说："王可弑也。母老、子弱，是无若我何。"[3]意思是说："吴王僚是可以杀掉的。但是我母亲老了，儿子还小，我将怎样安排他们？"杜预注此句为："欲以老弱托光。"[4]而是时的公子光，也立刻就知道了专诸内心的想法。见专诸说起"母老子弱"，他极富情感地说："我，尔身也。"[5]《史记·刺客列传》则将之表述为："光之身，子之身也。"[6]意思都是说："我就是你啊！"——当然，你的母亲就是我的母亲，你的儿子也就是我的儿子了。赡养和抚养他们，当为我义不容辞的责任。在这里，公子光实际上是以生死相托的兄弟交心之情，去其后顾之忧而彻底"买断"了专诸的一条命。

4.血染吴宫——专诸刺王僚

《左传·昭公二十七年》记写了吴国历史上公子光取代吴王僚而成为吴王阖闾（阖庐）的过程。"夏四月，光伏甲于堀室而享王。"[7]意为，本年夏季四月，公子光在地下室埋伏甲士而设享宴招待吴王。吴王僚赴公子光所设的宴会时，安全保卫做得极为严密，布置的士兵排于道路两旁，一直排到公子光宅的大门口。而公子光宅的大门、台阶、里门以及座席旁，都布置了卫兵。

---

[1] 司马贞：《史记索隐》，见司马迁：《史记》，中华书局1959年，第2733页。
[2] 《左传·昭公二十七年》，见《春秋左传正义》，北京大学出版社1999年，第1482—1483页。
[3] 《左传·昭公二十七年》，见《春秋左传正义》，北京大学出版社1999年，第1483页。
[4] 杜预注，见杜预：《春秋经传集解》，上海古籍出版社1978年，第1552页。
[5] 《左传·昭公二十七年》，见《春秋左传正义》，北京大学出版社1999年，第1483页。
[6] 《史记·刺客列传》，见司马迁：《史记》，中华书局1959年，第2517页。
[7] 《左传·昭公二十七年》，见《春秋左传正义》，北京大学出版社1999年，第1483页。

"执羞者坐行而入,执铍者夹承之,及体。"[1]即将菜肴端上宴席的专诸,在门外先脱了衣服,然后换穿别的衣服,这才让他跪着端着菜肴,膝行而入。在专诸膝行上菜时,吴王僚的卫士持兵器铍夹着专诸,铍的尖刃抵住专诸的身体。

公子光怕混乱中伤及自身,于是,"光伪足疾,入于堀室"[2],即公子光假装脚有病,进入了自家的地下室。那里,已埋伏了他的众多甲士。专诸已事先把短剑放在烧炙好的鱼腹中,端着这盆炙鱼膝行进献给吴王僚。"抽剑刺王,铍交於胸,遂弒王。"[3]意为:专诸猛地从鱼腹中抽出剑刺向吴王。吴王僚卫士抵着他身体的铍,也交叉着刺进了专诸的胸膛。尽管如此,专诸还是刺杀了吴王僚。

山东嘉祥东汉石刻画像武梁祠西壁画像全图(左)及图中"专诸炙鱼弒杀吴王"细部(右)[录自《中国画像石全集(1)·山东汉画像石》[4]]

吴王僚死,"公子光竟代立为王,是为吴王阖庐"[5]。阖庐,又作阖闾,其时为公元前515年(吴王僚十二年,鲁昭公二十七年)。阖闾纪元则自下年的公元前514年(鲁昭公二十八年)始,为阖闾元年。

在刺杀吴王僚的整个政变过程中,伍子胥既参与了策划,又推荐了刺客专诸,于是"阖庐既立,得志,乃召伍员为行人,而与谋国事"[6]。即公子光既已立为吴王,实现其心中的志向后,任命伍子胥担任主管接待宾客和吴国外交的"行人"职务,并和他共同策划国事。

5. 季札归与掩馀奔徐、烛庸奔钟吾

前及,吴王僚"伐楚丧"时,为了解列国的态度和动向,派季札出访晋国,以观察晋国对吴"伐楚丧"的反应。此时,国内发生动乱,作为吴王僚所遣外交使节,季札或是因吴王僚被弒而失去了执行外交使命的权限基础,或是被新王阖闾召回,抑或是文献未载的其他原因,季札回到了吴国。

《左传·昭公二十七年》记载:"季子至,曰:'苟先君无废祀,民人无废主,社稷有奉,国家

---

[1]《左传·昭公二十七年》,见《春秋左传正义》,北京大学出版社1999年,第1483—1484页。
[2]《左传·昭公二十七年》见《春秋左传正义》,北京大学出版社1999年,第1484页。
[3]《左传·昭公二十七年》,见《春秋左传正义》,北京大学出版社1999年,第1484页。
[4]中国画像石全集编辑委员会:《中国画像石全集(1)·山东汉画像石》,山东美术出版社2000年,第29页。
[5]《史记·吴太伯世家》,见司马迁:《史记》,中华书局1959年,第1463页。
[6]《史记·伍子胥列传》,见司马迁:《史记》,中华书局1959年,第2174页。

无倾,乃吾君也,吾谁敢怨?哀死事生,以待天命。非我生乱,立者从之,先人之道也。'"[1]杜预注:"吴自诸樊以下兄弟相传,而不立適,是乱由先人起也。季子自知力不能讨光,故云尔。"[2]故《左传》上条的意思说:季子回到吴国,说:"如果没有废弃对先君的祭祀,如果百姓没有废弃主子,如果土地和五谷之神能奉献粮食,如果国家没有被颠覆坍塌,能做到这些,那他就是我的国君。我敢怨恨谁?哀痛死去的,事奉活着的,以等待天命的裁决。不是因我而引发了动乱,谁立为国君,我就服从谁,这是先人处世的常法。"

《左传》的记载及杜预为之所作的注释和评述,涉及下列问题:

其一,吴国历史上唯一"专诸刺王僚"式的宫廷政变,引发的深层原因是什么?

这一自寿梦而历诸樊、馀祭、馀眛以至吴王僚历代吴王的王位传承问题,与本次刺杀吴王的政变直接相连。对此,杜预直截了当指出:"吴自诸樊以下兄弟相传,而不立適,是乱由先人起也。季子自知力不能讨光,故云尔。"[3]先人,指寿梦。杜预的评述即指寿梦令诸樊后吴国的王位传承方式由"父死子继"改为"兄终弟及",并"兄弟相传,而不立嫡",从而导致了至其孙辈时的一场充满暴力的争夺王权的政变。而若非寿梦因个人情感好恶作"兄弟相传"的王命和父命,则诸樊后的王位,当由诸樊嫡子公子光继承。这一符合当时"礼"的传承秩序,则会使吴国王权在平稳过渡中避免暴力和流血。从这一意义上讲,杜预评述的"是乱由先人起",即指吴王寿梦首先当为此承担责任。

其二,是季札应当承担的责任。在吴国王位"兄弟相传"既是王命又是父命的前提下,馀眛后的传承,因季札"逃去""逃位"导致君位传承一改为"父死子继",从而传至馀眛子僚的手中。这与宫廷政变的发生,有着直接的因果关系。

前文曾述,馀眛后的季札奉王命和父命承接君位,既不存在废长立幼,也不存在有违礼制的状况。因此,他的"逃去""逃位",既违背王命,也违背父命,更是置国家责任于不顾的缺少担当的行为。尽管季札"逃去""逃位"时,并未预见会发生同宗兄弟相残的后果,但当这一后果以血淋淋的方式呈现在季札面前时,《左传》《史记·吴太伯世家》均记载季札其时的第一反应——"非我生乱"[4],即"不是因我而发生了动乱"。这说明季札知晓个中的因果关系而竭力撇清、推卸责任了。

其三,古代学者对季札的追责,毫不含糊。清高士奇在《左传纪事本末》中说:季札"之让国,固出于诚,然子臧之义可慕,而父兄之志亦不可违也。季札过徐,徐君欲其宝剑,还役而徐君已死,挂其剑于墓树,曰:'吾已心许之。'吁!徐君倾盖之交也,深体其心,至于如此,独于父心之志不能曲成,无乃轻重之不伦耶?至夷眛(馀眛)既卒,又不返国,而归之诸樊之子光,使王僚越次得立,以启争端。专诸之刃难免,由我之憾矣。身为叔父,社稷之镇,公子乃坐视骨肉相残",而"其观诗而知列国之兴亡,入境而辨晋邦之将乱,当时名闻诸侯,所至倾动"。意即,对他国事洞若观火,但对本

---

[1]《左传·昭公二十七年》,见《春秋左传正义》,北京大学出版社1999年,第1484页。
[2]杜预注,见杜预:《春秋经传集解》,上海古籍出版社1978年,第1553页。
[3]杜预注,见杜预:《春秋经传集解》,上海古籍出版社1978年,第1553页。
[4]《左传·昭公二十七年》,见《春秋左传正义》,北京大学出版社1999年,第1484页;《史记·吴太伯世家》,见司马迁:《史记》,中华书局1959年,第1465页。

国事却"惜其知经而不知权,过让以生乱"[1]。显然,高士奇认为季札违"父兄之志","独于父兄之志不能曲成",而"使王僚越次得立",从而导致"坐视骨肉相残",血染吴宫局面的出现。

其四,季札在他的两个侄儿死的已死、活的已立的情况下,如杜预注认为的,"季子自知力不能讨光"。这一评述,有其合理处。但季札即使有"力""能讨光",他也不会"讨"。盖因其内心无法说服自己——这"讨"的目的是什么?是夺回王权。可当初馀昧去世时,面对王权他本就选择了"逃夫""逃位"。值二位侄儿争夺王权而流血时,季札实际上已是什么也做不了了。从这一意义上讲,对王权并无所恋的季札,早已在观念上把自己与吴国的王权区隔开来。相比杜预"是乱由先人起"的判断,公子光的推演和预测或更为精准。早在政变前,公子光即已认定,"事若克,季子虽至,不吾废也"[2]。即:"夺取王权的事情如果顺利,即使四叔季札回来,他也不会或不能废掉我。"

其五,在这种情况下,季札要的是公子光"先君无废祀"的承诺。前文叙述季札访鲁时曾会见过叔孙豹。而叔孙豹值范宣子宣扬自己家世显赫并认为这就是"不朽"时,曾驳斥说:"保姓受氏,以守宗祊,世不绝祀,无国无之。"[3]意即保存并接受姓氏,用功业守住宗庙,世世代代不断绝祭祀,没有一个国家不是这种情况。传为夏代文献的《尚书·五子之歌》中说"荒坠厥绪,覆宗绝祀"[4],即废弃传统,断绝祭祀,则意味着亡国。吴国"专诸刺王僚"式的夺取王权,只是导致王权在吴国王室内部重新分配。无论是被刺而死者,抑或是新立当政者,他们都是季札的侄儿、寿梦的孙辈。个中并不存在"废祀"乃至"绝祀"情形的发生。因此,季札以对现实接受的态度来换取新王对吴国宗庙祭祀连续性的承诺,呈现出一个历史上真实的季札——对现实既善于变通,对王权又无所恋。而对新上台的吴王阖闾来说,这位对王权从无欲望的叔叔,并不构成威胁,而其表态分量又极重。故当季札表达了对阖闾成为新王的认可和拥戴,这就提升了阖闾权力来源的正当性和合法性,尽管他是以非常态的暴力形式取得的。

对王权从无欲望的季札可以回到吴国,而受吴王僚派遣"伐楚丧"的公子掩馀和公子烛庸,因兵权在握,就有家难回了。"吴公子掩馀奔徐,公子烛庸奔钟吾。"[5]意即,将兵在外的公子掩馀逃奔到徐国,公子烛庸则逃奔到钟吾国。钟吾地望,在今江苏徐州下辖的新沂市。

随着公子光成为吴王阖闾,吴国的历史翻篇为吴王阖闾时期。

江苏新沂博物馆内的"钟吾"标示今新沂为古"钟吾"的城墙装饰(吴恩培摄)

---

[1] 高士奇:《左传纪事本末》,中华书局1979年,第727—728页。
[2] 《左传·昭公二十七年》,见《春秋左传正义》,北京大学出版社1999年,第1482—1483页。
[3] 《左传·襄公二十四年》,见《春秋左传正义》,北京大学出版社1999年,第1004页。
[4] 《尚书·五子之歌》,见《尚书正义》,北京大学出版社1999年,第179页。
[5] 《左传·昭公二十七年》,见《春秋左传正义》,北京大学出版社1999年,第1484页。

第七节　馀眜、吴王僚时期的文化遗存

一、馀眜时期的历史文化遗存

（一）馀眜墓

1.文献记载的馀眜墓

（1）甪直吴夸眜墓

馀眜墓，清顾震涛《吴门表隐·卷四》有"吴夸眜墓在六直夸陵山"[1]的记载。六直，即今苏州吴中区甪直镇。

（2）唯亭夷陵山"夷眜陵"

民国《吴县志》卷十九："夷亭山在城东三十里阳城湖南，去夷亭镇三里，高六丈余。相传为吴王养鱼处，或曰夷陵，夷眜陵也。"[2]另，民国《吴县志》卷三十五："吴夸王庙在唯亭山，麓神即吴王夸眜，里人奉为土谷神。"[3]

由上可知，清代、民国时，吴王"馀眜"被方志记为"夸眜"，且今苏州工业园区唯亭街道的夷陵山，被传为"夷眜陵"。而吴王馀眜也被神化为夷陵山"麓神"，即山神，当地人奉为"土谷神"。历史上的吴王，后世在民间向神化方向发展。

2.考古发现的馀眜墓、馀眜矛及其释读、认定的流变

（1）1986年：南京博物院宣布发现春秋时期吴王馀眜墓

王振川主编的《中国改革开放新时期年鉴（1986年）》中"5月25日"以《南京博物院宣布发现春秋时期吴王余眜墓》为标题记录说："据文汇报报道，两年前在江苏省丹徒县大港乡发掘的一座春秋晚期大型墓葬，经考古人员反复研究和考证，确认墓主为卒于公元前527年的吴王余眜。这是迄今为止在古代吴国疆域内发现的唯一有铭文可佐证的吴王墓葬，所出土的400多件文物中，很多是价值连城的罕见之物。（这）也是全国范围内发现的春秋战国时期的少数诸侯陵墓之一。"[4]

该文为墓葬发掘两年后，"经考古人员反复研究和考证"，并以"南京博物院"名义"确认墓主为卒于公元前527年的吴王余眜"及确认该墓为"全国范围内发现的春秋战国时期的少数诸侯陵墓之一"，且被收录入相关年鉴。

（2）1988年：《江苏丹徒北山顶春秋墓发掘报告》及其"余眜矛"

1984年，镇江博物馆、丹徒县文教局、中山大学人类学系考古教研室和南京博物院的考古人员组成丹徒考古队，对大港至谏壁沿江的墓葬进行了科学发掘。对北山顶春秋墓的发掘获重大发现。这重大发现就是1988年发表的考古报告《江苏丹徒北山顶春秋墓发掘报告》所指出的丹徒

---

[1] 顾震涛：《吴门表隐》，江苏古籍出版社1986年，第43页。
[2]《吴县志》卷十九《舆地考·山》，见民国《吴县志》，苏州图书馆藏本。
[3]《吴县志》卷三十五《舆地考·坛庙祠宇三》，见民国《吴县志》，苏州图书馆藏本。
[4] 王振川主编：《中国改革开放新时期年鉴》(1986年)，中国民主法制出版社2015年，第425—426页。

北山顶春秋墓出土的"尸祭缶盖和余眛矛,是在吴国疆域内出土的人名确凿的吴王之器"[1]。

《江苏丹徒北山顶春秋墓发掘报告》对"余眛矛"的出土情况叙述如下:"余眛矛(M:79) 1件。长27.4、宽4.7厘米。矛体大而宽,锋近似三角形,截面为菱形,刃的中部呈弧形内收,刃口十分锋利,中有脊,两侧有血槽,椭圆形骹,骹的末端外撇,骹的上下及两侧有凸起的脊棱,矛上饰黑色菱形暗花纹,骹部有铭文九字,其中合文一字,两行,直行右读如下:'㠭(余眛)自乍回工其元用'。"[2]关于"墓主的考证与墓葬年代的推断",该报告指出:"墓室中随葬的余眛矛,当为死者的近身之物。据此推断墓主可能为吴王余眛。"[3]

其后,《江苏丹徒北山顶春秋墓发掘报告》执笔者之一的张敏,发表《吴王余眛墓的发现及其意义》一文。该文指出:"吴王余眛墓的发现,是江苏近年来考古工作最重要的收获之一。"[4]

(3)1989年:镇江市地方志办公室编著的《镇江要览》一书的认可意见

镇江市地方志办公室编著的《镇江要览》说:"丹徒县大港背山顶春秋吴国墓,1984年在丹徒县发掘。出土器物中,有确定墓主身份的'馀眛矛'和'尸祭缶'。在尸祭缶上,有铭文30余字,记载了此器是馀眛哥哥馀祭为祖父去齐为君时所作。……根据墓葬的形制和出土器物,初步考定墓主为公元前527年的吴王馀眛,是至今在古代吴国疆域内所发现的唯一有铭文可以佐证的吴王墓葬。"[5]

(4)1992年:董楚平《吴越徐舒金文集释》对《江苏丹徒北山顶春秋墓发掘报告》称为"余眛矛"的论述

董楚平《吴越徐舒金文集释》指出,吴王馀眛墓,"确定墓主的唯一物证,就是这件铜矛。此矛出于墓室之内。……矛的骹部有铭文两行九字,其中合文一字。发掘报告释读如下:㠭(余眛)自乍回工其元用。(《江苏丹徒北山顶春秋墓发掘报告》,载《东南文化》一九八八年三、四期合刊。)周晓陆、张敏《北山四器铭考》一文说:'自乍'之下,当为器名……姑称之为矛。(载上刊同期)"[6]。该著作接着介绍其他学者的解读:商志𩡂、唐钰明在《文物》一九八九年第四期发表《江苏丹徒背山顶春秋出土钟鼎铭文释证》一文说:"由于矛上铭刻较浅,笔划稍泐,难于目识,但谛审原器,合文之字迹尚可辨析:其上半部作舍,此字形又见于一号镈钟和一号钮钟,可定为余即徐;下半部似作'王',如不误,当是王字。此为徐王自作之矛。"[7]

而《吴越徐舒金文集释》撰者董楚平表述的意见为:"笔者只看过原拓本,未看过原器。拓本首字笔迹难辨,与上引二家隶定的字形皆不合,究竟何字,暂且存疑。兵器铭'元用'二字,是吴国的特点,本铭元用二字的构形与《邗王是埜戈》相同;又因张敏等是此器的发掘者与发掘报告的执笔人,姑从其说,将此矛放在吴器章内叙述。商志𩡂说首字上半部作舍,引同出的钟铭为例,说

---

[1]江苏省丹徒考古队:《江苏丹徒北山顶春秋墓发掘报告》(执笔:张敏、刘丽文),《东南文化》1988年第3、4期。
[2]江苏省丹徒考古队:《江苏丹徒北山顶春秋墓发掘报告》(执笔:张敏、刘丽文),《东南文化》1988年第3、4期。
[3]江苏省丹徒考古队:《江苏丹徒北山顶春秋墓发掘报告》(执笔:张敏、刘丽文),《东南文化》1988年第3、4期。
[4]张敏:《吴王余眛墓的发现及其意义》,《东南文化》1988年Z1期。
[5]镇江市地方志办公室:《镇江要览》,江苏古籍出版社1989年,第174—175页。
[6]董楚平:《吴越徐舒金文集释》,浙江古籍出版社1992年,第102页。
[7]董楚平:《吴越徐舒金文集释》,浙江古籍出版社1992年,第103页。

含即徐,不确。含是舒字。……张敏等也认为此字上部从余从日。分歧在于下部,如果从王,是舒王之器;如果从未,是馀眛之器,从原拓本看,不似从王。……此器倘为馀眛矛,器铭未称王,作于即位之前。"[1]

(5) 1993年:《江苏史纲》(古代卷)对丹徒北山顶春秋墓出土器为"吴王馀眛矛"的认可意见

王文清主编的《江苏史纲》(古代卷)对丹徒北山顶春秋墓墓主是否为馀眛,未下结论,但称该墓葬为"丹徒大港背山顶春秋晚期随葬有吴王馀眛矛的吴墓"[2]。

(6) 2000年:《苏州考古》一书对丹徒北山顶春秋墓为吴王馀眛墓的否定意见

对丹徒北山顶吴王馀眛墓明确持否定意见的为钱公麟、徐亦鹏撰写的《苏州考古》。该书认为:"即使在墓中出土带有吴国王者的铭文青铜器,也不能仅以此为依据,断定其墓一定是吴王墓……大港至谏壁一线山顶上的春秋时期大墓,达不到吴国王陵级的水准。"[3]

(7) 2001年:严其林、程建《京口文化》一书的认可意见

严其林、程建《京口文化》一书说:"吴王馀眛死后葬在丹徒大港,1984年在大港北山顶发现了馀眛的墓葬,出土有馀眛矛(骸部铭文为'馀眛自乍工其之用')及钟、磬、鼎、悬鼓、虎钮淳于、鸠杖等青铜礼器、乐器、车马器、兵器400余件。"[4]

(8) 2008年:《镇江出土吴国青铜器》一书的认可意见

杨正宏、肖梦龙主编的《镇江出土吴国青铜器》录该"余眛矛"时说,该"1984年江苏丹徒北山顶春秋墓出土,南京博物院藏。矛体狭长,三角形锋,刃中部呈弧形内收,刃口锋利,中脊凸棱通骸,两侧有血槽,椭圆形銎,骸端如燕尾外撇。矛身饰黑色菱形暗花纹。骸部有铭文二行9字。器主为吴王余眛"[5]。

(9) 2009年:朱凤瀚《中国青铜器综论》对丹徒北山顶春秋墓作"墓主人是吴国的王室贵族"的判断意见

朱凤瀚《中国青铜器综论》第十二章《春秋青铜器》在论述"1984年在大港至谏壁间的最高峰丹徒北(背)山之顶部发掘了一座较大型墓葬"时,言及"墓主人是吴国的王室贵族"[6]。未言及"馀眛矛""馀眛墓",仅作"墓主人是吴国的王室贵族"的判断意见。

(10) 2010年:李伯谦《考古学上的吴文化》一文的认可意见

李伯谦《考古学上的吴文化》一文在梳理镇江丹徒沿江的墓葬后说:"为什么说这些西周至春秋的大墓是吴国高等级贵族墓葬呢?除了都是土墩墓这一点,最重要的是北山顶春秋大墓的发掘[7],这座土墩墓中出土的兵器中有一件饰菱形暗花纹的青铜矛,上有2行9字铭文,据张敏和周晓陆两位先生考证,为吴王余眛自作器。由此证明这座春秋大墓应即吴王余眛之墓,时代、规

---

[1] 董楚平:《吴越徐舒金文集释》,浙江古籍出版社1992年,第103页。
[2] 王文清主编:《江苏史纲》(古代卷),江苏古籍出版社1993年,第124页。
[3] 钱公麟、徐亦鹏:《苏州考古》,苏州大学出版社2000年,第124—126页。
[4] 严其林、程建:《京口文化》,南京大学出版社2001年,第27页。
[5] 杨正宏、肖梦龙主编:《镇江出土吴国青铜器》,文物出版社2008年,第153页。
[6] 朱凤瀚:《中国青铜器综论》第十二章《春秋青铜器》,上海古籍出版社2009年,第1819页。
[7] 原文此处加注:"江苏省丹徒考古队:《江苏丹徒北山顶春秋墓发掘报告》,《东南文化》1988年第3、4期。"

模、铭文均与之相合。"[1]

（11）2013年：南京博物院展出时，笔者拍摄的图片显示该院对该器器主的重新认定

2013年12月南京博物院展出该器时未将该器与"馀昧"作联系，展器标牌仅标示为"青铜有铭文矛"，显示南京博物院对该器是否为"馀昧矛"的重新认定的意见及谨慎态度。

（12）2014年：董珊《吴越题铭研究》的叙述——器主为馀祭

2014年出版的董珊《吴越题铭研究》论及此矛时说："此矛旧称'馀昧矛'，恐怕是不对的。学者多认为，该矛铭文顺序有错乱，应改正为'工𠦃自乍（作）□，其元用'。设此不误，则'工𠦃'就相当于'句馀'或'工吴'，此矛器主也是馀祭。"[2]

（13）2017年：苏州博物馆举办"大邦之梦——吴越楚青铜器特展"时，展器标牌，作"青铜矛"而不涉及器主身份

2017年苏州博物馆举办"大邦之梦——吴越楚青铜器特展"时，该器曾以"青铜矛"器名展出，而展器标牌的文字为："青铜矛，春秋晚期，长28厘米，宽4.7厘米，1984年江苏丹徒北山顶春秋墓出土，南京博物院藏。矛有菱形暗花纹，锋近三角形，截面呈菱形，中脊两侧有血槽，刃的中部呈弧形内收，椭圆筒形骹逾向后逾粗，銎孔呈椭圆形，口部作马鞍形内凹。骹部有铭文八字：'工（句）𠦃（余）自乍（作）□，其元用。'"

又，同年的2017年，苏州博物馆《大邦之梦——吴越楚青铜器》一书，对该器定名为"工𠦃矛"，并作铭文释文为："工𠦃（？）自作□，其元用。"及对之叙述为："此器第一字锈蚀，一释作'𠦃'，一释作'邻'或'舒'。'作'下一字，有学者补作'戎'。此处暂从原报告者所叙。"[3]

《大邦之梦——吴越楚青铜器》所录该器铭文图片及摹本如右图。

南京博物院展出的"青铜有铭文矛"（上左）及其铭文细部（上右），以及展出时的展器标牌（下），其文字为"青铜有铭文矛，春秋晚期，镇江市丹徒区北山顶墓出土"（吴恩培摄）

"工𠦃矛"铭文图片细部（左）及该铭文摹本（右）（录自《大邦之梦——吴越楚青铜器》[4]）

---

[1] 李伯谦：《考古学上的吴文化》，《苏州文博论丛》2010年（总第一辑），文物出版社2010年，第2页。
[2] 董珊：《吴越题铭研究》，科学出版社2014年，第16页。
[3] 苏州博物馆：《大邦之梦——吴越楚青铜器》，上海古籍出版社2017年，第55页。
[4] 苏州博物馆：《大邦之梦——吴越楚青铜器》，上海古籍出版社2017年，第54—55页。

(14) 小结

一件出土于镇江市丹徒区北山顶春秋墓的"青铜有铭文矛"或"青铜矛"的青铜器，出土以来之所以引发如此关注，盖因其铭文释读涉及器主是否为吴王馀眛，并由此涉及该春秋墓是否为吴王馀眛墓之故。

关于其器主，现形成如下三种主要说法：

其一，器主为"馀眛"说。该说出自此器的发掘者与发掘报告《江苏丹徒北山顶春秋墓发掘报告》（执笔：张敏、刘丽文）："墓室中随葬的余眛矛"[1]。董楚平予以作有前提的补充说："此器倘为馀眛矛，器铭未称王，作于即位之前。"[2]

其二，器主为"馀祭"说。该说出自前引董珊《吴越题铭研究》："此矛旧称'馀眛矛'，恐怕是不对的。学者多认为，该矛铭文顺序有错乱，应改正为'工虞自乍（作）□，其元用'。设此不误，则'工虞'就相当于'句馀'或'工吴'，此矛器主也是馀祭。"

其三，不涉及该器器主为谁，但认同董珊《吴越题铭研究》的铭文释读。该说出自苏州博物馆《大邦之梦——吴越楚青铜器》一书对该器的"铭文释文：工虞（？）自作□，其元用"[3]。而2017年苏州博物馆举办"大邦之梦——吴越楚青铜器特展"时，作为该器收藏单位的南京博物院亦持该意见——该器以不涉及器主的"青铜矛"器名展出，而在展器标牌中标示，该器"骹部有铭文八字：'工（句）虞（余）自乍（作）□，其元用。'"

有鉴于该矛器主的争议情况，本书下文涉及该矛，即使作器主"馀眛"时，也只是"暂时从原报告所述"，即暂从考古发掘者在最初时提出的意见。至于出土该矛的春秋墓是否为吴王馀眛墓的问题，或只能留待后人去判断了。

（二）馀眛现存用器

1.镇江丹徒北山顶春秋墓出土的"馀眛矛"

该"馀眛矛"，器主另作馀祭。相关情况，上文已述，此处存目。

2."苏州博物馆新入藏吴王余眛剑"——"苏博剑"

"苏博剑"，即"苏州博物馆新入藏吴王余眛剑"简称。关于该剑，谨分以下几方面叙述。

（1）概况

①出土或发现情况

最先发布该剑情况的程义、张军政《苏州博物馆新入藏吴王余眛剑初探》一文说："2014年底，苏州博物馆征集到一件春秋时期青铜剑，剑身铸有铭文70余字。"[4]但该文未及该剑来源，诸如出土或著录、收藏、传世等情况。

而《兵与礼——苏州博物馆新入藏吴王馀眛剑研讨会论文集》所载曹锦炎《新见攻虞王姑發皮難剑铭文及其相关问题》一文，却透露该剑来源的草蛇灰线。

---

[1] 江苏省丹徒考古队：《江苏丹徒北山顶春秋墓发掘报告》（执笔：张敏、刘丽文），《东南文化》1988年第3、4期。
[2] 董楚平：《吴越徐舒金文集释》，浙江古籍出版社1992年，第103页。
[3] 苏州博物馆：《大邦之梦——吴越楚青铜器》，上海古籍出版社2017年，第55页。
[4] 程义、张军政：《苏州博物馆新入藏吴王余眛剑初探》，《文物》2015年第9期。

第六章　吴王馀眛、吴王僚时"联晋抗楚"战略的调整

该文叙述1997年浙江绍兴鲁迅路剑（又称"绍兴剑"，即前文所说的"路政工程中突发性质出土的吴国青铜剑，为一件没有相关出土报告的出土器"）出土情况及其剑身所铸"40字铭文"的释读，以及与李家浩先生的不同看法后说："虽然李先生将剑铭'姑登难'改释为'姑義雛'并不准确，但其指出器主为吴王寿梦第三子馀眛的意见却颇具卓识。近得机缘，获见一柄私人所藏的吴王青铜剑，铭文多达75字，其内容竟然与绍兴出土的吴王寿梦之子剑（以下简称'绍兴剑'）铭文部分重合，器主也是同一人。铭文不仅证实了李家浩先生考定器主为馀眛的说法，……特别是此剑铭文竟长达75字，更是迄今出土兵器铭文之首。另外，铭文中所记载的吴楚两国战争之事，亦可印证及补充《左传》和《史记》的相关记载。这是吴国青铜器铭文及历史研究中一次特别重要的发现，弥足珍贵。"[1]

苏州博物馆编《兵与礼——苏州博物馆新入藏吴王馀眛剑研讨会论文集》录苏州博物馆馆长陈瑞近先生所撰《序言》说："2014年底，苏州博物馆又征集到一柄吴国王室代表性兵器——吴王馀眛剑。这柄吴王馀眛剑保存基本完好，最为珍奇的是其上铸有两行铭文，共75字，是目前所见剑类兵器中铭文最多的一柄，且铭文完好无缺"[2]。为界定该剑而免与他剑相混，下文将该"苏博剑"另加定语，称为"75字铭文苏博剑"。

故二文（指曹锦炎《新见攻盧王姑發皮難剑铭文及其相关问题》及陈瑞近《序言》）所述具铭文"75字"者当为同一柄青铜剑。

由此可推知，苏州博物馆新入藏的吴王馀眛剑，即为曹锦炎先生所"获见一柄私人所藏的吴王青铜剑"。该剑，或于2014年底，由苏州博物馆征集。

而该剑来源——曹锦炎先生"获见该私人所藏的吴王青铜剑"之前，该剑的状况，如出土、收藏、著录、传世等的情况，由以上二文，并不得而知。

前文曾述，浙江绍兴鲁迅路出土"40字铭文"的吴王剑，曹锦炎《吴王寿梦之子剑铭文考释》一文中器主曾分别出现"馀祭"[3]和"馀眛"[4]的情况。2007年，该文收入曹锦炎本人的《吴越历史与考古论集》一书时，曹锦炎先生将上述情况修改并厘定为："器主为吴王寿梦之子、即后来继位为吴王的馀祭。"[5]而由上述"获见一柄私人所藏的吴王青铜剑，铭文多达75字，其内容竟然与绍兴出土的吴王寿梦之子剑铭文部分重合，器主也是同一人"[6]的叙述可知，浙江绍兴鲁迅路出土的"40字铭文绍兴剑"与"75字铭文苏博剑"的器主吴王馀眛，为"同一人"，即"40字铭文绍兴剑"的器主，曹锦炎先生又将该"绍兴剑"器主作吴王馀眛。

② "75字铭文苏博剑"与"40字铭文绍兴剑"的数据比较

"75字铭文苏博剑"与"40字铭文绍兴剑"的数据比较情况如下：

---

[1] 曹锦炎：《新见攻盧王姑發皮難剑铭文及其相关问题》，见苏州博物馆：《兵与礼——苏州博物馆新入藏吴王馀眛剑研讨会论文集》，文物出版社2015年，第13页。
[2] 陈瑞近：《序言》，见苏州博物馆：《兵与礼——苏州博物馆新入藏吴王馀眛剑研讨会论文集》，文物出版社2015年，第2页。
[3] 曹锦炎：《吴王寿梦之子剑铭文考释》，《文物》2005年第2期，第67页、第68页、第70页。
[4] 曹锦炎：《吴王寿梦之子剑铭文考释》，《文物》2005年第2期，第71页。
[5] 曹锦炎：《吴王寿梦之子剑铭文考释》，见曹锦炎：《吴越历史与考古论集》，文物出版社2007年，第14页。
[6] 曹锦炎：《新见攻盧王姑發皮難剑铭文及其相关问题》，见苏州博物馆：《兵与礼——苏州博物馆新入藏吴王馀眛剑研讨会论文集》，文物出版社2015年，第13页。

其一，"40字铭文绍兴剑"为1997年出土，而关于该剑铭文释读的曹锦炎《吴王寿梦之子剑铭文考释》一文，于2005年发表。

其二，"75字铭文苏博剑"为苏州博物馆2014年底征集。这一征集时间点，距"40字铭文绍兴剑"出土十七年，距"40字铭文绍兴剑"铭文释读论文的发表九年。

其三，"40字铭文绍兴剑"有"铭文40字"，曹锦炎《吴王寿梦之子剑铭文考释》一文2005年发表时称其为"目前所知出土青铜剑中铭文字数最多的一件"[1]。苏州博物馆征集的"75字铭文苏博剑"有"铭文75字"，亦被称为"迄今出土兵器铭文之首"[2]。

由上比较可知，"苏博剑"铭文字数为"绍兴剑"的1.875倍。而两柄剑的铭文字数，目前分别为"最多"和"次多"的吴国青铜剑。

其四，二剑一为1997年出土，一为2014年底征集。故二剑交集相距的十七年时间，在吴国两千五百多年的历史中来看，可说是在概率极小的时间内得以交集到一起。而"75字铭文苏博剑"铭文"其内容竟然与绍兴出土的吴王寿梦之子剑（即'绍兴剑'）铭文部分重合，器主也是同一人"。

其五，上述铭文字数，存在着最多和次多的巧合，存在铭文内容"部分重合"的巧合，存在着"器主也是同一人"的巧合，存在着二剑出土和征集仅相差十七年的时间巧合。其间还包含曹锦炎释读"绍兴剑"铭文时，所历经的器主从馀祭到馀眛，到馀祭，再到与"苏博剑"器主馀眛并向之靠拢的反复过程的巧合。

（2）铭文及其解读

"75字铭文苏博剑"铭文，程义、张军政《苏州博物馆新入藏吴王余眛剑初探》释之为："攻虞（吴）王姑雠亓雔曰：余，寿梦之子；余，叡钺邻之嗣弟。叡钺此邻命初伐麻，败麻，症（获）众（众）多；命御䣙（荆），䣙（荆）奔，王圉虜，既北既殃，不争（？）敢䩛；命御邾（越），惟（唯）弗克，未败虞（吴）邦。叡钺邻命戈（我）为王，择厥吉金自作元用剑。"[3]

而辑入苏州博物馆《大邦之梦——吴越楚青铜器》一书的程义《苏州博物馆新入藏吴王馀眛剑初探》一文，对该剑"铭文释文"，释为："攻虞（吴）王姑雠亓雔曰：'余，壽夢之子；余，叡钺邻之嗣弟。叡钺此邻命初伐麻，败麻，隻（獲）眾多；命御䣙（荆），䣙（荆）奔，王圉虜，既北既殃，不争（？）敢䩛；命御邾（越），惟（唯）弗克，未败虞（吴）邦。叡钺邻命戈（我）为王，择厥吉金自作元用剑。"[4]

上述同一撰者所撰写的同名的两文，铭文释读大致相同。其要点：一是上述"王姑雠亓雔"为吴王馀眛，而"叡钺邻"为其兄吴王馀祭。二是铭文大意为：勾吴王馀眛（眛）说，我是寿梦之子、馀祭之弟和嗣君。（吴王馀祭）命我初次伐麻（麻城），俘获了很多敌人。又命我抵御荆（楚）的进攻，并赶跑了荆（楚）人。吴王馀祭包围了楚邑虜，我既打败了敌人，又让敌人遭了殃，让他们无路可逃。又命我抵御越国的进攻，他们没有打败我吴国。馀祭命我为继承他王位的人，选择好

---

[1] 曹锦炎：《吴王寿梦之子剑铭文考释》，《文物》2005年第2期。
[2] 曹锦炎：《新见攻虞王姑发皮雔剑铭文及其相关问题》，见苏州博物馆：《兵与礼——苏州博物馆新入藏吴王馀眛剑研讨会论文集》，文物出版社2015年，第13页。
[3] 程义、张军政：《苏州博物馆新入藏吴王余眛剑初探》，《文物》2015年第9期。
[4] 程义：《苏州博物馆新入藏吴王馀眛剑初探》，见苏州博物馆：《大邦之梦——吴越楚青铜器》，上海古籍出版社2017年，第7页。

的青铜做了这把自己用的剑。

(3) 铭文与文献的勾连及"余祭十年"时的"命初伐麻，获众多"

程义《苏州博物馆新入藏吴王馀眜剑初探》说："'命初伐麻，获眾多'，'麻'作'䣆'，此字左半侧为'麻'字初文，见于《说文》卷七下，右侧'邑'为地名用字常见附件。笔者认为，此即《史记》所载'吴亦攻楚，取三邑而去'之三邑中的'麻'。三邑，《集解》引《左传》曰：'吴伐楚，入棘、栎、麻。'《索隐》：'杜预注彼云：皆楚之东鄙邑也……'案：解者以麻即襄城县故麻城是也。'[1] 此句大意为，命我初次伐麻，俘获了很多敌人。"[2] "现据本剑铭文字形，此字当释为'麻'，应和《史记》记载的'吴亦攻楚，取三邑而去'有关。此事发生在馀祭十年，但《索隐》认为："馀祭在位四年，馀眜在位十七年。系家倒错二王之年……'[3] 如此，则此事即发生在馀眜六年。但据本剑铭文，此事应发生在馀眜被立为'嗣王'之前，故关于馀祭、馀眜在位时间问题，仍应以《史记》为准，即馀祭在位17年，馀眜在位4年。"[4] 而曹锦炎先生《新见攻虞王姑䔖皮難剑铭文及其相关问题》一文也强调："《史记》记载馀祭在位十七年（公元前547—前531年）、馀眜在位四年（公元前530—前527年），完全准确。"[5]

(4) "二王之年"：两个不相兼容的历史叙述与《史记·吴太伯世家》的"倒错""误倒"

关于吴王馀祭、馀眜在位年份的"二王之年"，前文已作叙述。现再叙述如下：

①关于馀祭在位年份为四年，《春秋经》《左传》记载得异常清晰

《春秋经·襄公二十五年》记载："十有二月，吴子遏伐楚，门于巢，卒。"[6] 故吴王馀祭于诸樊战死当年（即鲁襄公二十五年，前548）即位，其纪年自下年为馀祭元年（鲁襄公二十六年，前547）。

《春秋经·襄公二十九年》记载："阍弑吴子馀祭。"[7] 即馀祭为越俘所弑之年，为吴馀祭四年（鲁襄公二十九年，前544）。故吴王馀祭在位四年，当无疑义。

②《史记·吴太伯世家》对馀祭、馀眜在位及卒年的记载

《史记·吴太伯世家》对馀祭、馀眜（馀眛）在位及卒年分别记为："十七年，王馀祭卒，弟馀眜立。……四年，王馀眜卒"[8]。意即，馀祭在位十七年、馀眜在位四年。而与《左传》叙述的馀祭在位四年、馀眜在位十七年，适颠倒矣。

③学者对"二王"在位年份歧异的评述

对《史记·吴太伯世家》的这一记载，后世学者均以《春秋经》《左传》的记载为标杆进行论述。如：

---

[1] 此处原文加注："《史记》，第1755—1756页，中华书局，2013年。"
[2] 程义《苏州博物馆新入藏吴王馀眜剑初探》，见苏州博物馆：《兵与礼——苏州博物馆新入藏吴王馀眜剑研讨会论文集》，文物出版社2015年，第7页。
[3] 此处原文加注："《史记》，第1756页，中华书局，2013年。"
[4] 程义《苏州博物馆新入藏吴王馀眜剑初探》，见苏州博物馆：《兵与礼——苏州博物馆新入藏吴王馀眜剑研讨会论文集》，文物出版社2015年，第9—10页。
[5] 曹锦炎《新见攻虞王姑䔖皮難剑铭文及其相关问题》，见苏州博物馆：《兵与礼——苏州博物馆新入藏吴王馀眜剑研讨会论文集》，文物出版社2015年，第19页。
[6]《春秋经·襄公二十五年》，见《春秋左传正义》，北京大学出版社1999年，第1011页。
[7]《春秋经·襄公二十九年》，见《春秋左传正义》，北京大学出版社1999年，第1086页。
[8]《史记·吴太伯世家》，见司马迁：《史记》，中华书局1959年，第1460—1461页。

唐司马贞《史记索隐》对《史记·吴太伯世家》这一记载的馀祭、馀眜在位年份,指出是"倒错二王之年"[1]。

清梁玉绳《史记志疑》也指出:"馀祭四年,夷眜十七年,《史》(指《史记·吴太伯世家》)误倒。"[2]

日本近代汉学家泷川资言(1865—1946)的《史记会注考证》引:"王观国曰,《春秋》襄二十九年(《春秋经·襄公二十九年》),阍杀吴子馀祭,是馀祭嗣位四年被弑也。《左氏》(《左传》)《公羊》《穀梁》《史记·十二诸侯年表》皆同,唯其《世家》(《史记·吴太伯世家》)称十七年馀祭卒。梁玉绳曰,馀祭四年,夷眜十七年,《史》误倒。"[3]

④《春秋经》《左传》及《史记·吴太伯世家》各自记载的"二王"在位年份、年号不相兼容

《春秋经》《左传》及《史记·吴太伯世家》各自记载的"二王"在位年份、年号不相兼容的情况,在遇到具体的相关记载时,问题立刻显现出来。

如馀祭死年的文献记载。是年(指吴馀祭四年,鲁襄公二十九年,前544),馀祭死,馀眜即位,但该年吴纪年仍为馀祭四年,而馀眜纪年从下年始。

故《春秋经·襄公二十九年》载:"阍弑吴子馀祭。……吴子使札来聘。"《左传·襄公二十九年》一方面承上述《春秋经·襄公二十九年》,作馀祭之死的详细记载:"吴人伐越,获俘焉,以为阍,使守舟。吴子馀祭观舟,阍以刀弑之。"另一方亦记载即位后的馀眜遣季札出访:"吴公子札来聘,……其出聘也,通嗣君也。"

上述《春秋经》《左传》的记载,杜预注为:"吴子,馀祭。既遣札聘上国而后死。"[4]意即,吴王馀祭派遣季札去列国访问后,为越人弑之。

而孔颖达疏:"贾逵、服虔皆以为夷末新即位,使来通聘。"[5]即季札的出访,是为了通报吴国新君馀眜的即位并寻求与出访诸侯国加强通好。

上为古代学者就"吴子使札来聘"及"通嗣君"所作解释中的争议——谁派遣季札出访?杜预以为是馀祭,而孔颖达疏引贾逵、服虔皆以为是馀眜(夷末)。尽管如此,双方对馀祭为越人弑之事却无异议。只不过杜预以为是"既遣札聘上国而后死"。

当代学者的评述,如下:

杨伯峻《春秋左传注》梳理上述季札出访派遣者的古代争议指出:"嗣君,杜注以为馀祭,贾逵、服虔以为夷眜。此时馀祭立历四年,季札出使前馀祭已被杀,夷眜新立,则贾、服之说较可信。"[6]

王守谦、金秀珍、王凤春译注《左传全译》释"通嗣君"句为:"通嗣君:为新立的国君通好。嗣君:立君。"[7]

---

[1]司马贞:《史记索隐》,见司马迁:《史记》,中华书局1959年,第1460页。
[2]梁玉绳:《史记志疑》,中华书局1981年,第838页。
[3]司马迁著、泷川资言会注考证:《史记会注考证》第五册,北岳文艺出版社1999年,第22页。
[4]杜预注,见杜预:《春秋经传集解》,上海古籍出版社1978年,第1112页。
[5]孔颖达疏,见《春秋左传正义》,北京大学出版社1999年,第1087页。
[6]杨伯峻:《春秋左传注》(修订本),中华书局1990年,第1166页。
[7]王守谦、金秀珍、王凤春注:《左传全译》,贵州人民出版社1990年,第1038页。

完颜绍元《语文版春秋左传》评述馀祭之死时说："据《史记·吴太伯世家》，吴王馀祭自公元前547年即位，在位十七年。而本年的《左传》却报道了他被刺的消息，上距他即位不过三年。显然，《史记》的记载有误。"[1]

而相比之下，《史记·吴太伯世家》记载本年史事，未言及馀祭被杀："（馀祭）四年，吴使季札聘於鲁，请观周乐。"[2]接下来"观周乐"事，除个别字句外，大多袭自《左传·襄公二十九年》"观周乐"的相关记载。

⑤《春秋经》《左传》记载馀昧在位元年至十三年的史事，其时的"吴王"为谁？

《春秋经》《左传》记载馀昧在位元年至十三年的史事，其对应的《史记·吴太伯世家》记载吴王年号为"吴馀祭五年"至"吴馀祭十七年"。

而既然出现了"馀祭十年"的说法，也既然出现了"关于馀祭、馀昧在位时间问题，仍应以《史记》为准，即馀祭在位17年，馀昧在位4年"等否定《春秋经》《左传》对馀祭、馀昧二王在位年份记载的意见，那上述意见提出者们不可回避如下的学术问题：

《春秋经》《左传》记载馀昧在位元年至十三年（即所谓"吴馀祭五年"至"吴馀祭十七年"）吴国史事期间，谁为吴王？

若举具体指向的实例，则记载吴馀昧元年（《史记·吴太伯世家》中的"馀祭五年"，鲁襄公三十年，前543）史事的《左传·襄公三十年》中："吴子使屈狐庸聘于晋，通路也。"[3]这里的"吴子"是馀祭，还是馀昧？

而正是上述在与屈狐庸的谈话中，时为晋国正卿且上年与季札访晋时有过交集的赵文子，竟问屈狐庸："延州来季子其果立乎？巢陨诸樊，阍戕戴吴，天似启之，何如？"[4]意即："那位受封于州来和延陵的公子季札最终被立为国君了吗？昔日吴国攻打楚国巢地的吴王诸樊战死，越国战俘又杀了吴王馀祭（即戴吴），老天似乎为季札打开了担任国君的大门呢，是不是啊？"显然，《左传·襄公三十年》载记载上述"吴子"时，"阍戕戴吴"，即守船的越俘已杀死馀祭。且该事件已为列国知晓。否则，赵文子不可能说出"阍戕戴吴"的话来。故《左传·襄公三十年》中的"吴子"不可能为馀祭，而只能为馀昧。然，本年又是《史记·吴太伯世家》叙述中的"吴馀祭五年"。若"吴馀祭五年"不能存在，又何来以下的"馀祭十年"？而若"吴馀祭五年"存在，则赵文子问屈狐庸所说"阍戕戴吴"之类，则成了春秋时的笑话——对方使者的国君馀祭活得好好的，晋国正卿竟问该吴国使者：你们国君是不是让季札当了？你们的原国君馀祭让越国战俘杀死，是不是老天为季札打开了担任国君的大门？而由此亦可反证，正因为吴国发生国君馀祭被越俘刺杀的事件，故获得准确情况信息的晋国正卿与吴国外交官屈狐庸对话中才会说起"阍戕戴吴"——越国战俘杀死了你们国君馀祭的话题。否则，如果《左传》的这一记载不可信，则《春秋经》《左传》的历史文献价值又体现在哪里？而在先秦吴国及中国古代先秦史的阐释和叙述中，不采信《春秋经》《左

---

[1] 完颜绍元：《语文版春秋左传》（3），上海书店出版社1998年，第107页。
[2]《史记·吴太伯世家》，见司马迁：《史记》，中华书局1959年，第1452页。
[3]《左传·襄公三十一年》，见《春秋左传正义》，北京大学出版社1999年，第1131页。
[4]《左传·襄公三十一年》，见《春秋左传正义》，北京大学出版社1999年，第1131页。

传》，则又能采信什么？

若再举其他具体指向的实例，则上述《苏州博物馆新入藏吴王馀眛剑初探》说：馀祭命馀眛初次伐麻事"应和《史记》记载的'吴亦攻楚，取三邑而去'有关。此事发生在馀祭十年"后的下年，亦即《史记·吴太伯世家》记载中"馀祭十一年"——鲁昭公五年（前537）。

据《春秋经·昭公五年》："冬，楚子、蔡侯、陈侯、许男、顿子、沈子、徐人、越人伐吴。"[1]而《左传·昭公五年》则记载本年的吴、楚之战的结果是"吴人败诸鹊岸"。吴军在鹊岸击败了楚军。接下来，"吴子使其弟蹶由犒师，楚人执之，将以衅鼓"[2]。再接下来，便发生了本书前述的吴国公子蹶由以特殊身份走上吴、楚战争心理层面较量的特殊战场（相关内容，参见前文）。这里"吴子使其弟蹶由犒师"中的"吴子"又是谁？是馀祭，还是馀眛？

上述《左传·襄公三十年》及《左传·昭公五年》记载的两处"吴子"，是且只能是馀眛，而不可能是已被越俘杀死的馀祭。然而，一个"馀祭十年"的存在，使得上述的两处"吴子"又成为"吴馀祭五年"和"吴馀祭十一年"中的吴王馀祭。

对先秦吴国历史的叙述来说，会存在着如此分裂的二元叙述，且能存在着如此分裂的二元叙述吗？

⑥即使以《史记》不同篇目的叙述而言，"仍应以《史记》为准"的说法也并不准确，且不能成立

前引程义《苏州博物馆新入藏吴王馀眛剑初探》一文说："据本剑铭文，此事应发生在馀眛被立为'嗣王'之前，故关于馀祭、馀眛在位时间问题，仍应以《史记》为准，即馀祭在位17年，馀眛在位4年。"

上文所说"仍应以《史记》为准"的表述并不准确。如前文所述，无论是以清同治间《金陵局本》作底本而标点、出版的今中华书局1959年排印本《史记》，抑或是梁玉绳《史记志疑》所用明万历四年（公元1576）吴兴凌稚隆《史记评林》即所称《湖本》，以及日本汉学家泷川资言据日本所藏《史记》旧钞本而编成的《史记会注考证》，上述《史记》诸版本所录《史记·十二诸侯年表》的"馀祭四年"栏内，载有与《春秋经·襄公二十九年》"阍弑吴子馀祭"[3]记载相同的"守门阍杀馀祭"[4]。

因此，《史记·十二诸侯年表》并不支持上述的"仍应以《史记》为准"的说法。故上述"仍应以《史记》为准"的《史记》，应表述为《史记》中的《史记·吴太伯世家》。盖因馀祭在位十七年，馀眛在位四年记载，仅见于该篇。

⑦对文献的错误解读

《苏州博物馆新入藏吴王馀眛剑初探》一文撰者程义，在其另一篇叙述该吴王馀眛剑的《吴王余眛剑解密》一文中释"伐麻之战"时说，该吴王馀眛剑："铭文曰'命初伐麻，获众多'，意思是命

---

[1]《春秋经·昭公五年》，见《春秋左传正义》，北京大学出版社1999年，第1209页。
[2]《左传·昭公五年》，见《春秋左传正义》，北京大学出版社1999年，第1223页。
[3]《春秋经·襄公二十九年》，见《春秋左传正义》，北京大学出版社1999年，第1086页。
[4]《史记·十二诸侯年表》，见司马迁：《史记》，中华书局1959年，第644页。梁玉绳：《史记志疑》，中华书局1981年，第363页。司马迁著、泷川资言会注考证：《史记会注考证》第五册，北岳文艺出版社1999年，第126页。

初次伐麻,俘虏很多敌人。此战发生在鲁昭公四年,即公元前538年。伐麻之战的起因是从齐国逃奔来的齐相庆封被吴国安置在朱方之后,经常替吴国观察诸侯的动向,所以楚晋联合伐吴,楚将屈申包围了朱方,并杀了庆封。庆封穷途末路来投奔吴国,晋楚却杀了他,这引起了吴国的愤怒。根据《史记·吴太伯世家》记载,'吴亦攻楚,取三邑而去'。所取三邑即楚东境之棘、栎、麻三邑。"[1]

上述,须指出如下几点:

一是"梦晋联合伐吴"事,源自《吴越春秋》卷二的记载:庆封"数为吴伺祭,故晋、楚伐之也"[2]。而如前文所述,晋国并未参加此次伐朱方之役。且是时,晋国也根本不会协调与楚国的行动而来攻打吴国。更何况,《春秋经》《左传》均无类似记载。

二是公元前538年,按《春秋经》《左传》的叙述为吴馀眛六年,鲁昭公四年。该年距吴王馀祭于公元前544年(吴馀祭四年,鲁襄公二十九年)被越俘弑杀已六年。死去六年的吴王馀祭命已即位六年的其弟吴王馀眛"初次伐麻",这穿越式的历史叙述,出自吴王馀眛剑铭文。它以实物剑铭文的方式,似乎在宣告:《春秋经》《左传》记载的馀祭为越俘弑杀是误记,且吴国历史上并未发生过吴王馀祭被越俘弑杀之事。

三是如前文所述,《苏州博物馆新入藏吴王馀眛剑初探》一文说:"据本剑铭文,此事应发生在馀眛被立为'嗣王'之前,关于馀祭、馀眛在位时间问题,仍应以《史记》为准,即馀祭在位17年,余眛在位4年。"

所有这些,似乎聚焦在该剑铭文的真实性及其释读成立与否上。

(5)关于苏州博物馆新入藏吴王馀眛剑铭文的真实性

对该剑铭文释读导致所谓"馀祭十年"时,吴王馀祭命时未嗣位的其弟馀眛伐麻事,其不合理性即在于,对照《春秋经》《左传》关于先秦吴国史事的叙述,该"馀祭十年"的纪年并不存在,故这一"馀祭十年"的纪年并不能成立。在苏州博物馆召开的"苏州博物馆新入藏吴王馀眛剑研讨会"上,即有学者亦提出:"昭公四年(公元前538年)吴伐楚,取三邑,时值馀眛六年,馀祭早已作古,怎么还能命馀眛去伐麻呢?"[3]然而,这类理性的声音,并未引发对该吴王馀眛剑铭文的真实性的检讨。

于是,在征集而来的实物器吴王馀眛剑的铭文与文献《春秋经》《左传》记载的吴国史事之间,就产生如下不相兼容且互为否定的判断:

若该吴王馀眛剑铭文为真,则《春秋经》《左传》关于馀祭被越俘弑杀的记载为假;反之,若《春秋经》《左传》关于馀祭被越俘弑杀的记载为真,该吴王馀眛剑铭文为假,即为不可接受且不能成立的铭文。之所以不可接受和不能成立,是因为该铭文否定、篡改了先秦吴国的这一段历史。

清俞樾《诸子平议补录》论述《吴越春秋》沿袭《史记》的吴王馀祭、吴王馀眛在位年份时即

---

[1] 程义:《吴王余眛剑解密》,《大众考古》2015年10期。
[2] 赵晔:《吴越春秋》,江苏古籍出版社1986年,第8页。
[3] 吴镇烽:《试释苏州博物馆的吴王馀眛剑》,见苏州博物馆:《兵与礼——苏州博物馆新入藏吴王馀眛剑研讨会论文集》,文物出版社2015年,第43页。

已指出:"两王之年,自以《春秋》为正。"[1]

（6）近代学者关于《左传》与《史记》的关系的论述

俞樾后,近代学者关于《左传》与《史记》的关系,多有论述。其中影响较大者,分别如下:

罗倬汉《〈史记·十二诸侯年表〉考证》的"发《左》(《左传》)《史》(《史记》)之关系,知《史记》之出于《左传》"[2]。

顾颉刚读《〈史记·十二诸侯年表〉考证》书稿后,给罗倬汉(即罗孟韦)《来书》中说:"孟韦学长大鉴:……弟前受康崔(康有为、崔适)陶冶,总以为《左传》成书在西汉末,今读大作,知司马迁时,《左传》本子即已如此。"[3]

钱穆《中国史学名著》:"讲中国古代,至少该从《左传》读起。……《左传》的价值还应在《春秋》之上。"[4]"要读二十四史,通常我们说,先读《史记》《汉书》,或者再加上《后汉书》《三国志》,合称"四史"。……但《左传》又是读"四史"之基准。"[5]

李学勤《〈左传〉是研究古代历史文化的基础》说:"《史记》是根据《左传》""《史记》除了依靠《诗经》、《书经》、《世本》以外,最主要的依靠是《左传》。""司马迁看了许多东西,……可是最主要的依据应该是《左传》。"[6]

成书于战国时期的《左传》,其记载二百四十年的史事内容及其历史价值,从未被怀疑过。同时,《左传》也不可能依靠或依据成书于其后的《史记》,而只能是《史记》依靠或依据于《左传》。此类前辈学者早已廓清的道理,时至今日,因一柄剑的剑铭而质疑起《春秋经》《左传》的记载。质疑的背后,撬动的是《春秋经》《左传》记载的吴国"二王"(馀祭、馀昧)在位之年的真实性;同时撬动的是构成春秋吴国史事文献基础的《春秋经》《左传》记载的真实性和权威性。古代帝王去世,其年号自下年起不再出现,此乃中国古代纪年的常识。而"关于馀祭、馀昧在位时间问题,仍应以《史记》为准,即馀祭在位17年,馀昧在位4年"[7]的说法,无从以回答古今学者的如下历史之问(其中有些前文已作论述)。它们是:

梁玉绳《史记志疑》关于吴王馀祭被杀后提出问题说:"既云四年杀矣,何又称十七年乎?"[8]意即,吴王馀祭既是在位四年被杀,哪里还有吴王馀祭十七年的纪年或年号?

与康有为齐名而有"康崔"(康有为、崔适)之称、且专讲今文经学的崔适,在其《史记探源》中将馀祭年数改正时,提出问题说:"馀祭已于四年被弑,安复得有五年以下耶?"[9]意即,吴王馀祭已于在位四年时被弑杀,哪里还能有吴馀祭五年及其以下的纪年或年号呢?

---

[1] 俞樾:《诸子平议补录》,中华书局1956年,第141页。
[2] 罗倬汉:《〈史记·十二诸侯年表〉考证》(渝版粉报纸),商务印书馆1943年,第162页
[3] 顾颉刚:《来书》,见罗倬汉:《〈史记·十二诸侯年表〉考证》(渝版粉报纸),商务印书馆1943年,第1页。
[4] 钱穆:《中国史学名著》,台北素书楼文教基金会兰台出版社2001年,第43页。
[5] 钱穆:《中国史学名著》,台北素书楼文教基金会兰台出版社2001年,第51—52页。
[6] 李学勤《〈左传〉是研究古代历史文化的基础》,《中国文化研究》2009年冬之卷(第4期)。
[7] 程义:《苏州博物馆新入藏吴王馀昧剑初探》,见苏州博物馆:《兵与礼——苏州博物馆新入藏吴王馀昧剑研讨会论文集》,文物出版社2015年,第10页。
[8] 梁玉绳:《史记志疑》,中华书局1981年,第363页。
[9] 崔适著、张烈点校:《史记探源》,中华书局1986年,第79页。

罗倬汉《〈史记·十二诸侯年表〉考证》说："寻《表》于馀祭四年已书'守门阍杀馀祭'，安得下仍有馀祭年数？"[1]意即，寻看《史记·十二诸侯年表》，吴王馀祭于该《表》的"馀祭四年"栏内记载被杀，哪里还能在以下表栏内有着吴王馀祭的纪年或年号呢？

显然，吴王馀祭、馀眛（昧）在位时间"仍应以《史记》为准，即馀祭在位17年，馀眛在位4年"，是回答不了上述历史之问的。

二、吴王僚时期的历史文化遗存

（一）吴王僚墓葬地

唐、宋乃至明初文献记载吴王僚葬于苏州城西"岸崿山"，即今狮子山。该山因山形如卧狮而得名，地处苏州高新区（虎丘区）狮山街道辖区内。相关记载，如下：

唐陆广微《吴地记》："岸崿山在吴县西十二里，吴王僚葬此山中，有寺号思益，梁天监二年置。"[2]

宋朱长文《吴郡图经续记》："岸崿山，在吴县西南一十五里。《图经》云'形如师子。'今以此名山也。郦善长以为岸巂山云。俗说此本在太湖中，禹治水，移进近吴。又东及西南有两小山，皆有石如卷茾云，禹所用牵山也……《吴地记》云：吴王僚葬此山，山旁有寺，号曰思益。"[3]

明卢熊洪武《苏州府志》卷四十四："吴王僚坟，在县西一十二里岸崿山西。"[4]

洪武《苏州府志》后，地方史志多有类似记载，不录。

今苏州高新区（虎丘区）形如卧狮的狮子山已掩映在一片高楼建筑之中。上述文献记载的"吴王僚葬此山"，至今已无遗存痕迹。

苏州高新区（虎丘区）形如卧狮的狮子山（吴恩培摄）

---

[1]罗倬汉：《〈史记·十二诸侯年表〉考证》（渝版粉报纸），商务印书馆1943年，第97页。
[2]陆广微：《吴地记》，江苏古籍出版社1986年，第69页。
[3]朱长文：《吴郡图经续记》，江苏古籍出版社1986年，第42—43页。
[4]卢熊：《洪武苏州府志》，见苏州市地方志办公室：《洪武苏州府志》，广陵书社2015年，第556页。

(二)吴王僚现存用器

1. 山西万荣出土的吴王僚矛——王子于戈

山西万荣县庙前村后土庙一带,历史上曾出土多件古代青铜器。1961年,后土庙附近贾家崖被黄河水冲塌,出土不少青铜器,其中有两件型制相同的错金鸟书戈,现藏山西博物院。

该错金鸟书戈"铜质极佳,援刃非常犀利。援长16厘米,胡长9.5厘米,内长8厘米。胡有三穿,内有一穿。戈上共有错金鸟书铭文七字。正面援上二字,胡上四字。背面胡上一字。从形制上看当为春秋晚期之物。正面援上第一字是为句首。六字释文当读为'王子于之用戈'"[1]。"王子于"究竟是谁?张颔《万荣出土错金鸟书戈铭文考释》一文从有关吴国的史料中寻找线索指出:"最有可能的莫过于吴王僚。……州于的'于'字与'王子于戈'上的'于'字形音皆同。所以'王子于之用戈',当即吴王僚为王子时之器。"[2]

2017年,苏州博物馆举办"大邦之梦——吴越楚青铜器特展"时,该"王子于戈"的展器标牌标示:"王子于戈,春秋晚期,长24.3厘米,宽11厘米,1961年山西万荣庙前贾家崖出土,山西博物院藏。"同时,该标牌另指出:"此戈同出两件,舌形长援微翘,上下有刃,中脊隆起,下刃弧连宽胡,胡上三穿,阑、胡端截平,长方直内有一穿。戈上共有错金鸟书七字,一面援上两字,胡部四字,识为'王子孜(于)之用戈',另一面援上一字识为'王'字。内端错金云纹。此戈系吴王僚为王子时器。"

苏州博物馆举办"大邦之梦——吴越楚青铜器特展"展出王子于戈(春秋晚期,长24.3厘米,宽11厘米,1961年山西万荣庙前贾家崖出土,山西博物院藏)(左)及其铭文细部(右)(吴恩培摄)

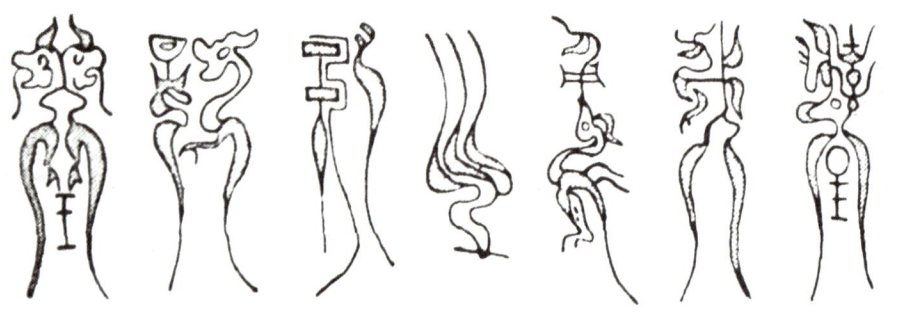

"王子于戈"铭文摹本(右一字为背面之铭文)(录自《万荣出土错金鸟书戈铭文考释》[3])

---

[1] 张颔:《万荣出土错金鸟书戈铭文考释》,《文物》1962年第4、5期。
[2] 张颔:《万荣出土错金鸟书戈铭文考释》,《文物》1962年第4、5期。
[3] 张颔:《万荣出土错金鸟书戈铭文考释》,《文物》1962年第4、5期。

2.无锡博物院收藏的吴王僚剑——"攻敔王者彶叡勦剑"

前述吴镇烽《记新发现的两把吴王剑》一文,介绍无锡博物院收藏有两把吴王剑中的一把——吴王馀祭剑。而另一把吴王剑为吴王僚剑——"攻敔王者彶叡勦剑"。

该剑系无锡博物院从民间征集。《江南晚报》2018年8月23日的《三位国家级专家得出一致结论,它是目前仅见的一把吴王僚剑》(晚报记者:乐章)一文,报道该剑从民间征集来的情况说:"2008年,无锡博物院刚组建不久,当时院方打算向社会征集吴越青铜兵器,以彰显吴地灿烂的文明,便与民间藏家有了接触。无锡博物院副院长蔡卫东参与了那次征集。他回忆,当时打听得知宜兴一位民间藏家手中有件吴王剑,整体保存完整,但剑身有断裂。这位藏家把宝剑送到了无锡博物院,他只知道此剑是吴王的剑,至于是谁的并不知道。"

而据蔡卫东《攻吴王者彶叡勦剑的两点考证》一文介绍:"2008年12月,无锡博物院征集到一把青铜剑。此剑在征集前,分别请上海博物馆副馆长陈佩芬先生、故宫博物院古器物部金石组组长丁孟先生、原陕西省考古研究所研究员吴镇烽先生正式作过鉴定,并留有详细的书面鉴定意见。三位专家一致认为,此剑为春秋晚期器物,剑身有12字铸铭,自铭为吴王用剑,剑、铭年代一致。吴镇烽先生更将铭文释读为'攻致(敔)王者彶叡勦自乍(作)元用鐱(剑)',并于嗣后专文考释,作《攻致(敔)王者彶叡勦剑考》,刊登于《无锡文博》2009年第1期;另作《记新发现的两把吴王剑》一文,刊登于《江汉考古》2009年第3期。吴先生将剑主'者彶叡勦'考证为吴王僚,并认为此剑为仅见的一把王僚即位后的自铭剑。"[1]

这也就是吴镇烽《记新发现的两把吴王剑》一文介绍的该剑当铸于"王僚在位期间,即公元前527至前515年",为"目前仅见的一把王僚剑",并于"2008年12月无锡博物院征集入藏,通长41、最宽2.7、茎长9.5厘米。窄长扁条形,无格无首,前锋尖锐,两刃近锋略内收,向后渐宽,剑身中线起脊,直通茎末。茎作梯形,前宽后窄,中部有一小孔。剑身饰'王'字形暗纹。两纵靠近茎的地方铸铭文12字。铭文是:攻敔(敔)王者彶叡勦自乍(作)元用鐱(剑)"[2]。

该文(指吴镇烽《记新发现的两把吴王剑》)对该剑铭文解读为:"攻敔,即攻敔,是吴国国名,也就是是《淮南子·缪称》所说的'句吴'。"而"'者彶叡勦'四字为吴王之名。""故铭文大意是:吴王者彶叡勦自铸其常用剑。"[3]意即,吴王僚为自己铸了这把自用的青铜剑。

---

[1]蔡卫东:《攻吴王者彶叡勦剑的两点考证》,《中原文物》2015年第2期。
[2]吴镇烽:《记新发现的两把吴王剑》,《江汉考古》2009年第3期。
[3]吴镇烽:《记新发现的两把吴王剑》,《江汉考古》2009年第3期。

无锡博物院藏"攻敔王者彶欮勋剑"即吴王僚剑之有铭一面(左一)、无铭一面(左二),以及无铭一面的剑尖细部(左三)、该剑铭文(左四)及其"攻敔王"细部(右)(以上图片系无锡博物院提供)

先秦吴国史稿

下

吴恩培 著

鸣谢苏州市职业大学为本书撰写与出版所提供的帮助！

苏州新闻出版集团
古吴轩出版社

目　录

第七章　吴王阖闾"兴霸成王"的战略转型及吴都"吴"城的造筑

第一节　二十四世吴王阖闾及其执政 ································ 505
　　一、阖闾其人 ··· 505
　　二、从"联晋抗楚"战略的调整到"兴霸成王"战略的制定 ············ 506

第二节　春秋吴都"吴"城的造筑与建城及其别称"姑苏" ············ 509
　　一、从"诸樊南徙吴"到春秋吴都"吴"城的诞生 ····················· 509
　　二、伍子胥献策"立城郭"与受命造筑"大城"——春秋"吴"城 ······· 511
　　三、文献记载的春秋"吴"城及其别名、别称"姑苏" ················ 512
　　四、唐及唐以前，文献记载的春秋吴都"吴"城即今"苏州古城"的专用名称及
　　　　历经后世演变的春秋吴都"吴"城城门名称及其历史层累 ··········· 523

第三节　阖闾执政初期的庆忌逃卫及吴卫、吴徐国家关系 ············· 530
　　一、吴国与卫国的国家关系 ······································ 530
　　二、要离刺庆忌 ·· 532
　　三、吴、徐国家关系的逆转：公子掩馀奔徐与公子烛庸奔钟吾及二人奔楚 ··· 534
　　四、吴灭徐及阖闾让徐国国君章禹（章羽）奔楚 ···················· 536

第四节　阖闾时期的吴、楚国家关系及吴伐楚"入郢"之战 ············ 537
　　一、吴"疲楚"之策的实施及伍子胥荐孙武 ························· 537
　　二、吴伐楚入郢之战前的"吴伐越"与"楚伐吴" ····················· 545
　　三、吴伐楚入郢之战的战争背景及吴国的战争准备 ·················· 547
　　四、吴伐楚入郢之战的战争进程 ·································· 553
　　五、吴、楚柏举之战及此战的悲剧性人物——楚左司马沈尹戌 ········· 555
　　六、吴入郢 ·· 558
　　七、战局变化与吴军返归 ·· 565

第五节　吴再伐楚"取番"之战与古"番"地（今河南固始）发现并发掘的勾敔夫人墓 ··· 585
　　一、吴再伐楚"取番"之战 ······································· 585
　　二、吴再伐楚"取番"之战与河南固始出土的勾敔夫人墓 ·············· 589

三、"勾敔夫人"与吴伐楚入郢之战产生勾连的推测 …………………………… 597

四、宋、楚、吴器的出现，使得侯古堆勾敔夫人墓成为春秋时多元文化融合，
且与吴王阖闾、宋君头曼（宋公栾）均产生联系的一座春秋古墓 …………… 600

第六节　吴、越国家关系及槜李之战与阖闾身死 ………………………………………… 601

一、吴、楚在《春秋经》《左传》的记载中出现七年空白期及吴伐楚影响下的
中原列国关系剧变 ……………………………………………………………… 601

二、吴、越第二次槜李之战与阖闾身死 ……………………………………………… 605

第七节　阖闾时期留存后世的文化遗存 …………………………………………………… 608

一、苏州虎丘山阖闾墓葬及其历史之谜 …………………………………………… 608

二、吴王阖闾现存部分用器 ………………………………………………………… 616

第八章　吴王夫差"北上争霸"及其失国

第一节　夫差执政初期的对越、对楚战争 ………………………………………………… 625

一、夫差其人 ………………………………………………………………………… 625

二、夫差执政初期的对越战争 ……………………………………………………… 627

三、夫差执政后的对楚战略与吴国"西抗强楚"战略的惯性运行 ……………… 640

第二节　"伐鲁""伐齐"与"黄池盟会"——吴王夫差执政中期的"北进争霸" …… 645

一、夫差"北进争霸"与吴、鲁国家关系 ………………………………………… 645

二、吴国"北进争霸"战略与吴、齐国家关系 …………………………………… 655

三、战略歧见与伍子胥之死及其后世在吴、越、闽多地形成的文化 …………… 663

四、黄池盟会与吴国称霸 …………………………………………………………… 677

第三节　从试图摆脱困境到吴、越间的决战"笠泽之战"
——吴王夫差执政晚期的作为与吴国灭国 ……………………………………… 707

一、吴军返归 ………………………………………………………………………… 708

二、吴、楚百年战争的最后之战——吴人伐慎及白公之乱 …………………… 711

三、"笠泽之战"：吴、越间的战略决战 ………………………………………… 716

四、夫差之死与吴国灭国 …………………………………………………………… 727

五、夫差失国的原因探讨与后世戏说的西施故事 ······················· 735
　　六、吴王夫差"北进争霸"与南北文化的传播交流 ····················· 741

第四节　夫差时期留存后世的文化遗存 ··································· 748
　　一、夫差墓 ·· 748
　　二、夫差祠庙 ··· 749
　　三、与夫差有关的历史遗迹——夫差设冶铸剑的南京冶城山及冶城阁 ··· 750
　　四、现存部分吴王夫差用器 ·· 750

第九章　春秋末吴地入越及战国时吴地入楚、入秦

第一节　吴地入越 ·· 779
　　一、越北进争霸与越王勾践以退让求取列国承认其对吴国霸业的继承 ··· 779
　　二、范蠡浮海而逃、文种赐剑而死，以及范蠡、文种与伍子胥的精神联系 ··· 780
　　三、越国迁都及故吴旧都两次为越都 ·································· 782
　　四、楚"灭"越及越族的散而未亡 ······································· 785
　　五、"吴地入越"时期的文化遗存——无锡"鸿山墓群"的越国贵族墓地 ··· 788

第二节　吴地入楚 ·· 789
　　一、黄歇其人 ··· 789
　　二、黄歇治吴 ··· 797

第三节　吴地入秦 ·· 817
　　一、秦国崛起 ··· 817
　　二、秦灭六国与"天下壹并于秦" ······································· 818
　　三、秦置会稽郡与吴县 ·· 820

第十章　吴国社会状况与文化

第一节　农耕文明 ·· 824
　　一、农耕与蚕桑 ·· 824

	二、春秋时江南及吴地的水上交通	829
	三、春秋时期吴国的陆上交通	835
第二节	生活习俗与民风	840
	一、先秦长江流域"蛮夷"文化的定位	840
	二、食俗——饭稻羹鱼	841
	三、"裸国"与"断发文身"	843
	四、民风尚武	845
第三节	科技制造	846
	一、造船	846
	二、冶铸	847
	三、建筑与园林	869
第四节	语言、文学与教育	887
	一、语言	887
	二、文学	890
	三、教育	895
第五节	兵　学	898
	一、伍子胥与水军	898
	二、孙武与《孙子兵法》	901

第十一章　春秋吴都地望及其争议

第一节	文献与考古相互关系的理论——王国维"二重证据法"与李学勤"研究'历史时期'，以文献材料为主"	905
	一、文献记载与考古	905
	二、催生出的相应学术理论——"二重证据法"	906
	三、"二重证据法"指导下的春秋吴都地望研究	907
第二节	苏州古城说	908
	一、文献记载	908

二、考古印证：关于文献记载春秋吴都"吴"城的考古印证 …………………………… 919
三、20世纪后半叶，苏州市区三次重要的出土发现的春秋战国青铜器及其对
春秋吴都"吴"城的考古文献记载印证 ………………………………………… 924
四、苏州葑门内城河程桥（城桥）出土器印证文献记载的"吴"城"东门"，
即今苏州葑门春秋时已然存在的二重证据叙述 ………………………………… 933
五、1982年苏州以"春秋时为吴国都城"列入国家第一批历史文化名城名单及
1986年苏州建城两千五百年庆典 ………………………………………………… 942
六、结论：争议出现前的苏州文化生态 …………………………………………… 944

第三节 "灵岩古城"说 ……………………………………………………………… 944
一、"'灵岩古城'说"的核心要点及其提出 ……………………………………… 944
二、学界的反响及对"'灵岩古城'说"的批判 ………………………………… 949
三、试图印证"'灵岩古城'说"的第一次考古 ………………………………… 950
四、呼应灵岩山第一次考古的《春秋时代吴大城位置再考》一文及其发表 … 955

第四节 "无锡'吴都阖闾城'说"及"姑苏'夫差城'说"杂糅、拼合的"二元说" … 956
一、"二元说"概说 …………………………………………………………………… 956
二、关于"无锡'吴都阖闾城'说" ………………………………………………… 956
三、关于"'姑苏夫差城'说" ………………………………………………………… 976

第五节 春秋吴都地望的"'灵岩古城'说"与"二元说"的后续发展 …………… 979
一、苏州木渎灵岩山的第二次考古及其考古结论 ……………………………… 979
二、第七批全国重点文物保护单位名录的公布及其意义 ……………………… 991
三、显示国家认同的"历史文化名城"碑与擦亮苏州历史文化名城招牌 …… 995

第十二章 春秋吴国国号及吴都"吴"城之"吴"的溯源

第一节 文献记载的吴国国号及吴都名称的"吴" ………………………………… 997
一、文献记载的春秋吴都——"吴"城与秦置会稽郡治——"吴"县 ……… 997
二、从吴郡、吴州到苏州 …………………………………………………………… 1000

第二节	"吴"字溯源	1005
	一、中国早期文字中的"吴"字	1005
	二、西周初《诗经》中出现的"吴"字及其字义	1007
	三、《春秋经》《左传》记载的"吴"字	1008
	四、"吴"字的贬义色彩及吴王寿梦至吴王僚时吴国拒绝接受该字为国号	1009
第三节	文献记载的吴国国号与出土且现存吴器铭文中的吴国国号的文化背离	1009
	一、文献记载的吴国国号"吴"与现存吴器吴国国号铭文"虞"的文化背离	1011
	二、文献记载的吴国号"吴"与现存吴器吴国号铭文"鐬"的文化背离	1015
	三、文献记载的吴国号"吴"与现存吴器吴国号铭文"敔"的文化背离	1024
	四、文献记载的吴国号"吴"与现存吴器吴国号铭文"禺"的文化背离	1042
第四节	文献记载的吴国号"吴"与阖闾、夫差时期吴器铭文中吴国号"吴"的重合	1043
	一、吴王阖闾时期具"吴"字铭文吴国青铜器的出现及其实例	1044
	二、吴王夫差时期具"吴"字铭文的吴国青铜器实例	1047
	三、吴王阖闾、夫差时期具"吴"字铭文吴国青铜器出现的原因推测	1050
	四、背离与重合中吴国国号始终不变的"夷言发声"	1051
第五节	春秋时期,吴国国号的演变及其序列	1057
	一、由现存吴国青铜器铭文构建的吴国国号历史演变序列	1057
	二、未列入上表,或为器主存在不确定性,或为与吴国国号的演变序列明显抵牾的吴国青铜器	1073
参考文献		1077
后　记		1081

第七章　吴王阖闾"兴霸成王"的战略转型及吴都"吴"城的造筑

第一节　二十四世吴王阖闾及其执政

一、阖闾其人

阖闾，二十世吴王诸樊嫡长子。公元前515年（吴王僚十二年，鲁昭公二十七年）夏四月，公子光派专诸刺杀吴王僚后，即位为二十四世吴王阖闾。

阖闾，又作公子光、阖庐。阖闾，见诸赵晔《吴越春秋》卷四"阖闾元年"[1]；公子光，见诸《左传·昭公十七年》"吴公子光请于其众"[2]；阖庐，见诸《左传·昭公二十七年》刺杀吴王僚后的记载，"遂弑王。阖庐以其子为卿"[3]。

公子光（阖闾）身世，存有两说：

其一，为诸樊子。上引《左传·昭公十七年》公子光首次出现于《左传》时，杜预注："光，诸樊子阖庐。"[4]

其二，公子光（阖闾）为二十二世吴王馀眛（夷末、夷昧）之子。此说见诸先秦史籍《世本》，今《世本八种》多篇均予记载。其中，如《世本·王谟辑本》"吴夷昧生光"[5]的记载（余略）。唐司马贞《史记索隐》注《史记·吴太伯世家》"公子光者，王诸樊之子也"句说："此文以为诸樊子，《系本》（即《世本》）以为夷昧子。"[6]

对上述二说，本书采信前说，即阖闾为吴王诸樊之子。

阖闾之父，为伐楚时战死于战场上的二十世吴王诸樊。随着父死及王权转移至二叔馀祭手中，《左传》等未留下诸樊之子公子光的记载。战国时，屈原在《天问》中记写阖闾少年时的生活状况说"勋阖梦生，少散离亡"[7]，意即后世有功的阖闾是寿梦的子孙，少年时曾遭受困厄和流离逃亡。屈原"大约生于公元前339年，死于公元前278年"[8]。吴国于公元前473年灭国，故百多年后战国时屈原诗句所透露的历史事实，当有很高的可信性。由此亦可看出，公子光在其父诸樊

---

[1] 赵晔：《吴越春秋》，江苏古籍出版社1986年，第24页。
[2] 《左传·昭公十七年》，见《春秋左传正义》，北京大学出版社1999年，第1370页。
[3] 《左传·昭公二十七年》，见《春秋左传正义》，北京大学出版社1999年，第1484页。
[4] 杜预注，见杜预：《春秋经传集解》，上海古籍出版社1978年，第1428页。
[5] 《世本·王谟辑本》，见宋衷注、秦嘉谟等辑：《世本八种》，中华书局2008年，第13页。
[6] 司马贞：《史记索隐》，见司马迁：《史记》，中华书局1959年，第1462页。
[7] 屈原：《天问》，见黄寿祺、梅桐生译注：《楚辞全译》，贵州人民出版社1984年，第75页。
[8] 《楚辞全译·前言》，见黄寿祺、梅桐生译注：《楚辞全译》，贵州人民出版社1984年，第4页。

死后的生活困厄状态。

吴王僚执政时，公子光在吴、楚争战中的长岸之战、鸡父之战及吴"灭巢及钟离"（《史记》诸篇作"争桑"之战）等对楚战争中，担任吴军统帅，决策与指挥了上述战争，且均获胜绩，战功卓著。同时，他在政治压抑中养成了坚韧、谨慎的个性。在夺取王权的过程中，他表现出了卓越的组织才能和善于用人的品质。因此，在年少困厄、成年后带兵征战等磨炼中成长起来的他，一旦执掌吴国的王权，就不会是个胸无大志、碌碌无为的国君了。

二、从"联晋抗楚"战略的调整到"兴霸成王"战略的制定

（一）吴国"兴霸成王"战略的提出

吴国从寿梦时开始崛起，并相应制定"联晋抗楚"的国家战略。其后，历经这一战略的守成期与调整期。馀眛、吴王僚父子时期，吴国在对楚战争中的胜绩表明，这一时期的吴国已完成了从一个地区性有影响力的诸侯国向春秋后期崛起的诸侯国转变的过程。

夺取王权次年的公元前514年（吴阖闾元年，鲁昭公二十八年），吴王阖闾与吴国"行人"伍子胥"与谋国政"的谈话中，吴王阖闾说："寡人欲强国霸王，何由而可？"[1]意为，我想使吴国强盛而称霸称王，如何做才能达到这一目的？伍子胥条陈说："凡欲安君治民，兴霸成王，从近制远者，必先立城郭，设守备，实仓廪，治兵库。斯则其术也。"[2]意即，凡是想要使国君安定，使民众有秩序，建立霸业，成就王业，既使近处的人服从，又能制服远处的人，那就一定要先筑起内城外郭，设置防守的器具，充实粮仓米仓，整治好军用仓库等。这就是手段。

这里，伍子胥将阖闾所说的"强国霸王"表述为"兴霸成王"。同时，为达到"兴霸成王"的战略目的，伍子胥条陈了诸多必要且可行的措施，其中即包括修筑城墙等（相关叙述，另见下文）。

历经吴王馀眛、吴王僚时期吴国国家战略的调整及吴国王室权力以流血形式重新洗牌后，吴国"兴霸成王"国家战略的提出，既意味着吴国"联晋抗楚"战略调整的结束，也意味着吴国国家战略调整后进入转型发展时期。一方面，吴国在对楚关系中，"抗楚"依然为主调，而这是由吴国国家利益决定的，吴国战略进击方向依然是与楚争夺于淮河流域；而另一方面，在"联晋"即与北方中原列国的关系上，吴国依然保持着拒盟的同时也不向北方发展的战略。吴王僚以华登借兵方式而介入宋国内乱，并借此对晋国为吴国设置的只能西攻、不得北进的红线进行试水，从而表现出觊觎中原的欲望。吴王阖闾时期并未发生类似事件。然而，阖闾时期，虽未出现华登借兵式的特殊事件，但出现了吴王僚之子庆忌逃亡卫国之事，以致阖闾担心庆忌借兵，即"恐合诸侯来伐"[3]（相关情况，另见下文）。因此，吴国真正意义上的北进中原地区争霸，已是其后吴王夫差时期对"兴霸成王"战略再做转型并发展为"北上争霸"时的事了。

（二）"兴霸成王"战略施行的组织架构——吴王阖闾与伍子胥的君臣遇合

吴王阖闾是一位颇有政治远见及军事韬略的政治家。他少年时的经历及成年后率兵与楚军

---

[1] 赵晔：《吴越春秋》，江苏古籍出版社1986年，第24页。
[2] 赵晔：《吴越春秋》，江苏古籍出版社1986年，第25页。
[3] 赵晔：《吴越春秋》，江苏古籍出版社1986年，第29页。

作战的经验，使得他与伍子胥讨论安君治民、兴霸成王的吴国国家发展战略时，本身就有着自己成熟的想法。而伍子胥亡命于吴本是为复仇，因此，只有在吴国国力强盛的情况下，他的复仇目的才能得以实现。故在吴国兴霸成王、强国强军等方面，伍子胥和吴王阖闾的目标一致。当阖闾执掌吴国权柄后，伍子胥也理所当然地成为其谋士和重臣。

由此可见，支撑吴国"兴霸成王"国家战略的组织架构，为吴国历史上最佳的君臣组合。成书于战国末年的《吕氏春秋·首时》篇记写他俩最初的相见说，因伍子胥其貌不扬，王子光（即公子光）不愿与之晤面交谈，见到伍子胥后又不听他讲话就谢绝了他，后二人在两层帷幕之后，在互相不见面的情况下谈话。晤面开始后，"伍子胥说之半，王子光举帷，搏其手而与之坐"[1]。意即，伍子胥的话才说了一半，公子光就掀起了帷幕，紧握住他的手，然后跟他一起坐下。东汉高诱注这段记载说："言于重帷中见衣若手者，为说霸国之说也……搏执子胥之手，与之俱坐，听其说。……子胥说霸术毕，子光大悦，其将必用之也。"[2]据此可知，伍子胥的霸国之说打动了公子光。而《越绝书》记载，公子光与伍子胥两人"上殿与语，三日三夜，语无复者。王乃号令邦中'无贵贱长少，有不听子胥之教者，犹不听寡人也，罪至死，不赦'"[3]。吴王阖闾与伍子胥见面谈话竟达三天三夜，且没有一句重复。二人一见如故，情感基础即是在治国理念上的一致。正是这共同的思想基础，开始了两人的君臣际遇。而阖闾对伍子胥的欣赏，得以以强制性的王命来强行推行"子胥之教"——伍子胥对吴国的教化之策，从而使得吴国推行"兴霸成王"的战略有了以王权为基础的组织架构。

（三）"兴霸成王"战略的理论基础及强国举措——"阖庐之教"与"子胥之教"

吴国"兴霸成王"战略的提出，起主导作用的是体现吴王阖闾雄才大略的"阖庐之教"。《吕氏春秋·上德》篇说："阖庐之教，孙、吴之兵，不能当矣。"[4]意为，阖庐（阖闾）的教化，即使是孙武、吴起的军队，都是抵挡不住的。而"阖庐之教"中，也包含着伍子胥政治智慧的"子胥之教"。因此，"阖庐之教"和"子胥之教"，异曲同工，目标一致。其具体内容及举措为：

1.修法制——明于法禁

春秋时期的吴国，地处当时被称为"蛮服""荒服"的蛮夷之地，被中原列国视为缺少教化、不设法制的蛮夷国家。故此，吴国欲"兴霸成王"，就不能不内修法制——修改和完善国家的法制、法令。《吕氏春秋·首时》篇说："王子光（公子光）代吴王僚为王，任子胥，子胥乃修法制，下贤良，选练士，习战斗。"[5]伍子胥制定、修改的法制、法令，文献虽无具体记载，但其"修法制"而治理吴国的效果，显然取得了成功。《吴越春秋》记载，吴王夫差时，孔子的学生子贡在谈到吴国时说道："吴王刚猛而毅，能行其令，百姓习于战守，明于法禁。"[6]这里所说的吴王能行其

---

[1]《吕氏春秋·首时》，见陈奇猷：《吕氏春秋校释》，学林出版社1984年，第767页。
[2] 高诱注，见陈奇猷：《吕氏春秋校释》，学林出版社1984年，第772页。
[3] 袁康、吴平：《越绝书》，上海古籍出版社1985年，第7页。
[4]《吕氏春秋·上德》，见陈奇猷：《吕氏春秋校释》，学林出版社1984年，第1255页。
[5]《吕氏春秋·首时》，见陈奇猷：《吕氏春秋校释》，学林出版社1984年，第768页。
[6] 赵晔：《吴越春秋》，江苏古籍出版社1986年，第53页。

令,而百姓明于法禁,显然是"阖闾之教"与"子胥之教"的内修法制、教化民众的结果。

2.下贤良——荐专诸、要离和孙武

"下贤良"即人才使用上的任贤使能。语见上引《吕氏春秋·首时》篇。阖闾十分重视人才,《吴越春秋》记载:"阖闾元年,始任贤使能,施恩行惠。"[1]而其推行"任贤使能"的标志,则是"举伍子胥为行人,以客礼事之,而与谋国政"[2]。同样,为了使吴国达到"兴霸成王"的战略目标并同时借重于吴国力量而复父兄之仇,伍子胥亦同样深谙选贤任能的道理。他说:"贤士,邦之宝也。"[3]他来到吴国后,发现公子光"将有他志",于是"为之求士……乃见鱄设诸焉"[4]。因此,鱄设诸(专诸)乃是伍子胥向公子光举荐的第一个人才。

刺杀吴王僚后,吴王阖闾对逃往他国的吴王僚之子庆忌心存忧虑,《吴越春秋》记载的"庆忌之在邻国,恐合诸侯来伐",以致令阖闾"食不甘味,卧不安席"[5]。在这种情况下,伍子胥又向阖闾推荐了要离去充当刺客,并说:"臣之所厚其人者,细人也,愿从于谋。"[6]意为,我所看重的就是这个身材瘦小的"细人"。阖闾开始并不以为然,然而,要离最终成功刺杀庆忌,不仅解除了阖闾心中的忧虑,更使阖闾从伍子胥举荐要离的过程中看到了他对人才的知人善任。

而伍子胥"知孙子可以折冲销敌"是个将才后,便"七荐孙子"[7]。尽管孙武在教场演兵斩杀吴王阖闾的两个宠妃,但这位从齐国而来、隐居于吴地并著有《兵法十三篇》(即《孙子兵法》)的军事家,终还是被吴王阖闾任命为将,并"西破强楚,入郢,北威齐晋,显名诸侯,孙子与有力焉"[8]。

3.习战斗——振军经武

春秋之时,战争频繁。阖闾与伍子胥"与谋国政"的谈话中,阖闾说起吴国现状时提及"君无守御,民无所依;仓库不设"等,忧虑吴国在强军方面与其他强国存在差距。而伍子胥为振军经武而条陈说起的"兴霸成王,从近制远者"及"立城郭,设守备,实仓廪,治兵库"等,正是针对吴王阖闾的忧虑与吴国其时的现状而提出的切实可行的强国、强军举措。

伍子胥在"修法制,下贤良"的同时,还提出了"选练士,习战斗"[9]的具体军事训练要求,即一方面要使士卒做到陆战的"习术战骑射御之巧"[10],另一方面则是结合吴国具体实际而注重水战战术。

4.实仓廪——禾稼登熟

"实仓廪"乃是发展经济的形象表达,经济是一个国家军事发展的基础和综合实力的体现。

---

[1] 赵晔:《吴越春秋》,江苏古籍出版社1986年,第24页。
[2] 赵晔:《吴越春秋》,江苏古籍出版社1986年,第24页。
[3] 袁康、吴平:《越绝书》,上海古籍出版社1985年,第84页。
[4] 《左传·昭公二十年》,见《春秋左传正义》,北京大学出版社1999年,第1389页。
[5] 赵晔:《吴越春秋》,江苏古籍出版社1986年,第29页。
[6] 赵晔:《吴越春秋》,江苏古籍出版社1986年,第29页。
[7] 赵晔:《吴越春秋》,江苏古籍出版社1986年,第34页。
[8] 《史记·孙子吴起列传》,见司马迁:《史记》,中华书局1959年,第2162页。
[9] 《吕氏春秋·首时》,见陈奇猷:《吕氏春秋校释》,学林出版社1984年,第768页。
[10] 赵晔:《吴越春秋》,江苏古籍出版社1986年,第25页。

前引《吴越春秋》记载的伍子胥为达到吴国"兴霸成王"战略目的而条陈的诸多措施,其中"实仓廪",即如上所述,为发展吴国经济的形象表达。

关于"实仓廪",有学者从考古发掘的资料予以论述并指出:"到了阖庐时代,经伍子胥等人的社会改革,农业更加发展,种植面积扩大,产量也增加了。在丰收年,尚有较多的剩余,仅一次借贷给于越的稻谷就'万石'(《吴越春秋·勾践阴谋外传》)。同时还种植麦等(《吴越春秋·王僚使公子光传》)。所以这个时期是'禾稼登熟'(《吴越春秋·吴王占(寿)梦传》),因而'仓库实'(《吴越春秋·吴王阖闾内传》)。"[1]

伍子胥提出并为吴王阖闾所接受的发展经济的措施,支撑住了吴王阖闾时期的吴国对外战争。

(四)"子胥之教"对吴国的深远影响

"子胥之教"对吴国的深远影响首先表现在吴王阖闾时期吴国的强盛上。对此,后世学者对吴国推行"子胥之教"与吴国的霸业均作因果联系。如《越绝书》记载说:"吴有子胥之教,霸世甚久。"[2]"子胥居吴三年,大得吴众。"[3]上述文献记载,说明吴国施行"阖庐之教"和"子胥之教"式的社会改革,既获得民心,又取得强国强军的社会效果。《战国策·秦策三》载范雎语曰:子胥适吴,"卒兴吴国,阖闾为霸"[4]。直接点明"子胥之教"式的社会改革与吴国的"兴王成霸"间的因果联系。

第二节 春秋吴都"吴"城的造筑与建城及其别称"姑苏"

一、从"诸樊南徙吴"到春秋吴都"吴"城的诞生

前述,吴王诸樊在执政时做的一件大事就是"南徙吴",对其后春秋吴都的"吴"城(今苏州古城)屹立于太湖东南产生了重大影响。吴王阖闾即位后,即子承父业,继承其父"南徙吴"的战略规划,造筑春秋吴都的"吴"城城墙,从而以"城"的实体形态,将其父"南徙吴"的规划落实下来。

(一)城墙、城池与古城

城墙,中国古籍方志中习称为"城池",乃掘土为池、培土为城之意。其中的"城"即城墙;"池",又作"濠",为护城河之意。

"城池"所围起的空间,即同时架构成这座城市的空间。从这一意义上讲,城墙造筑的年代,即等同于这座城市建城的年代。故"城池"为不可分割的整体,共同构成一座城市历史的实物见证,也成为一座城市文明和文化的象征之一。

---

[1] 辛土成:《春秋时代句吴社会经济初探》,《中国社会经济史研究》1984年第3期。
[2] 袁康、吴平:《越绝书》,上海古籍出版社1985年,第2页。
[3] 袁康、吴平:《越绝书》,上海古籍出版社1985年,第7页。
[4]《战国策·秦策三》,见王锡荣、韩峥嵘译注:《战国策译注》,吉林文史出版社1998年,第137页。

（二）楚国依托城墙的防御性军事文化对吴国筑"吴"城的影响

春秋"吴"城的造筑，与伍子胥有着密切关系。出身于楚国贵族世家的伍子胥，又与其浸淫、生长的楚国依托城墙的防御性军事文化有着密切关系。

伍子胥的曾祖伍参、祖父伍举、父亲伍奢、兄长伍尚等均仕于楚。因此，他对楚国在对外战争中所积累起的依托城墙的防御性军事文化并不生疏。而有文献记载伍子胥奔吴前亦曾仕楚。明正德年间编撰的《光化县志》记载说："伍员，字子胥，奢次子也。尝为樊城守。"[1] 樊城，今属襄阳。其历史可以上溯到两千八百年前周宣王将此地封给仲山甫（樊穆仲）时，而与樊城隔汉水相望的襄阳，雄居汉水中游，楚国在此曾设北津戍，至今已有两千八百多年的历史。故，奔吴前"尝为樊城守"即担任樊城军事长官的伍子胥，其奔吴后为吴国造筑"吴"城，将楚国的城墙造筑技术运用于该"吴"城的造筑，就完全是合乎逻辑的事了。

现有文献记载的楚国依托城墙的防御性军事文化异常丰富，且有着厚重积累。而关于楚国军事防御文化影响下的郢都城墙筑造，前文已作部分内容叙述。现录其要点如下：

1. 早于"吴"城城墙百年前的楚郢都城墙的造筑

楚郢都城墙的造筑，始于楚庄王元年（鲁文公十四年，前613）。是年，楚庄王即位。即位后，他和令尹子孔及潘崇去攻打群舒，并委托他的老师公子燮和公子仪（即鬬克）留守郢都。公子燮和公子仪因个人愿望未得以满足，便乘机发动叛乱，并造筑郢都城墙。其后，二人被诛杀，叛乱被平复，但他们在叛乱时期为特殊目的而开工造筑的城墙并未完工。

2. 公元前559年楚令尹子囊的"城郢"即将其修筑完工

公元前559年（吴诸樊二年，鲁襄公十四年），楚国令尹子囊（公子贞）攻打吴国失败。临死前，这位楚国令尹对大夫子庚说，一定要把郢都的城墙筑成。

3. 公元前519年楚令尹囊瓦的"城郢"，即复增修以自固

公元前519年（吴王僚八年，鲁昭公二十三年），子囊的孙子囊瓦（即子常）担任楚国令尹。其时，因吴取楚平王夫人蔡女归吴，致楚司马蒍越自杀。在这种情况下，囊瓦在楚国都城郢都又增修城墙以自固。

4. 吴国在战争中学习楚国的军事城墙文化

吴国在战争中学习战争，其对手和老师就是楚国。对吴王阖闾来说，其父诸樊就是在吴军攻打巢邑并冲入巢邑城门时，被楚将射死的。在其后的吴、楚战争及阖闾为公子光且作为吴国将领率兵与楚作战时，楚国更是多次在战略要地修筑城墙。如前文提及的《左传·昭公四年》记载："箴尹宜咎城钟离，薳启强城巢，然丹城州来。"[2]《左传·昭公十一年》记载："楚子城陈、蔡、不羹。"[3]《左传·昭公十九年》记载："十九年，春，楚工尹赤迁阴于下阴，令尹子瑕城郏……楚人城州来。"[4] 上述"城"字，均为造筑或修筑城墙之意。

---

[1] 天一阁藏明代方志选刊《光化县志》，1964年4月上海古籍书店据宁波天一阁藏明正德刊本景印。
[2]《左传·昭公四年》，见《春秋左传正义》，北京大学出版社1999年，第1204页。
[3]《左传·昭公十一年》，见《春秋左传正义》，北京大学出版社1999年，第1289页。
[4]《左传·昭公十九年》，见《春秋左传正义》，北京大学出版社1999年，第1380—1384页。

楚国在与吴国的战争中，不断完善其以楚都郢都城墙造筑为核心的军事防御文化。而吴国从楚国"城郭"的不断完善中得到启示，更从上述楚人在战争中多次在战略要地修筑城墙得到启示。楚军依托城墙作战的经历，使得公子光（阖闾）更加深了对城墙在战争中所起作用的认识。因此，公元前514年（吴阖闾元年）吴王阖闾在上台之初，与伍子胥的谈话就已经涉及造筑新都城墙并迁都于斯的问题。显然，楚国以城墙造筑为核心的军事防御文化，以战争为媒介，得以与吴国的城墙造筑文化交融。

二、伍子胥献策"立城郭"与受命造筑"大城"——春秋"吴"城

《吴越春秋》记载了伍子胥筑城的经过。公元前514年（吴阖闾元年），在阖闾与伍子胥"与谋国政"的谈话中，"阖闾谓子胥曰：'寡人欲强国霸王，何由而可？'"[1]意为，阖闾对伍子胥说："我想使吴国强盛起来而称霸称王，如何做才可以达到这一目的？"

伍子胥听了，说起他心中的顾虑——当忧患解除、事态平定以后，他可能不会再被君王亲近。"阖闾曰：'不然。寡人非子无所尽议，何得让乎？吾国僻远，顾在东南之地，险阻润湿，又有江海之害；君无守御，民无所依；仓库不设，田畴不垦。为之奈何？'"[2]意为，阖闾说："不会这样的！我如果没有你，就没有人能够这么畅所欲言了，又哪会疏远你呢？我们吴国地处偏远，只是东南地区的一个国家，而地势艰险阻塞，气候潮湿，还有长江、大海的危害，国君没有防守的设施，民众也没什么依靠。仓库没有建立起来，田地又没有被开垦。面对这种情况，该怎么办呢？"

伍子胥沉思良久，回答说："臣闻治国之道，安君理民是其上者。"[3]

"阖闾曰：'安君治民，其术奈何？'"[4]

伍子胥则条陈说："凡欲安君治民，兴霸成王，从近制远者，必先立城郭，设守备，实仓廪，治兵库。斯则其术也。"[5]

阖闾听了非常高兴，说："好啊！那修筑内城外城，设置防守的器具，建造粮仓兵库，得根据各地的具体情况而制定出最适宜的办法。是否还要利用自然界自身的条件来威慑邻国呢？"伍子胥回答说："是的！"阖闾说："寡人委计于子。"[6]意即，筑城等事宜，我就委托给你了！

在"强国霸王"和"兴霸成王"这一战略目标君臣达成一致的情况下，吴王阖闾把设计、建造春秋"吴"城的事宜委托给了伍子胥。正是在这一次"与谋国政"的谈话之后，伍子胥受命南去，"相土尝水，象天法地，造筑大城"[7]。大城，即春秋吴都"吴"城。

---

[1] 赵晔：《吴越春秋》，江苏古籍出版社1986年，第24页。
[2] 赵晔：《吴越春秋》，江苏古籍出版社1986年，第24页。
[3] 赵晔：《吴越春秋》，江苏古籍出版社1986年，第24—25页。
[4] 赵晔：《吴越春秋》，江苏古籍出版社1986年，第24页。
[5] 赵晔：《吴越春秋》，江苏古籍出版社1986年，第25页。
[6] 赵晔：《吴越春秋》，江苏古籍出版社1986年，第25页。
[7] 赵晔：《吴越春秋》，江苏古籍出版社1986年，第25页。

三、文献记载的春秋"吴"城及其别名、别称"姑苏"

（一）《春秋经》《左传》记载的春秋吴都"吴"城

中国古代重要的历史文献《春秋经》《左传》及《国语》等，均对春秋吴都"吴"城的名称及其真实存在作了记载。

1.《春秋经》《左传》记载的进入春秋吴国都城"吴"城内城的"入吴"

（1）《春秋经》《左传》的历史文献价值

《春秋经》又称《春秋》。王守谦《左传全译·前言》说："《左传》和《春秋》一样，都是以鲁国为纪元写成的编年体史书。"[1]《春秋经》的年代，赵生群《春秋左传新注·导论》指出，学界存在"《春秋》是否为孔子所作的争议"，而该著作则以"先秦典籍对孔子作《春秋》的肯定"[2]而表示认可。李维琦《春秋左传译注·前言》则认为："说孔子作《春秋》，恐怕也不是很靠得住。……作《春秋》的当是鲁国历代的史官，这才能解释为什么《春秋》前后体例文风的不甚统一。这种不统一是无需证明的。但如果说《春秋》是经过孔丘修订过的，则可能是事实。"[3]而并不认可《春秋》为孔子所作的杨伯峻，在其《春秋左传注·前言》中说："孔子实未尝修《春秋》，更不曾作《春秋》。"但"《春秋》和孔丘究竟有什么关系呢？我认为孔丘曾经用《鲁春秋》作过教本，传授弟子"[4]。上述，即使撇开孔子与《春秋经》关系的论题，《春秋经》（《春秋》）在春秋时期已经出现，还是诸方均认可而毫无争议的。

而关于《左传》，王守谦《左传全译·前言》评价为"是先秦时代内容最丰富、规模最宏大的历史著作，集春秋以来各类史书之大成"[5]。关于其年代，李维琦《春秋左传译注·前言》认为："《左传》战国时代已经流行。《史记·十二诸侯年表序》说：'铎椒为楚威王傅，为王不能尽观《春秋》，采取成败，卒四十章，为《铎氏微》。赵孝成王时，其相虞卿上采《春秋》，下观近势，亦著八篇，为《虞氏春秋》。'司马迁说的《春秋》即《左传》，前面已说明及此。楚威王前339年至329年在位，可知那时已有《左传》可供观览了。虞卿为赵相，他约死在前235年。"[6]杨伯峻《春秋左传注·前言》则将之精确到具体年份："推测《左传》成书在公元前四〇三年魏斯为侯之后，周安王十三年（公元前三八九年）以前。离鲁哀公末年约六十多年到八十年。"[7]由此可认为，在战国早期时，《左传》即已经流行。因此，在先秦历史的叙述中，《左传》有着不可替代的重要地位和历史文献价值。

（2）《春秋经》《左传》记载进入（含攻入）某国国都内城的行文惯例

《春秋经》《左传》等记载进入或攻入某国国都内城，均以"入×"表示。其中的"×"，指该国国名并以之代指该国国都内城。如：

入宋内城——《左传·隐公十年》："九月，戊寅，郑伯入宋。"[8]

---

[1]《左传全译·前言》，见王守谦、金秀珍、王凤春译注：《左传全译》，贵州人民出版社1990年，第4页。
[2] 赵生群：《春秋左传新注》，陕西人民出版社2008年，第1088页。
[3]《春秋左传译注·前言》，见夏剑钦主编：《十三经今注今译》，岳麓书社1994年，第1023页。
[4]《春秋左传注·前言》，见杨伯峻：《春秋左传注》（修订本），中华书局1990年，第15页。
[5]《左传全译·前言》，见王守谦、金秀珍、王凤春译注：《左传全译》，贵州人民出版社1990年，第4页。
[6]《春秋左传译注·前言》，见夏剑钦主编：《十三经今注今译》，岳麓书社1994年，第1025页。
[7]《春秋左传注·前言》，见杨伯峻：《春秋左传注》（修订本），中华书局1990年，第41页。
[8]《左传·隐公十年》，见《春秋左传正义》，北京大学出版社1999年，第120页。

入郑内城——《春秋经·隐公十年》:"秋,宋人、卫人入郑。"[1]

入陈内城——《春秋经·宣公十一年》:"楚人杀陈夏征舒。丁亥,楚子入陈。"[2]

入齐内城——《春秋经·哀公六年》:"齐阳生入于齐。"[3]

入蔡内城——《春秋经·庄公十四年》:"秋,七月,荆入蔡。"[4]

入越内城——《左传·哀公元年》:"吴王夫差败越于夫椒,报檇李也。遂入越。"[5]

入曹内城——《春秋经·僖公二十八年》:"三月,丙午,晋侯入曹。"[6]

入卫内城——《春秋经·闵公二年》:"十有二月,狄入卫。"[7]

其中情况特殊者,为楚、晋二国都城。

入楚内城——《左传·昭公十三年》:"楚公子比、公子黑肱、公子弃疾、蔓成然、蔡朝吴帅陈、蔡、不羹、许、叶之师,因四族之徒,以入楚。"[8]因楚国国都另名为郢都,故"入楚"即等同于"入郢"。《春秋经·定公四年》记吴军攻入楚都"郢",即为:"庚辰,吴入郢。"[9]对该"吴入郢"句,杨伯峻《春秋左传注》释曰:"郢,《公羊》《穀梁》俱作'楚'。"[10]故"入楚"与"入郢"意义相同,均指进入或攻入楚国国都的郢都内城。

入晋内城——《左传·僖公二十八年》记晋军城濮之战大胜楚军后,班师回晋国都城而记为"振旅,恺以入于晋"[11]。而因晋国国都多次迁徙,"绛"城等亦曾为晋都。《左传·襄公二十三年》记载:"栾盈帅曲沃之甲,因魏献子,以昼入绛。"[12]杨伯峻《春秋左传注》:"绛,晋都,今山西侯马市。"[13]故此处"入绛"与"入晋"意义相同,指进入晋国都城内城。

(3)《春秋经》《左传》记载进入(含攻入)吴国都"吴"城内城"入吴"的实例

《春秋经》《左传》关于进入吴都内城即"入吴"的记载,共有两组四处。分别为:

一组为公元前506年(吴阖闾九年,鲁定公四年)的史事记载,《春秋经·定公五年》:"於越入吴。"[14]《左传·定公五年》:"越入吴,吴在楚也。"[15]

一组为公元前482年(吴夫差十四年,鲁哀公十三年)的史事记载,《春秋经·哀公十三年》:"公会晋侯及吴子于黄池……於越入吴。"[16]《左传·哀公十三年》:"六月丙子,越子伐吴……

---

[1]《春秋经·隐公十年》,见《春秋左传正义》,北京大学出版社1999年,第118页。
[2]《春秋经·宣公十一年》,见《春秋左传正义》,北京大学出版社1999年,第627—628页。
[3]《春秋经·哀公六年》,见《春秋左传正义》,北京大学出版社1999年,第1634页。
[4]《春秋经·庄公十四年》,见《春秋左传正义》,北京大学出版社1999年,第250页。
[5]《左传·哀公元年》,见《春秋左传正义》,北京大学出版社1999年,第1610页。
[6]《春秋经·僖公二十八年》,见《春秋左传正义》,北京大学出版社1999年,第439页。
[7]《春秋经·闵公二年》,见《春秋左传正义》,北京大学出版社1999年,第307页。
[8]《左传·昭公十三年》,见《春秋左传正义》,北京大学出版社1999年,第1313—1314页。
[9]《春秋经·定公四年》,见《春秋左传正义》,北京大学出版社1999年,第1541—1542页。
[10]杨伯峻:《春秋左传注》(修订本),中华书局1990年,第1534页。
[11]《左传·僖公二十八年》,见《春秋左传正义》,北京大学出版社1999年,第455页。
[12]《左传·襄公二十三年》,见《春秋左传正义》,北京大学出版社1999年,第988页。
[13]杨伯峻:《春秋左传注》(修订本),中华书局1990年,第1074页。
[14]《春秋经·定公五年》,见《春秋左传正义》,北京大学出版社1999年,第1559页。
[15]《左传·定公五年》,见《春秋左传正义》,北京大学出版社1999年,第1559页。
[16]《春秋经·哀公十三年》,见《春秋左传正义》,北京大学出版社1999年,第1669页。

丁亥,入吴。"[1]

上述"入吴"主语,均为"越";"入吴"背景,均为吴国军事力量在外(或阖闾伐楚,或吴王夫差会于黄池);而"入吴"的含义,均指越国的军事力量进入或攻入吴都"吴"城内城。

由此可见,先秦时期重要的史学著作《春秋经》《左传》等,均以"入吴"句式,记载了春秋时吴都"吴"城的真实存在。

2.春秋吴国都城"吴"城外城及《国语》记载的"入其郛"

(1)《春秋经》《左传》记载进入(含攻入)某国国都外城的行文惯例

关于"郛",《左传》最早出现"郛"的记载,为《左传·隐公五年》"伐宋,入其郛"[2]句,杜预注:"郛,郭也。"[3]郛,即指外郭、外城。故《左传》上条意为,进攻宋国,进入它(指宋国都城)的外城。

因此,《春秋经》《左传》记载未进入某国都内城但进入其外城者的行文惯例,即记为"入郛"或"入其郛"。其实例另有:

入宋外城——《左传·隐公九年》:"宋以入郛之役怨公,不告命。"[4]

入曹外城——《春秋经·文公十五年》:"齐侯侵我西鄙,遂伐曹,入其郛。"[5]

上述"入郛""入其郛",均指进入该国都外城,而未进入其内城。

(2)与《左传》有着等同历史文献价值的《国语》

《国语》是先秦时另一部重要文献,徐元诰《国语集解·前言》指出:"《国语》是一部重要的先秦古籍,所记内容以春秋史事为主,不少记叙与《左传》相表里,《汉书·艺文志》将其与《左传》并列入《春秋家》,故自汉人以下,或径称之为《春秋外传》,而称《左传》为《春秋内传》。"[6]由此可见,先秦古籍《国语》,堪与《左传》有着等同的历史文献价值。

(3)"入其郛":《国语》记载进入吴国都"吴"城外城的实例

《国语·吴语》记载说:"越王勾践乃率中军溯江以袭吴,入其郛,焚其姑苏,徙其大舟。"[7]韦昭注:"郛,郭也。"[8]故该"入其郛",即指进入"吴"城外城而未入其内城,从而明确表明了吴都"吴"城外城的真实存在。而"焚其姑苏"句,则是指将位于吴都郊外的姑苏台焚毁(该"入其郛,焚其姑苏"已为吴王夫差时事,参见下文)。

(4)战国后期黄歇治吴时的"故吴墟"

前文叙述,《史记·春申君列传》记载,黄歇"因城故吴墟,以自为都邑"[9]。上句的"城",动词,修复之意。"故吴",指春秋"吴"城至战国时已成故城。该故城,亦即春秋故吴旧都。后缀

---

[1]《左传·哀公十三年》,见《春秋左传正义》,北京大学出版社1999年,第1670页。
[2]《左传·隐公五年》,见《春秋左传正义》,北京大学出版社1999年,第100页。
[3]杜预注,见杜预:《春秋经传集解》,上海古籍出版社1978年,第35页。
[4]《左传·隐公九年》,见《春秋左传正义》,北京大学出版社1999年,第116页。
[5]《春秋经·文公十五年》,见《春秋左传正义》,北京大学出版社1999年,第555页。
[6]王树民、沈长云:《国语集解·前言》,见徐元诰撰,王树民、沈长云点校:《国语集解》,中华书局2002年,第1页。
[7]《国语·吴语》,见左丘明撰、韦昭注:《国语》,上海古籍出版社2015年,第399—400页。
[8]韦昭注,见左丘明撰、韦昭注:《国语》,上海古籍出版社2015年,第401页。
[9]《史记·春申君列传》,见司马迁:《史记》,中华书局1959年,第2394页。

"墟",指已经荒废了的地方,即废墟之意。是故,该"因城故吴墟",当为词序颠倒的"因故吴墟而城之"。故《史记》上条的意思为,因故"吴"城(即故吴旧都)已成废墟,故黄歇修复该废墟之城,并以之为其封邑的中心城市。该"故吴墟",即指的是历经战火,春秋"吴"城的故吴旧都已成废墟貌。

由此可见,《史记》此处的"吴墟",指春秋"吴"城至战国后期时已成废墟的样貌。

(二)《国语》及韦昭注以及先秦诸子著作《荀子》《韩非子》记载的春秋吴都"吴"城的别名——姑苏

1.《国语》记载的越军"乃至于吴。越师遂入吴国,围王台"及韦昭注:"王台,姑苏"

《国语·吴语》记载"笠泽之战"吴军大败后,又在"没"地之战和吴都"吴"城"城郊之战"中战败。吴军三战皆败后,越军"乃至于吴。越师遂入吴国,围王台"[1]。韦昭注:"王台,姑苏。"[2]

上述诸句,分解释读如下:

其一,越军"乃至于吴"的"吴",指的是春秋吴都"吴"城。

其二,"越师遂入吴国"的"吴国",其中"国"指国都,"吴国"指吴国国都,即吴都"吴"城的内城。

其三,"围王台"句,结合韦昭注的"王台,姑苏",可知该句指的是越军围住吴都"吴"城即姑苏城内的吴国王宫。

由以上先秦文献《国语·吴语》记载及三国时韦昭注可知,《春秋经》《左传》记载的春秋吴都"吴"城,《国语·吴语》亦记载为"吴"城,此即上述"乃至于吴"的"吴"城。而"越师遂入吴国"的"吴国",如上所述,指春秋吴都"吴"城的内城。而从"围王台"句及韦昭注的"王台,姑苏"可知,三国时的学者韦昭,已将"姑苏"作为春秋吴都"吴"城的别名。

2.战国时先秦诸子著作《荀子》《韩非子》记载的"姑苏"

战国时的先秦诸子著作中,不止一处提及春秋吴都"吴"城的别名为"姑苏",如:

《荀子·宥坐》篇:"女以谏者为必用邪?吴子胥不磔姑苏东门外乎!"[3]

《韩非子·喻老》篇:"勾践入宦于吴,身执干戈为吴王洗马,故能杀夫差于姑苏。"[4]

上述先秦诸子笔下的"姑苏",即为先秦诸子前的《春秋经》《左传》等文献记载的春秋吴都的"吴"城的别名,也是先秦诸子后的三国韦昭注《国语》所勾连的春秋吴都"吴"城的别名"姑苏"。

上述,"姑苏"在作春秋吴都"吴"城别名的同时,也明确显示"姑苏"为吴王阖闾、夫差时的吴国都城。否则,无从理解荀子"磔姑苏东门外"及韩非子"杀夫差于姑苏"的句意。战国学者记载上述时,距吴国灭国不过两百多年,故有极高的历史可信性。

---

[1]《国语·吴语》,见左丘明撰、韦昭注:《国语》,上海古籍出版社2015年,第412页。
[2] 韦昭注,见左丘明撰、韦昭注:《国语》,上海古籍出版社2015年,第416页。
[3] 章诗同:《荀子简注》,上海人民出版社1974年,第322页。
[4]《韩非子》校注组:《韩非子校注》,江苏人民出版社1982年,第223页。

上述先秦诸子笔下出现的"姑苏",其实是一处不可移动且名为"吴"城、又作"姑苏"的地域。这一特定空间在特定时间,即吴王阖闾、夫差执政时成为吴都的"吴"城。故荀子、韩非子这才得以将春秋吴国伍子胥及夫差之死与其时吴都"吴"城的别名"姑苏"联系起来。而荀子、韩非子在作历史叙述的同时,也证实吴王阖闾、夫差时的吴国都城"吴"城的别名即为"姑苏",亦即今苏州古城。

2.文献记载的"姑苏"渊源

(1)王符《潜夫论》中的"姑胥"

"姑苏"一词的文献渊源,张紫琳《红兰逸乘》卷一记载说,汉王符"《潜夫论·边议篇》云:'范蠡收债于姑胥。'盖胥者,舜臣名,佐禹治水有功,封于吴者也。故名其地曰'故胥',后世转音为'姑苏',而胥门之名见于《左氏春秋》(即《左传》),非因伍子胥得名也。'姑苏台',《图经》亦作'姑胥台'"[1]。

上述《红兰逸乘》引文中的"范蠡收债于姑胥"句,彭铎校正《潜夫论笺校正》记为"范蠡收责于姑胥"[2]。责,通"债"。上述与"姑胥"语音产生关联者,一为"故胥",一为"姑苏"。

由此可知,夏代以前"佐禹治水有功"的舜之臣"胥",其封地后世称为"故胥"。其后,"故胥"音转为"姑胥"。

今苏州古城城西外城河(护城河)上架有姑胥桥,即记录着"故胥"音转为"姑胥"后的地名。

苏州胥门外跨越护城河(外城河)上的姑胥桥(左)及该桥桥名"姑胥桥"细部(右)(吴恩培摄)

从战国时先秦诸子著作中已出现"姑苏"一词来看,至战国时,"故胥"已完成音转或音变为"姑胥""姑苏"的过程。

其音变节点如下:

故胥→姑胥→姑苏

对这一吴语音变情况,元平江人、时官至建德路总管的高德基,在其《平江记事》中记其音变过程说:"吴音谓'胥'为'苏',今以'须'为'苏'是也。故谓山为苏州、台为姑苏台,后人号州为胥州,讹为苏州,至今不能改也。"[3]而录《平江记事》的《四库全书总目提要》在指出《平江记事》"当成

---

[1]张紫琳:《红兰逸乘》,见杨循吉等著、陈其弟点校:《吴中小志丛刊》,广陵书社2004年,第122页。
[2]彭铎校正:《潜夫论笺校正》,中华书局1985年,第274页。
[3]高德基:《平江记事》,见杨循吉等著、陈其弟点校:《吴中小志丛刊》,广陵书社2004年,第24页。

于至正中"后,另指出说:"'胥'、'苏'二字古本通用……故《国语》《史记》皆作姑苏。"[1]

因此,战国时先秦诸子笔下的"姑苏",溯其渊源,当追溯至中国古代"五帝"之一的帝舜之臣"胥"那里,其后传播并在战国时固定下来。而汉代《潜夫论》记载的其名称渊源,为笔者目前所见之最早者(不排除另有记载而笔者未见的情况)。

东汉王符在其著作《潜夫论》中,记载了越国大夫范蠡的经济活动——"收责(债)于姑胥"时,亦记录下"姑苏"地名的前承——"姑胥",从而为后人留下了从中国早期"五帝"之一"舜"时的"姑胥",到战国时"姑苏"的苏州最早地名流变的历史印痕。

今甘肃镇原县有王符故居及潜夫亭。该处介绍"潜夫亭"的展板文字说:"潜夫亭,又名思潜亭,为东汉王符著写《潜夫论》的地方。"

甘肃镇原县王符故居(左)、王符故居内的东汉思想家王符立像(中)及潜夫亭(右)(吴恩培摄)

在吴国历史的叙述语境中,帝舜之臣"胥"与春秋时的伍子胥之"胥",极易混淆,故上引张紫琳《红兰逸乘》郑重其事地澄清说,苏州"胥门""非因伍子胥得名"。

帝舜之臣"胥"与春秋时伍子胥之"胥",易相混淆的另一案例为《越绝书》中的"胥山"之名。

(2)《越绝书》中的"胥山"与"吴大城"中称为"吴小城"的城中之城——"子城"

《越绝书》卷第二有"阖庐之时,大霸,筑吴越城。城中有小城二。徙治胥山"[2]的记载。对该句中的"吴越城",俞纪东译注《越绝书全译》指出:"吴越城,钱培名《札记》以为'越'字误衍,当删。'吴'下原衍'越'字,不可通,今删。"[3]该著作另引"张宗祥《校注》"说:"《吴越春秋》云:阖庐元年,造大城。无'吴越'之名。'吴越城'之名,仅见于此。……若以下文'吴小城'之名例之,此或当作'吴大城'。'吴越'之名,他书未见,亦费解。"[4]

梳理以上文字,可知如下几点:

其一,吴王阖闾筑"吴城"[即"吴越城"删去衍文"越"字。下文作"吴(越)城"],亦即《越绝书》记载的"周四十七里二百一十步二尺。……阖庐所造也。吴郭周六十八里六十步"的

---

[1]《四库全书总目提要》,见杨循吉等著、陈其弟点校:《吴中小志丛刊》,广陵书社2004年,第32页。
[2] 袁康、吴平:《越绝书》卷第二,上海古籍出版社1985年,第9页。
[3] 俞纪东译注:《越绝书全译》,贵州人民出版社1996年,第25页。
[4] 俞纪东译注:《越绝书全译》,贵州人民出版社1996年,第25页。

"吴大城"[1]。

其二,《越绝书》卷第二记载,吴王阖闾筑"吴大城"时,"城中"另筑"有小城二":一为"吴小城,周十二里。其下广二丈七尺,高四丈七尺。门三。"另一为"伍子胥城,周九里二百七十步"[2]。时至今日,后者"伍子胥城"的位置、概况等已失考。

其三,与《越绝书》记载"吴小城,周十二里……门三",即小城只开三面城门相类似者,为《吴越春秋》记载"子胥乃使相土尝水,象天法地,造筑大城。周回四十七里"时,另"筑小城,周十里,陵门三,不开东面者,欲以绝越明也"[3]。显然,后者《吴越春秋》,点明该"小城"开三门而不开东面城门的原因为"欲以绝越",即断绝与越国的来往。

其四,上述,《越绝书》记载的"周十二里……门三"的"吴小城",与《吴越春秋》记载的"周十里,陵门三"的"小城",很可能为后世"吴大城"城中称为"子城"的城中之城。

其五,春秋"吴大城"内的"子城",即为吴国宫城。而《越绝书》记载的"在高平里"的"阖庐宫"及"一在华池昌里,一在安阳里"的"射台二"以及"在长乐里,东到春申君府"的"南城宫"[4]等建筑,或均在该"吴小城"即"子城"内。

其六,战国后期黄歇治吴时,修复因越灭吴战争而毁坏的"子城"内的宫室。相隔百余年后,司马迁南来考察黄歇父子修复的宫室,并在《史记·春申君列传》中给予积极评价说:"吾适楚,观春申君故城,宫室盛矣哉!"[5]《史记·春申君列传》所说的"春申君故城",很可能就是《越绝书》记载位于吴国宫城内,且"在长乐里,东到春申君府"的"南城宫"[6]一带,但司马迁并未使用"子城"概念。西汉时,或尚未出现这一后出的"子城"概念。

其七,文献最早提出"子城"者,为唐陆广微《吴地记》。《吴地记》两处记载"子城":一为记载"永昌北仓,在子城西北六里五十步。西仓,在子城西一百八十步。茭草场,在子城西三里。商税务,在子城西三里一百八十步。茶盐务,在子城河西五步。都酒务,在子城南二十步。崇节宫,在子城东三里二十步"[7]。另一为记写城内"续添桥梁"时,提及"子城后"[8],表达该"续添桥梁"位置与"子城"有关。由上可以看出,唐代出现的"子城"周边,环列着北仓、西仓、茭草场、商税务、茶盐务等官府管理机构。

其八,上引《越绝书》卷第二的"阖庐之时,大霸,筑吴越城。城中有小城二。徙治胥山"[9]句,张宗祥校注《越绝书》时说:"'胥'即'苏',姑苏山一名姑胥,一名姑馀,此即后来姑苏、苏州之名所由起。"[10]故该"胥山",指的是苏州西南郊的姑苏山。

---

[1] 袁康、吴平:《越绝书》卷第二,上海古籍出版社1985年,第9—10页。
[2] 袁康、吴平:《越绝书》卷第二,上海古籍出版社1985年,第10页。
[3] 赵晔:《吴越春秋》,江苏古籍出版社1986年,第25页。
[4] 袁康、吴平:《越绝书》卷第二,上海古籍出版社1985年,第9页。
[5]《史记·春申君列传》,见司马迁:《史记》,中华书局1959年,第2399页。
[6] 袁康、吴平:《越绝书》卷第二,上海古籍出版社1985年,第9页。
[7] 陆广微:《吴地记》,江苏古籍出版社1986年,第114页。
[8] 陆广微:《吴地记》,江苏古籍出版社1986年,第144页。
[9] 袁康、吴平:《越绝书》卷第二,上海古籍出版社1985年,第9页。
[10] 张宗祥校注:《越绝书》,商务印书馆1956年,第2页。

其九，《越绝书》记载阖闾"徙治胥山"，并非指阖闾将其治所，迁徙于姑苏山。盖因前引《越绝书》记载吴国宫城"吴小城"（即子城）内，已存在处理公务的"阖庐宫"等，故阖闾并无必要将处理公务治所，迁徙于"胥山"的姑苏山。因此，阖闾的这一"徙治胥山"，乃是效法其父诸樊，作类乎非徙都式的"徙吴"[1]之举，从而将处理公务之"治"与娱情游乐之"游"融为一体耳。《越绝书》记载阖闾的娱情游乐活动，将"治"与"游"融为一体的其他类似实例为"秋冬治城中，春夏治姑胥之台。且食于纽山，昼游于胥母，射于鸥陂，驰于游台，兴乐石城，走犬长洲"[2]及"居东城者，阖庐所游城也"[3]。

其十，《姑苏志》卷第十六《城池》之《子城附》，记写"子城"在苏州古城中的核心地位说："子成（城）在大城内东偏。相传亦子胥所筑。……历汉、唐、宋皆以为郡治……张士诚僭窃时为太尉府，继经败毁城，夷圮略尽。"[4]由此可见，春秋时所建该城中之城性质的"吴小城"，战国黄歇父子治吴时修复为宫城，这即是前引司马迁所说"春申君故城，宫室盛矣哉！"[5]战国后的秦、汉、唐、宋、元时，该"子城"向为苏州古城内的治所所在地。元末，朱元璋平吴灭张士诚时子城被毁。明初洪武五年（1372），魏观出任苏州知府时，为在子城被毁的原张士诚太尉府筑府衙而犯忌获罪被诛。为之连坐而被腰斩者，还有明初大诗人高启。

(3)《史记·伍子胥列传》中的"胥山"

《越绝书》卷第二有"阖庐之时，大霸，筑吴（越）城。城中有小城二。徙治胥山"[6]的记载，即吴王阖庐（阖闾）之时，称霸于世，建造吴（越）城。城中有两座小城，后来移治胥山。此处记写阖闾筑吴（越）城，徙治胥山时，伍子胥正为阖闾重用，不可能以其名为山名。故这一"胥山"，指的是与"姑胥""姑苏"地名有关的"姑胥山"，即姑苏山。

《史记·伍子胥列传》记载伍子胥死后，其尸"浮之江中。吴人怜之，为立祠于江上，因命曰胥山"[7]。这一《史记》记写且与伍子胥有关联的太湖畔"胥山"，今名"清明山"[8]，位于今吴中区胥口镇。

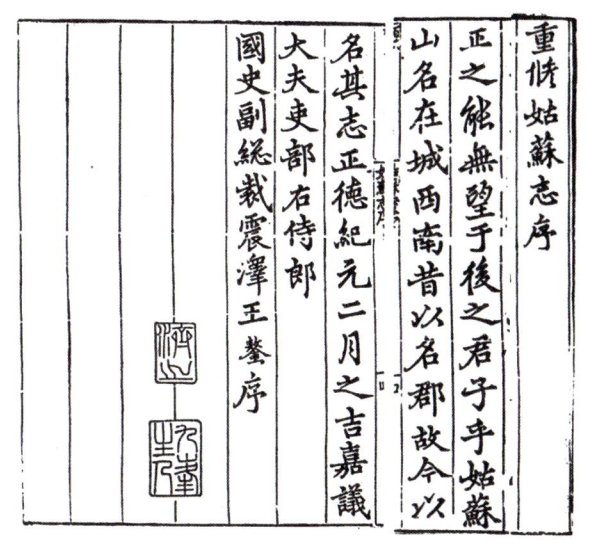

王鏊手书明正德《重修姑苏志·序》书影及该《序》叙述"姑苏，山名，在城西南，昔以名郡，故今以名其志"的文字（录自王鏊：《重修〈姑苏志〉序》[8]）

---

[1] 裴骃：《史记集解》，见司马迁《史记》，中华书局1959年，第1450页。
[2] 袁康、吴平：《越绝书》卷第二，上海古籍出版社1985年，第9页。
[3] 袁康、吴平：《越绝书》卷第二，上海古籍出版社1985年，第10页。
[4] 《姑苏志》卷第十六《城池》之《子城附》，见正德《姑苏志》，苏州图书馆藏本。
[5] 《史记·春申君列传》，见司马迁：《史记》，中华书局1959年，第2399页。
[6] 袁康、吴平：《越绝书》卷第二，上海古籍出版社1985年，第9页。
[7] 《史记·伍子胥列传》，见司马迁：《史记》，中华书局1959年，第2180页。
[8] 王鏊：《重修〈姑苏志〉序》，见正德《姑苏志》，苏州图书馆藏本。

经厘清可知,《越绝书》卷第二所记之"胥山"与帝舜之臣"胥"的"故胥""姑苏"有关,亦与由此而来的苏州得名之山——"姑苏山"有关,而与《史记·伍子胥列传》记载的与伍子胥有关联的"胥山"无关。

故,张宗祥校注《越绝书》时指出:"'胥'即'苏',姑苏山一名'姑胥',一名'姑馀',此即后来姑苏、苏州之名所由起。"[1]显见,张宗祥注与张紫琳《红兰逸乘》所说,为同一个意思。后世,"姑苏"被视为苏州这座城市的雅致别名或别称。

3. 从"姑苏"到苏州

隋代出现的"苏州",与"姑苏"有关。前引明正德《姑苏志》王鏊所作的《序》指出:"姑苏,山名,在城西南,昔以名郡,故今以名其志。"[2]王鏊在这里指出《姑苏志》之所以以"姑苏"这一雅称为其志名,皆因"城西南,昔以名郡"的"姑苏山"。

4.《国语》与《史记》记载的"姑苏"

前引《平江记事》从语音角度指出:"'胥'、'苏'二字古本通用……故《国语》《史记》皆作姑苏。"[3]这里涉及的是"姑苏"一词的二义,一为春秋"吴"城,前已述;一为"姑苏台"。下文对《国语》与《史记》提及的"姑苏"另有叙述(参见下文),此处简述如下:

(1)《国语》记载"姑苏"(含韦昭注提及的"姑苏"),凡四,除个别处,多作姑苏台解。如下:

《国语·吴语》记载的"今王既变鲧、禹之功,而高高下下,以罢民于姑苏"[4]及"越王勾践乃率中军溯江以袭吴,入其郛,焚其姑苏"[5]等,上述"姑苏",均指姑苏台。

《国语·吴语》记载"笠泽之战"吴军大败后,越军"乃至于吴。越师遂入吴国,围王台"[6]。韦昭注:"王台,姑苏。"[7]此处"姑苏",指吴都"吴"城(即"姑苏"城)内的"王台",即王宫。

《国语·越语下》记载:"居军三年,吴师自溃。吴王帅其贤良,与其重禄,以上姑苏。"[8]韦昭注:"姑苏,宫之台也,在吴阊门外,近湖。"[9]此处"姑苏",指"宫之台",即姑苏台。

(2)《史记·吴太伯世家》记载"姑苏"者二:一为记写吴王阖闾伐越失败而死的"败之姑苏"[10],一为吴王夫差复仇而战胜越国的"报姑苏也"[11]。二处均以春秋吴都"吴"城的别称"姑苏"代指春秋吴都"吴"城,进而指代吴国。而后者的"报姑苏也",其义同《左传·哀公元年》的"吴王夫差败越于夫椒"的"报檇李也"。[12]二者(指"报姑苏也"与"报檇李也")句式相同,

---

[1] 张宗祥校注:《越绝书》,商务印书馆1956年,第2页。
[2] 王鏊:《重修〈姑苏志〉序》,见正德《姑苏志》,苏州图书馆藏本。
[3]《四库全书总目提要》,见杨循吉等著、陈其弟点校:《吴中小志丛刊》,广陵书社2004年,第32页。
[4]《国语·吴语》,见左丘明撰、韦昭注:《国语》,上海古籍出版社2015年,第395页。
[5]《国语·吴语》,见左丘明撰、韦昭注:《国语》,上海古籍出版社2015年,第399—400页。
[6]《国语·吴语》,见左丘明撰、韦昭注:《国语》,上海古籍出版社2015年,第412页。
[7] 韦昭注,见左丘明撰、韦昭注:《国语》,上海古籍出版社2015年,第416页。
[8]《国语·越语下》,见左丘明撰、韦昭注:《国语》,上海古籍出版社2015年,第433页。
[9] 韦昭注,见左丘明撰、韦昭注:《国语》,上海古籍出版社2015年,第434页。
[10]《史记·吴太伯世家》,见司马迁:《史记》,中华书局1959年,第1468页。
[11]《史记·吴太伯世家》,见司马迁:《史记》,中华书局1959年,第1469页。
[12]《左传·哀公元年》,见《春秋左传正义》,北京大学出版社1999年,第1610页。

均指报了吴王阖闾在檇李之战中的战败之仇。

有学者说："《吴太伯世家》称，吴王阖庐十九年（前496），'吴伐越，越王句践迎击之檇李……越因伐吴，败之姑苏，伤吴王阖庐指，军却七里。吴王病伤而死。'这是史籍中首次出现姑苏这个地名。"[1]

这一"首次"的判断有误。如前所述，战国时《荀子·宥坐》篇、《韩非子·喻老》篇均已"出现姑苏这个地名"了。

5.关于"姑苏"

综上，"姑苏"一词的定义，除"姑苏台"外，另为春秋吴都"吴"城的别名。其来源为传说中夏代以前辅佐禹治水有功的舜之臣"胥"的封地"故胥"。其后，在吴语语境下，"故胥"音转为"姑胥"及"姑苏"。而从《国语》及先秦诸子著作《荀子》《韩非子》中已出现"姑苏"的记载可推知，战国时或已完成从"故胥"到"姑苏"的音变过程，并由文献记载的书面语予以固定。后世隋开皇九年（589），隋以春秋"吴"城西南的"姑苏山"之名，改吴州为苏州。故"姑苏山"为苏州的得名之山，而"苏州"之名自是时始出现。"苏州"之名出现后，"姑苏"即同时成为后出的"苏州"一词的别称和雅称。而"苏州"地名甫一出现即为官方行政区划名称，苏州地方文献多以"郡城""府城"自称。而"姑苏"自战国时出现后，先为春秋"吴"城、后为"苏州"等的别称和雅称。"姑苏"的地域范围，与历史上的春秋吴都"吴"城及今日护城河（外城河）环绕着的俗称"苏州老城区"，即今"苏州古城"区域大致相同。今"姑苏"亦为苏州市"姑苏区"的区级行政单位名称。

（三）西汉《史记》记载的"夫吴，城高以厚"

《史记·仲尼弟子列传》记载了与吴王夫差同时代人——孔子学生子贡进行穿梭外交——"存鲁、乱齐、破吴、强晋而霸越"时，记述子贡"至齐，说田常曰：'君之伐鲁过矣。夫鲁，难伐之国，其城薄以卑，其地狭以泄'"后，接着又记述子贡怂恿田常说"君不如伐吴。夫吴，城高以厚，地广以深……"[2]。显然，从子贡口中叙述的历史细节，可以看出春秋吴王夫差时期的春秋吴都"吴"城的外形及外在观感是"城高以厚"。

（四）东汉文献记载的"吴大城"或吴之"大城"的规模

1.东汉《越绝书》记载的"吴大城"规模

袁康、吴平撰著的《越绝书》论及"阖庐所造"的春秋吴都"吴"城并将之称为"吴大城"时，提及其规模及造筑时间为春秋晚期时说："吴大城，周四十七里二百一十步二尺。陆门八，其二有楼。水门八。南面十里四十二步五尺，西面七里百一十二步三尺，北面八里二百二十六步三尺，东面十一里七十九步一尺。阖庐所造也。吴郭周六十八里六十步。"[3]"吴小城，周十二里。其下广二丈七尺，高四丈七尺。门三，皆有楼，其二增水门二，其一有楼，一增柴路。"[4]"吴王大霸，楚

---

[1]张学锋：《吴国历史的再思考》，见《苏州文博论丛》，文物出版社2011年，第14页。
[2]《史记·仲尼弟子列传》，见司马迁：《史记》，中华书局1959年，第2197页。
[3]袁康、吴平：《越绝书》，上海古籍出版社1985年，第9—10页。
[4]袁康、吴平：《越绝书》，上海古籍出版社1985年，第10页。

昭王、孔子时也。"[1]

2.东汉《吴越春秋》记载的春秋时吴都"吴"城的造筑经过及其吴之"大城"的规模

（1）《吴越春秋》记载的春秋时吴都"吴"城的造筑经过

《吴越春秋》记载春秋时吴都"吴"城的造筑经过，与前文关于"伍子胥献策'立城郭'与受命筑'大'城——春秋'吴'城"的叙述内容相同。故此处存目，内容见前。

（2）《吴越春秋》记载的春秋吴之"大城"的规模

《吴越春秋》记载春秋时吴都"吴"城的造筑经过后，接着记载这一"大城"的规模："周回四十七里。陆门八，以象天八风。水门八，以法地八聪。筑小城，周十里，陆门三。不开东面者，欲以绝越明也。立阊门者，以象天门通阊阖风也。立蛇门者，以象地户也。阖闾欲西破楚，楚在西北，故立阊门以通天气，因复名之'破楚门'。欲东并大越，越在东南，故立蛇门以制敌国。吴在辰，其位龙也，故小城南门上反羽为两鲵鱙，以象龙角。越在巳地，其位蛇也，故南大门上有木蛇，北向首内，示越属于吴也。"[2]

如前所述，上述"小城"，就是后世《吴地记》等记载的"子城"。

（3）规模和面积的对比——以楚郢都旧址与今"苏州古城"为例

楚郢都旧址的今"楚纪南城遗址"与春秋"故吴旧都"的今"苏州古城"的规模对比，主要从二者现存面积进行对比。

两千五百余年过去，二者均经历了变化，故该对比虽不能完全体现出春秋时二者的状况，但多少还能看出二者的各自规模，从而有一定的参考价值。

楚郢都旧址——今"楚纪南城遗址"，《楚国历史文化辞典》记载该城"城内面积约16平方公里"[3]。这意味着，春秋时楚国几任令尹极为关注历经百年以上的楚郢都故城，其今留存面积约16平方千米。

而春秋"故吴旧都"的今"苏州古城"，据《苏州市志》（1995年江苏人民出版社版本）的数据，苏州古城面积为"14.2平方公里"[4]，约为楚郢都城的89%，可谓面积相当而略小，大致反映了二者春秋时的规模及其对比的比例。

（五）唐张守节《史记正义》记载的"子胥筑阖闾城都之，今苏州也"

唐张守节《史记正义》释《史记·吴太伯世家》提出"阖闾城"概念："寿梦卒，诸樊南徙吴。至二十一代孙光，使子胥筑阖闾城都之，今苏州也。"[5]这里，唐代张守节首次提出了"阖闾城"的概念。"阖闾城"的概念，指吴王阖闾时所筑之城。因此，吴王阖闾时所筑之城并非只有春秋"吴"城（即吴大城），而分别另有吴王阖闾时所筑之城的今无锡、常州交界处的"阖闾城"及上海青浦"阖闾城"等，但其中"都之"即以之为都城者，适如张守节所指出的，为唐代时的"今苏州也"。

---

[1] 袁康、吴平：《越绝书》，上海古籍出版社1985年，第9页。
[2] 赵晔：《吴越春秋》，江苏古籍出版社1986年，第25页。
[3] 石泉等编：《楚国历史文化辞典》，武汉大学出版社1997年，第160页。
[4] 苏州地方志编纂委员会：《苏州市志》（第一册），江苏人民出版社1995年，第1页。
[5] 张守节：《史记正义》，见司马迁：《史记》，中华书局1959年，第1445页。

须指出的是：在唐代出现"阖闾城"概念后，其后历代苏州方志记载中，从未出现以"阖闾大城"而自称苏州者。且这些苏州方志中，多以"郡城""府城"自称（关于"阖闾大城"，另见下文）。

四、唐及唐以前，文献记载的春秋吴都"吴"城即今"苏州古城"的专用名称及历经后世演变的春秋吴都"吴"城城门名称及其历史层累

（一）先秦、两汉时期，文献记载的春秋吴都即今"苏州古城"的专用名称

由以上叙述及论述可知，先秦、两汉时期，文献记载春秋吴都且特指今"苏州古城"的专名即专用名称如下：

1.先秦文献

（1）《春秋经》《左传》记载为"吴"[1]城。《国语》亦以"乃至于吴"[2]句式，记载为"吴"城。除上述外，《左传》记载进入春秋吴都"吴"城内城的实例，为《左传·哀公二十年》记载的"十一月，越围吴"[3]时，晋赵襄子家臣楚隆代主问吴王并先到围"吴"城内城的越军那里，说了一通诸如吴国冒犯上国已经多次了，听说君王亲自讨伐，中原的人们莫不欢欣鼓舞等话语后，提出"请入视之"[4]。即请求进入被围的吴都"吴"城内城，察看吴军情况。其后，越王应允，楚隆得以进入"吴"城内城而见吴王夫差（相关情况，另见下文）。

（2）《荀子》《韩非子》等记载的春秋吴都"吴"城的别名"姑苏"，前文已述，此处存目。

2.两汉文献

（1）《史记·吴太伯世家》中有"丁亥，入吴"及"二十一年，遂围吴"[5]等。此处的"入吴""围吴"，均和《春秋经》《左传》记载的"入吴""围吴"之"吴"的含义相同。而"吴"，亦均指春秋时的"吴"城。

（2）《越绝书》记载的"吴大城"[6]（前文已述，此处存目）

3.后世关于春秋吴都"吴"城演变的重要节点及相关释义

两汉以后，关于春秋吴都"吴"城演变的重要节点及相关释义为：

（1）隋开皇九年（589）二月，废吴郡，改吴州为苏州。作为行政区划名称的"苏州"，开始出现。

（2）唐代张守节《史记正义》："寿梦卒，诸樊南徙吴。至二十一代孙光，使子胥筑阖闾城都之，今苏州也。"[7]首次提出吴国"都之"，即以之为都城的"阖闾城"概念，并将之与唐代的"今苏州也"作对应与勾连。

---

[1]《春秋经》《左传》记载"吴"城情况为：《春秋经·定公五年》"於越入吴"、《左传·定公五年》"越入吴"（见《春秋左传正义》，北京大学出版社1999年，第1559页）；《春秋经·哀公十三年》"於越入吴"、《左传·哀公十三年》"丁亥，入吴"（见《春秋左传正义》，北京大学出版社1999年，第1669、1670页）。
[2]《国语·吴语》，见左丘明撰、韦昭注：《国语》，上海古籍出版社2015年，第412页。
[3]《左传·哀公二十年》，见《春秋左传正义》，北京大学出版社1999年，第1703页。
[4]《左传·哀公二十年》，见《春秋左传正义》，北京大学出版社1999年，第1703页。
[5]《史记·吴太伯世家》，见司马迁：《史记》，中华书局1959年，第1474—1475页。
[6]袁康、吴平：《越绝书》，上海古籍出版社1985年，第9—10页。
[7]张守节：《史记正义》，见司马迁：《史记》，中华书局1959年，第1445页。

(二)历经后世演变的城门名称及其历史层累

所谓城门,指古代内城、外城为方便进出而设置的可开启、关闭的城门。城门之上,多设置城楼(又作堞楼)等建筑。作为军事功能的设施配套,有些城门外的护城河(即壕,又作濠)上,还设有可断开、闭合的吊桥。苏州阊门外,明清时即有吊桥。今桥已为固定桥梁,但"吊桥"名称犹存于民间。

苏州古代城门,东汉时古籍始有记载。东汉《吴越春秋》记载的城门为"陆门八""水门八",而城门名则未予一一记载,仅记载阊门(复名"破楚门")、蛇门及另记为南门、南大门[1]等。

东汉《越绝书》记载的"吴大城"城门是"陆门八""水门八";"吴小城"城门是"门三""增水门二"。其具体城门名称,《越绝书》依次记载为:阊门、娄门、平门、蛇门、胥门、巫门、齐门以及地门、近门和楚门。[2]其中,平门与巫门分列记载,且未提及其间联系。而关于楚门,本卷论及战国黄歇治吴时另作论述。地门、近门,同时期的《吴越春秋》及后世方志均未见记载。故可能系古籍传抄、刊刻、排印等过程中出现的错误。

唐陆广微《吴地记》记载的苏州城门,为"西阊、胥二门,南盘、蛇二门,东娄、匠二门,北齐、平二门"[3],与今日苏州现存八城门——西阊、胥二门,南盘一门,东葑、娄、相(匠)三门,北齐、平二门——大致相同。故与唐时相比,今苏州城南失蛇门,而东增葑门,总数依然为八城门。

唐以后的苏州方志,如北宋朱长文《吴郡图经续记》、南宋范成大《吴郡志》、明王鏊《姑苏志》等,对苏州城门在不同历史时期的情况都有涉及,且城门数量或增或减。

苏州城门由于历代兴废及文献记载的不同,数量多且庞杂。又由于近代为方便交通而频繁开挖及填埋,故至今关于苏州城墙的城门数量及门名,已成为一个极其复杂的问题。从最初记载时就已出现错讹和混乱(如《越绝书》中的"地门""近门"),到其后的记载中又不断叠加及出现文献所指"无所据"[4]的情况,致文献记载中出现的城门名竟多达三十余个。个中不乏本不存在的城门名称(如南门)。另,清太平天国据吴时期,曾改苏州城门名称而出现大西门、小西门、大东门、小东门、北门、南门等,因是非正常时期且时间较短,故不计入。现将苏州城门的文献记载及现状列表如下:

苏州城门的文献记载及现状表

名称及另名	文献记载内容及评述	现状及备注
阊门,复名"破楚门"	赵晔《吴越春秋》:"立阊门者,以象天门通阊阖风也。……阖闾欲西破楚,楚在西北,故立阊门以通天气,因复名之'破楚门'。"[5] 袁康、吴平《越绝书》:"邑中径从阊门到娄门,九里七十二步。"[6] 陆广微《吴地记》:"阊门,亦号'破楚门'。吴伐楚,大军从此门出。"[7]	2003年原址修复
楚门	袁康、吴平《越绝书》:"楚门,春申君所造。楚人从之,故为楚门。"[8]	即阊门

---

[1] 赵晔:《吴越春秋》,江苏古籍出版社1986年,第25页。
[2] 袁康、吴平:《越绝书》,上海古籍出版社1985年,第10—17页。
[3] 陆广微:《吴地记》,江苏古籍出版社1986年,第14—15页。
[4] 范成大:《吴郡志》,江苏古籍出版社1986年,第24页。
[5] 赵晔:《吴越春秋》,江苏古籍出版社1986年,第25页。
[6] 袁康、吴平:《越绝书》,上海古籍出版社1985年,第10页。
[7] 陆广微:《吴地记》,江苏古籍出版社1986年,第17页。
[8] 袁康、吴平:《越绝书》,上海古籍出版社1985年,第17页。

续表

名称及另名	文献记载内容及评述	现状及备注
金门	《苏州市志》："金门，位于城西，阊门之南，民国18年开始兴建。20年元旦竣工，36年曾经维修。城门系罗马纳司克式，上有飞檐斗拱，设三门，中门为车行道，两侧为人行道。此门至今仍较完好。"[1]	现存
新阊门	《金阊区志》："阊门、胥门之间原来没有城门。民国初年，城门商业兴盛。为便于交通，于民国十年（1921）在阊门、胥门之间开一城门，名'新阊门'。该门比阊门小，只有一个拱门，当时要由黄鹂坊桥弄翻过一个矮土墩才能出城。新阊门的位置，在今金门南60米长船湾航运公司内，直对城内孤恤局。遗址现在仍可见残迹。航运公司食堂东南的杂物库，就是利用城门洞改的，拱门还清晰可见，城基是青石、黄石、花岗石直横混砌，地面上还可见三层，文物调查时，测得城门深5米，宽4米，高5.3米。民国二十年金门建成后，新阊门逐渐被废弃。"[2]	不存
新胥门	《苏州市志》："新胥门，位于城西，古胥门之北，与万年桥正对。民国27年，为便利城内外交通而辟，为两并列的门洞。1953年拆除。"[3]	不存
胥门	胥门之"胥"，有多义。其一，"胥"即"苏"，指苏州得名之山——姑苏山。姑苏，由"姑胥""故胥"音转而来。"故胥"指舜臣"胥"的封地。《越绝书》卷第二"阖闾之时……徙治胥山"[4]句，胥山即指姑苏山。其二，"胥"指春秋时人名。一说指伍子胥，另一说指夫差时的吴将胥门巢。 袁康、吴平：《越绝书》："胥门外有九曲路，阖庐造以游姑胥之台，以望太湖。"[5] 陆广微《吴地记》："胥门，本伍子宅，因名。"[6] 朱长文《吴郡图经续记》："胥门者，子胥居其旁，民以称焉。夫差伐齐之役，胥门巢将上军，盖当时以巢所居为号也。"[7] 范成大《吴郡志》："胥门，伍子胥宅在其傍。"[8] 又"胥门巢将上军"[9]，见《左传·哀公十一年》记写吴齐艾陵之战。	1958年拆城墙时保留
姑胥门	袁康、吴平《越绝书》："阖庐子女冢，在阊门外道北。……隧出庙路以南，通姑胥门。并周六里。舞鹤吴市，杀生以送死。"[10] 参上引《越绝书》"胥门外有九曲路，阖庐造以游姑胥之台"句，姑胥门当为胥门的另一名称。	即胥门
盘门	陆广微《吴地记》："盘门，古作'蟠门'，尝刻木作蟠龙，以此镇越。又云水陆相半，沿洄屈曲，故名'盘门'。又云吴大帝蟠龙，故名。"[11] 范成大《吴郡志》："盘门，《吴地记》云：'吴尝名蟠门，刻木作蟠龙以镇此。'又云：'水陆萦回，徘徊屈曲，故谓之盘。'"[12]	1958年拆城墙时保留
南门	《苏州市志》："苏州原无南门，南门系解放初期为繁荣经济，开展城乡物资交流，新建了南门大桥（今人民桥），遂将附近城垣拆除，成为苏州城南面的一个出入口。"[13]	无名为"南门"的城门实体建筑

---

[1] 苏州地方志编纂委员会：《苏州市志》（第一册），江苏人民出版社1995年，第429页。
[2] 《金阊区志》编纂委员会：《金阊区志》，东南大学出版社2005年，第36页。
[3] 苏州地方志编纂委员会：《苏州市志》（第一册），江苏人民出版社1995年，第429页。
[4] 袁康、吴平：《越绝书》，上海古籍出版社1985年，第12页。
[5] 袁康、吴平：《越绝书》，上海古籍出版社1985年，第12页。
[6] 陆广微：《吴地记》，江苏古籍出版社1986年，第19页。
[7] 朱长文：《吴郡图经续记》，江苏古籍出版社1986年，第10页。
[8] 范成大：《吴郡志》，江苏古籍出版社1986年，第23页。
[9] 《左传·哀公十一年》，见《春秋左传正义》，北京大学出版社1999年，第1658页。
[10] 袁康、吴平：《越绝书》卷第二，上海古籍出版社1985年，第11页。
[11] 陆广微：《吴地记》，江苏古籍出版社1986年，第20页。
[12] 范成大：《吴郡志》，江苏古籍出版社1986年，第23页。
[13] 苏州地方志编纂委员会：《苏州市志》（第一册），江苏人民出版社1995年，第429页。

续表

名称及另名	文献记载内容及评述	现状及备注
蛇门，又记为"小城南门""南大门"	赵晔《吴越春秋》："立蛇门者，以象地户也。……欲东并大越，越在东南，故立蛇门以制敌国。吴在辰，其位龙也，故小城南门上反羽为两鲵鱙以象龙角。越在巳地，其位蛇也，故南大门上有木蛇，北向首内，示越属于吴也。"[1] 袁康、吴平《越绝书·卷第二》："平门到蛇门，十里七十五步。"[2] 陆广微《吴地记》："蛇门，南面有陆无水，春申君造以御越军。在巳地，以属蛇，因号'蛇门'。"[3]又云："匠门……门南三里有葑门、赤门，有赤栏将军坟在蛇门东，陆无水道，故名'赤门'。东南角又有鲂鱙门，吴曾鲂鱙见，因号，并非八门之数也。"[4] 范成大《吴郡志》："蛇门，在巳方，故云。又云：越在巳地，吴作木蛇北向，示越属吴也。《吴地记》谓有陆无水，即与陆门八之说相违。然今巳位正是漕河通过，安得无水？但门巳废，不可考尔。"[5] 潘君明《苏州街巷文化》："蛇门，在今之南门东，约在今人民桥之东500米处。"[6]	宋初填塞废毁，今不存
赤门	陆广微《吴地记》："匠门……门南三里有葑门、赤门，有赤栏将军坟在蛇门东，陆无水道，故名'赤门'。"[7] 朱长文《吴郡图经续记》："南有赤门。"[8] 范成大《吴郡志》："今犹有赤门湾，近葑门。《吴地记》又云，又有葑门、赤门、栗门、鲂鲟门。葑、赤已见上，鲂鲟之类，皆无所据。"[9] 王鏊《姑苏志》："赤阑相王庙，在府治东南赤门内。相传王为吴阖闾筑城死而为神。洞庭西山亦有祠，神姓桑名湛璧，盖不可考。或谓赤阑以庙近赤门，故名。又《吴地记》云：南面讨击将军黑莫邪墓在蛇门里，周敬王六年筑城而死，今呼赤阑将军；或云赤阑即赤门，相王即伍相云。"[10] 顾震涛《吴门表隐》卷三："赤阑相王庙，在南园赤门旁，行祠在巴家园。神姓桑名湛璧（旧志作黑莫邪），亦名荣，封东吴上乡土谷神、织造都城隍（五月初六日神诞），唐时已建，国朝康熙四十年织造李煦重建，请加封护国忠显王。"[11]又，《吴门表隐》卷八："赤门自燕家桥直南，唐时塞。门外接灭渡桥，今盘、葑间有赤门湾。"[12] 《苏州市志》："赤门，位于相门南三里。门朝正南方向，方位上南方在午位，属火，火色赤，故名。何时废塞，无考。"[13] 由上列北宋至清的文献记载可知，赤门名称有不同说法。该门南宋时或已不存，而仅存近葑门的"赤门湾"地名，清代时尚存此地名。该处民间祭祀的对象，无论是赤阑将军桑湛璧，抑或是南面讨击将军黑莫邪（二者或为同一人），或者为伍相（伍子胥），均与两千五百多年前苏州筑城事件有关。	湮灭不存

---

[1] 赵晔：《吴越春秋》，江苏古籍出版社1986年，第25页。
[2] 袁康、吴平：《越绝书》，上海古籍出版社1985年，第10页。
[3] 陆广微：《吴地记》，江苏古籍出版社1986年，第22页。
[4] 陆广微：《吴地记》，江苏古籍出版社1986年，第24—25页。
[5] 范成大：《吴郡志》，江苏古籍出版社1986年，第23页。
[6] 潘君明：《苏州街巷文化》，古吴轩出版社2007年，第123页。
[7] 陆广微《吴地记》，江苏古籍出版社1986年，第24—25页。
[8] 朱长文：《吴郡图经续记》，江苏古籍出版社1986年，第12页。
[9] 范成大：《吴郡志》，江苏古籍出版社1986年，第24页。
[10] 正德《姑苏志》卷第二十七，苏州图书馆藏本。
[11] 顾震涛：《吴门表隐》，江苏古籍出版社1986年，第32—33页。
[12] 顾震涛：《吴门表隐》，江苏古籍出版社1986年，第94页。
[13] 苏州地方志编纂委员会：《苏州市志》，江苏人民出版社1995年，第一册第430页。

续表

名称及另名	文献记载内容及评述	现状及备注
鲂鱼鱼门	陆广微《吴地记》："蛇门，南面有陆无水，春申君造以御越军。在巳地，以属蛇，因号'蛇门'。"[1]又"匠门……门南三里有葑门、赤门，有赤栏将军坟在蛇门东，陆无水道，故名'赤门'。东南角又有鲂鱼鱼门，吴曾鲂鱼见，因号，并非八门之数也。"[2]	
栗门、鲂鲊门	范成大《吴郡志》："今犹有赤门湾，近葑门。《吴地记》又云，又有葑门、赤门、栗门、鲂鲊门。葑、赤已见上，鲂鲊之类，皆无所据。"[3]栗门、鲂鲊门，或为南宋葑门的民间俗称，未见诸文献，故范成大撰《吴郡志》时，指为"无所据"。	
旧城堞影	桂花公园东景观性质的"城墙堞楼"，《苏州年鉴（2005）》载《桂花公园环境不断改善》一文中称该"城墙堞楼"为"旧城堞影"[4]。历史上此处无城门，且所建建筑亦无城门，故系新建景观性质之城墙堞楼，至今未获正式命名。	2004年新建
葑门，又名"东门""鳝门""鲊门""鳝鲊门""封门""富门"	司马迁《史记·伍子胥列传》记伍子胥临死前"告其舍人曰：'必树吾墓上以梓，令可以为器；而抉吾眼县吴东门之上'"[5]。唐代张守节《史记正义》注曰："东门，鳝门，谓'鲊门'也，今名'葑门'。鳝音普姑反。鲊音覆浮反。越军开示浦，子胥涛荡罗城，开此门，有鳝鱼随涛入，故以名门。顾野王云'鳝鱼，一名江豚，欲风则涌'也。"[6]又，张守节《史记正义》注《史记·吴太伯世家》"抉吾眼置之吴东门"[7]句曰："《吴俗传》云'子胥亡后，越从松江北开渠至横山东北，筑城伐吴。子胥乃与越军梦，令从东南入破吴。越王即移向三江口岸立坛，杀白马祭子胥，杯动酒尽，越乃开渠。子胥作涛，荡罗城东，开入灭吴。至今犹号曰示浦，门曰'鳝鲊'。是从东门入灭吴也。"[8]显然，唐代时就出现的"葑门"，在文献中还曾记为"东门""鳝门""鲊门""鳝鲊门"等不同名称。 陆广微《吴地记》："匠门……门南三里有葑门、赤门，有赤栏将军坟在蛇门东，陆无水道，故名赤门。"[9] 朱长文《吴郡图经续记》："封门者，取封禺之山以为名。封山，故属吴郡，今在吴兴。方言谓封曰'葑'。葑者，茭土捵结，可以种殖者也。其事或然。"[10] 范成大《吴郡志》："葑门，《续经》（指朱长文《吴郡图经续记》）曰当作封门，取封禺之山以为名。故属吴郡，今属吴兴。今但曰'葑门'，葑门陆路尝塞，范文正公开之，今俗或讹呼富门。"[11]又云："赤门、平门，《续经》谓不在八门之数。……今犹有赤门湾，近葑门。《吴地记》又云，又有葑门、赤门、栗门、鲂鲊门。葑、赤已见上。鲂鲊之类，皆无所据。"[12]	1936年门楼拆除，1958年拆除城门，今不存

---

[1]陆广微：《吴地记》，江苏古籍出版社1986年，第22页。
[2]陆广微：《吴地记》，江苏古籍出版社1986年，第24—25页。
[3]范成大：《吴郡志》，江苏古籍出版社1986年，第24页。
[4]《苏州年鉴》编纂委员会：《苏州年鉴（2005）》，古吴轩出版社2005年，第360页。
[5]《史记·伍子胥列传》，见司马迁：《史记》，中华书局1959年，第2180页。
[6]张守节：《史记正义》，见司马迁：《史记》，中华书局1959年，第2180页。
[7]《史记·吴太伯世家》，见司马迁：《史记》，中华书局1959年，第1472页。
[8]张守节：《史记正义》，见司马迁：《史记》，中华书局1959年，第1473页。
[9]陆广微：《吴地记》，江苏古籍出版社1986年，第24—25页。
[10]朱长文《吴郡图经续记》，江苏古籍出版社1986年，第12页。
[11]范成大：《吴郡志》，江苏古籍出版社1986年，第22页。
[12]范成大：《吴郡志》，江苏古籍出版社1986年，第24页。

续表

名称及另名	文献记载内容及评述	现状及备注
匠门，又名"干将门""将门"，今作"相门"	陆广微《吴地记》："匠门，又名'干将门'。东南水陆二路，今陆路废。出海道，通大莱，沿松江，下沪渎。阖闾使干将于此铸剑。"[1] 朱长文《吴郡图经续记》："曰将门者，吴王使干将于此铸宝剑。今谓之匠，声之变也。"[2] 范成大《吴郡志》："匠门，又曰'干将门'，《续经》止曰'将门'。吴王使干将铸剑于此，故曰'将门'。今谓之匠，音之讹也。此门本出海道，通大海，沿松江下沪渎，今废。"[3] 显见，此门当为"将门"，后为"匠门"，按北宋朱长文说，变化的原因为"声变"，而南宋范成大称为"音之讹"。 近代，匠门（将门、干将门）一变为"相门"。民国时建苏州至嘉兴的苏嘉铁路（该铁路民国二十四年（1935）2月开工，民国二十五年7月通车，民国三十三年3月被日寇拆除），"车站中间设相门、吴江、八坼、平望、盛泽、王江泾6站"[4]。此处的"相门"，或为最早见诸文献者。其后，从民国二十八年3月16日吴县县公署建设科下达的《吴县县公署建设科为修理胥门相门城墙缺口改期开标的通知》及同日吴县营造业同业公会据之下达的《吴县营造业同业公会为修理胥门相门城墙缺口改期开标致各会员的通知》[5]从中可看出，"相门"这一城门名称已为当时社会接受并予以应用。 从"将门"到"相门"，中国古代向有"出将入相"之说，个中之"将"，乃相对于"相"而言。将、相在封建时代均位极人臣，本无高下而只是相对于文武而言。苏州文化精神从先秦时期的"尚武"至六朝时转型为"崇文"。其后，"崇文""重教"并举而文风大盛。明、清时，状元、宰相等人才辈出。故从"将门"到"相门"的变化中可看出，此当为苏州文化精神中的崇文因素所致。	2012年在原址偏北位置修复
娄门，又作"䣚门"	袁康、吴平《越绝书》："邑中径从阊门到娄门，九里七十二步。"[6] 陆广微《吴地记》："娄门本号'䣚门'，东南，秦时有古䣚县，至汉王莽改为娄县。"[7] 范成大《吴郡志》："娄，秦娄县所直，又谓之䣚，今谓之昆山。"[8]	2013年在原址偏北位置修复
齐门，又作"望齐门"	赵晔《吴越春秋》："女少思齐，日夜号泣，因乃为病。阖闾乃起北门，名曰'望齐门'，令女往游其上。"[9] 袁康、吴平《越绝书》："齐门，阖庐伐齐，大克，取齐王女为质子，为造齐门，置于水海虚。其台在车道左、水海右。去县七十里。齐女思其国死，葬虞西山。"[10] 陆广微《吴地记》："齐门，北通毗陵。昔齐景公女聘吴太子终累，阖闾长子、夫差兄也。齐女丧夫，每思家国，因号齐门。"[11] 朱长文《吴郡图经续记》："齐门者，齐景公女嫁吴世子者，登此以望齐也。"[12] 范成大《吴郡志》："齐门，齐景公与吴战不胜，以少女嫁吴太子终累，所谓涕泣而女于吴者。终累，阖闾长子，夫差兄也，早亡。齐女思家，吴王于此作九层飞阁，令女登以望齐，故名。"[13]	1958年拆除城门，1978年拆除水城门，今不存

---

[1]陆广微：《吴地记》，江苏古籍出版社1986年，第24页。
[2]朱长文：《吴郡图经续记》，江苏古籍出版社1986年，第12页。
[3]范成大：《吴郡志》，江苏古籍出版社1986年，第23页。
[4]《苏嘉铁路建设始末》，见苏州地方志编纂委员会：《苏州市志》（第一册），江苏人民出版社1995年，第566页。
[5]《苏州城墙历史档案》，见吴恩培主编：《苏州城墙》，古吴轩出版社2012年，第291—292页。
[6]袁康、吴平：《越绝书》，上海古籍出版社1985年，第10页。
[7]陆广微：《吴地记》，江苏古籍出版社1986年，第27页。
[8]范成大：《吴郡志》，江苏古籍出版社1986年，第22页。
[9]赵晔：《吴越春秋》，江苏古籍出版社1986年，第47页。
[10]袁康、吴平：《越绝书》，上海古籍出版社1985年，第12页。
[11]陆广微：《吴地记》，江苏古籍出版社1986年，第28页。
[12]朱长文：《吴郡图经续记》，江苏古籍出版社1986年，第12页。
[13]范成大：《吴郡志》，江苏古籍出版社1986年，第22页。

续表

名称及另名	文献记载内容及评述	现状及备注
平门，亦号"巫门"	袁康、吴平《越绝书》："平门到蛇门，十里七十五步。"[1] 袁康、吴平《越绝书》："巫门外糜湖西城，越宋王城也。"[2] 陆广微《吴地记》："平门，北面有水陆通毗陵。子胥平齐大军从此门出，故号'平门'。"[3] 范成大《吴郡志》："赤门、平门，《续经》谓不在八门之数。平门一名'巫门'，巫咸所葬。'巫''平'字画相近。"[4] 高德基《平江记事》："吴城平门，旧名'巫门'。至大庚戌古濠中得石扁，上有篆书'巫门'二字。故老云，巫咸，商大戊时贤臣也，其墓在门东北三里许，故以名门。巫字与平字相似，后乃讹为平门。考之《图经》云，虞山者，巫咸所居。是则巫咸尝居虞山，而葬于此耶。"[5] 由上可知，平门名称有三种说法：其一为伍子胥平齐大军从此门出，故号"平门"。其二，又作"巫门"，与中国古代传说人物巫咸的所葬地有关。其三，因"巫""平"字形相近所致。	2012年在原址偏西位置修复
地门	袁康、吴平《越绝书》："地门外塘波洋中世子塘者，故曰王世子造以为田。塘去县二十五里。"[6]苏州方志均无此城门名称记载，该名称或为《越绝书》传抄过程中的笔误。	无此城门实体建筑
近门	袁康、吴平《越绝书》："近门外欐溪楱中连乡大丘者，吴故神巫所葬也，去县十五里。"[7]苏州方志，均无此城门名称记载，该名称或为《越绝书》传抄过程中的笔误。	无此城门实体建筑

（三）顾颉刚"苏州城之古为全国第一"的学术观点

"吴大城"城址位置，即今苏州古城的城址位置，宋人朱长文在《吴郡图经续记》说："自吴亡至今仅二千载，历秦、汉、隋、唐之间，其城减、门名，循而不变。"[8]今苏州古城，为今日中国唯一有文献记载的建于两千五百年前且位置未有移动的春秋古城。

当代苏州籍历史学家顾颉刚先生在其《苏州史志笔记》中曾记载："一九五一年农历新年，苏州市长王东年偕同党方开老人会时，予亦被邀前往，席上请来宾发言，予因述'苏州城之古为全国第一，尚是春秋时物，其次为成都，则战国时物，其所以历久而不变者，即以为河道所环故也。今议拆城，拆之则河道前横，不足以便交通。若欲造桥，则当桥堍开新门足矣。奚必毁古迹。……'苏州城殆因予言而得保存乎？是所望也。"[9]

这一段话，既是顾颉刚先生"苏州城之古为全国第一"学术观点的首次表述，同时也透露出顾先生表述此语正是在新中国成立之初即有"拆城"之议的情况下，力图"保存""苏州城"而向时任苏州市长的建言。从这一意义上讲，顾颉刚先生也可说是对苏州古城保护建言的第一人。惜乎先生之论，未挡住1958年的"拆城"之举。而"苏州城之古为全国第一"的学术观点，在时隔

---

[1] 袁康、吴平：《越绝书》，上海古籍出版社1985年，第10页。
[2] 袁康、吴平：《越绝书》，上海古籍出版社1985年，第11页。
[3] 陆广微：《吴地记》，江苏古籍出版社1986年，第30页。
[4] 范成大：《吴郡志》，江苏古籍出版社1986年，第24页。
[5] 高德基：《平江记事》，见王稼句点校、编纂：《苏州文献丛钞初编》，古吴轩出版社2005年，第145页。
[6] 袁康、吴平：《越绝书》，上海古籍出版社1985年，第12页。
[7] 袁康、吴平：《越绝书》，上海古籍出版社1985年，第12页。
[8] 朱长文：《吴郡图经续记》，江苏古籍出版社1986年，第5页。
[9] 顾颉刚：《苏州史志笔记》，江苏古籍出版社1987年，第37页。

二十二年后的1983年，顾颉刚先生在其发表的《中国古代的城市》一文中重申并坚持这一观点，他指出："苏州是历史遗迹最多的地方，苏州城是吴王阖闾时伍子胥所造，到今已有两千四百多年历史，是全中国最古的一座城池。"[1]顾颉刚先生的上述论断，也成为苏州城墙筑于春秋、苏州古城建于春秋之时的著名论述之一。

第三节　阖闾执政初期的庆忌逃卫及吴卫、吴徐国家关系

专诸刺王僚而吴王阖闾执政后，吴王僚之子庆忌逃亡卫国。

卫国初都朝歌，并在以朝歌为都四百余年后的公元前629年迁都帝丘（今河南濮阳）。此即《春秋经·僖公三十一年》所述："狄围卫。十有二月，卫迁于帝丘。"[2]杜预注"帝丘"即"今东郡濮阳县"[3]。孔颖达疏亦曰，帝丘"东郡濮阳县是也"[4]。

一、吴国与卫国的国家关系
（一）吴国与卫国的国家关系既往

阖闾执政前，地处太湖流域的春秋吴国与地处以今河南淇县、濮阳为核心地区的春秋卫国，因地理遥远而交集不多。因此，吴卫国家的关系既往，主要体现在吴王寿梦、吴王诸樊时期的晋国集团盟会间的礼仪性交往。如吴王寿梦时的公元前568年（吴寿梦十八年），吴国参与晋国集团戚地盟会时，盟会地点即为卫国的戚地。《春秋经·襄公五年》记载与会成员名单中有东道主的卫国国君和"吴人"[5]的吴王寿梦等。

再如，公元前563年（吴寿梦二十三年），吴国参与晋国集团的柤地盟会时，晋、宋、鲁、卫、曹、莒、邾、滕、薛、杞、小邾等国国君及齐国的太子光等在柤地会见了吴王寿梦。

而吴王诸樊时期的公元前559年（吴诸樊二年）晋国集团的向城会见，晋国集团的多位国君（含卫国国君）会吴王诸樊于向城。

吴王馀眛时期，季札出访中原列国。其间，也曾到访卫国并与卫国多位"君子"会面。此类交集，多属两国的礼仪性交往。

由上可见，吴国与卫国间的交集，文献记载不多。但文献未记载的两国间的私人交集，不能排除。否则，很难解释庆忌通过某种途径而逃亡于卫。

（二）阖闾时期的庆忌逃卫及"卫人杀吴行人且姚"的推测
1. 吴王阖闾的忌惮——庆忌"乞师"

庆忌逃卫，吴王阖闾恐其效法昔日华登借兵于吴事而"乞师"借兵及返归复仇。

---

[1] 顾颉刚：《中国古代的城市》，《历史教学问题》1983年第3期。
[2] 《春秋经·僖公三十一年》，见《春秋左传正义》，北京大学出版社1999年，第467页。
[3] 杜预注，见杜预：《春秋经传集解》，上海古籍出版社1978年，第399页。
[4] 孔颖达疏，见《春秋左传正义》，北京大学出版社1999年，第467页。
[5] 《春秋经·襄公五年》，见《春秋左传正义》，北京大学出版社1999年，第842页。

春秋时期,诸侯国因外敌或内政等原因而向他国借兵即"乞师"的实例,在《春秋经》《左传》记载中,比比皆是。在行辞上,这一借兵作"乞师"。前述宋国华向之乱时,在《左传》记载的宋国反公室派的"华登以吴师救华氏"[1]以及"华登如楚乞师"[2]等,均是。

因此,庆忌逃亡卫国引发吴王阖闾的忌惮,即为"乞师"——庆忌借卫国军队南下而介入吴国内政。所有这些,均在《吴越春秋》记载的"庆忌之在邻国,恐合诸侯来伐"[3]及伍子胥向阖闾推荐要离当刺客,而要离受命后,"遂如卫"[4],即去卫国执行刺杀任务中体现出来。

2.吴王阖闾的外交应对及"卫人杀吴行人且姚"的推测

对庆忌逃卫及存有可能的"乞师",吴王阖闾的应对之策,或为如下:

其一,釜底抽薪式的刺杀。此即下文所述,派遣要离以苦肉计的方式接近庆忌,并伺机刺杀。

其二,外交方式的交涉。

其三,吴王阖闾与宋国的政治联姻(此据河南固始出土的勾敔夫人墓而作推测。相关情况见下文)。

上述外交方式的交涉,目的是阻止庆忌"乞师"南下。但这一交涉并未成功,其标志性事件为《左传·哀公十二年》记载的:"初,卫人杀吴行人且姚而惧……"[5]

这一"初"字,《左传·哀公十二年》补记使用时,指的是无具体明确时间概念且溯及以往的"当初"。历代《春秋经》《左传》注家的注疏,均未对这一事件的发生时间、缘由等作评述。而《左传·哀公十二年》记载此"卫人杀吴行人"事件,当发生在鲁哀公十二年(吴夫差十三年,前483)之前。本书推测性地将之与吴王僚子庆忌逃卫作联系,是基于以下诸点:

(1)时间要素

吴王阖闾执政初期,符合前述发生在鲁哀公十二年(吴夫差十三年,前483)之前的时间要素。

(2)吴、卫两国交集及引发乃至激化为"卫人杀吴行人"的外交冲突条件

梳理在这以前及以后的吴、卫两国的交集,"卫人杀吴行人"的发生时间,唯在庆忌逃亡于卫而吴与卫进行交涉之时,存在着可能。而在这以前或以后,吴与卫均无深度交集,故不存在引发乃至激化为"卫人杀吴行人"的两国外交冲突的条件。

(3)关于"行人"的诠释

"行人"一词有多义,分别为:

①"行人"为官职名

《周礼·秋官司寇第五》有"大行人,中大夫二人。小行人,下大夫四人"[6]的官职记载。郑玄注其职能曰:"此四官在此者,皆主宾客严凝之事故也。"[7]又,《国语·晋语八》"叔向命召行

---

[1]《左传·昭公二十一年》,见《春秋左传正义》,北京大学出版社1999年,第1416页。
[2]《左传·昭公二十一年》,见《春秋左传正义》,北京大学出版社1999年,第1419页。
[3]赵晔:《吴越春秋》,江苏古籍出版社1986年,第29页。
[4]赵晔:《吴越春秋》,江苏古籍出版社1986年,第32页。
[5]《左传·哀公十二年》,见《春秋左传正义》,北京大学出版社1999年,第1666页。
[6]《周礼·秋官司寇第五》,见《周礼注疏》,北京大学出版社1999年,第900页。
[7]郑玄注,见《周礼注疏》,北京大学出版社1999年,第900页。

人子员"[1]句,韦昭注:"行人,掌宾客之官。"[2]故"行人"为承担接待、交涉等对外事务的官职名称。因此,"行人"乃是"大行人""小行人"的统称。

②"行人"亦谓使人也,即出使他国的使者

《左传·桓公九年》"巴子使韩服告于楚,请与邓为好"[3]句,杜预注:"韩服,巴行人。"[4]孔颖达疏:"以巴所使,故言巴行人。行人谓使人也。"[5]显然,这里的"韩服"为出使他国承担某项使命的来使或特使。春秋时,此类使者亦称"行人",为隶属"大行人"管辖、指派而从事某项外交使命的"小行人",亦即使者、来使之类。而来使的身份、地位的高低,则是《春秋经》《左传》记载与否的依据。

③"小行人"的使者、来使

与"吴行人且姚"身份相合者,当为上述隶属"大行人"管辖、指派而从事某项外交使命的"小行人",即使者、来使之类。关于吴国"行人",本书第四章曾引述《左传·成公七年》记载,申公巫臣来吴后"置其子狐庸焉,使为行人于吴"。阖闾执政后,任命伍子胥担任"行人"职务。这就是《吴越春秋》卷四记载的"阖闾元年,始任贤使能……乃举伍子胥为行人"[6],《左传·定公四年》亦有"伍员为吴行人以谋楚"[7]的记载。因此,狐庸和伍子胥当为卿大夫身份的"大行人"。伍子胥在向阖闾推荐要离作为刺客的同时,另以"大行人"身份派遣类乎"小行人"的且姚出使卫国,承担与卫国交涉庆忌逃亡于卫的外交使命。在交涉过程中,因文献未载的原因,谈判破裂并致且姚被卫人所杀。因且姚官职卑微,故当年的《春秋经》《左传》均不记载。其后之所以在《左传·哀公十二年》作补记性质的提及,则完全是因吴国召集卫国参加诸侯会见时,卫国担心这一陈年旧事会成为夫差逼迫卫国的口实才被提及(相关情况,另见后文)。这意味着,阖闾时期因庆忌逃卫而致"卫人杀吴行人且姚"的影响,一直延续至吴王夫差时期。

二、要离刺庆忌
(一)"要离刺庆忌"与"卫杀且姚"的相互关系

"要离刺庆忌"事件与"卫人杀吴行人且姚"事件,或存在着互为影响的关系。对吴人来说,为求成功概率,极可能是刺杀与外交同时进行。故其发展的可能性不外乎为:若先发生"卫杀且姚"事,则预示着谈判破裂,吴人只能孤注一掷,把宝押在要离的刺杀上;若先发生"要离刺庆忌"事,则不排除正在与且姚不间断地进行谈判的卫人深感受辱——你方(指吴国)一边和我卫国进行外交交涉,一边又派杀手刺杀庆忌。在这种情况下,卫人很可能怒而杀且姚。

---

[1]《国语·晋语八》,见左丘明撰、韦昭注:《国语》,上海古籍出版社2015年,第307页。
[2]韦昭注,见左丘明撰、韦昭注:《国语》,上海古籍出版社2015年,第307页。
[3]《左传·桓公九年》,见《春秋左传正义》,北京大学出版社1999年,第189页。
[4]杜预注,见杜预:《春秋经传集解》,上海古籍出版社1978年,第100页。
[5]孔颖达疏,见《春秋左传正义》,北京大学出版社1999年,第189页。
[6]赵晔:《吴越春秋》,江苏古籍出版社1986年,第24页。
[7]《左传·定公四年》,见《春秋左传正义》,北京大学出版社1999年,第1522页。

（二）要离刺庆忌

伍子胥为阖闾推荐了身材瘦小的"细人"要离时说："臣之所厚其人者，细人也，愿从于谋。"[1]即我所看重的那个人是个身材瘦小的人，希望与他一起来谋划这件事。

阖闾见伍子胥推荐的是个又瘦又小的人，与心中的期望值落差甚大。要离或许看出了吴王内心对他的轻视，于是在壮士自尊的驱动下上前直言："大王担心庆忌吗？我能杀死他。"为了表示自己的决心和为获取庆忌的信任，以便接近他，要离提出："臣诈以负罪出奔，愿王戮臣妻子，断臣右手，庆忌必信臣矣。"[2]即我假装负罪出逃，请大王杀掉我的妻子儿女，砍掉我的右手，这样庆忌就一定会相信我了。

要离这一极端而决绝的态度，终获吴王阖闾的认可。

接下来，"要离乃诈得罪出奔，吴王乃取其妻子，焚弃于市"[3]。这一做法的目的，无非是借以造成影响，以要离全家蒙难作为炒作题材。而"要离乃奔诸侯而行怨言，以无罪闻于天下"[4]。即要离逃亡到诸侯各国，散布怨言，因而以无罪被害而闻名于天下。

逃亡在卫国的吴王僚之子庆忌，理所当然地知道了吴国发生的这桩政治命案。故要离被刻意打造出了政治流亡者和受害者的形象，他的第一阶段目标已经实现。接下来，为接近庆忌，要离到了卫国并求见庆忌。要离见到庆忌后说："阖闾暴虐无道，这是王子您所知道的。现在他杀了我的妻子儿女，在街市上焚烧他们，他们实在是无罪被杀。吴国的事情，我知道它的内情，我希望依靠王子的勇力，这样就可抓到阖闾了。为什么不和我朝东而到吴国去呢？"

要离所说针对性极强，句句都拨动着庆忌的复仇心弦。于是，"庆忌信其谋"[5]，准备打回吴国（是否如愿"乞师"，文献未载）。三个月后，庆忌挑选训练过的士兵，带着军队渡江打回吴国。"将渡江于中流，要离力微，坐与上风，因风势以矛钩其冠，顺风而刺庆忌。"[6]即船将要渡过大江而到江中心的时候，只剩左手的要离因气力小，便坐在庆忌的上风，依靠风力而用矛钩掉了庆忌的帽子，顺着风直刺庆忌。其时，庆忌一时没被刺死，于是回头甩掉矛而揪住了要离并多次把他的头揿在水中。接着，庆忌又把瘦小的他放在膝盖上，禁不住感慨地说："唉呀呀！真是天下的勇士啊！竟敢加兵刃行刺于我！"

庆忌身边的侍从要杀掉要离。庆忌阻止他们说："此是天下勇士，岂可一日而杀天下勇士二人哉？"[7]意即，他是勇士，我也是勇士。怎么能让天下一天之中失去两位勇士呢？接着庆忌关照身边的人说，让他返回吴国，以此来表彰他的忠诚！说完庆忌就死了。

庆忌身边的人没杀要离，然而，要离过不去自己心头的坎。自己杀了妻子儿女侍奉君主乃是不仁，为了新君而刺杀原来君王的儿子乃是不义，人们看重舍生就死，但不尊崇不合乎道义的行

---

[1]赵晔：《吴越春秋》，江苏古籍出版社1986年，第29页。
[2]赵晔：《吴越春秋》，江苏古籍出版社1986年，第32页。
[3]赵晔：《吴越春秋》，江苏古籍出版社1986年，第32页。
[4]赵晔：《吴越春秋》，江苏古籍出版社1986年，第32页。
[5]赵晔：《吴越春秋》，江苏古籍出版社1986年，第32页。
[6]赵晔：《吴越春秋》，江苏古籍出版社1986年，第32页。
[7]赵晔：《吴越春秋》，江苏古籍出版社1986年，第33页。

为。而自己贪生怕死抛弃了德行,也就不合乎道义了。有了这三种丑恶的行为还活在世上,还有什么脸面去见天下的英雄?于是,"要离乃自断手足,伏剑而死"[1]。

山东嘉祥东汉石刻画像武梁祠东壁画像全图(左)及图中"要离刺庆忌"细部(右)(录自《中国画像石全集(1)·山东汉画像石》[2])

三、吴、徐国家关系的逆转:公子掩馀奔徐与公子烛庸奔钟吾及二人奔楚

(一)吴王阖闾追杀公子掩馀和公子烛庸

前述,吴王僚"伐楚丧"而派出他的两位亲信——公子掩馀、公子烛庸率师围楚国潜邑。其后吴国国内发生的王权更迭,使得公子掩馀、公子烛庸及他们率领的"伐楚丧"之吴军,陷入有家难归的境地。

显然,公子掩馀、公子烛庸率领的这支军队,一旦返归,极可能引发吴国的一场内战。

因此,当事态发展成"吴公子掩馀奔徐,公子烛庸奔钟吾"[3]时,他们所率领的吴军也分别被带往了这两个小国。而这对以非正常方式执政的吴王阖闾来说,二公子所拥之兵及其出奔,给吴国政坛带来的必然是隐患和动荡。

为巩固已到手的王权,吴王阖闾在要离刺杀吴王僚之子庆忌后,在其执政的第三年即公元前512年国内趋于稳定之时,动用国家外交资源追杀这两位吴国公子,以彻底清除内患危机。"吴子使徐人执掩馀,使钟吾人执烛庸,二公子奔楚。"[4]意即,吴王阖闾让徐国人逮捕逃往徐国避难的吴国公子掩馀,让钟吾国人逮捕逃往钟吾国避难的吴国公子烛庸。于是,这两位公子就逃往楚国。显然,他们所率的吴军,其时也分别被带往了楚国。

这一本为吴国内政的争斗,随之转化为吴国与徐国、钟吾国及楚国的对抗与战争。

(二)楚收留吴国二公子"将以害吴"与楚国子西的劝谏及楚昭王"弗听"

吴国二公子掩馀、烛庸奔楚,楚昭王决定给他们土地并安排他们居住的地方。楚王还命官员

---

[1] 赵晔:《吴越春秋》,江苏古籍出版社1986年,第33页。
[2] 中国画像石全集编辑委员会:《中国画像石全集(1)·山东汉画像石》,山东美术出版社2000年,第29页。
[3]《左传·昭公二十七年》,见《春秋左传正义》,北京大学出版社1999年,第1484页。
[4]《左传·昭公三十年》,见《春秋左传正义》,北京大学出版社1999年,第1517页。

去边境上迎接这两位吴国公子,让他们居住在养邑。同时,还派莠尹然和左司马沈尹戌在养邑筑城,从邻近该邑的城父和胡邑这两个地方各划出一部分土地给他们。楚国此举的目的,乃是"将以害吴也"[1]。即打算利用他们来危害吴国。

对楚昭王的这一做法,楚国的子西深感不妥。

子西,为楚平王庶长子、楚昭王庶兄。楚平王去世后,时任楚国令尹的子常想拥立楚平王庶长子子西为楚王,可子西以为当立楚平王与楚夫人嬴氏(即原为太子建所迎娶的秦国女子)所生之子——太子壬,故指责子常并说要杀掉他,吓得子常赶紧立太子壬为国君,这就是楚昭王。

此时,子西劝谏楚昭王说:"吴光新得国,而亲其民,视民如子,辛苦同之,将用之也。若好吴边疆,使柔服焉,犹惧其至。吾又疆其雠,以重怒之,无乃不可乎。"[2]意思说,吴国的公子光新上台未久,就亲抚他的民众。看待百姓像看待自己的子女一样,与他们同甘共苦。公子光这样笼络人心的目的可是要将他们派上用场啊!如果我们和吴国边境上的边民处理好关系,让他们因我国的怀柔政策而感服,就这样,我们还担心他们的侵犯,而现有我们竟去扶植他们的仇敌——吴国的两位流亡公子,这不是刺激他们、加重他们的愤怒吗?这大概是不可以的吧!

从子西的这一番话中,可见阖闾主修内政时的政策倾向,那就是"亲其民,视民如子,辛苦同之"。作为吴国一代有为的君主,阖闾在执政之时,吴国的综合国力能持续上升,当和其种种抚民、利民政策有着密切关系。正是这些"亲其民,视民如子"的做法,阖闾较平稳地调整了国内的各种关系,既使百姓得到实惠而民渐富、国渐强,民富国强的结果又使得吴国在与楚国的战争中,无内政之忧等掣肘。

卓有远见的楚国政治家子西,正是认识到了这点并因此感到害怕。吴、楚之间互相争夺,本就是此消彼长,吴国国力的上升和强大,反衬的是楚国国力的下滑和衰落。昔日在中原横冲直撞而屡屡欺凌中原列国的楚国,近年来在与吴国的战争中屡处下风,如今在和吴国政治、军事的博弈中,竟到了"犹惧其至"——担心吴国侵犯的地步。

子西同时还说起吴国与周王朝的历史渊源:"吴,周之胄裔也,而弃在海滨,不与姬通,今而始大,比于诸华。"[3]即吴国是周王室的后裔,被抛弃在海滨,不与同宗的姬姓诸国相往来。现在吴国开始强大,可以和中原诸国相比肩了。接着,子西说起楚国的政治对手吴王阖闾很有知识,准备使自己等同于吴国前代的先王。不知上天是认为他暴虐,将使他灭亡吴国而扩大异姓之国的土地,还是最终将保佑吴国呢?恐怕它的结果不久就可以知道。我们何不姑且安定我们的鬼神,使我们的民众休养生息,以等待它的结果,哪里用得着劳动自己去兴师动众呢?

子西的这些话,表述的意思是楚国当静观其变地去等待。不要招惹吴国,更不要企图利用掩馀、独庸等吴国的逃亡之将。楚昭王显然无意接受这位王兄的消极做法,于是"王弗听"[4]。

若干年后,阖闾去世。时担任楚国令尹的子西因念及当初阖闾曾经打败楚师,且听说他的接

---

[1]《左传·昭公三十年》,见《春秋左传正义》,北京大学出版社1999年,第1517页。
[2]《左传·昭公三十年》,见《春秋左传正义》,北京大学出版社1999年,第1517页。
[3]《左传·昭公三十年》,见《春秋左传正义》,北京大学出版社1999年,第1517页。
[4]《左传·昭公三十年》,见《春秋左传正义》,北京大学出版社1999年,第1518页。

班人夫差更加厉害时，不由得一声叹息。楚国大夫蓝尹亹在劝解他时，将阖庐（阖闾）执政时的作为与夫差作对比："夫阖庐口不贪嘉味，耳不乐逸声，目不淫于色，身不怀于安，朝夕勤志，恤民之羸，闻一善若惊，得一士若赏，有过必悛，有不善必惧，是故得民以济其志。"[1]即吴王阖庐（阖闾）口不贪吃美味佳肴，耳不喜欢听淫逸的音乐，眼睛不贪恋美色，自己不沉溺在安乐享受之中，从早到晚勤于国事，体恤百姓的疾苦。听到一句有益的话就很惊喜，得到一位贤士如同得到了赏赐一样，有错即改，有不完美的地方就引起警觉，所以他能得到民众的拥护从而成就了他兴霸成王的愿望。

从这些出自吴国政治对手们对阖闾生前或死后的评价与赞誉中，我们或许可以从侧面了解阖闾严于律己、勤政而得民心的治国状况。

四、吴灭徐及阖闾让徐国国君章禹（章羽）奔楚

徐国因收留吴公子掩馀，在吴国明确要求逮捕并引渡掩馀时，让掩馀与另一位吴国公子烛庸奔楚。这两位吴国公子所率领的成建制的军队，也一同随之奔楚。正是这一事件，使得徐国与吴国的良好关系顷刻瓦解。

对吴国公子掩馀、烛庸来说，他们当初为伐楚而来，但最终却发展到竟不得已而逃奔楚国避难了。而对徐国和钟吾这两个小国来说，拥有重兵的两位吴国公子，他们其实无法节制。而对吴王阖闾来说，楚国对这两位吴国公子及他们带走的军队予以收留或收编，并相机让他们危害吴国。仅此，吴王阖闾就不能不恼怒徐国和钟吾国国君的无所作为，甚至是资敌于楚国了。因此，这无疑触动了吴国的利益，更刺激了吴楚已为世仇的敏感神经。在这种情况下，吴与徐、钟吾二国，就无法和平相处了。

公元前512年（吴阖闾三年），"吴子怒。冬十二月，吴子执钟吾子。遂伐徐，防山以水之。己卯，灭徐"[2]。意指，吴国国君阖闾因为徐、钟吾两国国君放走吴国两位公子而发怒。冬季十二月，吴王抓住了钟吾国国君。接着就又讨伐徐国，在山中堵住山水以淹灌徐国。二十三日，吴军灭亡徐国。

吴灭徐后，"徐子章禹断其发，携其夫人以逆吴子"[3]。即吴王亲率吴军兵临城下时，徐国国君章禹将头发剪断，以此断发示刑，并以之示惧。同时，章禹领着他的夫人迎接并向吴国国君阖闾投降。阖闾抚慰了他一番后送走了他。于是，章禹一行投奔楚国。楚国的沈尹戌领兵赶来救徐国，没有赶上。于是就在夷地（城父）筑城，让徐国国君章禹住在那里。

《春秋经·昭公三十年》对上述记为："冬十有二月，吴灭徐，徐子章羽奔楚。"[4]个中，"章禹"记为"章羽"。意即，吴王阖闾亲自领兵伐徐，并让徐国国君章禹（章羽）逃奔楚国。

---

[1]《国语·楚语下》，见左丘明撰、韦昭注：《国语》，上海古籍出版社2015年，第382—383页。
[2]《左传·昭公三十年》，见《春秋左传正义》，北京大学出版社1999年，第1518页。
[3]《左传·昭公三十年》，见《春秋左传正义》，北京大学出版社1999年，第1518页。
[4]《春秋经·昭公三十年》，见《春秋左传正义》，北京大学出版社1999年，第1514页。

第四节　阖闾时期的吴、楚国家关系及吴伐楚"入郢"之战

一、吴"疲楚"之策的实施及伍子胥荐孙武

阖闾时期，吴、楚已成世仇，楚收留吴国二公子"将以害吴"。而地缘政治及地缘经济资源争夺等因素，决定了吴王阖闾时期的"兴霸成王"战略中依然继承了之前历代吴王与楚国对抗的"抗楚"政策。

（一）伍子胥献"疲楚"之策

在吴国追杀吴公子掩馀、烛庸而他们奔楚及吴灭徐过程中，楚国军队赶来救援。昔日楚国作为攻伐者攻打徐国，而吴国充当保护者角色，至此已转换为吴国成为攻徐乃至灭徐的攻伐者，而楚国则为徐国保护者的角色了。

公元前512年（吴阖闾三年），阖闾与伍子胥商量"伐楚何如"[1]，即采取何种方法进行对楚战争时，伍子胥以其对楚国官场痼疾的了解说：楚国执政的官员多而又互相牵制，没有人敢承担责任，"若为三师以肆焉，一师至，彼必皆出。彼出则归，彼归则出，楚必道敝。亟肄以罢之，多方以误之。既罢而后以三军继之，必大克之"[2]。即吴国如果组织三支军队，对楚国突然袭击而又迅速撤退，一支军队进攻，楚军就会都出来应战。他们一出动，我们就撤退。他们回去，我们就用另一支部队又出击。这样，楚军一定会在路上不断地奔波而疲于奔命。屡次突袭快撤使他们疲劳。他们疲劳之后，我们率领三军继续攻击他们，一定能大胜他们。

以上，即为伍子胥提出的"疲楚"之策。该策略的提出，首先反映了出身于楚国贵族之家的伍子胥对楚国政治现状的精准了解——执政冗员且相互牵制，但又无人敢于担责。其次，针对楚国的政治现状，他提出把吴军分为三支军队，轮番出击，使得楚军左支右绌，持续紧张而疲于奔命。而作为一种战略期待，则是值楚军疲劳或误判时，吴军集中三军的力量而攻击之。对之，"阖庐从之，楚于是乎始病"[3]。即吴王阖庐（阖闾）听从了伍子胥的这一"疲楚"之策，楚国从此就开始困顿疲乏了。

（二）"疲楚"之策的实施——吴楚"潜、六"之战

伍子胥献"疲楚"之策后，吴王阖闾接纳并付诸实施。

公元前511年（吴阖闾四年），"秋，吴人侵楚，伐夷，侵潜、六。楚沈尹戌帅师救潜，吴师还。楚师迁潜于南冈而还。吴师围弦。左司马戌、右司马稽帅师救弦，及豫章，吴师还。始用子胥之谋也"[4]。意即，本年秋天，吴军侵袭楚国，进攻夷邑，又侵入潜、六邑。楚沈尹戌率兵赶去救援潜邑，可吴国的军队立即撤退了。楚军将潜邑的百姓搬迁到南冈才刚返还，吴国的军队又去围攻楚国的弦邑。左司马戌（即沈尹戌）和右司马稽又赶紧率领楚军去救援弦邑，楚军刚刚到达豫

---

[1]《左传·昭公三十年》，见《春秋左传正义》，北京大学出版社1999年，第1518页。
[2]《左传·昭公三十年》，见《春秋左传正义》，北京大学出版社1999年，第1518页。
[3]《左传·昭公三十年》，见《春秋左传正义》，北京大学出版社1999年，第1518页。
[4]《左传·昭公三十一年》，见《春秋左传正义》，北京大学出版社1999年，第1520—1521页。

章,吴国的军队已经撤退了。这是吴王开始使用伍子胥的"疲楚"计谋了。

这一"疲楚"之战,因在淮河流域的潜邑(今安徽潜山)、六邑(今安徽六安)地区进行,故《吴越春秋》将之称为吴、楚"潜、六之役"[1]。

在吴国实施"疲楚"之策时,吴国的军事将领中已出现由齐而来的孙武和由楚而来的伯嚭。据《史记·吴太伯世家》记载,吴阖闾"三年,吴王阖庐与子胥、伯嚭将兵伐楚,拔舒,杀吴亡将二公子。光谋欲入郢,将军孙武曰:'民劳,未可,待之。'"[2]意为,吴阖闾三年(前512),吴王阖庐(阖闾)与伍子胥、伯嚭领兵征伐楚国,攻取舒邑,并杀死了逃亡的吴国公子掩馀、烛庸。(据《左传》,二公子本年逃亡楚国。)阖庐计划顺势进攻楚国国都——郢都,将军孙武说:"军民征战已很劳顿,现在不能攻打郢都,要等待时机成熟。"

由此可知,公元前512年时,孙武已成为吴王阖闾的重要军事将领。而击败楚国并"谋欲入郢",已成为其时阖闾心中颇为急切的军事大计。因时机不成熟而谏阻吴王阖闾的正是孙武。因此,这一时期伍子胥向吴王阖闾进献的"疲楚"之计中,也可能包含着孙武等的军事智慧。

(三)伍子胥"七荐孙武"

关于孙武,《春秋经》《左传》均无记载。其事迹主要见诸西汉时的《史记》和东汉时的《吴越春秋》《越绝书》等文献记载。

司马迁《史记·孙子吴起列传》记载说:"孙子武者,齐人也。以兵法见于吴王阖庐。"[3]"齐人"的孙武,如何来到吴国?又如何得以"以兵法见于吴王阖庐"?《史记》未提及。而这一留下的历史空白,由东汉时赵晔撰《吴越春秋》予以填补。《吴越春秋》在记载孙武出场前,有一段意味深长的记载:"三年,吴将欲伐楚,未行。伍子胥、白喜相谓曰:'吾等为王养士,画其策谋,有利于国,而王故伐楚。出其令,托而无兴师之意,奈何?'有顷,吴王问子胥、白喜曰:'寡人欲出兵于二子,何如?'子胥、白喜对曰:'臣愿用命。'吴王内计二子皆怨楚深,恐以兵往,破灭而已。登台向南风而啸,有顷而叹,群臣莫有晓王意者。子胥深知王之不定,乃荐孙子于王。"[4]意思为,吴阖闾三年(鲁昭公三十年,前512),吴国将要攻伐楚国,吴军尚未出师。伍子胥、白喜(即伯嚭)商量说:"我们为吴王收养了人才贤士,谋划了攻楚的计策,对吴国很有利,现在吴王攻打楚国,颁布了命令,但又借故推诿而没有出兵的意思,怎么办呢?"过了不久,吴王问子胥、白喜说:"寡人想出兵,你们两位看怎么样?"伍子胥、白喜回答说:"我们愿意服从大王的命令。"吴王阖闾心中思忖,这两个人都从楚而来且都怨恨楚国,所以深怕他们带兵去了以后,要把楚国灭了才罢休。于是,他登上高台对着南风长啸,过了会儿,又长长地叹息,群臣中没有谁能知晓吴王此时的想法。只有伍子胥深知此时吴王犹豫不定的心思,于是他就把孙子(孙武)推荐给吴王。

以上《吴越春秋》涉及的两个历史人物是:孙子(孙武)和白喜(即伯嚭)。他们的各自身世,

---

[1] 赵晔:《吴越春秋》,江苏古籍出版社1986年,第38—39页。
[2]《史记·吴太伯世家》,见司马迁:《史记》,中华书局1959年,第1466页。
[3]《史记·孙子吴起列传》,见司马迁:《史记》,中华书局1959年,第2161页。
[4] 赵晔:《吴越春秋》,江苏古籍出版社1986年,第33页。

分述如下：

1.孙武及其身世

据《新唐书》卷七十三《宰相世系三》，先秦时期孙氏的三支主干分别为：姬姓卫国孙氏、芈姓楚国孙氏和妫姓齐国孙氏。与孙武有关的叙述为："又有出自妫姓。齐田完字敬仲，四世孙桓子无宇，无宇二子：恒、书。书字子占，齐大夫，伐莒有功，景公赐姓孙氏，食采于乐安。生凭，字起宗，齐卿。凭生武，字长卿，以田、鲍四族谋为乱，奔吴，为将军。"[1]

对之，齐国孙氏的渊源，分以下三个层面分别与秦汉文献对应：

（1）孙武先祖由陈至齐及陈氏演变为田氏的脉络

"齐田完字敬仲，四世孙桓子无宇，无宇二子：恒、书。"意指，齐国田完，字敬仲。他的四世孙为田桓，田桓之子为田无宇（田完五世孙）。田无宇又有两个儿子，分别为田恒、田书。

"田完（字敬仲）"之"田"氏，乃是从"陈"氏分化而来。关于"陈"，前文论及西周初分封时，曾叙述陈为帝舜之后，并引《史记·陈杞世家》说，周武王克殷纣，乃复求舜后，得妫满（即陈胡公满），封之于陈，以奉帝舜祀，是为胡公。其后"陈"的传承，《史记·陈杞世家》记载至陈文公时说："文公元年，取蔡女，生子佗。十年，文公卒，长子桓公鲍立。"[2]即陈文公元年（前754），取蔡女，生子佗。十年（前745），陈文公去世，其长子桓公鲍继位。

《史记·陈杞世家》接下来记载说，陈桓公三十八年（前707）正月，桓公鲍去世。其弟佗之母是蔡国之女，因此蔡人为佗杀公子五父和桓公的太子免而立佗为国君，这就是陈厉公。

《史记·田敬仲完世家》对之则记载说，厉公是陈文公的小儿子，他的母亲是蔡国王室女子。文公去世后，由厉公的兄长鲍即位，这就是桓公。桓公和他是异母兄弟。等到桓公生病时，"蔡人为他杀桓公鲍及太子免而立他，为厉公"[3]。即蔡人帮他杀死了桓公鲍和太子免而立他为君，这就是厉公。

《左传·庄公二十二年》记载上述事件说："陈厉公，蔡出也，故蔡人杀五父而立之。生敬仲。其少也。"[4]杜预注："五父，陈佗也。"[5]

上述不同文献记载，颇为混乱。表现为：

其一，关于"佗""他"。《史记·陈杞世家》说厉公为"佗"，而《史记·田敬仲完世家》则作"他"。

其二，关于"五父"。《史记·陈杞世家》说"蔡人为佗杀五父"，而杜预注《左传》的"五父"，即指"五父"为陈佗。

其三，桓公鲍的死与被杀。《史记·陈杞世家》说"桓公鲍卒"，而《史记·田敬仲完世家》则说是"蔡人为他杀桓公鲍及太子免而立他"，则桓公鲍为蔡人所杀。

对此，裴骃《史记集解》引"谯周曰：'《春秋传》谓佗即五父，《世家》与《传》违'"。司马贞

---

[1]《新唐书·宰相世系三》，见欧阳修、宋祁：《新唐书》，中华书局1975年，第2945页。
[2]《史记·陈杞世家》，见司马迁：《史记》，中华书局1959年，第1576页。
[3]《史记·田敬仲完世家》，见司马迁：《史记》，中华书局1959年，第1879页。
[4]《左传·庄公二十二年》，见《春秋左传正义》，北京大学出版社1999年，第269页。
[5]杜预注，见杜预：《春秋经传集解》，上海古籍出版社1978年，第182页。

《史记索隐》引"谯周曰'《春秋传》谓他即五父,与此违'者,此以他为厉公,太子免弟跃为利公,而《左传》以厉公名跃。他立未逾年,无谥,故'蔡人杀陈他'。又庄二十二年《传》云'陈厉公,蔡出也,故蔡人杀五父而立之'。则他与五父俱为蔡人所杀,其事不异,是一人明矣。《史记》既以他为厉公,遂以跃为利公。寻厉、利声相近,遂误以他为厉公,五父为别人,是太史公错耳"[1]。

显然,司马贞《史记索隐》认为,上述混乱,乃是司马迁撰著时产生的错讹。

陈厉公二年(前705),陈完(字敬仲)出生。而厉公为君时,当时被杀的桓公太子免,有三个弟弟,老大叫跃,老二叫林,老三叫杵臼。他们三人与蔡人一起杀掉厉公,立老大跃为国君,此即为利公。利公即位五个月后去世,老二林继位,此即为庄公。庄公七年(前693),庄公去世,小弟即老三杵臼继位,此即为宣公。

陈宣公二十一年(前672),杵臼杀死自己的儿子——太子御寇。《史记·田敬仲完世家》记载:"御寇与完相爱,恐祸及己,完故奔齐。"[2]即被杀太子御寇和陈完相友爱,陈完恐怕灾祸牵连到自己,所以逃奔齐国。而《史记·陈杞世家》叙述了宣公杵臼杀太子御寇的原因:"宣公后有嬖姬生子款,欲立之,乃杀其太子御寇。"[3]这一因素导致与上述《史记·田敬仲完世家》记载相同的结果:"御寇素爱厉公子完,完惧祸及己,乃奔齐。"[4]

而记载公元前672年史事的《春秋经·庄公二十二年》记载了这一事件:"陈人杀其公子御寇。"[5]《左传·庄公二十二年》亦记载:"二十二年,春,陈人杀其大子御寇,陈公子完与颛孙奔齐。"[6]

《左传·庄公二十二年》记写陈完奔齐后,还记写了两件事。一件事是陈完与懿氏婚前占卜:"懿氏卜妻敬仲,其妻占之,曰:'吉……有妫之后,将育于姜。五世其昌,并于正卿。八世之后,莫之与京。'"[7]即齐国懿氏要把女儿嫁给敬仲(陈完)而占卜吉凶。懿氏的妻子占卜,结果为吉利。妫氏的后代,养育于齐姜。第五代就要昌盛,官位和正卿一样。第八代以后,没有人可以和他争强。

另一件事是敬仲(即陈完)出生后,其父陈厉公为他做卜筮。当问陈完能否"代陈有国乎",卜筮结果为:"不在此,其在异国;非此其身,在其子孙。……若在异国,必姜姓也。"[8]即陈完(敬仲)今后的发展,不是在这里(指陈国),而是在别国;也不在这个人(指陈完)身上,而在他的子孙身上。……而如果是昌盛在别国,必定是姜姓之国。

两个占卜的结果,日后都应验了。这就是"田氏代齐"——齐国始封君吕尚(姜尚)受封并传承的姜姓吕氏的齐国(被称为"吕齐"或"姜齐"),日后为妫姓田氏——陈完后人为君的齐国(田齐)所代。这一历史事件,史称为中性色彩的"田氏代齐"及贬义色彩的"田陈篡齐"。

上述《左传·庄公二十二年》记载公元前672年(鲁庄公二十二年)史事的记载,竟把后世近

---

[1] 裴骃《史记集解》、司马贞《史记索隐》,均见司马迁:《史记》,中华书局1959年,第1576—1577页。
[2]《史记·田敬仲完世家》,见司马迁:《史记》,中华书局1959年,第1880页。
[3]《史记·陈杞世家》,见司马迁:《史记》,中华书局1959年,第1578页。
[4]《史记·陈杞世家》,见司马迁:《史记》,中华书局1959年,第1578页。
[5]《春秋经·庄公二十二年》,见《春秋左传正义》,北京大学出版社1999年,第267页。
[6]《左传·庄公二十二年》,见《春秋左传正义》,北京大学出版社1999年,第267页。
[7]《左传·庄公二十二年》,见《春秋左传正义》,北京大学出版社1999年,第268—269页。
[8]《左传·庄公二十二年》,见《春秋左传正义》,北京大学出版社1999年,第270—272页。

三百年后的史事一一道说清楚。很可能是《左传》撰者据果导因,借占卜和卜筮制造出一个日后似乎应验了的占卜预言。

妫姓陈氏的陈完逃齐后改为田氏,从而使得陈完变成了田完。这就是《史记·田敬仲完世家》记载的"敬仲之如齐,以陈字为田氏"[1]。

奔齐后的田完(陈完),在齐国娶妻生子生活了下来。如前引《新唐书·宰相世系三》所说:"齐田完字敬仲,四世孙桓子无宇,无宇二子:恒、书。"[2]

(2) 孙武先人由"田"氏演变为"孙"氏

《新唐书·宰相世系三》记载"无宇二子:恒、书"后说:"书字子占,齐大夫,伐莒有功,景公赐姓孙氏,食采于乐安。"[3]意即,田书字子占,齐国大夫。攻打莒国时有功,齐景公赐姓孙氏,食采于乐安。

田书伐莒事,见诸记载鲁昭公十九年(吴王僚四年,前523)史事的《左传·昭公十九年》:"秋,齐高发帅师伐莒。莒子奔纪鄣。使孙书伐之。……七月,丙子,齐师入纪。"[4]杜预注:"孙书,陈无宇之子子占也。"[5]意即,本年秋季,齐国的高发领兵进攻莒国,莒共公逃亡到纪鄣。齐国派孙书进攻纪鄣。七月十四日,齐军进入纪鄣。"田书"因伐纪鄣获胜而受齐景公赐姓"孙"氏而作"孙书"。

(3) 从孙武祖父"孙书"到孙武奔吴

田完六世孙田书,被赐姓"孙"而成为"孙书"。孙书生子凭,字起宗,为齐国卿大夫。故孙凭为田完七世孙。而孙凭生个儿子叫孙武,字长卿,为田完八世孙。孙武因齐国"以田、鲍四族谋为乱,奔吴,为将军"[6]。即因齐国内部的卿族争斗,孙武来到吴国,后来当上了吴国的将军。

2. 伯嚭及其身世

《吴越春秋》中的"白喜",即《左传》记载的"伯嚭"。伯嚭在吴国最后一位吴王夫差时起了负面作用,并致使吴国灭国。其家族渊源情况,梳理如下:

(1) 曾祖伯宗

伯宗最早出现于记载公元前595年史事的《左传·宣公十五年》:"宋人使乐婴齐告急于晋,晋侯欲救之。伯宗曰:'不可!'"[7]杜预注:"伯宗,晋大夫。"[8]故《左传》上条意为,宋人派乐婴齐到晋国去告急求援,晋侯晋景公打算出兵救宋,时为晋国大夫的伯宗劝阻说:"不可!"

而从《左传·成公十五年》"晋三郤害伯宗,谮而杀之……初,伯宗每朝,其妻必戒之曰:'盗憎主人,民恶其上。子好直言,必及于难'"[9]的记载可知,伯宗因其直言,死于晋三郤(郤锜、郤

---

[1]《史记·田敬仲完世家》,见司马迁:《史记》,中华书局1959年,第1880页。
[2]《新唐书·宰相世系三》,见欧阳修、宋祁:《新唐书》,中华书局1975年,第2945页。
[3]《新唐书·宰相世系三》,见欧阳修、宋祁:《新唐书》,中华书局1975年,第2945页。
[4]《左传·昭公十九年》,见《春秋左传正义》,北京大学出版社1999年,第1381—1382页。
[5]杜预注,见杜预:《春秋经传集解》,上海古籍出版社1978年,第1441页。
[6]《新唐书·宰相世系三》,见欧阳修、宋祁:《新唐书》,中华书局1975年,第2945页。
[7]《左传·宣公十五年》,见《春秋左传正义》,北京大学出版社1999年,第666页。
[8]杜预注,见杜预:《春秋经传集解》,上海古籍出版社1978年,第616页。
[9]《左传·成公十五年》,见《春秋左传正义》,北京大学出版社1999年,第770页。

至、郤犨）之手，成为晋国卿族内部争斗的牺牲品。

（2）祖父伯州犁

伯宗之子、伯嚭祖父为伯州犁。《左传·成公十五年》记载，其父伯宗为"晋三郤害伯宗，谮而杀之"后，"伯州犁奔楚"[1]。杜预注："伯宗子。"[2] 前文叙述晋、楚鄢陵之战时，伯州犁已以楚"大宰"身份出现。这就是《左传·成公十六年》记载的："子重使大宰伯州犁侍于王后。"[3] 杜预注："州犁，晋伯宗子，前年奔楚。"[4] 显见，伯州犁奔楚后，以楚大宰的身份曾分别参与晋楚鄢陵之战及在这以前的列国第二次弭兵盟会等。

（3）父亲郤宛

伯州犁之子、伯嚭之父为郤宛。楚平王去世而吴王僚"伐楚丧"时，郤宛时任楚"左尹"之职。也正是"左尹郤宛、工尹寿帅师至于潜，吴师不能退"[5]。即左尹郤宛、工尹寿领兵到达潜地阻击吴军，使得公子掩馀、公子烛庸所率领的吴军陷入"不能退"的境地，从而为公子光发动宫廷政变获得极佳时机。郤宛所任"左尹"，为楚官职名称。前文提及公子围弑君，他的弟弟纷纷逃往他国。其中"右尹子干出奔晋"[6]。即担任右尹（副首相）的子干（公子比）出奔晋国。因此，郤宛担任的"左尹"，或类同于"右尹"的副首相职务。"郤宛直而和，国人说之。"[7] 即郤宛正直而和善，国内的人们都喜欢他，因而受楚军将领鄢将师及费无极的陷害。其后，时任楚令尹的子常下令攻打郤宛，致使其"遂自杀也"[8]。而其族人、亲属也遭厄运。对之，《春秋经·昭公二十七年》记为"楚杀其大夫郤宛"[9]。

伯嚭逃亡吴国的时间、经过，《左传》未载。而当他出现在《左传》记载上时，已是距其父郤宛被杀九年后的公元前506年（吴阖闾九年，鲁定公四年），且出现时伯嚭已为"吴大宰"。这就是《左传·定公四年》记载的："楚之杀郤宛也，伯氏之族出。伯州犁之孙嚭为吴大宰以谋楚。"[10] 意即，当楚国杀死郤宛的时候，伯氏的族人逃往国外。九年后，伯州犁的孙子伯嚭担任了吴大宰职务，也在策划对付楚国。《左传》的上述记载，与前引《史记·吴太伯世家》记载吴阖闾三年（前512），伯嚭出现在吴国，二者记载伯嚭奔吴的时间，并不一致。

故由上可以列出《春秋经》《左传》记载的伯嚭家族世系及官职，如下：

《春秋经》《左传》记载的伯嚭家族世系及官职

〔晋大夫〕伯宗→〔楚大宰〕伯州犁→〔楚左尹〕郤宛→〔吴大宰〕伯嚭

---

[1]《左传·成公十五年》，见《春秋左传正义》，北京大学出版社1999年，第770页。
[2] 杜预注，见杜预：《春秋经传集解》，上海古籍出版社1978年，第743页。
[3]《左传·成公十六年》，见《春秋左传正义》，北京大学出版社1999年，第779页。
[4] 杜预注，见杜预：《春秋经传集解》，上海古籍出版社1978年，第756页。
[5]《左传·昭公二十七年》，见《春秋左传正义》，北京大学出版社1999年，第1482页。
[6]《左传·昭公元年》，见《春秋左传正义》，北京大学出版社1999年，第1169页。
[7]《左传·昭公二十七年》，见《春秋左传正义》，北京大学出版社1999年，第1484页。
[8]《左传·昭公二十七年》，见《春秋左传正义》，北京大学出版社1999年，第1485页。
[9]《春秋经·昭公二十七年》，见《春秋左传正义》，北京大学出版社1999年，第1480页。
[10]《左传·定公四年》，见《春秋左传正义》，北京大学出版社1999年，第1552—1553页。

3.奔吴后的伯嚭与孙武及孙武校场斩二妃

孙武、伯嚭各自奔吴路线图，现存文献无记载。伯嚭甫一出现在《左传》记载中，就已成为楚大宰"伯州犁之孙嚭为吴大宰"[1]，即担任吴大宰的职务。至于其如何逃亡吴国，又如何成为吴国决策层的"吴大宰"，文献记载阙如。而孙武如何奔吴，文献记载亦阙如。

前述，吴阖闾三年（鲁昭公三十年，前512）时，阖闾有心伐楚，但"内计二子皆怨楚深，恐以兵往破灭而已"[2]，故长吁短叹。其时，"子胥深知王之不定，乃荐孙子于王"[3]。即伍子胥读懂了阖闾的内心想法，于是向阖闾推荐了孙武。

《吴越春秋》接下来说："孙子者，名武，吴人也，善为兵法。辟隐深居，世人莫知其能。胥乃明知鉴辩，知孙子可以折冲销敌，乃一旦与吴王论兵，七荐孙子。吴王曰：'子胥托言进士，欲以自纳。'"[4]意为，孙子，名武，吴国人，善于策划用兵的方法。在偏僻幽深的地方隐居，所以世人没有人知道他的军事才能。而伍子胥能明智地了解世事，所以知晓孙子擅长领兵并击败敌军，消灭敌人。于是在和吴王讨论军事的时候，多次推荐孙子。吴王心中明白：伍子胥借口推荐一个并非楚人的将才，只是想用这种方法来达到自己向楚国复仇的目的。

现存学术研究成果，并不支持上述"孙子者，名武，吴人也"即孙武籍里为"吴"的说法。可能的情况是，《吴越春秋》撰者，顺着上述伍子胥揣摩的吴王阖闾思路，作与《史记·孙子吴起列传》所说"孙子武者，齐人也"[5]的不同叙述。而"七荐孙子"，则是极言其多。而与《吴越春秋》"七荐孙子"不同的是，《史记·孙子吴起列传》记载，却或是本人进献，或是通过他人转呈等方式"以兵法见于吴王阖庐。阖庐曰：'子之十三篇，吾尽观之矣，可以小试勒兵乎？'对曰：'可。'阖庐曰：'可试以妇人乎？'曰：'可。'"[6]正是这一"小试勒兵"，终试出了孙武于教场斩吴王阖闾二妃的故事。

《史记·孙子吴起列传》记载的这一故事说，在阖闾答应孙武进行"小试勒兵"后，就从后宫挑选宫女一百八十名，领到练兵场上，交给孙武演练。孙武将她们分为左、右两队，指定两名吴王宠妃为队长进行操练。由于宫女们将操练视为儿戏，孙武一再申明军令，一再把操练要求、列队动作以及军纪约束详加讲解，可操练时，宫女们依旧哈哈大笑，毫不把军中号令当回事。孙武于是沉下脸说："约束没有讲清楚，申述命令没有让人熟记在心，是我为将者的过错。但是，既已将军中操练要求、列队动作以及军纪约束详加讲明，而军中士卒仍不遵军中号令，这便是士卒的过错了。按照军法，违令者斩，但士卒不可尽杀。领队者当受其罪。"说着，孙武下令将担任左、右两队队长的两名吴王宠妃绑起，以违抗军令之罪将其斩头。正在观兵台上观看操练的吴王阖闾见竟要斩杀他的两个爱姬，赶紧派人去向孙武传令说："寡人已知道你会用兵了。寡人我如果没这两个妃子，吃东西都不香呢。请不要杀掉她们！"而孙子却对传令的人说："我孙武既已受命为将，在军

---

[1]《左传·定公四年》，见《春秋左传正义》，北京大学出版社1999年，第1552页。
[2] 赵晔：《吴越春秋》，江苏古籍出版社1986年，第33页。
[3] 赵晔：《吴越春秋》，江苏古籍出版社1986年，第33页。
[4] 赵晔：《吴越春秋》，江苏古籍出版社1986年，第33—34页。
[5]《史记·孙子吴起列传》，见司马迁：《史记》，中华书局1959年，第2161页。
[6]《史记·孙子吴起列传》，见司马迁：《史记》，中华书局1959年，第2161页。

中治军,对君王法外的命令可以不接受。"于是,他下令将那两位队长斩首示众。接下来,孙武改排在两队的排头兵为队长,击鼓发号,继续操练。

这时,这些宫女组成的两队队列,或左或右,或前或后,或跪或起,皆整齐划一、中规中矩,再没有敢发出嬉笑声的。于是,孙武派人向吴王阖闾报告说:"操练的军队,现已整齐划一,大王可以下来亲自校阅。现在这支军队,任凭大王想怎么使用都可以,即使要她们赴汤蹈火,她们都不会后退一步。"因二妃被杀,吴王阖闾心情不好,于是派人回复孙武说:"请将军解散队伍,回驿馆休息吧,寡人没有心情下来看了。"孙武听了,说:"大王只是喜好我纸上所谈的兵法罢了,而未能用我的理论来用兵。"

"于是阖庐知孙子能用兵,卒以为将。"[1]意指吴王阖闾最终知晓孙武真的会用兵,后用他为将。正是孙武"卒以为将",《史记·孙子吴起列传》记载其积极效果说:"西破强楚,入郢,北威齐晋,显名诸侯,孙子与有力焉。"[2]意思是说,其后吴国向西打败了强大的楚国,攻克郢都,向北威震齐国和晋国,在列国诸侯间名声赫赫,孙子都起了很大的作用。而阖闾其后成为吴国

《姑苏志》关于"爱姬祠"记载的书影(左)及今苏州吴中区太湖国家旅游度假区蒋墩村小横山的"二妃庙遗址"碑(右)(吴恩培摄)

苏州吴中区穹窿山孙武塑像(吴恩培摄)

---

[1]《史记·孙子吴起列传》,见司马迁:《史记》,中华书局1959年,第2162页。
[2]《史记·孙子吴起列传》,见司马迁:《史记》,中华书局1959年,第2162页。

"兴霸成王"中卓有功勋的国君和春秋五霸之一，不能不说和他的远见卓识、识人而又会用人以及胸襟大度，不让个人情感扰乱自己的既定目标等个人品质有着密切关系。

明王鏊《姑苏志》记载古代祭祀吴王阖闾及这二妃的"吴王庙""爱姬祠"说："吴王庙，在香山南址，庙貌有二妃侍。相传即孙武所诛二队长也。又曰'爱姬祠'。"[1]

二、吴伐楚入郢之战前的"吴伐越"与"楚伐吴"

（一）"吴伐越"与吴国"不及四十年"的死亡预言

公元前510年（吴阖闾五年，鲁昭公三十二年）夏天，吴国攻打越国。《左传·昭公三十二年》记为吴"夏，吴伐越，始用师于越也"[2]。即本年夏天，吴国攻打越国，表明吴国开始对越国用兵了。

上述"始用师于越"，其实并不准确。前文曾述，公元前544年（吴馀祭四年），吴、越之间就曾爆发过战争。其时，"吴人伐越，获俘焉"[3]。即该年吴国人攻打越国，俘获了越人俘虏。正因此战吴国获胜并俘获越国俘虏，导致吴王馀祭其后死于越俘刀下。

本年吴伐越之战，《左传·昭公三十二年》未记载其发生原因、经过等，但从其时吴、楚争夺及越国仍为楚之盟国这一地缘政治关系来看，确立"兴霸成王"战略的吴国，为日后与楚争夺时减少掣肘，先行对越国进行清理和打击，或是不能排除的主要原因。

《吴越春秋》叙述本年（指吴阖闾五年，前510）吴伐越的原因为，阖闾"五年，吴王以越不从伐楚，南伐越。……破檇里"[4]。即公元前510年（吴阖闾五年），吴王因为越国不肯跟随自己攻打楚国，所以向南讨伐越国并在越境檇里（又作檇李等）将越军击败。

因其后的吴阖闾十九年（前496）吴伐越，双方再战于檇李，阖闾战死。故吴、越间有两次"檇里（檇李）之战"。而本年吴伐越之战，亦可说是吴、越间的第一次"檇里（檇李）之战"。

本年吴伐越之战，《左传·昭公三十二年》记载的关于春秋吴国的一个死亡预言说："史墨曰：'不及四十年，越其有吴乎！越得岁而吴伐之，必受其凶。'"[5]即吴国本年对越用兵，晋国太史蔡墨说："不出四十年，越国大概就会占有吴国了吧！越国得到岁星的临照，而吴国去攻打它，吴国一定会受到岁星降下的灾殃。"杜预注对之阐释说："存亡之数，不过三纪。岁星三周三十六岁，故曰不及四十年。哀二十二年（指《左传·哀公二十二年》记写的公元前473年越灭吴事），越灭吴，至此三十八岁。"[6]

这一预言，由于吴国灭亡前吴王夫差曾提及（相关情况见下文），且因这一预言日后应验，故增添其神秘性。而按春秋时军事占星术的说法，岁星所在方位的国家不可讨伐，否则讨伐者将反受其祸。姑且不论这种军事占星术的荒谬与否，即使这种占星术在当时流行，其时拥有伍子胥、孙

---

[1] 正德《姑苏志》卷第二十七，苏州图书馆藏本。
[2] 《左传·昭公三十二年》，见《春秋左传正义》，北京大学出版社1999年，第1524页。
[3] 《左传·襄公二十九年》，见《春秋左传正义》，北京大学出版社1999年，第1092页。
[4] 赵晔：《吴越春秋》，江苏古籍出版社1986年，第38页。
[5] 《左传·昭公三十二年》，见《春秋左传正义》，北京大学出版社1999年，第1524页。
[6] 杜预注，见杜预：《春秋经传集解》，上海古籍出版社1978年，第1596页。

武等通晓军事人才的吴国,也不会不知道此类说法。吴国在将对楚用兵以争雌雄时,先扫荡楚国的盟国以免日后受其掣肘,当是军事战略中的常识。《左传·昭公三十二年》借"史墨"之口而记录的这一预言,或是据果导因,即根据后来吴、越相争的结果在这里借天象制造出一个日后似乎应验的预言。杨伯峻《春秋左传注》分析上述杜预注后指出:"史墨何以言'不及四十年',据杜预注,古人以为预测一国之存亡,不能超过木星周行三遍,即三十六年,史墨稍加宽限,乃言'不及四十年'。其实哀二十二年越灭吴,自此年算起,历三十八年。《左传》预言皆后加,故'不及四十年',并未言其根据,亦未见有根据。"[1]

(二)楚伐吴与吴、楚第二次豫章之战

吴国在伐越,"破檇里"的同时,也开始谋划对楚战争。

《左传·定公二年》载:"桐叛楚,吴子使舒鸠氏诱楚人,曰:'以师临我,我伐桐,为我使之无忌。'"[2]意即,公元前508年(吴阖闾七年),地处淮河流域的桐国背叛楚国。吴王阖闾唆使邻近桐国的舒鸠去诱骗楚国说:"请发兵逼近我们,我们为你们去攻打桐国。这样就可以不使桐国对我们产生猜疑。"

秋天时,楚国令尹囊瓦率军进攻吴国,并驻扎在豫章。吴国人让战船出现在豫章,而暗中在巢地集结部队。"冬,十月,吴军楚师于豫章,败之。遂围巢,克之,获楚公子繁。"[3]即冬季十月时,吴军在豫章对楚军发起攻击,并击败了他们。接着,吴军又包围了巢邑并攻克巢邑,俘虏了楚国巢邑的行政长官公子繁。

吴、楚在豫章已不是第一次开战。前文曾述,公元前529年(吴馀昧十五年),吴、楚曾进行过豫章之战。其时,由楚灵王派往围攻徐国的楚军因楚国内乱而撤退时,就是在豫章被吴军队击败,吴人俘虏了五个楚军将领。故本年(指吴阖闾七年,前508)吴、楚之战,当为两国间的又一次豫章之战。

豫章,指今河南、安徽相接处的广大地域。杨伯峻《春秋左传注》说:"《左传》凡八言豫章,据成瓘《篛园日札·春秋豫章考》,当起自今安徽之霍丘、六安、霍山诸县之间,西迄河南光山、固始二县,抵信阳市及湖北应山县之东北。"[4]

从本年吴国借楚之属国桐国叛楚事,设局诱骗楚国并"败之"及"围巢,克之,获楚公子繁"等来看,个中除表达出吴王阖闾与楚国争夺的决心和意志外,不能排除的另一个因素即是与吴王阖闾之父——吴王诸樊时期的"舒鸠氏"及"巢"有关。

关于"舒鸠",前文曾述吴王诸樊时,吴人"召舒鸠人,舒鸠人叛楚"[5]的往事。其时,吴军介入及楚灭舒鸠,并由此导致诸樊战死在"巢"邑城下。

而本年出现的"舒鸠氏",杜预注为:"舒鸠,楚属国。"[6]这意味着,吴王诸樊时期被楚国

---

[1]杨伯峻:《春秋左传注》(修订本),中华书局1990年,第1516页。
[2]《左传·定公二年》,见《春秋左传正义》,北京大学出版社1999年,第1536—1537页。
[3]《左传·定公二年》,见《春秋左传正义》,北京大学出版社1999年,第1537页。
[4]杨伯峻:《春秋左传注》(修订本),中华书局1990年,第1280页。
[5]《左传·襄公二十四年》,见《春秋左传正义》,北京大学出版社1999年,第1008页。
[6]杜预注,见杜预:《春秋经传集解》,上海古籍出版社1978年,第1611页。

灭掉的舒鸠，其后又以某种形式复国，且成为楚属国。而"巢"邑，即为阖闾之父——吴王诸樊当初被楚军射杀之地。或正是这些与诸樊战死有关的属国、城邑，勾起吴王阖闾关于父亲被杀的仇恨，使得他利用桐国叛楚的事件，设局败楚，并复仇式地"围巢，克之，获楚公子繁"。

三、吴伐楚入郢之战的战争背景及吴国的战争准备

公元前506年（吴阖闾九年）的吴伐楚之战，吴军在柏举大败楚军后，攻入楚国郢都。这在春秋史上也堪为重大事件。而此战和吴国以往单独与楚国作战不同的是，蔡国、唐国作为吴国盟国，共同参与了本年的伐楚之战。

蔡、唐成为吴国盟国，完全是楚国官员恃强凌弱、敲诈勒索等贪腐行为的结果。

（一）楚国重臣对邻国唐、蔡的勒索、欺凌

楚国重臣在与周边邻国的相处中，充满着傲慢和蛮横。《左传》记载了楚国重臣恃强凌弱的两个典型对象——蔡国与唐国。

1. 蔡国

蔡国的国君蔡昭侯制作了两块玉佩和两件皮大衣送到楚国去。蔡昭侯把一块玉佩和一件皮大衣献给了楚昭王，楚昭王穿上蔡昭侯送的皮大衣并佩上了蔡昭侯送的玉佩设宴招待蔡昭侯。其时，蔡昭侯也穿上了另一件皮大衣、佩带上了另一块玉佩。裘衣美玉刺激了楚国令尹子常的占有欲，"子常欲之，弗与。三年止之"[1]。意即楚国令尹子常（囊瓦）也想要那件皮衣和那块玉佩，蔡昭侯不给，子常就把蔡昭侯扣押在楚国达三年之久。

2. 唐国

楚国的另一邻国唐国，也遭到了楚国令尹子常的类似欺压。"唐成公如楚，有两肃爽马，子常欲之，弗与，亦三年止之。"[2]意思说，唐国国君唐成公前往楚国访问，带了两匹好马——肃爽马。子常想要这两匹肃爽马，唐成公不给便也被扣留在了楚国三年。

楚国令尹子常不止一次的索贿及得不到满足就扣押邻国国君，而被扣押了国君的小国臣属们无奈之际，只能以满足楚国令尹子常的贪欲换回他们的国君。

先是唐国人替换原先跟随唐成公访楚的侍卫，偷出了那两匹肃爽马去献给楚令尹子常。于是，子常把唐成公放回国去。其后，蔡国人为了他们的国君回归，也为楚国令尹子常准备了另一套皮衣与玉佩献给了子常。于是，蔡昭侯得以归国。

在回国途中，蔡昭侯到达汉水时，拿出了那块给他带来厄运的玉佩，抛入水中并发誓再不去楚国："余所有济汉而南者，有若大川。"[3]意即"我如果再渡过汉水南去楚国的话，我当受祸，请这条大河为我的誓言作证"。回到国内后，蔡昭侯"如晋，以其子元与其大夫之子为质焉，而请伐楚"[4]。即蔡昭侯到晋国去访问，并以他的儿子元和一位大夫的儿子作为人质，请求晋国出兵

---

[1]《左传·定公三年》，见《春秋左传正义》，北京大学出版社1999年，第1539页。
[2]《左传·定公三年》，见《春秋左传正义》，北京大学出版社1999年，第1539页。
[3]《左传·定公三年》，见《春秋左传正义》，北京大学出版社1999年，第1539页。
[4]《左传·定公三年》，见《春秋左传正义》，北京大学出版社1999年，第1539页。

（二）吴国未与会的十八国召陵盟会及其伐楚动议未果

蔡国本为楚之盟国，楚灵王时并吞该国，楚平王时又使该国复国。如今，这一昔日的楚之盟国，请求晋国帮助他们出兵攻打楚国。这使得晋国看到了某种机遇。于是，晋国充分利用与周王室的密切关系，请出周王室成员并召开了有十八个国家与会的召陵盟会。

公元前506年（吴阖闾九年），晋国主持的召陵盟会召开。《春秋经·定公四年》记载该盟会与会国情况为："三月，公会刘子、晋侯、宋公、蔡侯、卫侯、陈子、郑伯、许男、曹伯、莒子、邾子、顿子、胡子、滕子、薛伯、杞伯、小邾子、齐国夏于召陵，侵楚。"[1]

从以上记载中可以看出：

其一，周王室代表"刘子"的"刘文公"，即为周王朝卿士刘卷。刘卷此番到来，杜预注称为"奉命出盟召陵"[2]，孔颖达疏称为"是天子敕之使盟也"[3]。所有这些，使得卿士刘卷有着周王室特命全权代表的身份，也使得召陵盟会有了一层周天子首肯的色彩。

其二，盟会的宗旨，即"侵楚"。亦即《左传·定公四年》所记载的："四年，春，三月，刘文公合诸侯于召陵，谋伐楚也。"[4]即列国商量"侵楚"或"谋伐楚"——攻打楚国事宜。

其三，对照昔日楚国主导的申地盟会与会国名单，则可看出，原先参与申地盟会并为楚之盟国的蔡、陈、郑、许、滕、顿、宋等七国，均参与了本次盟会且加入反楚阵营中来。昔日这些唯楚国马首是瞻的盟友，现在参与召陵盟会讨论的却是"侵楚""谋伐楚"之事了。

由此可见，楚国的权臣终因他们的贪欲及对周边国家的恣肆凌辱而付出了昔日盟友雪崩似的坍塌及背叛的代价。

其四，本次"谋伐楚"的盟会，吴国并未参加。吴国近年来在对楚战争中屡屡获胜。从对楚战绩上来说，在这一时期，吴国超越了曾经的中原盟主——晋国。因此，吴国未与会的情况，不排除是因为晋国忌惮吴国的影响已远超于它，故不邀请吴国，避免盟会上产生双头盟主及话语权之争；而另一种情况则可能为，吴国受邀但依然如历史上的情况一样而"不至"——不出席。不出席的原因或是不屑于这种务虚空谈，或是避免文化上受到中原文化的逼迫。因文献记载阙如，上述均为推测。

召陵盟会的"侵楚"或"谋伐楚"之议，要获得通过，还得过满足晋国权臣的贪腐要求这一关。因此，对一心借晋之力而伐楚的蔡国来说，极具讽刺意义的是，这一"伐楚"之议同样因为晋国权臣的贪欲而被搁置起来。

《左传·定公四年》载："晋荀寅求货于蔡侯，弗得。"[5]意为，晋国的荀寅向蔡侯索要财物，没有得到。荀寅于是就对晋国正卿范献子（即士鞅，范宣子之子）说："国家正在危急之时，各国诸侯都怀有二心，在这种情况下准备去袭击敌人，不也是很困难吗？雨季已经来临，疟疾正在

---
[1]《春秋经·定公四年》，见《春秋左传正义》，北京大学出版社1999年，第1540页。
[2] 杜预注，见杜预：《春秋经传集解》，上海古籍出版社1978年，第1618页。
[3] 孔颖达疏，见《春秋左传正义》，北京大学出版社1999年，第1540页。
[4]《左传·定公四年》，见《春秋左传正义》，北京大学出版社1999年，第1542页。
[5]《左传·定公四年》，见《春秋左传正义》，北京大学出版社1999年，第1542页。

流行,中山国一带的人又在反叛我们。抛弃当初签订的诸侯列国弭兵的盟约而招致楚国的怨恨,对楚国没什么损害,可我们却失去了中山。依我看不如辞谢蔡侯希望我们讨伐楚国的要求。我们自从方城战役以来,还没有占过楚国上风,出兵也只能是劳师而伤财。"

荀寅的一席话,终使晋国"乃辞蔡侯"[1],即拒绝了蔡昭侯的伐楚请求。

蔡昭侯当初在楚因拒绝楚令尹子常的索贿,被扣楚国三年。为此,他愤而倒戈,不惜将儿子作人质来请晋国为其复仇。而十八国"谋伐楚"的大会都已开了,没料又遇着晋国权臣的索贿。蔡昭侯又一次的拒绝贿赂,终给他带来又一次的失望。荀寅索贿不成而加阻挠只不过是伐楚之议未落实下来的一个表象因素,其深层次原因,是晋国的卿族内斗和国家实力的衰落。第二次列国弭兵盟会后的晋、楚冲突中,晋国没有占过上风。正是晋国君臣内心深处对楚国的恐惧,成为制约晋国不敢轻易开衅的真正原因。由此来看,这一时期的晋国,有心称霸,却无力回天。

因此,蔡昭侯遭受凌辱而欲复仇之际,到处求人,以图假借大国之手而复仇。召陵盟会的"侵楚"之议不了了之,蔡昭侯愿望落空。

将楚国召开的申地会盟与会国名单与晋国召开的召陵会盟与会国名单进行比较,则可以看出,其中的沈国参加申地会盟而没有参加召陵盟会,从而表达出仍坚定站在楚国一边的政治立场。而由于"沈人不会于召陵,晋人使蔡伐之。夏,蔡灭沈"[2],即因为沈国不派人参加召陵盟会,晋国让蔡国攻打沈国。夏季,蔡国灭亡了沈国。

蔡灭沈之战是晋国指使蔡国充当打手教训一下不肯选边站在自己一方的沈国,但蔡国的这次讨伐,手段极其极端。据《春秋经·定公四年》记载,蔡昭侯灭了沈国后,"以沈子嘉归,杀之"[3]。即蔡国军队抓住沈国国君,蔡昭侯竟然把他给杀了。

列为全国重点文物保护单位的沈国故城所在地——河南平舆县射桥镇古城村(左)及古城村外传说的沈子嘉墓(右)(吴恩培摄)

蔡昭侯手段如此暴戾的原因,即是蔡昭侯欲以这种极端残忍的方式激怒楚国以引发楚国干涉,从而把指使其伐沈的晋国拖入与楚国的正面对抗及战争之中。

因此,蔡昭侯行为极端、手段凶残的背后,包藏着绑架晋国而以小博大的险恶用心。然而,晋

---

[1]《左传·定公四年》,见《春秋左传正义》,北京大学出版社1999年,第1542页。
[2]《左传·定公四年》,见《春秋左传正义》,北京大学出版社1999年,第1552页。
[3]《春秋经·定公四年》,见《春秋左传正义》,北京大学出版社1999年,第1540页。

国由于自身衰弱的原因,既不会轻易介入,更不会被小国绑架。而企图把事情做大的蔡昭侯,虽达到激怒楚国的目的,但并未等来晋国的出兵。

晋国抽身而退,一下子把蔡昭侯置于极危险的境地。面临着楚国的报复,无奈中的他,只能再把希望寄托在楚国的老对手——吴国身上。

对吴国来说,六年前的吴阖闾三年(鲁昭公三十年,前512),吴国在实施"疲楚"之策时,"光谋欲入郢"[1],即吴王阖闾就想谋取攻占楚国郢都,但被孙武以"民劳,未可,待之"[2]所劝阻。故《史记·吴太伯世家》记载本年(吴阖闾九年,前506)吴王阖闾对伍子胥、孙武说:"始子之言郢未可入,今果如何?"[3]即当初你们说不能攻打郢都,现在情况如何?二人认为楚国大将子常(囊瓦)贪婪,唐国、蔡国都恨他。"王必欲大伐,必得唐、蔡乃可。"[4]意即大举伐楚,必须联合唐、蔡二国才能成功。

楚国令尹子常,以其贪欲和腐败,把邻国变成了敌国时,也把唐、蔡二国推到吴国伐楚盟友的地位上。

(三)伍子胥的谋楚外交与出土器、传世器表明的吴国与蔡、胡等国的政治联姻

公元前506年(吴阖闾九年,鲁定公四年),"秋,楚为沈故,围蔡"[5]。即本年秋季,楚国由于沈国被灭而包围了蔡国。蔡国灭沈,成为楚国围蔡的直接原因。但真正使楚人恼怒的原因则是蔡昭侯极端的反楚态度。

楚国围蔡,晋国观望,这一方面使得蔡昭侯绑架晋国的目的没有实现,另一方面却为吴国终于等来了伐楚的最佳时机。于是,"伍员为吴行人以谋楚"[6],即伍子胥以主管吴国外交的"行人"这一官职身份,谋划对付楚国。

晋国等在十八国召陵盟会的"侵楚""谋伐楚"议题,仅停留在务虚层面,其后并未有实质性的伐楚作为。但这一盟会,却为吴国的谋楚外交和其后的伐楚行为营造了一个极佳的外部氛围和环境,更使得吴国处于实现列国伐楚愿望的道德高地上。唐、蔡等国从楚国盟国变身为反楚先锋和吴国盟友。而原先为楚之盟国的陈、许、顿、胡、滕等国,虽未加入吴国的反楚军事联盟,但上年聚集在召陵盟会"侵楚""谋伐楚"的旗帜下即已表明了他们的站队和态度。因此,在吴国与楚国的战争中,吴王阖闾精准地把握住了召陵盟会"侵楚""谋伐楚"的列国政治氛围和蔡国灭沈、楚国围蔡等一系列契机,从而把他六年前即"谋欲入郢"的战略思维化为了伐楚的实际行动。

而在伍子胥主持的具体外交实务中,其谋楚对象首先就是蔡国。前文提及,蔡昭侯访问晋国寻求帮助时,曾将他的儿子"元"和一位大夫的儿子作为人质,请求晋国攻打楚国。其后,由于晋国抽身置蔡昭侯于困境中,故吴国外交顺势介入。在这种情况下,蔡昭侯又"以其子乾与其大夫

---

[1]《史记·吴太伯世家》,见司马迁:《史记》,中华书局1959年,第1466页。
[2]《史记·吴太伯世家》,见司马迁:《史记》,中华书局1959年,第1466页。
[3]《史记·吴太伯世家》,见司马迁:《史记》,中华书局1959年,第1466页。
[4]《史记·吴太伯世家》,见司马迁:《史记》,中华书局1959年,第1466页。
[5]《左传·定公四年》,见《春秋左传正义》,北京大学出版社1999年,第1552页。
[6]《左传·定公四年》,见《春秋左传正义》,北京大学出版社1999年,第1552页。

之子为质于吴"[1]，即蔡昭侯将他的另一个儿子——"乾"和一个大夫儿子放在吴国作人质，既显示了蔡国与吴国共同伐楚的决心，也表明了其时吴国对蔡外交的丰硕成果。

留存于世的出土器表明，这一时期吴国为伐楚进行的卓有成效的外交活动中，还包括与蔡、胡等国的政治联姻。1955年，安徽寿县西门出土的"吴王光"青铜鉴，铭文证实吴王阖闾女儿叔姬寺吁（"叔"为排行，故又作"姬寺吁"）嫁与蔡昭侯及吴、蔡间存在政治联姻的事实。

中国国家博物馆展出的"吴王光"青铜鉴（吴恩培摄）

 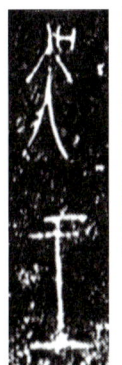 

"吴王光"青铜鉴中铭文拓本（左）及其铭文"吴王"局部（中）、"叔姬寺吁"四字局部（右）（录自《商周青铜铭文选》）[2]

而现藏上海博物馆的传世器"䤺叔乍吴姬簠"的铭文揭示这一时期，吴国不仅和蔡国进行了政治联姻，同时，还将另一位身份不详的吴国王室女子——"吴姬"嫁与胡国国君胡子豹[3]。吴王夫差执政初，楚国政局稳定即对吴王阖闾伐楚入郢时与吴国关系密切的诸侯国进行清算，其时胡国为楚所灭。这就是《左传·定公十五年》记载的"吴之入楚也，胡子尽俘楚邑之近胡者。楚既定，胡子豹又不事楚……楚灭胡"[4]。故该器及其铭文证实了吴王阖闾时期，吴国与胡国间存在的联姻关系。

《左传·定公四年》记载："冬，蔡侯、吴子、唐侯伐楚。"[5]是时，伍子胥主持的吴国外交，在建立以吴、唐、蔡为主的联盟后，显然还想拉更多国家结成反楚联盟。《左传·哀公元年》有一段补叙记载，即叙述吴、蔡、唐结为联盟时，吴国也曾派人与陈国联系，并欲拉拢陈国国君陈怀公参加反楚联盟之事。

---

[1]《左传·定公四年》，见《春秋左传正义》，北京大学出版社1999年，第1553页。
[2]上海博物馆：《商周青铜器铭文选》（二），文物出版社1987年，第334页。
[3]该器铭文为："䤺叔作吴姬尊簠，其万年子子孙孙永宝用。"而"䤺，胡字初文。……胡国有二：一是姬姓，在今漯河市东；一是归姓，在今安徽阜阳县。此器䤺叔夫人称吴姬，当为归姓之胡"。"春秋晚期，归姓之胡亲吴抗楚，最后被楚所灭。"（董楚平：《吴越徐舒金文集释》，浙江古籍出版社1992年，第60—61页）
[4]《左传·定公十五年》，见《春秋左传正义》，北京大学出版社1999年，第1606页。
[5]《左传·定公四年》，见《春秋左传正义》，北京大学出版社1999年，第1553页。

陈国左邻楚国，右邻吴国，为夹在吴、楚之间的一个小国。时吴国来拉拢、威胁，不敢不从——怕得罪吴国，遭受现实的打击；但又不敢从——怕得罪楚国，遭受日后算账。地缘政治下，陈国何处？陈怀公把握不定，于是"朝国人而问焉"[1]，即将矛盾向下转移，用全民公决的民主方式决定。公决的规则是"欲与楚者右，欲与吴者左"[2]，即想要亲附楚国的站在右边，想要亲附吴国的站在左边。

这一春秋时的全民公决结果是："陈人从田，无田从党。"[3]即田产位置靠近楚国的，都站到了亲附楚国一边，而田产位置靠近吴国的，都赞同亲附吴国。没有田产的，都选择了和亲戚、族人站在一起。显然，经济利益决定了陈国人的政治态度，而这一国民政治立场公决式的选择，隐含着这个国家会因经济利益的冲突而面临族群撕裂的严重后果。于是，陈国大夫逢滑提出陈国当采取不左不右的中立立场说："臣闻国之兴也以福，其亡也以祸。今吴未有福，楚未有祸。楚未可弃，吴未可从。"[4]意为，臣听说，国家的兴盛是由于它的福祉，而它的灭亡是由于祸难。如今吴国还没有福祉，而楚国也还没有祸难。因此，楚国还不能背弃，吴国也还不能跟从。于是陈怀公听从逢滑的不左不右的中立意见，没有选择与吴国结盟。

此事，《史记·陈杞世家》的记载，并无用全民公决的民主方式决定的记载，而是记为："怀公元年，吴破楚，在郢，召陈侯。陈侯欲往，大夫曰：'吴新得意，楚王虽亡，与陈有故，不可倍。'怀公乃以疾谢吴。"[5]意为，陈怀公元年（吴阖闾十年，鲁定公五年，前505），吴王攻破楚国后，驻扎郢都，召见陈怀公。怀公想要前去，陈国大夫说："吴王最近志得意满，可是楚王虽然逃走，但与陈国是旧交，不能背叛陈、楚之交。"怀公就以身体有病为借口推辞了会见。

陈国当初的这一立场，吴王阖闾或许为了伐楚这一战略目标而未予以分兵问罪，但在吴军返归后，令陈怀公来吴，并以扣之于吴国至死的方式予以惩罚。这就是《史记·陈杞世家》接下来的记载："四年，吴复召怀公。怀公恐，如吴。吴怒其前不往，留之，因卒吴。陈乃立怀公之子越，是为湣公。"[6]即四年后的陈怀公四年（吴阖闾十三年，鲁定公八年，前502），吴王阖闾又召见陈怀公，陈怀公害怕，只得前往吴国。吴王气愤于上次陈怀公不来，于是扣留了他，陈怀公终死在吴国。陈国于是立怀公之子越为君，这就是陈湣公。

与上述《史记·陈杞世家》记载同步的是《史记·十二诸侯年表》的"吴阖闾十三年"栏内，记载着"陈怀公来，留之，死于吴"[7]。

---

[1]《左传·哀公元年》，见《春秋左传正义》，北京大学出版社1999年，第1613页。
[2]《左传·哀公元年》，见《春秋左传正义》，北京大学出版社1999年，第1613页。
[3]《左传·哀公元年》，见《春秋左传正义》，北京大学出版社1999年，第1613页。
[4]《左传·哀公元年》，见《春秋左传正义》，北京大学出版社1999年，第1613页。
[5]《史记·陈杞世家》，见司马迁：《史记》，中华书局1959年，第1582页。
[6]《史记·陈杞世家》，见司马迁：《史记》，中华书局1959年，第1582页。
[7]《史记·十二诸侯年表》，见司马迁：《史记》，中华书局1959年，第667页。

四、吴伐楚入郢之战的战争进程

（一）吴伐楚入郢之战的吴军数量及其"舍舟"与"胥溪"

1.伐楚吴军数量

本次吴国伐楚吴军的数量，战国后期的《吕氏春秋·用民》篇中说："阖庐之用兵也，不过三万。"[1]也就是说，吴国以三万之众，再加以唐、蔡之军，发动了伐楚之战。

2."舍舟"与"胥溪"

《左传·定公四年》叙写战争的方式与进程说，吴军"舍舟于淮汭，自豫章与楚夹汉"[2]。意为，吴军把船停在淮河弯曲处，从豫章进发，和楚军隔着汉水（又作汉江）对峙。杜预注曰："吴乘舟从淮来，过蔡而舍之。"[3]

前引杨伯峻《春秋左传注》注"豫章"述，"豫章"指今河南、安徽相接处的广大地域。该地域向来为吴、楚争夺之地，前面提及的两次吴楚豫章之战以及"潜、六"之战等，均发生于此。而此战从吴军"舍舟于淮汭"来看，吴军显系乘舟前来。故与之相连的一个问题是：吴国战船行进路线为何？

春秋时，吴国战船从太湖至江淮，当有以下几条路线：

其一，因历史上的淮河是一条从云梯关（位于今江苏响水）独流入海的河流，故其时战船从太湖入淮，当经太湖下泄水道（松江、娄江等），入江及入海后，再北上绕至云梯关淮河入海处，溯淮而上。

其二，战船从太湖下泄水道（松江、娄江等）至长江口，不入海作溯江而上，在今芜湖西北含山县东关镇境内的濡须口，入巢湖、居巢等。杨伯峻《春秋左传注》引高士奇《地名考略》："《史记》，吴公子光六年大败楚军于豫章，取楚之居巢而还，自是巢入于吴矣。"[4]因此，相距三年后的吴王阖闾九年（鲁定公四年，前506）时，"巢"当为吴所控制。从长江至芜湖再由此入巢湖，进入豫章地区，并于此处"舍舟"，改作战车等步兵行进。

其三，从太湖至芜湖注入长江的水道，为最短水道，但其中一段需人工开挖以沟通。这一条水道即胥溪。

清金友理《太湖备考》卷一记载："胥溪，原属溧水，今属高淳。与建平连界，去建平县北四十里、高淳县东五十里、溧阳县西八十里。东通太湖，西入大江。按：胥溪在广通镇，即广通坝水。春秋时，吴伐楚，伍员开此运粮，由芜湖达震泽。……今之西坝即古银林堰处，东坝即古分水堰处，中间十八里即伍员所开之胥溪，苏、常之水利一大关锁也。"[5]

王键、唐茂松主编《江苏吴文化志》"胥溪"条说："相传周敬王十四年（前506）吴王阖闾伐楚，命伍子胥开堰渎运粮。据明代韩邦宪考证，即凿通今江苏高淳县东长江支流水阳江和太湖分水岭的东坝，使西穿过固城、石臼、丹阳、南漪等湖而入长江的水阳江与东面穿过三塔荡、长荡等

---

[1]《吕氏春秋·用民》，见陈奇猷：《吕氏春秋校释》，学林出版社1984年，第1270页。
[2]《左传·定公四年》，见《春秋左传正义》，北京大学出版社1999年，第1553页。
[3] 杜预：《春秋经传集解》，上海古籍出版社1978年，第1631页。
[4] 杨伯峻：《春秋左传注》（修订本），中华书局1990年，第586页。
[5] 金友理：《太湖备考》，江苏古籍出版社1998年，第37—38页。

湖入太湖的荆溪连接起来，成为东连太湖西入长江的第一条运河。"[1]

关于苏州境内的胥溪，有研究成果指出："早在春秋时期，江南的水利工程就已开始进行。吴王阖闾命伍子胥开挖了胥溪。太湖湖口到横塘胥江的河道，就是胥溪的一部分。"[2]因此，苏州境内自胥门经吴县（今吴中区）胥口入太湖的水道，称为"胥江"，其亦为胥溪之一段。

苏州市民政局、苏州市地方志学会《苏州市吴文化地名保护名录》（市区卷）录"胥江"条也说："胥江，西起太湖胥口至外城河（泰让桥）。流经吴中区木渎、西跨塘和虎丘区横塘、姑苏城区。因胥山得名，又名胥塘、胥口塘、横塘、兴福塘。今称胥江。这本是春秋时由伍子胥主持开凿的一条人工运河，是首条由苏州出发的人工运河，后来名为'胥溪'。胥溪自阖闾大城（今苏州）的胥门起始，从胥江（苏州段）经横塘、木渎、胥口入太湖，然后从宜兴经溧阳到定埠、再从东坝入高淳湖，又西出乌溪，在安徽南部的芜湖通达长江，全长约225公里。"[3]

综上可见，从当时吴、楚争斗的形势看，吴国开凿这条运河，不仅可能，而且必要。此人工运河名"胥溪"，如《太湖备考》等文献所述为"伍员所开"，故名。而安徽芜湖市博物馆相关展板，则将该水道称为"中江水道"，并指出说："中江水道即长江经芜湖至太湖的一条重要的水道，其中胥河至南溪河段据传为伍子胥开凿的人工运河，故又称'胥溪运河'。中江水道是春秋时期吴国重要的军事、经济交通要道，也是春秋时期吴国最重要的经济命脉。"

当吴军自太湖经胥溪而入长江，并"舍舟于淮汭"后，接下来则是前述的"自豫章与楚夹汉"，即吴军与楚军隔着汉水（汉江）而对峙了。这一军事对峙，已是在楚国境内。吴军长途奔袭，在距太湖流域千里外的汉水（汉江）与楚军隔江对峙。由此可见，这一时期吴国的军事投放能力及战争能力，已是非常强大了。

（二）楚军的内部倾轧、内斗导致临阵变策

在吴军经胥溪入江、入淮并舍舟与楚军隔汉水对峙时，楚军将领左司马沈尹戌立即抓住吴军孤军深入的弱点，向楚军统帅、楚国令尹子常（囊瓦）提出作战建议说："子沿汉而与之上下，我悉方城外以毁其舟，还塞大隧、直辕、冥厄，子济汉而伐之，我自后击之，必大败之。"[4]意即，沈尹戌对子常说："您带领楚军主力沿汉水西岸与吴军周旋，从正面牵制、吸引吴军，以阻遏吴军的进攻。而我带领方城山外的全部兵力，迂回到吴军的侧后，摧毁吴军丢弃在那里的舟船，接着回兵封锁汉水东面的大隧、直辕、冥厄这三关的隘口，切断吴军归路。然后，您带领楚军渡过汉水向吴军发起正面进攻，我从他们背后夹击，一定能够大败吴军。"

《左传·定公四年》接下来记载说："既谋而行。"[5]即沈尹戌的上述意见，获得子常的认可和批准，并付诸实施。显然，沈尹戌是位头脑清醒、深通韬略的楚军将领，战争的进程如果按其提出的方案进行的话，深入敌国纵深的吴军，同时也包含阖闾、伍子胥和孙武等人，或将是另一种命运和结局。

---

[1] 王键、唐茂松主编：《江苏吴文化志》，江苏科学技术出版社2013年，第45页。
[2] 岳俊杰、蔡涵刚、高志罡主编：《苏州文化手册》，上海人民出版社1993年，第20页。
[3] 苏州市民政局、苏州市地方志学会：《苏州市吴文化地名保护名录》（市区卷），古吴轩出版社2015年，第82—84页。
[4] 《左传·定公四年》，见《春秋左传正义》，北京大学出版社1999年，第1553页。
[5] 《左传·定公四年》，见《春秋左传正义》，北京大学出版社1999年，第1553页。

吴军在大战前暴露且被沈尹戌抓住的弱点,显而易见。

导致沈尹戌作战计划未能实现,且使楚军丧师辱国的原因乃是楚军上层的内部倾轧。沈尹戌提出的作战方案,经楚军统帅子常批准并已开始实施,沈尹戌也已北去方城予以落实。可此时,楚国将军武城黑却对这一方案提出异议说:"吴军战车是用木头制的,不怕雨淋;而我们的战车是用皮革蒙上的,怕雨怕湿而且不能耐久,所以不如速战速决。"武城黑的言下之意是,沈尹戌让他们在这儿和吴军周旋,可他们的装备和吴军装备有差异,不利于长时间等待。

武城黑或是不愿意充当与吴军周旋的配角,但其从军事装备角度提出对交战双方的影响,尚有可取之处。楚国另一位将军史皇的意见,则集中反映了楚军内部的钩心斗角和互相掣肘。是时,史皇用一种挑拨、妒忌的口吻对子常说:"楚人恶子而好司马,若司马毁吴舟于淮,塞城口而入,是独克吴也。子必速战,不然,不免。"[1]意为,楚国人厌恶您而喜欢沈尹戌,假如沈尹戌把吴国的战船摧毁在淮水,再封锁住大隧、直辕、冥厄这三关后回师而入,这场战争就成了他一个人战胜吴军的战争了。您一定得速战速胜,否则会逃脱不了无能的指责。

从史皇的话中可以看出,沈尹戌的方案可行且胜算极大。但若依沈尹戌方案,仗打赢了,胜利和荣誉也不归统帅子常而归于沈尹戌。出于妒忌的卑劣情操,史皇煽起了统帅子常心中的卑劣情操——如按沈尹戌的方案打,即使打赢,楚军统帅非但没什么好处,反而要被指责为无能。因贪腐、索贿而已经严重损害楚国国家利益的楚国令尹子常,此时在个人名誉的盘算中抛弃了本可获胜的作战方案。沈尹戌的作战方案极有可能战胜吴军,楚军统帅子常和将军史皇等,对此其实都有着清醒的判断。因此,他们并非因战况不明判断失误,而完全是因考虑个人名利得失而置国家利益于不顾。

于是,楚军统帅子常舍弃由他批准且已经在实施中的沈尹戌方案,另砌炉灶。之后,他率领楚军渡过汉水摆开阵势,从小别山打到大别山,和吴军三次交战都没有取胜。子常知道这样打下去战胜不了吴军,于是想要逃跑。

临阵变策,本为兵家大忌。楚军统帅子常随意改动既定且已在实施中的作战方案,导致三战皆败。兵败之下,担负主要职责的主帅不是设法挽狂澜于既倒,而是意欲临阵脱逃。是时,那位心理阴暗的楚将史皇却表现出了一个军人的气概,对子常说:"国家太平时,你争权而掌管国政。国家有难时,你想逃跑放弃职责。你要逃到哪里去呢?你一定要拼命打这一仗,从前你所犯下的罪过才能完全解脱。"

楚国令尹子常,此时被属下史皇又拖拽着回到战场。正是在这一情势下,吴、楚之间展开了两国历史上规模最大的军事战役——柏举之战。

五、吴、楚柏举之战及此战的悲剧性人物——楚左司马沈尹戌

(一)柏举地望及柏举之战的过程、结果

柏举,今湖北麻城县东北。韩湘亭《历代郡县地名考》:"柏举:地名,湖北麻城县东北有柏

---

[1]《左传·定公四年》,见《春秋左传正义》,北京大学出版社1999年,第1553—1554页。

子山,县东有举水,故名。"[1]

列为湖北省重点文物保护单位的湖北麻城柏子山上的"柏子塔"文物保护碑(左)及柏子塔(右)(吴恩培摄)

湖北麻城博物馆(左)(吴恩培摄)及该博物馆展出的麻城"举水"图片展板(右)(吴恩培摄展板图片),图片展板下标示的说明文字为:"举水河,源出大别山,是麻城人民的母亲河,入长江、汇东海。正是'源远流长'。"

《春秋经·定公四年》以简略文字记载了吴楚柏举之战及其结果:"冬,十有一月,庚午,蔡侯以吴子及楚人战于柏举,楚师败绩。楚囊瓦出奔郑。庚辰,吴入郢。"[2]

柏举之战被史家称为"东周时期第一个大战争"[3],意指此战的规模、意义等均超过晋楚争霸时期的城濮之战(前632)、邲之战(前597)以及鄢陵之战(前575)。如前所述,此战也是中国古代军事家孙武毕生参与指挥的唯一的吴楚大战。

在对楚军极为不利的氛围中,柏举之战揭开序幕。《左传·定公四年》记写此战说,本年十一月十九日,吴楚两军对阵于柏举。"阖庐之弟夫概王晨请于阖庐曰"[4],即吴王阖闾的弟弟夫概,早晨向阖闾请求说:"楚国令尹囊瓦(即子常)不仁,他的部下都没有拼死的决心。我们先向他发

---

[1] 韩湘亭编辑:《历代郡县地名考》,北京图书馆出版社2002年,第470页。
[2] 《春秋经·定公四年》,见《春秋左传正义》,北京大学出版社1999年,第1541—1542页。
[3] 范文澜:《中国通史》(第一册),人民出版社1978年,第122页。
[4] 《左传·定公四年》,见《春秋左传正义》,北京大学出版社1999年,第1554页。

动进攻,他的士兵一定会逃跑,然后我们的大军接着攻击,一定能大获全胜。"吴王阖闾对这一请求"弗许"[1],即没有批准。

夫概对之显然不满意,于是说:"所谓'臣义而行,不待命者',其此之谓也。今日我死,楚可入也。"[2]意即,夫概王说:"所谓'臣下合于道义就去做,不必等待命令',说的就是这个吧!今天我拼命作战,就可以攻进郢都了。"

这位在《左传》中一出现就被称为"夫概王"的"阖庐(阖闾)之弟",其时并不把兄长阖闾放在眼里。在阖闾没有批准的情况下,他擅自带领其部下五千人马,向楚国囊瓦统率的军队冲击。此时的楚军已不堪一击。在夫概的冲击下,楚军溃不成军,吴国军队大败楚军。"子常奔郑。史皇以其乘广死。"[3]即楚军统帅子常(囊瓦)逃往郑国,而史皇带着他所部属的战车和士卒与吴军力战而死。

春秋时著名的柏举之战,竟以夫概一次不听吴王号令的军事冲击为导火索,并收到极佳效果。接下来,吴军追赶楚军,到达清发,准备发动攻击。夫概说:"被围困的野兽还要争斗一番,何况人呢?他们如果明知不免一死,就会同我们拼命决战,就必定会打败我们。但如果让先渡过河的楚军知道一过河就可以逃生,后边的人羡慕先渡河者而拼命争渡。这样,楚军就没有斗志了。因此,在楚军渡河渡到一半时,我军才可以攻击。"

吴军按照夫概所说,再一次击败楚军。在接下来的追击中,楚军做好饭还没来得及吃,吴军又赶到了。于是楚军奔逃,而吴军吃完楚军做好的饭,又继续追击。就这样,吴军"败诸雍澨。五战,及郢"[4],即吴军在雍澨再次击败楚军。经过五次战役,吴军兵临楚国国都——郢都城下。

位于湖北麻城的吴楚柏举之战古战场,远处即为柏子山上的柏子塔(吴恩培摄)

(二)曾经"臣阖庐"的沈尹戌之死及其命运悲剧

楚左司马沈尹戌提出夹击吴军的方案后就出发了,他到了息地,听说楚军因修改作战方案而

---

[1]《左传·定公四年》,见《春秋左传正义》,北京大学出版社1999年,第1554页。
[2]《左传·定公四年》,见《春秋左传正义》,北京大学出版社1999年,第1554页。
[3]《左传·定公四年》,见《春秋左传正义》,北京大学出版社1999年,第1554页。
[4]《左传·定公四年》,见《春秋左传正义》,北京大学出版社1999年,第1554页。

发动对吴军的进攻且已接连失败，于是就中途折返。时见自己的制胜之策被弃而导致失败，这位将军在楚军兵败之时犹试图力挽狂澜并"败吴师于雍澨，伤"[1]，即他在雍澨打败吴军，自己也受了伤。

关于沈尹戌其人，《左传·定公四年》记载说："初，司马臣阖庐，故耻为禽焉。谓其臣曰：'谁能免吾首？'吴句卑曰：'臣贱可乎？'司马曰：'我实失子，可哉！'"[2]杜预注："司马尝在吴为阖庐臣，是以今耻于见禽。"[3]杨伯峻《春秋左传注》注："似句卑为吴人，而从司马戌者。"[4]综合上注，《左传》上条意为，沈尹戌昔日曾为吴王阖闾的家臣，所以耻于为吴军俘获，于是对他的部下们说："谁能够不让吴国人得到我的首级？"一个跟随他的吴国人句卑说："下臣卑贱，可以担当这任务吗？"沈尹戌说："我过去没能重视你，这是我的过失。你可以担当这件事。"

沈尹戌安排好自己的死后事，不顾在雍澨与吴军战时已受伤，再与吴军战，"三战皆伤，曰：'吾不用也已。'句卑布裳，刭而裹之，藏其身，而以其首免"[5]。杜预注："司马已死，刭取其首。""《传》言司马之忠壮。"[6]孔颖达疏："谋毁舟败吴，是忠也；虽伤，犹战不止，是壮也。"[7]故《左传》上条意为，沈尹戌再与吴军三战，三战都负了伤，说："我不行了。"接着就死去了。于是句卑割下他的首级，并展开裙子将割下的头颅包裹起来。藏好他的尸体后，句卑带着沈尹戌的首级逃走。

一代楚将沈尹戌，值担任主管楚国军事事务左司马一职期间，以自己被弃的智谋和战死的忠壮，成为柏举之战中体现楚国军人尊严和体面的悲剧性人物。

楚国有这样精通军事的人才，但未受到重用，以致他提出的本可战胜吴军的正确意见被放弃，从而使楚国蒙羞、国都被破。这也是本次吴楚之战中楚国的最大悲哀。

晋、楚争斗多年，但晋国或晋国集团都不曾攻入过楚国都城郢都。因此，吴军伐楚并攻入郢都，乃是春秋后期的大事件。

柏举之战后，楚军已无法组织起有效的抵抗。

六、吴入郢

（一）吴入郢前，楚昭王出逃郢都时的"火象阵"

柏举之战后，吴军在清发河攻击渡河的楚军，后又在雍澨河击败楚军。是时，楚国令尹、楚军统帅子常（囊瓦）已逃往郑国。而十一月二十八日，楚昭王带了他的两个妹妹季芈和畀我逃出郢都，徒步渡过睢水。时楚臣鍼尹固和楚昭王同船，吴军在后面追赶。为了阻遏吴军的追赶，楚昭王让鍼尹固在大象尾巴上点上火，让这些大象冲入吴军。这一惨烈的战争场景，毫不亚于后世战国

---

[1]《左传·定公四年》，见《春秋左传正义》，北京大学出版社1999年，第1555页。
[2]《左传·定公四年》，见《春秋左传正义》，北京大学出版社1999年，第1555页。
[3] 杜预注，见杜预：《春秋经传集解》，上海古籍出版社1978年，第1633页。
[4] 杨伯峻：《春秋左传注》（修订本），中华书局1990年，第1546页。
[5]《左传·定公四年》，见《春秋左传正义》，北京大学出版社1999年，第1555—1556页。
[6] 杜预注，见杜预：《春秋经传集解》，上海古籍出版社1978年，第1633页。
[7] 孔颖达疏，见《春秋左传正义》，北京大学出版社1999年，第1556页。

时齐将田单击溃燕军名将乐毅所使用的"火牛阵"。相比之下，楚军使用的这一"火象阵"，尽管时间更早、使用的动物体形更庞大，但在溃败之时并未对战局的扭转产生积极影响，故其影响亦相对有限了。

"火象阵"后，吴军"五战，及郢"[1]。在楚昭王离开郢都的第二天，"庚辰，吴入郢"[2]，意即十一月二十九日，五战五胜的吴军攻入楚国都城——郢都。

从公元前506年（吴阖闾九年，鲁定公四年）的"吴入郢"及当吴国军队攻破郢都城池时，再由此回看距此五十三年前的公元前559年（吴诸樊二年，鲁襄公十四年）楚国令尹子囊攻打吴国失败及临死前所发出的"必城郢"[3]遗言，或许这才会真正让后人意识到子囊临死前"必城郢"的卓识远见。

楚郢都旧址，为今"楚纪南城遗址"，该楚纪南城"城内面积约16平方公里"[4]，这意味着，春秋时楚国几任令尹极为关注且历经百年以上的楚郢都，其面积有16平方千米。郢都城墙建造的历史及楚国的军事防御文化，其后借助于由楚奔吴的伍子胥，催生出春秋吴都"吴"城（今苏州古城）及其城墙。而作为数据对比，如前文所述，苏州古城面积为"14.2平方公里"[5]，约为楚郢都城的89%，可谓面积相当而略小。

列为全国重点文物保护单位的湖北江陵"楚纪南故城"文物保护碑（吴恩培摄）

（二）吴入郢后的"以班处宫"与"掘墓鞭尸"

文献记载吴军攻入郢都后的两个事件，一为吴国上层的"以班处宫"，一为伍子胥复仇"掘墓鞭尸"。前者为《左传》记载，而后者，《左传》未载而见诸《史记》《吴越春秋》等文献。

1.关于"以班处宫"

（1）文献记载

吴军入郢后，"以班处宫。子山处令尹之宫，夫概王欲攻之，惧而去之，夫概王入之"[6]。杜预注："以尊卑班次处楚王宫室。""子山，吴王子。"[7]故《左传》上条意为，吴军入郢后，吴国君臣以相应的官职等级，分别住入对方君臣的宅第。吴王阖庐（阖闾）的儿子子山住进了楚国令尹的宅第，夫概想要攻打他并抢夺他住的宅第。子山害怕而离开，于是夫概王就住进了楚国二号人物令尹的宅第。

---

[1]《左传·定公四年》，见《春秋左传正义》，北京大学出版社1999年，第1554页。
[2]《左传·定公四年》，见《春秋左传正义》，北京大学出版社1999年，第1555页。
[3]《左传·襄公十四年》，见《春秋左传正义》，北京大学出版社1999年，第931页。
[4]"江陵纪南城"，见《楚国历史文化辞典》，武汉大学出版社1997年，第160页。
[5]《苏州市志·总述》，见苏州地方志编纂委员会：《苏州市志》（第一册），江苏人民出版社1995年，第1页。
[6]《左传·定公四年》，见《春秋左传正义》，北京大学出版社1999年，第1555页。
[7]杜预注，见杜预：《春秋经传集解》，上海古籍出版社1978年，第1633页。

显然,"以班处宫"引发并显现出了吴国上层内部权力争斗的迹象。前述,《左传·定公四年》以"夫概王"称阖闾之弟夫概,已属极为反常。而夫概与阖闾之子子山的争斗,表面看是住房之争,其背后却反映出夫概乃是以这一行为表明自己才是仅次于其兄阖闾的吴国二号人物,从而透露出其觊觎吴国王权的野心。

柏举之战时,夫概已表现出桀骜不驯的个性。他向其兄吴王阖闾请求攻击楚军,在未获批准的情况下,依然擅自带领人马向楚军冲击。一个无视吴王权威而又违反军纪的行动,后来被意外好的效果掩盖住了。而这意外好的效果,或使得夫概更加狂妄自大。因此,他和阖闾之子子山之争,已隐含针对其兄吴王阖闾及觊觎其王权的含义。

(2)"以班处宫"的后世层累

"以班处宫"的后世诠释,主要体现在《公羊传》《穀梁传》的解读与评述上。其要点为:"以班处宫"为吴国君臣以相应的等级、官职分别住入对方宅第并奸淫对方相同等级、官职官员的妻子,从而又返回到吴国蛮夷的本性上。《公羊传·定公四年》即记载说:"吴何以不称子?反夷狄也。其反夷狄奈何?君舍于君室,大夫舍于大夫室,盖妻楚王之母也。"[1]

《穀梁传·定公四年》也记载了相同事件:"何以谓之吴也?狄之也。何谓狄之也?君居其君之寝而妻其君之妻,大夫居其大夫之寝而妻其大夫之妻,盖有欲妻楚王之母者,不正。乘败人之绩,而深为利,居人之国,故反其狄道也。"[2]

上述《公羊传》和《穀梁传》里提及的"楚王之母"即楚昭王母亲——当日楚平王为太子建迎娶而后又纳为夫人的秦女。

(3)"以班处宫"的证伪

"以班处宫"之事,文献记载留下诸多难以说通之处。

其一,后世文献的记载不一。

上引《公羊传·定公四年》记载吴国国君居住在楚国国君的宫室里"妻楚王之母",是既遂行为;而《穀梁传·定公四年》则为"欲妻楚王之母",是未遂行为。

其二,当事人的反证。

从曾参与抵御吴军入侵的当事人——楚国大臣蓝尹亹在阖闾死后赞扬阖闾"目不淫于色"[3]来看,《公羊传》《穀梁传》的记载和分析,并不能采信。这是因为,吴伐楚并攻入郢都时,蓝尹亹跟随楚昭王逃亡到随国。当他们一行"济于成臼,见蓝尹亹载其孥。王曰:'载予。'对曰:'自先王莫坠其国,当君而亡之,君之过也。'遂去王。王归,又求见,王欲执之"[4]。意为,楚昭王出逃,要渡过成臼渡河时,看见大夫蓝尹亹用船载着妻儿渡河。昭王说:"载我过河。"蓝尹亹回答说:"楚国从先王以来没有一个失国的,到您即位却丢了国家,这是您的过失。"说完就丢下楚昭王自顾走了。后来楚昭王回到郢都,蓝尹亹又来求见,楚昭王想叫人把他抓起来问罪。其后,

---

[1]《公羊传·定公四年》,见《春秋公羊传注疏》,北京大学出版社1999年,第563—564页。
[2]《穀梁传·定公四年》,见《春秋穀梁传注疏》,北京大学出版社1999年,第323—324页。
[3]《国语·楚语下》,见左丘明撰、韦昭注:《国语》,上海古籍出版社2015年,第383页。
[4]《国语·楚语下》,见左丘明撰、韦昭注:《国语》,上海古籍出版社2015年,第380—381页。

子西劝解楚昭王说:"当初子常(囊瓦)就因为老是记挂着与臣下旧日的一些恩怨而导致失败,君王为什么要学他呢?"子西的劝解,使得楚昭王不但让蓝尹亹官复原职,并还要用这件事来警示自己,记住自己以往的过失。

《国语·楚语下》记载阖闾去世后,时已担任楚国令尹的子西因念及当初阖闾曾经打败楚军,且听说他的接班人夫差更为厉害时,非常忧虑。是时,蓝尹亹劝解子西时说"夫阖庐口不贪嘉味,耳不乐逸声,目不淫于色,身不怀于安"[1],意即,吴王阖庐(阖闾)口不贪吃美味佳肴,耳不喜欢听淫逸的音乐,眼睛不贪恋美色,自己不沉溺在安乐享受之中。

若依上引《公羊传》《穀梁传》所说的"既遂"与"未遂",蓝尹亹又怎么会对阖闾作出"目不淫于色"等赞语?再者,若蓝尹亹"目不淫于色"等赞语违背真实的话,那经历了抵抗吴军侵楚全过程的子西又怎么会不予批驳?

对子西来说,楚昭王之母,乃是其父楚平王所娶夫人,即为其母辈。若吴军"以班处宫"而有上述"既遂""未遂"等不伦之事,构成的是楚国王室的奇耻大辱。在这种情况下,子西又如何会容忍蓝尹亹对吴王阖闾"目不淫于色"的美化?

其三,《春秋经》和《左传》对之无记载。

《春秋经》《左传》纪事,向有"常事不书"[2]即寻常之事不予记载的传统。如发生《公羊传》所说的"妻楚王之母"[3]等淫秽楚宫、灭绝天理事,则《春秋经》和《左传》等不可能不予记载。记载非寻常事的目的,如孔颖达《春秋正义序》所说:"一字所嘉,有同华衮之赠,一言所黜,无异萧斧之诛。"[4]意即得到《春秋》的一个字的表扬比得到华丽的衣服还要光荣,受到《春秋》的贬损比受斧钺之刑还要难受。故杨伯峻《春秋左传注》注引上列古籍(指《公羊传》《穀梁传》等)后指出:"《传》(指《左传》)无此说。"[5]即《左传》中并无此类"妻楚王之母"式的记载。

其四,《左传·定公四年》记载吴军入郢后的"以班处宫。子山处令尹之宫,夫概王欲攻之,惧而去之,夫概王入之"[6]。其主要着笔点是吴军入郢后,显现出了吴国上层内部权力争斗的迹象。而若是发生上述既遂或未遂式的淫秽楚宫、灭绝天理事,《左传》断无不予记载的道理和可能。因此,《公羊传》《穀梁传》等关于吴军淫秽楚宫的解读,很可能为汉代《公羊传》《穀梁传》撰者的臆测和杜撰,并不足以征信。

2.关于伍子胥的"掘墓鞭尸"

和吴军入郢"以班处宫"同样为后世杜撰且负面影响有甚于"以班处宫"者,为伍子胥的"掘墓鞭尸"。鉴于这一事件对其后两千多年中华民族精神的形成,起着催生社会暴戾之气的负面影响,故不能不加以辩证。

---

[1]《国语·楚语下》,见左丘明撰、韦昭注:《国语》,上海古籍出版社2015年,第383页。
[2]《公羊传·桓公四年》,见《春秋左传正义》,北京大学出版社1999年,第162页。
[3]《公羊传·定公四年》,见《春秋公羊传注疏》,北京大学出版社1999年,第564页。
[4]孔颖达:《春秋正义序》,见《春秋左传正义》,北京大学出版社1999年,第3页。
[5]杨伯峻:《春秋左传注》(修订本),中华书局1990年,第1545页。
[6]《左传·定公四年》,见《春秋左传正义》,北京大学出版社1999年,第1555页。

（1）文献记载

吴国伐楚乃是多种力量所产生的合力，其中，一个主要的力量当来自伍子胥、伯嚭等楚国逃臣。在记载伍子胥入郢后对楚平王复仇的文献中，影响最大者为"掘墓鞭尸"。

伍子胥"掘墓鞭尸"究系历史事实，还是后世杜撰而层累的结果？要解答这一问题，只有对现存文献记载进行梳理，方能下结论。为叙述方便，将现存文献关于伍子胥"掘墓鞭尸"的记载分为三个阶段进行论述。

其一，第一阶段——《史记》前的文献记载。

这一阶段的文献有《吕氏春秋》《淮南子》和《穀梁传》。

《吕氏春秋·首时》记载为"鞭坟"——成书于战国晚期的《吕氏春秋》记载吴军占领郢都后，伍子胥"亲射王宫，鞭荆平之坟三百"[1]。这里，仅是"鞭坟"，而非"鞭尸"。

《淮南子·泰族训》记载为"鞭墓"——《淮南子·泰族训》："阖闾伐楚，五战入郢……鞭荆平王之墓，舍昭王之宫。"[2]此处，亦为"鞭墓"。《淮南子》一书"于汉武帝建元二年（前139）献上"[3]。而《史记》成书年代，据《史记》出版说明为"武帝征和二年（前91）"。司马迁"在写给他的朋友任少卿的信里开列了全书的篇数，可见那时候基本上完成了"[4]。故《淮南子》早《史记》四十余年。

《穀梁传·定公四年》记载为"挞墓"——《穀梁传·定公四年》记写吴军入楚后"坏宗庙、徙陈器、挞平王之墓"[5]。这里，一是并未特指伍子胥，二是"挞平王之墓"。《穀梁传》成书年代，其重要参照为解《春秋经》的另一部著作《公羊传》。有学者指出："有人认为公羊、穀梁是同一个人，公、穀双声，羊、梁叠韵，都是姜的切语，二传同为一个姓姜的人所假托。……至于成书的年代，也有不同的说法，一说《穀梁传》在《公羊传》前，一说在后。一般以后一种说法为比较可信。"[6]而《公羊传》为"西汉景帝时才正式写定成书"[7]。《穀梁传》成书年代当与《公羊传》相差无几。而汉景帝执政为公元前157年至公元前141年，如前述，《史记》为汉景帝之子汉武帝征和二年，即公元前91年基本成书。故《穀梁传》成书早于《史记》。

上述文献均成书于司马迁《史记》之前，而它们对伍子胥复仇的记述，均为对楚平王坟或墓进行"鞭坟""鞭墓""挞墓"等。

其二，第二阶段——西汉司马迁的《史记》。

《史记》有三处记载，其中有两处言及复仇情绪已趋于极端的伍子胥"鞭尸"，有一处言及"鞭墓"。相关情况，如下：

《史记·吴太伯世家》："吴兵遂入郢。子胥、伯嚭鞭平王之尸，以报父仇。"[8]这里，"鞭楚

---

[1]《吕氏春秋·首时》，见陈奇猷：《吕氏春秋校释》，学林出版社1984年，第768页。
[2]《淮南子·泰族训》，见刘文典：《淮南鸿烈集解》，中华书局1989年，第687—688页。
[3]《淮南鸿烈集解·点校说明》，见刘文典：《淮南鸿烈集解》，中华书局1989年，第1页。
[4]《史记·出版说明》，见司马迁：《史记》，中华书局1959年，第1页。
[5]《穀梁传·定公四年》，见《春秋穀梁传注疏》，北京大学出版社1999年，第323页。
[6]李运益、唐生周、顾之川注译：《春秋穀梁传·前言》，见《十三经今注今译》，岳麓书社1994年，第1738页。
[7]严修注译：《春秋公羊传·前言》，见《十三经今注今译》，岳麓书社1994年，第1532页。
[8]《史记·吴太伯世家》，见司马迁：《史记》，中华书局1959年，第1466页。

平王之尸"者,除伍子胥外,还有其时从楚国逃往吴国并已受重用的伯嚭。

《史记·伍子胥列传》:"吴兵入郢,伍子胥求昭王。既不得,乃掘楚平王墓,出其尸,鞭之三百。"[1]此处仅记载伍子胥"掘墓鞭尸",但未记载伯嚭参与其事。

《史记·季布栾布列传》:"夫忌壮士以资敌国,此伍子胥所以鞭荆平王之墓也。"[2]此处记载的是"鞭墓"。

其三,第三阶段——《史记》后的记载。

《史记》后的记载文献有东汉时的《越绝书》和《吴越春秋》。

东汉《越绝书》的"鞭墓"——《越绝书》卷第一:"荆平王已死,子胥将卒六千,操鞭捶笞平王之墓而数之,曰:'昔者吾先人无罪而子杀之,今此报子也。'"[3]此处,"操鞭捶笞"的亦只是"平王之墓"。

《吴越春秋》则发展了"掘墓鞭尸"的记载,不但记为"掘墓""鞭尸",更发展为"践腹""抉目"——《吴越春秋》卷四:"伍胥以不得昭王,乃掘平王之墓,出其尸,鞭之三百,左足践腹,右手抉其目。"[4]这里记载的报复行为,已趋向极端,伍子胥非但"掘墓""鞭尸三百",同时更对楚平王尸体进行毁尸式地"践腹""抉目"。

从以上对伍子胥"掘墓鞭尸"文献记载的历史层累过程可看出,从战国时的《吕氏春秋·首时》记载的"鞭坟",到西汉初年的《淮南子》记载的"鞭墓",再到《史记》的"掘墓鞭尸"及《吴越春秋》的"掘墓鞭尸"并"践腹""抉目",其间,复仇情绪一步步升级而走向极端,而蔑弃人伦的量级也在一步步叠加。

(2)《春秋经》《左传》《国语》等文献未载及后世的质疑

记载春秋史事最详且最具权威的《春秋经》《左传》对伍子胥"掘墓鞭尸"事无任何记载。同时,《国语》中的《楚语》《吴语》等亦无"掘墓鞭尸"的记载。

后世学者对伍子胥"掘墓鞭尸"提出了质疑。前及《史记》的三处记载,两处言及伍子胥"鞭尸",一处言及"鞭墓"。从记载的不一致来看,即使以《史记》证《史记》,亦可因此而提出质疑——到底是"鞭尸"还是"鞭墓"? 而唐代司马贞的《史记索隐》,针对《史记·吴太伯世家》的"子胥、伯嚭鞭平王之尸"的记载,提出质疑说:"左氏无此事。"[5]即《左传》无此记载,从而对伍子胥"掘墓鞭尸"的真实性提出质疑。

后世对这一问题论述最详的为明末清初的顾炎武。顾炎武在其《子胥鞭平王之尸辨》一文中说:"太史公言(指司马迁《史记》记载)子胥鞭楚平王之尸,《春秋》《传》(指《春秋经》《左传》)不载,而予因以疑之。疑春秋以前无发冢戮尸之事,而子胥亦不得以行之平王也。"[6]接着,该文对质疑论点进行论证说:"郑人为君讨贼,不过斲(斫)子家之棺而已。齐懿公掘邴歜之

---

[1]《史记·伍子胥列传》,见司马迁:《史记》,中华书局1959年,第2176页。
[2]《史记·季布栾布列传》,见司马迁:《史记》,中华书局1959年,第2729页。
[3]袁康、吴平:《越绝书》,上海古籍出版社1985年,第7页。
[4]赵晔:《吴越春秋》,江苏古籍出版社1986年,第42页。
[5]司马贞:《史记索隐》,见司马迁:《史记》,中华书局1959年,第1467页。
[6]顾炎武:《子胥鞭平王之尸辨》,见《顾炎武全集》卷二十一,上海古籍出版社2011年,第191页。

父而刖之,卫出公掘褚师定子之墓,焚之于平庄之上,《传》皆书之以著其虐,是春秋以前无发冢戮尸之事也。"[1]

"斲子家之棺",事见《左传·宣公十年》:"郑子家卒。郑人讨幽公之乱,斲子家之棺而逐其族。"[2] 斲,同"斫"。杜预注:"斫薄其棺,不使从卿礼。"[3] 故《左传》上条意为,郑国的子家死。郑国人为了讨伐杀害幽公的那次动乱,打开了子家的棺材,不让他再享受卿大夫的丧葬规格,并赶走了他的族人。

"齐懿公掘邴歜之父而刖之",事见《左传·文公十八年》:"齐懿公之为公子也,与邴歜之父争田,弗胜。及即位,乃掘而刖之。"[4] 刖:古代酷刑之一,指砍掉脚或脚趾。故《左传》上条意为,齐懿公未即位尚为公子时,和邴歜的父亲争夺田地,没有得胜。等到即位以后,他就掘出邴歜之父尸体而砍去他的脚(指"刖尸",即砍去尸体的脚)。

"卫出公掘褚师定子之墓",事见《左传·哀公二十六年》。卫军战败,卫出公"掘褚师定子之墓,焚之于平庄之上"[5]。意思是说,卫出公发掘褚师定子的坟墓,把棺材放在平庄之上放火烧了。

《左传》记载的上述事件,时间有早于公元前506年吴军攻入郢都者,如上述郑人斲子家之棺事为鲁宣公十年(前599);齐懿公事为鲁文公十八年(前609);亦有晚于者,如卫出公事为吴国灭亡四年后的鲁哀公二十六年(前469)。

同时,上述"斫棺""掘墓而刖"及"掘墓焚之"等蔑视人伦的事件,其程度均轻于"掘墓鞭尸",而《左传》对这类事件,均一一记载。是故,吴军入郢后,伍子胥、伯嚭倘若真有"鞭平王之尸"事,《左传》断无不予记载之理。反之,因《左传》未做记载,则至少可反推出伍子胥"掘墓鞭尸"事并未发生。这就是顾炎武所说的因"《春秋》《传》不载",故"因以疑之",即质疑《史记》等记载的真实性。

前文论及公元前561年(吴寿梦二十五年,鲁襄公十二年)去世的吴王寿梦时,曾引苏州考古学者的论述说:苏州西部山区的真山墓地一号墓"是苏南目前发现春秋时期的规格、级别最高的葬墓。根据发掘人员推断,其墓主为吴王寿梦"[6]。该墓在寿梦去世两年后的公元前559年(吴诸樊二年,鲁襄公十四年)"楚公子贞帅师伐吴"时,"墓应该在这时被盗",且"这次盗墓是政治性报复,并不是私盗"[7]等。应当指出,春秋时若发生寿梦去世两年后墓被盗掘的"政治性报复"事件,则《春秋经》《左传》等也不可能不予记载,其道理同上。毕竟,寿梦去世时,《左传·襄公十二年》曾记载:"吴子寿梦卒。临于周庙。"[8]即寿梦去世,鲁国国君鲁襄公到周文王庙里哭泣吊唁。若两年后发生寿梦墓被掘的非常之事,《左传》撰者绝不可能放过而不予

---

[1] 顾炎武:《子胥鞭平王之尸辨》,见《顾炎武全集》卷二十一,上海古籍出版社2011年,第191页。
[2]《左传·宣公十年》,见《春秋左传正义》,北京大学出版社1999年,第626页。
[3] 杜预注,见杜预:《春秋经传集解》,上海古籍出版社1978年,第575页。
[4]《左传·文公十八年》,见《春秋左传正义》,北京大学出版社1999年,第574页。
[5]《左传·哀公二十六年》,见《春秋左传正义》,北京大学出版社1999年,第1711页。
[6] 钱公麟、徐亦鹏:《苏州考古》,苏州大学出版社2000年,第128页。
[7] 钱公麟、徐亦鹏:《苏州考古》,苏州大学出版社2000年,第115页。
[8]《左传·襄公十二年》,见《春秋左传正义》,北京大学出版社1999年,第905页。

记载。

顾炎武作《子胥鞭平王之尸辨》,其宗旨及意义正如其分析伍子胥所谓"掘墓鞭尸"事件的文献层累过程说:"考古人之事,必于书之近古者。《穀梁传》云:'吴入楚,挞平王之墓。'贾谊《新书》亦云:'《吕氏春秋》云:鞭荆平之墓三百。'《越绝书》云:'子胥操捶笞平王之墓。'《淮南子》云:'阖闾鞭荆平王之墓,舍昭王之宫。'而《季布传》(指《史记·季布栾布列传》)亦言:'此伍子胥所以鞭平王之墓也。'盖止于鞭墓,而传者甚之以为鞭尸,使后代之人蔑弃人伦、雠对枯骨。"[1]

如前所述,较早记载伍子胥复仇的文献《吕氏春秋·首时》中,是以所谓"鞭墓"方式发泄仇恨的。显然,这尚在人们可接受的人伦底线内。毕竟,以阴谋手段上台且滥杀伍子胥父兄的楚平王并不占据道德高地。但其后,当"鞭墓"发展成为突破人伦底线的所谓"鞭尸"及"践腹""抉目"时,这一被推向极端的复仇绝唱必不可免地对后世产生有导向性的负面影响,从而催生出社会非理性的暴戾之气。

伍子胥"掘墓鞭尸"说之所以出现在两汉时,有学者指出,这"与当时的时代氛围有很大的关系。战国、两汉是复仇之风炽盛的时代……被塑造成大侠的'伍子胥'就正好投合了这种时尚。由于这种时尚的风行,伍子胥'掘墓鞭尸'说在汉儒中获得顺利地通过,而后世学人又大多笃信汉儒和'太史公书',这便是'掘墓鞭尸'说传流至今的原因所在"[2]。

作为吴国历史人物的伍子胥"掘墓鞭尸",古代史事记载最权威的历史著作《春秋经》《左传》以及《国语》等,均未作记载。这或已说明:"掘墓鞭尸"乃为后世所杜撰并加之于伍子胥头上的不实之词。其"蔑弃人伦,雠对枯骨"而催生社会暴戾之气的负面影响,后世流传两千余年。

七、战局变化与吴军返归

(一)吴伐楚入郢后的战略目标推测——以熊胜取代楚昭王

吴伐楚入郢后的战略目标为何?是灭其国而将其吞并,抑或是其他?对之,文献并无明确记载,故只能在推测层面作探讨。显然,吴入郢后的目标并非灭楚,而是欲以伍子胥当初带往吴国并在吴国长大的太子建之子、楚平王嫡孙熊胜来取代楚平王当日与秦女所生的楚昭王。

这一推测的理由,如下:

首先,吴伐楚入郢,既是吴、楚两国国家利益长期争夺的结果,亦是那特定时期双方国力此消彼长的发展结果,更是伍子胥、伯嚭等自楚逃吴且进入吴国上层人士助推的结果。而对阖闾时期拥有能左右吴王阖闾对楚决策的伍子胥来说,入楚复仇,其目标并非要灭其故国,而是为其父兄当日被杀作复仇及翻案。其间,涉及楚平王子太子建当初遭遇被夺妻乃至被诬谋反而外逃等作平反式的政治安排。而以太子建之子熊胜取代楚平王当日与秦女所生的楚昭王,即是对上述冤情的平反与昭雪;同时,也是伍子胥返楚复仇的完美结局。

其次,从血缘上讲,太子建之子熊胜为楚平王嫡长孙,而太子建的老师(太傅)伍奢为伍子胥

---

[1] 顾炎武:《子胥鞭平王之尸辨》,见《顾炎武全集》卷二十一,上海古籍出版社2011年,第191—192页。
[2] 张君:《伍子胥何曾掘墓鞭尸》,《武汉大学学报》1985年第3期。

之父。因此，伍子胥欲以立熊胜代楚昭王的方式报复昔日的楚平王，既满足其父债子还的复仇心理，也满足了吴国改变楚国权力结构以建立一个亲吴政权的战争目的。因此，这一政治安排，吴国能够接受。毕竟，吴国当时欲吞并幅员辽阔的楚国，无异于蛇吞大象而并不可能。而安排一个在吴国长大且亲吴的楚国新君，吴国的国家利益即能得以保证，吴王阖闾"兴霸成王"的心理也能得到满足。

其三，对楚国来说，以楚平王嫡孙熊胜为新君，楚国的祭祀能得以延续，楚国的大臣、百姓在心理上亦可以接受。

而实施换君并逼迫、诱使楚人接受新君的首要条件，就是擒获并诛杀楚平王与秦女嬴氏所生之子楚昭王。否则，一切计划，均为毫无意义的空想。

（二）楚昭王匿于随，吴索之而不得及阖闾留于随的"吴王子光戟"

1.文献记载的春秋时吴、随唯一的交集

吴军攻入郢都的前一天，楚昭王带着他的妹妹季芈和畀我逃出郢都，并来到随国。

关于随国，周武王克商立国后，"其兄弟之国者十有五人，姬姓之国者四十人，皆举亲也"[1]。即西周王朝分封，周武王兄弟领有封国的十五人，姬姓领有封国的四十人，都是拔举自己的亲属。而地处汉水以北承担监控南方蛮夷之国楚国以拱卫周室王畿的"汉阳诸姬，楚实尽之"[2]，即汉水北面的姬姓诸侯国，其后被楚国逐步吞并。至春秋时，作为"汉阳诸姬"的随国，虽存在下来，但因地缘政治的原因成了楚国属国。正因有此背景，故楚昭王在楚将鬭辛和他的弟弟巢的护卫下，逃至随国。

吴伐楚入郢后，开始实施换君计划。故值楚昭王逃至随国之际，"吴人从之"[3]，即吴人紧紧追赶着楚昭王亦尾随到了随国。显然，吴国实施换君计划的关键节点，即是擒获并诛杀楚昭王。为实现这一战略目的，吴王阖闾也随同吴军进入随国。

（1）随国即曾国的"曾即随"说

关于随国，前文第三章叙述"春秋晚期'汉阳诸姬'中尚存的随国"时，曾介绍2017年苏州博物馆举办"大邦之梦——吴越楚青铜器特展"时，随同"曾侯與钟"一同展出的《破解曾随之谜·曾侯與钟》展板文字及困惑学界的"曾随之谜"说："该钟铭文中铸刻国名'吴、楚、曾'同文献记载的国名'吴、楚、随'可合二为一。据此认定：'曾国即是随国，为一国两名。'从而，破解了学术界一直以来的'曾随之谜'。"

主持并参与随州文峰塔东周墓地考古的黄凤春先生，在其《考古发现所揭示的吴、楚、曾》一文指出："当'随国即曾国'的论断确立后，通过考古学年代推断，此时在位的是曾侯與，而曾侯與编钟铭文的发现，也可确证挽救楚昭王的正是曾侯與。"[4]由此可知，吴伐楚入郢之战时的随国国君，即为曾侯與。

---

[1]《左传·昭公二十八年》，见《春秋左传正义》，北京大学出版社1999年，第1495页。
[2]《左传·僖公二十八年》，见《春秋左传正义》，北京大学出版社1999年，第447页。
[3]《左传·定公四年》，见《春秋左传正义》，北京大学出版社1999年，第1556页。
[4] 黄凤春：《考古发现所揭示的吴、楚、曾》，见吴中博物馆：《穆穆曾侯：曾国出土青铜器精品》，江苏凤凰文艺出版社2021年，第37页。

（2）吴王阖闾赴随并与随君会谈及《左传·定公四年》"谓随人曰"的解读

为实现擒获并诛杀楚昭王的战略目的，吴王阖闾随同吴军进入随国，并旋即与随国（即曾国）国君曾侯舆晤面、会谈。

《左传·定公四年》记载他们的会谈情况说："谓随人曰：'周之子孙在汉川者，楚实尽之。天诱其衷，致罚于楚，而君又窜之，周室何罪？君若顾报周室，施及寡人，以奖天衷，君之惠也。汉阳之田，君实有之。'"[1]杜预注："窜，匿也。"[2]

上述，"谓随人曰"为无主句，从与之晤面、会谈的"随人"为随（曾）国君曾侯舆可知，该无主句隐去的主语为吴王阖闾。

吴王阖闾来到随国并对随君曾侯舆说上述一番话时，二人（指阖闾与曾侯舆）均为春秋姬姓国国君。正是在这一背景下，二人产生交集的同时，也产生同宗及同为姬姓的血缘联系。而强势攻陷楚都且带兵入随的吴王阖闾，在会谈中掌握着主动权和主导权，故《左传·定公四年》的记载内容，几乎均为阖闾单方面表述的意见。其间，并无曾侯舆反应的记载。

上述，《左传·定公四年》记载的吴王阖闾意见，为以下几个层次：

其一，吴王阖闾叙述当时尽人皆知的一个事实，即前文所引《左传·僖公二十八年》记载的"栾贞子曰：'汉阳诸姬，楚实尽之……'"[3]。故面对当日"汉阳诸姬"至春秋晚期为楚人所灭而尚存的随（曾）国及其国君曾侯舆，吴王阖闾从姬姓同宗的亲情角度说："周之子孙在汉川者，楚实尽之。"即周朝的子孙封在汉水一带的，楚国全都消灭了他们。显然，吴王阖闾意图在同宗姬姓亲情下，煽动起随（曾）国君曾侯舆对楚的不满与仇恨，进而叛楚并交出楚昭王。

其二，吴王阖闾煽动后，随（曾）国君曾侯舆的反应或未及预期，于是，吴王阖闾加重了问责的口气说："天诱其衷，致罚于楚，而君又窜之，周室何罪？"意为："上天的意志，降罚于楚国，而您却又把楚国国君楚昭王藏匿起来。周王室有什么地方得罪您了吗？"上述话语中，"周室何罪？"是一句分量极重的责问之语。非姬姓的吴王阖闾，不能作此语。吴王阖闾责问的目的，是在施加姬姓宗族压力的同时，意图迫使并诱使随（曾）国君曾侯舆叛楚。而面临吴王阖闾巨大压力的曾侯舆深知，随（曾）与楚相邻，一旦供出并交出楚昭王，随（曾）与楚的深仇大怨就此结下。而吴国军事力量不可能一直待在荆楚一带，总要离开。正是在这一清醒的认知下，曾侯舆硬扛而死不松口。

其三，见施加压力无效，吴王阖闾又打出利诱式筹码："君若顾报周室，施及寡人，以奖天衷，君之惠也。汉阳之田，君实有之。"意即："您如果顾及报答周王室的恩惠，进而延及于寡人我，以襄助诛杀楚昭王的天意，这是您的恩惠。而汉水北边的土地，就都归您享有了。"面对吴王阖闾的利诱，曾侯舆依然不为所动。于是，如上文所说，在《左传·定公四年》的记载中，"随人"即随（曾）国君曾侯舆的答语及反应，均无任何记载。

其四，曾侯舆对楚昭王的保护，其后极大地改善了楚国对"汉阳诸姬"尚遗存者的随（曾）国

---

[1]《左传·定公四年》，见《春秋左传正义》，北京大学出版社1999年，第1556—1557页。
[2]杜预注，见杜预：《春秋经传集解》，上海古籍出版社1978年，第1634页。
[3]《左传·僖公二十八年》，见《春秋左传正义》，北京大学出版社1999年，第447页。

的敌视态度。"随"最早见于《左传·桓公六年》"楚武王侵随"[1]的记载。故"随"在《左传》中甫一出现,就伴随着楚国强加给它的战争。对之,孔颖达疏曰:"《世本》:'随国姬姓。'不知始封为谁,随以此年见《传》(《左传》)。僖二十年《经》(即《春秋经·僖二十年》)书'楚人伐随',自是以后遂为楚之私属,不与诸侯会同。至定四年(指定公四年,前506),'吴入郢',昭王奔随,随人免之,卒复楚国。楚人德之,使列诸侯。哀元年随侯见《经》(即《春秋经·哀公元年》),其后不知为谁所灭。"[2]

(3)《左传·定公四年》记载吴王阖闾赴随的"施及寡人"及其点明的吴王阖闾身份

前述"谓随人曰"句主语作吴王阖闾,即是基于吴王阖闾入随并与随君晤面、会谈,且《左传·定公四年》的文字记载,或明或暗地对之予以表述,如下:

其一,能与"汉阳诸姬"的随(曾)君曾侯舆谈及"周之子孙在汉川者,楚实尽之"之人,是且只能是同为姬姓的吴国国君,而非吴王阖闾派遣的使者或将领所能为。此为暗写吴王阖闾的入随。

其二,会谈中,面对随(曾)君曾侯舆能直言"周室何罪?"这一声色俱厉的责备,若非姬姓的吴国王者,则既不能且也无资格作此语。否则,会被视为僭越无礼及对随(曾)君的侮辱。此亦为暗写吴王阖闾的入随。

其三,在与随(曾)君曾侯舆的会谈中,吴王阖闾直言"君若顾报周室",即如果您顾及报答周王室的恩惠,并能"施及寡人"——进而延于寡人。此处,已是点明吴王阖闾的身份及明写吴王阖闾的入随了。毕竟,与随(曾)君会谈时,能以"寡人"自称者,既不可能为受命率兵入随的吴军将领,也不可能是吴王阖闾派遣的使者,而只能是吴王阖闾本人。

其四,为诱使随国交出藏匿于随的楚昭王,吴王阖闾开出诸如"汉阳之田,君实有之"的交易条件,既使对方得到实利的"汉阳之田",也由其时攻占楚都这一占领者身份的吴王为之提供信誉担保。而吴国在会谈中对这一交换条件能提出并拍板且具信誉担保者,也只能是吴王阖闾,而不可能是受命来随的吴国将领或吴国使者之类的其他人员。

(4)出土器"吴王子光戟"与文献记载的相合,共同印证吴王阖闾的入随

黄凤春先生在前引《考古发现所揭示的吴、楚、曾》一文说:"春秋晚期时,公元前506年,吴国联合蔡、唐等国攻破楚国的郢都,楚昭王仓皇逃往随国,吴军追至随国都下,要随国交出楚昭王,领兵至随的正是吴王阖闾(王子光)。此时,王子光已是吴王了,但可能仍携王子时铸器——吴王子光戟。十分巧合的是,此时曾国主掌兵权的大司马正是曾孙邵(嘉有),似暗示出此时吴王阖闾和曾孙邵就交出楚昭王之事有过谈判,吴王阖闾并将自己还是王子时铸造的心爱之戟赠给了曾邵孙。曾邵孙对此倍感珍惜,将其作为珍宝,葬在自己身边。"[3]

显然,"吴王子光戟"出土于随州文峰塔墓地,具有多重意义。其中之一,即是以出土器形式,印证《左传·定公四年》记载吴王阖闾入随并与随君晤谈作"谓随人曰"及"施及寡人"等的历史事实,从而为学界对这一段吴、楚、随(曾)三国交集的历史认识,打开了文献与考古相合的互证之门。

---

[1]《左传·桓公六年》,见《春秋左传正义》,北京大学出版社1999年,第173页。
[2]孔颖达疏,见《春秋左传正义》,北京大学出版社1999年,第173页。
[3]黄凤春:《考古发现所揭示的吴、楚、曾》,见吴中博物馆:《穆穆曾侯:曾国出土青铜器精品》,江苏凤凰文艺出版社2021年,第35页。

(5) 楚人的意图调包与随人的占卜、"不吉"及"吴人乃退"与随、楚血盟

吴王阖闾与随（曾）国君曾侯舆交涉，并以吴国的信誉担保而提出交换条件，目的只有一个：让对方交出藏匿的楚昭王。其时，"楚子在公宫之北，吴人在其南"[1]。即其时楚昭王在随国宫殿的北面，而吴王阖闾则在随国宫殿的南面。显然，在抓捕者和被抓捕者隔着一座宫殿的抓捕游戏中，处于被抓捕者角色的楚昭王，命运系于一线且在游戏第三方的曾侯舆之一念间。

其时，藏匿于随的楚国君臣，显然也担心随国会将他们出卖而一锅端地献与吴王阖闾，毕竟历史上楚国一直欺压随国。于是，楚国君臣欲丢车保帅般地行调包之策而保全楚昭王。"子期似王，逃王，而己为王，曰：'以我与之，王必免。'随人卜与之，不吉。"[2]即楚平王庶子、楚昭王庶兄的子期（公子结）长得像楚昭王。于是，子期要求楚昭王赶紧逃走，而由他自己装扮成楚昭王，他说："让随国把我交给吴军，那君王就一定可以逃脱了。"

对此调包而送个冒牌货给吴国的计策，随（曾）国君曾侯舆很谨慎，毕竟一旦被识破，随国将面临国破的命运。于是，"随人卜与之，不吉"[3]。即随人就送冒牌货给吴王阖闾事，进行问卜，结果为不吉利。在这种情况下，信巫神之术的曾侯舆既不敢配合楚人的调包计而将假扮的楚昭王送给吴王阖闾，也不敢与吴人合作，于是辞谢吴王阖闾的要求说："以随之辟小，而密迩于楚，楚实存之。世有盟誓，至于今未改。若难而弃之，何以事君？执事之患，不唯一人。若鸠楚竟，敢不听命。"[4]意思为："以随国的偏僻狭小而紧挨着楚国，实在有赖楚国而得以生存。随、楚世代签有盟约，到现在还没改变。如果因为它（指楚国）遭难便抛弃它，我们又怎么来事奉您？贵国国君所担心的并不在于楚昭王这一个人，如果贵国对楚国四境能加以安抚，鄙国又怎敢不听从贵国国君的命令？"

面对随国在理但不合作的态度，"吴人乃退"[5]。即吴王阖闾无奈率领吴军撤退。《左传·定公四年》接着记载了随（曾）与吴不合作的另一因素——公子结（子期）家臣与随人关于不交出楚昭王的约定及其随、楚血盟。

"鑐金初宦于子期氏，实与随人要言。王使见，辞曰：'不敢以约为利。'王割子期之心，以与随人盟。"[6]杜预注："要言无以楚王与吴，并欲脱子期。"[7]"当心前割取血以盟，示其至心。"[8]故《左传》上条意为，鑐金当初在子期（公子结）家里做家臣。他曾经和随国人有过不把楚昭王交给吴国人的"要言"即约定（这一"要言"时间，当为楚都城破而吴军搜捕楚昭王时。否则，以上杜注不合情理）。在吴军撤退、危险解除的情况下，楚昭王让鑐金去进见随（曾）国君曾侯舆并签订随、楚间的盟约。鑐金辞谢说："不敢以当日与随人的'要言'约定，来为自己谋求私利。"而被随（曾）国君曾侯舆救下的楚昭王，于是割破子期（公子结）心口处取血，并用他的血与随（曾）国君曾侯舆订立随、楚友好的血盟。

---

[1]《左传·定公四年》，见《春秋左传正义》，北京大学出版社1999年，第1557页。
[2]《左传·定公四年》，见《春秋左传正义》，北京大学出版社1999年，第1557页。
[3]《左传·定公四年》，见《春秋左传正义》，北京大学出版社1999年，第1557页。
[4]《左传·定公四年》，见《春秋左传正义》，北京大学出版社1999年，第1557页。
[5]《左传·定公四年》，见《春秋左传正义》，北京大学出版社1999年，第1557页。
[6]《左传·定公四年》，见《春秋左传正义》，北京大学出版社1999年，第1557页。
[7]杜预注，见杜预：《春秋经传集解》，上海古籍出版社1978年，第1634页。
[8]杜预注，见杜预：《春秋经传集解》，上海古籍出版社1978年，第1634页。

关于"割子期之心"取血以作血盟,有学者指出:"盟誓取血要杀牲,越是高规格盟誓,所用的牺牲越高贵。天子诸侯多用牛马,诸侯以下则羊豕犬鸡。歃血越是用高贵的牺牲,越能显示出与盟者对盟誓和神明的虔诚。比牛马血更高贵的只能是人血了,所以取人血为盟,则是表达诚心的一种极端方式。《左传》定公四年楚王割子期之心与随人盟……均属此类。……'割心为盟'当是滴血酒中,然后取酒而歃。"[1]

2.与吴、随交集有关的"吴王子光戟"的出土与展出

（1）"吴王子光戟"的出土及其在"吴王子光戟"制造故乡——苏州的首次展出

2021年元月,苏州吴中博物馆举办"穆穆曾侯——曾国出土青铜器特展"。该特展展出的湖北省随州市文峰塔墓地M21出土、随州市博物馆藏的带刺双戈戟的"吴王子光戟",是第一次面向公众而整套展出。

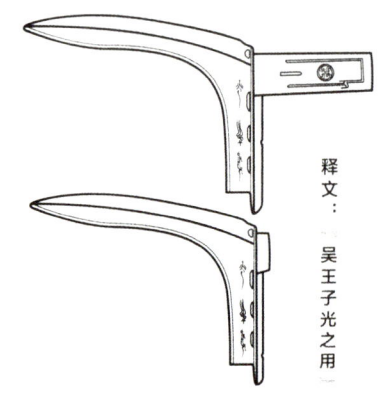

苏州吴中博物馆举办"穆穆曾侯——曾国出土青铜器特展"时展出的"吴王子光戟"线描图展板（吴恩培摄）

该特展介绍"吴王子光戟"出土情况的展板指出,该器"2013年出土于随州文峰塔墓地M21。该墓为春秋晚期曾国贵族墓葬,据所出铜簋上的'曾孙邵之行簋'铭文可知墓主当为'曾孙邵'。在同一墓葬中还出土有两件铭文戈。一件铭为'随大司马嘉有之行戈',学者考证'嘉有'与'邵'为同一人,是当时随（曾）国执掌军权的'大司马';另一件戈铭为:'吴王子光之用',表明器主原是吴王子光（吴王阖闾）。结合墓葬所属春秋晚期的时代背景,这两件铭文戈的共同出土向人们传递出了春秋晚期吴伐楚破郢,楚昭王出奔随国为随所救的传奇历史"。

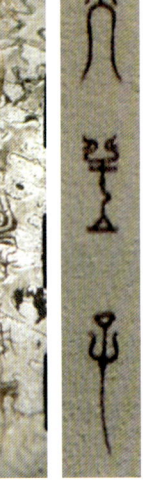

苏州吴中博物馆举办"穆穆曾侯——曾国出土青铜器特展"时展出的"吴王子光戟"铭文"吴王子"（左）（录自《穆穆曾侯：曾国出土青铜器精品》[2]、铭文"光之用"（中）（吴恩培摄）及其在苏州吴中博物馆展出时相关展板上的铭文"吴王子"摹本（右）（吴恩培摄）

"吴王子光戟"出土处随州文峰塔墓地的文峰塔（吴恩培摄）

---

[1] 吴柱:《关于春秋盟誓礼仪若干问题之研究》,《中国史研究》2015年第4期。
[2] 吴中博物馆:《穆穆曾侯：曾国出土青铜器精品》,江苏凤凰文艺出版社2021年,第152页。

（2）随州文峰塔墓地M21墓主"曾孙邵""随大司马嘉有之行戈"与"吴王子光戟"同出于一墓而再次印证曾、随为一国两名的"曾即随"说

湖北省文物考古研究所、随州市博物馆的考古报告《湖北随州市文峰塔东周墓地》介绍上述"曾孙邵""随大司马嘉有之行戈"等，如下：

"M21:1 '随大司马嘉有之行戈'（图四〇；图四一）铭文戈"[1]

随州文峰塔墓地M21墓主"曾孙邵"与"随大司马嘉有之行戈"出于一墓，对廓清"曾即随"之说，无疑有着极大的学术价值和重要的意义。这就是该考古报告所说，该墓葬的考古："首次通过科学考古发现随国铜器。M21除出土一批带'曾'字铭文的铜器外，还发现1件带'随'字的铜器，铭文为'随大司马嘉有之行戈'。'随'字在此无疑作国名，这是经科学发掘出土的第1件随国铜器。随国器出于曾孙邵的墓葬中，为曾即随说增添了又一重要证据。"而在同一墓葬中还出土了戈铭为"吴王子光之用"的吴王阖闾用器——"吴王子光戟"。

因此，前文所说"吴王子光戟"出土于随州文峰塔墓地，具有多重意义。其中之二，即是以出土器形式，再次印证曾、随为一国两名的"曾即随"之说。

由此可作的推测是：楚昭王逃至随国后，吴王阖闾亦来到随国，以策动、施压并利诱随（曾）人叛楚。其时，吴王阖闾为笼络随君曾侯舆等，很可能将自己成为吴王后并于"吴伐楚入郢之战"前铸制并一直留于身边的一对精美兵器——"吴王子光戟"作为馈赠礼物，或赠与随国国君，或赠与接待并予以交涉的随国主管军事的大司马"嘉有"（邵）。

其后，吴王阖闾策反未成而退，该"吴王子光戟"就留在了随国（即曾国），最终到了大司马"嘉有"（邵）手中。而这位大司马去世后，即以该精美异常的"吴王子光戟"为随葬器，与前及的"随大司马嘉有之行戈""曾孙邵之行臣（瑚）"及"曾孙邵之大行之壶"等，一并随葬

考古报告所列"图四〇 '随'字铭文铜戈（M21:1）"（左）及"图四一 '随'字铭文铜戈（M21:1）"（右）（录自《湖北随州市文峰塔东周墓地》[2]）

考古报告所列"图一九 铜簠铭文拓本"之"M21:5 '曾孙邵之行匠（瑚）'"（左）及"图二四 铜壶铭文拓本"之"M21:3 '曾孙邵之大行之壶'"（右）（录自《湖北随州市文峰塔东周墓地》[3]）

---

[1]湖北省文物考古研究所、随州市博物馆：《湖北随州市文峰塔东周墓地》（执笔者：黄凤春、胡刚、郭长江），《考古》2014年第7期。
[2]湖北省文物考古研究所、随州市博物馆：《湖北随州市文峰塔东周墓地》（执笔者：黄凤春、胡刚、郭长江），《考古》2014年第7期。
[3]湖北省文物考古研究所、随州市博物馆：《湖北随州市文峰塔东周墓地》（执笔者：黄凤春、胡刚、郭长江），《考古》2014年第7期。

于随州文峰塔墓地M21的墓中。

该"吴王子光戟"至2013年出土，复至2021年重归该戟"故里"——今苏州展出时，岁月已过了两千五百余年。而该"吴王子光戟"的火焰形暗纹，与山西原平峙峪出土的"吴王光剑"剑身火焰纹极为相似。在现存吴王阖闾遗存器中，该器可说是与《左传·定公四年》的相关记载最为贴近且又互证并具"吴王子光"铭文的极难得的一件青铜器。有鉴于此，本书下文称其为现存吴、越青铜器的"四大王者之器"之一（相关情况，另见下文）。

（3）"吴王子光戟"铭文"吴王子光"的解读及该器铸作时间

随州"吴王子光戟"器主为吴王阖闾。该器与山西原平峙峪出土、剑铭为"攻敔王光自作用剑"从而被称为"吴王光"青铜剑，安徽南陵出土且剑铭为"攻敔王光自作用剑"从而被称为"吴王光剑"，安徽庐江出土且剑铭为"攻敔王光自作用剑"从而被称为"吴王光剑"的上述吴王阖闾用器，不同之处在于：后者三器（指峙峪出土的"吴王光"青铜剑、南陵出土的"吴王光剑"及庐江出土的"吴王光剑"）铭文中的"吴王光"，实为"攻敔王光"；而随州出土的"吴王子光戟"铭文，如前所示为"吴王子光之用"，即其关键字句为"吴王子光"。

因此，随州"吴王子光戟"铭文，由国号"吴"作前缀并与"王子光"组合而成。释读可分别读为"吴王"+"子光"及"吴王子"+"光"。

为厘清上述"吴王子光"释读为何，首先当厘清"吴王子光戟"涉及的吴王阖闾名号及其与"光"有关名号的文献记载情况。

现分以下几类叙述。其中引征文献，均为西汉（含西汉）前的文献：

①阖闾与阖庐

吴王阖闾执政后的名号，有二：分别为"阖庐"和"阖闾"。"阖庐"见诸《左传·昭公二十七年》："阖庐以其子为卿。"[1]"阖闾"见诸《史记·吴太伯世家》："光既篡位，是称阖闾。"[2]

②"吴公子光""公子光""光""吴光"

吴王阖闾执政前称"吴公子光""公子光""光"等。同时，吴王阖闾执政后，楚臣子西称其为"吴光"，即"吴公子光"的省称。

上述名号，《左传》《史记》均出现多处，一并叙述如下：

"吴公子光"——见诸《左传·昭公十七年》"吴公子光请于其众曰"[3]句及《史记·吴太伯世家》"吴公子光曰：'此时不可失也'"[4]句。

"公子光"——见诸《左传·昭公二十年》"公子光曰：'是宗为戮而欲反其仇，不可从也'"[5]句及《史记·吴太伯世家》"王僚二年，公子光伐楚"[6]句。

"光"——存在自称和他称的情况。自称者，见诸《左传·昭公十七年》"丧先王之乘舟，岂唯

---

[1]《左传·昭公二十七年》，见《春秋左传正义》，北京大学出版社1999年，第1484页。
[2]《史记·吴太伯世家》，见司马迁：《史记》，中华书局1959年，第1476页。
[3]《左传·昭公十七年》，见《春秋左传正义》，北京大学出版社1999年，第1370页。
[4]《史记·吴太伯世家》，见司马迁：《史记》，中华书局1959年，第1463页。
[5]《左传·昭公二十年》，见《春秋左传正义》，北京大学出版社1999年，第1389页。
[6]《史记·吴太伯世家》，见司马迁：《史记》，中华书局1959年，第1461页。

光之罪"[1]句及《史记·吴太伯世家》"季子即不受国,光父先立。即不传季子,光当立"[2]句。他称者,见诸《左传·昭公二十三年》"吴为三军以系于后,中军从王,光帅右"[3]句及《史记·吴太伯世家》"于是伍员知光有他志"[4]句。

"吴光"——见诸《左传·昭公三十年》:"子西谏曰:'吴光新得国,……'"[5]

③"王子光"

"王子光"与随州"吴王子光戟"铭文中的"吴王子光"相同。故对之,须作分析如下。

其一,文献记载。

文献记载层面,"王子光"见诸战国后期的《吕氏春秋·首时》篇。相关文字为:"伍子胥欲见吴王而不得,客有言之于王子光者,见之而恶其貌,不听其说而辞之。客请之王子光,王子光曰:'其貌适吾所甚恶也。'客以闻伍子胥,伍子胥曰:'此易故也。愿令王子居于堂上,重帷而见其衣若手,请因说之。'王子许。伍子胥说之半,王子光举帷,搏其手而与之坐;说毕,王子光大说。伍子胥以为有吴国者必王子光也,退而耕于野七年,王子光代吴王僚为王。"[6]

上述"吴王",高诱注:"吴王,王僚也。"[7]故《吕氏春秋·首时》的上述文字,大意为,伍子胥想见吴王僚,但没能见到。有个门客对王子光讲了伍子胥的情况,而王子光见到伍子胥却不喜欢他的相貌,故不听他讲话就谢绝了他。后经门客斡旋,二人作隔着两层帷幕而互相不见面情况下的谈话。"王子许",即王子光同意了。谈话开始后,伍子胥的话才说了一半,王子光就掀起了帷幕,紧握住他的手,然后跟他一起坐下。伍子胥说完,王子光非常高兴。伍子胥也认为能掌管吴国的人,必定是王子光。于是,他回去以后就在乡间耕作了七年,王子光终取代吴王僚当了吴王。

高诱注中所说的"伍子胥欲见吴王"之"吴王",为吴王僚。而"王子光"及"王子",即为《左传》等文献记载的"光""公子光"等的"吴公子光"的不同表述。但从"伍子胥欲见吴王而不得,客有言之于王子光者"句的排列,前句为伍子胥欲见吴王僚而没能见到,后句则为门客对王子光讲了伍子胥的情况。二者构成的逻辑关系易误导为"王子光"前缀的"王子",为"吴王"即"吴王僚"的"王子"。

其二,《吕氏春秋·首时》原文的"王子光""子光"及其"校释"或"校正"。

《吕氏春秋·首时》篇记载的"王子光",陈奇猷《吕氏春秋校释》引蒋维乔等曰:"众本作'子光',惟毕校(毕沅《吕氏春秋校正》)作'王子光',《御览》三百七十又四百六十二引亦作'王子光'。又案:《御览》四百六十二'见之'上有'王子光'三字,下文'请之'下无'王子光'三字。按《御览》引文义较长。"[8]

由此可知,《吕氏春秋·首时》篇,众本作"子光",而毕沅《吕氏春秋校正》作"王子光"。因此,该《吕氏春秋·首时》篇最初本子是作"子光",还是"王子光",鉴于"校释"或"校正"中出

---

[1]《左传·昭公十七年》,见《春秋左传正义》,北京大学出版社1999年,第1370页。
[2]《史记·吴太伯世家》,见司马迁:《史记》,中华书局1959年,第1461页。
[3]《左传·昭公二十三年》,见《春秋左传正义》,北京大学出版社1999年,第1435页。
[4]《史记·吴太伯世家》,见司马迁:《史记》,中华书局1959年,第1462页。
[5]《左传·昭公三十年》,见《春秋左传正义》,北京大学出版社1999年,第1517页。
[6]《吕氏春秋·首时》,见陈奇猷:《吕氏春秋校释》,学林出版社1984年,第767页。
[7]高诱注,见陈奇猷:《吕氏春秋校释》,学林出版社1984年,第771页。
[8]蒋维乔等曰,见陈奇猷:《吕氏春秋校释》,学林出版社1984年,第772页。

现的歧义，今或已无法考证。

又，陈奇猷《吕氏春秋校释》引于省吾先生曰："按作'王子光'者是也。阖闾名'光'，不名'子光'也。"[1]而《吕氏春秋校释》校释者陈奇猷先生，则表述为"奇猷案：王子光可省称为子光，如《左传》昭二十二年王子朝，杜注称子朝，《汉书古今人表》作子量，即其例。但下文皆称王子光，此似不当省，则毕补是也，今从之。"又案：'见之'上当有'王子光'三字。下文'请之'下'王子光'不当省。"[2]

由此亦可知，《吕氏春秋》在整理、"校释"中的另一分歧，为"王子光"能否省称作"子光"？于省吾认为"阖闾名'光'，不名'子光'"，即不当省称。而陈奇猷则据"《左传》昭二十二年王子朝，杜注称子朝"例，认为可省称。

其三，谁的"王子"？

前文叙述，《吕氏春秋·首时》篇的"伍子胥欲见吴王而不得，客有言之于王子光者"句的句式排列，及"王子许"的表述，易误导为"王子光"前缀的"王子"，为"吴王"即"吴王僚"的"王子"。

对之，不能不厘清《吕氏春秋·首时》篇中的"王子光"或"王子"，为谁的"王子"？对这一问题，分以下诸点叙述：

A."王子光"并非为吴王僚之"王子"。前文述，吴王僚之"大子"即太子为吴大子诸樊。"吴大子诸樊入郢，取楚夫人与其宝器以归。"[3]杜预注："诸樊，吴王僚之大子。"[4]

B.若"王子光"或"王子"为吴王僚之"王子"，则前引《春秋经·昭公二十七年》记载吴王僚被刺杀的文字，就不仅是"吴弑其君僚"[5]，而是会加上诸如"王子光弑其父僚"等内容。而《春秋经·昭公二十七年》排除上述"弑其父"，则反证"王子光"或"王子"，并非吴王僚之"王子"，亦不构成"弑其父"行为。

C.吴王僚前的吴王，分别为寿梦二子馀祭和寿梦三子馀眛。他俩同时亦为"吴公子光"（"公子光""光"）的大叔和二叔。馀祭、馀眛在位为吴王时，不可能认可或认同"吴公子光"这一侄儿具有"王子"身份。因此，在吴王僚、吴王馀眛和吴王馀祭在位执政时，"吴公子光"及"公子光"的称呼，仅表明"光"为吴国王室成员的"公子"身份，而不具"王子"身份，更不可能称其为"王子光"。

D.综上可知，"王子光"或"王子"，并非吴王馀祭之"王子"；亦非吴王馀眛之"王子"；更非吴王僚之"王子"。上述诸王（指馀祭、馀眛和吴王僚）执政时，既无"光"铸造"吴王子光戟"的任何时间，且也不存在"光"铸造"吴王子光戟"的任何空间。通俗地讲，上述诸王（指馀祭、馀眛和吴王僚）在位执政时期，不可能允许"光"以"吴王子光"的器铭而铸造该"吴王子光戟"，即使是自筹资金式的自费铸造。

其四，"王子光"为吴王诸樊之子"光"。

"光"为文献记载及出土留存实物器铭文中，表明吴王阖闾执政前名号的常用字。而"公子

---

[1] 于省吾先生曰，见陈奇猷：《吕氏春秋校释》，学林出版社1984年，第772页。
[2] 奇猷案，见陈奇猷：《吕氏春秋校释》，学林出版社1984年，第772页。
[3] 《左传·昭公二十三年》，见《春秋左传正义》，北京大学出版社1999年，第1436页。
[4] 杜预注，见杜预：《春秋经传集解》，上海古籍出版社1978年，第1503页。
[5] 《春秋经·昭公二十七年》，见《春秋左传正义》，北京大学出版社1999年，第1480页。

光""吴光"或"吴公子光",只不过是添加表明其身份、国别的"公子""吴"等前缀而已。

而出土留存实物器铭文的情况,前述原平峙峪出土的"吴王光"青铜剑、南陵出土的"吴王光剑"及庐江出土的"吴王光剑",其铭文实均为"攻敔王光"。

因此,《吕氏春秋·首时》篇的"王子光"及"王子"以及随州出土器"吴王子光戟"器铭中"吴王子光",在排除为吴王馀祭、吴王馀眛及吴王僚之"王子"后,或只剩下一个选择——"王子光"或"王子",乃是吴王诸樊之子的"王子光"或吴王诸樊之子的"王子"。

其五,吴王诸樊战死三十三年后,历史已不再给"光"成为"王子光"或"王子"的时间和空间。

吴王诸樊执政时期,理论上"光"可成为"王子光"或"王子",尽管时尚值年幼。

吴王诸樊战死并至《吕氏春秋·首时》记写"王子光"时,值吴王僚执政。其间,已相隔馀祭在位的四年及馀眛在位的十七年,故至吴王僚执政时,"光"之父吴王诸樊已战死二十一年。再加上吴王僚执政在位的十二年,故自吴王诸樊战死至阖闾着专诸刺杀王僚而执政时,"光"之父的吴王诸樊战死已达三十三年之久。

这意味着,时已壮年且已为吴王"光"的吴王阖闾,历史已不再给他成为"王子光"或"王子"的时间和空间。通俗地讲,他已不再具备成为"王子"的条件,且也已不再可能成为"王子"。然而,与之相悖的是:随州出土器"吴王子光戟"出现了可读为"吴王子"或"吴王子光"的铭文。而文献记载层面的《吕氏春秋·首时》篇中,也出现了"吴王子"或"王子"的记载。何解?

其六,"吴王子光戟"铭文的"吴王子"或"吴王子光"推测。

对《吕氏春秋·首时》篇的"吴王子"或"王子"因涉及文献流传过程中的文字增删或改动,本书暂不作涉及。而谨就随州出土器"吴王子光戟"上的"吴王子"或"吴王子光"铭文,作如下探索和推测。

A.器铭上"光"的"吴王子"或"王子"的重温青春梦。前述,吴王诸樊战死约三十三余年后,"光"执政而成为吴王阖闾。尽管历史已不再给"光"成为"王子光"或"王子"的时间和空间,但这并不妨碍"光"在其铸器中成为"王子",也不妨碍吴王阖闾以之重温"吴王子"的青春梦。

这一推测,或构成了随州"吴王子光戟"器主为"吴王子光"的可能。毕竟,随州"吴王子光戟"及其器铭,乃是客观存在并就在那里。而在上述铸铭过程中,吴王阖闾并不会遇到障碍和阻拦。

B.从动机的角度推测,吴王阖闾在其父诸樊战死、王权转移至大叔馀祭、二叔馀眛等手中时,其少年时曾遭受困厄和流离逃亡(相关叙述,参见前文)。因此,其父死后,公子光非但不再是"吴王子",且生活或也陷入困顿之中。因此,夺取吴国王权后,"光"在"吴王子光戟"中自铭其为"吴王子光",就宣泄了心中多年的不平与积郁,同时也满足了他补着过把"王子"瘾的动因。作为一个政治强人,"公子光"当是更多地着眼于现实政治的需要。夺权后的吴王阖闾铸器时自铭为"吴王子光",即意在强调自己曾经的"吴王子"身份。同时表明,他从吴王僚手中夺取王权所具有的正当性和合法性,并由此勾连起其王权来源的正当性和合法性。《史记·吴太伯世家》记载说:"公子光者,王诸樊之子也。常以为吾父兄弟四人,当传至季子。季子即不受国,光父先立。即不传季子,光当立。"[1] 这一段文字,既涉及公子光"王诸樊之子"的"吴王子"身份,也道及吴国

---

[1]《史记·吴太伯世家》,见司马迁:《史记》,中华书局1959年,第1461页。

王权由馀昧传承至吴王僚时,给公子光带来的心理冲击和由此萌生的夺权动因。公子光的思维并付诸实践的模式,即是上述的"不传季子,光当立"——吴国王权若不传父辈一代人中的叔叔季札,则下一代吴国王室成员中,当立我为吴王。

(4)"吴王子光戟"的特点、作用及比较而呈现出的价值

在现存吴国青铜器中,随州"吴王子光戟"呈现出的如下特点:有明确的出土地点;器身遍布火焰纹纹饰;器身铭文在揭示为吴王阖闾用器的同时,还与《左传·定公四年》的吴王阖闾入随的记载互为印证等。

除上述外,"吴王子光戟"还具有如下作用:

①"吴王子光戟"铭文显示的吴国国号"吴",具有时间标尺作用

上述的时间标尺作用,是指吴国国号"吴"在吴国青铜器中出现的时间。

前述"吴王子光戟"为吴王阖闾执政后铸制。其铸制时间,最早当以阖闾元年(鲁昭公二十八年,前514)始,而至吴阖闾九年(鲁定公四年,前506)吴王阖闾入随并留该器于随止。由此,可推算出"吴王子光戟"的铸制时间,即为上述时段(指吴阖闾元年即公元前514年至吴阖闾九年即公元前506年)的九年之内。

这也意味着,"吴王子光戟"铭文显示吴国国号"吴"的出现时间,即在上述阖闾元年至阖闾九年的九年时间内。从这一意义上讲,"吴王子光戟"铭文显示吴国国号"吴"的出现时间,具有标尺作用。

②比较而呈现出的价值

随州"吴王子光戟"对标其他实物器样本进行比较,从比较的结论性意见可见其呈现出的价值。在这比较中,"吴王子光戟"作为比较样本之一,而与有同质内容的其他吴国青铜器进行对标比较。情况如下:

其一,对标比较的样本为无锡博物院征集且具铭文"攻敔王"的吴王僚剑。二者(指"吴王子光戟"与吴王僚剑)比较,显示吴国国号"攻敔"之"敔"与"吴"的先后次序关系为:吴王僚剑铭的"攻敔"之"敔",早于"吴王子光戟"器铭的"吴"。

其二,对标比较的样本为山西原平峙峪出土、剑身遍布火焰形花纹且具铭文"攻敔王"的"吴王光"青铜剑。二者(指"吴王子光戟"与"吴王光"青铜剑)器身均遍布火焰形花纹。由此可得出比较结论,二者或为吴国青铜兵器制作技术中相同的暗纹处理工艺所为。

同时,因二者铭文相异,故关于二者制作时间的先后问题,较为复杂。"吴王子光戟",因其铭文中吴国国号"吴"所具有的时间标尺作用,前文推算出其制作时间为阖闾元年至阖闾九年的九年时间内。而山西原平峙峪出土的"吴王光"青铜剑(亦含同为吴王阖闾用器且同样具铭文"攻敔王"以显示吴国国号"攻敔"之"敔"的安徽南陵出土"吴王光剑"、安徽庐江出土"吴王光剑"等),从铭文"攻敔王光"等可以看出,该铭文显示的"攻敔"之"敔"的吴国国号,承继无锡博物院征集且具铭文"攻敔王"的吴王僚剑。而这一"攻敔"之"敔"的吴国国号,不具时间的标示或标尺作用。故无法推算出"吴王光"青铜剑(含南陵出土"吴王光剑"、庐江出土"吴王光剑"等)的制作时间,只能据其为吴王阖闾用器而作理论上的笼统叙述,并厘定其制作时间为吴王阖闾的

整个执政时期。因此,"吴王子光戟"与"吴王光"青铜剑等器制作时间的先后,难以确定。

其三,对标比较的样本为安徽寿县出土且铭文具"吴王"的"吴王光鉴"。安徽寿县出土的"吴王光鉴"铭文记载,"吴王光"(即吴王阖闾)为其女"叔姬寺吁"嫁与蔡昭侯而作此陪嫁器。铭文证实吴王阖闾女儿叔姬寺吁嫁与蔡昭侯及吴、蔡间存在政治联姻的事实。而《春秋经》《左传》等文献并无吴王阖闾嫁女于蔡及蔡吴联姻的记载。因此,该"吴王光鉴"以实物器铭文形式,补写文献记载之阙("吴王光鉴"情况,另见下文)。

《春秋经·定公四年》记载:"冬,十有一月,庚午,蔡侯以吴子及楚人战于柏举。"[1]《左传·定公四年》记载:"冬,蔡侯、吴子、唐侯伐楚。"[2]上述,与《左传·定公四年》记载吴王阖闾入随且"谓随人曰"[3],均为吴伐楚入郢之战的同一年——吴阖闾九年(鲁定公四年,前506)。

由上可认为:具吴国国号"吴"的安徽寿县出土的"吴王光鉴",铸制年代当为吴、蔡、唐伐楚前,即吴阖闾九年(鲁定公四年,前506)之前且吴、蔡为盟友而共同伐楚的时间内。因此,它与随州"吴王子光戟"的铸制年代,有着吴王阖闾伐楚入郢之战前的部分时间交集和重叠。而由此亦可认为,随州"吴王子光戟"与寿县"吴王光鉴"等二器铭文中的吴国国号"吴",当为吴国青铜器中最早出现者。因此,现存吴国青铜器铭文中的吴国国号"吴"字,或即由该二器铭文始。

(三)向蔡国"输粟"——中原列国对吴、唐、蔡联合伐楚的间接支援

吴、唐、蔡联军伐楚,战线太长,且远离本土作战。故后勤给养成为战争的掣肘。攻入楚都后,吴、唐、蔡联军长期滞留,在这种情况下,中原列国以向蔡国输粟的方式,间接支持吴、蔡、唐联合伐楚的粮草补给。

下列文献,记载了中原列国向蔡国"输粟"事:

《春秋经·定公五年》记载:"夏,归粟于蔡。"[4]杜预注:"蔡为楚所围,饥乏,故鲁归之粟。"[5]孔颖达疏:"自解鲁归粟之意,不言诸侯归之。诸侯或亦归之,要此《经》所书,其意不及诸侯,故显而异之,言'鲁归之粟'。"[6]

《公羊传·定公五年》记载:"夏,归粟于蔡。孰归之?诸侯归之。"[7]公羊寿传:"时为蔡新被强楚之兵,故归之粟,与戍陈同义。"[8]何休解诂:"即襄五年'冬,戍陈'……陈坐欲与中国,被强楚之害,中国宜杂然同心救之,乃解怠前后至……今归粟于蔡之义亦然,故云与戍陈同义矣。"[9]

《穀梁传·定公五年》记载:"夏,归粟于蔡。……孰归之?诸侯也。"[10]范宁集解:"蔡侯比年在楚,又为楚所伐,饥,故诸侯归之粟。"[11]

---

[1]《春秋经·定公四年》,见《春秋左传正义》,北京大学出版社1999年,第1541页。
[2]《左传·定公四年》,见《春秋左传正义》,北京大学出版社1999年,第1553页。
[3]《左传·定公四年》,见《春秋左传正义》,北京大学出版社1999年,第1556—1557页。
[4]《春秋经·定公五年》,见《春秋左传正义》,北京大学出版社1999年,第1559页。
[5]杜预注,见杜预:《春秋经传集解》,上海古籍出版社1978年,第1636页
[6]孔颖达疏,见《春秋左传正义》,北京大学出版社1999年,第1559页。
[7]《公羊传·定公五年》,见《春秋公羊传注疏》,北京大学出版社1999年,第564页。
[8]公羊寿传,见《春秋公羊传注疏》,北京大学出版社1999年,第564页。
[9]何休解诂,见《春秋公羊传注疏》,北京大学出版社1999年,第564页。
[10]《穀梁传·定公五年》,见《春秋穀梁传注疏》,北京大学出版社1999年,第324页。
[11]范宁集解,见《春秋穀梁传注疏》,北京大学出版社1999年,第324页。

由以上文献记载及注疏可知,吴、唐、蔡伐楚次年的夏天,中原列国诸侯馈赠粮食给蔡国。而这些列国诸侯,不外乎为一年前十八国召陵盟会的参与国。而公羊寿、何休解读时的"与戍陈同义",则隐然将吴、唐、蔡联军伐楚事与昔日晋国集团整体与楚国集团对抗的"戍陈"事相提并论。

(四)申包胥哭秦庭及秦军介入

在吴、唐、蔡联军的对楚战争中,除了吴国这一新兴强国外,在原来的春秋四强——晋、楚、齐、秦中,晋、齐均为十八国召陵盟会的与会国。故对楚国来说,争取另一个未参与召陵盟会的强国——秦国,就成为楚国外交的重中之重。

1.秦、楚间的姻亲关系

秦国和吴国,分别地处西北和东南,正是这一地理原因,两国的唯一交集,即前文所说的公元前547年(吴馀祭元年)吴王馀祭即位甫初,吴国遭遇的一场来自楚、秦的未遂战争。其后,秦、吴间无有来往。

吴、唐、蔡伐楚并攻入郢都后,欲擒拿楚昭王并以熊胜取而代之,就成为吴国的阶段性目标。而楚昭王之母为楚平王当日纳子媳而为夫人的秦国嬴氏。因此,吴国攻下郢都后搜索、捉拿的系秦国女子所生的楚昭王,这不能不引起楚昭王外家——其母娘家秦国的关注。

2.昔日伍子胥与申包胥的赌局式预言

《左传·定公四年》以倒叙的方式记载伍子胥逃亡吴国前,与申包胥各自设下的一个连环式的历史预言赌局:"初,伍员与申包胥友。其亡也,谓申包胥曰:'我必复楚国。'申包胥曰:'勉之!子能复之,我必能兴之。'"[1]杜预注:"包胥,楚大夫。"[2]意即,当初伍子胥与申包胥是朋友。伍子胥逃亡时对申包胥说:"我一定要颠覆楚国!"申包胥说:"您努力吧!只是您能够颠覆楚国,那我就一定能够复兴楚国。"

"及昭王在随,申包胥如秦乞师"[3],即吴伐楚入郢且楚昭王躲藏在随国时,伍子胥当日设赌所说"我一定要颠覆楚国"已接近实现时,另一个赌局玩家——申包胥开始上场,并到秦国去请求出兵。

3.申包胥哭秦庭

申包胥到秦国后,首先从文化的角度对吴国进行攻讦说:"吴为封豕、长蛇,以荐食上国,虐始于楚。"[4]意指,吴国是头野猪,是条毒蛇,它一而再、再而三地吞食上国,其作恶正是从虐害楚国开始。

接着,申包胥又以秦国的国家利益来说服、打动秦王:"我国国君未守住自己的国家,逃亡在荒原丛草间,派下臣我来向贵国求救时说:'吴人野蛮的德行是贪求无厌,如果听任它占领楚国而与贵国为邻,那将是贵国边境上的祸患啊!'"申包胥的这一潜台词是,若秦国对此放任而不管,则将面临与吴国为邻,并成为吴国噬食对象的局面。

接下来,申包胥认为楚国国土与其让吴国独吞,不如由秦与吴共同瓜分楚国,说:"逮吴之未

---

[1]《左传·定公四年》,见《春秋左传正义》,北京大学出版社1999年,第1557页。
[2] 杜预注,见杜预:《春秋经传集解》,上海古籍出版社1978年,第1634页。
[3]《左传·定公四年》,见《春秋左传正义》,北京大学出版社1999年,第1557页。
[4]《左传·定公四年》,见《春秋左传正义》,北京大学出版社1999年,第1557页。

定，君其取分焉。若楚之遂亡，君之土也。若以君灵抚之，世以事君。'"[1]杜预注："与吴共分楚地。"[2]故《左传》上条意即："趁吴军现在还没有把楚国平定，您还是赶快出兵占领一部分土地。要是楚国就此灭亡，这一部分土地就成为您的领土了。而如果仰仗您的威福派兵能安定楚国，楚国一定世世代代事奉您。"

作为春秋时的说客，申包胥此次"乞师"的目的，就是用各种办法促使秦国出兵。在他的一番话语中，先是策略地处处为秦国利益着想，或不与吴国为邻，或与吴共分楚国。然而，其要点仍是希望秦出兵驱吴而安定楚国，楚国的回报则是世世代代事奉秦国。

对秦王来说，不难理解申包胥希望秦国出兵的意图。然而，秦出兵救楚，毕竟要冒着和吴国正面冲突的危险。吴军的强悍及其在与楚军交锋时"五战五捷"的表现，使得秦国国君不能不考虑参战的风险及秦国的利益。这一利益既包含与吴对抗的胜算，也包含驱吴出楚后从楚国得到的回报。风险与利益间的评估，使得秦王一时难下决断而处于举棋不定中。在这种情况下，秦国国君派人辞谢申包胥说："寡人闻命矣。子姑就馆，将图而告。"[3]即"我知道您的意见了，您姑且到驿馆休息，我们商量一下再答复您"。

申包胥怕秦国人以商量、研究为托词而没了下文，于是回答说："我们的国君现正逃亡到杂草丛林之中，还没有得到安身的地方，下臣哪里敢去休息呢？"于是，申包胥"立依于庭墙而哭，日夜不绝声，勺饮不入口七日。秦哀公为之赋《无衣》，九顿首而坐。秦师乃出"[4]。即申包胥靠着院墙站着而大哭，哭声日夜不断，七天不喝一口水。见申包胥如此，秦哀公大为感动，为他赋写了《诗经·秦风》里的《无衣》这首诗。申包胥从中读懂了秦哀公已准备出兵的政治含义，于是叩头叩了九次才坐下。秦军终于出动。

申包胥哭秦庭，终以楚人的坚韧感动了秦哀公，秦国出兵与否，皆是基于秦国国家利益的考虑。吴人从东南太湖畔长途奔袭楚国，虽连战连捷，但毕竟是在千里之外的异国作战。秦以逸待劳，且联合楚国的抵抗力量，胜算可期。而若不出兵，秦或与吴为邻相处，或与吴国扶植的亲吴傀儡政权相处。在这种情况下，秦与吴的角力不可避免。与其今后难以相处、相争，倒不如乘吴人立足未稳而介入，以将吴人逐出楚国。正是出于秦国国家利益的上述考虑，秦君最终作出了出兵救楚的决定。

随着秦国的介入，吴、楚战场的力量对比，发生急剧变化。

（五）楚盟友越国的牵制——因"吴在楚"而"於越入吴"

公元前505年（吴阖闾十年），记载本年史事的《春秋经·定公五年》记载："於越入吴。"[5]而阐释上述经文的《左传·定公五年》则记载为"越入吴，吴在楚也"[6]。从而将越人进入吴国国都与吴国正在入侵楚国联系起来，并形成因果关系。

从《左传·定公五年》的记载时间顺序来看，"越入吴"当发生在本年六月前的上半年。前

---

[1]《左传·定公四年》，见《春秋左传正义》，北京大学出版社1999年，第1558页。
[2] 杜预注，见杜预：《春秋经传集解》，上海古籍出版社1978年，第1635页。
[3]《左传·定公四年》，见《春秋左传正义》，北京大学出版社1999年，第1558页。
[4]《左传·定公四年》，见《春秋左传正义》，北京大学出版社1999年，第1558页。
[5]《春秋经·定公五年》，见《春秋左传正义》，北京大学出版社1999年，第1559页。
[6]《左传·定公五年》，见《春秋左传正义》，北京大学出版社1999年，第1559页。

文曾述,《春秋经》《左传》记载进入诸侯国国都时,该国都多以其国号代指。故上述"於越入吴""越入吴",均指进入吴国国都"吴"城内城。由于《左传·定公五年》记载简略,故此番"越入吴",指的究竟是越国派小股人员潜入吴都城内还是越国派兵攻陷吴都而进入城内,并不得而知。但从当时的情势及力量对比来看,极可能是前者,即越人对吴国国都所进行的骚扰、牵制活动。而从《史记·吴太伯世家》的"越闻吴王之在郢,国空,乃伐吴。吴使别兵击越"[1]的记载来看,吴国伐楚时或已预留一支军队以备越。按此,越并未攻克吴都,且进入吴都内城的小股骚扰人员为吴国预留的军队击败并逐之。是故,前述《春秋经》《左传》记载的"越入吴",不排除的可能性就是越国小股人员潜入或进入吴都的骚扰行为,并为鲁国史官所采用。

越国值吴军伐楚时的军事牵制,表明楚、秦、越联手从不同方向分击吴国的态势已经形成。尽管越人"入吴"仅是牵制和骚扰,并没有对吴国的本土造成实质性威胁。然而,其对滞楚而远离本土的吴军所造成的心理影响,却不容小觑。再者,本年"於越入吴",因文献未有明确记载,故不能排除以下几个原因:

其一,越人乘"吴在楚""国空"而对五年前吴国攻打越国施行报复。公元前510年(吴阖闾五年)夏天,吴国攻打越国事,即前文所引《左传·昭公三十二年》记载的"吴伐越,始用师于越也"[2]。亦即前文引《吴越春秋》记载的吴、越间的第一次"檇里(檇李)之战"。

其二,文献未载的楚国外交运作的结果。按此,则本年"於越入吴"为楚国策动越国所作的战略策应。

其三,为上述二者交互作用的结果。

(六)秦军介入压力下的吴国内讧——夫概"自立"叛归及其失败后的"奔楚"

"申包胥以秦师至,秦子蒲、子虎帅车五百乘以救楚。"[3]杜预注:"五百乘,三万七千五百人。"[4]即秦国出动救楚的秦军人数,超过前述《吕氏春秋·用民》篇中所说的吴军伐楚人数的三万人数。更何况,秦军以逸待劳,而吴军则劳师远征且已久滞于楚。

申包胥带着秦军到达,并在沂地大败夫概指挥的吴军。与此同时,吴军在柏举俘虏了楚国大夫蘧射,而蘧射的儿子率领溃逃的楚军士兵跟随楚公子西,在军祥打败吴军。

"秋,七月,子期、子蒲灭唐。"[5]杜预注:"从吴伐楚故。"[6]即到秋季七月时,因唐国为吴盟国而从吴伐楚,楚公子期、秦将子蒲灭亡了唐国。

秦国出兵成为吴国伐楚先胜而后败的分水岭,而随着秦、楚联军攻打吴军的战事呈胶着状态,吴军长期滞留楚国而远离本国的弱点渐显。接连失败后,吴国内部的权力斗争亦渐趋表面化,进而发生夫概"自立"的内讧事件。

吴军进入郢都之初,在"以班处宫"中显露出觊觎吴国王权之心的阖闾之弟夫概,在秦军出

---

[1]《史记·吴太伯世家》,见司马迁:《史记》,中华书局1959年,第1467页。
[2]《左传·昭公三十二年》,见《春秋左传正义》,北京大学出版社1999年,第1524页。
[3]《左传·定公五年》,见《春秋左传正义》,北京大学出版社1999年,第1561页。
[4]杜预注,见杜预:《春秋经传集解》,上海古籍出版社1978年,第1638页。
[5]《左传·定公五年》,见《春秋左传正义》,北京大学出版社1999年,第1561页。
[6]杜预注,见杜预:《春秋经传集解》,上海古籍出版社1978年,第1639页。

兵的压力下,决意铤而走险,乘乱抢班夺权。

公元前505年(吴阖闾十年,鲁定公五年),"九月,夫概王归,自立也。以与王战而败,奔楚,为堂谿氏"[1]。即九月时,夫概返回吴国,自立为王,旋即与吴王阖庐(阖闾)作战并被打败,于是逃亡到楚国,成为奔楚的姬姓吴氏分支——堂谿氏始祖。"堂谿"地望,唐颜师古注《汉书·地理志》"汝南郡"之"吴房"[2]时,引"孟康曰:'本房子国。楚灵王迁房于楚。吴王阖闾弟夫概奔楚,楚封于此,为堂谿氏。以封吴,故曰吴房,今吴房城堂谿亭是。'"[3]

夫概叛归吴国,《史记·吴太伯世家》记为:"阖庐闻之,乃引兵归,攻夫概。"[4]即吴王阖闾听说夫概叛归事,便立即引兵回吴国,攻打夫概。

吴军内部的不和,亦为敌方知晓,并作出吴军不能占领楚国的结论。如入郢吴军"以班处宫"的争执传至楚将𫷷辛耳中时,他即指出:"不让,则不和;不和,不可以远征。吴争于楚,必有乱;有乱,则必归,焉能定楚?"[5]意为,不谦让就会不和睦,不和睦就不能远征。吴国人在楚国争夺,一定会演变成内讧,而发生了内讧,他们就必定会撤军回国,又哪里能占领并意图使楚国安定呢?

须厘清的是:一是前引《左传·定公五年》记载的"九月,夫概王归,自立也。以与王战而败,奔楚",即夫概返回吴国之叛"归",夫概"归"而自立为王。二是吴王阖闾平叛之"归",即《史记·吴太伯世家》记载的:"阖庐闻之,乃引兵归,攻夫概。"[6]意即吴王阖闾听说,便立即引兵回吴国之"归","归"的目的为攻打夫概。而平定夫概之乱后,吴王阖闾又返回楚国的伐楚战场。

(七)吴伐楚并招致败绩的最后一战——公壻之战

吴王阖闾返归吴国并平定夫概之乱后,又返回了伐楚战场。而滞留于楚的吴军与秦、楚联军正面临着最后的决战——吴军在雍澨打败了向他们反攻的楚军,秦军赶到后又打败了吴军。吴军在雍澨河附近的麇地扎营,子期(公子结)准备用火攻方式来攻打吴军。他的兄长子西(公子申)劝他说:"我们的父兄亲戚战死沙场,尸骨也暴露在这一带,现在无法收殓他们。要是火攻,那就连他们的尸体也一并焚烧了。这可不行啊!"子期回答他说:"国家都快要灭亡了。死者如果地下有知,国家保全了,他们就可以享有像以往一样的祭祀了,哪里还怕烧掉尸骨?"于是,楚军放火焚烧吴军,接着又进攻,"吴师败。又战于公壻之溪,吴师大败,吴子乃归"[7]。即吴军在雍澨战败。其后又在公壻之溪战败,吴王阖闾这才回国去了。

此处的"吴子乃归"的时间,乃是本年(吴阖闾十年,前505)吴王阖闾的第二次返"归"吴国。前次为《史记·吴太伯世家》记载的吴王阖闾平定夫概之乱而"攻夫概"的"引兵归",时为"九月"。如前文述,平定夫概之乱后,吴王阖闾又返回楚国的伐楚战场。这才有了吴王阖闾本年

---

[1]《左传·定公五年》,见《春秋左传正义》,北京大学出版社1999年,第1561页。
[2]《汉书·地理志》,见班固:《汉书》,中华书局1962年,第1561页。
[3] 颜师古注,见班固:《汉书》,中华书局1962年,第1562页。
[4]《史记·吴太伯世家》,见司马迁:《史记》,中华书局1959年,第1467页。
[5]《左传·定公五年》,见《春秋左传正义》,北京大学出版社1999年,第1562页。
[6]《史记·吴太伯世家》,见司马迁:《史记》,中华书局1959年,第1467页。
[7]《左传·定公五年》,见《春秋左传正义》,北京大学出版社1999年,第1561页。

第二次返"归"吴国的"吴子乃归"。从时间上看,"九月"发生夫概之乱,吴王阖闾返归平乱,接着又回到楚国战场。因此,这第二次返吴国的"吴子乃归",即使为年底,其距吴王阖闾的第一次返归,也不过三四个月时间。而公壻之战,则为本次吴伐楚且招致败绩的最后一战。

(八)吴军归时在太湖北岸筑军事城堡——今无锡、常州交界处的"阖闾城"

1.吴军返归时筑军事城堡,即后世所称"阖闾城"之"小城"的必要性及其历史背景分析

吴军伐楚引发秦军干预而被秦、楚联军追撵着返归时,因担心当时秦、楚联军尾随而入吴国境内及对"吴入郢"进行报复而兵临吴都"吴"城(今苏州古城)城下,故在太湖北岸的今常州、无锡交界处未雨绸缪地筑军事城堡,以作吴都屏障。其筑造背景为:历史上楚国曾两次攻入吴国腹地,一为吴王寿梦十六年(鲁襄公三年,前570),楚军在令尹子重的统率下攻克了吴国城邑"鸠兹",并一直打到吴国腹地——今南京江宁附近的"衡山";另一为吴王馀昧六年(鲁昭公四年,前538),楚灵王挟申地盟会之威,集合八国(含楚国)伐吴,并深入吴国腹地,包围了今镇江附近的朱方。是处,距其时吴国都城梅李(今无锡梅村),仅数百里之遥。

由上述背景可知,本次吴伐楚返归之时于太湖北岸筑军事城堡,就完全是一种合乎情理而又极为必要的军事防御行为了。除上述防御措施外,吴国采取的另一项防御措施即为加固其时春秋吴都"吴"城的城墙。这就是北宋朱长文《吴郡图经续记》记载的"旧说,子胥伐楚还师,取丹阳及黄渎土以筑,盖利其坚也"[1]。意即,吴军伐楚返归时,一方面在今常州、无锡交界处筑军事城堡;另一方面,又"取丹阳及黄渎土"运至其时的"吴都"苏州,以增筑并加固其城墙,以"利其坚"。

2.吴军返归时筑军事城堡——"阖闾城"之"小城"的文献记载

吴军返归筑该今无锡、常州交界处的军事城堡事,《左传》《国语》乃至《史记》《越绝书》《吴越春秋》等文献未载,如上所述,北宋朱长文《吴郡图经续记》记载了吴军伐楚返归时加固其时春秋吴都"吴"城的城墙,但并未记载今常州、无锡交界处筑军事城堡"阖闾城",因此,从公元前505年(吴阖闾十年)的今常州、无锡交界处筑军事城堡"阖闾城"的筑造,至元末的至正年间(1341—1370),已历经一千八百余年,而该城残迹犹存。这就是无锡现存最早地方文献——元王仁辅纂至正《无锡志》中所说:"阖闾城,在州西富安乡,相去四十五里。《越绝书》云:伍员取利浦及黄渎土筑阖闾城。《吴地记》云:阖闾城,周敬王六年伍员伐楚还,运润州利湖土筑之,不足又取吴地黄渎土,为大小二城,当阖闾伐楚回,故因号之。……今按:阖闾大城在姑苏,即今之平江是也。小城在州西北富安乡闾塈,其地边湖,其城犹在。"[2]

上述记载,表达以下意思:

其一,位于今无锡、常州交界处的军事城堡,为"阖闾城"之"小城"。与该"阖闾城"之"小城"对举出现的为:"阖闾大城在姑苏,即今之平江是也。"唐张守节《史记正义》首次使用"阖闾城"概念。其后历代苏州方志记载中,从未出现、亦从无以"阖闾大城"而称苏州者(相关情况,另见下文《无锡地方文献记载"阖闾大城"及成双对举记载的"小城""阖闾小城"情况表》等)。

---

[1] 朱长文:《吴郡图经续记》,江苏古籍出版社1986年,第56页。
[2] 王仁辅:元至正《无锡志》,见《无锡文库》第一辑,凤凰出版社2012年,第54页。

其二，至正《无锡志》"其地边湖，其城犹在"的记载表明，历经一千八百余年而至元代末期时，该"阖闾城"之"小城"的残迹犹存。故至正《无锡志》记载的残迹实物表明：春秋吴军伐楚返归时，曾于此筑军事城堡，从而以实物遗存形式补正文献记载之阙。因此，这一记载的历史价值和文献价值，也由此得以体现。

其三，该"阖闾城"之"小城"的造筑年代，至正《无锡志》记写了两个时间点，分别为"周敬王六年伍员伐楚还"（前514）及"阖闾伐楚回"（前505）。前一时间点的"周敬王六年伍员伐楚还"并不能成立，盖因本年（指周敬王六年，即阖闾元年，前514）吴王阖闾刚刚执政，吴国并无伐楚事。且《春秋经》《左传》也无本年吴伐楚事的记载。

其四，关于王仁辅"至正《无锡志》"中"小城在州西北富安乡闾塯其地边湖其城犹在"句，笔者撰著《苏州通史·先秦卷》时，点校为"小城在州西北富安乡闾塯，其地边湖，其城犹在"[1]。本书依然承之而作此。其因即为"闾塯"为"闾江"的吴语记音。至正《无锡志》撰者王仁辅，为巩昌（今甘肃陇西县）人，侨居无锡梅里乡祗陀村（今东亭乡长大夏村）。故作为原籍西北而侨居无锡人氏，其笔下所记"闾江"，即因"江"的吴语音变为gāng而记为"闾塯"（类似于本书下文将"吴江"地名记音为"唔缸"）。该"闾塯"，在其后的无锡方志中，记为"闾江"。如明万历《无锡县志》中，即为："小城在富安乡闾江，其城犹在。"[2]清康熙《无锡县志》亦记为："小城在县富安乡者地名闾江，边湖，其城犹在。"[3]

3.关于"周敬王六年"无吴伐楚事及不可能发生"伍员伐楚还"事件的论述

前述，周敬王六年（吴阖闾元年，前514）并无吴伐楚事。据《春秋经》《左传》记载，本年无与吴、楚有关之事的记载。故"周敬王六年"作"伍员伐楚还"的时间叙述，于史无据。而因上年事可能迁延至下年情况，故倒溯至上年的周敬王五年（吴王僚十二年，鲁昭公二十七年，前515）发生且与吴、楚有关的两个事件为：

其一，《春秋经·昭公二十七年》记载的"夏，四月，吴弑其君僚"[4]。

其二，《左传·昭公二十七年》记载的"吴子欲因楚丧而伐之，使公子掩馀、公子烛庸帅师围潜"[5]。

由上可知：上年的周敬王五年（前515）及本年的周敬王六年（前514），《春秋经》《左传》均无"伍员伐楚"的事件发生。而另从当时的情境分析，周敬王五年，公子光在伍子胥的帮助下，刚刺杀了吴王僚夺得王权而成为吴王阖闾。而值此之前，由吴王僚派出"伐楚丧"的两位亲信——公子掩馀、公子烛庸及其带领的军队，正滞留于江淮地区而有家归不得。在这种情况下，吴王阖闾又怎么可能派伍子胥伐楚？而吴无"伍员伐楚"事件发生，又谈何"伍员伐楚还"及筑"阖闾城"之"小城"事？

前述至正《无锡志》记载的"周敬王六年伍员伐楚还"事，乃是脱胎于前引朱长文《吴郡图

---

[1] 吴恩培：《苏州通史·先秦卷》，苏州大学出版社2019年，第188页。
[2] 周邦杰修、秦梁等：明万历《无锡县志》，见《无锡文库》第一辑，凤凰出版社2012年，第491页。
[3] 徐永言修，严绳孙、秦松龄：清康熙《无锡县志》，见《无锡文库》第一辑，凤凰出版社2012年，第103页。
[4] 《春秋经·昭公二十七年》，见《春秋左传正义》，北京大学出版社1999年，第1480页。
[5] 《左传·昭公二十七年》，见《春秋左传正义》，北京大学出版社1999年，第1481页。

经续记》记载的"阖庐城,即今郡城也。旧说子胥伐楚还师,取丹阳及黄渎土以筑,盖利其坚也"[1]的时间不确定的"旧说"。这一"旧说"被元代王仁辅《无锡志》袭用时错误发挥并明确为时间点之一的"周敬王六年伍员伐楚还"。故排除这一错误发挥且不能成立的时间点后,王仁辅《无锡志》记写的后一时间点——"阖闾伐楚回"(前505),就成为该文献记载的唯一能与《左传·定公五年》记载"吴子乃归"[2]对接而相合的时间点。

从上述分析可知:军事城堡性质的今无锡、常州交界处的"阖闾城",其筑造时间是且只能是吴伐楚返归的周敬王十五年(吴阖闾十年,鲁定公五年,前505)。

(九)吴伐楚时吴军先胜后败的原因分析

春秋时期,楚国为一流强国。从春秋早期的齐、楚争霸到其后的晋、楚争霸,楚国攻城略地,所向披靡。其间攻占他国国都,并吞他国国土为平常之事。而其国都——郢都,却从未为他国军队攻占过。因此,公元前506年—公元前505年的吴伐楚且入郢——攻占郢都,乃是春秋时期绝无仅有的记载。而本次吴国对楚国战争,在先胜的情况下,其后又几乎被秦、楚联军赶出楚国。

吴军先胜后败的原因,或为如下:

1.吴国战略目标受挫致使吴军长期滞留于楚

吴国伐楚的战略目标,如前文推测,为欲以伍子胥当日带往吴国并在吴国长大的熊胜取代楚平王当日与秦女所生的楚昭王。

而实现这一战略目标的前提是去除掉楚昭王。吴伐楚期间不遗余力地追踪楚昭王,或也证明这一战略目标存在的可能性。而由于这一目的未能达到,既使吴国战略目标不能得以实现,同时也成为吴军长期滞留于楚的主要原因。

吴军长期滞楚所带来的负面效应,是极易激起楚国全民的反抗。《淮南子·泰族训》记载的"昭王奔随,百姓父兄,携幼扶老而随之,乃相率而为致勇之寇,皆方命奋臂而为之斗"[3],即是明证。

同时,吴军长期滞楚,内部亦易生激变,夫概叛归亦是明证。而夫概叛归自立所构成的吴之内讧,既使吴军元气大伤,更对吴军士气造成巨大的消极影响。

2.吴外交疏忽致使秦出兵介入

吴、唐、蔡结盟伐楚,其间,伍子胥主持吴国外交,对中原国家做了大量工作,其中包括下文所说的利用吴王阖闾夫人为宋国国君宋公栾之妹的独特身份而携其一同伐楚并来到中原,以加强吴国对中原列国的外交。除了吴、唐、蔡结盟,与蔡、胡国的联姻及对陈国的拉拢,中原列国以对蔡输粮方式对吴伐楚给予支持等,都显示了吴国外交的成果。吴国伐楚时,已对越国有所防备。故当越国乘吴王在郢,国空,乃伐吴时,"吴使别兵击越"[4]。

然而,吴国外交的疏忽之处,即是对秦国外交的无所作为,导致楚游说秦国出兵。而随着秦国出兵,吴伐楚由胜转败。

---

[1] 朱长文:《吴郡图经续记》,江苏古籍出版社1986年,第56页。
[2]《左传·定公五年》,见《春秋左传正义》,北京大学出版社1999年,第1561页。
[3]《淮南子·泰族训》,见刘文典:《淮南鸿烈集解》,中华书局1989年,第687—688页。
[4]《史记·吴太伯世家》,见司马迁:《史记》,中华书局1959年,第1467页。

因地理原因，吴国与秦国并无交集，故亦无历史恩怨。而以《左传》记载的伍子胥与申包胥的赌局预言可以判断，已为吴国"行人"的伍子胥，是时应当知晓已仕楚的申包胥极可能采取"乞师"于秦的救亡手段，但未有针对性的作为。

其时，若吴国主动展开对秦外交，或采取某种策略性的允诺、安抚等，只要稳住秦国使其不出兵救楚，则吴国的政治、军事、外交就处于主动地位。而由于对秦外交的疏忽和不作为，使得楚国成功地策动秦国出兵，并使得局势出现逆转。

3. 越国对楚国作战略策应的"於越入吴"及其对吴军的心理影响

关于越国策应楚国的"於越入吴"，前文已作叙述。尽管越人的牵制和骚扰并没有对吴国的本土造成实质性威胁。然而，这对久滞于楚而远离本国的吴军将士造成的心理影响，不能低估。而其所形成的楚、秦、越联手并从不同方向分击吴国的态势，对吴军将士的心理影响，更不能低估。

对吴国而言，伐楚之战无疑是一次胜利的战争。占领郢都，更是巨大的胜利标志。为刻意渲染胜利归来的气氛，"诸将既从还楚，因更名阊门曰破楚门"[1]。意即吴国的将军们从楚国回来后，为表达伐楚时攻破楚国郢都的胜利，特意把吴都（今苏州）的"阊门"改称为"破楚门"。

第五节　吴再伐楚"取番"之战与古"番"地（今河南固始）发现并发掘的勾敔夫人墓

一、吴再伐楚"取番"之战

（一）一反常态的吴再伐楚之战及其文献记载

公元前505年（吴阖闾十年，鲁定公五年），吴国刚从楚国撤军回国，次年的公元前504年（吴阖闾十一年，鲁定公六年）时，吴国又极为反常地再次兴兵伐楚"取番"。《左传·定公六年》和《史记·吴太伯世家》对之均予记载。

《左传·定公六年》记载为："四月，己丑，吴大子终累败楚舟师，获潘子臣、小惟子及大夫七人。楚国大惕，惧亡。子期又以陵师败于繁扬。令尹子西喜曰：'乃今可为矣。'于是乎迁郢于鄀。"[2]杜预注："终累，阖庐子，夫差兄。舟师，水战。"[3]故《左传》上条意为，本年（吴阖闾十一年，前504）四月十五日，吴国太子终累打败楚国的水军，俘虏了楚舟师将领的潘子臣、小惟子和七个大夫。楚国大为震惊，害怕会亡国。接着，公子期率领的陆军在繁阳又被吴军打败。楚国令尹子西对此却高兴地说："现在可以有所作为了。"于是，楚国把国都从郢迁往鄀。

《史记·吴太伯世家》记载为："（阖闾）十一年，吴王使太子夫差伐楚，取番。楚恐而去郢徙鄀。"[4]意为，阖闾十一年（前504），吴国派遣太子夫差伐楚，夺取了番邑。楚国大为恐惧。于

---

[1] 赵晔：《吴越春秋》，江苏古籍出版社1986年，第47页。
[2] 《左传·定公六年》，见《春秋左传正义》，北京大学出版社1999年，第1566页。
[3] 杜预注，见杜预：《春秋经传集解》，上海古籍出版社1978年，第1646页。
[4] 《史记·吴太伯世家》，见司马迁：《史记》，中华书局1959年，第1467页。

是,把国都从郢迁往鄀地。

上述,杜预注、孔颖达疏及《史记》三家注等,均未对吴国再次伐楚这一极为反常之事予以评述。而吴国的反常背后隐藏着的秘密,两千五百多年来一直埋藏在吴兴兵伐楚"取番"的"番"的土地之下。两千五百多年后,方以考古出土器及其铭文等方式向世人揭晓。也正因这一情况,《春秋经》《左传》及《史记》的撰者,以及杜预、孔颖达以至《史记》三家注的注家们,既无从获知这一埋藏在"番"地地下的秘密,亦无从得知吴再伐楚"取番"背后的真正原因,故而无从对之进行叙述、评述、注疏,从而留下了吴王阖闾时期一反常态的吴再伐楚疑谜般的历史公案。

(二)不同文献记载的吴再伐楚"取番"之战的异同

被列为全国重点文物保护单位的"番国故城遗址",位于今河南固始县城内。吴再伐楚"取番"之战,即发生在这一带。

对比以上《左传·定公六年》及《史记·吴太伯世家》记载的吴再伐楚"取番"之战,可以看出,二者相同及相异处如下:

相同处为:一是战争时间相同——均为公元前504年(吴阖闾十一年,鲁定公六年)。二是战争地点相同,均围绕"番"地。司马贞《史记索隐》注上述《史记·吴太伯世家》记载指出:"《左传》又曰'获潘子臣、小惟子及大夫七人,楚于是乎迁郢於鄀'。此言番,番音潘,楚邑名,子臣即其邑之大夫也。"[1]故本战的水战战场在番邑一带,而陆战战场为"繁扬",其地望如杨伯峻《春秋左传注》所注,为:"在今河南新蔡县北。"[2]春秋时的番邑,又为番国,故城遗址位于今河南省固始县。有学者从下文所及的固始侯古堆出土器推测,"番国都城应在固始,很可能即在侯古堆一带"[3]。三是战争结果相同——楚国将国都从"郢"迁往"鄀"。四是吴再伐楚"取番"之战的领兵统帅的身份相同——均为吴国太子。《左传·定公六年》记为《左传》唯一出现的吴王阖闾的"吴大子终累",而《史记·吴太伯世家》则为《史记》首次出现的吴王阖闾的"太子夫差"。

相异处则如上所述,为吴国领军统帅的名号不同。《左传》记为"终累",而《史记》则记为"夫差"。

列为全国重点文物保护单位的河南固始县城内的"番国故城遗址"文物保护碑(左)及该番国故城遗址(右)(吴恩培摄)

---

[1] 司马贞:《史记索隐》,见司马迁:《史记》,中华书局1959年,第1467页。
[2] 杨伯峻:《春秋左传注》(修订本),中华书局1990年,第1557页。
[3] 王恩田:《河南固始"勾吴夫人墓"——兼论番国地理位置及吴伐楚路线》,《中原文物》1985年第2期。

由上可以看出，两部文献记载的当为同一次战争。而领兵的吴军统帅名号相异。

（三）"吴大子终累"与吴"太子夫差"的关系

1. 终累与夫差的"兄弟说"

《左传》与《史记》均为首次出现的阖庐（阖闾）储君——《左传》的"吴大子终累"与《史记》的吴"太子夫差"。

二者关系，杜预注作二人为兄弟说："终累，阖庐子，夫差兄"[1]。《左传·定公六年》出现的吴大子终累，在其后的《左传》记载中再未出现。甚至在公元前496年（吴阖闾十九年）吴王阖闾在伐越时的槜李之战中，负伤而"卒于陉"[2]前后，亦即阖闾去世前后，该"吴大子终累"也未出现。阖闾死后，《左传·定公十四年》出现"夫差使人立于庭"[3]的记载，从而在《左传》记载中首次出现的夫差，时已为吴王阖闾的王位继承人。

因此，在同为《左传》的叙述中，《左传·定公六年》记载公元前504年（吴阖闾十一年）史事出现的"吴大子终累"及在《左传·定公十四年》记载公元前496年（吴阖闾十九年）史事出现的吴国王位继承人"夫差"之间，二者相距八年。

依杜预所说二人（指终累、夫差）为兄弟关系，可能出现的情况如下：

其一，吴大子终累，在其后的《左传》记载中再未出现。个中可能出现的情况为，终累或病，或死，或被废黜等。而《左传》本着平常事不予记载的记事原则未予记载，致使"吴大子终累"突兀出现后，再无声息。此类情况，《左传》中不止一处出现。如前述吴公子蹶由、吴王僚之子的"吴大子诸樊"及公元前506年吴入郢后因"以班处宫"而出现且杜预注指说为阖闾之子即"吴王子"的"子山"[4]等，皆是突兀出现后再无下文。

其二，如杜预注所说，终累与夫差系兄弟关系，且终累为兄，夫差为弟。然值得一说的是，阖闾去世后，《左传·定公十四年》的"夫差使人立于庭"[5]句，杜预又注为："夫差，阖庐嗣子。"[6]

嗣子：有多义。一是帝王或诸侯的承嗣子（多为嫡长子）。二是"嗣子"旧时称"嫡长子"。三是旧时无子者以近支兄弟或他人之子为后嗣，亦称"嗣子"。显然，因阖闾前有"吴大子终累"，故可排除后者夫差的嫡长子身份。同时，浮现出另一种情况，即夫差并非阖闾亲生之子。然而，即使"吴大子终累"或病，或死，或被废黜，可吴王阖闾还有另一子，即杜预注为"吴王子"的子山。阖闾去世前后，子山也不见踪影，以致吴国王权由杜预注为"嗣子"的夫差即位（关于子山不见于其后《左传》记载的原因推测，另见下文）。

上述问题，以《左传》证《左传》显然无解。而杜预的"终累，阖庐子，夫差兄"则建立在终累突兀出场后再无下文且吴国王位其后由夫差继承而作出的判断上。并且，该杜预注其实并未指出

---

[1] 杜预注，见杜预：《春秋经传集解》，上海古籍出版社1978年，第1646页。
[2] 《左传·定公十四年》，见《春秋左传正义》，北京大学出版社1999年，第1603页。
[3] 《左传·定公十四年》，见《春秋左传正义》，北京大学出版社1999年，第1603页。
[4] 杜预注，见杜预：《春秋经传集解》，上海古籍出版社1978年，第1633页。
[5] 《左传·定公十四年》，见《春秋左传正义》，北京大学出版社1999年，第1603页。
[6] 杜预注，见杜预：《春秋经传集解》，上海古籍出版社1978年，第1697页。

"吴大子终累"为何未接位及其在《左传》中消失的原因。

2.终累与夫差的为"同一人"说

司马贞《史记索隐》作二人(终累、夫差)为"同一人"说:"定六年左传(即《左传·定公六年》)'四月己丑,吴太子终累败楚舟师'。杜预曰'阖庐子,夫差兄'。此以为夫差,当谓名异而一人耳。"[1]显然,此说从两部不同文献记写的为同一场战争,故而以《左传》《史记》互证,得出"当谓名异而一人耳",即同一人的结论。

(四)吴太子再次伐楚"取番"之战的目的——争取一个时间窗口期

上述"兄弟说"及"同一人"说,并未解释吴国上年(指吴阖闾十年,前505)伐楚刚返归,何以在本年(指吴阖闾十一年,前504)又再发动伐楚而"取番"之战的原因及战争所要达到的目的。

1.吴再伐楚"取番"之战隐藏的目的

吴国此番伐楚"取番"的战争目的是什么?前述,吴军伐楚并滞楚时,越军攻入或潜入吴都内城。因此,从常理及复仇的角度讲,吴返归后当首先对距吴国不远的越国施行报复。而若无非常必要的情况,吴国似无必要在伐楚返归的次年,不去报复越国而又劳师远征地再行伐楚。

故由此反推,吴再伐楚"取番"之战,乃是为了完成吴军伐楚时并未完成的某件大事。而该大事的重要性、迫切性均在报复越国之上。这或也说明,正是为完成吴伐楚时未完成的某件大事,吴军在被秦、楚联军逐出楚国而返归吴国后的次年,又冒着风险再次深入淮河流域的楚邑,并一反常态地再次发动伐楚"取番"的战争。

2.吴在对楚的误导中刻意隐藏起的此战目的

从本年吴再伐楚战争的进程来看,楚国将吴国的战略意图误判为吴军将再次攻打郢都,故把国都从"郢"迁往"鄀"。然而,其后吴军并未对"郢"或"鄀"进行攻击。显然,吴军释放出的攻"郢"讯息,乃是为了误导楚国,使其作出误判并诱使其将注意力转移至迁都于"鄀"及其对"鄀"的防御上。吴军作此佯动并诱使楚人将注意力放在迁都及其防御的背后,必有其藏得很深的战术目的和战术意图。

3.吴军刻意隐藏此战目的所达到的结果

吴军刻意隐藏此战目的,客观上达到以下结果:

(1)文献无记载

吴军刻意掩饰和隐藏此次吴再伐楚的真正目的,骗过了其战争对手。其时忙着迁都的楚人,也不了解吴人此番再行伐楚的真正目的。而因其隐秘和机密,鲁国史官或也无从获知相关讯息,故在《春秋经》《左传》中均未予记载。

(2)注家无评述

对吴国再行伐楚,无论是晋代的杜预、南朝宋的裴骃,还是唐代的孔颖达、司马贞、张守节等中国古代史家的关注点只是停留在伐楚统帅人选不同文献记载的歧异上,而对该战颇为诡异且一反常态的目的,如前所述的上述注家均未涉及。

---

[1]司马贞:《史记索隐》,见司马迁:《史记》,中华书局1959年,第1467页。

(3)隐藏在文献记载之外的吴再伐楚的真正目的

隐藏在文献记载之外的吴再伐楚的真正目的,既成为《左传》撰者未接触到的材料,也成为司马迁撰《史记》时未接触到的材料。这也解释了为何古代学者的注疏评述,无法深入这一战争目的的核心之中。而这一战争目的的核心,即隐藏在河南固始的勾敔夫人墓中。

二、吴再伐楚"取番"之战与河南固始出土的勾敔夫人墓

(一)河南固始出土的勾敔夫人墓发掘情况

1978年3月,河南固始县城关镇砖瓦厂在取土过程中发现一大型墓葬。后,河南省博物馆和信阳地区文管会等组织对陪葬坑和主墓一号墓进行了发掘。考古成果为河南省文物考古研究所编著的《固始侯古堆一号墓》等。出土器藏于河南博物院、河南信阳博物馆,而河南固始博物馆内展有"固始侯古堆一号墓出土文物"图片及"固始侯古堆一号墓陪葬坑"(复原)模型等。

河南固始侯古堆一号墓封土(左)及墓出土器青铜簠铭文拓本中的"勾敔夫人"细部(右)(录自《固始侯古堆一号墓》[1])

无锡阖闾城博物馆展出的河南固始侯古堆一号墓出土的青铜簠(左)(吴恩培摄)及该簠铭文"有殷天乙唐(汤)孙宋公栾乍(作)其妹勾敔夫人季子縢簠"拓片(右)(录自《固始侯古堆一号墓》[2])

---

[1] 河南省文物考古研究所:《固始侯古堆一号墓》,大象出版社2004年,第48页"侯古堆铜簠铭文拓片"。
[2] 河南省文物考古研究所:《固始侯古堆一号墓》,大象出版社2004年,第48页"侯古堆铜簠铭文拓片"。

据《固始侯古堆一号墓》一书介绍，侯古堆一号墓墓主人主棺四周，共有殉人十七具，靠近主棺的五具殉人均为女性，年龄为二十岁至三十岁不等（其中有一为成年女性）。该墓出土器有青铜器等五大类。青铜器中的礼器为九鼎、一盉、二簠等。其中的青铜簠上有铭文。主棺内，墓主人为一年轻女性，头发较黑，年龄在三十岁左右。关于其死亡原因，《固始侯古堆一号墓》一书出现以下表述：

其一，"在清理其骨架时，于腹部共发现14枚甜瓜籽，可见墓主人是在夏季吃过瓜果之后不久死去的"[1]。

其二，"在棺底的淤泥中还发现14颗甜瓜籽，已碳化，仅剩下外壳，但轮廓清晰可辨，足以证明墓主人是在吃过甜瓜之后不久而发病死亡的"[2]。

由此可见，侯古堆一号墓墓主是在夏季吃过瓜果后发病死亡的。而从墓的十七具殉人及陪葬青铜器鼎的数量达九鼎等情况来看，该墓等级很高，墓主的身份地位颇不寻常。

（二）侯古堆一号墓出土的青铜簠及其铭文释读

1.侯古堆一号墓出土的青铜簠及其铭文"宋公欒乍（作）其妹勾敔夫人季子媵（簠）"

侯古堆一号墓出土一件青铜簠，器铭为："有殷天乙唐（汤）孙宋公欒乍（作）其妹勾敔夫人季子媵（簠）"。其铭文释读如下：

（1）铭文"有殷天乙唐（汤）孙宋公欒"的释读

"有殷天乙唐（汤）孙宋公欒"为"乍（作）"该器青铜簠者宋公欒，即宋景公。宋景公为殷商后裔，故自称"殷天乙唐"（商汤）后世孙。

宋公欒，即前文所述吴王僚时期宋国"华氏之乱"任国君的宋元公（即宋公佐）之子"大子欒"，即位后为宋景公，又作宋公欒。《春秋经·昭公二十五年》记载其父去世情况说："宋公佐卒于曲棘。"[3]而《史记·宋微子世家》记载宋公欒即位情况说："十五年，元公为鲁昭公避季氏居外，为之求入鲁，行道卒，子景公头曼立。"[4]以上记载意为，宋元公十五年（吴王僚十年，鲁昭公二十五年，前517），因鲁昭公为躲避季氏而在外居住，宋元公便替他四处斡旋以让他返归鲁国，但宋元公在斡旋奔波道上去世，他的儿子头曼（即太子欒）即位为宋景公。

今中国国家博物馆展出有宋国青铜器"宋公欒"

中国国家博物馆展出的"宋公欒"青铜戈（左）及该器错金鸟篆铭文"宋公欒之（造戈）"（右）（吴恩培摄）

---

[1] 河南省文物考古研究所：《固始侯古堆一号墓》，大象出版社2004年。第14页。
[2] 河南省文物考古研究所：《固始侯古堆一号墓》，大象出版社2004年，第113页。
[3]《春秋经·昭公二十五年》，见《春秋左传正义》，北京大学出版社1999年，第1445页。
[4]《史记·宋微子世家》，见司马迁：《史记》，中华书局1959年，第1630页。

青铜戈。展出时的展器说明标牌标示:"'宋公栾'青铜戈,春秋·宋,传1936年安徽寿县出土,此戈为宋公栾所造,宋公栾即宋国国君宋景公。"

(2)铭文"其妹勾敔夫人季子媵"的释读

侯古堆出土青铜簠铭文中的"宋公栾乍(作)其妹勾敔夫人季子",即宋公栾妹"季子",而"季,少称也"[1]。故由上句可知,宋公栾妹"季子",或为宋公栾诸妹中年龄最幼者。而由此可知,该青铜簠为嫁于吴且为"勾敔夫人"的宋景公"其妹""季子"所"乍(作)"的随葬器。

2.侯古堆一号墓出土的青铜簠铭文"勾敔夫人"的释读

侯古堆出土青铜簠铭文中"勾敔夫人"的"勾敔"或"句敔",既是唯一出自中原国家——宋国的具"勾(句)敔"铭文以称呼吴国的青铜器;同时,也是最接近司马迁《史记》称吴国为"句吴"[2]、赵晔《吴越春秋》称吴国为"勾吴"[3]的青铜器铭文。

然而,关于"勾敔夫人",其对应吴国王室的何人?亦即其究系为吴国何人的夫人?现存两说:一为"吴太子夫差夫人"说;另一为"吴王阖闾夫人"说。

对此二说,分析如下:

(1)"吴太子夫差夫人说"

该说出自《固始侯古堆一号墓》的相关论述及河南博物院展出时的相关展板。

《固始侯古堆一号墓》说:"从宋国君之妹嫁到吴国为勾敔夫人,以及年龄等因素考虑,吴国当时的要人中以非夫差莫属。又据《左传》记载公元前504年'吴王阖闾派太子(夫差)伐楚取潘',说明当时吴太子夫差为领兵大元帅,奉命伐楚,先行取潘,而固始侯古堆又在古潘国城邑之郊外,那么宋国君之妹勾敔夫人,作为当时太子夫差领兵元帅的夫人是理所当然的,尤其作为带兵出征的元帅夫差可以携带夫人,除此之外,其他人无资格携带夫人。再者,墓内随葬的勾敔夫人出嫁时宋国君为其妹季子赠送的陪嫁铜簠在内,以及其他用品,包括长途行军途中备用的马匹、乘坐的肩舆等,都属于奢侈品。……这次北方远征,由太子挂帅携带夫人一同前往,一旦取胜,荣耀的夫妻可双双到宋国(今河南商丘)探亲。然佳人命短,就在刚刚伐楚取潘、占领潘国城的初战告捷之后,勾敔夫人却在吃过甜瓜不久就急病发作,一命呜呼。其时天气炎热,又系初战告捷,领兵元帅夫人病卒,若归葬姑苏(今江苏苏州),恐扰乱军心,挫伤士气,且路途遥远,又系盛暑季节,远途运尸极为不便,只好就地择茔,并以17人为其殉葬的特殊葬礼以及丰富的器物为其随葬。据此可知墓主人当属宋国君之妹季子、吴国伐楚取潘的领兵元帅夫差夫人无疑了。"[4]

河南博物院展出的"固始侯古堆吴国勾敔夫人墓"展板,亦持"吴太子夫差夫人"说而认为:"墓主为勾敔夫人,系宋景公(公元前516—前441)之妹、吴太子夫差夫人。"另,该院展出的"宋公栾铜簠"展板,亦同样持该"吴太子夫差夫人"说:"春秋(公元前770—前476年),1978年固始县侯古堆一号墓出土,释文:有殷天乙唐(汤)孙宋公栾作其妹勾敔夫人季子媵簠,据考宋公栾即

---

[1] 张玉书等:《康熙字典》,中华书局1958年,第279页。
[2] 《史记·吴太伯世家》,见司马迁:《史记》,中华书局1959年,第1445页。
[3] 赵晔:《吴越春秋》,江苏古籍出版社1986年,第3页。
[4] 河南省文物考古研究所:《固始侯古堆一号墓》,大象出版社2004年,第114—115页。

宋景公（前516即位）。宋是商的后裔，所以宋景公自称天乙唐（商汤）后世孙。此器是宋景公送其妹季子嫁于吴太子为夫人的陪嫁器物。"

（2）"吴王阖闾夫人说"

"吴王阖闾夫人"说，亦出自《固始侯古堆一号墓》一书"附录"部分。相关论述为："季子（即宋公欒妹季子）当是吴王阖闾夫人"[1]。其理由是："在《春秋》三传（指《左传》《公羊传》《穀梁传》）中'夫人'一词出现过54次，均为诸侯之夫人，无一例外。"[2]

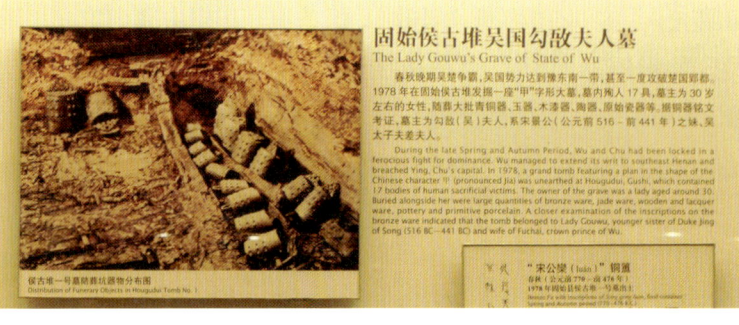

河南博物院展出的"固始侯古堆吴国勾敔夫人墓"展板（吴恩培摄）

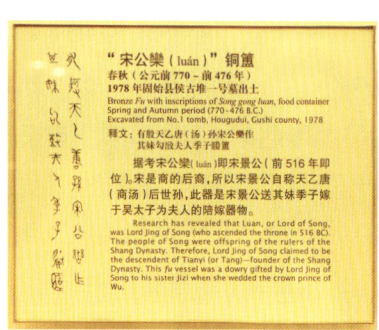

河南博物院展出的"宋公欒"铜簠展板（吴恩培摄）

（三）本书对"勾敔夫人"的身份认定——吴王阖闾的媵妾

本书对"勾敔夫人"的身份认定为吴王阖闾的媵妾。这是基于如下：

（1）从前述《左传·定公六年》及《史记·吴太伯世家》记载一反常态的吴再伐楚"取番"之战来看，作此决策者，非吴王阖闾莫属。

（2）关于"夫人"的定义及所指，除上述《固始侯古堆一号墓》一书"附录"部分所说"《春秋》三传"中的"夫人"，"均为诸侯之夫人，无一例外"以外，在其他儒家著作中，"夫人"一词，亦被定义为春秋时的诸侯正妻。如，《论语·季氏》："邦君之妻，君称之曰夫人。"[3] 邢昺疏："'邦君之妻'者，诸侯之夫人也。"[4] 再如，《礼记·曲礼下》："天子之妃曰'后'，诸侯曰'夫人'。"[5]（上述宋公欒妹"季子"为"吴王阖闾的媵妾"，但何以称"勾敔夫人"？相关叙述，另见下文。）

（3）该墓高规格的墓葬，排除"勾敔夫人"为太子夫差夫人的可能性。从殉人数量上讲，该墓殉人数达十七人，而作为对比，前文所说的楚灵王在申亥家里上吊自杀后，"申亥以其二女殉而葬之"[6]。即申亥把两个女儿作为殉人安葬楚灵王（不排除楚灵王是在特殊情况下去世的，故其殉人等没有按照相应礼仪规定）。侯古堆勾敔夫人墓的殉人，尽管"骨骼齐全，无刀砍斧伤，且

---

[1] 河南省文物考古研究所：《固始侯古堆一号墓》，大象出版社2004年，第131页。
[2] 河南省文物考古研究所：《固始侯古堆一号墓》，大象出版社2004年，第130页。
[3] 《论语·季氏》，见《论语注疏》，北京大学出版社1999年，第231页。
[4] 邢昺疏，见《论语注疏》，北京大学出版社1999年，第231页。
[5] 《礼记·曲礼下》，见《礼记正义》，北京大学出版社1999年，第147页。
[6] 《左传·昭公十三年》，见《春秋左传正义》，北京大学出版社1999年，第1316页。

各有一具小棺"[1]，有的还有随葬的物品，从而使该墓与殷商、西周时的杀殉有着区别。但是时已值春秋晚期，社会上不但出现反对殉人，甚至出现反对用木偶俑人陪葬的观念。《孟子·梁惠王上》记载："仲尼曰：'始作俑者，其无后乎？'"[2]意为，孔子说："最初采用木偶俑人陪葬的人，该是会断子绝孙吧？"因此，在使用木偶俑人都遭激烈反对的情况下，该墓用真人殉葬，且人数多达十七人，非诸侯等级墓葬，不能如此。

（4）吴王阖闾时期，不容臣下有僭越之举。吴伐楚时发生阖闾之弟夫概叛归自立事，阖闾领兵返归平叛，即说明吴王阖闾并不容臣下逾礼而对王权有觊觎之心——不管是兄弟，还是儿子。因此，即使太子当时有夫人死而葬之，也不可能以"勾敔夫人"的身份下葬，更不可能以十七人殉及用九鼎葬之。

中国古代的陪葬礼器，其种类和数量的多寡直接代表了其身份的高低，何休解诂《公羊传·桓公二年》说："礼祭，天子九鼎，诸侯七，大夫五，元士三也。"[3]因此，古代向有天子"九鼎八簋"、诸侯"七鼎六簋"、大夫"五鼎四簋"之说。春秋后期，礼崩乐坏，诸侯中可能有僭越而用九鼎者，但诸侯的臣下或太子，擅用九鼎者，至今未闻实例。故固始侯古堆勾敔夫人墓，仅凭其出土青铜礼器之九鼎，即大致可认定为吴王阖闾夫人墓。

（5）夫差其时身份，文献记载并不统一。依《左传》叙述，时太子为终累且为主持吴再伐楚取"番"之战的吴军统帅，而八年后才出现夫差。据杜预注，阖闾死后，夫差是以吴王阖闾"嗣子"身份即位的。而按《史记》记载，吴再次伐楚取番时，夫差时为太子。有学者引《吴越春秋》"立夫差为太子，使太子屯兵守楚留止，自治宫室"[4]句，说勾敔夫人"就是吴王夫差当太子时'屯兵守楚'期间的年青夫人"[5]。其实在《吴越春秋》的叙述中，夫差的身份更为复杂。《吴越春秋》记载"立夫差为太子"前，阖闾太子为"太子波"，而夫差与太子波的关系，即存有二说：一为元代徐天祐音注《吴越春秋》时说："夫差为太子波之子。"[6]另一为清代学者俞樾《读吴越春秋》认为的"夫差是太子波之弟"[7]。太子波死后，夫差为谋立太子而求助于伍子胥，且请伍子胥为其说项，方左右了阖闾对王位接班人的选择，从而被立为了太子。因此，说"当年正是宋景公十一年、吴王阖闾九年，吴太子夫差正驻扎在固始一带'屯兵守楚'。共谋侵楚的政治利益，促使宋景公嫁妹于夫差"[8]等，是把吴伐楚之战前的公元前506年（吴阖闾九年，鲁定公四年）晋国主持"侵楚"及"谋伐楚"的召陵盟会与并未参加该盟会的吴国强拉在了一起。同时，如前文所说，该盟会由于晋国权臣的索贿及晋国国力的下降，导致召陵盟会伐楚动议流产。而因吴国并未参加该召陵盟会，故并不能使这一盟会成为吴、宋"共谋侵楚的政治利益，促使宋景公嫁妹于夫差"的媒介和平台。

---

[1] 河南省文物考古研究所：《固始侯古堆一号墓》，大象出版社2004年，第14页。
[2] 《孟子·梁惠王上》，见《孟子注疏》，北京大学出版社1999年，第14页。
[3] 何休解诂，见《春秋公羊传注疏》，北京大学出版社1999年，第74页。
[4] 《吴越春秋·卷四》，见赵晔：《吴越春秋》，江苏古籍出版社1986年，第47页。
[5] 欧潭生：《固始侯古堆吴太子夫差夫人墓的吴文化因素》，《中原文物》1991年第4期。
[6] 赵晔：《吴越春秋》，江苏古籍出版社1986年，第47页。
[7] 俞樾：《曲园杂纂》卷十八《读吴越春秋》，载光绪刻本《春在堂全书》，苏州图书馆藏本。
[8] 欧潭生：《固始侯古堆吴太子夫差夫人墓的吴文化因素》，《中原文物》1991年第4期。

（6）夫差出征带着夫人、带着"出嫁时宋国君为其妹季子赠送的陪嫁铜簠"以作陪葬器等，不合情理。首先，"吴太子夫差为领兵大元帅"，但"带兵出征的元帅夫差可以携带夫人"的叙述无文献依据。其次，夫差领兵出征时带着夫人，且还带着"出嫁时宋国君为其妹季子赠送的陪嫁铜簠"，于情于理都难以说通。且带着这些"陪嫁铜簠"似乎是为了作陪葬器用，则更是说不过去。

由此，具铭文"宋公栾乍（作）其妹勾敔夫人季子媵（簠）"的青铜簠，究系"出嫁时宋国君为其妹季子赠送的陪嫁"器，还是宋公栾在其妹"勾敔夫人季子"死后，为其所作的随葬器？本书取后者（相关叙述，另见下文）。

（四）吴、宋政治联姻的推测

先秦文献无"宋国君之妹嫁至吴国为勾敔夫人"的记载，亦无吴、宋联姻的记载。但在出土实物器证明"勾敔夫人"真实存在并补充文献记载之阙的情况下，对这一宋、吴联姻，既无法否定，也不能无视。对之，只能从现有文献记载并结合出土器的相关情况进行推测，从而描摹出宋、吴联姻及"勾敔夫人"葬于"番"地（今河南固始）的大致情况。

1.吴、宋联姻的原因分析

宋公栾即宋景公于公元前516年（宋景公头曼元年，吴王僚十一年）即位执政；次年（宋景公头曼二年，吴王僚十二年，前515）四月，吴王僚被弑杀，而公子光成为吴王阖闾并执掌吴国王权。

吴王阖闾上台后，因吴王僚之子庆忌逃卫，吴王阖闾忌惮其"乞师"即借兵返归复辟，故采取以下组合式的作为：

其一，由要离充当刺客的刺杀行为，后得逞。

其二，为防止刺杀行为出现意外，故另以外交方式派遣使者、来使性质的"小行人"且姚出使卫国，进行外交交涉，以阻止庆忌"乞师"南下。这一外交交涉以"卫人杀吴行人且姚"[1]而失败。

其三，为增加成功概率，吴王阖闾与宋的政治联姻，即吴王阖闾求亲于宋。吴、宋政治联姻是由宋、卫地理位置所决定的。从春秋时列国的位置可知，地处卫国南面的宋国，既有可能成为庆忌重点游说、拉拢的目标，也可成为庆忌"乞师"而所借之兵南下的通道。而为使这一通道成为庆忌"乞师"南下的阻碍，并防止庆忌游说、拉拢乃至"乞师"宋国，其切实可行的有效措施即为政治联姻，并以之加强两国间的亲密程度。因此，当阖闾与伍子胥商量这一政治联姻方案时，当是援引伍子胥祖父伍举当日为楚灵王向晋国求亲并获成功的实例，并效法之。政治联姻的目的，是设置一道阻遏庆忌南下的"防火墙"，作为要离行刺不成、外交无果而备启用的又一层保险。这一吴、宋政治联姻，即是据该固始侯古堆吴国勾敔夫人墓的出土器——青铜簠铭文而作的推测。

另，宋为子姓，西周初的封君是商纣王的庶兄微子启。公元前11世纪，周公平定武庚的叛乱后，分封微子，建都商丘（今河南省商丘南），拥有今河南东部和山东、江苏、安徽部分地区。宋襄公时称霸未成，此后国势衰弱。而吴王阖闾为公子光时，曾多次领兵与楚军征战于江淮地区。且时为公子光的吴王阖闾主持的吴楚鸡父之战，如前文述，"鸡父"地望"在今河南固始县东

---

[1]《左传·哀公十二年》，见《春秋左传正义》，北京大学出版社1999年，第1666页。

南"[1]。顾德融、朱顺龙著《春秋史》亦以括号方式注"鸡父"为"今河南固始"[2]。

另，阖闾之父为伐楚战死的吴王诸樊。因此，晋、楚争霸时夹在晋、楚间的宋国，对吴王诸樊及其子公子光当是知晓的。对吴国与楚国争夺中自吴王馀眛、吴王僚时吴国屡处上风而表现出的国力，也当是知晓的。吴国虽处太湖流域，但因与西周王室有着血缘联系，故有着姬姓血统。且吴国与宋国亦曾同处于晋国集团之中。所有这些，均显示吴、宋联姻所具有的可能性，更何况在吴国的主动求亲下。其间过程，虽无从知晓，但其后的结果却足以证实吴国求亲获得成功。

2.婚姻双方的年龄般配问题

前文引述勾敔夫人为"吴太子夫差夫人说"的理由之一，即为"从宋国君之妹嫁到吴国为勾敔夫人，以及年龄等因素考虑，吴国当时的要人中以非夫差莫属"[3]。此说将春秋时政治联姻的婚配年龄作为决定因素，失之偏颇。

关于阖闾的年龄。前文述，战国时屈原在《天问》中，有"勋阖梦生，少散离亡"[4]的句子，谓其少年时曾遭受困厄流离逃亡。由此亦可以见阖闾（时为公子光）在其父死后的生活状态。诸樊去世为公元前548年（吴王诸樊十三年），时为少年的公子光，以通常的十岁计，则三十三年后的公元前515年（吴王僚十二年）令专诸刺吴王僚而一变为吴王阖闾时，其年龄为四十三岁，正当壮年。

其次，关于宋公栾妹季子的年龄。公元前515年（吴王僚十二年），据《史记·十二诸侯年表》可知，此年为宋景公二年。《史记·十二诸侯年表》提供了公元前477年为宋景公在位的"四十年，六十四卒"[5]的信息，据此则可倒推出宋景公二年时，宋公栾年龄为二十六岁。鉴于《固始侯古堆一号墓》对宋景公妹季子有"作为景公的四妹"[6]的推断语，故以宋景公与其小妹或"四妹"年龄差以十二至十岁计（此假设推算包含宋景公与宋公栾妹季子的同父异母情况），则宋公栾妹季子约为时十四至十六岁（此推算，只是大致的年龄。即使相差几岁，在中国古代，都属可以婚配的年龄）。

由此可以看出，双方联姻时（指吴阖闾二年，宋景公四年，前513），吴王阖闾的年龄在四十五岁左右，而宋景公之妹为十四至十六岁。在春秋时，这一年龄为适宜婚配的年龄。更何况，在列国间的政治联姻中，双方年龄并非决定性因素。以同一时期的楚平王夺子媳秦女来说，两代人的年龄差，说明年龄并非楚平王与秦女婚配的决定性因素。

3.铭文释读的歧异："滕"与"塍"

侯古堆出土青铜簠器铭中"勾敔夫人季子滕㠯匜（簠）"中的"㠯"字，出现两种释读：

一读为"滕"字。《固始侯古堆一号墓》两处出现释为"滕"并作"有殷天乙唐（汤）孙宋公栾乍（作）其妹勾敔夫人季子滕匜（簠）"[7]，按此释读，该器铭文意指宋公栾为其妹勾敔夫人季子滕作了一个簠。这里的"滕"为人名，即"宋公栾妹季子滕"。

---

[1] 臧励龢等：《中国古今地名大辞典》，商务印书馆1931年，第1334页。
[2] 顾德融、朱顺龙：《春秋史》，上海人民出版社2001年，第152页。
[3] 河南省文物考古研究所：《固始侯古堆一号墓》，大象出版社2004年，第114—115页。
[4] 屈原：《天问》，见《楚辞全译》，贵州人民出版社1984年，第75页。
[5] 《史记·十二诸侯年表》，见司马迁：《史记》，中华书局1959年，第682页。
[6] 河南省文物考古研究所：《固始侯古堆一号墓》，大象出版社2004年，第100页。
[7] 河南省文物考古研究所：《固始侯古堆一号墓》，大象出版社2004年，第111、114页（系两处出现）。

一读为"䑒"字,《固始侯古堆一号墓》一处释读为"䑒"字,为"有殷天乙唐(汤)孙宋公栾乍(作)其妹勾敔夫人季子䑒匝(簠)"[1]。河南省博物院展出的"宋公栾铜簠"展板,亦释读为"䑒"字而作"释文:有殷天乙唐(汤)孙宋公栾作其妹勾敔夫人季子䑒簠"。

对上述释读的"媵"或"䑒"字,本书取"媵"字。高明、涂白奎编著的《古文字类编》(增订本),亦将该器铭文的"㛰"释为"媵"[2]字。

4."媵"的释义

"媵",有以下诸义:

(1) 春秋时诸侯嫁女,以侄娣从嫁称"媵"

《左传·成公八年》:"卫人来媵共姬,礼也。凡诸侯嫁女,同姓媵之,异姓则否。"[3]杜预注:"必以同姓者,参骨肉至亲,所以息阴讼。"[4]孔颖达疏:"《膏肓》以为媵不必同姓,所以博异气。今《左传》'异姓则否',十年,齐人来媵,何以无贬刺之文?……齐是大国,今来媵我,得之为荣,不得贬也。"[5]故《左传》上条意为,卫国人送女子前来鲁国作为共姬的陪嫁,这是合于礼的。凡是诸侯女儿出嫁,同姓国送女子作为陪嫁,异姓就不送。

(2) 在不同语境下,"媵"也可指以臣仆陪嫁

《左传·僖公五年》:"执虞公及其大夫井伯,以媵秦穆姬。"[6]意为,(晋灭虞时)晋国人抓住了虞公和他的大夫井伯,把井伯作为秦穆姬的陪嫁随员。《史记·秦本纪》:"既虏百里傒,以为秦缪公夫人媵于秦。"[7]意即,晋献公灭虞、虢,俘虏了虞君和他的大夫百里傒后,又用百里傒陪嫁秦缪公夫人到秦国。

(3) "媵"泛指小妻、妾

《诗·召南·江有汜》序:"《江有汜》,美媵也。勤而无怨,嫡能悔过也。"[8]孔颖达疏:"嫡谓妻也,媵谓妾也。"[9]

5. 春秋时作为政治联姻的列国王室女子,嫁与他国国君为非正室夫人,乃是常事

春秋时作为政治联姻的列国王室女子,嫁与他国国君为媵妾式的非正室夫人,《春秋经》《左传》中多有相关记载。例证如下:

本书前文引《左传·襄公二十三年》记载的"晋将嫁女于吴"[10],即晋国将要把王室的女子嫁到吴国去。有学者解读为是"晋平公决定将妹妹嫁给吴王诸樊"[11]。在诸樊有正室夫人且有长子公子光的情况下,晋平公的妹妹嫁至吴国,只能是非正室夫人。同样的例子还有楚灵王娶晋平

---

[1] 河南省文物考古研究所:《固始侯古堆一号墓》,大象出版社2004年,第130页。
[2] 高明、涂白奎:《古文字类编》(增订本),上海古籍出版社2008年,第168页。
[3] 《左传·成公八年》,见《春秋左传正义》,北京大学出版社1999年,第735页。
[4] 杜预注,见杜预:《春秋经传集解》,上海古籍出版社1978年,第697页。
[5] 孔颖达疏,见《春秋左传正义》,北京大学出版社1999年,第735页。
[6] 《左传·僖公五年》,见《春秋左传正义》,北京大学出版社1999年,第346页。
[7] 《史记·秦本纪》,见司马迁:《史记》,中华书局1959年,第186页。
[8] 《诗·召南·江有汜》序,见《毛诗正义》,北京大学出版社1999年,第97页。
[9] 孔颖达疏,见《毛诗正义》,北京大学出版社1999年,第97页。
[10] 《左传·襄公二十三年》,见《春秋左传正义》,北京大学出版社1999年,第987页。
[11] 朱增泉:《战争史笔记》,人民文学出版社2009年,第62页。

公女儿事。晋平公于公元前537年（吴馀眛七年，鲁昭公五年）送女至邢丘。而此时，楚灵王已有正室，且有太子禄。该太子禄与楚灵王的另一子于公元前529年（吴馀眛十五年，鲁昭公十三年）楚国发生政变时被杀。故其时楚灵王所娶晋平公之女，亦只能是媵妾式的非正室夫人。

三、"勾敔夫人"与吴伐楚入郢之战产生勾连的推测

（一）宋公栾妹季子去世处当在番邑（固始）一带

宋公栾妹季子即勾敔夫人葬于番邑（固始），由此可肯定的是：首先，她并非殁于吴国。否则，绝不可能死后再从吴国运至时为楚邑的番邑来安葬。其次，她的意外去世处，当在番邑（今河南固始）一带。

（二）宋公栾妹季子离开吴国而死于番邑一带的原因推测

这一时期，能使宋公栾妹季子离开吴国而死于番邑（今河南固始）一带的原因，当为公元前506年（吴阖闾九年，宋景公十一年）的吴伐楚之战。

（三）宋公栾妹季子来到番邑（固始）一带的目的——吴王阖闾意图借姻亲关系，争取宋国等更多中原国家对吴伐楚的支持

依前文推测，吴、宋联姻至吴伐楚时，阖闾与宋公栾妹季子的婚姻已维持近九年。正是这一婚姻机缘，吴王阖闾带着"勾敔夫人"——宋公栾妹季子一同来到了江淮战场，并随吴军进入郢都。这一时期，吴国面对着楚、越、随及潜在合作者秦国等的联手，在巩固与盟友唐、蔡关系的同时，吴王阖闾亦意图借助姻亲关系及季子与其兄宋公栾较为亲密的兄妹关系而搞夫人外交，争取宋国等更多中原国家的支持。

（四）宋公栾妹季子因饮食等原因死于番邑（固始）一带后暂厝于此

或就在来往途中至番国一带时，阖闾夫人因"吃过甜瓜之后不久而发病死亡"[1]。其间，不排除其他原因导致死亡。

"勾敔夫人"死后，因夫概叛归及秦军介入等，阖闾无暇顾及其丧事。"勾敔夫人"的遗体暂厝于此，停柩待葬。此类暂厝而停柩待葬，亦见诸后世文献。如《三国志·蜀志·先主甘皇后传》记载刘备甘夫人死后暂厝，即有"今皇思夫人神柩以到，又梓宫在道，园陵将成，安厝有期"[2]的记载。

（五）吴、宋约定于下年（吴阖闾十一年，鲁定公六年，前504）葬宋公栾妹季子于番邑（今固始）

是时，因宋公栾妹季子的去世，吴国将季子的死讯及暂厝情况通报给宋国，或约定下年安葬于暂厝一带的"番"地（今河南固始）。其间，从"吴王子"子山也一同出现在郢都来看，不排除子山或为宋公栾妹季子所生阖闾庶子的可能性。由于吴大子（太子）终累在公元前504年（吴阖闾十一年，宋景公十三年）方出现，故其时终累生母当为吴王诸妃中的后宫正房，而宋公栾妹季子只是媵妾宠妃。因这层关系，阖闾弟夫概对这位并非正房的宋公栾妹季子无忌惮之心，而对其子、年龄尚幼甚至还不太懂得"以班处宫"含义的子山（也可能包括其母宋公栾妹季子）住进楚令尹

---

[1] 河南省文物考古研究所：《固始侯古堆一号墓》，大象出版社2004年，第113页。
[2] 《三国志·蜀志·先主甘皇后传》，见陈寿：《三国志》，中华书局1959年，第905页。

府大为恼怒，以致作出"欲攻之"的偏激反应，从而既表示出他为吴国二号人物的地位诉求，也表达出他对宋公栾妹季子并非吴国王后的轻蔑。

被夫概逼退的子山及其母宋公栾妹季子，难免为此怄气。这或也成为宋公栾妹季子的死亡原因之一。而阖闾与季子所生之子子山，在其母季子死后，或许就此被送往而留住在其舅的宋国。这也解释了阖闾死后为何子山未接位而由嗣子夫差接位，且吴国发生君位继承前后，子山再没出现的原因。

（六）吴再伐楚与"勾敔夫人"即宋公栾妹季子的特殊葬礼

如前文述，吴国在伐楚返归的次年，反常地再次伐楚"取番"，其目的即是为争取一个时间窗口期，以完成第一次伐楚时未完成的一件大事——安葬阖闾媵妾宋公栾妹季子。

由此可知，这一葬礼是在误导、迷惑了楚人后隐秘地在"番"地进行的。

其时，吴王阖闾未参加此次葬礼。其因即是当时"父不祭子，夫不祭妻"[1]的礼制规范。同时，吴伐楚时，吴王阖闾媵死而暂厝，弟叛而亡楚，吴换楚君的计划亦不得。几重打击之下，身心俱疲之际，吴王阖闾已不能再参加这一葬礼，故将该葬礼事宜全权委托太子主持。这也是《左传》和《史记》均强调吴再伐楚"取番"领兵者的"大子"或"太子"身份的缘由。而由宋公栾妹季子晚辈的吴国储君即太子主持宋公栾妹季子的葬礼，或不致构成对宋国的失礼。

作为亡者"勾敔夫人季子"的娘家人和兄长，宋国国君宋景公宋公栾或是参加，或是未参加该葬礼。参加的理由是路途不远；而不参加的理由，则为出嫁多年的妹妹。然而，宋国方面带来的具"有殷天乙唐孙宋公栾作其妹勾敔夫人季子媵簠"铭文的陪葬铜簠及其他陪葬器，当为宋公栾在上年得知其妹死讯后所制并带来（或是由宋国官员带来）以作随葬器用的。

如前文推测，宋公栾妹季子并非吴王阖闾正房，且入郢后，因"以班处宫"而遭阖闾之弟夫概的轻蔑，其子子山甚至其本人受到武力逼迫等待遇。宋景公（宋公栾）或得知其妹所受的宫闱倾轧等情况，难免将之与其妹之死作某种联系。因此，他"作其妹勾敔夫人"的铭文，即带有报复性地为其亡妹争一个"勾敔夫人"的正房名分的心理。铭文在称其妹为"勾敔夫人"的同时，又称其妹为"季子媵"。这里，一是表明吴王阖闾本有后宫正室夫人，即"大子终累"之母；二是说明宋公栾妹季子当年出嫁吴国，只是"媵"妾性质的非正房夫人，且这一地位当时在议亲时或已议定。

故在"宋公栾作其妹勾敔夫人季子媵簠"的铭文中，前者"勾敔夫人"乃是宋公栾为其妹争得僭越性质的吴王"夫人"的诸侯正房地位；而后者的"季子媵"，则依当时议亲时或就议好的媵妾身份称呼。显见，这前后内容相悖的称呼，真实地反映了宋公栾对其妹季子兄妹情感的非理性的及礼制下的理性作为。

吴国主持该葬礼活动的为吴"大子终累"或"太子夫差"，为宋景公（或代表宋景公出席葬礼的宋国官员）低一辈分的后辈。终累或也知晓宋公栾妹季子来吴后，因非正房地位而宫闱受气的种种情况，故清楚宋公栾将其妹拔高为"勾敔夫人"，乃是对其母的挑衅。中国古代葬制时所讲的名分，本就属于礼制范畴。对吴"大子"终累来说，宋公栾妹季子的葬礼定其为"勾敔夫人"

---

[1]《礼记·曲礼上》，见《礼记正义》，北京大学出版社1999年，第65页。

名分，则其母又将何处？然而，这毕竟又是在楚国地界上所进行的特殊葬礼。吴国"大子"终累并不便为其生母争正房名分而与宋公栾或代表宋公栾的宋国官员计较，以避免葬礼节外生枝。再者，死者为大，人都死了，也不宜较真地指责铜器铭文中"勾敌夫人"等的措辞，故终累或只能作适当退让了。

不排除的另一种可能的情况是，宋公栾"作其妹勾敌夫人季子媵簠"的铭文，因在簠内，参与此葬礼的吴国大子终累未必知晓（在当时的情况下，终累不可能一件件检查宋国送来的随葬品铭文有无不符其身份的僭越内容）。而宋公栾或宋国官员为张扬季子"勾敌夫人"的地位，不仅置"九鼎"，且将其妹生前多达十七人的侍役人员统统作殉人。其间，既有刻意僭越以为其妹挣得死后哀荣之心，又不乏对这些侍役人员未照料好其妹而致其身亡的惩罚。然而，这乃是明显僭越其身份的葬制。基于上述同样理由，终累或只能作退让了。因此，这是在特殊时期、特殊场合下由吴国太子主持，但又由宋国官员（或含葬礼参加者的宋景公）参与或主导的特殊葬礼。这也为两千五百多年后的今日，留下了内涵极为丰富的河南固始侯古堆春秋墓。

再者，侯古堆春秋墓中，吴器的出现（详见下文），足以证实吴王阖闾让吴大子终累（或太子夫差）也带来作随葬器的吴器。更重要的是，墓中吴器的出现既使得吴大子终累（或太子夫差）主持并参加此次葬礼有了证明，亦使得上述推测有了小心求证的证据。

上述，为大胆设想及小心求证式的推测过程。其间，或有着种种不确定之处。但其中的文献学依据，即为前述《左传·定公六年》"吴大子终累败楚舟师，获潘子臣"[1]及《史记·吴太伯世家》"吴王使太子夫差伐楚，取番"[2]等文献记载。而考古学依据，即为1978年3月，河南省博物馆和信阳地区文管会等对河南固始侯古堆一号墓等的发掘，及该墓出土具"宋公栾作其妹勾敌夫人季子媵簠"铭文的青铜器等实物。

（七）回望文献记载的吴再伐楚"取番"之战与河南固始侯古堆一号墓的发掘

从上年（前505）吴伐楚返归，到次年（前504）吴再反常地伐楚"取番"，以及透过吴军佯动、误导楚人等，或可窥吴军隐藏的战争目的即与"番"地有关。而古"番"地的"番国故城遗址"，位于今河南固始县城。而河南固始县城发掘、出土与春秋吴国有关的勾敌夫人墓时，《左传》《史记》等文献记载吴再伐楚"取番"之战的历史时间坐标与当代考古所涉及的地理空间坐标，即交叉于一个点——春秋"番"地，即今河南固始的"勾吴夫人墓"。这也使得春秋吴伐楚入郢之战时属突发性质的季子去世从而未完成的一件大事——安葬勾敌夫人事凸现出来。于是，吴再伐楚"取番"，并为此误导楚人而争取一个时间窗口期等，更使得这一安葬勾敌夫人的葬礼之事变得清晰起来。尽管，因吴再伐楚"取番"时的隐秘和保密等刻意隐瞒，致使文献对勾敌夫人葬礼之事无载，但上述的时间坐标与空间坐标的交叉，就不存在任何的历史偶然，而对这一安葬勾敌夫人的葬礼之大事作纵向和横向的联系、阐述和推测，则成为历史的必然。当然，这也不排除推测中可能出现的错讹或疏漏。

---

[1]《左传·定公六年》，见《春秋左传正义》，北京大学出版社1999年，第1566页。
[2]《史记·吴太伯世家》，见司马迁：《史记》，中华书局1959年，第1467页。

四、宋、楚、吴器的出现，使得侯古堆勾敔夫人墓成为春秋时多元文化融合，且与吴王阖闾、宋君头曼（宋公栾）均产生联系的一座春秋古墓

侯古堆勾敔夫人墓出土器有宋、楚、吴三国不同风格的陪葬器。现分述如下：

（一）宋器

前述陪葬坑中发现的青铜簠铭文证实该物为宋国国君宋公栾为其妹定制的，故该器为春秋时中原地区的宋国青铜器，确定无疑。

（二）楚器

有学者指出，"番即鄱或潘，楚邑名，就是现在的固始"[1]。故侯古堆一号墓出土器中受楚文化影响甚为明显。以《固始侯古堆一号墓》一书中所展示的漆木豆残片则可看出，其黑、红二色的运用和其后出土于湖北随州市曾侯乙墓处战国时代的《二十八宿图》漆木衣箱的黑、红二色运用极为相似，明显地带有楚地文化的特征。

《固始侯古堆一号墓》一书中的漆木豆残片（左）（录自《固始侯古堆一号墓》[2]）及湖北省博物馆展出的出土于湖北随州市曾侯乙墓的《二十八宿图》漆木衣箱（右）（吴恩培摄）

（三）吴器

关于侯古堆"勾敔夫人"墓的吴器及吴文化特征，欧潭生《固始侯古堆吴太子夫差夫人墓的吴文化因素》一文，作专业分析说，该墓"总共31件陶、瓷器中，只有6件陶盆和2件高领壶可归入楚文化系统。可见，墓主人生前使用的陶、瓷器主要是吴国工匠自己制造的，其中精美的青釉瓷杯和硬陶杯小巧玲珑，数量很少，既不是中原宋国的器物，也不可能在当地烧制，大约是从吴国带来的珍品……陶、瓷器都与当时处于吴国中心地带（江浙地区）的同类陶、瓷器相似。据此不难判定它们的吴文化属性，也不难断定侯古堆一号墓是吴墓，而非楚墓"[3]。显然，上述"吴文化属性"的陶、瓷器或为吴太子终累或夫差此次伐楚时带来的，以作陪葬器。

---

[1] 欧潭生：《固始侯古堆吴太子夫差夫人墓的吴文化因素》，《中原文物》1991年第4期。
[2] 河南省文物考古研究所：《固始侯古堆一号墓》，大象出版社2004年，彩版三九"漆木豆残片"。
[3] 欧潭生：《固始侯古堆吴太子夫差夫人墓的吴文化因素》，《中原文物》1991年第4期。

(四) 多元文化融合的春秋墓

从以上分析可知，侯古堆勾敔夫人墓，在现今出土的中国春秋古墓中，为一座罕见的多元文化融合，且地处春秋时楚地而又与吴、宋两国国君——二十四世吴王阖闾与二十八世宋君宋公栾（头曼）都有着联系的春秋古墓。同时，该墓又处于今日全国重点文物保护单位的"番国故城遗址"附近。其历史、文化价值不言而喻。

同时，作为春秋时期多元文化融合的一处遗址，其时间之早、涉及的历史人物层级之高以及其补写文献之阙、解读文献中吴再伐楚"取番"等战争的作用等，使得这一遗址具备了较高的历史价值。该侯古堆勾敔夫人墓涉及的实物器及铭文映现的历史事实等，是《左传》《史记》撰者都未接触到的材料。因此，上述撰者在撰写吴再伐楚等内容时，他们其实也不知道为何吴要再伐楚，更不知道吴再伐楚的真正原因和真正目的。

第六节　吴、越国家关系及檇李之战与阖闾身死

一、吴、楚在《春秋经》《左传》的记载中出现七年空白期及吴伐楚影响下的中原列国关系剧变

（一）吴、楚两国在《春秋经》《左传》的记载中出现的七年空白期

阖闾时期的吴、楚最后一战，使得吴大子终累完成了勾敔夫人宋公栾妹季子的葬礼，接着就从《左传》的记载中消失得无踪无影。

吴再伐楚"取番"完成勾敔夫人宋公栾妹季子的下葬。其后，吴国并未对吴伐楚时，越策应楚而"入吴"施行报复。其原因或是：两次伐楚战争后，吴国需要休养生息。

吴再伐楚"取番"之战后，吴、楚两国在《春秋经》《左传》的记载中出现了极为罕见的七年空白期，即从次年的公元前503年（吴阖闾十二年，鲁定公七年）至公元前497年（吴阖闾十八年，鲁定公十三年）的整整七年中，《春秋经》《左传》均无吴国、也无楚国的任何直接记载，两国双双出现了一段空白期（其间，也无越国的记载）。

该状况虽令人感到讶异，但其形成原因，或是《左传》记事的"常事不书"[1]，即寻常之事不予记载的传统。这或也意味着，在这七年中，吴、楚两国都没有发生值得《左传》撰者记载的不寻常事件。

（二）吴伐楚影响下的中原列国关系剧变

上述七年的吴、楚记载空白期中，《春秋经》《左传》记载了因吴伐楚入郢等引发的中原列国关系剧变，从而彰显出阖闾时期的吴国两次对楚战争及其入郢等，对中原列国产生的重大影响。这一影响的背景，即为前述，公元前506年（吴阖闾九年），吴伐楚入郢。公元前505年（吴阖闾十年），吴军返归。公元前504年（吴阖闾十一年），吴再次伐楚"取番"，而楚国在恐惧中又慌忙地迁都。

吴国两次伐楚及入郢，使得楚国的霸主地位轰然坍塌，从而在中原列国引发连锁反应。其表现

---

[1]《公羊传·桓公四年》，见《春秋左传正义》，北京大学出版社1999年，第79页。

如下：

1. 晋、郑反目

楚国面临吴国攻击下的种种不堪及随着楚国威胁的解除，公元前504年（吴阖闾十一年，鲁定公六年），郑国率先表达出摆脱另一个霸主——晋国的意愿。郑"灭许，因楚败也"[1]，即郑国将背楚从晋的许国灭掉。接着，郑国又攻打东周王室。而其时的晋国，正与鲜虞作战而无法分兵，故指使鲁国充当打手而"为晋讨郑之伐胥靡"[2]。由此，晋、郑反目。

2. 齐与郑、卫结盟及晋、卫绝交

在原晋国集团中，屡屡与晋国争夺主导权的齐国，此时也开始出手。公元前503年（吴阖闾十二年，鲁定公七年），齐、郑两国国君在郑国咸地结盟。接着，他们又到卫国召集诸侯会见。其时，"卫侯欲叛晋，诸大夫不可"[3]，即卫国国君想要背叛晋国，可卫国亲晋的大夫们认为不行。于是卫灵公派北宫结去齐国，并私下告诉齐国齐景公："把北宫结抓起来，再出兵攻打我们卫国。"齐景公读懂了卫灵公的苦肉之计，于是终得以与卫灵公在沙邑结盟。这些，就是《春秋经·定公七年》记载的"齐侯、卫侯盟于沙"[4]。

历史上，晋国与鲁国、卫国有着传统的良好关系。《左传·成公二年》记载："晋与鲁、卫，兄弟也。"[5]可至中原列国关系剧变的这一时期，面对着传统盟友卫国与齐、郑结盟所表现出的离心倾向，晋国未采取怀柔政策以求修补，相反却是采取高压政策。公元前502年（吴阖闾十三年，鲁定公八年），晋、卫在鄟泽订立盟约时，卫灵公在盟会上受到晋国大夫的侮辱。在这以前，卫灵公就想背叛晋国，但受国内亲晋势力的牵制。在受侮后，回到国内的卫灵公用这一事件激起朝中大夫和国人的愤慨，君臣上下团结一心，不甘受辱，于是"乃叛晋。晋人请改盟，弗许"[6]。意为，卫国与晋国绝交，晋国请求重新结盟，卫国人不同意。对郑、卫的叛离，晋国立即动用武力，意图逼其就范，但效果却是进一步迫使郑、卫抱团。这就是《春秋经·定公八年》记载的："晋士鞅帅师侵郑，遂侵卫……卫侯、郑伯盟于曲濮。"[7]

以上显示，原晋国集团内部产生了以齐国为首的反晋集团。中原列国处于激烈的动荡和分化之中。

3. 齐伐晋，并将三邑送于卫

公元前501年（吴阖闾十四年，鲁定公九年），"齐侯伐晋夷仪"[8]。意即齐景公发兵攻打晋国的夷仪。从动荡、分化到战争，齐国摆出敢于出头抗晋的姿态。同时，齐、卫二国国君均驻扎在五氏，齐国将禚邑、媚邑、杏邑等三邑送于卫国。齐景公伐晋并与卫灵公同驻扎在五氏背后的政治

---

[1]《左传·定公六年》，见《春秋左传正义》，北京大学出版社1999年，第1564页。
[2]《左传·定公六年》，见《春秋左传正义》，北京大学出版社1999年，第1564页。
[3]《左传·定公七年》，见《春秋左传正义》，北京大学出版社1999年，第1569页。
[4]《春秋经·定公七年》，见《春秋左传正义》，北京大学出版社1999年，第1568页。
[5]《左传·成公二年》，见《春秋左传正义》，北京大学出版社1999年，第693页。
[6]《左传·定公八年》，见《春秋左传正义》，北京大学出版社1999年，第1575—1576页。
[7]《春秋经·定公八年》，见《春秋左传正义》，北京大学出版社1999年，第1570页。
[8]《左传·定公九年》，见《春秋左传正义》，北京大学出版社1999年，第1582页。

交易,不言而喻。而送三邑于卫,齐国笼络并为卫国打气的政治目的也昭然若揭。

4.鲁国从亲晋到附齐叛晋

鲁国在中原列国剧变中的站位,与其后吴国出现在中原而与鲁国君"会吴于鄫"有着直接因果关系,故不能不作探讨。

公元前504年(吴阖闾十一年,鲁定公六年),晋、郑反目后,鲁国"为晋讨郑"[1],即明确站在晋国一边并充当晋国打手。到夏天时,鲁国大夫季桓子(季孙斯)还特意去晋国呈献"讨郑"时所俘获的郑国战俘。

鲁国充当晋国打手,引发齐国的反弹。公元前503年(吴阖闾十二年,鲁定公七年),齐国的国夏率师攻打鲁国的西部地区。公元前502年(吴阖闾十三年,鲁定公八年),鲁国对上年齐国的动武进行报复而攻打齐国。同年,对鲁国的报复,又引起齐国的再报复。齐国国夏、高张率军攻打鲁国西部地区。而齐国对鲁国的攻伐,引发晋国干预,晋国发兵对鲁国施以援手。到了九月时,鲁国季桓子(季孙斯)和孟懿子(仲孙何忌)奉晋国命令而率军入侵卫国。

这一时期,鲁国充当晋国打手的国内背景为:是时鲁国正由出身低微的阳虎(又作"阳货")控制鲁国政权,从而处于被《论语·季氏》称为"陪臣执国命"[2]的特殊时期。在对外政策上,阳虎执行的是传统的亲附晋国政策。但随着公元前502年(吴阖闾十三年,鲁定公八年)"阳虎欲去三桓"[3]且发动政变失败后据守阳关,次年(吴阖闾十四年,鲁定公九年,前501)鲁国攻打阳关,阳虎逃齐后再逃晋。

随着阳虎从鲁国政坛消失,公元前500年(吴阖闾十五年,鲁定公十年),鲁国的对齐关系发生重大变化——两国媾和且两国国君晤面于夹谷。其时,孔子作为相礼也参与了这一晤面。正是在夹谷晤面时,双方达成鲁国以"甲车三百乘"换取齐国将汶阳之田归还鲁国的政治交易。随着"齐人来归郓、讙、龟阴之田"[4],即齐国将汶阳之田归还鲁国,并以协议形式将鲁国捆绑在了齐国的战车上。而鲁国附齐,使得晋国失去了"以鲁制齐"的战略支点。

公元前499年(吴阖闾十六年,鲁定公十一年),鲁国和郑国媾和,鲁国"始叛晋也"[5],即开始背叛晋国。杜预对此注曰:"鲁自僖公以来,世服于晋,至今而叛,故曰始。"[6]

公元前498年(吴阖闾十七年,鲁定公十二年),"公会齐侯盟于黄"[7]。杨伯峻《春秋左传注》对此《经》文引毛奇龄《简书刊误》云:"鲁定与齐景同谋叛晋,故为此盟。"[8]

公元前497年(吴阖闾十八年,鲁定公十三年),"齐侯、卫侯次于垂葭……使师伐晋"[9]。意

---

[1]《左传·定公六年》,见《春秋左传正义》,北京大学出版社1999年,第1564页。
[2]《论语·季氏》,见《论语注疏》,北京大学出版社1999年,第224页。
[3]《左传·定公八年》,见《春秋左传正义》,北京大学出版社1999年,第1576页。
[4]《左传·定公十年》,见《春秋左传正义》,北京大学出版社1999年,第1589页。
[5]《左传·定公十一年》,见《春秋左传正义》,北京大学出版社1999年,第1593页。
[6]杜预注,见杜预:《春秋经传集解》,上海古籍出版社1978年,第1683页。
[7]《春秋经·定公十二年》,见《春秋左传正义》,北京大学出版社1999年,第1594页。
[8]杨伯峻:《春秋左传注》(修订本),中华书局1990年,第1585页。
[9]《左传·定公十三年》,见《春秋左传正义》,北京大学出版社1999年,第1596—1597页。

指齐景公、卫灵公同驻扎在垂葭，并派军队进攻晋国。同年，晋国卿族内部再起争斗，范氏（士吉射）、中行氏（中行寅、荀寅）联合反对赵鞅（赵简子）。赵鞅不敌，退守封邑晋阳。其后智氏（智跞、知文子）、魏氏（魏襄子）、韩氏（韩简子）奉晋定公之命帮助赵鞅并反击范氏、中行氏。士吉射与中行寅失败，逃至朝歌而反叛晋国，这就是《春秋经·定公十三年》记载的"晋荀寅、士吉射入于朝歌以叛"[1]。

公元前496年（吴阖闾十九年，鲁定公十四年），"公会齐侯、卫侯于牵……秋，齐侯、宋公会于洮"[2]。意为，鲁国国君与卫国国君会晤于牵地……秋天时，齐国国君与宋国国君会晤于洮地。鲁、卫、宋、郑等国都成了以齐国为首的反晋集团成员。

（三）吴王阖闾"兴乐石城，走犬长洲"的岁月

上述《春秋经》《左传》吴国记载的七年空白，令后人既无法了解在这七年中吴国所发生的状况（包含吴国内政的变化及吴大子终累的命运浮沉），也无法了解在这七年中吴王阖闾的状况。

对这一时期的吴国来说，前述中原列国的剧变及列国间政治的重新洗牌，实为吴国提供了北上争霸的极佳时机，但对吴伐楚时越国进入吴都这一历史旧账依然耿耿于怀的吴王阖闾，并未北进而争霸中原。原因或为其年事已高（按前文他与宋公栾妹季子的婚姻年龄推算，至阖闾十九年时，阖闾或已值六十多岁高龄），也或为对当初越国从背后捅刀而"入吴"的旧账仍未释怀。故而紧盯着越国，从而将吴国"北上争霸"的历史机遇及历史责任留给了他的接位人夫差。

地缘政治下的吴、越关系，从吴王馀祭时期伐越及馀祭死于越俘刀下始，即已开始恶化。阖闾上台后，随着吴、楚争夺的加剧，受其影响的吴、越关系，更趋紧张。《史记·吴太伯世家》记载，早在吴伐楚并攻下楚都前的公元前510年（吴阖闾五年）的第一次槜李之战时，吴国就曾"伐越，败之"[3]。而伐越的原因即为地缘政治下的"吴王以越不从伐楚，南伐越"[4]。

吴国攻打越国，越国亦寻机报复，吴伐楚时，越国为策应楚国而乘机攻入吴都。所有这些，在伐楚返归后，成为吴王阖闾心中难以释怀的旧恨新仇。阖闾后期，吴、楚争夺随着文献记载的七年空白而相对沉寂，但吴王阖闾却一直在等待时机报复越国。

《吴越春秋》记写了这一时期吴王阖闾所建离宫、离城，并于这些离宫、离城度过的悠闲岁月："立射台于安里，华池在平昌，南城宫在长乐。阖闾出入游卧，秋冬治于城中，春夏治于城外，治姑苏之台。且食鲇山，昼游苏台，射于鸥陂，驰于游台，兴乐石城，走犬长洲，斯且阖闾之霸时。"[5]意思是说，吴国在安里建立了射台，在平昌开掘了华池，在长乐建了南城宫。阖闾出入这些地方，或游或卧于此。秋、冬两季在吴大城中料理政事，春、夏两季则或是在城外，或是在姑苏台上料理政事。早晨在鲇山吃早餐，白天在姑苏台游玩，在鸥陂射猎，在游台骑马驰骋，在石城寻欢作乐，在长洲茂苑驱狗奔走。这正是吴王阖闾称霸时的情况。

---

[1]《春秋经·定公十三年》，见《春秋左传正义》，北京大学出版社1999年，第1596页。
[2]《春秋经·定公十四年》，见《春秋左传正义》，北京大学出版社1999年，第1600页。
[3]《史记·吴太伯世家》，见司马迁：《史记》，中华书局1959年，第1466页。
[4] 赵晔：《吴越春秋》，江苏古籍出版社1986年，第38页。
[5] 赵晔：《吴越春秋》，江苏古籍出版社1986年，第47—48页。

二、吴、越第二次槜李之战与阖闾身死

（一）吴国"伐丧"文化下的"吴伐越"

公元前496年（吴阖闾十九年，鲁定公十四年），阖闾终于等来了越王允常去世的消息。《史记·越王句践世家》记载："吴王阖庐闻允常死，乃兴师伐越。"[1]

是时，吴国文化中乘敌对国家国君去世而遽然发动战争的"伐丧"行为，似乎已成为传统。而在这一传统的影响下，伐越丧又成为吴王阖闾无法抑制的军事冲动。

吴国的"伐丧"，每每给自身带来负面影响。吴王诸樊时，楚共王卒，吴伐楚丧。其后果是遭中原文化批判。向城会见时，晋范宣子"吴之不德也，以退吴人"[2]。对之，杜预注释为："吴伐楚丧，故以为不德。数而遣之，卒不为伐楚。"[3]故诸樊时的"伐楚丧"，使得吴国的外交、军事等蒙受重大挫折，并使吴国在晋国集团中被边缘化。

吴王僚时，因楚平王卒，吴再伐楚丧。因担心中原国家出于道德原因反对，故"使延州来季子聘于上国，遂聘于晋，以观诸侯"[4]。即派遣季札出访晋国，以观察晋国及中原列国对吴伐楚丧的态度和反应。而这一伐楚丧的后果，就是引发了"专诸刺杀王僚"式的吴国宫廷政变。

对吴王阖闾来说，吴王诸樊伐楚丧乃其父所为，子不责父。而吴王僚伐楚丧，恰给了他发动政变的机会。而他在吴王僚执政时，曾作为吴军统帅在与楚国的"鸡父之战"中，因楚军统帅——令尹子瑕（阳匄）死于军中，时尚为公子光的他，在分析战情时即指出楚军主帅身死必影响楚联军之士气。其后"鸡父之战"吴军的胜利，无疑增加了他对本年"闻允常死，乃兴师伐越"即"伐越丧"以乘机取胜的信心。

吴国一而再、再而三的"伐丧"，足以体现春秋时期吴国军中文化的传统和特点，即为了战争胜利的目的而不计较手段，这不符合当时的道德标准。而这又与吴国地处东南一隅，文明程度与中原文化尚存一定差距的"蛮夷"文化有关。

作为一种现象，前述吴国的"伐丧"，每每带来负面影响。而每一次主持"伐丧"的吴王，似乎均无好报。吴王诸樊向城盟会遭斥退而被边缘化，吴王僚被刺身死，吴王阖闾也未逃脱"伐丧"厄运的历史宿命。

而鲁国史官们，更以每次都不落下的记载方式，记载了吴国的一次次"伐丧"，从而表达对吴国"蛮夷"文化的谴责。

当日在向城会见时谴责吴人"伐丧"不道德的晋国，后世竟也"伐丧"起来。下文叙述吴王夫差第一次伐齐时，《左传·哀公十年》记载"齐人弑悼公"[5]后，接着记载了晋国对齐国的军事行动即为"赵鞅帅师伐齐"[6]。意即，是时晋国正卿赵鞅（赵简子、赵孟）也乘齐国国丧而领兵伐齐，从而构成了春秋晚期中国社会在向战国时代渐变的过程中的"礼崩乐坏"及社会伦理道德日

---

[1]《史记·越王句践世家》，见司马迁：《史记》，中华书局1959年，第1739页。
[2]《左传·襄公十四年》，见《春秋左传正义》，北京大学出版社1999年，第916页。
[3] 杜预注，见杜预：《春秋经传集解》，上海古籍出版社1978年，第903页。
[4]《左传·昭公二十七年》，见《春秋左传正义》，北京大学出版社1999年，第1481—1482页。
[5]《左传·哀公十年》，见《春秋左传正义》，北京大学出版社1999年，第1653页。
[6]《左传·哀公十年》，见《春秋左传正义》，北京大学出版社1999年，第1653页。

渐沦丧的典型实例。

(二)槜李之战与阖闾负伤身死

1.槜李地望与吴、越间的第二次"槜李之战"

吴伐越,处于国丧期的越国立即作出反应。"越子勾践御之,陈于槜李。"[1]

槜李,又作"檇李""醉李""就李"等。槜李地望,晋杜预注指为"嘉兴县南":"吴郡嘉兴县南醉李城。"[2]唐陆广微《吴地记》则指为"嘉兴县北":"县北三十里有槜李地,是吴越战敌处。"[3]杨伯峻《春秋左传注》注为:"槜李当是越地。杜氏《土地名》'越地槜李'是也。"[4]

前文叙述,公元前510年(吴阖闾五年,鲁昭公三十二年)夏天,吴国攻打越国。《左传·昭公三十二年》记为吴"夏,吴伐越,始用师于越也"[5]。即本年夏天,吴国攻打越国,表明吴国开始对越国用兵了。《吴越春秋》叙述此战为,阖闾"五年,吴王以越不从伐楚,南伐越。越王元常曰:'吴不信前日之盟,弃贡赐之国,而灭其交亲。'阖闾不然其言,遂伐,破檇里"[6]。即公元前510年(吴阖闾五年),吴王因为越国不肯跟随自己攻打楚国,所以向南讨伐越国并在越境檇里将越军击败。故阖闾五年(鲁昭公三十二年,前510)的吴伐越之战,亦可说是吴、越间的第一次"檇里(槜李)之战"。按此,则阖闾十九年(鲁定公十四年,前496)的吴、越之战,当为吴、越间的第二次"槜李之战"。

今浙江桐乡博物馆展出的关于"槜李之战"的文字说明展板,指槜李地望为今嘉兴"桐乡百桃一带"。

2.阖闾负伤身死

"吴伐越。越子勾践御之,陈于槜李。"[7]即吴国攻伐越国,越王勾践发兵抵御吴军,双方在槜李摆开阵势。"句践患吴之整也,使死士再禽焉,不动。使罪人三行,属剑于颈,而辞曰:'二君有治,臣奸旗鼓,不敏于君之行前,不敢逃刑,敢归死。'遂自刭也。"[8]意即,勾践(句践)对吴军战阵的严整感到担忧,便先派遣敢死队冲上去,两次冲锋,这些"死士"——敢死队员都被吴军俘虏,而吴军的阵势丝毫没乱。于是越王又派出罪人排成三排,让他们自己把剑架在脖子上并齐声说:"两国国君交战,我们冒犯了军令,不配再做一个军人,如今不敢逃避刑罚,只敢一死以伏罪。"说着,这些越国罪人们便一个个割颈自杀。

这是春秋时期上百次的战阵中,极少有的一幕集体自杀场面。这一惨烈而又精心策划的战阵,系越王勾践的奇特战术。杜预称为越"使罪人诈吴乱陈"[9]。这一"诈吴"行为,致吴军将士

---

[1]《左传·定公十四年》,见《春秋左传正义》,北京大学出版社1999年,第1602页。
[2]杜预注,见杜预:《春秋经传集解》,上海古籍出版社1978年,第1694页。
[3]陆广微:《吴地记》,江苏古籍出版社1986年,第46页。
[4]杨伯峻:《春秋左传注》(修订本),中华书局1990年,第1595页。
[5]《左传·昭公三十二年》,见《春秋左传正义》,北京大学出版社1999年,第1524页。
[6]赵晔:《吴越春秋》,江苏古籍出版社1986年,第38页。
[7]《左传·定公十四年》,见《春秋左传正义》,北京大学出版社1999年,第1602页。
[8]《左传·定公十四年》,见《春秋左传正义》,北京大学出版社1999年,第1602页。
[9]杜预注,见杜预:《春秋经传集解》,上海古籍出版社1978年,第1694页。

"师属之目,越子因而伐之,大败之。灵姑浮以戈击阖庐,阖庐伤将指,取其一屦"[1]。意为,从没有见过这奇特场面的吴国军队士兵们,一个个都看呆、看傻了。而越王勾践则指挥越军乘机进攻,把吴军打得大败。越军将领灵姑浮用戈击刺吴王阖闾,阖闾的脚趾被刺伤。灵姑浮把阖闾的一只鞋子也抢去了。

上引《左传》两处对越王的表述:一作"越子勾践御之",一作"句践患吴之整也"。两处表述如脚注所示,均出自《春秋左传正义》(北京大学出版社1999年版的同一页,即第1602页)。《春秋左传正义》出现"勾(句)践"者凡四,除上述《左传·定公十四年》两处外,另见《左传·哀公元年》"句践能亲而务施"[2]句及《左传·哀公二十年》"勾践将生忧寡人"[3]句。两处同样存在着"勾践""句践"混用现象。而记载先秦吴、越史事的不同文献,亦存在着或"勾践"或"句践"情况,但同一文献的同一版本,却无"勾践""句践"混用现象。主要文献相关情况叙述如下:《国语》不同版本间,情况不同,分别为:韦昭注、上海古籍出版社版本《国语·吴语》作"勾践"[4];上海师范大学古籍整理研究所校点本《国语·吴语》作"句践"[5];徐元诰《国语集解·越语上》作"句践"[6];《史记·越王句践世家》等,作"句践"[7];《越绝书》作"句践"[8];《吴越春秋·勾践入臣外传》作"勾践"[9]。

鉴于文献引录源头出现混用现象,本卷以下论述,引文各随原文。本书论述统一作"勾践",不另注。

吴、越"槜李之战"中,吴军大败而吴王阖闾负伤,并导致了吴王阖闾身亡。《春秋经·定公十四年》记载:"於越败吴于槜李。吴子光卒。"[10]《左传·定公十四年》则记载槜李之战后,吴军大败的情况说,吴王阖闾"还,卒于陉,去槜李七里"[11]。意即,阖闾退兵并死在了陉地,这里距槜李七里。《史记·吴太伯世家》则记载为,阖闾"十九年夏,吴伐越,越王句践迎击之槜李。……越因伐吴,败之姑苏,伤吴王阖庐指,军却七里。吴王病伤而死"[12]。

对上述的"败之姑苏"句及其中的"姑苏",如前文诠释,该"姑苏"乃是以春秋吴都"吴"城的别称"姑苏"而代指春秋吴都"吴"城,进而指代吴国(这与今日国际社会中,以某国首都名称代指该国的情况一样)。因此,该"姑苏"与此战即槜李之战的发生地并无关系。据《春秋经》《左传》记载可知,吴王阖闾负伤、阵亡处的记载为"卒于陉,去槜李七里"。即阖闾卒于陉地,而陉地距今浙江嘉兴境内的槜李七里。

---

[1]《左传·定公十四年》,见《春秋左传正义》,北京大学出版社1999年,第1602—1603页。
[2]《左传·哀公元年》,见《春秋左传正义》,北京大学出版社1999年,第1612页。
[3]《左传·哀公二十年》,见《春秋左传正义》,北京大学出版社1999年,第1703页。
[4]《国语·吴语》,见左丘明撰、韦昭注:《国语》,上海古籍出版社2015年,第391页。
[5]《国语·吴语》,见上海师范大学古籍整理研究所校点:《国语》,上海古籍出版社1998年,第591页。
[6]《国语集解·越语上·越王句践栖于会稽之上》,见徐元诰:《国语集解》,中华书局2002年,第567页。
[7]《史记·越王句践世家》,见司马迁:《史记》,中华书局1959年,第1739页。
[8]袁康、吴平:《越绝书》,上海古籍出版社1985年,第1页。
[9]赵晔:《吴越春秋》,江苏古籍出版社1986年,第89页。
[10]《春秋经·定公十四年》,见《春秋左传正义》,北京大学出版社1999年,第1600页。
[11]《左传·定公十四年》,见《春秋左传正义》,北京大学出版社1999年,第1603页。
[12]《史记·吴太伯世家》,见司马迁:《史记》,中华书局1959年,第1468页。

另，前文叙述《史记》记载的"姑苏"，一即为上述吴王阖闾伐越失败而死的"败之姑苏"[1]，另一为吴王夫差复仇而战胜越国的"报姑苏也"[2]（相关引文，另见下文）。两处"姑苏"意同，均指代春秋吴都"吴"城，进而指代吴国。

（三）夫差即位

《左传·定公十四年》接下来记载了阖闾后的吴国君位传承，继位者并非《左传·定公六年》记载的"吴大子终累"，而是《左传》首次出现且杜预注为"阖庐嗣子"[3]的夫差。与其同时，公元前506年吴入郢后因"以班处宫"而出现且杜预注指说为阖闾之子即"吴王子"的"子山"[4]在阖闾"卒于陉"时，也未出现。

排除《左传》漏记等不正常情况，《左传》记写阖闾的两个儿子——"吴大子终累"和子山，值父亲临终之际并未出现，其实极不正常。

"吴大子终累"并未即位，由于文献未载，故其原因，或病死，或被废黜，难以确定。而子山则如前文推测，其或为阖闾与宋公栾妹季子所生。其母季子死后的葬礼前后，或许就留住在其舅宋国宋景公处（关于子山的这一推测，亦极为勉强。但子山值父亲临终之际并未出现，却也为文献记载所证实）。而夫差在《左传》记载中甫一出现，即即位为吴王，并"使人立于庭，苟出入，必谓己曰：'夫差！而忘越王之杀而父乎？'则对曰：'唯，不敢忘！'"[5]而《史记·吴太伯世家》则将上文的问话者记作阖闾的临终嘱托说："吴王病伤而死。阖庐使立太子夫差，谓曰：'尔而忘句践杀汝父乎？'对曰：'不敢！'"[6]

（四）第二次吴越槜李之战吴国战败的原因

本年吴国战败，乃为骄傲自矜及轻敌所致。吴国以为越弱又值国丧期，当不堪一击。然而此战中，越人以哀兵之态迎战。越国敢死的勇士及战阵前集体自杀的场面，都表达出越国的哀兵情绪。故此，战争中的"骄兵必败"叠加以"哀兵必胜"，这就构成了本次战争吴败越胜的主要原因。

第七节　阖闾时期留存后世的文化遗存

一、苏州虎丘山阖闾墓葬及其历史之谜

阖闾死后，文献记载他的安葬地为苏州虎丘——有"吴中第一山"之称的今日苏州极具盛名的一处旅游地。

---

[1]《史记·吴太伯世家》，见司马迁：《史记》，中华书局1959年，第1468页。
[2]《史记·吴太伯世家》，见司马迁：《史记》，中华书局1959年，第1469页。
[3] 杜预注，见杜预：《春秋经传集解》，上海古籍出版社1978年，第1697页。
[4] 杜预注，见杜预：《春秋经传集解》，上海古籍出版社1978年，第1633页。
[5]《左传·定公十四年》，见《春秋左传正义》，北京大学出版社1999年，第1603页。
[6]《史记·吴太伯世家》，见司马迁：《史记》，中华书局1959年，第1468页。

有"吴中第一山"之称的苏州虎丘(左)及传唐颜真卿所书"虎丘剑池"石刻(右)(吴恩培摄)

(一)文献关于阖闾墓葬的记载

最早记载阖闾墓冢在虎丘山的为东汉《越绝书》。《越绝书》卷二记载说:"阖庐冢,在阊门外,名虎丘。下池广六十步,水深丈五尺。铜椁三重。坟池六尺。玉凫之流。扁诸之剑三千,方圆之口三千。时耗、鱼肠之剑在焉。千万人筑治之。取土临湖口。筑三日而白虎居上,故号为'虎丘'。"[1]

上述文献记写阖闾死后,随葬的有他生前珍爱且数量颇多的宝剑,使得这位吴王即使死后,也无法得到安宁。

后世,关于阖闾墓冢的历代记载,基本上因袭《越绝书》。唐代陆广微《吴地记》另记载秦代时秦始皇嬴政掘墓而求剑及虎丘剑池的形成情况说:"秦始皇东巡,至虎邱,求吴王宝剑,其虎当坟而踞。始皇以剑击之,不及,误中于石。其虎西走二十五里,忽失于今虎疁。唐讳虎,钱氏讳疁,改为'浒墅'。剑无复获,乃陷成池,故号'剑池'。"[2]

北宋朱长文《吴郡图经续记》,在承袭《吴地记》所记秦代掘墓求剑时,另记载了三国时孙权掘墓的情况:"旧传秦皇求剑,地裂为池。《太平寰宇记》云:'山涧是孙权所发,以求阖闾宝器。'"[3]

上述汉、唐至北宋文献,相继记载了虎丘阖闾墓后世两次被发掘(指秦皇求剑及孙权所发)的情况。当代学者的研究成果,还指出阖闾墓值此以前更早的一次被掘情况说:"据《古今图书集成》引刘向书云:'葬十余年,越人发之。'吴国灭亡后,越人怀着强烈的复仇心理,发掘

虎丘剑池两崖壁立,中涵石泉终年不涸。"风壑云泉"四字,相传出自宋米芾之笔(吴恩培摄)

---

[1] 袁康、吴平:《越绝书》,上海古籍出版社1985年,第11页。
[2] 陆广微:《吴地记》,江苏古籍出版社1986年,第61—62页。
[3] 朱长文:《吴郡图经续记》,江苏古籍出版社1986年,第41页。

了阖闾陵墓,这是第一次。据《吴地记》载:'秦始皇东巡至虎丘,求吴王宝剑,其虎当坟而踞。始皇以剑击之,不及,误中于石。其虎西走二十五里,忽失。'……《古今图书集成》也云:'相传秦始皇发阖闾墓,凿山求剑,无所得,其凿处遂成深渊,今名剑池。'这是第二次。据《吴郡图经续记》引《太平寰宇记》云:'山涧是孙权所发,以求阖闾宝器。'……这是第三次。"[1]

上述三次对阖闾墓的发掘,除系越人报复外,后两次均为求剑——以求获得阖闾墓中的三千把剑。

(二)虎丘山阖闾墓的历史之谜

上述三次均非民间私盗而为官方(灭吴后的越人、秦始皇及孙权)挖掘,但均无所得的情况,给后人留下了一个历史之谜:吴王阖闾的墓是否在虎丘山下?

吴奈夫《春秋吴都研究的若干问题》一文引龙符赤《虎邱吴王阖闾坟的发现》一文所介绍的明代关于虎丘山下确有墓葬的记载:"明正德七年(1512)正月,虎丘剑池水突然干涸,在剑池底下显露出一个洞穴,于是惊动了苏州城内的文人学士和地方官吏,曾举火进入洞穴探幽。因甬道变小,深浅莫测,知难而返。地方官吏不敢亵渎神灵,急命掩埋封闭。这件事的经过,被当事人郑重其事地写成两则题记,刻在剑池石壁上。全文如下:'正德七年正月,郡士王山椿、侯权、任云藩、祖吴之登虎邱,于时××(疑为"剑池"两字)水涸,传亲□阖闾之幽宫。千年神密,一朝显露,可悼也已!□□□庭字利赡同游。少傅王鏊,解元唐寅,孝濂陈□□,少傅之子。□□延龄';'长洲令吾翁,吴令胡文静,昆山令方豪,闻剑池枯,见吴王墓门,皆往观焉,万年深关,一旦为人所窥,岂非数耶?命掩藏之!正德七年上元前一日志。'"[2](上述引文的虎丘石刻文字,与实际有误差,相关情况,参见下文)

当代关于虎丘剑池水涸后所见情况为:"1955年疏浚剑池,发现池东壁上石刻2方,系王鏊、唐寅等撰,载正德六年(1511)剑池水涸,于池底发现北端有洞穴,疑是吴王墓门事。当即戽干池水,见石壁平直,池底平坦,以岩壁灰白色水痕为准,量至池底为1丈5尺,池北果有洞穴,内叠砌不同于本山岩石的石板四块。"[3]曹林娣校注《吴地记》"虎丘山"条时亦记载此事并指出说:"穴北石缝以大青石板叠砌,为人工所作。据析,此处与春秋战国洞室墓形制相像,可能即是墓门。"[4]

钱正《吴王阖闾墓之谜》一文,也披露了1955年时准备发掘阖闾墓,而国务院领导最终决定不予开掘的相关情况。该文记写1955年,苏州市政府为抢修岌岌可危的云岩寺塔(俗称"虎丘塔"),因施工需要,抽干剑池池水,终发现四百四十余年前曾露出的洞穴。为此,有关部门准备发掘,该文写道:"中央人民政府国务院办公厅接到了文化部郑振铎部长亲自签署的文件,并附来了江苏省文物管理委员会的报告,要求对吴王幽宫正式进行考古发掘。立论依据是:'根据洛阳地区发现的大量东周墓葬证明:当时墓制是先从平地上打一竖穴,深入地层,再从穴底横向开掘,筑成甬道,在甬道终端建造墓室。总体成:L形。吴王阖闾时处春秋晚期,历史断代相吻。

---

[1]吴奈夫:《春秋吴都研究的若干问题》,《苏州大学学报》1992年第4期。该文另刊入《吴文化研究论丛》,苏州大学出版社1998年,第31页。
[2]《吴文化研究论丛》,苏州大学出版社1998年,第31页。原文此处加注为:"龙符赤:《虎邱吴王阖闾坟的发现》,原载《华年月刊》1932年1卷15期。转引自《吴文化资料选辑》第二辑(内部发行)。"
[3]苏州市地方志编纂委员会:《苏州市志》第一册,江苏人民出版社1995年,第720—721页。
[4]曹林娣《吴地记》注文,见《吴地记》,江苏古籍出版社1986年,第63页。

看来，虎丘剑池为王墓竖穴，现穴底横向通道已经发现，只要清除封石，估计即能进入……'报告送到国务院办公厅齐燕铭主任的办公桌上。这位以稳健著称的文物行家掂出这件事的分量不轻，何况虎丘山正在抢救那座岌岌可危的国家级云岩寺古塔，开挖古墓时万一把这座全国知名的五代、北宋古塔搞塌了，那真要上无以告列祖列宗，下无以对子孙后代了。何况在目前条件下，对意想不到的出土珍贵文物，是否具有绝对安全的技术措施和保护条件，也很难说。他拿起报告，匆匆去找周恩来总理。国务院的指示精神很快传达下来，中央从整个民族的利益出发，决定不予发掘。"[1]

虎丘山上倾斜的虎丘塔，阻止住了人们想解开阖闾墓之谜的任何努力，也保护住了墓冢中墓主阖闾的安宁，或使得这一历史之谜在今后将继续存在下去。

（三）2008年的剑池清淤与记者于"吴王阖闾墓"墓门的近距离观察及描述

2008年5月，因虎丘剑池旁的"别有洞天"石拱门旁出现异常和安全隐患，需进行维修，而该处维修则需将剑池水抽干。于是，景区管理部门对剑池实施清淤。6月，随着清淤工作接近尾声，剑池和池底北端的三角形洞穴，再次见底而呈现于世人面前。苏州《城市商报》记者施晓平、戚振林和《新华日报》记者嵇元、董晨等分别进入剑池清淤工地现场，近距离接触并进入剑池池底的三角形洞穴——传说中"吴王阖闾墓"的入口，为世人留下了对"吴王阖闾墓"入口处的观察性描述文字和图片。

现按发表先后，分别介绍、摘引二报（苏州《城市商报》和《新华日报》）的相关报道如下：

1.苏州《城市商报》（2008年6月9日）

施晓平撰文、戚振林摄影的《商报记者带你探秘"吴王阖闾墓"》一文说："沿着长长的梯子爬下剑池，踏着泥泞的路面一路向北进入洞穴，几块颜色截然不同于两壁的石头最终挡住了我们的去路。'竖井+横巷'的结构和神秘的外来石头背后，究竟埋藏着多少秘密？昨天傍晚，虎丘剑池北面神秘洞穴的清淤基本结束，商报记者走进洞穴，探秘'吴王阖闾墓'。原来只是一泓清水的剑池还真够深，七八米长的长梯放下去，也只露出一个头。小心翼翼爬到池子底部，抬头一看，两侧苍凉的山壁让天空只露出一条狭缝，让人顿时感觉仿佛置身深山峡谷。

2008年6月9日，苏州《城市商报》发表的《商报记者带你探秘"吴王阖闾墓"》《阖闾墓究竟在哪里？》等文（左）（录自苏州《城市商报》[2]）及2008年6月19日，《新华日报》发表的《虎丘剑池寻访传说中的"阖闾墓"》（右）（录自《新华日报》[3]）

---

[1] 钱正：《吴王阖闾墓之谜》，见钱正：《历史的印记》，古吴轩出版社2004年，第60—61页。
[2] 苏州《城市商报》，2008年6月9日。
[3] 《新华日报》，2008年6月19日。

好险!

……两壁是略有凹凸却又总体齐整的褐色山石,其中西面的山壁近乎直立,大有'无欲则刚'的气度;东面的山壁则斜靠过来,最终与西面的山壁'会合'。洞穴尽头,施工人员已经挂上了电灯,那泛黄的灯光,仿佛从遥远的过去传来。

……

沿着一脚高一脚低的地面走到最北面,洞穴的高度陡然增加,头顶像是一口竖井。整个洞穴的结构就这么简单:一口竖井,再加一条南北向的横巷。洞穴最北面的石板就像井壁一样,挡在了我们的前面。仔细数数,这些石板一共6块。下面的4块都是横放的,宽度都在1米多,高度从0.5米到0.9米不等,其中最底下的那块颜色跟山壁相仿,显然是虎丘山的'土产';而另外3块都是青石,表面并不光滑,只是经过了初步的加工。最上面的2块石头也是青石,其中上面那块像井盖一样覆盖着,下面那块则一角搭在下面的青石上,另一角悬空。

虎丘山风景名胜区管理处工作人员说,5块青石显然都是'外来户',但它们是什么时候被谁搬过来的,为什么搬过来,就不得而知了。'有专家认为,从形式来看,这是一种洞室墓,与春秋战国时期的贵族墓葬形式一致。因此,青石的背后很可能就是沉睡了2500年的吴王阖闾了!但要打开这些青石,势必惊动虎丘塔,看来目前是不可能的啦!'"[1]

2.《新华日报》(2008年6月19日)

嵇元、董晨撰文、摄影的《虎丘剑池寻访传说中的"阖闾墓"》一文说其时的情景为:"虽然池中水已抽干,但淤泥仍深过脚踝,人在池底,确有'池暗生寒气'之感。池底较为平坦,仅容两三人并行,南宽北窄,状似一把利剑,剑锋所指处便是传说中的'阖闾墓'入口。

往北走,摸着湿漉漉的石壁,记者深一脚、浅一脚地走了约摸三四十米,便来到一处狭长的三角形洞口,此处淤泥已没至小腿,洞口空间狭小,最多只能站两三人,光线很暗,需打灯照明。迎面处是五块石板,叠砌至顶,顶面另盖有一块石板。石

苏州虎丘剑池传说中的"吴王阖闾墓"墓门前的6块石板(左、右)
(施晓平供稿)

板后便是传说中的'吴王阖闾墓'了,而记者刚刚所经之路便是'墓道'。

记者仔细观察了一番,洞穴两边是略有凹凸却又总体齐整的褐色山石,看上去,西侧石壁应是天然形成,但东侧石壁则有经过火烧掘石的痕迹。面前这6块石板粗看类似,细看则略有不同。最下面一块更大些,质地和两边石壁类似,其余5块则都是青石,每块高约1米,宽约1.4米。石板

[1] 施晓平撰文、戚振林摄影:《商报记者带你探秘"吴王阖闾墓"》,苏州《城市商报》2008年6月9日。

上看不到有何字迹,只是从上往下数第3块上有圆形凸起。20世纪50年代,剑池也曾清淤见底,当时有人发现其中一块石板上有碗口大小的铁锈疤痕迹,想必便是此块石板。记者爬上去用手一摸,果然有粉末状东西掉下。

有专家认为,从形制来看,这是一种洞室墓,剑池为南北向的竖穴,池底的石穴是洞室的通道,符合春秋时期墓制形式。……走出洞口,只见剑池东壁上有摩崖石刻。明正德七年,苏州大旱,剑池水干,唐伯虎、王鏊等文人也曾来到剑池底,见到了这一洞口,入内只见'垒石数层若横板而已',他们认为这便是吴王墓门,遂在崖壁上刻有两篇纪事。"[1]

(四)明正德时,虎丘剑池水涸而留存记写"吴王阖闾墓"的摩崖石刻

1.明正德六年冬至次年(正德七年)正月的虎丘剑池水涸而露出"吴王阖闾墓"的文化事件

正德六年即辛未年冬天的虎丘剑池水涸事,刘俊伟《王鏊年谱》记"正德六年辛未(1511)"王鏊"作赋《吊阖庐赋》。……其赋有'岁正德之协洽兮,剑池忽焉其枯涸'之句"[2]。与之同时,该《王鏊年谱》另作引证说:"陆粲《庚巳编》卷二:'虎丘剑池水清冽,虽经旱不少减。辛未(正德六年,1511),无故忽涸见底。'文徵明《甫田集》(四卷本)卷三有诗《虎丘剑池相传深不可测,旧志载秦始皇发阖闾墓,凿山求剑,其凿处遂成深涧,王禹偁作剑池铭,尝辨是非。正德辛未冬,水涸池空,得石阙中空,不知其际。余往观之,赋诗贻同游者,和而传焉》。"[3]

由此可知,辛未(正德六年,1511)年冬天,虎丘剑池"无故忽涸见底"。此事涉吴王阖闾墓门因水枯而现,故在当时苏州士子中,或成为一个前所未有的文化事件。而从陆粲、文徵明相继前往观之并作记载来看,苏州士子前往观者,并不在少数。该年(指正德六年,1511)王鏊作《吊阖庐赋》。由此来看,王鏊或于本年冬已去过虎丘剑池。周道振、张月尊辑校《唐伯虎全集》附录六《年表》记载唐寅"正德七年壬申(一五一二)四十三岁。正月,与王鏊及鏊子延陵等观吴王墓门于虎丘剑池,题名石壁。时剑池枯"[4]。因此,据唐寅《年表》,唐寅"与王鏊及鏊子延陵(延龄)等观吴王墓门于虎丘剑池",为次年的正德七年(1512)。此乃是值剑池水枯时,王鏊第二次去虎丘(见下文,"林庭㭊等题记"石刻)。

明正德间苏州学子对虎丘剑池的冬季干涸,记为"无故忽涸见底"。说是"无故",只是未认识其原理而已。《虎丘山志》记载:"剑池常年水位不枯不盈,1955年疏浚剑池时,发现一条以剑池为中心,沟通第三泉、养鹤涧的水道,可调节剑池水位。原来剑池水位在第三泉,第三泉高于剑池,自上而下流入剑池;剑池水如果多了,又会沿千人石缝隙形成的岩溪向东流入白莲池;白莲池水向再低的养鹤涧水道流去。"[5]由此推测,明正德辛未(正德六年,1511)年冬,或因剑池流入白莲池的水道出了问题,导致剑池水短期内大量流失到下面的白莲池中。

2.薛梁《虎丘摩崖石刻》记录的"吾翕等见阖闾幽宫题记"石刻

薛梁《虎丘摩崖石刻》记录的"吾翕等见阖闾幽宫题记"石刻,如下:"长洲令吾翕、吴令胡

---

[1] 嵇元、董晨撰文、摄影:《虎丘剑池寻访传说中的"阖闾墓"》,《新华日报》2008年6月19日。
[2] 刘俊伟:《王鏊年谱》,浙江大学出版社2013年,第175—176页。
[3] 刘俊伟:《王鏊年谱》,浙江大学出版社2013年,第176页。
[4] 唐寅《年表》,见周道振、张月尊辑校:《唐伯虎全集》,中国美术学院出版社2002年,第652页。
[5] 苏州市园林绿化管理局:《虎丘山志》,文汇出版社2014年,第35页。

文静、昆山令方豪闻剑池枯,见吴王墓门,偕往观焉。万年深閟,一旦为人所窥,岂非数耶!命掩藏之。正德七年,上元前一日志。"[1]

"上元前一日",指该年(正德七年,1506)年正月十五的元宵节(上元节)的前一天,即是年农历正月十四。

虎丘剑池东壁摩崖石刻"吾翕"等的明正德间三县令石刻(左)及"林庭㭿等题记"石刻(右)(吴恩培摄)

3.薛梁《虎丘摩崖石刻》记录的"林庭㭿等见阖闾幽宫题记"石刻

薛梁《虎丘摩崖石刻》记录的"林庭㭿等见阖闾幽宫题记"石刻文字如下:"正德七年正月,郡守三山林侯擢任云藩,相与饯之虎丘。于时剑池水涸,转观阖闾之幽宫。千年神异,一朝显露,可悼也已。林侯名庭㭿,字利瞻,同游者为少傅王鏊、解元唐寅,孝廉陈口,少傅之子延喆、延龄。"[2]

(五)与虎丘阖闾墓有关的王鏊《吊阖庐赋》及其解读

1.撰写背景、过程及该《吊阖庐赋》在王鏊著作中的首篇地位

正德六年即辛未年冬及持续至正德七年壬申年正月的剑池池水枯涸,使得吴王阖闾墓的墓门显现,这激起了文人士子的怀古情感。正是在这样的情况下,年届花甲的王鏊不止一次去虎丘剑池,既是观阖闾之幽宫,更是思古今之情怀。

前文引刘俊伟《王鏊年谱》记载说,"正德六年辛未(1511)"时,王鏊已开始"作赋"——作《吊阖庐赋》。因此,王鏊在正德六年(辛未,1511)冬天时,或已去过虎丘剑池,从而开始了《吊阖庐赋》的写作。

而从前述"林庭㭿等题记"石刻的记载来看,该石刻记载的时间是"正德七年正月",因郡守林庭㭿拔擢而升任云南藩台布政使,故同侪为之饯送于虎丘。与王鏊一同去的还有唐寅。这也暗合前述唐寅《年表》所记,唐寅"与王鏊及鏊子延陵(延龄)等观吴王墓门于虎丘剑池"。但这已是王鏊于剑池水枯后第二次去虎丘了。

在为郡守饯行的同时,王鏊或也在为他的《吊阖庐赋》继续进行着修改。由此亦可见王鏊撰写《吊阖庐赋》的极其用心。而这一用心的结果,使得该《吊阖庐赋》在王鏊《震泽集》中被列为

---

[1]薛梁:《虎丘摩崖石刻》,古吴轩出版社2016年,第32页。
[2]薛梁:《虎丘摩崖石刻》,古吴轩出版社2016年,第33页。

首篇,清乾隆时的《四库全书》亦将之列为王鏊《震泽集》首篇。所有这些,既表明王鏊本人对该赋的极为看重,也表明学界对王鏊《吊阖庐赋》的较高评价。

2.王鏊《吊阖庐赋》解读

王鏊《吊阖庐赋》全文为:"昔阖庐之霸吴兮,卒托体乎兹丘。慨往迹之日湮兮,曾不可乎复求。峰峦纷以环合兮,浮屠台殿郁以相缪。忽平冈之坼裂兮,剑池澹沦而深黑。俯莫测其所穷兮,仰不见乎白日。两崖欹崟而斗啮兮,又巉岩而斗绝。信天造之险巇兮,为神怪之窟穴。将举首而闯其浅深兮,先魂惊而瘆栗。彼秦始之雄哮兮,力驱石而填海。将破山而求之兮,藐不知其所在。宜元之之不信兮,谓往牒之我绐。岁正德之协洽兮,剑池忽焉其枯涸。何昔日之澹沦兮,今山径之峣嵘。伊水旱之常数兮,非予心之所度。石硌岈而双敞兮,类墓门之颓駮。试往造乎其间兮,将举武而旋却。始沮洳以忽明兮,谅欲退而不可。俨凑题之可扪兮,森怪石之欲堕。岂漆镫之将灭兮,若有俟乎王果。唉,吴王之物化兮,求彷佛其不见。想颁池之既尘兮,何有玉凫与金雁?彼槃郢与扁诸兮,疑此语之为幻。何千年之神閟兮,忽一朝而呈露也。旋黯然而复闭兮,殆神物之呵护也。前骊山之强项兮,后会稽之妖珈。锢南山其犹有隙兮,信多藏之为害。独空空兮以保全兮,因兹丘而增慨。"[1]

清乾隆《四库全书》录王鏊《吊阖庐赋》书影(录自上海人民出版社等《文渊阁四库全书》电子版)

解读王鏊的《吊阖庐赋》,撇开赋体所特有的对虎丘景物的铺陈、描写,该赋叙述并表达的内容及抒怀等,为以下几点:

(1)认同阖闾葬于虎丘的传说。这就是《吊阖庐赋》所说的"昔阖庐之霸吴兮,卒托体乎兹丘"。"阖庐",即吴王阖闾;"托体"指葬于此;"兹丘",即此丘(虎丘)也。同时,"慨往迹之日湮兮,曾不可乎复求"。即吴王下葬于此的"往迹",早已"日湮"于岁月之中,但没想到"曾不可乎复求"的吴王"往迹",却随着剑池水枯而呈现在眼前。

(2)将正德年间的"剑池忽焉其枯涸",致吴王阖闾墓门的"双敞"及"类墓门之颓駮"与秦始皇的"雄哮"及其"力驱石而填海。将破山而求之兮,藐不知其所在"的茫然作类比,得出"伊水旱之常数兮,非予心之所度",从而表达出天命所系而非人力所能控制的感慨。

(3)对《越绝书》卷三记载的"阖庐冢,在阊门外,名虎丘"及其冢内"玉凫之流。扁诸之剑

---

[1]王鏊:《吊阖庐赋》,见上海人民出版社等《文渊阁四库全书》电子版所录王鏊《吊阖庐赋》本。

三千"[1]的记载,以及其后唐陆广微《吴地记》"秦始皇东巡,至虎邱,求吴王宝剑,……剑无复获,乃陷成池,故号剑池"[2]的记载、宋朱长文《吴郡图经续记》引"《太平寰宇记》云:'山涧是孙权所发,以求阖闾宝器'"[3]而无所得的前朝掘吴王阖闾墓的情况发议论说:"想澶池之既尘兮,何有玉凫与金雁。彼槃郢与扁诸兮,疑此语之为幻。"澶,流转貌。澶池,指水流出后的剑池。故该句意为,剑池的水流转出后而枯涸,又何有"玉凫与金雁"?那些书中记写的"槃郢""扁诸"等陪葬兵器,真怀疑这些说法都只是些幻语而已。

（4）王鏊撰写该《吊阖庐赋》时,或已知长洲、吴县、昆山三县令所题石刻内容的"万年深閟,一旦为人所窥,岂非数耶!命掩藏之"等情况,故对三县令的做法极为欣赏,并表达出"何千年之神閟兮,忽一朝而呈露也。旋黯然而复闭兮,殆神物之呵护也"的高度评价。

（5）对吴王阖闾后其子吴王夫差受"会稽之妖"即越女诱惑而失国,从而导致其后吴王阖闾墓的相继被掘,倍感痛心。由此,将夫差受"会稽之妖珈"（珈,古代妇女的一种首饰）的迷惑而灭国,与西周幽王宠幸褒姒致骊山烽火而覆周进行类比说:"前骊山之强项兮,后会稽之妖珈。"与之同时,王鏊也表达了对吴王阖闾墓并未被发掘出"玉凫与金雁"及"槃郢与扁诸"等陪葬器而得以保全,同时也使得"兹丘"即虎丘山得以保全的感慨。这就是该赋最后所说"独空空兮以保全兮,因兹丘而增慨"的本义。

（6）结尾处再次提及"兹丘"并以之作结,既呼应该赋开头提及的"兹丘",也由此完成对虎丘山下埋葬着的吴王阖闾的感怀。

二、吴王阖闾现存部分用器

吴王阖闾现存用器有多件,除前述"吴王光鉴"外,另有剑、戈等兵器,其中精美者分别为前文已提及的如下:山西省原平县峙峪出土的剑身遍布火焰纹的"吴王光"青铜剑及湖北省随州市文峰塔墓地M21出土的戟身遍布火焰纹的"吴王子光戟"。

（一）器身具火焰形暗纹的"吴王光"青铜剑与"吴王子光戟"

吴王阖闾现存用器中,下文列为现存吴、越青铜兵器之"四件王者之器"（相关叙述,另见下文）者,有二,器身均遍布火焰形暗纹。如下:

1.山西原平峙峪出土且剑身遍布火焰纹的"吴王光"青铜剑

戴遵德《原平峙峪出土的东周铜器》一文叙述1964年9月,山西原平峙峪村社员"在该村东南赵家坨进行土地整修时,由地下挖出了一批东周的青铜器。同年9月底,经山西省文物工作委员会派人前往勘察清理,得知这批青铜器系出自一座墓葬中"。而"吴王光"青铜剑即出土于该墓,其出土情况为:"剑2件。1件为吴王光剑,首残破,茎为圆柱形,中间有两道箍棱,腊广,剑身双面有火焰状花纹,隆脊有棱,近腊处铭两行八字,通长50.7厘米。"而该剑"铭文共两行八字,书法端庄整齐……铭文应读为'攻敔王光自作用剑',可名为"吴王光剑",即吴王阖庐之剑。此剑当在吴

---

[1]袁康、吴平:《越绝书》,上海古籍出版社1985年,第11页。
[2]陆广微:《吴地记》,江苏古籍出版社1986年,第61—62页。
[3]朱长文:《吴郡图经续记》,江苏古籍出版社1986年,第40—41页。

王阖庐自立为王时期所铸造,即在公元前514年至前496年的十九年间。吴王光剑的造型特征与过去发现的吴越铜剑相似,虽因锈蚀断裂,但从整体观察,铸造精美,剑锷锋芒犀利,火焰状花纹,银光闪耀,堪称吴越名剑。"[1]

"吴王光"青铜剑出土处为山西原平市峙峪村东南约五百米处的赵家垴西端南侧坡地上。赵家垴为黄土丘垴,顶部高耸,东靠五峰山,东西长、南北短。墓地坐落于赵家垴半山腰,坐北向南,俯看东西走向的滹沱河支流的峙峪沟河。现该墓地已辟为梯田,种植了几十棵苹果树。

"吴王光"青铜剑出土处的山西原平峙峪村(贾志强供稿)

"吴王光"青铜剑出土处的山西原平峙峪村赵家垴远景(左)及近景(右)(贾志强供稿)

该剑为吴王阖闾现存用器中最著名者,中国国家博物馆展出时作"吴王光"青铜剑,展出时的说明标牌文字为:"'吴王光'青铜剑,春秋·吴,1964年山西原平出土,此剑为吴王光(即吴王阖闾)自作用器。"(关于涉及制作工艺的该剑剑身花纹,另见下文叙述)

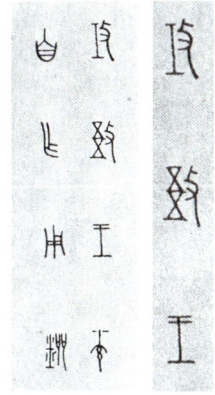

中国国家博物馆展出的山西原平峙峪村出土的"吴王光"青铜剑剑铭摹本"攻敔王光自乍(作)用剑"(左)(吴恩培摄),以及《商周青铜器铭文选》录用的该剑铭文摹本"攻敔王光自作用剑"(中)及其"攻敔王"细部(右)(录自《商周青铜器铭文选》[2])

---

[1] 戴遵德:《原平峙峪出土的东周铜器》,《文物》1972年第4期。
[2] 上海博物馆:《商周青铜器铭文选》(二),文物出版社1987年,第335页。

● 第七章　吴王阖闾"兴霸成王"的战略转型及吴都"吴"城的造筑 ●

中国国家博物馆展出的山西原平峙峪村出土的"吴王光"青铜剑（吴恩培摄）

中国国家博物馆展出的"吴王光"青铜剑剑身"火焰形"暗纹细部（左、右）（吴恩培摄）

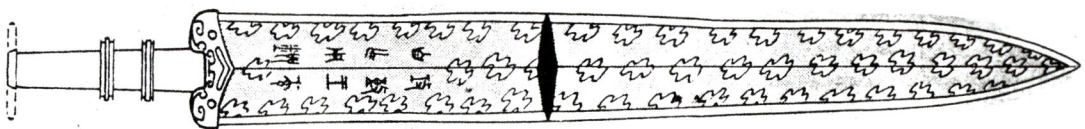

"吴王光"青铜剑线描图（录自《商周青铜器铭文选》）[1]

2. 湖北随州文峰塔墓地M21出土且戟身遍布火焰纹的"吴王子光戟"

前文叙述吴王阖闾伐楚并攻入郢时，曾言及楚昭王匿于随，其时吴王阖闾来到随国，对随国国君进行游说并将"吴王子光戟"留在随国（今湖北随州）。2021年元月，苏州吴中博物馆举办"穆穆曾侯——曾国出土青铜器特展"时，展出了该器。

展出时的该器说明标牌文字为："吴王子光戟，春秋晚期，湖北省随州市文峰塔墓地M21出土。带刺双戈戟，秘端有矛刺，秘杆上段竖置两件戟戈，上戈有内，下戈无内。两件戈装饰特征一致，通体乌黑，援、胡部饰火焰形暗纹，胡部铸有内容相同的错金鸟篆铭文，内容为：'吴王子光之

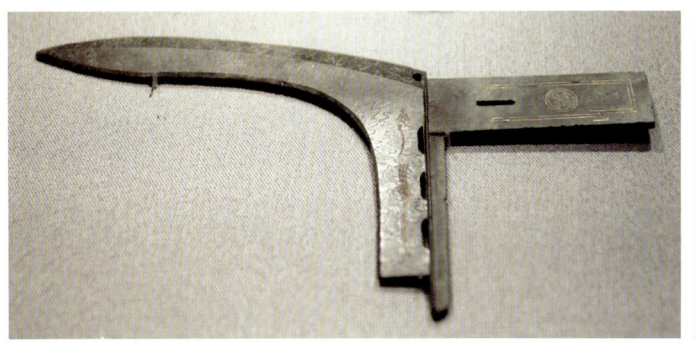 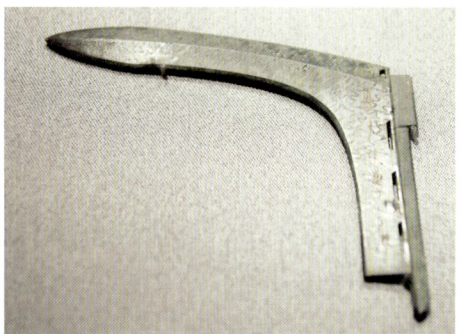

苏州吴中博物馆举办"穆穆曾侯——曾国出土青铜器特展"时展出的"吴王子光戟"，左器有内（左），右器无内（右）（吴恩培摄）

[1] 上海博物馆：《商周青铜器铭文选》（二），文物出版社1986年，第335页。

"吴王子光戟"戟身遍布火焰纹细部（吴恩培摄）

用'。由此可知，作器者为吴王子光，即吴王阖闾。"

（二）其他留存于世的部分吴王阖闾剑

1.安徽省南陵县出土的"吴王光剑"

刘平生《安徽南陵县发现吴王光剑》一文叙述："1978年5月，南陵县文化馆在三里公社收购了一把青铜短剑。据说此剑在三里公社与何湾公社交界的一座小山头上，距地表约一米深处发现。出土时，剑已被掘土工具击断。剑通长约50厘米，茎为圆柱形，有两道箍棱，腊窄，元饰纹；有脊。近腊处有铭文两行共十二字，阴刻篆书，初识为'攻敔王光自乍（作）用剑以战戍人'，因名吴王光剑。"[1]

芜湖市博物馆展出该"吴王光剑"，相关展板展示其铭文拓本及释文为："攻敔王光自作用剑以赏勇人"。对该剑铭文，董楚平《吴越徐舒金文集释》释读为："攻敔王光自作用鐱，台（以）咸戬人。"[2]

安徽省芜湖市博物馆展出的关于安徽南陵出土的"吴王光剑"图片展板（吴恩培摄展板图片）

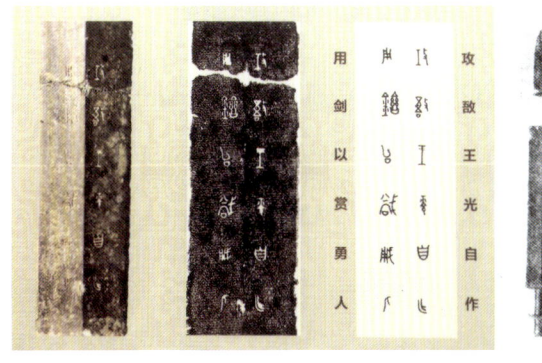 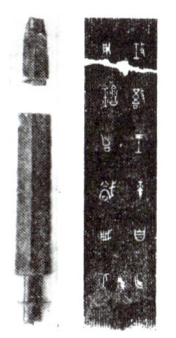

安徽省芜湖市博物馆展出安徽南陵出土的"吴王光剑"及展板中关于"吴王光剑"铭文拓本、释文的介绍（左）（吴恩培摄），以及《安徽南陵县发现吴王光剑》一文最初发表时的该剑及铭文拓本图片（右）（录自《安徽南陵县发现吴王光剑》[3]）

---

[1] 刘平生：《安徽南陵县发现吴王光剑》，《文物》1982年第5期。
[2] 董楚平：《吴越徐舒金文集释》，浙江古籍出版社1992年，第107页。
[3] 刘平生：《安徽南陵县发现吴王光剑》，《文物》1982年第5期。

2.安徽省庐江县出土的"吴王光剑"

马道阔《安徽庐江发现吴王光剑》一文说:"1974年,安徽省庐江县汤池公社边岗大队开挖水渠时,在距地表1米多深处,发现吴王光剑一把。出土时剑外还残留腐朽的纺织物。剑长54厘米,无锈,有光泽。柄作椭圆柱形,上置两道箍棱。剑首出土时被损毁,剑格较宽厚,上有镶嵌绿松石花纹,绿松石已脱落。茎部较宽,中有脊,近剑格处有大篆铭文二行十六字。初释为:'攻吴王光自作用剑,趑余以至克肈多攻。'"该文指出:"此剑当铸于阖闾自立为王时期(前514—前496年),距今已有二千四百八十多年。春秋晚期,庐江一带属于吴国。"[1]

该剑现为安徽博物院藏。而安徽博物院展出安徽庐江出土的"吴王光剑"时,展器说明标牌的文字为:"'吴王光剑,春秋(770BC—476BC)1974年庐江县汤池岗村出土"。该剑展出时,相关展板展示该剑铭文拓本及释文为"攻敔王光自乍用剑,趑余允至克戬多攻",而"铭文大意:吴王光自乍用剑,我威武勇猛,杀敌制胜,功绩卓著。"

董楚平《吴越徐舒金文集释》引马文初释读为:"攻吴王光自作用劍,逗余以至克肈多攻。"[2]

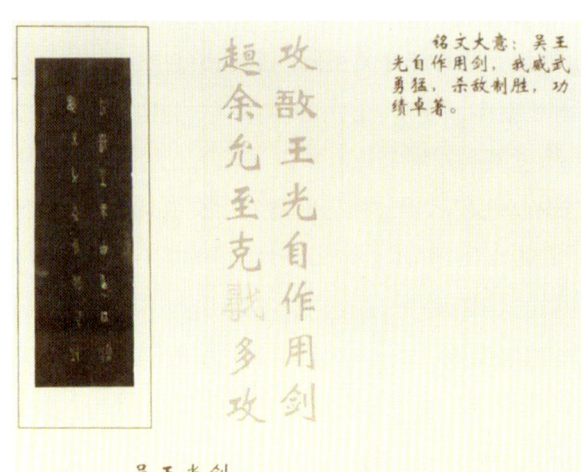

安徽博物院展出安徽庐江出土的"吴王光剑"铭文拓本图片、释文等的展板(左)(吴恩培摄)及《安徽庐江发现吴王光剑》最初发现时的该剑铭文拓本(右)(录自《安徽庐江发现吴王光剑》[3])

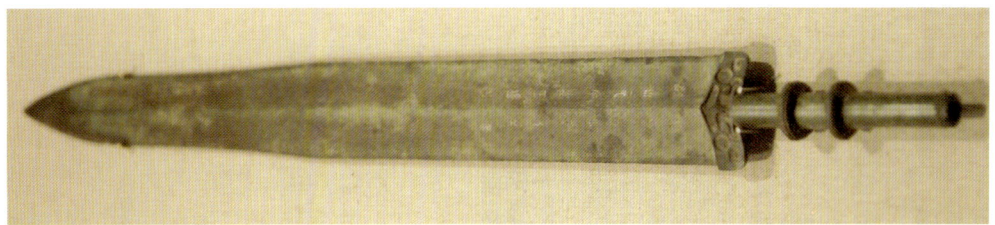

安徽博物院展出安徽庐江出土的"吴王光剑"(吴恩培摄)

(三)留存于世的部分吴王阖闾戈

1.故宫博物院藏"攻敔王光戈"(二件)

董楚平《吴越徐舒金文集释》论述故宫博物院藏"攻敔王光戈(二件)。其一,北京故宫博

---

[1] 马道阔:《安徽庐江发现吴王光剑》,《文物》1986年第2期。
[2] 董楚平:《吴越徐舒金文集释》,浙江古籍出版社1992年,第109页。
[3] 马道阔:《安徽庐江发现吴王光剑》,《文物》1986年第2期。

物院藏"[1]。该器曾著录于《十二家吉金图录》（双四）、《三代吉金文存》（一九·四三）、《双剑誃古器物图录》（上四四）、《中山大学学报》一九六四年第一期《鸟书考》图十八、《金文总集》（七四四三）等。

"其二，著录于《周金文存》（六·一八）、《商周金文录遗》（五六四）、《金文总集》（七四四四）、《中山大学学报》一九六四年第一期《鸟书考》图十八、《金文总集》（七四四）等。此戈已残，仅存三个半字：'攻□□囯自乍。'光字只剩末画，字体款式与前器全同，当亦为"攻敔王光戈。"[2]

2. 上海博物馆藏"大王光戈"

上海博物馆商周青铜器铭文选编写组编《商周青铜器铭文选》（一），录用该器时，名为"大王光戈"。《商周青铜器铭文选》对该器作如下叙述：

"大王光戈 铭三行八字。长二五·二、宽一一厘米。上海博物馆藏。

器铭释文：大王光逗（爰）[一]自作用戈。"

注[一]：大王光逗（爰），大王，即吴王阖庐。一从吴字，从口从矢，省口仍读吴王。逗，或作趉，通作爰。逗、趉、爰声韵皆同。《集韵》爰、趉通。在此为语辞。

参考书目：《周金》六·一七。容庚《鸟书考》，《中山大学学报》一九六四年一期第七五页。"[3]

2017年苏州博物馆举办"大邦之梦——吴越楚青铜器特展"时，该器展出时展器说明标牌名为"吴王光戈"，并作如下文字介绍："此器在邹安《周金文存》中有著录，乃是一件流传有序的吴王青铜兵器。狭援略有上翘，长方形有刃的内部设一穿孔，胡部设三个长方形穿孔。援部和胡部的正面铸有铭文三行八字：'吴王光趉自作用戈'。吴王光，即吴王阖闾。铭文有作'光趉'或'光韩'，或是省作'光'"。

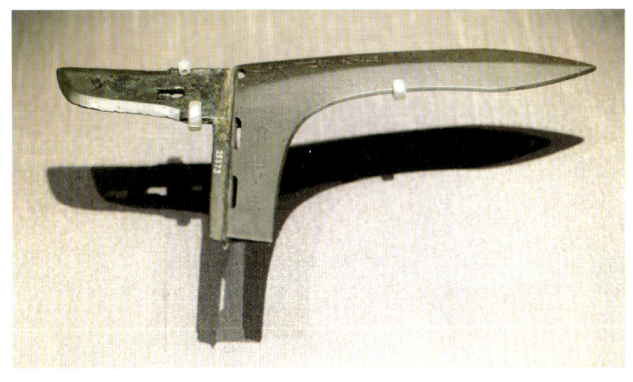 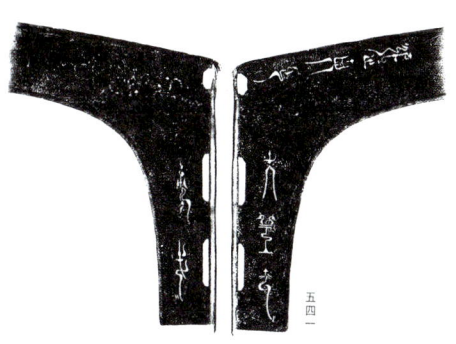

2017年苏州博物馆"大邦之梦——吴越楚青铜器特展"展出的"吴王光戈"（春秋晚期，长25.2厘米，胡长11厘米，上海博物馆藏）（左）（吴恩培摄）及"大王光戈"拓本（右）（录自《商周青铜器铭文选》[4]）

---

[1] 董楚平：《吴越徐舒金文集释》，浙江古籍出版社1992年，第114页。
[2] 董楚平：《吴越徐舒金文集释》，浙江古籍出版社1992年，第116页。
[3] 上海博物馆商周青铜器铭文选编写组：《商周青铜器铭文选》（一），文物出版社1986年，第366—367页。
[4] 上海博物馆商周青铜器铭文选编写组：《商周青铜器铭文选》（一），文物出版社1986年，第335页。

3. 荆州市纪南镇枣林铺唐维寺墓地出土、荆州博物馆展出的"吴王光戟"

(1)"吴王光戟"概述

2019年5月，荆州博物馆对位于荆州市纪南镇枣林铺古墓群中的一座编号为"唐维寺M113"的古墓葬进行考古发掘，出土了铭文为"攻敔王光，自乍用𢦤（戟）"的吴王阖闾用器——"吴王光戟"。

2023年初，荆州博物馆展出该器，介绍该器的展板指出："该戟通长24.7、援长16.2、内（nà）长8.5、阑高10.5、最厚处1厘米。阑侧4穿、内上1穿，阑外有4个三角形突起（其中1个残损）。内部两面错金纹饰，胡部两面错金铭文'攻敔王光 自乍用𢦤'。"

"𢦤"即"戟"，故该器展出时器名为"吴王光戟"。而若从其铭文"攻敔王光"，该器亦可称为"攻敔王光戟"。

(2)"吴王光戟"出土于荆州市纪南镇的原因推测

荆州，古称"江陵"，为春秋时楚国都城郢都所在地。近四十年来，在荆州及今湖北境内出土吴国青铜兵器的情况为：1983年，荆州江陵（今荆州市荆州区）马山镇出土吴王夫差用器"吴王夫差矛"；2013年，随州文峰塔墓地墓葬出土吴王阖闾用器"吴王子光戟"；2019年，荆州市荆州区纪南镇枣林铺唐维寺墓地出土吴王阖闾用器"吴王光戟"。

随州文峰塔出土"吴王子光戟"的原因，前文已述。而"吴王夫差矛"出土于荆州马山镇的原因，另见下文。本处谨就"吴王光戟"出土于荆州市纪南镇，作推测与分析如下：

"吴王光戟"流落至春秋楚都郢都（今荆州市荆州区纪南镇）一带并于此出土的原因，或为：

其一，与吴伐楚入郢之战有关。正是在此战时，吴王阖闾将"吴王光戟"带至春秋时的楚都郢都一带，后因某种今已无法获知的原因，该器流落于春秋郢都的今湖北荆州一带而为楚人所得。其间，不排除该器经转手或经多次转手，而最后获之者去世时，将该器作随葬器埋入纪南镇枣林铺古墓群今人编号为"唐维寺M113"的古墓中。两千五百余年后，为考古人员发掘出土而面世。

其二，与楚灭越之战有关。越灭吴时，该器或为越人所得。其后楚灭越时，该器复为征伐越国的楚军人员所得。该楚军人员得此器后，将该器作为战利品从故吴、故越地携至楚国郢都的今湖北荆州一带。其后，或该楚军人员去世后，以该戟作随葬器而入"唐维寺M113"的古墓；或是转手

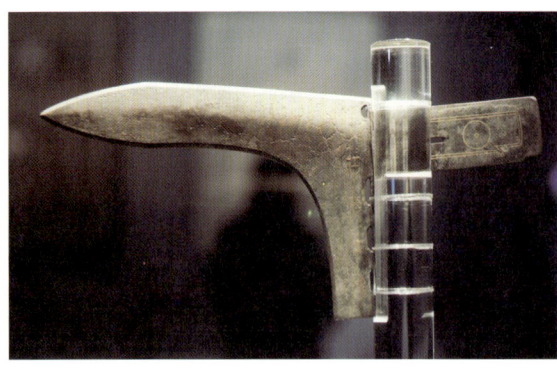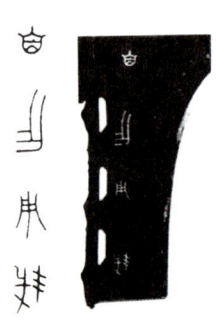

荆州博物馆展出的"吴王光戟"（春秋，唐维寺墓地出土）（左）及介绍该器并题为《吴王光戟》展板中的该器铭文"攻敔王光，自乍用𢦤（戟）"的拓本、摹本（右）（吴恩培摄）

（含多次转手），由最后获者得之，并其后以之作随葬器埋入荆州纪南镇的上述古墓。两千五百余年后，为考古人员发掘出土而面世。

附录：孙武墓

关于孙武，《左传》未载孙武事迹。孙武事迹见于《史记》卷六十五《孙子吴起列传》。该传所述孙武吴宫教战斩杀阖闾二妃事，前文已述。该传接下来记载说："于是阖庐知孙子能用兵，卒以为将。西破强楚，入郢，北威齐晋，显名诸侯，孙子与有力焉。"[1]显见，这里概述孙子为吴国所用并"卒以为将"后"孙子与有力焉"的种种作为。而关于孙武后来的情况，如何时何因离开吴国政坛及何时去世以及葬于何处等，《史记·孙子吴起列传》均无记载。而因吴王夫差时再无孙武史迹记载，故将孙武文化遗存附于阖闾篇后。

最早记载孙武墓葬地的史籍，为东汉《越绝书》。《越绝书》卷之二记载："巫门外大冢，吴王客、齐孙武冢也，去县十里。善为兵法。"[2]唐代陆广微《吴地记》记载"平门"时亦指出："平门，北面有水陆通毗陵。子胥平齐大军从此门出，故号'平门'。东北三里，有殷贤臣申公巫咸坟，亦号'巫门'。西北二里有吴偏将军孙武坟。"[3]曹林娣校注《吴地记》"孙武墓"时，引民国《吴县志》卷第四十一《舆地考·冢墓二》说："《越绝书》云：'在巫门外大冢，去县十里。'《后汉书》引《皇览》云：'在吴县东门外。'《吴地记》云：'在平门西北二里，地名永昌。'清嘉庆庚申阳湖孙星衍尝买舟访墓，至巫门外，地名雍仓，得古冢，有柏树甚古。土人呼为孙墩。因作《巫门访墓图》且系以诗。惟案《吴地记》云：'在平门西北二里'，则与今永昌里数不合，恐不足据。今依乾隆《元和志》载此。"[4]

唐代陆广微《吴地记》后，北宋元丰七年（1084）朱长文撰《吴郡图经续记》时，在《吴郡图经续记》卷下《冢墓》中有"巫咸坟"[5]等的记载，但已无孙武大冢的记载文字了。此后，南宋范成大撰《吴郡志》中，孙武冢也同样阙如。由此可以推断，孙武墓当毁于唐宋交替之时，到了宋代时，因墓园已毁，地方史志不再提及。

另，民国《吴县志》卷三十五《舆地考·坛庙祠宇三》亦提及孙星衍的访墓及其为"孙武祠"所写的《孙子祠记》说："孙子祠在虎邱山浜，内祀吴将孙武子。清嘉庆十一年，孙星衍即一榭园改建。咸丰十年毁。清孙星衍《孙子祠记》略曰：吴东门外有孙子冢，见《越绝书》云巫门外大冢者，吴王客齐孙武冢也，去县十里。

原吴县市陆慕镇人民政府一九九五年十一月十四日立"重修孙武冢记"碑（左）及其时所立"吴王客齐孙武冢"（右）（吴恩培摄）

---

[1]《史记·孙子吴起列传》，见司马迁：《史记》，中华书局1959年，第2162页。
[2] 袁康、吴平：《越绝书》，上海古籍出版社1985年，第12页。
[3] 陆广微：《吴地记》，江苏古籍出版社1986年，第30页。
[4] 曹林娣校注，见陆广微：《吴地记》，江苏古籍出版社1986年，第31页。
[5] 朱长文：《吴郡图经续记》，江苏古籍出版社1986年，第65页。

苏州市相城区的孙武纪念园（吴恩培摄）

苏州市相城区孙武纪念园内的孙武铜像（左）及孙武之墓（右）（吴恩培摄）

又见《郡国志》引《皇览》在吴县下。明卢熊《苏州府志》引《吴地记》云：在平门西北二里，吴俗传其地名永昌。今求其冢不得，惟长洲之雍仓有冢，土人呼孙墩。雍、永，声相近，道远未敢定之。"[1]

2000年冬，笔者撰写《孙武大冢的湮灭和寻访——吴地春秋时期文化资源的考识和利用》调研报告时曾来到两百多年前孙星衍"未敢定之"的时为吴县陆慕镇虎啸村，"据说孙武的墓就在这里，村里的范书记热情地陪我去探访。初冬的夕阳下，我们来到当地人称为'孙墩'的一个土墩前。黑色的泥土垒成的坟头上，杂乱地爬满了已枯萎了的野草藤蔓。坟前立有一碑，碑上的文字为'吴王客齐孙武冢'，系采自《越绝书》。旁另立一碑，刻着《重修孙武冢记》，时为一九九五年十一月，署名为陆慕镇政府"[2]。

其后，这一当初孙星衍谨慎地"未敢定之"后亦未被列为文物保护单位的"孙墩"，因其地理位置"位于沪宁高速公路旁的虎啸村，正在建设中的苏嘉杭高速公路也从这里经过"[3]，使得"孙墩"被圈入拆迁范围。而从原"吴县市"析分出的相城区，为留存住《越绝书》记载的辖区境内"齐孙武冢"的历史记忆，在今相城区阳澄湖西路南、文灵路西侧建"孙武纪念园"。该园于2014年12月开工建设，2016年5月建成开园。园内有孙武铜像、孙武墓等，如该园名称所厘定的那样，该园属纪念性质。

---

[1]《吴县志》卷三十五《舆地考·坛庙祠宇三》，见民国《吴县志》，苏州图书馆藏本。
[2] 吴恩培：《孙武大冢的湮灭和寻访——吴地春秋时期文化资源的考识和利用》，《苏州职业大学学报》2001年第1期。
[3] 吴恩培：《孙武大冢的湮灭和寻访——吴地春秋时期文化资源的考识和利用》，《苏州职业大学学报》2001年第1期。

第八章 吴王夫差"北上争霸"及其失国

吴王阖闾战死,其继任者第二十五世吴王夫差即位。夫差执政时期,大致可分为初、中、晚三个时期。

初期始于夫差即位执政之初的伐越之战及与楚国对峙,至楚昭王死于对峙前线止。年代自公元前495年(吴夫差元年)至公元前489年(吴夫差七年)。中期从夫差北进鲁国至吴、晋黄池盟会止。年代自公元前488年(吴夫差八年)至公元前482年(吴夫差十四年)。晚期则从吴军黄池返归后至吴国灭国时止。年代自公元前481年(吴夫差十五年)至公元前473年(吴夫差二十三年)。

第一节 夫差执政初期的对越、对楚战争

一、夫差其人

关于夫差的身世,多部文献记载及注疏均不一,有如下诸说:

(一)阖闾之子说

1.夫差为阖闾之子、馀眛之孙说

《世本·茆泮林辑本》记载:"夷眛及僚。夷眛生光。夫差,吴子光之子。"[1]按此,夫差为阖闾之子、馀眛之孙。此说前提是"夷眛生光",即阖闾为馀眛之子。

2.夫差为阖闾之子、终累之弟说

《左传·定公六年》记载的"吴大子终累败楚舟师"[2]句,杜预注:"终累,阖庐子,夫差兄。"[3]按此,夫差为阖庐(阖闾)之子、吴大子(太子)终累之弟。

3.吴太子终累与夫差为同一人说

司马贞《史记索隐》作二人(终累、夫差)为同一人说:"定六年《左传》(即《左传·定公六年》)'四月己丑,吴太子终累败楚舟师'。杜预曰'阖庐子,夫差兄'。此以为夫差,当谓名异而一人耳。"[4]此说从两部不同文献记写的为同一场战争,从而以《左传》《史记》互证,得出"当谓

---

[1]《世本·茆泮林辑本》,见宋衷注、秦嘉谟等辑:《世本八种》,中华书局2008年,第32页。
[2]《左传·定公六年》,见《春秋左传正义》,北京大学出版社1999年,第1566页。
[3]杜预注,见杜预:《春秋经传集解》,上海古籍出版社1978年,第1646页。
[4]司马贞:《史记索隐》,见司马迁:《史记》,中华书局1959年,第1467页。

名异而一人耳"的结论。按此，终累、夫差为同一人，为阖庐（阖闾）之子。

（二）"阖庐嗣子"说

吴太子终累，公元前504年（吴阖闾十一年，鲁定公六年）吴再伐楚"取番"之战时出现于《左传》记载，其后在《左传》记载中再未出现。《左传·定公十四年》"夫差使人立于庭"[1]，为《左传》首次出现阖闾后的王位继承人夫差的记录，杜预注为："夫差，阖庐嗣子。"[2]（关于"嗣子"，前文已及，不赘述）

（三）夫差为太子波之子、阖闾之孙及夫差为太子波之弟、阖闾之子说

上说均以《吴越春秋》为叙述基础。《吴越春秋》卷四记载"立夫差为太子"[3]时，即存有二种解读：一为元代徐天祐音注《吴越春秋》时说："夫差为太子波之子。"[4]另一为清代学者俞樾《读吴越春秋》认为的"夫差是太子波之弟"[5]。

按前者元徐天祐音注之"夫差为太子波之子"，则夫差为太子波之子、阖闾之孙。而按后者清俞樾"夫差是太子波之弟"，则夫差为太子波之弟、阖闾之子。

（四）本书采信

对夫差身世的以上诸说，本书前文未从阖闾为馀眛之子说，故夫差为阖闾之子（嗣子），而非馀眛之孙。

而据元代徐天祐音注《吴越春秋》时所说"夫差为太子波之子"亦即阖闾之孙，因"太子波"并无《左传》《史记》等文献的记载和旁证，而仅为《吴越春秋》一书孤证，故"夫差为太子波之子"亦即阖闾之孙说，亦难以认可。

由此，本书采信夫差为吴王阖庐（阖闾）"嗣子"说。这是因为：

其一，春秋后期，《左传》以较大篇幅记载吴国史事。故对吴国的君位继承，《左传》似不可能出现误记情况。

其二，《左传》记载的阖闾生前两次伐楚等重大事件中，明确记载了"吴大子终累"及被杜预注为"吴王子"[6]的"子山"外，再未载阖庐（阖闾）的其他男性后代。而上述阖闾二子（指终累和子山），均为甫一出现后，即在《左传》中再无记载。

其三，夫差执政后威逼鲁国、攻打齐国、与晋争霸等，为产生较大影响的吴国君王。故在《左传》记载的阖闾执政十九年中，夫差若为"亲子"，而《左传》未予记载，且亦无与之相关的叙述实属不正常情况。而吴越槜李之战中，阖闾负伤"卒于陉"[7]，弥留之际所完成的吴国王权交接，时为《左传》记载的"吴大子终累"及被杜预注为"吴王子"的"子山"均未出现。而夫差在《左传》记载中甫一出现，即为即将继位的吴王。《左传》记载说，其"使人立于庭，苟出入，必谓己曰：

---

[1]《左传·定公十四年》，见《春秋左传正义》，北京大学出版社1999年，第1603页。
[2] 杜预注，见杜预：《春秋经传集解》，上海古籍出版社1978年，第1697页。
[3] 赵晔：《吴越春秋》，江苏古籍出版社1986年，第47页。
[4] 赵晔：《吴越春秋》，江苏古籍出版社1986年，第47页。
[5] 俞樾：《曲园杂纂》卷十八《读吴越春秋》，见光绪刻本《春在堂全书》，苏州图书馆藏本。
[6] 杜预注，见杜预：《春秋经传集解》，上海古籍出版社1978年，第1633页。
[7]《左传·定公十四年》，见《春秋左传正义》，北京大学出版社1999年，第1603页。

'夫差，而忘越王之杀而父乎？'则对曰：'唯，不敢忘！'"[1]对这一以"而父"称已去世的吴王阖闾，杜预注："夫差，阖庐嗣子。"[2]且这一"嗣子"与杜预前注的"终累，阖庐子，夫差兄"[3]并不矛盾。本书采信此"嗣子"说，盖源于此。

二、夫差执政初期的对越战争

（一）楚国实力的恢复及其对吴国伐越战争的牵制与干扰

吴王阖闾后期及夫差执政之时，楚国国力有所恢复。前文曾分析，吴王阖闾伐越前的七年中，《春秋经》《左传》对地处长江流域的吴、楚、越三国均无记载。而打破这一记载空白的就是吴伐越及阖闾战死。

随着阖闾战死及夫差对越国进行军事报复的战争准备，楚国也出手对吴国的伐越战争施行牵制，从而对十一年前吴王阖闾伐楚时与吴国有政治联系或联姻关系的小国相继予以清算，既作为十一年前他们选边站在吴国一边的报复，也作为对吴国伐越的牵制。

所有这些表明，前述《春秋经》《左传》记载空白背后的吴、楚、越三角关系中，吴与楚、越对抗，且楚、越间的结盟关系并未改变。而楚国对吴伐楚入郢的报复，以及对吴伐越战争准备的牵制与干扰，体现在以下事件中：

1.灭胡

前文提及上海博物馆藏传世器"㝬叔乍吴姬簠"，其铭文揭示了吴国和胡国的联姻关系。《左传·定公十五年》记载胡国的亲吴反楚立场说：吴伐楚并攻入楚都郢都时，胡国国君胡子豹把靠近胡国的楚国城邑百姓全部收取。"楚既定，胡子豹又不事楚。"[4]即楚国安定下来后，胡子豹又不事奉楚国，并说："国家的存亡由天命定，事奉楚国干什么？只不过多花费钱而已。"

公元前495年（吴夫差元年）二月，"楚灭胡"[5]，并"以胡子豹归"[6]，即把胡国国君胡子豹抓获并带回楚国去了。对之，杜预注为："《传》言小不事大，所以亡。"[7]即《左传》记载胡国以小国而不事奉大国，所以灭亡。而从事隔十一年后，楚国才灭亡胡国来看，它或是显示：其一，楚国从吴王阖闾时的吴伐楚入郢之战中，渐渐缓过劲来，从而实力有所恢复。其二，楚国清算胡国，对吴王阖闾时的吴伐楚入郢之战中胡国亲吴反楚立场施行报复；同时，这也清晰地表示：楚国对吴国正在进行中的伐越战争准备，进行牵制和干扰。

2.围蔡

楚灭胡一年后的公元前494年（吴夫差二年），"楚子、陈侯、随侯、许男围蔡"[8]。即楚国又

---

〔1〕《左传·定公十四年》，见《春秋左传正义》，北京大学出版社1999年，第1603页。
〔2〕杜预注，见杜预：《春秋经传集解》，上海古籍出版社1978年，第1697页。
〔3〕杜预注，见杜预：《春秋经传集解》，上海古籍出版社1978年，第1646页。
〔4〕《左传·定公十五年》，见《春秋左传正义》，北京大学出版社1999年，第1606页。
〔5〕《左传·定公十五年》，见《春秋左传正义》，北京大学出版社1999年，第1606页。
〔6〕《春秋经·定公十五年》，见《春秋左传正义》，北京大学出版社1999年，第1604页。
〔7〕杜预注，见杜预：《春秋经传集解》，上海古籍出版社1978年，第1702页。
〔8〕《春秋经·哀公元年》，见《春秋左传正义》，北京大学出版社1999年，第1608页。

纠集陈国、随国和许国围攻吴王阖闾伐楚时的军事盟国，同时也是与吴国有着联姻关系的政治盟国——蔡国，实施包围蔡国都城的军事行动。在楚军的围困下，蔡国请降。蔡降后，楚人"使疆于江、汝之间而还"[1]。杜预注曰："楚欲使蔡徙国在江水之北、汝水之南，求田以自安也。蔡权听命，故楚师还。"[2]上述《左传》记载意为，楚昭王令蔡国迁移到长江、汝水之间，而蔡人只是权且听命，俟楚国一退兵，"蔡于是乎请迁于吴"[3]。即蔡国转而求助吴国，要把国都迁到吴国的控制区域，以便能得到吴军保护。

（二）吴伐越之战的过程

楚国灭胡、围蔡的干扰和牵制，并未影响吴王夫差的伐越战争准备。

1.吴伐越前的战争准备

《史记·吴太伯世家》记载："王夫差元年，以大夫伯嚭为太宰。习战射，常以报越为志。"[4]即公元前495年（吴夫差元年，鲁定公十五年），尽管楚国灭了与吴国有姻亲关系的胡国，但吴王夫差并不理会，而是任命大夫伯嚭为太宰[5]。吴军坚持"习战射"式的军事训练，一直怀有报复越国的志向。

2.越王勾践先下手为强的轻率兴师与夫差败越于夫椒

吴国作"以报越为志"的军事准备，刺激了越王勾践，促使其采取先发制人策略，以取得先下手为强的战争效果。

《史记·越王句践世家》记载说，"越欲先吴未发往伐之"[6]。意为，越王勾践打算先发制人，在吴未发兵前去攻打吴国。其时，越国大夫范蠡进谏劝阻，并指出越国这样做不利。但"越王曰：'吾已决之矣。'遂兴师"[7]。即越王说："我已经做出了决定。"于是举兵进军吴国。

其后的战争进程，《左传·哀公元年》记载为："吴王夫差败越于夫椒，报槜李也。遂入越。越子以甲楯五千保于会稽。"[8]意即，吴王夫差在夫椒打败越军，报复了吴王阖闾在槜李被越国打败的仇恨。接着，吴军乘势攻打越国。越王勾践带着披甲持盾的士兵五千人踞守在会稽山。

对上述"夫椒"，杜预注为："吴郡吴县西南大湖中椒山。"[9]后世关于"夫椒"地望，存在颇多争议。在杜预注之前，战国文献《国语·越语下》记载："兴师而伐吴，战于五湖，不胜，栖于会稽。"[10]韦昭注："五湖，今太湖。"[11]即《国语》记载已点明双方战于太湖之中。

---

[1]《左传·哀公元年》，见《春秋左传正义》，北京大学出版社1999年，第1609页。
[2]杜预注，见杜预：《春秋经传集解》，上海古籍出版社1978年，第1707页。
[3]《左传·哀公元年》，见《春秋左传正义》，北京大学出版社1999年，第1610页。
[4]《史记·吴太伯世家》，见司马迁：《史记》，中华书局1959年，第1469页。
[5]据《左传·定公四年》，吴王阖闾伐楚前，"秋，楚为沈故，围蔡。伍员为吴行人以谋楚。楚之杀郤宛也，伯氏之族出。伯州犁之孙嚭为吴大宰以谋楚"（见《春秋左传正义》，北京大学出版社1999年，第1552—1553页）。即公元前506年（吴阖闾九年）楚"围蔡"时，伯嚭已奔吴并已担任吴国大宰。而《史记》则记为公元前494年（吴夫差二年）的楚国另一次"围蔡"时，伯嚭才任吴国太宰（大宰），二者相差十二年。
[6]《史记·越王句践世家》，见司马迁：《史记》，中华书局1959年，第1740页。
[7]《史记·越王句践世家》，见司马迁：《史记》，中华书局1959年，第1740页。
[8]《左传·哀公元年》，见《春秋左传正义》，北京大学出版社1999年，第1610页。
[9]杜预注，见杜预：《春秋经传集解》，上海古籍出版社1978年，第1708页。
[10]《国语·越语下》，见左丘明撰、韦昭注：《国语》，上海古籍出版社2015年，第423页。
[11]韦昭注，见左丘明撰、韦昭注：《国语》，上海古籍出版社2015年，第423页。

3. "夫椒"地望及其争议

关于"夫椒"地望,后世存有二说:一为"太湖说",另一为"越地说"。而《史记》诸篇中,三家注为二说并存。为清晰显示二说争议,谨标注注家年代并列表如下:

关于"夫椒"地望的相关文献记载及其注疏情况表

文献记载	地望	注疏原文
《左传·哀公元年》:"吴王夫差败越于夫椒,报槜李也。遂入越。越子以甲楯五千保于会稽。"[1]	太湖说	[晋]杜预注:"吴郡吴县西南大湖中椒山。"[2]
	太湖说	[清]高士奇《左传纪事本末·卷五十一·补逸》:"兴师而伐吴。战于五湖,不胜,栖于会稽。"[3]
	越地说	[日,近代]竹添光鸿《左氏会笺》:"笺曰:'贾逵曰,夫椒越地,贾说得之。杜以为大湖椒山,然湖中非战所,夫椒与椒山不得一,且夫差以报越为志,伐越当在越地,何乃不离吴境,近在大湖中。杜误。"[4]
	越地说	[当代]杨伯峻《春秋左传注》:"贾逵谓夫椒为越地,是也。杜注谓'夫椒,吴郡吴县西南大湖椒山',不足信。椒山即今太湖之西洞庭山,距吴国都,越纵败于此,退路仍宽广。且此非越伐吴,乃吴报越,战自不应在吴都近地。沈钦韩《地名补注》云:《越绝·越地记》'大山者,句践绝粮困地,去山阴县十五里',此夫椒在越之证矣。'夫椒盖在今绍兴县北。"[5]
《国语·吴语》:"吴王夫差起师伐越,越王句践起师逆之。"[6]	太湖说	[三国,吴]韦昭注:"夫差伐越,报槜李也。越逆之江,至于五湖,吴人大败之于夫椒,遂入越。"[7]
《国语·越语下》:"果兴师而伐吴,战于五湖,不胜,栖于会稽。"[8]	太湖说	[三国,吴]韦昭注:"五湖,今太湖。"[9]
《史记·吴太伯世家》:"吴王悉精兵以伐越,败之夫椒,报姑苏也。"[10]	引文注释二说并存	[南朝,宋]裴骃《史记集解》:"贾逵曰:'夫椒,越地。'杜预曰:'太湖中椒山也。'"[11] [唐]司马贞《史记索隐》:"贾逵云越地,盖近得之。然其地阙,不知所在。杜预以为大湖中椒山,非战所。夫椒与椒山不得为一。且夫差以报越为志,又伐越,当至越地,何乃不离吴境,近在太湖中?又案:《越语》云'败五湖也'。"[12]
	引文注释二说并存	[日,近代]泷川资言《史记会注考证》:"中井积德曰,按《越世家》句践闻吴王且报越,先往伐之,吴王闻之,悉发精兵击越,然则战在半途,或在吴地耳。"哀元年《左传》云,吴王夫差败越于夫椒,报槜李也。陈仁锡曰:姑苏当作槜李。梁玉绳曰:姑苏乃吴都所在,越师虽胜,岂能直抵吴都?《越世家》依《左传》作槜李,是。"[13]

---

[1]《左传·哀公元年》,见《春秋左传正义》,北京大学出版社1999年,第1610页。
[2] 杜预注,见杜预:《春秋经传集解》,上海古籍出版社1978年,第1708页。
[3] 高士奇:《左传纪事本末》,中华书局1979年,第767页。
[4] 竹添光鸿:《左氏会笺》,巴蜀书社2008年,第2257页。
[5] 杨伯峻:《春秋左传注》(修订本),中华书局1990年,第1605页。
[6]《国语·吴语》,见左丘明撰、韦昭注:《国语》,上海古籍出版社2015年,第391页。
[7] 韦昭注,见左丘明撰、韦昭注:《国语》,上海古籍出版社2015年,第392页。
[8]《国语·越语下》,见左丘明撰、韦昭注:《国语》,上海古籍出版社2015年,第423页。
[9] 韦昭注,见左丘明撰、韦昭注:《国语》,上海古籍出版社2015年,第426页。
[10]《史记·吴太伯世家》,见司马迁:《史记》,中华书局1959年,第1469页。
[11] 裴骃:《史记集解》,见司马迁:《史记》,中华书局1959年,第1469页。
[12] 司马贞:《史记索隐》,见司马迁:《史记》,中华书局1959年,第1469—1470页。
[13] 司马迁著、泷川资言会注考证:《史记会注考证》卷三十一,北岳文艺出版社1999年,第34、35页。

续表

文献记载	地望	注疏原文
《史记·越王句践世家》："越王曰：'吾已决之矣。'遂兴师。吴王闻之，悉发精兵击越，败之夫椒。越王乃以余兵五千人保栖于会稽。吴王追而围之。"[1]	引文注释二说并存	〔南朝，宋〕裴骃《史记集解》："杜预曰：'夫椒在吴郡吴县，太湖中椒山是也。'"[2] 〔唐〕司马贞《史记索隐》："夫音符。椒音焦，本又作'湫'，音酒小反。贾逵云地名。《国语》云败之五湖，则杜预云在椒山为非。事具哀公元年。"[3]
	越地说	〔日，近代〕泷川资言《史记会注考证》："夫椒，《越语》（指《国语·越语下》）作五湖，此从《左传》。夫椒，贾说得之，杜以为太湖椒山，然湖中非战所，夫椒与椒山不得一。"[4]
	太湖说	〔清〕顾栋高《春秋大事表》卷八《春秋列国山川之下》："夫椒，哀元年，吴败越于夫椒。杜注：'吴郡吴县西南大湖中椒山。'《通典》：'包山'一名夫椒山。即西洞庭山也，在太湖中。左思《吴都赋》'指包山而为期，集洞庭而淹留'，即此。山周回百三十五里，在今江南苏州府吴县西南八十五里。或云在无锡县西北，与马迹山相近，似误。"[5]
	太湖说	〔近代〕韩湘亭《历代郡县地名考》："夫椒，包山一名夫椒山，即西洞庭山，在苏州吴县西南太湖中。"[6]

另，蒙文通《越史丛考》在《吴、越之舟师与水战》篇中论及"夫椒之战"时，力主上述的"太湖说"且对历代注家多有评述，兹录于下："《左传》哀公元年（公元前四九四年）载：'吴王夫差败越于夫椒……遂入越。越子以甲楯五千保于会稽。'杜预注曰：'夫椒，吴郡吴县西南大湖中椒山。'《史记·吴世家·集解》引贾逵曰：'夫椒，越地。'《吴世家·索隐》云：'杜预以为太湖中椒山，非战所。夫椒与椒山不得为一。且夫差以报越为志，又伐越，当至越地，何乃不离吴境，近在太湖中。'《史记·越世家·索隐》亦云：'《国语》云败之五湖，则杜预云在椒山为非。'此并疑夫椒在太湖之说，实皆缘忽于《越家》所记发兵先后之序而然。《越世家》载：'勾践闻吴王夫差日夜勒兵，且以报越，越欲先吴未发往伐之。范蠡谏曰不可……越王曰：吾已决之矣。遂兴师。吴王闻之，悉发精兵击越，败之夫椒。'此显为越人先发兵，自当为越入吴境而吴人应战，其事宜在太湖中。《国语·越语》下云：'勾践欲伐吴，范蠡进谏……王曰：吾已断之矣。果兴师而伐吴，战于五湖（韦昭注：五湖，今太湖。），不胜，栖于会稽。'明《越世家》乃取《越语》之文。正为越人先发，战于太湖也。杜预谓夫椒为太湖中椒山，与《越语》说合。《索隐》以为'太湖中椒山非战所'，是不知夫椒一战仍为水战，战斗之所乃夫椒山麓之湖上，而非夫椒之山上也。贾逵虽尝注《国语》，然忽于越人先发之实，于注《左传》时因疑夫椒为越地，是贾逵之说实不如杜预之的当也。《左传》谓'吴王夫差败越于夫椒，报檇李也'。一似吴为先发，是又《左传》叙事不如《史记》之的当也。故必取《越语》以补《左传》之不足，然后乃能明夫椒之役为越先发，而后乃明《越语》'战于五湖'之说断无可疑也。"[7]

---

[1]《史记·越王句践世家》，见司马迁：《史记》，中华书局1959年，第1740页。
[2] 裴骃：《史记集解》，见司马迁：《史记》，中华书局1959年，第1740页。
[3] 司马贞：《史记索隐》，见司马迁：《史记》，中华书局1959年，第1740页。
[4] 司马迁著，泷川资言会注考证：《史记会注考证》卷四十一，北岳文艺出版社1999年，第4页。
[5] 顾栋高：《春秋大事表》卷八《春秋列国山川之下》，中华书局1993年，第951页。
[6] 韩湘亭编辑：《历代郡县地名考》，北京图书馆出版社2002年，第90页。
[7] 蒙文通：《越史丛考》，人民出版社1983年，第113—114页。

上述《越史丛考》的结论性意见为:"此显为越人先发兵,自当为越入吴境而吴人应战,其事宜在太湖中。"以及"故必取《越语》以补《左传》之不足,然后乃能明夫椒之役为越先发,而后乃明《越语》'战于五湖'之说断无可疑也。"上述意见,或已将"太湖说"叙述透彻矣。

4. 对"杜预注"而"均持反对意见"的不确与太湖西山"吴王夫差败越于夫椒"处

近年,有学者称:"杜预注《左传》称夫椒为'太湖中椒山也'(哀公元年),历代注家均持反对意见,认为太湖中的椒山离吴太近,伐越应该去越地,这正是对吴都在苏州这一观念的固化所引起的。"[1]

此言所说"杜预注《左传》称夫椒为'太湖中椒山也'",如前所述,存有争议。但未必为"历代注家均持反对意见"。而由上表可见,清高士奇《左传纪事本末》、顾栋高《春秋大事表》及近代韩湘亭《历代郡县地名考》、蒙文通《越史丛考》,似乎都承杜预之注。而早于杜预的三国吴韦昭注《国语·越语下》时,已说此战"战于五湖",即"今太湖"("今",指韦昭所处时代——三国时)。故晋杜预之注乃是承三国韦昭注而来的。

因此,"历代注家均持反对意见"云云,并不确切。在未涉猎所有记载这一事件的文献及评述之前,轻言"均持",本属轻率。而将之与本不是一个论题的"吴都在苏州这一观念的固化"扯上关系,更未知二者间有何内在关系。

今苏州西山毛坞里太湖旁的一大石上镌刻着"吴王夫差败越于夫椒"字样,署名为"苏州市孙武子研究会、吴中区金庭镇人民政府",时间为"公元二○一八年九月"。此石从"杜预说"并把《左传》"吴王夫差败越于夫椒"的历史记载"固化"在太湖洞庭西山,以之作历史的纪念。

苏州西山毛坞里镌刻"吴王夫差败越于夫椒"字样的大石(上)及该处下临的太湖水面(下)(吴恩培摄)

5. 吴军兵临会稽及越国乞和

(1)勾践以屈求伸遣文种出使吴军大营

夫椒之战,吴军歼灭越军有生力量。《史记·越王句践世家》记载接下来的情况说:"越王乃以

---

[1] 张学锋:《吴国历史的再思考——以近年来苏南春秋古城遗址的发掘为线索》,见苏州博物馆:《苏州文博论丛》2011年(总第2辑),文物出版社2011年,第14页。

余兵五千人保栖于会稽。吴王追而围之。"[1]其时，范蠡劝谏越王，当"卑辞厚礼以遗之"[2]，即要谦卑有礼地派人给吴王送去丰厚的礼物。在这种情况下，勾践派大夫文种去吴国求和。

浙江绍兴城南会稽山（大禹陵）景区（左）及会稽山远眺（右）（吴恩培摄）

（2）文种的软硬两手：逼迫并利诱吴王夫差应允越国求和

作为越国的外交干才，文种来到吴军大营后，为达到求和目的采取了软硬两手。《国语·越语上》记载，他先以软的一手谦恭地说："我们国君勾践缺乏人才，没有其他人可以派遣，现在派遣了下臣文种。我不敢高声把意见传达给大王，只敢低声下气地请求您的手下人代为传话说：我们国君的军队不值得您屈尊来讨伐了。"接着，他又表明越国的顺服态度说："愿以金玉、子女赂君之辱，请勾践女女于王，大夫女女于大夫，士女女于士。越国之宝器毕从，寡君帅越国之众，以从君之师徒，唯君左右之。"[3]意即，我们愿意把金珠美玉、美女作为礼物奉献给君王，来酬谢您屈尊讨伐我国。请您允许勾践的女儿给您当婢妾，并让越国大夫的女儿给吴国大夫当婢妾，让越国士人的女儿给吴国士人当婢妾。越国的宝物也随同着完全地进贡给吴国，我们的国君率领全国的臣民投降君王的军队，听凭大王处置。

上述，《史记·吴太伯世家》表述为越人向吴国"请委国为臣妾"[4]，即越国愿意成为吴国的臣妾奴仆之国；而《史记·越王句践世家》则记载文种来到吴军大营后，"膝行顿首曰：'君王亡臣句践使陪臣种敢告下执事：句践请为臣，妻为妾。'"[5]意为，文种跪在地上边向前行边叩头说："君王的亡国臣民勾践让我大胆地告诉您的执事人员：勾践请您允许他做您的奴仆，允许他的妻子做您的侍妾。"

乞求媾和乞到了不能再退的底线后，文种话锋一转，亮出硬的一手说，如果认为越国的罪过不可赦免而不同意越人的求和，那就逼得越国人破罐子破摔："将焚宗庙，系妻孥，沈金玉于江，有带甲五千人将以致死，乃必有偶。是以带甲万人事君也，无乃即伤君王之所爱乎？与其杀是人

---

[1]《史记·越王句践世家》，见司马迁：《史记》，中华书局1959年，第1740页。
[2]《史记·越王句践世家》，见司马迁：《史记》，中华书局1959年，第1740页。
[3]《国语·越语上》，见左丘明撰、韦昭注：《国语》，上海古籍出版社2015年，第417页。
[4]《史记·吴太伯世家》，见司马迁：《史记》，中华书局1959年，第1469页。
[5]《史记·越王句践世家》，见司马迁：《史记》，中华书局1959年，第1740页。

也,宁其得此国也,其孰利乎?"[1]意指,如果不同意越人的求和,那越国人将烧掉宗庙、捆绑妻子儿女,连同金珠宝玉一同沉入江里。况且,我们现在还有武装的精兵五千人,他们都会为国家拼死效命,那可会有加倍的勇气。这样一个抵俩,就等于是武装的精兵一万人要和吴王您作战了。那样拼命一战,到头来岂不是要损害了君王您所喜爱的那些东西了吗?您与其因为作战而杀死这些人,还不如坐享其成地得到越国,这样岂不是更有利吗?

文种以软硬两手策略,为越国生存逼迫并利诱吴王夫差做出选择。

(三)吴王夫差"大志于齐"战略思维调整下的对越战略

1.吴王夫差的"大志于齐"

前述,吴王阖闾后期,吴伐楚入郢而引发的中原列国剧变,为吴国北上提供了极佳时机,而吴王阖闾对此并未北进一步。其原因前文分析是阖闾的注意力集中在对越复仇上。而另一可能则是阖闾已年届迟暮之年,有心无力。不排除第三种原因是:吴王阖闾从伐楚而不能并吞楚国中意识到地处东南的吴国,毕竟国力有限,故对北上争夺中原霸权采取审慎态度。

然而,当吴王夫差执政,中原列国剧变的形势对年轻的吴王夫差来说,无疑就是一个极大的诱惑了。因此,面对着文种给出的"灭越"与"存越"的选择,吴王夫差不能不作通盘式的掂量和考虑。吴国讨伐越国,所要谋取及所能得到的充其量也只是一个地区性的霸权。对此,越国已给得很彻底——愿做吴国的"臣妾"。而"存越",即让越国保存下来,就可以得到财产、人口和土地,这些财产足够补偿吴国伐越的战争开支。而在政治上,越国作为吴国的附属而存在,这也满足了夫差为阖闾复仇的政治需要,更满足了吴国君臣对越宣泄报复情绪的需求。但如果执行"灭越"政策,那就迫使其退无可退地拼命了。文种所说的烧掉宗庙,捆绑妻子儿女,连同金珠宝玉一同沉入江里等,并非危言耸听。处在绝望心态下的越国,以玉石俱焚之态抗吴,在这种情况下,吴国即使灭了越国,得到的只是成为战争灰烬的土地。若此,则战争成本和战争开支可就无人支付了。

是时,夫差如果继承阖闾时期将"兴霸成王"的战略定位于西抗强楚、南服越国,并安于夺取东南地区的霸权而做一个地区性大国,其进击方向必是西向与楚国争夺。在这种情况下,剪除楚国盟国——"灭越",则成为夫差的唯一选择。

而此时夫差对越战略出现的重大变化,是接受越国的和谈,并保存下越国。如前所述,由于阖闾死于伐越之战,且夫差即位后,对"越王之杀而父",一直申言:"唯,不敢忘!"[2]故此时的对越变化,意味着吴国在"兴霸成王"战略的进击方向上出现重大调整和变化。《史记·楚世家》记载,吴王阖闾讨伐越国。越工勾践射伤吴王,吴王死去。"吴由此怨越而不西伐楚。"[3]意指,吴国因此怨恨越国而不再西向攻打楚国。而"不西伐楚",预示着阖闾死后,吴国战略进击方向发生重大改变。

《国语·吴语》记载此时吴王夫差受北方中原列国形势剧变的诱惑,出现意图"北进争霸"的思维端倪:"吴王夫差乃告诸大夫曰:'孤将有大志于齐,吾将许越成,而无拂吾虑。若越既改,

---

[1]《国语·越语上》,见左丘明撰、韦昭注:《国语》,上海古籍出版社2015年,第417页。
[2]《左传·定公十四年》,见《春秋左传正义》,北京大学出版社1999年,第1603页。
[3]《史记·楚世家》,见司马迁:《史记》,中华书局1959年,第1717页。

吾又何求？若其不改，反行，吾振旅焉。'"[1]意即，吴王夫差对众大夫说，我将有大的志向在于齐国。故我将同意越人的讲和请求，请你们不要违背我所想的。如果越国能够臣服于吴国，我又有什么要求呢？如果他们不臣服，那我再回来，带兵攻打他们。

面对北方中原地区的诱惑，吴王夫差无意于像其曾祖辈寿梦、祖辈诸樊和父辈阖闾那样，让中原列国为吴国划设的"不得北进"的红线禁锢并局限在南方的地区性范围内。而近年吴国对楚、对越战争屡屡胜利产生的自信，至此延伸并演化为吴国北进争霸的自信。因此，"大志于齐"下的吴国国家战略调整，使得吴王夫差在吴国战略的演化与发展上，渐渐定位于"北进争霸"了。

调整的外部原因，即是前述吴王阖闾后期中原列国的剧变及晋、楚的相继衰落，从而为吴国北上提供极佳时机。在强盛国力的推动下，争夺北方中原地区的主导权，并从一个地区性大国向主导中原事务的霸主转变，成为是时吴王夫差视野更为宽广的霸业追求。由于即位未久，吴王夫差将吴国"兴霸成王"战略从"西抗强楚""南伐越国"调整为"北进争霸"，该战略尚未成型而仅处于雏形状态。但夫差透露出的"孤将有大志于齐"的思维和想法，却在对越事务的处置中显现出来。

吴王夫差"北进"思维落实于"大志于齐"的原因，或出于以下几点：

首先，齐国为春秋首霸的北方大国。

其次，在前述阖闾时期的中原列国剧变中，齐景公执政下的齐国表现极为活跃。而从原晋国集团内部产生出的齐、郑、卫、鲁、宋等国参与的反晋集团，也是以齐国为首。

再次，上述反晋集团内部松散。就在吴伐越的上年（指吴夫差元年，前495），反晋集团中的郑国与宋国发生战争，郑国的罕达在老丘打败宋军。而齐景公、卫灵公驻扎在蘧挐，谋划救援宋国。郑、宋间的战争，表明反晋集团内部，各诸侯国为自身利益，极易出现利益纷争与裂痕。

所有这些，分散并减弱了中原列国对吴国"北进"的关注与掣肘，从而成为吴王夫差"北进争霸"的诱因。

2."大志于齐"与"卒赦越"

"大志于齐"思维指导下的对越战略，终在越国俯首称臣中得以调整。吴国同意保存越国建制，并由越人管理。吴国以为如此则吴国南面安定可期。而吴国的战略进击方向，由此则可由"西抗强楚""南服越国"调整为"北进争霸"。

反之，若吴国灭越，虽获取越国土地，但还得分兵把守这一当时地处最南端的国度。而越国及其南部地区，地理上濒海，境内多山，且族群庞杂，民风强悍，文化更为落后。在这一人文地理条件下，极易陷入难以自拔的泥淖，并对吴国的北进形成干扰。

权衡得失后，吴王夫差在吴国面临的几个选项——西抗楚国、南灭越国及北进争霸等的选择中，选择了战略利益最大化的北进争霸，从而初步形成其北进争霸的战略思维。也正是这一战略思维构成了夫差"存越"并接受越国讲和等对越战略的主导面。于是，在越人派大夫文种并通过吴国太宰伯嚭而向吴国求和时，"吴子将许之"[2]，即吴王夫差打算答应越国的求和请求。

---

[1]《国语·吴语》，见左丘明撰、韦昭注：《国语》，上海古籍出版社2015年，第393—394页。
[2]《左传·哀公元年》，见《春秋左传正义》，北京大学出版社1999年，第1610页。

"存越"的不确定因素,为越人今后的动向。对此充满自信的夫差则做好了"若其不改,反行,吾振旅焉"[1],即到时再回来,提兵攻打他们的预案。同时,据《史记·吴太伯世家》的记载:"卒许越平,与盟而罢兵去。"[2]即吴国以"与盟"——订立盟约的形式来约束越国。文献未载盟约的具体内容,《史记·越王句践世家》记载吴国"卒赦越,罢兵而归"后说:"句践之困会稽也,喟然叹曰:'吾终于此乎?'种曰:'汤系夏台,文王囚羑里,晋重耳奔翟,齐小白奔莒,其卒王霸。由是观之,何遽不为福乎?'"[3]意即,勾践被困会稽,喟然叹息说:"我将在此了结一生吗?"而文种劝解说:"商汤被囚禁在夏台,周文王被围困在羑里,晋国重耳逃到翟,齐国小白逃到莒,他们最终都称王称霸。由此观之,今日越国的处境何尝不是一种福分呢?故在"与盟而罢兵去"前,吴国与越国订立的盟约中,势必对勾践的行动作出严苛约束和限制,并迫使其处在类乎"系"和"囚"的状态之中。而从《史记·越王句践世家》记载的勾践把国家政务委托给大夫文种,"而使范蠡与大夫柘稽行成,为质于吴"[4],即让范蠡和大夫柘稽去吴国作人质来看,这些当也是吴国在盟约条款中对越国加以制约的内容。而越人若是以屈求伸地以明一套、暗一套的方式应对,则必然会产生诸多变数。或正是这一不确定因素,导致吴国决策层产生意见分歧。

3.伍子胥对"存越"的反对与进谏

《左传·哀公元年》记载越国派大夫文种并通过吴国太宰伯嚭而向吴国求和,吴王打算答应越国请求。"伍员曰:'不可。臣闻之:树德莫如滋,去疾莫如尽。'"[5]意即,伍子胥说:"不能答应越国的求和请求。臣听说:建树德行最好要不断使它滋长,而去除病患最好要使它彻底断根。"接下来,伍子胥讲起历史上夏代少康复仇的故事:从前有过国的国君浇杀了斟灌而攻打斟鄩,灭亡了夏后相,其夫人后缗正怀着孕,逃回娘家有仍国生下了少康。后来,少康实施复国计划,灭亡了过国。由此,伍子胥指出:"今吴不如过,而越大于少康,或将丰之,不亦难乎?"[6]意为,现在吴国的力量不如过国,而越国的力量则大于少康,上天也许将会使越国壮大,如果允许讲和,不是自己给自己出难题吗?

接着,伍子胥分析勾践的性格和作为说,勾践能够爱抚别人而施行恩惠,能施舍就不会丧失人心,能爱抚人就不会丧失别人对他的效劳。越国和吴国同处一片土地,而世代互为仇敌。我们在这时攻占了它而不吞并、灭亡它,反而又打算把它保存下来,这是违背了上天的安排以使仇敌成长,以后即使后悔,也来不及消除祸患了。姬姓吴国的衰微,将因此指日可待。"介在蛮夷,而长寇仇,以是求伯,必不行矣。"[7]意为,我们吴国处于同为蛮夷的楚国与越国之间,去助长仇敌的力量,靠这种办法来求取霸业,必定是行不通的。

对伍子胥的一番谏言,夫差"弗听。退而告人曰:'越十年生聚,而十年教训,二十年之外,吴

---

[1]《国语·吴语》,见左丘明撰、韦昭注:《国语》,上海古籍出版社2015年,第393—394页。
[2]《史记·吴太伯世家》,见司马迁:《史记》,中华书局1959年,第1469页。
[3]《史记·越王句践世家》,见司马迁:《史记》,中华书局1959年,第1742页。
[4]《史记·越王句践世家》,见司马迁:《史记》,中华书局1959年,第1742页。
[5]《左传·哀公元年》,见《春秋左传正义》,北京大学出版社1999年,第1610页。
[6]《左传·哀公元年》,见《春秋左传正义》,北京大学出版社1999年,第1612页。
[7]《左传·哀公元年》,见《春秋左传正义》,北京大学出版社1999年,第1612页。

其为沼乎！'"[1] 即对伍子胥的进谏，吴王夫差不听。伍子胥退下去后告诉别人说："越国用十年时间蓄养国力，再用十年时间训导民众，二十年以后，吴国恐怕就要变成一片沼泽废墟了。"

《国语·越语上》亦记载伍子胥对保存越国动议的坚决反对态度并予劝谏说："不可。夫吴之与越也，仇雠敌战之国也。三江环之，民无所移，有吴则无越，有越则无吴，将不可改于是矣。"[2] 对之，韦昭分别注为："环，绕也。三江，吴江、钱唐江、浦阳江。此言二国之民，三江绕之，迁徙非吴则越也。"以及吴、越间"言势不两立"[3]。即伍子胥认为不可与越国讲和。吴国和越国，从来就是互相仇视、互相敌对、互相征战的国家。有松江、钱塘江、浦阳江等三江环绕着的吴、越两国，人民无论怎么迁移都出不了这一三江流域。有吴国就没有越国，有越国就没有吴国，则决定了二者势不两立和不可改变的形势。

这里，伍子胥审视相似度甚高的吴、越文化时，极自然地得出了"有吴则无越，有越则无吴"即二者不能共存的结论。

4. 越人对伯嚭的贿赂

在吴国"存越"过程中，吴国贪腐官员伯嚭所起的作用，不容忽视。《史记·越王句践世家》记载文种出使吴军大营后回到越王处，将交涉情况告诉勾践："夫吴太宰嚭贪，可诱以利，请间行言之。""于是句践以美女宝器令种间献吴太宰嚭。嚭受，乃见大夫种于吴王。"[4] 意为，文种对勾践说："吴国的太宰伯嚭，十分贪婪，可以用重利来诱惑他，请您允许我去吴国暗中通融他。"于是勾践便让文种给伯嚭献上了美女、珠宝、玉器。伯嚭欣然接受，并把文种引见给吴王夫差。

而《国语·越语上》则将越人对伯嚭的贿赂具体化说："越人饰美女八人纳之太宰嚭，曰：'子苟赦越国之罪，又有美于此者将进之。'"[5] 意即，越人向伯嚭进献了八位盛装打扮的美女，并留下一个诱惑尾巴说："你如果能帮助赦免越国的罪过，还有比这更美的美人进献给您。"

越人诱以财、诱以色地抓住"吴太宰嚭贪，可诱以利"的人性弱点，终为越国的生存在吴国决策层打开一个缺口。伯嚭本系楚国逃臣，奔吴后位居高位。就其个人而言，与越国本无瓜葛，故无理由成为越国的政治代理人。然而，人性的弱点及钱权、钱色交易下的贪腐，终使他成为吴国高层内为越国输送政治利益的代理人，而他输送的政治利益即是"存越"，从而为吴国日后的覆亡留下了祸根。

（四）吴国内部"灭越"与"存越"的争论暨对越战争结果——"卒赦越，罢兵而归"

1. 《左传》《国语》等记载的吴"卒赦越"

吴王夫差"大志于齐"下对吴国"兴霸成王"战略作北进争霸的战略调整，故而意在"存越"，而当伍子胥反对并坚持"灭越"时，吴国决策层内的夫差、伍子胥各持意见，僵持不下，而接受越人贿赂的吴太宰伯嚭，则成为压垮伍子胥"灭越"意见的最后一根稻草。

---

[1]《左传·哀公元年》，见《春秋左传正义》，北京大学出版社1999年，第1612页。
[2]《国语·越语上》，见左丘明撰、韦昭注：《国语》，上海古籍出版社2015年，第417—418页。
[3] 韦昭注，见左丘明撰、韦昭注：《国语》，上海古籍出版社2015年，第420页。
[4]《史记·越王句践世家》，见司马迁：《史记》，中华书局1959年，第1740页。
[5]《国语·越语上》，见左丘明撰、韦昭注：《国语》，上海古籍出版社2015年，第418页。

《国语·越语上》记载吴王"夫差将欲听与之成"及"子胥谏曰：'不可'"[1]后，接着记写伯嚭的意见："太宰嚭谏曰：'嚭闻古之伐国者，服之而已。今已服矣，又何求焉？'"[2]即伯嚭说："我听说，古代征伐别国的人，使对方投降臣服就可以了。现在越国已经臣服了，又何必作进一步要求呢？"伯嚭这一席貌似有理、实为为越国输送政治利益的"存越"之言，立刻改变了僵持不下的争论局面。而伯嚭指斥的"又何求焉"，则完全是针对伍子胥。伍子胥的"灭越"意见终被吴王夫差摒弃。

吴国决策层关于"灭越"与"存越"的争论，于是有了结果。《左传·哀公元年》记载："三月，越及吴平。"[3]即公元前494年（吴夫差二年）三月时，越国同吴国媾和。而《史记·吴太伯世家》亦作类似记载说，对伍子胥谏言，"吴王不听，听太宰嚭，卒许越平，与盟而罢兵去"[4]。即吴王夫差不采纳伍子胥灭亡越国的意见，而听从太宰嚭存越之言，终与越国停战，两国订立盟约后，吴国撤军回国。

随着吴伐越之战及伍子胥意见的被拒，吴国最高权力结构亦已改变为夫差、伯嚭组合，而伍子胥则被疏远。吴国权力结构的改变，既预示着吴国"兴霸成王"战略向"北进争霸"的调整之势已经形成，更预示着在支撑这一战略的组织架构中，伍子胥已被疏远而边缘化。

2.吴"卒赦越"背后的经济索取与"吴以达粮"的"百尺渎"

百尺渎，为春秋时沟通吴、越间的水道。《越绝书》卷第二记载："百尺渎，奏江，吴以达粮。"[5]故这一"百尺渎"，最早系太湖下泄水系中的自然水道。

吴王夫差对越战争的胜利，迫使越国向吴国进贡粮食。为便于这一运输，吴国利用太湖水系中的自然水道并经人工裁弯取直而挖掘成后世《越绝书》记载的"百尺渎"。因此，百尺渎的性质为春秋时期由吴国主持挖掘的另一项与后世京杭运河有关的人工运河。其起讫点，北自春秋吴都"吴"城（今江苏苏州），向南经今浙江嘉兴、海盐而入钱塘江。其苏州至嘉兴段，与后世江南运河（京杭运河）重叠，亦即后世的江南运河乃是利用该百尺渎的苏州至嘉兴段。

对之，王育民《先秦时期运河考略》一文指出："百尺渎，又称'百尺浦'。据《咸淳临安志》卷三六，盐官县：'百尺浦在县西四十里。'……百尺渎即由吴城通向今盐官镇西南四十里的河庄山侧古钱塘江北岸，宋元以后，因钱塘江北徙，其山已隔在江南。百尺渎是一条沟通吴、越的渠道。""百尺渎和古江南河的开凿，说明吴国在春秋时期，北抵长江，南迄钱塘江，已有渠道可通，它们成了后来江南运河的前身。"[6]宋炬《江南运河之两浙古运河——兼谈大运河南端问题》一文也指出："从吴地出发，往南方向的道路，经由嘉兴（由拳）到越地会稽、山阴的走向，其中一段水道称为百尺渎。……建于春秋时期，连通吴越两地，是沟通太湖流域与浙江（钱塘江）最早的联系通道。从由拳（嘉兴）出发，经过盐官到达钱塘江，渡江以后进入越地，最终连通越国都

---

[1]《国语·越语上》，见左丘明撰、韦昭注：《国语》，上海古籍出版社2015年，第417页。
[2]《国语·越语上》，见左丘明撰、韦昭注：《国语》，上海古籍出版社2015年，第418页。
[3]《左传·哀公元年》，见《春秋左传正义》，北京大学出版社1999年，第1612页。
[4]《史记·吴太伯世家》，见司马迁：《史记》，中华书局1959年，第1469页。
[5]袁康、吴平：《越绝书》，上海古籍出版社1985年，第10页。
[6]王育民：《先秦时期运河考略》，《上海师范大学学报》（哲学社会科学版）1984年第3期。

城会稽。"[1]

从上述学者们的论述可知,《越绝书》记载的百尺渎"吴以达粮"的功能,或与吴王夫差与越人达成的"存越"的政治交易有关。这一政治交易为:吴王夫差以"北进争霸""大志于齐"[2]而保存下越国;越国则以岁贡形式向吴国缴纳粮食,并以此作为对吴国"北进争霸"的支持。而为获取越国的岁贡粮食,吴人主导掘此百尺渎。其后,在吴国北进争霸的过程中,该百尺渎将粮食从越国运往吴国,甚至可直接经《越绝书》记载的自春秋吴都"吴"城平门外城河为起始点的"吴古故水道"[3]而进入长江,乃至经夫差其后开掘的邗沟而调配至屯兵于中原地区的吴国北进军团(关于"吴古故水道",另见下文)。

作为一条沟通吴、越间的水道,吴能往,越亦能往。故在吴王夫差"黄池盟会"后,越国对吴国的进攻及《国语·吴语》记载的文种所说的越"用御儿临之"[4],韦昭注:"御儿,越北鄙,在今嘉兴。"[5]由此可以看出,该沟通吴、越间的水道,吴、越争战至越强而吴弱时,已成为越伐吴的运输兵员及给养的水道。其中,或不能排除其时该水道反向而成为越向吴经济索取的运粮水道。

该百尺渎部分水道的废止,与秦时开辟新水道有关。

前引宋烜《江南运河之两浙古运河》一文指出:"最初吴地经钱塘江到达越地会稽,并不经过杭州(钱唐),而是经由盐官(在海宁)渡江,最后到达越地。这条水运通道在当时存在数百年,是吴越两地主要的联系运道,一直到秦朝时,秦始皇开辟陵水道,通往越地的线路才开始改变,之后多经由钱唐县(杭州)渡江,不再经由盐官,百尺渎因此也逐渐废止。"[6]由此可知,百尺渎自吴王夫差执政初期开掘,而至秦代时废止。至隋代沟通京杭运河后,百尺渎的苏州至嘉兴段,已为江南运河(京杭运河)之一段。

3.勾践"入宦于吴"("入臣于吴")、夫差"令驾车养马"以及"越王养马处"

和上述《左传·哀公元年》记载的"三月,越及吴平"[7]及《史记·越王句践世家》记载的吴"卒赦越,罢兵而归"[8]不同的是,《国语》《吴越春秋》分别记载了勾践为人质而"入宦于吴"或"入臣于吴"之事。

(1)《国语》的记载

《国语·越语上》记载"夫差与之成而去之"后,越王勾践"卑事夫差,宦士三百人于吴,其身亲为夫差前马"[9]。韦昭分别注为:"将三百人以入事吴,若宦竖然。""前马,前驱在马前也。"[10]故《国语》上条意为,夫差与越人讲和而撤兵。其后,勾践自居于卑贱的地位去侍奉夫

---

[1] 宋烜:《江南运河之两浙古运河——兼谈大运河南端问题》,《绍兴文理学院学报》(哲学社会科学版)2015年第6期。
[2]《国语·吴语》,见左丘明撰、韦昭注:《国语》,上海古籍出版社2015年,第393—394页。
[3] 袁康、吴平:《越绝书》,上海古籍出版社1985年,第10页。
[4] 韦昭注,见左丘明撰、韦昭注:《国语》,上海古籍出版社2015年,第409页。
[5]《国语·吴语》,见左丘明撰、韦昭注:《国语》,上海古籍出版社2015年,第413页。
[6] 宋烜:《江南运河之两浙古运河——兼谈大运河南端问题》,《绍兴文理学院学报》(哲学社会科学)2015年第6期。
[7]《左传·哀公元年》,见《春秋左传正义》,北京大学出版社1999年,第1612页。
[8]《史记·越王句践世家》,见司马迁:《史记》,中华书局1959年,第1741页。
[9]《国语·越语上》,见左丘明撰、韦昭注:《国语》,上海古籍出版社2015年,第418页。
[10] 韦昭注,见左丘明撰、韦昭注:《国语》,上海古籍出版社2015年,第421页。

差，并派遣三百个士人到吴国去做他们的臣仆，而勾践本人则亲自给吴王夫差当马前卒。

《国语·越语下》记载，勾践"令大夫种守于国，与范蠡入宦于吴"[1]。韦昭注："宦，为臣隶也。"[2]故《国语》上条意为，勾践令大夫文种留守越国，而勾践与范蠡到吴国去做臣仆奴隶。

（2）《吴越春秋》的记载

《吴越春秋》记载勾践"与大夫种、范蠡入臣于吴，群臣皆送至浙江之上"[3]，接下来记载勾践入吴后，"见夫差稽首再拜称臣，曰东海贱臣勾践，上愧皇天，下负后土，不裁功力，污辱王之军士，抵罪边境。大王赦其深辜，裁加役臣，使执箕帚。诚蒙厚恩，得保须臾之命，不胜仰感俯愧。臣勾践叩头顿首。"而夫差终未诛越王，而是"令驾车养马，秘于宫室之中"[4]。意即，令其驾车养马，秘密地住在石洞之中。

《吴越春秋》记载勾践夫妇养马的过程说："夫斫剉养马，妻给水、除粪、洒扫。"[5]即丈夫铡草养马，妻子供给饮水、清除马粪、洒水扫地。

（3）《吴门表隐》记载的"越王养马处"及其文献记载的层累

清顾震涛《吴门表隐》卷一记载："白马磡，越王养马处，今尚有青石大马槽一具。又有晋支遁养马处，马迹石存焉。"[6]

上述《吴门表隐》提及的"白马磡"养马者有二：一为"越王"，一为晋代高僧支遁。关于高僧支遁，唐陆广微《吴地记》记载苏州"支硎山"的得名及与之的关联说："支硎山，在吴县西十五里。晋支遁，字道林，尝隐于此山，后得道，乘白马升云而去。山中有寺号曰'报恩'，梁武帝置。"[7]

北宋朱长文《吴郡图经续记》记载"天峰院，在吴县西二十五里，报恩山之南峰"时，亦记载"东晋时，高僧支遁者，尝居于此，故有'支硎'之号。山中有支遁石室、马迹石、放鹤亭，皆因之得名"[8]。

由上可知，唐《吴地记》中的晋支遁"乘白马升云而去"，到北宋《吴郡图经续记》中已具象为"马迹石"了。

而再到南宋范成大的《吴郡志》时，"马迹石"的记载更进一步具象为："支遁庵，在南峰。古号'支硎山'，晋高僧支遁尝居此。剡山为龛，甚宽敞。"后进一步记写："道林（即支遁）又尝放鹤于此，今有亭基。道林喜养骏马，今有白马磡，云饮马处也。庵傍石上有马足四，云是道林飞步马迹也。"[9]

到了明代，王鏊纂《姑苏志》卷十《水》，记载"射渎"为"相传吴王尝射于此，故名，亦名

---

[1]《国语·越语下》，见左丘明撰、韦昭注：《国语》，上海古籍出版社2015年，第424页。
[2] 韦昭注，见左丘明撰、韦昭注：《国语》，上海古籍出版社2015年，第426页。
[3] 赵晔：《吴越春秋》，江苏古籍出版社1986年，第89页。
[4] 赵晔：《吴越春秋》，江苏古籍出版社1986年，第95—96页。
[5] 赵晔：《吴越春秋》，江苏古籍出版社1986年，第97页。
[6] 顾震涛：《吴门表隐》，江苏古籍出版社1986年，第2页。
[7] 陆广微：《吴地记》，江苏古籍出版社1986年，第68页。
[8] 朱长文：《吴郡图经续记》，江苏古籍出版社1986年，第36页。
[9] 范成大：《吴郡志》，江苏古籍出版社1986年，第112页。

'石渎'"时，另记载"其西一水通阳山，曰'白马涧'。相传支道林饮马处"[1]。

由上述梳理可知，自唐至明代的苏州地方文献中，记载了白马碉（涧）但未与"越王养马处"作联系。而清道光间顾震涛《吴门表隐》的叙述，显然汲取前及《国语》记载的勾践"入宦于吴"及《吴越春秋》记载勾践"入臣于吴"的"养马"细节，并将之落实于白马碉（涧）处，从而完成该处为"越王养马处"的历史附会式的拼图。

（4）"越王养马处"与白马涧生态园

2006年6月，位于今苏州高新区枫桥街道西部的白马涧建成白马涧生态园。其时，署名"白马涧生态园龙池风景区"所撰并题为《白马涧简介》文，即引《吴门表隐》"白马涧（碉），越王养马处"的历史附会为典实，而叙述其得名情况为"越王被吴王征服，吴王迫使越王勾践入吴为奴，将他发配在姑苏城的西部山地养马，而这脉涧水自然就成了吴国战马的甘泉。后人因此命名'白马涧'"。

按此，这一经历史附会而改造成的"越王养马处"，则为与春秋吴、越争战有关且留存后世的文化遗存了。

苏州高新区枫桥街道的白马涧生态园（左）及该景区以翻开书本的雕塑形式所作的《白马涧简介》（右）（吴恩培摄）

三、夫差执政后的对楚战略与吴国"西抗强楚"战略的惯性运行

吴王夫差"存越"时，已显现出吴国将"兴霸成王""西抗强楚"战略调整为"北进争霸"的端倪，但楚国对吴王阖闾伐楚时的盟国及联姻之国——蔡国、胡国所进行的政治、军事报复，迫使吴王夫差不得不因循阖闾时的"西抗强楚"战略作惯性运行，从而对楚国的挑衅作出反应。

（一）吴伐陈

吴伐楚入郢之战时，伍子胥曾派使者召见陈国国君陈怀公，想拉拢他加入反楚联盟。陈怀公在采用全民公决的方式后，接受陈国大夫逢滑"楚未可弃，吴未可从"[2]的中立意见而未加入吴、唐、蔡等国组成的反楚联盟。

如前文述，吴军返归后，吴王阖闾令陈怀公来吴，并以将之扣留吴国至死的方式，予以惩罚。被扣留的陈怀公死在吴国后，陈国于是立怀公之子越为君，这就是陈湣公。就此，陈国又倒向楚国。公元前496年（吴阖闾十九年，鲁定公十四年），"顿子牂欲事晋，背楚而绝陈好。二月，楚灭

---
[1]《姑苏志》卷第十《水》，见正德《姑苏志》，苏州图书馆藏本。
[2]《左传·哀公元年》，见《春秋左传正义》，北京大学出版社1999年，第1613页。

顿"[1]。意即，顿国国君䵣想要亲附晋国，便叛楚而断绝与陈国的关系。于是，楚国便灭了顿国。显然，此时陈国已为楚国属国。不仅如此，公元前494年（吴夫差二年，鲁哀公元年），楚国纠集其属国"围蔡"时，陈国也参与其中。因此，在南服越国以后，针对楚国的"灭胡""围蔡"，吴王夫差也想到了当年吴王阖闾伐楚时陈国不肯与吴国结盟的旧怨，于是在本年秋季八月出兵侵袭陈国。这就是《左传·哀公元年》记载的"秋，八月，吴侵陈，修旧怨也"[2]。即吴国伐陈，是为了清算过去的怨恨。显然，这是吴国对楚国纠集诸国"灭胡""围蔡"而做出的针对性反应。

十二年前的旧账，成为吴、楚军事攻防中你来我往的借口。楚国针对吴国的"楚围蔡"及吴国针对楚国的"吴伐陈"，手法如出一辙，均通过攻打对方盟国来打击对方。吴、楚间的军事对抗局面又一次形成。

在战争心理方面，吴对楚占有明显优势，此番又是挟胜越之余威。而尚未从十二年前吴伐楚并攻入郢都的阴影中走出来的楚国官员的畏惧心理，则明显表现了出来。"吴师在陈，楚大夫皆惧，曰：阖庐惟能用其民，以败我于柏举。今闻其嗣又甚焉，将若之何？"[3]即吴国军队驻扎在陈国，楚国的大夫们都很恐慌，说："昔日吴王阖闾凭善于使用他的民众，就在柏举把我们打败了。现在听说他的继承人比他更厉害，我们将拿他怎么办呢？"

面对楚国大夫的恐慌和怯战，楚昭王庶兄、时任楚国令尹的子西（公子申）对楚国官员进行心理疏导说："二三子恤不相睦，无患吴矣。"[4]意即，诸位只需担心相互间不能和睦相处就行了，用不着害怕吴国。接着，他以一个政治家的眼光，将阖闾和夫差在生活和勤政方面进行比较说："从前阖闾吃饭不吃两道菜，居坐不垫两层席子，住宅不造在高坛上，器物不刻花纹、不涂色彩。宫室不造亭台楼阁，车辆船只不加装饰，衣服和用具取其实用而不尚虚华。在国内，逢到自然灾害和疫病流行时，他亲自巡视灾区，安慰孤寡，供给他们衣食以救济困难。在军队中，食物煮熟了非要等到士兵都分到后才敢自己享用。他所品尝的美味，步卒骑兵都能分享。他能勤勉地体恤他的民众，和他们同甘共苦，所以民众不辞疲劳，都知道就是死了也不会白死。而那时执掌我国政权的已故令尹子常（即囊瓦）的做法正好相反，因此阖闾能打败我们。"而"今闻夫差，次有台榭陂池焉，宿有妃嫱嫔御焉。一日之行，所欲必成，玩好必从。珍异是聚，观乐是务，视民如仇，而之日新。夫先自败也已。安能败我？"[5]意为，现在听说阖闾的接班人夫差可就差远了。夫差住宿的地方有楼台池塘，睡觉必有嫔妃宫女侍寝。即使是出游一天的行程，所想满足的欲望非得达到目的，所爱好的玩物一定要带上；积聚奇珍异宝，追求感官享受，看待民众如同仇人一般，没完没了地驱使他们每天给自己翻新花样。夫差他先把自己打败了，又怎么能打败我们呢？

子西的话不无安抚军心并树立战胜吴军信心的目的，但这场吴伐陈之战，《左传》却未载其结果。而从楚国大夫们对夫差的恐惧——"今闻其嗣又甚焉"来看，吴王夫差的处事风格，当比其父阖闾更为凌厉和强悍。

---

[1]《左传·定公十四年》，见《春秋左传正义》，北京大学出版社1999年，第1602页。
[2]《左传·哀公元年》，见《春秋左传正义》，北京大学出版社1999年，第1613页。
[3]《左传·哀公元年》，见《春秋左传正义》，北京大学出版社1999年，第1614页。
[4]《左传·哀公元年》，见《春秋左传正义》，北京大学出版社1999年，第1614页。
[5]《左传·哀公元年》，见《春秋左传正义》，北京大学出版社1999年，第1614—1615页。

(二)蔡迁于州来及吴、楚围绕蔡国的博弈

前述,公元前494年(吴夫差二年,鲁哀公元年)楚"围蔡"后,蔡人请降。楚昭王令蔡国迁移到长江、汝水之间。而楚国一退兵,蔡国即请求吴国,要把国都迁到吴国的控制区域去。《史记·管蔡世家》对之记为系吴、蔡合谋说:"楚昭王伐蔡,蔡恐,告急于吴。吴为蔡远,约迁以自近,易以相救;昭侯私许,不与大夫计。"[1]

到了次年(吴夫差三年,鲁哀公二年,前493),当吴国从越国腾出手且在陈国与楚国对抗后,即开始实施让蔡国迁于州来的计划。吴国派泄庸赴蔡,并乘机让吴国军队慢慢地渗透而进入了蔡国国都。吴军潜入蔡国后,"蔡侯告大夫,杀公子驷以说。哭而迁墓。冬,蔡迁于州来"[2]。意即,到了那时,蔡昭侯才向国内公布国都迁往吴国控制区域的计划,同时处死了反对迁都的王室成员公子驷以取悦吴国,然后哭泣着迁走祖墓。这年冬季十一月,蔡国迁国都于州来。而相对于蔡人三迁中的"上蔡""新蔡",该处史称"下蔡"。

其时,蔡昭侯与吴国的联姻关系(为考古实物"吴王光鉴"所证实,详见下文),在蔡国当为国人所知晓。而其借重于吴国的军事力量及采用突然方式宣布迁都,并处死反对迁都的王室成员公子驷,这既说明蔡国王室内部已分裂成亲吴与亲楚的两个集团,同时也显示蔡国的亲楚势力已成为掣肘蔡昭侯意欲与吴国强化关系的阻力。

公元前492年(吴夫差四年,鲁哀公三年),《春秋经·哀公三年》载:"蔡人放其大夫公孙猎于吴。"[3]在惜字如金的《春秋经》中,记载蔡国人同意放行蔡国大夫公孙猎到吴国去,似乎有违"常事不书"[4]的原则。然而,这一记载其实大有深意。"蔡人",指蔡国亲楚势力,而"大夫公孙猎"指蔡国亲吴的公孙氏成员。这位公孙猎大夫去吴国,或是为蔡昭侯下一年访吴打前站,或是为受蔡昭侯派遣而与吴国协商某一事宜。亲楚的"蔡人"欲予阻挠,双方博弈的结果是亲吴派占上风,而亲楚派阻挠不成,只好予以"放"行。《春秋经》记载这一"放"字背后所映现的吴、楚在蔡国的博弈,已渐趋白热化。

公元前491年(吴夫差五年,鲁哀公四年)春天,蔡昭侯准备到吴国去访问。蔡国的亲楚派担心他又要迁移国都,于是跟着蔡昭侯的护卫公孙翩追赶蔡昭侯,并且用箭射他。被箭矢射中的蔡昭侯,"入于家人而卒"[5]。即逃进路边的民居家中就死了。而担任蔡昭侯护卫的公孙翩也被杀死。公孙翩死后,其家族成员公孙姓、公孙盱(即公孙霍)等,相继被蔡国亲楚势力清算而杀害,公孙辰则被驱逐而逃亡至吴国。《春秋经·哀公四年》记载的"盗杀蔡侯申。蔡公孙辰出奔吴。……夏,蔡杀其大夫公孙姓、公孙霍"[6],即指此事。但从上下文来看,上述《春秋经》中的"蔡侯申"当指蔡昭侯。姑且不论"盗杀"二字所表现出的贬义色彩,杜预注指出:"宣十七年(指《春秋经·宣公十七年》)蔡侯

---

[1]《史记·管蔡世家》,见司马迁:《史记》,中华书局1959年,第1569页。
[2]《左传·哀公二年》,见《春秋左传正义》,北京大学出版社1999年,第1623页。
[3]《春秋经·哀公三年》,见《春秋左传正义》,北京大学出版社1999年,第1625页。
[4]《公羊传·桓公四年》,见《春秋公羊传注疏》,北京大学出版社1999年,第79页。
[5]《左传·哀公四年》,见《春秋左传正义》,北京大学出版社1999年,第1629页。
[6]《春秋经·哀公四年》,见《春秋左传正义》,北京大学出版社1999年,第1628页。

申卒,是文侯也。今昭侯是其玄孙,不容与高祖同名,未详何者误也。"[1]显然,这是《春秋经》中又一处类于吴王僚之子"吴大子诸樊"式的与前人同名的错讹。

蔡国亲楚、亲吴两派的内斗,在蔡昭侯准备出访吴国时终于彻底爆发。尽管蔡昭侯特意安排了亲吴的公孙氏家族成员担任护卫,但亲楚派为阻止其访问吴国,终采取极端措施,刺杀蔡昭侯。蔡国亲楚派政变的成功,以及亲吴的公孙氏家族的被杀及被放逐,标志着亲楚势力在蔡国占了上风。其后,亲楚派拥立蔡昭侯之子朔为国君,并将其作为政治傀儡。随着蔡国的平衡被打破,楚国在这一地区也重新占据优势。在围绕着蔡国的吴、楚博弈中,吴以失败告终。

而《史记·管蔡世家》对这一事件的叙述中,未记写蔡国的公孙氏族,而另记载为:"昭侯将朝于吴,大夫恐其复迁,乃令贼利杀昭侯。"[2]意为,蔡昭侯要去朝见吴王,蔡国大夫们怕他再次迁都,就指使一个名叫"利"的盗贼刺杀了蔡昭侯。

(三)吴再伐陈与吴、楚的再次对峙

公元前491年(吴夫差五年,鲁哀公四年)二月,楚国在蔡国得手并恢复了在这一地区对吴国的战略优势。同年夏季,楚国又平定了蛮族首领夷虎的叛乱,于是图谋向北方扩张,并以闪击手法灭掉了梁国和霍国。接着,楚国又围攻戎蛮国,戎蛮国的头领逃奔至晋国的阴地。楚国借此讹诈晋国,以"通于少习"[3],即打通少习山以与晋国的世仇——秦国联手而相威胁。其时,晋国内战正酣,故不得不接受楚国的胁迫,诱捕戎蛮国头领以引渡给楚国。

楚国渐渐恢复元气,又露出了霸王之相。楚国"乃谋北方"[4]的矛头指向的只是身边小国和北方晋国,对位于楚国东面的吴国来说,楚国尚未构成实质性威胁,两国也未形成正面相撞的态势。然而,前述中原列国剧变及混战,既催生出吴王夫差的"大志于齐",也催生出楚人的"乃谋北方"。吴、楚两国的战略方向,竟一致地指向北方。而吴国在与楚国争夺蔡国的过程中失败并失去蔡国,对吴王夫差产生的影响是,迫使吴国再次寻找刺向楚国的软肋——陈国。

1.吴再伐陈与楚救陈

公元前489年(吴夫差七年,鲁哀公六年),出于对失去蔡国的报复,吴国再次借攻打楚国的盟国陈国向楚国示衅。"吴伐陈,复修旧怨也。楚子曰:'吾先君与陈有盟,不可以不救。'乃救陈,师于城父。"[5]意即,吴国攻打陈国,这是再次提起旧日的恩怨。楚昭王说:"我们先君和陈国有过盟约,不能不去救援。"于是楚昭王率兵救援陈国,驻扎在城父。

楚昭王所说的"与陈有盟",杜预注指为"陈盟在昭十三年"[6],即四十年前的公元前529年(吴馀昧十五年,鲁昭公十三年)"蔡侯庐归于蔡。陈侯吴归于陈"[7],即指楚平王上台后恢复陈、蔡国号,并让蔡、陈两国嗣子归其故国主其政事。

---

[1]杜预注,见杜预:《春秋经传集解》,上海古籍出版社1978年,第1729页。另,《春秋经·宣公十七年》记载:"蔡侯申卒。夏……葬蔡文公。"见《春秋左传正义》,北京大学出版社1999年,第676页。
[2]《史记·管蔡世家》,见司马迁:《史记》,中华书局1959年,第1569页。
[3]《左传·哀公四年》,见《春秋左传正义》,北京大学出版社1999年,第1630页。
[4]《左传·哀公四年》,见《春秋左传正义》,北京大学出版社1999年,第1629页。
[5]《左传·哀公六年》,见《春秋左传正义》,北京大学出版社1999年,第1635页。
[6]杜预注,见杜预:《春秋经传集解》,上海古籍出版社1978年,第1739页。
[7]《春秋经·昭公十三年》,见《春秋左传正义》,北京大学出版社1999年,第1310页。

2.楚昭王死于对峙前线

楚昭王在显示存在的同时,十七年前吴国伐楚并攻入郢都的阴影,依然笼罩在他的心头。秋季七月,楚昭王屯兵城父而准备救援陈国时,让巫师占卜。占卜结果是"卜战不吉,卜退不吉"[1]。即进攻不吉利,撤退也不吉利。故此,身处进退两难的楚昭王,此时连死的心都有了,他说:"然则死也。再败楚师,不如死。弃盟逃仇,亦不如死。死一也,其死仇乎!"[2]即楚昭王说:"这样看来,只有死路一条了。要是这一回再让吴国军队把楚军打败,那还不如一死;而如果背弃盟约,逃避仇敌,那也不如一死!同样都是死,那就和仇敌战死吧!"

楚平王与秦女所生的楚昭王,是吴王阖闾伐楚入郢时想抓获的目标,但未如愿。此刻,楚昭王由于对战争的胜利缺少自信,更兼之占卜后的"战不吉"和"退不吉"的结果,已怀有死心的他,不能不考虑到自己死后楚国王位的继任了。此时,他身边的三位楚国大臣均为楚平王庶子且与其是同父异母的庶兄子西(公子申)、子期(公子结)和子闾(公子启)。在这种情况下,楚昭王拟以"弟终兄及"的方式传承王位,于是命令公子申(子西)准备继任楚王,公子申不同意;楚昭王便又命令公子结(子期)准备继任,公子结也不同意;楚昭王再命令公子启(子闾)继任,公子启推辞了五次,这才答应下来。而准备和吴军开战时,楚昭王一病不起。当楚昭王下令进攻大冥时,"卒于城父"[3],即死在了城父。前文曾述,公元前523年(吴王僚四年)正月,其母秦女从秦国抵达楚国后为楚平王所夺。故楚昭王即使为最早的当年十月出生,至公元前489年(鲁哀公六年)楚昭王死于城父时,年龄也不会超过三十四岁。

吴、楚两国的战争,从公元前584年(吴寿梦二年)"吴始伐楚"[4]时起,至本年(吴夫差七年,前489)已延续了九十五年。其间,楚国有两位君王死于军事前线,分别为楚灵王和楚昭王。而吴国亦有两位君王死于军事前线,分别为死于伐楚战场的吴王诸樊和死于伐越战场的吴王阖闾。若加上死于越俘刀下的吴王馀祭,则吴国有三位君王死于与楚国及其盟国越国的争战之中。

楚昭王去世,临时接任楚王的子闾下令退兵,并和子西、子期商量,立楚昭王和越国女子所生之子熊章为国君。而由于楚昭王去世及楚国退兵,陈国又成为吴国属国。这从三年后"楚人伐陈,陈即吴故也"[5]的记载中可以看出。

子闾(公子启)下令撤军后,楚昭王之子熊章被立为楚王,史称"楚惠王"。因其父楚昭王死时不超过三十四岁,故楚惠王其时充其量也只能是个十几岁的孩子。楚昭王当初与越国女子的婚姻,本就含有楚国"联越制吴"的政治因素。因此,楚国王权更迭且越为外家,虽传递出楚、越之间加强政治联系的信号,但随着楚国王权的变化,吴国周边——西面的楚国、南面的越国等都已不再或不能构成对吴国的威胁。正是吴国周边趋于安定的形势,为吴王夫差伐越时即已产生的"北进争霸"思维提供了适宜的外部环境和助推动力。

---

[1]《左传·哀公六年》,见《春秋左传正义》,北京大学出版社1999年,第1636页。
[2]《左传·哀公六年》,见《春秋左传正义》,北京大学出版社1999年,第1636页。
[3]《左传·哀公六年》,见《春秋左传正义》,北京大学出版社1999年,第1636页。
[4]《左传·成公七年》,见《春秋左传正义》,北京大学出版社1999年,第729页。
[5]《左传·哀公九年》,见《春秋左传正义》,北京大学出版社1999年,第1650页。

第二节 "伐鲁""伐齐"与"黄池盟会"
——吴王夫差执政中期的"北进争霸"

夫差执政中期的吴国"北进争霸"战略的成型与实施，乃是中国社会从春秋晚期向战国时代悄然转变时期的重大事件。在这一时期中，吴国实施"北进争霸"战略，试图继承春秋早、中期的霸主政治以成为主导中原列国事务的霸主。这一战略的成型与实施相继由吴征百牢、吴鲁战争、吴齐战争及黄池盟会等历史事件体现出来。

一、夫差"北进争霸"与吴、鲁国家关系
（一）吴国出现在北方中原地区

公元前488年（吴夫差八年，鲁哀公七年）春天，中原列国爆发了宋国与郑国、晋国与卫国的战争。正是在这一中原混战的背景下，夏天时，吴国出现在了中原地区。

《春秋经·哀公七年》《左传·哀公七年》以相同的文字记载了吴、鲁国君于鄫地会见的事件——"夏，公会吴于鄫。"[1]

鄫城，地望为"在今山东枣庄市东，苍山县西稍北"[2]。苍山县，今为山东省临沂市兰陵县。对两国国君鄫城会见及吴国出现在北方中原地区，杜预注为"吴欲霸中国"[3]，即吴国想要在北方中原地区称霸。

吴国出现在北方中原地区，乃是吴国自寿梦二年（前584）吴王寿梦攻伐鲁国属国郯国九十六年后的又一次实质性北进。

九十六年前，吴国仅仅是北进而向北方跨了一小步，并未出现在黄河流域的中原核心地区。但在次年（吴寿梦三年，前583），晋国因郯国顺服吴国，故组织起由晋、齐、鲁、邾等国组成的联军攻打郯国，既从吴国手中夺走对郯国的控制权，更间接敲打吴国，并迫使吴国把北进伐郯所获利益吐出，从而为吴国明确划设了一条不得北进侵犯中原列国的军事红线。其时，已开始崛起但国力尚弱的吴国，只能以拒绝参加晋国主持的盟会表示不满。而这条无形的军事红线，使得从寿梦历诸樊、馀祭、馀昧、吴王僚直到阖闾，即夫差前的多位吴王执政时，吴国一直恪守而未曾北进一步。吴王僚时借兵与宋国华登，也只是吴国北进的试水，而非实质性的北进。因此，春秋末期，值中国社会从春秋向战国时期悄然转变之际的"公会吴于鄫"及签订吴、鲁《鄫地盟约》，乃是吴国"北进争霸"战略成型并开始实施的标志性事件。

（二）吴国北进的原因

吴国"北进争霸"有其深刻的内部原因，更有其复杂的外部原因。

---

[1]《春秋经·哀公七年》《左传·哀公七年》，见《春秋左传正义》，北京大学出版社1999年，第1639、1640页。
[2] 杨伯峻：《春秋左传注》（修订本），中华书局1990年，第1639页。
[3] 杜预注，见杜预：《春秋经传集解》，上海古籍出版社1978年，第1747页。

1. 内部原因

吴国"北进争霸"战略的成型和实施，首先是吴国自身发展及国家实力不断壮大的结果。经历代吴王近百年的经营，吴国已然崛起，并通过对楚战争，尤其是吴王馀眛、吴王僚时期的对楚屡战屡胜及吴王阖闾时期的伐楚并攻入楚都郢都等标志性事件显现出来。

吴王夫差执政后，随着"今闻其嗣又甚焉"[1]，即夫差更甚于其父吴王阖闾的传闻在列国间流传；随着吴王夫差的南服越国及在与楚国军事对峙中的楚昭王死于前线，更使得种种传闻与实践互为印证，从而构成吴国北进的有效宣传和强势威慑。而吴王夫差时期，吴国周边已无堪与吴国抗衡者。历史为吴王夫差提供了一个北进的战略机遇期。

2. 外部原因

吴国北进的外部原因，是中原列国之间的关系的变化。这一变化，既为吴国北进提供了适宜的外部条件，更提供了诱因。在吴国两次北进相距的近百年中，中原列国之间的关系从晋、楚争霸的集团性双边对抗发展为多元混战。其间，历经两次列国弭兵等标志性盟会。尤其是第二次列国弭兵盟会所建立起的奉晋、楚为共同霸主，且吴国被排斥在外的列国秩序，随着吴王馀眛、吴王僚时对楚战争屡战屡胜，吴王阖闾时吴军进入楚都郢都，以及夫差时期楚昭王死于与吴国对峙的陈国前线，楚国的霸主地位已轰然倒塌。而中原地区的另一传统霸主晋国，因内部卿族争斗等原因，国力持续衰落，以致在中原晋国集团内部产生了以齐国为首，并有郑、卫、鲁、宋等国参与的反晋集团。吴王夫差执政以来，中原列国之间的混战日益加剧。而吴夫差六年（前490）齐景公去世，对吴王夫差产生的直接影响是，夫差欲借以填补政治强人去世后留下的权力真空。竹添光鸿《左氏会笺》将这一时期的列国状况描绘为："晋衰，中国无伯。景公卒，齐亦衰弱，于是吴始跋扈于中原。"[2]

吴国北进选择鲁国作为突破对象，其原因或为：首先，与上述中原列国关系剧变有关。鲁国的军事实力一向不强，而在这以前，它追随晋国，以晋国为其保护伞。在中原列国关系剧变后，鲁国背晋而从齐，这就自毁式地失去了晋国的保护。其次，吴国与鲁国地理相近或相接。在鲁国已与齐国结盟的情况下，鲁国既成为吴国踏进中原地区的首站，又成为进攻齐国的跳板。而从北上的时间来看，夫差在齐景公去世后即予以实施，则反映出其北进的谨慎与急迫。再次，在文化上，鲁国是周朝姬姓诸侯国中身份、地位较高的国家，且西周的文化、礼制等在鲁国也保存得最为完备，故向有"周礼尽在鲁矣"[3]之说。其时，吴国为西周姬姓诸侯国中地处长江下游的"蛮夷"之国。吴王夫差北进而欲霸中原，必不为中原文化的"裔不谋夏，夷不乱华"[4]等所容，并被视为"裔谋夏"及"夷乱华"的违反礼制行为。因此，长期压抑下的文化自卑，在吴国崛起且国力增强时引发的文化反弹中，吴国多年聚积起的压抑也借吴国"北进争霸"得以释放，同时转化为文化挑战的形式。浅层次的表象为吴国"北进争霸"需要理由，而深层次的原因则是吴国对身处被歧视的"蛮夷"文化地位的不满，并意图对中原文化的话语霸权进行挑战了。

---

[1]《左传·哀公元年》，见《春秋左传正义》，北京大学出版社1999年，第1614页。
[2] 竹添光鸿：《左氏会笺》，巴蜀书社2008年，第2305页。
[3]《左传·昭公二年》，见《春秋左传正义》，北京大学出版社1999年，第1172页。
[4]《左传·定公十年》，见《春秋左传正义》，北京大学出版社1999年，第1587页。

所有这些,既构成了吴国"北进争霸"时的心路历程,也构成了那一时期的中国南方长江文明与北方黄河文明所进行的文明对话和文化交融的特殊形式,更成为《春秋经》《左传》中留下的中国春秋时期文明对话和文化交融的文字记载。

(三)鄫城会见时的"吴来征百牢"与《鄫地盟约》

1. "吴来征百牢"与先宋而后鲁

《春秋经·哀公七年》载:"夏,公会吴于鄫。"[1]《左传·哀公七年》重复上述记载后,接下来记载:"吴来征百牢。"[2]即吴国人要求鲁国给予"百牢",即以一百头牛、一百头羊、一百头猪的超高规格来接待吴王夫差。

"牢"为古代祭祀与宴饮时享宴品的数量单位。《左传·僖公十五年》:"馈七牢焉。"[3]杜预注曰:"牛、羊、豕各一为一牢。"[4]故古代以牛、羊、猪三牲宴饮宾客的接待礼节,又称为"牢礼",即牛、羊、豕(猪)三牲各一为一牢。"牢礼"有着以接待对象的爵位等级而与之相应数量享宴品的接待规格。裴骃《史记集解》引"贾逵曰:'周礼,王合诸侯享礼十有二牢,上公九牢,侯伯七牢,子男五牢。'"[5]故按周礼规定,天子享有十二牢,公爵享有九牢,侯伯爵享有七牢,子男爵享有五牢。因此,吴王子爵一级只能享受五牢,即五头牛、五头羊、五头猪的接待标准。然而,吴国人要求的"百牢",竟是天子级别"十二牢"标准的八倍以上。

吴国以"征百牢"的文化挑战方式发难,既是为北进寻找借口,也是对自身被认定为较低级别的爵位表达不满。对吴国的超规格、超级别的接待要求,鲁国大臣子服景伯表示为难说:"先王从没有制定过这种礼仪啊!"而吴国人则回答说:"宋百牢我,鲁不可以后宋。"[6]即我们在访问宋国时,宋国就已用这种"百牢"的规格来接待我们吴王了。鲁国在接待规格和标准上总不能落后于宋国吧!同时,吴国人还说:"且鲁牢晋大夫过十,吴王百牢,不亦可乎?"[7]即你们鲁国过去接待晋国大夫时,接待规格就已超过了"十牢"。既然如此,那接待我们吴王,用"百牢"规格,不也是可以的吗?

被吴国人抓住把柄而难以解释的鲁国大夫子服景伯,终无奈地说:"晋国正卿范鞅(又作士鞅,范献子)贪婪而背弃礼义,恃仗大国的地位来威胁我们,所以敝国以'十一牢'的规格来接待他。现在你们背弃周礼说非要'百牢',那我们也只有照你们的要求办了。"于是,为避免吴国的恃强加害,鲁国最终给了吴王夫差"百牢"级的接待规格。

由上可见:

一是吴"征百牢"的套路,已在宋国先行实践过一次。杜预注指出:"是时吴过宋,得百牢。"[8]即吴国北上来到鲁国前,首先出现的中原地区的国家,即是曾与吴国有过联姻关系且

---

[1]《春秋经·哀公七年》,见《春秋左传正义》,北京大学出版社1999年,第1639页。
[2]《左传·哀公七年》,见《春秋左传正义》,北京大学出版社1999年,第1640页。
[3]《左传·僖公十五年》,见《春秋左传正义》,北京大学出版社1999年,第384页。
[4]杜预注,见杜预:《春秋经传集解》,上海古籍出版社1978年,第301页。
[5]裴骃:《史记集解》,见司马迁:《史记》,中华书局1959年,第1471页。
[6]《左传·哀公七年》,见《春秋左传正义》,北京大学出版社1999年,第1640页。
[7]《左传·哀公七年》,见《春秋左传正义》,北京大学出版社1999年,第1640页。
[8]杜预注,见杜预:《春秋经传集解》,上海古籍出版社1978年,第1747页。

宋公栾依然执政的宋国。因此,"吴来征百牢"所"征"的第一对象国,非鲁,而为宋国。宋为殷商贵族微子在周初受封之国,而中原国家中可以动用前朝(指殷商)与本朝(周)天子礼乐的诸侯国只有宋国与鲁国。故这两个诸侯国显赫的文化地位由此可见。因此,夫差北进时以"吴来征百牢"的文化挑战方式向中原礼制挑战时,在程序上乃是先宋而后鲁。这一程序性安排,或基于以下因素:首先,在文化地位上,宋国与鲁国同位于显赫国家之列。其次,宋公栾(宋景公)曾为吴王阖闾妻兄的舅大爷,两国有过政治联姻的良好关系。如前文述,在勾敔夫人葬礼期间,吴国太子(《左传》记为终累,而《史记》记为夫差)可能与宋景公(宋公栾)有过交集。且在地缘上,吴、宋国土相距甚远,宋国对吴国的让步不会构成吴国对宋国的实质性侵犯和伤害。再次,宋景公是时正处于与周边曹国、郑国的战争状态下,无意节外生枝地与吴国纠缠。或正是基于上述原因,宋景公不拘于礼节地给予吴王夫差"百牢"式的接待规格。而宋国给予的这一礼遇,使得吴国在中原文化中轻易地撕开了一个口子。接着,吴国就将此套路复制于鲁国,从而成为胁迫鲁国的借口和鲁国理当援引、效法的案例了。

二是吴国指责鲁国采用双重标准。吴国说鲁国接待晋国大夫的标准超过"十牢"而为"十一牢",这就超过接待晋国国君的"九牢"标准了。鲁国接待臣子级别的晋国大夫可以超标,而在接待诸侯级别的吴王夫差时,为何死死地拘泥于"礼"?如上所说,接待吴王夫差的鲁国大夫子服景伯,被指为双重标准,对此也只能无话可说。

关于"鄫",亦作"曾""缯"。《世本·王谟辑本》记载:"鄫,姒姓,子爵。夏少康封其少子曲烈于鄫。襄公六年莒灭之。鄫太子巫仕鲁,去邑为曾氏。"[1]春秋晚期时,"鄫"属鲁。上引"襄公六年莒灭之",指《春秋经·襄公六年》和《左传·襄公六年》,均有"莒人灭鄫"[2]的记载。

2013年5月列为第七批全国重点文物保护单位及列为山东省级重点文物保护单位的山东省兰陵县向城镇的"鄫国故城"文物保护碑(左)及今鄫国故城周边(右)(吴恩培摄)

2.吴"北进争霸"的成果——《鄫地盟约》

吴王夫差提兵北上,并非为争个接待规格,而是为求取霸权。从鲁国最终答应吴国的"百牢"要求中也可看出,鲁国其实也明了吴国北进求取霸权的目的。《左传·哀公十七年》补叙性质

---
[1]《世本·王谟辑本》,见宋衷注、秦嘉谟等辑:《世本八种》,中华书局2008年,第26页。
[2]《春秋经·襄公六年》《左传·襄公六年》,见《春秋左传正义》,北京大学出版社1999年,第846、848页。

的记载说:"诸侯盟,谁执牛耳?季羔曰:'鄫衍之役,吴公子姑曹。'"[1]意为,(孟武伯问孔子学生高柴)诸侯缔结盟约,由谁执牛耳?高柴(季羔)说:"鄫城的那次盟约,执牛耳的是吴国公子姑曹。"这一补叙记载,揭示了吴、鲁鄫地会见时曾经签署"鄫盟",即《鄫地盟约》。而签署盟约时,执牛耳的是吴国公子姑曹(又作王子姑曹)。由《左传·哀公十七年》的这一补叙可知,吴、鲁国君于鄫地会见及吴国以"征百牢"方式迫使鲁国屈服后,吴国又迫使鲁国签订了《鄫地盟约》。

关于《鄫地盟约》的内容,《左传》未载,但通过《左传》其后的记载则可看出,在《鄫地盟约》中,吴国迫使鲁国承认将邾国划入吴国的势力范围,并以此禁断鲁国对邾国的干预。

3."大宰嚭召季康子"与子贡应对时提及的泰伯、仲雍南奔后的"岂礼也哉?有由然也"

吴、鲁签署《鄫地盟约》,时为鲁国正卿的季康子却未来鄫城,吴国人显然了解在鲁国政治格局中,国君鲁哀公其实只是个政治玩偶,而背后掌控鲁国实权的为"三桓"代表的鲁国正卿。出于鲁国实权派对《鄫地盟约》是否认可的考虑,吴"大宰嚭召季康子"[2],即吴国又以太宰伯嚭的名义,要求鲁国正卿季康子也来鄫城,参与会见。

鲁国人或是担心其国君与正卿被吴国人一锅端。于是,季康子依然留在国都曲阜,只派了孔子学生子贡前来辞谢。

对此,吴国太宰伯嚭大为不满地对子贡说:"国君道长,而大夫不出门,此何礼也?"[3]意即,两国国君都千辛万苦地跋涉那么远路程来到鄫城,而贵国正卿却足不出鲁国都城一步,这是什么礼仪啊?

对此,子贡回答说:"岂以为礼?畏大国也。大国不以礼命于诸侯,苟不以礼,岂可量也?寡君既共命焉,其老岂敢弃其国?"[4]意即,子贡说:"我们鲁国哪里敢把这当作礼仪,这都是害怕大国的缘故啊!大国不用礼仪来命令诸侯,如果不按礼仪的要求,其后果小国就不能够预测到了。敝国的国君已奉命前来恭候贵国大王的命令,他的老臣(指季康子)又哪里敢放弃留守国都的责任?"接着,子贡又以吴国开国时的历史典故说:"大伯端委以治周礼,仲雍嗣之,断发文身,裸以为饰,岂礼也哉?有由然也。"[5]意为,吴泰伯开创吴国时,穿着中原地区的衣服、戴着中原地区的帽子来推行周礼,可仲雍继承吴国君位后,把头发剪断,在身上刺上花纹,并以之作为裸体的装饰,这难道合于礼吗?那都是不得已而为之的缘故啊!

吴君访鲁,与鲁君在鄫城会见,而鲁国正卿季康子却在部署和加强国都的守卫事宜。子贡所谓不得已而为之的话语解释中,其实是在委婉地透露,季康子留守国都,以防任何不测事件,从而表明鲁国已做好了应对吴国与鲁国战争的军事准备。

鲁国软中有硬的应对,终使吴国人未对鲁国使用武力。然而,吴王夫差和鲁哀公会谈并签订的《鄫地盟约》,《左传·哀公七年》有记载但并未说明其内容。而如前述,通过《左传》其后的记载则可看出,在《鄫地盟约》中,吴国迫使鲁国承认将邾国划入吴国的势力范围。

---

[1]《左传·哀公十七年》,见《春秋左传正义》,北京大学出版社1999年,第1700页。
[2]《左传·哀公七年》,见《春秋左传正义》,北京大学出版社1999年,第1640页。
[3]《左传·哀公七年》,见《春秋左传正义》,北京大学出版社1999年,第1640页。
[4]《左传·哀公七年》,见《春秋左传正义》,北京大学出版社1999年,第1640—1641页。
[5]《左传·哀公七年》,见《春秋左传正义》,北京大学出版社1999年,第1641页。

上述，孔子学生子贡面临吴国强要鲁国正卿季康子也来鄫城时所提及的"大伯端委以治周礼，仲雍嗣之"，乃是《左传》三处记载泰伯史事的第三处（前两处参前文第二章），且为与泰伯南奔直接关联的一处。同时，该泰伯、仲雍史事的叙述，系子贡直接与吴太宰伯嚭对话中所说，并为《左传》所记载，故其可信性毋庸置疑。前文指出，有学者质疑泰伯史事与吴的关系时说的"太伯、仲雍奔吴的故事与句吴的历史、文化无关"及"最终将太伯、仲雍奔吴的故事冠于句吴历史之上的，就目前所知似乎还是司马迁"[1]等。此类断语，轻率而片面。《左传》记载的上述"大伯端委以治周礼，仲雍嗣之"，一是子贡针对吴太宰伯嚭"国君道长，而大夫不出门，此何礼也？"的诘问而作的举例反驳。二是子贡所举之例，乃是吴国历史上的泰伯、仲雍事例，针对性极强。三是子贡乃是当着吴太宰伯嚭的面所说。若有虚饰处，想必同时代的吴太宰伯嚭不会不予反驳。毕竟在这一外交场合下，双方维护的是各自的国家利益。从《左传》这一记载来看，能说"太伯、仲雍奔吴的故事与句吴的历史、文化无关"？而所谓"最终将太伯、仲雍奔吴的故事冠于句吴历史之上的，就目前所知似乎还是司马迁"的判断，是耶？非耶？上述《左传》记载的子贡所言，实已是早于司马迁之前即已将"太伯、仲雍奔吴的故事冠于句吴历史之上"了。

4.吴、鲁《鄫地盟约》与吴在鲁、邾之间打进楔子

邾、鲁相邻，恩怨存在已久，历史上一直存在着土地等纠纷。而邾国的北部边境与鲁国国都曲阜很近。这为吴国利用邾、鲁的历史恩怨而将邾国划入自己的势力范围，从而把触角伸到鲁国提供了战略空间。而对鲁国来说，吴国控制邾国，无异于扼住了鲁国的脖子。

邾国成为吴国保护国的过程，《左传》未载，但不外乎邾、鲁长期矛盾使得吴国有了运作空间。这也意味着，吴国来到鲁国之前，为了在中原地区构筑吴国的势力范围，并在鲁、邾之间打进楔子，已精心做了许多准备工作。

《左传·哀公七年》记载，子贡"反自鄫，以吴为无能为也"[2]。杜预对之评曰："弃礼，知其不能霸也。"[3]意指吴国人因为不遵守礼制，所以不能取得霸权。然而，其后事实证明，这是一句对吴国的意志和决心作错误评估并引发严重后果的结论。但究系谁作了这一错误结论，由于主语不清，极易引起歧义。

解读之一，主语作子贡。沈玉成《左传译文》取此意并解读为"子贡从鄫城返回国都曲阜后，认为吴国成不了气候"[4]。

解读之二，主语作季康子。王守谦、金秀珍、王凤春《左传全译》取此并解读为"从鄫地回来，季康子认为吴国是不能干出什么的"[5]。

不管主语为何，该句语意大致相同，即子贡出使鄫城的汇报，对季康子及鲁国的应对都产生了影响。正是基于"以吴为无能为也"的错误判断，季康子对《鄫地盟约》既不认账，又在日后轻

---

[1] 张学锋：《吴国历史的再思考——以近年来苏南春秋古城遗址的发掘为线索》，见苏州博物馆：《苏州文博论丛》2011年（总第2辑），文物出版社2011年，第15、13页。
[2] 《左传·哀公七年》，见《春秋左传正义》，北京大学出版社1999年，第1641页。
[3] 杜预注，见杜预：《春秋经传集解》，上海古籍出版社1978年，第1748页。
[4] 沈玉成：《左传译文》，中华书局1981年，第562页。
[5] 王守谦、金秀珍、王凤春译注：《左传全译》，贵州人民出版社1990年，第1516页。

列为全国重点文物保护单位的山东邹城"邾国故城"文物保护碑及今邾国故城周边(吴恩培摄)

率地作出"伐邾"的决定。而当时吴国以太宰伯嚭的名义要求鲁国正卿季康子来鄫城会见,就是担心他对《鄫地盟约》不认账。

5. 鲁国的反悔与吴、鲁争夺邾国而形成的军事对抗

吴、鲁国君鄫城会见,吴国迫使鲁国承认将邾国划入吴国的势力范围后返归。而鲁国正卿季康子基于"以吴为无能为也"的错误判断,决定对邾国动手。为取得伐邾的统一认识,季康子设享礼招待鲁国大夫进行内部研讨。对于鲁哀公在会谈中同意将邾国划为吴国势力范围的决定,季康子准备不认账。参与《鄫地盟约》会谈的鲁国大夫子服景伯,深知吴人强悍,更深知食言而轻率伐邾的后果将会给鲁国带来极大祸患,于是说:"小国用来事奉大国(指吴国)的,是守信用;而大国用来保护小国的,是讲仁义。违背大国,这是不守信用;攻打小国(指邾国),这是不讲仁义。百姓靠城邑来保护,城邑靠德行来保护。丧失信用和仁义这两种德行而带来危险,又靠什么来保护?"

从子服景伯的这番话语中可以看出,鲁国是在吴国的逼迫下同意将邾国划为吴国势力范围的,但最后拍板做出这一决定的却是执政鲁国的正卿季康子。子服景伯深知,夏天时吴王夫差提兵北上,或许原本就是准备攻打鲁国的。正是鲁国的柔性应对:既同意你的"百牢"接待规格,又同意将邾国划入吴国势力范围,这才使得吴人没有动手理由而归。现在鲁国食言攻打邾国,无疑给吴国提供了动手口实。而吴军若卷土重来,鲁国势必处于危险境地。届时,面临这一严峻态势,鲁国又将用什么来保卫国家?

子服景伯说完,接着发言的也是反对季康子对邾动武且位列鲁国"三桓"之一的孟孙。孟孙催促大家同意子服景伯的意见。但在一片沉默中,有一个大夫发表了支持季康子伐邾的意见。因此,在对邾是否动武的问题上,鲁国上层意见无法统一。季康子虽然没有取得一致支持,但一意孤行。其后的事实证明,季康子这一弃《鄫地盟约》于不顾而对邾国轻率动武的行为,立即导致了吴、鲁两国形成军事对抗的局面。

6. 鲁伐邾及邾国茅成子(又作茅夷鸿)请救于吴

《左传·哀公七年》记载鲁对邾轻率动武的细节说:"秋,伐邾,及范门,犹闻钟声。"[1] 意为,秋季,鲁国攻打邾国。当鲁军到达邾国外郭的城门时,还能听到邾国王宫内正在演奏的钟磬等

---

[1]《左传·哀公七年》,见《春秋左传正义》,北京大学出版社1999年,第1643页。

的声音。

鲁国已经打到外城，可邾国国君却依然在宫中欣赏歌舞。大夫们劝谏邾国国君停止娱乐，可他不听。邾国官员茅成子请求向吴国报告，邾国国君不允许，并说："鲁击柝闻于邾，吴二千里，不三月不至，何及于我？且国内岂不足？"[1]意即，鲁国巡夜打更而敲打木柝的声音，邾国都可以听到，而吴国相距两千里地，没三个月不能赶到，他们又怎么能顾及我们？更何况，国内的力量难道还不足以抵抗鲁国的军队？

在这种情况下，茅成子用五匹帛和四张熟牛皮作为进见礼，独自去吴国求援。茅成子见着吴王夫差，说："鲁国以为晋国衰弱而吴国遥远，故倚仗着他们军队众多，而背弃夏天时和君王您订立的盟约，以此藐视君王手下将士，来欺凌我们小国。邾国并不足惜，但'惧君威之不立。君威之不立，小国之忧也。若夏盟于鄫衍，秋而背之，成求而不违，四方诸侯，其何以事君？'[2]"意即，我担心的是君王您的威望不能建立。而君王的威望不能建立，这才是小国所担忧的啊！要是夏天在鄫城刚签订《鄫地盟约》，到了秋天就背弃了它，鲁国得到了他所要得到的而不遭到任何阻力，四方诸国还凭什么来侍奉君王您？接着，他还说："况且鲁国拥有的实力是靠国家田赋支撑并拥有的战车八百辆，为君王您的对手。而邾国拥有的六百辆战车，却是君王您的亲兵。用君王的亲兵去侍奉君王的对手，请君王您考虑一下！""吴子从之。"[3]即吴王听从了茅成子的意见，决定攻打鲁国。

7.吴国关于"伐鲁"的先期论证，以及公山不狃"不以所恶废乡"所反映的吴国思想界的兼容并蓄及相对活跃

公元前487年（吴夫差九年，鲁哀公八年），"吴为邾故，将伐鲁"[4]，即吴国为了邾国的缘故，准备攻打鲁国。为之，吴王夫差先期进行了调研和论证，选择的调研对象为当时从鲁国来到吴国的政治流亡者叔孙辄与公山不狃。

叔孙辄，为鲁国"三桓"之一的叔孙氏后裔、叔孙氏宗主叔孙州仇的儿子。公山不狃，复姓公山，名不狃，字子泄。公山不狃和阳虎同时，都是鲁国当政者季桓子的家臣，曾担任季氏私邑——费邑的邑宰。他俩均于公元前502年（吴阖闾十三年，鲁定公八年）参与阳虎领导的除掉"三桓"的政治活动，失败而逃亡于吴。

吴王夫差第一个问政调研的是叔孙辄。叔孙辄的意见为："鲁国有名无实，攻打他们，一定能如愿以偿。"

叔孙辄从吴王接见处退出来，将情况与公山不狃沟通。公山不狃对其大为责备说："你这是不合乎礼的。君子离开自己的故国，不去与故国敌对的国家（公山不狃和叔孙辄逃亡吴国时，吴、鲁尚未形成敌对状态）。在故国时没有尽到臣下的责任，遇上故国被进攻时，就应该为故国效力，哪怕为此丢掉性命也是应该的。要是有涉及攻打故国的委托或任命，就应该隐身或退避。""且夫

---

[1]《左传·哀公七年》，见《春秋左传正义》，北京大学出版社1999年，第1643页。
[2]《左传·哀公七年》，见《春秋左传正义》，北京大学出版社1999年，第1643页。
[3]《左传·哀公七年》，见《春秋左传正义》，北京大学出版社1999年，第1643页。
[4]《左传·哀公八年》，见《春秋左传正义》，北京大学出版社1999年，第1646页。

人之行也,不以所恶废乡。今子以小恶而欲覆宗国,不亦难乎?"[1]即一个人由于憎恶政敌而离开故国,不应该因为心中有所怨恨而祸害故国乡土。如今,您由于心中的个人怨愤而要颠覆故国,不也是很难吗?

这里,鲁国士大夫精神指导下的"不适仇国""不以所恶废乡"[2]等家国情怀,和同为流亡于吴国的伍子胥、伯嚭等楚国逃亡者"逃死于四方,而为之谋主,以害楚国"[3]的思想恰恰相反,从而表达出鲁国士大夫精神中关于个人心中的恩怨与故国家园关系的鲁国士风。

这位自鲁适吴的政治流亡者所说的这番话,在吴国当时的思想界有着重大的意义。它提出了在礼制道德思想的制约下,一个政治流亡者应当坚持的道德规范和行为准则。其底线就是"不以所恶废乡"——不应该因为心中有所怨恨而祸害故国乡土、损害故国利益。而这与"楚材晋用"的楚国士风体现出的实用主义复仇精神,存在着较大差异。

这种差异性文化汇集并激荡于吴国,反映这一时期吴国思想界的兼容并蓄与活跃。

公山不狃坚持鲁国士大夫情怀,故当吴王夫差又来问政于公山不狃时,公山不狃回答说:"鲁国平时虽然没有可靠的盟国,但危急的时候却一定会有愿共赴国难而效死的人士。届时,诸侯将救之,未可以得志。"[4]即列国也会救援鲁国,所以,吴国伐鲁未必能如愿。

尽管夫差在叔孙辄和公山不狃那儿分别得到了"必得志"及"未可以得志"的不同评估结果,但吴伐鲁之战,依然揭开了序幕。

(四)吴伐鲁之战与《莱门盟约》

1.吴伐鲁之战

吴夫差九年(前487)三月,吴国开始攻打鲁国。吴军攻克武城后,继续挺进,攻下东阳。前进至五梧宿营。次日,吴军在蚕室宿营。鲁军将领公宾庚、公甲叔子在夷地和吴军作战,公甲叔子和析朱鉏战死,吴军得到了他们的尸体,并向吴王夫差献功。吴王夫差得知这两位鲁将战死的经过说:"此同车,必使能,国未可望也。"[5]意为,夫差说:"这可是乘同一辆战车并肩战死的人。鲁国一定很善于用人,所以将士能如此舍命死战。看来鲁国还不能指望轻易地得到!"显然,从鲁国将领的同车而死中,吴王夫差看到了鲁军的士气,更看到了占领鲁国的困难。

次日,吴军在庚宗宿营,接着便驻扎在泗水河,这里离鲁国都城曲阜已不远。鲁国将领微虎想要夜袭吴王的住处,故从七百名部下中准备挑选出三百人参与夜袭,孔子的学生有若也在其中。当这三百人的突击队行进到稷门——都城曲阜的南城门时,有人对鲁国正卿季康子说,这次行动不足以害吴,反而会葬送我国的壮士,不如停止。于是季康子下令停止了这次行动。而"吴子闻之,一夕三迁"[6]。意即,吴王夫差得知这一消息后,一个晚上搬了三次住处。

吴王夫差劳师远征北伐鲁国,其所要达到的战略目标,为迫使鲁国与吴结盟,并成为吴国的

---

[1]《左传·哀公八年》,见《春秋左传正义》,北京大学出版社1999年,第1646页。
[2]《左传·哀公八年》,见《春秋左传正义》,北京大学出版社1999年,第1646页。
[3]《左传·襄公二十六年》,见《春秋左传正义》,北京大学出版社1999年,第1045页。
[4]《左传·哀公八年》,见《春秋左传正义》,北京大学出版社1999年,第1647页。
[5]《左传·哀公八年》,见《春秋左传正义》,北京大学出版社1999年,第1648页。
[6]《左传·哀公八年》,见《春秋左传正义》,北京大学出版社1999年,第1648页。

盟国。这是因为占领、吞并鲁国的风险极高和难度极大。吴国"蛮夷"占领、吞并中原姬姓列国中身份、地位都极为显赫的鲁国,很可能引发齐、郑、卫等国甚至晋国的关注与反应,尽管在这以前,他们之间矛盾重重。故吴国发动伐鲁之战前,鲁国逃亡人士公山不狃对吴王夫差所说的"诸侯将救之,未可以得志"[1],意即指此。而在与鲁国的交战中,鲁军将领表现出的同车而死的团结及高昂士气,也使吴王夫差看到了占领及吞并鲁国的困难。在这种情况下,夫差决定调整目标为迫使鲁国签"城下之盟",而将鲁国划入吴国在中原地区构建的势力范围,并将其捆绑在吴国的战车上。这就是《左传·哀公八年》所记载的"吴人行成,将盟"[2]。意即,吴国要求与鲁国签订和约,鲁国答应签署盟约。

2.吴、鲁签订《莱门盟约》

当初竭力反对鲁国轻率伐邾的子服景伯,此时又竭力反对鲁国与吴国签"城下之盟"。在子服景伯身上,无疑反映出鲁国士子敢于担当的一面。"景伯曰:'楚人围宋,易子而食,析骸而爨,犹无城下之盟。我未及亏,而有城下之盟,是弃国也。吴轻而远,不能久,将归矣。请少待之。'"[3]子服景伯引为例的"易子而食,析骸而爨",即互相交换孩子杀了当食物,把尸体中的骨骸当柴烧。子服景伯引用这一典故意在表明:当年宋国到了如此艰困的地步,都没有接受城下之盟,现在鲁国远没有到那种地步,竟然要接受吴国的城下之盟,这可是抛弃国家的利益啊!吴国轻率远征而远离本土,不可能支撑长久,他们就要回师了,请咬咬牙再扛一下吧!

子服景伯话中的意思是要鲁国同心协力,再坚持一下。届时,扛不住的就是吴国。毕竟吴军劳师远征、孤军深入而导致的后勤补给困难,士兵远离故土而气候、生活习俗不适应等诸多问题就会凸现。如果鲁国答应与吴国签城下之盟,只怕该城下之盟的内容将会比上年的《鄫地盟约》条件更为苛刻。

子服景伯的意见并未为季康子等鲁国上层人物接受,"弗从。景伯负载,造于莱门,乃请释子服何于吴,吴人许之。以王子姑曹当之,而后止。吴人盟而还"[4]。莱门,杜预注曰:"鲁郭门也。"[5]故《左传》上条的意思是说,对子服景伯的意见,鲁国正卿季康子不予采纳,并让景伯背着写着盟约条文的竹简盟书,来到鲁国国都曲阜外城的城门——莱门签约。鲁国请求把子服景伯留在吴国当人质,吴国人答应了。接着,鲁国又要求用吴王之子姑曹作为

列入第一批中国历史文化名城的"曲阜"古城碑及今曲阜城门(吴恩培摄)

---

[1]《左传·哀公八年》,见《春秋左传正义》,北京大学出版社1999年,第1647页。
[2]《左传·哀公八年》,见《春秋左传正义》,北京大学出版社1999年,第1648页。
[3]《左传·哀公八年》,见《春秋左传正义》,北京大学出版社1999年,第1648页。
[4]《左传·哀公八年》,见《春秋左传正义》,北京大学出版社1999年,第1648—1649页。
[5]杜预注,见杜预:《春秋经传集解》,上海古籍出版社1978年,第1744页。

交换人质留在鲁国，吴王夫差不愿其子为质于鲁，于是双方停止互留人质。吴、鲁签订了《莱门盟约》，从而实现了吴国将鲁国纳入势力范围并将鲁国绑在吴国战车上的目的。签约后，吴军返归。

3.鲁国话语权下的"不书盟，耻吴夷"

公元前488年（吴夫差八年）至公元前487年（吴夫差九年），吴国北进，先签署吴、鲁《鄫地盟约》，逼迫鲁国承认将邾国划入吴国势力范围。后再逼迫鲁国签《莱门盟约》，从而将鲁国也划入了吴国势力范围。

吴国北进并在黄河流域建立起势力范围，中原诸国均未作出反应。其原因，一是前述的中原列国关系的剧变；二是吴国在对楚、对越战争中表现出的强大军事实力，使得中原列国忌惮而群体性失语和沉默——谁也不想出头成为吴国的打击目标。

对吴王夫差来说，在鲁国得手后的"盟而还"，并不意味着吴国北进的终结。本年吴、鲁于莱门结城下之盟，《春秋经》未予记载。此即杜预注所评述的"不书盟，耻吴夷"[1]。即鲁国史官之所以在《春秋经》中不记载与吴国结盟这件事，是因为羞耻于被吴国"蛮夷"胁迫而耻辱地被迫结城下之盟。

尽管在政治、军事上失败，但鲁国却以手中拥有的历史记载话语权来为自己遮羞。吴、鲁在莱门外签订的《莱门盟约》，使吴国达到将鲁国以及邾国等绑在吴国战车上的目的。而所有这些，在其后发生的两次吴、齐战争中，得以证实。

二、吴国"北进争霸"战略与吴、齐国家关系

吴国北进并在黄河流域建立起势力范围。其时，中原诸国皆沉默而未有反应。而取得上述阶段性成果的吴王夫差，虽无止步迹象，但再次北上需要理由。而是时已被迫成为吴国盟国的鲁国，却因与齐国的一桩婚姻所引发的龃龉与危机，为吴国提供了转而北上伐齐的时机。

（一）齐、鲁关系恶化导致吴国介入

齐景公去世，使得齐国立刻陷入王权争夺之中。齐景公病倒时，即让齐国世袭贵族高、国二氏的高张和国夏拥立公子荼为太子，而把其他公子们安置到了莱邑。对之，齐国另两家卿族——陈氏和鲍氏，容忍不了高氏、国氏对王室的控制，于是发动军事政变，将高张和国夏拥立的公子荼赶下台，接着迎立居住在鲁国的公子阳生为齐国国君，史称"齐悼公"。

齐悼公为公子时逃亡鲁国，"季康子以其妹妻之"[2]，即鲁国正卿季康子把他的妹妹季姬嫁给了他。公子阳生被立为齐君而成为齐悼公后，派人来迎接季姬。然而，在他离开鲁国到齐国去争夺王位时期，季姬红杏出墙而与"季鲂侯通焉，女言其情，弗敢与也"[3]。杜预注："鲂侯，康子叔父。"[4]即季姬与叔父季鲂侯私通。故当齐悼公派人迎接她回齐国时，她因害怕而向兄长季康子讲出了这一不伦之恋。于是，季康子也不敢把她送给齐国派来的迎亲使团了。这一有悖常理

---

[1]杜预注，见杜预：《春秋经传集解》，上海古籍出版社1978年，第1758页。
[2]《左传·哀公六年》，见《春秋左传正义》，北京大学出版社1999年，第1649页。
[3]《左传·哀公八年》，见《春秋左传正义》，北京大学出版社1999年，第1649页。
[4]杜预注，见杜预：《春秋经传集解》，上海古籍出版社1978年，第1758页。

的做法,终使得季姬的风化丑闻为齐悼公所知晓。于是"齐侯怒。夏,五月,齐鲍牧帅师伐我,取讙及阐"[1]。即齐悼公非常愤怒,在本年(吴夫差九年,前487)夏天五月,派遣鲍牧率师伐鲁,占取了鲁国的讙邑和阐邑。

齐、鲁间因一个女人的不贞而引发的战争就此而起。不仅如此,齐悼公显然了解吴、鲁已签有《鄫地盟约》和《莱门盟约》的情况,为避免与吴国之间发生战争,同时也为给鲁国施加更大压力,齐悼公先给吴国打招呼并策略性地约吴攻鲁——"齐侯使如吴请师"[2],即齐悼公派人到吴国请求发兵,相约共同攻打鲁国。

然而,到秋天时,鲁国与齐国媾和。九月,鲁国派臧宾如到齐国去出席换约仪式,齐国也派了闾丘明到鲁国来出席换约仪式,同时把齐悼公的鲁国夫人季姬迎回齐国。迎回季姬后,齐悼公甚是宠爱她。鉴于前已约吴攻鲁,于是"齐侯使公孟绰辞师于吴"[3],即齐悼公又派公孟绰出使吴国,撤销此前约吴国出兵攻鲁的请求。对之,吴王夫差显然产生被戏耍的感觉而不乐意了。"吴子曰:昔岁寡人闻命,今又革之,不知所从,将进受命于君。"[4]意即,吴王夫差说:"去年,寡人听从了齐君要我们出兵伐鲁的命令,现在又改变了,不知应该听从什么。寡人打算进见贵国的大王,当面听听他的命令。"

吴王夫差阴沉的口气中,透露着霸气。随着以盟约形式先后将邾国、鲁国纳进吴国在北方构建的势力范围圈,并不甘心止步于此的吴国,再次北进需要理由。而齐国约吴攻鲁于先,撤销于后,就为吴王提供了讨要说法的借口。吴国北进战略下的战术目标,显然从助齐攻鲁迅即转换为夫差早就"大志于齐"的目标国——齐国。

被再次燃起争霸热情的吴王夫差,旋即开始了北上伐齐的战争准备。

(二)第一次吴、齐战争

1.吴国的军事准备——开挖邗沟与后世"中国大运河"的成功申遗

吴夫差十年(前486),吴国在伐齐的战争准备中,发生的日后对中国南北交通造成影响的大事件是开掘邗沟。

《左传·哀公九年》载:"秋,吴城邗,沟通江、淮。"[5]杜预注:"于邗江筑城穿沟,东北通射阳湖,西北至末口入淮,通粮道也。今广陵韩江是。"[6]故《左传》上述记载意为,秋天时,吴国筑造邗城,并开挖邗沟把长江与淮河贯通起来。从杜预所说夫差开挖邗沟的目的是"通粮道也"可以看出,这里的"通粮道"指的主要是北进伐齐时军粮补给的水上运输。而"吴城邗"之"邗"城,即今扬州城遗址。

然而,吴国的这一战备行为却在中国历史上第一次把两条东西流向的天然河流——长江与淮河,用邗沟这一南北走向的人工运河连接了起来;同时,也把长江流域和淮河流域这两大经济区

---

[1]《左传·哀公八年》,见《春秋左传正义》,北京大学出版社1999年,第1649页。
[2]《左传·哀公八年》,见《春秋左传正义》,北京大学出版社1999年,第1649页。
[3]《左传·哀公九年》,见《春秋左传正义》,北京大学出版社1999年,第1650页。
[4]《左传·哀公九年》,见《春秋左传正义》,北京大学出版社1999年,第1650页。
[5]《左传·哀公九年》,见《春秋左传正义》,北京大学出版社1999年,第1650页。
[6]杜预注,见杜预:《春秋经传集解》,上海古籍出版社1978年,第1762页。

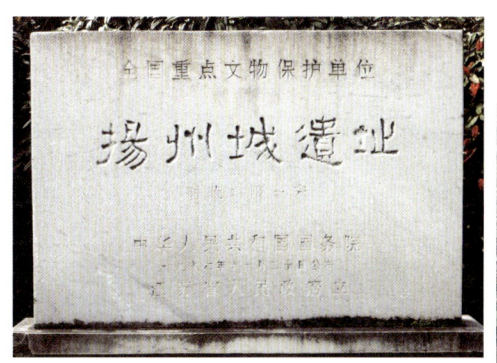

列为全国重点文物保护单位的"扬州城遗址"文物保护碑（左）及该遗址旁的古邗沟碑亭（右）（吴恩培摄）

域联系了起来。这对后世南北经济的发展和南北文化的交融起到了积极的影响。到了隋代，隋炀帝开凿京杭大运河时，其中段便是利用了这条邗沟。

上述《左传·哀公九年》所记载的不起眼的八个字，在文化上意义更是深远。先秦时期的重要典籍，几乎都予以记载。

古邗沟碑（左）及列为全国重点文物保护单位的扬州"京杭大运河·古邗沟故道"文物保护碑（右）（吴恩培摄）

吴夫差十年（前486），吴王夫差开挖邗沟，并经《左传·哀公九年》记载，使之成为其后"中国大运河"明确的历史起点。邗沟及其在后世的延伸与演变，导致相继出现"大运河""京杭大运河"乃至"中国大运河"等称呼的演变。然而，从"沟"到"河"，不管称呼上如何变化，吴王夫差开挖的邗沟及其年代（前486）始终成为"中国大运河"不变的历史起点——距今两千五百余年。

2014年6月22日，在卡塔尔多哈举行的联合国教科文组织第38届世界遗产委员会会议上，"中国大运河"被批准列入《世界遗产名录》，成为我国第32处世界文化遗产和第46处世界遗产。

今扬州古邗沟旁有邗沟大王庙。关于该庙，清乾隆间李斗撰《扬州画舫录》记载说："邗沟大王庙在官河旁，正位为吴王夫差像，副位为汉吴王濞像。《左传·哀公九年》：'秋，吴城邗，沟通江、淮。'此今之运河白江入淮之道也。自茱萸湾通海陵、如皋、蟠溪，此吴王濞所开之河，今运盐道也。运道在《左传》称邗沟；《国语》称深沟；《吴越春秋》称为渠；《水经注》称干江；汉晋间称漕渠，或曰合渎渠，或曰山阳渎；隋称山阳渎；郡志称山阳沟。河名不一，徙复无常，郡县志乘，载而弗详。"[1]

吴夫差十年（前486）开挖邗沟，而值此以前，吴国必有北入长江的水道。如此，则吴国水军入长江后，再至扬州并开挖邗沟。

---

[1] 李斗：《扬州画舫录》，中华书局1960年，第15页。

《越绝书》卷二记载:"吴古故水道,出平门,上郭池,入渎,出巢湖,上历地,过梅亭,入杨湖,出渔浦,入大江,奏广陵。"[1]该"吴古故水道",即为自吴都平门而北入长江并抵达广陵(扬州)的水道。有学者指出:"其开凿时间,当在周敬王三十四年(前486)吴王夫差为争霸中原,继续向北开凿邗沟之前。"[2](关于该"吴古故水道"的情况,下文第十章"春秋时吴地的水上交通"之相关章节另作叙述。)

扬州古邗沟旁的邗沟大王庙(左)及庙中祭祀的吴王夫差坐像(右)(吴恩培摄)

扬州古邗沟旁的吴王夫差广场(左)及该广场竖立的吴王夫差立像(右)(吴恩培摄)

2.吴国组成多国联军及第一次吴伐齐战争

(1)吴逼鲁伐齐

吴国的战争准备就绪后,吴夫差十年(前486),"冬,吴子使来儆师伐齐"[3]。儆:告诫,警告的意思。故《左传》上条意为,本年冬季,吴王夫差派出使者到鲁国,告诫鲁国出兵,共同攻打齐国。上文"儆"字表明,吴国显然是根据吴、鲁《莱门盟约》的相关军事条款,要求鲁国出兵并把鲁国当作可供驱使的属国了。吴国不但以"儆师"的形式告诫和通知鲁国,同时也告诫和通知了

---

[1] 袁康、吴平:《越绝书》,上海古籍出版社1985年,第10页。
[2] 王育民:《先秦时期运河考略》,《上海师范大学学报》(哲学社会科学版)1984年第3期。
[3] 《左传·哀公九年》,见《春秋左传正义》,北京大学出版社1999年,第1652页。

邾、郯等北方小国。

吴夫差十一年（前485）春天，"公会吴子、邾子、郯子伐齐南鄙，师于鄎"[1]。意为，鲁哀公会合吴王夫差及邾、郯两国国君，共同攻打齐国南部边境，四国联军驻扎在齐国的鄎地。由此可见，吴国北进而建立的势力范围又扩大到了郯国。

吴国的强大压力不仅迫使鲁国就范，更在齐国内部引发激变。"齐人弑悼公，赴于师。吴子三日哭于军门之外。"[2]意为，齐国人杀死齐悼公，向联军发出了讣告。吴王夫差在军门外边哭了三天。

齐悼公之死，《左传·哀公十年》只是含糊地记为"齐人"所"弑"。而《春秋经·哀公十年》则未使用"弑"字而记为"三月，戊戌，齐侯阳生卒"[3]。与之不同的是《史记·齐太公世家》的叙述，记为因鲍牧与齐悼公有矛盾，关系不睦。齐悼公四年（吴夫差十一年，前485），吴国、鲁国攻打齐国的南部地区时，"鲍子弑悼公，赴于吴"[4]，即鲍牧杀死了齐悼公，并向吴国报丧。

又，《史记·田敬仲完世家》记载："四年，田乞卒……鲍牧与齐悼公有郄，弑悼公。"[5]意指齐悼公四年（吴夫差十一年，前485）鲍牧动手弑齐悼公前，田乞（即陈乞、陈僖子）已死。而鲍牧与齐悼公有矛盾，于是杀死了悼公。《史记》此处记载与《左传·哀公十一年》中记写吴、齐艾陵之战时陈僖子（即陈乞、田乞）尚活着的记载"陈僖子谓其弟书"[6]明显相悖。且鲍牧弑悼公，亦与前述《左传》记载齐悼公杀鲍牧相悖。故齐悼公之死，在《左传》《史记》两部文献的叙述中颇不一致。

获知齐悼公死讯，"吴子三日哭于军门之外"[7]。齐悼公死后，夫差在军门外的三日飞泪，哭的是什么？是出于对政治对手的尊重？然三年前楚昭王死于与吴军对峙的城父时，却未见吴王夫差流一滴眼泪。此次，夫差何以对之前素无往来的齐悼公之死如此温情？

吴国纠集鲁、邾、郯攻伐齐国，在吴王夫差"大志于齐"的目标下，或为达到如下战略目的：其一，打破鲁、齐间任何政治联盟的可能性；其二，迫使齐国承认和接受吴国的势力范围，从而把齐国也纳进吴国在北方构建的势力范围。然而，随着齐国的内部激变和齐悼公身死，夫差的战略部署被打乱。毕竟，和齐悼公对话总比和一个内部纷争不堪的齐国对话容易得多。因此，夫差哭的不是齐悼公，而是且只能是为吴国霸业追求的命运多舛而落泪。

（2）吴国"舟师"的"自海入齐"——中国历史上的第一次海战

以吴国为首的四国联军伐齐，并未随着齐悼公之死而结束，但战争的形式却从陆上进攻转变成了海上进攻。"徐承帅舟师，将自海入齐，齐人败之，吴师乃还。"[8]意即，吴国大夫徐承率领吴国水军，从海上进入齐国。齐国人把他打败了，吴军就退兵回国。吴国主持并由四国（含吴国）

---

[1]《左传·哀公十年》，见《春秋左传正义》，北京大学出版社1999年，第1653页。
[2]《左传·哀公十年》，见《春秋左传正义》，北京大学出版社1999年，第1653页。
[3]《春秋经·哀公十年》，见《春秋左传正义》，北京大学出版社1999年，第1652页。
[4]《史记·齐太公世家》，见司马迁：《史记》，中华书局1959年，第1508页。
[5]《史记·田敬仲完世家》，见司马迁：《史记》，中华书局1959年，第1883页。
[6]《左传·哀公十一年》，见《春秋左传正义》，北京大学出版社1999年，第1658页。
[7]《左传·哀公十年》，见《春秋左传正义》，北京大学出版社1999年，第1653页。
[8]《左传·哀公十年》，见《春秋左传正义》，北京大学出版社1999年，第1653页。

参加的第一次伐齐战争,以失败了的海上远征画上了句号。

对吴国舟师"自海入齐"及"齐人败之",由于《左传》记载太简,后人难以知晓齐国是如何将吴国"舟师"击败的。但由于海上与内河、内湖航行存在巨大差异,吴国"舟师"的"自海入齐",必然涉及与航海有关的海上舰船制造技术、航海定位(其时指南针尚未出现)、海上军需给养的征集与保存、海洋气候的识别与处理等多项与海上航行及海上作战技术有关的要素。因此,"自海入齐"的吴国"舟师",可说是中国历史上首次出现且具备后世海军这一军种性质的古代海军;而率领这支吴国"舟师"的吴大夫徐承,堪为中国历史上有名有姓且率领海上舰队进行军事实战的第一任海军将领了。这一"自海入齐"的吴国"舟师",显然是在伍子胥水战理论和实践下,吴国多年经营的成果。由于古代交通、通信极不发达,吴国"舟师""自海入齐"的命令或在突发事件——齐悼公去世前就已下达并被执行。它在映射着春秋时吴国造船业发达的同时,也映射着伍子胥水战理论和实践对吴国兵家文化的影响,尽管此时,伍子胥已被吴王夫差疏远。

3.吴第二次伐齐战争的准备与楚乘机勒索伐陈及吴国的"舍陈安楚"

吴夫差十一年(前485)春天的第一次吴伐齐之战,无果而终。在未达到战略目标的情况下,吴王夫差准备第二年再次伐齐。

伐齐的战争准备,需要时间。而随着吴国北进及兵力北投,楚国看到勒索并逼迫吴国让出对陈国控制权的机会。本年(指吴夫差十一年,前485)冬季,楚国的子期(公子结)进攻陈国。"吴延州来季子救陈"[1],即吴国由季札领兵救陈。季札对楚国的统帅子期说,吴、楚两国的国君都不致力于德政,却用武力争夺于诸侯,可陷于战火中的百姓又有什么罪过?"我请退,以为子名,务德而安民"[2]。即我自请退兵,以此成就您的名声,以便您施行德政并安定百姓。

楚国抓住吴国即将再次伐齐的时间窗口期,实施敲诈式的勒索而伐陈,迫使吴国放弃在陈国的利益。从战争效果看,楚国的算计极为精准。对楚国伐陈,吴国领兵者为"延州来季子",即季札。季札至本年,实已高龄。杜预注对之匡算说:"季子,吴王寿梦少子也。寿梦以襄十二年卒,至今七十七岁。寿梦卒,季子已能让国,年当十五六,至今盖九十余。"[3]孔颖达疏也指出:"襄、昭之《传》称延州来季子者,皆是季札也。此说务德安民是大贤之事,亦当是札,故计迹其年,言虽老犹能将兵也。"[4]以上注疏,均以为季札尽管高龄且已达九十余岁,但"务德安民是大贤之事,亦当是札",故其"虽老犹能将兵"。

然而,在人生七十即为稀的古代,已值九十余岁的季札能否领兵?杨伯峻以孔颖达疏引孙毓说指出:"此延州来季子未必即季札本人,以近百岁老翁帅师,恐情理所难,或其子孙,仍受延、州来之封,故仍其称乎。"[5]意指,吴领兵者可能为季札后人,因袭"延、州来之封",故亦可称为"延州来季子"。

---

[1]《左传·哀公十年》,见《春秋左传正义》,北京大学出版社1999年,第1654页。
[2]《左传·哀公十年》,见《春秋左传正义》,北京大学出版社1999年,第1654页。
[3]杜预注,见杜预:《春秋经传集解》,上海古籍出版社1978年,第1767页。
[4]孔颖达疏,见《春秋左传正义》,北京大学出版社1999年,第1654页。
[5]杨伯峻:《春秋左传注》(修订本),中华书局1990年,第1656页。

上述二说，一指为季札本人，一指为季札后人。本书采信为季札本人之说。这一时期，吴王夫差作北上第二次伐齐战争的准备，在将领、兵员等均为紧张情况下，为不干扰北进战略而起用其高龄叔祖（即其祖父诸樊之弟）的季札领兵，既完全可能，亦充满无奈。而从季札领兵的战争结果看，吴王夫差起用季札时，或许向其交底——相机可作"舍陈安楚"即放弃陈国以安定楚国的选择。是时，吴王夫差既深知楚国此时乘机勒索——逼迫吴国放弃对陈国控制权的目的，而值吴王夫差拟再次伐齐之际，必无意分兵而与楚人纠缠。正因如此，季札领军救陈时，对楚军统帅说出的，且也只有他这样身份的人才能说出的"二君不务德"之类对吴王夫差并不恭敬的话。同时，也只有吴王夫差向其交底，季札才可能做出"我请退"，即将对陈国的控制权拱手相让的退兵决定。

吴国这一做法简单、务实——对方勒索，则满足其要求，且一次到位。这样，既避免延缓甚至放弃伐齐的任何安排，又避免出现与齐、楚两个大国同时作战的不利状况。由此亦可见吴王夫差把北进争霸放在首位的决心和意志。其后的历史证明，吴王夫差放弃局部利益以服从整体利益的"舍陈安楚"，是一个明智的战略选择。放弃陈国利益而满足楚人愿望后，吴国在与齐国的艾陵之战及其后与晋人争霸于黄池盟会时，楚人都未对吴国的北进形成干扰和牵制。

（三）第二次吴伐齐战争及艾陵之战

吴夫差十一年（前485），"秋，吴子使来复儆师"[1]。即本年秋天时，吴王夫差又派使者到鲁国，再次告诫鲁国，准备出兵攻打齐国。对之，杜预注曰："伐齐未得志，故为明年吴伐齐传。"[2]显然，吴国第一次伐齐，并未达到迫使齐国承认吴国势力范围，进而将齐国圈进吴国势力范围的战略目的，故准备再次伐齐。

1.吴、鲁第二次伐齐之战的先声——齐伐鲁及齐、鲁"曲阜之战"

就在吴国做着伐齐战争准备时，齐国先下手攻伐鲁国，从而揭开了吴、鲁第二次伐齐的战争序幕。吴夫差十二年（前484）春天，"齐为鄎故，国书、高无㔻帅师伐我，及清"[3]。即齐国因上年鲁国伙同吴、邾、郯攻打齐国鄎地的缘故，派齐将国书、高无㔻带兵进攻鲁国，到达清地。齐国攻打鲁国的原因，既是对上年鲁国参与四国联军伐齐进行报复，也是齐国获知吴、鲁准备再次伐齐时所作出的应激反应——先下手为强，并试图消弭正在准备中的吴、鲁联合伐齐于无形之中。

因地理因素，齐国伐鲁而吴国一时难以做出军事反应。于是鲁国只能独自承受这场"抗齐卫鲁"之战。在这一保卫鲁国的战争中，鲁国的各种政治力量团结在"抗齐卫鲁"的旗帜之下。当齐军攻打至鲁国国都曲阜城郊时，"师及齐师战于郊"[4]，即鲁军和齐军在曲阜郊外作战。这场由鲁国独立进行的"曲阜之战"，以鲁国取胜而告结束。

2.吴、齐"艾陵之战"

春天时的齐、鲁"曲阜之战"，《左传》没记载其时吴国的反应。但从夫差谋取霸权的雄心来

---

[1]《左传·哀公十年》，见《春秋左传正义》，北京大学出版社1999年，第1654页。
[2] 杜预注，见杜预：《春秋经传集解》，上海古籍出版社1978年，第1767页。
[3]《左传·哀公十一年》，见《春秋左传正义》，北京大学出版社1999年，第1655页。
[4]《左传·哀公十一年》，见《春秋左传正义》，北京大学出版社1999年，第1656页。

看,他不会坐视不管。因此,《左传》记载的空白处,或正隐藏着吴国对伐齐作的战争准备。然而,长途远征需要时间。因此,当春天过去,五月刚刚到来时,吴国军队就已出现在北方战场。在当时,这样的兵力投送当属极为快速了。

吴王夫差随同吴军来到鲁国后,旋即与鲁哀公见面、商谈。这就是《左传·哀公十一年》记载的"为郊战故,公会吴子伐齐"[1]。即是春天时齐军侵入鲁国国都郊外从而发生了"曲阜之战"的缘故,鲁国国君鲁哀公同吴王夫差会见并共同攻打齐国。五月时,吴、鲁联军攻占博地。五月二十五日,到达嬴地。吴、鲁联军深入齐境而与齐军在艾陵形成对峙。

艾陵地望,杨伯峻《春秋左传注》指出:"据江永《考实》,在今山东泰安县南六十里;据沈钦韩《地名补注》引《山东通志》,即艾邑,在莱芜县东境,此说较确。"[2]

《左传·哀公十一年》介绍了艾陵集结的双方战阵和战斗序列。吴、鲁联军一方为:"中军从王,胥门巢将上军,王子姑曹将下军,展如将右军。"[3]意指联军的中军跟从吴王夫差,吴国的胥门巢统帅上军,吴国的王子姑曹(即前文吴、鲁"鄫盟"时执牛耳者的公子姑曹)统帅下军,展如统帅右军。齐军一方:"齐国书将中军,高无㔻将上军,宗楼将下军。"[4]意指齐国的国书统帅中军,高无㔻统帅上军,宗楼统帅下军。

史家称之为"艾陵之战"的吴、齐战争,终揭开大幕:"甲戌,战于艾陵,展如败高子,国子败胥门巢。王卒助之,大败齐师。获国书、公孙夏、闾丘明、陈书、东郭书,革车八百乘,甲首三千,以献于公。"[5]意即,五月二十七日,双方战于艾陵。吴国右军统帅展如打败了齐国高无㔻统帅的上军,而齐国国书统帅的中军则击败了由胥门巢统帅的吴国上军。这时,吴王夫差统帅的中军驰援胥门巢,终扭转战况而大败齐军,并俘获了国书、公孙夏、闾丘明、陈书、东郭书等一大批齐国将领。

吴、鲁联合伐齐的艾陵之战,以吴、鲁联军的胜利而结束,此战所获的军事战利品——缴获的齐军八百辆战车,以及斩获的齐军三千甲士首级,吴王夫差全部送给了鲁哀公。而吴王夫差所要的政治成果——迫使齐国承认和接受吴国已构建起的势力范围并纳入其中,文献无记载。

齐国是春秋首霸的北方大国,近些年与晋国一直争夺中原地区的主导权,且与鲁国既有旧怨,近年又有合作,此番更有着鲁国联合吴国而大败齐国的新仇。随着齐国卿族争斗中鲍氏、高氏及国氏的衰落,齐国权力渐向陈(田)氏家族倾斜。所有这些,均构成艾陵之战后文献并无齐国与吴国结盟记载的原因。吴王夫差的对齐战争虽争得了艾陵之战击败齐国的名声,但并未取得将齐国纳进吴国势力范围圈的实利。

对吴王夫差来说,两次伐齐的目的,是想把齐国变成像鲁国一样的吴国从属之国。该想法虽能满足夫差"大志于齐"的心理诉求和愿望,但齐国作为春秋首霸,并非浪得虚名。它与邾、郯以及鲁国相比,毕竟不是一个量级的。更何况,昔日在晋国集团内本就桀骜不驯而屡屡挑战晋国权

---

[1]《左传·哀公十一年》,见《春秋左传正义》,北京大学出版社1999年,第1658页。
[2] 杨伯峻:《春秋左传注》(修订本),中华书局1990年,第1657页。
[3]《左传·哀公十一年》,见《春秋左传正义》,北京大学出版社1999年,第1658页。
[4]《左传·哀公十一年》,见《春秋左传正义》,北京大学出版社1999年,第1658页。
[5]《左传·哀公十一年》,见《春秋左传正义》,北京大学出版社1999年,第1659页。

威的齐国,又如何能成为吴国的属国?其后的历史事实证明,有着"大志于齐"想法的吴王夫差,或是想得太多了。

三、战略歧见与伍子胥之死及其后世在吴、越、闽多地形成的文化
(一)伍子胥与夫差意见相左

从吴夫差二年(鲁哀公元年,前494)吴国伐越时起,伍子胥就因与夫差意见相左而被疏远。其后十余年中,伍子胥在吴国政坛上失去踪影,也没有了话语权。

吴国战略及其进击方向转变为"北进争霸",最大的受益者当为越国。正是吴国的这一改变,客观上减轻了对越压力,从而给了越国休养生息、重新崛起的历史机遇。因此,在第一次吴、齐战争及吴国准备第二次伐齐时,晋国、楚国做出的反应,都是乘机获取本国利益,而越国则以对吴输出小利的柔顺面貌出现。

《左传·哀公十一年》记载公元前484年(吴夫差十二年,鲁哀公十一年)时,"吴将伐齐,越子率其众以朝焉,王及列士皆有馈赂"[1]。即是年吴国将要攻打齐国时,越王勾践率领他的臣子前来朝见,向吴王和吴国大臣们赠送财礼。

越人的柔顺和馈赂,背后隐藏着对吴王夫差穷兵黩武推波助澜的祸心。在政治角力中,让政治对手犯错误且越犯越大,则自己的政治收益就越大。吴王夫差不断消耗着吴国国力而北上征战,一心复仇的越王勾践却在收敛锋芒,等待着吴国伐齐战争发生逆转或吴国国力消耗殆尽时刻的到来。就在吴国君臣因受越人馈赂而上上下下皆大欢喜时,被吴王夫差疏远了近十年的老臣伍子胥,却洞若观火地看出了越国的险恶居心——"吴人皆喜,唯子胥惧,曰:'是豢吴也夫!'"[2]即伍子胥感到了焦虑和忧惧,多年沉寂后,他说出的第一句话就是揭穿越人阴谋的"是豢吴也夫!"即越人的这一套动作,是想要把吴国养肥了好宰杀啊!

接着,伍子胥又在吴王夫差面前,翻起十多年前的争论而劝谏吴王说:"越国对于我们来讲,可是心腹之大患啊!土地相连而又对我们怀有欲望。他们的顺从,是为了求取他们的欲望。不如趁早对他们下手。"对吴王夫差正秣马厉兵准备着的伐齐战争,伍子胥唱反调指出:"得志于齐,犹获石田也,无所用之。越不为沼,吴其泯矣。"[3]意为,得志于齐国,就好比得到一块全是石头的田,一点用处也没有。而不灭掉越国并让越国沦为沼泽,那吴国就一定会被越国灭掉。显然,伍子胥表达出他的一以贯之的思想——有越则无吴,故吴国要生存,则必须灭越,并对越人要斩尽杀绝,不留后患。

伍子胥丝毫不顾及夫差的感受,又举例作喻,表达其"灭越"的思想。这位被吴王夫差放逐多年的老臣,既未改变他的性格,也未改变他十多年前的政治见解。然而,正是他对吴国前途的忧虑和不计后果的直言,成就了他对吴国的忠贞。同时,这也必然地导致了他与吴王夫差君臣关系的难以协调。

---

[1]《左传·哀公十一年》,见《春秋左传正义》,北京大学出版社1999年,第1659页。
[2]《左传·哀公十一年》,见《春秋左传正义》,北京大学出版社1999年,第1659页。
[3]《左传·哀公十一年》,见《春秋左传正义》,北京大学出版社1999年,第1659页。

对伍子胥的劝谏，吴王夫差以"弗听"[1]二字作为回应。其时，夫差北进以谋取中原地区的霸权，已成为其战略基石。第一次伐齐，无果而终。为了再次伐齐，吴国不得已以舍弃陈国来安定楚国。更何况，十多年前，吴王夫差就因"大志于齐"而存越，而此刻伍子胥却大唱反调。这不能不使吴王夫差视为对其"北进争霸"战略的挑战和否定，并认为伍子胥这样做是为了发泄被疏远的怨气。

伍子胥的灭越之策，与吴王夫差的北进战略本不矛盾。灭越消除后患后，再图北进，其实是个更好的选择。再说，当日吴王阖闾在位时，越人就曾"入吴"——攻入吴国国都。这些历史教训，夫差并非不知。但从夫差起用其九十高龄的叔祖季札领兵去舍陈安楚来看，为准备第二次伐齐战争，在兵员调配上，吴王夫差实已捉襟见肘。而听取伍子胥之言并采取灭越之策，则非但重回到十多年前关于"灭越""存越"的争论上，更使得十多年前吴王夫差"大志于齐"且现已在落实中的吴国整个战略进击方向重做调整。而在调整中，那已在中原地区建立的含鲁、邾、郯等国在内的吴国势力范围，又必然崩溃。为了北进，吴国不惜放弃陈国而安定楚国。如今为了对付南面已柔顺臣服的越国，焉能放弃北进、放弃北进取得的成果？

吴国已经启动和运行的庞大战争机器，此时，已无法调头转向了。

正当吴国在为北进的得失陷入争论时，北方的齐国对时已听命于吴的鲁国动手，从而发生了前述的齐、鲁"曲阜之战"。这也说明，外部的情势已并非吴国所能控制。所有这些，使得吴王夫差的北进无法回头，且只能顺势而进了。

面对伍子胥的絮叨，吴王夫差派遣他"使于齐"[2]，即出使齐国。在吴、齐两国将再次发生战争时，夫差派遣伍子胥出使齐国，其目的或为如下：其一，让伍子胥进行实地考察后，能改变伐齐是"得志于齐，犹获石田也，无所用之"的认知，并对吴国"北进争霸"战略产生正面认同。其时，吴国在中原地区成功构建起含鲁、邾、郯等国在内的势力范围，在吴国历史上前所未有，且亦为夫差极为得意的霸业业绩。其二，吴王夫差不愿再听伍子胥的絮叨，图个耳根清净，故将其打发得远远的。上述目的，不排除还有其他，但均说明夫差遣伍子胥"使于齐"，并无设套、挖坑式的恶意。

（二）吴、齐艾陵之战后的伍子胥之死

1.艾陵之战前伍子胥托子于齐与"反役"后夫差赐死伍子胥

《左传·哀公十一年》记载，伍子胥"使于齐，属其子于鲍氏，为王孙氏"[3]。

吴王夫差酝酿多年的"大志于齐"，且其后在存越、舍陈等方面分别对越国、楚国付出了成本，但两次伐齐并未取得迫使齐国就范的实质性成果。而夫差派遣伍子胥出使齐国，伍子胥却乘"使于齐"之机，把儿子托付给齐国鲍氏，并让其子改姓为王孙氏。是故，"反役，王闻之，使赐之属镂以死"[4]。杜预注"反役"为"艾陵役也"[5]。

---

[1]《左传·哀公十一年》，见《春秋左传正义》，北京大学出版社1999年，第1660页。
[2]《左传·哀公十一年》，见《春秋左传正义》，北京大学出版社1999年，第1660页。
[3]《左传·哀公十一年》，见《春秋左传正义》，北京大学出版社1999年，第1660页。
[4]《左传·哀公十一年》，见《春秋左传正义》，北京大学出版社1999年，第1660页。
[5]杜预注，见杜预：《春秋经传集解》，上海古籍出版社1978年，第1778页。

显见,伍子胥属其子于齐鲍氏,吴王夫差从艾陵战役回来后,听说此事,便派人把属镂宝剑赐给伍子胥,让他自杀。

2.伍子胥托子于齐的原因

伍子胥托子于齐鲍氏的原因,《左传》未及,且《左传》叙述中,第一次吴、齐之战前,鲍牧已为齐悼公所杀,故上述《左传·哀公十一年》中的"鲍氏",只能是鲍牧族人。

而《史记》叙述为鲍牧弑杀悼公,故《史记·伍子胥列传》记载伍子胥托子于齐鲍牧时说:"子胥临行,谓其子曰:'吾数谏王,王不用,吾今见吴之亡矣。汝与吴俱亡,无益也。'乃属其子于齐鲍牧……"[1]即子胥临行时对他儿子说:"我屡次规劝大王,大王不听。我现在已看到吴国的灭亡了。你留在吴国和吴国一起灭亡,没什么好处。"于是就把他儿子托付给了齐国的鲍牧。

无论是《左传》还是《史记》的叙述,伍子胥托子于齐,都反映了他因数次谏言未为吴王夫差所用,故对吴国的未来失去信心。

3.夫差赐死伍子胥的原因分析

夫差赐死伍子胥,原因极为复杂。明面理由为伍子胥托子于齐,但其深层原因,当为以下:

(1)伍子胥与夫差的战略歧见

伍子胥对吴王夫差"北进争霸"战略持排斥甚至对立情绪。对伍子胥来说,当日楚平王杀其父兄,构成了他奔吴复仇的主要目的。楚平王死后,楚国由楚平王与秦女所生的楚昭王执政,吴王阖闾伐楚时索楚昭王而不得,后在秦、楚联军的攻击下,吴军返归,伍子胥实是带着遗憾离开楚国的。其后,吴王阖闾伐越身死,吴王夫差"由此怨越而不西伐楚"[2]。接下来,吴国战略一变为北进及"大志于齐",而由此派生出的"存越"已使其对吴王夫差"不西伐楚"的北进战略极度不满并难以配合。吴国第一次伐齐之战后接着准备第二次伐齐,而越人对吴王夫差的北进又竭力推波助澜,故于公于私,伍子胥直言指出越人实为"豢吴"之险恶用心,个中并不乏意图再使吴国的国家战略回到"西伐楚而南伐越"的轨道上来。正是这一思维,使得他对吴王夫差的伐齐准备大泼冷水。而正是他对吴国前途的忧虑和不计后果的直言,既成就了他对吴国的忠贞,也铸就了他专注于个人父兄之仇的固执。这又必然地导致了他与吴王夫差君臣关系的难以协调。

(2)吴王夫差两次对齐战争并未取得实质性进展及两国交兵而伍子胥托子于敌国等因素交相作用的结果

艾陵之战"反役"后,吴王夫差对两次伐齐战争并未取得预期成果或心有失落。值返归心情不佳之时,夫差闻伍子胥托子于齐及表现出对吴国丧失信心,从而超越其容忍底线。如前所述,在吴国第二次伐齐前,吴王夫差派遣伍子胥出使齐国,其中并无恶意。虽不排除吴王夫差赐死伍子胥带有激情成分,但伍子胥值两国交兵之时而将子托于即将再成为交战方的敌国,虽说有对吴王夫差政治路线丧失信心的因素,但也确有欠妥之处。

(3)战略歧见之争与深层次历史恩怨纠缠的结果

在夫差被立为吴太子从而成为吴王的过程中,伍子胥参与太深,为日后引发夫差的猜忌埋下

---

[1]《史记·伍子胥列传》,见司马迁:《史记》,中华书局1959年,第2179页。
[2]《史记·楚世家》,见司马迁:《史记》,中华书局1959年,第1717页。

祸根。《史记·伍子胥列传》记载，伍子胥临死前极为愤怒地对夫差说："我令若父霸。自若未立时，诸公子争立，我以死争之于先王，几不得立。若既得立，欲分吴国予我，我顾不敢望也。"[1]由此可以看出，伍子胥参与到吴国权力核心之事时，进行的是一种政治赌博式的下注——博夫差成为吴王后，自己依然能保持在吴国政坛上的影响力。如果夫差胸怀大志且有一整套吴国发展思路的话，伍子胥坚持要求吴王夫差采纳其意见，就只能被夫差视为意图对其政治路线进行绑架与控制了。在吴王夫差第二次伐齐前，面临楚国勒索式的"伐陈"，夫差宁可起用高龄的叔祖季札，也未敢起用伍子胥。原因很简单，季札会忠实地执行"舍陈安楚"之策，从而保证吴国北进伐齐的战争准备顺利进行。而起用伍子胥，则变数很大。其中的一种可能是，伍子胥会因坚持与吴王夫差相悖的西抗强楚、南下灭越的路线，在对楚战争中把战争打大，从而对吴王夫差的北进战略形成牵制。而当越王勾践率越臣朝见，并上下送礼时，越人表现出的柔顺面貌及所包藏的祸心，其实已很明显。而伍子胥指出其是"豢吴"，也一语中的。但由于吴王夫差和伍子胥存在着种种恩怨、成见和猜忌，使得吴王夫差对其一是"弗听"，二是让其"使于齐"以图耳根清净。而伍子胥临死前将夫差立太子时的宫闱秘辛揭出，更是触及宫廷政治的忌讳，从而构成了夫差痛下杀手的另一原因。

(4) 吴太宰伯嚭在其中煽风点火、挑拨离间引发的恶劣结果

伍子胥与伯嚭均来自楚国贵族世家。伍子胥来吴并助公子光夺取王位后，任吴"行人"一职；而伯嚭逃亡吴国后，亦成为吴"太宰"。经历、处境、地位等大致相同的情况下，易产生妒忌的卑劣情感。《史记·伍子胥列传》记载："吴太宰嚭既与子胥有隙，因谗曰：'子胥为人刚暴，少恩，猜贼，其怨望恐为深祸也……'"[2]接着，伯嚭以两次吴、齐之间的战争为例说："前日王欲伐齐，子胥以为不可，王卒伐之而有大功。子胥耻其计谋不用，乃反怨望。"[3]意即，前些时，大王要攻打齐国，伍子胥认为不可以，但大王最终发兵并且取得重大胜利。伍子胥因自己的计谋没被采纳而感到受辱，反过来产生怨恨情绪。"而今王又复伐齐，子胥专愎强谏，沮毁用事，徒幸吴之败以自胜其计谋耳。今王自行，悉国中武力以伐齐，而子胥谏不用，因辍谢，详病不行。王不可不备，此起祸不难。"[4]意即，如今大王又要再次攻打齐国，伍子胥又独断刚愎地欲强行谏阻，以败坏、诋毁大王的北进之业，并且希望吴国打败仗来证明自己的计谋高明。现在大王亲自出征，出动全国的兵力攻打齐国，而伍子胥的劝谏不被采纳，因此就中止上朝，假装有病不随大王出征。大王不可以不加戒备，这很容易引起吴国祸端。接着，他更是将伍子胥出使齐国时托子于鲍氏上纲上线为里通外国式的"内不得意，外倚诸侯"[5]。接下来，伯嚭更狠毒地说伍子胥"自以为先王之谋臣，今不见用，常鞅鞅怨望。愿王早图之"[6]。伯嚭的挑唆对夫差产生了作用，吴王夫差说：

---

[1]《史记·伍子胥列传》，见司马迁：《史记》，中华书局1959年，第2180页。
[2]《史记·伍子胥列传》，见司马迁：《史记》，中华书局1959年，第2179页。
[3]《史记·伍子胥列传》，见司马迁：《史记》，中华书局1959年，第2179页。
[4]《史记·伍子胥列传》，见司马迁：《史记》，中华书局1959年，第2179页。
[5]《史记·伍子胥列传》，见司马迁：《史记》，中华书局1959年，第2179页。
[6]《史记·伍子胥列传》，见司马迁：《史记》，中华书局1959年，第2179—2180页。

"微子之言，吾亦疑之。"[1]即没有你这番话，我也已经怀疑他了。正是在这被煽动起的激情之下，夫差"乃使使赐伍子胥属镂之剑，曰：'子以此死。'"[2]而伍子胥被逼自杀后，《史记·越王句践世家》记载说"于是吴任嚭政"[3]，即于是吴国就任命伯嚭主持一切政事。由此揭示出伯嚭进谗诋毁伍子胥的目的，乃是属意于吴国的权力。

（5）与伍子胥个人性格刚烈及不善通权达变有关

战国时的燕国名将乐毅评论伍子胥时说，从前伍子胥的意见被阖闾采纳，吴王阖闾因而能够远征楚国攻下郢都。夫差不赞成伍子胥的意见，赐他一死，将其装在皮口袋里丢进大江。所以夫差不考虑伍子胥以前的意见可以为吴国建功立业，故杀了伍子胥也不后悔。而"子胥不蚤见主之不同量，是以至于入江而不化"[4]。即伍子胥也不能及早发现阖闾与夫差的气量、抱负均不相同，导致被沉入江中而死不瞑目。伍子胥个人性格的刚烈，虽表现出他对吴国的忠诚和矢志不渝，但又极易使得吴王夫差对他产生难以合作和难以相处的感觉，从而导致夫差痛下杀手的后果。

正是上述多种原因的合力，导致伍子胥被赐属镂剑以死。

3.伍子胥临死前的激烈情怀

多部文献记载了伍子胥临死前的情怀，或参透人生哲理，或作激烈的情绪宣泄，或大笑着与人生告别。

（1）阅尽人生沧桑的"物盈必毁"

《左传·哀公十一年》记载夫差"赐之属镂以死"，伍子胥"将死，曰：'树吾墓槚，槚可材也，吴其亡乎！三年，其始弱矣。盈必毁，天之道也。'"[5]孔颖达疏："《吴语》云：子胥将死，曰：'而县吾目于吴门，以见越人之入，吴国之亡也。'"[6]即伍子胥临死前说："在我的坟上栽上槚树，等槚树成材时，吴国大概就要灭亡了！不出三年，吴国就要开始衰落。物盈必毁，这是无法改变的自然规律啊！"这里，伍子胥以一种参透人生的平和交代身后事，在"吴其亡乎""三年，其始弱矣"等的预言中，他似乎一方面依然纠结于与夫差"灭越"与"存越"的争执，另一方面却将其愤懑情绪在"将死"之际表达出来。而在行将走到生命尽头时，他更以一种阅尽人生沧桑的睿智，参透了人世间"物盈必毁"的哲理。

（2）"树梓为器"式的诅咒与"大笑"着面对死亡

《史记》记载的伍子胥，临死前的情绪却异常激烈。

《史记·吴太伯世家》记载伍子胥"将死，曰：'树吾墓上以梓，令可为器。抉吾眼置之吴东门，以观越之灭吴也。'"[7]梓，原指一种落叶乔木。后世的"梓宫"，特指皇帝、皇后的棺材。故

---

[1]《史记·伍子胥列传》，见司马迁：《史记》，中华书局1959年，第2180页。
[2]《史记·伍子胥列传》，见司马迁：《史记》，中华书局1959年，第2180页。
[3]《史记·越王句践世家》，见司马迁：《史记》，中华书局1959年，第1744页。
[4]《史记·乐毅列传》，见司马迁：《史记》，中华书局1959年，第2432页。
[5]《左传·哀公十一年》，见《春秋左传正义》，北京大学出版社1999年，第1660页。
[6]孔颖达疏，见《春秋左传正义》，北京大学出版社1999年，第1660页。
[7]《史记·吴太伯世家》，见司马迁：《史记》，中华书局1959年，第1472页。

张守节《史记正义》："器谓棺也，以吴必亡也。"[1]因此，这里种于墓上的梓树，有着待其成材而为吴王夫差做一口棺材的诅咒意思了。

《史记·伍子胥列传》也记载了伍子胥临死前相同的做法与诉求说："抉吾眼县吴东门之上，以观越寇之入灭吴也。"[2]而《史记·越王句践世家》则记载了伍子胥以"大笑"来面对死亡，并说："我辅佐你的父亲称霸，又拥立你为吴王，你当初想与我平分吴国，我没接受，事隔不久，今天你反而因谗言而杀害我。唉，你一个人绝对不能支撑住立国！"伍子胥告诉使者说："必取吾眼置吴东门，以观越兵入也！"[3]

（三）后世衍生出的伍子胥文化

1.伍子胥文化及其衍生原因

伍子胥死后，吴国在黄池盟会争霸并取得霸权，但越国乘吴国军事力量远在中原地区而攻入吴都，其后终导致吴国灭亡。所有这些，证实了伍子胥当初"灭越"谏言的正确。而对后世影响甚大的屈原《九章·涉江》篇"伍子逢殃兮"[4]句，王逸注："伍子，伍子胥也。为吴王夫差臣。谏令伐越，夫差不听，遂赐剑而自杀。后越竟灭吴，故逢殃也。"[5]伍子胥为吴国的生存而献出了生命，其赤心忠吴并为之而死的精神，得到后世吴地民众的纪念，更得到后世政治家们的赞誉。在历史人物的臧否褒贬中，由伍子胥衍生出绵延后世的种种文化。

后世对伍子胥的评价更多着眼于他对吴国的忠诚。战国时屈原《九章·惜往日》篇咏叹伍子胥"吴信谗而弗味兮，子胥死而后忧"[6]。北宋政治家王安石在其《伍子胥庙记》中说："子胥之节有以动后世，而爱尤在于吴也。"[7]"爱尤在于吴"，是对伍子胥忠诚于吴的赞赏与评价。

2.从"悬眼"到"悬头"——吴地的民间纪念

《史记·吴太伯世家》《史记·伍子胥列传》分别记载伍子胥临死前所说"抉吾眼置之吴东门，以观越之灭吴"[8]及"抉吾眼县吴东门之上，以观越寇之入灭吴也"[9]。然而，上述伍子胥所说的"抉吾眼"，在后世的苏州民间却演变为"悬头"；而为"观越之灭吴"的"吴东门"（今葑门），却被移至苏州城西且"伍子胥宅在其傍"[10]的胥门。

《苏州民间故事》收录的《伍子胥之死》记载，伍子胥临死前，对夫差说："死后你们要把我的头挂在城门口，我要看看越王勾践的大军怎样从我的眼皮底下经过。"[11]近年官方关于地名的出版物中，也采纳了这一民间的说法。如苏州市地名委员会编的《江苏省苏州市地名录》关于"胥门"条说："胥门：位于城西，又名姑胥门，因姑胥山得名。相传伍子胥宅在近处，且后又悬头于此

---

[1]张守节：《史记正义》，见司马迁：《史记》，中华书局1959年，第2180页。
[2]《史记·伍子胥列传》，见司马迁：《史记》，中华书局1959年，第2180页。
[3]《史记·越王句践世家》，见司马迁：《史记》，中华书局1959年，第1744页。
[4]屈原：《九章·涉江》，见萧统编、李善注：《文选》，中华书局1977年，第469页。
[5]王逸注，见萧统编、李善注：《文选》，中华书局1977年，第469页。
[6]屈原：《九章·惜往日》，见《楚辞全译》，贵州人民出版社1984年，第109页。
[7]王安石：《伍子胥庙记》，见《王文公文集》，上海人民出版社1974年，第424页。
[8]《史记·吴太伯世家》，见司马迁：《史记》，中华书局1959年，第1472页。
[9]《史记·伍子胥列传》，见司马迁：《史记》，中华书局1959年，第2180页。
[10]范成大：《吴郡志》，江苏古籍出版社1986年，第23页。
[11]金煦主编：《苏州民间故事》，中国民间文艺出版社1989年，第55页。

门,故名胥门。"[1]

从吴东门(葑门)移至吴西门胥门的转变,则与文献记载的胥门及伍子胥宅在其旁有关。唐代陆广微《吴地记》记作"胥门,本伍子胥宅,因名"[2]。北宋朱长文的《吴郡图经续记》沿袭此说并作阐述:"胥门者,子胥居其旁,民以称焉。"[3]其后的苏州方志,多沿袭此。《吴门表隐》卷二记载了一则伍子胥与胥门的明代旧事说:"胥门城楼有伍子胥像,立于石上。明正统时,知府况钟修城,因其不敬,改坐像。撤石见古铭十字曰:'若要子胥坐,须待二兄来。'二兄,况字也。"[4]况,即指况钟。显然,"若要子胥坐,须待二兄来"的谶言,应验在明代况钟为官苏州知府并着手将胥门城楼上的伍子胥立像改为坐像时。这里以谶言式的东方神秘表达出对伍子胥的崇敬之情,不言而喻。

古代时已有文献指出"胥门"与伍子胥"悬目东门"并无关系,如民国《吴县志》卷第十八下《舆地考·城池》引《姑苏志》说:"子胥云悬目东门,而此门(指胥门)在西,又门名即子胥所命,亦不应以己居称。"[5]意即,伍子胥悬目东门,而胥门在苏州城西,方位错讹,且伍子胥造苏

苏州胥门(左)及其城门上的"胥门"字样(右)(吴恩培摄)

苏州胥门的伍子胥纪念园中的伍子胥塑像(吴恩培摄)

---

[1] 苏州市地名委员会:《江苏省苏州市地名录》,福建省地图出版社2005年,第479页。
[2] 陆广微:《吴地记》,江苏古籍出版社1986年,第19页。
[3] 朱长文:《吴郡图经续记》,江苏古籍出版社1986年,第11页。
[4] 顾震涛:《吴门表隐》,江苏古籍出版社1986年,第20—21页。
[5] 《吴县志》卷第十八下《舆地考·城池》,见民国《吴县志》,苏州图书馆藏本。

州城并命名城门时,不可能用自己的名字来命名。然而,当伍子胥成为苏州民间崇拜的英雄,且成为一种约定俗成的文化时,胥门就成为伍子胥最恰当的纪念地了。2003年至2004年投建并开园的伍子胥纪念园,地点即位于苏州胥门城墙西侧,即说明了这一独特文化现象。

3.苏州端午习俗

关于端午习俗,戈春源先生2004年发表的《端午节起源于伍子胥考》一文,提出"苏州应是端午节的重要发源地之一,赋予端午节纪念意义的人物首推伍子胥,而不是屈原"[1]的学术观点。该文指出:南朝梁代"宗懔在《荆楚岁时记》中讲竞渡来源时引邯郸淳《曹娥碑》云'五月五日,时迎伍君。逆涛而上,为水所淹',并言'斯又东吴之俗,事在子胥,不关屈平也'(《荆楚岁时记》'五月五日'条)。十分明确地提出,龙舟竞渡在于纪念伍子胥,这从时代上讲,要大大领先于屈原"[2]。

4.苏州的胥江、胥口、胥山等伍子胥纪念地

除前述"胥门"外,后世吴地出现了一系列以伍子胥名字命名的纪念地。如:

胥江——清徐崧、张大纯《百城烟水》"胥江"条记载说:"胥江,在胥门外,以吴伍大夫得名。"[3]

胥口——《吴郡志》卷第四十八:"胥山,在太湖口,上有伍子胥庙。舟行自此入太湖,故名胥口。"[4]

胥山——《史记·伍子胥列传》记载:伍子胥死后,吴王夫差"取子胥尸盛以鸱夷革,浮之江中。吴人怜之,为立祠于江上,因命曰胥山"[5]。即吴王夫差命人把伍子胥的尸体装进由皮革制成的袋子里,抛入胥江。当这皮袋子顺着胥江江水漂到太湖湖口时,当时的"吴人"对伍子胥"怜之"及同情,于是将他的尸体捞了上来,下葬于江畔的山上并为他立祠祭祀。此即为今苏州吴中区胥口镇太湖畔的胥山。

苏州吴中区胥口镇太湖畔的胥山,今名"清明山"(吴恩培摄)

5.江南诸多的"胥山"

上述,《史记·伍子胥列传》记载的今苏州吴中区胥口镇之太湖畔"胥山",为最早与伍子胥有关联的"胥山"之名。对该"胥山",南朝刘宋裴骃《史记集解》引张晏说:"胥山在太湖边,去

---

[1] 戈春源:《端午节起源于伍子胥考》,《苏州科技学院学报(社会科学版)》2004年第4期。
[2] 戈春源:《端午节起源于伍子胥考》,《苏州科技学院学报(社会科学版)》2004年第4期。
[3] 徐崧、张大纯:《百城烟水》,江苏古籍出版社1986年,第104页。
[4] 范成大:《吴郡志》,江苏古籍出版社1986年,第627页。
[5] 《史记·伍子胥列传》,见司马迁:《史记》,中华书局1959年,第2180页。

江不远百里,故云江上。"[1]唐代张守节《史记正义》也引《吴地记》云:"胥山,太湖边胥湖东岸山,西临胥湖,山有古丞胥二王庙。"[2]由此可见,《史记》中的"胥山",指的即是苏州太湖边上的胥山。

西汉枚乘撰写的汉赋名篇《七发》中的"弭节伍子之山,通厉胥母之场"[3]句,其中"伍子之山"指因伍子胥而得名的山,即太湖畔胥山。而唐代李善对此句注曰:"《史记》曰:吴王杀子胥,投之于江,吴人立祠于江上,因名胥母山。"[4]

胥母山,又称"莫厘山",乃是位于苏州吴中区东山镇的一座山。《越绝书》中记载阖闾伐楚归来后,在苏州的一段放松而又休闲的娱情岁月时,即有"秋冬治城中,春夏治姑胥之台。且食于纽山,昼游于胥母"[5]句。后世学者注此句时,均指出"胥母"为苏州太湖中的洞庭东山,即莫厘山。如:俞纪东《越绝书全译》注"且食于纽山,昼游于胥母"句,引张宗祥《越绝书校注》:"《江南通志》引《卢志》(即明卢熊《苏州府志》)云:洞庭东山一名胥母,即今莫厘山。《洞庭记》云:本胥母山。"[6]

由此来看,李善将位于今吴中区胥口镇太湖畔的"胥山"误注为"胥母山",从而将苏州东山今莫厘山(莫厘峰)的"胥母山"与胥口太湖畔的"胥山"混淆为一座山。

李善注《七发》并将《史记》中的苏州太湖畔"胥山"误注为"胥母山"。百余年后的唐德宗时,卢元辅为杭州刺史时写下《胥山庙铭》一文,则将杭州吴山称为"胥山"[7]。由此,杭州的"胥山"开始出现。宋代王安国撰《胥山庙碑铭》云:"胥山庙者,吴人奉祀已千百余年。"[8]清翟灏等辑《湖山便览》载"吴山"条曰:"吴山,本名胥山……《名胜志》言:以伍子胥讹伍为吴,故郡志亦称胥山,其说近是。"[9]《湖山便览》另载"伍公山"说:"古称吴山为胥山,以伍子胥立庙于此得名也。"[10]韩湘亭《历代郡县地名考》释"吴山"条也说:"在浙江杭州府城内西南隅,旧名胥山,山上有伍子胥祠。"[11]上述文献,记载了吴地文化元素的"胥"(伍子胥)及"吴"等融入越地的情况。

由于苏州太湖畔胥山及杭州"胥山"(吴山)的出现,后世亦形成文坛争讼。游国恩《两汉文学史参考资料》释枚乘《七发》赋中关于"伍子之山"和"胥母之场"句时,对"胥山"的浙地杭州说及吴地苏州说,以注释形式予以评述,表达了当代学者对"胥山"不同诠释的臧否和认定。该注释说:"'伍子之山',因伍子胥而得名的山;'胥母之场',祭祠伍子胥的祠庙。按,今浙江杭县有吴山,亦称胥山;而江苏吴县西南又有胥母山。前人因此二地名,乃疑前文'广陵之曲江'为浙江

---

[1] 裴骃:《史记集解》,见司马迁:《史记》,中华书局1959年,第2181页。
[2] 张守节:《史记正义》,见司马迁:《史记》,中华书局1959年,第2181页。
[3] 枚乘:《七发》,见萧统编、李善注:《文选》,中华书局1977年,第483页。
[4] 萧统编、李善注:《文选》,中华书局1977年,第483页。
[5] 袁康、吴平:《越绝书》,上海古籍出版社1985年,第9页。
[6] 俞纪东:《越绝书全译》,贵州人民出版社1996年,第27页。
[7] 卢元辅:《胥山庙铭》,见光绪二年刻本《吴山伍公庙志》。另,《中国道观志丛刊》(广陵书社,2004)第16册,收有该刊本。
[8] 王安国:《胥山庙碑铭》,见光绪二年刻本《吴山伍公庙志》。另,《中国道观志丛刊》(广陵书社,2004)第16册,收有该刊本。
[9] 翟灏等:《湖山便览》,上海古籍出版社1998年,第322—323页。
[10] 翟灏等:《湖山便览》,上海古籍出版社1998年,第347页。
[11] 韩湘亭编辑:《历代郡县地名考》,北京图书馆出版社2002年,第264页。

省之钱塘江。汪中作《广陵曲江证》，首先证明吴王投伍子胥于江，是投于吴境的松江而非越境的浙江，故此处的'伍子之山'和'胥母之场'显与浙江无涉，不得引以为据。……又梁章钜《文选旁证》引俞思谦说：'……伍子之山、胥母之场，皆在苏州境内。文人兴到，推广言之，不必泥也。'亦属近情之论，故录以备考。"[1]

后世，浙江的嘉兴、嘉善等地也相继出现"胥山"。光绪《嘉兴府志》卷十二记载嘉兴的"胥山"说："胥山，一名张山，在县东南三十里，高一十五丈，周二里。旧经云：伍子胥伐越，经营于此，故名……山与嘉善分属。相传子胥伐越，驻兵于此。"[2]光绪《嘉兴府志》卷十二还同时记载嘉善县的"胥山"："在治南十三里，半属嘉兴县，乃碛石山之余支。"[3]

上述，嘉兴、嘉善的"胥山"，实是同一座山，二地分属。韩湘亭《历代郡县地名考》对"胥山"地名释之为："胥山：有三，一在江苏吴县西南，有子胥祠；一在浙江嘉兴县东二十七里，去嘉善县西南十三里，本名张山，子胥伐越，经此因名；一即杭县吴山。"[4]由此可知，上述苏州、杭州及嘉兴、嘉善的"胥山"，均为与伍子胥有关的纪念地名。

自唐以降，苏州周边"胥山"林立。然而，今苏州境内已无"胥山"。昔日吴县（今吴中区）境内太湖畔的"胥山"，在苏州市地名委员会编、2005年出版的《江苏省苏州市地名录》上，其标准地名已被"清明山"覆盖，且"清明山"标准地名的条目文字如下[5]：

标准地名	汉语拼音	曾用名	高程（m）	面积（km^2）	备注
清明山	Qīngmíng Shān		198.8		胥口、木渎镇

由上可以看出，"清明山"完全覆盖了历史地名"胥山"，甚至连作为"曾用名"的"胥山"都已不再另行标注。形成的原因是山下有村名"清明村"，故此山被拈连呼为"清明山"。

关于胥山变身为"清明山"的时间，清乾隆以前的苏州历代方志，均有"胥山"的记载，而无"清明山"的说法。如清乾隆《吴县志》卷四关于"胥山"的记载为："胥山，在县西四十里，或云即姑苏山。……胥山，在今太湖口，舟行自此入太湖，故又名胥口。"[6]

由此可知，清乾隆前后，胥山并无他名。清乾隆后，在冯桂芬总纂的清同治《苏州府志》中，情况发生了变化。该《苏州府志》卷六记载："胥山，在香山东南太湖口，今名清明山。"[7]由此可推知，历乾隆后的嘉庆、道光、咸丰三朝，至清同治时，"胥山"名称有了"清明山"的另一名称。

民国二十二年（1933）面世的曹允源等总纂的民国《吴县志》，情况则进一步变化。民国《吴县志》卷十九虽亦相沿成习地记载为："胥山在香山东南，西北踞太湖口，今名清明山。"[8]但该

---

[1] 游国恩编辑：《两汉文学史参考资料》，高等教育出版社1959年，第25—26页。
[2]《嘉兴府志》卷十二，见光绪《嘉兴府志》，苏州图书馆藏本。
[3]《嘉兴府志》卷十二，见光绪《嘉兴府志》，苏州图书馆藏本。
[4] 韩湘亭：《历代郡县地名考》，北京图书馆出版社2002年，第524页。
[5] 苏州市地名委员会：《江苏省苏州市地名录》，福建省地图出版社2005年，第407页。
[6]《吴县志》卷四《山》，见乾隆《吴县志》，苏州图书馆藏本。
[7] 同治《苏州府志》卷六，见《中国地方志集成江南府县志辑⑦·同治苏州府志》，江苏古籍出版社1991年，第180页。
[8]《吴县志》卷第十九《舆地考·山》，见民国《吴县志》，苏州图书馆藏本。

《志》其它卷在言及"清明山"时,均已不标注原名"胥山",而均记作"清明山"。如该《志》言及兵防及"汛地四十三处"时提及"庄汛交界西九里至清明山庙"[1];记载金兰(字子春,自号碧螺山人)"论辨清明山有淫祠作威福,愚民争趋之"[2]及记载"同治季年,胥口清明山淫祀颇作威福,愚民趋之若鹜"[3]等,均已以"清明山"替代"胥山"。

由此可见,民国二十二年(1933)时,苏州的"胥山"已渐为"清明山"覆盖,但"胥山"之名尚犹并存。殆至当代,则如前文所说,在2005年出版的《江苏省苏州市地名录》中,则完全摒弃或丢失了"胥山"的地名。吴文化地名,是苏州的非物质文化遗产。而苏州太湖畔"胥山",系司马迁《史记·伍子胥列传》始载,且诞生于春秋时期。其诞生时间,与春秋吴都"吴"城(今苏州古城)几乎同时,且与苏州城的建造者——伍子胥有密切关联。这一苏州的吴文化地名,印证着苏州春秋时期的一段历史。时至今日。面对这一蕴含着久远历史文化且已丢失的历史地名,今人所能做的就是启动并履行地名变更的行政程序,把这一失落的"胥山"重新找回来。

6.吴地的伍子胥祠庙

胥山上的伍员庙,为最早纪念伍子胥的祠庙。历经岁月变迁,该庙至南宋时犹存,且盘门又建有祠庙,从而成为"双庙"。这就是南宋范成大《吴郡志》所记载的:"伍员庙,在胥口胥山之上。盖自员死后,吴人即此立庙。乾道间复修之,规制犹陋。盘门里又有员庙,即双庙是也。"[4]

明王鏊于正德年间所撰《姑苏志》亦指出:"吴相伍大夫庙,在吴县盘门内,旧在县西南三十二里胥山上,即子胥死处。俗云胥王庙。宋元嘉三年,吴令谢询始徙庙入城。宋建中靖国间,太守吴伯举重修。元大德三年,尝著灵异,特增为忠孝感惠显圣王。至正间,廉访佥事李仲善别立庙于胥门上(郑元祐记),后仍立今庙。成化十五年庙毁,御史刘魁重建。每春秋祀之,祝文曰:孝以雪雠,忠以报国,白马素车,威灵赫奕。"[5]"胥王庙,在高峰山西胥口临湖,即旧庙基也。庙迁入城,人犹于此祀之。"[6]

民国《吴县志》记载与上述大致相同情况后,另记载了清代时胥口胥王庙的兴废情况:"吴相伍大夫庙,在胥口胥山上。子胥死,吴人于此立祠,俗称胥王庙。宋元嘉二年[7],吴令谢珣移庙城中。唐狄仁杰为采访使,废江南淫祠,惟此庙与大禹、泰伯、季札三祠并存。乾道间复建故处。明正德间重修。清乾隆中,里人张绍能重修,咸丰十年毁。同治间,里人张达言募赀重建。"[8]

清徐崧、张大纯《百城烟水》卷之二亦记载胥口的胥王庙,为"明正德间重建"[9]。该庙清代时多次重修,1966年"文革"初期被毁。庙毁后,该庙故址曾建胥口石灰厂。

---

[1]《吴县志》卷第五十三《兵防考一》,见民国《吴县志》,苏州图书馆藏本。
[2]《吴县志》卷第六十六下《列传四》,见民国《吴县志》,苏州图书馆藏本。
[3]《吴县志》卷第七十九《杂记二》,见民国《吴县志》,苏州图书馆藏本。
[4]范成大:《吴郡志》,江苏古籍出版社1986年,第166页。
[5]《姑苏志》卷第二十七《坛庙上》,见正德《姑苏志》,苏州图书馆藏本。
[6]《姑苏志》卷第二十七《坛庙上》,见正德《姑苏志》,苏州图书馆藏本。
[7]此处与前引正德《姑苏志》相异且相差一年,《姑苏志》记为"宋元嘉三年"。
[8]《吴县志》卷第三十三《坛庙祠宇一》,见民国《吴县志》,苏州图书馆藏本。
[9]徐崧、张大纯:《百城烟水》,江苏古籍出版社1986年,第126页。

第八章 吴王夫差"北上争霸"及其失国

苏州盘门内伍相祠（左）（吴恩培摄）及"文革"中被毁的胥口胥王庙（右）（录自《老苏州·水乡寻梦》）[1]

1986年，苏州纪念建城2500周年时，当地政府（指当时的吴县胥口乡）在胥江西岸靠近香山嘴公路旁另建伍子胥墓。后又因公路扩建，该墓再次拆去。其时，墓前所立的镌刻着"吴故伍相国员鸱夷藏处"的墓碑，曾一度放置于胥口文化站门前。

1995年前后，胥口民众自发集资，于故址东侧重修规模狭小、陈设简陋的民间小庙，内祀伍子胥等神像。2005年，苏州市胥口镇动工重建胥王庙。重建后的胥王庙分为墓区、祠区、园区、园外园四部分。2006年11月19日，胥王庙建成并举行开园仪式。

1995年前后，胥口民众自发集资重修的祭祀伍子胥等的民间小庙（左）及庙内祀伍子胥等的神像（右）（吴恩培摄）

2006年重建的苏州吴中区胥口镇胥王庙正门（左）及胥王庙内的伍子胥墓（右）（吴恩培摄）

---

[1] 陆文夫：《老苏州·水乡寻梦》，江苏美术出版社2000年，第48页。

7.伍子胥文化在越地的传播

后世,伍子胥也融入他生前力主"灭越"的越地,并成为越文化中与钱江潮相连的"潮神"。

在钱塘观潮最佳处的浙江海宁盐官镇,建于清雍正年间且被列为全国重点文物保护单位的海神庙正殿内,即配祀伍子胥塑像。塑像前放置的题为"伍子胥"的标牌文字,在介绍伍子胥生平后,道及了伍子胥出现在越地钱塘江畔的缘由:伍子胥被吴王夫差赐死后,夫差又"令人用草席包裹伍子胥尸体,浮于钱塘江上。传说这天是农历'八月十八',伍子胥为泄愤,化身为潮怒吼。故人们又把伍子胥称为'潮神',并相继在海宁盐官和杭州吴山建了伍王庙和伍员庙以祭祀"。

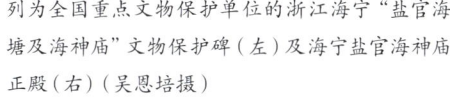

列为全国重点文物保护单位的浙江海宁"盐官海塘及海神庙"文物保护碑(左)及海宁盐官海神庙正殿(右)(吴恩培摄)

以上所说"杭州吴山建的伍王庙",即为西湖畔杭州吴山及其支脉伍公山上所建伍子胥庙。北宋时,王安石过此庙留下了《伍子胥庙记》一文,记载:"康定二年,余过所谓胥山者,周行庙庭,叹吴亡千有余年,事之兴坏废革者不可胜数。独子胥之祠不徙不绝,何其盛也!岂独神之事吴之所兴,盖亦子胥之节有以动后世,而爱尤在于吴也。"[1]从而对伍子胥赤心奉吴予以赞赏及作出较高评价。

今杭州吴山广场前,有"吴山天风"石刻。该"吴山"者,即杭州"胥山"也。

民间祭祀的香火,又影响着文人的记载和官方的认可。伍子胥的忠谏而死,与封建统治者推行的忠君政策并不相悖。到了唐及五代时期,被立庙祭祀的伍子胥渐渐地获得了封建王朝的褒奖和封祀。光绪二年刻本《吴山伍公

海宁盐官海神庙正殿内配祀的伍子胥像及塑像下部两脚间的题为"伍子胥"的标牌(吴恩培摄)

---
[1] 王安石:《伍子胥庙记》,见《王文公文集》,上海人民出版社1974年,第424页。

庙志》卷一记载:"唐昭宗景福二年封惠广侯;后唐乾宁二年封惠应侯;四年,又封为吴安王。"[1]

杭州吴山支脉伍公山上的伍子胥庙(伍公山18号)(左)及吴山(胥山)广场前的"吴山天风"石刻(右)(吴恩培摄)

8.伍子胥文化在闽地的传播

五代时,河南固始人王审知入闽并于后梁开平元年为中书令、封闽王。而作为越地潮神的伍子胥也随同入闽。北宋初年,孙光宪撰写的记述晚唐、五代间政治遗闻的《北梦琐言》一书,记有两则王审知入闽开港而与吴安王伍子胥梦中交集的轶事。

其一,《北梦琐言》卷二载:"尝闻闽王王审知患海畔石碛为舟楫之梗,一夜,梦吴安王(孙光宪自注:即伍子胥也)许以开导,乃命判官刘山甫躬往祈祭。三奠才毕,风雷勃兴,山甫凭高观焉,见海中有黄物,可长千百丈,奋跃攻击。凡三日,晴霁,见石港通畅,便于泛涉。于时录奏,赐名'甘棠港'。即渤海假神之力,又何怪焉?亦号此地为'天威路',实神功也。"[2]

其二,《北梦琐言》卷七载:"福建道以海口黄碛岸横石巉峭,常为舟楫之患。闽王琅琊王审知思欲制置,惮于力役。乾宁中,因梦金甲神自称吴安王,许助开凿。及觉,话于宾寮,因命判官刘山甫躬往设祭,具述所梦之事。三奠未终,海内灵怪具见。山甫乃憩于僧院,凭高观之。风雷暴兴,见一物,非鱼非龙,鳞黄鬣赤,凡三日,风雷止霁,已别开一港,甚便行旅。当时录奏,赐号'甘棠港'。"[3]

上述《北梦琐言》所记两则,实记载的为同一件事——古代福建甘棠港的开发。当闽王王审知"患海畔石碛为舟楫之梗"并"惮于力役"时,吴安王伍子胥以梦的形式"许以开导"并"许助开凿",其后终使"石港通畅"而为"甘棠港"。显见,五代时闽王王审知开发闽地时,吴安王伍子胥已成为助其开发的精神之"神",更成为具有神化色彩的"神"。这位死后被抛入水中而成为"潮神"的伍子胥,其助人间开凿港口等所行之事,仍然与其"潮神"身份及与水有关。

五代时,中原人口南迁促进了中国南方的开发。由此亦可看出,春秋时的伍子胥文化,其时随着南方的开发,自吴至越而继续向南传播。位于今福建东北部沿海且为《北梦琐言》记载的甘棠港,为古代海上丝绸之路的出发点之一。其具体位置,今存多种说法。

---

[1]《吴山伍公庙志》卷一,见光绪二年刻本《吴山伍公庙志》。另,《中国道观志丛刊》(广陵书社,2004年出版)第16册,收有该刊本。
[2] 孙光宪:《北梦琐言》,上海古籍出版社1981年,第9页。
[3] 孙光宪:《北梦琐言》,上海古籍出版社1981年,第61页。

9.勾连起湖北、江苏、浙江、福建等多地文化的历史人物

由上可见,先秦吴国的伍子胥,在其死后成为一生勾连起其出生地楚(今湖北)以及吴(今江苏)、越(今浙江)、闽(今福建)等多地的地域文化并对这些地域文化都产生影响的历史人物。而在先秦历史人物中,这无疑是一个极为罕见的特例。

四、黄池盟会与吴国称霸

黄池盟会是吴王夫差北进争霸的巅峰。关于"黄池"地望,杜预《春秋经传集解》释为:"陈丘封丘县南有黄亭,近济水。"[1]杨伯峻《春秋左传注》注释并以出土传世文物佐证说:"黄池当在今河南封丘县南,济水故道南岸。传世器,辉县出土有赵孟疥壶二器……二器皆作于此时。"[2]

(一)黄池盟会前吴国的外交挫折

吴夫差十三年(前483),吴王夫差尽管在外交上遭遇种种挫折,文化上也遭遇种种抵制,但吴国"北上争霸"的战车,依着向前狂奔所积聚起的惯性,实已停不下来。吴王夫差争强好胜的个性,既决定了其命运,也决定了吴国的命运。在强大的军事力量支持下,吴国再次进入中原。

唐代孔颖达评述这一时期吴国北上争霸的历程说:"吴之强大,始于会鄫(指鄫地会见),终于黄池(指黄池盟会)。凡三会(指会鄫、会橐皋、会郧)、三伐(指伐鲁及两次伐齐)、三盟(指《鄫地盟约》《莱门盟约》和《黄池盟约》)……"[3]鄫地会见导致了吴国迫鲁签订《鄫地盟约》,伐鲁之战使得吴国迫鲁再次签订《莱门盟约》。而"三会"中的另两次会见即"会橐皋""会郧"情况为《春秋经·哀公十二年》的记载:夏五月后,"公会吴于橐皋。秋,公会卫侯、宋皇瑗于郧"[4]。故这两次"会",均发生于吴夫差十三年(前483)夏、秋之时。兹分述如下:

1.吴、鲁橐皋会见

公元前483年(吴夫差十三年,鲁哀公十二年),记载本年史事的《春秋经·哀公十二年》记载:"春,用田赋。夏,五月,甲辰,孟子卒。公会吴于橐皋。"[5]

因此,在吴、鲁橐皋会见前,鲁国相继发生的与吴国有着密切关系的经济事件为"用田赋",文化事件为已故鲁昭公娶于吴国的夫人"孟子卒"。

(1)鲁国实行新经济政策——"用田赋"

吴国北进,受冲击者首当其冲为鲁国。自公元前488年(吴夫差八年,鲁哀公七年)"公会吴于鄫"[6]至公元前483年(吴夫差十三年,鲁哀公十二年)鲁施行"用田赋"新经济政策,其间已过了五年。

五年中,鲁国受制于两国签署的《鄫地盟约》《莱门盟约》,承受吴伐鲁战争及为吴胁迫的两次对齐战争,经济严重恶化,不得已施行名为"用田赋"的新经济政策。这既预示着吴"北上争

---

[1] 杜预注,见杜预:《春秋经传集解》,上海古籍出版社1978年,第1788页。
[2] 杨伯峻:《春秋左传注》(修订本),中华书局1990年,第1674页。
[3] 孔颖达疏,见《春秋左传正义》,北京大学出版社1999年,第1666页。
[4] 《春秋经·哀公十二年》,见《春秋左传正义》,北京大学出版社1999年,第1663页。
[5] 《春秋经·哀公十二年》,见《春秋左传正义》,北京大学出版社1999年,第1663页。
[6] 《春秋经·哀公七年》,见《春秋左传正义》,北京大学出版社1999年,第1639页。

霸"给鲁国经济带来负面影响,也预示着吴、鲁国家关系将产生新的变数。

春秋时期的诸侯国的国家收入,主要依赖于土地所出的田地税赋。《汉书·刑法志》将"赋""税"并立说:"有税有(租)〔赋〕,税以足食,赋以足兵。"[1]颜师古注:"税者,田租也。赋谓发敛财也。"[2]这里将"足食"的"税"与"足兵"的"赋"(租)并立。

鲁施行"用田赋"的上年,《左传·哀公十一年》即记有"季孙欲以田赋"[3]。对之,日本学者竹添光鸿《左氏会笺》云:"笺曰:赋有二:有军赋、有财赋。《周礼》九赋之法,此财赋也。用田赋,此军赋也。二者皆赋于民,故均谓之赋。"[4]

由此可见,春秋时诸侯国家的收入主要为"财赋"与"军赋"。前者为"足食"的"税",后者为"足兵"的"赋"。

鲁国经济税赋制度屡屡变化。公元前594年(鲁宣公十五年)的"初税亩"[5],杜预注:"公田之法,十取其一。今又履其余亩,复十收其一。故哀公曰:'二,吾犹不足。'遂以为常,故曰初。"[6]意思是说,原本耕户只是分摊公田劳役,而自己耕作的田亩收获归己。但在"初税亩"后,公田以役抵税的那一块依旧,可各家原本收入归己的田亩收获将再开征百分之十的税。这样一来,对耕户而言,被盘剥的税率将提高一倍,即改"什一"(即10%)为"什二"(即20%)了。鲁哀公说,即使是"什二",我还嫌不够。这里,杜预注提及的"哀公曰:'二,吾犹不足'",其评述对象,实际上已并非鲁宣公时的"初税亩",而是鲁哀公时的"用田赋"了。故"用田赋"是鲁国在"初税亩"已提高征税额度的基础上,再一次"改法重赋"而加重耕户负担的行为。

鲁哀公时的"用田赋",与吴国对鲁国的逼迫有着直接关系。它一是表现为鲁国战争加剧及战争费用增加。自公元前488年(吴夫差八年,鲁哀公七年)"公会吴于鄫"[7]即吴、鲁国君于鄫地会见始,至公元前483年(吴夫差十三年,鲁哀公十二年)《春秋经·哀公十二年》记载"春,用田赋"止,五年时间内,鲁国主动和被动进行了六场战争,分别为:①鲁哀公八年(吴夫差九年,前487)的鲁伐邾之战;②鲁哀公八年(吴夫差九年,前487)因鲁伐邾而引发的吴伐鲁之战;③鲁哀公八年(吴夫差九年,前487)因季姬不贞而引发的齐伐鲁之战;④鲁哀公十年(吴夫差十一年,前485)吴国逼迫鲁国参与的第一次伐齐之战;⑤鲁哀公十一年(吴夫差十二年,前484)齐伐鲁的曲阜之战;⑥鲁哀公十一年(吴夫差十二年,前484)吴国逼迫鲁国参与的第二次伐齐之战(即艾陵之战)。上述战争的频繁及加剧,必然加大鲁国的战争费用支出。而这些费用,最终是以"用田赋"的方式转嫁到承担"财赋"与"军赋"的鲁国全体国民头上。

另一是表现为鲁国对吴国承担相应的经济义务。《左传·哀公八年》记载的"景伯负载,造于莱门"及"吴人盟而还"[8]等,证实吴国北进时强迫鲁国签订城下之盟《莱门盟约》。这一盟约对鲁

---

[1]《汉书·刑法志》,见班固:《汉书》,中华书局1962年,第1081页。
[2]颜师古注,见班固:《汉书》,中华书局1962年,第1083页。
[3]《左传·哀公十一年》,见《春秋左传正义》,北京大学出版社1999年,第1661页。
[4]竹添光鸿:《左氏会笺》,巴蜀书社2008年,第2343页。
[5]《春秋经·宣公十五年》,见《春秋左传正义》,北京大学出版社1999年,第665页。
[6]杜预注,见杜预:《春秋经传集解》,上海古籍出版社1978年,第615页。
[7]《春秋经·哀公七年》,见《春秋左传正义》,北京大学出版社1999年,第1639页。
[8]《左传·哀公八年》,见《春秋左传正义》,北京大学出版社1999年,第1648—1649页。

国极为不利,故鲁国大臣子服景伯当时坚决反对签订这一"弃国"[1](抛弃鲁国国家利益)的城下之盟。条约中的军事同盟条款,从该盟约签订后吴国在两次伐齐战争中曾分别于公元前486年(吴夫差十年,鲁哀公九年)和公元前485年(吴夫差十一年,鲁哀公十年)两次"徼师伐齐",即逼迫鲁国出兵体现出来。吴国或正是援引《莱门盟约》中的相关军事条款,才得以要求鲁国承担相应的军事义务。而条约中的经济义务条款,即战败方鲁国向战胜方吴国承担的经济义务,《左传》中并没有明确记载,但在下一年即《左传·哀公十三年》的记载中却借该盟约鲁国一方的签署者子服景伯之口,提到"敝邑之职贡于吴,有丰于晋,无不及焉……鲁赋于吴八百乘"[2],意为,鲁国对吴国经济奉献的数量、价值是按供养鲁国八百辆兵车的军赋额度来计算的。关于"八百乘"的概念,鲁国攻打邾国后,邾国茅夷鸿晋见吴王夫差时,曾说起"鲁赋八百乘……邾赋六百乘"[3],意即鲁国拥有的军事实力是战车八百辆,而邾国拥有的战车是六百辆。因此,这"八百乘"就是鲁国军队战车的全部数量总和。尽管子服景伯所说"鲁赋于吴八百乘"是黄池盟会中鲁国对盟主所尽义务的数额,但在《鄫地盟约》及《莱门盟约》中,战败方的鲁国承担以"八百乘"并加一定权重为数额的经济义务还是难免的。对鲁国来说,这是一笔不堪负担的保护费性质的支出。

同时,战争更使得鲁国大批青壮劳动力被投放战场,从而使得留守的妇孺老人无力承担田地耕种而导致田地荒芜,其引发的后果是国家取之于民的"财赋"税收锐减。而用于战争及"鲁赋于吴"的贡赋大量增加。在这一情况下,鲁国被迫采取"改法重赋"的"用田赋",从而使得鲁国经济陷入恶性循环的怪圈。

经以上分析可知,吴国北进五年来,强加于鲁国的频繁战争及"赋于吴八百乘"的贡赋,构成了鲁国加重赋税而采取"用田赋"的主要原因。其间,亦不排除鲁国上层人士如季康子之流,借此而为个人敛财的情况。因此,鲁国经济陷入恶性循环的怪圈而被迫采取"用田赋",构成了鲁国对吴政策变化的内在经济原因。

(2)文化宣泄口的"孟子卒"——吴孟子低调丧礼及其显示出鲁国对吴政策变化的征兆

前述,公元前483年(吴夫差十三年,鲁哀公十二年),记载本年史事的《春秋经·哀公十二年》所记载的第二件事为"孟子卒"。

孟子,即吴孟子,鲁国前国君鲁昭公"娶于吴"的"昭夫人孟子"[4]。这里的"昭夫人",即为前君鲁昭公的正室夫人。同时,也是《春秋经》唯一记载的吴国王室女子。

鲁国君位传承,向有"一继一及,鲁之常也"[5]即"父死子继"和"兄终弟及"相间交替进行的传统。鲁昭公以鲁襄公之子的身份即位,其传承为"父死子继"。而"昭公卒于乾侯,鲁人共立昭公弟宋为君,是为定公"[6]。即传承改为"兄终弟及"。而"定公卒,子将立,是为哀公"[7]。即

---

[1]《左传·哀公八年》,见《春秋左传正义》,北京大学出版社1999年,第1648页。
[2]《左传·哀公十三年》,见《春秋左传正义》,北京大学出版社1999年,第1672页。
[3]《左传·哀公七年》,见《春秋左传正义》,北京大学出版社1999年,第1643页。
[4]《左传·哀公十二年》,见《春秋左传正义》,北京大学出版社1999年,第1664页。
[5]《史记·鲁周公世家》,见司马迁:《史记》,中华书局1959年,第1532页。
[6]《史记·鲁周公世家》,见司马迁:《史记》,中华书局1959年,第1542—1543页。
[7]《史记·鲁周公世家》,见司马迁:《史记》,中华书局1959年,第1544页。

鲁定公去世后，传承又改为"父死子继"，君位由鲁定公之子鲁哀公继承。

在这"一继一及"的权力交接后，至鲁哀公为君时，相关人物关系为：已故鲁昭公为现国君鲁哀公的伯父，而去世的"昭夫人孟子"即吴孟子，为鲁哀公伯母。

公元前510年（鲁昭公三十二年），鲁昭公去世。而鲁昭公夫人去世的时间，如前述为公元前483年（鲁哀公十二年）。二者（指鲁昭公与其夫人吴孟子）去世时间相距二十七年。因此，鲁昭公去世二十七年后，其当日留下的未亡人——"昭夫人孟子"去世。这本是一件平常之事，但由于涉及中原文化禁忌，更由于"昭公娶于吴"[1]即该女子出自吴国王室，从而变得复杂起来。

周代时已形成"同姓不婚"的通婚禁忌。《礼记·曲礼上》记载说："取妻不取同姓。"[2]意为，娶妻不得娶同姓女子。而记录孔子及其弟子言行的《论语·述而》记载鲁昭公夫人为"君取于吴，为同姓，谓之吴孟子"[3]。意指这一婚姻违反了"同姓不婚"的禁忌。而为掩饰这一违反礼制的行为，故不称鲁昭公夫人为"吴姬"，而称为"吴孟子"。

春秋晚期时，"同姓不婚"制度已出现松弛现象。晋国国君晋平公为姬姓，但"今君内实有四姬焉"[4]。即宫内蓄有四个姬姓侍妾。而前文所述吴王诸樊时的"晋将嫁女于吴"[5]及寿县出土的"吴王光"青铜鉴所证实吴王阖闾之女叔姬寺吁嫁与同为姬姓的蔡昭侯，均表明当时"同姓不婚"的禁律已渐松弛。然而，对鲁昭公娶于吴来说，值得注意的是以下事实：

其一，鲁昭公当日迎娶吴孟子乃至鲁昭公去世时，鲁国上下并未出现公开指责其违反"同姓不婚"禁律的声浪，且这一时期的《春秋经》《左传》对之亦无记载。

其二，公元前510年（鲁昭公三十二年，吴阖闾五年）鲁昭公去世且留下未亡人吴孟子时，鲁国上下同样未出现公开指责这位已故君主生前违反"同姓不婚"禁律的声浪，且《春秋经》《左传》对此也无记载。

其三，鲁昭公去世二十七年后，且其未亡人吴孟子亦去世时，何以鲁昭公"君取于吴，为同姓"的糗事被翻检出来？本年（鲁哀公十二年，吴夫差十三年，前483）的《春秋经》和《左传》又为何均记载此事？批评声浪背后针对的是鲁昭公，还是吴孟子？或者是吴孟子的娘家出生地吴国？

鲁昭公在世并迎娶吴孟子时，这一同姓而婚的不合礼制事件，并未见诸鲁国史官的任何记载。鲁昭公去世时，这一情况依然被遮掩。可当鲁昭公去世二十七年后其未亡人吴孟子也去世时，适值鲁哀公七年（吴夫差八年，前488）的"吴来征百牢"[6]及吴、鲁签《鄫地盟约》的五年后。在这五年中，吴、鲁又签署了《莱门盟约》。吴国以盟约形式将鲁国捆绑在吴国战车上，可以支配鲁国，甚至可以逼鲁国摈弃与齐国已经改善了的国家关系而参与伐齐之战。而经济上，鲁国被迫执行新经济政策"用田赋"。在这种情况下，鲁国上层人士对吴国的反感与厌恶，早已潜滋暗长。而值此时，吴孟子去世。这位远嫁于鲁且出自吴国王室的女子，或死得不是时候。然而，若其死得其

---

[1]《左传·哀公十二年》，见《春秋左传正义》，北京大学出版社1999年，第1664页。
[2]《礼记·曲礼上第一》，见《礼记正义》，北京大学出版社1999年，第52页。
[3]《论语·述而》，见《论语注疏》，北京大学出版社1999年，第95页。
[4]《左传·昭元年》，见《春秋左传正义》，北京大学出版社1999年，第1164页。
[5]《左传·襄公二十三年》，见《春秋左传正义》，北京大学出版社1999年，第987页。
[6]《左传·哀公七年》，见《春秋左传正义》，北京大学出版社1999年，第1640页。

时地死于吴窘迫鲁之前,则《春秋经》《左传》或也不会记载这个出自吴的吴国王室女子,而她也不会成为唯一见诸《春秋经》记载的吴国王室女子了。

作为前国君夫人的丧礼,因涉及丧者的名分及相应的规格、礼仪等,终使鲁昭公当日娶同姓吴国女子之事再也无法遮掩。这也使得鲁昭公侄辈的鲁哀公,不能不面对着一个揭示其先君违礼的尴尬丧礼。正因如此,这一事件不仅《春秋经》《左传》予以记载,连记载孔子言行的《论语》也予以记载。

然而,前文曾叙述姬姓的晋平公蓄有四个姬姓侍妾,《春秋经》并未记载。为何鲁昭公娶了同姓女子,且在该女子去世时却如此遭非议?其原因或是如《公羊传·哀公十二年》所说:"孟子者何?昭公之夫人也。其称孟子何?讳娶同姓,盖吴女也。"[1]即因为是"吴女"且与吴国有关。

《左传·哀公十二年》记载孔子吊唁吴孟子时,时任鲁国正卿季康子带有轻慢之态说:"孔子与吊,适季氏。季氏不绖,放绖而拜。"[2]杜预注:"绖,丧冠也。孔子以小君礼往吊,季孙不服丧,故去绖,从主节制。"[3]孔颖达疏:"礼,齐衰之丧,始死而绖,以至于成服。绖以代吉冠,故以绖为丧冠也。孔子以季孙当服臣为小君之礼,故以小君礼往吊季氏。《传》言'适季氏',谓适季氏哭位,故杜言往吊谓就其哭位也。季孙既不服丧,孔子不得服吊服,故去绖,从主节制也。"[4]故《左传》上条意为,孔子参加吊唁仪式后,又以小君礼往吊于季孙氏家,时任鲁国正卿的季康子没戴丧冠。而主人既不服丧,作为宾客的孔子也从主而不服吊服,故除掉丧服下拜。

季康子对来自吴国的前国君夫人"昭夫人孟子"的轻慢,在"季氏不绖"即季康子没戴丧帽等行为中表达出来。而借这一事件,鲁国在文化上表达出了对吴国的不满和厌恶。尽管是时,这一对吴国的不满,鲁国上层人士在政治、军事等方面无从表达。于是,在文化上寻求宣泄口就成为选择。故此,借吴孟子丧礼,鲁国曲折地表达出对被捆绑在吴国战车上的不满,并施放出意图改变对吴外交政策的讯息。

(3)吴、鲁橐皋会见时的吴"请寻盟"与鲁国的"乃不寻盟"

吴国从鲁国吴孟子的低调丧礼中,或许读懂了鲁国释放出的外交语言;也或许是吴国与鲁国签署的《鄫地盟约》《莱门盟约》的相关时效期渐至,故吴国意识到就两国关系的一些问题需要协商、澄清及确认。于是,在公元前483年(吴夫差十三年),吴、鲁国君再次会见。这就是前述《春秋经·哀公十二年》记载的"公会吴于橐皋"[5]。

"橐皋"地望,杜预注曰:"橐皋在淮南逡遒县东南。"[6]杨伯峻《春秋左传注》:"橐皋,吴地,即今安徽巢县西北六十里柘皋镇。"[7]竹添光鸿《左氏会笺》笺"公会吴于橐皋"句曰:"今安徽庐州府巢县西北六十里柘皋镇,俗犹名会吴城。"[8]

---

[1]《公羊传·哀公十二年》,见《春秋公羊传注疏》,北京大学出版社1999年,第612页。
[2]《左传·哀公十二年》,见《春秋左传正义》,北京大学出版社1999年,第1664页。
[3]杜预注,见杜预:《春秋经传集解》,上海古籍出版社1978年,第1783页。
[4]孔颖达疏,见《春秋左传正义》,北京大学出版社1999年,第1665页。
[5]《春秋经·哀公十二年》,见《春秋左传正义》,北京大学出版社1999年,第1663页。
[6]杜预注,见杜预:《春秋经传集解》,上海古籍出版社1978年,第1782页。
[7]杨伯峻:《春秋左传注》(修订本),中华书局1990年,第1669页。
[8]竹添光鸿:《左氏会笺》,巴蜀书社2008年,第2346页。

安徽省巢湖市柘皋古镇（左、右）（吴恩培摄）

巢湖市，今安徽省辖县级市，由合肥市代管。该巢湖市有柘皋镇。该镇被列入巢湖市全市重点文物保护单位的"柘皋北闸老街"及被列入巢湖市不可移动文物的"柘皋镇桥西街"等，映现着该镇与《左传》记载的"橐皋"之间的联系。

列为安徽省巢湖市全市重点文物保护单位的"柘皋北闸老街"文物保护碑（左）及列为巢湖市不可移动文物的"柘皋镇桥西街"文物保护碑（右）（吴恩培摄）

《左传》阐释《春秋经》的"公会吴于橐皋"记载说："公会吴于橐皋，吴子使太宰嚭请寻盟。公不欲。"[1]杜预注"寻盟"为"寻鄫盟"[2]，即重申旧盟"鄫盟"。故《左传》上条意思是说，鲁哀公在橐皋会见吴国人，吴王派太宰伯嚭提出请求重温、重申过去双方在鄫城及莱门等地所达成的共识及签订的《鄫地盟约》《莱门盟约》等。但鲁哀公不愿意，即不接受吴国提出的"寻盟"要求。接着，鲁国派子贡去向伯嚭解释并说："盟，所以周信也，故心以制之，玉帛以奉之，言以结之，明神以要之。寡君以为苟有盟焉，弗可改也已。若犹可改，日盟何益？今吾子曰：'必寻盟。'若可寻也，亦可寒也。"[3]最终结果是"乃不寻盟。"[4]杜预注："寻，重也。寒，歇也。"[5]故《左传》上条意为，（子贡说）"盟誓是用来巩固信用的，所以要用诚心来约束它，用玉帛来奉献它，用言语来完成它，用神明来保证它。寡君认为如果有了盟约，就不能更改。如果认为还是可以更改而不遵守，即使每天都订个盟约又有什么用处？现在您（指伯嚭）说'一定要重温过去的盟约'，如果可以重温，那它同样可以寒凉下去的。"于是就没有和吴国重温或续订盟约。

---

[1]《左传·哀公十二年》，见《春秋左传正义》，北京大学出版社1999年，第1665页。
[2]杜预注，见杜预：《春秋经传集解》，上海古籍出版社1978年，第1783页。
[3]《左传·哀公十二年》，见《春秋左传正义》，北京大学出版社1999年，第1665—1666页。
[4]《左传·哀公十二年》，见《春秋左传正义》，北京大学出版社1999年，第1666页。
[5]杜预注，见杜预：《春秋经传集解》，上海古籍出版社1978年，第1784页。

鲁国子贡的回复，内涵极其丰富：

其一，吴国从鲁国的吴孟子丧仪中读懂了鲁国的离心倾向，故"请寻盟"地大谈与鲁国"鄫盟"（即《鄫地盟约》）以及《莱门盟约》等的签署历史，其背后的军事恫吓以及从心理上使对方窘迫的意图极其明显。因此，这一"寻盟"，即对过去两国签订的"鄫盟"及《莱门盟约》等既有重温、重申也含有再次确认或续签的意思。然而，因国内经济陷入困境而不得不施行"新田赋"的鲁国人不愿意了。五年前"吴来征百牢"时和吴国达成的《鄫地盟约》，鲁国事后感到了吃亏，这才有反悔而伐邾的举动。可其后，当吴国以保护邾国的名义伐鲁并凭借军事力量强迫鲁国签订另一个城下之盟《莱门盟约》时，吴国对鲁国政治压迫、经济索取的幅度更大、控制也更紧，以致鲁国成为不得不屈从于吴国战争意志的属国。在被迫交纳高昂的保护费而国内经济陷入困境时，鲁国不得已施行"新田赋"经济政策。可当齐国攻打鲁国而发生"曲阜之战"时，收了保护费但远在千里之外的吴国，却无法履行对鲁国的保护义务。在这种情况下，鲁国人只能独立地抗齐卫国。而当吴国人赶到时，鲁国获胜的"曲阜之战"已然结束。故子贡说盟誓是用来巩固信用等，显然是指责吴国不守信，收了保护费而不履行保护义务。既是如此，又何必再谈什么"重温"和"续签"呢？

其二，鲁国"乃不寻盟"的态度终使吴、鲁间原存有的盟约（指《鄫地盟约》《莱门盟约》）或是到期失效，或是因未被重申而搁置起来。这对吴国来说，显然是一个重大的外交挫折。吴国在中原地区苦心经营起的势力范围因鲁国"不寻盟"而可能出现坍塌危机。但从《左传》其后的记载来看，吴国似乎并未对鲁国"不寻盟"的态度予以惩罚和责难。这与吴、鲁国君鄫城会见后，鲁国攻打邾国，吴国立即作出攻打鲁国的反应相比，此番吴国的态度极为隐忍。隐忍背后或出于如下考量：避免将鲁国逼得转而投齐。吴国逼迫鲁国参与两次伐齐之战并在艾陵之战中击败齐国，其目的之一即是牵制鲁、齐关系的改善乃至相互接近。鲁、齐关系持续紧张，符合吴国的利益。但如果吴国对鲁国逼迫太甚，则极可能适得其反地将鲁国逼到齐国一方去。而为阻击吴国的扩张，齐国也极有可能摒弃前嫌地与鲁国结成反吴联盟。若形成这一局面，对吴国北进战略则会成为阻遏并产生吴国承受不起的负面影响。在这种情况下，吴国意图借拟议中的郧地多方会见，把鲁国再圈进一个新的多国盟约之中，故郧地多方会见前，并不宜把与鲁国的关系弄到撕破脸的地步而无转圜余地。

2.多方郧地会见

《春秋经·哀公十二年》记载说："秋，公会卫侯、宋皇瑗于郧。"[1]关于郧地地望，杜预注："郧，发阳也。广陵海陵县东南有发繇口。"[2]孔颖达疏："十七年《传》（指《左传·哀公十七年》）云：孟武伯问于高柴曰：'诸侯盟，谁执牛耳？'季羔曰'发阳之役，卫石魋'。指此会也。知郧即发阳，一地二名也。"[3]故《春秋经》上条意指，秋天时，鲁国国君鲁哀公与卫国国君卫出公、宋国大夫皇瑗共同会见于郧地。

上述《春秋经》记载中，未出现该会见的实际组织者和主持人"吴人"或"吴子"。在此次三国国君及大臣的会见，发起者和主持人为吴王夫差。不过鲁国史官在《春秋经》中记载时，出于弱化

---

[1]《春秋经·哀公十二年》，见《春秋左传正义》，北京大学出版社1999年，第1663页。
[2]杜预注，见杜预：《春秋经传集解》，上海古籍出版社1978年，第1782页。
[3]孔颖达疏，见《春秋左传正义》，北京大学出版社1999年，第1663页。

乃至消除吴国影响的动因，有意识地将吴国或吴王夫差的主导作用予以屏蔽，以致在记载中，发起者和主持人吴国，似乎是未参加本次会见。

吴国约请会见的背景与直接原因，是吴国两次伐齐并未达到迫使齐国加入吴国势力范围的目的，而鲁国又呈现出离心倾向的"乃不寻盟"。故吴王夫差转而向中原地区的卫、宋等国开拓。其间，不排除吴国的目的，一是将吴国的势力范围扩大至卫、宋等中原地区。二是欲借宋、卫的影响，将"乃不寻盟"的鲁国再次圈入这一势力范围中。

对会见对象的选择，吴国显然未选择难以控制而易生变的郑、齐等国力雄厚的大国，而在选择了已屈服于"吴来征百牢"及先宋而后鲁的宋、鲁两国外，另选择了吴国自以为有把柄捏在手里的卫国。

（1）"吴征会于卫"与历史上"卫人杀吴行人且姚"

吴国与卫国，历史上交集不多。前文述，吴王馀眛遣季札出访中原列国时，季札曾访问卫国。阖闾上台后，吴王僚之子庆忌，栖身卫国，后为阖闾所遣刺客要离所杀。而吴国在派遣要离的同时，因无法确定刺杀能否成功，故另以外交方式赴卫国交涉，以阻止庆忌借卫兵南下，但这一交涉并未成功。《左传·哀公十二年》记载"吴征会于卫"时，另记载吴、卫关系中曾发生的一个极端事件是"初，卫人杀吴行人且姚"[1]，即卫国早先时曾杀死吴国"行人"且姚。

前文指出，在吴王阖闾时期，可能导致"卫人杀吴行人"者，唯有值庆忌逃亡于卫而吴与卫进行交涉之时。而在这以前或以后，吴与卫均无深度交集，亦不存在引发乃至激化为"卫人杀吴行人"的两国外交冲突的外部条件。而与"吴行人且姚"身份相合者，当为隶属"大行人"管辖、指派而从事某项外交使命的"小行人"，即使者、来使之类。这是因为，阖闾执政后，已任命伍子胥担任"行人"职务。因此，伍子胥当为"卿"大夫身份的"大行人"。他在向阖闾推荐要离承担刺客、杀手身份的同时，另以"大行人"身份派遣类乎"小行人"的且姚出使卫国。

因庆忌逃亡于卫而承担与卫人交涉外交使命的且姚，或是在交涉过程中，因文献未载的原因致被卫人杀之。因且姚身份卑微，故当年的《春秋经》《左传》均未记载。

当吴王夫差召集卫国参加诸侯会见时，吴国是拿捏着卫国对吴国不友好的这一把柄来胁迫并"征会于卫"的。于是，卫国的国君卫出公对参加这一诸侯会见感到担心害怕，并和卫国主管外交事务的"行人"子羽商量这件事。

子羽说："吴方无道，无乃辱吾君，不如止也。"[2]即吴国现在正是无道的时候，去了只怕会羞辱我们的国君，不如不去！显然，吴国在鲁国的作为，已在中原列国传播开来并产生负面影响，故值"吴方无道"之时，子羽的意见是，惹不起但躲得起，能避则避。

然而，另一位卫国大夫子木，却提出了不同意见说："如今吴国正是无道的时候。一个国家无道，它必定要加害于人。吴国虽然无道。但有足够加害于卫国的能力。因此，我们的国君还是得去。""长木之毙，无不摽也。国狗之瘈，无不噬也。而况大国乎？"[3] 意思为，大树死了倒下，碰

---

[1]《左传·哀公十二年》，见《春秋左传正义》，北京大学出版社1999年，第1666页。
[2]《左传·哀公十二年》，见《春秋左传正义》，北京大学出版社1999年，第1666页。
[3]《左传·哀公十二年》，见《春秋左传正义》，北京大学出版社1999年，第1666页。

着的东西没有不被砸坏的；疯狗发了狂，没有不咬人的，更何况是一个大国！显然，子木也是认为"吴方无道"，并在这一判断基础上，从另一角度探讨卫国如何规避风险。因此，子木的意见是：还是得去，不去就又得罪这条疯狗了。它一旦发狂，可会老账新账一起算地咬人。

子木的意见，终成卫国朝野共识，卫出公于是赴郧地参与多边会见。

(2) 郧地多边会见的"卒辞吴盟"与吴国外交的重大挫败

《左传·哀公十二年》记载："秋，卫侯会吴于郧。"[1]即卫出公在郧地(发阳)会见了吴人。接下来又记载说："公及卫侯、宋皇瑗盟，而卒辞吴盟。"[2]即鲁哀公和卫出公、宋国皇瑗代表三国结盟，而最终辞谢了与吴国的结盟。

对《左传》这一记载，杜预注为："盟不书，畏吴窃盟。"[3]意即，《春秋经·哀公十二年》没记载鲁、卫、宋三国结盟事，是因为他们害怕吴国而私下里结了盟（这一"畏吴窃盟"，亦即前引《左传·哀公十七年》中所记的"发阳之役"）。对之，孔颖达疏曰："彼以晋是盟主，诸侯不应背晋。"[4]即鲁、卫、宋三国都曾是晋国集团成员，他们的盟主是晋国，故他们不应背叛晋国而与"以夷礼自处，不合诸侯之盟"[5]的吴国结盟。此处孔颖达疏所说的"晋是盟主，诸侯不应背晋"之类，实已是过时的形势判断。以鲁国而言，早在公元前499年（吴阖闾十六年）冬季时，鲁国与郑国媾和，已"始叛晋也"[6]，即其时鲁国已开始背叛晋国。杜预对此注曰："鲁自僖公以来，世服于晋，至今而叛，故曰始。"[7]而卫国因国内原因，其时正形成一为亲晋、一为反晋的两个分立政权。

卫国分立政权形成的历史与卫灵公夫人南子的绯闻有关。卫灵公为了夫人南子召请其在娘家宋国的旧情人宋朝（公子朝），让他俩在洮地会见。太子蒯聩把盂地献给齐国，路过宋国野外时，宋国的乡野之民对他唱着说："已经满足了你们的母猪，何不归还我们那漂亮的公猪？"为此，太子蒯聩感到羞耻而欲杀南子。其后，刺杀行动未果，太子蒯聩逃亡宋国。公元前493年（吴夫差三年），卫灵公去世，南子遵照卫灵公遗愿，想立公子郢继位，公子郢推辞，于是"乃立辄"[8]。即立逃亡太子蒯聩的儿子辄继位。他就是出席本次郧地会见的卫出公。

因卫出公亲附齐国并支持晋国的反叛势力范氏和中行氏，故晋国对卫国进行反制，手段之一即是晋国正卿赵鞅把逃亡在外的卫出公之父——原太子蒯聩送回卫国戚地，并在戚地建立起以蒯聩为国君的卫国第二政权。这样，在卫国就出现儿子、父亲都为国君，且互相对抗的两个卫国王权。今河南濮阳有被列为河南省文物保护单位的"蒯聩台遗址"，相传即为蒯聩所筑，且蒯聩由晋返戚时曾居于此，故名。

---

[1]《左传·哀公十七年》，见《春秋左传正义》，北京大学出版社1999年，1666页。
[2]《左传·哀公十七年》，见《春秋左传正义》，北京大学出版社1999年，1666—1667页。
[3]杜预注，见杜预：《春秋经传集解》，上海古籍出版社1978年，第1785页。
[4]孔颖达疏，见《春秋左传正义》，北京大学出版社1999年，第1666页。
[5]孔颖达疏，见《春秋左传正义》，北京大学出版社1999年，第1666页。
[6]《左传·定公十一年》，见《春秋左传正义》，北京大学出版社1999年，第1593页。
[7]杜预注，见杜预：《春秋经传集解》，上海古籍出版社1978年，第1683页。
[8]《左传·哀公二年》，见《春秋左传正义》，北京大学出版社1999年，第1617页。

列为河南省文物保护单位的河南濮阳"蒯聩台遗址"文物保护碑（左）及该蒯聩台（右）（吴恩培摄）

因此，在晋国干预下，卫国出现了以儿子辄（卫出公）和以父亲蒯聩分立的两个互相对抗的王权。卫国王权分立的状况，延续多年。故吴王夫差鄖地约见卫出公时，必因卫国叛晋及国内王权的分立状况，另叠加以卫国昔日曾杀死吴国行人且姚的旧事来胁迫、制约卫国，迫使对方就范。

从上述可以看出：吴王夫差主导的鄖地会见，系吴、鲁、卫、宋四国参与的多边外交会谈。吴王夫差主导鄖地会见，意图达到与鲁、卫、宋结盟，从而再迂回地制约住鲁国的离心倾向。但鲁、卫、宋三国私下结盟并拒绝与吴国结盟，使得吴王夫差主导鄖地会见的战略目的落空，从而构成吴国北进以来继鲁不"寻盟"后遭受的又一次重大外交挫折。

（3）吴国对卫国的报复及囚禁卫出公

对于鲁、卫、宋三国抱团及其对吴国的敬而远之，吴王夫差心中恼火但不便与三国同时为敌，于是将愤怒情绪发泄在了卫国国君卫出公头上。报复的明面理由或就是列国均知晓的历史上的"卫人杀吴行人且姚"。于是，"吴人藩卫侯之舍"[1]，即吴国军队包围了卫出公下榻的馆舍。

对吴军包围并拘禁卫出公，陪同鲁哀公参与会见的鲁国大臣子服景伯，深知此时吴王夫差恼怒的心理，于是对子贡说："诸侯间的会面，事情结束以后，主持人向各国致礼，所在地的主人馈送食物，并相互道别，是通常的礼节。""今吴不行礼于卫，而藩其君舍以难之。"[2]即现在吴国对卫国不但不施行这些礼节，而且还派军队围住卫国国君的馆舍而为难他们。子服景伯于是催促颇有辩才的子贡说："子盍见大宰？"[3]即你为什么不去见见吴国的太宰伯嚭？

在子服景伯的催促与授意下，子贡作为鲁国与会人员，于是备礼品去见伯嚭。会面谈到卫国国君被包围事，伯嚭不便道穿吴国恼怒的真正原因，于是敷衍说："寡君愿事卫君，卫君之来也缓，寡君惧，故将止之。"[4]意即，我国国君愿意事奉卫国国君，但卫君来得晚了，我国国君害怕了，所以把他留下。对这一外交辞令式的搪塞，子贡听了，并不予以点穿，而是顺着他的话往下说："卫国国君前来与会，一定要和他的臣子商量。大臣中有人赞成他来，有人反对他来，这才因此来晚了。那些赞成他来的人，是你们吴国的朋友，而反对他来的人，则是你们吴国的仇敌。贵国如果扣留卫国国君，这可就是

---

[1]《左传·哀公十二年》，见《春秋左传正义》，北京大学出版社1999年，第1667页。
[2]《左传·哀公十二年》，见《春秋左传正义》，北京大学出版社1999年，第1667页。
[3]《左传·哀公十二年》，见《春秋左传正义》，北京大学出版社1999年，第1667页。
[4]《左传·哀公十二年》，见《春秋左传正义》，北京大学出版社1999年，第1667页。

毁了你们吴国的朋友而帮助了你们吴国的仇敌。那些想败毁吴国的人就达到他们的愿望了。""且合诸侯而执卫君,谁敢不惧?"[1]即吴国召集诸侯会面,却又把卫国国君扣留。这传出去,谁不害怕?子贡接着指出,吴国在争霸中,做出如此毁朋友、助仇敌而又让诸侯害怕的事,恐怕难以称霸吧!

子贡的分析,以站在维护吴国争霸利益的基点上,丝丝入扣,充满着论辩的机智。于是"太宰嚭说,乃舍卫侯"[2]。即吴国太宰伯嚭听了很高兴,于是就释放了卫国国君卫出公。

上述记载,一是说明,昔日在晋、楚两霸主持的外交会见或盟会上,晋、楚动辄扣留乃至逮捕他国国君等的坏毛病,吴国也学会了。如今吴王夫差霸主未成,却已霸气扣留他国国君。二是从中亦可以看出,吴王夫差出席中原地区的盟会或会见时,实拥重兵在身。

(4)卫出公"效夷言"

被吴国释放而归的卫出公,归国后竟学讲起吴方言来。这就是《左传·哀公十二年》记载的"卫侯归,效夷言。子之尚幼,曰:'君必不免,其死于夷乎!执焉,而又说其言,从之固矣。'"[3]意即,卫出公回到卫国国都后,学说吴国的方言。王室的成员子之年纪尚幼,故童言无忌地说:"君王一定不能免于祸难,恐怕会死在吴国那块蛮夷之地的。被他们拘禁了,而又学说那儿的话,这跟从他们的心可是够坚决的。"

卫出公接触到的"夷言",当是来自被囚禁时看守他的吴国士兵及负责他生活起居的吴国杂役人员。这一囚禁期并不长,但生长于中原地区的卫出公接触到他从未听过的南方语言时,显然产生了极大的兴趣,以至于当时就可能向他身边的这些吴人面对面地学习"夷言",即吴地方言了。正因有着这一段语言学习经历,故其归后,依然沉湎在这一学习经历中而"效夷言"。

《左传》上述记载,堪为先秦文献中有关"夷言"——吴方言的罕见记载。卫出公"效夷言"的故事,也成为春秋时期不同方言区进行交融且留于后世的罕见案例。鲁国史官记载此事的本意,乃是欲借一童子之口,指责并讥讽卫出公被吴国人囚禁竟还在学说吴国人的语言,从而对卫出公跟从吴国而"从之固矣"作出批判。中原文化是时对吴国"蛮夷"文化的反感与排斥,于此可见一斑。从鄖地会见的情况来看,卫出公政治上未必追随吴国,前述卫与宋、鲁私下结盟,而与吴国却盟即为明证。这位卫国国君"效夷言",纯系个人兴趣和爱好。然而,这一记载,却又是春秋时吴侬软语为吴方言区外的人所喜欢乃至效仿的最早历史文献记载。

3.吴国外交挫折并未阻挡住吴王夫差的争霸步伐

鄖地会见时,吴国遭遇的外交挫折,并未阻挡住吴王夫差的争霸步伐。吴王夫差依然坚持北上争霸的战略,并意图以与晋国交手的黄池盟会,来确立吴国的霸主地位。

(二)黄池盟会的召开及其与会国

公元前482年(吴夫差十四年,鲁哀公十三年),黄池盟会召开。这就是《春秋经·哀公十三年》记载的:"夏……公会晋侯及吴子于黄池。"[4]而《左传·哀公十三年》解上述经文说:"夏,

---

[1]《左传·哀公十二年》,见《春秋左传正义》,北京大学出版社1999年,第1667页。
[2]《左传·哀公十二年》,见《春秋左传正义》,北京大学出版社1999年,第1667页。
[3]《左传·哀公十二年》,见《春秋左传正义》,北京大学出版社1999年,第1667页。
[4]《春秋经·哀公十三年》,见《春秋左传正义》,北京大学出版社1999年,第1668—1669页。

公会单平公、晋定公、吴夫差于黄池。"[1]以上，均记载公元前482年（吴夫差十四年，鲁哀公十三年）夏天，周王室的代表单平公以及晋国国君晋定公、吴国国君夫差以及鲁国国君鲁哀公在黄池会见。

上述《春秋经·哀公十三年》及《左传·哀公十三年》的记载，显示与会者除周王室代表外，仅鲁、晋、吴三国。但《公羊传·哀公十三年》记载黄池盟会说："吴在是，则天下诸侯莫敢不至也。"[2]即吴国在这里，那么天下诸侯就没有人敢不来了。该段文字，显示吴国以军事力量作为后盾召开黄池盟会时的威势。然而，它与本年《春秋经》《左传》记载的与会者仅鲁、晋、吴三国相悖，从而构成黄池盟会与会国的疑谜。

黄池盟会与会国不外存在如下两种情况：

其一，为上述三个国家。这预示着多数国家或是不敢，或是不愿与会。

其二，与会国不止上述三个国家，但为鲁国史官所"不书""不录"。关于鲁国史官的选择性记载，前文论述的吴、鲁于莱门结城下之盟事，《春秋经》就未予记载。后世，杜预注对此评述："不书盟，耻吴夷。"[3]即鲁国史官之所以在《春秋经》不记载与吴国结盟，是因为羞耻于与吴国"蛮夷"结城下之盟。而从上引《公羊传·哀公十三年》记载的"吴在是，则天下诸侯莫敢不至也"情况来看，参加黄池盟会的国家或当不止上述三个。另从《国语·吴语》记载黄池盟会时吴大臣王孙雒所说："我既执诸侯之柄，以岁之不获也，无有诛焉，而先罢之，诸侯必说。"[4]意为，在我们执掌了诸侯长的大权后，以年成不好，不向诸侯索取贡赋来收买人心。同时，让各国诸侯先回去。这样，各国的诸侯一定会很高兴。按此记载，黄池盟会的参与国亦当不止三国。故不能排除的情况是，出于文化原因，鲁国史官对黄池盟会的其他与会国选择性地"不书""不录"了。

（三）黄池盟会时的越袭吴与夫差严密封锁国内发生的消息

《春秋经·哀公十三年》所载本年与吴国有关的事件，除与黄池盟会有关的"公会晋侯及吴子于黄池"外，另一则为"於越入吴"[5]，即越国军队再一次攻入吴国国都内城。

"於越入吴"只是个结果，其间伴随着的是吴国的过失与越国的谋算叠加起来的过程。

1. 越国伐吴的战争准备——开挖越来溪及筑越城

《史记·越王句践世家》记载，夫差杀伍子胥后过了三年，勾践召见范蠡说："吴已杀子胥，导谀者众，可乎？"[6]意即勾践说："吴王已杀死了伍子胥，现在吴国善于阿谀奉承的人很多，我们可以攻打吴国了吗？"范蠡回答说："不可以。"到第二年春天，吴王到北部的黄池去会合诸侯，吴国的精锐部队全部跟随吴王赴会了，唯独老弱残兵和太子留守吴都。勾践又问范蠡是否可以进攻吴国。范蠡说："可以了。"

越国对吴国的谋算，早已开始，而标志性事件，即为越人在吴都近郊石湖畔造筑军事城

---

[1]《左传·哀公十三年》，见《春秋左传正义》，北京大学出版社1999年，第1670页。
[2]《公羊传·哀公十三年》，见《春秋公羊传注疏》，北京大学出版社1999年，第616页。
[3]杜预注，见杜预：《春秋经传集解》，上海古籍出版社1978年，第1758页。
[4]《国语·吴语》，见左丘明撰、韦昭注：《国语》，上海古籍出版社2015年，第400页。
[5]《春秋经·哀公十三年》，见《春秋左传正义》，北京大学出版社1999年，第1669页。
[6]《史记·越王句践世家》，见司马迁：《史记》，中华书局1959年，第1744页。

堡——越城及从太湖开挖连通石湖与越城的人工运河——越来溪。

南宋范成大《吴郡志》卷八记载："越来溪，在越城东南，与石湖通。溪流贯行春及越溪二桥，以入横塘，清澈可鉴。越兵自此溪来入吴，故以名。《史记正义》：越自松江北开渠至横山东北入吴，即此溪。"[1]《吴郡志》卷十八记载："越来溪，在横山下，与石湖连。相传越兵入吴时自此来，故名溪。上有越城，雉堞宛然。"[2]

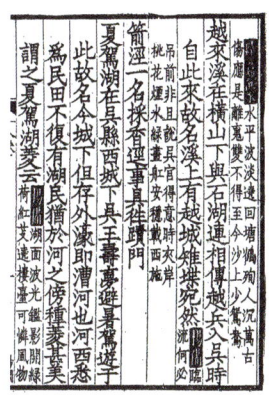

范成大《吴郡志》中关于"越来溪"的书影（左）及位于今苏州市职业大学校园内的越来溪（右）（吴恩培摄）

关于越来溪的战略价值，顾颉刚曾分析春秋时今苏州市吴江区（原吴江县）所处的军事要冲地位而指出："故吴江者，虽无极险之名而有极险之实。此前於越入吴，一从越来溪，即石湖之南也；一从笠泽，即吴淞之口也。"[3]

与越来溪相连的越城，为越人在伍子胥死后在吴都城郊造筑的军事城堡。越人来此筑军事城堡前，此处即为新石器时代马家浜文化、良渚文化等的"越城遗址"。该遗址位于苏州市高新区（虎丘区）横塘街道渔家村，地处横山之下、石湖之滨，现为江苏省文物保护单位（相关叙述参前）。

列为苏州市文物保护单位的"越城桥"文物保护碑（左）及越城桥（右）（吴恩培摄）

---

[1] 范成大：《吴郡志》，江苏古籍出版社1986年，第106页。
[2] 范成大：《吴郡志》，江苏古籍出版社1986年，第257页。
[3] 顾颉刚：《苏州史志笔记》，江苏古籍出版社1987年，第40—41页。

第八章 吴王夫差"北上争霸"及其失国

张守节《史记正义》引《吴俗传》云:"子胥亡后,越从松江北开渠至横山东北,筑城伐吴。"[1]《吴郡志》卷八也记载说:"越城,在胥门外。……《史记正义》:'吴东门'解引《吴俗传》云:'子胥亡后,越从松江北开渠至横山东北,筑城伐吴。'据此文,即今越城正是旧迹。"[2]

上述张守节《史记正义》引《吴俗传》的关键时间节点均为"子胥亡后"。因此,吴王夫差杀伍子胥,实助长了越人的谋吴之算。善于伪饰的越人,在吴王夫差将伐齐前,表现出顺服姿态。与此同时,又对吴国进行战略渗透。唐代《吴地记》记载:"胥门……出太湖等道水陆二路,今陆废。门南三里有储城,越王贮粮处。十五里有鱼城,越王养鱼处。门西南有越来溪。"[3]从这些记载来看,越人把"越城"的军事作用竭力淡化,仅说成是"越王贮粮处"的"储城",即用于经济目的的一处贮粮仓库。而"越王养鱼处"养到吴国都城外,已属不正常。朱长文《吴郡图经续记》卷下另记载为:"鱼城,在吴县西横山下,遗址尚存。盖吴王控越之地,宜为吴城,谓之鱼城,误也。"[4]意指,此处为吴王控制越国及其越城的地方,应当称为"吴城"。而因语音关系,称其为"鱼城",乃是一种误读。

值得注意的是上述的"控越"——控制越国及其"越城"的军事力量。因此,不能排除的一种可能是,此处的"控越",或指上方山吴城(鱼城)的吴军,与东面吴都"吴"城(今苏州古城)的军事力量间形成联动。上方山吴城的吴军从高处可有效地对"越城"的越军施行监控,而"越城"的越军倘有异动,上方山吴城的吴军即既可向东向吴都示警通报,亦可由上而下地夺取"越城",从而形成与吴都"吴"城(今苏州古城)军事力量对越军的夹击态势。

有学者论证春秋时吴大城地望在今木渎灵岩山一带说:"在上方山东北尽头处有吴城遗址,居高临下。其东面隔越来溪有越城相对峙。越城,《吴郡志》云:'越筑此城以逼之,城堞仿佛具在。'《吴俗传》云:'子胥亡后,越从松江北开渠至横山东北,筑城伐吴。'如现在苏州城为当时吴都。吴、越两城对垒岂不成为笑话?"[5]

上述上方山吴城(鱼城)的"控越"与"夹击",透露出的一种情况是,当吴国大部分军事力量随吴王夫差在中原地区角逐时,留守的吴军兵力已捉襟见肘,无以应付越人的威胁。尽管如此,在伍子胥被杀的阴影下,无人敢向吴王夫差直言,以免被指为干扰夫差的北进战略。而从吴人筑鱼城(即"吴城")与山下的"越城"对峙的情况来看,不能排除的另一种可能是:值此特殊时期,吴国的留守政治中心或已退守至苏州西南群山中的吴国离宫、离城及是时夫差所筑的姑苏台一带。(阖闾时筑离宫、离城及夫差时增筑姑苏台的情况,另见下文)。正因如此,朱长文《吴郡图经续记》卷上记载北宋前曾出现过的"流俗或传吴之故都在馆娃宫侧,非也"[6]。

这种被《吴郡图经续记》否定的"流俗",其出现的原因,诚如《吴郡图经续记》所说:"盖馆

---

[1] 张守节:《史记正义》,见司马迁:《史记》,中华书局1959年,第1473页。
[2] 范成大:《吴郡志》,江苏古籍出版社1986年,第106页。
[3] 陆广微:《吴地记》,江苏古籍出版社1986年,第17—30页。
[4] 朱长文:《吴郡图经续记》,江苏古籍出版社1986年,第56页。
[5] 钱公麟:《春秋时代吴大城位置新考》,《东南文化》,1989年第4、5期合刊。
[6] 朱长文:《吴郡图经续记》,江苏古籍出版社1986年,第6页。

娃宫胥台，乃离宫别馆耳。"[1]明卢熊《苏州府志》卷第四在记载"今平江乃阖闾之都城，子胥所筑"时，也记载了被朱长文《吴郡图经续记》所否定的"流俗"说："或传吴之故都在馆娃宫，盖馆娃、苏台，乃其离宫别苑耳。"[2]

上述吴国留守政治中心退守至西南群山中离宫、离城的推测，并无文献依据。据此，值吴军大部北上之际，留守的吴太子等或退守苏州西南群山中的离宫、离城，并以今上方山的鱼城"控越"，而这也可能为北宋前形成"流俗"的主要原因。

上述推测，并不排斥的另一种可能，即是越伐吴的目标，为春秋吴都"吴"城（今苏州古城），而非"吴"城西南群山中的吴国离宫、离城。否则，若吴都在今木渎灵岩山一带，越人对其的攻击和占领，当从距太湖最近处的湖口——胥口登岸而施行。若此，则何必大动干戈地又是掘越来溪，又是筑越城，舍近求远，于理不合。而越人攻击吴都的战场，亦当在"吴"城诸城门处。《左传》《国语》均记载其后吴、越间的战略决战为"笠泽之战"。其位置在"吴"城（今苏州古城）东南——今苏州吴江区、吴中区界河且距吴城东门的今葑门距离最近的笠泽江，即今吴淞江上。因此，在吴、越决战前，越人出于战略性考虑而置越城，乃是为日后攻击吴都"吴"城（今苏州古城），未雨绸缪地预先设置一个可形成夹击吴都"吴"城态势的越城军垒。这一推测，既不是没有可能，且更为日后的吴、越"笠泽之战"所证实（关于"笠泽之战"，另见下文）。

吴王夫差的一心北进，让近在咫尺的越国获得休养生息的时机，进而养痈成患。而当在吴国都城"吴"城近郊出现了越人军垒"越城"时，则已是在吴都城头悬上了一把刀。其时，吴王夫差和他的近臣太宰伯嚭，犹专注于在黄池盟会上做争霸中原的最后一搏。

2.越袭吴

吴王夫差北上，将吴国资源悉数用于霸权争夺，而在吴国本土及国都"吴"城"惟独老弱与太子留守"[3]。对虎视眈眈的越王勾践来说，吴王夫差孜孜以求于黄池盟会上称霸，即是其等来的良机。于是，越王勾践开始剑指吴国。《左传·哀公十三年》记载，"夏，公会单平公、晋定公、吴夫差于黄池"时，"六月，丙子，越子伐吴"[4]。而"越子伐吴"进程的重要时间节点及相关事件，《左传·哀公十三年》记载如下：

（1）六月丙子（六月十一日）：越王勾践攻打吴国，兵分两路。一路由越国大夫畴无馀、讴阳率领，从南边进攻，并先期到达吴都郊区。吴国的太子友、王子地、王孙弥庸、寿於姚在泓水上观察越军。王孙弥庸见到姑蔑的旗帜，情绪激动起来说："那是我父亲的旗帜。我不能见到仇人而不杀死他们。"太子友说："如果作战不能取胜，将会亡国，请等一等。"王孙弥庸不听，于是集合部下五千人出战，王子地帮助他。

太子友即夫差之子。"王子地"当和前文引《左传·哀公八年》言及的"王子姑曹"为同辈。而"王子姑曹"在《左传·哀公十七年》的记载中，又被称为"鄫衍之役"时"执牛耳"的"吴公子姑

---

[1] 朱长文：《吴郡图经续记》，江苏古籍出版社1986年，第6页。
[2] 《苏州府志》卷第四，见苏州市地方志办公室编、卢熊撰：《洪武苏州府志》（点校本）第二册，广陵书社2015年，第77页。
[3] 《史记·越王句践世家》，见司马迁：《史记》，中华书局1959年，第1744页。
[4] 《左传·哀公十三年》，见《春秋左传正义》，北京大学出版社1999年，第1670页。

曹"[1]。故"王子地"即公子地，此处当是强调其亦为夫差之子的"王子"身份。公子地当为太子友之弟，与王子姑曹（公子姑曹）为同辈兄弟。而王孙弥庸，其"王孙"身份在吴国王室中的辈分当为夫差孙辈。按此，则王孙弥庸之父，或为低夫差一辈的吴国王室成员。不排除的可能是，王孙弥庸之父在参与致阖闾身死的吴、越第二次槜李之战时，因吴军战败，作为标识的军旗由越人获之。越人此时举起此军旗，既为张扬昔日的对吴胜绩，亦为羞辱并激怒留守吴军。而王孙弥庸年轻气盛，见越人举其父之军旗，故情绪难以控制而不听太子友的节制了。

（2）六月乙酉（六月二十日）：两军继续交战，王孙弥庸俘虏了畴无馀，王子地俘虏了讴阳。此时，王孙弥庸已夺回了其父的军旗。其时，越军另一路由越王勾践率军到达，王子地防守。由此可以看出，越军的非主力兵团从南方攻吴时，两位领兵将领畴无馀、讴阳，均为吴军所俘获。但当越王勾践率越军主力军团从另一路方向进攻吴军时，吴军即转入防守。

（3）六月丙戌（六月二十一日）：两军再次交战，越军大败吴军并俘虏了太子友、王孙弥庸、寿於姚。吴国留守兵团，本当依托吴都城池而固守。但越军以王孙弥庸之父的军旗诱使吴军出击。且上一日王孙弥庸不听太子友节制，俘获越军领兵将领及夺回其父军旗的胜利，或使得吴军胜而骄地放弃固守而轻率出击，终招致被俘。本日除"王子地守"外，其余吴军留守将领，包括统帅太子友及王孙弥庸、寿於姚等均为越军所俘获。而他们所带领的吴军，亦为越军所歼灭。这样，只有少量兵力而固守的王子地，则势必难挡越军的进攻了。

（4）六月"丁亥，入吴"[2]。指六月二十二日，越军攻破吴都并进入了吴都"吴"城内城。对伍子胥所筑吴都"吴"城来说，这是其第二次被越人进入其内城。第一次为吴阖闾十年（前505）吴王阖闾伐楚。其时，越王勾践之父允常，亦是乘吴国军事力量在中原地区而吴国国都空虚时，骤然发动伐吴之战而进入"吴"城内城。如果说二十三年前的"越入吴"还有为策应楚国的因素的话，那本年（前482）的越人的行动，则是在伪装顺服之下，耐心等待、精心猎杀了如伍子胥所说的"豢吴"[3]即豢养肥了的吴国。

3.《国语·吴语》对"越子伐吴"的叙述——入其郛，焚其姑苏

《国语·吴语》记写吴王夫差约会晋侯在黄池举行盟会时，"于是越王句践乃命范蠡、舌庸，率师沿海溯淮以绝吴路。败王子友于姑熊夷。越王句践乃率中军溯江以袭吴，入其郛，焚其姑苏，徙其大舟"[4]。韦昭注："沿，顺也。逆流而上曰溯。循海而逆入于淮，以绝吴王之归路。""姑熊夷，吴郊也。""江，吴江。""郛，郭也。"[5]故《国语·吴语》上条意为，值吴王夫差与晋定公在黄池举行盟会，于是越王勾践命令范蠡和舌庸，率兵沿海岸上行至淮河，以断绝吴军的归路。越军在吴都郊外的姑熊夷打败了吴王夫差的太子王子友。越王勾践率中军逆吴江而上，袭击吴国，攻入吴都外城，烧毁了姑苏台，并运走了吴国的大船。

从《国语·吴语》对"越子伐吴"的叙述中，可见北上的吴军依托战船运输。深知吴军战法的

---

[1]《左传·哀公十七年》，见《春秋左传正义》，北京大学出版社1999年，第1700页。
[2]《左传·哀公十三年》，见《春秋左传正义》，北京大学出版社1999年，第1670页。
[3]《左传·哀公十一年》，见《春秋左传正义》，北京大学出版社1999年，第1659页。
[4]《国语·吴语》，见左丘明撰、韦昭注：《国语》，上海古籍出版社2015年，第399—400页。
[5]韦昭注，见左丘明撰、韦昭注：《国语》，上海古籍出版社2015年，第401页。

越军，亦以战船循海而逆入淮河，以绝吴王之归路。显然，同地处江南的越国和吴国一样，其军事力量亦依赖于水军战船。

上引《国语·吴语》"袭吴，入其郛，焚其姑苏"句，如韦昭注，"郛"指外城、外郭。而"焚其姑苏"当指越人焚毁了吴国的姑苏台（关于姑苏台及其筑造，另见下文）。

（四）越人偷袭"入吴"阴影下的黄池争霸：吴、晋"比祖先地位"的文化对抗

当越人进入吴都"吴"城内城时，吴王夫差在黄池正与晋、鲁国等进行着一场紧张的政治、军事博弈。因此，国内传来的这一消息，对正谋求霸主地位的夫差来说，来得太不是时候。

1.夫差亲手先后杀死信使七人，严密封锁国内发生之事的消息

越人攻入吴国都城。对来自吴国国内的信使报告的战败及越人攻入吴都的讯息，吴王深恐诸侯听到这个消息，亲自动手把接连报信的七个信使杀死在帐幕里边。这就是《左传·哀公十三年》记载的"吴人告败于王，王恶其闻也，自刭七人于幕下"[1]。

吴王夫差亲自动手，是担心消息外传，从而在盟会上引起连锁反应及引起吴国将士军心浮动。故此，夫差只能亲自操刀。而从夫差杀死多批次的七个信使来看，他显然处变不惊地要继续留在黄池进行霸主争夺。

2.盟会上"比祖先地位"的文化之争

（1）春秋盟会及其程序

严密封锁了国内消息后，夫差像什么事都没发生一样，依然在黄池进行着霸权的争夺。"秋，七月，辛丑，盟，吴、晋争先。吴人曰：'于周室，我为长。'晋人曰：'于姬姓，我为伯。'"[2]

争先：杜预注为"争歃血先后"[3]，歃血为古代盟会中的重要仪式。《春秋经》最早记载的"盟会"，为其开篇的《春秋经·隐公元年》"三月，公及邾仪父盟于蔑"[4]。即鲁隐公元年（前722）三月，鲁隐公和邾仪父（即邾子克）在蔑会见，并举行了盟会。孔颖达疏指其相关程序的目的、作用说："天子不信诸侯，诸侯自不相信，则盟以要之。凡盟礼，杀牲歃血，告誓神明，若有背违，欲令神加殃咎，使如此牲也。"[5]显然，盟誓是在互不信任的前提下，借助神明力量，对盟会各方加以约束、节制乃至监督，以保证盟会誓约能得以执行的手段。

关于盟会的程序，孔颖达疏亦指出："合诸侯者，必割牛耳，取其血，歃之以盟，敦以盛血，槃以盛耳。将歃，则戎右执其器为众陈其载辞，使心皆开辟，司盟之官乃北面读其载书，以告日月山川之神。既告，乃尊卑以次歃，戎右传敦血，以授当歃者，令含其血。既歃，乃坎其牲，加书于上而埋之。"[6]

综上可知，古代盟会的盟誓程序大致为：

制定盟誓：即各方缔约内容的辞文或文书。盟誓，又作盟约、盟书、载书等。参照现存"侯马

---

[1]《左传·哀公十三年》，见《春秋左传正义》，北京大学出版社1999年，第1670页。
[2]《左传·哀公十三年》，见《春秋左传正义》，北京大学出版社1999年，第1670页。
[3] 杜预注，见杜预：《春秋经传集解》，上海古籍出版社1978年，第1792页。
[4]《春秋经·隐公元年》，见《春秋左传正义》，北京大学出版社1999年，第40页。
[5] 孔颖达疏，见《春秋左传正义》，北京大学出版社1999年，第41页。
[6] 孔颖达疏，见《春秋左传正义》，北京大学出版社1999年，第41页。

盟书"出土器,该辞文多以朱笔写于玉石薄片上。

读书:宣读上述盟誓或盟约,以使盟会各方周知其内容。

歃血:即杀牲歃血,告誓神明。具体做法是,"割牛耳,取其血,歃之以盟,敦以盛血割牛耳,取其血"而"当歃者,令含其血",即以口饮血。歃血时的次序先后,显示歃血者的身份及地位高低,先歃者为盟主。

埋书:即上述孔颖达疏所说"乃坎其牲,加书于上而埋之"[1]。关于"坎",王弼注《周易兼义上经随传》卷三"习坎"句为:"'坎',险陷之名也。"[2]此处为挖掘陷坑,即为将盟书(盟誓)及"牺牲"埋于地下之意。

(2)吴、晋"争先"

黄池盟会上,双方"争先",争的是盟会的盟主地位。对此,吴、晋双方各摆自己当为"先"的理由,此即上文引述《左传·哀公十三年》记载的"秋,七月辛丑,盟,吴、晋争先。吴人曰:'于周室,我为长。'晋人曰:'于姬姓,我为伯。'"[3]显见,吴的理由为"于周室,我为长"。杜预注为"吴为大伯后,故为长"[4]。而晋的理由为"我为伯",杜预注为"为侯伯"[5],伯通"霸",即指诸侯霸主。

吴、晋两国在黄池盟会的霸主之争,值此转换成了祖先的兄弟排行次序形成的历史地位的文化之争。"吴人"所说"于周室,我为长",其涵盖吴国始祖泰伯嫡长子地位及西周立国前的一段历史,本书前文已作叙述。而晋国出自泰伯之弟季历一脉且为周成王时"桐封"的同母弟姬姓诸侯国,及由此形成的吴、晋同祖同源,前文亦已作叙述。

先祖泰伯在周王室中嫡长子的血统地位及吴国地处长江下游的"蛮夷"地区,使得历代吴王都处于一个尴尬的文化境地:一方面,他们自豪于"于周室,我为长"的血缘地位;另一方面,又因地缘因素承受着中原文化视之为"蛮夷"的文化歧视。血缘优势和地缘劣势的交错,使得春秋时期的吴国及其文化,处在了黄河流域中原文化与长江流域"蛮夷"文化间的冲突与融汇的交汇点上,从而构成既有别于他国的显著特点,又构成吴王夫差"北进争霸"时的心路历程。

由此再来认识吴王夫差北进时的作为——至宋、鲁这两个文化地位显赫的诸侯国家作"征百牢"式的文化挑战及在黄池盟会的霸主争夺中所宣示的"于周室,我为长"等,都反映了从寿梦到夫差的吴国王室在历史与文化的交错中所感受到的困惑、无奈与抗争。

3.盟会背后的吴、晋军事对抗

吴、晋两国的名分争夺,既是一种文化的冲突,也是吴、晋两国在各自发展后的文化交融,更是国家实力比拼与较量的结果。黄池盟会上吴、晋双方幕后的军事对抗,见诸下列文献记载。

(1)《左传》的叙述

当盟会上的文化比拼处于相持不下,且不能避让也无法进展时,晋国正卿赵鞅(即赵孟、赵

---

[1] 孔颖达疏,见《春秋左传正义》,北京大学出版社1999年,第41页。
[2] 《周易兼义上经随传》卷三及王弼注,见《周易正义》,北京大学出版社1999年,第129页。
[3] 《左传·哀公十三年》,见《春秋左传正义》,北京大学出版社1999年,第1670页。
[4] 杜预注,见杜预:《春秋经传集解》,上海古籍出版社1978年,第1792页。
[5] 杜预注,见杜预:《春秋经传集解》,上海古籍出版社1978年,第1792页。

简子)对盟会上的文化比拼不耐烦并试图以武力来打破这一僵持局面。《左传·哀公十三年》记载说,其时他把晋国大夫司马寅叫来,对他说:"天色已晚,盟会歃血先后的大事还没定下。这是我俩的罪过。干脆击鼓列阵,我们俩上前和他们拼死一战。"这样"长幼必可知也"[1],即老祖宗们谁长谁幼,就可以知道了。这里,赵鞅显然是针对吴人所说的"于周室,我为长",而意图以武力比拼决个高下。

面对赵鞅的鲁莽,晋国大夫司马寅倒显得更为谨慎。毕竟,衰落的晋国早已没有了晋、楚争霸时的实力和底气,而对手吴国系新崛起的"蛮夷",若与之武力相碰,谁胜谁负,实是未可知之。故司马寅说:"请让我先去观察一下吴国的动静。"他察看后回来对赵鞅说:"现在吴王脸上发黑,气色惨淡无神。大概是吴国被敌人战胜,或者是太子死了吧?况且,这种来自不开化地区的人把德看得太轻,不能长久。"对于和吴国硬拼,司马寅经察看后给出了"请少待之"[2]即请稍微再等待一下的意见。这最终使得晋国放弃了动用武力及放弃了在盟会上的争夺,从而使得吴王夫差"乃先晋人"[3],即让吴王夫差在歃血时先歃而成为盟会霸主。

另从杜预注评述《左传·哀公十三年》记载的吴王"乃先晋人"[4]句时,指出"盟不书,诸侯耻之,故不录"[5]。即《春秋经·哀公十三年》之所以不记载黄池盟会的结果——吴人争得霸主地位,是因为这一结果让中原列国诸侯感到蒙受了莫大的耻辱。故此,《春秋经·哀公十三年》就"不书""不录"即不记载这一结果了。

吴王夫差"乃先晋人"地成了黄池盟会霸主,《春秋经·哀公十三年》非但没有记载这一盟会结果,甚至连本年的盟会都未提及。其原因即如上文所引述的"诸侯耻之",即鲁国史官之所以不记载黄池盟会,是因为中原列国诸侯感到让吴国来发起并主持这一盟会是一次莫大的耻辱,故而"不书""不录"。

前文曾引孔颖达疏,个中描述鲁国史官对吴国北进争霸的文化偏见说:"吴之强大,始于会(指鄫地会见),终于黄池(指黄池盟会)。……故不录其盟,不与其成为盟主也。"[6]

由此可见,"诸侯耻之"及"不录其盟,不与其成为盟主",就成为《春秋

山西博物院展出的镬鼎(春秋,公元前770—前476年。山西省太原市金胜村赵卿墓出土)(吴恩培摄)

---

[1]《左传·哀公十三年》,见《春秋左传正义》,北京大学出版社1999年,第1670—1671页。
[2]《左传·哀公十三年》,见《春秋左传正义》,北京大学出版社1999年,第1671页。
[3]《左传·哀公十三年》,见《春秋左传正义》,北京大学出版社1999年,第1671页。
[4]《左传·哀公十三年》,见《春秋左传正义》,北京大学出版社1999年,第1671页。
[5]杜预注,见杜预:《春秋经传集解》,上海古籍出版社1978年,第1792页。
[6]孔颖达疏,见《春秋左传正义》,北京大学出版社1999年,第1666页。

经·哀公十三年》不记载黄池盟会结果,甚至连黄池盟会都不提及的原因。

黄池盟会晋国掌控与会进程的实权人物为晋国正卿赵鞅(即赵孟、赵简子)。现留存于世的吴王夫差时制作的禺邗王壶(两件并出,形制相同,花纹也基本一致。二器现藏于英国伦敦大不列颠博物馆),该器铭文提及晋国正卿赵孟(赵鞅、赵简子)。关于该禺邗王壶究系吴器或晋器,学界存有争议(相关情况,另见下文)。赵鞅留存后世的文化遗存为其墓葬的丰厚随葬品。山西博物院展出的"赵卿墓发掘现场"展板说:"赵卿墓位于太原南郊金胜村,1988年发掘……随葬器物3421件,其中青铜器达1402件。"

(2)《国语》的叙述

和《左传》记载晋国准备先动手不同,《国语》对越王勾践乘吴王夫差与晋国争霸于黄池及越王勾践乘机伐吴的记载,更为详尽。而吴王夫差所率吴国军团在黄池的处境,更为险恶。

《国语·吴语》叙述,越军不仅在吴都城郊打败了夫差的太子王子友(大子友),而且还攻陷了吴国国都的外城并烧毁姑苏台,运走吴国的大船等。同时,越军沿海岸上行至淮河,欲断绝吴军归路。正是在这种极为严峻且吴、晋两国在盟会上争当盟主之事尚未见分晓之时,"吴王惧,乃合大夫而谋"[1]。即吴王夫差对此感到恐惧,于是召集吴国大臣商量对策。

面对着越国攻击吴国后方的情况,夫差问众大臣说:"今吾道路修远,无会而归,与会而先晋,孰利?"[2]即现在我们回国的道路遥远。如果在不参加黄池盟会而立即回国和参加盟会而让晋国先歃血(即让晋国取得霸主地位)这两者间做个选择的话,哪种做法对吴国更为有利?

大夫王孙雒指出,两者对吴国都不利。不参加盟会就回国,会使越国的名声因此而更大,吴国百姓会害怕而逃亡,而我们这么赶回去却没有了投奔之处。而"齐、宋、徐、夷曰:'吴既败矣!'将夹沟而䗂我,我无生命矣"[3]。即齐国、宋国、徐国和淮夷都会说:"吴国已经败了!"因此,他们将会一起夹击我们退走之路的邗沟,再从旁边乘机攻击我们,在这种情况下,我们就已没有生路了!而参加盟会让晋国先歃血,晋国执掌了诸侯长的权力就会来制约我们。同时,晋国将以霸主的名义去朝见周天子,我们不能等到它朝见了天子回来后再走,可这丢下了而远去又不甘心。如果越国的名声越来越大,吴国的百姓会因恐惧而背叛我们。所以"必会而先之"[4]。即不但要参加盟会,而且还先歃血夺得霸主地位。

王孙雒,《左传》《史记》均未记载此人。而和前文所及的"王孙弥庸"一样,其"王孙"身份在吴国王室中辈分或为夫差孙辈。王孙雒的意见显然为吴王夫差所赞同。于是夫差问他说:"既要参加盟会,又要争得霸主地位,该怎么做?"

王孙雒提出,今晚就要向晋国挑战,当吴国上下都摆出一副拼命的架势时,"彼将不战而先我,我既执诸侯之柄,以岁之不获也,无有诛焉,而先罢之,诸侯必说"[5]。即在这种情况下,晋国肯定不会应战而让我们先歃血。这样,在我们执掌了诸侯长的大权后,以年成不好,不向诸侯

---

[1]《国语·吴语》,见左丘明撰、韦昭注:《国语》,上海古籍出版社2015年,第400页。
[2]《国语·吴语》,见左丘明撰、韦昭注:《国语》,上海古籍出版社2015年,第400页。
[3]《国语·吴语》,见左丘明撰、韦昭注:《国语》,上海古籍出版社2015年,第400页。
[4]《国语·吴语》,见左丘明撰、韦昭注:《国语》,上海古籍出版社2015年,第400页。
[5]《国语·吴语》,见左丘明撰、韦昭注:《国语》,上海古籍出版社2015年,第400页。

索取贡赋来收买列国诸侯的人心。同时，让列国诸侯先回去。这样，他们一定会很高兴。等到各国诸侯都回去了后，吴军就可从容地返归。

吴王夫差采纳了王孙雒的意见并立即付诸实施。于是，当晚黄昏，吴王夫差命令将士们吃饱饭、喂饱战马。半夜时，命令将士们手持兵器，穿上铠甲。接着，"为带甲三万"[1]，即吴国士兵排列出三个万人方阵，造成强大的声势并作出进攻姿态。鸡鸣叫时，吴军在离晋军营寨一里路远的地方排列好了阵式。天没大亮时，吴王夫差亲自鸣钟、亲自擂鼓，军中也敲击着丁宁、镦于和金铎，军乐声激昂雄壮。三军将士同时大声呼喊着、吼叫着向前进发，声势惊天动地。

吴国骤然而起的军事恫吓，立刻取得了效果。晋军吓得不敢出来，只是围着军营四周加强防御。缓过神后，晋国国君命令晋国大夫董褐立即去打探并与吴人交涉。董褐来到吴王军前说："两国国君曾议定不使用武力而友好相处，并约定中午时分举行盟会。现在贵国把这些约定踩在脚下，并且在我们晋国营寨前摆出进攻架势，我斗胆地问一声，这到底是为什么？"

吴王夫差在军中亲自回答说："天子有命，周室卑约，贡献莫入，上帝鬼神而不可以告。无姬姓之振也。"[2]意即，周天子原来有命令要四方朝贡，但由于周王室卑弱，四方诸侯都不交纳贡品了，以致周王室连祭告天地鬼神的礼品都没有。众多姬姓诸侯国，没有一个想到要振兴周王室的事。好多人来到吴国，向我们传达周天子要我们吴国振兴周王室的命令。正是在这种情况下，我夜以继日、不辞辛劳地赶来这里与晋君相会，但现在晋国国君非但不把周王室的事放在心上，还倚仗着晋国的兵多势广，不以此去征伐对周王室不恭顺的西戎、北狄以及楚、秦等国，也不念长幼的礼节，而是用武力征讨同为姬姓的兄弟国家。"孤欲守吾先君之班爵，进则不敢，退则不可。"[3]意即，本王我只想守住先君泰伯的爵位，不敢超越，但也不想作任何后退。现在离会盟的日子越来越近，深恐大事不成，被各国诸侯耻笑。"孤之事君在今日，不得事君亦在今日"[4]，即本王事奉你们国君，行得通在今天，行不通也在今天。因为贵国使者站得离我不远，因此本王亲自到贵军营门外来聆听贵国的命令。

夫差在这里策略性地以"尊王"姿态及辅佐周王室的旗号表达其"退则不可"的争霸决心，更表达出今日就要见分晓及不达目的将兵戎相见的意志。春秋早、中期时，在王室式微及王权政治向霸主政治转移的过程中，齐桓公、晋文公等都曾打出"尊王攘夷"旗号，即尊崇周王室，而排斥周边的"四夷"——西戎、北狄、东夷、南蛮，以使自身取得的霸业具有正当性和合法性。而吴国向被中原列国视作"蛮夷"，故吴王夫差意欲继承春秋早、中期的霸主政治时，也策略性地以"尊王"作旗号了。

其时，董褐听懂了夫差谦恭话语后的潜台词，可当他要回去复命时，吴王夫差却上演了血腥的送客一幕——"董褐将还，王称左畸曰：'摄少司马兹与王士五人，坐于王前。'乃皆进，自刭于客前以酬客。"[5]即吴王召唤其左部军吏说："把少司马兹和五个王士执持来，坐在我的面前。"

---
[1]《国语·吴语》，见左丘明撰、韦昭注：《国语》，上海古籍出版社2015年，第402页。
[2]《国语·吴语》，见左丘明撰、韦昭注：《国语》，上海古籍出版社2015年，第403页。
[3]《国语·吴语》，见左丘明撰、韦昭注：《国语》，上海古籍出版社2015年，第403页。
[4]《国语·吴语》，见左丘明撰、韦昭注：《国语》，上海古籍出版社2015年，第403页。
[5]《国语·吴语》，见左丘明撰、韦昭注：《国语》，上海古籍出版社2015年，第403页。

于是这六人便一齐向前,在董褐面前以集体自刎的方式送客。

吴军军士集体自杀的送客行为,似乎是吴王阖闾伐越时的吴越第二次槜李之战中,越军军士排成三行集体自杀的吴国翻版。故韦昭对之注曰:"昭谓:鲁定十四年,吴伐越,越王使罪人自刭以误吴。故夫差效之。"[1]即夫差乃是效法吴、越槜李之战时,越军于阵前集体自杀的场面。这一克隆复制,只不过是威吓晋国的伎俩。当董褐回营向晋君复命,并告知晋国正卿赵鞅说:"据臣下我察看吴王的脸色,好像是有大的忧虑在心中。可能是他的爱妾、太子死了,不然就是吴国遇到了大麻烦;而往更大的方面说,可能是越国进攻了吴国。'将毒,不可与战。主其许之先,无以待危,然而不可徒许也。'赵鞅许诺。"[2]即董褐说:"在这种情况下,吴王将会非常残暴地荼毒生灵,我国不能与他们正面交战。您不如答应他先歃血,不要冒和吴国正面对抗的风险。然而,也不可让吴王轻易地夺得霸主地位。"晋国正卿赵鞅同意了。

(五)政治筹码交换后的吴国称霸与周王朝的程序认可

1.吴国称霸

《国语·吴语》中的这位晋国大夫董褐,《左传》未记载此人。他在获得晋国正卿赵鞅的首肯与授权后,与吴王夫差再次见面,重新谈判。董褐首先说:"寡君未敢观兵身见。"[3]即我国君王不敢亲自露面来观看贵国显示兵力,故派我来回复。接着董褐说起晋国对尊王的责任及当初吴国与晋国的联系后,又暗讽吴国的作为说:"今君掩王东海,以淫名闻于天子,君有短垣,而自逾之,况蛮、荆则何有于周室?"[4]意即现吴国统治了东海一带,在周天子那儿有僭号称王超越位次的名声。君王您有礼仪的边界,却又自己超越了他,那荆蛮地区的各国对周王室还讲什么礼仪呢?

董褐明里暗里批评了僭号称王的吴国及其打出的"尊王"旗号后,接着开出了晋国的条件——吴王去除僭越所称的"王"而以"吴公"自称。对此,董褐表述为:"夫命圭有命,固曰吴伯,不曰吴王。诸侯是以敢辞。夫诸侯无二君,而周无二王,君若无卑天子,以干其不祥,而曰吴公,孤敢不顺从君命长弟?"[5]即天子册诸侯的命圭上早有命令,吴国的君主称为"吴伯"而不称"吴王"。吴国僭越称王,所以诸侯才敢不尊奉吴国。诸侯各国不可以事奉两个盟主,周王室也不可有两个王,贵国君如果不鄙视和冒犯天子并以"吴公"自称的话,我们晋国怎敢不顺从您的命令而让您先歃血呢?

为避免和吴国正面冲突,晋国作出让步。但在就坡下驴之际,晋国也找了个体面的台阶,这就是吴王必须去除僭越所称的"王"号而以"吴公"自称。吴公,指的是"公爵"爵位。夫差"进则不敢,退则不可"的基准点是放在吴先君泰伯的"伯爵"爵位上。因此,董褐代表晋国所表示的吴王去除僭越所称的"王"而可得以以"公爵"爵位自称,这就超出吴国预期。且董褐代表晋国还表示可以让吴国先歃血,即让吴王夫差成为霸主,故吴王夫差同意了。杜预注对此评述为:"夫差欲霸

---

[1] 韦昭注,见左丘明撰、韦昭注:《国语》,上海古籍出版社2015年,第405页。
[2] 《国语·吴语》,见左丘明撰、韦昭注:《国语》,上海古籍出版社2015年,第403页。
[3] 《国语·吴语》,见左丘明撰、韦昭注:《国语》,上海古籍出版社2015年,第403页。
[4] 《国语·吴语》,见左丘明撰、韦昭注:《国语》,上海古籍出版社2015年,第403页。
[5] 《国语·吴语》,见左丘明撰、韦昭注:《国语》,上海古籍出版社2015年,第403—404页。

中国,尊天子,自去其僭号而称子,以告令诸侯。"[1]此处的"中国",指的是中原地区。

政治筹码交换且双方各作妥协后,终达成协议。于是,"乃退就幕而会。吴公先歃,晋侯亚之"[2]。即双方退下后在幕帐举行盟会。吴公(指夫差)先歃血,晋侯第二个歃血。就这样,夫差终得到了他"北进争霸"以来孜孜以求的霸主名分。同时,他和吴王阖闾一起,在后世不同文献记载的春秋"五霸"名单中,终也有了一席席位。而后世关于春秋"五霸"的名单有三:

其一,《吕氏春秋·当务》:"备说非六王五伯。"[3]高诱注:"五伯,齐桓、晋文、宋襄、楚庄、秦缪也。"[4]上述"秦缪",即秦穆公。

其二,《荀子·王霸》:"虽在僻陋之国,威动天下,五伯是也……故齐桓、晋文、楚庄、吴阖闾、越句践,是皆僻陋之国也,威动天下,强殆中国。"[5]

其三,《汉书·诸侯王表》:"故盛则周、邵相其治,致刑错;衰则五伯扶其弱,与共守。"[6]颜师古注:"伯读曰霸。此五霸谓齐桓、宋襄、晋文、秦穆、吴夫差也。"[7]

2.周王朝对夫差取得霸主即"诸侯长"地位的程序认可

黄池盟会,吴国取得霸主即诸侯长的地位,还须经过东周王朝的批准程序。此时的东周王朝,虽早已失去了对诸侯的实际控制,但名义上仍然体现着法定的中央王权。而这一东周王朝的批准,并无否决权,故只是一种走程序式的认可。

《国语·吴语》记载:"吴王夫差既退于黄池,乃使王孙苟告劳于周。"[8]即吴王夫差从黄池盟会返归,同时即派遣王孙苟向周天子报告,以取得王权的最终认可。

王孙苟,其辈分当和前文所说的王孙弥庸、王孙雒一样,为吴国王室中夫差孙辈。王孙苟以夫差的名义向周王朝呈报的书面文书,不啻为吴国两代吴王充满政治智慧而又极富文采的述职报告。该文书说:"昔者楚人为不道,不承共王事,以远我一二兄弟之国。吾先君阖庐不贳不忍,披甲带剑,挺铍搢铎,以与楚昭王毒逐于中原柏举。天舍其衷,楚师败绩,王去其国,遂至于郢。王总其百执事,以奉其社稷之祭。其父子、昆弟不相能,夫概王作乱,是以复归于吴。今齐侯壬不鉴于楚。又不承共王命,以远我一二兄弟之国。夫差不贳不忍,被甲带剑,挺铍搢铎,遵汶伐博,簦笠相望于艾陵。天舍其衷,齐师还。夫差岂敢自多,文、武实舍其衷。归不稔于岁,余沿江溯淮,阙沟深水,出于商、鲁之间,以彻于兄弟之国。夫差克有成事,敢使苟告于下执事。"[9]

显见,该报告完全站在吴国两代君王立场上,对历史事实的描述做了有利于吴国的剪裁。报告先说阖庐(阖闾)当政时,楚国人不遵守道义,不承担对周天子的贡献,并且疏远我们姬姓的兄弟国家。我们的先君阖庐对这事不能宽赦、不能忍受,披甲带剑,率领将士仗着长矛振动金铎,

---

[1]杜预注,见杜预:《春秋经传集解》,上海古籍出版社1978年,第1788页。
[2]《国语·吴语》,见左丘明撰、韦昭注:《国语》,上海古籍出版社2015年,第404页。
[3]《吕氏春秋·当务》,见陈奇猷校释:《吕氏春秋校释》,学林出版社1984年,第596页。
[4]高诱注,见陈奇猷校释:《吕氏春秋校释》,学林出版社1984年,第599页。
[5]《荀子选注》,天津人民出版社1975年,第154页。
[6]《汉书·诸侯王表第二》,见班固:《汉书》,中华书局1962年,第391页。
[7]颜师古注,见班固:《汉书》,中华书局1962年,第392页。
[8]《国语·吴语》,见左丘明撰、韦昭注:《国语》,上海古籍出版社2015年,第407页。
[9]《国语·吴语》,见左丘明撰、韦昭注:《国语》,上海古籍出版社2015年,第407页。

和楚昭王在中原的柏举进行角逐。上天向吴国施舍福祉，使楚军大败。楚昭王也被迫离开郢都出逃，吴国军队于是占领了郢都。吴王阖庐会集百官，恢复楚国的祭祀。由于吴王父子、兄弟之间相处不和睦，夫概王兴起叛乱，于是阖庐又再回到吴国。接着，报告说起现今夫差当政时的情况：如今齐侯壬（指齐悼公之子齐简公。第二次吴伐齐时，齐简公为齐国国君）不以楚国的失败为前车之鉴，又不承担对周天子的贡献，疏远姬姓的兄弟国家。我夫差不能宽赦也不能忍受，只好披甲带剑，率领将士仗着长矛振动金铎，沿着汶水北上攻打博邑。我夫差不避风雨，戴着篆笠在艾陵与齐军苦战。上天再一次向吴国施舍福祉，齐军败退。我夫差不敢自夸功劳，当全是周代先王周文王、周武王降福祉给吴国啊！艾陵战后，我回国等不到年谷成熟，就又率领军队沿着三江逆淮河北上，凿通邗沟的深水，把它加长直达宋国、鲁国，来沟通与兄弟国家的联系。我夫差取得了成功，不敢不派大夫王孙苟来向您报告。

吴王夫差继续策略地打出"尊王"姿态，美化吴国一直是为了维护周王朝权威和利益而东征西战。此时被奉为天子的周敬王当然知晓王孙苟前来，只不过是走个程序而已。于是，"周王答曰：'苟，伯父令女来，明绍享余一人，若余嘉之。'"[1]意为，王孙苟啊，伯父夫差命令你来，表明他要继承先王的传统，仍然拥戴我。我认为这样做很好呢！接着，周敬王说起周王朝的忧患历史，并联系现实指出："今伯父曰：'勠力同德。'伯父若能然，余一人兼受而介福。伯父多历年以没元身，伯父秉德已侈大哉！"[2]意为，周敬王说："现在伯父说'愿与周王室协力同心'。伯父如果能这样，我个人真是备受大福祉了呢！愿伯父长寿长福，伯父秉持的德行真是伟大啊！"

周敬王此处口口声声喊"伯父"，这一渊源当源自前及吴人所说的"于周室，我为长"，即吴国王室始祖为当日古公亶父长子泰伯，而周王室及周敬王出自泰伯之弟季历一脉的缘故。这里省略了辈分排算的程序，周敬王不乏讨好地称呼夫差为"伯父"了。

与此堪为对比样本的是春秋霸主之一的晋文公上台之后，适逢周室内乱，他采纳狐偃"求诸侯，莫如勤王"[3]的进言，迎接周襄王入城复位。其后，晋文公朝见周襄王时请求死后能在墓前挖地下通道（即请求采用天子葬礼），周襄王不答应，说这是天子的葬礼。还没有取代周室的德行，却有两个天子，此"亦叔父之所恶也"[4]。晋国在春秋史上规模空前的城濮之战击败楚国后，晋文公成为威震中原的霸主。晋文公到京师向周襄王献楚军俘虏，周襄王给了晋文公赏赐说："王谓叔父：'敬服王命，以绥四国，纠逖王慝。'"[5]意即，周天子告诉叔父，恭敬地服从王命，靠它来安抚天下列国，惩治背叛周王室的邪恶。

上述，周襄王称晋文公为"叔父"，与周敬王称呼夫差为"伯父"形成对比。而《左传·隐公五年》记载"臧僖伯卒。公曰：'叔父有憾于寡人。'"[6]这句时，杜预注为："诸侯称同姓大夫，

---

[1]《国语·吴语》，见左丘明撰、韦昭注：《国语》，上海古籍出版社2015年，第407页。
[2]《国语·吴语》，见左丘明撰、韦昭注：《国语》，上海古籍出版社2015年，第407页。
[3]《左传·僖公二十五年》，见《春秋左传正义》，北京大学出版社1999年，第426页。
[4]《左传·僖公二十五年》，见《春秋左传正义》，北京大学出版社1999年，第428页。
[5]《左传·僖公二十八年》，见《春秋左传正义》，北京大学出版社1999年，第451页。
[6]《左传·隐公五年》，见《春秋左传正义》，北京大学出版社1999年，第100页。

长曰伯父，少曰叔父。"[1]而孔颖达疏则引"《觐礼》载天子呼诸侯之称，曰：'同姓大国则曰伯父，其异姓则曰伯舅；同姓小邦则曰叔父，其异姓则曰叔舅。'"[2]这里，值得探讨的是：周襄王称晋文公为"叔父"时，晋非"同姓小邦"；而周敬王称夫差为"伯父"时，已走下坡路的吴国或也称不上"同姓大国"。故周天子对晋文公和吴王夫差的不同称呼，固然有着不同历史时期的政治因素等制约，但主要当由同一血缘关系的祖先在兄弟次序中的排序所决定，而与国之大小、权势、影响或无多大关系。从这一意义上讲，周天子称夫差为"伯父"，它体现的只是吴国先祖泰伯的地位与荣光。

（六）黄池盟会的政治成果——吴、晋"好恶同之"

1.黄池盟会后的政治成果即《左传》的两次补叙记载的吴、晋"好恶同之"

《左传·哀公十三年》记载黄池盟会的召开，但并未记载该盟会的政治成果。其原因或如上引杜预注所说，"盟不书，诸侯耻之，故不录"。而可资对比的是，吴、鲁《鄫地盟约》在签署当年的《春秋经》《左传》中亦未有记载，而是由其后的《左传·哀公十七年》予以补叙。与上述相同的是，黄池盟会的政治成果，当年的《左传·哀公十三年》未予记载，而是由其后的《左传·哀公二十年》两次予以补叙。

《左传·哀公二十年》记载公元前475年（吴夫差二十一年，鲁哀公二十年）"十一月，越围吴"[3]后，黄池盟会时任晋国正卿赵鞅（赵简子）之子赵孟（即赵襄子、赵无恤）的家臣楚隆意欲赴吴时，"赵孟曰：'黄池之役，先主与吴王有质，曰：好恶同之。'"[4]意为，赵孟说："黄池那一次盟会，我的先主（指赵鞅，又作赵简子）与吴王签订过盟约，说双方要'同好共恶'。"其后，楚隆来到吴国，与吴王夫差谈话时，又以自己的口吻说："黄池之役，君之先臣志父得承齐盟，曰：'好恶同之。'"[5]意为，黄池那一次结盟，寡君的先臣赵鞅得以参加盟会，盟会的盟约（盟誓）说，双方要"同好共恶"（楚隆问吴王事，另见下文）。

2.《左传》记载的盟约中的"好恶同之"

关于"好恶同之"，《左传》记载的盟会中，多次出现这一盟誓或盟约。而首次出现者，即为前文提及的第一次列国弭兵盟会签订的"西门之盟"。

（1）第一次列国弭兵盟会盟约中的"好恶同之"

《左传·成公十二年》记载公元前579年（吴寿梦七年，鲁成公十二年）第一次列国弭兵盟会签订的"西门之盟"的盟约条文，为："凡晋、楚无相加戎，好恶同之。"[6]意思是说，凡是晋、楚两国，不要互相兵戎相见，而要好恶相同。

（2）鲁昭公流亡于齐时，其追随者协调内部的"载书"及其中的"好恶同之"

公元前517年（吴王僚十年，鲁昭公二十五年），鲁国季氏季平子和郈氏郈昭伯因斗鸡而引发

---

[1] 杜预注，见杜预：《春秋经传集解》，上海古籍出版社1978年，第36页。
[2] 孔颖达疏，见《春秋左传正义》，北京大学出版社1999年，第100页。
[3] 《左传·哀公二十年》，见《春秋左传正义》，北京大学出版社1999年，第1703页。
[4] 《左传·哀公二十年》，见《春秋左传正义》，北京大学出版社1999年，第1703页。
[5] 《左传·哀公二十年》，见《春秋左传正义》，北京大学出版社1999年，第1703页。
[6] 《左传·成公十二年》，见《春秋左传正义》，北京大学出版社1999年，第749页。

纠纷。季氏为鲁"三桓"中实掌国权者。至鲁昭公时,季氏专权已近百年,历鲁国宣、成、襄诸国君。其时,想要摆脱"三桓"长期凌驾于公室之上的鲁昭公利用郈昭伯及臧氏臧昭伯与季平子的矛盾,出兵围困季平子。季平子求饶,请求宽恕,鲁昭公一概不许。其后,"三桓"中的孟孙氏、叔孙氏担心季平子失势,自己两家也会由此垮掉,于是相继介入并发兵援助季平子。其后,郈昭伯被杀,鲁昭公被迫下野逃亡于齐。其时,齐景公支持鲁昭公在齐国从事复辟活动。而鲁昭公追随者欲以"载书"(盟誓)形式协调内部。这就是《左传·昭公二十五年》记载的"臧昭伯率从者将盟,载书曰:'戮力壹心,好恶同之。信罪之有无,缱绻从公,无通外内!'"[1]意为,臧昭伯率领跟随昭公的人将要结盟,盟书说:"合力同心,好恶一致,明确有罪无罪,坚决跟从国君,不要内外沟通。"

(3)楚向北方扩张时,以第一次列国弭兵盟会盟约中的"好恶同之"威逼晋国

《左传·哀公四年》记载,公元前491年(吴夫差五年,鲁哀公四年),楚攻下夷虎以后,策划向北方扩张,并派人对晋大夫士蔑说:"晋、楚有盟,好恶同之。若将不废,寡君之愿也。不然,将通于少习以听命。"[2]杜预注:"少习,商县武关也。将大开武关道以伐晋。"[3]故《左传》上条意为,楚人说:"晋国和楚国有过盟誓,双方'好恶同之'。如果这个盟誓不被废除,这可是寡君的愿望。如果不是这样的话,那我们准备打通少习山再来听取你们的命令。"最终,被逼迫的晋人作了妥协。

3.春秋时期,无法约束盟约双方的盟誓(或称"盟约")的"好恶同之"

由上述实例可以看出,春秋时期,无论是晋、楚两大集团的第一次列国弭兵盟会的盟誓"好恶同之",抑或是吴、晋、鲁等黄池盟会上的盟约"好恶同之",其后的结果表明,此类"好恶同之"已成为一种套话式的外交辞令。一方面,它既约束不了盟会参与方对该盟誓的履约行为,也无法验证日后对这"好恶同之"的履行情况。另一方面,盟会参与方毕竟是一番较量后,双方打不动了才坐下来举行盟会会谈的。既是举行盟会会谈,则双方均需要一个可以共同接受的条文或文辞。故这一对双方既无约束、也无从验证从而呈现出模糊状态的"好恶同之",就成为双方都能接受的盟约条文。

而日后双方在对抗中,偶尔捡拾起这一盟约条文"好恶同之",如楚以打通少习山威胁晋时提及的这一"好恶同之"及晋人的妥协,那也不是双方履行盟约,而只是当时双方力量的比拼结果。至于黄池盟会盟约中的"好恶同之",晋国既无意且也不可能予以履行。只是当黄池盟会盟约签署人赵鞅去世后,其子赵孟的一种表示,且在当时及日后,因晋国内政变化等原因,晋国既不可能、更无意愿去履行这一"好恶同之"的盟约条文了(相关情况,见下文)。

(七)黄池盟会后的吴、鲁交集及吴军返归

1."吴人将以公见晋侯"时鲁国的阻挠

吴、晋达成了"好恶同之"的盟约条款,而晋国毕竟是姬姓诸侯国中实力强大的老牌中原霸主。因此,或是出于修补与晋国争霸而受到伤害的双方关系,同时,也可能对"好恶同之"相关细

---

[1]《左传·昭公二十五年》,见《春秋左传正义》,北京大学出版社1999年,第1461页。
[2]《左传·哀公四年》,见《春秋左传正义》,北京大学出版社1999年,第1630页。
[3]杜预注,见杜预:《春秋经传集解》,上海古籍出版社1978年,第1732页。

节须进行磋商和明确,从而为吴军返归后与越争战留有获得晋国支持的空间(其时晋国尚不知吴国国都为越人所入,而吴王夫差则心知肚明)。故争得霸主地位后的吴王夫差,"将以公见晋侯"[1],即吴国人准备带着鲁哀公一同去见晋侯晋定公。

对鲁国来说,子爵爵位的吴王夫差准备拜访侯爵爵位的晋侯晋定公时,竟让公爵爵位的鲁哀公充当陪客与跟班,这使得鲁国君臣备感受辱和难以接受。同时,鲁国更担心的是,在吴、晋敲定"好恶同之"细节时,面对昔日的盟主晋国和本次盟会的盟主吴国,时已与晋国相处甚恶且鄫地会见时鲁国与卫、宋等国的"畏吴窃盟"及"卒辞吴盟"[2]即与吴国关系也不太顺畅的鲁国,极可能又被圈绕进晋国或吴国的势力范围而成为晋国或吴国的属国。若此,这又将极大地损害鲁国利益。于是,鲁国开始针对吴国对中原盟誓礼仪不熟悉的弱点,充分运用其文化软实力这一强项,并以周礼典章制度阐释者的身份来搅局,从而达到阻止"吴人将以公见晋侯"的目的。

鲁国大臣子服景伯对吴国派来的使者提出异议说:"王合诸侯,则伯帅侯牧以见于王。伯合诸侯,则侯帅子男以见于伯。"[3]杜预注后句:"伯,诸侯长。"[4]故《左传》上条意为,天子会合诸侯,是由诸侯长(即盟主)率领各国国君去晋见天子的;而诸侯长会合列国诸侯,是由爵位较高的侯爵诸侯,率领爵位较低的子、男爵位诸侯去谒见诸侯长的。

子服景伯接着说:"自王以下,朝聘玉帛不同,故敝邑之职贡于吴,有丰于晋,无不及焉,以为伯也。今诸侯会,而君将以寡君见晋君,则晋成为伯矣。"[5]意为,自天子以下,各国国君进行朝聘贡赋时所动用的玉帛等财礼也各不相同,所以公爵爵位的鲁国进献给盟主吴国的贡赋,比给侯爵爵位的晋国更为丰厚,而不会比给晋国的低。这是把吴国视为诸侯长即盟主的缘故。现在,如果吴国国君准备带着我国国君去谒见晋国国君,那晋侯就成为诸侯长即盟主了。

通晓周礼典章制度的子服景伯,说吴国国君已成为盟主,不能降尊纡贵地去见晋侯,而应该是晋侯前来谒见成为盟主的吴国国君。否则,势必造成尊卑次序的混乱。子服景伯的话语中,隐含着对吴国不熟悉周礼典章制度的嘲讽和鄙夷。接着,子服景伯又以因吴国人要带着鲁哀公一同去谒见晋定公,从而使晋国成为事实上的诸侯盟主而大做文章说,若是这样,则"敝邑将改职贡"[6],即鲁国就将要修改对吴国贡赋的额度了。这是因为,"鲁赋于吴八百乘。若为子男,则将半邾以属于吴,而如邾以事晋"[7]。即因吴国成为盟主,故鲁国给盟主的贡赋额度,是按供养八百乘兵车的军赋收入为标准来计算的。而从前文叙述鲁伐邾后,邾国茅夷鸿晋见吴王夫差时所说的"鲁赋八百乘……邾赋六百乘"[8]可知,"八百乘""六百乘"分别为鲁国、邾国军赋的总额。但若因"吴人将以公见晋侯"从而使得鲁国的地位降为子爵、男爵级别的话,那么鲁国将参照子爵级别的邾国每年六百乘兵车军赋收入标准的一半(即上述"半邾")——三百乘,来作为交纳

---

[1]《左传·哀公十三年》,见《春秋左传正义》,北京大学出版社1999年,第1671页。
[2]《左传·哀公十七年》,见《春秋左传正义》,北京大学出版社1999年,1667页。
[3]《左传·哀公十三年》,见《春秋左传正义》,北京大学出版社1999年,第1671页。
[4]杜预注,见杜预:《春秋经传集解》,上海古籍出版社1978年,第1792页。
[5]《左传·哀公十三年》,见《春秋左传正义》,北京大学出版社1999年,第1672页。
[6]《左传·哀公十三年》,见《春秋左传正义》,北京大学出版社1999年,第1672页。
[7]《左传·哀公十三年》,见《春秋左传正义》,北京大学出版社1999年,第1672页。
[8]《左传·哀公七年》,见《春秋左传正义》,北京大学出版社1999年,第1643页。

给吴国贡赋的额度,同时按邾国战车六百乘兵车军赋的全额(即上述"如邾")来事奉因"吴人将以公见晋侯"从而事实上成为盟主的晋国。

子服景伯搅局过程中的叙述,有着含混不清从而令后人难以理解之处。首先,如吴为盟主,鲁国给吴国的贡赋为供养"八百乘"兵车的额度。而如果晋国成为事实上的盟主,鲁国给晋国的额度又成了"如邾"即"六百乘"额度的贡赋。两者何以不一?其次,鲁国若事奉成为事实上盟主的晋国"如邾"的"六百乘"时,又为何"将半邾"即三百乘"以属于吴"?而两者相加,鲁国的付出竟达到"九百乘",即超过鲁国供养本国军队军赋总额"八百乘"的数额。其三,由于文献记载的简略,并不清楚其交纳方式及交纳细节。其四,不排除子服景伯搅局时,利用吴人不熟盟会贡赋的交纳情况,故刻意东拉西扯地将之搅成一笔吴人一时难以弄清且后人更是理不清的乱账。

关于盟会中列国向盟主(诸侯长)交纳保护费即"贡赋""朝聘"的记载,《左传》多次出现。如公元前565年(吴寿梦二十一年),晋国集团举行邢丘盟会,议题即为"以命朝聘之数,使诸侯之大夫听命"[1]。即颁布各国应向晋国贡纳财赋的数额,并让列国派大夫级官员前来听取这些指标。而邢丘盟会尚未召开前,鲁国国君就先期"如晋,朝,且听朝聘之数"[2],即鲁襄公前往晋国,一为朝见盟主,二为听取晋国新给鲁国下达的贡赋指标。这是晋国在集团内对鲁国先期单独下达贡赋指标。而春秋时列国向盟主交纳"贡赋""朝聘"的数额,并无定规,全由主政晋国的晋国正卿决定。其实例即是先后担任晋国正卿的范宣子和赵文子(赵武)对列国曾执行了不同的贡赋标准。"范宣子为政,诸侯之币重。郑人病之。"[3]即晋国正卿范宣子执政,对盟国需索的贡赋非常繁重。郑国人深为这件事所苦。范宣子死后,"赵文子为政,令薄诸侯之币而重其礼"[4]。即赵武接替范宣子担任晋国正卿后,下令削减盟国对晋国的经济负担指标。

吴国由于长期游离于中原列国盟会之外,故对列国相关事务的礼仪、朝聘等情况均不熟悉,故无从对子服景伯胡搅蛮缠式的刻意搅局提出意见。然而,前述《国语·吴语》的记载中,吴国大夫王孙雒提出吴国执掌了诸侯长大权后,"以岁之不获也,无有诛焉,而先罢之"[5]。王孙雒提出的意见为夫差认可并得以执行。故子服景伯的纠缠,只是缘于"吴人将以公见晋侯"的情况,据以往盟会的贡赋惯例对吴人进行的搅局。其目的是阻止"吴人将以公见晋侯"的实现。

因此,事关鲁国根本利益的目的和动机,掩藏在对周礼典章制度的阐释之下。子服景伯为了鲁国利益,以周礼的规定而让吴国人端起盟主架子以等待晋侯前来谒见。于是,"吴人乃止"[6],即吴国停止了由吴王夫差带着鲁哀公一同去见晋定公的计划。

《左传·哀公十三年》紧接着就记载吴国君臣的"既而悔之,将囚景伯"[7]。即吴国人很快就后悔,并认定这是子服景伯在捣鬼并准备囚禁他。吴人"既而悔之"的原因,显然是吴国并未

---

[1]《左传·襄公八年》,见《春秋左传正义》,北京大学出版社1999年,第856页。
[2]《左传·襄公八年》,见《春秋左传正义》,北京大学出版社1999年,第855页。
[3]《左传·襄公二十四年》,见《春秋左传正义》,北京大学出版社1999年,第1004页。
[4]《左传·襄公二十五年》,见《春秋左传正义》,北京大学出版社1999年,第1020页。
[5]《国语·吴语》,见左丘明撰、韦昭注:《国语》,上海古籍出版社2015年,第400页。
[6]《左传·哀公十三年》,见《春秋左传正义》,北京大学出版社1999年,第1672页。
[7]《左传·哀公十三年》,见《春秋左传正义》,北京大学出版社1999年,第1672页。

等到晋侯前来谒见的机会,而晋侯和晋国正卿等已归国。当吴人发现失去与晋国交流并敲定落实"好恶同之"细节的机会时,已无从补救。至此,吴人也终于明白子服景伯大谈向盟主交纳贡赋的目的和居心——阻止吴、晋国君会面。于是,吴人极为恼怒了。

面对吴人的恼怒,子服景伯摆出一副释然姿态说:"我已经在鲁国立了继承人了,打算带两辆车子和六个随从跟随你们去,早走晚走,都听你们的命令。"吴国人于是囚禁了子服景伯,准备将他带回吴国去。子服景伯虽摆出一副死猪不怕开水烫的姿态,但若真将他囚于吴国,他还是极不愿意的。于是他又开始运用他的政治智慧,以求解脱。当吴军到达户牖(今河南兰考县东北)时,子服景伯欺骗吴国太宰伯嚭说:"鲁国将要在十月的第一个辛日祭祀天帝和先王,到最后一个辛日完毕。我们家世世代代都在祭祀中担任职务,从鲁襄公以来没有改变过。如果我不参加,主持祭祀的祝宗将会在祭祀时对老天说'是吴国不让子服景伯参加祭祀'。而且,贵国认为鲁国不恭敬,但也只囚禁了鲁国七个身份卑微的人(子服景伯及六个随从),这对鲁国能有什么损害呢?"于是,太宰伯嚭对吴王说:"囚禁子服景伯对鲁国不能造成什么实质损害,却让吴国背上坏名声,不如放他回去吧!"于是吴国人就放回了子服景伯。

2.吴申叔仪"乞粮"之歌

吴王夫差执政下的吴国连年劳师远征,国内的经济已捉襟见肘,难以支撑。于是在黄池盟会后,出现了吴国大臣以歌声为隐语,向鲁国大臣求取粮食的戏剧性一幕:"吴申叔仪乞粮于公孙有山氏。曰:'佩玉繠兮,余无所系之。旨酒一盛兮,余与褐之父睨之。'"[1]繠,下垂貌。上述吴国大夫申叔仪向鲁国大夫公孙有山氏求取粮食,以歌声向对方暗示说:"佩玉往下垂呀,我没有地方系住它。美酒斟得满呀,我和贫苦的老翁只能斜眼看着它。"鲁国大夫公孙有山听懂了对方求取粮食的意思,也以歌声给予对方一个充满文学味的幽默回答:"梁则无矣,粗则有之。若登首山以呼曰:'庚癸乎!'则诺。"[2]意为,鲁国大夫公孙有山也以歌声唱道:"细粮已没有了,粗粮还有一些。如果你们登上首山高喊着说:'给点下等的粮食吧!'那就答应你。"

取得霸主地位的吴国,为接受鲁国的劣质粮食,是否屈辱地去首山上高喊了,《左传》无下文记载。但仅此一笔,吴国霸权背后的经济窘境,已是昭然若揭。

3.归途中的伐宋

吴国军团在返归路上,经过宋国。一年前当吴王夫差和鲁国国君鲁哀公、卫国国君卫出公以及宋国大臣皇瑗在郧地会面时,鲁、卫、宋三国背着吴国签订了盟约,而拒绝与吴国结盟。对这一冷落乃至敌对吴国的行为,吴王夫差当时即对卫国进行了报复——包围卫出公的住所,并将其扣留。黄池盟会后,吴国又拘捕鲁国的大臣子服景伯,将他关在囚车里一度准备带回国。相继对卫、鲁报复后,吴国尚未施行报复的就只剩下宋国。宋国与吴国历史上曾为姻亲关系,但郧地会面时,宋国只派一个大臣出席,且并未与吴国站在一边。故吴王夫差在黄池盟会后率吴国军团返归途中,欲顺带地报复一下宋国。但从是时吴国所处环境讲,第一要务当为迅速返归,以定国内。再者,吴国军团远离本土,粮草供应等已出现困难,处境渐趋险恶。在这种情况下,节外生枝地攻打

---

[1]《左传·哀公十三年》,见《春秋左传正义》,北京大学出版社1999年,第1673页。
[2]《左传·哀公十三年》,见《春秋左传正义》,北京大学出版社1999年,第1673页。

宋国，无疑是给自己再添变数。故此，文献对吴人返归时的伐宋，即存在着"未遂"与"既遂"的两种不同记载。

（1）《左传》记载的"未遂"

所谓"未遂"，指的是吴国想攻打宋国，但权衡后并未施行。记载这一情况的为《左传·哀公十三年》："王欲伐宋，杀其丈夫，而囚其妇人。太宰嚭曰：'可胜也，而弗能居也。'乃归。"[1]意为，吴王夫差准备讨伐宋国，把宋国的男子统统杀掉，把他们的妇女俘虏过来。太宰伯嚭说："虽然我们能够战胜宋国，可不能老守在这里啊！"吴王夫差听了伯嚭的话，于是吴军未攻打宋国而是返归。

（2）《国语》记载的"既遂"

所谓"既遂"，指的是吴国攻打了宋国。记载这一情况的为《国语·吴语》，吴军"过宾于宋，以焚其北郭焉而过之"[2]。意为，吴军以回国路过为名而来到宋国，焚烧了宋国国都北面的外城作为恫吓，然后才过境。

吴王夫差率领下的吴国军团，返归时攻打宋国与否，因文献记载相悖，不能确定。至此，吴国"北进争霸"已近尾声。而吴国军团离开中原时，历史再没给吴王夫差说声"再见"的机会。

（八）"北进争霸"的历史尾声——吴及越平

1.吴、越媾和过程的两种情况推测

吴军返归后，吴王夫差与越人媾和。时为公元前482年（吴夫差十四年，鲁哀公十三年）。《左传·哀公十三年》记载为："冬，吴及越平。"[3]即本年冬天，吴国与越国媾和。

这里的"吴及越平"，只是个结果。而对达到这一结果的吴、越媾和过程，《春秋经》《左传》无相关记载。尽管如此，其过程无非以下两种情况：

（1）双方军事对抗后，吴军战败

值双方军事对抗后，吴军战败，故吴王夫差被迫无奈地答应越人的媾和条件。而这一双方军事对抗情况，《春秋经》《左传》无相关记载。

（2）双方并未进行军事对抗

双方并未进行军事对抗，吴王夫差答应越人的媾和条件。在双方并未进行军事对抗而媾和的情况下，又存在着如下两种可能情况：

其一，为越人所俘的吴大子友（太子友）成为越人在媾和时的勒索筹码和人质。

关于这一问题，须从文献对吴大子友命运的不同记载予以分析。因文献记载的不同，现列表对比如下：

---

[1]《左传·哀公十三年》，见《春秋左传正义》，北京大学出版社1999年，第1673页。
[2]《国语·吴语》，见左丘明撰、韦昭注：《国语》，上海古籍出版社2015年，第404页。
[3]《左传·哀公十三年》，见《春秋左传正义》，北京大学出版社1999年，第1673页。

文献关于吴大子友（太子友）命运的不同记载及其评析

文献记载内容	分类	评析
《左传·哀公十三年》："复战，大败吴师。获大子友、王孙弥庸、寿于姚。"[1]	被俘	吴军战败，大子友（太子友）等被越人俘获。《左传》后未交代其命运。
《国语·吴语》："败王子友于姑熊夷。"[2]	战败	王子友（即大子友、太子友）被越人击败，后《国语·吴语》未交代其命运。
《史记·吴太伯世家》："虏吴太子友。丁亥，入吴。吴人告败于王夫差……乃引兵归国。国亡太子。"[3]	被虏，至夫差引兵归国时，"国亡太子"	此处"亡"字，有二义。一作"失去"解；另一作"死亡"解，按此，则吴太子（大子友）被俘后为越人所杀，从而与《史记·越王句践世家》互证。
《史记·越王句践世家》："伐吴。吴师败，遂杀吴太子。"[4]	被杀	此处记写吴太子（大子友）被杀，参《史记·吴太伯世家》"虏吴太子友"的记载，可推测为吴太子被俘后被杀。

从上表中可见，《左传》《国语》记吴大子友或被俘，或战败，未交代其后来命运。而《史记·吴太伯世家》《史记·越王句践世家》，均记载吴太子友被俘后为越人所杀。

由于其后文献无吴大子友尚活着的反向证明记载，故可认为吴大子友被俘后为越人所杀。由此亦可推测，已死的吴大子友已不能构成越人手中的勒索筹码。

其二，吴国王储大子友（太子友）的死亡，导致吴国王位传承的危机，以致面临绝祀时，使得吴王夫差精神崩溃乃至一蹶不振。

该推测或也不能成立。这是因为《左传》记载中出现的夫差之子另有前文提及的"王子姑曹"（又作公子姑曹）及与王子友一同留守但并未被越人俘获的王子地。同时，吴国王室以"王孙"称呼者，除了与王子友一同被越人俘虏的王孙弥庸外，另有《国语·吴语》记载的王孙苟、王孙雒等，以及前文提及的公子蹶由、下文提及的公子庆忌等。这些王室成员及其后人，均具备吴国王位传承的资历和资格。再者，夫差曾祖寿梦生有嫡子四人，仅此，寿梦后代组成的吴国王室成员数量，当蔚为可观了。

由于文献记载的简略，后世并不能获知"吴及越平"的经过及双方的媾和条件等。

（3）"吴及越平"及吴国"北进争霸"战略的终结

上述，"吴及越平"即吴王夫差答应越人的媾和条件表明，吴王夫差时期将吴国国家战略调整为"北进争霸"并为此而进行的并未取得成功的实践，至此画上句号。

第三节　从试图摆脱困境到吴、越间的决战"笠泽之战"
——吴王夫差执政晚期的作为与吴国灭国

吴国成为黄池盟会霸主，其后即从这一"北进争霸"的巅峰滑下。返归后，吴国一蹶不振而又

---

[1]《左传·哀公十三年》，见《春秋左传正义》，北京大学出版社1999年，第1670页。
[2]《国语·吴语》，见左丘明撰、韦昭注：《国语》，上海古籍出版社2015年，第399页。
[3]《史记·吴太伯世家》，见司马迁：《史记》，中华书局1959年，第1474页。
[4]《史记·越王句践世家》，司马迁：《史记》，中华书局1959年，第1744页。

苟延残喘了九年。其间,吴王夫差尽管也试图摆脱困境,但终被越国所灭。在春秋晚期的列国政治舞台上,终演绎了一场"其兴也悖焉……其亡也忽焉"[1]的历史大剧。

一、吴军返归

(一)吴国一蹶不振的主要原因分析

吴夫差十四年(鲁哀公十三年,前482),吴王夫差从黄池返归国后,在与越国签订了对吴国极为不利的苛刻条约后得以媾和。其后的日子,吴国昔日的王者风范,蓦然尽失。

吴夫差十五年(鲁哀公十四年,前481),《春秋经》《左传》记载,小邾国、陈国、宋国、齐国相继发生反叛国君的事件,晋国的赵鞅(赵简子,赵孟)率师伐卫,楚国支持陈国的宗竖妄图颠覆陈国等。然而,在这些复杂纷纭的列国事件中,却没有"诸侯长"吴国出面维持秩序的任何作为。显见,吴国在黄池盟会上争得的盟主即霸主地位,只是一个虚名。

在经济上,吴国北进时,经济支撑住了它与周边国家的政治、军事争夺。然而,当"为带甲三万"[2],即三万之众的吴国军团随吴王夫差长期滞留中原时,吴国经济终难以支持。黄池返归后,吴国与越国签约及媾和的过程中,势必接受了对吴国极为不利的条约。其中,如前文所推测的吴国以岁贡形式向越国缴纳粮食,一如当日吴国对越国贡赋的索取。这更加重了吴国经济的负担。

因此,黄池盟会成为吴国从强盛滑向衰落的分水岭。吴国的急速衰落,与其说是被越人从背后偷袭而元气大伤,倒毋宁说是被吴王夫差穷兵黩武掏空了吴国国力所致。黄池返归后,争得霸主之名的吴国,只能独自面对越国。而吴国北进时所结怨的中原列国,无一施以援手。黄池盟会上有"好恶同之"盟约义务的晋国正卿赵鞅,其时已过世,故无执政权力的其子赵无恤(赵毋恤,赵襄子)也只能派个家臣对被越人围困的吴国作一番精神抚慰。历史上的齐桓公、晋文公、楚庄王等强势盟主,若他们在成为霸主之时遭遇他国偷袭,则必以盟主身份组建多国联军而予以惩罚。当然,吴、越地处东南,鉴于地理、气候、风俗、民情等文化差异,中原国家对吴、越之争难有兴趣。所有这些,导致吴国留下了称霸未久即断崖式走向衰落、灭亡的话题。而在最后苟延残喘的九年中,吴王夫差及其执政下的吴国,犹力图扭转被动和劣势,但丢失的历史机遇已不再来。

(二)吴、楚在陈国的争夺再起

1.从暗战到明战——楚国在陈国的代理人宗竖被杀与"楚子西、子期伐吴"

从黄池返归后的吴王夫差,尽管国力大伤,但依然试图有所作为,并与楚国继续争夺陈国。而江淮地区始终是吴、楚博弈的重要区域。随着蔡昭侯的去世,蔡国已为楚国所控制。于是,淮河流域的陈国就继续成为吴、楚争夺的目标。

公元前481年(吴夫差十五年,鲁哀公十四年),《春秋经·哀公十四年》载,五月后,"陈宗竖出奔楚"。而"冬,陈宗竖自楚复入于陈,陈人杀之"[3]。意为,五月后,陈国的宗竖逃奔到楚国去。冬季时,他从楚国再回到陈国,陈国人把他杀了。

---
[1]《左传·庄公十一年》,见《春秋左传正义》,北京大学出版社1999年,第245页。
[2]《国语·吴语》,见左丘明撰、韦昭注:《国语》,上海古籍出版社2015年,第402页。
[3]《春秋经·哀公十四年》,见《春秋左传正义》,北京大学出版社1999年,第1676页。

第八章 吴王夫差"北上争霸"及其失国

宗竖被杀,其背后映现的是吴、楚争夺陈国的暗战。而这一让楚人难以接受的结果,终又使吴、楚从暗战走向明战。

宗竖被杀次年——公元前480年(吴夫差十六年,鲁哀公十五年),楚国又开始攻打吴国:"夏,楚子西、子期伐吴,及桐汭。"[1]意为,夏季时,楚国的子西(公子申)和子期(公子结)率领军队攻打吴国,一直打到桐水的弯曲处。此战,《左传·哀公十五年》未交代其结果,吴国或因国力大衰而并未出兵与楚军正面接触。

接下来,《左传·哀公十五年》叙述了因楚伐吴而导致的吴国与陈国在友好交往中就公共卫生安全与不同地区文化发生碰撞的外交事件。

2.吴国习俗与中原礼仪的文化碰撞

此时,陈国与吴国关系密切,两国间加强了来往。对楚伐吴而及桐汭,"陈侯使公孙贞子吊焉"[2],杜预注:"吊为楚所伐。"[3]故《左传》上条意为,对楚伐吴,陈国国君陈闵公派公孙贞子率外交使团去吴国慰问。然,"及良而卒"[4],即公孙贞子在出使半道上的良地骤然去世。关于"良"地,前文引杜预注说,"良"为"下邳有良城县"中的良城县。按此,则良地在今江苏邳州附近。

陈国外交使团的正使,在出使途中去世。中原礼制关于出聘时外交使团正使死亡的相关礼仪,见诸《仪礼·聘礼》记载:"宾入竟而死,遂也。主人为之具,而殡。介摄其命。君吊,介为主人。"[5]意为,外交使团的正使进入被访问国国境后去世,外交访问之事继续进行。主国(指被访问国)国君为他提供丧敛、殡仪之物。外交使团正使的副手(即副使)代行正使使命。而被访问国的国君前来吊丧时,外交使团的副使在吊唁丧仪中充当主人。因此,按照中原礼节,该陈国外交使团由副使率领,继续完成国君交代的访问使命。

陈国外交使团前行至吴都城下,"将以尸入"[6],即外交使团准备抬着正使公孙贞子的棺材进入吴都"吴"城内城,以示完成国君托付的外交使命。

江南气候温润,水多易涝且更易引发人口密度较高地区的瘟疫流行,故对陈国外交使团抬着死尸进入"吴"城内城可能引发的公共卫生事件,吴国不能不谨慎对待。毕竟,他们并不知晓这位正使公孙贞子身染何病而亡。

于是,吴王夫差派太宰伯嚭前往城外去慰劳,并且辞谢说:"由于南方雨水过多,不合时令,恐怕形成涝灾会毁坏公孙贞子的灵柩,以此增加我们国君的忧虑,所以我国国君特意让我来斗胆辞谢。"这里所说的辞谢,乃是拒绝装敛陈国外交正使公孙贞子尸体的灵柩入城。而如前引《仪礼·聘礼》记载的中原礼节,吴国非但应该让公孙贞子的灵柩进入吴国国都,且还应当为他提供丧敛、殡仪之物并在吴国举行丧事仪式。在这由陈国副使主持的丧事仪式中,吴王夫差和吴国的大臣们亦应当出席。

正是由于文化差异,吴国拒绝公孙贞子的灵柩进入吴都"吴"城内城,使得陈国外交使团的

---

[1]《左传·哀公十五年》,见《春秋左传正义》,北京大学出版社1999年,第1683页。
[2]《左传·哀公十五年》,见《春秋左传正义》,北京大学出版社1999年,第1683页。
[3]杜预注,见杜预:《春秋经传集解》,上海古籍出版社1978年,第1810页。
[4]《左传·哀公十五年》,见《春秋左传正义》,北京大学出版社1999年,第1683页。
[5]《仪礼·聘礼》,见《仪礼注疏》,北京大学出版社1999年,第447页。
[6]《左传·哀公十五年》,见《春秋左传正义》,北京大学出版社1999年,第1683页。

副使芋尹盖深为不满地说:"我国国君听说楚国不讲道义,屡次攻打吴国,屠杀你们的平民。所以,派我做副使,慰问贵国国君下属的官员。不幸的是,我们外交使团的正使,遇到上天不高兴,在良地去世。我们为他办理丧事及殡殓积聚的用资,耗费了些时日。而我们为了把这时间赶回来,一天迁徙几个地方而赶路,为的是不辜负我国国君的使命。然而,当我们来到贵国都城,如今贵国国君却是如此迎接并命令我们说,不要把灵柩抬进国都城门。这样做,就是把我们国君委派我们来吴国慰问的命令丢弃在草丛里了。"芋尹盖在叙述本次出使的目的、经过和正使身亡的种种情况后,又接着从"礼"的高度批评吴国的做法:"且臣闻之曰:'事死如事生,礼也。'"[1]意为,臣下我听说:"事奉死人像事奉活人一样,是合乎礼仪的。"接着,他又说道:"因此,在外事交往的过程中,外交使臣突然死去后,有抬着盛殓他尸体的灵柩继续完成外交使命的礼仪。同时,还有在外事访问中遇到被访问国家也突然发生丧事的礼仪。如果现在不让我们抬着正使的灵柩进城去继续完成外交使命,这就像我们访问某国,遇到他们突然发生丧事而我们掉头就走一样。于情于理,大概都不可以这样做的吧!用'礼'来约束民众、防止他们行为越轨,但还是有人违犯。""今大夫曰:'死而弃之',是弃礼也。其何以为诸侯主?"[2]即现在太宰(指伯嚭)您说:"你们的正使死了,就丢弃他的使命吧!"并因此而不让他的灵柩进城。吴国这样做可是丢掉了礼仪啊!这又怎么能够当诸侯的盟主?继而,他又说:"先人有这样的话说:'别把死者看成是污秽和垃圾。'因此,我们抬着正使的灵柩进城,是要继续完成他的使命,如果能把我国国君的意思转达到贵国国君那里,我即使逢遭不测、坠入深渊也毫无怨言,只把它看作天命,而不会责怪、视为贵国国君和贵国百姓的过错。"

芋尹盖极其得体的话所表达的中原文化的"礼"与吴国国情所形成的风俗、习惯等形成碰撞时,芋尹盖非要抬棺入城无疑是按中原文化的礼仪进行的。对吴人来说,尽管这与江南习俗有异,然而最终还是"吴人内之"[3],即吴国人最后还是同意接纳灵柩入"吴"城内城。

显然,吴太宰伯嚭着手处理这一涉及不同文化冲突的外交事件时,更多着眼于现实的政治。走下坡路的吴国,如今已没什么盟友,在这风雨飘摇之中,有陈国派外交使团前来慰问,故不便拘泥于吴地的文化和风俗了。

陈国与吴国的关系,以这一文化事件,画上了最后的句号。两年后的公元前478年(吴夫差十八年,鲁哀公十七年),当楚国发生下文将叙述的白公(即熊胜)之乱时,《左传·哀公十七年》记载,其时"陈人恃其聚而侵楚。楚既宁,将取陈麦。……王卜之,武城尹吉。使帅师取陈麦。陈人御之,败。遂围陈。秋,七月,己卯,楚公孙朝帅师灭陈"[4]。意即,乘楚国的白公之乱,陈国人仗着自己有丰厚的物资储存而侵袭楚国。楚国安定以后,准备夺取陈国的麦子。经过一番遴选,楚惠王占卜,已故首相子西的儿子公孙朝为吉利的人选,于是派他带兵夺取陈国的麦子。陈国人抵抗,战败,公孙朝就包围了陈国。到了秋季的七月初八日,公孙朝领兵灭掉了陈国。

---

[1]《左传·哀公十五年》,见《春秋左传正义》,北京大学出版社1999年,第1684页。
[2]《左传·哀公十五年》,见《春秋左传正义》,北京大学出版社1999年,第1685页。
[3]《左传·哀公十五年》,见《春秋左传正义》,北京大学出版社1999年,第1685页。
[4]《左传·哀公十七年》,见《春秋左传正义》,北京大学出版社1999年,第1696—1697页。

二、吴、楚百年战争的最后之战——吴人伐慎及白公之乱

公元前479年（吴夫差十七年，鲁哀公十六年），吴、楚间发生了两国历史上的最后一战。这就是《左传·哀公十六年》记载的："吴人伐慎，白公败之。"[1] 慎，杜预注为"汝阴慎县"[2]。杨伯峻《春秋左传注》注为："今安徽颍上县北江口集即古慎城。"[3] 故《左传》上条意为，本年（前479）吴国攻打楚国的慎县，楚国白地的地方行政官员熊胜，击败了吴国。

本年的吴伐楚之战，因文献记载的简略，成为吴、楚战争史上一场原因不明而又蹊跷的战争。战争的地点，依然是历史上两国争夺的传统地域——江淮地区。

（一）"吴人伐慎"的战争背景

从公元前584年（吴寿梦二年，鲁成公七年），晋、楚争霸且晋国推行"联吴制楚"战略，十九世吴王寿梦实行"联晋抗楚"及"吴始伐楚"[4]起，到公元前479年"吴人伐慎"时止，吴、楚两国的战争延续了一百零五年。

这一时期的吴国，已处在衰落与困顿之中。是时，对吴国生存威胁最大的为越国。因此，在避免进一步滑向灭亡的现实前提下，吴国既无主动攻打楚国的意愿，更无主动攻打楚国的必要。且从上年"楚子西、子期伐吴"，即由楚国主动挑起冲突而吴国避免正面碰撞来看：楚国在这些年的休养生息中，国家实力已有所恢复；而吴国由于北进耗尽国力，且处在越人的打击之下。故两国实力已是此消彼长。

因此，此时的吴国既不存在攻打楚国的意愿，也不具备攻打楚国的能力，且伐楚的后果极可能引发楚、越两面夹攻的严峻局面。

因此，这场系吴国主动挑起的吴"伐慎"之战，其战争的原因、目的、过程等战争要素在上引"吴人伐慎，白公败之"的简略记载中并不得而知，从而使得这场战争变得吊诡。然而，此战一反常态的背后，又必然有着隐情。该隐情，或与将吴人"败之"的"白公"有关。

（二）"白公"——由伍子胥带至吴国并在吴国长大的楚平王嫡孙熊胜

白公，即熊胜，楚平王嫡子太子建之子、楚平王嫡孙。前文曾叙述，伍子胥逃亡吴国时，"乃与胜俱奔吴"[5]，即伍子胥带着太子建之子熊胜，一起逃亡到了吴国。伍子胥奔吴的具体时间，为公元前522年（吴王僚五年，鲁昭公二十年），从该年至吴国"伐慎"时，已过了四十三年。

前文曾论述，熊胜的出生时间为公元前523年底（吴王僚四年，鲁昭公十九年）至公元前522年（吴王僚五年，鲁昭公二十年）年初或年中，当在到伍子胥奔吴前的这一时间段里。故熊胜抵吴时，其年龄大不过一岁，小则是刚出生的婴儿。因此，四十三年过去，熊胜已为一个成年壮汉。

熊胜由伍子胥带至吴国之初，当是由伍子胥抚养的。三年后的公元前519年（吴王僚八年，鲁昭公二十三年），楚平王原配夫人、太子建生母，同时也是熊胜亲祖母的蔡女，由吴王僚之子、吴太子诸樊迎接到吴国，幼年的熊胜才有了与直系亲属生活在一起的可能。

---

[1]《左传·哀公十六年》，见《春秋左传正义》，北京大学出版社1999年，第1692页。
[2] 杜预：《春秋经传集解》，上海古籍出版社1978年，第1824页。
[3] 杨伯峻：《春秋左传注》（修订本），中华书局1990年，第1702页。
[4]《左传·成公七年》，见《春秋左传正义》，北京大学出版社1999年，第729页。
[5]《史记·伍子胥列传》，见司马迁：《史记》，中华书局1959年，第2173页。

故此，可勾勒出熊胜抵吴最初几年的情景：

公元前522年，伍子胥将出生不久的熊胜带到吴国并加以抚养。三年后的公元前519年，熊胜的祖母来到了吴国。因此，熊胜有可能与祖母蔡女一起生活。而他在吴国长大的岁月中，分别经历了吴王僚、阖闾、夫差三位吴王。由于身份的特殊，熊胜身上纠缠着极为复杂的关系。

其一，他是在楚国的敌国——吴国长大的。吴王僚及吴王阖闾、吴王夫差时，吴国与楚国已为世仇，这不能不在他的童年、青年和壮年的生活中产生影响。

其二，当初把他带到吴国并抚养他的人是伍子胥，而伍子胥却又是他的祖父——楚平王的仇敌。其祖母来吴后，或许使他的童年有了些许亲情。然而这位祖母，却又是其祖父楚平王所弃的怨妇，且在吴、楚的政治斗争中以勾结吴人、叛离楚国的不正常方式来到吴国。

其三，对其生活影响最大者为伍子胥，在生活中充当其政治导师的角色。伍子胥在吴国的经历，从吴王僚时期参与政变并辅佐公子光成为吴王阖闾，到吴王阖闾时深受信任和重用，再到吴王夫差时因政见不同而遭疏远乃至被赐死。伍子胥的命运浮沉，不能不对熊胜的生活乃至其个人性格的形成产生影响。

其四，吴王僚、阖闾、夫差时期，吴国与楚国的任何一场战争，都会使熊胜对自己的身份认同产生困惑。而阖闾时期吴国伐楚并攻入郢都时，伍子胥寻仇报复的对象正是其祖父楚平王以及其父太子建的同父异母兄弟、亦即其叔叔楚昭王。吴伐楚并攻入郢都时，熊胜已成为一个十六七岁的青年。如前文所述，吴伐楚入郢都后，吴军竭力搜捕楚昭王，即意图以熊胜取代楚昭王并扶植其执政楚国。其后的局势发展，使得吴国这一变更楚国国君的计划胎死腹中。

其五，吴国政治的变化也在不断地教育和感染着这位楚平王之孙，尤其是伍子胥被杀后，作为和伍子胥有着密切关系的熊胜，其原本的特殊身份又被株连上伍子胥送子于齐的叛国罪名。在这种种因素叠加下的熊胜，其个人思想及命运，始终处在一种极不正常的政治环境与生活环境中。阴谋、报复、杀戮、仇恨等，都在他身上化作种种不良诱因，从而使得他生成了阴冷、偏执、仇恨、残忍等种种变异人格。所有这些，构成了日后这位"白公"内乱楚国的人性基础。

(三)"白公"的叔父们——昭王、惠王时楚国王室的三位成员：子西、子期、子闾

楚平王后嗣及继位的情况，前文已述，为直观表述，兹列图如下［箭头所示为楚国王权传承，即楚平王→楚昭王→公子启（子闾）→楚惠王］：

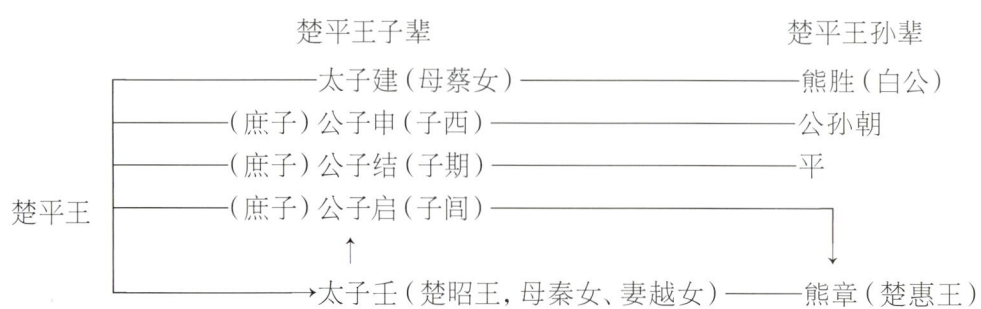

楚公子申（子西）为楚平王长庶，是一位善良正直的王室成员。《左传·昭公二十六年》载，楚

平王死后，"令尹子常欲立子西"[1]，即时任楚国令尹的子常想立子西为楚君。令子常未想到的是，子西对立他为君之事并不领情，而是发火说："是乱国而恶君王也。"[2]意为，这可是扰乱国家而宣扬先君私纳儿媳的丑名声。接着，子西说："先王有子继位，不可以扰乱。就是用整个天下来收买我，我也不会听从。现在楚国要做什么？要杀掉令尹！"子常本想拍一下公子申（子西）的马屁，没想到子西不但无意于获得王位，还说要杀他。于是，"令尹惧，乃立昭王"[3]，即他赶紧立太子壬为国君，是为楚昭王。

楚昭王死于与吴国对峙的军事前线。临死前，楚昭王对楚国王位相继欲传至公子申（子西）、公子结（子期），但均遭拒绝。其后强行命令公子启（子闾）接位，公子启推辞了五次，才答应下来。楚昭王死后，子闾即和子西、子期商量，立楚昭王之子熊章为楚王即楚惠王。

由上可见，楚平王后，楚国宫廷这三位王室成员，都具有推辞君位而无以恋栈的君子之风和高洁品格。同时，在吴伐楚入郢后的楚国社稷动荡中，这三位君子先后协助同父异母的弟弟楚昭王及其侄楚惠王共同收拾楚国山河，并在其中起到了中流砥柱的作用。

楚惠王时，时任楚国令尹的子西（公子申）觉得楚平王嫡孙，同时也是他侄儿的熊胜寄居于吴多有不妥，于是"欲招之"[4]，即想要召熊胜回楚国。对此，沈尹戌之子楚国大夫叶公诸梁颇不以为然。他对子西说起熊胜为人奸诈而喜欢作乱，召他回来，只怕会带来祸害。同时，他还警告说："您现在这样做，今后可是要后悔的。"然而，子西听不进叶公诸梁的话。作为春秋后期楚国令尹的子西，其正直人格和善良品性使得他被血缘亲情蒙住了双眼。对叶公诸梁的劝阻，子西"弗从。召之，使处吴竟，为白公"[5]。意思是说，子西不听从叶公诸梁的劝告而召回了熊胜，并安排他在吴、楚两国交界的白县担任地方行政长官。

熊胜归楚的确切时间，《左传》未明确记载。《史记·伍子胥列传》亦无准确纪年地模糊记为："吴王夫差之时，楚惠王欲召胜归楚。"[6]而上引《左传·哀公十六年》记载熊胜时，其已归楚，并"使处吴竟，为白公"。时为公元前479年（吴夫差十七年，鲁哀公十六年）。因这一记载属补叙性质，故熊胜归楚的具体年份并不能确定，但可大致确定为楚惠王元年（吴夫差八年，鲁哀公七年，前488）至本年（吴夫差十七年，鲁哀公十六年，前479）之间。

熊胜因其父太子建当日在郑国被杀，因此对郑国积攒了多年仇恨。回到楚国后，他就向令尹子西"请伐郑"[7]即请求讨伐郑国。"子西曰：'楚未节也。不然，吾不忘也。'"[8]即子西对他说："如今楚国的政令还未走上正轨，不然的话，我也是不会忘记郑国人的这个仇的。"

然而，"他日，又请，许之"[9]。意即，过了些日子，熊胜又来请求讨伐郑国。这一次，子西答

---

[1]《左传·昭公二十六年》，见《春秋左传正义》，北京大学出版社1999年，第1471页。
[2]《左传·昭公二十六年》，见《春秋左传正义》，北京大学出版社1999年，第1472页。
[3]《左传·昭公二十六年》，见《春秋左传正义》，北京大学出版社1999年，第1472页。
[4]《左传·哀公十六年》，见《春秋左传正义》，北京大学出版社1999年，第1691页。
[5]《左传·哀公十六年》，见《春秋左传正义》，北京大学出版社1999年，第1691页。
[6]《史记·伍子胥列传》，见司马迁：《史记》，中华书局1959年，第2181—2182页。
[7]《左传·哀公十六年》，见《春秋左传正义》，北京大学出版社1999年，第1691页。
[8]《左传·哀公十六年》，见《春秋左传正义》，北京大学出版社1999年，第1691页。
[9]《左传·哀公十六年》，见《春秋左传正义》，北京大学出版社1999年，第1691页。

应了。熊胜不达目的死不罢休的执拗个性至此已表现出来。子西答应了出兵，但"未起师，晋人伐郑，楚救之，与之盟"[1]。即楚国还没来得及出兵，就发生了晋国侵袭郑国的战争。子西为了维护楚国的国家利益，更出于制衡晋国的战略需要而派兵援救郑国，并与郑国缔结了盟约。

子西的这一维护楚国国家利益的处理，激怒了视野狭窄、胸怀狭隘且一心欲报父仇的熊胜。"胜怒曰：'郑人在此，仇不远矣。'"[2]意为，郑国的盟友就在这里，我的杀父仇人离我不远呢！熊胜在这里锁定的"仇人"，指的是他的两个叔父：当政楚国的令尹子西（公子申）和掌管楚国军事的司马子期（公子结）。

在吴国特殊环境中形成几近变态人格的熊胜，当他以楚平王嫡孙的身份被接回楚国后，已届壮年的他，思维、习惯均已定型，身份地位的突然改变，使得他早已定型的变态个性更加无所拘管和无所约束。对子西、子期这些对其充满血缘亲情的叔叔，他并无感情。因此，六亲不认的品性，在他身上以一种恣意妄为的外在形式表现为极端自我、毫无人性的仇恨。《左传·哀公十六年》记载一个细节说："胜自厉剑，子期之子平见之，曰：'王孙何自厉也？'曰：'胜以直闻，不告女，庸为直乎？将以杀尔父。'"[3]意即，有一天，熊胜独自一个人在埋头磨剑，子期的儿子平（熊平）走过来看见了，便问他说："王孙为什么自己动手磨剑啊？"熊胜说："我向来以说话直率闻名，我今天如果不告诉你，那还算得上什么直率呢？我这磨剑，就是想要杀了你父亲。"

熊胜磨刀霍霍的行为和杀气腾腾的话语，使得平（熊平）不敢把这话告诉自己的父亲——楚国司马子期（公子结），而是悄悄告诉了他的伯伯——楚国令尹子西。子西听了，并未引起注意，仅是付之一笑说："胜如卵，余翼而长之。楚国第，我死，令尹、司马，非胜而谁？"[4]意为，熊胜就像只鸟蛋，只有在我的翅膀翼孵下它才能长大。按照楚国接班的顺序，我死了，执掌楚国行政、军事的令尹、司马这些职位，不是熊胜，那还能是谁呢？"然而，"胜闻之，曰：'令尹之狂也，得死，乃非我。'子西不悛"[5]。意为，熊胜听了子西说的这一番话后，竟然说："这位令尹可真狂妄啊！他要是能有好死，我就不是我！"对此，子西还是没有警觉。而这时的熊胜却开始寻找石乞等帮手，结成了死党。

就在熊胜针对其叔叔子西、子期的阴谋悄悄进行之时，发生了"吴人伐慎，白公败之"的战争。这场系由吴国主动挑起的吴"伐慎"之战，其战争原因、目的、过程等战争要素，在以上所引"吴人伐慎，白公败之"的简略记载中并不得而知。而如前文推测，这被隐去的隐情，或与"白公"即熊胜与吴人的合谋有关。

（四）吴国的军事谋略与熊胜的政治盘算

在吴国长大的熊胜归楚并是时已为担任吴、楚边境上的楚国地方官员，同时，他又对楚国的上层充满着仇视和野心。这些因素交织而导致的可能是：了解熊胜境况和想法的吴人，与熊胜事先谋划了一出双簧式的军事"假败"——吴国发动"伐慎"之战并以失败给熊胜一个进京呈献战

---

[1]《左传·哀公十六年》，见《春秋左传正义》，北京大学出版社1999年，第1691页。
[2]《左传·哀公十六年》，见《春秋左传正义》，北京大学出版社1999年，第1691页。
[3]《左传·哀公十六年》，见《春秋左传正义》，北京大学出版社1999年，第1691页。
[4]《左传·哀公十六年》，见《春秋左传正义》，北京大学出版社1999年，第1691页。
[5]《左传·哀公十六年》，见《春秋左传正义》，北京大学出版社1999年，第1691页。

利品并发动政变的机会。

这一推测如果成立的话，那吴国发动的这一极为突兀的对楚战争就有了一个合理的解释，同时吴国的战争目的和这场战争背后的隐情亦可清晰而见。

首先，是时在越人窘迫之下，吴国对楚、越联盟心存疑虑。而楚惠王之母，本来自越国。为了干扰楚、越对吴国的夹击态势，利用熊胜的政治野心而给楚国制造内乱，以减轻楚国对吴国的压力等，就构成了吴国主导并参与演出这一军事双簧的动因。况且，吴国假装战败的战争成本不大。

其次，对熊胜而言，鉴于其对子西、子期的仇恨，为实现其政治野心，他需要一个进入国都以发动政变的借口和理由。而一场对吴战争的胜利，则满足了他的这一政治需求。

故此，吴国人以自己的"假败"送给了熊胜一场对吴战争的胜利。吴国的军事谋略与熊胜的政治盘算在交互运作中高度统一起来。这也说明，困顿中的吴王夫差企图扭转局面，也企图有所作为。其目的，即是为吴国的生存这一国家利益而改变吴国极为不利的外部环境。

（五）楚"白公"之乱

吴国"伐慎"并佯作失败后，熊胜则"请以战备献"[1]，即请求到国都呈献从吴国缴获的战利品。对此，杜预《春秋经传集解》注释指出：熊胜的潜在动机是"与吴战之所得铠杖兵器，皆备而献之，欲因以为乱"[2]。

子西见熊胜打败吴人，难免欣慰，于是对熊胜的请求"许之"[3]，即同意了他到京城来呈献战利品的请求。然而，楚国国都的大门一旦对熊胜打开，"白公"之乱就揭开了帷幕。熊胜"遂作乱。秋七月，杀子西、子期于朝，而劫惠王"[4]。是时，熊胜还企图让子闾（公子启）代惠王而为楚国国君。前述，楚昭王死后，正是被楚昭王指定为楚君的子闾为推辞君位且在与子西、子期商量后，拥立昭王之子熊章为楚惠王的。此时，熊胜换君的目的无非是想使自己今后处于能左右楚国政局的地位。而他的这一要求，被子闾拒绝。于是，熊胜又杀死了子闾。

至此，熊胜的三位叔叔，同时也是楚国朝廷的三位忠直栋梁之臣均死于其刀下。当初被血缘亲情蒙住双眼的楚国令尹子西，临死前"以袂掩面而死"[5]即用衣袖遮住脸而死，以示愧对叶公诸梁当初的规劝。

熊胜劫持楚惠王，接着到了高府。楚国大臣圉公阳在宫墙上打开一个洞，背上楚惠王到其母（楚昭王夫人）处躲避。

关于在这过程中熊胜自立的情况，《左传·哀公十六年》并无记载。《史记·楚世家》则记载熊胜劫持惠王，惠王的随从屈固背着惠王逃到昭王夫人的宫殿后，"白公自立为王"[6]。即熊胜自己登位作了楚王。

---

[1]《左传·哀公十六年》，见《春秋左传正义》，北京大学出版社1999年，第1692页。
[2] 杜预注，见杜预：《春秋经传集解》，上海古籍出版社1978年，第1824页。
[3]《左传·哀公十六年》，见《春秋左传正义》，北京大学出版社1999年，第1692页。
[4]《左传·哀公十六年》，见《春秋左传正义》，北京大学出版社1999年，第1692页。
[5]《左传·哀公十六年》，见《春秋左传正义》，北京大学出版社1999年，第1692页。
[6]《史记·楚世家》，见司马迁：《史记》，中华书局1959年，第1718页。

上述，无论是熊胜意图换君，抑或是"自立为王"，其作乱时间并不长。楚惠王被救出后，楚国大夫叶公诸梁带领军队进入国都，向熊胜发动进攻。"白公奔山而缢"[1]即熊胜逃到山里上吊而死。

三、"笠泽之战"：吴、越间的战略决战

吴王夫差与熊胜进行政治交易及导致楚国内乱，立即对吴、越关系产生影响。越王勾践或是从中看到了吴国意图改变自身生存环境的努力，故在"吴人伐慎"之战后的次年——公元前478年（吴夫差十八年，鲁哀公十七年）吴、越之间关乎吴国命运的最后一场大战"笠泽之战"爆发。这就是《左传·哀公十七年》记载的"三月，越子伐吴。吴子御之笠泽，夹水而陈"[2]。意为，本年三月，越王勾践攻伐吴国，吴王夫差在笠泽江抵御，双方隔着笠泽江摆开阵势。战争结果为吴军大败。

（一）关于"笠泽"

"笠泽"一词，有双重含义。一指笠泽江，一指太湖。唐李泰等著的《括地志》说："笠泽江，松江之别名，在苏州南三十五里。又云笠泽即太湖。"[3]南宋范成大《吴郡志》卷四十八亦作相同表述说："笠泽江，松江之别名。又云笠泽，即太湖。则江、湖通为笠泽矣。"[4]这里的"江、湖通为笠泽"，即为前述"笠泽"的双重含义："江"指笠泽江；"湖"指太湖，亦名"笠泽"。

苏州吴江区"笠泽路"路牌（吴恩培摄）

濒临太湖东岸的今苏州吴江区，以吴淞江（笠泽江）西端起始处的河段，为与苏州吴中区的界河。今吴江区有笠泽路，路名即为"笠泽"，其义有二：一指该区濒临且亦名"笠泽"的太湖，一指该区界河笠泽江（吴淞江）。

（二）关于"笠泽江"（又称"松江""吴淞江"）

1.《禹贡》三江：松江、东江、娄江

吴越"笠泽之战"发生地——笠泽江，又称"松江""吴淞江"。今上海市区北新泾以东至外白渡桥东侧汇入黄浦江的该段吴淞江，民间俗称为"苏州河"，意指与苏州相通或通往苏州的河道。故其河段所指有二：一即为上述民间认可的河段，起自上海市区北新泾，至外白渡桥东侧汇入

---

[1]《左传·哀公十六年》，见《春秋左传正义》，北京大学出版社1999年，第1693页。
[2]《左传·哀公十七年》，见《春秋左传正义》，北京大学出版社1999年，第1696页。
[3]李泰等著、贺次君辑校：《括地志辑校》，中华书局1980年，第243页。
[4]范成大：《吴郡志》，江苏古籍出版社1986年，第625页。

黄浦江。二为吴淞江上海段。由苏州市民政局、苏州市地方志学会编写的《苏州市吴文化地名保护名录（市区卷）》即指出，吴淞江于苏州昆山花桥"三江口进入上海，称苏州河，在外滩外白渡桥处注入黄浦江"[1]。

《尚书·禹贡》记载："三江既入，震泽厎定。"[2] 厎，致也。

《史记·夏本纪》记作："三江既入，震泽致定。"[3] 其意与《尚书·禹贡》的"三江既入，震泽厎定"同。对之，张守节《史记正义》注为："泽在苏州西南四十五里。三江者，在苏州东南三十里，名'三江口'。一，江西南上七十里至太湖，名曰'松江'，古笠泽江；一，江东南上七十里至白蚬湖，名曰'上江'，亦曰'东江'；一，江东北下三百余里入海，名曰'下江'，亦曰'娄江'：于其分处号曰三江口。"[4] 按此，则上述"三江"分别为吴淞江（松江、笠泽江）、东江和娄江。

太湖下泄水道的"三江"，后世变迁情况为：娄江，宋至和二年（1055）疏浚后改名"至和塘"，西起苏州娄门外城河。明弘治年间（1488—1505）复称"娄江"，沿用至今。而东江湮塞，今已不存。三江中唯吴淞江（松江、笠泽江）尚存。古代时，太湖三大出水干流即以松江为主干，娄江和东江都从松江分流，分流处即为上述的"三江口"。

2.吴淞江上源瓜泾港与太湖梢

吴淞江出太湖的上源为瓜泾港，又作"瓜泾"。"太湖梢"指东太湖末梢之意。《苏州市吴文化地名保护名录（市区卷）》中的"大龙港"条提及"太湖梢"，说大龙港"其源系太湖湖湾，称鲇鱼口、东湖或东太湖梢"[5]。因此，太湖梢与瓜泾口，其实是同一概念的不同名称。

吴江太湖梢瓜泾口水利枢纽之瓜泾港西端（左）及瓜泾港东端的夹浦桥（右）（吴恩培摄）

3.今吴淞江西端起始处

瓜泾港自太湖梢的瓜泾口出太湖，东入江南运河至运河分水墩处，为吴淞江西端起始处。由此复向东流经吴江区、吴中区、苏州工业园区，在昆山市花桥附近的三江口进入上海，在上海外

---

[1] 苏州市民政局、苏州市地方志学会：《苏州市吴文化地名保护名录（市区卷）》，古吴轩出版社2015年，第79页。
[2] 《尚书·禹贡》，见《尚书正义》，北京大学出版社1999年，第145页。
[3] 《史记·夏本纪》，见司马迁：《史记》，中华书局1959年，第58页。
[4] 张守节：《史记正义》，见司马迁：《史记》，中华书局1959年，第59页。
[5] 苏州市民政局、苏州市地方志学会：《苏州市吴文化地名保护名录（市区卷）》，古吴轩出版社2015年，第84页。

白渡桥东侧注入黄浦江。

吴淞江起始处水面,今亦为苏州吴中区与吴江区分界的界河。吴淞江北为吴中区,吴淞江南为吴江区。水面上方的现代桥梁,为上述二区(吴中区、吴江区)之界桥,亦为自西向东横跨吴淞江的第一座"吴淞江大桥",即今苏州尹中南路吴淞江大桥。

瓜泾口入江南运河(即京杭大运河苏州段)及运河上的分水墩,分水墩东为吴淞江。吴淞江起始处(左)及该吴淞江起始处所立航道数据牌细部(右)(吴恩培摄)

苏州尹中南路为吴淞江起始处及苏州吴中区、吴江区界桥的吴淞江大桥(由桥南向桥北拍摄)(左),以及从该吴淞江大桥的吴淞江起始处东眺所见之吴淞江(古笠泽江)(右)。右图右侧南岸为吴江区,左侧北岸为吴中区(吴恩培摄)

(三)"三江口"

1. 文献记载的"三江口"及其位置

"三江口"为三江(娄江、吴淞江、东江)分流处。清胡渭《禹贡锥指》所附《三江异派图》可见太湖下泄之水向东至"三江口"时的位置及其分流示意情况。而该图上部录东晋庾仲初(庾阐)《扬都赋·注》的文字:"庾仲初云,太湖东注为松江,下七十里有水口分流。东北入海为娄江,东南入海为东江,与松江而三也。"

2. 文献记载的"三江口"村及其在当代的消失

昆山花桥原有"三江口村"。南宋龚明之《中吴纪闻》记载说:"松江之侧,有小聚落,名三江口。郦善长云:'松江自湖东北径七十里,至江水分流,谓之三江口。'《吴越春秋》云:'范蠡去越,乘舟出三江之口,入五湖之中。'皆谓此也。三江,即《禹贡》所指者。"[1] 南宋范成大《吴郡

---

[1] 龚明之:《中吴纪闻》,见王稼句:《苏州文献丛钞初编》,古吴轩出版社2005年,第32页。

志》考证"三江口村"亦说:"今松江之傍有小村落,名'三江口'。"[1]

这一流传上千年的"三江口村",今已消失。昆山市地方志编纂委员会办公室编《昆山市自然村变迁图志·花桥卷》中的"祁巷村横泾、三江口、小尹家自然村"条记载:"祁巷村横泾、三江口、小尹家自然村""位于花桥镇西南部,距镇中心3.6千米,横泾以河得名,三江口村以河位置而得名……村庄在横泾江南侧,吴淞江北侧,沿河建房"。"2010年3月花桥国际商务城开发服务外包,土地被征用,民房被拆除,村庄消失"。[2]

(四)"笠泽之战"前的"三江口"故事:越人于"三江口"立坛、杀白马而祭伍子胥

"三江口"这一古代地理学概念在后世得以名声大噪的原因,为吴越"笠泽之战"前,越人于此立坛、杀白马而祭伍子胥的故事。

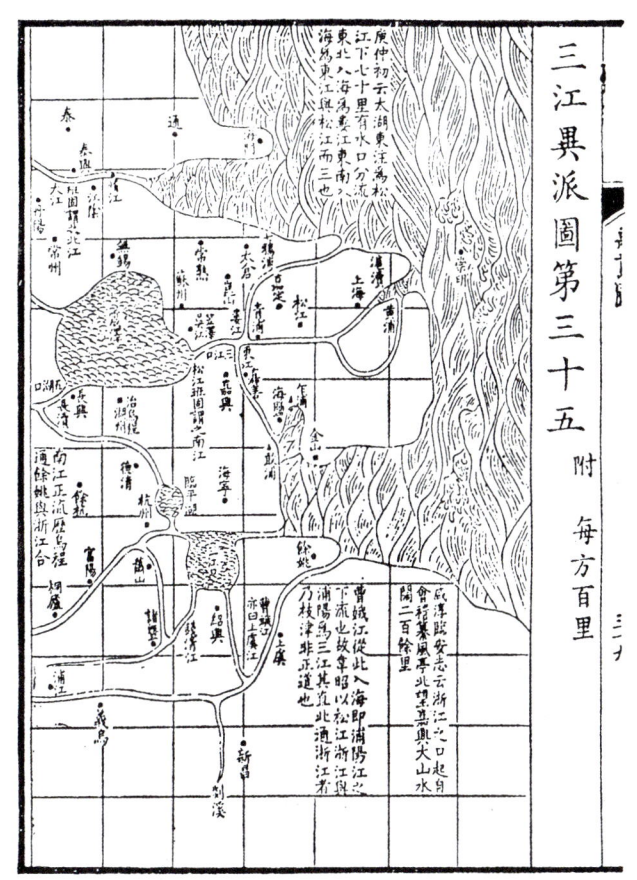

胡渭《禹贡锥指》的《三江异派图》(录自胡渭《禹贡锥指》[3])

《史记·吴太伯世家》记载夫差"赐子胥属镂之剑以死",而伍子胥临死前说"抉吾眼置之吴东门,以观越之灭吴"[4]时,张守节《史记正义》引《吴俗传》云:'子胥亡后,越从松江北开渠至横山东北,筑城伐吴。子胥乃与越军梦,令从东南入破吴。越王即移向三江口岸立坛,杀白马祭子胥,杯动酒尽,越乃开渠。子胥作涛,荡罗城东,开入灭吴。至今犹号曰示浦,门曰鳝鳄'。是从东门入灭吴也"[5]。

另,《史记·伍子胥列传》记载类似情节,张守节《史记正义》引"《吴地记》曰:越军于苏州东南三十里三江口,又向下三里,临江北岸立坛,杀白马祭子胥,杯动酒尽,后因立庙于此江上。今其侧有浦名'上坛浦'"[6]。

越军于"三江口"附近"立坛,杀白马祭子胥",其祭祀对象为吴国重臣且为夫差所杀的伍子胥。故这一作为,明面是祭祀伍子胥,但实质是声讨吴王夫差的残暴,以此离间、瓦解吴军的斗

---

[1]范成大:《吴郡志》,江苏古籍出版社1986年,第624页。
[2]昆山市地方志编纂委员会办公室:《昆山市自然村变迁图志·花桥卷》,江苏科学技术出版社2012年,第412页。
[3]胡渭:《禹贡锥指》,上海古籍出版社2006年,第92页。
[4]《史记·吴太伯世家》,见司马迁:《史记》,中华书局1959年,第1472页。
[5]张守节:《史记正义》,见司马迁:《史记》,中华书局1959年,第1473页。
[6]张守节:《史记正义》,见司马迁:《史记》,中华书局1959年,第2181页。

（五）吴、越的战略决战——"笠泽之战"

关于吴、越战略决战"笠泽之战"的过程，不同文献作或详或略的记载，如下：

（1）《左传》叙述

公元前478年（吴夫差十八年，鲁哀公十七年）三月，越王勾践发兵进攻吴国，"吴子御之笠泽，夹水而陈"[1]。即吴王夫差在笠泽（今苏州吴江区、吴中区界河）抵御，两军隔着笠泽水域摆开阵势。越王将越军编成左、右两支部队，让他们在夜里忽左忽右，击鼓呐喊前进。吴军则分兵抵御。越王带领三军偷渡，向吴国的中军击鼓发起进攻。"吴师大乱，遂败之。"[2]即在这场关乎吴国未来命运的两国间的战略决战中，吴军大乱，越军打败了吴军。

《左传》上述记载异常简洁，但其中的"夹水而陈"的记述，使得此战成了中国古代战争中双方依托江河施行进攻、防御的早期著名战例。

（2）《国语》的叙述

《国语·吴语》较为详细地记载了黄池盟会后吴、越间围绕"笠泽之战"所进行的战争准备、楚国的介入以及此战的过程。分为以下诸点叙述：

其一，战前越国的战争准备。

《国语·吴语》记载说："吴王夫差还自黄池，息民不戒。越大夫种乃唱谋曰：'吾谓吴王将遂涉吾地，今罢师而不戒以忘我，我不可以怠。'"[3]

上述"今罢师而不戒以忘我"中"忘我"一词，一可作动宾结构的"他忘记了我们"解。黄永堂译注《国语全译》即取此并将该句译成："现在他休兵而且不戒备，好像忘掉了我们，我们越国却决不可以懈怠。"[4]这一译文的前提是吴国实力依然在越国之上。可当时的实际情况是，两国力量对比呈现出的是越强而吴弱。否则，若是时吴强而越弱，仅因越国在这以前的种种欺诈及黄池盟会时的发难，吴王夫差只怕也早已出手了。

上述"忘我"一词，另一作主谓倒置的"我忘"即"（让）我们忘记他"解。故有学者释为："现在他休兵不动，毫不戒备，想使我们忘了他，我们不可因此而懈怠。"[5]就当时情境而言，"罢师而不戒"句，似乎吴王夫差全无作为，但前述吴王夫差与熊胜间的政治交易导致的楚国内乱，显示吴国并非不作为。而吴王夫差表面低调的背后，是为了使越王君臣放松警惕而忘记他的存在，暗中使劲并意图改变吴国的困境。但对勾践、文种来说，昔日越国就是以韬光养晦的策略才使吴国忘记了越国的存在，从而从几乎灭国走到今日。故当吴王夫差欲以同样手段、同样套路韬光养晦时，越国君臣就洞若观火，并引起高度警觉了。因此，此处只能作夫差休兵而且不加戒备解。但夫差伪装出的无意于作为以掩藏真实意图的伎俩，并未瞒过越国大夫文种的眼睛，他以"我不可以怠"，在道出越国应对之策的同时，更显示了越国的警惕。

---

[1]《左传·哀公十七年》，见《春秋左传正义》，北京大学出版社1999年，第1696页。
[2]《左传·哀公十七年》，见《春秋左传正义》，北京大学出版社1999年，第1696页。
[3]《国语·吴语》，见左丘明撰、韦昭注：《国语》，上海古籍出版社2015年，第409页。
[4]黄永堂译注：《国语全译》，贵州人民出版社1995年，第704页。
[5]郭万青：《〈国语〉中的"曰"字与"云"字分析》，见甘肃中国传统文化研究会：《国学论衡》（第四辑），中国藏学出版社2007年，第334页。

第八章　吴王夫差"北上争霸"及其失国

接着,文种向勾践面陈对吴国现状分析的意见,并向勾践提出攻打吴国,不让吴国有改变被动处境的机会。在具体战术上,文种提出:"我们用驻守在靠近吴国边境的御儿的军队去对付他们。吴国如果恼怒又与我国交战,我们就可以趁机赶走他们。如果吴王夫差不再应战而请求结盟讲和,大王就可以坐享其成,并提出苛刻的条件才放过他。"

越王勾践接受了文种灭吴的建议,于是大规模动员军队,准备攻打吴国。

其二,楚国的介入及《国语》叙述的"楚申包胥使于越"。

在越国准备攻伐吴国之时,"楚申包胥使于越"[1]。申包胥即为二十七年前吴王阖闾伐楚并攻入楚都时,哭秦庭而得以使秦国出兵的楚国大夫。此时,他出使于越,或与上年吴国"伐慎"导致楚国"白公之乱"有关。

越王勾践问申包胥说:"吴国不行正道……现在我已准备好了车马、武器装备和士兵,就只差没有动手了,请问还要具备什么条件才能动用军队去进攻吴国?"面对勾践的发问,申包胥推却说"不知道"。后越王再三问他,他才回答说:"吴国很强大,能凭实力取得诸侯国的贡赋。冒昧地问一声,君王您凭什么跟它开战?"

当勾践条陈自己如何与越人同甘共苦,如何爱惜民众、宽厚待民,如何与周边国家保持良好关系等时,申包胥道出了他认为战胜吴国最重要的三点——智慧、仁义和勇猛。显然,在对付两国共同的敌人吴国时,楚国以申包胥出使越国,并以其对吴国的了解和经验而提醒越人,在与吴国作战时首先必须动脑。他提供的破解吴国的三个建议,体现了在其时长江以南的吴、楚、越三角关系中,楚国对越国攻打吴国的道义支持。

在做了充分的战争准备后,越王勾践"乃之坛列,鼓而行之……至于御儿"[2]。御儿,其地为春秋时的吴、越分界处,即今浙江嘉兴。

其三,"笠泽之战"过程。

《国语·吴语》未留下"笠泽之战"前吴国相关情况的记载,而是记载越起兵至吴、越分界处的御儿时,"于是吴王起师,军于江北,越王军于江南"[3]。韦昭注:"江,松江,去吴五十里。"[4]意为,于是吴王夫差也起兵驻扎在笠泽江(松江)北岸的今苏州吴中区境内以迎敌。而其时,越军驻扎在南岸的今苏州吴江区境内。两军隔江对峙。

越王把军队分成左右两军,把亲近他又有斗志的六千士兵组编成中军。第二天在江上进行船战,到黄昏时,越王便命令左军衔枚,逆江上行五里待命;又命令右军衔枚,沿江下行五里待命。夜半时,命令左右两军同时击鼓渡江,在中流待命。吴军听到越军左右两军敲出的鼓声,大为惊骇。吴王夫差在惊骇中做出了错误判断,以为越军是分为左右两部分来夹击吴军的。于是,不等到天明,吴军把军队也分成两部分,准备分头抵抗越军。其时,吴王夫差并不知越军还留有一支精干的中军队伍。在吴王夫差判断失误时,越王命令中军士兵衔枚偷偷渡江,不击鼓,不喧哗,奇袭敌

---

[1]《国语·吴语》,见左丘明撰、韦昭注:《国语》,上海古籍出版社2015年,第409页。
[2]《国语·吴语》,见左丘明撰、韦昭注:《国语》,上海古籍出版社2015年,第411页。
[3]《国语·吴语》,见左丘明撰、韦昭注:《国语》,上海古籍出版社2015年,第411页。
[4] 韦昭注,见左丘明撰、韦昭注:《国语》,上海古籍出版社2015年,第415页。

人,"吴师大北"[1],即吴军大败。

《国语·吴语》记载"笠泽之战"吴军大败后,"又大败之于没,又郊败之,三战三北"[2]的情况。据韦昭注,"没"为地名,而"三战,笠泽、没、郊"[3]。其后,越军"乃至于吴。越师遂入吴国,围王台"[4]。韦昭注:"王台,姑苏。"[5] 上述《国语·吴语》意思为,"笠泽之战"吴军大败后,又在"没"地之战和吴都"吴"城的"城郊之战"中战败。上述三战(笠泽、没、郊)吴军皆遭失败后,越军兵临春秋吴都"吴"城下,遂进入吴都"吴"城内城并包围了内城即"姑苏"的王宫。

上述《国语·吴语》的叙述,与前述《左传·哀公十七年》的叙述比较,更为详细。

越国主动发起的"笠泽之战",其战争目的即如前文所说不让吴国有改正及喘息的机会。为此,越国做了精心的准备。相比之下,国家经济被连年战争掏空了的吴国,文献未有其整军备战的记载,但如前所述,吴国即使整军备战也只能是在不引起越人注意的情况下悄悄进行。因此,越国在精心准备后对吴国猛然一击,吴国在仓促应战中又判断失误,使得吴国的军事力量在"笠泽之战"中消失殆尽。

(六)"笠泽之战"的位置推测及该战发生于今苏州古城东南吴淞江(笠泽江)的启示

1. "笠泽之战"处的推测——今苏州古城东南且为吴中区、吴江区界桥的吴淞江大桥下吴淞江东向的某一河段

吴淞江苏州段东端,为昆山花桥三江口;而吴淞江苏州段西端与江南运河(又作京杭大运河等)交汇。该交汇处今有标志性建筑二:一为其上方且为今苏州吴中区、吴江区界桥的尹中南路吴淞江大桥;另一为吴淞江与江南运河交汇处的分水墩。

分水墩分水南向为江南运河江苏段南端的吴江盛泽镇鸭子坝。由此再向南,即为浙江省境及江南运河浙江段。分水墩分水东向则为吴淞江,故分水墩旁东向吴淞江起始处所立航道牌显示,该分水墩处距吴淞江上海段距离约六十三千米。因吴淞江苏州段东端为昆山花桥。过昆山花桥向东,即为今上海市境及吴淞江上海段起始处。

由此可知,今吴淞江苏州段,自分水墩至昆山花桥约六十三千米,折合约一百二十六里。而两千五百余年前的吴越"笠泽之战",不可能在如此长的水道上展开。故吴越"笠泽之战"当是发生于该江起始处东向若干距离的某一河段。

吴、越最后决战之地笠泽江,也实际定义着春秋吴都"吴"城的位置。

2. 《左传》《国语》记载的吴越"笠泽之战"及"笠泽之战"后《国语》记载的"没"之战、"郊"之战及越军三战皆胜后的"乃至于吴"

吴越"笠泽之战"发生的具体河段,今已难以确定。其原因,一是文献记载仅寥寥数语,难以确定。二是春秋以来,吴淞江入海因淤塞而引发多次江水改道。而关于吴淞江河道考古,目前无

---

[1]《国语·吴语》,见左丘明撰、韦昭注:《国语》,上海古籍出版社2015年,第412页。
[2]《国语·吴语》,见左丘明撰、韦昭注:《国语》,上海古籍出版社2015年,第412页。
[3] 韦昭注,见左丘明撰、韦昭注:《国语》,上海古籍出版社2015年,第416页。
[4]《国语·吴语》,见左丘明撰、韦昭注:《国语》,上海古籍出版社2015年,第412页。
[5] 韦昭注,见左丘明撰、韦昭注:《国语》,上海古籍出版社2015年,第416页。

相关考古报告和结论。在这种情况下,目前能做的也只是据文献记载的"笠泽之战"及其与春秋吴都"吴"城的相对位置作某种推测,如下:

其一,吴越"笠泽之战"前,越军曾于三江口举办兴兵前带有誓师动员性质的"立坛,杀白马祭子胥"[1]活动。鉴于这一祭祀伍子胥活动的政治性质及三江口与苏州的上百里距离,故吴越"笠泽之战"的河段,当不在距苏州百里之遥的三江口一带。

其二,前引唐代李泰等撰《括地记》说:"笠泽江,松江之别名,在苏州南三十五里。"[2]这一记载,指出唐代及唐代前的笠泽江与苏州古城的相对位置和距离为:"笠泽江""在苏州南三十五里"。这里须厘清的是,《括地记》所说"苏州南",为笠泽江(吴淞江)距苏州古城最近的城门葑门(文献记载的"东门")的南稍偏东。故以下分别微调而表述为"'苏州古城'葑门东南的笠泽江(吴淞江)"和"笠泽江(吴淞江)西北的苏州古城葑门"。二者距离与今日数据的吻合度,以现代导航设备可获得——在现代导航设备中输入上述"葑门桥",再输入吴淞江最西端的今吴中区、吴江界桥的"尹中南路吴淞江大桥"。显示二端(葑门桥与尹中南路吴淞江大桥)今陆路交通距离为十二千米,即二十四里。

因春秋时东西向的笠泽江与南北向的百尺渎(百尺渎后即成为江南运河之一段)相交于此,且"笠泽之战"战场或在笠泽江与百尺渎相交处的东向若干里处;再者,春秋时双方行走水道与现代陆路交通距离产生误差及古代计量多为约数而产生误差,故上述陆路交通距离的"二十四里"(十二千米),与唐代《括地记》所说的"三十五里",当可视为大致吻合。

另,上引《国语·吴语》记载,"笠泽之战"吴军大败后,"又大败之于没,又郊败之,三战三北,乃至于吴。越师遂入吴国,围王台"[3]。即吴军"笠泽之战"战败后,又在"没"地之战和吴都"城郊之战"中战败。

此处"越师遂入吴国"句中的"国",指的是国都。《左传·隐公元年》记载国都城墙与国都的比例说:"先王之制,大都不过参国之一,中五之一,小九之一。"[4]杜预注"参国之一"为"三分国城之一"[5]。故上述《左传》的文字意为,先王定下的制度规定:大的城邑城墙的长度,不得超过国都城墙的三分之一;中等城邑,不得超过五分之一;小的城邑,不得超过九分之一。"越师遂入吴国",即指越军于是进入吴国国都。

因此,三战(指上述"笠泽之战"、"没"地之战和吴都"城郊之战")吴军皆遭失败后,越军逼近并兵临春秋吴都"吴"城下,接着进入该"吴"城内城并包围了内城的王宫。

《国语·吴语》记写吴军"三战三北"即三战三败及越军步步紧逼吴都的过程。其间出现的地名、地域概念,分别为第二次"没"之战的地名"没"和第三次"郊"之战的地域概念"郊"。兹厘清如下:

---

[1] 张守节:《史记正义》,见司马迁:《史记》,中华书局1959年,第1473页。
[2] 李泰等著、贺次君辑校:《括地记辑校》,中华书局1980年,第243页。
[3] 《国语·吴语》,见左丘明撰、韦昭注:《国语》,上海古籍出版社2015年,第412页。
[4] 《左传·隐公元年》,见《春秋左传正义》,北京大学出版社1999年,第52页。
[5] 杜预注,见杜预:《春秋经传集解》上海古籍出版社1978年,第8页。

"又大败之于没"之"没",韦昭注:"没,地名。"[1]该地名,后世湮灭并在文献中再无记载。其地望,虽今已失考,但其位置,当处于"笠泽之战"处与吴都城"郊"之间。因此,这一"没"之战,当为越军在"笠泽之战"取胜后,向吴都"吴"城进逼过程中的第二次击败吴军之役。

接下,"又郊败之"的"郊",韦昭注:"郊,郭外。"[2]《汉书·郊祀志下》有"天地以王者为主,故圣王制祭天地之礼必于国郊。"[3]上述"国郊",指国都郊外,亦泛指城外。《周礼·春官·肆师》"与祝侯禳于畺及郊"[4]句,郑玄注:"畺五百里,远郊百里,近郊五十里。"[5]故"郊"的大小,据其国都规制大小而不等。因此,上述《国语·吴语》的"郊败"之"郊",即吴都"吴"城外城城墙之外处。这一吴都城"郊"的"郊"之战,当为越军在"笠泽之战"及"没"之战相继取胜后,又继续向吴都"吴"城进逼过程中的第三次击败吴军之役。

由此可见,"笠泽之战"越军战胜吴军后,向吴都"吴"城(今苏州古城)步步紧逼,且历经"没"之战、"郊"之战并取得胜利后,值吴军"三战三北"而"乃至于吴"。这里的"吴",即为春秋吴都"吴"城。这也说明,越人的目的已清晰:意在攻陷并占领吴都"吴"城,进而灭其国。

而从接下来《国语·吴语》记载的"越师遂入吴国,围王台"来看,此处的"吴国",即指春秋吴都"吴"城内城。显然,越军逼近并兵临吴都"吴"城下后,遂进入"吴"城内城并包围了内城的王宫。

3.启示之一:吴越"笠泽之战"及"没"之战、"郊"之战后越军"乃至于吴"

上述,《左传》《国语》共同记载的吴越"笠泽之战"及《国语》记载的该战后的吴军"三战三北"(个中含"笠泽之战"的吴败)而"乃至于吴",所有这些,对后人认识春秋吴都"吴"城的位置,有如下的启示。

其一,越军乃是从春秋吴都"吴"城东南的笠泽江上与吴军决战,取胜后继而向西北方向的吴都"吴"城紧逼,并相继在"没"之战及"郊"之战中击败吴军而"乃至于吴",即兵临吴都"吴"城城下。

其二,越伐吴前,《国语·吴语》记载文种说越"用御儿临之"[6]。韦昭注:"御儿,越北鄙,在今嘉兴。"[7]再联系前引唐代李泰等撰《括地记》所说:"笠泽江,松江之别名,在苏州南三十五里。"由此可知,越军"笠泽之战"后进军路线的指向,乃是北偏西方向而指向春秋吴都"吴"城。时至今日,吴淞江(笠泽江)仍在,其所标示的吴淞江北偏西的方向,即为今苏州古城。

4.启示之二:今苏州古城西部的"木渎古城"并非春秋吴都"吴"城

其一,本书前述,吴王夫差执政初期的对越战争胜利,迫使越国向吴国进贡粮食。为便于这一运输,吴国利用太湖水系中的自然水道并经人工挖掘成后世《越绝书》记载的"吴以达粮"的"百尺渎"[8]。其起讫点,北自春秋吴都"吴"城(今江苏苏州),向南经今浙江嘉兴、海盐而入

---

[1] 韦昭注,见左丘明撰、韦昭注:《国语》,上海古籍出版社2015年,第415页。
[2] 韦昭注,见左丘明撰、韦昭注:《国语》,上海古籍出版社2015年,第416页。
[3] 《汉书·郊祀志下》,见班固:《汉书》,中华书局1962年,第1254页。
[4] 《周礼·春官·肆师》,见《周礼注疏》,北京大学出版社1999年,第503页。
[5] 郑玄注,见《周礼注疏》,北京大学出版社1999年,第503页。
[6] 《国语·吴语》,见左丘明撰、韦昭注:《国语》,上海古籍出版社2015年,第409页。
[7] 韦昭注,见左丘明撰、韦昭注:《国语》,上海古籍出版社2015年,第413页。
[8] 袁康、吴平:《越绝书》,上海古籍出版社1985年,第10页。

钱塘江。这表明，其时吴、越间存在着南北向（纵向）的水道。在这种情况下，越军舟师挥师北向而直抵吴都葑门城下，并无必要在东西向的笠泽江上展开双方水师攻防的"笠泽之战"。其时，若越军舟师挥师北向，则吴国舟师必将在这一南北向的"百尺渎"上展开阻击和抵抗。然而，《左传》《国语》等文献并无这一方面的记载，且记载的是在东西向的笠泽江上双方展开的"笠泽之战"。

这里出现的情况，或为越强吴弱而吴国面临国家生死存亡的非常时期，吴军为保卫都城而在"百尺渎"水道的近苏州古城葑门处或设水寨，或以其他方式截断"百尺渎"的南北通航，从而使得东西向且为太湖下泄水道的笠泽江（吴淞江）成为双方舟师的决战之地。

其二，吴、越间的最后战略决战发生在太湖下泄水道的今苏州古城东南笠泽江（吴淞江）上。这一位置，否定了春秋"吴都"地望中近年出现的"木渎古城可能是吴王夫差时期的吴都"[1]之说（该"木渎古城"，又作"灵岩古城"）。

个中道理很简单，越王勾践与吴王夫差进行战略决战，必选择近于吴都"吴"城处，实施对吴都的围困或攻入吴都。古代战争中，入其都，灭其国，均为通常的操作组合方式。

而所谓"吴都"的"木渎古城"说若成立，且如前文所述，因该"木渎古城"毗邻太湖湖口胥口，其时，越人攻打吴国的这一"吴都"，当从太湖直接抵达太湖湖口的胥口。而公元前494年（吴夫差二年，鲁哀公元年）时，越人就从太湖上攻打过吴国，但未取胜。《左传·哀公元年》对之记为："吴王夫差败越于夫椒。"[2]因此，其时"吴都"若在所谓的"木渎古城"，则两军舟师的攻防当在太湖湖口的胥口一带展开。越军舟师得手，则登岸攻击邻近胥口被称为"吴都"的"木渎古城"。毕竟，该"木渎古城"（或作"灵岩古城"），距太湖不远。从今苏州灵岩山眺望太湖，太湖近在咫尺。该灵岩山与太湖湖口胥口的距离，为五六里路（数据依据为：以现代导航设备分别输入太湖湖口的"胥口镇"至灵岩山景区东1门为二点九千米，至灵岩山景区东2门为二点七千米）。

同时，因其时越人已挖掘沟通太湖至石湖的越来溪，则越人可同时增加的攻击点为，经太湖入越来溪而至石湖，复从石湖经胥门外沟通太湖的胥溪而攻击所谓的吴都"木渎古城"。

然而，按上述"木渎古城"为"吴王夫差时期的吴都"之说，其后发生的闹剧是：越王勾践放着近太湖五六里路的"吴都""木渎古城"不打，而是率舟师绕道至距这一所谓"吴都""木渎古城"五六十里路[数据依据：以现代导航设备输入"笠泽江"西端顶点的今吴淞江最西端的"尹中南路吴淞江大桥"及"灵岩山景区"，二者距离为二十六千米；与"木渎古城"有关的"五峰山"与上述"尹中南路吴淞江大桥"的距离为三十一千米（上均为今陆路交通距离）。故以模糊处理的五六十里路计。若考虑水战绕行至笠泽江的春秋时水道的距离，或许更长。对之，以模糊计算而不作展开]开外的今苏州古城城南的笠泽江上与吴国舟师对垒。对垒前，越王勾践还先跑到距"吴"城百里开外的今昆山花桥一带的三江口进行"立坛、杀白马、祭子胥"等，然后再在笠泽江上与吴军决战。

其时，国力弱于越国且身处被攻击困境中的吴王夫差，竟然也置上述吴都"木渎古城"的防

---

[1] 张学锋：《吴国历史的再思考》，见苏州博物馆：《苏州文博论丛》2011年（总第2辑），文物出版社2011年，第15页。
[2] 《左传·哀公元年》，见《春秋左传正义》，北京大学出版社1999年，第1610页。

守于不顾,率吴国仅存的有生力量跑到距这一吴都"木渎古城"近五六十里路开外的笠泽江(吴淞江)上,陪越王勾践玩一场名为"笠泽之战"的游戏。

须知,此战乃是事关吴国生死的战略决战——吴胜,则翻盘;越胜,则吴亡。以前引上一场吴、越舟师之战的"吴王夫差败越于夫椒"为例,越人战败,接下来则是吴军"遂入越。越子以甲楯五千,保于会稽"[1],从而几近灭国(相关情况,本章开头已作叙述,另参)。

因此,如果这一位于今苏州古城城西的吴都"木渎古城"说能够成立,则《左传·哀公十七年》记载且发生于今苏州古城城南的"笠泽之战",其合理性何在?而《国语·吴语》记载"笠泽之战"中的吴、越舟师各位于笠泽江的"江北""江南"[2]等,又如何对应?

作个通俗表述,该吴都"木渎古城"说若成立,则上述攻方竟不攻敌方都城"木渎古城",而守方也不严防死守己方都城"木渎古城"。双方都跑到距"木渎古城"五六十里外的笠泽江上对垒。这情理又何在?

而《左传》《国语》均记载了吴、越间的这一最后决战——"笠泽之战"。排除《左传》《国语》均为误记的情况后,能且只能得出如下结论:春秋吴国都城并不在木渎灵岩山一带。"吴王夫差时期的吴都"为"木渎古城"的判断不能成立,除非能证明《左传》《国语》的上述记载均属错讹或误记。

由此,吴越"笠泽之战"发生于今苏州古城东南笠泽江(吴淞江)的启示表明:春秋吴都"吴"城的位置,在笠泽江北偏西方向,与今苏州古城的位置相合,而与今苏州古城西部的"木渎古城"方向相背、距离甚远,故并不相合而无关联。

所以说,《左传》《国语》等记载的吴越"笠泽之战"及"笠泽之战"吴军大败后,《国语》关于越军不断逼近吴都"吴城"(今苏州古城)的记载,已清晰勾勒并标示出春秋吴都"吴"城的位置——位于笠泽江(吴淞江)北偏西方向,从而证明春秋时该吴都"吴"城已然存在。

因此,当有关学者指说"木渎古城可能是吴王夫差时期的吴都"判断时,乃是与《左传·哀公十七年》及《国语·吴语》记载的"笠泽之战"位置显示的春秋吴都位置,背离和不合。

联系先秦诸子《荀子·宥坐》篇提及伍子胥被碎尸于姑苏城东门外的"吴子胥不磔姑苏东门外"[3]中的"东门",即为春秋吴都"吴"城(今苏州古城)距吴淞江(笠泽江)距离最近的城门,即今苏州葑门。其文献依据,即是如下唐代张守节的《史记正义》。

《史记正义》注《史记·吴太伯世家》"抉吾眼置之吴东门,以观越之灭吴"[4]句说:越灭吴"是从东门入灭吴也"[5]。而注《史记·伍子胥列传》"抉吾眼县吴东门之上,以观越寇之入灭吴也"[6]句时又说:"东门……今名葑门。"[7]

---

[1]《左传·哀公元年》,见《春秋左传正义》,北京大学出版社1999年,第1610页。
[2]《国语·吴语》,见左丘明撰、韦昭注:《国语》,上海古籍出版社2015年,第411页。
[3]《荀子·宥坐》,见章诗同:《荀子简注》,上海人民出版社1974年,第322页。
[4]《史记·吴太伯世家》,见司马迁:《史记》,中华书局1959年,1472页。
[5]张守节:《史记正义》,见司马迁:《史记》,中华书局1959年,第1473页。
[6]《史记·伍子胥列传》,见司马迁:《史记》,中华书局1959年,第2180页。
[7]张守节:《史记正义》,见司马迁:《史记》,中华书局1959年,第2180页。

以上《左传》《国语》等记载的吴越"笠泽之战",以及"笠泽之战"吴军大败后《国语》关于越军不断逼近吴都"吴城"(今苏州古城)的记载"又大败之于没,又郊败之,三战三北,乃至于吴"以及"越师遂入吴国,围王台"[1]等,实际上已清晰勾勒并标示出春秋吴都"吴"城位于笠泽江(今吴淞江)北及其春秋时已然存在的逻辑关系。而张守节《史记正义》注释说越灭吴是"从东门入灭吴"及该"东门""今名葑门",以及在先秦诸子《荀子·宥坐》篇中出现"姑苏东门"。显然,在文献记载层面,诸多古籍的记载,已非常清晰。

　　如果再联系到考古出土——距葑门百米处且在葑门城内的内城河河道的程桥下于1980年9月出土的一批"大致属于春秋战国时期"且"估计是吴越战争时期的遗物"[2]的青铜器,或许会使"二重证据法"下的春秋吴都"吴"城及其"东门"(葑门)客观存在的学术逻辑更为顺畅、扎实、完整和完美(相关叙述另见本书第十一章叙述)。而其间的连带意义,即是证明春秋吴都"吴"城(今苏州古城)"东门"(今葑门)的存在,亦即证明了春秋吴都"吴"城(今苏州古城)的存在。

四、夫差之死与吴国灭国

　　与《国语·吴语》记载"笠泽之战"后,越军又在"没"之战和"郊"之战中击败吴军而进入吴都"吴"城内城不同的是,《左传》记载"笠泽之战"后,吴王夫差凭借吴都"吴"城的城墙,作消极防御而抵挡住了越军。但由于吴国有生力量在"笠泽之战"中被歼灭,故越军兵临城下,吴国只能如前文文种所说"不战而结成"[3]——不再应战而请求结盟讲和。在这种情况下,越人久攻不下,或也按照战前拟定的预案——"安厚取名而去之"[4],即提出苛刻的条件而放过他。

(一)越、楚矛盾的公开化与"误吴"

　　吴国陷入了自吴王寿梦崛起以来的最大危机。在危机中,吴国也曾有转圜的机遇。吴夫差二十年(鲁哀公十九年,前476),一件标志着越国与楚国联盟关系瓦解进而发生龃龉冲突的事件发生。这就是《左传·哀公十九年》记载的"十九年,春,越人侵楚,以误吴也。夏,楚公子庆、公孙宽追越师,至冥,不及,乃还"[5]。杜预注:"误吴使不为备。""冥,越地"。[6]杨伯峻《春秋左传注》对上述记载亦注曰:"《吴世家》(指《史记·吴太伯世家》)谓此年'句践复伐吴',与《传》(指《左传·哀公十九年》)及《越世家》(指《史记·越世家》)皆不合,不知何据。""据顾祖禹《方舆纪要》,冥地盖在苦岭关(在今安徽广德县东南七十里)与泗安镇(即今浙江长兴县西南之泗安镇)之间。""越侵楚之原意仅在'误吴',故其退速。"[7]故《左传·哀公十九年》上条文字意为,越国出兵侵袭楚国以迷惑吴国。夏季,楚国的公子庆、公孙宽带兵追击越军,到了冥地

---

[1]《国语·吴语》,见左丘明撰、韦昭注:《国语》,上海古籍出版社2015年,第412页。
[2]廖志豪、罗宝芸:《苏州葑门河道内发现东周青铜文物》,《文物》1982年第2期。
[3]《国语·吴语》,见左丘明撰、韦昭注:《国语》,上海古籍出版社2015年,第409页。
[4]《国语·吴语》,见左丘明撰、韦昭注:《国语》,上海古籍出版社2015年,第409页。
[5]《左传·哀公十九年》,见《春秋左传正义》,北京大学出版社1999年,第1701页。
[6]杜预注,见杜预:《春秋经传集解》,上海古籍出版社1978年,第1837页。
[7]杨伯峻:《春秋左传注》(修订本),中华书局1990年,第1714页。

(今安徽广德),没能追上,便撤兵回国。

越人为"误吴"而发动"侵楚"之战。到秋天时,楚人开始报复:"秋,楚沈诸梁伐东夷,三夷男女及楚师盟于敖。"[1]对之,杜预注为"报越"[2],即楚国报复越国。杨伯峻《春秋左传注》对"三夷"注曰:"江永《考实》(即江永撰《春秋地理考实》)谓三夷当在今浙江宁波、台州、温州三地区间。敖,东夷地,东夷亦在浙江滨海处。"[3]故《左传》上条文字意为,秋天的时候,楚国的叶公诸梁(即沈诸梁)攻打东夷,三夷的男女和楚军在敖地结盟。

越国为了"误吴"而发动"侵楚"之战,无论是上述《左传》的记载,抑或是后世注家的注释,都有着许多说不通之处。

首先是"误吴",按前引杜预说"误吴,使不为备",即越人通过"侵楚"之战,使吴国放松警惕,懈怠而不加防备。司马贞《史记索隐》对此批驳说:"哀十九年《左传》(即《左传·哀公十九年》)曰:'越人侵楚,以误吴也。'杜预曰:'误吴,使不为备也。'无伐吴事。"[4]这里,司马贞《史记索隐》以该年"无伐吴事"而否定"误吴,使不为备也"的猜测。其逻辑关系很明确,该年无与吴国有关的战事,亦无吴国被"误"的后果产生,则"误吴,使不为备"的前提和结论又从何而来?而从实际效果来看,吴国该年被"误"之后果,亦未在文献记载中体现出来。

其次是越国"侵楚"的原因。如前述,因"越人侵楚,以误吴也"并不能成立,故"越人侵楚"当另有原因。就楚、越关系而言,在这以前,楚、越间有着近百年的盟友关系。在吴、楚对峙时,越国总是站在楚国一边而牵制吴国。而拥有范蠡、文种等一流军事谋略人才的越国,如何会如此轻率而不顾及与楚国的关系去"侵楚",且其目的、动机、效果均说不清。再者,楚惠王之母为越女,即这一时期,楚、越间存在着姻亲关系。因此,楚、越间的这场战争,"误吴"或是出自越人托词,但绝非本次战争的真正原因。而个中原因,只能从楚、越双方的战略关系来探究。

吴国强大时,楚国及其属国越国同时承受着吴国的压力,且楚国一直利用越国来牵制吴国。而当越国强大到足以击败吴国时,东南地区吴、楚、越之间的关系即开始发生变化。越国自恃击败春秋后期盟主即"诸侯长"的吴国后,表现出企图承接吴国全部权利和政治资产,其中即包括吴国与楚国在江淮地区争夺时所获得的利益或是楚国认为被吴国侵占、抢夺去的利益。越国的这一姿态与诉求,无疑触碰了楚国的利益底线。而楚国对越国意图独吞吴国政治资产表现出不予接受,终导致楚、越矛盾开始表面化和公开化。两国龃龉从相邻的"冥地"等小规模摩擦开始,其后发展为两国较大规模的战事。楚国的军事力量竟深入越国核心区域的南部沿海"三夷",并和当地的土著居民在敖地结盟。这深度触及越国核心利益的动作,显示了楚国警示越国的目的——在承接与分配吴国政治资产的过程中,不能置楚国的利益于不顾,更不得侵犯楚国的利益。

越、楚间产生矛盾及其公开化,对吴国来说,或已是在越国窘迫下的最后翻盘机会。但从现

---

[1]《左传·哀公十九年》,见《春秋左传正义》,北京大学出版社1999年,第1701页。
[2]杜预注,见杜预:《春秋经传集解》,上海古籍出版社1978年,第1837页。
[3]杨伯峻:《春秋左传注》(修订本),中华书局1990年,第1714页。
[4]司马贞:《史记索隐》,见司马迁:《史记》,中华书局1959年,第1475页。

存文献记载来看,吴王夫差并未抓住这有利时机,更未做任何有利于吴国生存的动作。

(二)"吴人杀庆忌"

越、楚间矛盾公开化,对吴国的影响在次年(吴夫差二十一年,鲁哀公二十年,前475),以吴国内部政治势力分化的形式表现出来。

《左传·哀公二十年》记载说:"吴公子庆忌骤谏吴子曰:'不改,必亡。'弗听。出居于艾,遂适楚。"[1]意为,吴国公子庆忌多次劝谏吴王夫差说:"如果不改正现在的做法,那一定会亡国。"夫差不听。于是,庆忌离开吴国都城住到了靠近楚国的艾邑,接着就到了楚国。

关于本年的"吴公子庆忌",杨伯峻《春秋左传注》注曰:"余疑吴或有二庆忌,或同一庆忌,战国以后传说互异……《吕氏春秋·忠廉》篇与《吴越春秋》皆以庆忌为吴王阖庐时人,为要离所杀。"[2]显然,此处的"吴公子庆忌",为另一同名者"庆忌",而非前文所说为要离所杀的吴王僚之子庆忌。故虽不知本年的"吴公子庆忌"在吴国王室中的世系位置为何,但从"吴公子"称呼可知,此"庆忌"当为吴国王室成员。

值吴国存亡之际,吴国王室成员庆忌竭力呼吁吴王夫差要进行"改",即改变现行的吴国同时与楚、越为敌的方针政策。而"不改,必亡"。另从其"适楚"来看,不排除他要求吴王夫差改变目前吴国沿袭多年的与楚对抗政策,并充分利用楚、越间矛盾,以图吴国生存。

庆忌适楚,当与楚国上层人士有接触。楚国对吴国当年伐楚入郢,或仍耿耿于怀。鉴于当时主持伐楚的吴王阖闾、伍子胥皆已过世,这笔账已无法再算。而吴、楚争夺于陈时,楚昭王死于对峙前线,故是时执政于楚的昭王之子楚惠王,必不能容忍吴王夫差及吴国权臣太宰伯嚭。而伯嚭,本为楚国叛臣,且阖闾伐楚时,其亦深度参与。

正是在这一情势下,因文献记载阙如,故只能对"适楚"的庆忌所可能的作为作一猜测。庆忌与楚上层人士接触时,楚国出于从根本上消除吴国对楚威胁的目的,或提出改变吴国权力结构并扶植庆忌等亲楚派人士掌权的方案。这一方案,对庆忌来说执行难度太大,或根本无能力执行。同时,庆忌借重楚国力量改变吴国权力结构的方案,即使成功,他日后在吴国也会被视为挟外制内之人而无法执政。故几经讨价还价,最后或达成以保存夫差但必须去除伯嚭为底线条件的政治交易。毕竟,楚国还面临着越国意图独吞吴国政治资产的诉求,故作适当让步以制衡越国。改变吴国政治结构并将吴国变成楚国属国的做法,或如当日吴伐楚时,吴王阖闾意图以熊胜代楚昭王一样。

《左传·哀公二十年》接着记载:庆忌"闻越将伐吴,冬,请归平越,遂归。欲除不忠者以说于越,吴人杀之"[3]。意为,正在楚国的吴国公子庆忌,听说越国要攻打吴国,就在本年冬天,请求回国和越国媾和,于是就回国了。回国后,他想除掉不忠的人来讨越国的喜欢。吴国人杀了庆忌。

庆忌是在楚国时"闻越将伐吴"的,其在楚国的信息来源,只能是楚国的上层人士。而楚国

---

[1]《左传·哀公二十年》,见《春秋左传正义》,北京大学出版社1999年,第1702页。
[2] 杨伯峻:《春秋左传注》(修订本),中华书局1990年,第1715页。
[3]《左传·哀公二十年》,见《春秋左传正义》,北京大学出版社1999年,第1702—1703页。

上层人士向其透露这一讯息,正是出于对越国全盘接收吴国政治资产的担心。而"冬,请归平越,遂归"则表明,庆忌是在向楚国请求回归吴国去和越人媾和,并在得到楚国批准后,"遂归"。尽管,也存在着他是向吴国"请归"并获允准,这才得以归国的可能性。从这一点上讲,庆忌或成为楚国属意并着意培养的代理人。

庆忌归吴后所"欲除"之"不忠者",杨伯峻《春秋左传注》指出:"疑指太宰嚭之流,受越贿且谄媚夫差者,越恃之而伐吴。"[1]吴国太宰伯嚭,一个昔日因贪腐受贿而保存下越国的吴国权力核心成员。如前分析,庆忌适楚时,或已与楚人达成去除伯嚭,以改善吴、楚关系的政治交易。

庆忌归吴而"欲除"太宰伯嚭的目的和理由是"以说于越",即以此取悦越国。吴国在对越关系上,曾发生"灭越"与"存越"的不同路线之争。而当日吴王夫差与伍子胥在这一问题上意见相左而发生争论时,越人曾对伯嚭予以贿赂。其后,伯嚭以损害吴国根本利益的"存越"方式既作为对夫差的阿谀,又作为对越人的回报。但当吴国北进而耗尽国力且越人击败吴国时,双方在媾和谈判的种种交涉中,越人对这位更换了角色的吴太宰伯嚭,显然会极端地鄙视。更何况越人当时哀求吴国保存下越国时"请委国为臣妾"[2]的种种情态,伯嚭了解得太多。因此,庆忌"欲除""不忠者"并"以说于越",即指越国人对去除此"不忠者"也会感到喜悦之意。

然而,庆忌"欲除"的伯嚭,在吴国政坛上不仅以谄媚而深得吴王夫差宠信,而且更是深耕已久,在夫差、伯嚭的吴国权力组合中,伯嚭俨然是吴国的二号权力人物。更何况,其时夫差已将其与伯嚭紧紧地捆绑在一起。对伯嚭的否定,即是对其北进以来一系列方针路线、治国措施的否定。故此,庆忌打虎不成,反被虎伤。杜预注评述庆忌伤及自身而被"吴人杀之"时为"言其不量力"[3],或即指此而言。

作为吴国王室成员的庆忌,并非要追究吴王夫差的责任而夺其位,只是要吴王夫差在非常时期,改变策略而韬光养晦,以退为进地保存下吴国。但在伯嚭问题上,如前所述,伯嚭不为楚所容,亦不为越所容。故当伯嚭已成为吴国的负资产时,庆忌或高估了自己为挽救吴国而去除伯嚭的能力,并自以为这一建议能为夫差接受。实际情况却是如杜预所说的"其不量力"。至此,夫差宁可死也不愿变通、不愿隐忍而屈辱地活下去的个性,或也成为夫差不接受庆忌改变策略以"除不忠者以说于越"的性格原因。

其间,不能排除夫差对庆忌游走于楚、越间及与楚、越达成对己(指夫差)不利约定的猜忌与怀疑。当夫差疑忌庆忌或已成为楚国着意培养的代理人后,对其提出的去除伯嚭,或疑忌其只是第一步动作。接下来的第二步很可能是挟楚而逼宫——逼迫夫差交出权力。而第三步,或就是借夫差的人头来取悦楚了。或正是出于此类的疑忌,夫差无意于后退,只能杀庆忌了。因此,庆忌被杀,乃是多种因素形成的合力所致。其中一个主要因素,即是吴国处于危亡之际,选择何种挽救危亡对策而引发的不同方式、方法之争。杀庆忌,实也拆除了吴王夫差与楚人沟通以牵制越国的政治通道。

---

[1] 杨伯峻:《春秋左传注》(修订本),中华书局1999年,第1716页。
[2] 《史记·吴太伯世家》,见司马迁:《史记》,中华书局1959年,第1469页。
[3] 杜预注,见杜预:《春秋经传集解》,上海古籍出版社1978年,第1839页。

夫差杀庆忌后,到了"十一月,越围吴"[1]。意为,到了十一月时,越国军队包围了吴国国都。前文提及,庆忌是在楚国时"闻越将伐吴,冬,请归平越,遂归"。因此,这也说明其在楚国所获信息、情报是准确的。而从其归时的"冬",到"越围吴"的"十一月",其间并没有多少时间。这也说明庆忌"请归"以挽救吴国危亡时的心情迫切——获知越伐吴的信息即返归。而夫差杀庆忌,实也否定了庆忌与楚、越两国分别私下谈判时取悦于楚、越的政治先决条件——杀伯嚭。

另从"越围吴"并未遭遇任何抵抗来看,"笠泽之战"后的吴国,或已仅剩下防守吴国国都"吴"城的有限兵力了。

(三)赵襄子降丧食,使楚隆问吴王

前文叙述,吴、晋、鲁等参加的黄池盟会的政治成果之一为盟约性质的"好恶同之"。

吴夫差二十一年(前475)"十一月,越围吴"[2],即越军包围了吴国吴都"吴"城的内城。

这一"越围吴"的态势,使黄池盟会时晋国正卿赵鞅的继承人赵无恤(又作赵毋恤、赵襄子)感到了道义上的心理压力。

赵鞅(赵简子)在黄池盟会后的吴夫差二十年(前476)过世,其庶子赵无恤承袭晋卿之职,为晋大夫。据黄池盟会签署的《黄池盟约》,晋国与吴国等本有"好恶同之"[3]的军事盟约条款。故此番越人包围吴都,据盟约条款,晋国本该出兵救吴。然而,如前所述,此类"好恶同之",多为盟约中的套话,谁也不会执行。同时,由于地理相距遥远,且由于黄池盟约签订者赵鞅去世,晋国权力变更,其正卿由知氏的知伯瑶(即知瑶、荀瑶)取代。知伯瑶获得权力后,竭力发展自家势力,从而成为晋国当时尚存的知氏、赵氏、韩氏、魏氏这四大卿族中权力最大、实力最强者。而赵氏卿族及其宗主赵无恤,其时正忍辱负重地承受着来自知氏的压力。因此,时过境迁,再由晋国履行当日签署的"好恶同之"盟约,已无可能。而对赵无恤来说,父亲当初以晋国名义签署的这一盟约和承诺,作为儿子的他,道义上父债子还地仍有着执行的义务,但在无权力执行的情况下,赵无恤只能以降低自己饮食数量的方式,替父还这一道义上的债了。

赵襄子(赵无恤)减少了饭量,比为他父亲赵鞅服丧时吃得还要少,这引起了赵氏家臣楚隆的关注。楚隆问他说:"三年的居丧礼仪,您把对父亲的亲情已表达到了极致,可现在您竟然又把自己的饮食降低,这恐怕是另有缘故吧!"赵无恤回答说:"黄池之役,先主与吴王有质,曰:'好恶同之。'今越围吴,嗣子不废旧业而敌之,非晋之所能及也,吾是以为降。"[4]即黄池盟会时,我的父亲(指赵鞅)代表晋侯和吴王夫差签订过盟约,约定两国要"好恶同之"。现在越国包围吴国国都,我作为父亲的继承人本不应该废弃盟约而应当出兵救吴,可这盟约规定的义务却又不是晋国的力量所能达到的。所以,我只好用降低饮食的数量来抒发我的心情了。楚隆于是提议,让吴王夫差能了解他(指赵无恤)此时的心情,并自请出使吴国。

楚隆南下见着越人,说:"吴国冒犯上国已经多次了,听说君王亲自讨伐,中原的人们莫不欢

---

[1]《左传·哀公二十年》,见《春秋左传正义》,北京大学出版社1999年,第1703页。
[2]《左传·哀公二十年》,见《春秋左传正义》,北京大学出版社1999年,第1703页。
[3]《左传·哀公二十年》,见《春秋左传正义》,北京大学出版社1999年,第1703页。
[4]《左传·哀公二十年》,见《春秋左传正义》,北京大学出版社1999年,第1703页。

欣鼓舞，唯恐君王的意愿不能实现，请让我进去看看吴军的情况。"终获越王勾践应允，进入被越人围困着的吴都"吴"城内城。

楚隆见着吴王夫差说："黄池之役，君之先臣志父得承齐盟，曰：'好恶同之'。"[1]即黄池结盟时，我国君王的先臣志父（指时任晋国正卿的赵鞅）也参加了。盟会的誓约上说：与会的各国要"好恶同之"，有福同享，有难同当。现在大王您处在危难之中，我国本应履行盟约，我国老臣赵无恤（赵襄子）也不敢害怕辛劳，然而，这又不是现在晋国的力量所能达到的。因此，赵无恤谨派他的家臣楚隆前来向大王您报告，并披陈他的心情。

黄池盟会的政治对手——晋国正卿赵鞅虽已过世，可其子赵无恤（赵襄子）值吴国国都被围、国将被破之时，能派家臣前来慰问，这已令吴王夫差感激不尽了。于是，"王拜稽首曰：'寡人不佞，不能事越，以为大夫忧，拜命之辱。'"[2]意即夫差下拜磕头说："寡人没有才能，不能事奉越国，因而让贵国大夫忧虑了。谨此拜谢您的光临。"吴王夫差向这位赵氏家臣行大礼而下拜磕头，这一礼仪失态的背后，是吴王夫差在国破前表露出感激的真实心情。吴王夫差此时披陈的"不能事越"之言，已将这位盟会霸主不肯低头的贵族心理表露无遗。正是这一贵族性格，决定他不会苟且而生的命运。其时他也清楚地意识到自己的处境，故又对楚隆说："勾践将生忧寡人，寡人死之不得矣。"[3]即越国国君勾践要让寡人我委屈地活着受罪，寡人想好好地死都不可能了。

应答完毕楚隆的因公使命之辞后，吴王夫差又和楚隆私聊起来说："溺人必笑，吾将有问也，史黯何以得为君子？"[4]杜预注曰："晋史黯云：'不及四十年，吴当亡。'吴王感问此也。"[5]故《左传》上条意为，夫差说："快淹死的人必然会强作欢笑，但我有个疑惑想要问你：那位史黯为什么能成为君子？"

吴王夫差此时感而发问之事，为三十八年前晋国史官所作的一个预言。《左传·昭公三十二年》记载："吴伐越，始用师于越也。史墨曰：'不及四十年，越其有吴乎！越得岁而吴伐之，必受其凶。'"[6]

三十八年前吴王阖闾对越用兵，晋国的史官黯（即史黯，又作史墨）说"不及四十年"吴将亡于越国。这一神秘预言在即将应验之时，给吴王夫差带来宿命般的敬畏感，使得他或是不敢，或是不愿，但又极想知道当初这一预言与眼下将要应验的现实间的关系。于是他旁敲侧击地问楚隆"史黯何以得为君子"——史黯这个人为什么能成为君子？

楚隆此时不便也不愿提及那句颇伤对方心的"不及四十年"的神秘预言，但面对着夫差表达出的困惑，又不能不作回应。于是，他颇为得体地而又就事论事地回答道："黯也，进不见恶，退无谤言。"[7]即史黯（史墨）这个人做官时没有人讨厌他，不做官时也没有人诽谤他。

---

[1]《左传·哀公二十年》，见《春秋左传正义》，北京大学出版社1999年，第1703页。
[2]《左传·哀公二十年》，见《春秋左传正义》，北京大学出版社1999年，第1703页。
[3]《左传·哀公二十年》，见《春秋左传正义》，北京大学出版社1999年，第1703页。
[4]《左传·哀公二十年》，见《春秋左传正义》，北京大学出版社1999年，第1703页。
[5]杜预注，见杜预：《春秋经传集解》，上海古籍出版社1978年，第1840页。
[6]《左传·昭公三十二年》，见《春秋左传正义》，北京大学出版社1999年，第1524页。
[7]《左传·哀公二十年》，见《春秋左传正义》，北京大学出版社1999年，第1703页。

听了楚隆对史黯的评价,吴王夫差只是感慨地说了声:"宜哉!"[1]意即:哦!太恰当了。

这里,双方都以打太极的方式回避这一即将应验的"不及四十年"的死亡预言。而对夫差所说的"宜哉",难以捉摸这到底是对楚隆回答的评价,还是对史黯(史墨)应该成为君子之言的评价。

《左传》记载的吴王夫差最后之言"宜哉!",或正是欲将内心的敬畏和困惑借此倾吐而得以释怀,且不想在即将离开人世时,犹带着这一困惑。

《史记·赵世家》以"赵襄子元年,越围吴。襄子降丧食,使楚隆问吴王"[2]概述了上述史实。

赵鞅(赵简子)庶子赵襄子,因才华出众而被立为赵氏宗主,从而成为赵氏家族的首领。公元前453年,赵襄子联合韩氏、魏氏而灭知伯瑶。这就是《左传》最后记载的文字:"知伯不悛,赵襄子由是恚知伯,遂丧之。知伯贪而愎,故韩、魏反而丧之。"[3]即知伯瑶不肯改悔,赵襄子(赵无恤)因此而憎恨知伯瑶,知伯瑶就想要灭掉赵襄子。知伯瑶贪婪而刚愎自用,所以韩、魏反过来与赵襄子合谋灭了他。而曾给予吴王夫差临终关怀的赵襄子,也成为战国时赵国的实际创始人。赵襄子灭知伯瑶时,已是吴灭国及夫差自缢而死的二十年后。

夫差或没想到的是:后世人们在探讨吴国灭亡的原因时,将他和知伯瑶并列为骄纵而亡的两大典型(相关叙述,另见下文)。

(四)吴国灭亡及越人没收并承继吴国的政治资产

1.越王勾践收割吴国当初"北进争霸"时在鲁、邾等国的政治果实

当吴王夫差及其执政下的吴国陷于困顿之中时,越王勾践已开始收割吴国当初"北进争霸"的政治果实。

吴夫差二十二年(前474)"夏,五月,越人始来"[4]。杜预注曰:"越既胜吴,欲霸中国,始遣使适鲁。"[5]

曾经成为吴国和鲁国最早争夺对象的邾国,其时也靠拢了越国这股新兴政治势力。前文曾述,吴夫差八年(前488)夏天,当吴国出现在中原地区及"公会吴于鄫"[6]时,杜预注曰:"吴欲霸中国。"[7]十五年过去,当越人也出现在中原地区时,杜预亦注曰:"越既胜吴,欲霸中国。"[8]是时,吴国累积的政治资产,已为越人所获。吴国北进之初时,为控制邾国,囚禁邾隐公而扶植其子——太子曹革(太子革)为君,即邾桓公。后,邾隐公逃奔齐国,接着又于吴夫差二十三年(前473)夏季四月,从齐国逃奔到越国说:"吴国无道,拘捕了父亲而扶植儿子做邾国国君。"越国人把他送回邾国复位,而现任邾国国君邾桓公(即太子革)出逃,竟也跑到越国来了。越人在邾国两面下注,娴熟地运用政治手段来取代吴国在该国获取的政治利益。而吴国对邾国曾有过的政治影响力,是时已完全被越国覆盖。

---

[1]《左传·哀公二十年》,见《春秋左传正义》,北京大学出版社1999年,第1704页。
[2]《史记·赵世家》,见司马迁:《史记》,中华书局1959年,第1793页。
[3]《左传·哀公二十七年》,见《春秋左传正义》,北京大学出版社1999年,第1718页。
[4]《左传·哀公二十一年》,见《春秋左传正义》,北京大学出版社1999年,第1704页。
[5]杜预注,见杜预:《春秋经传集解》,上海古籍出版社1978年,第1840页。
[6]《左传·哀公七年》,见《春秋左传正义》,北京大学出版社1999年,第1640页。
[7]杜预注,见杜预:《春秋经传集解》,上海古籍出版社1978年,第1747页。
[8]杜预注,见杜预:《春秋经传集解》,上海古籍出版社1978年,第1840页。

2."干隧"——吴王夫差败处的象征及标志性地点

（1）战国文献关于"干隧"的记载

越灭吴过程中，先秦文献屡屡记载吴王夫差被擒或自刭等有关夫差败处的象征及标志性地点——"干隧"（又作"干遂"）。战国文献《战国策》《吕氏春秋》等记载如下：

①《战国策·秦策五》

《战国策·秦策五》记载："昔智伯瑶残范、中行，围逼晋阳，卒为三家笑。吴王夫差栖越于会稽，胜齐于艾陵，为黄池之遇，无礼于宋，遂与句践禽，死于干隧。"[1]《战国策》此条，把春秋末的吴王夫差与晋国"三家分晋"中被翦灭的晋国卿族知氏的"智伯瑶"（知伯瑶）并列，并作为骄纵而败的典型。

②《战国策·秦策四》

《战国策·秦策四》记载："智氏见伐赵之利，而不知榆次之祸也；吴见伐齐之便，而不知干隧之败也。"[2]前句指晋国卿族"智氏"（知氏）知伯瑶，因贪赵襄子晋阳之地，而不知襄子与韩、魏之阴谋，卒被杀而葬于榆次。后句，《战国策译注》注释为："干隧：春秋吴邑，在今江苏吴县西北。吴王夫差兵败为越王勾践所擒之处。"[3]《战国策全译》则释为："干隧之败：指越王勾践袭击吴国，吴王夫差惨败。自刭于干隧。干隧，地名，在今江苏吴县西北万安山，山之别阜曰隧山。"[4]

③《战国策·魏策一》

《战国策·魏策一》记载，苏秦云："臣闻越王勾践以散卒三千禽夫差于干遂。"[5]王锡荣、韩峥嵘注译《战国策译注》注释为："干遂，在今江苏苏州市西北。"[6]

④《吕氏春秋·适威》

《吕氏春秋·适威》记载李克与魏武侯探讨吴国灭亡的原因时说："此夫差之所以自殁于干隧"。[7]高诱注："为越所破，自刭于干隧。"[8]

（2）后世苏州地方文献记载的"干隧"地望

后世南宋范成大《吴郡志》卷第八记载说："干隧，越王以散卒三千，擒夫差于干隧，在吴县西北。《史记正义》：'干隧，出叶安山西南一里。'"[9]该文献另记载："秦余杭山，即今阳山。越破吴，夫差遁去，昼驰夜走，三日三夕，达于秦余杭山。馁甚，顾得生稻而食之，伏北〔地〕而饮水焉。"[10]

明正德《姑苏志》卷第八记载说："阳山，一名'秦余杭山'，一名'万安'。在城西北三十里，高八百五十余丈，逶迤二十余里。以其背阴面阳，故曰'阳'，亦云'四飞'，以四面视之势若飞动

---

[1]王锡荣、韩峥嵘注译：《战国策译注》，吉林文史出版社1998年，第193页。
[2]王锡荣、韩峥嵘注译：《战国策译注》，吉林文史出版社1998年，第181页。
[3]王锡荣、韩峥嵘注译：《战国策译注》，吉林文史出版社1998年，第185页。
[4]王守谦、喻芳葵、王凤春、李烨译注：《战国策全译》，贵州人民出版社1992年，第188页。
[5]王锡荣、韩峥嵘注译：《战国策译注》，吉林文史出版社1998年，第654页。
[6]王锡荣、韩峥嵘注译：《战国策译注》，吉林文史出版社1998年，第656页。
[7]《吕氏春秋·适威》，见陈奇猷校释：《吕氏春秋》，学林出版社1984年，第1281页。
[8]高诱注，见陈奇猷校释：《吕氏春秋》，学林出版社1984年，第1286页。
[9]范成大：《吴郡志》，江苏古籍出版社1986年，第98页。
[10]范成大：《吴郡志》，江苏古籍出版社1986年，第98页。

也。大峰一十五,而箭缺为绝顶。相传秦皇射于此,故其下有射渎。《战国策》云:越王以散卒三千禽夫差于干隧。今万安山有遂山,即其地也。"[1]

由上可见,《吴郡志》《姑苏志》等承《战国策》《史记》等的记载,描述夫差在"干隧"为越人所擒。

"干隧",即古代秦余杭山、余杭山,今苏州高新区(虎丘区)大阳山植物园一带。

3.越灭吴

越人没收并承继了吴国的政治资产,而对吴国的处置,则毫不拖泥带水。"冬,十一月,丁卯,越灭吴,请使吴王居甬东。辞曰:'孤老矣,焉能事君?'乃缢。越人以归。"[2]关于"越人以归"句,杜预注曰:"以其尸归。"[3]故《左传·哀公二十二年》的上述文字意为,下个冬季十一月二十七日,越国灭掉了吴国,并要求吴王夫差搬迁到甬东去居住。夫差辞谢说:"我老了,哪能再事奉贵国君主呢?"接着,他就上吊自尽,越人将他的尸体运到越国去了。

《史记·吴太伯世家》的记载大体相同:"越王句践欲迁吴王夫差于甬东,予百家居之。吴王曰:'孤老矣,不能事君王也。吾悔不用子胥之言,自令陷此。'遂自刭死。"[4]相较《左传》,《史记》的记载,一是多了夫差临死前后悔不用伍子胥"灭越"之言;二是夫差自杀方式,非上吊自"缢",而是"自刭"。

随着夫差的自杀,商末泰伯建立的吴国,传二十五世后,从历史中消失。而对上述"甬东",有多种诠释。杜预注曰:"甬东,越地,会稽句章县东海中洲也。"[5]杨伯峻《春秋左传注》则为:"甬东,今浙江定海县东之翁山。"[6]

今浙江宁波博物馆展出题为《宁波简称"甬"的来历》展板阐释说:"甬 源于鄞、奉(奉化)交界的甬山,今称江口塔山。甬山称谓有两种说法:一、甬山山峰颇似覆置的大钟(古称大钟为甬),象形似'甬'而得名;二、'甬'是'涌'的意思,甬山山势连绵,如波涛汹涌,又水源丰富,故名。"

五、夫差失国的原因探讨与后世戏说的西施故事

(一)战国初政治家魏武侯与李克(李悝)讨论的吴国灭亡原因

春秋后期,吴王夫差经历从"北进争霸"夺取霸主地位到灭国的逆转,不能不引发其后各国政治家和学者们的关注和探讨。

前文论及战国文献关于夫差"干隧"之败的记载时,提及《吕氏春秋·适威》记载李克与魏武侯探讨吴国灭亡的原因。探讨的双方为:

一为魏武侯魏击。公元前407年,魏武侯父魏文侯执政时,魏国吞并中山国全境,时为太子的魏击被封为中山君。公元前403年,周威烈王分别封魏、赵、韩为诸侯国,"三家分晋"完成其最后

---

[1]《姑苏志》卷第八《山上》,见正德《姑苏志》,苏州图书馆藏本。
[2]《左传·哀公二十二年》,见《春秋左传正义》,北京大学出版社1999年,第1705页。
[3] 杜预注,见杜预:《春秋经传集解》,上海古籍出版社1978年,第1842页。
[4]《史记·吴太伯世家》,见司马迁:《史记》,中华书局1959年,第1475页。
[5] 杜预注,见杜预:《春秋经传集解》,上海古籍出版社1978年,第1842页。
[6] 杨伯峻:《春秋左传注》(修订本),中华书局1990年,第1719页。

的王权认可程序。公元前396年，魏文侯去世，太子魏击继任魏国国君之位，是为魏武侯。《中国历史年代简表》记公元前396年为"魏武侯元年"[1]。

另一为李克，即李悝，战国初期魏国著名政治家。"三家分晋"前，魏文侯为晋国正卿时，即任用李克实行变法。魏武侯即位仅一年后的公元前395年，李克去世。因此，以上《吕氏春秋·适威》记载的李克与魏武侯的对话，从《吕氏春秋·适威》记载的"魏武侯之居中山"来看，不排除公元前407年魏武侯尚为太子而被封为中山君时。从是时起至公元前395年李克去世前的十二年中，都可能为《吕氏春秋·适威》记载的李克与魏武侯探讨吴国灭亡的时段。而吴灭国为公元前473年，因此，魏武侯与李克的探讨距吴灭国也只是六七十年后。故可认为，上述《吕氏春秋·适威》为最早对吴国灭亡原因进行探讨的文献，且讨论双方均为战国初期政治家。

《吕氏春秋·适威》原文为："魏武侯之居中山也，问于李克曰：'吴之所以亡者何也？'李克对曰：'骤战而骤胜。'武侯曰：'骤战而骤胜，国家之福也，其独以亡，何故？'对曰：'骤战则民罢，骤胜则主骄。以骄主使罢民，然而国不亡者，天下少矣。骄则恣，恣则极物；罢则怨，怨则极虑。上下俱极，吴之亡犹晚。此夫差之所以自殁于干隧也。'"[2]意为，魏武侯居住在中山的时候，问李克说："吴国之所以灭亡的原因是什么呢？"李克回答说："是因为屡战屡胜。"武侯说："屡战屡胜，这是国家的福分，它却偏偏因此灭亡，是什么原因呢？"李克回答说："多次作战百姓就疲惫，多次胜利君主就骄傲。用骄傲的君主役使疲惫的百姓，这样的国家而能不灭亡的，天下太少了。骄傲就会放纵，放纵就会用尽所欲之物；疲惫会生成怨恨，怨恨就会用尽巧诈之心。君主和百姓都达到极点，吴国被灭亡还算晚了呢！而这就是吴王夫差之所以在干隧自刎的原因。"

战国初政治家李克总结的吴国灭亡原因——"骤战则民罢，骤胜则主骄。以骄主使罢民"等，既体现了战国初政治家们对吴国兴亡的个人认识，也切中了吴国灭亡的真正原因——即位以来，吴王夫差连续征战而使得"民罢"即国民疲惫，而在一个个胜利面前，吴王夫差愈发骄纵。而整个吴国的国力、经济都支撑不住吴王夫差愈发骄纵下的好大喜功和穷兵黩武了。值得注意的是，作为与吴国灭国相差六七十年的几乎同时代人，他们的对话中并没有提及后世追究夫差失国原因中的所谓重色亡国。假如，夫差真的因宠幸西施而使得国家败亡，六七十年后，战国初的政治家们不会不提到这一点。

前述先秦文献记载"干隧"时，曾引《战国策》多条记载，将吴王夫差的"干隧之败"与"不知榆次之祸"的晋国卿族知伯瑶并列。事实上，这些文献也涉及了吴王夫差的"干隧之败"的原因。如上引《战国策·秦策五》记载："吴王夫差栖越于会稽，胜齐于艾陵，为黄池之遇，无礼于宋，遂与句践禽，死于干隧。"[3]《战国策·秦策四》记载："吴见伐齐之便，而不知干隧之败也。"[4]

上述《战国策》记载，把春秋末的吴王夫差与晋国"三家分晋"前最有势力的卿族知氏的知伯瑶并列，并作为骄纵而败的典型。这也印证了上述李克所说的吴王夫差因骄纵而亡。

---

[1] 文物出版社：《中国历史年代简表》（第2版），文物出版社2001年，第40页。
[2]《吕氏春秋·适威》，见陈奇猷校释：《吕氏春秋》，学林出版社1984年，第1281页。
[3] 王锡荣、韩峥嵘注译：《战国策译注》，吉林文史出版社1998年，第193页。
[4] 王锡荣、韩峥嵘注译：《战国策译注》，吉林文史出版社1998年，第181页。

（二）先秦诸子著作从不同角度探讨吴国灭国的原因

除上述《吕氏春秋·适威》记载的战国初政治家们的探讨外，战国时的先秦诸子著作中，也出现从不同角度探讨吴国灭国的原因及吴王夫差应当承担的历史责任等的内容。

前文引述先秦诸子著作中出现的"姑苏"，即与这一历史的追责有着密切的关联。《荀子·宥坐》篇："女以谏者为必用邪？吴子胥不磔姑苏东门外乎！"[1]意指，你认为劝谏的人就一定会被任用吗？吴国的伍子胥不是被碎尸于姑苏城东门外吗！又，《韩非子·喻老》篇："勾践入宦于吴，身执干戈为吴王洗马，故能杀夫差于姑苏。"[2]意为，勾践到吴国服贱役，亲自拿着兵器为吴王洗马而做吴王前驱，所以后来能在姑苏把夫差杀死。

上述两个能印证"姑苏"这一春秋"吴"城，即今苏州城市别名在战国时即已使用的实例，也分别从夫差拒谏杀子胥及勾践能屈能伸地"身执干戈为吴王洗马"等不同角度，探讨吴、越两国君王的不同个性、气质及其导致的不同结果。这或也说明，战国时期的学者已分别从不同角度对吴亡于越的历史现象进行理性的探讨。

（三）西施及其戏说故事

叙述春秋吴国灭亡，绕不开的一个历史人物就是西施。关于西施及其后世形成的西施化现象，究其本质，其只是一个与吴越争战本无关联的美女，后世穿越走进历史并试图改变历史的文化现象。

春秋后期，国力强大的吴国为国力远弱于其的越国所灭。后世对此感到困惑并关注的，不仅仅是"三家分晋"后的魏国第二位魏王魏武侯和李克。对此，尽管与夫差相隔不到百年的战国初的政治家们已给出了吴国灭亡原因的答案，但对后世的世俗社会来说，越国的阴谋混杂着夫差因宠爱西施而亡国的传说故事，似乎更容易被世俗社会接受。正是在这一背景下，东汉时期的《越绝书》《吴越春秋》等戏说和虚构的西施故事，开始出现并流行。由此，将夫差失国的历史追责归结于重色亡国的历史窠臼。

1.西施是一个真实的历史人物

关于西施，首先应指出的是，她是一位真实存在的历史人物，先秦诸子著作中对之多有记载，如：

《管子·小称》云："毛嫱、西施，天下之美人也。"[3]

《墨子·亲士》云："西施之沈（沉），其美也。"[4]

《孟子·离娄下》云："西子蒙不洁，则人皆掩鼻而过之。虽有恶人，斋戒沐浴，则可以祀上帝。"[5]东汉赵歧注为："西子，古之好女西施也。蒙不洁，以不洁污巾帽蒙其头面。面虽好，以蒙不洁，人过之者皆自掩鼻，惧闻其臭也。""恶人，丑类者也。面虽丑而斋戒沐浴，自治洁净，可以待上帝之祀。言人当自治以仁义乃为善也。"[6]

---

[1] 章诗同：《荀子简注》，上海人民出版社1974年，第322页。
[2]《韩非子》校注组：《韩非子校注》，江苏人民出版社1982年，第223页。
[3]《管子·小称》，见谢浩范、朱迎平译注：《管子全译》，贵州人民出版社1996年，第437页。
[4]《墨子·亲士》，见周才珠、齐瑞端译注：《墨子全译》，贵州人民出版社1995年，第6页。
[5]《孟子·离娄下》，见《孟子注疏》，北京大学出版社1999年，第230页。
[6] 赵歧注，见《孟子注疏》，北京大学出版社1999年，第230页。

《荀子·正论》云:"譬之是犹以人之情为欲富贵而不欲货也,好美而恶西施也。"[1]

《庄子·天运》云:"故西施病心而矉其里,其里之丑人见之而美之,归亦捧心而矉其里。"[2]

《战国策·齐策四》载鲁仲连谓孟尝君曰:"(君)后宫十妃,皆衣缟纻,食粱肉,岂有毛嫱、西施哉。"[3]《战国策·齐策四》载先生王斗造门而欲见齐宣王,云:"世无毛嫱、西施,王宫已充矣。"[4]

战国时屈原《九章·惜往日》篇亦有"虽有西施之美容兮,谗妒入以自代"[5]句。

由上述文献记载可见,西施为一真实历史人物。对这一人物,战国文献描述与评价其为长相姣好的美女。

2.西施与吴越争战无任何联系

先秦诸子著作中,西施为美女的上述评价,仅是生活方面的评价。同时,在先秦诸子著作中,对西施亦仅说其外形之美,从而将之塑为一个"美女"的抽象概念,但对其具象概念,诸如故里等,并无记载,更无将之与吴越争战作联系的任何记载。同时,在《春秋经》《左传》《国语》乃至《史记》等史学著作关于吴越争战的记载中,亦无西施的任何记载。由此可知,西施与吴越争战无任何联系。

3.历史的影子与文学的嫁接

西施与吴越争战无任何联系,后世何以将之与吴王夫差作联系?分析这一历史现象的缘由,则不能不看到,在夫差与西施的传说中,有着历史的影子。这些历史影子,一是夫差的生活奢靡,住必有亭池楼阁,宿必有嫱嫔幸御。此即前引楚国子西所说"今闻夫差,次有台榭陂池焉,宿有妃嫱嫔御焉"[6]。二是《国语》记载的吴伐越时,吴太宰伯嚭曾接受过越人所送八个美女的性贿赂。这些真实的历史,经文学编排,嫁接上了先秦诸子著作中的历史人物西施,从而组接成了夫差与西施的传说故事。这一编排与嫁接,显然已属文学的虚构,而非历史的真实。

4.东汉《越绝书》及《吴越春秋》构成了戏说故事的最早文本

东汉时的《越绝书》,将西施这一人物具体化为勾践献与吴王的美女,从而既与吴越争战嫁接,又虚构出一个情节大致完整的故事,从而成为后世此类戏说故事的滥觞。其后,《吴越春秋》一书承接下来并在情节上有所发展,非真实的臆造历史开始以戏说故事的艺术形式出现。

体现这一现象和过程的相关文献记载为:《越绝书》卷第八:"美人宫……句践所习教美女西施、郑旦宫台也。女出于苎萝山,欲献于吴。"[7]《越绝书》卷第十二:"乃饰美女西施、郑旦,使大夫种献之于吴王……吴王大悦。"[8]

《吴越春秋》卷九:"越王谓大夫种曰:'孤闻吴王淫而好色,惑乱沉湎,不领政事,因此而

---

[1]《荀子·正论》,见《荀子选注》,天津人民出版社1975年,第377页。
[2]《庄子·天运》,见《庄子集释》,中华书局1961年,第515页。
[3]《战国策·齐策四》,见王锡荣、韩峥嵘译注:《战国策译注》,吉林文史出版社1998年,第289页。
[4]《战国策·齐策四》,见王锡荣、韩峥嵘译注:《战国策译注》,吉林文史出版社1998年,第297页。
[5]屈原:《九章·惜往日》,见《楚辞全译》,贵州人民出版社1984年,第110页。
[6]《左传·哀公元年》,见《春秋左传正义》,北京大学出版社1999年,第1615页。
[7]袁康、吴平:《越绝书》,上海古籍出版社1985年,第59页。
[8]袁康、吴平:《越绝书》,上海古籍出版社1985年,第84页。

谋，可乎？'种曰：'可破。夫吴王淫而好色，宰嚭佞以曳心，往献美女，其必受之。惟王选择美女二人而进之。'越王曰：'善。'乃使相者国中得苎萝山鬻薪之女，曰西施、郑旦。饰以罗縠，教以容步，习于土城，临于都巷。三年学服而献于吴。乃使相国范蠡进曰：'越王勾践窃有二遗女，越国洿下困迫，不敢稽留，谨使臣蠡献之。大王不以鄙陋寝容，愿纳以供箕帚之用。'吴王大悦，曰：'越贡二女，乃勾践之尽忠于吴之证也。'"[1]

上述《越绝书》和《吴越春秋》，均记载了越国将西施等献于吴王夫差的戏说故事，既为吴亡于越找到一个重色亡国的世俗解释，更首先为春秋时吴国在郊外所建王家宫苑注入了西施化的色彩。

5.北宋孙奭疏《孟子·离娄下》时，已明显受东汉《越绝书》《吴越春秋》影响

北宋学者孙奭疏《孟子·离娄下》说："案《史记》云：西施，越之美女，越王勾践以献之，吴王夫差大幸之。每入市，人愿见者，先输金钱一文。是西施也。"[2]这里，一是孙奭或受东汉《越绝书》《吴越春秋》的影响，将西施明确为"越之美女"并与越王勾践、吴王夫差作联系，从而在学界研究层面，将西施与吴越争战作对接。二是《史记》中本无"西施"内容，未知孙奭何出"《史记》云：西施，越之美女"之语？三是孙奭或惊艳于想象的西施之美，在其笔下，不但"越王勾践以献之，吴王夫差大幸之"，更是该美女"每入市"，人们竟愿意花钱去见她。且不说古代宫闱有无"人愿见者，先输金钱一文"的礼仪，其情其景，更无异于今日粉丝花钱追星的世俗场面。然而，孙奭编排并指说见于《史记》的"西施，越之美女"，既未指出见诸《史记》何篇，且今本《史记》并无任何对西施的记载。正是这些缺陷，构成了孙奭的学术硬伤。

6.明代冯梦龙历史小说《东周列国志》使得戏说故事更为精致

明代时，冯梦龙编著的历史小说《东周列国志》，使得上述戏说故事更为精致，更符合世俗流传话本类的种种要素，从而在民间大众中也更为普及。而在这以前就已出现的西施故里等的文化争夺，已是《越绝书》《吴越春秋》等虚构的戏说故事在文化酱缸里的发酵了。

发酵所起的作用，不容低估。它表现为：一方面，这一发酵后的文化又反馈至吴地，在吴地的方志记载中被认可并以与西施有关的旧迹等历史遗迹面貌出现，从而对春秋时吴王阖闾造筑的吴都离城及吴王夫差造筑的姑苏台等作类乎馆娃宫式的改造和渗透。另一方面，国人钟情于美女文化，西施"美女"的抽象概念经艺术处理为具象的美人形象，而这一美人和勾践、夫差及范蠡的多角政治爱情关系，依次为不同时代的勾栏、瓦舍及戏曲、评弹等民间艺术形式接受、吸纳，从而在更大的范围内得以流传。时至今日，更成为电影、电视等艺术经久不衰的抢手题材。并非历史的戏说故事，在完成其文学、艺术的华丽转身后，成为支撑起旅游行业的一种文化了。而因其背后映现出文化、经济价值，故和通常显现出的文化资源争夺的案例一样，"西施"及其故里既成为文化资源，更成为争夺对象。《杭州市地名志》一书介绍："西施这一历史人物，因其影响的深远，其故里确切之地至今尚有争议。主要有二说：一说在杭州萧山，以北宋欧阳忞《舆地广记》的说法为代

---

[1] 赵晔：《吴越春秋》，江苏古籍出版社1986年，第122页。
[2] 孙奭疏，见《孟子注疏》，北京大学出版社1999年，第230页。

表。据其记载：（萧山县）'越人西施出于此县'[1]。另一说在绍兴诸暨，以北宋乐师《太平寰宇记》的说法为代表。据其记载：'句践索美女献吴王，得诸暨苎萝山卖薪女西施、郑旦。'[2]"[3]

孙奭为北宋经学家，而欧阳忞为欧阳修族孙，故由此可见，北宋时西施已渗透于学界。因此，与吴越争战本无联系的历史人物西施，自东汉《越绝书》和《吴越春秋》始，相继开始完成与吴王夫差对接的过程，从而被导入了吴国的王家苑囿和离宫别苑。西施化的文化现象也同时呈现。

其后的苏州方志中，这一西施化现象愈演愈烈。唐代《吴地记》始出现"馆娃宫"这一与西施明确勾连的宫苑名称："花山，在吴县西三十里。……山东二里有胥葬亭，吴王阖闾置。亭东二里有馆娃宫，吴人呼西施作娃，夫差置，今灵岩山是也。"[4]

不仅如此，《吴地记》还不合情理地记载范蠡献西施自越于吴时，不长的道路竟走了三年，且二人有染，半道中竟生出个儿子来的说法："勾践令范蠡取西施以献夫差，西施于路与范蠡潜通，三年始达于吴，遂生一子。至此亭，其子一岁能言，因名语儿亭。"[5]

朱长文《吴郡图经续记》释"御儿"地名说："俚俗之言，以御为语，曰'范蠡献西子于吴，道中生子，至此而能语'。"[6]而今存最早的嘉兴地方志——元《至元嘉禾志》或无法接受发生在本境内"吴黄武六年正月……是岁，由拳西乡，有产儿便能语，因诏为语儿乡"事，遂引上述朱长文语而评曰"朱亦未之思也"[7]。《至元嘉禾志》未对"语儿"之名的源头及西施事置评，而责朱长文"亦未之思也"，或是不便，或是不屑于评述西施事。

又，南宋《吴郡志》卷第八也将春秋时吴国的离宫别苑与西施作了联系——"《越绝书》云：石城者，阖庐所置，美人离城也。《吴地记》云：石城，吴王离宫，越王献西施于此"[8]（以上《吴郡志》所引《越绝书》《吴地记》内容，今本《越绝书》《吴地记》无）。

西施化现象的产生原因，无非是中国历史上红颜祸水的吴地版本叙述。同时，也不乏后世美人效应的发酵，即对臆造与吴国历史有关的这一美人的追捧、崇拜而已。时至今日，此类现象被称为"追星"。然而，其对苏州后世的影响，却极为负面。东汉时开始的这一戏说故事，后世覆盖并代替了《春秋经》《左传》《史记》等记载的春秋吴国后期的真实历史，覆盖了《吕氏春秋·适威》记载的战国初政治家魏武侯与李克讨论的吴国灭亡原因的理性思考，也覆盖了先秦诸子从不同角度对吴亡于越的历史现象所进行的深入探究。

而唐宋后的苏州方志及其他著述在屡屡重复着夫差与西施的臆造戏码的同时，实也是束缚了这些方志、文献撰者对"夫差失国"等历史事件的理性探讨与冷静思考。众口铄金、积毁销骨之下，使得春秋吴国后期的历史，在王鏊主纂的明正德《姑苏志》及清乾隆《吴县志》中竟以同样字句说夫差

---

[1] 原文此处加注："欧阳忞《舆地广记》卷二二。"
[2] 原文此处加注："乐史：《太平寰宇记》卷九六。"
[3] 杭州市民政局、杭州市地名委员会：《杭州市地名志》，杭州出版社2013年，第9页。
[4] 陆广微：《吴地记》，江苏古籍出版社1986年，第66页。
[5] 陆广微：《吴地记》，江苏古籍出版社1986年，第46—47页。
[6] 朱长文：《吴郡图经续记》，江苏古籍出版社1986年，第73页。
[7] 单庆修、徐硕纂：《至元嘉禾志》，上海古籍出版社2010年，第43页。
[8] 范成大：《吴郡志》，江苏古籍出版社1986年，第98页。

"日与西施为嬉"[1]的不堪故事而结束。吴国这段春秋后期的历史，在被歪曲、娱乐的同时，更染上一层绯色。然而，这一切并非出于当代戏说玩家之手，而是如王鏊这些封建时代精通典籍（其间包括《春秋经》《左传》）的饱学之士及地方士绅们，在皓首穷经且正襟危坐间擘画完成的。

六、吴王夫差"北进争霸"与南北文化的传播交流

（一）吴"北进争霸"促进了南北文化的传播与交流

春秋后期的吴国北进，其目的是争夺中原地区的主导霸权，但在中国南北文化的传播交流范畴却有着独特的意义。

首先，吴国北进争夺霸业，客观上促进了春秋后期中国南、北区域文化的交融，并以当时长江流域"蛮夷"文化与黄河流域中原文化的冲突和融汇等形式表现出来。从这一意义上讲，它代表了中国春秋时期的南北思想、文化的交流。

在思想领域中关于个人心中的恩怨与故国家园的关系，就是一例。吴国的崛起与执行晋国"联吴制楚"战略的楚国逃臣申公巫臣有关。申公巫臣与其后逃亡吴国的伍子胥等，均表现出"为之谋主，以害楚国"[2]的思想和行为。而与这一思想相反的是，吴王阖闾、夫差时，从鲁国逃亡吴国的鲁国士子公山不狃，却表现出"君子违，不适仇国"[3]"不以所恶废乡"[4]等带有鲁国士大夫精神特色的思想。这一思想认为，君子离开故国，不应该因为心中怨恨而祸害故国故土。因此，上述两种关于个人心中的恩怨与故国家园关系所显现出的不同思想——楚国与鲁国各自相异的士大夫思想汇集于吴国，反映了这一时期吴国思想界的兼容并蓄及活跃交流。

而在语言学范畴，卫出公的"效夷言"[5]，更是春秋时期不同方言区进行交融且留存于后世的罕见案例。

再以开掘邗沟来说，尽管夫差开掘邗沟本是为伐齐所作的军事战备行为，但客观上却首次把两条东西流向的天然河流——长江与淮河连接起来，同时也把长江流域和淮河流域这两大经济区域联系了起来。其对中国南北经济的发展和南北文化的交融所起的积极影响，愈到后世愈加显现出来。

因此，从历史宏观角度来认识吴国"北进争霸"在文化传播方面的积极意义，无疑是在春秋晚期中原地区包括晋、鲁、齐、宋、卫、邾、郯等在内的更大范围内，使得吴国乃至苏州的文化得以传播。这就是苏州籍历史学家顾颉刚先生所总结的"春秋之季……伍子胥为报父仇，说动吴王，举兵伐楚，楚不支而败，吴国遂为南方之最有力者。继而吴国又向北发展，攻打齐国。……吴既胜齐，于是他们又向西面发展……在黄池会了晋君，代晋称霸。这时全中国的强大诸侯，只有齐、晋、秦、楚四国，吴竟压倒了三国；只秦国僻在西陲，得保安全。吴王霸业成功，苏州的文化亦因而放

---

[1]《姑苏志》卷三十三《古迹》，见正德《姑苏志》，苏州图书馆藏本；《吴县志》卷二十二《古迹》，见乾隆《吴县志》，苏州图书馆藏本。
[2]《左传·襄公二十六年》，见《春秋左传正义》，北京大学出版社1999年，第1045页。
[3]《左传·哀公八年》，见《春秋左传正义》，北京大学出版社1999年，第1646页。
[4]《左传·哀公八年》，见《春秋左传正义》，北京大学出版社1999年，第1646页。
[5]《左传·哀公八年》，见《春秋左传正义》，北京大学出版社1999年，第1667页。

一异彩"[1]。

其次,吴国的文化定位,在春秋时期有其极为独特的一面:一方面,它与黄河流域的中原文化有着血缘联系,同时为周王室及姬姓诸侯国中的长房嫡传,从而使得吴王夫差在黄池盟会争得霸主后被当时的周天子尊称为"伯父";更使得吴泰伯传承的吴国,在后世的史学著作《史记》的《世家》中,被列为"吴太伯世家第一"。另一方面,吴国所处的地缘环境为远离王畿的长江下游太湖流域,又使得它无法摆脱"蛮夷"的角色定位。所有这些,使得吴国文化陷入一个怪圈——因为遭受中原文化的歧视,故崛起后的吴国选择"吴来征百牢"等形式的文化挑战方式,而挑战的结果却往往是遭到中原文化更为强烈的抵制。由此再来看夫差这一历史人物,随着吴国灭亡,他成为建立史无前例的春秋吴国霸业的同时又把吴国带入灭国境地的末代君主。其在位之时,正是中国古代社会从春秋混战向战国七雄转型的历史时期。这一时期,列国间兼并加剧,适者、强者存之。在生存角逐中,夫差执政后南服越国,北进中原,与鲁、齐、晋诸国争夺霸权,纵横捭阖,进退有序,并在黄河流域的中原地区构建起了吴国的势力范围,从而把吴国的影响力提升到一个全新的阶段。这使得吴王夫差继伐楚入郢的吴王阖闾后,成为吴国历史上又一个名震天下的霸主。而另一方面,他对吴国的灭亡,对吴国在春秋后期的列国混战中被淘汰,又有着不可推卸的责任。顾颉刚《苏州史志笔记》曾总结吴国灭亡的原因说:"吴之亡也,其故有三。其一,敌国太多,齐、鲁、宋、楚、越,皆其仇也。吴之通于中原,晋之力也,而终亦与晋争盟。四境之外,无一非敌。敌国既多,外患斯频数矣。其二,重视中原之霸业而轻忽南方,使越人坐大。其三,则罢民力于工事。"[2]

(二)吴王夫差的失败原因及其应承担的历史责任

作为春秋后期长江流域的"蛮夷"国家,吴国在崛起乃至"北进争霸"的过程中,必然会遭遇黄河流域中原文化的抵制。对吴王夫差来说,其失败原因及其应承担的责任在于:

其一,在春秋向战国时期的过渡中,夫差不顾国力承受能力,争得已走向衰落且已缺少权威的霸主地位。夫差将吴王阖闾时期制定的"兴霸成王"战略调整并发展为"北进争霸"无可厚非。春秋时期,在王权政治向霸主政治的转移中,无论是春秋首霸齐桓公,还是其后的晋文公、楚庄王等,无一不是通过战争取得霸权。而从中国古代社会发展的历程和规律来看,春秋晚期时霸主政治已呈颓势,列国兼并已向战国时代过渡。故霸主政治实已无法再回到齐桓公、晋文公及楚庄王等的权威时代。而地处长江流域的吴国"蛮夷",挤上春秋霸主政治的末班车,付出的代价却是掏空吴国国力。其表现形式为一味穷兵黩武,滥用国力、民力,从而拖垮吴国经济。夫差在"北进争霸"的过程中,一而再、再而三地与北方的鲁国、齐国发生战争。在伐齐战争的准备中,动用民力开挖邗沟,其后又将邗沟北延。为压服宋国、卫国及与晋国在黄池盟会上争夺霸权,夫差更是带着吴国军团长期滞留于中原地区,或作为使鲁国窘迫的恐吓力量,或以之囚禁卫国国君,更以之在黄池盟会上武力胁迫晋国。而这一吴国军团的背后是吴国越来越承受不起的经济负担。黄池盟会后,吴国军团甚至连军粮供给都出现困难。而在个人生活上,和夫差同时代的楚国子西,在

---

[1] 顾颉刚:《苏州的历史和文化》,见苏州市地方志编纂委员会办公室、苏州市档案局:《苏州史志资料选辑》(内部发行,1984年9月编印)第二辑,第1页。
[2] 顾颉刚:《苏州史志笔记》,江苏古籍出版社1987年,第19页。

吴、楚对峙于陈国时，曾将阖闾与夫差作比较，说吴王夫差的奢侈生活状况为：所住之处有楼台池塘陈设，睡觉必有嫔妃宫女侍候，以及修筑姑苏台等。正是连年战争叠加吴王夫差大兴土木等的奢靡生活，使得吴国经济濒临崩溃，无法支撑吴国的对外用兵，这成为吴国灭亡的首要原因。正因如此，夫差在黄池盟会争得霸主"诸侯长"之日，却成为吴国从霸主顶峰滑落之始。

其二，吴王夫差"北上争霸"时，为自己身后留下后患，留下了自己的掘墓人——越王勾践。齐、晋、楚等国在强势取得霸主地位时，恩威并施，既争取又震慑盟友，更无在自己身后留有后患的现象。而他们（指齐、晋、楚等）其后的衰落，多为自身内部原因，而非外来因素所致。相比之下，吴王夫差在北进之时，本身就在被中原文化抵制这一不利条件之下，又如上引顾颉刚所言的树敌太多，且在南服越国而意图北进时，拒伍子胥"灭越"之谏而听信受越人贿赂的伯嚭"存越"之言，从而犯下一个直至夫差临死前才有所醒悟的战略性错误——"悔不用子胥之言"[1]而保存下越国。在其后的北进中，夫差重视经略中原地区，而对来自南部越国的威胁，既无防范，更无制衡，甚至因杀伍子胥而引发"导谀者众"[2]这一极不正常的吴国政治生态现象，终成为吴国灭亡的原因之二。

其三，在内政用人政策上的近小人而远贤臣。夫差宠信擅于谄媚而又贪腐的伯嚭，而对伍子胥维护吴国根本利益的逆耳之言，非但听不进去，更发展到赐死伍子胥。其负面影响一是在于堵塞言路，自毁干城；二是自此以后，吴国再无人敢对防范、制衡越国有所建言。以致在"导谀者众"的政治生态下，竟发展到越人在吴国都城外挖掘越溪、造筑越城，而吴国宫廷内却噤声如寒蝉的地步。吴国亡国前夕的"杀庆忌"事件，尽管或有着文献未记载的其他背景，但庆忌"欲除"伯嚭而以退为进地挽救吴国，当可认定。而深得吴王夫差宠信的伯嚭，《左传》记载其吴亡后仍周旋于鲁、越间，或已说明这一叛楚逃吴之臣在吴国攫取最高权力后，其实对吴国并无忠诚之心。夫差近小人而杀贤臣，尽管临死前对之有所后悔，但已无济于事。因此，他的异于其父阖闾的用人政策，实也构成了吴国灭亡的原因之三。

其四，吴王夫差的性格，既决定了其个人的命运，也决定了吴国的命运。吴王夫差是一个具有多重性格的君王。一方面，其性格刚愎自用，为人残忍。伍子胥与吴国王室成员庆忌，为吴国的生存建言，他不但拒纳且先后将他们杀死。而黄池盟会时越人攻入吴都，他为保密，竟亲手在帐幕之内接连将七个从国内来报信的信使杀死。但他性格的另一面，又呈现出少有的温情。吴国第一次伐齐时，他听说齐悼公死于齐国内部激变，竟在军门外边哭了三天。他在北进鲁国作文化挑战式的"征百牢"时，孔子学生子贡去说服他，他摆出一副"我文身，不足责礼"[3]的姿态，即以我是个文身"蛮夷"，不值得用中原礼制来规范我而拒之，大有我是"蛮夷"我怕谁的气概。与之同时，吴王夫差又是一个有着贵族气质且内心充满自尊的君王。吴国将国破之时，他面见晋国赵氏家臣时已表露出"寡人不佞，不能事越"[4]即不肯低头事奉越国的贵族气质。待到吴被灭国，越

---

[1]《史记·吴太伯世家》，见司马迁：《史记》，中华书局1959年，第1475页。
[2]《史记·越王勾践世家》，见司马迁：《史记》，中华书局1959年，第1744页。
[3]《史记·鲁周公世家》，见司马迁：《史记》，中华书局1959年，第1544页。
[4]《左传·哀公二十年》，见《春秋左传正义》，北京大学出版社1999年，第1703页。

人要他搬迁到甬东时,他宁可选择死亡,也不肯低下高傲的头颅。因此,相比越王勾践,吴王夫差的性格中缺乏隐忍,不谙顺时应变等,这也构成了吴国灭亡的另一原因。

正是上述种种因素的交互作用,致使吴国曾经的霸气倏地消失,最终被国力远弱于吴国的越国所灭,更使得吴国在春秋向战国转型的历史时期被淘汰出局。

(三)关于吴国史事的所谓"编造"说及"附会"说

1. "编造"说——不能成立

吴、晋两国在黄池盟会的霸主之争及"吴人"所说"于周室,我为长"[1]的血缘地位,后世有学者们对之解读为"吴王夫差时代""编造出一段与汉族之间的血缘关系"等的"编造"说。

该"编造"说,出自陈桥驿《"越为禹后说"溯源》一文(以下简称《溯源》,该文后辑入陈桥驿著《吴越文化论丛》[2])。该文说,吴国在吴王寿梦时期,这位吴王还是一位"文化落后的蛮夷酋长","但到了吴王阖闾以后,国势强大起来。到了吴王夫差时代,南服越,北伐齐,'会诸侯于黄池,欲霸中国以全周室'[3]已经俨然是一个中原大国,于是,对于这个蛮夷民族的先世,也被编造出一段与汉族之间的血缘关系,并且广为渲染。不消说,句吴的祖先不仅是汉族,而且是汉族中的望族。……《吴越春秋》卷一并且更追溯到周的先世:'吴之前君太伯者,后稷之苗裔也。'这就是与'越为禹后说'类似的'吴为周后说'。这种传说是从什么时候散布出来的,《越绝书》卷二揭露了其中的秘密。《越绝书》说:'昔者,吴之先君太伯,周之世,武王封太伯于吴,到夫差计二十六世。'最后一句'到夫差计二十六世'当然是关键性的。因为它清楚地告诉我们,这种传说是从夫差的时代散布出来的"。而"少数民族为了政治的原因而编造出一种传说以自称汉族或汉族后裔的事,在以后的历史上一直存在,不足为奇"[4]。

上述,核心观点即是:先秦吴国史事乃是"从夫差的时代散布出来"及"编造出一段与汉族之间的血缘关系"的所谓"编造"的产物。

(1)关于超前出现的"汉族"一词

《溯源》一文所指"汉族"一词并不准确。先秦时,文献记载的黄河流域诸国及其族群,为"诸夏"[5]"诸华"[6]及与西周分封有关的"诸姬"[7]等,而后世的"汉族"概念尚未出现。将之用在吴王夫差时代,显系穿越式的超前出现。

(2)从吴、晋关系中的晋国角度看

吴人所说"于周室,我为长"[8],是在黄池盟会"吴晋争先"[9]即争先歃血的公开场合。其间还有作为见证人的鲁国国君及周王室代表等在场。故"于周室,我为长"的这一宣示,是吴人在

---

[1]《左传·哀公十三年》,见《春秋左传正义》,北京大学出版社1999年,第1670页。
[2]陈桥驿:《吴越文化论丛》,中华书局1999年。
[3]原文此处加注:"《吴越春秋》卷三。"
[4]陈桥驿:《"越为禹后说"溯源》,《浙江学刊》1985年第3期。
[5]《左传·闵公元年》,见《春秋左传正义》,北京大学出版社1999年,第303页。
[6]《左传·昭公三十年》,见《春秋左传正义》,北京大学出版社1999年,第1517页。
[7]《左传·僖公二十八年》,见《春秋左传正义》,北京大学出版社1999年,第447页。
[8]《左传·哀公十三年》,见《春秋左传正义》,北京大学出版社1999年,第1670页。
[9]《左传·哀公十三年》,见《春秋左传正义》,北京大学出版社1999年,第1670页。

吴、鲁、晋三家姬姓诸侯国正面交锋的情况下所说。而因事关争霸之业,若吴人所说为"编造",与其争霸之业利益攸关的晋国,一是不会接受,二是不会沉默而听任吴人的"编造"。而从《左传·哀公十三年》的记载来看,晋人对之未提出异议。晋人这一态度的历史背景,当追溯至距黄池盟会一百七十九年前的晋献公十六年(鲁闵公元年,前661),晋大夫士芳评述当时骊姬之乱的晋国传承时所说:"大子不得立矣……不如逃之,无使罪至。为吴大伯,不亦可乎?"[1]杜预注:"大伯,周太王之適子,知其父欲立季历,故让位而適吴。"[2]因此,早在黄池盟会百多年前,晋国上层人士对周太王嫡子"吴大伯"及其与吴人的传承联系已然知晓。这也是黄池盟会对吴人所说晋人未提异议的原因。

由此可见,与夫差同时代的晋正卿赵鞅(赵简子)等,并没有认为吴人所说"于周室,我为长"的历史是"编造"的。

(3) 从吴、鲁关系中的鲁国角度看

黄池盟会另一参与方鲁国,亦早已知吴人所说"于周室,我为长"并非"编造"。距黄池盟会七十九年前的鲁襄公十二年(吴寿梦二十五年,前561)秋天,吴王寿梦去世。在得知吴王寿梦死讯后,鲁襄公"临于周庙,礼也"[3]。杜预注:"周庙,文王庙也。周公出文王,故鲁立其庙。吴始通,故曰礼。"[4]若吴非姬姓封国,鲁襄公又如何会依礼而在周文王庙举行哭丧吊唁仪式呢?

由此看来,即使"到了吴王夫差时代",吴国"已经俨然是一个中原大国",从而对周边国家(包括鲁国)产生较大影响,夫差"对这个蛮夷民族的先世"能"编造出一段与汉族之间的血缘关系"并广为"散布",但夫差并不能溯及以往,以这种"编造"的血缘关系去影响七十九年前鲁襄公去周公庙里参加他曾祖父寿梦的吊唁仪式。

鲁国另一件证实吴为姬姓的事件为吴孟子事件。关于该事件,前文已作详尽介绍(相关内容参前)。鲁哀公十二年(前483)发生在鲁国的"吴孟子丧礼事件"与上述鲁襄公"临于周庙"互为印证,足以证明吴国系与周王室有着血缘关系的姬姓诸侯国。而夫差即位于公元前495年(吴夫差元年,鲁定公十五年)。其时,鲁昭公已去世十五年。而十二年后,吴孟子去世。因此,吴孟子去世在鲁国政坛引发的风波,完全是吴国与鲁国均系姬姓诸侯国而触犯"同姓不婚"的周礼禁忌的缘故。而"从夫差的时代散布出来的""吴为周后说",是无法影响到在这以前的鲁昭公与吴孟子的婚姻及触犯到"同姓不婚"禁忌的。

由此可见,早于夫差的鲁国国君鲁襄公、与夫差同时代的鲁哀公及其臣子,以及撰写《左传》的鲁国史官等,并没有认为吴人所说的"于周室,我为长"的历史是"编造"的。

(4) 从吴、楚关系中的楚国角度看

吴、楚互为敌国,历时既久,两国亦已成世仇。《左传·昭公三十年》记载楚昭王的庶兄子西与楚昭王对话说起吴国与周王朝的历史渊源时说:"吴,周之胄裔也,而弃在海滨,不与姬通,今

---

[1]《左传·闵公元年》,见《春秋左传正义》,北京大学出版社1999年,第304—305页。
[2] 杜预注,见杜预:《春秋经传集解》,上海古籍出版社1978年,第217页。
[3]《左传·襄公十二年》,见《春秋左传正义》,北京大学出版社1999年,第905页。
[4] 杜预注,见杜预:《春秋经传集解》,上海古籍出版社1978年,第892页。

而始大,比于诸华。"[1]即吴国是周王室的后裔,被抛弃在海滨,不与同宗的姬姓诸国相往来。现在吴国开始强大,可以和中原诸国相比肩了。

子西说上述话语时,为鲁昭公三十年(吴阖闾三年,前512),即吴王阖闾执政的第三个年头。从时间上来说,子西的这一判断与吴王夫差无关。同时,该段话出自楚昭王的庶兄、春秋晚期曾任楚国令尹的子西,其"吴,周之胄裔"等语,反映了这一时期楚国王室和上层人士对吴国与周室历史渊源的认识和判断。而这一认识和判断,既非当时的吴国施加影响所致,更非其后的吴王夫差施加影响所致。

由此可见,与夫差同时代且为楚令尹的楚平王子、楚昭王庶兄的子西(公子申),亦认为吴国的历史渊源为"吴,周之胄裔",而这一认识,并非吴人"为了政治的原因而编造出一种传说"的影响所致。

(5)从吴、随关系的交集角度看

前文叙述吴伐楚、入郢后,楚昭王匿于随,而为追索楚昭王,吴王阖闾本人亲自赴随并"谓随人曰:'周之子孙在汉川者,楚实尽之。天诱其衷,致罚于楚,而君又窜之,周室何罪?'"[2]意为,其时吴王阖闾来到随国并对随国国君说,周朝的子孙封在汉水一带的,楚国全都灭了他们。上天的意志是降罚于楚国,而您又把楚君藏匿起来。周王室有什么地方得罪了您?

如果吴国并非与周王室有血缘关系的姬姓封国,又有什么资格说"周之子孙在汉川者,楚实尽之"及"周室何罪"等语。吴王阖闾是时是以同宗而与周王室都有着血缘关系来与随国套近乎,同时以同宗的血缘关系离间随国与楚国的关系的。这也说明,在《左传·定公四年》记载的春秋时吴、随间的唯一交集中,吴王阖闾正是以吴、随都与周王室有着血缘关系这一特定关系,与随国交涉及试图让随君出于同宗的血缘关系而交出藏匿于随的楚昭王的。

因此,其时的随人亦知晓,吴人以同宗且与周王室都有着血缘关系来与随国进行交涉。其时吴人的血缘身份,并非且没有必要"编造"。

(6)从印证吴、蔡联姻关系的出土器的角度看

吴王阖闾女儿叔姬寺吁嫁与蔡昭侯及吴、蔡间存在政治联姻,未见诸文献记载,而是见诸考古出土实物"吴王光"青铜鉴铭文。董楚平《吴越徐舒金文集释》阐释铭文中的"叔姬寺吁"为:"叔姬寺吁,吴王光之女名。叔姬之姬,确证吴国王室为姬姓,是中原周人后裔。"[3]显然,该青铜鉴以实证方式确证春秋时期的吴国王室为姬姓。

阖闾嫁女时,连太子都不是的夫差,并不能决定其姐妹在青铜鉴铭文中的"叔姬寺吁"为姬姓,更不能且亦无必要"编造"出吴人这一标示为"吴为周后"的姬姓血缘身份。

(7)从周天子分别称呼晋君为"叔父"及称呼吴君为"伯父"的角度看

黄池盟会,吴王夫差争得霸主地位后,派遣王孙苟向周天子报告,以取得王权的最终认可。听了王孙苟以夫差名义所作的述职,时为周天子的周敬王异常高兴,接连四次称呼吴王夫差为"伯父",而周襄王称呼晋文公为"叔父"事,前文已述。(相关情况参见前文)

---

[1]《左传·昭公三十年》,见《春秋左传正义》,北京大学出版社1999年,第1517页。
[2]《左传·定公四年》,见《春秋左传正义》,北京大学出版社1999年,第1556—1557页。
[3]董楚平:《吴越徐舒金文集释》,浙江古籍出版社1992年,第49页。

而如前文述，此处周敬王口口声声称呼吴王夫差为"伯父"，这一渊源当源自如夫差所说的"于周室，我为长"，即吴国王室始祖为当日古公亶父长子泰伯，而周王室及周敬王出自泰伯之弟季历一脉。

由此可见，与夫差同时代的周天子周敬王亦认可吴国的"伯父"地位，亦即吴人所说的"于周室，我为长"的祖先排序并非"编造"。

（8）结论："编造"说不能成立

上述《溯源》一文涉及吴国史事记载的"从夫差的时代散布出来"的所谓"编造"说，并不能成立。在当时的晋人、鲁人、楚人、随（曾）人乃至周天子均知晓吴人所说"于周室，我为长"等并非"编造"，且文献记载如此丰富的情况下，当代学者倒不知道吴人所说"于周室，我为长"等并非"编造"了。这其实是非常令人不解的。

2."造史"说与"附会"说——不能成立

与"编造"说相同者还有前文第二章提及且出自张学锋《吴国历史的再思考——以近年来苏南春秋古城的发展为线索》一文的"造史"说："季札不愿为吴王之事，与太伯、仲雍让位的故事联系到了一起，很可能是这场造史运动的契机。"[1] 而"附会"说亦出自该文："在与中原诸侯争霸的过程中，作为'夷狄'的句吴，将自己的祖先附会成中原圣王贤君的苗裔，对内更能增加自己的信心，对外则能逐渐赢得中原诸侯的认同。句吴的附会传说，推测与寿梦之子季札在中原各国的活动有关。"[2]

这里的"造史"说、"附会"说，与上述"编造"说意思相同，表述相异。如：

"编造"说表述为："对于这个蛮夷民族的先世，也被编造出一段与汉族之间的血缘关系，并且广为渲染。不消说，句吴的祖先不仅是汉族，而且是汉族中的望族。"[3]

"附会"说则表述为："作为'夷狄'的句吴，将自己的祖先附会成中原圣王贤君的苗裔。"

对于"编造"说，前文从多角度予以辨析。该辨析意见，也同样适用于"附会"说。但"附会"说认为与"季札在中原各国的活动有关"，则因无文献依据而不能不予厘清。

季札出访的行程及内容，前文第六章已逐一作叙述。它分别为：访鲁，见叔孙穆子（叔孙豹）及"请观于周乐"[4]；访齐，说（通"悦"）晏平仲（即晏子）；访郑，"见子产，如旧相识"[5]；访卫，与卫国多位"君子"会面，且夜宿孙林父封邑的戚邑时，"闻钟声"而"遂去之"[6]；访晋，"说（通"悦"）赵文子、韩宣子、魏献子……说叔向"[7]等。且季札与上述中原列国先贤名士交往言谈时，并无一句言及吴国先祖，又何来"句吴的附会传说，推测与寿梦之子季札在中原各国的活动有关"？更何来"将自己的祖先附会成中原圣王贤君的苗裔"？

---

[1] 张学锋：《吴国历史的再思考——以近年来苏南春秋古城遗址的发掘为线索》，见《苏州文博论丛》，文物出版社2011年，第12页。
[2] 张学锋：《吴国历史的再思考——以近年来苏南春秋古城遗址的发掘为线索》，见《苏州文博论丛》，文物出版社2011年，第12页。
[3] 陈桥驿："越为禹后说"溯源，《浙江学刊》1985年第3期。
[4]《左传·襄公二十九年》，见《春秋左传正义》，北京大学出版社1999年，第1095页。
[5]《左传·襄公二十九年》，见《春秋左传正义》，北京大学出版社1999年，第1108页。
[6]《左传·襄公二十九年》，见《春秋左传正义》，北京大学出版社1999年，第1108页。
[7]《左传·襄公二十九年》，见《春秋左传正义》，北京大学出版社1999年，第1108页。

对"造史"说、"附会"说的提出者来说,既作"造史运动"的判断,也将"句吴的附会传说"与"季札在中原各国的活动有关"作联系,则亦应当列举文献记载的实例加以说明,否则,此类没来由的判断,难免成为并无核心内容的空洞臆测。

第四节　夫差时期留存后世的文化遗存

吴王夫差为吴国历史上最后一位君王。夫差死后,留下有诸多文献记载的夫差墓及夫差祠庙等文化遗存。其中的有些记载及其现存实物,如扬州的吴王夫差广场和邗沟大王庙等,前文已及,本章节不再重复。对夫差时期留存后世的文化遗存,以下分为夫差墓、夫差祠庙、与夫差有关的历史遗迹以及出土或传世等留存至今的部分吴王夫差用器等几方面论述。

一、夫差墓

关于夫差墓,按前述《左传》记载,夫差上吊自杀后"越人以归"[1],杜预注为越人"以其尸归"[2]。可后世却有诸多典籍记载夫差的墓在吴地。现列举宋代以前(含宋代)的文献记载如下:

东汉《吴越春秋》卷五载:"越王乃葬吴王以礼,于秦余杭山卑犹。"[3]

东汉《越绝书》多处提及夫差葬处。如《越绝书》卷二载:"秦余杭山者,越王栖吴夫差山也。去县五十里。山有湖水,近太湖。夫差冢,在犹亭西卑犹位。"[4]《越绝书》卷五载越王让吴王自杀时说:"越王与之剑,使自图之。吴王乃旬日而自杀也。越王葬于卑犹之山。"[5]卑犹,地名,即今苏州高新区(虎丘区)阳山,前述《吴越春秋》记载为"秦余杭山卑犹"。

南朝宋裴骃《史记集解》引《越绝书》曰:"夫差冢,在犹亭西卑犹位,越王使干戈人一累土以葬之。近太湖,去县五十七里。"[6]

唐陆广微《吴地记》未记载夫差墓,却记载了夫差义子的坟墓说:"余杭山,又名四飞山,在吴县西北三十里。……东三里有夫差义子坟十八所。"[7]

唐司马贞《史记索隐》:"犹亭,亭名。'卑犹位'三字共为地名,《吴地记》曰'徐枕山,一名卑犹山'是。"[8]

北宋朱长文《吴郡图经续记·卷下》:"吴王夫差墓,在吴县西北四十里余杭山犹亭卑犹之

---

[1]《左传·哀公二十二年》,见《春秋左传正义》,北京大学出版社1999年,第1705页。
[2] 杜预注,见杜预:《春秋经传集解》,上海古籍出版社1978年,第1842页。
[3] 赵晔:《吴越春秋》,江苏古籍出版社1986年,第75页。
[4] 袁康、吴平:《越绝书》,上海古籍出版社1985年,第15页。
[5] 袁康、吴平:《越绝书》,上海古籍出版社1985年,第39页。
[6] 裴骃:《史记集解》,见司马迁:《史记》,中华书局1959年,第1475页。
[7] 陆广微:《吴地记》,江苏古籍出版社1986年,第70页。
[8] 司马贞:《史记索隐》,见司马迁:《史记》,中华书局1959年,第1475页。

位,今名阳山者是也,地近太湖。"[1]

南宋范成大《吴郡志》卷第八《古迹》引《吴越春秋》曰:"秦余杭山,即今阳山。越破吴,夫差遁去,昼驰夜走,三日三夕,达于秦余杭山,馁甚,顾得生稻而食之,伏北(地)而饮水焉。"[2]今本《吴越春秋》,无此记载。另,《吴郡志》卷第三十九《冢墓》:"吴王夫差墓,在阳山。《越绝书》谓:'越王栖夫差于余杭山,去吴县五十里,即今名阳山。'"[3]

宋代以后的地方史志,记载与以上类同,不录。

文献记载的吴王夫差墓位于太湖畔的今苏州阳山(即秦余杭山、余杭山),而太宰伯嚭亦葬其旁。今苏州高新区(虎丘区)大阳山植物园内已无夫差墓及伯嚭墓,而另有今人所建夫差亭。

苏州高新区(虎丘区)大阳山植物园内的夫差亭(亭后为古秦余杭山,今名"大阳山")(上)及其"夫差亭"匾额(下)(吴恩培摄)

二、夫差祠庙

作为吴国的亡国之君,文献记载了夫差在吴地和他处的多处带有纪念性质的祠庙。

唐陆广微《吴地记》记载了常熟吴王夫差庙与越王勾践庙并立于海虞山(即常熟虞山)的情况:"山西北三里有越王勾践庙。郭西二里有夫差庙,拆姑苏台造。"[4]

南宋《吴郡志》卷第十二《祠庙》:"吴王夫差庙,今村落间有之,旧庙无考。《鉴诫录》云:'世传此庙拆姑苏台木创成'。唐陈羽秀才尝题夫差庙,时人谓之题破此庙。陈羽:姑苏台畔千年木,刻作夫差庙里神。幡盖寂寥尘土满,不知箫鼓乐何人。"[5]

明《姑苏志》卷第二十七《坛庙上》:"夫差庙在姑苏山东北,《鉴诫录》云:'折(拆)姑苏台木为之。'今村落间多有此庙,一在常熟县西二里,一在昆山县新安乡。"[6]

清顾震涛《吴门表隐》卷四:"吴王夫差庙在姑苏山东北,村落多有之。"[7]

除了上述吴地的夫差庙,前文叙述的扬州邗沟大王庙,其正位即为吴王夫差坐像。

---

[1] 朱长文:《吴郡图经续记》,江苏古籍出版社1986年,第67页。
[2] 范成大:《吴郡志》,江苏古籍出版社1986年,第98页。
[3] 范成大:《吴郡志》,江苏古籍出版社1986年,第547—548页。
[4] 陆广微:《吴地记》,江苏古籍出版社1986年,第54页。
[5] 范成大:《吴郡志》,江苏古籍出版社1986年,第165页。
[6] 《姑苏志》卷第二十七《坛庙上》,见正德《姑苏志》,苏州图书馆藏本。
[7] 顾震涛:《吴门表隐》,江苏古籍出版社1986年,第53页。

三、与夫差有关的历史遗迹——夫差设冶铸剑的南京冶城山及冶城阁

春秋时期，吴国铸剑的工艺发达。今南京城西列为全国重点文物保护单位的朝天宫内，展有"金陵四十八景"之一的"冶城西峙"以及"传说中的吴王夫差设冶铸剑"展板。该展板文字为："相传春秋时期，吴王夫差曾在今朝天宫后山设冶炼作坊，制造兵器，故称'冶城'或'冶山'。春秋战国时期，吴国在青铜冶炼技术方面以制造兵器见长，如果传说属实，冶山可以算是南京最早的重工业基地了。"

南京朝天宫内展示的"冶城西峙"展板（吴恩培摄）

蒋赞初《南京城的历史变迁》一文指出："公元前5世纪初叶，就在今日南京城西的冶城山上，建立了一所冶炼作坊。""在这所被后世称为'冶城'的场地上，曾经为吴王夫差（公元前495—前473年）铸造出不少锋利的宝剑。现在，冶城的遗迹虽已不易寻觅，但它无疑是南京土地上最早的一组生产性的建筑群，只是并非正式的城池罢了。"[1]

又，今是处建有冶城阁。阁前石碑上的文字为："冶城阁，公元2001年新建于冶山，阁以山名，冶山也称冶城。相传春秋时代吴王夫差曾设官冶于此。"

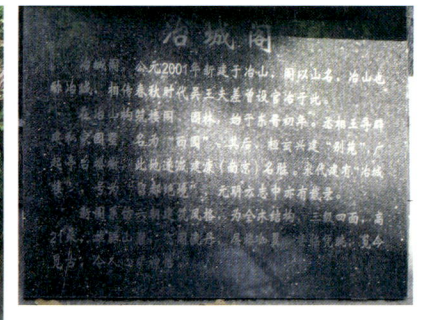

南京朝天宫内的冶城阁（左）及阁前题为"冶城阁"的石碑（右）（吴恩培摄）

四、现存部分吴王夫差用器

今留存于世的夫差用器，其中著名者，为夫差矛、夫差剑以及夫差鉴、夫差盉等。下为现存部分吴王夫差用器。

（一）夫差矛

夫差矛是现存吴王夫差留存于世最著名的兵器，现藏于湖北省博物馆。该矛的出土情况为：

---

[1] 蒋赞初：《南京城的历史变迁》，见《长江中下游历史考古论文集》，科学出版社2000年，第262页。

1983年位于湖北荆州江陵县马山镇联山村10组的砖瓦厂取土时，发现一小型土坑楚墓，墓内棺椁已腐朽，无存。该墓葬内仅出土该器——夫差矛。

关于该矛何以在湖北江陵出土，推测如下：越灭吴时，该矛为越人所获。后，越亡于楚时，该矛又为楚人所获。从该墓无其他青铜礼器出土且只有该矛出土来推测，楚灭越时，该矛或为楚军的一低阶军官所获，后携至楚国。该低阶军官死后，该器随葬于今湖北荆州江陵县马山镇联山村的墓内，历经两千五百多年后，被当地砖瓦厂在取土时发现。考古时，该墓被编为"马山5号墓"。

湖北荆州江陵县位于马山镇联山村10组的砖瓦厂（吴恩培摄）

1983年时江陵县马山镇砖瓦厂旁的夫差矛出土处，后已成水塘的图片（吴恩培摄）

湖北省博物馆展出的吴王夫差矛（吴恩培摄）

该器全长29.5厘米，器身装饰华美，遍饰菱形花纹。该矛身近箍处有错字铭文两行八字，存有不同释读。董楚平《吴越徐舒金文集释》一书介绍："张舜衡等隶定为：吴王夫差，自乍甬（用）鍨。……《文物》一九九一年第十二期发表王人聪《江陵出土吴王夫差矛铭文新释》，认为此字右旁上部是从字反写，下部是止字讹变。《说文》：鍨，矛也。"[1]夏渌、傅天佑《说鏚——吴王夫差矛铭文考释》释为"鏚，《广

湖北省博物馆展出的吴王夫差矛铭文（左）以及铭文"吴王"细部（右）（录自《中国青铜器全集·东周5》）[2]

---

[1] 董楚平：《吴越徐舒金文集释》，浙江古籍出版社1992年，第133—134页。
[2] 中国青铜器全集编辑委员会：《中国青铜器全集·东周5》，文物出版社1996年，第74页。

韵》：'錔，销（销）也。销，矛也。"[1]咏章《释吴王夫差矛铭文中的器名之字》释为："本铭文末字隶定为'鍨'，理由是此字右旁与长沙楚帛书、江陵天星观楚简的於字'相近'。"[2]

（二）夫差剑

吴王夫差时期，国力强盛，冶铸业发达。其时的吴国北进，使得留存于世的吴王夫差剑不但数量较多且后世出土及发现地也分布较广。

关于夫差剑的数量，学者们的统计不一。有的认为"吴王夫差剑共13件"[3]，有的认为"吴王夫差剑目前已知者共有11件"[4]。

本书以下涉及的吴王夫差剑，均为藏于国内相关博物馆的实物器。现以其来源，分为"出土或发现"及"征集"两大类进行论述。

1. 出土或发现的吴王夫差剑

（1）1976年湖北襄阳蔡坡出土、湖北省博物馆收藏的吴王夫差剑

署名为"襄阳首届亦工亦农考古训练班"的《襄阳蔡坡12号墓出土吴王夫差剑等文物》一文指出，湖北襄阳"蔡坡12号墓中出有吴王夫差剑"等重要文物。而出土该吴王夫差剑的"此墓位于襄阳县伙牌公社施坡大队蔡坡土岗岭中部，编号为'襄蔡M12'"。该墓出土"铜剑两把。均带漆木鞘。其中一把为吴王夫差剑，剑身铸有篆书阴文二行十字：

攻敔（敌）王夫差

自乍（作）其元用

此剑出自棺内中部，出土时剑在鞘内。剑首残缺，剑柄断为三截。柄为圆筒形，茎上无箍。剑锋锷已腐蚀。残长37（身长29、柄长8）、宽3.5厘米左右，估计原长约40厘米"。而"吴王夫差剑的出土是继1965年我省江陵望山1号墓出土的越王勾践剑后又一重要发现。据我们不全面的了解，吴王夫差剑……曾出过一件（见于省吾：《双剑誃古器物图录》），铭文字数和内容与此相同"[5]。

湖北襄阳蔡坡12号墓出土、湖北省博物馆收藏并曾展出的吴王夫差剑（左一）及该剑铭文（左二），以及该剑铭文中的"攻敔王"细部（左三）、"夫差"细部（右）（湖北省博物馆提供图片）

该剑出土于湖北襄阳的原因，该考古报告推测说："墓主应是当时楚国的高级将领。公元前473年，吴国为越国所灭，吴王夫差自杀。其后，楚越争霸，楚威王灭越。所以，吴王夫差剑可能是这位墓主的直接或间接战利品。"[6]

---

[1] 夏渌、傅天佑：《说錔——吴王夫差矛铭文考释》，《语言研究》1985年第1期。
[2] 咏章：《释吴王夫差矛铭文中的器名之字》，《江汉考古》1987年第4期。
[3] 周亚：《春秋时期吴王室有铭青铜剑概述》，《上海博物馆集刊》2012年。
[4] 李先登：《吴王夫差铜器集录》，《东南文化》1990年第4期。
[5] 襄阳首届亦工亦农考古训练班：《襄阳蔡坡12号墓出土吴王夫差剑等文物》，《文物》1976年第11期。
[6] 襄阳首届亦工亦农考古训练班：《襄阳蔡坡12号墓出土吴王夫差剑等文物》，《文物》1976年第11期。

(2)1991年洛阳东周王城出土、洛阳博物馆收藏的吴王夫差铜剑

洛阳博物馆展出的吴王夫差铜剑,据洛阳市文物工作队《洛阳C1M3352出土吴王夫差剑等文物》介绍,该剑1991年8月出土于洛阳市东周王城内的一座战国早期墓葬。现藏洛阳博物馆。该剑通长48.8厘米,宽4.2厘米,茎长9.2厘米,首径4.1厘米。剑身有阴刻铭文"攻敔王夫差自乍其元用"10字,目前仅可见"敔王夫差……其元用"[1] 7字。

关于该剑出土于东周王城,现今论述无涉及者。而吴与东周王室的交集,见于文献记载者,当为《国语·吴语》所记载的"吴王夫差既退于黄池,乃使王孙苟告劳于周"[2]。即吴王夫差夺取霸权并从黄池盟会返归后,派遣王孙苟向周天子报告,以取得王权的最终认可。该剑或作为贡礼由王孙苟带去东周王城。当然,也不排除或由其他途径流入其出土地——东周王城。

河南洛阳博物馆展出的吴王夫差铜剑(吴恩培摄)

河南洛阳博物馆展出的吴王夫差铜剑残存铭文"敔王夫差……其元用"7字(左)及其"敔王"细部(中)、"夫差"细部(右)(吴恩培摄)

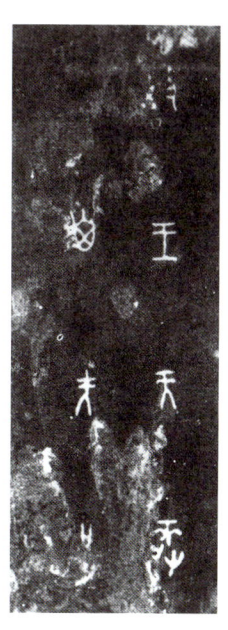

河南洛阳博物馆展出的吴王夫差铜剑残存"敔王夫差……其元用"7字铭文拓本(录自《洛阳C1M3352出土吴王夫差剑等文物》[3])

(3)1991年山东邹县发现的吴王夫差剑

1991年4月,山东邹县城关镇朱山庄村村民在村西北整修地堰时发现一件铜剑,后送交到邹县文物保管所。胡新立《山东邹县发现一件吴王夫差剑》一文指出,该剑"剑身瘦长,锋尖,隆脊,斜从而宽,前锷收狭,锷锋锐利。剑格作兽首倒凹字形,原嵌有绿松石,已脱落。剑柄为圆首,圆茎,双箍。从下部有铭文2行10字,为:'攻吾王夫差,自乍(作)其元用。'通长60、宽5、柄长9.8厘米,重1000克。"[4]

从该剑铭文及摹本辨识,可知其铭文当为:"攻敔王夫差,自乍(作)其元用。"

关于邹县城关镇出现吴王夫差剑的历史原因,该文说:"此地即东周时期邾国故城[5]。据

---

[1] 洛阳市文物工作队:《洛阳C1M3352出土吴王夫差剑等文物》(执笔:赵振华、黄吉博),《文物》1992年第3期。
[2] 《国语·吴语》,见左丘明撰、韦昭注:《国语》,上海古籍出版社2015年,第407页。
[3] 洛阳市文物工作队:《洛阳C1M3352出土吴王夫差剑等文物》(执笔:赵振华、黄吉博),《文物》1992年第3期。
[4] 胡新立:《山东邹县发现一件吴王夫差剑》,《文物》1993年第8期。
[5] 原文此处加注:"中国科学院考古研究所山东工作队《山东邹县滕县古城址调查》,《考古》1965年第12期。"

文献载,春秋时期吴国曾援邾伐鲁,《左传》鲁哀公七年(前488年,邾隐公十八年)'秋,公伐邾。……师遂入邾,处其公宫……邾国大夫邾茅夷鸿以束帛乘韦自请救于吴。鲁哀公八年正月吴伐鲁,归邾子益于邾'[1]。这件吴王夫差剑可能与此有关。"[2]

该剑曾经展出,展出时的展器标牌标示:"吴王夫差剑(春秋,邹城市朱山村出土)。古代兵器,剑身瘦长,脊呈直线,锋部尖利。剑格有兽面纹,基部有错金铭文10字'攻吾王夫差自乍(作)其元用'。造型美观,图案生动。铸造技术精湛。"

山东邹城出土的吴王夫差剑(山东邹城博物馆藏)(山东邹城博物馆提供图片)

山东邹城博物馆藏吴王夫差剑铭文"攻敔王夫差自乍(作)其元用"(左)及其铭文"攻敔王"细部(中)、"夫差"细部(右)(山东邹城博物馆提供图片)

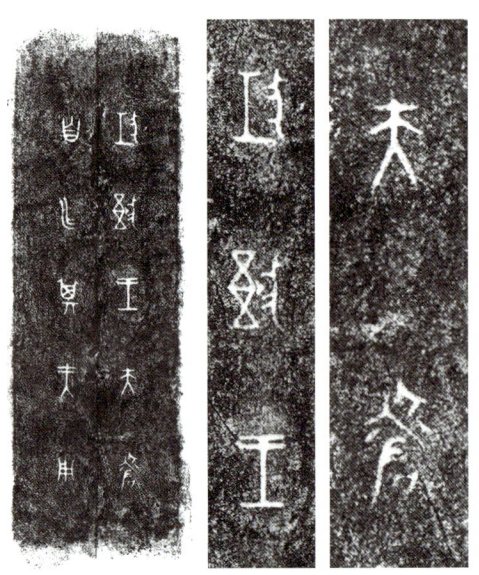

山东邹城博物馆藏吴王夫差剑铭文拓本"攻敔王夫差自乍(作)其元用"(左)及该剑铭文"攻敔王"细部(中)、"夫差"细部(右)(山东邹城博物馆提供图片)

(4)1965年山东平度废品收购站征集及山东博物馆收藏并展出的吴王夫差剑

该剑为山东博物馆展出,展出时的说明标牌文字为:"吴王夫差剑,春秋(BC770—BC476),1965年山东平度废品收购站征集,短柄有阑,剑中起脊,两面刃。近阑处铭文2行10字:'攻吴王夫差自乍其元用',意思是吴王夫差的佩剑。目前所知传世和出土的吴王夫差剑共七件。此剑出于胶州湾平度,据考证当与齐吴战争有关,应为齐国战利品,吴国兵器在当时亦负盛名,历史上更有季札挂剑的故事,说明吴国宝剑之珍贵。"

---

[1]原文此处加注:"《左传》哀公七年。"
[2]胡新立:《山东邹县发现一件吴王夫差剑》,《文物》1993年第8期。

第八章　吴王夫差"北上争霸"及其失国

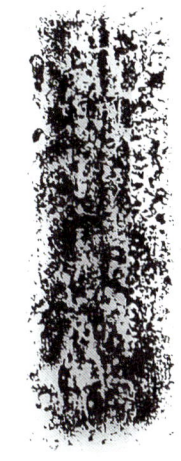

山东博物馆展出的吴王夫差剑铭文释文及拓本（吴恩培摄）

山东博物馆展出的吴王夫差剑（吴恩培摄）

王恩田《吴王夫差剑及其辨伪》一文论及并推测该剑出现于山东平度的缘由说："该剑系由平度县废品收购站征集。该器周身满布坚硬绿锈，知非传世之'熟坑'，而应是当地新出土者。平度邻近莱州湾……古代应是齐国的出海口。据《左传·哀十年》记载：吴大夫'徐承帅舟师，将自海入齐，齐人败之，吴师乃还'。这是我国见于记载的第一次海军远征。吴军究竟是在登陆后为齐军所败，还是在海上受挫于齐之海军，由于记载简略，难言其详。不过有一点是清楚的。山东海岸线很长，可以停靠船舶的港口也很多。但'自齐入海'的最短通道非莱州湾莫属。吴王夫差剑在濒临莱州湾的平度发现不是偶然的，应与吴军被齐军所败有关，很可能是齐军俘获的一件战利品。"同时，"吴军海上征齐的统帅是吴大夫徐承，吴王夫差没有亲身参加这次战役。吴王夫差剑在平度一带出土，有可能是吴王赏赐给部下徐承等将领所用的"[1]。显然，上述均指说该剑出土与吴王夫差时的"北上争霸"有关。

关于该剑铭文，王恩田《吴王夫差剑及其辨伪》一文指出，该剑"原残断为六截，后经修复。扁茎、素面，蚀较重。长57.7、纵宽54厘米，铭十字，双行，行五字：'攻敔王夫差，自乍其元用。'攻字仅存左旁工字，敔右旁仅存一竖。自、乍二字稍泐。元字上通误作夫"[2]。

王恩田《吴王夫差剑及其辨伪》一文指为"山东博物馆藏"的山东平度吴王夫差剑铭文摹本（左）及其"攻敔王"细部（右）（录自王恩田《吴王夫差剑及其辨伪》）[3]

（5）1976年河南辉县发现及河南省博物院展出的吴王夫差剑

前引李学勤《古越阁所藏青铜兵器选粹》一文提及香港中文大学张光裕先生列举该剑出现以前所见吴王夫差剑实物计有5件时，亦曾提及河南省博物院展出的吴王夫差剑为"传河南辉县琉璃阁出土，长59.1厘米"，并另加注以说明文献来源为："崔墨林：《河南辉县发现吴王夫差铜剑》，《文物》，1976年第11期。"[4]

---

[1] 王恩田：《吴王夫差剑及其辨伪》，见江苏省吴文化研究会：《吴文化研究论文集》，中山大学出版社1988年，第150—152页。
[2] 王恩田：《吴王夫差剑及其辨伪》，见江苏省吴文化研究会：《吴文化研究论文集》，中山大学出版社1988年，第151页。
[3] 王恩田：《吴王夫差剑及其辨伪》，见江苏省吴文化研究会：《吴文化研究论文集》，中山大学出版社1988年，第147页。
[4] 李学勤：《古越阁所藏青铜兵器选粹》，《文物》1993年第4期。

崔墨林《河南辉县发现吴王夫差铜剑》一文指出："1976年2月，辉县百泉文物保管所在废品回收部门工人同志的协助下，在拣选杂铜时从中发现吴王夫差铜剑一柄。此剑全长59.1，剑身宽5厘米。柄上有箍两道。隔手上有兽面花纹，镶嵌松绿石。剑身满布花纹，有阴刻篆字铭文十字：'攻吾王夫差自作其元用。'锋锷仍甚锋利。"[1]

关于该剑剑身是否饰有暗纹纹饰，《河南辉县发现吴王夫差铜剑》一文指出"剑身满布花纹"。而关于该剑的出土情况，《河南辉县发现吴王夫差铜剑》一文另指出说："据进一步了解，此剑可能出土于辉县东南一里许的琉璃阁附近的战国墓区，为盗墓人在解放前盗出。"[2]

董楚平《吴越徐舒金文集释》对此进一步阐释并推测为："此剑可能出于辉县东南一里许的琉璃阁或辉县西南赵固附近战国墓区，是盗墓人在建国前盗出，后人当废铜卖给回收部门。剑全长五九·一、身宽五厘米。柄上有箍两道。剑身满布花纹，剑格镶嵌绿松石兽面纹。锋锷至今犀利。剑身近格处有两行十字阴刻铭文，系凿款：攻敔王夫差，自乍其元用。"[3]

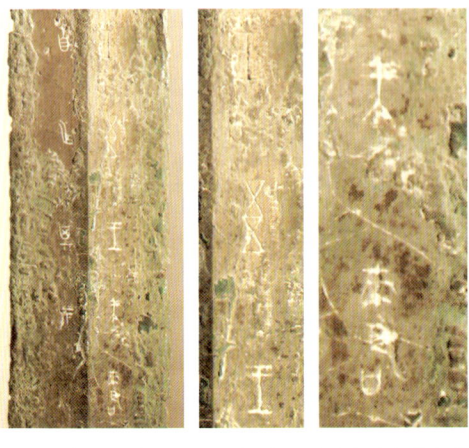

河南省博物院展出的吴王夫差铜剑剑身铭文"攻敔王夫差自乍其元用"（左）及其铭文"攻敔王"细部（中）、"夫差"细部（右）（吴恩培摄）

该剑现为河南省博物院收藏并展出，展出时的展器说明标牌文字为："'吴王夫差'铜剑，春秋（公元前770—前476年），1976年辉县市百泉征集。"

河南省博物院展出的吴王夫差铜剑（吴恩培摄）

（6）1935年安徽寿县出土、于省吾"双剑誃"旧藏及中国国家博物馆展出的吴王夫差剑

中国国家博物馆展出的吴王夫差剑，情况较为复杂，现分以下诸点叙述。

①中国国家博物馆展出的吴王夫差青铜剑

中国国家博物馆展出的吴王夫差青铜剑，展出时的展器说明标牌文字为："'吴王夫差'青铜剑，春秋·吴，1976年河南辉县出土。此剑为吴王光之子、吴王夫差自作用器。"展出时的拓本显示，该剑剑身有阴刻铭文"攻敔王夫差自乍其元用"10字。

②关于于省吾旧藏的吴王夫差剑

前文叙述湖北襄阳蔡坡出土吴王夫差剑的考古报告——《襄阳蔡坡12号墓出土吴王夫差剑

---

[1] 崔墨林：《河南辉县发现吴王夫差铜剑》，《文物》1976年第11期。
[2] 崔墨林：《河南辉县发现吴王夫差铜剑》，《文物》1976年第11期。
[3] 董楚平：《吴越徐舒金文集释》，浙江古籍出版社1992年，第137页。

等文物》,曾将该蔡坡出土剑铭文与于省吾《双剑誃古器物图录》所录吴王夫差剑铭文比较,从而得出"铭文字数和内容与此相同"的比较结论。在这一比较中,于省吾旧藏吴王夫差剑乃是作为标尺式的标准器使用的。

于省吾旧藏吴王夫差剑,屡见学者论述。李学勤《古越阁所藏青铜兵器选粹》一文论及古越阁所藏的吴王夫差剑时(该剑现为苏州博物馆征集,相关情况另见下文),提及香港中文大学张光裕先生列举该剑出现以前所见吴王夫差剑实物计有5件。其中列为首位者即为:"《双剑誃古器物图录》上41,现中国历史博物馆藏,长58.4厘米。"[1]

彭林《文物精品与文化中国》论及存世的吴王夫差剑时也指出:"著名古文字学家、古器物学家于省吾教授藏有稀世名剑两把,故以'双剑誃'作为室名。其中一把是吴王夫差剑,相传1935年出土于安徽寿县西门内。此剑通长58.9厘米,宽5.3厘米,圆首,圆柱状茎上有两道圆箍,剑格嵌有绿松石,饰简化兽面纹,刀锋锐利。器身有'攻吴王夫差自乍其元用'十个字的铭文。现藏中国历史博物馆。"[2]

董楚平《吴越徐舒金文集释》则指出该剑及其后的流变情况为,该剑"一九三五年安徽寿县西门内出土,于省吾旧藏,著录于《双剑誃古器物图录》上卷第四一页(一九四零年),称'春秋攻敔王夫差剑'。建国后,于省吾将此剑献给故宫博物院,一九五九年由故宫博物院拨给中国历史博物馆"[3]。

李先登《吴王夫差铜器集录》一文说"吴王夫差剑目前已知者共有11件",而"其一,1935年安徽寿县西门内出土,或云'传出河南辉县'[4]。于省吾先生归藏,《双剑誃古器物图录》卷上·41(1940年)著录[5]。建国后归北京故宫博物院,后拨交中国历史博物馆。其形制为圆柱状茎,上有两道圆箍。剑格饰简化兽面纹,上嵌绿松石。铜质精良,至今仍很锋利。通长58.9、宽5.3厘米。腊部铭:'攻敔王夫差自作其元用'2行10字"[6]。

董珊《吴越题铭研究》以注释形式叙述该剑"1935年出土于安徽寿县西门内(或传河南洛阳金村)。原藏于省吾,后归故宫博物院,现藏中国国家博物馆"[7]。

据上,大致可描摹出于省吾旧藏"吴王夫差剑"的轨迹:1935年出土于安徽寿县西门内;后归于省吾收藏;1949年后,于省吾先生将此剑献给故宫博物院;1959年由故宫博物院拨给中国历史博物馆。2003年2月,中国历史博物馆与中国革命博物馆合并成立中国国家博物馆。故于省吾旧藏的该吴王夫差剑也当一同归于中国国家博物馆。

③中国国家博物馆展出的吴王夫差青铜剑与于省吾旧藏吴王夫差剑的关系

上述中国国家博物馆展出的吴王夫差青铜剑,展出时的展器说明标牌标示其来源为"1976年

---

[1] 李学勤:《古越阁所藏青铜兵器选粹》,《文物》1993年第4期。
[2] 彭林:《文物精品与文化中国》,清华大学出版社2002年,第188页。
[3] 董楚平:《吴越徐舒金文集释》,浙江古籍出版社1992年,第136页。
[4] 原文此处加注:"曹锦炎:《吴越青铜器汇编》,《古文字研究》第17辑。"
[5] 原文此处加注:"孙稚雏:《金文著录简目》401页云'未著录',不确。"
[6] 李先登:《吴王夫差铜器集录》,《东南文化》1990年第4期。
[7] 董珊:《吴越题铭研究》,科学出版社2014年,第38页。

河南辉县出土"。这一来源标示，表达以下几重涵义：

其一，展出的该剑为"1976年河南辉县出土"，故与于省吾旧藏吴王夫差剑并非为同一把剑。

其二，由此推之，中国国家博物馆当藏有两把吴王夫差剑：一为于省吾旧藏剑；二为展出且为"1976年河南辉县出土"之吴王夫差剑。但该剑来源，未见与"1976年河南辉县出土"相关的考古文献。

其三，前文所说河南省博物院收藏并展出的吴王夫差铜剑，其来源一是见诸该器展出时的展器说明标牌所标示的"1976年辉县市百泉征集"，二是见诸刊于《文物》1976年第11期的崔墨林《河南辉县发现吴王夫差铜剑》一文。而中国国家博物馆展出"1976年河南辉县出土"的吴王夫差青铜剑，其展器说明标牌所标示的与"1976年""辉县"等关键词重叠。如上所说，未见与之相关的考古文献。

④对中国国家博物馆（含其前身中国历史博物馆）所藏两把吴王夫差剑的肯定与否定意见

中国国家博物馆（含其前身中国历史博物馆）收藏两把吴王夫差剑，学界曾有肯定与否定的意见。

其一为肯定意见，即认为中国国家博物馆收藏两把吴王夫差剑。

杜迺松《春秋吴国具铭青铜器汇释和相关问题》一文介绍吴王夫差剑时，论述了湖北襄阳出土、河南辉县征集的吴王夫差剑后说："另一柄传世吴王夫差剑[1]，茎双箍，剑格嵌有松石，铭在剑身后部一面的两坡上。又据《金文著录简目》一书载，中国历史博物馆收藏一件以往未著录的吴王夫差剑。"[2]按此，则中国国家博物馆（含其前身中国历史博物馆）收藏有"《双剑誃古器物图录》卷上·41"的"传世吴王夫差剑"及另"一件以往未著录的吴王夫差剑"，计二器。

王恩田《吴王夫差剑及其辨伪》一文指出："吴王夫差剑凡六器，其中山东、河南、湖北出土和征集各一器，于省吾先生旧藏一器，中国历史博物馆藏一器。"该说亦支持中国国家博物馆（含其前身中国历史博物馆）收藏有二器——"于省吾先生旧藏一器"及"中国历史博物馆藏一器"说。对该二器情况，该文分别介绍为："剑四　于省吾旧藏。有首，剑有双箍，剑身有花纹，字迹清晰，为诸器冠。拓本长57.8厘米。铭文字数、款式同上。唯差字从右为异。剑五　中国历史博物馆藏，未著录[3]"[4]。

董楚平《吴越文化新探》一书论及吴王夫差剑时说："吴王夫差剑（之一）藏中国历史博物馆。（沈文华《吴王夫差用的宝剑》，《北京晚报》1961年10月8日）……吴王夫差剑（之五）建国以前出土，著录于省吾《双剑誃古器物图录》上册第41页。铭文字数和内容都与湖北襄阳蔡坡12号墓出土的相同。"[5]

其二为否定，即认为中国国家博物馆仅藏有于省吾旧藏吴王夫差剑。

---

[1]原文此处加注："《双剑誃古器物图录》卷上·41。"
[2]杜迺松：《春秋吴国具铭青铜器汇释和相关问题》，见江苏省吴文化研究会：《吴文化研究论文集》，中山大学出版社1988年，第138—139页。
[3]原文此处加注："孙稚雏：《金文著录简目》401页，中华书局1981年。"
[4]王恩田：《吴王夫差剑及其辨伪》，见江苏省吴文化研究会：《吴文化研究论文集》，中山大学出版社1988年，第147页、148页、152页。
[5]董楚平：《吴越文化新探》，浙江人民出版社1988年，第338—340页。

董楚平《吴越徐舒金文集释》一书指说其前著的"错误"并予纠正说:"拙书《吴越文化新探》第六章《吴越青铜器铭文集录简释》,将此器分称为《吴王夫差剑》'之一'与'之五',即将中国历史博物馆的藏品与《双剑誃古器物图录》著录之器当作两件不同的夫差剑。这一错误也常见于其他同仁书文,如《吴文化研究论文集》第138—139、147—148页。承吾友曹锦炎、李先登先后指出这一错误,得以在此书中纠正。《双剑誃古器物图录》卷上四二'春秋花文剑',花文与'吴王夫差矛'相同,形制、长度与此剑相同。"[1]

由此可见,《金文著录简目》所录吴王夫差剑,与"于省吾旧藏"且在《双剑誃古器物图录》被称为"春秋攻敔王夫差剑"的吴王夫差剑实为同一剑。因出自不同著录,而被学者误认为是两把剑了。董楚平纠正了自己前著"将中国历史博物馆的藏品与《双剑誃古器物图录》著录之器当作两件不同的夫差剑"的错误,同时将杜逎松、王恩田二文中的相同错误一并指出并予纠正。而从上引王恩田《吴王夫差剑及其辨伪》一文"剑身有花纹"及董楚平《吴越徐舒金文集释》引"《双剑誃古器物图录》卷上四二'春秋花文剑'"等记载来看,该剑剑身当饰有暗纹。

是故,董楚平认为中国国家博物馆仅收藏"《双剑誃古器物图录》著录之器",即"于省吾旧藏"的吴王夫差剑。

⑤关于中国国家博物馆近年展出的"1976年河南辉县出土"吴王夫差青铜剑的再叙述

中国国家博物馆近年展出的"1976年河南辉县出土"的吴王夫差青铜剑,既未见相关考古文献,同时在上引杜逎松、王恩田、董楚平、李学勤诸文中,亦均未被提及。

因此,这里可能出现的错讹情况为:将"1935年安徽寿县出土"错讹为"1976年河南辉县出土"。否则,既无法解释该剑"1976年河南辉县出土"的考古文献阙如情况,也无从解释于省吾先生旧藏且有文献记载的"1935年安徽寿县出土"的该吴王夫差剑至今在何处的情况。

中国国家博物馆展出吴王夫差青铜剑时的展器说明标牌(吴恩培摄)

中国国家博物馆展出的吴王夫差青铜剑(吴恩培摄)

---

[1] 董楚平:《吴越徐舒金文集释》,浙江古籍出版社1992年,第136页。

（7）1963年山东临朐发现且学界有争议的吴王夫差剑

李先登《吴王夫差铜器集录》论及"吴王夫差剑目前已知者共有11件"时，在"其八"介绍说：该吴王夫差剑"1963年山东临朐发现，见范文澜先生《中国通史》第1册（1978年版）图版。但我们从其柄部形制来看，不类春秋铜剑，颇觉可疑，而其具体情况又不详，姑附于此，以俟来日之鉴定"[1]。

董楚平《吴越文化新探》对之记为："1963年在山东临朐县发现。（陈尔：《剑的故事》，《中国文学》中文版1972年第3期；范文澜《中国通史》第一册，彩色图版，人民出版社，1978年。）剑身没有花纹，剑身近格处有两行十字铭文：'攻敔王夫差自作其元用'。全长58厘米。虽已锈蚀，还很锋利。"[2]

总结该剑情况：一是似"不类春秋铜剑，颇觉可疑，而其具体情况又不详"；二是未见其铭文拓本、摹本等资料；三是该剑"剑身没有花纹"。从该剑图片看，李先登先生对该"不类春秋铜剑"的结论，有一定道理。

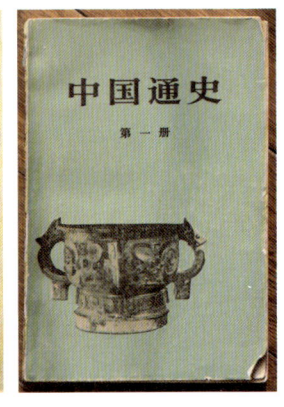

范文澜《中国通史》第一册"彩色图版"录"山东临朐发现吴王夫差铜剑"（左）（录自《中国通史》第一册[3]）及范文澜《中国通史》第一册封面书影（右）（吴恩培摄）

2.征集且现藏于国内博物馆的吴王夫差剑

（1）苏州博物馆2012年征集、收藏并展出的吴王夫差剑

程义《"吴王夫差剑"八问》一文说："2012年，苏州博物馆在政府的大力支持下，耗资4250万人民币征集到台湾古越阁旧藏的一批青铜兵器，其中最为引人注目的是一把吴王夫差剑。"[4]

对于该剑，李学勤《古越阁所藏青铜兵器选粹》一文评述说："古越阁所藏的吴王夫差剑，通长58.3厘米。剑身光素，覆有蓝绿色薄锈，有明显的脊和刃缘，两刃近锋处内敛。剑格饰兽面纹，嵌绿松石，微有脱落。茎上有两道凸箍。这柄剑保存良好，至今仍极锋利，在其两从的近格部位，铸有铭文共2行10字：

攻敔王夫差

自乍（作）其元用

---

[1]李先登：《吴王夫差铜器集录》，《东南文化》1990年第4期。
[2]董楚平：《吴越文化新探》，浙江人民出版社1988年，第339页。
[3]范文澜：《中国通史》第一册，人民出版社1978年，尾页"彩色图版"。
[4]程义：《"吴王夫差剑"八问》，《大众考古》2014年第11期。

第八章 吴王夫差"北上争霸"及其失国

苏州博物馆展出的吴王夫差剑（吴恩培摄）

关于这柄吴王夫差剑的传流，香港中文大学张光裕先生曾有记述。他在1991年秋天，于香港古董店见到这柄剑，随后写了《新见吴王夫差剑介绍及越土者旨戈、矛、剑浅说》一文[1]，其中提及此剑已归于台北王氏，即王振华先生。文章认为此剑"制作精美，剑锷锋利绝伦，诚为不可多得之精品。"[2]

彭林《文物精品与文化中国》一书亦介绍说："1991年，香港古董店拍卖一把精美无比的吴王夫差剑，后被台湾古越阁主人王振华、王淑华购藏。……此剑保存完好，剑相高贵，为迄今所见夫差剑中最精美的一件，为领袖群伦的剑中极品。"[3]

由此可见，该剑于20世纪90年代初出现于香港，后归台湾古越阁，再归苏州博物馆。而该剑出现于香港前的出土或传世及其流传情况，未见著录和文献等记载。

苏州博物馆藏吴王夫差剑铭文"攻敔王夫差自作其元用"（左）及其细部"攻敔王"（中）、"夫差"（右）（录自《吴剑重辉——苏州博物馆新入藏青铜兵器》[4]）

苏州博物馆藏吴王夫差剑铭文摹本"攻敔王夫差自作其元用"（录自《大邦之梦——吴越楚青铜器》[5]）

---

[1] 此处原文加注："张光裕《新见吴王夫差剑介绍及越王者旨戈、矛、剑浅说》，1992年'吴越青铜器研究座谈会'论文。"
[2] 李学勤：《古越阁所藏青铜兵器选粹》，《文物》1993年第4期。
[3] 彭林：《文物精品与文化中国》，清华大学出版社2002年，第189—190页。
[4] 苏州博物馆：《吴剑重辉——苏州博物馆新入藏青铜兵器》，文物出版社2014年，第60页。
[5] 苏州博物馆：《大邦之梦——吴越楚青铜器》，上海古籍出版社2017年，第10页。

（2）浙江绍兴博物馆2015年征集并展出的"吴王夫差剑"

浙江绍兴博物馆展出"吴王夫差剑"，来源为"2015年民间征集"，如下图。

浙江绍兴博物馆展出的吴王夫差剑（上）及展器说明标牌（下）（吴恩培摄）

（三）夫差戈

安徽省文化局文物工作队《安徽淮南市蔡家岗赵家孤堆战国墓》一文介绍，淮南市蔡家岗赵家孤堆战国墓除出土前述的吴王诸樊剑外，另出土夫差戈等器。夫差戈的出土情况为，该墓出土"戈4件。均有铭文。1件（2：19·1）：援长19.5、胡残长12.7、内残长2.9厘米。胡两穿，援一圆穿，穿上有鼻饰，沿穿装柲的槽残，内一残穿，援微曲。胡的背面有两行铭文，其中二字最清晰，余字锈蚀"[1]。

关于该器铭文释读，陈梦家《蔡器三记》对该戈（2：19·1）铭文的考释如下：

"（1）戈（2：19·1）□□王□□

（自乍）其用戈

……以上10器中，分属于吴、越和蔡三国，疑其中亦有楚国之器。（1）首字似存楚字上半。铭文是有意的磨去的。（2）文字不清，无法判断。但此四戈有一共同之点，即其'内'部皆经整齐的切去了大半部，只留下一小段，这与1955年湖北南漳出土的鸟书戈一样（参《文物》1962年11期65页）。蔡侯三剑，铭皆完整，此墓主人当属于蔡侯。"[2]

陈梦家的考释意见，将该戈器主厘定为蔡侯。孙稚雏《淮南蔡器释文的商榷》一文对这一厘定提出商榷意见，并认为器

吴王夫差戈铭文摹本（录自《淮南蔡器释文的商榷》[3]）

---

[1]安徽省文化局文物工作队：《安徽淮南市蔡家岗赵家孤堆战国墓》（执笔者：马道阔），《考古》1963年第4期。
[2]陈梦家：《蔡器三记》，《考古》1963年第7期。
[3]孙稚雏：《淮南蔡器释文的商榷》，《考古》1965年第9期。

主当为吴王夫差及该器当为"吴王夫差戈"时说:

"'戈 陈释:

□□王□□

〔自乍〕其用戈'

此戈从拓本只能看到胡上横列的'王''其'二字,其它的字被刮削,因此墨拓和照像都不显著。从实物看,其余八字还是可辨的。我当时据原器临写了铭文。其铭应释作:

攻敔王夫差

自乍其用戈

据此,陈先生认为'首字似存楚字上半'是不可信的。又说'铭文是有意磨去的',我从实物看,似有从横面刮削的迹象。'攻敔'与'夫差'四字,由于字小行密,在刮的时候牵连了并列的其他四字。铜器中常有这种例子,多是因为器易其主或其他的原因而被挖掉作器者的名字。"[1]

李先登《吴王夫差铜器集录》一文亦认可该器为"吴王夫差戈":"吴王夫差戈,1件,1958年至1959年安徽淮南市蔡家岗赵家孤堆M2(战国初期蔡声侯墓)出土。长胡三穿,援长19.5、胡残长12.7、内残长2.9厘米。胡部铭:'攻敔王夫差自作用戈'2行10字。"[2]

2017年,苏州博物馆举办"大邦之梦——吴越楚青铜器特展"时,展出安徽博物院所藏该器,器名作"吴王夫差戈"。

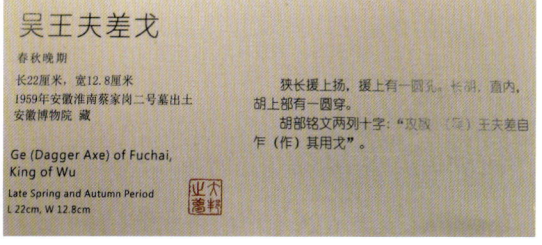

苏州博物馆"大邦之梦——吴越楚青铜器特展"展出吴王夫差戈时的展器说明标牌(左)及吴王夫差戈(右)(吴恩培摄)

(四)霍山"攻敔工䱷"戟及其器主的不同说法——为夫差、季札或掩馀(盖馀)

王步毅《安徽霍山县出土吴蔡兵器和车马器》一文说:"霍山县文物组最近入藏两件错金铭文铜兵器,一为'攻敔工差'戟,一为'蔡侯䱷'戈。这两件铜兵器于1980年3月出土于南岳公社上元街大队十八塔生产队的一个小山头上,伴出器物还有铜戈、车軎和马衔等。经勘察,得知这批文物系出自一座春秋晚期的墓葬中。"[3]关于上述"攻敔工差"戟,该文记为:"'攻敔工差'戟1件。出土时只见戈,无矛。戈援窄长,微扬,援中起平脊。下刃微内凹,长胡,阑侧四穿,内已断失。体灰色,刃口黑亮。通残长18、援长16.5、胡长10.2厘米。援两面各有错金铭文四字:'攻敔工差'、

---

[1] 孙稚雏:《淮南蔡器释文的商榷》,《考古》1965年第9期。
[2] 李先登:《吴王夫差铜器集录》,《东南文化》1990年第4期。
[3] 王步毅:《安徽霍山县出土吴蔡兵器和车马器》,《文物》1986年第3期。

'自作用戟'……'攻敔'下面是'工䇂'二字,末一字下部从'ナ',攻敔王夫差监上的'差'字下部的'ナ'字也是这样写法。此字可以隶定为'差'。其上一字'工'是'王'字的省写。容庚先生在《鸟书考·十八攻敔王光戈》(《中山大学学报》1964年第1期)中曾说:'前以王字与攻字偏旁之工字相同,误释为工。'王差能自作错金铜戟,他可能就是吴王夫差。"[1]

关于该墓的年代及"夫差戟"出土于安徽霍山县的原因等,该文说:"这座墓葬大概是春秋晚期吴国人的墓葬。皖西霍山为古潜城,春秋时代是楚国的城邑,春秋后期,这里为吴、楚两国争夺之地,有过多次战争。"而"这座墓葬的上限不早于吴王阖庐四年占据霍山之时,其下限不晚于吴国灭亡之前"[2]。

李先登《吴王夫差铜器集录》认同该戟为"夫差戟"说:"吴王夫差戟,1件,1980年安徽霍山县南岳公社上元街大队十八塔生产队一座春秋晚期墓葬出土。援狭长,长胡4穿,内残失。残长18、胡长10.2厘米。援中部起平脊,其上正反两面各有错金铭文4字,连读为:'攻敔工差自作用戟'。刺已失。'工'是'王'字的省写[3]。戟铭省略了'夫'字,当是为了两面铭文对称之故。"[4]

殷涤非《吴工䇂戟跋》则表达不同意见,并认为器主有可能为季札说:"王步毅同志说'攻敔'即'勾吴',亦即是'吴',极是。唯'工䇂'两字,王释为'夫差',并推断为吴王夫差,似可商讨。夫差未即位前称太子,即位后称吴王,此戟文直书'攻敔工䇂',似不类夫差之身分。余意:'工䇂'或为'季'字。'工'为见母,下一字上部从禾,如多友簋铭中'于邿'之'邿'的左旁'秊'字形;其下部'人'字,甲骨文、金文'年'字皆如是,唯此作反文'人'字而已。它不从ナ,释'差'可疑。《说文》年从禾千声,早为甲骨文、金文所纠正。'年'是从禾从人,人亦声,上古韵在真部,'季'在脂部,真、脂对转,或曰'年'与'季'相通,'工年'读如季,亦与'攻敔'读如'吴'同。疑'季'即'季子',又名季札。"而"季子在吴王光即位后,仍居州来。吴王光四年伐楚,取六与潜。六即《春秋》文公五年'楚人灭六'之六,旧称皋陶之后,地望在今六安县附近。潜即卜辞'王在潜次'之潜,地当在今霍山县境,与州来邻近。或曰,今霍山殆古州来之辖域也。季子居州来,'终身不入吴国',或有可能死于此,葬于此。蔡昭侯五年(前514年)吴王光即位,蔡昭侯二十三年吴王光死,蔡昭侯二十四年(前495年)吴王夫差即位,盖昭侯与吴王光同时。吴王光即位后,季子仍'复位而待',季子死于何时,虽未得知,或在光取六、潜时之前后,故'蔡昭侯戈'与'攻敔工年'戟同埋于此墓中,也是有可能的"[5]。

陈秉新《安徽霍山县出土吴工叙戟考》一文,将该器作"吴工叙戟,援两面各有错金铭文四字,合读为'攻敔王叙自乍用戋(戟)'"。同时,该文认为:"工叙即《史记》之盖馀、《春秋》之掩馀。盖馀与烛庸为吴王僚母弟、吴王寿梦之子"。而"盖馀、烛庸曾帅师伐楚,围楚之潜邑,于吴公子光弑王僚自立后降楚。……《史记正义》谓'潜城,楚之潜邑,在霍山东二百步'。公元前511年,吴伐楚之六、潜,至前473年越灭吴之前,潜地均属吴有。出吴工叙戟的墓葬在霍山县城东,约在古潜邑附近。王步毅先生推测,'这座墓葬大概是春秋晚期吴国人的墓葬''上限不早于吴王阖

---

[1] 王步毅:《安徽霍山县出土吴蔡兵器和车马器》,《文物》1986年第3期。
[2] 王步毅:《安徽霍山县出土吴蔡兵器和车马器》,《文物》1986年第3期。
[3] 原文此处加注:"王步毅:《安徽霍山县出土吴蔡兵器和车马器》,《文物》1986年第3期。"
[4] 李先登:《吴王夫差铜器集录》,《东南文化》1990年第4期。
[5] 殷涤非:《吴工䇂戟跋》,《文物》1986年第3期。

庐四年占据霍山之时,其下限不晚于吴国灭亡之前',这个推断是正确的。在这个时期内,蔡背楚附吴,蔡昭侯曾以戈赠吴人,吴、蔡遗物才可能共存于一墓,这和蔡侯墓中出土吴器有相似之处。工叙(盖馀)戟可能是在盖馀亡命时失落,后复归于吴人。这个吴人可能就是吴灭潜后统治潜邑的吴国将领。他死后,工叙戟和蔡侯蠿戈一起成了他的随葬品。"[1]

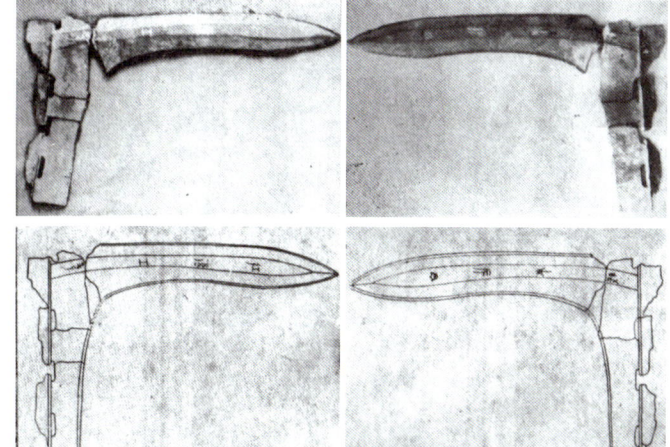

安徽霍山县出土的青铜器"攻敔工差戟"(正面)(上左)及其线描图(正面)(下左),该器"攻敔工差戟"(反面)(上右)及其线描图(反面)(下右)(录自《安徽霍山县出土吴蔡兵器和车马器》[2])

综上,可以看出:关于霍山出土戟铭文、器主等,存在以下不同说法:

其一,王步毅释读其铭文为"攻敔工差",并认定其器主为吴王夫差;李先登也认同该戟为"夫差戟"。

其二,殷涤非释其铭文为"攻敔工年",并认定其器主为季札。

其三,陈秉新释其铭文为"攻敔王叙自乍用戟",并认为器铭的"工叙",即《史记》之盖馀、《春秋》之掩馀(盖馀)。

鉴于以上王步毅、李先登均将器主作夫差,故本书将该器暂列入现存吴王夫差用器叙述。

中国国家博物馆展出的吴王夫差鉴(吴恩培摄)

吴王夫差鉴铭文(左)及铭文中的"吴王夫差"细部(右)(录自《商周青铜器铭文选》[3])

(五)夫差鉴

留存于世的吴王夫差鉴,据董楚平《吴越徐舒金文集释》一书考证,先后共有五器。其情况为:

其一,清同治年间山西代州蒙王村出土,地在夏屋山之阳,中华人民共和国成立前曾在北京,

---

[1] 陈秉新:《安徽霍山县出土吴工叙戟考》,《东南文化》1990年第1、2期合刊。
[2] 王步毅:《安徽霍山县出土吴蔡兵器和车马器》,《文物》1986年第3期。
[3] 上海博物馆:《商周青铜器铭文选》(二),文物出版社1987年,第367页。

上海博物馆展出的吴王夫差鉴（吴恩培摄）

现下落不明。该器曾著录于光绪《山西通志》、邹安《周金文存》、罗振玉《贞松堂集古遗文》等。另，研究该器的著名论文有罗振玉《攻吴王夫差鉴跋》、王国维《攻吴王夫差鉴跋》等。

其二，相传1940年（或曰1943年）河南辉县琉璃阁出土。原藏上海博物馆，后拨中国历史博物馆（今中国国家博物馆），著录于《商周金文遗录》《商周青铜器铭文选》等。中国国家博物馆展出的吴王夫差鉴，即为此器。而上海博物馆编《商周青铜器铭文选》录该器铭文时的介绍文字为："吴王夫差鉴 春秋 吴夫差。传河南辉县出土。……中国历史博物馆藏。"

其三，上海博物馆藏。1988年3月在清洗去锈时发现铭文13字，中有"攻吴王夫差"等字样。

其四，上海博物馆尚有一只青铜鉴，形制与其三全同。铭文漫漶不清，其中"夫差"二字可辨，当是夫差鉴。

其五，系残片，故宫博物院藏。中华人民共和国成立后购自河南古董商万云路，陈邦怀等藏有拓本。[1]

（六）夫差盉

盉：古代酒器。青铜制。大腹敛口，前有长流，后有鋬，有盖，下多为三足。盛行于商、周时。上海博物馆展出吴王夫差盉时，在展器说明标牌上写着："春秋晚期（公元前6世纪上半叶—前476年），何鸿章先生捐赠。"该器"高27.8厘米，口径11.7厘米……盉肩部有一条弧形提梁，整个提梁是一条龙，龙体中空，由无数条小龙相互纠缠交接的形式组成，称为透雕交龙纹。盖面及器腹饰细密规整的变形蟠蛇纹。腹部呈扁圆形，前有龙角翘出，后有龙尾卷曲。器腹下承三个略外撇的兽蹄足，足的上部是变形兽面纹。盉的肩上有一周铭文'敔王夫差吴金铸女子之器吉'，铭文大意是吴王夫差用诸侯敬献给他的青铜，为一位女子铸了这件盉。此盉是一件有名的吴国青铜礼器。"[2]

董珊《吴越题铭研究》："李家浩先生指出，铭末'吉'字本应位于'金'字前，因在模上漏刻，所以补刻在铭末。……'女子'是指未嫁的女孩子，这里是指吴王夫差的女儿。此盉是吴王夫差为他未出嫁的女儿所作[3]。"[4]

上海博物馆展出的吴王夫差盉（吴恩培摄）

---

[1]董楚平：《吴越徐舒金文集释》，浙江古籍出版社1992年，第71—75页。
[2]《苏州文物菁华》编委会：《苏州文物菁华》，古吴轩出版社2004年，第27页。
[3]原文此处加注："李家浩：《吴王夫差盉铭文》，收入《著名中年语言学家自选集李家浩卷》，安徽教育出版社，2002年，60—63页。"
[4]董珊：《吴越题铭研究》，科学出版社2014年，第35页。

对该器铭文,董珊《吴越题铭研究》释读为:"敔(吴)王夫差吴(虞)金铸女子之器吉。"[1]该器具有以下两个特点:

一是现存吴国青铜器中,该器是唯一的在铭文中以"敔王"称呼夫差乃至称呼"吴王"的青铜器。

二是现存吴国青铜器中,该器亦是唯一的"敔""吴"同出于一器的青铜器。

相比众多现存地下出土且具"攻敔王夫差"铭文的吴器,此器铭文异于常态,并不寻常。

吴王夫差盉器肩上的一周铭文拓本"敔王夫差吴金铸女子之器吉"(左)、该铭文拓本中的"敔王夫差"细部(中)及该铭文拓本中的"吴金"细部(右)(录自《苏州文物菁华》[2])

(七)禺邗王壶

与吴王夫差黄池盟会有关且佐证黄池盟会文献记载的青铜壶为"禺邗王壶"。该壶于20世纪20年代出土于河南辉县附近。该壶两件并出,形制完全相同,花纹也基本一致。二器后流至英国为喀尔兄弟所藏,现藏于英国伦敦大不列颠博物馆。壶高48.3厘米,盖外缘四周有铭文19字。据《吴越徐舒金文集释》一书,铭文如下(括号内小字为该书所作释文,原文如此。本书另添加括号):

"禺(吴)邗王于黄池,为(因)赵孟介(予)邗王之惪(敬)金,以为(作)祠(祭)器。"[3]

上述"赵孟",即黄池盟会时的晋国正卿赵鞅(赵简子),亦即前文赵无恤(赵襄子)之父。关于此器的释文与解读,陈梦家、唐兰、闻一多、刘节、童书业、杨树达等学者均有论证,但意见相左。"主要分歧是首字'禺'。一读作吴,名词;一读作遇,动词。这个分歧,关系到此壶是否为吴器的重大问题。"[4]

陈梦家、闻一多等,读"禺"为"吴"。而唐兰读"禺",作动词"遇",并"释读为:'禺(遇)邗王于黄池,为赵孟庎(傧介),邗王之惕(锡)金,台(以)为祠器。'依唐兰的读法,作器人是赵孟的宾介,铸文中没有注出他的名字……杨树达断句与唐兰同,读惪为赐,称《赵孟庎壶》"[5]。董楚平从陈梦家等说,认为:"邗(干)本越族一个邦国。吴灭干后,袭其国号,或单称邗,或复称吴干。本铭始称禺邗,后称邗,不足怪。本铭字体修长,线条宛转柔和,完全是南方书风,与中原晋

---

[1] 董珊:《吴越题铭研究》,科学出版社2014年,第35页。
[2]《苏州文物菁华》编委会:《苏州文物菁华》,古吴轩出版社2004年,第27页。
[3] 董楚平:《吴越徐舒金文集释》,浙江古籍出版社1992年,第76页。
[4] 董楚平:《吴越徐舒金文集释》,浙江古籍出版社1992年,第76页。
[5] 董楚平:《吴越徐舒金文集释》,浙江古籍出版社1992年,第78页。

器迥异。"[1]按上述陈梦家、闻一多、董楚平等说,"禺邗王壶"即为"吴邗(干)王壶"。其间涉及的"邗""干"相通。吴灭干后,作为历史记忆,语言文字中出现的"吴""干"互文现象,在该器中也体现出来。

前文叙述寿梦用器之"邗王是野戈"时,曾引董珊《吴越题铭研究》说:"童书业指出,壶铭(指'禺邗王壶')'邗王'是吴王夫差。此时吴已灭邗并据为己有,因此吴王也可称邗王[2]。"[3]按《吴越题铭研究》及童书业的叙述,该器"邗王"乃是吴王夫差。

本书前文论及"吴灭'干'之战"时说,被吴国兼并的"干"国,作为与"吴"互文通用的字保存下来,既记录了吴国历史上的领土扩充过程,也揭示了"吴""干"之间的文化融汇。而这一文化记忆,在其后吴王夫差黄池盟会后所制作的"禺邗王壶"中,以"干""邗"互通形式作历史记忆的再现,从而在吴王夫差后期时国力急速衰落的情况下,借之表达出对吴国上升时期的美好记忆。

禺邗王壶(左一)、铭文拓本(左二)、铭文摹本(左三)及摹本"禺邗王"细部(右)(录自《吴越徐舒金文集释》[4])

附录:季札及与之有关的文化遗存

吴夫差十一年(鲁哀公十年,前485),楚国勒索吴国而伐陈时,夫差任用其高龄的叔祖季札领军救陈。这也意味着,其时,这位吴国王室资深的重要成员季札还健康地活着。有鉴于此,关于季札及与之有关的文化遗存,附录于本章后。

与季札有关的内容,尤其是与"季札挂剑"有关或以之为题材的现存艺术作品等,前文已述,现存目如下(相关内容,参见前文):

其一,苏州泰伯庙至德殿内与泰伯、仲雍并列供奉的季札像。

其二,1987年出土于山东嘉祥县满硐乡宋山,现山东石刻艺术博物馆藏的"山东嘉祥石刻画像"中的"季札挂剑"石刻像。

其三,1984年安徽省马鞍山市三国吴墓——朱然墓出土的"季札挂剑图漆盘"。

---

[1] 董楚平:《吴越徐舒金文集释》,浙江古籍出版社1992年,第78页。
[2] 原文此处加注:"童书业:《释"攻吴"与"禺邗"》,《中国古代地理考证论文集》,中华书局,1962年,113—116页。"
[3] 董珊:《吴越题铭研究》,科学出版社2014年,第36页。
[4] 董楚平:《吴越徐舒金文集释》,浙江古籍出版社1992年,第77页。另,董楚平《吴越文化新探》采用该器图片及铭文摹本时,分别注明"采自《燕京学报》21期"及"叶慈教授摹"(见董楚平:《吴越文化新探》,浙江人民出版社1988年,第326—327页)。

其四,今江苏泗洪古徐广场、"季札挂剑"塑像,今江苏徐州云龙湖景区的"季札挂剑处"牌坊及"徐君"墓等景点。

一、季札墓

《史记·吴太伯世家》:"太史公曰……延陵季子之仁心,慕义无穷,见微而知清浊。呜呼,又何其闳览博物君子也!"[1]裴骃《史记集解》引"皇览曰:'延陵季子冢在毗陵县暨阳乡,至今吏民皆祀之。'"[2]

季札墓位于江阴申港。该墓现为江阴市文物保护单位,该文物保护碑背面的文字,记录该墓相关情况说:"位于申港中学内。为春秋时吴王寿梦第四子季札的墓地。"

列为江阴市文物保护单位的江阴申港"吴季子墓"文物保护碑(左)及延陵季子之墓(右)(吴恩培摄)

二、季札祠庙

季札祠庙,文献记载有多处。现留存且影响较大者,一为丹阳季子庙,一为江阴季子祠。

(一)丹阳季子庙与"十字碑"

丹阳季子庙位于镇江丹阳市延陵镇九里风景区。

《梅李志》卷二记载季札庙的情况说:"季子庙 《毗陵志》按山谦之《丹阳志》云:南庙在晋陵东郭外,北庙在武进博落城,西庙在润州曲阿。宋崇守宁间,郡守朱彦尝访祠庙,辨曲阿延陵之非。古以京口庙食独盛,赐额嘉贤,封昭德侯。"[3]此处"在润州曲阿"的"西庙",即丹阳季子庙。

严其林、程建著《京口文化》说:"丹阳延陵镇西旧有季子庙,相传有孔子的墓碑题字'呜呼!有吴延陵君子之墓',世称为孔子十字碑。"[4]

丹阳季子庙中轴线的正中心位置,有一座石柱和石栏围着的四方亭子,亭上有一匾书写"十字碑亭"四字,而亭子中央立着一块石碑。该石碑就是相传留有孔子手迹的"十字碑"。"十字碑"又名"延陵季子碑",高2.32米,宽1.04米,侧厚0.22米。碑上镌刻着相传孔子为季札去世书写的十字墓碑文:"呜呼,有吴延陵君子之墓。"碑的背面题刻《改修吴延陵季子庙记》,由萧定撰文,唐代书法家张从申书写。

---

[1]《史记·吴太伯世家》,见司马迁:《史记》,中华书局1959年,第1475页。
[2]裴骃:《史记集解》,见司马迁:《史记》,中华书局1959年,第1476页。
[3]《梅李志》卷二,见吴文化研究促进会:《勾吴史集》,江苏古籍出版社1998年,第431页。
[4]严其林、程建:《京口文化》,南京大学出版社2001年,第28页。

位于今镇江丹阳市延陵镇九里风景区的季子庙（左）及庙门上的"季子庙"匾额（右）（吴恩培摄）

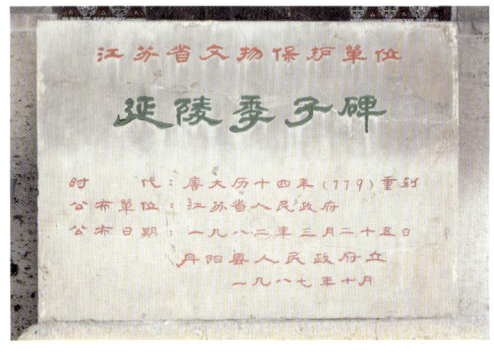

丹阳季子庙十字碑亭内列为江苏省文物保护单位的"延陵季子碑"（左）及其文物保护碑（右）（吴恩培摄）

在十字碑底端，可见张从申书写的《碑底文》："夫子篆季子之墓，凡十字。历代绵远，其文残缺；人劳应命，其石淹埋在昔。开元中，玄宗大圣皇帝敕殷仲容模拓其本，尚可得而传之者。暨大历十四年己未岁，润州刺史兰陵萧定重刊于石。宪章遗范，以永将来。张从申志。"

现据该碑石刻字迹辨认，共85字，纵5字，横19列。楷书刻石。按此，则孔子篆季子之"十字碑"墓碑，流传至唐代时，漫漶风化，铭文残缺。为保存住孔子墨迹，唐玄宗李隆基命殷仲容摹拓"十字碑"。唐大历十四年（779），润州刺史萧定依照殷仲

丹阳季子庙"十字碑"下部描摹抹黑的文字及下部的"一九八零年十月重修"字样（吴恩培摄）

丹阳季子庙十字碑亭中的延陵季子碑即"十字碑"（吴恩培摄）

容拓片版本重新刻写。这也是该碑列为江苏省文物保护单位时,文保碑标示该碑年代为"唐大历十四年(779)重刻"的缘由。1980年,丹阳九里村民修整季子庙时,将"十字碑"扶正归位。为稳定石碑起见,将底端嵌入石槽中15厘米,最下列二字也嵌入石座中。现在只能看到纵向的三横字共47个字。左下角已毁,是用其他石补充上去的,碑文7个字是用墨笔描上去的。碑的最下端,镌刻着此次重修的年份即"一九八零年十月重修"。

(二)江阴季子祠

《江阴县志》卷七记载:"延陵季子祠 在申港镇西,即季子墓地也。宋庆元中,封昭德侯。明洪武初,诏去封号,题木主曰延陵季子之神。祠建于宋。至明正德五年,知县王铧请于巡按御史谢琛,始列祀典隆庆。五年,知县刘守泰修,武进郑鄤题额。"[1]

(三)"十字碑"碑文的其他文献记录版本

关于"十字碑"碑文,除上述丹阳季子庙及江阴申港季子祠内的"十字碑"上镌刻的碑文外,文献记载"十字碑"碑文,另有如下:

其一,笔者据苏州图书馆藏光绪丙子(1876)冬月刊本标点出版的苏州《至德志》所录"孔子题延陵吴季子墓"的十字书法。

其二,吴文化研究促进会编《勾吴史集》录无锡《梅里志》载宋欧阳修书"十字碑"书法说:"《通典注》晋陵申浦有季子墓。唐开元三十五年,命殷仲容摹刻孔子所书十字碑以传。其大径尺,体势奇伟。大历中,萧定又刊于石。今存者,宋崇宁二年,知常州府事朱彦所立也。文曰:

右吴季子墓铭,自前世相传为孔子所书。据《张从绅记》云:旧石湮灭。开元中,元宗命殷仲容摹楀其书以传。然则开元以前,已有本矣。至大历中,萧定又刊于石。则转相传摹,失其真远矣。按孔子平生未尝至吴,以《史记世家》考之,其历聘诸侯,南不逾楚,推其岁月,踪未尝过吴,不得亲铭季子之墓。又其字特大,非古简牍所容,第以其名传之久,不可遽废,故录之以俟博识君子。庐陵欧阳修书。"[2]

《梅里志》载宋欧阳修书"十字碑"碑文(录自《勾吴史集》[3])

(四)季札与传说孔子书写的"十字碑":后世儒家意图于春秋吴国竖立起的儒家丰碑

上引丹阳季子庙"十字碑亭"碑文及江阴申港季子祠内的"十字碑"碑文,字体相同,或同出一源。但该碑文与《至德志》《梅里志》均相异。且《至德志》《梅里志》记录的"十字碑"碑文,亦不相同。

如前引《梅里志》所说:"孔子平生未尝至吴,以《史记世家》考之,其历聘诸侯,南不逾楚,推其岁月,踪未尝过吴,不得亲铭季子之墓。"[4]因此,孔子未到过吴地,也谈不上为季札书写墓碑。故后世所传"十字碑"云云,显为编造。

在这一编造的故事中,值得探讨的有以下几点:

---

[1]《江阴县志》卷七,见吴文化研究促进会:《勾吴史集》,江苏古籍出版社1998年,第429—430页。
[2]《梅里志》卷二《祠墓》,见吴文化研究促进会:《勾吴史集》,江苏古籍出版社1998年,第452页。
[3]吴文化研究促进会:《勾吴史集》,江苏古籍出版社1998年,第452页。
[4]《梅里志》卷二《祠墓》,见吴文化研究促进会:《勾吴史集》,江苏古籍出版社1998年,第452页。

1.这一故事,以中国古代儒家的代表人物孔子来衬托季札,并指说孔子为其书写墓碑。孔子为他人书写墓碑事,先秦文献未见记载。

2.从十字碑底端的《碑底文》可知,孔子为季札书写十字碑文墓碑的传说,早在唐代甚至唐代前就已出现,由此可见该传说历史久远。

3.为何被书写墓碑者的是季札,而不是先秦时吴国的其他人?孔子与季札的交集,为前文所述《礼记·檀弓下》记写的孔子观礼——观看季札为死去的长子举行葬礼的故事。其时,孔子方七岁。郑玄注《礼记》时,发现了这一时间上的错讹,于是采取了移花接木式的补救(相关情况参见前文)。

4.两个均与坟墓有关的故事。其一为季札给死去的长子举行葬礼,孔子观礼。其二为孔子给季札墓书写十字墓碑。两个故事,都连接上了孔子与季札。而孔子未到过吴地,可江南现今的季札祠庙,却竖立着传说中孔子为季札书写的墓碑——十字碑,乃是从唐代流传至今的。

5.两个孔子与季札交集的故事,都留下经不起推敲的编造痕迹。然而,在这编造的背后,有着儒家观念表达的合理内在逻辑。就吴国而言,充满杀伐气的历代吴王,首先就被儒家摒弃于仁义之外。而孔子学生中唯一出生于南方的言子(言偃),尽管有着"南方夫子"之誉,但终究难以撑起吴国文化代表人物的大旗。因此,从山东莱芜的孔子观礼处碑,到今日丹阳季子庙的十字碑,在这些后世所立之碑的背后,反映了后世儒家意图在春秋吴国竖立起一块儒家丰碑,并以之付诸实践。同时,后世的吴地也需要这一块象征着与儒家有历史联系的精神丰碑。

《至德志》录"孔子题延陵吴季子墓"——"呜呼,有吴延陵君子之墓"碑文(录自《至德志》)[1]

春秋时期,吴国王室乃至中原列国的诸多贤士、君子,何以无一人被后世附会说孔子为他们写墓碑?后世人们正是出于对季札人格的尊崇,出于季札身上所体现出的中国文化的高深素养及高义、知礼等品质,于是以自己的审美标准,把孔子称赞为"吴之习于礼者也"[2]的季札,以孔子为之书写墓碑的儒家最高礼仪装扮了起来。

三、季札及与季札有关的现存用器

(一)寿梦为季札铸造且江苏盱眙出土的"工𠭯季生匜"

前文叙述寿梦时期的戚地盟会前,"仲孙蔑、卫孙林父会吴于善道"[3],即鲁孟献子、卫孙文子"受晋命而行"[4],"会吴于善道"。前文提及,1985年在盱眙(即古善道)出土的"工𠭯季生匜"(展

---

[1] 吴恩培点校:《至德志》,上海古籍出版社2013年,第33页。
[2]《礼记·檀弓下》,见《礼记正义》,北京大学出版社1999年,第312页。
[3]《春秋经·襄公五年》,见《春秋左传正义》,北京大学出版社1999年,第842页。
[4] 杜预注,见杜预:《春秋经传集解》,上海古籍出版社1978年,第826页。

出时又名"工吴季生匜"），或与该次"会吴于善道"有关。

寿梦时期，寿梦曾为太子诸樊铸作铭文为"工獻太子姑发䚇反，自乍元用"[1]等的"工獻太子姑发反剑"（即"吴太子诸樊剑"）。而寿梦亦曾为其尚年幼的四子铸在江苏盱眙出土的"工獻季生匜"。该器内底有竖行铭文9字"工獻季生乍（作）其盥会匜"。

2017年，苏州博物馆举办"大邦之梦——吴越楚青铜器特展"时，曾展出该"工吴季生匜"。"工獻季生匜"器主，即铭文中的"季生"，有学者指出："此器为吴国公子季札所作。"[2]而铭文中称季札为"季生"，则为寿梦时受中原文化的影响所致。春秋时期，中原列国的王室成员如太子、世子、公子等以"生"称之者，并非个案。如晋献公太子名"申生"[3]，谋杀鲁桓公后被处死的为齐国"公子彭生"[4]，齐景公之子、后成为齐悼公者为"公子阳生"[5]。不仅如此，甚至连东周王室也有"王叔陈生"[6]。故与中原诸国建立联系后的吴王寿梦，为其四子季札做器铸铭时，依中原列国习惯称季札为"季生"，实是效法中原的礼节和称呼。而从"季生"之"季"在兄弟"伯（孟）、仲、叔、季"中的长幼顺序来看，《仪礼·士冠礼》记载的"'……曰伯某甫。'仲、叔、季，唯其所当"[7]句，汉郑玄注："伯、仲、叔、季，长幼之称。"[8]唐贾公彦则疏曰："言'伯、仲、叔、季'者，是长幼次第之称。若兄弟四人，则依次称之。"[9]因此，"季生"之"季"，既与季札的排行第四吻合，又与"季札"之"季"相重合。吴王寿梦极为宠爱季札，以致去世前因"季札贤，寿梦欲立之"[10]。此举遭季札以礼制为由拒绝，寿梦不得已将王位传于嫡长子诸樊时对他说："我想把王位让你们一个个传地传到季札手上，你不要忘了我说的话。"而《左传·襄公十四年》记载说："吴子诸樊既除丧，将立季札。"[11]意即吴王诸樊主持办了寿梦的丧事后，就想立季札为吴王，从而把王位传到季札手中。因此，寿梦生前，能满足由寿梦为之铸器而又排行第四称为"季生"者，除季札外，并无他人。故"工獻季生匜"器主"季生"，非季札莫属。而"工獻"之义，与前述"工獻太子姑发䚇反剑"中的"工獻"相同，均为吴王寿梦时的吴国国号。

"工獻季生匜"出土于盱眙，当为春秋时吴国在盱眙附近进行某一外交活动并作宴前洗手用的礼器而后遗留。这一推测与《春秋经·襄公五年》"仲孙蔑、卫孙林父会吴于善道"[12]的记载及杨伯峻《春秋左传注》"善道，今江苏省盱眙县北"[13]的地望诠释吻合，从而为该器在盱眙出土，提供了证实其内在逻辑关系的确凿文献记载。（关于"会吴于善道"事，参见前文）

《左传》记载先秦礼器"匜"的用途，与春秋五霸之一的晋文公（重耳）早年逃亡于秦的经历有

---

[1] 董楚平：《吴越徐舒金文集释》，浙江古籍出版社1992年，第90页。
[2] 王秀英：《春秋时期吴国公子季生作铜匜》，《收藏快报》2014年第7期。
[3]《春秋经·僖公五年》，见《春秋左传正义》，北京大学出版社1999年，第336页。
[4]《左传·桓公十八年》，见《春秋左传正义》，北京大学出版社1999年，第213页。
[5]《左传·哀公五年》，见《春秋左传正义》，北京大学出版社1999年，第1632页。
[6]《左传·襄公五年》，见《春秋左传正义》，北京大学出版社1999年，第843页。
[7]《仪礼·士冠礼》，见《仪礼注疏》，北京大学出版社1999年，第51页。
[8] 郑玄注，见《仪礼注疏》，北京大学出版社1999年，第51页。
[9] 贾公彦疏、郑玄注，见《仪礼注疏》，北京大学出版社1999年，第51—52页。
[10] 赵晔：《吴越春秋》，江苏古籍出版社1986年，第7页。
[11]《左传·襄公十四年》，见《春秋左传正义》，北京大学出版社1999年，第919页。
[12]《左传·襄公五年》，见《春秋左传正义》，北京大学出版社1999年，第842页。
[13] 杨伯峻：《春秋左传注》（修订本），中华书局1990年，第941页。

关。本书前章叙述"《左传》关于太伯的记载"时，曾将"吴大伯"（即太伯、泰伯）晋献公子太子申生的处境进行类比，其间涉及晋献公的个人生活状况为：晋献公与已故父亲武公的妾齐姜私通，生一女一子。一女后嫁与秦穆公，而一子则为晋国太子申生。其后，晋献公又娶西戎翟国狐氏姐妹为妾，姐姐大戎生下了重耳（后为晋文公），妹妹小戎子生下了夷吾（后为晋惠公），而重耳年长于夷吾。再其后，晋国攻打骊戎，骊戎的男子把骊姬献给晋献公，回国后生下了奚齐，而她的妹妹生了卓子。骊姬深得晋献公的宠爱，为了谋立自己的儿子奚齐为晋国太子，她以离间手段挑拨晋献公与儿子申生、重耳、夷吾的父子情感，终迫使太子申生自杀，重耳、夷吾逃亡。这就是前文提及的晋国历史上著名的骊姬之乱。

晋献公死后，骊姬之子奚齐继位，但在丧礼过程中奚齐被里克所杀，而接着继位的卓子和骊姬也都被里克杀死。其后，里克迎公子夷吾归国即位，是为晋惠公。夷吾即位后杀死里克等老臣，又派人追杀重耳，并对曾帮助过他的秦国恩将仇报，导致晋、秦失和。夷吾发兵攻秦时，惨遭败绩并被秦人俘获，不得已割地求饶，并让自己儿子公子圉到秦国去做人质。而"秦妻子圉以宗女"[1]，即秦穆公为掌控公子圉，把自己与晋献公之女所生的女儿怀嬴嫁给了他。故这一政治联姻事件中的两个当事人，一为晋献公之孙公子圉，另一则为晋献公外孙女怀嬴。十三年后，夷吾（晋惠公）病重，公子圉偷偷跑回晋国。次年九月，晋惠公去世，公子圉即位为晋怀公。晋怀公即位时，他的伯伯重耳正在中原列国流离颠沛。不愿收留重耳的楚国，将他送到秦国。而其时的秦国，正如《史记·秦本纪》记载的"秦怨圉亡去，乃迎晋公子重耳于楚，而妻以故子圉妻"[2]。即秦穆公怨恨公子圉私自逃归，于是从楚国迎来公子重耳，并把公子圉过去的妻子嫁给重耳为妻。这一"子圉妻"，其实既是重耳的外甥女，又曾是重耳的侄媳妇。面对着这一复杂且涉及人伦错乱的关系，"重耳初谢，后乃受"[3]。即重耳一开始拒绝，后不得已接受下来。《左传·僖公二十三年》记写说："秦伯纳女五人，怀嬴与焉。"[4]即秦穆公送给重耳五个女子，怀嬴也在其中。《左传·僖公二十三年》记写怀嬴与重耳——她曾经的舅舅、伯伯（从其前夫公子圉）如今又成了她丈夫的其多重身份男人的交集说："奉匜沃盥，既而挥之。怒曰：'秦、晋匹也，何以卑我！'公子惧，降服而囚。"[5]孔颖达疏："匜者，盛水器也。盥谓洗手也。沃谓浇水也。怀嬴奉匜盛水为公子浇水，令公子洗手，既而以湿手挥之，使水溅污其衣，故云'挥，溅也'。"[6]故《左传》上条意为，怀嬴捧着盛水的器皿"匜"来伺候重耳洗脸洗手，而重耳洗了手不用手巾擦干，只是挥挥手把手上的水甩干，从而溅污了怀嬴的衣裳。怀嬴此时面对既是其舅、又曾是其伯、现又是其夫的重耳，情感复杂之际，借重耳的这一举动发泄情绪说："秦、晋两国地位平等，为什么轻视我？"重耳见怀嬴发怒且扯上了两国关系，寄人篱下之际也感到了害怕，于是脱去上衣自囚表示谢罪。

上述的"匜"及其使用，为《左传》中唯一关于先秦礼器"匜"的记载。这一记载连接起的是一个极为不堪且当事人情感极为复杂的场景。"奉匜沃盥"的描述，为后世了解吴王寿梦与鲁、卫大夫在吴国善道的会晤的场景，提供了文献依据——其时，尽地主之谊的吴国，宴饮前以"奉匜沃盥"的接待

---

[1]《史记·秦本纪》，见司马迁：《史记》，中华书局1959年，第189页。
[2]《史记·秦本纪》，见司马迁：《史记》，中华书局1959年，第190页。
[3]《史记·秦本纪》，见司马迁：《史记》，中华书局1959年，第190页。
[4]《左传·僖公二十三年》，见《春秋左传正义》，北京大学出版社1999年，第413页。
[5]《左传·僖公二十三年》，见《春秋左传正义》，北京大学出版社1999年，第413页。
[6]孔颖达疏，见《春秋左传正义》，北京大学出版社1999年，第413页。

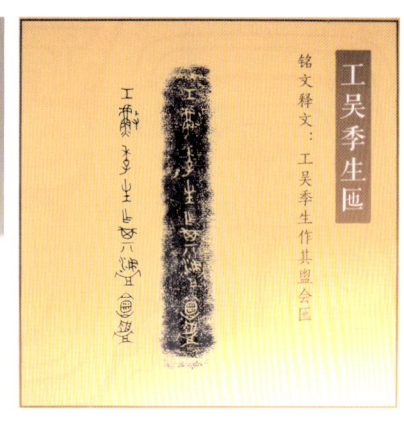

苏州博物馆"大邦之梦——吴越楚青铜器特展"时展出的"工𠭴季生匜"（春秋，长28.7厘米、腹宽22.4厘米、高16.1厘米，1985年江苏盱眙旧铺镇马桥村王庄组出土，盱眙博物馆藏）（左一），展出时的展板作"工吴季生匜"及其内底竖行九字铭文"工𠭴季生乍（作）其盟会匜"的拓本、摹本及释文"工吴季生作其盟会匜"（左二），该器内底竖行铭文图片"工𠭴季生"局部（左三）及展板中的摹本"工𠭴季生"局部（右）（吴恩培摄）

礼节为鲁、卫二大夫洗手，而前述吴王寿梦为其四子季札铸造的"工𠭴季生匜"，此时或许成为接待用具。其后，因不明原因遗留在"善道"，即今日的盱眙，两千五百多年后被发现。而"善道会吴"时的"季生"即季札，其时也只是个八九岁的少年。前文论及楚国子期（公子结）进攻陈国时，"吴延州来季子救陈"[1]，即吴国由季札领兵救陈。杜预注匡算"救陈"时季札的年龄说："寿梦卒，季子已能让国，年当十五六，至今盖九十余。"[2] 故按杜预推算，寿梦卒年的鲁襄公十二年（吴寿梦二十五年，前561）时，季札"年当十五六"。而由此倒溯七年至鲁襄公五年（吴寿梦十八年，前568）的"善道会吴"时，季札只是个八九岁的少年。

寿梦舐犊情深式的宠爱及为尚为少年的季札铸"工𠭴季生匜"，并以"工𠭴季生"称呼这八九岁的孩子，或正体现了寿梦希望其早日长大的精神情怀。

（二）山西榆社出土诸樊时期所铸的季札剑——"工𠨍季子剑"

1985年8月，山西省晋中市下辖的榆社县出土一柄诸樊时期所铸的季札剑——"工𠨍季子剑"。

晋华《山西榆社出土一件吴王肸发剑》一文叙述该剑发现经过及该剑情况说："榆社县城关村民在县城东北三角坪取土烧砖时，发现1件青铜剑，后交县博物馆收藏。此剑保存较完整，锋刃锐利。柳叶形剑身，中起脊，断面呈扁菱形。菱形窄格。柄两端呈喇叭形，圆首。通长45.2、身长36.2、首径3厘米。剑身后半部一面有铭文2行24字。释文为：'工吴王肸发訾谒之弟季子肵肩后余厥吉金甸日其元用剑'。刻工精细，书法整齐端庄。"而该剑铭文大意为："吴王诸樊得了疾病，请告弟弟季子，为他祈祷福祥，求得永贞，免去灾难，行肵俎之礼并陈设肩鼎后，制作了这把剑，甸人读祷辞曰，这是他的元用剑。"[3]

曹锦炎《吴季子剑铭文考释》则据晋华《山西榆社出土一件吴王肸发剑》一文所附"原剑照片，重新改释如下：

工𠨍王姑發（發）臀反之弟季子者（？）

---
[1]《左传·哀公十年》，见《春秋左传正义》，北京大学出版社1999年，第1654页。
[2] 杜预注，见杜预：《春秋经传集解》，上海古籍出版社1978年，第1767页。
[3] 晋华：《山西榆社出土一件吴王肸发剑》，《文物》1990年第2期。

尚受余毕（厥）司金。吕（以）乍（作）其元用鐱（剑）。

其中姑、反、之、季、子、乍、元、剑9字是反文"[1]。而"剑铭大意是说，吴王诸樊的弟弟季子者尚接受了下属的献铜，用来作了自己的'元用'剑"[2]。

关于器主"者（？）尚"，该文说："者（？）尚，者字残存下半，是否'者'字尚有疑问。季子者尚，'季子'是身份、称谓，'者尚'是人名。……本铭称'工虞王姑發胃反之弟季子者尚'，其身份、称谓均与典籍记载的季札相一致，可见其即为季札无疑。"[3]而董楚平《吴越徐舒金文集释》也指出："今山西出土此剑，是现存唯一的季子剑。"[4]

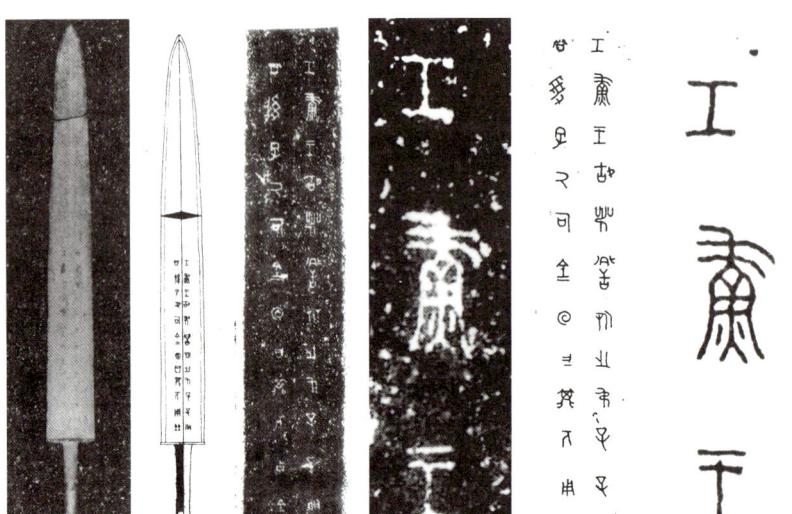

被释为"吴王胐发剑"的吴季子（季札）剑（左一）及其线描图（左二）、铭文拓本（左三），拓本中的"工虞王"细部（左四）（录自《山西榆社出土一件吴王胐发剑》[5]），以及该剑铭文摹本（左五）、摹本中的"工虞王"细部（右）（录自《吴季子剑铭文考释》[6]）

（三）具"吴季子"铭文且与季札之子逞有关的"吴季子之子逞之元用剑"

"吴季子之子逞之剑"，据董楚平《吴越徐舒金文集释》一书介绍，"著录于《积古斋钟鼎彝器款识》（八·二〇）、《攈古录经文》（二之一：五七）、《缀遗斋彝器考释》（二九·九）、《周金文存》（六·九四）、《小校经阁金文拓本》（一〇·九九）、《中山大学学报》一九六四年一期人《鸟书考》图一九等。据《周金文存》拓本剑长五三·一厘米。剑身铸造错金铭文两行十字：吴季子之子，逞之元用鐱"[7]。

由铭文可知，此剑为季札之子逞的用剑。而因该剑铭文中的"季""用"二字使用鸟虫字形，吴国使用这一字形且留诸后世的实物器为目前所知1961年山西万荣出土的吴王僚用器"王子于戈"等（相关情况，参见前文）。故上述"吴季子之子逞之剑"制作年代大致可确定为吴王僚后的吴王阖闾及吴王夫差

---

[1] 曹锦炎：《吴季子剑铭文考释》，《东南文化》1990年第4期。
[2] 曹锦炎：《吴季子剑铭文考释》，《东南文化》1990年第4期。
[3] 曹锦炎：《吴季子剑铭文考释》，《东南文化》1990年第4期。
[4] 董楚平：《吴越徐舒金文集释》，浙江古籍出版社1992年，第97页。
[5] 晋华：《山西榆社出土一件吴王胐发剑》，《文物》1990年第2期。
[6] 曹锦炎：《吴季子剑铭文考释》，《东南文化》1990年第4期。
[7] 董楚平：《吴越徐舒金文集释》，浙江古籍出版社1992年，第98页。

执政时期。

董珊《吴越题铭研究》录该剑情况说："明末清初书画收藏家孙承泽藏有一柄剑，铭文为：'吴季子之子逞之元用剑'。今只见摹刻本。一般认为'吴季子'应指季札。据上引《左传正义》，也有可能是季札的后代称'季子'。"[1]

董楚平《吴越徐舒金文集释》引"咸丰元年阮元记载，此剑为孙退谷旧藏。铭文原释为：'吴季子之子保之永用剑'；'以周尺度之，长三尺，腊广二尺半，重九锊'；'逞，吴侃叔所释，盖季子之子名。旧释作造，非也。'（《积古》）元字旧释永，一九三四年容庚作《鸟书考》（载《燕京学报》十六期），改释为元。'元用'是吴国兵器铭文习语。"[2]

（四）陕西三原县博物馆收藏的"季子之子"剑

"季子之子"剑出诸马琴莉《三原县博物馆收藏的商周铜器和陶器》一文。据该文披露，"自五十年代以来，三原县博物馆陆续收藏了不同时代、不同质地文物多件，其中有些堪称精品"，而"三原境内出土的商周时期的铜器和陶器，均系零星发现而后征集收藏，其时代只能根据其形制、纹纹等和同时器物相比较来推断"。其中，"剑1件。"编号为"1194号，七一年从南大街废品收购门市部收回。刃部宽3.7、刃长20.5、柄长9厘米。剑身两旁有刃，刃部有残痕，剑柄顶端有圆形帽，中间有凸棱二道。剑刃部残。刃面铭文可能不全：'季子之子，之永用剑。'"[3]

关于其年代，《三原县博物馆收藏的商周铜器和陶器》一文说："1194号铜剑，则明显属战国时期中原地区流行的青铜剑样式，在秦境内及其它中原诸侯国多有发现。"[4]

对这一"1971年在陕西三原县南大街废品收购门市部拣选"的残剑铭文，董珊《吴越题铭研究》作"□季子之子□之元用鐱（剑）"，并认为"应与上一剑（指上述"吴季子之子逞之元用剑"）铭文相同。或以为文字靡弱，是伪造之铭。今暂列于此，等今后目验原器"[5]。

出于废品收购门市部拣选的春秋吴剑，除此剑外另有1965年山东平度废品收购站征集的吴王夫差剑及1976年2月河南辉县百泉文物保管所在废品回收部门拣选时发现的吴王夫差剑。山东平度、河南辉县百泉发现的二剑，现在山东博物馆、河南博物院展出。

前述"吴季子之子逞之剑"释读出季札之子"逞"；而陕西三原"季子之子"剑，其铭文出现无名的"季子之子"。

这里关联的学术问题是：

其一，上述二剑中的"季子"是否为同一人？

其二，若为同一人，则"季子之子逞"与陕西三原剑铭中的"季子之子"，二人为同父（是否为同母，难以考订），且二人嫡庶及排行情况又是如何？

由于文献记载的阙如，即使面对两柄铭文均为吴"季子"之子的实物器，后人也难以厘清二人嫡庶

---

[1] 董珊：《吴越题铭研究》，科学出版社2014年，第23页。
[2] 董楚平：《吴越徐舒金文集释》，浙江古籍出版社1992年，第99页。
[3] 马琴莉：《三原县博物馆收藏的商周铜器和陶器》，《文博》1996年第4期。
[4] 马琴莉：《三原县博物馆收藏的商周铜器和陶器》，《文博》1996年第4期。
[5] 董珊：《吴越题铭研究》，科学出版社2014年，第23页。

及排行情况。至于二人行迹,则更是无从谈起。

更何况,学者们还将面对文献记载的"季子",究系指季札本人,抑或是其后人的种种情况。前文曾叙述,吴王夫差时期,吴、楚争夺于陈。其时,"楚子期伐陈。吴延州来季子救陈"[1]。对这一"吴延州来季子",杜预注对之进行匡算,说其时"盖九十余"[2],即大约九十多岁。杨伯峻《春秋左传注》以孔颖达疏引孙毓说指出:"此延州来季子未必即季札本人……或其子孙,仍受延、州来之封,故仍其称乎。"[3]此说指领兵者可能为季札后人,因袭"延、州来之封",故也可称为"延州来季子"。

是故,上述"吴季子之子逞之剑"释读出季札之子"逞";而陕西三原"季子之子"剑,其铭文出现无名的"季子之子",该"季子"可能是季札,也可能是季札后人。有鉴于此,则上述二剑中的"吴季子之子逞"与陕西三原剑铭的"季子之子",则未必系同父兄弟了。

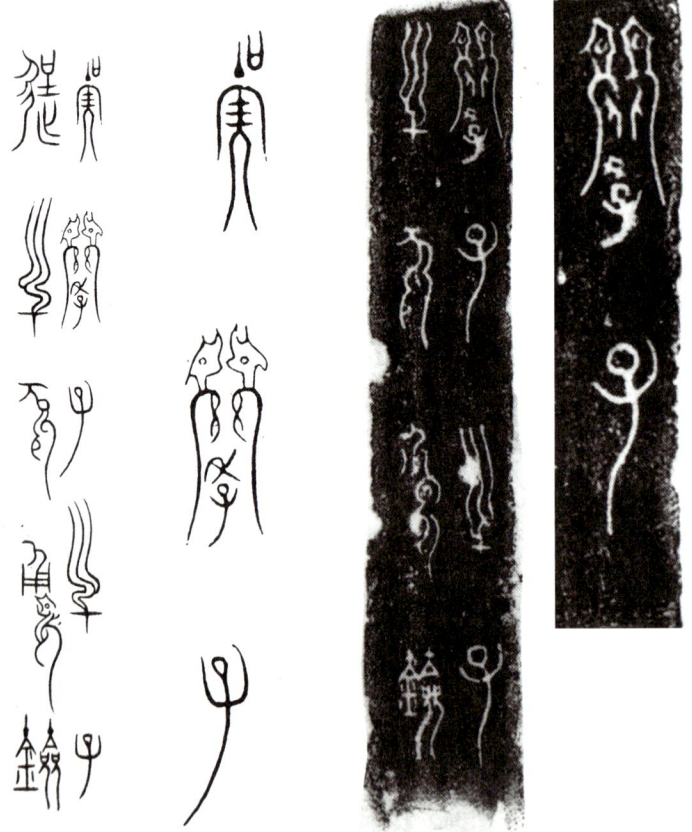

"吴季子之子逞之元用剑"铭文摹本(左一)及摹本"吴季子"细部(左二)(录自《吴越徐舒金文集释》[4])、陕西三原县"季子之子"剑铭文拓本(左三)及拓本"季子"细部(右)(录自《三原县博物馆收藏的商周铜器和陶器》[5])

---

[1]《左传·哀公十年》,见《春秋左传正义》,北京大学出版社1999年,第1654页。
[2] 杜预注,见杜预:《春秋经传集解》,上海古籍出版社1978年,第1767页。
[3] 杨伯峻:《春秋左传注》(修订本),中华书局1990年,第1656页。
[4] 董楚平:《吴越徐舒金文集释》,浙江古籍出版社1992年,第98页。
[5] 马琴莉:《三原县博物馆收藏的商周铜器和陶器》,《文博》1996年第4期。

第九章　春秋末吴地入越及战国时吴地入楚、入秦

公元前473年,吴灭国。吴灭国后,"故吴地"即故吴疆域及故吴旧都(今苏州古城)并入越国版图。"故吴地"这一概念,见诸《史记·越王句践世家》中楚"大败越,杀王无疆,尽取故吴地至浙江"[1]句。

第一节　吴地入越

"吴地入越",指的是春秋末,吴灭国后的"故吴地"并入越国版图。

一、越北进争霸与越王勾践以退让求取列国承认其对吴国霸业的继承

历经越灭吴的战争,故吴旧都的"吴"城遭受战火摧残。战国文献《吕氏春秋·知化篇》记载说:"越报吴,残其国,绝其世,灭其社稷,夷其宗庙。"[2]越人报复下的故吴旧都,至战国后期楚春申君黄歇治吴时,已成一片废墟。

《史记·春申君列传》记载,黄歇"因城故吴墟,以自为都邑"[3]。此处"城",动词,为修复之意。"故吴",指故春秋"吴"城,即故吴旧都。"吴"后缀"墟",为已经荒废或已成为废墟之意。由此可知,"因城故吴墟",实为词序颠倒的"因故吴墟而城之"。因此,《史记》该条意为,因故春秋"吴"城即故吴旧都,已成废墟,故黄歇修复该已为废墟的"吴"城,并以之为其封邑的中心城市。

随着吴国的灭亡,曾经与吴国进行军事、政治争夺的北方大国齐国、晋国南下,而继承吴国政治资产的越国,"乃以兵北渡淮,与齐、晋诸侯会于徐州"[4]。此乃文献记载的越国军事力量历史上首次渡过淮河,并在徐州与齐、晋诸侯会合。

此时的越国,在全面接收并继承吴国政治资产的同时,亦获得了周王室的认可。《史记·越王句践世家》记载,其时越人"致贡于周。周元王使人赐句践胙,命为伯"[5]。即越国向周王室进献

---

[1]《史记·越王句践世家》,见司马迁:《史记》,中华书局1959年,第1751页。
[2]《吕氏春秋·知化篇》,见陈奇猷校释:《吕氏春秋校释》,学林出版社1984年,第1553页。
[3]《史记·春申君列传》,见司马迁:《史记》,中华书局1959年,第2394页。
[4]《史记·越王句践世家》,见司马迁:《史记》,中华书局1959年,第1746页。
[5]《史记·越王句践世家》,见司马迁:《史记》,中华书局1959年,第1746页。

贡品。东周朝廷的周天子——周元王派人赏赐祭祀肉给勾践，并称他为"伯"。唐司马贞《史记索隐》评述说："越在蛮夷，少康之后，地远国小，春秋之初未通上国，国史既微，略无世系，故纪年称为'於粤子'。据此文，句践平吴之后，周元王始命为伯，后遂僭而称王也。"[1]

越国在继承了吴国政治资产后，以退让求取列国对其继承吴国政治权利的承认。这就是《史记·越王句践世家》中所记载的"句践已去，渡淮南，以淮上地与楚，归吴所侵宋地于宋，与鲁泗东方百里"[2]。即勾践离开徐州，渡过淮河南下，把淮河流域的土地送给楚国，把吴国侵占宋国的土地归还给宋国，把泗水以东方圆百里的土地给了鲁国。

显见，勾践灭吴后，首先以主动放弃淮河流域的利益来换得楚国的承认。越国在继承吴国政治资产时，不能不考虑让利于楚，从而使得楚国的利益得到尊重。这其中即包括吴国与楚国在江淮地区历年争战时所侵占的楚国利益或是楚国认为被吴国侵占、抢夺的利益。

越人"以淮上地与楚"，实现了楚国一直梦寐以求的向东扩张。而在这以前，楚国被吴国阻遏。越人此举如《史记·楚世家》所说："是时，越已灭吴而不能正江、淮北。楚东侵，广地至泗上。"[3]唐张守节《史记正义》对此注疏曰："正，长也。江、淮北谓广陵县，徐、泗等州是也。"[4]自此，楚东拓疆土至泗水之上，尽有江淮以北之地。同时，这也导致越国在中原地区的影响被削弱，如近代学者所指出："越虽灭吴，不能正江淮之土，其地皆入于楚，所以仍和北方的大局无关。"[5]

由此，将吴王夫差昔日的北进与继承吴国政治权利的越王勾践的北进作一比较，则可看出：吴王夫差以文化和战争等方式北进争霸，求取的是在列国秩序中的主导权；而越王勾践以退让——把淮河流域让给楚国，把吴国侵占宋、鲁等国的土地一一归还——的方式，来求取列国对其继承吴国霸业的承认，故虽不能"正江淮之土"，但也获得了成功。毕竟，仅是击败其时凶悍的吴国，已令中原列国不敢对其小觑了。故"当是时，越兵横行于江、淮东，诸侯毕贺，号称霸王"[6]。即越国在向楚、宋、鲁等输送利益之后，越军在长江、淮河以东畅行无阻，诸侯们都来庆贺，越王号称霸王。尽管如此，如前文所述，此时的越国"仍和北方的大局无关"，即是时越国的影响并未扩大到北方中原地区。

二、范蠡浮海而逃、文种赐剑而死，以及范蠡、文种与伍子胥的精神联系

在吴越争战中，越国大夫范蠡和文种，为存越灭吴起了极为重要的作用。平吴后，据《史记》记载，范蠡和文种各自走上了不同道路而历经了不同命运。

（一）范蠡

《史记·货殖列传》记载，平吴后，范蠡"乃乘扁舟浮于江湖，变名易姓，适齐为鸱夷子皮，之

---

[1]司马贞：《史记索隐》，见司马迁：《史记》，中华书局1959年，第1746页。
[2]《史记·越王句践世家》，见司马迁：《史记》，中华书局1959年，第1746页。
[3]《史记·楚世家》，见司马迁：《史记》，中华书局1959年，第1719页。
[4]张守节：《史记正义》，见司马迁：《史记》，中华书局1959年，第1719页。
[5]吕思勉：《中国史》，上海古籍出版社2006年，第29页。
[6]《史记·越王句践世家》，见司马迁：《史记》，中华书局1959年，第1746页。

陶为朱公"[1]。意即，范蠡乘扁舟漂泊江湖而逃逸，接着更名换姓，到齐国后改名叫鸱夷子皮，到了陶邑后又改名为朱公。

《吴越春秋》记载范蠡"乘扁舟，出三江，入五湖，人莫知其所适"[2]。"五湖"，即太湖。裴骃《史记集解》引韦昭曰："五湖，湖名耳，实一湖，今太湖是也，在吴西南。"[3]

伍子胥进谏吴王夫差被赐属镂剑死后，夫差"乃取子胥尸盛以鸱夷革，浮之江中"[4]。鸱夷，唐司马贞《史记索隐》："韦昭曰：'鸱夷，革囊也'。或曰生牛皮也。"[5] 南朝宋裴骃《史记集解》则引应劭曰："取马革为鸱夷。"[6] 因此，不管"鸱夷"指的是牛皮还是马皮，范蠡以之为名，无疑是将自己和伍子胥联系在了一起。适如唐司马贞《史记索隐》所说，此乃"范蠡自嘲也，盖以吴王杀子胥而盛以鸱夷，今蠡自以有罪，故为号也"[7]。

作为和伍子胥同时代的范蠡，《越绝书》卷十五曾就"子胥死，范蠡去"的二人的不同命运进行比较说："问曰：'子胥、范蠡何人也？''子胥勇而智，正而信；范蠡智而明，皆贤人。'"[8] 意即认为伍子胥刚勇而有智谋，正直而有诚信；范蠡有智谋而且明察，他们俩都是贤人。

逃齐后的范蠡，在把自己与伍子胥进行的人格对比中，选择以"鸱夷子皮"的名字自嘲，实也是以一种自贱的形式体现出了一位智者的内心自责和对政治对手的尊重。

逃遁出越国政坛的范蠡认为陶邑居于天下中心，四通八达，交流货物十分便利，于是发展产业，囤积居奇，随机应变，而不责求他人。范蠡（即朱公）后来年老力衰，和子孙们一道生活，而他的子孙继承了他的经商事业并有所发展，"遂至巨万。故言富者皆称陶朱公"[9]。意即，他最终有巨万家财，故后世谈论富者时，都称颂他为陶朱公。

(二) 文种

相比之下，并未出走的文种，历经了和他的政治对手伍子胥相同的命运。

《史记·越王句践世家》记载，范蠡逃齐后，从齐国给大夫文种发去一封信。信中说："飞鸟尽，良弓藏；狡兔死，走狗烹。"越王是长颈鸟嘴，"可与共患难，不可与共乐。子何不去？"[10] 大意为：勾践这种面相的人，只可以与之共患难，而不可以与之共享乐，你为何不离开他？文种看过信后，于是称病不朝。其时，有人中伤文种说他将要作乱，于是，"越王乃赐种剑曰：'子教寡人伐吴七术，寡人用其三而败吴，其四在子，子为我从先王试之。'种遂自杀"[11]。即越王赏赐给文种一把剑说："你教给我攻伐吴国的七条计策，我只采用三条就打败了吴国，那四条还在你那里，你替我去先王面前尝试一下那四条吧！"文种于是自杀身亡。

---

[1]《史记·货殖列传》，见司马迁：《史记》，中华书局1959年，第3257页。
[2] 赵晔：《吴越春秋》，江苏古籍出版社1986年，第147页。
[3] 裴骃：《史记集解》，司马迁：《史记》，中华书局1959年，第1407页。
[4]《史记·伍子胥列传》，见司马迁：《史记》，中华书局1959年，第2180页。
[5] 司马贞：《史记索隐》，见司马迁：《史记》，中华书局1959年，第1753页。
[6] 裴骃：《史记集解》，见司马迁：《史记》，中华书局1959年，第2180页。
[7] 司马贞：《史记索隐》，见司马迁：《史记》，中华书局1959年，第1753页。
[8] 袁康、吴平：《越绝书》，上海古籍出版社1985年，第107页。
[9]《史记·货殖列传》，见司马迁：《史记》，中华书局1959年，第3257页。
[10]《史记·越王句践世家》，见司马迁：《史记》，中华书局1959年，第1746页。
[11]《史记·越王句践世家》，见司马迁：《史记》，中华书局1959年，第1746—1747页。

勾践赐剑令文种自尽。而《淮南子·泛论训》载:"大夫种辅翼越王句践,而为之报怨雪耻,擒夫差之身,开地数千里,然而身伏属镂而死。"[1]意为,越国大夫文种辅佐越王勾践,为之报怨雪耻,擒获了吴王夫差,为越国开拓土地数千里,"然而身伏属镂而死"。按此,文种乃是被勾践赐属镂剑而伏剑身亡。越灭吴后,该属镂剑或已归越王勾践。故勾践赐死文种时,特意以此剑赐文种,以致文种和伍子胥当日一样"伏属镂而死"。

同一把属镂剑,联结起吴、越两位忠贞老臣相同的命运——从辅佐君王、成就霸业到被赐同一柄属镂剑自杀身亡。

后世伍子胥被融入越文化而成为钱塘江"潮神"。《吴越春秋》卷十亦记载了已成为钱塘江"潮神"的伍子胥"持种去,与之俱浮于海"的传说。该记载说,文种死后,"葬一年,伍子胥从海上穿山胁而持种去,与之俱浮于海。故前潮水潘候者,伍子胥也,后重水者,大夫种也"[2]。意为,文种下葬一年后,伍子胥从海上过来,凿通山峡而带着文种走了,和他一起漂浮在海上。所以前面站在盘旋的潮水上前来迎候的,就是伍子胥;后面站在那层层叠叠的波浪上的,就是大夫文种。

北魏郦道元的《水经注》卷四十记载说:"《吴越春秋》以为子胥、文种之神也。昔子胥亮于吴,而浮尸于江,吴人怜之,立祠于江上,名曰胥山。"而"文种诚于越,而伏剑死于山阴。越人哀之,葬于重山。文种既葬一年,子胥从海上负种俱去,游夫江海,故潮水前扬波者,伍子胥;后重水者,大夫种"[3]。

吴、越文化盘根错节,在伍子胥、范蠡、文种的不同命运交错中亦得以交融。

三、越国迁都及故吴旧都两次为越都

(一)"灭吴,徙治姑胥台":越国的第一次迁都——从越国都城迁至故吴旧都

《越绝书》卷第八记载:"句践小城,山阴城也。周二里二百二十三步,陆门四,水门一。今仓库是其宫台处也。周六百二十步,柱长三丈五尺三寸,溜高丈六尺。宫有百户,高丈二尺五寸。大城周二十里七十二步,不筑北面。而灭吴,徙治姑胥台。山阴大城者,范蠡所筑治也,今传谓之蠡城。陆门三,水门三,决西北,亦有事。到始建国时,蠡城尽。"[4]故由此可知,"徙治姑胥台"前,越有"句践小城"和"山阴大城"等两城。

越灭吴后"徙治"即迁都的主要原因,或为如下:

其一,与越国地理位置偏南,对中原列国的影响有限有关,更与越灭吴后调整并制定的北进战略有关。

其二,或为越国原来的都城"句践小城"规模较小,越国治所的"宫台"空间狭促。故灭吴后,越王勾践将其国都迁往故吴旧都,即将其原处于"句践小城""宫台处"的治所(国家行政治

---

[1]《淮南子·泛论训》,见刘文典:《淮南鸿烈集解》,中华书局1989年,第445—446页。
[2] 赵晔:《吴越春秋》,江苏古籍出版社1986年,第150页。
[3] 郦道元原著、陈桥驿等译注:《水经注全译》,贵州人民出版社1996年,第1370—1371页。
[4] 袁康、吴平:《越绝书》,上海古籍出版社1985年,第58页。

理机构)迁往了故吴国的"姑胥台"。这里的"姑胥台",即"姑苏台"。联系前述越"袭吴,入其郢,焚其姑苏"[1],即是时越人已焚毁了姑苏台的情况,故越"徙治姑胥台"的含义,不外以下两点:一是将越国治所"宫台"内的国家行政治理机构迁往春秋吴都"吴"城郊外的离宫、离城一带;二是以"姑胥台"即"姑苏台"代指吴亡前的春秋吴都"吴"城,即故吴旧都。

由此而可知的是,越"徙治姑胥台",为越国的第一次迁都,即越国将其都城由今浙江绍兴迁至今江苏苏州、时已为故吴旧都的春秋"吴"城。

(二)"徙琅琊,都也":越国的第二次迁都——从故吴旧都再迁至琅琊及其争议

1.文献记载

越灭吴后,越国将国都自越迁至故吴旧都的"吴"城。其后,越再迁都。这就是《越绝书》卷第八所述:"句践伐吴,霸关东,从琅琊起观台。台周七里,以望东海。""允常子句践,大霸称王,徙琅琊,都也。"[2]上述意为,勾践称霸之时,其国都又从故吴旧都的"吴"城迁至琅琊。与《越绝书》这一记载互为印证的是,《吴越春秋》卷十记载说:"越王既已诛忠臣,霸于关东,徙都琅邪,起观台,周七里,以望东海。"[3]

琅琊地望,《史记·秦始皇本纪》有"南登琅邪"[4]句,裴骃《史记集解》:"今兖州东沂州、密州,即古琅邪也。"[5]韩湘亭《历代郡县地名考》中有"琅邪,故城在山东诸城县东南有琅邪山"[6]。而《吴越春秋全译》则释为:"琅琊,郡名,秦置。地在今山东胶南县、诸城县一带。"[7]

今琅琊台遗址有望越楼,楼前石碑上的文字为:"据史籍记载,越王勾践于公元前472年徙都琅琊,起观台以望东海,遂号令秦、晋、齐、楚,以尊辅周室。望越楼是勾践登高遥望故乡的楼阁,1994年重建。"

列为全国重点文物保护单位的山东青岛西海岸新区琅琊镇的"琅琊台遗址"文物保护碑(吴恩培摄)

琅琊台遗址内的望越楼(左)及楼前题为"望越楼"的建筑标示石碑(右)(吴恩培摄)

---

[1]《国语·吴语》,见左丘明撰、韦昭注:《国语》,上海古籍出版社2015年,第399—400页。
[2]袁康、吴平:《越绝书》,上海古籍出版社1985年,第58页。
[3]赵晔原著、张觉译注:《吴越春秋全译》,贵州人民出版社1993年,第432页。另《吴越春秋》江苏古籍1986年版,此句作"越王既已诛忠臣,霸于关东,从琅邪起观台,周七里以望东海"(见《吴越春秋》,江苏古籍出版社1986年,第150页)。
[4]《史记·秦始皇本纪》,见司马迁:《史记》,中华书局1959年,第244页。
[5]裴骃:《史记集解》,见司马迁:《史记》,中华书局1959年,第244页。
[6]韩湘亭编辑:《历代郡县地名考》,北京图书馆出版社2002年,第697页。
[7]张觉译注:《吴越春秋全译》,贵州人民出版社1993年,第318页。

2. 学者们叙述的"越徙都琅邪"及其过程

"越徙琅邪"显然是越"徙治姑胥台"的继续和发展。而再北徙至琅邪，则显示了越国北进战略已调整成型。

北魏郦道元《水经注·潍水》说："句践并吴，欲霸中国，徙都琅邪。"[1]即反映了灭吴后的越王勾践意图乘势将越国影响扩大到北方地区的战略意图。孟文镛《越国史稿》认为："越王句践为进一步称霸中原，巩固和发展霸业，把都城从会稽（今浙江绍兴）迁徙至琅邪（今山东琅邪）。此事文献记载确凿。"[2]而"迁都路线"为："从《越绝书》等文献来看，北迁当以海路为主。《越绝书·记地传》记载：句践'初徙琅琊，使楼船卒二千八百人，伐松柏以为桴'。《吴越春秋·句践伐吴外传》记载：句践迁都琅邪，'死士八千人，戈船三百艘'。……这只能是都城搬迁的过程中才会出现的盛况。"[3]

（三）复"迁于吴"：越国的第三次迁都——从瑯琊再迁回"吴"即故吴旧都

勾践去世，越国君位传数代后，发生权力争斗。唐司马贞《史记索隐》引《纪年》曰："翳三十三年迁于吴，三十六年七月太子诸咎弑其君翳，十月粤杀诸咎。粤滑，吴人立子错枝为君。"[4]从这段文献可知，越王翳三十三年（前379）时，越国又将都城自瑯琊（琅邪）迁回吴（即故吴旧都春秋"吴"城，今苏州古城）。

而越国王室此时发生夺位纷争。先是太子诸咎弑杀其父越王翳。三个月后，粤又杀了诸咎。（粤的身份不详，当为越王室成员。）关于"粤滑"之"滑"，三国吴韦昭注《国语·周语下》"滑夫二川之神"句指出："滑，乱也。"[5]因此，粤在其引发的动乱中并未获得王权，而是由"吴人立子错枝为君"。这一记载，在一定程度上反映了吴入越后，吴、越文化的交融状况，以及"吴人"族群在君位选择中已拥有一定的话语权。

对越国第三次迁都即再度迁都于"吴"的时间，唐司马贞记为越王翳三十三年，即公元前379年。陈瑞苗、陈国祥编著的《越国纪年新编》中两处记载，均予认同为"公元前379年"。

其一，"越王翳（公元前411—前376）

"史事概要：……公元前379年，越迁都于吴。

"文献记载：……《竹书纪年》：安王'二十三年（公元前379年），於越迁于吴'"[6]。

其二，以表格示之为"公元前379年"[7]。该表格如下：

公元前	甲子纪年	越王纪年	主要史事	所载文献
379	壬寅	翳三十三年	越都从琅邪迁于吴地	《竹书纪年》《吴越春秋》

---

[1] 郦道元原著、陈桥驿等译注：《水经注全译》，贵州人民出版社1996年，第938—939页。
[2] 孟文镛：《越国史稿》，中国社会科学出版社2010年，第277页。
[3] 孟文镛：《越国史稿》，中国社会科学出版社2010年，第279页。
[4] 司马贞：《史记索隐》，见司马迁：《史记》，中华书局1959年，第1747页。
[5] 左丘明撰、韦昭注：《国语》，上海古籍出版社2015年，第72页。
[6] 陈瑞苗、陈国祥：《越国纪年新编》，宁波出版社1999年，第70页。
[7] 陈瑞苗、陈国祥：《越国纪年新编》，宁波出版社1999年，第84页。

而杨宽《战国史(增订本)》附录的《战国大事年表》中关于"越国迁都于吴"的时间为"公元前378年"[1]。二者相差一年。尽管如此,以上可确定的是:吴地入越后,春秋时的吴都"吴"城,其时已为故吴旧都,但两次为越国都城。

四、楚"灭"越及越族的散而未亡

公元前342年,越王无疆即位后,越国国势一度强盛。"兴师北伐齐,西伐楚,与中国争彊(强)"[2]。其后,齐、楚矛盾表面化,越乘机举兵攻齐。齐国为把祸水引向楚国,派人前往越国游说,越遂释齐而伐楚。楚威王兴兵伐之,大败越,杀越王无疆,尽取故吴地至浙江,越国遂散。

(一)楚"灭"越时间的不同说法

关于楚"灭"越的具体时间,存有两种不同说法,两者相差二十七年。

1.《史记》记载的公元前333年(楚威王七年)

《史记·楚世家》记载,楚威王七年(前333)时,"楚威王伐齐,败之于徐州"[3]。南朝宋裴骃《史记集解》引晋人徐广曰:"时楚已灭越而伐齐也。"[4]与此相印证的《史记·越王句践世家》说:"楚威王兴兵而伐之,大败越,杀王无疆,尽取故吴地至浙江,北破齐于徐州。而越以此散,诸族子争立,或为王,或为君,滨于江南海上服朝于楚。"[5]

2.杨宽《战国史(增订本)》所说的公元前306年(楚怀王二十三年)

杨宽《战国史(增订本)》指出:"公元前三〇六年(楚怀王二十三年),楚国乘越内乱,把越国灭亡了,把江东建设为郡。"[6]在该段文字的注解中,杨宽引用《史记》《战国策》等文献的记载,补充说:"楚的灭越必在楚怀王十七年后……必在楚怀王二十三年或稍前。"而《史记·越王句践世家》"误以为是楚威王时事"[7]。

(二)关于"越以此散"及散而未亡

1.越散而未亡

楚"灭"越,远非灭国之"灭",而只是一种总体上的控制与抑制。公元前342年,越王无疆即位后,越国国势一度强盛。是时,越"兴师北伐齐,西伐楚,与中国争彊(强)"[8]。其后,齐、楚矛盾表面化,越乘机举兵攻齐。齐国为把祸水引向楚国,派人前往越国游说,越遂释齐而伐楚。在这一形势下,"楚威王兴兵而伐之,大败越,杀王无疆,尽取故吴地至浙江,北破齐于徐州。而越以此散,诸族子争立,或为王,或为君,滨于江南海上,服朝于楚"[9]。意为,楚威王发兵迎击越军,大败越军,杀死无疆,把原来吴国一直到浙江的土地全部攻下,北边在徐州大败齐军。越

---

[1] 杨宽:《战国史(增订本)》,上海人民出版社1998年,第705页。
[2]《史记·越王句践世家》,见司马迁《史记》,中华书局1959年,第1748页。
[3]《史记·楚世家》,见司马迁《史记》,中华书局1959年,第1721页。
[4] 裴骃《史记集解》,见司马迁《史记》,中华书局1959年,第1721页。
[5]《史记·越王句践世家》,见司马迁《史记》,中华书局1959年,第1751页。
[6] 杨宽:《战国史(增订本)》,上海人民出版社1998年,第364页。
[7] 杨宽:《战国史(增订本)》,上海人民出版社1998年,第364—365页。
[8]《史记·越王句践世家》,见司马迁《史记》,中华书局1959年,第1748页。
[9]《史记·越王句践世家》,见司马迁《史记》,中华书局1959年,第1751页。

国因此而被打散。其后,越人诸族的子弟们竞争权位,有的称王,有的称君,居住在长江南部的沿海,但都臣服于楚国。

对楚、越间的这一关系,班固《汉书·地理志下》表述为,越"遂伐灭吴,兼并其地。度淮与齐、晋诸侯会,致贡于周。周元王使使赐命为伯,诸侯毕贺。后五世为楚所灭,子孙分散,君服于楚"[1]。

《越绝书》卷第八载,楚威王杀越王无疆后,"无疆子之侯,窃自立为君长。之侯子尊,时君长。尊子亲,失众,楚伐之,走南山"[2]。

对上述文献记载的"滨于江南海上"及"走南山",有学者指出说:"所谓'江南海上'或'南山',指什么地方呢?按越族疆域,有内越和外越之分[3]。所谓'内越'应是指勾践统治时期越族原有的疆域,其地'全有浙之绍兴、宁波、金华、衢、温、台、处七府之地,其嘉、杭、湖三府,则与吴分界。由衢历江西广信府至饶之余干县,与楚分界。'[4]看来,前334年楚国灭越,拓地仅'至浙江',即占有钱塘江两岸附近地,并未占有全越地,而某些越族在这时就向南迁移。《史记》说他们居于'江南海上',应是居住于今浙江南部滨海地区[5]和今福建省北部的地区。所谓'南山',应是指浙江南部和福建北部这一地区的某些山区。"[6]

2.楚怀王时期出于搞乱越国目的的"用召滑于越"

秦武王时曾任秦国左丞相的甘茂,后遭人谗毁而投奔齐国。据《史记·樗里子甘茂列传》记载,楚怀王二十四年(秦昭襄王二年,前305),楚国背叛与齐国的盟约而联合秦国。当时,秦昭襄王刚即位,为离间楚、齐的关系,秦用厚礼贿赂楚国,并与楚国联姻。其时,秦昭襄王忌惮投奔齐国的甘茂对秦国的深度了解,即所谓"其居于秦,累世重矣。自殽塞及至鬼谷,其地形险易皆明知之"[7]。意为,甘茂在秦国居住多年,连续三代受到重用,从殽塞至鬼谷,秦国全部地形的险要平展处,他都了如指掌。故秦昭襄王欲将甘茂弄回秦国才放心。其时,甘茂为齐国而出使楚国。秦昭襄王听说后就派人对楚怀王说:"希望把甘茂送到秦国来。"于是,楚怀王向范蜎征询意见说:"我打算让甘茂去秦国任丞相,合适吗?"范蜎立即回答道:"不合适。"接着范蜎说起,甘茂是个贤才,但不能到秦国任丞相。秦国有贤能的丞相,对楚国来说,不是好事。接着,范蜎说起一段与越人有关之事:"王前尝用召滑于越,而内行章义之难,越国乱,故楚南塞厉门而郡江东。计王之功所以能如此者,越乱而楚治也。今王知用诸越而忘用诸秦,臣以王为巨过矣。"[8]意思是:"大王先前曾把召滑推荐到越国任职,他暗地里鼓动章义发难,搞得越国大乱,因此楚国才能够开拓疆域,以厉门为边塞,把江东作郡县。我以为大王的功绩之所以能够达到如此辉煌的地步,其原因就是越国大乱和楚国大治。现在大王只知道把这种谋略用于越国却忘记了用于秦国,我

---

[1]《汉书·地理志下》,见班固:《汉书》,中华书局1962年,第1669页。
[2] 袁康、吴平:《越绝书》,上海古籍出版社1985年,第58页。
[3] 原文此处加注:"《越绝书·越绝外传记地传》云:'句践徙治山北,引属东海,内、外越别封削焉。'"
[4] 原文此处加注:"《史记会注考证》卷四十一,引顾栋高:《春秋大事表》。"
[5] 原文此处加注:"《史记·勾践世家》云:'滨于江南海上'。《史记正义》曰:'今台州临海县是也。'按临海县在今浙江南部滨海地。"
[6] 叶国庆、辛土成:《西汉闽越族的居住地和社会结构试探》,《厦门大学学报》(社会科学版)1963年第4期。
[7]《史记·樗里子甘茂列传》,见司马迁:《史记》,中华书局1959年,第2316页。
[8]《史记·樗里子甘茂列传》,见司马迁:《史记》,中华书局1959年,第2318页。

认为若您派甘茂到秦国任相会是个重大过失。"

《史记·樗里子甘茂列传》记载这一段对话时，楚威王七年（前333）杀越王无疆已过了二十多年。这意味着，在越王无疆死后的二十多年里，《史记·樗里子甘茂列传》所记载的政治实体"越"或"越国"不但依然存在，而且征服越人的楚国，竟然还给这一"越"或"越国"送去治理国家的官员和人才——召滑。尽管召滑赴越，乃是承担着使"越国乱"即搞乱越国的政治使命。

这里当予厘清的一个问题是，上引《史记·樗里子甘茂列传》记载范蜎说起的"越"或"越国"，究竟为何性质？楚国与这一"越"或"越国"的关系又是如何？

对这一问题，综合分析文献记载，或才能得出结论。前引《史记·越王句践世家》说在楚国的打击下，"越以此散"，且"诸族子争立，或为王，或为君，滨于江南海上，服朝于楚"。故由此可见，被楚人打散后的越人，值"诸族子争立"的情况下，有的称王，有的称君，成为有别于正常诸侯国的政治松散集团。这一政治松散集团利用越地山多且濒海的地理特点，或聚集，或消弭，或流窜于山，或远遁于海，与不同时期的越国与楚国关系较为密切一样，他们与楚国的联系，也呈现出或紧密或松散的情况。但无论何种情况，均与楚国有着扯不断的联系。

3.楚考烈王时期的"并越于琅邪"

前述，越王翳三十三年（前379），越都复从琅邪迁回吴（故吴旧都）。随即带来的问题是：越复迁都于吴后，越国在今山东的旧都琅邪，如何处置？越都从琅邪迁于吴地百余年后，《越绝书》又作记载说"楚考烈王并越于琅邪"[1]，即楚再次对越远在山东的旧都琅邪施行攻伐和吞并。

楚考烈王为楚怀王之孙，其执政之年为公元前262年（楚考烈王元年），距上述越王翳时越复迁都于吴已过了一百一十七年；而楚考烈王去世之年为公元前238年（楚考烈王二十五年），距上述越王翳越复迁都于吴已过了一百四十一年。因此，在楚考烈王执政时期，越国在今山东的旧都琅邪，究系何种状态？如何在越王翳时越复迁都于吴的百余年后，楚考烈王才"并越于琅邪"？

楚考烈王"并越于琅邪"，或说明楚威王时的"大败越，杀王无疆"等，并没有将越国灭国。否则，就不会有楚考烈王时的"并越于琅邪"了。楚对越进行新一波攻击，但越人仍像一只打不死的鸟，且体现越族群建制的"越君"或"百越之君"依然存在。这从《史记·秦始皇本纪》秦王嬴政公元前222年，即"二十五年，……王翦遂定荆江南地，降越君，置会稽郡"[2]及《史记·白起王翦列传》"平荆地为郡县。因南征百越之君"[3]等记载中，可以看出。

王翦灭楚，降越君并置会稽郡时，已是战国时期的最后一年——公元前222年。由此可见，秦统一六国过程中，最后扫灭的政治实体似乎是越族及越族建制的"越君""百越之君"。尽管，作为诸侯国建制的越国，在秦灭楚之前，已为楚所"灭"。

故从楚威王杀越王无疆，至楚国灭亡的战国时期，楚对越这一不同于正常诸侯国的政治松散且为族群性质的集团，只是一种总体控制和抑制。楚国存在时并未彻底"灭"越，而是留待秦灭楚且统一六国时，这才"降越君"而将越收服。秦统一六国时，最后扫灭的越，并非正常建制的诸侯

---

[1] 原文此处加注："乐祖谋点校.越绝书[M].上海古籍出版社，19."
[2]《史记·秦始皇本纪》，见司马迁：《史记》，中华书局1959年，第234页。
[3]《史记·白起王翦列传》，见司马迁：《史记》，中华书局1959年，第2341页。

国,而只是成分复杂的族群式的政治松散集团。

五、"吴地入越"时期的文化遗存——无锡"鸿山墓群"的越国贵族墓地

越灭吴后,吴地入越。在吴地入越期间,越人在吴地也留下了越文化的历史痕迹。而显示这一痕迹者,即为考古发现的无锡"鸿山墓群"——越国贵族墓地。

越国贵族墓地位于江苏省无锡市鸿山镇东部,东接漕湖与苏州相望。今鸿山遗址博物馆即以该鸿山墓群为依托,倚特大型墓葬——邱承墩战国贵族墓原址而建。邱承墩遗址位于江苏省无锡市鸿山镇东北约一千米处,东南距苏州市区约二十千米,西北距无锡市区约二十千米。《江苏无锡鸿山邱承墩新石器时代遗址发掘简报》称该墓为"战国时期的特大型越国贵族墓",同时推测该遗址的形成过程:"该遗址原为略高出四周的平地,马家浜文化时期开始有原始先民在此生息繁衍,留下居住遗迹和墓葬,形成最初的遗址;崧泽文化晚期至良渚文化初期,在遗址上堆筑祭祀建筑,形成JS1和JS2;良渚文化早期,在遗址上堆筑高土台,并将墓葬营造在高土台之上,形成高台和晚于高台的墓地;至战国早期,又在高土台的基础上,将土台加长、加宽和加高,修整成平台后开挖大型墓坑,埋葬后进行封土,最终形成覆斗状的土墩遗址。"[1]

邱承墩遗址的新石器时代遗存情况,前文已及。而关于该遗址战国时期的越国贵族墓葬情况,据张敏《越国玉器的等级研究》一文,"鸿山越国贵族墓地计发掘了7座越国贵族墓葬,根据封土规模、墓葬结构和随葬器物,可分为特大型、大型、中型和小型四个等级"。其中,"特大型墓葬1座,即邱承墩","大型墓葬2座,即老虎墩和万家坟","中型墓葬2座,即曹家坟和杜家坟","小型墓葬2座,即老坟墩和邹家墩"。[2]

而"鸿山邱承墩随葬玉器的数量多达1098件,器类也相对完整,主要有青瓷礼乐器、陶器和玉器三类"。邱承墩的墓主,"根据墓葬规模和随葬器物推测,邱承墩的墓主可能为越国大夫"。[3]

 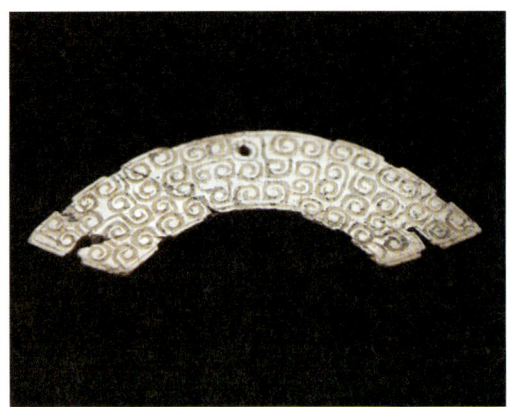

列为全国重点文物保护单位的无锡锡山区鸿山镇的"鸿山墓群"文物保护碑(左)及无锡鸿山遗址博物馆展出的"云纹璜"(战国,邱承墩出土)(右)(吴恩培摄)

---

[1]江苏省考古研究所、无锡市锡山区文物管理委员会:《江苏无锡鸿山邱承墩新石器时代遗址发掘简报》(执笔:张敏),《文物》2009年第11期。
[2]张敏:《越国玉器的等级研究》,《东南文化》2011年第4期。
[3]张敏:《越国玉器的等级研究》,《东南文化》2011年第4期。

南京博物院展出的硬陶炙炉（战国早期，无锡市锡山区鸿山DⅠ出土）（左）及原始青瓷沥水器、吊釜（战国早期，无锡市锡山区鸿山DⅡ出土）（中）以及原始青瓷悬鼓座（战国早期，无锡市锡山区鸿山DⅡ出土）（右）（吴恩培摄）

第二节　吴地入楚

"吴地入楚"，指的是战国时的"故吴地"，随着楚灭越而被并入楚国版图。

前及，楚威王杀越王无疆，对越国的有别于正常诸侯国建制的政治松散集团，予以总体上的控制和抑制。这一时期，故吴疆域和故越疆域均被并入楚国版图。

随着由春秋时的晋国析分出的韩、赵、魏三国，即史家所说的"三家分晋"及楚、齐、秦对周边国家的兼并，以及地处今河北的燕国日强，天下遂分为"战国七雄"。

是时，故吴、故越之地已尽为楚所有。而楚国对故吴疆域的管理与控制，值黄歇治吴前，文献无记载。而体现楚国对故吴疆域施行有效管理的，乃是战国后期的楚相（令尹）黄歇治吴。

一、黄歇其人

（一）黄歇族源与祖地

《史记·春申君列传》载："春申君者，楚人也，名歇，姓黄氏。"[1]而《世本八种》则指出："黄氏，陆终之后，受封于黄，后为楚所灭，因以为氏。"[2]"黄，嬴姓。"[3]"秦之先为嬴姓，其后分封，以国为姓，有江氏、黄氏。"[4]

上述"黄，嬴姓"及"黄氏，陆终之后，受封于黄"等记载，既涉及"嬴姓"与"黄氏"的问题，更涉及中国古代早期社会的"姓"与"氏"的问题。

"姓""氏"的出现，与中国早期宗法制社会的构成有关。"姓"是出生于同一远祖，且有着血缘关系的族群名称。

"氏"是从"姓"中分化出来的。而关于命"氏"之法，即从"姓"中析分出不同的"氏"形成"氏族"的得名依据。宋代郑樵撰《通志·氏族略·氏族序》指出，有"以国为氏""以邑为氏"[5]

---

[1]《史记·春申君列传》，见司马迁：《史记》，中华书局1959年，第2387页。
[2]《世本·秦嘉谟辑补本》，见宋衷注、秦嘉谟等辑：《世本八种》，中华书局2008年，第286页。
[3]《世本·孙冯翼集本》，见宋衷注、秦嘉谟等辑：《世本八种》，中华书局2008年，第14页。
[4]《世本·张树枬集补注本》，见宋衷注、秦嘉谟等辑：《世本八种》，中华书局2008年，第51页。
[5]《通志·卷二十五·氏族一》，见郑樵：《通志》（影印本），浙江古籍出版社2000年，第441—444页。

等多种。后世秦灭六国而一统天下后，姓、氏渐渐合而为一。这也就是《通志·氏族略·氏族序》所指出的："秦灭六国，子孙皆为民庶，或以国为氏，或以姓为氏，或以氏为氏，姓氏之失自此始。"[1]意即，到秦汉时上述的"氏"也就混用而成了"姓"。

由此理解《史记·春申君列传》所说的"春申君者，楚人也，名歇，姓黄氏"[2]，《世本八种》所说的"黄氏，陆终之后，受封于黄，后为楚所灭，因以为氏"[3]及"黄，嬴姓"[4]等，指的即是"嬴"姓中析分出了"黄"氏。而黄氏，为陆终之后，受封于黄，后黄国为楚所灭，故以国为氏。秦汉以后，姓氏合一，故该国（指黄国）后人，即以国（黄国）为姓了。

关于黄氏及黄国，《春秋经》《左传》有多处记载。其最早记载始于鲁桓公八年的《左传·桓公八年》："夏，楚子合诸侯于沈鹿。黄、随不会，使薳章让黄。"[5]意为：本年（指鲁桓公八年，前704）夏季，楚武王在沈鹿会合诸侯的军队。黄、随两国不参加会见。楚武王派薳章去责备黄国，然后亲自讨伐随国，军队驻扎在汉水、淮水之间。黄氏及黄国在《春秋经》《左传》中的最后记载为《春秋经·僖公十二年》："夏，楚人灭黄。"[6]

由上可见，黄氏及黄国在《春秋经》《左传》中始于鲁桓公八年（前704），终于鲁僖公十二年（前648年），前后共存在五十六年。今河南潢川有列为全国重点文物保护单位的黄国故城等。

列为全国重点文物保护单位的河南潢川"黄国故城"文物保护碑（左）及黄国故城遗址（右）（吴恩培摄）

（二）黄歇仕楚的政治作为及其担当

1.黄歇其人

《史记·春申君列传》记载："春申君者，楚人也，名歇，姓黄氏。游学博闻，事楚顷襄王。"[7]即春申君是楚国人，名叫歇，姓黄。曾周游各地从师学习，知识渊博，奉事楚顷襄王。

---

[1]《通志·卷二十五·氏族一》，见郑樵：《通志》（影印本），浙江古籍出版社，2000年，第441页。
[2]《史记·春申君列传》，见司马迁：《史记》，中华书局1959年，第2387页。
[3]《世本·秦嘉谟辑补本》，见宋衷注、秦嘉谟等辑：《世本八种》，中华书局2008年，第286页。
[4]《世本·孙冯翼集本》，见宋衷注、秦嘉谟等辑：《世本八种》，中华书局2008年，第14页。
[5]《左传·桓公八年》，见《春秋左传正义》，北京大学出版社1999年，第188页。
[6]《春秋经·僖公十二年》，见《春秋左传正义》，北京大学出版社1999年，第365页。
[7]《史记·春申君列传》，见司马迁：《史记》，中华书局1959年，第2387页。

楚国春申君黄歇,与战国晚期的齐国孟尝君田文、赵国平原君赵胜、魏国信陵君魏无忌,并称为"战国四公子"。而黄歇为四公子中唯一的非王室中人。关于黄歇的史迹记载,除《史记·春申君列传》外,另见诸《史记》中的《秦始皇本纪》《楚世家》《赵世家》《陈涉世家》《白起王翦列传》《孟子荀卿列传》《平原君虞卿列传》《吕不韦列传》《游侠列传》《太史公自序》等。而除《史记》外,黄歇史迹另见诸《战国策》等历史著作。

上述文献记载中,《史记·春申君列传》对黄歇史事,作了较详尽的记载。而据该文献,黄歇的历史作为和历史担当等史事要点如下:

(1)《上秦王书》及其上书目的——劝秦善楚,保存楚国

《史记·春申君列传》记载,楚顷襄王认为黄歇极有口才,于是让他出使秦国。当时秦昭王(即秦昭襄王)派白起进攻韩、魏两国联军,并在华阳战败韩、魏联军及捕获了魏国将领芒卯。韩、魏两国向秦国臣服并事奉秦国。秦昭王命令白起同韩国、魏国一起进攻楚国,但还没出发,这时楚王所派的黄歇来到秦国,听到了秦国的这个计划。

列为河南省文物保护单位的河南淮阳县"陈楚故城"文物保护碑(吴恩培摄)

在这以前,"秦已前使白起攻楚,取巫、黔中之郡,拔鄢郢,东至竟陵,楚顷襄王东徙治于陈县"[1]。即其时秦国已经占领了楚国大片领土,因为在这以前秦王曾派白起攻打楚国,夺取了巫郡、黔中郡,攻占了当时的楚国国都——鄢郢(今湖北襄阳市宜城),向东直打到竟陵。楚顷襄王为避秦之锋芒,把都城又向东迁到陈县(今河南淮阳)。陈县原为陈国国都。楚灭陈后为避秦而迁此,故史称"陈郢"(关于"陈楚故城",参见前文介绍)。

其时,秦国与已臣服于秦的韩、魏组成联军一起进攻楚国。一旦楚国都城"陈郢"被破,楚国危在旦夕。而楚顷襄王的父亲楚怀王曾被秦国引诱去访问,结果受骗被扣留而死在秦国。故其时秦国并不把楚顷襄王放在眼里。

值此楚国存亡之际,刚来到秦国的黄歇,立即上书劝说秦昭王。在这篇文辞上佳的《上秦王书》中,黄歇意欲表达的主题只有一个——劝秦善楚。此即该《上秦王书》开篇所说:"天下莫强于秦、楚。今闻大王欲伐楚,此犹两虎相与斗。两虎相与斗而驽犬受其弊,不如善楚。"[2] 意即:天下诸侯没有秦、楚两国强大。现在听说大王要征讨楚国,这就如同两头猛虎互相搏斗。两虎相斗而让劣狗趁机得到好处,不如与楚国亲善。

---

[1]《史记·春申君列传》,见司马迁:《史记》,中华书局1959年,第2387页。
[2]《史记·春申君列传》,见司马迁:《史记》,中华书局1959年,第2387页。

（2）《上秦王书》终达目的的要点

其一，伐楚为两虎相斗，而只能使韩国、魏国这两只"驽犬"趁机得到好处。

其二，以晋智伯瑶与吴王夫差的历史教训提醒秦王，贪图眼前的利益，结果只换得祸患。《史记·春申君列传》中记载的黄歇《上秦王书》，几乎全文引述《战国策·秦策四》的相关记载："昔智氏见伐赵之利而不知榆次之祸，吴见伐齐之便而不知干隧之败。"[1]黄歇列举历史上晋国智伯瑶及吴王夫差贪图眼前的利益，结果换得祸患的历史教训，其意在劝谕秦昭王。同时，也是黄歇对智伯瑶、夫差的失败作某种总结。

其三，秦伐楚会使韩、魏两国坐大，从而引发韩、赵、魏、齐四国联手对付秦国的后果。

其四，秦伐楚会使韩、魏两国尊齐称帝，这是秦国的失策。

其五，秦、楚一旦交好，燕、赵、齐等国，无须急攻便可制服。而秦一旦攻楚，则列国间的平衡被打破，引发种种对秦国极为不利的后果。

秦昭王读了《上秦王书》后，被深深触动。"昭王曰：'善。'"[2]接下来，秦昭王停止了秦将白起的出征伐楚，并辞谢了韩、魏两国，同时派使臣给楚国送去了厚礼，秦楚盟约结为友好国家。

就这样，黄歇以自己的政治智慧保存下了楚国，避免了楚国迁陈后遭受秦、韩、魏联手打击而灭国的命运。

2.辅佐太子归楚接位为楚考烈王，从而避免楚国内部的争位纷争

《上秦王书》后，黄歇与楚太子完作为人质，居留在秦国十年。这就是《史记·楚世家》所记载的"二十七年，使三万人助三晋伐燕。复与秦平，而入太子为质于秦。楚使左徒侍太子于秦"[3]。意即，楚顷襄王二十七年（前272），楚派三万人帮助三晋（指韩、魏、赵）攻打燕国。楚又和秦国讲和，并让太子到秦国做人质。楚国让左徒到秦国侍奉太子。由此亦可知，其时黄歇在楚国担任"左徒"职位，且以这一职位伴太子完赴秦为人质。

《史记·楚世家》接下来记载："三十六年，顷襄王病，太子亡归。秋，顷襄王卒，太子熊元代立，是为考烈王。"[4]即楚顷襄王三十六年（前263），楚顷襄王生病，太子逃回楚国。秋天，顷襄王逝世，太子熊元（即太子完）即位，这就是楚考烈王。

上述太子熊元的"亡归"，实是在黄歇的帮助下才得以实现的。对此，《史记·春申君列传》描述这一历史细节说，楚顷襄王病重，秦国不放人质太子完回楚国。当时，楚国太子完与秦国相国应侯范雎的私人关系很好，于是黄歇就去劝说应侯道："相国真是与楚太子相好吗？"应侯说："是啊。"黄歇说："如今楚王恐怕一病不起了，秦国不如让太子回去。如果太子能即位为楚王，他事奉秦国一定情义厚重，而感激相国的恩德将永不竭尽。这不仅是亲善友好国家的表示，而且为将来的秦国保留了一个万乘大国的盟友。如果不让他回去，那他充其量只是秦国都城——咸阳城里的

---

[1]《史记·春申君列传》，见司马迁：《史记》，中华书局1959年，第2389页。
[2]《史记·春申君列传》，见司马迁：《史记》，中华书局1959年，第2393页。
[3]《史记·楚世家》，见司马迁：《史记》，中华书局1959年，第1735页。
[4]《史记·楚世家》，见司马迁：《史记》，中华书局1959年，第1735页。

一个普通人罢了。而因太子不归，楚顷襄王一旦去世，楚国将改立太子。这新太子即位后，肯定不会事奉秦国。这样，秦国就会失去友好国家的信任且又失去一个万乘大国的盟友，这绝不是上策。希望相国仔细考虑这件事。"应侯把黄歇的意思报告给了秦昭王。

秦昭王听说楚顷襄王病重而楚太子完意欲归楚的事后，生怕楚人是在玩弄计谋。为了持有胁迫楚人的人质筹码，秦昭王让伴太子完赴秦为人质的黄歇先回去探问一下楚王的病情，回来后再作计议。听了秦昭王的答复意见，黄歇替楚国太子完谋划说："太子您不如逃离秦国，混在其他使臣中，逃出秦国回去，而让我留下来，我以死来担当责任。"

国家的情势与黄歇的担当，使得他的建议被太子完接受。于是，太子完换了衣服扮成楚国使臣的车夫得以出关，而黄歇在客馆里留守。遇有访客，他总是推托太子完有病，谢绝会客。估计太子完已经走远而秦国无法追上了，黄歇才主动去向秦昭王报告说："楚太子已归，出远矣。歇当死，原赐死。"[1]意为，黄歇对秦昭王说："楚国太子已经回去，离开很远了。我当死罪，愿您赐我一死。"

听了黄歇的报告，秦昭王大为恼火，准予黄歇自杀。是时，秦国相国应侯范雎进言道，黄歇作为臣子，为了他的主人敢于献出自己生命。"太子立，必用歇，故不如无罪而归之，以亲楚。"[2]意为："逃归的楚国太子如果被立为楚王，肯定会重用黄歇。因此，不如免他死罪让他回国，来表示秦对楚国的亲善。"秦昭王听从了应侯的意见，把黄歇遣送回国。

"歇至楚三月，楚顷襄王卒，太子完立，是为考烈王。"[3]意即，黄歇被秦人放归而至楚国三个月后，楚顷襄王去世，太子完被立为楚王，这就是楚考烈王。

3.担任楚相，辅国持权并主持治理淮北十五年

太子完立，为楚考烈王，而黄歇归楚，诚如前文秦相范雎所说，楚"太子立，必用歇"。而关于"必用歇"的文献记载，《史记·楚世家》与《史记·春申君列传》有异。

（1）《史记·楚世家》与《史记·春申君列传》记载的异同

《史记·春申君列传》记载："考烈王元年，以黄歇为相，封为春申君，赐淮北地十二县。后十五岁，黄歇言之楚王曰：'淮北地边齐，其事急，请以为郡便。'因并献淮北十二县。请封于江东。考烈王许之。春申君因城故吴墟，以自为都邑。"[4]意即：楚考烈王元年（前262），任命黄歇为宰相，封为春申君，赏赐淮北地区十二个县。十五年以后，黄歇向楚王进言道："淮北地区靠近齐国，那里情势紧急，请把这个地区划为郡治理更为方便。"并同时献出淮北十二个县，请求封到江东去。考烈王答应了他的请求，从而开始了史称的"黄歇治吴"。

上述，"请封于江东"的"江东"概念，因长江在今安徽芜湖、江苏南京间作西南—东北流向，不再江分南北，而是分为东西，故此处的"江东"，等同或部分等同于"江左""江南"的概念。

---

[1]《史记·春申君列传》，见司马迁：《史记》，中华书局1959年，第2394页。
[2]《史记·春申君列传》，见司马迁：《史记》，中华书局1959年，第2394页。
[3]《史记·春申君列传》，见司马迁：《史记》，中华书局1959年，第2394页。
[4]《史记·春申君列传》，见司马迁：《史记》，中华书局1959年，第2394页。

春秋时，楚国国相称为令尹。而《史记·春申君列传》的上述记载，与《史记·楚世家》有异。

据《史记·楚世家》："顷襄王卒，太子熊元代立，是为考烈王。考烈王以左徒为令尹，封以吴，号春申君。"[1]即楚顷襄王逝世，太子熊元（即太子完，熊完）即位，这就是楚考烈王。楚考烈王任用左徒黄歇为令尹，把江东故吴地封给他，号称春申君。

比较《史记·楚世家》与《史记·春申君列传》的记载，二者异同如下表：

《史记·楚世家》与《史记·春申君列传》的记载异同表

文献	对黄歇的任命职务	封号	封地
《史记·楚世家》	以左徒为令尹。	号春申君。	封以吴。
《史记·春申君列传》	以黄歇为相。	封为春申君。	赐淮北地十二县。十五年后，黄歇献淮北十二县。另请封于江东。

从上表可见：

其一，对黄歇的任命。《史记·楚世家》是"以左徒为令尹"，即将他从左徒擢升为主持国务的令尹一职。而《史记·春申君列传》则是"以黄歇为相"。二者意义相同，但官职名称有异。楚国历史上的国相多称令尹。从这一意义上讲，两部文献的记载，无实质性差异，唯官职名称不一。另，《史记·春申君列传》记载黄歇在"为相"的同时，也兼主持地方事务，即先兼主持淮北事务十五年，后兼主持江东事务十年。

其二，黄歇与"春申君"封号的关系。《史记·楚世家》乃是"号春申君"。所谓"号"者，或自称，或他称。而《史记·春申君列传》中的"封为春申君"，个中"封"字，则含有王权任命或给予封号等的含义。

其三，黄歇的封地。《史记·楚世家》中为直接"封以吴"。《史记·春申君列传》则先由楚考烈王"赐淮北地十二县"，而"后十五岁"即过了十五年后，再由黄歇"请封于江东"。"考烈王许之"，即经过王权认可，黄歇得以"封于江东"并"城故吴墟，以自为都邑"[2]。

相比较而言，《史记·春申君列传》的叙述——先主持淮北事务十五年，其后再"请封于江东"并主持江东事务十年，与其他文献记载更吻合。

（2）黄歇担任国相及主持淮北事务期间的作为之一：主持建寿春城并以之为楚都"寿郢"

《史记·楚世家》载："二十二年……楚东徙都寿春，命曰郢。"[3]即楚考烈王二十二年（前241），楚国向东迁都到寿春，依楚国国都名称的惯例称为"郢"，此亦史家所说"寿郢"。

寿春是楚国历史上重要的都城之一。20世纪50年代时，童书业曾指出说："战国时代的楚国是先都宜城，后迁江陵，又迁陈和寿春的。其中最重要的都城是江陵和寿春。"[4]

现存文献并无黄歇主持建寿春城的记载。但因楚迁寿春为寿郢，故有学者认为："寿春的

---

[1]《史记·楚世家》，见司马迁：《史记》，中华书局1959年，第1735页。
[2]《史记·春申君列传》，见司马迁：《史记》，中华书局1959年，第2394页。
[3]《史记·楚世家》，见司马迁：《史记》，中华书局1959年，第1736页。
[4] 童书业：《关于"中国历史纲要"先秦史及宋史部分的意见》，《文史哲》1955年第3期。

形成就大致可以确定是在楚徙都寿春之前的考烈王时期。而这时,春申君正食封包括寿春在内的淮北十二县地,因此,说寿春系春申君封淮时所建,从现有的材料看,大概是不会产生什么问题的。"[1]

列为全国重点文物保护单位、安徽省重点文物保护单位的安徽寿县"寿春城遗址"文物保护碑(左)及寿县城门(右)(吴恩培摄)

(3)黄歇担任国相及主持淮北事务期间的作为之二:率军救赵及灭鲁

关于黄歇救赵灭鲁之战的情况,《史记·春申君列传》记载说:"春申君为楚相四年,秦破赵之长平军四十余万。五年,围邯郸。邯郸告急于楚,楚使春申君将兵往救之,秦兵亦去,春申君归。春申君相楚八年,为楚北伐灭鲁,以荀卿为兰陵令。当是时,楚复彊。"[2]彊,即"强"。故上条引文意为:春申君担任楚相的第四年,秦破赵而坑杀赵军四十余万人。春申君担任楚相的第五年,秦军包围了赵国都城邯郸。赵国向楚国告急求援。楚国派春申君带兵去救援邯郸,秦军解围撤退后,春申君返回楚国。春申君担任楚相的第八年,主持楚国的北伐,灭掉鲁国,任命荀卿担任兰陵县令。这一时期,楚国又兴盛强大起来。

联系黄歇为相之初的楚考烈王元年(前262),《史记·楚世家》记载:"考烈王元年,纳州于秦以平。是时楚益弱。"[3]即楚考烈王元年,楚国把州(未详何州)给了秦以求与秦讲和。这时楚国更加衰弱。而到了"春申君相楚八年",即黄歇为相经过八年治理,楚国从"益弱"已恢复为"复彊"[4]。

上述黄歇主持淮北事务期间,同时还承担着楚国国相的职务。而率军救赵及灭鲁,实是楚国国相的职务行为。楚灭鲁之战,灭亡了立国近八百年的鲁国,鲁至此绝祀。对此,《史记·鲁周公世家》载,鲁顷公"二十四年,楚考烈王伐灭鲁。顷公亡,迁于下邑,为家人,鲁绝祀。顷公卒于柯。鲁起周公至顷公,凡三十四世"[5]。意即:鲁顷公二十四年(前249),楚考烈王伐灭鲁国。鲁顷公逃亡,迁居到都外小邑,成为平民,鲁国祭祀断绝。鲁顷公后在柯邑死去。而鲁国自周公旦"使其子

---

[1]马育良:《关于寿春形成的几个问题》,《安徽史学》1986年第5期。
[2]《史记·春申君列传》,见司马迁:《史记》,中华书局1959年,第2395页。
[3]《史记·楚世家》,见司马迁:《史记》,中华书局1959年,第1736页。
[4]《史记·春申君列传》,见司马迁:《史记》,中华书局1959年,第2395页。
[5]《史记·鲁周公世家》,见司马迁:《史记》,中华书局1959年,第1547—1548页。

伯禽代就封于鲁"[1]至鲁顷公，总计三十四代。

（4）黄歇担任国相及主持江东事务期间的作为：主持五国联军叩关失败而被楚王疏远

《史记·春申君列传》记载，春申君担任楚相的第二十二年（前241，秦始皇嬴政六年），韩、魏、赵、卫、楚诸国诸侯担忧秦国的攻战征伐无休无止，不能遏制，就结盟联合起来向西讨伐秦国，"而楚王为从长，春申君用事"[2]。即楚国国君担任五国的盟约之长，而春申君主其事。五国联军到达函谷关后，秦军出关应战，五国联军叩关战败而逃。

与此相呼应的是《史记·秦始皇本纪》的记载，秦始皇嬴政"六年，韩、魏、赵、卫、楚共击秦，取寿陵。秦出兵，五国兵罢"[3]。意思是说，秦始皇嬴政六年（前241），韩国、魏国、赵国、卫国、楚国（其时，齐、燕未加入联军，而卫国尚存）一起进攻秦国，夺取了寿陵。秦国出兵，五国的军队就撤了回来。

函谷关与秦岭东段支脉的崤山并称为"崤函"之塞，扼守关中通往中原的通道——崤函古道（又作崤道）。

战国后期，秦控函谷关而变法图强，出关则攻城略地扫荡关东诸国。而函谷关外诸国貌合神离，虽合纵叩关，但终是功亏一篑而作鸟兽散。此次担任五国联军统帅的黄歇，是时既为楚国江东吴地的最高行政官员，同时依然担任着楚国国相一职。

黄歇率五国联军叩关失败处为今河南灵宝市北王垛村的秦函谷关。其时为战国后期的秦嬴政六年（前241）。该时间节点距秦统一中国的秦嬴政二十六年（前221），尚有二十年。其时，随着秦国的日益强大，尤其是秦昭王时听从秦相范雎"王不如远交而近攻"[4]的"远交近攻"战略，并伴随着这一战略的推行与实施，与秦接壤且地处函谷关东的诸国，都感到了威胁与压力。黄歇率五国联军叩关时，卫国尚存，而齐、燕则因远离于秦，暂时未感到威胁，故未加入此次伐秦之战。

是年，据《史记·六国年表》，为"楚考烈王二十二年（前241）"，"王东徙寿春，命曰郢"[5]。而"春申君徙封于吴"的时间为"楚考烈

位于河南三门峡灵宝市王垛村的函谷关（吴恩培摄）

---

[1]《史记·鲁周公世家》，见司马迁：《史记》，中华书局1959年，第1518页。
[2]《史记·春申君列传》，见司马迁：《史记》，中华书局1959年，第2395页。
[3]《史记·秦始皇本纪》，见司马迁：《史记》，中华书局1959年，第224页。
[4]《史记·范雎蔡泽列传》，见司马迁：《史记》，中华书局1959年，第2409页。
[5]《史记·六国年表》，见司马迁：《史记》，中华书局1959年，第752页。

王十五年（前248）"[1]。这意味着，春申君黄歇是在"徙封于吴"的七年后，承担起楚相之职责，率五国联军叩关攻秦而无果。

黄歇率五国联军叩关失败，使得他的政治地位发生变化。这就是《史记·春申君列传》所记载的："楚考烈王以咎春申君，春申君以此益疏。"[2]意为，因叩关失败，楚考烈王把作战失利归罪于春申君，春申君因此渐被疏远。

二、黄歇治吴

历经越灭吴及楚灭越之战，作为故吴旧都的春秋"吴"城，至战国后期黄歇治吴时，已成为"故吴墟"——废墟之地。黄歇对已为废墟的故吴旧都进行修复，疏浚及开掘城内河道、重修城墙等，着力治理而恢复其城市功能，并以之为其封邑的政治、经济中心。

（一）黄歇对故吴旧都的修复之一：疏浚及开掘城内河道

先秦时期的江南地区，适如《越绝书》卷第八记载的"水行而山处，以船为车，以楫为马"[3]，即江南地区以船、楫为主要交通工具，就像北方黄河流域的车和马一样。因此，"吴"城城内的河道，承担着交通运输的功能，一旦淤塞而不通畅，无异于今日的交通堵塞。因此，疏浚和开掘城内河道，就成为当时城市治理的基础性建设。

上述的疏浚和开掘城内河道，在当时的生产力条件下，是且只能是用人力进行的水下土石方开挖工程。其前提条件是，伍子胥筑春秋吴都"吴"城（今苏州古城）时，必然利用天然水道，构筑起城内的河道体系，以作为军事或民生的运输用途。而在越灭吴的战争中，城内人口大量减少，致使这些城内河道或淤塞、或废弃而失去城市运输功能。在疏通、拓宽的过程中，开掘新的河道，从而对城内的河道进行系统性的规划和治理。所有这些，就是唐代张守节《史记正义》所说的黄歇治吴时"又大内北渎，四从五横，至今犹存"[4]。而按此可知，战国后期时黄歇在春秋"吴"城城内开掘的河道"大内北渎，四从五横"，至唐代时"犹存"。

与此印证的为唐陆广微《吴地记》记载的苏州古城内的桥梁。其中有：东汉时传承下来的"后汉郡人顾训家有百口，五世同居，乡人效之，共议近宅造百口桥，以彰孝义也"的"百口桥"；与中国道教崇奉的晋代时成仙的仙人丁令威[5]后裔丁法海及琴高有关，且"在交让渎"的"乘鱼桥"；与东汉高士梁鸿及孟光"举案齐眉"故事有关的"汉议郎皋伯通字奉乡所居，因名"的"皋桥"；春秋时，十九世吴王"寿梦于此置都驿，招四方贤客。基址见存"的"都亭桥"；"吴时海渚通源，后沙涨为陆，基址见存"的"炭渚桥"；春秋时，二十四世吴王"阖闾于行苑内置游赏之处。基址见存"的"定跨桥"[6]；等等。

---

[1]《史记·六国年表》，见司马迁：《史记》，中华书局1959年，第750页。
[2]《史记·春申君列传》，见司马迁：《史记》，中华书局1959年，第2395页。
[3]《越绝书》卷第八，见袁康、吴平：《越绝书》，上海古籍出版社1985年，第58页。
[4]张守节：《史记正义》，见司马迁：《史记》，中华书局1959年，第2394—2395页。
[5]丁令威的时代有不同说法，此处根据民国《吴县志》卷第三十九中《舆地考·第宅园林·长洲县》的记载："晋丁令威宅在阳山有炼丹井存焉。"（民国《吴县志》，苏州图书馆藏本）
[6]陆广微：《吴地记》，江苏古籍出版社1986年，第84—89页。

由上述《吴地记》记载的苏州古城内的桥梁，可推知唐代时苏州城内河道的情况。而后至南宋时，在南宋著名的《平江图》上，苏州城内的河道体系以及河道上的一座座桥梁，则已经是直观而一目了然了。

到了清代中叶，苏州城内的河道体系已演变成"三横四直"。这"三横四直"的实证，为现存于苏州景德路城隍庙工字殿墙上的《苏郡城河三横四直图碑》。该碑分正反两面：正面刻《重浚苏州城河记》，记载了清代嘉庆元年（1796）八月至次年五月，苏州城内全面疏浚河道的经过；反面刻有《苏郡城河三横四直图》，图的上部刻有《苏郡城河三横四直图说》。

古代城市的建筑易受自然等外界力量而改变。城市河道体系与城市交通、物资运输及市民生活紧密相连，而挖掘或改变这些河道需耗费大量民力，民间无力承担，故只能作为官方组织的大型基础性工程。因此，在生产力低下的古代，一个城市的河道体系一旦形成，往往不易作大的改变，从而相对稳定地成为这座城市特殊的文化印记。

因此，战国黄歇治吴时开挖的"大内北渎，四从五横"、唐代时"犹存"及南宋《平江图》直观反映的河道体系，以及清代《苏郡城河三横四直图碑》上苏州"三横四直"的河道体系等，与今日苏州城内尚存的河道体系互为印证，构成了历经两千多年且至今仍能被感受到的这座城市的历史文化印记。

所有这些，既有今日苏州古城河道的实物印证，又有汉、唐时的文献记载，更有南宋《平江图》及清代《苏郡城河三横四直图碑》的图绘实物印证。其源头指向即为黄歇治吴时的"大内北渎，四从五横"。从这一意义上讲，关于被黄歇治吴时疏浚及开掘城内河道"大内北渎，四从五横"的文献记载，就既成为苏州河道体系在战国时开掘和疏浚的文献记载，也成为苏州古城的城址在今古城区范围内从未移位的文献记载。

而黄歇治吴时城内"四从五横"河道体系的遗存，及其构成的特殊文化印记，也否定了春秋"吴"都的所谓"木渎古城"（又作"灵岩古城"）的不实之说。该"木渎古城"处的河道，并未形成体系，更未形成与"吴"城对应的唐代时"犹存"的"四从五横"河道体系。

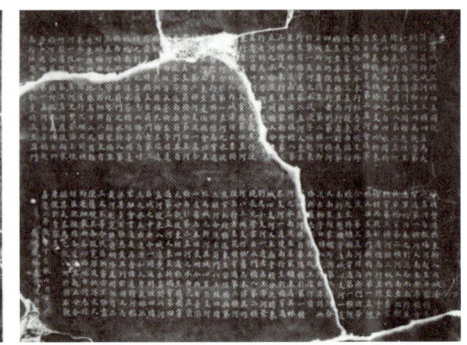

20世纪30年代苏州景德路城隍庙的仪门、牌楼（左）（录自《老苏州·百年旧影》[1]，现存于苏州景德路城隍庙工字殿墙上的《苏郡城河三横四直图碑》全图（中）及该碑上部镌刻的清代嘉庆二年（1797）《苏郡城河三横四直图说》（右）（录自《苏州古城地图》[2]）

---

[1]苏州市地方志编纂委员会办公室：《老苏州·百年旧影》，江苏人民出版社1999年，第71页。
[2]《苏州古城地图》，古吴轩出版社2004年。

(二)黄歇对故吴旧都的修复之二:重修春秋"吴"城(今苏州古城)城墙及由此构成的"苏州古城城墙春秋时伍子胥建、战国时黄歇重修"命题

《越绝书》卷第二记载:"楚门,春申君所造。楚人从之,故为楚门。"[1]唐代张守节《史记正义》则指出黄歇父子重修"吴"城(今苏州古城)城墙时"改破楚门为昌门"[2]。

据《吴越春秋》,伍子胥造筑的"吴"城城墙诸城门中并无"楚门",但有"破楚门"的两处记载:

一为:"立阊门者,以象天门通阊阖风也……阖闾欲西破楚,楚在西北,故立阊门以通天气,因复名之破楚门。"[3]意思是说:因楚在西北方位,故立阊门以通天气,祈祷吴国在与楚国的对抗中,能获上苍的佑助。因此,为阊门取另一个城门名称(即复名)为"破楚门"。——祈求上天佑之,更以此明破楚之志。

另一为:"诸将既从还楚,因更名阊门曰破楚门。"[4]即记载吴王阖闾时期,吴伐楚归来后,为纪念破楚入郢的胜利,将阊门这一城门名称"更名"为"破楚门"。显然,这一"更名"乃是为了彰显并纪念吴国伐楚所获得的辉煌战绩。

而到了战国后期的春申君黄歇治吴时,故吴疆域继入越后入楚。在这种情况下,阊门再称为"破楚门"显然已不合时宜。毕竟故吴旧地已被并入楚国版图。同时,请赴江东治理故吴旧地的黄歇,还承担着楚国国相的职务。而从"楚门"为"春申君所造"来看,是时,阊门在战火中或已倾颓,故春申君重修"吴"城城墙时,当是在原阊门废址上重建。因在原址重建,极易在民间唤起对阊门曾经的"复名"——"破楚门"及吴国辉煌历史的记忆,尤其是在战国后期楚人治吴这一社会动荡、族群矛盾激化时期,并激起吴人对楚人治吴现实的不满。因此,为免民间再呼之曰"破楚门"而将之命名为"楚门",就是一个非常必要的政治、文化举措了。民国《吴县志》卷第十八下《舆地考·城池》对之准确地表述为:"楚封春申君于吴,讳'破楚'之名改曰'阊门'。"[5]讳者,忌讳也。

故这一时期,阊门虽名为"楚门",但原有的"阊门"名称或也同时存在。这从《越绝书》在记载"楚门"的同时,又记载"阊门"的"邑中径从阊门到娄门"[6]"阊门外高颈山东桓石人,古者名'石公',去县二十里。阊门外郭中冢者,阖庐冰室也。阖庐冢,在阊门外,名虎丘"[7]等,可以看出。

因此,《越绝书》记载春申君造"楚门",唐代张守节《史记正义》记载黄歇治吴时"又改破楚门为昌门"[8]等,均指出了黄歇治吴时的一个重要历史事实——重修"吴"城(今苏州古城)城墙。而记录着春秋时吴国伐楚入郢等辉煌历史的"破楚门",秦灭楚后已不再构成政治禁忌。故后世苏州方志文献中,不断出现"破楚门"的记载。如唐陆广微《吴地记》:"阊门,亦号破楚门,

---

[1]袁康、吴平:《越绝书》,上海古籍出版社1985年,第17页。
[2]张守节:《史记正义》,见司马迁:《史记》,中华书局1959年,第2394—2395页。
[3]赵晔:《吴越春秋》,江苏古籍出版社1986年,第25页。
[4]赵晔:《吴越春秋》,江苏古籍出版社1986年,第47页。
[5]民国《吴县志》卷第十八下《舆地考·城池》,见民国《吴县志》,苏州图书馆藏本。
[6]袁康、吴平:《越绝书》,上海古籍出版社1985年,第10页。
[7]袁康、吴平:《越绝书》,上海古籍出版社1985年,第11页。
[8]张守节:《史记正义》,见司马迁:《史记》,中华书局1959年,第2395页。

吴伐楚,大军从此门出。"[1]宋范成大《吴郡志》:"《吴越春秋》又曰:'昌(阊)门亦名破楚门,吴伐楚,自此门出也。'"[2]

而黄歇治吴时重修并命名为"楚门"的名称,在其后苏州方志文献中却再也没出现。其原因有三:一是该城门本有其始建名称"阊门";二是其历史上的"复名"或"更名"的"破楚门"名称,显现着吴国历史记忆;三是浸淫着楚文化烙印的"楚门"城门名称与吴地文化格格不入,吴人亦难以接受。

除黄歇重修"吴"城(今苏州古城)城墙、城门并命名"楚门"外,文献还记有一处与黄歇治吴时故吴旧都(即春秋吴都"吴"城)城门之一的巫门(即平门)有关的建筑——"罘罳"。《越绝书》卷第二记载:"巫门外罘罳者,春申君去吴,假君所思处也。去县二十三里。"[3]俞纪东《越绝书全译》释"罘罳"为:"门外之屏,此指城门当门的墙。"[4]故上句引文意为:巫门外的屏墙,是春申君离开吴地,其子假君思念父亲的地方,距离"吴"城二十三里。

另,唐代《吴地记》记载说:"蛇门,南面有陆无水,春申君造以御越军。"[5]因楚灭越后黄歇请求另封于江东,这才来到吴地。其时,楚虽灭越,但越散而未亡,前文已作详细论述。被楚国打散后的越人,值"诸族子争立,或为王,或为君,滨于江南海上服朝于楚"[6]的情况下,有的称王,有的称君,互不节制地成为有别于正常诸侯国建制的政治松散集团。正是在黄歇治吴的时期,楚考烈王执政下的楚国,再次与流散于今山东境内的越人发生冲突,并"并越于琅邪"[7]。楚考烈王在北面对越人出手,势必引发南方越地的越人反弹。在楚与越人的新一轮冲突中,《吴地记》记载"蛇门,南面有陆无水,春申君造以御越军"[8],即面对着越人的反弹和对抗,春申君修复当初伍子胥筑春秋"吴"城时就特意开辟而用于压制越人的"吴"城之南门——蛇门,就成为其时必要的制越举措了。因此,黄歇治吴时修复蛇门,在体现黄歇修复故吴旧都城墙必要性、实用性的同时,也增强了其合理性。

由以上可见,文献记载黄歇治吴时除疏浚、开掘城内河道外,其另一大作为——修复故吴旧都即春秋"吴"城的城墙。

黄歇治吴时修复春秋"吴"城城墙,构成了关于春秋"吴"城(今苏州古城)的一个历史命题——"苏州古城城墙春秋时伍子胥建、战国时黄歇重修";同时,也印证了由上述命题派生出的另一重大历史命题——苏州古城为春秋时建、战国时重修(关于这一命题的文献记载及考古印证等,另见下文叙述)。

(三)黄歇治吴时的其他恢复城市功能的举措

战国时黄歇重修春秋时伍子胥主持筑造的"吴"城(今苏州古城),使得古城的城市功能得以

---

[1] 陆广微:《吴地记》,江苏古籍出版社1986年,第17页。
[2] 范成大:《吴郡志》卷三,江苏古籍出版社1986年,第21页。
[3] 袁康、吴平:《越绝书》,上海古籍出版社1985年,第18页。
[4] 俞纪东译注:《越绝书全译》,贵州人民出版社1996年,第65页。
[5] 陆广微:《吴地记》,江苏古籍出版社1986年,第22页。
[6] 《史记·越王句践世家》,见司马迁:《史记》,中华书局1959年,第1751页。
[7] 原文此处加注:"乐祖谋点校.越绝书[M].上海古籍出版社,19."
[8] 陆广微:《吴地记》,江苏古籍出版社1986年,第22页。

恢复。其举措主要表现在对民居闾巷的修复与对宫室及城市公共设施的修复上。

1. 对民居闾巷的修复

《越绝书·卷第二》记载说："吴诸里大閈,春申君所造。"[1] 閈,巷门。故该句意为故吴旧都"吴"城诸多闾巷的门,为春申君所造。由此可见,黄歇治吴时,故吴旧都"吴"城的人口急剧增加,城市的闾巷、民居得以修复性建造。

唐陆广微《吴地记》从微观的角度记载了战国时和春申君齐名的孟尝君食客冯驩迁居于吴的住宅,以及因其得名的"弹铗巷"："冯驩宅,在吴县东北二里五十步。驩,孟尝君门下客,今有弹铗巷,其坟在侧,石碑见存。"[2]

孟尝君门下食客冯驩,又作冯谖、冯煖,其"弹铗"事迹,见诸《史记·孟尝君列传》《战国策·齐策四》等文献记载。冯驩听说孟尝君乐于招揽宾客,便投奔了他。投奔后,冯驩"弹其剑而歌曰'长铗归来乎,食无鱼'"[3]。即冯驩弹着剑唱道："长剑啊,咱们回家吧!吃饭没有鱼。"孟尝君满足了他吃饭有鱼的要求后,冯驩"复弹剑而歌曰'长铗归来乎,出无舆'"[4]。即冯驩又弹着剑唱道："长剑啊,咱们回去吧,出门没有车。"而孟尝君再次满足了他出行有车的要求后,冯驩再次"弹剑而歌曰'长铗归来乎,无以为家'。孟尝君不悦"[5]。即冯驩又弹着剑唱道："长剑啊,咱们回家吧,没有办法养活家。"孟尝君听了很不高兴。其后,孟尝君让这位反复"弹铗"的食客去薛地收债,并让他"视吾家所寡有者"[6],即买点家中所缺的东西回来。冯驩到了封邑薛地后,"矫命以责赐诸民,因烧其券"[7],即假托孟尝君之命,把这些债都还给了这些债民,并当场烧掉了欠条、借条等债券。回来后,孟尝君问他收债情况,并问他买了什么东西回来。冯驩回答说："您说让我买些家里没有的。我私下思忖,您宫中珍宝堆积、狗马充满外厩,美女也充满宫中,而'君家所寡有者以义耳!窃以为君市义'。"[8] 意为：您家中缺少的是"义",故我私下里已为您买来了"义"。其时,孟尝君心中并不高兴,可一年后,当孟尝君被废而回到封邑薛地时,差百里还未到时,民众扶老携幼,已在道旁迎接他了。此时,孟尝君回头对冯驩说："先生为我买的'义',我现在看到了。"这位孟尝君的食客冯驩,后来到了春申君黄歇主政下的故吴旧都"吴"城,并"在吴县东北二里五十步"建其住宅。而该住宅所在的巷子,也因其事迹而被称为"弹铗巷"。

北宋朱长文《吴郡图经续记》记载这一巷名说："长铗巷,一名弹铗巷,在吴县东北二里。巷有冯煖宅。煖,客有齐孟尝君之门弹长铗而歌者也。"[9] 接下来,该文献又记载说："旧传郡郭

---

[1] 袁康、吴平:《越绝书》,上海古籍出版社1985年,第17页。
[2] 陆广微:《吴地记》,江苏古籍出版社1986年,第43页。
[3] 《史记·孟尝君列传》,见司马迁:《史记》,中华书局1959年,第2359页。
[4] 《史记·孟尝君列传》,见司马迁:《史记》,中华书局1959年,第2359页。
[5] 《史记·孟尝君列传》,见司马迁:《史记》,中华书局1959年,第2359页。
[6] 《战国策·齐策四》,见王锡荣、韩峥嵘:《战国策译注》,吉林文史出版社1998年,第283页。
[7] 《战国策·齐策四》,见王锡荣、韩峥嵘:《战国策译注》,吉林文史出版社1998年,第283页。
[8] 《战国策·齐策四》,见王锡荣、韩峥嵘:《战国策译注》,吉林文史出版社1998年,第283页。
[9] 《吴郡图经续记·卷下》,见朱长文:《吴郡图经续记》,江苏古籍出版社1986年,第61页。

三百余巷,盖皆有名而失之,惜哉。"[1]意为:和"弹铗巷"同时的"吴"城内城和外城,旧传有三百多条闾巷,且这些闾巷都像"弹铗巷"一样有巷名。可惜的是,这些名称后来都湮灭了。民国《吴县志》和近代王謇《宋平江城坊考》都对"弹铗巷"的地址进行了考证。民国《吴县志》卷四十一《冢墓二》记载说:"冯煖墓,在弹铗巷,即煖所居,死葬其侧。至唐,墓碣犹存。互见第宅坊巷。按冯《志》,冯煖墓后有卫公子墓,今移入吴县。"[2]民国《吴县志》卷二十四下《坊巷下》对上述"冯煖墓后有卫公子墓,今移入吴县"句,提出异议说:"铗弹巷,《吴地记》:'冯驩宅,在吴县东北二里五十步。驩,孟尝君门下客,今有弹铗巷,其坟在侧,石碑见存。'互见《冢墓门》。按:吴县迁近治在元、明之际,宋龙兴寺也。南宋在流化坊。北宋前,在东白塔子巷东口打急路桥。此云'东北',当在娄门附近。"[3]而参考近代王謇《宋平江城坊考》"弹铗巷"条,该条录上述唐陆广微《吴地记》"'冯驩宅,在吴县东北二里五十步。驩,孟尝君门下客,今有弹铗巷,其坟在侧,石碑见存。'互见《冢墓门》"[4]后,另予评述:"元明之际,吴县始迁近治,故龙兴寺也。南宋在流化坊。北宋前,在东白塔子巷东口打急路桥。此云'东北',当在娄门附近,惟冯驩墓当在齐(指齐门),不当在吴中,未知何以有此强有力之传说,或吴中别有冯姓之人而沿误耶?"[5]由此可见,上述民国《吴县志》卷二十四下《坊巷下》对"冯煖墓……今移入吴县"提出异议的文字出自参与民国《吴县志》编纂的王謇之手。且王謇《宋平江城坊考》认为"弹铗巷"当在"娄门附近"。

综上,可以得知黄歇治吴的战国后期,故吴旧都"吴"城的民居闾巷曾达三百多条。而位于今娄门附近且因孟尝君食客冯驩宅于此而得名为"弹铗巷",只不过是留存于后世文献记载而已。

今苏州地名中已无"弹铗巷",而今山东微山县冯驩故里立有"驩城镇"碑。碑后介绍该镇镇名的文字中"驩"作"欢"。

冯驩,一位联结起山东微山县驩(欢)城镇与"吴"城(今苏州古城)娄门"弹铗巷"的战国时的历史人物。因其居住而得名为"弹铗巷"的闾巷,印证了朱长文《吴郡图经续记》记载的"传郡郭三百余巷,盖皆有名"[6]的记载。

除上述外,清顾震涛《吴门表隐》卷一亦有与"周逸民朱张"有关的两条记载,分别为:"周逸民朱张墓在长邑苏台乡"(长邑,即清代长洲县)和"朱长巷即朱张巷,周逸民所居,元万户朱瑄尚居之"[7]。对此,《苏州市吴文化地名保护名录(市区卷)》"郏长巷"条说,该巷"东出仓街,西出平江路,……本巷系平江路南段第一条直通仓街的横巷,原作朱张巷,以朱、张二姓所居,故名。卢熊《苏州府志》等作朱张巷。民国《吴县志》仍作朱张巷,并附长注云:'(在)新学后,俗名朱长巷。……同治《志》:周逸民朱张所居。疑出附会。《姑苏》、《康熙》二志,无此文。近人笔

---

[1]《吴郡图经续记卷下》,见朱长文:《吴郡图经续记》,江苏古籍出版社1986年,第61页。
[2]民国《吴县志》卷第四十一,见民国《吴县志》,苏州图书馆藏本。
[3]民国《吴县志》卷二十四下,见民国《吴县志》,苏州图书馆藏本。
[4]王謇:《宋平江城坊考》,江苏古籍出版社1986年,第283页。
[5]王謇:《宋平江城坊考》,江苏古籍出版社1986年,第283页。
[6]《吴郡图经续记卷下》,见朱长文:《吴郡图经续记》,江苏古籍出版社1986年,第61页。
[7]顾震涛:《吴门表隐》,江苏古籍出版社1986年,第1—2页。

记谓:元起海运,朱清、张瑄主之,富甲一郡,同营广厦于此,故名。……'《姑苏图》标作朱丈巷,《苏州城厢图》标朱长巷,《吴县图》标郏巷,疑中漏一'长'字,《苏州图》仍标作郏长巷"[1]。

该"疑出附会"的"朱长巷"(朱张巷,今郏长巷),若与周逸民有关,则战国后期黄歇治吴而建造三百余民居闾巷时,该闾巷作何名称?今已无考。

今山东微山县冯骧故里骧城镇(左)及冯骧迁居吴地后所居"弹铗巷"所在地"娄门附近"的今苏州娄门(右)(吴恩培摄)

2.对故吴旧都宫室及城市公共设施的修复

故吴旧都"吴"城,历经越灭吴战争及楚灭越战争,已倾颓而成了"吴墟"。黄歇请赴江东而"以自为都邑"时,在故吴旧都城址上,除疏浚、开掘河道及修复城墙、城门等外,还大建宫室,修复古城民居和城市公共设施。这些作为,见诸《越绝书》中的如下记载:

"南城宫,在长乐里,东到春申君府。"[2]

"胥女南小蜀山,春申君客卫公子冢也,去县三十五里。白石山,故为胥女山,春申君初封吴,过,更名为白石。去县四十里。"[3]

"今太守舍者,春申君所造,后壁屋以为桃夏宫。"[4]

"吴两仓,春申君所造。西仓名曰均输,东仓周一里八步。后烧。更始五年,太守李君治东仓为属县屋,不成。吴市者,春申君所造,阙两城以为市。在湖里。吴诸里大闬,春申君所造。吴狱庭,周三里,春申君时造。土山者,春申君时治以为贵人冢次,去县十六里。楚门,春申君所造。楚人从之,故为楚门。路丘大冢,春申君客冢。不立,以道终之。去县十里。"[5]

"今宫者,春申君子假君宫也。前殿屋盖地东西十七丈五尺,南北十五丈七尺。堂高四丈,十霤高丈八尺。殿屋盖地东西十五丈,南北十丈二尺七寸。户霤高丈二尺。库东乡屋南北四十丈八尺,上下户各二。南乡屋东西六十四丈四尺,上户四,下户三。西乡屋南北四十二丈九尺,上户三,下户二。凡百四十九丈一尺。檐高五丈二尺。霤高二丈九尺。周一里二百四十一步。春申

---

[1] 苏州市民政局、苏州市地方志学会:《苏州市吴文化地名保护名录(市区卷)》,古吴轩出版社2015年,第334—335页。
[2] 袁康、吴平:《越绝书》,上海古籍出版社1985年,第9页。
[3] 袁康、吴平:《越绝书》,上海古籍出版社1985年,第16页。
[4] 袁康、吴平:《越绝书》,上海古籍出版社1985年,第17页。
[5] 袁康、吴平:《越绝书》,上海古籍出版社1985年,第17页。

君所造。"[1]

关于上述"春申君所造"的"吴两仓",民国《吴县志》卷第三十一评述说:"吾吴诸仓,以春申君所造东、西两仓为最古。"[2]

从以上记载可以看出,在春秋"吴"城已成"吴墟"的情况下,黄歇及其子假君来到吴地,修复被战火毁坏的春秋"吴"城。在这一修复过程中,黄歇父子不仅修建"城宫""府""舍"等官府建筑,同时还修建用于屯集物资的"仓"以及用于商品交易而发展经济的"吴市"。在城市管理方面,除前述吸引人口,建设民居外,还建设了与法治有关的"狱庭"即监狱及不同社会阶层人士使用的公共墓地——"贵人冢"和"路丘大冢"等。在农业生产上,黄歇父子一方面倡导有着浓厚农耕文明色彩的民间祭祀活动——以牛祀历山;另一方面,在农田改造和农田水利建设上,施行"立塘""治以为陂"以及"凿语昭渎以东到大田""凿胥卑下以南注大湖,以写(泻)西野"等举措,从而有效地医治战争创伤,恢复并发展吴地的农业生产。

(四)黄歇治吴时的治水筑"埭"与"因冠以姓志其所自"的黄埭古镇

今苏州相城区黄埭镇旁,有示以该镇镇名"黄埭"的大石一方,其下小字叙其镇名"黄埭"乃是出自民国十一年(1922)《黄埭志》的记载:"考之以土堰水曰埭。周考烈王元年,楚以黄歇为相,封号春申君,城吴墟为都邑。相传是埭即春申君所筑,后人因冠以姓志其所自,故曰黄埭。"

《黄埭志》于民国十一年(1922)编,题签者张一麐,江苏吴县人,曾入袁世凯幕府,为民国初期的政坛风云人物。

苏州相城区黄埭镇旁示以该镇镇名"黄埭"的大石一方(左)及其下部录自《黄埭志》的文字(右)(吴恩培摄)

1."埭"字释义

关于黄埭的"埭"字,涉及黄歇当年在黄埭筑"埭"治水的性质,即整治水道,便于水上运输的基础性工程。

"埭"字释义,见诸下列工具书:

(1)《汉语大字典》

《汉语大字典》释"埭"字为:"①堵水的土坝。《玉篇·土部》:'埭,以土竭水。'《正字

---

[1]袁康、吴平:《越绝书》,上海古籍出版社1985年,第17页。
[2]民国《吴县志》卷第三十一,见民国《吴县志》,苏州图书馆藏本。

通·土部》：'雍水为堰。'《水经注·渐江水》：'太守孔灵符遏蜂山前湖以为埭，埭下开渎，直指南津。'《晋书·谢玄传》：'玄患水道险涩，粮运艰难，用督护闻人奭谋，堰吕梁水，树栅，立七埭为派，拥二岸之流，以利运漕。'清招广涛《鹤舟七弟以永丰令冯子良送情四兄归粤诗见示次原韵抒感》：'城南城北空华屋，花埭花田竟战尘。'②船舶往来征税之处。《正字通·土部》：'凡埭，征税之所，旧有程格。唐肃宗上元中，敕江淮堰、埭商贾牵船过处，准河斛斗纠钱，谓之埭格。'《南史·齐本纪》：'下扬、南徐二州桥、桁、塘、埭丁计功为直，敛取见钱，供太乐主衣杂费。'宋王禹偁《长洲县令厅记》：'先是司漕运者，转民岁租，更送他郡，苦舟楫之役，糜堰、埭之费者，久矣。'"[1]

（2）《汉语大词典》

《汉语大词典》将"埭"字释为："堵水的土坝。古时水浅不利行船处，筑土竭水，两岸树立转轴，遇有船过，以缆系船，用人或畜力挽之而渡。《晋书·谢安传》：'及之新城，筑埭于城北，后人追思之，名为召伯埭。'唐宋之问《登北固山》诗：'埭横江曲路，戍入海中山。'"[2]

又，该《汉语大词典》与"埭"有关的词条为"埭岸"和"埭程"。其释义如下：

埭岸：堤岸。

埭程："过堰钱。古时在江河水流湍急、船路险阻处设埭，用牛或人力助船过埭，借以收税，南北朝叫牛埭程，唐代称埭程。《通典食货十一》：'〔唐肃宗〕上元中，敕江淮堰塘商旅牵船过处，准斛纳钱，谓之埭程。'"[3]

由此可见，黄歇战国晚期时于此筑堰埭，即筑壅水的土坝。其目的乃是提高上游水位，以便水运或灌溉。其中，为便于过船，在上下游还设有简单机械，以缆系船，用人或畜力挽之而渡。

2.文献关于筑"埭"的最早记载——《三国志》的"凿句容中道"及学者们对"埭"的论述

黄歇筑"埭"事，先秦文献无相关记载。且"埭"字，东汉许慎《说文解字》无此字。这或也说明，东汉前，虽已有围堰而筑堵水的土坝等工程，但其时尚未将之称为"筑埭"。文献记载的最早的类乎筑埭以利水运事，为《三国志》卷四十七《吴书二·吴主权》的下列记载：

东吴赤乌八年八月，孙权"遣校尉陈勋将屯田及作士三万人凿句容中道，自小其至云阳西城，通会市，作邸阁"[4]。邸阁，为古代的粮仓。故该句意为，赤乌八年（245）八月，孙权派遣校尉陈勋率领屯田及作匠工的兵卒三万人，开凿句容城中路运河，自小其到云阳西城，沟通商市，建造粮仓。

孙权时期的这一"凿句容中道"，向来被学界视为文献记载的最早的筑"埭"。李玉《试论孙吴时期埭的兴起与功用》一文即指出："在中国古代水利技术、交通运输发展史上，六朝时期，埭的出现是水利建筑技术的一大进步。但是，与堰、塘、渠等其他水利工程相比，埭对于多数人来讲是陌生的，在水利建设史上被长期忽视。关于埭的研究，学者们多是以引述重要水利工程方

---

[1]《汉语大字典》（缩印本），湖北辞书出版社、四川辞书出版社1992年，第193页。
[2]汉语大词典编纂委员会、汉语大词典编纂处（罗竹风主编）：《汉语大词典》第二卷，汉语大词典出版社1993年，第1141页。
[3]汉语大词典编纂委员会、汉语大词典编纂处（罗竹风主编）：《汉语大词典》第二卷，汉语大词典出版社1993年，第1141页。
[4]《三国志·吴书二·吴主权》，见陈寿：《三国志》，中华书局1959年，第1146页。

山埭、破冈埭和'西陵牛埭税'的记载，来为六朝水利交通业、关津税的研究提供史料佐证。从'埭'本身出发对其进行全面考述的学术成果很少，《中国水利史稿》、《水利史话》等著述中有对埭的建筑形式、少数重要工程的介绍；另仅有两篇专门性文章《说"埭"》和《魏晋南朝时期的堰埭建设》，从释义、建筑形式、过埭方式、功能作用等进行了分析，给人以启发。"[1]而关于"埭"的起源，该文指出："埭的起源。三国孙吴时期，埭开始出现在史料记载中，其一经出现便是非常成熟的水利建筑工程形式，表明在这之前应该有类似于埭这种形式的水利技术或水利工程存在，埭应是长期水利技术的积累。"[2]

在三国东吴孙权派三万士卒"凿句容中道"前，战国后期黄歇治吴时已在今苏州相城区筑"埭"而以土堰水了。宋闻兵《说"埭"》一文说："'埭'（dài），不见于《说文解字》，是魏晋时才出现的一个新字。《三国志·吴书》载，吴赤乌八年（245），孙权'遣校尉陈勋将屯田及作士三万人凿句容中道，自小其至云阳西城，通会市，作邸阁'。《太平御览》卷73'堰棣条'引《吴录》：'句容县大皇时使陈勋凿开水道，立十二棣以通吴会诸郡。故舡行不复由京口。'[3]这是文献中关于'埭'的最早记载。[4]"[5]

马晓峰《魏晋南朝时期的堰埭建设》一文，先对堰、埭、渠等水利名词进行释义与对比说："'堰'：名词，挡水的堤坝，如堤堰、堰塘，也可作动词用，有壅水、挡水之义。'埭'：堵水的土坝。'渠'：人工开凿的水道。"接着，该文论述："埭的修建，一般是在陡急的河道上建梯级堤坝使得航行船只可以平稳通过，《宋书》卷74《沈攸之传》的记述说明了这一点：'初攸之贱时，与吴郡孙超之、全景文共乘小船出京都，三人共上引埭……'另据《南齐书》卷29《吕安国传》记载可知，此埭名为'奔牛埭'。从'三人共上引埭'可以清楚地看出奔牛埭是一种梯级水坝，需要借助外力使船只从一级水坝转到另外一级水坝。这一时期著名的埭还有不少，如孙吴时在建康城外青溪之上修建的鸡鸣埭[6]，东晋初期为调节中渎水道流量而修建的欧阳埭[7]，以及东晋太元七年（公元382年），谢安主持修建的召伯埭。《晋书》卷79《谢安传》载谢安于淝水之战后于广陵附近建新城，'筑埭于城北，后人追思之，名为召伯埭'。后来又以召伯埭为中心相继兴建了三个埭，据《太平御览》卷73《堰埭条》引郭缘生《述征记》曰：'秦梁埭到召伯埭二十里，召伯埭到三枚埭十五里，三枚埭到镜梁埭十五里。'苻坚败后，谢玄乘胜追击，平定兖州，'玄患水道险涩，粮运艰难，用督护闻人奭谋，堰吕梁水，树栅，立七埭为派，拥二岸之流，以利运漕，自此公私便利'。一连修筑七个埭来调节水量，可见这项工程的规模之大。"

3. 关于"黄埭"

前述，"埭"在史料记载中"一经出现便是非常成熟的水利建筑工程形式，表明在这之前应

---

[1] 李玉：《试论孙吴时期埭的兴起与功用》，《东岳论丛》2012年第8期。
[2] 李玉：《试论孙吴时期埭的兴起与功用》，《东岳论丛》2012年第8期。
[3] 原文此处加注："参《中国水利史稿》（上），武汉水利电力学院、水利水电科学研究院编写，水利电力出版社1979年8月第一版，第286页。"
[4] 原文此处加注："引自《水利史话》，上海科学技术出版社1989年3月第1版，第155页。"
[5] 宋闻兵：《说"埭"》，《中国典籍与文化》2003年第1期。
[6] 原文此处加注："许嵩.建康实录[M].北京：中华书局，1986：53."
[7] 原文此处加注："郦道元.水经注[A].杨守敬，熊会贞.水经注疏[Z].长沙：岳麓书社，1995：457."

该有类似于埭这种形式的水利技术或水利工程存在,埭应是长期水利技术的积累"。从这一意义上讲,战国时因无文献记载而不为人知的黄埭,或正是"埭"这种形式的水利技术或水利工程的口传存在。而作为中国早期水利技术的发展,"埭"这种形式的水利技术在后世吴地的水利工程开发中被继承并呈现出来。而由于文献未载及缺少对黄埭的研究,黄埭其名,其实仅限于苏州一地范围内,其他地区的世人乃至学者均知之甚少。这从上述引学者们提及江南及皖南地区的奔牛埭、鸡鸣埭、欧阳埭、召伯埭、三枚埭等,但并未提及年代更早的"黄埭"中可以看出。

而从学者"埭的修建,一般是在陡急的河道上建梯级堤坝使得航行船只可以平稳通过"等论述中可以看出,战国时期江南水网地区船只航行的自然环境,或远不如今日江南水道平缓。

时至今日,春申君黄歇在黄埭所筑之"埭"等水利设施,已被岁月抹平。而在"元、明以后,埭的功用在现实生活中逐渐减小,'埭'字也慢慢淡出了人们的视野。在现代生活中,人们偶或与'埭'字的邂逅当是在一些古代地名或是袭古而来的现代地名里"[1]。

(五)黄歇之死

《史记·春申君列传》记载,楚考烈王没有儿子,春申君为此事发愁,于是就寻找宜于生育儿子的妇女进献给楚考烈王;虽然进献了不少,楚考烈王却始终没生儿子。

赵国李园带着他的妹妹来到楚国,原打算把他的妹妹进献给楚考烈王,但"闻其不宜子,恐久毋宠。李园求事春申君为舍人"[2],即李园听说楚考烈王无生育能力,担心其妹时间长了不能得到宠幸,于是寻找机会自己做了春申君黄歇的侍从。接近了黄歇以后,为了让黄歇关注其妹,于是他请假回家,又故意延误返回时间。回来后,他去拜见黄歇,黄歇问他迟归的原因,他回答说:"齐王使使求臣之女弟,与其使者饮,故失期。"[3]意即,齐王派了使臣来求娶我的妹妹,由于我跟那个使臣饮酒,所以延误了返回的时间。李园此语,引发了黄歇对其妹的关注。"春申君曰:'娉入乎?'对曰:'未也。'春申君曰:'可得见乎?'曰:'可。'于是李园乃进其女弟,即幸于春申君。"[4]意即,春申君黄歇问他:"是否送了聘礼?"李园回答说:"没有。"黄歇又问道:"可以让我见见她吗?"李园说:"可以。"李园便把他的妹妹进献给春申君,并得到春申君的宠幸。

接下来,"知其有身,李园乃与其女弟谋"[5]。即李园知道了他的妹妹怀了身孕,就同她商量进一步的打算。商量后,李园妹妹找了个机会劝说春申君道:"楚考烈王对您的尊重宠信,即使对他的兄弟也不如。如今您担任楚国国相已二十多年,可是大王没有儿子。'百岁后将更立兄弟,则楚更立君后,亦各贵其故所亲,君又安得长有宠乎?'"[6]意即:"如果楚考烈王去世之后将要改立兄弟,楚国改立国君后,新国君就会使用他原来的亲信,您又怎么能长久地得到宠信呢?""不

---

[1] 宋闻兵:《说"埭"》,《中国典籍与文化》2003年第1期。
[2]《史记·春申君列传》,见司马迁:《史记》,中华书局1959年,第2396页。
[3]《史记·春申君列传》,见司马迁:《史记》,中华书局1959年,第2396页。
[4]《史记·春申君列传》,见司马迁:《史记》,中华书局1959年,第2396页。
[5]《史记·春申君列传》,见司马迁:《史记》,中华书局1959年,第2396页。
[6]《史记·春申君列传》,见司马迁:《史记》,中华书局1959年,第2396—2397页。

仅如此,您身处相位执掌国政多年,对楚王的兄弟们难免有许多失礼的地方。楚王兄弟如果被立为国君,'祸且及身,何以保相印江东之封乎?'"[1]意即:"殃祸届时将落在您的身上,您还怎么能保住相位之印和江东封地呢?"

说了这些后,李园妹妹接着说:"现在我自己知道怀上了身孕,可别人谁也不知道。我得到您的宠幸时间不长,如果凭您的尊贵地位把我进献给楚王,楚王必定宠幸我。如果我仰赖上天保佑而生个儿子,'则是君之子为王也,楚国尽可得,孰与身临不测之罪乎?'"[2]意即:"他下来即位做了楚王,这可就是您的儿子做楚王,楚国就全为您所有了。这与您身遭意想不到的殃祸相比,哪样更好呢?"

李园妹妹的话打动了黄歇,"春申君大然之,乃出李园女弟,谨舍而言之楚王"[3]。黄歇认为这番话说得对极了,于是把李园妹妹送出家,严密安排在一个住所后向楚考烈王说,要进献李园的妹妹给他。楚考烈王把李园的妹妹召进宫来且非常宠幸她,于是她生下了一个儿子。楚考烈王将这孩子立为太子,接着,又把李园的妹妹封为王后。楚王器重李园,于是李园参与朝政。

李园妹妹被送进宫里,封为王后,生的儿子被立为太子,李园"恐春申君语泄而益骄,阴养死士,欲杀春申君以灭口,而国人颇有知之者"[4]。意即,李园担心春申君说漏秘密而更加骄横,于是暗中豢养了刺客,打算杀死春申君来灭口,这件事在国内很多人都知道。

楚考烈王二十五年(前238),为春申君任宰相的第二十五年。是年,楚考烈王病重。其时,黄歇的门客、亲信硃英对黄歇说:"李园不治国而君之仇也,不为兵而养死士之日久矣。楚王卒,李园必先入据权而杀君以灭口。"[5]意为:"李园不执掌国政便是您的仇人,他不管兵事却豢养刺客已为时甚久了。楚王一旦去世,李园必定抢先入宫夺权并要杀掉您灭口。"为此,硃英建议先下手而杀掉李园。

精明一世的黄歇,或是忌惮李园之妹已为楚国王后,或是为李园的表现所迷惑,对硃英的建议非但拒绝,且还认为李园是个软弱的人,说:"我对他很友好,他又怎么会杀我?"硃英知道自己的进言不被采用,恐祸患殃及自身,于是就逃离了。

这以后过了十七天,"楚考烈王卒,李园果先入,伏死士于棘门之内。春申君入棘门,园死士侠刺春申君,斩其头,投之棘门外"[6]。意即:楚考烈王去世,李园果然抢先入宫,并在棘门埋伏下刺客。春申君入宫处理楚考烈王丧事而进入棘门时,李园豢养的刺客从两侧夹击而刺杀了春申君,并斩下他的头扔到棘门外。李园刺杀了黄歇以后,又派人把春申君家满门抄斩。而李园的妹妹原先受春申君宠幸怀了孕,又入宫得宠于楚考烈王后所生的那个儿子便被立为楚王,这就是楚幽王。

黄歇去世之年,为楚考烈王二十五年(前238)。此年,秦王政即位已九年。

---

[1]《史记·春申君列传》,见司马迁:《史记》,中华书局1959年,第2397页。
[2]《史记·春申君列传》,见司马迁:《史记》,中华书局1959年,第2397页。
[3]《史记·春申君列传》,见司马迁:《史记》,中华书局1959年,第2397页。
[4]《史记·春申君列传》,见司马迁:《史记》,中华书局1959年,第2397页。
[5]《史记·春申君列传》,见司马迁:《史记》,中华书局1959年,第2397页。
[6]《史记·春申君列传》,见司马迁:《史记》,中华书局1959年,第2398页。

今寿春城南门城门洞东墙上嵌有石刻《门里人记》。石刻画像为一刺客形象。画像旁，镌刻的文字叙述了《史记·春申君列传》记载的"黄歇之死"后，另作总结说："后人遂于城门之内刻死士行刺图，俗谓'门里人'，以警示后者，世有奸佞，防人之心不可无。刻石毁于昔，今城门新建，配文复镌之嵌于壁，以存旧说。寿县旅游局乙卯（1975）初冬。"

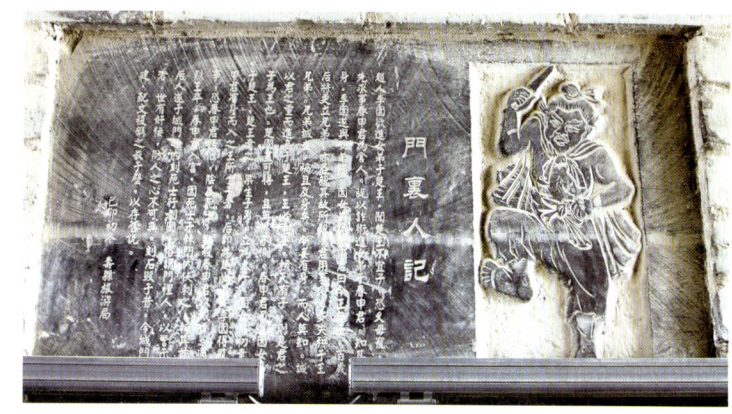

寿县旅游局乙卯（1975）初冬复镌之嵌于壁的《门里人记》（吴恩培摄）

（六）百余年后司马迁南游"适楚"及"观春申君故城"

1.司马迁"上姑苏，望五湖"及"适楚，观春申君故城"等实地考察活动记录

黄歇父子修复的被战火毁坏的春秋"吴"城，西汉时司马迁在《史记·春申君列传》中将该城称为"春申君故城"："吾适楚，观春申君故城，宫室盛矣哉！"[1]对黄歇父子修复的故吴旧都的宫室，一是作实地考察的记载，二是作积极的评价。而司马迁"适楚"距"黄歇治吴"的时间，梳理一下即可算出：

公元前248年，黄歇请封江东，后，黄歇治吴"凡十四年"，可推出黄歇治吴的具体时间为：公元前248年至公元前235年。

而司马迁出生于汉景帝中元五年（前145），二十岁时，司马迁游历各地，时为元朔三年（前126）左右。因此，公元前126年司马迁游历时，距黄歇治吴的最后一年——公元前235年，相距109年。

这意味着，黄歇在原阖闾城址的基础上重修春秋"吴"城（今苏州古城）百余年后，司马迁来此"观春申君故城"，并作出"宫室盛矣哉"的评价。百余年的时间并不长，尽管是时历经秦汉相争的战火，春秋"吴"城也难免再遭破坏。但司马迁关于"观春申君故城"的"宫室盛矣"的直观记录，还是较客观地反映了战国晚期时黄歇治吴的作为及其成果。

2.司马迁实地考察"春申君故城"的意义

（1）与司马迁《史记》互为印证的实地考察记录

司马迁曾经到过江东，即到今天苏州一带考察，《史记》有多处叙述。如：

《史记·太史公自序》中司马迁叙述自己"二十而南游江、淮，上会稽，探禹穴"[2]。

《史记·河渠书》司马迁又说"余南登庐山，观禹疏九江，遂至于会稽太湟，上姑苏，望五湖"[3]。

这些文字，与前引司马迁所说"吾适楚，观春申君故城，宫室盛矣哉！"实是互为印证，从而共同表明了司马迁"上姑苏，望五湖"及"适楚，观春申君故城"等实地考察活动。

---

[1]《史记·春申君列传》，见司马迁：《史记》，中华书局1959年，第2399页。
[2]《史记·太史公自序》，见司马迁：《史记》，中华书局1959年，第3293页。
[3]《史记·河渠书》，见司马迁：《史记》，中华书局1959年，第1415页。

(2) 司马迁实地考察"春申君故城"记录所构成的"苏州古城春秋时建、战国时重修"的又一文献证据

《史记》中互为印证且记载实地考察活动的多篇实录性质的文字，牵连出的一个学术问题：司马迁到江东实地考察的"春申君故城"，地望究系为何？是前文提及的所谓吴都"木渎古城"（又作"灵岩古城"），抑或是《左传》记载的春秋吴都"吴"城，即今苏州古城？然此二者中，是且只能是今苏州古城。这是因为：

其一，《史记·春申君列传》所说的"春申君因城故吴墟，以自为都邑"[1]以及张守节《史记正义》所作的注"墟音虚。今苏州也"[2]，均已指明为今苏州古城。

其二，联系前文所说的战国黄歇治吴时开挖的"大内北渎，四从五横"及与之匹配且留存于今的苏州古城的城内河道体系这一不易改变、相对稳定的城市特殊的文化印记来进行印证，黄歇治吴时开挖的"大内北渎，四从五横"的河道体系在"木渎古城"或说"灵岩古城"地域范围内，并未发现有留存。因此，除苏州古城外，并无他处可予对应。故司马迁"上姑苏，望五湖"及"适楚，观春申君故城"者，即为司马迁对战国时的"春申君故城"即今苏州古城的考察。

其三，再联系司马迁《史记·河渠书》所说："余南登庐山，观禹疏九江，遂至于会稽太湟，上姑苏，望五湖……"[3]句中所说的"五湖"为太湖；而"上姑苏"句，或存如下释义：一指"上"春秋"吴"城即今苏州古城；二为乾隆《吴江县志》所说，为"太史公登姑苏台，望五湖也"[4]。这里，以"姑苏台"代指春秋"吴"城，即今苏州古城。

（七）与黄歇有关的后世遗存及其纪念地

1.黄歇墓

作为战国时楚国后期重要的政治家和其时开发江南地区的主持者，黄歇死后受到了人们的纪念，全国多处出现纪念性质（其中或也有非纪念性质）的黄歇墓。兹介绍如下：

（1）安徽淮南黄歇墓（黄泥孤堆）

安徽淮南黄泥孤堆，又名黄歇墓，今位于安徽省淮南市谢家集区李郢孜镇沈郢孜村春申君

列为安徽省重点文物保护单位的淮南市谢家集区李郢孜镇沈郢孜村的"黄泥孤堆（黄歇墓）"文物保护碑（左）及碑后的文字（右）（吴恩培摄）

---

[1]《史记·春申君列传》，见司马迁：《史记》，中华书局1959年，第2394页。
[2]张守节：《史记正义》，见司马迁：《史记》，中华书局1959年，第2394页。
[3]《史记·河渠书》，见司马迁：《史记》，中华书局1959年，第1415页。
[4]《吴江县志》卷之二《疆土二·山水》，见乾隆《吴江县志》，苏州图书馆藏本。

陵园，赖山南麓，李郢孜镇镇政府西侧。墓碑正面镌刻"楚令尹春申君黄歇墓"。

该墓现列为安徽省重点文物保护单位。该文物保护碑后的文字为："黄泥孤堆是一座战国晚期楚国高等级贵族墓葬，据清《凤台县志》载，墓主为战国四君子之一、楚令尹春申君黄歇。"

（2）河南潢川楚相春申君黄公之墓

河南潢川黄国故城内有黄歇墓，墓碑上镌刻着"楚相春申君黄公之墓"。

（3）无锡江阴君山楚春申君黄歇墓

无锡江阴君山有楚春申君黄歇墓，墓旁竖有列为江阴市文物保护单位的江阴君山"楚春申君黄歇墓"文物保护碑。该碑后的文字说："黄歇（？—前238），封号春申君……江阴（古称延陵）是其封内采邑。此处为衣冠冢，仅存墓址，2009年根据史料原址修复。"

安徽淮南黄歇墓（黄泥孤堆）（吴恩培摄）

河南潢川黄国故城内春申陵牌坊后的楚相春申君黄公之墓（吴恩培摄）

列为江阴市文物保护单位的江阴君山"楚春申君黄歇墓"文物保护碑（左）及楚春申君黄歇墓（右）（吴恩培摄）

2.苏州对黄歇的纪念

黄歇治吴并修复苏州古城，使得这位楚国政治家成为继伍子胥筑苏州城后的另一位为苏州古城作出历史贡献的楚人。后世的苏州地方史志将这两位历史人物并立。如《吴郡志》在记载苏州祭祀伍子胥的"南双庙"后，接着记载的就是"春申君庙"[1]。黄歇不仅不断地出现在苏州历代的地方文献中，而且唐宋时更将他称为这座古城的保护神——城隍。而他和其子曾经的官廨，

---

[1] 范成大：《吴郡志》，江苏古籍出版社1986年，第167—168页。

即办公之地,亦因其姓氏"黄"而被称为"黄堂",并成为古代太守衙正堂的通称。

相关情况,分述如下:

(1)苏州的春申君庙

苏州的春申君庙,见诸下列文献记载:

宋《吴郡志》卷第十二:"春申君庙,在子城内西南隅,即城隍神庙也。"[1]

宋《吴郡志》卷第四十八:"城隍庙,其初春申君也。唐碑具在。"[2]

明《姑苏志》卷第二十七:"春申君庙在子城内西南隅,祀楚黄歇也。唐天宝十载(751),郡守赵居贞重修,自唐以来祀为城隍神,今废。惟东城土社神,犹称春申君云。"[3]

民国《吴县志》卷第六十二:"赵居贞,鼓城人。天宝九年二月,自扬州长史迁吴郡太守,立春申君庙。""姑苏城隍庙神乃春申君也。案:《史记》春申君初相楚,后请封于江东,考烈王许之,因城故吴墟以为都邑。《吴地志》亦云:春申君尝造蛇门,以御越军,其庙食于此也。"[4]

由上述记载可见,唐代以前,苏州已出现春申君庙,位于今苏州公园西的子城内西南隅。唐天宝十载(751),郡守赵居贞重修。而自唐代以来,春申君黄歇已被祀为城隍神。至明代时,该子城内西南隅的春申君庙已荒废。

在苏州古城内出现"祀为城隍神"的春申君庙的同时,苏州周边的乡镇,也出现及重修春申君庙。如明《姑苏志》卷第二十八记载:"春申君庙,在练塘市,宣德七年重修。"[5]

而今苏州王洗马巷16号的春申君庙,清顾震涛《吴门表隐》卷三记其源流为:"春申君庙向在子城内。明洪武四年,移建王洗马巷,神姓黄名歇,封凤凰乡土谷神。庙本湫隘,康熙间郡绅顾藻廓地重建。……一在铁瓶巷,最古;一在娄门外太平桥,傍有罗城土地堂;一在六(甪)直镇。"[6]显见,清代时苏州春申君庙已不止一处。

苏州姑苏区王洗马巷的春申君庙(左)及苏州市人民政府公布的吴文化地名保护名录关于该春申君庙的介绍(右)(吴恩培摄)

---

[1] 范成大:《吴郡志》,江苏古籍出版社1986年,第168页。
[2] 范成大:《吴郡志》,江苏古籍出版社1986年,第628页。
[3] 《姑苏志》卷第二十七,见正德《姑苏志》,苏州图书馆藏本。
[4] 民国《吴县志》卷第六十二,见民国《吴县志》,苏州图书馆藏本。
[5] 《姑苏志》卷第二十八,见正德《姑苏志》,苏州图书馆藏本。
[6] 顾震涛:《吴门表隐》,江苏古籍出版社1986年,第33页。

关于今王洗马巷16号的春申君庙，苏州市人民政府公布的吴文化地名保护名录关于该春申君庙的介绍："庙原在子城内，明洪武四年（1371）移建于此。清乾隆四年（1739）建大殿。咸丰十年（1860）毁。同治五年（1866）重建。为道教活动场所，一度散为民居，1990年归还道教并修复。2003年列为苏州市控保建筑。"

（2）黄堂

黄歇和其子曾经的官廨即办公之地，亦因其姓氏"黄"而被称为"黄堂"，且成为古代太守衙正堂的通称。相关情况，见如下文献记载：

宋范成大《吴郡志》卷第六："黄堂，《郡国志》在鸡陂之侧，春申君子假君之殿也。后太守居之，以数失火涂以雌黄，遂名黄堂，即今太守正厅是也。今天下郡治皆名，昉此。"[1]昉，即仿。

明王鏊《姑苏志》卷第二十二："黄堂在鸡陂之侧，春申君子假君之殿也。后太守居之，以数失火涂以雌黄，遂名黄堂，即太守正厅也。今天下郡治皆名黄堂，昉此。或谓以黄歇之姓，名堂。或谓二说皆非，古者太守所居黄堂，犹三公之黄阁也。"[2]

民国《吴县志》卷第二十九："苏州府署在城西南吴县丽娃乡南宫里，为元江淮财赋提举司故署，后改都水庸田使司，复为平江路总管府。明初，平吴移建府治于此。初，秦置会稽郡，即楚春申君子假君所居为郡廨，汉因之，相沿称'黄堂'。（《吴郡志》引《郡国志》：'在鸡陂之侧，春申君子假君之殿也。后太守居之，以数失火，涂以雌黄，遂名黄堂，即今太守正厅是也。今天下郡治，皆名黄堂，仿此。《卢志》：令子守母，遂名黄堂。或谓以黄歇之姓，名堂。'）"[3]

（3）黄埭的纪念地

黄埭，这座两千多年前因黄歇筑埭而起的古镇，虽历经漫长岁月，至今依然充满着勃勃生机。而标示黄埭镇远古历史的战国后期的楚国政治家春申君黄歇，在今日的黄埭镇可谓无处不在。比如，有以"春申君"封号命名的春申社区等。除此以外，另有以下：

其一，黄埭镇春申君黄歇像。

黄埭镇中心广场上立有春申君黄歇像。立像基座镌刻有文字，为：

楚考烈王元年（公元前二六二年），拜黄歇为相，五十五年封地于吴，号春申君。黄歇为治水患而便于民，

苏州相城区黄埭镇中心的"春申君黄歇"像（吴恩培摄）

---

[1]《吴郡志》卷六，见范成大：《吴郡志》，江苏古籍出版社1986年，第51页。
[2]《姑苏志》卷第二十二，见正德《姑苏志》，苏州图书馆藏本。
[3]民国《吴县志》卷第二十九，见民国《吴县志》，苏州图书馆藏本。

开凿河道,以土堰水筑成堰埭,曰:春申埭。后称黄埭。因其利民有德今塑像纪念之。

吴县黄埭镇人民政府

公元一九九三年三月立

以上文字中的"五十五年",误,当为"十五年",即楚考烈王十五年(前248)。《史记·六国年表》"楚考烈王十五年"栏内记载:"春申君(黄歇)徙封于吴。"[1]

其二,春申路、春申湖、黄公荡等。

今苏州相城区黄埭镇有以"春申君"封号命名的春申路、春申湖及以其姓命名的黄公荡等。

苏州相城区黄埭镇的春申湖(吴恩培摄)

苏州相城区黄埭镇的春申君庙(吴恩培摄)

其三,民间祭祀的春申君庙。

黄埭镇民间层面祭祀的春申君庙,寄托着人们对春申君黄歇的纪念和哀思。

3.无锡对黄歇的纪念

黄歇在今无锡地区,亦影响巨大。历史上,在无锡惠山下建有春申君祠,以春秋祭祀。且惠山脚下的黄公涧(又称"春申涧")以及黄埠墩等,都因春申君黄歇而得名。此外,黄公涧还留有"春申君饮马处"的遗迹,该遗迹因附会春申君在此处歇息饮马而得名。在无锡江阴,相传黄歇开凿了

---

[1]《史记·六国年表》,见司马迁:《史记》,中华书局1959年,第750页。

黄田港。故江阴申港、黄田港，皆因春申君黄歇封号中的"申"及其姓氏"黄"而得名。

列为无锡市文物保护单位的无锡惠山"春申涧坊"文物保护碑（左）及"春申涧"牌坊（右）（吴恩培摄）

4. 上海对黄歇的纪念

（1）"申城"与"黄浦江"

战国时期治吴的黄歇，在今日的上海地区留下了诸多烙上"黄""申"等印记的纪念地，既反映了黄歇治吴、开发江南的历史功绩，也反映了人们对其历史功绩的肯定。

上海简称"申"，又称为"申城"。马学强《上海通史》第2卷（古代）指出："上海别称'申'，说来便与春申君有关。"[1]而关于有上海"母亲河"之称的黄浦江，夏征农主编的《辞海》"黄歇浦"词条说："简称'歇浦'。上海市境内黄浦江的别称。因相传战国时楚春申君黄歇疏凿此浦而得名。按江南港浦传说出于黄歇开浚者甚多，见于宋以前记载的，有浙江吴兴（今湖州市）黄浦、江苏江阴申港、黄田港等；此上海黄浦不见于宋以前记载，以此浦为黄歇所凿，显系后起的说法。"[2]而马学强《上海通史》第2卷（古代）则指出，春申君治吴"有所政绩。黄浦江相传为春申君开凿，故又称春申浦"。但"此说显系后人牵强附会，因为战国之时黄浦江还未形成。不过，其时上海西部已经成陆，春申君到他的领地游历巡视，倒是完全可能的"[3]。

相传与黄歇有关而得名的上海黄浦江（吴恩培摄）

[1] 马学强：《上海通史》第2卷（古代），上海人民出版社1999年，第49页。
[2] 陈至立主编：《辞海》（第七版），上海辞书出版社2020年，第1856页。
[3] 马学强：《上海通史》第2卷（古代），上海人民出版社1999年，第49页。

（2）上海松江的大型浮雕——《上海之根》与春申君祠

上海松新桥镇，现有以春申君封号命名的春申居委会。另，该新桥镇一处河流环抱的、面积500平方米的小岛，岛上有春申君祠及题为"上海之根"的大型浮雕壁画。

（3）上海嘉定的黄渡

今上海嘉定区安亭镇社区文化中心黄渡分中心广场前有呈抽象派艺术风格的黄歇塑像。另，该处有黄渡公园。以黄歇姓氏"黄"为名的黄渡，昔为镇。今沪宁铁路尚有中国铁路上海局集团有限公司管辖的四等站——黄渡站。

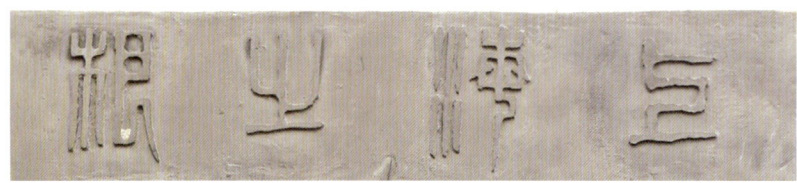

上海松江区新桥镇春申君祠前大型浮雕壁画上的标题——"上海之根"（吴恩培摄）

上海松江区新桥镇的春申君祠前题为"上海之根"的大型浮雕壁画（吴恩培摄）

上海松江区新桥镇的春申君祠（左）及祠内供奉的春申君牌位——楚春申君黄歇之位（右）（吴恩培摄）

关于地名"黄渡"的来历，民间传有两种说法：一为战国时期，治吴的黄歇受命伐秦，在此率军渡江而得名。另一为黄歇治吴时，曾率领部众出巡吴淞江，随后从陆皎浦摆渡过江；其摆渡处，被后人称为"黄歇渡"或"横渡"，后演变为"黄渡"。上述，文献无载，至今无法考证。

上海嘉定区安亭镇社区文化中心黄渡分中心广场前的黄歇塑像（左）及该镇的黄渡公园（右）（吴恩培摄）

5.黄歇与浙江湖州下菰城遗址

黄歇治吴时,时已归入楚版图的越地,后亦留下了与黄歇有关的文化遗存。其中著名者为今列为全国重点文物保护单位的浙江湖州城区道场乡的下菰城遗址。

湖州市地方志编纂委员会编的《湖州市志》载:"楚考烈王十五年(公元前248年),春申君黄歇徙封于吴,在此筑城,始置菰城县,以泽多菰草故名。"[1]

列为全国重点文物保护单位的浙江湖州城区道场乡的"下菰城遗址"文物保护碑(吴恩培摄)

沈慧《湖州古代史稿》亦记载说:"楚考烈王十五年(公元前248年),春申君要求改封江东(即太湖周围的苏南、浙北、上海、皖西南),楚考烈王允其所求,改封于吴。黄歇选择了吴都旧墟作为都邑,重新修筑城郭和宫室,并在太湖南岸置了菰城县。"[2]

嵇发根编著的《湖州史话》也指出说:"楚考烈王十五年(公元前248年),黄歇便以原来吴国的都城'吴墟'(今苏州)为都邑,并在他的封地江东置县管理,其中在'吴墟'的西南方设置了菰城县,仍以'泽多菰草'而名,治于菰城。"[3]

浙江湖州下菰城遗址
(吴恩培摄)

第三节 吴地入秦

吴地入秦,指的是春秋故吴地疆域被并入"战国七雄"之一的秦国。

一、秦国崛起

秦国地处西陲,春秋时期和晋、齐、楚等被称为"四强"。这就是《史记·齐太公世家》所记载

---

[1] 湖州市地方志编纂委员会编、嵇发根主编:《湖州市志》,方志出版社2012年,第3页。
[2] 沈慧:《湖州古代史稿》,方志出版社2005年,第16页。
[3] 嵇发根:《湖州史话》,黄山书社2007年,第6页。

的"周室微,唯齐、楚、秦、晋为强"[1]。由于地处西部边远地区而远离中原,与北方游牧民族杂处,故春秋时秦和吴、楚、越等被中原文化视为"蛮夷"一样而被视为"戎狄"。

战国时期,秦孝公任用商鞅变法革新,秦国崛起。因秦国执行重农、贪利(重视经济效益)、重视人才等政策,被关东六国视为"虎狼之国"。但由于六国在秦"远交近攻"的战略下,各自打各自的小算盘,再加上经济、文化等的因素交互作用,秦横扫六国的统一战争,依然如潮流般地不可阻挡。

公元前246年,秦王嬴政执政。这一时期,经过春秋和战国长期的兼并战乱,中国社会逐渐向全国统一的趋势发展。而随着秦灭六国统一战争的开始,中国历史上第一个强大统一的帝国——秦帝国,在统一战争中诞生。

二、秦灭六国与"天下壹并于秦"

秦灭六国及灭楚的过程见下表。为与前文所述的"黄歇治吴"作联系,从而有助于建立起相应的时间和地域空间的对应,故该表时间起自黄歇徙封于吴,而止于秦统一六国。

其过程,如下表:

秦灭六国与"天下壹并于秦"

时间	楚纪元及其间大事记	秦纪元及秦灭六国过程
前248	楚考烈王十五年 【文献记载】《史记·六国年表》:"春申君(黄歇)徙封于吴。"[2]	
前246	楚考烈王十七年	秦王嬴政元年
前238	楚考烈王二十五年 【文献记载】《史记·楚世家》:"考烈王卒。"[3]《史记·六国年表》:"李园杀春申君(黄歇)。"[4]	秦王嬴政九年
前237	楚幽王元年	秦王嬴政十年
前230	楚幽王八年	秦王嬴政十七年,秦灭韩。 【文献记载】《史记·韩世家》:韩王安"九年,秦虏王安,尽入其地,为颍州郡。韩遂亡"[5]。《史记·六国年表》:"秦虏王安,秦灭韩。"[6]
前228	楚幽王十年 【文献记载】《史记·六国年表》:楚"幽王卒,弟郝立,为哀王。三月,负刍杀哀王"[7]。《史记·楚世家》:"哀王立二月余,哀王庶兄负刍之徒袭杀哀王而立负刍为王。"[8]	秦王嬴政十九年,秦虏赵王迁。 【文献记载】《史记·赵世家》:赵王迁"七年,秦人攻赵……以王迁降"[9]。《史记·六国年表》:"秦王翦虏王迁邯郸,公子嘉自立为代王。"[10]

---

[1]《史记·齐太公世家》,见司马迁:《史记》,中华书局1959年,第1491页。
[2]《史记·六国年表》,见司马迁:《史记》,中华书局1959年,第750页。
[3]《史记·楚世家》,见司马迁:《史记》,中华书局1959年,第1736页。
[4]《史记·六国年表》,见司马迁:《史记》,中华书局1959年,第752页。
[5]《史记·韩世家》,见司马迁:《史记》,中华书局1959年,第1878页。
[6]《史记·六国年表》,见司马迁:《史记》,中华书局1959年,第754—755页。
[7]《史记·六国年表》,见司马迁:《史记》,中华书局1959年,第755页。
[8]《史记·楚世家》,见司马迁:《史记》,中华书局1959年,第1736页。
[9]《史记·赵世家》,见司马迁:《史记》,中华书局1959年,第1832页。
[10]《史记·六国年表》,见司马迁:《史记》,中华书局1959年,第755页。

续表

时间	楚纪元及其间大事记	秦纪元及秦灭六国过程
前227	楚王负刍元年 【文献记载】《史记·六国年表》："负刍,哀王庶兄。"[1]	秦王嬴政二十年
前226	楚王负刍二年 【文献记载】《史记·六国年表》："秦大破我(楚国),取十城。"[2]	秦王嬴政二十一年 【文献记载】《史记·六国年表》："王贲击楚。"[3]
前225	楚王负刍三年	秦王嬴政二十二年,秦灭魏。 【文献记载】《史记·魏世家》:魏王假"三年,秦灌大梁,虏王假,遂灭魏以为郡县"[4]
前224	楚王负刍四年 【文献记载】《史记·六国年表》："秦破我(楚国)将项燕。"[5]《史记·楚世家》:楚王负刍"四年,秦将王翦破我军于蕲,而杀将军项燕"[6]	秦王嬴政二十三年 【文献记载】《史记·六国年表》："王翦、蒙武破楚,杀其将项燕。"[7]
前223	楚王负刍五年 【文献记载】《史记·楚世家》:楚王负刍"五年,秦将王翦、蒙武遂破楚国,虏楚王负刍,灭楚名为郡云"[8]。《史记·六国年表》："王翦、蒙武破楚,虏其王负刍。"[9]	秦王嬴政二十四年,秦灭楚。 【文献记载】《史记·六国年表》："秦虏王负刍,秦灭楚。"[10]
前222	楚纪元止,吴地入秦,秦置会稽郡,并于"故吴旧都"(苏州)置郡治"吴县"。本年(前222)为东周之"战国时期"的最后一年。 【文献记载】《史记·秦始皇本纪》:秦王嬴政"二十五年……王翦遂定荆江南地;降越君,置会稽郡"[11]。	秦王嬴政二十五年,秦灭燕、灭赵。 【文献记载】《史记·燕召公世家》:燕王喜"三十三年,秦拔辽东,虏燕王喜,卒灭燕。是岁,秦将王贲亦虏代王嘉"[12]。《史记·六国年表》："王贲击燕,虏王喜,又击得代王嘉。""秦将王贲虏王嘉,秦灭赵。""秦虏王喜,拔辽东,秦灭燕。"[13]
	本年(前222)为史称"战国时期"的最后一年,战国时期于本年结束。	
前221	秦王嬴政二十六年,秦灭齐。 【文献记载】《史记·田敬仲完世家》:齐王建"四十四年,秦兵击齐。齐王听相后胜计,不战,以兵降秦。秦虏王建,迁之共。遂灭齐为郡。天下壹并于秦,秦王政立号为皇帝"[14]。《史记·六国年表》："秦虏王建,秦灭齐。""王贲击齐,虏王建,初并天下,立为皇帝。"[15]《史记·秦本纪》:"秦王政立二十六年,初并天下为三十六郡,号为始皇帝。"[16] 天下壹并于秦,即秦王朝统一中国,秦王嬴政"号为始皇帝"。由此,中国历史进入大一统的"秦朝"。故上年(前222)与本年(前221),虽相隔一年,但已分别为两个不同历史时期的结尾和开头,即上年为"战国时期"之结尾,而本年为六合一统后的"秦朝"的开头之年。	

---

[1]《史记·六国年表》,见司马迁:《史记》,中华书局1959年,第755页。
[2]《史记·六国年表》,见司马迁:《史记》,中华书局1959年,第755页。
[3]《史记·六国年表》,见司马迁:《史记》,中华书局1959年,第755页。
[4]《史记·魏世家》,见司马迁:《史记》,中华书局1959年,第1864页。
[5]《史记·六国年表》,见司马迁:《史记》,中华书局1959年,第756页。
[6]《史记·楚世家》,见司马迁:《史记》,中华书局1959年,第1737页。
[7]《史记·六国年表》,见司马迁:《史记》,中华书局1959年,第756页。
[8]《史记·楚世家》,见司马迁:《史记》,中华书局1959年,第1737页。
[9]《史记·六国年表》,见司马迁:《史记》,中华书局1959年,第756页。
[10]《史记·六国年表》,见司马迁:《史记》,中华书局1959年,第756页。
[11]《史记·秦始皇本纪》,见司马迁:《史记》,中华书局1959年,第234页。
[12]《史记·燕召公世家》,见司马迁:《史记》,中华书局1959年,第1561页。
[13]《史记·六国年表》,见司马迁:《史记》,中华书局1959年,第757页。
[14]《史记·田敬仲完世家》,见司马迁:《史记》,中华书局1959年,第1902页。
[15]《史记·六国年表》,见司马迁:《史记》,中华书局1959年,第757页。
[16]《史记·秦始皇本纪》,见司马迁:《史记》,中华书局1959年,第220页。

从上表可以清晰地看出：

（一）秦灭六国的过程及次序

秦王嬴政十七年（前230），秦灭韩。

秦王嬴政十九年（前228），秦虏赵王迁，时赵公子嘉自立为代王。

秦王嬴政二十二年（前225），秦灭魏。

秦王嬴政二十四年（前223），秦灭楚。

秦王嬴政二十五年（前222），秦灭燕，并随着王贲虏赵代王嘉而灭赵。

秦王嬴政二十六年（前221），秦灭齐，"天下壹并于秦"，秦国完成中国历史的首次统一大业，并开启秦王朝。

（二）吴地入秦

战国末，春秋故吴地入秦。这里的"故吴地"，见诸《史记·越王句践世家》记载楚威王兴兵伐越时，"大败越，杀王无疆，尽取故吴地至浙江"[1]。而"故吴地"所"入"之"秦"，其时为"战国七雄"（秦、楚、齐、赵、魏、韩、燕）之一的秦国。

如前表所述，公元前223年（楚王负刍五年，秦王嬴政二十四年），随着秦灭楚及楚国政治实体的消失，楚地整体地被秦国并吞。而曾经相继入越、入楚的"故吴地"，又随同楚地被并入秦国。此时的秦国，尚未统一列国，即并未转化成为六合一统后的秦王朝。是时，尽管它已并吞了韩、赵、魏以及楚国，但赵公子嘉自立为代王的赵国尚未被灭，且燕国、齐国两国建制尚存。

而"秦国"和"秦朝"（即秦王朝、秦帝国），为两个既有着区别又有着联系的不同概念。其区别为本质区别，即二者分别为处于不同历史时期的两个既有区别又相统一的政治实体。前者"秦国"，为处于先秦或东周（春秋战国）历史时期，秦统一中国前的诸侯国；而后者"秦朝"（秦王朝、秦帝国），则为中国历史上首先实现了大一统后的帝国。二者的联系为：秦国在完成其统一大业后，随之华丽转身为大一统的秦帝国，即秦朝——秦王朝。

因此，"故吴地"被并入秦国后，随着公元前221年（秦王嬴政二十六年）秦灭齐，"天下壹并于秦"，即秦国完成其华丽转身而成为大一统的秦王朝后，"故吴地"又随之被并入秦王朝，并成为秦王朝下属的一个地方性郡县行政区域。

（三）从黄歇徙封于吴及黄歇被刺到吴地入秦

从公元前248年楚春申君黄歇徙封于吴，到公元前223年吴地入秦，其间相距二十五年。而从公元前238年楚春申君黄歇被刺，到公元前223年吴地入秦，其间相距十五年。

三、秦置会稽郡与吴县

（一）秦推行郡县制

秦始皇灭六国并推行郡县制，将全国分为三十六郡（后另有增加）。郡县制，为中国古代继宗法血缘分封制度之后出现的、以郡统县的两级地方行政制度。秦始皇兼并六国建立了统一的

---

[1]《史记·越王句践世家》，见司马迁：《史记》，中华书局1959年，第1751页。

中央集权的封建王朝，并推行一整套从中央到地方的政治制度和行政制度来维持国家机器的运行。《史记·秦本纪》记载："秦王政立二十六年，初并天下为三十六郡，号为始皇帝。"[1]《史记·秦始皇本纪》亦记载："海内为郡县，法令由一统。"[2]"分天下以为三十六郡，郡置守、尉、监。"[3]须指出的是，秦国推行郡县设置，是秦国兼并列国过程同步推行的，并非秦王朝建立后才设置的。从实际情况来看，从公元前230年（秦王嬴政十七年）秦灭韩开始，至公元前221年（秦王嬴政二十六年）秦灭齐而统一中国止，秦国成为秦帝国，其间大量被兼并的列国地域，随着原有的治理体系的崩溃或废除，亟须新的国家管理体系来替代并进行实际管理。而从前文列表中也可以看出，吴、越地区（也包括其他地区）的郡县设置，在秦王朝建立前即已完成。故秦置会稽郡与吴县，实际上先由秦国所置，而后由秦国转身而成的秦王朝认可并继承。

（二）秦置会稽郡与吴县，以及记载吴县为会稽郡首县及郡治地位的《汉书·地理志上》和其构成关于"苏州古城春秋时建、战国时重修"的文献证据

公元前223年，秦将王翦率六十万大军攻楚，俘虏楚王负刍。公元前222年，秦军攻占下楚地，是时尚未完成统一大业的秦国，于秦王嬴政"二十五年……置会稽郡"[4]。故秦置会稽郡为秦王朝建立前夜，由秦国作为执行主体所施行的国家行政作为，其后由秦王朝认可并继承。是故，顾颉刚、史念海《中国疆域沿革史》将这一行政作为记载为"始皇二十五年（前222）置"[5]会稽郡。

郡，为连接中央朝廷与地方县之间的行政机构，相当于后世的行省。故置郡必置郡治（相当于后世的省会）。该郡治往往为该郡首县。秦置会稽郡与该郡首县——吴县及其他辖县的记载，见于《汉书·地理志上》，如下：

会稽郡，秦置……县二十六：
吴，故国，周太伯所邑。具区泽在西，扬州薮，古文以为震泽。南江在南，东入海，扬州川。莽曰泰德。
曲阿，故云阳，莽曰凤美。
乌伤，莽曰乌孝。
毗陵，季札所居。江在北，东入海，扬州川。莽曰毗坛。
余暨，萧山、潘水所出。东入海。莽曰余衍。
阳羡。
诸暨，莽曰疏虏。
无锡，有历山，春申君岁祠以牛。莽曰有锡。
山阴，会稽山在南。上有禹冢、禹井，扬州山。越王勾践本国。有灵文园。
丹徒。

---

[1] 司马迁：《史记》卷五《秦王纪》，中华书局1959年，第220页。
[2] 司马迁：《史记》卷六《秦始皇本纪》，中华书局1959年，第236页。
[3] 司马迁：《史记》卷六《秦始皇本纪》，中华书局1959年，第239页。
[4] 司马迁：《史记》卷六《秦始皇本纪》，中华书局1959年，第234页。
[5] 顾颉刚、史念海：《中国疆域沿革史》，商务印书馆2000年，第64页。

余姚。

娄,有南武城,阖闾所起以候越。莽曰娄治。

上虞,有仇亭。

柯水,东入海。莽曰会稽。

海盐,故武原乡,有盐官。莽曰展武。

剡,莽曰尽忠。

由拳、柴辟,故就李乡,吴、越战地。

大末,水东北至钱唐入江。莽曰末治。

乌程,有欧阳亭。

句章,渠水东入海。

余杭,莽曰进睦。

鄞,有镇亭,有鲒埼亭。东南有天门水入海。有越天门山。莽曰谨。

钱唐,西部都尉治。武林山,武林水所出,东入海,行八百三十里,莽曰泉亭。

鄮,莽曰海治。

富春,莽曰诛岁。

冶,回浦。南部都尉治。[1]

上述含首县吴县在内的"县二十六",均实录原文,为看清二十六县县名,将县名排列在句首。

战国时秦置会稽郡,并于"吴,故国"即春秋"吴"城的"故吴旧都"置郡治——吴县。对此,明卢熊《洪武苏州府志》记为:"吴,泰伯之邑,阖闾所都,秦会稽郡治"[2]。而其县名为"吴"的原因,如顾颉刚所说:"这地方的名称,称为吴县,从秦朝起,这因春秋之季吴国建都于此之故。"[3]顾颉刚的判断,建立在以下基础上:公元前223年(秦王嬴政二十四年)秦灭楚并置吴县时,距公元前473年吴国灭国整整二百五十年;距公元前248年楚春申君黄歇徙封于吴,并以故吴旧都"吴墟"为其封邑的中心城市时,为二十五年;而距春申君黄歇被刺,才十五年。故秦于故吴旧都置吴县,不可能将其地望搞错。

因此,《汉书·地理志上》记载的"会稽郡,秦置……县二十六"及其关于该郡首县吴县的叙述"吴,故国,周太伯所邑。具区泽在西,扬州薮,古文以为震泽。南江在南,东入海,扬州川。莽曰泰德"[4],也构成文献关于秦于故吴旧都(今苏州古城)设置吴县的记载。

《汉书·地理志上》记载中标示吴县方位的"具区泽在西"及"古文以为震泽"等描述,则明确否定了地处太湖北岸的无锡、常州间"阖闾城遗址"为所谓"吴都阖闾城"的论断。道理很简单,彼处为太湖北岸,"具区泽"即太湖在其南,故《汉书·地理志上》所说"具区泽在西"的"吴,

---

[1]《汉书·地理志上》,见班固:《汉书》,中华书局1962年,第1590—1591页。
[2]卢熊著,苏州市地方志办公室编:《洪武苏州府志》,广陵书社2015年,第35页。
[3]顾颉刚:《苏州的历史和文化》,见苏州市地方志编纂委员会办公室、苏州市档案局:《苏州史志资料选辑》第2期(内部发行,1984年9月编印),第1页。
[4]《汉书·地理志上》,见班固:《汉书》,中华书局1962年,第1590—1591页。

故国"即吴县,与该所谓"吴都阖闾城"无任何关系。

又,《史记·秦始皇本纪》记载秦始皇的最后一次南巡说:"三十七年(前210)十月癸丑,始皇出游。……还过吴,从江乘渡。""至平原津而病。……七月丙寅,始皇崩于沙丘平台。"[1]此处的"吴",为秦于故吴旧都所置吴县。秦始皇最后一次南巡"还过吴",即归时经过吴县。后从江乘(今江苏句容)渡过长江,并至平原津而病,后于沙丘平台去世。此处的吴县,既是秦始皇生前最后途经的秦所置县之一,也是文献对秦置吴县十二年后的最早记载。

(三)秦置吴县与当代"论证"出的无锡"阖闾城"为"吴王阖闾的都城"

秦置吴县两千两百余年后,有学者对前文所述吴王阖闾伐楚入郢之战返归时,在今无锡、常州交界处所筑军事城堡"阖闾城"进行"考古"后,宣称是处"初步推断阖闾城遗址为春秋时期吴王阖闾的都城"[2]。而其后在无锡举行的"无锡阖闾城遗址全国考古专家论证会"上,"国家文物局考古专家组组长黄景略代表专家组在无锡宣布,无锡'阖闾城遗址'可初步认定为公元前515年—公元前496年之间春秋时期一代吴王阖闾的都城"[3]。这些宣称或宣布的意思很明确:无锡"阖闾城"为"吴王阖闾的都城"即为春秋吴都。

然而,秦于故吴旧都置吴县,且"吴"县与"无锡"县在《汉书·地理志上》会稽郡所列"县二十六"中分列首县与第八的位置,却是流传近两千年。因此,上述"考古"结论,其实隐含着对秦置吴县进行否定的判断命题。这一判断命题是:太湖东北岸的今无锡"阖闾城"为"吴王阖闾的都城",故两千两百余年前秦于太湖东岸置吴县,以及"具区泽在西"等叙述,就将地望搞错了。其后中国历史上第一个中央政府秦王朝对此的认定,也连带着错了。而距今近两千年的东汉班固撰《汉书·地理志上》时,将会稽郡"县二十六"中的"吴"县置为首县的郡治位置,而将"无锡"县置于第八,更是记载错了。

然而,是两千两百余年前的秦于故吴旧都置吴县将地望搞错了,是两千年前的东汉班固撰《汉书·地理志上》记载"县二十六"时位置记错了,还是吴灭国近两千五百年后的带有明显倾向性的"考古"结论错了,答案其实是不言自明的。毕竟,古人并无文化资源争夺的概念。中国古代史家秉笔直书的学术传统,似不应置疑。

秦置吴县的行政认定,为中国历史上第一个中央政府在两千两百多年前对时已为故吴旧都的春秋吴都"吴"城即为"吴"县的行政认定。而该秦置吴县与春秋吴都"吴"城及其别称"姑苏"的地域上的同一关系,向为史家采信并构成史学界的主流意见。而秦置吴县的出现,也意味着"吴县"与其后隋代始出现的"苏州",长期等同或并存。

---

[1]《史记·秦始皇本纪》,见司马迁:《史记》,中华书局1959年,第234页。
[2]张敏:《阖闾城遗址的考古调查及其保护设想》,《江汉考古》2008年第4期。
[3]林杉:《阖闾城揽胜》,古吴轩出版社2013年,第93页。

第十章　吴国社会状况与文化

第一节　农耕文明

春秋后期，吴王寿梦执政时，吴国在对楚战争中崛起，其中即包括吴国经济的提升与发展。从吴王寿梦时期的"联晋抗楚"，到吴王阖闾时期的"兴霸成王"，再到吴王夫差"北上争霸"的前期，吴国的经济（含农业、造船业及与兵器制造有关的冶铸业等）支撑住了上述时期的吴国对外战争。夫差时期"北上争霸"及连年战争，使得吴国经济受到极大影响，以致发生黄池盟会后吴国大臣以歌声为隐语向鲁国大臣"乞粮"的事件。是时，吴国的经济已支撑不住吴国的对外战争。

以下，就先秦时期吴国经济的不同层面予以论述。

一、农耕与蚕桑
（一）农耕

1."其谷宜稻"与"善稻"

吴地的农耕稻作，早在新石器时代的马家浜时期，就出现了人工栽培稻和有灌溉系统的稻田。而春秋战国时期，太湖地区吴地的农耕稻作，作为当时人们获取食物的最基本的生产活动，更得以传承和发展。

《周礼·职方氏》记载说"东南曰扬州……其谷宜稻"[1]，即反映了吴地当时有别于北方农业的水稻生产状况。吴王寿梦时期，吴国的领土已抵达今苏北淮泗一带。淮泗地区的盱眙，春秋时为吴地"伊缓"。春秋后期，晋国打算为吴国加盟召开盟会时，派遣鲁国孟献子和卫国孙文子前往伊缓与吴国会面。他们对吴地地名"伊缓"竟"嫌从夷号"[2]，"故不言伊缓，而言善稻"[3]。善稻，《春秋经》作"善道"。而《公羊传》《穀梁传》均作"善稻"。晋范宁《集解》对此注为："善稻，吴谓之伊缓。"[4]

这一从"伊缓"到"善稻（道）"的改名，虽然反映了当时中原文化优势意识指导下对吴国"蛮夷"文化的歧视，但从"善稻"之"稻"及上述"其谷宜稻"的记载来看，春秋时，吴地擅长稻作生

---

[1]《周礼·职方氏》，见《周礼注疏》，北京大学出版社1999年，第870页。
[2] 范宁：《集解》，见《春秋穀梁传注疏》，北京大学出版社1999年，第247页。
[3] 范宁：《集解》，见《春秋穀梁传注疏》，北京大学出版社1999年，第247页。
[4] 范宁：《集解》，见《春秋穀梁传注疏》，北京大学出版社1999年，第246—247页。

产,或已为世人所知。

而关于"善道",前文又作与交通有关的道路名称解读。因此,不排除的情况是,其时该地名因"善道""善稻"的音同字异而多解——既作道路名称,也作擅长稻作生产,同时亦作城邑名称等多种解读。

2. 开垦荒地与火耕水耨

吴国的农耕稻作生产取得的发展,与土地的开垦有关。阖闾上台之初和伍子胥"与谋国政"的谈话中,曾说起吴国经济发展中的种种不利因素,其中即有"仓库不设,田畴不垦"[1]的描述。而伍子胥其时提出的多项对策中即有"实仓廪"[2]的举措,意指鼓励开垦荒地,扩大种植面积,填实仓廪而增加粮食储备。而在鼓励开垦荒地的举措上,吴国王室成员都参与其中。《越绝书》中即有关于吴国王室成员采田的记载,如"地门外塘波洋中世子塘者,故曰王世子造以为田。塘去县二十五里""吴北野禹柝东所舍大畷者,吴王田也,去县八十里""吴西野鹿陂者,吴王田也。今分为耦渎,胥卑虚,去县二十里""吴北野胥主畷者,吴王女胥主田也,去县八十里"[3]等。这些吴王或吴国王室成员的土地,称为"吴王田""吴王女胥主田"[4](女胥即女婿)等。

而上述的"畷",指的是烧种,即当时采用的主要耕作方式——火耕水耨。这种耕作方式是先把田中的草木用火焚烧,然后再撒谷下种。司马迁在《史记·货殖列传》中谈到先秦时期长江流域的社会生产时,将其描绘为"楚越之地,地广人稀,饭稻羹鱼,或火耕而水耨"[5]。张守节《史记正义》对之注释说:"言风草下种,苗生大而草生小,以水灌之,则草死而苗无损也。耨,除草也。"[6]以这样的耕作方式耕种的农田,即谓为"畷田"。对上述"江南火耕水耨",南朝刘宋裴骃《史记集解》引东汉应劭说法:"烧草,下水种稻,草与稻并生,高七八寸,因悉芟去,复下水灌之,草死,独稻长,所谓火耕水耨也。"[7]这种耕作方法,至西汉时犹屡见文献记载。《史记·平准书》记载汉武帝时,山东等地遭受黄河水灾,数年颗粒无收,在方圆一二千里之间,竟发生人吃人的极端事件。故汉武帝下诏书说:"江南火耕水耨,令饥民得流就食江淮间,欲留,留处。"[8]意指,江南地区火耕水耨,命饥民可流亡到江淮之间寻口饭吃,想留在那里的,可在那里定居。

《国语·吴语》记载夫差伐齐返还时责备伍子胥说:"昔吾先王体德明圣,达于上帝,譬如农夫作耦,以刈杀四方之蓬蒿。"[9]指的就是阖闾当年鼓励农民披荆斩棘、开垦荒地的情景。

有学者从江南各地出土的青铜农具这一视角指出:"在今江苏苏州、仪征、溧水、丹徒、丹阳、六合、昆山、武进,浙江海宁、嘉善、长兴,上海金山,安徽贵池、舒城、怀宁等地出土了大量的青铜农具,计有镰、锄、䦆、铚等器物。铜镰正面多置箅纹,形成整齐而密集的沟槽,刃部呈锯

---

[1] 赵晔:《吴越春秋》,江苏古籍出版社1986年,第24页。
[2] 赵晔:《吴越春秋》,江苏古籍出版社1986年,第25页。
[3] 袁康、吴平:《越绝书》,上海古籍出版社1985年,第12—13页。
[4] 袁康、吴平:《越绝书》,上海古籍出版社1985年,第13页。
[5] 《史记·货殖列传》,见司马迁:《史记》,中华书局1959年,第3270页。
[6] 张守节:《史记正义》,见司马迁:《史记》,中华书局1959年,第3270页。
[7] 裴骃:《史记集解》,见司马迁:《史记》,中华书局1959年,第1437页。
[8] 《史记·平准书》,司马迁:《史记》,中华书局1959年,第1437页。
[9] 《国语·吴语》,见左丘明撰、韦昭注:《国语》,上海古籍出版社2015年,第397—398页。

齿形,弥补了铜镰缺乏利刃的不足。铜鏺呈角状的V形,两翼正面有竖向平行的箆文,延长至刃部成锯齿,背部多平整光素,两翼中间有连铸的楔形銎部及横栏。这些农具的进步,促使吴国农业的发展。"[1]

3.二十世纪七十年代苏州出土的春秋战国时期的青铜农具

今苏州市区内,二十世纪七十年代亦曾有不同批次的多件青铜农具出土。

(1)1975年葑门内城河出土春秋战国时期青铜器中的青铜农具

1975年10月,苏州古城内的葑门内城河程桥下,曾出土春秋战国时期的青铜农具。廖志豪、罗宝芸《苏州葑门河道内发现东周青铜文物》一文指出该批出土的农耕器具有:"斤,两件。其一长方銎,斤身两侧略呈弧形。""锯镰,四件。镰身一面有平行条纹,延至刃部形成锯齿。柄部有侧栏。""锛,四件。长方銎,一面有方孔,一面开口,刃略呈弧形。""锄,一件。马蹄形,弧刃。""铚,两件。略呈半月形,中部近边棱处有二穿孔,刃部正面有锯齿,反面平滑。"

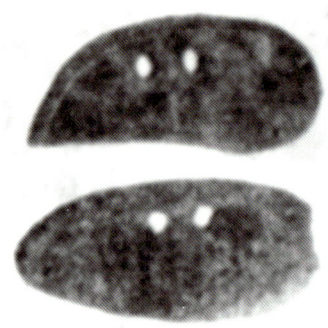

出土于苏州葑门内城河程桥下的铜锯镰四件(左)和铜铚两件(右)(录自《苏州葑门河道内发现东周青铜文物》[2])

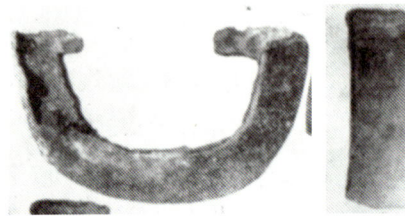
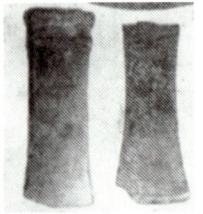

出土于苏州葑门内城河程桥下的马蹄形铜锄一件(左)和铜斤两件(右)(录自《苏州葑门河道内发现东周青铜文物》[3])

出土于苏州葑门内城河程桥下的铜锛四件(录自《苏州葑门河道内发现东周青铜文物》[4])

(2)1977年苏州市城东北原新苏丝织厂发现的东周铜器及其中的农耕用具

1977年9月,在苏州古城区西北街的原新苏丝织厂,出土东周时期的青铜农具一批多件。苏州博物馆考古组《苏州城东北发现东周铜器》一文说,该批出土器中,明确为农耕用具的分别为:"铜锛 十二件,分四式""铜锄 五件,分二式""铜斤 六件,分二式""铜镰 六件。镰身一

---

[1] 戈春源、叶文宪:《吴国史》,人民出版社2001年,第185页。
[2] 廖志豪、罗宝芸:《苏州葑门河道内发现东周青铜文物》,《文物》1982年第2期。
[3] 廖志豪、罗宝芸:《苏州葑门河道内发现东周青铜文物》,《文物》1982年第2期。
[4] 廖志豪、罗宝芸:《苏州葑门河道内发现东周青铜文物》,《文物》1982年第2期。

面有平行条纹，延长至刃部形成锯齿。柄部有8字形侧阑。可分三式""铜犁形器 一件。呈弯月形，一角已残。中有柄，柄有銎，一侧形成三角形孔。器身一面有平行条纹。器高10、两刃角残宽18厘米"。

苏州市西北街原新苏丝织厂发现的铜锄（左）和铜镰（右）（录自《苏州城东北发现东周铜器》）[1]

苏州市西北街原新苏丝织厂发现的铜犁形器（左）和铜斤（右）（录自《苏州城东北发现东周铜器》）[2]

苏州市西北街原新苏丝织厂发现的铜锛（录自《苏州城东北发现东周铜器》）[3]

有学者指出："从春秋战国到明清，是我国漫长的封建社会时代，也是吴地的农业经济逐渐由落后走向先进，由单一走向多元，由纯粹的农业型走向复合的农商型的重要时期，这具体表现在当时吴地的农业在作物结构上逐渐由单一的稻作农业向稻麦混合农业，然后再向稻麦豆油桑棉等多元农业发展；在耕作制度上逐渐由刀耕火种向火耕水耨，再向犁耕转化，然后再向水耕和旱作结合转化；在生产方式上逐渐由单一的自给自足自然经济向自给自足与商品贸易相结合的农商经济转型等等方面。这些方面的种种变化，充分反映了吴地的农业经济逐渐由落后走向先进，由传统走向现代的事实，充分展示了吴地人民在开创农业文明史上所走过的道路。"[4]

---

[1] 苏州博物馆考古组：《苏州城东北发现东周铜器》（执笔者：杨锡璋），《文物》1980年第8期。
[2] 苏州博物馆考古组：《苏州城东北发现东周铜器》（执笔者：杨锡璋），《文物》1980年第8期。
[3] 苏州博物馆考古组：《苏州城东北发现东周铜器》（执笔者：杨锡璋），《文物》1980年第8期。
[4] 蔡丰明：《吴文化概论·吴地的农耕蚕桑》，见吴恩培主编：《吴文化概论》，东南大学出版社2006年，第75—76页。

4. "与越粟万石"与"禾稼登熟"

《吴越春秋》卷九记载,吴王夫差曾一次"与越粟万石"[1],即一次借贷给越国稻谷"万石"。到了次年,"越王粟稔,拣择精粟而蒸,还于吴"[2],即越国稻谷丰收,挑选了上等的稻谷把它们蒸熟再还给吴国。而不知越人之计的吴王夫差,将越国还来的已蒸过的稻谷作为种子,结果吴国这年绝收而大闹饥荒。

这一文献资料尽管反映的是吴、越争战时,以破坏对方的农业经济作为削弱对方国力的手段,但是吴国一次就能贷出稻谷"万石",也足见当时吴国的水稻生产已达相当的水平。而从《越绝书》记载的"吴王夫差之时,其民殷众,禾稼登熟"[3]等,则可看出,这一时期吴国的农业发达,百姓生活富足。

吴、晋黄池争霸后,身处中原的吴国军团竟发生向鲁国大臣"乞粮"的事件。其中,不能排除吴国军粮运输中出现了问题;而主要原因,当是连年战争下的吴国农业已无法支撑起吴国的对外用兵。

(二)蚕桑与丝织品生产

吴地养蚕植桑的历史十分悠久。前文所述的古代文献记载的中国最早因争蚕桑而引发的经济战争,就发生在吴、楚之间。《史记·吴太伯世家》《史记·楚世家》和《史记·伍子胥列传》等,都记载了吴、楚间这场名为"争桑之战"或"蚕桑之战"的经济战争。

这一经济战争说明,春秋时期,吴、楚两地的百姓因养蚕而在民间发生民事纠纷即"争桑相攻"[4],终引发两国间的战争。在这一战争背后,可以窥见种桑养蚕在春秋时期已成为吴国重要的经济产业。

蚕桑业的发展,直接促进了吴地丝织业的发展。春秋时期,吴国的丝织生产水平已有了很大提高,丝织品的品种已经有了"缟"的名称。吴王馀昧执政之初,派遣其弟公子季札访问中原列国。季札到郑国访问,见到子产,向子产赠送了白绢大带——"缟带"。子产也回赠他麻织的衣裳。这就是《左传·襄公二十九年》记载的季札"聘于郑,见子产,如旧相识,与之缟带,子产献纻衣焉"[5]。晋杜预《春秋经传集解》对之注曰:"吴地贵缟,郑地贵纻,故各献己所贵,示损己而不为彼货利。"[6]后世,即以"缟纻""缟纻之交"来比喻交情笃深和朋友间的互相馈赠。

唐代陆广微《吴地记》记载了春秋吴都"吴"城(今苏州古城)城内因吴国官营纺织机构所在地形成的地名:"织里,今织里桥,在丽娃乡,俗呼失履桥、利娃乡,讹也。"[7]

吴地丝织业的发展促进了丝织品服饰的发展。汉代刘向《说苑》记载:"晋平公使叔向聘吴,吴人拭舟以逆之,左五百人,右五百人,有绣衣而豹裘者,有锦衣而狐裘者。"[8]

---

[1]赵晔:《吴越春秋》,江苏古籍出版社1986年,第125页。
[2]赵晔:《吴越春秋》,江苏古籍出版社1986年,第125页。
[3]袁康、吴平:《越绝书》,上海古籍出版社1985年,第73页。
[4]《史记·伍子胥列传》,见司马迁:《史记》,中华书局1959年,第2174页。
[5]《左传·襄公二十九年》,见《春秋左传正义》,北京大学出版社1999年,第1108页。
[6]杜预注,见杜预:《春秋经传集解》,上海古籍出版社1978年,第1129页。
[7]陆广微:《吴地记》,江苏古籍出版社1986年,第40页。
[8]刘向:《说苑·正谏》,见刘向著、钱宗武译:《白话说苑》,岳麓书社1994年,第405页。

对叔向的到来，吴人举行了盛大的欢迎仪式。在欢迎的人群中，如上引《说苑》所述，"有绣衣而豹袭者，有锦衣而狐袭者"。从吴地欢迎人群服饰中的这些"绣衣""锦衣"来看，当时已出现各式各样的华丽丝织品服饰。

二、春秋时江南及吴地的水上交通

（一）古代水上交通

先秦时，吴地地处太湖流域水网地区，河道交织，湖泊众多。在这样的自然条件下，吴地的交通工具，自古便有"水行而山处，以船为车，以楫为马"[1]的特点。而自新石器时期始，舟船已出现并渐成为江南及吴地最主要同时也是最普遍的交通工具（相关情况参见本书第一章）。

舟船的出现与使用，必然导致与之相联系的古代水上交通的出现以及对自然水道的开发利用。在开发利用中，也伴随着人工裁弯取直地开凿、挖掘而整治这些水道。文献记载表明，春秋时吴国已出现"通海"的"入海水道"与"通江"的"入江水道"。

1.入海水道

公元前485年（吴夫差十一年，鲁哀公十年）吴王夫差北进伐齐时，曾出现战争形式从陆上进攻转变成海上进攻的状况。"徐承帅舟师，将自海入齐。"[2]意即，吴国大夫徐承率领吴国舟师，从海上进入齐国。吴国舟师从海上进入齐国海域并施行军事进攻的记载表明，其时已存在着吴国"通海"的"入海水道"，即自吴国境内的水系进入东海再北上进入黄海。

（1）《尚书·禹贡》"三江"中的松江（吴淞江）、娄江和东江

前文论述了中国早期社会的大禹治水及大禹在江南太湖地区疏浚排洪的下泄水道"三江"，亦即《尚书·禹贡》记载的"三江既入，震泽底定"[3]。上述太湖下泄水道的"三江"概念，《水经注》记东晋庾仲初《扬都赋·注》曰："今太湖东注为松江，下七十里有水口，分流：东北入海为娄江，东南入海为东江，与松江而三也。"[4]这是中国古代最早将《尚书·禹贡》下泄水道的"三江"明确为松江（吴淞江、笠泽江）、娄江和东江的文献记载。

其后，唐张守节在《史记正义》也重复这一观点而指出："三江者，在苏州东南三十里，名三江口。一江西南上七十里至太湖，名曰松江，古笠泽江；一江东南上七十里至白蚬湖，名曰上江，亦曰东江；一江东北下三百余里入海，名曰下江，亦曰娄江。于其分处号曰三江口。"同时，该文献另引："顾夷《吴地记》云'松江东北行七十里，得三江口。东北入海为娄江，东南入海为东江，并松江为三江'，是也。言理三江入海，非入震泽也。"[5]震泽，太湖另名。

后世，《尚书·禹贡》"三江"水系发生较大变化。娄江在宋至和二年（1055）疏浚后改名"至和塘"，起始处改至苏州娄门，明弘治年间（1488—1505）复称"娄江"。而东江则淤塞、湮灭。今"三江"中唯松江（又称"吴淞江""笠泽江"）至今犹存。该江在明代"黄浦夺淞"后成为黄浦江

---

[1]袁康、吴平：《越绝书》，上海古籍出版社1985年，第58页。
[2]《左传·哀公十年》，见《春秋左传正义》，北京大学出版社1999年，第1653页。
[3]《尚书·禹贡》，见《尚书正义》，北京大学出版社1999年，第145页。
[4]郦道元著、陈桥驿等译注：《水经注全译》，贵州人民出版社1996年，第1027页。
[5]张守节：《史记正义》，见司马迁：《史记》，中华书局1959年，第59页。

的支流，但乃具备通江、通海功能。

（2）吴王夫差执政之初由伍子胥开凿的"西起太湖"而"东通大海"的"胥浦"

吴王夫差元年（前495），吴国为征伐越国，由伍子胥利用太湖下泄水道疏浚并裁弯取直地开凿人工运河胥浦。该人工运河，西起今属吴江的太湖东岸，从春秋时尚为濒海地区的今上海青浦、松江一带入海。

对之，乾隆《吴县志》记载该"胥浦"水道说："周敬王二十五年，吴行人伍员凿河自长泖接界泾，而东尽纳惠高彭巷处士沥渎诸水，后人颂其功名曰胥浦。"[1]

"周敬王二十五年"为公元前495年（吴夫差元年，鲁定公十五年）。"长泖"，三泖之一。关于三泖，马学强《上海通史》第2卷《古代》说："三泖，有上泖、中泖、下泖之说，又以近山泾泖益圆，曰团泖；近泖桥泖益阔，曰大泖；自泖面上，萦绕百余里，曰长泖[2]。团泖又作圆泖。……泖湖之水，上承淀湖。淀山湖，位于松江府西北72里，与青浦、昆山县接界，昔有山居其中，亦叫薛淀湖。"而"淀山湖在宋代前后，通过其独特的'中介'角色，连三泖，接大盈浦、赵屯浦，从而使南部诸水与吴淞江相沟通"[3]。"界泾"，今上海青浦有"界泾港"地名。南宋绍熙《云间志》另记载有以"胥浦"命名的"胥浦乡"[4]。《云间志》记其地望为唐华亭县。唐天宝十载（751），吴郡太守赵居贞奏割昆山南境、嘉兴东境、海盐北境三县地始置华亭县，后人即以"云间"指华亭县。华亭县其后为松江府治所，其主体在今上海市松江区。

当代学术著作也记载了这一春秋时起自太湖东岸，并从春秋时尚为濒海地区的今上海青浦、松江一带入海的胥浦。如《中国水利史稿》（上册）叙述："吴国曾在境内开凿了两条运河，一条是胥浦，它西连太湖，东通大海，大约主要是利用太湖泄水道疏浚而成，沟通了吴国海运通道。另一条运河北通长江。"[5]该"北通长江"的运河，即为下文将叙述的《越绝书》所记载的"吴古故水道"。

此外，学者们论及江南的运河与水系时，也对该胥浦多有论及。如宋烜《江南运河之两浙古运河——兼谈大运河南端问题》一文提及胥浦并以注释形式指出说："乾隆《江南通志》卷六十一《河渠志·水利》：'胥浦塘，相传伍子胥所凿，自长泖接界泾而东……出横潦泾。'"[6]王育民《先秦时期运河考略》一文也指出："胥浦：周敬王二十五年（前495年），吴王夫差为了征越，凿胥浦，西起太湖，历长泖接界泾而东，尽纳惠高、彭港、处士、沥渎诸水，东通大海。这条运河大约主要是利用太湖泄水道疏浚而成，沟通了吴国的海运通道。"[7]

2.入江水道

（1）《尚书·禹贡》"三江"中的"松江""娄江"

前述《尚书·禹贡》"三江"中的松江（又称"吴淞江""笠泽江"）、娄江入海水道，兼具通江

---

[1]《吴县志》卷十六《水利》，见乾隆《吴县志》，苏州图书馆藏本。
[2]原文此处加注："详见南宋绍熙《云间志》中。"
[3]马学强著：《上海通史》第2卷《古代》，上海人民出版社1999年，第35—36页。
[4]南宋绍熙《云间志》，见《宋元方志丛刊》（第一册），中华书局1990年，第9页。
[5]武汉水利电力学院、水利水电科学研究院《中国水利史稿》编写组：《中国水利史稿》上册，水利电力出版社1979年，第88页。
[6]宋烜：《江南运河之两浙古运河——兼谈大运河南端问题》，《绍兴文理学院学报》（哲学社会科学）2015年第6期。
[7]王育民：《先秦时期运河考略》，《上海师范大学学报》（哲学社会科学版）1984年第3期。

功能。

吴王寿梦、诸樊时,后世吴王阖闾时自太湖经芜湖入江的"胥溪"尚未开掘,故其时吴军与楚军争夺而进入淮河流域,除陆上通道外,运载兵员、辎重的吴军舟船或存在着如下水道:

其一,因历史上的淮河是一条从云梯关(今江苏响水)独流入海的河流,故其时吴国舟船从太湖入淮,当经太湖下泄水道(松江、娄江等)入江、入海后,再北上绕至云梯关淮河入海处,溯淮而上进入黄淮或江淮地区。

其二,吴国舟船从太湖下泄水道(松江、娄江等)至长江口,不入海,溯江而上,在今芜湖西北含山县东关镇境内濡须口,入巢湖、居巢等。

(2)由吴都平门外城河经江阴利港入长江的"吴古故水道"

前述,吴夫差十年(前486)吴掘邗沟前,已存在自吴都北向入长江的"吴古故水道"。否则,在扬州掘邗沟的吴国兵员又如何能乘舟船抵达扬州一带?而前引《中国水利史稿》(上册)叙述"吴国曾在境内开凿了两条运河",除胥浦外的"另一条运河北通长江"[1]。这一"北通长江"的运河,即为"吴古故水道"。

《越绝书》卷第二记载该水道说:"吴古故水道,出平门,上郭池,入渎,出巢湖,上历地,过梅亭,入杨湖,出渔浦,入大江,奏广陵。"[2]

上述记载涉及的相关词语,释义如下:

平门:《越绝书》所记吴大城"陆门八"[3]的八座城门之一。陆广微《吴地记》:"平门,北面有水陆通毗陵。子胥平齐大军从此门出,故号平门。"[4]春秋时,平门为吴都北门。

郭池:吴都北门平门外的外郭水濠或外城河。因位于平门外,民间俗称"平门河"或"平门外护城河"。

渎:原指江河大川。《尔雅·释水》:"江、河、淮、济为四渎。"[5]后世,"渎"指江南一带水体名称。戈春源《运河始段在今苏州考》一文条陈"今苏州无锡间称'渎'的河流有数条:一曰蠡渎,……二曰圣渎。……三曰太伯渎。……四曰射渎"后,认为:"以上数渎,通江水道所穿者最有可能的是射渎,因射渎为吴王所'习射',它的开辟应早于通江水道。且射渎在巢湖(漕湖)之东,从平门出发,通江水道可顺当地通向巢湖。太伯渎虽早在商末所开,但它在巢湖之西,通江水道不可能绕至太伯渎再至巢湖。而蠡渎、圣渎等,是春秋以后所开,开水道时它们似尚未形成。"[6]王育民《先秦时期运河考略》一文也认为,此处的"渎指下通长荡(在今苏州西十里)的射渎"[7]。

巢湖:即漕湖。民国《吴县志》卷第二十《舆地考·水》记载:"漕湖,在县西北二十里接无锡县界,本名蠡湖。《寰宇记》:蠡渎西北去无锡县五十里,范蠡伐吴造此渎。……其称漕湖不知所

---

[1] 武汉水利电力学院、水利水电科学研究院《中国水利史稿》编写组:《中国水利史稿》上册,水利电力出版社1979年,第88页。
[2] 袁康、吴平:《越绝书》,上海古籍出版社1985年,第10页。
[3] 袁康、吴平:《越绝书》,上海古籍出版社1985年,第9页。
[4] 陆广微:《吴地记》,江苏古籍出版社1986年,第30页。
[5]《尔雅·释水》,见《尔雅注疏》,北京大学出版社1999年,第225页。
[6] 戈春源:《运河始段在今苏州考》,《苏州科技学院学报》(社会科学版)2010年第4期。
[7] 王育民:《先秦时期运河考略》,《上海师范大学学报》(哲学社会科学版)1984年第3期。

始，或云以通漕运故名。"[1]

历地：戈春源《运河始段在今苏州考》一文疏解："历通沥。历澜，有水气蒸腾之意。……巢湖附近，地势低下，古时为一湿地，故称历地。"[2]

梅亭：即梅村，在巢湖（漕湖）之西。张守节《史记正义》说："吴，国号也。太伯居梅里，在常州无锡县东南六十里。"[3] 此处的"梅里"，即梅村。而"亭"，则为秦、汉时基层行政单位名称，见诸《汉书·百官公卿表》（上）的记载："大率十里一亭，亭有长；十亭一乡，乡有三老、有秩、啬夫、游徼。"[4]

杨湖：王育民《先秦时期运河考略》一文认为："当指今常州、无锡之间的阳湖。"[5]

渔浦：戈春源《运河始段在今苏州考》一文认为："今称利港，在江阴县西五十里，是与申港、芦埠港齐名的大港。"[6]

大江：长江。

广陵：扬州。

由以上释义可知，《越绝书》记载的"吴古故水道"，实为春秋时自春秋吴都"吴"城（今苏州古城）城北外城河而经今常州、无锡并从江阴进入长江，进而抵达江北扬州的一条水上通道。

关于该水道，《中国水利史稿》（上册）叙述为："大致是从苏州经今运河往北到江阴以西常州以北入江。"[7] 王育民《先秦时期运河考略》一文亦同时指出其开凿时间："这条渠道当自今苏州西北行，穿过漕湖、阳湖，在今常州以北、江阴以西的利港入于长江，以达扬州。这一条最早的江南运河，其开凿时间，当在周敬王三十四年（前486年）吴王夫差为争霸中原，继续向北开凿邗沟之前。"[8]

吴王夫差开凿邗沟时，吴国水军已出现在长江以北。因此，在吴掘邗沟前，吴国利用江南一带的自然水系开凿自吴都"吴"城城北的平门外城河而入长江的"吴古故水道"，不仅可行，而且必要。

由此，对该"吴古故水道"，可作如下总结：

其一，该水道以自然水系为主体，但不排除其中部分河段进行过人工裁弯取直。上述《中国水利史稿》（上册）称其为"运河"，盖源于此。

其二，该水道开通或开凿时间，当在公元前486年（吴夫差十年，鲁哀公九年）以前，即吴掘邗沟之前。

其三，该水道行经线路为：起自春秋吴都"吴"城（今苏州古城）城北的平门，经平门外的外城河（即平门河）进入苏州城西的射渎（长荡），再从今苏州相城的漕湖经过无锡梅村（梅里），进

---

[1]《吴县志》卷第二十《舆地考·水》，见民国《吴县志》，苏州图书馆藏本。
[2] 戈春源：《运河始段在今苏州考》，《苏州科技学院学报》（社会科学版）2010年第4期。
[3] 张守节：《史记正义》，见司马迁：《史记》，中华书局1959年，第1445页。
[4]《汉书·百官公卿表》（上），见班固：《汉书》，中华书局1962年，第742页。
[5] 王育民：《先秦时期运河考略》，《上海师范大学学报》（哲学社会科学版）1984年第3期。
[6] 戈春源：《运河始段在今苏州考》，《苏州科技学院学报》（社会科学版）2010年第4期。
[7] 武汉水利电力学院、水利水电科学研究院《中国水利史稿》编写组：《中国水利史稿》上册，水利电力出版社1979年，第88页。另，该著作此处原文加注："平门是吴北门，郭池是吴城外郭之护城河；渎应为射渎，下通长荡，长荡在今苏州西十里；巢湖即漕湖，一名蠡湖，在苏州西北四十里。漕湖西北距无锡五十里。历地即蠡地，梅亭应即古梅里，今之梅村，在无锡东南三十里。杨湖，无锡西北十五里有芙蓉湖。西距常州五十五里；又常州东五十里有阳湖，二湖似为一湖，名杨湖。渔浦无考，当在江阴、常州境。这一水道在今运河之北，多利用湖泊。"
[8] 王育民：《先秦时期运河考略》，《上海师范大学学报》（哲学社会科学版）1984年第3期。

入无锡、武进交界处的阳湖,并抵达江阴利港,再由利港进入长江而抵达扬州。

(3)吴王阖闾时"伍员所开"的"胥溪"(中江水道)

胥溪,为从太湖至芜湖注入长江的水道。关于该水道,前文论述阖闾时期的"吴伐楚入郢之战的战争进程"时,曾作介绍。为免内容重复,以下简略叙述三点:

其一,该胥溪为从太湖至芜湖而注入长江的水道,部分利用自然水道,但其中一段需人工开挖以沟通。故该水道为春秋时由伍子胥主持开挖的一条人工运河。

其二,该人工运河为东连太湖、西入长江的一条运河,亦为从太湖至芜湖而注入长江的最短水道。其开通时间,当在吴王阖闾执政后的公元前514年(吴阖闾元年,鲁昭公二十八年)至吴伐楚入郢之战的公元前506年(吴阖闾九年,鲁定公四年)之间。

其三,该人工运河的名称——胥溪,如《太湖备考》等文献所述吴王阖闾时为"伍员所开"[1],故名。而安徽芜湖市博物馆相关展板,则将该水道称为"中江水道"(相关情况参见前文)。

(二)先秦时期吴国的其他水道

1.沟通苏、锡间的水道——泰伯渎

泰伯渎,简称"伯渎",又称"伯渎河""伯渎港"。相传是泰伯南奔后,为备民之旱涝而开凿的一条人工河道,是现今江南最古老的人工运河之一。

泰伯渎全长二十四千米,从无锡市区南门开始,东南流经坊前、梅村、荡口诸镇,注入今苏州境内的漕湖。漕湖现位于苏州相城区北桥街道境内,与常熟、无锡交界。古代的泰伯渎同时也是沟通苏、锡两地间的一条重要水道。《新唐书·地理志》"无锡"条记写"泰伯渎"说:"无锡。望。南五百里有泰伯渎,东连蠡湖。"[2]王健《泰伯渎为中国最早运河的可信性探讨》一文,对之从以下三个条件进行分析:"第一个条件是具有一定的传世文献根据的。""第二个条件是这种传说的产生,是否符合当时的社会条件和生活常识。即当时的社会发展水平能否支撑这种传说史实存在的可能性。""第三个条件是已经被证明的史实的类比性也可旁证太伯开凿人工运河的可信性。"由此,该文进而得出结论:"太伯开凿运河的传说应当是有相当可信度的传说历史,不可轻易否定。"但对太伯开凿运河的传说"要真正坐实,

无锡梅村泰伯庙后竖立的"泰伯开凿伯渎纪念碑"(左)及该碑细部(右)(吴恩培摄)

---

[1]金友理:《太湖备考》,江苏古籍出版社1998年,第38页。
[2]《新唐书·地理志》,见欧阳修、宋祁:《新唐书》,中华书局1975年,第1058页。

还需要更多的资料"[1]。

今无锡梅村泰伯庙后，立有"泰伯开凿伯渎纪念碑"。该碑文字叙述泰伯渎的开凿经过、意义等说："泰伯渎又称伯渎河，或谓伯渎港。为吴姓始祖泰伯公所凿，已逾三千二百余年。……为纪念泰伯之丰功伟绩，造福人间，特修复祖庙后驳岸，使祖业重光，播以绿化，顿还旧观。谨此勒石，永志记念。"

2.沟通吴、越间的水道——百尺渎

关于百尺渎，本书第八章已作叙述，内容参见前文，此处存目。

3.沟通太湖与石湖的水道——越溪（越来溪）

越溪，又作"越来溪"，为沟通太湖与苏州近郊上方山下石湖的水道。关于该水道，前文亦已作叙述。以下简略叙述三点：

其一，越溪为越王勾践时开凿的人工运河，自松江（吴淞江、笠泽江）北的太湖开渠至横山东北入吴，而其时越兵入吴亦自此来，故该溪名"越溪""越来溪"等，其义即此。

其二，越溪的开凿时间为伍子胥被赐死之年的公元前484年（吴夫差十二年，鲁哀公十一年）至公元前483年（吴夫差十三年，鲁哀公十二年）。

其三，越溪的价值，为军事战略价值和农田灌溉价值。前者如前文引顾颉刚所说："此前於越入吴，一从越来溪，即石湖之南也；一从笠泽，即吴淞之口也。"[2]后者，则为该溪在联结太湖、保持航运功能的同时，也成为太湖水系农田灌溉的一部分。

4.吴掘邗沟而沟通长江与淮河的水道：中国大运河的历史起点

春秋时期，吴国最著名的运河工程为吴王夫差时期开凿的邗沟。如前文述，该工程地处长江以北的吴国境内，为中国最早沟通江（长江）、淮（淮河）两大水系的人工运河。其开凿是为了吴国伐齐战争时的"通粮道也"[3]。后世以此为基础而南北延伸为京杭大运河后，该水道对中国南北经济、交通的影响，无法以经济价值估算。因此，京杭大运河为始掘于春秋，完成于隋朝，繁荣于唐宋，取直于元代，疏通于明清的人工运河。该运河从吴夫差十年（前486）始凿，至公元1293年全线通航，前后共持续了近一千八百年。作为世界上开凿最早、最长的一条人工河道，该大运河目前仍是我国仅次于长江的第二条"黄金水道"。

（三）苏州城内的河道体系

春秋"吴"城（今苏州古城）城内的河道体系，主要用于城内的水上交通运输。同时，它亦承担着城内的排涝和太湖水系的下泄功能。

黄歇治吴时的"大内北渎，四从五横"[4]，即为在苏州城内挖掘、疏浚河道开掘而成的水道体系。本书前文叙述黄歇治吴"对故吴旧都的修复之一：疏浚及开掘城内河道"时，对之已作详细介绍。为免重复，以下简略叙述三点：

---

[1]王健：《泰伯渎为中国最早运河的可信性探讨》，《江南论坛》2011年第7期。
[2]顾颉刚：《苏州史志笔记》，江苏古籍出版社1987年，第40—41页。
[3]杜预注，见杜预：《春秋经传集解》，上海古籍出版社1978年，第1762页。
[4]张守节：《史记正义》，见司马迁：《史记》，中华书局1959年，第2394页。

其一，公元前248年黄歇徙封于"吴"（即故吴旧都，今苏州古城）后，对城内的河道运输进行体系化的规划、疏浚和治理。所有这些，使得城内的水系与航道，其后相对稳定地发挥着运输功能，并成为这座城市特殊且至今都能感受到的文化印记。

其二，苏州城内的河道体系，既为《越绝书》《史记正义》等文献记载，亦有实物遗存，从而形成二者间的互证关系。而这一互证关系，亦共同构成苏州古城春秋时建、战国时重修的文献记载和实物留存的证据。

其三，若追溯叙述，则今日苏州城内的河道体系，上溯至清代时，可见于苏州景德路城隍庙工字殿后殿墙上镌于清嘉庆二年（1797）的《苏郡城河三横四直图碑》。碑上描摹并保存着其时苏州城内"三横四直"河道体系的遗存状况。由此，再上溯至南宋时，为南宋绍定二年（1229）郡守李寿朋主持刻绘的《平江图》。该图上描摹并保存着南宋时苏州城内河道体系的遗存状况。由此，再上溯至唐代时，为张守节《史记正义》注《史记·春申君列传》"春申君因城故吴墟，以自为都邑"句时所说的春申君"大内北渎，四从五横，至今犹存"[1]，即唐代"犹存"着的战国时春申君黄歇在故吴旧都，且时为"吴墟"[2]之城疏浚、开掘的"四纵五横"河道体系的遗存。由此，再上溯至战国时，则为黄歇治吴时，在"吴墟"疏浚及开掘的城内河道，且为上述张守节《史记正义》所说的"大内北渎，四从五横"[3]的河道遗存。

苏州古城的城市河道体系遗存构成的文化印记，至今依然能够感受到。而它的文献记录连续而清晰，这一传承有序的状况，在中国诸城市的现存河道体系遗存中，堪称唯一。

三、春秋时期吴国的陆上交通

吴国地处东南沿海，与中原列国的交通主要依赖于陆上通道，此即学者所说的吴"通晋之道"[4]。这些陆上通道某些节点即战略要点，对其的控制往往伴随着战争。现对前文已叙述的春秋时期吴、晋间存在着的陆上通道作一梳理和总括。

（一）吴古故陆道

《越绝书》卷第二记载："吴古故陆道，出胥明[5]，奏出土山，度灌邑，奏高颈，过犹山，奏太湖，随北顾以西，度阳下溪，过历山阳、龙尾西大决，通安湖。"[6]

胥明：如原文加注所指出，张宗祥《校注》云："'明'，当是'门'字之讹。"故"胥明"，当为"胥门"。

奏出土山：俞纪东《越绝书全译》解为："钱培名《札记》：'出'字疑衍。奏，张宗祥《校注》：'向也，见《汉书·金日䃅传集注》。'"[7]

---

[1] 张守节：《史记正义》，见司马迁：《史记》，中华书局1959年，第2394页。
[2] 《史记·春申君列传》，见司马迁：《史记》，中华书局1959年，第2394页。
[3] 张守节：《史记正义》，见司马迁：《史记》，中华书局1959年，第2394页。
[4] 童书业：《春秋左传研究》，上海人民出版社1980年，第79页。
[5] 原文此处加注：出胥明，张宗祥云："'明'，当是'门'字之讹。"
[6] 袁康、吴平：《越绝书》，上海古籍出版社1985年，第10页。
[7] 俞纪东：《越绝书全译》，贵州人民出版社1996年，第31页。

高颈：指苏州西郊高景山。《姑苏志》："高景山，在定山、羊山北三里，自天平来漫衍数里至此而止。《越绝书》作高颈山。"[1]民国《吴县志》："高景山，在支硎山北，距城西三十里。《越绝书》作高颈山，其西麓崖谷盘拱处曰金盆坞，其南为斜堰岭，亦曰谢宴岭，自吴县天平诸山漫衍数里至此而止，故此山实钟城西诸山之秀。"[2]

上引《越绝书》卷第二的记载，俞纪东《越绝书全译》将之译为："吴都古时候原来的陆路，西出胥门，向土山，经过灌邑，向高颈山（今高景山），翻越犹山，向太湖，随即往西北去，渡过阳下溪，经过历山南坡、龙尾西边的大决，通往安湖。"[3]

该"吴古故陆道"，为一条西出胥门、经今苏州西部群山向西北而去的古道。其与中原地区陆道如何相接，《越绝书》未予明确记载。其西北走向，很可能由此或经江阴利港渡江，或经《史记·秦始皇本纪》记载秦始皇最后一次南巡归时"还过吴，从江乘渡"[4]，即从今江苏句容一带的"江乘"渡江。至江北后，再北往伊缓（即善道，又作善稻，今江苏盱眙），并由之而往北至"徐国"（今江苏泗洪），继而与"钟吾国"（今江苏新沂）以及彭城（今江苏徐州）等相连。寿梦时期，吴国北上参与"会吴于钟离"[5]的钟离（今安徽蚌埠）盟会及"公会晋侯、宋公、陈侯、卫侯、郑伯、曹伯、莒子、邾子、滕子、薛伯、齐世子光、吴人、鄫人于戚"[6]的戚地（今河南濮阳）盟会，以及寿梦生前参加的最后一次晋国集团盟会——柤地（今江苏邳州一带）盟会等，很可能走的就是这一条陆上道路。而吴王馀眛时，遣季札北向访问中原列国，也很可能走的就是这一条陆上道路。

（二）"郯道""莒道"与"东道"

吴寿梦二年（前584），吴国北上伐郯。其因可能有二：一为晋、楚争霸政治格局下的代理人战争；另一则系吴国自身需求——打通与中原国家的联系通道。故有学者对此指出说，吴"伐郯之役，盖欲启通晋之道，与'上国'之盟会，非欲侵犯中原也"[7]。其后，晋国联合齐、鲁、邾国一同伐郯。其目的即是从吴国手中夺回对郯国的控制权。同时，将这条经过郯国通往吴国的陆上通道——"郯道"，控制在自己手里。

吴伐郯的次年（即吴寿梦三年，前583），申公巫臣为执行晋国"联吴制楚"战略，从晋国南下而"假道于莒"[8]，即借道从莒国通过。有学者指出："是时吴、晋通路在莒，故巫臣如吴'假道于莒'。"[9]这条与"莒""郯"相连的道路，其北向延伸段即与齐、鲁相连。

这一条与齐、鲁相连通道的今山东境内段，为历史上曾为多部文献记载过的南北大通道——"东道"。这一"东道"，与齐桓公走向称霸之时的家庭生活矛盾所引发的齐、蔡国家战争有关。

---

[1]《姑苏志》卷第八《山上》，见明正德《姑苏志》，苏州图书馆藏本。
[2]《吴县志》卷第十九《舆地考·山》，见民国《吴县志》，苏州图书馆藏本。
[3] 俞纪东：《越绝书全译》，贵州人民出版社1996年，第32页。
[4]《史记·秦始皇本纪》，见司马迁：《史记》，中华书局1959年，第234页。
[5]《春秋经·成公十五年》，见《春秋左传正义》，北京大学出版社1999年，第767页。
[6]《春秋经·襄公五年》，见《春秋左传正义》，北京大学出版社1999年，第842页。
[7] 童书业：《春秋左传研究》，上海人民出版社1980年，第79页。
[8]《左传·成公八年》，见《春秋左传正义》，北京大学出版社1999年，第734页。
[9] 童书业：《春秋左传研究》，上海人民出版社1980年，第79页。

《左传·僖公三年》载："齐侯与蔡姬乘舟于囿，荡公。公惧，变色。禁之，不可。公怒，归之，未绝之也。蔡人嫁之。"[1]对这"未绝之也"，《史记·齐太公世家》表述为"弗绝"[2]。它或指两种情况：一为齐桓公或只是想对蔡姬加以惩处，但还不想恩断义绝；二是让这婚姻关系处于不死不活的冷冻状态而把蔡姬晾在一边，让她不好再嫁人。对此，蔡姬的哥哥蔡缪侯无法接受。于是《左传》上述的"蔡人嫁之"，在《史记·管蔡世家》中明确表述为"蔡侯怒，嫁其弟"[3]，即蔡姬的哥哥蔡缪侯发怒而将妹妹蔡姬另外嫁人。但蔡人此举，又让婚姻关系"未绝之也"的齐桓公接受不了了——把尚存婚姻关系的我的夫人又嫁给别人，让我情何以堪，颜面何在？于是"齐桓公怒，伐蔡；蔡溃，遂虏缪侯"[4]。这一夫妻间嬉闹的家事，终逐步升级为有着姻亲关系的国家间的战争。而充满霸气的齐桓公，非但把舅大爷蔡缪侯给逮起来，在蔡国被击溃后，又因地缘关系，把是时已控制蔡国的楚国顺带给打了。这就是《左传·僖公四年》记载的："齐侯以诸侯之师侵蔡。蔡溃。遂伐楚。"[5]而这一切背后的政治原因，则是"齐桓公始霸，楚亦始大"[6]。即齐桓公始霸时，楚国也开始崛起。齐、楚对中原地区的争夺，处于均势下的对峙状态，故其后双方只能坐下来谈而"盟于召陵"[7]，即在召陵（今河南郾城区东）双方签订了和约。签约后，双方退兵。齐国联军进兵时，陈国或已受扰匪浅，故其时陈国大夫辕涛涂担心齐国联军退兵时使陈国再次受扰，于是对郑国的申侯说，列国军队仍取原道退回，那我们陈、郑两国还得为军队提供物资、军粮，还得挨累受扰。而"若出于东方，观兵于东夷，循海而归，其可也"[8]。即如果齐国军队向东边回师，同时向东夷炫耀武力，并循着海道回国，这样就好了。申侯说："好！"辕涛涂以为和有着共同利益的郑国协调达成了一致意见，于是就把这意见告诉齐桓公，齐桓公同意了。但申侯又去进见齐桓公说："军队在外头久了，如果往东走（即走辕涛涂所说的'循海而归'之道）而遇到敌人，恐怕是不能打硬仗了。如果取道陈国和郑国之间，由两国供给军队粮食、军鞋，这就可以了。"齐桓公听了很高兴，为奖励郑国申侯对齐国的忠诚，于是将虎牢关奖赏给他，而把出了馊点子的辕涛涂给抓了起来。

这一故事，各家文献记载并不一致。《史记·陈杞世家》将此道记为"东道"说："陈大夫辕涛涂恶其过陈，诈齐令出东道。东道恶，桓公怒，执陈辕涛涂。"[9]意即，"东道"是条道路状况不好的"恶"道。而《史记·齐太公世家》则记载齐军"过陈，陈袁涛涂诈齐，令出东方，觉。秋，齐伐陈"[10]。即齐桓公途经陈国，陈国大夫袁涛涂欺骗桓公，让齐军走东线难行之路，被齐国发觉。秋天，齐国讨伐陈国。《公羊传·僖公四年》则记载了齐军受骗而走了这一条道，以致陷入沛泽泥

---

[1]《左传·僖公三年》，见《春秋左传正义》，北京大学出版社1999年，第327页。
[2]《史记·齐太公世家》，见司马迁：《史记》，中华书局1959年，第1489页。
[3]《史记·管蔡世家》，见司马迁：《史记》，中华书局1959年，第1567页。
[4]《史记·管蔡世家》，见司马迁：《史记》，中华书局1959年，第1567页。
[5]《左传·僖公四年》，见《春秋左传正义》，北京大学出版社1999年，第329页。
[6]《史记·楚世家》，见司马迁：《史记》，中华书局1959年，第1696页。
[7]《春秋经·僖公四年》，见《春秋左传正义》，北京大学出版社1999年，第328页。
[8]《左传·僖公四年》，见《春秋左传正义》，北京大学出版社1999年，第333页。
[9]《史记·陈杞家》，见司马迁：《史记》，中华书局1959年，第1578页。
[10]《史记·齐太公世家》，见司马迁：《史记》，中华书局1959年，第1489页。

涸的困境中:"于是还师滨海而东,大陷于沛泽之中。"[1]唐杨士勋疏《穀梁传·僖公四年》"齐人执陈袁涛涂"[2]句时则说:"《公羊》《左氏》皆以为涛涂误军道,故齐侯执之。此《传》与注竟无误军道之言,则以涛涂不敬齐命,故执之也。"[3]

上述文献对同一事件记载不一,甚至连主事者的姓名也分别作"辕涛涂""袁涛涂"。但陈国大夫辕（袁）涛涂为保护本国利益而献计让齐军走位于陈国之东的"东道",各文献却均给予了肯定和记载,从而证明春秋早期时这一条南北向道路的存在。

吴王寿梦时,逃晋楚臣申公巫臣为执行晋国的"联吴制楚"战略,自晋国南下而"假道于莒"[4]。史念海《春秋以前的交通道路》一文对此解读说:"莒国在鲁国正东,鲁莒之间雄峙着蒙山,交通是有一定的困难的。申公巫臣假道于莒,就必须先假道于齐。申公巫臣所走的这条道路正是辕涛涂向齐桓公所建议的循海道路。齐桓公如果走这条道路,那是由南趋北,申公巫臣却是反其道而行之。等到申公巫臣走到徐时,就可再循吴季札出使中原的道路,一直走到吴国。"[5]按此,申公巫臣南下,即是假道于莒。其后的季札北上,乃至吴王夫差的"北上争霸",很可能都是经此道北上。

由此,大致可勾勒出吴国通向北方中原地区的一条陆上通道,其北端即为上述文献记载的"东道",而其南延所构成的线路,或为:

齐（今山东临淄）——莒（今山东莒县）——郯（今山东郯城）——钟吾（今江苏新沂）——徐（今江苏泗洪）——伊缓（即善道,又作善稻,今江苏盱眙）——吴古故陆道——吴都（今江苏苏州）胥门。

公元前582年（吴寿梦四年）,"楚子重自陈伐莒……克其三都"[6]。即楚国相继攻克莒国的渠丘、莒城和郓城这三个都城。其目的即为"盖欲截断吴、晋之通路"[7]。《左传·成公九年》的这一记载,或从另一角度证实,上述"郯道""莒道"与"东道",或为春秋时晋通吴,且自鲁、齐至吴的通路之一。

（三）彭城（徐州）平道与"偪阳""善道"

彭城平道,为经由彭城的通鲁、通晋之道。彭城地望,杨伯峻《春秋左传注》注为:"彭城,今江苏徐州市。"[8]"彭城即今江苏徐州市。"[9]

吴王寿梦时期,吴国和晋国及晋国集团间建立的联系,其薄弱处在于地缘上相距太远。晋国援助吴国的军事物资（如战车）及双方物资来往等,大多依赖从彭城经过的平道。吴寿梦十三年（鲁成公十八年,前573）,为切断晋、吴间的联系,楚国切断彭城（徐州）平道"以塞夷庚。……毒

---

[1]《公羊传·僖公四年》,见《春秋公羊传注疏》,北京大学出版社1999年,第214页。
[2]《穀梁传·僖公四年》,见《春秋穀梁传注疏》,北京大学出版社1999年,第115页。
[3]杨士勋疏,见《春秋穀梁传注疏》,北京大学出版社1999年,第115页。
[4]《左传·成公八年》,见《春秋左传正义》,北京大学出版社1999年,第734页。
[5]史念海:《春秋以前的交通道路》,《中国历史地理论丛》1990年第3期。
[6]《左传·成公九年》,见《春秋左传正义》,北京大学出版社1999年,第739页。
[7]童书业:《春秋左传研究》,上海人民出版社1980年,第79页。
[8]杨伯峻:《春秋左传注》（修订本）,中华书局1990年,第905页。
[9]杨伯峻:《春秋左传注》（修订本）,中华书局1990年,第911页。

诸侯而惧吴、晋"[1]。"夷庚",杨伯峻《春秋左传注》注为:"车马往来之平道。"[2]故《左传》上条意为,楚国切断并阻塞各国之间来往所经的彭城平道,尤其让利害相关的吴国、晋国感到恐惧。由此,晋、楚于本年间爆发靡角之谷之战。此战,晋国夺取了彭城平道的控制权,并交由其盟国宋国管理。

彭城向东或由钟吾国(今江苏新沂)抵达徐国(今江苏泗洪),再经由伊缓(即善道,又作善稻,今江苏盱眙)而通春秋时的"吴"城(今江苏苏州)。而彭城平道的向北延伸段,则为与彭城平道控制权密切相关的偪阳国。

偪阳,本为一个默默无闻的小国。其地望为"今邳县西北,即山东峄城(峄县废治)南五十里"[3],亦即今山东省枣庄市台儿庄西南侯孟乡境内,地处彭城西北百余里。在当时晋、楚争霸的情况下,并无文献记载偪阳国追随楚国及持亲楚立场,然其所处地理位置为彭城平道北段,彭城平道为吴国进入北方的另一条通道。故在公元前563年(吴寿梦二十三年,鲁襄公十年),晋国集团举行柤地盟会时,决定攻打偪阳国。这就是《春秋经·襄公十年》记载的:"夏,五月,甲午,遂灭偪阳。"[4]对此,童书业认为:"灭偪阳,以与宋,盖亦启通吴之路。"[5]谭戒甫也认为:"柤地是徐淮的屏蔽,由北往南的咽喉。春秋时晋楚争霸,吴楚相仇,因而晋吴联合,遂构成十三国会于柤的壮举。他们乘势把偪阳灭掉,并送给宋国,使他掌握住这条南北交通的大路。"[6]

上述诸说,均指说晋国集团灭偪阳乃是为了保证对彭城平道北段这一通吴之路的控制权。而对偪阳国来说,适如《左传·桓公十年》所说的"匹夫无罪,怀璧其罪"[7]。这个"璧",就是其所处扼彭城平道要冲的地理位置。因此,晋国集团的灭偪阳之战,乃是晋国与吴国建立联系以来,为确保通吴陆上通道控制权而进行的第三次战争。

第一次战争,为前述公元前583年(吴寿梦三年,鲁成公八年)的晋、鲁、齐、邾伐郯之战。此战,既为吴国划下不许吴北向只能西进的红线;同时,又将通吴交通的控制权抓在自己手里。童书业《春秋史》对此评述为"盖欲以郯为通吴之路耳"[8]。意即,此战既为保住与吴联系的通道,同时,又不乏防范吴国北上的战略目的。

第二次战争,为前述公元前573年(吴寿梦十三年,鲁成公十八年)的晋、楚靡角之谷之战。此战如前所述,晋国夺取对彭城平道的控制权,并交由其盟国宋国管理。

而此番晋国集团攻灭偪阳,已是晋国及晋国集团第三次以战争方式捍卫通吴的陆上通道了。从攻灭偪阳并由宋国控制来看,其中不能排除的是,晋国在保住这条通吴之路控制权的同时,也控制、扼守住了吴国北进的要冲。

今"偪阳故城"遗址残迹尚存。该遗址现列为全国重点文物保护单位。在该文物保护碑背

---

[1]《左传·成公十八年》,见《春秋左传正义》,北京大学出版社1999年,第809页。
[2] 杨伯峻:《春秋左传注》(修订本),中华书局1990年,第912页。
[3] 杨伯峻:《春秋左传注》(修订本),中华书局1990年,第973页。
[4]《春秋经·襄公十年》,见《春秋左传正义》,北京大学出版社1999年,第879页。
[5] 童书业:《春秋左传研究》,上海人民出版社1980年,第80页。
[6] 谭戒甫:《周初矢器铭文综合研究》,《武汉大学人文科学学报》1956年第1期。
[7]《左传·桓公十年》,见《春秋左传正义》,北京大学出版社1999年,第192页。
[8] 童书业:《春秋史》,山东大学出版社1987年,第184页。

面，镌刻的文字为："偪阳故城位于枣庄市台儿庄区涧头集镇西南约5里处，侯塘村南。城周长5000米，当地有'九里单八步'传说。南北长，东西短，大体可呈长方形。北墙现高出地表4—5米，城墙底宽20余米，整个城墙轮廓基本清晰可见。……据《左传》载：襄公十年（公元前563年）四月初，晋侯以霸主身份召鲁公、宋公、卫侯、曹伯、莒子、邾子、滕子、薛伯、杞伯、小邾子、齐世子光，会吴王寿梦于柤（今江苏邳州市西北），商讨联盟军政大事。此后，几次攻打偪阳，偪阳从此灭亡。偪阳故城现为我国周代一处保存最好的城址。为我国故城的研究提供了重要的实物资料，具有较高的历史价值和科学研究价值。"

彭城平道向南，亦可能连接吴国境内的"伊缓"。这就是前文所述，鲁国的孟献子（仲孙蔑）和卫国的孙文子（孙林父）受命去吴国伊缓（今江苏盱眙）与吴人会面时，他们对吴地"伊缓"地名，"嫌从夷号"[1]，从而将之改名。所改之名，《公羊传》《穀梁传》作"善稻"，而《春秋经》《左传》作"善道"[2]。杨伯峻《春秋左传注》说："善道，今江苏省盱眙县北。"[3]故上述"善道"，亦可指与吴国联结并通往彭城平道的一条路况较好的通道。该条连接彭城平道，并作为该通道位于彭城以南、吴国境内的一个节点而著录于《春秋经》《左传》的原因，即和晋国集团与吴国的一场外交活动有关，且在《春秋经·襄公五年》中记载为"仲孙蔑、卫孙林父会吴于善道"[4]。《左传·襄公五年》对之记载为"孟献子、孙文子会吴于善道"[5]，意即，鲁国的孟献子（仲孙蔑）、卫国的孙文子（孙林父）奉晋国之命在这里与吴国人会面。

（四）吴国屈狐庸出使晋国的"通路"使命

以上叙述的通吴、晋之道，由于经过诸多诸侯国家，各国因政治、军事发生变化而致通道阻塞。公元前542年（吴馀昧二年），为沟通与晋国的联系，"吴子使屈狐庸聘于晋，通路也"[6]。意为，本年吴王馀昧又派屈狐庸出使晋国，出访目的如杜预所注释的是为了"通吴、晋之路"[7]。而从屈狐庸出访目的为"通路"来看，这一时期，吴国、晋国间的交通，或因种种自然及非自然原因，处于壅塞不通的状况，故屈狐庸赴晋协商，显然是意图借助晋国的影响力而打通这些通道。至于是解决上述吴、晋通道中的哪一条，因《左传》未作进一步记载，后世不得而知。

第二节　生活习俗与民风

一、先秦长江流域"蛮夷"文化的定位

前文曾述，先秦时地处长江流域的吴国，其文化被中原列国定位为"蛮夷"文化。这一定位即

---

[1] 范宁：《集解》，见《春秋穀梁传注疏》，北京大学出版社1999年，第247页。
[2] 《春秋经·襄公五年》："仲孙蔑、卫孙林父会吴于善道。"《左传·襄公五年》："孟献子、孙文子会吴于善道。"见《春秋左传正义》，北京大学出版社1999年，第842、843页。
[3] 杨伯峻：《春秋左传注》（修订本），中华书局1990年，第941页。
[4] 《春秋经·襄公五年》，见《春秋左传正义》，北京大学出版社1999年，第842页。
[5] 《左传·襄公五年》，见《春秋左传正义》，北京大学出版社1999年，第843页。
[6] 《左传·襄公三十一年》，见《春秋左传正义》，北京大学出版社1999年，第1131页。
[7] 杜预注，见杜预：《春秋经传集解》，上海古籍出版社1978年，第1162页。

为中原列国对吴国文明程度所作的总体评价。

这一评价的客观标准为商周时期列国疆域与中原王畿的距离远近；而主观标准，则为拥有历史记载话语权的鲁国史官们的认知及情感好恶，并表现在先秦时期中原文化对吴国"夷蛮"文化的认知上。而这一认知，则既包含政治因素（如诸侯爵位，长江流域的楚、吴、越等均为级别较低的"子爵"）、地理因素（距离王畿较远）等，也包含生活方式、习俗、语言等文化因素。正是这些因素的差异，使中原文化将吴国文化定位为"蛮夷"文化。

这一定位，首先在文献记载中体现出来。吴寿梦二年（前584）"吴伐郯"后，鲁国正卿季文子即斥"吴伐郯"为"蛮夷入伐"[1]。而如前文述，司马迁在《史记·吴太伯世家》记泰伯南奔地为"荆蛮"[2]。其后，又在《史记·太史公自序》里调整为"太伯避历（季历），江蛮是适"[3]，即把"荆蛮"改为"江蛮"。"江"者，长江也。故司马迁在这里的改动，更为强调地理因素，从而将"蛮夷"之"蛮"与"江"即长江下游地区作更直接的联系。

春秋时期，吴国在与中原列国的互动中，既表现出承受中原文化的歧视，也表现出对这一文化歧视的强烈反弹。吴王夫差时期的北上至宋、鲁而"吴来征百牢"[4]，就是这一反弹的集中体现（相关内容参见前文）。

本章节所述的先秦时期的吴国文化，即是在地理、气候、物产等外部环境主导下吴国立国前后的生活习俗、语言乃至文学、教育等层面的精神、物质成果的积累总和。而这一文化的源头，当追溯到太湖流域新石器时代的马家浜、崧泽、良渚乃至其后的马桥文化等时期。如前文引李学勤先生所说："良渚文化的下限已接近由文献推算的夏代，继之而起的文化，有学者称为马桥文化，已有铜器出现。泰伯、仲雍遇到的荆蛮，很可能与这种文化有关。"[5]

泰伯、仲雍所遭遇的太湖流域的本土文化，即为前述新石器时代递进发展的新石器时期诸文化。其文化主体即为江南土著，即其时太湖流域的原住民。他们的生活习俗与吴地远古历史的人文及地理、气候等自然因素有着密切关系，它表现在下文所述的习俗、民风等诸方面。

二、食俗——饭稻羹鱼

（一）饭稻——以米为主食

早在马家浜时期的文化层就已发现了太湖流域的炭化稻谷，并确定为人工栽培稻。同时，这一时期已出现了有灌溉系统的古稻田及相关的蓄水坑、水沟、水口等农田灌溉系统。因此，长江下游太湖流域的历史、地理、气候、物产等决定了这一地区土著居民的生存环境和生活方式。司马迁《史记》论及这一地区的生活习俗，称为"饭稻羹鱼，或火耕而水耨"[6]。范成大《吴郡志·风

---

[1]《左传·成公七年》，见《春秋左传正义》，北京大学出版社1999年，第727页。
[2]《史记·吴太伯世家》，见司马迁：《史记》，中华书局1959年，第1445页。
[3]《史记·太史公自序》，见司马迁：《史记》，中华书局1959年，第3306页。
[4]《左传·哀公七年》，见《春秋左传正义》，北京大学出版社1999年，第1640页。
[5]李学勤：《良渚文化的多字陶文——吴文化历史背景的一项探索》，见吴县政协文史资料委员会：《吴地文化一万年》，中华书局1994年，第3页。
[6]《史记·货殖列传》，见司马迁：《史记》，中华书局1959年，第3270页。

俗》则表述为"江南之俗，火耕水耨，食鱼与稻，以渔猎为业"[1]。

吴地"饭稻"，即以米为主食的食俗，当溯自远古马家浜时期。故"饭稻"已成为江南吴地最主要的食俗特点。时至今日，江南人家的一日三餐也依然偏好米食。

（二）羹鱼——食鱼习俗及与鱼有关的特产

"羹鱼"，与江南水网地区的渔猎有关。江南水网地区，水多鱼也多。对先秦吴国的渔猎生产来说，鱼是自然对土著居民的馈赠，并由此形成相应的食俗和穿戴习俗。与之同时，"鱼"更深层次进入先秦吴国的政治生活和社会生活。

1. 与鱼有关的吴国国号"虡""虞"等

清乾隆年间江西出土的吴国青铜器者减钟，其铭文"工虡"二字，为目前所知吴国最早的国号之一，而其所表达的意思即指擅长捕鱼的族群或国度。而未见于文献记载，且与文献记载的先秦吴国国号"吴"呈现出文化背离现象的吴国青铜器铭文中的吴国国号"虡""虞""敔""禺"等，其吴方言发音均与苏州方言土语中的"鱼"音相同（相关内容，另参下文"春秋吴国国号及吴都'吴'城之'吴'与其溯源"）。

2. 《吴越春秋》中为吃鱼而死的滕玉与今三山岛娘娘庙的胜玉

前文论及吴王阖闾子嗣时，曾提及《吴越春秋》记载的"阖闾之女滕玉"[2]。一次家庭用餐时，因吴王阖闾将先吃了一半的一条鱼夹给她，她竟任性地为此而自杀。而痛失爱女的阖闾就把她葬于吴都西面的阊门外。民国《吴县志》记载，"横金（横泾）境内"的菱湖嘴，"湖嘴有娘娘庙"[3]。而今苏州吴中区太湖中的三山岛，亦有与菱湖嘴"娘娘庙"同名的"娘娘庙"。庙前的旅游说明标牌介绍："娘娘庙，此庙是为吴王阖闾爱女胜玉所建的吴祀祠，俗称娘娘庙，初建于唐，明嘉靖重修。此庙香火之盛，为三山诸庙

苏州吴中区三山岛娘娘庙内的塑像（吴恩培摄）

之最，娘娘菩萨被岛民们视为他们的保护神。"这里的"胜玉"，显为《吴越春秋》中的"滕玉"音转而来。

《吴越春秋》卷四另记载了吴军伐楚归时，吴王阖闾制作鲙鱼的故事。该故事说，伍子胥班师归吴时，吴王听说三军将要到来，便剖鱼制成"鲙"——切细的鱼肉。那天，时间过了三军还没来到，而那些制成的鱼鲙都已发臭了。过了些时候，伍子胥他们到了，阖闾就端出这些鱼鲙让他们吃，伍子胥他们吃了，并不觉得鱼鲙有臭味。于是，吴王阖闾又重新做了些鱼鲙，味道依然如

---

[1] 范成大：《吴郡志》，江苏古籍出版社1986年，第8页。
[2] 赵晔：《吴越春秋》，江苏古籍出版社1986年，第36页。
[3] 《吴县志》卷第四十三《舆地考·水利二》，见民国《吴县志》，苏州图书馆藏本。

故——闻起来臭,吃起来却并不觉得有臭味。因此,"吴人作鲊者,自阖闾之造也"[1]。即吴人做鱼鲊,就是从阖闾开始的。

《吴越春秋》里记载的"自阖闾之造"的"鱼鲊",在后世苏州方志的记载中又演变为苏州的特产——鲞鱼。《吴郡志》卷五十记载,"阖闾十年,国东有夷人侵逼吴境",吴王阖闾"点军"并"亲征"时,夷人"不敢敌,收军入海,据东洲沙上",而"吴亦入海逐之,据沙洲上"。两军对峙"相守一月",吴军粮草出现问题,"粮不得度",吴王阖闾焚香祷天后,见金色鱼群,"逼海而来,绕吴王沙洲百匝,所司捞漉得鱼,食之美",而"夷人一鱼不获"。在这种情况下,夷人降。吴王阖闾将鱼腹肠肚,以咸水淹之,送与夷人。吴王回军以后,想起捕捞于海中的所食之鱼,便问剩下的鱼在哪儿。下面的人回奏说,剩下的鱼全晒干了。"吴王索之,其味美。因书美下着鱼,是为'鲞'字。"[2]今苏州老字号"采芝斋"特产"虾子鲞鱼",或即由此传承而来。

3.与葑门得名有关的鱛鲋即江豚(江猪)

《史记·伍子胥列传》记载伍子胥临死前说:"抉吾眼县吴东门之上,以观越寇之入灭吴也。"[3]张守节《史记正义》注曰:"东门,鱛门,谓鲋门也,今名葑门。鱛音普姑反。鲋音覆浮反。越军开示浦,子胥涛荡罗城,开此门,有鱛鲋随涛入,故以名门。顾野王云'鱛鱼一名江豚,欲风则涌'。"[4]

南京博物院展出的江豚形陶壶(新石器时代,吴江梅堰出土)(吴恩培摄)

由此可知,葑门得名,与江豚出没于今葑门有关。鱛即鲋,与"葑"有关联,而鱛鱼一名"江豚",俗称"江猪"。现为国家一级保护动物的长江江豚,春秋时曾广泛分布于长江下游及太湖流域。今南京博物院展出吴江梅堰出土的"江豚形陶壶"。梅堰,位于太湖东南,现为苏州吴江区平望镇管辖的办事处名称。梅堰出土的"江豚形陶壶"揭示,早在新石器时代,太湖流域广泛分布着这一现为濒危物种的江豚。

三、"裸国"与"断发文身"

"裸国",指不以衣蔽形而冬夏不衣的"裸体"习俗。多部文献记载了先秦吴国的这一裸体习俗。如《左传·哀公七年》:"大伯端委以治周礼,仲雍嗣之,断发文身,裸以为饰。"[5]意为泰伯穿着玄端的衣服、戴着委貌的帽子来推行周礼,仲雍继承他,把头发剪断,身上刺上花纹,作为裸体的装饰,从而道出泰伯欲以中原服饰改造吴地而仲雍却入乡随俗地依江南土著习俗"断发文

---

[1] 赵晔:《吴越春秋》,江苏古籍出版社1986年,第46—47页。
[2] 范成大:《吴郡志》,江苏古籍出版社1986年,第663—664页。
[3]《史记·伍子胥列传》,见司马迁:《史记》,中华书局1959年,第2180页。
[4] 张守节:《史记正义》,见司马迁:《史记》,中华书局1959年,2180页。
[5]《左传·哀公七年》,见《春秋左传正义》,北京大学出版社1999年,第1641页。

身,裸以为饰"。这一语境的背景,是孔子学生子贡向吴太宰伯嚭讲起吴国先祖的情形,故不可能为虚构。而《列子·汤问》则记载:"南国之人,祝发而裸。"[1]意即,南方国家的人,截断头发而裸露身体。孔子后裔孔鲋所做的《孔丛子》第二卷说:"孔子曰:夫吴越之俗,男女无别,同川而浴。"[2]东汉王充《论衡·书虚》篇记载:"禹时,吴为裸国,断发文身。"[3]而《论衡·恢国》甚至记写:"夏禹倮入吴国。"[4]倮,同"裸"。意指夏代大禹也入乡随俗地裸着身子而进入吴国。因夏禹时吴国尚未出现,故这里的"吴国"当指后世吴国所处的地域——长江下游的太湖流域。

关于"断发文身",前文叙述泰伯、仲雍南奔后建立勾吴国的过程,曾引《史记·吴太伯世家》的记载说:"太伯、仲雍二人乃奔荆蛮,文身断发,示不可用,以避季历。"[5]尽管这里将泰伯、仲雍依从当地"文身断发"的习俗,作不与季历争夺周族部族领导权的政治解读,但还是客观记载了泰伯、仲雍奔吴时,吴地土著居民"文身断发"的习俗。《史记·越王句践世家》亦有"文身断发,披草莱而邑焉"[6]的记载,《越绝书》则记为"吴越二邦,同气共俗"[7],而《吕氏春秋·知化》篇则记为"吴之与越也,接土邻境,壤交道属,习俗同,言语通"[8]。

由此,大致可以看出"裸国"中的土著居民"披草莱而邑焉"的生活场景和生存状态。从伦理道德的角度看,每一个土著居民自小就生活在这样一个裸体和"披草莱而邑焉"的环境中,这种生活方式对他们来说已成为一种习惯。尚未开化的文化形态,使他们并无文明道德范畴内的认识和羞耻观念。而"裸国"或"裸以为饰",则表明其时生产力极其低下,原始而落后的生产方式根本无法满足人们穿衣的需要。而南方温暖湿润的气候条件,使得裸体并不妨碍人们最起码的生存状态。刘宋裴骃《史记集解》引"应劭曰:'常在水中,故断其发,文其身,以象龙子,故不见伤害。'"[9]这一记载,则反映"文身断发"的习俗,既与江南水网地区的生产劳作有关(长发在水中劳作,易与水草等缠绕而发生意外),也与土著居民"以象龙子"的原始崇拜有关。

到了战国时期,吴、越俱已亡国多年后,赵武灵王为改胡服与臣下议论时,还说起已不存在的吴国和越国是"被发文身,错臂左衽,瓯越之民也;黑齿雕题,鳀冠秫缝,大吴之国也"[10]。《史记·赵世家》对之亦记为:"翦发文身,错臂左衽,瓯越之民也。黑齿雕题,鳀冠秫缝,大吴之国也。"[11]司马贞《史记索隐》注为:"错臂,亦文身,谓以丹青错画其臂。"[12]上述文献记载的意思均为:剪掉头发,身上和手臂上刺上花纹,衣襟向左掩,这是越国的习俗;而染黑牙齿,在额头雕上花纹,头戴鲇鱼皮制成的帽子,身穿缝纫粗拙的衣服,这是吴国的习俗。

---

[1]《列子·汤问》,见《二十二子》,上海古籍出版社1986年,第210页。
[2]《孔丛子》第二卷,中华书局2009年,第52页。
[3]《论衡·书虚》,见袁华忠、万家常译注:《论衡全译》,贵州人民出版社1993年,第242页。
[4]《论衡·恢国》,见袁华忠、万家常译注:《论衡全译》,贵州人民出版社1993年,第1218页。
[5]《史记·吴太伯世家》,见司马迁:《史记》,中华书局1959年,第1445页。
[6]《史记·越王句践世家》,见司马迁:《史记》,中华书局1959年,第1739页。
[7]袁康、吴平:《越绝书》,上海古籍出版社1985年,第49页。
[8]《吕氏春秋·知化》,见陈奇猷:《吕氏春秋校释》,学林出版社1984年,第1552页。
[9]裴骃:《史记集解》,见司马迁:《史记》,中华书局1959年,第1446页。
[10]《战国策·赵策二》,见王锡荣、韩峥嵘译注:《战国策译注》,吉林文史出版社1998年,第517页。
[11]《史记·赵世家》,见司马迁:《史记》,中华书局1959年,第1808页。
[12]司马贞:《史记索隐》,见司马迁:《史记》,中华书局1959年,第1809页。

吴国"断发"即上述"被发"或"剪发"的习俗,至春秋时,依然如此。吴、齐艾陵之战时,齐将"公孙挥命其徒曰:'人寻约,吴发短'"[1],即每人准备一根八尺长的绳子,因为吴国人的头发短(意为以此绳而贯吴人之首)而得以印证。吴国这一习俗,也延及他国。吴国灭徐国后,"徐子章禹断其发,携其夫人,以逆吴子"[2]。即徐国国君章禹将头发剪断,其间除了前文所说的以断发示刑、示惧外,或还有在文化上以示顺服于吴国习俗之意。

《礼记·王制》篇中以生活习俗作"蛮夷"的界定标准:"东方曰夷,被发文身,有不火食者矣。南方曰蛮,雕题交趾,有不火食者矣。"[3]由此来对照前述"裸国""断发文身"或"被发文身""错臂左衽""黑齿雕题""鲲冠秫缝""男女同川而浴"等记载,江南土著居民的生活习俗,尤其是"左衽"——上衣前襟向左掩,从而有别于中原地区前襟向右掩的"右衽"习俗。孔子《论语·宪问》篇说:"微管仲,吾其被发左衽矣。"[4]意为,如果没有管仲,恐怕我们也要披散着头发,衣襟向左掩了。在孔子及其代表的中原文化意识中,"左衽"的生活习俗也成为吴越地区野蛮落后的标志和象征了。

四、民风尚武

先秦时,地处长江下游太湖流域的吴地民风尚武。《汉书·地理志》记载:"吴、粤之君皆好勇,故其民至今好用剑,轻死易发。"[5]范成大《吴郡志·风俗》中引"《郡国志》云:'吴俗好用剑轻死……'按诸说吴俗,盖古如此"[6]。

"好用剑轻死"的先秦吴俗,使得吴国铸剑业异常发达,铸剑工艺亦异常精湛。《太平寰宇记》说:"吴俗好用剑轻死,盖湛卢、属镂、干将、要离之遗风。"[7]现今出土留存于世的春秋名剑,大多出自吴、越地区。作为吴地文化精神在社会生活中的反映,这一时期,与"好用剑轻死"的先秦吴俗相关的词,也应运而生。如春秋时吴国的铸剑冶炼技术,被称为"吴冶";原单指春秋吴国的干将剑,后世以之泛指宝剑的词汇"吴干";吴地生产的铠甲为"吴甲";吴地所产的兵器,有"吴戈""吴钩"等。这些带有吴地尚武文化色彩的词,其后融入中国古代文化,并成为中国古代兵器文化的组成部分。

这一时期,吴国所出的人才,也多为武将与"轻死"的刺客。班固《汉书·地理志》记载说:"自寿梦称王六世,阖闾举伍子胥、孙武为将,战胜攻取,兴伯名于诸侯。"[8]而"好用剑轻死"的吴俗,在《左传》中留下了鱄设诸(专诸)刺吴王僚的记载,在《吴越春秋》中也留下了要离刺庆忌的记载。而《战国策·魏策四》里记载的魏国大臣唐且威胁秦王时所说的"布衣之怒"[9],

---

[1]《左传·哀公十一年》,见《春秋左传正义》,北京大学出版社1999年,第1658页。
[2]《左传·昭公三十年》,见《春秋左传正义》,北京大学出版社1999年,第1518页。
[3]《礼记·王制》,见《礼记正义》,北京大学出版社1999年,第398页。
[4]《论语·宪问》,见《论语注疏》,北京大学出版社1999年,第192页。
[5]《汉书·地理志》,见班固:《汉书》,中华书局1962年,第1667页。
[6] 范成大:《吴郡志》,江苏古籍出版社1986年,第8页。
[7]《太平寰宇记》卷九十一,中华书局2000年,第101页。
[8]《汉书·地理志》,见班固:《汉书》,中华书局1962年,第1667页。
[9]《战国策·魏策四》,见王锡荣、韩峥译注:《战国策译注》,吉林文史出版社1998年,第796页。

其所列举的春秋以来的三大刺客中竟有二人出自吴地。二人分别为上述刺杀吴王僚的鱄设诸（专诸）及刺杀吴王僚之子庆忌的要离。

在盛产兵器和武将、刺客等"好用剑轻死"者辈出的吴地，在其"尚武"民风的影响下，这一时期的吴地文化，在中国的文化版图上并不占据主流文化的地位。熊月之《上海通史》导论卷指出"先秦时期"，"在中国文化的版图上"，吴地文化只是"处于边缘地带"时说："春秋战国时期，儒、道、法、名、阴阳五家，共有代表人物124人，其中鲁国最多，46人，其次是齐、楚、魏、卫，各有10人至18人不等，今上海地区所属的吴国排在第十位，也是倒数第二位，仅有2人，占总数的1.61%。"[1]

西晋时，吴地"好用剑轻死"的民风已发生变化，但左思《吴都赋》说起先秦吴地民风时，还在说着吴人"骄材悍壮，捷若庆忌，勇若专诸。危冠而出，竦剑而趋"[2]。正是先秦吴地强悍的民风及吴地出产的兵器，使得春秋晚期吴国在对楚、齐等春秋大国的战争中，胜多败少。其背后的原因，除了吴国的综合国力强盛外，吴地"好用剑轻死"的民风熏陶下为吴国对外战争输送的强悍兵员，或也是原因之一。

第三节　科技制造

先秦时期吴地的科技，在造船、冶铸等方面都体现出了当时的较高水平，尤其是冶铸中青铜兵器的暗纹及同心圆等制作技术及处理工艺，至今都是难以解释的谜。同时，在建筑与园林等方面，也已表现出个性化的特点。

一、造船
（一）江南地区悠久的造船历史

自古以来，舟楫、船舶既是人类最重要的发明之一，也是人类最重要的水上交通工具。位于长江下游太湖流域的春秋吴国和今日苏州，境内大小河流纵横交错，湖泊沼泽星罗棋布，一向被称为"水乡泽国"。这一地理状况，决定了春秋时期它的交通主要依赖于舟楫、桨橹。《越绝书》记载，吴越地区"水行而山处，以船为车，以楫为马"[3]。这说明，早在古代时，船只就已是吴越地区的主要交通工具了。而考古表明，船只在江南地区最早出现的时间，远超乎人们的想象。杭州萧山跨湖桥遗址出土的独木舟，"年代在公元前5350—前5000年之间。……是目前发现的年代最早的独木舟"[4]。而前文所述的常州圩墩遗址新石器时代的马家浜文化层中，也出土了木橹、木桨等舟船辅助用器，年代为距今6200—5900年之间。

---
[1] 熊月之：《上海通史》第1卷《导论》，上海人民出版社1999年，第11—12页。
[2] 左思：《吴都赋》，见《文选》，中华书局1977年，第89页。
[3] 袁康、吴平：《越绝书》，上海古籍出版社1985年，第58页。
[4] 朱乃诚：《论跨湖桥文化独木舟的年代》，见浙江省文物考古研究所：《浙江省文物考古研究所学刊》第八辑，科学出版社2006年，第83页。

这些舟船及其辅助用器的出土,既描绘了江南及太湖流域早期水上交通运输的概况,也显示了这一地区造船的悠久历史。

(二)春秋吴国的船舶制造

地处太湖流域水网地区的吴地,湖泊众多。在这样的自然条件下,船舶成为吴地最主要同时也是最普遍的交通工具。由于船舶在社会生活中的重要作用,早在春秋时期,吴越的造船业就已经非常发达,尤其以制作战船最为著名。在对外战争中,战船更是吴国军队重要的军事装备。这些战船在文献中又记为"戈船"(关于戈船,详见下文吴国"兵学"的相关章节)。

所有这些,反映了吴国造船业的发达。而由于地理因素,春秋时期吴国的造船,尤其是航海的海船制造处于领先的地位。《左传》等文献记载的与吴国战船有关的史事如下:

1."长岸之战"中的"馀皇"号战舰

吴王僚二年(前525),吴、楚爆发"长岸之战",吴军将领为公子光(后为吴王阖闾)。其时,吴军曾丢失后又抢回吴国先王所乘的"馀皇"号战舰。

2.伐楚时吴军"舍舟于淮汭"

吴阖闾九年(前506)吴伐楚时,吴军"舍舟于淮汭"[1],即把战船停在淮河弯曲处。如前文分析,本次吴军乘战船系从太湖经胥溪入长江,再抵达淮河流域。

3.吴伐齐时开掘邗沟及吴国舟师"自海入齐"

吴夫差十一年(前485)吴作伐齐战争准备时,开掘邗沟。其目的即是开掘作为船舶进行后勤运输的"通粮道也"[2]。而在本次伐齐之战中,吴军的进攻从陆上转变为海上。"徐承帅舟师,将自海入齐。"[3]即吴国大夫徐承率领吴国舟师,从海上进入齐国。如前文所述,这已是具备海军军种性质的吴国"舟师",也是中国历史上首次出现并用于作战的海军。而由于海上与内河、内湖航行的巨大差异,"自海入齐"的吴国"舟师",其船舶体量无疑更大;而制造技术则要求更高。

由上可以看出,当吴国在战争中利用自然及人工开凿的水系,以船舶运输兵员及粮草等军用物资时,其背后必然有着当时较为先进的造船技术及船舶制造产业。

二、冶铸

(一)吴人善冶及其铜矿来源

春秋时吴人善冶,故吴国的冶铸又称为"吴冶"。《淮南子·修务训》:"夫宋画吴冶,刻刑镂法,乱修曲出,其为微妙,尧舜之圣不能及。"[4]意指,宋国的画图、吴国的冶铸等的精巧神妙,是圣人都比不上的。

冶铸的首要前提为原料。《周礼·考工记·序》记载说:"吴粤之金锡,此材之美者也。"[5]意指青铜冶炼的原料主要是铜(先秦称铜为"金")和锡。春秋后期,吴、楚军事争夺始终在两淮地

---

[1]《左传·定公四年》,见《春秋左传正义》,北京大学出版社1999年,第1553页。
[2]杜预注,见杜预:《春秋经传集解》,上海古籍出版社1978年,第1762页。
[3]《左传·哀公十年》,见《春秋左传正义》,北京大学出版社1999年,第1653页。
[4]《淮南子·修务训》,见刘文典:《淮南鸿烈集解》,中华书局1989年,第644页。
[5]《周礼·考工记·序》,见《周礼注疏》,北京大学出版社1999年,第1061页。

区展开,军事争夺背后的经济因素,即为淮河流域的今安徽铜陵及芜湖南陵县一带的铜矿资源。前文介绍,南陵一带的铜矿早在西周时已得以开采。现为全国重点文物保护单位的安徽南陵县"大工山—凤凰山铜矿遗址",即为该处铜矿资源的遗存。除此之外,如有学者所指出的:"先秦时期,南方盛产铜、锡,而且材质精美。如江西瑞昌从商代起就有了大型铜矿的开采,江苏无锡的锡山曾经是名闻天下的锡矿产地。"[1]因此,吴国青铜冶铸的原料来源,或至少包含以下两处:

其一为上述淮河流域(含安徽南陵及铜陵等地)蕴含的铜矿资源。

其二为地处长江南岸的江西瑞昌等地的铜矿资源。今江西省博物馆展出的题为《古老铜都》的展板介绍:"铜岭商周矿冶遗址位于长江南岸的瑞昌市境内,是一处集采矿、选矿、冶炼于一地的大型铜矿山。铜岭矿山的年代最早可到商代前期,距今3400年左右,是目前世界上开采年代最早的铜矿山。"

吴国境内出土的吴国最早的青铜器为西周康王时的宜侯夨簋。其次,为铸造于十九世吴王寿梦之前的者减钟。宜侯夨簋的产地,学界存有争议,而者减钟,清乾隆年间出土于江西。该者减钟的铸造、生产,或与江西瑞昌等地的铜矿资源有着关联。

江西省博物馆展出、且在图片下部标示为"瑞昌市铜岭商周矿冶遗址采矿区"的图片展板(吴恩培摄展板图片)

(二)者减钟及其铭文中的吴国国号"工䖒"

关于者减钟,前文第三章叙述十九世吴王寿梦前,对学者所称且表明吴国已僭越称王的吴国青铜器——者减钟,已作叙述。这一现存吴国青铜器中年代仅次于宜侯夨簋的者减钟,其铭文吴国国号"工䖒",隐藏着文献未载且后人已无法知晓的吴国故事,而这些故事均发生于十九世吴王寿梦之前。

"工䖒",指擅长捕鱼的族群和国度。此国号名称亦即后世文献记载的"句(勾)吴"(关于吴国国号"䖒"及其后世演变,参见下文关于"春秋吴国国号及苏州城市符号的'吴'与其溯源"的相关章节)。本书第二章在分析"泰伯、仲雍所奔地望的争议"时,曾引述顾颉刚《苏州史志笔记》的论述。该论述即以者减钟为据,作出"疑吴始立国于江、汉,其后迁于鄱阳湖滨,最后乃迁至无锡、苏州也"[2]的推测。所有这些,都显示者减钟在吴国历史及文化中极为特殊且无可替

---
[1] 彭林:《文物精品与文化中国》,清华大学出版社2002年,第184页。
[2] 顾颉刚:《苏州史志笔记》,江苏古籍出版社1987年,第14—15页。

代的地位和作用。

者减钟出土地——清代临江府,今已析分为江西的三个地级市——宜春市、吉安市、新余市。而在宜春市下辖的樟树市(即者减钟出土地——清代时的清江县)和吉安市下辖的新干县两地交界处不大的范围内,1973年发现吴城商代遗址,1989年发现新干大洋洲商墓。这些遗址均有商代青铜器出土,且为今日长江以南地区最重要的商代青铜文化遗址。联系上述地处长江南岸的江西瑞昌等地的铜矿资源,且吴城商代遗址、新干大洋洲商墓与者减钟出土地相距不远,它们与标示吴国国号"工厰"的者减钟是否有联系? 者减钟制作并出土的区域与当时的吴国政治中心,是否存在关联? 所有这些,都为吴国的早期历史,留下了待解的谜。

(三)文献记载的"先吴寿梦之鼎"

江西吴城商代遗址和新干大洋洲商墓出土的青铜器表明,早在商代时,今鄱阳湖滨已出现造型与纹饰与中原青铜器相似,但器身上多见燕尾纹、变形兽面纹等体现出浓郁当地地域特色的青铜器。而商朝末年,泰伯奔吴建勾吴国后,中原地区的青铜文化及其铸造技术又得以进一步传播到江南地区。《左传·襄公十九年》记载的吴国青铜鼎,为吴诸樊七年(前554)鲁襄公转赠给晋国正卿荀偃的"先吴寿梦之鼎"[1]。而鲁襄公转赠的此鼎的来源,或为距该年二十二年前的吴寿梦十年(前576),吴王寿梦与鲁成公会晤"于钟离,始通吴"[2]时,由吴王寿梦赠送给鲁成公,或是其他时期吴国赠予鲁成公的。

这只与吴、鲁、晋三国都发生联系,且为《左传》唯一记载的吴国青铜鼎,无从得知其器形、尺寸。但这一记录表明,春秋时期的吴王寿梦或寿梦以前,吴国已能生产鼎类的青铜器。

(四)吴、越青铜兵器及现存"王者之器"的四件吴、越青铜兵器

春秋时期,以吴、越青铜兵器冶铸技术生产并留存至今的著名青铜兵器,为四件"王者之器":吴王光剑、吴王子光戟、吴王夫差矛及越王勾践剑。

所谓"王者之器",当首先为春秋吴、越相争时的"王"者所有,故当符合下列条件:

一为器铭显示该器器主为春秋时期吴王或越王者;二为制作年代为春秋时期;三为有明确的出土地点,出土实物器现存且藏于国内博物馆;四为器身饰有吴、越青铜兵器特有的精美暗纹纹饰。

符合上述条件而可称为"王者之器"的四器,如下:

1.山西原平吴王光剑

吴王光剑为吴王阖闾用器,1964年出土于山西原平峙峪村赵家坨坡地,现藏于山西博物院,且在中国国家博物馆展出。该剑剑身布满火焰形暗纹。

中国国家博物馆展出山西原平峙峪村出土的吴王光青铜剑(春秋·吴,1964年山西原平出土)剑身火焰形暗纹细部(吴恩培摄)

---

[1]《左传·襄公十九年》,见《春秋左传正义》,北京大学出版社1999年,第956页。
[2]《左传·成公十五年》,见《春秋左传正义》,北京大学出版社1999年,第771页。

2. 湖北随州吴王子光戟

吴王子光戟为吴王阖闾用器，2013年出土于湖北随州文峰塔墓地M21，现藏于湖北随州市博物馆。该器戟援及胡部的火焰形暗纹与山西原平峙峪出土的吴王光剑剑身火焰形暗纹相同。

苏州吴中博物馆举办"穆穆曾侯——曾国出土青铜器特展"时展出的吴王子光戟（春秋晚期，湖北省随州文峰塔墓地M21出土，随州市博物馆藏）戟身遍布火焰形暗纹细部（吴恩培摄）

3. 湖北江陵吴王夫差矛

吴王夫差矛为吴王夫差用器，1983年出土于湖北江陵马山镇联山村10组砖瓦厂马山五号墓，现藏于湖北省博物馆。该器矛身满饰菱形暗纹。

湖北省博物馆展出的吴王夫差矛（湖北江陵马山五号墓出土）局部及其矛身的菱形暗纹（吴恩培摄）

4. 湖北江陵越王勾践剑

越王勾践剑为越王勾践用器，1965年出土于湖北江陵望山一号墓，现藏于湖北省博物馆。该剑剑身满饰菱形暗纹。

湖北省博物馆展出的越王勾践剑（湖北江陵望山一号墓出土）局部及其剑身的菱形暗纹（吴恩培摄）

上述现存的"王者之器"，均为中华人民共和国成立后出土于国内的吴、越青铜器，从而避免了诸如禺邗王壶等吴、越青铜器出土后而流失海外的命运。

上述现存的"王者之器"，按器身所饰暗纹可分为两组，分别是：

一组为饰火焰形暗纹器，分别为出土于山西原平峙峪的吴王光剑和湖北随州文峰塔的吴王子光戟。二器均有明确的出土地点，现均藏于国内博物馆。而二器相同的火焰形暗纹，或揭示二器为相同的吴国青铜兵器制作技术及相同的暗纹处理工艺的产物。

另一组为饰菱形暗纹器，分别为出土于湖北江陵的吴王夫差矛和越王勾践剑。二器均有明确的出土地点，现均藏于国内博物馆。而上述二器制作年代相近，均饰有相同的菱形暗纹，或揭示二器出于相同的吴国及越国青铜兵器制作技术及相同的暗纹处理工艺的产物。

四器共同特点为：

其一，均曾深埋于地下而历经两千五百年左右的各类自然因素的侵蚀，至今依然完好。

其二，均饰有吴、越青铜兵器典型的暗纹纹饰，或火焰形暗纹，或菱形暗纹。

四器中吴王子光戟出土相对较晚，且因出土报告《湖北随州市文峰塔东周墓地》未提及该器，故该器不为学界所知。而该器又系四器中唯一与文献记载吴伐楚时，吴王阖闾与随（曾）有交集，且从文献记载中推测该器为吴王阖闾入随时所留的。因此，该器印证了《左传·定公四年》的相关文献记载，历史价值及文物价值极高。

（五）春秋吴国冶铸技术出现的社会原因及其影响

1.春秋时吴国崛起伴随着的对外战争

春秋吴国冶铸技术精湛并生产出上述名器，与这一时期吴国对外，尤其是对楚战争频繁有关。正是在吴国的对外战争中，吴国崛起。其中，孙武子、伍子胥等军事人才辈出及吴地尚武民风等，成为了吴国冶铸技术不断精益求精的社会需求和助推动力。

2.历劫余存而向后人展示了春秋时期吴、越冶铸的精湛技艺

战国后期乃至秦初时，上述四器可能已陆续埋藏于地下，但吴、越生产的青铜兵器数量远不止于现存者。两千五百余年来，当时遗存或埋入地下的吴、越兵器，因种种因素出土面世而湮灭者，今已无法统计。而上述吴王光剑、吴王子光戟、吴王夫差矛及越王勾践剑等，正是历劫而得以余存者，极为不易。也正是这些现今存世的吴、越兵器，向后人展示了春秋时期吴、越冶铸的精湛技艺及吴、越制造业的成果。

3.后世产生深远影响

春秋时期，吴国冶铸的兵器在后世产生深远影响。战国屈原《楚辞·九歌·国殇》"操吴戈兮被犀甲"[1]、唐代李贺《南园》"男儿何不带吴钩"[2]等之中的"吴戈""吴钩"，既成为春秋时期吴国冶铸兵器的代名词，也体现了春秋吴国兵器的后世影响。《战国策·赵策三》说："吴干之剑，肉试之则断牛马，金试则截盘匜。"[3]吴干，原单指春秋时吴国的干将剑，后泛指宝剑。吴国出产的利剑，以肉试之，可以砍断牛马的身体；用金属来试，则可以砍断青铜制作的盘和匜。而吴国诸多政治、文化事件亦与吴剑等吴国兵器有关。其中著名者有专诸刺吴王僚时使用的鱼肠剑，吴王夫差及越王勾践分别赐死伍子胥、文种的属镂剑及季札北访归时挂剑于徐君墓的宝剑等。

（六）春秋吴国冶铸工匠的代表人物干将、莫邪与春秋时的吴国冶铸遗存

1.干将、莫邪与今苏州的干将路、莫邪路

春秋时期，吴国冶铸工匠中的杰出代表为干将和他的妻子莫邪。《吴越春秋》记载，吴王阖闾时，干将、莫邪夫妇受命铸剑，于是"采五山之铁精、六合之金英"，用大型冶炉"使童女童男三百人鼓橐装炭"（"橐"是一种用皮革制成的口袋，作鼓风用）以提高炉温，终铸成两把极为锋利的宝剑，"阳曰干将，阴曰莫邪。阳作龟文，阴作漫理。干将匿其阳，出其阴而献之"[4]。即干将夫妇铸成雌雄（即阴阳）二剑，雄剑上出现"龟纹"，即有如乌龟壳上的花纹；而雌剑则出现"漫理"，即有水波一般的花纹。干将藏匿起雄剑，而将雌剑送与了吴王阖闾。今虎丘山道旁的试剑石，即附会了这一故事：阖闾获剑后，为试其锋，对着这块石头手起剑落，将其一劈为二。

今苏州古城贯穿东西两翼的主干道，即名为"干将路"。而另一条以他妻子名字命名的莫邪

---

[1] 屈原：《楚辞·九歌·国殇》，见《离骚全图》，山东画报出版社2016年，第124页。
[2] 李贺：《南园》，见《全唐诗》，上海古籍出版社1986年，第975页。
[3] 《战国策·赵策三》，见王锡荣、韩峥嵘译注：《战国策译注》，吉林文史出版社1998年，第538页。
[4] 赵晔：《吴越春秋》卷四，江苏古籍出版社1986年，第26页。

路,其南北走向段与干将路相交在苏州相门(匠门)外的相门桥下。

这座以制造业著称的城市,正是以历史上的匠门(今相门)和当代的干将路、莫邪路等,纪念着这对古代著名的工匠夫妇。

今苏州相门,唐代陆广微《吴地记》记作"匠门,又名干将门"[1]。北宋朱长文《吴郡图经续记》记作"将门",并释之说"曰将门者,吴王使干将于此铸宝剑"[2]。另,常熟市郊有莫城街道,明正德《姑苏志》记载:

虎丘山与阖闾试剑传说有关的试剑石(吴恩培摄)

"莫城在常熟县南十二里,相传莫邪铸剑之处,一谓剑城,一谓莫邪城。"[3]

2.吴国冶铸作坊的遗址、遗存

春秋时吴国冶铸作坊的遗址、遗存,除上述干将铸剑处的苏州匠门(今相门)、莫邪铸剑处的常熟莫城外,另有昆山兵希镇盛庄。对之,有学者指出:"在昆山市兵希盛庄发现了一处春秋战国时期的青铜冶铸作坊遗址,共搜集到数十件青铜兵器和工具残件。同时,发现了半成品青铜七八十块,重24.2公斤。"[4]

南京城西的冶城山、与之有关的金陵十八景之一的"冶城西峙"以及传说中的吴王夫差设冶铸剑等内容,前文第八章已作叙述,此处不再重复。

而关于1986年苏州市城东相门内仓街原江苏省第三监狱基建工地发现的古代青铜器,苏州博物馆《江苏苏州市发现窖藏青铜器》一文指出,"这次成组的青铜礼器出土于"春秋吴国"都城的区域之内,除鼎等器具有楚器风格外,余皆有浓厚的地方特色,可能为本地铸造的吴器"[5]。

(七)春秋吴、越青铜兵器制作技艺的"三绝"

剑在中国古代极其宝贵,故又被称为"宝剑"。《庄子·刻意》记载:"夫有干越之剑者,柙而藏之,不敢用也,宝之至也。"[6]干,即吴。本书前文曾说:干,原为西周晚期或春秋初期的方国,后为吴灭。吴灭干后,语言上出现"吴""干"通用的情况。唐陆德明《经典释文》指出:"'干越之剑',司马云:干,吴也。吴越出善剑也。"[7]故《庄子·刻意》上条文字记载的意思为,拥有吴、越宝剑的人,都会把宝剑锁藏于箱匣,不敢妄用,把它视为珍贵的宝物。

吴国青铜兵器中的青铜剑铸造,除前述《吴越春秋》的记载,王充《论衡·状留》篇亦有"干将

---

[1] 陆广微:《吴地记》,江苏古籍出版社1986年,第24页。
[2] 朱长文:《吴郡图经续记》卷上,江苏古籍出版社1986年,第12页。
[3] 《姑苏志》卷第三十三《古迹》,见明正德《姑苏志》,苏州图书馆藏本。
[4] 吴奈夫:《春秋吴都研究的若干问题》,《苏州大学学报》1992年第4期,后刊入《吴文化研究论丛》,苏州大学出版社1998年,第25页。原文另加注为:"陈兆弘:《昆山盛庄青铜器遗址考察》,《苏州文物资料选编》,1980年9月(内部发行)。"
[5] 苏州博物馆:《江苏苏州市发现窖藏青铜器》(执笔:王德庆),《考古》1991年第12期。
[6] 《庄子·刻意》,见《庄子集释》,中华书局1961年,第544页。
[7] 陆德明:《经典释文》,中华书局1983年,第381页。

之剑,久在炉炭,涵锋利刃,百熟炼历。久销乃见作留,成迟故能割断"[1]的记载,意思是说,干将制造的宝剑,要在炉火中煅烧很久,锐利的锋刃,要经过无数次精细的冶炼磨光。由于经过长时间的熔炼,就显得形成非常迟缓;正因为形成非常迟缓,所以它才能够非常锋利而割断东西。

时至今日,留存后世的吴越兵器(青铜剑及戈等)制作技艺的"三绝"——器身纹饰暗纹(火焰形、菱形等)制作技术、青铜剑剑首同心圆及青铜剑复合技术,或有文献记载,或有实物遗存。

1."三绝"之一:吴、越青铜兵器暗纹制作技术

(1)文献记载的吴、越青铜兵器暗纹制作技术及其研究

吴、越青铜兵器的暗纹制作技术,前引《吴越春秋·阖闾内传第四》中记载干将、莫邪为吴王阖闾制剑时,"阳作龟文,阴作漫理"[2]。所谓"龟文""漫理",或为吴越青铜兵器中的火焰形、菱形等暗纹纹饰(含其他纹饰等)在古代的笼统表述。

吴、越青铜兵器暗纹纹饰的制作,是在极原始的冶炼条件下完成的,且制作产品埋在地下经历近两千五百年依然如初。其高超的制作及防蚀技术,至今仍充满着谜一般的神秘色彩。彭林《文物精品与文化中国》一书指出:"菱形纹饰有很强的附着力,用力擦拭不会磨损,但又不是用机械方式嵌入剑身的,似乎与当代的'电镀'工艺相仿佛。吴越匠师是如何将花纹'镀'上去的?这一问题引起了国内外许多学者的强烈兴趣。最早涉足这一难题的是美国弗利尔美术馆的齐思博士(W. T. Chase)和加拿大多伦多大学冶金和材料科学系弗兰克林教授(U. M. Franklin)。他们利用美国旧金山亚洲艺术博物馆的一件菱形暗格纹矛作了检测分析,推测暗花纹的形成工艺是采用天然植物酸或天然酸性盐作蚀刻剂在兵器表面蚀刻出纹饰,因此称菱形暗格纹为'蚀刻纹饰'。然后采用'上釉和封闭'工艺,使兵器表面有一层玻璃态熔融物。两位学者同时强调,上述推测

吴王光青铜剑(山西原平出土)剑身的火焰形暗纹(左)及吴王子光戟(湖北随州出土)戟身的火焰形暗纹(右)(吴恩培摄)

吴王夫差矛(湖北江陵出土)器身的菱形暗纹(左)及越王勾践剑剑身的菱形暗纹(右)(吴恩培摄)

---

[1]《论衡·状留》,见袁华忠、万家常译注:《论衡全译》,贵州人民出版社1993年,第866页。
[2]赵晔:《吴越春秋》,江苏古籍出版社1986年,第26页。

均须试验验证,因为埋藏过程中器物也会发生重大变化。"[1]

前文言及吴、越青铜兵器中的"王者之器"四,即吴王光剑、吴王子光戟、吴王夫差矛及越王勾践剑,均分别饰有火焰形、菱形等暗纹纹饰。纹饰的差异,在映现青铜兵器相同暗纹制作技术的同时,或也映现着暗纹的不同处理工艺。而上述两种处理工艺(指菱形暗纹与火焰形暗纹的处理工艺),并无高下之分,均为当时吴国青铜兵器暗纹制作技术的处理工艺,亦均代表了当时的最高水平且其后失传的制作工艺。

(2) 吴国青铜兵器暗纹制作技术的出现及暗纹纹饰的变化

探讨吴国青铜兵器暗纹的出现,当从历代吴王现存出土器中饰暗纹的剑、戈中年代最早者等来考察。这里出现的限定性词语分别为:现存、饰暗纹、出土器、年代最早。均符合上述条件者,据笔者所知,为镇江丹徒北山顶春秋墓出土的青铜矛。杨正宏、肖梦龙主编的《镇江出土吴国青铜器》录该

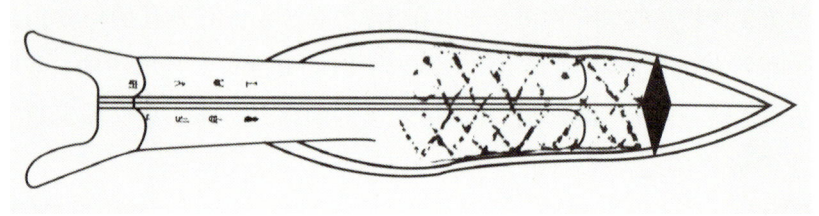

"矛身饰黑色菱形暗花纹"的"余眛矛"(上)及标示其菱形暗花纹的线描图(下)(录自《镇江出土吴国青铜器》[2])

器为"余眛矛"时说,该器"矛身饰黑色菱形暗花纹"[3]。该器现藏南京博物院并在该院展出。

① 吴国青铜兵器暗纹制作技术始于吴王馀祭或吴王馀眛时期的菱形暗纹

上述"余眛矛",前文曾叙述该矛器主存有争议。其不同说法为:一说为吴王馀眛。该器发掘报告《江苏丹徒北山顶春秋墓发掘报告》持此说并指出:"余眛矛,是在吴国疆域内出土的人名确凿的吴王之器。"[4]另一说为吴王馀祭。董珊《吴越题铭研究》说:"此矛旧称'馀眛矛',恐怕是不对的。……此矛器主也是馀祭。"[5]

该矛铭文释读所涉及的吴王,目前所见有文献论述者,即为上述的吴王馀祭、馀眛。而馀祭、馀眛前的吴王寿梦、诸樊留存的剑、戈,均未发现有暗纹纹饰的报告和实物器。故目前为止,丹徒北山顶春秋墓出土的该青铜矛,其器主无论是馀祭,抑或是馀眛,均为目前所知吴国青铜兵器中最早饰菱形暗纹的出土器。因此,吴王馀祭或馀眛时,吴国青铜器已出现暗纹制作技术,并以菱形暗纹处理工艺制作出目前已知最早"矛身饰黑色菱形暗花纹"的青铜矛。

由此可形成的结论之一:吴国青铜器最早出现暗纹制作技术,为吴王馀祭或吴王馀眛时期。

---

[1]彭林:《文物精品与文化中国》,清华大学出版社2002年,第196页。
[2]杨正宏、肖梦龙主编:《镇江出土吴国青铜器》,文物出版社2008年,第153页。
[3]杨正宏、肖梦龙主编:《镇江出土吴国青铜器》,文物出版社2008年,第153页。
[4]江苏省丹徒考古队:《江苏丹徒北山顶春秋墓发掘报告》(执笔:张敏、刘丽文),《东南文化》1988年第3、4期。
[5]董珊:《吴越题铭研究》,科学出版社2014年,第16页。

而对丹徒北山顶春秋墓出土的该器，基于该器具有的如下特质：其一，器铭显示该器器主为春秋时期的吴王（现存不同说法）；其二，制作年代为春秋时期；其三，有明确的出土地点及出土实物器现存且藏于国内博物馆；其四，器身饰有吴、越青铜兵器的暗纹纹饰。本书前文论述"吴、越青铜兵器及现存'王者之器'的四件吴、越青铜器"时，曾有意将之作第五件"王者之器"论述。但因如前文所述，该器经历了器主认定变化（相关情况参见前文），而器主存有的不同说法，使得该"王"者存在不确定性而不知为谁。在这种情况下，笔者未将该器与吴、越青铜兵器现存第五件"王者之器"作关联论述，而是将这一问题留与后人去研究和认定。

②吴王阖闾时期，吴国青铜兵器暗纹制作技术的火焰形暗纹出现

吴王馀昧后，吴王僚留存的出土器为王子于戈（山西万荣出土），该器无暗纹纹饰。而接下来的吴王阖闾时期，今出土且留存于世的吴王阖闾有铭兵器，有多件剑、戈。其中包括前述的"王"者之器二：一为山西原平峙峪出土的吴王光剑，一为湖北随州文峰塔出土的吴王子光戟。而其余出土的吴王阖闾用器的剑戈，如湖北荆州唐维寺墓地出土的吴王光戟（荆州博物馆藏）、安徽南陵县出土的吴王光剑（南陵县博物馆藏）、安徽庐江县出土的吴王光剑（安徽博物院藏）等，均无纹饰暗纹。

由此可形成的结论之二：吴王阖闾时期，吴国青铜兵器暗纹制作技术出现火焰形暗纹处理工艺。现存阖闾用器——吴王光剑（山西峙峪）和吴王子光戟（湖北随州）器身遍布火焰形暗纹。个中原因，或为处理工艺技术的发展结果，也或为吴王阖闾个人审美喜好的结果。

吴国出土兵器饰火焰形暗纹者，除上述阖闾二器外，另有1985年江苏镇江谏壁王家山东周墓出土的三件无铭文的戈。其中两件饰火焰纹。考古报告《江苏镇江谏壁王家山东周墓》对饰火焰纹的两件出土器作叙述说："戈3件，分二式。Ⅰ式2件。……一件（采25号）内端饰涡纹，通长24.5厘米。一件（采26号）原无内，后加铸长内，但又断损，只见内上横穿孔迹尚存，阑侧最上一穿为六角形。戈面饰火焰状花纹。残长21厘米。Ⅱ式1件（采27号）。锋稍残，无内，余同Ⅰ式。戈面饰火焰状花纹。通长195厘米。"而"Ⅰ式戈（采26号）与Ⅱ式戈戈面所饰火焰状花纹，表现出吴国兵器的特有风貌。……我们认为此墓时代应属春秋末期。"[1] 显然，该二戈（采26号与采27号）戈面所饰火焰纹或火焰状花纹，与上述阖闾二器（吴王光剑和吴王子光戟），或为吴国青铜兵器暗纹制作技术的同一火焰形暗纹处理工艺所制。

青铜兵器饰火焰纹实物器，笔者在国内博物馆，除上述阖闾二器外，另见浙江绍兴越国文化博物馆展出的青铜矛。其时，同行参观该处青铜器者，有苏州市泰伯文化研究会会长暨苏州吴氏文化研

浙江绍兴越国文化博物馆展出的器身布满火焰纹纹饰的青铜矛（上）及其器身纹饰细部（下）（吴恩培摄）

---

[1] 镇江博物馆：《江苏镇江谏壁王家山东周墓》（执笔：李昭和、翁善良、张肖马、江章华、刘钊、周科华），《文物》1987年第12期。

究中心主任吴永敏先生及其夫人。原本欲睹该馆所藏"吴王寿梦之子剑",即前文所说的"绍兴剑"。因该剑未展出,而另见此青铜矛。该矛器身布满纹饰,纹饰为火焰纹。展出时,该馆无展器说明标牌介绍该青铜矛的年代、来源(指何处出土或征集等)及纹饰情况等相关讯息。

③吴王夫差时期,吴国青铜兵器暗纹制作技术的菱形暗纹再现

吴王夫差留存于世的有铭的剑、戈等亦有多件,其中包括湖北襄阳蔡坡出土的吴王夫差剑(湖北省博物馆藏),洛阳东周王城出土的吴王夫差铜剑(洛阳博物馆收藏并展出),山东邹城出土的吴王夫差剑(邹城博物馆收藏并展出),山东平度出土的吴王夫差剑(山东博物馆收藏并展出),河南辉县发现的吴王夫差剑(河南博物院收藏并展出),安徽寿县出土、于省吾"双剑誃"旧藏的吴王夫差剑(现为中国国家博物馆收藏并展出),安徽淮南蔡家岗赵家孤堆出土的夫差戈(安徽博物院收藏并展出)以及湖北江陵出土的吴王夫差矛(湖北省博物馆收藏并展出)等。

上述诸器中,吴王夫差矛器身遍布菱形暗纹,是吴国留存至今的精美青铜兵器。另,1935年安徽寿县出土、于省吾"双剑誃"旧藏及中国国家博物馆展出的吴王夫差剑,剑身饰有暗纹而被称为"春秋花文剑";而河南辉县发现及河南省博物院展出的吴王夫差剑,前引《河南辉县发现吴王夫差铜剑》一文指出该剑"剑身满布花纹"[1]。而笔者对上述展出的实物器采集图片时,因光线、器材、技术等原因而未能采集到器身暗纹的清晰图片,故亦不知该纹饰为何种纹饰。而其余吴王夫差用器的剑、戈等,未见器身有暗纹纹饰的报告。

由此可形成结论之三:吴王夫差时期,吴王馀祭或馀眛时已出现在吴国青铜兵器器身上的菱形暗纹在江陵马山五号墓出土的吴王夫差矛器身上得以再现。再现的原因,或为菱形暗纹处理工艺渐趋成熟,也或为吴王夫差个人审美喜好的结果。

④现存饰菱形暗纹的部分兵器实物

现存吴越兵器中饰菱形暗纹纹饰的实物器,与现存饰火焰形暗纹实物器相比,数量相对较多,分布也较广,而年代更是延至吴灭国后的战国时期。

以下列举的现存饰菱形暗纹实物器,为除上述吴王夫差矛与越王勾践剑外的现存遗存器,其中有出土器,亦有部分博物馆藏器中的征集器等,分别如下:

其一为苏州葑门内城河出土的春秋战国时期饰菱形暗纹的青铜剑。

前文提及,1975年1月在苏州古城内的葑门内城河程桥下,曾出土春秋战国时期的青铜农具,同时还出土了剑身饰菱形格及海棠形暗纹、时代同"属于春秋战国时期"的青铜剑。廖志豪、罗宝芸《苏州葑门河道内发现东周青铜文物》一文指出,该次"出土青铜文物有:剑两件。都已残断。其一剑身遍饰菱形格及海棠形暗纹,中脊突起,刃部锋利,圆柱状茎上有两周凸棱,剑首已失落,剑格镂刻饕餮纹。其二剑身、剑格都是素面,剑茎也是圆柱状带两周凸棱,有圆形剑首。两剑因剑身残断,原长不详。……所出铜剑,带暗纹的一件,与山西出土的吴王光剑、湖北襄阳出土的吴王夫差剑,特别与湖北江陵出土的越王勾践剑相似。……估计是吴越战争时期的遗物。"[2]

---

[1] 崔墨林:《河南辉县发现吴王夫差铜剑》,《文物》1976年第11期。
[2] 廖志豪、罗宝芸:《苏州葑门河道内发现东周青铜文物》,《文物》1982年第2期。

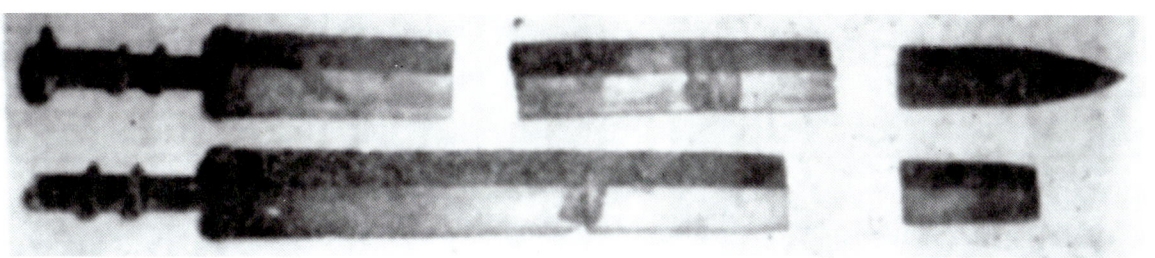

苏州葑门内城河出土的春秋战国时期饰菱形暗纹的青铜剑及另一把春秋战国时期的青铜剑（录自《苏州葑门河道内发现东周青铜文物》[1]）

其二为镇江丹徒谏壁新竹青龙山春秋墓出土的菱形暗花纹矛。

杨正宏、肖梦龙主编《镇江出土吴国青铜器》，录"菱形暗花纹矛"两件，时代为"春秋"。两件"形制纹饰相同，长29.8、宽4.9厘米"，均为"1987年江苏丹徒谏壁新竹青龙山春秋墓出土，镇江博物馆藏。……矛满饰复线菱形暗花纹"[2]。现录其一图片，如下：

江苏丹徒谏壁新竹青龙山春秋墓出土的菱形暗花纹矛（录自《镇江出土吴国青铜器》[3]）

其三为安徽寿县博物馆展出的该县出土的暗花菱纹铜矛。

安徽寿县博物馆展出题为《暗花菱纹铜矛》的展板，介绍时代为"东周（公元前770—前256年）"的暗花菱纹铜矛，该矛"1996年6月出土于寿县八公山乡团结村陶瓷公司工地。该矛采用了金属复合技术，即先浇铸成含铜高的矛脊，再浇铸含锡较高的矛刃，这种金属复合技术，能使矛既坚韧又锋利。检测表明，矛身表面优美的菱形暗花纹饰，颜色较深的地方，为含硫较高的硫化铜，采用了当时最为先进和独特的硫化处理工艺。这件铜矛虽无铭文记载，但其铸造技术和纹饰处理工艺，同著名的'越王勾践'剑和'吴王夫差'矛一脉相承，应为吴越兵器范畴"。

安徽寿县博物馆展出的关于暗花菱纹铜矛图片的展板（吴恩培摄展板图片）

其四为山东新泰周家庄东周墓地出土的暗网格纹矛及饰菱形暗纹双色剑等。

---

[1] 廖志豪、罗宝芸：《苏州葑门河道内发现东周青铜文物》，《文物》1982年第2期。
[2] 杨正宏、肖梦龙主编：《镇江出土吴国青铜器》，文物出版社2008年，第107页。
[3] 杨正宏、肖梦龙主编：《镇江出土吴国青铜器》，文物出版社2008年，第107页。

山东新泰周家庄东周墓地出土"具有吴国兵器特征"的"大量吴国兵器"[1]，本书第五章已作介绍（参见前文）。其中，"M61出土1件矛，饰暗网格纹，束腰，长骹至锋部"[2]。该器的暗网格纹，与吴国青铜兵器典型的菱形暗纹技术有关。而M2出土的双色剑（M2:24）及M1出土的残剑（M1:6），剑身均有菱形暗纹纹饰。

上述"具有吴国兵器特征"的"吴国兵器"，其"吴国兵器特征"主要体现在器身的菱形暗纹纹饰上。而如前文所述，这些器身饰菱形暗纹的青铜器年代并不能确定。因此，它们究系哪位吴王在位时期铸造的，难以确定。但从吴、越青铜兵器纹饰出现的大致规律来看，该纹饰当为吴王阖闾、吴王夫差时期出现。

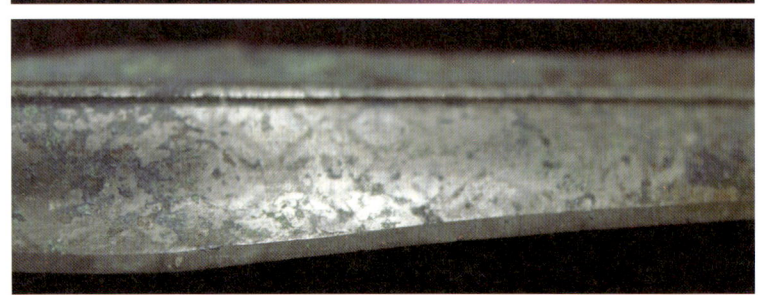

山东新泰周家庄东周墓出土的矛（M61:1）（上）及其矛身所饰暗网格纹（下）（吴恩培摄）

山东新泰周家庄东周墓M2出土的双色剑（M2:24）剑身菱形暗纹纹饰（左、右）（吴恩培摄）

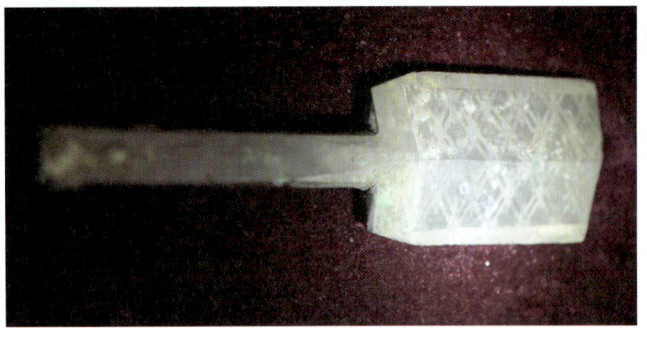 

山东新泰周家庄东周墓M1出土的残剑（M1:6）剑身菱形暗纹纹饰（左）及其菱形暗纹细部（右）（吴恩培摄）

---

[1] 山东省文物考古研究所、新泰市博物馆：《山东新泰周家庄东周墓发掘简报》（执笔：刘延常、穆红梅、张勇、曲传刚、徐倩倩），《文物》2013年第4期。

[2] 山东省文物考古研究所、新泰市博物馆：《山东新泰周家庄东周墓发掘简报》（执笔：刘延常、穆红梅、张勇、曲传刚、徐倩倩），《文物》2013年第4期。

其五为苏州博物馆展出的春秋菱形暗格纹剑及战国鎏金菱形纹剑。

苏州博物馆展出春秋菱形暗格纹剑及战国鎏金菱形纹剑各一。现介绍时代为春秋的菱形暗格纹剑。该器展器说明标牌标示，该菱形暗格纹剑制作于"春秋晚期（公元前571—前477年）。通长：52.4厘米；格宽：5厘米；茎长：9.1厘米；重量：770克。剑身宽长，近锋处收狭，前锋尖锐。中脊线隆起，两从斜弧。一字形平格，空心圆茎，环形式首。剑身满饰双线菱形暗格纹，在每个菱纹的交叉点各饰一个实心菱形纹，剑身纹饰虚实结合，排列有序，具有较强的装饰性。此菱形暗纹与湖北江陵望山一号墓出土的越王勾践剑纹饰相似"。该器来源，展器说明标牌未作说明。

苏州博物馆另展出鎏金菱形纹剑。展出时，展器说明标牌介绍该器情况为："战国。通长：43.3厘米、格宽：4.6厘米、茎长：8.5厘米、重量：500克。"该展器说明标牌另指出该器纹饰说："剑身两面装饰网格状的菱形纹鎏金，网格的斜线分为左、右两组，各三十条，上下条交叉处涂有不明物作间隔，而不通连。滑指纹饰区上，有些微凸起之感，经放大30倍观察，饰金区下无凹槽，密度较松，其间缝隙有铜锈，因而推断是器表鎏金。这种鎏金菱形纹剑，为以往历代传世或考古发掘的铜剑所无"。

苏州博物馆展出的鎏金菱形纹剑表面网格状鎏金菱形纹细部（吴恩培摄）

苏州博物馆展出的菱形暗格纹剑（左）及该剑"菱形暗格纹"细部（右）（吴恩培摄）

其六为浙江绍兴博物馆展出的春秋时的印菱形纹青铜剑。

浙江绍兴博物馆展出春秋时的印菱形纹青铜剑，为该博物馆于"2009年绍兴民间征集"而来。但从该博物馆为之定名为"印菱形纹青铜剑"以及该剑剑身饰有春秋时期吴国青铜兵器饰有的菱形暗纹纹饰来看，该器当为春秋时期的吴国青铜剑。

浙江绍兴博物馆展出的印菱形纹青铜剑（春秋，2009年绍兴民间征集）（左）及该剑剑身的菱形暗纹细部（右）（吴恩培摄）

其七为湖南长沙博物馆展出的战国时的菱形纹铜剑。

湖南长沙博物馆展出战国时的菱形纹铜剑。因战国时吴国已不存，该剑时代定为"战国"如无误，则该剑当为吴灭国后越人接受吴国青铜兵器暗纹制作技术及菱形暗纹处理工艺而制作的菱形纹铜剑。楚灭越后,该剑流入时为楚境的今湖南长沙一带。

其八为湖北荆州博物馆展出的战国时的菱纹剑。

湖南长沙博物馆展出菱形纹铜剑部分剑身(吴恩培摄)

湖北荆州博物馆展出战国时的菱纹剑,其制作及流入战国时"郢"地(今湖北荆州)一带情况,或与上述湖南长沙博物馆展出的战国时的菱形纹铜剑相同。

湖北荆州博物馆展出菱纹剑(战国,张家巷墓地出土)(左)以及该菱纹剑的局部(右)(吴恩培摄)

总结如下:

上为现存吴、越青铜器中,部分用菱形暗纹制作工艺生产而留存的实物器图片。由器身纹饰可以看出,多为双线(复线)菱形暗纹。而上所录者,仅为举隅,以说明吴、越兵器饰菱形暗纹者现存相对较多。显然,现存器或远不止于上述。

古代吴国工匠在技术条件极为简陋的情况下,如何制造出这些饰火焰形或饰菱形暗纹纹饰的青铜兵器?长久以来,一直是个谜。而由此再认识前引《吴越春秋》中,干将、莫邪为吴王阖闾制剑时的关于"龟文""漫理"的记载,"龟文"或以龟壳上的纹饰指菱形暗纹纹饰;而"漫理",或指如水波一样的火焰形暗纹纹饰。这似乎表明,东汉赵晔撰《吴越春秋》时,饰火焰形及饰菱形暗纹的出土实物器,或在社会上能得以见之,故《吴越春秋》能作此抽象概括和形象细致的描述。

⑤关于越国的青铜冶铸技术与越王勾践剑

越国青铜冶铸技术,文献记载至勾践之父允常(又作元常)时已很发达。允常在位年代,与吴王寿梦、诸樊、阖闾在位时期相当。这就是《吴越春秋》卷六记载的"常立,当吴王寿梦、诸樊、阖闾之时"[1]。《吴越春秋》卷四记载,风湖子对楚昭王说:"臣闻吴王得越所献宝剑三枚:一曰鱼肠,二曰磐郢,三曰湛卢。……臣闻越王元常使欧冶子造剑五枚以示薛烛。"[2]张觉《吴越春秋校注》:"薛烛:春秋时秦国人,善于鉴别宝剑。"[3]故由上可知,越王允常(元常)时,使欧冶子造剑五枚,并将其中的三枚——鱼肠、磐郢和湛卢剑——进献给吴王阖闾。上述越王允常(元常)时所造之剑,是否有"龟文"或"漫理"式的暗纹,文献未载,不得而知。

越王勾践灭吴后,越国对吴国青铜兵器的制作技术(含暗纹处理工艺等在内)全面接收。鉴

---

[1]赵晔:《吴越春秋》,江苏古籍出版社1986年,第68页。
[2]赵晔:《吴越春秋》,江苏古籍出版社1986年,第37页。
[3]张觉:《吴越春秋校注》,岳麓书社2006年,第76页。

于春秋时青铜兵器在列国争霸中的作用,不能排除越灭吴及吴亡后,在这以前曾为吴王夫差制作吴王夫差矛且制作技艺渐趋于巅峰的吴国工匠为越王勾践悉数接收,并为之所用。其表现或即为上述两把饰菱形暗纹的越王勾践剑的制作。孟文镛《越国史稿》对该二剑的出土记载为:"1965年在湖北江陵望山一号墓出土了两把青铜宝剑,……其中一把的剑身上铸有'越王句践自作用剑'八个字,另一把不带铭文(被称作辅剑)。"[1]

上述《越国史稿》提及的铸铭文之越王勾践剑,今为湖北省博物馆收藏并展出的越王勾践剑;而另一把未铸铭文的辅剑,则为中国国家博物馆展出时的展器说明标牌标示为"春秋·楚"的青铜剑。

这一"春秋·楚"的标示并不准确。该剑制作与春秋楚国并无关系,只不过后世在春秋时的楚地出土而已。而若按出土之地的春秋国别标示为"春秋·楚",则前述该馆展出山西原平峙峪村出土的吴王光青铜剑时,相关展器说明标牌标示为"春秋·吴"而并未标示为"春秋·晋",则不好作解释了。

现存两把越王勾践剑出土器,纹饰规整,色泽明亮,精美异常,堪为含暗纹处理工艺在内的吴越兵器制作技术的巅峰之作。这两把剑的制作,或如前文所述,为文献记载的勾践之父允常(又作元常)时已很发达的越国兵器制造技术与越灭吴后接收的吴国青铜兵器(含暗纹处理工艺等在内)制作技术交融的结果。

苏州博物馆"大邦之梦——吴越楚青铜器特展"时展出的越王勾践剑(春秋晚期,通长55.7厘米、宽4.6厘米,1965年湖北江陵望山1号墓出土,湖北省博物馆藏)(吴恩培摄)

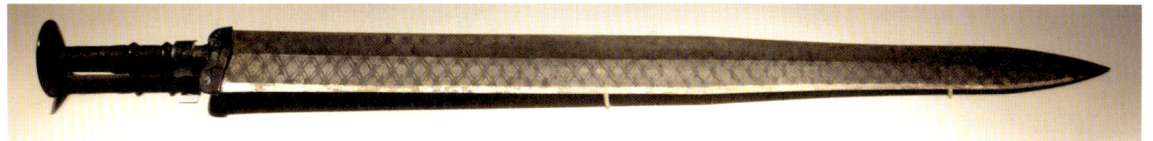

中国国家博物馆展出的青铜剑(春秋·楚,1965年湖北江陵望山出土)(吴恩培摄)

湖北江陵川店镇望山村(左)及1965年当地进行渠道修建工程时发现越王勾践剑的望山桥一号墓现状(右)(吴恩培摄)

[1] 孟文镛:《越国史稿》,中国社会科学出版社2010年,第393—394页。

越王勾践剑的铭文，为鸟篆铭文，董楚平《吴越徐舒金文集释》释读为"戉王鸠浅自乍用鐱"[1]；董珊《吴越题铭研究》释读为："戉王鸠（句）浅（践），自乍（作）用鐱。"[2]上述两种释读的意思相同，均为"越王勾践，自作用剑"之意。

《史记·越王勾践世家》记载勾践后，其子鼫与、其孙不寿、其重孙翁的情况说："句践卒，子王鼫与立。王鼫与卒，子王不寿立。王不寿卒，子王翁立。"[3]而参司马贞《史记索隐》等注释及现实出土器铭文可知，勾践之子"鼫与"，又作鹿郢、者旨于賜、者旨于赐等；勾践之孙"不寿"，又作盲姑、丌北古等；勾践之重孙"翁"，又作朱句、州句等。勾践后裔且相继为越王的上述几代越王，均有多柄青铜剑留存后世，其中不乏精美者。但这些或出土或传世的越王剑，精美程度及其菱形暗纹等并无超越越王勾践剑者。所有这些，使得越王勾践剑甫一出现便成为春秋吴、越兵器的巅峰之作。

（3）吴、越青铜器的其他暗纹纹饰

吴、越青铜器暗纹制作技术除上述火焰形、菱形暗纹外，还存在着前文第六章有学者所说的吴王僚剑的"剑身饰王字形暗纹"[4]（该剑现藏于无锡博物院，其"王字形暗纹"图片见前）。而除上述外的其他暗纹纹饰，如涡纹、折线暗花纹、暗花鸟纹及交织的波状暗纹等，如下：

①涡纹

前引考古报告《江苏镇江谏壁王家山东周墓》提及该王家山东周墓出土饰火焰纹的两件戈时，提及未饰火焰纹的"一件（采25号）内端饰涡纹，通长24.5厘米"[5]。

②折线暗花纹

杨正宏、肖梦龙主编《镇江出土吴国青铜器》录"1987年江苏丹徒谏壁新竹青龙山春秋墓出土，镇江博物馆藏"的折线暗花纹矛时说，该矛"矛身狭长，三角剑锋，中起脊……满身饰折线暗花纹"[6]。

③暗花鸟纹

杨正宏、肖梦龙主编《镇江出土吴国青铜器》另录丹阳博物馆藏暗花鸟纹剑，介绍该剑情况时说："春秋，通长59.2、宽4.4厘米，丹阳市博物馆藏。锋锐，剑脊起棱，宽格，柄

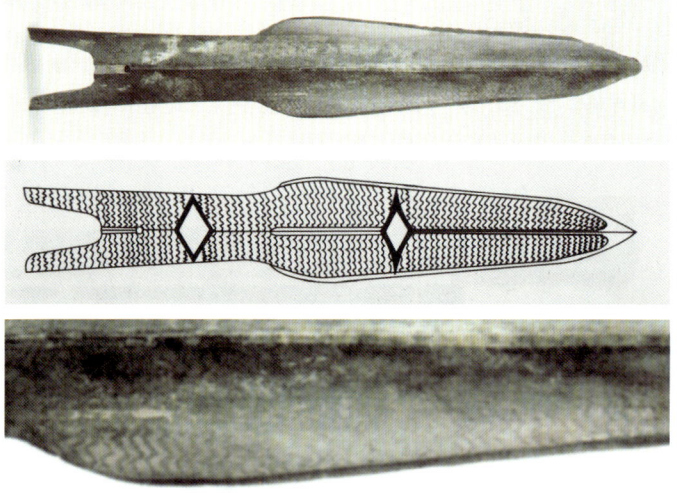

江苏丹徒谏壁新竹青龙山春秋墓出土的折线暗花纹矛（上）及其线描图（中）以及该矛折线暗花纹细部（下）（录自《镇江出土吴国青铜器》）[6]

---

[1] 董楚平：《吴越徐舒金文集释》，浙江古籍出版社1992年，第204页。
[2] 董珊：《吴越题铭研究》，科学出版社2014年，第45页。
[3] 《史记·越王勾践世家》，见司马迁：《史记》，中华书局1959年，第1747页。
[4] 吴镇烽：《记新发现的两把吴王剑》，《江汉考古》2009年第3期。
[5] 镇江博物馆：《江苏镇江谏壁王家山东周墓》（执笔：李昭和、翁善良、张肖马、江章华、刘钊、周科华），《文物》1987年第12期。
[6] 杨正宏、肖梦龙主编：《镇江出土吴国青铜器》，文物出版社2008年，第107页。
[7] 杨正宏、肖梦龙主编：《镇江出土吴国青铜器》，文物出版社2008年，第107页。

上双箍。两从各饰有6只暗花鸟纹,格上饰兽面纹,一面镶绿松石,剑首有同心圆纹。"[1]该暗花鸟纹剑,《镇江出土吴国青铜器》录时未言及其来源,故不知其为出土器、征集器或传世器。

④交织的波状暗纹

苏州博物馆编《大邦之梦——吴越楚青铜器》录越王州句错金剑时说,该器制作于"战国早期(越王州句,公元前448—前412年),通长57厘米,身宽4厘米,格宽4.5厘米。铭文释文:戉(越)王州句自作用剑。浙江省博物馆藏。剑作宽从厚格式,中起脊线,两从斜弧,近于锋处收狭,刃薄而锋利。剑身满饰交织的波状暗纹,近格处有错金鸟虫书铭文八字"[3]。浙江省博物馆编《越地范金》指出,该剑系"2002年征集"[4]。该剑交织的波状暗纹,显示越灭吴后,越国对吴国青铜兵器暗纹制作技术的继承与创新。

⑤鸟翼形细纹

浙江省博物馆编《越地范金》录战国的王字长骹铜矛并介绍说,该器"通长23厘米,骹长8厘米,2005年征集。冲刺兵器。宽体窄刃,中起脊,有血槽,长骹。两叶对称饰两组鸟翼形细纹,纹饰双面雷同"[6]。

暗花鸟纹剑(春秋,通长59.2、宽4.4厘米,丹阳市博物馆藏)(上)及其暗花鸟纹局部(下)(录自《镇江出土吴国青铜器》[2])

越王州句错金剑(上)及其剑身交织的波状暗纹细部(下)(录自《大邦之梦——吴越楚青铜器》[5])

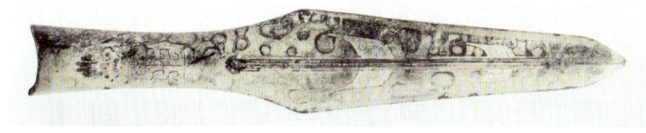

王字长骹铜矛(上)及其"两叶对称饰两组鸟翼形细纹"的细部(下)(录自《越地范金》[7])

[1]杨正宏、肖梦龙主编:《镇江出土吴国青铜器》,文物出版社2008年,第193页。
[2]杨正宏、肖梦龙主编:《镇江出土吴国青铜器》,文物出版社2008年,第193页。
[3]苏州博物馆:《大邦之梦——吴越楚青铜器》,上海古籍出版社2017年,第21页。
[4]浙江省博物馆:《越地范金》,浙江古籍出版社2009年,第71页。
[5]苏州博物馆:《大邦之梦——吴越楚青铜器》,上海古籍出版社2017年,第20页。
[6]浙江省博物馆:《越地范金》,浙江古籍出版社2009年,第76页。
[7]浙江省博物馆:《越地范金》,浙江古籍出版社2009年,第76页。

⑥斑点式"黑斑纹"

斑点式的"黑斑纹矛",出于荆州雨台山墓地。该墓地为先秦(含春秋、战国)时楚国大型平民墓群,其中,春秋、战国时楚军人员的墓葬中,多出土有兵器。该"黑斑纹矛"展出时年代标示为"战国",则说明这一时期的青铜兵器纹饰,其中有斑点式的黑斑状纹饰。但该纹饰流行于何时、何处及制作于何时、何处,至今已不可考。

湖北荆州博物馆展出的黑斑纹矛全图(战国,雨台山墓地出土)(左)以及该黑斑纹矛细部(右)(吴恩培摄)

上述青铜器纹饰中的涡纹、折线暗花纹、暗花鸟纹、交织的波状暗纹、鸟翼形细纹及斑点式的黑斑纹,究竟是如何在青铜器表面处理上去的,一直吸引着人们去探索。吴、越青铜兵器的无穷魅力,或许正在这里。

2. "三绝"之二:吴越青铜剑的剑首同心圆技术

剑首同心圆,为青铜剑剑首表面装饰的薄壁状凸棱组成的多圈同心圆,十分规整,有的达11圈之多。薄壁状凸棱厚仅0.2—0.8毫米,凸起约0.5—2.2毫米,各圈间距仅0.3—1.2毫米不等。在同心圆的槽底,还分布着极细的凸绳纹,这种装饰即便在科技高度发达的现代亦非易事,当属绝技。而在春秋时,该制作技术和工艺,也仅见于少数的吴、越剑剑首。薄壁同心圆凸棱的槽底有凸起的绳纹,应是铸造成型,而不可能由青铜车削制成(当时没有电,更没有高速旋转的车床,无法进行车削工艺)。薄壁同心圆凸棱的同心度相当高,表明其陶模或陶范的制造可能应用了类似轮制法的成形工艺。

现国内如越王勾践剑、吴王夫差剑等吴、越名剑剑首,均有多圈同心圆。如下:

(上述铸造成型的薄壁同心圆凸棱的槽底有凸起的绳纹,在下列图片中可清晰见其铸造成型的痕迹。)

其一为浙江省博物馆编《越地范金》所录春秋战国复合铜剑(2007年征集)。该剑"圆盘形剑首,中空留有范土,边饰11周同心圆,槽底有细密绳纹"[1]。

---

[1] 浙江省博物馆:《越地范金》,浙江古籍出版社2009年,第73页。

第十章 吴国社会状况与文化

湖北省博物馆收藏并展出的越王勾践剑剑首同心圆（左）、湖北荆州博物馆收藏并展出的越王鹿郢剑剑首同心圆（中）以及苏州博物馆收藏并展出的越王州句剑剑首同心圆（右）（吴恩培摄）

山东新泰周家庄东周墓M2出土、新泰博物馆收藏的双色剑（M2:24）剑首同心圆（左），苏州博物馆收藏并展出的吴王夫差剑剑首同心圆（中）以及安徽寿县博物馆展出的越王者旨于赐剑剑首同心圆（右）（吴恩培摄）

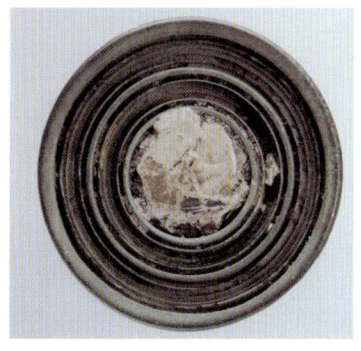 

春秋战国复合铜剑剑首同心圆（左）及其"槽底有细密绳纹"的细部（右）（录自《越地范金》[1]）

其二为苏州博物馆编《大邦之梦——吴越楚青铜器》一书所录战国早期越王州句错金剑。该剑"圆茎，下接圆盘形剑首，剑首正面铸11周同心圆，槽底有细密绳纹"[2]。

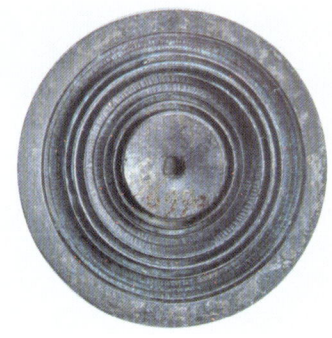 

战国早期越王州句错金剑剑首同心圆（左）及其"槽底有细密绳纹"的细部（右）（录自《大邦之梦——吴越楚青铜器》[3]）

---

[1] 浙江省博物馆：《越地范金》，浙江古籍出版社2009年，第73页。
[2] 苏州博物馆：《大邦之梦——吴越楚青铜器》，上海古籍出版社2017年，第21页。
[3] 苏州博物馆：《大邦之梦——吴越楚青铜器》，上海古籍出版社2017年，第21页。

3."三绝"之三：吴、越青铜剑的复合剑技术

（1）关于复合剑

复合剑，即前文提及的双色剑，指剑脊和剑从用不同成分配比的青铜合金分别浇铸的青铜剑。故复合剑技术是用两种成分的金属，以充分发挥金属的性能。其高硬度的剑从及剑刃以高锡青铜铸成，高韧性的剑脊用低锡青铜铸成，再通过二次铸造的方法铸成一件器物，使剑达到刚柔相济的效果。

复合剑的铸造方法也与普通青铜剑有别。普通剑之剑身系一次浇铸完毕，复合剑则是二次浇铸：先以专门的剑脊范浇铸剑脊，在剑脊两侧预留出嵌合的沟槽；再把铸成的剑脊置于另一范中浇铸剑刃，剑刃和剑脊相嵌合构成整剑。而在类似于今日土作坊的铸造条件下，无鼓风吹氧设备，亦无热电偶等测量炉火温度的仪表设备，更无分析铜、锡含量的金相测量设备，正是在这种原始条件下，春秋时的吴国工匠制作出了精湛而又合乎科学原理的复合剑。

前文提及安徽寿县博物馆展出的展板介绍该县出土的暗花菱纹铜矛时，言及"该矛采用了金属复合技术，即先浇铸成含铜高的矛脊，再浇铸含锡较高的矛刃，这种金属复合技术，能使矛既坚韧又锋利"。该矛的制作工艺，与复合剑相同。

（2）现存复合剑实物举隅

①新泰周家庄东周墓M2出土的双色剑

前文分析了新泰周家庄东周墓M2出土的双色剑，该剑即为复合剑。前及，此处存目。

②苏州博物馆展出的宽格圆茎复合剑

苏州博物馆展出宽格圆茎复合剑时的展器说明标牌标示为："春秋，苏州洞庭公社正东大队五小队出土。"

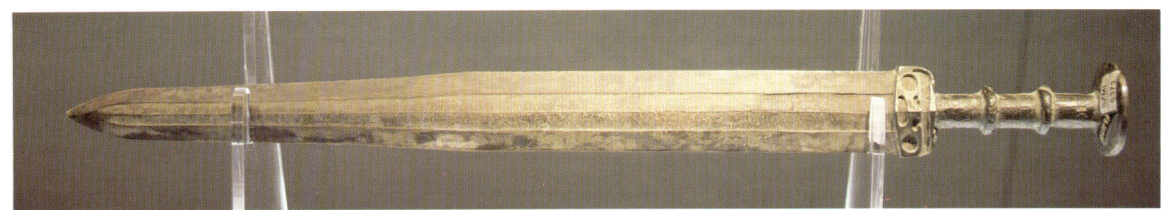

苏州博物馆展出的宽格圆茎复合剑（春秋，苏州洞庭公社正东大队五小队出土）（吴恩培摄）

③安徽铜陵博物馆展出的青铜复合剑

安徽铜陵博物馆展出青铜复合剑时的展器说明标牌标示为："春秋，2011年2月铜陵市郊横港出土。"

安徽铜陵博物馆展出的青铜复合剑（春秋，前770—前476，2011年2月铜陵市郊横港出土）（吴恩培摄）

④海南省博物馆展出的越王亓北古错金铭文青铜复合剑

海南省博物馆展出越王亓北古错金铭文青铜复合剑时的展器说明标牌标示为:"越王亓(音:齐)北古错金铭文青铜复合剑。战国,国家重点珍贵文物征集专项经费征集。"

海南省博物馆展出的越王亓北古错金铭文青铜复合剑(战国,国家重点珍贵文物征集专项经费征集)(吴恩培摄)

⑤浙江省博物馆编《越地范金》录春秋战国复合铜剑

该剑剑首同心圆前文已作介绍。浙江省博物馆编《越地范金》录该剑时,对之描述如下:"通长47.5厘米、格宽5.1厘米。2007年征集。兵器,剑作宽从厚格式,中起脊,两从斜弧,双刃呈弧形于近锋处收狭,刃薄而锋利。剑格作倒凹字形,饰兽面纹并镶嵌绿松石。圆茎,有两道凸箍,箍饰绿松石。圆盘形剑首,中空留有范土,边饰11周同心圆,槽底有细密绳纹。这柄青铜剑采用了复合铸造技术,剑之中脊及两从由不同成分的青铜嵌铸而成。中脊含锡量较低,故硬度低而韧性高,使剑不易折断;两从含锡量较高,故硬度高,可提高杀伤力。复合铸造技术体现了古代匠师对铜剑合金成分比例的控制达到了极高境界。"[1]

⑥湖北荆州博物馆展出的复合剑

湖北荆州博物馆展出的复合剑,展器说明标牌标示年代为"战国",出土地标示为"桃树林墓地"。

湖北荆州博物馆展出的复合剑(战国,桃树林墓地出土)(吴恩培摄)

(3)古代文献记载的"金有六齐"与当代复合剑研究

关于复合剑,前文分析山东新泰周家庄东周墓出土器时曾指出,吴、越青铜复合剑又被通俗地称为"双色剑"。

关于复合剑的研究,《周礼·考工记·辀人》篇记载钟鼎、斧斤、戈戟、大刃、削杀矢、鉴燧等不同的青铜器物使用不同配比的铜、锡合金:"金有六齐:六分其金而锡居一,谓之钟鼎之齐。五分其金而锡居一,谓之斧斤之齐。四分其金而锡居一,谓之戈戟之齐。参分其金而锡居一,谓之大刃之齐。五分其金而锡居二,谓之削杀矢之齐。金锡半,谓之鉴燧之齐。"[2]郑玄注:"鉴燧,取水火于日月之器也。鉴亦镜也。"故以上《周礼·考工记·辀人》篇记载的意思为,铜锡合金有六种比例:把合金分为六等分而锡占六分之一,叫作"钟鼎之齐";把合金分为五等分而锡占五分之一,

---

[1] 浙江省博物馆:《越地范金》,浙江古籍出版社2009年,第73页。
[2] 《周礼·考工记·辀人》,见《周礼注疏》,北京大学出版社1999年,第1097—1098页。

叫作"斧斤之齐";把合金分为四等分而锡占四分之一,叫作"戈戟之齐";把合金分为三等分而锡占三分之一,叫作"大刃之齐";把合金分为五等分而锡占五分之二,叫作"削杀矢之齐";铜锡各占一半,叫作"鉴燧之齐"。

马承源主编《中国青铜器》疏解上述"金有六齐"的文字说:"《考工记》所记载的金,指的是纯铜。……六齐中特指金和锡的化合,就是单纯的锡青铜,所包含的成分,是铜的比数和锡的比数。古代对青铜器不能取样化验,因此金、锡之比只能是指熔铸时下料的比例,而不是铸成后的成分比例。"而"六齐的作用,主要在于获得不同的硬度、韧性和其他的机械性能,从现代工业用锡青铜来看,一般的含锡量不会超过11%,如再提高含锡量,虽然加强了硬度,但是脆性也相应地增加。在青铜时代,人们掌握的金属,只有铜、锡、铅、金、银等数种,在配制合金时,没有新的金属可以改善合金的性能。因此,只能寻求不同的铜锡比例,来铸造各种不同要求的青铜器。'六齐'是古代铸工们在长期生产实践中的总结,从实用的角度来看,'六齐'的铜锡比例是合乎科学原理的。"[1]

由此来看,古代铸工在长期生产实践中充分了解不同的铜锡配比对青铜剑的硬度、韧性产生的不同的影响,故求其韧性而以低锡度铜制成剑体中线凸起的剑脊;求其硬度而以高锡度铜制成剑从。两者的结合,就是既有刃口硬度又有剑身韧性的复合剑。此亦即前文所称的"双色剑"。东周时期吴、越地区出现的诸如双色剑的青铜复合兵器,从一个侧面反映了古代工匠对青铜合金成分与性能之间关系的深刻了解,是"金有六齐"之说的创造性应用。

廉海萍、谭德睿2002年发表的《东周青铜复合剑制作技术研究》一文,称:"为充分了解青铜复合剑的制作,对上海博物馆馆藏的4把青铜复合剑残剑进行了分析,通过X-射线荧光能谱仪分析残剑的剑刃和剑脊的成分,金相显微镜分析剑刃和剑脊的组织,发现中国古代工匠采用低锡青铜制作韧性好的剑脊,高锡青铜制作强度和硬度高的剑从,通过榫卯结构以铸接法将剑脊与剑从结合成一体,得到刚柔兼具的青铜复合剑。"[2]

2002年至2004年,山东省文物考古研究所、新泰市博物馆在山东新泰周家庄东周墓发掘、清理东周墓70余座后,为探讨东周青铜复合剑的制作技术,学者们对新泰出土的两把青铜复合剑(M1:57、M1:53)"均作了无损检测,包括X光探伤、CT检测及XRF成分分析。并对残断的M1:57复合剑进行了取样,对截面样品中的两种合金作了XRF成分分析和金相组织观察"[3]。与之同时,学者们还发表了《山东新泰出土东周青铜复合剑制作技术研究》一文,该文表明:"东周时期,山东新泰出土了一种新型结构的青铜复合剑——低锡区设置在剑脊与剑刃之间,且截面结构呈现4个燕尾槽形、2个六边形、1个哑铃形的3种形式,使得低锡与高锡两种合金结合得浑然一体,更为牢固。虽然,其内部结构与众多已研究的吴越特色青铜复合剑有明显差异,但制作理念是一脉相承的。"同时,"复合剑的低锡区采用约4%的Cu-Sn合金,取其最好延伸率,以提高剑的整体韧性。高锡区采用含Sn17%以上的Cu-Sn-Pb合金,取其高的强度和硬度,以提高剑的锋利程度,在使用中具备更好的砍杀作用。两种合金的结合使用,充分体现了东周工匠已经掌握

---

[1] 马承源主编:《中国青铜器》,上海古籍出版社1988年,第506—508页。
[2] 廉海萍、谭德睿:《东周青铜复合剑制作技术研究》,《文物保护与考古科学》第14卷增刊(2002年12月)。
[3] 丁忠明、曲传刚、刘延常、吴来明、穆红梅:《山东新泰出土东周青铜复合剑制作技术研究》,《文物保护与考古科学》第24卷增刊(2012年12月)。

了锡含量对青铜机械性能的影响"[1]。

以上现代研究与检测证明,春秋时期的吴国工匠掌握了锡含量对青铜机械性能的影响,更导致其后《周礼·考工记·辀人》篇中出现青铜器物使用不同配比的铜、锡合金的"金有六齐"等符合科学原理的记载。

山东新泰出土M1:57的青铜复合剑残剑(左)及其截面(右)(吴恩培摄)

三、建筑与园林

(一)建筑

春秋吴国及其都城吴都(今苏州古城)的建筑,可分为如下:

1.吴都古城与城墙

春秋时吴国最重要的城池建筑为具有城市功能,且被《春秋经》《左传》记为"吴"[2]城的吴国国都(今苏州古城)及其四周屡毁屡建的城墙。春秋吴国都城的城墙(含城门),为春秋吴王阖闾时建,战国黄歇治吴时重修。而该城墙建筑,既为吴国国都"吴"城的重要组成部分,亦兼具该都城的军事防御功能。

除上述内容外,前文言及文献记载的吴王寿梦时期所建"寿梦城"及"都驿""都亭"等,均传为春秋时期的吴国王家建筑。

2.吴王阖闾所建吴都城外的离宫、离城及吴王夫差时在离城范围内增筑的姑苏台

春秋晚期,吴王阖闾筑造吴都的同时,亦在吴都城内及城外分别建有苑囿游憩之地和离宫别苑性质的离宫、离城。

《越绝书》卷第二记载吴都城外的离宫、离城说:"巫城者,阖庐所置诸侯远客离城也,去县十五里。"[3]"古城者,吴王阖庐所置美人离城也,去县七十里。"[4]

范成大《吴郡志》卷十七记载吴都城内的苑囿游憩之地说:"苑桥,在报恩光孝寺之西。故传:阖庐有苑囿,在其傍定跨桥下。长洲县前,旧为阖庐故迹,县前东南故传皆阖庐苑囿游憩之地。"[5]

---

[1] 丁忠明、曲传刚、刘延常、吴来明、穆红梅:《山东新泰出土东周青铜复合剑制作技术研究》,《文物保护与考古科学》第24卷增刊(2012年12月)。
[2]《春秋经》《左传》记载"吴"城情况为:《春秋经·定公五年》"於越入吴"、《左传·定公五年》"於越入吴"(见《春秋左传正义》,北京大学出版社1999年,第1559页);《春秋经·哀公十三年》"於越入吴"、《左传·哀公十三年》"丁亥,入吴"(见《春秋左传正义》,北京大学出版社1999年,第1669、1670页)。
[3] 袁康、吴平:《越绝书》卷第二,上海古籍出版社1985年,第13页。
[4] 袁康、吴平:《越绝书》卷第二,上海古籍出版社1985年,第14页。
[5] 范成大:《吴郡志》,江苏古籍出版社1986年,第235页。

明正德《姑苏志》卷第三十三记载:"扈城,在常熟县北五里,石城东。世传吴王游乐石城,又建离宫扈跸,故名扈城。今有扈城村。"[1]

由上述记载可知,吴王阖闾所建离宫、离城,并不止一处,其中规模最大且为后世文献记载者为"吴"城城郊灵岩山一带所建之离宫、离城。其离宫性质,如朱长文《吴郡图经续记》记载:"石城,在吴县东北,故为离宫。"[2]范成大《吴郡志》卷第八记载:"《吴地记》云:石城,吴王离宫。"[3]因此,这一离宫实为一组含宫苑、园囿、亭池及类乎"石城"等小城在内的王家建筑群。其功能为吴王及吴国王室成员休憩,兼作处理政务的休闲、游乐场所。其位置在今吴中区木渎灵岩山一带。这些离宫别苑的建筑、宫苑、园囿、亭池等,同时亦为苏州早期的王家园林。阖闾后的吴王夫差将这离城范围又予扩大而增筑姑苏台。

春秋时,各国诸侯造筑宫馆、园囿,乃是普遍现象。《春秋经·庄公元年》记载了鲁国"筑王姬之馆"[4]。《左传·襄公三十一年》则记载了"公作楚宫"[5],即鲁襄公建造楚国样式的宫殿;又记载了晋国"筑诸侯之馆"[6],即造筑接待列国诸侯的宾馆。而《春秋经》三次记载鲁国建筑园囿的情况:《春秋经·成公十八年》记载"筑鹿囿"[7],《春秋经·昭公九年》记载"筑郎囿"[8],《春秋经·定公十三年》记载"筑蛇渊囿"[9]等。这些宫、馆、园囿,与吴王阖闾造筑的离宫、离城的功能、性质,并无大的差异。

3.军事防御建筑

吴国的军事防御建筑,除苏州城墙外,另有拱卫吴都"吴"城且具卫城性质的军事城堡。这些军事城堡依不同防御对象,分处吴都的不同方位。其东南以御越为主的有今上海青浦"阖闾城"、昆山"南武城""娄北武城"等;其西北为吴伐楚阖闾归时筑造以防秦、楚联军追击的今无锡、常州间的"阖闾城"等。

作为吴国军事防御建筑设施,无论是扼守吴都西北的今无锡、常州间的"阖闾城",抑或是扼守其东部及东南部的昆山"南武城"及今上海境内的"阖闾城",它们在军事功能上互为犄角,且有着共同承担拱卫吴都职责的军事功能。而它们在构成吴都防御圈战略纵深的同时,亦各有侧重。今无锡、常州间的"阖闾城"为吴军伐楚返归时为防御楚国报复而筑;而昆山"南武城""娄北武城"及今上海境内的青浦"阖闾城",均为防御越国而筑(另见下文相关章节论述)。

4.民居建筑

先秦吴地的民居建筑,由于文献记载较少,难以做出全面论述。但从现存有限的文献记载来看,先秦吴地的民居建筑,已形成如下特点:

---

[1]《姑苏志》卷第三十三《古迹》,见正德《姑苏志》,苏州图书馆藏本。
[2]朱长文:《吴郡图经续记》卷下,江苏古籍出版社1986年,第56页。
[3]范成大:《吴郡志》,江苏古籍出版社1986年,第98页。
[4]《春秋经·庄公元年》,见《春秋左传正义》,北京大学出版社1999年,第216页。
[5]《左传·襄公三十一年》,见《春秋左传正义》,北京大学出版社1999年,第1125页。
[6]《左传·襄公三十一年》,见《春秋左传正义》,北京大学出版社1999年,第1130页。
[7]《春秋经·成公十八年》,见《春秋左传正义》,北京大学出版社1999年,第800页。
[8]《春秋经·昭公九年》,见《春秋左传正义》,北京大学出版社1999年,第1265页。
[9]《春秋经·定公十三年》,见《春秋左传正义》,北京大学出版社1999年,第1596页。

(1) 文献记载先秦时著名的政治、文化人物的宅居，已具备后世吴地民居庭院装饰的基本要素

前文论及战国时期黄歇修复古城时曾指出，其时苏州城市闾巷、民居得以修复，民居闾巷达三百多条，并出现以孟尝君门客冯骥宅于此而得名的"弹铗巷"。除此以外，文献还记载了春秋时期其他著名人物的宅居。如《吴地记》记载："胥门，本伍子胥宅，因名。"[1]《吴郡图经续记》因袭记为："伍子胥宅，故传在胥门旁。"[2]同时，《吴郡图经续记》记载："言偃宅，在常熟县西北。宅中有井，阔三尺，深十丈。井傍有坛，坛北百步有浣沙石，方四尺。"[3]由此可以看出，春秋时的言偃宅，其庭院有实用及可作装饰的"井"，井傍有种植花草的"坛"，坛旁有既作浣洗用亦作装饰用的"石"等，从而初步具备了后世吴地民居庭院花草、赏石等装饰的基本元素。而上述冯骥宅、伍子胥宅，文献虽未记写其庭院装饰的详情，但与言偃宅或不会有太大的区别。

(2) 民居多临水而筑，枕河而居

黄歇治吴时"大内北渎，四从五横"[4]，即在苏州城内挖掘、疏浚城内河道体系。由此推测，城中《吴郡图经续记》所说的"旧传郡郭三百余巷"[5]即有三百多条闾巷。这些闾巷及民居，从方便生活的需要出发，当均位于内河河道两旁，夹河而居。故后世吴地民居临水而筑、枕河而居的特点，在先秦时期实已显现出来。而这一民居特点，若作上溯，则早在新石器时代的良渚早期，从太湖流域考古发现的原始聚居村落（如吴江龙南村落遗址）已有体现。先秦吴地民居临水而筑、枕河而居的特点，一是源自良渚早期时已出现的原始聚居村落及由此开启的后世文化传承；二是受江南水乡条件下的地理因素等制约。

（二）园林

春秋时期吴国的离宫别苑或王家宫苑，与后世苏州私家园林及当代园林，无论在外延还是内涵上，既有着差异，又有着联系。同时，由于园林与建筑有着密不可分的联系，故前文所述，春秋时期，吴王阖闾建造的离宫别苑性质的"离城"，当为苏州早期的吴国王家园林。

1.吴国王家园林

(1) 以水为依托的造园特点

吴国最早的王家宫苑，为吴王寿梦时的夏驾湖。关于该湖，前文论及与寿梦有关的宫苑、建筑时，已作论述，此处不再赘述。

吴阖闾九年（前506），吴王阖闾伐楚。《吴越春秋》记写吴王阖闾在伐楚返归后这一段时期的悠闲岁月："立射台于安里，华池在平昌，南城宫在长乐。阖闾出入游卧，秋冬治于城中，春夏治于城外，治姑苏之台。且食鲲山，昼游苏台，射于鸥陂，驰于游台，兴乐石城，走犬长洲，斯且阖闾之霸时。"[6]这段不长的文字，记写的"城外"所"治姑苏之台"及"苏台"，实为前述"离城"

---

[1] 陆广微：《吴地记》，江苏古籍出版社1986年，第19页。
[2] 朱长文：《吴郡图经续记》卷下，江苏古籍出版社1986年，第60页。
[3] 朱长文：《吴郡图经续记》卷下，江苏古籍出版社1986年，第61页。
[4] 张守节：《史记正义》，见司马迁：《史记》，中华书局1959年，第1445页。
[5] 朱长文：《吴郡图经续记》卷下，江苏古籍出版社1986年，第61页。
[6] 赵晔：《吴越春秋》，江苏古籍出版社1986年，第47—48页。

的另一表述(它与夫差时所筑"姑苏台"并非同一建筑,叙述另见下文)。而在这离城中,有"射台""华池""鸥陂""石城""长洲"等多处吴国王家苑囿。这些名称,与前述鲁国筑造的园囿名称,如鹿囿、郎囿及蛇渊囿等不同的是,它多为与水有关的"池"(水塘)、"陂"(池塘)、"洲"(水中陆地)等相连,从而显现出吴地以水为依托和底色的造园特点。

(2)后世赋予吴国王家宫苑的西施化现象

前文探讨吴国灭国的原因时,对西施及其戏说故事已作叙述。《越绝书》和《吴越春秋》记载了西施戏说故事,为春秋时吴国在郊外所建王家宫苑式的离宫、离城而为后世开了西施化的先河。其后的苏州方志中,西施化现象亦愈演愈烈。唐代《吴地记》始出现"花山,……亭东二里有馆娃宫,吴人呼西施作娃,夫差置,今灵岩山是也"[1]的记载。南宋范成大《吴郡志》卷第八也将春秋时吴国的离宫别苑与西施作联系:"石城,吴王离宫,越王献西施于此。"[2]《吴郡志》卷第八另记载灵岩山的吴王井说:"吴王井在灵岩山腰,大石泓也。相传为吴王避暑处。"[3]《吴郡志》卷十五记载与西施有关的景点时说:"阊阖城西有山,号砚石山。高三百六十丈,去人烟三里。在吴县西三十里,上有吴馆娃宫、琴台、响屟廊。山上有西施洞、砚池、玩月池。"[4]今苏州灵岩山顶有玩花池,或为该玩月池异名。

西施化现象反映的虽不是真实的历史,但因出现于东汉,历经千百年后业已完成其华丽转身而成为一种文化。时至今日,这一西施化现象,更成为旅游行业特色景点的支撑文化。今苏州灵岩山的诸多景点,如景点前立牌介绍"相传井为春秋吴王所开凿"的吴王井与附会为夫差为西施赏荷而凿的玩花池以及西施洞、响屟廊等,都在无言地向游客们叙述着吴王夫差与西施的种种戏说故事。而其商业化与大众化的特点,或将使得西施戏说故事与真实历史的叙述长期并存。

苏州灵岩山吴王井(吴恩培摄)

苏州灵岩山玩花池(吴恩培摄)

---

[1]陆广微:《吴地记》,江苏古籍出版社1986年,第66页。
[2]范成大:《吴郡志》,江苏古籍出版社1986年,第98页。
[3]范成大:《吴郡志》,江苏古籍出版社1986年,第104页。
[4]范成大:《吴郡志》,江苏古籍出版社1986年,第206—207页。

（3）吴国王家园林在春秋时出现的意义

苏州早期园林以吴国王家园林的形式在春秋时期出现，在苏州园林发展史上有着重要意义。它表现在：

其一，春秋时期，在苏州不仅已经出现临水建轩阁以观景的夏驾湖，同时也出现了下文将叙述的高山筑台以凭眺的姑苏台。苏州王家园林利用自然山水形制的特点，春秋时期已出现，并为后世继承。因此，苏州园林诞生之初，便与西方规则图案式的园林有着不同构思思想的泾渭分明的区别，从而对后世苏州写意山水园林产生深远影响。

其二，春秋以后，吴地王家园林在江南水多树茂等适宜造园的自然条件及经济、文化等社会条件下，逐渐转型为封建士大夫的私家园林，并以私家园林的形式得以延续和发展。

2."姑苏"与姑苏台

前文叙述"姑苏"为春秋吴都"吴"城的别名或别称，来源于传说中夏代以前辅佐禹治水有功的舜之臣"胥"及其封地"故胥"。其后，在吴语语境下，"故胥"音转为"姑胥"及"姑苏"。这一释义，为"姑苏"的释义之一。

（1）"姑苏"的另一释义，指"姑苏台"

依据不同的语境，"姑苏"的另一释义，为春秋吴都"吴"城的别称、别名；二为春秋时吴国所筑"姑苏台"。

《国语·吴语》记载的"今王既变鲧、禹之功，而高高下下，以罢民于姑苏"[1]及"越王勾践乃率中军溯江以袭吴，入其郛，焚其姑苏"[2]等，其中的"姑苏"，均指姑苏台。

"姑苏台"与帝舜之臣"胥"及"姑苏""姑胥"等有着密不可分的联系，故前引张紫琳《红兰逸乘》卷一说："姑苏台，《图经》亦作姑胥台。"[3]而明正德《姑苏志》记载姑苏台的另一别名说："姑苏台一名胥台……越伐吴，吴太子友战败，遂焚其台。"[4]

（2）"台"的定义

台，汉代高诱注《吕氏春秋·仲夏记》"可以处台榭"[5]句时指出："积土四方而高曰台。"[6]故中国先秦时期的"台"，即为挖四方土而堆积起的土台子。不排除的是，在土台为主体的此类建筑中，另以木、石等建筑材料在土台表面或四周作附属和辅助建筑。

因此，在秦砖汉瓦尚未出现的春秋时，筑台与造筑城墙一样，多为土筑。

在春秋列国的"台"中，规模较大者为楚章华台。而堪与楚章华台齐名并与之媲美者，为吴国的姑苏台。

（3）《国语·吴语》记载伍子胥谏言中与楚章华台并称的姑苏台

《国语》向被称为《春秋外传》，此乃相对于《左传》被称为《春秋内传》而言。《国语》偏重

---

[1]《国语·吴语》，见左丘明撰、韦昭注：《国语》，上海古籍出版社2015年，第395页。
[2]《国语·吴语》，见左丘明撰、韦昭注：《国语》，上海古籍出版社2015年，第399—400页。
[3] 张紫琳：《红兰逸乘》，见王稼句：《苏州文献丛钞初编》，古吴轩出版社2005年，第271页。
[4]《姑苏志》卷第三十三《古迹》，见正德《姑苏志》，苏州图书馆藏本。
[5]《吕氏春秋·仲夏记》，见陈奇猷：《吕氏春秋校释》，学林出版社1984年，第242页。
[6]《吕氏春秋·仲夏记》，见陈奇猷：《吕氏春秋校释》，学林出版社1984年，第254页。

记言,而与偏重记事的《左传》互为表里,故堪与《左传》有着等同的历史文献价值。

《国语·吴语》以记言方式记载姑苏台的建造情况:"吴王夫差既许越成,乃大戒师徒,将以伐齐。"[1]即吴王夫差答应越人求和而保留下越国后,下令通告全体将士,准备攻打齐国。正是在这一"将以伐齐"的背景下,申胥(伍子胥)予以谏阻并说起"昔楚灵王不君,其臣箴谏以不入。乃筑台于章华之上……罢弊楚国"[2],即昔日楚灵王不行君道,不听臣下劝谏,滥用民力筑章华台,使得楚国民力疲惫不堪。接着,伍子胥又言及吴国业已建成的姑苏台说:"今王既变鲧、禹之功,而高高下下,以罢民于姑苏。"[3]徐元诰《国语集解》指出:"王,夫差。变,易也。高高,起台榭。下下,深污池。姑苏,台名,在吴西,近湖。"[4]故《国语》上条意为,如今大王改变鲧、禹父子相承治水的功德,一改先王节俭恤民的做法,在高处造筑台榭,在低处挖掘湖池,使吴国的民力在姑苏台的建造中疲惫不堪。上述伍子胥谏言中出现的"姑苏",即指姑苏台。《国语·吴语》的这一记载,堪为关于姑苏台的最早历史文献记载。

(4)姑苏台的造筑者系吴王夫差,与吴王阖闾无关

吴将伐齐而伍子胥进谏时,姑苏台已经筑成。故姑苏台系吴王夫差筑,而与吴王阖闾无关。其具体筑造时间,当为吴伐齐战争前。吴首次伐齐战争为吴夫差十一年(前485)。故姑苏台筑成时间即当为该年(指吴夫差十一年,前485)。其时,吴王阖闾去世已11年。

东汉文献《吴越春秋》《越绝书》,均记载姑苏台系吴王夫差所筑,而与吴王阖闾无关,从而印证了《国语·吴语》的记载。

《越绝书》卷第十二记载,越王勾践与大夫文种共同制定"伐吴九术",即破吴的九大策略,并开始实施。《越绝书》记载越国献"策楯"并"婴以白璧,镂以黄金,类龙蛇而行者"[5],意即,将饰有文采的栏杆用白璧作装饰,镶嵌黄金,形状如同龙蛇舞动一般。当越王勾践派遣越国大夫文种将这一诱使吴王夫差筑姑苏台的器物"献之于吴"且"吴王大悦"[6]时,"申胥谏曰:'不可。王勿受。昔桀起灵门,纣起鹿台,阴阳不和,五谷不时,天与之灾,邦国空虚,遂以之亡。大王受之,是后必有灾。'"[7]伍子胥谏阻时说起"桀起灵门,纣起鹿台"的历史教训,并同时也指出"大王受之,是后必有灾"的严重后果。但吴王夫差的反应是"不听,遂受之而起姑胥台。三年聚材,五年乃成。高见二百里。行路之人,道死尸哭"[8]。

《吴越春秋》卷九也作类似记载,但与《越绝书》记载越献"策楯"不同的是,《吴越春秋》记载越献的是"大木"。该文献记载越王勾践与大臣商量攻灭吴王夫差的方略时,文种提出:"吴王好起宫室,用工不辍。王选名山神材,奉而献之。"于是"越王乃使木工三千余人入山伐木",后终寻得"天生神木一双,大二十围,长五十寻"。然后乃派遣越国大夫文种将此大木"献之于吴

---

[1]《国语·吴语》,见左丘明撰、韦昭注:《国语》,上海古籍出版社2015年,第395页。
[2]《国语·吴语》,见左丘明撰、韦昭注:《国语》,上海古籍出版社2015年,第395页。
[3]《国语·吴语》,见左丘明撰、韦昭注:《国语》,上海古籍出版社2015年,第395页。
[4]徐元诰:《国语集解》,中华书局2002年,第542页。
[5]袁康、吴平:《越绝书》,上海古籍出版社1985年,第83页。
[6]袁康、吴平:《越绝书》,上海古籍出版社1985年,第83页。
[7]袁康、吴平:《越绝书》,上海古籍出版社1985年,第83页。
[8]袁康、吴平:《越绝书》,上海古籍出版社1985年,第83页。

王……吴王大悦"。对越人的阴谋,伍子胥劝谏吴王夫差说,大王不要接受越人献来的大木,"昔者,桀起灵台,纣起鹿台",即夏代的桀王筑灵台,商代的纣王筑鹿台,都导致了灭国的后果。而"大王受之,必为越王所戮"。但"吴王不听,遂受而起姑苏之台。三年聚材,五年乃成,高见二百里。行路之人,道死巷哭,不绝嗟嘻之声,民疲士苦,人不聊生"[1]。

(5) 与夫差同时代的墨子所记载的夫差"遂筑姑苏之台"

关于夫差筑"姑苏之台",《墨子·非攻(中)》评说,夫差即位后,连年征战,"自恃其力,伐其功,誉其智,怠于教。遂筑姑苏之台,七年不成。及若此,则吴有离罢之心"[2]。意指,夫差穷兵黩武及筑姑苏台等一系列作为,使得吴人产生疏离和疲惫之心。

墨子为春秋末期、战国初期时的宋国人。杨宽《战国史》载其生卒年时说:"据孙诒让考证,生卒约在公元前四六八到公元前三七六年间。"[3]按此,则其出生前5年的公元前473年,吴国灭国。故作为与夫差同时代人的墨子,其记载的夫差"遂筑姑苏之台",当有极高的可信性。

(6) 姑苏台的筑造时间

由《吴越春秋》《越绝书》记载的"遂受而起姑苏之台。三年聚材,五年乃成"[4],参见前文姑苏台筑成时间为吴夫差十一年(前485)。故由此倒推,则可看出吴王夫差造筑姑苏台的具体时间为:自吴夫差三年(前493)起,至吴夫差十一年(前485)筑成,前后共8年。

近代学者卫聚贤在《姑苏台》一文中阐释姑苏台的存在时间:"姑苏台自吴王阖闾十年建,至吴王夫差十四年被焚,共计二十四年的历史。"[5]按此说,姑苏台开始造筑的时间为"阖闾十年"(前505)。但吴阖闾十年,吴军伐楚而滞留楚国,且本年中,相继发生如下事件:

其一,中原列国以向蔡国输粟的方式,间接支援吴、蔡、唐联合伐楚。

其二,越乘吴伐楚,袭吴,进入吴都,从而楚、秦、越联手从不同方向分击吴国的态势形成。

其三,申包胥带着秦军到达,秦、楚联军相继在沂之战、军祥之战中击败吴军。

其四,七月,秦、楚联军灭亡了吴国盟国——唐国。

其五,九月,吴军发生内讧——阖闾之弟夫概叛归国中,自立为王。阖闾引兵归,并击败夫概。夫概逃亡至楚国。

其六,滞楚吴军与秦、楚联军激战正酣——吴军在雍澨打败楚军,秦军赶到后又打败了吴军。吴军在雍澨河附近的麇地扎营,楚军放火焚烧吴军。吴军败退。其后,吴军与秦、楚联军在公壻之溪展开大战,吴军大败返归。

其七,吴军返归时,因担心秦、楚联军尾追而入吴境内及对"吴都"进行报复,故未雨绸缪地在太湖北岸的今无锡、常州交界处筑军事城堡。

其八,考古发现为吴王阖闾媵妾的"勾敔夫人"——宋国国君宋公栾的妹妹季子随阖闾伐楚去世,暂厝而尚未下葬。

---

[1] 赵晔:《吴越春秋》,江苏古籍出版社1986年,第119—120页。
[2] 《墨子·非攻(中)》,见《二十二子》,上海古籍出版社1986年,第239页。
[3] 杨宽:《战国史》,上海人民出版社1998年,第469页。
[4] 赵晔:《吴越春秋》卷九,江苏古籍出版社1986年,第120页。
[5] 卫聚贤:《姑苏台》,见王稼句:《先秦吴越文化研究资料汇编》,古吴轩出版社2015年,第136页。

在这无论是国事还是家事均千头万绪,且吴国与秦、楚的战争正在进行的战时状态下,吴王阖闾又如何能在此年(指吴阖闾十年,前505)分心而造筑姑苏台?由此可见,卫聚贤"姑苏台自吴王阖闾十年建"的判断,不确且本书不予采信。

(7) 吴王夫差一改先王阖闾节俭恤民的做法筑姑苏台,也证实姑苏台系吴王夫差筑

吴王阖闾的节俭恤民,从下列文献记载可以得知:一为前文引述《左传·哀公元年》记载:"昔阖庐食不二味,居不重席,室不崇坛,器不彤镂,宫室不观,舟车不饰,衣服财用,择不取费。……今闻夫差,次有台榭陂池焉,宿有妃嫱嫔御焉。一日之行,所欲必成,玩好必从。珍异是聚,观乐是务。"[1]由上述记载可见,夫差筑姑苏台乃是吴国国力强盛后的效法楚灵王之举。其目的,既与夫差为张扬吴国国力而一改先王阖闾节俭恤民的做法有关,也与夫差"次有台榭陂池焉,宿有妃嫱嫔御焉"[2]等追求个人享乐的生活习惯有关。

(8) 姑苏台造筑者的文献记载流变

前文论及姑苏台系吴王夫差筑,与吴王阖闾无关,文献依据即为《国语·吴语》《墨子·非攻(中)》等的记载。而这些记载,后世却经历了姑苏台造筑者从清晰到模糊的流变,其所涉及的姑苏台始建年代也变得模糊起来。在下述予以厘清的过程中,须对文献全面爬梳。为全面记录文献记载流变过程,从如下几点进行梳理:

其一,《越绝书》《吴越春秋》自相矛盾的混杂记载。

前及,《越绝书》记载越国献"策楯"、《吴越春秋》记载越国献"神木"等诱使吴王夫差筑"姑胥台"或"姑苏之台"及吴王夫差"遂受"的文字稍异[3],但二者(指《越绝书》《吴越春秋》)所记载的结果相同——均为"三年聚材,五年乃成"[4]。这些记载,既与《国语·吴语》记载的姑苏台造筑者为夫差相同,又与《国语·吴语》互证。

然而,由于《越绝书》《吴越春秋》同时混杂着"姑胥之台""姑苏之台"等与吴王阖闾发生关联的记载,且这些记载,南朝时为《史记》三家注之一的裴骃《史记集解》(以下简称裴骃注)采用并作"《越绝书》曰:'阖庐起姑苏台,三年聚材,五年乃成,高见三百里'"[5]的注文,从而使得姑苏台系吴王夫差筑造的结论,变得模糊起来。

为了对裴骃注以前的汉代文献关于姑苏台记载的流变做细致分析,现分以下诸点论述:

①《越绝书》《吴越春秋》记载夫差筑"姑胥之台""姑胥台""姑苏之台"等的情况

《越绝书》《吴越春秋》记载夫差筑姑苏台,前文已作论述,现另以列表形式作直观展现。(表中引文版本为:袁康、吴平:《越绝书》,上海古籍出版社1985年出版;赵晔:《吴越春秋》,江苏古籍出版社1986年出版。表中另以括号标示页码、卷数及内容提示。)

---

[1]《左传·哀公元年》,见《春秋左传正义》,北京大学出版社1999年,第1614—1615页。
[2]《左传·哀公元年》,见《春秋左传正义》,北京大学出版社1999年,第1614—1615页。
[3] 二者差异为:《越绝书》作"遂受之而起姑胥台"(见袁康、吴平:《越绝书》卷第十二,上海古籍出版社1985年,第83页),而《吴越春秋》作"遂受而起姑苏之台"(见赵晔:《吴越春秋》卷九,江苏古籍出版社1986年,第120页)。
[4] 袁康、吴平:《越绝书》卷第十二,上海古籍出版社1985年,第83页。赵晔:《吴越春秋》卷九,江苏古籍出版社1986年,第120页。
[5] 裴骃:《史记集解》,见司马迁:《史记》,中华书局1959年,第1468页。

《越绝书》《吴越春秋》记载夫差筑"姑胥台""姑苏之台"情况表

	越人诱使夫差筑台的过程	夫差"遂受""而起"的结果
《越绝书》	【第83页,《越绝书》卷第十二:记越人以"策楯"诱使夫差"起宫室高台"及伍子胥进谏的过程】 昔者,越王句践问大夫种曰:"吾欲伐吴,奈何能有功乎?"大夫种对曰:"伐吴有九术。……五曰遗之巧匠,使起宫室高台,尽其财,疲其力……越王曰:"善。"于是作为策楯,婴以白璧,镂以黄金,类龙蛇而行者。乃使大夫种献之于吴,曰:"……窃为小殿,有余财,再拜献之大王。"吴王大悦。申胥谏曰:"不可。王勿受。……大王受之,是后必有灾。"	【第83页,《越绝书》卷第十二:记夫差在越人诱使下的结果——拒伍子胥谏而起姑胥台】 吴王不听,遂受之而起姑胥台。三年聚材,五年乃成。高见二百里。
《吴越春秋》	【第118—120页,《吴越春秋》卷九:记越人以"神木"诱使夫差"起宫室以尽其财"及伍子胥进谏的过程】 大夫种曰:"夫欲报怨复雠,破吴灭敌者,有九术,君王察焉?"越王曰:"……虽有九术,安能知之?"大夫种曰:"夫九术者。……五曰遗之巧工良材,使之起宫室以尽其财;……"越王曰:"善。"……种曰:"吴王好起宫室,用工不辍。王选名山神材,奉而献之。"越王乃使木工三千余人,入山伐木,……一夜,天生神木一双,大二十围,长五十寻。"……乃使大夫种献之于吴王。……吴王大悦。子胥谏曰:"王勿受也。……大王受之,必为越王所戮。"	【第120页,《吴越春秋》卷九:记夫差在越人诱使下的结果——拒伍子胥谏而起姑苏之台】 吴王不听,遂受而起姑苏之台。三年聚材,五年乃成,高见二百里。

上述"策楯",俞纪东《越绝书全译》注为:"钱培名《札记》:'策'《吴都赋注》作'荣',与《吴越春秋》合。《水经·浙江水注》亦云:'勾践使工人伐荣楯,欲以献吴。'荣楯,指饰有文采的栏杆。"[1]

②《越绝书》《吴越春秋》同时记载"姑胥之台""姑胥台""姑苏之台"等与吴王阖闾发生关联的情况

现存《越绝书》《吴越春秋》无"姑苏台"记载,而有与"姑苏台"相近的"姑胥之台""姑胥台"(《越绝书》)、"姑苏之台""苏台""姑胥之台""姑胥台"(《吴越春秋》)的记载。

《越绝书》《吴越春秋》的记载中,也同时出现"姑胥之台""姑苏之台"等与吴王阖闾相关联,从而与上引姑苏台系夫差所筑相悖的情况。这些记载如下:

《越绝书》卷第二:"胥门外有九曲路,阖庐造以游姑胥之台,以望太湖。"[2]

《吴越春秋》卷四:"阖闾出入游卧,秋冬治于城中,春夏治于城外,治姑苏之台。旦食鲲山,昼游苏台,射于鸥陂,驰于游台,兴乐石城,走犬长洲,斯且阖闾之霸时。"[3]

上述记载表述的"阖庐造以游姑胥之台"及"阖闾之霸时"阖闾已"治姑苏之台""昼游苏台"等,既与前引《越绝书》卷第十二的夫差"不听,遂受之而起姑胥台"及《吴越春秋》卷九的夫差"不听,遂受而起姑苏之台"等抵牾,亦与《国语·吴语》记载的夫差筑姑苏台相悖。

相关情况,分别列表如下:

---

[1] 俞纪东:《越绝书全译》,贵州人民出版社1996年,第230页。
[2] 袁康、吴平:《越绝书》,上海古籍出版社1985年,第9页。
[3] 赵晔:《吴越春秋》,江苏古籍出版社1986年,第48页。

《越绝书》记载"姑胥之台""姑胥台"及与阖庐(阖闾)产生关联的情况表

序号	页码、卷数与内容
1	【第9页,《越绝书》卷第二】 秋冬治城中,春夏治姑胥之台。旦食于纽山,昼游于胥母,射于躯陂,驰于游台,兴乐越,走犬长洲。
2	【第12页,《越绝书》卷第二】 胥门外有九曲路,阖庐造以游姑胥之台,以望太湖。
3	【第36页,《越绝书》卷第五】 胥,先王之老臣,不忠不信,则不得为先王之老臣。君王胡不览观夫武王之伐纣也?今不出数年,鹿豕游于姑胥之台矣。
4	【第58页,《越绝书》卷第八】 灭吴,徙治姑胥台。
5	【第73页,《越绝书》卷第十】 道于姑胥之门,昼卧姑胥之台。
6—8	【第74页,《越绝书》卷第十】(本页记载有三): ①记到,车驰诣姑胥之台。 ②上车不顾,遂至姑胥之台,谒见吴王。 ③吴王劳曰:"越公弟子公孙圣也,寡人昼卧姑胥之台,梦入章明之宫。"
9	【第83页,《越绝书》卷第十二】 吴王不听,遂受之而起姑胥台。

(表中引文版本同前表,《越绝书》共七处记为"姑胥之台",两处记为"姑胥台"。表中以括号标示页码、卷数。括号下为含上述词语的内容。)

为免被指为选择性列举,故上表将《越绝书》中记载"姑胥之台"的七处及记载"姑胥台"的两处悉数列举。但从以上九处来看,真正与阖庐(阖闾)产生关联的为序号1、序号2所记载的内容,即《越绝书》卷第二记载的"秋冬治城中,春夏治姑胥之台"句及"胥门外有九曲路,阖庐造以游姑胥之台"句。而这两处内容与前表《越绝书》卷第十二记载的越献"策楯",从而诱使吴王夫差"遂受之而起姑胥台"相悖。

序号3及其后所列内容,与阖庐(阖闾)无关联,不作论述。

《吴越春秋》记载"姑苏之台""苏台""姑胥之台""姑胥台"情况表

序号	页码、卷数与内容
1—2	【第48页,《吴越春秋》卷四】 阖闾出入游卧,秋冬治于城中,春夏治于城外,治姑苏之台。旦食鲲山,昼游苏台,射于鸥陂,驰于游台,兴乐石城,走犬长洲,斯且阖闾之霸时。
3	【第58页,《吴越春秋》卷五】 子贡返鲁,吴王果兴九郡之兵,将与齐战。道出胥门,因过姑胥之台,忽昼假寐于姑胥之台而得梦。
4	【第59页,《吴越春秋》卷五】 王乃遣王孙骆,往请公孙圣曰:"吴王昼卧姑胥之台,忽然感梦,觉而怅然,使子占之,急诣姑胥之台。"
5	【第60页,《吴越春秋》卷五】 公孙圣曰:"愚哉!女子之言也。吾受道十年,隐身避害,欲绍寿命,不意卒得急召,中世世弃,故悲与子相离耳。"遂去,诣姑胥台。

续表

序号	页码、卷数与内容
6	【第68页，《吴越春秋》卷五】 越王闻吴王伐齐，使范蠡、泄庸率师屯海通江，以绝吴路。败太子友于始熊夷，通江淮转袭吴，遂入吴国，烧姑胥台，徙其大舟。
7	【第124页，《吴越春秋》卷九】 子胥曰："臣闻狼子有野心，仇雠之人不可亲。夫虎不可喂以食，蝮蛇不恣其意。今大王捐国家之福，以饶无益之雠，弃忠臣之言，而顺敌人之欲，臣必见越之破吴，豸鹿游于姑胥之台，荆榛蔓于宫阙，愿王览武王伐纣之事也。"
8	【第135页，《吴越春秋》卷十】 以乙酉与吴战，丙戌遂虏杀太子。丁亥入吴，焚姑胥台。吴告急于夫差，夫差方会诸侯于黄池，恐天下闻之，即密不令泄。已盟黄池，乃使人请成於越。

（表中引文版本同前表，《吴越春秋》共八处分别记为"姑苏之台""苏台""姑胥之台""姑胥台"。表中以括号标示页码、卷数。括号下为含上述词语的内容。）

同样，为免被指为选择性列举，故上表将《吴越春秋》中凡八处记载"姑苏之台""苏台""姑胥之台""姑胥台"处悉数列举。但从以上八处来看，真正与阖闾产生关联的为序号1—2所记载的内容，即《吴越春秋》卷四记载的"阖闾出入游卧，秋冬治于城中，春夏治于城外，治姑苏之台。旦食鲲山，昼游苏台，射于鸥陂，驰于游台，兴乐石城，走犬长洲，斯且阖闾之霸时"。而这一内容与前列《吴越春秋》卷九记载的越献"神木"，从而诱使吴王夫差"遂受而起姑苏之台"相悖。

序号3至序号8所列内容，均为记载吴王夫差时事而与阖闾无关联，不作论述。

另，《吴越春秋》卷五记"越王闻吴王伐齐，使范蠡、泄庸率师屯海通江，以绝吴路。败太子友于始熊夷，通江淮转袭吴，遂入吴国，烧姑胥台，徙其大舟"[1]及越军"丁亥入吴，焚姑胥台"[2]等记载文字，实脱胎于《国语·吴语》的下述记载："越王句践乃命范蠡、舌庸，率师沿海溯淮以绝吴路。败王子友于姑熊夷。越王句践乃率中军溯江以袭吴，入其郛，焚其姑苏，徙其大舟。"[3]

而前述《国语·吴语》记写伍子胥劝谏夫差时所说"以罢民于姑苏"[4]，韦昭注："姑苏，宫之台也，在吴阊门外，近湖。"[5]《国语·越语下》"以上姑苏"[6]句，韦昭亦注曰："姑苏，宫之台也，在吴阊门外，近湖。"[7]

故由上可推知，《越绝书》记载的"姑胥之台""姑胥台"及《吴越春秋》记载的"苏台""姑苏之台""姑胥台"等，均为"姑苏台"另名，即一台多名。

其二，南朝宋裴骃《史记集解》（裴骃注）的错讹及其影响。

---

[1] 赵晔：《吴越春秋》卷四，江苏古籍出版社1986年，第68页。
[2] 赵晔：《吴越春秋》卷四，江苏古籍出版社1986年，第135页。
[3]《国语·吴语》，见左丘明撰、韦昭注：《国语》，上海古籍出版社2015年，第399—400页。
[4]《国语·吴语》，见左丘明撰、韦昭注：《国语》，上海古籍出版社2015年，第395页。
[5] 韦昭注，见左丘明撰、韦昭注：《国语》，上海古籍出版社2015年，第434页。
[6]《国语·吴语》，见左丘明撰、韦昭注：《国语》，上海古籍出版社2015年，第433页。
[7] 韦昭注，见左丘明撰、韦昭注：《国语》，上海古籍出版社2015年，第434页。

《越绝书》中出现的"阖庐造以游姑胥之台"等与吴王阖闾相关联的内容,后世经裴骃采用并作"《越绝书》曰:'阖庐起姑苏台,三年聚材,五年乃成,高见三百里'"[1]的注文。该"阖庐起姑苏台"句不见于今本《越绝书》。这里可能出现的情况为二:一为南朝宋时流传的《越绝书》版本为裴骃采用,而该版本今已佚。二为裴骃所注系杜撰。

从上述所列文献记载的比较中,则可见裴骃注乃是脱胎于如下文献记载:①《越绝书》卷第二:"胥门外有九曲路,阖庐造以游姑胥之台,以望太湖。"②《越绝书》卷第十二:"吴王不听,遂受之而起姑胥台。三年聚材,五年乃成。高见二百里。"③《吴越春秋》卷九:"吴王不听,遂受而起姑苏之台。三年聚材,五年乃成,高见二百里。"

如前所述,《越绝书》《吴越春秋》中未出现"姑苏台",而只是出现与"姑苏台"相近的"姑胥之台""姑胥台"(《越绝书》)及"姑苏之台""苏台""姑胥之台""姑胥台"(《吴越春秋》)等。因此,裴骃注中乃是将这些与"姑苏台"相近的"姑胥之台""姑胥台""姑苏之台""苏台"等改为"姑苏台"。

裴骃注"阖庐起姑苏台"的形成原因,首先是《越绝书》《吴越春秋》因混记而产生矛盾的结果。

上述《越绝书》《吴越春秋》相互矛盾的记载,既构成姑苏台造筑者究系为吴王阖庐(阖闾)抑或是吴王夫差的疑谜,随之也带来姑苏台始建年代的疑谜;同时,更导致两部文献(指《越绝书》《吴越春秋》)无论是自证或是互证的结果均为无解,即无法得出结论的状况。从这一意义上讲,裴骃注"阖庐起姑苏台"式的错讹,既源于《越绝书》《吴越春秋》自身的错讹,同时裴骃注也将这一错讹放大。而裴骃注的错讹放大,除引发前述姑苏台造筑者的模糊不清,也直接影响了南朝后苏州历代方志关于"姑苏台"的记载的混乱。

裴骃生活的年代为南朝宋(又称"刘宋"),处于东汉后,隋、唐前。故其错讹直接影响唐代《吴地记》的记载:"姑苏台,在吴县西南三十五里。阖闾造,经营九年始成。"[2]

唐代后的苏州地方文献,因袭裴骃注及《吴地记》的错误,形成姑苏台或为"阖闾造"或为"始基于阖庐,而成于夫差""阖闾所造,夫差增筑"的种种说法(相关叙述,另见下文)。所有这些,均可从唐代《吴地记》后的苏州方志记载中寻迹。

唐代《吴地记》后苏州方志的相关记载,部分如下:

北宋《吴郡图经续记》:"传言阖庐作姑苏台,一曰夫差也。……盖此台始基于阖庐,而新作于夫差也。以全吴之力,三年聚材,五年而后成。"[3]

南宋《吴郡志》:姑苏台"《山水记》云:阖闾作,春秋(夏)游焉。又云:夫差作台,三年不成,积材五年乃成。……《越绝书》云:'阖庐造九曲路,以游姑胥之台。'……《洞冥记》云:吴王夫差筑姑苏之台,三年乃成。……《吴地记》云:'阖闾十一年,起台于姑苏山,因山为名。……盖

---

[1] 裴骃:《史记集解》,见司马迁:《史记》,中华书局1959年,第1468页。
[2] 陆广微:《吴地记》,江苏古籍出版社1986年,第37页。
[3] 朱长文:《吴郡图经续记》,江苏古籍出版社1986年,第42页。

此台始基于阖庐,而成于夫差。□可以合传记之说云。"[1]

明洪武《苏州府志》卷第四十三,有两段关于姑苏台的记载:①"射台、华池、南城宫、姑苏台、鮔山、鸡陂、游台、石城、长洲、林园、石龙,以上悉吴阖闾故迹。"[2]②"姑苏台,一名胥台,在吴县横山西北麓姑苏山上,吴王夫差造。或云阖闾所造。"[3]

明正德间王鏊主纂《姑苏志》卷三十三记载:"姑苏台,一名胥台,在姑苏山。《旧图经》云:在吴县西北三十里。《续图经》云:三十五里。一名姑苏,一名姑余,《史记正义》云:在吴县西南三十里横山西北麓姑苏山上。《山水记》云:阖闾作,春夏游焉。又云:夫差作台,三年不成,积材五年乃成。造九曲路高见三百里。勾践欲伐吴,于是作栅楣,婴以白璧,镂以黄金,状如龙蛇,献吴王。吴王大悦,受以起此台。《越绝书》云:阖庐造九曲路以游姑胥之台,子胥谏不听,又于台上别立春宵宫,为长夜之饮。作天池以泛青龙舟,舟中盛致妓乐,日与西施为嬉。作海灵馆、馆娃阁,皆铜沟玉槛,饰以珠玉。按此,则姑苏台始于阖闾,成于夫差也。后越伐吴,吴太子友战败,遂焚其台。"[4]

清乾隆《吴县志》卷二十二记载:"姑苏台,在姑苏山,又名胥台。《旧图经》云:在县西三十里。《续图经》云:一名姑苏,一名姑余。《史记正义》云:在县西南三十里横山西北麓姑苏山上。《山水记》云:阖闾作,春夏游焉。《越绝书》九术篇:句践用大夫文种计,作栅楣(栅楣之义未详),婴以白璧,镂以黄金,类龙蛇而行者。使种献于吴。夫差大悦,遂起姑胥台,三年聚材,五年乃成,高见三百里。造九曲路以游姑胥之台,子胥谏不听。《洞冥记》云:夫差于台上别立春宵宫,为长夜之饮;作天池,以泛青龙舟。舟中盛致妓乐,日与西施为嬉。又于宫中作海灵馆、馆娃阁,皆铜沟玉槛,饰以珠玉。后,越伐吴,吴太子友战败,遂焚其台。"[5]

前列《越绝书》卷第二"胥门外有九曲路,阖庐造以游姑胥之台,以望太湖"句,在明正德《姑苏志》卷三十三中竟流变成:"姑苏台,一名胥台,在姑苏山。……《山水记》云:'阖闾作,春夏游焉。'又云:'夫差作台,三年不成,积材五年乃成。造九曲路高见三百里。'"个中"造九曲路"者,似乎变成了夫差。

而到了清乾隆《吴县志》卷二十二中又变成:"姑苏台,在姑苏山,又名胥台。……《山水记》云:阖闾作,春夏游焉。《越绝书》九术篇:句践用大夫文种计,作栅楣(栅楣之义未详),婴以白璧,镂以黄金,类龙蛇而行者。使种献于吴。夫差大悦,遂起姑胥台,三年聚材,五年乃成,高见三百里。造九曲路以游姑胥之台,子胥谏不听。"这里,《越绝书》记载的"胥门外有九曲路,阖庐造以游姑胥之台",竟成了"造九曲路以游姑胥之台,子胥谏不听"了。伍子胥谏阻的对象,到底是夫差还是阖闾,至此竟也模糊起来。

上述行文比较,难免繁琐,但可清晰看出其中的变化。而变来变去,连方志撰者都搞不清者,不止于上述。《越绝书》卷第十二记载的越人诱使夫差"起宫室高台"所献之"策楯",到明代

---

[1] 范成大:《吴郡志》,江苏古籍出版社1986年,第99—100页。
[2] 苏州市地方志办公室:(卢熊)洪武《苏州府志》,广陵书社2015年,第543页
[3] 苏州市地方志办公室:(卢熊)洪武《苏州府志》,广陵书社2015年,第546页。
[4]《姑苏志》卷第三十三《古迹》,见正德《姑苏志》,苏州图书馆藏本。
[5]《吴县志》卷二十二《古迹》,见乾隆《吴县志》,苏州图书馆藏本。

《姑苏志》中变成了"栅楣";而再到了清乾隆《吴县志》中,因袭前志记作"栅楣"时,因搞不清该"栅楣"为何物,故另加一注曰:"栅楣之义未详"[1]。而作此类极为罕见的"义"之"未详"注者,均为清乾隆间苏州饱读经史的学者。

到了近代,这一状况并未有改变,近代民国《吴县志》卷第三十二记载为:"姑苏台,一名胥台。《史记正义》:在吴县西南三十里横山西北麓姑苏山上。吴王阖闾所造,夫差增筑。及越入吴,焚之。"[2]

显然,在姑苏台的记载上,自南朝刘宋以来的一千五百多年中的苏州历代方志,多为因袭前志,人云亦云,以至于姑苏台为何人所筑及其始建年代等,竟成为一个极其复杂的学术问题。

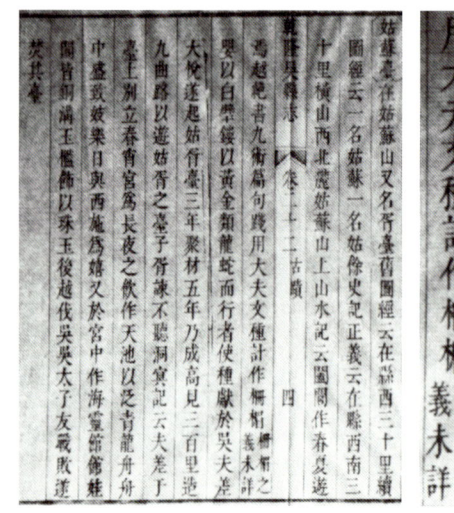

清乾隆《吴县志》卷二十二《古迹》"句践用大夫文种计,作栅楣(栅楣之义未详)"所在页的书影(左)及"栅楣之义未详"注的局部(右)(吴恩培摄)

其三,"姑胥台"造筑者与阖闾产生关联的原因分析。

从《国语·吴语》伍子胥谏言中"高高下下,以罢民于姑苏"[3]的明确记载,到《越绝书》《吴越春秋》的混杂记载,再到裴骃注及唐、宋、清乃至近代文献的记载,其流变过程,使得《国语·吴语》最早关于夫差造筑姑苏台的结论淹没在后世不确定的模糊记载之中。本是明确的文献记载,其后竟流变成无法说清的历史。

要说清这一问题,首先当梳理《越绝书》《吴越春秋》记载的"姑胥台"等与阖闾产生关联的原因。如前所述,形成上述现象的原因,首先为《越绝书》《吴越春秋》互相矛盾的混杂记载。这一前后不一的矛盾记载,使得无论是《越绝书》《吴越春秋》的自证还是两部文献的互证,均因各持一端而无法得出"姑胥台"的造筑者为哪位吴王的定论,也无法探究出"姑胥之台"与阖闾产生关联的原因。其次,在无其他先秦、两汉文献佐证的情况下,对于《越绝书》《吴越春秋》记载"姑胥台"等与阖闾产生关联的其他原因,只能作某些推测。

《越绝书》《吴越春秋》记载的"姑胥之台""姑胥台""姑苏之台""苏台"等,或为吴王阖闾在吴都郊外所筑离宫、离城中的建筑物的别称。这些建筑物即为阖闾所筑离宫、离城的一部分。因这些建筑物距姑苏山(姑胥山)不远,故同质化的名称极易与其后夫差时所筑的姑苏台混淆,从而导致东汉《越绝书》《吴越春秋》对此的混记和误记,进而构成《越绝书》《吴越春秋》记写阖庐(阖闾)与"姑胥之台"或"姑苏之台"等产生联系的原因。

其四,《国语·吴语》关于夫差造筑姑苏台的再认识。

要厘清姑苏台的始建年代及其筑造者究系吴王阖闾还是吴王夫差,历经一千五百年的混乱

---

[1]《吴县志》卷二十二《古迹》,见乾隆《吴县志》,苏州图书馆藏本。
[2]《吴县志》卷第三十二《舆地考·古迹》,见民国《吴县志》,苏州图书馆藏本。
[3]《国语·吴语》,见左丘明撰、韦昭注:《国语》,上海古籍出版社2015年,第395页。

记载后,还得再回到最早记载姑苏台的文献《国语·吴语》中来。

关于《国语》成书年代,学界存有争议。王树民、沈长云为徐元诰《国语集解》(修订本)所撰写的《前言》说:"《国语》各篇的成书年代最迟不得晚于战国末叶。"[1] 谭家健《试论〈国语〉的文学价值》一文说"《国语》的成书时代为春秋末年战国初年"[2]。学者们的论述,尽管存有差异,但其成书"最迟不得晚于战国末叶",还是可以肯定的。

因此,战国时成书的《国语·吴语》中"吴王夫差既许越成,乃大戒师徒,将以伐齐"[3]时,伍子胥谏阻并说起楚灵王"筑台于章华之上……罢弊楚国"[4] 且"今王既变鲧、禹之功,而高高下下,以罢民于姑苏"[5] 的记载,无疑就成为权威性、可信性远高于东汉时《越绝书》《吴越春秋》的记载。更何况,《国语·吴语》中明确记载了姑苏台始建年代为吴王夫差"将以伐齐"时。由此,足以否定《越绝书》卷第二"阖庐造以游姑胥之台"及《吴越春秋》卷四"阖闾出入游卧,秋冬治于城中,春夏治于城外,治姑苏之台。且食鲲山,昼游苏台"等的记载;也足可以否定裴骃注"阖庐起姑苏台"及后世诸如"传言阖庐作姑苏台,一曰夫差也"[6] 及"吴王阖闾所造,夫差增筑"[7] 等的说法。

对历史久远、文化丰厚的苏州古城来说,弄不清春秋时著名建筑的姑苏台为何人所筑及其始建年代,实在是说不过去的。

(9)姑苏台与吴国离城的关系

吴王夫差效法楚灵王筑章华台而筑姑苏台,故姑苏台地处吴王阖闾所筑离宫别苑建筑群的"离城"之中。因此,楚灵王所筑"章华之台"与楚国"章华之宫"的关系,可供研究姑苏台与吴国离城关系时参考。

《左传·昭公七年》记载:"楚子之为令尹也,为王旌以田。……及即位,为章华之宫,纳亡人以实之。……楚子成章华之台,愿与诸侯落之。"[8] 意即:楚灵王做令尹的时候,打了楚王用的旌旗去打猎。等到楚灵王即位,建造章华宫,接纳逃亡的人,将其安置在里面。……(楚灵王六年,前535)楚灵王建成章华之台,希望和诸侯一起举行落成典礼。对于上述《左传》中同时出现的"章华之宫"与"章华之台",有学者论述二者关系为:"可知章华既是宫名,又是台名。章华宫是一组巨大的宫殿建筑群,章华台只是章华宫内的一座主体建筑。"[9] 而楚灵王筑章华台的时间,长不过六年,与吴王夫差筑姑苏台"三年聚材,五年乃成"的八年时间相比,略微短些。

故由此来认识夫差时筑姑苏台与阖闾时筑吴国离宫别苑建筑群的"离城"之间的关系,可推

---

[1] 王树民、沈长云:《国语集解·前言》,见徐元诰:《国语集解》(修订本),中华书局2002年,第4页。
[2] 谭家健:《试论〈国语〉的文学价值》,《江淮论坛》1983年第6期。
[3] 《国语·吴语》,见左丘明撰、韦昭注:《国语》,上海古籍出版社2015年,第395页。
[4] 《国语·吴语》,见左丘明撰、韦昭注:《国语》,上海古籍出版社2015年,第395页。
[5] 《国语·吴语》,见左丘明撰、韦昭注:《国语》,上海古籍出版社2015年,第395页。
[6] 朱长文:《吴郡图经续记》,江苏古籍出版社1986年,第42页。
[7] 《吴县志》卷第三十二《舆地考·古迹》,见民国《吴县志》,苏州图书馆藏本。
[8] 《左传·昭公七年》,见《春秋左传正义》,北京大学出版社1999年,第1236—1238页。
[9] 石泉:《楚国历史文化辞典》,武汉大学出版社1996年,第379页。

测的情况是，吴王阖闾在苏州西部山区的灵岩山一带建筑离城，即离宫别苑建筑群；而至吴王夫差执政时，在这建筑群范围内，增建姑苏台以另作烙上其个人烙印的主体建筑。

（10）姑苏台的被"焚"及司马迁南游时的观察与印证

《国语·吴语》记载姑苏台的建造，接着又记载了姑苏台的焚毁。这就是前文提及的吴王夫差与晋侯在黄池举行盟会时，越王勾践命令越军伐吴，在击败吴王夫差的太子友后，"越王句践乃率中军沂江以袭吴，入其郛，焚其姑苏"[1]。意即越王勾践率中军逆吴江而上，袭击吴都，进入其外城，并烧毁了姑苏台。

前文论述西汉时的司马迁曾来到苏州"观春申君故城"，并做出"宫室盛矣哉"[2]的评价。而司马迁南来时，亦曾登上姑苏台遗址，以望太湖。这就是《史记·河渠书》所记载的："余南登庐山，观禹疏九江，遂至于会稽太湟，上姑苏，望五湖。"[3]对"上姑苏"的诠释，后世乾隆《吴江县志》说："太史公登姑苏台，望五湖是也。"[4]故"上姑苏"，即指登姑苏台遗址。这说明，至西汉时，姑苏台遗址尚存。

姑苏台的真实存在，还得到《越绝书》"徙治姑苏台"的印证。前文引《越绝书》卷第八记载越"灭吴，徙治姑胥台"[5]时，曾予以分析：越灭吴后，因姑苏台在吴、越争战中已被越兵焚毁，故越人将其国家行政机构迁徙至吴都郊外含姑苏台在内的离城。另一种情况则是，在"徙治姑苏台"句中，"姑苏台"代指故吴旧都吴大城（今苏州）。因此，上述越"灭吴，徙治姑胥台"，不管做何诠释，都印证了"姑胥台"曾经真实存在。

（11）历史层累下的姑苏台规模、位置等的疑谜

春秋晚期，吴王夫差在吴王阖闾时所筑吴国离宫别苑建筑群的离城中，另建姑苏台。筑成后，越国乘吴国军事力量在黄池争霸而发动伐吴之战并焚毁了姑苏台。上述《国语·吴语》的叙述，经历史的层累，至唐、宋时，已呈现出极复杂的状况。因苏州历代方志甚多，难以一一涉及，故以较早的唐、宋间文献为例，并参以后世部分方志，略做梳理。

其一，规模的夸饰记载。

唐代《吴地记》记载说："姑苏台，在吴县西南三十五里。阖闾造，经营九年始成。其台高三百丈，望见三百里外，作九曲路以登之。"[6]北宋《吴郡图经续记》：姑苏台"高可望三百里，虽楚'章华'，未足比也"[7]。南宋《吴郡志》：姑苏台"高见三百里"[8]。上述文献极为夸饰姑苏台的规模。以"台高三百丈"来看，其基础支撑面将有多大？工程量又有多大？如此可看出后世的层累记载，已将其夸饰到不合情理的地步。

其二，台址的不同说法。

---

[1]《国语·吴语》，见左丘明撰、韦昭注：《国语》，上海古籍出版社2015年，第400页。
[2]《史记·春申君列传》，见司马迁：《史记》，中华书局1959年，第2399页。
[3]《史记·河渠书》，见司马迁：《史记》，中华书局1959年，第1415页。
[4] 乾隆《吴江县志》卷之二，苏州图书馆藏本。
[5] 袁康、吴平：《越绝书》，上海古籍出版社1985年，第58页。
[6] 陆广微：《吴地记》，江苏古籍出版社1986年，第37页。
[7] 朱长文：《吴郡图经续记》卷中，江苏古籍出版社1986年，第42页。
[8] 范成大：《吴郡志》，江苏古籍出版社1986年，第99页。

姑苏台的台址，文献记载存有多种说法，总括起来分为两种：一为与横山（即七子山）相连的"姑苏山"说；另一为与清明山（即《史记·伍子胥列传》所记与伍子胥有关的胥山）相连的"皋峰山"说。

苏州西南郊外含高峰山（皋峰山）在内的清明山，与含姑苏山在内的七子山（即横山）为两座并不相连的山系。

位于吴中区木渎镇东南的苏州得名之源的姑苏山（左），该山现为公墓，俗名为"和合山"（右）（吴恩培摄）

先论及姑苏台的"姑苏山"说。

"姑苏山"是与"苏州"城市定名密切相关的山名。明正德《姑苏志》卷第七指出："隋开皇九年改苏州，以姑苏山为名。"[1] 故诸多地方文献，对之均作记载。北宋《吴郡图经续记》记载："姑苏山，在吴县西三十五里，连横山之北，或曰姑胥，或曰姑馀，其实一也。……昔太史公尝云：'登姑苏，望五湖。'而今人殆莫知其处。尝欲披草莱以访之，未能也。"[2] 由此可知，至北宋时，姑苏山上的姑苏台遗址已失而"殆莫知其处"。其后，南宋《吴郡志》亦作与之大同小异的记载。而前引明王鏊《重修〈姑苏志〉序》，也指出"姑苏"二字在苏州文化上的分量："姑苏，山名，在城西南，昔以名郡，故今以名其《志》。"[3] 即明正德年间王鏊主撰的《姑苏志》以"姑苏"为志名的缘由。民国时期，张郁文等辑《木渎小志》卷一指出姑苏山在近代的俗名："姑苏山在木渎东四里，连横山西北。……吴王夫差得神木筑姑苏台于其上，俗曰和合山，有夫差庙在下。"[4] 清同治《苏州府志》记载姑苏山又被称为"胥台山"："姑苏山在府西三十里连横山西北，事名姑胥，又名姑馀，卢熊《志》（即明洪武《苏州府志》）《淮南子》云：'挟昆鸡于姑馀'，今人亦称胥台山。"[5]

上述诸文献，多指出姑苏山"连横山"，即与横山相连。民国《吴县志》卷第十九指出："横山，《旧志》阴、横二山与西山北之金铎山相望。《太湖备考》或曰湖中山皆首尾南北，此山独横故名。"[6] "横山距城西南十五里，……上有七墩，俗称七子山，又名踞湖山。"[7]

---

[1]《姑苏志》卷第七《沿革》，见正德《姑苏志》，苏州图书馆藏本。
[2] 朱长文：《吴郡图经续记》，江苏古籍出版社1986年，第41—42页。
[3] 王鏊：《重修〈姑苏志〉序》，见正德《姑苏志》，苏州图书馆藏本。
[4] 张郁文等：《木渎小志》卷一，苏州职业大学图书馆藏本。
[5] 同治《苏州府志》卷六，见《中国地方志集成江南府县志辑⑦·同治苏州府志》，江苏古籍出版社1991年，第179页。
[6]《吴县志》卷第十九《舆地考·山》，见民国《吴县志》，苏州图书馆藏本。
[7]《吴县志》卷第十九《舆地考·山》，见民国《吴县志》，苏州图书馆藏本。

近代学者卫聚贤《姑苏台》一文,指说横山即为姑苏山:"七子山为吴县最大最高之山,以此山为句吴国最大之山而名为句吴山,音转为姑苏山。姑苏山上建台为姑苏台,因其山高,立在台上,太湖除西角一小隅处,全部可望见。而所谓'高见三百里'相同,正峰有五六里,所谓'横亘五里'相符。……是七子山为姑苏山,其上之台为姑苏台。"[1]

由此可见,"姑苏山"说其实包含着"和合山"说和"七子山顶"说两种。而"七子山顶"说,则借助于七子山主峰近三百米的高度,或试图体现《吴地记》所说的"其台高三百丈,望见三百里外"的记载,以弥补其不合常理之处。

次论及姑苏台的"皋峰山"说。

冯桂芬总纂的清同治《苏州府志》记载:"皋峰山,在尧峰西三里。山阴石壁有宋米芾书'皋峰奥区'四字。旧传尧峰因帝尧省方巡览震泽而名,皋陶从帝扈驾曾于此听断,故名皋峰。山顶有石筑基址,传为吴王殿基,或云即是姑苏台址。旧《志》台在姑苏山,误!《太湖备考》'胥山条'下辨之甚详。"[2]民国《吴县志》卷第十九几乎重复上述同治《苏州府志》记载:"皋峰山,在胥山东南,东距尧峰甚近,山阴石壁有宋米芾书'皋峰奥区'四字。旧传尧峰因帝尧省方巡览震泽而名,皋陶从帝曾于此听断,故名皋峰。山顶有石筑基址,传为吴王殿基,或云即是姑苏台址。冯《志》(指上引冯桂芬总纂同治《苏州府志》)云:旧《志》台在姑苏山,误!《太湖备考》'胥山条'下辨之甚详。"[3]而清乾隆间金友理撰《太湖备考》卷二"胥山"条则记载:"胥山,在县(指吴县——作者注)西南三十五里。胥口在其下,东连皋峰。……《水经注》:'胥山有坛,长老云胥神所治也。'或云即姑苏山,姑苏台在其上。"[4]

(12)姑苏台:丰厚的历史文化遗产

姑苏台为后世苏州留下一笔丰厚的历史文化遗产。"姑苏"为苏州历史悠久的别称,故"姑苏台"对苏州的文化意义即在于"姑苏"二字。北宋时,姑苏台遗址已失而"殆莫知其处",可南宋时,却在胥门旁出现了一座"新姑苏台馆"。这就是《吴郡志》卷第三所记载的:"胥门,伍子胥宅在其傍。……此门出太湖道也,今水陆二门皆塞,而新姑苏台馆乃据其上。"[5]这一"新姑苏台馆",《吴郡志》卷第七记为:"姑苏馆,在盘门里河西城下。绍兴十四年,郡守王㬇建。体势宏丽,为浙西客馆之最。中分为二,曰南馆、北馆。绍兴间,始与房通和,使者岁再往来此馆,专以奉国信。贵客经由,亦假以舣船。登城西望,吴山皆在指顾间,故又作台于城上,以姑苏名之。虽非故处,因馆而名,亦以存旧事也。"[6]对之,明初卢熊撰洪武《苏州府志》时记为:"绍兴中,王㬇作驿馆据其上,亦号姑苏台。"[7]南宋造驿馆以"姑苏台"为名。这一异地再造方式,既作历史继承地"以存旧事",也避开了对姑苏台遗址易引发争议的寻访认定,从而反映了宋代时的苏州官员等

---

[1] 卫聚贤:《姑苏台》,见王稼句:《先秦吴越文化研究资料汇编》,古吴轩出版社2015年,第140页。
[2] 同治《苏州府志》卷六,见《中国地方志集成江南府县志辑⑦·同治苏州府志》,江苏古籍出版社1991年,第178页。
[3] 《吴县志》卷第十九《舆地考·山》,见民国《吴县志》,苏州图书馆藏本。
[4] 金友理:《太湖备考》,江苏古籍出版社1998年,第105页。
[5] 范成大:《吴郡志》,江苏古籍出版社1986年,第23页。
[6] 范成大:《吴郡志》,江苏古籍出版社1986年,第95页。
[7] 卢熊:《洪武苏州府志》卷第四,广陵书社2015年,第82页。

对"姑苏台"的剪不断的特殊情结。

第四节 语言、文学与教育

一、语言

吴地方言,又称"吴方言"。典型的吴方言,以苏州话为代表。春秋时期,鲁国史官出于对吴国"蛮夷"的歧视,在《左传》中将之记为"夷言"[1]。

(一)《左传》记载的卫出公"效夷言"

前文叙述,吴王夫差主导鲁、卫、宋三国参与的郧地会见时,意在与鲁、卫、宋结盟,但鲁、卫、宋三国抱团拒绝与吴国结盟。其时,吴王夫差不便与三国同时为敌,于是将愤怒情绪发泄在卫国国君卫出公头上。吴王夫差报复的明面上的理由就是前文所述,吴国阖闾执政时,卫国曾杀死吴国外交官且姚(相关情况参见前文)而对吴国不友好,故吴国军队包围了卫出公下榻的馆舍,将卫出公囚禁起来。

吴军包围卫出公下榻的馆舍,近年来与吴国一直打交道且陪同鲁哀公与会的鲁国大臣子服景伯催促子贡去见吴国的太宰伯嚭。经子贡游说,吴国最终释放了卫出公。而被吴国释放的卫出公归国后,竟学讲起吴方言来。这就是《左传·哀公十二年》记载的:"卫侯归,效夷言。子之尚幼,曰:'君必不免,其死于夷乎!执焉,而又说其言,从之固矣。'"[2]杜预注:"子之,公孙弥牟。"[3]故《左传》上条意为,卫出公回到卫国国都后,竟学着说起吴国的方言来。其时,卫国王室成员子之(公孙弥牟)年纪尚幼,故童言无忌地说:"君王一定不能免于祸难,恐怕会死在吴国那块蛮夷之地的。被他们拘禁了,而又学着说那儿的话,这跟从他们可是够坚决的。"

卫出公接触到的"夷言",如前文所述,当来自被囚禁时看守他的吴国士兵,或是侍奉他生活起居的吴国杂役。从前文看,卫出公被囚禁的时间并不长,但生长于中原地区的卫出公接触到他从未听过的南方语言后,显然对之产生了极大的兴趣,以至于可能当时就向他身边的吴人面对面地学习"夷言"了。正因有着这一段语言学习经历,故其归后,依然沉湎在这一学习经历中而"效夷言"。

(二)文献记载"效夷言"的意义

《左传》记载的卫出公"效夷言"[4]的故事,在吴地语言的发展史上,有着重大意义。

1. 表明"夷言"(吴方言)在春秋时的客观存在

卫出公"效夷言"是先秦文献中有关吴地方言的罕见记载。而此段文献记载亦证实了春秋时被中原列国视为"夷言"的吴方言的客观存在。

---

[1]《左传·哀公十二年》,见《春秋左传正义》,北京大学出版社1999年,第1667页。
[2]《左传·哀公十二年》,见《春秋左传正义》,北京大学出版社1999年,第1667页。
[3] 杜预注,见杜预:《春秋经传集解》,上海古籍出版社1978年,第1786页。
[4]《左传·哀公十二年》,见《春秋左传正义》,北京大学出版社1999年,第1667页。

2.表明与北方中原语音有着较大差异的"夷言"这一"特殊方言"语音的客观存在

由于声音材料无法保存,后人无从知晓现代吴语语音和古代吴语语音有着多大差异。但上述与春秋吴国被蔑称为"蛮夷"[1]相关联的"夷言"则说明,春秋时期中原地区对吴国"蛮夷"的全方位歧视,其中即包括对与北方中原语音发音有着较大差异的吴方言的歧视。

对吴语与北方中原语音的较大差异,蒙文通《越史丛考》指出:"《史记》言吴、越为古国,吴为周太王长子太伯之后,越为夏少康庶子之裔。吴居今苏南,都于吴(今江苏苏州);越居今浙北,都会稽。二国王室虽皆'华夏'之裔,而二国语言则显与华夏不同。……《经典释文》云:'善稻,吴谓之伊缓。'是吴语与华夏之异亦至显也。"[2]是故,该著作(指蒙文通《越史丛考》)在论及"吴、越"等"都是比较特殊的方言"(罗常培、周祖谟《汉魏晋南北朝韵部演变研究》)时说:"此类'特殊方言'之形成,正以其地原为少数民族居住区之故。此种特殊方言实为该地区原住少数民族语言之遗存。"[3]

对这一"特殊方言",古代学者疏解《左传》的记载,将之定义为"夷言"或"夷语",并将其音读称为"夷言发声"或"夷语之发声"。

如孔颖达疏《左传·宣公八年》"盟吴、越而还"[4]句时指出:"《谱》云,吴,姬姓,周太王之子大伯、仲雍之后。大伯、仲雍让其弟季历,而去之荆蛮,自号句吴,句或为工,夷言发声也。"[5]这里,孔颖达一是将春秋时的吴国与商末南奔的泰伯、仲雍作关联;二是指出"自号句吴,句或为工",故由此可知"句(勾)吴"或为"工吴";三是"句(勾)吴"或"工吴"的音读,均为"夷言发声",即为春秋时长江流域"蛮夷"地区"特殊方言"的吴方言语音。

再如,唐代司马贞《史记索隐》注《史记·吴太伯世家》"太伯之奔荆蛮,自号句吴"[6]时,亦指出唐代"颜师古注《汉书》,以吴言'句'者,夷语之发声"[7]。

显而易见,唐代学者孔颖达、颜师古都在不同场合从语音角度指出了客观存在的"夷言发声"及"夷语之发声"。且孔颖达说"自号句吴,句或为工",即指出与"工"搭配、组合的"夷言发声"的字、词。而这些字、词,即为现存吴国青铜器铭文中的"工虞""工䖒""工(攻)敔""勾(句)敔"及文献记载的"勾吴""句吴"等(相关情况,另见本书第十二章《春秋吴国国号及苏州城市符号的"吴"及其溯源》的相关论述)。

前文提及的与吴国国号相关的者减钟铭文中的"工䖒"之"䖒",东汉学者郑玄注《周礼·天官·叙》"䖒人"时说:"䖒,音鱼,本又作鱼,亦作鮌,同。又音御。"[8]清代《康熙字典》释"䖒"为"音鱼,同渔。"[9]从而指出"䖒"字等分别与"鱼"的北方音读"yú"及吴方言音读——纯鼻

---

[1]《左传·成公七年》,见《春秋左传正义》,北京大学出版社1999年,第727页。
[2]蒙文通:《越史丛考》,人民出版社1983年,第17页。
[3]蒙文通:《越史丛考》,人民出版社1983年,第17页。
[4]《左传·宣公八年》,见《春秋左传正义》,北京大学出版社1999年,第619页。
[5]孔颖达疏,见《春秋左传正义》,北京大学出版社1999年,第619页。
[6]《史记·吴太伯世家》,见司马迁:《史记》,中华书局1959年,第1445页。
[7]司马贞:《史记索隐》,见司马迁:《史记》,中华书局1959年,第1446页。
[8]郑玄注,见《周礼注疏》,北京大学出版社1999年,第11页。
[9]《康熙字典》,中华书局1958年,第1475页。

音的"ng"音有关。而作为古代吴方言语音的保留,至今苏州一带"鱼""吴"等字的方言发音,依然保存着古代吴方言"ng"的音读。古代吴方言语音,多以口口相传的方式传承,故有其稳定性。尽管这种稳定性,在社会变动时期,会因人口迁徙时的外来人口大量流入而有所改变。

而关于现代吴语的语音,二十世纪时,林语堂《中国人》(旧译为《吾国与吾民》)一书,在将中国南北文化进行风格上的比较时,曾言及苏州乐曲和苏州语言:"苏州乐曲的低声吟唱,介乎于叹息与鼾声之间,喉音和鼻音很重,很容易使人联想到一个精疲力竭的气喘病人,那习惯性的叹息和呻吟已经变成了有节奏的颤抖。在语言上……苏州妇女则轻柔、甜蜜地唠唠叨叨,用一种圆唇元音,婉转的声调,其强调的力量并不在很大的爆破音,而在句尾拖长了的有些细微差别的音节。"[1]从学者对吴方言发音的此类描述中,依然可见古代吴方言语音留存下的语音特色。

3.表明吴侬软语为春秋时吴方言区外的人所喜欢乃至效仿的最早文献记载

《左传》记载的卫出公"效夷言"故事,是春秋时期不同方言区进行交融且留于后世极罕见的文献记载案例,它佐证了吴方言在春秋时期的存在和成型,《左传》的这一记载,并非鲁国史官为保存这一文化交融材料而特意撰写并意在留传于后世,其目的乃是欲借一童子之口,指责、讥讽卫出公被吴国人囚禁了,竟还在学着吴国人的语言,对其对吴国"从之固矣"的情感作出批判。是时,中原文化对吴国"蛮夷"文化的反感乃至排斥,于此可见一斑。而卫出公"效夷言"其实并不表示其在政治上追随吴国,如前文所述卫与宋、鲁结盟,而与吴国却盟即为明证。然而,关于这位卫国国君"效夷言"的记载,却又是春秋时吴侬软语为吴方言区外的人所喜欢乃至效仿的最早历史文献记载。这段史料与同为先秦时孟子将长江流域操持南方较难懂的语言之人称为像鸟儿弄舌啼聒的"南蛮𫛢舌之人"[2],还是存在着区别。

(三)吴方言的分布

今日吴方言分布于今上海市,江苏省长江以南、镇江以东地区(不包括镇江),南通的小部分地区,浙江省大部分地区,江西东北部,安徽南部和福建西北角等。在现存的汉语各大方言中,使用吴方言的人口数量仅次于北方方言,使用人口超过一亿,占汉族人口的百分之八点五。

春秋时期的吴方言分布情况,首先涉及这一地区的文化发展情况。长江下游的太湖流域和江南地区,历经新石器时代的马家浜、崧泽、良渚乃至马桥等不同历史时期的文化,其土著居民被中原文化视为"蛮夷"。夏、商时期,随着"越为禹后"和"吴为周后"的文化交融,至春秋时这一地区形成了吴、越国家形态。从前文所引记载公元前601年史事的《左传·宣公八年》中的"楚为众舒叛,故伐舒蓼,灭之。……盟吴、越而还"[3]来看,春秋中叶时,吴、越两国同时作为诸侯国的国家形态已出现于《左传》的记载中。

从语言上讲,吴、越地区的语言、风俗等有着很大的相同性。诸多文献均记载了这一情况,如"吴之与越也,接土邻境,壤交道属,习俗同,言语通"[4]"吴越二邦,同气共俗"[5]。故有学者

---

[1] 林语堂:《中国人》,学林出版社1994年,第34页。
[2] 《孟子·滕文公上》,见《孟子注疏》,北京大学出版社1999年,第148页。
[3] 《左传·宣公八年》,见《春秋左传正义》,北京大学出版社1999年,第619页。
[4] 《吕氏春秋·知化》,见陈奇猷:《吕氏春秋校释》,学林出版社1984年,第1552页。
[5] 袁康、吴平:《越绝书》,上海古籍出版社1985年,第49页。

推测:"当时整个淮河和长江流域,使用的应都是大体相近的语言:吴语和楚语。他们应有相当共同之处。有一个很有趣的现象,楚语的后代,今天的湖南湘语,仍跟吴语有显著的共同之处:都保留浊声母。这应该不是偶然的。也许当时的吴语中,非汉语的成分还会多些。以致吴地、楚地人被山东人孟子讥为'南蛮鴃舌之人'。'鴃舌',跟鸟叫一样!但随着吴地跟中原联系的不断增加,中原文化和语言也必定会不断注入古吴语,从而使吴语成为自具特色的汉语方言之一。"[1]同时,亦有学者指出:"秦汉以前广大的江南地区主要是古越族的居住地,他们所使用的古越语跟古代汉语的前身相差很远,不能通话。在逐渐形成的南方相互歧异的六大方言中,最早形成的是吴语和老湘语。"[2]

今日苏南地区以镇江的丹阳作为江淮方言区与吴方言区的分界。对今日的江苏省来说,其语言的复杂情况在全国都是少有的。它表现在,一是以苏州方言为基础的苏州评弹,在今日的江苏难以跨越长江;二是同一省内的语言沟通障碍。这种在同一省、同一民族间的语言难以沟通的情况,在其他地方是难以想象的。

时至今日,随着普通话的普及,作为昆曲、苏州评弹等的语音基础的苏州方言日渐式微。相当多土生土长的苏州孩子,已不会说苏州方言。这一现象引发了苏州市民对吴方言丢失的忧虑。而各级政府和教育部门,在坚持以普通话为课堂教学语言的前提下,也以多种方式开展在青少年中讲苏州方言的各类活动。毕竟在普通话中仄声字消失的今天,相当多的古音及仄声字还在吴方言中被保存着。

二、文学

(一)诗歌

在中国这个古老的诗国里,诗是最早出现并发达的一种文学体裁。先秦吴地最早出现的文学样式,也为诗歌和民间歌谣。清代沈德潜编撰的《古诗源》,选了两首被编入"古逸"[3]的传为春秋时期的吴地诗歌——《渔父歌》和《吴夫差时童谣》。

1.《渔父歌》

《渔父歌》:"日月昭昭乎寝已驰,与子期乎芦之漪。日已夕兮,予心忧悲。月已驰兮,何不渡为?事寝急兮将奈何。芦中人,岂非穷士乎。"[4]

沈德潜编选此诗时,根据《吴越春秋》的记载加《序》曰:"《吴越春秋》:伍员奔吴,追者在后。至江,江中有渔父。子胥呼之,渔父欲渡,因歌云云。子胥止芦之漪,渔父又歌云云。既渡,渔父视之有饥色,曰:'为子取饷。'渔父去,子胥疑之,乃潜深苇之中。父来,持麦饭鲍鱼羹盎浆,求之不见,因歌而呼之云云。子胥出,饮食毕,解百金之剑以赠。渔父不受,问其姓名,不答。子胥诫渔父曰:'掩子之盎浆,无令其露。'渔父诺,胥行数步,渔者覆船自沉于江。"[5]

---

[1] 汪平:《吴文化概论·吴地的方言》,见吴恩培主编:《吴文化概论》,东南大学出版社2006年,第333页。
[2] 周振鹤、游汝杰:《方言与中国文化》,上海人民出版社1986年,第9页。
[3] 沈德潜:《古诗源》卷一目录,中华书局1963年,第1页。
[4] 沈德潜:《古诗源》,中华书局1963年,第17页。
[5] 沈德潜:《古诗源》,中华书局1963年,第17页。

由此可知,该《渔父歌》是《吴越春秋》记载伍子胥亡命奔吴时,在逃亡途中渡河时,渔父所唱的歌。歌分三阕。

首阕的背景为子胥逃亡吴国时,"追者在后。至江,江中有渔父。子胥呼之,渔父欲渡,因歌云云"[1]。由此可见,该《渔父歌》之首阕写伍子胥呼渔父摆渡,而渔父正准备渡他过江时,恰巧有人在一旁窥测,于是,渔父便带有暗示地唱道:"日月昭昭乎寖已驰,与子期乎芦之漪。"[2]意为,日月明亮啊渐渐地已奔向前面,我和你相约啊在芦苇的岸边。

次阕歌谣承上,"子胥止芦之漪,渔父又歌云云"。意即,听懂了渔父暗示的伍子胥,于是就停留在了芦苇岸边。此时,渔父又唱道:"日已夕兮,予心忧悲。月已驰兮,何不渡为?事寖急兮将奈何。"意思是说:太阳已经下山了,我的心忧伤悲哀。月亮已经升起来了,你为什么还不上船来?事情越加紧急了该怎么办?沈德潜《古诗源》以"既渡"二字,概括了渡河的过程。而《吴越春秋》则详细地记载了其时人物内心的心理活动:"子胥入船,渔父知其意也,乃渡之千浔之津。"意即:此时渔父已经知晓伍子胥内心的意思——逃亡之身,唯恐为人所知。渔父于是把他渡到了极远的渡口。

末阕歌谣是在"既渡"之后,背景如沈德潜《序》所云:"渔父视之有饥色,曰:'为子取饷。'渔父去,子胥疑之,乃潜深苇之中。父来,持麦饭鲍鱼羹盎浆,求之不见,因歌而呼之。"本诗之末阕:"芦中人,岂非穷士乎?"意即,藏在芦苇中的人儿,你难道不是个走投无路的贤士吗?正是在这种情况下,"子胥出,饮食毕,解百金之剑以赠。渔父不受,问其姓名,不答"。在《吴越春秋》中,渔父显然已知伍子胥的身份,于是"子胥曰:'请丈人姓字。'渔父曰:'今日凶凶,两贼相逢,吾所谓渡渔父楚贼也。两贼相得,得形于默,何用姓字为?子为芦中人,吾为渔丈人。'"意思是说:今日惊恐,两个贼人相逢。我就是今后人们所说那个把楚国的贼人渡过江的渔父了。两个贼人互相投合,这种投合表现为一种默契,为什么还要知晓双方的姓名呢?你就是那个芦中人,我就是个老渔翁。在这种情况下,伍子胥显然还不放心,担心渔父会在无意中透露他的行踪,于是"诫渔父曰:'掩子之盎浆,无令其露。'渔父诺,胥行数步,渔者覆船自沉于江。"即老渔翁选择了自我了断,以使伍子胥放心。

尽管对渔父渡子胥处,后世有多种说法[3],但这首歌谣所表现出来的春秋时吴、楚之地蕴含着的"义"的刚烈民风,以及对人物内心活动的细致描述,还是非常值得注意的。在艺术上,《古诗源》编选此诗时,诗后附上了编选者沈德潜对此诗声律上的评论:"合上章为韵,其声愈促。"[4]

关于该诗创作年代,从该诗与东汉《吴越春秋》的密切程度来看,该诗或产生于东汉时期。

2.《吴夫差时童谣》

沈德潜《古诗源》录《吴夫差时童谣》:"梧宫秋,吴王愁。"[5]诗前另有沈德潜《序》曰:

---

[1] 沈德潜:《古诗源》,中华书局1963年,第17页。《吴越春秋》今本与之稍异,为"渔父欲渡之,适会旁有人窥之,因而歌曰"。(见《吴越春秋》,江苏古籍出版社1986年,第15页)
[2] 沈德潜:《古诗源》,中华书局1963年,第17页。
[3] 张觉《吴越春秋全译》(贵州人民出版社1993年出版,第75页)介绍,渔父渡子胥处,有安徽和县、江苏溧水、江苏仪征及浙江建德等多种说法。
[4] 沈德潜:《古诗源》,中华书局1963年,第17页。
[5] 沈德潜:《古诗源》,中华书局1963年,第19页。

"《述异记》:吴王有别馆在句容,楸梧成林,故名梧宫。或云即馆娃宫,宫有梧桐园。"[1]

前文论及春秋时吴国王家园林的西施化现象时,曾提及唐代《吴地记》始出现"馆娃宫"这一与西施有明确勾连的宫苑名称,并将之与春秋吴国离城所在的苏州灵岩山相联系。其后,《吴郡志》也明确记载:"馆娃宫,《吴越春秋》《吴地记》皆云阊阖城西有山,号砚石山。山在吴县西三十里,上有馆娃宫。又《方言》曰:吴有馆娃宫,今灵岩寺即其地也。"[2]而"梧桐园"亦见于《吴郡志》:"梧桐园,在吴宫,本吴王夫差园也。一名琴川。语云:'梧宫秋,吴王愁。'"[3]

沈德潜为《吴夫差时童谣》为《序》时,交代此诗选自《述异记》,并指出:"《述异记》:吴王有别馆在句容,楸梧成林,故名梧宫。或云即馆娃宫,宫有梧桐园。"[4]即将此诗或对应于句容名为"梧宫"的吴王别馆;或对应于苏州的灵岩山馆娃宫梧桐园。皆因二地的宫园与诗中的"梧宫"切合。

沈德潜《古诗源》编选此诗时,在诗后附有对此诗内容的评述:"国家愁惨之状。尽于六字中。不啻闻雍门之弹矣。秋、隐语也。"[5]

"国家愁惨之状",乃是叙写吴王夫差失国时社稷破亡之状。吴王夫差是一位既建立吴国春秋霸业,又把吴国带入灭国境地的末代君主。《述异记》中记载的《吴夫差时童谣》"梧宫秋,吴王愁",以及沈德潜在《古诗源》中加的《序》"吴王有别馆在句容,楸梧成林,故名梧宫。或云即馆娃宫,宫有梧桐园",形象叙写了一种家破国亡的愁惨情绪。而沈德潜对此诗所做的评论"国家愁惨之状。尽于六字中。不啻闻雍门之弹矣。秋、隐语也",更是指出了此诗内容、形式上的特色。

雍门之弹,又作"雍门之琴"。雍门,指战国时齐国琴家雍门周。他居住在齐国国都西门,时称为"雍门",故以之为号,亦称雍门子或雍门子周。雍门之弹的故事见诸汉刘向《说苑·善说》篇:"雍门子周以琴见乎孟尝君。孟尝君曰:'先生鼓琴,亦能令文悲乎?'"[6]意即,雍门周给孟尝君弹琴,孟尝君问道:"你能用琴声让我悲哀吗?"雍门周作了"不能"的否定答复后,接着就和孟尝君拉家常,谈到孟尝君抗秦伐楚,终招祸患,谈到人生无常,年华易逝,直谈得"孟尝君泫然,泣涕承睫而未殒"时,雍门周这才"引琴而鼓之,徐动宫徵,微挥羽角,切终而成曲。孟尝君涕浪汗增欷,下而就之曰:'先生之鼓琴,令文立若破国亡邑之人也。'"[7]雍门之琴,缠绵凄咽,终使得孟尝君感动地说:"听了你弹的琴曲,我立刻像是一个国破家亡的人了。"沈德潜借此典,说《吴夫差时童谣》像是雍门之琴一样,令人"立若破国亡邑之人",即产生国破家亡之感。作为吴地早期诗歌,该诗切入春秋晚期吴、越争战主题,描述了吴国灭国后的愁惨之状。此诗引入战国时的"雍门"之典,则说明该童谣出现的年代,并非吴王夫差时的春秋时期,而是战国或战国后至《述异记》成书时的南朝前,并经后人文学加工过。

---

[1] 沈德潜:《古诗源》,中华书局1963年,第19页。
[2] 范成大:《吴郡志》,江苏古籍出版社1986年,第103页。
[3] 范成大:《吴郡志》,江苏古籍出版社1986年,第105页。
[4] 沈德潜:《古诗源》,中华书局1963年,第19页。
[5] 沈德潜:《古诗源》,中华书局1963年,第19页。
[6] 刘向:《说苑·善说》,见刘向著、钱宗武译:《白话说苑》,岳麓书社1994年,第426页。
[7] 刘向:《说苑·善说》,见刘向著、钱宗武译:《白话说苑》,岳麓书社1994年,第427页。

在艺术上,"梧宫秋,吴王愁"一诗巧妙运用汉字拆分原理,在"愁"和"秋"上作文章。"何处合成愁,离人心上秋。"[1]诗中的"梧宫"之"秋",较之"吴王"之"愁",乃无心也。故沈德潜说:"秋、隐语也。"

3.吴地最早的文人诗

《左传·哀公十三年》记载,黄池争霸后,吴军出现粮食短缺的危机,于是"吴申叔仪乞粮于公孙有山氏,曰:'佩玉繠兮,余无所系之。旨酒一盛兮,余与褐之父睨之。'对曰:'梁则无矣,粗则有之。若登首山以呼曰:庚癸乎!则诺。'"[2]吴国大夫申叔仪的这首《乞粮歌》或曰《乞粮诗》,可以说是吴国乃至吴地历史上的第一位有名有姓的文人创作的诗歌。该诗意为:"佩玉往下垂呀,我没有地方系住它。美酒斟得满呀,我和贫苦的老翁只能斜眼看着它。"而鲁国大夫公孙有山的诗歌则是对新夺得霸主地位的吴国予以嘲讽和奚落。该诗意为:"细粮已没有了,粗粮还有一些。如果你们登上首山高喊着说:'给点下等的粮食吧!'那就答应你。"

从诗歌表达的内容来说,吴申叔仪的《乞粮歌》,呈现了黄池盟会的新晋霸主在强大背后的虚弱一面。而就艺术表现而言,它委婉含蓄,尤其是后两句"旨酒一盛兮,余与褐之父睨之",借一个斜睨的眼神,将欲言又止的困窘充分表现出来。

这两首唱和诗的相同之处为同产生于春秋晚期,内容都是与当时两国间的现实政治斗争有关。而不同之处为一是南方文人诗,另一首是北方的文人诗。从形式上看,吴申叔仪的《乞粮歌》句尾两次出现语气助词"兮",而鲁公孙有山的唱和诗,非但无此特点,相反还呈现出散文化的倾向。

后世,南方诗歌代表为战国时的《楚辞》。其形式上的一个重要特点是句式长短不一,形式比较自由,句尾多用语气助词"兮"。由此再来看吴申叔仪的《乞粮诗》,上述《楚辞》形式上的这一重要特点在《乞粮诗》中已露端倪,尤其是其句尾出现的语气助词"兮",更是比《楚辞》要早两百余年。屈原的生卒年一般认为是约公元前340年至公元前278年,而吴申叔仪《乞粮诗》产生的年代为公元前482年。因此可以认为,吴申叔仪的《乞粮歌》最早体现了东周战国时代南方诗歌句尾多用语气助词"兮"的这一特点。

(二)散文

中国文学初创时期,文、史、哲不分家,诗、乐、舞相融合。《史记·仲尼弟子列传》说:"孔子以为子游习于文学。"[3]《论语·先进》篇记载孔子论及他的学生的特点,即是把言偃归于擅长文学的范畴说:"文学:子游、子夏。"[4]上述"文学"概念与今有别,它乃是泛指包括政治、哲学、历史、文学等在内的一切学术,也涵盖这一时期诸如文诰、编年、国别、谱牒、典、谟、训、誓、命以及书信、祝文、祝辞、箴、诔、铭文等各种文体。

这一时期吴地此类文体的书面文本,后世留存不多。黄池盟会后,"吴王夫差既退于黄池,乃使孙苟告劳于周",《国语·吴语》记载下的这份报告词,既是一篇外交文书,也是一篇应用散文。

---

[1]吴文英:《唐多令·惜别》,见《梦窗词》,上海古籍出版社1988年,第206—207页。
[2]《左传·哀公十三年》,见《春秋左传正义》,北京大学出版社1999年,第1673页。
[3]《史记·仲尼弟子列传》,见司马迁《史记》,中华书局1959年,第2185页。
[4]《论语·先进》,见《论语注疏》,北京大学出版社1999年,第143页。

该报告词全文如下:"昔者楚人为不道,不承共王事,以远我一二兄弟之国。吾先君阖庐不贳不忍,被甲带剑,挺铍搢铎,以与楚昭王毒逐于中原柏举。天舍其衷,楚师败绩,王去其国,遂至于郢。王总其百执事,以奉其社稷之祭。其父子、昆弟不相能,夫概王作乱,是以复归于吴。今齐侯壬不鉴于楚。又不承共王命,以远我一二兄弟之国。夫差不贳不忍,被甲带剑,挺铍搢铎,遵汶伐博,簦笠相望于艾陵。天舍其衷,齐师还。夫差岂敢自多,文、武实舍其衷。归不稔于岁,余沿江溯淮,阙沟深水,出于商、鲁之间,以彻于兄弟之国。夫差克有成事,敢使苟告于下执事。"[1]

报告以夫差的口吻书就,并站在吴国两代国君(阖庐、夫差)的立场进行历史的叙述,不啻吴国两代吴王的充满政治智慧的一份述职报告。就文体而言,该文相当于后世的章、表、奏、议,即今日上行文中的报告类文体;而就内容叙述来说,该报告对历史事实作了外交辞令式的有利于吴国的编排和剪裁。相关解读,本书前文关于夫差的相关章节已作阐释,此处不再重复。

春秋时吴国在与中原诸国的争霸或争夺中,此类既是外交文件又是应用散文的文本或有不少,且文献中也都留有关于此类文本的记载。如吴、鲁鄪地会盟时留下的"鄪盟"[2],吴、鲁莱门下签订的盟约。其时,反对签此盟约的子服景伯被惩罚性地"负载,造于莱门"[3],而杜预亦注为"负载书"[4],即背负着盟约文本;而在黄池盟会上,吴国和晋国有着"好恶同之"[5]的盟约等,然而,上述盟约及其具体内容,文献中都未留下记载。

(三)文学评论与文学比较

馀祭四年(前544),吴王馀祭死于越俘之手,馀昧接任。如前文所述,为打破吴国当时外交被边缘化的状况,吴王馀昧派遣其弟公子季札出访中原列国。季札出访,在以文字简约为记事特点的《左传》中,记载得甚为详细。其中,季札来到鲁国,"请观于周乐"的相关记载,本书前文已作详尽阐释,本章仅从文学的角度予以评述。

和孔子同时代的季札,他在观乐时对为他演唱的用各国乐曲谱写的弦歌所作的评论,可说是中国文学史上最早对诗歌总集《诗经》所作的评论之一,同时也是中国现存最早的文学和文艺评论之一。因此,两千五百多年前季札所作的这些评论,堪称是中国区域文化最早的横向比较研究,同时也堪称是中国最早的比较文学研究。值得注意的是,季札的这种评述式的比较研究,并不囿于纯艺术的领域,而是更多地拓展到社会和政治的多重领域之中。故杜预说:"季札贤明才博,在吴虽已涉见此乐歌之文,然未闻中国雅声,故请此周乐,欲听其声,然后依声以参时政,知其兴衰也。"[6]

季札出访中表现出的对中原文化极其精通的文化素养,使得他在后世成为吴国文化的代表人物。今苏州泰伯庙正殿的三座塑像中,季札与其先祖泰伯、仲雍共同接受祭祀,其因概出于此。

---

[1]《国语·吴语》,见左丘明撰、韦昭注:《国语》,上海古籍出版社2015年,第407页。
[2] 杜预注,见杜预:《春秋经传集解》,上海古籍出版社1978年,第1783页。
[3]《左传·哀公八年》,见《春秋左传正义》,北京大学出版社1999年,第1648页。
[4] 杜预注,见杜预:《春秋经传集解》,上海古籍出版社1978年,第1758页。
[5]《左传·哀公二十年》,见《春秋左传正义》,北京大学出版社1999年,第1703页。
[6] 杜预注,见杜预:《春秋经传集解》,上海古籍出版社,1978年,第1128页。

三、教育

春秋时期，吴地教育表现在两个层面，分别为广义和狭义的教育。

（一）广义的教育——对民众的教化

春秋后期，吴地的教育，首先表现为广义的教育，即对民众进行教化的层面。中国古代的教化，不仅强调"教"（教育）的过程，还同时强调"教"的结果——"化"。

春秋后期，吴地的教化，主要通过以下几方面进行：

首先以吴地先贤的人格魅力和道德力量为民众楷模，从而起一种带有本土文化烙印的教化作用。商、周时吴地的先贤有泰伯、季札等。而关于先贤对民众的表率和教化作用，南宋朱熹《论语集注》指出："子曰：'泰伯，其可谓至德也已矣！三以天下让，民无得而称焉。'泰伯，周大王之长子。至德，谓德之至极，无以复加者也。……夫以泰伯之德，当商周之际，固足以朝诸侯有天下矣，乃弃不取而又泯其迹焉，则其德之至极为何如哉！"[1]东汉吴郡太守糜豹《泰伯墓碑记》说："至德之感人有如是乎。斯举也，不惟皇上尊崇古圣，有关于当世之教化良多，即万代之后，其功德宁有尽耶。"[2]而北宋朱长文《吴郡图经续记》也说："泰伯逊天下，季札辞一国，德之所化远矣。"[3]

其次是王权结合其他文化区域代表人物的传入来推行教化，通过传播各种知识、技能和社会生活经验，以开启民智、移风易俗。这里，王权与其他文化区域代表人物的结合，主要体现在前文论述吴王阖闾时为执行"兴霸成王"国家战略而采取的强国举措——推行"阖庐之教"与"子胥之教"。其深远影响，表现在吴王阖闾及吴王夫差时期吴国综合国力的强盛上。对此，后世学者对吴国推行"阖庐之教""子胥之教"与吴国的霸业均作因果联系。如《吕氏春秋·上德》篇说："阖庐之教，孙、吴之兵，不能当矣。"[4]意即，阖庐（阖闾）的教化，孙武、吴起的军队，都是抵挡不住的。《越绝书》则说："吴有子胥之教，霸世甚久。"[5]"子胥居吴三年，大得吴众。"[6]这些记载，都说明吴国施行"阖庐之教"和"子胥之教"的社会改革，既获得民心，也取得强国强军的社会效果。

（二）狭义的教育——对人才的培养

春秋时吴地狭义的教育，则表现在贵族教育与平民教育这两个层面。

1.贵族教育

现存文献没有春秋时期关于吴国王室教育的相关记载，故这一时期吴国王室教育即贵族教育状况，主要通过吴国王室成员在政治、军事、外交等方面表现出的学养和知识而间接体现出来。

吴王寿梦四子——公子季札，其对王位的舍弃态度及出访列国时所表现出的对中原文化极其精通的学养，前文已多有叙述，此处不再重复。这些彰显出吴国在王室教育方面，或许已具有与中原列国的王室教育同步的教育体系，其中包括教育机构、教育内容等。否则，无从解释季札

---

[1]朱熹：《论语章句集注》，见《四书五经》上册，天津市古籍书店影印1988年，第32页。
[2]糜豹：《泰伯墓碑记》，见吴恩培点校：《至德志》，上海古籍出版社2013年，第34页。
[3]朱长文：《吴郡图经续记》，江苏古籍出版社1986年，第10页。
[4]《吕氏春秋·上德》，见陈奇猷：《吕氏春秋校释》，学林出版社1984年，第1255页。
[5]袁康、吴平：《越绝书》，上海古籍出版社1985年，第2页。
[6]袁康、吴平：《越绝书》，上海古籍出版社1985年，第7页。

出访中原列国时所表现的广博知识和深厚学养。

如果说季札是在出访中原列国及在鲁国"观周乐"时表现出对中原文化极其精通的话,那寿梦的庶子公子蹶由则是在对楚战争的前线,在与楚灵王正面交锋中表现出他对先秦时期占卜文化的深刻理解和熟练运用。

前文曾叙述,吴、楚鹊岸之战后,同样受吴王馀眛的派遣,吴公子蹶由前往楚军犒师,从而被置于一个极为严峻且充满肃杀气氛的战场上去与楚灵王进行心理层面的正面对抗。而双方一番关于占卜文化的对话后,楚灵王不敢杀蹶由而把他带回楚国囚禁。十四年后的公元前523年(吴王僚四年),时为楚国令尹的子瑕(阳匄)对楚平王进行说项后,蹶由遂被放归吴国。关于回国后的蹶由,文献再无记载。

作为寿梦庶子的蹶由,为吴公子季札的庶兄或庶弟,故其在吴国接受教育的方式及受教育的程度,当与季札相同。前文提及,季札出访鲁、齐等国,表现出了对中原历史、文化极其精通的文化学养。而吴公子蹶由的表现无疑也表明,吴国教育培养出季札这样的人才,并非个别案例。至少在吴国王室成员中,吴国本土教育培养出的人才当有一批。而他们的才华得以表现的平台或有不同,季札受吴王馀眛派遣,得以在中原列国的宏大平台上表现出其对历史、文化、艺术的通晓才能和个人魅力;而同样受吴王馀眛的派遣,蹶由则是在另一个战场与楚国进行文化与心理层面的对抗。如果说季札是在国家权力——王权的取舍上表达出其崇高情怀和学养智慧的话,蹶由则是在生命的取舍上,视死如归般地表现出其崇高情怀和学养智慧。两位公子,都体现出后世可以感知的春秋时期吴国的贵族教育及其人才培养的成果。

2.平民教育

春秋时期吴国的平民教育,主要从"言偃北学"这一行为中得以体现。言偃,字子游,曾受业于孔子,为孔子七十二得意门生之一。受业后返归南方,成为启发东南文化的先驱,在后世被尊称为"南方夫子"。

《史记·仲尼弟子列传》记载:"言偃,吴人,字子游。少孔子四十五岁。"[1]《史记·孔子世家》记载:"鲁襄公二十二年而孔子生。"[2]而鲁襄公二十二年为公元前551年,故由此可推算出言偃生于公元前506年(吴阖闾九年)。此年,吴王阖闾和伍子胥、孙武指挥的吴国远征军正在楚国和楚军进行着著名的柏举之战,其后入郢。而吴国灭亡、夫差自杀时为公元前473年(鲁哀公二十二年)。是时,言偃正值三十三岁。因此,言偃从出生之年到而立之年,正值吴国从鼎盛走向灭亡的衰变时期。这一时期,年轻的言偃到北方的孔子处求学。孔子自少即教授于鲁。关于他的弟子,《吕氏春秋·遇合》篇说"委质为弟子者三千人,达徒七十人。"[3]《史记·孔子世家》则记为:"孔子以《诗》、《书》、《礼》、《乐》教,弟子盖三千焉。身通六艺者七十有二人。"[4]《史记·仲尼弟子列传》载七十七人。柳诒徵《中国文化史》的一则数据统计资料说,《史记·仲尼弟子列

---

[1]《史记·仲尼弟子列传》,见司马迁:《史记》,中华书局1959年,第2201页。
[2]《史记·孔子世家》,见司马迁:《史记》,中华书局1959年,第1905页。
[3]《吕氏春秋·遇合》,见陈奇猷《吕氏春秋校释》,学林出版社1984年,第815页。
[4]《史记·孔子世家》,见司马迁:《史记》,中华书局1959年,第1938页。

传》记载的"七十七人中,鲁人凡三十八",占了近一半。其余则是"卫国六人""齐国六人""楚国三人""秦国二人""陈国二人""晋国二人""宋国一人""吴国一人","其余不著籍者,尚不知其属于何国"[1]。由此可见,两千五百年前,孔子门生中唯一从南方吴国到北方鲁国来留学的学生,就是言偃。后世说言偃"北学于圣人"[2],即指他这一独特的求学经历。

关于言偃的学业专长,《史记·仲尼弟子列传》记载:"孔子以为子游习于文学。"[3]在《论语·先进》篇中,孔子论及他的学生的特点,也是把言偃归于擅长文学的范畴。该《论语·先进》篇说:"德行:颜渊,闵子骞,冉伯牛,仲弓。言语:宰我,子贡。政事:冉有,季路。文学:子游、子夏。"[4]如前所述,春秋时期的"文学"概念与今有别,它泛指包括文、史、哲在内的一切学术,也包括这一时期的各种文体。

常熟虞山列为江苏省文物保护单位的"言子墓"文物保护碑(左)及"言子墓道"牌坊(右)(吴恩培摄)

苏州历史上,真正作为一个学人外出而求学,且被列为孔子最有成就的学生之一者,言偃当为第一人。更何况他求学的导师,乃是中国古代最伟大的教育家和思想家孔子。因此,言偃对吴地教育的最大影响就是他的行为本身——"北学于圣人"。后世论及东南学风,必推泰伯和言偃,并将之归功于他们的引导。前引明代姜渐《吴县修学记》说:"昔三代之有天下,文莫备于周,而泰伯实启之;教莫盛于孔子,而言偃实师之。自泰伯以天下让,而吴为礼义之邦;自言偃北学于圣人,而吴知有圣贤之教。由周而降,天下未尝无乱也,惟吴无悖义之民;由汉以来,天下未尝无才也,惟吴多名世之士。虽阅千数百载而泰伯、言偃之风,至于今不泯。噫!教化之感人心而善民俗也如此。"[5]

而言偃"北学于圣人"的行为从春秋时期的南、北文化交融角度来看,春秋时,当黄河流域的中原文化与长江流域的"蛮夷"文化在文明发展程度不相称的情况下,文明程度较高者对文明程度较低者表现出文化的输出,而后者的文化输入,则是以言偃"北学于圣人"的形式完成。言偃后来回到故里吴地,去世后葬于常熟虞山。今常熟虞山的言子墓道上,后人立"南方夫子""道启

---

[1] 柳诒徵:《中国文化史》,上海东方出版中心1988年,第248页。
[2] 姜渐:《吴县修学记》,见乾隆《吴县志·艺文》,苏州图书馆藏本。
[3] 《史记·仲尼弟子列传》,见司马迁:《史记》,中华书局1959年,第2202页。
[4] 《论语·先进》,见《论语注疏》,北京大学出版社1999年,第143页。
[5] 姜渐:《吴县修学记》,见乾隆《吴县志·艺文》,苏州图书馆藏本。

东南"等牌坊,即以之彰显其在南归吴地后宣传孔子儒家思想的功绩。

"言子墓道"上的"南方夫子"牌坊(左)及"道启东南"牌坊(右)(吴恩培摄)

常熟虞山言子墓碑(左)及言子墓(右)(吴恩培摄)

第五节 兵 学

文献记载春秋时期的吴王诸樊、吴王僚、吴王阖闾、吴王夫差都曾有领兵征战的军事实践,但在兵学理论研究层面,吴国的兵学理论,则主要体现在伍子胥、孙武等外来军事人才在吴国这一平台上建立起的兵学体系。而体现这一学说体系的为或散失或留存至今的兵学著作。而从伍子胥与孙武或散失或留存的兵学著作来看,伍子胥着重于水战,而孙武则着重于陆战。二人在吴国这一军事平台上的建树,堪为春秋后期在军事理论与军事实践上熠熠生辉的双子星。

一、伍子胥与水军

前文言及,吴王阖闾时期进入吴国权力核心层的伍子胥,在辅佐阖闾推行政治、法制诸多领域改革的同时,还在军事领域提出了"选练士,习战斗"[1]的具体战术训练要求,一方面要求士卒做到陆战的"习术战,骑射御之巧"[2],另一方面则是结合吴国水网地区的具体实际而注重于

---

[1]《吕氏春秋·首时》,见陈奇猷:《吕氏春秋校释》,学林出版社1984年,第768页。
[2] 赵晔:《吴越春秋》,江苏古籍出版社1986年,第25页。

水战战术的演习。伍子胥在兵学理论上的建树主要体现在水战军事理论及其在开发"水战之具"等军事实践上所做出的贡献。

(一)失传的《伍子胥书》(又称《伍子胥水战兵法》《伍子胥水战法》等)

关于水战,文献记载最早源于楚国。本书前文叙述公元前549年(吴诸樊十二年),因"晋将嫁女于吴","楚子为舟师以伐吴,不为军政,无功而还"[1],即楚王出动水师对吴国兴兵动武,只是由于楚军内部原因,无功而还。楚国"舟师以伐吴",虽说"无功而还",但其在中国军事史上却有着重大意义——它是文献记载的中国古代第一次使用水军作战的军事行动。而二十四年后的公元前525年(吴王僚二年),公子光(后为吴王阖闾)在指挥吴、楚"长岸之战"时曾丢失而又抢回吴国先王所乘的"馀皇"号战舰,即显示此时吴国也已有了用于水军作战的战舰。

距"长岸之战"三年后的吴王僚五年(前522),"员如吴"[2]即伍员(伍子胥)逃亡来到吴国。出身于楚国贵族世家的伍子胥,在长江中游地区的楚国长大,当他来到长江下游、太湖流域的吴国时,同样适宜水战的地理条件,使得他将楚国的水战传统移植于吴国,并在太湖流域水网密布、湖泊众多的自然条件下将楚国的水战传统发展为水战军事理论。

关于伍子胥在水战军事理论上的建树,近代学者余嘉锡《四库提要辨证》卷七载清代洪颐煊在其《读书丛录·卷二十》中的记载:"杂家《五子胥》八篇,兵家《五子胥》十篇,图二卷。颐煊案,《武帝纪》臣瓒曰:《伍子胥书》有戈船,又曰《伍子胥》有下濑船,此当在兵技巧家十篇中。《史记正义》引《七录》云:《越绝》十六卷,或云伍子胥撰,《艺文志》无《越绝》,疑即杂家之《伍子胥》八篇,后人并为一,故《文选·七命》李善注引《越绝书》《伍子胥水战兵法》一条,《太平御览》三百一十五引《越绝书》《伍子胥水战法》一条,引《伍子胥书》皆以《越绝》冠之,今本《越绝》无《水战法》,又篇次错乱,以末篇证之。《越绝》本八篇:泰伯一……兵法七……与杂家《五子胥》篇数正同。"[3]

上述洪颐煊《读书丛录·卷二十》虽说是论述《越绝书》的版本渊源,但从中亦可看到关于失传了的伍子胥水战军事理论的记载。民国《吴县志》引相关文献记载,并予阐述:"《伍子胥书》有戈船,以载干戈,因谓之戈船也。《史记·南越尉佗传》集解又《吴都赋》注引越绝书伍子胥船有戈,今本无之。"[4]

上引民国《吴县志》中提及的"《史记·南越尉佗传》集解",实指《史记·南越列传》"主爵都尉杨仆为楼船将军,出豫章,下横浦;故归义越侯二人为戈船、下厉将军"[5]句,以及南朝宋裴骃《史记集解》引"瓒曰:'《伍子胥书》有戈船,以载干戈,因谓之戈船也'"[6]句。

伍子胥的军事理论著作《伍子胥书》,由于种种原因而失传,使得后人无法对其军事著作进行阐释和解读。尽管如此,伍子胥依据吴国地处太湖流域的独特地理条件,加强吴国的水军建

---

[1]《左传·襄公二十四年》,见《春秋左传正义》,北京大学出版社1999年,第1005页。
[2]《左传·昭公二十年》,见《春秋左传正义》,北京大学出版社1999年,第1389页。
[3] 余嘉锡:《四库提要辨证》第一册卷七,中华书局2007年,第381页。
[4]《吴县志》卷第七十八《杂记一》,见民国《吴县志》,苏州图书馆藏本。
[5]《史记·南越列传》,见司马迁:《史记》,中华书局1959年,第2975页。
[6] 裴骃:《史记集解》,见司马迁:《史记》,中华书局1959年,第2975页。

设,还是留下了草蛇灰线。相比之下,下文将论及的孙武的《孙子兵法》十三篇,其中却缺少关于水军和水战方面的论述。同时,文献记载的伍子胥军事理论著作,既是江南水网地区地域特点的产物,也是吴、楚在水战领域军事文化交融的结果。而伍子胥正是在吴、楚军事文化融合的基础上,进一步发展了吴国的兵家文化。

(二)伍子胥的水战军事实践

伍子胥在水战领域的军事实践,由下列文献记载的历史事实所体现:

1.对"水战之具"即战船的开发、改造

关于伍子胥对"水战之具"即战船的开发、改造,余嘉锡《四库提要辨证·卷七》说:"盖古之兵书,言水战者,自子胥始,故其书有'戈船'、'下濑船'。《太白阴经·水战具篇》云:'水战之具,始自伍员,以舟为车,以楫为马。'"[1]又,《四库提要辨证·卷七》在叙述"《兵法》一篇今已亡失"后,摘引散见于其他典籍的记载:"李善《文选注》三十五引《越绝书·伍子胥水战占领法内经》曰:'大翼一艘长十丈,中翼一艘长九丈六尺,小翼一艘长九丈。'""《太平御览》三百一十五引《越绝书》曰:'《伍子胥水战法》:大翼一艘,广丈六尺,长十二丈,容战士二十六人,棹五十人,舳舻三人,操长钩戈矛四吏仆射长各一人,九十一人当用长钩矛长斧各四,弩各三十二,矢三千三百,甲兜鍪各三十二。'"[2]同时,该文另摘《太平御览》七百七十引《越绝书》曰:"阖闾见子胥:'敢问船运之备何如?'对曰:'船名大翼、小翼、突冒、楼舡、桥舡。今舡军之教,比陵军之法,乃可用之。大翼者,当陵军之车;小翼者,当陵军之轻车;突冒者,当陵军之冲车;楼舡者,当陵军之行楼车也;桥舡当陵军之轻足剽定骑也。此可见子胥水战之具。'"[3]

2.对吴国舟师的训练

关于伍子胥主持的对吴国舟师的训练,民国《吴县志》记载:"吴县西南渔洋山麓有教场,相传伍子胥教练水军所筑。此外即太湖或泊船处也。"[4]

3.吴国舟师的水战实践及其与同一时期的西方海战的比较

伍子胥在水战军事理论指导下的吴国水战的实践,是通过吴国对外战争中的两场水战表现出来的。

第一场水战为前文论及的夫差时期的吴、越"夫椒之战"——公元前494年(吴夫差二年),"吴王悉精兵以伐越,败之夫椒,报姑苏也"[5]。吴王夫差率领精兵在太湖中的"夫椒",即今西山(又名"西洞庭山",今苏州吴中区金庭镇),击败越国水军,报了吴王阖闾伐越时在槜李之战战败身亡之仇。其后,吴军兵临越都城下。

第二场水战,发生在吴夫差十一年(前485)第一次吴伐齐战争之时。其时,伍子胥已被吴王夫差疏远,但伍子胥当日在吴国训练的水军却经历了质的变化——在内湖、内河进行水战的吴国舟师转变成了海上进攻的军事力量。这就是《左传·哀公十年》记载的"徐承帅舟师,将自海

---

[1] 余嘉锡:《四库提要辨证》第一册卷七,中华书局2007年,第381页。
[2] 余嘉锡:《四库提要辨证》第一册卷七,中华书局2007年,第382页。
[3] 余嘉锡:《四库提要辨证》第一册卷七,中华书局2007年,第383页。
[4] 《吴县志》卷第七十八《杂记一》,见民国《吴县志》,苏州图书馆藏本。
[5] 《史记·吴太伯世家》,见司马迁:《史记》,中华书局1959年,第1469页。

入齐,齐人败之,吴师乃还"[1]。齐国打败吴国舟师,不排除为以下两种情况:其一是吴国舟师被齐国近海舟师击败;其二是吴国舟师登陆后为齐国陆上军队击败。不管是哪种情况,都表明由吴国主持并由四国(含吴国)参加的第一次伐齐战争,由失败了的海上远征画上了句号。而由于《左传》记载太简,后人既无从得知吴国的舟师系从长江入海北上,还是借不久前吴国开筑的邗沟由淮河入海北上;也无从得知吴国舟师的规模,诸如共由多少船只组成等。但不能否认的是,这是已具备海军军种性质,也是中国历史上首次出现并用于作战的海军。由于海上航行与内河、内湖航行的巨大差异,"自海入齐"的吴国"舟师",其船舶体量无疑更大,而制造技术则要求更高。《左传》记载的吴国这次并未获得成功的海战实践,无疑是中国有文献记载的第一次海战。

而堪用于比较的一个样本,为"吴伐齐海战"五年后的公元前480年(吴王夫差十六年),在今爱琴海海域发生的著名海战——萨拉米斯海战。"交战的一方是波斯帝国,另一方是以雅典为首的希腊城邦。这场战争断断续续,前后历时四十三年,最后波斯帝国失败,被迫承认雅典的海上霸权。这场东西方的第一次较量,历史上称为希波战争。"[2]希波战争中,波斯军队先后三次大举入侵希腊,双方经历了包括萨拉米斯海战在内的多次战役。由此看上述中外的两次海战,相同处在于,都是发生在距今两千五百多年前的几乎同一时期;军事行为的形式都为海战;而在军事作战的协同上,都并非孤立的海洋作战而同带有海陆协同作战的特点。故两次海战也都成为反映当时交战方关于船舶制造、航海科技等发展水平状况的标志。

二、孙武与《孙子兵法》

孙武,又称孙子,两千五百多年前的中国古代大军事家。孙武撰著的兵学名著《孙子兵法》(又称《孙武兵法》《吴孙子兵法》《孙子兵书》《孙武兵书》《兵法十三篇》等),共十三篇,六千余字。作为中国古代军事文化遗产中的璀璨瑰宝,《孙子兵法》是中国古代军事思想精华的集中体现。而春秋时期的吴国,既为这一兵学巨著提供了流传后世的平台,也为孙武提供了军事实践的平台。本书前文关于吴王阖闾时期的历史叙述,介绍了孙武自齐奔吴,来吴后"辟隐深居"[3],后伍子胥七荐于吴王阖闾。其后,孙武教场斩妃而终为吴王阖闾所用并参与吴伐楚入郢的军事实践。

《吴越春秋》记载:"孙子者,名武,吴人也,善为兵法。辟隐深居,世人莫知其能。胥乃明知鉴辩,知孙子可以折冲销敌,乃一旦与吴王论兵,七荐孙子。吴王曰:子胥托言进士,欲以自纳。"

(一)《孙子兵法》的内容

1.篇章

前述,《孙子兵法》又称《兵法十三篇》,共十三篇,分别为:始计第一(有些著作称为"计篇"。因其首篇加"始"字,另因其序号为"第一",故作"始计第一"。以下类推)、作战第二、谋攻第三、军形第四、兵势第五、虚实第六、军争第七、九变第八、行军第九、地形第十、九地第

---

[1]《左传·哀公十年》,见《春秋左传正义》,北京大学出版社1999年,第1653页。
[2] 何山、雯莉:《影响人类文明与历史进程的101件世界大事》,长安出版社2006年,第22页。
[3] 赵晔:《吴越春秋》,江苏古籍出版社1986年,第34页。

十一、火攻第十二、用间第十三。

2.内容的类别

《孙子兵法》十三篇,主要论述内容为以下四大类别:其一,战前的战略运筹;其二,战时的作战指挥和临阵机变;其三,与战争有关的军事地理论述;其四,战争中的特殊战法和行为。现分述如下:

(1)战前的战略运筹

这一类别的内容,属战略层面的思考与叙述,主要在"始计第一、作战第二、谋攻第三"等篇中论述,对应者为春秋时期战争的三个阶段——庙算、野战和谋攻。

"始计第一"篇的"计",其本义指的是计算、估计,本篇指战前的战略谋划。作为《孙子兵法》首篇,本篇统领余下各篇并为全书孙武军事思想的高度浓缩和概括。同时,本篇从宏观角度对决定战争胜负的政治、军事等各项基本条件进行比较、分析和研究,从而对战争发展进程和最终结局进行预测、估算。故本篇论述"庙算"即庙堂之算所指出的"夫未战而庙算胜者,得算多也;未战而庙算不胜者,得算少也"[1],指动兵前在庙堂上就要对敌我双方进行各种条件上的比较,以估算战胜的可能性。

"作战第二"篇论述庙算后的野战用兵之法。该篇从战争对国家人力、财力、物力的依赖角度指出"兵贵胜,不贵久"[2]的用兵原则。

"谋攻第三"篇着重论述谋划进攻的原则。该篇中提出的"夫用兵之法,全国为上,破国次之"[3],即指未诉诸兵刃而使敌国举国屈服,这才是用兵策略的最高境界。而"百战百胜,非善之善也;不战而屈人之兵,善之善者也"[4]。意思为:即使百战百胜,也不是最好的。通过震慑等手段,不战而使对方屈服,这才是战争的最高境界。

(2)战时的作战指挥和临阵机变

这一部分内容,属战术层面的思考与叙述,主要在"军形第四""兵势第五""虚实第六""军争第七""九变第八""行军第九"等篇中进行论述。

"军形第四"篇论述有关军事实力的"形",即军队形制、规模乃至国土大小、军赋多寡等国家综合实力等对战争的一系列影响。

"兵势第五"篇论述军事之"势",即军事将领在利用现有客观条件基础上,充分发挥个人主观能动性,守正出奇。而"善战人之势,如转圆石于千仞之山者,势也"[5],意为善于指挥打仗的人所造就的"势",就像让圆石从极高极陡的山上滚下来一样,来势凶猛。这就是所说的军事上的"势"。

"虚实第六"篇论述军事上的真真假假、虚虚实实。所谓"兵之形,避实而击虚。……故兵无常势,水无常形,能因敌变化而取胜者,谓之神"[6],意思为用兵的规律是避开敌人坚实之处而

---

[1]《孙子兵法·计篇》,见周亨祥译注:《孙子全译》,贵州人民出版社1992年,第9页。
[2]《孙子兵法·作战篇》,见周亨祥译注:《孙子全译》,贵州人民出版社1992年,第18页。
[3]《孙子兵法·作战篇》,见周亨祥译注:《孙子全译》,贵州人民出版社1992年,第18页。
[4]《孙子兵法·作战篇》,见周亨祥译注:《孙子全译》,贵州人民出版社1992年,第18页。
[5]《孙子兵法·势篇》,见周亨祥译注:《孙子全译》,贵州人民出版社1992年,第42页。
[6]《孙子兵法·虚实篇》,见周亨祥译注:《孙子全译》,贵州人民出版社1992年,第52页。

攻击其虚弱的地方。……作战没有固定不变的方式方法，就像水流没有固定的形态一样；能依据敌情变化而取得胜利，就可称得上是用兵如神了。

"军争第七"篇论述两军争夺战场主动权的问题。该篇说，将领接受君命后，从召集军队、安营扎寨，到开赴战场与敌对峙，其间"莫难于军争。军争之难者，以迂为直，以患为利"[1]，意即没有比率先争得战场主导权更难的事了。而"军争"中最困难处，就在于以迂回进军的方式实现更快到达预定战场的目的，把看似不利的条件变为有利条件。

"九变第八"篇论述战场上的无穷机变而领军将领须灵活应对的问题。该篇作正面论述后，接着列举了将帅不知灵活权变的五种致命弱点，分别是：其一为勇而无谋，一味死拼；其二为临阵畏怯，贪生怕死；其三为急躁易怒，刚忿偏激；其四是矜于名节，被敌侮辱时失去理智；其五为过于仁慈，被敌烦扰而陷于被动。

"行军第九"篇论述带领军队行军、扎营、作战等过程中，如何处置军队的问题。该篇中列举三十二种情况来阐释如何判断敌情，以及在带兵时用道义等手段教育士卒，用军纪、军法等方法来统一步调等。

（3）与战争有关的军事地理论述

这一部分的论述内容属人与自然环境的军事地理范畴，主要在"地形第十""九地第十一"等篇中予以展开。

"地形第十"篇，孙武将地形分为"通""挂""支""隘""险""远"等六类，并一一论述在这六类不同地形条件下军事将领的用兵原则。同时，指出造成六种情况的失败的因素——"非天之灾，将之过也。"[2]即都不是由于天灾，而是由于将帅的过失。最后，该篇以"知彼知己，胜乃不殆；知天知地，胜乃不穷"[3]作结，从而表达了解敌方、了解自己、了解天时、了解地利就能处于不败之地的军事思想。

"九地第十一"篇中，孙武按用兵的规律，论述战地可分为散地、轻地、争地、交地、衢地、重地、圮地、围地、死地等九类复杂情况。而与上篇的自然地形相比，本篇所说的"地"，已更多地带有人文环境的因素。

（4）战争中的特殊战法和行为

战争中的特殊战法，主要是火攻和间谍行为。

"火攻第十二"篇所说的火攻，是在火药尚未发明前，在战场上使用火作为辅助进攻的手段。本书前文论述吴王阖闾伐楚入郢前，楚昭王带了他的两个妹妹季芈和畀我逃出郢都，徒步渡过睢水。其时，为了阻遏吴军的追赶，"王使执燧象以奔吴师"[4]。即楚昭王让鍼尹固在大象尾巴上点上火，让尾巴着火的大象冲入吴军。这一"火象阵"，既使用火，更使用大型动物象，故当属于火攻的一种特例。

---

[1]《孙子兵法·军争篇》，见周亨祥译注：《孙子全译》，贵州人民出版社1992年，第54页。
[2]《孙子兵法·地形篇》，见周亨祥译注：《孙子全译》，贵州人民出版社1992年，第82页。
[3]《孙子兵法·地形篇》，见周亨祥译注：《孙子全译》，贵州人民出版社1992年，第86页。
[4]《左传·定公四年》，见《春秋左传正义》，北京大学出版社1999年，第1555页。

"用间第十三"篇,"用间"指使用间谍,即己方人员了解敌方战略性的国情、军情,或侦查敌方战术性军事部署等。其目的,如《孙子兵法·谋攻》篇所说的"知彼知己者,百战不殆"[1],即了解对方也了解自己,就能在战争中百战不败。

(二)《孙子兵法》的影响与意义

《孙子兵法》问世以后,在中国历代的政坛和兵坛上,都产生了极其深远的影响。早在战国时期,《孙子兵法》就已广泛流传。《韩非子·五蠹》篇记载:"境内皆言兵,藏孙、吴之书家者有之。"[2]这里的"孙、吴",即指孙武和吴起(吴起为战国初期军事家,历仕鲁、魏、楚三国,著有《吴子兵法》存世)。而汉代司马迁评述时指出:"世俗所称师旅,皆道孙子十三篇。"[3]秦末,《孙子兵法·九地》篇中的"焚舟破釜"[4],直接导致了秦末项羽的"破釜沉舟",这就是《史记·项羽本纪》记载的"项羽乃悉引兵渡河,皆沉船,破釜甑,烧庐舍,持三日粮,以示士卒必死,无一还心"[5]。北宋神宗年间,朝廷作为官书颁行的兵法丛书,同时也是中国古代第一部官方军事教科书的《武经七书》,其首选兵书即为《孙子兵法》。可以说,《孙子兵法》培养了中国古代乃至现当代的一代又一代的政治家、军事家和外交家。其中著名者有战国时的军事家孙膑,秦末名将项羽,西汉名将韩信,三国时的曹操、诸葛亮、司马懿,唐代的李世民,宋代的抗金名将岳飞、韩世忠,明代反击倭寇将领戚继光,清代的曾国藩、左宗棠……他们都从《孙子兵法》中汲取了军事智慧和政治教益。毛泽东在《中国革命战争的战略问题》一文中说:"中国古代大军事家孙武子书上'知彼知己,百战不殆'这句话,是包括学习和使用两个阶段而说的……我们不要看轻这句话。"[6]

《孙子兵法》在春秋时期产生以后,传至世界各国,并在军事领域产生世界性的影响。有学者研究指出:"唐开元二十三年(735),日本奈良时代(710—794)的著名学者吉备真备,将《孙子兵法》带回了日本,淳仁天皇闻讯后,特地派官员春日部三关等六人,到九州太宰府向吉备真备学习这一著名兵书。此后,日本的许多名将,如八幡太郎、武田信玄、丰臣秀吉等,都曾在战争中成功地运用过《孙子兵法》的思想和原则。时至今日,日本出版的研究《孙子兵法》的专著竟有近二百种之多……清乾隆三十七年(1772),法国神父约瑟夫·阿米欧将《孙子兵法》与其他几部中国军事名著译成法文在巴黎出版,题名《中国军事艺术》。此后,《孙子兵法》的其他文本,如俄文本、英文本、德文本等,也先后在亚、欧、美等洲的许多国家陆续出版。目前,《孙子兵法》共有近三十种语言文本,其中有中国的汉、满、西夏、女真、蒙古、维吾尔语六种,其余外语文本二十余种。"[7]

《孙子兵法》在当今世界的研究和应用,也早已远远超出了军事范畴而拓展到经济、商业、外交、体育等领域。许多经济学者和企业管理者,从《孙子兵法》中寻求经济发展和企业管理的最佳途径。

---

[1]《孙子兵法·谋攻篇》,见周亨祥译注:《孙子全译》,贵州人民出版社1992年,第27页。
[2]《韩非子·五蠹》,见《韩非子选》,上海人民出版社1974年,第14页。
[3]《史记·孙子吴起列传》,见司马迁:《史记》,中华书局1959年,第2168页。
[4]《孙子兵法·九地篇》,见周亨祥译注:《孙子全译》,贵州人民出版社1992年,第95页。
[5]《史记·项羽本纪》,见司马迁:《史记》,中华书局1959年,第307页。
[6]毛泽东:《中国革命战争的战略问题》,见《毛泽东选集》第一卷,人民出版社1991年,第182页。
[7]《孙子兵法新译·前言》,见李兴斌、杨玲:《孙子兵法新译》,齐鲁书社2001年,第4页。

第十一章　春秋吴都地望及其争议

先秦吴国史研究中，无法避开的一个学术问题，为吴王阖闾、夫差时期的吴国都城地望之所在。本章及下文所说之"春秋吴都"，概指吴王阖闾、夫差时期的吴国都城。

1982年至今的四十余年中，吴王阖闾、夫差时的春秋吴都地望，这一纯系历史研究的学术问题，在种种因素的纠缠、交织下，演变为一个头绪众多的复杂问题。剔除种种非学术因素的干扰，对该问题作分析，其内在逻辑十分清晰。毕竟，记载这一学术问题的古代文献就在那里。不管何时，作何种学术反思或学术重构之类，这些文献尤其是先秦、两汉等早期文献，都记录着吴都地望、先秦吴国乃至江南吴地的最早历史，并成为学术研究的不可移动的基石。同时，印证这一学术问题的当代考古学文献，以及学界对文献与考古相互关系的公认的相关理论，也在那里。

第一节　文献与考古相互关系的理论——王国维"二重证据法"与李学勤"研究'历史时期'，以文献材料为主"

在考古学出现并被引入中国之前的两千多年里，国人对历史的认识主要依赖于文献——历代官修的前朝国史及各地官修的地方史志。正是这些文献，使得历史（含各地地方史）的记载不绝如缕，延绵不断。

一、文献记载与考古

考古学引入中国之前，中国历史的阐释，主要依赖于以二十四史为主干的"国史"、官修的"方志"及民间的"谍谱"等统称为"文献"的典籍。

考古学引入中国后，除无文献记载的史前时期外，考古与文献记载的关系，出现如下三种情况：

（一）相合

所谓"相合"，指考古与文献记载相合，亦即考古和文献记载互为印证。

（二）不合的第一种情况，为有文献记载而无相应出土器印证

所谓"不合"，指考古与文献记载不能相合。此类情况甚多，如《左传·襄公十九年》记载鲁襄

公曾将一只"先吴寿梦之鼎"[1]以及其他物件转赠给晋国大臣荀偃。该器，后或被带往晋国。时至今日，此鼎湮灭于历史之中，其发现概率近乎为零。这里使用"发现"而非"出土"，乃是因为，该鼎到底为何形制？有无铭文？若有则铭文又是为何？诸如此类问题，已无人能说清。甚至此器为何名"先吴寿梦之鼎"，亦无人能说清楚。如今即使出土而在某个博物馆展出，其展器说明标牌标示的很可能就是"春秋铜鼎"之类。欲以出土"先吴寿梦之鼎"来证实上述文献记载的真实性，可行概率极小。因此，春秋时期的列国纷争、政坛风云、经济事件及重大战事等，不能不依赖于《春秋经》《左传》《史记》等文献的记载，也不能不依赖于地下出土器的补正和证明。

（三）不合的第二种情况，为有考古出土器实证，但无文献记载

此类"不合"，有出土器的实证，但无相应的文献记载。对春秋吴国而言，此类情况甚多。如前文叙述清乾隆年间出土于江西清江（今宜春樟树市）且年代早于吴王寿梦的吴国青铜器"者减钟"，其铭文"工敔王"说明寿梦前吴国已僭越称王，从而补正了《史记·吴太伯世家》所说的"寿梦立而吴始益大，称王"[2]的记载。再如安徽寿县出土的"吴王光鉴"，其出土器铭文证实春秋晚期吴、蔡间存在着联姻关系。而河南固始出土的"宋公栾作其妹勾敔夫人季子媵簠"，亦以出土实物器及其铭文证实春秋晚期吴、宋间存在着联姻关系。上述实例，均无文献记载。故考古出土器及其铭文，或补正文献记载的不足，或补写文献记载的阙如。

二、催生出的相应学术理论——"二重证据法"

考古与文献记载呈现出的上述复杂情况，必然催生出相应的学术理论。国学大师王国维1925年在清华大学国学研究院编撰的讲义《古史新证》"总论"中首次提出了著名的"二重证据法"，即为在这一学术领域的理论建树。

该"二重证据法"表述如下："吾辈生于今日，幸于纸上之材料外更得地下之新材料。由此种材料，我辈固得据以补正纸上之材料，亦得证明古书之某部分全为实录，即百家不雅驯之言亦不无表示一面之事实。此二重证据法惟在今日始得为之。虽古书之未得证明者不能加以否定，而其已得证明者不能不加以肯定，可断言也。"[3]

上述，"纸上之材料"即传统的文献典籍，"地下之新材料"即考古发现的出土新材料。因此，"二重证据法"就是研究文献典籍和考古材料相互关系的学术理论，其要点如下：

（一）"地下之新材料"具有对"纸上之材料"的补正和证明作用。此即前述"者减钟""吴王光鉴""宋公栾作其妹勾敔夫人季子媵簠"等铭文，补正和证明了文献记载的不足和阙如。

（二）"古书之未得证明者不能加以否定"，即文献所记载的事件（如上述《左传》记载的"先吴寿梦之鼎"），虽未得到考古出土器的证明，但也不能对这一文献记载加以否定。

（三）"其已得证明者不能不加以肯定，可断言也"，意指如果文献记载得到了考古出土器实

---

[1]《左传·襄公十九年》，见《春秋左传正义》，北京大学出版社1999年，第956页。
[2]《史记·吴太伯世家》，见司马迁：《史记》，中华书局1959年，第1447页。
[3] 王国维：《古史新证》，清华大学出版社1994年，第2页。

物的证明，则可"加以肯定"、可"断言"，即可予以认定之意。

李学勤先生《"二重证据法"与古史研究》一文说："王国维先生的'二重证据法'实际是对古史研究中历史学与考古学关系的表述。这里说的'历史学'，是指利用文献记载进行研究的狭义的历史学。夏鼐先生对这个意义的历史学和考古学的关系有著名的论述，他说：'虽然二者同是以恢复人类历史的本来面目为目标，是历史科学（广义历史学）的两个主要的组成部分，犹如车子的两轮，飞鸟的两翼，不可偏废，但是二者是历史科学中两个关系密切而各自独立的部门。'[《夏鼐文集》（上），北京：社会科学文献出版社，2000年，第31页]我认为就古史研究而言，这和王国维'二重证据法'在精神上是相一致的。"[1]也正是在这篇文章中，李学勤先生提出了国际上近期流行的"原史时期"概念："前些年，我曾在小著中介绍国际上近期流行的'原史时期'（protohistory）的概念。（李学勤：《东周与秦代文明》，北京：文物出版社，1991年，第10页）'原史时期'是介乎'史前时期'和'历史时期'间的阶段。研究'历史时期'以文献材料为主，研究'史前时期'以考古学、人类学方法为主，而'原史时期'则文献、考古并重。中国的夏商西周三代，或许还包括更早一段，看来很适合这样讲的'原史时期'。"[2]

梳理李学勤先生上述三个时期划分及其相应的研究方法，当为如下：

史前时期：以考古学、人类学方法为主。

原史时期（中国的夏、商、西周三代，或许还包括更早一段）：文献、考古并重。

历史时期：以文献材料为主。历史时期的具体年代，当以西周后的东周（春秋、战国）开始。

按此，春秋吴国的研究，当以文献材料为主。这一时期，历史文献如《春秋经》《左传》《国语》等，都已出现。

上述"二重证据法"和史前时期、原史时期及历史时期对文献、考古关系的不同侧重，就是处理考古与文献相互关系的基础理论。

对上述理论，可持异议，可作讨论，更可作补充、修改，甚至另立新的理论体系。但前提是，这一体系能为学界所接受。

上述"二重证据法"和史前时期、原史时期及历史时期的划分理论，对指导春秋吴王阖闾、夫差时期的吴国都城研究，有着极其重要的意义。而由上述两位大师级学者关于考古与文献相互关系的学术理论则可以看出，对吴国都城的研究，首先当"以文献材料为主"；其次，也要注重"地下之新材料"所具有的对"纸上之材料"的补正和证明作用。

三、"二重证据法"指导下的春秋吴都地望研究

春秋吴都地望，一个时期曾并存三说。三说分别为传统的"苏州古城说""木渎灵岩说"以及"二元"式的"无锡吴都阖闾城"与"姑苏夫差城"的杂糅、拼接之说。

关于春秋吴都的上述三种说法中，本书从"苏州古城说"。以下，本章即分节论述三说的各自文献记载、考古出土新材料及三说的今日状况。而"二重证据法"的学界理论，将伴随并指导下文

---

[1] 李学勤：《"二重证据法"与古史研究》，《清华大学学报（哲学社会科学版）》2007年第5期。
[2] 李学勤：《"二重证据法"与古史研究》，《清华大学学报（哲学社会科学版）》2007年第5期。

的春秋吴都地望研究。

第二节　苏州古城说

苏州古城说，即"春秋吴都'吴'城说"的通俗说法。

一、文献记载

"春秋吴都'吴'城说"以先秦及两汉等早期文献的记载为基础，同时，参照王国维"二重证据法"所说之"地下之新材料"（即考古出土的新材料）对该说所作的补正和证明。

苏州古城说的叙述体系，由以下核心要点构成：

其一，都城——吴王阖闾、夫差时期的吴国都城，位于今苏州古城护城河（外城河）围圈起的苏州古城内。而如前文第八章分析吴、越"笠泽之战"时所说，这一位置为《左传》《国语·吴语》记载的吴、越最后决战之地"笠泽江"（今吴淞江）的地理位置所定义和证实。

其二，离宫、离城——吴王阖闾、夫差时期在吴都"吴"城内城及郊外造筑的宫、台、池、苑及吴王夫差时所增筑的"姑苏台"等。

其三，卫城——吴王阖闾、夫差时期造筑的拱卫吴都"吴"城的军垒及军事城堡等。

现分述如下：

（一）都城

春秋吴王阖闾、夫差时的吴国都城，即为文献记载的春秋"吴"城。相关文献记载，前文多处已及。为有助于对之系统认识，现将先秦、两汉至明初等相关文献记载的春秋吴王阖闾、夫差时的吴国都城梳理并简略列于下：

1.先秦《春秋经》《左传》记载的春秋吴都"吴"城

《春秋经》《左传》记载进入（含攻入）某国国都内城的行文惯例为以"入×"表示，其中的"×"，指该国国名并以之代指该国国都内城的省称。

《春秋经》《左传》关于越人进入吴都"吴"城内城即"入吴"的记载，共两组四条，前文已述。分别为：

（1）记载吴阖闾九年（鲁定公四年，前506）史事

《春秋经·定公四年》："於越入吴。"[1]《左传·定公四年》："越入吴。"[2]

（2）记载吴夫差十四年（鲁哀公十三年，前482）史事

《春秋经·哀公十三年》："公会晋侯及吴子于黄池……於越入吴。"[3]《左传·哀公十三

---

[1]《春秋经·定公四年》，见《春秋左传正义》，北京大学出版社1999年，第1559页。
[2]《左传·定公四年》，见《春秋左传正义》，北京大学出版社1999年，第1559页。
[3]《春秋经·哀公十三年》，见《春秋左传正义》，北京大学出版社1999年，第1669页。

年》:"六月丙子,越子伐吴……丁亥,入吴。"[1]

(3)《左传》关于吴夫差二十一年(鲁哀公二十年,前475)越围吴都的记载

《左传·哀公二十年》:"十一月,越围吴。"[2]

上述《春秋经》《左传》中的"入吴""围吴"之"吴",均指春秋吴都"吴"城内城。

2.先秦《国语》记载的春秋吴都"吴"城

(1)《国语·吴语》记载的春秋吴都"吴"城内城

《国语·吴语》记载吴军在"笠泽之战"中战败后,又在"没地之战"(前文亦作"没"之战)和吴都"吴"城"城郊之战"(前文亦作"郊"之战)中战败。吴军三战皆败后,越军"乃至于吴。越师遂入吴国,围王台"[3]。韦昭注:"王台,姑苏。"[4]而"越师遂入吴国"的"吴国",如前文第八章中所说,此处的"国",指的是国都,即指春秋吴都"吴"城的内城。

(2)《国语·吴语》记载的春秋吴都"吴"城外城

《国语·吴语》记载:"越王勾践乃率中军溯江以袭吴。入其郛。"[5]韦昭注:"郛,郭也。"[6]故"入其郛",即指进入春秋吴都"吴"城外城而未入其内城。由此,《国语·吴语》明确记载了春秋吴都"吴"城外城的存在。

3.西汉《史记》记载的春秋吴都"吴"城

(1)《史记·仲尼弟子列传》记载的"夫吴,城高以厚"

《史记·仲尼弟子列传》记写孔子弟子子贡赴齐外交时,怂恿齐国田常攻打吴国说:"不如伐吴。夫吴,城高以厚,地广以深。"[7]"不如伐吴"之"吴",指吴国。"夫吴,城高以厚"句,"夫",起语词;"吴"指春秋吴都"吴"城内城。由此,从子贡口中可知,春秋吴都"吴"城内城城墙的外在观感是"城高以厚"。

(2)《史记·吴太伯世家》记载的"入吴""围吴"

《史记·吴太伯世家》记载,越人"丁亥,入吴"[8]。《史记·吴太伯世家》记载,越人"二十一年,遂围吴"[9]。

(3)《史记·春申君列传》记载的"吴墟"

《史记·春申君列传》记载春申君黄歇"请封于江东"并获许后,"春申君因城故吴墟,自以为都邑"[10]。即修复已成为战争废墟的故吴旧都,并以之为封邑的中心城市。

上述《史记》记载吴、越争战时的越"入吴""围吴",均与上引《春秋经》《左传》记载的越

---

[1]《左传·哀公十三年》,见《春秋左传正义》,北京大学出版社1999年,第1670页。
[2]《左传·哀公二十年》,见《春秋左传正义》,北京大学出版社1999年,第1703页。
[3]《国语·吴语》,见左丘明撰、韦昭注:《国语》,上海古籍出版社2015年,第412页。
[4]韦昭注,见左丘明撰、韦昭注:《国语》,上海古籍出版社2015年,第416页。
[5]《国语·吴语》,见左丘明撰、韦昭注:《国语》,上海古籍出版社2015年,第399—400页。
[6]韦昭注,见左丘明撰、韦昭注:《国语》,上海古籍出版社2015年,第401页。
[7]《史记·仲尼弟子列传》,见司马迁:《史记》,中华书局1959年,第2197页。
[8]《史记·吴太伯世家》,见司马迁:《史记》,中华书局1959年,第1474页。
[9]《史记·吴太伯世家》,见司马迁:《史记》,中华书局1959年,第1475页。
[10]《史记·春申君列传》,见司马迁:《史记》,中华书局1959年,第2394页。

"入吴""围吴"之"吴"的含义相同,即为春秋吴都"吴"城(今苏州古城)。

4.东汉《越绝书》记载的春秋吴都"吴大城"

《越绝书》卷第二记载"阖庐(闾)所造"的"吴大城"规模说:"吴大城,周四十七里二百一十步二尺。陆门八,其二有楼。水门八……阖庐所造也。"[1]此处,《越绝书》记载的"吴大城",即为春秋吴都"吴"城(今苏州古城)。

5.东汉《吴越春秋》记载的春秋吴都"大城"

《吴越春秋》卷四记载,"阖闾元年"(即周敬王六年,鲁昭公二十八年,前514),伍子胥受命而"相土尝水,象天法地,造筑大城"[2]。此处,《吴越春秋》记春秋吴都"吴"城为"大城"。其义与上述"吴大城"同,均指春秋吴都"吴"城(今苏州古城)。

6.唐《史记正义》关于春秋吴都"吴"城的记载及"阖闾城"名称的出现

唐张守节《史记正义》说:"诸樊南徙吴。至二十一代孙光,使子胥筑阖闾城都之,今苏州也。"[3]此处《史记正义》叙述吴"二十一代孙"公子光,即吴王阖闾,"使子胥筑阖闾城都之"句,一是首次提出"阖闾城"概念;二是明确提出苏州古城筑造时的性质为"都",即都城;三是明确将伍子胥造筑的春秋吴都"阖闾城"与"今苏州也",即与唐代时的苏州城作对应与勾连。

7.北宋朱长文《吴郡图经续记》记载的"阖庐城"即"阖闾城"

朱长文《吴郡图经续记》记载:"阖庐城,即今郡城也。旧说子胥伐楚还师,取丹阳及黄渎土以筑,盖利其坚也。"[4]此处,《吴郡图经续记》记春秋吴都"吴"城为"阖庐城"即"阖闾城"的同时,亦以"郡城"称之。

8.南宋范成大《吴郡志》记载春秋时阖闾自梅里徙都

范成大《吴郡志》卷第三记载:"阖闾城,吴王阖闾自梅里徙都,即今郡城。"[5]此处,《吴郡志》记载春秋吴王阖闾时,自无锡梅里(今无锡梅村)迁都于张守节《史记正义》所说"今苏州也"的"阖闾城"。同时,该文献对该"阖闾城",亦以"郡城"称之。

9.南宋绍熙《云间志》记载的"吴城"

南宋杨潜《云间志》"秦始皇驰道"条记载说:"秦始皇驰道,在县西北、昆山南四里。相传有大路,西通吴城,即驰道也。"[6]由此可见,南宋时,犹以"吴城"称呼宋代时的苏州城。

10.元高德基《平江纪事》记载的"吴城"

高德基《平江纪事》:"吴城,旧传吴王阖闾时子胥所筑,故名阖闾城。"[7]此处,元代文献,一是以"吴城"称呼元代时的苏州城;二是将之既与春秋"吴王阖闾时子胥所筑"之城相勾连,亦与张守节《史记正义》所说"今苏州也"的"阖闾城"相勾连。

---

[1] 袁康、吴平:《越绝书》,上海古籍出版社1985年,第9—10页。
[2] 赵晔:《吴越春秋》,江苏古籍出版社1986年,第24—25页。
[3] 张守节:《史记正义》,见司马迁:《史记》,中华书局1959年,第1445页。
[4] 朱长文:《吴郡图经续记》,江苏古籍出版社1986年,第56页。
[5] 范成大:《吴郡志》,江苏古籍出版社1986年,第20页。
[6] 杨潜:《云间志》,见《宋元方志丛刊》(第一册),中华书局1990年,第18页。
[7] 高德基:《平江纪事》,见杨循吉等著、陈其弟点校:《吴中小志丛刊》,广陵书社2004年,第25页。

11.明卢熊《洪武苏州府志》记载的"阖闾都"

卢熊《洪武苏州府志》卷四记载吴国"故城"时,一是记载吴迁都前位于梅里的"太伯都",另一则是记载"阖闾都"。其原文为:"阖闾都,《正义》云:'诸樊南徙吴。至光使子胥筑阖闾城都之,今苏州也。'《通典》云:'苏州,春秋吴国之都,自阖闾后,并都此。'《寰宇记》:'阖闾筑小城都之,今苏州城也。'白乐天云:'吴之东城,古吴都城。'"[1]其中,尤为值得关注的是《洪武苏州府志》引用唐代时曾为苏州刺史的白居易所说"吴之东城,古吴都城"。

12.关于"阖闾城"的定义及特殊语境下的"阖闾大城"

由上可以看出,春秋吴王阖闾、夫差时的吴国都城,后世文献或以"吴"城,或以"大城""吴大城",或以"阖闾城""郡城"等称之。而唐张守节《史记正义》首次提出"阖闾城"概念后,该"阖闾城"即衍生出两个定义。

定义一:指吴王阖闾时期所筑吴都"吴"城,即今苏州古城。此即上述《史记正义》所说"都之,今苏州也",意指吴王阖闾时期所筑吴国都城的"阖闾城"。而"今苏州也",即特指春秋吴都"吴"城的"阖闾城"为唐代时的苏州城,亦即今苏州古城。这一定义具有特指性质的专用性和唯一性。其后,北宋朱长文《吴郡图经续记》记为意义相同的"阖庐城"说:"阖庐城,即今郡城也。"[2]南宋范成大《吴郡志》记其迁都经过说:"阖闾城,吴王阖闾自梅里徙都,即今郡城。"[3]元高德基《平江纪事》:"吴城,旧传吴王阖闾时子胥所筑,故名阖闾城。"[4]

定义二:指吴王阖闾时期所筑之城,其义同《姑苏志》记载昆山"寿梦城"为"相传其城吴子寿梦所筑"[5]一样。因此,这一定义具有通用性,即通指吴王阖闾时期所筑且多为军事城堡性质的"城"。如今上海青浦"阖闾城"、今常州与无锡交界处的"阖闾城"等,均为此类(另见下文关于吴都"卫城"的论述)。

关于苏州"阖闾城"的一个文化现象是:先秦后的两汉、三国魏晋、隋、唐、宋、元、明、清等时期的苏州地方史志文献,对"苏州"或"苏州古城",有"吴城""大城""吴大城""阖闾城""郡城""府城"等多种自称,但并无自称为"阖闾大城"的记载。而"阖闾大城"出现的特殊语境,多为元、明、清时苏州周边城市地方文献在以"小城""阖闾小城"作谦称式的自称时,成双对举出现对苏州古城以他称且敬称的方式称为"阖闾大城"(相关叙述,另见下文)。

(二)离宫、离城

前文"建筑与园林"章节,已对文献记载春秋吴都"吴"城郊外甚至"吴"城内城的离宫、离城作叙述。而吴王阖闾所建离宫、离城,并不止一处。其中规模较大者为"吴"城城郊灵岩山一带包括宫、台、池、苑在内的离宫、离城,以及吴王夫差时增筑的姑苏台等。

现将相关文献记载,梳理并简略列于下:

---

[1] 卢熊著、苏州市地方志办公室编:《洪武苏州府志》,广陵书社2015年,第78—79页。
[2] 朱长文:《吴郡图经续记》,江苏古籍出版社1986年,第56页。
[3] 范成大:《吴郡志》,江苏古籍出版社1986年,第20页。
[4] 高德基:《平江纪事》,见杨循吉等著、陈其弟点校:《吴中小志丛刊》,广陵书社2004年,第25页。
[5] 《姑苏志》卷第七《沿革》,见正德《姑苏志》,苏州图书馆藏本。

1. 先秦《国语》记载的吴王夫差筑姑苏台

《国语·吴语》以记言方式记载伍子胥言及吴国业已建成的姑苏台:"今王既变鲧、禹之功,而高高下下,以罢民于姑苏。"[1]意即,如今大王改变鲧、禹父子相承治水的功德,一改先王节俭恤民的做法,在高处造筑台榭,在低处挖掘湖池,使吴国的民力在姑苏台的建造中疲惫不堪。

2. 先秦《墨子》记载的吴王夫差筑姑苏台

《墨子·非攻(中)》叙述夫差即位后,连年征战,"自恃其力,伐其功,誉其智,怠于教。遂筑姑苏之台,七年不成"[2]。

3. 东汉《越绝书》记载吴王阖庐(闾)的"离城"及吴王夫差筑姑胥台(姑苏台)

《越绝书》卷第二记载吴都城外的离宫、离城说:"巫城者,阖庐所置诸侯远客离城也,去县十五里。"[3]"古城者,吴王阖庐所置美人离城也,去县七十里。"[4]

另,《越绝书》卷第十二记载越国献"策楯"等诱使吴王夫差筑姑苏台时,伍子胥(申胥)劝谏,但"吴王不听,遂受之而起姑胥台。三年聚材,五年乃成。高见二百里"[5]。

4. 东汉《吴越春秋》记载的吴王阖闾在吴国离宫、离城等王家宫苑的悠闲岁月及吴王夫差筑姑胥台(姑苏台)

《吴越春秋》卷四记载吴王阖闾在吴国离宫、离城等王家宫苑的悠闲岁月:"立射台于安里,华池在平昌,南城宫在长乐。阖闾出入游卧,秋冬治于城中,春夏治于城外,治姑苏之台。旦食鲲山,昼游苏台,射于鸥陂,驰于游台,兴乐石城,走犬长洲,斯且阖闾之霸时。"[6]这段不长的文字,记写的"城外"所"治姑苏之台"及"苏台",实为吴国最早的王家宫苑及其离城。而在这离宫、离城中,有"射台""华池""鸥陂""石城""长洲"等多处吴国王家苑囿。

另,《吴越春秋》卷九记载越国献"大木"等诱使吴王夫差筑姑苏台时,伍子胥劝谏,但"吴王不听,遂受而起姑苏之台。三年聚材,五年乃成,高见二百里"[7]。

5. 北宋《吴郡图经续记》记载的春秋吴国的"离宫别馆"及"离宫"

朱长文《吴郡图经续记》记载:"而流俗或传吴之故都在馆娃宫侧,非也。盖娃宫胥台,乃离宫别馆耳。"[8]

又,《吴郡图经续记》记载:"石城,在吴县东北,故为离宫。"[9]

6. 南宋《吴郡志》记载的吴都"吴"城内的苑囿及城郊的离城、离宫

范成大《吴郡志》卷十七记载春秋吴都"吴"城内的苑囿游憩之地说:"苑桥,在报恩光孝寺

---

[1]《国语·吴语》,见左丘明撰、韦昭注:《国语》,上海古籍出版社2015年,第395页。
[2]《墨子·非攻(中)》,见《二十二子》,上海古籍出版社1986年,第239页。
[3]袁康、吴平:《越绝书》卷第二,上海古籍出版社1985年,第13页。
[4]袁康、吴平:《越绝书》卷第二,上海古籍出版社1985年,第14页。
[5]袁康、吴平:《越绝书》卷第十二,上海古籍出版社1985年,第83页。
[6]赵晔:《吴越春秋》,江苏古籍出版社1986年,第47—48页。
[7]赵晔:《吴越春秋》,江苏古籍出版社1986年,第120页。
[8]朱长文:《吴郡图经续记》,江苏古籍出版社1986年,第6页。此处该书"校勘记"加注:"原创作'吾'。据礜室本、局本改。秘室本校勘记称底本学津讨原本(以下简称津本)亦作'吴'。"
[9]朱长文:《吴郡图经续记》,江苏古籍出版社1986年,第56页。

之西。故传：阖庐有苑囿，在其傍定跨桥下。长洲县前，旧为阖庐故迹，县前东南故传皆阖庐苑囿游憩之地。"[1]

又，《吴郡志》卷八记载的春秋吴都"吴"城郊外"离城""离宫"说："射台、华池、南城宫、姑苏台、鲲山、鸥陂、游台、石城、长洲林园、石龙，以上悉吴阖庐故迹。《吴越春秋》云：'阖庐既立夫差为太子，使将兵屯守。而自治宫室，立射台于安平里，华池在平昌，南城宫在长乐里。阖闾出入游卧，秋冬治于城中，春夏治于城外姑苏之台。旦食鲲山，昼游苏台，射于鸥陂，驰于游台，兴乐石城，走犬长洲焉。'《越绝书》云：'石城者，阖庐所置。美人离城也。'《吴地记》云：'石城，吴王离宫，越王献西施于此城。'又云：'林园，在华林里，石龙在龙坛里，里在乌鹊桥东，皆阖闾作。'"[2]

又，《吴郡志》卷八记"长洲苑"而"杂以离宫"说："长洲苑，《旧经》云在县西南七十里。孟康曰，以江水洲为苑。韦昭云，长洲在吴东。枚乘说吴王濞云，汉修治上林，杂以离宫。佳丽玩好，圈守禽兽，不如长洲之苑。"[3]

7. 明卢熊《洪武苏州府志》记载的"离宫别苑耳"

卢熊《洪武苏州府志》记载："今平江乃阖闾之都城，子胥所筑。或传吴之故都在馆娃宫，盖馆娃、苏台，乃其离宫别苑耳。"[4]

8. 明《姑苏志》记载的与今昆山别名"鹿城"有关的吴王豢鹿射猎之所"西鹿城"

昆山，别名"鹿城"。明《姑苏志》卷第三十三《古迹》记载"西鹿城"说："西鹿城，在昆山，山下有卜将军庙，碑云：'葬于昆山西鹿城。'"[5]

又，《姑苏志》卷第二十八《坛庙下》记载："卜将军庙，在卜山上。昔有人于庙下得断碑，略云：府君姓卜，名珍，字文昭，西河人。唐宝历元年终葬于昆山西鹿城乡界。"[6]唐宝历元年，即公元825年。

9. 清《昆新两县续修合志》记载的昆山"鹿城"

《昆新两县续修合志》卷十二《古迹》记"鹿城"地名由来说："西鹿城，在县治西。相传为吴王豢鹿射猎之所，旧有城邑之称鹿城以此。"[7]

10. 民国《吴县志》记载的吴王阖闾时的"马城、鹿城"

民国《吴县志》卷第三十二《舆地考·古迹》记载："马城、鹿城并在洞庭西山，阖闾筑以养马豢鹿。"[8]

由上可见，春秋时吴国所建离宫、离城，历代文献均作记载。

---

[1] 范成大：《吴郡志》，江苏古籍出版社1986年，第235页。
[2] 范成大：《吴郡志》，江苏古籍出版社1986年，第97—98页。
[3] 范成大：《吴郡志》，江苏古籍出版社1986年，第105—106页。
[4] 卢熊著，苏州市地方志办公室编：《洪武苏州府志》，广陵书社2015年，第77页。
[5] 《姑苏志》卷第三十三《古迹》，见正德《姑苏志》，苏州图书馆藏本。
[6] 《姑苏志》卷第二十八《坛庙下》，见正德《姑苏志》，苏州图书馆藏本。
[7] 《昆新两县续修合志》卷十二《古迹》，见《昆新两县续修合志》，苏州图书馆藏本。
[8] 《吴县志》卷第三十二《舆地考·古迹》，见民国《吴县志》，苏州图书馆藏本。

(三)卫城

卫城为拱卫吴都"吴"城的军事城堡,依不同防御对象,分处吴都"吴"城(今苏州古城)的不同方位。

现据不同方位,分述如下:

1.吴都"吴"城(今苏州古城)西北方向

(1)概说

吴都"吴"城(今苏州古城)西北方向的军事防御设施,由位于今无锡与常州交界处的"阖闾城"、武进上店的"胥城""军垒"及阳湖升西乡的"伍员军垒"等组成。其防御对象为春秋楚国。

(2)分述

①无锡、常州交界处的"阖闾城"

前述,今无锡、常州交界处的"阖闾城遗址",为吴军伐楚入郢之战返归时,因担心当时秦、楚联军尾随而入吴国境内及对"吴入郢"进行报复而兵临春秋吴都"吴"城(今苏州古城)城下,故采取如下防御措施:

其一,加固其时春秋吴都"吴"城的城墙。这就是北宋朱长文《吴郡图经续记》记载的"旧说,子胥伐楚还师,取丹阳及黄渎土以筑,盖利其坚也"[1]。

其二,在太湖北岸的今无锡与常州交界处筑军事城堡,以作吴都屏障。无锡现存最早地方文献——元王仁辅纂至正《无锡志》,因袭北宋朱长文《吴郡图经续记》的相关记载,另作记载如下:"阖闾城,在州西富安乡,相去四十五里。《越绝书》云:伍员取利浦及黄渎土筑阖闾城。《吴地记》云:阖闾城,周敬王六年伍员伐楚还,运润州利湖土筑之,不足又取吴地黄渎土,为大小二城,当阖闾伐楚回,故因号之。今按:阖闾大城在姑苏,即今之平江是也。小城在州西北富安乡闾埕,其地边湖,其城犹在。"[2]

上述王仁辅《无锡志》文字,乃是脱胎于北宋朱长文《吴郡图经续记》的记载。而将王仁辅《无锡志》与其母本《吴郡图经续记》作比较,可知如下异同:

其一,朱长文《吴郡图经续记》记载的"阖庐城"为"今郡城也",即北宋时的苏州古城。而《无锡志》记载今无锡与常州交界处的"阖闾城",为自称且谦称式的"阖闾城"之"小城";该"小城"乃相对于"在姑苏"且"今之平江"的"阖闾大城",即元代时的"平江路"(今苏州古城)而言。因此,这里对举出现的两个概念:一为文献记载中首次出现的"在姑苏"的"阖闾大城",另一为"在州西北富安乡闾埕"的"阖闾城"之"小城"。前述,苏州地方史志文献中,有自称苏州为"阖闾城""阖庐城""吴大城""大城"等的记载,但并无自称为"阖闾大城"的记载。而以他称且敬称的语境方式称元代时的平江(即今苏州)为"阖闾大城"者,王仁辅《无锡志》为开先河者。

其二,北宋朱长文《吴郡图经续记》记载伍子胥筑春秋吴都"吴"城(即北宋时的"郡

---

[1]朱长文:《吴郡图经续记》,江苏古籍出版社1986年,第56页。
[2]王仁辅:至正《无锡志》,见《无锡文库》第一辑,凤凰出版社2012年,第54页。原书点校为:"小城在州西北富安乡,闾埕其地边湖,其城犹在。"现改为如上。

城"——苏州古城），其时间厘定为不确定的"旧说子胥伐楚还师，取丹阳及黄渎土以筑"。而参《吴越春秋》吴王阖闾"委计"于伍子胥而"造筑大城"[1]的"阖闾元年"（周敬王六年，鲁昭公二十八年，前514），并另参《春秋经·昭公二十八年》《左传·昭公二十八年》等记载可知，本年（指"阖闾元年"）并无吴伐楚及"子胥伐楚还师"事发生。故朱长文《吴郡图经续记》的这一与"子胥伐楚还师"相连的时间为不确定的"旧说"，亦仅是个"旧时的传说"。

其三，王仁辅《无锡志》因袭《吴郡图经续记》的这一记载时，将朱氏"取丹阳及黄渎土以筑"的"郡城"（即北宋时的"郡城"——苏州古城），改动为"运润州利湖土筑之，不足又取吴地黄渎土，为大小二城"，即所"筑"造之城为二：一为"在姑苏"的"阖闾大城"，另一为"在州西北富安乡阖埂"的"阖闾城"之"小城"。而"筑"造的时间点亦为二：一为王仁辅将朱长文《吴郡图经续记》的不确定的"旧说"无文献依据地作确定的"周敬王六年"（吴阖闾元年，前514）；同时，又作"阖闾伐楚回"的吴阖闾十年（周敬王十五年，鲁定公五年，前505）。上述《无锡志》出现的两个时间点，前述"周敬王六年"（即鲁昭公二十八年，吴阖闾元年前514），《春秋经》《左传》等无吴伐楚事记载，故亦无"伍员伐楚还"的事件发生。因此，"周敬王六年"的时间点并不能成立，该今无锡、常州交界处的"阖闾城"的筑造时间，只能是"阖闾伐楚回"，即其后吴伐楚入郢之战的吴军返归的时间点——周敬王十五年（吴阖闾十年，鲁定公五年，前505）。

②常州武进上店的"胥城""军垒"

常州武进上店与伍子胥有关的"胥城""军垒"，见诸清康熙《常州府志》卷二十

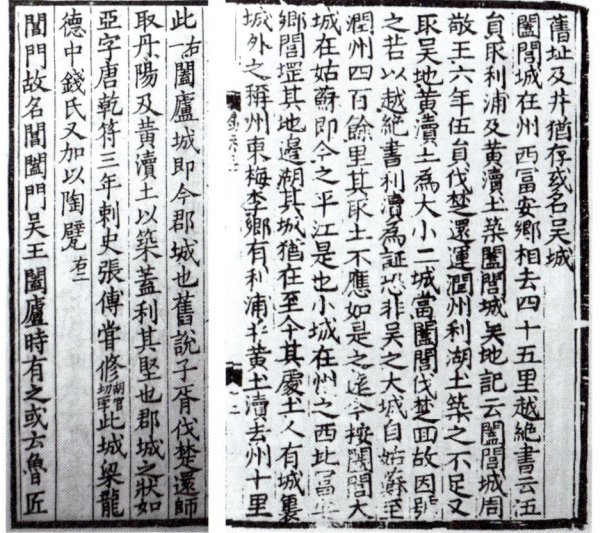

《宋元方志丛刊》（第一册）辑录朱长文《吴郡图经续记》关于"阖庐城"的书影（左）（录自《宋元方志丛刊》[2]）及王仁辅《无锡志》关于"阖闾城"的书影（右）（录自《无锡文库·第一辑·无锡志》[3]）

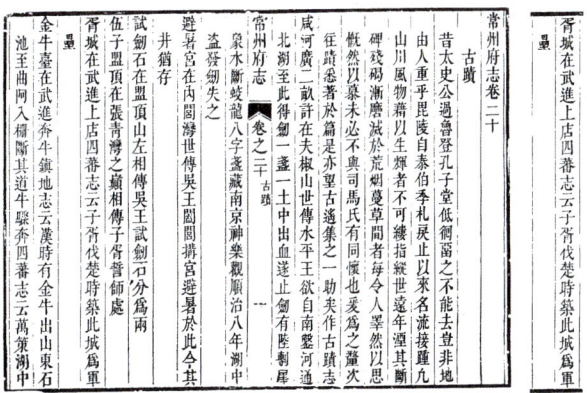

清康熙《常州府志》记载"胥城""军垒"的书影（左）及其关于"胥城""军垒"的细部（右）（录自清康熙《常州府志》[4]）

---

[1] 赵晔：《吴越春秋》，江苏古籍出版社1986年，第24—25页。
[2] 朱长文：《吴郡图经续记》，见《宋元方志丛刊》（第一册），中华书局1990年，第669页。
[3] 王仁辅：至正《无锡志》，见《无锡文库》第一辑，凤凰出版社2012年，第54页。
[4] 于琨修、陈玉璂纂：康熙《常州府志》，见《中国地方志集成·江苏府县志辑（36）》，江苏古籍出版社1991年，第392页。

《古迹》记载："胥城，在武进上店。《四蕃志》云：子胥伐楚时筑此城，为军垒。"[1]

③常州阳湖县升西乡的"营垒胥城"

关于阳湖的"营垒胥城"，清于琨修、陈玉璂纂康熙《常州府志》卷之五《疆域》载：清康熙时，常州府首县为"武进县"，下为"无锡县""江阴县""宜兴县"[2]等。清"雍正四年，分武进东境置阳湖"[3]。即清雍正四年（1726），武进县被析分为武进、阳湖两县。阳湖县于民国元年（1912）撤废。清光绪时，武进县、阳湖县纂有两县合志——王其淦、吴康寿修，汤成烈等纂光绪《武进阳湖县志》。后又出现对该《武进阳湖县志》作补充和勘误性质的文献——庄毓铉、陆鼎翰纂光绪《武阳志余》。

清光绪《武进阳湖县志》记载"营垒胥城"的书影（左）及其关于"营垒胥城"即为"伍员军垒"的细部（右）（录自清光绪《武进阳湖县志》[4]）

常州阳湖县升西乡的"营垒胥城"，见光绪《武进阳湖县志》卷一《舆地·古迹》的记载："营垒胥城，在阳湖升西乡，伍员军垒。"[5]

（3）评述

吴都"吴"城西北方向的诸军事城堡，其防御对象为春秋楚国。其筑造年代，王仁辅《无锡志》记载且可采信者为"阖闾伐楚回"[6]，即《左传·定公五年》记载"吴子乃归"[7]的时间，亦即为吴阖闾十年（周敬王十五年，鲁定公五年，前505）。

而常州武进上店的"胥城"，为"子胥伐楚时筑此城，为军垒"[8]。常州阳湖县升西乡的"营垒胥城"，则直接记为"伍员军垒"[9]。所有这些，均说明这些"军垒""营垒"的性质，为军事城堡，即为伍子胥随同吴王阖闾伐楚返归时所筑。由于行政区划的变迁，上述"常州武进上店"与"阳湖县升西乡伍员军垒"，如果并非为同一处地点的话，则说明该"军垒""营垒"为两处，而非一处。因此，该两处"军垒""营垒"与无锡、常州交界处的"阖闾城"，或互为犄角、互为勾连而共同构成的吴国都城"吴"城西北方向的军事城堡群。

这一军事城堡群筑造的直接原因，均与公元前506年（吴阖闾九年，鲁定公四年）的吴伐楚入

---

[1] 于琨修、陈玉璂纂：康熙《常州府志》，见《中国地方志集成·江苏府县志辑（36）》，江苏古籍出版社1991年，第392页。
[2] 于琨修、陈玉璂纂：康熙《常州府志》，见《中国地方志集成·江苏府县志辑（36）》，江苏古籍出版社1991年，第79—80页。
[3] 王其淦、吴康寿修，汤成烈等纂：光绪《武进阳湖县志》，见《中国地方志集成·江苏府县志辑（37）》，江苏古籍出版社1991年，第395页。
[4] 王其淦、吴康寿修，汤成烈等纂：光绪《武进阳湖县志》，见《中国地方志集成·江苏府县志辑（37）》，江苏古籍出版社1991年，第94页。
[5] 王其淦、吴康寿修，汤成烈等纂：光绪《武进阳湖县志》，见《中国地方志集成·江苏府县志辑（37）》，江苏古籍出版社1991年，第94页。
[6] 王仁辅：至正《无锡志》，见《无锡文库》第一辑，凤凰出版社2012年，第54页。
[7]《左传·定公五年》，见《春秋左传正义》，北京大学出版社1999年，第1561页。
[8] 于琨修、陈玉璂纂：康熙《常州府志》，见《中国地方志集成·江苏府县志辑（36）》，江苏古籍出版社1991年，第392页。
[9] 王其淦、吴康寿修，汤成烈等纂：光绪《武进阳湖县志》，见《中国地方志集成·江苏府县志辑（37）》，江苏古籍出版社1991年，第94页。

郢之战及次年（吴阖闾十年，鲁定公五年，前505）的吴军被秦、楚联军追撵着而返归吴国有关。因担心其时秦、楚联军尾随而入吴国境内及对"吴入郢"进行报复而兵临吴都"吴"城（今苏州古城）城下。在这以前，历史上楚国曾两次攻入吴国腹地：一为吴王寿梦十六年（鲁襄公三年，前570），楚军在令尹子重统率下攻克了吴国城邑"鸠兹"，并一直打到吴国腹地今南京江宁附近的"衡山"；另一则为吴王馀眛六年（鲁昭公四年，前538），楚灵王挟申地盟会之威，深入吴国腹地而包围了今镇江附近的朱方。是处，距阖闾前的吴国都城梅李（今无锡梅村）及阖闾时的吴国都城"吴"城（今苏州古城），均数百里之遥。

正是上述历史与现实的原因，吴王阖闾及伍子胥等返归时，在吴都"吴"城西北筑造、构建以今无锡、常州间"阖闾城"为核心的军事城堡群。

2.吴都"吴"城（今苏州古城）东南方向

（1）概说

吴都"吴"城东南方向的军事防御设施，由位于今上海青浦的"阖闾城"、昆山的"南武城""娄北武城"以及"娄门外力士者"等组成。其防御对象为越国。

（2）分述

①今上海青浦"阖闾城"

南宋绍熙《云间志》记载："阖闾城，《寰宇记》云，袁崧城东三十里，夹江又有二城相对，阖闾所筑，备越处。"[1]

关于该上海青浦"阖闾城"，另见诸以下文献：

北宋朱长文《吴郡图经续记》记载："袁山松城，在沪渎江侧，为波涛冲激，半毁江中。袁山松城东三十里，夹江又有二城相对，阖闾所筑以控越处。"[2]

而与该"阖闾城"相对且军事城堡作用大致相同的"沪渎垒"，亦见诸以下文献：

《晋书》卷七十五《列传第四十六·虞潭传》："又修沪渎垒，以防海抄，百姓赖之。"[3]

《晋书》卷一百《列传第七十·孙恩传》："吴国内史袁山松筑扈渎垒，缘海备恩。"[4]

上述《吴郡图经续记》所载"阖闾所筑以控越处"的军事城堡及《云间志》所载"阖闾城"，为同一处，地处今上海青浦境内。

袁山松，又作袁崧，东晋时人，传其后裔居青浦赵巷崧泽村（原名崧宅），"崧泽"地名亦由此而来。前文论及的太湖流域新石器时代的

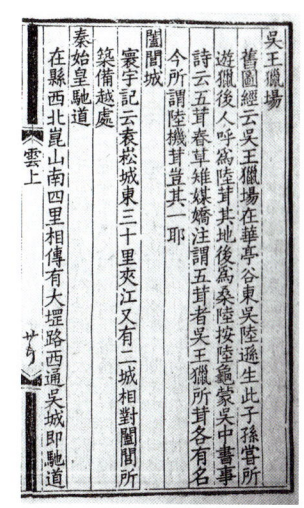

南宋绍熙《云间志》关于上海青浦"阖闾城"的书影（录自《宋元方志丛刊》[5]）

---

[1]绍熙《云间志·阖闾城》，见《宋元方志丛刊》（第一册），中华书局1990年，第18页。
[2]朱长文《吴郡图经续记》，江苏古籍出版社1986年，第58页。
[3]《晋书·虞潭传》，见房玄龄：《晋书》，中华书局1974年，第2014页。
[4]《晋书·孙恩传》，见房玄龄：《晋书》，中华书局1974年，第2633页。
[5]南宋绍熙《云间志》，见《宋元方志丛刊》（第一册），中华书局1990年，第18页。

"崧泽文化",即由上海市青浦区崧泽村发现而命名。

②昆山"南武城"

班固《汉书·地理志上》记载:"娄,有南武城,阖闾所起以候越。"[1]此处"娄",为"秦娄县所直,又谓之疁,今谓之昆山"[2]。

范成大《吴郡志》卷八:"南武城,在海渚。阖闾所筑,以御见伐之师。"[3]

清光绪《昆新两县续修合志》卷十二《古迹》记载:"武城,在县西北。《汉书·地理志》注:'娄县有南武城,阖闾所起以候越。'《越绝书》:'娄北武城,去县三十里。'今县西北朱塘乡有武城邨。"[4]

③"娄北武城"

《越绝书》记载:"娄北武城,阖庐所以候外越也,去县三十里。今为乡也。"[5]

参上述清光绪《昆新两县续修合志》卷十二《古迹》记载:"武城,在县西北。《汉书·地理志》注:'娄县有南武城,阖闾所起以候越。'《越绝书》:'娄北武城,去县三十里。'今县西北朱塘乡有武城邨。"[6]显见,《昆新两县续修合志》将"南武城"与"娄北武城"一并论述并记为"武城"。

④"娄门外力士者"

《越绝书》记载:"娄门外力士者,阖庐所造,以备外越。"[7]

⑤蛇门

《吴地记》记载:"蛇门,南面有陆无水,春申君造以御越军。"[8]

(3)评述

吴都"吴"城东南方向的军事防御设施,防御对象为越国。有学者指出:"《越绝书》中也有'大越''外越''内外越'等称法,可见阖闾所御之敌不尽相同。"[9]而御越的相关遗存,上述昆山为"南武城"与"娄北武城"等。而如前所述,清光绪《昆新两县续修合志》将"南武城"与"娄北武城"一并论述并记为"武城"。然而,该"南武城"与"娄北武城"究系一地二名,抑或是为各自相对独立的御越军事设施,今已无考。而据清光绪《昆新两县续修合志》卷十二《古迹》载:"墟落间以城名者十二,今可至者七尔。可见宋时已多无考,今亦祇存旧《志》相传者。"所谓"墟落间",当指越灭吴后的战国后期黄歇治吴时,春秋吴都"吴"城成为"吴墟"的时期。"祇",即"只"。故上述《昆新两县续修合志》的记载意为,越灭吴后,吴都"吴"城东南所筑军事城堡有十二座之多,后剩下七座。由此可见,至宋代时多数已无法考证。而至清代时,也只剩下旧《志》相

---

[1]《汉书·地理志上》,见班固:《汉书》,中华书局1962年,第1591页。
[2]范成大:《吴郡志》,江苏古籍出版社1986年,第22页。
[3]范成大:《吴郡志》,江苏古籍出版社1986年,第107页。
[4]《昆新两县续修合志》卷十二《古迹》,苏州图书馆藏本。
[5]袁康、吴平:《越绝书》,上海古籍出版社1985年,第14页。
[6]《昆新两县续修合志》卷十二《古迹》,苏州图书馆藏本。
[7]袁康、吴平:《越绝书》,上海古籍出版社1985年,第13页。
[8]陆广微:《吴地记》,江苏古籍出版社1986年,第22页。
[9]马学强:《上海通史·第2卷(古代)》,上海人民出版社1999年,第47页。

传的"南武城"和"娄北武城"等记载了。

前述，春秋吴都"吴"城西北方向的诸军事城堡构成了军事城堡群。而其东南方向的今上海青浦"阖闾城"、昆山"南武城"和"娄北武城"等，相距均不远。因此，它们实也构成了这一"吴"城东南方向的军事城堡群。而由"以城名者十二"等文献记载来看，东南方向的军事城堡群的构成数量或为更多。上述，除"蛇门"为战国时"春申君造以御越军"外（不排除"春申君造"为重修性质），其余均为春秋吴国为控越国而筑。这一定程度上反映了吴王阖闾时期吴国对越国的防备。而吴王

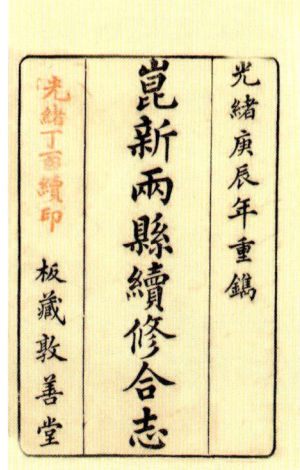

清光绪《昆新两县续修合志》封面书影（左）及该文献关于"墟落间以城名者十二，今可至者七尔。可见宋时已多无考，今亦祇存旧《志》相传者"的书影（右）（录自《昆新两县续修合志》）[1]

夫差后期时，《左传》记载的吴、越"笠泽之战"及《国语》记载"笠泽之战"吴军败后，又在"没"地和吴都城"郊"战败。上述三战（笠泽、没、郊），其地点均在吴都"吴"城东南方向。由此牵连出"吴"城东南方向的军事城堡群，在涉及吴国生死存亡的吴、越争战末期，究竟发挥了什么作用？因史籍无载而难以知晓。

二、考古印证：关于文献记载春秋吴都"吴"城的考古印证

本书前章叙述，黄歇治吴时修复春秋"吴"城城墙，构成了关于春秋"吴"城（今苏州古城）的一个历史命题——春秋吴都"吴"城城墙为春秋时伍子胥建、战国时重修。同时，也由此派生出另一重大历史命题——苏州古城为春秋时建、战国时重修。

本章前文关于春秋吴都"吴"城地望的叙述体系，罗列了王国维"二重证据法"所说的"纸上之材料"，亦即文献关于春秋吴都"吴"城的记载。

上述文献记载的苏州古城为春秋时建、战国时重修，按王国维"二重证据法"的表述而须加强调者，如下：

一是上述文献记载的"纸上之材料"，即使未得到考古出土器的证明，也不能对上述文献记载的历史加以否定。一如前文所说，《左传·襄公十九年》记载鲁襄公曾将一只"先吴寿梦之鼎"[2]转赠给晋国大臣荀偃。不能因为未有出土"先吴寿梦之鼎"的相关报告和该鼎出土实物器，从而否定《左传·襄公十九年》的记载真实性。

---

[1]《昆新两县续修合志》卷十二《古迹》，苏州图书馆藏本。
[2]《左传·襄公十九年》，见《春秋左传正义》，北京大学出版社1999年，第956页。

二是如果上述文献记载得到了考古出土器实物的证明，则可"不能不加以肯定，可断言也"。因此，当我们考察王国维"二重证据法"所说"地下之新材料"，即考古出土的实证材料对上述文献记载的苏州古城为"春秋时建、战国时重修"作补正、证明式的印证时，也同样须指出，迄今为止，涉及并构成春秋吴都"吴"城的考古有三：一为1957年平门考古，二为2005年平四路考古，三为2011年阊门北码头考古勘探。现分述如下：

（一）1957年平门考古

1957年南京博物院主持的平门考古，是苏州历史上最早一次由考古部门主持的考古调查。在考古调查基础上产生的考古报告《苏州市和吴县新石器时代遗址调查》，为苏州历史上最早的考古学文献。1957年考古调查时，苏州城墙尚未拆去。该考古报告中所说的苏州平门"完全是土城"的城墙于次年（即1958年）被拆除。因此，从这一意义上讲，它属已不可再复制的"绝唱"。

对苏州平门城墙的年代，该考古报告做如下叙述和结论："苏州城四周外缘均环运河，内缘又环城河，城墙筑于两河之间，从吴国建城以来，其变迁不大，历代修城，只在原城基上再增筑。我们采集的遗物多半是城墙下层的，如果这一层是吴越建城时的城墙，那么这些遗物就是吴越时代的东西，而其中又以印纹硬陶最多，这就给印纹硬陶的时代问题提出比较可靠的证据。""如文献记载说两地为春秋时代的越城及平门属实的话，则下层为新石器时代，上层为春秋末期无疑。所以，从已普遍发现为春秋战国时代的遗物来反证文献，同时也从文献记载来对证遗物，我们认为以几何形印纹硬陶为代表的遗址属于春秋战国时代是非常可能的。整个说来，本地区遗址的时代：新石器时代遗址约当西周至春秋时期，以几何形印纹硬陶为代表的遗址约当春秋战国时期。"[1]

由此可见，1957年考古部门在平门的"城墙下层"发掘出了"约当春秋战国时期"的"印纹硬陶"[2]。这一考古结论，与文献记载的春秋吴都"吴"城（今苏州古城）城墙建于春秋的记载相契合。按照王国维的"二重证据法"之"其已得证明者不能不加以肯定，可断言也"[3]的论述，故可断苏州为春秋城之言。因此，历经1957年平门考古，春秋吴都"吴"城即今苏州古城的城址以及建造年代，已完成了它的文献记载与考古结论相合的学术论证。

（二）2005年平四路考古

2005年，苏州博物馆考古队对平四路垃圾中转站工地进行了调查和抢救性发掘。市政公用局规划建设的平四路垃圾中转站系苏州市政府2005年实事工程，位于平门桥西约600米处的平四路北侧。为了处理好城市建设和文物保护的关系，摸清地下文物遗存的分布情况，为工程建设提供合理的选址，苏州博物馆受苏州市文物局委托，派出考古队（领队：闻惠芬；发掘：王霞、张铁军、金怡、姚晨辰、周官清）于2005年6月27日至11月5日对平四路垃圾中转站工地进行调查和抢救性发掘。本次考古成果为署名"王霞、金怡、姚晨辰、周官清"的考古报告《平四路垃圾中转站抢救性发掘简报》（以下称《2005年平四路考古报告》），刊于苏州博物馆编《苏州文物考古新

---

[1] 南京博物院：《苏州市和吴县新石器时代遗址调查》（执笔罗宗真），《考古》1961年第3期。
[2] 南京博物院：《苏州市和吴县新石器时代遗址调查》（执笔罗宗真），《考古》1961年第3期。
[3] 王国维：《古史新证》，清华大学出版社1994年，第2页。

发现——苏州考古发掘报告专辑（2001—2006）》一书，由古吴轩出版社2007年出版。

《2005年平四路考古报告》记述"第三期抢救性发掘"时说："在下挖三号探沟40厘米左右，发现坚硬黄土层分布，土中出有几何印纹陶片，根据其特征判断，时代为战国时期。为了弄清战国遗存和汉代城墙的关系，我们将二号探沟的北半部分与三号探沟地层同时下挖，发现汉代城墙迭压战国时期的黄土层，后经进一步的发掘，发现黄土层下有夯窝现象。在黄土层下发现战国时期的器物，其下为生土。苏州古城据文献记载具有2500年的历史，但是至今拿不出依据，这次汉代城墙下压的有大片层叠夯窝的春秋战国时期夯土层的发现，非常重要。"[1]

"汉代城墙分地面和基槽两部分，基槽下挖破坏了战国文化层，战国文化层土质坚硬，我们在揭露时发现在两个层面下有夯窝现象，推测为人工堆筑并略经夯筑的遗迹，其下分布的五件陶器，是战国时代的遗物。"[2]

"二号探沟内汉代城墙下压的③—⑥层内陆续出土了一些几何印纹陶片、红褐色夹砂陶片、黑皮泥质软陶及原始瓷片。几何印纹陶中的麻布纹，规整的小窗格纹、小席纹以及黑皮软陶的出现等都是春秋战国时代的特征，这几层人工堆筑的层位应属战国春秋时期。"[3]

《2005年平四路考古报告》所附二号探沟出土的战国陶罐（左）及二、三号探沟出土的几何印纹陶片（右）[录自《苏州文物考古新发现——苏州考古发掘报告专辑（2001—2006）》[4]]

联系上下文来看，以上引文最后一句的"战国春秋"，或是为表达该"几层人工堆筑的层位"的年代顺序，或是"春秋战国"的行文笔误，但这并不影响内容的表达。其描述的"二号探沟内汉代城墙下压的③—⑥层内陆续出土了一些几何印纹陶片、红褐色夹砂陶片、黑皮泥质软陶及原始瓷片。几何印纹陶中的麻布纹，规整的小窗格纹、小席纹以及黑皮软陶的出现等都是春秋战国时代的特征"，尤其是"这几层"系"人工堆筑的层位"，其年代"应属春秋战国时期"。

这一段文字将平四路垃圾中转站处城墙的考古年代——春秋、战国已表述得非常清晰。本次

---

[1] 王霞、金怡、姚晨辰、周官清：《平四路垃圾中转站抢救性发掘简报》，见苏州博物馆：《苏州文物考古新发现——苏州考古发掘报告专辑（2001—2006）》，古吴轩出版社2007年，第328页。
[2] 王霞、金怡、姚晨辰、周官清：《平四路垃圾中转站抢救性发掘简报》，见苏州博物馆：《苏州文物考古新发现——苏州考古发掘报告专辑（2001—2006）》，古吴轩出版社2007年，第328页。
[3] 王霞、金怡、姚晨辰、周官清：《平四路垃圾中转站抢救性发掘简报》，见苏州博物馆：《苏州文物考古新发现——苏州考古发掘报告专辑（2001—2006）》，古吴轩出版社2007年，第330页。
[4] 苏州博物馆：《苏州文物考古新发现——苏州考古发掘报告专辑（2001—2006）》，古吴轩出版社2007年，第334页。

考古的价值和意义即在于，它再次印证了文献关于春秋吴都"吴"城即今苏州古城春秋时建、战国时重修的记载。

夯窝为夯杵夯土时留下的痕迹，以不同的排布夯实土层。各地文博、考古单位，对表明自己城市建城年代的夯土层极为珍惜。下列《2005年平四路考古报告》所附夯窝照片——山东济南博物馆陈列的城子崖岳石文化晚期城墙的夯窝图片及郑州博物馆展出的郑州商城城墙夯土标本，谨录之以作参照、对比式的说明。

《2005年平四路考古报告》所附二号探沟夯窝照片（左）［录自《苏州文物考古新发现——苏州考古发掘报告专辑（2001—2006）》[1]］及济南博物馆展出的山东城子崖岳石文化晚期城墙的夯窝图片（右）（吴恩培摄）

上述《2005年平四路考古报告》所附二号探沟夯窝照片，为后世留下了苏州古城的历史记忆。

平四路垃圾中转站位于平门桥西约600米处的平四路北侧，距平门不远，而1958年苏州城墙拆毁后复建且移位的平门，即于此不远。这里的考古发现及成果与1957年"平门遗址"考古成果，实是互为印证。既构成了对"苏州城墙春秋时建、战国时重修"的考古论述链条，也打破了孤证不立的状况。

今苏州城墙博物馆展出的"早期城墙夯窝"

郑州博物馆展出的郑州商城城墙夯土实物标本（吴恩培摄）

实物标本，当为此次考古所留。然而令人不解的是，前引且已公开出版的本次考古报告《2005年平四路考古报告》中，已明确指出该"夯窝"的考古年代为"汉代城墙下压的有大片层叠夯窝的春秋战国时期夯土层"[2]，但该城墙夯窝实物标本在展出时，其年代竟变成了"晚于战国"这一极为模糊的时间概念。

显然，"晚于战国"或是指秦，或是指汉，或是指更后的时期了。且"晚于战国"的城墙"夯窝"

---

[1]苏州博物馆：《苏州文物考古新发现——苏州考古发掘报告专辑（2001—2006）》，古吴轩出版社2007年，第332页。
[2]王霞、金怡、姚晨辰、周官清：《平四路垃圾中转站抢救性发掘简报》，见苏州博物馆：《苏州文物考古新发现——苏州考古发掘报告专辑（2001—2006）》，古吴轩出版社2007年，第328页。

与前列图片所示"二号探沟出土的战国陶罐",恰也形成如下悖论——"晚于战国"的城墙上出土了战国时期的陶罐。而相关考古单位"晚于战国"的表述,出自陆雪梅、钱公麟《春秋时代吴大城位置再考——灵岩古城与苏州城》一文:"苏州城的城墙则晚于战国而早于三国,应该是汉代。"[1]

苏州城墙博物馆展出的"早期城墙夯窝"实物标本(吴恩培摄)

(三)2011年阊门北码头考古勘探

2011年6月,阊门北码头古城墙下发现战国时堆积层的消息见诸报端。这一考古勘探的发现,至今未见相关考古勘探报告。而该发现战国堆积层的相关内容,系出自苏州纸质媒体报道。

1.《苏州日报》的报道

2011年6月17日,《苏州日报》发表《苏州阊门北码头古城墙下发现战国时堆积层》(记者:吕继东;责任编辑:单晓冰)一文说:"苏州阊门北码头古城墙下发现战国时期堆积层!这是从昨天在南园宾馆举行的'苏州吴越文化考古座谈会'上传来的消息。座谈会由中国考古学会理事长张忠培发起,来自苏浙皖沪等地的十余位考古专家学者各抒己见,就吴越文化考古的相关问题进行了深入的探讨。座谈会上,苏州市考古研究所的工作人员还就苏州阊门北码头古城墙考古勘探调查与发掘做了专题报告。据介绍,为了配合苏州古城墙修复工程及木渎春秋古城考古工作,苏州市考古研究所的工作人员分三期对阊门北码头、平门及相门段古城墙进行考古勘探。日前,考古工作人员对阊门北码头古城墙选取三段进行了考古勘探。据苏州市考古研究所工作人员介绍,阊门北码头城墙以土为主,混有砖块及石灰渣,主要修筑于明清时期。在对其中一段城墙进行剖面分析时发现,城墙上面几层为明代堆筑,其余的土层均为战国时期的。"

2.《姑苏晚报》的报道

同日(2011年6月17日),《姑苏晚报》发表的该报记者李婷撰写的《阊门北码头城墙遗址发现战国堆积层》一文说:"昨天,为配合苏州古城墙修复工程而进行的阊门北码头古城墙考古有了新发现,一段长约300米的明代古城墙直接'跨'在了一段战国堆积层上。据市考古研究所的工作人员介绍,在苏州现存的古城墙遗址中,阊门一带的地表上有三处遗存。不久前,考古人员针对此三处遗存进行了勘探调查与发掘。在总共8个工作点上,考古人员对B段北端的5号点、南端的2号点以及A段的3号点进行了挖掘。5号点城墙段南北走向,最高处约8米,宽12—14米,东部是居民区的围墙,西部是明朝城墙外包的石条。地表以下的明代土层并不太厚,其下就是高约5米的战国堆积层。'因为从这个堆积层中发现了战国时期的印纹陶片,所以初步判断这个堆积层的时代为战国。'考古项目的负责人表示。在过去针对苏州古城墙的考古勘探与调查中,曾经在平门和相门古城墙遗址处发现了汉代城墙与水城门的遗迹。此次在城墙遗址中出土战国时期印纹陶片,尚属首次。"

---

[1]陆雪梅、钱公麟:《春秋时代吴大城位置再考——灵岩古城与苏州城》,《东南文化》2006年第5期。

上述报道中所称的"考古项目的负责人"所说的"此次在城墙遗址中出土战国时期印纹陶片，尚属首次"，其实并不准确。无论是前文介绍的1957年南京博物院所做的平门遗址考古，抑或是2005年苏州本土考古工作者所做的平四路垃圾中转站抢救性考古发掘，都曾发现过印纹陶片。

综合上引两报报道，可见如下事实：

（1）苏州市考古研究所对阊门北码头等古城墙的作为是一次考古勘探行为。

（2）作为考古勘探的成果——"对其中一段城墙进行剖面分析时发现，城墙上面几层为明代堆筑，其余的土层均为战国时期的。"（《苏州日报》）"阊门北码头古城墙考古有了新发现，一段长约300米的明代古城墙直接'跨'在了一段战国堆积层上。""西部是明朝城墙外包的石条。地表以下的明代土层并不太厚，其下就是高约5米的战国堆积层。'因为从这个堆积层中发现了战国时期的印纹陶片，所以初步判断这个堆积层的时代为战国。'"（《姑苏晚报》）所有这些，都揭示阊门北码头古城墙与"战国时期的印纹陶片"和"战国堆积层"有着联系。

（3）成果发布或披露是在"苏州吴越文化考古座谈会"这一正式学术会议场合。

该段城墙的考古勘探，在2011年4月苏州三段城墙（即相门段、阊门北码头段和平门段）修复工程正式开工前。而在该三段城墙修复时，上述报道中所称的阊门北码头段"高约5米的战国堆积层"等重新固化在北码头已修复的城墙之中。考古学是门科学，具有可验证的特点。而固化在北码头已修复的城墙之中的这一段"战国堆积层"，无疑就成为苏州城墙和苏州古城能标明其产生年代且可查验的检材和实证。

阊门北码头城墙位于平四路垃圾中转站西南，相距千余米，故这里发现的战国堆积层，与1957年平门城墙考古，2005年平四路城墙考古发现的春秋、战国遗存一起，共同构成了考古证据链条，也共同印证了前述的命题——"苏州城墙春秋时建、战国时重修"，同时也印证了苏州古城春秋时建、战国时重修的命题。

3.后续发展与"战国时期"被修改为含义模糊的"早期"

上述阊门北码头城墙考古的年代——"战国时期"，2012年时，被悄悄修改为含义模糊的"早期"。

《中国文物报》2012年11月23日刊登苏州市考古研究所撰写的《苏州地域考古的新探索》一文，对上述2011年阊门北码头古城墙考古如下表述："2011年，我所对阊门北码头段城墙进行了保护性发掘，发现该段城墙保存较好，地面还保存有部分早期古城墙城垣或基础，也反映出不同时期古城墙的改建、重修过程。"[1]

前引《苏州日报》《姑苏晚报》报道中的"战国时期"年代表述，已被修改成"早期"。

三、20世纪后半叶，苏州市区三次重要的出土发现的春秋战国青铜器及其对春秋吴都"吴"城的考古文献记载印证

前文叙述"吴国社会状况"之农耕文明内容时，曾提及1975年葑门内城河出土的春秋、战国

---

[1] 苏州市考古研究所：《苏州地域考古的新探索》，《中国文物报》2012年11月23日。

时期青铜器及1977年苏州市城东北新苏丝织厂发现的东周铜器。除此以外，1986年在苏州市城东相门内仓街的江苏省第三监狱基建工地也发现了古代青铜器。

上述苏州古城内三次重要的出土或发现，其特点：一是出土地点均在苏州古城区域内，二是其成果均公开发表于国内专业性期刊。发表情况如下：

一为廖志豪、罗保（宝）芸撰写的《苏州葑门河道内发现东周青铜文物》，发表于《文物》1982年第2期；

一为署名"苏州博物馆考古组"的《苏州城东北发现东周铜器》（执笔杨锡璋）一文，发表于《文物》1980年第8期；

一为署名"苏州博物馆"的《江苏苏州市发现窖藏青铜器》（王德庆），发表于《考古》1991年第12期。

上述三文刊发时的首页书影，如下：

《苏州葑门河道内发现东周青铜文物》一文首页书影（左）（录自《文物》1982年第2期）、《苏州城东北发现东周铜器》一文首页书影（中）（录自《文物》1980年第8期）以及《江苏苏州市发现窖藏青铜器》一文首页书影（右）（录自《考古》1991年第12期）

上述苏州古城内三次重要的出土或发现，相关情况分别为：

（一）1975年葑门内城河道内程桥（城桥）下出土的东周青铜器

1980年9月，其时的苏州地区文化局、苏州市文物管理委员会、苏州博物馆编有《苏州文物资料选编》（内部刊物）。该《苏州文物资料选编》中刊廖志豪、罗宝芸《谈苏州葑门外河道内发现的耕战青铜器》一文。后，该文署名廖志豪、罗保芸，以《苏州葑门河道内发现东周青铜文物》为题另发表于《文物》1982年第2期。下文引文叙述，即以最早发表的《谈苏州葑门外河道内发现的耕战青铜器》及公开发表的《苏州葑门河道内发现东周青铜文物》二文为据。

1. 出土经过

《谈苏州葑门外河道内发现的耕战青铜器》一文叙述该批文物的出土情况说："1975年10月2日，苏州红旗区（原沧浪区）市政养护管理所工人，徐三宝、娄云彪同志，在疏浚葑门城河道工程中，发现了一批珍贵的青铜剑和生产工具。出土地点，是在葑门内城河程桥下。根据宋代平江图载：葑门城墙外，是安里桥，有运河通过。葑门城墙内有内城河，在内城河上设一桥名程桥，该内城河通向杨王庙，程桥路面上为十全街。据老工人郑传福介绍：该铜器出土位置是南北向，是挖到河底以下10厘米、宽70厘米圆形土穴中而发现的。当时是从青灰土中连泥用手捧出来的。依据现场情况，后筑坝将水车干，再继续清理，未发现文物。从桥面到河底实测深5.4米。从清理的河底土层来看，第一层50厘米范围为瓦砾土，第二层90厘米为黑灰土，第三层140厘米为青灰土，据老工人说，青铜文物就出在青灰土层。"[1]

横跨苏州十全街的葑门内城河上的城桥（即程桥），桥后弧形建筑为今苏州大学法学院教学楼（左）。1975年于该桥下的葑门内城河发现春秋战国时期青铜器（右）（吴恩培摄）

2. 出土文物情况

《苏州葑门河道内发现东周青铜文物》一文，叙述该处出土的文物情况为："出土青铜文物有：

剑　两件。都已残断。其一剑身遍饰菱形格及海棠形暗纹，中脊突起，刃部锋利；圆柱状茎上有两周凸棱，剑首已失落，剑格镂刻饕餮纹。其二剑身、剑格都是素面，剑茎也是圆柱状带两周凸棱，有圆形剑首。两剑因剑身残断，原长不详。

镞　两件。其一长3.5厘米，两翼扁平，圆柱形铤。其二长3厘米，双翼四棱，棱间有二槽，圆柱形铤。

镈　一件。圆筒形，一端封闭。长10.1、直径2.8厘米。表面有黑锈。

斤，两件。其一长方銎，斤身两侧略呈弧形。长10、刃宽4.4厘米。其二六角形銎，銎外壁有粗棱。长10.5、刃宽3.9厘米。"[2]

其中的农具出土情况（锯镰四件、锛四件、銍两件），前文已介绍。此处略。

---

[1] 廖志豪、罗宝芸：《谈苏州葑门外河道内发现的耕战青铜器》，见苏州地区文化局、苏州市文物管理委员会、苏州博物馆：《苏州文物资料选编》（内部刊物），1980年9月，第66页。

[2] 廖志豪、罗保芸：《苏州葑门河道内发现东周青铜文物》，《文物》1982年第2期。

3.出土文物的时代

该批出土文物的时代,《苏州葑门河道内发现东周青铜文物》一文说:"这一批铜器大致属于春秋战国时期"且"估计是吴越战争时期的遗物。"[1]

上述锯镰、斤、锛、铚、锄等图片情况,前文叙述苏州出土的春秋战国时期的青铜农具时,已作介绍。而铜剑、铜镞以及镈等,如右:

(二)1977年苏州市城东北新苏丝织厂发现的东周铜器

1980年9月,其时的苏州地区文化局、苏州市文物管理委员会、苏州博物馆编有《苏州文物资料选编》(内部刊物)。该《苏州文物资料选编》中刊苏州博物馆考古组(杨锡璋执笔)《苏州发现一批东周青铜器》一文。该文后署名"苏州博物馆考古组"(杨锡璋执笔),以《苏州城东北发现东周铜器》为标题,另发表于《文物》1980年第8期。下文引文叙述,即以最早发表的《苏州发现一批东周青铜器》及公开发表的《苏州城东北发现东周铜器》二文为据。

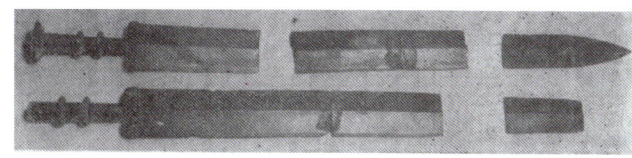
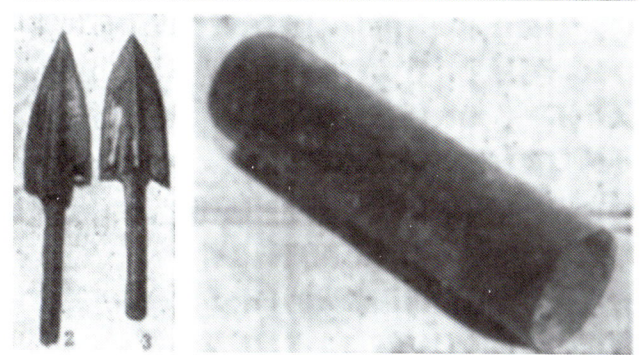

出土于苏州葑门内城河程桥下的铜剑两件(上)、铜镞两件(下左)及铜镈一件(下右)(录自《苏州葑门河道内发现东周青铜文物》[2])

1.发现经过

苏州市原新苏丝织厂,位于苏州市内西北街。《苏州发现一批东周青铜器》一文叙述原新苏丝织厂出土该批文物的情况说:"一九七七年九月初,苏州市城东北某厂(新苏丝织厂)在挖蓄水池时,在距地表约1.5米深处的淤泥中挖出青铜鼎一件,鼎上盖一个红陶罐,鼎内放着一批青铜器,有杯、锛、锄、镰、斤、矛、镞等。共出土铜器、陶器五十六件。苏州市博物馆得讯后,赶赴现场察看。铜鼎出土的地点,不是墓葬,也未见窖藏的迹象,只是一片淤泥(蓄水池挖在淤泥中,故不知淤泥范围,淤泥上不到一米的夹有大量瓦砾的表土层)。铜鼎周围,没有发现其他遗迹。"[3]

2.发现的文物情况

《苏州城东北发现东周铜器》一文叙述该处出土的文物情况,其中出土的农具,前文已介绍,此处以"(略)"示之,并保留原文所列序号。而出土文物的器物分类,如下:

"(一)铜鼎 二件。较大的即盛放五十六件器物的一件,平沿,立耳,腹稍外鼓,三蹄足外撇,一足已残。腹部无纹饰,耳内侧饰三角形纹。通高29.5、口径28厘米。另一件取出时已成碎片。

---

[1] 廖志豪、罗保芸:《苏州葑门河道内发现东周青铜文物》,《文物》1982年第2期。
[2] 廖志豪、罗保芸:《苏州葑门河道内发现东周青铜文物》,《文物》1982年第2期。
[3] 苏州博物馆考古组:《苏州发现一批东周青铜器》(执笔杨锡璋),见苏州地区文化局、苏州市文物管理委员会、苏州博物馆:《苏州文物资料选编》(内部刊物),1980年9月,第54页。

（二）铜杯（舟）　一件。直口，有肩，平底，素面，腹两侧有环形耳一对。口径12.5、高7.9、底径6厘米。

（三）铜锛　十二件，分四式（略）。

（四）铜锄　五件，分二式（略）。

（五）铜斤　六件，分二式（略）。

（六）铜镰　六件（略）。

（七）铜犁形器　一件（略）。

（八）铜矛　七件。矛身呈柳叶形，起脊。椭圆形銎，銎口有对称的两个缺口。通长21、銎长3.2厘米。

（九）铜镞　八件。其中六件为薄匕燕尾式，有脊，圆柱形铤。长6.7厘米。另二件都残，一件为三棱式，一件为有銎的薄匕燕尾式。

（十）铜剑　二件。皆残，一件只剩剑茎残段，另一件剩剑茎、剑身中段及刃尖部。两件剑茎皆为圆筒式，剑首为圆盘式。剑身断面呈菱形。形制与洛阳中州路东周墓葬的Ⅲ式剑相同。

（十一）铜削　三件。皆残。柄端有椭圆形小环。残长14.5厘米。

（十二）铜钻　一件。管筒形，顶端形成圆锥。长8.2、圆径1.6厘米。

（十三）铜带钩　一件。长仅3.3厘米。

（十四）折角铜片　一件。已残。形似半张开的合页，残长9.7厘米。

（十五）红陶罐　一件。已残。夹砂陶质。侈口，短颈，鼓肩，圆腹。颈以下通体饰拍印小方格纹，内壁有明显的手指纹及涂抹痕。口径12、壁厚0.5厘米。"[1]

3.文物的时代

关于该批发现的文物的时代，《苏州城东北发现东周铜器》一文说："这一批铜器的年代大致相当于春秋战国之际。铜鼎中的器物，一部分已碎断，似为有意打碎的，可能意味着经历过一次突然事件。苏州是春秋时吴国的都城所在，这批器物可能是吴败于越时仓促埋入地下的。"[2]

上述铜锄、铜镰、铜犁形器、铜斤和铜锛等图片情况，前文叙述苏州出土的春秋战国时期的青铜农具时，已作介绍。而铜鼎、铜杯、铜矛、铜镞以及铜带钩等器图片，如下：

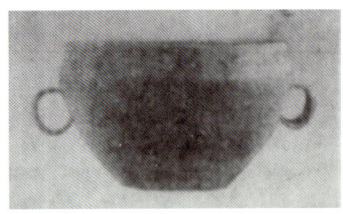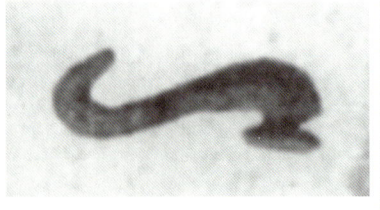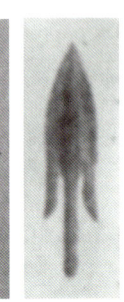

苏州市西北街原新苏丝织厂发现的铜鼎（左一）、铜杯（左二）、铜带钩（左三）、铜矛（左四）及铜镞（右）（录自《苏州城东北发现东周铜器》[3]）

---

[1]苏州博物馆考古组：《苏州城东北发现东周铜器》（执笔杨锡璋），《文物》1980年第8期。
[2]苏州博物馆考古组：《苏州城东北发现东周铜器》（执笔杨锡璋），《文物》1980年第8期。
[3]苏州博物馆考古组：《苏州城东北发现东周铜器》（执笔杨锡璋），《文物》1980年第8期。

(三)1986年苏州市城东相门内仓街江苏省第三监狱基建工地发现古代青铜器

1.发现经过

据苏州博物馆《江苏苏州市发现窖藏青铜器》一文叙述:"1986年3月3日,苏州市公安局教育科向本馆报告,他们在江苏省第三监狱基建工地发现古代青铜器。接到报告后,我馆即派员赶赴现场,因工程紧迫,当即配合工程进行了清理,计出土鼎、罍、瓿、编钟等器十余件。"原"江苏省第三监狱位(于)苏州市城东相门内仓街","从现场情况分析,似为一处窖藏"[1]。

2012年,"苏州城墙保护修缮工程竣工仪式"于今苏州相门城门前举行。该处即为搬迁前的原江苏省第三监狱,亦即1986年发现古代青铜器处(左)。苏州博物馆西馆展出的"青铜编钟"展器说明标牌(中)及青铜编钟(春秋,苏州市仓街窖藏遗址出土)(右)(吴恩培摄)

原江苏省第三监狱,现已搬迁,搬迁后其地复建苏州相门城门。2012年9月27日,"苏州城墙保护修缮工程竣工仪式"即于该复建的苏州相门城门前举行。1986年发现古代青铜器处,今已不可考。而该处出土的青铜编钟,苏州博物馆西馆开馆时予以展出。

2.文物发现情况

苏州博物馆《江苏苏州市发现窖藏青铜器》一文记录该处"出土的器物全为青铜器,器形类别有鼎、罍、瓿、鉴、盘、编钟、剑、器盖等"。其中:

"鼎 1件。已残破,器身有子母口,原应有盖,但在清理过程中未见器盖遗存。腹较深,微圆鼓,下部圆收成小平底,耳、足残缺已不完整,但从器沿残存耳根观察,附耳铸于口沿下,长方形,略向外侈,腹下附三蹄形足,蹄足臀部甚肥大。器腹中部有绹索凸棱一道,上下各饰双线组成的'S'纹。复原后,口径25.6、腹径26.4、通高约31.5厘米。

三足盘 1件。器残成三面,待修复。器口微敛,宽沿平唇,浅腹,平底,底中心略向内凹。沿下有双耳残痕,腹下为三只兽面形蹄足。器腹满饰凤鸟雷云纹,下施一道绹索凸棱纹。口径42.8、腹径4.3、底径36、通高11.6厘米。

罍 1件。器已变形残损,但能复原。侈口,厚唇,弧束颈,深腹微鼓,底残不明。颈部饰回纹组成的蟠螭纹,空隙处填以蝙蝠状兽首纹。……全器造型浑重而华丽。口径13、腹径24、高约29厘米。

瓿 1件。仅底部残损,喇叭形器口,平唇,束颈较短,广肩,上腹鼓大,下腹骤收,应为平底。……口径22、腹径38.8、高约30厘米。

---

[1] 苏州博物馆:《江苏苏州市发现窖藏青铜器》(王德庆),《考古》1991年第12期。

编钟　3件。形制完全相同、大小有序。最大一件通高19.4、最小一件17厘米。……

器盖　1件。局部有缺损,唯不见器身。盖作弧面圆形,侈口,做出假子口,盖面近沿铸以互相对称的四个兽首形环纽,子口下附有四个与兽首形环纽作45°交叉的兽面形垂钮(扣)。……

鉴　1件。器身甚薄,因此残损较甚,经复原器形较大……口径42.6、底径39.2、高5厘米。

剑　1件。出土时前锋残断,把首残存一截,剑锷断面呈菱形,狭格,把断面椭圆形中孔,残长26.5厘米。另残簋耳一件,作兽首形,纹锈已不能辨认。"[1]

3.出土青铜器的特点及时代

苏州博物馆《江苏苏州市发现窖藏青铜器》一文指出:"这次出土的青铜器,其显著特点:器形具有江南地方风格的特色,其次是在器物上普遍以变形蟠螭纹、双线'S'形纹、鱼鳞纹和互相叠交而繁密的羽状螺旋纹等,作为主要图案纹饰,而以锥器凿刻的连续虚线构成的纤细阴刻纹更具有一定的时代特点。"[2]

关于该出土青铜器的时代,苏州博物馆《江苏苏州市发现窖藏青铜器》一文指出:"这批窖藏青铜器,在所出的器物上都没有发现铭文可资佐证其时代,但从器物形制所施纹饰的风格特征以及冶铸的技术手法等方面来观察,与近年来各地已发现出土类似青铜器的墓葬和遗址相比较,不难推定其相对年代。……这批青铜器的时代,当也在春秋晚期至战国之际。""这次成组的青铜礼器出土于"春秋吴国"都城的区域之内,除鼎等器具有楚器风格外,余皆有浓厚的地方特色,可能为本地铸造的吴器"[3]。

(四)苏州市区及近郊出土或发现的春秋战国青铜剑

1.《吴县发现春秋时期的铜剑》

20世纪70年代,吴县发现和出土春秋时期的遗物——三柄铜剑。

苏州地区文化局、苏州市文物管理委员会、苏州博物馆1980年9月编的《苏州文物资料选编》(内部刊物),以及《文博通讯》1979年第23期,均刊载有署名为"吴县文管会张志新"的《吴县发现春秋时期的铜剑》一文。

该文说:"吴县横泾公社新联大队(今苏州吴中区横泾街道新湖村)干部、群众,在东太湖沿滩开挖鱼池过程中,先后发现三柄铜剑。一柄通长46厘米,宽4.8厘米。另一柄长58厘米,宽5厘米。两剑均为柳叶形;素面,脊直且居中;锷的前锋部分较剑身为窄,有收身;前锋圆中带尖,十分锋利。镡为圆管形,茎长、中空;剑首及剑身断面均呈菱形。这两剑与一九七五年南京博物院在吴县西山消夏湾征集的铜剑相近似(《文物》1977年第1期)。还有一柄残存半截,为剑的前锋部分,残长18厘米。中脊起楞,稍异于前两剑。"[4]

该文接下来说:"这三剑从形制看,都是春秋时期的遗物。发现时,在湖底淤泥中,位置无规则。这几年,这一带还有铜矛、铜戈、箭镞等兵器发现。这些剑的出土地点,邻近越来溪、尧峰山,

---

[1] 苏州博物馆:《江苏苏州市发现窖藏青铜器》(王德庆),《考古》1991年第12期。
[2] 苏州博物馆:《江苏苏州市发现窖藏青铜器》(王德庆),《考古》1991年第12期。
[3] 苏州博物馆:《江苏苏州市发现窖藏青铜器》(王德庆),《考古》1991年第12期。
[4] 张志新:《吴县发现春秋时期的铜剑》,见苏州地区文化局、苏州市文物管理委员会、苏州博物馆:《苏州文物资料选编》(内部刊物),1980年9月,第59页。

应属东太湖北段。沿岸的吴山岭、七子山、尧峰山、皋峰山、胥山等群峰连翩,为当时吴国的国境线。……这些兵器很可能是吴、越两国水上激战时失落水中的。前两剑出土时,仍完好,色呈青黝,并见闪光。"[1]

2.实物展出——苏州博物馆展出的出土于苏州市区及郊区的春秋、战国青铜剑

2015年,苏州博物馆展出的出土于苏州市区及郊区的春秋、战国青铜剑,分别如下:

(1)于苏州虎丘茶花三队出土的春秋青铜剑

苏州博物馆展出的窄格空首剑(春秋,苏州虎丘茶花三队出土,通长30.2厘米、柄长7.4厘米、剑身宽3.4厘米、厚0.85厘米)(吴恩培摄)

(2)于苏州洞庭公社正东大队五小队出土的春秋宽格圆茎复合剑

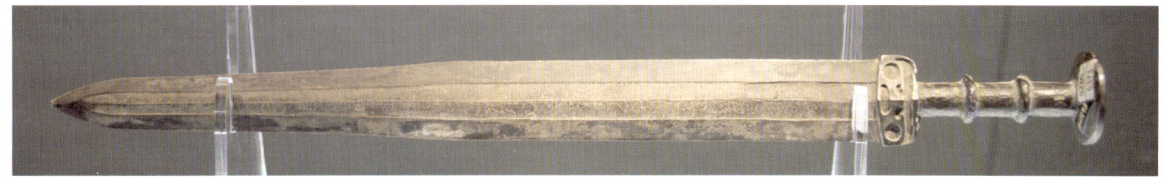

苏州博物馆展出的宽格圆茎复合剑(春秋,苏州洞庭公社正东大队五小队出土,通长45.9厘米、宽3.8厘米)(吴恩培摄)

(3)于苏州横塘公社采石场出土的春秋战国宽格圆茎剑

苏州博物馆展出的宽格圆茎剑(春秋战国,苏州横塘公社采石场出土,通长44.6厘米、宽3.9厘米)(吴恩培摄)

(4)于苏州丝绸印花厂出土的战国薄格扁茎剑

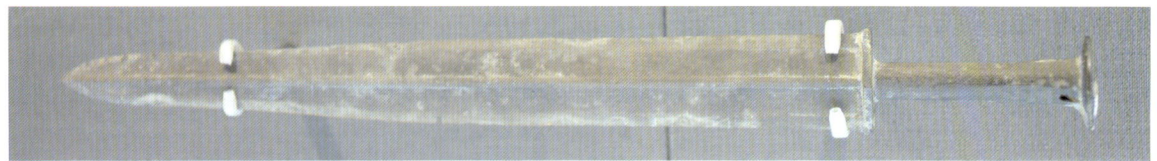

苏州博物馆展出的薄格扁茎剑(战国,苏州丝绸印花厂出土,长44.1厘米、格宽4.3厘米)(吴恩培摄)

---

[1]张志新:《吴县发现春秋时期的铜剑》,见苏州地区文化局、苏州市文物管理委员会、苏州博物馆:《苏州文物资料选编》(内部刊物),1980年9月,第59—60页。

(五)20世纪后半叶,苏州市区三次重要的批量出土及苏州市区、郊区零星出土和发现春秋战国青铜器的意义

1.对其后出现的"苏州城最早建于汉代"作无声批判

以上均为20世纪70年代苏州市区的苏州葑门内城河、苏州市城东北新苏丝织厂、相门内江苏省第三监狱及苏州郊区、吴县东太湖北段出土春秋、战国青铜器的相关情况。

上述诸器出土的当时,由于并无否定苏州古城为春秋吴都的危机意识存在,亦无苏州古城是始建于汉代的城市的说法出现,同时,相关传媒业亦远不如今日发达,因此上述春秋战国时期青铜器的出土和发现,在当时非但无轰动效应,即使在苏州社科学者中也未掀起涟漪。时至今日,笔者未寻检到论述上述青铜器出土意义之类的相关论文。这为其后否定苏州古城为春秋吴都、指说苏州古城是始建于汉代等种种不实说法,营造了一个环境。

须指出的是,其后出现的否定苏州古城为春秋吴都及苏州古城始建于汉代等学术观点的提出者,以及"苏州城出土文化遗物的年代最早为战国晚期"[1]的指说者,均为长期或供职于苏州博物馆,或供职于南京博物院的资深专业考古人士。他们应知上述的苏州市区的三次批量性质的青铜器及其他青铜器的出土情况,也应知上述青铜器出土的成果发表及其青铜器断代情况。然而,在知晓这些资讯的情况下,他们依然提出了前及诸如"苏州城出土文化遗物的年代最早为战国晚期"及"苏州城最早建于汉代"[2]等说法。

20世纪七八十年代,苏州古城范围内接二连三地出土或发现年代分别为"春秋战国时期"[3]"相当于春秋战国之际"[4]和"春秋晚期至战国之际"[5]的青铜器。基于这一事实,被称为"最早建于汉代"或"始建于汉代"的城市,能如此多批量地出土"春秋战国时期"的青铜器吗?

2.对标比较:以建于秦汉之际的广州作对标城市进行比较

建城年代为秦汉之际的广州,显然比一些学者所说"最早建于汉代"的苏州的年代更早。

关于广州的历史,广东省博物馆展出的《广东历史大事记》展板说:"秦始皇三十三年(公元前214年),秦始皇置南海郡。汉高祖三年(公元前204年),赵佗建立南越国。"而班固《汉书·地

广东省博物馆展出的《广东历史大事记》展板的部分内容(左)及位于广东广州的西汉南越王博物馆(右)(吴恩培摄)

---

[1]张敏:《吴国都城初探》,《南方文物》2009年第2期。
[2]钱公麟:《论苏州城最早建于汉代》,《东南文化》1990年第4期。
[3]廖志豪、罗保芸:《苏州葑门河道内发现东周青铜文物》,《文物》1982年第2期。
[4]苏州博物馆考古组:《苏州城东北发现东周铜器》(执笔杨锡璋),《文物》1980年第8期。
[5]苏州博物馆:《江苏苏州市发现窖藏青铜器》(王德庆),《考古》1991年第12期。

理志下》记载:"南海郡,秦置。秦败,尉佗王此地。……县六:番禺,尉佗都。有盐官。博罗,中宿,有洭浦官。龙川,四公,揭阳。莽曰南海亭。"[1]而按南海郡六县的首县排列为"番禺"来看,该"番禺"为南海郡郡治。

1983年发现的南越国第二代国王赵眜之墓,位于今广州解放北路。该墓址现为西汉南越王博物馆。该墓出土刻有"蕃禺少内"铭文的铜鼎4件,"少内"为秦官职名称。故该博物馆展出题为《鼎》的展板介绍:"刻有'蕃禺'的汉式铜鼎极为珍贵,'蕃禺'即番禺,为秦时所置县,后为南越国都,是广州建城的重要物证。"

由上可看出,《汉书·地理志下》记载的南海郡郡治番禺,即今广州。其建城年代为秦汉之际,早于一些学者所说"苏州城最早建于汉代"的苏州城的建城年代。然而,西汉南越王博物馆展出的赵眜墓出土器,年代均为汉初。而在今广州城内,并无批量出土过春秋战国青铜器的报告。

相比之下,被指说为"最早建于汉代"的苏州城城内,却一而再、再而三地多批次出土春秋战国青铜器。由此,既驳斥了"苏州城最早建于汉代"的不确,更反证了苏州的建城年代只能是春秋时代。

四、苏州葑门内城河程桥(城桥)出土器印证文献记载的"吴"城"东门",即今苏州葑门春秋时已然存在的二重证据叙述

前文第八章,根据"笠泽之战"的位置推测该战发生于今苏州古城东南吴淞江(笠泽江)的启示章节中,曾指出《左传》《国语》记载的吴、越"笠泽之战"及"笠泽之战"后《国语》记载的"没"之战、"郊"之战以及越军三战皆胜后"乃至于吴"[2],故以"启示"方式,说明春秋吴都"吴"城的位置与今苏州古城的位置重合。其中,提及吴、越"笠泽之战"处与春秋吴都"吴"城城门最近者为文献记载的吴"东门,……今名葑门"[3]以及"姑苏东门"[4]。该城门,即为今苏州古城东南的葑门。

前文第八章因叙述"笠泽之战"而拈连叙述"笠泽江"显示的与苏州古城的相对位置,故着重叙述于此。而本章内容,着重叙述距葑门不过百米的葑门内城河程桥(城桥)下的春秋战国出土器,并从二重证据的叙述角度,论述这批"地下之新材料"对上述关于葑门"纸上之材料"的印证,从而说明或印证今苏州葑门春秋时已然存在。

前文列先秦、两汉至明初等相关文献记载的春秋吴王阖闾、吴王夫差时的吴国都城时,曾提及明代卢熊《洪武苏州府志》记载"阖闾都":"白乐天云:'吴之东城,古吴都城。'"[5]

白乐天,即唐代著名诗人白居易。白居易于唐宝历元年(825)五月至宝历二年(826)九月时,任苏州刺史。值得注意的是,白居易为何仅将"吴之东城",而不是将"吴之南城""吴之西城""吴之北城"等与"古吴都城"作勾连?时至今日,虽无文献材料证实白居易这一判断的来源,

---

[1]《汉书·地理志下》,见班固:《汉书》,中华书局1962年,第1628页。
[2]《国语·吴语》,见左丘明撰、韦昭注:《国语》,上海古籍出版社2015年,第412页。
[3]张守节:《史记正义》,见司马迁:《史记》,中华书局1959年,第2180页。
[4]《荀子·宥坐》,见章诗同:《荀子简注》,上海人民出版社1974年,第322页。
[5]卢熊著、苏州市地方志办公室编:《洪武苏州府志》,广陵书社2015年,第78—79页。

但鉴于白居易时为苏州地方最高行政官员的身份，不能排除他可能接触到前代流传下的官府文档等文献材料。

然而，当将苏州葑门内城河程桥（城桥）的春秋战国出土器与相距不过百来米的苏州古城葑门联系在一起时，或许能对"白乐天云：'吴之东城，古吴都城'"产生新的理解。

（一）"吴东门"，即今苏州古城之葑门的文献记载

1.《荀子·宥坐》篇记载的"姑苏东门"

先秦文献《荀子·宥坐》篇说："女以谏者为必用邪？吴子胥不磔姑苏东门外乎！"[1]意指，你认为劝谏的人就一定会被任用的吗？吴国的伍子胥不是被碎尸于姑苏城东门外吗！

此处，先秦诸子著作中记载的"姑苏东门"，即为春秋吴都"吴"城之"东门"。

2.《国语·吴语》记载的吴"东门"与孔颖达疏的"吴门"

《国语·吴语》记载：伍子胥"将死，曰：'以悬吾目于东门，以见越之入，吴国之亡也。'"[2]《左传·哀公十一年》记载：伍子胥"将死，曰：'树吾墓槚，槚可材也，吴其亡乎！'"[3]孔颖达对之疏曰："《吴语》云：子胥将死，曰：'而县吾目于吴门，以见越人之入，吴国之亡也。'"[4]

此处，孔颖达疏时，将《国语·吴语》的吴"东门"记作"吴门"。

3.《史记》记载的"吴东门"及张守节《史记正义》的注释：越"是从东门入灭吴"及"东门……今名葑门"

《史记》记载伍子胥之死时，有多篇均记载"吴东门"，而张守节《史记正义》，亦多为之作注。如下：

（1）《史记·吴太伯世家》

《史记·吴太伯世家》记载伍子胥临死前说："抉吾眼置之吴东门，以观越之灭吴。"[5]张守节《史记正义》注曰："'门曰鱃鲟'。是从东门入灭吴也。"[6]

（2）《史记·伍子胥列传》

《史记·伍子胥列传》亦记载为："抉吾眼县吴东门之上，以观越寇之入灭吴也。"[7]张守节《史记正义》注曰："东门，鱃门，谓鲟门也，今名葑门。"[8]

4.推论

由以上文献记载可以作如下推论：战国时文献《国语·吴语》记载的吴"东门"，即先秦文献《荀子·宥坐》篇记载的"姑苏东门"，亦即西汉司马迁《史记》记载的"吴东门"。唐代时孔颖达将该吴"东门"记作"吴门"。而同为唐代时的张守节在其《史记正义》中，一是指出，越灭吴，"是从东门入灭吴也"；一是指出，吴"东门"，唐代时"今名葑门"，亦即今苏州古城葑门。

---

[1]《荀子·宥坐》，见章诗同：《荀子简注》，上海人民出版社1974年，第322页。
[2]《国语·吴语》，见左丘明撰、韦昭注：《国语》，上海古籍出版社2015年，第398页。
[3]《左传·哀公十一年》，见《春秋左传正义》，北京大学出版社1999年，第1660页。
[4]孔颖达疏，见《春秋左传正义》，北京大学出版社1999年，第1660页。
[5]《史记·吴太伯世家》，见司马迁：《史记》，中华书局1959年，第1472页。
[6]张守节：《史记正义》，见司马迁：《史记》，中华书局1959年，第1473页。
[7]《史记·伍子胥列传》，见司马迁：《史记》，中华书局1959年，第2180页。
[8]张守节：《史记正义》，见司马迁：《史记》，中华书局1959年，第2180页。

上述文献记载的吴"东门",即春秋"吴"城"东门"。而春秋末期的吴、越"笠泽之战",发生于今苏州东南的松江(笠泽江、吴淞江)。该战不论在松江的哪一河段,其作战处距春秋吴都"吴"城(今苏州古城)最近的城门即为吴"东门"的葑门,亦即今苏州古城的葑门。

因此,文献记载了今苏州古城葑门在春秋时的存在,同时记载了苏州古城在春秋时的存在。而前述唐代白居易苏州刺史任上"吴之东城,古吴都城"的判断,则记录了含吴"东门"在内的"吴之东城",与"古吴都城"之间所存在的内在联系。

(二)葑门内城河程桥出土春秋战国时期青铜器的意义

葑门内城河程桥,地近葑门原城门旁而处城门内。而内城河河道通葑门水城门。春秋战国时期青铜器出土处,距葑门城门的陆门、水门,均不足百米,即在葑门内城城门下。

在这被多部古代文献记载的"吴东门"下,出土了"一批铜器大致属于春秋战国时期"且"估计是吴越战争时期的遗物"[1]。其意义即在于,据王国维"二重证据法",以"地下之新材料"的葑门内城河程桥出土的春秋战国时期青铜器"补正纸上之材料",即"补正"《国语·吴语》《荀子·宥坐》以及《史记》等文献关于"吴东门"即今苏州葑门的记载。所有这些,亦使得苏州葑门乃至苏州古城的客观存在,成为"已得证明者不能不加以肯定,可断言也"[2]。

如果说,1957年考古部门在平门的"城墙下层"发掘出了"约当春秋战国时期"的"印纹硬陶"[3],从宏观角度使得春秋吴都"吴"城即今苏州古城的城址、年代,第一次完成它的文献记载与考古结论相合的学术论证,那1975年葑门内城河道内程桥下东周青铜器的出土,则从一座城门的微观角度,使得"吴东门"乃至春秋吴都"吴"城,再一次完成了它的文献记载与考古出土器相合的学术论证。

(三)唐锦琼《苏州城内东周遗存的时代》一文的学术倾向及其评析

1.不妥当的双重标准

前文曾提及木渎灵岩山两次考古的春秋、战国时期青铜出土器情况为:木渎灵岩山第一次考古未见春秋、战国时期的青铜器出土,而第二次考古出土"铜镞(10SDK T9326d ⑨:1)"一件。

而以之与20世纪七八十年代苏州市区三批次出土、发现的八十余件春秋、战国青铜器相比,并不在一个数量级上。

2010年至2011年参与木渎灵岩山一带第二次考古报告,且为该次考古报告执笔者之一的唐锦琼,撰写了《苏州城内东周遗存的时代》一文,刊发于中国社会科学院考古研究所夏商周考古研究室编《三代考古》(四)(科学出版社,2011年12月出版)。

该撰者并未参与诸如1957年苏州平门城墙、2005年平四路考古,参与发掘的只是木渎灵岩山一带的第二次考古,然而该文却不止一次对前人考古报告进行否定。如,南京博物院《苏州市和吴县新石器时代遗址调查》(执笔罗宗真)中"平门遗址"的相关内容说:"城墙下层为早年堆积,其中含几何形印纹硬陶最多,这一层完全是土城……我们采集的遗物多半是城墙下层的,如果这一层

---

[1]廖志豪、罗保芸:《苏州葑门河道内发现东周青铜文物》,《文物》1982年第2期。
[2]王国维:《古史新证》,清华大学出版社1994年,第2页。
[3]南京博物院:《苏州市和吴县新石器时代遗址调查》(执笔罗宗真),《考古》1961年第3期。

是吴越建城时的城墙,那么这些遗物就是吴越时代的东西,而其中又以印纹硬陶最多,这就给印纹硬陶的时代问题提出比较可靠的证据。同时,这些堆积又压在新石器遗址的上面,因而印纹硬陶与新石器时代文化遗存的关系也更明显了。……它们相当于春秋战国时期。"[1]而该文在"新石器遗址"之"小结"处指出:"这一带所发现的印纹硬陶是属于江南地区约当春秋战国时的遗物。"[2]

对此,《苏州城内东周遗存的时代》一文却否认其年代说:"几何印纹陶的使用时代从夏商一直使用到战国时期。由于这些发掘资料发表有限,对该地层的年代,以及下层城墙的时代尚无法判断。"[3]

相比之下,该撰者参与执笔的木渎灵岩山一带第二次考古报告的《江苏苏州市木渎春秋城址》中,对"印纹陶片"等的时代厘定为:"河道底部淤泥中出土的印纹陶片、瓦片、铜镞、原始瓷碗、陶钵等遗物显示其使用时期为春秋晚期。"[4]

同一文化区的"印纹陶片",出土在苏州古城的"平门遗址"的"城墙下层",就成为"这些发掘资料发表有限,对该地层的年代,以及下层城墙的时代尚无法判断"。而出土在木渎灵岩山一带,就成为"其使用时期为春秋晚期"。

上述唐锦琼参与执笔撰写或撰写的二文均于2011年发表。

《苏州城内东周遗存的时代》一文以双重标准贬抑前人所做苏州古城的"平门遗址"的相关考古报告。与之同时,该文还宣称:"对苏州城墙的发掘表明,苏州城墙最早修建于汉代,未发现能够春秋晚期建城的直接证据。"[5]所有这些,都深深地打上了前及"灵岩古城"说的"苏州城最早建于汉代"[6]的烙印和纹章。

从这一意义上讲,《苏州城内东周遗存的时代》一文,一是有为"灵岩古城"说站台的学术倾向;二是明显地抛开了前述关于苏州古城的相关文献记载,并以主观臆断来代替相关文献记载。

以"铜镞"来说,前述在木渎灵岩山一带出土"铜镞"一件,该撰者参与执笔的《江苏苏州市木渎春秋城址》称"其使用时期为春秋晚期",而对苏州古城出土的"铜镞",《苏州城内东周遗存的时代》一文却又说:"20世纪70年代初,曾在娄门和葑门外侧城墙上出土数十枚东周时期铜箭镞[7]。这些铜镞应该是修建城墙时由周围地层中取土所致。铜镞是商周时期常见的青铜兵器,一直延续使用到汉代。这些铜镞的形制不明,对其时代难以做出准确的判断,也就无从推究城墙的时代。"[8]此外,如前文所述,苏州葑门内城河程桥下亦曾出土铜镞两件,而苏州城东北

---

[1]南京博物院:《苏州市和吴县新石器时代遗址调查》(执笔罗宗真),《考古》1961年第3期。
[2]南京博物院:《苏州市和吴县新石器时代遗址调查》(执笔罗宗真),《考古》1961年第3期。
[3]唐锦琼:《苏州城内东周遗存的时代》,见《三代考古》(四),科学出版社2011年,第416页。
[4]中国社会科学院考古研究所、苏州市考古研究所、苏州古城联合考古队:《江苏苏州市木渎春秋城址》(执笔徐良高、张照根等),《考古》2011年第7期。
[5]唐锦琼:《苏州城内东周遗存的时代》,见《三代考古》(四),科学出版社2011年,第423页。
[6]钱公麟:《论苏州城最早建于汉代》,《东南文化》1990年第4期。
[7]此处原文加注:"根据介绍:'上世纪七十年代初,在娄门外侧城墙上出土数十枚春秋战国时期的铜箭镞。另据苏州博物馆原副馆长姚世英先生告知,在葑门一带的城墙上也发现不少同样的铜箭镞。'参见张维明:《吴王阖闾都城考——关于苏州木渎春秋古城遗址的讨论》,《文明寻踪——太湖地区早期文明及其演变》,古吴轩出版社,2009年。但在此文章另一发表处,此段话不见,参见《苏州科技学院学报(社会科学版)》27卷3期,2010年5月。"
[8]唐锦琼:《苏州城内东周遗存的时代》,见《三代考古》(四),科学出版社2011年,第417页。

的原新苏丝织厂曾出土铜镞八件。

木渎灵岩山一带出土的"铜镞"为"春秋晚期";而苏州古城出土的"铜镞",或为"时代难以做出准确的判断",或为"战国早期"[1],或为"春战之交或略晚"[2],但无一为春秋时期。而前文及下文所说这些铜镞等最早发表于考古刊物上的结论或推测,诸如"大致属于春秋战国时期"(葑门内城河程桥下的两件铜镞等)及"可能是吴败于越时仓促埋入地下的"(城东原新苏丝织厂的八件铜镞等)年代等,一概不见。为否定苏州古城为春秋时期的吴都,《苏州城内东周遗存的时代》一文以双重标准作判断,极不妥当。

2.《苏州城内东周遗存的时代》一文对苏州古城内20世纪七八十年代三次青铜器的出土和发现的叙述

除上述足以形成比较关系的同一器物铜镞外,该文对苏州古城内20世纪七八十年代三次青铜器的出土和发现,同样以论述不一的方式,质疑学者公开发表且以出土器印证苏州古城历史的相关文献。

①1975年10月,葑门内城河程桥下出土和发现的青铜器

1975年10月,葑门内城河程桥下的出土和发现情况,如前文述,出土和发现的铜器情况为:剑两件、镞两件、镈一件、斤两件、锯镰四件、锛四件、锄一件、铚两件,共十八件青铜器。而关于"葑门内城河道程桥下"发现的东周青铜文物的年代,《苏州葑门河道内发现东周青铜文物》一文分析说:"所出铜剑,带暗纹的一件,与山西出土的吴王光剑、湖北襄阳出土的吴王夫差剑,特别与湖北江陵出土的越王勾践剑相似。素面的一件,与以前苏州地区吴江苑萍、东山湖底所出的同样,估计是吴越战争时期的遗物。一批青铜农耕工具的出土,再一次说明江南地区使用铜农具的普遍程度。铜锯镰在江苏金坛、苏州和浙江绍兴都有出土。凹字形铜锄与湖北蕲春西周遗址中发现的相似。这一批铜器大致属于春秋战国时期。"[3]

《苏州城内东周遗存的时代》一文,对之的时代则先厘定为:"葑门地点出土的两件铜剑。……这两把剑的时代在春秋晚期至战国早期之间,有可能要晚到战国早期。因此,葑门地点遗存的时代不早于两把铜剑的时代,在春秋晚期至战国早期。"[4]其后,又删去了前说的"春秋晚期"而厘定为:"资料发表较多的葑门地点、新苏丝织厂地点的时代属战国早期。"[5]在这删改之间,既显现出二者先后论述不一,更有着刻意将时代往后拉的倾向。

②1975年10月,苏州城东北发现东周铜器

1977年9月,苏州市城东北新苏丝织厂挖蓄水池时,在距地表约1.5米深的淤泥中挖出青铜鼎一件,鼎口盖一个红陶罐,鼎内盛放青铜杯、锛、锄、镰、斤、矛及镞等共五十六件。而关于苏州市城东北新苏丝织厂出土和发现的铜器年代,《苏州城东北发现东周铜器》一文分析说:"这批铜器中,铜斤与中原地区殷周时期的铜斤几乎完全相同。铜镰还保存着殷周时期石镰的形制,与战

---

[1]唐锦琼:《苏州城内东周遗存的时代》,见《三代考古》(四),科学出版社2011年,第423页。
[2]唐锦琼:《苏州城内东周遗存的时代》,见《三代考古》(四),科学出版社2011年,第421页。
[3]廖志豪、罗保芸:《苏州葑门河道内发现东周青铜文物》,《文物》1982年第2期,第90页。
[4]唐锦琼:《苏州城内东周遗存的时代》,见《三代考古》(四),科学出版社2011年,第419—421页。
[5]唐锦琼:《苏州城内东周遗存的时代》,见《三代考古》(四),科学出版社2011年,第423页。

国时期的弯月形铁镰不同。盖在铜鼎上的红陶罐,与太湖流域东周时期常见的印纹硬陶罐相同。铜鼎与江苏六合程桥春秋后期墓中所出铜鼎完全相同。因此,这一批铜器的年代大致相当于春秋战国之际。铜鼎中的器物,一部分已碎断,似为有意打碎的,可能意味着经历过一次突然事件。苏州是春秋时吴国的都城所在,这批器物可能是吴败于越时仓促埋入地下的。"[1]

而《苏州城内东周遗存的时代》在叙述该处出土情况后说:"向桃初先生将程桥M1铜鼎的时代定在春秋晚期,将新苏丝织厂铜鼎的时代定为春秋战国之交[2],也反映出两者的差异。因此,新苏丝织厂铜鼎的时代应在春战之交或略晚。"[3]

吴国灭亡于春秋末期且接近于"春秋战国之交"。因此,上引苏州博物馆考古组《苏州城东北发现东周铜器》对这批青铜器所作的判断"这批器物可能是吴败于越时仓促埋入地下的",与这一"春秋战国之交"的年代相吻合。然而,唐锦琼《苏州城内东周遗存的时代》则刻意地将之变为"春战之交或略晚"。添加的一个"略晚",似乎意欲把这批铜器的时代"略晚"到战国去。接下来又说:"该地点出土的红陶罐为侈口、短颈、鼓肩、圆腹。颈以下通体饰拍印小方格纹。与之形制相近的陶罐出于上海戚家墩遗址下层(H4:2)。前文已述,此层位属太湖流域周文化的第三期,时代应在吴国灭亡之后。小方格纹也是太湖流域战国时期陶器上的典型纹饰。可见,陶罐的时代较有可能属战国时期,最早不过战国初年。"[4]

而李伯谦《我国南方几何形印纹陶遗存的分区、分期及其有关问题》一文,言及"太湖区(包括杭州湾地区)"的"三期以马桥三层、戚家墩下层、寺前村上层等为代表"时说:"主要因素由二期直接发展而来,基本面貌与宁镇区三、四期类似。……本期的年代约相当于春秋,下限或可到战国早期。"[5]

由此可见,《苏州城内东周遗存的时代》将苏州市城东北新苏丝织厂出土的红陶罐与上海戚家墩遗址下层陶器比较,但又采用该遗址年代"下限"的"战国早期",而舍弃非下限即通常情况下的"相当于春秋"。其动因,或和前文将该处出土的"铜鼎"年代添加的一个"略晚"一样,目的是把这批铜器的年代"略晚"而划归至战国去,从而将原报告所说"吴败于越时仓促埋入地下的"推测与判断消解于无形。

③ "性质不明"与"危险"

《苏州城内东周遗存的时代》对苏州古城内20世纪七八十年代三次青铜器的出土和发现发表意见说:"不论是葑门地点、新苏丝织厂地点还是第三监狱地点,这些遗物均非出自墓葬、房址、灰坑等具体考古单位。仅根据这些性质不明的遗存,就推断此处存在一座城址是十分不当且危险的。"[6]

这里需要厘清的是:

首先,什么是"性质不明"的遗存?

---

[1] 苏州博物馆考古组:《苏州城东北发现东周铜器》(执笔杨锡璋),《文物》1980年第8期。
[2] 原文此处加注:"向桃初:《'越式鼎'研究初步》,《古代文明》(第4卷),文物出版社,2005年,附表一,97页。"
[3] 唐锦琼:《苏州城内东周遗存的时代》,见《三代考古》(四),科学出版社2011年,第421页。
[4] 唐锦琼:《苏州城内东周遗存的时代》,见《三代考古》(四),科学出版社2011年,第421页。
[5] 李伯谦:《我国南方几何形印纹陶遗存的分区、分期及其有关问题》,《北京大学学报(哲学社会科学版)》1981年第1期。
[6] 唐锦琼:《苏州城内东周遗存的时代》,见《三代考古》(四),科学出版社2011年,第423页。

其次,《苏州城内东周遗存的时代》撰者参与执笔的木渎灵岩山第二次考古的考古报告《江苏苏州市木渎春秋城址》说:"河道底部淤泥中出土的印纹陶片、瓦片、铜镞、原始瓷碗、陶钵等遗物显示其使用时期为春秋晚期。"[1]这里从"河道底部淤泥中出土"与《苏州葑门河道内发现东周青铜文物》描述的"文物出土于葑门内城河程桥下,是从河底以下深140厘米的一个圆形土穴中用手捧起来的"[2],二者又有什么区别?而木渎灵岩山的第二次考古,不正是"根据这些性质不明的遗存,就推断此处存在一座城址"——"其性质为一座春秋晚期具有都邑性质的城址"[3]吗?

其三,相比之下,为什么苏州古城内的相关春秋遗存的出土,就成为"性质不明的遗存",并成了由此"推断此处存在一座城址是十分不当且危险的"?这里的"危险",内涵指的又是什么?

其四,本书前文即据地近葑门的葑门内城河程桥下的出土青铜器,结合古代文献《荀子·宥坐》《国语·吴语》《史记》记载的"吴东门"及张守节《史记正义》的注释等,作出土器印证文献记载的"吴"城"东门",即今苏州古城葑门春秋时即存在的论断。这里,遵循"二重证据法"而据出土器和文献记载相合所做的"推断",其"危险"又何在?而该撰者将"苏州城墙最早修建于汉代"[4]奉为圭臬,是否就不"危险"了呢?

其五,前文《江苏苏州市发现窖藏青铜器》一文关于原江苏省第三监狱的"发现窖藏青铜器"的文字发表于《考古》1991年第12期时,与前两文署名分别为个人、苏州博物馆的部门不同的是,该署名为"苏州博物馆"。该处出土器年代为"春秋战国之际"且"这次成组的青铜礼器出土于(吴国)都城的区域之内,除鼎等器具有楚器风格外,余皆有浓厚的地方特色,可能为本地铸造的吴器"[5]等,当为苏州博物馆的官宣意见。而唐锦琼《苏州城内东周遗存的时代》一文,对上述苏州博物馆的意见即该处出土器的年代意见,先作抽象肯定,继而在"但"后作具体否定说:"第三监狱地点的时代,在春秋晚期至战国早期之间,但城内其他地点均未发现春秋晚期遗存,其为战国早期遗存的可能性更大。"[6]姑且不论葑门及原新苏丝织厂出土器年代被其一一否定,其再次否定原江苏省第三监狱出土器年代的理由是否充分,2021年9月苏州博物馆西馆开馆并展出原江苏省第三监狱出土器"青铜编钟"时,标示该器年代为"春秋"。这意味着,唐锦琼发表"否定"意见十年后,苏州博物馆西馆对之作出"否定之否定"的结论。同时,对其上述苏州城内"均未发现春秋晚期遗存"及"就现有材料,苏州城内未能发现明确为春秋晚期的遗存,也就无从与伍子胥所建的吴城相关联"[7]等结论进行否定。

④真正的"危险":来自否定文献记载而将"二重证据法"变身为"一重证据法"

对春秋吴国都城研究的真正"危险",是来自对学界规则——"二重证据法"的漠视和舍弃,

---

[1] 中国社会科学院考古研究所、苏州市考古研究所、苏州古城联合考古队:《江苏苏州市木渎春秋城址》(执笔徐良高、张照根等),《考古》2011年第7期。
[2] 廖志豪、罗保芸:《苏州葑门河道内发现东周青铜文物》,《文物》1982年第2期。
[3] 中国社会科学院考古研究所、苏州市考古研究所、苏州古城联合考古队:《江苏苏州市木渎春秋城址》(执笔徐良高、张照根等),《考古》2011年第7期。
[4] 唐锦琼:《苏州城内东周遗存的时代》,见《三代考古》(四),科学出版社2011年,第423页。
[5] 苏州博物馆:《江苏苏州市发现窖藏青铜器》(王德庆),《考古》1991年第12期。
[6] 唐锦琼:《苏州城内东周遗存的时代》,见《三代考古》(四),科学出版社2011年,第423页。
[7] 唐锦琼:《苏州城内东周遗存的时代》,见《三代考古》(四),科学出版社2011年,第423页。

来自弃"纸上之材料"而片面夸大"地下之新材料"为历史阐释的唯一判断来源,更来自将"二重证据法"变身为以个人主观解释"地下之新材料"(即考古材料)作为统领历史阐释判断唯一来源的"一重证据法"。

《苏州城内东周遗存的时代》一文废弃"纸上之材料"说:"根据《吴越春秋》所载,春秋晚期,'阖闾元年,……子胥乃使相土尝水,象天法地,造筑大城'。对于此城的地望,以往多认为即今苏州城。如唐代张守节所做的《史记》之《正义》直言:'至二十一代孙光,使子胥筑阖闾城都之,今苏州也。'此后,地方史志多沿袭此说,如宋代范成大所著《吴郡志》即称:'阖闾城,吴王阖闾自梅里徙都,即今郡城。'宋人朱长文所撰《吴郡图经续记》所言:'及阖闾立,乃徙都,即今之州城是也。'近人钱穆所著《史记地名考》指出即'今苏州也'[1]。权威的《中国历史地图集》亦将吴都标注在今苏州城的位置处[2]。此说似成学术界定论。更有学者认为苏州城延续使用了两千余年,古今位置未变,甚至连城墙、城门等布局基本未变。"[3]

该文的论述,须厘清如下几点:

其一,上引《苏州城内东周遗存的时代》末句:"更有学者认为苏州城延续使用了两千余年,古今位置未变,甚至连城墙、城门等布局基本未变。"该句所指,乃是出诸北宋朱长文《吴郡图经续记》的如下记载:"自吴亡至今仅二千载,更历秦、汉、隋、唐之间,其城㘍、门名,循而不变。"[4]对此,顾颉刚先生曾发表过"苏州城之古为全国第一,尚是春秋时物……其所以历久而不变者,即以为河道所环故也"[5]的著名学术观点。因此,上述《苏州城内东周遗存的时代》一文的"更有学者",不知其所指究为北宋朱长文,抑或是当代顾颉刚,更或是二者均指?

其二,《苏州城内东周遗存的时代》一文所列东汉赵晔《吴越春秋》、唐张守节《史记正义》、北宋朱长文《吴郡图经续记》、南宋范成大《吴郡志》、近人钱穆《史记地名考》及谭其骧《中国历史地图集》等,是否意指上述这些古今文献均错讹而不可信?

其三,若是这些古今文献均错讹而不可信,那也当作令人信服的小心求证,以证其不可信。

其四,姑且不论现代学者是否有权力对历史文献妄作否定,而对上述文献凡记载春秋吴国都城者之或"造筑"(《吴越春秋》),或"都之"(张守节《史记正义》),或"徙都"(朱长文《吴郡图经续记》、范成大《吴郡志》)等,概在否定之例,似乎亦有违王国维的"二重证据法"。该"二重证据法"核心要点即说的是"地下之新材料"对"纸上之材料"的补正和证明,说的是"虽古书之未得证明者不能加以否定",更说的是"其已得证明者不能不加以肯定,可断言也"[6]。而并非指废弃"纸上之材料"而使"地下之新材料"为历史阐释的唯一判断来源。而从理论上讲,当把"二重证据法"的"纸上之材料"都否定了,则"地下之新材料"对"纸上之材料"的补正和证明,又如何体现呢?

---

[1] 此处原文加注:"钱穆:《史记地名考》,商务印书馆,2004年,933页。"
[2] 此处原文加注:"中国历史地图集编辑组:《中国历史地图集》(第一册),中国地图学社,1975年,25—26页。"
[3] 唐锦琼:《苏州城内东周遗存的时代》,见《三代考古》(四),科学出版社2011年,第415页。
[4] 朱长文:《吴郡图经续记》,江苏古籍出版社1986年,第5页。
[5] 顾颉刚:《苏州史志笔记》,江苏古籍出版社1987年,第37页。
[6] 王国维:《古史新证》,清华大学出版社1994年,第2页。

其五，上引《苏州城内东周遗存的时代》一文叙述："根据《吴越春秋》所载，春秋晚期，'阖闾元年，……子胥乃使相土尝水，象天法地，造筑大城'。"接下来，该文以否定口吻说："对于此城的地望，以往多认为即今苏州城。"由此，该文或是意图表述《吴越春秋》记载的伍子胥所筑"大城"，并非"即今苏州城"，而是撰者参与执笔撰写的《江苏苏州市木渎春秋城址》中的"木渎古城"，或曰"灵岩古城"。是耶？非耶？

其六，如上所引，《苏州城内东周遗存的时代》一文撰者对古代文献凡记载春秋吴国都城与"今苏州也"存有关联者，概作否定之举。然而，当把这些与"今苏州也"存有关联的文献都否定了，那对春秋吴国都城或都邑的历史诠释，还能听从什么？是听从《江苏苏州市木渎春秋城址》所说的"其性质为一座春秋晚期具有都邑性质的城址"[1]？然而，这里的"都邑性质的城址"，也不过是"都邑性质"而已，并非意涵明确的春秋吴国的"都邑城址"（相关叙述，另见下文）。而当《苏州城内东周遗存的时代》一文作警示性质而亮起"危险"红灯时，真正的"危险"，其实即是来自《苏州城内东周遗存的时代》论述的以"地下之新材料"为统领历史阐释、判断之唯一来源且有着浓重的个人主观色彩的"一重证据法"。正是在这"一重证据法"指导之下，凡记载春秋吴都与苏州古城有关联的古今文献，一概否定。

其七，前引李学勤先生《"二重证据法"与古史研究》一文说："王国维先生的'二重证据法'实际是对古史研究中历史学与考古学关系的表述。"[2]也正是在这篇文章中，李学勤先生提出了国际上近期流行的"原史时期"概念。

因此，春秋吴国的研究，当以文献材料为主。而这一时期，历史文献如《春秋经》《左传》《国语》等，都已出现。上述"二重证据法"及史前时期、原史时期及历史时期的划分理论，对指导春秋吴王阖闾、夫差时期的吴国都城研究，有着极其重要的意义。

⑤《苏州市区东周遗存分布示意图》

《苏州城内东周遗存的时代》一文说："历年来在苏州城内也发现一定数量的东周时期遗存。很多学者即以此作为苏州是吴国都城之所在的证据。[3]"[4]其实，这本就是构成吴国都城之所在的证据，不容置疑。然而，该文意图对之作一一否定时，还特意刊发了《苏州市区东周遗存分布示意图》，如右：

图中标示的"▲"处，为遗址和东周青铜器出土处，

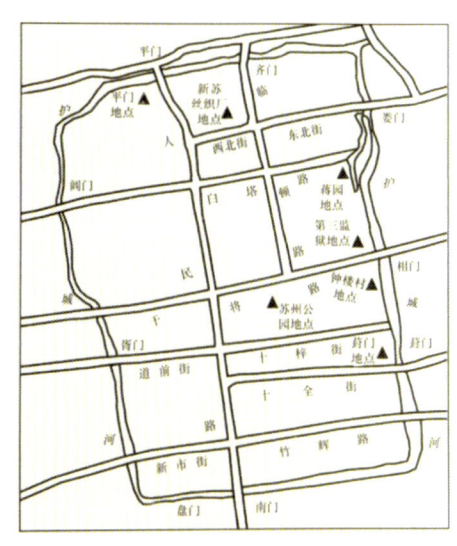

苏州市区东周遗存分布示意图（录自《苏州城内东周遗存的时代》[5]）

---

[1]中国社会科学院考古研究所、苏州市考古研究所、苏州古城联合考古队：《江苏苏州市木渎春秋城址》（执笔徐良高、张照根等），《考古》2011年第7期。
[2]李学勤：《"二重证据法"与古史研究》，《清华大学学报（哲学社会科学版）》2007年第5期。
[3]此处原文加注："吴奈夫：《春秋吴都研究的若干问题》，《苏州大学学报（哲学社会科学版）》，1992年4期。"
[4]唐锦琼：《苏州城内东周遗存的时代》，见《三代考古》（四），科学出版社2011年，第415页。
[5]唐锦琼：《苏州城内东周遗存的时代》，见《三代考古》（四），科学出版社2011年，第416页。

共七处。其出处分为两类：

一类四处分别出自南京博物院《苏州市和吴县新石器时代遗址调查》（刊于《考古》1961年第3期）一文所记述的"平门遗址"（即上述"▲平门地点"）、"钟楼村遗址"（即上述"▲钟楼村地点"）、"苏州公园遗址"（即上述"▲苏州公园地点"）和"蒋园遗址"（即上述"▲蒋园地点"）。二类三处即前文所述20世纪七八十年代的苏州古城内的三次重要春秋、战国青铜器的出土或发现。一为出诸廖志豪、罗保芸撰写的《苏州葑门河道内发现东周青铜文物》一文中的"葑门河道"（即上述"▲葑门地点"），二为出诸苏州博物馆考古组《苏州城东北发现东周铜器》（执笔杨锡璋）一文的"苏州城东北"（即上述"▲新苏丝织厂地点"），三为苏州博物馆《江苏苏州市发现窖藏青铜器》（王德庆）一文中位于苏州市城东相门内仓街的原"江苏省第三监狱"（即上述"▲第三监狱地点"）。

结合《苏州城内东周遗存的时代》一文的论述来看，该文制作上图的本意似乎是为否定苏州城内的东周遗存，并消除上述三次出土器发现的影响。但与制图者初衷相悖的是，它恰恰成为苏州古城内东周遗存的分布示意图。尽管该文撰者刻意将上述东周的春秋时代往后拉向东周的战国时代，但该分布示意图则有力驳斥了《苏州城内东周遗存的时代》一文所说"苏州城墙最早修建于汉代"[1]的说法。道理其实很简单，一个"最早修建于汉代"的城墙及其围圈起的城市，竟能有如此多的东周遗存？前文曾以建于秦汉之际的广州作对比，而未知该文撰者能否在全国范围的汉代历史古城中找出一个有多批次东周青铜器出土的例子。

五、1982年苏州以"春秋时为吴国都城"列入国家第一批历史文化名城名单及1986年苏州建城两千五百年庆典

（一）1982：国务院文件〔国发（1982）26号〕的下发及苏州以"春秋时为吴国都城"列入国家第一批历史文化名城名单

1981年，侯仁之、郑孝燮和单士元等专家进言，经当时的国家基本建设委员会、国家文物事业管理局和国家城市建设总局采纳，1981年12月28日，上述三部委向国务院上报《关于保护我国历史文化名城的请示》，在请示中提议将北京等24个有重大历史价值和革命意义的城市作为国家第一批历史文化名城，加强管理和保护。苏州为其中之一，简述的入选理由为"苏州，春秋时为吴国都城"等。

1982年2月8日，国务院下发《国务院批转国家基本建设委员会等部门关于保护我国历史文化名城的请示的通知》〔国发（1982）26号〕。文件所附《国家第一批历史文化名城名单（24个）》中，苏州名列第五。国务院批准并公布时，有关苏州古城历史地位的定义，即前述的"春秋时为吴国都城"[2]。

因是国务院下发文件，故如今各地档案馆均藏有该文件（苏州市档案馆入藏该文件的相关

---

[1] 唐锦琼：《苏州城内东周遗存的时代》，见《三代考古》（四），科学出版社2011年，第423页。
[2] 苏州市档案馆：《中央领导同志和国务院有关保护苏州古城风貌和今后建设方针的部分批示、文件》，第24—26页，1984年1月21日。档号C1—1—332。

数据为:卷宗《中央领导同志和国务院有关保护苏州古城风貌和今后建设方针的部分批示、文件》,第24—26页,1984年1月21日。档号C1—1—332)。

上述三部委吸收专家意见的请示,经国务院批转后,呈文中的意见即已转化为国务院即中央政府的意见,从而体现为国家意志了。

而从秦置"吴"县及其所含的对"故吴旧都"即"吴县"的行政认定,体现了中国历史上第一次统一后的中央政府秦王朝对今苏州古城为"故吴旧都"的行政认定。这一行政认定与今日中央政府即国务院对苏州"春秋时为吴国都城"的行政认定,其间文化精神一脉相承,清晰而明了。

(二)1986:苏州举办纪念建城两千五百年各类活动

《苏州市志》(江苏人民出版社1995年)"总述"记载:"苏州古城始建于春秋后期吴王阖闾元年(公元前514)"[1],故1986年为该古城建城两千五百年。上述《苏州市志》"大事记"之"1986年",记载与上述古城建城两千五百年相关的事件,如下:

"10月15日 市委、市人大、市政府、市政协在公园会堂隆重举行纪念苏州建城2500年大会。参加纪念大会的有中央和省有关负责同志,日本国池田、金泽等友好城市代表团,港澳知名人士,在苏州的外国专家以及各界代表1400余人。"

除上述外,相关学术机构和学术组织在苏州举办的纪念苏州建城两千五百年活动,如下:

1.江苏省历史学会、苏州市历史学会和苏州大学历史系联合举办的纪念苏州建城两千五百年学术讨论会

《苏州大学学报》1987年第2期发表了署名"卫平"的题为《纪念苏州建城二千五百年学术讨论会在苏州大学举行》的学术简讯:"1986年11月22日至25日,江苏省历史学会、苏州市历史学会和苏州大学历史系在苏州大学联合举办了纪念苏州建城二千五百年学术讨论会。参加这次会议的,有来自北京、上海、湖北、浙江和江苏南京、扬州以及苏州市的专家、学者一百余人。"简讯还指出:"这种以城市发展为中心内容的学术讨论会在全国还是首次。"[2]

2.江苏省考古学会暨江苏省吴文化研究会举行纪念苏州建城两千五百年学术讨论会

江苏省考古学会暨江苏省吴文化研究会于1986年10月也举行了纪念苏州建城两千五百年学术讨论会。贺云翱《纪念苏州建城二千五百年学术讨论会——江苏省考古学会暨省吴文化研究会1986年学术年会纪要》,刊于《江苏社联通讯》1987年第3期。该文说:"1986年10月21日至24日,江苏省考古学会暨省吴文化研究会在苏州召开了学术年会。与会代表有来自江苏、安徽、山东、江西、山西、陕西、浙江、广东、北京、上海等省市的专家学者共150多人,交流学术论文和资料80余篇。……这次会议是为纪念苏州建城2500年而举行,所以大会讨论中心是在苏州城市史与吴文化两个方面。"[3]其后,由江苏省吴文化研究会编、中山大学出版社1988年8月出版的《吴文化研究论文集》,即是这次会议的学术成果。而《吴文化研究论文集》的开篇即是中山大学教授商志醰撰写的《吴国都城的变迁及阖闾建都苏州的缘由——为纪念苏州建城2500年而作》一文。文中

---

[1] 苏州市地方志编纂委员会:《苏州市志》第一册,江苏人民出版社1995年,第1页。
[2] 卫平:《纪念苏州建城二千五百年学术讨论会在苏州大学举行》,《苏州大学学报》1987年第1期。
[3] 贺云翱:《纪念苏州建城二千五百年学术讨论会——江苏省考古学会暨省吴文化研究1986年学术年会纪要》,《江苏社联通讯》1987年第3期。

说:"阖闾元年(公元前514年),使伍胥在姑苏'造筑大城',此即苏州城之纪年,目前已为学术界公认。"[1]

六、结论:争议出现前的苏州文化生态

由上可知,在1982年苏州以"春秋时为吴国都城"列入国家第一批历史文化名城名单及1986年苏州举办庆祝建城两千五百年庆典时,对"学术界公认"的吴都即苏州古城及其城址、建城年代,无论是国家层面,还是历史学界、考古学界等学术层面,均未产生疑义和争议。史学家们取向的一致性,来自他们对苏州史研究的认知。而延续两千多年的春秋"吴都"即今苏州古城的传统学术观点,向为学界所赓续与传承。

第三节 "灵岩古城"说

春秋吴都地望的"'灵岩古城'说",即为认定春秋吴国都城在今苏州郊外木渎灵岩山一带(又称"灵岩古城")的说法。

一、"'灵岩古城'说"的核心要点及其提出

"'灵岩古城'说"的核心要点有二:一为春秋吴国都城在灵岩山一带,另一为"苏州城最早建于汉代"[2]。

(一)质疑春秋吴都"吴"城地望的《春秋时代吴大城位置新考》一文的发表

质疑春秋吴都地望为今苏州古城的首篇文章,为钱公麟《春秋时代吴大城位置新考》(绘图:张照根;该文以下简称《新考》)一文,发表于《东南文化》1989年第4/5期。该文内容如标题所示,系对"吴大城"城址位置的"新考",即对春秋吴都地望的"吴"城(今苏州古城)说的重新考订。该文的发表,在构建起"春秋吴都'灵岩古城'说"的同时,亦显示与传统"春秋吴都'吴'城(今苏州古城)说"的相异和相悖。

1."'灵岩古城'说"的文献依据及其论证

《新考》一文对"'灵岩古城'说"的表述为:"本文首次认为今苏州城与《越绝书》中反映的吴大城不是同一城。""《越绝书》中所描述的吴大城和以后文献中所阐述的阖闾城,也就是现在的苏州城决非是同一城。"[3]

(1)作为论据的引用文献之一:唐张守节《史记正义》

《新考》一文引用的文献记载之一,为张守节《史记正义》。对此,《新考》一文说:"唐人张

---

[1] 商志䪨:《吴国都城的变迁及阖闾建都苏州的缘由——为纪念苏州建城2500年而作》,见江苏省吴文化研究会:《吴文化研究论文集》,中山大学出版社1988年,第1页。
[2] 钱公麟:《论苏州城最早建于汉代》,《东南文化》1990年第4期。
[3] 钱公麟:《春秋时代吴大城位置新考》,《东南文化》1989年第4/5期。

守节在《史记·吴太伯世家正义》中虽说：'至二十一代孙光，使子胥筑阖闾城都之，今苏州也。'但他仅说阖闾城在苏州地区，而没明指是在当时苏州城内。"[1]

上述的"苏州地区"，其含义有二：一为非行政概念的"苏州地区"，泛指苏州一带的较大范围的地域；另一为行政概念的"苏州地区"。关于后者，中华人民共和国成立后，苏州大部分时间实行地、市分治，因而产生"苏州市"和"苏州地区"的行政概念。而行政概念的"苏州地区"，苏州市民政局、苏州市地方志学会编《苏州市吴文化地名保护名录》（市区卷）录"苏州地区"条说："苏州地区　为1949年4月29日至1983年1月18日的行政区域地名。取旧名'苏州'为地区名，历时33年零9个月，其间名称多变。"[2]这一"名称多变"的行政区域地名，据该书的叙述，不同的时间分别为："苏南苏州行政区专员公署"（简称"苏州专署"）、"苏南人民行政公署苏州区专员公署"（简称"苏州专署"）、"江苏省苏州专员公署"（简称"苏州专署"）、"苏州专区革命委员会"（简称"苏州专区"）、"苏州地区行政公署"（简称"苏州地区"），"1983年1月18日，撤销苏州地区行政公署"[3]。自1983年，苏州地区和苏州市合并，实行市管县的领导体制。而在这以前的地、市分治时，涉及"苏州市"与"苏州地区"行政关系的情况为："1949年4月29日，苏南行政公署成立苏南苏州行政区专员公署……下辖苏州市及吴县、常熟、昆山、吴江、太仓5县。""1958年……7月5日，苏州市归苏州专署领导。""1962年……6月25日，苏州市恢复为省辖市。"[4]因此，在部分时期内，苏州市曾属"苏州地区"前身的"苏州专署"辖治。

《新考》一文中所说的"苏州地区"，当是指当代出现而曾经具有行政意义的"苏州地区"。且其时"苏州地区"所辖吴县及其下属的木渎镇等，与"苏州市"并无行政隶属关系。因此，《新考》一文说唐代张守节"仅说阖闾城在苏州地区，而没明指是在当时苏州城内"，即意欲改变"使子胥筑阖闾城都之，今苏州也"的地域界定，为唐代张守节并"没明指是在当时苏州城内"，而"仅说"是"在苏州地区"。如此一番不同时代的行政名称或穿越，或混淆后，《新考》一文似乎完成了春秋吴都"阖闾城"是在"苏州地区"下辖的吴县灵岩山一带的论证。

将当代的行政概念套用在一千四百余年前的唐代，这里的逻辑错误为：一是唐代时并无"苏州地区"和"苏州城内"等后世出现的行政概念分野；二是让唐代时的张守节将"今苏州也"的"阖闾城"明确区分是"在苏州地区"，还是在"当时苏州城内"，实在是难为古人。

（2）作为论据的引用文献之二：北宋朱长文《吴郡图经续记》

《新考》一文引为论据之二的文献，为北宋朱长文《吴郡图经续记》所否定并指为"非也"的"流俗"。

朱长文《吴郡图经续记》原文为："而流俗或传吴之故都在馆娃宫侧，非也。盖娃宫胥台，乃离宫别馆耳。"[5]《新考》一文对之作如下解读："宋人朱长文在《吴郡图经续记·城邑》中也透露了另一种不同看法，'而流俗或传吴之故都在馆娃宫侧，非也'。这里，朱氏否定了'流俗'的传

---

[1] 钱公麟：《春秋时代吴大城位置新考》，《东南文化》1989年第4/5期。
[2] 苏州市民政局、苏州市地方志学会：《苏州市吴文化地名保护名录》（市区卷），古吴轩出版社2015年，第123页。
[3] 苏州市民政局、苏州市地方志学会：《苏州市吴文化地名保护名录》（市区卷），古吴轩出版社2015年，第123—124页。
[4] 苏州市民政局、苏州市地方志学会：《苏州市吴文化地名保护名录》（市区卷），古吴轩出版社2015年，第123—124页。
[5] 朱长文：《吴郡图经续记》，江苏古籍出版社1986年，第6页。

言,而实际上可能这种'流俗'中恰恰反映了一种事实。"[1]

朱长文《吴郡图经续记》一书,对其认为的不确说法,均以"非也"句式表示否定和不予认可。这一"非也"式的否定表述,全书共有十余处之多。《吴郡图经续记》对这一"流俗或传吴之故都"处在灵岩山一带以"非也"予以否定后(个中"吴之故都",另有刻本作"吾之故都"。见脚注),同时明确该"娃宫胥台"处为"乃离宫别馆耳"[2]。意指,灵岩山一带乃是春秋时期吴国的"离宫别馆"。

而在论述上,朱长文《吴郡图经续记》否定的"流俗"与肯定其为"离宫别馆"的论述,清晰严密,并无疏漏。而与《吴郡图经续记》记载相同的是明代卢熊《洪武苏州府志》的记载:"今平江乃阖闾间之都城,子胥所筑。或传吴之故都在馆娃宫,盖馆娃、苏台,乃其离宫别苑耳。"[3]

然而,《新考》一文以"朱氏否定了'流俗'的传言,而实际上可能这种'流俗'中恰恰反映了一种事实"[4]这一反向逻辑,对《吴郡图经续记》否定的"流俗"作反向解读,并从中反向抽离出被朱氏断然否定的"事实",即"吴之故都在馆娃宫侧"——春秋吴国都城在灵岩山一带。

朱氏以"非也"表示否定和不认可的"吴之故都在馆娃宫侧",经《新考》一文反向抽离后,就成为《新考》一文的核心学术观点——春秋吴国都城在灵岩山一带。同时,这一本是违背朱氏意愿的观点,又被安在了朱氏头上。

那么,"吴之故都在馆娃宫侧"论点,究竟是谁的学术观点?

首先,该说并非朱长文《吴郡图经续记》表述的学术观点,也不属于由《吴郡图经续记》派生出的学术观点。相反,朱氏对之持"非也"的否定态度,同时认为该灵岩山一带为吴国的"离宫别馆"。

其次,该论点归属权归《新考》一文撰者。该撰者反向抽离出的论点"这种'流俗'中恰恰反映了一种事实",即"吴之故都在馆娃宫侧",亦即"吴之故都"在灵岩山一带。简言之,这一论点,即"吴之故都在馆娃宫侧"(指春秋吴国都城在灵岩山一带),其独创性当归属《新考》一文撰者,而与宋人朱长文无关。

2."二重证据法"下的"'灵岩古城'说"的"考今"与"考古"

由此检视,此后对木渎灵岩山一带不止一次的考古所欲印证的文献记载,即王国维"二重证据法"所说的"纸上之材料"[6],并非古人的文献记载,而是今人解读时反向抽离出的"灵岩古

非智者刻於前能者踵於後實能致此哉而流俗或傳吾之故都在館娃宮側非也蓋娃宮胥臺乃離宮別館耳當吳之盛時高自矜侉籠

《宋元方志丛刊》(第一册)辑录朱长文《吴郡图经续记》关于"流俗或传吾之故都在馆娃宫侧,非也"等内容的书影(录自《宋元方志丛刊》[5])

---

[1] 钱公麟:《春秋时代吴大城位置新考》,《东南文化》1989年第4/5期。
[2] 朱长文:《吴郡图经续记》,江苏古籍出版社1986年,第6页。此处该书"校勘记"加注:"原刻作'吾'。据馨室本、局本改。秘室本校勘记称底本学津讨原本(以下简称津本)亦作'吴'。"
[3] 卢熊著、苏州市地方志办公室编:《洪武苏州府志》,广陵书社2015年,第77页。
[4] 钱公麟:《春秋时代吴大城位置新考》,《东南文化》1989年第4/5期。
[5] 朱长文:《吴郡图经续记》,见《宋元方志丛刊》(第一册),中华书局1990年,第641页。
[6] 王国维:《古史新证》,清华大学出版社1994年,第2页。

城"说。因此，在这一关系下的考古，与文献间并不构成王国维"二重证据法"下的印证关系，盖因其"考今"而非"考古"。

毕竟，朱长文《吴郡图经续记》所说的木渎灵岩山一带的"娃宫胥台，乃离宫别馆耳"[1]，并非指是处为春秋吴都。

（二）质疑春秋吴都"吴"城建城年代的《论苏州城最早建于汉代》一文的发表

1."'灵岩古城'说"另一核心要点"苏州城最早建于汉代"及其提出

对"'灵岩古城'说"来说，当从北宋朱长文的《吴郡图经续记》中反向抽离出"吴之故都在馆娃宫侧"的观点，复质疑春秋吴都"吴"城（今苏州古城）建城年代，并意欲把吴都的"吴"城（今苏州古城）拽至为汉代的城市，就成为《论苏州城最早建于汉代》（以下简称《建于汉代》）一文的主要论述观点和论述意图。该文发表于《东南文化》1990年第4期，主要论点，即如标题所述，为"苏州城最早建于汉代"。该论点在上述《建于汉代》一文中，又表述为"苏州城的始建年代是在汉代"[2]。其后，撰者又将文字调整为"苏州城始建于汉代"[3]。表述的意思均相同，即把苏州古城的春秋历史抹去，并将其建城年代拽至汉代。

2."苏州城最早建于汉代"的文献依据及论据

"苏州城最早建于汉代"的论点提出，并无文献依据。《建于汉代》一文说："关于苏州城的始建年代，过去往往依据文献资料，认为始于春秋时代的阖闾大城。……本文认为，苏州城的始建年代是在汉代。"[4]上述，一是表达出《建于汉代》一文对"过去往往依据文献资料"而叙述的"苏州城的始建年代"进行否定；二是表明，学者们"过去往往依据"的"文献资料"，并不支持"苏州城最早建于汉代"的说法。

然而，《建于汉代》一文提不出支持"苏州城最早建于汉代"的"文献资料"，但不能无视否定"苏州城最早建于汉代"的"文献资料"的存在。这些"文献资料"既构成对春秋吴都"吴"城（今苏州古城）建于春秋的肯定，也构成了对"苏州城最早建于汉代"之说的否定。

前述，《建于汉代》一文撰者在《新考》一文引用过的唐代张守节《史记正义》的论述，并强解为他（指张守节）"仅说阖闾城在苏州地区，而没明指是在当时苏州城内"[5]。但对张守节《史记正义》所说的越灭吴"是从东门入灭吴"[6]及"东门……今名葑门"[7]等，却又回避不谈了。

否则，如果认可唐代张守节《史记正义》所说的越灭吴"是从东门入灭吴"及"东门……今名葑门"等，则春秋末期越灭吴时，越军从吴东门（今苏州葑门）进入苏州古城内城。在这种情况下，"苏州城最早建于汉代"的说法是无法解释春秋末的越军如何进入"最早建于汉代"的"苏州城"东门的。

由此可见，虽然《建于汉代》一文撰者不认可"过去往往依据文献资料"所得出的历史结论，

---

[1] 朱长文：《吴郡图经续记》，江苏古籍出版社1986年，第6页。
[2] 钱公麟：《论苏州城最早建于汉代》，《东南文化》1990年第4期。
[3] 陆雪梅、钱公麟：《春秋时代吴大城位置再考——灵岩古城与苏州城》，《东南文化》2006年第5期。
[4] 钱公麟：《论苏州城最早建于汉代》，《东南文化》1990年第4期。
[5] 钱公麟：《春秋时代吴大城位置新考》，《东南文化》1989年第4/5期。
[6] 张守节：《史记正义》，见司马迁：《史记》，中华书局1959年，第1473页。
[7] 张守节：《史记正义》，见司马迁：《史记》，中华书局1959年，第2180页。

但这些"过去往往依据"的"文献资料",不但客观存在,同时还在不断印证乃至驳斥着关于苏州古城建于汉代的不实说法。

3.考古文献及其显示的"苏州城最早建于汉代"之说的谬误与不实

《建于汉代》一文,在考古文献的运用和论证上,采取以下方法:

其一,《建于汉代》一文说:"汉代以前,今苏州市区的一些高地上便有了聚落,如城内发现的公园遗址[1],振亚厂汉城墙遗存下叠压的战国时代的灰坑和遗物等。在城外,也有大量遗址分布,其中大部分散布在山麓下和山间盆地中。如灵岩山苗圃遗址、金山浜遗址、茶店头遗址、星火遗址、华山遗址、宝山遗址、张墓村遗址、吴城越城遗址、吴宫桥遗址。[2]……西塘河遗址[3]……蒋园遗址[4]等。"

此处,该文使用南京博物院1957年在苏州和吴县进行考古调查的成果《苏州市和吴县新石器时代遗址调查》一文作为论据,并引用其中多个遗址的材料。然而,对《苏州市和吴县新石器时代遗址调查》中的"平门考古"及其相关叙述——在平门的"城墙下层"发掘出了"约当春秋战国时期"的"印纹硬陶"及"以几何形印纹硬陶为代表的遗址约当春秋战国时期"[5]等结论,却作选择性忽略。原因或为:"平门考古"结论的本身,就否定了与该结论相悖的"苏州城最早建于汉代"。

其二,《建于汉代》一文举例说:"城外的大量汉墓为说明汉代苏州城的确立提供了间接的证据。在苏州城的四周,汉墓星罗棋布,较著名的就有娄葑乡的高山墩、天宝墩、青旸墩、长央坟……大批的汉墓在苏州城近郊被发现,在城墙边发现少量东汉晚期墓,这说明汉代苏州城已成为一座政治、经济和居民生活的中心。"[6]从逻辑关系上讲,"城外的大量汉墓"与"苏州城最早建于汉代",并无必然联系。城外还有大量的宋元墓、明清乃至当代墓,难道它们都能为苏州城建于宋元、建于明清,乃至建于当代的此类观点"提供了间接的证据"吗!更何况,《建于汉代》一文撰者著有《苏州考古》一书,该书明确记载"虎丘东周墓。1975年12月,在苏州虎丘公社新塘大队原'千墩坟'上发现"[7]。这一记载表明,苏州城外有东周墓。该东周墓出土的铜豆、蟠螭纹三足提梁铜盉、铜鼎、

苏州博物馆展出的铜鼎(春秋,虎丘千墩坟出土)
(吴恩培摄)

---

[1] 原文此处加注:"《苏州市和吴县新石器时代遗址调查》,《考古》1961年3期。"
[2] 原文此处加注:"《苏州市和吴县新石器时代遗址调查》,《考古》1961年3期。"
[3] 原文此处加注:"《苏州市和吴县新石器时代遗址调查》,《考古》1961年3期。"
[4] 原文此处加注:"《苏州市和吴县新石器时代遗址调查》,《考古》1961年3期。"
[5] 南京博物院:《苏州市和吴县新石器时代遗址调查》(执笔罗宗真),《考古》1961年第3期。
[6] 钱公麟:《论苏州城最早建于汉代》,《东南文化》1990年第4期。
[7] 钱公麟、徐亦鹏:《苏州考古》,苏州大学出版社2000年,第134页。

铜匜、铜鉴、铜壶等,均在苏州博物馆展出过。不仅如此,《苏州考古》一书还指出位于苏州西部山区的真山墓地(属原吴县通安)真山峰顶的一号墓(即D9M1)"是苏南目前发现春秋时期的规格、级别最高的葬墓。根据发掘人员推断,其墓主为吴王寿梦"[1]。

在这里,我们看到如下现象:当《建于汉代》一文撰者为强调苏州郊外真山墓地的历史价值时,可以说"墓主为吴王寿梦";但当需要论述"苏州城最早建于汉代"时,苏州郊外的东周墓统统不见,而被"大量汉墓"取代了。这种对既有材料的选择性使用,并非科学态度。

同时,按《建于汉代》一文"城外的大量汉墓"即为"汉代苏州城的确立提供了间接的证据"的行文逻辑,《苏州考古》记载的城外出现的"虎丘东周墓"等,不正是为东周春秋时的"苏州城的确立提供了间接的证据"吗!

其三,前文叙述20世纪后半叶,苏州市区三次出土或发现重要的春秋战国青铜器,且出土地点均在苏州古城范围内;而年代分别为"春秋战国时期"[2]"相当于春秋战国之际"[3]和"春秋晚期至战国之际"[4]。如前所述,上述的三次出土或发现,其中有两篇成果发表时署名为"苏州博物馆考古组"和"苏州博物馆",另一篇则为《建于汉代》一文撰者的同事。在这种情况下,长期在苏州博物馆工作的该文撰者,不可能不知晓这三次重要出土或发现。然而,该撰者在撰写《建于汉代》一文时,对上述的三次出土或发现再次作选择性遗忘。盖因这些苏州古城范围内出土的春秋战国青铜器的出土,本身就是对"苏州城最早建于汉代"不实之说的驳斥和否定。一个被贴上"最早建于汉代"标签的城市,如何能一而再、再而三地出土春秋战国青铜器?而一而再、再而三地出土春秋战国青铜器,不正是对这座城市所贴标签"最早建于汉代"的否定吗!

其四,《建于汉代》一文说:"战国时期苏州尚未建筑城墙。"[5]对苏州城墙"春秋时建、战国时重修"的命题,前文已作多次叙述。如果"战国时期苏州尚未建筑城墙"能够成立,则《吴越春秋》记载的伍子胥"相土尝水,象天法地,造筑大城"[6],《越绝书》记载的"吴大城,周四十七里二百一十步二尺"[7],以及"楚门,春申君所造。楚人从之,故为楚门"[8]等文献记载,又如何理解?

同时,对苏州葑门内城河程桥(城桥)的出土器印证文献记载的"吴"城"东门",即今苏州古城葑门春秋时的存在,又如何解释?

在文献、考古均予记载和印证春秋吴都"吴"城(今苏州古城)建于春秋的情况下,再言及"战国时期苏州尚未建筑城墙"之类臆测式的话题,不仅无趣,而且无聊。

二、学界的反响及对"'灵岩古城'说"的批判

"'灵岩古城'说"的出现及其相继对春秋吴都"吴"城城址位置和建城年代的质疑,使

---

[1] 钱公麟、徐亦鹏:《苏州考古》,苏州大学出版社2000年,第128页。
[2] 廖志豪、罗保芸:《苏州葑门河道内发现东周青铜文物》,《文物》1982年第2期。
[3] 苏州博物馆考古组:《苏州城东北发现东周铜器》(执笔杨锡璋),《文物》1980年第8期。
[4] 苏州博物馆:《江苏苏州市发现窖藏青铜器》(王德庆),《考古》1991年第12期。
[5] 钱公麟:《论苏州城最早建于汉代》,《东南文化》1990年第4期。
[6] 赵晔:《吴越春秋》,江苏古籍出版社1986年,第25页。
[7] 袁康、吴平:《越绝书》,上海古籍出版社1985年,第9—10页。
[8] 袁康、吴平:《越绝书》,上海古籍出版社1985年,第17页。

得学者们纷纷予以批驳。其中批驳"'灵岩古城'说"的相关论文有：魏嵩山的《春秋吴国迁都苏州所筑城邑考》[1]及《伍子胥所筑阖闾城究竟在哪里》[2]，吴奈夫的《春秋吴都研究的若干问题》[3]，林华东的《苏州吴国都城探研》[4]，张英霖的《苏州古为阖闾城的历史事实无可置疑——评析"苏州最早建于汉代"说的三点论据》[5]等。张英霖文，附录了当代历史学界和考古学界部分学者、教授对苏州古城为"阖闾城"的看法，在《后记》中说："在摘录以上材料时，极想把相反的意见也录几条，但找来找去没有找到，只好阙如。对于吴的历史记载，学术界不是没有疑点的，例如泰伯奔吴问题……但独独不见有人对苏州即阖闾故城一节提出任何疑问。"[6]

从这些文章均发表于1991年至1992年亦可看出，上述诸文对"'灵岩古城'说"有着强烈的针对性和批判性。如吴奈夫《春秋吴都研究的若干问题》一文论述春秋时的苏州为"吴都"的历史地位时指出："这几乎已成为历史的定论。"[7]魏嵩山的《伍子胥所筑阖闾城究竟在哪里》一文则针对"'灵岩古城'说"的观点——"主张伍子胥所筑阖闾城不在今苏州城区而在今苏州城西南灵岩山侧"等，逐一批驳，并指出："伍子胥所筑阖闾城在今苏州城区确定无疑。今苏州城西南灵岩山一带则为春秋吴国离宫所在，而非为阖闾城。"[8]

上述学界反响，一定程度上反映了学界对"'灵岩古城'说"的否定。

三、试图印证"'灵岩古城'说"的第一次考古

"'灵岩古城'说"相继提出春秋吴都地望在灵岩山一带及苏州城最早建于汉代等学术观点后，需要借助于"考古"而将"'灵岩古城'说"坐实。于是，开始了在灵岩山一带进行第一次考古。此类考古，并无古代文献记载春秋吴国都城的城址在灵岩山一带。

现将该地区既往考古调查情况，作一梳理。

（一）木渎灵岩山一带20世纪50年代的考古调查

1.1954—1955年灵岩山一带的考古调查及其成果《吴县五峰山烽燧墩清理简报》

苏州西部灵岩山一带的考古调查，最早可追溯至刊于《考古通讯》（《考古》前身）1955年第4期朱江的《吴县五峰山烽燧墩清理简报》（以下简称《清理简报》）。

《清理简报》记载说，吴县五峰山"一带山岭上，每险要处，常突出一个高大的土墩，特别是屏障太湖的山岭上，土墩是络绎不绝，相互声求"。当地村民称为"风水墩"。为"勘查出'风水

---

[1] 魏嵩山：《春秋吴国迁都苏州所筑城邑考》，《历史教学问题》1991年第4期。
[2] 魏嵩山：《伍子胥所筑阖闾城究竟在哪里》，《苏州大学学报（哲学社会科学版）》1992年第2期。
[3] 吴奈夫：《春秋吴都研究的若干问题》，《苏州大学学报（哲学社会科学版）》1992年第4期。
[4] 林华东：《苏州吴国都城探研》，《南方文物》1992年第2期。
[5] 张英霖：《苏州古为阖闾城的历史事实无可置疑——评析"苏州最早建于汉代"说的三点论据》，见石琪主编：《吴文化与苏州》，同济大学出版社1992年，第107—135页。
[6] 张英霖：《苏州古为阖闾城的历史事实无可置疑——评析"苏州最早建于汉代"说的三点论据》，见石琪主编：《吴文化与苏州》，同济大学出版社1992年，第121页。
[7] 吴奈夫：《春秋吴都研究的若干问题》，《苏州大学学报（哲学社会科学版）》1992年第4期。
[8] 魏嵩山：《伍子胥所筑阖闾城究竟在哪里》，《苏州大学学报（哲学社会科学版）》1992年第2期。

墩'的真面目",该文作者和吴县相关部门于1954年5月间翻上山岭,实地勘查。"从火山嘴上绕至五峰山顶,筑有六墩。惟火山嘴中部一墩,背后掩一小墩,其余都是一峰一墩。从这一带山岭上,瞭望太湖,遥遥与胥口相对。胥口两旁沿太湖线山岭起伏,岭山也遍插土墩。"这些土墩,其时(指1954年)已有部分遭人为损坏。在第一号墩内,清理时"发现一大片红色几何印纹硬陶,越向下挖,出土陶片越多,数达几百片。纹色不一,均为几何印纹硬陶"。而由窟门向通道清理时,"又发现几何印纹陶片。与陶片同时出土的有三只青瓷盂"。"二号墩未发现遗物",而"一号墩和三号墩出土器物的最大共同点,为出大量几何形印纹陶"。[1]

关于该处烽燧的性质,《清理简报》认为,"从它整理位置来看,是符合战略位置的",乃是"春秋时期吴越之争甚剧,吴防越,在太湖筑墩据守,比较合理些。如果这样,必然产生以下几个问题:一、青瓷的年代将因此提早到东周,而几何印纹硬陶(与越城遗址相似)则定形为吴、越时期的产物(有人曾把几何印纹硬陶解释为新石器时代的)。二、几何印纹硬陶的年代可向下拖至六朝,与青瓷共存"。[2]

限于当时的认识和条件,该文指出:"这些问题,有待专家们来研究解决。究属何代,现虽不能解决其绝对年代,依据一切现象,可认为非六朝以后的军事建筑。由此可知,这些烽燧墩的发现,将是我们研究古代战略部署重要的实物例证。"[3]

由上可见,早在1954年,就已有考古工作者在灵岩山一带进行考古调查,并发现了"烽燧墩""几何印纹硬陶"等古代遗物、遗存。而该处存在的众多烽燧墩,《清理简报》将之与"春秋时期吴越之争"进行联系,并作"吴防越,在太湖筑墩据守"及"瞭望太湖"的军事用途解读。而联系灵岩山一带,为前引宋代朱长文《吴郡图经续记》所说吴国的"离宫别馆"[4]及当代学者魏嵩山《伍子胥所筑阖闾城究竟在哪里》一文所说"今苏州城西南灵岩山一带则为春秋吴国离宫所在"[5]。因此,在灵岩山一带为春秋吴国的离宫、离城的情况下,不排除其附近的烽燧墩具有"瞭望太湖"以防越人自太湖入胥口而袭击吴国离宫、离城乃至袭击春秋吴都"吴"城的防卫、预警作用。

2.1957年南京博物院对苏州市和吴县新石器时代遗址调查时所涉及的"灵岩山遗址"

该考古报告《苏州市和吴县新石器时代遗址调查》叙述如下:

"灵岩山遗址 灵岩山苗圃在木渎镇西北1公里处,遗址在苗圃内,东西长129,南北宽105米。表面有近代墓葬,表土厚0.5米,以下为灰褐色土。出土有陶罐2件:一件为灰色,饰编织纹;一件为红褐色,饰斜方格纹。釉陶盂带黄褐色釉,盂里有螺旋纹。这些遗物与邻近五峰山所发掘的

---

[1] 朱江:《吴县五峰山烽燧清理简报》,见苏州地区文化局、苏州市文物管理委员会、苏州博物馆:《苏州文物资料选编》(内部刊物),1980年9月,第57—59页,原刊于《考古通讯》1955年第4期。
[2] 朱江:《吴县五峰山烽燧清理简报》,见苏州地区文化局、苏州市文物管理委员会、苏州博物馆:《苏州文物资料选编》(内部刊物),1980年9月,第57—59页,原刊于《考古通讯》1955年第4期。
[3] 朱江:《吴县五峰山烽燧清理简报》,见苏州地区文化局、苏州市文物管理委员会、苏州博物馆:《苏州文物资料选编》(内部刊物),1980年9月,第59页,原刊于《考古通讯》1955年第4期。
[4] 朱长文:《吴郡图经续记》,江苏古籍出版社1986年,第6页。
[5] 魏嵩山:《伍子胥所筑阖闾城究竟在哪里》,《苏州大学学报(哲学社会科学版)》1992年第2期。

大致相似。"[1]

(二)"'灵岩古城'说"学者对木渎灵岩山一带的第一次考古

"'灵岩古城'说"学者对木渎灵岩山一带的第一次考古,从"2000年11月开始,到12月结束"[2]。考古成果为《苏州春秋大型城址的调查与发掘》(以下简称《调查与发掘》),发表于《苏州铁道师范学院学报(社会科学版)》2002年第4期。

关于该处考古的印证文献,如前所述,该考古无古代文献关于春秋吴都在木渎灵岩山一带的记载,故失去印证文献记载的考古,就成为"'灵岩古城'说"者的自说自考式的"考今",而非"考古"。

对此,《调查与发掘》一文开头即说:"关于春秋晚期吴国都城吴大城的地望,在用文献资料不能完全确定的情况下,解决这一问题最好的方法就是考古调查与发掘。"[3]这一"用文献资料不能完全确定"的提出,既体现了"'灵岩古城'说"者对于"吴国都城吴大城"在木渎灵岩山一带并无古代文献记载的无奈,也表达了他们执意以手中的行政资源进行"考古"式博弈而为之寻找一个合理性的理由。

(三)考古论证使用的"口碑资料"

《调查与发掘》撰者一方面说"用文献资料不能完全确定";另一方面,在考古论证中却又使用了多条来源不清的"口碑资料"式的"文献资料",并以之作论据。

在使用这些"口碑资料"前,《调查与发掘》撰有总领式文字,叙述这些"民间口碑资料"的内容"均与春秋吴国有关,主要有吴王、伍子胥筑城,城门名称及吴、越、楚之间的战争等"[4]。而使用此类"民间口碑资料"时,《调查与发掘》撰者明显意图与《吴越春秋》《越绝书》等文献记载的苏州古城的城门、城墙等作对接。

现将《调查与发掘》所及部分"口碑资料"内容与文献对接及其论述情况,以表格方式,按类别分列于下:

1.关于"巫门"的"口碑资料"

"口碑资料"内容	《调查与发掘》的论述	"口碑资料"出处
这个城墙是吴王跟伍子胥筑的,而且附近还有一个门叫巫门。	这条口碑资料反映了土岗的城墙性质,城门的名称与位置,表明古城遗址是当年吴国都城。	《苏州铁道师范学院学报》(社会科学版)2002年第4期,第95页。

巫门,即平门,首见东汉《越绝书》:"巫门外糜湖西城,越宋王城也。"[5]其后,唐陆广微《吴地记》记为:"平门,北面有水陆通毗陵。子胥平齐大军从此门出,故号平门。东北三里,有殷

---

[1] 南京博物院:《苏州市和吴县新石器时代遗址调查》(执笔罗宗真),《考古》1961年第3期。
[2] 张照根:《苏州春秋大型城址的调查与发掘》,《苏州铁道师范学院学报》(社会科学版)2002年第4期。
[3] 张照根:《苏州春秋大型城址的调查与发掘》,《苏州铁道师范学院学报》(社会科学版)2002年第4期。
[4] 张照根:《苏州春秋大型城址的调查与发掘》,《苏州铁道师范学院学报》(社会科学版)2002年第4期。
[5] 袁康、吴平:《越绝书》,上海古籍出版社1985年,第11页。

贤臣申公巫咸坟,亦号巫门。"[1]北宋朱长文《吴郡图经续记》记为:"北有平门,盖不预八数。或曰平门者,故为巫门,巫咸所葬也。"[2]

灵岩山一带有所谓的"巫门",历代文献未见。故该"巫门"的"口碑资料"来源,《调查与发掘》撰者应当且有责任交代其采集时间、地点,采集者及被采集者姓名、职业以及该"口碑资料"的流传时间、范围等。然而,所有这些,《调查与发掘》一文均未明确反映,从而使得这一"巫门"来源不清。从前文来看,该"巫门"并非指《越绝书》所记载的今苏州古城的北门平门。而从《调查与发掘》叙述的和灵岩山"巫门"相勾连的"这个城墙是吴王跟伍子胥筑的"等"口碑资料"来看,该文撰者显然意图对接上述《越绝书》《吴越春秋》等记载的"巫门"及吴王阖闾使伍子胥"相土尝水,象天法地,造筑大城"[3]的文献记载。

2.关于"七国之争"的"口碑资料"

"口碑资料"内容	《调查与发掘》的论述	"口碑资料"出处
那时候楚国从北面打过来,还有其他国家,有七国之争。	这条口碑资料反映了春秋末年诸侯争雄的局面,同时表明楚国曾从巫门攻打吴国都城。	《苏州铁道师范学院学报》(社会科学版)2002年第4期,第95页。

该条"口碑资料"叙述的时代,含混不清。其一,"七国之争"已属吴亡于越、越亡于楚后的战国后期。其时,吴已灭国上百年之久。其二,"楚国从北面打过来"等,据《春秋经》《左传》等文献记载,春秋时期,楚国从没打到吴都即今苏州古城之近郊。而吴亡于越,越再亡于楚时,或有"楚国从北面打过来"的可能,但其时已是吴灭国多年后的战国时期。楚即使攻打已入越的故吴地,甚至攻打已为越都的故吴旧都,也与已灭国既久的"吴国都城"没有任何关系。其三,《调查与发掘》所说"春秋末年"的"诸侯争雄",乃是将"战国七雄"的争雄历史错误地提前至"春秋末年"。而"表明楚国曾从巫门攻打吴国都城"。如前所述,春秋晚期,《春秋经》《左传》等文献均无楚攻至吴国都城的记载,更无"楚国曾从巫门攻打吴国都城"的记载。其四,再从吴国历史进行分析,吴于春秋末年的公元前473年亡于越,吴国既亡,吴都不存。在这种情况下,楚国又如何"从巫门攻打吴国都城"?其五,该"口碑资料"的来源情况,亦与上述"巫门"一样,模糊不清。

3.关于"吴王的王宫,吴王和西施住在里边"的"口碑资料"

"口碑资料"内容	《调查与发掘》的论述	"口碑资料"出处
这是吴王的王宫,吴王和西施住在里边。	它直接反映了小城的王宫性质,同时说明小城的营造年代为春秋晚期。	《苏州铁道师范学院学报》(社会科学版)2002年第4期,第95页。

---

[1]陆广微:《吴地记》,江苏古籍出版社1986年,第30页。
[2]朱长文:《吴郡图经续记》,江苏古籍出版社1986年,第12页。
[3]赵晔:《吴越春秋》,江苏古籍出版社1986年,第24—25页。

关于西施，如前文述，先秦诸子著作以及当代的历史著作中都未将其与吴、越争战作联系。本书前文对"西施及其戏说故事"已作论述，并指出这一戏说故事的本质，只是对一个与吴越争战本无关联的美女，后世穿越走进历史并试图改变历史的文化现象。而《调查与发掘》以"吴王和西施住在里边"来证明"小城的王宫性质，同时说明小城的营造年代为春秋晚期"。显然，该文撰者当先证明历史学意义上的"吴王和西施"与"小城"所发生的关联。否则，或什么也证明不了。

（四）考古出土器物

据考古报告《调查与发掘》披露，该次考古在不同地点出土的器物，如下（以下引文后的括号内的数字，为刊载该文的期刊页码）：

1.藏书镇五峰村古城墙试掘

藏书镇五峰村古城墙试掘"出土了数量较多的印纹硬陶片及磨制石器"，"在城墙北侧存在护城河……出土少量春秋晚期印纹硬陶片"。（第94—95页）

2.木渎新华村城墙试掘

木渎新华村城墙试掘出的"春秋城墙厚约1.5米，夯层中出有少量春秋晚期几何形印纹硬陶片及夹砂红陶片，并有少量残石器出土"。（第95页）

3.木渎金山村古城墙试掘

木渎金山村古城墙试掘出的"春秋城墙内出土了较多的几何形印纹硬陶及夹砂红陶片，并有少量残石器及原始瓷片出土，从陶片的纹饰特征分析，属春秋晚期遗物"。（第95—96页）

4.总结

《调查与发掘》对以上三处，作总括性质叙述说："三处古城墙解剖出土的几何形印纹硬陶片及残石器，都具有春秋晚期的特征，几何形纹饰风格已趋向规整，器物特征为春秋晚期风格。"[1]（第96页）

综上可见，在考古报告《调查与发掘》中，并未出土与春秋晚期有关的青铜器，亦未寻找到足以证明"春秋晚期吴国都城吴大城的遗址"是在木渎灵岩山一带的出土器物。至于上述发掘出的"陶片""石器"之类，前引1954年木渎灵岩山一带的调查成果——朱江《吴县五峰山烽燧墩清理简报》（刊于《考古通讯》1955年第4期）及1957年南京博物院对"灵岩山遗址"等所作的调查成果——南京博物院《苏州市和吴县新石器时代遗址调查》（执笔罗宗真，刊于《考古》1961年第3期）等，均记载木渎灵岩山一带的几何形印纹硬陶片等出土情况。而顾颉刚《苏州史志笔记》指出："春秋、战国之印纹陶，为江南极普遍分布之物"且"以散布于太湖流域及钱塘湾最为丰富"[2]。若以这些"陶片"印证出《调查与发掘》一文"摘要"所说的"春秋晚期吴国都城吴大城的遗址"[3]的话，则20世纪50年代时，顾颉刚和复旦大学历史系师生到石湖越城捡拾成"袋"的

---

[1] 张照根：《苏州春秋大型城址的调查与发掘》，《苏州铁道师范学院学报》（社会科学版）2002年第4期。
[2] 顾颉刚：《苏州史志笔记》，江苏古籍出版社1987年，第2页。
[3] 张照根：《苏州春秋大型城址的调查与发掘》，《苏州铁道师范学院学报》（社会科学版）2002年第4期。

"春秋、战国之印纹陶"[1]的陶片，是否意味着彼处也可以成为吴国"春秋晚期吴国都城吴大城的遗址"呢？

5. 宣称"收到预想的效果"的结论

考古报告《调查与发掘》宣称："我们调查到的口碑资料涉及诸侯争雄、伍子胥营造、城的布局结构和城的攻破等情况，从一个侧面说明城址是吴国晚期的都城。""我们运用考古调查与发掘、采集口碑资料等手段寻找吴大城，已收到预想的效果，找到的春秋晚期城址在年代、规模、形制各方面均与有关文献记载的吴大城基本吻合。从而为最终解决春秋晚期吴国都城吴大城究竟在何处的历史疑案创造了条件。"[2]

对《调查与发掘》使用的"口碑资料"，前文进行了分析。个中涉及"口碑资料"来源及真实性等诸多问题，并不能得出上述的"从一个侧面说明城址是吴国晚期的都城"的结论。至于发掘的出土器物，相比20世纪后半叶，苏州古城范围内的苏州市区三批次且近百件春秋战国青铜器的出土和发现，本次考古甚至连一件春秋时期的青铜器都未发掘出。这又如何证明木渎灵岩山一带与"春秋晚期吴国都城吴大城的遗址"间的联系？然而，这并不影响上引考古报告宣称的"收到预想的效果"的结论。

6. 影响

文献记载的春秋"吴都"即今苏州古城的传统学术观点，随着"'灵岩古城'说"的《春秋时代吴大城位置新考》及《论苏州城最早建于汉代》的发表以及考古报告《苏州春秋大型城址的调查与发掘》的发表，对外界释放出的信息是：经考古"调查与发掘"，在木渎灵岩山地区找到了替代并覆盖苏州古城历史文化地位的"春秋晚期吴国都城吴大城的遗址"。所有这些，影响了学界尤其是考古学界对苏州古城城址和建城年代的认知，而其引发的溢出效应，更导致了其后苏州周边文化生态的变化。

四、呼应灵岩山第一次考古的《春秋时代吴大城位置再考》一文及其发表

从2000年11月开始到12月结束的"'灵岩古城'说"者对木渎灵岩山一带的第一次考古，其考古成果《苏州春秋大型城址的调查与发掘》于2002年发表。与"'灵岩古城'说"呼应的为陆雪梅、钱公麟的《春秋时代吴大城位置再考——灵岩古城与苏州城》（以下简称《再考》）一文，发表于《东南文化》2006年第5期。

《再考》"内容提要"说："2000年对灵岩古城及其邻近地区同时代遗存的考古调查和发掘，从科学的角度提供了佐证。结合过去文献资料及对苏州城考古材料的综合分析，再一次论述了春秋吴大城应为灵岩古城，而苏州城始建于汉代。"[3]

显见，该文延续并重复了"'灵岩古城'说"的核心要点：一为春秋吴大城地望为灵岩古城，二为苏州城始建于汉代。除此以外，该文并无新意，且亦无新的材料来阐释上述学术观点。而该

---

[1] 顾颉刚：《苏州史志笔记》，江苏古籍出版社1987年，第2页。
[2] 张照根：《苏州春秋大型城址的调查与发掘》，《苏州铁道师范学院学报》（社会科学版）2002年第4期。
[3] 陆雪梅、钱公麟：《春秋时代吴大城位置再考——灵岩古城与苏州城》，《东南文化》2006年第5期。

《再考》一文,系承袭十五年前发表的《春秋时代吴大城位置新考》及其后发表的《论苏州城最早建于汉代》等二文而来。该文结尾说:"我们不希望再过15年撰写《春秋时代吴大城三考》,而是期盼着《春秋吴大城发掘报告》一书的问世。"[1]

时至今日,《再考》一文发表早已过十五年,而《春秋吴大城发掘报告》一书未见问世。同时,亦未见《春秋时代吴大城三考》一文发表。

第四节 "无锡'吴都阖闾城'说"及"姑苏'夫差城'说"杂糅、拼合的"二元说"

一、"二元说"概说

"二元说",出自张敏《阖闾城遗址的考古调查及其保护设想》(简称《考古调查》)及《吴国都城初探》(简称《初探》)二文。据上述二文,该春秋吴都地望的"二元说"之"二元",分别指"无锡'吴都阖闾城'说"及"姑苏'夫差城'说"。

因此,该"二元说"乃是上述"无锡'吴都阖闾城'说"及"姑苏'夫差城'说"杂糅、拼合的产物。

"二元说"的典型表述,为《初探》一文所说,无锡"阖闾城与姑苏城一东一西,隔湖相望"[2]。这里的"阖闾城",即指所谓的"无锡'吴都阖闾城'";而"姑苏城"则指"姑苏'夫差城'",即《初探》一文所说的今木渎灵岩山一带的所谓"灵岩古城"。

二、关于"无锡'吴都阖闾城'说"

(一)无锡"吴都阖闾城"

无锡"吴都阖闾城",出自张敏《考古调查》一文所说"初步推断阖闾城遗址为春秋时期吴王阖闾的都城"[3]。

(二)文献记载

今无锡、常州的古代地方文献,对今无锡、常州交界处的"阖闾城",并无其为"春秋晚期吴王阖闾的都城"的记载。上述二地的古代地方文献,也不支持该"二元说"中的所谓"无锡'吴都阖闾城'说"。

无锡滨湖区的吴都阖闾城遗址(吴恩培摄)

以下分为无锡和常州二地的地方文献记载,列之并进行论述。

---

[1] 陆雪梅、钱公麟:《春秋时代吴大城位置再考——灵岩古城与苏州城》,《东南文化》2006年第5期。
[2] 张敏:《吴国都城初探》,《南方文物》2009年第2期。
[3] 张敏:《阖闾城遗址的考古调查及其保护设想》,《江汉考古》2008年第4期。

1.无锡地方文献

（1）元至正《无锡志》及其脱胎于北宋朱长文《吴郡图经续记》

今无锡、常州交界处的"阖闾城"的最早文献记载，为无锡现存最早地方文献——元王仁辅纂至正《无锡志》。

关于元王仁辅《无锡志》脱胎于北宋朱长文《吴郡图经续记》及二者内容异同的叙述，前文已及，此处不赘。但须指出的是，王仁辅《无锡志》"其地边湖，其城犹在"[1]的记载表明，自春秋至元至正年间历经一千八百余年，该"阖闾城"之"小城"的残迹值元代时犹存。故元王仁辅《无锡志》以其记载的残迹实物表明：春秋吴军伐楚返归时，于此筑军事城堡。这一"其城犹在"的记载，既补文献记载之阙而证春秋时吴国于此筑军事城堡群，亦由此显现该文献的历史价值。

（2）明弘治《重修无锡县志》

明吴翀、李庶纂弘治《重修无锡县志》，因袭元王仁辅《无锡志》记载"阖闾城"说："阖闾城，在县西南五十里富安乡。《越绝书》云：伍员取利浦黄渎土筑此城。《吴地记》云：周敬王六年伍员伐楚回，运润州利湖土筑之，不足又取吴地黄渎土，为大小二城，旧《志》云：大城在姑苏，小城在富安乡是也。"[2]该《重修无锡县志》将朱长文《吴郡图经续记》与《越绝书》《吴地记》混淆。不仅如此，此类混淆还贯穿于其后的无锡地方史志（对之，本书不一一指出）。此外，该志"建置沿革"说："故吴在今县东三十里梅里平墟，自泰伯至王僚，二十三君皆都于此。敬王六年，阖闾始城姑苏而迁都焉。"[3]同时，该志以表格形式，叙述周敬王六年（即吴阖闾元年，前514）时的"阖闾城姑苏"[4]。

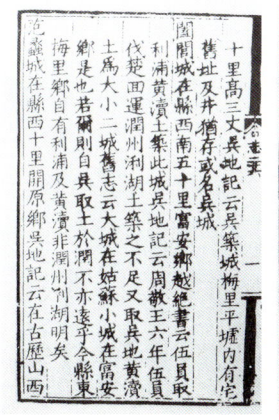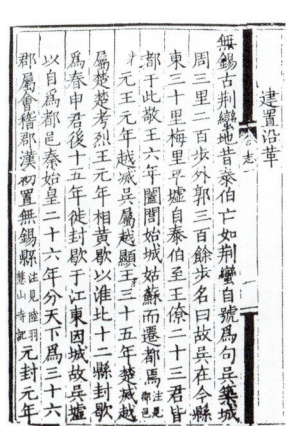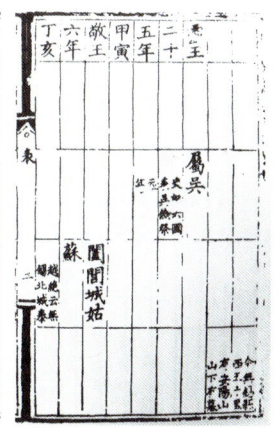

明吴翀、李庶纂弘治《重修无锡县志》有关"阖闾城"的书影（左）及该《志》关于无锡"建置沿革"时叙述"敬王六年，阖闾始城姑苏而迁都焉"的书影（中），以及该《志》以表格形式，叙述周敬王六年"阖闾城姑苏"的书影（右）（录自《无锡文库·第一辑·无锡县志》）[4]

（3）明万历《无锡县志》

明周邦杰修、秦梁等纂万历《无锡县志》，因袭元王仁辅纂至正《无锡志》记载"阖闾城"说：

---

[1]王仁辅：至正《无锡志》，见《无锡文库》第一辑，凤凰出版社2012年，第54页。原书点校为："小城在州西北富安乡，间埋其地边湖，其城犹在。"现改为如上。
[2]吴翀、李庶：弘治《重修无锡县志》，见《无锡文库》第一辑，凤凰出版社2012年，第247页。
[3]吴翀、李庶：弘治《重修无锡县志》，见《无锡文库》第一辑，凤凰出版社2012年，第110页。
[4]吴翀、李庶：弘治《重修无锡县志》，见《无锡文库》第一辑，凤凰出版社2012年，第97页。
[5]吴翀、李庶：弘治《重修无锡县志》，见《无锡文库》第一辑，凤凰出版社2012年，第247、110、97页。

"阖闾城，在县西南五十里富安乡。《吴地记》：周敬王六年伍员伐楚还，运润州利湖土筑阖闾城。不足又取吴地黄渎土，为大小二城。大城在姑苏，即今之平江；小城在富安乡阊江，其城犹在。至今，土人有城里、城外之称。"[1]

（4）清康熙《无锡县志》

清徐永言修，严绳孙、秦松龄纂康熙《无锡县志》，亦因袭元王仁辅纂至正《无锡志》记载"阖闾城"说："阖闾城，在县西南五十里富安乡。《越绝书》：伍员取利浦及黄渎土筑阖闾城。《吴地记》：阖闾城，周敬王六年伍员伐楚还，运润州利湖土筑之。不足又取吴地黄渎土，为大小二城。当阖闾伐楚回，故因号之。按：阖闾大城在今苏州府，去润四百里。无锡去润，亦三百里。取土不应如是之远。小城在县富安乡者地名阊江，边湖，其城犹在。土人至今有城里、城外之称。"[4]

明周邦杰修、秦梁等纂万历《无锡县志》有关"阖闾城"的书影（左）（录自《无锡文库·第一辑·无锡县志》[2]）及清徐永言修，严绳孙、秦松龄纂康熙《无锡县志》有关"阖闾城"的书影（右）（录自《无锡文库·第一辑·无锡县志》[3]）

（5）关于无锡地方文献记载的总结

无锡现存最早地方文献——元王仁辅纂至正《无锡志》，对后世无锡地方文献的影响巨大。它表现在以下两方面：

其一，前述王仁辅《无锡志》因袭并脱胎于北宋朱长文《吴郡图经续记》的相关记载时，将《吴郡图经续记》涉及时间概念的"旧说，子胥伐楚还师"加以改动，从而出现该"阖闾城"筑造的两个不同时间点：一为"周敬王六年"（吴阖闾元年，前514），另一为"阖闾伐楚回"的吴阖闾十年（周敬王十五年，鲁定公五年，前505）。从其后的明、清无锡地方文献的记载来看，王仁辅《无锡志》中错误的时间节点"周敬王六年"，影响巨大。明、清时的无锡地方文献，如明弘治《重修无锡县志》、明万历《无锡县志》、清康熙《无锡县志》等，均相沿成习地出现"周敬王六年伍员伐楚回"的记载。

其二，王仁辅《无锡志》记载中对举出现的"阖闾大城"及"小城"，表述为"在姑苏"且"今之平江"的"阖闾大城"及"小城在州西北富安乡阊堽"等描述，也传承下来并成为后世无锡地方文献因袭记载的范本。如：明弘治《重修无锡县志》对之表述为"大城在姑苏，小城在富安乡是也"[5]，明万历《无锡县志》对之表述为"大城在姑苏，即今之平江；小城在富安乡阊江"[6]，清

---

[1] 周邦杰修、秦梁等纂：万历《无锡县志》，见《无锡文库》第一辑，凤凰出版社2012年，第491页。
[2] 周邦杰修、秦梁等纂：万历《无锡县志》，见《无锡文库》第一辑，凤凰出版社2012年，第491页。
[3] 徐永言修，严绳孙、秦松龄纂：康熙《无锡县志》，见《无锡文库》第一辑，凤凰出版社2012年，第103页。
[4] 徐永言修，严绳孙、秦松龄纂：康熙《无锡县志》，见《无锡文库》第一辑，凤凰出版社2012年，第103页。
[5] 吴翀、李庶：弘治《重修无锡县志》，见《无锡文库》第一辑，凤凰出版社2012年，第247页。
[6] 周邦杰修、秦梁等纂：万历《无锡县志》，见《无锡文库》第一辑，凤凰出版社2012年，第491页。

康熙《无锡县志》则表述为"阖闾大城在今苏州府……小城在县富安乡者地名闾江"[1]等。

2.常州地方文献

（1）清代时与"阖闾城"遗址有关的常州府范围内辖县的行政变迁

清代时，时为常州府的属县情况，据于琨修、陈玉璂纂康熙《常州府志》卷之五《疆域》载：其时，常州府首县为"武进县"，下为"无锡县""江阴县""宜兴县"[2]等。而当时该"阖闾城"遗址及所在地域，处于同为常州府辖县的武进县与无锡县交界处。

"雍正四年，分武进东境置阳湖。"[3]即清雍正四年（1726）武进县被析分为武进、阳湖二县。阳湖县于民国元年（1912）撤废。由于这一行政变迁，"阖闾城"遗址的隶属情况，在有清一代以雍正四年为界，分为两种情况：

第一种情况，为雍正四年前，今无锡、常州交界处的"阖闾城"处于武进县与无锡县分界处，且无锡县、武进县各隶属其一部分。

第二种情况，为雍正四年及其后，今无锡、常州交界处的"阖闾城"处于阳湖县与无锡县分界处，且无锡县、阳湖县各隶属其一部分。阳湖县撤废后，原阳湖地域复归武进县，故又回到前述的第一种情况。

在武进、阳湖二县分治、合治过程中，出现的地方史志先为二县合志性质的王其淦、吴康寿修，汤成烈等纂光绪《武进阳湖县志》。其后，又出现对《武进阳湖县志》所记"阖闾城"地望等作补充和勘误性质的文献——庄毓鋐、陆鼎翰纂光绪《武阳志余》。

现将上述康熙《常州府志》、光绪《武进阳湖县志》及光绪《武阳志余》涉及今"无锡、常州间"之"阖闾城"情况，分述如下：

①康熙《常州府志》

于琨修、陈玉璂纂康熙《常州府志》记载"阖闾城"说："阖闾城，在无锡县西南五十里富安乡。《越绝书》：伍员取利浦及黄渎土筑阖闾城。《吴地记》：阖闾城，周敬王六年伍员伐楚还，运润州利湖土筑之，不足又取吴地黄渎土，为大小二城。以阖闾伐楚回，故以为号。小城在县富安乡者，地名闾江。边湖，其城犹在。土人至今有城里、城外之称。"[4]

②光绪《武进阳湖县志》

王其淦、吴康寿修，汤成烈等纂光绪《武进阳湖县志》说："阖闾城，在阳湖安尚乡城里村。"[5]

③光绪《武阳志余》

庄毓鋐、陆鼎翰纂光绪《武阳志余》说："阖闾城，在雪堰东北，接无锡界，名城里村。旧《志》在安尚乡，非。明丁镛诗：'霸业已云古，荒城空草莱。可怜城上月，曾照越人来。'曹时中诗：'筑城本防吴，倾城乃亡国。终古恨绵绵，女墙春草碧。'按《越绝书》：伍员取利浦黄渎土筑阖闾城。《吴地记》：阖闾城，周敬王六年伍员伐楚还，运润州利湖土筑之，不足，又取黄渎土。

---

[1] 徐永言修，严绳孙、秦松龄纂：康熙《无锡县志》，见《无锡文库》第一辑，凤凰出版社2012年，第103页。
[2] 于琨修、陈玉璂纂：康熙《常州府志》，见《中国地方志集成·江苏府县志辑（36）》，江苏古籍出版社1991年，第79—80页。
[3] 王其淦、吴康寿修，汤成烈等纂：光绪《武进阳湖县志》，见《中国地方志集成·江苏府县志辑（37）》，江苏古籍出版社1991年，第395页。
[4] 于琨修、陈玉璂纂：康熙《常州府志》，见《中国地方志集成·江苏府县志辑（36）》，江苏古籍出版社1991年，第395页。
[5] 王其淦、吴康寿修，汤成烈等纂：光绪《武进阳湖县志》，见《中国地方志集成·江苏府县志辑（37）》，江苏古籍出版社1991年，第93页。

为大小二城。以阖闾伐楚还，取以为号。小城在无锡富安乡，地名闾江。大城在阳湖界十六都八图。"[1]

（2）《武阳志余》记载的"大城"及张敏《考古调查》解读的"阖闾大城在武进"

光绪《武阳志余》，涉及今无锡、常州交界处"阖闾城"的内容，有二：

其一为纠错，即对光绪《武进阳湖县志》记载的"阖闾城，在阳湖安尚乡城里村"进行纠错，并指出："旧《志》在安尚乡，非。"由此，《武阳志余》进行勘误性质的纠错，说："阖闾城，在雪堰东北，接无锡界，名城里村。"

其二为提出诉求："阖闾城，在雪堰东北，接无锡界，名城里村。""伍员伐楚还……筑之……为大小二城。……小城在无锡富安乡，地名闾江。大城在阳湖界十六都八图。"意指，是时常州阳湖县境内雪堰镇的"城里村"一带，为该"阖闾城"之"大城"；而该"阖闾城"之"小城"，则在时为常州府辖治的无锡县富安乡闾江。

清于琨修、陈玉璂纂康熙《常州府志》有关"阖闾城"的书影（左）（录自《常州府志》[2]）以及清庄毓鋐、陆鼎翰纂光绪《武阳志余》有关"阖闾城"的书影（右）（录自《武阳志余》[3]）

《武阳志余》对其时均属常州府辖治的阳湖县、无锡县的二地交界处这一有限地域范围内所作的"大城""小城"的划分，反映当时二县辖治地域与该"阖闾城"关联度情况所发生的龃龉与争夺。这里的"大城"，只是指时阳湖县所占一侧的该"阖闾城"之"名城里村"部分，并相对于其时"在无锡富安乡，地名闾江"的该"阖闾城"之"小城"而言。

故此，这一"大城"并非张敏《考古调查》一文所解读的"阖闾大城在武进"[4]的"阖闾大城"（相关情况，另见下文）。这是因为：清光绪《武阳志余》刊行时，析分出阳湖县后的"武进"县，与该"阖闾城遗址"已无辖治关系，故对之所作的解读"阖闾大城在武进"，乃是错误判断。同时，该"阖闾城"自元王仁辅纂至正《无锡志》后，历明、清两代，从无文献称该"阖闾城"为"阖闾大城"。

3.当代文献记载

（1）李鉴昭《江苏无锡县古阖闾城的调查》

今"无锡、常州间'阖闾城'"，在李鉴昭《江苏无锡县古阖闾城的调查》一文中称为"无锡县古阖闾城"。该文刊于《考古通讯》1958年第1期。其所作"无锡县古阖闾城"为"军事性堡垒"的论述，为1949年后所见文献之最早者。

该文记载1957年对该"古阖闾城"的调查及记录其时该遗址现状说："1957年3月25日，我们

---

[1] 庄毓鋐、陆鼎翰：光绪《武阳志余》，见《中国地方志集成·江苏府县志辑（38）》，江苏古籍出版社1991年，第78页。
[2] 于琨修、陈玉璂纂：康熙《常州府志》，见《中国地方志集成·江苏府县志辑（36）》，江苏古籍出版社1991年，第395页。
[3] 庄毓鋐、陆鼎翰：光绪《武阳志余》，见《中国地方志集成·江苏府县志辑（38）》，江苏古籍出版社1991年，第78页。
[4] 张敏：《阖闾城遗址的考古调查及其保护设想》，《江汉考古》2008年第4期。

前往调查。这古城,土筑,位于无锡市西南,无锡县属之闾江乡,相距45里。现在土城的周围约有3里,直径1里,高出本地地表2至3米不等。目前种着桃树。土城内部都种着庄稼,一部分为东城和西城两村农民居住。"该文分析说:"阖闾城的建筑为了防御越兵,是军事性的堡垒,由丁铺《阖闾城》诗'鼕鼕筑吴城,城高防越兵。越人兵未起,长城已先倾'可知。"故"据上所述,则阖闾古城,当为春秋时代遗址"[1]。

由此可见,李鉴昭《江苏无锡县古阖闾城的调查》一文认为,该无锡、常州间"阖闾城"是"军事性的堡垒"。

(2)无锡当代史志对今"无锡、常州间'阖闾城'"的"军事性的堡垒"性质的叙述

上述今"无锡、常州间'阖闾城'"的军事城堡性质,也获得1994年至2003年时出版的《无锡县志》《无锡市志》及《无锡通史》等无锡当代史志的认可。

①《无锡县志》(上海社会科学出版社1994版)

1994年出版的无锡县志编纂委员会编《无锡县志·卷二十五·第七章·文物胜迹》指出:"阖闾城遗址位于境内胡埭乡闾江村和武进县雪堰乡城里村之间。周敬王六年(前514),伍子胥伐楚还师,吴王阖闾令他筑城。城筑成后,用吴王的名字命名,称阖闾城。距今已有2500余年。城为土城,弧形,仅筑东、南、西三面。……吴国在此筑城,有力地控制了军事要地,进可攻,退可守。"[2]

②《无锡市志》(江苏人民出版社1995版)

1995年出版的无锡市地方志编纂委员会编著的《无锡市志·第七卷·胜迹》"阖闾城"条说:"周敬王六年(公元前514年)伍员(字子胥)伐楚还师,吴王阖闾令其筑城,故名。阖闾城土筑,弧形,仅筑东南西三面,北背大河。……是吴国的军事要地。越灭吴后,阖闾城失去军事意义,渐至荒废,杂草丛生。"[3]

③《无锡通史》(江苏人民出版社2003版)

2003年出版的《无锡通史》在论述"吴越争霸战争"时,对位于"今无锡胡埭镇湖山村和武进县雪堰桥镇城里村间"的"无锡阖闾城遗址",以加注形式说:"从考古出土来看阖闾城是春秋时的城堡,但是否是伍子胥所筑,因与《越绝书》《吴地记》所记不太合,难于确认。"[4]

4.上述当代无锡地方文献记载的总结

上述,从李鉴昭《江苏无锡县古阖闾城的调查》一文所说的今"无锡、常州间'阖闾城'"为"军事性的堡垒",到无锡当代史志——《无锡县志》《无锡市志》及《无锡通史》等对该阖闾城为"军事性的堡垒"性质的类似叙述,表明其时的无锡学界对今无锡、常州间"阖闾城"的功能内涵为"春秋时的城堡"等,持认可态度。

5.元王仁辅《无锡志》造筑时间错误的后世影响

王仁辅《无锡志》对"'阖闾城'之无锡'小城'"的造筑时间,叙述了两个相悖的时间点。此

---

[1]李鉴昭:《江苏无锡县古阖闾城的调查》,《考古通讯》1958年第1期。
[2]无锡县志编纂委员会:《无锡县志》,上海社会科学出版社1994年,第891页。
[3]无锡市地方志编纂委员会:《无锡市志》,江苏人民出版社1995年,第612页。
[4]宗菊如、周解清主编:《无锡通史》,江苏人民出版社2003年,第44页。

即前文所述：一为错误且于史无据的"周敬王六年伍员伐楚还"，另一为与《左传·定公五年》记载"吴子乃归"[1]而对应的时间点——鲁定公五年（吴阖闾十年，前505）。前者"周敬王六年"的错误时间点，对后世产生极为深远的负面影响。其一，即为前文言及的对明、清时无锡、常州地方文献的影响——均相沿成习地出现"周敬王六年伍员伐楚回"的记载。同时，在无锡当代史志的《无锡县志》（上海社会科学出版社1994版）、《无锡市志》（江苏人民出版社1995版）中，亦出现因袭王仁辅《无锡志》"周敬王六年"（前514）的错误。

除上述外，王仁辅《无锡志》的另一负面影响，乃是对后世省级文物保护单位"阖闾城"的断代产生影响，以致出现"年代"标示错误。

1982年3月公布"阖闾城"为省级文物保护单位时，该"阖闾城"其时的行政隶属关系为位于时属镇江地区行政公署管辖的武进县雪堰镇城里村与时属苏州地区行政公署管辖的无锡县胡埭镇湖山村之间。

如今，在上述原武进县与原无锡县交界处相距三五百米的道旁，各自界内立有一文物保护碑。碑的上半部分文字内容及字体均相同，均为分两行书写的"江苏省文物保护单位/阖闾城"。而碑的下半部分的立碑单位相异：一为时属原镇江地区管辖的"武进县人民政府"，另一为时属苏州地区管辖的"无锡县人民政府"。而相同的是：二碑标示该省级文物保护单位"阖闾城"遗址的"时代"，均为："周敬王六年（公元前514年）"。显然，该错误系20世纪80年代，分属镇江地区和苏州地区辖治的武进县、无锡县相关部门联合申报省级文物保护单位时，受王仁辅《无锡志》错误的造筑时间点"周敬王六年"影响所致。

这一"时代"厘定错误的"周敬王六年"，与《吴越春秋》卷四记载的"阖闾元年"（即周敬王六年，鲁昭公二十八年，前514），伍子胥受命而"相土尝水，象天法地，造筑大城"[2]的春秋吴都的造筑时间点重合，从而易与今苏州古城的春秋吴都"吴"城及其造筑时间混淆。而其后的事实也证明，这也成为导致该"阖闾城"遗址出现"春秋时期吴王阖闾的都城"[3]错误判断的原因之一。

列为江苏省文物保护单位且位于今常州市雪堰镇的"阖闾城"文物保护碑（左）及列为江苏省文物保护单位且位于今无锡市胡埭镇的"阖闾城"文物保护碑（右）（吴恩培摄）

---

[1]《左传·定公五年》，见《春秋左传正义》，北京大学出版社1999年，第1561页。
[2] 赵晔：《吴越春秋》，江苏古籍出版社1986年，第24—25页。
[3] 张敏：《阖闾城遗址的考古调查及其保护设想》，《江汉考古》2008年4期。

(三)将无锡"阖闾城"之"小城"变身为"春秋时期吴王阖闾的都城"的考古

1.考古概况

《阖闾城揽胜》一书说:"2007年,无锡市抓住全国第三次文物普查的契机,聘请南京博物院考古研究所所长张敏带队,开始对阖闾城遗址进行第四次考古复查。"[1]其后的考古报告《阖闾城遗址的考古调查及其保护设想》(简称《考古调查》),以张敏个人名义发表于《江汉考古》2008年第4期。

《考古调查》对该次考古也作如下叙述:"2007年初,结合第三次全国文物普查的开展,江苏省考古研究所和无锡市第三次全国文物普查办公室组成联合考古队,对阖闾城遗址进行了为期一年半的考古复查。"[2]

2.考古印证的文献及其论证

(1)《考古调查》在"查阅与阖闾城遗址有关的历史文献"中并无元王仁辅《无锡志》及与之相关的《左传》等的记载

《考古调查》在全文开头"查阅与阖闾城遗址有关的历史文献"的400余字叙述中,一字未提无锡最早的地方史志——元王仁辅《无锡志》关于"阖闾城"之"小城"的记载,也未提与该"阖闾城"之"小城"得名有关的"当阖闾伐楚回,故因号之"[3],更未提与该"阖闾伐楚回"记载相关联的《左传·定公五年》"吴子乃归"[4]的记载。

所有这些与今无锡、常州交界处"阖闾城"相关的文献,均不在《考古调查》的"查阅与阖闾城遗址有关的历史文献"之中的原因,或为从上述文献均难以"推断阖闾城遗址为春秋时期吴王阖闾的都城"[5]。

(2)《考古调查》将《越绝书》《吴越春秋》等作为记载今无锡、常州间"阖闾城"的古代文献

《考古调查》在叙述"阖闾筑城始见于东汉的《越绝书》[6]和《吴越春秋》[7]"[8]时,如上所列,分别以加注形式,列上《考古调查》拟作文献记载的相关内容。

于是《考古调查》对之作论述:"《越绝书》和《吴越春秋》的内容基本一致,阖闾之时徙治胥山,筑吴城,即有大城和小城,小城有二。城内有阖庐宫、南城宫、东宫和西宫。"而无锡"阖闾城遗址外有大城,内有两小城,与《越绝书》记载的'城中有小城二'相符;另大型建筑群集中在西城,水

---

[1] 林杉:《阖闾城揽胜》,古吴轩出版社2013年,第87页。
[2] 张敏:《阖闾城遗址的考古调查及其保护设想》,《江汉考古》2008年第4期。
[3] 王仁辅:至正《无锡志》,见《无锡文库》第一辑,凤凰出版社2012年,第54页。
[4] 《左传·定公五年》,见《春秋左传正义》,北京大学出版社1999年,第1561页。
[5] 张敏:《阖闾城遗址的考古调查及其保护设想》,《江汉考古》2008年第4期。
[6] 原文此处加注:"《越绝书·吴地传》:'阖庐之时,大霸,筑吴〔越〕城。城中有小城二。徙治胥山……吴大城,周四十七里二百一十步二尺。陆门八,其二有楼。水门八。南面十里四十二步五尺,西面七百一十二步三尺,北面八里二百二十六步三尺,东面十一里七十九步一尺。阖庐所造也。……吴小城,周十二里。其下广二丈七尺,高四丈七尺。门三,皆有楼,其二增水门二,其一有楼,一增柴路。……阖庐宫,在高平里。……南城宫,在长乐里。……东宫周一百二十七十步。〔路〕西宫在长秋,周一里二十六步。'"
[7] 原文此处加注:"《吴越春秋·阖闾内传》:'阖闾元年。……子胥乃使相土尝水,象天法地,造筑大城。周回四十七里,陆门八,以象天八风,水门八,以法地八聪。筑小城,周十里,陵门三,不开东面者,欲以绝越明也。'"
[8] 张敏:《阖闾城遗址的考古调查及其保护设想》,《江汉考古》2008年第4期。

门陆门也集中发现于西城,亦与《越绝书》记载城内有阖庐宫、南城宫、东宫和西宫相符"[1]。

在论证《越绝书》《吴越春秋》记载的"大城和小城"及"阖庐宫、南城宫、东宫和西宫"等与该"阖闾城"之"城内有阖庐宫、南城宫、东宫和西宫"的二者"相符"与否之前,《考古调查》本当说明,该"城内有阖庐宫、南城宫、东宫和西宫"是从何而来。

若是从文献记载而来,前述元王仁辅纂至正《无锡志》对该"阖闾城"之"小城"的元代现状记载为:"其地边湖,其城犹在。"[2]而从"其城犹在"中,难以推导出该处存有"阖庐宫、南城宫、东宫和西宫"等建筑;且以考古方法印证这一"其城犹在",也只能印证它是元代时尚遗存的春秋时军事城堡,而无法印证其为春秋时的吴国都城。所有这些,或也构成《考古调查》撰者在"查阅与阖闾城遗址有关的历史文献"时,应当提及而未提及的元王仁辅《无锡志》,以及其刻意回避的原因。

若是从现场状况而分析,前引李鉴昭《江苏无锡县古阖闾城的调查》一文记载:1957年对该"阖闾城"的调查为"现在土城的周围约有3里,直径1里,高出本地地表2至3米不等。目前种着桃树。土城内部都种着庄稼,一部分为东城和西城两村农民居住"[3]。从中,难以得出该处"城内有阖庐宫、南城宫、东宫和西宫"等建筑的结论。

因此,在既无文献依据,亦无严密论证的情况下,《考古调查》撰者以移花接木式的嫁接手法,把东汉《越绝书》与《吴越春秋》当作记载今无锡、常州间"阖闾城"的古代文献使用了。

显然,《考古调查》撰者意在与文献记载的春秋吴都"吴"城(今苏州古城)争夺"吴都"的名分与地位。正是出于这一目的,《考古调查》撰者需要记载今无锡、常州交界处"阖闾城"的年代较早的文献。至于它是否为记载今无锡、常州交界处"阖闾城"的文献,对《考古调查》撰者来说,或许已不重要。

于是,记载春秋吴都"吴大城"(今苏州古城)的《越绝书》及记载吴王阖闾"委计"伍子胥造筑春秋吴都"大城"[4](今苏州古城)的《吴越春秋》,这两部与今无锡、常州交界处"阖闾城"本无关联的东汉文献,就这么变身为记载今无锡、常州交界处"阖闾城"的东汉文献了。

然而,这涉及学界对东汉《越绝书》《吴越春秋》记载内容的认识,更涉及《越绝书》《吴越春秋》是否记载了今无锡、常州交界处"阖闾城"的学术问题。《考古调查》撰者对之作任意解读,但学界对上述两部东汉文献的记载内容,却早已有定论,分述如下:

①东汉《越绝书》

《越绝书》,为记载古代吴、越地方史的杂史。俞纪东在《越绝书全译·前言》中指出,相比《春秋经》《左传》记事,采用鲁国纪元,但所载包括各国的历史,而"《越绝书》则专记东南地区吴、越两国之事,属于方域史。从现存文献看,《越绝书》是我国古代最早的方域史。……古今

---

[1]张敏:《阖闾城遗址的考古调查及其保护设想》,《江汉考古》2008年第4期。
[2]王仁辅:至正《无锡志》,见《无锡文库》第一辑,凤凰出版社2012年,第54页。原书点校为:"小城在州西北富安乡,间埋其地边湖,其城犹在。"现改为如上。
[3]李鉴昭:《江苏无锡县古阖闾城的调查》,《考古通讯》1958年第1期。
[4]赵晔:《吴越春秋》,江苏古籍出版社1986年,第25页。

学者都认为:'一方之志,始于《越绝》。'(毕沅《乾隆醴泉县志序》)'《越绝书》是现存最早的方志。'(朱士嘉《宋元方志传记序》)称《越绝书》为方志之祖,主要着眼于《外传记吴地传》和《外传记地传》两篇","《外传记吴地传》以吴国都城(即吴大城,也就是今天的苏州城)为中心,向四周辐射,详细地介绍吴地的形势。古城苏州建城至今已有二千五百多年的历史;像苏州这样历史悠久的古城在世界上是罕见的"[1]。

又,《考古调查》所引《越绝书》文字"阖闾之时徙治胥山,筑吴城,即有大城和小城,小城有二。城内有阖庐宫、南城宫、东宫和西宫",系出自该书第二卷《越绝外传记吴地传第三》,原文为:"阖庐之时,大霸,筑吴〔越〕城。城中有小城二。徙治胥山。"[2]俞纪东译注《越绝书全译》指出:"伍子胥城,张宗祥《校注》:上文云'城中有二小城',伍子胥城即二城之一。"[3]而"胥山",即指苏州姑苏山。张宗祥校注《越绝书》时说:"'胥'即'苏',姑苏山一名姑胥,一名姑馀,此即后来姑苏、苏州之名所由起。"[4]

《考古调查》撰者以加注形式记写《越绝书》的"吴大城"之"陆门八",俞纪东译注《越绝书全译》引"张宗祥《校注》以为指阊门、胥门、盘门、蛇门、娄门、匠门、齐门和平门"[5]。这八个城门,均为苏州古城的八城门,与今无锡、常州间"阖闾城"毫无关联。而"城内有阖庐宫、南城宫、东宫和西宫"等,亦为记写苏州"阖闾城"即今苏州古城的建筑,与今无锡、常州间"阖闾城",亦无任何关联。

②东汉《吴越春秋》

《吴越春秋》,亦为记载春秋末期吴、越二国(包括一部分楚国)史事的杂史。张觉《吴越春秋校注·前言》论及其"内容概要"时指出:"阖闾任用伍子胥,在今苏州一带建造了都城。"[6]而论及其"史学价值"时指出:"《吴越春秋》是一部世所公认的史书,其直接的价值当然应该是它的史料价值。如果我们将它与今传之《左传》《国语》《史记》等史籍相对照,就可以明显地感到,该书对吴、越两国的史事记载要比他书丰富得多,而且也更具系统性。"而"《阖闾内传》以下诸篇,其记事十分详瞻,更可用来补充《左传》等记载的不足,其史料价值也是值得重视的"[7]。

至于《考古调查》以加注形式记写《吴越春秋》记载的"阖闾元年。……子胥乃使相土尝水,象天法地,造筑大城"[8]句,张觉《吴越春秋校注》注该"大城"曰:"位于今苏州,当时阖闾用作为都城。"[9]

由上可见,《吴越春秋》记载的内容,与春秋吴都的今苏州古城有着密切关系,而与今无锡、

---

[1]《越绝书全译·前言》,见俞纪东译注:《越绝书全译》,贵州人民出版社1996年,第2—4页。
[2]袁康、吴平:《越绝书》,上海古籍出版社1985年,第9页。
[3]俞纪东译注:《越绝书全译》,贵州人民出版社1996年,第30页。
[4]张宗祥校注:《越绝书》,商务印书馆1956年,第2页。
[5]俞纪东译注:《越绝书全译》,贵州人民出版社1996年,第28页。
[6]张觉:《吴越春秋校注》,岳麓书社2006年,第11页。
[7]《吴越春秋校注·前言》,见张觉《吴越春秋校注》,岳麓书社2006年,第15—16页。
[8]赵晔:《吴越春秋》,江苏古籍出版社1986年,第25页。
[9]张觉:《吴越春秋校注》,岳麓书社2006年,第56页。

常州间"阖闾城"并无关联。

③《考古调查》所谓"相符"说不能成立

综上可见,《考古调查》将《越绝书》《吴越春秋》当作记载今无锡、常州间"阖闾城"的古代文献,然后就堂而皇之地大谈特谈起所谓的"相符"说来(参见前述)。

事实上,这一"相符"说并不能成立。这是因为:

其一,《越绝书》《吴越春秋》记载吴、越史事中的内容,多为今苏州古城事,而对今无锡、常州间"阖闾城",《越绝书》《吴越春秋》并无记载。在这种情况下,《考古调查》的所谓"相符"之说,从何谈起?

其二,《考古调查》所说今无锡、常州间"阖闾城"的"城内有阖庐宫、南城宫、东宫和西宫"等叙述,并无该"阖闾城"历朝历代的文献记载依据,而为《考古调查》撰者的主观想象和臆测。因此,在该"阖闾城"的"城内有阖庐宫、南城宫、东宫和西宫"这一结论不知其来源情况下,又遑论其与《越绝书》相关记载的"相符"?

其三,《考古调查》撰者受"聘请"而进行的"考古复查",其间受各种非学术因素影响,以致将这一本为学术活动的"考古复查"变成制造吴王阖闾时都城的一次不成功的实践,也变成其构建"二元说"之"无锡'吴都阖闾城'说"的错误且不成功的实践。

(3)《考古调查》引用文献的错讹与"阖闾大城"

《考古调查》接下来说:"唐及其后有关阖闾城记载的历史文献,主要有唐代陆广微《吴地记》、张守节《史记正义》,宋代范成大《吴郡志》和清光绪年间的《无锡金匮县志》、《锡金考乘》、《太伯梅里志》等。这些文献记载相同的是城名'阖闾城',存在分歧的主要是地望:1.阖闾大城在武进,小城在无锡,即西城和东城;2.阖闾城在苏州;3.阖闾大城在苏州,阖闾小城在无锡。"[1]

须指出的是:

其一,上述唐代陆广微《吴地记》、张守节《史记正义》,宋代范成大《吴郡志》等记载、叙述的内容,与今无锡、常州间"阖闾城"并无关联。

其二,《考古调查》关于上述《吴地记》书名下另加注释说:"《吴地记》:'阖闾城,周敬王六年伍子胥筑。大城周回四十五里三十步,小城八里六百六十步。'《吴地记后集》:'阖闾城,周敬王六年,伍员伐楚还,运润州利湖土筑之……为大小二城。阖闾伐楚还,取以为号。子城在无锡富安乡,地名闾江。大城在阳湖界十六都八图。'"[2]

这里须厘清以下诸点:

其一,从《考古调查》所引《吴地记》文字来看,其内容与今无锡、常州间"阖闾城"并无关联。

其二,《考古调查》指为引用的《吴地记后集》,并非出于北宋人撰、元人增补的《吴地记后集》。而是出于曹林娣校注《吴地记》时辑录且作"附录一"的《吴地记佚文》。其相关内容为:"子城在无锡富安乡,地名闾江。大城在阳湖界十六都八图。"校注者注引其出处为"光绪版《志

---

[1] 张敏:《阖闾城遗址的考古调查及其保护设想》,《江汉考古》2008年第4期。
[2] 张敏:《阖闾城遗址的考古调查及其保护设想》,《江汉考古》2008年第4期。

余》卷一引"[1]。该"光绪版《志余》",即为前文提及且引述的庄毓鋐、陆鼎翰纂清光绪《武阳志余》。

其三,上述的"阳湖界",指的是《武进阳湖县志》记载的"雍正四年,分武进东境置阳湖"[2]的阳湖县。《武阳志余》为《武进阳湖县志》的勘误、校补本,其志名称中的"武阳",即为武进、阳湖合称。

其四,《武阳志余》记载:"阖闾城,在雪堰东北,接无锡界,名城里村。""伍员伐楚还……筑之……为大小二城。……小城在无锡富安乡,地名闾江。大城在阳湖界十六都八图。"意指,是时常州阳湖县境内雪堰镇的"城里村"一带,为该"阖闾城"之"大城";而该"阖闾城"之"小城",则在时为常州府辖治的无锡县富安乡闾江。这里,《武阳志余》对阳湖县、无锡县二地交界处有限地域范围内所作的"大城""小城"的划分,反映当时二县对交界处而共享的该"阖闾城",因其关联度的紧密与否而发生的龃龉。《武阳志余》对此表述的意思为,该"阖闾城"的"大城"在我阳湖,而"小城"在彼无锡。这里的"阳湖""无锡",均时为常州府属县。故这一"大城",只是指时阳湖县所占一侧的该"阖闾城"之"名城里村"部分,并相对于其时"在无锡富安乡,地名闾江"的该"阖闾城"之"小城"而言。

其五,《武阳志余》记载的"在阳湖界十六都八图"的"大城",《考古调查》由之推导出"阖闾大城在武进",极为错误。这是因为,该"阳湖界"的"大城",其时与武进县已无辖治关系,而阳湖与武进其时同为常州府属县,二者互不隶属。

其六,今无锡、常州交界处的"阖闾城",最早记载文献为元至正《无锡志》。其后,历明、清两代,常州、无锡的地方文献,既无称该"阖闾城"为"阖闾大城"的记载,更无"阖闾大城在武进"的记载。

其七,"阖闾大城在武进"的判断,乃是《考古调查》撰者对文献记载作错误解读的结果。同时,这也是在《考古调查》一文中最早出现且撰者或也没搞清楚其内涵的"阖闾大城"概念。因此,一方面,它显示《考古调查》撰者存在着一个错误的认知——"阖闾大城"即等同于春秋吴都;另一方面,《考古调查》提出"阖闾大城"概念并进行预热后,接着即以"《越绝书》和《吴越春秋》的内容基本一致"而"说明高出地面的阖闾大城的城垣在东汉时期尚存"等结论性意见,从而与《考古调查》描述的"遗址有保存较好的城墙和大型高土台"[3]对应,从而完成将"无锡阖闾城"变身为"阖闾大城"的论述。

在完成上述一系列论述与对应后,撰者自以为完成从"无锡阖闾城"到"阖闾大城"的文献论证,就是完成了从"无锡阖闾城"到春秋吴王阖闾时吴都的文献论证。接着,《考古调查》记述以考古等方式印证这一"阖闾大城"者,竟多达十余处。相关情况如下表所列(表中"所在期刊页码"指刊载张敏《阖闾城遗址的考古调查及其保护设想》一文的《江汉考古》2008年第4期的页码):

---

[1]《吴地记佚文》,见陆广微:《吴地记》,江苏古籍出版社1986年,第166页。
[2]王其淦、吴康寿修,汤成烈等纂:光绪《武进阳湖县志》,见《中国地方志集成·江苏府县志辑(37)》,江苏古籍出版社1991年,第395页。
[3]张敏:《阖闾城遗址的考古调查及其保护设想》,《江汉考古》2008年第4期。

张敏《阖闾城遗址的考古调查及其保护设想》一文记载"阖闾大城"情况表

序号	所在期刊页码	文中含阖闾大城等的句子
1	第102页	说明高出地面的阖闾大城的城垣在东汉时期尚存。
2	第103页	在东西小城之外可能存在阖闾大城。
3	第103页	阖闾大城的城垣已不存。
4	第103页	阖闾大城北面有胥山。
5	第104页	阖闾大城高出地面的部分现已不存,因此大城钻探的重点是确认是否存在大城。
6、7	第104页	根据阖闾城城内的水门和水道情况模拟复原阖闾城西部的水系图,即引闾江入阖闾大城和东西小城后,形成城外的环壕和城内的水系,出阖闾大城后流入太湖。
8	第105页	龙山石城的发现,将阖闾城遗址的范围由阖闾城大城扩大到龙山一带。
9	第106页	阖闾城遗址外有大城,内有两小城……从阖闾城大小城的布局和西城内高台建筑遗迹的分布分析……
10	第107页	阖闾大城居住兵士和民众……
11	第107页	阖闾城遗址考古复查最重要的成果是发现并确认了阖闾大城和龙山石城。
12	第108页	鉴于阖闾城遗址的现状,建议尽快制订《阖闾城遗址保护规划》,对阖闾城遗址进行科学有效的保护,保护范围应包括阖闾大城和龙山石城。

(4)关于"阖闾城"与"阖闾大城"

"阖闾城"与"阖闾大城",是两个既有关联又有区别的概念。现分别叙述如下:

其一,"阖闾城"。

关于"阖闾城",前文分析"春秋吴王阖闾、夫差时的吴国都城,即文献记载的'吴'城"时,已作详细论述。为免重复,现谨叙述其要点:

①概念的提出及其所指

"阖闾城"概念,首见于唐张守节《史记正义》。其原文为:"诸樊南徙吴。至二十一代孙光,使子胥筑阖闾城都之,今苏州也。"[1]此处,一是叙述吴"二十一代孙"公子光,即吴王阖闾,"使子胥筑阖闾城都之",从而首次提出"阖闾城"概念;二是明确提出今苏州古城筑造于春秋时;三是明确将伍子胥造筑的春秋吴都"阖闾城"与"今苏州也",即与唐代时的苏州城作清晰对应与勾连。

②"阖闾城"概念衍生出的两个定义

前文叙述,唐张守节《史记正义》首次提出"阖闾城"概念后,该"阖闾城"即衍生出两个定义。一为指吴王阖闾时期所筑吴都"吴"城,即特指春秋吴都"吴"城的"阖闾城"为唐代时的苏州城,亦即今苏州古城。这一定义具有特指性质的专用性和唯一性。二为指吴王阖闾时期所筑之城。这一定义具有通用性,即通指吴王阖闾时期所筑军事城堡,如今上海青浦"阖闾城"、今常州与无锡交界处的"阖闾城"等。

③望文生义的"从阖闾城的城名分析,阖闾城应为吴国都城"

《考古调查》在论述"吴国都城之名"时,引用张守节《史记正义》时,作"虽然唐代出现了'阖闾城'之名,然又称'筑阖闾城都之'"等解读后,不顾张守节《史记正义》特指且限制性极强

---

[1]张守节:《史记正义》,见司马迁:《史记》,中华书局1959年,第1445页。

的"今苏州也",不合逻辑且望文生义地提出"从阖闾城的城名分析,阖闾城应为吴国都城"[1]。

这一表述,极不严密。春秋吴都"吴"城(今苏州古城)称"阖闾城",但称"阖闾城"者并不全是春秋吴国都城。现存文献记载的"阖闾城"者有三:苏州"阖闾城"、上海青浦"阖闾城"及今无锡、常州间的"阖闾城",按此表述,三城均"应为吴国都城",则春秋吴王阖闾时的都城,到底有几座?且能有那么多"应为吴国都城"的都城吗?

《考古调查》一文撰者作此判断和表述,乃是意在将军事城堡性质的今无锡、常州交界处的"阖闾城"变身为《考古调查》一文所说:"初步推断阖闾城遗址为春秋时期吴王阖闾的都城。"[2]

其二,"阖闾大城"。

前文曾叙述,唐、宋、元、明、清等苏州地方史志文献中,对"苏州"或"苏州古城",有"吴城""大城""吴大城""阖闾城""郡城""府城"等多种自称称呼,但并无自称为"阖闾大城"的记载。

而"阖闾大城"出现的特殊语境,多为元、明、清时苏州周边城市地方文献在以"小城""阖闾小城"作谦称式的自称时,成双对举出现对苏州古城以他称且敬称的方式而称为"阖闾大城"。

① "阖闾大城"一词的构成

"阖闾大城"一词,分别由唐张守节《史记正义》"使子胥筑阖闾城都之,今苏州也"[3]中的"阖闾城"、《越绝书》记载"阖庐(闾)所造"的"吴大城"[4]以及《吴越春秋》记载伍子胥受命而"相土尝水,象天法地,造筑大城"[5]中的"大城"等组合、拼合而成。

② "阖闾大城"及其成双对举出现时的词义——指今苏州古城的春秋吴都"阖闾城"

"阖闾大城"一词的最早出现,为前文所述的元王仁辅纂至正《无锡志》。其相关叙述为:"今按:阖闾大城在姑苏,即今之平江是也。小城在州西北富安乡闾堽。"[6]

如上引文所示,该"阖闾大城"出现时,是与"在州西北富安乡闾堽"的"小城"成双而对举出现的。而在元至正《无锡志》后的明洪武《无锡县志》、清康熙《无锡县志》、清道光《梅里志》、清光绪《无锡金匮县志》等,亦同样为"阖闾大城"与"小城"或"阖闾小城"成双对举出现。情况见如下二表:

无锡地方文献成双对举记载的"大城""阖闾大城"及"小城""阖闾小城"情况表

文献名称	"阖闾大城"等内容的记载情况	文献出处及备注
元至正《无锡志》	阖闾大城在姑苏,即今之平江是也。小城在州西北富安乡闾堽。	《无锡文库》第一辑,凤凰出版社2012年,第54页。
明洪武《无锡县志》	今按:阖闾大城在姑苏,即今之平江是也。小城在州西之西北富安乡闾堽。	李鉴昭:《江苏无锡县古阖闾城的调查》,《考古通讯》1958年第1期。

---

[1] 张敏:《阖闾城遗址的考古调查及其保护设想》,《江汉考古》2008年第4期。
[2] 张敏:《阖闾城遗址的考古调查及其保护设想》,《江汉考古》2008年第4期。
[3] 张守节:《史记正义》,见司马迁:《史记》,中华书局1959年,第1445页。
[4] 袁康、吴平:《越绝书》,上海古籍出版社1985年,第9—10页。
[5] 赵晔:《吴越春秋》,江苏古籍出版社1986年,第24—25页。
[6] 王仁辅:至正《无锡志》,见《无锡文库》第一辑,凤凰出版社2012年,第54页。原书点校为"小城在州西北富安乡,闾堽其地边湖,其城犹在。"现改为如上。

续表

文献名称	"阖闾大城"等内容的记载情况	文献出处及备注
清康熙《无锡县志》	按:阖闾大城在今苏州府……小城在县富安乡者地名闾江。	《无锡文库》第一辑,凤凰出版社2012年,第103页。
清道光《梅里志》	阖闾城在无锡县西南五十里富安。……为大小二城。……此盖阖闾小城也。按锡志云,阖闾大城在今苏州府。	《梅里志·泰伯梅里志》,中国文史出版社2005年,第60—61页。
清光绪《无锡金匮县志》	阖闾城在县西五十里富安乡。……元志云:大城在姑苏;小城在富安乡闾江之地。	《中国地方志集成·江苏府县志辑(24)·〈光绪无锡金匮县志〉》,江苏古籍出版社1991年,第194页。

无锡地方文献成双对举记载的"阖闾城"之"大城""小城"情况表

文献名称	"大城"内容的记载情况	文献出处及备注
明弘治《重修无锡县志》	阖闾城,在县西南五十里富安乡。……大城在姑苏,小城在富安乡是也。	《无锡文库》第一辑,凤凰出版社2012年,第247页。
明万历《无锡县志》	阖闾城,在县西南五十里富安乡。……大城在姑苏,即今之平江;小城在富安乡闾江。	《无锡文库》第一辑,凤凰出版社2012年,第491页。

③苏州地方文献中无自称苏州为"阖闾大城"的记载

"阖闾大城"与"阖闾小城""小城"成双而对举出现,且均出现在无锡地方文献特定语言使用环境之中,而苏州地方文献记载中并无这一特定的语言使用环境。

这里并非苏州地方文献对"阖闾大城"概念群体性地不予认可、不予接受等问题,而是在已有"阖闾城"概念的情况下,既无自称"阖闾大城"的必要,亦无自称"阖闾大城"的语言使用环境。更何况,苏州地方文献若以"阖闾大城"自称,则其成双对举的"阖闾小城"或"小城"又为谁?

关于"阖闾大城",前文叙述《考古调查》撰者存在着一个错误认知:"阖闾大城"即等同于春秋吴都。而持这一认知者,绝非《考古调查》撰者一人。前文叙述"'灵岩古城'说"的《论苏州城最早建于汉代》一文,亦有类似认知说:"关于苏州城的始建年代,过去往往依据文献资料,认为始于春秋时代的阖闾大城。"[1]

"阖闾大城"的词义,今后是否会发展并约定俗成地成为春秋吴都"吴"城(今苏州古城)的同义词,鉴于以上张敏《考古调查》一文记载"阖闾大城"情况表所列"阖闾大城"多达十余处,且将之厘定及"推断阖闾城遗址为春秋时期吴王阖闾的都城"[2],从而使得该"阖闾大城"一词的词义与元王仁辅《无锡志》起始的无锡地方文献中的"阖闾大城"词义发生质的变化,但并不具普遍性。为免混淆,该"阖闾大城"一词,除引用无锡地方文献的相关论述外,在春秋吴都"吴"城的叙述中,当循文献中的传统记写方法,不使用该词。

(5)关于今无锡、常州交界处的"阖闾城"筑城年代的不正确提法

①关于今无锡、常州交界处的"阖闾城"的筑城年代,《考古调查》有两处叙述

"根据历史文献的记载,吴王阖闾即位的时间为公元前515年—公元前496年。阖闾筑城始见

---

[1] 钱公麟:《论苏州城最早建于汉代》,《东南文化》1990年第4期。
[2] 张敏:《阖闾城遗址的考古调查及其保护设想》,《江汉考古》2008年第4期。

第十一章 春秋吴都地望及其争议

于东汉的《越绝书》[1]和《吴越春秋》[2]。假定阖闾城为吴王阖闾时所筑,筑城的年代应在公元前515年—公元前496年之间。"

"阖闾的年代为公元前515年—公元前496年,因此阖闾筑城的年代应在公元前515年—公元前496年之间。"

须指出的是:东汉《越绝书》和《吴越春秋》,既非记载今无锡、常州交界处"阖闾城"的著作,也没有记载今无锡、常州交界处"阖闾城"的文字。在这种情况下,作该"阖闾城为吴王阖闾时所筑,筑城的年代应在公元前515年—公元前496年之间"的"假定",并无意义。

②《吴国都城初探》一文的年代调整:"吴始定都阖闾城,当在公元前510年或稍后"

《考古调查》一文撰者,于次年发表的《吴国都城初探》(简称《初探》)一文又将"阖闾筑城的年代"调整并厘定为"吴始定都阖闾城,当在公元前510年或稍后"[3]。此乃该撰者为其"二元说"之"'姑苏夫差城'说"而进行的调整与构建(相关叙述,另见下文)。

然而,将"阖闾筑城的年代"调整并厘定为"公元前510年或稍后"的"吴始定都阖闾城",将无法回避下列问题:

其一,公元前510年,为吴阖闾五年(鲁昭公三十二年)。这意味着吴王阖闾夺取王权后五年"或稍后",方"定都阖闾城"。然而,现存文献并无这一方面记载。

其二,《吴越春秋》记载,公子光使专诸刺杀吴王僚并成为吴王阖闾后,使伍子胥"造筑大城"。之后,遂如范成大《吴郡志》所说:"阖闾城,吴王阖闾自梅里徙都,即今郡城。"[4]即指吴王阖闾迁都于伍子胥"造筑"的"大城"(今苏州古城),时为"阖闾元年"(前514)。

其三,《初探》一文叙述的"吴始定都阖闾城,当在公元前510年或稍后",连带出的相关问题是:按此,则自公元前515年(吴王僚十二年)吴王僚被刺,至"公元前510年或稍后"的五年中,吴国都城在哪?是在《吴郡志》所说"徙都"前的"梅里"?然而,并无文献记载吴王阖闾夺权后的五年中,吴国国都依然在梅里。传统说法对此的记载为吴熙《泰伯梅里志》引王永积《至德庙记》所说:"自伯(指泰伯)以下至王僚二十三君,皆都此。吴公子光刺王僚即此地。"[5]即梅里为吴都的时段,自泰伯起而至吴王僚止。

其四,以下与吴王阖闾筑造吴都有关的文献记载,分别为:"《世本》曰:'诸樊徙吴'也"[6];吴熙《泰伯梅里志》记载梅里为吴都,且"自伯(指泰伯)以下至王僚二十三君,皆都此";《吴越春秋》记载,吴王阖闾使伍子胥"造筑大城";范成大《吴郡志》记载"吴王阖闾自梅

---

[1] 原文此处加注:"《越绝书·吴地传》:'阖庐之时,大霸,筑吴〔越〕城。城中有小城二。徙治胥山。……吴大城,周四十七里二百一十步二尺。陆门八,其二有楼。水门八。南面十里四十二步五尺,西面七里百一十二步三尺,北面八里二百二十六步三尺,东面十一里七十九步一尺。阖庐所造也。……吴小城,周十二里。其下广二丈七尺,高四丈七尺。门三,皆有楼,其二增水门二,其一有楼,一增柴路。……阖庐宫,在高平里。南城宫,在长乐里。……东宫周一里二百七十步。〔路〕西宫在长秋,周一里二十六步。'"

[2] 原文此处加注:"《吴越春秋·阖闾内传》:'阖闾元年。……子胥乃使相土尝水,象天法地,造筑大城。周回四十七里,陆门八,以象天八风,水门八,以法地八聪。筑小城,周十里,陵门三,不开东面者,欲以绝越明也。'"

[3] 张敏:《吴国都城初探》,《南方文物》2009年第2期。
[4] 范成大:《吴郡志》,江苏古籍出版社1986年,第20页。
[5] 无锡市太湖文旅文史编纂中心:《梅里志·泰伯梅里志》,中国文史出版社2005年,第349页。
[6] 裴骃:《史记集解》,见司马迁:《史记》,中华书局1959年,第1450页。

里徙都"。

上述文献记载，在共同构成证据链的同时，亦连续记载与吴王阖闾筑造吴都有关的如下历史事件：吴公子光刺吴王僚并成为吴王阖闾后，继承其父"诸樊徙吴"思维而使伍子胥于吴地"造筑大城"并"自梅里徙都"于该"大城"（今苏州古城）。

其五，如前文所述，《初探》一文撰者，在其《阖闾城遗址的考古调查及其保护设想》一文中"推断阖闾城遗址为春秋时期吴王阖闾的都城"[1]。故该撰者一是并不认可《吴越春秋》记载的吴王阖闾使伍子胥"造筑"的"大城"（今苏州古城）为春秋吴都；二是认为今无锡、常州交界处"阖闾城"为"吴王阖闾的都城"，且"吴始定都"该"阖闾城"的时间"当在公元前510年或稍后"。按此，上述《考古调查》《初探》二文构建的吴都论述中，出现的吴都空白期，即前文指出的自公元前515年（吴王僚十二年）吴王僚被刺，至"公元前510年或稍后"的五年中，吴国都城在哪里？

综上，按《考古调查》《初探》二文撰者张敏所述，吴王阖闾夺取王权后五年"或稍后"时段内，"吴"尚未"定都"于今无锡、常州交界处的"阖闾城"；吴王僚被刺后，梅里已不再是吴都；《吴国都城初探》撰者认为今无锡、常州交界处的"阖闾城"为"春秋时期吴王阖闾的都城"，而并不认可《吴越春秋》记载的吴王阖闾使伍子胥"造筑"的"大城"（今苏州古城）为春秋吴都。在上述几种情况交叉并限定下，其时吴国的都城究竟在哪里？而由此导致吴王阖闾夺取王权后五年"或稍后"时吴国都城不知所终，或是呈现出没有都城的虚空状态，都是匪夷所思的。

（四）考古出土器物

1. 青铜器

本次考古，未发现任何与所谓春秋"吴都"有关的青铜器实物。《考古调查》一文通篇未出现"青铜器"字样。

2. "龙山石冢"及其出土的陶器、印纹硬陶器、原始青瓷器等

《考古调查》在论述"龙山石冢"时，指出该处"随葬器物丰富，出土了陶器、印纹硬陶器、原始青瓷器等文化遗物150余件，主要为原始青瓷器，有罐、钵、碗、豆、盂、盅、盘、杯等，印纹硬陶器主要有瓮、坛、罐等。根据随葬器物分析，龙山石冢的年代为春秋早期至春秋中期"[2]。

关于"龙山石冢"，《考古调查》说："根据文献记载，吴王阖闾'兴乐石城'，因此分布于龙山山脉的石城应名'石城'。"[3]

该"兴乐石城"句，出自赵晔《吴越春秋》："立夫差为太子，使太子屯兵守楚留止，自治宫室：立射台于安里，华池在平昌，南城宫在长乐。阖闾出入游卧，秋冬治于城中，春夏治于城外，治姑苏之台。且食鲲山，昼游苏台，射于鸥陂，驰于游台，兴乐石城，走犬长洲，斯且阖闾之霸时。"[4]上述《吴越春秋》记载的"石城"地望，元代徐天祐音注该"兴乐石城"句时指出："在吴县东北，吴之离宫，越王献西子于此。"[5]

---

[1] 张敏：《阖闾城遗址的考古调查及其保护设想》，《江汉考古》2008年第4期。
[2] 张敏：《阖闾城遗址的考古调查及其保护设想》，《江汉考古》2008年第4期。
[3] 张敏：《阖闾城遗址的考古调查及其保护设想》，《江汉考古》2008年第4期。
[4] 赵晔：《吴越春秋》，江苏古籍出版社1986年，第47—48页。
[5] 徐天祐音注，见赵晔：《吴越春秋》，江苏古籍出版社1986年，第48页。

张觉《吴越春秋校注》对之表达不同意见说:"徐说误。石城当在今苏州市西南15公里处之灵岩山。《吴郡志》卷八:《吴地记》云:'石城,吴王离宫,越王献西施于此城。'又卷十五:'灵岩山,即古石鼓山,又名砚石山。董监《吴地记》:案《郡国志》曰:吴王离宫在石鼓山,越王献西施于此山。……'《越绝书》云:'吴人于砚石山作馆娃宫。'刘逵注《吴都赋》引杨雄《方言》云:'吴有馆娃宫,吴人呼美女为娃。……'又云:'砚石山有石城,去姑苏山十里。阖闾养越美人于此。上有两湖,湖中有莼充贡。'按此即今灵岩山。"[1]

上述徐天祜音注所说"在吴县东北"和张觉《吴越春秋校注》所说"在今苏州市西南",实为同一个地方。因此,学界关于"兴乐石城"的"石城"地望为今苏州一带,并无分歧。

《考古调查》接着说:"根据文献记载,吴王阖闾'兴乐石城',因此分布于龙山山脉的石城应名'石城'。"此处,《考古调查》将《吴越春秋》记述"吴县""苏州"的"兴乐石城"搬到了无锡、常州交界处的"阖闾城"。

3.在该"阖闾城遗址"发现的城墙、高台建筑、陆门、水门与"考古勘探的结果确认"的"阖闾大城"

《考古调查》记述在该"阖闾城遗址"的如下发现:"东城、西城的城墙均存有高出地面的城墙""西城的北半部有一道东西向的墙"及"南区发现春秋时期的大型高台建筑遗迹4处""北区发现大型建筑遗迹1处",以及"西城与东城之间有陆门1座""西城南面发现水门2座"等。除上述外,《考古调查》还记载说:"阖闾大城高出地面的部分现已不存,因此大城钻探的重点是确认是否存在大城。钻探主要沿城壕内即大城的一周进行。"而"考古勘探的结果确认了阖闾大城的存在"[2]。

上述发现,乃是对该无锡、常州交界处的"阖闾城"现状的描述。此类描述,在元王仁辅纂至正《无锡志》中,记作"其城犹在"[3]。而在前引李鉴昭《江苏无锡县古阖闾城的调查》一文中,也有"现在土城的周围约有3里,直径1里,高出本地地表2至3米不等"[4]的对1957年时该遗址现状的描述。

这些"城墙""高台建筑""陆门""水门"等,何以证明它们为春秋吴都的建筑?《考古调查》一文并未从文献记载、考古实物等角度揭示其与"春秋吴都"的联系。

而如前文述,《考古调查》撰者一直有着"阖闾大城"即等同于春秋吴都的认识。上述《考古调查》所谓"阖闾大城高出地面的部分现已不存,因此大城钻探的重点是确认是否存在大城。钻探主要沿城壕内即大城的一周进行",而"考古勘探的结果确认了阖闾大城的存在"。这里,姑且不论何以证明这一"确认"的"存在"是"阖闾大城"。如前所述,所谓"阖闾大城",其实并非"春秋吴都"的代名词。

因此,当《考古调查》撰者说"考古勘探的结果确认了阖闾大城的存在",则意味着"考古勘

---

[1] 张觉:《吴越春秋校注》,岳麓书社2006年,第98页。
[2] 张敏:《阖闾城遗址的考古调查及其保护设想》,《江汉考古》2008年第4期。
[3] 王仁辅:至正《无锡志》,见《无锡文库》第一辑,凤凰出版社2012年,第54页。
[4] 李鉴昭:《江苏无锡县古阖闾城的调查》,《考古通讯》1958年第1期。

探"者,将元代文献《无锡志》中始出现,且指出是"在姑苏"的"阖闾大城"在"其地边湖"的无锡太湖边发掘了出来。

(五)考古结论与考古报告记载的"阖闾城大城"及其防御系统实印证王仁辅《无锡志》所记的"其地边湖,其城犹在"的军事城堡

前已叙述,该"考古复查"为"江苏省考古研究所"和无锡市有关方面组成"联合考古队"进行的,但考古报告《阖闾城遗址的考古调查及其保护设想》,却以个人名义发表。将与无锡"阖闾城遗址"本无关联的《吴越春秋》《越绝书》移花接木般地变身为今无锡、常州交界处的"阖闾城"的记载文献,并使其成为"考古复查"的文献支撑。同时,在该遗址考古的出土器中,并未出土足以证明与春秋吴都有关联的青铜器等器物。尽管如此,《考古调查》依然宣布:"根据考古复查,初步推断阖闾城遗址为春秋时期吴王阖闾的都城。"[1]

和这一初步推断为"春秋时期吴王阖闾的都城"的考古结论相反的是,《考古调查》说:"阖闾城遗址考古复查最重要的成果是发现并确认了阖闾大城和龙山石城,完整地复原了阖闾城遗址。""龙山石城依山而筑,延绵数里,工程巨大,有城有台,俯瞰太湖,气势雄伟,虽局部有坍塌,但基本保存完好。龙山石城为阖闾城遗址第一道防御工事,并与阖闾大城、东城、西城和胥山湾构成了完整的军事防御体系:石城立于太湖之滨,为阖闾城第一道防御;胥山湾为训练和驻扎水军之湖湾,构成阖闾城的东部水域防御;阖闾大城居住兵士和民众,构成阖闾城的第二道防御;东城居住兵士或民众,形成西城的外藩;西城的南区为大型建筑群(宫殿区),北区则加强了南区(宫殿区)防御的纵深。"[2]

这一记载,印证了元王仁辅纂至正《无锡志》记载的"阖闾伐楚回"时所筑军事城堡及其至元代时"其地边湖,其城犹在"。反之,如果春秋时的"吴都"即吴国政治中心在这里,其筑造功能当首先着重于其政治功能、经济功能和适应江南水乡特点的城河道体系构建的交通功能以及祭祀功能等,而非如上述所说的由"第一道防御""第二道防御"等筑造所体现出的军事功能。

因此,《考古调查》记载的"阖闾城大城"及其防御系统,其实是在印证元王仁辅《无锡志》所记载的"其地边湖,其城犹在"的军事城堡。

(六)无锡阖闾城遗址全国考古专家论证会

上述是考古报告的考古结论,接着将进行全国考古专家论证会的论证程序。

1.无锡阖闾城遗址专家论证会

《考古调查》记载说:"2008年9月10日,无锡市人民政府召开了'无锡阖闾城遗址专家论证会'。参加论证会的有国家文物局、江苏省文物局的领导和北京、上海、浙江、山东、河南、湖北、江苏等地的考古学、历史学和文物保护规划的专家。与会专家考察了阖闾城遗址和龙山石城遗址,听取了无锡市第三次全国文物普查办公室作的《阖闾城遗址考古复查工作汇报》,并就阖闾城遗址的现状、阖闾城遗址的保护和阖闾城遗址考古复查工作等进行了论证,同时对阖闾城遗址的保护提出了如下建议:

---

[1] 张敏:《阖闾城遗址的考古调查及其保护设想》,《江汉考古》2008年第4期。
[2] 张敏:《阖闾城遗址的考古调查及其保护设想》,《江汉考古》2008年第4期。

"（一）鉴于阖闾城遗址初步认定为吴国都城，建议省级文物保护单位'阖闾城遗址'的名称可改称'阖闾故城遗址'或'吴都阖闾城遗址'。

（二）鉴于阖闾城遗址的现状和考古复查的成果，建议重新划定省级文物保护单位阖闾城遗址的保护范围，并报请江苏省人民政府公布。

（三）鉴于阖闾城遗址丰富的文化内涵，建议在报经国家文物局批准后，可有计划有目的地对阖闾城遗址进行小规模的考古发掘，进一步发掘阖闾城遗址深厚的文化底蕴。

（四）鉴于阖闾城遗址的现状，建议尽快制订《阖闾城遗址保护规划》，对阖闾城遗址进行科学有效的保护，保护范围应包括阖闾大城和龙山石城。

（五）阖闾城遗址为春秋时期的吴国都城，在全国春秋时期的都城遗址中历史地位重要，对于研究我国的都城发展史意义重大。建议加快整理阖闾城遗址的相关资料，申报'第七批全国重点文物保护单位'。"[1]

据署名"林杉"的《阖闾城揽胜》一书记载，在无锡举行的无锡阖闾城遗址全国考古专家论证会上，"国家文物局考古专家组组长黄景略代表专家组在无锡宣布，无锡'阖闾城遗址'可初步认定为公元前515年—公元前496年之间春秋时期一代吴王阖闾的都城"[2]，"国家文物局专家组经过论证，初步断定无锡阖闾城为春秋时期吴国的都城"[3]。

上述宣称的意思很明确：无锡"阖闾城"为"吴王阖闾的都城"和"春秋时期的吴国都城"。

2.无锡阖闾城遗址博物馆展出的《无锡阖闾城遗址全国考古专家论证会纪要》及"阖闾城遗址专家论证会专家名单"展板

无锡阖闾城遗址变身为吴都阖闾城遗址并由专家组组长黄景略签名的《无锡阖闾城遗址全国考古专家论证会纪要》及黄景略、李伯谦等学者签名的"阖闾城遗址专家论证会专家名单"的图片展板，近些年一直在无锡阖闾城遗址博物馆悬挂并展出，其首页文字清晰可辨，内容与前引《考古调查》的叙述相同。

3.无锡阖闾城遗址全国考古专家论证会与中央政府文件——《国务院批转国家基本建设委员会等部门关于保护我国历史文化名城的请示的通知》〔国发（1982）26号〕

1981年，侯仁之、郑孝燮和单士元等专家进言，经当时的国家基本建设委员会、国家文物事业管理局和国家城市建设总局采纳，12月28日，上述三部委向国务院上报《关于保护我国历史文化名城的请示》。

1982年2月8日，国务院下发《国务院批转国家基本建设委员会等部门关于保护我国历史文化名城的请示的通知》〔国发（1982）26号〕。文件所附《国家第一批历史文化名城名单（24个）》中，苏州名列第五。国务院批准并公布时，有关苏州古城历史地位的定义，即前述的"春秋时为吴国都城"[4]。（参见前文）

---

[1]张敏：《阖闾城遗址的考古调查及其保护设想》，《江汉考古》2008年第4期。
[2]林杉：《阖闾城揽胜》，古吴轩出版社2013年，第93页。
[3]林杉：《阖闾城揽胜》，古吴轩出版社2013年，第90页。
[4]苏州市档案馆：《中央领导同志和国务院有关保护苏州古城风貌和今后建设方针的部分批示、文件》，第24—26页，1984年1月21日。档号C1—1—332。

诚然，即使国务院文件〔国发（1982）26号〕对苏州古城"春秋时为吴国都城"的判断有误，那也须经相关行政程序，上报给国务院，陈述进行纠正的相关理由。经国务院批复、同意苏州古城"春秋时为吴国都城"这一当初的意见和判断确实有误，再由国务院进行公布。否则，未经上述行政程序及未经国务院授权的行为，均已超越其权限。

尽管如此，"全国考古专家论证会"依然通过了如下建议："省级文物保护单位'阖闾城遗址'的名称可改称'阖闾故城遗址'或'吴都阖闾城遗址'。""加快整理阖闾城遗址的相关资料，申报'第七批全国重点文物保护单位'。"[1]

上述建议加快整理阖闾城遗址的相关资料，申报"第七批全国重点文物保护单位"等举措，若获批而列为全国重点文物保护单位，则意味着"吴都阖闾城遗址"在国家层面得到认可。反之，该"吴都阖闾城"的种种提法，则在国家层面上遭到否定。

就这样，"吴都阖闾城遗址"日后能否列入国务院公布的第七批全国重点文物保护单位名录，就成为"吴都阖闾城"乃至春秋吴都的"二元说"能否获得国家层面认可的标志。

三、关于"'姑苏夫差城'说"

（一）《初探》一文构建的"'姑苏夫差城'说"

关于张敏《初探》一文构建的"'姑苏夫差城'说"中的"姑苏城"，须指出如下：

首先，该"姑苏城"并非指春秋吴都"吴"城（今苏州古城）别称、另名的"姑苏"城，而是指"春秋吴都'灵岩古城'说"学者所说的"灵岩古城"，即今苏州吴中区木渎灵岩山一带。这从《初探》一文所附"图三　姑苏城遗址示意图"与陆雪梅、钱公麟《春秋时代吴大城位置再考——灵岩古城与苏州城》一文所附"图一　灵岩古城示意图"[2]的比较中可以看出。

其次，该"姑苏夫差城"，未见诸古代文献记载。而如前文所述，乃是张敏《初探》一文在承接前及"无锡'吴都阖闾城'说"的基础上，所作意图构建春秋吴都的体系性意见的产物。这就是《初探》一文所说：吴王阖闾"阵亡"于"越败吴于姑苏"的"姑苏之战"后，夫差即位并施行报复，为父报仇。吴败越于夫椒后，遂入越，而"吴入越之'越'，即姑苏，吴始都姑苏"，从而形成"阖闾城与姑苏城一东一西，隔湖相望"[3]的状态。

为此，《初探》一文悖于文献记载的传统说法，而另作虚构式的杜撰。现按《初探》一文的叙述顺序（以下引文后的括号数字，为刊载该文的期刊页码），引该文叙述的如下诸点，进行罗列：

1.为"吴始定都阖闾城，当在公元前510年或稍后"（第60页），即"公元前510年或稍后"，吴国始"定"今无锡、常州交界处的"阖闾城"为都城。

2.为"越始都姑苏"，即"姑苏城先后为吴王夫差和越王句践的都城……吴越争霸大致从公元前510年—公元前473年，而争霸的主要目的和主要地点皆为姑苏"，"吴伐楚之际，越伐吴，'越入吴'，即越入姑苏，越始都姑苏。阖闾城与姑苏城一东一西，隔湖相望"（第60页）。这里指越人

---

[1]张敏：《阖闾城遗址的考古调查及其保护设想》，《江汉考古》2008年第4期。
[2]陆雪梅、钱公麟：《春秋时代吴大城位置再考——灵岩古城与苏州城》，《东南文化》2006年第5期。
[3]张敏：《吴国都城初探》，《南方文物》2009年第2期。

乘"吴伐楚之际"而"伐吴"。而"越入吴",即为越人攻入今苏州吴中区木渎灵岩山一带的"姑苏城",越人开始以该"姑苏城"为越国都城。

3.分为两块。其一,吴王阖闾时,吴王阖闾不能忍受越人将其都城设置于今无锡、常州交界处的"阖闾城"旁咫尺间的"姑苏城",于是"吴伐越,欲入姑苏;然越败吴于姑苏,阖闾阵亡"(第60页)。这里所说的阖闾阵亡,并非前文所说地望为今浙江"桐乡百桃一带"的"槜李之战"中负伤身死,而是吴王阖闾"阵亡"于"越败吴于姑苏"的"姑苏之战"。其二,阖闾战死于姑苏之战后,夫差即位并为复父仇。吴败越于夫椒后,遂入越。而"'吴入越'之'越',即姑苏。吴始都姑苏"(第60页)。即吴进入越人控制并为越国都,且位于今木渎灵岩山一带的姑苏城。由此,吴国开始以该姑苏城为吴国国都。

由此可见,《初探》一文抛开文献记载的吴国这一段历史,杜撰并虚构了吴、越争霸乃是两国争夺"姑苏城"为国都的一段争霸史。

而按《初探》一文以吴王阖闾"定都阖闾城"即名为"吴都阖闾城"的得名惯例,吴王夫差时"吴始都姑苏",即开始以"姑苏城"为吴国都城,故这一都城亦得名为"吴都夫差城"。"显然姑苏城与《越绝书》、《吴越春秋》所云吴王阖闾的都城无关。姑苏城先后为吴王夫差和越王句践的都城。"[1]据此,则"姑苏城"先后又名为"越都勾(句)践城"和"吴都夫差城"。

所有这些,既构成了《初探》一文构建的"姑苏夫差城",也完成了该文构建"二元说"中"'姑苏夫差城'说"的最后一块拼图,更完成了《初探》一文撰者所要表述的"(无锡)阖闾城与姑苏城一东一西,隔湖相望"[2]的"二元说"的体系性架构及其"无锡'吴都阖闾城'说"与"'姑苏夫差城'说"的杂糅、拼合而成的体系性学说"二元说"的内容。

(二)"'姑苏夫差城'说"的分析

春秋后期,吴王阖闾、吴王夫差执政时的吴国都城,为《左传》等文献记载的"吴"城。对之,前文已作充分叙述,此处不赘。

《初探》一文,作"二元说"的如下叙述:

其一,"吴伐楚之际,越伐吴,'越入吴',即越人姑苏,越始都姑苏"。

其二,"吴伐越,欲入姑苏;然越败吴于姑苏,阖闾阵亡"。

其三,"'吴入越'之'越',即姑苏。吴始都姑苏"及"吴始定都阖闾城,当在公元前510年或稍后"以及"阖闾城与姑苏城一东一西,隔湖相望"。

其四,"吴越争霸大致从公元前510年—公元前473年,而争霸的主要目的和主要地点皆为姑苏"。

上述,均见于发表《初探》一文的期刊(《南方文物》2009年第2期)之同一页面(即第60页)。

上述结论性意见发表时,均同时伴有传统的文献记载。如"吴伐越,欲入姑苏;然越败吴于姑苏,阖闾阵亡"句前,即录有如下文献记载:"《春秋》定公十四年(公元前496年):'五月,于越[3]败吴于槜李,吴子光卒。'《左传》:'吴伐越。越子句践御之,陈于槜李。……越子因而伐

---

[1]张敏:《吴国都城初探》,《南方文物》2009年第2期。
[2]张敏:《吴国都城初探》,《南方文物》2009年第2期。
[3]原文如此,本书前文均作"於越"。

之,大败之。灵姑浮以戈击阖庐,阖庐伤将指,取其一屦。还,卒于陉,去槜李七里。'《史记·吴太伯世家》:阖闾'十九年夏,吴伐越,越王句践迎击之槜李。……越因伐吴,败之姑苏,伤吴王阖庐指,军却七里。吴王病伤而死'。"

因此,《初探》一文撰者,乃是在知晓古代文献记载情况下,为构建吴都体系而论证吴越"争霸的主要目的和主要地点皆为姑苏"时,不采信《春秋经》《左传》《史记》等关于吴王阖闾(庐)死于吴越"槜李(今浙江嘉兴)之战"的记载,而将之处理为"阵亡"于不见文献记载的所谓吴越"姑苏之战"。

同时,按《初探》一文的叙述,自鲁定公五年(吴阖闾十年,前505)"越人姑苏,越始都姑苏"起,至吴王夫差于鲁哀公元年(吴夫差二年,前494)时的吴"入"姑苏并"始都姑苏"时,越人在这一"姑苏城"为都,已经十一年。而从"公元前510年或稍后"时的"吴始定都阖闾城"算起,至本年(指鲁哀公元年,吴夫差二年,前494)时,"吴始定都"的无锡"阖闾城",亦已达十六年之久。吴国夺下"姑苏城"后,不知何故舍弃已为吴国都城十六年之久的"无锡'吴都阖闾城'",并开始以"姑苏城"为吴国都城(其间原因,《初探》一文未交代)。

对此,《初探》一文说:"从公元前494年夫差都姑苏至公元前473年越灭吴,吴都姑苏的时间为22年。"[1]

这样,《初探》一文就呈现了吴王阖闾、吴王夫差时的吴国都城情况:

吴阖闾元年(鲁昭公二十八年,前514)至吴阖闾五年(鲁昭公三十二年,前510),《初探》一文未作交代,吴国都城情况不详;

吴阖闾五年(鲁昭公三十二年,前510)至吴夫差二年(鲁哀公元年,前494),"吴始定都阖闾城",即吴定都于"无锡'吴都阖闾城'",共十六年;

吴夫差二年(鲁哀公元年,前494)至吴夫差二十三年(鲁哀公二十二年,前473),"吴始都姑苏",而"从公元前494年夫差都姑苏至公元前473年越灭吴,吴都姑苏的时间为22年"[2]。

按上述《初探》一文的叙述,可作如下推算,吴王夫差即位及吴王夫差执政的第一年,亦即吴王"夫差元年",乃是在"无锡'吴都阖闾城'"度过的,盖因按《初探》一文所说,其时的吴国都城为"无锡'吴都阖闾城'"。而现存文献,并无吴王夫差在"无锡'吴都阖闾城'"即位的记载。相反的却是如前述吴熙《泰伯梅里志》引王永积《泰伯庙记》所说"自伯(指泰伯)以下至王僚二十三君,皆都此,吴公子光刺王僚即此地(指无锡梅里)"[3],以及范成大《吴郡志》记载的"吴王阖闾自梅里徙都,即今郡城(指宋代时的苏州城)"[4]等内容互为勾连的文献所记载的与吴国都城有关的吴国史事,分别为:

公元前515年(吴王僚十二年,鲁昭公二十七年),公子光在时为吴都的梅里(今无锡梅村)着专诸刺杀吴王僚,从而成为吴王阖闾。

---

[1] 张敏:《吴国都城初探》,《南方文物》2009年第2期。
[2] 张敏:《吴国都城初探》,《南方文物》2009年第2期。
[3] 无锡市太湖文史编纂中心:《泰伯梅里志》,中国文史出版社2005年,第349页。
[4] 范成大:《吴郡志》,江苏古籍出版社1986年,第20页。

公元前514年（吴阖闾元年，鲁昭公二十八年），吴王阖闾在其父诸樊"徙吴"的"吴"地，令伍子胥筑都城"吴"城（今苏州古城），并徙都于此。

公元前496年（吴阖闾十九年，鲁定公十四年），吴王阖闾战死于槜李（今浙江嘉兴），夫差即位为吴王，并承袭"吴"城为都城。

公元前495年（吴夫差元年，鲁定公十五年）起，至公元前473年（吴夫差二十三年，鲁哀公二十二年）吴亡于越止。吴王夫差以"吴"城为都城并执政的时间，共二十三年。

综上可见，"'姑苏夫差城'说"及其"无锡'吴都阖闾城'说"，在年代的推说上也不能成立。

而《初探》一文构建的春秋吴都"二元说"，背离《春秋经》《左传》等古代文献记载，从而使其成为并无历史记载依据的敷衍、臆想产物。而对《春秋经》《左传》等历史文献的舍弃、改造或否定，更使得该"二元说"于史无据之际，必然被《春秋经》《左传》等古代文献反驳而难以立身。而诸如将阖闾"槜李之死"说成是"姑苏之死"等对历史文献所进行的人工干预和人为编辑，将今无锡、常州交界处的"阖闾城"表述为"吴始定都阖闾城"及没来由地舍弃该"吴都阖闾城"而称"吴始都姑苏"的自由切换，以及导致吴国重大历史事件背后的政治、经济及军事因素的交互作用等，都被淹没在这些随心所欲式的编排之中。所有这些，究竟属历史学范畴的叙述，抑或是文学范畴的虚构？结论或只能是后者。

第五节　春秋吴都地望的"'灵岩古城'说"与"二元说"的后续发展

一、苏州木渎灵岩山的第二次考古及其考古结论

（一）概说

1.苏州木渎灵岩山两次考古简况

2009年秋至2010年秋，苏州木渎灵岩山一带又进行了第二次考古，由时为中国社会科学院考古研究所徐良高与苏州市考古研究所张照根为领队。考古成果《江苏苏州市木渎春秋城址》（执笔徐良高、张照根等，以下简称《木渎考古报告》）发表于《考古》2011年第7期。

前述，灵岩山一带进行的第一次考古，时间自"2000年11月开始，到当年12月结束"。该次考古主持人及考古成果《苏州春秋大型城址的调查与发掘》的撰稿人，为持"'灵岩古城'说"的张照根先生。因此，与苏州木渎灵岩山同一地域的两次考古均发生关联、交集者，为主持该地域第一次考古，且为该地域第二次考古领队之一及考古成果《木渎考古报告》撰稿执笔者之一的张照根先生。

2.木渎灵岩山一带的第二次考古

木渎灵岩山第一次考古成果《苏州春秋大型城址的调查与发掘》，发表于《苏州铁道师范学院学报》（社会科学版）2002年第4期。如前文所述，该成果对外界释放出如下信息：

其一，经考古"调查与发掘"，在木渎灵岩山地区找到了替代苏州古城历史文化地位的"春秋晚期吴国都城吴大城的遗址"及春秋吴都"吴大城"为木渎灵岩山一带的"灵岩古城"。

其二，经考古"调查与发掘"，在肯定"'灵岩古城'说"的同时，也明确否定"春秋吴都'吴'城"为今苏州古城的意见。

其三，这一在苏州市范围内的"吴都"之争，后呈现出溢出效应，并引发相邻城市争夺吴王阖闾时吴国都城等的"二元说"出现。

其四，无论是"'灵岩古城'说"抑或是"二元说"，都以否定"春秋吴都'吴'城（今苏州古城）说"为前提和替代对象，都呈现出轻历史文献的倾向。

其五，春秋吴都"二元说"的"推断阖闾城遗址为春秋时期吴王阖闾的都城"[1]，以及在"无锡阖闾城遗址全国考古专家论证会"上，"国家文物局考古专家组组长黄景略代表专家组在无锡宣布，无锡'阖闾城遗址'可初步认定为公元前515年—公元前496年之间春秋时期一代吴王阖闾的都城"[2]，"国家文物局专家组经过论证，初步断定无锡阖闾城为春秋时期吴国的都城"[3]等，即是上述溢出效应的集中体现。而其时见诸报端的诸如"以前我们所知的无锡建城史，从汉代开始，然而现在一下子推到了春秋，而且比苏州古城还要早了一点点……阖闾死后，夫差才迁都至苏州，'所以，伍子胥建的阖闾都城，是在无锡常州交界的这里。苏州古城，应该叫夫差都城'"[4]。前文所说的"'无锡阖闾城'说"与"'姑苏夫差城'说"杂糅下的"二元说"，似乎成为替代"苏州古城说"，即"春秋吴都'吴'城（今苏州古城）说"的有较大社会影响的学术意见。

其六，当"'灵岩古城'说"的溢出效应，引发"二元说"的上述信息反馈至苏州时，苏州的市民、学者，乃至苏州各级领导，对苏州古城两千五百年的历史文化地位，都产生了忧虑。

其七，在这种情况下，适如2008年曾参加"无锡阖闾城遗址专家论证会"的专家李伯谦先生于2010年6月12日在苏州博物馆所作题为《考古学上的吴文化》的演讲中所说："2009年在苏州博物馆考古部基础上独立成立了考古研究所。中国社会科学院考古研究所与市考古研究所经过协商，组建了联合考古队。"[5]

3.灵岩山第二次考古的项目性质

据《木渎考古报告》称："苏州木渎古城考古项目是中国社会科学院考古研究所与苏州市考古研究所为了解苏州市木渎盆地及其周边地区古城址、墓葬等遗址群的时代、布局、性质和人地关系等一系列学术问题而联合对苏州西部山区及周边地区先秦时期遗存进行的综合考古调查、发掘与研究项目。"[6]

故该项目并非国家级或省部级列项并提供课题经费的纵向课题项目，也并非自带项目经费的中国社会科学院考古研究所的项目，而是由苏州地方出资并与苏州市考古研究所合作的项目。因此，对合作方的中国社会科学院考古研究所来说，该项目为承担由苏州地方出资的横向课题项目。

---

[1]张敏：《阖闾城遗址的考古调查及其保护设想》，《江汉考古》2008年第4期。
[2]林杉：《阖闾城揽胜》，古吴轩出版社2013年，第93页。
[3]林杉：《阖闾城揽胜》，古吴轩出版社2013年，第90页。
[4]《吴都"阖闾城"揭开谜团——专家初步认定：无锡阖闾城遗址为吴王阖闾都城》，《华东旅游报》2008年9月16日。
[5]李伯谦：《考古学上的吴文化》，见苏州博物馆：《苏州文博论丛》2010年（总第1辑），文物出版社2010年，第3页。
[6]中国社会科学院考古研究所、苏州市考古研究所、苏州古城联合考古队：《江苏苏州市木渎春秋城址》，《考古》2011年第7期。

4.考古印证的古代文献记载及《木渎考古报告》论述的"仅限"说与"并未发现"说

(1)关于春秋吴都位于木渎灵岩山一带,古代文献无记载

对此,前文已作充分论述。"'灵岩古城'说"学者也曾分别作表述说:"关于苏州城的始建年代,过去都往往依据文献资料,认为始于春秋时代的阖闾大城。"[1]"关于春秋晚期吴国都城吴大城的地望,在用文献资料不能完全确定的情况下,解决这一问题最好的方法就是考古调查与发掘。"[2]

因此,该处考古所欲印证的文献记载,并非以古人的文献记载而构成王国维"二重证据法"所说的"纸上之材料"[3],而是如前文所述,为今人对古代文献反向抽离出的解读意见,亦即今人的理解和说法。

(2)与事实严重不符的"仅限"说

《木渎考古报告》在叙述文献记载"吴国的都城"时,相继引张守节《史记正义》"至二十一代孙光,使子胥筑阖闾城都之,今苏州也"及《吴越春秋·阖闾内传》"子胥乃使相土尝水,象天法地,造筑大城"等记载,接着提出所谓的"仅限"说:"对于吴国都城究竟位于何处,学术界过去的研究仅限于文献记载和古人的注释,以及民间口传历史,认为即在今苏州市区。"[4]

这里须指出的是:

其一,《木渎考古报告》该处谓之"仅限"的例证,即为与春秋吴都"阖闾城"即唐代时苏州城(今苏州古城)作勾连"今苏州也"的张守节《史记正义》,以及记载"子胥乃使相土尝水,象天法地,造筑大城"的《吴越春秋·阖闾内传》。

关于后者,学界已有学者明确论述为春秋吴都"吴"城(今苏州古城)的文献记载例证。如张觉《吴越春秋校注》即注伍子胥造筑的"大城"为"位于今苏州,当时阖闾用作为都城"[5]等,前文已作论述。

其二,《木渎考古报告》谓之的上述"仅限",既是为"学术界过去的研究仅限于文献记载和古人的注释,以及民间口传历史,认为即在今苏州市区"这一否定春秋吴都"吴"城(今苏州古城)的观点作铺垫,也是为"用文献资料不能完全确定的情况下,解决这一问题最好的方法就是考古调查与发掘"[6]作铺垫。

其三,当持"春秋吴都'灵岩古城'说"的该考古领队,以"仅限"的理由,否定春秋吴都"吴"城(今苏州古城)的春秋吴都地位时,再回看一下支撑"'灵岩古城'说"的古代文献记载,或为连"仅限"都没有的"零"。而记载春秋吴都"吴"城(今苏州古城)的文献记载,如前文所述,从《春秋经》《左传》《国语》,到《史记》及《史记》后的历史文献,远不止《木渎考古报告》谓之"仅限"的上述二例(相关叙述,参见前文)。

---

[1]钱公麟:《论苏州城最早建于汉代》,《东南文化》1990年第4期。
[2]张照根:《苏州春秋大型城址的调查与发掘》,《苏州铁道师范学院学报》(社会科学版)2002年第4期。
[3]王国维:《古史新证》,清华大学出版社1994年,第2页。
[4]中国社会科学院考古研究所、苏州市考古研究所、苏州古城联合考古队:《江苏苏州市木渎春秋城址》,《考古》2011年第7期。
[5]张觉:《吴越春秋校注》,岳麓书社2006年,第56页。
[6]张照根:《苏州春秋大型城址的调查与发掘》,《苏州铁道师范学院学报》(社会科学版)2002年第4期。

（3）违背历史事实的"并未发现"说

"仅限"说后，《木渎考古报告》更提出了违背历史事实的"并未发现"说："在苏州市区多年的考古工作中并未发现先秦时期的城墙、城门、大型建筑等与城址有关的遗存。"[1]

这一"并未发现"的论断，武断且违背历史事实。

其一，这一论断无视且违背苏州历史上已发现的先秦时期的城墙等与城址有关遗存的种种事实。其中如前述1957年南京博物院主持的平门遗址考古、2005年苏州博物馆主持的平四路城墙遗址考古发现的"大片层叠夯窝的春秋战国时期夯土层"[2]，以及2011年苏州市考古研究所进行的阊门北码头等古城墙的考古勘探及其"发现战国时堆积层"[3]等。

其二，上述2005年平四路城墙遗址考古，为苏州博物馆受苏州市文物局委托，派出考古队所进行的。其成果《平四路垃圾中转站抢救性发掘简报》编入苏州博物馆编《苏州文物考古新发现——苏州考古发掘报告专辑（2001—2006）》一书，并由古吴轩出版社2007年出版。而《木渎考古报告》执笔者之一的张照根先生本人，即为该书编委之一。2011年，苏州市考古研究所进行的阊门北码头等古城墙的考古勘探，其主持单位即为苏州市考古研究所。因此，上述"并未发现"说，乃是《木渎考古报告》的相关撰者，在明知苏州古城存在着与先秦（春秋、战国）有关的考古遗存情况下，提出的不符合历史事实的意见。

其三，该"并未发现"说的相关叙述文字，其目的即是意图借《木渎考古报告》的平台，以"并未发现"说的方式，使该"'灵岩古城'说"核心观点的"苏州城最早建于汉代"，能在更大范围内得以传播。

苏州古城之"先秦时期的城墙、城门、大型建筑等与城址有关的遗存"，发现与否，当以苏州古城考古工作中的真实情况为依据。视而不见1957年平门考古、2005年平四路考古等相继与苏州城墙等有关的考古事实并作违背历史事实的"并未发现"判断，乃是为否定苏州古城的春秋吴都地位而误导社会、误导学界。

（二）木渎灵岩山第二次考古的结论：木渎古城"性质为一座春秋晚期具有都邑性质的城址"及其分析

1.《木渎考古报告》发表一年前的定调："木渎古城是一座春秋末年具有都邑性质的城址"

《木渎考古报告》发表于《考古》2011年第7期。2010年6月12日，李伯谦先生在苏州博物馆所作题为《考古学上的吴文化》的演讲中为《木渎考古报告》的考古结论定下了基调："我们用的措词是很慎重的，我们说通过在以前基础上新的工作，已初步证明木渎古城是一座春秋末年具有都邑性质的城址。这不是随便说说，这是有根据的。"[4]

这一"初步证明"与"有根据"的说法，为一年后发表的《木渎考古报告》的考古结论定下了

---

[1] 中国社会科学院考古研究所、苏州市考古研究所、苏州古城联合考古队：《江苏苏州市木渎春秋城址》（执笔徐良高、张照根等），《考古》2011年第7期。
[2] 王霞、金怡、姚晨辰、周官清：《平四路垃圾中转站抢救性发掘简报》，见苏州博物馆：《苏州文物考古新发现——苏州考古发掘报告专辑（2001—2006）》，古吴轩出版社2007年，第328页。
[3]《苏州日报》，2011年6月17日。
[4] 李伯谦：《考古学上的吴文化》，见苏州博物馆：《苏州文博论丛》2010年（总第1辑），文物出版社2010年，第3页。

最初的基调。

2.关于"木渎古城是一座春秋末年具有都邑性质的城址"

(1)时空交错下的"苏、锡'吴都'之争"背景

"苏、锡'吴都'之争",为历史上从未出现过的争议。如前所引,春秋吴都"吴"城(今苏州古城),历代文献记载清晰。而该城自吴王阖闾元年(前514)建城后,位置并未位移。这即是宋人朱长文《吴郡图经续记》所说:"自吴亡至今仅二千载,历秦、汉、隋、唐之间,其城减、门名,循而不变。"[1]

1951年,顾颉刚先生就苏州古城的保护,曾发表过"苏州城之古为全国第一,尚是春秋时物,其次为成都,则战国时物,其所以历久而不变者,即以为河道所环故也"[2]的著名学术观点。

1982年2月8日,国务院公布《国家第一批历史文化名城名单(24个)》,苏州名列第五,有关苏州古城历史地位的定义,即为"春秋时为吴国都城"[3]。

1986年,适逢苏州建城两千五百年整数年时,苏州举办多种纪念活动,其中即包括江苏省历史学会、苏州市历史学会和苏州大学历史系联合举办的纪念苏州建城两千五百年学术讨论会、江苏省考古学会暨江苏省吴文化研究会举行纪念苏州建城两千五百年学术讨论会。相关情况,前文已作充分论述。

秋去春来,岁月更替。顾颉刚、侯仁之、郑孝燮、单士元、商志𬭚等一批专家已逝去,而新一批专家再来研究苏州的历史文化时,已是距1982年国务院下发《国务院批转国家基本建设委员会等部门关于保护我国历史文化名城的请示的通知》〔国发(1982)26号〕的近三十年后。是时,苏州、无锡这两座毗邻而经济发达的苏南城市已陷入"吴都"之争的泥淖。这一苏、锡"吴都"之争,呈现出的特点是:

其一,上述顾颉刚、侯仁之、郑孝燮、单士元、商志𬭚等故去专家对春秋吴都"吴"城(今苏州古城)所作的"苏州城之古为全国第一""为学术界公认"的"苏州城之纪年"等意见,已被边缘化。

其二,苏、锡"吴都"之争的主体,一为历史上从未被称为"吴王阖闾都城"的军事城堡性质的无锡、常州交界处的"阖闾城",另一为被宋人朱长文在《吴郡图经续记》以"非也"所断然否定为"吴之故都"[4]的今苏州木渎灵岩山一带的"灵岩古城"。而春秋吴都"吴"城(今苏州古城),在这一苏、锡"吴都"之争中被边缘化。

其三,发生在苏南两个相邻地级市之间的文化争夺,先以苏州考古学者否定"春秋吴都'吴'城(今苏州古城)"的地望及其建城年代为发端,继而以木渎灵岩山第一次考古等方式而外溢。承接苏州内争外溢效应的无锡,又以外聘考古学者,作出(无锡)"阖闾城遗址为春秋时期吴王阖闾的都城"[5]的推断,"无锡阖闾城遗址全国考古专家论证会"的背书、认同及加持而"宣布,

---

[1]朱长文:《吴郡图经续记》,江苏古籍出版社1986年,第5页。
[2]顾颉刚:《苏州史志笔记》,江苏古籍出版社1987年,第37页。
[3]苏州市档案馆:《中央领导同志和国务院有关保护苏州古城风貌和今后建设方针的部分批示、文件》,第24—26页,1984年1月21日。档号C1—1—332。
[4]朱长文:《吴郡图经续记》,江苏古籍出版社1986年,第6页。"吴",另有版本作"吾"。
[5]张敏:《阖闾城遗址的考古调查及其保护设想》,《江汉考古》2008年第4期。

无锡'阖闾城遗址'可初步认定为公元前515年—公元前496年之间春秋时期一代吴王阖闾的都城"[1]，以及"国家文物局专家组经过论证，初步断定无锡阖闾城为春秋时期吴国的都城"[2]等，揭开了以苏州"'灵岩古城'说"与"无锡阖闾城为春秋时期吴国的都城"为各自内涵的苏、锡"吴都"之争的帷幕。而如前所述，有历代文献记载及考古印证的春秋吴都"吴"城（今苏州古城），在这一苏、锡"吴都"之争中被边缘化。

其四，当从苏州外溢并在无锡生成出诸如无锡"阖闾城遗址为春秋时期吴王阖闾的都城"等信息再反馈至苏州时，又引发苏州木渎灵岩山的第二次考古。而随着木渎灵岩山第二次考古进入后期，其核心的考古结论被提上日程。

（2）李伯谦先生对无锡"阖闾城遗址初步认定为吴国都城"等的介入和认同

其一，从无锡"阖闾城遗址博物馆"展出的《无锡阖闾城遗址全国考古专家论证会纪要》及与会专家签名的与会者名单展板可见，李伯谦先生名列时任国家文物局考古专家组组长黄景略之后，而为其他专家之首。

其二，李伯谦先生及该"专家论证会"对无锡"阖闾城遗址初步认定为吴国都城"所持认同态度，可从张敏《阖闾城遗址的考古调查及其保护设想》一文得以证实。该文说：

"'无锡阖闾城遗址专家论证会'同时对阖闾城遗址的保护提出了如下建议：

（一）鉴于阖闾城遗址初步认定为吴国都城，建议省级文物保护单位'阖闾城遗址'的名称可改称'阖闾故城遗址'或'吴都阖闾城遗址'。

……

（五）阖闾城遗址为春秋时期的吴国都城，在全国春秋时期的都城遗址中历史地位重要，对于研究我国的都城发展史意义重大。建议加快整理阖闾城遗址的相关资料，申报'第七批全国重点文物保护单位'。"[3]

由上可见，在"苏、锡'吴都'之争"中，李伯谦先生对上述的无锡"阖闾城遗址初步认定为吴国都城"及以无锡"吴都阖闾城遗址"申报"第七批全国重点文物保护单位"等的认同，谨指"无锡阖闾城遗址专家论证会"前后的一段时期内未见李伯谦先生相反意见的公开发表和报道而言。

（3）李伯谦先生对木渎灵岩山第二次考古的介入和"木渎古城是一座春秋末年具有都邑性质的城址"的分析

前述2010年6月李伯谦先生在苏州博物馆所作演讲及其"木渎古城是一座春秋末年具有都邑性质的城址"[4]的结论，表明李伯谦先生继2008年9月参加"无锡阖闾城遗址专家论证会"并对无锡"阖闾城遗址初步认定为吴国都城"等的介入和认同后，2010年6月又介入木渎灵岩山的第二次考古，从而成为介入"苏、锡'吴都'之争"而同时与苏、锡两方都有着交集的学者。

---

[1] 林杉：《阖闾城揽胜》，古吴轩出版社2013年，第93页。
[2] 林杉：《阖闾城揽胜》，古吴轩出版社2013年，第90页。
[3] 张敏：《阖闾城遗址的考古调查及其保护设想》，《江汉考古》2008年第4期。
[4] 李伯谦：《考古学上的吴文化》，见苏州博物馆：《苏州文博论丛》2010年（总第1辑），文物出版社2010年，第3页。

第十一章 春秋吴都地望及其争议

李伯谦先生在其两位学生为领队的木渎灵岩山第二次考古中，先行为考古结论定下"木渎古城是一座春秋末年具有都邑性质的城址"的基调，或是出于对"苏、锡'吴都'之争"结果的协调与平衡。对之，李伯谦先生持慎重态度。这从他为木渎灵岩山第二次考古报告结论定下该基调时所说"我们用的措词是很慎重的""这不是随便说说，这是有根据的"[1]等，可以看出。

相邻二地因种种因素发生文化资源争夺与纷争的情况，近年已在多处发生。其间，亦多有学者介入。但通常情况是，参与、介入的学者多为认同一方的学术立场。在李伯谦先生认同并肯定无锡"阖闾城遗址为春秋时期的吴国都城"前提下，对其"木渎古城是一座春秋末年具有都邑性质的城址"的判断意见，须规避诸如在无锡说无锡"阖闾城遗址"是"吴都"，到苏州说苏州"木渎古城"是"吴都"的情况，并在二者间寻求某种平衡的立场。

这一平衡立场，或在其"木渎古城是一座春秋末年具有都邑性质的城址"[2]的判断中体现出来。

这里，首先涉及关于"都邑"的"邑"和"都"的理解。

关于"都邑"的"邑"和"都"的分野，古代文献早有明确记载。如：

①《史记·五帝本纪》记载中国远古五帝时即有"一年而所居成聚，二年成邑，三年成都"[3]的记载。张守节《史记正义》注为："聚……谓村落也。"另，张守节《史记正义》引"《周礼·郊野法》云：'九夫为井，四井为邑，四邑为丘，四丘为甸，四甸为县，四县为都'也"[4]。

由上可知，远古五帝时的"邑"和"都"，区别在于成聚、成邑和成都的各自不同的积累时间，也在于其范围大小，即"四井为邑，四县为都"的都大邑小这一定义。

②《左传·庄公二十八年》记载："凡邑，有宗庙先君之主曰都，无曰邑。"[5]杜预注："《周礼》：四县为都，四井为邑。然宗庙所在，则虽邑曰都，尊之也。"[6]孔颖达疏："《周礼·小司徒职》云：'九夫为井，四井为邑，四邑为丘，四丘为甸，四甸为县，四县为都。'注引此者，以证都大邑小耳。《经》《传》之言都邑者，非是都则四县，邑皆四井。此《传》所发，乃为小邑发例。大者皆名都，都则悉书曰城。小邑有宗庙，则虽小曰都，无乃为邑。邑则曰筑，都则曰城。为尊宗庙，故小邑与大都同名。"[7]

由上亦可知，春秋时的"邑"和"都"之区别，除时间、范围外，还涉及是否为该国政治中心及其"宗庙所在"的存在与否等。

对春秋吴都"吴"城而言，记载其存在"宗庙所在"的文献为战国时期的《吕氏春秋·知化篇》。该文献记载吴亡后，吴旧都"吴"城遭受战火摧残时说："越报吴，残其国，绝其世，灭其社稷，夷其宗庙。"[8]这里的"夷其宗庙"，乃是"越报吴"时，夷灭吴国位于吴都城内的"宗庙"。

---

[1] 李伯谦：《考古学上的吴文化》，见苏州博物馆：《苏州文博论丛》2010年（总第1辑），文物出版社2010年，第3页。
[2] 李伯谦：《考古学上的吴文化》，见苏州博物馆：《苏州文博论丛》2010年（总第1辑），文物出版社2010年，第3页。
[3]《史记·五帝本纪》，见司马迁：《史记》，中华书局1959年，第34页。
[4] 张守节《史记正义》，见司马迁：《史记》，中华书局1959年，第34页。
[5]《左传·庄公二十八年》，见《春秋左传正义》，北京大学出版社1999年，第291页。
[6] 杜预注，见杜预：《春秋经传集解》，上海古籍出版社1978年，第201页。
[7] 孔颖达疏，见《春秋左传正义》，北京大学出版社1999年，第291页。
[8]《吕氏春秋·知化篇》，见陈奇猷校释：《吕氏春秋》，学林出版社1984年，第1553页。

不仅如此，春秋吴都"吴"城郊外还存在着祭祀天帝的"郊台"。南宋范成大《吴郡志》卷八《古迹》记载："吴王郊台，在横山东麓，下临石湖，坛墠之形，俨然相传。吴僭王时，或曾祀帝也。"[1]

③关于"都邑性质的城址"，因个中的"都邑性质"系当代学者提出的概念，故古代文献无相应记载。然而，这并不妨碍对古代文献中"都邑"记载的探讨。

现以春秋时影响较大的晋国及其"曲沃代翼"前后的多次迁都为例，检视文献对之的记载和注疏，或对认识"都邑性质的城址"概念有所帮助。

"曲沃代翼"前的晋昭侯元年（前745），《史记·晋世家》记载晋昭侯"封文侯弟成师于曲沃。曲沃邑大于翼。翼，晋君都邑也"[2]。《左传·隐公五年》亦记载公元前718年史事说："曲沃、庄伯以郑人、邢人伐翼。"[3]杜预注："翼，晋旧都。"[4]

"曲沃代翼"得以实现的公元前678年，《史记·晋世家》："曲沃武公已即位三十七年矣，更号曰晋武公。晋武公始都晋国，前即位曲沃，通年三十八年。"[5]意即，曲沃武公已经即位三十七年了，才改号叫晋武公。晋武公开始迁到晋国都城，加上以前在曲沃的即位，总共三十八年。这里的"晋武公始都晋国"，指晋武公仍以晋国国都翼为都城。

"曲沃代翼"后的公元前668年，晋献公听从士蒍意见，杀群公子（相关情况，参见前文）。同时，又使"士蒍城绛"[6]。杜预注："绛，晋所都也。"[7]《史记·晋世家》对之记载为："而城聚都之，命曰绛，始都绛。"[8]裴骃《史记集解》引"贾逵曰：'聚，晋邑。'"[9]故由上述可知，其时晋国在晋邑"聚"筑造绛城，并以之为都城。而到了公元前585年（晋景公十五年），晋国又开始迁都新田。这就是《左传·成公六年》记载的"晋人谋去故绛。……夏，四月，丁丑，晋迁于新田"[10]。杜预注："晋复命新田为绛，故谓此故绛。"[11]意为，晋国人计划离开故都绛城，到夏季的四月十三日，晋国迁都到新田。这里的"故绛"，指的是士蒍当日在晋邑"聚"筑造的"绛"城。因迁于新田，故以新田为都城"绛"，而原来的"绛"城，则为"故绛"了。迁于新田三十五年后的公元前550年，晋国发生栾盈为乱事。《左传·襄公二十三年》记载该事件说："栾盈帅曲沃之甲，因魏献子，以昼入绛。"[12]杨伯峻《春秋左传注》："绛，晋都，今山西侯马市。"[13]

由上述梳理可见，"曲沃代翼"前的晋国都城"翼"，杜预注时称为"晋旧都"。而晋献公时，士蒍在晋邑"聚"筑造都城"绛"城。其后，又弃该"故绛"都城，而以新田为都城"绛"城。因此，

---

[1]《吴郡志》卷八《古迹》，见范成大：《吴郡志》，江苏古籍出版社1986年，第104页。
[2]《史记·晋世家》，见司马迁：《史记》，中华书局1959年，第1638页。
[3]《左传·隐公五年》，见《春秋左传正义》，北京大学出版社1999年，第96页。
[4]杜预注，见杜预：《春秋经传集解》，上海古籍出版社1978年，第32页。
[5]《史记·晋世家》，见司马迁：《史记》，中华书局1959年，第1640页。
[6]《春秋经·庄公二十六年》，见《春秋左传正义》，北京大学出版社1999年，第284页。
[7]杜预注，见杜预：《春秋经传集解》，上海古籍出版社1978年，第193页。
[8]《史记·晋世家》，见司马迁：《史记》，中华书局1959年，第1641页。
[9]裴骃：《史记集解》，见司马迁：《史记》，中华书局1959年，第1641页。
[10]《左传·成公六年》，见《春秋左传正义》，北京大学出版社1999年，第723—725页。
[11]杜预注，见杜预：《春秋经传集解》，上海古籍出版社1978年，第682页。
[12]《左传·襄公二十三年》，见《春秋左传正义》，北京大学出版社1999年，第988页。
[13]杨伯峻：《春秋左传注》（修订本），中华书局1990年，第1074页。

晋国在多次迁都中，一是先后出现"晋旧都"的"翼"城、"城聚都之"的"绛"城以及"绛"城成为"故绛"而以新田为都城"绛"城的种种情况。二是"都"与非都的"旧都""故都"间的兴废交替，清晰分明。其间，并未出现概念模糊的"都邑性质的城址"说法，且这一说法也无法在晋国与"都"城有关联的诸城中作出对应。

故此，文献记载春秋多次迁都的晋国时，并未出现"都邑性质的城址"的情况。古代文献中记载"都"及曾经为都的"旧都""故都"外，并无"都邑性质"式的模糊记载。而"都邑性质"的都邑，若等同于"都邑"，则又何必加"性质"二字而不直书为"都邑"？

联系前文所说无锡"阖闾城遗址为春秋时期的吴国都城……申报'第七批全国重点文物保护单位'"[1]等，"木渎古城"被定位为"其性质为一座春秋晚期具有都邑性质的城址"[2]，不排除这一提法是为拟议中即将申报及列为第七批全国重点文物保护单位的"无锡吴都阖闾城遗址"作让道的先期准备。

（三）《木渎考古报告》的考古结论"性质为一座春秋晚期具有都邑性质的城址"及其分析

前述，李伯谦先生"木渎古城是一座春秋末年具有都邑性质的城址"的意见，对《木渎考古报告》的考古结论产生影响。这从其后《木渎考古报告》的考古结论为"目前可初步认定苏州西南部山区木渎、胥口一带山间盆地内存在一处大型遗址，其性质为一座春秋晚期具有都邑性质的城址"[3]可以看出。

显然《木渎考古报告》的考古结论，在文字表述上接受李伯谦先生的结论性意见，并调整为"其性质为一座春秋晚期具有都邑性质的城址"。

作为这一考古结论的背景，或为：

张敏《阖闾城遗址的考古调查及其保护设想》一文中的建议无锡方面的所作动作——"阖闾城遗址为春秋时期的吴国都城……建议加快整理阖闾城遗址的相关资料，申报'第七批全国重点文物保护单位'"[4]的时间为2008年9月。而《木渎考古报告》发表的时间，为2011年7月左右。其时，距2013年5月公布第七批全国重点文物保护单位，尚有近两年时间。而在"第七批全国重点文物保护单位"未揭晓的情况下，《木渎考古报告》的考古结论不能明确宣示"木渎古城是春秋晚期吴国都邑的城址"。其间原因，或为值无锡方面以"吴都阖闾城遗址"等拟议申报"第七批全国重点文物保护单位"之际，《木渎考古报告》考古结论的执笔者选择留有余地的模糊表述，以避免无锡以"吴都阖闾城遗址"等拟议申报成功而造成被动。

于是，在木渎灵岩山第二次考古的考古结论中，"木渎古城"被定位为"其性质为一座春秋晚期具有都邑性质的城址"[5]。这里的表述，既非吴国的"都邑"城址，也不是吴国的离宫、离城，而是"具有都邑性质的城址"。

因此，"木渎古城""其性质为一座春秋晚期具有都邑性质的城址"，表达的是该"木渎古城"为

---

[1] 张敏：《阖闾城遗址的考古调查及其保护设想》，《江汉考古》2008年第4期。
[2] 中国社会科学院考古研究所、苏州市考古研究所、苏州古城联合考古队：《江苏苏州市木渎春秋城址》，《考古》2011年第7期。
[3] 中国社会科学院考古研究所、苏州市考古研究所、苏州古城联合考古队：《江苏苏州市木渎春秋城址》，《考古》2011年第7期。
[4] 张敏：《阖闾城遗址的考古调查及其保护设想》，《江汉考古》2008年第4期。
[5] 中国社会科学院考古研究所、苏州市考古研究所、苏州古城联合考古队：《江苏苏州市木渎春秋城址》，《考古》2011年第7期。

"春秋晚期"的"具有都邑性质的城址",但并非"都邑城址",即"木渎古城"并不是"春秋晚期"的吴国都城。否则,如前文所说的则完全可以直接表述为"木渎古城为一座春秋晚期的都邑城址"。

由此可见,考古报告《江苏苏州市木渎春秋城址》,将"木渎古城"定位为"其性质为一座春秋晚期具有都邑性质的城址"[1]。对之,即使不探讨该文字撰者作此定位时的主观动机,而仅从文字表述内容所达到的效果来考察,上述定位其实是否定了"木渎古城"为"春秋晚期"的吴国都城。否定的同时,也客观上肯定了宋代朱长文《吴郡图经续记》所说"流俗或传吴之故都在馆娃宫侧,非也"[2]的判断。

而相比木渎灵岩山第一次考古的考古结论——"我们调查到的口碑资料涉及诸侯争雄、伍子胥营造、城的布局结构和城的攻破等情况,从一个侧面说明城址是吴国晚期的都城""我们运用考古调查与发掘、采集口碑资料等手段寻找吴大城,已收到预想的效果"[3]等,苏州"'灵岩古城'说"学者曾经明确表述的"'灵岩古城'说"的学术观点叙述至此已然不见,而代之以木渎古城(灵岩古城)"性质为一座春秋晚期具有都邑性质的城址"的相反意义的表述。这或也表示他们(指苏州持"'灵岩古城'说"的学者)对自己学术观点的调整和修正。

因此,随着2011年木渎灵岩山一带第二次考古的《木渎考古报告》及"其性质为一座春秋晚期具有都邑性质的城址"而非春秋吴国都邑城址的结论发表,这一关于木渎古城的结论意见,亦已为苏州"'灵岩古城'说"(即"春秋吴都'灵岩古城'说")学者所接受。其时为2011年,与2013年揭晓的以无锡"吴都阖闾城遗址"等名称申报"第七批全国重点文物保护单位"的结果,尚有两年时间。

无锡"吴都阖闾城遗址"申报"第七批全国重点文物保护单位"若成功,则无锡"阖闾城"为"吴都"、苏州"木渎古城"为并非"都邑"但"具有都邑性质的城址"。而苏州古城,则被扬弃而与春秋"吴都"无关。

反之,无锡"吴都阖闾城遗址"申报"第七批全国重点文物保护单位"若不能成功,则将引发反弹——1982年2月8日国务院下发的《国务院批转国家基本建设委员会等部门关于保护我国历史文化名城的请示的通知》及该文件所附《国家第一批历史文化名城名单(24个)》中,有关苏州古城历史地位定义的"春秋时为吴国都城"[4]的国家认同,将会在得以凸显的同时,也将被重新认识和肯定。

(四)木渎灵岩山一带的第二次考古发掘及其发现的遗存和出土器

1.考古发掘发现的遗存和出土器

《木渎考古报告》叙述与"古城址有关的主要发现有以下几项"(此处"古城址",为《木渎考古报告》所说"性质为一座春秋晚期具有都邑性质的城址";下文括号内的序号,系录原文):

"(一)五峰村北城墙、城壕遗存"。

"(二)新峰村南水门遗存":"1.遗迹,在新峰村附近地面调查时发现另一段城墙遗迹。此段

---

[1]中国社会科学院考古研究所、苏州市考古研究所、苏州古城联合考古队:《江苏苏州市木渎春秋城址》,《考古》2011年第7期。
[2]朱长文:《吴郡图经续记》,江苏古籍出版社1986年,第6页。
[3]张照根:《苏州春秋大型城址的调查与发掘》,《苏州铁道师范学院学报》(社会科学版)2002年第4期。
[4]苏州市档案馆:《中央领导同志和国务院有关保护苏州古城风貌和今后建设方针的部分批示、文件》,第24—26页,1984年1月21日。档号C1—1—332。

城墙正处于清明山和尧峰山之间山口的北侧。""2.典型出土遗物包括原始瓷器、陶器等。"其中含"原始瓷碗""陶钵""陶瓦片""木构件"以及"铜镞10SDKT9326d⑨：1，双翼，有铤。长6厘米"。

"（三）东、西城墙遗存"。

"（四）合丰小城"[1]等。

关于上述出土器的年代，《木渎考古报告》"三、初步认识"之"（一）主要遗迹的年代"中说："河道底部淤泥中出土的印纹陶片、瓦片、铜镞、原始瓷碗、陶钵等遗物显示其使用时期为春秋晚期。"[2]

和2000年的灵岩山一带的第一次考古相比，第二次灵岩山一带的《木渎考古报告》中，没出现"附近还有一个门叫巫门"及"吴王和西施住在里边"的"王宫"等"口碑资料"[3]。而和第一次考古同样的是，第二次灵岩山一带的考古，同样并未出土能证明木渎灵岩山一带为春秋"吴都"的器物。

2.自我导向失实的"春秋超大型城址"

2012年11月，苏州市考古研究所在《中国文物报》发表《苏州地域考古的新探索》一文说木渎春秋城址的"总面积达24.79平方公里"[4]。有学者在这以前已对之阐释为："总面积约25平方公里的城址，是目前所知春秋时期最大的古城遗址。"[5]

关于这一"目前所知春秋时期最大的古城遗址"的体量和面积，是否存在不实与浮夸，现通过下列比较来予以说明。

前文叙述吴王诸樊时曾论及春秋时期一流强国——楚国都城郢都城墙的筑造，至吴王阖闾伐楚并攻入郢都时，该郢都城及其城墙筑造，已逾百年。现谨以今楚纪南城遗址（即楚郢都城）为对比样本，与苏州古城、木渎"都邑"性质的城址以及无锡"吴都阖闾城"的相关数据，列表比较如下：

楚郢都城与苏州古城、木渎"都邑"性质的城址以及无锡"吴都阖闾城"体量面积对比表

名称	面积	记载文献	备注
楚纪南城遗址（即楚郢都城）	"城内面积约16平方公里"。	石泉主编：《楚国历史文化辞典》，武汉大学出版社1997年，第160页。	楚庄王元年（前613）始筑，至吴阖闾九年（前506）被吴军攻入时，已一百零七年。
春秋吴都"吴"城，即今苏州古城	面积"14.2平方公里"。	苏州地方志编纂委员会：《苏州市志·总述》（第一册），江苏人民出版社1995年，第1页。	吴阖闾元年（前514）始筑，战国后期黄歇治吴时重修。
"性质为一座春秋晚期具有都邑性质的城址"的木渎古城	"总面积达24.79平方公里"。	苏州市考古研究所：《苏州地域考古的新探索》，《中国文物报》2012年11月23日。	《春秋经》《左传》记载：吴王阖闾执政十九年、吴王夫差执政二十三年，共四十二年。
无锡"吴都阖闾城"	"面积约2.94平方公里"。	张敏：《阖闾城遗址的考古调查及其保护设想》，《江汉考古》2008年第4期。	吴阖闾十年（前505）吴伐楚返归时筑。

---

[1] 中国社会科学院考古研究所、苏州市考古研究所、苏州古城联合考古队：《江苏苏州市木渎春秋城址》，《考古》2011年第7期。
[2] 中国社会科学院考古研究所、苏州市考古研究所、苏州古城联合考古队：《江苏苏州市木渎春秋城址》，《考古》2011年第7期。
[3] 张照根：《苏州春秋大型城址的调查与发掘》，《苏州铁道师范学院学报》（社会科学版）2002年第4期。
[4] 苏州市考古研究所：《苏州地域考古的新探索》，《中国文物报》2012年11月23日。
[5] 张学锋：《吴国历史的再思考》，见苏州博物馆：《苏州文博论丛》2011年（总第2辑），文物出版社2011年，第10页。

由以上比较且以楚纪南城遗址(即楚郢都城)为对比样本,可以看出:

伍子胥造筑的苏州古城,面积约为楚郢都城的89%,可谓面积相当而略小。

无锡"吴都阖闾城",面积仅为楚郢都城的18%,其面积连郢都城面积的五分之一都不到,恰印证了该城与其军事城堡功能相匹配的体量和面积。

"春秋末年具有都邑性质的城址"的木渎古城,其面积约为郢都城面积的1.5倍。这意味着在吴王阖闾、夫差总共执政四十二年的吴国,用了不及楚国一半的时间,造出了比楚郢都面积大一半的"春秋超大型城址"。

吴王阖闾、夫差执政时期,吴国多次进行外战和内战(内战指阖闾之弟的叛归为王);战争或争夺的对象,包括了春秋时期的晋、楚、齐、秦四个强国以及越、宋、鲁、邾、陈等十余个诸侯国。因此,这一时期吴国筑造的都城,姑且不论其必要性(指吴国是否有必要筑如此体量的大城),即使从可能性的角度来看,在吴国屡屡进行战争的背景下,吴国国力能否支撑起吴国筑造出如此体量的"春秋超大型城址"?吴王夫差中后期的黄池盟会后,在中原的吴国军团连军粮都出现了问题,又何谈以其国力筑造如此体量的"春秋超大型城址"?

从幅员疆域、争霸历史以及人口物产等诸方面比较,吴国和春秋四强之一的楚国之间,综合国力有着较大差距。而地处东南一隅的吴国,既无必要,亦无能力在那特定历史时期筑造如此体量的超大型都城。更何况,这一"春秋时期最大的古城遗址"的如此体量的超大型都城,在文献中并无记载。

另按"'灵岩古城'说"的"苏州城始建于汉代"[1],则战国时的黄歇治吴,即是以这一"总面积约25平方公里"[2]的城址为平台。而《越绝书》记载的"楚门,春申君所造"[3]"巫门外冢蔂者,春申君去吴,假君所思处也"[4]以及《吴地记》记载的"蛇门,南面有陆无水,春申君造以御越军"[5],这些"楚门""巫门"以及"蛇门"又如何与该"春秋超大型城址"处的城门对应?

唐代张守节《史记正义》所说的黄歇治吴时"又大内北渎,四从五横,至今犹存"[6],即战国后期黄歇治吴时,在城内开掘的河道"大内北渎,四从五横"在这一"春秋超大型城址"中又如何对应?

《越绝书》记载的"吴古故水道,出平门……入大江,奏广陵"[7]这一前文分析吴王夫差时已存在,且吴军北上伐齐由吴都平门外城河经江阴利港入长江再入邗沟一带的"吴古故水道",又位于该"春秋超大型城址"何处的"平门"(即巫门)外?

因此,这一"春秋超大型城址",显然存在着非理性的不实与浮夸。

---

[1] 陆雪梅、钱公麟:《春秋时代吴大城位置再考——灵岩古城与苏州城》,《东南文化》2006年第5期。
[2] 张学锋:《吴国历史的再思考》,见苏州博物馆:《苏州文博论丛》2011年(总第2辑),文物出版社2011年,第10页。
[3] 袁康、吴平:《越绝书》,上海古籍出版社1985年,第17页。
[4] 袁康、吴平:《越绝书》,上海古籍出版社1985年,第18页。
[5] 陆广微:《吴地记》,江苏古籍出版社1986年,第22页。
[6] 张守节:《史记正义》,见司马迁:《史记》,中华书局1959年,第2394—2395页。
[7] 袁康、吴平:《越绝书》,上海古籍出版社1985年,第10页。

二、第七批全国重点文物保护单位名录的公布及其意义

（一）今无锡、常州间"阖闾城遗址"列入全国重点文物保护单位名录

2013年5月3日，国务院核定公布第七批全国重点文物保护单位名录，今无锡、常州间"阖闾城遗址"列入。国务院公布该遗址时的相关信息见下表：

第七批全国重点文物保护单位名单中有关"阖闾城遗址"的相关信息表

序号	编号	名称	时代	地址
151	7-0151-1-151	阖闾城遗址	春秋	江苏省无锡市滨湖区、常州市武进区

时至今日，和20世纪80年代时在今无锡、常州间交界处的境内各立一省级文物保护碑依然相同的是，第七批全国重点文物保护单位名单公布后，在今无锡市滨湖区和常州市武进区境内，依然各立一全国重点文物保护碑，从而映现该遗址跨地区存在的客观现实。

列入全国重点文物保护单位名录的"阖闾城遗址"的今无锡滨湖区文物保护碑（左）及今常州武进区文物保护碑（右）（吴恩培摄）

（二）今无锡、常州间"阖闾城遗址"列入全国重点文物保护单位名录的解读

1. 在国家认同层面，无锡"吴都阖闾城遗址"等被删除前缀"吴都"

前录无锡"阖闾城遗址博物馆"展出的由专家组组长黄景略签名的《无锡阖闾城遗址全国考古专家论证会纪要》展板，其"与会专家建议"的首项内容即为："'阖闾城遗址'可改称'吴都阖闾城遗址'。"

与此内容相同的为张敏《阖闾城遗址的考古调查及其保护设想》的记载："2008年9月10日，无锡市人民政府召开了'无锡阖闾城遗址专家论证会'。……与会专家……对阖闾城遗址的保护提出了如下建议：

（一）鉴于阖闾城遗址初步认定为吴国都城，建议省级文物保护单位'阖闾城遗址'的名称可改称'阖闾故城遗址'或'吴都阖闾城遗址'。

……

（五）阖闾城遗址为春秋时期的吴国都城，在全国春秋时期的都城遗址中历史地位重要，对于研究我国的都城发展史意义重大。建议加快整理阖闾城遗址的相关资料，申报'第七批全国重

点文物保护单位'。"[1]

随着第七批全国重点文物保护单位名录的公布,列入该批次全国重点文物保护单位名录的为今无锡、常州间"阖闾城遗址"。而上述以"吴都阖闾城遗址"等名义"申报'第七批全国重点文物保护单位'"等,其中前缀"吴都"的不实提法,在国家层面遭到否定。

2.列入第七批全国重点文物保护单位名录的"阖闾城遗址"

(1)名称:从省保的"阖闾城"到国保的"阖闾城遗址"

今无锡、常州间"阖闾城遗址",1982年3月被江苏省人民政府公布为省级文物保护单位时的名称为"阖闾城",而2013年列入全国重点文物保护单位名录时则被调整为更为准确的"阖闾城遗址"。

(2)时代:从省保的"周敬王六年(公元前514年)"到国保的"春秋"

1982年3月江苏省人民政府公布该处为省级文物保护单位时标示为"周敬王六年(公元前514年)"这一极易引发歧义解读的"时代"。

2013年列入全国重点文物保护单位名录时,将其以正确的时代"春秋"表述。这一表述,纠正了原先易引发争议的"时代"标示错误。

(3)厘清该"阖闾城遗址"跨地区遗址命名的混乱情况

第七批全国重点文物保护单位名单中有关"阖闾城遗址"的相关信息也表明:该遗址位于"江苏省无锡市滨湖区"和"常州市武进区",为二地共有。这既继承了历史叙述,又廓清了《阖闾城遗址的考古调查及其保护设想》一文中错误滥用为一地所有的"无锡阖闾城"概念。

国务院公布第七批全国重点文物保护单位名单时,适应当前行政区划的调整,对该遗址的所属行政区域作"江苏省无锡市滨湖区、常州市武进区"的排列,从而为该遗址为二地所属及其称之为今"无锡、常州间'阖闾城遗址'"的定名及排序提供了法源基础。

今无锡、常州二市交界处的"无锡界"牌和"常州界"牌处置有一块大石,石上镌刻着"阖闾城遗址"五个大字,从而体现国务院公布第七批全国重点文物保护单位名单中有关"阖闾城遗址"分属无锡、常州二市共有的状况。

今无锡、常州间"阖闾城遗址"石碑(吴恩培摄)

---

[1]张敏:《阖闾城遗址的考古调查及其保护设想》,《江汉考古》2008年第4期。

今无锡、常州间"阖闾城遗址"东侧标示的"无锡界"牌(左)及西侧标示的"常州界"牌(右)(吴恩培摄)

(三)今无锡、常州间"阖闾城遗址"列入全国重点文物保护单位名录的意义

今无锡、常州间"阖闾城遗址",在由国务院公布的第七批全国重点文物保护单位名录中,未采纳上述"全国考古专家论证会"提出的改称"吴都阖闾城遗址"的建议,而是否定其前缀的"吴都"二字,直接采用"阖闾城遗址"的规范名称。它体现的是国家意志对这一遗址内涵名称及其属性的认同。

它所具有的重大意义,如下:

1.维护了国务院文件〔国发(1982)26号〕的权威性

国务院文件〔国发(1982)26号〕即1982年2月8日国务院下发的《国务院批转国家基本建设委员会等部门关于保护我国历史文化名城的请示的通知》。该文件所附《国家第一批历史文化名城名单(24个)》中,有关苏州古城历史地位的定义为"春秋时为吴国都城"[1]。今无锡、常州间"阖闾城遗址"列入全国重点文物保护单位名录,否定及并未采纳上述"全国考古专家论证会"提出的改称"吴都阖闾城遗址"的建议,从而体现了国务院在有关苏州古城历史地位的定义为"春秋时为吴国都城"上所表现出的国家认同的连续性,也维护了国务院文件〔国发(1982)26号〕的权威性。

2.厘清并恢复了今无锡、常州间"阖闾城遗址"的文化属性

随着今无锡、常州间"阖闾城遗址"列入全国重点文物保护单位名录,该遗址前的"吴都"提法被否定并被删除,其历史文化属性被厘清。这一历史文化属性即是无锡最早地方文献元王仁辅《无锡志》记载的该遗址"当阖闾伐楚回,故因号之"[2]的原因。随着无锡"吴都阖闾城遗址"的前缀"吴都"在国家层面上的被否定,在春秋吴都地望的争议中,今无锡、常州间的"阖闾城遗址"已不再成为春秋吴都地望的争议方。

3."吴都'阖闾城'说"与"'姑苏夫差城'说"杂糅、拼合的"二元说"不能成立

随着无锡"吴都阖闾城遗址"在春秋吴都地望争议中的出局,以无锡"吴都阖闾城遗址"为其实践基础及学术基础的"吴都'阖闾城'说"与"'姑苏夫差城'说"杂糅、拼合的"二元说"也难以成立。

4.春秋吴都的今苏州古城与具"都邑性质""城址"的春秋吴国的离宫、离城

随着春秋吴都"二元说"的崩塌,古代文献记载且经多次考古发掘及出土器印证的春秋吴国

---

[1] 苏州市档案馆:《中央领导同志和国务院有关保护苏州古城风貌和今后建设方针的部分批示、文件》,第24—26页,1984年1月21日。档号C1—1—332。

[2] 王仁辅:至正《无锡志》,见《无锡文库》第一辑,凤凰出版社2012年,第54页。

的吴王阖闾、吴王夫差时期吴国都城地望的"苏州古城说",即"春秋吴都'吴'城(今苏州古城)说",延续两千五百余年的历史文脉,再次进入学界的视野。

其实,该"苏州古城说"在2008年至2011年,曾被泛起的"'灵岩古城'说"及春秋吴都"二元说"抢了风头,但从未被否定过。时至今日,未见系统性批判及否定"苏州古城说"的著作和论文出现。其因即在于先秦、两汉乃至唐宋文献的连续记载,使得该"苏州古城说"具有学术的稳定性,更具有包括都城、离宫离城及卫城等在内的都城体系。因此,只要《春秋经》《左传》《国语》及《荀子》《韩非子》《史记》《越绝书》《吴越春秋》等文献存在,它们所记载的春秋吴都"吴"城(今苏州古城)体系,就会伴生地存在。至于在今后的日子里,仍会有学者对春秋吴都的地望提出不同的意见,这是正常现象,但并不能改变今苏州古城的春秋吴都属性。

相比之下,曾试图否定春秋吴都"吴"城(今苏州古城)地位的种种说法,由于无文献记载,更无文献记载其为吴国都城的相应体系,仅凭论证者的主观意识和人为操作成"吴都",虽可喧嚣于一时,但终不能立足于长久。

(四)春秋吴都"二元说"的影响及其"'姑苏夫差城'说"的继续

前述春秋吴都"二元说"之不能成立,并不影响该说在提出的当时,或是在提出的若干年后,其作用在社会生活中依然存在。

1.《吴国历史的再思考》一文的叙述

《初探》一文,在《南方文物》2009年第2期发表后,张学锋《吴国历史的再思考》一文于2011年发表。该文对《初探》提出的"二元说"予以呼应并发挥说:"吴王阖庐时期太湖的大部分区域依然控制在越人手中,吴国都城还不在姑苏,应该在更西的地方,而今太湖东北岸无锡与常州之间的阖闾城即是有力的候选地。"[1]该文将《初探》一文所说吴、越"争霸的主要目的和主要地点皆为姑苏"[2]调整为"太湖"说:"阖庐与勾践的争战以及夫差的报仇雪恨,目的均在将越人的势力驱逐出太湖。"[3]接着,该文叙述:"夫差将都城从阖闾城迁到了太湖东岸今苏州市区西郊的丘陵地带,这个地点依然继承了kuo siwo这个读音,并被转写成'姑苏'或'姑胥',阖闾城附近的胥河、胥山等地名也转移到了苏州,而这个地点今天看来就是木渎古城。姑苏或姑胥(木渎古城),作为吴国最晚期的都城,前后延续仅20余年(夫差在位23年)。"[4]按此,则无锡"吴都阖闾城"东迁至今吴中区灵岩山一带的"木渎古城"时,竟然连"吴都阖闾城"附近的河流、山脉的自然地理名称也一并迁移。再接着,该文以"明确"和"可能"连用而表达不确定的判断说:"比较明确的是,阖闾城可能是吴王阖闾时期的都城,木渎古城可能是吴王夫差时期的吴都。"[5]上述"木渎古城可能是吴王夫差时期的吴都"的判断,显然为"二元说"所说"姑苏城先后为吴王夫差和越王句践的都城"[6]的"姑苏夫差城"了。

---

[1]张学锋:《吴国历史的再思考》,见苏州博物馆:《苏州文博论丛》2011年(总第2辑),文物出版社2011年,第14—15页。
[2]张敏:《吴国都城初探》,《南方文物》2009年第2期。
[3]张学锋:《吴国历史的再思考》,见苏州博物馆:《苏州文博论丛》2011年(总第2辑),文物出版社2011年,第14页。
[4]张学锋:《吴国历史的再思考》,见苏州博物馆:《苏州文博论丛》2011年(总第2辑),文物出版社2011年,第14页。
[5]张学锋:《吴国历史的再思考》,见苏州博物馆:《苏州文博论丛》2011年(总第2辑),文物出版社2011年,第15页。
[6]张敏:《吴国都城初探》,《南方文物》2009年第2期。

2.《江苏地域文化的特色与精彩》一文的叙述

"江苏文脉整理与研究工程"《江苏文库·研究编》之江苏13个省辖市各1卷的地方文化史篇首,目前已出版诸卷均刊有贺云翱先生《江苏地域文化的特色与精彩》一文,以作类乎序言的文字。

该文说:"春秋时期吴国先后定都于今无锡及常州境内的'阖闾城'和今苏州。"[1]这显然附和"二元说"中的所谓无锡"吴都阖闾城遗址"[2]及该说杜撰的公元前494年(吴夫差二年)"吴始都姑苏"及"姑苏城先后为吴王夫差和越王句践的都城"[3]的"姑苏夫差城"了。该文字发表于2019年,距国务院2013年核定公布第七批全国重点文物保护单位名录,已过去六年。

三、显示国家认同的"历史文化名城"碑与擦亮苏州历史文化名城招牌

对于显示国家认同的"历史文化名城"碑,各地做法不一。

1982年2月8日,国务院公布第一批国家历史文化名城(24个),与苏州一样,山东曲阜也名列该批次历史文化名城名单之中。尽管该市拥有"曲阜鲁国故城""曲阜孔庙及孔府"等第一批全国重点文物保护单位,但列入名录后,该市以类似于文物保护碑的立碑方式,记录、显示并宣传国家层面对该市历史文化的认同。石碑标示的文字依次为:

"第一批中国历史文化名城

曲阜

中华人民共和国国务院

一九八二年二月八日公布

山东省人民政府立。"

1986年12月8日,国务院公布第二批国家历史文化名城(38个),河南商丘也名列其中。

标示河南商丘列为"国家历史文化名城"的石碑(左)及该石碑细部(右)(吴恩培摄)

---

[1] 贺云翱:《江苏地域文化的特色与精彩》,见王卫平主编:《江苏地方文化史·苏州卷》,江苏人民出版社2019年,第11页。
[2] 张敏:《阖闾城遗址的考古调查及其保护设想》,《江汉考古》2008年第4期。
[3] 张敏:《吴国都城初探》,《南方文物》2009年第2期。

除上述外,被列入第二批国家历史文化名城名单(1986年12月8日公布)中的安徽寿县、第三批国家历史文化名城名单(1994年1月4日公布)中的山西祁县等,亦均以立碑方式,显示并宣传国家对该市历史文化的认同。

相比之下,1982年,苏州并未采取立碑形式显示并宣传国务院文件〔国发(1982)26号〕所附第一批国家历史文化名城名单(24个)中有关苏州古城历史地位定义的"春秋时为吴国都城"[1]。尽管其时并未以立碑形式宣传,但国务院文件〔国发(1982)26号〕却在20世纪80年代庆祝苏州建城两千五百年的活动中,被宣传得家喻户晓。因此,在其后发生的所谓"苏、锡'吴都'之争"中,值外争春秋"吴都",内议"并未发现"[2]之时,苏州相当多的干部、群众,即是从国务院文件〔国发(1982)26号〕精神所显示的国家认同中,获取文化自信的精神力量,并坚持苏州古城为春秋吴都的历史文化地位。如果1982年时,苏州也像上述曲阜、商丘等地一样,在当时苏州数个主要城门处竖立类似显示国家认同的石碑,虽不能说就不会发生后来的"吴都"纷争事件,但可肯定的是,从这些竖立并显示国家认同的石碑上,更多的苏州干部和市民会从中汲取文化自信的精神力量。

时至今日,经江苏省人民政府批复,苏州成立了全国首个、也是唯一的历史文化名城保护区——苏州国家历史文化名城保护区。然而,国家历史文化名城的保护工作是多方面的。其中一个主要方面,即是从学术的源头上厘清、宣传春秋吴都"吴"城(今苏州古城)的历史。因此,在今后适当时机,仿效山东曲阜等立碑做法,在苏州的数个主要城门立"第一批中国历史文化名城"碑,或许也是一个选项。毕竟,厘清、宣传春秋吴都"吴"城(今苏州古城)的历史及其地位,也需要一个充满仪式感的文化活动,借之擦亮苏州第一批国家历史文化名城的招牌。

---

[1] 苏州市档案馆:《中央领导同志和国务院有关保护苏州古城风貌和今后建设方针的部分批示、文件》,第24—26页,1984年1月21日。档号C1—1—332。

[2] 中国社会科学院考古研究所、苏州市考古研究所、苏州古城联合考古队:《江苏苏州市木渎春秋城址》(执笔徐良高、张照根等),《考古》2011年第7期。

第十二章　春秋吴国国号及吴都"吴"城之"吴"的溯源

"吴",为春秋吴国国号,亦为春秋时吴都——"吴"城的城市名称。《春秋经》《左传》,即以"吴"城指代春秋时吴都。如《春秋经·定公五年》"於越入吴"[1]即是。而《左传·定公五年》:"越入吴,吴在楚也。"[2]前一"吴"指春秋吴都"吴"城;而后一"吴",意涵丰富,或指吴国军事力量,或指吴军及其统帅吴王阖闾等。

又,《春秋经·哀公十三年》:"公会晋侯及吴子于黄池……於越入吴。"[3]《左传·哀公十三年》:"丁亥,入吴。"[4]上述"入吴",均指越国军事力量进入春秋吴都"吴"城内城。

现今留存的吴国青铜器铭文表明,吴国国号历经了"**敔**""**虖**""**敢**""吴""禺"等不同时期的流变。而现存文献记载的春秋吴国国号"吴"与上述吴国青铜器铭文中的吴国国号"**敔**""**虖**""**敢**""禺"等,呈现出文化背离现象。它表现在:春秋时期吴国青铜器铭文中出现的上述吴国国号"**敔**""**虖**""**敢**""禺"字等,在文献中却从没有记载。

本章内容如题,即对春秋吴国国号及春秋吴都"吴"城的"吴",作溯源性的探讨研究。以"吴"与春秋列国中的晋、楚、齐、秦、鲁、宋、郑、卫、陈、蔡、莒、邾、越等进行同一时期横向间的比较,国号或国名,后世活化利用且影响至今而不减者,莫过于既以吴地和苏州为其文化支撑平台,同时反作用于吴地和苏州而成为其文化支撑的"吴"——春秋吴国国号及春秋吴国都城的文化符号。

第一节　文献记载的吴国国号及吴都名称的"吴"

一、文献记载的春秋吴都——"吴"城与秦置会稽郡治——"吴"县

先秦文献《世本》记载的"诸樊徙吴"[5]之地域及《春秋经》《左传》以国名代指国都的惯例,记写春秋晚期吴王阖闾、夫差时的吴国都城——"吴"城。

战国末期,春秋吴国已被灭国二百五十余年,《吴郡志》卷一记载:"秦始皇二十五年(前

---

[1]《春秋经·定公五年》,见《春秋左传正义》,北京大学出版社1999年,第1559页。
[2]《左传·定公五年》,见《春秋左传正义》,北京大学出版社1999年,第1559页。
[3]《春秋经·哀公十三年》,见《春秋左传正义》,北京大学出版社1999年,第1669页。
[4]《左传·哀公十三年》,见《春秋左传正义》,北京大学出版社1999年,第1670页。
[5]《世本·王谟辑本》,见宋衷注、秦嘉谟等辑:《世本八种》,中华书局2008年,第34页。

222），并天下，以吴、越地为会稽郡，治于吴。汉因之，领县二十六。"[1]

这里"治于吴"的"吴"，指的即是会稽郡郡治吴县。对之，明卢熊《洪武苏州府志》则明确记为："吴，泰伯之邑，阖闾所都，秦会稽郡治。"[2]

上述的"郡"，相当于后世的行省；而"郡治"，指中央集权下的"郡"的行政中心，相当于后世的行省省会。

因此，秦王朝建立前夜的"始皇二十五年（前222年）置"[3]会稽郡，并在故吴旧都置郡治"吴"县（后世作吴县）的行政作为，为中国第一个中央政府在两千两百多年前对故吴旧都即为"吴县"的行政认定。而战国末期，秦设会稽郡治"吴"县，其县名为"吴"的原因，如顾颉刚指出："这地方的名称，称为吴县，从秦朝起，这因春秋之季吴国建都于此之故。"[4]

上述出现的相关地名，为"吴"城和"吴"县。

如前所述，"吴"城为春秋时吴都——"吴"城的城市名称。而"吴"县，为《史记·秦始皇本纪》记载公元前222年，即秦嬴政"二十五年……置会稽郡"[5]时所设郡治之地。此即《汉书·地理志上》记载的"会稽郡，秦置……县二十六"。其首县即为"郡治"的记载为："吴，故国，周太伯所邑。具区泽在西，扬州薮，古文以为震泽。南江在南，东入海，扬州川。莽曰泰德。"[6]亦为前引明卢熊《洪武苏州府志》所明确指出的："吴，泰伯之邑，阖闾所都，秦会稽郡治"。其中，"阖闾所都"者为春秋"吴"城，"秦会稽郡治"者即为秦置"吴"县（吴县）。而秦于故吴旧都置"吴"县，并取名为"吴"县的原因，见前引顾颉刚所说。

又，《史记·秦始皇本纪》记载秦始皇生前最后一次南巡归时及其临终前的情况说："三十七年（前210）十月癸丑，始皇出游。……还过吴，从江乘渡。""至平原津而病。……七月丙寅，始皇崩于沙丘平台。"[7]上述之"吴"，即为秦于"故吴旧都"所置"吴"县。而秦始皇最后一次南巡的"还过吴"，即其归时经过"吴"县，后从江乘渡过长江，至平原津而病，并于沙丘平台去世。

"江乘"，韩湘亭《历代郡县考》载："江乘，故城在江苏句容县，秦置县，隋废。"[8]又，《汉书·地理志上》"丹扬郡，故鄣郡"条记载："江乘，莽曰相武。"[9]

因此，秦始皇生前最后一次南巡返归时，途经的秦置县之一即为"吴"县，而经过"吴"县后从秦丹扬郡江乘县，即今江苏句容一带渡江。故《史记·秦始皇本纪》上述的"还过吴，从江乘渡"的记载，既印证秦置"吴"县的历史事实，也成为秦置"吴"县十二年后始与秦始皇产生交集的最早文献记载。

---

[1]范成大：《吴郡志》卷一，江苏古籍出版社1986年，第2页。
[2]卢熊著、苏州市地方志办公室编：《洪武苏州府志》，广陵书社2015年，第35页。
[3]顾颉刚、史念海：《中国疆域沿革史》，商务印书馆1999年，第64页。
[4]顾颉刚：《苏州的历史和文化》，见苏州市地方志编纂委员会办公室、苏州市档案局：《苏州史志资料选辑》（内部发行，1984年9月编印）第二辑，第1页。
[5]《史记·秦始皇本纪》，见司马迁：《史记》，中华书局1959年，第234页。
[6]《汉书·地理志上》，见班固：《汉书》，中华书局1962年，第1590页。
[7]《史记·秦始皇本纪》，见司马迁：《史记》，中华书局1959年，第234页。
[8]韩湘亭：《历代郡县地名考》，北京图书馆出版社2002年，第239页。
[9]《汉书·地理志上》，见班固：《汉书》，中华书局1962年，第1592页。

后世隋代出现"苏州"、宋代出现"平江"等地名，与上述春秋"吴"城及秦置"吴"县，有着明晰的文化继承及地理同一关系。而上述春秋"吴"城、秦置"吴"县及其战国文献始见的春秋"吴"城之别名、别称的"姑苏"等与"苏州"的同一性关系，向为史家所采信，并构成史学界的主流意见。

现当代学者及其著述对之的相关论述，如下：

范文澜《中国通史》："寿梦死后，长子诸樊迁都吴（江苏吴县）。"[1]

蒙文通《越史丛考》："《史记》言吴、越皆古国……吴居今苏南，都于吴（今江苏苏州）。"[2]

李学勤《东周与秦代文明》："吴国的国都姑苏，在今江苏苏州。"[3]

白寿彝《中国通史》记述黄池盟会时写道："夫差正得意洋洋的时候，忽然听到越兵已乘虚进入吴的国都姑苏（今苏州）。"[4]

杨宽《战国史》："越王勾践灭吴后，国都曾迁琅邪（今山东胶南西南琅玡台），到公元前三七八年（越王翳三十三年）迁回吴（今江苏苏州）。"[5]

顾德融、朱顺龙《春秋史》："吴国的吴（今江苏苏州）"[6]。

史念海《中国古都概说》（二）论及"战国时期诸国都城"时，说起已为越国都的"故吴旧都"时说："吴　越国都。越国本都于琅邪，其后南徙于吴，即吴国故都，在今江苏苏州市。"[7]

因此，"吴"县之名即从春秋吴都的"吴"城而来，隋代时出现的"苏州"，与春秋吴都的"吴"城、战国后期黄歇治吴时的"吴墟"[8]、秦置会稽郡治的"吴"县以及"吴"城别名的"姑苏"，其时空交错并地域范围不变的同一性关系，在上述现当代学者们的相关论述中，已清晰映现出来。

陈桥驿《吴越文化论丛》指出："秦在会稽郡下设置了二十几个县。由于这片地区是吴、越故地，因此，除了海盐县以外，各县县名，基本上都保持吴、越原名，但对于于越（原文如此，下同，前作"於越"）故都却不然。于越故都即今绍兴……当时称为大越。为了清除这个部族的政治影响，这个地名当然是非改不可的。这就是《越绝书》卷二所说的：'更名大越曰山阴也。'……这说明，秦始皇是亲自主持对于越的移民和更改其旧都'大越'之名的。与当时作为会稽郡郡治的句吴旧都相比，句吴旧都仍然保留'吴'的名称，两者的区别就很清楚了。"[9]

由上可知，秦始皇对故吴、故越执行了不同的文化政策——对故越，改其旧都"大越"为山阴（今浙江绍兴）；而对故吴，则是在其旧都置"吴"县而保留"吴"的名称。这使得春秋时的吴都"吴"城与秦置"吴"县之间，建立起明确的继承关系，而联结这一文化传承的纽带就是"吴"字。因此，"吴"县为春秋吴国灭亡后，历经战国及秦统一后，由中国第一个中央朝廷——秦王朝予以

---

[1] 范文澜：《中国通史》第一册，人民出版社1978年，第122页。
[2] 蒙文通：《越史丛考》，人民出版社1983年，第17页。
[3] 李学勤：《东周与秦代文明》，上海人民出版社2007年，第120页。
[4] 白寿彝：《中国通史》第三卷《中古时代》（下），上海人民出版社1989年，第1035页。
[5] 杨宽：《战国史》，上海人民出版社1998年，第279页。
[6] 顾德融、朱顺龙：《春秋史》，上海人民出版社2001年，第245页。
[7] 史念海：《中国古都概说》（二），陕西师大学报（哲学社会科学版）1990年第2期。
[8] 《史记·春申君列传》，见司马迁《史记》，中华书局1959年，第2394页。
[9] 陈桥驿：《吴越文化论丛》，中华书局1999年，第24—25页。

命名的官方正式名称。因"吴"县系在春秋吴都"吴"城的同一地域上所设,故春秋末及战国时曾一度消失的春秋吴都名称的"吴"城之"吴",于战国末及秦初又重新恢复并启用。这在苏州的历史及文化上,有着承前启后的非凡意义。

"吴"县即"吴县"的出现,意味着秦置"吴"县(吴县)与其后的"苏州"长期等同(指"吴县"即苏州)或并存(指"吴县"为苏州辖县)。而公元前222年,即秦嬴政"二十五年,大兴兵……王翦遂定荆江南地;降越君,置会稽郡"[1]并置郡治"吴"县时,距公元前473年的吴灭国时仅二百五十一年,且其中还历经吴地入越、入楚及黄歇治吴等历史时期,故秦于故吴旧都置"吴"县时,不可能将故吴旧都"吴"城的地望搞错。

而如前文述,黄歇去世之年的楚考烈王二十五年(前238)时,秦始皇嬴政即位已九年。因此,作为与黄歇同时代的秦始皇嬴政,在公元前222年"大兴兵"并使"王翦遂定荆江南地;降越君,置会稽郡"时,焉能不知黄歇治吴时的"吴"的地望?又焉能不知春秋故吴旧都的地望?

谨此,或已说明春秋"吴"城、秦置"吴"县与后出而称为"苏州"的苏州古城在地理上的同一性。而持否定苏州古城为春秋吴都等类似意见者,他们种种议论背后隐含着的一个隐性逻辑是:与黄歇同时代的秦始皇嬴政不知黄歇治吴时的"吴"城地望在哪,也不知春秋故吴旧都的地望在哪。而他们知道,尽管他们已是距秦置"吴"县两千两百余年后。

二、从吴郡、吴州到苏州

作为文化连续性的体现,"吴"字成为后世含官方正式名称、民间别称等在内的苏州城市名称的主要元素。现分述如下:

1.官方正式名称

(1)吴郡

东汉顺帝四年(129),据《后汉书》载:"是岁,分会稽为吴郡。"[2]所谓"分会稽为吴郡",其实是新一轮的吴、越分治,即从秦会稽郡中析分出另一行政区——吴郡。东汉所设吴郡,今上海、苏州、无锡、常州、镇江、杭州、嘉兴、湖州等均在这一行政区内。如前所述,今镇江附近的"句容",即"江乘",属东汉时的丹阳郡。故东汉时的吴郡、丹阳郡的二郡分界线,即在今镇江与句容之间。而因吴郡和汉会稽郡的设置延续至南朝刘宋而长达三百五十年,故上述沪、苏、锡、常、杭、嘉、湖的语言、习俗等,至今依然相同或相近。而唯一例外的是镇江,后世几次较大规模的人口迁徙,自北而南至长江南岸,而镇江则为移民南徙江南的首站。大规模人口迁徙的结果,使得镇江方言渐趋同于江淮方言,并在今镇江属县丹阳形成江淮方言与吴方言的大致分界点。所有这些,使得同处长江以南,但以江淮方言为主的镇江,后世与沪、苏、锡、常、杭、嘉、湖等吴方言区渐行渐远。

(2)吴州

《姑苏志》卷第一之《郡邑沿革表》:梁武帝"太清二年(548),侯景陷吴郡。三年(549)改

---

[1]《史记·秦始皇本纪》,见司马迁:《史记》,中华书局1959年,第234页。
[2]《后汉书·孝顺孝冲孝质帝纪》,见范晔:《后汉书》,中华书局1965年,第257页。

吴郡为吴州"[1]。

(3) 苏州

隋文帝杨坚平陈,并于开皇九年(589)改吴州为苏州。这就是宋范成大《吴郡志》记载的:"隋平陈,改曰苏州,以姑苏山为名。"[2]明王鏊《姑苏志》卷第一作同样记载说:"隋开皇九年,平陈,改吴州为苏州,领县五。"[3]

由上可知,相对于春秋"吴"城及战国黄歇治吴时的"吴墟"及战国末出现的"吴"城之别名"姑苏"以及秦置"吴"县(即吴县)等,隋代时出现的"苏州",属后出且相对较晚的城市名称。而"吴"城别名"姑苏",相传得名于与帝舜臣子"胥"有关联的姑苏山。后世隋代出现的"苏州"名称,亦得名于该姑苏山。

上述官方正式名称的"苏州",为从"吴"城到"吴墟",到"吴"县(吴县),再到"吴郡""吴州",后据与"姑苏"别名密切相关的姑苏山而改名为"苏州"。

由此,可从中寻迹到春秋时"吴"城、战国时"吴墟"及秦置"吴"县(吴县)等与后世"苏州"城市符号"吴"之间的内在文化联系。

2. 民间别称

"姑苏"在历史上向为苏州的别名、别称或雅称,但随着2012年9月1日,经国务院、江苏省人民政府批准,撤销苏州市沧浪、平江、金阊三区而设立苏州市姑苏区,"姑苏"也同样与吴县、吴郡、吴州等一样,进入了官方正式的行政区划名称序列。

而在先秦、两汉以后的民间及文人撰著层面,历史沿袭下多种冠以"吴"或含有"吴"字的地域称谓,或作苏州别称,或作苏州代称。而这些别称、代称,实也构成苏州的另名序列。现择其要者,分述如下:

(1) 吴城

吴城,苏州别名。元高德基《平江记事》云:"吴城,旧传吴王阖闾时子胥所筑,故名阖闾城。"[4]南宋吴文英《点绛唇·有怀苏州》词说:"可惜人生,不向吴城住。"[5]这里将"吴城"与"苏州"直接相连。同时,由此上溯而勾连起《春秋经》《左传》记载的春秋吴都的名称——"吴"城。

(2) 吴门

吴门,有多种说法。其一指吴都阊门,又作昌门。唐李白《殷十一赠栗冈砚》诗:"洒染中山毫,光映吴门练。"[6]其二泛指苏州的城门。明高启《伍公庙》诗:"鞭尸楚墓生前孝,抉目吴门死后忠。"[7]个中"吴门",即是。其三为后世苏州代称。明代中期中国画流派之一的吴门画派,即以"吴门"代指苏州。此外,吴门曲派、吴门医派等,均是。

---

[1]《姑苏志》卷第一《郡邑沿革表》,见正德《姑苏志》,苏州图书馆藏本。
[2] 范成大:《吴郡志》卷一,江苏古籍出版社1986年,第2页。
[3]《姑苏志》卷第一《郡邑沿革表》,见正德《姑苏志》,苏州图书馆藏本。
[4] 高德基:《平江记事》,见杨循吉等著、陈其弟点校:《吴中小志丛刊》,广陵书社2004年,第25页。
[5] 吴文英:《梦窗词》,上海古籍出版社1988年,第180页。
[6] 李白:《李太白集》,岳麓书社1987年,第293页。
[7] 高启:《高青丘集》,上海古籍出版社1985年,第655页。

苏州盘门东南横跨护城河上的吴门桥（左）及该桥桥名"吴门桥"桥匾细部（右）（吴恩培摄）

（3）吴阊、吴练

吴阊，指春秋"吴"城阊门。明王世贞《登岱》诗："依微白马吴阊在，欲向秋风问羽翰。"[1]诗用孔子、颜回的"吴阊白马"之典。关于该典，朱长文《吴郡图经续记》记载："传孔子登泰山，东望吴阊门，叹曰：'吴门有白马如练。'因是立名。"[2]后以"吴阊"代指吴地，即今苏州一带。清顾炎武《潘生次耕南归寄示》诗曰："若到吴阊寻旧迹，《五噫》东去一梁生。"[3]

孔子登泰山而望吴阊的典故，东汉王充的《论衡·书虚》中已有记载说："《传》书或言：颜渊与孔子俱上鲁太山。孔子东南望，吴阊门外有系白马，引颜渊指以示之，曰：'若见吴昌门乎？'颜渊曰：'见之。'孔子曰：'门外何有？'曰：'有如系练之状。'孔子抚其目而正之，因与俱下。下而颜渊发白齿落，遂以病死。盖以精神不能若孔子，强力自极，精华竭尽。故早夭死。世俗闻之，皆以为然。如实论之，殆虚言也。"[4]意指，《传》书上说：颜渊和孔子一起登上鲁国的泰山。孔子向东南方远望，看见吴都阊门外拴着一匹白马，于是就指给颜渊看，说："你看见吴都的阊门了吗？"颜渊回答："看见了。"孔子又问："门外有什么？"颜渊接着回答："好像拴着一条白绸子样的东西。"孔子揉了揉他的眼睛，纠正了他的说法。于是就与他一同下山。下山之后，颜渊头发白了，牙齿落了，终于因病死去。大概精神不如孔子，勉强使用眼力到了极限，精华用尽，所以早早死去。世人听到这事，都以为真的是如此。但要是真实地评论起来，大概属于传说中的虚言。

登泰山而望吴阊门，显然为违反生活常识的传说。而王充《论衡·书虚》在批判这一传说的同时，也反映出东汉时在王充之前，世间已有该传说流传。否则，王充也无从指以为虚言。而王充"生于汉光武帝建武三年（公元27年），汉和帝永元中（公元89—104年）病卒于家"[5]。王充去世时，距东汉永建四年（129）分原会稽郡的钱塘江以西部分而始置吴郡，尚有时日。故王充生前或在世时，吴都阊门即"吴阊"，已成为春秋"吴"城、秦汉"吴"县（吴县）等与孔子相勾连起的城市标志性建筑，却是可以肯定的。

与"吴练"典故相关联的词，即为上文王充《论衡·书虚》提及颜渊所见且亦与"吴阊"有关的"系练之状"及《吴郡图经续记》提及的"吴门有白马如练"。对之，《太平御览》卷八一八引

---

[1] 金性尧选注：《明诗三百首》，陕西师范大学出版社2010年，第279页。
[2] 朱长文：《吴郡图经续记》，江苏古籍出版社1986年，第8页。
[3] 顾炎武：《顾亭林诗集汇注》，上海古籍出版社1983年，第1090页。
[4]《论衡·书虚》，见王充著，袁华忠、万家常译注：《论衡全译》，贵州人民出版社1993年，第236页。
[5]《论衡全译·前言》，见王充著，袁华忠、万家常译注：《论衡全译》，贵州人民出版社1993年，第1页。

《韩诗外传》:"孔子、颜渊登鲁东山望吴昌门,渊曰:'见一匹练,前有生蓝。'子曰:'白马、芦荛也。'"[1]后世,遂以"吴练"为典实。其一指白马,唐刘威《伤曾秀才马》诗:"吴练已知随影没,朔风犹想带嘶闻。"[2]其二,即指上述吴阊门,并以该标志性建筑代指苏州。

今山东泰山顶孔子庙前有"望吴圣迹"牌坊,即为相传孔子登泰山望吴阊门处。而从文化的角度,为彰显春秋"吴阊"与孔子的勾连,在今阊门外的城门畔择一空地立一汉白玉雕之白马,以与泰山的"望吴圣迹"牌坊呼应,也可勾连起泰山的雄伟与阊门的绮丽、繁华。

山东泰山顶孔子庙前的"望吴圣迹"牌坊(左)及今苏州阊门(右)(吴恩培摄)　　　　《吴下方言考》封面书影(录自《吴下方言考》[3])

(4)吴下

吴下,泛指吴地。清胡文英《吴下方言考》即为研究吴地语言的著作。成语"吴下阿蒙",指生于吴地(即吴下)的东吴名将吕蒙,语出《三国志·吴书·吕蒙传》裴松之注引《江表传》:"吾谓大弟但有武略耳,至于今者,学识英博,非复吴下阿蒙。"[4]

(5)吴中

吴中,原指吴县一带,后泛指吴地。《史记·项羽本纪》:"项梁杀人,与籍避仇于吴中。"[5]即指项梁、项羽曾避仇于今苏州一带。宋张孝祥《念奴娇》词:"吴中何地,满怀俱是离索。"[6]元陆友仁记写苏州旧事的著作,即名《吴中旧事》。而《吴中旧事》及明代杨循吉《吴中故语》《吴中往哲记》和明代华钥《吴中胜记》等均刊于《吴中小志丛刊》[7]。又,唐代"吴中四士",指唐代包融、贺知章、张旭、张若虚四人同时知名,均为吴人,故称。《新唐书·刘晏传》:包佶"父融,集贤院学士,与贺知章、张旭、张若虚有名当时,号'吴中四士'"[8]。而明代"吴中四杰",则指明代杨基、高启、张羽、徐贲四人并有诗名,均为吴人,明沈德符《万历野获编·卷

---

[1]李昉等:《太平御览》卷八九七,中华书局1960年,第3982页。
[2]彭定求等:《全唐诗》卷五六二,上海古籍出版社1980年,第6527页。
[3]胡文英:《吴下方言考》,苏州大学图书馆藏本(封面钤印"苏州大学图书馆藏书")。
[4]《三国志·吕蒙传》,见陈寿:《三国志》,中华书局1959年,第1275页。
[5]司马迁:《史记》卷七《项羽本纪》,中华书局1959年,第296页。
[6]张孝祥:《于湖词》,上海古籍出版社1988年,第16页。
[7]杨循吉等著、陈其弟点校:《吴中小志丛刊》,广陵书社2004年。
[8]欧阳修:《新唐书》卷一四九《刘晏传》,中华书局1975年,第4798—4799页。

二十三》称他们为"吴中四杰"[1]。

2000年，经国务院批准，撤销吴县市设立苏州市吴中区和相城区。故"吴中"现已为苏州市下属的官方正式行政区的区划名称。

（6）吴会

吴会，有多说，均与吴地有关。其一，秦、汉会稽郡治在吴县，故郡、县连称为吴会。清赵翼《陔馀丛考·吴会》："西汉时会稽郡治本在吴县，时俗以郡县连称，故云吴会。"[2]今常熟虞山有"文开吴会"匾，系纪念言子学成南归，道启东南。匾上"吴会"，即此意。其二，东汉分会稽郡为吴、会稽二郡，并称吴会，后亦泛称此两郡故地为吴会。元陆友仁《吴中旧事》："府署之南名吴会坊……吴会当是吴郡与会稽，犹言吴越也。"[3]其三，称平江府（即苏州）为吴会。清纳兰性德《渌水亭杂识·卷一》："世多称平江为吴会，意谓吴为东南一都会也。自唐以来如此，今郡中有吴会亭，府治前有吴会坊。"[4]

常熟虞山"文开吴会"匾（吴恩培摄）

（7）吴趋

门外曰趋，吴趋，指吴门外，意同"吴门"，泛指吴地。晋陆机《吴趋行》中有"四坐并清听，听我歌《吴趋》"[5]句。晋崔豹《古今注·音乐》中评点说："《吴趋曲》，吴人以歌其地也。"[6]清顾炎武《王征君潢具舟城西同楚二沙门小坐栅洪桥下》诗："仆本吴趋士，雅志凌秋霜。"[7]顾氏为明苏州府昆山县（今昆山市）千灯镇人，为清初大家及吴地士子，故自称吴趋士。

另，"吴趋"亦为苏州古坊市名。南宋范成大《吴郡志》引《长庆集》云：'六十坊'者"中有"吴趋坊，皋桥西"[8]的记载，意即南宋时，苏州阊门内已有古坊市，名吴趋坊。

（8）东吴

长江在今安徽芜湖、江苏南京间作西南至东北流向，不再江分南北，而是江分东西。故自此以下的长江南岸称为江东（又作江左）。三国时，孙吴因其地处江东，故名东吴。后世，东吴乃泛指吴地。唐杜甫《绝句四首·之三》："窗含西岭千秋雪，门泊东吴万里船。"[9]个中"东吴"，即此。近代苏州以"东吴"为名称者甚多，其著名者有1901年由基督教监理会在苏州创办的中国第一所西制大学——东吴大学（后为江苏师范学院，今为苏州大学）。

---

[1] 沈德符：《万历野获编》，文化艺术出版社1998年，第623页。
[2] 赵翼：《陔馀丛考》卷二十一，商务印书馆1957年，第417页。
[3] 杨循吉等著、陈其弟点校：《吴中小志丛刊》，广陵书社2004年，第6页。
[4] 纳兰性德：《通志堂集》上册，华东师范大学出版社2008年，第295页。
[5] 陆机：《陆机集》，中华书局1982年，第72页。
[6] 崔豹：《古今注》，辽宁教育出版社1998年，第9页。
[7] 顾炎武：《顾亭林诗集汇注》，上海古籍出版社1983年，第494页。
[8] 范成大：《吴郡志》，江苏古籍出版社1986年，第69页。
[9] 杜甫：《杜工部集》卷十三，岳麓书社1987年，第236页。

列为全国重点文物保护单位的苏州东吴大学旧址文物保护碑（左）及"东吴大学旧址"校门（右）（吴恩培摄）

3. 文化比较

以上所列苏州的官方正式名称及民间别称等表明，自公元前514年吴王阖闾建春秋吴都"吴"城（又作吴大城、阖闾城等，即今苏州古城）及其后战国后期的"吴墟"、秦初的"吴"县、东汉的"吴郡"、南北朝时期的"吴州"，以及民间层面不同时代的苏州另名别称的吴城、吴门、吴阊、吴练、吴下、吴中、吴会、吴趋、东吴等，在社会发展的文化纵向比较中，深入苏州文化精髓中的文化符号"吴"字，历代相承，不绝如缕。

而作同一时期的文化横向比较，苏州的这一文化现象，对标同为吴文化区域的江南诸城，没有哪个城市能像苏州这样，和"吴"字有着如此紧密的文化联系。

第二节 "吴"字溯源

一、中国早期文字中的"吴"字

这里所说的中国早期文字，主要指目前公认的中国最早的文字——商代甲骨文及其后的商周青铜铭文（又称金文、钟鼎文）等。

（一）商代甲骨文中的"吴"字

"吴"字在商代的甲骨文中已出现，这从高明、涂白奎编著的《古文字类编》一书所列甲骨文"吴"字，可以证实。

上述甲骨文"吴"字出现的时间，《古文字类编》标示为"一期"，即以董作宾的五期划分时代的第一期[1]——商

甲骨文中的"吴"字（录自《古文字类编》）[2]

---

[1] 据高明、涂白奎：《古文字类编》（增订本）一书《旧本序》，每个甲骨文字下均有小字简注，说明其出处和年代。其年代"一期""二期"等，均以董作宾的五期划分时代所指的不同时期。而其余相关年代的"周早""周中""周晚"等分别指西周早期、西周中期、西周晚期等（见该书第2页），以下不另注。

[2] 高明、涂白奎：《古文字类编》（增订本），上海古籍出版社2008年，第245页。

王武丁及其以前的商王盘庚、小辛、小乙时期。而据《夏商周断代工程1996—2000年阶段成果报告》（简本）所列商王盘庚（迁殷后）、小辛、小乙及武丁的具体年代如下表[1]：

商王盘庚、小辛、小乙及武丁年代表

朝代	王	年代（公元前）	年数
商后期	盘庚（迁殷后） 小辛 小乙	1300—1251	50
	武丁	1250—1192	59

由上可知，甲骨文中的"吴"字，其出现年代为公元前1300年至公元前1192年，即距今三千三百年左右。其时，泰伯奔吴事尚未发生，故该字与后世的"勾吴"之"吴"并无关联。

（二）西周青铜器铭文中的"吴"字

上海博物馆编《商周青铜器铭文选》录西周懿王时期的"吴方彝盖"（陈梦家《西周铜器断代》作"乍册吴方彝盖"[2]）铭文十行一百零二个字，其中四处出现"吴"字，分别为："乍册吴入门立中廷"、"王乎（呼）史戍册令吴"、"吴拜首"（陈梦家《西周铜器断代》作"吴拜首稽"[3]）、"吴其世子孙永宝用"。

西周懿王的年代，据《夏商周断代工程1996—2000年阶段成果报告》（简本）为"公元前899年—公元前892年"[4]，距今两千九百多年。而从"吴方彝盖"铭"乍册吴入门立中廷"句来看，陈梦家《西周铜器断代》分析周代康王时的"小盂鼎"时，曾据该器所示门廷之制，为图示意如下：

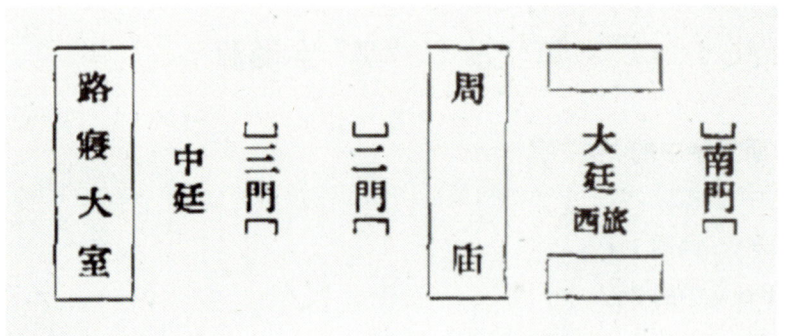

门廷之制示意（录自《西周铜器断代》）[5]

上图中的"路寝"，始见《诗经·鲁颂·閟宫》"路寝孔硕"[6]。《毛传》："路寝，正寝

---

[1]《夏商周年表》，见夏商周断代工程专家组：《夏商周断代工程1996—2000年阶段成果报告》（简本），世界图书出版公司北京公司2000年，第88页。
[2] 陈梦家：《西周铜器断代》，中华书局2004年，第157页。
[3] 陈梦家：《西周铜器断代》，中华书局2004年，第157页。
[4]《夏商周年表》，见夏商周断代工程专家组：《夏商周断代工程1996—2000年阶段成果报告》（简本），世界图书出版公司北京公司2000年，第88页。
[5] 陈梦家：《西周铜器断代》，中华书局2004年，第110页。
[6]《诗经·鲁颂·閟宫》，见《毛诗正义》，北京大学出版社1999年，第1424页。

也。"[1]另,《礼记·玉藻》记曰:"君日出而视之,退适路寝听政。"[2]故"路寝"为帝王"听政"的正殿。

上图标示的"中廷",为靠近帝王听政正殿最近位置的行政机构。《史记·晋世家》有"记勋在王室,藏于盟府"[3]。裴骃《史记集解》引"杜预曰:'盟府,司盟之官也。'"[4]故上述《史记》此条的意思为,(虢仲、虢叔都是王季的儿子,是文王的卿士),他们的功勋都在王室中有记载,收藏在掌管盟约的官员手中。因此,"中廷""盟府"等,或均为掌管、收藏王家档案之类似的行政机构。

故"入门立中廷"的"乍册吴",或指西周懿王时期一位吴氏主管王家档案等类事务的近臣、史官。再联系另三处的"吴"字记载来看,吴方彝盖铭文中的"吴"当指姓氏或氏族、族群的类似于族徽之类的名称代码。该"吴"与时已南奔立国数百年的吴大伯(泰伯)、仲雍等,或无关联。

   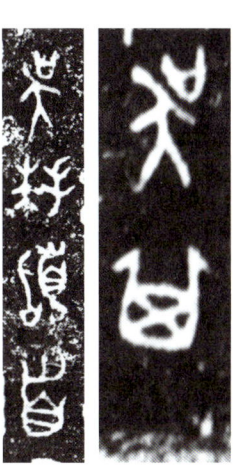

"吴方彝盖"(甲器铭)(左一)及该铭中四处提及"吴"的铭文拓本细部,分别为:"乍册吴入门立中廷"(左二)及其铭文拓本"乍册吴"细部(左三)、"册令吴"细部(左四)、"吴拜首"细部(左五)及"吴其世子孙永宝用"句中的"吴其"细部(右)(录自《商周青铜器铭文选》[5])

二、西周初《诗经》中出现的"吴"字及其字义

我国现存文献中,最早的政事史料汇编,且春秋时已有定本的《尚书》无"吴"字。而"吴"字最早在《诗经》中出现,计两处,分别为《诗经·周颂·丝衣》和《诗经·鲁颂·泮水》。"吴"字字形,"口"在"夨"上,其意即与口发出的声音有关。故《诗经·周颂·丝衣》:"不吴不敖,胡考之休。"[6]毛亨传曰:"吴,哗也。"[7]其意为大声说话。《诗经·鲁颂·泮水》中"不吴不扬"[8]句,"吴"字字义与《诗经·周颂·丝衣》同。

《诗经·周颂》的年代,据程俊英、蒋见元《诗经·前言》指出:"《诗经》是我国第一部诗歌总集,三百零五篇。最早的是《周颂》,创作于西周初期。"[9]因此,《诗经·周颂·丝衣》中的"吴"

---

[1]《毛诗正义》,北京大学出版社1999年,第1424页。
[2]《礼记正义》,北京大学出版社1999年,第879页。
[3]《史记·晋世家》,见司马迁:《史记》,中华书局1959年,第1647页。
[4] 裴骃:《史记集解》,见司马迁:《史记》,中华书局1959年,第1647页。
[5] 上海博物馆:《商周青铜器铭文选》(一),文物出版社1986年,第138页。
[6]《诗经·周颂·丝衣》,见《毛诗正义》,北京大学出版社1999年,第1368页。
[7] 毛亨传,见《毛诗正义》,北京大学出版社1999年,第1368页。
[8]《诗经·鲁颂·泮水》,见《毛诗正义》,北京大学出版社1999年,第1402页。
[9] 程俊英、蒋见元:《诗经·前言》,见《十三经今注今译》,岳麓书社1994年,第235页。

字,其西周初出现时,与时已南奔立国的吴大伯(泰伯)、仲雍及"勾(句)吴"之"吴"等,或无关联。

三、《春秋经》《左传》记载的"吴"字

《春秋经》《左传》多次记载的"吴",依不同语境,或指吴大伯(泰伯、太伯),或指吴国,或指吴国都城"吴"城(后世作吴大城、阖闾城等,即今苏州古城)。

依时间为序,《左传》最早出现"吴"的两处记载,分别为《左传·闵公元年》和《左传·宣公八年》,其义分别指吴大伯和吴国。如下:

"吴大伯"和"大伯"——记载公元前661年史事的《左传·闵公元年》中,士蒍曰:"大子不得立矣,分之都城而位以卿,先为之极,又焉得立。不如逃之,无使罪至。为吴大伯,不亦可乎?"[1]此处记写晋国史事时提及吴国开国先祖吴大伯(即泰伯,太伯)及其在西岐周族部落的旧事。记载年份为公元前661年(鲁闵公元年)。其时,泰伯奔吴已四百余年,但吴国尚未在《春秋经》《左传》的记载中出现。而记载公元前488年(吴夫差八年,鲁哀公七年)史事的《左传·哀公七年》中"大伯端委以治周礼"[2]的"大伯",即《左传·闵公元年》中的吴大伯,均指吴泰伯,又作吴太伯(上述内容,前文已作论及,参见前文)。

"盟吴、越而还"——记载公元前601年史事的《左传·宣公八年》,记载本年(鲁宣公八年,前601)夏天,楚国因为众舒背叛的缘故,攻打舒、蓼这两个小国,并把它们给灭了。楚庄王给他们划定的疆界在到达滑水拐弯的地方。接着,"盟吴、越而还"[3],意即,楚国和吴国、越国结盟后就回去了。此处的"吴",为《左传》同时也为现存文献关于吴国的最早记载。对之,孔颖达疏指出:"《谱》云,吴,姬姓,周太王之子大伯、仲雍之后。大伯、仲雍让其弟季历,而去之荆蛮,自号句吴,句或为工,夷言发声也。"[4]这里,孔颖达一是将春秋时的吴国与商末南奔的泰伯、仲雍做关联;二是指出"自号句吴,句或为工",即指出"句(勾)吴"或为"工吴";三是"句(勾)吴"或"工吴"的音读,均为"夷言发声",即春秋时长江流域"蛮夷"地区的吴方言语音。

"入吴"——前述春秋时期吴国军事力量在外时,越国曾两次偷袭并进入吴国国都内城,其时间分别为吴王阖闾伐楚的公元前505年(吴阖闾十年,鲁定公五年)及吴王夫差与晋国黄池盟会争霸的公元前482年(吴夫差十四年,鲁哀公十三年)。对这两次越国偷袭并攻入吴国都城,《春秋经》《左传》依记载进入某国国都内城的行文惯例,分别四次记载为"入吴"。这里的"吴",指的是春秋吴都"吴"城之内城。

《春秋经》《左传》的四次记载情况,如下:

《春秋经·定公五年》"於越入吴"[5],《左传·定公五年》释之为"越入吴,吴在楚也"[6]。上述三处的"吴",前两处的"入吴"之"吴",指春秋吴都"吴"城之内城;而"吴在楚"之"吴",

---

[1]《左传·闵公元年》,见《春秋左传正义》,北京大学出版社1999年,第304—305页。
[2]《左传·哀公七年》,见《春秋左传正义》,北京大学出版社1999年,第1641页。
[3]《左传·宣公八年》,见《春秋左传正义》,北京大学出版社1999年,第619页。
[4]孔颖达疏,见《春秋左传正义》,北京大学出版社1999年,第619页。
[5]《春秋经·定公五年》,见《春秋左传正义》,北京大学出版社1999年,第1559页。
[6]《左传·定公五年》,见《春秋左传正义》,北京大学出版社1999年,第1559页。

则指吴国军队。

《春秋经·哀公十三年》"於越入吴"[1],《左传·哀公十三年》释之为"越子伐吴……丁亥,入吴"[2]。上述三处"吴",第一处和第三处的"入吴"之"吴",指春秋吴都"吴"城之内城;而第二处的"伐吴"之吴,则指吴国。

四、"吴"字的贬义色彩及吴王寿梦至吴王僚时吴国拒绝接受该字为国号

上述《春秋经》《左传》关于"吴"的记载,其中或与吴国先祖吴大伯,或与春秋吴都"吴"城,或与春秋吴国,或与吴国国君及吴国军队有关。其具体涵义,视语境而定。

而"吴"的字形、字义,如前所述,与口发出的声音有关。"吴,哗也"[3]的字义,即为大声喧哗之意。许慎《说文解字》释为:"吴,大言也。"[4]故"吴"字字义显示出的贬义色彩与雍容典雅相悖。不能排除的是,中原史官们选择此字作为吴国国号,借之表达出对吴国"蛮夷"的鄙视用意。吴国对此的反应,未见诸文献,但表明吴国并不接受这一"吴"字作国号的事实是,自吴王寿梦至吴王僚时,现存吴国青铜器铭文中未出现"吴"字作为吴国国号。吴国国名先后历经"獻""虞""敔"字等,而直至吴王阖闾、夫差时期才出现"吴"字。因此,吴国诸多国号中,"吴"的出现相对较晚,目前出土存世的实物器中,具"吴"字铭文者最早为吴王阖闾时期。而关于吴国国名的演变规律,参见前文并另见本章下文第五节《春秋时期,吴国国号的演变及其序列》。

第三节 文献记载的吴国国号与出土且现存吴器铭文中的吴国国号的文化背离

水网地区的吴地,鱼是自然对土著居民的一大奉献,并由此形成相应的食俗和穿戴习俗。是故,后世"吴"字字义与"鱼"有了密切关联。民国时期的学者卫聚贤,在《吴越释名》一文中指出:"就字形言,吴字即鱼字。""就字音言,吴字即鱼字。""就字义言,吴字即鱼字。"[5]从而将"吴"字与"鱼"字作字形、字音、字义诸方面的联系。而《康熙字典》释"吴"字,引南朝宋学者何承天云:"从口下大,故鱼之大口者名吴。"[6]更将该"吴"作"鱼之大口者"的细化描述。《战国策·赵策二》记载战国时赵武灵王说起历史上已灭亡的吴国是:"黑齿雕题,鳀冠秫缝,大吴之国也。"[7]南宋学者鲍彪注为:"鳀,大鲇,以其皮为冠。"[8]即意指头戴鲇鱼皮制成的帽子,身穿缝纫粗拙的衣服等,为春秋吴国的生活习俗。这里,与"吴"关联的"鱼",则明确指为鲇鱼。

---

[1]《春秋经·哀公十三年》,见《春秋左传正义》,北京大学出版社1999年,第1669页。
[2]《左传·哀公十三年》,见《春秋左传正义》,北京大学出版社1999年,第1670页。
[3] 毛亨传,见《毛诗正义》,北京大学出版社1999年,第1368页。
[4] 许慎:《说文解字》,见汤可敬:《说文解字今释》,岳麓书社1997年,第1413页。
[5] 卫聚贤:《吴越释名》,见吴越史地研究会编:《吴越文化论丛》,江苏研究社1937年,第1—3页。
[6]《康熙字典》,中华书局1958年,第179页。
[7] 王守谦、喻芳葵、王月春、李烨泽注:《战国策全译》,贵州人民出版社1992年,第549页。
[8] 王守谦、喻芳葵、王月春、李烨泽注:《战国策全译》,贵州人民出版社1992年,第551页。

而关于"吴"的字音即音读,前述西周初《诗经·周颂·丝衣》中"不吴不敖,胡考之休"[1]及《诗经·鲁颂·泮水》中"不吴不扬"[2]中的"吴",均系周王室及其分支鲁国王室歌颂祖先功德的宗庙祭祀诗,其发声当为北方语音,而与前引孔颖达疏所说的"自号句吴,句或为工,夷言发声也"[3]中的"夷言发声"无关。

《左传·哀公十二年》记载中原地区的卫出公"效夷言"[4],即卫出公学讲吴地方言的故事,证实了春秋时被中原列国视为"夷言"的吴地方言的客观存在。

关于"夷言发声",除上引唐孔颖达疏提及外,唐司马贞《史记索隐》注《史记·吴太伯世家》"太伯之奔荆蛮,自号句吴"[5]时亦指出,唐"颜师古注《汉书》,以吴言'句'者,夷语之发声"[6]。元高德基《平江记事》也指出:"太伯有国,自号句吴。说者云:'句,语辞,吴音也'。"[7]

这里,唐代学者孔颖达、颜师古都在不同时期、不同场合指出"夷言发声"和"夷语之发声"的同一论题。而元代学者高德基则将"夷言""夷语"与"吴音"直接相连。且孔颖达所说"自号句吴,句或为工",即指出了与"工"搭配、组合的"夷言发声"之字、词。而这些字、词,即为现存吴国青铜器铭文中的"工䵣""工虞"等。

"䵣""虞"二字,前字较后字右侧多个"攵"。攵,同"攴"。《广韵·入屋》:"攴,击也。凡从攴者作攵。"[8]《说文·攴部》:"攴,小击也。"[9]故"䵣"较"虞",似更强调"击"的动作行为。现存吴国青铜器铭文中,"工"亦作"攻",后字较前字右侧亦是多个"攵",故"攻"较"工",其意亦是强调"击"的动作行为。故上述"工䵣""工虞"等,亦组合并等同成现存吴国青铜器中存在的"攻虞"等词。

这里,先将"工""攻"释义如下:

工:擅长,善于。《论语·卫灵公》记载孔子的话说:"工欲善其事,必先利其器。"[10]个中"工",即此。

攻:巧于,善于。《尔雅·释诂》曰:"攻,善也。"[11]故"攻""工"二字通借,字义相同或相近。

现存吴国青铜器铭文中的"工䵣""工虞",既与泰伯南奔前的江南新石器时期及其后的诸文化(指马家浜、崧泽、良渚及马桥等文化时期)及泰伯南奔后的历代吴王执政时期的这一地区自称为擅长捕鱼的族群或国度有关,也与孔颖达、颜师古所说的"夷言发声""夷语之发声"的字音有关。

---

[1]《诗经·周颂·丝衣》,见《毛诗正义》,北京大学出版社1999年,第1368页。
[2]《诗经·鲁颂·泮水》,见《毛诗正义》,北京大学出版社1999年,第1402页。
[3] 孔颖达疏,见《春秋左传正义》,北京大学出版社1999年,第619页。
[4]《左传·哀公十二年》,见《春秋左传正义》,北京大学出版社1999年,第1667页。
[5]《史记·吴太伯世家》,见司马迁:《史记》,中华书局1959年,第1445页。
[6] 司马贞:《史记索隐》,见司马迁:《史记》,中华书局1959年,第1446页。
[7] 高德基:《平江记事》,见杨循吉等著、陈其弟点校:《吴中小志丛刊》,广陵书社2004年,第25页。
[8]《广韵·入屋》,见罗竹风:《汉语大词典》第五卷,汉语大词典出版社1990年,第380页。
[9]《说文·攴部》,见罗竹风:《汉语大词典》第五卷,汉语大词典出版社1990年,第380页。
[10]《论语·卫灵公》,见《论语注疏》,北京大学出版社1999年,第210页。
[11]《尔雅注疏》,北京大学出版社1999年,第12页。

一、文献记载的吴国国号"吴"与现存吴器吴国国号铭文"虞"的文化背离

从现存吴国青铜器铭文出现的时间来看,先出现者为"工𢼸"。其现存实物器分别为:十九世吴王寿梦前、铭文出现吴国国号"工𢼸"的"者减钟"以及十九世吴王寿梦时期,寿梦为其大子(太子)诸樊所铸"工𢼸太子姑发晋反剑",寿梦为其四子季札所铸"工𢼸季生匜"。因甲骨文中已出现"虞"字及该字异体的"𢼸"字,二字实为同一字。故下文即从甲骨文中已出现的"虞"字先作论述。

(一)"虞"字与"鱼"字、"虎"字及其出现年代

甲骨文中的"虞"字字形,从虎从鱼。据高明、涂白奎编著的《古文字类编》一书所录,该字字形如右图:

上述"虞"字出现的年代,据《古文字类编》标示,如同前文的"吴"字一样,亦为董作宾的五期划分时代的第一期。故其出现(含使用)年代,亦为公元前1300年至公元前1192年,即距今3300年左右。这说明,在同一时期内,"吴"与"虞"为同时存在且相互关联情况不明确的两个字。

又,高明、涂白奎编著的《古文字类编》关于"鱼"字的甲骨文字如下图:

甲骨文中的"虞"字摹本(录自《古文字类编》)[1]

甲骨文中的"鱼"字摹本(录自《古文字类编》)[2]

上文《古文字类编》中的"虞"字的结构,上为"虎"而下为"鱼"。而据商承祚《甲骨文字研究》所录,甲骨文中的"虎"字如下图:

甲骨文中的"虎"字摹本(录自《甲骨文字研究》)[3]

---

[1]高明、涂白奎:《古文字类编》(增订本),上海古籍出版社2008年,第1262页。
[2]高明、涂白奎:《古文字类编》(增订本),上海古籍出版社2008年,第1404页。
[3]商承祚:《甲骨文字研究》,天津古籍出版社2008年,第93、124页。

甲骨文中的"虎"除象形外,虎的身体亦呈现出渐趋简化的现象,但不管是象形或是身体线条渐趋简化,其夸张性张开的大口,却未改变。

由此可知:甲骨文中的"虗"字,上部取"虎"张开大口之态,下部取"鱼",合之而作象形、表意。甲骨文中的"虗"字的这一造字特点,为其后吴国青铜器铭文"虗"字所继承,而其"夷言发声"所指的吴方言语音,又与"鱼"字有着联系。

关于"虗"字,须指出以下两点:

其一,现存文献无"虗"字。关于"虗"字,清《康熙字典》及现今《汉语大字典》《汉语大词典》等均未见该字。上述《古文字类编》所录,为商代时甲骨文出现,后延伸至青铜器铭文。其后,此字或被与之有关联的"鯱"字替代,故"鯱"字留存,而"虗"字湮灭。现存古代文献中已无"虗"字。另,《康熙字典》"鱼"部有"䱱"字,音注与释义为"音鱼,与鯱同"[1]。

其二,"虗"字的文字学意义:"虍"头下的"鱼"——鮎鱼。"虗"字从鱼,即与"鱼"有关;而从"虍"头,亦指此鱼外形、习性等颇类动物中的虎。如前文所引《战国策·赵策二》"鲲冠秫缝,大吴之国也"[2]的记载及东汉鲍彪注释可知,该鱼为江南地区常见的鮎鱼。而明代黄省曾《鱼经·法》曰:"鮎鱼者,鯟鱼也,即鲲鱼也,大首方口,背青黑而无鳞,是多涎。"[3]故鮎鱼外形为上引《鱼经·法》所说的"大首方口",即头大、口(嘴)大及利于吞噬其他鱼类。正是鮎鱼这一"大首方口"的外形及其习性,与同出于江南地区的其他生性凶猛且亦食其他鱼类的黑鱼(乌鳢)、鳜鱼(民间依其音"guì"而讹称为"桂鱼")等在外形上有了区分。也正是这一"大首方口",使其成为鱼类"丛林"中的"虎"。从汉字的象形、会意造字的角度看,"虗"字无疑是将"虍""鱼"这两个字根组合起来,衍生出新的含义。

古代太湖流域以"虗"称之的鮎鱼(也作鲶鱼)。当今管理学界的"鮎鱼效应"即与该鱼有关。所谓"鮎鱼效应",指沙丁鱼在运输过程中,常因该鱼生性不动而缺氧窒息死亡。其后,人们为了让这些沙丁鱼动起来,故特意在装满沙丁鱼的鱼槽里放进了一条以鱼为主要食物的鮎鱼。鮎鱼进入鱼槽后,四处游动而觅食沙丁鱼。沙丁鱼见了鮎鱼,四处躲避,从而加速了游动。就这样,沙丁鱼运输过程中因缺氧死亡的问题迎刃而解,存活率大大增加。这就是"鮎鱼效应"。管理学上引申为鮎鱼在搅动小鱼生存环境的同时,也激活了小鱼的求生能力。这一"鮎鱼效应",从另一侧面说明鮎鱼在鱼类中如"虎"般的习性和地位。

鮎鱼是鱼类中的"虎"。古代太湖流域,这种体型巨大的鮎鱼,正是古代江南先民的渔食对象,且其皮亦可为人们的衣冠。正是鮎鱼的外形、习性,古人以象形、会意的造字方法创造出了这一"虗"字。

有着浓烈江南水乡特色的"虗"字在商代中原地区的甲骨文中出现,从另一方面证实,商代或商代以前,中国长江流域与黄河流域的文化交流,或有着今人未知的沟通方式和沟通渠道,而文

---

[1]《康熙字典》,中华书局1958年,第1466页。
[2] 王守谦、喻芳葵、王月春、李烨泽注:《战国策全译》,贵州人民出版社1992年,第549页。
[3] 黄省曾:《鱼经·法》,见罗竹风:《汉语大词典》第十二卷,汉语大词典出版社1993年,第1246页。

字的交流则显示了这一沟通的密切程度。不过此类交流，因未有文字记载而不为后世所知。

另须指出的是，继甲骨文中"虞"字出现后，在西周早期及西周晚期的青铜器上，都出现了被学者们释为"虞"字的青铜器铭文。该"虞"字的释义，或与其后吴国青铜器铭文中的"虞"字释义并不相同，或有着其他的含义。

（二）春秋时期，吴国以"虞"字铭文为国号的青铜器实例

具"虞"字铭文的吴国青铜器，前文不同章节，已作介绍（相关详情，参见前文）。本章节谨从其涉及的吴国国号角度，对具上述铭文的出土实物器或有著录的传世器等实物遗存的相关铭文予以爬梳、整理，

西周时期青铜器铭文中的"虞"字摹本（录自《古文字类编》）[1]

且罗列者谨为其中相关遗存的部分，而非全部。所列诸器的出土信息（时间、地点等）及涉及且重点关注者为相关吴国国号的铭文（下文涉及的具"敔""敽"等铭文者的青铜器实例亦是，不另说明），如下：

1.山东沂水出土的吴王诸樊用器"工虞王剑"铭文"工虞王"图片

工虞王剑，1983年1月在山东沂水县诸葛公社北坪子春秋晚期墓出土。而从该器铭文图片可知，其铭文为"工虞王"等。

2.江苏六合程桥出土的吴王馀祭用器"工虞大叔盘"铭文"工虞大叔"拓本、摹本

"工虞大叔盘"，1988年出土于江苏省六合县程桥东周三号墓。曹锦炎《吴王寿梦之子剑铭文考释》一文中以加注形式指出说："工敔大叔之称见程桥三号墓出土的盘铭，原作'工虞'，器主为馀祭，做于诸樊为王之时。因其是诸樊首弟，故称'大叔'。"[2]而从该器铭文拓本、摹本可知，该器铭文为"工虞大叔"。

3.湖北谷城出土的吴王馀祭剑铭文"攻虞王"拓本、摹本

吴王馀祭剑，1988年7月下旬，湖北省谷城博物馆在该县城关镇征集。"剑身近格处有两行竖排铭文，共12字，为'工虞王敔敽此郘（邻）'自乍（作）元用鐱（剑）。"[3]该剑剑主，为吴王馀祭。

4.山西榆社出土的"工虞季子剑"（即季札剑）铭文"工虞王"（指吴王诸樊）拓本、摹本

1985年8月，山西省晋中市下辖的榆社县出土一柄诸樊时期所铸的季札剑——"工虞季子剑"，剑身后半部一面有铭文2行24字。曹锦炎释文为："工虞王姑癹（發）晉反之弟季子者（？）尚受余毕（厥）司金。吕（以）乍（作）其元用鐱（剑）。"[4]

---

[1] 高明、涂白奎：《古文字类编》（增订本），上海古籍出版社2008年，第1262页。
[2] 曹锦炎：《吴王寿梦之子剑铭文考释》，《文物》2005年第2期。
[3] 陈千万：《湖北谷城县出土"攻虞王敔敽此郘（邻）剑"》，《考古》2000年第4期。
[4] 曹锦炎：《吴季子剑铭文考释》，《东南文化》1990年第4期。

上述吴国青铜器涉及且与吴国国号有关的铭文"工(攻)虑王"局部的图片、拓本或摹本等,自左至右,如下图:

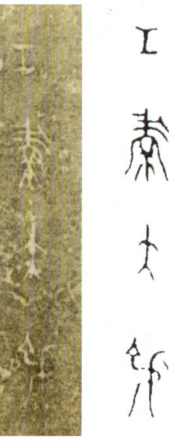

山东沂水出土的"工虑王剑"铭文中的"工虑王"细部图片(左一)(吴恩培摄)、江苏六合程桥出土的"工虑大叔盘"铭文中的"工虑大叔"拓本细部(左二)及摹本(左三)(录自《江苏六合程桥东周三号墓》[1])、湖北谷城出土的吴王馀祭剑的铭文"攻虑王"拓本细部(左四)(录自《湖北谷城县出土"攻虑王叡戗此鄐(鄁)"剑》[2])以及山西榆社出土的"工虑季子剑"(即季札剑)铭文"工虑王"拓本细部(右)(录自《山西榆社出土一件吴王胐发剑》[3])

5.河南安阳汤阴出土的吴王诸樊用器"工虑王剑"铭文"工虑王"拓本、摹本

为配合国家南水北调中线工程的后续项目建设,2017年至今,安阳市文物考古研究所对汤阴县姜河墓地进行考古发掘。吴王诸樊剑即出土于姜河东周墓地1号墓(M1)。该剑剑身"两侧各有竖排一行14字铭文,共28字"[4],宋振豪释作:"工戲王姑發者反自乍元用巳(祀)用冢(剑),獲,莫敢御余(带重文符,为两个余字)。(余)處江之陽,台(以)北南西行。"[5]曹锦炎释作:"工虑王姑發者坂自乍(作)元用巳(祀),用云隻(獲),莫敢御余=(余。余)處江之陽,台(以)北南西行。"[6]

6.安徽六安九里沟出土的吴王诸樊用器"吴王诸樊戈"铭文"工虑王"图片及摹本

吴王诸樊戈,1995年7月11日出土于安徽六安市九里沟第一轮窑厂(简称一窑厂)41号墓。该戈穿胡侧上铸铭文十一字:"工(攻)虑(吴)王姑发者(诸)坂(樊)自乍(作)元用。"[7]

7.湖北襄樊襄北农场新生砖瓦厂发现的"攻虑王之子曹鮄剑"铭文"工虑王"拓本及摹本

1982年6月,在时为襄樊市襄北农场新生砖瓦厂发现。"在剑身的后半部脊两边从上刻有铭文2行17字,右行8字,左行9字,释文为:攻虑王姑发发郳之子曹口众飞员自乍元用。"[8]

上述吴国青铜器涉及且与吴国国号有关的铭文"工(攻)虑王"局部的图片、拓本或摹本等,自左至右,如下图:

---

[1] 南京市博物馆、六合县文教局:《江苏六合程桥东周三号墓》(整理执笔:陈兆善),《东南文化》1991年第1期。
[2] 陈千万:《湖北谷城县出土"攻虑王叡戗此鄐(鄁)"剑》,《考古》2000年第4期。
[3] 晋华:《山西榆社出土一件吴王胐发剑》,《文物》1990年第2期。
[4] 安阳文物考古研究所:《河南汤阴姜河东周墓地M1发掘简报》,《考古发现》2019年第4期。
[5] 安阳文物考古研究所:《河南汤阴姜河东周墓地M1发掘简报》,《考古发现》2019年第4期。
[6] 曹锦炎:《河南汤阴新发现吴王诸樊剑考》,《考古与文物研究》2019年第6期。
[7] 冯志余、许玲:《六安市出土"吴王诸樊戈"》,《文物研究》第13辑,黄山书社2001年,第320页。
[8] 朱俊英、刘信芳:《攻虑王之子姑发郳之子曹鮄剑铭文简介》,《文物》1998年第6期。

上述江苏六合程桥出土的"工䖑大叔盘"铭文中的"工䖑"字及前文所说1984年江苏丹徒北山顶春秋墓出土、南京博物院藏的"工䖑矛"铭文中的"工䖑"字,高明、涂白奎《古文字类编》的摹本与前引"工䖑大叔盘"铭文中的"䖑"字摹本基本相同,而与《大邦之梦——吴越楚青铜器》所录"工䖑矛"铭文中的"䖑"字摹本相异。其因,或与该器铭文锈蚀而难以辨识有关。

现将上述前引江苏六合程桥出土"工䖑大叔盘"铭文中的"䖑"字摹本及《大邦之梦——吴越楚青铜器》所录江苏丹徒北山顶春秋墓出土、南京博物院藏的"工䖑矛"铭文摹本与《古文字类编》摹本,对照列于右:

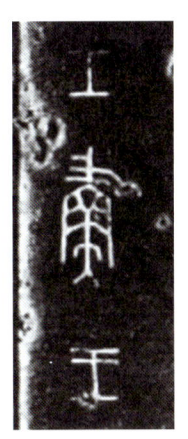

河南安阳汤阴羑河出土的吴王诸樊用器"工䖑王"剑铭文"工䖑王"拓本细部(左一)及其摹本细部(左二)(录自《河南汤阴新发现吴王诸樊剑考》[1])及苏州博物馆"大邦之梦——吴越楚青铜器特展"展出安徽六安九里沟窑厂M41出土"吴王诸樊戈"时的该器铭文"工䖑王"细部图片(左三)(吴恩培摄)及其摹本细部(左四)(录自《大邦之梦——吴越楚青铜器》[2])以及湖北襄樊襄北农场新生砖瓦厂发现的吴王诸樊之子"曹鲂众飞"剑铭文"工䖑王"拓本细部(右)(录自《攻䖑王之子姑发邥之子曹鲂剑铭文简介》[3])

江苏六合程桥出土的"工䖑大叔盘"铭文中的"䖑"字摹本细部(左一)(录自《江苏六合程桥东周三号墓》[4])及《古文字类编》的"工䖑大叔盘"铭文中的"䖑"字摹本细部(左二)(录自《古文字类编》[5]),江苏丹徒北山顶春秋墓出土、南京博物院藏的"工䖑矛"铭文中的"䖑"字摹本全文(左三)及该"䖑"字摹本细部(左四)(录自《大邦之梦——吴越楚青铜器》[6])以及《古文字类编》的"工䖑矛"铭文中的"䖑"字摹本细部(右)(录自《古文字类编》[7])

二、文献记载的吴国号"吴"与现存吴器吴国号铭文"䖒"的文化背离

(一)文献中的"䖒"字及其释义

先秦文献中出现"䖒"字并流传至今。《周礼·天官·叙》记载:"䖒人,中士二人,下士四人。"[8]汉郑玄注:"䖒,音鱼,本又作鱼,亦作,同,音御。"[9]郑玄这里所说"䖒,音鱼,本又

---

[1] 曹锦炎:《河南汤阴新发现吴王诸樊剑考》,《考古与文物研究》2019年第6期。
[2] 苏州博物馆:《大邦之梦——吴越楚青铜器》,上海古籍出版社2017年,第35页。
[3] 朱俊英、刘信芳:《攻䖑王之子姑发邥之子曹鲂剑铭文简介》,《文物》1998年第6期。
[4] 南京市博物馆、六合县文教局:《江苏六合程桥东周三号墓》(整理执笔:陈兆善),《东南文化》1991年第1期。
[5] 高明、涂白奎:《古文字类编》(增订本),上海古籍出版社2008年,第1262页。
[6] 苏州博物馆:《大邦之梦——吴越楚青铜器》,上海古籍出版社2017年,第55页。
[7] 高明、涂白奎:《古文字类编》(增订本),上海古籍出版社2008年,第1262页。
[8] 《周礼·天官·叙》,见《周礼注疏》,北京大学出版社1999年,第11页。
[9] 郑玄注,见《周礼注疏》,北京大学出版社1999年,第11页。

作鱼"，即指其字义与"鱼"有关。《周礼·天官冢宰·䱷人》篇记载："䱷人掌以时䱷为梁。春献王鲔。辨鱼物，为鲜薧，以共王膳羞。凡祭祀、宾客、丧纪，共其鱼之鲜薧。凡䱷者，掌其政令。凡䱷征，入于玉府。"[1] 意为䱷人掌管按照一定的季节捕鱼，修筑鱼梁。春季进献大鲔鱼。辨别各种鱼的名称和性状，用鲜鱼或制成的干鱼，以供给王膳食。凡祭祀、款待宾客和丧事，供给所需的鲜鱼和干鱼。凡捕鱼的，为其掌管有关政令。凡所征收的渔业税，交入玉府。由此可见，"䱷人"即为朝廷掌管渔政，并保障渔产资源，协助征收渔人税赋的小官。

另，《康熙字典》释"䱷"为："音鱼，同渔。"[2] 故"䱷"字字义本同"鱼"，后扩展到"渔"，从而表明先秦时太湖流域特指鲇鱼的"虞""䱷"字，其在古代文献中的字义从上引郑玄注的"本又作鱼"[3] 扩展到了整个鱼类。

前引《康熙字典》收录的"鮌"字，音注与释义为："音鱼，与䱷同。"[4] 不排除该字或为"䱷"字变体。

而"虞""䱷"字的南北差异，不在于字义而在于"音鱼"的字音，即吴方言语音与北方语音这两个不同语音系统在"鱼"字上的发音差异。这也是蒙文通《越史丛考》在论及"吴、越"等"都是比较特殊的方言"（罗常培、周祖谟《汉魏晋南北朝韵部演变研究》）时所说："此类'特殊方言'之形成，正以其地原为少数民族居住区之故。此种特殊方言实为该地区原住少数民族语言之遗存。"[5]

（二）春秋时期，吴国以"䱷"字为国号的青铜器铭文实例

前述，现存具"䱷"字铭文的出土吴国青铜器有三，分别为：十九世吴王寿梦前、铭文具吴国国号"工䱷"的"者减钟"及十九世吴王寿梦时期，寿梦为其太子诸樊所铸"工䱷太子姑发昝反剑"以及为其四子季札所铸"工䱷季生匜"。

现分述如下：

1.出土于临江（清江西清江县、今江西宜春樟树市）的"者减钟"铭文拓本

关于者减钟，董楚平《吴越徐舒金文集释》指出："此编钟最初著录于《西清续鉴》甲编第十七卷。据《西甲》（即《西清续鉴》甲编）记载：'乾隆二十有六年（1761），临江民耕地，得古钟十一。大吏具奏以进。'临江即今江西省清江县。清廷于西宛建'韵古堂'藏之。后散失于英法联军之役。今犹存实物四件。北京故宫博物院与上海博物馆各收藏一件，台北的中央博物院、故宫博物院各藏一件。……上海博物馆所藏的一件……铭文如下：'隹正月初吉丁亥，工䱷王皮難之子者减自（瑶）钟，子子孙孙，永保用之。'第三行'自'下当缺'乍'字。"[6] 铭文大意为，某年正月丁亥日这个好日子，工䱷王皮難之子者减自作了这口钟，愿子子孙孙，永远保存而使用下去。该器出土处，清代为临江府清江县，今为江西宜春市下属樟树市。

高明、涂白奎所著《古文字类编》一书，将者减钟铭文"䱷"字列入"虞"类字中。同时，学者们

---

[1]《周礼·天官冢宰·䱷人》，见《周礼注疏》，北京大学出版社1999年，第102—103页。
[2]《康熙字典》，中华书局1958年，第1475页。
[3] 郑玄注，见《周礼注疏》，北京大学出版社1999年，第11页。
[4]《康熙字典》，中华书局1958年，第1466页。
[5] 蒙文通：《越史丛考》，人民出版社1983年，第17页。
[6] 董楚平：《吴越徐舒金文集释》，浙江古籍出版社1992年，第26—29页。

注意到者减钟铭文"工𠉂王皮𩦮"对文献记载所具有的"补正"作用。马承源《关于翠生盨和者减钟的几点意见》一文指出："《史记》云：'去齐卒，子寿梦立。寿梦立而吴始益大称王。'于是从寿梦开始以后的诸王，《史记》中正式冠以王字，如王寿梦、王诸樊、王余祭等。但是《史记》以为吴自寿梦始称王，这一点是和铭文相抵触的。铭文称'工𠉂王'，工𠉂即句吴，皮𩦮称王，早于寿梦二世。"[1]

上述，上海博物馆藏"者减钟二"拓本及其铭文局部"工𠉂"及高明、涂白奎所著《古文字类编》将之列入"虞"类字中的摹字，如右：

上海博物馆藏"者减钟二"拓本（左）及其铭文细部"工𠉂"（中）（录自《商周青铜器铭文选》[2]）以及《古文字类编》所录者减钟铭文中的"𠉂"字摹本（右）（录自《古文字类编》[3]）

2.安徽淮南出土的"工𠉂太子姑发𦣞反剑"铭文拓本、摹本

1959年安徽淮南市蔡家岗2号墓出土的"工𠉂太子姑发𦣞反剑"，剑身具"工𠉂大子姑发𦣞反，自作元用"[4]等铭文。安徽省博物馆展出该剑时，将其命名为"吴太子诸樊剑"，上海博物馆编《商周青铜器铭文选》将之命名为"工𠉂太子姑发𦣞反剑"，董楚平《吴越徐舒金文集释》则称此剑为"工𠉂太子姑发剑"，并指出："此剑出土，说明'诸樊'是'姑发𦣞反'四字的缩写……公元前五六一年寿梦卒，次年诸樊即位，此剑作于即位前。"[5]由此可知，该具"工𠉂"铭文的剑，制作于寿梦时期，为吴王寿梦为其太子诸樊所铸。

上述"工𠉂太子姑发𦣞反剑"的不同命名及其铭文拓本、摹本图片，自左至右，如右图：

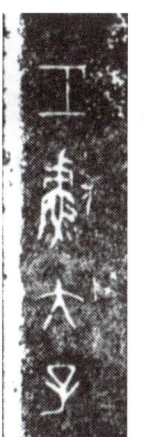

安徽淮南出土剑，或命名为"工𠉂太子姑发𦣞反剑"（左一）（录自《商周青铜器铭文选》[6]），或命名为"工𠉂太子姑发剑"（左二）（录自《吴越徐舒金文集释》[7]）及该剑铭文"工𠉂大（太）子"拓本细部（左三）（录自《安徽淮南市蔡家岗赵家孤堆战国墓》[8]）及其摹本细部（右）（录自《吴越徐舒金文集释》[9]）

---

[1] 马承源：《关于翠生盨和者减钟的几点意见》，《考古》1979年第1期。
[2] 上海博物馆：《商周青铜器铭文选》（二），文物出版社1987年，第334页。
[3] 高明、涂白奎：《古文字类编》（增订本），上海古籍出版社2008年，第1262页。
[4] 董楚平：《吴越徐舒金文集释》，浙江古籍出版社1992年，第90页。
[5] 董楚平：《吴越徐舒金文集释》，浙江古籍出版社1992年，第89—91页。
[6] 上海博物馆：《商周青铜器铭文选》（二），文物出版社1987年，第334页。
[7] 董楚平：《吴越徐舒金文集释》，浙江古籍出版社1992年，第90页。
[8] 安徽省文化局文物工作队：《安徽淮南市蔡家岗赵家孤堆战国墓》（执笔者：马道阔），《考古》1963年第4期。
[9] 董楚平：《吴越徐舒金文集释》，浙江古籍出版社1992年，第90页。

3.出土于江苏淮安盱眙县的"工獻季生匜"展出时的拍摄图片及其铭文拓本、摹本

"工獻季生匜",1985年出土于江苏淮安盱眙县。该器内底有竖行铭文九字"工獻季生乍(作)其盥会匜",展出时该器名为"工吴季生匜"。本器与前述"工獻太子姑发晋反剑"一样,亦当为吴王寿梦时期所铸造。而含有"工獻"铭文的吴国青铜器,除乾隆年间出土于江西的"者减钟"以及前述"工獻太子姑发晋反剑"(吴太子诸樊剑)外,另即为本器——"工獻季生匜"。

关于本器器主即铭文中的"季生",已有学者指出:"此器为吴国公子季札所作。"[1]而铭文中称季札为"季生",则为寿梦时受中原文化的影响所致。春秋时期中原列国的王室成员如太子、世子、公子等以"生"称之者,并非个案,如晋献公大子(太子)、世子名"申生"[2],谋杀鲁桓公后被处死的为齐国"公子彭生"[3],齐景公之子、后成为齐悼公者为"公子阳生"[4]等。不仅如此,甚至连东周王室也有"王叔陈生"[5]。故与中原列国建立联系后的吴王寿梦,为其四子季札做器铸铭时,依中原列国习惯称公子季札为"季生",实是效法中原的礼节和称呼。而从"季生"之"季"在兄弟"伯(孟)、仲、叔、季"的长幼顺序来看,《仪礼·士冠礼》记载的"……曰伯某甫。'仲、叔、季,唯其所当"[6]句,汉郑玄注:"伯、仲、叔、季,长幼之称。"[7]唐贾公彦则疏曰:"言'伯、仲、叔、季'者,是长幼次第之称。若兄弟四人,则依次称之。"[8]因此,"季生"之"季",既与季札的排行第四相吻合,又与"季札"之"季"相重合。吴王寿梦极为宠爱季札,以致去世前因"季札贤,寿梦欲立之"[9]。此举遭季札以礼制为由而拒绝,寿梦不得已将王位传于嫡长子诸樊时,"寿梦乃命诸樊曰:'我欲传国及札,尔无忘寡人之言。'"[10]意为我想把王位传给季札,你不要忘了我说的话。而《吴越春秋》的上述记载,也得到《左传》的印证。据《左传·襄公十四年》记载:"吴子诸樊既除丧,将立季札。"[11]意即吴王诸樊主持办了寿梦的丧事后,就想立季札为吴王,从而把王位传到季札手中。因此,寿梦生前,能满足由寿梦为之铸器而又排行第四称为"季生"者,除季札外,并无他人。故"工獻季生匜"器主"季生",非季札莫属。而"工獻"之义,与"工獻太子姑发反剑"中的"工獻"相同,均为吴国国号,并以之代指吴王寿梦。

寿梦后的诸樊时期,吴王诸樊为其弟季札所铸"工虞季子剑"(1985年山西榆社出土),有学者释读其剑铭为:"工虞王姑发晋反之弟季子者。"[12]此处"工虞王"指吴王诸樊。其义同"工獻"王的寿梦。而"工獻""工虞",则为不同时期的吴王(指寿梦与诸樊)在不同时期所采用的字形不同,但意义相同的吴国国号。

---

[1] 王秀英:《春秋时期吴国公子季生作铜匜》,《收藏快报》(福建日报报业集团主管)第7期(2014.2.19)。
[2]《左传·庄公二十八年》,见《春秋左传正义》,北京大学出版社1999年,第336页。
[3]《左传·桓公十八年》,见《春秋左传正义》,北京大学出版社1999年,第213页。
[4]《左传·哀公五年》,见《春秋左传正义》,北京大学出版社1999年,第1632页。
[5]《左传·襄公五年》,见《春秋左传正义》,北京大学出版社1999年,第843页。
[6]《仪礼·士冠礼》,见《仪礼注疏》,北京大学出版社1999年,第51页。
[7] 郑玄注,见《仪礼注疏》,北京大学出版社1999年,第51页。
[8] 贾公彦疏,见《仪礼注疏》,北京大学出版社1999年,第51—52页。
[9] 赵晔:《吴越春秋》,江苏古籍出版社1986年,第7页。
[10] 赵晔:《吴越春秋》,江苏古籍出版社1986年,第7页。
[11]《春秋左传正义》,北京大学出版社1999年,第919页。
[12] 曹锦炎:《吴季子剑铭文考释》,《东南文化》1990年第4期。

"工𠂤季生匜"出土于盱眙，当为春秋时吴国在盱眙附近进行某一外交活动并作宴前洗手用的礼器而后遗留。这一推测与《春秋经·襄公五年》"仲孙蔑、卫孙林父会吴于善道"[1]的记载并与杨伯峻《春秋左传注》注释的"善道，今江苏省盱眙县北"[2]的地望吻合，从而为该器在盱眙出土，提供了证实其内在逻辑关系的确凿文献记载。

必须指出的是，"善道会吴"时的"季生"即季札，其时也只是个八九岁的少年。这是因为，距"善道会吴"八十余年后，楚国子期（公子结）进攻陈国，"吴延州来季子救陈"[3]，即吴国由季札领兵救陈（相关情况，另参前文）。杜预匡算"救陈"时季札的年龄说："寿梦卒，季子已能让国，年当十五六，至今盖九十余。"[4] 故按杜预推算，寿梦卒年的鲁襄公十二年（吴寿梦二十五年，前561）时，季札"年当十五六"。而由此倒溯七年至鲁襄公五年（吴寿梦十八年，前568）的"善道会吴"时，季札只是个八九岁的少年。尽管舐犊情深式的宠爱并不会影响寿梦为其少年之子季札铸"工𠂤季生匜"，而对八九岁孩子以"工𠂤季生"的铭文称之，正体现了寿梦希望其早日长大的精神情怀。

苏州博物馆"大邦之梦——吴越楚青铜器特展"时展出的"工𠂤季生匜"（左）及展出时将该器称为"工吴季生匜"的展板，展板的内容另有该器内底竖行铭文九字铭文"工𠂤季生作(作)其盥会匜"的铭文拓本、摹本及其释文"工吴季生作其盥会匜"（中）及该展板的摹本"工𠂤季生"细部（右）（吴恩培摄）

  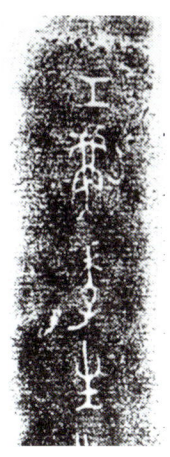

"工𠂤季生匜"器内底竖行铭文图片（左）及该铭文图片中"工𠂤季生"细部（中）（吴恩培摄），以及该器铭文拓本中的"工𠂤季生"细部（右）（录自《盱眙县王庄出土春秋吴国铜匜》[5]）

（三）"𠂤"字为"虘"字的变体，二字为同一字

前述商代时已出现甲骨文中的"虘"字，故其后出现的金文"𠂤"字或既是从甲骨文"虘"字

---

[1]《春秋左传正义》，北京大学出版社1999年，第842页。
[2] 杨伯峻：《春秋左传注》（修订本），中华书局1990年，第941页。
[3]《春秋左传正义》，北京大学出版社1999年，第1654页。
[4] 杜预：《春秋经传集解》，上海古籍出版社1978年，第1767页。
[5] 秦士芝：《盱眙县王庄出土春秋吴国铜匜》，《文物》1988年第9期。

变化而来，同时亦为"虗"字的变体。且"虗""鱻"二字字义相同，故春秋时期此二字当为同一个字。而从汉字形声的角度看，"虗"字音读，与该字以特定形状"鱼"这一字根的音读有着联系，而"鱻"字音读也当与"虗"字相同。由于"虗"字后世在文献中消失，故下文论述上述二字音读即字音时，以"鱻"字作论述对象（前引《康熙字典》收录的"鲹"字为"鱻"字变体，不另涉及）。

（四）"夷言发声"与"因音通假"

前文引《康熙字典》释"鱻"为"音鱼，同渔"[1]，又引郑玄注《周礼·天官·叙》"鱻人"时说"鱻，音鱼，本又作鱼，亦作鲹，同，音御"[2]。所有这些，即如前所述，"鱻"字的南北差异，不在于字义而在于"音鱼"的字音，即涉及"鱼"字在北方语音及吴方言语音这两个不同语音系统的发音差异。

"鱼"字，北方语音的音读为yú音，且如东汉学者郑玄所说"同，音御"。而前文引蒙文通等学者所说的"特殊方言"即吴方言中"鱼"的音读，显然与北方语音有较大差异。元代学者高德基《平江记事》指出元代时的情况说："今吴中吴氏甚多，而语音呼'鱼'为'吴'，卒以横山下古'吴城'为'鱼城'。方言以讹传讹有如是者。"[3]高德基所批评的"以讹传讹"的"方言"，却也透露出元代时"吴中"（即苏州）民间中"语音呼'鱼'为'吴'"的情况。对此，当代苏州学者也持同一认知。如周国荣论述"虗"字的音读说："这个虗字，除了在金文中与某些竹简上见得到外，所有的字词书中都见不到了，但是却保存在今天苏州一带的方言中，它读ng音＝鱼音＝吴音。苏州（含吴江、昆山、太仓、吴县、吴江、无锡甚至松江、上海、南通等）呼'吴'不作wu音而作ng音，比方吴县叫ng县，吴江县叫ng gang县，连人名吴某某也叫作ng某某。而且数目字'五'（古代写作㐅、𠄡）也呼ng音。这可明白为何春秋时代吴人青铜器上'工（攻）虗（鱻）王'可以写成'工（攻）敔王'了，因为鱼、五是一个音。古代音同字就通的，但必须是当时的古音才行……这种吴方言的纯鼻音ng音，北方人是没有的（至今的北方人也不会发）。"[4]

由此可知，北方语音音读为yú音的"鱼"字，在吴地"特殊方言"的"夷言发声"中，发为鼻音浓重的ng音，从而与北方语音中的yú音差异极大。而"虗""鱻"的发音与吴方言中的"鱼""吴"等一样，均读为ng音。正是这纯鼻音的ng音，令春秋时操持北方语音的鲁国史官无法模仿也无法接受，从而成为备受歧视的夷言、夷音。

故由此推测，春秋时操持北方语音的鲁国史官在撰著《春秋经》《左传》时记录长江下游这个与捕鱼密切有关且自称为虗（鱻）的族群和国度时，因无法发出这一纯鼻音的ng音，故不得已采取以北方语言系统中已有的"吴"字作为发音相近的字来代替本字的"虗（鱻）"，这就是语言学上的"因音通假"，亦即许慎《说文解字·序》所表述的："假借者，本无其字，以声托事。"[5]

正因有了这一"因音通假"，故有学者意欲还原本字而指出，《史记·吴太伯世家》记载的

---

[1]《康熙字典》，中华书局1958年，第1475页。
[2] 郑玄注，见《周礼注疏》，北京大学出版社1999年，第11页。
[3] 高德基：《平江记事》，见杨循吉等著、陈其弟点校：《吴中小志丛刊》，广陵书社2004年，第26页。
[4] 周国荣：《"吴"姓源小考》，见程德祺、郑亚楠：《吴文化研究论丛》，苏州大学出版社1998年，第133—134页。
[5] 汤可敬：《说文解字今释》，岳麓书社1997年，第2167页。

"太伯奔吴"及"自号句(勾)吴"等,"应该写为'太伯奔虞,自号工虞',才最准确"[1]。按此,则《春秋经·成公七年》的"吴伐郯"[2],亦当为"虞(䱷)伐郯"了。

而上述"因音通假"的原因,一是对地处长江流域的吴国"蛮夷"的歧视;二是"虞(䱷)"的"特殊方言"的语音障碍,这一语音障碍,使得鲁国史官难以发出这一被他们视为"夷言发声"的"虞(䱷)"纯鼻音的ng音。

鲁国史官在撰著《春秋经》《左传》时记录长江下游这个与捕鱼密切相关,且自称为虞(䱷)的族群和国度时,为何选择"吴"字来作为他们无法发出虞(䱷)吴方言语音的纯鼻音ng音。撇开前及对地处长江流域的吴国"蛮夷"的文化歧视因素,其语言因素即为"因音通假"和"以声托事"的内在语音逻辑。这从下表中也可窥见一二:

北方语音与吴方言语音中的"鱼""䱷"与"吴"

鱼:上古北方语音为yú音。

- 虞(䱷):北方语音为"鱼"yú音。
- 吴:北方语音为wú音。
- 上述"鱼""䱷"在北方语音中发音相同,均为yú音,与"吴"音近。

鱼 → 结论:鲁国史官以"因音通假"而选择与"鱼"音近的"吴"字。

- 虞(䱷):吴方言语音为ng音。
- 吴:吴方言语音为ng音。
- 上述"鱼""䱷""吴",在吴方言中发音相同,均为鼻音浓重的ng音。

鱼:吴方言语音为鼻音浓重的ng音。

必须指出的是:

1. "因音通假"又作"古音通假"。王力主编的《古代汉语》说:"所谓古音通假,就是古代汉语书面语言里同音或音近的字的通用和假借……假借字必须是同音字,至少也要是声音十分接近的字。这是假借字的原则,也是所谓古音通假的原则。"[3]

2. 上述春秋时期的鲁国史官在撰著《春秋经》《左传》时记录长江下游自称为虞(䱷)的族群和国度时,选择"吴"字来作为他们无法发出虞(䱷)吴方言语音的纯鼻音ng音的替代字。这里,其实是在两个不同的语音系统(指北方语音系统与吴方言语音系统)间作"因音通假"。关于这两个不同的语音系统,有学者研究明《洪武正韵》与吴音(即吴方言语音)的关系时指出:"吴音是与中原

---

[1] 周国荣:《"吴"姓源小考》,见程德祺、郑亚楠:《吴文化研究论丛》,苏州大学出版社1998年,第134页。
[2] 《春秋经·成公七年》,见《春秋左传正义》,北京大学出版社1999年,第726页。
[3] 王力主编:《古代汉语》(修订本)第二册,中华书局1981年,第541—545页。

雅音对立的音系。"[1]这里虽说的是明代的情况,但对春秋时的语音状况,或依然可作参考。

3."因音通假"或曰"古音通假",均无法绕开汉语语音学形成的问题。有学者指出,汉末时"反切的产生标志汉语语音学的开始……没有反切,就没有语音学"[2]。而在反切产生以前的先秦时期,中国文字的注音(主要为北方语音系统的文字注音)问题,周焕先《反切释要》说:"在先秦时期,汉字注音还有没有别的方法,这个问题不大容易搞清楚。我们现在能够知道的是,在反切出现之前,语言教育上曾用过'譬况''读若''直音'等方法来替一个字注音。譬况法,是用打比方、做比较,以及描写发音情况的方法来替一个字注音。"[3]显然,在汉语语音学尚未形成的春秋时期,鲁国史官以"吴"字代替吴方言中的"虞(鹾)"字的做法,大致符合上述"譬况法"所描述的情况。更何况先秦时期北方语音系统的汉字注音尚"不大容易搞清楚",而其时吴方言正处于被中原列国歧视并被鄙夷为"夷言"[4]的边缘化地位。同时,因古代时声音材料的无法保留,故吴方言语音在先秦时期的发音状况,时至今日或更"不大容易搞清楚"。

4.上表中的"鱼""吴""鹾"等字音注,均以现今出版的上古音读类的工具书(如王力等编著的《王力古汉语字典》[5]、李学勤主编的《字源》[6]、唐作藩编著的《上古音手册》[7]等)所标注的今汉语拼音示之,以适应今日大众读者的认知。而为适应小众读者需求,相关工具书关于上述"鱼""吴""鹾"等字的古音标注,另以加注形式标示(见如下"鱼""吴""鹾"古音标注[8],下同,不另注)。而相关文献依据则为如下论述:东汉郑玄注《周礼·天官·叙》的"鹾人"时说:"鹾,音鱼,本又作鱼,亦作敔,同,音御。"[9]

王国维《攻吴王大差鉴跋》书影(录自《王国维先生全集》[10])

---

[1]宁忌浮:《汉语韵书史》,上海人民出版社2009年,第52页。
[2]宁忌浮:《汉语韵书史》,上海人民出版社2009年,第1页。
[3]殷焕先:《反切释要》,山东人民出版社1979年,第4页。
[4]《左传·哀公十二年》,见《春秋左传正义》,北京大学出版社1999年,第1667页。
[5]王力等:《王力古汉语字典》,中华书局2000年。
[6]李学勤主编:《字源》,天津古籍出版社等2012年。
[7]唐作藩:《上古音手册》,江苏人民出版社1982年。
[8]1.鱼 ①"鱼(鱼)yú疑纽、鱼部;疑纽、鱼韵、语居切。"(见李学勤主编:《字源》,天津古籍出版社等2012年,第1028页。)②"鱼yú 语居切,平,鱼韵,疑。鱼部。"(见王力:《王力古汉语字典》,中华书局2000年,第1714页。)③"yú鱼——(韵部)鱼·(声纽)疑·(声调)平。"(见唐作藩编著:《上古音手册》,江苏人民出版社1982年,第159页。)2.吴 ①"吴(吴)wú疑纽、鱼部;疑纽、模韵、五乎切。"(见李学勤主编:《字源》,天津古籍出版社等2012年,第910页。)②"吴wú《广韵》五乎切,平模,疑。"(见罗竹风主编:《汉语大词典》第三卷,汉语大词典出版社1989年,第186页。)③"wú吴——(韵部)鱼·(声纽)疑·(声调)平。"(见唐作藩编著:《上古音手册》,江苏人民出版社1982年,第137页。)3.鹾 ①"鹾yú《广韵》语居切,平鱼,疑。"(见罗竹风主编:《汉语大词典》第五卷,汉语大词典出版社1990年,第525页。)②"鹾"同"渔"。《玉篇·鱼部》:'鹾'同'渔'。"(见《汉语大词典》(缩印本),湖北辞书出版社、四川辞书出版社1992年,第622页。)
[9]郑玄注,见《周礼注疏》,北京大学出版社1999年,第11页。
[10]王国维:《攻吴王大差鉴跋》,见《王国维先生全集》初编三,台湾大通书局1976年,第896页。

而关于吴方言语音的描述,则为前引元高德基《平江记事》:"今吴中吴氏甚多,而语音呼'鱼'为'吴'。"[1]近当代熟稔吴方言语言的学者对此的论述或更值得注意。浙江海宁籍学者王国维,在其《攻吴王大差鉴跋》一文中论及"者减钟"时说:"凡十有一,皆出临江。因思吴𤔲同音,工𤔲亦即攻吴,皆句吴之异文。古音工攻在东部,句在侯部。二部之字,阴阳对转,故句吴亦读攻吴。"[2]显然,上述王国维所说的"吴𤔲同音"指的是吴方言语系中的"吴"与"𤔲"即"𤔲"以及"敔"等同音。

5.鲁国史官在以"吴"字替代"𤔲(虞)"字的过程中,很可能是以"吴"字代"𤔲(虞)"字的北方语音——"鱼"音。其因即在于二字(指"𤔲"与"鱼")的音近或音同。然而,"鱼"的词义南北相同,但其语音却是南北(指北方语音与吴方言语音)"对立的音系"。故一个"鱼(鱼)"字,南北间即呈现出词义相连(即前述"鱼"的词义南北相同)、语音"对立"的状况。北方语音读为yú音而吴方言语音中发为鼻音浓重ng音的"鱼"字,其南北不同的发音,既勾连起北方语音的"𤔲(虞)"同"鱼"的词义联系,又勾连起吴方言语音的"𤔲(虞)"同"鱼"的语音联系。而吴方言语音中延续至今的"鱼"与"吴"同为ng音的现象,使得"鱼"字成为"𤔲(虞)"与"吴"间存在着内在语音关系的桥梁。

(五)吴国国号:文献记载与出土且存世吴国青铜器铭文的背离

上述被鲁国史官选择用来代替"虞(𤔲)"且作为吴国国号的"吴"字,其词性色彩偏贬义,个中含有的文化歧视意蕴,使得寿梦前至吴王僚时期的吴国国君难免产生被黑的感觉,故而并不接受。这一不接受乃至抵制并呈现于今的形式是:上述吴王——寿梦前(含寿梦)至吴王僚时期的吴国国君铸作的吴器中,并无具"吴"字铭文并以之作国号的青铜器出现并留存于今。

关于吴国国号"𤔲""虞"及其后出现的"敔"等吴国青铜器铭文的出现先后,吴镇烽《记新发现的两把吴王剑》一文指出:"铭文中的'攻敔',即攻敔,是吴国国名,也就是《淮南子·缪称》所说的'句吴'。在出土的吴国青铜器中,吴国国名有作'工𤔲''攻𤔲''工虞''攻敔''攻敔''攻吾''敔''吴'等。其时代有早晚之别,就目前所知,称'工𤔲''攻𤔲''工虞'和'攻𤔲'者,大多在诸樊在位时期及其以前;此后一般称'攻敔''攻吾'和'攻吴',夫差时期还有省称'敔'或'吴'的。"[3]

上述"敔"字,为"敔"字的金文变体。

但若将"𤔲""虞""敔"等再行细分,则可看出:

其一,铭文具吴国号"𤔲"(工𤔲)者为前文论及的三器,均铸于寿梦前或寿梦时。它们分别是:铸于吴王寿梦前的"者减钟"及寿梦执政时分别为其太子诸樊所铸"工𤔲太子姑发䣞反剑"及为其四子季札所铸"工𤔲季生匜"。

其二,寿梦后,吴国青铜器铭文中的吴国国号"𤔲"被"虞"取代。

---

[1] 高德基:《平江记事》,见杨循吉等著、陈其弟点校:《吴中小志丛刊》,广陵书社2004年,第26页。
[2] 王国维:《攻吴王大差鉴跋》,见《王国维先生全集》初编三,台湾大通书局1976年,第896页。
[3] 吴镇烽:《记新发现的两把吴王剑》,《江汉考古》2009年第3期。上引文中"称'工𤔲''攻𤔲''工虞'和'攻𤔲'者",句中"攻𤔲"重复,原文如此。

其三，铭文具吴国国号"虘"即"工（攻）虘"者，出现在吴王诸樊、馀祭、馀昧时期。

其四，从《左传·宣公八年》记载的鲁宣公八年（前601）"盟吴、越而还"[1]起，到《左传·哀公二十二年》记载的鲁哀公二十二年（前473）"越灭吴"[2]止，《春秋经》《左传》记载的春秋吴国国号均为"吴"。其他文献记载的吴国国号，亦为前述《春秋经》《左传》记载的"吴"，《史记·吴太伯世家》等记载的"句吴"[3]，《吴越春秋·吴太伯传》等记载的"勾吴"[4]。与此形成背离的则是如前所述，从吴王寿梦前至吴王僚时，现存吴国出土青铜器中并未出现以"吴"为国号的铭文[5]，从而呈现出文献记载与留存实物存在着的文化背离现象。这一文化背离现象也证明以下两点：一为吴王阖闾前，即前述吴王寿梦前至吴王僚时的吴国，并不接受带有文化歧视性质的"吴"字。另一为吴国在不接受"吴"字的同时，依然一如既往地在青铜器铭文中以"𧷽"字及其变体"虘"字自号。

三、文献记载的吴国号"吴"与现存吴器吴国号铭文"敔"的文化背离

（一）文献中的"敔"字及其释义

敔，音yǔ。《尚书·益稷》记载："合止柷敔。"[6]孔颖达疏："柷敔之状，经典无文。汉初已来学者相传，皆云柷如漆桶，中有椎柄，动而击其旁也。敔状如伏虎，背上有刻，戛之以为声也。乐之初，击柷以作之；乐之将末，戛敔以止之。"[7]由此可知，"敔"字在早期文献《尚书》中即已出现，其本义为古代打击乐器名。演奏时，"柷"敲击以示演奏开始，而"敔"演奏时，则以示乐曲终结。作为古代打击乐器的"柷"与"敔"，现多存于儒家用于祭祀演奏的殿堂中。而"柷起敔收"，则显示了中国古代乐器演奏所强调有始有终的完整性。"柷""敔"出现时，泰伯南奔之所立"句吴"国尚未出现，故该"敔"字与吴国并无关联。

 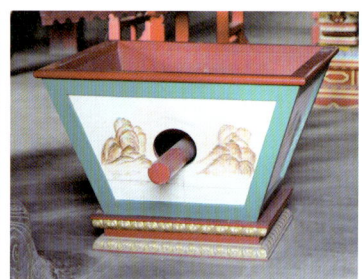 

列为全国重点文物保护单位的山东曲阜"孔庙及孔府"文物保护碑（左）及孔庙大成殿中的"柷"（中）和"敔"（右）（吴恩培摄）

---

[1]《左传·宣公八年》，见《春秋左传正义》，北京大学出版社1999年，第619页。
[2]《左传·哀公二十二年》，见《春秋左传正义》，北京大学出版社1999年，第1705页。
[3]《史记·吴太伯世家》，见司马迁：《史记》，中华书局1959年，第1445页。
[4] 赵晔：《吴越春秋》，江苏古籍出版社1986年，第3页。
[5] 本书前文第五章提及"余杭南湖剑"（即杭州市郊老余杭南湖出土的青铜剑）铭文有"工吴"等，但这一剑制作于吴王诸樊在位之时，且器主为馀祭的"余杭南湖剑"铭文出现"工吴"，导致诸樊在位之时已出现吴国国号"吴"等不符合历史情况的结论。同时，除该"余杭南湖剑"外，并无其他相关出土存世的实物器佐证，故本书未予认可，并对该剑及其铭文"持不作论断、暂且搁置并留待后人评断的谨慎意见"（相关情况，参本书前文第五章及下文）。
[6]《尚书·益稷》，见《尚书正义》，北京大学出版社1999年，第127页。
[7] 孔颖达疏，见《尚书正义》，北京大学出版社1999年，第128页。

列为全国重点文物保护单位的浙江衢州"孔氏南宗家庙"文物保护碑（左）及该孔氏南宗家庙主殿中的"枕"（中）与"敔"（右）（吴恩培摄）

列为全国重点文物保护单位的上海"嘉定孔庙"文物保护碑（左）及嘉定孔庙主殿中的"枕"（中）与"敔"（右）（吴恩培摄）

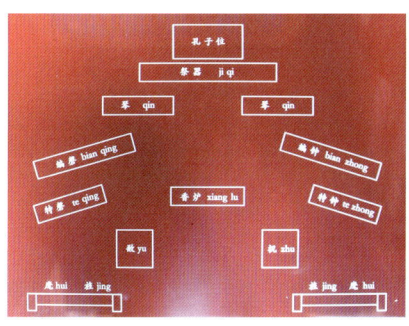

上海嘉定孔庙主殿中"枕""敔"位置示意图（左）及与之对应的"枕""敔"实物的置放位置（右）（吴恩培摄）

（二）西周及春秋早期，中原及楚地具"敔"字铭文的青铜器实例

"敔"字在早期文献《尚书》中出现的同时，也在西周等时期的青铜器铭文中出现。

1.西周中期厉王时期的"敔簋"

上海博物馆编《商周青铜器铭文选》录西周中期厉王时期的具"敔"字铭文的青铜簋二，今人分别命名为"敔簋一"及"敔簋二"。二簋今已佚，其铭文均为宋代《宣和博古图》等录之留存。从"敔簋"铭文可知，西周厉王时期，"敔"字就已出现在青铜器铭文中。其中，"敔簋一"，铭文十三行一百三十九字，个中"敔"字竟有六个。"敔簋二"铭文五行四十字，器铭残泐，但所存"敔"字较清晰。

据《夏商周断代工程1996—2000年阶段成果报告》（简本）所列"厉王"年代为"公元前877—公元前841年"[3]，距今约两千九百年。

---

[1]上海博物馆：《商周青铜器铭文选》（二），文物出版社1987年，第256页。
[2]高明、涂白奎：《古文字类编》（增订本），上海古籍出版社2008年，第435页。
[3]《夏商周年表》，引自夏商周断代工程专家组：《夏商周断代工程1996—2000年阶段成果报告》（简本），世界图书出版公司北京公司2000年，第88页。

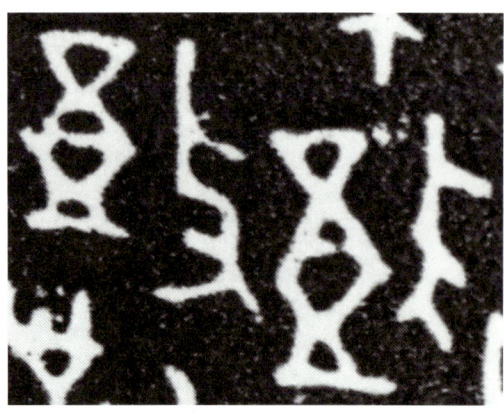

"敔簋二"铭文拓本及其细部的"敔"字（左、中）（录自《商周青铜器铭文选》[1]）及《古文字类编》所录周代中期青铜器"敔簋"铭文中的"敔"字（右）（录自《古文字类编》[2]）

2. 西周晚期（偏早）之河南平顶山应国墓地M95出土的"敔铜簋"和"敔铜鼎"

河南平顶山应国墓地，为周代应国贵族葬地。其M95出土的西周青铜器簋、鼎，均有铭文"敔"。河南省博物院展出时，展器说明标牌上年代标示为"西周"，"敔"音注为yǔ。朱凤瀚《中国青铜器综论》指出，出土上述青铜器的应国墓地"M95这一墓葬的年代应在西周晚期（偏早）。铜器不成于一时，但年代相近。第一组实用器多有铭文，其中鼎、簋铭文形式同，均言'公作敔'器，公当是指应公"[1]。河南省考古研究所、平顶山市文物管理局编著的《平顶山应国墓地》一书指出该M95墓为"应侯敔夫妇墓"，而"西周中晚期之际，至少有两次征伐南淮夷的战争……在第二次战争中，作为应国国君继承人的敔虽然参战并取得胜利，却是以私名'敔'自称，而没有'称为'应侯。故由此可知，敔的墓葬就是应国墓地M95"[2]。而上述青铜器铭文中的

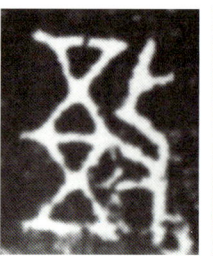

河南省博物院展出的"敔"铜簋（左）及"敔铜簋"铭文中的"敔"字拓本细部（中）以及该院展出的"敔铜鼎"铭文中的"敔"字拓本细部（右）（吴恩培摄）

"敔"，当为西周应侯的"私名"——个人名字。

3. 湖北襄阳博物馆展出的"春秋早期曾仲子敔铜鼎"中的"敔"

湖北襄阳博物馆展出的"春秋早期曾仲子敔铜鼎"，为1979年襄樊征集。该器铭文中的"敔"，与平顶山应国墓地出土的"公作敔"器中的"敔"字一样，或为私名。而从"曾仲子敔"来看，或当指"曾"国王室成员的排行第二且名为"敔"的人——曾敔。

另，湖北襄阳博物馆同时展出的铜鼎，另有"春秋早期曾子仲謰铜鼎（1972年枣阳茶菴出土）"。而方勤、吴宏堂主编的《穆穆曾侯——枣阳郭家庙曾侯墓地》记录枣阳郭家庙曾侯墓地出

---

[1] 朱凤瀚：《中国青铜器综论》（中），上海古籍出版社2009年，第1353页。
[2] 河南省文物考古研究所、平顶山市文物管理局：《平顶山应国墓地》，大象出版社2012年，第764—765页。

土器中有"曾子泽铜鼎""曾子寿铜鼎"[1]。上述曾仲子敢铜鼎、曾子仲謱铜鼎及曾子泽铜鼎、曾子寿铜鼎等,器形颇多相似。故由此来看,该"春秋早期曾仲子敢铜鼎"的器主"曾仲子敢",与曾子仲謱、曾子泽、曾子寿等,当均为春秋时相同或不同时期的曾(随)国王室成员。

湖北襄阳博物馆展出的"春秋早期曾仲子敢铜鼎"(左)以及该器铭文中的"敢"字拓本细部(右)(吴恩培摄)

4.中原及江汉流域曾(随)等地具"敢"字铭文的青铜器之共同特点

上述西周中期的"敢簋"、应国墓地M95出土的西周晚期(偏早)的"敢铜簋""敢铜鼎"及春秋早期的"曾仲子敢铜鼎"等,在器形、国别、年代等方面均相异,但其共同点则是:

其一,器身铭文均有"敢"字。

其二,年代均在春秋早期以前(含春秋早期)。

其三,器身铭文"敢"字或有他指,但均与春秋吴国无关。

从上述可以看出:中原及江汉流域曾(随)等地具"敢"字铭文的青铜器,其年代均早于春秋后期吴国崛起时。故"敢"字在与吴国的交流中,只能是单向流动——即从中原及江汉流域向吴国流动。而吴国则可能由这些与"敢"字有关的信息中获得启发,并借用或借鉴该字为国号。

(三)春秋晚期,吴国以"敢"字铭文为国号(含宋器中称吴国号为"勾敢")的青铜器实例

出土并现存的春秋晚期具"敢"字(含宋器中称吴国号为"勾敢")铭文的青铜器,如下:

1.山西原平县峙峪出土的吴王阖闾剑——"攻敢王光"剑铭文"攻敢王"摹本

1964年9月,该剑出土于山西原平峙峪村,剑铭两行八字,为"攻敢王光自乍(作)用剑"。

2.河南固始县城关砖瓦厂一号墓出土的宋国青铜器——青铜簠铭文"勾敢夫人"拓本

1978年3月,河南固始县城关砖瓦厂一号墓出土铭文中称谓为"勾敢夫人"的宋国青铜器——青铜簠。该器是现存古代青铜器中,国别特殊且为唯一出自中原国家宋国,具"勾(句)敢"铭文并以之记写吴国国号的青铜器。同时,该器铭文"勾(句)敢",也是现存古代青铜器铭文中最接近司马迁《史记》称春秋吴国为"句吴"[2]、赵晔《吴越春秋》称春秋吴国为"勾吴"[3]的青铜器铭文。

3.安徽南陵县出土的吴王阖闾剑——"攻敢王光"剑铭文"攻敢王"拓本及摹本

1978年5月,南陵县文化馆在三里公社收购了一把青铜短剑。此剑出土于时为三里公社与何湾公社交界的一座小山头上,在距地表约一米深处发现。"出土时,剑已被掘土工具击断。剑近腊

---

[1]方勤、吴宏堂主编:《穆穆曾侯——枣阳郭家庙曾侯墓地》,文物出版社2015年,第140—142页。
[2]《史记·吴太伯世家》,见司马迁:《史记》,中华书局1959年,第1445页。
[3]赵晔:《吴越春秋》,江苏古籍出版社1986年,第3页。

处有铭文共两行十二字,初识为:'攻敔王光自乍(作)用剑以战戍人',因名吴王光剑。"[1]

上述吴国及宋国青铜器涉及且与吴国国号有关的铭文"攻敔王"细部的图片、拓本或摹本等,自左至右,如下图:

中国国家博物馆展出山西原平峙峪出土的"吴王光"青铜剑时展器说明标牌标示的铭文"攻敔王光自乍(作)用剑"摹本(左一)(吴恩培摄)及其铭文"攻敔王"摹本细部(左二)(录自《商周青铜器铭文选》[2]),河南固始侯古堆一号墓出土的宋器青铜簠铭文中的"勾敔夫人"拓本细部(左三)(录自《固始侯古堆一号墓》[3]),安徽南陵出土的"吴王光剑"铭文"攻敔王"拓本细部(左四)(录自《安徽南陵县发现吴王光剑》[4])及其铭文摹本细部(右)(录自《吴越徐舒金文集释》[5])

4. 安徽庐江县出土的吴王阖闾剑——"攻敔王光"剑铭文"攻敔王"图片、拓本及摹本

1974年,安徽省庐江县汤池公社边岗大队开挖水渠时,在距地表一米多深处,发现该吴王光剑。"出土时还残留着腐朽的纺织物。……近剑格处有大篆铭文二行十六字。初释为:'攻敔王光自作用剑,起余以至克肇多攻。'"[6]

5. 安徽霍山县出土的"工敔工叙"戟铭文"攻敔王"拓本、线描图及摹本

1980年3月,工敔工叙戟出土于安徽霍山县一座春秋晚期墓葬。前文引述学者们的讨论,指其器主存有夫差、季札、盖馀(掩馀)、馀祭等不同说法。本书前文,将之暂列为吴王夫差时期内的遗存出土器叙述。

上述吴国青铜器涉及且与吴国国号有关的铭文"工(攻)敔王"等局部的图片、拓本或摹本等,自左至右,如右图:

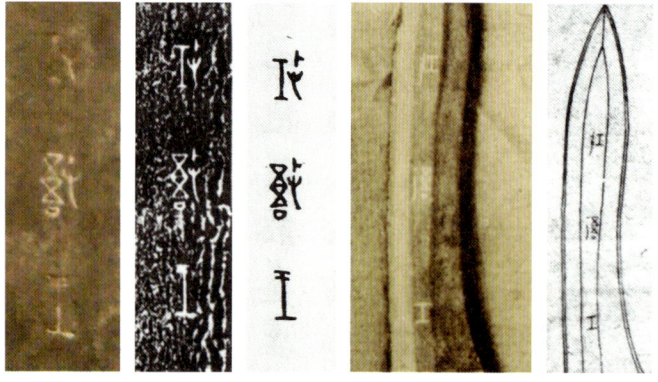

安徽博物院展出安徽庐江出土的"吴王光剑"铭文"攻敔王"细部图片(左一)(吴恩培摄)及其铭文拓本细部(左二)、摹本细部(左三)(录自《吴越徐舒金文集释》[7])以及安徽霍山出土的"工敔工叙戟"铭文拓本"工敔王"(左四)、该戟线描图中的"工敔王"摹本细部(右)(录自《安徽霍山县出土吴蔡兵器和车马器》[8])

---

[1] 刘平生:《安徽南陵县发现吴王光剑》,《文物》1982年第5期。
[2] 上海博物馆:《商周青铜器铭文选》(一),文物出版社1986年,第335页。
[3] 河南省文物考古研究所:《固始侯古堆一号墓》,大象出版社2004年,第48页"侯古堆铜簠铭文拓片"。
[4] 刘平生:《安徽南陵县发现吴王光剑》,《文物》1982年第5期。
[5] 董楚平:《吴越徐舒金文集释》,浙江古籍出版社1992年,第107页。
[6] 马道阔:《安徽庐江发现吴王光剑》,《文物》1986年第2期。
[7] 董楚平:《吴越徐舒金文集释》,浙江古籍出版社1992年,第109页。
[8] 王步毅:《安徽霍山县出土吴蔡兵器和车马器》,《文物》1986年第3期。

6. 山东新泰出土的"吴王诸樊之子通剑"铭文"攻敔王"图片、拓本及摹本

2002年至2004年，山东省文物考古研究所、新泰市博物馆在山东新泰周家庄东周墓发掘、清理东周墓七十余座，出土文物两千余件（组），多为青铜兵器，其中出土"具有吴国兵器特征"的"大量吴国兵器"[1]。而令学界尤为关注者，为该墓地"M11出土1件'攻吴王诸樊者反之子通自作元用'剑"[2]。该剑"剑身下端腊部脊的两侧，铸有铭文14字，每侧7字，平均布局……字迹清晰可辨。文曰：'攻敔（吴）王姑发者反（诸樊）之子通自乍（作）元用'"[3]。

7. 山东邹城出土的"吴王夫差剑"铭文"攻敔王"图片及拓本

1991年4月，邹县（今山东邹城）城关镇朱山庄村村民在村西北整修地堰时发现一件铜剑，后送交邹县文物保管所。《山东邹县发现一件吴王夫差剑》一文说该剑"下部有铭文2行10字，为：'攻吾王夫差，自作其元用'"[4]。另有学者将该剑铭文释读为："剑身有铭文2行10字：'攻吴王夫差，自乍其元用'。"[5]

山东新泰出土的"吴王诸樊之子通剑"右侧铭文"攻敔王"细部图片（左一）（吴恩培摄）及该铭文拓本"攻敔王"细部（左二）（山东新泰博物馆提供摹本图片）及山东邹城出土的"吴王夫差剑"铭文"攻敔王"细部图片（左三）及其拓本细部（右）（山东邹城博物馆提供图片）

8. 山东平度出土、山东博物馆藏的"吴王夫差剑"铭文"攻敔王"拓本及摹本

山东平度出土并征集，现为山东博物馆收藏并展出的吴王夫差剑——"攻敔王夫差自乍其元用"剑。

关于该剑铭文，王恩田《吴王夫差剑及其辨伪》一文指出，该剑"铭十字，双行，行五字：'攻敔王夫差，自乍其元用。'攻字仅存左旁工字，敔右旁仅存一竖"[6]。

---

[1] 山东省文物考古研究所、新泰市博物馆：《山东新泰周家庄东周墓发掘简报》（执笔：刘延常、穆红梅、张勇、曲传刚、徐倩倩），《文物》2013年第4期。
[2] 山东省文物考古研究所、新泰市博物馆：《山东新泰周家庄东周墓发掘简报》（执笔：刘延常、穆红梅、张勇、曲传刚、徐倩倩），《文物》2013年第4期。
[3] 任相宏、张庆法：《吴王诸樊之子通剑及相关问题探讨》，《中国历史文物》2004年第5期。
[4] 胡新立：《山东邹县发现一件吴王夫差剑》，《文物》1993年第8期。
[5] 刘延常、曲传刚、穆红梅：《山东地区吴文化遗存分析》，《东南文化》2010年第5期。
[6] 王恩田：《吴王夫差剑及其辨伪》，见江苏省吴文化研究会：《吴文化研究论文集》，中山大学出版社1988年，第151页。

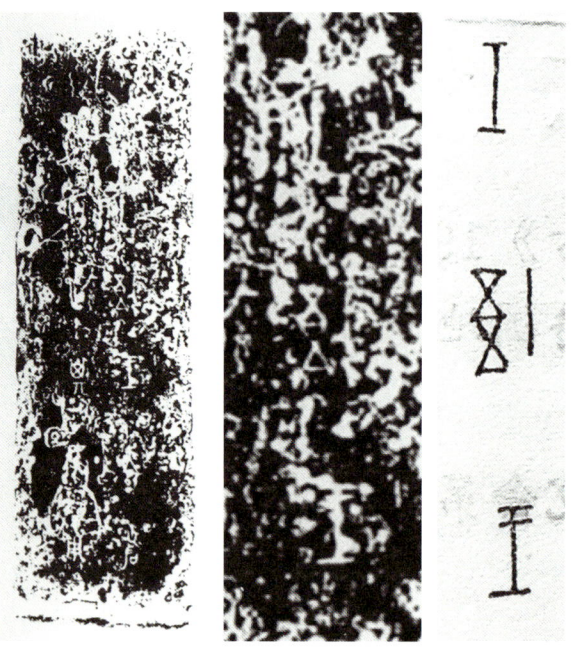

山东平度出土、山东博物馆藏的"吴王夫差剑"铭文拓本（左）及其"攻敔王"细部（中）（录自《商周青铜器铭文选》[1]）以及该剑铭文"攻敔王"的摹本细部（右）（录自王恩田《吴王夫差剑及其辨伪》[2]）

9. 安徽寿县出土、于省吾旧藏，现为中国国家博物馆收藏并展出的"吴王夫差剑"铭文"攻敔王"拓本及摹本，以及湖北襄阳蔡坡出土、湖北省博物馆藏"吴王夫差剑"铭文"攻敔王"拓本及摹本

中国国家博物馆收藏并展出的"吴王夫差剑""一九三五年安徽寿县西门内出土，于省吾旧藏，著录于《双剑誃古器物图录》上卷第四一页（一九四〇年），称'春秋攻敔王夫差剑'。建国后，于省吾将此献给故宫博物院，一九五九年由故宫博物院拨给中国历史博物馆"[3]。今中国国家博物馆展出该剑时，标牌介绍未作"于省吾旧藏"而作"1976年河南辉县出土"器（相关情况，另参前文"吴王夫差现存用器"与该剑有关的内容论述）。

关于该剑铭文，彭林《文物精品与文化中国》说该剑"器身有'攻吴王夫差自乍其元用'十个字的铭文"[4]。李先登《吴王夫差铜器集录》一文说该剑"腊部铭：'攻敔王夫差自作其元用'2行10字"[5]。王恩田：《吴王夫差剑及其辨伪》一文附有"于省吾先生旧藏"剑的铭文摹本。

湖北襄阳蔡坡出土、湖北省博物馆藏"吴王夫差剑""1976年出土于襄阳蔡坡12号战国墓"[6]，且该剑"圆茎上无凸箍，剑身无花纹，剑首已残缺，残长37厘米，估计原长约40厘米。已锈蚀。剑身铸有篆书阴文二行十字：攻敔王夫差自乍（作）其元用"[7]。

---

[1] 上海博物馆：《商周青铜器铭文选》（二），文物出版社1987年，第368页。
[2] 王恩田：《吴王夫差剑及其辨伪》，见江苏省吴文化研究会：《吴文化研究论文集》，中山大学出版社1988年，第147页。
[3] 董楚平：《吴越徐舒金文集释》，浙江古籍出版社1992年，第136页。
[4] 彭林：《文物精品与文化中国》，清华大学出版社2002年，第188页。
[5] 李先登：《吴王夫差铜器集录》，《东南文化》1990年第4期。
[6] 襄阳首届亦工亦农考古训练班：《襄阳蔡坡12号墓出土吴王夫差剑等文物》，《文物》1976年第11期。
[7] 董楚平：《吴越文化新探》，浙江人民出版社1988年，第340页。

上述吴王夫差时期青铜器涉及且与吴国国号有关的铭文"工（攻）敔王"等细部的图片、拓本或摹本等，自左至右，如下图：

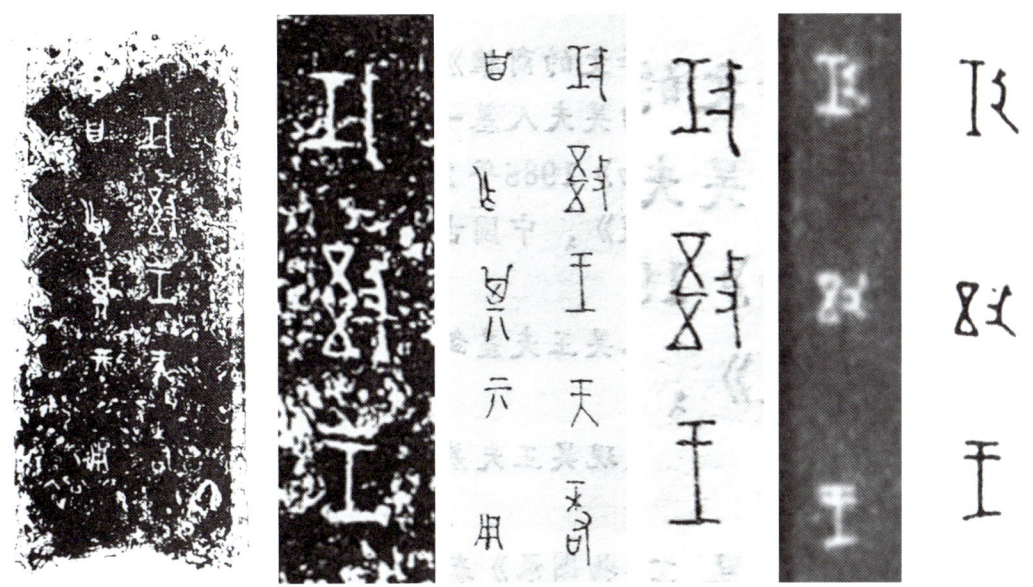

于省吾旧藏，现为中国国家博物馆收藏并展出的"吴王夫差剑"铭文拓本（左一）及其"攻敔王"细部（左二）（录自《商周青铜器铭文选》[1]）以及关于该剑铭文的摹本（左三）及其"攻敔王"细部（左四）（录自《吴王夫差剑及其辨伪》[2]），湖北襄阳蔡坡出土、湖北省博物馆收藏的"吴王夫差剑"铭文拓本"攻敔王"细部（左五）（录自《襄阳蔡坡12号墓出土吴王夫差剑等文物》[3]）及其摹本"攻敔王"细部（右）（录自《吴越徐舒金文集释》[4]）

10. 河南辉县征集、河南博物院展出的"吴王夫差剑"铭文"攻敔王"拓本及摹本

1976年2月，辉县百泉文物保管所在废品回收部门工人同志的协助下，在拣选杂铜时发现该吴王夫差铜剑。该剑"剑身满布花纹，有阴刻篆字铭文十字：'攻吾王夫差自乍其元用'"[5]。

11. 河南洛阳出土、洛阳博物馆展出的"吴王夫差剑"铭文"攻敔王"拓本及摹本

该"吴王夫差剑""1991年8月出土于洛阳市东周王城内的一座战国早期墓葬"[6]。现藏洛阳博物馆。剑身有阴刻铭文"攻敔王夫差自乍其元用"十字，目前仅可见"敔王夫差……其元用"七字。此处"敔王"，乃是锈蚀而使"敔王"前的"攻"或"工"无法辨识之故。这与下文言及"吴王夫差盉"的器铭为铭文特殊的"敔王"有着本质的区别。

上述吴王夫差时期青铜器涉及且与吴国国号有关的铭文"工（攻）敔王"等细部的图片、拓本或摹本等，自左至右，如下图：

---

[1] 上海博物馆：《商周青铜器铭文选》（二），文物出版社1987年，第368页。
[2] 王恩田：《吴王夫差剑及其辨伪》，见江苏省吴文化研究会：《吴文化研究论文集》，中山大学出版社1988年，第151页。
[3] 襄阳首届亦工亦农考古训练班：《襄阳蔡坡12号墓出土吴王夫差剑等文物》，《文物》1976年第11期。
[4] 董楚平：《吴越徐舒金文集释》，浙江古籍出版社1992年，第139页。
[5] 崔墨林：《河南辉县发现吴王夫差铜剑》，《文物》1976年第11期。
[6] 洛阳市文物工作队：《洛阳C1M3352出土吴王夫差剑等文物》（执笔：赵振华、黄吉博），《文物》，1992年第3期。

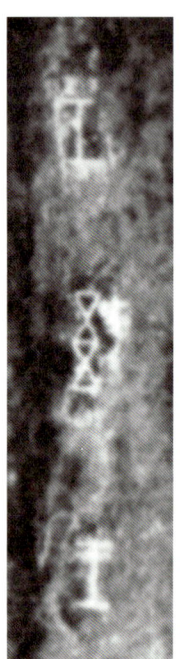

河南辉县征集、河南博物院展出的"吴王夫差剑"铭文图片"攻敔王"细部（左）（吴恩培摄）及其铭文拓本"攻敔王"细部（中）（录自《河南辉县发现吴王夫差铜剑》[1]），河南洛阳出土、洛阳博物馆展出"吴王夫差剑"残缺铭文的"敔王"细部图片（右）（吴恩培摄）

12. 江苏六合县程桥出土的春秋末期具"攻敔"铭文的"臧孙钟"——被释读为《左传》记载的吴太子终累之外孙自费所作之编钟

"臧孙钟"又称"攻敔臧孙编钟"，1964年7月出土于江苏六合县程桥春秋末期一号墓。该墓发掘报告《江苏六合程桥东周墓》指出：该墓"所出九件编钟的铭文，虽然字数不等，但其中皆有'攻敔'两字"。而"钟的正面均有铭文，多为反文，内容基本相同。其中最完整的铭文共三十七字，铭曰：'佳王正月，初吉丁亥，攻敔仲终𰀀之外孙，坪之子臧孙，择厥吉金，自作龢钟，子子孙孙，永保是从'"[2]。

苏州博物馆举办"大邦之梦——吴越楚青铜器特展"时，曾展出该器。展出时相关展板的铭文释文为："佳（唯）王正月初吉丁亥，攻敔中（仲）冬（终）岁之外孙，坪之子戕（臧）孙，择毕（厥）吉金，自乍（作）龢钟，子子孙孙永保是从。"

董楚平《吴越徐舒金文集释》说：该编钟"九件皆有'攻敔'二字，最完整的铭文共三十七字。最小的一件，铭文清晰完整，今依其款式释读于下：

佳（唯）王正月初吉丁亥，攻敔

中仲终戌岁之

外孙、坪之

子𣃶臧孙，𢍰

毕厥吉金，

自乍龢钟，子=孙=永保是从。

---

[1] 崔墨林：《河南辉县发现吴王夫差铜剑》，《文物》1976年第11期。
[2] 江苏省文物管理委员会、南京博物院：《江苏六合程桥东周墓》（执笔者：汪遵国、邹厚本、尤振尧），《考古》1965年第3期。

器主名臧孙，其父名坪，外祖父名仲终戌，或作'仲戌'。自报家谱，是铜器铭文惯例，然揭示外祖父名字，则属罕见。这外祖父必为特别显赫人物。此公称'仲终戌'，或仲终合音，省称为'仲戌'。镇江博物馆刘兴先生在一篇未公开刊布的打字稿中，认为戌即岁字，此人即《左传》终累。其说甚是"[1]。

接下来，《吴越徐舒金文集释》从字形、声训等角度，得出结论说"这就基本上决定了岁累通假的可能性。综上所述，此器的'仲终岁'即《左传》定公六年所记的吴太子终累。据笔者研究，终累本名为'配'，爱称'配儿'，中原人记音为'波'，'终累'是成人后取的字"[2]。"终累"，前文作"终累"。

另，《吴越徐舒金文集释》提及的刘兴论文，后以《吴臧孙钟铭考》为题，刊发于《东南文化》1990年第4期。

苏州博物馆举办"大邦之梦——吴越楚青铜器特展"展出"臧孙钟"（左）及其"攻敔"铭文细部（右）（吴恩培摄）

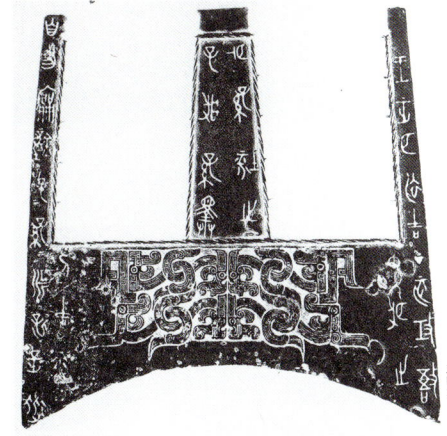

江苏六合县程桥春秋墓出土的"攻敔臧孙编钟"最小一件（出土编号M1:60）铭文拓本（左一）及其右下角铭文拓本"攻敔"细部（左二）以及最大一件（出土编号M1:55）铭文拓本（左三）及其右下角铭文拓本"攻敔"细部（右）（录自《商周青铜器铭文选》[3]）。

13. 铭文特殊的吴器——上海博物馆收藏并展出的具"敔王"铭文的"吴王夫差盉"

如前文述，该盉肩上有一周铭文："敔王夫差吴金铸女子之器吉。"该器为何鸿章先生捐赠，

---

[1] 董楚平：《吴越徐舒金文集释》，浙江古籍出版社1992年，第80—82页。
[2] 董楚平：《吴越徐舒金文集释》，浙江古籍出版社1992年，第83页。
[3] 上海博物馆：《商周青铜器铭文选》（二），文物出版社1987年，第341页。

展出时，未标示其出土及著录信息。之所以列此，盖因该吴王夫差盉具有以下两个特点：

一是现存吴国青铜器中，该器是唯一铭文以"敔王"称呼夫差乃至称呼"吴王"的青铜器。

二是现存吴国青铜器中，该器亦是唯一吴国国号的"敔""吴"同出于一器的青铜器。

该器铭文标示吴国国号"敔""吴"等的拓本，如右：

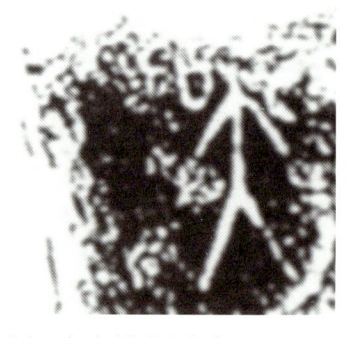

"吴王夫差盉"铭文拓本的"敔王"细部（左）及"吴"字细部（右）（录自《苏州文物菁华》）[1]

（四）吴器铭文中"敔"的变体——敔及吾、五

董楚平《吴越徐舒金文集释》记载外流而为荷兰波斯顿博物馆收藏的"攻吾（五）王光韩剑"说："此器鲜为人知。李家浩《攻五王光与虞王光趄戈》始作吴王光剑介绍，文载《古文字研究》第十七辑。现藏荷兰波斯顿博物馆，著录于《发掘中国的过去》九二页图三八。"[2]

《吴越徐舒金文集释》引李家浩关于此剑铭文摹本的释读为："攻䥍（五）王光戟（韩）台（以）吉金自乍用鐱（剑）。"[3]故从剑铭文摹本来看，李家浩将吴王光（即吴王阖闾）作"攻五王光"。

《古文字类编》录此"吾"字，则将李家浩释读的"五"字作"吾"字录入。《古文字类编》"吾"字类别中另录一柄吴王阖闾"攻敔王光剑"中鸟虫篆铭文的"吾"字。或因"攻吾王光"未见著述，故《古文字类编》的说明文字将"吾"字均改作"敔"字而作"攻敔王光剑"。显然，从剑铭文摹本来看荷兰波斯顿博物馆藏吴王阖闾剑铭文，李家浩作"攻五王"并无错。而从字形看，亦可作"攻吾王"，而《古文字类编》归于"攻敔王"则是将"五""吾"均作为"敔"的变体。

关于"五"与"吾"，前引曹锦炎《吴王寿梦之子剑铭文考释》一文说："吴、五、敔以及从'鱼'声的虞、鹹，古音相同，系通假字。至今吴方言中，五、吾、鱼这几个字的读音仍然与'吴'相同。"[4]另，如前引周国荣《"吴"姓源小考》所说，今吴方言中，"鱼、五是一个音"。其中，"吾"，亦与吴方言的"鱼""五"音同。

"五"的北方语音读为wǔ，与"吴"音同而声调异。而该字（指"五"）的吴方言音读为ng，与吴方言中的"鱼"的音读相同。

"吾"的北方语音读为wú，与"吴"音同。该字（指"吾"）的吴方言音读为ng，与吴方言中的"鱼"的音读相同。

---

[1]《苏州文物菁华》编委会：《苏州文物菁华》，古吴轩出版社2004年，第27页。
[2] 董楚平：《吴越徐舒金文集释》，浙江古籍出版社1992年，第113页。
[3] 董楚平：《吴越徐舒金文集释》，浙江古籍出版社1992年，第113页。
[4] 曹锦炎：《吴王寿梦之子剑铭文考释》，《文物》2005年第2期。

"敔"的北方语音读为yǔ，与北方语音的"鱼"音同而声调异。吴国借用此字为国号，或就是因其与"鱼"字的北方语音相近。

亦循前例将相关工具书关于上述"五""吾""敔"等字的古音标注，另以加注形式标示[1]。故"吾""五"既为"敔"字的字形变体，同时也与"敔"字的吴方言语音相同，同为吴方言"鱼"的ng音。

由以上语音梳理可见"攻五王"或"攻吾王"，即为"工（攻）敔王"或"勾吴王"。它们在吴方言中的发音高度一致。而据目前所见吴国青铜剑遗存，铭文为"攻吾（五）王光"的摹本，见以下著录二种：其一为荷兰波斯顿博物馆藏"攻敔王光韩剑"铭文摹本，其二为《古文字类编》录鸟虫篆铭文"吾"字的"攻敔王光剑"。

文献中"吾"作"吴"或通"吴"的实例，为前文引述《吴郡图经续记》时的"流俗或传吴之故都在馆娃宫侧，非也。盖娃宫胥台，乃离宫别馆耳"[2]。该《吴郡图经续记》，为江苏古籍出版社1986年出版的本子。而据该本子（指江苏古籍出版社1986年版本）《点校说明》可知，该本子以"乌程蒋氏景宋本作底本，用明钱氏馨室本、清胡氏琳琅秘室本、江苏书局同治十二年刻本参校"[3]而厘定其中的相关句子为"吴之故都"。对之，该本加注并在《校勘记》中指出："原刻作'吾'。据馨室本、局本改。秘室本校勘记称底本学津讨原本（以下简称津本）亦作'吴'。"

由此可知，"吴之故都"句，另有版本作"吾之故都"。中华书局1990年出版的《宋元方志丛刊》，辑录"〔宋〕朱长文纂修《吴郡图经续记》"时，据该丛刊《影印说明》，其采用版本为"宋元丰七年（一〇八四）修，民国十三年（一九二四）乌程蒋氏景宋刻本"[4]。而该版本的《吴郡图经续记》（指乌程蒋氏景宋刻本）即作"吾之故都"。相比之下，江苏古籍出版社1986出版时，用明钱氏馨室本、清胡氏琳琅秘室本、江苏书局同治十二年刻本参校，并据学津讨原本作"吴之故都"。

"吾之故都"，释义或为如下：

其一，"吾之故都"，作"我的故都"或"我们的故都"解，均指春秋吴国故都，即"吴之故都"。此处"吾"作第一人称代词，亦通。

---

[1] 1.五 ①"五wǔ疑纽、鱼部；疑纽、姥韵、疑古切。"（见李学勤主编：《字源》，天津出版传媒集团、天津古籍出版社等2012年，第1266页。）②"五wǔ疑古切，上，姥韵、疑。鱼部。"（见王力：《古汉语字典》，中华书局2000年，第11页。）③"wǔ五——（韵部）鱼·（声纽）疑·（声调）上。"（见唐作藩编著：《上古音手册》，江苏人民出版社1982年，第137页。）2.吾 ①"吾wú疑纽、鱼部；疑纽、模韵、五乎切。"又"'吾'有从单五和双五两种繁简不同的写法，春秋以前多作繁式，双五作上下排列，战国文字中有双五作左右并排者"（见李学勤主编：《字源》，天津出版传媒集团、天津古籍出版社等2012年，第81页。）②"吾wú五乎切，平，模韵，疑。鱼部。"（见王力：《古汉语字典》，中华书局2000年，第106页。）③"wú吾——（韵部）鱼·（声纽）疑·（声调）平。"（见唐作藩编著：《上古音手册》，江苏人民出版社1982年，第137页。）3.敔 ①"敔yǔ疑纽、鱼部；疑纽、语韵、鱼巨切。"（见李学勤主编：《字源》，天津出版传媒集团、天津古籍出版社等2012年，第262页。）②"敔yǔ鱼巨切，音语，语韵，疑。鱼部。"（见王力：《古汉语字典》，中华书局2000年，第409页。）③"yǔ敔——（韵部）鱼·（声纽）疑·（声调）上。"（见唐作藩编著：《上古音手册》，江苏人民出版社1982年，第160页。）

[2] 朱长文：《吴郡图经续记》，江苏古籍出版社1986年，第6页。该书此处加注并在《校勘记》中指出："原刻作'吾'。据馨室本、局本改。秘室本校勘记称底本学津讨原本（以下简称津本）亦作'吴'。"《校勘记》，见《吴郡图经续记》，江苏古籍出版社1986年，第91页。

[3] 《点校说明》，见朱长文：《吴郡图经续记》，江苏古籍出版社1986年，第2页。

[4] 《影印说明》，见《宋元方志丛刊》（第一册），中华书局1990年，第3—4页。

其二，吴方言中，"吾""吴"音同，故作"因音通假"，即同音字间的通假。按此，则"吾"通"吴"。故"吾之故都"，亦即"吴之故都"。

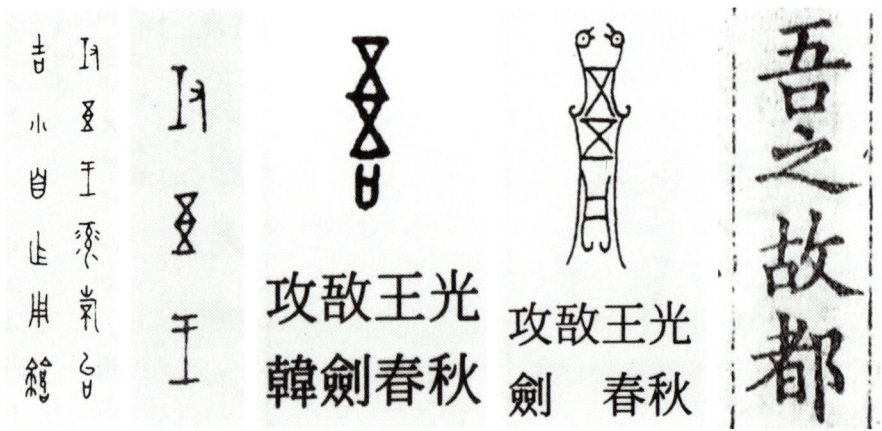

荷兰波斯顿博物馆藏"攻敔王光韩剑"铭文摹本全文（左一）及其铭文摹本"攻敔王"细部（左二）（录自《吴越徐舒金文集释》[1]），《古文字类编》将该"攻敔王光韩剑"铭文列入"吾"字的铭文摹本（左三），具鸟虫篆铭文"吾"字的"攻敔王光剑"（左四）（录自《古文字类编》[2]），朱长文撰《吴郡图经续记》原刻作"吾"的"吾之故都"（右）（录自《宋元方志丛刊》[3]）

（五）吴国借用"敔"字为国号的原因推测

"敔"字为吴国选定并借用而成为吴国新国号，以取代在此以前吴国曾用过且不被中原列国认可的国号"虙""虞"等。

吴国借用"敔"字为国号而浮现出且不容忽视的一个学术问题是，在中原列国及楚地众多的青铜铭文中，吴国为何选中"敔"字，即为什么是它？而换一表述，则是吴国选中"敔"字，满足了哪些既定的选择要件或曰条件，这些选择要件或条件在吴国其后选用新的以示吴国国号的文字中，可否印证？

显然，吴国不接受含有贬义色彩的"吴"字，且"虞""虙"亦得不到中原列国史官认可并在文献不予记载的情况下，吴国选择新的字代替"虞""虙"，当满足下列要件或条件：

其一，中原列国对该字并不生疏。吴国妥协而退一步地不使用"虞（虙）"而改用中原及楚国已出现的"敔"字且为当时庙堂祭祀的乐器，即与"柷起敔收"有关联的"敔"字作国号，就满足了这一要件。这可能也是吴王阖闾和夫差时制作且留存至今的吴器铭文中未出现"虞（虙）"字为国号的缘由。

其二，该字字义能为吴国所接受。"敔"字字义，如前文"柷起敔收"所说，"敔"及"柷"，均为古代乐器，多用于宫廷雅乐。"柷"为演奏起始时用，而"敔"为演奏终结时用。故作为庙堂雅乐用器的"敔"，其所表达的意思平和、高雅，从而满足了吴国所能接受的要件。

---

[1] 董楚平：《吴越徐舒金文集释》，浙江古籍出版社1992年，第113页。
[2] 高明、涂白奎：《古文字类编》增订本，上海古籍出版社2008年，第224页。
[3] 朱长文：《吴郡图经续记》，见《宋元方志丛刊》（第一册），中华书局1990年，第641页。

其三，前文说，甲骨文中的"虡"字字形，从虎从鱼。故"虍"头下的"鱼"为"大首方口"的鲇鱼——鱼类中的"虎"，而"敔状如伏虎"[1]。这是否构成吴国选用"敔"字为国号的另一因素，难以确定其间存在着因果关系。这是因为，并无材料予以证实。于此，本文亦只是作不确定的推测。

其四，该"敔"字字音既为中原列国能接受，也与吴国原来的国号"虡（歔）"等有着语音联系。由此来看"敔"字，其北方语音为yǔ音，与北方语音的"鱼"yú同音（今声调有异），故中原史官对此"敔"字当不存在语音障碍。另一方面，因"鱼"的吴方言语音为"夷言发声"的ng音，故其与吴国原来的国号"虡（歔）"的吴方言语音相同，且通过语音联系而与"鱼"字有着紧密联系。

因此，尽管"敔"字的北方语音为yǔ音，但吴国选择该字为国号时，或仍以"夷言发声"即仍以吴方言语音中的ng音呼之。因此，在这里吴国国号的字形变化，并不对其吴方言语音变化产生影响。对吴国来说，以与"鱼"（虡、歔）同音的"敔"作国号，本就是其选择的要件或原因之一。只要与"鱼"同音的字，在吴方言中就仍读为ng音，从而在语言及文化心理上依然坚守住了吴国这一擅长捕鱼的族群和国度与"鱼"紧密相连的文化意识和文化尊严。

然而，在吴国国号问题上，吴国为抵制中原史官选定并替代"歔（虡）"的"吴"字，主动更换国号为"敔"，并以字形变而语音不变的应对情况，或也为当时中原列国史官知晓。宋国青铜簠铭文中的"勾敔夫人"，即是明证。故中原列国史官对吴国使用中原雅乐之乐器名称的"敔"字，但又换汤不换药地依然发为他们难以发出的夷言之ng音，其抵制情绪就不难理解了。

（六）中原史官对吴国选用"敔"为国号的不予记载及其后果

1. 中原史官对吴国选用"敔"为国号的不予记载

吴国变更国号为"敔"的目的，本是为能获得中原列国及其史官们的认可。但如上所述，中原列国的史官们对吴国竟然使用中原雅乐之乐器名称的"敔"字，且以夷言、夷音的ng音呼之，故他们对之的抵制和批判，依然是不承认、不记载，并以之表达对吴国变更并使用"敔"为国号的不予认可。

而其中出现的一个特例，并非出自文献记载而是出自青铜器铭文。这就是上引中原地区的宋国青铜器中出现的铭文"勾敔夫人"。如前所述，中原列国及其史官当是知晓吴国使用"敔"作为国号的情况。否则，就无从解释中原宋器中出现"勾敔夫人"的铭文了。然而，中原列国史官，尤其是编纂《春秋经》《左传》的鲁国史官，因政治、文化等原因及吴国与鲁国国家关系的纠葛——寿梦二年（鲁成公七年，前584）"吴伐郯"[2]及被鲁国正卿（首相）季文子斥为"蛮夷入伐"[3]，同时，亦由于吴王夫差时吴国"北上争霸"，并开始全面逼迫鲁国。故他们出于政治、文化原因而拒绝吴国以"敔"更换"吴"，并表现在《春秋经》《左传》等文献中依然不记载更换后的吴国国号情况。

---

[1] 孔颖达疏，见《尚书正义》，北京大学出版社1999年，第128页。
[2]《春秋左传正义》，北京大学出版社1999年，第726页。
[3]《春秋左传正义》，北京大学出版社1999年，第727页。

2. 中原史官对吴国选用"敔"为国号不予记载的后果

中原史官对历史话语权的滥用，首先是形成了上述文化背离的现象：留存于世的春秋吴国青铜器中，大量出现"工敔""攻敔"等以示吴国国号的铭文，但《春秋经》《左传》中却无记载。其次，在形成了上述文化背离现象的同时，更出现文化断层的现象。其负面后果表现在以下三个层面：

其一，在隔了两千余年后的清代中后期，中国学界翘楚对具"攻敔"铭文的出土青铜器，竟不识此"敔"字为何字及何意了。

董楚平《吴越徐舒金文集释》记

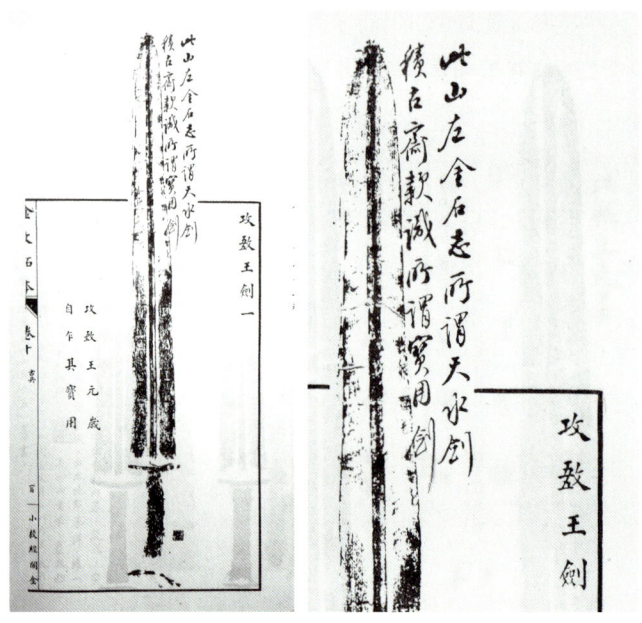

刘体智《小校经阁吉文拓本》所录"攻敔王剑"（左）及其局部（右）（录自《吴越徐舒金文集释》）[1]

载了这一文化断层现象的实例：阮元、毕沅合撰的《山左金石志》最初著录于嘉庆初年（1797），其中的"吴王剑"释文为："工□王天调自乍其天水"，故该剑被称为"天水剑"。而上述铭文中的"□"，即因不知此字为何字而留的空白。其后，阮元著《积古斋钟鼎彝器款识》，又改释为"宝用剑"，释文为："工□王天□自乍其宝用。"再其后，清光绪二十一年（1895）吴式芬《攈古录金文》释文为"攻□王元□自乍其宝用"，学者们认出"攻""元"二字。清光绪二十八年（1902）刘心源《奇觚室吉金文述》称"王元剑"。王国维《国朝金文著录表》开始认出第二字为"敔"，并谓"攻敔"，即"勾吴"。1935年刘体智《小校经阁吉文拓本》与1937年出版的罗振玉《三代吉金文存》，遂称此剑为"攻敔王剑"[2]。上述文化断层的现象，使得清末民初的学者们，像辨认甲骨文似的辨认着春秋吴器中的铭文。

《吴越徐舒金文集释》记载的另一个实例是，山西代州蒙王村出土的吴王夫差鉴，光绪《山西通志》、民国《周金文存》《贞松堂集古遗文》等多部金石学著作著录。该器中华人民共和国成立前曾在北京，现下落不明。光绪《山西通志》著录时，已考定该器铭文中的"攻吴"即"句吴"。但"1916年出版的邹安《周金文存》读'攻'为动词，说：'此楚器也，自春秋至战国，周无伐吴事，而吴楚相攻不止一次。'称此器为《攻吴监》"[3]。"监"，通"鉴"（代州蒙王村出土的吴王夫差鉴铭文拓本，另见下文）。将"攻吴"误读为吴、楚相争而楚"攻伐"吴国，以致将该器认作为楚器。这在今天看来，似乎不可思议，但在中国近现代学术史上却真实地发生过。

---

[1] 董楚平：《吴越徐舒金文集释》，浙江古籍出版社1992年，第146页。
[2] 董楚平：《吴越徐舒金文集释》，浙江古籍出版社1992年，第141页。
[3] 董楚平：《吴越徐舒金文集释》，浙江古籍出版社1992年，第73页。

由此，就构成了包括历史学、语言学、文字学等在内的中国学界的一个难以名状的奇葩现象——先秦吴国曾出现的国号"斖""虞""敔"等字被后世文献记载的群体性遗忘。

其二，上述文化断层现象的负面后果还表现在文史类工具书、辞书的记载系统及苏州方志的记载系统上。

首先，为文史类工具书及辞书的记载系统。在这一系统中，后世已无"斖""敔"等曾经为吴国国号的任何记载。现谨以下列代表性著作为例：

《尔雅·释乐》"所以鼓敔谓之籈"[1]句，郭璞注："敔如伏虎，背上有七十二龃铻，刻以木，长尺，擽之，籈者其名。"[2]

《康熙字典》"敔"字条，引《说文》："禁也。一曰乐器，椌楬也，形如木虎。"[3]其余另引《尔雅·释乐注》等，不录。

《汉语大字典》"敔"的释义，一作"禁御，后作'御'。《说文支部》'敔，禁也'"。二作"古代乐器，又名楬"。三作"止"[4]。

《汉语大词典》"敔"释义："古乐器名。又称楬。形如状虎。雅乐将终时击以止乐。"[5]其余引《尚书·益稷》等，不录。

《现代汉语词典》"敔"字释义："古乐器，奏乐将终，击敔使演奏停止。"[6]

上述代表性的工具书和辞书表明，在这一本应无所不包的工具书和辞书记载系统，已无"斖""敔"等曾经为吴国国号的任何记载。

其次，为苏州地方史志的记载系统。在这一系统所及的洋洋大观的诸多苏州方志中，亦无"斖""敔"等曾经为吴国国号的任何记载。

苏州历来被称为我国方志发源地之一，亦素有"方志之乡"的美誉。历史上，苏州编修的旧志达三百九十余部，其中府志、州志、乡镇志、寺庙道观志、园林山水志、人物风俗志以及具有史料价值的笔记性杂志等，应有尽有。其总数约占江苏全省旧志的三分之一。其中著名者有东汉《越绝书》《吴越春秋》，唐代《吴地记》，两宋《吴郡图经续记》《吴郡志》，元《吴中旧事》《平江记事》，明洪武《苏州府志》《姑苏志》，清乾隆《苏州府志》《吴县志》、同治《苏州府志》及《百城烟水》，民国《吴县志》等。然而，洋洋大观而又延绵不绝的苏州历代方志中，却均未出现"斖""敔"等曾经为吴国国号的任何记载。其中，清代方志如康熙《常熟县志》、光绪《昆新两县续修合志》及民国方志如《吴县志》，虽然出现过"敔"字，但均把"敔"字字义局限在孔庙等场所的祭祀乐器名称、著作名称或人名了。

以苏州旧志之尾的民国《吴县志》为例，该志共八处提及"敔"字，其中作乐器者共五处，分别为卷第二十六上《舆地考·文庙》记载"祭器"时，记"敔一""敔状如伏虎"及"所以擽敔

---

[1]《尔雅注疏》，北京大学出版社1999年，第159页。
[2]《尔雅注疏》，北京大学出版社1999年，第159页。
[3]《康熙字典》，中华书局1958年，第471页。
[4]《汉语大字典》（缩印本），湖北辞书出版社、四川辞书出版社1992年，第614页。
[5]罗竹风：《汉语大词典》第五卷，汉语大词典出版社1993年，第459页。
[6]《现代汉语词典》（第7版），商务印书馆2018年，第1602页。

者""左栀右敔"等及该卷注释引冯桂芬《吴县学礼器记》时提及"敔一"[1]。作堂号书名者一处，为卷第五十七《艺文考三》提及"江湜《伏敔堂诗录》十五卷、《续录》四卷"[2]。作人名者二，一为卷第六十七《列传五》提及"礼部员外张敔"[3]，一为卷第七十一中《列女二》提及"吴经敔，妻宋氏"[4]。

由以上分析可以看出，历史上曾作春秋吴国国号并以之自称的"虞""敽""敔"字，后世的苏州历代方志已完全不载。甚至如苏州籍的著名学者、清道光二十年（1840）科考榜眼并担任同治《苏州府志》总纂的冯桂芬，在前引其所撰《吴县学礼器记》时，也只是把"敔"当作乐器来认识了。而上述苏州历代方志的撰者、总纂如陆广微、朱长文、范成大、卢熊、吴宽、王鏊、冯桂芬等，均堪为当时的一流学者。这些饱读经史的学者们之所以在苏州方志中未录先秦吴国曾出现过的国号"敽""敔"字等，主要原因即是春秋时期的中原史官对吴国国号"敽""敔"等的不予记载，从而在先秦古籍中毫无痕迹。

其三，在文博系统藏有且展出含"敔"字铭文吴国青铜器的介绍中出现不统一现象。以河南博物院为例，该院展出河南平顶山应国墓地M95墓出土且含"公作敔"铭文的西周青铜器时名称为"敔铜簠"和"敔铜鼎"。固然，这里的"敔"不可作"吴"解，但该院在展出具"攻敔王夫差"铭文的铜剑时，却作"'吴王夫差'铜剑"。这就形成"攻敔"等同于"吴"的等式。而现今国内相关博物馆（院）展出具"攻敔王夫差"铭文的吴国青铜器时，均作"吴王夫差"。

以上所说的与吴王夫差有关的吴国青铜器，现均为相关博物馆的镇馆之器或重要藏品。但在铭文释读上，除"吴王夫差盉"肩部铭文作为特例为"敔王夫差"，并释之为"吴王夫差"外，其余则均如李学勤《古越阁所藏青铜兵器选粹》一文所说："所有这些柄吴王夫差剑，铭文都是2行10字，内容相同。"[6]然而，所有这些2行10字中的"攻敔王夫差"，几乎亦均被释为"吴王夫差"，从而在"敔王"等同于"吴王"外，又建立一个等式，即前文已述的"攻敔王"即等于"吴王"。

上述春秋吴器中的吴国国号"攻敔"，即春秋中原宋器（指《固始侯古堆一号墓》载"宋公栾作其妹勾敔夫人季子媵簠"）中的"勾（句）敔"[7]，亦即《史记·吴太伯世家》中的"句吴"[8]、《吴越春秋》中的"勾吴"[9]。

关于"句吴"的"句"，前文论及"夷言发声"时，引唐司马贞《史记索隐》注《史记·吴太伯世家》"太伯之奔荆蛮，自号句吴"[10]句引"颜师古注《汉书》，以吴言'句'者，夷语之发声，犹

---

[1]《吴县志》卷第二十六上《舆地考·文庙》，见民国《吴县志》，苏州图书馆藏本。
[2]《吴县志》卷第二十六上《舆地考·文庙》，见民国《吴县志》，苏州图书馆藏本。
[3]《吴县志》卷第六十七《列传五》，见民国《吴县志》，苏州图书馆藏本。
[4]《吴县志》卷第七十一中《列女二》，见民国《吴县志》，苏州图书馆藏本。
[5]《苏州文物菁华》编委会：《苏州文物菁华》，古吴轩出版社2004年，第27页。
[6]李学勤：《古越阁所藏青铜兵器选粹》，《文物》1993年第4期。
[7]河南省文物考古研究所：《固始侯古堆一号墓》，大象出版社2004年，第48页。
[8]《史记·吴太伯世家》，见司马迁：《史记》，中华书局1959年，第1445页。
[9]赵晔：《吴越春秋》，江苏古籍出版社1986年，第3页。
[10]《史记·吴太伯世家》，见司马迁：《史记》，中华书局1959年，第1445页。

言'於越'耳"[1]。因此,"句(勾)吴"之"句(勾)",与"於越"之"於"类同。关于"於越",《春秋经》有两处记之:一为《春秋经·定公五年》记载"於越入吴"[2]。《左传·定公五年》释之为"越入吴,吴在楚也"[3]。另一为《春秋经·哀公十三年》记载"於越入吴"[4]。《左传·哀公十三年》释之为"越子伐吴……丁亥,入吴"[5]。故上述"於越",一作越国,另一作"越子"即越王勾践,实指越王勾践执政的越国。上述,《春秋经》《左传》在"於越"与"越"之间画了等号。

相比之下,《春秋经》《左传》并无"勾吴""句吴"的记载,但"勾吴""句吴"后世即指春秋吴国。故类同于在"於越"与"越"之间画等号而在"勾吴""句吴""攻敔"与"吴"之间画等号了。

但不能不看到的一个情况是,吴国国号从"虞""敔"及"敔"等,屡屡变换,且与文献记载的吴国国号"吴"之间呈现出文化背离现象,而这又不是越国以及春秋诸多国号稳定且文献记载的国号与出土器铭文所示国号间一致而并无背离现象的诸侯国所能等同的。

因此,相关博物馆(院)对春秋吴国这一特定的国别及文化背离情况下的上述处理,固然有着使观众通晓明白的考虑。然而,将"攻敔王"释为"吴王"或是最简单的处理方法,且并无不妥。但不能不指出的是,这一处理同时也将"敔"及前及的"虞""敔"等吴国国号的演变历史做了屏蔽,更是隐藏了"敔"字与"吴"字所体现出的文化冲突。

因此,相关展馆在标注春秋吴国青铜器时,对吴国"曾用名"的"攻敔"(含"虞""敔"等)是否有必要标注及如何标注,是颇值得研究探讨的。

(七)"敔"字在后世用作人名、著作名及地名等实例

"敔"字在后世除用作孔庙等场所的祭祀乐器名称外,在社会生活中,该字为不常用字。后世用作人名、著作名称情况,参见前文。

江阴敔山湖(左,拍摄时"敔"字为草丛遮掩)及江阴敔山湖公园(右)(吴恩培摄)

---

[1]司马贞:《史记索隐》,见司马迁:《史记》,中华书局1959年,第1446页。
[2]《春秋经·定公五年》,见《春秋左传正义》,北京大学出版社1999年,第1559页。
[3]《左传·定公五年》,见《春秋左传正义》,北京大学出版社1999年,第1559页。
[4]《春秋经·哀公十三年》,见《春秋左传正义》,北京大学出版社1999年,第1669页。
[5]《左传·哀公十三年》,见《春秋左传正义》,北京大学出版社1999年,第1670页。

而用作地名者，据笔者所知，今江阴有自然地理名称"敔山湖"及以之为公园名称的"敔山湖公园"。除此之外，另有以"敔山"为词素构成的"敔山湾""敔山路""敔山桥"等江阴地名。而他处以"敔"为地名者，或亦存在，但笔者未闻，故未能列举。

四、文献记载的吴国号"吴"与现存吴器吴国号铭文"禺"的文化背离

外流且现为英国大不列颠博物馆收藏的"禺邗王壶"，盖外缘四周有铭文十九字："禺（吴）邗王于黄池，为（因）赵孟介（予）邗王之愍（敔）金，以为（作）祠（祭）器。"[1]（相关情况，参前文第八章）

该器因铭文的释读歧异，故存有晋器与吴器之争。国内众多学者均对之论证，但意见相左，"主要分歧是首字'禺'。一读作吴，名词；一读作遇，动词。这个分歧，关系到此壶是否为吴器的重大问题"[2]。吴聿明《禺邗王壶铭再辨》一文也道及这一释读论辩："分歧的焦点是：①关于'禺'字的释读：陈梦家先生释禺为虞、吴，认定'禺邗王'为'吴邗王'，即指吴王夫差。②而唐兰先生将'禺'释为'遇'，认作动词。③关于'𠂤'字的释读：陈梦家先生释为动词'给予'，唐兰先生释为'傧介'。鉴于以上对关键字的释读不一，因此对全句文意的理解和该器器主也有不同的看法。陈先生将全句文意通读为：'禺邗王（吴王夫差）在黄池，以赵孟（赵鞅简子）给予吴王的敔金，用来作祠器。'因此器主应是吴王夫差。唐兰先生将该句做如下通读：遇邗王于黄池，为赵孟𠂤（傧介），邗王之惕（锡）金，以为祠器。④器主则认为是赵孟或赵孟介。"[3]

"禺"字的音读情况各家不一。李学勤主编《字源》作"禺yǔ疑纽、侯部；疑纽、遇韵、牛巨切"[4]，王力等《王力古汉语字典》作"禺yù牛具切，去，遇韵，疑。侯部"[5]，而唐作藩编著的《上古音手册》则作"yú禺——韵部侯·声纽疑·声调平"[6]。

因此，"禺"字音读为yǔ，与"敔"音同；为yú，则与"鱼"的北方语音yú音同；为yù，则与"敔""鱼"音近。从语音的角度来看"禺邗王壶"中的"禺"字，与吴国选择"敔"字作国号的语音条件相同。故该字（指"禺"）为与"敔"字语音相同、字形相异的变体，即"禺"当释为"吴"或"敔"。

从铭文可知，该器铸造于黄池盟会后。其时，吴国在越国的打击下已急速衰落。正是在这非常时期，吴国铸造了这一对吴国上升时期充满着美好回忆的青铜器。器名中的"邗"，有学者说："邗，在今长江北岸之江苏扬州一带。又名'干'或'吴干'。"[7]《管子·小问》记载了西周晚期或春秋早期吴国扩充领土期间所发生的"昔者吴干战"[8]。"经过一场激战，吴国灭掉江北干国（亦称邗）。根据当时惯例，此后吴亦有时称干"，"吴的疆域北达江淮之间"[9]。吴灭干后，作

---

[1] 董楚平：《吴越徐舒金文集释》，浙江古籍出版社1992年，第76页。
[2] 董楚平：《吴越徐舒金文集释》，浙江古籍出版社1992年，第76页。
[3] 吴聿明：《禺邗王壶铭再辨》，《东南文化》1992年第1期。
[4] 李学勤主编：《字源》，天津古籍出版社等2012年，第808页。
[5] 王力等：《王力古汉语字典》，中华书局2000年，第837页。
[6] 唐作藩：《上古音手册》，江苏人民出版社1982年，第159页。
[7] 陈江：《吴地民族》，河海大学出版社1999年，第55页。
[8] 谢浩范、朱迎平译注：《管子全译》，贵州人民出版社1996年年，第631页。
[9] 肖梦龙：《吴国的三次迁都试探》，见江苏省吴文化研究会：《吴文化研究论文集》，中山大学出版社1988年年，第21页。

为历史记忆,语言上出现"吴""干"互文现象。《庄子·刻意》篇有"夫有干越之剑者,柙而藏之,不敢用也,宝之至也"[1]。清郭庆藩撰、王孝鱼点校《庄子集释》引曰:"干,吴也。吴越出善剑也。"[2]被吴国兼并了的"干"(又作"邗"),作为与"吴"互文通用的一个词保存下来,记录了吴国历史上的领土扩充过程,也揭示了"吴""干"之间的文化融汇。

因此,黄池盟会后,吴王夫差归吴而制此器。领吴军返归后的吴王夫差,面对着越人的逼迫和索取,《史记·吴太伯世家》记载这一情况说,夫差"引兵归国。国亡太子,内空,王居外久,士皆罢敝,于是乃使厚币以与越平"[3],即指出吴王夫差归国后,吴国所面临的种种严峻情况——没有了太子,国内空虚,因吴国军事力量在远离吴国的北方连年争夺,既使吴国军团将士疲惫不堪,厌战情绪日渐滋生,也使得支撑连年战争的国内百姓日感疲惫。所有这些,使得从黄池归来的吴军战力及信心大衰,吴王夫差只能选择以"厚币"即众多财物与越人媾和,这无疑又加重了吴国国民的经济负担。因此,值这一时期吴王夫差制作的"禺邗王壶",以非常态的"禺邗王"即"吴邗王""吴干王"自称,既委婉表达出对吴国早期扩充领土时期的回忆、思慕和向往,也使得这一以"禺"字代"攻"或"吴"并以之示为吴国国号的吴器成为存世吴国青铜器的唯一孤案。

如前所述,因铭文中的"禺"字与"攻""吴"的字音、字义相近,故该"禺"字与这一时期所具"攻"字铭文的吴国青铜器一样,共同成为与文献记载的吴国国号"吴"相背离的吴国自称的又一国号。

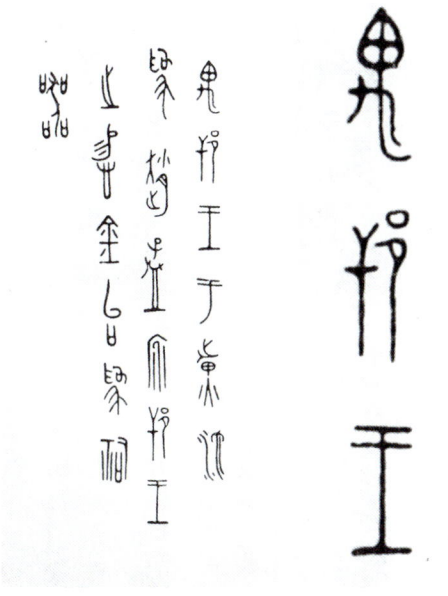

"禺邗王壶"铭文摹本(左)及其细部"禺邗王"(右)
(录自《吴越徐舒金文集释》)[4]

第四节 文献记载的吴国号"吴"与阖闾、夫差时期吴器铭文中吴国号"吴"的重合

吴王阖闾、吴王夫差分别执政十九年及二十三年。因此,具"吴"字铭文的吴国青铜器,当为二王执政,且为吴国最后的这四十二年中出现,这使得《春秋经》《左传》等文献记载的吴国国号"吴"与吴国青铜器铭文中的"吴"字开始出现重合现象。

---

[1] 王孝鱼点校:《庄子集释》,中华书局1961年,第544页。
[2] 王孝鱼点校:《庄子集释》,中华书局1961年,第545页。
[3]《史记·吴太伯世家》,见司马迁:《史记》,中华书局1959年,第1474页。
[4] 董楚平:《吴越徐舒金文集释》,浙江古籍出版社1992年,第77页。

一、吴王阖闾时期具"吴"字铭文吴国青铜器的出现及其实例

（一）有明确纪年表明吴国已使用"吴"为国号的"吴王子光戟"铭文

"吴王子光戟"2013年出土于随州文峰塔墓地M21。该器出土于随国主管军事的大司马"嘉有"（邵）墓。如前文推测，公元前506年（吴阖闾九年，鲁定公四年）吴伐楚入郢后，为追索逃至随国的楚昭王，吴王阖闾来到随国，亲自策动、施压并利诱随人（即曾人）叛楚。其时，吴王阖闾为表示同宗情谊，很可能将自己使用的一对精美兵器——"吴王子光戟"作为馈赠礼物，或赠与随国国君，或赠与接待并予交涉的随国主管军事的大司马"嘉有"（邵）。两千五百余年后，该"吴王子光戟"出土于随大司马"嘉有"（邵）墓中。"吴王子光戟"器铭，如前文述，为"吴王子光之用"。故由此可知，公元前506年（吴阖闾九年）前后，吴国已出现使用以"吴"为国号的铭文，并以之铸于吴王阖闾所用兵器之上。因此，该"吴"字出现的年代，为吴阖闾元年（前514）至吴阖闾九年（前506）的九年内。

（二）印证"吴蔡"联姻的吴王阖闾为其女所制"吴王光"青铜鉴

"吴王光"青铜鉴，1955年出土于安徽寿县春秋墓，墓主为公元前506年（吴阖闾九年）吴伐楚前后娶吴王阖闾之女叔姬寺吁从而与吴国进行政治联姻的蔡国国君蔡昭侯。吴、蔡联姻事，未见文献记载，而是见诸该墓出土器"吴王光"青铜鉴中的铭文。关于该"吴王光"青铜鉴的出土，有学者指出："有两件是吴王光鉴，原残，已修复。形制、大小、花纹、铭文都相同。"[1]（该器铭文拓本，前文已列，参前。）该两件吴王光鉴，现分藏安徽博物院和中国国家博物馆。而该器铭文中的"吴王"表明，公元前506年（吴阖闾九年）前后，吴国已出现使用以"吴"为国号的铭文，并以之铸于吴王阖闾嫁女所用的礼器上。因此，如本书前文所述，吴国青铜器铭文中的吴国国号"吴"，或即由上述的随州出土器"吴王子光戟"及寿县出土器"吴王光鉴"二器铭文中的"吴"字为始。

（三）印证"吴胡"联姻的春秋晚期具"吴姬"铭文的传世器"鼄叔乍吴姬簠"

曾著录于《周金文存》《贞松堂集古遗文》《小校经阁金文拓本》等文献的传世器"鼄叔乍吴姬簠"现藏上海博物馆。该器器铭三行十六字，揭示春秋晚期时吴国王室女子"吴姬"与胡国的通婚事实。由此亦可推测，吴王阖闾伐楚时，吴国不仅与蔡国进行了政治联姻（即前文所述阖闾之女叔姬寺吁嫁与蔡国国君蔡昭侯），同时，还将另一位身份不详的吴国王室女子（即本器铭文中的"吴姬"）嫁与胡国国君胡子豹。胡国的这一亲吴抗楚立场，招致楚国报复。故当阖闾伐越失利并身死后的次年（指吴夫差元年，鲁定公十五年，前495），《春秋经·定公十五年》记载"楚子灭胡，以胡子豹归"[2]。而《左传·定公十五年》则记载了公元前506年（吴阖闾九年）当吴国攻打楚国时，胡子豹把楚国城邑靠近胡国的百姓全部俘掠。而楚国安定以后，胡国国君胡子豹又不事奉楚国，并说："国家的存亡由于天命，事奉楚国干什么？只不过多花费一点而已。"正是胡国的这一反楚立场，当吴王阖闾伐越失利并身死时，楚国灭亡胡国，并如上所说把胡子豹俘虏到了楚国。故由此文献记载来判断，该器（即鼄叔乍吴姬簠）的制作年代当为吴王阖闾时。

上述吴王阖闾时期具"吴王"等吴国国号"吴"铭文局部的图片、拓本或摹本等，自左至右，

---

[1] 董楚平：《吴越徐舒金文集释》，浙江古籍出版社1992年，第45页。
[2]《春秋经·定公十五年》，见《春秋左传正义》，北京大学出版社1999年，第1604页。

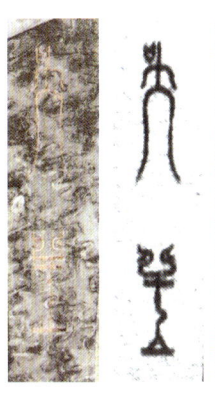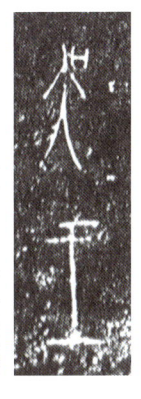

苏州吴中博物馆"穆穆曾侯——曾国出土青铜器特展"展出、随州博物馆藏的"吴王子光戟"铭文"吴王"图片细部（左一）（录自《穆穆曾侯：曾国出土青铜器精品》[1]）及其展出时的展板上的"吴王"摹本细部（左二）（吴恩培摄），"吴王光"青铜鉴铭文拓本"吴王"细部（左三）（录自《商周青铜器铭文选》[2]），上海博物馆藏"㯱叔乍吴姬簋"铭文拓本（左四）及其"吴姬"细部（右）（录自《吴越徐舒金文集释》[3]）

如上图：

（四）学者指为阖闾之子所作且具"吴"或"吴王"铭文的"配儿钩鑃"

配儿钩鑃于1977年6月出土于距绍兴城关4千米的狗头山，共两件，定名为甲乙两器。甲器铭文残缺，其中所具"吴"字，尚清晰可辨。二器年代为春秋晚期，现藏浙江省博物馆。

2017年，苏州博物馆举办"大邦之梦——吴越楚青铜器特展"时，曾展出该器。展出时的展器说明标牌标示该器情况为："配儿钩鑃（春秋，通高46厘米，柄长16厘米，铣间17.6厘米，舞长径15.7厘米。）1977年浙江绍兴越城区府山街道亭山村出土，绍兴博物馆藏。"该器与吴有关铭文，为该器首句。对之，浙江省博物馆编《越地范金》释为："［佳（唯）□月初］吉庚午，吴［王］□□□［之］冢子配儿曰……"[4]。苏州博物馆编《大邦之梦——吴越楚青铜器》释为："□□□初吉庚午，吴王□□余□犬子配儿，曰……"[5]。

关于"配儿钩鑃"中的"配儿"为谁？现存两种说法。一为沙孟海说："器主配儿，当即《吴越

苏州博物馆"大邦之梦——吴越楚青铜器特展"展出的"配儿钩鑃"（左一）（吴恩培摄）及其"吴"字铭文的配儿钩鑃拓本（左二）及该器中的"吴""子""配"铭文局部（左三）及"吴"字的细部（右）（录自《商周青铜器铭文选》[6]）

---

[1] 吴中博物馆：《穆穆曾侯：曾国出土青铜器精品》，江苏凤凰文艺出版社20221年，第152页。
[2] 上海博物馆：《商周青铜器铭文选》（一），文物出版社1986年，第334页。
[3] 董楚平：《吴越徐舒金文集释》，浙江古籍出版社1992年，第60页。
[4] 浙江省博物馆：《越地范金》，浙江古籍出版社2009年，第56页。
[5] 苏州博物馆：《大邦之梦——吴越楚青铜器》，上海古籍出版社2017年，第167页。
[6] 上海博物馆：《商周青铜器铭文选》（二），文物出版社1987年，第337页。

春秋·阖闾内传》之太子波。配波双声,儿字是语尾。"[1]另一为董楚平考证说:"吴王光长子名配儿,字终纍……'终纍'是配儿的字。"[2]以上二说,无论是《吴越春秋》里的太子波,或是《左传》记载的终纍(纍),皆为吴王阖闾之子,且其后均未承接阖闾后的吴国王位[关于"太子波"和"终纍"(终累),另参前文]。故按此及该器铭文出现的"吴"字等,该器当为吴王阖闾时期或吴王夫差时期的吴国青铜器。

(五)印证"吴罗"联姻的吴王之甥罗儿自费所作且具"吴王"铭文的"罗儿匜"

苏州博物馆举办"大邦之梦——吴越楚青铜器特展"时,曾展出"罗儿匜"。展出时的展器说明标牌标示:"罗儿匜,春秋晚期。高14.5厘米、长23厘米、宽20厘米。1988年南京市六合区程桥M3东周墓出土,南京博物院藏。……内底有铭文:'罗儿□□,吴王之姓(甥),孚卯公之孳(弟)之子。睪(择)氒(厥)吉金,自乍(作)盥鉈(匜)'。"关于该器铭,苏州博物馆编《大邦之梦——吴越楚青铜器》将上述"孚卯"作"学卯"并释义为"器主罗儿之母是吴王之女,学卯似为地名"[3]。而董楚平《吴越徐舒金文集释》一书,则叙述了该器"透露了一些重要历史信息。吴国曾与罗国联姻……罗儿是吴王之甥,即其母是吴女"。而"罗国,熊姓,与楚同宗。原居河南罗山县,屡次南迁,春秋时曾'在宜城县西山中,后徙南郡枝江县'(《左传·桓公十二年》杜注)。罗在《左传》中只见于桓公十二年、十三年,都与楚为敌。后被楚迁河南,《汉书·地理志》'长沙国罗县',应劭曰:'楚文王迁罗子自枝江居此。'罗县即今汨罗县,罗国故址在汨罗县南岸。楚文王在位时间是公元前六八九年至六七七年,距吴王寿梦元年(公元前五八五年)尚早百年左右。吴罗联姻当晚于楚文王一世纪。旧说楚武王或楚文王灭罗,此器出土,可纠正旧说。就现在所能看到的文献资料言,吴楚战争始于公元前五七〇年,见于《春秋》经传襄公三年。吴罗联姻应在此以后。楚灭罗具体年代无考。制作此器时,罗已亡国,王室流亡吴国寄人篱下。故自称'罗儿'不称罗君,

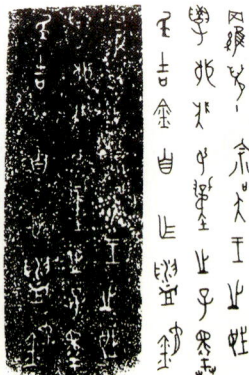

苏州博物馆"大邦之梦——吴越楚青铜器特展"展出的"罗儿匜"(左)(吴恩培摄)及罗儿匜铭文的图片、拓本和摹本(中)及"吴"字细部(右)(录自《大邦之梦——吴越楚青铜器》[4])

---

[1]沙孟海:《配儿钩鑃考释》,《考古》1983年第4期。
[2]董楚平:《吴越徐舒金文集释》,浙江古籍出版社1992年,第47页。
[3]苏州博物馆:《大邦之梦——吴越楚青铜器》,上海古籍出版社2017年,第118页。
[4]苏州博物馆:《大邦之梦——吴越楚青铜器》,上海古籍出版社2017年,第118页。

交代亲缘关系,则先提舅、后提父,其仰人鼻息,可以想见"[1]。至于该器以"姓"(甥)的身份所称其舅的"吴王",当为吴王阖闾或吴王夫差中的一人。因此,该器的铸制时间,当为吴王阖闾或吴王夫差时。

(六)"吴王之子带钩"及其具鸟虫书铭文"吴王"等

苏州博物馆举办"大邦之梦——吴越楚青铜器特展"时,曾展出"吴王之子带钩"。展出时的展器说明标牌标示:"吴王之子带钩,春秋,长6.8厘米,浙江省博物馆藏。……钩体正面及两侧阴刻鸟虫书铭文'吴王之子逼乌'昭示了使用者的身份地位。"

该"吴王之子逼乌",未见诸文献,史迹不详。《浙江博物馆典藏大系·越地范金》及苏州博物馆编《大邦之梦——吴越楚青铜器》均录该器,但均未指出该"吴王之子逼乌"为哪位吴王之子。但从该器具鸟虫书铭文"吴王"等来看,或为未见诸文献记载的吴王阖闾或吴王夫差之子,也可能为见诸文献记载的吴王阖闾或吴王夫差之子的另名。

苏州博物馆"大邦之梦——吴越楚青铜器特展"展出的"吴王之子带钩"(春秋,长6.8厘米,浙江省博物馆藏)(左一)(吴恩培摄)及该器阴刻鸟虫书铭文"吴王"细部(左二)、"之子"细部(左三)、"逼乌"细部(左四)、"吴"字细部(右)(录自《越地范金》)[2]

二、吴王夫差时期具"吴"字铭文的吴国青铜器实例

(一)具"吴王"铭文的"吴王夫差矛"

夫差矛是现存吴王夫差留存于世的著名兵器,也是春秋吴国留存于今的著名兵器之一,现藏湖北省博物馆。1983年,该矛出土于湖北荆州江陵县马山镇联山村10组砖瓦厂"马山5号墓"。据董楚平《吴越徐舒金文集释》一书介绍,"矛身近篱处有错字铭文两行八字,张舜徽等隶定为:吴王夫差,自乍甬(用)鎩……《说文》:鎩,矛也"[3]。从该矛具"吴王夫差"铭文来看,该矛当为制作于吴王夫差时期的夫差用器。

---

[1] 董楚平:《吴越徐舒金文集释》,浙江古籍出版社1992年,第44页。
[2] 《浙江博物馆典藏大系·越地范金》,浙江古籍出版社2009年,第57页。
[3] 董楚平:《吴越徐舒金文集释》,浙江古籍出版社1992年,第133—134页。

(二)具"吴王"铭文的夫差鉴(两件)

据文献记载,留存于世的吴王夫差鉴,共有五器,本书所列为其中之二。其一为前文所述邹安《周金文存》将该器铭文"攻吴"读作"攻伐吴国"从而误作楚器的夫差鉴。该鉴现下落不明,器腹内三行十三字的铭文却借著录而保留下来。该器铭文有"攻吴王大差"等字样。而"王国维原'以是器出山西,不得为吴物,故囊以攻吴为工虞,当是官名。王大差则人名也。'后来对照《者减钟》'有工鹵','因思吴鹵同音,工鹵亦即攻吴,皆句吴之异文。古音工攻在东部,句在侯部,二部之字,阴阳对转,故句吴亦读攻吴……至吴鹵互用,亦与古器朱鼀互用,不碍其为一国,然则此器之攻吴王大差,或即吴王夫差矣。'"(《攻吴王大差鉴跋》)[1]

另一夫差鉴相传1940年(或曰1943年)于河南辉县琉璃阁出土。原藏上海博物馆,后拨中国历史博物馆(今中国国家博物馆),著录于《商周金文遗录》《商周青铜器铭文选》等。中国国家博物馆展出的吴王夫差鉴,即为此器。

上述吴王夫差时期具"吴王"等吴国国号铭文局部的图片、拓本或摹本等,自左至右,如下图:

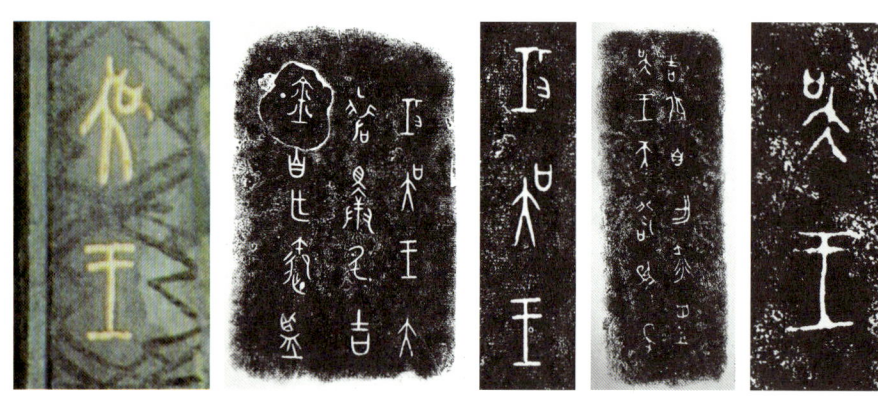

湖北省博物馆收藏并展出的"吴王夫差矛"铭文中的"吴王"二字细部(左一)(录自《中国青铜器全集》第十一卷《东周(五)》)[2],清同治中于山西代州蒙王村出土、现下落不明的"攻吴王夫差鉴"铭文拓片(左二)及其铭文"攻吴王"细部(左三)(录自《商周青铜器铭文选》)[3],中国国家博物馆展出的"吴王夫差鉴"铭文拓本(左四)及其"吴王"细部(右)(录自《商周青铜器铭文选》)[4]。

(三)陕西凤翔出土且具"吴王"铭文的"吴王孙无壬鼎"

1977年9月,陕西凤翔高王寺出土了一处东周铜器窖藏,且出土处的该窖藏在秦都雍城范围内的马家庄宫殿区附近。窖内出土有十二件铜器,其中一鼎,盖与器上均有相同铭文八字。对该鼎铭文,释读有异。凤翔县博物馆展出"高王寺青铜器窖藏"展板称该鼎为"无土厨鼎",上海博物馆《商周青铜器铭文选》称该鼎为"吴王孙无壬鼎"[5],《中国青铜器全集》第十一卷《东周

---

[1] 董楚平:《吴越徐舒金文集释》,浙江古籍出版社1992年,第73页。又,前引《王国维先生全集》初编三辑录王国维《攻吴王大差鉴跋》一文中,上述董楚平所引"工鹵""思吴鹵同音,工鹵亦即攻吴"等句中的"鹵"字,均为"鹵"字。"鹵"同"鹵"。
[2] 中国青铜器全集编辑委员会:《中国青铜器全集》第十一卷《东周(五)》,文物出版社1997年,第74页。
[3] 上海博物馆:《商周青铜器铭文选》(二),文物出版社1987年,第336页。
[4] 上海博物馆:《商周青铜器铭文选》(二),文物出版社1987年,第336页。
[5] 上海博物馆:《商周青铜器铭文选》(二),文物出版社1987年,第340页。

(五)》亦作"吴王孙无壬鼎"时对该器铭文作如下叙述:"器盖同铭,二行八字,记吴王孙无壬作此胆(厨)鼎。"[1]而董楚平《吴越徐舒金文集释》作"无土胆鼎"且认为:"'无土',不见经传,可能与夫差同辈。"[2]

凤翔县博物馆展出的"高王寺青铜器窖藏"展板说,该"窖藏时间在战国中期以前,铜器中除秦器外,无土厨鼎为吴器"。该吴器鼎为何出现在曾为秦旧都的雍城并在当代以"窖藏"方式出土?或为如下几种情况:一是,春秋时期,"秦"与太湖流域的"吴"的交集,有着文献未载的沟通和交集情况。二是,吴灭国后,该鼎分别为越人、楚人得之,而秦灭楚时,秦人从楚人手中得之,并将之带至秦旧都雍城。后因某种原因,入藏于该"高王寺青铜器窖藏"中。

列为全国重点文物保护单位的陕西凤翔"秦雍城遗址"文物保护碑(吴恩培摄)

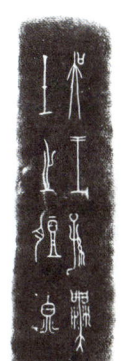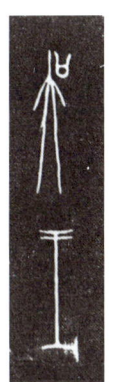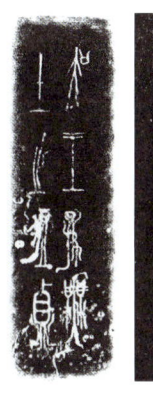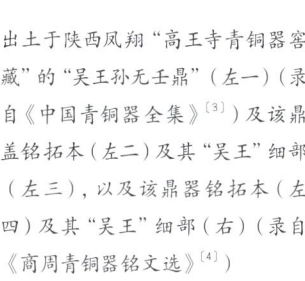

出土于陕西凤翔"高王寺青铜器窖藏"的"吴王孙无壬鼎"(左一)(录自《中国青铜器全集》[3])及该鼎盖铭拓本(左二)及其"吴王"细部(左三),以及该鼎器铭拓本(左四)及其"吴王"细部(右)(录自《商周青铜器铭文选》[4])

(四)春秋晚期具"吴王"铭文的"吴王御士簠"

吴王御士簠于1957年5月在北京市海淀区东北旺村修建马号挖房基时发现。因清乾隆五十六年(1791)王杰主持编修的《西清续鉴甲编》著录的"周叔绥簠"与该器铭文、型制、纹饰完全相同,故有学者认为:"此器本是清宫旧藏,由于种种原因流落到海淀区,埋入地下,五十年代又被发现,海淀区并非其原出土地。"[5]该簠现藏北京首都博物馆。器内底有十一字铭文,诸多学者

---
[1]中国青铜器全集编辑委员会:《中国青铜器全集》第十一卷《东周(五)》图版说明,文物出版社1997年,第2页。
[2]董楚平:《吴越徐舒金文集释》,浙江古籍出版社1992年,第79页。
[3]中国青铜器全集编辑委员会:《中国青铜器全集》第十一卷《东周(五)》,文物出版社1997年,第6页。
[4]上海博物馆:《商周青铜器铭文选》(二),文物出版社1987年,第340页。
[5]王兆莹:《吴王御士尹氏叔毓簠的再发现》,《文物》1986年第4期。

作不同释读,前六字多读为"吴王御士尹氏"。"御士"为承担侍御等职责的官职名称。"尹氏"为作器者姓氏。董楚平《吴越徐舒金文集释》罗列诸多学者铭文释读后指出:"此器国名称'吴',不称'工虞''攻敔',当作于春秋晚期。"[1]若更细化而准确地厘定,该器当铸制于吴王阖闾或吴王夫差时。

(五)吴王阖闾及吴王夫差执政时期的具"吴季子"铭文的"吴季子之子逞之剑"

"吴季子之子逞之剑"著录于《积古斋钟鼎彝器款识》《周金文存》等文献,"剑身铸造错金铭文两行十字:'吴季子之子,逞之元用剑'"[2]。由铭文可知,此剑为季札之子逞的用剑。关于季札之子逞,未见诸文献。按吴国王室的辈分排列,他当与公子光(即吴王阖闾)同辈。因该剑铭文中的"季""用"二字使用鸟虫字形。而吴国较早使用这一字形且留诸后世的实物器,目前所知的有山西万荣出土的吴王僚用器"王子于戈"及前引《古文字类编》所录具鸟虫篆铭文"吾"字的"攻敔王光剑"等。故结合上述来看,"吴季子之子逞之剑"制作年代大致为吴王僚后的吴王阖闾及吴王夫差执政时期。

吴国与季札有关而留存后世的青铜器有三:一为前述季札之父吴王寿梦为季札所铸且出土于江苏盱眙的"工獻季生匜",二为季札之兄吴王诸樊为季札所铸且出土于山西榆社的"季札剑",三为制作于吴王阖闾及吴王夫差执政时期且具鸟虫篆铭文的季札之子逞的用剑。

上述具"吴王""吴"等吴国国号铭文"吴"的图片、拓本或摹本等,自左至右,如下图:

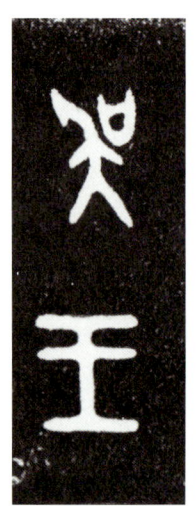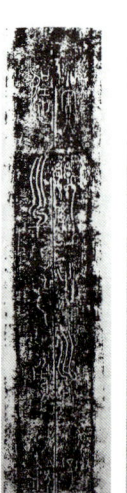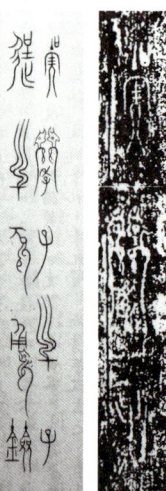

北京首都博物馆藏"吴王御士簠"铭文拓本(左一)及其"吴王"细部(左二)(录自《商周青铜器铭文选》[3]),以及"吴季子之子,逞之元用剑"铭文拓本(左三)、摹本(左四)及其拓本"吴季子"细部(左五)及摹本"吴季子"细部(右)(录自《吴越徐舒金文集释》[4])

三、吴王阖闾、夫差时期具"吴"字铭文吴国青铜器出现的原因推测

现存出土吴国青铜器铭文发生从"敔"(含其变体)到"吴"的变化,当是在吴王阖闾时期。但须指出的是如下诸点:一是吴器铭文中作为吴国号的"吴"字的出现,是与"敔"字同时并存,

---

[1] 董楚平:《吴越徐舒金文集释》,浙江古籍出版社1992年,第85页。
[2] 董楚平:《吴越徐舒金文集释》,浙江古籍出版社1992年,第98页。
[3] 上海博物馆:《商周青铜器铭文选》(二),文物出版社1987年,第340页。
[4] 董楚平:《吴越徐舒金文集释》,浙江古籍出版社1992年,第98页。

而不是"吴"字的全面覆盖或替代。通俗地说，吴王阖闾（含其后的吴王夫差）时期，青铜器铭文中的吴国国号，既有"攻敔"之"敔"，也同时有"吴"。二是其后的吴王夫差时，承继了这一变化，并在"敔""吴"继续并存时，另出现以"禺"字代文献中国号"吴"字的"禺邗王壶"这一孤案。三是，分析吴国青铜器铭文中吴国国号从"敔"（含其变体）到出现"吴"字的原因，当主要分析吴王阖闾时期吴国政治、军事、外交的情况，尤其是后者——吴国对外交往的需要。而参照这一时期的文献记载，可以看出，导致吴国具"吴"字铭文吴国青铜器出现的主要原因，即为这一时期（吴王阖闾时期）对外关系的需要。

吴王阖闾时期，涉及吴国政治、军事及对外关系的重大事件是：吴国联合唐、蔡伐楚并攻入郢都（相关情况参阅前文）。而地处淮河流域的唐、蔡以及胡国等，均为吴国伐楚时的盟友。为加强这一时期吴国与盟友间的联系，阖闾之女叔姬寺吁嫁与蔡国、吴国宗室女子吴姬嫁与胡国等均是这一联系的证据。而为这些外嫁女子作陪嫁铜器时，循中原列国对吴国称呼已久的吴国国号"吴"而为青铜器铭文，既是可能，且又必要。而佐证这一可能的一个实例是，宋国国君宋公栾为其妹季子作铭文为"宋公栾作其妹勾敔夫人季子媵簠"[1]的青铜簠时，即循吴国的自称"工（攻）敔"，而作该器中的铭文"勾敔夫人"。

因此，前述安徽寿县出土"吴王光"青铜鉴上的铭文"吴王光"及上海博物馆藏传世器"敔叔乍吴姬簠"上的铭文"吴姬"，很可能就是吴国为加强盟友间政治联姻这一外交路线下的文化交融产物。而吴王阖闾一旦在前述的"吴王子光戟"及"吴王光鉴"中开了自称为"吴王光"的口子，其后（含吴王夫差时期），吴国制作的青铜器中，与"工（攻）敔"同时使用"吴"这一国号，就成为留存后世的吴国青铜器铭文中出现"吴"字的主要原因。

四、背离与重合中吴国国号始终不变的"夷言发声"

从者减钟铭文的"工䖾"，到其后诸多吴王留存吴器铭文的"工（攻）虞"和"工（攻）敔"及"吴王夫差盉"铭文的"敔"、"禺邗王壶"铭文的"禺"，再到吴王阖闾、夫差时部分吴器中铭文与文献记载重合的吴国国号"吴"，春秋时期，吴器铭文中的吴国国号一直在变化中，但上述与北方语音读音与"鱼"同音或音近的"䖾""虞""敔""禺"，它们在太湖流域的吴国，发音可能都是"鱼"的"夷言发声"，即太湖流域土语方言的ng音。故"鱼"字的南北发音与文献记载的"吴"与吴器铭文中吴国国号诸字的关联度，如下表所示：

---

[1] 河南省文物考古研究所：《固始侯古堆一号墓》，大象出版社2004年，第48页。

北方话与吴方言关于"鱼"的发音及其与吴国诸国号的联系

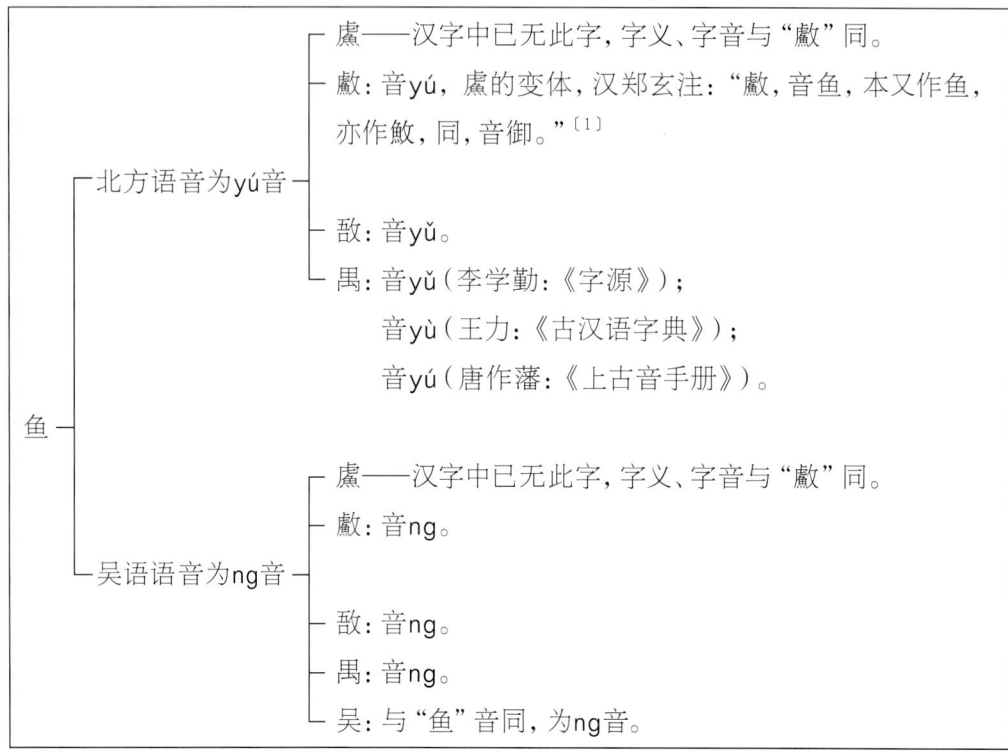

在罗列上述文献记载与吴国有关国号时,还当提及"虞"——与吴国密切相关的"虞国"。

《史记·吴太伯世家》记载:"周武王克殷,求太伯、仲雍之后,得周章。周章已君吴,因而封之。"[2]与其同时,还"封周章弟虞仲于周之北故夏虚,是为虞仲,列为诸侯"[3]。这意味着西周初,吴五世周章受封的同时,泰伯、仲雍的曾孙辈的周章弟"虞仲",被西周王朝封于"周之北故夏虚"(今山西平陆),从而成为虞国的始封君。尽管其后虞国为晋所灭,但西周初周王朝对吴的"因而封之"及"封周章弟虞仲于周之北故夏虚",当属周王朝建立后执行"封建亲戚,以蕃屏周"[4]政策的延续,或本就是该政策的一个组成部分。

关于"吴"与析分出的"虞"的关系,向有相同或相异之说。

所谓相同,指"吴"即是"虞"。高德基《平江记事》即指出:"太伯有国,自号句吴。说者云:'句',语辞,吴音也;'吴'者,虞也,太伯于此以虞志也。"[5]《左传·僖公五年》记载的"大伯、虞仲"[6],即《史记·吴太伯世家》中所说的"吴太伯,太伯弟仲雍"[7]。故前引《史记·吴太伯世家》之"封周章弟虞仲于周之北故夏虚,是为虞仲"句,司马贞《史记索隐》对之注曰:"《左

---

[1]郑玄注,见《周礼注疏》,北京大学出版社1999年,第11页。
[2]《史记·吴太伯世家》,见司马迁:《史记》,中华书局1959年,第1446页。
[3]《史记·吴太伯世家》,见司马迁:《史记》,中华书局1959年,第1446页。
[4]《左传·僖公二十四年》,见《春秋左传正义》,北京大学出版社1999年,第418页。
[5]高德基:《平江记事》,见杨循吉等著、陈其弟点校:《吴中小志丛刊》,广陵书社2004年,第25—26页。
[6]《左传·僖公五年》,见《春秋左传正义》,北京大学出版社1999年,第343页。
[7]《史记·吴太伯世家》,见司马迁:《史记》,中华书局1959年,第1445页。

传》曰'太伯、虞仲,太王之昭',则虞仲是太王之子必也……是仲雍称虞仲。今周章之弟亦称虞仲者,盖周章之弟字仲,始封于虞,故曰虞仲。则仲雍本字仲,而为虞之始祖,故后代亦称虞仲,所以祖与孙同号也。"[1]而《吴越春秋》则记载说:"古公三子,长曰太伯,次曰仲雍,雍一名吴仲,少曰季历……古公卒,太伯、仲雍归,赴丧毕,还荆蛮。国民君而事之,自号为勾吴。吴人或问何像而为勾吴,太伯曰:'吾以伯长居国,绝嗣者也,其当有封者,吴仲也。故自号勾吴,非其方乎?'荆蛮义之,从而归之者千有余家,共立以为勾吴。"[2]由上可知,仲雍即虞仲,虞仲又作吴仲,故"虞"即"吴"也。

而所谓相异,即"虞""吴"两国,各为国号,从不混用(指吴、虞同存在时)。而当吴、虞都已不存在时,《史记》关于战国时的史事记载中,却出现"虞"作"吴"的情况。《史记·秦本记》记秦昭襄王"五十三年,天下来宾。魏后,秦使摎伐魏,取吴城"[3]。即秦昭襄王五十三年,秦派摎伐魏,占领吴城。对"吴城"的诠释,裴骃《史记集解》引"徐广曰:'在大阳。'"[4]张守节《史记正义》引"《括地志》云:'虞城故城在陕州河北县东北五十里虞山之上,亦名吴山,周武王封弟虞仲于周之北故夏墟吴城,即此城也。'"[5]显见,这里的"吴城",即故虞城。汉代司马迁的这一记载中,将春秋时的"虞""吴"作混用处理。而黄盛璋在《铜器铭文宜、虞、矢的地望及其与吴国的关系》一文中说:"虞字从吴,古音虽同在鱼部,同声可以互假,但作为国名,虞、吴从不混用,不仅史籍如此,铜器铭文也是如此。南方之吴,出土铜器很多,自称为吴、攻吴、攻敔、攻獻,从不称虞;而北方之虞,如虞司寇壶、虞侯壶等,亦自称为虞,从不称吴。"[6]

而在语音方面,"吴"与"虞"的关系更值得注意。"虞"的北方语音读为yú,与"鱼"的发音大致相同。[7]与吴国国号有关的"獻""虘""敔""禺"等,它们一方面与"鱼"的北方语音相近或相同,另一方面在吴国或吴地却都发为与"鱼"的吴方言语音相同的ng音。然而,这一规律却不适用于从吴国析分出去的虞国。

今常熟因虞仲(吴仲)墓葬地而得名的虞山,在吴方言中从不读为ng山,而是读为yú山。其因,或为从吴国析分出去的虞国,一旦离开江南水乡泽国的地理环境,就与"鱼"及其吴地的ng音扯断了联系。而南方的吴方言中,再也不以有着强烈地域和族群特色的ng音呼"虞"及以之称呼这一迁徙于黄河北岸的虞国。

春秋时期,黄河流域的中原文化对长江下游的吴国"蛮夷"文化充满着歧视。其中之一即是对吴国"蛮夷"方言土语的歧视。吴王夫差时期,吴国与鲁、卫、宋三国在鄖地会见。吴国本欲与三国结盟,但三国拒绝并私下里结盟。吴王夫差极为恼怒,于是囚禁了三国中的卫国国君卫出公。

---

[1] 司马贞:《史记索隐》,见司马迁:《史记》,中华书局1959年,第1447页。
[2] 赵晔:《吴越春秋》,江苏古籍出版社1986年,第3页。
[3]《史记·秦本记》,见司马迁:《史记》,中华书局1959年,第218页。
[4] 裴骃:《史记集解》,见司马迁:《史记》,中华书局1959年,第219页。
[5] 张守节:《史记正义》,见司马迁:《史记》,中华书局1959年,第219页。
[6] 黄盛璋:《铜器铭文宜、虞、矢的地望及其与吴国的关系》,《考古学报》1983年第3期。
[7] 虞①"虞yú疑纽、鱼部;疑纽、虞韵、遇俱切。"(见李学勤主编:《字源》,天津古籍出版社等2012年,第434页。)②"虞yú遇俱切,平,虞韵,疑·鱼部。"(见王力:《王力古汉语字典》,中华书局2000年,第1133页。)③"yú虞——(韵部)鱼·(声纽)疑·(声调)平。"(见唐作藩编著:《上古音手册》,江苏人民出版社1982年,第159页。)

囚禁期间，卫出公接触到了吴方言，在被释放回到卫国国都后，竟"效夷言"[1]——学讲起吴方言来。《左传》则借一孩童之口对卫出公"效夷言"此举予以讥讽，从而表达了是时中原文化对"夷言"的鄙视和歧视。而从《孟子·滕文公上》将南方"蛮夷"的方言称为"今也南蛮鴃舌之人，非先王之道"[2]中也可以看出。"鴃舌"即指南方"夷言"说话如鸟语，亦即前引孔颖达疏所说的"自号句吴，句或为工，夷言发声也"[3]。这一"夷言发声"，指的就是长江下游太湖流域的土语方言。

而从上表所列可以看出，无论是吴国国号自称的"虞""獻""敔""禺"，还是与文献记载重合的"吴"，其"夷言发声"即吴方言土语，一律读作与"鱼"相同的ng音。而上述"虞""獻""敔""禺"的北方语音，亦与"鱼"北方语音的yú音相同或相近。因此，吴国国号的"夷言发声"，不论其字形如何变化，但其语音却始终是吴方言"鱼"的ng音。时至今日，苏州方言中，"吴"仍读为ng音就是明证。

从这一意义上讲，"鱼"的两种不同发音，即北方语音为yú音及吴方言语音为ng音，吴国国号似乎是在这两个不同的语音间切换，从而使得该字成为理解先秦时期与吴国国号有关文字的语音钥匙。

由此，可做如下总括式的评述：

1.古代北方语音与"夷言"为两个不同的语音系统

前述，有学者研究明《洪武正韵》与吴音（即吴方言语音）的关系时指出："吴音是与中原雅音对立的音系。"[4]

而春秋时期，北方语音与被蔑称为"夷言"（吴语语音，或曰吴方言语音）为两个不同的语音系统。它们在交互作用的过程中呈现出的冲突与交融，既导致了春秋时鲁国史官在撰《春秋经》《左传》时出现对吴国或吴都的称呼——"吴"字，也直接影响了前述《史记》关于吴国国号"句吴"的文字记载。对今天来说，这一规律同样影响着不谙吴语语音者对春秋吴国历史的相关研究——对出现在春秋青铜器且涉及"獻""虞""敔""禺"以及"五（吾）"和"吴"等铭文的内在语音联系，他们难以理解上述诸字与"鱼"字的字义、字音联系。故当阖闾、夫差时吴国青铜器铭文中出现与文献记载的吴国号"吴"重合时，也即吴国采用"吴"这一国号及其后世为"吴县""吴郡"等名称时，"吴"字的语音却依然为吴方言的ng音。

2.在与北方语音交融过程中，吴方言语音也出现文读、白读的音变现象，致使今苏州"吴中区"与"吴江区"的"吴"字出现不同音读情况

吴方言在其后的发展中，融合北方语音而出现文读（受北方语系影响而产生的与官话语音融合的吴语）和白读（吴方言土语）的语言现象。这使得吴方言中的"吴"字出现了更为复杂的音变情况：一方面，"吴"字文读为"hú"（胡）音，而苏州俗语所称的"吴胡不分"，即指此；另一方面，

---

[1]《左传·哀公十二年》，见《春秋左传正义》，北京大学出版社1999年，第1667页。
[2]《孟子·滕文公上》，见《孟子注疏》，北京大学出版社1999年，第148页。
[3]孔颖达疏，见《春秋左传正义》，北京大学出版社1999年，第619页。
[4]宁忌浮：《汉语韵书史》，上海人民出版社2009年，第52页。

"吴"字的白读即为历史保存下的土音——ng音，二者并行并同时存在。以战国末秦所置"吴县"为例，"吴县"行政区名在二十余年前尚存时，其音读为白读，即读为ng县（类乎"唔县"）。而同处苏州南部且相毗邻的"吴江县"，亦白读为ng gāng县（类乎"唔缸县"）。而吴县撤县为吴中区、相城区后，今"吴中区"在当地方言中却一改为文读的hú zhōng区（类乎"胡中区"）。而"吴江县"继为"吴江市"又改为"吴江区"后，却仍为白读的ng gāng区（类乎"唔缸区"）。

这样，就出现如下现象：现苏州古城区南部、相毗邻且同含"吴"字的苏州下属区级行政名称，一为文读hú音的"吴中区"，一为白读ng音的"吴江区"。二者的"吴"字发音，极为迥异，且均为吴方言语音。

何以出现此种情况？其间并无规律可循，乃是地方方言的约定俗成所致。以苏州俗语所称的另一"王黄不分"即"黄"读为"王"的语音现象来看，苏州话中"黄"多读为"王"音，但在"蛋黄"一词时，却颇特例地将"黄"读为"荒"音。

吴方言中的此类约定俗成或特例，使得操持北方语言的学者由此产生语言障碍，并在对历史上与"吴"有关的"虞""敔""敂""禺"的研究中产生错讹。以前述"禺邗王壶"的"禺"字释读来说，当把吴国曾使用过的国号"虞""敔""敂""禺"进行排列，则可清晰地看出它们既与"鱼"字的北方语音有着联系——这也构成了吴国选用该字的因素之一，也可看出它们与"鱼"字的吴方言语音有着联系。而元高德基《平江记事》所说的吴方言中"语音呼'鱼'为'吴'"[1]，则明显地显示出"禺"即为与"邗"相连的"吴"字，而不会作"遇"的释读。

3.春秋时已渐融入古代汉语的吴方言

对古代操持北方语言的鲁国史官来说，当吴国以"虞""敔"的铭文作国号而自称时，他们因语音障碍而不予认可。而春秋以后出现的"吾"字自称，却又与吴国当初的国号自称"虞""敔"有着联系。李学勤主编的《字源》释"吾"字条中说："西周金文中，'吾'也用为人名，但没有确切用为第一人称代词的用例（沈子它簋'吾考'多读为'皇考'或'宝考'）。东周相当于第一人称的是敔（或省攴），《论语》及其以后的著作中，'吾'字作第一人称代词使用才逐渐多起来。"[2]

前文辨析"虞""敔"二字时，曾引《广韵·入屋》："攴，击也。凡从攴者作攵。"[3]因此，上述《字源》所及东周相当于第一人称的"敔"字，即等同于"敔"字。而敔字"省攴"后则为后世从汉字系统中已消失了的"虞"字。

这意味着最初出现在吴国青铜器铭文中且以之自称的"虞""敔"等字，其后进入古汉语的文字系统后逐渐发展成古汉语中的自称——第一人称的"吾"字（或也包括"予""余"等第一人称代词）。而作为这一语言现象的残留，苏州现今仍有部分地区（如吴中区光福镇等）仍然以白读的"吴"即ng音为自称。而据《字源》提供的"虞""敔"等字进入古汉语文字系统的时间段——"《论语》及其以后的著作中，'吾'字作第一人称代词使用才逐渐多起来。"这一时段，恰与公元

---

[1]高德基：《平江记事》，见杨循吉等著、陈其弟点校：《吴中小志丛刊》，广陵书社2004年，第26页。
[2]李学勤主编：《字源》，天津古籍出版社等2012年，第81页。
[3]《广韵·入屋》，见罗竹风：《汉语大词典》第五卷，汉语大词典出版社1990年，第380页。

前488年（吴夫差八年，鲁哀公七年）吴国北上争霸而"吴来徵百牢"[1]所开始的与鲁国的战争有关。是年（指公元前488年，鲁哀公七年），孔子已六十多岁。其后的日子里，孔子返鲁乃开始其晚年的教育生活，有若、曾参、言偃、卜商、颛孙师诸人皆先后从学。而吴鲁战争及其后吴国胁迫鲁国参与的两次伐齐战争，使得吴国曾自称其国号的"虡""虝"以前文所说的"攻敔""攻吾""攻五"等自称形式被带到北方，并转化为"吾"字的形式而成为自称的第一人称代词，并在其后由孔子弟子及再传弟子编写而成并主要记录孔子及其弟子言行的《论语》开始使用。《论语》首次出现的"吾"字，就是孔子学生曾子的名言"吾日三省吾身"[2]。

第一人称代词何以为"吾"字？这不外乎以下两种推测：一为直接使用了前及的吴国自称国号的"攻吾"之"吾"，另一则为取"攻敔"之"敔"的字形一半——"吾"字。而吴王夫差时期，乃是较多使用并留存吴国自称"攻敔"铭文青铜器的时期。

历史在这里似乎画了个圆圈，并形成一个闭环——当初吴国以自称的"虡""虝"为国号被鲁国史官否定并不予记载，其后却又由鲁国的孔子弟子及再传弟子们在《论语》中以与"虡""虝"等吴方言语音相同、字义也相同的"吾"字或是"敔"字字形的一半"吾"字作为自称。

由此可以看出，在这一过程中并非采用当初字形繁杂的"虡""虝"字，而是选择了字形相对简约的"吾"字。而在发音上，也是将吴方言的ng音改造成被北方语音可以接受的字音。现以唐作藩编著的《上古音手册》中关于"鱼""吴""吾"三字的韵部、声纽、声调罗列来看：

"yú鱼——韵部鱼·声纽疑·声调平"[3]；

"wú吴——韵部鱼·声纽疑·声调平"[4]；

"wú吾——韵部鱼·声纽疑·声调平"[5]。

显然，依唐作藩《上古音手册》所示，经改造后的上述"鱼""吴""吾"三字北方语音的韵部、声纽、声调高度一致，均为"鱼·疑·平"。而上述"鱼""吴""吾"三字在吴方言语音中，依然发为ng音。王力《古代汉语》论及古汉语中的第一人称代词说："第一人称代词没一个本字，从一开始就借用本义是一种锯类工具的'我'来表示，后来一直沿用，并没有为它再造字，也没有为表示'我'本义的那个词造字。"[6]而该书在《古汉语通论》（十二）论及人称代词时又说："人称代词有'吾''我''予'（余）……都属于第一人称。"[7]

由此也可以看出，中国古代汉语形成的过程，即是以北方语音、文字、词汇等为基础而吸收诸多南方方言中的语音、文字并逐步改造、融合、固定的过程。这就不难解释在推行普通话，从而仄声字消失的今天，相当多的古音及仄声字在吴方言（也包含其他地区方言）中被保存下的语言现象。

---

[1]《左传·哀公七年》，见《春秋左传正义》，北京大学出版社1999年，第1640页。
[2]《论语·学而》，见《论语注疏》，北京大学出版社1999年，第4页。
[3] 唐作藩：《上古音手册》，江苏人民出版社1982年，第159页。
[4] 唐作藩：《上古音手册》，江苏人民出版社1982年，第137页。
[5] 唐作藩：《上古音手册》，江苏人民出版社1982年，第137页。
[6] 王力：《古代汉语》（修订本）第二册，中华书局1981年，第541—542页。
[7] 王力：《古代汉语》（修订本）第一册，中华书局1981年，第351页。

4.极具历史、文化含量的"吴"字

综上可见，一个"吴"字，不但涉及春秋吴国国号这一历史学范畴，涉及文献记载的文献学范畴，更涉及春秋吴国青铜器及其铭文判识等考古学、古文字学以及含上古音的研究、吴方言的文读、白读等语言学的范畴。所有这些，使得"吴"字成为春秋吴国国号及今吴地地域文化符号的同时，更成为一个极具历史、文化含量的词。

第五节　春秋时期，吴国国号的演变及其序列

春秋时期的吴国国号演变规律及其序列，由现存吴国青铜器铭文中先后出现的"邘""𢓊""虞""敔""吴""禺"等吴国号构成。其起迄年代，与《春秋经》《左传》等文献记载的春秋后期自十九世吴王寿梦起至二十五世吴王夫差灭国时止的七位吴王——寿梦、诸樊、馀祭、馀眛、僚、阖闾、夫差的在位年代同步，并借助于上述诸王时铸造且现存的吴国青铜器铭文而体现出来。

现存吴国最早青铜器为西周康王时的"宜侯夨簋"及铸于春秋时期且早于十九世吴王寿梦前的"者减钟"。前者"宜侯夨簋"的铸器年代尽管不在本章论述的"春秋时期"范围内，但因该器实物器的存在及其为吴国最早青铜器的独特地位，故不能不提及。对于曾有著录但实物器今已不知其存于何处的春秋吴国青铜器，因各家著述不一，且难核实相关信息，故本章除特殊情况外，不作涉及。

一、由现存吴国青铜器铭文构建的吴国国号历史演变序列

由现存吴国青铜器铭文构建的春秋时期的吴国国号，是杂乱无章地无序呈现，还是有其内在演变规律并形成相应序列？

这一论题的论述基础为须掌握一定数量的现存吴国出土青铜器（含征集器）及其铭文。否则，论述无从进行。而要达到上述条件，涉及对这些青铜器及其铭文的搜集、整理、甄别、论证等多项工作，且范围甚广。而吴国国号的演变序列，对之作系统论述的相关著作、论文，迄今为止，笔者所见不多。在2011年至2019年笔者参与《苏州通史》撰写并承担《苏州通史·先秦卷》的撰著时，曾撰有《春秋吴国国号及苏州城市符号的"吴"字及其溯源》章节，该章节情况如《苏州通史·先秦卷》之《代前言》所指出："本卷原撰有《春秋吴国国号及苏州城市符号的"吴"字及其溯源》章节……后因内容调整，该章节内容整体移入《苏州通史·导论卷》。"[1]其时，笔者曾有意就"春秋时期的吴国国号演变规律及其序列"作尝试性论述，但深感难度较大，于是，知难而退。《苏州通史·先秦卷》出版后，笔者继续做本书——《先秦吴国史稿》时，似觉终绕不开这一涉及先秦吴国核心意涵的论题。于是，在近年再作资料搜集的基础上，攘臂而再作冯妇了。

---

[1]《江湖夜雨十年灯》（代前言），见吴恩培：《苏州通史·先秦卷》，苏州大学出版社2019年，第2页。

(一) 20世纪八九十年代，学者对吴国国名演变及其序列的叙述

前文分析山东沂水剑时，曾引李学勤先生发表于《文物》1983年第12期的《试论山东新出青铜器的意义》一文。该文关于吴国青铜器铭文中涉及吴国国名演变的论述，如下：

"'工𢼸'或'工虞'即《淮南子·缪称》所言'句吴'，《左传》宣公八年《正义》引杜谱云，吴'自号句吴，'句'或为'工'，夷言发声也。'此词的写法，在东周金文中早晚有变化，较早的作'工𢼸'，如《西清续鉴甲编》所录者减钟，较晚的作'攻敔'，如几柄夫差剑[1]，还有作"攻吴"的，如夫差鉴（《三代》18，24，5）。江苏六合程桥1964年出土的吴国编钟铭文也作'攻敔'[2]其时代也在夫差的时期。沂水北坪子剑铭有'工虞'，属于年代较早的一类。"

李学勤先生1983年的这一论述，已较早涉及"工𢼸""工虞""攻敔""攻吴"等吴国青铜器铭文中涉及吴国国名演变的论述。而因未涉及吴国后期的国号"吴"，故未对之作类乎下文的"某某序列"而论述。其后，或受该文影响而论及吴国国名演变且逐渐具备"序列"完整要素的，为1986年和1991年发表的以下两文：

1.1986年朱俊英、刘信芳《攻𢼸王之子姑发邔之子曹鲥剑铭文简介》一文所列吴国国名演变序列：工𢼸→工虞→攻敔→吴

1982年6月，湖北襄樊襄北农场新生砖瓦厂发现的吴王诸樊之子"曹鲥众飞"剑时，朱俊英、刘信芳撰写介绍该剑出土情况的《攻𢼸王之子姑发邔之子曹鲥剑铭文简介》一文，刊于1986年《文物》第2期。

在该文中，朱俊英、刘信芳二位学者在释读该剑铭文"攻𢼸王"时说："攻𢼸或作'工𢼸'、'工虞'、'攻敔'，或作'吴'，据已发现的吴国兵器刻铭，作'工𢼸'、'工虞'者时代较早，作'攻敔'者时代较晚，作'吴'者时代最晚。"[3]

由上可知，目前所知最早完整列出吴国国号历史演变的"朱俊英—刘信芳"序列，即为：工𢼸→工虞→攻敔→吴。

2.1991年曹锦炎《从青铜器铭文论吴国的国名》一文所列吴国国名演变序列：工𢼸→工虞→攻吾→攻敔（敌）→攻吴→吴

1991年曹锦炎《从青铜器铭文论吴国的国名》一文，将"国号"称为同义的"国名"，并就"吴国国名的历史演变"，另"结合传世铜器进行考察"，从而罗列的序列为："吴国国名有以下几种写法：1.工𢼸……2.工虞……3.攻吾……4.攻敔（敌）5.攻吴……6.吴……"（上述引文中器名及出处，略）。在由相应青铜器铭文印证上述序列后，该文的结论性意见为："由此对吴国国名的演化关系作一个推论：吴国国名在诸樊以前作'工𢼸'；诸樊时作'工虞'；阖庐时改作'攻吾'，后作'攻敌'、'攻敔'，再改作'攻吴'，最后由'攻吴'省称为'吴'；夫差时仍沿用最后三种写法。"[4]

显见，上述曹锦炎序列为：工𢼸→工虞→攻吾→攻敔（敌）→攻吴→吴。相比前及"朱俊英—

---

[1] 原文此处加注："参看张振林：《关于两件吴越宝剑铭文的释读问题》，香港国际中国古文字学研讨会论文。"
[2] 原文此处加注："汪遵国等：《江苏六合程桥东周墓》，《考古》1965年3期。
[3] 朱俊英、刘信芳：《攻𢼸王之子姑发邔之子曹鲥剑铭文简介》，《文物》1986年第2期。
[4] 曹锦炎：《从青铜器铭文论吴国的国名》，《东南文化》1991年第6期。另见曹锦炎《吴越历史与考古论集》，文物出版社2007年，第2—4页。

"刘信芳"序列，主干相同，但相对细化。同时，曹锦炎先生罗列上述序列时，将之上升为"演化规律"，并指出说："这个演化规律是根据迄今为止所见的上述30余件吴国青铜器而作出的，将来视新出土资料情况或可再作修正。"[1]

曹锦炎先生对其提出的"演化规律"及其序列，极为珍视。其2007年出版结集性著作《吴越历史与考古论集》时，将《从青铜器铭文论吴国的国名》一文列于全书之首，而将发表于该文前的其他诸篇，如1990年发表的《关于"宜侯夨簋"铭文的几点看法》《吴季子剑铭文考释》；1983年发表的《越王姓氏新考》等，均置于该文后。由此，亦可见曹锦炎先生对该文的珍爱和重视。

3."朱俊英—刘信芳"序列及曹锦炎序列的共同特点

上述"朱俊英—刘信芳"序列及曹锦炎序列的共同特点，如下：

（1）大体反映了吴国国号、或曰国名的历史演变情况。

（2）均为继李学勤先生后的20世纪八九十年代提出的，故提出时间相对较早。

（3）在文献及考古实物遗存器为依据的基础上，均反映了吴国历史发展的客观规律。

4.学者们其后的相继论述及由此形成的共识

上述"朱俊英—刘信芳"序列及曹锦炎序列后，学者们在对吴国青铜器的考释中，也多有涉及这一吴国国名或曰国号的演变情况，从而客观上也参与了吴国国号演变的体系构建。这一构建，按时间为序的表述，分别如下：

（1）陈千万《湖北谷城县出土"攻虘王叡钺此郘（邻）剑"》（2000年发表）

陈千万先生的《湖北谷城县出土"攻虘王叡钺此郘（邻）剑"》一文，对谷城县出土剑铭文释读时提及："吴国国名在吴器铭文中多作'工虞'或'攻敔'，时代似有早晚之别，称'工虞'早于称'攻敔'。一般在吴王光（阖闾）和夫差时期多称'攻敔'，而称'工虞'或'工䖒'却在此之前，一概不见于阖闾、夫差时期器物。"[2]

（2）吴镇烽《记新发现的两把吴王剑》（2009年发表）

吴镇烽先生的《记新发现的两把吴王剑》一文，对该序列亦予以认可说："在出土的吴国青铜器中，吴国国名有作'工䖒''攻䖒''工虞''攻敔''攻敔''攻吾''敔''吴'等。其时代有早晚之别，就目前所知，称'工䖒''攻䖒''工虞'和'攻䖒'者，大多在诸樊在位时期及其以前；此后一般称'攻敔''攻吾'和'攻吴'，夫差时期还有省称'敔'或'吴'的。"[3]

（3）安阳文物考古研究所《河南汤阴羑河东周墓地M1发掘简报》一文（2019年发表）

安阳文物考古研究所发表的《河南汤阴羑河东周墓地M1发掘简报》一文说："吴王，较早称工䖒（或虞），较晚称攻敔，最晚称吴。从已知器铭看，吴王阖闾之后未见'工䖒（或虞）'之称。"[4]

（4）小结

上述吴国青铜器铭文显现出的吴国国号演变，及其序列的学术共识之形成过程，如前文所

---

[1] 曹锦炎：《从青铜器铭文论吴国的国名》，《东南文化》1991年第6期。另见曹锦炎《吴越历史与考古论集》，文物出版社2007年，第4页。
[2] 陈千万：《湖北谷城县出土"攻虘王叡钺此郘（邻）剑"》，《考古》2000年第4期。
[3] 吴镇烽：《记新发现的两把吴王剑》，《江汉考古》2009年第3期。上引文中"称'工䖒''攻䖒''工虞'和'攻䖒'者"，句中"攻䖒"重复，原文如此，疑似为"工虞"。
[4] 安阳文物考古研究所：《河南汤阴羑河东周墓地M1发掘简报》（执笔：申明清、陈杰、孔德铭、张海滨），《考古发现》2019年第4期。

述,首先为李学勤先生发端而论及;其后的"朱俊英—刘信芳"序列则已触及吴国国号演变的系统性排序;再其后的曹锦炎先生亦为其所称发现的"演化规律"而作细化式的系统性排序。因此,这一目前为学界认可的学术共识,既是由现存吴国青铜器铭文予以印证;同时,作为一种客观存在,该序列并非无形式的随机排列。

(二)出土遗存器等构建的春秋吴国国名演变序列

现存吴国青铜器的铸造年代及其铭文显示的吴国国号演变序列,按其铸造的年代,承上述"朱俊英—刘信芳"序列及曹锦炎序列,另结合出土遗存器等,叙述于下。

1.西周早期康王时期所铸青铜器"宜侯夨簋",铭文中未出现与吴国国号对应的称谓

现存吴国青铜器中年代最早者为出土于镇江丹徒的西周早期康王时铸青铜器"宜侯夨簋"。其时,据《史记·吴太伯世家》,周部族发生的太伯南奔,立国句(勾)吴事,已历数百年。且周武王灭商立周后,吴五世周章受封。而武王去世后,传成王、继至康王时所铸"宜侯夨簋",其铭文未出现与吴国国号对应的称谓。

2.早于十九世吴王寿梦之前的"者减钟"及其铭文映现的吴国号"敔"

现存吴国青铜器中年代为春秋早期至春秋晚期等不同说法而仅次于宜侯夨簋者,为清乾隆时出土于江西临江(今江西宜春樟树市)的"者减钟"。该器铸造年代为十九世吴王寿梦前,而铭文含具吴国国号"工敔"之"敔"的"工敔王"。该"工敔王"对应的吴王,学者们有不同说法(参见前文《学者对"工敔王皮難"及其子"者减"的不同对应和不同释读》表)。但如前文述,从该器铭文来看,在十九世吴王寿梦之前,吴国已出现了"工敔王",这也意味着该器铸造时,"工敔"之"敔"已为吴国国号。

而"工敔"及其变体"工虞",前文已作详细论述。这一自称的吴国国号,其义为擅长捕鱼的族群或国度。

3.十九世吴王寿梦时期:铸器铭文显示,这一时期的吴国国号分别为存有争议而不能确定的"邗"及可确定的"工敔"之"敔"

年代次于"者减钟"的吴国青铜器,为今北京故宫博物院收藏的寿梦用器"邗王是野戈"。该器现存争议。对这一存有争议的"邗王是野戈",本书认同上海博物馆编《商周青铜器铭文选》中所作"是埜(野)即孰姑,就是寿梦"[1]的判断。故"邗王"即"吴王","邗"即为吴王寿梦时的吴国国号。其后,该吴国国号作为文化基因再次出现,即为吴王夫差时的"禺邗王壶"。"禺邗",即吴国国号"吴邗",为吴国国号的另一写法。

另,寿梦时期的吴国国号,可确定为"工敔"之"敔",其依据,为以下二器:

(1)安徽淮南出土"工敔太子姑发𣉻反剑"——该剑又作"吴太子诸樊剑",1959年出土于安徽淮南市蔡家岗赵家孤堆战国墓。该剑铸制于寿梦时期诸樊为太子时。《商周青铜器铭文选》说:"诸樊立于公元前五六〇年,此剑当在此前所铸。"[2]故由此可知,该剑当为吴王寿梦时期,寿梦为其太子所铸。

---

[1] 上海博物馆:《商周青铜器铭文选》(二),文物出版社1987年,第364页。
[2] 上海博物馆:《商周青铜器铭文选》(二),文物出版社1987年,第365页。

(2)江苏盱眙出土"工𠩵季生匜"——该器为吴国与中原列国举办盟会时的外交礼仪用器。该器后遗留在"善道",即今日的江苏盱眙,并于"1985年4月下旬,……在距地表约50厘米深处发现"[1]。"会吴于善道"[2]时,为鲁襄公五年(吴寿梦十八年,前568)。其时的季札,只是个八九岁的少年。寿梦铸此国事礼仪用器时,本可以用自己的王号名称铸"工𠩵王乍其盥会匜"的铭文。但出于对其四子的喜爱,寿梦以其四子"工𠩵季生"名义"乍其盥会匜",从而表达了寿梦对季札的喜爱和希望他早日长大的精神情怀。

4.二十世吴王诸樊时期:铸器铭文显示,这一时期的吴国国号为"工虞"之"虞"

吴王诸樊与其父寿梦时期铸器所铭国号"工𠩵"之"𠩵"相异,即由"工𠩵"之"𠩵"而一变为"工虞"之"虞"。而如前述,"工虞"之"虞",为"工𠩵"之"𠩵"的变体。

诸樊时期的吴国国号,舍"𠩵"而取与之同义的"虞",其因文献无载。但很可能为"𠩵""虞"互通,字义相同,二字实为一字的缘故。后者"虞"较前者"𠩵"少一边旁"攵"。正是这一细微变化,成为吴王诸樊为标示自己的时代而求新、求变并留下的文化印记。在这一求新、求变中,吴国号并未离吴国先祖值"者减钟"时已确立的"𠩵"。由此来看,从寿梦到诸樊,吴国国号并无实质性变化。

二十世吴王诸樊及与诸樊有关联而留存后世的青铜器,分为三类:

第一类:"自乍"剑,即吴王诸樊为自己铸造、自己使用而存后世的用器,现存者三:

(1)山东沂水"工虞王"剑——剑身铭文具"工虞王乍元巳用"[3]且有学者指器主"疑即诸樊"[4]的"工虞王剑",1983年出土于山东沂水县。

(2)河南汤阴"工虞王"剑——剑身具"工虞王……自乍元用"[5]等铭文的吴王诸樊剑,2018年出土于河南汤阴县羑河墓地。

(3)安徽六安"工虞王"戈——戈身具"工虞王……自乍元用"[6]等铭文的"工虞王戈",1995年出土于安徽六安市九里沟第一轮窑厂(简称一窑厂)41号墓。

第二类:诸樊为其大弟馀祭所铸"工虞大叔盘"(又作"工虞大叔"盘,下同并类似者,不另注)、"工虞大叔"剑、"工虞大叔"铍及为其三弟季札所铸"工虞季子剑"。现存者即为上述四器。四器情况如下(序号与上顺接):

(4)"工虞大叔盘"——器身具"工虞大(太)叔□□自乍行盘"[7]铭文的该器,1988年出土于江苏省六合县程桥东周三号墓。曹锦炎《吴王寿梦之子剑铭文考释》一文中以加注形式指出说:"工敔大叔之称见程桥三号墓出土的盘铭,原作'工虞',器主为馀祭,做于诸樊为王之时。因其是诸樊首弟,故称'大叔'。"[8]此处,将"工虞大叔"写为"工敔大叔",并不严谨。

---

[1] 秦士芝:《盱眙县王庄出土春秋吴国铜匜》,《文物》1988年第9期。
[2] 《春秋经·襄公五年》,见《春秋左传正义》,北京大学出版社1999年,第842页。
[3] 李学勤:《试论山东新出青铜器的意义》,《文物》1983年第12期。
[4] 董楚平:《吴越文化新探》,浙江人民出版社1988年,第334页。
[5] 安阳文物考古研究所:《河南汤阴羑河东周墓地M1发掘简报》,《考古发现》2019年第4期。
[6] 冯志余、许玲:《六安市出土"吴王诸樊戈"》,《文物研究》第13辑,黄山书社2001年,第320页。
[7] 南京市博物馆、六合县文教局:《江苏六合程桥东周三号墓》(整理执笔:陈兆善),《东南文化》1991年第1期。
[8] 曹锦炎:《吴王寿梦之子剑铭文考释》,《文物》2005年第2期。

（5）"工虞大叔剑"——中国国家博物馆2014年征集且于"中国国家博物馆新入藏文物特展"展出。展出时的展器说明标牌文字说该剑："近茎处铸有铭文12字'（工）虞大弔戠矣（工）虞自乍元用'。由铭文得知剑主为'戠矣工吴'，即吴王余祭的别名。'大叔'是对诸侯国君首弟的称呼。余祭为寿梦之子，诸樊之弟，故该剑是余祭未继吴王位时所用之剑。"上述"（工）虞大弔"，即"工虞大叔"。

（6）"工虞大叔鈹"——该器即保利艺术博物馆收藏的"工吴大戠訽鈹"，2017年苏州博物馆举办"大邦之梦——吴越楚青铜器特展"展出时，该器参展时的展器说明标牌，对该器作如下介绍："工吴大戠訽鈹，春秋晚期，通长32.4厘米，茎长5.4厘米，保利艺术博物馆藏。身中起脊，扁圆茎残留木痕，系装柲之所。遍体饰菱形花纹。鈹身近茎处两侧铸铭：'工（攻）虞（吴）大戠訽，工虞（吴）自元用。'"另，苏州博物馆编《大邦之梦——吴越楚青铜器》一书，对该鈹器名另作"戠訽工吴鈹"，且作如下论述："此鈹尖锋，中起脊，脊侧有血槽，鈹身近茎处两侧铭文十字。扁圆茎残留木柲痕，通体饰菱形暗纹。据国家博物馆藏工吴大叔残剑，可知'大'后漏铸一'叔'字。'戠訽'，即徐昧剑铭文中的'戠鈌'，戠鈌工吴即戠鈌此鄁，即文献中的吴王馀祭，此剑铸于诸樊在位时期。"[1]

（7）"工虞季子剑"——器身具"工虞王姑癹（發）晉反之弟季子者"[2]等铭文的"工虞季子剑"，出土于山西榆社县，铸于吴王诸樊时期。

第三类：诸樊之子剑。

文献记载的诸樊之子有二：一为《左传·昭公十七年》记载的"公子光"[3]，杜预注："光，诸樊子阖庐。"[4]公子光后为二十四世吴王阖庐，又作阖闾。另一为"阖庐之弟夫概王"[5]，《史记·吴太伯世家》记为"阖庐弟夫槩"[6]。

除上述文献记载的诸樊二子外，出土青铜器亦有二剑剑铭显示剑主为诸樊之子。二剑剑铭显示剑主均为吴王诸樊之子，故置入吴王诸樊时期内叙述。二剑铸作时期，并非均为吴王诸樊时期。这从二剑铭文显示的吴国国号，分别为"攻虞"之"虞"及"攻敔"之"敔"可知。该二剑的情况如下（序号与上顺接）：

（8）诸樊之子"曹䚡众飞員剑"——剑身具"攻虞王姑发邔之子曹䚡众飞員自乍元用"[7]铭文的诸樊之子剑，该剑1982年6月发现、出土于时为襄樊市襄北农场新生砖瓦厂。

（9）诸樊之子"通"剑——剑身具"攻敔王姑发者反之子通自乍元用"[8]铭文的诸樊之子剑，2002年至2004年期间，出土于山东新泰周家庄东周墓。该剑铸作年代，本书前文叙述，可能为吴王阖闾执政时。其主要原因为：吴王阖闾时，以示吴国国号的"攻敔"铭文已出现。

---

[1]苏州博物馆：《大邦之梦——吴越楚青铜器》，上海古籍出版社2017年，第33页。
[2]曹锦炎：《吴季子剑铭文考释》，《东南文化》1990年第4期。
[3]《左传·昭公十七年》，见《春秋左传正义》，北京大学出版社1999年，第1370页。
[4]杜预注，见杜预：《春秋经传集解》，上海古籍出版社1978年，第1428页。
[5]《左传·定公四年》，见《春秋左传正义》，北京大学出版社1999年，第1554页。
[6]《史记·吴太伯世家》，见司马迁：《史记》，中华书局1959年，第1467页。
[7]朱俊英、刘信芳：《攻虞王之子姑发邔之子曹䚡剑铭文简介》，《文物》1998年第6期。
[8]任相宏、张庆法：《吴王诸樊之子通剑及相关问题探讨》，《中国历史文物》2004年第5期。

而由铭文推测，同为出土器显示为诸樊之子的二人，器铭具"工虞"的"曹鲥众飞员"的年龄，可能长于器铭具"攻敔"的"通"。

5.二十一世吴王馀祭时期：铸器铭文显示，这一时期的为"攻虞"之"虞"

馀祭用器，前述有其兄诸樊时期为其所铸冠以"工虞大叔"的盘、剑、铍等。上述诸器铭文显示的吴国国号为"工虞"之"虞"。

吴王馀祭即位后所制铸器铭文，为目前存在争议的湖北谷城县出土的"攻虞王叡戗此鄦（郲）剑"的铭文——"攻虞"之"虞"。该器器主，存在争议。但本书从历史上的服虖"句馀为馀祭"说。故对该湖北谷城剑，本书作吴王馀祭时期所铸用器。由此，该馀祭剑铭文所显示的吴国国号为"攻虞"之"虞"。

6.二十二世吴王馀眛时期：这一时期的铸器铭文显示，这一时期的吴国国号可能为"攻（工）虞"之"虞"

吴王馀眛时期的出土器遗存，情况较复杂。现分述如下：

（1）具"工虞"铭文且有争议的青铜矛

被有的学者指说与馀眛有关联的出土器，为镇江丹徒北山顶春秋墓出土且被发掘报告《江苏丹徒北山顶春秋墓发掘报告》指为"墓室中随葬的余眛矛"[1]。对之，董楚平予以作有前提的补充说："此器倘为馀眛矛，器铭未称王，作于即位之前。"[2]故按董楚平说，该器若为馀眛矛，其铸作时间馀眛为未称王即为王储时，而其时吴王为馀祭。而董珊《吴越题铭研究》将该器铭文读为"工虞自乍（作）□，其元用"，并认为"器主也是馀祭"[3]。

该器的收藏单位南京博物院，对该器及其墓葬的认定，在不同时期有着不同认识和不同表述。从"确认墓主为卒于公元前527年的吴王余眛。这是迄今为止在古代吴国疆域内发现的唯一有铭文可佐证的吴王墓葬……也是全国范围内发现的春秋战国时期的少数诸侯陵墓之一"[4]到将该矛展出时，不涉及其器主，而相继标示为"青铜有铭文矛"（南京博物院展出）、"青铜矛"（"大邦之梦——吴越楚青铜器特展"展出）。苏州博物馆编《大邦之梦——吴越楚青铜器》一书对该器亦不涉及器主，而仅对其"铭文释文"作"工虞（？）自作□，其元用"[5]。

该器收藏单位在该器器主认识的变化与调整情况下，论述该器铭文显示的吴国国号"工虞"之"虞"，则不能不加限制性说明。

若该器为馀眛矛，且该器铸于馀眛即位后，则可认为馀眛时期铸器铭文显示的吴国国号为"工虞"之"虞"。

而若该器器主为馀祭，或是该器为馀眛矛但铸于馀祭时期，则该器铭文显示馀祭时期的吴国国号为"工虞"之"虞"。

---

[1]江苏省丹徒考古队：《江苏丹徒北山顶春秋墓发掘报告》（执笔：张敏、刘丽文），《东南文化》1988年第3、4期。
[2]董楚平：《吴越徐舒金文集释》，浙江古籍出版社1992年，第103页。
[3]董珊：《吴越题铭研究》，科学出版社2014年，第16页。
[4]王振川：《中国改革开放新时期年鉴（1986年）》，中国民主法制出版社2015年，第425—426页。
[5]苏州博物馆：《大邦之梦——吴越楚青铜器》，上海古籍出版社2017年，第55页。

(2) 被称为馀眛剑的"苏博剑"

"苏博剑",即程义、张军政《苏州博物馆新入藏吴王余眛剑初探》一文及苏州博物馆编《兵与礼——苏州博物馆新入藏吴王馀眛剑研讨会论文集》中所说"苏州博物馆新入藏吴王馀眛剑"。

关于该剑,前文曾指出以下两点:

其一,该剑来源,并非正常考古发掘报告记录其来源情况的出土器。而是源为学者所"获见一柄私人所藏的吴王青铜剑"[1],而学者"获见"前的该剑情况,诸如著述、流传等,未见记载。

其二,该剑铭文导出与《春秋经》《左传》记载相悖且不存在的历史年号——"馀祭十年"。而将这一吴国历史上并不存在的"此事发生在余祭十年",设置一个"关于馀祭、馀眛在位时间问题,仍应以《史记》为准,即馀祭在位17年,馀眛在位4年"[2]的前提,而这又推翻并篡改了《春秋经》《左传》记载的先秦吴国历史。故前文称该剑铭文,为篡改历史且不可接受的铭文。因此,鉴于该铭文真实性存疑,故本书前文,对该剑持不作论断、暂且搁置并留待后人评断的谨慎意见。在这种情况下,本章节不对该器铭文作与吴王馀眛时期吴国国号的关联性论述。

综上,吴王馀眛时期出土青铜器,目前唯有曾被称为馀眛用器的镇江丹徒出土的青铜矛。而如前所述,对该器也存在着不同说法。

在这种情况下,本书谨以发掘报告《江苏丹徒北山顶春秋墓发掘报告》最早提出的"馀眛矛",以及该矛器铭所显示的吴国国号"工虞"之"虞",暂作这一时期的吴国国号为"'攻(工)虞'之'虞'"的并非共识性认识的叙述。

7.二十三世吴王僚时期:这一时期的吴国国号"攻敔"可能已出现

吴王僚时期现存出土青铜器为:

(1) 山西万荣出土的吴王僚戈

该戈铭文为"王子于之用戈"[3],未涉及吴王僚时期的吴国国号,故不作叙述。

(2) 无锡博物院从民间征集的吴王僚剑及其铭文显示的吴国国号"攻敔"

无锡博物院藏吴王僚剑为民间征集,铭文为"攻致(敔)王者叝虝叡自乍(作)元用鐱(剑)"[4]。从前文所列吴国国号历史演变的序列,无论是最早出现的"朱俊英—刘信芳"序列"工㓵→工虞→攻敔→吴",抑或是其后出现的曹锦炎序列"工㓵→工虞→攻五→攻敔(敌)→攻吴→吴",都说明吴国国号"工虞"后出现者为"攻敔"。

因此,该吴王僚剑铭文若无误,即该铭文出于吴王僚铸该剑之时,则这一"攻敔",或为吴国首次出现并显示为吴国新国号的铭文。同时,亦显示在吴国国号的演化、发展序列上产生较大变化(前文提及的绍兴鲁迅路剑铭文"攻敔"的情况,下文一并叙述)。而该变化的原因、特点,前文

---

[1] 曹锦炎:《新见攻廬王姑发皮難剑铭文及其相关问题》,见苏州博物馆:《兵与礼——苏州博物馆新入藏吴王馀眛剑研讨会论文集》,文物出版社2015年,第13页。
[2] 程义、张军政:《苏州博物馆新入藏吴王余眛剑初探》,《文物》2015年第9期。另见程义:《苏州博物馆新入藏吴王余眛剑初探》,刊苏州博物馆:《兵与礼——苏州博物馆新入藏吴王馀眛剑研讨会论文集》,文物出版社2015年,第10页。
[3] 张颔:《万荣出土错金鸟书戈铭文考释》,《文物》1962年第4、5期。
[4] 吴镇烽:《记新发现的两把吴王剑》,《江汉考古》2009年第3期。

已述（相关叙述，参见前文），其要点为："攻敔"之"敔"，其字形扬弃了值此以前出现的吴国国号"虞""虘"与"鱼"的关联。而其发音情况，"敔"的北方语音读为yǔ，与北方语音的"鱼"，音同而声调异。吴国借用此字为国号，或就是因其与"鱼"字的北方语音相近。

关于现存吴国青铜器中出现国号"攻敔"的时间，目前笔者所见最早的实物器，即为无锡博物院所藏吴王僚剑铭文中的"攻敔"。鉴于其涉及吴国国号由"虞""虘"等变更为"攻敔"的时间，故此处须再加强调的是：这一时期的吴国国号"攻敔"出现的前提是，无锡博物院所藏吴王僚剑铭文为该剑铸造时即已采用这一"攻敔"为吴国的新国号。如这一前提不能成立，即该吴王僚剑铭文不符合这一条件，则上述吴国国号由"虞""虘"变更为"攻敔"的时间，则可能为吴王僚后而下延自吴王阖闾时期。这是因为，现存多件具"攻敔"铭文的吴王阖闾用器的出土实物器证实，吴王阖闾时上述变更已然完成。

8.二十四世吴王阖闾时期：铸器铭文显示，这一时期的吴国国号分别为"攻敔"和"吴"

二十四世吴王阖闾时期的铸器铭文显示，这一时期的吴国国号分别为"攻敔"和"吴"，且二者并用。而其祖寿梦、父诸樊时期的吴国国号"虞""虘"等，再未出现。关于这一现象的产生原因，前文已述，不赘。

对吴王阖闾时期具铭文"攻敔""吴"等器情况，分别叙述如下：

（1）攻敔

吴王阖闾时期，"攻敔"已成为吴国国号，这从这一时期的青铜器铭文较多出现"攻敔"，可以证实。同时，这一时期中原宋国的青铜器铭文中，也出现了"勾（句）敔"的铭文，从而既证实这一时期吴国国号"攻敔"既已在中原列国得到传播；且获诸如宋国等中原国家的认可。同时，它也表明："攻敔"和"勾（句）敔"及文献记载的"句吴"[1]之间，存在着同一关系。

阖闾时期所铸且铭文具吴国国号"攻敔"的出土器情况如下（下列各剑的铸作时间，不得而知。故以下排列序号，与铸作时间的先后，并无关联）：

其一，山西原平县峙峪出土且具"攻敔王光"铭文的吴王阖闾剑。

其二，安徽南陵县出土且具"攻敔王光"铭文的吴王阖闾剑。

其三，安徽庐江县出土且具"攻敔王光"铭文的吴王阖闾剑。

其四，河南固始县出土且具"勾敔夫人"铭文的宋国青铜簠。该器并非吴国青铜器，而与《左传·定公六年》和《史记·吴太伯世家》记载的吴再伐楚"取番"之战有关。由此，亦可推算出宋国铸作此器的大致时间。

其余，如前文所用图片涉及的荷兰波斯顿博物馆藏"攻敔王光韩剑"铭文摹本图片及《古文字类编》将该"攻敔王光韩剑"铭文列入"吾"字的铭文摹本以及具鸟虫篆铭文"吾"字的"攻敔王光剑"等器，因现收藏情况不明及未能采集到该器相关图片等，故本章对之不作论及。

（2）吴

阖闾时期，铭文具吴国国号"吴"的青铜器已出现。且其中数器（如"吴王子光戟"、"吴王

---

[1]《史记·吴太伯世家》，见司马迁：《史记》，中华书局1959年，第1445页。

光"青铜鉴及传世器"欵叔乍吴姬簠"等),都能与《左传》记载的重大事件产生勾连,从而可推算出上述诸器铸造的大致时间。

其"吴"字铭文的出土器实物(含传世器等)遗存情况如下(以下排列序号,与铸作时间的先后无关联):

其一,湖北随州文峰塔墓地出土且具"吴王子光之用"铭文的"吴王子光戟"。

其二,安徽寿县蔡侯墓出土且具"吴王"铭文及印证"吴蔡"联姻的"吴王光"青铜鉴。

其三,春秋晚期,印证吴伐楚时,曾发生过的"吴胡"联姻且具"吴姬"铭文的传世器"欵叔乍吴姬簠"。

其四,学者指为阖闾之子所作且具"吴""吴王"铭文的"配儿钩鑃"。

9.二十五世吴王夫差时期:铸器铭文显示,这一时期的吴国国号承继吴王阖闾时的吴国国号——"攻敔"和"吴"的并用,并出现"禺邗"(吴邗)为吴国国号的情况

对二十五世吴王夫差时期出现的吴国国号"攻敔"和"吴",其各器铸作时间,不得而知。故以下排列序号,与铸作时间无关联。

出现"禺邗"(吴邗)为吴国国号用器的情况,与《春秋经·哀公十三年》《左传·哀公十三年》记载的吴、晋、鲁"黄池盟会"有关。杨伯峻《春秋左传注》注释并以出土传世文物佐证说:"黄池当在今河南封丘县南,济水故道南岸。传世器,辉县出土有赵孟庎壶二器……二器皆作于此时。"[1] 赵孟庎壶,即禺邗王壶。故其铸作年代,当为鲁哀公十三年(吴夫差十四年,前482)的黄池盟会后。

对上述具铭文"攻敔""吴"以及"禺邗"等器情况,分别叙述如下:

(1)攻敔

其一,湖北襄阳蔡坡出土且具"攻敔王"铭文的吴王夫差剑。

其二,河南洛阳东周王城出土且具"攻敔王"铭文的吴王夫差剑。

其三,山东邹县城关镇朱山庄村出土且具"攻敔王"铭文的吴王夫差剑。

其四,山东平度废品收购站征集且具"攻敔王"铭文的吴王夫差剑。

其五,河南辉县发现且具"攻敔王"铭文的吴王夫差剑。

其六,安徽寿县出土,于省吾"双剑誃"旧藏且具"攻敔王"铭文的吴王夫差剑。

其七,苏州博物馆征集且具"攻敔王"铭文的吴王夫差剑。

其八,浙江绍兴博物馆征集且具"攻敔王"铭文的吴王夫差剑。

其九,安徽淮南市蔡家岗赵家孤堆出土且具"攻敔王"铭文的夫差戈。

其十,江苏六合县程桥1号墓出土且具"攻敔"铭文的"臧孙钟"。该器被释读为吴太子终累之外孙自费所作,暂列吴王夫差时期铸器叙述。

(2)吴

其一,湖北荆州江陵县马山镇联山村出土且具"吴王"铭文的夫差矛。

---

[1] 杨伯峻:《春秋左传注》(修订本),中华书局1990年,第1674页。

其二,何鸿章先生捐赠、上海博物馆收藏并展出的"吴王夫差盉"。该器是现存吴国青铜器中,唯一显示吴国国号的铭文"攻""吴"同出于一器的青铜器。

其三,传1940年(或曰1943年)河南辉县琉璃阁出土且具"吴王"铭文的吴王夫差鉴。该器原藏上海博物馆,后拨中国历史博物馆(今中国国家博物馆)。

(3)禺邗

20世纪20年代河南辉县附近出土,后外流、现藏于英国伦敦大不列颠博物馆且具铭文"禺邗王"即"吴邗王"的禺邗王壶。

10.铸器铭文显示,春秋晚期吴国国号为"吴",但不能确定为吴王阖闾或吴王夫差时期留存的吴国青铜器

(1)陕西凤翔出土且具"吴王"铭文的"吴王孙无壬鼎",又作"吴土脰鼎"。

(2)春秋晚期具"吴王"铭文的"吴王御士簠"。

该器于1957年5月北京市海淀区东北旺村修建马号挖房基时发现。有学者认为:"此器本是清宫旧藏,由于种种原因流落到海淀区,埋入地下,五十年代又被发现,海淀区并非其原出土地。"[1]

(3)见诸著录且或为吴王阖闾,或为吴王夫差执政时期铸制的具"吴季子"铭文的"吴季子之子逞之剑"。

(4)春秋晚期,印证"吴罗"联姻的吴王之甥罗儿自费所作且具"吴王"铭文的"罗儿匜"。

(5)"吴王之子带钩"及其具鸟虫书铭文"吴王"等。该器钩体正面及两侧阴刻鸟虫书铭文"吴王之子遄乌",且该"遄乌"之名,未见诸文献,史迹不详。或为未见诸文献记载的吴王阖闾或吴王夫差之子,也可能为见诸文献记载的吴王阖闾或吴王夫差之子的另名。

(三)出土遗存器等构建的春秋吴国国名演变序列现存吴国青铜器器铭显示的吴国国号演变情况表

下表所列,为现存吴国青铜器之部分。

出土遗存器等构建的春秋吴国国名演变序列现存吴国青铜器器铭显示的吴国国号演变情况表

铸器时在位吴王	器铭显示的吴国国号	青铜器名称及其出土、收藏、征集等情况	器铭与吴国号有关的铭文图片	图片来源
寿梦前	䢴	"者减钟",清乾隆二十六年(1761)出土于江西临江(今江西樟树市)。今存四件,分藏故宫博物院、上海博物馆及台北故宫博物院等。	"者减钟"铭文"工䢴"拓本。	录自上海博物馆:《商周青铜器铭文选》(二),文物出版社1987年,第333页。

---

[1] 王兆莹:《吴王御士尹氏叔毓簠的再发现》,《文物》1986年第4期。

续表

铸器时在位吴王	器铭显示的吴国国号	青铜器名称及其出土、收藏、征集等情况	器铭与吴国号有关的铭文图片	图片来源
寿梦	邗	"邗王是野戈",现藏故宫博物院。该器器主存争议,此从"邗王"即"吴王"说。	"邗王是野戈"铭文"邗王"拓本。	录自上海博物馆:《商周青铜器铭文选》(二),文物出版社1987年,第334页。
	攻敔	"工敔太子姑发晋反剑"(吴太子诸樊剑),1959年安徽淮南蔡家岗赵家孤堆二号墓出土,现藏安徽博物院。	"工敔太子姑发晋反剑"铭文"工敔"拓本。	录自安徽省文化局文物工作队:《安徽淮南市蔡家岗赵家孤堆战国墓》,《考古》1963年第4期。
		"工敔季生匜",1985年出土于江苏盱眙,现藏盱眙博物馆。	"工敔季生匜"铭文"工敔"图片。	吴恩培摄于"大邦之梦——吴楚越青铜器特展"。
诸樊	虞	山东沂水"工虞王"剑,1983年出土于山东沂水县,现藏山东沂水县博物馆。	山东沂水"工虞王剑"铭文"工虞"图片。	吴恩培摄于山东沂水县博物馆。
		河南汤阴"工虞王"剑,2018年出土于河南汤阴县羑河墓地,现藏河南安阳考古研究所。	河南汤阴"工虞王剑"铭文"工虞"图片。	河南安阳考古研究所提供图片。
		安徽六安"工虞王戈",1995年出土于安徽六安市九里沟,现藏安徽六安皖西博物馆。	安徽六安"工虞王戈"铭文"工虞"图片。	吴恩培摄于"大邦之梦——吴楚越青铜器特展"。
		"工虞大叔盘",1988年出土于六合程桥东周三号墓,现藏江苏南京市博物馆。	"工虞大叔盘"铭文"工虞"图片。	录自南京市博物馆、六合县文教局:《江苏六合程桥东周三号墓》,《东南文化》1991年第1期。
		"工虞大叔剑",中国国家博物馆2014年征集的"吴王馀祭剑",即该剑。该剑现藏中国国家博物馆。	中国国家博物馆展出时示该剑名称为"工虞",在展出现场未采集到该器"工虞"等铭文图片,阙。	
		"工虞大叔铍",保利艺术博物馆收藏的馀祭时期的"工虞(吴)大敔郇铍",即该器。	"工虞大叔铍"铭文"工虞"拓本。	录自苏州博物馆编:《大邦之梦——吴越楚青铜器》,上海古籍出版社2017年,第33页。

续表

铸器时在位吴王	器铭显示的吴国国号	青铜器名称及其出土、收藏、征集等情况	器铭与吴国号有关的铭文图片	图片来源
诸樊	虞	"工虞季子剑",1985年出土于山西省榆社县,出土后"交县博物馆藏"。(县博物馆,指山西省榆社县博物馆)。	"工虞季子剑"铭文"工虞"拓本。	铭文信息录自晋华:《山西榆社出土一件吴王胙发剑》,《文物》1990年第2期。收藏信息录自董楚平:《吴越徐舒金文集释》,浙江古籍出版社1992年,第94页。
馀祭	虞	"工虞工虞剑(铍)",苏州博物馆藏。	苏州博物馆藏"工虞工虞剑(铍)"铭文"工虞"图片。	吴恩培摄于"大邦之梦——吴楚越青铜器特展"。
馀祭	虞	湖北谷城"吴王馀祭剑",1988年湖北谷城博物馆在该县城关镇征集。	湖北谷城"吴王馀祭剑"铭文"攻虞"拓本。	录自陈千万:《湖北谷城县出土"攻虞王叡戗此郘(郘)剑"》,《考古》2000年第4期。
馀昧	虞	该青铜矛曾被称为"馀昧矛",矛身具"工虞"铭文,现藏南京博物院。	曾被称为"馀昧矛"的铭文"工虞"图片及摹本。	录自苏州博物馆编:《大邦之梦——吴越楚青铜器》,上海古籍出版社2017年,第54—55页。
吴王僚	攻敔	"吴王僚剑",无锡博物院2008年征集,现藏无锡博物院。	"吴王僚剑"铭文"攻敔"图片。	无锡博物院提供图片。
阖闾	攻敔	山西峙峪"吴王阖闾剑",1964年出土于山西原平县峙峪村赵家堖,山西省博物馆藏、中国国家博物馆展出。	峙峪"吴王阖闾剑"铭文"攻敔"摹本。	录自上海博物馆:《商周青铜器铭文选》(二),文物出版社1986年,第335页。
阖闾	攻敔	安徽南陵"吴王阖闾剑",1978年发现于安徽南陵县三里公社与何湾公社交界处的小山头。	安徽南陵"吴王阖闾剑"铭文"攻敔"拓本。	录自上海博物馆:《商周青铜器铭文选》(二),文物出版社1986年,第366页。

续表

铸器时在位吴王	器铭显示的吴国国号	青铜器名称及其出土、收藏、征集等情况	器铭与吴国号有关的铭文图片	图片来源
阖闾	攻敔	安徽庐江"吴王阖闾剑",1974年发现于安徽省庐江县汤池公社,现藏安徽博物院。	安徽庐江"吴王阖闾剑"铭文"攻敔"拓本。	录自董楚平:《吴越徐舒金文集释》,浙江古籍出版社1992年,第109页。
		湖北荆州"吴王光戟",2019年出土于湖北省荆州市纪南镇唐维寺墓地。现藏荆州博物馆。	湖北荆州"吴王光戟"铭文"攻敔"图片。	吴恩培摄于湖北荆州博物馆。
		河南固始"勾敔夫人"青铜簠,1978年出土于河南固始县城关镇。该器为宋国青铜器,而"勾敔夫人"为吴王阖闾媵妾、宋国国君宋公栾妹。该器现藏河南博物院。	"勾敔夫人"青铜簠铭文"勾敔"拓本。	录自河南省文物考古研究所编著:《固始侯古堆一号墓》,大象出版社2004年,第48页"侯古堆铜簠铭文拓片"。
	吴	湖北随州"吴王子光戟",2013年出土于随州文峰塔墓地,现藏湖北随州市博物馆。	"吴王子光戟"铭文"吴"图片(左)及摹本(右)。	左铭文图片,录自吴中博物馆编:《穆穆曾侯:曾国出土青铜器精品》,江苏凤凰文艺出版社2021年,第152页。右铭文摹本,吴恩培摄自苏州吴中博物馆举办的"穆穆曾侯——曾国出土青铜器特展"。
		安徽寿县"吴王光"青铜鉴,1955年安徽寿县西门出土,现藏中国国家博物馆。	安徽寿县"吴王光"青铜鉴铭文"吴"拓本。	录自上海博物馆:《商周青铜器铭文选》(二),文物出版社1987年,第334页。
		传世器"赵叔乍吴姬簠",上海博物馆藏。	"赵叔乍吴姬簠"铭文"吴"的拓本。	录自董楚平:《吴越徐舒金文集释》,浙江古籍出版社1992年,第60页。
		"配儿钩鑃",1977年浙江绍兴狗头山出土。有学者指该器主为《吴越春秋·阖闾内传》之阖闾之子——太子波。该器现藏浙江省博物馆。	"配儿钩鑃"铭文"吴"拓本。	录自上海博物馆:《商周青铜器铭文选》(二),文物出版社1987年,第337页。

续表

铸器时在位吴王	器铭显示的吴国国号	青铜器名称及其出土、收藏、征集等情况	器铭与吴国号有关的铭文图片	图片来源
夫差	攻敔	湖北襄阳"吴王夫差剑",1976年出土于湖北襄阳蔡坡,现收藏处不详。	湖北襄阳"吴王夫差剑"铭文"攻敔"图片。	湖北省博物馆提供图片。
		河南洛阳"吴王夫差剑",1991年出土于洛阳市东周王城内的战国早期墓葬,现藏河南洛阳博物馆。现铭文目前仅可见"敔王夫差……其元用"7字。	河南洛阳"吴王夫差剑"铭文中目前仅可见7字中的"敔王"图片。	吴恩培摄于河南洛阳博物馆。
		山东邹县"吴王夫差剑",1991年发现于邹县(今邹城)城关镇朱山庄村,现藏山东邹城博物馆。	山东邹县"吴王夫差剑"铭文"攻敔"图片。	山东邹城博物馆提供图片。
		山东平度"吴王夫差剑",1965年山东平度废品收购站征集,现藏山东博物馆。	山东平度"吴王夫差剑"铭文"攻敔"摹本。	录自王恩田:《吴王夫差剑及其辨伪》,见江苏省吴文化研究会:《吴文化研究论文集》,中山大学出版社1988年,第147页。
		河南辉县"吴王夫差剑",1976年辉县百泉文物保管所在拣选杂铜时发现,现藏河南博物院。	河南辉县"吴王夫差剑"铭文"攻敔"拓本。	录自崔墨林:《河南辉县发现吴王夫差铜剑》,《文物》1976年第11期。
		安徽寿县"吴王夫差剑",1935年安徽寿县出土,后归于于省吾"双剑誃"旧藏,现藏中国国家博物馆。	安徽寿县"吴王夫差剑"铭文"攻敔"拓本。	录自上海博物馆:《商周青铜器铭文选》(二),文物出版社1987年,第368页。
		天津艺术博物馆藏"吴王夫差剑"。	天津艺术博物馆藏"吴王夫差剑"铭文"攻敔"摹本。	录自董楚平:《吴越徐舒金文集释》,浙江古籍出版社1992年,第140页。

续表

铸器时在位吴王	器铭显示的吴国国号	青铜器名称及其出土、收藏、征集等情况	器铭与吴国号有关的铭文图片	图片来源
夫差	攻敔	苏州博物馆2012年征集的"吴王夫差剑"。	苏州博物馆"吴王夫差剑"铭文"攻敔"图片。	录自苏州博物馆编著：《吴剑重辉——苏州博物馆新入藏青铜兵器》，文物出版社2014年，第60页。
		浙江绍兴博物馆2015年征集的"吴王夫差剑"。	绍兴博物馆"吴王夫差剑"铭文"攻敔"图片。	吴恩培摄于浙江绍兴博物馆。
		安徽淮南"吴王夫差戈"，1959年出土于安徽淮南蔡家岗赵家孤堆二号墓，现藏安徽博物院。	安徽淮南"吴王夫差戈"铭文"攻敔"摹本。	录自孙稚雏：《淮南蔡器释文的商榷》，《考古》1965年第9期。
		"臧孙钟"——被释读为吴太子终累之外孙自费所作之编钟，1964出土于江苏六合县程桥一号墓，现藏南京博物院。	"臧孙钟"铭文"攻敔"图片。	吴恩培摄于"大邦之梦——吴越楚青铜器特展"。
	吴	湖北江陵"夫差矛"，1983年出土于湖北荆州江陵县马山镇联山村，现藏湖北省博物馆。	湖北江陵"夫差矛"铭文"吴"字图片。	录自中国青铜器全集编辑委员会编：《中国青铜器全集》（东周5），文物出版社1996年，第74页。
		"吴王夫差盉"，何鸿章先生捐赠、上海博物馆收藏并展出。该器是现存吴国青铜器中，唯一铭文"敔""吴"同出一器的青铜器。	"吴王夫差盉"铭文"敔""吴"拓本。	录自《苏州文物菁华》编委会编：《苏州文物菁华》，古吴轩出版社2004年，第27页。
		中国国家博物馆展出的"吴王夫差鉴"，相传1940年（或曰1943年）河南辉县琉璃阁出土，原藏上海博物馆，后拨中国历史博物馆（今中国国家博物馆）。	"吴王夫差鉴"铭文"吴"拓本。	录自上海博物馆：《商周青铜器铭文选》（二），文物出版社1987年，第367页。
	禺邗	"禺邗王壶"，20世纪20年代河南辉县附近出土，后外流、现藏于英国伦敦大不列颠博物馆。该器铭文"禺邗王"即"吴邗王"。	"禺邗王壶"铭文"禺邗"摹本。	录自董楚平：《吴越徐舒金文集释》，浙江古籍出版社1992年，第77页。

续表

铸器时在位吴王	器铭显示的吴国国号	青铜器名称及其出土、收藏、征集等情况	器铭与吴国号有关的铭文图片	图片来源
春秋晚期，或为吴王阖闾，或为吴王夫差而不能确定	吴	"吴王孙无壬鼎"，1977年出土于陕西凤翔高王寺窖藏，现藏陕西凤翔县博物馆。	拓本（左）及器铭"吴"拓本（右）。	录自上海博物馆：《商周青铜器铭文选》（二），文物出版社1987年，第340页。
		春秋晚期的"吴王御士簠"，现藏北京首都博物馆。	"吴王御士簠"铭文"吴"拓本。	录自上海博物馆：《商周青铜器铭文选》（二），文物出版社1987年，第340页。
		"吴季子之子逞之剑"，见诸著录，现收藏处不详。该器或为吴王阖闾或为吴王夫差执政时期铸制。	"吴季子之子逞之元用剑"铭文"吴"拓本	录自董楚平：《吴越徐舒金文集释》，浙江古籍出版社1992年，第98页。
		春秋晚期，吴王之甥罗儿自费所作的"罗儿匜"，1988年出土于江苏六合程桥三号墓。现藏南京市博物馆。	罗儿匜铭文"吴"摹本。	录自苏州博物馆编：《大邦之梦——吴越楚青铜器》，上海古籍出版社2017年，第118页。
		"吴王之子带钩"，现藏浙江省博物馆。该器器主，或为未见诸文献记载的吴王阖闾或吴王夫差之子，也可能为见诸文献记载的吴王阖闾或吴王夫差之子的另名。	"吴王之子带钩"的鸟虫书铭文"吴"摹本。	录自《浙江博物馆典藏大系·越地范金》，浙江古籍出版社2009年，第57页。

二、未列入上表，或为器主存在不确定性，或为与吴国国号的演变序列明显抵牾的吴国青铜器

（一）器主的不确定性与霍山春秋墓葬出土的青铜戟

安徽霍山春秋墓葬出土的青铜戟，本书前文第八章论及该器时曾指出：有学者释读其铭文为"攻敔工差"[1]，并认为该器器主为吴王夫差；也有学者将其铭文释为"攻敔工年"[2]，并将器主认定为季札；另有学者释其铭文为"攻敔王叙自作用戟"，并认为"工叙即《史记》之盖馀、《春秋》之掩馀"[3]。鉴于有学者将该器器主作夫差，故本书将该器暂列入第八章现存吴王夫差用器内叙述。

然而，该器器主若作季札，则其铸器时代可为诸樊至夫差的历代吴王，而该器器铭"攻敔工年"则当作不同的时代对应。而该器器主作盖馀（掩馀），鉴于盖馀（掩馀）与吴王僚的关系，则为

---

[1] 王步毅：《安徽霍山县出土吴蔡兵器和车马器》，《文物》1986年第3期。
[2] 殷涤非：《吴工年戟跋》，《文物》1986年第3期。
[3] 陈秉新《安徽霍山出土吴工叙戟考》，《东南文化》1990年第1、2期合刊。

其作器者易推导为吴王僚,而其铭文"攻敔王叙自乍用戟"中的"攻敔王",当与吴王僚产生某种关联,并成为吴国青铜器中,最早使用"攻敔"为吴国国号的现存青铜器之一。

由于该器铭文释读时分别作吴王夫差、季札和盖馀(掩馀),呈现出不确定性,亦使得该器铸器年代也呈现出不确定性。在这种情况下,为谨慎计,该器未列入上表;同时,也无从对应而列入上表的哪位吴王(指铸器时代)栏内。

(二)器身铭文与吴国国号的演变序列明显抵牾

器身铭文与吴国国号的演变序列明显抵牾者,有如下二器。

1.绍兴剑

"绍兴剑",即曹锦炎《吴王寿梦之子剑铭文考释》一文所说的"吴王寿梦之子剑"。关于该剑,参见本书第五章相关内容。本章节谨就该剑铭文及其显示的吴国国号,论述如下:

本书第五章,曾言及该剑铭文中的吴国国号"攻敔"及《吴王寿梦之子剑铭文考释》一文所说"从本铭知道,寿梦时期已开始出现'攻敔'的写法"[1]。

对"寿梦时期已开始出现'攻敔'的写法"的判断,谨分以下三点论述:

其一,关于春秋时期的吴国国名演变及其序列。

20世纪八九十年代,学者对吴国国名演变及其序列的研究情况,前文已作论述。其要点是:20世纪80年代,朱俊英、刘信芳在《攻虡王之子姑发郘之子曹䱍剑铭文简介》一文中提出的"朱俊英—刘信芳"序列为:"工噈→工虡→攻敔→吴。"20世纪90年代,曹锦炎《从青铜器铭文论吴国的国名》一文提出的曹锦炎序列为:"工噈→工虡→攻吾→攻敔(敌)→攻吴→吴。"并将之提升到"演化规律"[2]的高度。因此,曹锦炎《吴王寿梦之子剑铭文考释》一文所说"从本铭知道,寿梦时期已开始出现'攻敔'的写法"[3],即与"朱俊英—刘信芳"序列相悖,也与曹锦炎先生本人提出的"曹锦炎序列"相悖。

其二,从现存吴国青铜器铭文的现状来检视。

从现存吴国青铜器铭文的现状来检视,除曹锦炎《吴王寿梦之子剑铭文考释》一文说"寿梦时期已开始出现'攻敔'的写法"外,并无其他现存出土遗存的吴国青铜器铭文支持这一说法。

前列《出土遗存器等构建的春秋吴国国名演变序列现存吴国青铜器器铭显示的吴国国号演变情况表》,罗列了寿梦、诸樊、馀祭、馀昧为吴王在位时铸器铭文的情况,上述所列吴王在位时铸作的青铜器铭文显示的吴国国号,无一为"攻敔"者。

因此,即使曹锦炎《吴王寿梦之子剑铭文考释》一文所说的"绍兴剑"铭文及"从本铭知道,寿梦时期已开始出现'攻敔'的写法"那也只是孤证。

而孤证不立,即只有"绍兴剑"铭文的一条证据支持"寿梦时期已开始出现'攻敔'的写法"的结论,也是缺少说服力而不能成立。

其三,从实际操作层面来检视。

---

[1]曹锦炎:《吴王寿梦之子剑铭文考释》,《文物》2005年第2期。
[2]曹锦炎:《从青铜器铭文论吴国的国名》,《东南文化》1991年第6期。另见曹锦炎《吴越历史与考古论集》,文物出版社2007年,第4页。
[3]曹锦炎:《吴王寿梦之子剑铭文考释》,《文物》2005年第2期。

在曹锦炎《从青铜器铭文论吴国的国名》一文所列吴国国名演变序列"工獻→工虡→攻五→攻敔（敌）→攻吴→吴"中，如何将"寿梦时期已开始出现'攻敔'的写法"插入上述的排序之中？

显然，从实际操作层面来检视，说说"寿梦时期已开始出现'攻敔'的写法"或并不难，但如何在吴国国名演变序列的"演化规律"中进行排序的重构，并插入"攻敔"，从而将这一重构序列显现出来，或并不那么容易。

2.余杭剑

"余杭剑"，前文又称"杭州余杭南湖'工吴王'剑"，即曹锦炎《工吴王叡狗工吴剑铭文考释》一文中记写的"2006年夏天，杭州市郊老余杭的南湖挖沙工地，出土了一柄青铜剑"的该剑。

前文第五章曾引曹锦炎《工吴王叡狗工吴剑铭文考释》一文指出，该"余杭剑"铭文为："工吴王叡吴（狗）工吴择其吉金，台（以）为元用，'又（有）佣（勇）无佣（勇），不可告仁。'其智（知）之！"[1]

同时，关于余杭南湖剑器主，该文指出："剑铭的'叡吴（狗）工吴'四字为吴王名毫不奇怪，其就是吴王馀祭名字的另一种写法。"[2]而该剑铸制年代，如前文第五章指出，"该'余杭南湖剑'应制作于诸樊在位之时，即铸制于吴王诸樊时期"。而该剑铭文为"工吴"而非"工虡"。所有这些，涉及由现存吴国青铜器铭文构建的吴国国号演变序列。

而从现存吴国青铜器铭文的现状来检视，并不支持吴王诸樊时已出现吴国国号"工吴"而非"工虡"的说法，更无相关吴国青铜器铭文的实例来支持。另从吴国国号历史演变序列实际操作层面来检视，无论是前及"朱俊英—刘信芳"序列的"工獻→工虡→攻敔→吴"，抑或是曹锦炎序列的"工獻→工虡→攻五→攻敔（敌）→攻吴→吴"，这里出现的吴王诸樊时吴国国号"工吴"而非"工虡"，其插入上述序列中的位置，如上所述，说说并不难，但将之插入而进行排序的重构并将之显现出来，或并不那么容易。

问题又回到本节开头所说的问题——"由现存吴国青铜器铭文构建的春秋时期的吴国国号，是杂乱无章地无序呈现，还是有其内在演变规律并形成相应序列"上来。

曹锦炎先生较早地对春秋时期吴国国名演变序列进行了排序，并将之提升到"演化规律"[3]的高度。其后，曹锦炎先生又在论述"绍兴剑"和"余杭剑"的过程中，分别提出了"寿梦时期已开始出现'攻敔'的写法"及吴王诸樊时铸制的"余杭剑"中，吴国国号已出现"工吴"而非"工虡"的铭文，从而将自己所说的"演化规律"式的排序打乱。

3.本书前文对"绍兴剑"与"余杭剑"所持不作论断、暂且搁置并留待后人评断的谨慎意见

主要原因，一是二剑出土经过的叙述模糊，对之认识难以把握；二是二剑铭文，均超前出现后出的吴国国号，如"绍兴剑"的"寿梦时期已开始出现'攻敔'的写法"[4]及铸于诸樊时期的馀祭用器"余杭剑"铭文的"工吴"。

---

[1]曹锦炎：《工吴王叡狗工吴剑铭文考释》，见西泠印社：《西泠印社"重振金石学"国际学术研讨会论文集》，西泠印社出版社2010年，第121页。
[2]曹锦炎：《工吴王叡狗工吴剑铭文考释》，见西泠印社：《西泠印社"重振金石学"国际学术研讨会论文集》，西泠印社出版社2010年，第122页。
[3]曹锦炎：《从青铜器铭文论吴国的国名》，《东南文化》1991年第6期。另见曹锦炎：《吴越历史与考古论集》，文物出版社2007年，第4页。
[4]曹锦炎：《吴王寿梦之子剑铭文考释》，《文物》2005年第2期。

因此，上述二器未列入《出土遗存器等构建的春秋吴国国名演变序列现存吴国青铜器器铭显示的吴国国号演变情况表》，皆主要因二器铭文显示的吴国国号，与吴国国号的演变序列存在着明显抵牾的现象。采取暂且搁置的办法，目的是为20世纪八九十年代学界对春秋吴国国号（又作国名）所做演变序列的研究成果（其中包含曹锦炎先生本人的研究成果）能予保留，即保留下吴国国号先后次序的研究成果。

秩序——中国先秦时期，"礼"的精义。

参考文献

（下列参考文献仅为部分。其余引用文献参见正文脚注。）

李学勤主编：《春秋左传正义》，北京大学出版社1999年。
杜预：《春秋经传集解》，上海古籍出版社1978年。
杨伯峻：《春秋左传注》（修订本），中华书局1990年。
竹添光鸿：《左氏会笺》，巴蜀书社2008年。
顾栋高：《春秋大事表》，中华书局1993年。
高士奇：《左传纪事本末》，中华书局1979年。
童书业：《春秋左传研究》，上海人民出版社1980年。
童书业：《春秋史》，山东大学出版社1987年。
沈玉成：《左传译文》，中华书局1981年。
王守谦、金秀珍、王凤春译注：《左传全译》，贵州人民出版社1990年。
完颜绍元：《语文版春秋左传》，上海书店出版社1998年。
《十三经今注今译》，岳麓书社1994年。
朱安群、徐奔等：《十三经直解》，江西人民出版社1993年。
左丘明撰、韦昭注：《国语》，上海古籍出版社2015年。
徐元诰：《国语集解》，中华书局2002年。
上海师范大学古籍整理研究所校点：《国语》，上海古籍出版社1998年。
黄永堂译注：《国语全译》，贵州人民出版社1995年。
李学勤主编：《春秋公羊传注疏》，北京大学出版社1999年。
李学勤主编：《春秋榖梁传注疏》，北京大学出版社1999年。
李学勤主编：《尚书正义》，北京大学出版社1999年。
李学勤主编：《周礼注疏》，北京大学出版社1999年。
李学勤主编：《礼记正义》，北京大学出版社1999年。
李学勤主编：《仪礼注疏》，北京大学出版社1999年。
李学勤主编：《毛诗正义》，北京大学出版社1999年。
李学勤主编：《论语注疏》，北京大学出版社1999年。

李学勤主编：《孟子注疏》，北京大学出版社1999年。

李学勤主编：《尔雅注疏》，北京大学出版社1999年。

黄寿祺、梅桐生译注：《楚辞全译》，贵州人民出版社1984年。

王锡荣、韩峥嵘译注：《战国策译注》，吉林文史出版社1998年。

诸祖耿：《战国策集注汇考》，江苏古籍出版社1985年。

宋衷注、秦嘉谟等辑：《世本八种》，中华书局2008年。

黄怀信等：《逸周书汇校集注》（修订本），上海古籍出版社2007年。

司马迁：《史记》，中华书局1959年。

司马迁著、泷川资言会注考证：《史记会注考证》，北岳文艺出版社1999年。

梁玉绳：《史记志疑》（全三册），中华书局1981年。

班固：《汉书》，中华书局1962年。

范晔：《后汉书》，中华书局1965年。

陈寿：《三国志》，中华书局1959年。

房玄龄等：《晋书》，中华书局1974年。

欧阳修、宋祁：《新唐书》，中华书局1975年。

赵翼撰、曹光甫校点：《二十二史劄记》，凤凰出版社2008年。

方诗铭、王修龄：《古本竹书纪年辑证》，上海古籍出版社1981年。

胡渭：《禹贡锥指》，上海古籍出版社2006年。

韩湘亭：《历代郡县地名考》，北京图书馆出版社2002年。

《中国历史年代简表》，文物出版社1973年。

《中国历史年代简表》，文物出版社2001年。

杜建民：《中国历代帝王世系年表》，齐鲁书社1995年。

宋元人注：《四书五经》，天津市古籍书店（影印）1988年。

陈奇猷：《吕氏春秋校释》，学林出版社1984年。

天津《荀子选注》三结合注释组：《荀子选注》，天津人民出版社1975年。

章诗同注：《荀子简注》，上海人民出版社1974年。

王焕镳选注：《韩非子选》，上海人民出版社1974年。

《韩非子》校注组：《韩非子校注》，江苏人民出版社1982年。

周才珠、齐瑞端译注：《墨子全译》，贵州人民出版社1995年。

谢浩范、朱迎平译注：《管子全译》，贵州人民出版社1996年。

刘文典：《淮南鸿烈集解》，中华书局1989年。

刘安等著、许匡一译注：《淮南子全译》，贵州人民出版社1993年。

刘向著、石光瑛校释：《新序校释》，中华书局2001年。

刘向著、钱宗武译:《白话说苑》,岳麓书社1994年。

王充:《论衡》,上海人民出版社1974年。

王充原著,袁华忠、万家常译注:《论衡全译》,贵州人民出版社1993年。

王符著、汪继培笺、彭铎校正:《潜夫论笺校正》,中华书局1985年。

黄寿祺、梅桐生译注:《楚辞全译》,贵州人民出版社1984年。

萧统编、李善注:《文选》(影印本),中华书局1977年。

郭璞注、谭承耕等校点:《山海经·穆天子传》,岳麓书社1992年。

郑樵:《通志》(影印本),浙江古籍出版社2000年。

马端临:《文献通考》,浙江古籍出版社2000年。

王安石:《王文公文集》,上海人民出版社1974年。

顾炎武:《顾炎武全集》,上海古籍出版社2011年。

《宋元方志丛刊》,中华书局1990年。

范文澜:《中国通史》(第一册),人民出版社1978年。

白寿彝:《中国通史》,上海人民出版社1994年。

许倬云:《西周史》(增补本),三联书店2001年。

许倬云:《西周史》(增补二版),三联书店2012年。

杨宽:《西周史》,上海人民出版社1999年。

白川静著、袁林译:《西周史略》,三秦出版社1992年。

杨宽:《战国史》(增订本),上海人民出版社1998年。

吕思勉:《先秦史》,上海古籍出版社1982年。

翦伯赞:《先秦史》,北京大学出版社1988年。

王宇信、王震中、杨升南、罗琨、宋镇豪:《中国古代文明与国家形成研究》,云南人民出版社1997年。

马银琴:《两周诗史》,社会科学文献出版社2006年。

郭伟川:《周公摄政称王与周初史事论集》,北京图书馆出版社1998年。

孙淼:《夏商史稿》,文物出版社1987年。

孟世凯:《夏商史话》,中国青年出版社1986年。

顾德融、朱顺龙:《春秋史》,上海人民出版社2001年。

戈春源、叶文宪:《吴国史》,人民出版社2001年。

魏昌:《楚国史》,武汉出版社1996年。

石泉:《楚国历史文化辞典》,武汉大学出版社1996年。

顾颉刚、史念海:《中国疆域沿革史》,商务印书馆2000年。

沈德潜:《古诗源》,中华书局1963年。

袁康、吴平:《越绝书》,上海古籍出版社1985年。

张宗祥校注：《越绝书（附清钱培名、俞樾札记二种）》，商务印书馆1956年。

俞纪东：《越绝书全译》，贵州人民出版社1996年。

赵晔：《吴越春秋》，江苏古籍出版社1986年。

张觉译注：《吴越春秋全译》，贵州人民出版社1993年。

陆广微：《吴地记》，江苏古籍出版社1986年。

朱长文：《吴郡图经续记》，江苏古籍出版社1986年。

范成大：《吴郡志》，江苏古籍出版社1986年。

卢熊：明洪武《苏州府志》，广陵书社2015年。

王鏊等：明正德《姑苏志》，苏州图书馆藏本。

冯桂芬等：清同治《苏州府志》，刊《中国地方志集成·江苏府县志辑⑦·同治苏州府志》，江苏古籍出版社1991年。

姜顺蛟、叶长扬修，施谦纂：清乾隆《吴县志》，苏州图书馆藏本。

曹允源等总纂：民国《吴县志》，苏州图书馆藏本。

金友理：《太湖备考》，江苏古籍出版社1998年。

单庆修、徐硕纂：《至元嘉禾志》，上海古籍出版社2010年。

光绪《嘉兴府志》，苏州图书馆藏本。

杨潜：《云间志》，刊《宋元方志丛刊》（第一册），中华书局1990年。

后　记

《先秦吴国史稿》即将出版之时，王国平教授欣然为之作序。谨此，致以衷心感谢。

《先秦吴国史稿》一书出版过程中，获苏州市泰伯文化研究会会长、苏州吴氏文化研究中心主任吴永敏先生给予的帮助和支持，谨致以衷心感谢。

《先秦吴国史稿》一书出版过程中，获无锡市新吴区泰伯文化研究会、吴氏祖地宗亲总会会长吴新先生给予的帮助和支持，谨致以衷心感谢。

《先秦吴国史稿》在撰写过程中的资料查找、材料核实及实地寻访工作，获得了笔者同学、同事及朋友的帮助。

《先秦吴国史稿》一书论及"泰伯奔吴对海外的影响"时所涉及的日本"和服"又称"吴服"事，笔者难以把握，故求诸精通日语的翁利辉先生，终得到明确答复。而笔者在常熟拍摄罗墩遗址图片时，曾任常熟市委党校副校长的杨标先生，开车陪同笔者去该遗址寻访。而苏州大学文学院马亚中教授，在《先秦吴国史稿》书稿申报时，即给予笔者帮助与支持。

笔者同事蔡斌副教授，对笔者需要的资料，或拍照微信中传送，或提供文献的PDF版本等，每每有求必应。而徐静副教授、陈璇教授、许凌雯老师，也多次为笔者查找文献资料。

盛夏时，苏州图书馆古籍部主任孙中旺研究员，汗流浃背地为笔者在逼仄的书库中翻寻查找笔者所需资料。苏州大学图书馆原副馆长李峰教授以及苏州大学图书馆张敏老师、张云坤老师等，更是多次为笔者查找、下载并提供了诸多文献资料。笔者在苏州吴中区查找资料时，吴中区文联的施晓平老师，开车领着笔者在太湖下泄水道的村落中寻访。苏州文旅集团包维明先生、杜祯彬老师，苏州城投公司徐欣晔老师等，在笔者查找资料、处理图片等事务中，都为笔者提供了不同形式的帮助。

《先秦吴国史稿》一书在图片采集、使用过程中，获得了相关博物馆给予的或允许拍摄相关藏品，或提供相关藏品图片，或授予相关藏品图片的使用权等帮助。这些单位及相关人士为：山东新泰博物馆馆长张勇先生，山东沂水博物馆馆长耿涛先生，山东邹城博物馆馆长谢健先生，湖北省博物馆曾攀先生，常州博物馆姚律女士，安阳市文物考古研究所所长孔德铭先生、副所长申明清先生，南京市博物总馆副馆长、南京市博物馆馆长吴阗先生，无锡博物院副院长蔡卫东先生、徐洁女士等。谨此，对上述博物馆、考古所或晤面，或未晤面而作网络交流的先生、女士，致以衷心的感谢。

与上述博物馆等单位联系并申请图片使用授权时，需申请者所在单位出具公函。为此，笔者

后 记

与时任苏州市职业大学校长、现任苏州市职业大学党委书记的曹毓民先生联系单位开具公函事宜时，每次都能得到及时帮助。外出赴相关博物馆拍摄图片时，因有些馆规定不允许拍摄，为此，笔者每次外出时，都事先开具单位介绍信，以说明拍摄用途。而在这过程中，时任学校副校长的刘丹先生也都每次及时给予笔者帮助。而得知笔者做《先秦吴国史稿》一书外出搜集、采集图片资料自费时，曹毓民先生提出让学校为笔者解决相关差旅费的报销事宜。笔者外出因未作报销打算，故投宿时均未开具住宿发票。而无住宿发票仅凭火车票、长途汽车票等，并不符合财务规定的差旅费报销情况，故该事未果。尽管如此，笔者心中亦已非常感谢了。谨此，对曹毓民先生给予的帮助与关心，致以衷心的感谢。

《先秦吴国史稿》一书在撰写过程中，山西原平峙峪"吴王光剑"（吴王阖闾剑）出土处的图片，因疫情原因，其时笔者想去但又不便、不能去山西。和笔者一同参与《苏州史纲》《苏州通史》编写的苏州大学图书馆原副馆长李峰教授得知后，委托他山西大学的同班同学、现忻州师范学院历史系的贾志强老师代为拍摄。谨此，向李峰教授、贾志强老师致以衷心感谢。

笔者做《先秦吴国史稿》一书，受惠于同学、同事和朋友的帮助与支持。上述致谢，不仅出于礼貌，更多是出于内心。如果没有这些帮助，无疑会增加许多困难。如《先秦吴国史稿》一书引用原吴县文管会张志新先生的《吴县发现春秋时期的铜剑》一文，对该文记写的东太湖先后发现三柄铜剑的原"吴县横泾公社新联大队"，欲在该地名后以括号形式加注今日对应地名。其时，担心几十年前的老地名是否还能找得着时，笔者与苏州民政局地名处莫俊洪处长联系，他很快就给出了答案。又如《先秦吴国史稿》一书中多次提及与吴越"笠泽之战"有关，且宋代文献《中吴纪闻》《吴郡志》等均有记载的"三江口"地名。2019年，笔者参与王国平教授主编的《苏州运河史》一书的编写，为了解太湖下泄水道的"吴淞江"（即松江、笠泽江）与"三江口"的关系，笔者与王国平教授等一行去昆山花桥原三江口村实地勘查，以了解今吴淞江苏沪交界处的原三江口村位置。是时，该三江口村已整体拆迁，只剩下村庄被征用而消失后的残墙旧迹。撰写《先秦吴国史稿》时，欲再使用这一材料而叙述吴越"笠泽之战"及"三江口"时，对该三江口村的当代变迁情况，却不知如何表述。在这种情况下，苏州地名研究所王伟龙所长，向笔者介绍了昆山市地方志编纂委员会办公室编纂的《昆山市自然村变迁图志·花桥卷》（江苏科学技术出版社，2012年），终得以了解该三江口村的当代变迁情况并作相应叙述。其后的日子里，有念及此，对上述诸位先生、女士的支持和帮助，心中总是充满着感激。

最后感谢的，是撰此书稿时，一直站在我身后默默付出的夫人潘青女士及家人。

吴恩培

壬寅仲夏芒种稿、癸卯孟冬大雪改